# A MONSEIGNEUR

## LE DUC

## D'ORLEANS,

### PREMIER PRINCE DU SANG.

Monseigneur,

*L'OUVRAGE, que vos bontés m'autorisent à vous présenter, vous étoit déja consacré par son objet. Destiné à conserver la mémoire des Hommes illustres,*

a ij

il ne pouvoit paroître sous des auspices plus favorables ; que sous le nom d'un Prince qui tient un des premiers rangs parmi eux. Qu'il me soit permis d'ajouter que j'y trouve un avantage qui m'est personnel. Comblé des faveurs d'un des plus saints & des plus savans Princes qui aient paru sur la terre, j'ai le bonheur de faire éclater, aux yeux de son auguste Fils , les sentimens de ma vive reconnoissance , & du profond respect avec lequel je suis,

MONSEIGNEUR,

Votre très humble & très obéissant
Serviteur, L A D V O C A T.

# PREFACE.

LE Dictionnaire Historique que nous donnons au Public, est comme la suite du *Dictionnaire Géographique Portatif*, auquel on a fait un accueil si favorable, qu'il y en a eu en peu de tems un grand nombre d'Editions, & qu'il n'a pas été moins bien reçu en Hollande, en Italie & en Espagne, qu'en France. Nous esperons que celui-ci aura le même succès. En effet, ces deux petits Dictionnaires font faits l'un pour l'autre, & doivent aller ensemble. M. l'Abbé Vosgien, Auteur du premier, n'a fait qu'indiquer les grands Hommes de chaque Ville, pour ne point trop s'écarter de son objet, qui est la Géographie ; de même nous n'avons fait que nommer dans celui-ci, les Lieux & les Pays, pour ne point trop nous éloigner de notre sujet, qui est l'Histoire & la Chronologie. L'on trouve, dans le *Dictionnaire Géographique* de M. Vosgien, un détail circonstancié des Lieux, des Villes, des Provinces & des Royaumes, que nous ne faisons qu'indiquer ; de même dans le *Dictionnaire Historique* que nous publions, on trouvera un détail circonstancié de la vie, des actions, & de la mort des personnes illustres ou fameuses, que M. Vosgien ne fait que nommer. Il est donc nécessaire de joindre ensemble ces deux petits Dictionnaires ; puisque, du consentement de tout le monde, la Géographie, qui est l'objet du premier, doit toujours accompagner l'Histoire & la Chronologie, qui sont l'objet de celui-ci.

C'est aussi pour cette raison que le plan de ces deux Dictionnaires ayant été fait de concert & en même-tems, nous avons cru qu'ils devoient être tous les deux à-peu-près de la même étendue ; & comme M. l'Abbé Vosgien a renfermé toute la Géographie tant ancienne que moderne en deux Volumes, dont il a déja donné le premier, & dont le second paroîtra incessamment ; de même nous avons renfermé l'Histoire & la Chronologie tant ancienne que moderne en deux Volumes, de la même forme & du même caractere que celui de M. Vosgien, & nous en avons chargé le même Libraire, pour donner au Public la facilité de les acheter en même-tems.

Tous les Dictionnaires Historiques, qui ont paru en François jusqu'ici, ne regardent qu'une petite partie de l'Histoire, ou sont si étendus & en si grand nombre de gros Volumes, qu'il n'y en a pas un seul qui puisse être d'un usage commode

& ordinaire. Celui-ci évite tous ces inconvéniens. Il est universel ; & il pourra servir 1°. à ceux qui n'ont pas le moyen
d'acheter les grands Dictionnaires , ou qui n'ont pas le tems
de les lire : 2°. à ceux qui veulent porter avec eux un Dictionnaire Historique à la campagne, ou à la promenade :
3°. aux Personnes qui sont bien aise d'avoir sous la main
un Livre commode & d'un usage facile, qui leur rappelle
sur-le-champ les principaux faits & les dates de ces faits :
4°. aux personnes du sexe & aux jeunes gens , lesquels trouveront dans ce petit Dictionnaire une *Esquisse* de l'Histoire
Universelle , avec les vies & les caracteres des hommes
qui se sont le plus distingués dans tous les siecles : 5°. enfin à ceux qui enseignent l'Histoire à la jeunesse ; lesquels
pourront facilement, à l'aide de ce Livre, inculquer à leurs
Disciples les faits les plus remarquables, & qu'il est plus
important de bien retenir.

    Il seroit inutile de nous objecter que l'Histoire Univer-
selle , dont l'étendue est immense, ne peut être renfermée
dans les bornes étroites de deux Volumes *in*-8°, car un
tableau en miniature ne peut-il pas conserver la ressemblance de son objet, & en représenter en petit aussi exactement tous les traits, que le tableau de la plus grande étendue ? Il en est de même d'un Abregé Historique. Les principaux traits, les caracteres distinctifs, qui sont propres à
chaque Personne illustre ou fameuse, y peuvent être peints
& décrits aussi exactement, quoiqu'en racourci, qu'ils le
sont en grand dans les plus volumineux Historiens. Ce sont
ces traits, ces caracteres distinctifs, qui font comme la subs-
tance de l'Histoire , & ils ne doivent jamais être omis ,
même dans les Abregés les plus concis. Mais il y a des particularités moins essentielles que l'on peut & que l'on doit
même omettre entierement dans les Abregés , & quoique
la vie & les actions des grands Hommes y soient décrites en peu de mots, ils peuvent y être aussi bien peints qu'ils
le sont dans les petits tableaux, pourvu que le Peintre y ait
bien observé les proportions du corps humain & les autres
regles de son Art.

    Pour revenir à notre Dictionnaire, & pour en donner
une idée plus juste & plus détaillée, c'est une espece d'Abregé
d'Histoire Universelle dans lequel on trouve, par ordre
alphabétique, tout ce qu'il y a de plus important, & ce que
l'on voudroit avoir principalement retenu. C'est un Recueil
des vies de plusieurs mille Personnes illustres ou fameuses,
de tout pays, de tout sexe, de toute condition, depuis le

# DICTIONNAIRE

## HISTORIQUE-PORTATIF,

### CONTENANT

# L'HISTOIRE

## DES PATRIARCHES, DES PRINCES HEBREUX,

### *DES EMPEREURS, DES ROIS,*

#### *ET DES GRANDS CAPITAINES;*

DES DIEUX & DES HÉROS DE L'ANTIQUITÉ PAYENNE;

## DES PAPES, DES SAINTS PERES,

### DES EVÊQUES ET DES CARDINAUX CÉLEBRES;

Des Hiftoriens, Poëtes, Orateurs, Théologiens, Jurifconfultes, Médecins, &c.

*Avec leurs principaux Ouvrages & leurs meilleures Editions;*

Des Femmes favantes, des Peintres, &c. & généralement de toutes les Perfonnes illuftres ou fameufes de tous les Siecles & de toutes les Nations du Monde.

### DANS LEQUEL ON INDIQUE

Ce qu'il y a de plus curieux & de plus intéreffant dans l'Hiftoire facrée & profane.

*Ouvrage utile pour l'intelligence de l'Hiftoire ancienne & moderne, & pour la connoiffance des Ecrits & des Actions des grands Hommes & des Perfonnes illuftres.*

Par M. l'Abbé LADVOCAT, Docteur, Bibliothéquaire, & Profeffeur de la Chaire d'Orléans, en Sorbonne.

*NOUVELLE ÉDITION CORRIGE'E ET AUGMENTE'E.*

## TOME PREMIER.

### ✿

## *A PARIS;*

Chez la Veuve DIDOT, Libraire, Quai des Auguftins, à la Bible d'or.

### M. DCC. LX.

*Avec Approbation, & Privilege du Roi.*

commencement du Mønde jusqu'à cette année 1760 ; dans lequel on rapporte, autant que le sujet le peut permettre, & qu'on l'a jugé convenable & nécessaire, 1°. le nom & le surnom de la Personne illustre, fameuse ou distinguée dont on parle : 2°. sa qualité, avec quelqu'épithete qui marque cette qualité : 3°. le jour, l'année, & le lieu de sa naissance : 4°. son Pere ou sa famille : 5°. ses principales actions ou ses emplois : 6°. le jour, l'année & le lieu de sa mort : 7°. ce qui le caractérise davantage, c'est-à dire, par exemple, si c'est un Roi, un Empereur, un Pape, les principaux évenemens de son Regne, ou de son Pontificat, avec son Prédécesseur & son Successeur ; si c'est un grand Capitaine, ses principales batailles gagnées ou perdues ; si c'est un Peintre, un Sculpteur, un Graveur, un Architecte, ses meilleurs Tableaux, Statues, Estampes, Bâtimens ; si c'est un Inventeur, ses découvertes ; si c'est un Ecrivain, ses principaux Ouvrages avec les meilleures Editions, & le jugement des Savans sur ces Ouvrages : si c'est un Philosophe, ses principales maximes ; si c'est un Hérétique, un Schismatique, ou l'Auteur de quelque Secte, les hérésies ou les opinions de cette Secte, &c. Enfin, nous n'avons rien oublié pour rendre ce petit Ouvrage utile & intéressant. Le nombre des personnes illustres ou fameuses dont nous parlons est très considérable, & nous croyons n'en avoir omis que très peu de quelqu'importance, & qui puissent par quelqu'endroit mériter place dans un Ouvrage tel que celui-ci. On ne doit pas s'attendre néanmoins d'y trouver généralement tous les Hommes dont il est quelquefois fait mention dans l'Histoire, ni ceux qui n'ont eu d'autre mérite que leur naissance, ou qui n'ont été distingués que par les places qu'ils ont occupées ; ce seroit un travail immense & de peu d'utilité. Ces sortes de Personnes doivent être regardées dans l'Histoire comme le sont dans la Géographie ces lieux obscurs, ces villages & ces vieux châteaux ruinés, qui ne méritent plus aucune attention. Nous avons cru aussi devoir omettre les Généalogies, & passer sous silence les Personnes encore vivantes. Pour peu qu'on y reflechisse, on s'appercevra aisément que nous avons eu de bonnes raisons d'en agir ainsi. Nonobstant ces omissions, si l'on examine bien ce petit Dictionnaire, on y trouvera plus de Personnes qu'on ne s'imagineroit pouvoir être contenues en deux volumes *in-*8° ; il y en a même plusieurs que l'on a oubliées dans les plus grands Dictionnaires, sans en excepter celui de *Moreri* ; & l'on ose assurer qu'il y a peu de Livres qui contiennent

tant de chofes en fi peu de paroles , ni qui puiffe fournir une
matiere plus abondante & plus variée aux entretiens familiers
& à la converfation.

Quant à la Chronologie & à la maniere de marquer les
dates & les époques , nous avons fuivi celle qui nous a paru
la plus claire & la plus propre à fixer la mémoire ; c'eft pourquoi nous n'avons parlé ni de Période Julienne , ni d'Olympiades , ni de Fondation de Rome , ni d'Hegire , &c. toutes
ces manieres de compter les années jettent de l'obfcurité
dans l'efprit de la plûpart des Lecteurs ; mais il n'y a perfonne qui ne fache dans quelle année il vit de l'Ere vulgaire ,
c'eft-à-dire , que nous comptons , par exemple , cette année ,
mil fept cens foixante ans depuis la naiffance de Jefus-Chrift.
C'eft à ce point fixe que nous avons réduit toutes les différentes manieres de compter ; nous marquons toujours exactement en quel tems la perfonne dont nous parlons a vécu ,
foit avant , foit après la naiffance de Jefus-Chrift. Par exemple , fi quelqu'un veut favoir combien il y a que l'Empereur
Conftantin vainquit Maxence , & fe déclara en faveur du
Chriftianifme , il trouvera dans notre Dictionnaire que ce
fut l'an 312 , ainfi en ôtant 312 de 1760 , que nous comptons cette année , il trouvera qu'il y a 1448 ans que Conftantin vainquit Maxence , & qu'il fit ceffer la perfécution
contre les Chrétiens. Si , au contraire , quelqu'un veut favoir
combien il y a que Tarquin *le Superbe* monta fur le Trône ,
il trouvera dans notre Dictionnaire que ce fut 531 ans avant
Jefus-Chrift , & comme nous comptons , cette année , 1760
ans depuis Jefus-Chrift , en ajoutant 531 à 1760 , on trouvera
qu'il y a 2291 ans que Tarquin *le Superbe* commença à regner. Il en eft de même des autres époques. Nous les avons
toutes réduites aux années avant ou après Jefus-Chrift ce qui
laiffe toujours dans l'efprit une idée claire & diftincte du tems
dont on parle , & ce que ne fait point la Période Julienne ,
ni aucune autre maniere de compter les époques.

Il eft bon d'obferver auffi que nous nous fommes fervis ,
pour la compofition de cet Ouvrage , non-feulement du
grand Dictionnaire de Moreri & de fes Supplémens , mais
auffi des Livres anciens & modernes qui ont eu jufqu'ici
l'approbation des perfonnes de goût & de jugement. C'eft
pourquoi lorfque le Lecteur verra que les Articles de notre
Dictionnaire font différens de ceux du Dictionnaire de Moreri , ce qui arrive très fouvent , nous le prions inftamment ,
avant que de donner la préférence aux Auteurs du Moreri ,
d'examiner avec foin lefquels d'eux ou de nous ont raifon.

car dans tous les Articles où nous leur fommes contraires, ce qui (comme nous venons de le dire) eft très fréquent, nous avons puifé dans de meilleures fources, & nous fommes en état de juftifier les corrections & les changemens fans nombre, que nous avons faits en une infinité d'endroits, par des raifons & des autorités qui nous paroiffent fans replique. A l'égard des Dictionnaires & des Auteurs dont nous avons fait ufage, nous y avons pris changé ou retranché ce qui nous a paru de plus convenable à notre deffein, & lorfque leurs expreffions nous ont femblé bonnes, nous n'avons fait aucune difficulté de les tranfcrire : nous avons cru que ce feroit une vanité ridicule & une peine inutile, lorfque les chofes font bien dites, de vouloir les dire mieux & en d'autres termes. D'ailleurs, comme nous n'avons fait cet Ouvrage que dans nos tems d'amufemens & dans les courts intervalles que nous laiffent des études férieufes & des occupations plus importantes, s'il avoit fallu ne rien dire que de nous-mêmes, cela nous auroit demandé un tems affez confidérable que nous fommes obligés d'employer à des matieres plus graves & conformes à notre état. Perfuadés que c'eft une folle gloire & une vanité blâmable de s'appliquer à des chofes frivoles & inutiles, & que la vue du bien public & de l'avantage du prochain ne doit jamais être féparée de notre propre inftruction & de notre utilité particuliere dans nos études, dans nos actions & dans nos occupations ; notre deffein, dans cet Ouvrage, comme dans tout ce que nous faifons, a été d'être utile au Public & aux jeunes gens, même dans nos tems de récréation. C'eft ce qui a donné lieu au Dictionnaire Géographique de M. Vofgien & à celui-ci ; car ayant été obligé d'aller paffer quelques mois à la campagne pour rétablir ma fanté, je priai M. Vofgien mon parent, d'y venir avec moi pour m'y tenir compagnie ; comme nous ne pouvions alors nous occuper d'études férieufes & fuivies, je lui confeillai de compofer fous mes yeux le petit *Dictionnaire Géographique Portatif*, ce qu'il fit avec fuccès. Pour donner aux jeunes gens qui me confultent fouvent dans leurs études, une idée jufte de l'Hiftoire & de la Littérature, j'entrepris en même-tems le petit *Dictionnaire Hiftorique*, que je publie aujourd'hui. J'efpere que la modération que j'y ai gardée, & que je recommande toujours à la jeuneffe, ne déplaira pas aux honnêtes gens ni aux Perfonnes vraiment chrétiennes & vertueufes. J'ai eu foin d'y inculquer par-tout les motifs qui nous doivent tenir inviolablement attachés d'efprit & de cœur à notre fainte

Religion & à la Doctrine de l'Eglise Catholique, Apostolique & Romaine ; & j'ai suffisamment caractérisé les personnes, les Ouvrages & les erreurs qui y sont contraires ; mais en même tems j'ai évité avec soin toutes ces déclamations, ces emportemens & ces injures qui marquent plutôt un esprit passionné & une fureur de Parti, qu'un zele vraiment Chrétien & Catholique, & qui sont indignes non-seulement des personnes doctes & vertueuses, mais même de tout homme de probité, & de toute personne bien élevée.

Pour rendre notre Ouvrage portatif, nous nous sommes servis de quelques abbréviations faciles à deviner, dont on trouvera la Table à la tête du Dictionnaire. Sans ces abbréviations, il nous auroit fallu près de trois volumes ; ce qui n'auroit pas répondu à notre intention.

Tandis que nous travaillions à cet Ouvrage, il nous tomba entre les mains un petit Dictionnaire Anglois en deux volumes, imprimé à Londres en 1743 ; nous crûmes d'abord qu'il étoit composé selon le plan que nous nous étions proposé, & qu'il nous suffiroit de le traduire, avec quelques corrections & augmentations ; mais en le traduisant, nous le trouvâmes si défectueux, qu'il nous auroit fallu plus de tems pour le corriger & y suppléer, que pour achever celui que nous avions commencé ; c'est ce qui nous obligea de l'abandonner entierement, & de reprendre notre premier plan. Nous l'avons seulement suivi presqu'en tout dans la partie littéraire qui concerne l'Angleterre, persuadés que, l'Auteur étant Anglois, il aura mieux examiné la Littérature de son Pays.

Enfin, nous croyons devoir avertir, ( & c'est une chose que l'on ne peut trop répéter aujourd'hui, puisque nous voyons depuis quelque-tems le frivole en tout genre & le superficiel s'emparer de la plûpart des esprits ) nous croyons devoir avertir qu'il ne faut pas s'imaginer pouvoir devenir habile par la seule lecture des Dictionnaires, des Journaux & des Brochures de toute espece dont le Public est inondé. Ces sortes d'Ouvrages, & en particulier celui-ci, sont utiles & quelquefois même nécessaires. Ils mettent sur la voie, & ils donnent les titres & une legere idée des bons Livres & des choses les plus importantes à savoir ; mais ils ne suffisent pas, & l'on ne deviendra jamais véritablement instruit & savant, si l'on ne fait d'abord une étude reglée des Belles-Lettres Grecques, Latines & Françoises, & si l'on ne s'applique ensuite entiérement à un genre particulier de quelque Science. Notre Dictionnaire, comme nous l'avons dit plus haut, renferme en abregé l'Histoire Universelle, & il indique les meilleurs Auteurs & les plus excellens Livres en tout genre ; il met sur la voie & il présente au Lecteur, surtout à la Jeunesse, une ample matiere d'instruction & d'études. C'est en cela seul que nous avons prétendu faire consister son mérite.

# AVERTISSEMENT IMPORTANT
## SUR CETTE NOUVELLE EDITION,

*Avec un Examen abregé d'un Dictionnaire en 6 tomes in-8°. qui a paru en 1759, sans noms de lieu, d'Auteur, ni d'Imprimeur.*

L'Accueil favorable que le Public a fait à mon Ouvrage, m'a engagé à le revoir avec soin. On y trouvera plus de huit cens articles qui avoient été omis dans les Editions précédentes, soit par oubli, soit parceque je n'avois pas alors de mémoires exacts, ou que les Personnes qui font le sujet de ces articles nouveaux étoient encore vivantes. Ce qui composoit le Supplément a été inseré dans le corps du Dictionnaire selon l'ordre alphabetique. J'ai multiplié les renvois, afin que l'on pût trouver plus aisément les personnes connues sous plusieurs noms ; enfin, je n'ai rien négligé de tout ce qui pouvoit rendre cet Ouvrage plus correct, & plus digne de l'attention du Public.

Je ne prétens pas néanmoins qu'il soit exempt de fautes. J'ai fait tout mon possible, autant que mon loisir me l'a permis, pour n'y en laisser aucune : mais qui est-ce qui n'oublie rien, & qui ne se trompe jamais ? Je prie instamment ceux qui en appercevront, d'envoyer leurs remarques à l'Imprimeur, aussibien que les articles qui pourroient m'être échappés, & qui méritent d'avoir place dans ce Dictionnaire. J'ai déja fait usage des corrections & des additions qu'un grand nombre de Savans ont bien voulu m'envoyer, & je leur en temoigne ici ma vive reconnoissance.

Un Ecrivain anonyme, bien loin d'avoir pour moi les mêmes égards & la même politesse, a cru mieux faire de publier contre moi un gros Dictionnaire en 6 tomes in-8°., dans lequel il m'accable d'injures, quoique je ne le connoisse point, & que je n'aie jamais rien dit ni écrit contre lui. Il va plus loin, il me prête des vues & des intentions que je n'ai jamais eues & auxquelles je n'ai pas même pensé. Il est constant que j'ai composé ce petit Ouvrage à la campagne pendant les Vacances, par maniere de délassement, & dans l'unique dessein de donner aux jeunes gens qui me consultent souvent, une idée juste de l'Histoire & de la Littérature. J'y ai apporté l'esprit de modération, de paix, de douceur & d'impartialité, que je recommande sans cesse à la Jeunesse, & c'est une justice que m'ont rendue ceux qui ont traduit & publié mon Dictionnaire en Italien & en Espagnol, & le savant Homme qui en a donné une Edition en Hollande. Mais l'Auteur des *Nouvelles Ecclésiastiques*, & après lui l'Ecrivain anonyme dont je parle, soit par esprit de parti, soit par d'autres motifs, pensent bien différemment de mon Dictionnaire. Ils m'accusent de trop exalter les Jésuites, & leurs amis, & de déprimer avec excès les célebres Ecrivains de Port-Roïal, & les autres Adversaires des Jésuites. Ils fondent principalement leur accusation, sur ce que je dis des Ecrits de l'Abbé de S. Cyran, que j'ai le malheur de ne pas trouver excellens; sur l'oubli de M. Boursier, des Peres de Gennes & de la Borde, du Cardinal le Camus, de M. de Soanen, Evêque de Senez, & de quelques autres, lesquels, disent-ils, *par un silence coupable* ont été omis dans mon Ouvrage; enfin sur ce qu'en parlant des Ecrits de M. Languet, Archevêque de Sens, j'ai gardé le silence sur l'Arrêt du Conseil qui les a supprimés, aussibien que sur l'Arrêt du Parlement qui a flétri l'Histoire des Jésuites composée par le Pere Jouvenci.

Je conviens que je ne fais pas, des Ecrits de l'Abbé de S. Cyran, tout le cas que ses Partisans en font. Je les ai lus sans prévention; & à mon jugement, ils ne méritent, en aucune sorte, les éloges que leur donnent communément ceux qui sont attachés à MM. de Port-Roïal. Que mes Censeurs les lisent avec attention; je n'y sais point d'autre remede. Pour moi, il m'est impossible de réformer mon gout sur ce point; & si on me proposoit de me louer, au cas que je voulusse dire que les Ecrits de ce fameux Abbé sont excellens, ou de m'accabler d'injures tant que je soutiendrai qu'ils sont mal faits; je répondrois sans hésiter: *dites-moi plutôt des injures, même toutes celles que l'Abbé de S. Cyran a dites aux Jésuites.*

Il n'en est pas de même des Disciples de l'Abbé de S. Cyran, c'est-à-dire, des Arnauld, des Pascal, des Nicole, de M. de Saci & des autres célebres Ecrivains de Port-Royal. J'ai fait leurs éloges dans mon Dictionnaire, lorsque l'occasion s'en est présentée, j'ai gardé à leur égard la modération la plus marquée, & j'ai eu pour leur mémoire tous les ménagemens

& tous les égards qui font dûs à leur mérite. Si j'obferve, qu'on les accufoit néanmoins d'avoir été trop attachés à la défenfe des Ecrits de Janfenius, il eft bien évident que j'ai voulu parler des Adverfaires de ces fameux Ecrivains, & par conféquent que ce que je dis eft un fait dont tout le monde convient. Il feroit affurément à fouhaiter pour le bien & la tranquillité de l'Eglife, & pour l'utilité du Public, que le gros Livre de Janfenius n'eût jamais paru. On s'en étoit bien paffé, & on s'en pafferoit bien encore Il feroit de même à defirer que l'Abbé de S. Cyran n'eût point été fon ami, ou du moins qu'il n'eût pas entraîné tous fes Difciples & en particulier MM. de Port-Roïal dans la défenfe de l'ouvrage de ce fameux Prélat, qui étoit étranger par rapport à nous, & qui avoit écrit contre la France. Car n'eft-il pas déplorable que ces célebres Ecrivains de Port-Royal, qui avoient tant de talens & de lumieres, & qui, felon l'expreffion judicieufe d'un fameux Auteur, *étoient faits pour éclairer l'Univers?* n'eft-il pas, dis-je, déplorable qu'ils aient été engagés dans des controverfes & des difputes toujours longues, & fouvent purement perfonnelles, difputes qui ont rempli leur vie d'amertume & de difgraces, & qui leur ont enlevé une grande partie d'un tems qu'ils auroient plus utilement employé pour l'avantage de l'Eglife & de l'Etat? Il s'en faut beaucoup que j'aie voulu déprimer ces Hommes célebres, je les ai plains, j'ai été touché de leur fort; mais je n'ai pas été affez aveugle, ni affez injufte pour les méprifer. Ce n'eft donc point fur le *Dictionnaire des Livres Janfeniftes,* que j'ai compofé les articles des Ecrivains célebres dont je viens de parler, comme l'Ecrivain anonyme m'en accufe encore. Il ne faut que comparer les articles de mon Livre avec ceux de ce Dictionnaire, pour voir clairement que les uns font faits par un homme de parti, & que les miens font compofés avec la modération la plus impartiale.

Ce n'eft point non plus par un oubli coupable, ni par un filence affecté, que j'ai omis les articles de M. Bourfier, des Peres de Gennes & de la Borde, & de quelques autres; mais c'eft que je n'avois point de mémoires exacts, ou que ces articles me font échappés. Car ayant fait les articles de Baïus, de Janfenius, de Quefnel, & de tant d'autres, pourquoi aurois-je craint de faire également ceux dont je parle? Enfin, fi aux articles de M. Languet & de Jouvenci, j'ai omis de parler des Arrêts du Confeil ou du Parlement, ce n'eft aucunement par affectation, puifque j'en ai agi de même à l'égard des *Lettres Provinciales,* & d'un grand nombre d'autres Ecrits de MM. de Port-Royal; ce qui prouve encore que je n'ai point été puifer dans *le Dictionnaire des Livres Janfeniftes*, où tous ces Arrêts font rapportés, auffi bien que les Mandemens, les Cenfures, & les décrets de l'indice & de l'Inquifition. Mais que cet Auteur anonyme ne fe mette plus en colere, on nous avoit déja fait remarquer l'omiffion de ces deux Arrêts, & nous en avons parlé dans la préfente Edition.

Telles font les réponfes que nous faifons aux principaux reproches de nos Cenfeurs. Il eft conftant que nous avons parlé avec beaucoup de modération & de ménagement des Ecrits des Adverfaires des Jéfuites, & que nous avons blâmé les Ecrits de ceux-ci, quand ils nous ont paru blâmables, mais fans paffion, fans aigreur, fans efprit de parti, & fans partialité. De-là vient que l'on nous a fouvent reproché d'avoir trop menagé MM. de Port-Royal & leurs Partifans, & d'avoir au contraire quelquefois trop déprimé leurs adverfaires. Je m'attendois bien que la modération & l'impartialité dont je me pique, ne plairoit pas à tout le monde, & qu'elle m'attireroit les reproches des efprits de Parti & des perfonnes dont le zele eft outré & exceffif : mais ce n'eft point pour les efprits de parti que j'écris ; c'eft furtout pour les jeunes gens, & pour les perfonnes du monde qui, pleines de refpect pour l'Eglife & de foumiffion pour fes décifions, ne font pas obligées d'entrer dans toutes ces difputes qui nous affligent, mais doivent les renvoyer aux Théologiens & aux Docteurs.

Ce que l'Ecrivain anonyme me reproche encore de confacrer plufieurs pages à prodiguer avec complaifance, les *Eloges les plus exceffifs & les plus déplacés, au mérite le plus médiocre*, ne peut tomber que fur l'article de feu M. Languet, Curé de S. Sulpice. C'eft à ceux qui ont connu cet homme célebre, à juger fi le reproche eft bien fondé, & fi *l'odieux laconifme*, dont l'Anonyme m'accufe fauffement à l'égard de l'illuftre Rollin, ne doit pas retomber fur lui par rapport à feu M. Languet, dont il fupprime tout l'article qui eft dans mon Dictionnaire, pour dire feulement, que ce Curé de S. Sulpice, *s'eft rendu célebre par la magnifique Eglife qu'il a fait conftruire, par quelques établiffemens qu'il a formés*, & furtout, *PAR LES MOYENS QU'IL EMPLOYOIT POUR SUBVENIR A SES DEPENSES EXCESSIVES.* Par ces dernieres paroles on voit qu'il veut donner malignement à entendre que feu M. Languet, Curé de S. Sulpice, fe livroit au luxe & à la dépenfe, quoiqu'il foit conftant qu'il a vécu & qu'il eft mort dans une pauvreté vraiment évangélique. Au refte, l'article de M. Languet Curé de S. Sulpice, qui eft dans mon Dictionnaire, eft plutôt de M. Languet Archevêque de Sens, & de M. Drouas actuellement Evêque de Toul ( en 1760 ), que de moi, & j'en ai averti dans toutes les Editions.

Venons à préfent à l'examen de ce gros Dictionnaire anonyme en 6 tomes in-8°., l'Auteur l'a intitulé : *Dictionnaire Hiftorique, Littéraire & Critique, contenant une idée abregée de la Vie & des Ouvrages des Hommes illuftres en tout genre, de tout tems, & de tous Païs.* A s'en tenir à ce titre, l'Auteur ne devoit parler que des *Hommes illuftres.* Il nous donne cependant les articles de Ravaillac, de Jean Chatel, de Damiens & de plufieurs autres Monftres femblables. Sont-ce-là *des Hommes illuftres ?* Il fait un long article du mot *Académie.* Eft-ce un *Homme illuftre ?* & les Bufembaum, les Moya, les Annat, & tant d'autres Jéfuites, dont il dit des horreurs, font-ils auffi à fon jugement des *Hommes illuftres*, pour nous donner ce qu'il appelle *une idée abregée de leur Vie & de leurs Ouvrages ?*

Après un titre fi peu judicieux, l'Auteur nous avertit dans la Préface, que fon Dictionnaire doit fa naiffance *aux avis d'un Ecrivain redoutable*, de cet Ecrivain *célebre des Nouvelles Eccléfiaftiques, dont le fuffrage*, dit-il, *eft du plus grand poids, & dont la fleche, déja comparée à celle de Jonathas, n'eft jamais retournée en arrriere, & eft toujours teinte du fang des morts, du carnage des plus vaillans.* Sur quoi il lui applique ce paffage de l'Ecriture. *A fanguine interfectorum, ab adipe fortium, fagitta Jonathæ nunquam rediit retrorfum.*

Les Perfonnes fenfées diront, fans doute, qu'un Ecrivain judicieux fe feroit bien donné de garde de répéter, dans un Ouvrage de Critique, une comparaifon fi mal choifie, dans la crainte que quelqu'un n'en fît fentir tout le ridicule. En effet, qu'y a-t-il de commun entre Jonathas & l'Auteur *des Nouvelles Eccléfiaftiques ?* L'un étoit un grand Prince, ami de David & du Peuple de Dieu : l'autre eft un homme privé, un inconnu, qui fe cache dans les ténebres. Jonathas n'a jamais rien écrit, que l'on fache : il n'a point publié de fatyres contre les Pontifes d'Ifrael, contre les Docteurs de la Loi, ni contre les Prêtres & les Lévites ; il combattoit avec autorité, & fi fes fléches étoient redoutables, ce n'étoit qu'aux Philiftins, aux Peuples idolâtres & infideles, aux Ennemis de fon Dieu, de fon Roi & de fon Peuple. Que le Lecteur juge fi ces caracteres conviennent à l'Auteur *des Nouvelles Eccléfiaftiques ?* Une comparaifon fi indécente & fi déplacée ne pourroit-elle pas donner occafion à quelqu'un de dire que fi l'on vouloit comparer cet Ecrivain ténébreux à quelque perfonnage de l'anc. Teftament, on auroit dû plutôt le comparer à Doëg, cet Iduméen qui calom-

nia David & le grand Prêtre Achimelech auprès de Saül, &
qui ne rougit point d'enfanglanter fes mains du fang des
Prêtres de Nobé. Quelqu'odieux, quelque mauvais même que
puiffe paroître ce parallele, l'Auteur anonyme pourroit le faire
naître par fon imprudence ; & en ce cas qui pourroit empêcher
tous ceux qui font ou qui fe croient injuftement outragés &
& maltraités par l'Auteur *des Nouvelles Eccléfiaftiques* de lui
adreffer ces paroles du Pfeaume 51 que David adreffa à Doëg.
*Pourquoi vous glorifiez-vous dans votre malice ? vous qui n'ê-
tes puiffant que pour commettre l'iniquité ? Vous méditez fans
ceffe les moyens de nuire. Votre langue, auffi tranchante qu'un
rafoir affilé, met en œuvre la tromperie. Vous vous plaifez à
faire le mal plutôt que le bien, à calomnier plutôt qu'à parler
felon la juftice. Vous aimez toutes les paroles meurtrieres ;
tout langage trompeur fait vos délices.* Qui pourroit les empêcher de lui dire encore. *Comment n'avez vous pas rougi,
de faire fans aucun défaveu de votre part, le plus grand éloge
d'un Livre, dans lequel vous vous êtes vû fi indécemment comparé à Jonathas ? Pourquoi dans toutès vos feuilles vous élevez-
vous contre les premiers Pontifes, contre les Docteurs, les
Oints du Seigneur, les Facultés de Théologie, les Séminaires, les Religieux, & les Communautés Eccléfiaftiques les plus
refpectables ? Pourquoi à l'exemple de Doëg, detournez vous en
mal par vos médifances ou par vos calomnies les actions les
plus innocentes & les plus religieufes ? Pourquoi ?...* mais
laiffons-là l'Auteur *des Nouvelles Eccléfiaftiques*, & fans
prétendre le comparer à Doëg, revenons à fon Panégy-
rifte. *Pour nous*, dit-il, *guidés par l'amour du vrai....
ennemis du menfonge & de l'impofture, EXEMPTS DE
PARTIALITÉ, nous nous fommes fait un devoir de rendre
juftice fans acception de perfonnes.* Que cet Auteur anonyme
foit guidé par l'amour du vrai, ou par fa paffion & fon imagination; qu'il foit ennemi du menfonge & encore plus des Jéfuites, c'eft ce que je ne lui contefterai point ; mais qu'il foit
*exempt de partialité,* c'eft ce qu'il ne perfuadera à aucun de fes
Lecteurs, furtout quand on le verra à chaque inftant fe déchaî-
ner avec la derniere indécence contre ce qu'il y a de plus refpectable dans l'Eglife & dans l'Etat, & qu'à l'article de Bidal,
on l'entendra louer M. l'Abbé d'Asfeld, pour avoir dit dans
une Lettre à M. le Cardinal de Noailles, *qu'il ne faifoit aucune différence entre recevoir* ( la Bulle *Unigenitus* ), *& tomber
dans l'apoftafie.*

Notre Cenfeur nous affure enfuite *qu'il a mis à contribution les Dictionnaire anciens & modernes, les Hiftoires, les
Livres*.

*Livres des Belles-Lettres*, les *Journaux*, les *Mémoires*, &
*même jufqu'aux Ana*. Il auroit beaucoup mieux fait de ne
point puifer dans ces derniers Ecrits, puifqu'en général les Livres qu'on appelle *Ana*, font pour la plûpart des Ouvrages
méprifables, & juftement méprifés de tous les Savans. *Nous*
*avons feulement eu l'attention*, ajoute-t-il, *de ne rien tirer de*
*l'Auteur que nous réformons*. La vérité eft cependant qu'il
nous copie prefque à chaque article en changeant feulement
les termes, & en ajoutant des déclamations de parti, & des
minuties qu'il tire du Moreri. Il y a plus, il tranfcrit jufqu'à
nos fautes d'impreffion & d'inadvertance, & jufqu'aux réflexions qui ne font que de nous. Par exemple en parlant de Sulpice Severe; nous difons: *c'eft de tous les anciens Auteurs*
*Latins Eccléfiaftiques, celui qui a écrit avec le plus de pureté*
*& d'élégance, fi l'on en excepte peut-être Lactance*. Notre Cenfeur tranfcrit mot à mot ce jugement, à l'article du Pere de
Montfaucon. Après avoir donné la lifte des Ouvrages de ce
favant & laborieux Bénédictin, nous faifons cette réflexion:
*On voit par ce nombre prodigieux de volumes, que fi l'ufage*
*étoit en France, comme chez les anciens Romains, de bruler*
*les corps morts, on pourroit dire de Montfaucon ce que Ci-*
*ceron difoit d'un volumineux Ecrivain, qu'on auroit pû con-*
*fumer fon corps fur le bucher avec fes feuls Ecrits*. Notre
Cenfeur tranfcrit auffi de mot à mot cette réflexion. En parlant de l'Alcoran à l'article de Mahomet, nous difons: *on n'y*
*trouve point les miracles, ni les prodiges & les puerilités qu'on*
*attribue ordinairement à Mahomet, par exemple qu'il divifa*
*la Lune en deux, & qu'il en mit la moitié dans fa manche;*
*que les arbres & les pierres le faluoient quand il paffoit, qu'il*
*faifoit fortir des fontaines de fes doigts, &c.* & nous ajou-
tons: *du Ryer en a donné une traduction françoife, mais com-*
*me cette traduction eft très infidelle, & d'ailleurs comme il a*
*inferé dans le texte les réveries & les fables des Dévots & des*
*Commentateurs myftiques du Mahométifme, on ne peut diftin-*
*guer par cette traduction ce qui eft de Mahomet, des addi-*
*tions & des imaginations de fes Sectateurs zelés*. Notre Cenfeur copie pareillement tout cet endroit. Nous fommes bien
affurés qu'il ne tient que de nous tous ces jugemens & ces
réflexions, puifque perfonne ne les avoit écrits avant nous.
Nous pourrions citer ici les articles de Bayle, de M. le Chancelier d'Aguefleau, de feu M. le Duc d'Orléans, du Czar
Pierre & de Charles XII, du Maréchal de Saxe, du Prince
Eugene, du Cardinal Ximenez, de M. de Ramfay, & une
infinité d'autres; car en général ce Cenfeur ne fait que nous

suivre , surtout dans ses derniers volumes , soit pour le choix des articles , soit pour le jugement & la critique des Ouvrages , soit enfin pour les remarques & les observations qui nous sont propres. Lui sied t-il bien après cela de nous dire , *qu'il a eu l'attention de ne rien tirer de l'Auteur qu'il réforme?*

Mais puisqu'il parle de reforme , voyons comment il a réformé notre Dictionnaire ; c'est en y faisant de prétendues corrections , des changemens , des additions & des retranchemens.

Ses prétendues corrections sont tout-à-fait singulieres, & quelquefois très plaisantes ; par exemple à l'article de Proserpine , nous disons, que *selon la Fable ayant été enlevée dans les Enfers par Pluton , Cerès sa mere la redemanda à Jupiter , & que ce Dieu la lui accorda , pourvû qu'elle n'eût rien mangé ; mais qu'il se trouva que Proserpine avoit gouté quelques grains de Grenade , & qu'ainsi elle fut condamnée à demeurer dans les Enfers.* Notre Censeur au lieu de *Grenade ,* fait manger à Proserpine de la *Muscade ,* sans songer que cette Princesse ne la connut jamais , & qu'il n'est plus tems de lui en faire manger. Mais apparemment qu'il aime beaucoup la *Muscade ,* puisqu'il la voit jusques dans la bouche de Proserpine. A l'article d'Herodes Agrippa , nous disons, qu'il étoit Petit-fils d'Herodes *le Grand.* Ce Censeur croit nous corriger en disant qu'il étoit petit-fils *du grand Herodes* : ce qui fait un sens très différent. En parlant d'Hipparque célebre Astronome , nous remarquons que Pline l'admire *d'avoir passé en revue toutes les étoiles , des les avoir comptées , & d'avoir marqué la situation & la grandeur de chacune.* Voici comment notre Censeur prétend nous corriger. Hipparque , dit-il, *étant à Alexandrie , il parut une nouvelle étoile fixe , qui lui donna occasion de faire le dénombrement de ces étoiles ... on comptoit alors vingt deux étoiles fixes.* Ces dernieres paroles, *on comptoit alors vingt deux étoiles fixes ,* sont tout-à-fait singulieres , & désignent un homme bien propre à corriger notre Dictionnaire. Il semble que l'Auteur n'ait pas su ou qu'il n'ait pas fait attention , à ce que Dieu dit à Abraham , à Isaac & à Jacob en parlant des étoiles fixes ; ou qu'il n'ait jamais levé les yeux au Ciel pendant une belle nuit , ou enfin qu'il ignore absolument ce qu'on entend par étoiles fixes. Apparemment qu'il n'attend pas de nous que nous lui fassions voir les étoiles , & que nous lui prouvions par une dissertation en forme , qu'il est contraire à la nature des étoiles fixes de périr ou de se multiplier si promptement. Qu'il consulte donc les Astronomes, & ils lui apprendront que si du tems d'Hipparque on n'avoit compté que *vingt deux étoiles fixes*, on n'en auroit pas tant vû du tems d'Abraham, & que depuis Hipparque elles ne se seroient pas multipliées, jusqu'au nombre où nous les voyons aujourd'hui : qu'il sache, en attendant, que du tems d'Hipparque on comptoit autant d'étoiles fixes qu'on en compte à présent, quand on ne se sert pas du Teles-cope.

A l'article du célebre Duguet, nous remarquons qu'on a de lui quelques *Ecrits*, par lesquels il fait voir qu'il n'approu-voit ni les *Convulsions* ni les *Nouvelles Ecclésiastiques*. Il pa-roît que cette remarque a embarassé notre Censeur. Il se tait prudemment sur les *convulsions*, mais voici comme il se tire des *Nouvelles Ecclésiastiques* : » ce fut dit-il, la même an-» née de son dernier retour à Paris en 1732, que cet homme » célebre écrivit à un Professeur de l'Oratoire la Lettre au su-» jet des *Nouvelles Ecclésiastiques*, contre lesquelles il s'é-» toit prévenu, on ne sait trop pourquoi «. Cet *on ne sait trop pourquoi*, est ici fort singulier, comme si M. Duguet ne dé-tailloit pas dans sa Lettre les justes raisons qui lui faisoient désapprouver les *Nouvelles Ecclésiastiques*. Que notre Criti-que la lise, s'il ne l'a pas lue, & il y trouvera la réponse à cet *on ne sait trop pourquoi*. N'est-ce pas vouloir en imposer à la simplicité de ses Lecteurs, que de leur présenter de tels *on ne sait trop pourquoi* ?

En parlant du Pape Adrien IV, nous disons, *qu'il mourut sans avoir enrichi ni élevé sa famille*. Notre Censeur pense nous corriger en disant : *On lui doit,* (à Adrien IV,) *une louange, c'est qu'il songea si peu à élever sa famille, qu'il lais-sa sa mere dans la pauvreté dans laquelle elle étoit née, & qu'elle continua à subsister des aumônes de l'Eglise de Can-torberi.* N'est-ce pas là un bel exemple à proposer à la jeu-nesse & aux Ecclésiastiques ? Si Adrien IV laissa sa mere dans la pauvreté, si elle continua de subsister des aumônes de l'E-glise de Cantorberi, il outra les choses, & on ne doit pas l'en louer. Aucun homme pieux, instruit & sensé ne trouvera mauvais qu'un Pape donne à sa mere de quoi subsister, quand elle est pauvre ; s'il ne le fait pas, il est blâmable, sa dureté est inexcusable : voilà cependant la seule chose que notre Cen-seur juge digne de louanges dans Adrien IV.

Mais tel est le caractere de cet Ecrivain anonyme : s'il loue ou s'il blâme, c'est presque toujours avec excès & d'une ma-niere peu judicieuse. S'il parle de Tacite, par exemple, *il passe*, dit-il, *pour l'Auteur de l'antiquité qui avoit* LE PLUS D'ESPRIT. Ce n'est pas là ce qui distingue Tacite. C'est la profonde science dans la politique, & la maniere vive, forte, concise & énergique de s'exprimer : voilà ce qu'il falloit dire de Tacite, & non pas qu'il passe pour *l'Auteur de l'antiquité qui avoit le plus d'esprit* ; puisque personne n'en sait rien, & n'en peut rien savoir. En parlant de Lactance nous remarquons qu'il est *éloquent*, & *qu'il écrit bien en latin* ; mais ce n'est pas assez dire au jugement de notre Censeur, Lactance étoit selon lui, *le plus savant homme de son tems* ; ce qui n'est point véritable, puisqu'Eusebe, & plusieurs autres Ecrivains qui vivoient du tems de Lactance étoient au moins aussi savans que lui. S. *Amphiloque*, dit encore notre Censeur, étoit *le plus ardent défenseur de la divinité du Verbe contre les Ariens*. Il falloit dire seulement avec nous qu'il étoit *grand defenseur*, ou *l'un des plus grands défenseurs*, &c. car cette expression, *le plus ardent défenseur*, dit trop, & fait tort à S. Athanase & à plusieurs autres Saints. Selon nous, S. Augustin est *l'un des plus illustres & des plus savans Docteurs de l'Eglise*. Selon l'expression de notre Censeur, c'est *le plus illustre & le plus savant des Peres de l'Eglise* : comme si S. Basile, S. Ambroise, S. Chrysostome, S. Leon & tant d'autres SS. Peres, n'étoient pas aussi *illustres* que S. Augustin ? &c. *Appollonius de Tyane*, dit-il, étoit *un fameux imposteur, qui a fait & dont on a dit les choses les plus extraordinaires*. Qu'on ait dit de ce fameux Imposteur des choses extraordinaires, j'en conviens ; mais *qu'il ait fait les choses les plus extraordinaires*, c'est ce que tout habile homme qui aura examiné la vie d'Appollonius de Tyane, contestera avec raison. Notre Critique assure de même que Leon Allatius étoit *le plus laborieux & le plus infatigable* des Ecrivains du 17e siecle : que Jean-Albert Fabricius mourut avec la réputation *du plus savant & du plus laborieux* des Ecrivains de son siecle : qu'on regarde M. de Fontenelle comme *le plus bel esprit* du siecle de Louis XIV, que Mendez Pinto est *le plus admirable & le plus curieux* de tous les Voyageurs : que les Ouvrages d'Alciat lui assurent *le premier rang entre les Jurisconsultes*, &c. Tous ces jugemens sont faux, téméraires, ou hyperboliques. Il suffisoit de dire avec nous, que M. de Fontenelle passe pour *l'un des plus beaux esprits* du siecle de Louis XIV. Leon Allatius *pour l'un des plus laborieux & des plus infatigables*, &c. & ainsi des autres. Mais c'est surtout dans l'article de M. Boursier, que notre Censeur déploie toutes les exagérations & toute l'enflure de son style : » Le Livre de M. Boursier, dit-il, intitulé, *l'Action de Dieu* » *sur les Créatures, ou la Premotion*, &c. est le CHEF-D'ŒUVRE » DE L'ESPRIT HUMAIN. C'est un Ouvrage immortel, dans » lequel l'Auteur (âgé seulement de 31 ans) Théologien con-

» fommé, grand Philofophe, parfait Orateur, a fu allier la
» Théologie la plus exacte avec la Philofophie la plus profon-
» de; l'intelligence la plus fublime des faintes Ecritures, avec la
» connoiffance la plus brillante des Belles-Lettres; la noblef-
» fe & l'élégance du ftyle, avec la précifion du raifonnement &
» la profondeur des lumieres.... cet Ouvrage, continue-t-il,
» qui mettoit M. Bourfier à la TESTE DES GÉNIES DE SON
» SIECLE... réunit tous les fuffrages, & le Public étonné
» d'une fi merveilleufe production, s'épuifoit en éloges. Les
» Journaliftes qui vouloient en parler, ne fe fentoient pas af-
» fez forts pour en faire eux-mêmes l'extrait, & on avouoit
» que pour le bien faire, il falloit avoir les talens de l'Au-
» teur, &c ᶜᶜ. Ainfi voilà M. Bourfier, à l'âge de 31 ans,
*Théologien confommé;* le voilà *à la tête des génies de fon fiecle,*
& par conféquent au-deffus, non-feulement des Duguet, & des
Petit-pied; mais auffi des Mallebranche, des Leibnitz, des
Newton, & des autres grands Génies du 18e fiecle.

L'Auteur anonyme, dont nous parlons, n'eft ni moins outré,
ni plus judicieux, quand il s'avife de blâmer : ce qui lui arrive
fouvent. Nous en rapporterons feulement quelques exemples.

En parlant d'Ifaac Habert, Docteur de Sorbonne & Evêque
de Vabres, *le grand Arnauld,* dit-il, *le convainquit ou de
calomnie, ou de bevue, ou d'impiété,* &c. Jamais M. Arnauld
ne convainquit *d'impiété* Ifaac Habert. C'étoit un Théologien
très favant, très pieux & très orthodoxe, comme fes Ouvrages en font foi. Il favoit mieux le grec que M. Arnauld, il
écrivoit mieux en latin que ce célebre Docteur. Il étoit d'ailleurs très verfé dans les Belles-Lettres. Ses Hymnes, fes Poéfies latines, fa Traduction du Pontifical des Grecs, lui font
beaucoup d'honneur, & l'on voit évidemment par fes Ecrits,
qu'il étoit bien éloigné de donner dans l'héréfie des Pélagiens.
Il y a donc de l'ignorance, ou de la partialité, ou de la mauvaife
foi, dans ce que dit notre Cenfeur à l'article d'Ifaac Habert.

Dans celui de Villers, voici comme il s'exprime : *M. de
Villers fe déclara affez hautement pour mériter d'être exclus
de la Congrégation de S. Sulpice devenue toute Pelagienne.* Où
cet Ecrivain a-t-il appris que la Congrégation de S. Sulpice
*étoit devenue toute Pélagienne* du tems de M. de Villers? Une
accufation auffi grave méritoit d'être prouvée. Le fait eft que
la Congrégation de S. Sulpice n'a jamais donné dans le Pélagianifme; qu'il y a toujours eu & qu'il y a encore des Sulpiciens,
qui au vû & au fû de tous leurs Confreres, foutiennent le fentiment des Thomiftes fur la Grace efficace par elle-même &
fur la Prédeftination, & qui font par conféquent diamétrale-

ment oppofés au Pélagianifme ; mais cette Congrégation a toujours été oppofée à la caufe de M. Arnauld & à celle du Pere Quefnel, & cela fuffit à notre Cenfeur pour l'accufer d'être *toute Pélagienne* ; comme fi, fans être Pélagien, on ne pouvoit penfer autrement fur la Grace que ces deux fameux Ecrivains ? S. François de Sales, & tant d'autres Perfonnes éminentes en piété, en vertu & en fcience, ne penfoient pas comme eux fur la Grace, fans qu'on puiffe pour cela les traiter de Pelagiens. C'eft donc une pure calomnie d'affurer de la Congrégation de S. Sulpice, que du tems de M. de Villers elle étoit devenue *toute Pelagienne.*

Il nous feroit auffi très difficile d'excufer notre Critique fur fa mauvaife foi dans l'article de feu M. le Duc d'Orléans qu'il a copié de nous en d'autres termes. Nous avons donné dans cet article la lifte des Ouvrages de ce vertueux & favant Prince au nombre defquels nous avons indiqué une *réfutation* du gros Ouvrage françois intitulé *les Hexaples* : réfutation que feu M. le Duc d'Orléans nous avoit communiquée & dont nous avons vû plufieurs copies. Notre Cenfeur après avoir omis à deffein cette *réfutation* dans la lifte des Ouvrages de M. le Duc d'Orléans, qu'il copie d'après nous, vient nous dire, » que ce grand Prince comprit que c'étoit à la faine Doc-
» trine qu'on en vouloit fous prétexte de faire recevoir une
» Piece fauffement décorée d'une autorité refpectable, & que
» jugeant de l'arbre par fes fruits, il conclut qu'une Bulle qui
» ne s'étoit établie, que par le renverfement du bon ordre,
» l'extinction de la lumiere, & l'ANÉANTISSEMENT DE TOUT
» BIEN, ne méritoit que des anathêmes... mais qu'il en fut
» lui-même la victime, qu'il mourut fous l'anathême de fon
» premier Pafteur, & qu'il fut privé des Sacremens à caufe de
» fon oppofition à cette Bulle «. Nous favons de feu M. le Duc d'Orléans lui-même, & il nous l'a dit plufieurs fois, qu'il étoit foumis à la Bulle *Unigenitus* ; mais quand il ne l'auroit pas dit, fa *réfutation* du gros Livre des *Hexaples* en eft une preuve fans replique. C'eft donc à deffein que notre Cenfeur a fupprimé cette *réfutation* dans la lifte qu'il a donnée d'après nous des Ouvrages de ce grand Prince, afin de faire croire qu'il rejettoit la Bulle. Mais puifqu'il ne la rejettoit pas, & que c'eft un fait connu de tout le monde, fait que notre Cenfeur lui-même ne peut ignorer, comment juftifier fa bonne foi dans le recit qu'il nous donne de ce que penfoit feu M. le Duc d'Orléans fur la Bulle ?

Quoiqu'il paroiffe clairement par une infinité d'endroits du gros Livre de notre Cenfeur, qu'il n'eft ni Docteur ni docte en

Théologie, il se mêle néanmoins de faire le Théologien. Par exemple, après avoir rapporté dans le même article ce que feu M. le Duc d'Orléans dit dans son Testament en parlant de la Doctrine de S. Thomas, ″ qu'il la croit la meilleure des opi- ″ nions qui se soutiennent dans l'Ecole: il ajoute : ″ avec quel- ″ ques rayons de lumiere de plus , le pieux Prince auroit autre- ″ ment caractérisé la Doctrine de S. Thomas, & l'auroit appellée ″ avec Benoît XIII, L'ANCIENNE ET VÉRITABLE DOCTRINE DE ″ L'EGLISE″. Mais quand ce savant Prince l'auroit ainsi appellée, en seroit-elle moins une opinion ? Je suis pleinement convain- cu moi-même que la Doctrine de S. Thomas & des Thomistes sur la Grace efficace par elle-même & sur la Prédestination , est l'ancienne & véritable Doctrine de l'Eglise ; c'est un senti- ment que je soutiens avec Benoît XIII, Benoît XIV, M. Bossuet, &c. & que j'ai toujours soutenu; mais aucun vrai & docte Théo- logien ne peut mettre sans témérité le système des *Thomistes* au nombre des dogmes & des articles de foi; puisque l'Eglise ne s'est pas encore formellement déclarée sur ce point, & qu'el- le permet aux Théologiens de soutenir publiquement le systê- me des *Augustiniens*, & celui des *Congruistes*, systêmes op- posés à celui des *Thomistes*.

A l'article du fameux Molina & ailleurs, notre Censeur blâme beaucoup les Papes Clement VIII, & Paul V, de n'a- voir pas publié une Bulle contre la Doctrine des Jésuites sur la Grace , sur la Prédestination , & sur d'autres points impor- tans ; mais sans entrer dans le fond de cette affaire, dont ce n'est pas ici le lieu de traiter, il paroît au contraire que la conduite de ces deux Papes a été très sage & très prudente à cet égard. Il s'agissoit de décider entre deux Ordres Religieux très étendus , très nombreux , & très puissans, qui s'accusoient mutuellement d'erreur & d'hérésie. Les fameuses Congréga- tions *de Auxiliis*, amenerent les Contendans à convenir de part & d'autre des articles de foi , & des dogmes décidés sur les matieres qui faisoient le sujet de la contestation , & toute cette dispute se termina enfin à des questions d'Ecole & à des opinions de Théologiens. Que pouvoient donc faire de plus sage & de plus prudent les souverains Pontifes, que de laisser, comme ils firent, à chaque Ordre la liberté de soutenir ses opinions , & de leur défendre de se noter ou de se censurer mutuellement ? N'étoit-il pas à craindre qu'en condamnant sans nécessité l'opinion d'un des deux Ordres, on n'introduisît un schisme scandaleux dans l'Eglise, & que le remede ne fût pire que le mal que pouvoient occasionner ces sortes de dispu- tes ? Quand il est question de morale relâchée, de maximes ſcandaleuſes & contraires aux bonnes mœurs , de principes capables de corrompre ou de détruire la pratique des bonnes œuvres, d'Ecrits impies, qui attaquent les premiers principes de la Religion & les articles fondamentaux de la Foi, pour lors les Papes , les Evêques & les Facultés de Théologie ne ſauroient s'élever trop promptement contre des Ouvrages ſi pernicieux & des maximes ſi ſcandaleuſes & ſi déteſtables ; & leurs Bulles , leurs Mandemens & leurs Cenſures ont auſſi-tôt l'approbation de tous les Fideles : mais lorſqu'il s'agit de queſtions purement ſpéculatives , de points de Doctrine qui n'ont pas encore été clairement décidés par l'Egliſe , ou qui ne ſont pas encore pleinement diſcutés , alors il eſt dangereux de précipiter les déciſions ou les cenſures , & l'on ne peut y apporter trop de précaution , de prudence , de maturité & de circonſpection ; de peur que ces ſortes de déciſions ou de con-damnations ne faſſent plus de mal que de bien , & qu'au lieu de mettre la paix & l'union parmi les Fideles , elles n'y faſ-ſent naître au contraire la diviſion , le ſchiſme & le ſcandale. Il nous ſeroit aiſé d'appuyer ce que nous diſons ici par des exemples , par l'autorité des Peres de l'Egliſe , & par le ſuf-frage du célebre Gerſon & des Théologiens les plus ſenſés & les plus judicieux ; mais ce n'en eſt pas ici le lieu. Il nous ſuffit d'avoir montré que notre Cenſeur a tort de blâmer la conduite de Clement VIII & de Paul V , dans l'affaire dont il s'agit.

C'eſt avec le même défaut de jugement & de principes, qu'il blâme ſans ceſſe les Papes & les autres Eccléſiaſtiques qui ſont Souverains , quand il les voit entreprendre la guerre , ſans faire attention que les Papes , par exemple , ont deux ca-racteres: celui d'Evêque & de Chef de l'Egliſe , & celui de Souverain d'une partie de l'Italie. Il eſt conſtant qu'ils doivent employer leurs revenus Eccléſiaſtiques , je veux dire , ceux qu'ils touchent en qualité d'Evêque de Rome & de Chef de l'Egliſe , à la ſubſiſtance des Pauvres , & à la gloire de l'Egliſe & de la Religion ; mais comme Souverains d'une partie de l'Italie , ils ſont obligés d'employer leurs revenus civils pour le bonheur temporel de leurs ſujets , & pour le ſoutien , la défenſe & la gloire de leurs Etats. D'où il ſuit , que ſi quel-qu'un veut envahir le domaine temporel des Papes en Italie , ils ſont en droit , ils ſont même obligés de le réprimer par tous les moyens légitimes que Dieu leur a mis entre les mains , & même par les armes , s'il eſt néceſſaire. Ce que nous di-ſons ici des Papes doit s'entendre également des Evêques & des Abbés qui ſont Souverains en Allemagne ou ailleurs , &

avec les reſtrictions convenables, des Eccléſiaſtiques qui ſont
Miniſtres des Rois, comme étoient l'Abbé Suger, le Cardinal d'Amboiſe, Ximenez, Richelieu, &c. Notre Cenſeur qui
confond tous ces objets a donc tort de ſe recrier ſans ceſſe
contre les Papes & les autres Perſonnes dont nous parlons,
toutes les fois qu'il leur voit faire la guerre, même la plus
juſte & la plus légitime, ou des dépenſes utiles & néceſſaires
au bonheur civil & à la gloire temporelle de leurs Sujets; il
devoit faire attention que les Papes, les Evêques ou Abbés
Souverains, & les Eccléſiaſtiques que les Rois choiſiſſent pour
Miniſtres, ne ſont pas obligés, qu'ils feroient même très mal,
de ſe conformer à ſes idées étroites, à ſon zele exceſſif, & à
ſes principes outrés.

Quand notre Cenſeur copie nos articles concernant les prodiges & les prétendus miracles du Paganiſme, il a ſoin d'avertir avec nous que ce ſont des Fables, ou du moins de les révoquer en doute; mais dans ſes articles nouveaux & dans ſes
additions, il en parle ſouvent, comme de vrais prodiges &
de vrais miracles. Par exemple à l'article d'ACTIUS NÆVIUS,
il aſſure que ce fameux Augure coupa avec un raſoir une
pierre à éguiſer en préſence de Tarquin *l'ancien*, qui ſe moc-
quoit de la vanité de l'art des Augures, & que *ce prodige fit tant
d'honneur à Nævius qu'on lui dreſſa une Statue dans le lieu
même où il s'étoit operé*. A l'article d'Harpage, en parlant de
Cyrus encore enfant, il aſſure qu'un des Bergers du Roi l'ex-
poſa dans une forêt; mais qu'il *fut ſauvé miraculeuſement*.
Il rapporte de même, ſans correctif, des prodiges & des miracles
ſemblables, dans un grand nombre d'autres articles, ſurtout
quand il ne nous copie pas. Apparemment que la vérité de ces
prodiges & de ces prétendus miracles, opérés dans le Paganiſme, fait encore partie de ſa profonde Théologie, puiſqu'il
traite d'*Impie* l'opinion de Vandale ſur la fourberie des Oracles des Payens, & ſur leur ceſſation: qu'il apprenne cependant, s'il ne le ſait pas, que des Théologiens très ſavans &
très Orthodoxes ſoutiennent que *les Démons ne peuvent opé-
rer aucun prodige, ni aucun miracle pour introduire ou pour
autoriſer l'erreur ou le vice parmi les Peuples*, & qu'ainſi
l'hiſtoire de ſa pierre à aiguiſer coupée miraculeuſement avec
un raſoir pour autoriſer l'art des Augures chez les anciens Romains, eſt une fable au jugement de ces Théologiens, auſſi-
bien que tous les autres prétendus miracles que les Payens ont
attribués à Minerve, à Eſculape, & aux autres Dieux du Paganiſme; que l'on ne peut en bon Théologien traiter d'*Impie* l'opinion de Vandale & de Fontenelle ſur les Oracles

quand bien même cette opinion seroit fausse , ce que nous n'examinons point ici; & que rien n'est plus contraire au bonheur de la Société , & à l'union, la paix & la charité qui doivent regner entre les Fideles , que ces hommes superficiels & ces petits esprits de parti, qui déchirent & qui outragent ceux qui ne pensent pas comme eux , & qui veulent ériger en dogmes & en maximes leurs opinions, leurs préjugés, leurs préventions, leurs délires, leurs erreurs même & leurs chimeres.

On voit par tout ce que nous venons de dire , & par tout ce que nous dirons dans la suite de cet Avertissement, en quoi consistent ordinairement les prétendues corrections & les changemens que notre Censeur a faits dans les articles de notre Dictionnaire. A l'égard de ses additions , elles ne tombent pour l'ordinaire que sur MM. de Port-Royal & leurs amis, ou sur les Jésuites , & les autres Adversaires de Port-Royal , & ce sont presque toujours des exagérations & des déclamations assez semblables aux amplifications des jeunes Rhétoriciens de College, qui écrivent tout ce qui leur vient dans l'imagination , soit qu'ils louent, ou qu'ils blâment, & dont il faut presque toujours retrancher une grande partie , pour les réduire à de justes bornes , & à des discours sensés. Nos articles ont servi à notre Censeur comme de theme & de matiere. Il les a amplifiés à sa maniere, & selon les différens mouvemens qu'ont excités en lui ou son admiration & son enthousiasme pour les Ecrivains & les autres Personnages de son parti, ou son indignation, son imagination échauffée, & sa bile en fureur contre les Jésuites & leurs Partisans. Mais il lui est arrivé ce qui arrive aussi aux Ecoliers qui est de remplir leurs amplifications de minuties & de petits détails qui ne doivent jamais entrer dans ce que l'Auteur appelle , *une idée abregée de la vie & des Ouvrages des hommes illustres.* Rapportons - en un exemple.

A l'article du célebre M. Arnauld, voici comme il parle de sa mort. ɔɔ Le Samedi après avoir reçu le S. Viatique (le grand ɔɔ Arnauld ) entra dans une agonie douce & tranquille dans la- ɔɔ quelle il expira âgé de 82 ans , après avoir vécu 52 ans dans ɔɔ la persécution pour la justice & la vérité. Le lendemain de sa ɔɔ mort on l'ouvrit pour en tirer le cœur qui étoit destiné à ɔɔ Port-Royal des Champs , & on mit son corps dans une bierre ɔɔ de chêne , & le Curé de Sainte Catherine étant venu l'enlever ɔɔ pendant la nuit, le transporta dans sa maison, où après avoir ɔɔ renfermé le cercueil de bois dans un autre de plomb , il l'in- ɔɔ huma secretement dans son Eglise , au bas d'une Chapelle

» près du Chœur ; & *non cognovit homo sepulcrum ejus, us-*
» *que in præsentem diem* , &c. un Ecrivain judicieux auroit
évité tout ce menu détail , qui pourroit à peine se tolerer
dans une histoire en forme , mais qui ne convient nullement
dans *une idée abregée.* Il importe en effet très peu au Lecteur
de savoir , que le corps de M. Arnauld a été mis d'abord *dans*
*une bierre de chêne* , & ensuite *dans un cercueil de plomb.* Bien
moins falloit-il appliquer au sépulcre de M. Arnauld, ce que
l'Ecriture dit de la sépulture de Moyse , attendu que cette application paroît fausse. Car puisque le corps de M. Arnauld a
été mis dans un cercueil de plomb, dans l'Eglise de Sainte Catherine de Bruxelles, au bas d'une Chapelle , près du Chœur,
& que le lieu de la sépulture est si bien désigné, il n'y a aucune
apparence que l'on ignore à Bruxelles, le lieu précis où M.
Arnauld a été inhumé, surtout si M. le Curé de Ste Catherine
a mis sur le cercueil de plomb une inscription, selon l'usage ordinaire , auquel il n'est pas vraisemblable qu'il ait manqué :
ainsi l'on ne peut dire de M. Arnauld , ce que le texte sacré
rapporte de Moyse , & *non cognovit homo sepulcrum ejus us-*
*que in præsentem diem.* Le corps de ce divin Législateur fut
enterré au-delà du Jourdain dans une Vallée spacieuse du Païs
des Moabites au pied de la grande montagne de Nebo , &
Dieu permit que le lieu de sa sépulture demeurât inconnu, pour
ôter , disent les interprêtes, une occasion aux Israélites de tomber dans l'idolâtrie : mais le corps de M. Arnauld a été inhumé
dans une petite Chapelle , & il n'a jamais été à craindre qu'il
donnât occasion à l'idolâtrie. Il n'est donc pas vraisemblable
que personne à Bruxelles ne se soit informé de l'endroit précis, où il a été inhumé, & qu'il ne l'ait point découvert, vû
qu'il ne falloit le chercher que dans l'étendue étroite d'une
Chapelle près du Chœur. Mais quoi qu'il en soit, tout ce menu
détail de la mort & de la sépulture de M. Arnauld étoit superflu *dans un abregé.* Nous pourrions citer une infinité d'additions semblables, & c'est ce qui a grossi le Dictionnaire
anonyme dont nous parlons, jusqu'à six tomes in-8°.

Venons à présent à ce que cet Auteur anonyme n'a point
pris de nous. C'est 1°. l'article de Robert de Sorbon, que
nous avons fait avec soin, & où nous avons donné une connoissance exacte de la Maison & Société de Sorbonne : ce que
personne n'avoit fait avant nous. L'Auteur a mieux aimé copier les fautes du Moreri & des autres Ecrivains qui ne sont
pas au fait de cette célebre Maison , que de prendre de nous
cet article. Pourquoi cette affectation ? ne devoit-il pas plutôt
s'en rapporter à nous sur un point que nous savons apparem-

ment mieux que lui & que les Auteurs dont il a copié les fautes ? Mais il craignoit qu'en copiant de nous cet endroit, on ne s'apperçût de son plagiat, comme s'il ne devoit pas s'attendre qu'il seroit découvert par-tout ailleurs ? Ainsi il a affecté de s'écarter de nous, dans le seul endroit où il auroit dû principalement nous suivre. 2°. Nous avons averti dans la Préface de notre Dictionnaire, que pour éviter la confusion de la Chronologie, nous réduisions toutes les dates aux années avant ou après Jesus-Christ : ce qui donne toujours une idée claire & précise du tems dont on parle, parcequ'il n'y a personne qui ne sache dans quelle année il vit depuis J. C. Notre Censeur par une démangeaison déplacée de s'écarter de nous, s'est imaginé qu'il falloit prendre une autre méthode, & il cite tantôt les années du monde, tantôt celles des Olympiades, ou de la fondation de Rome, tantôt celles de l'Hegire, & enfin, quand il est obligé de nous copier, il revient comme nous aux années avant J. C. Un Censeur judicieux ne se seroit pas écarté en ce point de la route que nous suivons, & n'auroit pas embarrassé son Lecteur dans une voie incertaine & souvent inconnue, d'autant plus que tous les Savans ne sont pas d'accord sur le nombre des années qui se sont écoulées depuis la création du monde jusqu'à la naissance de J.C., & que notre Critique n'a point averti quel systême de chronologie il suivoit. Aussi par ce cahos de Chronologie tombe-t-il sans cesse dans une infinité de fautes & d'anachronismes, qui feroient rougir le jeune homme le moins versé dans la Chronologie. 4°. Notre Censeur s'est écarté du plan que nous suivons, en ce qu'il a omis de parler d'un grand nombre de Papes & de Princes, dont nous avons rapporté la suite avec exactitude en indiquant toujours leurs prédécesseurs & leurs successeurs, afin que le Lecteur pût lire tout de suite leur histoire avec l'aide de notre seul Dictionnaire, & sans le secours d'aucun autre Livre. Nous n'imaginons pas pourquoi notre Critique ne s'est pas conformé à un plan si utile & si raisonnable.

Il ne nous reste plus qu'à parler des nouveaux articles qu'il a ajoutés à notre Dictionnaire, & de ceux qu'il en a retranchés. Quant aux premiers nous convenons qu'il en a ajouté une centaine qui auroient mérité d'entrer dans le nôtre. Son Livre ne nous est parvenu que sur la fin de l'année derniere dans le tems que cette nouvelle Edition étoit déja très avancée, sans quoi nous n'aurions pas manqué d'y inserer ces articles nouveaux, en y corrigeant néanmoins les fautes essentielles que cet Ecrivain anonyme y a faites. C'est surtout dans ces articles nouveaux que notre Censeur a commis le plus de fautes, & cela vient apparemment, quoi qu'il en puisse dire, de ce qu'il ne nous avoit pas alors pour guide & pour modele. Par exemple à l'article de Stilpon, il dit, que ce célebre Philosophe *vivoit dans la dix-huitieme Olympiade*, 306 *avant J. C.* en quoi il se trompe de près de 300 ans, si l'on s'en tient à sa dix-huitieme Olympiade ; car cette Olympiade tombe à l'an 704 av. J. C., & par conséquent si le Philosophe Stilpon *vivoit dans la dix-huitieme Olympiade*, il falloit le faire remonter jusqu'à l'an 704 avant J. C., mais on sait qu'il florissoit du tems de Ptolemée *Lagus*, & de Demetrius *Poliorcete* dont il s'acquit l'estime ; il étoit donc beaucoup plus simple de s'en tenir à l'an 306 av. J. C. & de ne point parler d'Olympiades. Dans le même article notre Critique assure que *les mœurs de Stilpon n'étoient pas plus pures que ses sentimens.* C'est trop dire, car Ciceron assure formellement le contraire, & il rapporte d'après le témoignage de ceux qui avoient été liés particulierement avec Stilpon, ɔɔ que ce Philosophe avoit à la vé- ɔɔ rité un témperamment naturellement très porté au vin & ɔɔ aux femmes, mais qu'il sut tellement dompter & réprimer ɔɔ son témperamment par sa Doctrine, qu'on ne le vit jamais ɔɔ ivre, & qu'il ne parut jamais en lui aucun vestige d'incon- ɔɔ tinence : Voici les paroles de Ciceron. *Stilponem Megareum Philosophum, acutum sane hominem & probatum temporibus illis accepimus. Hunc scribunt ipsius familiares & ebriosum & mulierosum fuisse. Neque hæc scribunt vituperantes, sed potius ad laudem : vitiosam enim naturam ab eo sic edomitam & compressam esse doctrinâ, ut nemo unquam vinolentum illum, nemo in eo libidinis vestigium invenerit. Cicer. de fato. c. 5.*

Il nous seroit facile de faire voir un grand nombre de fautes & de bevues semblables dans les autres nouveaux articles que l'Auteur anonyme a ajoutés à notre Dictionnaire ; mais il vaut mieux parler des articles qu'il en a retranchés, & de ceux qu'il a omis ; ces articles sont si importans, & en si grand nombre, que nos Lecteurs en seront sans doute très surpris. Nous pouvons les assurer qu'ils en trouveront plus de deux mille dans cette nouvelle Edition, que l'Auteur anonyme dont nous parlons a retranchés ou omis dans le sien. Nous en avons fait le compte avec soin, & nous ne craignons pas d'être démentis par ceux qui voudront prendre la peine de les compter. Et qu'on ne s'imagine pas que ces articles sont de peu de conséquence ; ils roulent la plûpart sur des Hommes très illustres & très célebres, qu'un Ecrivain vraiment savant & érudit n'auroit jamais retranchés ou passés sous silence surtout dans un gros Livre en six tomes in-8°., & ayant sous les yeux notre Dictionnaire où ces articles étoient tout faits. Cela prouve que si cet Anonyme eut composé son gros Livre sans le secours du nôtre, il n'auroit eu ni assez de discernement, ni assez de connoissance dans le choix des articles, puisqu'il en a eu si peu, même avec un tel secours : mais plein de ses préjugés, il n'a rien vû de plus grand, que les hommes qu'il affectionne, & il a mieux aimé retrancher & passer sous silence tant de personnes illustres ou fameuses, que de ne pas épuiser son zele sur un grand nombre de Personnages, qui n'ont rien de particulier, que d'être morts l'appel *de la Bulle* à la main. Falloit-il cependant pour eux retrancher les articles des Prophêtes Sophonie & Zacharie ? ceux d'un grand nombre de Papes, de Saints, d'Empereurs, de Rois & d'autres Princes ? ceux de S. Nil, de S. Pamphile & d'autres Peres de l'Eglise ? ceux de Nicandre, de Sextus Empiricus, d'Ulpien, d'Aëtius célebre Médecin, d'Œcumenius, de Villehardouin, d'Ainsworth, de Swammerdam, de Genghiskan, d'Oxenstiern, de Dom Louis de Haro, d'Agnès Sorel ? ceux enfin, de tant d'autres Hommes illustres & fameux dont on peut voir les noms à la fin de cet Avertissement ?

Après ces retranchemens & ces omissions de plus de deux mille articles, notre Censeur a néanmoins la vanité d'assurer que son Dictionnaire contient plus de choses, qu'il n'y en a dans le Moreri. *Nous osons nous flatter,* dit-il, dans sa Préface, *d'avoir inseré dans l'étendue de quatre volumes* ( ces 4 volumes sont en 6 tomes ) *plus de choses qu'il n'y en a dans le volumineux Moreri.* La vérité est que son gros Dictionnaire contient très peu d'articles qui ne soient dans le Moreri; qu'il y en a dans celui-ci une infinité qui ne sont pas dans le sien, & que le nôtre seul en contient plus de deux mille dont il n'a point parlé. On peut juger par-là, quel fond on doit faire sur les vaines assertions de cet Ecrivain dont l'Ouvrage est très incomplet & fourmille de fautes en tout genre, comme on va le voir dans l'*Errata* suivant, où nous n'en avons cependant rapporté que la moindre partie.

# ERRATA OU LISTE

## Des autres Fautes & Bévues de l'Auteur du gros Dictionnaire Anonyme, en 6 Tomes in-8°.

1°. *Fautes de Géographie, felon l'ordre alphabétique du Dictionnaire anonyme.*

ARAGON, ( Jeanne d' ) étoit femme d'Afcagne Colonne , Prince de Lagliacozzi.

Lifez Prince de *Tagliacozzi.*

ACHILLE naquit à *Photia.*

Il falloit dire *Phtia.*

ARIAGA, ( Roderic ) Jéfuite Efpagnol . . . paffa en Boheme, & fut fait Chancelier de *l'Univerfité d'Efpagne.*

Cela n'a pas de fens; il falloit dire , *de l'Univerfité de Prague.*

GARCEZ. ( Julien ) L'Empereur Charles V le nomma pour être premier Evêqué de *Tafcala*, au Méxique.

Il falloit dire *Tlafcala.* L'Auteur anonyme a copié cette faute du Moreri.

GARDINER , ( Etienne ) né à Buri , dans le village de Suffolck, en Angleterre.

C'eft ici un galimathias; il falloit dire dans le *Comté*, & non pas dans le *village de Suffolck.*

GENNES, ( Julien de ) né à Vitri , en Bretagne.

Lifez né à *Vitré* ou *Vitrai* , en Bretagne.

GENTILIS, ( Scipion ) alla étudier à Wirtemberg.

Il falloit dire à *Wittemberg*; car Wittemberg n'eft pas une ville , mais un Duché. L'Auteur anonyme confond perpétuellement la ville de *Wittemberg* avec le Duché ou le Pays de Wirtemberg. Voyez les articles de Frédéric Balduin , de Homelius , Jufte Jonas , Lyferus , George major , Sabin , &c. mais il ne faut pas confondre ces deux chofes.

GASPARINI, favant Italien , eut pour Patrie Barzizia , peu éloigné de Pergame.

Il falloit dire *de Bergame* en Italie , qu'il ne faut pas confondre avec *Pergame* , ville d'Afie , comme fait encore l'Auteur anonyme à l'article de Gratarole , &c.

GEOFFROI ou JOFFRIDS . . . ayant appris que l'Archevêché de Befançon & celui d'Albi étoient vacans.

Il falloit dire *& l'Evêché d'Albi*, car Albi pour lors n'étoit pas Archevêché.

HYPACIE avoit compofé un Commentaire fur les Coniques d'Apollonius de Perfe.

Lifez *de Perge.*

IGNACE DE LOYOLA . . . . fe rendit à Notre-Dame de Montferrat.

Lifez *de Mont-Serrat*, qui eft très différent du Montferrat.

LAMBERT ( S. ) fe retira dans le Monaftere de S. Avelo.

Il falloit dire dans le Monaftere de *Stavelo.*

LOUIS XII après les Batailles de Seminare & de Crignole.

Lifez *Cerignole* ou *Serignole.*

MAIGROT ( Charles ) fut facré Evêque de *Conron.*

Lifez de *Coron.*

MAY ( Thomas ) né à Suffex , en Angleterre.

Il falloit dire *né dans le Suffex* , car Suffex eft un Comté ou Province d'Angleterre. L'Auteur anonyme s'exprime comme fi l'on difoit *né à Champagne , né à Normandie* , &c. ce qui feroit ridicule.

MULLER , ( Jean ) le Pape Sixte IV après l'avoir pourvu de l'Archevêché de Ratisbonne.

Il falloit dire *de l'Evêché de Ratisbonne* , car Ratisbonne n'eft point un *Archevêché.*

NÆVIUS ( Cneius ) fe retira à *Attique.*

Lifez *Utique* , ville d'Afrique ; car *Attique* n'eft pas une ville , mais l'ancien Territoire d'Athenes.

PHLUGIUS , ( Jules ) Evêque de Marienbourg , dans la Haute-Saxe.

Il falloit dire *de Naumbourg , dans la Mifnie.* Marienbourg n'a jamais été un Evêché , & l'Anonyme n'a pas le pouvoir de lui donner ce titre.

WREN , ( Chriftophe ) naquit dans le Comté de Wiltshire.

Il falloit dire avec nous *dans le Wiltshire* , ou *dans le Comté de Wilt* ; car *Shire* en Anglois fignifie *Comté* : ainfi *Wiltshire* fignifie *le Comté de Wilt.* Il ne faut donc pas dire *le Comté de Wiltshire* , cela feroit ridicule. Il paroît clairement par-là que l'Auteur anonyme ne fait pas l'Anglois , autrement il n'auroit pas fait cette faute.

*Nota.* Nous pourrions aifément rapporter plufieurs autres fautes ou bévues de ce genre. Par exemple , notre Cenfeur dit que le célebre Bignon publia une *Chirographie* de la Terre-Sainte , il falloit dire une *Chorographie* , ce qui eft très différent ; mais cet échantillon fuffit.

### 2°. *Autres Fautes & Bévues de toute efpece.*

ABDENAGO , l'un des trois jeunes hommes que Nabuchodonofor fit jetter dans une fournaife . . . mais ils en furent retirés par ordre de ce Prince.

Effacez cette derniere phrafe , car *ils n'en furent pas retirés* , mais ils en fortirent d'eux-mêmes , comme le dit expreffément Daniel , chap. 3 , v. 93. Qui auroit ofé entrer dans la fournaife pour les retirer , puifque ceux qui les y avoient jettés avoient péri par les flammes? Daniel , 3 , 22.

ABIA tua à Jéroboam *cinquante mille hommes.*

Il falloit dire avec nous , d'après le Texte Sacré , *cinq cens mille hommes.*

ACOSTA , ( Uriel ) ce fut fans doute le traitement humiliant que la Synagogue lui avoit fait fouffrir , qui le porta à cet affreux fuicide qu'il exécuta d'un coup de piftolet.

Il falloit dire avec nous que ce qui porta Uriel Acofta à fe tuer , c'eft qu'ayant manqué d'un coup de piftolet un de fes ennemis , il craignit qu'on ne lui fît fon procès , & qu'il ne fût condamné à mort ; qu'ainfi il aima mieux fe tuer lui-même.

AGRIPPA , ( Corneille ) dans fon *Traité de la Vanité des Sciences* , il entreprend de prouver ce Paradoxe , qu'il n'y a rien de plus dangereux pour la vie des hommes & pour le falut de leur ame, que les Sciences & les Arts. Ce Paradoxe infenfé a été renouvellé de nos jours , par un homme qui ne reffemble à Agrippa que par ce que celui-ci avoit de déréglé dans le caractere & dans la conduite.

C'eft à ceux qui connoiffent M. Jean Jacques Rouffeau de juger fi le portrait qu'en fait ici notre Cenfeur eft reffemblant ; pour nous qui ne le connoiffons connoiſſons pas , mais qui en avons ſouvent entendu parler , & qui avons lû ſes Ouvrages , nous ne pouvons lui refuſer ce témoignage qu'on ne nous a jamais rien dit , & que nous n'avons rien remarqué dans ſes Ecrits, qui faſſe ſoupçonner qu'il ſoit *déréglé dans ſa conduite.* Il me ſemble que quand on avance des accuſations auſſi graves , ſur-tout contre des perſonnes très connues & encore vivantes , il faudroit en produire la preuve.

AILLI. ( Pierre d' ) Le plus important de ſes Ouvrages eſt le *Traité de la Réforme de l'Egliſe.* . . Si ce Cardinal eut vécu de notre tems , il auroit encore bien plus étendu ſon plan de réforme ſur tous ces chefs.

L'Auteur anonyme avance ici une propoſition qu'il lui ſeroit impoſſible de prouver ; mais il veut dire ſans doute qu'il y a aujourd'hui dans l'Egliſe & dans le Clergé de plus grands abus , qu'il n'y en avoit du tems du Cardinal d'Ailli ; ce qui eſt abſurde & contraire aux monumens hiſtoriques les plus conſtans.

ALABASTER ( Guillaume ) quitta *la Religion Angloiſe* pour paſſer à la Communion Romaine.

Il falloit dire quitta *la Religion Anglicane ;* on ne dit point *la Religion Angloiſe.*

ALBERT I étoit fils de l'Empereur Rodolphe Habſpurg.

Il falloit dire *Rodolphe d'Habſpurg ;* car Habſpurg eſt un nom de lieu en Suiſſe.

ALBERT *le Grand.* Son *Androïde,* par exemple, étoit peut-être une tête dont les reſſorts pouvoient former quelques voix articulées.

Si l'Auteur anonyme étoit plus verſé dans la connoiſſance de l'Hiſtoire naturelle, de celle des Machines, & de la nature de la voix, il ſauroit qu'il eſt impoſſible qu'aucune machine artificielle forme *des voix articulées.*

ALCINOÜS. Homere parle *avec emphaſe* des Jardins délicieux de ce Roi.

Cette expreſſion *avec emphaſe* eſt déplacée ici ; il falloit en choiſir une autre.

ALCMAN eſt le premier qui fit des Poéſies amoureuſes.

Cela eſt du moins fort douteux ; il falloit donc avec nous mettre une reſtriction qui marquât le doute.

ANDROMAQUE a fait le ſujet de pluſieurs belles Tragédies, parmi leſquelles on diſtinguera toujours celle *du Grec Euripide.*

Il eſt ſurprenant que l'Auteur anonyme n'ait pas ajouté *& celle du Françcois Racine ;* mais il a ſenti apparemment que cette derniere façon de s'exprimer ſeroit ridicule. Il devoit donc retrancher ſon épithete *de Grec,* car il n'eſt pas moins ridicule de dire *le Grec Homere, le Grec Ariſtote, le Grec Pindare, le Grec Euripide,* &c. qu'il le ſeroit de dire *le François Boileau, le François Moliere, le François Corneille, le François Racine,* &c. il falloit donc dire *celle d'Euripide.*

ANNIBAL. L'indocile Terentius Varron, rebelle aux avis de ſon collégue, porta à Cannes le coup mortel à la République ( Romaine ).

Cette expreſſion eſt trop forte ; elle fait entendre que Terentius Varron fut cauſe de la ruine de la République Romaine par la Bataille de Cannes, ce qui n'eſt pas vrai ; il falloit donc dire *porta à Cannes un coup mortel,* & non pas *le coup mortel.*

ANTONIN ( S. ) ne crut pas que le titre d'Evêque le diſpenſât de mener une vie chrétienne.

L'Auteur anonyme auroit pû nous épargner la tirade qu'il met dans cet article contre les Evêques, car nous ne penſons pas qu'il y en ait aucun *qui croie que le titre d'Evêque le diſpenſe de mener une vie chrétienne.*

APULÉE. Les autres Ouvrages d'Apulée attachent le Lecteur par la beauté du ſtyle.

Nous ne croyons pas que ce jugement de l'Auteur anonyme ſoit approu-

*Tome I.* c

vé des perſonnes de goût, qui ne recommanderont aſſurément jamais la lecture des Ouvrages d'Apulée *à cauſe de la beauté du ſtyle.*

ARATUS vivoit 27 ans avant J. C. du tems de Ptolémée *Philadelphe* ... ſa Poéſie eſt d'une monotonie qui rebute.

Il falloit dire avec nous 272 ans avant J. C. & non pas 27 ans. Apparemment que notre Cenſeur n'a pas lû Aratus en Grec; ſes vers ſont beaux & très bien faits, & n'ont rien qui rebutent ceux qui veulent acquérir la connoiſſance des Etoiles; mais notre Anonyme eſt très novice dans cette connoiſſance, comme nous l'avons prouvé plus haut.

ANAXAGORE fut le premier qui publia des Livres: ce qu'il y a de bon dans ſon ſyſtême, c'eſt qu'il reconnut le premier une intelligence ſuprême qui avoit débrouillé le cahos & donné le mouvement à la matiere, au lieu que tous ceux qui l'avoient précédé, n'admettoient que le haſard ou la fatalité aveugle.

Il falloit mettre de grandes reſtrictions à ce que dit ici notre Cenſeur, qu'Anaxagore *fut le premier qui reconnut une intelligence ſuprême, & qui publia des Livres.* Ce Philoſophe floriſſoit ſeulement vers 450 ans avant J. C. & il ſeroit aiſé de prouver que *l'intelligence ſuprême* étoit connue de Thales, de Pythagore, & d'autres célebres Philoſophes antérieurs à Anaxagore, & qu'ils avoient publié des Livres avant lui. Il faut donc retrancher de cet article ces fautes de notre Critique.

ARISTOPHANES fleuriſſoit, &c.

Liſez *floriſſoit.* Quand on parle d'Ecrivains célebres ou fameux, on ne dit pas *fleuriſſoit.* L'Auteur anonyme a ſouvent commis cette faute.

ARISTOTE. Ses Ouvrages furent vendus à Apellicon, riche Athénien.

Apellicon n'étoit pas *Athénien,* il étoit de Téos. Voyez Strabon, l. 13, pag. 609.

ARNAULD. ( Antoine ) Louis XIV, qui ne voyoit que par les yeux de ces hommes méchans ( des Jéſuites ). . . . ce Prince crédule, dont les oreilles ne furent jamais fermées à la calomnie.

Retranchez tout cela.

Même article. *C'eſt le plus ſavant mortel qui jamais ait écrit,* a dit Boileau, & on peut ajouter que c'eſt celui qui a écrit le plus long-tems, ſans que l'âge ait affoibli, ni la force de ſon eſprit, ni l'excellence de ſa mémoire.

Nous n'examinerons pas ici ſi ce que dit Boileau eſt vrai à la rigueur, ni ſi Grotius, Bochart, Huet, & tant d'autres célebres Ecrivains que nous pourrions citer, étoient inférieurs en ſcience à M. Arnauld; mais l'addition de notre Cenſeur eſt très fauſſe. Theophraſte nous aſſure lui-même qu'il compoſa *ſes Caracteres* à 99 ans. Platon compoſoit encore ſes *Dialogues* à l'âge de plus de 80 ans; & de notre tems M. de Fontenelle, que notre Critique regarde *comme le plus bel eſprit du ſiécle de Louis XIV,* écrivoit encore dans un âge plus avancé que n'étoit celui de M. Arnauld quand celui-ci eſt mort. Nous pourrions rapporter pluſieurs autres exemples, anciens & modernes, contre cette addition de notre Cenſeur, que M. Arnauld *eſt celui qui a écrit le plus long-tems ſans que l'âge,* &c.

AXIOTHÉE ſe déguiſoit en homme pour aller entendre Platon, & elle étudia long-tems ſous ce fameux Poëte ſans ſe faire connoître.

Il falloit dire *ſous ce fameux Philoſophe,* car il ne s'agit point ici de Platon, célebre Poëte Comique, mais de Platon le Philoſophe.

BABYLAS ( S. ) fut enſuite dépouillé de l'Empire & de la vie par Dece.

Il falloir dire ſeulement avec nous, que S. Babylas fut mis à mort par ordre de l'Empereur Dece, & non pas *qu'il fut dépouillé de l'Empire,* car ce Saint Martyr n'étoit pas Empereur, mais Evêque d'Antioche.

BACCHUS, on dit qu'étant venu au monde avant le tems, il fut renfermé dans la cuiſſe de Jupiter, juſqu'à ce que ſon terme fut accompli.

Cet *on dit* eſt ridicule Liſez *la Fable porte* ou *la Fable dit.* Il y a dans cet article pluſieurs autres inéxactitudes.

BACHET. ( Claude-Gaſpard ) Ses principaux Ouvrages ſont . . . une Traduction de Diophraſte en latin.

Liſez de *Diophante.*

BACON, ( François ) il demanda auſſi des Lettres d'abolition de tout ce qui avoit été fait contre lui, afin que ſa mémoire ne paſſât point à la poſtérité avec une flétriſſure. Le Roi les lui accorda, & la poſtérité, à qui il en appella du jugement de ſon ſiécle, n'a pas voulu non plus ſe reſſouvenir de ſa faute.

Cette derniere aſſertion eſt fauſſe & énoncée dans un ſtyle précieux & néologique.

BARCOS. ( Martin de ) Ses principaux Ouvrages ſont, 6°. *Expoſition de la Foi de l'Egliſe Romaine, touchant la Grace & la Prédeſtination,* Ouvrage compoſé à la ſollicitation du Saint Evêque d'Alet, mal-à-propos condamné par le Cardinal de Noailles, qui en confirma toute la Doctrine dans l'Ordonnance même par laquelle il le condamna.

On fait jouer ici à M. le Cardinal de Noailles un rôle plein de mauvaiſe foi, dont tout le monde ne conviendra pas.

BALUZE, ( Etienne ) il donna *Hiſtoria Tullenſis,* in 4.

Il falloit dire *Hiſtoria Tutelenſis,* car c'eſt l'Hiſtoire de Tulle, *Tutelenſis,* que M. Baluze donna, & non pas l'Hiſtoire de *Toul,* en latin *Hiſtoria Tullenſis.*

BARON. ( Vincent ) Les Jéſuites par leurs intrigues firent condamner à Rome, par l'Indice, les Ouvrages du P. Baron, ſous le Pontificat du Pape ( Alexandre VII ), par l'ordre duquel ils avoient été compoſés.

Il me ſemble que l'Auteur anonyme auroit dû prouver que les Ouvrages du Pere Baron avoient été compoſés par ordre du Pape Alexandre VII, ce qu'il ne fait pas.

BARTHIUS, ( Gaſpard ) ſes *Adverſaria.* . . Si la netteté & le choix régnoient autant dans cette Collection que la mémoire & l'érudition de l'Auteur y brillent, ce ſeroit un bon Ouvrage.

Les *Adverſaria* de Barthius ſont, au jugement de tous les Savans & de tous les Critiques les plus judicieux, un fort bon Ouvrage. Il falloit donc s'exprimer autrement.

BELLANGER, ( François ) on a de lui la Traduction de la Théologie Aſtronomique de Derhaut.

Liſez de *Derham.*

BENEDETTE, Peintre & Graveur célebre, mourut en 1670, laiſſant deux fils, qui ont marché bien loin de leur pere dans le même Art.

Il falloit s'exprimer autrement. On ne dit point *marcher dans un Art.*

BOCH ou BOCHIUS, ( Jean ) lorſqu'il fut de retour en Flandres, le Duc de Parme le fit Secrétaire de la Maiſon de Ville d'Angers.

Liſez *de la Maiſon de Ville d'Anvers.*

BODIN, ( Jean ) il ſe fit encore plus connoître par ſon *Heptaplomeron.*

Cela n'eſt point vrai. Ce qui a trompé l'Auteur, qui nous copie mal en voulant changer les termes, c'eſt qu'il a cru que l'*Heptaplomeres* ( & non pas l'*Heptaplomeron* ) étoit imprimé, ce qui n'eſt pas. Cet Ouvrage fit néanmoins grand bruit, par les extraits & par les réfutations que pluſieurs Savans en firent; mais ce qui fit le plus connoître Bodin, ce ſont ſes Ouvrages de la *République,* ſa *Méthode pour étudier l'Hiſtoire,* &c. & non pas ſon *Heptaplomeres,* qui n'a jamais été imprimé, & qui ſe trouve en manuſcrit dans la Bibliotheque de Sorbonne, comme nous en avons déja averti.

BERNARD ( S. ) fit condamner Gilbert de la Porée, Evêque de Poitiers, qui, de même qu'Abailard, se fit des affaires sérieuses, de quelques *miseres scholastiques.*

Ce ne fut pas pour des *miseres scholastiques* qu'Abailard se fit des affaires sérieuses, & que ses Livres furent condamnés au Concile de Sens, mais pour des Erreurs & des Hérésies très dang-reuses, & même pour des Propositions horribles & impies; nous en avons la preuve dans les Ouvrages qui nous restent d'Abailard, & dans ceux de S. Bernard qui rapporte dans sa Lettre 190, au Pape Innocent II, les Erreurs d'Abailard, ses Propositions pélagiennes, & ses erreurs sur d'autres chefs importans. Que notre Censeur lise seulement le chap. 8 de cette Lettre, tome 1, col. 655, de l'édition du Pere Mabillon, de l'an 1690, & il y trouvera les Propositions impies & horribles d'Abailard sur l'Incarnation. Propositions qui ont été renouvellées par les Sociniens. Nous avions déja justifié S. Bernard sur ce point, à l'article d'Abailard; notre Censeur, qui veut faire le Critique, même en matiere de Théologie, y auroit dû faire attention, & écrire avec plus de circonspection.

BERNARD, ( Claude ) c'est lui qui a établi le Séminaire des Trente-trois à Paris . . . qui a fleuri jusqu'en 1731, époque de la destruction du bien qui s'y faisoit depuis sa fondation.

L'Auteur anonyme parle ici du Séminaire des Trente-trois selon ses préjugés ordinaires, & sans le connoître. Ce Séminaire est un des meilleurs Séminaires de France, soit pour la science, soit pour la vertu; c'est un témoignage que nous lui rendons avec une pleine connoissance. Il n'y a point de Séminaire où l'on étudie mieux, & où l'on veille davantage aux bonnes mœurs, sans qu'il s'y mêle ce que l'on appelle du *Cagotisme*, ou un extérieur hypocrite.

BOURSIER ( Laurent-François ) fut . . . ordonné Prêtre malgré lui.

Otez *malgré lui*, ou mettez-y quelque correctif.

BRISEIS. Achille ayant pris Lyrnesse épousa Briseis.

Voilà encore un fait que l'Auteur auroit dû prouver. Briseis fut faite esclave, & donnée à Achille comme une partie précieuse du butin : ce Héros l'aima, mais il ne l'épousa pas. Si Briseis eut été la femme d'Achille, Agamemnon n'auroit jamais songé à la lui enlever. Voilà ce que nous apprend Homere, & nous ne connoissons Briseis que par cet admirable Poëte. Ce seul endroit prouve que l'Anonyme, qui trouve des défauts *énormes* dans Homere, ne l'a pas lû, ou qu'il l'a très mal lû.

BRUTUS eut pour pere Marcus-Junius, qui tiroit son origine d'un des Compagnons d'Enée . . . & la Monarchie Romaine fut changée en République 50 ans avant J. C.

Effacez ces mots, *qui tiroit son origine d'un des Compagnons d'Enée*, car c'est une fable; & au lieu de 50, lisez 509 avant J. C.

CAINAN. Il y a un autre Cainan . . . dont le nom ne se trouve que dans S. Luc & les Septante, & l'on croit que les Juifs ont supprimé le nom de Cainan de leurs exemplaires, pour rendre suspects les Septante & S. Luc qui le reçoivent.

Ce retranchement fait ici à dessein par les Juifs, est une supposition qui ne se peut prouver, & qui n'a aucune vrai-semblance. Notre Censeur devoit donc s'exprimer autrement.

CALMET ( Dom Augustin ) a composé un très grand nombre d'Ouvrages. 4°. *Dictionnaire de la Bible* . . . dont la plus complette édition est en 4 vol. *in-4.*

Lisez en 4 vol. *in fol.*

Même article. 9°. *Recueil nouveau sur les Apparitions des Anges*, &c. Ouvrage plein de critique, de recherches curieuses, & de réflexions judicieuses.

Otez ce jugemement. L'Ouvrage dont il s'agit se sent de l'âge décrépit de Dom Calmet; il n'est rien moins que critique, & les réflexions en sont très souvent peu judicieuses. Il y en a même quelques-unes de dangereuses & de peu exactes, sur-tout dans la premiere édition.

CANUS. (Melchior) Nous avons de lui un *Traité des Lieux Théologiques . . .* cet Ouvrage qui est un chef-d'œuvre d'éloquence pour le style, &c.

Lisez, cet Ouvrage dont le style est très élégant; car il ne faut pas confondre *l'élégance* avec *l'éloquence*, comme fait ici notre Censeur.

DACIER. (Anne) L'Abbé Terrasson convient lui-même que la Traduction de l'Iliade (par Madame Dacier) est très exacte pour le fond des pensées; mais il prétend que l'Auteur a déguisé *les défauts énormes* de son original par les graces du style, & les tours les plus heureux de notre Langue. Passons le fait, & concluons qu'elle a rendu service à Homere, & qu'en lui rendant un air moins grec, elle lui a procuré parmi nous un accueil plus favorable.

Il ne falloit pas passer ce que dit l'Abbé Terrasson, rien n'est plus ridicule ni plus pitoyable, que ce qu'il a écrit sur Homere. La Traduction françoise de l'Iliade, par Madame Dacier, n'approche en aucune sorte des beautés de l'original. Il paroît que notre Anonyme ne sait point le grec, & qu'il n'a jamais lû Homere dans sa Langue originale; autrement il n'auroit jamais dit que Madame Dacier *en rendant à Homere un air moins grec, elle lui a procuré parmi nous un accueil plus favorable.* Que veut il dire par-là? Homere seroit bien plus admiré parmi nous, s'il étoit traduit comme il faut. Qu'on lise les morceaux que Boileau, Racine & M. de Fenelon en ont traduits; ils ont laissé à Homere *son air grec*, & c'est par-là que ces morceaux nous ravissent d'admiration. Homere ne sera jamais si beau dans aucune Langue qu'il l'est dans la sienne; ses Traductions, & en particulier celle de Pope, ne sont belles qu'autant qu'elles approchent de l'original. Il n'y a que les personnes qui n'ont pas lû Homere en grec, ou qui manquent de goût, qui puissent juger autrement des Poëmes d'Homere. Que notre Censeur qui appelle Boileau *le souverain arbitre de la raison,* voie ce que cet arbitre dit d'Homere!

FAREL (Guillaume) étoit ami de Jacques le Fevre d'Etaples, & donna comme lui dans les nouvelles opinions des Protestans.

L'Auteur anonyme accuse ici de Protestantisme Jacques le Fevre d'Etaples; nous avions corrigé cette faute du Moreri, mais notre Critique l'a rétablie: ensuite en nous copiant plus bas à l'article de Jacques le Fevre d'Etaples, il le justifie avec nous de Protestantisme; *mais on prétend avec raison.* y dit-il, *que Jacques le Fevre d'Etaples ne se sépara jamais de l'Eglise, & qu'il ne fut soupçonné d'innovation, ainsi que d'autres Savans, &c.* notre Censeur est souvent tombé dans ces sortes de fautes, d'un côté en nous copiant, & de l'autre en rétablissant les fautes du Moreri, que nous avions corrigées.

GERBERON (Gabriel) il publia les Actes de Marin Mercator.

Lisez, de *Marius Mercator.*

GESNER (Conrad) ses principaux ouvrages sont 3° un lexicon grec & latin, dont Beze & de Thou font un grand éloge.

L'Auteur anonyme en nous copiant ne nous a pas entendu. Par ces paroles, *Beze & M. de Thou en font un grand éloge*, nous avons voulu parler de Gesner, & non de son lexicon; ainsi pour lui ôter l'occasion de se tromper, nous avons mis dans notre errata: *Beze & M. de Thou font de Gesner un grand éloge.*

GOUGE (Thomas.)

Lisez *Gouye* & non pas *Gouge.*

HAMON (Jean) nous avons de ce vertueux Medecin une critique solide & délicate du Jésuite Rellar

Lifez du Jéfuite *Cellot.*

Henri VIII , Roi d'Angleterre fucceda à Henri VII fon pere en 1059.

Lifez en 1509

*Ibid.* Henri VIII époufa Anne de Cleves , qu'il répudia dans la fuite , pour fe marier avec Catherine Havard.

Lifez *Cather ne Howard.* Notre Cenfeur a copié cette faute de nous, fans faire attention que c'étoit une faute d'impreffion.

HONORIUS Empereur d'Orient & frere d'Arcadius Empereur d'Occident.

Il falloit dire tout le contraire , & nous copier plus exactement en difant. Honorius Empereur d'Occident & frere d'Arcadius Empereur d'Orient.

JACOB BEN-NEPTHALI , dans une affemblée que les Juifs firent à Tibériade en Palestine l'an 476, Ben-Nephtali & Ben-Afer inventerent les points hébreux pour fervir de voyelles , & les accens pour faciliter la lecture : ce fentiment est celui de Genebrard.

L'Auteur anonyme nous copie ici bien mal , & fait dire une grande abfurdité à Genebrard. Qui a jamais imaginé que ces deux Rabbins inventerent les points & les accens hébreux *dans une affemblée ?* On a dit qu'ils les avoient inventés pendant qu'ils enfeignoient dans l'Ecole de Tibériade vers 476 , & notre Cenfeur en fait une affemblée tenue à Tibériade en 476.

JANSENIUS ( Corneille ) fit fes études à Louvain , Univerfité autrefois célebre.

Otez *autrefois.*

JEAN XIII , Pape: quelques auteurs ont cru que c'étoit lui qui avoit introduit l'ufage des cloches, mais il paroît qu'il étoit établi plus de deux cens ans avant.

Il falloit nous copier avec plus d'exactitude , & dire avec nous : *c'eft à ce Pape que Baronius attribue la cérémonie de la bénédiction des cloches ; mais D. Martene prouve qu'elle eft plus ancienne de 200 ans.* Car ce n'est point l'ufage des cloches , mais l'ufage de la cérémonie de la bénédiction des cloches , qu'on attribue à Jean XIII , parcequ'il rétablit cet ufage.

INCHOFER ( Melchior ) dont on s'accorde à louer la fageffe, la droiture, la piété , & fur-tout un amour de la vérité, fupérieur à toute confidération & à tout intérêt d'ordre.

On fent bien pourquoi notre Compilateur fait ici un fi grand éloge d'Inchofer auquel il attribue *la Monarchie des Solipfes,* ouvrage injurieux aux Jéfuites ; mais on rabattra beaucoup de cet éloge , & fur-tout de l'amour du Pere Inchofer pour la vérité , quand on fera attention que ce Jéfuite foutint contre toute vraifemblance l'autenticité d'une lettre évidemment apocryphe , intitulée : *Lettre de la Bienheureufe Vierge Marie au Peuple de Meffine,* & qu'il fe fit même des affaires pour foutenir aveuglément cette chimere.

JUSTIN ( Saint ) le ftyle de S. Justin eft fimple & dépourvu des ornemens de l'éloquence ; mais la vérité fe paffe de ces vains attraits.

Otez *ce mais la vérité fe paffe &c.* car les ornemens de l'éloquence ne font pas toujours , & ne font jamais par eux-mêmes *de vains attraits :* les ouvrages de S. Justin en vaudroient mieux , fi le ftyle en étoit meilleur , & s'ils étoient écrits avec plus d'éloquence.

JUVENCUS ( Caïus Vectius Aquilinus ) mais fa latinité n'eft pas bien pure, ni fon goût bien exquis

Ce n'eft pas affez dire , il valloit mieux nous copier tout-à-fait en difant : *mais fes vers font d'un mauvais goût , & fa latinité n'eft point pure.*

LAIRUELS ( Gervais ) , lifez Servais.

LANGUET ( Jean-Joseph ) tous ( ses ouvrages ) traduits en latin & im-primés à Sens sous le titre d'*Opera* , furent supprimés par Arrêt du Conseil. Ces *Opera* de M. de Sens flétris , &c.

Ce jeu de mots , cette équivoque sur le mot d'*Opera* , est tout-à-fait agréable : qu'il est ingénieux ! qu'il est de bon goût ! qu'il est excellent ! qu'il a dû faire rire les précieuses dévotes avec lesquelles notre Censeur s'en-tretient ? Sans doute que le célèbre Auteur des *Nouvelles Ecclésiastiques* le remarquera & en fera l'éloge !

LAUNOY (Jean de ) né en 1607.

Lisez *né en* 1603.

Même article , M. de Launoy ne laissa pas de s'élever avec la dernière vivacité contre la censure monstrueuse de cet homme célèbre ( du grand Arnauld ) qui faisoit tout l'honneur du Corps qui le rejettoit.

Effacez *tout*, car M. Arnauld ne faisoit pas alors *tout l'honneur* de la Sor-bonne ; puisqu'elle comptoit parmi ses membres un grand nombre de Doc-teurs & de Bacheliers très distingués par leur vertu , par leur science , & par leurs talens , tels que MM. de Launoy, Cotelier , Cornet , M. de Choiseul , Evêque de Tournai , MM. Bossuet , de Lamet , des Lyons , Dirois , le Fevre , Feydeau , de Flavigny , Fromageau , Gerbais , Gillot , Gobinet , de Gondrin , Grandin , Hallier , Hemeré , Chevillier , Her-man , Holden , Lalanne , Langevin , Maan , Nicolaï , Nicole , Petit-Pied , Olier , Sainte Beuve , Thorentier , &c.

LEDROU ( Pierre-Humbert ) né à Hug.

Lisez *à Huy.*

Même article. Cette généreuse résistance détermina Ledrou à se défaire de l'Evêché de Porphyre.

Otez cette misère : l'Evêché de Pophyre est un Evêché *in partibus;* ce n'est que le titre d'un Evêché , falloit-il faire un mérite à M. Ledrou de s'en être défait ?

LEMNE ou LEUMIUS. Lisez ou *Lemnius.* L'Anonyme met au nombre de ses ouvrages , un traité *de acuto animi & corporis oblectamento.*

Otez cet *acuto*, & lisez *de honesto* , qui est très différent.

LEMOS ( Thomas de ) on a de lui un recueil intitulé , *Panopsie de la Grace.*

Lisez *Panoplie.*

LUCA ( Jean-Baptiste de ) a laissé un excellent ouvrage sur le Droit Ec-clésiastique en 23 vol. in fol. *Theatrum veritatis* en 15 vol. &c.

Notre Censeur fait ici deux ouvrages d'un seul. Le *Theatrum veritatis* est le titre de l'excellent ouvrage du Cardinal de Luca sur le Droit Ecclé-siastique , il est en 23 vol. in fol. & la meilleure édition est celle de Rome. Dans l'édition précédente nous avions oublié de faire mention de cet ou-vrage : le Censeur ne nous ayant pas pour guide , n'a pas entendu ceux qu'il a copiés , & s'est imaginé que le *Theatrum veritatis* étoit en 15 vol in fol. & qu'il étoit différent du grand ouvrage du Cardinal de Luca sur le Droit Ecclésiastique.

LYSERUE ( Polycarpe ) ses principaux ouvrages sont , des explications sur la Genèse en 6 vol. in 4. *Noachus , seu expositio , &c.*

Effacez *Noachus , seu expositio , &c.* car ce n'est que la seconde partie ou le second volume des explications sur la Genèse.

LOUIS XII songeant à porter dignement la couronne qu'il avoit sur la tête.

Effacez *qu'il avoit sur la tête.*

LUTHER , *Colloquia mensalia :* l'Abbréviateur de Moreri , dit que ce livre est très curieux , quoique Seckendorf soit obligé d'avouer que ces Entretiens de table furent recueillis avec assez peu de discrétion , imprimés

c iv

avec trop peu de prudence par une personne imprudemment idolâtre de Luther.

Tout Luthérien dira la même chose que Seckendorf, qui étoit Luthérien, & qui s'efforce de justifier Luther. Cela empêche-t-il que les *Colloquia mensalia* ne soit un livre très curieux? Que notre Censeur le lise, ce livre, & il sera obligé d'en convenir. Seckendorf ne dit pas le contraire: pourquoi cette démangeaison déplacée de nous critiquer ici?

LYSIPPE, célebre Sculpteur, le grand art de cet habile maître étoit, comme il le disoit lui-même, *de représenter les hommes tels qu'ils étoient, au lieu que les autres les avoient représentés tels qu'ils paroissoient.*

Lysippe disoit précisément tout le contraire de ce que lui fait dire notre Anonyme: il auroit donc mieux fait de nous copier fidelement & de dire avec nous, ou plutôt avec Pline l. 34 c. 8. *Lysippe disoit, de lui-même, que les autres avoient représenté dans leurs statues les hommes tels qu'ils étoient faits; mais que pour lui, il les représentoit tels qu'ils paroissoient.* Voici les paroles de Pline. *Vulgoque dicebat* (Lysippus) *ab illis* (veteribus Statuariis) *factos, quales essent, homines; à se, quales viderentur esse.*

MARGUERITE DE LA BIGNE, lisez *Marguarin* ou *Marguerin* de la Bigne.

MARIE DE MEDICIS... se livra entierement aux conseils de Caligai.

Lisez de Galigai. L'Anonyme a presque toujours défiguré le nom de cette femme.

MARTIGNAC, traduisit aussi 13 Comédies de Terence.

Lisez *trois Comédies* de Terence.

MUIS (Simon de) lisez *Simeon de.*

PHLUGIUS (Jules) s'est acquis beaucoup de réputation, sur-tout par son livre de l'Imitation de l'homme Chrétien.

Lisez par son livre *de l'Institution de l'homme chrétien.*

PIERRE IGNÉE, fut choisi en 1063 pour faire la preuve du feu...(il passa au milieu des flammes) sans que le feu eut fait la moindre impression sur lui, ni sur ses habits... Le Pape Alexandre II déposa Pierre de Pavie (Evêque de Florence) &c.

L'Auteur anonyme rapporte tous ces faits comme certains, quoique la déposition de Pierre de Pavie, & le miracle qu'on attribue à Pierre Ignée, ne soient pas sans difficulté: il falloit donc mettre quelque correctif.

PIN (Louis Ellies du) ses ouvrages sont, Histoire des Juifs depuis J. C. jusqu'àprésent, 7 vol. in 12.

Il falloit dire *une édition de l'Histoire des Juifs par Basnage:* car M. du Pin n'est point l'Auteur, mais seulement l'éditeur & le réviseur de cette excellente Histoire des Juifs de Basnage.

POLLUX (Julius), il nous a laissé un *Onomasticon* ou Dictionnaire grec & latin qui est estimé des Savans.

Il falloit dire avec nous, *il nous a laissé un Dictionnaire grec, dont la meilleure édition est celle d'Amsterdam en 1716 in fol. en grec & en latin avec des notes.* Le Censeur a voulu nous abreger & ne nous a pas entendu. Pollux n'a écrit qu'en grec, mais son Dictionnaire grec a été traduit en latin.

POMPÉE, la gloire de César blessoit les yeux de Pompée: le premier ne vouloit point de maître, & l'autre point *de compagnon.*

Il semble qu'il valoit mieux dire, *& l'autre point d'égal.*

POMPONIUS MELA, il y a eu dans le quinzieme siecle un Pomponius Lætus, (qui) publia à Rome un abrégé de la vie de César depuis la mort de Gordien, jusqu'à Justin III.

Il falloit dire un abregé des *vies des Césars... jusqu'à Justinien III.*

PONTAS ( Jean ) devenu Pénitencier de l'Eglise de Paris, emploi si peu capable de flatter l'amour propre.

Otez *cet amour propre* & dites avec nous qu'il devint *Sous-Pénitencier de l'Eglise de Paris* ; car Pontas n'a jamais été Pénitencier de cette Eglise : au reste la place de Pénitencier & celle de Sous-Pénitencier sont honorables, & l'on ne voit pas ce qui a pû porter le Censeur à les déprimer.

PRESLE ( Raoul de ) Avocat du Parlement de Paris.

Lisez avec nous, *Avocat Général*, ce qui est très différent.

Même article, il fit aussi un traité latin & françois pour prouver que la puissance du Pape ne s'étend pas sur le temporel.

L'Auteur confond ici deux ouvrages dont l'un est l'abregé de l'autre ; il falloit donc dire, il fit aussi *deux Traités, l'un en latin & l'autre en françois, pour prouver*, &c.

Même article, un livre intitulé, *le Roi pacifique.*

Lisez, la traduction d'un livre intitulé, *le Roi pacifique* : car Raoul de Presle ne fut que le traducteur de cet ouvrage.

QUIQUERAN DE BEAUJEU, le Chevalier de Beaujeu après onze ans de prison fut fait Commandant de Bourdeaux.

Lisez, *Commandeur de Bourdeaux :* ce qui est très différent.

RADERUS, ( Matthieu ) on a de lui *Batavia sancta.*

Lisez, *Bavaria sancta.*

RESENDÉ ( André de ) a fait près de cinquante ouvrages, dont les plus interressans sont, *Libri quatuor de antiquitatibus Lusitaniæ in fol . . . Antiquitatum Lusitaniæ*, &c.

Les deux ouvrages que l'Auteur cite ici n'en font qu'un de deux différentes éditions ; ainsi il ne falloit pas les multiplier : d'ailleurs cet Auteur se nomme André de Resende, & non pas de Resendé.

RIBADENEIRA., son Prince, ouvrage latin.

Lisez, son Prince, *ouvrage espagnol*, qui a été traduit en latin.

ROCABERTI ( Jean Thomas ) il prit ensuite la peine de recueillir en deux vol. in fol. tous les ouvrages.

Il falloit dire avec nous, *en 21 vol. in fol.*

ROHAN ( Henri Duc de ) nous avons de lui . . . *le Parfait Politique.*

Lisez, *le Parfait Capitaine*, titre bien différent.

SCALIGER ( Jules-César ). Sa vanité & son esprit satyrique, lui avoient attiré un grand nombre d'adversaires, sur-tout Scioppius & Cardan.

Otez *Scioppius*, puisqu'il n'étoit pas né quand Jules Scaliger est mort ; c'est contre Joseph Scaliger que Scioppius a écrit, & dont il a été l'adversaire. Nous avions fait cette faute d'inadvertance dans les premieres éditions de notre Dictionnaire, & le Censeur l'a copiée avec toute la phrase dans les mêmes termes, quoiqu'il avance dans sa préface, qu'il a eu soin *de ne rien tirer de nous.*

SHARP ( Jean ), on a de lui quatre volumes de sermons.

L'Auteur anonyme nous copie encore ici ; il n'y avoit en effet que quatre volumes de sermons de Sharp, quand nous avons donné la premiere édition de notre Dictionnaire ; mais il y en a à présent sept volumes, & ces sermons passent pour excellens : que notre Censeur y fasse donc attention.

SOCRATES naquit de Sophronisque & de Panagerete.

Il falloit dire de *Sophronisque* & de *Phænarete.*

Le Censeur a copié ces fautes de nous, sans faire attention que c'étoient des fautes d'impression.

TAISAND ( Pierre ). Louis XIV lui envoya un beau Médailler d'or.

Il falloit dire un beau *Médaillon* d'or : ce qui est très différent d'un *Médailler.*

TENCIN ( Pierre Guerin de ), M. de Senez avant que de sortir d'Embrun, alla trouver l'Archevêque ( M. de Tencin ) & lui dit . . . en prenant la plume que M. de Tencin venoit de quitter sur son bureau ; n'est-il pas vrai, que si de MA MAIN BLANCHE , j'allois signer que je renonce à la Grace efficace de J. C. & à la nécessité de son amour pour être sauvé , que de noir que je suis comme les charbons , je deviendrois blanc comme de la neige. Oui , Monsieur , répondit l'Archevêque , signez ces deux propositions & retournez dans votre Diocèse , & je réponds, sur ma tête, de votre liberté. C'étoit donner Acte à M. de Senez , que la Bulle *Unigenitus* , RENVERSE LE PREMIER ARTICLE DU SYMBOLE , ET LE PREMIER COMMANDEMENT DE DIEU.

Effacez tout ce recit qui est un conte destitué de toute vérité & de toute vraisemblance. Qui seroit en effet assez simple & assez stupide , pour croire , ou même pour s'imaginer que M. de Tencin vouloit que M. de Senez *renonçât à la Grace efficace de J. C. & à la nécessité de son amour pour être sauvé ?* Deux propositions qui sont des articles de foi , reconnus & professés comme tels par tous les fideles , & dont il n'étoit nullement question au Concile d'Embrun. Un conte semblable & *la main blanche de* M. de Senez , n'étoient-ils pas bien dignes d'être rapportés par un Ecrivain judicieux dans un ouvrage de critique , où l'on se mêle de censurer ?

PLESSIS RICHELIEU ( Armand Jean du ) , il porta la vanité jusqu'au tombeau , en choisissant pour le lieu de sa sépulture la magnifique Eglise de Sorbonne qu'il avoit rebâtie , & où l'on voit son mausolée , chef-d'œuvre du célebre Girardon.

Effacez ces mots : *il porta la vanité jusqu'au tombeau en choisissant,* *&c.* La famille du Cardinal de Richelieu n'avoit point à Paris de lieu particulier destiné à sa sépulture. Ce Cardinal étoit de la Maison de Sorbonne avant son élévation ; il en devint ensuite Proviseur , & il en fit rebâtir l'Eglise & les appartemens : pouvoit-il choisir un lieu plus convenable pour sa sépulture ? Ce n'est pas lui qui a fait élever en Sorbonne son superbe mausolée. Il ne falloit donc pas l'accuser de vanité pour avoir choisi sa sépulture en Sorbonne. Mais il avoit fait renfermer à Vincennes le fameux Abbé de S. Cyran ; voilà son crime aux yeux de notre Censeur. S'il eût favorisé cet Abbé , notre Anonyme n'auroit pas manqué de lui prodiguer les plus magnifiques éloges.

THEON, Sophiste Grec ; la meilleure édition de son Livre est celle de Lyon , en 1646 , in-8.

Il falloit nous copier plus exactement , & dire avec nous , *la meilleure édition est celle de Leyde , en 1626 , in 8. en grec & en latin. Lugdunum Batavorum* ne signifie pas *Lyon* , mais *Leyde.*

THESÉE fit battre de la Monnoie , marquée de la figure d'un Bœuf.

Le Censeur auroit encore dû nous copier ici plus fidellement , & révoquer en doute avec nous ce fait de Thesée , qui semble être faux ; car il paroît certain que l'on n'a frappé & marqué de la Monnoie que plusieurs siécles après la mort de Thesée.

TIL. ( Salomon Van ) Ses principaux Ouvrages sont . . . des Remarques sur les Méditations de Descartes.

Il falloit dire une Edition *des Remarques de Christophe Wittikius , sur les Méditations de Descartes* ; car Salomon Van Til n'est que l'Editeur de ces remarques.

TRITON Si on doit ajouter foi aux Relations d'un grand nombre de Marins , l'éxistence des Tritons n'est pas une fable. Ce point de l'Histoire naturelle de la Mer , n'est pas encore bien éclairci.

Effacez tout cela , car ce point n'est que trop éclairci , & tous les Savans regardent avec raison les Tritons comme des chimeres. Le Censeur n'en doute , que parceque nous n'en doutons pas.

TRIVULCE-3°. Antoine Trivulce, fils du précédent.

Lisez frere du précédent.

TURRETIN, ( Michel ) a laissé plusieurs Sermons, . . . deux entr'autres, sur l'utilité des affections.

Lisez sur l'utilité des afflictions.

VENUS . . . Reine de Phénicie, nommée Aftarbé.

Lisez Aftarte.

VICTOR II succéda à S. Leon.

Il falloit dire à Leon IX ou à S. Leon IX, car quand on nomme S. Leon sans addition, c'est toujours de S. Leon le Grand dont on parle, & jamais de Leon IX.

VILLARS, ( Louis-Hector de ) en 1703, le 20 Septembre, il gagna la fameuse Bataille de Hochstet.

Otez fameuse, & dites avec nous, il gagna une Bataille à Hochstet, car la Bataille que le Maréchal de Villars gagna à Hochstet, en 1703, n'est point la fameuse Bataille d'Hochstet ; celle-ci se donna en 1704, & les François la perdirent, comme tout le monde sait : or c'est toujours de cette derniere dont on parle quand on dit la fameuse, la célebre Bataille d'Hochstet. Dans cet article l'Auteur n'ajoute qu'un mot à notre phrase, & ce mot est une lourde bévue. Qu'on juge par cet exemple, & par plusieurs autres semblables, combien il est au fait de l'Histoire.

VISDELOU. La facilité avec laquelle il apprit la Langue Chinoise fut étonnante.

Il falloit dire la facilité avec laquelle il apprit l'Ecriture Chinoise, car la Langue Chinoise s'apprend très aisément ; c'est l'Ecriture Chinoise qui est difficile à apprendre, & qui n'a rien de commun avec la Langue Chinoise, comme nos chiffres d'Arithmétique n'ont rien de commun avec la Langue Françoise. Le Censeur ne devoit pas confondre ces deux choses, qui sont très différentes. Il falloit aussi avertir, que les Ouvrages de M. de Visdelou ne sont pas imprimés.

WALSINGHAM. ( François ) Ses Ouvrages sont . . . Secret des Cours, in-12. Maximes Politiques, &c.

Il falloit dire Secret des Cours ou Maximes Politiques, car c'est le même Livre.

WALTHER. ( Michel ) Il y a aussi un George-Christophe Walther, qui a donné au Public un Ouvrage que l'on estime.

Il falloit spécifier cet Ouvrage, car George Walther en a donné plusieurs au Public.

WETSTEIN, ( Jean-Jacques ) il joignit au Nouveau-Testament deux Epîtres de S. Clément Romain, qui n'avoient pas encore été publiées.

Il falloit ajouter qu'il a publié ces deux Lettres en Syriaque & non en Grec, & qu'il en a donné une Traduction latine de sa façon : enfin que les Savans ne sont pas encore d'accord sur l'autenticité de ces deux Lettres.

WOLF, ( Christiern ) à l'âge de 12 ans il alla étudier à Leipsic, sous le fameux Hansbergue, qui y professoit alors la Physique & les Mathématiques.

Effacez tout cela. Wolf n'alla à Leipsic qu'en 1702, non pour y étudier, mais pour y enseigner. Hansbergue n'étoit pas Professeur à Leipsic, mais à Iene. Le Censeur a fait plusieurs autres fautes dans cet article de Wolf.

XENOPHON Il écrivit ensuite l'Histoire Grecque, en six Livres. . . Il a fait encore plusieurs Traités particuliers, sur des Sujets historiques.

Il falloit dire en sept Livres. Les Traités particuliers de Xenophon ne sont pas sur des Sujets historiques, comme l'assure notre Censeur, mais sur l'Economique, la Chevalerie, &c. Voyez l'article de Xenophon, dans notre Dictionnaire.

XIMENEZ, ( François ) il fit toujours profession d'une haute probité; il aima la justice jusqu'à l'excès, & l'appuya toujours de toute son autorité Il ne se lassa jamais d'être le Protecteur des Pauvres, des Gens de bien, & de tous ceux qu'il savoit être justement opprimés. L'on ne peut même nier qu'il n'ait fait de fort grandes choses pour la gloire de l'Eglise & de la Religion; mais il paroissoit en tout cela un air de grandeur, qui faisoit connoître qu'il ne travailloit que pour la sienne, & qu'il n'avoit d'autre dessein que celui de s'immortaliser.

Effacez ces deux dernieres phrases depuis ce , *mais il paroissoit.* Car le Cardinal de Ximenez étant premier Ministre d'un grand Royaume, & Archevêque d'un des plus riches Archevêchés de l'Europe, il pouvoit faire paroître de la grandeur & de la magnificence dans tout ce qu'il faisoit, sans qu'on puisse en conclure, comme fait notre Censeur, que ce célebre Cardinal *ne travailloit que pour sa gloire, & qu'il n'avoit d'autre dessein que celui de s'immortaliser :* parler ainsi, c'est vouloir sonder les cœurs, & trouver témérairement du mal jusques dans les desseins & les intentions des plus grands Hommes, quand on n'en peut point trouver dans leurs actions. Que l'on dise que le Cardinal de Ximenez a travaillé pour sa gloire & dans le dessein de s'immortaliser, en cela il n'y a point de mal; mais assurer que ce grand Homme *n'a point eu d'autre dessein*, c'est une assertion au moins téméraire.

ZOZIME, Pape. Celestius lui présenta une Profession de Foi, où il nioit *clairement* le Péché Originel; mais comme il y déclaroit qu'il se soumettoit sans réserve, & condamnoit ce que les Evêques d'Afrique avoit condamné, le nouveau Pape se laissa surprendre par cet artifice.

Effacez *clairement ;* car si Celestius avoit nié *clairement* le Péché Originel dans sa Profession de Foi, le Pape Zozime ne s'y seroit pas laissé surprendre.

### 3°. *Les fautes de dates & de Chronologie.*

Elles sont innombrables dans ce gros Dictionnaire anonyme en 6 tomes in 8°. Voïez en particulier les articles d'Azarias, de Benoît Antipape, de Gouffier, le Grain, Gratarole, Grégoire VIII, Grégoire IX, Grotius, Guichardin, Gygés, Habicot, Henriquez, Herlicius, Moyse, &c. Il y en a une si grande quantité qu'on y trouve à peine quelques articles qui en soient exempts. Les noms propres y sont aussi tellement défigurés, qu'on ne les pourroit plus reconnoître, si l'on n'étoit pas très au fait de l'Histoire & de la Littérature.

Voilà une partie des fautes & bevues de notre Censeur, nous pourrions en relever ici beaucoup d'autres, car nous en avons dequoi composer un volume: s'il en doute, il n'a qu'à se faire connoître, & nous les lui communiquerons volontiers. Il nous reste cependant encore environ deux tomes de son Livre à examiner, & si nous en jugeons par les autres, ils ne sont pas plus exacts. Parmi les fautes de notre Censeur, il y en a sans doute plusieurs, qui ne sont que des fautes d'impression; mais ce sont toujours des fautes, & d'ailleurs il s'y en trouve un très grand nombre qui ne peuvent être de ce genre. Il peut voir par cet Examen que nous sommes en état de répondre à ses injures par des raisons, & que si désormais nous n'écrivons plus contre lui, ce n'est pas que nous ne puissions le faire ; mais nous n'aimons pas à disputer, ni à entretenir le Public de ces sortes de discussions qui lui importent très peu. C'est ce qui m'avoit d'abord déterminé à garder le silence sur ce gros Livre de mon Censeur, & sur les injures atroces qu'il me dit. J'y étois même si résolu, que je n'en ai pas parlé une seule fois dans tout le cours de cette nouvelle Edition de mon Ouvrage, quoique j'ai eu souvent occasion d'y relever ses fautes & ses bevues : mais à la fin de l'impression, plusieurs Personnes respectables & judicieuses m'ont engagé à lui répondre & à examiner son Livre, prétendant qu'il y alloit de mon honneur de faire voir au Public que j'étois en état de justifier mon Dictionnaire contre les censures & les mauvaises critiques qu'on en pouvoit faire. Je ne me suis rendu qu'avec peine à leurs sollicitations, & je regrette déja le peu de tems que j'ai employé à cet Examen. Je ne doute pas que tout Lecteur judicieux ne conclut de tout ce que j'ai dit jusqu'ici, que l'Auteur anonyme dont je parle auroit beaucoup mieux fait pour son honneur, de m'envoyer à moi-même tout ce que lui & ses semblables trouvoient à redire dans mon Ouvrage. J'aurois assurément profité de ce qu'il y auroit eu de bon, de juste, & de sensé dans leurs remarques, j'aurois tâché de faire en sorte de ne blesser personne, comme j'en ai eu toujours le dessein, & il se seroit épargné la peine de faire un gros Livre qui fourmille de fautes, & à moi celle de les relever. Que s'il vouloit déclarer la guerre aux Jésuites, & justifier MM. de Port-Roïal contre le *Dictionnaire des Livres Jansenistes*, comme il semble en avoir eu le dessein, qui l'empêchoit de faire un Dictionnaire contenant tous les Hommes illustres ou fameux de ces deux partis, & d'y donner un libre cours à ses déclamations, à son zele, & à sa bile ? Un Dictionnaire composé dans ce gout, eut été plus de son ressort, il auroit été plus agréable à ceux qui pensent comme lui, & il auroit beaucoup mieux rempli l'objet qu'il s'est proposé ; car enfin les articles sur lesquels il me fait des reproches, ne font qu'une très petite partie de mon Dictionnaire, & puisque mes jugemens sont justes & équitables, à l'égard de tous les autres articles, comme il a été obligé d'en convenir lui-même en s'en écartant très rarement, qu'étoit-il nécessaire de jetter les hauts cris contre moi & contre mon Dictionnaire, surtout aïant prié tous ceux qui y trouveroient quelque chose à redire de m'adresser leurs remarques ?

Mais revenons à cette nouvelle Edition de mon Dictionnaire. Je n'ai point voulu réduire les deux volumes en un seul, comme beaucoup de personnes paroissoient le souhaiter : il auroit fallu pour cela, abreger bien des articles, & par conséquent omettre beaucoup de choses essentielles & intéressantes, & alors ç'auroit été une liste des noms assez seche, & tout-à-fait ennuyeuse. Je n'ai pas cru non plus devoir étendre le nombre des volumes. Cela m'auroit été aussi facile qu'à mon Censeur, mais je serois sorti de mon objet. Je ne veux présenter que ce qu'il y a de plus essentiel, de plus curieux, & de plus nécessaire à savoir dans les Vies des Personnes illustres ou fameuses ; deux volumes suffisent pour remplir ce plan sans sécheresse & d'une maniere intéressante, quoique mon Censeur qui aime à amplifier, ne veuille pas en convenir ; mais c'est au public à juger de mon Ouvrage, & je ne puis plus douter de son suffrage, depuis qu'il en a reçu toutes les Editions avec tant d'empressement. Il n'y a pas assurément grand mérite à composer ces sortes de Livres : aussi n'y ai-je travaillé que par maniere de délassement : il faut cependant avoir beaucoup de connoissance pour y réussir ; & autant que je puis juger de mon Censeur par son Ouvrage, il n'est point assez au fait des Langues, de la Géographie, de la Chronologie, de l'Histoire, de la Théologie, des Mathématiques & des autres Sciences, pour exécuter comme il faut, une telle entreprise, qui paroît au-dessus de ses forces. Il me semble aussi que son extrême vivacité, l'excès de son zele, & son attachement outré à ses préjugés & à ses opinions, ne peuvent s'allier avec la modération, l'impartialité, & le sang froid, qui sont nécessaires pour la composition d'un Dictionnaire tel que celui-ci, qui est fait pour être mis entre les mains de tout le monde, surtout entre celles de la Jeunesse. Il auroit donc beaucoup mieux fait de s'en tenir à l'espece de Dictionnaire dont nous avons parlé plus haut, qui ne demandoit pas tant de connoissance & qui étoit plus assorti à son gout & à sa maniere de penser, & de m'envoyer ses remarques avec ses additions & ses corrections, comme j'en avois prié mes Lecteurs à la tête de mon Dictionnaire ; mais puisqu'il les a fait imprimer & qu'il les a accompagnées d'injures atroces que je n'ai point méritées, il ne doit pas trouver mauvais que j'aie relevé à mon tour les défauts de son gros Ouvrage, surtout ne s'étant pas fait connoître, & ne sachant à qui les adresser pour les lui faire tenir. Ce n'est pas que je ne trouve absolument rien de bon dans ses remarques, dans ses additions & dans ses corrections : il y en a quelques-unes dont j'ai fait ufage, & fi fon Livre m'étoit tombé plutôt entre les mains, j'aurois profité de quelques autres. Car bien loin que fes injures faffent fur moi aucune impreffion, je lui déclare très fincerement que je les lui pardonne, & que je voudrois qu'il m'en eût dit cent fois davantage, & qu'il eut été en état de me faire appercevoir toutes les fautes qui font dans mon Dictionnaire; mais, quoi qu'il en dife, il n'a pu en remarquer qu'un très petit nombre, comme fon Livre en fait foi. Il peut, s'il le juge à propos, continuer de me dire des injures, & engager l'Auteur *des Nouvelles Eccléfiaftiques* à m'en dire encore davantage. Je les tiens déja pour dites, & je ne me donnerai plus la peine d'y répondre. Au refte, il ne faut pas s'imaginer avec lui que mon Dictionnaire ne foit qu'un *abregé de Moreri* : car 1°. il y a un affez grand nombre d'articles, qui ne fe trouvent pas dans le Moreri, même dans la derniere Edition en dix vol. in-folio. 2°. Il y a une infinité d'articles, qui font tous différens de ceux du grand Dictionnaire de Moreri, voyez en particulier ceux d'Apellicon, de Bayle, de Mahomet, Rufin, Origene, Pythagore, &c. 3°. Enfin, nous y avons corrigé une infinité de fautes, qui fe trouvent encore dans le Moreri. On ne peut donc dire, que notre Dictionnaire ne foit qu'un *abregé du Moreri.*

*LISTE des Hommes illustres ou fameux qui sont dans notre Dictionnaire, & qui ne se trouvent point dans le Dictionnaire anonyme en 6 tomes in-8. On n'en a mis ici qu'une partie, afin de ne pas trop grossir cet avertissement, qui n'est déja que trop long.*

Abas le *Gr.* (Schah)
Abas (Schah) IX.
Absimare.
Abundius.
Abydene.
Achmet I. II. III.
Achmet-Geduc.
Achmet Bacha.
Acron.
Adalard.          10.
Adam de Breme.
Ader.
Adhemar.
Adolphe de Nassau.
Adolphe II. Pr. d'Anhalt.
Ægidius.
Ælianus Meccius.
Aëtius, cél. Médecin.
Affelman.
Agasicles.          20.
Agesipolis.
Agnodice.
Agoult.
Aimon.
Ainsworth.
Alahamare.
Alba Esquivel.
Albategne.
Albemarle (Milord d')
Albert ou Albere (Erasme)          30.
Albert Duc de Luynes.
Albinus.
Albuquerke (le Duc d')
Alcamene.
Alcime.
Aldric (S.)
Alegre (Ives d')
Alexandre Farnese.
Alipe.
Allais.          40.
Allucius.
Almansor.
Almeida.
Alp-Arslan.

Alvarot.
Alyates.
Amadeddulat.
Amenecles.
Amolon.
Anaxandre.          50.
Anaxandride Roi de Sparte.
Anaxidame.
Anaximene de Milet.
Anderson.
Aneau.
Angennes.
Angilbert.
Ansegise.
Antigone R. des Juifs
Antiphile.          60.
Antonius Honoratus.
Apellicon.
Aper.
Aphtone.
Apiarius.
Aranthon.
Archelaus cél. Sculp.
Archemorus.
Aretas.
Areté.          70.
Argentina (Thomas d')
Arieh.
Ariovifte.
Ariftagoras.
Ariftée le *Proconnesien.*
Arifton R. de Sparte.
Armagnac.
Arrowsmith.
Arundel Archev. de Cantorbery.
Asaph.          80.
Asclepiodore.
Asfendiar.
Astiochus.
Astrée.
Aubrei.
Avenzoar.
Augustule.
Aumont. (d')

Avrillot.
Aymar. (Jacq.)          90.
Aymon.
Baart.
Baasa.
Babin.
Bacchiarius.
Baccia, cél. Peintre.
Bachuisen.
Bacquet.
Bacurius.
Baglivi.          100.
Balthazarini.
Bamba ou Wamba.
Banchi.
Bardas.
Barradas ou Barradius.
Barrême.
Barros. (de)
Barthe ou le Maréchal de Thermes.
Barthelemi *di San Marco.*          110.
Bartolet Flameel.
Basilide.
Bassolis.
Bathylle.
Battori.
Baucis.
Bayer.
Bayle. (François)
Bé. (le)
Beaumanoir ou Lavardin.          120.
Beaumont. (François)
Beauvilliers. (de)
Beccari.
Becher.
Bedford. (le Duc de)
Beger.
Bel (Mathias)
Bel (le) Ministre de l'Ordre de la Trinité.
Belesis.
Bellievre (Pompone de)

d iij

*Nota.* Que l'Auteur anonyme a fouvent copié nos renvois,
mais qu'il n'a pas fait avec nous les articles auxquels nous ren-
voyons. Par exemple, à Magdeleine *de l'Incarnation* il renvoie
à Avrillot, & ce dernier mot ne fe trouve pas dans fon Dictionnaire. Il en eft de même aux mots Cecilius, Montaufier, Fortunat, Ben-Gorion, Corfini, Manaffés, Godegrand, Lerac, le
Maréchal de Termes, &c. Il n'a fait aucun des articles où il renvoie fous ces mots, ce qui prouve encore clairement qu'il nous
a copié, mais très mal. Outre les onze cens articles, & plus,
compris dans la Lifte ci-deffus, il y en a encore plus de mille
autres dans notre Dictionnaire qui ne fe trouvent pas dans le
gros Dictionnaire anonyme en 6 Tomes *in-*8°. Que le Lecteur
juge, d'après cela, fi l'Auteur a bonne grace de fe vanter que
fon Dictionnaire eft plus complet que le nôtre, & même que
celui de Moreri?

# TABLE DES ABBREVIATIONS.

| | | | |
|---|---|---|---|
| a. | an, année. | horr. | horrible. |
| Afr. | Afrique, Africain. | Janv. | Janvier. |
| Ambaſſad. | Ambaſſadeur. | J. C. | Jeſus-Chriſt. |
| anc. | ancien, ancienne. | ill. | illuſtre. |
| Angl. | Anglois, Angleterre. | impoſt. | impoſteur, impoſture. |
| apol. | apologie. | impr. | imprimé, imprimée, imprimer. |
| av. | avant. | | |
| Avr. | Avril. | intit. | intitulé, intitulée. |
| auq. | auquel. | Ita. | Italie, Italien. |
| Aut. | Auteur, autres. | Juill. | Juillet. |
| bat. | bataille. | Juriſconſ. | Juriſconſulte. |
| Biblioth. | Bibliothéque, Biblio-théquaire. | li. | lieue. |
| | | littér. | littéral. |
| c. à d. | c'eſt-à-dire. | m. | mourut, mort, mont. |
| Capit. | Capitale, Capitaine. | Math. | Mathématicien, Ma-thématique. |
| cél. | célebre. | | |
| chapit. | Chapitre. | Méd. | Médecin, Médecine. |
| Chr. | Chrétien. | mont. | montagne. |
| com. comm. | commencement. | M SS. | Manuſcrit, manuſcrite. |
| Comment. | Commentaire. | n. | natif. |
| Conc. | Concile. | no. | nombre. |
| CP. | Conſtantinople. | Nov. | Novembre. |
| Déc. | Décembre. | N. S. | Notre-Seigneur. |
| dern. | dernier, derniere. | Ouv. | Ouvrage, Ouvrages. |
| Dial. | Dialogue. | P. | Pape. |
| Diſc. | Diſciple. | Patri. | Patriarche. |
| Doctr. | Doctrine. | perſécut. | perſécution. |
| Dr. Doct. | Docteur. | Port. | Portugal. |
| Edit. | Edition. | Pr. | Prince, premier. |
| Egl. | Eglise. | princ. | principalement, princi-pal. |
| Emp. | Empereur, Empire. | | |
| Eſp. | Eſpagne, Eſpagnol. | Prof. | Profeſſeur, Profeſſion. |
| ex. | exemple. | Proph. | Prophête, Prophétie. |
| excel. | excellent. | Prov. | Province. |
| fabul. | fabuleux, fabuleuſe. | queſt. | queſtion. |
| fam. | fameux, fameuſe. | R. | Roi. |
| Fév. | Février. | Rab. | Rabbin. |
| Fr. | François, France. | Rec. | Recueil. |
| Gén. | Général. | Relig. | Religieux, Religion. |
| gr. | grand, grande. | Rép. | Réponſe. |
| Gram. | Grammaire. | Sav. | Savant. |
| hab. | habile. | Sept. | Septembre. |
| héb. | hébreu. | ſi. | ſiecle. |
| Hiſt. | Hiſtorien, Hiſtoire. | Th. Théol. | Théologien, Théologie. |
| Holl. | Hollande, Hollandois. | Tr. | Traité. |

## A

**AA**, (Pierre Vander) Geographe du dix-septieme siecle, qui a donné *un Atlas des Voïages de long-cours faits depuis 1246 jusqu'en 1696*, in-fol.

**AARON**, c'est à-dire *montagne*, ou plutôt *montagne forte*, I, gr. Pontife des Juifs, né en Egypte trois ans avant Moïse son Frere, 1574 av. J. C. étoit de la Tribu de Levi, & eut part à tout ce que fit Moïse, l'accompagnant toujours, & portant la parole pour lui. Pendant que Moïse étoit sur le mont Sinaï, Aaron eut la foiblesse de se laisser aller aux instances des Israëlites, & d'élever un veau d'or qu'ils adorerent de son consentement. Mais s'en étant repenti, il fut consacré gr. Pontife par l'ordre de Dieu qui fit éclater sa colere sur tous ceux qui s'éleverent contre cette consécration, & principalement contre Coré, Dathan, & Abiron, qui étoient à la tête des rebelles. Le Sacerdoce fut confirmé à Aaron par un autre miracle. La verge qu'il avoit mise dans le Tabernacle poussa des feuilles & des amandes. Il m. l'an 1452, av. J. C. âgé de 123 ans, sur la mont. de Hor, après que son fils Eleazar eut été consacré gr. Pontife pour lui succéder. Il fut privé comme Moïse du bonheur d'entrer dans la terre de Chanaan, pour avoir douté, comme lui, des promesses de Dieu.

**AARON** *al Raschid* ou *Amiras I*, R. de Perse, & V Calife de la maison des Abassides, dont le regne fut une suite continuelle de prospérité & de conquêtes. Il étoit doux, humain, & ami des gens de Letttes. On dit qu'il envoïa à Charlemagne des présens magnif., entre autres une horloge d'un travail merveilleux, & un éléphant. Il m. l'an 809 de J. C., après en avoir regné 43. Ce fut sous son regne que les Arabes allerent commercer à la Chine.

**AARON** *ben Aser*. Rab. cél. qui eut part à l'invention des points & des accens hébr. au V siecle.

**AARON** d'Alexandrie, Prêtre Chr. & Méd. en Egypte vers l'an 622. C'est le plus anc. Aut. qui ait parlé de la petite vérole.

**AARON**, *Harischon*, c. à d. *Aaron I*, cél. Rab. Caraïte, exerçoit la Méd. à Constantinople en 1294. On a de lui un sav. Comment. sur le Pentateuq. qui se trouve MSS. à la Biblioth. du R., une bonne gram. hébraïq. impr. à CP. en 1581, in-8°. & plus. autres ouvr. Il cite souvent les Traditions des anc. Héb. & suit presque-partout le sens littéral.

**AARON** *Hacharon*, c. à d. *Aaron postérieur*, pour le distinguer du précéd. cél. Rab. Caraïte, né à Nicodémie en 1346. Les Juifs Caraïtes font un si gr. cas de ses opinions, qu'ils les citent comme des Sentences. Ses princip. ouv. sont *le Jardin d'Eden*, qui renferme la doctr. & les usages des Caraïtes; un Comment. sur Isaïe, & un Traité sur les fondemens de la Loi.

**AARON**, Lévite, Juif de Barcelone, m. en 1292. On a de lui un Cathéchisme dont Hottinger s'est beauc. servi dans son Tr. *du droit des Hébr*. Bartolocci appelle mal-à-proposce Rab. *Aaron Zalaha*.

**AARON** *Ben Chaïm.* fam. Rab. chef des Synag. de Fez & de Maroc au com. du XVII fiéc. On a de lui un Comment. très rare fur Jofué, intit. *Le cœur d'Aaron*, impr. à Venife en 1609, *in-fol.*, un comment. fur le Livre *Siphra*, & quelques autres ouv.

**AARON** *Schafchon*, cél. Rab. chef de la Synag. de Theffaloniq. Ses princip. ouv. font, *la Loi de la vérité* ; ( où il répond à 232 queft. fur les Contrats d'achat & de vente, de prêt & de louage ) & *la Lévre de la vérité*, où il explique les *Tofephoth* de la Gemare.

**AARSENS** ou **AERSENS** ( François) l'un des plus hab. Miniftres des Prov. Unies, a laiffé des Mémoires très judicieux fur fes Ambaffades de Fr. & d'Angl. pendant le regne de Henri IV.

**AARSENS** *ou plutôt* **AERSEN**, ( Pierre) appellé en Ital. *Pietro longo*, à caufe de fa gr. taille, excel. Peintre, né à Amfterd. en 1519, & m. le 2 Juin 1585, à 66 ans. Il excel. fur tout dans les Tableaux deftinés à repréfenter une cuifine, avec fes uftenfiles ; dans les Tableaux d'Autels, &c.

**ABA**, nommé par d'autres **ABOIN**, **OVO** ou **OVA**, monta fur le thrône de Hongrie vers la fin de l'an 1040. Il étoit beau-frere de St Etienne, premier Roi Chrétien de ce Royaume. Il défit Pierre furnommé l'*Allemand*, neveu & fucceffeur de Saint Etienne, & l'obligea de fe retirer en Baviere. Ce Pierre l'*Allemand* avoit été chaffé peu de tems auparavant par les Hongrois à caufe de fa mauvaife conduite. Aba, qui avoit été élu à fa place par les Gr. du Royaume, répandit beauc. de fang, & ravagea l'Autriche & la Baviere ; mais aïant été défait par l'Empereur Henri III, furnommé *le Noir*, il traverfa à cheval le Danube à la nage, & fut maffacré par fes propres fujets en 1044, dans un village nommé *Schope*.

**ABACUC** & **HABACUC**, c. à d. *Lutteur.* Le VIIIe des 12 petits Proph. Ses Prophéties ne contien-

nent que 3 chap. Il prédit aux Juifs qu'ils feront emmenés en captivité par les Chaldéens, & enfuite rétablis. Il vivoit vers 698 av. J. C. Il ne faut pas le confondre avec un autre Abacuc qu'un Ange enleva pour lui faire porter de la nourriture à Daniel, alors dans la foffe aux lions.

**ABAGA**, R. des Tartares, envoïa des Ambaffad. au II Concile gén. de Lyon en 1274. Ce Pr. foumit les Perfes, & fe rendit redoutable aux Chr. de la Terre-Sainte.

**ABAILARD** ou **ABELARD**, ( Pierre ) l'un des plus fam. Drs. du XII fi. né d'une famille noble au village de Palais, à 4 li. de Nantes, enfeigna d'abord la Philof. s'appliquant furtout à la Dialectiq. Son princip. émule étoit Guillaume de Champeaux, contre lequel il difputa un jour avec tant de force fur la nature des univerfaux, qu'il l'obligea d'abandonner fon fentiment. Abélard enfeigna enfuite la théol. avec réputation. Mais fa paffion pour Héloïfe, niéce de Fulbert Chanoine de Paris, lui attira la haine des parens de ce Chanoine, lefquels entrerent avec violence dans fa chambre & le firent eunuque. Cela caufa tant de confufion à Abélard, qu'il alla fe cacher à l'Abbaïe de Saint Denys, où il fe fit Relig. Il fe retira enfuite fur les terres du Comte de Champagne, où il établit une école qui devint très cél. On l'accufa d'enfeigner des erreurs, princip. fur la Trinité, ce qui le fit condamner dans un Conc. de Soiffons vers 1121, & dans celui de Sens en 1140, à la follicit. de Saint Bernard. Dom Gervaife, & quelq. autr. ont fait fon apol., mais il eft impoffible de le juftifier entierement. Il foutient par ex. dans les écrits qui nous reftent de lui, que Dieu ne peut agir autrem. qu'il ne fait, d'où il conclut que nos prieres ne doivent point être des demandes, mais feulem. des actions de graces. Ses erreurs fur la fatisfaction de J. C. font encore plus pernicieufes.

Etant revenu à Saint Denys, les Moines le maltraiterent de nouveau, parcequ'il lui échappa de dire, contre l'opinion de ce tems-là, que S. Denys, Ev. de Paris, n'est point l'Aréopagite. Ce qui l'obligea de se retirer encore dans le Diocèse de Troyes, où il bâtit un Oratoire, qu'il nomma *le Paraclet*. Quelq. tems après, les Moines de l'Abbaïe de Ruys, Diocèse de Vannes, l'élurent Supér., ce qui arriva fort à propos pour Héloïse; car l'Abbé de S. Denis voulant mettre des Moines dans le Monastere d'Argenteuil, où elle s'étoit retirée, elle fut obligée d'en sortir avec ses compagnes. Abélard lui donna le Paraclet, où elle vécut d'une maniere si édifiante, que toute la Fr. admira sa prudence, sa douceur, & sa piété. Enfin, Abélard ne pouvant réformer ses Religieux de Ruys, s'en alla à Cluny, où Pierre le vénérable alors Abbé, le reçut très humain. & le réconcilia avec S. Bernard, & avec le Pape Innocent II, qui avoit approuvé sa condamnation. Telle fut la derniere retraite d'Abélard. Il prit l'habit de Cluny, fit des leçons aux Moines, & les édifia par ses austérités. Etant devenu très infirme, on l'envoïa dans le Prieuté de S. Marcel, lieu agréable sur la Saône, auprès de Châlons: il y m. le 21 Avril 1142, âgé de 63 ans. Son corps fut envoïé à Héloïse, qui l'enterra au Paraclet. Ses œuvres ont été données au public par Fr. d'Amboise, Conseiller d'Etat, en 1616 in-4°. avec les notes d'André du Chêne. On a d'autres écrits de lui dans quelq. Biblioth. Les Lettres d'Héloïse & d'Abélard, qui en font la partie princip., ont été impr. séparém. à Londres en 1718 in 8°. La traduction fr. de ces Lettres, & la vie d'Abélard, données par D. Gervaise, anc. Abbé de la Trape, sont de véritables Romans, mais moins libres que les autres prétendues versions en prose & en vers de ces Lettres.

ABANO (Pierre d') voïez APANO.

ABARBANEL, voïez ABRABANEL.

ABARIS, Ambassad. des Hyperboréens à Athenes vers 564 av. J. C. fut l'un de ces barbares dont la Grece admira la sagesse & la vertu. On dit qu'il étoit habile à prédire les tempêtes, les tremblemens de terre, & qu'il parcouroit le monde en rendant des Oracles.

ABAS (Schah) *le Grand*, VII R. de Perse, de la race des Sophis, & l'un des plus gr. Pr. qui aient regné en Perse, depuis plusieurs si. Aiant succédé à son pere *Codabendi* en 1585, il rétablit les affaires de l'Etat, reprit plusieurs Prov. sur les Turcs, & sur les Tartares, & se rendit maître, avec le secours des Anglois; le 25 Avril 1622, de l'isle & de la ville d'Ormus, possédées par les Portugais depuis 1507; mais la m. arrêta ses victoires en 1629, après un regne de 44 ans. Sa mémoire est dans la plus haute vénération parmi les Persans. Ils le regardent comme le restaurateur de l'Etat. C'est lui qui fit Hispahan capit. de Perse.

ABAS (Schah) IX R. de Perse, de la race des Sophis, & arriere petit-fils d'Abas *le Grand*, succéda à son pere *Sefi* en 1642, à l'âge de 13 ans. Il n'en avoit que 18 lorsqu'il reprit la ville de Candahar, cédée au Mogol sous le regne de son pere. Il la conserva malgré cet Emp. qui vint l'assiéger plus d'une fois, avec une armée de trois cens mille homm. Abas protégeoit ouvertement les Chrétiens, ne permettant point qu'on les inquiétât en aucune maniere pour leur Religion, parceque, disoit-il, *la conscience des hommes releve de Dieu seul; quant à moi*, ajoutoit-il, *mon devoir est de veiller au gouvernement extérieur de l'Etat, & d'avoir soin que la justice soit exactement rendue à tous mes sujets, de quelque Religion qu'ils soient*. Abas avoit dessein d'étendre les limites de son Emp. du côté du Nord; il amassa à cet effet de gt. sommes d'argent, non en foulant les sujets, mais en retranchant ses dépenses superflues, & en laissant vacantes plusieurs charges inutiles & de gr. revenus. La mort arrêta ses projets, aïant été emporté par la maladie vénérienne en 1666, âgé de 37 ans.

ABASSA, fam. Rebelle, qui fit trembler tout l'Empire Ottoman, se révolta sous Mustapha I, sous prétexte de venger la mort du Sultan Osman, & fit passer au fil de l'épée un gr. nomb. de Janissaires, contre lesquels il avoit une haine implacable. Le Mufti & le Général des Janissaires profiterent de cette rébellion pour déposer Mustapha, & pour placer Amurat IV, sur le trône. Le Sultan peu de tems après s'accommoda avec Abassa, & l'envoïa en 1634 contre les Polonois à la tête d'une armée de 60000 hommes. Il paroît constant qu'il auroit remporté une victoire signalée sans la lâcheté des Moldaves & des Valaques ; mais les circonstances aïant changé tout-à-coup, il fut sacrifié aux intérêts de l'état, pour appaiser les Polonois, & étranglé par ordre du Sultan.

ABBADIE, ( Jacques ) célebre Th. Protestant, natif de Nay en Bearn, l'an 1654, après avoir étudié à Sedan, voïagé en Holl. & en Allem. fut Ministre de l'Egl. Fr. à Berlin. De-là il passa à Londres en 1690, où il exerça le même emploi. Il alla ensuite à Dublin ; il étoit Doïen de Killaloé en Irlande, lorsqu'il m. à S. Mary-bonne près de Londres le 6 Nov. 1727, âgé de 73 ans. Il a publié plusieurs ouvr. très estimés. Les principaux sont, *Traité de la vérité de la Religion Chrét.* dont la meilleure édit. est de 1688, augment. *Traité de la Divinité de J. C.* en 1689, qui sert de suite au précédent : *L'art de se connoître soi-même*, en 1692, &c.

ABBANO ( Pierre d' ) & Apono, cél. Méd. né à Abano en 1250, étoit Prof. de Méd. à Bologne en Ital. On dit qu'il ne vouloit jamais sortir de la ville pour aller voir un malade à moins qu'on ne lui donnât par jour 50 écus à la couronne ;

& qu'il ne voulut point aller à Rome pour guérir Honoré IV, qu'on ne fût convenu avec lui de 400 écus par jour. Il prenoit la qualité de *Conciliateur*. On assure qu'il avoit une telle horreur du lait, qu'il ne pouvoit voir sans dégoût ceux qui en mangeoient. Abbano fut accusé de magie, & mourut en 1316, pendant que les Inquisiteurs instruisoient son procès. Ils le condamnerent après sa mort, & ils le firent brûler en effigie à Padoue dans la place publiq. Ses princip. ouvr. sont 1°. *Conciliator differentiarum Philosophorum & præcipuè Medicorum.* 2°. *De venenis, eorumque remediis.* 3°. *Supplementum in mesuem.* 4°. *Expositio problematum Aristotelis*, &c.

ABBAS, fils d'Abdal-Mothleb, & oncle de Mahomet, fit d'abord la guerre à ce faux Proph. qu'il regardoit comme un impost., mais aïant été vaincu & fait prison. à la bat. de Bedir en 623, il se réconcilia avec lui, & devint un de ses princip. Capit. C'est à lui qu'on attribue le gain de la bat. de Honain. Il étoit en si gr. vénération parmi les Musulmans, que les Califes Othman & Omar ne passoient jamais à cheval devant lui sans mettre pié à terre pour le saluer. Il m. en 652. Abul Abbas un de ses pet. fils, fut proclamé Calife cent ans après, & donna le comm. à la Dynastie des Abbassides qui détrônerent les Ommiades, & qui posséderent le Califat l'espace de 524 ans. Il y a eu 37 Califes de cette famille ; ils furent détrônés à leur tour par les Tartares.

ABBAT, *Voy.* ABBOT.

ABBON, ABBO, ou ALBO, Abbé de Fleury, fut un des plus sav. des plus pieux & des plus ill. Rel. de son tems. Il défendit avec zele les privileges des Moines, & fut massacré le 13 Nov. 1004, comme il alloit visiter l'Abbaïe de la Réole pour y mettre la réforme. Aïmoin son disciple a écrit sa vie. On a de lui, en Latin, une apol. pour les Moines, des Lettres, la vie de S. Edmond, R. d'Angl. & un Rec. de Canons.

ABBON, Moine de S. Germain des Prés, a écrit en assez mauvais vers lat. le siège de Paris par les Normans en 886 & 887, dont il avoit été témoin ocul. On lui attribue aussi quelq. serm. Il m. en 891.

ABBOT, (Robert) frere aîné du suiv. né à Guilfort en 1560, fut Doct. d'Oxford, ensuite principal du Collége de Bailleul & Prof. roial en Théol. Le R. Jacques I fut si charmé de son Livre Latin, *de la souveraine puissance des R.* contre Bellarmin & Suarez, qu'il le fit Evêq. de Salisbury. Abbot m. 3 ans. après en 1618. On a encore de lui une réponse à l'apol. d'*Eudæmon Jean* ; & quelq. autres ouv. de Controverse. Il y a eu depuis lui un autre Robert Abbot, natif de Cambridge, qui a été Ministre au païs de Kent, & à Londres. On a aussi de lui divers Livres en Anglois.

ABBOT ( George ) éloquent & sav. Arch. de Cantorbery, natif de Guilford en 1562, aïant eu le malheur de déplaire au R. Jacques I & au Duc de Buckingham, on le suspendit des fonctions de sa Primatie ; ce qui l'obligea de se retirer au lieu de sa naiss. & ensuite au chât. de Croyden, où il m. le 4 Août 1633. On a de lui *six questions Théologiques* en latin, des Serm. sur le Proph. Jonas ; *l'Histoire du massacre de la Valteline ; une Géographie ; un Traité de la visibilité perpétuelle de la vraie Eglise,* &c. Ces 4 dern. ouvr. sont en Anglois. Il ne faut pas le confondre avec un autre George Abbot qui vivoit en 1640, & dont on a une Paraphrase sur Job, de courtes notes sur les Pseaumes, *Vindiciæ Sabbati,* &c.

ABDALCADER, surnommé *Ghili,* parcequ'il étoit de la Prov. de *Ghilan* en Perse, *Scheik,* c. à d. Doct. très estimé des Musulmans, à cause de la sainteté de sa vie. Sa priere ordinaire mérite d'être rapportée. [ » *O Dieu Tout-puissant,* » *comme je ne t'oublie jamais,* &

» *que je te rens un culte perpét. de* » *même daigne te souvenir quelque-* » *fois de moi !* ]

ABDALA & ABDALLA, nom donné à plus. Mahométans, Sarrasins, Maures & Turcs ; dont les plus connus sont les suivans.

ABDALLA, pere de Mahomet, & fils d'Abdal-Mothleb.

ABDALLA, fils de Yezid, fam. Jurisconf. Musulman, disoit qu'un Doct. sage doit laisser en mourant à ses disciples quelq. points de la Loi à éclaircir ; & qu'ainsi il ne doit jamais rougir de dire : La adri, je ne sais point.

ABDALLA, fils d'Omar, l'un des plus sav. & des plus génereux Arabes. On dit qu'il donnoit jusqu'à trente mille dragmes en une seule fois, & qu'il mit en liberté plus de mille de ses Esclaves. Il est un de ces Musulmans qui sont qualifiés du titre de *Sahabah,* c. à d. compagnons du Prophête.

ABDALLA, fils de Zobaïr, fut proclamé Calife par les Arabes de la Mecque & de Médine, qui s'étoient révoltés contre Yesid, & fut tué dans le Temple de la Mecque, vers 723, après neuf ans de regne. Abdalla étoit brave, mais si avare que les Arabes disoient en proverbe : *La bravoure & la libéralité se trouvent toujours ensemble, excepté dans la personne d'Abdalla, fils de Zobaïr.*

ABDALLA, fils de Jassin, prem. Doct. de la secte des Almoravides, ou Marabouths d'Afr., condamna à mort Giauhar Gedali, prem. Pr. des Marabouths, pour avoir transgressé une loi qu'il s'étoit imposée à lui-même.

ABDALLA le *Mohavedin,* Berebere, natif de Tenmellet en Barbarie, & Aut. des Mohavedins ou Almohades, rassembla par ses Sermons un gr. nombre de personnes, & mit à leur tête Abdulmumen qui détrona & fit couper la tête à Abraham R. de Maroc. Abdalla m. peu de tems après, vers 1148 de J. C.

ABDALMALEC, ABDALMALIC & ABDELMELIC, fils de Mervan &

V Calife de la race des Ommiades, commença à regner en 684, & fut surnommé *l'écorcheur de pierre*, à cause de son extr. avarice. On dit qu'il avoit l'haleine si puante qu'il faisoit mourir les mouches qui se reposoient sur ses lèvres. Il surpassa tous ses Prédécesseurs en puiss. conquit les Indes, se rendit maître de la Mecque & de Medine, & pénétra jusqu'en Espagne. Il m. après 15 ans de regne.

ABDALMALEK, *fils de Nouh IX*, & dern. Pr. des Samanides, n'avoit encore regné que 16 mois & 17 jours, lorsq. Mahmoud s'empara de son Emp. & fit passer la Monarchie des Samanides aux Gaznevides en 999. Ce Prince perdit son Royaume, la liberté & la vie, pour avoir fait des caresses aux meurtriers de ses freres, confié le gouvernem. de ses Etats à des esclaves & à des flateurs, fait dépendre sa puissance des secours étrangers, & dépouillé & opprimé ses propres sujets.

ABDALRASCHID, fils du Sultan Mahmoud, & huitieme Pr. de la Dynastie des Gaznevides, fut proclamé Sultan après la mort d'Ali son neveu. Il fut détrôné & mis à mort ( en 1053 ) par Togrul gouvern. du Segestan auq. il avoit donné sa confiance. Le perfide Togrul ne jouit pas longtems des fruits de son ingratitude, aïant été mis à mort peu de tems après par les Seigneurs de la Cour de Gazna.

ABDALONYME & ABDOLONYME, Prin. Sidonien, issu du sang R. fut contraint pour vivre, de travailler à la journée chez un jardinier. Alexandre le Gr. touché de sa bonne mine, le remit sur le trône de Sidon, & ajouta même une des contrées voisines à ses Etats. Ce conquérant aïant demandé au Pr. Sidonien comment il avoit supporté sa misere, Abdolonyme lui répondit : *Je prie le Ciel que je puisse supporter de même la grandeur ; au reste mes bras ont fourni à tous mes desirs, & je n'ai jamais manqué de rien, tant que je n'ai rien possédé.*

ABDAS, Evêque de Perse, sous le regne de Théodose le jeune, fit abattre un Temple consacré au feu par les Païens. Le R. de Perse, qui jusques-là avoit laissé aux Chr. l'exercice libre de leur Rel. ordonna à Abdas de rebâtir le Temple ; mais cet Evêque aïant cru ne pouvoir obéir sans crime, le R. le fit mettre à mort, rasa toutes les Egl. & suscita contre les Chr. une horrible persécut. qui dura plus de 30 ans, & qui fut la source d'une longue guerre entre l'Emp. des Perses & celui des Grecs.

ABDELATIF, gr. Kam des Tartares, & le dern. de la race de Gengis Kham, m. en 1435.

ABDEMELEK, Eunuque Ethiopien, qui obtint du R. Sedecias la délivrance du Proph. Jérémie.

ABDEMELEK & MULEI-MOLUK, R. de Fez & de Maroc, fut dépouillé de ses Etats par Mahomet son neveu ; mais aïant obtenu des troupes, de Selim Emp. des Turcs, Mahomet appella de son côté à son secours Sébastien R. de Portugal, qui aborda à Tanger avec une puissante armée. La bataille se donna le lundi 4 Août 1578, & fut fatale à ces trois Princ. car le R. de Port. disparut sans qu'on ait pu savoir ce qu'il devint ; Mahomet expira dans un marais, & Abdemelek dans sa litiere.

ABDENAGO, *autrement* AZARIAS, l'un des 3 jeunes Seigneurs Hébr. jettés dans une fournaise ardente pour avoir refusé d'adorer l'idole de Nabûchodonosor ; mais un Ange les conserva miraculeusement. L'Eglise de Langres se glorifie d'avoir de leurs Reliques.

ABDERAME I, surnommé *Abdel* ou *le Juste*, pet. fils du Calife Hescham de la race des Ommiades, après la ruine de sa famille en Asie, fut appelé d'Afr. en Esp. en 754. par les Sarrasins révoltés contre leur R. Joseph. Abderame défit ce dern. dans un combat, & prit le titre de R. de Cordoue, & celui de Calife en 762. Il conquit les Roïaumes de Castille, d'Arraſon , de Navarre & de Portugal , prit Tolede , & déſola preſque toute l'Eſpagne. Aurelius , l'un des R. d'Eſpagne , acheta de lui la paix , en païant un tribut annuel de 100 jeunes filles. C'eſt cet Abderame qui bâtit la gr. Moſquée de Cordoue. Il m. en 790 , laiſſant onze fils & neuf filles. Oſman ſon fils lui ſuccéda. Il y a eu trois autres R. de Cordoue appellés *Abderame*.

ABDERAME & ABDALRAHMAN, Gouvern. d'Eſp. ſous Heſcham Calife des Sarraſins au huitieme ſiécle après avoir ſoumis toute l'Eſpagne, entra en France avec une puiſſante armée , prit Bourdeaux dont il fit brûler toutes les Egliſes , défit Eudes Duc d'Aquitaine dans un ſanglant combat , traverſa le Poitou & s'avança juſqu'à Tours. Mais Charles Martel lui livra bat. & le défit dans un fam. combat. Abderame y perdit la vie avec un nombre prodigieux de Sarraſins. Eudes Duc d'Aquitaine , qui avoit part au combat, partagea les dépouilles des Vaincus avec les Fr. Cette bat. ſe donna en 732.

ABDERE , favori d'Hercule. C'eſt lui qui a donné le nom à la ville d'Abdere qu'Hercule fit bâtir auprès de ſon tombeau.

ABDIAS , c. à d. *Serviteur de Dieu* , le quatrieme des pet. Proph. vivoit ſous le regne d'Ezéchias vers 726 ans av. J. C. Abdias prédit la ruine des Iduméens qui devoient s'aſſocier avec les Chaldéens pour faire la guerre aux Iſraélites. Il ne faut pas le confondre avec pluſieurs autres *Abdias* , dont il eſt parlé dans l'Ecriture-Sainte.

ABDIAS de Babylone , aut. d'une hiſt. fab. & apocryphe, intitul. *Hiſtoire du combat des Apôtres.* impoſt. ſe vante d'avoir vu J. C. d'avoir été du nombre de 72 diſc. & d'avoir ſuivi , en Perſe , S. Simon & S. Jude , par leſquels il prétend avoir été ordonné pr. Evêq. de Babylone. Il cite Hégéſippe qui n'a vécu que 130 ans après l'Aſcenſion de J. C. & Jules Afr. qui vivoit en 221 , en quoi ſa fourberie eſt groſ-

ſiere. Wolfgang Lazius trouva le Manuſcrit de cet ouvr. dans une caverne de Carinthie , & le fit imprimer à Bâle en 1551. Il y en a eu pluſ. autres éditions.

ABDISSI , ABDISU & ABDIESU , nom du Patriarche de Muzal dans l'Aſſyrie orientale, qui vint à Rome rendre ſes hommages au P. Pie IV , & reçut de lui le *Pallium* le 7 Mars 1562. Ce Patri. poſſédoit parfaitement le Chaldéen , l'Arabe , le Syriaque , & répondoit pertinemment aux queſtions les plus difficiles. Il envoïa ſa profeſſion de foi au Concile de Trente , Seſſ. 22.

ABDON, fils d'Hillel , natif de Pharathon, Succeſſeur d'Elon, & le 15e Juge des Iſraélites , avoit 40 fils & 30 petits fils qui l'accompagnoient toujours montés ſur 70 ânons : ce qui marque qu'il étoit très opulent , & qu'il m. dans un âge fort avancé. Il gouv. les Iſraélites pendant huit ans.

ABDULMUMEN & MIRAMOLIN, de la ſecte des Almohades ou Mohavedites, étoit fils d'un Potier de terre , ou ſelon d'autr. du Berebere Abdalla. Il ſe fit déclarer R. de Maroc en 1148 , après avoir pris la ville d'aſſaut , & l'avoir preſq. toute réduite en cendres. Il fit couper la tête au R. & étrangla de ſes propres mains Iſaac ſucceſ. de la cour. Abdulmumen conquit enſuite les roïaumes de Fez , de Tunis & de Tremecen , & ſe diſpoſoit à paſſer en Eſp. lorſqu'il m. en 1156. Ce deſſein fut exécuté par ſon fils Joſeph II.

ABEILLE, ( Gaſpard) Poëte François, natif de Riez en Provence, étant venu à Paris, embraſſa l'état Eccléſiaſtique , & s'appliqua à la Poéſie Françoiſe, pour laquelle il avoit du talent. Il s'attacha au Duc de Vendôme , au Maréchal de Luxembourg & à M. le Prince de Conti, qui lui donnerent des marques efficaces de leur eſtime. Il devint Secrétaire Général de la Prov. de Normandie, Prieur du Prieué de Notre-Dame de la Merci, & fut reçu de l'Académie Françoiſe en

1704. Il m. à Paris, dans un âge très avancé, le 22 Mai 1718. On a de lui des Odes, des Epîtres, plus. Tragédies, une Comédie, & deux Opera. Scipion Abeille, son frere, mort à Paris le 9 Décembre 1697, étoit habile Chirurgien. Il composa une Histoire abregée des Os, qui est estimée, & dans laquelle il insera des vers de sa façon, dont l'Abbé Abeille son frere, auroit pu se faire honneur.

ABEL, en hébreu *vanité*, second fils d'Adam, & Pasteur de troupeaux, appellé par J. C. le premier *Juste* dont le sang a été répandu. Aïant offert au Seigneur les prémices de son troupeau, son offrande fut très agréable à Dieu ; Caïn irrité de ce que le Seigneur ne regardoit pas d'un œil aussi favorable les fruits qu'il lui offroit, s'éleva contre son frere & le tua dans un champ vers l'an 130 de la création du monde.

ABEL, R. de Dannemarck, monta sur le trône en 1250, après avoir engagé quelq. séditieux à tuer le R. Eric qui étoit son frere aîné ; mais il ne jouit pas longt. de son usurpation, car deux ans après il fut tué lui-même dans la guerre de Frise par des Païsans.

ABELARD, voy. ABAILARD.

ABELLI, ( Louis ) Evêq. de Rhodez, né dans le Vexin Fr. en 1604, aïant quitté son Evé. il se retira à S. Lazare où il m. le 4 Oct. 1691, âgé de 88 ans. Ses princ. ouv. sont, une Théol. intit. *Medulla Theologica*, qui lui a fait donner par M. Boileau le titre de *Moelleux Abelli*. 2°. Un Traité de la *Hierarchie* & de *l'autorité du Pape*. 3°. *La Tradition de l'Eglise touchant la dévotion à la Sainte Vierge*, ouvr. que les Protest. ont souvent cité contre M. Bossuet. 4°. La vie de M. Renard. 5°. La vie de S. Vincent de Paul, dans laq. il se déclare ouvertem. contre les disciples de Jansénius. 6°. Un Traité en Lat. sur les devoirs des Evêq. des Gr. Vicaires & des Officiaux, &c.

ABENDANA, ( Jacob ) savant Juif Espagnol, mort en 1685, étant une *Nasi*, c. à d. Prefet de la Synago-gue de Londres. On a de lui un Spicilege d'explications sur plus. endroits choisis de l'Ecriture-Sainte & d'autres ouvrages.

ABEN-EZRA, ( Abraham ) cél. Rab. n. de Tolede, appellé par les Juifs *le Sage* par excell. *le gr. & l'admir. Doct.* m. vers 1174, âgé d'env. 75 ans. Il étoit très hab. dans l'Interpr. de l'Ecrit. Sainte, dans la Gramm., la Poésie, la Philos., l'Astronomie, & même dans la Méd. Il savoit parfaitem. la langue Arabe. Ses princip. ouv. sont des Comment. très estimés sur l'anc. Test. impr. dans les Bibles hébr. de Bomberg, & de Buxtorf. Son style est clair, élégant, serré & fort approchant de celui de l'Ecrit. Il suit presque touj. le sens lit. donne moins dans les fabl. que les aut. Rab. & montre partout beauc. d'esprit & de génie. Il avance néanm. des sentimens erronés. Le plus rare de tous ses Livres est intit. *Jesudmora*. C'est un ouvr. de Théol. dont le but est d'exhorter à l'étude du Thalmud.

ABEN-MELLER, sav. Rab. dont on a un comment. sur la Bible intit. en hébreu, *Perfection de la beauté*. Ce Rab. suit le sens grammatical & les opinions de Kimchi. La meill. édit. est celle d'Hollande.

ABGAR, ABGARE, & AGBAR, titre commun à plus. R. d'Edesse, Arabes d'origine. Le plus cél. est celui qui vivoit du tems de J. C. On dit que ce Prin. étant tourmenté de la goutte, ou, selon d'autres, de la lepre, & aïant entendu parler des prodiges de J. C. lui écrivit une Lettre pour le prier de le guérir. On ajoute que N. S. fit réponse à Abgare, qu'il lui envoïât son portrait ; & enfin que S. Thadée, l'un des disc. aïant été envoïé par S. Thomas, guérit ce Pr. miracul. mais ces faits sont incert. La Lettre d'Abgare & la réponse qu'on dit que J. C. y fit, se trouvent dans Eusebe.

ABIA, ABIAH & ABIAM, R. de Juda & fils de Roboam, remporta la deuxieme année de son regne, une gr. vict. sur Jeroboam R. d'Israel, & lui tua cinq cens mille hommes. Abia m. un an après, laiſſant de ſes 14 femmes 22 fils & 16 filles vers 955 avant J. C.

ABIA, chef de la huitieme des 24 claſſes des Prêtres des Juifs ſuiv. la diviſion qui en fut faite par David. Chacune de ces claſſes ſervit depuis à ſon tour dans le Temple pend. ſept jours d'un ſabbat à l'autre, & retint le nom du chef & le même rang qu'elle avoit du tems de David. Les tours de ces 24 claſ. étoient achevés en 168 jours. Zacharie, pere de S. J. Bapt. étoit de la claſſe d'Abia.

ABIA, deuxieme fils de Samuel, fut cauſe par ſes violences, que le peuple Juif obligea le Proph. d'élire un R. Cet élect. tomba ſur Saül.

ABIA, R. des Parthes, fit la guerre à Izate R. des Adiabeniens, parceque celui ci avoit embraſſé la Rel. des Juifs, ou, ſelon d'autres, celle des Chrét. Dieu punit l'injuſte entrepriſe de ce Pr. Il fut défait par l'armée d'Izate, qui le preſſa ſi vivem. qu'il ſe tua de déſeſpoir.

ABIATHAR, gt. Prêtre des Juifs & ſucceſſeur d'Achimelech, donna ſouv. à David des marques de ſa fidélité, ſurtout durant la révolte d'Abſalom; mais voulant dans la ſuite mettre Adonias ſur le trône de David, Salomon irrité le priva de ſa dignité, & l'envoïa en exil vers 1014 av. J. C. ainſi s'accomplit en ſa perſonne ce que Dieu avoit prédit à Héli, que ſa poſtér. ſeroit détruite à cauſe des crimes de ſes deux fils.

ABIGAIL, épouſe de Nabal, homme avare, brutal, inſenſé, dont les biens étoient ſur le Carmel. David qui avoit touj. eu de gr. égards pour Nabal, étant pourſuivi par Saül & réduit à une extr. néceſſ. lui envoïa demander quelq. rafraîchiſſemens, Nabal ne répondit que par des paroles offenſantes; ce qui fit prendre à David le deſſein de l'exterminer avec toute ſa maiſon. Abigail en étant informée vint au devant de ce Pr. lui apporta des vivres & calma ſon reſſent. David fut ſi charmé de ſa généroſité, qu'il

l'épouſa après la mort de Nabal.

ABIMELECH, en héb. *mon pere eſt Roi*, nom commun à tous les R. de Gerare : les plus connus ſont ;

ABIMELECH, R. de Gerare, & contempor. d'Abraham. Sara, femme de ce Patr., quoiqu'âgée de 90 ans plut tellement à ce Pr. qu'il la fit enlever, & réſolut de l'épouſ. Mais Dieu lui apparut pend. la nuit, & lui ordonna ſous peine de mort de rendre Sara à ſon mari. Abimelech qui ne l'avoit point touchée, la rendit auſſitôt à Abrah. ſe plaignant de ce qu'il l'avoit fait paſſer pour ſa ſœur. Ce Patr. s'excuſa en diſant qu'il avoit craint qu'on ne le fît m. à cauſe de la beauté de Sara, & que d'ailleurs elle étoit véritablement ſa ſœur; mais de différente mere. Abimelech lui fit de gr. préſens. Dieu qui avoit rendu ſtériles la femme & les ſervantes de ce Pr. à cauſe de l'enlevement de Sara, les guérit à la priere d'Abraham.

ABIMELECH, autre R. de Gerare, dans le roïaume duq. Iſaac ſe retira à cauſe de la famine. Ce Patr. ſe ſervit du même artifice qu'Abraham, & fit paſſer pour ſa ſœur Rebecca ſon épouſe qui étoit d'une très gr. beauté; mais Abimelech aïant découvert qu'ils étoient mariés enſemble, fit des reproches à Iſaac, & défendit à tous ſes ſujets ſous peine de m. de lui faire aucun tort ni à Rebecca. Iſaac devint ſi puiſſant, que le peuple de Gerare lui portoit envie, & qu'Abimelech crut devoir faire alliance avec lui.

ABIMELECH, fils natur. de Gedeon pat une eſclave nom. Druma, après la mort de ſon pere alla à Sichem, lieu de la naiſſ. de ſa mere; il en revint enſuite avec les plus méchans hom. du païs qu'il avoit pris à ſa ſolde, & maſſacra 70 fils légitimes de ſon pere. Joathan le plus jeune échapa ſeul au carnage. Alors Abimelech uſurpa la dominat. & l'exerça en tyran. Quelq. jours après, le jeune Joathan parut ſur le Mont Garizim au pié duq. les Sichimites étoient aſſemblés, leur reprocha leur ingratitude, ſe ſervant de la parabole des arbres qui choisissent un Roi, & termina son disc. en souhaitant que si Dieu n'approuvoit pas leur choix, il sortît d'eux un feu pour dévorer Abimelech, & d'Abimelech un feu qui dévorât les habit. de Sichem & la ville de Mello. Dieu exauça ses prieres; trois ans après les Sich. lassés des cruautés d'Abim. le chasserent de leur ville, & se mirent sous la protect. d'un Seign. nom. Gaal. Abim. surprit ce Seign. mit son armée en fuite, passa au fil de l'épée les Sichim, & détruisit la ville de telle sorte, qu'il sema du sel à l'endr. où elle avoit été bâtie. Il brula la tour des habit. de Sichem & le temple de leur Dieu *Berith*, où plus de mille personnes de l'un & de l'autre sexe furent consumées par le feu. Enfin, il assiégea une ville nom. *Thebes*, & voulant mettre le feu à une tour dans laq. les plus consid. des habit. s'étoient renfermés, une femme lui jetta un morceau d'une meule de moulin sur la tête, & lui fit une blessure mortelle. Abimelech ne voulant pas qu'il fût dit qu'il étoit mort de la main d'une femme, commanda à son Ecuïer de le tuer; celui-ci obéit, & lui ôta la vie d'un coup d'épée vers 1233 av. J. C.

ABIOSI, (Jean) de Naples, Méd. & Math. cél. vers 1494. On a de lui divers ouvr. très estimés, & un dial. sur l'Astrologie, qui a été mis à l'Index.

ABIRON, Lévite séditieux, qui se révolta avec Coré & Dathan contre Moïse & Aaron. Ils se présenterent par ordre de Moïse devant l'Autel du Seigneur avec leurs encensoirs, pour savoir si c'étoit eux que Dieu choisissoit pour le gouvernement du peuple; mais la terre s'ouvrit sous leurs piés & les engloutit avec leurs tentes. Le feu du Ciel consuma en même tems 250 de leurs Partisans. Ceci arriva à Cades-Barné vers 1489 avant J. C.

ABISAG, nom de cette jeune Sunamite qui fut choisie pour servir David dans sa vieillesse. Après la mort de ce Prin. Adonias, l'un de ses fils, voulut épouser Abisag,

mais il fut mis à mort par ordre de Salomon.

ABISAI, fils de Sarvia, l'un des braves de David, tua lui seul de sa lance 300 hommes, tailla en pieces 18 mille Iduméens, & tua un géant Philistin nommé Sesbibenoc, dont le fer de la lance pesoit 300 sicles. Abisaï est encore cél. par sa fidélité & son attachement pour David.

ABIU ou ABIHU, fils d'Aaron, avoit eu le bonheur de monter sur le m. Sinaï, & d'y être témoin de la gloire de Dieu avec son frere Nadab; mais s'étant servis dans leurs encensemens d'un feu étranger, ils furent frapés de mort dans le Tabernacle vers l'an 1490 av. J. C. Quoiq. tout le peuple pleurât une m. si surprenante, Moïse défendit à Aaron & à ses deux autres fils Eleazar & Ithamar, de la pleurer; voulant faire connoître par-là qu'étant honorés de la dignité du Sacerdoce, la gloire de Dieu devoit leur être plus sensible, que leur affliction particuliere.

ABLANCOURT, (d') voy. PERROT.

ABLAVIUS, ou ABLABIUS, Préfet du Prétoire, & favori de Constantin le Gr. depuis 326 jusqu'en 337. Constantin le nomma en mourant, pour servir de conseil à Constance; mais cet Emp. le déposa aussitôt de sa charge, sous prétexte de céder aux Soldats. Ablavius se retira dans une maison de plaisance qu'il avoit en Bithynie. Constance voulant s'en défaire, lui envoïa des Officiers de l'armée, qui lui rendirent une Lettre par laquelle il sembloit l'associer à l'Emp., mais comme il demandoit où étoit la pourpre qu'on lui envoïoit, d'autres Officiers entrerent en même-tems, & le tuerent.

ABLE, ou ABEL, (Thomas) Chapelain de la Reine Catherine, épouse de Henri VIII, Roi d'Angleterre, à laq. on dit qu'il avoit appris la musique & la langue Angl. Il écrivit en 1530 un Tr. conc. le divorce & le procédé illégit. de ce

Prince. *De non dissolvendo Henrici & Catharinæ matrimonio.* Quelq. années après, on l'accusa de crime de Leze-Maj. pour avoir pris part à l'aff. de la R. Catherine ; & parcequ'il nioit la suprématie du R. sur l'Eglise. Il fut pendu & écartelé.

ABNER, fils de Ner, beau-pere de Saül & Général de ses Armées, servit toujours ce Pr. avec beauc. de fidélité & de courage. Saül étant mort, Abner mit sur le Trône Isboseth qui étoit fils de Saül, & qui regna paisiblement deux ans sur Israël. Quelque-tems après, la guerre s'étant émue entre Isr. & la Tribu de Juda qui avoit choisi David pour R. Abner fut mis en déroute, ce qui donna occasion à Isboseth de le maltraiter, sans aucun égard à sa prudence ni à sa valeur. Abner irrité, passa du côté de David, qui le reçut avec tous les témoignages d'affection qu'il pouvoit souhaiter ; mais comme il s'en retournoit pour faire déclarer les Israélites en faveur de David, Joab qui craignoit qu'on ne lui donnât le command. de l'Armée à son désavantage, le suivit, & le tua en trahison vers 1048 av. J. C. David ressentit une extr. douleur de cet assassinat, prit Dieu à témoin qu'il n'y avoit eu aucune part, & ordonna un deuil public. Il fit élever à Abner un magnif. tombeau à Hebron, & il y fit graver une épitaphe qu'il avoit composée à sa louange. On dit même que c'est à cette occasion que David composa le Pseaume 143. *Seigneur, vous m'avez éprouvé, & vous m'avez connu, &c.*

ABOU-NAVAS, Poète Arabe de la prem. classe, étoit de Bassora, & florissoit à la Cour d'Aaron al Raschid sur la fin du huit. siecle.

ABOULOLA, *voyez* ABULOLA.

ABOU HANIFAH, le plus cél. Docteur des Musulmans, & Chef de la Secte des *Hanistes*, étoit de Coufa, & m. en prison à Bagdat vers 757 de J. C. C'est le Socrate des Musulmans. On raconte de lui qu'aïant reçu sans raison un soufflet,

il dit à celui qui l'avoit ainsi insulté. *Je pourrois vous rendre injure pour injure, & me venger ; mais je ne le veux point. Je pourrois aussi vous accuser devant le Calife ; mais je ne veux pas être un délateur. Je pourrois, dans mes prieres à Dieu, me plaindre de l'outrage que vous m'avez fait ; mais je m'en garderai avec soin. Enfin je pourrois demander qu'au jour du jugement, Dieu me vengeât ; mais à Dieu ne plaise que je conçoive cette pensée ! au contraire, si ce terrible jour arrivoit dans ce moment, & que mon intercession pût être de poids, je ne souhaiterois d'entrer en paradis qu'avec vous.* Exemple admirable d'une ame calme, tranquille, & disposée au pardon !

ABRABANEL, ABARBANEL, *ou* AVRAVANEL, (Isaac) cél. Rab. que les Juifs font descendre de David, contre le témoignage de Abraham *Ben Dior*, qui assure qu'après 1154 il ne restoit plus en Espagne aucune personne de la race de David. Abarbanel naquit à Lisbonne en 1437 ; il devint Conseiller d'Alphonse V, R. de Portugal, & ensuite de Ferd. le Cathol. mais en 1492 on l'obligea de sortir d'Espagne avec les autres Juifs. Enfin après avoir voïagé à Naples, à Corfou, & en plusieurs autres villes, il m. à Venise en 1508 âgé de 71 ans. Abrabanel passe pour l'un des plus sav. Rab. & les Juifs lui donnent les noms de *Sage*, de *Pr.* & de *gr. politiq.* On a de lui des Comment. sur tout l'anc. Test. qui sont fort recherchés : il s'y applique princip. au sens littéral ; son stile est clair, mais un peu diffus. Ses autres ouvr. sont 1°. un Traité sur la création du monde, où il réfute Aristote, qui s'imaginoit que le monde étoit éternel. 2°. Un Traité sur l'explication des Prophéties qui regardent le Messie, contre les Chrét. 3°. Un Livre touchant les articles de Foi, & quelques autres Tr. moins recherchés. Quoiqu'Abarbanel laisse entrevoir par tout une haine implacable contre les Chrét. il les traite néanmoins en apparence avec beaucoup de douceur & de politesse.

**ABRADATE**, R. de Suze, cél. par la tendresse qu'eut pour lui Panthée son épouse. Cette ill. Princesse fut faite prisonniere dans la Bataille que Cyrus donna aux Assiriens. Ce Pr. la traita honorabl. & la renvoïa à son époux. Panthée charmée de cette générosité, engagea Abradate à se rendre à Cyrus avec ses Troupes : mais dans la premiere bataille, Abradate fut renversé de son char, & tué par les Egyptiens. Panthée, devenue inconsolable, se frappa elle-même d'un poignard, & expira sur le corps de son époux. Cyrus leur fit des funérailles magnif. & leur éleva un superbe tombeau vers 548 av. J. C.

**ABRAHAM**, cél. Patriarche & pere des Croïans, naquit à Ur dans la Chaldée ves 1996 avant J. C. Aïant reconnu le vrai Dieu, il épousa Sara en Chaldée, & vint s'établir à Haran, où Tharé son pere mourut âgé de 205 ans, après avoir renoncé aux faux Dieux. Abraham sortit de Haran à l'âge de 75 ans par ordre de Dieu, & vint à Sichem avec Lot son neveu. La famine l'obligea d'aller en Egypte, où faisant passer Sara pour sa sœur, Pharaon la lui enleva ; mais ce Prince la rendit aussi-tôt par l'ordre du Seigneur, & enjoignit à Abraham de sortir de l'Egypte, après lui avoir fait de gr. présens. Ce Patr. alla de-là à Bethel avec Lot son neveu, dont il fut obligé de se séparer, parceque le païs ne pouvoit plus les contenir à cause de leurs troupeaux & de leurs gr. richesses. Lot alla à Sodome, & Abraham dans la vallée de Mambré. Quelq. tems après, Chodorlahomor avec trois autres R. defit les R. de Sodome & de Gomorrhe, & emmena Lot prisonnier. Abraham en étant averti, poursuivit ces 4 R. jusqu'à Dan, les surprit, les défit, & ramena Lot avec tous les prisonniers & le butin. Il étoit encore dans la vallée de Mambré lorsque Dieu lui apparut, & lui promit

qu'il auroit un fils qui seroit pere d'un gr. peuple, & de plus. Rois, & que ses descend. après avoir demeuré 400 ans dans une terre étrangere, reviendroient dans le païs où il étoit, pour le posséder. Il lui ordonna en même-tems de se circoncire lui & toute sa postérité en signe de l'all. qu'il venoit de contracter avec lui. 3 Anges lui confirmerent cette divine proph. & lui annoncerent la ruine de Sodome & de Gomorrhe, qui furent en effet consumées le jour suivant par le feu du Ciel. Abraham fit vers ce tems-là un voïage à Gerare, où il dit encore que Sara étoit sa sœur, ce qui donna lieu à Abimelech de l'enlever ; mais il fut de même obligé de la rendre par l'ordre de Dieu. L'année suivante naquit Isaac, comme Dieu l'avoit promis. Abraham avoit alors 100 ans, & Sara 90. Environ 25 ans après, le Seigneur pour éprouver Abraham, lui ordonna d'immoler Isaac. Ce St Patr. se mettoit en état d'exécuter cet ordre, & étoit prêt à frapper son fils uniq. lorsque Dieu lui arrêta la main par le ministere d'un Ange. Abraham immola un bélier au lieu d'Isaac. Il avoit un autre fils nommé Ismaël, qu'il avoit eu d'Agar sa servante. Après la mort de Sara, il épousa encore Cethura & quelq. autres femmes, dont il eut plusieurs enfans. Enfin il m. âgé de 175 ans, & fut enterré avec Sara dans la caverne d'Ephron vers 1821 av. J. C. Les Juifs lui attribuent un Tr. intit. *Jezira*, ou *de la Création* : mais le Pere Morin prouve clairem. que cet ouvr. n'est point d'Abr. Il a été impr. à Mantoue en 1562. Postel & Rittangel l'ont traduit en lat. il est vraisemblablement du Rab. Akiba. On montre à Rome dans l'Eglise de St Jacques la pierre sur laq. dit-on, Isaac étoit placé, lorsqu'il étoit sur le point d'être immolé.

**ABRAHAM** ( S. ) natif de Syrie fut pris par les Sarrasins, comme il alloit en Egypte visiter les Anachoretes. Il s'échapa de leurs mains &

vint fonder en Auvergne un Monaftere dont il fut Abbé & où il
mourut vers 472.

ABRAHAM, *Ben Chaiia*, fam-
Rab. Efpagnol qui fe mêloit d'Aftrologie. Il prédit la naiff. du
Meffie imaginaire attendu par les
Juifs pour l'année 1358 ; mais les
Juifs trouvent eux-mêmes qu'il s'eft
trompé dans fon calcul. On a de
lui un Tr. fur la fig. de la Terre. Il
mourut vers 1303.

ABRAHAM GALANTI, Rab.
Italien, qui vivoit au commenc.
du feiz. fiecle. Son princip. ouvr. eft
un Comment, fur les Lamentat. de
Jérémie.

ABRAHAM GEDALIA, Rab.
de Jerufalem, qui vivoit en 1650.
a fait un Comment. fur le *Jalkut*,
qui eft lui-même un Comment. fur
la Bible.

ABRAHAM DE BOTON, Rab.
qui vivoit au dix fept. fi. On a de lui
un Comment. fur le *iad Chafaka*
de Maimonide, & un autre Livre
contenant 230 rép. à autant de
queft. fur diff. cas de la Loi Judaïq.

ABRAHAM DE BAULME, na-
tif de *Lecci*, & Doct. en Méd. au
feizieme fiecle, a fait une Gram.
hébraïq. qu'on a trad. en lat. & qui
n'eft pas fort eftimée, &c.

ABRAHAM ROPHE, c. à d.
*Médecin*, Rab. qui a fait un Tr. fur
les chofes qui étoient dans le Sanc-
tuaire.

ABRAHAM SCHALOM, favant
Rabb. Efpagnol, mort en 1593. Il
eft aut. du fameux Traité intitulé en
hébr. *Neve Schalom*, c. à d. *Habi-
tation de la paix*.

ABRAHAM ZACHUT, fav.
Rab. aut. du Recueil intit. *le Livre
des Familles*. Les noms propres y
font fort défigurés, felon la coutume des Rabbins peu habiles dans
l'Hiftoire.

ABRAHAM USQUE, Juif Por-
tugais, aut. de la fam. Bible Efpagnole des Juifs impr. à Ferrare en
1553, & réimp. en Holl. en 1630.
Cette Bible, fur-tout la prem. édit.
qui eft la plus recherchée, eft remarq. par un gr. nombre d'étoiles

marquées fur certains mots. Ces
étoiles défignent que ces mots font
diffic. à entendre dans la langue
hébraïque, & qu'on peut les expliquer en différens fens.

ABRAHAM ECHELLENSIS,
*voyez* ECHELLENSIS.

ABRAM (Nicolas) fav. Jéfuite,
né en Lorraine en 1589, & mort
Profeff. de Théol. à Pont-à-Mouf-
fon le 7 Septemb. 1655. On a de
lui des Notes fur Virgile & fur
*Nonnus* ; un Comment. en 2 vol.
*in-fol.* fur quelques Oraif. de Ciceron ; un excell. Recueil de Queft.
Théol. intic. *Pharus veteris Teftamenti. fol.* & quelques autres ouvrages.

ABSALOM, fils de David & de
Maacha, étoit le Pr. le plus beau
& le mieux fait de fon tems. Il
avoit des cheveux en fi gr. quantité, que lorfqu'on les lui coupoit,
ils pefoient 200 ficles, ce qui revient environ à 30 onces. Mais fes
belles qualités furent effacées par
fon ambition & par fes déréglem.
Il affaffina Ammon fon fr. dans un
feftin ; & après avoir obtenu fon
pardon, il confpira contre David
fon pere, qu'il contraignit de s'enfuir de Jérufalem accompagné feulement de quelques Soldats. Abfalom abufa enfuite des femmes de
fon pere, & ofa livrer bat. à fon
Armée dans la forêt d'Ephraïm. Il
y fut défait ; & aïant pris la fuite,
il refta fufpendu par les cheveux
aux branches d'un chêne. Joab qui
le vit en cet état, lui perça le cœur
de 3 dards, contre la défenfe expr.
de David, vers 1023 av. J. C. Ce
St R. pleura amérement la mort de
fon fils. Au refte le poids des cheveux d'Abfalom eft un gr. fujet de
difputes parmi les Savans.

ABSIMARE fut falué Emp. d'O-
rient en 698 par les Soldats de
Leonce ; qu'il confina dans un Monaftere, après lui avoir fait couper
le nez & les oreilles. Il perfécuta le
Pape Jean VI ; mais Juftinien le
jeune s'étant rendu maître de CP.
par le moyen d'un aqueduc, traita
Abfimare avec ignominie, & lui

fit couper la tête en 705.

**ABSTEMIUS** (Laurent) natif de Macerata, Professeur de Belles-Lettres à Urbin, & Bibliothéc. du Duc Guido Ubaldo, sous le Pontific. d'Alexandre VI. On a de lui 1°. des Notes sur les passages les plus diffic. des Aut. anc. 2°. un Recueil de 100 Fab. *Hecatomythium*, dans leq. il y a plus. traits satyriq. contre le Clergé, 3°. une Préface à la tête de l'Aurelius Victor, imprimé à Venise en 1505.

**ABUBEKER**, premier Calife, success. & beau-pere de Mahomet, étoit un Pr. tempérant, libéral, & protect. des gens de Lettres; il fut élu Calife en 632 préférablem. à Ali, à Osman, & à Omar: Les Persans ont sa mém. en exécration, soutenant que c'est Ali qui devoit légitimem. succéder à Mahomet. Abubeker établit d'abord son siége à Cufa, & ensuite à Bagdat. Il remporta dans la palestine une vict. contre Théodore Bogaire frere de l'Emp. Heraclius, & m. en 634. Son corps fut enterré à Médine. C'est ce Calife qui rassembla le pre. les versets de l'Alcoran. & en composa un cert. n. de chapitres. On a encore de lui un recueil de la doctrine de Mahomet.

**ABUCARA** (Théodore) Métropolit. de la Prov. de Carie, au IX. siecle, est aut. de plus. Tr. de Controverse contre les Sarrasins & les Hérétiq. Ce Métropol. avoit d'abord embrassé le parti de Photius, mais il en demanda pardon au Concile de Constantinople en 869, & se réconcilia avec St Ignace. On lui accorda ensuite séance au Concile.

**ABUDHAER**, nom du Chef des Karmatiens qui profana le Temple de la Mecque en 940, amenant son cheval pour faire ses ordures à l'entrée du *Caaba*, & faisant les railleries les plus piquantes contre la Rel. Mahomet. Ces insultes ne diminuerent rien de la dévot. des Musulmans pour le Temple de la Mecque; ils continuerent d'y aller tous les ans en pélerinage. Abudhaer m. paisible possesseur d'un grand Etat en 953.

**ABULFARAGE** (Grégoire) fam. Méd. & cél. Historien Chrét. nat. de Malatia, proche l'Euphrate. On a de lui une Hist. universelle depuis la création du monde jusqu'à son tems, fort estimée des Orient. La partie la plus excell. de cet ouvrage est celle qui concerne les Sarrasins, les Mogols, & les Conquêtes de Gengis-Kan. Pocok a traduit cet ouv. d'arabe en lat. & l'a fait impr. en 1663. Abulfarage viv. au XIII si. Il a composé plus. autres ouv. de Théol. Pocok réfute ceux qui ont prétendu que cet Aut. avoit abjuré le Christianisme.

**ABULFARAGE** est aussi le nom de trois cél. Poëtes Arabes, & d'un *Vaëz* ou Prédicateur de la même nation, dont les serm. sont très-estimés.

**ABULFEDA**, (Ismaël) sav. & cél. Prince qui régna à Hama en Syrie après la déposit. de son frere Ahmed, étoit né en 1273. il mourut en 1332. Il a composé en Arabe une Géograp. dont J. Grave Angl. fit impr. une part. en 1650. Jean Gagnier l'a fait impr. en arab. & en latin à Londres, 1732, *fol.* avec des notes. Mr l'Abbé Ascari, interprète du R. l'a aussi trad. en lat. mais sa Trad. n'est pas encore impr. L'autre principal ouv. d'Abulfeda est un abr. de l'Hist. Universelle jusqu'à son tems. Abulfeda est fort exact, son stile est beau & sublime, ce qui fait que ses ouvr. sont fort estimés. C'est lui qui découvrit en 1320 la vraie longueur de la Mer Caspienne, & qui la trouva plus petite que Ptolomée ne l'avoit supposée. Ces observations ont été perfectionnées par Bourrous, Olearius & Jen-Kinson; & par les observations faites en dernier lieu, il paroît que cette Mer est située entre le 37 & le 48 degré de latit. Septent. & qu'elle n'occupe en longitude tout au plus que 3 d. & 42′.

**ABU-MESLEM**, gr. Capitaine Musulman, qui fit passer la dignité de Calife en 746 de la race des Ommiades, à celle des Abassides. Il étoit Gouvern. du Khorasan. On dit qu'il caufa par cette révolte la mort à plus de fix cens mille hommes. Il fut puni de fa rebel. & maffacré par l'ordre du Calife Al. manfor en 754.

ABUNDIUS, Evêq. de Côme en Ita. l'un des plus pieux & des plus fav. hommes de fon tems, m. le 2 Avril 469. Il fut envoïé Légat au Conc. de CP. par St Leon, & fit adopter par les Peres de cette Affemblée la Lettre à Flavien.

ABULOLA AHMED, *al maari*, le plus cél. de tous les Poëtes Arabes, né à Maara en 973 : quoïq. la pet. verole lui ait fait perdre la vue à l'âge de 3 ans, fes Defcriptions font très-vives & très agréables : c'eft en vain qu'on a voulu l'excufer d'irrélig. Il m. en 1057.

ABYDENE, Hift. cél. dont le tems eft incert. avoit comp. l'Hift. des Chaldéens & des Affyriens. Eufebe en rapporte un fragm. dans le IX L. de fa préparation Evangélique.

ACACE, *Acacius*, furnommé *Lufcus*, parcequ'il étoit borgne ; difc. & fucceff. d'Eufebe de Céfarée en 338, auq. il ne cédoit guére en érudit. en éloq. & en crédit, fut dépofé au Conc. de Sardiq. & eut gr. part au banniffem. du Pape Libere, & à l'intrufion de l'Antipape Felix. C'eft lui qui fit dépofer St Cyrille. Il m. vers 365. Ses fectat. Ariens comme lui eurent le nom d'*Acaciens*.

ACACE, *Acacius*, Patriarche de Conftantinople, fuccéda à St Gennade en 471. Il porta l'Emp. Zenon à publier cette formule d'union appellée *Henoticon*, c. à d. *Edit de pacification*, perfuadant à ce Pr. par les flateries les plus baffes, qu'il pouvoit décider les queft. de Foi. Felix III indigné des intrigues & des fourberies d'Acace, le condamna comme fauteur d'hérétiq. dans un Conc. tenu à Rome. Cet anath. étant publié en Orient, Acace ne voulut plus reconnoître le Pape, perfécuta les Cathol. & s'éleva contre le Conc. de Chalcédoine. Il m. en 488. Son nom fut

ôté des Dyptiques de CP. en 519.

ACACE, (St) Evêque d'Amida fur le Tigre en 420, ill. par fa piété, fon zele & fa charité, vendit les Vafes facrés de fon Egl. pour racheter 7000 Efclaves Perfes, qui mouroient de faim & de mifere, & il les renvoya dans leur païs avec quelq. argent. Véranius leur Roi, quoiqu'infidele, fut fi touché de l'action de ce St Evêq. qu'il voulut le voir ; cette entrevue procura la paix entre ce Pr. & Théodofe le jeune.

ACACE, fav. zélé & vertueux Evêq. de Berée en Paleftine, ami de St Epiphane & de Flavien, affifta au Conc. de CP. en 381. Après la mort de St Jean Chrifoft. Acace fe repentit de l'avoir perfécuté, & fe réconcilia avec Innocent I. Il m. vers 432 ; on a de lui 3 Lettres.

ACAMAS, fils de Théfée, l'un des Pr. Grecs qui fe renfermerent dans le Cheval de bois. Il fut député avec Diomede pour redemander Hélene aux Troyens. Durant cette Ambaff. il eut un fils de *Laodice*, fille de Priam. On dit que l'une des Tribus d'Athênes, fut appellée *Acamantide*, de fon nom, & qu'il fonda *Acamantium*, ville de Phrygie.

ACASTE, fils de Pélias, R. de Theffalie, & l'un des plus fameux chaffeurs de fon tems. La Reine fon époufe s'enflamma d'amour pour Pelée, qui refufa de répondre à fa tendreffe.

ACCARISI, (Jacques) de Bologne en Ital. Profeff. de Rhétor. à Mantoue, & Doct. en Théolog. en 1627, a publié un vol. de fes harang. un autre de Lettres ; l'Hift. de la Propagation de la foi, & une verfion lat. de l'Hift. des Troubles des Païs-Bas, compofé par le Cardinal Bentivoglio.

ACCIAIOLI, (Reinier) d'une noble & anc. famille de Florence, féconde en gr. hommes, fe rendit maître d'Athênes, de Corinthe, & d'une partie de la Béotie au commencement du quinz. fiecle.

ACCIAIOLI ( Angelo ) Cardinal , Légat , & Archev. de Floren-ce sa patrie , m. en 1407, a compo-sé un ouvr. en faveur d'Urbain VI.

ACCIAIOLI ( Donat ) né à Flo-rence en 1428 , se rendit célebre par sa sc. & par les emplois qu'il exerça dans sa patrie. On a de lui une traduction lat. des Vies d'Al-cibiade & de Démétrius composées par Plutarque ; des Comment. lat. sur la morale & la polit. d'Ariflote, recueillis des leçons d'Argyrophile son maître ; les Vies d'Annibal & de Scipion , & un abr. de la vie de Charlemagne. Acciaioli m. à Mi-lan au mois d'Août en 1473 à 39 ans. Ses filles furent mariées aux dépens du Publ. en reconnoiss. de ses services. Son Epitaphe est d'An-ge Politien.

ACCIAIOLI ( Zenobio ) sav. Relig. Dominicain , n. de Floren-ce, & Bibliothéc. du Vatican de-puis 1518 jusq. 1520. On a de lui la version lat. de quelq. ouvrages d'Olympiodore, d'Eusebe, de Théo-doret , & de St Justin ; des poëmes & des Serm. sur l'Epiphanie ; des Lettres & des Panégyriques , &c.

ACCIUS ( Lucius ) Poëte Tra-gique très-estimé des Anc. pour la force des expresl. la nobl. des sen-tim. & la variété des caract. Ac-cius composa aussi des Annales , & fit des vers à la louange de Déci-mus Brutus ; mais Perse & Martial tournent en ridicule ceux qui imi-toient le style de ce Poëte. Quel-qu'un lui ayant demandé pourquoi il ne plaidoit pas , lui qui réussissoit si bien sur le Théâtre. *Dans mes Tragédies* , répondit-il , *je dis ce qu'il me plaît , au lieu que dans le Barreau il me faudroit entendre ce que je ne voudrois pas.* Ce Poëte étoit né vers 171 avant J. C.

ACCIUS , Poëte du seiz. siecle , auq. on attribue une paraphr. des Fables. d'Esope en vers élég. dont Jules Scaliger fait un grand éloge.

ACCO , femme qui devint folle dans sa vieillesse , parceque s'étant regardée dans un miroir , elle se trouva laide. Une autre folie de cette femme consistoit , dit-on , à

se refuser les chofes dont elle avoit le plus d'envie.

ACCOLTI , nom d'une anc. fa-mille de Toscane , féconde en gr. hom. dont étoit Pierre de Accolti Cardinal , m. en 1532 , qui a laissé quelq. Tr. Historiq. Benoît de Ac-colti , aussi Card. né à Flor. le 29 Octob. 1497 , appellée *le Cicéron de son tems.* On a de lui un Tr. des droits du Pape sur le Roïaume de Naples ; & des poésies estimées , impr. à Venise en 1519 & 1553. Il m. à Florence en 1549. Il ne faut pas le confondre avec Benoît Ac-colti , chef d'une conspiration con-tre le P. Pie IV, & exécuté en 1564.

ACCOLTI ( François de ) d'Ar-rezzo , nommé *le Pr. des Jurisc. de son tems* , vivoit vers 1469. On a de lui quelques ouvrages.

ACCURSE , céleb. Jurisc. n. de Florence , & Profess. en Droit à Bologne en Ital. Aïant quitté sa Chaire , il composa une Glose con-tinue sur tout le Droit , si commode qu'elle fit oublier toutes les préced. Son autorité fut si gt. pend. quelq. tems, qu'on l'appelloit l'*Idole des Jurisc.* Il m. à Bologne en 1229 âgé de 78 ans , & fut enterré dans l'Egl. des Cordeliers. François Ac-curse son fils aîné fut aussi un hab. Jurisconsulte.

ACCURSE ( Marie-Ange ) l'un des plus hab. crit. du seiz. siec. n. d'Amiterne. Ses Diatribes sur les Aut. anc. imp. à Rome en 1524 *in-fol.* sont une preuve cert. de son savoir. On l'accusa néanmoins de s'être approprié le travail de Fa-bricio Varano sur Ausone ; mais il s'en purgea avec serment. C'est lui qui publia à Augsbourg en 1533, Ammian Marcellin plus ample de 5 liv. On lui doit aussi la premiere édit. des œuv. de Cassiodore. Ac-curse savoit les langues anc. & mod. la musique , l'optique , & les autres sciences.

ACERBO , ( le P. François ) sav. Jés. natif de Nocera , avoit l'esprit pénétrant & beaucoup d'erudition. On estime son Livre de Poésies latines intitulé : *Ægro corpori à musa solatium ,*

*solatium*, qu'il fit imprimer à Naples en 1666 in-4°.

**ACESE,** ( *Acesius* ) Evêq. Novatien, qui assista au Conc. de Nicée, nioit que l'on dût admettre à la Pénit. ceux qui étoient tombés depuis le Bap. Comme il soutenoit cette opinion ridicule en présence de Constantin, *Acese*, lui dit cet Empereur, *faites une échelle pour vous & montez tout seul au Ciel.*

**ACHAB,** Roi d'Israel, succéda à Amri 918 ans av. J. C. & surpassa en impieté ses prédécess. Il établit le culte de Baal à Samarie, à la sollicitation de Jézabel son épouse. Le Prophète Elie lui prédit une sécheresse qui affligea son païs durant trois ans en punition de ses crimes; Elie fit encore un gr. miracle sur le Carmel; sa victime fut consumée par le feu du Ciel, en présence de 850 Proph. de Baal, qui aïant invoqué leur Dieu inutilem. furent couverts de confusion & mis à mort par le peuple. De si gr. prodiges ne convertirent point Achab. Il prit pour aggrandir ses jardins, la vigne du pauvre Naboth que Jézabel fit mourir comme blasphémateur; mais le Sgr mit fin à tant de crimes. Achab fut, selon la prédiction de Michée, tué dans un combat contre Aminadab Roi de Syrie, sur leq. il avoit aupar. remporté une gr. vict. vers 897 avant J. C. Les chiens lecherent son sang comme ils avoient leché celui de Naboth. Ochosias son fils lui succéda.

**ACHAN,** fils de Carmi, de la Tribu de Juda, cacha à la prise de Jéricho 200 sicles d'argent, un manteau d'écarlate & une regle d'or, contre la défense expr. que Dieu en avoit faite. Ce péché fut fatal aux Israëlites, qui furent repoussés au siège de Haï. Achan aïant été convaincu par le sort, Josué le fit lapider avec sa femme & ses enfans; & Haï fut prise.

**ACHATES,** compagnon d'Enée & son plus fidéle ami, célébré dans Virgile.

**ACHAZ,** R. de Juda, succéda à

son pere Joathan vers 742 av. J. C. il vainquit d'abord Razin Roi de Syrie selon la prédict. d'Isaïe; mais aïant ensuite sacrifié à toutes sortes d'Idoles, fermé les portes du Temple, & fait passer ses enfans par le feu, à la façon des Cananéens; Dieu pour le punir permit qu'il fut vaincu par Razin R. de Syrie, & par Phacée R. d'Israël. Achaz à cette occasion eut recours à Teglath Phalasar, R. d'Assyrie, auq. il porta l'or de son Trésor & ce qu'il y avoit de plus précieux dans le Temple; mais sa mort arrivée vers 726 avant J. C. mit fin à ses crimes.

**ACHEMENES,** Chef d'une illustre famille qui a regné en Perse jusqu'à Darius Codomanus, ce qui a fait souvent donner l'hépithete d'*Achemeniens* aux Perses par les anciens Poëtes. Achemenes est aussi le nom du fils de Darius I, R. de Perse. C'est ce Pr. qui commanda la flotte d'Egypte dans la fam. expédit. si fatale à la Grece. Il fut enfin battu & tué par Inarus, chef des Egyptiens révoltés, soutenus des Athéniens vers 460 av. J. C.

**ACHERI** ( Dom Luc d' ) vertueux & sav. Bénédict. de la Congrég. de St Maur, né à St Quentin en 1609. C'est lui qui a publié en 1645 l'Epître attrib. à St Barnabé; les œuvres de Lanfranc en 1647; celles de Guibert Abbé de Nogent en 1651, & un recueil de piéces import. qui étoient jusquelà restées MSS. & qu'il a intitulé *Spicilège*. On y trouve des préf. judicieuses, sav. & bien écrites, sur les monumens qu'il contient. Il a encore donné la Regle des Solitaires en 1653, & un rec. de Liv. Ascétiques, impr. en 1648 & 1671, &c. Dom Luc d'Acheri passa toute sa vie dans la retraite: il parloit avec modestie & avec retenue. Sa vaste érudition l'a fait mettre avec justice au rang des plus sav. hom. du 17e. siècle. Il m. à l'Abbaïe de St Germain des Prés, le 29 Avril 1685, âgé de 76 ans.

**ACHILLE,** fils de Pelée & de

Thétis, & l'un des plus grands héròs de la Grece, étoit de *Phthia*. Sa mere le plongea dans le Styx : ce qui, selon la fable, le rendit invulnérable à l'exception du talon. Elle le déguisa ensuite en fille, & le mit à la Cour du R. Lycomede, pour l'empêcher d'aller au siége de Troie. Mais Ulysse l'ayant reconnu, l'engagea à suivre les Grecs. Achille se distingua par un gr. nombre d'actions héroïques ; & s'étant brouillé avec Agamemnon au sujet de Briséïs, il vengea ensuite la mort de Patrocle son ami, combattit Hector & le tua. Il fut percé d'un coup de fleche au talon par Paris, comme il étoit près d'épouser Polyxene. Il mourut de sa blessure, & fut enterré au Promontoire de Sigée. On rapporte qu'Alexandre aïant vu son tombeau, l'honora d'une couronne, en s'écriant qu'Achille étoit heureux d'avoir trouvé pendant sa vie un ami comme Patrocle, & après sa mort, un Poète comme Homere. Achille aimoit la Musique, la poésie & la Méd. Sa valeur a passé en proverbe. Si on veut connoître plus à fond ce Héros, on consultera l'ouv. de Drelincourt, intit. *Homericus Achilles*.

ACHILLES TATIUS, *voyez* TATIUS.

ACHILLINI, ( Alexandre ) cél. Profess. de Philos. & de Méd. à Bologne sa patrie, où il m. en 1512.

ACHILLINI, ( Claude ) petit-fils du précédent, & l'un des plus gr. ornemens de Bologne sa Patrie, m. en 1640 à 66 ans. On a de lui des Lettres lat. & un vol. de Poésies italiennes qui sont ingénieuses & délicates, & qui lui valurent des récompenses & des gratifications extraordinaires ; mais de toutes ses pieces de vers, il n'y en eut point de mieux récompensée, que le Sonnet qu'il fit à la louange de Louis XIII ; car le Cardinal de Richelieu lui donna pour cette seule piece mille écus comptans.

ACHIMELECH, gr. Pontife des Juifs, qui fut tué par les ordres de Saül vers l'an 1061 av. J. C. pour avoir donné à David les pains de Proposition & l'épée de Goliath.

ACHIOR, chef des Ammonites, qui durant le siége de Béthulie, parla hardiment à Holoferne de la protection de Dieu sur les Juifs, vers 705 av. J. C.

ACHIS, R. de Geth, vers lequel David se retira, & qui remporta la gr. victoire où Saül périt avec ses fils vers 1055 av. J. C.

ACHITOPHEL, Conseiller du R. David, & ensuite d'Absalom, se pendit de désespoir, vers 1023 av. J. C. parcequ'Absalom n'avoit pas voulu suivre son conseil.

ACHMET I, Emp. des Turcs, succéda à son pere Mahomet III, en 1604 & m. en 1616, après un regne qui ne fut point heureux. C'est ce Pr. qui fit bâtir la superbe Mosquée que l'on voit dans l'Hippodrome de Constantinople.

ACHMET II, Emp. des Turcs, succéda à son frere Soliman III en 1691. Son grand Visir Oglu Kiuperli, perdit la bataille de Salankemen en Hongrie le 19 Août de la même année & y fut tué. L'Armée des Impériaux étoient commandée par le Prince Louis de Bade. Le changement perpétuel de Ministres sous le regne d'Achmet II, jetta une telle confusion dans les affaires de l'Etat, que tout lui réussit mal. C'étoit néanmoins un Prince d'un bon naturel, qui ne craignoit aucun mal, & qui n'en souhaitoit aussi à personne. Il étoit d'une humeur gaie & agréable, bon Poète & Musicien & jouoit de plusieurs instrum. il m. en 1695.

ACHMET III, Emp. des Turcs & fils de Mahomet IV, monta sur le Trône en 1703 après la déposition de son frere Mustapha II. Les seditieux qui l'avoient élevé à l'Empire l'obligerent d'abord d'éloigner de sa personne la Sultane sa mere qui leur étoit suspecte ; mais dans la suite il les fit périr successivement. Il accorda sa protection à Charles XII R. de Suede, lorsqu'après la bataille de Pultava, ce Prince se retira à Bender. Achmet

Et la guerre contre les Rußes, contre les Perfans, & contre les Vénitiens auxquels il enleva la Morée, mais fes Troupes furent toujours battues en Hongrie par le Prince Eugene. Etant à Scutari avec fes Miniftres pour avifer aux moïens de poußer la guerre qu'il avoit avec les Perfans, il fut dépofé par une troupe de féditieux en 1730, & plaça lui-même fur le Trône fon neveu Mahomet V, en lui difant : » Souvenez vous que votre pere ne » perdit le Trône que je vous cede » aujourd'hui, que pour avoir eu » une complaifance trop aveugle » pour le Mufti Feizula-Effendi ; » & que je ne le perds moi-même » que par mon excès de confiance » en Ibrahim Bacha, mon Vifir. » Profitez de ces exemp. Ne vous » attachez pas trop à vos Miniftres, & ne vous repofez fur eux » qu'avec beaucoup de circonfpec- » tion. Si j'avois toujours fuivi » mon anc. politique de ne laißer » jamais trop long-tems mes Mi- » niftres en place, ou de leur » faire rendre fouvent un compte » exact des affaires de l'Empire, » j'eußse peut-être fini mon regne » außi glorieufement que je l'ai » commencé. Adieu : je fouhaite » que le vôtre foit plus heureux, » & je vous recommande mes fils, » & ma propre perfonne ». Après ces fages confeils, Achmet alla lui-même s'enfermer dans la prifon dont il venoit de tirer fon neveu. On lui reproche d'avoir été avare.

ACHMET GEDUC, l'un des plus grands Généraux de l'Empire Ottoman étoit Albanois de naißance. Il prit Otrante en 1480 ; & après la mort de Mahomet II arrivée en 1482, il fe déclara pour Bajazet II & l'éleva fur le Trône : ce qui contraignit Zizim frere de Bajazet de fe retirer à Rhodes. Bajazet II oubliant les obligations qu'il avoit à Achmet, le fit mourir quelque-tems après.

ACHMET BACHA, l'un des premiers Généraux de Soliman II *le magnifique*, & celui qui contribua le plus à la prife de Rhodes, aïant été envoïé en 1524 en Egypte pour y étouffer une rébellion & pour en prendre le gouvernement ; s'y conduifit avec beauc. de valeur & de prudence. Mais lorfqu'il crut fon autorité fuffifamment affermie, il eut la hardieße de prendre ouvertement le nom & les ornemens de Souverain. Soliman, informé de fa rébellion, envoïa außi-tôt contre lui fon favori Ibrahim, Albanois de naißance & außi bon Général qu'adroit courtifan. L'Armée d'Ibrahim jetta la confternation dans le parti d'Achmet. Il fut étouffé dans le bain, & fa tête fut envoïée au Gr-Seigneur.

ACHMET, fils de Selim, Auteur Chrétien du neuv. fi. a compofé un Traité de l'Interprétation des Songes, que Mr Rigault a fait imprimer en gr. & en lat. avec Artemidore, en 1623. L'original arabe s'eft perdu.

ACIDALIUS, ( Valens ) homme de g. érudition, natif de Wiftock, mourut fort jeune en 1595, après avoir embraßé la Relig. Catholiq. On a de lui des notes en latin fur Quinte-Curce qui font très-eftimées, & pluf. autres ouvr. On lui a faußement attribué un pet. Livre intit. *Mulieres non eße homines.*

ACINDYNUS, ( Grégoire ) Moine Grec du quinz. fi. a écrit contre Palamas & les autres Moines du Mont Athos, qui foutenoient que la lumiere qui parut fur le mont Thabor étoit incréée.

ACOMINATUS, *voyez* Nicetas.

ACONCE, *Acontius*, ( Jacq. ) Phil. Jurifc. & Théol. né à Trente au feiz. fi. embraßa la Religion Prétendue Réformée, & paßa en Angl. où il fut très-bien reçu de la Reine Elifabeth, à laquelle il dédia fon Livre des *Stratagêmes de Satan.* Il a außi compofé un Liv. *de la méthode* ; & un autre *de la maniere de faire des Livres*, dans lequel il donne des confeils falut. à ceux qui veulent s'ériger en Auteurs. On l'accufoit de Tolérantifme, & même d'Arianifme

ACOSTA , *voyez* COSTA.

ACOSTA , ( Gabriel d' ) Chan. &
Prof. de Théol. à Coimbre , m. en
1616 , a laiſſé des Comment. ſur
une partie de l'ancien Teſtament.

ACOSTA , ( Joſeph ) cél. Auteur
Eſpagnol , natif de Médina - del-
Campo , m. à Salamanque en 1600 ,
après avoir été Provincial des Jéſ.
au Pérou. On a de lui un Tr. *de
procuranda Indorum ſalute ;* l'Hiſt.
naturelle & morale des Indes , imprimée en eſpagnol en 1590 , &
pluſieurs autres ouvr. On lui attribue encore les décrets du Concile
de Lima.

ACOSTA ( Uriel ) gentilhomme
Portug. nat. de Porto , fut d'abord
élevé dans la Relig. Cathol. Il embraſſa enſuite le Judaïſme , & ſe fit
circoncire à Amſterdam. Aïant reconnu que les obſervances des Juifs
n'étoient pas conformes à la loi de
Moïſe , il ne put garder le ſilence ,
& ſe fit excommunier par la Synagogue. Acoſta compoſa à ce ſujet
un Liv. où il fait voir que les rits
& les traditions des Phariſiens ſont
contraires aux écrits de Moïſe. Il
embraſſe même les erreurs des Sadducéens , ſous prétexte que Moïſe
n'a parlé ni du paradis ni de l'enfer. Un Méd. Juif l'aïant réfuté ,
Acoſta repliqua par un ouvr. intit.
*Examen Traditionum philoſophica-
rum ad legem ſcriptam ,* dans lequel
il combat l'immort. de l'ame. Il ne
s'en tint pas là ; il s'imagina que la
loi de Moïſe n'eſt qu'une pure invention humaine , & que toutes les
Relig. ſont indifférentes. En con-
ſéquence , il crut devoir déguiſer
ſes erreurs , & rentra dans la communion Judaïque , rétractant , en
apparence , tous ſes écrits. Quelque
tems après un jeune garçon , ſon
neveu , l'accuſa de ne point obſerver les loix Judaïques ni dans ſon
manger , ni ſur d'autres points.
Cette accuſation le fit horriblement
maltraiter par les Juifs , comme il
le raconte lui-même dans un petit
écrit intit. *Exemplar vitæ humanæ.*
Enfin voulant tuer ſon principal
ennemi , & le piſtolet n'aïant pas

pris ; il en ſaiſit un autre , & ſe tua
lui-même vers 1640.

ACRISE , *Acriſius ,* Roi d'Argos & pere de Danaë , vers 1379
av. J. C. fut changé en pierre à
la vue de la tête de Méduſe , ſelon
la Fable.

ACRON , cél. Méd. d'Agrigente ,
s'aviſa le prem. d'allumer de gr.
feux & de purifier l'air avec des parfums pour faire ceſſer la peſte qui
ravageoit Athènes , ce qui réuſſit.
Il vivoit envir. 473 ans av. J. C.

ACRON , *Acro ,* ancien ſcho-
liaſte d'Horace , qui vivoit vers le
ſept. ſiecle.

ACRONIUS , ( Jean ) Profeſſ. de
Méd. & de Mathém. à Bâle , m. en
1563. On a de lui pluſieurs ouvr.
Il y a un autre Jean Acronius ,
Théol. inquiet & ſéditieux , auquel
on attribue l'*Elenchus Orthodoxus
Pſeudo-Religionis Romano-Catho-
licæ ,* impr. à Deventer en 1616 , &
le Traité *de Studio Theologico ;*
d'autres donnent ce dernier ouvr. à
Jean Acronius Médecin.

ACTEON , fils d'Ariſtée & d'Au-
tonoë , & pet. fils de Cadmus , fut ,
ſelon la Fable , déchiré à la chaſſe
par ſes chiens , pour avoir regardé
Diane dans le bain , ou , ſelon d'autres , pour avoir épouſé Semelé
amante de Jupiter.

ACTUARIUS , cél. Méd. Grec
du treiz. ſi. C'eſt le prem. Auteur
Grec qui ait donné la deſcription
des purgatifs doux , tels que la *caſſe ,*
la *manne ,* le *ſéné ,* &c.

ACUNA ( Chriſtop. de ) Jéſuite
Eſp. natif de Bugos , qui a donné
en 1641 une relation de la riviere
des Amazones.

ACUSILAS , ( *Acuſilaus* ) très
anc. Hiſtorien Grec d'Argos , vivoit
av. la guere du Peloponéſe. Quelques Ecrivains l'ont mis au nombre
des ſept Sages. Il eſt ſouvent cité
par les anciens.

ADALARD ou ADALHARD , cél.
Abbé de Corbie dans le huit. & le
neuv. ſi. nâquit vers l'an 753. Il
étoit fils du Comte Bernard fils de
Charles Martel , & ſe trouvoit par-
là neveu du Roi Pepin le bref , &

cousin germain de Charlemagne. Dès son enfance il fut élevé à la Cour où il apprit à aimer les lettres & la vertu. Charlemagne aïant répudié Ermengarde fille de Didier R. des Lombards, Adalard en eut tant de chagrin qu'il se retira de la Cour & s'en alla dans l'Abbaïe de Corbie, où il prit l'habit de Relig. vers l'an 773, & fut chargé du soin du Jardin. Il alla ensuite au Mont Cassin, où il fit connoissance avec le cél. Paul Warnefride. Quelque-tems après Charlemagne l'aïant redemandé, il revint en France, & fut fait Abbé de Corbie. Mais Charlemagne aïant établi Pepin son fils puîné R. d'Italie, lui donna pour Conseiller & premier Ministre l'Abbé Adalard. Cet Abbé se conduisit de maniere à meriter l'estime & l'amour des peuples & même des grands. On le regardoit comme un Ange venu du Ciel, & chacun s'estimoit heureux d'être gouverné par un tel Ministre. Le Pape Leon III faisoit tant de cas de la probité d'Adalard, qu'il disoit hautement de lui, que s'il étoit capable de le tromper, il ne se fieroit jamais à aucun François. Bernard R. d'Italie & neveu de l'Emp. Louis le débonnaire s'étant révolté en 817, Wala Pr. du sang qui avoit eu beaucoup de part au Gouvernement devint suspect à l'Emp. Louis & fut exilé. Adalard qui étoit frere de Wala fut enveloppé dans sa disgrace & exilé dans l'Isle de Hero, aujourd'hui Noir-Moutier. Il fut rétabli au bout de 7 ans dans son Abbaïe en 822. L'Emp. le fit même revenir à la Cour & le combla de nouveaux honneurs. Adalard parut avec distinction à l'Assemblée des Etats qui se tint à Compiegne en 823. Il établit la même année la cél. Abbaïe de Corwey ou la nouvelle Corbie en Saxe, & m. le 2 Janv. 826 à 72 ans. C'étoit un homme d'un gr. mérite. Il possédoit parfaitement les langues latine, tudesque & françoise. Il avoit tant d'éloquence & un si gr. attachement pour la doctrine de S. Augustin, qu'on l'appelloit l'*Augustin de son tems*. On le surnomme

aussi l'*Antoine de son siecle*. parcequ'il imitoit avec soin les vertus des gens de bien qu'il connoissoit. Il ne nous reste gueres que des fragmens de ses écrits. Son principal ouvr. est perdu. C'étoit un *Traité touchant l'ordre ou l'état du Palais & de toute la Monarchie Françoise*. Hincmar en a fait beaucoup d'usage & la comme fondu dans son XIV Opuscule intit. *Pour l'instruction du Roi Carloman*.

ADALBERON, cél. Archev. de Reims, Chancelier de Fr. sous Lothaire, mort le 5 Janvier 989.

ADALBERT, (St) Evêq. d'Augsbourg, m. en 921. Il y a un autre St Adalbert Evêque de Prague, martyrisé en 997.

ADALBERT, *voyez* ALBERT de Mayence.

ADAM, nom donné au premier homme, pere du genre-humain, Dieu le forma le sixieme jour de la création, & le mit dans un jardin délicieux d'où il fut chassé pour avoir mangé, à la sollicitation d'Eve, du fruit de l'arbre de la science du bien & du mal, contre les ordres de Dieu. Adam eut trois fils dont on connoît les noms : Caïn, Abel & Seth. Il m. âgé de 930 ans.

ADAM (Jean) fameux Controv. & Prédic. Jés. natif du Limousin, mourut à Bourdeaux le 12 Mai 1684. Il a composé un gr. nombre d'ouv. Les plus connus sont 1. une traduction de l'Office de l'Eglise, qu'il oppose aux heures de Port-Royal. 2. une réplique à Daillé, au sujet de la conversion de Cottiby. 3. *Le triomphe de l'Eucharistie*, contre le Ministre Claude. 4. La vie de St François de Borgia, *&c.*

ADAM (Melchior) Prot. Recteur du Collége d'Heidelberg, mort en 1622, publia en 1615 quatre vol. qui renferment les vies des Phil. Théol. Jurisc. & Médec. Allem. des seiz. & dix-sep. siecles.

ADAM (maître) *voyez* BILLAUT.

ADAM DE BREME, Chanoine de Breme vivoit sur la fin du onz. si. en 1070. On a de lui une Histoire

Ecclésiastique qu'il composa dans sa jeuneſſe, & qu'il a diviſée en quatre Liv. Il y traite de l'origine & de la propagation de la foi dans les païs ſeptentrionaux, & en particlier dans les Dioc. de Breme & de Hambourg depuis le regne de Charlemagne juſqu'à celui de Henri IV Emp. Il a mis à la fin un petit Traité de la ſituation du Dannemarck. La meilleure édit. de cette Hiſtoire eſt celle de Holmſtad en 1670.

ADAMI ( Annibal ) Jéſ. Ital. né à Fermo en 1626, s'eſt diſtingué par ſes poéſies & par ſon éloquence.

ADAR-EZER Roi de Syrie, défait par David en deux combats.

ADDISSON ( Joſeph ) l'un des plus excel. Ecrivains d'Angl. né à Milſton, dans le Wiltſhire, en 1671. Il s'appliqua dans ſa jeuneſſe à l'étude des Aut. Grecs & Latins, & fit paroître dès-lors un gr. talent pour la Poéſie & les Belles-Lettres. Ses différents emplois ne l'empecherent pas de compoſer pluſ. ouvr. très - eſtimés. Les princip. ſont 1. Epître en vers au Lord Halifax. 2. Relation de ſes voïages, au Lord Sommers, qui lui avoit obtenu de la Cour une penſion de 300 liv. ſterlings pour voïager. 3. La campagne du Duc de Malborough en 1704. 4. La Tragédie de Caton & l'Opéra de Roſamonde. 5. Pluſ. pieces dans *le Spectateur*, & dans le *Guardian ou Curateur*, déſignées par les let. du mot *Clio*. Il a auſſi travaillé au Tatler ou Babillard de Richard Steel ; & l'on dit qu'il avoit deſſein de donner une Tragédie ſur la mort de Socrate ; de compoſer un Dictionnaire Anglois, & un Tr. de la Religion : mais ſes infirmités l'empêcherent d'exécuter ces projets. Il m. d'aſthme & d'hydropiſie à Holland-houſe, proche de Kinſington le 17 Juin 1719, après s'être démis de ſa place de Secrétaire d'Etat, dès l'an 1717.

ADELAIDE, nom de pluſieurs Princeſſes de Fr. très-illuſtres.

ADELARD, ( St ) pet. fils de Charles Martel, & prem. Miniſtre de Pepin R. d'Ital. m. à l'Abbaïe de Corbie dont il étoit Abbé en 826.

ADELBERT, *voyez* ALBERT de Mayence.

ADELMAN, Clerc de l'Egliſe de Liege, & Ev. de Breſſe vers 1048, écrivit une lettre ſur l'Euchariſtie, à Berenger, pour le ramener à la foi de l'Egliſe.

ADELME, fils de Kentred, & neveu d'Inas, R. des Saxons Occid. fut Abbé de Malmeſburi en 671 ; enſuite prem. Evêq. de Stirburn. On dit qu'il eſt le prem. des Anglois qui ait écrit en latin, & qui ait porté la Poéſie en Anglet. Bede & Cambden parlent de lui avec éloge. Ses œuvres furent imprimées à Mayençe en 1601.

ADER ( Guillaume ) cél. Médec. de Toulouſe, au commenc. du dix-ſept. ſi. On a de lui entr'autres ouvr. un Livre fort curieux intit. *Enarrationes de ægrotis & morbis Evangelicis*, dans lequel il fait voir que les mirac. de J. C. ſont d'autant plus merveilleux, que les maladies, dont il a guéri les hommes, étoient incurables par l'art de la Médecine.

ADHEMAR ( Guillaume ) Gentilhomme Provençal, cél. par ſon eſprit dans le douz. ſi. mérita l'eſtime & l'amitié de l'Emp. Frederic Barberouſſe, & de l'Impératrice Beatrix ſon épouſe. Il dédia à cette Princeſſe un Tr. en vers des Femmes Illuſtres. Il laiſſa d'autres pieces de Poéſie & m. vers 1190.

ADHERBAL, fils de Micipſa & R. de Numidie, fut aſſiégé dans Cirthe & mis à mort par Jugurtha vers 113 avant J. C.

ADMETE, R. de Pherès en Theſſalie, auprès duquel, ſelon la Fable, Appollon ſe réduiſit à garder les troupeaux. Alceſte, ſon épouſe, l'aimoit ſi tendrement, qu'elle deſcendit au tombeau à ſa place ; mais Proſerpine touchée des larmes de ce Prince, reſſuſcita Alceſte.

ADOLPHE DE NASSAU, élu Emp. en 1291, au préjudice d'Albert d'Autriche, qui lui livra bat. dans laquelle il fut tué le 1 Juillet 1298. On dit qu'Adolphe aïant demandé, ſous de vains prétextes, la reſtitution du Roïaume d'Arles à Philippe-le-Bel, ce Pr. lui envoïa pour toute réponſe une feuille de papier blanc avec ces deux mots, *Trop Allemand*, qui témoignoient le mépris qu'on faiſoit de ſa perſonne & de ſes demandes.

ADOLPHE II, Pr. d'Anhalt & Evêque de Merſebourg, nâquit en 1458 & m. en 1526. Il paſſoit pour gr. Prédic. & habile Théologien. Il fut d'abord très oppoſé à Luther, mais on aſſure que dans la ſuite il goûta ſa doctrine.

ADON, *Ado*, cél. Arch. de Vienne en Dauphiné, mort vers 875. On a de lui une Chronique univerſelle, & un Martyrologe, dont la meilleure édition eſt celle de Roſweide.

ADONIAS, fils de David & d'Agith, fut mis à mort par les ordres de Salomon, vers 1014 avant J. C. parceque ſous prétexte de vouloir épouſer Abiſag, il aſpiroit à la Roïauté.

ADONI-BESEC, Roi des Cananéens, auquel les Iſraëlites firent couper les extrémités des pieds & des mains après l'avoir vaincu, vers 1424 av. J. C. J'ai fait couper, dit-il alors, *l'extrémité des pieds & des mains à 70 Rois qui mangeoient ſous ma table les reſtes de ce qu'on me ſervoit; Dieu m'a traité comme j'ai traité les autres.*

ADONIS, fils de Cyniras Roi de Chypre & de Myrrha, étoit ſi beau que Venus en devint éperdument amoureuſe, & fut inconſolable lorſque ce jeune homme eut été tué par un ſanglier. Les peuples célebrerent l'anniverſaire de la mort d'Adonis par des lament. extraord. juſqu'au tems de S. Cyrille d'Alex. Adonis, ſelon la Fable, fut métamorphoſé en une fleur rouge nommée *anemone*.

ADONISEDEC, Roi de Jéruſalem, fut vaincu avec 4 autres Princ. par Joſué, vers 1451 av. J. C. Ce fut dans cette bat. que Joſué arrêta le ſoleil.

ADORNE, (Franç.) Jéſ. d'une anc. famille de Gênes, féconde en gr. hommes, fit, à la ſollicit. de S. Charles, dont il étoit confeſſeur, un Tr. de la diſcipline Eccléſiaſtique. Il mourut le 13 Janvier 1586, âgé de 56 ans.

ADORNE, (Jean-Auguſtin) de la même famille, fondateur de la Congrégation des Clercs Réguliers Mineurs, approuvée par Sixte V en 1588. Il m. à Naples, en odeur de ſainteté, le 29 Septembre 1590.

ADRASTE, R. d'Argos, aïant été chaſſé de ſon Roïaume par Amphiaraus, ſe retira à Sicyone chez le Roi Polybe, qui lui donna ſa fille Amphytée en mariage, & lui laiſſa enſuite ſon Roïaume. Adraſte leva une puiſſante armée pour rétablir Polynice ſon gendre ſur le trône de Thebes en Béotie, uſurpé par Etéocle. C'eſt cette guerre qu'on nomme *l'Entrepriſe des ſept Preux*, parceque l'armée étoit compoſée de ſept Princ. y compris Adraſte leur chef. Tous ces R. périrent au ſiége de Thebes vers 1251, av. J. C. excepté Adraſte, qui, étant de retour en ſon Roïaume, excita les enfans de ces Princ. à venger la mort de leurs peres, & aſſembla une nouvelle armée que l'on nomma des *Epigones*, c. à d. de ceux qui avoient ſurvécu à leurs peres. Ces Princ. étoient auſſi au nombre de ſept. Ils défirent les Thébains, & revinrent tous victorieux, excepté Egialée, fils d'Adraſte, qui y fut tué. Ce Pr. fut ſi touché de la perte de ſon fils, qu'il en mourut de douleur.

ADRETS, (Fr. de Beaumont, Baron des) gentilhomme Dauphinois, du parti des Huguenots en 1562, étoit courageux, mais ſi cruel & ſi barbare, qu'après un gr. carnage des Catholiques, on dit qu'il obligea ſes deux fils de ſe baigner dans leur ſang, afin de les accoutumer à la cruauté. D'abord il avoit été Catholique Romain, mais pour ſe venger du Duc de Guiſe qui avoit protégé contre lui le Seign. de Pequigny, il embraſſa le Proteſtantiſme. Ses cruautés firent tant d'horreur à l'Amiral de Coligni & au Pr. de Condé, qu'ils lui ôterent le Gouvern. du Lyonnois, ce qui lui caufa tant de dépit qu'il retourna au parti Catholique. Mais comme il n'y fervit pas avec le même fuccès qu'il avoit fait dans le parti Proteftant, il perdit toute fa réputation de gr. Capit. en moins de tems qu'il ne l'avoit acquife, & m. fans honneur dans une honteufe vieilleffe, également méprifé des uns & des autres

ADRIAN, (Corneille) fam. Prédicateur Flamand de l'Ordre de S. Fr. natif de Dordrecht, & mort en 1581, âgé de 60 ans Ses ouvrages font remplis d'expreffions libres.

ADRIANI, (Adrien) *Adrianus ab Adriano*, Jéf. d'Anvers, cél. par fa piété, mourut à Louvain le 18 Octobre 1580.

ADRIANI, (Jean-Bapt.) céleb. Hift. né à Florence en 1511, & mort dans la même ville en 1579. Il a compofé en ital. l'Hiftoire de fon tems depuis l'an 1536, où finit celle de Guichardin. Cette Hift. eft fort exacte & très eftimée. On croit que Côme, Gr. Duc de Tofcane, lui avoit communiqué fes mémoires.

ADRIANI, (Mathieu) Méd. Efp. du 18e fi. fort habile dans la langue hébraïque.

ADRICHOMIA, (Corneille) Relig. de l'Ordre de S. Auguftin, au 18e fiecle, illuftre par fes Poéfies facrées.

ADRICHOMIUS, (Chriftien) fav Géographe, né à Delft en 1533, & m le 19 Juin 1585, après avoir été ordonné Prêtre en 1561. On a de lui, en latin, *le Théâtre de la Terre Sainte*, avec des cartes géographiques, &c. Il a auffi compofé la vie de J. C.

ADRIEN I, élu Pape le 7 Fév. 772, après la mort d'Etienne III, fe diftingua par fon efprit, par fon zele, & par fa charité. Il envoïa fes Légats au fec. Concile gén. de Nicée, en 787. Charlemagne le vengea des véxations de Didier, R. des Lombards. Il mourut le 26 Décembre 795. On a de lui un gr. nombre de Lettres. Léon III lui fuccéda.

ADRIEN II, Romain, fuccéda au Pape Nicolas I le 14 Décembre 867, à l'âge de 76 ans. Il avoit refufé deux fois le Pontificat, & il ne l'accepta qu'avec beaucoup de peine. Il leva l'excommunication portée par fon Prédéceffeur contre Lothaire, Roi de Lorraine, qui avoit répudié la Reine Thietberge pour époufer Valdrade; ce Prince l'aïant affuré qu'il avoit quitté Valdrade. Mais fon parjure ne fut pas long-tems impuni, car il m. à Plaifance le 8 Août 869. Adrien II tint un Concile à Rom contre Photius, & envoïa deux Légats au Concile de CP. tenu en 869, où Photius fut dépofé, & Ignace rétabli. Il approuva ce qui fe fit dans ce Concile; mais il fe brouilla enfuite avec l'Empereur Grec, & avec le Patriarche Ignace, au fujet de la Bulgarie qu'il prétendoit être de fon Patriarchat. Il eut auffi quelques différends avec Charles *le Chauve*, au fujet de Hincmar, Ev. de Laon, qui avoit appellé, au S. Siege, de la Sentence prononcée contre lui par le Concile de Verberie en 869. Il m. faintement en 872. On a de lui pluf. Epîtres. Jean VIII lui fuccéda.

ADRIEN III, Romain, fut élu Pape après la mort de Marin en 884. Bafile *le Macédonien*, Emper. d'Orient, le follicita vivement d'annuler ce qui avoit été fait contre Photius; & de recevoir ce fameux Patriarche à la Communion; mais Adrien le refufa: l'on efpéroit beaucoup de fa vertu, de fon zele & de fa fermeté, lorfqu'il m. en 885. On lui attribue un Décret, qui autorife à l'avenir l'Ordination du Pape faite fans la préfence des Ambaffadeurs de l'Emp. Etienne V fut fon fucceffeur.

ADRIEN IV, né en Angleterre, d'une famille très obfcure, étant venu en Fr. pour y étudier, fut d'abord domeftique des Chanoines Régul. de S. Ruf, puis Religieux, & enfin Génér. de cet Ordre. Le Pape Eugene III le fit Card. & Ev. d'Albane, & l'envoïa Légat en Dannemarck & en Norvege. Adrien y travailla avec zele & avec succès à la conversion des Peuples Barbares ; & à son retour, il fut élu Pape d'une voix unanime le 11 Décembre 1154, après la mort d'Anastase IV. Il eut de gr. démêlés avec les Rom. au sujet de l'Hérétique Arnauld de Bresse, avec Guillaume, Roi de Sicile, qui avoit usurpé les biens de l'Eglise, & avec l'Empereur Frederic I. Il mourut à Anagnie le prem. Septembre 1159, sans avoir enrichi ni élevé sa famille. Alexandre III lui succéda.

ADRIEN V, neveu du Pape Innocent IV, étoit de Genes, & fut élu souv. Pontife le 12 Juill. 1276, après la mort d'Innocent V. On dit que le mois suivant, étant sur le point de mourir, il répondit à ses parens, qui le félicitoient sur son élévation : *J'aimerois bien mieux que vous me vissiez Cardin. en santé, que Pape mourant.* Jean XXI lui succéda.

ADRIEN VI, nommé auparavant *Adrien Florent*, né à Utrecht le 2 Mars 1459, d'un Tisserand, & selon d'autres, d'un Brasseur ou d'un faiseur de Barques, fut d'abord Prof. en Théol. à Louvain, Doïen de l'Egl. de la même ville, ensuite Pape après Leon X, le 9 Janvier 1522, par la protection de l'Emp. Charles V, dont il avoit été précepteur. Les Italiens ne l'aimoient point parcequ'il vouloit réformer les abus de la Cour de Rome, & qu'il n'étoit pas politique. Adrien avoit coutume de dire *qu'il ne vouloit point bâtir sur son sang*, c. à d. avancer ses parens aux dignités Ecclés. Il m. le 14 Sept. 1523, en disant que *le plus grand malheur qu'il eut éprouvé dans le monde, c'étoit d'avoir été obligé de commander.* On a de lui *Quæstiones quodlibeticæ*, & un Comment. sur le IVe Liv. des Sentences, qu'il fit réimprimer étant Pape, sans changer ce qu'il y avoit dit, que *le Pape peut errer, même dans ce qui appartient à la foi* ; ce qui doit s'entendre des jugemens du Pape, qui ne

sont pas acceptés par le corps des Evêq. Clém. VII lui succéda.

ADRIEN, ( Ælius ) Emp. Romain, né à *Italica* l'an 76 de J. C., fut adopté par Trajan, & monta sur le trône le 11 Août 117 de J. C. Aïant fait la paix avec les Parthes, & remis les dettes du peuple Romain, il emploïa la plus gr. partie de son regne à visiter les Provinces de l'Empire. C'est lui qui fit bâtir un mur de 80 milles entre l'Ecosse & l'Angl. pour empêcher les courses des Barbares. Il appaisa la violente persécution élevée contre les Chrétiens ; & sur les remontrances de Quadrat & d'Aristide, Philos. Chrétiens, il promit de ne faire punir les fideles que pour des crimes, & non pour la Rel. Adrien, après avoir vaincu les Juifs révoltés, donna à Jérusalem rebâtie le nom d'*Ælia*, fit mettre sur l'une des portes un pourceau de marbre, érigea un temple à Jupiter sur le Calvaire, & plaça une statue d'Adonis sur la crêche de Bethléem. Il m. à Bayes le 10 Juill. 138, à 62 ans : son corps fut enterré à Pouzoles. Adrien étoit bien fait, d'une taille dégagée, d'un tempérament sanguin & robuste. Il alloit toujours la tête nue, avoit la mémoire heureuse, aimoit la Poésie, les Arts & les Sciences ; mais son attachement aux superstitions du Paganisme, & son infâme passion pour Antinous, le deshonorerent. C'est le premier des Emp. Romains qui ait porté de la barbe. Il introduisit cette mode pour cacher des porreaux qu'il avoit au menton ; mais ses Successeurs s'en firent un ornement. On lui attribue quelques ouvrages.

ADRIEN, Aut. du sixieme si. a comp. en grec une introduct. à l'Ecriture-Sainte, imprim. à Augsbourg en 1602.

*NOTA.* Il faut chercher sous la lettre E, ce qui ne se trouvera pas sous la lettre Æ.

ADSON, Abbé de Luxeuil vers 960, a écrit un Livre des miracles de S. Wandalbert, troisieme Abbé de Luxeuil. Il ne faut pas le confondre avec un autre Adfon, Abbé de Deuvres au Dioc. de Bourges vers 981, & qui m. en 992. On a de ce dernier les vies de S. Bercaire, de S. Baftole, de S. Fredbert, & de S. Manfuet.

ÆELREDE & ETHELREDE, cél. Abbé de Reverby, m. vers 1166, a compofé pluf. ouv. dont les deux plus excell. font 1. *le Miroir de la Charité* : Livre plein de maximes folides fur les vertus chrét. & compofé dans le goût de S. Bernard. 2. Un Traité de l'Amitié, en forme de dialogue, dans lequel il prouve qu'il ne peut y avoir de vraie amitié qu'entre les perfonnes vertueufes.

ÆETA, EETES, Roi de Colchos, le gardien de la Toifon d'or, laquelle fut enlevée par la trahifon de Medée fa fille, dans l'expédition des Argonautes, vers 1268 avant J. C.

ÆGIDIUS, Rel. Bénédict., natif d'Athenes, fe fit Relig. en 700. Il a écrit fur les venins, fur les urines, & fur la connoiffance du pouls. On attr. à un autre Ægidius qu'on fait auffi Bénédictin & Médecin de Philippe Augufte, Roi de France, un Livre en vers Hexametres latins, fur la vertu des médicamens, fur les urines & fur la connoiffance des pouls ; mais il eft plus vraifemblable que ce n'eft qu'une Traduction d'Ægidius, Bénédictin grec. Quoi qu'il en foit, ce dernier Livre eut tant de vogue qu'on le lifoit dans les Ecoles.

ÆLIANUS MECCIUS, habile Méd. d'Ital. qui le prem. felon Galien, fit prendre de la thériaque contre la pefte, ce qui réuffit très bien.

ÆNEAS GAZÆUS, Philofophe Chrét. du cinq. fi. Auteur d'un Traité de l'Immortalité de l'ame en forme de dialogue, traduit de grec en latin par Ant. Camaldule.

ÆNEAS SYLVIUS, *voïez* Pie II.

ÆRIUS, héréfiarque du quatr. fi. qui, outre les erreurs de l'Arianifme, foutenoit qu'il n'y avoit point de différence entre les Evêques & les Prêtres, & qui condamnoit la priere pour les Morts, les jeûnes établis par l'Eglife, & la célébration de la Pâque. Ses difciples furent nommés *Aériens*.

ÆTIUS, furnommé *l'Impie*, hérét. du quatr. fi. l'un des plus zelés défenfeurs de l'Arianifme, après avoir été valet d'un maître de Grammaire, fut ordonné Diacre, & enfuite Evêq. par Eudoxe, Patriarche de CP. fous le regne de Julien l'*Apoftat*. Cet hérétique difputoit fur tout avec impudence, & faifoit confifter toute la Religion dans la foi, ne parlant jamais à fes difciples de jeûnes, ni de pénitence, & regardant les actions les plus infâmes comme des néceffités naturelles. S. Epiphane nous a confervé 47 propofitions de cet hérétique contre le myftere de la Trinité. Ætius mourut à CP. en 467. Ses difciples furent nommés *Aétiens*.

ÆTIUS ou AECE, Gouvern. des Gaules, l'un des plus gr. Capit. de fon tems, défit Théodoric, vainquit les Francs, & remporta deux gr. victoires fur Gondicaire, en 436. Ce fut encore Aétius, qui, joint aux Francs & aux Gots, défit Attila (en 452). Mais l'Emp. Valentinien III, jaloux du mérite de ce gr. homme, le tua de fa propre main en 454, fous prétexte qu'il avoit laiffé évader les Huns après la défaite d'Atilla. Cette mort furprit tout le monde, & jetta l'Empire dans une décadence dont il ne put fe relever.

ÆTIUS ou AECE, cél. Médecin grec étoit natif d'Amide, ville de Méfopotamie fur le Tigre. Il fit fes études à Alexandrie, & il paroît par divers endroits de fes ouvr., qu'il fuivoit la méthode des Egyptiens. Il eut pour maître Lucius, & il excelloit dans la pratique de la Chirurgie, & dans les maladies des yeux. Aece floriffoit à Alexandrie fur la fin du 5e fi. ou au commenc. du 6e. C'eft le prem. Méd. Chrét. dont nous aïons des Ecrits fur la Médec. Son ouvrage qu'on nomme *Tetrabiblos*, eft divifé en 16 Livres,

& contient un Recueil des Ecrits des Médec. qui avoient vécu avant lui, & surtout de Galien. Il y a aussi des choses neuves dont on doit lui avoir obligation. Il y a plusieurs Editions latines de ce *Terrabiblos*, mais il n'y a que les huit premiers Livres qui soient imprimés en grec. Les huit derniers se trouvent en MSS. dans la Bibliotheque de l'Empereur, à Vienne, & en diverses autres Bibliotheques. Il ne faut pas confondre avec Aetius ou Aece, l'hérétique surnommé *l'Athée*, qui étoit aussi Médec. & qui exerça la Médec. avant l'Empire de Julien. Cet Aece l'hérétique étoit d'Antioche de Syrie, & eut pour maître un certain Sopolis, qui couroit le païs. C'est de cet Aece dont Eunome fut disciple.

AFER, (Domitius) cél. Orateur, natif de Nîmes, & maître de Quintilien, deshonora ses talens, par le rôle infâme de délateur qu'il exerça à Rome contre les personnes les plus qualif. Il m. l'an 59 de J. C.

AFFELMAN, ( Jean ) savant Théologien Allemand, né à Soest en Westphalie en 1588, devint Professeur en Théologie à Rostock, dès l'âge de 21 ans, & y m. en 1624. Ses princ. ouvr. sont, 1. *Syntagma Exercit. Academ. de articulis fidei inter Pontificios & Calvinianos controversis.* 2. *De omnipotentia Christi secundum naturam humanam.* 3. *De ferendis hœreticis, non auferendis*, &c.

AFRANIUS, cél. Poète comiq. loué par Ciceron pour la subtilité du génie, & l'élégance du style; mais blâmé par Quintilien, pour avoir inseré dans ses Comédies des traits capables de corrompre la jeunesse. Il vivoit environ 100 ans avant J. C. Il ne faut pas le confondre avec Quinctianus Afranius, que Neron fit mourir parcequ'il étoit entré dans cette fameuse conspiration qui couta la vie à Séneque.

AFRICAIN, ( Jules ) excellent Hist. du trois. si. Aut. d'une Chron. très estimée, dans laq. il comptoit 5500 ans depuis la création du monde jusqu'à J. C. Cet ouv. que nous n'avons plus que dans la Chronique d'Eusebe, finissoit à l'an 221 de l'Ere vulgaire. Africain écrivit aussi une lettre à Origene au sujet de l'hist. de Susanne, qu'il regardoit comme supposée; mais celui ci répondit, qu'il ne falloit pas rejetter par imprudence, ou par ignorance, des Liv. qui étoient reçus dans toute l'Eglise. On a encore d'Africain, une lettre à Aristide, dans laquelle il accorde la contradiction apparente qui se trouve entre S. Mathieu & S. Luc, sur la généalogie de J. C.

AGABE, *Agabus*, Prophète Chrétien qui prédit la prison de S. Paul, & la famine qui arriva sous l'Empereur Claude.

AGAG, Roi des Amalécites, que Samuel fit mettre en pieces à Galgala vers 1064 avant J. C.

AGAMEMNON, fils d'Atrée & d'Ærope, Roi d'Argos & de Mycene, Gén. de l'armée des Grecs au siege de Troye, fut obligé de sacrifier, à Diane, Iphigénie sa fille, & de rendre à Achille, Briseïs qu'il lui avoit enlevée. Il fut assassiné par Egisthe, vers 1183 avant J. C. comme il rentroit dans ses Etats. Oreste son fils vengea sa mort.

AGANICE, fille de Hegetor, Seigneur Thessalien, connoissant, dit-on, la raison des Eclipses, fit croire aux Femmes de son païs, que c'étoit elle, qui faisoit disparoître la Lune du Ciel.

AGAPET I, élu Pape le 28 Av. 535, après Jean II, se distingua par sa fermeté; car comme l'Emp. Justinien I vouloit l'obliger de communiquer avec Anthime, Patr. de CP. qui étoit Eutychien, le menaçant de l'exil : *Je croïois*, répondit Agapet, *avoir trouvé un Emp. Cathol. mais à ce que je vois, j'ai en tête un Domitien : sachez cependant que je ne crains point vos menaces.* Cette réponse généreuse fut cause de la déposition d'Anthime. Agapet m. quelques jours après en 536. On a de lui plusieurs Epîtres. Silvere lui succéda.

AGAPET II fuccéda au Pape Martin, ou Martin II, en 946. Il fe diftingua par fon zele & par fa vertu, appella à Rome l'Emp. Othon contre Berenger II, qui vouloit fe faire Roi d'Italie, & régla le différend qui étoit entre l'Eglife de Lorche & celle de Saltzbourg, touchant le Droit de Métropole. Il m. en 956. Jean XII lui fuccéda.

AGAPET, Diacre de l'Eglife de CP. au fixieme fi. eft Aut. d'une excell. Lettre adreffée à Juftinien, dans laquelle il donne à ce Pr. des avis falutaires pour regner en Pr. Chrétien.

AGAPIUS, Moine Grec du mont Athos, Aut. d'un Livre très eftimé des Grecs, intit. *Le falut des Pêcheurs*, impr. à Venife en 1641 & 1664. Il eft en grec vulgaire, & l'on y enfeigne clairement la Tranfubftantiation.

AGAR, Egyptienne, mere d'Ifmael & fervante d'Abraham & de Sara, vers 1910 av. J. C.

AGASICLES, fav. Roi de Lacédémone, vers 650 av. J. C., fit fleurir la paix dans fes Etats. Quelqu'un lui aïant demandé comment un Pr. pouvoit vivre en fureté: *C'eft*, répondit-il, *en traitant fes fujets comme un pere traite fes enfans.*

AGATHARCHIDES, cél. Hift. Grec, natif de Gnide, vers 180 ans avant J. C. C'eft le prem. qui a donné la defcription du Rhinoceros.

AGATHARQUE, de Samos, Peintre cél. qui, à la follicit. d'Efchyle, travailla le premier aux embelliffemens de la fcene, felon les regles de la perfpective, vers 480 ans avant J. C.

AGATHE, (Sainte) Vierge de Palerme, d'une Maifon noble, & d'une gr. beauté, ne voulant point répondre à la paffion de Quintien, Gouv. de Sicile, fut fi cruellement tourmentée par fon ordre, qu'elle mourut en prifon vers 261 de J. C.

AGATHIAS *le Scholaftique*, cél. Hift. Grec de Myrine, exerçoit la profeffion d'Avocat, à Smyrne, au fixieme fi. Ses ouv. ont été trad. en fr. par le Préfident Coufin.

AGATHOCLES, fam. Tyran de Sicile, fils d'un Potier de terre de Reggio, remporta plufieurs victoires fur les Carthaginois, & fut empoifonné par Archagate vers 290 ans avant J. C.

AGATHON, (Saint) natif de Palerme, Rel. Bénédict., fut élu Pape le 11 Avril 679, & fuccéda à Donus ou Domnus. Il condamna les Monothelites, & m. en 682. C'eft lui qui fit ceffer le tribut que le S. Siege païoit aux Emp. à l'Election de chaque Pape. Il eut pour fucceffeur Leon II.

AGATHON, Poète grec, dont Ariftote cite quelques vers dans fa Morale.

AGELLIUS, (Ant.) Chan. Régenfuite Ev. d'Acerno, dans le dix-feptieme fi. a laiffé de fav. Comment. fur les Pfeaumes, & fur d'autres Livres de l'Ecriture-Sainte.

AGESANDRE, Rhodien, cél. Sculpteur, fous Vefpafien, fit avec deux autres Sculpteurs le fameux grouppe de Laocoon.

AGESILAUS II, Roi de Sparte, fils d'Archidamus, fut élevé fur le Trône au préjudice de Leotychides. Il remporta une cél. vict. fur Tiapherne, Gén. des Perfes, défit les Thébains & leurs alliés à Coronée, vainquit les Acaméniens, & fe rendit maître de Corinthe. Il m. dans la Cyrenaïque, vers 356 av. J. C. âgé de 84 ans, après en avoir regné 41. Agefilaus étoit petit, boiteux, & de mauvaife mine; mais brave, vigilant, fobre, & reglé dans fes mœurs. Il défendit qu'on lui élevât des ftatues, ne voulant point d'autres monumens de fa gloire que fes belles actions. Cinyfca (fa fœur) dreffa elle-même des chevaux, à la follicit. d'Agefilaus, entra en lice, & fut la premiere femme qui remporta le prix aux jeux Olympiques.

AGESIPOLIS I, R. de Lacédémone, collegue d'Agefilaus II, ravagea l'Argolide, ruina Mantinée & pilla le païs des Olynthiens. Il m. dans cette derniere expédition vers 380 avant J. C. & fut embaumé dans le miel, selon la coutume des Lacédémoniens. Agesipolis, qui lui succéda, est remarquable par ses Apophthegmes.

AGGÉE (en héb. *joie*) l'un des 12 petits Proph. prédit aux Juifs vers 520 avant J. C. que le second temple seroit plus ill. que le prem. par où il désignoit la venue de J. C. On lui attribue quelques-uns des Pseaumes.

AGILÉE, *voy.* AGYLÉE.

AGILULPHE, Duc de Turin, & Roi des Lombards, mourut en 616, après avoir soumis toute l'Italie, à l'exception de Ravenne.

AGIS II, R. de Sparte, ravagea l'Argolide & se signala dans la guerre du Peloponnese. Il avoit coutume de dire *qu'il trouvoit les envieux bien malheureux, puisque la félicité des autres les tourmentoit comme leur propre infortune.* Un Orateur, après une longue harangue, lui aïant demandé quelle réponse il vouloit faire à ceux qui l'avoient envoïé: *Dis leur,* répondit Agis, *que tu as eu bien de la peine à finir, & moi à t'entendre.* Il m. vers 397 avant J. C.

AGIS IV, Roi de Sparte, forma le dessein de rétablir l'anc. discipline de Lacédémone; d'abolir les dettes; & de rendre communs les biens des habitans, selon les loix de Lycurgue: mais les riches, les femmes, & Leonidas son collegue s'y opposerent. Il fut étranglé par ordre d'un Ephore vers 280 av. J. C.

AGNAN, (Saint) ill. Ev. d'Orléans, implora le secours d'Aetius contre Attila, & m. en 453. On dit qu'au comm. de son Episcopat, aïant guéri le Gouv. de la ville, celui-ci lui accorda la liberté de tous les prisonniers; & que c'est en mémoire de cette action que les Evêques d'Orléans ont droit de délivrer tous les criminels le jour de leur entrée.

AGNÈS, (Sainte) Vierge cél., qui, à l'âge de 12 à 13 ans, souffrit le Martyre à Rome, vers 303 de Jesus Christ.

AGNÈS SOREL, *voy.* SOREL.

AGNODICE, jeune Athenienne, ne pouvant suivre son attrait pour la Médecine en allant entendre ceux qui l'enseignoient, parceque la Loi s'y opposoit, prit un habit d'homme, & ainsi déguisée, se fit disciple d'Herophile. Un jour s'étant présentée à une Femme prête d'accoucher, celle-ci refusa ses services, prenant Agnodice pour un homme à qui la pudeur l'empêchoit de se découvrir. Agnodice s'étant fait connoitre, ses services furent acceptés & eurent un heureux succès: ce qui la mit dans un gr. crédit auprès des Dames; mais les Médecins la calomnierent: ce qui l'obligea de faire connoître son sexe. Alors elle fut déférée à l'Areopage, comme coupable, étant défendu aux filles par les Loix d'Athenes, d'exercer la Médecine. Les Dames s'interresserent tellement en sa faveur, que la Loi qui défendoit aux filles l'exercice de la Médecine, fut abrogée. *Voy.* HYGIN.

AGOBARD, Archev. de Lyon, l'un des plus sav. Prélats du neuvieme si. fut déposé au Conc. de Thionville en 834, par ordre de Louis *le Débonnaire*; mais étant rentré dans ses bonnes graces, il fut rétabli, & m. en 840. Agobard écrivit contre Felix d'Urghel, condam. les duels, l'épreuve du feu & de l'eau, & fit un ouv. pour prouver que ce ne sont point les sorciers qui excitent les tempêtes. Ses écrits furent publiés en 1606 par Papire Masson, qui les trouva chez un Relieur de Lyon, prêt à les déchirer. M. Baluze en a donné une meilleure édit. en 1666, avec des notes.

AGORACITE, de Paros, cél. Sculpteur, qui fit la belle Venus de *Rhamnus*, vers 448 avant J. C.

AGOULT, (Guillaume) Gentilhomme & Poète Provençal au 12e si. étoit l'homme de son tems le mieux fait & le plus spirituel. Outre plus. Chansons, il avoit composé un Poême intitulé *La maniera d'amar dal tems passat*, dans lequel par une gradation de raisonnemens, il soutient qu'on ne peut être heu-

reux, fans être honnête homme ;
qu'on ne peut être honnête homme
fans être amoureux, & qu'on ne
fait aimer qu'autant qu'on a foin de
l'honneur de fa Dame.

AGREDA, ( Marie d' ) cél. Rel.
Cordelière Efpagnole, Supér. du
Couvent de l'Immac. Conception,
à Agreda, où elle m. en 1665, âgée
de 63 ans. Son Livre intit. *La myftique cité de Dieu*, qui eſt une vie
de la Sainte Vierge, fit beaucoup de
bruit, & fut cenſuré en Sorbonne
en 1697.

AGRICOLA, ( *Cneus Julius* )
natif de Fréjus, & Gouv. de la Gr.
Bretagne pour les Romains, fe rendit fam. par fes exploits. Il foumit
l'Ecoſſe aux Romains, après avoir
vaincu Galgace Génér. des Anglois
en bataille rangée. L'Emp. Domitien, jaloux du mérite de ce gr.
homme, s'en défit, à ce que l'on
croit, par le poiſon, vers 93 de J. C.
Tacite, gendre d'Agricola, en
fait un gr. éloge, & déplore fa mort
d'une maniere très pathétique. Agricola mourut à 55 ans. Il étoit fils
de Julius Græcinus, Chev. Romain,
qui fut élevé par fon mérite au rang
de Sénateur, après avoir été Intendant de Province, & dont Caligula
fe défit par haine pour fa vertu.
L'eſprit & la probité étoient heredi-
taires dans cette Famille. Le Pere
de Julius Græcinus, Intendant de
Province, ne vola & ne foula jamais perſonne. Son Fils & fon Petit-
fils imiterent fon exemple dans les
mêmes emplois. Ce que l'on regarde
comme une choſe admirable.

AGRICOLA, ( Georg. ) Méd.
All. né à Glauchen en 1494, fur-
paſſa tous les anc. dans la connoiſſance des métaux, & des animaux
ſouterrains, & fraïa le chemin aux
Modernes. Il eut beauc. d'averſion
pour les erreurs de Luther, & m.
bon Cathol. à Chemnitz, le 21 Novembre 1555.

AGRICOLA, ( Rod. ) cél. Prof.
de Philoſ. à Heidelberg, né à Baf-
flon près de Groningue en 1442 ;
c'eſt un de ceux qui firent renaître
le goût des Belles-Let. en All. &

dans les Païs-Bas. Il voïagea beaucoup, & fe fit par-tout des admira-
teurs & des amis. Il m. à Heidelberg en 1485, & fut enterré en
habit de Cordelier. Ses ouv. ont
été imprimés à Cologne en 1539.

Il y a pluf. autres perf. cél. de ce
nom.

AGRICOLE ( Saint ) *Agræculus*,
Evêq. de Châlons, au fixieme fi. fe
diſtingua par fa politeſſe, fa vertu,
fes mortifications & fon éloquence.

AGRIPPA I, ( Herode ) fils d'A-
riſtobule & de Bérénice, Petit-fils
d'Hérode *le Grand*, fit à Rome des
dépenſes fi exceſſives, qu'il fe trouva accablé de dettes ; & s'enfuit en
Idumée, où fa femme Cypros lui
donna de l'argent : retourné à Rome, Tibere le fit mettre en priſon ;
mais il en fortit fix mois après par
ordre de Caligula, qui lui fit préfent d'une chaîne d'or auſſi peſante
que celle de fer qu'il avoit portée
dans la priſon, & lui donna le
Roïaume de Judée l'an 37 de J. C.
Il fit mourir injuſtement S. Jacques,
& empriſonner S. Pierre. Enfin,
énorgueilli par les flatteries outrées
des Juifs, il m. accablé de douleurs
violentes, & rongé de vers la 7e
année de fon regne, la 54e de fon
âge & la 43e de J. C.

AGRIPPA II, fils du précéd. &
dern. R. des Juifs, fuccéda à fon
oncle ; mais l'Emp. Claude lui ôta
fon Roïaume & lui donna d'autres
Prov. en échange. Néron y ajouta
quatre villes. Les Juifs s'étant révoltés, Agrippa joignit fes forces à celles des Rom. & fut bleſſé au fiege de
Gamala. Il fe trouva encore au fiege
de Jéruſalem avec Tite, & m. fous
Domitien vers 94 de J. C. C'eſt en
préſence de ce Pr. & de fa fœur
Berenice, avec laquelle on le foupçonnoit d'avoir un commerce inceſtueux, que Saint Paul plaida fa
cauſe à Céſarée.

AGRIPPA, ( *Menenius* ) Conful
Rom. vers 502 avant J. C. vainquit
les Sabins, & appaiſa par l'apologue des membres du corps humain
& de l'eſtomac, le foulevement du
peuple, qui, accablé de dettes & de

misere, s'étoit retiré sur le mont Sacré. Ce Consul, malgré ses gr. emplois, m. si pauvre, que le peuple Rom. fut obligé de faire la dépense de ses funérailles.

AGRIPPA, ( Marcus Vipsanius ) Consul Romain, favori & gendre d'Auguste, s'éleva par sa valeur aux premieres dignités de l'Emp. C'étoit un des plus prudens Capitaines de son si. Auguste lui devoit l'Emp. du monde par les victoires qu'il remporta sur Marc-Antoine & sur le jeune Pompée. Cet Emp. l'aïant consulté, Agrippa lui conseilla de rétablir la Républ. mais Mécene, autre ami d'Auguste, fut d'un avis contraire. L'Emper. suivit ce dern. conseil, & désigna Agrippa pour son successeur ; mais ce Consul m. av. Auguste, environ 12 ans avant J. C. C'est lui qui fit bâtir à Rome le *Pantheon*, aujourd'hui Notre-Dame de la Rotonde.

AGRIPPA, ( Hen. Corneille ) né à Cologne, d'une illustre famille, le 14 Sept. 1486, s'acquit un grand nom dans la Littérature, après s'être signalé dans les armes. Il étoit sav. en Théol., en Méd., & en Jurisprud., & passoit auprès des sots pour un gr. Magicien : quoique son extr. pauvreté fît assez voir le contraire. Agrippa écrivoit bien & avoit de l'érudition ; mais il se plaisoit à soutenir des paradoxes. Il composa un Tr. *de l'excellence des Femmes au-dessus des Hommes*, pour s'insinuer dans les bonnes graces de Marg. d'Autriche, Gouvernante des Païsbas, qui lui fit donner le titre d'Historiographe de l'Emp. son frere. En France il fut emprisonné, pour avoir écrit contre Louise de Savoie, mere de Fr. I. Dès qu'il fut élargi, il alla à Grenoble, où il mourut en 1535. Ses œuvres sont impr. en 2 vol. *in-8°*. L'opinion la plus extravagante qu'il ait soutenue, c'est que le péché d'Adam n'a été autre chose que le commerce charnel d'Adam avec Eve ; ce qu'il dit du serpent séducteur, n'est pas moins ridicule. Le plus consid. de ses ouv. est son Tr. *de la vanité des sc. & de*

*l'excellence de la parole de Dieu*, dans lequel il entreprend de prouver ce paradoxe, qu'il n'y a rien de plus pernicieux & de plus dangereux pour la vie des hommes & pour le salut de leur ame, que les sciences & les arts.

AGRIPPINE, fille de Germanicus, sœur de Caligula, mere de Néron, joignoit à la beauté un esprit délicat. Qualités qu'elle fit servir à ses débauches & à son ambition. Elle fut mariée trois fois ; la dern. à l'Emp. Claude son oncle, qu'elle empoisonna pour faire regner Néron. Comme on l'assuroit que ce Pr. la feroit m. un jour : *N'importe*, répondit-elle, *qu'il me tue, pourvu qu'il regne*. Ce qu'on lui avoit prédit, arriva. Néron envoïa des Gardes pour la poignarder. Et comme le Centurion la poursuivoit l'épée à la main, Agrippine s'écria en lui montrant son sein : *Frape d'abord ce sein, puisqu'il a porté le prem. un monstre tel que Néron*. C'est cette Princ. qui donna son nom à Cologne qu'elle fit aggrandir, & qu'elle appella la *Colonie Agrippine*, parcequ'elle y avoit pris naissance.

Il y a eu deux aut. Pr. Rom. de ce nom.

AGRON, Médec. d'Agrigente, *voïez* ACRON.

AGUILAR TERRONE DEL CAGNO, ( François ) sav. Evêque de Léon en Esp. étoit d'Anduxar, & m. le 13 Mars 1613.

AGUILLON, *Aguillonius* ( Fr. ) cél. Math. Jés. natif de Bruxelles, m. le 20 Mars 1617, âgé de 50 ans. On a de lui un Tr. d'optique qui est estimé.

AGUIRRE, ( Joseph Saënz d' ) pieux & sav. Card. de l'Ordre des Bénéd. né à Lagrogno le 24 Mars 1630, & m. à Rome le 19 Août 1699, étoit si modeste, qu'il rétracta le système de la probabilité, qu'il avoit soutenu d'abord. Ses princip. ouv. sont 1. une Histoire des Conc. d'Espagne, qui est très recherchée. 2. Une Collection des Concil. de la même nation. 3. Une

Théol. en 3 vol. tirée des œuvres de Sainte Anselme.

AGUIRRE, (Michel) cél Jurif. natif du Dioc. de Pampelune, m. en 1588.

AGYLÉE, *Agylæus*, (Henri) hom. de Lettres, natif de Bolduc, très fav. dans la Langue grecque, m. en 1595, âgé de 62 ans. Il a traduit le *Nomocanon* de Photius.

AHIAS & ACHIAS, Proph. natif de Silo, qui prédit à Jéroboam fon élévation, la mort de fon fils Abia, & la défolation de fa maifon, vers 954 av. J. C.

AJALA, (Gabriel) fav. Méd. du feizieme fi. étoit d'Anvers, parent de Balthazar Ajala, qui a écrit fur la Difcipline militaire.

AJALA, (Martin Perez de) né à Hiefte, au Dioc. de Carthagene en 1504, fut envoïé en qualité de Théolog. au Conc. de Trente, par l'Emp. Charles-Quint, qui lui donna l'Evéc. de Guadix, puis celui de Segovie, & enfin l'Archev. de Valence. Ajala remplit avec diftinction tous les devoirs d'un Evêque, tint fouvent des Synodes, vifita exactement fon Dioc. & y fit fleurir la vertu & les fciences. Il mourut en 1566. Son ouv. le plus important eft un Tr. *des Traditions Apoftoliques.*

AJAX, fils d'Oilée, Roi des Locriens, étoit agile, & très habile à tirer de l'arc. Après le fac de Troye, aïant fait violence à Caffandre dans le Temple de Minerve, la Déeffe, dit la fable, fit périr la flotte de ce Pr. & le foudroïa.

AJAX, fils de Telamon & R. de Salamine, étoit, après Achille, le plus vaillant & le plus emporté des Pr. Grecs. Il combattit contre Hector, & fit des actions d'un courage extraordinaire. Transporté de fureur de ce que les armes d'Achille avoient été adjugées à Ulyffe, il fe jetta fur les troupeaux du camp, & en fit un carnage effroïable, croïant immoler les Grecs à fa vengeance; mais enfuite aïant reconnu fon erreur, il fe perça de l'épée fatale qu'il avoit reçue d'Hector.

AIGNAN, (Beauvilliers de S.) voïez BEAUVILLIERS.

AILLY, (Pierre d') naquit à Compiegne en 1350, de parens pauvres, qui ne laifferent pas de lui donner une bonne éducation. Il fut d'abord Bourfier au College de Navarre, à Paris, puis Doct. de Sorbonne en 1380, enfuite Chancelier de l'Univ. Confeffeur & Aumônier de Charles VI, Evêque du Puy, & enfin Evêq. de Cambrai & Cardinal. Il prêcha à Genes en 1405 avec tant de force fur le myftere de la Trinité, que l'Antipape Benoît XIII, touché de fon Sermon, en inftitua la fête à Rome, où elle n'étoit pas encore établie, quoiqu'on la célébrât en un affez gr. nombre d'Eglifes depuis pluf. fi. Ce fut un des plus fav. Ev. des Conc. de Pife & de Conftance. Il mourut à Avignon, où il étoit Légat pour Martin V, le 8 Août 1419. Son ouv. le plus confid. eft un *Tr. de la Réforme de l'Eglife*, impr. dans les ouv. de Gerfon, qui fut un de fes difciples.

AIMOIN, fav. Relig. Bénédictin de l'Abbaïe de Fleury-fur-Loire, au dixieme fi. dont on a une Hift. de Fr. dédiée à l'Abbé Abbon, & quelques autres ouv.

AIMON, Prince des Ardennes, fut le pere de ces quatre Preux, qu'on appelle communément *les quatre fils Aimon.* On dit que le Pr. Renaud, l'aîné de ces 4 fils, après avoir été un gr. Guerrier fous Charlemagne, fe fit Moine à Cologne, & mourut Martyr.

AIRAULT, (Pier.) Lieutenant-Criminel d'Angers, où il naquit en 1536, & cél. Avoc. de Paris, n'aïant pu réuffir à retirer un de fes fils qui s'étoit fait Jéfuite à fon infû, compofa fon Tr. *de la puiffance Paternelle*, qui a été impr. pluf. fois. On a encore de lui un Livre très curieux, intit. l'*Ordre & Inftruction judiciaire dont les anc. Grecs & Romains ont ufé dans les occafions publiq. accommod. à l'ufage de Fr.* Il m. le 21 Juill. 1601, laiffant 10 enfans en vie à Angers, où fa famille poffede enc. la même charge avec honneur.

AISTULFE,

AISTULFE, ou ASTOLFE, *Aistulfus*, XXIIe R. des Lombards, assiégea Rome en 750 ; mais Pepin R. de Fr. accouru au secours du Pape Etienne III, assiégea Aistulfe lui-même dans Pavie, & le força de rendre au S. Siege à perpétuité l'Exarchat de Ravenne, & la Pentapole Rom. Les clefs en furent envoiées à Rome, & mises sur le tombeau de S. Pierre *in signum veri & perpetui dominii*. Aistulfe avoit dessein de reprendre ces villes, mais il mourut en 756.

AINSWORTH, ( Henri ) Anglois, cél. comment. de l'Ecriture-Sainte au comm. du 17e sl. On a de lui d'excell. notes sur le Pentateuque, les Pseaumes, & le Cantique des Cantiques.

AITZEMA, ( Leon van ) Gentilhomme de Frise, né à Dockum en 1600, Conseiller des villes Anséatiques, & leur Résident à la Haye, où il m. en 1669, étoit poli, libéral, officieux, habile politique, & sav. dans les Langues. On a de lui une Hist. des Prov. Unies, avec tous les Tr. & les pieces qui la concernent.

AKAKIA, ( Martin ) fils de Martin Akakia de Châlons-sur-Marne, & cél. Prof. de Chirurgie au Collége R. à Paris, m. en 1588. Il a écrit 1. *Consilia Medica*. 2. *De morbis muliebribus*. Son fils Martin Akakia, fut aussi Profess. de Chirurgie au Collége R., & Doct. en Médecine.

AKIBA, fam. Rab. du 2 si. & l'un des Doct. du Collége de Tibériade. Il se déclara pour l'imposteur *Barcochebas*, fit révolter les Juifs, & commit, avec eux, des cruautés inouïes ; mais l'Emp. Adrien le fit mourir cruellement avec sa femme & un gr. nombre de ses discip. l'an 135 de J. C. On lui attribue le Liv. *Jezira*. *Voy.* ABRAHAM.

ALABASTER, ( Guill. de ) Théol. Anglois du 17e si. d'un esprit inquiet, & entêté des folies de la Cabale. On a de lui un Lexicon hébr. & plus. autres ouvr.

ALAHAMARE, I R. de Grena-

de, en 1237. Ses successeurs y régnerent jusqu'en 1492, qu'ils furent détrônés par Ferdinand & Isabelle.

ALAIN DE L'ISLE, *Alanus de Insulis*, sav. Théol. de l'Univ. de Paris, appellé *le Dr. universel*, m. vers 1294. Ses ouv. ont été impr. en 1653, *in-fol*.

ALAIN, ( Guill. ) autrement *le Card. d'Angl.* cél. Controversiste, m. à Rome en 1594, âgé de 63 ans. On a de lui une savante Apologie pour les Catholiques persécutés en Angl. & d'autres ouv.

ALARD, ou ADELARD, d'Amsterdam, m. à Louvain vers 1541. Les plus estimés de ses ouvr. sont trois vol. de Conférences tirées de l'Ecriture & des Peres.

ALARIC I, R. des Goths, l'un des plus cruels ennemis de l'Emp. Rom. désola plus. Prov. d'Orient, porta le fer & le feu dans toute l'Ital, & saccagea Rome en 409, où il étoit retourné après avoir été vaincu par Stilicon. Il mourut à Cosence en 410.

ALARIC II, R. des Visigoths, après avoir regné 23 ans, fut tué dans une bat. de la main de Clovis en 507. C'est lui qui publia un code de loix, qui de son nom fut appellé le *Code d'Alaric*. Il étoit tiré principal. du *Code Théodosien*.

ALBA ESQUIVEL, ( Diego ) habile Canoniste, natif de Vittoria, fut Evêq. d'Astorga, puis d'Avila, & ensuite de Cordoue. Il assista au Conc. de Trente, & m. le 14 Mars 1562. On a de lui *de Consiliis universalibus, ac de his quæ ad Religionis & Christianæ Reipublicæ reformationem instituenda videntur*.

ALBAN, ( Saint ) prem. Martyr de la Gr. Bretagne, vers 287 de J. C.

ALBANE, ( Fr. l' ) l'un des plus sav. & des plus agréables Peintres d'Ital. étoit fils d'un Marchand de soie, & naquit à Bologne en 1578. Ayant une belle femme & de beaux enfans, il prenoit plaisir à les peindre. De-là vient que Vénus, les Amours, les Nymphes & les Déesses, entrent dans le sujet de la plupart de ses tableaux ; mais par la

*Tome I.*

C

même raifon, n'aïant que fa famille fous les yeux, il n'a pas affez varié fes figures. Il mourut en 1660, âgé de 82 ans.

ALBANI, ( Jean-Jérôme ) de Bergame, fav. Jurifc. très hab. dans les Belles Lettres, fut fait Card. après la m. de fa femme en 1570. Il m. en 1591. On a de lui *de immunitate Ecclefiarum : de poteftate Papæ & Concilii: de Cardinalibus, &c.*

Il y a eu pluf. autres hab. Jurifc. de cette famille.

ALBATEGNE , *Albategnius* , fav. Aftron. Arabe, de la Rel. des Sabiens , floriffoit à Aracte en Syrie vers 880. Il fit fes obfervations en Mefopotamie en 882. On a de lui un Tr. *de la fcience des étoiles* , impr. à Nuremberg en 1537 , & à Bologne en 1545 , *in-4.* avec des notes de Regiomontanus. C'eft une traduction en mauvais latin faite par Plato Triburtinus. L'origine Arabe fe trouve parmi les MSS du Vatican , & n'a jamais été imprimé. Albategue fit des obfervations import. fur la préceffion des Equinoxes, & ajouta 11ᵈ. 30′. 20″. aux lieux des Etoiles , tels qu'ils avoient été déterminés par Ptolomée , comme il le dit lui-même dans fon Livre de la fcience des Etoiles. cap. 52. pag. 202.

ALBE , ( le Duc d' ) *voïez* TO-LEDE.

ALBEMARLE , ( Arnold-Jufte de Keppel, Milord d' ) céléb. Cap. du 18e fi. naq. dans la Gueldre en 1669 , d'une famille noble. Il fut d'abord Page de Guillaume , Prince d'Orange , & s'acquit les bonnes graces de ce Prince. Aïant été naturalifé Anglois en 1688 , le même Pr. qui étoit devenu R. d'Angleterre , le fit Comte d'Albemarle en 1696 , Vicomte de Bury , Baron d'Ashford , fon Chambellan, Chevalier de la Jarretiere en 1700 , & lui laiffa par fon teftament 200000 florins , avec la Seigneurie de Brevort. La Reine Anne le nomma en 1702 Commandant de la premiere Compagnie de fes Gardes. Les Provinces-Unies l'avoient déclaré l'an-

née précédente Colonel Général de leurs Troupes Suiffes. Il fut auffi Général de la Cavalerie au fervice des Holland. , Gouverneur de Bois-le Duc , Colonel d'un Régiment de Carabiniers , & Députe de la Nobleffe de Hollande & de Weft-Frife. C'eft lui qui perdit en 1712 la fameufe Bataille de Denain, avec le Pr. Eugene, contre le Maréchal de Villars. Il fut fait prifonnier dans cette action qui fauva la Fr. & m. le 30 Mai 1718.

ALBERE , ( Erafme ) *voïez* AL-BERT.

ALBERGOTTI , ( Fr. ) cél. Jurif. natif d'Arezzo, m. à Florence en 1376. On a de lui des Confultations & des Comment. fur le Digefte & fur quelques Livres du Code.

ALBERIC , François de Nation , vivoit dans le 12e fi. Après avoir été Moine dans le Monaftere de Cluni , il devint Prieur de S. Martin à Paris , enfuite Abbé de Vezelay en 1124 , puis Card. & Evêq. d'Oftie en 1138. Le Pape Innocent II l'envoïa en qualité de Légat en Angleterre & en Ecoffe : ce qui déplut au Clergé d'Anglet. Cependant après quelques difficultés , Alberic fut reçu & tint un Conc. National dans l'Abbaïe de Weft-Minfter le 13 Déc. 1138. Il s'y fit 70 Canons, dont le 7e privoit de leurs Bénéfices les Eccléfiaftiques mariés , ou qui avoient des Concubines. Un autre Canon ordonnoit que perfonne ne poffédât de Bénéfice par vue d'héritage , & que nul ne nomma fon fucceffeur. Alberic retourna en Italie en 1139 , il fut enfuite fucceffivement Légat en Sicile , en Orient & en France , & mour. en 1147.

ALBERIC DE ROSATE , ou ROXIATI , de Bergame, ami de Bartole , & l'un des plus fav. Jurifc. du 14e fi. a fait des Comment. fur le 6e Livre des Décrétales.

ALBERMARLE , *voy.* MONCK.

ALBERONI , ( Jules ) cél. Card. du 18e fi. & prem. Miniftre d'Etat du R. d'Efpagne , naquit le 31 Mai 1664 dans le Parmefan, où il devint Curé. Le Poëte Campiftron aïant été volé dans un voïage qu'il faisoit en Italie pour son plaisir, tomba presque nu dans le village d'Alberoni : celui-ci le reçut très humainem. & lui prêta les habits de son frere, avec quelque argent pour aller à Rome. Telle fut l'occasion de la fortune & de l'élévation d'Alberoni ; car dans la suite Campistron aïant suivi en Italie le Duc de Vendôme, dont il étoit Secretaire, & se retrouvant aux environs de la demeure de son bienfaiteur, on eut besoin de quelqu'un du païs, qui pût découvrir où les habitans tenoient leurs grains cachés. Le Poëte saisit cette occasion de parler d'Alberoni. On le fit venir, M. de Vendôme l'examina, & il rendit à l'Armée Françoise tous les services que ce Général en pouvoit attendre. Lorsque M. de Vendôme fut rappellé, Alberoni ne pouvant plus rester en sûreté dans sa patrie, s'attacha à lui, & le suivit en Fr. Le Duc, qui l'aimoit & qui l'estimoit, lui donnoit de tems en tems des gratifications, qui lui tenoient lieu d'appointemens. Il voulut même lui procurer quelque chose de plus solide ; car la Cure d'Anet, qui étoit à sa nomination, étant venue à vaquer, il la lui offrit ; mais Alberoni la refusa, & préféra d'aller à sa suite en Espag. chercher un meilleur établissement. Le crédit que la Princesse des Ursins avoit auprès de Philippe V, mit le Duc de Vendôme dans la nécessité d'avoir avec elle de gr. rapports : il choisit Alberoni pour entretenir leur correspondance, tandis qu'il seroit à la tête des Armées. Madame des Ursins gouta fort l'Abbé, qui de son côté n'oublia rien pour s'assurer d'une aussi puissante protection. Après la mort de M. de Vendôme, il se dévoua entierement au service de cette Princesse, eut une très gr. part à sa confiance, & s'aida de sa faveur pour obtenir du Duc de Parme le titre de son Agent à la Cour de Madrid. Alberoni reconnut cette grace de son Souverain, en ménageant pour la Princesse de

Parme, le choix que le R. d'Espag. vouloit faire d'une seconde épouse. Il en parla à la Princ. des Ursins, & mena si bien cette négociation, qu'il fut chargé d'aller à Parme, où il conclut le mariage. Alberoni ne tarda pas à se ressentir du crédit que la beauté, les vertus, & l'esprit de la Princesse de Parme lui donnerent sur le Roi son époux. On l'admit dans les conseils. Il devint Cardinal, & il fut déclaré premier Ministre d'Etat. Il forma alors des projets très avantageux à l'Espagne, & mit toute l'Europe en mouvement ; mais dans la suite un puissant Prince lui aïant fait perdre sa place de Ministre d'Etat, il fut exilé à Rome. Le Cardinal Alberoni, malgré sa disgrace, conserva un gr. crédit à la Cour d'Espag. Il m. le 26 Juin 1752 à 87 ans. On a imprimé sous son nom à Lausanne en 1753, *in-12* un *Testament politique*, que l'on prétend avoir été recueilli de ses Mémoires, de ses Lettres, & de ses entretiens ; mais il ne faut aucunement compter sur ces sortes d'ouvrages. Jean Rousset a écrit sa vie.

ALBERT I, fils de l'Emp. Rodolphe de Hapsbourg, & premier Archiduc d'Autriche, tua dans une bat. Adolphe, qui lui avoit été préféré à l'Emp. en 1298, & se fit ensuite couronner Emp. Il donna 12 bat. & fut tué au passage de la Russ, près de Windesch en Argow, en 1308 par Jean Duc de Suabe son neveu, dont il retenoit les biens.

ALBERT II, Archiduc d'Autriche & Marq. de Moravie, fut élu Emp. le prem. Janv. 1438, & m. le 27 Octob. 1439, pour avoir mangé des melons avec excès. C'étoit un Pr. doux, libéral, & qui avoit des desseins très avantageux pour l'Eglise & pour l'Emp. Il appuïa de son autorité ce qui avoit été ordonné au Concile de Bâle.

ALBERT *le Courageux*, Duc de Saxe, Gouv. de Frise en 1494, & pere de George de Saxe, l'un des plus gr. protécteurs de Luther, se rendit illustre par sa prudence &

ſes exploits ſous l'Emp. Maximilien I. Il m. le 13 Sept. 1500.

ALBERT I, l'*Ours*, fils d'Othon Pr. d'Anhalt, né en 1106, fut chéri des Pr. d'All., & ſurtout de l'Emp. Conrad III, qui le fit Marquis & Elect. de Brandebourg vers 1150. Albert fit défricher les Forêts de la Marche de Brandebourg, bâtir des Villes, des Egliſes & des Colleges, & m. le 18 Nov. 1168.

ALBERT VI, Duc de Baviere, né en 1584, & mort à Munich en 1666, ſe diſtingua par ſa piété & par ſon érudition. On a de lui un Livre ſur le mariage des Prêtres.

Il y a pluſ. autres Princ. du nom d'Albert.

ALBERT, que pluſieurs Ecrivains nomment mal Adalbert, ou Adelbert, fameux Archev. de Mayence, étoit de la Maiſon des Comtes de Satbruck; n'étant encore que Prêtre, il fut fait Secrétaire ou Chancelier du Prince Henri, fils de l'Empereur Henri IV, & fut l'un des principaux Auteurs de la révolte de ce Pr. contre ſon Pere. Henri V étant monté ſur le trône, Albert eut beaucoup de crédit auprès de lui. Il alla diverſes fois en Ambaſſade vers le Pape au ſujet des inveſtitures & du couronnement de l'Empereur, & ſuccéda à Richard, Archev. de Mayence en 1109, quoiqu'il n'ait été ſacré que pluſ. années après. Il ſuivit l'Empereur en Italie & lui conſeilla de mettre le Pape en priſon. C'étoit Paſcal II, lequel par ce mauvais traitement fut obligé d'accorder à l'Empereur le droit des inveſtitures. L'année ſuiv. l'Emp. étant retourné en Allemagne, donna à Albert l'inveſtiture de l'Archevéché de Mayence par la croſſe & l'anneau; mais ce Prélat ne l'eut pas plutôt reçue, qu'il ſe ligua contre l'Emp. avec pluſ. Pr. d'Allemagne. Il fut arrêté & mis en priſon où il demeura environ 4 ans, depuis 1112 juſqu'en 1115, que l'Emp. ſe trouvant à Mayence, fut obligé de le relâcher par le ſoulevement des habitans de cette Ville, qui menaçoient l'Emp. de le tuer

avec toute ſa ſuite, s'il ne leur rendoit leur Evêque. Albert ſe rendit la même année à Cologne, où il fut enfin ſacré par Otton, Evêque de Bamberg. Calixte II aïant excommunié l'Emper., Albert entra entierement dans les intérêts du Pontife, & prit les armes contre ſon Souverain, juſqu'à ce que ce Pr. ſe fut ſoumis au Pape & eut renoncé au droit des inveſtitures. Albert s'attira à dos peu de tems après le Duc de Thuringe, qu'il eut néanmoins l'adreſſe d'appaiſer. On ne voit point qu'après la mort de Henri V, il ait fait grande figure à la Cour de Lothaire ſon Succeſſeur. Albert préſida au Concile de Mayence tenu en 1131, & m. le 23 Juin 1137. C'étoit, ſelon Otton de Friſingue, un Prélat riche, puiſſant, & qui avoit beauc. de prudence mondaine. Albert ou Adelbert II, ſon neveu, lui ſuccéda.

ALBERT *le Grand*, ainſi nommé, parceque ſon nom de famille étoit *Groot*, qui, en Allemand, ſignifie *Grand*, étoit de Lawingen, & l'un des plus ſav. Théol. du 13e ſi. fut Provinc. des Dominic., & enſuite Ev. de Ratiſbonne en 1160. Il quitta cette dignité pour reprendre ſes exercices des Univ. & du cloître, aſſiſta au Conc. gén. de Lyon en 1274, & m. à Cologne le 15 Novembre 1282. On dit qu'il inventa des machines très ingénieuſes, & que la claſſe où il enſeignoit à Paris, ne pouvant contenir ſes Ecoliers, il fut obligé de faire ſes leçons dans cette place, qui de ſon nom fut appellée *Place Maubert*, comme de *Maître Albert* : mais tous ces faits ſont incertains ou fabuleux, & en particulier ce que l'on raconte de lui par rapport à *la Place Maubert*; car il eſt conſtant que cette Place ne tire point ſon nom d'Albert le Grand, mais d'un Evêq. de Paris, appellé *Madelbert*; ce qui fait que dans les anciens MSS, cette Place eſt nommée *Platea Madelberti*. Les œuvres d'Albert le Gr. ont été imprimées à Lyon en 1651, en 21 vol. *in-fol.*

ALBERT, ( Erasme ) sav. Théologien du 16e si. Prédic. ordin. de Joachim II , Elect. de Brandebourg & Surintendant des Eglises de Brandebourg & du Mecklenbourg, étoit natif de Sprendingen dans la moïenne Marche près de Francfort, sur l'Oder. Il étudia sous Luther dans l'Acad. de Wittemberg, & s'y fit recevoir Doct. en Théol. ; il m. à New-Brandebourg dans le Mecklenbourg. C'est lui qui est Auteur du fameux *Alcoran des Cordeliers*, ouvr. dans lequel il rapporte & il réfute tout ce qu'il y a de plus ridicule, de plus puérile & de plus mauvais dans le *Livre des conformités de S. François avec J. C.*, de Barthelemi Albizi. Erasme Albert nous raconte lui-même dans sa Préface ce qui lui donna occasion de composer cet ouvr. *En faisant , dit-il , par ordre de l'Electeur , la visite des Couvens des Franciscains , je ne trouvai nulle part la Bible dans leur Réfectoire , mais quelques Livres , dont il y en avoit qui contenoient les plus horribles blasphèmes. J'ai fait l'extrait de ces Livres & surtout de celui des conformités , dont ( les Franciscains ) font autant de cas , que les Mahométans de leur Alcoran ; & quoiqu'il y ait en tout cela des choses horribles , continuet il , comme elles sont en même-tems souverainement ridicules ; j'ai cru devoir en faire part au Public , pour inspirer aux Chrétiens une juste horreur , & pour les faire rire de toutes ces Legendes.* Erasme Albert traduisit donc tous ces Extraits en Allemand & les fit imprimer en 1531, sans nom de Ville ni d'Imprimeur. Il publia l'ouvr. en latin à Wittemberg en 1542, *in-4.* avec une Préface de Luther, sous ce titre. *Alcoranus Franciscanorum*, &c. Conrad Badius, cél. Imprimeur de Génève, le traduisit en Franç. & y joignit un second Livre, composé de divers passages du Livre des Conformités, qu'Albert n'avoit point rapportées dans le prem. Il imprima sa Traduction avec le latin à côté à Génève en 1560, en 2 vol. *in-12.* Badius

en avoit déja fait une édit. en 1556, en 1 vol. *in-12.* Il y en eut une 3e édit. à Génève en 1578. Il y en a eu une nouv. édit. à Amsterdam en 1734, en 2 vol. *in-12.* Il y a eu aussi plus. autres éditions du latin. On a encore d'Erasme Albert, *Judicium de spongiâ Erasmi Roterodami*, & plus. autres ouvr. en Latin & en Allemand.

ALBERT, ( Charles d' ) Duc de Luynes, Pair, Connétable, & Gr. Fauconier de Fr., Chev. des Ordres du Roi, &c. étoit fils d'Honoré d'Albert Seigneur de Luynes, d'une illustre Maison, établie au Pont S. Esprit dès 1414. Il naquit en 1578, & fut Page de la Chambre du Roi Henri IV, qui le donna ensuite au Dauphin. Charles d'Albert gagna aussi-tôt les bonnes graces du jeune Prince, lequel aïant succédé à Henri IV, le fit Gentilhomme de sa Chambre, Gouv. d'Amboise, Cap. des Thuilleries, Conseiller-d'Etat, prem. Command. des Gentilshom. & Gr. Fauconier de Fr. Après la m. tragique du Maréch. d'Ancre, Charles d'Albert eut la confiscation de ses biens, & fut mis à la tête des affaires de l'Etat en 1617. Sa Terre de Maillé, près de Tours, fut érigée en Duché-Pairie le 14 Novembre 1619. Il devint Connétable de Fr. le 22 Avril 1621. Enfin, après avoir été comblé de faveurs par Louis XIII, il m. dans sa Terre de Maillé le 15 Déc. 1521 à 43 ans. Sa Maison a produit plus. autres personnes illustres.

ALBERTI, ( André ) Aut. d'un traité de *Perspective* très estimé, & imprimé en latin à Nuremberg en 1670, *in-fol.*

ALBERTI, ( Jean ) cél. Jurisc. très sav. dans les langues orient. au 16e. si. étoit de Widmanstat. Il fit impr. en 1556 le Nouv. Test. en Syriaque. Il a aussi donné une Grammaire syriaq. dont la Préf. est très curieuse.

ALBERTI, ( Léandre ) de Bologne, cél. Provincial des Domin. m. vers 1552, âgé de 74 ans. Il a donné les éloges des hom. ill. de son

Ordre , & *la description de l'Ital.*
que Kiriander a trad. en latin. Ce
dern. ouvr. seroit excell. s'il y avoit
plus de critique.

ALBERTI ou DE ALBERTIS ,
( Leon-Baptiste ) cél. Mathém. de
Florence , au 16e si. a donné trois
Livres sur la Peinture , & dix Liv.
d'Architecture. Ce dern. ouvr. est
très estimé , & passe pour l'un des
meill. après Vitruve. Il mourut vers
1485.

ALBERTI , Auteur du *Porta Linguæ sanctæ.*

ALBERTINI , ( Fr. ) de Cantaza-
ro , Jésuite distingué par sa science
& par sa piété , m. le 15 Juin 1619.
On a de lui une Théol. en 2 vol.
*in-fol.* & un pet. Tr. *de Angelo
Custode* , où il enseigne cette opinion étonnante , que les animaux
ont des Anges gardiens.

ALBINOVANUS , Poète latin ,
surnommé *le Divin* , par Ovide. Il
nous reste de lui une Élégie sur la
m. de Drusus , & une autre sur la m.
de Mecenas.

ALBINUS , ( Pierre ) bon Poète
& cél. Hist. du 16e si. étoit natif de
Sneeberg , dans la Misnie. Son nom
de Famille étoit *Weiss* , c'est-à-dire
*Blanc* , en Allem. , mais il le changea en celui d'*Albinus.* Il fut Prof-
fesseur de Poésie & de Mathématique dans l'Acad. de Wittemberg ,
puis Secrét. de l'Elect. à Dresde , où
il donna une sec. édit. fort augm.
de la Chron. de Misnie , qu'il avoit
déja publiée à Wittemberg en 1580.
On a de lui plus. autres ouvr. la plûpart Hist. Ils sont tous fort estim.

ALBIZI ou *de Albizis* , ( Barthelemi ) fameux Cordelier du 14e si.
appellé *Barthelemi de Pise* , pour
avoir fait Profession à Pise , étoit
natif de Rivano en Toscane. Il se
distingua par la Prédic. & par plus.
ouvr. , dont le plus connu est son
Livre *des conformités de S. Franç.
avec J. C.* qu'il composa en 1389 ,
& qu'il présenta en 1399 , au Chap.
génér. de son Ordre assemblé à Assise. Ce Livre y fut reçu avec de gr.
applaudissemens ; on y accabla l'Auteur de louanges , & pour le récom-

penser on lui fit présent de l'habit
complet que S. François avoit porté
pendant sa vie. Cependant Albizi
par un zele indiscret & peu judicieux veut élever dans cet ouvr. les
actions de S. François au-dessus de
celles des autres Saints , & même les
égaler à celles du Fils de Dieu : ce
qui est intolérable. Il m. à Pise
dans un âge très avancé , au Couv.
des Cordeliers en 1401. La prem.
édit. de son *Liber conformitatum
Sancti Francisci cum Christo* a été
faite à Venise *in-fol.* sans date &
sans nom d'Impr. La sec. à Milan
en 1510 *in-fol.* en caract. Goth. de
256 feuillets , avec une Préface de
Franç. Zeno ou Zeni , Vic. gén. des
Franciscains Ital. La trois. aussi à
Milan , avec une Préf. de Jean Ma-
pelli Cordelier en 1513 *in-fol.* Ces
trois édit. sont très rares , & on n'en
trouva guères d'exemplaires qui ne
soient défectueux. Jérémie Bucchi
aussi Cordelier , en donna une nouv.
édit. à Bologne en 1590 , mais il y
fit de gr. retranchemens & il y ajouta à la fin une courte Hist. des hommes illustres de l'Ordre de S. Franç.
En 1620. on changea les deux premiers feuillets de l'édit. de 1590 , &
on la donna pour une nouv. édit.
Ce qu'il y a de plus curieux , c'est
qu'on y a mis l'Approb. du Chap.
génér. des Franciscains datée du 2
d'Août 1399. Enfin , ce même Livre
fut imprimé à Cologne en 1624 *in-8*
avec ce titre : *Antiquitates Fran-
ciscanæ , sive speculum vitæ beati
Francisci & sociorum , &c.* On a
fait dans cette édit. des changem.
considér. Quoiqu'Erasme Albert &
plus. autres Ecriv. tant Protest. que
Cath. aient relevé les impertinen-
ces de cet ouvr. ridicule d'Albizi ,
cela n'a pas empêché un Récollet
nommé Valentin Marée de le refon-
dre en quelque sorte & de le donner ainsi retouché au public à Liege
en 1658 *in-4* , sous ce titre. *Traité
des conformites du Disciple avec son
Maître , c. à d. de S. François avec
J. C. en tous les Mysteres de sa
naissance , vie , passion , mort , &c.*
avec Privilege & Approbation. On

encore de Barthelemi Albizi *six Livres de la vie & des louanges de la Vierge*, ou les conformités de la Vierge avec J. C. Venise en 1596 in 4. *Des Sermons pour le Carême sur le mépris du monde*, Milan 1498, & Bresse 1503, in 4. Enfin, *la vie du Bienheureux Gerard Laïc*, en MSS. Tous ces ouvr. sont en latin. *Voiez* ERASME ALBERT.

ALBIZZI, (Franç.) de Cesene, Card. hab. Jurisc. m. en 1684, âgé de 91 ans. Ce fut lui qui dressa la Bulle contre le Livre de Jansénius, sous Urbain VIII.

Il y a eu plus. autres personnes de ce nom.

ALBOIN, *Albovinus*, R. des Lombards, qui, s'étant rendu maître de presque toute l'Ital. fut assassiné à Véronne, par Helmiges, vers 574.

ALBON, (Jacques d') Marquis de Fronsac, Seign. de S. André, Maréchal de Fr. & l'un des gr. Cap. du 16e si., plus connu sous le nom de *Maréchal de S. André*, descendoit d'une illustre & ancienne Maison du Lyonnois. Il se fit estimer & aimer du Dauphin, lequel étant parvenu à la Couronne sous le nom d'Henri II, le combla de biens, & d'honneurs, le fit Maréch. de Fr. en 1547, & ensuite prem. Gentilhomme de sa Chambre. Le Maréchal de S. André eut le Command. de l'Armée de Champagne en 1551 & en 1554. contribua beauc. à la prise de Marienbourg, ruina le Château Cambresis, & acquit une gr. gloire à la retraite du Quesnoi. Il se trouva depuis à la bat. de Renti, fut fait prisonnier à celle de S. Quentin en 1557, & travailla beauc. à la paix de Château-Cambresis. Dans la suite, il embrassa le parti des Guises, & fut tué par Bobigny de Mezieres d'un coup de pistolet, à la bat. de Dreux en 1562. C'étoit un Gentilhomme brave, bien fait & magnifique. Il étoit adroit & insinuant, & eut part aux gr. affaires de son tems. Brantome assure que ce Gén. avoit pressenti sa m. av. la bat. de Dreux. Il n'avoit eu de son mar. avec Mar-

guerite de Lustrac, qu'une fille morte fort jeune au Monastere de Long-Champ, dans le tems qu'on la destinoit à épouser Henri de Guise, qui fut depuis tué à Blois. Antoine d'Albon, son parent, fut, comme lui, Gouv. de Lyon, & s'y distingua par son zéle contre les Calvinistes. Il eut plus. Abbaïes, & devint Archevêque d'Arles, puis de Lyon. Il m. le 24 Sept. 1574.

ALBORNOS, (Gilles-Alvarez-Carillo) de Cuença, Arch. de Tolede, Cardin. & l'un des plus gr. hommes que l'Esp. ait produits, se démit de son Arch. aussi tôt qu'il fut Cardin. disant à ceux qui n'approuvoient pas sa démission, *qu'il seroit très blâmable de garder une épouse qu'il ne pouvoit pas servir*. Il réduisit toute l'Ital. sous l'obéissance du S. Siege, fit revenir à Rome Urbain V, & se retira ensuite à Viterbe, où il m. en 1367, après avoir fondé le magnifique College des Espag. à Bologne. On dit qu'Urbain V lui demandant compte des gr. sommes qu'on lui avoit fait tenir pour la conquête d'Ital. il présenta au Pape un chariot chargé de clefs & de serrures, en lui disant : *S. Pere, j'ai dépensé ces sommes à vous rendre maître de toutes les Villes dont vous voiez les clefs & les serrures dans ce chariot*; à ces mots Urbain l'embrassa, & il ne fut plus parlé de comptes.

ALBRET, l'une des plus nobl. des plus illustre & des plus anc. Maisons de Fr., ainsi nommée du païs d'Albret en Gascogne, érigé en Duché en 1556, par le R. Henri II, pour Antome de Bourbon, R. de Navarre, & pour Jeanne d'Albret, son épouse, mere de Henri *le Gr.* Les personnes les plus cél. de cette anc. Maison, sont, Charles d'Albret, Comte de Dreux, Vicomte de Tartas, &c. & Connétable de Fr. qui étoit parent du R. Charles VI, & qui fut tué le 25 Oct. 1415, à la bat. d'Azincourt, où il command. l'Avant-Garde de l'Armée Françoise; Louïs d'Albret, céleb. Cardin. Ev. de Cahors & d'Aire, lequel

selon le Cardin. de Pavie, fut l'a-
mour & les délices de Rome & du
Sacré Collège. Il m. à Rome le 4
Sept. 1465. Il ne faut pas le confondre avec Amanieu d'Albret, Cardinal, m. le 2 Sept. 1520, qui étoit
fils d'Alain d'Albret, C. de Dreux,
& frere de Charlotte d'Albret, Dame illustre par son esprit, par sa
sagesse & par sa piété. Elle épousa
César Borgia, Duc de Valentinois,
& fils du Pape Alex. VI. Elle prit
part aux malheurs de son mari,
sans en prendre à ses désordres ni à
sa conduite, & m. le 11 Mars 1514.
Louise de Borgia, sa fille unique,
épousa Louis de la Trémouille, veuf
de Gabrielle de Bourbon, & après
la m. de ce Seign., elle se remaria
à Philippe de Bourbon, Baron de
Busset. Le Duché d'Albret fut cédé à
Frederic Maurice de la Tour, Duc
de Bouillon, & à sa Maison en
1642, en échange de la Princip. de
Sedan.

ALBUMAZAR, sav. Astronome
Arabe du 10e siécle.

ALBUQUERQUE, (Alfonse Duc
d') fut nommé Viceroi des Indes
orient. par Emmanuel R. de Port.,
& succéda à Alméida. Il fit plus.
Conquêtes dans les In les & s'y distingua tellement par sa prudence,
par sa conduite, & par ses belles
actions, qu'il mérita le nom de Gr.
Il m. dans un Navire au Port de
Goa en revenant d'Ormus en 1515.
Blaise d'Albuquerque son fils fut
élevé aux prem. charges du Roïaume de Port., & publia en langue
Port. des Mém. de ce que son pere
avoit fait. Ces Mém. furent impr.
à Lisbonne en 1576. Edouard d'Albuquerque Cuello, Marq. de Basto,
& Comte de Fernambouc dans le
Bresil, Chev. de Christ en Portugal
& Gentilhomme de la Chambre du
Roi Philippe IV, a écrit un Journal de la Guerre du Bresil, com-
mencée en 1630. Il m. vers 1658.

ALBUTIUS, (Titus) cél. Philos.
Rom. de la secte d'Epicure, étant
allé à Athenes dans sa jeunesse, prit
un tel goût aux mœurs grecques,
qu'il aimoit mieux passer pour Grec

que pour Rom. Ciceron dit qu'Albutius eût été meilleur Orateur, s'il
n'eût pas été si attaché à la secte
d'Epicure.

ALCAÇAR, (Louis) cél. Jésuite
né à Seville en 1554, & m. dans la
même ville en 1613. Il a composé
un gr. Comment. sur l'Apocalypse,
& d'autres ouvrages.

ALCAMENE, 9e Roi des Lacédémoniens succéda à son pere Te-
lecle 800 avant J. C., quelqu'un
lui aïant demandé quel étoit le
moïen le plus sûr de conserver la
République, il répondit que c'é-
toit de ne rien faire en vue de l'intérêt. Comme on lui demandoit
pourquoi il vivoit si pauvrement,
quoiqu'il fût riche. C'est, dit-il,
parcequ'un homme riche a plus de
gloire en vivant selon la raison,
qu'en se laissant aller à sa cupidité.

ALCAMENE, cél. Sculpt. d'A-
thenes, vers 428 av. J. C., l'emporta sur Agoracrite au sujet d'une
Venus qu'ils firent en concurrence
l'un de l'autre. Tzetzes, dit même,
qu'Alcamene le disputa à Phidias
son maître, mais Tzetzes pourroit
bien avoir attribué à Phidias, ce
que les anc. disent d'Agoracrite. Les
ouv. d'Alcamene étoient cél. dans
la Grèce. On admiroit surtout sa
Venus, & son Vulcain.

ALCÉE, Alcæus, de Mitylene,
l'un des plus gr. Poètes lyriques de
l'antiquité, ennemi zélé de Pitta-
cus, de Periander & des autres Tyrans, est auteur de cette espece de
vers agréables, que nous appellons
Alcaïques. Les fragmens qui nous
restent de ce Poète, nous font regretter le reste; nous y voïons qu'il
prit la fuite dans une bat. ce qu'Horace son imitateur, fit aussi dans la
suite. Alcée vivoit du tems de Sapho vers 604 av. J. C. son Dialecte
est Eolique. Il ne faut pas le confondre avec un autre Alcée Athe-
nien, qui, selon Suidas, fut le premier inventeur de la Tragédie.

AL-CENDI, (Jacques) excell.
Astronome arabe florissoit vers l'an
892 de J. C.

ALCESTE, fille de Pelias &

époufe d'Admete, qui, pour conferver la vie au Roi fon époux, fe
donna elle-même la mort. *Voïez*
ADMETE.

ALCIAT, ( André ) de Milan,
cél. Jurifc. m. à Pavie en 1550. Il
eſt loué par M. de Thou, pour avoir
banni la barbarie qui regnoit auparavant dans les écrits des Jurifc. Ses
*Emblêmes* lui donnent rang parmi
les Poètes.

ALCIBIADE, cél. génér. Athénien, fils de Clinias & difc. de Socrate, étoit un homme accompli du
côté du corps & de l'efprit. Il fe
fignala dans toutes les occafions,
& remporta le prix aux jeux Olympiques. Aïant été accufé de facri-
lége, il fe fauva à Thebes en Béotie, & fe jetta dans le parti des Lacédémoniens auxquels il fit contracter alliance avec le R. de Perfe. Alcibiade fe retira enfuite vers Tifa-
pherne gén. de Darius, & fut rappellé par les Athéniens. Avant que
de retourner, il obligea Lacédémone à demander la paix, & prit pluf.
Villes fur les frontieres d'Afie. A fon
retour, les Athéniens lui rendirent
fes biens, & le comblerent d'honneur; quelques ann. après, Anthiochus fon Gén. aïant perdu une bat.
contre les Lacédémoniens, Alcibiade fut dépofé, ce qui l'obligea de
fe retirer vers Pharnabaze qui le fit
tuer à coups de flèches, à la follicitation de Lyfander : ainfi m. ce gr.
homme vers 404 av. J. C. à l'âge de
50 ans. On dit qu'il refufa dans fa
jeuneffe d'apprendre à jouer de la
flute, & qu'étant un jour entré dans
l'école d'un Orateur, & n'y aïant
point trouvé l'Iliade d'Homere, il
donna un foufflet au Maître, en difant qu'il n'étoit point propre à inftruire la jeuneffe, puifqu'il n'avoit
point avec lui ce gr. Poète.

ALCIME, ( *Latinus Alcimus
Alethius* ) cél. Hiſtorien, Orateur
& Poète du 4e ſi. étoit d'Agen. Il
avoit compofé l'Hift. de Julien l'A-
poſtat & de Salluſte, Conful & Préfet des Gaules, fous le regne de ce
Pr. Aufone, S. Jérôme, & Sidoine,
parlent d'Alcime avec éloge. Il ne
nous reſte de lui qu'une Epigramme
fur Homere & Virgile.

ALCINOUS, R. des Phéaciens
dans l'Ifle de Corcyre, fils de Nau-
fithous, & pet. fils de Neptune & 
de Péribée, immortalifa fon nom
par la culture de fes jardins, & par
la maniere polie & affectueufe avec
laquelle il reçut Ulyffe, lorfqu'il fut
jetté fur fes côtes. Les Phéaciens
étoient habiles à commercer par
mer, & vivoient dans les plaifirs &
dans la bonne chere.

ALCINOUS, Philof. Platonicien,
dont il nous reſte un abregé de la
Philof. de Platon, fur lequel Charpentier a fait un Commentaire fav.
& curieux.

ALCIONIUS, ( Pierre ) Italien de
Nation, Correct. de l'Impr. d'Alde
Manuc., & depuis Profeffeur à Florence vivoit dans le 16e fi. Quelques
Ecrivains ont dit, qu'aïant entre
les mains le Traité de Ciceron *de
Gloria*, il brûla ce feul original
qu'il y eut au monde, après y avoir
pillé tout ce qui lui convenoit pour
fon ouv. *De exilio*. D'autres en ont
accufé Philelphe; mais il femble
que de telles accufations devroient
être prouvées, quand on les fait.

ALCMAN, Poète lyriq. l'un des
plus anc. Aut, Grecs, eſt, dit-on,
le prem. qui a compofé des Poéfies
amoureufes, vers 672 avant J. C.
Il étoit ami de Megaloftrate, femme
d'efprit, qui faifoit très bien des
vers.

ALCMENE, fille d'Electrion, R.
de Mycene, & femme d'Amphitryon. Jupiter en étant devenu am.,
prit la forme de fon mari tandis
qu'il étoit à la guerre, & en eut
Hercule.

ALCUIN, *Alcuinus, Flaccus
Albinus*, Diacre de l'Egl. d'Yorck,
& l'un des plus fav. hommes du
8e fi. fut appellé par Charlemagne
au Conc. de Francfort en 794, pour
combattre les erreurs de Felix & d'E-
lipande; ce Prince l'honora de fon
amitié, l'emploïa dans fes négociations, & lui donna pluf. Abbaïes.
Il m. dans celle de S. Martin de
Tours, dont il étoit Abbé, le 19 Mai

804. Ses œuvres ont été impr. à Paris en 1617, *in-fol.* Le P. Chifflet a auſſi publié un écrit intit. *La Confeſſion d'Alcuin,* que le P. Mabillon prouve être de cet habile homme.

ALDE MANUCE, *voyez* MANUCE.

ALDEGRAFE, ( Albert ) de Soeſt, Peintre & Graveur cél. du 16e ſi. dont les tableaux & les deſſeins ſont d'une gr. délicateſſe.

ALDERETTE, ( Bernard & Joſeph ) nom de deux ſav. Jéſ. Eſp. natifs de Malaga, qui floriſſoient au 17e ſiecle.

ALDRIC, ( S. ) Evêq. du Mans, iſſu du ſang R. & diſtingué par ſa ſcience & par ſa piété, m. en 856. Il avoit compoſé un excell. Rec. des Decrets des SS. Peres & des Canons des Conc. mais ce Rec. s'eſt perdu. On dit dans le Moreri, que c'eſt du tems de S. Aldric, que l'uſage des Orgues fut inventé, & qu'il en établit des prem. dans ſon Egliſe ; mais cette invention étoit plus ancienne de 490 ans au moins, puiſq. Claudien en donne la deſcript.

ALDROVANDUS, ( Ulyſſe ) cél. Prof. de Philoſ. & de Méd. à Bologne ſa patrie, eſt un des Auteurs qui a le plus travaillé à l'Hiſt. Naturelle ; ſes travaux ſont preſq. incroïables. Il voïagea dans les païs les plus éloignés pour s'inſtruire de la Nature, & emploïa à ſes propres frais les plus excell. Artiſtes. Il m. aveugle à l'Hôpital de Bologne en 1605, après avoir ruiné ſa ſanté & dépenſé ſon bien dans ſes recherches. Ses ouvr. ont été impr. en 13 vol. *in-fol.*

ALEANDRE, ( Jero. ) cél. Card. né à la Mothe, ſur les confins du Frioul & de l'Iſtrie en 1480 : dès l'âge de 15 ans, il enſeigna les Humanités, & ſe fit admirer de tout le monde. Aleandre fut Recteur de l'Univ. de Paris, puis Bibliothécaire du Vatican, enſuite Nonce en Allemagne où il parut avec éclat, ſurtout à la Diéte de Worms contre Luther en 1519 ; il ſav. les Math., la Phyſiq., la Méd., la Théol., les Langues grecq. & hébr. Il étoit au-

près de Franç. I., à la bat. de Pavie ; & y fut fait priſonnier. Il m. à Rome le 1 Fév. 1542. On a de lui un gr. nombre d'ouvrages.

ALEANDRE, ( Jérôme ) fameux Juriſc. & l'un des plus ſav. hommes du 17e ſi. m. à Rome vers 1631. Ses princip. ouvr. ſont un Comment. ſur les Inſtitutes, des aſſertions Catholiques, &c.

ALECTON, l'une des trois Furies, fille de l'Acheron & de la Nuit, ſelon quelques-uns, & ſelon d'autres, de Pluton & de Proſerpine.

ALEGAMBE, ( Philip. ) cél. Jéſuite, né à Bruxelles le 22 Janvier 1592, & m. à Rome d'hydropiſie le 6 Septembre 1652. Il a augmenté & donné la ſuite de la Bibliothéq. des Ecriv. de ſa compagnie, commencée par Ribadeneira. Ce qu'on a de lui eſt aſſez exact.

ALEGRE, ( Yves d' ), Chambellan de Charles d'Anjou, Roi de Naples & de Sicile, deſcendoit de l'illuſtre & anc. Maiſon d'Alegre, originaire d'Auvergne. Il ſuivit, à la conquête du Roïaume de Naples, le Roi Charles VIII, qui le fit Gouvern. de la Baſilicate, & le R. Louis XII, qui lui donna le Gouvernem. du Duché de Milan. Il fut Gouv. de Bologne en 1512, & m. la même année, après avoir eu beauc. de part à la vict. de Ravenne. La Maiſon d'Alegre a produit pluſ. autres perſonnes illuſtres, dont un grand nombre ont été Chambellans de nos Rois. Yves., Marq. d'Alegre, de la même Maiſon, ſe ſignala en divers ſieges & combats, eut pluſ. Charges importantes, & fut fait Maréch. de Fr. le 2 Fév. 1724. Il m. à Paris le 9 Mars 1733, à 80 ans.

ALEGRIN, ( Jean ) d'Abbeville, cél. Cardin. & Patr. de CP. ſous Gregoire IX. Il fut enſuite Légat à latere en Eſpagne & en Port., & m. en 1237. On a de lui quelq. ouv.

ALES ou HALES, ( Alexandre de ) cél. Théol. Angl. de l'Ordre des Cordeliers, appellé le *Dr. irréfragable,* & *la Fontaine de vie,* enſeigna à Paris la Philoſ. & la Théol. & m. en 1245. Il compoſa une ſomme de Théol. par ordre d'Innocent IV. C'est le seul ouvr. qui soit certainement de lui.

ALES, *Alesius*, ( Alexandre ) Théol. de la Conf. d'Augsbourg, né à Edimbourg le 23 Avril 1500, défendit d'abord la Rel. Catholique contre Patrice Hamilton, qui étoit Luthérien ; mais en voulant convertir ce Seign., il fut lui-même perverti. Il m. le 27 Mars 1565, après avoir professé la Théol. en Angl. & en Allem. On a de lui des Comment. sur S. Jean, sur les Ep. à Tim. sur les Pf. &c.

ALETHIUS, *voïez* ALCIME.

ALEXANDRE le Gr. fils de Philippe, R. de Macédoine & d'Olympias, naquit à Pella 356 ans avant J. C. Dès sa jeunesse, il domta le cheval Bucéphale, sauva la vie à Philippe dans une bat. devint l'admiration des Capitaines les plus expérimentés, & gagna l'affection des peuples par ses bons offices & par ses libéralités. Aïant succédé à son pere à l'âge de 20 ans, il conquit la Thrace & l'Illyrie, & ruina Thebes. A la prise de cette Ville, il fit conserver la famille & la maison de Pindare, en consid. de ses Poésies. Il déclara alors la guerre aux Perses, força le passage du Granique, soumit avec une extr. rapidité la Lydie, l'Ionie, la Carie, la Pamphilie & la Cappadoce. Ensuite, aïant coupé le nœud gordien, il défit l'armée de Darius auprès d'Issus, s'empara de ses trésors, & fit quant. de prisonn., parmi lesquels étoient la mere, la femme, le fils & les 2 filles de ce Pr. infortuné. On ne peut trop louer la maniere honnête avec laquelle Alexandre en usa à l'égard de ces Princesses. Cet endroit est peut-être le plus beau de sa vie. La vict. d'Issus fut suivie de la réduction de plus. Villes & Prov. importantes. Après la prise de Tyr, il marcha contre les Juifs qui l'avoient irrité ; mais Jaddus gr. Sacrificateur des Juifs, lui aïant fait voir le Livre de Daniel, où il étoit écrit qu'un Pr. Gec détruiroit l'Emp. des Perses, il en obtint ce qu'il voulut. De-là Alex. alla en Egypte, & y bâtit Alexandrie : ensuite il défit Darius à la bat. d'Arbelles 330 ans av. J. C. La m. funeste de Darius, massacré par le traître Bessus, fit verser des larmes à ce Conquérant. Enfin, aïant défait le R. Porus, assujetti toute l'Asie & les Indes même, il m. à Babylone, de poison ou par un excès de vin, 324 ans avant J. C. âgé de 32 ans.

Alexandre étoit d'une taille médiocre, plutôt pet. que gr., il avoit le cou un peu tendu en avant, les yeux à fleur de tête, le regard élevé. A un désir insatiable de gloire & de conquêtes, il joignoit une malheureuse passion pour Bagoas, & une folle vanité de passer pour le fils de Jupiter, ce qui a fait croire à quelq. Aut. qu'il n'étoit point fils de Philippe, mais de *Nectenabo*, Mage Egyptien, amant d'Olympias. La colere & le vin le poussèrent aussi à des excès dont il eut honte lui-même, surtout lorsqu'il eut mis à m. *Clitus*. A ces vices près, Alexandre étoit le plus accompli de tous les Pr. Il eut une vénération particuliere pour les Sciences & pour les Savans. Il honora toujours Aristote, son Précepteur, & le combla de biens. Dans le fort de ses conquêtes il lui envoïa 800 talens ( somme prodigieuse ) pour servir aux recherches de l'Hist. natur. Homere lui étoit si agréable qu'il le portoit toujours avec lui. Il ne voulut jamais permettre qu'à trois hommes de travailler à son portrait ; à Praxitele en sculpture ; à Lysippe en fonte, & au cél. Apelles en peinture.

ALEXANDRE, fameux Tyran de Pheres dans la Thessalie, se rendit redoutable par ses cruautés. Pelopidas Gén. des Thebains, que ce Tyran avoit retenu en prison, l'attaqua à la tête des Troupes de sa République, & remporta la vict. mais il y perdit la vie 364 ans avant J. C. Sept ans après, Alexandre de Pheres fut assassiné par sa femme aidée de Tisiphon, de Lycophron, & de Pitholaus, frere de ce Tyran.

ALEXANDRE, *Janneus*, R. des

Juifs , frere d'Ariſtobule , & fils d'Hircan , fut un Pr. très cruel , & mourut d'un excès de vin 79 ans avant J. C.

ALEXANDRE , Empereur Rom. ſuccéda à Héliogabale en 208, vainquit les Allemands & les Perſes, & fut tué , par les ordres de Maximin , à Sichlingen près Mayence en 235. C'étoit un Pr. juſte , aimable , amateur des Arts & des Sciences , & dont toutes les occup. tendoient au bonheur des Peuples. Un certain Turinus qui avoit ſa confiance , exigeoit des ſommes d'argent des particuliers , en leur faiſant croire qu'il leur ménageoit des graces auprès de l'Emp. Alexandre le fit attacher à un pieu autour duquel on mit de la paille & du bois humide , tandis qu'un Héraut crioit : *Le vendeur de fumée eſt puni par la fumée.* Ce Pr. avoit beauc. de penchant pour la Relig. Chrét. On dit même qu'il avoit dans ſon cabinet les portraits de J. C. & d'Abraham. Il ne voulut jamais permettre qu'on lui donnât les titres de Seign. , de *Dieu* , ni les autres noms ambitieux de ſes Prédéceſſeurs.

ALEXANDRE FARNESE , Duc de Parme & de Plaiſance , l'un des plus gr. Capitaines du 16e ſi. ſe ſignala à la bat. de Lépante , remit ſous l'obéiſſance de l'Eſpagne tous les Païs-Bas , dont il étoit Gouv. & eût repris toute la Hollande ſi Philippe II , ſon oncle , eût voulu ſuivre ſon conſeil. Il mourut à Arras le 2 Décembre 1592 ; des bleſſures qu'il avoit reçues au ſiége de Rouen.

Il y a eu pluſieurs autres Princes de ce nom.

ALEXANDRE I, ( S. ) que S. Irenée compte pour le cinquieme Evêque de Rome, ſuccéda à S. Evariſte l'an 109 de J. C. & mourut l'an 119. On ne ſait rien de ſa vie , & les Ep. qu'on lui attribue ſont ſuppoſées. S. Sixte lui ſuccéda.

ALEXANDRE II , Milanois , appellé auparavant Anſelme , étoit Evêque de Luques lorſqu'il fut élu Pape après la mort de Nicolas II en 1061 ; mais Agnès femme de l'Emp. Henri I V , prévenue par Guibert , Gouverneur d'Italie , & ſollicitée par les Evêques de Lombardie , s'oppoſa à ſon Election , & fit élire Pape Cadaloüs , Evêq. de Parme, qui prit le nom d'Honoré II , & qui cauſa un grand ſchiſme , lequel ne finit qu'à ſa mort, quoiqu'il eût été condamné en pluſieurs Conciles. Alexandre I I employa avec ſuccès le célebre Pierre Damien , & fit Hildebrand ſon Légat , lequel, étant aſſiſté des armes de la Comteſſe Mathilde , reprit les Terres uſurpées ſur le S. Siége , par les Princes Normands. Alexandre I I favoriſa les prétentions de Guillaume , Duc de Normandie , qui diſputoit le Roïaume d'Agl. à Harauld,& m. en odeur de ſainteté le 22 Avril 1073. On a de lui un gr. nombre d'Epîtres. Hildebrand lui ſuccéda ſous le nom de Grégoire VII.

ALEXANDRE III , natif de Sienne , Card. & Chancelier de l'Egliſe Romaine , fut élu Pape après la mort d'Adrien IV , le 7 Sept. 1159. Les Cardinaux Jean Morſon & Gui de Crême, mécontens de ſon Election , élurent Octavien , qui prit le nom de Victor IV. L'Emp. Frederic *Barberouſſe* fit reconnoître cet Antipape dans un Conciliabule le 12 Fév. 1160. Quelque tems après , Victor étant mort ; Gui de Crême fut mis à ſa place ſous le nom de Paſchal III , lequel étant auſſi venu à mourir , on lui ſubſtitua Jean , Abbé de Sturm , ſous le titre de Calixte III. Enfin après de gr. troubles , il ſe réconcilia avec l'Emp. à Veniſe , dans une entrévue , & l'Antipape Calixte abjura le ſchiſme ; ce qui n'empêcha point les Schiſmatiques d'élire encore un Antipape , qu'ils nommerent Innocent I I I. Alexandre III avoit fait long-tems auparavant un voïage en France , où il tint un Concile à Tours , & où il fut reçu par le Roi Louis *le Jeune* avec de gr. honneurs. Il célébra le troiſième Concile général de Latran , accorda au Doge de Veniſe de beaux Priviléges honorifiques , &

fut auteur de la Cérémonie des Vénitiens, d'épouser la Mer le jour de l'Ascension. Il gouverna saintement l'Eglise, triompha des Schismatiques, & mourut à Rome le 30 Août 1181. Il a laissé plusieurs Epîtres. C'est lui qui réserva au seul Souverain Pontife la Canonisation des Saints ; car les Métropolitains jouissoient de ce Droit auparavant : mais depuis Alexandre III, le Pape seul canonise, & la Canonisation de S. Gautier, Abbé de Pontoise, faite par l'Archev. de Rouen en 1153, est le dernier exemple que l'Histoire fournit des Saints qui n'ont pas été canonisés par les Papes. Luce III fut le successeur d'Alexandre III.

ALEXANDRE IV, Cardin. Evêque d'Ostie, de la Maison des Comtes de Segny, & neveu des Papes Grégoire IX & Innocent III, succéda à Innocent IV, le 25 Décem. 1254. Il s'opposa à Mainfroy, fils naturel de l'Empereur Frederic, & donna l'Investiture du Roïaume de Sicile à Edmond, fils du Roi d'Angleterre. A l'exemple de Grégoire IX, son oncle, il prit hautement le parti des Religieux Mendians contre l'Université de Paris, condamna les Livres de Guillaume de Saint Amour, touchant *les Périls des derniers Tems*, & *l'Evangile Eternel*, attribué à Jean de Parme, réunit en un seul corps cinq Congrégations d'Hermites, savoir, deux de S. Guillaume & trois de S. Augustin. Et ce qui est beaucoup plus remarquable, il établit en 1255 des Inquisiteurs en France, à la priere du Roi S. Louis. Il envoïa l'Evêque d'Orviete à Theodore Lascaris, pour la réunion de l'Eglise Grecque avec la Latine, & résolut de renouveller la guerre contre les Infideles ; mais ces projets n'eurent aucun effet. Il accorda des dispenses & des priviléges extraordin. avec une facilité qui a peu d'exemples, & mourut à Viterbe le 25 Mai 1261. On a de lui un gr. nombre de Lettres & de Bulles, surtout en faveur des Religieux Mendians. Urbain IV lui succéda.

ALEXANDRE V, de pauvre mendiant de l'Isle de Candie, devint Cordelier & Doct. de Sorbon. puis Evêq. de Navarre, ensuite Arch. de Milan & Pr. du S. Emp. Enfin il fut élu Pape au Concile de Pise en 1409. Il avoit coutume de dire qu'*il ne pouvoit être tenté, comme ses prédécesseurs, d'aggrandir ses parens puisqu'il n'avoit jamais connu ni pere ni mere, ni frere ni sœur, ni neveu*. Il m. en 1410, après avoir confirmé le Concile de Pise, auquel il avoit présidé.

ALEXANDRE VI, natif de Valence en Espagne, succéda au Pape Innocent VIII, le 11 Août 1492. Il dépensa tout son bien à briguer les suffrages. Il avoit eu étant Cardinal 4 fils & une fille de *Vanotia* Dame Rom. femme de Dominique Arimano. Le second de ses fils ( César Borgia ) fut Card. & ensuite Duc de Valentinois. Le Pape avoit tant d'affection pour lui, qu'il renversa toutes les loix divines & humaines pour l'élever, sacrifiant tout à son avarice & à son ambition, usurpant les biens d'autrui, & vendant les Bénéfices ; ce qui donna lieu à ce Distique :

*Vendit Alexander claves, altaria, Christum ;*
*Vendere jure potest, emerat ille prius.*

Dieu mit fin à tant de crimes. On dit que ce Pape, avec son fils César Borgia, aïant voulu, selon leur coutume, empoisonner quelques Cardinaux qui leur déplaisoient ; ils s'empoisonnerent eux-mêmes par la méprise d'un valet. Borgia, s'étant fait mettre dans le ventre d'une mule, réchappa ; mais Alexandre, âgé de 72 ans, en mourut le 18 Août 1503.

Tel est le récit ordinaire des Historiens sur la mort d'Alexandre VI ; mais il y a lieu de douter qu'elle soit réellement arrivée comme ces Historiens la rapportent ; & des raisons très fortes nous portent à croire que ce Pape mourut de maladie na-

turelle , & fans avoir été empoifo-
né. Pie III fut fon fucceffeur.

ALEXANDRE VII , fav. Pape ,
né à Sienne le 16 Févr. 1599, fuccéda à Innocent X en 1655. Il fe
fignala par fon zele pour la propagation de la Foi , & pour l'embel-
liffement de la ville de Rome ; donna fatisfaction au Roi de France
pour l'infulte faite au D. de Créqui,
fon Ambaffadeur ; approuva la Bulle
d'Innocent X , contre les cinq fam.
propofitions de Janfénius ; prefcri-
vit le formulaire , & parut affection-
né aux gens de Lettres. Il m. en
1667. Ses poéfies ont été impr. au
Louvre en 1656, *in-folio*. Clement
IX lui fuccéda.

ALEXANDRE VIII naquit à Venife le 10 Avril 1610 , de Marc
Ottoboni, Grand Chancelier de la
Republique , & de Victoire Tor-
nielli. Il fut nommé Pierre Ottoboni , & après avoir fait fes études à
Padoue, il alla à Rome , où il fe
rendit habile dans les affaires Eccléfiaftiques. Peu de tems après, il eut
divers emplois importans , devint
Evêque de Breffe , & Cardinal , &
fuccéda au Pape Innocent XI , le 6
Octobre 1689. Il donna des fommes
confidérables à l'Emp. Leopold I ,
& aux Vénitiens pour faire la guerre
aux Turcs , & avança fa famille en
peu de tems. Comme on lui repréfentoit qu'il marquoit trop d'empreffement & de précipitation dans
l'avancement de fa famille : *Oh, oh!*
répondit-il , *il eft vingt-trois heures
& demie ;* voulant marquer par là
qu'il n'avoit plus que peu de tems à
vivre. Il mourut en effet quelques
mois après le 1 Fév. 1691 , après
avoir publié une Bulle contre ce qui
s'étoit fait en 1682 dans l'Affemblée du Clergé de Fr. Innocent XII
fut fon fucceffeur.

ALEXANDRE ( S. ) Evêq. de Jérufalem , cél. par fa piété , par fa
fcience , & par fes fouffrances , m.
en prifon vers 253 de J. C. Il aimoit
Origene , & avoit recueilli à Jérufalem une très-belle Bibliotheque.

ALEXANDRE ( S. ) le *Charbon-
nier,* cél. Evêque de Comane , vers
248 de J. C.

ALEXANDRE , ( S. ) Evêq. d'A-
lexandrie, fucceffeur d'Achillas, excommunia Arius , affifta au Concile
de Nicée , & mourut dans un âge
fort avancé en 326.

ALEXANDRE , ( S. ) Evêq. de
Byfance, à la priere duquel Dieu punit Arius en 336. Ce S. Evêq. mourut l'année fuivante.

ALEXANDRE FARNESE , Car-
dinal , l'un des plus vertueux , &
des plus gr. Prélats du feiz. fi. m. le
2 Mars 1589. Il avoit coutume de
dire qu'il ne trouvoit rien de plus
infupportable qu'un Soldat lâche ,
& qu'un Eccléfiaftique ignorant.

ALEXANDRE D'APHRODISÉE,
le plus fam. Interprète d'Ariftote,
floriffoit fur la fin du deux. fi. & au
commencement du troifieme.

ALEXANDRE TRALLIEN , *Tral-
lianus* , Méd. & Philof. cél. au fix.
fi. Ses ouv. ont été publiés par Pierre
du Châtel , Evêq. de Mâcon , grand
Aumônier de France.

ALEXANDRE DE ALES , *voyez*
ALES.

ALEXANDRE *de S. Elpide* ,
pieux & fav. Gén. des Hermites de
S. Auguftin en 1312 , & Arch. d'A-
malfi en 1325. Il compofa par l'ordre de Jean XXII un Tr. *de la Jurif-
diction de l'Emp. & de l'autorité du
Pape* , imp. à Rimini en 1624.

ALEXANDRE D'IMOLA , *voyez*
TARTAGNI.

ALEXANDRE D'ALEXANDRE ,
de Naples , cél. Jurif. m. en 1494.
On a de lui *Genialium dierum libri
fex* , fur lefquels André Tiraqueau
a fait d'excellentes rematques.

ALEXANDRE ( Noël ) Dominicain , l'un des plus fav. & des plus
laborieux Théol. du dix-fept. fi. né
à Rouen le 10 Janv. 1639 , fut Dr.
de Sorbonne en 1675 , mourut à
Paris le 23 Août 1724 , à 86 ans.
On a de lui 1º. une Hift. Eccléf.
latine, *in-8º*. réimpr. avec des additions & correct. *in-fol.* qui eft
eftimée principalement à caufe des
differtations & de fes réponfes modeftes & judicieufes aux Inquifiteurs , qui avoient cenfuré cet ouvr.
2º. une Théol. dogmatique & mo-

tale. 3°. des Comment. fur les Epîtres de S. Paul, & fur les Evangiles. 4°. une Apologie des Dominicains Miffionnaires à la Chine.
5°. fept Lettres fur la morale, la
prédeftination & la grace, contre
le Pere Daniel, Jéfuite, &c.

ALEXANDRE ( Dom Jacques )
Bénédictin de la Congrégation de
S. Maur, dont on a un ouvr. fur
les horloges élémentaires.

ALEXIDEME, fils naturel de
Thrafibule.

ALEXIS, ( S. ) nom d'un S. cél.
que l'on conjecture être le même
que S. Jean Calybite.

ALEXIS COMNENE, Emp. de
CP. plus rem. par fes rufes que par
fes belles actions, ufurpa le Trône
en 1081, fur Nicephore *Botoniate*,
& fut vaincu par les Pr. Croifés, à
la bat. d'Epidamne en 1097. Il mourut en 1118.

Il y a plufieurs autres Empereurs
Grecs de ce nom.

ALEXIS MICHALOWITS, Czar
de Mofcovie, fuccéda à Michel fon
pere en 1645, prit Smolensko avec
une grande partie de la Lithuanie en
1654, & mourut en 1676.

ALFARABIUS, voiez ALPHA-
RABIUS.

AL-FARGAN, ( Ahmed Ebn Co-
thair Al-Farganenfis ou Al-Fraga-
nius ) cél. Aftronome Arabe floriffoit du tems du Caliph Al-Maimoun,
qui mourut en 833. On a de lui une
introduction à l'Aftronomie dont
Abulfarage fait un grand éloge.
Golius la fit impr. à Amfterdam en
1669 avec des notes très curieufes.

ALFES ou ALPHES, fam. Rab.
m. en 1103. On a de lui un abregé
du Talmud intit. *Siphra*, fort eftimé des Juifs.

ALFONSE VIII ou IX, R. de
Leon & de Caftille, furnommé *le
Noble & le Bon*, monta fur le trône
à l'âge de 4 ans en 1158. Il reconquit tout ce que fes voifins avoient
ufurpé fur lui pendant fon enfance;
mais il fut défait par les Maures, &
bleffé à la cuiffe dans une gr. bat.
en 1195. Quelque tems après il eut
fa revenche & tua 20000 Sarrafins.

Il gagna encore fur eux en 1212, la
bat. de *Muradat*, où l'on tient qu'ils
perdirent près de 100000 hommes
d'infant. & 30000 chevaux. Ce Pr.
mourut en 1214, âgé de 60 ans.

ALFONSE IX ou X, R. de Leon
& de Caftille, furnommé *le Sage*
& l'*Aftronome*, fuccéda à fon pere
Ferdinand III, en 1252. Il eft Aut.
des fam. tables Aftron. nommées
*Alfonfiennes*, à la compofition defquelles on dit qu'il dépenfa 4 cens
mille ducats. Elles furent fixées au
prem. de Juin, jour de fon avénement à la Couronne. Alfonfe fut
moins habile dans la politique qu'il
ne l'étoit dans les fciences ; car
aïant été élu Emp. en 1257, il ne
profita point de cette élection, &
aïant choifi fon fils Dom Sanche
pour fon héritier, ce fils dénaturé
le détrôna. Alphonfe mourut de chagrin le 21 Avril 1284. On dit qu'il
avoit lu 14 fois la Bible avec fes glo-
fes ; & qu'étant attaqué d'une gr.
maladie, la lecture de Quinte-Curce
lui fit tant de plaifir qu'il en recouvra la fanté. Quelq. Aut. l'accufent
d'impiété & lui font dire que *fi Dieu
lui eût fait l'honneur de l'appeller à
la création de l'Univers, il lui auroit donné de bons confeils ;* mais ce
Pr. vouloit feulement condamner
par-là les fyftèmes ridicules de certains Aftronomes, & non pas 'le
vrai fyftême du monde, tel qu'il eft
forti des mains du Créateur.

ALFONSE XI, R. de Leon & de
Caftille, fuccéda à fon pere Ferdinand IV, en 1312. Il tua, avec le
R. de Portugal 200000 Maures dans
une bat. le 31 Octobre 1340. On dit
que les chemins étoient couverts de
corps morts à plus de 3 li. à la ron-
de, & que le butin y fut fi gr. que le
prix de l'or en baiffa d'un fixiéme. Il
m. de la pefte au fiége de Gibraltar,
le 27 Mars 1350, âgé de 38 ans.

ALFONSE I, R. de Portugal, fils
de Henri de Bourgogne, de la Maifon de Fr. défit 5 Rois Maures à la
bat. d'Ourique en 1139, & fut couronné la même année. On dit qu'il
prit pour armes autant d'écus qu'il
avoit vaincu de Rois. Il inftitua

l'Ordre d'*Avis*, & m. à Coimbre le 9 Novembre 1185, à 76 ans.

ALFONSE V, Roi de Portugal, furnommé l'*Africain*, parcequ'il prit Tanger, Arzile & Alcazar-Ce-guer en 1471. Il m. le 24 Août 1481 à 49 ans. Ce fut fous fon regne que les Portugais découvrirent la Gui-née, & qu'ils en rapporterent une grande quantité d'or.

ALFONSE, ( Henri ) R. de Portu-gal & des Algarbes, fuccéda à Jean IV fon pere en 1656. Il remporta de gr. avantages fur les Espagnols ; fut enfuite relégué à caufe de fon inca-pacité, dans l'Ifle de Tercere, & mourut le 12 Septembre 1683.

ALFONSE D'ESTE , Duc de Fer-rare & de Modêne , eut pour enne-mis implacables Jules II , & Léon X. Il époufa en 1501 Lucrece Bor-gia , fille du Pape Alexandre VI , & mourut le 31 Octobre 1534.

ALFONSE DE ZAMORA , fav. Juif converti, fut emploïé par le Cardinal Ximenès à l'édition de la Polyglotte de Complute. Il fit en-fuite un Dictionnaire héb. & chal-daïque, & plufieurs autres ouvr. Il mourut vers 1530.

ALFONSE DE CASTRO , *voïez* CASTRO.

ALFONSE TOSTAT , *voyez* TOSTAT.

ALFRED ou ELFRED *le Grand*, & le plus illuftre des Rois Saxons, d'Angl. fuccéda à fon frere Ethelre-de en 871. Il vainquit les Danois, qui étoient defcendus fur fes côtes avec une puiffante armée, & per-fuada à un gr. nombre de fe faire Chrét. De ce nombre fut Githrum ou Githro, Général Danois, qu'il établit R. d'Eftanglie & de Nort-humberland, à condition qu'il fe-roit fon Vaffal. Il fit conftruire des Vaiffeaux de guerre plus longs & plus aifés à manier que ceux des Da-nois : ce qui donna un heureux fuc-cès à fes flottes : après avoir pourvû à la fureté des côtes, il munit le refte du Roïaume d'un bon nombre de places fortes. Il affiégea & prit la Ville de Londres, foumit entierem. les Danois par fa valeur & par fa

prudence ; & les Gallois l'aïant re-connu pour leur fouverain, il de-vint Monarque de toute l'Anglet. Alfred ne fe diftingua pas moins dans le Gouvernement civil, qu'il avoit fait dans la guerre. Il fit un excellent corps de Loix pour établir le bon ordre. Ce fut lui qui établit cette maniere excel. & impartiale de ju-ger par les *Jurés*. Il partagea le Roïaume en Shires ou Comtés, dont chacun contenoit diverfes centaines de familles appellées *Hundreds*, & chaque centaine, des dixaines. Il dif-pofa la Milice de la maniere la plus propre à pourvoir à la fureté de la nation. Il encouragea le commerce & fit bâtir un gr. nombre de Vaiff. Marchands. Il travailla à faire fleu-rir les Arts & les Sciences, qui étoient alors entierem. négligées en Angleterre, & on lui attribue même la fondation de l'Univerfité d'Ox-ford. Toujours attentif à procurer le bien public & à prendre les avis des gens éclairés, fa vie privée n'a pas été moins remarquable. Alfred avoit un favoir peu commun, qu'il ne devoit en quelque forte qu'à lui-même & qui lui fervit à policer & à inftruire fes peuples encore barbares. Il compofa dans ce deffein divers ouv. en vers & en profe, en Saxon & en Latin. Il fit auffi un gr. nombre de Traduct. en langue Sa-xone. On eftime fur-tout celle qu'il fit du Livre *des confolations de Boëce*, publié à Oxford en 1698 *in-8°.* Il aimoit tant cet ouvr. qu'il le portoit toujours avec lui dans fon fein. Enfin Alfred étoit un Pr. ac-compli, d'une gr. douceur , d'un courage & d'une prud. admirables , d'un efprit judicieux, & fi amateur des fciences, qu'aucun homme fans lettres ne pouvoit afpirer aux Char-ges de l'Etat. Il fit fleurir la Juftice pendant tout fon regne. L'on dit que la fureté étoit fi grande, qu'aïant fait fufpendre des braffelets d'or fur un chemin de traverfe pour voir ce qui arriveroit, perfonne n'ofa y tou-cher. Dans la fleur de fon âge & au plus haut point de fa gloire, il avoit fait vœu de partager les 24 heures du du jour en trois parties. De donner huit heures aux exercices de piété, huit heures au sommeil, à l'étude & à la récréation, & huit heures aux affaires publiques. Il accomplit exactement son vœu. Cet excel. Pr. m. en 900 le 28 Oct. & fut enterré à Vinchester. Edouard son fils lui succéda. Asserius Menevensis Aut. contemporain, a écrit son histoire.

ALGARDI ( Alexandre ) ou L'ALGARDE, excel. Sculpteur & Architecte Italien, natif de Bologne, fut disciple de Louis Carache, & se perfectionna à Mantoue sur les ouv. de Jules Romain, & sur les tableaux des grands maîtres. Etant allé à Rome en 1625, il lia amitié avec le Dominicain, qui le fit connoître. Il m. à Rome en 1654 à 52 ans. On admire à Rome ce beau bas relief que le Pape Innocent X lui fit faire pour l'Eglise de S. Pierre du Vatican, & dans lequel est représenté S. Leon, qui vient au devant d'Attila. Le Groupe de S. Paul décapité, qui est à Bologne, est encore un des plus excel. morceaux de sculpture qui soient sortis de ses mains.

ALGASIE, Dame Gauloise au cinq. ii. est cél. par sa piété & par son goût pour l'étude de l'Ecriture Sainte, elle étoit liée d'amitié avec Hedibie autre Dame Gauloise. Et comme S. Jerôme avoit une gr. réputation, elles lui envoïerent à Bethléem un jeune homme nommé Apodême pour le consulter. Algasie lui fit onze questions sur divers endroits de l'Evangile & de S. Paul, & Hedibie lui en proposa 12 qui roulent toutes sur des endroits importans du nouveau Testament. On voit par ces quest. que ces deux Dames étudioient l'Ecriture Ste avec beaucoup de goût & de jugement. Voyez la lettre de S. Jerôme à Hedibie.

ALGER, Algerus, pieux & sav. Prêtre natif de Liége, a composé un excell. Tr. du Sacrem. du corps & du sang de N. Sgr. contre Berenger, & d'autres ouvrages. Il mourut vers 1130.

ALHAZEN, fam. Auteur Arabe, qui a composé vers 1100 de J. C.

un gr. vol. sur l'Optique, & d'autres ouvrages.

ALI, gendre de Mahomet & mari de Fatime, devoit être Calife après la mort de Mahomet; mais Omar & Othman s'y étant opposés, il se retira dans l'Arabie, & y fit un recueil de la doctrine de Mahomet, dans lequel il permettoit beaucoup de choses qu'Abubecker condamnoit; cette indulgence lui attira beaucoup de proselytes. Après la mort d'Othman il fut déclaré Calife par les Egyptiens, les Mecquois & les Médinois. Il remporta une gr. vict. près de Bassora, & fut tué en 660 de J. C. Sa devise étoit: J'adore Dieu mon Sgr, d'un cœur sincere. Les Persans suivent sa doctrine, & ont en horreur Abubecker, Omar, & Othman.

ALI BASSA, l'un des plus gr. Capitaines de l'Emp. Ottoman, se distingua tellement à la guere de Perse, que l'Emp. Amurat IV lui donna une de ses sœurs en mariage. Il mourut en 1663 à 70 ans.

ALI-BEN-HUSSAIN, petit-fils d'Ali, & quatr. Iman, étoit de Médine, & se rendit célebre parmi les Musulmans.

ALIATES, Roi de Lydie, voïez ALYATES.

ALIGRE, ( Etienne d' ) étoit originaire de Chartres. Il s'éleva par son mérite, & devint Conseiller au Grand Conseil, Intendant de la Maison de Charles de Bourbon, puis Conseiller d'Etat, & Garde des Sceaux le 6 Janv. 1624. Louis XIII le nomma Chancelier de France la mêm année, après la mort de M. de Sillery. Deux ans après, aïant quitté les Sceaux, il se retira dans sa Maison de la Riviere au Perche, où il m. le 11 Décembre 1635, à 75 ans. Etienne d'Aligre son fils, naquit à Chartres le 31 Juillet 1592. Il fut successivement Conseiller au Grand Conseil, Ambassadeur à Venise, Conseiller d'Etat, Surintendant des Finances, & Chef du Commerce de Marine, en 1654. Louis XIV aïant établi en 1661 un Conseil Roïal des Finances, Etiènne d'Aligre fut le premier des Commiffaires de ce Confeil. Il devint enfuite Garde des fceaux, puis Chancelier de France en 1674, & mourut à Verfailles le 25 Octobre 1677, à 85 ans.

**ALIPE**, *Alipius*, Evêq. de Tagafte, difciple & ami de S. Auguftin, embraffa la Relig. Cathol. & foutint la caufe de l'Eglife contre les Donatiftes, dans la conférence de Catthage en 403.

**ALIPE**, *Alipius*, d'Antioche, Géographe, dédia à Julien l'Apoftat une Géographie que Jacques Godefroi a publiée en grec & en latin.

**ALKMAAR** ( Henri d' ) Poëte du quinz. fi. eft auteur de la cél. *Fable du Renard*, Poëme bas Saxon, où font ingénieufement repréfentés la plupart des défauts des hommes, fous l'image des bêtes & furtout du Renard, l'un des principaux perfonnages. La morale de ce poëme eft fort bonne, les penfées & le ftile d'une naïveté charmante. Auffi a-t'il été traduit dans prefque toutes les langues de l'Europe. M. Gottfched vient d'en donner en Allemand une magnif. édit. enrichie de figures, & de quelques differt. prélim. fur l'Auteur & fur le mérite de cet ouv.

**ALLAIS** ( le Sr D. V. d' ) fameux Aut. de la fin du dix-fept. fi. dont on ne connoît cependant l'hiftoire que très imparfaitement. Quelques-uns croient qu'il étoit d'une famille noble de ce nom en Languedoc, d'autres qu'il ne s'appelloit d'Alfais que du lieu de fa naiffance, étant né à Alais en Languedoc & que fon vrai nom étoit Denis Vairaffe d'Alais en Languedoc, ce qu'ils croient exprimé par ces cinq lettres initiales D. V. D. E. L. avec lefquelles il a figné les deux Epîtres dédicatoires de fon *Hift. des Sevarambes*. Quoi qu'il en foit, l'Aut. entra d'abord dans le fervice militaire, & le quitta enfuite pour étudier le Droit. Etant paffé en Angl. il fe trouva en 1665 fur la flotte commandée par le Duc d'Yorck. Quelques années après il fut obligé de revenir en France, où après avoir encore fervi quelque-

tems, il fe mit à enfeigner l'Anglois & le François aux Etrangers. On a de lui 1°. une Grammaire Méthodique, contenant les principes & les regles les plus néceffaires de la langue Franç. 1681. 2°. Un abregé de cette Grammaire en Anglois. 1683. 3°. La fameufe Hiftoire des *Sevarambes* en 5 vol. in-12. dont la première partie, qui contient 2 vol. in-8°, fut imprimée en François en 1677, & la feconde en 1678 & 1679. Cet ouvr. a été imprimé pluf. fois depuis & traduit en différentes langues. C'eft une fiction ingénieufe, mais dangereufe, qui paroît avoir été imaginée pour débiter adroîtement un nouveau fyftême de gouvernement politique & de Religion. Il ne faut pas confondre cet Auteur avec Jean - Baptifte Allais de Beaulieu, qui a publié l'art d'écrire, gravé par Senault, & imprimé à Paris en 1681 & 1688. in-fol. *Voyez* fon éloge dans le Journal des Savans de 1681.

**ALLADE**, *Alladius*, R. des Latins, furnommé *le Sacrilege*, à caufe de fes impiétés. On dit qu'il contrefaifoit le tonnerre avec des machines de fon invention, & qu'il périt par la foudre du Ciel, vers 855 av. J. C.

**ALLAZI**, *Allatius*, ( Léon ) l'un des plus favans hommes du 17e fi. né dans l'Ifle de Chio en 1586. Il alla en Italie dès fon enfance, fut gr. Vicaire d'Anglona, puis Bibliocaire du Card. Barberin, & enfin garde de la Bibliothéque du Vatican, fous Alexandre VII. Il m. à Rome au mois de Janvier en 1669 à 83 ans, après s'être acquis l'eftime des Sav. Il a compofé un gr. nomb. d'ouv. fur la réun. de l'Egl. Grecq. fur la patrie d'Homere, fur les Livres Eccléfiaftiques des Grecs, fur les Temples, &c.

**ALLEMANT** ( Pierre L' ) *voïez* **LALLEMANT.**

**ALLEN**, ( Guill. ) cél. Aut. Anglican dont les ouv. ont été impr. en 1707, *in-fol.* Ils roulent prefque tous fur la défenfe des articles de l'Eglife Anglicane, contre les Non-conformistes. Il ne faut pas le confondre avec Thomas Allen, habile Mathématicien, natif de Stafford, mort en 1632.

ALLIACO, (P. de) voïez AILLI.

ALLIX, (Pierre) savant Ministre Protestant, natif d'Alençon, passa en Angleterre après la révocation de l'Edit de Nantes, & fut Chanc. de Windsor, ensuite Trésorier de l'Eglise de Salisbury où il m. en 1717. Les plus estimés de ses ouvr. sont 1. *Réflexions sur tous les Livres de l'anc. & du nouv. Testament.* 2. *Jugement de l'ancienne Eglise Judaïque contre les Unitaires ;* ce dern. ouv. est en Anglois.

ALLUCIUS, Pr. des Celtibériens, en Esp. que l'anc. Scipion l'Africain vainquit 210 ans avant J. C. On amena alors à Scipion une fille d'une beauté extraordinaire, trouvée parmi les prisonniers. Scipion apprenant qu'elle étoit fiancée au jeune Allucius, le fit venir avec son amante, & l'aïant pris en particulier, il lui dit : *On vous l'a gardée avec soin, afin qu'on pût vous faire un présent digne de vous & de moi ; toute la récompense que je vous demande, est que vous soïez ami de la République.* Ce jeune Pr. transporté de joie, prit la main de Scipion, & pria les Dieux de récompenser une action si généreuse. Les parens de cette fille aïant forcé Scipion de prendre une somme d'argent pour sa rançon, ce Général appela Allucius, & la lui donna encore, en disant : *Recevez cet argent de ma main comme une seconde dot, dont je vous fais présent.*

ALMAIN, (Jacq.) de Sens, cél. Doct. de Sorb. & Prof. de Théol. au Collège de Navarre, fut choisi pour écrire en faveur de Louis XII, contre le Pape Jules II, & pour défendre l'autorité des Conc. contre le Card. Cajetan. Il m. en 1515.

ALMALARIUS, voïez AMALARIUS.

ALMANSOR, nom de trois fam. Prin. Mahométans : le prem. étoit Roi de Cordoue, & mourut en 1002 après avoir pris Barcelonne, & rem-

porté de gr. avantages sur les Chrét. Le 2 Joseph Almansor étoit R. de Maroc, & fut défait par les Chrét. en Esp. l'an 1158 de J. C. Enfin, le 3 Jacob Almansor, fils de Joseph, se rendit maître de Maroc, de Fez, de Trémecen & de Tunis, & gagna la fam. bat. d'Alarcos en Castille. Le Pape Innocent III lui adressa un Bref en 1199 de J. C. pour faciliter le rachat des esclaves Chrétiens.

ALMEIDA, (Fr.) Gentilhomme Port. & le prem. Gouv. des Indes Orientales, où le Roi Emmanuel l'envoïa en 1505. Il se distingua par sa prudence, sa sagesse, & sa bravoure dans cette expédition.

ALMELOVÉEN, (Théod. Jansson d') habile Méd. & sav. Littérateur Holland. mort à Amsterdam en 1742, après avoir été Professeur en Histoire, en langue grecque & en Médecine, à Harderwick. Il a fait des Notes sur plus. anciens Auteurs, & a laissé outre cela plus. ouvr. curieux & estimés. Les principaux sont, 1. *De Vitis Stephanorum.* 2. *Onomasticon rerum inventarum.* 3. *Bibliotheca promissa & latens.* 4. *Amænitates.* 5. *Plagiariorum syllabus.* 6. *Fasti consulares.*

ALMERIC ou ALMARIC, *voïez* AMALRIC ou AMAURI.

ALMOHADES, nom de la 4e race des Rois de Fez & de Maroc. Le prem. Aut. de cette race, fut Abdalla le *Mohavedin.*

ALP-ARSLAN, second Sultan de la Dynastie des Selgiucides, & l'un des plus braves & des plus puissans Monarques d'Asie, succéda à Togrul-Beg son oncle, en 1063 de J. C. Il remporta un gr. nombre de vict. & mourut à Méru dans le Khorasan en 1072, dans son expédition pour la conquête du Turquestan. On lit à Méru cette épitaphe sur son tombeau : *Vous tous qui avez vu la grandeur d'Alp-Arslan élevé jusqu'aux Cieux, venez à Méru, & vous la verrez ensevelie sous la poussiere.*

ALPHONSE, *voïez* ALFONSE.

ALPIN, *Alpinus*, ( Corneille )
Poëte , contemporain d'Horace, qui
lui reprocha l'enflure du style.

ALPINI, ( Prosper ) sav. Méd. né
à Maroftica dans l'Etat de Venise ,
le 23 Nov. 1553. Il professa la Botanique à Padoue avec beaucoup de
réput. & m. le 23 Nov. 1616. Ses
princ. ouvr. font, un excell. Traité
du Baume. 1. *De præsagienda vitâ
& morte*, dont Boerhaave a donné
une nouvelle édition. 3. *De Medicina methodica*. 4. *De Plantis
Ægypti* , &c.

ALSTEDIUS, ( Jean-Henri ) Allemand, & fam. Ecrivain Proteftant
du 17e fi. dont on a un gr. nombre de vol. qui marquent fon érudition : les princip. font, 1. *Methodus formandorum ftudiorum*. 2. *Philofophia reftituta*. 3. *Elementa Mathem*. 4. *Encyclopædia* ; ce dernier
ouvr. eft en 4 vol. *in-fol*. Alftedius
mourut en 1638 , âgé de 50 ans.

ALTESSERA, *voyez* HAUTE-
SERRE.

ALTHAMER, ( André ) Miniftre
Luth. à Nuremberg , au 16e fiecle ,
dont on a des ouvr. de Théol. &
des notes fur une partie de Tacite.

ALTHÉE, femme d'Œnée , R. de
Calydon & mere de Meleagre , jetta
au feu le tifon fatal auquel, par le
décret des Parques , la vie de ce jeune Pr. étoit attachée , & fe donna
enfuite la mort à elle-même.

ALTHEMENES, fils de Catreus ,
Roi de Crete , tua , felon la Fable ,
fon pere fans le connoître , comme
l'Oracle l'avoit prédit.

ALTHUSIUS, ( Jean ) Jurif. Allemand du 16e fi. dont on a quelq.
ouvr. où il foutient que la fouve-
raineté des Etats appartient au peuple , ce qui lui attira beaucoup d'ennemis.

ALTILIUS, ( Gabriel ) l'un des
plus excell. Poëtes du 15e fiec. Précepteur de Ferdinand le jeune, Roi
de Naples , & enfuite Ev. de Buxen-
te. Il m. en 1501.

ALTING, ( Henri ) fam. Prof. de
Théol. à Groningue , né à Embden
le 17 Fév. 1583 , m. en 1644. On a
de lui un grand nombre d'ouvrages

presque tous de Théologie.

ALTING, ( Jacques ) fils du précédent , né à Heidelberg en 1618 ,
Profeff. d'hébreu , enfuite de Théologie à Groningue , & gr. ennemi
de Samuel Defmarets fon Collegue.
Il mourut en 1679. Ses ouvr. ont
été impr. à Amfterd. en 5 vol. *in-
fol*. en 1617. On lui reproche d'avoir
été trop attaché au Rabbinifme.

ALTING, ( Menfon ) fav. Bourguemeftre de Groningue , mourut le
2 Août 1713 , âgé de 76 ans. On a
de lui une excell. defcription des
Païs-bas , intit. *Defcriptio Germaniæ inferioris*.

ALVAREZ, ( Diego ) de Rio-Seco,
dans la vieille Caftille , fav. Dominicain, Profeffeur de Théol. enfuite Arch. de Trani, au 17e fi.
fut choifi avec Lemos , pour foutenir la caufe des Thomiftes dans les
Congrégations *de auxiliis*. On a de
lui pluf. excell. Tr. fur les matieres
de la Grace.

ALVAREZ, ( Emanuel ) célebre
Grammairien du 16e fi. étoit Port.
de Nation , & nâquit dans l'Ifle de
Madere le 4 Juin 1526. Etant entré
dans la fociété des Jéfuites , il s'y
diftingua par fa probité & par fa
prudence, & devint Recteur des Colleges de Coïmbres , d'Evora & de
Lifbonne , & de la Maifon Profeffe
de Lifbonne. Il étoit furtout très favant dans les belles Lettres. Il s'appliqua pendant pluf. années à enfeigner à la jeuneffe, le Latin , le
Grec & l'Hébreu. Il m. au Collége
d'Evora le 30 Déc. 1582. Sa Grammaire latine eft fort eftimée. Elle eft
intitulée *de inftitutione Grammati-
câ* , & divifée en trois Livres. Il y
en a pluf. Edit.

ALVAREZ, ( François ) Prêtre
Portugais , fut Chapelain d'Emanuel
R. de Portugal & Aumônier de l'Ambaffade que ce Prince envoïa auprès
de David , Emper. d'Ethiopie ou
d'Abyffinie. Alvarez demeura fix
ans en Ethiopie , & revint avec des
Lettres du Monarque Abyffin pour
le Roi Dom Juan , qui avoit fuccédé à Emmanuel fon pere , & pour
le Pape Clement VII , auquel il ren-

ait compte de son Voïage en préfence de l'Emper. Charles Quint à Bologne en 1533 au mois de Janv. Il étoit revêtu de la qualité d'Amb. du R. d'Ethiopie. Il m. en 1540. On a de lui une Relation de son voïage qu'il écrivit en Portug. & qui fut imprimée à Lisbonne en 1540, *in-fol.* Damien Goes Chev. Portug., promit de le traduire en latin dans un ouvr. qu'il dédia au Pape Paul III, *de fide, Religione, moribufque Æthiopum.* Nous en avons aussi une Traduct. Franç., intitulée *Defcript. de l'Ethiopie*, &c. & impr. à Anvers chez Plantin en 1558 *in-8°.* Bodin dit qu'Alvarez est le premier qui ait donné quelque connoissance fûre de l'Ethiopie, & que sa Relation est estimée. Le fav. M. de la Croze porte le même jugement, auffi-bien que M. le Grand, Traducteur du voïage du Pere Lobo : mais Emanuel Faria y Souſa, les Peres Almeida & Tellez, & M. Ludolf, croient qu'Alvarez n'avoit pas affez de génie pour faire une bonne Relation, quoiqu'il eût intention de la bien faire.

Il y a plufieurs autres *Alvarez* qu'il faut chercher à leurs noms propres.

ALVAREZ ALBORNOS, *voyez* ALBORNOS.

ALVAROT, (Jacques) fav. Jurif. Prof. en Droit à Padoue fa patrie, où il m. le 27 Juin 1452. Son Traité le plus connu, est intitulé, *Commentaria in libros feudorum.*

ALYATES, Roi de Lydie, pere de Créfus, fuccéda à Sadyattes vers 614 av. J. C. Dans la guerre qu'il eut contre Cyaxare, R. des Medes, les deux armées étant prêtes d'en venir aux mains, le combat fut interrompu par une éclipse de Soleil dont ils ne connoiffoient point la caufe : ce qui les porta à faire la paix. Herodote affure que cette éclipse avoit été prédite par Thalès de Milet. Alyates m. 557 av. J. C.

ALYPE, (S.) d'Andrinople, furnommé le *Stylite*, parcequ'il resta 53 ans fur une colomne, mourut au omm. du 7e fiecle.

AMABLE, ( S. ) Curé de Riom, au 5e fi. m. en cette Ville en 475, & en est devenu le Patron. M. Faydit en a donné la Vie.

AMADEDDULAT, prem. Sultan de la race des Buides, conquit en fort peu de tems la Perfe, l'Iraque & la Karamanie. Il établit fon fiége à Schiraz en 933, & m. en 949. C'étoit un Pr. brave, généreux, & qui réuffit en toutes fes entreprises.

AMAJA, ( Fr. ) d'Antequera, l'un des plus cél. Jurifc. Profeff. en Droit à Offuna & à Salamanque, mourut à Valladolid vers 1640. On a de lui des Comment. fur les 3 dern. Liv. du Code, & d'autres ouvr.

AMAK, cél. Poète Perf. fous le regne de Khedber Kan, dont il s'étoit acquis l'amitié, étoit de Bokhara. Il excelloit fur-tout dans les Elégies.

AMALARIC ou AMAURY, Roï des Vifigots, fils & fucceffeur d'Alaric, époufa en 517 Clotilde, fille de Clovis & de Ste Clotilde. Amalaric, qui étoit Arien, traita Clotilde avec tant de violence, que cette Princeffe envoïa à fon frere un voile teint de fon fang. Childebert pour s'en venger, entra dans les états des Vifigoths, & défit Amalaric, qui fut tué en 531.

AMALARIUS FORTUNATUS, Atchev. de Trêves, l'un des plus ill. Prélats du tems de Charlemagne, fut envoïé par ce Pr. en Ambaffade vers Michel Curopalate, Emp. d'Orient, & m. à fon retour en 814. Il eft Aut. du Liv. du Sacrement de Baptême, impr. fous le nom d'Alcuin.

AMALARIUS, Diacre de l'Egl. de Metz, enfuite Abbé, cél. écriv. du 9e fi. que quelques-uns confondent, mal à-propos, avec Amalarius Fortunatus, a compofé l'ouvr. des *Offices Eccleftaftiques*, & quelques autres Traités. Il vivoit encore en 840.

AMALASONTE, ou AMALASUNTE, fille de Théodoric, R. des Oftrogots, Princeffe d'un excellent efprit, & fav. dans les Langues grecq. & lat. fut mife à m. par

Théodat son cousin en 534 ; mais Belisaire vengea sa mort.

AMALECH, fils d'Eliphaz, & petit-fils d'Esaü, fut le pere & le chef des Amalecites, peuple de l'Idumée, dont il est souvent parlé dans l'Ecriture Sainte.

AMALRIC, ( Arnaud ) Archev. de Narbonne, ami d'Innocent III, se distingua au 13e si. par son zele contre les Albigeois. Il réunit les Pr. d'Esp. contre les Maures. Ces Princes remporterent nne cél. victoire le 16 Juillet 1212, dont Amalric, qui s'y trouva, a donné une relation. Il m. en 1225.

AMALTHÉE, nom de la Sibylle de Cumes, qui présenta à Tarquin le Superbe, vers 535 av. J. C. neuf Livres sur les destinées de Rome. Ces Livres étoient en telle vénérat. à Rome, qu'on créa deux Magistrats pour les consulter dans les cas extraordinaires.

AMALTHÉE, ( Jérôme, Jean-Baptiste & Corneille ) nom de trois cél. Poëtes Latins d'Italie, au 16e si. dont les Poésies ont été impr. à Amst. en 1685. La plus belle piece de ces Recueils est une Epigramme sur deux enfans d'une gr. beauté, mais privés chacun d'un œil.

*Lumine Acon dextro, capta est Leonilla sinistro :*
*Et poterat formâ vincere uterque Deos.*
*Parve puer, lumen quod habes concede sorori,*
*Sic tu cæcus amor, sic erit illa Venus.*

C'est Corneille Amalthée, qui a mis en latin le Catéchisme du Concile de Trente.

AMAMA, ( Sixtinus ) de Frise, disciple de Drusius, & fam. Prof. d'hébr. à Franeker, m. vers 1650. On a de lui un Livre intitulé *Antibarbarus Biblicus,* qui a eu grand cours parmi les Protestans ; un Traité contre la traduction Flamande de la Bible, & un autre contre *la Vulgate.*

AMAN, Amalécite, & favori d'Assuerus, R. de Perse, irrité de ce que Mardochée ne vouloit pas fléchir les genoux devant lui, obtint un ordre d'Assuerus, pour faire m. tous les Juifs en un même jour ; mais Assuerus aïant appris que Mardochée avoit découvert une conspiration contre l'Emp., & qu'il n'en avoit pas été récompensé, ordonna à Aman de le mener par toute la ville, en criant : *C'est ainsi que mérite d'être honoré celui que le R. honore de son estime.* Aman fut ensuite pendu à une potence qu'il avoit fait dresser pour Mardochée.

AMAND, ( Saint ) Evêque de Bourdeaux en 404, & ami de Saint Paulin.

AMAND, ( S. ) Ev. de Mastricht, Apôtre d'une partie des Païs-bas, mourut en 679, après avoir fondé l'Abbaïe d'Elnone près de Tournai.

AMAND, ( S. ) ( Marc-Antoine-Gerard Fr. de ) de Rouen, Poëte Fr. fils d'un Chef d'Escadre, devint fort sage dans ses dernieres an. & m. en 1660. Il est auteur du *Moïse sauvé,* que Boileau a critiqué. S. Amand n'avoit point étudié, & faisoit d'assez mauvais vers, mais il les recitoit bien ; ce qui donna lieu à cette Epigramme de Gombaud :

Tes vers sont beaux quand tu les dis,
Mais ce n'est rien quand je les lis ;
Tu ne peux pas toujours en dire,
Fais-en donc que je puisse lire.

Comme on le croïoit fils d'un Gentilhomme Verrier, Maynard fit sur lui cette autre Epigramme :

Votre noblesse est mince,
Car ce n'est pas d'un Prince,
Daphnis, que vous sortez ;
Gentilhomme de verre,
Si vous tombez à terre,
Adieu vos qualitez.

AMASIS, de simple Soldat, devint Roi d'Egypte vers 569, avant

J. C. Ses sujets le méprisèrent d'abord, à cause de la bassesse de son extraction ; mais il sût vaincre leur répugnance par sa douceur & par sa politique. On dit qu'il fit une loi, portant que chacun eût tous les ans à rendre compte de la maniere dont il subsistoit, à un Magistrat préposé à cet effet.

AMAURI, nom de deux R. de Jérusalem ; le prem. Pr. belliqueux, mais avare, mort en 1174 ; le sec. Amauri de Lusignan, m. en 1205.

AMAURI de *Chartres*, hérét. du 13e si. fut condamné par Innocent III. Ses disciples soutenoient *qu'il n'y avoit point d'autre Paradis que la satisfaction de bien faire, ni d'autre Enfer, que l'ignorance & le péché ; que les Sacremens étoient inutiles, & que toutes les actions faites dans un esprit de charité, même l'adultere, ne pouvoient être mauvaises.* Ils furent condamnés dans un Concile de Paris, en 1209, & on en fit brûler un gr. nombre.

AMAZIAS, R. de Juda, 839 ans av. J. C. vengea d'abord la m. de Joas son pere, & défit ensuite les Iduméens : enflé de ce succès, il écrivit à Joaz, R. d'Israel, que s'il ne vouloit lui obéir avec tout son peuple, il lui déclaroit la guerre. Joas lui répondit en ces termes : » Il y avoit autrefois sur le mont » Liban, un très gr. cédre, auquel » un chardon demanda sa fille en » mariage pour son fils ; mais en » même-tems que le chardon faisoit » cette demande, une bête le foula » aux piés & l'écrasa. Profitez de » cet exemple pour n'entreprendre » rien au-dessus de vos forces «. Amasias irrité de cette réponse, déclara la guerre à Joas ; mais il fut vaincu. Il périt long-tems après, dans une conspiration à Lachis, 810 ans av. J. C.

AMBIGAT, R. de toutes les Gaules du tems de Tarquin l'anc. vers 590 avant J. C. Tite-Live en parle comme d'un Pr. très puissant.

AMBOISE, (George d') céleb. Card., Archev. de Rouen, & Ministre d'Etat sous Louis XII, après avoir été Evêque de Montauban & Arch. de Narbonne. C'est par son conseil que Louis XII conquit le Milanois en 1499. On croit qu'après la m. d'Alexandre VI, il eût été élu Pape, si le Cardinal de la Rovere n'eût empêché par artifice cette élection, pour se mettre lui-même la Thiare sur la tête. Le Cardinal d'Amboise gouverna avec douceur, & n'eut en vue que l'avantage de la Religion, la gloire du R. & le bonheur du peuple. Il fit de gr. biens à la ville de Rouen, protégea les gens de Lettres, & réforma les Religieux. Il ne posséda jamais qu'un bénéfice, dont les deux tiers du revenu étoient emploïés, selon les Canons, à la nourriture des pauvres & à l'entretien des Eglises. Il m. à Lyon, regreté de toute la Fr. le 25 Mai 1510, âgé de 50 ans. Pendant sa maladie, il disoit souvent à un vertueux frere Célestin qui le servoit : *Frere Jean, je voudrois avoir été toute ma vie Frere Jean.* Entre ses belles actions, on rapporte qu'un Gentilhomme de Normandie, offrant de lui vendre une terre à vil prix pour marier sa fille, le Cardinal lui laissa sa terre, & lui donna gratuitement l'argent dont il avoit besoin.

AMBOISE, (Aimery d') 40 Gr. Maître de l'Ordre de S. Jean de Jérusalem, dont la résid. étoit alors dans l'Isle de Rhodes, succéda à Pierre d'Aubusson le 10 Juill. 1503. Il fut élu absent, étant Gr. Prieur de Fr., & fit son entrée à Rhodes l'année suiv. Il gagna en 1510 une fameuse bataille navale contre le Soudan d'Egypte, sur les confins de la Syrie, proche *Monte Negro*, où le neveu de Soudan fut tué. Il m. le 13 Nov. 1512, fort regretté de tous les Chevaliers. Il étoit frere du cél. Card d'Amboise, & eut pour successeur Gui de Rochefort. La Maison d'Amboise, l'une des plus illustres & des plus anciennes de Fr., tiroit son nom de la ville d'Amboise, dont elle posséda la Seigneurie. Elle a produit plusieurs autres gr. hommes.

AMBOISE (François d') mérite

D iiij

d'être mis au nombre des perſonnes d'eſprit, que la profeſſion des Lettres a élevées aux honneurs du monde. il étoit fils d'un Chirurgien de Charles IX , & fut entretenu par la libéralité de ce Prince au Collége de Navarre, où il enſeigna enſuite pendant quelque tems. Il s'attacha depuis au Droit, & devint fort bon Avocat au Parlement de Paris ; après quoi il eut une charge de Conſeiller au Parlement de Bretagne. Enfin il fut Maître des Requêtes & Conſeiller d'Etat. Il ſuivit Henri III en Pologne où il fit la deſcription de ce Roïaume. On lui attribue la reviſion & l'édition des œuvres d'Abailard en 1616 in-4°. Il avoit fait pluſ. pieces de Théâtre, qu'il fit répréſenter, mais qu'il ne voulut pas faire impr. Ses amis lui dérobèrent cependant une Comédie très facétieuſe intit. *Les Néapolitaines*, & la firent imprimer.

AMBOISE ( Françoiſe d' ) Ducheſſe de Bretagne, & ſondatrice des Carmelites au quinz. ſi. L'Abbé Barzin en a écrit la vie.

AMBROISE , Diacre d'Alexandrie , homme de qualité , riche , conſideré, & mari de Ste Marcelle, fut converti à la foi Catholique, étant allé, par curioſité, entendre Origene. Ambroiſe avoit beaucoup d'eſprit & d'éloquence, il ne ceſla de preſſer Origene de travailler ſur l'Ecriture Sainte, entretint quatorze perſonnes pour écrire ſous lui, & l'engagea à réfuter Celſe. Il confeſſa généreuſement la foi de J. C. devant Maximin, & m. vers 250 de Jeſus-Chriſt.

AMBROISE , ( S. ) Arch. de Milan , Doct. de l'Egliſe , fils d'Ambroiſe Préfet du Prétoire des Gaules, naquit dans lé Palais de ſon pere, qui étoit alors à Arles, ſelon la plus commune opinion. On vit, au rapport de Paulin, un eſſain d'abeilles entrer & ſortir de ſa bouche, lorſqu'il étoit encore dans le berceau : prodige que l'on avoit autrefois remarqué dans l'enfance de Platon. Il joignoit l'étude à la piété. Anicius Probus, Préfet du Prétoire,

l'envoïa en qualité de Gouverneur dans l'Emilie & la Ligurie, en lui diſant : *Allez, & gouvernez-vous plutôt en Evêque qu'en Juge.* Ce diſcours fut comme une prédiction de ce qui arriva dans la ſuite : car Auxence Evêq. de Milan, étant m. il s'éleva entre les Ariens & les Orthodoxes une gr. conteſtation pour lui donner un ſucceſſeur. Ambroiſe alla à l'Egliſe pour appaiſer le tumulte, & parla avec tant de ſageſſe, qu'on le proclama Evêq. d'une commune voix. Cette élection fut confirmée par l'Emp. Valentinien, & Ambroiſe fut ſacré le 7 Décembre 374. Il s'impoſa trois devoirs ; de ne paſſer aucun jour ſans célébrer les SS. Myſt. de prêcher tous les Dimanches l'Evangile à ſon peuple ; & de n'oublier rien de ce qui pouvoit augmenter la Relig. Chrét. Il convertit S. Auguſtin, fit condamner les Ariens au Conc. d'Aquiléo en 381, & refuſa courageuſement l'entrée de l'Egliſe à l'Emp. Théodoſe, l'obligeant de faire pénitence du maſſacre de Theſſaloniq. S. Ambroiſe avoit une douceur d'expreſſion qui lui a fait mériter le ſurnom de *Doctor mellifluus*. Il mourut le 4 Avril, veille de Pâque, en 397, âgé de 57 ans. Paulin Prêtre de Milan, qu'il ne faut pas confondre avec S. Paulin, a écrit ſa vie, à la priere de S. Auguſtin. La meilleure édit. de ſes œuvres eſt celle de Paris 1691, 2 vol. *in-fol.* donnée par les Bénédictins.

AMBROISE le Camaldule, natif de Portico, pet. ville de la Romagne, cél. Génér. de ſon Ordre en 1431, ſe diſtingua aux Conciles de Bâle, de Ferrare & de Florence, où l'on admira ſa facilité à s'énoncer en grec. Tous les ſavans recherchoient ſon amitié : *L'étude,* dit Paul Jove, *ne le rendit point farouche, la piété ne le rendit point ſevere.* On a de lui les Traduct. de pluſ. Livres grecs & d'autres ouvr. Il m. le 21 Octobre 1439.

AMEDÉE V , *le Grand,* Comte de Savoie en 1285 , Prince ſage & belliqueux, fit 32 ſieges, & n'entre-

prit jamais rien fans fuccès. Il maintint en 1311 les Chevaliers dans l'Ifle
de Rhodes contre les Turcs , & depuis ce tems , les Ducs de Savoye
prirent pour armes la Croix de Malte. Il m. à Avignon en 1323, âgé
de 74 ans.

AMEDÉE VI, ou *le Comte Verd*,
Comte de Savoie en 1343 , & l'un
des plus gr. Pr. de fon tems , alla
en Grece au fecours de Jean Paleologue , & fut l'arbitre de l'Italie. Il
mourut en 1383 , après un regne
glorieux.

AMEDÉE VIII, *le Pacifique*,
fuccéda à Amedée VII en 1391 , &
fit ériger la Savoie en Duché en
1416. Il fut fi fage, qu'il fut appellé *le Salomon de fon fiecle*. Les plus
grands Princes le prenoient fouvent
pour arbitre. En 1434 , il laiffa fes
Etats à fon fils , & fe retira au Prieuré de Ripaille , où il fonda l'Ordre
milit. de S. Maurice. Il y goutoit en
S. Hermite , les plaifirs innocens de
la campagne , lorfqu'il fut élu Pape
par le Concile de Bâle le 24 Juin
1440. Il prit le nom de Felix V :
mais en 1449 , étant à Lyon , il abdiqua le Pontificat , & mit fin au
fchifme par cette foumiffion édifiante. Nicolas V, alors Pape le fit Doyen
du facré Collége. Enfin il m. à Genêve en odeur de fainteté le 7 Janv.
1451 , à 69 ans.

AMELOT DE LA HOUSSAYE,
(Abraham-Nicolas) l'un des Aut.
qui a le plus travaillé fur la politique , naq. à Orléans en 1634, &
m. à Paris en 1706. Ses princ. ouvr.
font 1. Traduct. Franc. de l'Homme de Cour, de Balthafar Gratian.
2. Traduct. des Annales de Tacite ,
avec des remarq. 3. Edition des Lettres du Card. d'Offat , avec des notes. 4. Traduct. de l'Hift. du Concile
de Trente , par Fra-Paolo. &c.

AMELOTTE , ( Denis ) pieux
Prêtre de l'Oratoire , natif de Saintes , & m. à Paris en 1678. On a de
lui une Traduct. Franc. du N. Teft.
un abregé de Théolog. la vie du
Pere de Condren , & quelques autres ouvrages.

AMENECLES , Corinthien , fut

le prem. des Grecs qui bâtit à Corinthe & à Samos , des Galeres à trois
rangs de rameurs : ce qui les rendit
plus legeres.

AMERBACH ( Jean ) , natif de
Reuthlingue en Suabe , fav. Imprimeur de Bâle au quinz. fi. dont les
éditions font exactes & recherchées.
Boniface fon fils fut un fam. Jurifc.
de Bâle , & m. en 1562.

AMERIC VESPUCE , encouragé
par Emmanuel , R. de Portugal , fit
en 1497 , pluf. nouvelles décou-ver-
tes dans le nouveau Monde , qui de
fon nom , fut appellé *Amérique* ;
elle avoit déja été découverte par
Chriftophe Colomb , Génois.

AMES ( Guill. ) Théol. Anglois,
Proteftant, Prof. de Théol. à Franeker au 17e fi. a écrit des Cas de
Confcience , & pluf. ouvr. de Controverfe contre Bellarmin , &c.

AMILCAR , nom de pluf. Capitaines Carthag. dont le plus célebre
Amilcar *Barcas* , pere d'Annibal ,
ravagea les côtes d'Ital. pendant 5
ans , & fut défait avec fa flotte près
de Trapani 242 ans av. J. C. ce qui
mit fin à la prem. guerre punique.
Amilcar commença la feconde , &
paffa en Efpagne , où il fubjugua
les Nations les plus belliqueufes. Il
y fut tué en combattant, lorfqu'il fe
difpofoit d'entrer en Ital. 228 ans
av. J. C. Il laiffa trois fils qu'il avoit
élevés , difoit-il , comme trois lions
pour déchirer Rome. C'eft lui qui
fit jurer à Annibal fon fils aîné , une
éternelle inimitié contre les Rom.

AMIOT , *voyez* AMYOT.

AMMIEN MARCELLIN , Hifto-
rien , nat. d'Antioche , m. vers 390,
a compofé , en un latin affez dur ,
une Hift. intéreffante , dont il ne
nous refte que 18 Livres: quoique
Païen , il parle avec modération ,
& même avec éloge de la Religion
Chrét. Son Héros eft l'Emp. Julien.
La meilleure édit. de cette Hift. eft
celle de Gronovius en 1693.

AMMIRATI , *ou* AMMIRATO ,
( Scipion ) de Lecce , Chan. de Florence & Hift. cél. fe retira à Florence , où le Gr. Duc le combla de
biens. C'eft-là qu'il compofa en ital.

l'Hiſt. de Florence , & la plupart de ſes autres ouvr. & où il m. le 30 Janv. 1600.

AMMON, chef des Ammonites, fils de Lot & de la plus jeune de ſes filles.

AMMON, nom donné à Jupiter en Lybie, où on l'adoroit ſous la forme d'un Bélier. Ses oracles durerent juſqu'au tems de Théodoſe.

AMMONIUS d'Alexandrie, ſurnommé *Saccas*, parceque ſon prem. métier étoit de transporter du bled dans des ſacs. Il fut cél. Philoſophe, maître d'Origéne & de Plotin. Il avoit compoſé une Concorde des quatre Evangiles qui étoit très-eſtimée. Quoiqu'il fut Chrétien, Plotin, Longin, Porphyre & Hiérocles en font un gr. éloge. Il enſeignoit la Philoſ. à Alexandrie en 243.

AMMONIUS, *Lithotome*, cél. Chirurg. d'Alexandrie, ainſi nommé, parce qu'il inventa l'opération de tirer la pierre de la veſſie.

AMNON, fils aîné de David & d'Achinoan, fit violence à Thamar ſa ſœur, malgré ſa réſiſtance ; mais Abſalom, frere de Thamar, vengea cette inſulte, & fit tuer Amnon dans un feſtin vers 1020 av. J. C.

AMOLON, *voyez* AMULON.

AMON, Roi de Juda, Pr. impie, ſuccéda à ſon pere Manaſſés, & fut aſſaſſiné par ſes Officiers après deux ans de regne vers 641 avant J. C. Joſias ſon fils lui ſuccéda.

AMONTONS, ( Guillaume ) habile Machiniſte, naquit à Paris en 1663. Il étoit fils d'un Avocat de Normandie, & s'appliqua dès ſa jeuneſſe aux Machines. Il fut reçu de l'Académie des Sciences en 1699, & m. le 11 Oct. 1708, à 42 ans. On a de lui un Livre ſur les Barometres, les Thermometres & les Hygrometres, & une Théorie *des Frottemens*. Ces Ouvr. ſont eſtimés.

AMOS, le troiſieme des 12 petits Prop. étoit un ſimple paſteur de la ville de Thecué. Il prophétiſa ſous Ozias & Jeroboam II, & il prédit la captivité & le rétabliſſement des 10 Tribus. Amaſias, Prêtre de Bethel, le fit mourir vers 785 av. J. C.

Il ne faut pas le confondre avec Amos, pere du Prophéte Iſaïe.

AMOUR ( Guill. de S. ) fam. Doct. de la Maiſon & ſociété de Sorbonne, natif de S. Amour en Franche-Comté, & Chanoine de Beauvais, défendit avec vigueur les droits de l'Univerſité de Paris qui l'envoïa à Rome à ce ſujet. Son Livre *des Périls des derniers tems*, fut condamné par Alexandre IV, ainſi que l'Evangile éternel publié par les Religieux Franciſcains. Il fut luimême exilé à S. Amour ; mais après la mort de ce Pape, Guillaume revint à Paris, & y fut reçu avec applaudiſſement. Il m. le 13 Septem. 1272. Ses ouvr. ont été impr. en 1632. Il y ſoutient que les Religieux doivent être ſoumis aux Evêq. & aux Curés ; que ce n'eſt pas une action de vertu de ſe réduire volontairement à la mendicité ; & qu'on ne doit point donner l'*aumône*, mais *la correction* aux mendians *valides*. Il eut un gr. nombre de défenſeurs ; Jean de Meun, ou Clopinel dit de lui dans ſon Roman de la Roſe :

> Etre banni de ce Roïaume,
> A tort comme Maître Guillaume
> De S. Amour, qu'hypocriſie
> Fit exiler par grande envie.

S. Thomas & S. Bonnaventure écrivirent fortement contre lui.

AMOUR ( Louis Gorin de S. ) fam. Doct. de la Maiſon & Société de Sorb. & filleul de Louis XIII, fut Recteur de l'Univ. de Paris, ſa patrie, & envoïé à Rome pour défendre la cauſe des défenſeurs de Janſénius. Il fut exclus de la Sorbonne, n'aïant pas ſouſcrit à la condamnation de M. Arnauld, & m. le 15 Novembre 1687. Son Journal fut impr. en 1662, *in-fol.*

AMPHIARAUS, fils d'*Oecleus*, & l'un des plus cél. Devins du Paganiſme, inventa, ſelon Pauſanias, l'art de la devination par les ſonges. Il s'étoit caché de peur d'être contraint d'aller avec Adraſte à la guerre de Thebes, aïant, *dit-on*, prévu par les ſonges, qu'il y périroit ; mais

Eryphile fa femme, à qui on avoit promis un riche collier d'or, montra l'endroit où il s'étoit caché. Les Oropéens lui éleverent un Temple dont l'Oracle fut très célebre.

AMPHICTION, fils de Deucalion, & le troifiéme Roi d'Athenes vers 1499 avant J. C. inftitua les Juges nommés *Amphictions*, qui veilloient au bien public de la Grece, & qui en formoient le confeil fuprême & comme les Etats généraux. Ce confeil étoit compofé des députés de 12 peuples. On trouve dans le troifieme tome des Mémoires de l'Académie des Infcriptions une differt. curieufe de M. Valois *fur les Amphictions*. Cœlius dit que ce Pr. apprit le premier aux hommes à tremper leur vin.

AMPHILOQUE, (S.) ill. Evêq. d'Icone au quatr. fiecle, & gr. défenfeur de la Foi, ami de S. Bafile, de S. Grégoire de Nazianze, & de tous les gr. hom. de fon fi. affifta au prem. Conc. gén. de CP. en 381, & préfida au Conc. de Side. Ce S. Evêq. voïant que Théodofe écoutoit les Ariens, alla au palais de l'Emp. & s'approchant d'Arcadius fon fils, lui fit quelques careffes comme à un jeune enfant, mais il ne lui rendit point les refpects accoutumés. Théodofe irrité comme d'une injure qu'on lui faifoit en la perfonne de fon fils, commanda qu'on chaffât cet Evêque. Pendant qu'on le pouffoit pour le faire fortir, il fe retourna vers Théodofe en s'écriant : » Seigneur, vous ne pou-» vez fouffrir l'injure qu'on fait à » votre fils, & vous vous emportez » contre ceux qui ne le traitent pas » avec refpect : ne doutez pas que » le Dieu de l'Univ. n'abhorre de » même ceux qui blafphêment con-» tre fon fils unique «. Théodofe comprenant alors la fageffe du S. Evêq. le rappella, lui demanda pardon, & publia peu de tems après des loix feveres contre les affemblées des Ariens. S. Amphiloque mourut vers 394.

AMPHION, fils de Jupiter & d'Antiope, jouoit fi bien de la Lyre,

que, fuivant les Poètes, les rochers le fuivoient, & que les pierres, touchées de fes accords, fe rangerent d'elles-mêmes pour former les murailles de Thebes. Cette fable eft fondée fur ce qu'Amphion par fon éloquence, civilifoit les hommes les plus farouches. Il fut tué à coups de fléches avec tous fes Enfans par Apollon & Diane. Il vivoit 1417 ans av. J. C. Sa Mere Antiope avoit été répudiée par Licus R. de Thebes. Il eut un frere nommé Zetus, qui régna à Thebes en Beotie. Il y a eu pluf. autres Amphions, dont les princip. font Amphion, furnommé *Dirceen*, que l'on fait Inventeur de la Mufique vers 1326 ans av. J. C. Amphion, excell. Peintre grec contemporain d'Apelles. Pline en parle, Hift. nat. l. 36. c. 10. Amphion fils d'Acoftor, fameux Sculpteur grec dont parle Paufanias, l. 19. & Amphion affranchi de Quintus Catulus, & homme d'efprit. Pline en parle, hift. nat. l. 36. c. 18.

AMPHITRITE, Déeffe de la mer, fille de Nérée ou de l'Océan, & femme de Neptune.

AMPHITRYON, né à Argos, fils d'Alcée & mari d'Alcmene, fe rendit maître de la ville des Teleboëns par le fecours de Cornetho, fille de Ptelerаüs. Pendant ce tems-là Jupiter alla voir Alcmene fous la forme d'Amphitryon ; elle accoucha de deux jumeaux, dont l'un, fils de Jupiter, fut nommé *Hercule*, & l'autre fils d'Amphitryon, fut appellé *Iphiclus*. Plaute & Moliere ont fait de cette fable le fujet d'une Comédie.

AMRI, R. d'Ifrael, fit bâtir Samarie. Il furpaffa fes prédéceffeurs en impieté, & mourut vers 918 av. J. C.

AMSDORF, (Nicolas) de Mifnie, fameux difciple de Luther, écrivit avec emportement contre les Catholiques. Luther le fit Evêq. de Naumbourg, lui conférant une dignité qu'il n'avoit pas lui-même. Amfdorf ofa foutenir que *les bonnes œuvres font pernicieufes au falut.* C'eft le titre d'un de fes Tr., mais

en lifant l'ouvr. on s'apperçoit que
la penfée d'Amfdorf, eft que les
bonnes œuvres font nuifibles au falut, lorfqu'on s'appuie fur elles, &
qu'on les regarde comme méritoi-
res : ce qui reftraint le titre de fon
ouvr. qui eft révoltant & contraire
aux bonnes mœurs. Il m. à Magdebourg en 1541. Ses Sectateurs furent nommés *Amfdorfiens*.

 AMULIUS, R. des Latins, ufurpa la Couronne fur Numitor fon
frere, & fit Veftale Rhéa Sylvia fa
niece, pour l'empêcher d'être mariée ; mais elle accoucha de Remus
& de Romulus, qui tuerent Amulius, & remirent Numitor fur le
trône vers 754 av. J. C.

 AMULON ou AMOLON, *Amolo*,
Archev. de Lyon, ill. par fon érudition & par fa piété, écrivit contre
Gothefcalque, & m. vers 854. Ses
œuvres font impr. avec celles d'A-
gobard.

 AMURAT I, Emp. des Turcs,
& l'un des plus gr. Pr. des Ottomans, fuccéda à fon pere Orchan
en 1359. Il enleva aux Grecs la
Thrace, Gallipoli & Andrinople,
où il établit le fiege de fon Emp. en
1362. Ce fut lui qui établit la milice des Janiffaires. Il défit le Pr. des
Bulgares, & conquit la b. Myfie,
châtia fes Baffas rebelles, & fit crever les yeux à fon fils. Il fut tué
dans un combat en 1389, après
avoir gagné 37 batailles.

 AMURAT II, Emp. des Turcs,
& l'un des plus gr. Pr. Ottomans,
monta fur le trône en 1421. Il affiégea en vain CP. & Belgrade,
mais il prit Theffalonique fur les
Vénitiens, & rendit tributaire le
Pr. de Bofnie & Jean Caftriot Pr.
d'Albanie. Celui-ci fut obligé d'envoïer en ôtage fes cinq fils, qu'A-
murat fit circoncire contre fa promeffe. Jean Hunniade défit les troupes d'Amurat, & l'obligea de faire
la paix avec les Pr. Chrét. Ces Pr.
aïant enfuite rompu la paix, Amurat gagna fur eux la cél. bat. de Var-
ne, le 10 Nov. 1444, où Ladiflas,
R. de Hongrie, fut tué. Il défit enfuite Hunniade, & lui tua plus de

20000 hommes ; mais George Caftriot, plus connu fous le nom de
*Scanderberg*, s'étant rétabli dans les
Etats de fon pere, défit pluf. fois
les Turcs, & obligea Amurat de lever le fiege devant Croye, Capit.
d'Albanie. Amurat m. devant cette
ville le 11 Fév. 1451, à 75 ans.

 AMURAT III, 16e Emper. des
Turcs, Pr. débauché & cruel, & le
plus formidable ennemi des Chrét.
fuccéda à fon pere Selim II, en
1574. Il fit étrangler fes cinq freres, & prit Tauris en 1585. Ses troupes furent défaites par les Croates,
& par l'arm. de l'Emp. Rodolphe
II. Il m. en 1595, à 48 ans.

 AMURAT IV, Emp. des Turcs,
fuccéda à Muftapha en 1623, &
prit Bagdat en 1638. Il m. de fes
débauches le 8 Fév. 1640, âgé de 42
ans.

 AMYNTAS, R. de Macédoine,
fuccéda à fon pere Alcetas vers 556
avant J. C., & regna environ 50
ans.

 AMYNTAS II, R. de Macédoine, pere de Philippe, & aïeul d'A-
lexandre le Gr. fuccéda à Paufanias
vers 392 avant J. C. Son armée fut
défaite par les Illyriens & les Olynthiens. Il m. vers 367 av. J. C.

 Il y a pluf. autres Pr. & Seign.
Grecs de ce nom.

 AMYNTOR, R. des Dolopes, tué
par Hercule.

 AMYOT, (Jacques) Evêq. d'Auxerre, gr. Aumônier de Fr. & l'un
des plus fav. hommes de fon fiecle,
étoit fils d'un Mercier de Melun,
où il naquit le 30 Oct. 1513. Il fit
fes études à Paris, au Collége du
Card. le Moine, & fut Précepteur
des Enfans de Guillaume de Saffi
Boucherel, alors Secret. d'Etat. Il
fut enfuite 10 ans Lecteur public en
grec & en latin dans l'Univerfité de
Bourges. Pendant ce tems-là, il
commença fa Trad. des Hommes
ill. de Plutarque. Cette Trad. plut fi
fort à Franç. I, qu'il lui donna l'Abbaïe de Bellozane, vacante par la
m. de Vatable. Amyot fuivit en
Ital. M. de Morvilliers, fe fit eftimer du Cardinal de Tournon, &

d'Odet de Selve, Ambaſſadeur à Veniſe, & prononça au Concile de Trente en 1551, cette proteſtation ſi hardie & ſi judicieuſe que l'on trouve dans les actes de ce Concile. A ſon retour d'Ital. Henri II le fit Précept. de ſes Enfans. Charles IX étant parvenu à la Couronne, le nomma gr. Aumônier de Fr. le 6 Déc. 1560, & lui donna l'Abbaïe de S. Corneille de Compiegne, & l'Evêché d'Auxerre. Henri III dont il avoit auſſi été Précepteur, lui conſerva la Charge de gr. Aumônier, & y ajouta l'Ordre du S. Eſprit à perpétuité, en ſa conſidération. Amyot mourut le 6 Fév. 1593, à 79 ans. Ses Traduct. de Plutarque & de la Paſtorale de Longus, paſſent pour des chefs-d'œuvres.

AMYRAULT, (Moïſe) Miniſtre Calvin. & Prof. de Théologie à Saumur, l'un des plus habiles de ſa Communion, naquit à Bourgueil en Touraine, en 1596, & m. en 1664 fort eſtimé de ſon parti, & des plus gr. Seign. Cathol. On a de lui gr. nombre d'ouvr. Les principaux ſont une Paraphraſe ſur le Nouveau Teſtam., & une autre ſur les Pſ.; une Apologie pour ſa Religion; un Tr. du Franc-arbitre; une Morale Chrétienne; la Vie de la Noue, *bras de fer*, &c.

AMYTHAON, fils de Crétheus & Roi de Pilos, rétablit les Jeux Olympiques.

ANACHARSIS, fameux Philoſ. Scythe, alla à Athenes, où, par les conférences qu'il eut avec Solon, il ſe rendit ill. par ſa ſcience, par le mépris qu'il faiſoit des richeſſes, & par l'auſtérité de ſa vie. Au retour de ſes voïages, il fut tué par le R. des Scythes, pour avoir voulu introduire les loix des Grecs dans ſa patrie. Anacharſis vivoit du tems de Créſus vers 548 avant J. C. Il diſoit que *la vigne portoit trois ſortes de fruits, l'ivreſſe, la volupté, & le repentir; & que celui qui eſt ſobre en ſon parler, en ſon manger, & en ſes plaiſirs, a le caractere d'un parfaitement honnête homme.* On le fait inventeur de la roue des Potiers

de terre; mais cela ne peut être, car Homere, qui vivoit long tems avant lui, parle de cette invention.

ANACLET ou CLET, ſucceſſeur de S. Lin, dans la Chaire de Rome vers 77 de J. C. On ignore les circonſtances de ſa vie. S. Clément lui ſuccéda. Il ne faut pas le confondre avec l'Antipape Anaclet, mort en 1138.

ANACRÉON, excell. Poëte Lyrique, natif de Teos, vers 532 av. J. C. Polycrate, Tyran de Samos, le fit venir à ſa Cour, & voulut qu'il eût part dans ſes affaires, & à ſes plaiſirs. On dit qu'il s'étrangla à l'âge de 85 ans, avec un pepin de raiſin qu'il ne put avaler. Ce qui nous reſte de ſes Odes a été donné au Public par Henri Etienne, qui aſſure les avoir tirées de l'oubli, au péril de ſa vie. Ce ne ſont que des fleurs, des graces: le ſtyle en eſt ſi délicat, ſi aiſé, qu'il n'y a rien de comparable dans l'antiquité. Son dialecte eſt Ionien; il ſeroit à ſouhaiter qu'on n'y vît point ſa malheureuſe paſſion pour Bathylle. Madame Dacier a traduit les Odes d'Anacréon en proſe, & MM. de Longepierre & de la Foſſe, en vers; mais elles n'approchent point de l'original: la Fontaine eſt le ſeul qui ait réuſſi dans la Traduct. en vers, qu'il a faite de quelques-unes.

ANANIAS ou SIDRACH, l'un de ces 3 jeunes Hébr. qui furent jettés dans une fournaiſe ardente, n'aïant pas voulu adorer la ſtatue de Nabuchodonoſor, vers 538 av. J. C.

Il y a pluſieurs autres perſonnes de ce nom.

ANASTASE I, Souv. Pontife, ill. par ſa piété, ſuccéda à Sirice le 14 Mars 398. Il réconcilia les Orientaux avec l'Egliſe Romaine, condamna les Origéniſtes, & mourut en 402. Innocent I fut ſon ſucceſſeur.

ANASTASE II, élu Pape le 28 Nov. 496, après la mort de Gelaſe, écrivit à l'Emp. Anaſtaſe en faveur de la Rel. Cath. & à Clovis, pour le féliciter ſur ſa conv. Il m. le 16 Nov. 498. Symmaque lui ſuccéda.

ANASTASE III, élu Pape en 910, après la m. de Sergius III, gouverna l'Eglise avec fageſſe, ne fut que deux ans ſur le S. Siege, & eut pour ſucceſſeur Landon.

ANASTASE IV, fut élu Pape le 9 Juillet 1153, après la mort d'Eugene III, & ſe diſtingua par ſa charité, dans une gr. famine. Il m. le 4 Déc. 1154. Adrien IV lui ſuccéda.

ANASTASE, Antipape, s'éleva contre Benoît III, élu Pape en 855, & fut enſuite chaſſé par ſes Partiſans. Il ne faut pas le confondre avec Anaſtaſe le Bibliothéq.

ANASTASE SINAITE, célebre Moine du mont Sinaï, fut élu Patriarche d'Antioche en 561, & m. le 21 Avril 599. On a de lui pluſ. Traités; le principal eſt intitulé ὁδηγὸς, c'eſt-à-dire le Guide.

ANASTASE le Bibliothéquaire, Abbé, Bibliothéquaire de l'Egliſe Romaine, & l'un des plus ſavans hommes du 9e ſi. aſſiſta en 869 au 8e Concile génér. dont il traduiſit de grec en latin les Actes & les Canons. Il a compoſé la vie de pluſ. Papes, & d'autres ouvr., dont la meilleure édition eſt celle du Vatican.

ANASTASE I, Emp. d'Orient, natif de Durazzo, appellé le Silenziaire, parcequ'il fut tiré du nombre des Officiers qui faiſoient garder le ſilence dans le Palais, monta ſur le trône de CP. en 491, par les intrigues d'Ariadne, avec laquelle il entretenoit un commerce ſecret. Il donna d'abord des marques de piété, de modération & de juſtice; mais il ſe fit enſuite déteſter par ſes violences & ſon avarice. Il chaſſa Euphémius du ſiege Patriarch., perſécuta les Cath., & acheta la paix des Perſes à prix d'argent. On dit qu'il envoïa des Ambaſſadeurs à Clovis pour lui porter les ornemens impér. & des Lettres de Conſul. On le trouva m. d'un coup de foudre le 18 Juill. 518, à l'âge de 88 ans.

ANASTASE II, Emp. d'Orient, Pr. ſavant, modéré & très orthodoxe, ſuccéda à Bardanes en 713,

fut renfermé dans un Monaſtere en 716, & m. en 719.

ANATOLE, Anatolius, Patr. de CP. ſuccéda à Flavien en 449, & aſſiſta au Concile de Chalcédoine, où il fit inſeret 3 Can. ſur la prééminence de ſon ſiege; mais les Légats de S. Leon s'y oppoſerent. Il m. en 458.

ANATOLE, (S.) Anatolius d'Alexandrie, Evêq. de Laodicée en 269, & l'un des plus ſav. hommes du 3e ſi. excelloit, ſelon S. Jérôme, dans l'Arithmétique, la Géométrie, la Phyſique, l'Aſtronomie, la Grammaire & la Rhétorique. Euſebe dit qu'il avoit fait peu de Livres, mais qu'ils étoient excellens. Il nous en reſte quelques-uns.

ANAXAGORE, maître & Conſeiller de Pericles, & l'un des plus cél. Phil. de l'antiq. né à Clazomene vers 500 av. J. C. étoit diſc. d'Anaximenes, & fut ſurnommé, l'Eſprit, νοῦς, parcequ'il établit que l'Eſprit (divin) étoit la cauſe de cet Univers. Il voïagea en Egypte, & s'appliqua entierement à la recherche de la nature, ne voulant point ſe mêler des affaires publiques. Il ſoutenoit l'omæomerie, c. à d. que tout ce gr. monde eſt compoſé de parties ſemblables. Il enſeignoit auſſi que le Soleil eſt une maſſe de feu plus gr. que le Péloponneſe; que la Lune eſt habitée, & que le ſouverain bonheur de l'homme conſiſte dans la contemplation. Comme on lui reprochoit qu'il n'avoit que du mépris pour ſa partie, il répondit en montrant le Ciel: Au contraire, je l'eſtime infiniment. Il m. de miſere à Lampſaque vers 428 avant J. C. aïant, par une indifférence que blâme Ariſtote, laiſſé dépérir & perdre ſon patrimoine. Socerare ne faiſoit pas gr. cas de ſa Philoſophie, parcequ'il avoit négligé les cauſes finales.

ANAXANDRE, Roi de Lacédémone, défit les Meſſeniens, & les chaſſa du Péloponneſe, vers 684 av. J. C. Comme on lui demandoit pourquoi les Lacédémoniens n'avoient point de tréſor: C'eſt, répondit-il, *de peur qu'on ne corrompe ceux qui en auroient les clés.*

ANAXANDRIDE, Roi de Sparte, vers 540 avant J. C. soumit les Tegeates, & fut le premier des Lacédémoniens qui eut deux femmes à la fois.

ANAXANDRIDE, Poëte comique, qui le premier, selon Suidas, introduisit sur la scene les amours des hommes, vers 376 av. J. C.

ANAXARQUE, fam. Phil. natif d'Abdere, & favori d'Alexandre le Gr. supporta avec un courage héroïque les tourmens que Nicocreon lui fit souffrir.

ANAXIDAME, Roi de Sparte, vers 723 avant J. C. Quelqu'un lui demandant *qui avoit l'autorité dans Sparte*, il répondit que c'étoient les Loix.

ANAXIMANDRE, cél. Philos. Grec, natif de Milet, & disciple de Thalès, fut le premier, selon Pline, qui inventa la sphere, & qui, selon Strabon, dressa des cartes Géographiques. Il inventa aussi les horloges, selon Diogene Laërce, & découvrit le prem. l'obliquité de l'écliptique, selon Pline, *liv. 2. chap. 8.* Il florissoit vers 547 av. J. C.

ANAXIMENE, de Milet, cél. Philos. ami, disciple & successeur d'Anaximandre, admettoit l'air pour principe de toutes choses. Pline assure qu'il fit le prem. un quadran Solaire, & qu'il en fit voir l'expérience à Sparte. C'est une quest. de savoir s'il croioit que l'air est Dieu?

ANAXIMENE, cél. Orateur, & Hist. natif de Lampsaque, & l'un des Précepteurs d'Alexandre le Gr. suivit ce Pr. à la guerre, & par un trait ingénieux, l'empêcha de détruire Lampsaque, vers 334 avant J. C.

ANCHARANO, (Pierre d') de Bologne, cél. Jurisc. disciple de Balde, fut choisi en 1409 par le Concile de Pise, pour répondre aux Ambassad. de Robert, Duc de Baviere. Il m. à Bologne en 1417. On a de lui plus. ouvr.

ANCHISE, Pr. Troyen, fils de Capys, & pere d'Enée.

ANCILLON, (David) sav. Ministre Protest. né à Metz le 18 Mars 1617, m. à Berlin le 3 Sept. 1692. Charles Ancillon son fils a publié *un Mêlange critiq. de Littérature*, recueilli de ses conversations.

ANCRE, (le Maréchal d') *voy.* CONCINI.

ANCUS MARTIUS, IVe Roi des Rom., succéda à Tullus Hostilius 639 av. J. C. Il défit les Latins, soumit les Fidenates, vainquit les Sabins, les Volsques & les Veïentins, aggrandit Rome, en y joignant le mont Janicule, & fit le Port d'Ostie. Il m. vers 615 avant J. C.

ANDERSON, (Edmond) habile Jurisc. Angl. sous la R. Elizabeth, qui le fit Chef Justicier des communs plaidoïers en 1582. Il m. le 5 Sept. 1605. On a de lui plus. ouvr. de Jurispr. estimés des Angl.

ANDERSON, (Larz) Chanc. de Suede & prem. Ministre de Gustave Vasa, étoit l'un des plus gr. hommes de son tems. Il s'éleva par son mérite seul, étant né de Parens obscurs & sans fortune. L'Abbé Ragnal dans ses Anecdotes de l'Eur. en fait un gr. éloge.

ANDRADA, (Diego de Paiva d') cél. Théol. natif de Coimbre, d'une famille ill. fit sa princip. étude de l'Ecriture Sainte & des Peres, & parut avec éclat au Conc. de Trente. Il m. en 1578. On a de lui une défense du Concile de Trente, contre l'examen de Chemnitius, & plus. autres ouvr. Ses freres, François & Thomas Andrada, furent aussi des Hommes de mérite. Ce dern. appellé *Thomas de Jesus*, jetta les fondemens de la réforme des Augustins déchaussés, & m. en odeur de sainteté le 17 Avril 1582.

ANDRADA, (Antoine) Jésuite Portugais, & zelé Missionnaire, découvrit en 1624 le païs de Cathay, puis celui de Tibet, dont il a donné une relation. Il m. en odeur de sainteté en 1634.

ANDRÉ, (S.) Apôtre & frere de S. Pierre, étoit de Betsaïde. Il fut d'abord disciple de S. Jean-Baptiste, qui lui fit connoître J. C. en lui difant : *Voilà l'Agneau de Dieu, qui ôte les péchés du monde.* André alla dire à S. Pierre qu'il avoit vu le Meſſie, & l'amena à Jeſus. Ils furent les premiers que Notre Seign. choiſit pour être ſes Apôtres. On croit que S. André annonça l'Evangile dans la Scythie, & qu'il y ſouffrit le martyre. On le repréſente d'ordinaire attaché à deux pieces de bois croiſées, ce que l'on appelle *la Croix de Saint André* ; mais cela n'a aucun fondement dans l'antiquité.

ANDRÉ, ( le Maréchal de S. ) voy. ALBON.

ANDRÉ, ( Jean ) céleb. Juriſ. du 14e ſi. natif de Mugello, près Florence, enſeigna le Droit à Padoue & à Bologne, où il m. le 13 Juill. 1348. On a de lui pluſ. ouvr.

ANDRÉ, ( Jean ) Biblioth. du Vatican dans le 15e ſi. ſous les Papes Paul II & Sixte IV, étoit né ſujet du Duc de Milan. Le Cardin. de Cuſa, avec lequel il avoit fait ſes études, étant parvenu au Cardinalat le fit nommer à l'Evêché d'Accia, dans l'Iſle de Corſe, & le Pape Paul II le transfera enſuite à celui d'Alerie dans la même Iſle. On ignore la date préciſe de ſa m., qui a dû arriver vers l'an 1475. Lorſque Conrad Swengheim, & Arnoul Pannartz, apporterent à Rome, ſous le Pontificat de Paul II, l'Imprim. nouvell. découv. en Allemagne, ce fut Jean-André que ce Pape chargea du ſoin des édit. qu'ils devoient imprimer. Il leur fournit la plûpart des MSS, préparoit les édit., y ajoutoit des Ep. dédicat. & des Préf., & corrigeoit même les épr. Outre ſes édit. de Tite-Live, d'Aulugelle, de l'an 1496, à Rome, *in-fol.*, des Ep. de S. Cyprien, des *Herodoti Hiſtoriæ* en 1475, des œuvres de S. Leon, de Strabon, à Veniſe, en 1472 *in-fol.* on a encore de lui 1°. une Oraiſon funebre du Card. de Cuſa ſon ami & ſon Bienfaiteur. 2°. *In quartum decretalium Liber unus.* 3°. *De uſu feudorum Liber unus.* 4°. *De appellationibus Liber unus.* 5°. *Epiſtola-*

*rum ad diverſos Liber unus.* Quelques ſav. ſoupçonnent que Jean-André eſt le même, que *Jean-Antoine de Buxis, Biblioth., Référendaire, & Secrétaire de Sixte IV,* dont parlent Mutio Panſa & Ughelli. Ils penſent que le nom d'*Andreas* a été changé mal à-propos en celui d'*Antonius* ; & ce qui confirme cette conjecture, c'eſt que l'on rapporte la m. de Jean-Antoine de Buxis à l'an 1475.

ANDRÉ, ( Jean ) natif de Xativa en Eſp., étoit fils d'un Alfaqui de cette ville. Il fut élevé dans la Rel. Mahom. ; mais il ſe fit Chrét. en 1487. On a de lui un Liv. intitulé, *la Confuſion de la Secte de Mahomet*, traduit en Fr. par Guy Lefévre de la Boderie. Cet ouvr. eſt aſſez eſtimé. C'eſt-là où les Ecrivains, contre la Secte Mahométane, ont pris leurs meilleurs argumens.

ANDRÉ, ( Jacq. ) Chancelier & Recteur de l'Univ. de Tubingen, & l'un des plus zelés Luthériens, naquit à Waïblinge, dans le Duché de Wirtemberg, le 25 Mars 1528. Il fut très eſtimé de ſon parti, & les plus gr. Pr. de la Confeſſion d'Augbourg, l'emploïerent en div. occaſions. Il m. le 7 Janv. 1590, à 60 ans. Le plus conſid. de ſes ouvr. eſt le Liv. *de la Concorde.*

ANDRÉ, ( Valere ) cél. Bibliothéq. de l'Univ. de Louvain, né à Deſſer, village du Brabant, le 25 Nov. 1588, a immortaliſé ſon nom par un gr. nombre d'ouvr. Le plus eſtimé eſt ſa Bibliotheque des Ecrivains des Païs-bas, qu'il publia en 1643 avec des augmentations.

ANDRÉ II, Roi de Hongrie en 1205, ſurnommé le *Jéroſolymitain*, ſe croiſa pour la Terre-Sainte, où il donna des marques d'une gr. bravoure. Il eut diverſes guerres à ſoutenir, dont il ſe tira heureuſement, & m. en 1235. On dit que c'eſt de lui que les Gentilshommes Hongrois tiennent la Charte de leurs Privileges, laquelle renferme cette clauſe ſinguliere, *que ſi lui ou ſes ſucceſſeurs venoient à opprimer ſes ſujets & à leur ôter leurs droits, il leur*

leur feroit permis de prendre les armes pour les recouvrer, fans pouvoir être accufés de trahifon; mais cette claufe prétendue ne peut jamais autorifer des fujets à prendre les armes contre leur Souverain.

ANDRÉ, (le petit Pere) voyez BOULENGER.

ANDREINI, (Ifabelle) cél. Comédienne, native de Padoue, l'une des plus belles, des plus fpirituelles, & (fi l'on en croit fon mari) des plus vertueufes femmes de fon fi. fut aggregée à l'Académie des *Intenti* de Padoue, & m. à Lyon d'une fauffe couche en 1604, âgée de 42 ans. Ses vers font eftimés.

ANDRELINUS, (Publius Fauftus) Poëte Latin, natif de Forli, m. en 1518.

ANDRISCUS, homme de baffe extraction, fe fit paffer pour le fils du R. de Macédoine, auquel il reffembloit de taille & de vifage. Il remporta une vict. complette fur Juventius, Préteur de Macédoine; mais Q. Cécilius Métellus le défit, & le fit fervir d'ornem. à fon triomphe, vers 147 av. J. C.

ANDROGÉE, fils de Minos, R. de Crete, vers 1250 av. J. C. fut tué par les jeunes gens d'Athênes & de Megare. Minos, aïant pris Athênes & Megare, obligea les habitans de lui envoïer tous les ans un tribut de fept jeunes garçons & de fept jeunes filles qu'on expofoit au Minotaure; mais Théfée les délivra de ce tribut.

ANDROMAQUE, femme d'Hector, mere d'Aftyanax, & fille d'Éetion, Roi de Thebes en Cilicie, après le fac de Troyes, époufa Pyrrhus, & enfuite Hélénus, avec lequel elle regna fur une partie de l'Epire.

ANDROMAQUE, de Crete, Méd. de l'Emp. Néron vers 65 de J. C. inventa la Thériaque, dont il fit la defcript. en vers Elégiaques, & l'adreffa à Néron. C'eft cet Androm. qui prit le prem. le nom d'*Archiatre*, ou de *premier Médecin des Empereurs*.

ANDROMEDE, fille de Cephée

& de Caffiope, fut attachée par les Nymphes fur un rocher, pour être dévorée par un monftre marin; mais Perfée l'aïant apperçue, la délia, & la ramena à fon pere qui la lui donna en mariage.

ANDRONIC I, fit étrangler Alexis II, fon pupille, & s'empara du Trône de CP. en 1183; mais le peuple indigné de fes cruautés, proclama Emper. Ifaac l'Ange, & mit Andronic dans les fers. On lui creva les yeux, & après l'avoir promené par la ville avec ignominie, on le pendit le 12 Sept. 1185.

ANDRONIC de Cyrrhe, fit élever à Athênes une tour octogone, & fit graver, fur chaque côté, des figures qui repréfentoient les huit vents principaux. Un Triton d'airain tournoit fur fon pivot au haut de la tour; ce Triton tenant une baguette à la main, la pofoit jufte fur le vent qui foufloit. C'eft fur ce modele que l'on a inventé les coqs que l'on met au haut des clochers.

ANDRONIC, *Livius Andronicus*, le plus ancien des Poètes Latins, dont la premiere piece fut repréfentée 240 ans avant J. C. Telle eft l'époque fixe de la Poéfie latine.

ANDRONIC, de Theffalonique, l'un des fav. qui quitterent la Grece après la prife de CP. en 1453, paffa en Italie, & enfeigna le Grec à Rome, à Florence, & à Paris. Il m. vers 1478.

ANEAU, (Barthelemi) Poëte latin & franç., Hiftorien, Jurifconfulte & Orateur du 16e fi. fut Principal du Collége de la Trinité, à Lyon, en 1564. Une pierre aïant été jettée d'une fenêtre de ce Collége fur le Prêtre qui portoit le S. Sacrement en Proceffion le jour de la Fête-Dieu, les Catholiques irrités de cette action, enterrent fur-le-champ dans le Collége, & aïant trouvé Aneau, qu'on regardoit comme un Calvinifte fecret, ils l'affommerent & le mirent en pieces. On a de lui des chants Roïaux, un Myftere de la Nativité, & pluf. autres ouvr. en vers & en profes.

ANGE de Clavafio, fameux Ca

Tome I.

E

suiſte de l'Ordre de S. Fr. , a compoſé une ſomme de cas de conſcience. Il m. à Coni en 1495.

ANGE ROCCA , Religieux de
l'Ordre de S. Auguſtin, Sacriſtain
du Pape , & Ev. de Tagaſte , l'un
des plus ſav. hommes de ſon ſi. fut
emploïé par Sixte V , à l'impreſſion
de la Bible , des Conciles & des SS.
Peres. Il a compoſé un ſi gr. nombre d'ouvr. , qu'ils pourroient former une Biblioth. Il m. à Rome le
7 Avril 1620 , âgé de 75 ans.

ANGELE MERICI , ou ANGELE
DE BRESSE , fondatrice des Urſulines , étoit de Dezenzano , ſur le
lac de Garde. Elle fonda ſon Ordre
à Breſſe en 1527, & m. ſaintement
en 1540, âgée de 34 ans.

ANGELI (Pierre) *Angelus Ber-
geus*, fameux Poëte , natif de Bar-
ges , village de Toſcane , défendit
vaillamment la vil'e de Piſe avec
ſes écoliers , contre Pietre Strozzi
qui l'aſſiégeoit , & m. en 1596 ,
âgé de 79 ans. Son Poëme de la
chaſſe eſt eſtimé.

ANGELIC (Jean) Religieux Dominicain natif de Fieſole , s'eſt
immortaliſé par ſa vertu & par la
peinture. Nicolas V lui fit peindre
ſa chapelle , & lui offrit l'Arch. de
Florence ; mais Angelic le refuſa.
Ses tableaux ſont des ſujets de dévotion. Il m. à Rome en 1455 , âgé de
68 ans.

ANGENNES (Charles d') Evêq.
du Mans , & très connu ſous le nom
de *Cardinal de Rambouillet*, étoit
fils de Jacques d'Angennes & d'Eliſabeth Cottereau , d'une noble &
anc. Maiſon originaire du Perche.
Il nâquit le 30 Oct. 1530, fut nommé à l'Evêché du Mans par le Roi
Charles IX en 1559 & ſe trouva à
la concluſion du Concile de Trente
en 1563. Aïant été envoïé en Ambaſſade vers le Pape Pie V , ce Pape
le fit Card. en 1570. Charles d'Angennes ſe trouva à l'élection de Sixte V , qui lui donna le gouvernem.
de Corneto , où il m. le 23 Mars
1587 à 56 ans , non ſans ſoupçon
d'avoir été empoiſonné. Ce fut ſous
ſon Epiſcopat que les Calviniſtes

prirent la ville du Mans & pillerent
l'Egliſe Cathéd. de S. Julien. Claude
d'Angennes ſon frere né à Rambouillet le 26 Août 1538 , étudia à
Paris , à Bourges & à Padoue. Il
devint Conſeiller Clerc au Parlem.
de Paris en 1565 , envoïé trois ans
après vers Côme de Medicis gr. Duc
de Toſcanne , puis Conſeill. d'Etat,
Evêque de Noyon en 1577 , puis
Ev. du Mans en 1588. Il y établit un
Séminaire & y m. le 15 Mai 1601.

ANGERONE , Déeſſe du ſilence,
que l'on repréſentoit la bouche fermée , avec un doigt deſſus.

ANGILBERT ( S. ) Abbé de Centule ou S. Riquier , dans le neuv. ſi.
étoit iſſu d'une famille noble de
Neuſtrie. Il fut élevé à la Cour de
Charlemagne , où il étudia les Lettres avec ce Pr. & les autres Cour-
tiſans , ſous le docte Alcuin , qui le
conſidera depuis comme ſon fils.
Charlemagne aïant fait couronner
Roi d'Italie Pepin ſon fils , lui donna Angilbert pour primicier de ſon
Palais ou pour premier Miniſtre. Il
ſuivit le jeune Pr. en Italie , & revint en Fr. quelques années après.
Charlemagne lui fit alors épouſer
Berthe ſa fille , dont il eut deux
fils , Harnid , & l'Hiſtorien Nitard.
Angilbert devenu par-là gendre de
Charlemagne , fut fait Duc ou Gouverneur de la France Maritime , depuis l'Eſcaut juſqu'à la Seine , & le
Roi le fit outre cela ſon Secretaire
& ſon principal Miniſtre ; mais Alcuin & Adalard Abbé de Corbie ,
l'engagerent à ſe faire Moine en 790
au Monaſtere de Centule ou S. Riquier , du conſentement de ſa femme & avec l'agrément du Roi. Malgré ſon amour pour la retraite , il
fut ſouvent obligé de ſortir de ſon
Monaſtere pour ſe prêter aux be-
ſoins de l'Egliſe & de l'Etat. Il fut
choiſi en 792 pour conduire à Rome
Felix Evêq. d'Urgel , qui venoit d'ê-
tre condamné à *Reginum* ou Ratiſbonne en Baviere. Il y fut encore
envoïé quelques années après pour
porter au Pape Adrien les actes du
Concile de Francfort avec les Livres
Carolins. Angilbert y fit un troiſié-

me voïage en 796 vers le Pape Leon III. Il accompagna en 800 Charlemagne à Rome, où ce Pr. fut couronné Emp. d'Occident. Il étoit devenu Abbé de Centule au plutard en 794. Il en répara le Monastere & les Eglises. Il fut l'un de ceux qui souscrivirent en 811 au Testament de Charlemagne, & m. 20 jours après ce Pr. le 18 Fév. 814. Angilbert cultivoit les Lettres & avoit tant de talens pour la Poésie, que Charlemagne l'appelloit son Homere. Il ne reste que peu de ses ouvrages c'étoit d'ailleurs un des plus grands hommes d'Etat de la Cour de Charlemagne.

ANGIOLELLO ( Jean - Marie ) natif de Vicenze, a composé en ital. & en turc, l'Hist. de Mahomet II, qui fut bien reçue de ce Sultan, à qui il la présenta.

ANGRIANI ou AYGNANI ( Michel ) cél. Gén. de l'Ordre des Carmes en 1381, étoit de Bologne. Le plus considérable de ses ouvr. est un Comment. sur les Pseaumes, intitulé: *Incognitus in psalmos.*

ANICET, ( S. ) Syrien, élu Pape en 158, après la mort de S. Pie, conféra avec S. Polycarpe sur le jour qu'on devoit célébrer la Pâque. Quoiqu'ils fussent d'un avis différent, ils conserverent la paix, l'union & la charité. Il m. en 168, & eut pour successeur S. Soter.

ANICHINI ( Louis ) cél. graveur en creux, natif de Ferrare. Ses plus belles médailles sont celles de Paul III & de Henri II.

ANICIUS PROBUS ( Sextus ) Préfet du Prétoire, Consul Rom. l'un des plus ill. Magistrats de l'Empire en 371, se fit aimer des peuples. *Proba Falconia* sa femme, qui avoit beaucoup d'esprit & de piété, composa la vie de J. C. en *Centons de Virgile.*

ANIEN, cél. Jurisc. mit en abregé les 16 Liv. du Code Théodosien, par ordre d'Alaric qui les publia en 506. On a aussi de lui la Traduction latine des Homélies de S. Chrysostôme.

ANNAT ( François ) fam. Jés.

né à Rhodez le 5 Fév. 1590, enseigna la Philos. & la Théol. à Toulouse, fut assistant du Génér. ensuite Provincial, & enfin Confesseur de Louis XIV. Il m. à Paris le 14 Juin 1670. On a de lui un gr. nombre d'ouvr. en latin & en franç. contre les disciples de Jansénius.

ANNE, sœur de Pigmalion, Roi de Tyr, se retira à Carthage auprès de sa sœur Didon.

ANNE, mere de Samuel, femme d'Elcana, dont Dieu exauça les priere, en lui donnant un fils vers 1124 avant J. C.

ANNE, ( Ste ) mere de la Ste Vierge, & épouse de S. Joachim. S. Epiphane est le premier qui en a fait mention.

ANNE COMNENE, fille de l'Emp. Alexis Comnene l'Ancien, Princesse illustre par son savoir & par son esprit, a écrit l'Histoire du regne de l'Emp. son pere, depuis l'an 1081, jusqu'en 1118, dont M. Ducange a donné une édit. avec de savantes notes. Le Président Cousin l'a traduit en françois.

ANNE de Bretagne, Reine de Fr. & Duchesse de Bretagne, étoit fille & héritiere du Duc François II, & de Marguerite de Foix. Elle naquit à Nantes le 26 Janvier 1476. Elle avoit été promise à Maximilien d'Autriche; mais le Duc son pere étant mort, elle fut mariée à Charles VIII, Roi de France. Anne avoit beaucoup d'esprit, de beauté, de grandeur d'ame & de piété. Elle gouverna très sagement pendant le voïage que le Roi Charles VIII fit en Italie pour la conquête du Roïaume de Naples. Après la mort de ce Prince, elle épousa Louis XII, qui l'avoit aimée n'étant encore que Duc d'Orléans. Elles fit diverses fondations, & m. le 9 Janv. 1514.

ANNE d'Autriche, Reine de Fr. fille aînée de Philippe III, R. d'Esp. & mere de Louis XIV, fut déclarée Régente du Roïaume le 18 Mai 1543, dont elle prit l'administration pendant la minorité du Roi. C'est cette Reine qui a fait bâtir la magnifique Eglise du Val - de - Grace.

68

Elle m. à Paris le 20 Janvier 1666, âgée de 64 ans.

ANNE, Reine d'Angleterre, étoit fille puînée de Jacques II, Roi de la Grande-Bretagne, & d'Anne Hyde, sa premiere femme. Elle naquit le 6 Fév. 1664, & fut mariée le 17 Août 1683, à Georges, Pr. de Dannemarck, Duc de Cumberlan, Comte de Rendalle, &c. dont elle eut plus. enfans morts jeunes. Elle succéda au Roi Guillaume-Henri, son beau frere, le 4 Mai 1702, eut un regne glorieux, & m. le 12 Août 1714. Elle étoit sœur de la Reine Marie d'Angleterre. Georges-Louis, Duc de Brunswic Hanover, & Electeur, lui succéda.

Il y a plusieurs autres Princesses de ce nom.

ANNI, ou ANNIUS, voyez ANNIUS.

ANNIBAL le Gr. Général des Carthaginois, & l'un des plus gr. Capitaines. Amilcar son pere, lui fit jurer sur les Autels, de poursuivre les Romains jusqu'à la mort. Annibal à l'âge de 26 ans prit le commandement de l'armée des Carthaginois 220 avant J. C. Il soumit d'abord les Olcades, emporta la ville d'Althée, prit Salamanque & Sagunte. De là il entreprit d'aller attaquer les Romains jusque chez eux. Il passa le Rhône, s'ouvrit un chemin au travers des Alpes, & entra en Italie avec une armée de 90 mille homme de pied, & de 12 mille chevaux, 218 av. J. C. Il prit d'abord Turin, défit Cornelius-Scipion auprès de Pavie, & Sempronius-Longus, près de la riviere de Trébia. L'année suiv. il remporta une gr. vict. sur Cn. Flaminius, près du lac de Thrasimene, où les Romains perdirent 15000 hommes de pied : & 4000 chevaux. Quintus-Fabius-Maximus, qui avoit été créé Dictateur, trouva l'art de le lasser par ses délais ; mais le téméraire Consul Terentius Varo fut défait à la bataille de Cannes (216 avant J. C.) où son collegue Paul Emile demeura sur la place avec 40000 hommes de pied, 2700 de cavalerie,

& la fleur de la Noblesse Romaine. Annibal envoïa à Carthage trois boisseaux remplis d'anneaux de 5630 Chevaliers tués en cette bat. Tite-Live assure que si Annibal, profitant de cette vict. eût marché droit à Rome, c'en étoit fait de la République Romaine ; mais S. Evremont & M. Rollin en jugent autrement ; quoi qu'il en soit, le séjour que fit ce Général à Capoue, laissa le tems aux Romains de se remettre de leur consternation, & Fabius-Maximus continua de le harceler. Cinq ans après, 211 av. J. C. Annibal alla camper aux portes de Rome ; les Romains en furent si peu effraïés, qu'ils envoïerent le même jour un secours consid. en Espagne, & que le champ où la tente d'Annibal étoit dressée, fut vendu toute sa valeur. Les pluies l'obligerent de lever le siége. Le Consul Marcellus lui donna ensuite 3 batailles en trois jours consécutifs, mais avec différens succès. Le 4 jour il présenta encore le combat ; mais Annibal se retira, en disant : *Que faire avec cet homme qui ne peut demeurer ni victorieux ni vaincu ?* L'année suiv. Marcellus fut tué dans une embuscade ; quelque tems après, Claude Néron qui étoit campé devant Annibal, quitta secretement son camp avec la meilleure partie de ses troupe pour aller au-devant d'Asdrubal, frere d'Annibal, auquel il amenoit du secours; il lui livra bataille, & Asdrubal fut tué avec 55000 homm. Néron étant revenu dans son camp, fit jetter dans celui d'Annibal la tête d'Asdrubal ; ce Général en la voïant, dit qu'il ne doutoit plus de la ruine de Carthage. Il fut ensuite rappellé en Afrique, pour faire tête à Scipion. Il y repassa 16 ans après son entrée en Italie, 230 ans av. J. C. La bat. se donna l'année suiv. près de Zama. Annibal la perdit, & se retira d'abord vers Antiochus, & ensuite auprès de Prusias, Roi de Bithynie, où craignant de tomber entre les mains des Romains, il s'empoisonna, 183 av. J. C. à l'âge de 64 ans.

ANNIUS , de Viterbe, ou JEAN NANNI , fam. Relig. Dominicain, né à Viterbe vers 1432 , & maître du Sacré Palais sous Alexandre VI , fit un gr. nombre d'ouvr. & s'acquit beaucoup de réput. par ses 17 Liv. d'antiquités , où , par une crédulité aveugle , il donne comme vrais des ouvr. supposés des auteurs anc. Les jeunes gens doivent se prémunir contre les pieces publiées par cet écrivain. Il m. à Rome le 13 Novemb. 1502 , âgé de 70 ans.

ANSEGISE , Prêtre du Diocèse de Reims, Abbé de S. Michel , & ensuite Archev. de Sens le 21 Juin 871. Charles-le-Chauve l'envoïa au Pape Jean VIII, qui le fit Primat des Gaules & de Germanie ; mais Hincmar & plus. autres Evêq. s'opposerent à cette nouvelle Primatie. Ansegise m. en 883.

ANSEGISE , cél. Abbé de Lobes , ou plutôt de Fontenelles, selon Baluze , se fit estimer des Evêq. & des Pr. de son tems. Il m. en 834. On a de lui un rec. des Capitulaires de Charlemagne & de Louis le Débonnaire , dont Baluze a donné une bonne édition en 1676.

ANSELME , ( S. ) Arch. de Cantorbery , l'un des plus ill. & des plus sav. Evêques de son si. étoit d'Aouste. Il se fit Relig. de S. Benoît vers 1060 , & fut élu Abbé du Bec en 1078 ; enfin Archevêque de Cantorbery le 6 Mars 1093. Guill. le Roux , Roi d'Anglet. qui tenoit le parti de l'Antipape Guibert, exila Anselme , qui regardoit Urbain II , comme le seul Pape légitime. Anselme alla à Rome , où il réfuta les objections des Grecs avec applaudissement , dans le Conc. de Bari en 1098. Henri I le rappella à son avenement à la Couronne, & se brouilla ensuite avec lui au sujet des investitures , affaire qui eut de fâcheuses suites. Anselme m. le 21 Avril 1109 , âgé de 76 ans. La meill. édit. de ses ouvr. est celle de Dom Gerberon en 1675.

ANSELME , Evêque de Lucques en 1061, étoit de Mantoue , & m. le 18 Mars 1086. On a de lui un

Tr. contre l'Antipape Guibert , & plusieurs autres ouvrages.

ANSELME de Laon , Doyen & Archidiacre de cette ville , enseigna avec réput. dans l'Univ. de Paris , & ensuite dans le Dioc. de Laon. Il m. le 15 Juillet 1117. On a de lui une Glose interlin. sur la Bible , impr. avec celle de Lira.

ANSELME ( le Pere ) cél. Augustin Déchaussé, né à Paris en 1625. Son princ. ouvr. est intitulé , Hist. Généalogiq. & Chron. de la Maison de Fr. & des gr. Officiers de la Couronne. Il m. à Paris le 17 Janv. 1694 , âgé de 69 ans.

ANSELME ( Antoine ) cél. Prédicateur & membre de l'Académie des inscriptions & belles Lettres, naquit à l'Isle Jourdain dans le Comté d'Armagnac le 13 Janv. 1652 , d'un pere qui y étoit Chirurgien. Il étudia à Gimont , puis à Toulouse , & fit paroître dès sa jeunesse de gr. talens pour la prédication ; il remp. deux fois le prix de l'Ode aux jeux floraux de Toulouse. M. le Marquis de Montespan l'aïant entendu prêcher à Toulouse & l'aïant goûté , lui confia l'éducation du Marquis d'Antin son fils qui n'avoit alors que 10 ans. M. l'Evêque de Tarbes voulut retenir l'Abbé Anselme en lui conférant l'Archiprêtré de Bagnieres , l'un des meilleurs Bénéfices de son Diocèse , mais cet Abbé remercia le Prélat, & vint à Paris avec son éleve. Aussitôt que l'éducation de ce jeune Seigneur fut finie , l'Abbé Anselme reprit le ministere de la prédication , qu'il exerça pendant plus de 30 ans avec des applaudissemens universels. Il retourna ensuite auprès de M. le Duc d'Antin, qui fit revivre en sa faveur le titre d'Historiographe des bâtimens. L'Acad. de Peinture le mit au rang de ses amateurs honoraires : il fut nommé en 1710 Académicien associé de l'Académie des Inscriptions & belles Lettres, & aïant rendu de gr. services à cette Acad. après la mort de Louis XIV , elle lui accorda le titre de pensionnaire surnuméraire , avec l'assurance de la prem. pension qui viendroit à vacquer. L'Abbé Anselme avoit eu dès 1699 la riche Abbaïe de S. Sever en Gascogne. Il s'y retira en 1724 après avoir acquis la veterance dans l'Acad. des belles Lettres, & y m. le 8 Août 1737 à 86 ans. On a de lui 1°. un recueil de ses Sermons, Panégyriques & Oraisons funebres impr. en 7 vol. in-8° 2°. Plusieurs differt. dans les Mémoires de l'Acad. des Inscriptions. *Voyez son éloge par M. de Boze dans l'Histoire de l'Académie des Inscriptions.*

ANSER, Poète Latin, ami de Marc-Antoine, dont il écrivit les actions en vers.

ANTÉE, géant de Libye, fils de Neptune & de la Terre, fut étouffé par Hercule.

ANTELMI (Joseph) sav. Chanoine de Fréjus en Provence, dont nous avons plusieurs Differt. qui sont estimées. Il m. à Pamiers en 1697, âgé de 40 ans.

ANTENOR, Prince Troyen, du tems du siége de Troyes. On lui attribue faussement la fondation de Padoue.

ANTERE, (S.) *Anteros*, Grec de naissance, fut élu Pape le 23 Nov. 235, & m. le 3 Janv. suivant.

ANTESIGNAN (Pierre) l'un des plus laborieux Gram. du seiz. si. natif de Rabasteins, a composé une Gramm. grecque, & plusieurs autres ouvrages.

ANTHELME (S.) Evêque de Bellay, étoit fils d'Hardouin d'une famille noble de Savoie. Après avoir eu les deux premieres dignités des Chapitres de Geneve & de Bellay, il se fit Chartreux, & fut élu Prieur de la gr. Chartreuse en 1141, Pendant le schisme de Victor IV, il fit déclarer tout l'Ordre des Chartreux en faveur d'Alexandre III. Ce Pape l'obligea en 1163 d'accepter l'Evêché de Bellay, où il mour. en 1178 à plus de 70 ans, après avoir levé l'excommunication qu'il avoit portée contre le Comte Humbert fils d'Amedée.

ANTHEMIUS, cél. Architecte, hab. Sculpt. & sav. Mathémat. natif de Tralles, florissoit sous l'Emp.

Justinien au 6e si. Il inventa, selon Agathias, plusieurs moïens pour imiter les tremblemens de terre, le tonnerre & les éclairs.

ANTIGENE, un des Capit. d'Alexandre le Gr. eut le 2 des prix que ce Pr. fit distribuer aux 8 plus braves Capit. de son armée. Il livra Eumenes à Antigonus vers 315 av. J. C.; mais il reçut bientot le prix de sa perfidie, car il fut brûlé tout vif dans une cage de fer.

ANTIGONUS, l'un des plus courageux & des plus prudens Génér. d'Alexandre le Gr. se fit Roi d'Asie après la mort de ce Conquérant, 324 av. J. C. Il vainquit & fit m. Eumenes, gagna une gr. bataille contre Ptolomée *Lagus*, 313 avant J. C. bâtit *Antigonie* 7 ans après, & fut tué dans une bat. contre Cassander, Séleucus & Lysimachus, 301 avant J. C. à l'âge de 80 ans. Comme on s'étonnoit de le voir d'une humeur si douce dans sa vieillesse. *C'est*, dit-il, *que j'ai besoin de conserver par la douceur, ce que j'ai acquis par la force.* Un Poète l'aïant appelé Divin, *Mon Valet-de-Chambre*, reprit Antigonus, *sait bien le contraire.* Il avoit coutume de dire, *que la Roïauté est une honnête servitude, & que si l'on savoit ce que pese une Couronne, on craindroit de la mettre sur sa tête.*

ANTIGONUS, Roi des Juifs, & fils d'Aristobule II, aïant fait alliance avec le R. des Parthes, prit Jérusalem, & fit couper les oreilles à Hircan son oncle, pour le rendre incapable d'être gr. Sacrificateur; mais Hérode qui avoit épousé Marianne petite fille d'Hircan, aïant repris Jérusalem, envoïa Antigonus à Marc-Antoine, qui lui fit couper la tête, 37 avant J. C. Antigonus fut le dernier R. de la race des Asmonéens, qui avoit regné 126 ans.

ANTINOUS, jeune homme d'une gr. beauté, originaire de Bithynie, fut l'objet des amours détestables de l'Emp. Adrien. On dit qu'il se noïa dans le Nil en 129 de J. C. Adrien le pleura avec toutes les foiblesses d'une femme, & lui confacra des Temples. Il nous refte quelques médailles, où il eft repréfenté en Bacchus.

ANTHIOCHUS *Soter*, c. à d. *Sauveur*, Roi de Syrie & fils de Séleucus Nicanor, époufa Stratonice, fa belle-mere, du vivant de Séleucus, défit les Bithyniens, les Macédoniens & les Galates, & mourut 261 av. J. C. Antiochus *le Dieu* fut fon fucceffeur.

ANTIOCHUS *le Dieu*, Roi de Syrie, fuccéda à fon pere Antiochus *Soter*, & fit la guerre à Ptolomée Philadelphe, & la termina en époufant Berenice, quoiqu'il eût déja 2 fils de Laodicée ; celle-ci pour s'en venger, empoifonna Antiochus, 246 av. J. C. & fit mettre fur le Trône Séleucus fon fils, par l'artifice d'un certain Artemon : enfuite elle fit poignarder Berenice avec le fils que cette Princ. avoit eu d'Antiochus ; mais fa cruauté ne demeura pas impunie. Elle fut tuée elle-même dans la guerre que Ptolomée *Evergetes* entreprit en faveur de fa fœur Berenice. Seleucus Callinique fuccéda à Antiochus *le Dieu*.

ANTIOCHUS *le Grand*, Roi de Syrie, fuccéda à fon frere Séleucus *Ceraune*, 223 av. J. C. Il fut défait dans une fanglante bat. par Ptolomée *Philopator*, près de Raphia, 217 av. J. C. Quelque tems après, il prit Sardes, attaqua les Medes & les Parthes, s'empara de la Judée, de la Phénicie & de la Cœlefyrie, & forma le deffein de réduire Smyrne, Lampfaque, & les autres villes de la Grece Afiatique. Ces Villes implorerent le fecours des Rom., qui lui envoïerent des Ambaffadeurs pour l'obliger de reftituer à Ptolomée Philadelphe le païs qu'il avoit conquis fur lui, & laiffer en paix les Villes libres de la Grece. Antiochus indigné, déclara la guerre aux Romains 192 avant J. C. à la follicitation d'Annibal ; mais il fut défait par Acilius Glabrion, & perdit une gr. bataille près de Magnéfie, contre Scipion l'*Afiatique* ; enfin, les Rom. lui accorderent la

paix à des conditions onéreufes. Il fut tué dans l'Elymaïde, où il étoit allé pour piller le Temple de Belus 187 av. J. C. Séleucus *Philopator* lui fuccéda.

ANTIOCHUS *Epiphanes*, c. à d. l'*Illuftre*, ufurpa le Trône de Syrie fur Démétrius fon neveu, 175 avant J. C. & voulut enlever l'Egypte à fon neveu Ptolomée *Philometor* ; mais il fut repouffé. Il dépofa le gr. Prêtre Onias, affiégea & prit Jérufalem 170 av. J. C. profana le Temple, y facrifia à Jupiter Olympien, emporta les vafes facrés, & commit les cruautés les plus inouies. De retour à Antioche 167 av. J. C. il fit m. les 7 freres Machabées & le fage vieillard Eleazar. Mathathias & Judas Machabée défirent fes armées ; lui-même fut mis en déroute par les Elyméens, & obligé de retourner à Babylone, où il fut frappé d'une plaie horrible qui le fit mourir de defefpoir, 164 avant J. C. Antiochus Eupator fon fils lui fuccéda.

ANTIOCHUS *Eupator*, Roi de Syrie, 164 av. J. C. entra en Judée par le confeil de Lyfias fon Général, avec une armée de 80 mille hommes de pié, & de 80 éléphans ; mais Judas Machabée le défit. Il fut tué par Démétrius fon coufin-germain, 162 av. J. C.

Il y a eu plufieurs autres Pr. de ce nom.

ANTIOCHUS d'Afcalon, cél. Philof. Stoïcien, difciple de Carneade, maître de Ciceron, & ami de Lucullus & de Brutus.

ANTIOCHUS, Phil. cynique, qui reçut beaucoup de bienfaits des Emper. Septime Severe, & Caracalla.

ANTIOCHUS, Abbé de S. Sabas vers 616 de J. C. dont nous avons pluf. Homélies & quelques autres ouvrages.

ANTIPATER, difciple d'Ariftote, & l'un des Gén. d'Alexandre le Gt. aimoit les fciences, & avoit de l'efprit. Il mit à la raifon les Thraces révoltés, & défit les Lacédémoniens 330 av. J. C. On l'accufe d'avoir fait empoifonner Alexan-

dre. Il mourut 321 avant Jesus-
Christ.

ANTIPATER, R. de Macédoi-
ne, & frere de Philippe, succéda à
Cassander, 298 av. J. C. Il fit tuer
Thessalonice sa mere, & fut mis à
mort par Lysimachus.

ANTIPATER, Iduméen, & fils
d'Antipas, Gouvern. de l'Idumée,
se rendit ill. par ses richesses, sa
prudence, & ses entreprises. Il épousa le parti d'Hircan, & le fit rétablir sur le Trône. Antipater eut alors
la direction de toutes les affaires
qu'il administra toujours à l'avantage des Romains. Il rendit des services signalés à César dans la guerre
d'Egypte, & fut empoisonné 43 av.
J. C. par un nommé Malchus, qui
commit en cette occasion la plus
noire des ingratitudes. Il avoit épousé en Arabie Cypros, femme de qualité, dont il eut le fameux Hérode
& Salomé.

ANTIPATER, de Sidon, célebré
Phil. Stoïcien & Poëte, vers 136
avant J. C. On a de lui plus. épigrammes dans l'Anthologie.

ANTIPATER, (L. Cœlius) Histor. Latin vers 124 av. J. C. l'Emp.
Adrien, par un goût dépravé, le
préféroit à Salluste.

ANTIPHILE, cél. Peintre Egyptien, rival d'Apelles, se fit admirer surtout par le portrait d'un jeune
garçon, qui, en se baissant, souffloit
le feu pour l'allumer.

ANTIPHON, cél. Orateur Athénien, surnommé le Rhamnusien,
parcequ'il étoit de Rhamnus dans
l'Attique. Ce fut le prem. qui réduisit l'éloquence en art, & en donna
des préceptes Il eut Thucydide pour
disciple, & m. vers 411 av. J. C.

ANTISTHENE, cél Phil. Athénien, disciple de Socrate, & Instituteur de la Secte des Phil. Cyniq.
vers 324 av. J. C. On dit qu'aïant
entendu Socrate, il dit à ses disciples: Allez, cherchez un Maitre,
pour moi j'en ai trouvé un. Il fut
cause du bannissement d'Anyte, &
de la m. de Melite, les deux plus
gr. ennemis de ce Philos. Antisthene ne s'attachoit qu'à la morale;

quelqu'un lui disant un jour que la
guerre emportoit les misérables:
Vous vous trompez, répondit il,
elle en fait plus qu'elle n'en emporte. Il disoit clairement que le peuple
revere plus. Dieux, mais qu'il n'y
en a qu'un vrai. Cicer. de Nat. Deor.
lib. 1. n. 12. Il eut pour disciple
Diogene.

ANTOINE (Marc) l'Orateur,
se distingua tellement par son éloquence, qu'au jugement de Ciceron,
l'Italie devint alors rivale de la
Grece. Il fut Préteur de Sicile; Proconsul de Cilicie, puis Censeur vers
90 av. J. C. On le fit m. pendant
les troubles de Marius & de Cinna.
Il ne voulut jamais publier aucun
de ses plaidoïers.

ANTOINE, (Marc) fils du précédent, surnommé Cretique, à cause
de la guerre de Crete, dans laquelle
il échoua. Il en m. de chagrin, &
laissa de Julie sa seconde femme,
Marc-Antoine le Triumvir.

ANTOINE, (Marc) le Trium-
vir, fils du précédent, se fit admirer dans sa jeunesse par ses belles
qualités; mais Curion qui l'aimoit,
le plongea dans toutes sortes de
vices, & païa les dettes qu'il avoit
contractées par ses débauches. Il lia
amitié avec Clodius; & s'en étant
dégouté, il alla dans la Grece pour
se former dans l'éloquence; il fut
ensuite envoïé par Gabinius contre
Aristobule, qu'il vainquit & fit prisonnier. Il suivit le même Gabinius
en Egypte, & se distingua par sa
clémence & par sa valeur. De retour
à Rome, il embrassa, avec Curion,
le parti de César, qui étoit alors
dans les Gaules. Il alla le trouver,
& lui conseilla de marcher en Italie. César s'étant rendu maître de
Rome, donna en récompense à
Marc-Antoine le Gouvernement de
l'Italie, & à la bat. de Pharsale, il
lui confia l'aîle gauche de son armée. L'année suiv. 49 av. J. C.
après la défaite de Pompée, César
s'étant fait créer Dictateur, fit Marc-
Antoine génér. de la caval.; & 5
ans après, son collegue dans le Consulat. Un jour qu'on célebr. la fête

des Lupercales, Marc-Antoine voulut mettre le Diadême sur la tête de César, ce qui fit avancer la m. de ce dernier, qui fut assassiné la même année. Marc-Antoine fit alors assembler le Sénat, & montrant au peuple la robe sanglante de César, il harangua avec tant de véhémence, qu'il excita une sédition. Son pouvoir s'augmentant de jour en jour; il se brouilla avec Octavien (connu depuis sous le nom d'Auguste). Celui-ci aïant la faveur du peuple, Antoine se retira dans les Gaules. Alors le Sénat le soupçonnant de vouloir aspirer à la tyrannie, envoïa contre lui Octavien & les Consuls *Pansa* & *Hirtius*. Antoine les défit devant Modene, & fut défait à son tour. Malgré sa défaite, il sut attirer dans son parti les Soldats de Lépide, mit Plancus dans ses intérêts; & aïant levé six légions dans les Gaules, il marcha en Italie avec 17 légions & 10000 chevaux. Un changement si subit obligea Auguste & Lépide de se liguer avec lui. Ainsi fut formé le cél. *Triumvirat*, qui devint funeste à tant de gr. hommes, & entre autres à Cicéron, à la mort duquel Octavien consentit. Marc Antoine consentit à celle de Lucius César son oncle, & Lépide sacrifia Paul son frere. Les *Triumvirs* aïant suffisamment affermi leur puissance, résolurent la m. de Cassius & de Brutus. Octavien & Antoine marcherent contre eux en Macédoine. Après leur mort, ils se partagerent l'Empire. Auguste eut l'Europe, Lépide l'Afrique, Marc-Antoine la Grece & l'Asie, où il se livra à la débauche, & conçut une violente passion pour Cléopâtre, Reine d'Egypte; pendant son absence, Fulvie sa femme se brouilla avec Octavien, ce qui donna occasion à une nouvelle rupture: ils alloient en venir aux mains, lorsque Fulvie mourut. Cette mort fut la cause d'une nouvelle union. Une des conditions de la paix, fut le mariage d'Octavie sœur d'Auguste, avec Antoine; mais celui-ci toujours enflammé d'une passion vio-

lente pour Cléopâtre, quitta ses enfans & la vertueuse Octavie, pour se rendre en Egypte auprès de Cléopâtre. Octavie partit de Rome pour ramener son mari à son devoir; mais Antoine lui fit dire de s'arrêter à Athenes. Ce mépris & d'autres motifs rallumant la guerre, elle fut terminée par la célebre bataille navale d'Actium 31 av. J. C. Cléopâtre qui avoit amené à Antoine 60 vaisseaux, prit la fuite; Antoine la suivit, ce qui lui fit perdre la victoire. L'année suiv. Auguste entra en Egypte, & s'empara d'abord de Peluse. Antoine tomba sur la cavalerie, & la défit; mais il fut ensuite vaincu: croïant que Cléopâtre s'étoit tuée elle-même, comme elle lui avoit fait dire, il s'enfonça un poignard dans le sein, & m. quelq. heures après, âgé de 56 ans. Marc-Antoine avoit de gr. qualités: il étoit brave, excell. Génér., tendre & génér. ami, clément à l'égard de ses ennemis, éloq. & capable de supporter les incommodités des saisons; mais ses débauches & sa folle passion pour Cléopâtre furent la cause de tous ses malheurs.

ANTOINE, ( Primus ) surnommé *Becco*, l'un des plus gr. Capit. de son si. étoit de Toulouse. Il remporta une gr. vict. pour Vespasien sur Vittellius près de Crémone, l'an 69 de J. C.

ANTOINE, ( S. ) Instituteur de l'Ordre Monastiq., naquit au village de Come en Egypte en 251. Son pere & sa mere qu'il perdit à l'âge de 17 ans, lui laisserent de grands biens. On dit qu'étant un jour entré dans l'Eglise, & aïant entendu lire l'Évangile dans lequel J. C. dit à un jeune homme qui étoit riche: *Si vous voulez être parfait, allez, vendez tout ce que vous avez, donnez-le aux pauvres; puis venez & me suivez; & vous aurez un trésor dans le Ciel.* Il prit la résolution de quitter le monde, distribua ses héritages aux voisins, donna le prix de ses meubles aux pauvres, & se retira dans la solitude vers l'an 270. Il bâtit dans les déserts plus. Monasteres , & fit en 335 un voïage à Alexandrie pour la défenſe de la foi. Antoine s'appliquoit à la priere & à la méditation. Il fut attaqué de diverſes tentations. On dit même que les démons ſe préſentoient à lui ſous différentes formes affreuſes , & le chargeoient de coups. Il fit beaucoup de miracles , & anima par ſes exemples & par ſes diſcours ceux qui avoient embraſſé la vie monaſtique. Il m. le 17 Janv. 356 , âgé de 105 ans. S. Athanaſe à qui il donna à ſa mort l'une de ſes tuniques , a écrit ſa vie , qui a été traduite par Evagre. Quoique S. Antoine n'eût point d'étude , il laiſſa ſept Lettres que nous avons en latin. On lui a tribue encore une Regle & des Sermons.

ANTOINE , ( S. ) dit *de Padoue* , Relig. de l'Ordre de S. François , & le *Thaumaturge* de ſon ſi. naquit à Liſbonne en 1195. Il mena dès ſa jeuneſſe une vie auſtere , & paſſa enſuite dans l'Ordre de S. François qui vivoit encore S'étant embarqué pour aller convertir les Infideles en Afrique , il fut jetté en Ital. étudia la Théol. & y precha avec réput. Il enſeigna enſuite à Montpellier , à Touloufe & à Padoue. Il s'arrêta dans cette dern. ville , & y m. le 13 Juin 1231 âgé de 36 ans. La meill. édit. de ſes ouvr. eſt celle de 1641.

ANTOINE , Roi de Navarre , nommé auparavant Duc de Vendôme , vint à la Cour de France après la mort du R. François II , & fut déclaré Lieutenant gén. du Roïaume , pendant la minorité de Charles IX. Il embraſſa alors la Religion Catholiq. & forma avec le Duc de Guiſe & le Connétable de Montmorenci , cette union qui fut appellée par les Huguenots , *le Triumvirat.* Il commandoit l'armée à la priſe de Rouen en 1562 , & m. de ſes bleſſures à Andeli le 17 Nov. de la même année.

ANTOINE de Butrio , fam. Juriſ. de Bologne , m. vers 1417.

ANTOINE de Roſellis , *voyez* ROSELLE.

ANTOINE de Palerme , Poëte & Juriſc. & l'un des plus hab. hom. du 15e ſi. étoit de Bologne , & m. vers 1478.

ANTOINE GALATÉE , ( ainſi nommé , parcequ'il étoit de Galatina , village d'Ital. dans la terre d'Otrante ) Philoſ. Médec. Poète , Géographe , & l'un des plus habil. hom. du 15e ſi. On a de lui des vers lat. & ital. la deſcription de la Japygie & de Gallipoli , l'éloge de la Goutte , & d'autr. ouvr. Il m. vers 1490.

ANTOINE , ( Nebriſſenſis ) ou de *Lebrixa* , ainſi nommé d'un bourg d'Andalouſie , où il naquit en 1444 , eſt l'un de ceux qui ont le plus contribué à la renaiſſance des belles Lettres. Après avoir profeſſé à Salamanque l'eſpace de 20 ans , étant mécontent de cette Univ. il s'attacha au Card. Ximenes , qui l'attira dans ſon Univ. d'Alcala. Antoine de Lebrixa y enſeigna juſqu'à ſa mort , & travailla à l'édition de la Polyglotte. On a de lui des Comment. ſur pluſ. Auteurs anciens , des *Lexicons* , l'Hiſtoire de Ferdinand & d'Iſabelle , & un gr. nombre d'autres ſav. ouvr. Il m. le 11 Juillet 1522 , âgé de 77 ans.

ANTOINE de Meſſine , appellé auſſi ANTONELLO , Peintre fam. natif de Meſſine , eſt le premier qui a enſeigné en Ital. l'art de peindre à l'huile : ſecret qu'il avoit appris de Jean de Bruges. Il floriſſoit vers 1430.

Il y a eu pluſ. autres perſon. cél. nomm. *Antoine,* qu'il faut chercher ſous leurs noms propres.

ANTONIA , fille de Marc-Antoine & d'Octavie , & l'une des plus bel. & des plus vertueuſes Princ. de ſon ſi. épouſa Druſus fils de Livie , & frere de Tibere. Elle en eut Germanicus , Pr. accompli , Claude qui fut depuis Emp. & Livie fam. par ſes crimes. Elle perdit ſon mari dans un âge peu avancé , & ne voulut jamais ſe remarier , donnant ce bel exemple de continence dans une Cour débauchée. Antonia découvrit à Tibere les deſſeins de Sejan. Elle eut d'abord quelque part aux affaires fous Caligula fon petit-fils ; mais il lui donna dans la fuite tant de chagrin, qu'elle en m. vers l an 38 de J. C. Il y a même apparence que ce Pr. dénaturé la fit empoifonner. Pline affure qu'elle ne crachoit jam.

ANTONIA, fille de Claude, que Néron fit m. parcequ'elle refufa de l'époufer après la m. de Poppea.

ANTONIANO, Card. illuftre par fa fcience & par fa chafteté, naquit à Rome en 1540, & mourut en 1603. On a de lui *de Chriftianâ puerorum educatione*, & d'autres ouvr. eftimés. On dit qu'il eut part au Catéchifme du Concile de Trente.

ANTONIDES, (J. Uander Goes) cél. Poète de Zélande, m. à la fleur de fon âge en 1684. Ses ouvr. ont été impr. à Amft. 1714 *in-4°*.

ANTONIN *le Pieux*, Emp. Romain, origin. de Nifmes, mais né à *Lanuvium*, en Ital. l'an 86 de J. C. étoit un Pr. de bonne mine, qui avoit beaucoup d'efprit, de favoir & d'éloquence. Il fut Conful l'an 120 de J. C. & fuccéda à l'Empereur Adrien en 138. Il mit auffitôt en liberté diverfes perfonnes dont on demandoit la mort, & s'attira l'eftime & l'amour des peuples par fa modération & fa fageffe. Il avoit pour fes fujets la tendreffe d'un pere, répétant fouvent ces belles paroles de Scipion l'Afriquain : *Qu'il aimoit mieux conferver un Citoyen, que de tuer mille ennemis.* Plus attentif à conferver les bornes de fon Emp. qu'à les étendre, il fût éviter la guerre, & les Barbares demeurerent foumis à fes vertus. Ce généreux Pr. faifoit du bien à tout le monde, & ménageoit néanmoins avec foin les revénus de l'Emp. Il ne porta point d'Edit contre les Chrét. Il écrivit même quelques Lettres en leur faveur. Il m. regretté de tout le monde le 7 Mars 161, âgé de 73 ans. On rapporte pluf. traits remarquables de fa modération.

ANTONIN, (Marc) le *Philofophe*, voyez MARC-AURELE.

ANTONIN, Auteur de l'Itineraire qui porte fon nom, n'eft point encore bien connu.

ANTONIN, ( S. ) cél. Relig. Dominicain, & Archev. de Florence, naquit en cette ville en 1389. Il paffa par toutes les charges de fon Ordre, & fut emploïé en diverfes Ambaffades. Le Pape Eugene IV, le nomma à l'Archev. de Florence en 1446. Il remplit cette place avec édific. & m. le 2 Mai 1459. On a de lui une *Somme de Théologie*, & pluf. autres ouvr.

ANTONIO, (Nicolas) Chevalier de l'Ordre de S. Jacques, & Chanc. de Seville, où il naquit en 1617, s'eft rendu cél. par fa Bibliotheque des Aut. Efpagn. : ouvr. folide, & génér. eftimé. Il m. en 1684.

ANTONIUS HONORATUS, cél. Evêq. de Conftantine en Afrique, dont il nous refte une belle Lettre écrite vers 435 à un nommé *Arcadius*, exilé pour la foi par Genferic, R. des Vandales.

ANVARI ou ANVERI, l'un des plus excell. Poètes de Perfe, natif de Bedeneh, village du Korafan, & m. à Balkhe vers 1200 de J. C.

ANUBIS, Dieu des Egyptiens, repréfenté avec une tête de chien, tenant un fiftre Egyptien, ou une palme, d'une main, & un caducée de l'autre.

ANYTE, Rhéteur d'Athenes, ennemi déclaré de Socrate, après la mort duquel il fe fauva à Héraclée, où, felon Themiftius, il fut affommé à coups de pierres environ 339 avant J. C.

AOD, fils de Gera, de la Tribu de Benjamin, jeune homme entreprenant, & fi adroit qu'il fe fervoit égalem. des deux mains, tua Eglon R. des Moabites, vers 1325 avant J. C. & devint Juge des Hébreux.

APELLES, le plus gr. Peintre de l'antiquité, env. 300 avant J. C. étoit de l'Ifle de Cos, felon Ovide. Ses tableaux étoient des chef-d'œuvre. On admiroit princip. celui de la Fortune, celui d'Antigonus, qu'il fit de profil, pour cacher un défaut de ce Pr., qui avoit perdu un œil ; celui d'un cheval, tiré tellement au naturel, que des chevaux hennirent en le voïant : les plus eftimés de tous, étoient deux Vénus & un Alexandre. Son affiduité au travail a donné lieu au proverbe : *Point de jour fans quelque trait.* Alexandre fit un Edit qui permettoit au feul Apelles de faire fon portrait, perfuadé, dit Ciceron, que la gloire d'un fi gr. Peintre tranfmettroit la fienne à la poftérité.

APELLICON, Philofophe Peripateticien natif de Téos, eft plus connu pour avoir achepté les Livres d'Ariftote & de Théophrafte, que que par fa fcience & par fes talens. Ariftote, felon Strabon, eft le premier homme connu qui ait formé une Bibliotheque, en acheptant & en raffemblant des Livres ; ce fut lui auffi qui engagea les Rois d'Egypte à former la cél. Bibliotheque d'Alexandrie. Il laiffa en mourant fon école & fa Bibliotheque à Theophrafte fon difciple. Celui-ci légua fa Bibliotheque à Nelée, lequel quitta Athenes, & retourna à Scepfis lieu de fa naiffance. Après fa mort fes héritiers gens groffiers & ignorans, enfermerent fes Livres fous la clef & ne voulurent les communiquer à perfonne. Dans la fuite aïant appris que les Rois de Pergame faifoient chercher des Livres par tout, pour en former une Bibliotheque à l'exemple des Rois d'Egypte, & craignant qu'on ne leur enlevât ceux de la fucceffion de Nelée, parceque Scepfis étoit dépendante du Roïaume de Pergame, ils les cacherent fous terre dans une foffe, où ils refterent affez long-tems pour y être gâtés par l'humidité & rongés par les vers. Enfin ils les vendirent pour une groffe fomme d'argent à Appellicon, qui en fit faire des copies ; mais comme il étoit plus *Philobible,* c. à d. amateur de Livres, que *Philofophe* & vrai favant, il rétablit mal les lacunes qui avoient été rongées par les vers, & publia des copies pleines de fautes. Auffi-tôt après la mort d'Appellicon Sylla s'empara d'Athenes, il fe faifit de fa Bibliotheque qui renfermoit les originaux des Livres d'Ariftote & de Théophrafte comme nous l'avons

dit, & la fit tranfporter à Rome. Le Grammairien Tirannion, grzelateur d'Ariftote, obtint du Bibliothécaire de Rome la permiffion de faire ufage de fes Manufcrits. On en fit auffi tôt des copies, mais on ne les revit pas exactement fur les originaux, & on fe fervit de mauvais copiftes. De cette maniere les Livres d'Ariftote furent publ. pleins de fautes. C'eft Strabon qui nous fait tout ce détail dans fon treiz. livr. pag. 609. Pour en revenir à Appellicon, c'étoit felon Athenée l. 5. c. 14. un homme inconftant & amateur des nouveautés. Non content d'achepter de tout côté des Liv. & des monumens de l'antiquité, il vola les archives de plufieurs Villes, & en particulier celles d'Athenes ; fur quoi aïant été dénoncé, il n'évita la mort que par la fuite. Dans la fuite s'étant lié d'amitié avec Athenion Tyran d'Athenes, il retourna dans cette ville, & le Tyran lui donna des troupes pour aller piller les tréfors du Temple d'Appollon dans l'Ifle de Delos ; mais y aïant été furpris & battu par le Gouverneur Romain, il eut bien de la peine à fe fauver. Il m. à Athenes quelque-tems après. Il avoit écrit fur l'amitié d'Ariftote avec Hermias Tyran d'Atarne ; mais cet écrit n'eft point parvenu jufqu'à nous. C'eft Ariftocle qui nous apprend cette circonftance dans fon 7 Liv. de la Philofophie, dont Eufebe rapporte un fragment dans fa préparation Evangélique l. 15. c. 2.

APER, ( Marcus ) cél. Orateur Latin, Gaulois de nation, naquit vers l'an 10 de J. C. Il fit dans fa jeuneffe un voïage à la grande Bretagne, où il affure avoir vû un homme qui avoit porté les armes du tems que Céfar paffa dans cette Ifle pour la fubjuguer. Aper alla enfuite à Rome, il y fréquenta le Barreau, & s'y acquit une gr. réputation tant par la beauté de fon génie que par la force de fon éloquence. Quoiqu'il fût étranger il parvint par fon mérite aux premieres dignités & devint Senateur, Quefteur, Tribun & Prétoteur ; mais le Barreau avoit pour lui plus d'attrait que toutes ces places. Aper avoit pour maxime, que tous nos desseins & toutes nos actions doivent tendre à l'utilité publique. *Ad utilitatem vitæ omnia consilia factaque dirigenda sunt.* Il m. vers l'an 85 de J. C. On le croit Auteur du *Dialogue des Orateurs, ou de la corruption de l'éloquence*, attribué autrefois à Tacite ou à Quintilien, à la fin des œuvres desquels il se trouve. Les meilleures édit. de ce dial. sont celles de Leyde & de Rotterdam à la fin de Quintilien de l'an 1665 *in*-8°. & d'Amsterdam, à la fin de Tacite de l'an 1685. M. Giry de l'Acad. Françoise a traduit ce Dialogue en François, & il a paru à Paris en 1626 *in* 4°. avec une Préface de M. Godeau Evêque de Vence. Aper qui est un des interlocuteurs dans ce Dialogue qui se tint en 74 de J. C. la six. année de l'Empire de Vespasien, veut prouver que l'éloquence de son siecle. c. à d. des modernes, l'emporte sur celle des anciens, c. à d. sur celle du siecle de Ciceron, comme celle du si. de Ciceron l'emportoit sur celle des siecles précédens, il met aussi le siecle de Vespasien au-dessus de celui d'Auguste, & l'on voit par-là que la dispute de la préférence des anciens & des modernes si vivement agitée de notre tems, n'est pas nouvelle. *Voïez ce Dialogue d'Aper & l'Hist. littéraire de la France tom. 1. part. pag. 1. 219 & suiv.*

APHTONE, Rhéteur d'Antioche au onz. si. dont nous avons une Rhétorique & quelques autres ouvrages.

APIARIUS, Prêtre de Nicée, vi'le d'Afrique, fut excommunié & dégradé par Urbain son Evêque, comme aïant été mal ordonné. Il en appella au Pape Zozime, qui le reçut à la Communion, & voulut le rétablir en 418. Ses Légats se fondoient sur les Canons du Concile de Sardiq. qu'ils disoient être ceux de Nicée ; mais on reconnut que ces Canons n'étoient point de ce I Concile gén. & dans la suite Apiarius

aïant avoué lui-même les crimes dont on le chargeoit, les Evêq. Africains maintinrent le jugem. qu'Urbain en avoit porté.

APICIUS, nom de 3 Romains, fam. à cause de leur gourmandise. Le second qui est le plus connu, vivoit sous Auguste & Tibere. Il inventa des gâteaux de son nom, tint à Rome école publiq. de gourmandise, dépensa des sommes immenses, & s'empoisonna, parcequ'il ne lui restoit que deux cens cinquante mille livres, & qu'il ne trouvoit pas cette somme suffisante pour l'empêcher de mourir de faim. Il a composé un Tr. sur la maniere d'aiguiser l'appetit : *De gulæ irritamentis.* Pline l'appelle *Nepotum omnium altissimus Gurges* Le troisieme qui vivoit sous Trajan, avoit un secret admirable pour conserver les huitres dans leur fraicheur. Il en envoïa à Trajan dans le païs des Parthes.

APIEN ( Pierre ) sav. Mathémat. m. à Ingolstad le 21 Avril 1552. On a de lui une Cosmographie & d'autres ouvrages.

APIEN ( Philippe ) fils du précédent, habile Math. & Méd. né à Ingolstad le 14 Sept. 1531, & m. à Tubingen en 1589. On a de lui un Tr. sur les *Ombres*, & d'autr. ouvr.

APION & *non pas* APPION, fameux Gramm. natif d'Oasis ville d'Egyte, fut chef de l'Ambassade que les Alexandrins envoïerent à Caligula pour se plaindre des Juifs l'an 40 de J. C. Il avoit composé une hist. d'Egypte, qui a été réfutée par Joseph.

APIS, Roi d'Argos, fils de Jupiter & de Niobé, regna dans le Peloponese, à Sycione & à Sinope vers 2077 avant J. C. On dit qu'il passa en Egypte, qu'il fut connu sous le nom d'Osiris, qu'il y épousa *Isis*, & qu'aïant appris aux Egyptiens la maniere de planter la vigne, & l'usage de la Méd. ils le revererent après sa mort comme un Dieu, sous la figure d'un bœuf.

APOLLINAIRE ( *C. Sulpicius* ) cél. Gram. au deux. siecle, auquel on attribue les vers qui servent d'argumens aux Comédies de Terence. Il eut pour successeur dans sa profession, *Pertinax*, qui fut depuis Empereur.

APOLLINAIRE ( Claude ) sav. Evêq. d'Hieraple en Phrygie, présenta vers 170 à Marc-Aurele une excellente Apologie pour les Chrét.

APOLLINAIRE *le jeune*, ( ainsi nommé pour le distinguer de son pere, appellé Apollinaire l'*ancien* ) sav. Evêq. de Laodicée au quatr. si. fut d'abord ami de S. Athanase & de S. Basile, & gr. défenseur de la Foi ; mais depuis abusant de ses talens & de sa science, il devint auteur de nouvelles hérésies, & donna le nom à la secte des *Apollinaristes*. Il avoit composé un grand nombre d'ouvr. entr'autres un Tr. en 30 Livres, contre Porphyre. Nous avons encore son interprét. des Pseaum. en vers ; & on lui attribue la Tragédie de *Jesus-Christ souffrant*, qui se trouve dans les œuvres de S. Grégoire de Naziance. Il m. vers 380.

APOLLINAIRE SIDONIUS, voï. SIDONIUS APOLLINARIS.

APOLLINE ou APOLLONIE, Vierge & Martyre d'Alexandrie, se jetta d'elle-même dans le feu, vers 248.

APOLLODORE d'Athènes, cél. Gramm. disc. d'Aristarq. vers 104 av. J. C. Il ne nous reste que l'abrégé de sa Bibliotheque des Dieux en trois Liv. ouvr. utile pour l'intelligence de la Mythologie.

APOLLODORE, Athénien, Peintre cél. environ 408 av. J. C. fit choix le prem. des plus belles parties des corps, pour les représenter dans les tableaux. Il excelloit dans le coloris.

APOLLODORE de Damas, cél. Architecte sous Trajan & Adrien, eut la direction du pont de pierre que Trajan fit construire sur le Danube en 102 de J. C. & fut employé par ce Pr. à d'autres ouvr. consid. Un jour que Trajan s'entretenoit avec Apollodore sur quelques bâtimens, Adrien s'ingera d'en dire son avis ; mais Apollodore le raillant sur son peu de goût : *Allez*, lui dit-il, *mêlez-vous de peindre vos Citrouilles* : genre de peinture qui faisoit pour lors une des occupations d'Adrien. Cette raillerie coûta la vie à cet hab. Architecte : car Adrien étant parvenu à l'Emp. le fit tuer sous quelques faux prétextes.

APOLLON, fils de Jupiter & de Latone, & frere de Diane, natif de l'isle de Délos, selon la plus commune opinion, passoit chez les anc. pour l'inventeur & le Dieu de l'harmonie, de la Méd. des Muses & de la Poésie. On s'imaginoit qu'il rendoit des Oracles, & on lui éleva des Temples à Delos, à Claros, à Tenedos, à Delphes & en plus. autres villes.

APOLLONIUS de Perge en Pamphylie, cél. Géometre sous le regne de Ptolomée Evergetes, vers 244 avant J. C. Il nous reste de lui un excel. Tr. des Sections Coniq. en 8 Liv. dont la meilleure édition est celle d'Oxford, en 1710 *in-fol.* & quelques autres ouvrages.

APOLLONIUS de Rhodes, cél. Poète Grec, originaire d'Alexandrie, appellé *Rhodien*, parcequ'il enseigna long-tems à Rhodes, étoit disciple de Callimaque, & vivoit sous Ptolomée Evergetes vers 232 av. J. C. Son Poëme sur l'expédition des Argonautes, est estimé par Longin, les Scholies en sont excellentes.

APOLLONIUS, de Tyane, bourg de Cappadoce, cél. imposteur, né 3 ou 4 ans avant J. C. faisoit profession de la Philos. de Pythagore, renonçant au vin, aux fem. à l'usage des viandes & du poisson, & menant une vie très-austere. Son adresse le fit prendre pour un Dieu, & lui attira gr. nombre de disciples. Enfin, après avoir long tems abusé le monde, il m. dans un âge fort avancé, vers la fin du prem. si. sans que personne fut témoin de sa mort, pas même un certain Damis, le plus cher de ses disciples, & le compagnon de ses impostures. Ce Damis écrivit sa vie ; & après lui, Philostrate. M. Dupin dans son *Histoire d'Apollonius de Tyane*, prouve, 1. que l'hist. d'Apollonius est destituée de témoins dignes de foi; 2. que Philostrate n'a fait qu'un Roman; 3. que les miracles attribués à Apollonius, ont des caractères visibles de fausseté, & qu'il n'y en a pas un seul qu'on ne puisse attribuer à l'adresse, au hazard ou à la supercherie: 4. enfin, que la doctrine de ce Philosophe est contraire à la droite raison. Ce qui doit couvrir de confusion les incrédules ignorans, qui, comme Hieroclès, osent comparer les imp. d'Apollonius avec les miracles de J. C.

APOLLONIUS COLLATIUS, (Pierre) Prêtre de Novare au quinz. si. a composé un Poëme du siege de Jérusalem par Vespasien & Tite, & quelq. autres ouvr. M. Dupin le regarde comme un des meilleurs Poëtes Chrét. mais d'autres n'en pensent pas de même.

APOLLONIUS, Philos. Stoïcien natif de la ville de Chalcis en Syrie, fut mandé à Rome par l'Emp. Antonin le pieux, pour être Précepteur de Marc-Aurele. A peine fut-il arrivé à Rome, que l'Emp. l'aïant envoïé chercher; il répondit fierement, *que ce n'étoit pas au maître d'aller trouver son disciple, mais au disciple d'aller trouver son maître;* sur quoi l'Emp. lui dit en riant. *Apparemment qu'il étoit plus facile à Apollonius de venir de Chalcis à Rome, qu'il ne lui est facile d'aller de son logis au Palais.* Il ne laissa pas néanmoins d'envoïer Marc-Aurele chez lui. *Voyez Aurel. Victor, & Jul. Capitolin.*

Il y a plus. autres Apollonius.

APOLLOS (S.) ou APOLLO, Juif originaire d'Alexandrie, embrassa le Christianisme vers 54 de J. C. Il s'acquit à Corinthe une si gr. réput. qu'on le mettoit en parallele avec S. Pierre & S. Paul; les uns se disant du parti de Paul, & d'autres du parti d'Apollo.

APON, (Pierre) *voyez* ABBANO.

APONIUS, Auteur Ecclésiastiq. du sept. siecle, dont nous avons un Comment. estimé sur le Cantiq. des Cantiques: c'est une allégorie continuelle des noces de J. C. & de l'Eglise.

APPIEN. cél. Historien Grec, d'une des meill. Maisons d'Alexandrie, vivoit sous Trajan, Adrien, & Antonin le pieux, vers 123 de J C. & fut Gouverneur d'une Province. Il composa l'Hist. Rom. non de suite comme celle de Tite-Live, mais par Provinces & par Nations, rangeant par ordre des tems ce qui concerne une même Nation. Il ne nous reste qu'une partie de ce sav. ouvr. dont la meill. édit. est celle d'Amsterdam, 1670, 2 vol. *in-8°.*

APPION, *voyez* APION.

APPIUS CLAUDIUS, *voyez* CLAUDIUS.

APRIES, R. d'Egypte, le même que *Pharaon Hophra* dans Jérémie & Ezéchiel, succéda à son pere Psammis, 594 avant J. C. Il prit Sidon, se rendit maître de l'Isle de Chypre, & revint chargé de dépouilles: mais ensuite aïant été battu par les Cyrénéens, Amasis fut élu en sa place, & le fit étrangler vers 569 av. J. C.

APROSIO (Angelico) sav. Religieux Augustin, né à Vintimille le 29 Oct. 1607; on a de lui *Bibliotheca Aprosiana*, Livre recherché, & quelq. autres ouvr. dont le plus estimé est intit. *Farsa Poëtica di Sapricio Saprici.*

APULÉE (Lucius) cél. Philos. Platonicien, natif de Madaure, vivoit au deux. si. sous Antonin & Marc Aurele. Il épousa une riche veuve nommée *Pudentilla*, & fut accusé d'avoir fait mourir *Pontianus*, fils de cette Dame, & de s'être servi de charmes magiques pour s'en faire aimer; mais il se défendit devant le Proconsul d'Afriq. par une apologie que nous avons encore, & que S. Augustin appelle un discours éloquent & fleuri. Les Païens le regardoient comme un gr. magicien, & même quelq. uns oserent comparer ses prétendus miracles à ceux de J. C. Outre l'*Ane d'or*, nous avons plus. autres ouvr. d'Apulée, dont la plûpart traitent de la Philof. Platonicienne.

AQUAPENDENTE, *voyez* FABRICIUS (Jérôme).

AQUAVIVA (Octavio) célébre Cardinal, étoit fils de Jean-Jérôme Aquaviva, Duc d'Atri, d'une illuf. & anc. Maifon du Roïaume de Naples, féconde en perfonnes de mérite. Après avoir fait du progrès dans les Lettres grecques & latines, & dans le Droit, il fe fit connoître du Pape Sixte V, qui le fit Référendaire de l'une & de l'autre Signature, & Vice-Légat du Patrimoine de S. Pierre. Il devint Card. en 1591, puis Légat de la Campagne de Rome, & enfin, Légat d'Avignon. Il s'oppofa aux entreprifes des Proteftans, & gouverna avec tant de prudence & de fagefle, qu'il remit le calme & la tranquillité dans la Province. Le Card. Aquaviva aimoit & protégeoit les Gens de Lettres, & vouloit toujours avoir quelques hommes doctes en fa maifon. Aïant été nommé Archev. de Naples, il alla réfider en fon Diocèfe, & y m. le 15 Décembre 1612, à 52 ans.

AQUAVIVA, (Claude) natif de Naples, & fils du Duc d'Atri, fut élu Gén. des Jéfuites en 1581, & gouverna avec beauc. de douceur & de prudence. Il m. le 31 Janv. 1615, âgé de 72 ans. Il a laiffé divers ouvr. de piété.

AQUILA, dit *le Pontique*, parce-qu'il étoit de Sinope dans le Pont, fav. Mathématicien fous l'Emper. Adrien qui le fit Intendant de fes bâtimens, & lui donna ordre de rebâtir Jérufalem, que ce Prince fit nommer Ælia de fon nom. Aquila aïant connu à cette occafion la vérité de l'Evangile, fe fit baptifer; mais il fut enfuite retranché de l'Eglife, & embraffa le Judaïfme; puis aïant appris l'hébreu, il traduifit en grec l'Ecriture-Sainte, vers 129 de J. C. Sa verfion étoit faite mot pour mot fur le Texte hébreu. Il n'en refte que des fragmens.

AQUILIUS-GALLUS, favant Jurifc. Rom. vers 65 av. J. C.

AQUILIUS-SABINUS, favant Jurifc. Rom. appellé *le Caton de fon fiecle*, fut Conful en 214 & 216 de Jefus Chrift.

AQUILUS-SEVERUS, ou ACHILIUS & ACILIUS, Hiftorien & Poëte, m. fous l'Emp. de Valentinien, vers 370.

AQUILONIUS, v. AGUILLON.

AQUINO, l'une des plus illuftres & des plus anciennes Maifons du Roïaumes de Naples, tire fon nom de la ville d'Aquino. Cette Maifon a produit S. Thomas d'Aquin, le Cardinal Ladiflas d'Aquino, Evêq. de Venafre & Nonce en Suiffe, m. en 1621, dans le tems que les Cardinaux, affemblés en Conclave, le jugeoient digne d'être élu Pape. Adinolphe d'Aquino, Seigneur de Caftillon, Général des Armées de Robert, Roi de Naples, & l'un des plus gr. Capitaines de fon tems, mort vers 1335. Thomas, Prince de Caftillon, Lieutenant Général de Philippe V, dans le Roïaume de Naples, & Capitaine Général de la Cavalerie du même Roïaume, mort à Pampelune le 20 Octobre 1721, &c.

ARABSCHAH, cél. Doct. Mufulman, m. à Damas fa patrie en 1450, a écrit en arabe l'Hiftoire de Tamerlan, & d'autres ouvrages.

ARAGON, (Jeanne d') femme d'Afcagne Colonne, Pr. de Tagliacozzi, au feiz. fi. mérita l'éloge de tous les beaux efprits de fon tems, & principalement du Philof. Niphus. Elle fe fit admirer par fa beauté, fon courage, fa prudence, & fa capacité dans les affaires.

ARANTHON, (Jean d') Evêq. de Genève, très diftingué par fa piété, naquit au château d'Alex dans le Genevois, le 19 Septembre 1620; fut Evêque de Genève en 1660, & m. le 4 Juillet 1695. Le P. le Maffon, Génér. des Chartreux, a écrit fa vie.

ARATOR, Secrétaire & Intendant des finances d'Athalaric, puis Soudiacre de l'Eglife Rom. au fix. fi. a mis en vers latins les Actes des Apôtres, qu'il préfenta au Pape Vigile en 544.

ARATUS

ARATUS de Sycione , Général des Achéens , & l'un des plus grands Capitaines que la Grece ait produits , défit Nicoclès Tyran de Sycione , furprit la forterefse de Corinthe , en chafsa le R. de Macédoine , & délivra Argos de ses Tyrans. Philippe II, R. de Macédoine, le fit empoifonner vers 214 avant J. C. Aratus avoit écrit l'histoire des Achéens , dont Polybe fait un grand éloge.

ARATUS de Cilicie , Poète & Aftronome cél. du tems de Ptolomée Philadelphe, 271 avant J. C. a composé en beaux vers grecs un Poëme astronomique intit. les Phénomenes , que Ciceron a traduit en vers latins. La meill. édition de ce Poëme eft celle de Grotius en 1600, in-4°.

ARBACES , Gouver. des Medes pour Sardanapale, Roi des Afsyriens , se révolta contre lui, & se ligua avec Belesis 750 avant J. C. Trois ans après, Sardanapale se brula dans son Palais , & Arbaces fut proclamé Roi des Medes , dont la Monarchie dura 317 ans , sous neuf Rois jufqu'à Aftyages , chafsé par Cyrus.

ARBOGASTE , Comte , François de Nation , fut envoïé par Théodofe dans les Gaules , contre Victor , fils de Maxime. Il l'attaqua & le tua vers 389 , & fut fait Préfet du Prétoire. Arbogafte aïant enfuite engagé Valentinien dans une guerre funefte contre les François , déplut à cet Emp. qui lui donna un ordre de quitter ses Charges ; mais Arbogaftes devenu infolent par le crédit qu'il avoit sur les gens de guerre , déchira l'ordre , & Valentinien fut trouvé étranglé dans son lit à Vienne en Dauphiné , 392 de J. C. Arbogafte accufé de ce crime , & craignant de tomber entre les mains de Théodofe , se donna lui-même la mort en 394. Il ne faut pas le confondre avec un autre Arbogafte qui étoit son petit-fils.

ARBOGASTE , (S.) Evêque de Strafbourg, mort en 668 , eut la faveur de Dagobert, Roi d'Auftrafie.
Tome I.

ARBOUZE , ( Marguerite Veny d' ) ill. Abbefse & réform. du Val-de-Grace à Paris , morte en odeur de fainteté le 16 Août 1626. Jean Ferraige a écrit sa vie.

ARBRISSEL , ( Robert d' ) natif d'Arbrifsel , au Dioèfe de Rennes , après avoir été Archidiacre de Rennes , se retira à Angers , où il prêcha avec tant de fuccès , qu'en peu de tems il fut fuivi par une infinité de personnes de l'un & de l'autre fexe. Il leur bâtit des cellules dans les bois de Fontevraud , & devint le Fondateur du cél. Monaftere & de l'Ordre de ce nom , vers 1100. Il m. en 1117 au Prieuré d'Orsan. On l'accufa pendant sa vie d'avoir des familiarités criminelles avec les femmes , & même de coucher avec elles , sous prétexte de mortifier la chair. Ces mauvais bruits porterent Geoffroi de Vendôme & Marbodus Evêq. de Rennes , à lui en écrire. Mais tous les Auteurs contemporains l'ont regardé comme un homme irréprochable dans ses mœurs , & ses difciples l'ont bien juftifié.

ARBUTHNOT , ( Alexandre ) fameux Théologien Proteftant , & l'un des principaux défenseurs de la Prétendue Réformation en Ecofse , étoit frere du Baron d'Arbuthnot , dans le Comté de Merth , & naquit en Ecofse en 1538 , d'une famille noble & ancienne. Il fit ses études dans l'Univ. d'Aberdeen , & vint en France , où il étudia le Droit fous Cujas pendant cinq ans. De retour en Ecofse , il se fit Proteftant , & devint Principal ou Regent du College du Roi à Aberdeen. Il étoit habile dans les Belles - Lettres , la Philofophie , les Mathématiques , la Théologie , le Droit , & même la Médecine. Il se fit généralement aimer & eftimer par sa modération & par ses talens , & il eut part à toutes les affaires Ecclésiaftiques qui se traiterent de son tems en Ecofse. Il fut deux fois Membre des Afsemblées générales , & m. à Aberdeen en 1583 , à 46 ans. On n'a rien de lui , que quelques Difcours ou Ha-

F

rangues en latin, sur l'origine & l'exellence du Droit, imprimés à Edimbourg en 1572, in-4°. C'est lui qui publia l'Histoire de Buchanan, que celui-ci, qui étoit son ami, lui avoit confiée pour en faire la révision & pour la faire imprimer.

ARC, (Jeanne d') ou du Lys, plus connue sous le nom de *Pucelle d'Orleans*, cél. héroïne native de Domremi, fit lever le siege d'Orléans aux Anglois, défit Talbot à la bat. de Patai, & fit sacrer le R. Charles VII à Reims le 17 Juillet 1429 ; mais aïant été prise dans une sortie à Compiegne, les Anglois la firent brûler vive à Rouen le 30 Mai 1430. Charles VII aïant ordonné dans la suite qu'on revît son Procès, elle fut pleinement justifiée. Quelques Ecrivains ont prétendu qu'elle n'avoit point été brûlée, & qu'elle se maria au Chevalier des Armoises ; mais c'est un conte destitué de vraisemblance.

ARCADIUS, Emper. d'Orient, fils de Théodose *le Grand*, & de Flaccile, fut associé à l'Emp. en 383, & succéda à Théodose en 395. Honorius son frere fut Emp. d'Occident. Rufin, Préfet du Prétoire, n'aïant pu faire épouser sa fille à Arcadius, appella les Barbares, & mit l'Orient dans une étrange confusion ; mais il fut enfin tué à CP. Eutrope favori d'Arcadius, qui lui avoit fait épouser Eudoxie, eut le même sort, à la sollicitation de Gaïnas, Goth de nation & Arien, qui fut lui-même défait & tué en 400. Arcadius confirma ensuite les loix de Théodose, & en publia de nouvelles : mais il ternit la gloire de son regne, en exilant & en persécutant S. Jean Chrysostôme, par une lâche complaisance pour Eudoxie. Il m. le 1 Mai 408, âgé de 31 ans.

ARCESILAUS ou ARCESILAS, cél. Philos. Grec, vers 300 avant J. C. étoit de Pitane. Il succéda à Crantor, & fut auteur de la Secte appellée *la seconde Académie*. Il soutenoit que tout est incertain, &

qu'on ne peut distinguer le faux du vrai. Il étoit libéral, généreux ami, & prenoit tant de plaisir à la lecture d'Homere, qu'il avoit coutume de dire, lorsqu'il l'alloit lire, qu'*il alloit à ses Amours*.

ARCHELAUS I, Pr. cruel, & fils naturel de Perdiccas, monta, par ses crimes, sur le trône de Macédoine. Socrate refusa de le voir à cause de ses inhumanités. Il fut tué par un de ses favoris, vers 399 av. J. C.

ARCHELAUS, fils d'Archelaus, Pontife de Comâne, & de Glaphyra, obtint la couronne de Cappadoce, par la faveur de Marc-Antoine, 36 avant J. C. & lui amena des troupes à la bat. d'Actium ; il ne laissa pas de se maintenir sous Auguste ; mais Tibere indigné des honneurs qu'il avoit prodigués à Caligula, le fit citer à Rome sous d'autres prétextes. Archelaus s'y rendit, & y m. la 16e ann. de J. C. Après sa m. la Cappadoce fut réduite en Province.

ARCHELAUS, fils d'Hérodes le gr., fut déclaré R. de Judée, l'an 2 de J. C. Il fit tuer 3000 personnes avant que d'aller à Rome pour faire confirmer sa roïauté par Auguste. Cet Emp. lui donna la moitié de ce que possédoit Hérodes ; mais sur les plaintes des Juifs, il le relegua ensuite à Vienne dans les Gaules, l'an 6 de J. C. où il mourut.

ARCHELAUS, cél. Philos. Grec, disciple d'Anaxagore, & maître de Socrate, vers 444 avant J. C. fut surnommé le *Physicien*, parcequ'il apporta le premier la Physique d'Ionie à Athenes. C'est aussi le premier qui remarqua que la voix est un son formé par l'impulsion de l'air. Il soutenoit, selon S. Augustin, que toutes choses se forment par des parties dissemblables ; & que ce qui est juste ou injuste, ne l'est que par la coutume.

ARCHELAUS, Evêq. de Charres, en Mesopotamie, illustre par sa piété & par sa doctrine, entra en conférence avec l'hérésiarq. Manès, & le couvrit de confusion en

277. Nous avons en latin les actes de cette conférence.

**ARCHELAUS**, fils d'Apollonius, l'un des plus gr. Sculpteurs de l'antiquité, étoit de Priene ville d'Ionie, & vivoit, à ce que l'on croit, du tems de l'Empereur Claude. Il fit en marbre l'Apothéose d'Homere. Ce chef d'œuvre de Sculpture fut trouvé en 1658, dans un lieu nommé Frattochia appartenant aux Pr. Collonnes, & où l'on prétend que l'Emper. Claude avoit une Maison de Plaisance. Le P. Kircher, Cupert, Spanheim & plus. autres sav. Antiquaires ont donné la description & l'explication de cet Apothéose.

**ARCHEMORUS**, fils de Lycurgue, R. de Thrace, aïant été laissé sur l'herbe par sa nourrice, y fut tué par un serpent. On prétend que cet accident causé par la négligence de cette Nourrice, fut cause de l'institution des jeux Nemeaques ou Neméens. C'étoit un des quatre gr. jeux de la Grece. On les célébroit tous les trois ans à Nemée dans le Peloponese.

**ARCHIAS**, Poète Grec que Ciceron défendit avec beauc. d'éloq. vers 60 av. J. C.

**ARCHIDAME**, R. de Sparte, & fils d'Agésilas le Grand, monta sur le Trône, vers 356 avant J. C. Il défit les Arcadiens, repoussa Epaminondas, & fut tué en Ital. où il étoit abordé avec une flotte pour secourir les Tarentins. Il ne faut pas le confondre avec quelques autres Rois de Sparte de même nom.

**ARCHILOQUE**, célebre Poète Grec, natif de Paros, vers 664 av. J. C. est un des prem. qui ont composé des vers Iambes. Sa Poésie, dit Quintilien, est pleine de force, ses pensées vives & brillantes, son style grand & nerveux. Il écrivit contre Lycambe avec tant de fureur, que celui-ci se pendit de désespoir. Archiloque fut tué dans un combat. Il étoit défendu à Sparte de lire ses vers.

**ARCHIMEDE** de Syracuse, excellent Mathém. & le prem. qui a

enseigné l'Hydrostatiq. disoit à Hieron, R. de Syracuse, son parent & son ami, que s'il trouvoit une autre terre pour placer ses machines, il pourroit lever celle que nous habitons. Il fit une sphere de verre dont les cercles suivoient les mouvemens de ceux du Ciel, avec une régularité admirable. Archimede découvrit aussi le larcin d'un Orfévre, qui avoit mêlé du métal avec de l'or dans la couronne qu'il avoit faite pour le Roi. Il eut tant de joie de cette découverte, qu'il sortit du bain sans s'appercevoir qu'il étoit nû, en criant : *Je l'ai trouvé, je l'ai trouvé*. Par l'invention de ses machines il prolongea long-tems le siege de Syracuse contre Marcellus ; on dit même qu'il trouva le moïen de brûler les vaisseaux de ce Génér. avec des miroirs ardens. Il fut tué à la prise de cette ville par un soldat qui ne le reconnut point, tandis qu'il étoit profondément appliqué à l'étude des Mathém. 208 ans avant J. C. Ciceron étant Questeur en Sicile, découvrit son tombeau, sur lequel on voïoit un cylindre & une sphere. Il nous reste de ce célebre Mathémat. quelques ouvr. dont la meill. édit. est celle de Londres en 1675, in-4°.

**ARCHYTAS** de Tarente, célebre Philos. Pythagoricien, & sav. Mathémat. vers 408 avant J. C. Il trouva, selon Eutocius, la duplication du Cube, & fit servir les Mathématiques aux usages de la vie. Il fut jetté dans la mer Adriatique, & trouvé mort sur le rivage de la Pouille.

**ARCUDIUS**, ( Pierre ) savant Prêtre Grec, de l'Isle de Corfou, fit ses études à Rome, & fut envoïé en Russie par Clement VIII, pour terminer les affaires de la Religion. Il s'attacha ensuite au Cardin. Borghese, & m. au Collége des Grecs, vers 1621. On a de lui *de concordia Ecclesiæ Occidentalis & Orientalis in septem sacramentorum administratione*, & plus. autres ouvr.

**ARDSCHIR**, ( c. à d. Artaxerxe ) *Babegan*, prem. R. de la Dynaſtie des *Saſſanides* en Perſe, du tems de l'Emper. Caracalla, au commenc. du 3e ſi. Il remonta ſur le Trône de ſes Ancêtres, & défit Ardavan qui l'avoit uſurpé. Il poſſédoit toutes les vertus civiles & milit. & a laiſſé un Journal de ſa vie qui peut ſervir de modele à tous les Pr. Il diſoit ordinairem. que *quand le Roi s'applique à rendre la juſtice, le peuple s'affectionne à lui rendre obéiſſance : que le plus méchant de tous les Pr. eſt celui que les gens de bien craignent, & duquel les méchans eſperent.* Il ne vouloit pas qu'on employât la même punition pour toutes ſortes de fautes ; & il diſoit ſouvent à ſes Officiers : *N'employez pas l'épée quand la canne ſuffit.* Ses deſcendans occuperent le Trône de Perſe, juſqu'à la Conquête des Arabes.

ARDSCHIR Ebn Babec, R. de Perſe, gr. Math. & Aſtron., paſſe pour l'Invent. du jeu de Trictrac.

ARÉNA ou DES ARENS, (Antoine) Poëte Provençal, natif de Souliers, Dioc. de Toulon, ſe rendit fam. par ſes vers Macaroniques. Il m. en 1644. Son principal ouvr. eſt la deſcript. de la guerre de Charles VIII au R. de Naples.

ARESI, (Paul) Evêq. de Tortone, de l'Ordre des Théatins, ſe faiſoit gloire d'être le Mecene des ſav. On a de lui un Tr. des deviſes ſacrées, *Delle ſacre impreze,* & pluſ. autres ouvr.

ARETAS, R. des Arabes, étoit Beau-pere d'Hérodes Antipas, ou le Tétrarque. C'eſt pend. que le Gouverneur de ce R. Aretas faiſoit garder la ville de Damas, que les fideles deſcendirent S. Paul du haut des murailles dans une corbeille pour le ſouſtraire aux Juifs, l'an 38 de J. C.

ARETAS, Ev. de Ceſarée en Cappadoce au 6e ſi. a fait un Comment. ſur l'Apocalypſe, qui a été imprimé en gr. & en lat. Il ſe trouve en lat. dans la Bibliotheque des Peres.

ARETÆUS de Cappadoce, célé. Méd. Grec, de la Secte des Pneumatiques, vivoit, ſelon quelques

Auteurs, longtems av. Jules Céſar ; mais il eſt plus probable qu'il floriſſoit ſous le regne de Trajan. Il a laiſſé divers Tr. écrits en Ionien, *ſur les Maladies aigües,* & autres parties de la Méd. La meilleure édition de ſes œuvr. eſt celle de Boerhaave en 1731, en gr. & en lat., avec des notes. Celle de Wigan à Oxford en 1723, *in-fol.* eſt auſſi fort eſtimée. Cet excell. Méd. n'offre & ne préſente ſur la production & ſur la guériſon des Maladies, que la marche de la nature, & il nous décrit plutôt ce qui arrivoit à ſes Malades, que ce qu'il penſoit de la cauſe de leurs Maladies.

ARETE, mere d'Ariſtippe *le Philoſophe,* enſeigna elle-même la Philoſ. & les Sciences à ſon fils, qui pour ce ſujet fut nommé *Métrodidacte,* c'eſt-à-dire, *enſeigné par ſa mere.*

ARETHUSE, fille de Nérée & de Coris, & compagne de Diane, fut changée par cette Déeſſe en une fontaine, pour la ſouſtraire aux pourſuites d'Alphée.

ARETIN, (Guy) natif d'Arezzo, cél. Rel. Bénédict., qui a inventé les notes de la muſiq. vers 1028.

ARETIN, (Leonard) Ecrivain cél. du 15e ſi. naquit à Arezzo vers l'an 1370. Il s'appliqua pend. quatre ans à l'étude du Droit, av. que d'étudier le grec ſous Emmanuel Chryſolore. Il fut fait Secrét. d'Innocent VII en 1404, à la ſollicitation de Pogge ſon intime ami, & devint Secrét. de Jean XXIII, en 1413. Il ſe trouva avec ce Pape au Concile de Conſtance, & il étoit aux environs de cette ville, lorſque Pogge lui écrivit ſa fameuſe Lettre ſur le ſupplice de Jérôme de Prague. Après la fin du Concile, Aretin devint Chanc. de la Républ. de Florence. Il jouit de cette charge juſqu'en 1444, qu'il m. à 74 ans. C'étoit un homme d'un mérite diſtingué & d'une probité peu commune. On lit dans l'Epitaphe qu'on mit ſur ſon tombeau : *Depuis la mort de Leonard l'Hiſtoire eſt en deuil, l'éloquence eſt muette, les muſes grecques*

& latines n'ont ceffé de répandre des larmes. Pogge prononça fon oraifon funebre, qui eft, felon M. l'Enfant, une fort belle piece. On a de Leonard Aretin des Lettres remplies de faits & de particularités très remarq. 2°. La version latine de quelques vies de Plutarque & de la morale d'Ariftote. 3°. Trois Livres de la guerre Punique, qu'il a prefque tous pris de Polybe, & qui peuvent fervir de Supplément à quelques-uns de ceux qui nous manquent dans Tite-Live. 4°. L'Hiftoire des chofes qui fo firent en Italie de fon tems; celle de la République de Florence; celle de l'anc. Grece, & celle des Goths. Cette derniere n'eft prefque qu'une traduct. latine du grec de Procope.

ARETIN, (Pierre) natif d'Arezzo, écrivain du 16e fi. fam. par fes Poéfies ingénieufes, mordantes & obfcènes, mettoit à contribution les Pr. & les Gr. qui, pour éviter fes traits de fatyre, lui faifoient des préfens confid. c'eft ce qui le fit appeller le fléau des Princes. Il fe vantoit que fes écrits faifoient plus de bien au monde que les fermons. On condamna la lecture de fes ouvrages impies & deshonnêtes, furtout de fes Dialogues, de fes Lettres, de fes Raifonnemens, & de fes Sonnets fur les feize poftures infames, gravées par Marc-Antoine en 1525. Il m. à Venife vers 1556, âgé de 66 ans. On dit de lui dans une épitaphe, que s'il n'a point vomi de blafphêmes contre Dieu, c'eft qu'il ne le connoiffoit pas. Il a néanmoins compofé une Paraphrafe fur les Pf. intit. Aretin repentant, & quelq. autres Livres de piété.

ARETIN, (François) cél. Prof. de Jurifprudence au 15e fi. enfeigna avec tant de réputation à Sienne, à Pife, & à Ferrare, qu'on difoit ordinairement dans le Barreau: Une telle caufe a été condamnée par l'Aretin, elle fera donc perdue. Il vécut avec beauc. de chafteté; mais avec une épargne fordide, qui lui fit amaffer de gr. richeffes. Il ne faut pas le confondre avec un autre Fr.

Aretin, qui a traduit au 15e fi. quelques ouvr. de S. Chryfoftôme.

ARGENSON, voy. VOYER.

ARGENTIER, Argenterius (Jean) cél. Méd. natif de Caftel-Novo en Piémont, plus hab. dans la théorie que dans la pratique, m. à Turin le 13 Mai 1572, âgé de 58 ans. Ses ouvr. font impr. en 3 vol. in fol.

ARGENTINA, (Thomas d') Théol. fcholaftiq. élu Génér. des Auguftins en 1345. On a de lui des Comment. fur le Maître des Sent. & d'autres ouvr.

ARGENTRÉ, (Bertrand d') fav. Jurifc. & l'un des plus habiles hommes de fon fi., étoit d'une des plus anc. nobleffes de Bretagne. On a de lui des Comment. fur la Coutume de Bretagne, qui font eftimés, & d'autres ouvr. Il m. le 13 Février 1590, à 71 ans.

ARGENTRÉ, (Charles Dupleffis d') né le 16 Mai 1673, au chât. Dupleffis, Paroiffe d'Argentré, près Vitré en Bret. étoit fils d'Alexis Dupleffis d'Argentré, Doïen de la Nobl. de la Prov. Il fut reçu de la Maifon de Sorbonne en 1696, Docteur en 1700, Aumônier du Roi en 1709. Il eft le prem. à qui cette place a été accordée gratuitement. Son goût pour l'étude le fixa en Sorbonne jufqu'en 1723 qu'il fut nommé Evêq. de Tulles. Il alla enfuite réfider dans fon Dioc. où il s'appliqua avec un zèle infatigable à toutes les fonctions du S. Miniftere. Malgré fes occupations, il étudioit 7 heures par jour. Il a publié gr. nombre d'ouvr. utiles & intéreffans; les princip. font, 1°. Elémens de Théol. en lat. in-4. 2°. Explicat. des Sacremens, 3 vol. in-12. 3°. Collectio Judiciorum S. Fac. Par. 3 vol. in-fol. Il m. le 27 Oct. 1740. Sa douceur, fa fimplicité & fa charité, le firent regretter des gens de bien.

ARGIE, fille d'Adrafte, R. des Argiens & femme de Polinice, renommée dans l'Hiftoire, à caufe de la tendreffe qu'elle fit paroître pour fon mari, tué au fiege de Thebes, avant la guerre de Troyes.

ARGOLI, Argolus (André) cél.

Math. natif de Tagliacozzo, aïant reçu du défagrément dans fa patrie, fe retira à Venife, où le Sénat le reçut d'une maniere digne de fon mérite. Il m. en 1653. On a de lui *De diebus criticis : Ephemerides*, & d'autres ouvr. Jean Argoli fon fils s'eft diftingué par fes Poéfies.

ARGONNE, (Dom Bonaventure d') natif de Paris, fav. Relig. de la Chartreufe de Gaillon, a fait un ouvr. fort utile, *de la lecture des Peres de l'Eglife*, dont la meilleure édit. eft de 1697. Il eft auffi auteur des *Mélanges d'Hiftoire & de Littérature*, fous le nom de Vigneul de Marville. Il m. en 1705.

ARGOUX, (Gabriel) natif du Vivarez, cél. Avoc. du Parlem. de Paris, auquel on attribue une *Inftitution au Droit François*, fort eftimée. Il m. au commenc. du 18e fiecle.

ARGUES, (Gerard des) excell. Géometre, né à Lyon en 1593, ami de Defcartes. Il m. à Lyon vers 1661. On a de lui un excell. Traité de la coupe des pierres, & pluf. autres, eftimés.

ARGUS, fils d'Ariftor, felon la Fable, avoit 100 yeux, dont 50 étoient toujours ouverts. Junon le chargea de garder Io, que Jupiter aimoit; mais il fut endormi & tué par Mercure. Junon le changea en Paon.

ARGYRE, (Isaac) Moine Grec, hab. dans les Mathématiq. au 14e fiecle.

ARGYROPYLE, (Jean) céleb. Grec, natif de CP. paffa en Italie après la prife de cette ville par les Turcs en 1453. Il fut bien reçu de Cofme de Médicis, qui le fit précepteur de fon fils, & Prof. en grec à Florence. Argyropyle marqua fa reconnoiffance par la Traduction de la Morale & de la Phyfique d'Ariftote, & par d'autr. ouvr. Il m. à Rome, âgé de plus de 70 ans, vers 1474.

ARIADNE, fille de Minos, R. de Crete, touchée de la bonne mine de Théfée, lui donna un peloton de fil, par le moïen duquel il pourroit fortir du Labyrinthe. Théfée tua le Minotaure, & emmena avec lui Ariadne; mais par une noire ingratitude, il l'abandonna enfuite dans une Ifle de l'Archipel.

ARIARATHE, nom de dix Rois de Cappadoce, qui ont regné avant J. C.

ARIAS-MONTANUS, (Benoît) l'un des plus fav. Théol. d'Efpagne, fe trouva au Conc. de Trente où il s'acquit beauc. de réput. Il favoit les Langues, & fut emploïé par Philippe II, à une nouv. édit. de la Bible Polyglotte, ce qui il exécuta glorieufement. Il refufa pluf. Evêc. & m. à Seville fa patrie en 1598, âgé de 71 ans. On a de lui de fav. Comment. fur le nouveau Teft. & pluf. autres ouvr.

ARIAS, (François) Jéfuite Efpagnol, natif de Seville, où il m. en odeur de fainteté le 23 Mai 1605, âgé de 72 ans. Il a laiffé pluf. Liv. de piété dont S. François de Sales recommande la lecture.

ARIEH, (Jacob Juda) fav. Juif Efpagnol du 17e fi. & Rabin de la Synagogue d'Amfterdam, a fait une defcription fort eftimée d'1 Tabernacle. Il y en a pluf. édit. *in-4°* en Efpagnol, en Hébreu, en Flamand & en Latin.

ARIMANES, l'un des Dieux des anc. Perfes, qui le faifoient principe du mal. *Voïez* OROMAZE.

ARIMASE, Souv. d'une partie de la Sogdiane, s'étant renfermé dans un chât. bâti fur un rocher, demanda à Alexandre le Gr. qui l'avoit fommé de fe rendre, *s'il pouvoit voler*. Alexandre irrité le fit m. avec fes parens, vers 328 avant J. C.

ARION, excell. Muficien & Poète, natif de Methymne, inventa le Dithyrambe, & fut auteur de pluf. Hymnes très eftimées. On dit que s'étant embarqué en Italie avec de grandes richeffes, pour retourner à la Cour de Périandre dont il étoit fort aimé; les Matelots voulant le voler, il fe lança dans la mer avec ce qu'il avoit de meilleur, & qu'un Dauphin le porta fur fon dos juf-

qu'au Cap de Tenare , vers 616 av.
J. C.

ARIOSTE , ( Louis ) l'un des plus
gr. & des plus excell. Poètes Ital.
natif de Reggio , d'une fam. noble ,
& alliée aux Ducs de Ferrare , à la
Cour defquels il fut en gr. confidér.
Son Poëme de *Roland le furieux* eſt
un chef-d'œuvre , comparable en
beaucoup de chofes à Homere & à
Virgile. L'Arioſte y eſt admirable
par la variété du ſtyle. Il en donne
des modeles de toutes fortes. Il paſſe
ſans ceſſe du plaiſant au grave , du
grave au ſublime , & ſe transforme
en une infinité de manieres. Il a fait
auſſi ſept Satyres , cinq Comédies &
d'autres ouvrages. On dit qu'aïant
dédié au Card. d'Eſt ſon Poëme de
Roland , ce Card. lui dit en riant :
Meſſire Louis , où diable avez-vous
pris tant de ſotiſes ? *Dove diavolo ,*
*Meſſer Ludovico , avete pigliate tan-*
*te coglionerie ?* Arioſte fut emploïé
aux Ambaſſades & aux affaires d'It.
Il m. en 1533.

ARIOVISTE , R. des Allemands ,
fut défait par Céſar 59 av. J. C.

ARISTAGORAS , gendre & couſin
d'Hiſtée , qui étoit Souver. de
Milet , vers 502 av. J. C. ſe revolta
contre les Perſes , fit ſoulever les
Grecs , brûla Sardes , & fut tué par
les Thraces.

ARISTANDRE , fam. Interprete
des ſonges , qui ſuivit Alexandre le
Gr. dans ſes conquêtes , & en étoit
fort aimé.

ARISTARQUE de Samos , cél.
Philoſ. Grec , a ſoutenu des prem.
que la terre tourne ſur ſon centre ,
& qu'elle décrit tous les ans un cercle
autour du Soleil. Il vivoit avant
Archimede. Il ne nous reſte de lui
que *le Traité de la grandeur & de la*
*diſtance du Soleil & de la Lune.*

ARISTARQUE de Samothrace ,
l'un des plus fins & des plus excell.
critiq. de l'antiquité , floriſſoit vers
148 av. J. C. Ptolomée Philometor
lui confia l'éducation de ſon fils. Il
s'appliqua principal. à la réviſion
des Poéſies d'Homere , & prit le ton
d'un ſevere critiq. De-là vient que
ceux qui ſe mêlent de cenſurer les

ouvr. d'autrui ſont appellés *Ariſtar-*
*ques.* Il m. dans l'Iſle de Chypre ,
âgé de 72 ans.

ARISTÉE , fils d'Apollon & de
Cyrene , ſelon la Fable , naquit en
Lybie dans le lieu où l'on bâtit enſuite
la ville de Cyrene. Il fut élevé
par les Nymphes , qui lui apprirent
l'art de cailler le lait , celui de préparer
les ruches à miel , & la maniere
de cultiver les oliviers. Il épouſa
Autonoé , fille de Cadmus , & il
en eut Acteon & une fille nommée
Macris , qui eut ſoin de l'enfance de
Bacchus. Ariſtée devint auſſi paſſioné
pour Euridice , femme d'Orphée.
Il fut placé après ſa m. dans le Zodiaque
, où il eſt l'*Aquarius.* Ce que
M. Huet dit pour prouver qu'Ariſtée
eſt le même que Moïſe , eſt curieux
; mais ce n'eſt qu'une imagination.

ARISTÉE l'ancien , ſav. Géometre
, qui vivoit quelq. tems avant
Euclide , & dont les ouvrages ſont
perdus.

ARISTÉE , Officier de Ptolomée
Philadelphe , R. d'Egypte , fut envoïé
, dit-on , par ce Pr. à Jéruſalem ,
demander au gr. Prêtre Eleazar des
perſonnes intelligentes pour traduire
la loi des Juifs d'hébreu en grec ; ce
qui fut exécuté. C'eſt cette traduct.
qu'on appelle *la Verſion des Septante*
; mais il eſt conſtant , 1°. que
Ptolomée ne fit traduire que le Pentateuque
; 2°. que l'ouvr. qui nous
reſte ſous le nom d'Ariſtée eſt un
Livre fabuleux , compoſé par un Juif
Helleniſte d'Alexandrie , & non par
un Ariſtée païen & officier du Roi
Ptolomée.

ARISTÉE le Proconneſien , Poète
grec , que Tatien fait , mal à-propos
, plus ancien qu'Homere , vivoit
du tems de Cyrus & de Crœſus , vers
556 ans av. J. C. On lui attribue
un Poëme épique en trois Livres ſur
la guerre des *Arimaſpes* ou Scythes
Hyperboréens. Cet ouvr. s'eſt perdu.
Longin en rapporte ſix vers dans ſon
Tr. du ſublime , & Tzetzes ſix autres.
Suidas dit auſſi qu'Ariſtée avoit
fait un Livre en Proſe ſur la Théogonie
ou l'origine des Dieux. Cet

ouvr. n'est point parvenu jusqu'à nous. *Voy. Fabricius dans sa Biblioth. grec. tom.* 1.

ARISTENETE, auteur Grec du 5e si. dont nous avons des Lettres ingénieuses.

ARISTIDE, cél. Athénien, surnommé *le Juste*, florissoit à Athenes avec Themistocle, son Rival ; celui-ci le fit exiler par l'*Ostracisme*, en 483 av. J. C., mais Aristide aïant été rappellé peu de tems après, ne voulut jamais se joindre aux ennemis de Themistocle pour le faire bannir à son tour, rien ne pouvant l'écarter des régles de la modération & de la justice. Aristide porta les Grecs à se réunir contre les Perses, & se distingua aux fam. bat. de Marathon, de Salamine & de Plathée. Il établit ensuite un fond annuel de 460 talens, pour faire la guerre. Ce gr. homme mourut si pauvre, quoiqu'il eût eu le maniment des revenus de la Grece, que l'Etat fut obligé de payer ses funérailles, & de marier ses filles. Son petit fils Lysimachus, fils de l'une de ses filles, gagnoit sa vie à interpréter des songes dans un Carrefour.

ARISTIDE de Milet, fam. auteur Grec, souvent cité par les anciens.

ARISTIDE, (S.) Philos. Athénien, présenta à l'Emp. Adrien une excell. apologie pour les Chrétiens, vers l'an 125 de J. C.

ARISTIDE, (Ælius) cél. Orateur Grec, né en Mysie vers 129 de J. C. La meilleure édit. de ses ouv. est celle d'Oxford en grec & en lat. 2 vol. *in* 4.

ARISTIDE de Thebes, Peintre cél. contemporain d'Apelles, vers 300 av. J. C. On dit qu'il entreprit le prem. de peindre les mouvemens de l'ame, & de représenter les passions. Attale offrit jusqu'à 6000 sesterces d'un de ses tableaux.

ARISTIPPE de Cyrène, appellé l'*Ancien*, fam. Philos. Grec, disciple de Socrate & fondateur de *la Secte Cyrenaïq.* vers 396 av. J. C. faisoit consister le bonheur de l'homme dans la volupté. Il passa la plus gr. partie de sa vie à la Cour de Denys *le Tyran*, qui en faisoit grand cas, parceque ce Philos. se connoissoit si bien en ragouts, qu'au rapport de Lucien, les Cuisiniers du Pr. venoient prendre l'ordre de lui. Aristippe avoit la repartie fine, & l'esprit brillant. Un homme le poursuivant avec des injures, & lui criant, *Pourquoi fuis-tu ? C'est*, lui répondit Aristippe, *parceq. tu es accoutumé à dire du mal, & que je ne le suis pas à en entendre.* Denys le Tyran lui aïant reproché qu'on voïoit les Philos. à la porte des Gr. Aristippe répondit : *Les Médecins sont ordinairement chez les malades.* Un jour Denys lui aïant refusé quelque chose, Aristippe se jetta à ses genoux : & comme il vit que ce procédé surprenoit tout le monde, *C'est*, dit-il, *qu'il a les oreilles en cet endroit.* Aristippe *le Jeune*, son petit-fils, fut instruit dans la Philos. *Cyrenaïq.* par sa mere Areté, & en devint un des plus zélés défenseurs, vers 364 av. Jesus-Christ.

ARISTOGITON, fameux Athénien, qui, avec Harmodius, tua Hipparque, Tyran d'Athênes, vers 513 av. J. C. Les Athéniens lui éleverent une statue.

ARISTOMENE, Gén. des Messéniens, illustre par sa valeur & par sa vertu, se souleva contre les Lacédémoniens, & remporta sur eux de gr. avantages vers 685 av. J. C. Après plus. belles actions, il fut tué ; & lorsqu'on ouvrit son corps on lui trouva, dit-on, le cœur tout velu.

ARISTON, Roi de Lacédémone & fils d'Agasicles, vers 540 avant J. C. épousa une femme fort laide, qui devint, dit-on, la plus belle personne de son tems après son mariage. Quelqu'un lui aïant dit qu'un Roi devoit faire du bien à ses amis, & du mal à ses ennemis ; il répondit, *qu'il étoit bien plus séant à un Roi de conserver ses amis, & de savoir s'en faire de ses plus grands ennemis.* On lui demanda un jour combien il y avois de Lacédémoniens ; il répondit, *qu'il y en avoit autant qu'il en falloit pour repousser leurs Ennemis.*

ARISTON, de l'Isle de Chio, cél. Philof. appellé *Sirene*, fut difciple de Zénon vers 236 av. J. C. Il comparoit les raifonnemens des Logiciens aux toiles d'araignée, *toujours inutiles*, difoit il, *quoique faites avec beaucoup d'art.*

ARISTON, (Titus) habile Jurifconfulte Romain, fous Trajan.

ARISTOPHANE, Athénien, l'un des plus cél. Poètes comiques de la Grece, ennemi de Socrate & d'Euripide, florisfoit 436 av. J. C. Les Athéniens lui décernerent une couronne de l'*Olivier facré*, parcequ'il reprenoit les défauts de ceux qui gouvern. la Républiq. Il avoit compofé plus de 50 Comédies, dont il n'en refte qu'onze, remplies de cet efprit fin & délicat, qui caracterife le fel attiq. Ludolphe-Kufter en a donné une magnifiq. édit. en 1710 *in-fol.*

ARISTOPHANE de Byzance, difciple d'Eratofthene, & célébre Gram. vers 220 av. J. C.

ARISTOTE, très-cél. Philof. Grec, chef de la fecte des *Peripatéticiens*, naquit à Stagire 384 avant J. C. On dit que Nicomachus fon pere, tiroit fon origine d'Efculape. Ariftote donna d'abord dans le libertinage, & prit le parti des armes; mais il n'y réuffit point; ce qui le détermina à s'appliquer à la Philof. Il fut difciple non de Socrate qui étoit mort long-tems auparavant, mais de Platon. Ariftote fe livra à l'étude avec tant d'application, au rapport de Diogene Laërce, que pour réfifter à l'accablement du fommeil, il étendoit hors du lit une main, dans laquelle il avoit une boule d'airain, afin de fe reveiller au bruit qu'elle faifoit en tombant dans un baffin. Après la mort de Platon, 348 av. J. C. Ariftote fe retira à Atarne, où régnoit Hermias fon ancien ami. Ce Prince lui donna fa fœur, où, felon d'autres, fa fille ou fa petite-fille Pythias en mariage. Ariftote fut fi tranfporté d'amour pour elle, qu'il lui offrit des facrifices. Quelques années après, Philippe le choifit pour être Précepteur d'Alexandre *le Grand*. Ariftote fut huit ans auprès de ce Prince, & fe retira enfuite à Athênes, où il établit fa nouvelle école. Les Magiftrats lui donnerent le *Lycée*, où il philofophoit en fe promenant avec fes difciples, d'où la fecte fut appellée la fecte des *Peripatéticiens*. C'eft alors qu'Alexandre lui ordonna de s'appliquer à l'hiftoire des animaux; il lui envoïa pour fournir à la dépenfe de cette étude, 800 talens, fomme prodigieufe ! & lui donna un grand nombre de chaffeurs & de pêcheurs pour travailler fous fes ordres; cependant Eurymedon Prêtre de Cerés, accufa Ariftote d'impiété. Celui ci craignant le même fort que Socrate, fe retira à Chalcis, où il mourut 322 av. J. C. à l'âge de 63 ans. Les uns difent qu'il s'empoifonna, d'autres qu'il mourut d'une coliq. & d'autres enfin qu'il fe précipita dans l'Euripe, chagrin de n'avoir pu trouver la caufe de fon flux & reflux, ce qui n'eft pas vraifemblable. Il laiffa de Pythias une fille, qui fut marié à un petit-fils de Demaratus Roi de Lacédémone. Il eut d'une Concubine un fils, nommé Nicomachus, auquel il adreffa fes Livres de Morale. Ariftote eut beaucoup de part dans les intrigues de la Cour de Philippe & d'Alexandre. La Philof. ne le rendoit point farouche. Il étoit bien mis, honnête, tendre & généreux ami; quelqu'un lui aïant demandé ce que c'étoit qu'un bon ami, il répondit que *c'étoit une ame dans deux corps.* Ariftote a compofé un grand nombre d'ouv. Les plus eftimés font fa Dialect. fa Morale, fon Hiftoire des animaux, fa Poétique & fa Rhétorique. Le nombre de fes Commentateurs anc. & modernes eft incroïable. Pour favoir ce qui concerne les ouvrages de ce Philof. on confultera Launoi, *De variâ Ariftotelis fortunâ*; & Patricius dans fon Liv. intit. *Peripatéticæ difcuffiones.*

ARISTOTE, Architecte c él. dans

le quinz. si. étoit de Bologne, de la famille des Alberti. On rapporte qu'il savoit transporter une Tour de pierre toute entiere d'un lieu à un autre.

Il y a eu plus de trente Aristotes, *voiez* JONSIUS de Hist. Perip.

ARISTOTIME, Tyran d'Epire, après avoir commis de gr. cruautés, fut tué par Hellanicus.

ARITOXENE de Tarente, cél. Philos. environ 324 av. J. C. Il nous reste de lui *des Elémens harmoniques*, que Meursius a fait impr. avec des remarques.

ARIUS, fam. héréfiarq. chef de l'Arianisme, étoit de Libye, & selon d'autres, d'Alexandrie. Après la mort d'Achillas Evêq. de cette ville, Arius indigné de n'avoir point été élu pour lui succéder, s'éleva contre la Doctrine Catholique, & publia que J. C. n'étoit pas Dieu, mais une pure créature. S. Alexandre, Evêque d'Alexandrie le condamna; mais Eusebe, Evêq. de Nicomédie, prit hautement sa défense. Arius fut encore condamné en plus. Conc. & dans celui de Nicée en 325. Après deux ans d'exil, il fut rappellé à Constantinople par les intrigues des Eusebiens, & présenta à Constantin une Confession de foi, composée avec beaucoup d'artifice : ce qui appaisa l'Emp. De retour à Alexandrie, S. Athanase qui avoit succédé à S. Alexandre, refusa de le recevoir à la Communion. Arius se retira, & assista en 335 au Concile de Tyr, tenu contre S. Athanase. Il retourna encore à Alexandrie pendant l'absence de S. Athanase, mais le peuple refusa de le recevoir à la Communion; ce qui excita de gr. troubles. Constantin en étant averti, fit ordonner à Arius de venir à Constantinople. L'Emp. lui demanda s'il suivoit la foi de Nicée; Arius le lui assura avec serment, & lui présenta une nouvelle Confession de Foi. Constantin persuadé que le retour d'Arius étoit sincere, fit commander à S. Alexandre Evêque de Constantinople de l'admettre à sa Communion. Ce S. Evêque eut recours à la priere; & se prosternant au pied des autels, il demanda à Dieu ou de l'ôter du monde, ou d'empêcher que cet héréfiarque ne fût reçu dans l'Eglise. Sa priere fut exaucée : car pendant que les Ariens menoient Arius en triomphe à l'Eglise, en passant dans une place de Constantinople, il se sentit tout d'un coup pressé de quelq. nécessités naturelles : & entrant dans un lieu écarté pour se soulager, il y m. en rendant, dit-on, les intestins en 335. Telle fut la mort de ce fameux héréfiarque dont les erreurs ont causé de si gr. troubles dans l'Eglise. Il avoit mis ses erreurs en vers dans une piece intitulée, *Thalie*, nom emprunté d'une piece de Sotade, Poète Egyptien, libre & efféminé. L'intention d'Arius étoit de faire chanter cette piece impie par les jeunes gens dans les festins : mais elle fut condamnée par l'Eglise.

ARMACH ou ARMACHANUS, *voyez* RICHARD D'ARMACH.

ARMAGNAC, (Jean d') Card. étoit fils naturel de Jean II Comte d'Armagnac, & frere de Jean III & de Bernard, Connétable de Fr. Il fut fait Archevêque d'Auch par le Pape Clément VII, en 1391, puis Conseiller d'Etat en 1401 par le Roi Charles VI, & enfin Cardinal par Pierre de Lune en 1409. Il m. peu de tems après. Il ne faut pas le confondre avec Georges d'Armagnac, cél. Cardinal, Archev. de Toulouse, puis Collégat, & Archevêque d'Avignon, qui étoit fils de Pierre, bâtard de Charles d'Armagnac, Comte de l'Isle-en-Jourdain. Il fut élevé avec soin par le Card. d'Amboise, son parent, & devint Evêq. de Rhodez, & Ambassadeur à Venise, puis à Rome, où le Pape Paul III le fit Card. en 1544. De retour en France, il fut fait Conseiller d'Etat, & se trouva au Colloque de Poissy. Il devint ensuite Archev. de Toulouse, puis d'Avignon, où il fonda le Couvent des Minimes, & où il m. le 21 Juillet 1585, à 85 ans. Il étoit zélé pour la Relig. Catholique, & gr. Protecteur des Lettres & des Sav. Il en avoit toujours plus. chez lui, & se faisoit un vrai plaisir de s'entretenir avec eux, & de les avancer à la Cour du Roi François I.

ARMAGNAC, (Jean d') Maréchal de France, Seigneur de Gourdon, Chevalier & Chambellan du Roi Louis XI, étoit fils naturel de Jean IV, Comte d'Armagnac. Il fut l'un des principaux favoris de Louis XI, qui lui donna le Gouvern. du Dauphiné, & m. en 1471.

ARMAND DE BOURBON, Prince de Conti, Comte de Pezenas, Gouverneur de Guienne, puis de Languedoc, &c. & l'un des Princes qui s'est le plus distingué par sa vertu & par sa piété, étoit fils d'Henri II, Prince de Condé, & de Charlotte-Marguerite de Montmorenci. Il naquit à Paris le 11 Octobre 1629. Etant destiné par son pere à l'Etat Ecclésiastique, il fut élevé avec soin dans les Sciences, & on lui donna les Abbaïes de S. Denis, de Clugny, de Lerins & de Molême ; mais il quitta dans la suite ces Abbaïes pour suivre les Armes, & fut fait Gouv. de Guienne en 1654, puis Général des Armées du Roi en Catalogne, où il prit Ville-Franche, Puycerda & Châtillon en 1655. Il devint ensuite Grand-Maître de la Maison du Roi, & Gouverneur de Languedoc en 1662. Il m. à Pezenas le 21 Fév. 1666. On a sous son nom quelques ouvr. remplis de sentimens d'une éminente piété. Il laissa de Marie Martinozzi, son épouse, niéce du Card. Mazarin, deux fils, savoir, Louis-Armand de Bourbon, Prince de Conti, mort de la petite vérole le 9 Nov. 1685, après avoir donné de gr. espérances de son mérite & de sa valeur ; & François-Louis de Bourbon, Pr. de la Roche-sur-Yon, qui prit le nom de Prince de Conti après la mort de son frere. Il marcha glorieusement sur les traces de ses ancêtres, s'acquit beaucoup de réputation au siège de Luxembourg en 1684, dans la Campagne de Hongrie en 1685, à la bat. de Fleurus

en 1690, au combat de Steinkerke en 1692, à la bat. de Nerwinde eu 1693, &c. Il m. à Paris le 22 Février 1709.

ARMELLE, (Nicole) fille cél. par sa piété, n'étoit qu'une simple servante née à Campeneac, Dioc. de S. Malo, en 1606. Sa vie composée par une Religieuse Ursuline de Vannes, a été redonnée au public par M. Poiret en 1704, sous ce titre : l'Ecole du pur amour de Dieu. On y dit qu'Armelle s'imaginoit voir les diables sous des figures horribles, & qu'elle croïoit sentir leur puanteur ; mais qu'enfin elle fut pénétrée de l'amour divin. » Par fois ( dit-on » dans cette vie ) elle serroit & em- » brassoit si fort ce qu'elle rencon- » troit en son chemin, comme des » pilliers, des colomnes de lit & » autres choses semblables, qu'il » sembloit qu'elle se les voulût in- » corporer, leur disant : Est-ce point » vous qui tenez caché le bien-aimé » de mon cœur ? » En disant ces paroles, elle fondoit en larmes. Enfin Armelle fut consumée d'un amour si ardent, qu'elle en tomba malade, & en mourut à Vannes le 24 Octobre 1671.

ARMINIUS, (Jacques) fameux Théol. Protestant, chef de la secte des Arminiens ou Remontrans, naquit à Oude-Water en 1560. Il lia amitié avec Théodore de Beze, fut Ministre à Amsterdam, & ensuite Professeur de Théolog. à Leyde en 1603. Ses leçons sur la Prédestination, la Grace & le Libre-arbitre, excitèrent de gr. troubles. Arminius fut cité à la Haye, où il alla rendre raison de sa doctrine ; mais les brigues l'accablèrent tellement qu'il mourut le 19 Octob. 1609, laissant un grand nombre de disciples, & plus. ouvr. pour défendre sa Doctrine. Cependant ses défenseurs furent condam. au Synode de Dordrecht ; on en fit même mourir quelq. uns ; mais on les tolere à présent dans toute la Hollande.

ARNAUD de Bresce en Italie, fam. hérétique du douz. si. disciple d'Abailard, prit l'habit de Moine,

& se fit chef de parti, soutenant que les Evêq. & les Moines qui jouissoient de quelques terres, ne pouvoient être sauvés ; & que les biens Ecclésiastiques appartenoient aux Princes. Cette nouvelle doctrine lui attira un gr. nombre de libertins, qui vouloient s'emparer des biens du Clergé. On fut obligé de les repousser par les armes, & on les condamna dans le Conc. de Latran sous Innocent II, en 1139. Arnaud se retira dans les montagnes de Suisse, où ses disciples le suivirent. Il alla ensuite à Rome en 1141, fit chasser le Pape & les Eccles. & voulut faire rétablir le Sénat ; mais il fut pendu & brûlé par ordre d'Adrien IV, en 1155.

ARNAUD de villeneuve, cél. Médecin, apprit les langues grecq. hébraïq. & arab. & n'oublia rien pour se perfectionner dans les sciences. Sa passion pour l'Astrologie lui fit publier follement que la fin du monde arriveroit vers le milieu du treiz. si. mais il survécut lui-même à sa prédiction. Quelq. tems après, il enseigna que les œuvres de miséricorde étoient préférables au sacrifice de la Messe ; & que c'étoit une chose blâmable d'établir des Ordres Religieux ; ce qui le fit condamner par l'Université de Paris. Arnaud se retira en Sicile, où le Roi le reçut très bien, & le renvoïa en France pour traiter avec le Pape Clement V. Arnaud fit naufrage sur la côte de Gênes vers 1313. Ses ouvr. ont été impr. à Lyon en 1520, & à Bâle en 1585, in fol. On lui a faussement attribué le Livre imaginaire de Tribus impostoribus.

ARNAULD, (Antoine) fils aîné d'Antoine Arnauld, Capitaine de Chevaux-legers, & ensuite Procureur & Avocat-général de la Reine Catherine de Médicis, se fit recevoir Avocat au Parlement de Paris, où il se distingua par son éloquence & par sa probité. Henri IV & le Duc de Savoye voulurent l'entendre dans une cause cél. Son Plaidoyer contre les Jésuites en faveur de l'Univ. de Paris en 1594, & son pet. Liv.

intit. Le franc & véritable discours, contre le rappel des Jésuites en Fr. sont très connus. Il eut de Catherine Marion, fille de l'Avocat-général, 20 enfans, & m. le 29 Déc. 1619 à 59 ans. Quoiq. ennemi de la Ligue, il n'avoit jamais été de la Religion prétendue réformée.

ARNAULD d'Andilly, (Robert) fils aîné du précédent, naquit à Paris en 1588, & fut produit fort jeune à la Cour, où il s'acquit beauc. de réput. dans des emplois importans. Jamais homme ne fut plus estimé des Grands, & n'emploïa mieux son crédit. A l'âge de 55 ans, il se retira à Port-Roïal des Champs. C'est-là qu'il fit les excellentes Traductions que nous avons de lui. Les plus applaudies sont celles des *Confessions de Saint Augustin* : de l'*Histoire de Joseph* : des *Œuvres de Ste Therese*, & de celles *du B. Jean d'Avila* : de plus. *Vies des Peres du desert* : de *S. Jean Climaque*, &c. Nous avons encore de M. Arnauld d'Andilly, quelques ouvr. en vers sur des sujets de piété. Il m. le 27 Sept. 1674, âgé de 86 ans.

ARNAULD, (Simon) Marquis de Pompone, cél. Ministre d'Etat, étoit fils de M. Arnauld d'Andilly. Dès l'âge de 23 ans, il fut emploïé en diverses négociations. Il conclut en Italie plus. Traités, fut Intend. des armées du R. à Naples & en Catalogne, & Ambassad. extraordin. en Suede en 1665. Il fut ensuite envoïé, avec la même qualité, vers les Etats Génér. des Prov. Unies. Il retourna en Suede en 1671, & il y conclut un Tr. important. Le R. le fit revenir la même année, & lui confia l'emploi de Ministre & de Secrét. d'Etat pour les affaires étrangeres : mais il fut disgracié pendant quelque-tems, & ensuite rétabli. Il m. le 26 Sept. 1699, âgé de 81 ans ; après s'être rendu illustre par sa probité, par l'étendue de son génie, & par sa capacité dans les affaires. Il avoit épousé en 1660, Catherine Ladvocat, fille de Nicolas Ladvocat, Maître des Comptes, dont il eut plus. enfans distingués.

On a de lui la négociation de sa prem. Ambassade de Suede, & plus. autres ouv.

ARNAULD, (Henri) fils d'Antoine & frere de M. Arnauld d'Andilly, naquit à Paris en 1597. Il fit dans sa jeunesse un voïage à Rome avec le Cardin. Bentivoglio : dans ce voïage, il fut pourvu de l'Abbaïe de S. Nicolas ; il devint ensuite Chanoine, Archidiacre & Doïen de Toul. Pendant sa résidence en cette Ville, le Chapitre qui avoit conçu pour lui une gr. estime, l'élut tout d'une voix pour son Evêq. en 1637. Le Roi lui donna le même Evêché ; mais sur les contestations arrivées touchant le droit d'élire, l'Abbé de S. Nicolas remercia. En 1645, sa Majesté l'envoïa à Rome, où il s'acquit beaucoup de réput. par ses négociations. Il soutint avec prudence & fermeté les intérêts du R. & ceux de la Maison Barberine. A son retour en Fr. il fut nommé à l'Ev. d'Angers en 1649. Il ne sortit qu'une seule fois de son Dioc. pour conférer sur la Relig. avec le Prince de Tarente, qu'il eut le bonheur de convertir, & de réconcilier avec le Duc de la Tremouille son pere. En 1652, il calma la Reine mere irritée de la révolte de la ville d'Angers. Il assistoit les pauvres avec une charité peu commune. Levé à deux heures du matin, après avoir donné quelque-tems à la priere & à la lecture de l'Ecriture-Sainte, il assistoit à Matines avec ses Chanoines. Son travail étant continuel, quelqu'un lui proposa de prendre un jour de la semaine pour se reposer : *Je le veux bien*, répondit-il, *pourvu que vous me donniez un jour où je ne sois pas Evêque*. Il soutint avec fermeté les droits de la Jurisdiction Episc. contre les Reguliers, & Alexandre VII condamna quelques-unes de leurs propositions. Il fut un des quatre Evêques qui après avoir refusé de signer purement & simplement le Formulaire, déclarerent ensuite, qu'ils y souscrivoient sincerement, & se réconcilierent ainsi avec le Pape Clément IX, par la média-

tion de M. d'Etrées, depuis Cardinal. Il m. à Angers le 8 Juin 1692, âgé de 95 ans. Ses négociations à la Cour de Rome & en différ. Cours d'Italie, ont été imprim. à Paris en 1748, en 5 vol. in-12. Il s'y trouve des choses curieuses & intéressantes.

ARNAULD, (Antoine) Doct. de la Maison & Société de Sorbonne, cél. par sa vaste érudition, étoit fils d'Antoine Arnauld, & frere de M. d'Andilly & de M. l'Evêque d'Angers. Il naquit à Paris le 6 Févr. 1612. Aïant achevé ses Humanités & sa Philos. au Collége de Calvi, il prit les leçons sous M. de Lescot, Professeur de Théologie en Sorbonne, qui dictoit le Tr. de la Grace ; mais il s'éleva dès lors contre les sentimens de son Professeur. Etant entré en licence sans avoir été reçu de la Société de Sorbonne, & ne pouvant plus y être admis, selon les regles ordinaires, la Société demanda au Cardinal de Richelieu son Proviseur, qu'il y fût reçu extraordinairement, à cause de son rare mérite ; ce qui lui fut accordé dans la suite. Il prit le bonnet de Doct. le 19 Sept. 1641, & publia la même année, le Livre *de la fréquente Communion*, qui fit grand bruit. Les disputes qui s'allumerent ensuite sur la Grace, lui firent produire un gr. nombre d'ouvr. surtout pour la défense de Jansénius, dont il fut toute sa vie un zélé défenseur. Deux Lettres qu'il écrivit à M. le Duc de Liancour, sur l'Absolution, exciterent de nouveaux troubles. Deux propositions extraites de la seconde de ces Lettres, furent déférées en Sorbonne, l'une de droit, que *les Peres nous montrent un juste en la personne de S. Pierre, à qui la Grace, sans laquelle on ne peut rien, a manqué dans une occasion où l'on ne peut pas dire qu'il n'ait point péché.* L'autre de fait, que *l'on peut douter que les cinq Proposit. condamnées par Innocent X & par Alexandre VII, comme étant de Jansénius, Evêq. d'Ypres, soient dans le Livre de cet Auteur.*

Ces deux Propositions furent cenfurées en Sorbonne le dernier Janvier 1656; & l'on obligea tous les Doct. qui feroient reçus dans la fuite, de foufcrire à cette cenfure. M. Arnauld n'aïant pas voulu reconnoître qu'il s'étoit trompé, fut exclus de la Faculté de Théologie, & fe renferma pendant 25 ans. Ce fut durant cette retraite qu'on vit fortir de fa plume ce gr. nombre d'ouv. fur différentes matieres : Grammaire, Géométrie, Logique, Méthaphyfique, Théolog., car toutes ces fciences étoient de fon reffort. Il revint enfuite à Paris, & fe donna tout entier à écrire contre les Calviniftes; mais les vifites nombreufes qu'il recevoit aïant caufé de l'ombrage, il fortit du Roïaume & fe retira dans les Païs-Bas, où il continua de publier un grand nombre d'écrits. A l'âge de 80 ans, il apprit par cœur les Pfeaumes, afin d'avoir de quoi s'occuper le refte de fa vie, en les méditant & en les récitant, s'il fe trouvoit hors d'état de continuer fes travaux. Il m. à Bruxelles dans le Fauxbourg de Loo, le 8 Août 1694, après avoir reçu les Sacremens de la main de fon Curé. Santeuil, Racine, Boileau, lui firent chacun une épitaphe. Les ouvrages de M. Arnauld, qui montent à plus de 100 volumes, font 1°. des Livres de Belles-Lettres & de Philofophie, dont les plus eftimés font, *la Grammaire générale & raifonnée*; les Elémens de Géométrie; l'Art de penfer, en partie; Réflexions fur l'Eloquence; Objections fur les Méditations de M. Defcartes; les Traités des vraies & des fauffes idées, contre le Pere de Mallebranche : 2°. Des ouvr. Polemiq. contre les Calviniftes, dont les plus célèbres font, *la perpétuité de la Foi*, qu'on lui attribue en partie, & fur laquelle il reçut des Lettres de complimens des Papes Clement IX, Clement X, & Innocent XI; l'*Apologie* pour les Catholiques d'Angl. contre le Miniftre Jurieu; le renversement de la Morale des Calviniftes par leur Doctrine touchant la juftification, & plufieurs autres ouvr. fur le même

fujet : 3°. Pluf. ouvr. fur les matieres de la Grace, avec deux Apologies pour Janfénius : 4°. Deux vol. pour la défenfe du nouv. Teft. de Mons, contre M. Mallet : 5°. Plufieurs ouvr. fur la Pénitence & la fréquente Communion : 6°. Enfin, pluf. vol. de la Morale pratique des Jéfuites; & quantité d'écrits contre la Morale des Cafuiftes relâchés.

Tous ces ouvr. font écrits avec feu, avec efprit, & avec éloquence; le ftyle en eft gr. & noble, & il paroît dans tous une fcience & une érudition profondes. Ce qui a fait dire à M. Boileau, en parlant de M. Arnauld, qu'il eft *le plus fav. mortel qui jamais ait écrit*. On lui reproche néanmoins trop de vivacité dans fon ftyle, & fur-tout de n'avoir jamais voulu reconnoître qu'il s'étoit trompé dans la défenfe des écrits de Janfénius, quoique pluf. Papes, le Clergé de France, la Sorbonne, & l'Eglife même les euffent condamnés.

ARNAULD, (Angélique) fœur de M. Arnauld le Doct. & Abbeffe de Port-Roïal-des-Champs, Ordre de Cîteaux, mit la réforme dans fon Abbaïe à l'âge de 17 ans. Elle paffoit pour un prodige d'efprit, de favoir & de vertu. On la choifit pour réformer l'Abbaïe de Maubuiffon. Elle transfera fon Monaftere des Champs à Paris, & obtint du Roi, que dorénavant l'Abbeffe feroit élective & triennale. Quatre de fes fœurs, outre la mere Agnès, fe firent Relig. dans ce Monaftere, où elles menerent une vie exemplaire; mais elles refuferent la fignature pure & fimple du Formulaire. La mere Agnès a compofé l'*Image de la Religieufe parfaite & imparfaite*, impr. à Paris en 1665. On lui attribue encore, *le Chapelet fecret du S. Sacrement*, pet. ouvr. imprimé en 1663, qui fut accufé d'erreur par quelques Docteurs, & défendu par l'Abbé de S. Cyran.

ARNDT, ARNDTIUS, (Jean) cél. Théol. myftique, Proteftant, naquit à Ballenftad dans le Duché d'Anhalt, en 1555. Il fut fucceff-

vement Minirtre en pluf. lieux, &
enfuite à Brunfwic, où aïant effuïé
de gr. traverfes, il fe retira à Ifleb.
En 1611 Georges, Duc de Lunebourg, qui avoit une haute idée de
fa fainteté, le fit Surintendant de
toutes les Eglifes de fon Duché.
Arndt m. le 11 Mai 1621. Il a compofé en Allem. un ouvr. fameux,
intit. *du vrai Chriftianifme*, qui a
été traduit en Latin, en François,
par Samuel de Beauval, & en pluf.
autres langues. Il y défend la néceffité des bonnes œuvres. Luc Ofian-
der Théologien de Tubinge, & gr.
ennemi d'Arndt, a écrit contre lui
dans fon ouv. intit. *Judicium Theologicum.*

ARNISÆUS, (Henningus) na-
tif d'Harbelftad, & Profeffeur en
Méd. dans l'Académ. de Helmftad,
fav. Philof. & hab. Méd. au 17e
fi. Il avoit voïagé en Fr. & en Angl.
Il m. en 1633. On a de lui un gr.
nombre d'ouvr. fur la Politiq., la
Philof. & la Méd. Les plus eftimés
font ceux de Politiq. Il y foutient
que l'autorité des Pr. ne doit jamais
être violée par le peuple.

ARNOBE, l'ancien (*Arnobius*)
Auteur du 3e fi., Profeffeur de Rhétorique à Sicca vers 297, & maître
de Lactance, étoit Africain. Aïant
embraffé le Chriftianifme, il compofa un ouvr. contre les Gentils.
Son ftyle eft véhément & plein d'é-
nergie, comme le ftyle des Africains; mais obfcur & embarraffé.
Il detruit folidement la Religion
des Païens, mais il n'établit pas fi
bien celle des Chétiens. Il faut même lui pardonner quelques erreurs,
aïant écrit avant fon Baptême. Tritheme lui attribue auffi un Comment. fur les Pf.; mais cela ne peut-
être, puifqu'il y eft parlé de l'héréfie de Photin. Ce Comment. eft
d'Arnobe *le jeune*, Prêtre Fr. & Sé-
mipélagien vers 460.

ARNOLD MELCHTAL d'Un-
derwal, outré des injures faites à
fon pere, réfolut avec Guill. Tell
& 2 autres, en 1307, de mettre fon
païs en liberté, en le tirant de l'efclavage des Gouverneurs de l'Emp.

C'eft par la valeur de ces 4 hommes
que furent jettés les fondemens de la
République des Suiffes.

ARNOLD, (Godefroi) Miniftre
de Perleberg, fut l'un des plus zelés
défenfeurs des *Piétiftes*, fecte Proteftante d'Allem., qui fe pique d'une
plus gr. régularité que les autres. Il
a compofé en Allem. un gr. nombre d'ouvr. Celui qui a fait le plus
de bruit, eft fon *Hift. de l'Eglife &
des Héréfies*. Il m. en 1714.

ARNOLDUS, (Nicolas) célèbre
Miniftre Proteftant & Profeffeur de
Théolog. à Franeker, né à Lefna en
1618, fe diftingua par fes Prédications. Il m. en 1680, après avoir
publié divers ouvr. de Théol.

ARNOUL, fils de Carloman,
Roi de Baviere, fut élu Empereur à
Tribur en 887. Il réprima les Efcla-
vons, chaffa les Normands de la
Lorraine, prit Bergame, puis Rome,
où il fut couronné par le Pape For-
mofe en 896. Il fut empoifonné par
ordre de la Ducheffe de Spolette, &
m. de la maladie pédiculaire le 24
Nov. 899.

ARNOUL, (S.) Evêque de Metz
en 614, après avoir exercé de grands
emplois dans le Roïaume d'Auftrafie, quitta la Cour & fon Evêché
pour mener une vie folitaire dans
les deferts de Vofge. Un de fes amis
écrivit fa vie. M. Arnauld d'Andilli en a donné une excellente Traduction. S. Arnoul avoit eu de *Dode*
fa femme, Anchife, pere de Pepin
Hériftel, qui fut pere de Charles
Martel, dont on dit que les R. de la
feconde Race font defcendus.

ARNOUL, Evêque de Lifieux au
12e fi. prit hautement la défenfe du
Pape Alexandre III, & favorifa S.
Thomas de Cantorberi. Il mourut à
l'Abbaïe de S. Victor de Paris le 31
Août 1182. On a de lui des Lettres
écrites avec beauc. d'efprit & d'élégance: elles contiennent des particularités remarquables fur l'Hiftoire
& la difcipline de fon tems.

ARNOUL de Lens, ou *Lenfei*,
Méd. & Mathématicien cél. du 16e
fi. étoit natif de Belliolana, petit
village près d'Ath, dans le Hainaut.

Il devint Médecin du Czar ou gr. Duc de Moscovie, & périt à Moscou, lorsque cette ville fut prise & brûlée par les Tartares en 1575. On a de lui une Introduction aux Elémens d'Euclide en latin. Jean de Lens son frere, Doct. de Louvain, s'est rendu cél. par ses ouvrages de Théologie.

ARNULPHE, Evêque de Rochester, au 12e si. On a de lui un Livre sur ce qui concerne son Eglise, appellé *Textus Roffensis*, & quelques autres ouvrages. Il m. en 1114, âgé de 84 ans.

ARON RASCHID, voy. AARON.

ARONCE, ou ARUNS, frere de Tarquin *le Superbe*, épousa *Tullia*, fille de *Servius Tullius*. Cette Princesse cruelle & ambitieuse s'étant défait de son mari, épousa Tarquin vers 536 avant J. C. Il y a un autre Aronce, fils de Tarquin le Superbe & de la cruelle Tullia, qui fut tué par Brutus environ 500 av. J. C.

ARONDEL, voïez ARUNDEL.

ARPAJON, ( Louis D. d' ) Marquis de Séverac, Comte de Rodez, Général des armées du Roi, & Ministre d'Etat, se signala dans plus. campagnes par sa valeur. Il alla volontairement au secours de l'Isle de Malte 1645, lorsque les Turcs se préparoient à l'attaquer. Il fut élu Chef des Conseils du gr. Maître, & Généralissime des armées de la Religion. Il pourvut si bien à la sûreté de l'Isle, que par reconnoissance, le gr. Maître & l'Ordre lui accorderent ce privilege singulier pour lui & ses descendans aînés, qu'un de leur fils, au choix du pere, seroit Chevalier en naissant, & gr. Croix à l'âge de 16 ans. Louis d'Arpajon étant retourné en Fr. fut envoïé Ambassadeur extraordinaire en Pologne. Louis XIV le fit Duc en 1651. Il m. à Séverac en 1679. Ce privilege, après l'extinction des mâles, vient d'être continué à la fille du dernier de cette Maison, qui a épousé le Comte de Noailles, & sera perpétuel pour les filles au défaut des garçons.

ARPHAXAD, fils de Sem & petit-fils de Noé, naquit deux ans après le déluge. Les Septante lui donnent pour fils Caïnan.

ARPINO, ( Joseph ) cél. Peintre Romain, né en 1560, fut aimé du Pape Clement VIII, & m. en 1640 à 80 ans.

ARRIAGA, ( Roderic d' ) savant Jés. Esp. né à Lucrone le 17 Janv. 1592, passa en Bohême en 1624, y régenta la Théol. & fut Chancelier de l'Univ. Il mourut à Prague le 17 Juin 1667. Il a publié plusieurs ouvrages : les principaux sont, 1°. *un Cours de Philosophie, in-fol.* dans lequel il justifie les nouvelles découvertes en matiere de Philosophie. 2°. Huit tom. *in-fol.* de Théologie. C'est un des plus subtils & en même-tems des plus obscurs scholastiques.

ARRIE, ( *Arria* ) Dame Romaine d'un courage héroïque. *Cæcinna Pætus* son mari, s'étant attaché à Scribonien qui avoit soulevé l'Illyrie contre l'Emp. Claude, fut pris & mené à Rome par mer. Arrie sachant qu'il n'y avoit aucune espérance de sauver la vie à son époux, & voïant qu'il n'avoit pas le courage de se tuer, prit un poignard, se l'enfonça dans le sein, & le présentant à son mari, *Tiens*, dit-elle, *Pætus, il ne m'a point fait de mal.* Cette action détermina Pætus à se donner aussi la mort. Martial en a fait le sujet d'une belle épigramme.

ARRIEN, Poëte sous les Emp. Auguste & Tibere. On lui attribue deux Periples ou descriptions Géographiques, l'une du Pont-Euxin, & l'autre de la mer Rouge ; mais ces deux ouv. sont plus récens.

ARRIEN, cél. Philos. & Histor. sous les Emp. Adrien, Antonin & Marc-Aurele, étoit de Nicomédie. Sa science & son éloquence le firent regarder comme un second Xénophon, & l'éleverent aux dignités les plus considér. de l'Empire, & même au Consulat. Nous avons de lui 4 Liv. d'observations sur Epictete, dont il avoit été disciple, & 7 Livres de l'Histoire d'Alexandre

le

le *Grand*, estimés des connoiſſeurs.

**ARRINGHTON**, *voïez* HAR-
RINGHTON.

**ARROWSMITH**, ( Jean ) ſav.
Anglois de la Religion Anglicane &
Profeſſeur à Cambridge en 1660,
eſt Auteur de pluſ. bons ouvr. On
eſtime ſurtout ſa *Tactique ſacrée*.

**ARSACES** I, Roi des Parthes,
environ 250 avant J. C. Ses ſucceſſeurs furent appellés *Arſacides*.

**ARSACES**, R. Catholique d'Arménie, qui mena du ſecours à Julien l'Apoſtat contre les Perſes.
Après la mort de Julien, Arſaces
combattit les Perſes avec aſſez de
bonheur ; mais Sapor l'attira ſous
prétexte d'alliance, & lui aïant crevé les yeux, le fit mourir en 369.
Arſaces eſt auſſi le nom de quelques
Génér. d'Alex. *le Gr.*

**ARSACIUS**, ( S. ) Moine de Nicomédie, étoit Perſan. Il prédit la
ruine de Nicomédie, qui arriva en
358 par un tremblement de
terre. Ce S. homme fut trouvé m.
de douleur dans une tour de cette
Ville.

**ARSENE**, ( S. ) *Arſenius*, Diacre
de l'Egliſe Romaine, illuſtre par ſa
naiſſance & par ſa piété, fut Précepteur d'Arcadius. Théodoſe père
de ce Pr., voïant un jour qu'Arſené faiſoit debout la leçon à Arcadius, & que celui-ci étoit aſſis, ôta
à ſon fils les ornemens impériaux,
contraignit Arſené de s'aſſeoir en ſa
place, & ordonna à Arcadius de
recevoir ſes leçons debout & tête
nue, répétant ſouvent ces belles paroles : *Que ſes enfans ſeroient vé-*
*ritablement dignes de l'Empire,*
*quand ils ſauroient joindre la Pieté*
*avec la ſcience.* Arſené ſe retira dans
le déſert de Scethé à l'âge de 40 ans,
& y m. en 445 à 95 ans.

**ARSENE**, Evêque d'Hypſele,
dans la Thébaïde. Les Arriens accuſerent S. Athanaſe de l'avoir fait
m., & enſuite de lui avoir fait couper la main ; mais ils furent couverts de confuſion, lorſqu'Arſené,
qui étoit rentré dans la comm. de S.
Athanaſe, leur fit voir ſes 2 mains.

*Tome I.*

**ARSENE**, Moine du mont Athos,
& Patriarche de CP. en 1257. On a
de lui un *Nomocanon* eſtimé.

**ARSENS**, *voïez* AARSENS.

**ARSES**, le plus jeune des fils
d'Artaxerxes Ochus, R. de Perſe,
regna après lui & fut empoiſonné
par Bagoas. Darius Codoman lui
ſuccéda.

**ARSINOÉ**. Il y a pluſ. Princeſſes de ce nom ; une mariée à Ptolo-
mée-Philadelphe ſon frere ; une autre épouſe de Magas, R. de Cyrene ;
une troiſieme, ſœur de la premiere,
& femme de Lyſimachus, Roi de
Macédoine & de Thrace. Elle épouſa enſuite Ptolomée Ceraune, qui la
relegua dans l'Iſle de Samothrace,
par la plus noire trahiſon. Enfin
Arſinoé ſœur de Cléopâtre.

**ARSLAN ALP**, *voyez* ALP-
ARSLAN.

**ARTABAN**, Prince Perſan, ill.
par ſa ſageſſe & par ſa prudence. Il
n'étoit point d'avis que Darius Roi
de Perſe ſon frere, fît la guerre aux
Scythes, ni que Xercès entreprît ces
fam. expéditions qui furent ſi fatales à la Perſe. Il ne faut pas le confondre avec Artaban, Capitaine des
Gardes & aſſaſſin de Xercès. Il y a
eu auſſi 4 Rois des Parthes, appellés
*Artaban*.

**ARTABASE**, fils de Pharnaces,
Command. des Parthes dans l'expédition de Xercès, eſcorta le Roi
ſon maître juſqu'à l'Helleſpont avec
60000 hommes d'élite. Après la bat.
de Salamine & après celle de Platée,
où Mardonius s'étoit engagé contre
ſon avis, il fit une belle retraite &
repaſſa en Aſie avec 40000 hommes
qu'il commandoit.

**ARTABASE**, fils de Pharnabaze
& gendre d'Artaxercès Mnémon,
fit la guerre à Ochus ſon Roi, env.
356 avant J. C. & défit une armée
de 70000 hommes. Dans la ſuite il
obtint ſa grace & revint en Perſe,
où il ſervit Darius contre Alexandre *le Grand.* Après la mort de Darius, il ſe préſenta à Alexandre ; ce
Conquérant lui fit beaucoup de careſſes ; & Artabaſe alors âgé de 95
ans, avoit à ſes côtés neuf fils, tous

bien faits, qu'il préfenta à Alexandre.

**ARTAVEL** ( Jacques ) *voïez* ARTEVELE.

**ARTAXERCÈS**, *Longuemain*, 6e Roi de Perfe, fuccéda à Xercès fon pere environ 464 av. J. C. Il défit les Bactriens, & prit Thémiftocle fous fa protection. Son armée navale fut défaite par Conon 462 av. J. C. & deux ans après, les Grecs remporterent une gr. vict. fur Achemenides, envoïé contre les Egyptiens révoltés. Les Athéniens furent depuis chaffés de l'Egypte. C'eft ce Pr. qui permit de rebâtir Jérufalem, & c'eft à la feptieme, & felon d'autres à la vingtiéme année de fon regne, qu'il faut commencer à compter les 70 femaines de Daniel. Il m. 425 av. J. C. *Voïez* ASSUERUS. Xercès II, lui fuccéda.

**ARTAXERCÈS**, *Mnémon*, le 10e & l'un des plus gr. Rois de Perfe, ainfi nommé, parcequ'il avoit une *heureufe mémoire*, fuccéda à Darius fon frere 409 av. J. C. Cyrus fon frere prit les armes contre lui, & fut tué dans une bat. 401 avant J. C. Artaxercès fit la guerre aux Grecs par fes Génér., & mourut 531 av. J. C. Artaxercès Ochus lui fuccéda.

**ARTAXERCÈS III** *Ochus*, XIe Roi de Perfe, fuccéda à fon pere Artaxercès *Mnémon*, 361 av. J. C. Il s'établit fur le Trône par la mort de fes freres, fe défit d'Artabafe, reconquit l'Egypte, défola Sidon, la Syrie & la Paleftine. Ce Pr. odieux par fa cruauté, fut empoifonné par l'Eunuque Bagoas, auquel il avoit confié toute fon autorité, 338 av. J. C. Arfes fut fon fucceffeur.

**ARTAXIAS** I., Gén. d'Antiochus *le Grand*, s'empara de l'Arménie du confentement de ce Prince, & la partagea avec un autre Général. Après la défaite d'Antiochus, Annibal fe retira à la Cour d'Artaxias, & lui confeilla de bâtir Artaxate dont il fit la Capit. de fon Empire. Il fut défait par Antiochus Epiphanes, 179 av. J. C. C'étoit un Pr. perfide & fans probité. Il y a

eu deux autres R. d'Arménie appellés *Artaxias*.

**ARTEMIDORE** d'Ephefe, furnommé *Daldien*, par honneur pour fa mere qui étoit de *Daldis*, ville de Lydie, vivoit fous Antonin *le Pieux*. Il s'eft rendu célebre par fon ouvr. fur les fonges, qui, quoique rempli de minuties & d'obfervations frivoles, contient des chofes intéreffantes. M. Rigaud en a donné une bonne édit. en grec & en latin avec des notes en 1603.

**ARTEMISE**, Reine de Carie & fille de Ligdamis, marcha en perfonne dans l'expédition de Xercès contre les Grecs, & fit des merveilles dans le combat naval qu'il perdit auprès de Salamine 480 av. J. C. Etant pourfuivie par un vaiffeau Athénien, elle attaqua un vaiffeau des Perfes, monté par Damafithymus, Roi de Calynde fon ennemi, & le coula à fond. Les Athéniens croïant qu'elle étoit de leur parti, cefferent de la pourfuivre. Cette belle action fit dire à Xercès que dans cette bat. les hommes avoient été des femmes, & les femmes des hommes. Elle s'empara de la ville de Latmus, & Xercès lui confia la conduite de fes enfans. La valeur & les autres belles qualités de cette Princeffe ne la mirent point à l'abri de l'amour. On dit qu'elle aima éperdument un jeune homme d'Abydos, nommé *Dardanus*, & qu'elle fut fi outrée de fon mépris, qu'elle lui creva les yeux pendant qu'il dormoit; elle fe précipita enfuite de regret du haut du rocher de Leucade.

**ARTEMISE**, Reine de Carie, fœur & femme de Maufole, s'eft rendue immortelle par les honneurs qu'elle rendit à la mémoire de fon époux. Elle lui fit élever à Halicarnaffe ce magnifique tombeau appellé *le Maufolée*, qui a paffé pour une des fept merveilles du monde, & qui a donné le nom à tous les ouvrages de cette nature appellés *Maufolées*. Pline & Aulugele en ont fait la defcription. Ce dernier ajoute qu'Artemife détrempoit les cendres de son mari dans sa boisson, & qu'elle établit des prix magnifiques pour les savans qui travailleroient le mieux au Panégyrique de Mausole. Elle mourut de douleur auprès du tombeau de son époux 351 avant J. C.

ARTEMON de Clazomene, inventa le Bélier, la Tortue & d'autres machines de guerre, lorsqu'il suivit Péricles au siege de Samos.

ARTEVELLE, (Jacques) fameux Brasseur de Biere, natif de Gand, étoit adroit, entreprenant & gr. politique. Il fit soulever presque toute la Flandre, & fut tué par les Gantois en 1345. Philippe Artevelle son fils s'étant mis à la tête des Révoltés, fut tué à la bataille de Rosebec en 1382.

ARTORIUS, Cavalier Romain, s'étant engagé dans un portique du Temple durant le siege de Jérusalem, pour éviter d'être consumé par les flammes, proposa à Lucius son ami de le recevoir entre ses bras lorsqu'il se jetteroit du haut en bas, & s'engagea de le faire son héritier. Lucius le reçut entre ses bras, & lui sauva la vie ; mais accablé d'un tel poids, il m. lui-même à l'instant.

ARTUS, ARTHUS & ARTHUR, fam. R. fabuleux de la gr. Bretagne au 6e si. dont on raconte un grand nombre de fables, & qu'on fait instituteur des Chevaliers de la Table-ronde.

ARTUS I, dernier Comte de Bretagne, naquit à Nantes en 1187. Jean Sans Terre, son oncle, après plus. combats lui enleva la Bretagne, & le fit tuer en 1202.

ARTUS II, Duc de Bretagne, naquit le 25 Juillet 1252. Il succéda à Jean II son pere en 1305, & gouverna avec assez de bonheur. Il m. en 1312.

ARTUS III, dit le Justicier, Duc de Bretagne & de Touraine, Pair & Connétable de Fr. naquit au château de Sussinio en 1393. Il donna des preuves de sa valeur à la bat. d'Azincourt en 1415, battit les Anglois en Normandie & en Poitou, & gagna la bataille de Patai en Beausse

en 1429, & celle de Formigni en 1450. Il succéda au Duc de Bretagne en 1457, & m. en 1458 sans laisser d'enfans.

ARTUS, (Thomas) Auteur Fr. qui a continué l'Histoire de Chalcondyle jusqu'en 1612.

ARULENUS, (Rusticus) voiez RUSTICUS.

ARUNDEL, (Thomas) fameux Archev. de Cantorbery dans le 14e si. étoit fils de Robert Comte d'Arundel, d'une illustre Maison d'Angleterre. Il fut élevé à l'âge de 22 ans sur le siege d'Ely sous Edouard III, puis transféré par le Pape en 1388 à l'Archev. d'Yorck, où il dépensa des sommes considér. à bâtir des Palais Archiépisc. Il devint ensuite gr. Chancel. d'Anglet., & il posséda cette dignité, jusqu'à ce qu'il passa à l'Archev. de Cantorbery en 1396. Ce fut le prem. qui quitta le siege d'Yorck pour celui de Cantorbery : mais à peine eut-il pris possession de son siege, qu'il tomba dans la disgrace du Roi Richard II, aïant été accusé de haute trahison, il fut condamné sous peine de mort à sortir du Roïaume. Arundel alla d'abord en France & de là à Rome, où Boniface IX le reçut très bien, & le nomma à l'Archevêché de S. André en Ecosse. Ce Prélat contribua beauc. à engager Henri de Bolingbroke Duc de Lancastre, qui regna depuis sous le nom de Henri IV, à envahir l'Angleterre, & à détrôner Richard II. Il prononça un discours public à son installation, & lui procura des secours pour le soutenir sur le trône. Il fit paroître un gr. zele contre Wiclef & contre les Lollards, & en particulier contre le Chevalier Jean Oldcastle, Lord Cobham. Il m. le 20 Fev. 1414, & fut enterré à Cantorbery. C'est peut-être le premier qui ait défendu de traduire l'Ecriture-Sainte en Langue vulgaire : en quoi M. Collier dans son Hist. Ecclés. l'approuve fort, en supposant que sa Constitution ne portoit que contre des versions faites par des particuliers, & qu'il vouloit qu'on n'en reçût aucune qui n'eût été approuvée par un Synode Provincial, ou du moins par l'Evêque du Diocèse. Il eut été dangereux, ajoute le même M. Collier, de laisser à chaque particulier la liberté de traduire l'Ecriture : c'auroit été ouvrir la porte à l'erreur & à l'hérésie, & laisser au peuple ignorant le pouvoir de corrompre le texte sacré, & d'empoisonner la source de la vie.

ARUNDEL, (Thomas) Comte d'Arundel & de Surrey, Maréchal d'Angleterre au commenc. du 17e si. envoïa au Levant Guillaume Pétrée, pour y rechercher les plus curieux monumens de l'antiquité. Il en rapporta les célebres marbres dits d'Arundels, trouvés dans l'Isle de Paros. Ils contiennent les principales époques de l'hist. des Athéniens depuis Cecrops 1582 av. J. C. & d'autres particularités très remarquabl. Jean Selden, Lydiat, Pamélius & Humfreix Prideaux en ont donné l'explication.

ARUNS, voy. ARONCE.

ASA, Roi de Juda, succéda à son pere Abia 955 av. J. C. il fit abattre les Autels érigés aux Idoles, rétablit le culte de Dieu, défit l'armée des Madianites, & avec le secours de Benadad Roi de Syrie, il prit plus. villes du Roïaume d'Israël. Il fit transporter les matériaux de Rama que Baasa R. d'Israël avoit fait élever, & les emploïa à bâtir la ville de Gabaa. Le Prophète Ananus lui aïant reproché d'avoir appellé un secours étranger, Asa le fit mettre en prison. Il m. 917 avant J. C. Josaphat lui succéda.

ASAPH, fils de Barachias de la Tribu de Lévi, Chantre de David, & très habile Musicien. On lui attribue quelques Pseaumes.

ASAR-ADDON, ou ESAR-ADDON, fils de Sennacherib, succéda à son pere vers 711 av. J. C. & réunit les Roïaumes de Ninive & de Babylone. Il se rendit maître d'Asoth & de toute la Syrie, & envoïa une Colonie à Samarie. Ses Génér. prirent le R. Manassés, & l'emmenerent chargé de chaînes à Babylo-

ne. Asar-Addon mourut après un regne de 13 ans. Saoduschin lui succéda.

ASCANIUS, fils d'Enée & de Créuse, succéda à son pere au R. des Latins, selon la Fable, & défit Mezence Roi des Toscans, qui lui avoit refusé la paix. Ensuite il fonda Albe la Longue, & m. environ 1139 av. J. C.

ASCELIN, Moine de S. Evroul en Normandie, au 11e si. dont on a une Lettre écrite à Berenger sur la présence réelle.

ASCHAM, (Roger) l'un des plus polis écrivains du 16e si. & Secrétaire de la Reine Elizabeth, étoit de Kirckbywish dans la Prov. d'Yorck. Il m. à Londres le 30 Déc. 1568 à 53 ans. On a de lui un Liv. en Angl. intit. le Maître d'Ecole, & des Lettres latines, écrites avec beauc. de pureté.

ASCHARI, l'un des plus cél. Doct. Musulmans, m. à Bagdat vers 940 de J. C. Il soutenoit que Dieu agit toujours par des Loix génér., & non par des volontés partic. Ses disc. sont appellés Aschariens.

ASCLEPIADE, cél. Philos. natif de Phlie dans le Peloponnese, étoit disc. de Stilpon, à l'Ecole duquel il attira Menedeme. Il contracta avec ce dernier une amitié si étroite, qu'on peut les comparer à Oreste & Pylade.

ASCLEPIADE, fam. Médecin, natif de Pruse en Bithynie, exerçoit la Méd. à Rome sous Pompée, 96 av. J. C. Il refusa de se rendre auprès de Mithridate qui vouloit l'attirer à sa Cour. Pline, Celse & Galien font souvent mention de ses ouvrages.

Il y a plusieurs autres personnes de ce nom.

ASCLEPIODORE, excel. Peintre estimé d'Apelles.

ASCLETARION, fam. Astrol., aïant publié des Prédictions sur la destinée de Domitien, ce Pr. lui demanda de quelle m. il devoit m. lui-même ; l'Astrol. répondit qu'il seroit bientôt dévoré par des chiens. Domitien pour le convaincre de menfonge , le fit m. fur-le-champ , & ordonna qu'on brûlât fon corps ; mais une furieufe tempête étant, dit-on , furvenue , on abandonna le corps de ce malheureux , qui fut mis en pieces par des chiens , vers 90 de J. C.

ASCONIUS PEDIANUS , habile Gram. de Padoue , ami intime de Virgile & de Tite-Live. On lui at-tribue des remarques excellentes fur quelques harangues de Ciceron. Ser-vius expliquant cet endroit de Vir-gile :

*Dic quibus in terris. . . .*
*Tres pateat cœli fpatium non am-*
*plius ulnas.*

» Afconius Pédianus , dit-il , affure
» avoir oui dire à Virgile , que ces
» paroles donneroient la gêne à
» tous les Grammairiens.

ASDRUBAL , Gén. des Cartha-ginois , gendre d'Amilcar , & beau-frere d'Annibal , fut défait par Re-gulus & par Metellus , & tué par un efclave Gaulois dont il avoit fait mourir le maître , 224 avant J. C. C'eft lui qui fit bâtir Carthagêne en Efpagne.

ASDRUBAL *Barca* , fils d'Amil-car & frere d'Annibal , Général des Carthaginois , étant forti d'Efpagne pour amener du fecours à Annibal en Italie , fe laiffa furprendre par le Conful Claudius Néron , & fut tué avec 56000 des fiens. Sa tête fut jettée enfuite dans le camp d'Annibal 207 av. J. C.

ASDRUBAL , Gén. des Cartha-ginois , fils de Gifcon , & l'un des plus gr. Capitaines de fon tems , at-tira dans fon parti Syphax Roi des Numides , qui aimoit Sophonifbe fa fille. Il fut enfuite défait par Scipion vers 204 av. J. C. & m. 2 ans après.

ASDRUBAL , autre Génér. des Carthaginois , aïant rompu la paix avec les Romains , les harcela fans ceffe & en tua un gr. nombre. Le jeune Scipion l'affiégea dans Ne-phere , & enfuite dans Carthage que Scipion emporta 146 av. J. C. Alors Afdrubal fe retira dans le Temple

d'Efculape , où il fe défendit quel-que tems ; mais enfin il fe rendit à Scipion , faute de provifions. Sa femme aima mieux égorger fes en-fans , & fe brûler elle-même dans le Temple , que de fe rendre aux En-nemis.

ASELLIUS , ( Gafpard ) favant Méd. du dix-fept. fi. natif de Crémo-ne , qui le premier a donné la con-noiffance des veines lactées , dans fa differtation *de lacteis venis* , impr. en 1627.

ASFELD , *voïez* BIDAL.

ASFENDIAR , l'un des Héros de la Perfe , fut tué d'un coup de fleche par Roftam. On rapporte de lui cette maxime militaire : *Si vous voulez* *être obéi par vos foldats , ne leur* *commandez que des chofes poffibles.*

ASINIUS POLLIO , Conful & Orateur Romain , fe diftingua fous Augufte par fes exploits & par fes ouvr. Il eft fouvent nommé avec éloge dans Horace & dans Virgile. On dit qu'il forma le premier une Bibliotheque à Rome , & qu'Augufte aïant fait des vers contre lui , com-me on le preffoit d'y répondre , il dit en riant : *Qu'il n'avoit garde* *d'écrire contre celui qui étoit en droit* *de profcrire.* Il m. à Frefcati , à 80 ans. Son fils Afinius Gallus fut Con-ful , & époufa Agrippine que Tibere avoit répudiée.

ASMONÉE ou ASSAMONÉE , pere de Simon & chef des Afmonéens , dont la famille regna pendant 126 ans fur les Juifs.

ASPASIE de Milet , fe rendit cél. à Athênes par fon efprit & par fa beauté. Elle étoit fi habile en élo-quence & en politique , que Socrate même prenoit de fes leçons. Péri-cles l'aima éperdument : & quitta fa femme pour l'époufer. On dit qu'elle gouvernoit la République par les confeils qu'elle donnoit à fon époux , & qu'elle lui fit entrepren-dre la guerre de Samos & celle de Megare , d'où naquit celle du Pélo-ponnefe. Après la mort de Péricles , arrivée 428 av. J. C. elle s'atacha à un homme de baffe naiffance , qu'elle éleva par fes intrigues aux premieres charges de la République; mais elle se deshonnora en entretenant chez elle des courtisanes. Il ne faut pas la confondre avec une autre Aspasie qui fut aimée par Cyrus, fils de Darius Notus, Roi de Perse.

ASSEDI & ASSADI, Poëte Persan, dont le Poëme le plus estimé est celui où il décrit les avantages de la nuit sur le jour. Il vivoit du tems du Sultan Mahmoud.

ASER, célebre Rabbin du quatrieme siecle, Auteur du Talmud de Babylone.

ASSERIUS Menevensis, Evêq. de Salisburi au neuv. si natif du païs de Galles. C'est lui qui conseilla au Roi Alfred dont il avoit été Précepteur, de fonder l'Univer. d'Oxford. Il m. vers 909. On a de lui la vie d'Alfred, impr. en 1575 à Zurich, & d'autres ouvrages.

ASSOUCI, ( Charles Coypeau Sieur d' ) Musicien & Poëte Franc. au 17e si. étoit né à Paris en 1604. Il est très connu par son *Ovide en belle humeur*, par plus. autres Poésies burlesques, par ses diverses avantures, qu'il a lui même décrites fort comiquement, & sur-tout par les plaisanteries de Boileau, de Bachaumont & de Chapelle. Il m. en 1679.

ASSUERUS, Roi de Perse, aïant répudié Vasthi, épousa Esther, niece, ou plutôt cousine germaine de Mardochée. On ne convient pas quel est cet Assuerus. Il y a lieu de croire avec les 70, qu'il est le même qu'Artaxercès Longuemain; car il est constant qu'Artaxercès vivoit du tems de Mardochée, & qu'il fut très favorable aux Juifs, sans doute en faveur d'Esther.

ASSUR, fils de Sem, & petit-fils de Noë naquit un an après le déluge, 1657 av. J. C. C'est lui qui a donné son nom à l'Assyrie. Il ne faut pas le confondre avec Nemrod ni avec Ninus.

ASTERIUS, fam. Rhéteur, natif de Cappadoce, l'un des plus zélés défenseurs de l'Arianisme Aïant sacrifié aux Idoles sous Maximien Hercules vers 304, les Ariens n'o-

serent jamais l'élever à l'état Ecclés. Il avoit composé divers ouvr. dans l'un desquels il avançoit ce blasphême, *que J. C. est la vertu du Pere, comme les chenilles*, selon Moïse, *sont la vertu de Dieu*.

ASTERIUS, sav. Evêque d'Amasée au 4e siecle, dont nous avons plusieurs Homélies.

ASTERIUS ou ASTURIUS, Consul Romain en 449. On a sous son nom en vers lat. d'un style assez pur, une *Conférence de l'ancien & du nouveau Testament*. Chaque strophe contient dans le premier vers un fait historique de l'ancien Testament & dans le second, une application de ce fait à quelque point du nouveau. Il a aussi revu & publié l'*ouvrage Paschal* de Sedulius.

Il y a plusieurs autres personnes de ce nom.

ASTESAN, Rel. de l'Ordre de S. François, ainsi nommé, parcequ'il étoit de la ville d'Ast, publia une somme de cas de conscience, appellée l'*Astesane*, en 1317.

ASTIOCHUS, Amiral de Lacédémone, prit Phocée & Cumes, & vainquit les Athéniens près de Cnide 411 avant J. C. mais il fut rappellé par les artifices d'Alcibiade.

ASTRÉE, fille d'Astreus l'un des Titans, ou selon Ovide de Jupiter & de Thémis, & Déesse de la Justice, descendit du Ciel pour habiter sur la terre durant le siecle d'or; mais les crimes des mortels la firent remonter au Ciel.

ASTYAGES, fils de Cyaxare, & le dernier Roi des Medes, selon Hérodote, commença à regner 595 av. J. C. Pendant la grossesse de sa fille Mandane, mariée à Cambyse, il vit en songe une vigne qui sortoit de son sein, & qui s'étendoit dans toute l'Asie: ce qui, selon les Mages, signifioit que cet enfant soumettroit plusieurs Rois. Mandane accoucha de Cyrus, & le Roi le donna à Harpage son confident pour le faire mourir; mais ce dernier lui sauva la vie: ce qui irrita si fort Astyages lorsqu'il le sçut, qu'il fit manger à Harpage de la chair de son propre fils. Harpage, pour s'en venger, appella Cyrus, qui détrôna son grand pere 559 avant J. C. Tel est le récit d'Hérodote; mais Xenophon rapporte cette histoire différemment.

ASTIANAX, fils unique d'Hector & d'Andromaque. Après la prise de Troyes, il fut précipité du haut des murailles par ordre d'Ulisses & de Calchas, environ 1240 avant J. C.

ATABALIPA, cél. Roi du Perou, de la famille des Incas, fut défait, pris & étranglé par Franç. Pesaro, Gén. Esp. contre la foi donnée, vers 1533. Dieu ne laissa par cette mort impunie. Pesaro fut tué lui-même quelque tems après par Diego d'Almagro.

ATALANTE, fille de Schenée, Roi de Scyros, fut recherchée en mariage par plus. jeunes Pr. Son pere dit qu'il ne la donneroit qu'à celui qui la vaincroit à la course. Hippomene eut seul cet avantage; il jetta, par le conseil de Venus, 3 pommes d'or dans la carriere; Atalante s'étant amusée à les ramasser, Hippomene remporta le prix. Il y a une autre Atalante fille d'Iasius, Roi d'Arcadie, louée par S. Jerôme pour sa vertu & sa chasteté.

ATHALARIC, Roi des Ostrogots, succéda à Théodoric en 526, & m. de débauche en 534.

ATHALIE, fille d'Achab & de Jésabel, & petite fille d'Amri, épousa Joram Roi de Juda, & causa la ruine de la maison de ce Pr. Après la mort de Joram & d'Ochosias son fils, elle fit tuer tous les Pr. de la maison Roïale, pour s'emparer du gouvernement. Joas qui étoit encore au berceau, échappa seul au carnage, aïant été sauvé par Jocabed, sœur d'Ochosias, & femme du Gr. Prêtre Joïada. Celui ci mit Joas sur le Thrône, & fit mourir Athalie 878 avant J. C.

ATHANASE, (S.) Doct. de l'Eglise, Patr. d'Alexandrie, & le plus gr. défenseur de la Foi contre les Ariens, étoit Egyptien. Il suivit S. Alexandre au Conc. de Nicée en 325; où n'étant encore que Diacre, il disputa avec force contre Arius. L'année suiv. il fut mis sur le Siége d'Alexandrie. Les Ariens voïant qu'il ne vouloit point les recevoir à la communion, publierent contre lui les calomnies les plus noires, & le déposerent au Conc. de Tyr en 335. Ce S. eut recours à Constantin; mais les Députés des Ariens l'aïant accusé d'empêcher la sortie des bleds d'Alexandrie pour Constatinople, l'Empereur, sans l'écouter, l'exila à Treves. Constantin étant malade en 337, ordonna qu'on fît revenir le S. Evêque à Alexandrie. A son retour, ses ennemis l'accuserent de nouveau, & mirent Grégoire de Cappadoce sur son Siége; ce qui obligea S. Athanase d'aller à Rome reclamer le Pape Jules. Il y fut déclaré innocent dans un Concile en 342, & dans celui de Sardique en 347. Deux ans après il fut rétabli sur son Siége, à la sollicitation de l'Emp. Constantin; mais après la mort de ce Pr. il fut encore exilé par l'Emp. Constance, ce qui l'obligea de se retirer dans le désert. Les Ariens mirent Georges à sa place; lequel aïant été tué dans une sédition populaire sous Julien, en 360, S. Athanase revint à Alexandrie. Julien l'exila ensuite, il fut rétabli sous Jovien. Il adressa à cet Emp. une Lettre, où il lui propose le Symbole de Nicée comme la regle de la foi orthodoxe, & condamne ceux qui nioient la Divinité du S. Esprit. S. Athanase eut encore à souffrir sous Valens, qui l'exila en 367, le rappella ensuite. Il finit heureusement sa vie, troublée par tant de traverses & de persécutions pour la foi, le 2 Mai 373. S. Grégoire de Naziance fait de lui cet éloge, que *c'est louer la vertu même, que de louer S. Athanase*. Ses ouv. contiennent princip. la défense des mysteres de la Trinité, de l'incarnation, de la Divinité du Verbe & du S. Esprit. Nous en avons trois édit. estimées, celle de Commelin en 1600, de Pierre Nannius en 1617, & enfin celle du Pere Montfaucon,

S. Athanase n'est point Auteur du Symbole qui porte son nom ; si on veut connoître plus à fond l'hist. & les ouvr. de ce gr. Saint, on consultera M. de Tillemont, & l'excellente vie que M. Hermant, Doct. de la Maison de Sorbonne, en a donnée en François.

ATHANASIE, (Ste) veuve illustre, native de l'Isle d'Egine, & Abbesse de Timie, morte le 15 Août 860.

ATHEAS, Roi des Scythes, Pr. belliq. fier & gr. politique, fit la guerre aux Triballiens & aux Istriens, & fut tué dans un combat contre Philippe, vers 340 av. J. C. à l'âge de 90 ans.

ATHENAGORE, Philos. Chrétien d'Athènes au 2e siecle, se distingua par son zele pour la foi & par sa science. On a de lui une apologie pour les Chrétiens adressée à Marc-Aurele & à Commode, & un ouvr. sur la résurection des morts.

ATHENÉE, cél. Gramm. Grec, natif de Naucrate en Egypte, & l'un des plus sav. hommes de son tems, florissoit au 2e siecle sous Marc-Aurele & au-delà de Severe ; c'est le *Varron* ou le *Pline* des Grecs. Il ne nous reste de lui que *les Diphnosophistes*, c. à d. *les Sophistes à table*, en 15 liv. dont il nous manque les deux premiers, une partie du troisième, & la plus gr. partie du dernier. On y trouve une variété surprenante de faits & de citations qui en rendent la lecture agréable aux amateurs de l'antiquité. La traduction latine, de *Natalis Comes*, & la françoise de l'Abbé Maroles, sont pitoïables.

ATHENÉE, cél. Médecin, né en Cilicie, & contemporain de Pline, pensoit que le feu, l'air, l'eau & la terre ne sont pas les vrais élémens ; mais le chaud, le froid, le sec & l'humide, auxquels il en ajoutoit un cinquième appellé esprit, en grec πνεῦμα, ce qui fit donner à sa secte le nom de *pneumatique*. Il est souvent cité par Galien.

Il y a aussi de ce nom un Mathématicien dont on a un Tr. des ma-

chines, dans les ouvr. des anc. Mathémat. imprimé à Paris en 1693, in-fol. en grec & en latin.

ATHENODORE, de Pergame, surnommé *Cordilion*, excell. Stoïcien, refusa constamment les faveurs que les Rois & les Généraux vouloient lui faire, il devint ami intime de Caton, & mourut auprès de lui.

ATHENODORE de Tarse, fam. Philos. Stoïcien, alla à la Cour d'Auguste, qui le fit précepteur de Tibere ; Auguste eut toujours pour lui beaucoup d'estime à cause de sa vertu & de sa probité. Ce Philos. lui parloit avec liberté ; il lui conseilla pour calmer sa promptitude de compter les 24 lettres de l'alphabet des Grecs, avant que de suivre les mouvemens de sa colere.

ATHIAS, (Joseph) Juif & cél. Imprimeur d'Amsterdam, a donné en 1661 & 1667 deux excell. édit. de la Bible hébraïq. en 2 vol. in-8°. Les Etats Généraux lui firent présent d'une chaîne d'or & d'une médaille, pour lui en témoigner leur satisfaction. Il m. 1700.

ATHLONE, (Godard de Réede, Seigneur d'Amerong, de Guinckel, &c. & Comte d') fameux Général du 17e siecle, étoit fils unique de Godard-Adrien de Réede, Seigneur d'Amerong, Président du Collége des Nobles de la Province d'Utrecht, & célebre Ambassadeur des Provinces-Unies, issu d'une illustre & ancienne Maison de Westphalie, mort en 1691. Il se distingua d'abord dans la guerre de 1672 en qualité de Colonel de Cavalerie, & suivit ensuite Guillaume III, Prince d'Orange, dans son expédition d'Angleterre. Après la bataille de la Boyne, gagnée par ce Prince en Irlande sur le Roi Jacques & sur le Comte de Lausun, Général des Troupes Françoises, les Irlandois, commandés par le Comte de Tyrconel, continuerent de se défendre ; le Pr. d'Orange pour les réduire, donna le commandement de son Armée d'Irlande à Guinckel, lequel prit Ballimore & Athlone, & gagna fur les Irlandois la fameufe bataille d'Agrim. Cette victoire fut fuivie de la conquête de toute l'Irlande, & le Roi Guillaume, pour récompenfer cet habile Général, lui donna le titre de Comte d'Athlone, pour lui & pour fes defcendans. Il fut Welt-Maréchal & Gén. des Troupes Hollandoifes en 1701, fit cette Campagne avec le Duc de Malborough, & mourut à Utrecht le 11 Fév. 1703, dans la Commanderie de l'Ordre Teutonique, dont il étoit Gr. Commandeur. Ses quatre fils ont marché fur fes traces, & fe font diftingués par leur valeur.

ATLAS, Roi de Mauritanie & cél. Aftron. qu'on croit contemporain de Moïfe, & inventeur de la fphere. La connoiffance qu'il avoit des aftres, a fait dire qu'il foutenoit les cieux avec fes épaules. Les Poètes ont feint qu'il avoit été métamorphofé en montagne pour avoir méprifé Perfée ; ils le font frere de Prométhée, & fils de Jupiter & de Clymene.

ATOSSE, fille de Cyrus, Roi de Perfe, fœur de Cambyfe, époufa Darius 521 avant J. C. & fut mere d'Artabazane & de Xercés.

ATRÉE, fils de Pelops & d'Hippodamie, & pere d'Agamemnon & de Menelas, fut Roi d'Argos & de Mycene, vers 1218 avant J. C. Il chaffa de fa Cour Thiefte fon frere, parcequ'il avoit un commerce criminel avec Ærope fa femme, & lui fit enfuite manger les deux enfans nés de ce commerce.

ATROPOS, c. à d. *inflexible*, nom de la troifiéme des Parques.

ATTALE I, Roi de Pergame, Prince libéral & courageux, fuccéda à Eumenes, dompta les Galates, étendit fes conquêtes en Afie jufqu'au Mont Taurus, & m. 198 avant J. C.

ATTALE II, *Philadelphe*, Roi de Pergame, ami & allié du Peuple Romain, repouffa Antiochus, fit plufieurs actions éclatantes, & fonda en Lydie deux Villes, *Attalie & Philadelphie*. Il mourut vers 138 avant J. C.

ATTALE III, *Philometor*, Roi de Pergame, fils d'Attale I, & de Stratonice, abandonna le foin de fon Roiaume pour fe donner tout entier au jardinage & à la fonte des métaux. Il entreprit de dreffer lui-même un tombeau à fa mere, & mourut d'une fievre contractée en reftant trop-long-tems expofé au Soleil, 133 av. J. C. Ce fut le dernier Roi de Pergame. Il laiffa de gt. richeffes, & inftitua le Peuple Rom. fon héritier en ces termes : *Populus Romanus meorum hæres efto.* Ces paroles ne s'entendoient, felon fa penfée, que des meubles de fon Palais ; mais les Romains l'interpréterent de tout le Roïaume, & s'en faifirent.

ATTERBURY, (François) fav. Evêque de Rochefter, naquit à Milton dans la Prov. de Buckingham en 1661. Il fit fes études à Oxford, & fe diftingua par la beauté de fon génie & par fon goût pour les belles-Lettres : aïant été reçu Doct. en 1687, il prit vivement la défenfe de Luther contre les Catholiques Romains ; enfuite il alla à Londres, où il devint Chapelain du Roi Guillaume & de la Reine Marie, puis Doyen de Weftminfter, & Evêque de Rochefter en 1713 : mais s'étant déclaré pour le Prétendant, dans les troubles d'Ecoffe, il fut accufé de haute trahifon, renfermé dans la tour de Londres en 1722, & banni l'année fuiv. Comme il débarquoit à Calais pour paffer en France, le Lord Bolingbrocke qui avoit obtenu fon pardon, s'y embarqua en même tems pour repaffer en Angleterre ; ce qui fit dire plaifamment à l'Evêque de Rochefter : *Je vois bien à préfent que je ne fuis qu'échangé.* Durant tout le tems de fon exil, il s'appliqua à l'étude, & fe fit aimer des gens de Lettres. C'étoit un homme érudit, vif, poli, & judicieux. Il m. à Paris en 1732. Son corps fut porté en Angleterre, & enterré à l'Abbaïe de Weftminfter. On a de lui des fermons en anglois, & d'autres ouvr. eftimés.

ATTERSOL, (Guillaume) fav.

Anglois du 17e fi. dont on a un Commentaire en Anglois fur le Livre des Nombre & d'autres ouvr.

ATTICUS, (Titus Pomponius) Chevalier Rôm. & l'un des favans hommes de l'anc. Rome, durant les guerres civiles de Cinna & de Sylla, fe retira à Athênes, où il apprit à parler le grec aufli délicatement que le latin : de retour à Rome, il lia une étroite liaifon avec Ciceron, Hortenfius & les autres fav. Agrippa époufa Pomponie fa fille. Atticus fe ménagea fi bien durant les guerres civiles de Pompéé & de Céfar, de Marc-Antoine & de Brutus, que fans prendre le parti d'aucun, il fut aimé de tous. Il refufa conftamment d'être élevé aux Charges, préférant l'étude & la vie privée. Il avoit compofé des annales, & plufieurs autres ouvr. en grec & en lat. Il m. à l'âge de 77 ans, l'an 721 de Rome. Ciceron lui écrivit un gr. nombre de Lettres, dont M. l'Abbé Mongault a donné une excellente Traduction franç. avec des notes.

ATTICUS, Préfet de toute l'Afie fous l'Emp. Nerva, en 97 de J. C. Son fils Hérode Atticus fut Précepteur de Verus, & Conful en 143. De ce Conful naquit cet Atticus, qui eut fi peu d'efprit, qu'il ne pouvoit apprendre les 24 lettres de l'alphabet ; ce qui obligea fon pere de lui donner 24 ferviteurs portant chacun le nom d'une des lettres, & en aïant la figure peinte fur l'eftomac ; à force de les voir & de les appeller, il apprit à lire.

ATTICUS, fav. & cél. Patriarche de CP. natif de Sebafte, fut élevé par les Solitaires, qui lui infpirerent les fentimens d'une vraie piété, beaucoup de zele pour la foi, & de charité pour les pauvres. Il fut mis fur le fiége du CP. quatre mois après la mort d'Arface, en 406, du vivant de S. Jean Chryfoftome. Cette élection fouleva contre lui le Pape Innocent I, & divers Evêques d'Orient. Cependant après la mort de S. Jean Chryfoftome, Innocent lui accorda la commu-

nion. Atticus m. vers 427. Tous les gr. hommes de ce tems-là, en font l'éloge.

ATTILA, Roi des Huns, l'un des plus fam. Conquérans du 5e fiecle, furnommé *le fléau de Dieu*, ravagea l'Orient, traverfa la Pannonie & la Germanie, & entra dans les Gaules en 450, avec une armée de 500000 hommes ; il y prit pluf. Places, & afliégea Orléans ; mais Aëtius, Méroué & Théodoric lui firent lever le fiége : peu de tems après ils lui livrerent une gr. bataille à Meri pet. Ville de Champagne, où il perdit plus de 200 mille hommes. De là Attila pafla en Italie en 452, où il ruina pluf. Villes. S. Leon vint audevant de lui, & l'empêcha par fes prieres de poufler jufqu'à Rome. On dit même qu'il vit à côté du S. Pape un homme habillé pontificalement qui le menaçoit de le tuer, s'il n'obéifloit. On ajoute qu'il s'en retourna en Pannonie avec une armée victorieufe, chargée de richefles, & qu'il mourut la nuit de fes noces, d'un faignement de nez.

ATTILIUS REGULUS, (M.) l'un des plus gr. hommes de l'ancienne Rome, fut Conful avec Julius Libo, 267 av. J. C. Ils foumirent les Salentins, & enleverent Brindes leur capitale, en 256 avant J. C. Régulus fut Conful avec Manlius Vulfo. Ils défirent la flotte des Carthaginois, leur coulerent à fond 32 Navires, & en prirent 64. Après cette victoire Manlius retourna à Rome, & Régulus demeura en Afrique ; il défit Amilcar & Afdrubal, prit Clupea & plufieurs autres Villes. Les Carthaginois lui oppoferent enfuite un horrible ferpent, qu'il fit tuer avec des machines de guerre fur le fleuve Bagrada. La peau de ce monftrueux ferpent fut envoïée à Rome ; elle avoit 120 pieds de long. L'année d'après Régulus défit trois Généraux, & prit huit éléphans. Alors les Carthaginois lui demanderent la paix ; mais il l'offrit à des conditions fi rudes, qu'ils ne voulurent point l'accepter. Ils armerent de nouveau, & aïant donné la conduite de leur armée à Xantippe, Lacédémonien, ce nouveau Général défit 30000 Romains, & en fit 15000 prisonniers, entre lesquels étoit Régulus. En 251 av. J. C. les Carthaginois envoïerent des Ambassadeurs à Rome pour demander la paix ; ils voulurent que Régulus les accompagnât, espérant que le desir de se voir libre l'engageroit à la solliciter ; mais ce gr. homme étant entré au Sénat, s'opposa fortement à la paix ; ainsi les Ambassadeurs furent renvoïés, & Régulus retourna en Afrique, où les Carthaginois, devenus furieux par ce refus, le firent mourir de la maniere la plus cruelle, dans un tonneau garni de pointes de fer.

ATYS, jeune homme Phrygien, célebre dans la Fable, fut aimé de Cybele ; mais se repentant ensuite d'avoir violé son vœu de chasteté, il se fit eunuque.

AVALOS, ( Ferdinand-François d' ) Marquis de Pesquaire, l'un des plus cél. Capitains de l'Emp. Charles-Quint, & Gr. Chambellan du Roïaume de Naples, étoit fils d'Alphonse d'Avalos & d'Aquin, d'une illustre & ancienne Maison du Roïaume de Naples, originaire d'Espagne près de Tolede, & féconde en gr. hommes. Il épousa fort jeune Victoria Colonna, Dame cél. par sa beauté, par son esprit & par sa vertu, & se trouva à la bat. de Ravenne en 1512. Il y fut fait prisonnier, & pendant sa prison, il composa un Dialogue ingénieux de l'Amour, qu'il dédia à la Marquise son épouse. Aïant recouvré sa liberté, il prit les armes contre les François, & rendit de gr. services à l'Empereur. Il contribua beaucoup au gain de la bat. de la Bicoque, au recouvrement du Milanois & à la victoire remportée à Pavie sur François I, en 1525. On dit que le Pape Clement VII, allarmé des progrès de l'Empereur, proposa alors au Marquis de Pesquaire de lui donner l'investiture du Roïaume de Naples, s'il vouloit entrer dans la Ligue qu'il formoit contre ce Prince, & que ce

Général goûta d'abord cette proposition ; mais que l'Emp. en aïant eu quelque soupçon, il dit qu'il n'avoit affecté d'approuver la Ligue, que pour en savoir le secret & le découvrir. Quoi qu'il en soit, il m. peu de tems après à Milan le 24 Novembre 1525, à 32 ans, sans laisser de postérité. Il avoit beauc. d'esprit, aimoit les Sciences & protégeoit les Savans. Il donna ses biens à Alphonse d'Avalos, Marquis du Guast, son cousin, lequel fut aussi un très-céleb. Capitaine. Il devint Lieutenant Général des Armées de l'Empereur Charles Quint en Italie & dans l'Etat de Milan, & Chevalier de la Toison d'Or. Il suivit l'Emp. à l'expédition de Tunis, & ce fut lui qui commanda l'Armée. Il usa alors de l'autorité que lui donnoit sa charge, pour faire retirer des premiers rangs l'Empereur, qui s'y trouvoit trop exposé. Il fut dans la suite Ambassadeur à Venise vers 1540. Il fit assassiner l'année suivante César Fregose, Génois, & Antoine Rincon, Espagnol, que le Roi François I envoïoit en cette Ville ; & fit lever le siége de Nice au Pr. d'Enguien en 1543 : mais il perdit la cél. bat. de Cerisoles le 14 Avril 1544, & mourut le 31 Mars 1546, à 42 ans. Ses équipages & son bouffon aïant été pris lors de sa défaite à Cerisoles, le bouffon disoit aux soldats qui fouilloient dans les coffres du Marquis du Guast. » Cherchez bien, vous » n'y trouverez pas ses éperons, il les a pris avec lui ». Voyez Brantome, vies des Hommes illustres étrangers.

AVANTIN, voyez AVENTIN.

AVANTIO, ( Jean Mario ) cél. Jurisc. du 17e siecle, se fit admirer à Ferrare, à Rovigo & à Padoue, où il mourut en 1622. On a de lui un Poëme dédié à Ferdinand, Archiduc d'Autriche, depuis Empereur.

AVAUX, voyez MESME.

AUBERTIN, ( Edme ) Albertinus, sav. Ministre de Charenton, né à Châlons sur Marne en 1595, mourut à Paris le 5 Avril 1652. On a de lui un ouvr. fam. sur l'Euchariſtie, dont les Calviniſtes font gr. cas, publié par Blondel, il eſt réfuté dans le Livre de *la perpétuité de la foi.*

AUBERY, ( Antoine ) ſav. Hiſt. du 17e ſiecle, apprit le latin & le grec, & les langues modernes. Il ſe levoit tous les jours à cinq heures, & étudioit juſqu'à ſix heures du ſoir. Il ne faiſoit preſque aucune viſite, & en recevoit très peu, préférant le commerce tranquille de ſes Livres à l'exercice tumultueux du monde. Il m. en 1695, à 78 ans. On a de lui 1. l'Hiſtoire des Cardinaux : 2. un Traité hiſtorique de la prééminence des Rois de France : 3. l'Hiſtoire du Cardinal de Joyeuſe: 4. l'Hiſtoire du Card. de Richelieu : 5. celle du Card. Mazarin : 6. *un Traité des juſtes prétentions du Roi de France ſur l'Empire*, dont les Princes d'Allemagne aïant été alarmés, l'Auteur fut mis pour quelque tems à la Baſtille : 7. *un Traité de la Régale*, &c.

AUBESPINE, ( Claude de l' ) Baron de Château-neuf ſur Cher, & Secrétaire d'Etat, s'eſt ſignalé par ſes ſervices ſous François I, Henri II, François II, & Charles IX. La Reine Catherine de Medicis prenoit ſon conſeil dans toutes les affaires importantes, & alla même le conſulter au chevet de ſon lit le jour de la bat. de S. Denis. Il m. le lendemain 11 Novembre 1567.

AUBESPINE, ( Gabriel de l' ) ſavant Doct. de la Maiſon & Soc. de Sorbonne, Chancelier des Ordres du Roi, & Conſeiller d'Etat, ſuccéda à Jean de l'Aubeſpine ſon parent dans l'Evêché d'Orléans. Il fut emploïé en diverſes négociations importantes, & mourut le 15 Août 1630, à 52 ans. C'eſt le premier qui a donné un plan juſte de l'anc. diſcipline de l'Egliſe, dans ſes obſervations Ecclé. dans ſon Livre de l'ancienne police de l'Egliſe, & dans ſes notes ſur les Conciles, ſur Tertullien, & ſur Optat de Milève. Il fait paroître dans tous ſes ouvra-ges une profonde érudition, & une parfaite connoiſſance de l'antiquité Eccléſiaſtique.

AUBESBINE, ( Magdelene de l' ) épouſe de Nicolas de Neuville, Seigneur de Villeroi, Dame céleb. par ſon eſprit & par ſa beauté, compoſa divers ouvrages en vers & en proſe, & mourut en 1596. Ronſard en fait un grand éloge.

AUBIGNAC, *voyez* HEDELIN.

AUBIGNÉ, ( Théodore Agrippa ) favori du Roi Henri IV, ſe diſtingua par ſes écrits & par ſa valeur. On a de lui une Hiſt. univ. & on lui attribue les deux ſatyres ingénieuſes, mais trop libres, intit. *la Confeſſion de Sancy, & le Baron de Fæneſte.* Il m. Proteſtant à Geneve en 1630, à 80 ans.

AUBIGNY, ( le Maréchal d' ) *voïez* STUART.

AUBIN, ( Guedier de S. ) *voy.* GUEDIER.

AUBREY, *Albericus*, né en Angleterre en 1626, peut être mis au nombre des Sav. malheureux, ſa vie n'aïant été qu'une ſuite de peines & de diſgraces. Il perdit toute ſa ſucceſſion paternelle par les chicanes qu'on lui fit. Il fit naufrage en 1669 en revenant d'Irlande, & penſa perdre la vie. Il ſe maria l'année ſuivante, avec Jeanne Sonnet, mais ce fut, dit-il, *ſous une mauvaiſe étoile.* Il m. à Oxford vers 1700. Ses principaux ouvr. ſont 1. *La vie de Hobbes* en Anglois, & traduite en latin par R. Blackbourn. Il n'eſt pas vrai ( comme quelques Savans l'aſſurent ) que Aubrey ait étudié avec Hobbes à Mameltbourg, puiſque Hobbes quitta Mamelsbourg en 1602, & qu'Aubrey né naquit qu'en 1620. 2. *Promenade de la Province de Surrey en Anglois.* C'eſt une Hiſt. natur. de cette Province. 3. *Mélange ſur divers ſujets,* comme de la fatalité des jours & des lieux, des préſages, des ſonges, &c. Il y a beauc. de crédulité & de ſuperſtition dans ce Livre.

AUBRIOT, ( Hugues ) Bourguignon, Intendant des Finances, Prévôt des Marchands de Paris, fit

bâtir la Bastille par ordre de Charles V en 1369, & mourut en Bourgogne en 1382, après que les Maillotins l'eurent retiré de la Bastille,
où il avoit été condamné à finir
ses jours.

AUBUSSON, (Pierre d') XXXIX
Gr. Maître de l'Ordre de S. Jean de
Jérusalem, dont la résidence étoit
alors dans l'Isle de Rhodes, se signala en Hongrie, se fit aimer de l'Empereur Sigismond, & fit paroître
beauc. de valeur au siége de Mon-
tereau-Faut-Yone. Charles VII disoit de lui qu'il étoit rare de voir
ensemble tant de feu & tant de sagesse. Aïant été élu Gr. Maître après
la mort de J. B. des Ursins, le 17
Juin 1476, il fit aussi-tôt bâtir plus.
Forts pour la sûreté de l'Isle. C'est
lui qui soutint en 1480 ce fameux
siége contre les Turcs, qui étoient
venus assiéger Rhodes avec une flotte
de 160 voiles, & qui furent contraints deux mois après de prendre
la fuite avec leurs galeres. La même
année, Mahomet II étant mort, Zi-
sime un de ses fils, envoïa demander un asyle à Rhodes. Le Gr. Maître l'envoïa chercher, & lui fit une
magnifique réception. Il s'appliqua
ensuite à solliciter une croisade contre les Turcs, fit des réglemens très-
sages pour l'avantage de l'Ordre &
de la Religion, & m. à Rhodes le
3 Juillet 1503, âgé de plus de 80
ans. Les Papes, les Princes & les
Ecrivains lui donnerent les éloges
les plus magnifiques. Le Pere Bouhours a écrit sa vie.

AUBUSSON, (François Vicom-
te d') Duc de la Feuillade, Pair &
Maréchal de France, se signala à la
bat. de Rhetel en 1650, aux siéges
de Mouzon, de Valenciennes & de
Landrecies, & au fameux combat
de S. Gothard contre les Turcs. Il
attaqua en 1674 le Fort de Saint-
Etienne, par un chemin presq. im-
praticable, & l'emporta l'épée à la
main. C'est lui qui fit élever en
1685 la statue de Louis XIV qui est
dans la Place des Victoires à Paris.
Il m. subitement en 1691.

AUBUSSON, (Georges d') second fils de François d'Aubusson,
Comte de la Feuillade, fut nommé
Archevêque d'Embrun en 1649, &
fut envoïé Ambassadeur à Venise en
1659, puis Ambassadeur extraordinaire en Espagne en 1661. C'est lui
qui fit résoudre le Roi d'Espagne
d'envoïer en France le Marquis de
Fuentes, son Ambassadeur Extraordinaire, pour réparer publiquement
l'offense commise le 10 Oct. 1661,
en la personne du Comte d'Estrades,
Ambassadeur de France en Angleterre, par le Baron de Batteville,
Ambassadeur d'Espagne en cette
Cour; ce qu'il exécuta au Louvre
le 24 Mars 1662, où il déclara en
présence des Princes du Sang, du
Nonce du Pape, des Ambassadeurs
& Ministres Etrangers, & de toute
la Cour, que Sa Majesté Catholique avoit donné ordre que ses Ambassadeurs & Ministres en toutes les
Cours étrangeres, cédassent le rang
& préséance aux Ambassadeurs &
Ministres de France. L'Archevêque
d'Embrun fut pourvu de plusieurs
Abbaïes, devint Evêque de Metz en
1668, & m. le 12 Mai 1697, à 88
ans.

AUCOURT, (Jean Barbier d')
voy. BARBIER.

AUDEBERT, (Germain) sav.
Jurisconsulte natif d'Orléans, m.
en cette ville le 24 Déc. 1598, âgé
de plus de 80 ans. On a de lui divers
ouvr. en vers latins.

AUDÉE ou AUDIE, chef des Au-
diens, hérét. du 4e si. célébroit la
Pâque à la maniere des Juifs, &
croïoit que la ressembl. de l'homme
avec Dieu consistoit dans le corps;
ce qui a donné lieu de croire que lui
& ses sectateurs étoient Antropo-
morphites; mais le P. Petau le justifie sur ce point. Il avoit aussi plus.
erreurs sur l'administration du Sacrement de Pénitence. Il m. après
l'an 370, dans le païs des Gots.

AUDOENUS, voy. OUEN.

AUDRAN, (Gerard) cél. Graveur natif de Lyon, & m. à Paris
en 1703, à 63 ans.

AVELLANEDA, voy. CERVAN-
TES (Miguel).

AVENPORT, (François d') savant Profess. de Théologie à Douai, Provincial des Récollets d'Angl., & Chapelain de la Reine. On a de lui un excellent ouvrage intitulé, *le Système de la Foi ou du Concile universel*, & d'autres ouvrages de controverse.

AVENTIN, ( Jean ) d'Abensperg, né en 1466, & m. en 1534, s'est rendu cél. par ses Annales de Baviere, dont la meilleure édit. est de 1580. Il m. avant que d'y avoir mis la dern. main.

AVENZOAR, ou ABENZOAR, c. à d. fils de Zoar, Méd. célebre du 12e si., contemporain d'Avicenne & d'Averroës. Il assure qu'il s'étoit passionnément adonné à la Médecine dans l'espérance d'être utile à lui-même, à ses amis & aux Pauvres. Il s'excuse de ce que, contre la coutume de son païs & l'exemple de son pere, il s'étoit appliqué à la Pharmacie & à la Chirurgie, qui de son tems n'étoient exercées que par des Esclaves & autres personnes ignobles.

AVERANI, ( Benoît ) sav. Italien né à Florence en 1645, fut fait Prof. de la Langue grecque à Pise en 1676. C'étoit un homme d'une érudition prodigieuse, & si universel, qu'il n'y avoit point de science qu'il ne fût en état d'enseigner. Il avoit la mémoire si bonne, qu'encore qu'il n'eut fait aucuns recueils des Auteurs qu'il avoit lûs, il citoit leurs autorités par mémoire dans ses discours. Il n'eut jamais de commerce avec les femmes, dont il évitoit avec soin la familiarité. Aussi a-t-il fait, sur le mépris de l'amour une très belle élégie, qu'on peut comparer aux meilleures pieces des anciens. Il m. en 1707. Ses princip. ouvr. ont été rassemblés & imprimés à Florence en 1717, en 3 vol. in-fol.

AVERROES, l'un des plus subtiles Philos. Arabes, étoit de Cordoue, & florissoit au milieu du 12e si. Il traduisit le prem. Aristote en arabe : ses Comment. sur ce Philosophe auquel il étoit très attaché,

le firent surnommer *le Commentateur*. Averroës enseignoit aussi la Médecine ; mais il en savoit mieux la théorie que la pratique. Il m. en 1206.

AUFIDIUS, nom de plus. gr. hommes d'une illustre famille Rom. dont les plus connus sont, T. Aufidius Oratius, du tems de Sylla ; Cneius Aufidius, sav. Hist. environ 100 ans avant J. C. ; Aufidius Bassus, Histor. sous Auguste ; enfin, M. Lusco Aufidius, qui trouva la maniere d'engraisser des Paons ; ce qui lui apporta un profit très considérable

AVERRUNCUS, Dieu des Romains, ainsi nommé parcequ'ils s'imaginoient qu'il détournoit les malheurs.

AUGER, ( Edmond ) cél. Missionnaire & Controversiste, Jésuite, natif d'Alleman, près Sézanne en Brie, prit l'habit à Rome sous saint Ignace, vers 1550, & enseigna les humanités en Italie. De retour en France, il s'appliqua à la conversion des Hérétiques, & en ramena gr. nombre à la Foi. Son zele se fit admirer à Lyon durant la peste. Ce fut lui qui, en 1563, rétablit la Religion Cathol. en cette ville. Henri III le prit ensuite pour Prédicateur & pour Confesseur, & c'est le prem. Jésuite qui ait été Confesseur de nos Rois. Il m. à Côme en 1591. On a de lui des ouvr. de Controverse. Le Pere Dorigny a écrit sa vie.

AUGUSTE, ( *Caius Julius Cæsar Octavianus* ) Emp. Rom. & neveu de Jules César, naquit à Rome 63 avant J. C. Aïant appris la mort funeste de César qui l'avoit adopté, il se rendit en Ital. & s'attira toutes les créatures de son oncle. Marc-Antoine, alors Consul, jaloux de l'autorité d'Auguste, arma contre lui ; mais celui-ci avec les Consuls Hirtius & Pansa, dégagea Decimus Brutus qui étoit assiégé dans Modene, & chassa Antoine de toute l'Italie. Hirtius fut tué à la bataille de Modene, Pansa mourut de ses blessures ; mais avant que de mourir il découvrit à Auguste le secret du Sénat, dont le but étoit d'affoiblir Auguste & Antoine l'un par l'autre, & de remettre ensuite l'autorité entre les mains des Partisans de Pompée. Cela joint au progrès de Cassius, fit résoudre Auguste de se réconcilier avec Marc-Antoine, qui le menaçoit, en cas de refus, de s'unir lui-même avec Brutus & Cassius. Il se fit donc une ligue entre Auguste, Marc-Antoine & Lépide. Telle fut l'origine du Triumvirat. Auguste épousa Clodia, & marcha vers Rome. Alors le Sénat, qui avoit été sur le point de le condamner, l'éleva au-dessus des loix-mêmes, & lui permit de prendre le pas sur les Consuls. Auguste fit autoriser son adoption par Édit public, & condamner Brutus, Cassius & les autres assassins de Jules-César. Il s'aboucha ensuite près de Boulogne avec Marc-Antoine & Lépide. Il fut résolu dans cette entrevue qu'ils prendroient le gouvernement de la Républ. pour cinq ans, sous le nom de Triumvirs, & qu'ils nommeroient les Magistrats. Ils se partagerent en même-tems le gouvernement; Antoine eut l'Orient, Auguste l'Occident, & Lépide l'Afrique; ensuite Marc-Antoine & Auguste marcherent contre Brutus & Cassius. Après leur mort, Auguste revint en Italie, où apprenant que Fulvie remuoit contre lui, en faveur d'Antoine son époux, il répudia Clodia; mais après la m. de Fulvie il se réunit encore avec Antoine, qui épousa Octavie sœur d'Auguste, & veuve de Marcellus. Auguste vainquit ensuite & chassa de la Sicile le jeune Pompée. Lépide, qui avoit eu part à cette victoire, voulut se mettre en possession de la Sicile; mais il fut abandonné de son armée, & Auguste l'envoïa en exil. Enfin la guerre s'étant rallumée entre Auguste & Antoine, la fameuse bataille d'Actium décida du sort de ces deux Princes, 31 av. J. C. Antoine fut vaincu; & par sa mort & celle de Cléopatre, Auguste eut l'Empire du Monde. De retour à Rome, 29 avant J. C., il conserva son autorité par l'avis de Mecene, contre celui d'Agrippa, & prit le titre d'Empereur. Alors pour affermir sa puissance, il s'appliqua à gagner les armées par ses libéralités, le peuple par l'abondance, & les savans par ses récompenses. Le Sénat lui déféra le titre d'*Auguste*, 27 avant J. C. Il voïagea ensuite dans les Gaules, en Espagne, en Sicile, en Grece & en Asie, & prit encore la Charge de gr. Pontife, & 8 ans av. J. C. il réforma le Calendrier, & le mit en l'état où il est resté jusqu'au Pape Grégoire XIII. C'est alors qu'il donna son nom au mois d'*Août*, appellé auparavant *Sextilis*. Enfin, il adopta Tibere, & m. à Nole, âgé de 75 ans. Ce Prince étoit d'une taille avantageuse & bien proportionnée: il avoit l'air doux & le regard modeste. Tandis qu'il aspiroit à l'Empire, on lui vit un esprit inquiet, remuant & artificieux; il fut même cruel dans son Triumvirat: mais aussi-tôt qu'il fut paisible possesseur de l'autorité souveraine, ses vices semblerent être changés en vertus. Il parut juste, affable, libéral & modéré. Il maintint la paix, avança les gens de mérite, fit fleurir les arts & les sciences qu'il cultiva lui-même, & qu'il porta sous son Empire au plus haut degré de perfection. On lui reproche de s'être livré à la volupté, & aux caprices de Livie son épouse qui le tournoit à son gré. Il n'étoit point naturellement brave, & devoit l'Emp. & la plûpart de ses belles actions à Mecene & à Agrippa.

AUGUSTE, ( Philippe ) voyez PHILIPPE-AUGUSTE.

AUGUSTE, Duc de Brunswic & de Lunebourg, fut un des plus sages & des plus sav. Pr. du 17e si. On a de lui divers ouv. & particul. une excell. harmonie Évangélique.

AUGUSTIN, ( S. ) l'un des plus illustres & des plus sav. Doct. de l'Eglise, né à Tagaste le 13 Nov. 354, étoit fils de Patrice & de sainte Monique. Il fit ses études à Tagaste, à Madaure & à Carthage, où il eut d'un commerce criminel, un fils nommé *Adeodat*, prodige d'esprit, mort à 16 ans. Il embrassa ensuite le Manicheisme, & professa la Rhétorique à Tagaste, à Carthage, à Rome, & enfin à Milan. C'est dans cette ville qu'étant allé entendre les Sermons de S. Ambroise par curiosité ; il fut si touché, qu'il résolut de se convertir ; les larmes de sainte Monique contribuèrent à sa conversion. Il fut baptisé à Milan par S. Ambroise, en 387, renonça à sa profession de Rhéteur, & s'en retourna à Tagaste. Dès qu'il y fut arrivé, il distribua ses biens aux pauvres, & vécut en communauté avec quelques uns de ses amis. Trois ans après, étant allé à Hippone pour y convertir un homme de qualité, Valère qui en étoit Evêque, l'ordonna Prêtre malgré sa répugnance en 391, & lui permit de prêcher en sa présence, contre la coûtume des Evêq. d'Afriq. Ce fut alors que S. Augustin établit à Hippone une Communauté de personnes choisies, qui vivoient en commun, sans rien posséder en propre. En 393, il expliqua le symbole de la foi dans un Concile tenu à Tagaste, avec tant de savoir, que les Evêques le jugèrent digne d'une plus grande place. Devenu Evêque en 395, il vécut en commun avec les Clercs, & remplit tous les devoirs de l'Episcopat. Il combattit les Donatistes, les Manichéens, les Pélagiens & les Sémipélagiens ; instruisit son peuple par des prédications continuelles, soulagea les pauvres, & maintint la discipline en plusieurs Conciles. Enfin, il mourut à Hippone, durant le siege de cette ville par les Vandales, le 28 Août 430, âgé de 76 ans. Ses ouvr. principalement la Cité de Dieu & ceux en faveur de la Grace de J. C. lui ont acquis une gloire immortelle. On y voit une vaste étendue de génie, beauc. de justesse & de pénétration, une force & une énergie admirables. La meilleure édit. est celle des Bénédictins, en 11 tom. *in-fol.*

AUGUSTIN, (S.) Apôtre d'Angleterre, prem. Archev. de Cantorbéry, au 6e si., étoit Prieur du Monastere de S. André, Ordre de S. Benoît à Rome, lorsqu'il fut envoïé en Angleterre par S. Grégoire *le Grand* en 596. Il convertit le R. Ethelbert ; fut ordoné Evêque par Virgile, Evêq. d'Arles, & baptisa le jour de Noel 10000 personnes. Il fit sa demeure à Cantorbéry, qui devint aussi la Métropole d'Angleterre, établit plus. Evêq. dans les Villes, & m. le 26 Mai 607.

AUGUSTIN, (Antoine) Arch. de Tarragone, & l'un des plus sav. hommes de son si., étoit de Sarragosse, & fils d'Antoine Augustin, Vice-Chancelier d'Arragon, & d'Elisabeth, Duchesse de Cardonne. Il se rendit très-habile dans le Droit Civil & Canonique, les Belles-Lettres, l'Histoire Ecclésiastique, les Langues & l'antiquité sacrée & profane, &c. Il fut Auditeur de Rote, puis Evêque d'Alise, ensuite de Lerida, & parut avec éclat en 1562, au Conc. de Trente. On lui donna l'Archev. de Tarragone en 1574, où il m. en 1586, à 68 ans. On a de lui gr. nombre d'ouvr. la plupart très estimés. Le plus consid. est la *correction de Gratien*, dont Baluze a donné une excellente édit. en 1672, avec des notes.

AUGUSTIN PATRICE PICOLOMINI, *voy.* PATRICE.

AUGUSTULE, son vrai nom étoit *Augustus Romulus*, mais il fut surnommé *Augustule*, ou par dérision, ou à cause de sa gr. jeunesse. C'est le dern. Emp. Rom. Il étoit fils d'Oreste Patrice, & Gén. des Armées Romaines dans les Gaules, & de la fille du Comte Romule, que Valentinien envoïa en Ambassade à Attila vers 449. Oreste son pere s'étant révolté & aïant chassé de Ravenne Julius Nepos, se rendit maître de l'Empire, & fit proclamer son fils Empereur à Ravenne le 29 Oct. 475. Augustule ne jouit pas longtems de sa nouvelle dignité. Car Odoacre aïant soulevé l'armée fit mourir Oreste, se rendit maître de Rome, & obligea Augustule d'abdiquer l'Empire après avoir regné neuf

neuf mois & 24 jours. Il lui affigna un revenu de 6000 liv. d'or pour le reste de sa vie. Odoacre refusa la pourpre, les autres ornemens Imp. & le titre d'Emper., & se contenta de se faire proclamer R. d'Ital. le 23 Août 476. Ainsi finit l'Empire Rom. en Occid. 507 ans, à quelques jours près, depuis la bat. d'Actium, qui établit la Monarchie d'Auguste & 1229 ans après la fondation de Rome. Il est remarquable que le dernier Empereur Rom., ait porté le nom d'*Auguste*, comme le prem. & le nom de *Romulus* comme le Fondateur de la puissance des Romains.

AVICENNE, cél. Philos. & sav. Méd. Arabe, naquit à Bochara en 980 de J. C. Il avoit beauc. d'esprit, & une mémoire prodigieuse. Il apprit dès son enfance les Belles-Lettres, la Philos., les Math., & la Méd. Il devint ensuite Med. & Visir du Sultan Cabous, & m. de ses débauches en 1036 de J. C. à 56 ans. On a de lui plus. ouvr. imprim. à Rome, en Arabe, en 1489. Ils ont été traduits en latin.

AVIENUS, Auteur latin, du 4e si. a mis en vers élégiaques les Fables de Phedre; mais ces vers n'aïant ni la beauté ni la grace de l'original, ne doivent point être mis entre les mains des jeunes gens.

AVILA, célebre Historien, *voy.* DAVILA.

AVILA, ( Louis d' ) gentilhomme Espagn. natif de Piazença, Général de la Cavalerie, pour Charles-Quint, au siege de Metz, a écrit des Mémoires historiques de la guerre de Charles V, contre les Protestans d'Allem., & d'autres ouvr.

AVILA, ( Jean d' ) surnommé l'*Apôtre de l'Andaloufie*, l'un des plus gr. maîtres de la Vie spirituelle, étoit d'Almodoar del Campo, dans la vieille Castille. C'est aux Prédications de ce vertueux Prêtre qu'on doit la conversion de S. François de Borgia, de S. Jean de Dieu, & à vocation de Ste Therese. Il mourut à Montilla en 1569 après de longues maladies. Il a écrit en Espa-

gnol des Lettres spirituelles & plusieurs excel. Traités de piété, dont M. Arnauld d'Andilly a donné une belle Traduct. Louis de Grenade & Louis Munnoz ont écrit sa vie.

AVILA, ( Gilles Gonçales d' ) hab. Ecclés. Esp. & historien du R. d'Espagne, é oit d'Avila. Il mourut en 1658, âgé de plus de 80 ans. On a de lui quelques ouvr.

AVILA, ( Sanche d' ) né à Avila en Esp. en 1546, de parens nobles, se distingua par sa science & par ses Prédications. Il fut Confesseur de Sainte Therese. On lui donna l'Ev. de Murcie, puis celui de Jaën, ensuite celui de Siguenza, & enfin celui de Plazença, où il mourut vers 1625. On a de lui divers ouvrages.

Il y a eu plus. autres personnes de ce nom.

AVITUS, fut élu Empereur après la mort de Maxime en 455, & abdiqua l'Empire 18 mois après par la faction de Ricimer. Il mourut Evêq. de Plaisance en Lombardie.

AVITUS, ( Sextus Alcimus ) neveu de l'Empereur Avitus & Arch. de Vienne, s'est rendu illustre par sa doctrine & sa piété. Il eut part à la conversion de Clovis, & présida en 517 au Concile d'Epaone, puis à celui de Lyon. Il m. vers 525. Ses ouvr. ont été impr. à Paris en 1643 *in-*8°, avec des notes du Pere Sirmond.

AULU-GELLE, ( *Aulus Gellius*, ou *Agellius* ) célebre Grammairien latin, vivoit à Athenes sous Adrien, vers 130 de J. C. Il a écrit en latin 20 Livres *des Nuits attiques*, qui roulent principalement sur la critique. Cet Auteur est surtout recherché à cause d'un gr. nombre de fragmens des anciens, qui ne se trouvent point ailleurs.

AUMONT, ( Jean d' ) Maréchal de France, l'un des grands Capitaines de son tems, se distingua dès sa jeunesse, par sa bravoure. Henri III le fit Maréchal de France en 1579. Il se signala à la bataille d'Ivry, & mourut le 19 Août 1595, âgé de 73 ans.

AUMONT, (Antoine d') Pair & Maréchal de France, se distingua en divers sieges & combats, eut le commandement de l'aîle droite à la bataille de Rhetel en 1650, & fut fait Maréchal de France en 1651, Gouverneur de Paris en 1662, Duc & Pair en 1667. Il mourut à Paris en 1669, âgé de 68 ans.

AUNOY, ( Marie-Catherine-Jumelle de Berneville, Comtesse d' ) Dame cél. morte en 1705, a composé *les Aventures d'Hippolite, Comte de Duglas*, & plus. autres Romans & Historiettes, réimprim. plus. fois.

AURAT, ou plutôt DORAT, ( Jean ) *Auratus*, Poëte du 16e si. natif du Limosin, Professeur en grec au Collége Roïal à Paris. Il composoit avec une facilité extrême des vers grecs, latins & françois. A l'âge d'environ 71 ans, il se remaria à une jeune fille de 19 à 20 ans. Ses amis plaisantant là-dessus, Dorat répondit agréablement, que c'étoit une licence Poétique. Il eut un fils de ce second mariage, & m. en 1588. Ses Poésies ont été impr. C'est lui qui a donné cours à l'anagramme, invention ridicule, qui ne peut occuper que des personnes sans goût.

AURE, ( Sainte ) ou AURÉE, de la race des Sarrasins, en Espagne, étant Chrétienne, se retira dans un Monastere. Elle eut la tête tranchée le 19 Juill. 856, pour avoir confessé généreusement la Foi de J. C.

AURELE, ( Marc, *voy.* MARC-AURILE.

AURELIEN, ( *Lucius Domitius* ) Emper. Romain, & l'un des plus gr. Généraux de l'antiquité, étoit d'une naissance obscure, & parvint à l'Emp. par sa valeur, après la m. de Claude en 270. Il portoit la guerre d'Orient en Occident, avec la même facilité, dit Bayle, que nous faisons marcher nos armées, d'Alsace, en Flandres. On ne sait point en détail les actions de sa vie. Il défit les Goths, les Sarmates, les Marcomans & les Vandales. Il vainquit Zénobie, Reine des Palmyreniens,

& Tétrique, Général des Gaulois, & les fit servir à son triomphe en 274. On dit que dans les différentes bat. il avoit tué de sa main plus de 900 hom. Il punissoit avec une extrême cruauté; ce qui faisoit dire de lui, *qu'il étoit bon Médecin, mais qu'il tiroit un peu trop de sang*. Ce Pr. excita contre les Chrétiens une cruelle persécution en 272; mais elle ne fut pas de longue durée. Mnestée, l'un de ses affranchis, le fit assassiner en 275 dans la Thrace, comme il se préparoit d'entrer dans la Perse, avec une grande armée.

AURELIUS VICTOR, ( Sextus ) Historien latin, d'une condition médiocre, s'éleva par son mérite jusqu'aux prem. dignités de l'Empire. Julien le fit Gouverneur de la seconde Panonnie en 361, & en 369 il fut Consul avec Valentinien. On a de lui un abregé de l'Histoire Romaine.

AURELLI, ( Jean Mutio ) ou plutôt ARELLI, *Aurelius*, Poëte latin du 16e si., natif de Mantoue, s'efforça d'imiter Catulle; mais on ne trouve dans ses vers rien de libre, ni contre la pudeur. Il mourut vers 1520.

AURENG-ZEB, gr. Mogol, emprisonna son pere, & s'empara du Trône en 1660, fit mourir & chasser ses freres, & se vit paisible possesseur de l'Empire en peu de tems. Alors il s'imposa une pénitence rigoureuse pour expier ses crimes, ne mangeant que du pain d'orge & des légumes, & ne buvant aucune sorte de liqueur agréable. C'étoit un Pr. belliqueux. Il conquit les Roïaumes de Décan, de Visapour, de Golconde & de Carnate. Il campoit presque toujours au milieu de son armée, craignant que ses fils ne lui fissent le même traitement qu'il avoit fait à son pere *Chah-jehan*. Il m. en 1707, âgé de près de 100 ans. On trouve dans les voïages de Bernier, & dans l'Histoire du Mogol par le Pere Catrou, un beau discours que ce fam. Conquérant prononça dans un cercle de Savans.

y déplore l'éducation qu'on lui avoit donnée, se plaint qu'on l'ait bornée à des minuties de Grammaire, & à une legere connoissance de l'Indostan, de ses Villes, de ses Pr. & de ses revenus. Il marque un regret extrême qu'on lui ait laissé ignorer les mœurs, les coutumes, & les intérêts des Nations étrangeres, les ressorts de la politique, l'art de gouverner les Prov., & le tempérament de douceur & de sévérité qu'il y faut garder, &c. Ce discours fut distribué dans tous les vastes Etats de son Empire.

AUREOLUS, ( Pierre ) *voyez* ORIOL.

AURIA, (Vincent) sav. Italien né à Palerme en 1625, & m. dans la même ville en 1710. On a de lui un gr. nombre d'ouvr. en Italien, & quelques uns en latin.

AURIFICUS ou ORIFICUS BON-FILIUS, ( Nicolas) Relig. Carme, natif de Sienne, vivoit en 1592. Il a laissé divers ouvr. de morale & de piété. C'est lui qui a publié les œuvres de Thomas Waldensis.

AVRIGNY, (Hyacinthe Robillard d') fameux Jésuite du 18e si. naquit à Caen en 1675, & se fit Jésuite à Paris le 15 Sept. 1691. La Régence des basses Classes, aïant altéré sa santé, on l'envoïa à Alençon, où il fut Proc. du Collége. Il mena presque toujours une vie languissante, & m. dans sa patrie le 24 Avril 1719. On a de lui 1°. *Mémoires Chronologiques & Dogmatiques pour servir à l'Histoire Ecclésiastique depuis 1600 jusqu'en 1716, avec des réflexions & des remarques critiques*, 4 vol. *in* 12. 2°. *Mémoires pour servir à l'Histoire universelle de l'Europe depuis 1600 jusqu'en 1716, avec des réflexions & des remarques critiques*. Paris 1725, en 4 vol. *in-12.*

AVRILLOT, ( Barbe ) ou *Sœur Marie de l'Incarnation*, après la mort de son mari, se fit Carmelite en 1614, & mourut à Pontoise en odeur de sainteté en 1618. Duval, Docteur & Professeur de Sorbonne; Maurice Marin, Barnabite,

& d'autres ont écrit sa vie.

AURISPA, ( Jean ) l'un des plus sav. hom. du 15e si. né à Noto en Sicile, fut Secrétaire de Nicolas V, qui le gratifia de deux riches Abbaïes. On a de lui quelques ouvr.

AUROGALLUS, ( Matthieu ) de Bohême, Professeur de Langues à Virtemberg, travailla avec Luther à la traduct. allemande de la Bible. Il m. en 1543, après avoir laissé une Grammaire hébraïque & d'autres ouvrages.

AUSONE, ( *Decius Magnus* ) l'un des plus cél. Poètes lat. du 4e si. né à Bourdeaux, étoit fils d'un Médec. de Bazas; mais sa mere *Emilia Eonia*, étoit fille de *Cecilius Argicius Arborius*, d'une famille confid. dans le païs d'Autun. Après avoir appris les Lettres grecq. & lat., il enseigna la Grammaire, ensuite la Rhétoriq. à Bourdeaux. Il s'y acquit une si gr. réputat. que Valentinien le choisit pour Précept. de Gratien son fils. Il fut élevé aux charges les plus considér.; & ce que dit Juvenal, que quand la fortune favorise, on peut être élevé de la profession de Rhéteur à la dignité de Consul, arriva à Ausone, car il fut Consul en 379. Il écrivit une épître en vers à S. Paulin en 392, & mourut quelque-tems après. Les Poésies d'Ausones sont écrites avec facilité & avec esprit, mais contraires à la pudeur & au bon goût. Son Poëme de la Moselle est le meilleur. Il n'est point vrai qu'il ait été Evêque de Bourdeaux. Son Centon, piece deshonnête, suffit pour en désabuser. Arborius, qui étoit fam. Astrologue, avoit tiré l'horoscope de son petit-fils Ausone, & on dit que la fortune de celui-ci justifia les prédictions de son grand pere maternel.

AUSSUN, ( Pierre d') grand Capitaine du 16e si. d'une famille noble & anc. de Bigorre, servit pendant 40 ans avec beauc. de réputat. & se distingua surtout à la bat. de Cerizoles. Il m. en 1562.

AUSTREGESILE, (S.) Archevêque de Bourges, mourut en 624.

après avoir gouverné faintement fon Eglife pendant douze ans.

AUSTREMOINE, (S.) l'un des fept illuſtres Miſſionnaires Apoſtoliques envoïés dans les Gaules par l'Eglife de Rome, vers 250. Il s'arrêta en Auvergne, y annonça l'Evangile, & y mourut.

AUTELS, (Guill. des) Gentilhomme de Bourgogne, natif de Montcenis, eſt Auteur d'un grand nombre d'ouvrages françois. Il m. vers 1570.

AUTHIER de Siſgau, (Chriſtophe d') natif de Marſeille, inſtitua en 1632 *la Congrégation des Prêtres du S. Sacrement*, pour la direction des Séminaires & pour les Miſſions. Il fut fait Evêque de Bethléem en 1651, & m. en 1667. M. Borély a écrit ſa vie.

AUTOLYCUS, Philoſ. Grec, vers 340 avant J. C. Il nous reſte de lui quelques Traités d'Aſtronomie.

AUTON, (Jéan d') natif de Saintonge, Prieur de l'Angle, Ordre de S. Benoît, du tems de Louis XII, a écrit la vie de ce Pr. avec exactitude. Il m. en 1523.

AUTPERT & ANSBERT, (Ambroiſe) Moine de l'Ordre de S. Benoît, & Abbé de S. Vincent de Volzorne, étoit de Provence. On a de lui un Commentaire ſur l'Apocalypſe & d'autres ouvrages. Il m. en 778.

AUXENCE, fam. Arien de Cappadoce, uſurpa le ſiege Epiſcopal de Milan, par la faveur de l'Empereur Conſtance en 355. Il ſe porta aux dernieres violences contre les Catholiq. & m. en 374. S. Ambroiſe lui ſuccéda. Il ne faut pas le confondre avec Auxence *le jeune*, autre Arien, qui oſa défier S. Ambroiſe à la diſpute vers 386.

AUXILIUS, Prêtre du 9e ſiecle, aïant été ordonné par le Pape Formoſe, fit deux petits Traités pour prouver que les ordinations faites par ce Pape, étoient valides. Ces deux Traités ſe trouvent dans le Pere Morin. Ils ſont écrits avec liberté & fermeté.

AUZOLE, *voïez* LA PEIRE.

AUZOUT, Auteur du Traité du *Micrometre*, imprimé au Louvre en 1693.

AXARETO, (Blaiſe) Général des Galeres de Gênes, gagna en 1435, la fam. bat. navale de l'Iſle Ponce, où il fit priſonnier Alfonſe V, Roi d'Aragon, & pluſieurs autres Princes.

AXIOTHÉE, femme d'eſprit, ſe déguiſa en homme pour aller entendre Platon dont elle étoit diſciple. S. Clement d'Alexandrie nomme d'autres femmes qui firent la même choſe.

AYBERT, (S.) Moine Bénédictin, né en 1060, au Dioc. de Tournai, fut ordonné Prêtre par Burchard, Evêq. de Cambrai, avec un pouvoir partic. d'adminiſtrer dans ſa cellule les Sacrem. de Pénitence & d'Euchariſtie. Pouvoir qui lui fut confirmé par Paſchal II & Innocent II: cependant il renvoïoit tous les Pénitens à leur Evêq. Il diſoit tous les jours deux Meſſes, une pour les Vivans & l'autre pour les Morts. Il m. en 1140, âgé de 80 ans.

AYGNANI, *voïez* ANGRIANI.

AYGULFE, (S.) ou AYEUL, Archevêque de Bourges en 811. Théodulphe Ev. d'Orléans, lui donne de gr. éloges, & le titre de Patriarche. Il m. en 835.

AYLE ou AGILE, (S.) fils d'Agnoald, l'un des princip. Seigneurs de la Cour de Childebert II, Roi d'Auſtraſie, fut élevé dans l'Abbaïe de Luxeuil, où il embraſſa la vie Relig. Quelque-tems après, les Ev. le choiſirent pour aller prêcher l'Evangile aux Infideles de de-là les Voſges juſqu'en Baviere. A ſon retour, il fut élu Abbé de Rebais, où il m. en 650.

AYMAR, (Jacques) Païſan de S. Veran en Dauphiné, & fameux Impoſteur de la fin du 17e ſi., ſe vantoit de découvrir, par le moïen de la *Baguette divinatoire*, les tréſors, les métaux, les bornes des champs, les larrons, les homicides, les adulteres de l'un & de l'autre ſexe, &, mais aïant été mandé de

Lyon à Paris, sa fourberie fut découverte à l'Hôtel de Condé en 1693, & il perdit sa réputation.

AYMON, (Jean) Auteur Protestant du commenc. du 18e si. accompagna en France l'Evêque de Mauriene en qualité d'Aumônier. Il se retira ensuite en Hollande où il embrassa le Calvinisme. Le dessein qu'il témoigna dans la suite de rentrer dans l'Eglise Rom. lui fit obtenir par le moïen de M. Clement, Garde de la Biblioth. du Roi, un passe port pour revenir en Fr. M. le Card. de Noailles lui fit avoir une pension du Roi, & le mit au Sém. des Missions étrangeres. Pendant ce tems-là M. Clement lui donna entrée avec une entiere liberté dans la Biblioth. du Roi; mais par une noire ingratitude pour tous les services & pour toutes les marques d'amitié qu'il en avoit reçus, il vola plus. Livres, entr'autres l'original du Synode de Jérusalem tenu en 1672, qu'il fit imprimer en Hollande, avec des Lettres de Cyrille Lucar, & quelques autres pieces sous le titre de *Monumens autentiques de la Religion des Grecs, & de la fausseté de plusieurs confessions de foi*. Cet ouvr. a été vivement réfuté par M. Renaudet, qui prouve l'ignorance crasse & la mauvaise foi de l'Auteur. On a encore du même Aymon, *les Synodes nationaux des Eglises réformées de Fr.*, imprim. en 1710, 2 vol. *in-4°*. & une mauvaise Traduction des Lettres & Mémoires du Nonce Visconti, 1719, 2 vol. *in-12*.

AYRAULT, *voyez* AIRAULT.

AZAEL, frere de Joab, étoit aussi leger à la course que les chevreuils. Il fut tué par Abner, n'aïant pas voulu cesser de le poursuivre, vers 1053 av. J. C.

AZARIAS, appelé aussi *Ozias*, Roi de Juda, succéda à son pere Amazias, en 810 av. J. C. Il assembla une armée de plus de 300000 hommes avec laquelle il vainquit les Philistins, & fit abattre les murs de Geth, de Jamnie & d'Azot. Ce Pr. aimoit l'agriculture. Il se plai-

soit à cultiver lui même ses vignes, ses terres & ses jardins; mais la prospérité changea ses mœurs. Aïant voulu offrir de l'encens sur l'autel des parfums, il fut frapé de lepre; ce qui l'obligea de se renfermer le reste de sa vie dans une maison séparée. Il m. vers 759 avant J. C., & fut enterré dans le champ où étoient les tombeaux des Rois, parcequ'il étoit lépreux. Joathan son fils lui succéda.

Il est parlé de plus. autres Azarias dans l'Ecriture.

AZARIAS, cél. Rabbin Ital. Auteur du Liv. hébr. intit. *La lumiere des yeux*, impr. à Mantoue en 1574. Il cite souvent les Auteurs Chrét., & traite plusieurs faits d'Histoire & de Critique.

AZOLIN, (Laurent) Evêque de Narni en 1630, étoit de Formignano. Il se distingua dans la Théol., la Jurispr., & les Belles-Lettres. Urbain VIII lui fit quitter son Evêché, où il s'attiroit l'amour & la vénération des peuples, pour en faire son Secrétaire. Il m. dans un âge peu avancé. Ses Satyres en toscan, sont d'un style vif & sublime. Il ne faut pas le confondre avec le Cardinal Azolin, que la Reine Christine de Suede fit son Légataire universel en 1689.

AZON, *Azo Portius*, cél. Jurisc. du 12e si., enseigna la Jurisprudence à Bologne & à Montpellier avec tant de réput. qu'il fût appelé *le Maître du Droit & la Source des Loix*. On dit qu'il avoit jusqu'à dix mille Audit. & que dans la chaleur de la dispute, il tua son Adversaire en lui jettant un chandelier à la tête. On ajoute que pendant sa prison, il s'écrioit souvent, *Ad bestias, ad bestias*, voulant désigner par-là que son absolution étoit contenue dans la Loi *Ad bestias de pænis*; mais que les Juges ignorans s'imaginerent qu'Azon les insultoit, & le condamnerent à mort vers 1200; mais plus. Auteurs traitent de fable cette fin tragique d'Azon. On a de lui une *somme*, & des *Commentaires sur le Code*.

AZOR , ( Jean ) Jésuite de Louca en Espagne, a professé avec réput. à Alcala, à Rome, & ailleurs. Il m. à Rome en 1603. On a de lui des *institutions morales* en lat. & d'autres ouvr.

AZPILCUETA , ( Martin ) surnommé *Navarre*, parcequ'il étoit de Verasoain au Roïaume de Navarre, l'un des plus sav. Jurisc. du 16e si., professa la Jurisprud. avec tant de réput. à Toulouse, à Salamanque & à Coïmbre, qu'on le consultoit comme l'oracle du Droit. Il avoue qu'il devoit toute sa science à la Fr. Etant allé à Rome pour défendre son ami Barthélemi Caranza, Dominicain, Archevêq. de Tolede, qui étoit accusé d'hérésie, le Pape le fit Pénitencier. Azpilcueta étoit sobre, & si charitable, que sa mule s'arrêtoit, dit on, ordinairement, quand elle voïoit venir quelque pauvre. Il mourut à Rome en 1586, à 92 ans. Ses ouvr. sont en 6 vol. *in-fol.*

# B.

BAAL , ou BEL , en hébreu *Seigneur*, noms donnés à diverses divinités du Paganisme. Les Babyloniens & les Chaldéens adoroient leur idole sous le nom de *Bel*, & les Phéniciens avec les peuples voisins, sous le nom de *Baal*. Ces deux noms ne diffèrent que par la prononciation, & ne se donnent jamais au vrai Dieu, dans l'Ecriture. Quelques-uns croient que *Baal*, ou *Bel*, est le même que *Belus*. D'autres soutiennent que c'est *Jupiter*, ou le *Soleil*, fondés sur ce que les Phéniciens appelloient Jupiter *Baal-semen*, c. à d., *Seigneur du Ciel*, ce qui ne peut convenir qu'au Soleil dans la Théologie des Païens. Les Israélites idolâtres brûloient leurs fils en holocauste devant *Baal*. Les Prêtres de *Baal* se faisoient des incisions avec des couteaux & des lancettes, jusqu'à ce que le sang en coulât. *Baal* est aussi le nom d'un Roi de Tyr, qui vivoit 591 avant

J. C. On croit que l'idole de *Baal* a été le prem. monument de la superstition & de l'idolâtrie.

BAAN , ( Jean de ) Peintre célebre né à Harlem en 1633, excelloit dans les portraits.

BAART , ( Pierre ) Poëte latin & Flamand, dont on a un Poëme intitulé : *La pratique des Laboureurs de Frise*, que les Flamands comparent aux Géorgiques de Virgile. On a encore de lui un Poëme intitulé : *Le Triton de Frise*, & d'autres Poésies estimées.

BAASA , fils d'Ahias & R. d'Israel, fit mourir tous les Princes de la maison de Jéroboam, & déclara la guerre à Aza, Roi de Juda. Il s'abandonna ensuite à toutes sortes d'impiétés, & fit m. le Prophête Jéhu, qui lui avoit annoncé la vengeance divine prête à tomber sur toute sa postérité. Il m. 930 av. J. C. & fut enséveli à Thersa. Ela son fils lui succéda.

BABIN , ( François ) Chanoine, gr. Vicaire & Docteur d'Angers sa patrie, s'est distingué par le Recueil des Conférences du Diocèse d'Angers, dont il a publié 18 vol. *in-12.* Ouvrage utile aux Direct. de Conscience. M. Babin m. Doïen de la Faculté d'Angers, le 19 Décembre 1734, à 83 ans. Il étoit depuis longtems seul Approbateur des Livres dans l'Anjou.

BABOLENUS ( S. ) ou BABOLEIN, prem. Abbé de S. Maur-lès-fossés, près de Paris, m. vers l'an 680.

BABYLAS , ( S. ) Evêque d'Antioche, & l'un des plus cél. Martyrs de la primitive Eglise. Aïant refusé à l'Emp. Dece l'entrée de l'Eglise des Chrétiens, il fut mis à mort par ordre de ce Prince, vers 251 de Jesus-Christ.

BACCARELLES , ( Gille ) fam. Peintre d'Anvers, excelloit dans le païsage. Guillaume Baccarelles son frere, & plusieurs autres de cette famille, ont été aussi des Peintres célebres.

BACCHIARIUS , Philos. Chrétien au 5e si. dont nous avons une sav. Lettre écrite à l'Evêq. Janua rius , touchant la faute d'un Moine qui avoit abusé d'une Religieuse.

BACCHINI , ( Bernardin , puis Benoît ) l'un des plus sav. hommes de son si. , naquit à Borgo San Donino le 31 Août 1651. Il se fit Rel. Bénédictin , & prêcha avec succès en Ital. , mais la foiblesse de sa santé l'aïant obligé de renoncer à la chaire , il se renferma dans son cabinet , & donna au public un gr. nombre d'ouvr. en latin & en ital. Les plus considér. sont 1 , un Journal de Littérature ; 2. de sistrorum figuris ac differentia , &c. Il m. à Bologne le prem. Sept. 1721 , à 70 ans.

BACCHUS , fils de Jupiter & de Semelé. La Fable porte que Jupiter le cacha dans sa cuisse , de peur qu'il ne fût consumé par le feu avec sa mere Semelé. Bacchus remporta de gr. victoires dans les Indes , & enseigna aux hommes l'art de planter la vigne , ce qui lui a fait donner le nom de Dieu du vin. On dit aussi qu'il inventa l'art de moissonner & de négocier. Les Anciens le peignoient jeune , avec un corps tendre & délicat , & le mettoient entre les plus belles divinités. On le représentoit dans un char de triomphe , traîné tantôt par des pantheres , tantôt par des tigres. Il étoit accompagné de Silene , courbé sur un âne , & d'une troupe de Satyres & de Bacchantes. Les Scythes seuls ne vouloient point reconnoître Bacchus , disant que c'étoit une chose ridicule d'adorer un Dieu qui rendoit les hommes insensés & furieux. Les Auteurs attribuent ordinairem. le Thyrse à Bacchus & aux Bacchantes. C'étoit une espece de petite lance ou bâton , couvert de feuilles de vigne & de lierre mêlées ensemble , aïant au bout une pointe en forme de pomme de pin. Bochard croit que ce Dieu est le même que Nemrod , & qu'il a été nommé Bacchus de Bar-chus , qui en Chaldéen , signifie fils de Chus.

BACCHYLIDE , fameux Poëte Grec , natif de Julis dans l'Isle de Cée , & le dernier des neuf Poëtes lyriques si cél. dans la Grece.

Hieron , R. de Syracuse , & Julien l'Apostat , avoient une estime particuliere pour les écrits de ce Poëte , à cause de l'excellence de ses maximes , & en particulier de celle-ci : Que la chasteté est le plus grand ornement d'une belle vie. Bacchylide avoit composé des Hymn. des Odes & des épigrammes , dont il ne nous reste que des fragmens. Il vivoit environ 452 avant J. C.

BACCIO , plus connu sous le nom de frere Barthélemi de Saint-Marc , ou de Savigniano , Religieux de S. Dominiq. & l'un des plus cél. Peintres de son tems , étoit ami intime de Jérôme Savonarole. Il excelloit surtout pour le coloris , & l'on admire son S. Sebastien. Il m. le 8 Oct. 1517 , âgé de 48 ans.

BACCIO & BACCIUS , ( André ) cél. Méd. du 16e si. natif de S. Elpidio , professoit la Médecine à Rome avec beauc. de réput. en 1586 , & fut prem. Médecin du Pape Sixte V. Les plus rares & les plus recherchés de ses ouvr. sont , de Thermis : de naturali vinorum historia : de venenis & antidotis : de gemmis ac lapidibus pretiosis.

BACCIO , voyez BALDINI.

BACHAUMONT , voyez CHAPELLE.

BACHERIUS , ou BAKERÉ , ( Pierre ) Rel. Dominicain , natif de Gand , & Professeur de Théol. à Louvain , m. en 1601 , âgé de 84 ans. Le plus curieux de ses ouvr. est intitulé Jurgium conjugale.

BACHET , ( Claude-Gaspard ) Seig. de Meziriac , étoit de Bourgen-Bresse , d'une famille noble & anc. La foiblesse de sa santé l'obligea de sortir des Jésuites. Il savoit les Belles-Lettres & les Mathém. & fut reçu de l'Académie Fr. Il m. le 26 Février 1638. Son principal ouvrage est sa Traduct. des Héroïdes d'Ovide , avec de très-savans commentaires.

BACHOVIUS , ( Reinier ) habile Professeur de Droit à Heidelberg , sortit de cette Ville après que le Duc Maximilien de Baviere en eut cassé l'Université , en 1622. Il revint en suite, & s'étant fait Cathóliq. après le rétablissement de l'Université, sa chaire lui fut rendue. On a de lui plusieurs ouvr. sur les matieres de Jurisprudence.

BACHYLIDE , *voyez* BACCHY-LIDE.

BACHUISEN , cél. Peintre Hollandois , dont on estime les desseins & les tableaux. Il excelle surtout dans les marines.

BACICI , ( Jean-Baptiste Gauli , surnommé le ) cél. Peintre Italien, naquit à Gênes en 1639. Après avoir étudié les principes de la Peinture dans sa patrie , il alla à Rome , où il excella dans le portrait. La coupole de Jesus à Rome est de lui , & on ne peut se lasser de l'admirer. Il m. en cette derniere ville en 1709.

BACCER , ( Jacques ) excellent Peintre , natif d'Harlingen , réussissoit principal. à faire des portraits au naturel.

BACON , ( Robert ) sav. Théologien Anglois , & l'un des plus cél. Professeurs de l'Université d'Oxford, m. en 1248 , composa des gloses sur toute l'Ecriture , & plusieurs autres ouvrages.

BACON , ( Roger ) cél. Religieux Anglois , de l'ordre de S. François au 13e siecle appellé *le Docteur admirable* , s'appliqua principalement à l'Astronomie , à la Chymie & aux Mathématiq. Il lia amitié avec tous les savans de son tems , & découvrit une erreur consid. dans le Calendrier , dont il proposa en 1267 la correction au Pape Clément IV. Bacon décrivit *la Chambre obscure* , & toutes les especes de miroirs propres à augmenter ou à diminuer les objets. Il fit un grand nombre de miroirs ardens. On prétend même qu'il connoissoit le Telescope & la poudre à Canon, qui ont été regardés comme d'une invention plus moderne. Bacon exceloit encore dans la médecine , dans la perspective & dans les méchaniques. Il fit dans toutes ces sciences un grand nombre de découvertes très-utiles. On voit dans son *Grand-œuvre* , les progrès qu'il avoit faits dans les arts.

On dit qu'il fut accusé de magie , & que son Général le fit mettre en prison , mais il en sortit après s'être justifié. Il retourna à Oxford, où il mourut en 1294 , âgé de 78 ans. Son *Opus majus* a été impr. à Londres en 1733 *in-fol.*

BACON BACONTHORP , ou BACCONDORP , ( Jean ) Théologien Anglois , Doct. de Sorbonne & Provincial des Carmes, mort vers 1346. On a de lui des Comment. sur le Maître des Sentences , & d'autres ouvr. C'est lui qu'on appelle *le Docteur résolu*.

BACON , ( Nicolas ) Chancelier d'Angleterre , sous la Reine Elizabeth , étoit habile dans la Jurisprudence & dans la politiq. Il m. en 1578 , à 69 ans.

BACON , ( François ) Baron de Verulam , Vicomte de S. Alban , & Chancelier d'Angleterre , naquit à Londres en 1560 , de Nicolas Bacon dont il vient d'être parlé. C'étoit un excel. Philosophe , un sav. Théologien , un humble Historien , un Jurisconf. profond , un agréable Poète , & l'un des plus beaux génies de son siecle. Il étoit affable , honnête & libéral ; mais par une complaisance criminelle pour ses domestiques , aïant souffert qu'ils prissent de l'argent des personnes dont les affaires étoient pendantes devant lui , il fut accusé au Parlement ; & aïant avoué une partie des faits , nié les uns , & pallié les autres , il fut privé des sceaux , dépouillé de ses biens , & renfermé à la Tour de Londres , d'où il sortit quelq. tems après. Réduit à une extreme pauvreté , il écrivit une Lettre très touchante à Jacques I , Roi d'Angl. par laquelle il le prioit de le secourir , de peur , dit-il , qu'il ne fût contraint à porter la besace ; & que lui qui n'avoit souhaité de vivre que pour étudier , ne fût obligé d'étudier pour vivre. C'est après sa disgrace , qu'il composa la plûpart de ses ouvrages. Les Anglois en ont donné une magnifique édition. Il m. le 9 Avril 1626 , à 66 ans. Ses *Essais de politique & de morale* ont été traduits en franç. & imprimés à Paris en 1734. Cette traduction est estimée. Le petit Traité de Bacon, intit. *de Juſtitiâ Univerſali ſive de fontibus Juris*, a été impr. à Paris en 1752 chez Vincent *in-16*.

BACOUE, (Leon) natif de Casteljaloux, après avoir abjuré la Rel. prét. réformée, entra dans l'Ordre de S. François, & fut ensuite Evêq. de Glandeve. Il publia en 1685, un Poëme latin sur l'éducation d'un Prince, & m. le 13 Février 1694 en sa 94 année.

BACQUET, (Jean) Avocat du Roi de la Chambre du Trésor, à Paris, & sav. Jurisc. du 16e siécle, a laissé un gr. nonbre d'ouvr. estimés, sur lesquels Claude de Ferrieres a fait des remarques. Il m. en 1597.

BACURIUS, ou BATURIUS, R. des Ibériens, aïant été surpris à la chasse, d'une tempête affreuse, & d'une obscurité horrible qui séparerent de lui tous ses gens, eut recours au Dieu des Chrétiens, & lui promit de l'adorer seul, s'il le délivroit de ce danger. Aussi-tôt l'orage finit, & la clarté revint. Bacurius tint sa promesse, & fut comme l'Apôt. de ses Etats, vers 327 de J. C.

BADIUS. (Josse) l'un des plus cél. Imprimeurs de Paris, savant dans les Belles-Lettres, & Professeur de grec à Lyon & à Paris, fut surnommé *Aſcenſius*, parcequ'il étoit d'*Aſche*, dans le territoire de Bruxelles. On dit que c'est le prem, qui introduisit en France l'usage des caractères ronds dans l'Imprimerie, vers 1500; & que jusqu'alors on n'en avoit eu que de gothiq. mais cela n'est point véritable. Les premiers Livres imprimés en Sorbonne par Ulric Gering en 1469, 1470, &c. sont en caractères ronds. Badius m. à Paris en 1535, après avoir publié plusieurs ouvrages.

BADIUS, (Conrad) fils du précédent, étoit aussi habile Imprimeur & homme de Lettres. Son attachement pour la Rel. prét. réfor. l'engagea à quitter Paris sa patrie, pour se retirer à Geneve. Il y donna avec Robert Etienne, qui s'y retira aussi

3 ans après, plus. édit. Il m. vers l'an 1566. Son principal ouvr. est la Traduct. franç. du prem. vol. de l'*Alcoran des Cordeliers*, la composition du second vol. & des notes en 1559 *in-8º*.

BAGAROTUS, cél. Jurisc. de Bologne, enseignoit le Droit Civil & Canoniq. avec réput. vers 1210.

BAGLIVI, *Baglivus* (George) très cél. Médecin Italien, natif de Lecce dans le Roïaume de Naples, fit ses études à Padoue & y prit le bonnet de Docteur en Médecine. Il alla ensuite à Rome où il devint Professeur d'Anatomie & où il pratiqua la Médecine avec une réput. extraordinaire. Mais ses études continuelles, ses démonstrations anatomiques, & la visite de ses malades qui étoient en gr. nombre, l'accablerent. Il mourut à Rome en 1706 à 38 ans. Il y a eu plus. édit. de ses ouvr. Les plus complettes sont celle de Lyon en 1710 *in-8º*. & de Paris, en 1711 aussi *in 4º*. *Voyez Manget Biblioth. ſcript. med. tom. 1. pag. 197 & 567.*

BAGNI, (Jean-François) Card. cél. par les éloges des gens de Lettres dont il fut le protecteur. Il en avoit toujours plusieurs dans sa maison, & entr'autres Naudé, qui fut son Bibliothéquaire. Le Card. Bagni eut des commissions import. sous les Papes Clement VIII, Grégoire XV, & Urbain VIII. Il mourut le 24 Juillet 1641.

BAGNOLI & BAGNIOLI, (Jules-César) cél. Poète Italien, natif de Bagna-Caballo, s'attacha à Michel Perreti, Prince de Venafro, qui le combla de biens & d'honneurs. Il m. vers 1600. Les plus estimés de ses ouvrages sont, la Tragédie *des Arragonois*, & le *Jugement de Paris*. On lui reproche d'avoir affoibli ses écrits pour avoir voulu trop les limer.

BAGOAS, Eunuque Egyptien, empoisonna Artaxercès *Ochus* & Arsès, Rois de Perse, & fut ensuite mis à mort par ordre de Darius *Codoman*, vers 326 av. J. C. Il ne faut pas le confondre avec Bagoas, Eunuque Perſan , pour lequel Alexandre avoit un amour criminel , & qui fut cauſe de la mort d'Orſines, Seig. Perſan , lequel l'avoit traité de concubine.

BAGOT , ( Jean ) Jéſuite François , natif de Rennes , mort Supérieur de la Maiſon profeſſe à Paris , le 22 Août 1664. On a de lui *Apologeticus fidei* , & d'autres ouv. qui ont fait du bruit.

BAIARD , voyez BAYARD.

BAJAZET I , cinquieme Empereur des Turcs , ſuccéda à ſon pere Amurat I , en 1389 , & fut ſurnommé l'*Eclair* , à cauſe de la rapidité de ſes conquêtes. Il fit étrangler Jacob ſon frere aîné , introduiſant le premier cette coutume barbare des Ottomans. En 1391 , 1392 & 1393 , Bajazet prit ſur les Chrétiens la Bulgarie , la Macédoine , la Theſſalie , & dépouilla preſque tous les Princes Aſiatiques de leurs Etats. Sigiſmond , R. de Hongrie , propoſa une ligue contre lui. Les François allerent au ſecours de Sigiſmond , aïant à leur tête Jean Comte de Nevers , accompagné de 2000 Gentilshommes. Ils remporterent d'abord de gr. avantages ; mais enſuite ils furent tous tués ou faits priſonniers à la bat. de Nicopolis en 1395. De-là Bajazet alla aſſiéger Conſtantinople, que le Maréchal de Boucicaut délivra. Les Princes d'Aſie implorerent le ſecours de Tamerlan , R. des Tartares , lequel après avoir ſubjugué les Parthes , faiſoit trembler tout l'Orient, Ce Tartare donna bat. à Bajazet près d'Angoury , en 1402 , le fit priſonnier , & l'enferma dans une cage de fer. Ces malheurs ne furent point capables d'abaiſſer l'orgueil de Bajazet. On dit qu'ennuïé de vivre , il ſe caſſa la tête contre les barreaux de ſa cage en 1403 , après 15 ans de regne & 8 mois de ſervitude ; mais Petit de la Croix ſoutient que Bajazet mourut d'apoplexie le 23 Mars 1413.

BAJAZET II , Emp. des Turcs après Mahomet II , ſon pere , en 1481. Zizim ſon cadet , qu'il lui diſputoit l'Emp. périt en Ital. en 1495.

Bajazet fit pluſ. conquêtes ſur les Vénitiens ; mais ſes armées furent défaites en Egypte. Il fut obligé de céder la couronne à Selim ſon fils , qui le fit empoiſonner en 1512.

BAIF , ( Lazare ) Abbé de Charroux & de Grenetiere , Conſeiller au Parlement de Paris & Maître des Requêtes , naquit dans la terre des Pins , proche de la Fleche , de parens nobles , & fut un des plus ſav. hommes du 16e ſiecle. Le R. François I , qui ſe faiſoit un plaiſir d'avancer les ſavans , l'envoïa Ambaſſadeur à Veniſe en 1530 , & le chargea enſuite de diverſes commiſſions importantes. Baif mourut en 1545. Son principal ouvr. eſt un Livre latin ſur *les habillemens des anciens* , & ſur *l'art de la navigation,* impr. à Bâle en 1541.

BAIF , ( Jean - Antoine ) Poète. François , fils du précédent , naquit à Veniſe en 1532 , pendant l'Ambaſſade de Lazare Baif en cette ville. Après avoir étudié les Langues grecque & latine avec Ronſard , il s'appliqua à la Poéſie. Il n'avoit pour tout bien qu'une maiſon à Paris , où il avoit établi une eſpece d'Académie de muſiq. On y faiſoit ordinairement des concerts , que toutes les perſonnes de qualité , & même le Roi Henri III , honoroient ſouvent de leur préſence. Le Baif m. en 1592 , laiſſant un gr. nombre d'ouvr. en vers & en proſe. Il avoit eſſaïé de faire des vers françois à la façon des Grecs & des Romains ; mais ce deſſein ne lui réuſſit pas. Il ne put même jamais parvenir à être bon rimeur, ce qui faiſoit dire au Card. du Perron , que *le Baif étoit un fort bon homme, mais un très mauvais Poète.*

BAIL , ( Louis ) Doct. de Sorb. & ſoupénitencier de Paris , natif d'Abbeville , publia en 1648 un Liv. de l'Exam. des Ordinans, *des Conſeſſeurs & des Pénitens* , dans lequel il y a quelq. principes peu exacts. Il donna auſſi en 1666 une Bibliothèq. des cél. Prédicateurs , &c.

BAILE , ( Louis ) Prédicateur du Roi Jacques Stuart , au 17e ſiecle.

est auteur d'un Livre intit. *Pratique de la piété*, cél. parmi les Protestans d'Angleterre.

BAILE, *voïez* BAYLE.

BAILLET, ( Adrien ) l'un des plus cél. critiq. de son siecle naquit le 13 Juin 1649, au village de la Neuville, de parens pauvres. Il regenta les humanités dans la ville de Beauvais, ce qui le fit connoître à M. Hermant, sav. Doct. de Sorbonne & Chanoine de cette Ville. M. Hermant en parla à M. de Lamoignon, qui le fit son Bibliothéquaire. Baillet entra en 1680 chez cet illustre Magistrat, y passa le reste de ses jours, & y mourut le 21 Janvier 1706. C'étoit un homme très-laborieux, d'une vaste & profonde érudition. Ses princip. ouvr. sont, 1. le Livre intit. *Jugemens des savans* : 2. la *dévotion à la Ste Vierge* : 3. la *conduite des ames* : 4. une vie de M. Descartes : 5. les vies des Saints, qu'il a purgées de fables, de faux mir. & d'hist. supposées.

BAILLI, ( Roch le ) plus connu sous le nom de *la Riviere*, fameux Méd. du 16e si. natif de Falaise, savoit les Belles-Lettres & la Philosophie. Il suivoit les principes de Paracelse ; ce qui lui attira des critiques, & l'obligea de faire l'apologie de sa doctrine. Il publia en 1578, *Demonsterion, sive 300 aphorismi continentes summam doctrinæ paracelsicæ* ; & en 1580, un Traité de la peste. On a encore de lui d'autr. ouvrages. Il m. à Paris le 9 Nov. 1605. Il avoit été premier Médecin de Henri IV.

BAILLOU, ( Guillaume de ) cél. Médecin de Paris, natif du Perche, mort en 1616, à 78 ans. On a de lui plusieurs ouvr. estimés. C'est l'un de ceux qui ont fait revivre la Médecine, & qui l'ont pratiquée selon la vraie méthode.

BAIUS ou BAY, ( Michel de ) fameux Docteur & Chancelier de l'Université de Louvain, naquit à Maline, dans le territoire d'Ath en 1513. Il fut choisi en 1551, pour professer l'Ecriture Ste. à Louvain. Baïus, dans ses explications, s'é-

carta de la route ordinaire, & enseigna des nouveautés sur la Grace. Dix-huit de ses propositions furent déférées en Sorbonne ; & la Faculté assemblée, déclara le 27 Juin 1560, 15. de ces propositions hérétiq. & les autres fausses. Baïus fut choisi quelq. tems après avec Jean Hessels pour aller au Concile de Trente. Avant que de partir, il fit imprimer une partie de ses opuscules, & le reste à son retour. On défera au S. Siege plusieurs propositions extraites de ses ouv. & Pie V, par sa Bulle du prem. Octob. 1567, condamna en gros & respectivement 76 de ces propositions comme hérétiques, erronées, suspectes, téméraires, scandaleuses & capables d'offenser les oreilles pieuses. Le nom de Baïus fut néanmoins épargné dans la Bulle. Le Cardinal de Granvelle fit accepter cette Bulle par l'Université de Louvain. Baïus lui même s'y soumit ; mais il se retrancha à dire que ces propositions n'étoient point de lui, ou qu'elles avoient été dressées frauduleusem. Grégoire XIII confirma la Constitution de Pie V. Tolet, porteur de cette Bulle, fit signer à Baïus un acte par lequel il reconnoissoit qu'il avoit soutenu plus. de ces 76 proposit. & qu'elles avoient été condamnées dans le sens qu'il leur avoit donné. Baïus composa encore des ouvr. de controverse contre Marnix, & mourut le 16 Sept. 1589. Tous ses ouvrages ont été imprimés à Cologne en 1696 in-4°. On y trouve un Traité *sur le péché original*, dans lequel il soutient cette opinion singuliere, que si entre les hommes les uns ont des passions plus violentes que les autres, c'est qu'ils participent davantage au péché original. Il ne faut pas le confondre avec Jacques Baïus son neveu, aussi Doct. de Louvain, mort en 1614, après avoir laissé un Traité de l'Eucharistie & un Catéchisme.

BAKER, ( Richard ) Auteur de *la Chronique des Rois d'Anglet.* & d'une explication estimée, sur l'Oraison Dominicale. mourut en prison en 1645.

BAKER, (Thomas) fav. Ma-
thématicien Anglois, Auteur de *la
Clef géometrique*, menoit une vie
ftudieufe & retirée, & mourut en
1690.

BAKERE, *voyez* BACHERIUS.

BALAAM, Prophête que Balac,
Roi des Moabites, envoïa chercher
pour maudir les Ifraëlites. Il dit
d'abord aux envoïés du Roi, qu'il
n'iroit pas avec eux; mais ce Prince
lui aïant fait une feconde députa-
tion beaucoup plus nombreufe, &
de perfonnes plus qualifiées, il fe
mit en chemin avec eux pour aller
trouver Balac. Un Ange fe prefenta
l'épée à la main au milieu du chemin devant le Prophête. Il étoit
monté fur une âneffe, qui parla miraculeufement, & fe plaignit des
coups que le Prophête lui avoit donnés. L'Ange commanda à Balaam
de ne rien dire que ce que le Seigneur lui ordonneroit. Le Prophête
étant arrivé, bénit le peuple de
Dieu, contre qui Balac vouloit qu'il
prononçât des malédictions. Ce Pr.
irrité ne lui donna point les préfens qu'il lui deftinoit. Balaam re-
commençant à prophétifer, prédit
*qu'il fortiroit une étoile de Jacob,
& un rejetton d'Ifraël, qui frape-
roit les chefs de Moab, & ruineroit
les enfans de Seth.* Ce que la tradition des Peres entend du Meffie. Il
prédit enfuite la ruine des Amalécites & des Cinéens. Enfin, avant
que de partir, il confeilla à Balac
d'envoïer les plus belles filles des
Madianites dans le camp des Ifraëlites, afin de corrompre le peuple
de Dieu, & d'attirer fur lui la colere du Seigneur. Balac fuivit ce pernicieux confeil, ce qui fit tomber
dans la fornication & dans l'idolâtrie un grand nombre des enfans
d'Ifraël. Balaam fut tué par l'armée
d'Ifraël, comme il s'en retournoit
dans fon païs. Il y a de gr. difputes
parmi les favans fur le lieu de la
naiffance de Balaam, & pour favoir
s'il étoit un vrai ou faux Prophête.
On difpute auffi beaucoup fur la maniere dont l'âneffe parla.

BALAC, fils de Séphor, eft ce
Roi des Moabites qui envoïa chercher le Prophête Balaam afin de
maudire le peuple de Dieu. Ce Pr.
fut tué dans une bat. par les Ifraëlites, vers 1461 avant J. C. *Voyez*
BALAAM.

BALAD, **ou** BALADAN, Roi de
Babylone, envoïa des Ambaffadeurs
à Ezéchias, Roi de Juda, qui fut
repris de Dieu pour leur avoir montré ce qu'il avoit de plus précieux.
On croit que Baladan eft le même
que Nabonaffar.

BALBI, (Jean) Relig. Dominicain du 13e fiecle, illuftre par fon
favoir & par fa piété. On le nomme ordinairement *Januenfis* ou *Janua* à caufe de Genes fa patrie. Il a
compofé pluf. ouvr. Il ne faut pas
le confondre avec Jacques de Voragine, auteur de *la Légende dorée*,
ni avec Jerôme Balbo, auteur du
15e fiecle.

BALBIN, (*Decimus Cœlius Bal-
binus*) Empereur Romain, aïant été
choifi par le Sénat en 237 de J. C.
fut maffacré par les foldats qui ne
pouvoient gouter les Empereurs qui
n'avoient été élus que par le Sénat.
Ce Prince étoit éloquent, & faifoit
affez bien des vers.

BALBUENA, (Bernard de) l'un
des meill. Poètes Efpagnols, natif
de Valdepegnas, village du Diocèfe
de Tolede. Aïant été reçu Doct. à
Salamanque, on l'envoïa en Amérique où il fut Evêque de Puerto-Ri-
co en 1620. Il m. en 1627. Il a laiffé
pluf. ouvr. excellens.

BALBUS, (Lucius Lucilius) excellent Jurifc. Romain, vers 84 av.
J. C. Il ne faut pas le confondre
avec Lucius Cornelius Balbus Théo-
phanes, auquel Pompée donna le
droit de Citoïen Romain, à caufe
des fervices qu'il en avoit reçus dans
la guerre d'Efpagne contre Sertorius. Il fut Conful l'an de Rome
714; & c'eft le premier étranger
à qui cette dignité fut conférée. Il
étoit ami de Céfar, de Pompée, de
Craffus & de Ciceron.

Il y a plufieurs autres illuftres Romains du nom de Balbus.

BALDE DE UBALDIS, (Pierre)

de Peroufe, l'un des plus cél. Jurif. du 14e fiecle, enfeigna le Droit à Peroufe, à Padoue & à Pavie. Il m. vers 1400. Il voulut être enterré avec l'habit de S. François. On a de lui plufieurs ouvrages.

BALDE, BALDI, ou BALDO, (Bernardin) fav. Mathématicien, naquit à Urbin en 1553. Il fut fait Abbé de Guaftalle en 1586, & m. d'un rhume en 1617. On a de lui un gr. nombre de Traités fur les Méchaniques & autres matieres.

BALDE, (Jacques) l'un des plus excellens Poètes Latins que l'Allemagne ait produits, naquit à Enfifhem en 1603. Il fe fit Jéfuite, enfeigna la Rhétoriq. & prêcha enfuite à la Cour de Baviere avec applaudiffem. Il m. à Neubourg le 9 Août 1668. Ses Poéfies ont été impr. à Cologne in-4°.

BALDERIC, célebre Evêque de Noyon, a donné la chronique des Evêques d'Arras & de Cambrai, & celle de Terouane. Il m. en 1112. Il ne faut pas le confondre avec Balderic Evêque, natif d'Orléans, & élu Evêque de Dol en 1114, qui a compofé la vie de Robert d'Arbriffel, & d'autres ouvrages.

BALDINI, (Baccio) Florentin, excellent Graveur en Taille-douce.

BALDUIN ou BAUDOIN, (Frederic) fam. Théol. Luthérien, né à Drefde en 1572, enfeigna la Théol. à Virtemberg, & mourut en 1627. On a de lui un Commentaire fur les Epîtres de S. Paul, & un Traité des Cas de Confcience.

BALDUIN ou BALDUINI RITHOVIUS, (Martin) premier Evêque d'Ypres, en 1559, étoit de Campen en Brabant. Il fe trouva en 1562 au Concile de Trente, & préfida en 1570 au Concile de Malines. Il tint en 1577 un Synode à Ypres, dont il publia les ordonnances. Il m. à S. Omer le 9 Octobre 1583. On a de lui un Comment. fur le Maître des Sentences, & un Livre intit. *Manuale Paftorum*.

BALDWIN, cél. Arch- de Cantorbery, furnommé *Devonius*, parcequ'il étoit de la Province de De-

von en Angl. fe fit Relig. de l'Ordre de Citeaux, d'où il fortit pour être mis fur le fiége de Vinchefter en 1181. Trois ans après, il fut élu Archevêque de Cantorbery. Ce Prélat étoit doux, humain, & très charitable. Il fuivit le Roi Richard I, au voïage de la Terre-Ste, où il mourut, vers 1191. Il a laiffé divers ouvrages.

BALÉE, BALE, ou BALEUS, (Jean) fameux écrivain Anglois, né à Covie, dans le Comté de Suffolck en 1495, quitta l'Ordre des Carmes où il étoit Religieux, pour embraffer la doctrine de Calvin, & fe maria publiquemen, quoiqu'il fût Prêtre. C'étoit un efprit inquiet, qui ne s'occupoit que de vers & de comédies. Thomas Cromwel fut fon protecteur. Balée fut nommé Evêq. de Kilkenni en Irland. fous le regne d'Edouard VI ; mais en 1553, la Reine Marie l'obligea de prendre la fuite. Il revint fous le regne d'Elizabeth, & on lui donna une Prébende dans la Cathédrale de Cantorbery, où il mourut en 1553. Il a publié 13 centuries des illuftres écrivains de la Gr. Bretagne, où il n'a fait prefque que copier le Livre de Jean Leland, & dans lequel il fait paroître beaucoup d'aigreur & d'emportement contre le Clergé. Il n'y a pas moins de bile dans fes autres ouvrages.

BALLI, (Jofeph) Chanoine de Bari, natif de Palerme, habile Philofophe & Théologien fcholaftique, mort à Padoue en 1640. On a de lui quelques ouvrages.

BALLIN, (Claude) cél. Orfevre, natif de Paris, a porté la perfection de fon art à un degré où perfonne avant lui n'étoit parvenu. Il favoit le deffein, & imitoit ce qu'il y a de plus beau dans l'antiquité. Il y ajoutoit de fon invention des graces & des beautés admirab. Le Card. de Richelieu & enfuite M. Colbert, l'emploïerent à divers ouvrages, qui font tous d'une beauté finguliere, & qui marquent un gr. génie & beaucoup de goût. Cet excellent Orfévre mourut à Paris le 22 Janv.

2678, à 63 ans. Ses descendans excellent dans le même art.

BALMIS. ( Abraham de ) voyez ABRAHAM DE BAULME.

BALSAMON, ( Théodore ) Patriarche d'Antioche, du tems de l'Emp. Isaac l'Ange, sav. Canoniste Grec, vivoit au 12e si. & m. vers 1214. On a de lui des notes sur le Nomocanon de Photius, un recueil d'Ordonnances Ecclésiastiques, & plus. autres ouvr. estimés. Ceux qu'il a écrits contre l'Eglise Latine, marquent trop d'emportement & de passion pour un homme d'esprit & de science tel qu'étoit Balsamon.

BALTHAZAR, dernier Roi des Babyloniens, commanda dans un grand festin qu'on lui apportât les vases d'or & d'argent que son pere Nabuchodonosor avoit enlevés du Temple de Jérusalem ; il but dedans avec ses femmes, ses concubines, les Grands de sa Cour, en louant leurs Dieux. Au même instant on vit paroître une main qui écrivit ces mots sur la muraille de la sale : Mané, thecel, pharez ; ce qui signifioit que les jours de ce Pr. étoient accomplis, que ses actions venoient d'être pesées, & que son Roïaume alloit être divisé & donné aux Perses & aux Medes. En effet, cette même nuit Balthazar fut tué, & Darius, qui étoit Mede, fut mis en sa place. On ne convient pas quel est ce Balthazar : les uns le prennent pour Evilmerodach, & d'autres pour Laborosoarchod, ou Nabonide ; mais il paroît qu'il est le même que Neriglissore, fils d'Evilmerodach.

BALTHAZAR, ( Christophe ) homme d'esprit & d'érudition, embrassa la Religion prétendue réformée, & s'appliqua à l'Histoire Ecclésiastiq. Les Calvinistes de France lui accorderent une pension en 1659. Il écrivoit bien en latin, & avoit fait plusieurs dissertations contre le Cardinal Baronius ; mais on ne sait ce qu'elles sont devenues, non plus que ses autres ouvrages.

BALTHAZARINI, cél. Musicien Italien, surnommé Beaujoyeux,

fut envoïé, de Piémont par le Maréchal de Brissac, à la Cour de Henri III, dont il fit les délices, par son habileté à jouer du violon, & par ses inventions de ballets, de musique, de festins & de représentations. Ce Pr. le fit un de ses valets de chambre ; chargé qu'il eut aussi auprès de la Reine.

BALTUS, ( Jean-François ) Jésuite, & habile Théol. nat. de Metz. Après avoir rempli divers emplois dans la Soc. m. Biblioth des Jés. à Reims, le 9 Mars 1743, à près de 76 ans. On a de lui : 1. une Réponse à l'Histoire des Oracles de M. de Fontenelle, avec une suite : 2. Défenses des SS. Peres accusés de Platonisme : 3. la Religion Chrétienne prouvée par l'accomplissement des Prophéties in-4°. 4. Défense des Prophéties de la Religion Chrétienne, 3 vol. in-12. &c.

BALUE, ( Jean ) fam. Cardinal, fils d'un Tailleur de Poitiers, ou d'un Meunier ou Cordonnier de Verdun, ou selon d'autres, d'un pere qui étoit Châtelain du Bourg d'Angle en Poitou, parvint par ses intrigues & par ses crimes aux plus hautes dignités, sous le regne de Louis XI, R. de France ; s'attacha d'abord à Jean-Juvenal des Ursins, Evêque de Poitiers, puis à Jean de Beauveau, Evêque d'Angers. Balue eut la charge d'Intendant des finances, fut Ev. d'Evreux en 1465, puis d'Angers en 1467. Paul II le nomma Card. le 18 Sept. 1467. Il avoit une telle inclination pour la guerre, qu'il faisoit lui-même la revue des troupes, en rochet & en camail : sur quoi le Comte de Dammartin, peu content d'un tel procédé, prit un jour la liberté de dire à Louis XI : Sire, permettez que j'aille à Evreux faire l'examen des Clercs, & donner les Ordres ; car voilà l'Evêque qui est occupé à passer en revue des gens de guerre. Balue fit chasser Jean de Beauveau son bienfaicteur, fut cause de la mort de Charles de Melun, & trahit le Roi son maître. On l'arrêta pour lors, & on le retint plus d'onze ans en prison, malgré les

Inſtances du Pape. Cependant le Cardinal Julien de la Rovere obtint ſa liberté en 1480. Balue ſe retira à Rome, où par ſes intrigues il acquit beaucoup de crédit. Sixte IV l'envoïa Légat *à latere* en France en 1484 ; & le Pape Innocent VIII le fit Evêque d'Albano, puis de Preneſte. Il mourut à Ancone, en 1491. C'étoit un homme d'une ignorance craſſe, mais d'une impudence & d'une audace à tout entreprendre.

BALUZE, ( Etienne ) l'un des plus ſav. hommes du 17e ſi., naquit à Tulles le 24 Nov. 1630. Etant encore jeune, il fit imprimer en 1652 des remarques contre le *Gallia purpurata* de Frizon. M. de Marca l'attira à Paris en 1656, où M. Colbert le fit ſon Bibliothequaire. Il fut nommé en 1670 Profeſſeur en Droit Canon au College Roïal, chaire qu'on érigea en ſa faveur. Dans la ſuite il fut Inſpecteur au même Collége ; mais l'Hiſtoire généalogique de la Maiſon d'Auvergne qu'il donna en 1708, fut cauſe de ſa diſgrace & de ſon exil. Il en revint quelque tems après, & m. à Paris le 28 Juillet 1718, à 88 ans. M. Baluze écrivoit bien en latin : il étoit très verſé dans l'Hiſtoire eccléſiaſtique & profane. Il ſavoit le Droit Canon, & avoit bien lu les Peres. Avec cela il étoit doux, agréable, bienfaiſant, & communicatif, aidant volontiers de ſes lumieres, de ſes mémoires & de ſes MSS. ceux qui travailloient. Son princip. talent étoit de rechercher de tous côtés les MSS. des bons Auteurs, de les conférer avec les impr. & d'en donner enſuite de nouvelles édit. avec des notes pleines de recherches & d'érudition. C'eſt ce qu'il a fait à l'égard du Livre de *la Concorde* de M. de Marca, du recueil des Capitulaires de nos Rois, de Salvien, Vincent de Lerins, Loup de Ferrieres, Agobard, Amolon, Leidrade, Florus, Diacre, S. Ceſaire d'Arles, les Conciles de la Gaule Narbonnoiſe, Réginon, la correction de Gratien par Antoine Auguſtin, Marius Mercator, &c. Outre cela, on a de lui

7 vol. *in-8°.* de *Mélanges* ; les Vies des Papes d'Avignon ; une édition de S. Cyprien, *in fol.*, un ſupplément aux Conciles du Pere Labbe, &c.

BALZAC, ( Jean-Louis Guez, Seigneur de ) illuſtre Académicien de l'Académie Franç. natif d'Angoulême, paſſa pour l'homme de France le plus éloquent, & pour le reſtaurateur de la Langue franç. Il s'attacha au Cardinal de la Valette, qui le fit connoître à la Cour, où il s'acquit l'eſtime du Cardinal de Richelieu. On lui reproche d'avoir écrit dans un goût précieux, & d'un ſtyle plein de pointes, d'antitheſes, d'hyperboles outrées. On ſait les différends qu'il eut ſur ce point avec le Pere Goulu, Général des Feuillans, & avec d'autres. Il mourut le 18 Février 1654, & fut inhumé à l'Hôpital d'Angoulême, auquel il laiſſa 12000 livres. Balzac a auſſi fondé un prix à l'Académie Franç. Nous avons div. éditions de ſes œuvres, dont l'une eſt en deux vol. *in-fol.* avec une ſav. préface de M. l'Abbé Caſſagne. Entre ſes Poéſies, les Epîtres & les Elégies ſont regardées comme ce qu'il y a de meill. On eſtime ſurtout *ſon Chriſt victorieux* & ſon *Amynte*. Ses vers latins ſont auſſi eſtimés.

BAMBA ou WAMBA, R. des Wiſigoths en Eſpagne, monta ſur le Trône en 642. Il fit périr la flotte des Arabes, & mourut d'un poiſon lent en 680, après s'être retiré dans un Monaſtere, & avoir cédé le Trône à Ervige.

BAMBOCHE, Peintre Flamand, *cherchez* LAER.

BANAJAS, Capitaine des Gardes de David, & l'un des plus vaillans hommes de ſon tems, coupa la tête à Joab par ordre de Salomon, & fut Général des Armées de ce Prince, vers 1014 avant J. C.

BANCHI ou BANQUI, (Seraphin) Dominicain de Florence, & Docteur en Théol., a rendu ſon nom mémor. en découvrant le déteſtable projet, qu'avoit formé Pierre Barriere, d'aſſaſſiner Henri IV. Il eſt nommé mal-à-propos *Baucher*, par quelques Ecrivains. Il se fit Religieux dans le Couvent de Fiesoli, près de Florence, & fut envoïé à Paris par ses Supér. pour y étudier. La Reine Catherine de Médicis eut pour lui beauc. de bonté, & lui donna dequoi faire ses études dans le Couv. de S. Jacq. Mais cette Princesse étant morte en 1589, il fut obligé de retourner dans sa patrie, après avoir soutenu *sa tentative*. Comme il étoit industrieux & intelligent, il s'acquit l'estime & l'affection de Ferdinand I, Gr. Duc de Toscane, qui l'envoïa en Fr. pendant les troubles, afin de lui entendre compte. Banchi, étant à Lyon en 1593, Pierre Barriere, jeune homme de 27 ans, après avoir communiqué à deux Prêtres & à un Capucin, l'horrible dessein qu'il av. d'assassiner Henri IV, en parla aussi au P. Banchi de maniere à le persuader que c'étoit un parti pris avec fermeté, & qui auroit son exécution, si on ne l'empêchoit. Ce Religieux zelé pour la Fr. & pour la Maison roïale, en donna aussitôt avis à un Seig. de la Cour, lui fit connoître le jeune homme, & le pressa de monter au plus vîte à cheval, pour aller informer le Roi du péril qui le menaçoit L'événement fit voir combien ces précautions étoient nécessaires, car le Seig. aïant été trouver le Roi à Melun, y rencontra Barriere qui étoit déja entré dans le Palais pour commettre son crime. On l'arrêta, & il avoua tout à la question. Le Roi pour récompenser Banchi, le nomma à l'Evéc. d'Angoulême ; mais ce Religieux s'en démit en 1608, en faveur d'Antoine de la Rochefoucauld, sous la reserve d'une pension modique. Il paroit qu'il passa le reste de sa vie à Paris, dans le Couvent de Saint Jacques. Il vivoit encore en 1622. Il fit de gr. biens dans le Couvent, & entr'autres, il acheva à ses frais la belle Salle des Actes. Il fit aussi du bien au Couv. de Fiesoli. On a de lui, 1. *Apolog. contre les jugemens téméraires de ceux qui ont pensé conserver la Reli-*

*gion Cath. en faisant assassiner les très Chrét. Rois de Fr.* Paris, 1596. in-8. 2°. *Le Rosaire spirituel de la sacrée Vierge Marie*, &c. Le Pere Banchi se justifie dans cet ouvrage contre quelques Historiens, qui l'avoient accusé d'avoir abusé de la confession de Pierre Barriere. Il ne confessa jamais ce jeune homme, & il n'en découvrit le détestable projet que par une consultation à laquelle il ne voulut pas assister, comme il le raconte lui-même. *Echard script. Ord. Præd. tom.* 2. *pag.* 419.

BANDELLA, ( Vincent ) Général de l'Ordre de S. Dominique en 1501, mourut en 1506, après avoir composé quelques ouvrages. Matthieu Bandella son neveu étoit de Castro Novo, dans la Lombardie, & se fit aussi Religieux de S. Dominique. Il contracta amitié avec Jules Scaliger, fut Evêq. d'Agen pendant quelques mois. C'est-là qu'il publia en italien les Histoires ou les Nouvelles galantes, qui l'ont rendu si fam. La harangue qu'il prononça à Fermo en 1513, est très estimée.

BANDINELLI, ( Baccio ) Peintre & célebre Sculpteur de Florence, où il mourut en 1559, à 72 ans.

BANDINUS, un des plus anciens Théol. scholastiq. dont les ouvrages ont été imprimés en 1519.

BANGIUS, ( Thomas ) Doct. & Professeur de Théol. à Coppenhague, savoit l'hébreu & l'arabe. Il mourut le 27 Octobre 1661, après avoir donné au public un gr. nombre d'ouvrages.

BANIER, ( Antoine ) natif du Diocèse de Clermont, & membre de l'Académie des Belles-Lettres, s'est distingué par ses ouvrages de Mythologie. Il mourut à Paris le 19 Novembre 1741, à 69 ans, après avoir publié, 1. *Explication historique des Fables*, 3 vol. in 12, donnée ensuite *in* 4°. sous le titre de Mythologie, &c. 2. la traduction des Métamorphoses d'Ovide.

BANNES, ( Dominique ) célebre Théol. Espagnol, de l'Ordre de S. Dominique, natif de Mondragon, fut

fut Confesseur de Ste Therese, & professa la Théologie avec réputation à Alcala, à Valladolid, & à Salamanque. Il mourut à Medina-del-Campo en 1604, âgé de 77 ans. C'est un des plus illustres défenseurs de la doctrine de S. Thomas, sur la Somme duquel il a composé d'amples Commentaires.

BANNIER, (Jean) célebre Capitaine Suédois, Général des Armées de Suede en Allemagne, défit deux fois les Saxons, battit les Impériaux, & mourut en 1641.

BARABBAS, homme séditieux & meurtrier que les Juifs firent délivrer par Pilate, préférablement à Jesus-Christ.

BARACH, fils d'Abinoëm, & 4e Juge des Israélites, gouverna le peuple avec le secours de Débora, & défit le Général Sisara, vers 1285 avant Jesus-Christ.

BARACHIAS, pere du Prophête Zacharie. C'est un nom commun à plus. autres Juifs: celui dont parle J. C. dans S. Matthieu, 23, 35, est un gr. sujet de controverse parmi les Savans.

BARAHONA, (Pierre) plus connu sous le nom de *Valdivisio*, sav. Théol. Espagnol, de l'Ordre de S. François. Nous avons de lui divers ouvrages. Il mour. vers 1606.

BARANZANO, (Redemptus) *Barnabite*, sav. Philos. & Mathématicien du 17e siecle, natif de Verceil, professa la Philos. & les Mathémat. à Anneci; il vint ensuite à Paris, où il se fit estimer des Savans. Il mourut à Montargis en 1623, à 33 ans. On a de lui, 1. *Uranoscopia:* 2. *de novis opinionibus physicis*.

BARATIER, (Jean-Philippe) mérite de tenir un rang distingué parmi les enfans précoces & illustres par leurs sciences. Il nâquit le 19 Janv. 1721, à Schwobach, dans le Margrav. de Brandebourg-Anspach, de François Baratier, Pasteur de l'Eglise franç. de cette ville. On assure que dès l'âge de 4 ans il parloit bien les Langues latine, franç. & allem., qu'il savoit le grec à 6 ans, & si bien l'hébreu, entre 9 & 10 ans,

qu'il pouvoit y composer en prose & en vers, & traduire le texte hébreu de la Bible sans points en lat. ou en franç. à l'ouverture du Livre. Il lut alors (en 1730) la gr. Bible Rabbinique en 4 vol. *in-fol.* & en donna une notice exacte dans une Lettre à M. le Maître, insérée dans dans le tom. 26 de Biblioth. Germ. Il commença l'année suiv. la traduction de l'itinéraire du Rabbin Benjamin, fils de Jonas de Tudele, & il y ajouta des notes, ou plutôt des dissertations, dont il forma un second vol. Cet ouvrage achevé en 1732, fut imprimé à Amsterd. en 1734 en 2 vol. *in-8°*. Le jeune Baratier, après avoir lu & étudié beaucoup de Livres des Rabbins, se jetta dans l'étude des Peres & des Conciles des 4 prem. siecles. Il apprit la philosop., & les Mathémat. & surtout l'astronomie, en passant par Halle avec son pere en 1735, pour aller à Berlin. M. le Chanc. de Ludewig lui offrit de le faire recevoir *gratis* Maître-ès-Arts, s'il le vouloit. La proposition fut acceptée, & M. Baratier composa sur-le-champ 14 Theses en présence de quelques Professeurs, les fit imprimer la même nuit, & les soutint le lend. pendant environ 3 heur. dans l'Auditoire public, avec un succès extraord. Etant arrivé à Berlin, feu le R. de Prusse, charmé de notre jeune savant, lui fit l'accueil le plus gracieux, & l'envoïa chercher presque tous les jours pendant environ 6 sem. que MM. Baratier passerent, tant à Berlin qu'à Postdam. Tout le monde vouloit le voir, & on se l'enlevoit. La Société Roïale des Scien. l'aggrégea solemnel. au nombre de ses Membres; la Reine le fit peindre, & plaça son portrait à Monbijou, Maison de Plais. de S. M. Toute la famille Roïale le combla d'honneurs & de présens, & le Roi recommanda fortement à M. Baratier, le pere, de l'engager à se jetter dans le Droit, & surtout dans le Droit public, en lui faisant esperer, que cela pourroit le conduire à une gr. fortune. S. M. attacha en même-tems, M. Baratier à l'Eglise franç. de Halle, pour faciliter au fils les moïens d'étudier le Droit dans cette cél. Univ. MM. Baratier allerent donc se domicilier à Halle, en Av. 1735. Notre jeune homme continua de s'y livrer tout entier à l'étude, il s'appliqua au Droit, aux antiquités, aux médailles, &c. mais sa santé s'affoiblit extrêm. sur la fin de 1739. De toutes les Sciences, la Médecine étoit peut-être la seule, qu'il n'eut pas étudiée. C'étoit cependant celle qui lui auroit été la plus nécessaire. Dès son enfance, il étoit d'une constitution foible & délicate. Il avoit des rhumes fréq. & d'autres indispositions, qui le forçoient quelquefois à interrompre ses études. A l'âge de 18 ans, il fut attaqué d'une toux, qui dans le cours d'un an augm. par degré, & produisit une foule d'autres incom. qui le conduisirent au tomb. le 5 Octob. 1740, à l'âge de 19 ans 8 mois & 16 jours. Outre les ouvrages ci-dessus indiqués, nous avons encore de lui, 1. plus. Lettres & dissert. inserées dans divers vol. de la Biblioth. Germ. 2. *Anti-artemonius, seu initium S. Johannis ex antiquitate Ecclesiastica adversus Artemonium, vindicatum atque illustratum*, Nuremberg 1735, in 8. de 526 p. 3. *Défense de la Monarchie Sicilienne*, trad. de l'allem. de M. le Chanc. de Ludewig. Il y a ajouté un Histoire abregée de la controverse entre Clement XI & les Rois des deux Siciles: Halle, 1738, in 8°. 4. Explication en Allemand d'une Médaille rare & curieuse de l'Emp. Caligula, inserée dans les Hallische Anzeigen 1738. 5. *Disquisitio chronologica de successione antiquissima Episcoporum Romanorum, inde à Petro usque ad Victorem, &c*, Utrecht, 1740. Il avoit aussi entrepris d'écrire *l'Histoire de la Guerre de 30 ans en Allemagne*, pour faire voir son intelligence dans le Droit public & dans l'Hist. moderne. Enfin le dernier ouvrage qui l'occupa vers la fin de sa carr., & pour lequel il avoit déja ramassé bien des matériaux,

étoit des *recherches sur les antiquités Egyptiennes*. Il prétendoit avoir trouvé une nouv. route sure & démontrée, pour éclaircir l'hist. de ce Peuple. C'étoit un Ouvr. qui lui tenoit fort à cœur, & dont il vouloit faire son chef-d'œuvre, mais il n'en eut pas le tems. On doit être d'autant plus surpris, que notre jeune Savant ait pû faire tant d'ouvrages & acquérir une si vaste érudition, qu'on nous assure qu'il a emp oïé la moitié de sa vie à dormir, qu'il a toujours passé ses 12 heur. au lit, jusqu'à l'âge de 10 ans, & 10 heu. depuis ce tems-là jusqu'à la fin de sa vie. La mort prématurée d'un jeune homme qui avoit tant de dispositions & de talens pour les Scien. doit faire faire aux parens de sérieuses réflexions sur la nécessité & sur les moïens de moderer la fureur des Livres dans leurs enfans.

BARBADILLO, ( Alphonse Jérôme de Salas ) cél. Poëte Espag. natif de Madrid, mort vers 1630. Ses coméd. sont très estimées Salas avoit du génie, de l'éloquen. & du savoir. C'est l'un des Poëtes qui a le plus contribué à la perfection de la Langue espagnole.

BARBARO, (François) noble & célebre Vénitien du 15e siec. distingué par son esprit & par sa valeur, défendit Bresse contre toutes les forces du Duc de Milan, & mourut en 1454. On a de lui un Traité de re *uxoriâ*, & quelques autres écrits.

BARBARO, ( Hermolaüs ) petit-fils du précédent, & l'un des plus sav. hommes du 15e siecle, naquit à Venise le 21 Mai 1454. Il fut auteur dès l'âge de 18 ans. Les Vénitiens le députerent vers l'Emp. Fréderic & vers Maximilien son fils, Roi des Romains, & le chargerent de négociations importantes, ce qui ne l'empêcha point de cultiver les Belles Lettres avec applic. Il savoit parfaitement bien le grec. Il publia des paraphrases sur Aristote, une traduct. de Dioscoride avec des notes, &c. L'ouvrage qui lui acquit le plus de réput. est celui qu'il entreprit sur Pline. Il y corrigea plus de

5000 endroits , & en rétablit 300 dans Pomponius Mela. Le Pape Innocent VIII , auprès duquel il étoit Ambaſſ. , le nomma au Patriarchat d'Aquilée ; mais le Sénat de Veniſe, indigné qu'Hermolaüs eût accepté cette dignité ſans ſa permiſſion , lui défendit , ſous peine de confiſc. de tous ſes biens , de profiter de cette nominat. du Pape. Zacharie ſon pere , n'aïant pu faire révoquer cette défenſe , en mourut de chagrin. Hermolaüs , qui n'avoit pas voulu renoncer au Patriarchat , mourut lui-même à Rome dans une eſpece d'exil en 1493.

BARBARO , ( Daniel ) Vénitien , & ſav. Patriarche d'Aquilée , aſſiſta au Conc. de Tr. , & s'y acquit beauc. de réput. Il étoit habile Mathémat. & mourut vers 1570. On a de lui des Traités d'optiq. & d'autres ouvrag. Il ne faut pas le confondre avec Daniel Barbaro , qui publia en 1542 , des comment. ſur Porphyre , & enſuite ſur la Réthoriq. d'Ariſtote.

BARBATIUS , ( André ) célebre Juriſc. du 15e ſiecle , natif de Noto , & ſelon d'autres , de Meſſine , profeſſa le Droit à Bologne , & mourut en 1482. On a de lui quelques ouvrages.

BARBAY , ( Pierre ) céleb. Profeſſ. de Philoſ. au College de Beauvais à Paris , étoit d'Abbeville. Il mourut le 2 Sept. 1664 , après avoir fait impri. un cours de Philoſophie.

BARBAZAN , ( Arnaud-Guillaume de ) Chambellan du Roi Charles VII , & Général des armées de ce Prince , fut appellé *le Chevalier ſans reproche* , à cauſe de ſes belles actions. C'eſt lui qui défit le Chevalier de l'Eſcale , dans le fam. combat ſingulier qui ſe donna en 1404 , à la tête des armées de France & d'Anglet. Il défendit Melun contre les Anglois , & mourut en 1432 , des bleſſures qu'il avoit reçues à la bataille de Belleville près de Nanci. Son corps fut porté a S. Denis , & enterré auprès de nos Rois.

BARBE , ( Ste ) Vierge cél. de la ville de Nicomédie , étoit fille de Dioſcore. Ce pere barbare lui tran-

cha lui-même la tête , n'aïant pu ni par careſſes ni par menaces , lui faire abandonner la foi de J. C. Ce fut , comme l'on croit , vers 240.

BARBERIN , ( François ) l'un des meilleurs Poëtes de ſon ſiecle , naquit à Barberino en 1264. C'eſt de lui qu'eſt deſcendue l'illuſtre Maiſon des Barberins. Il ne nous reſte que ſes *Préceptes d'amour* , imprimés en 1640. Poëme moral , qui inſpire l'amour de la gloire & de la vertu.

BARBERIN , ( François ) Cardinal & neveu du Pape Urbain VIII , naquit le 23 Sept. 1597 , d'une Maiſon noble & ancienne , originaire de Toſcane. Il fut fait Card. en 1623 , & après avoir été Légat en France & en Eſpag. , il devint Vice-Chanc. de l'Egliſe , & mourut étant Doyen des Card. , le 10 Déc. 1679 , à 83 ans. Il fit de gr. biens aux Pauvres , & protegea les Savans. Antoine Barberin , ſon frere , avoit été deſtiné à l'Ordre de Malthe , & fut fait Gr. Prieur de Rome , lorſque ſon oncle fut élu Pape. Il devint Cardinal en 1627 , fut Légat d'Avignon & d'Urbin , & Camerlingue de l'Egliſe Romaine. Aïant été envoïé en 1629 en Piémont Légat *a latere* , pour les affaires du Montferrat , il fut ſi bien ménager les eſprits & les intérêts de divers Princes , qu'il procura la paix à l'Italie. Louis XIII lui donna en 1633 la protection des affaires de France. Il eut enſuite diverſes Légations , & fut nommé Généraliſſime de l'Armée de l'Egliſe contre les Princes ligués ; mais après la mort du Pape Urbain VIII , ſon oncle , Innoc. X qui lui ſuccéda , ne pouvant ſouffrir les Barberins , ce Card. fut obligé de ſe réfugier en Fr. , où il attira toute ſa famille. On le reconcilia avec le Pape Innoc. X , en 1653 , & le Roi le fit cette même année Gr. Aumôn. de Fr. Il lui donna enſuite l'Evéc. de Poitiers , & le nomma à l'Archev. de Reims en 1657. Le Card. Antoine Barberin mourut dans ſon chât. de Nemi , à 6 li. de Rome , le 3 Août 1671 , à 64 ans , après avoir été fort loué par les uns , & très blâmé par les autres.

BARBEROUSSE I , ( Aruch ) Pirate fam. par ses brigandages & par sa valeur , se rendit maître d'Alger , & se mit sur le Trône. Il vainquit le Roi de Tunis , remporta plus. victoires , & fut tué en 1518 , dans une embuscade , à huit lieues de Tremecen , par le Marquis de Comares , Gouverneur d'Oran.

BARBEROUSSE II , ( Cheredin ) succéda à son frere au roïaume d'Alger , & fut Général des armées navales de Soliman II , Empereur des Turcs. Il prit Tunis en 1535 , ravagea la Sicile , & se distingua par ses expéditions. Il mourut de ses débauches en 1547 , à 80 ans.

BARBEYRAC , ( Charles ) l'un des plus cél. & des plus sav. Méd. du 17e siecle , étoit de Cereste , pet. ville de Provence. Il mourut en 1699. Il ne faut pas le confondre avec Jean Barbeyrac son neveu , natif de Béziers , Professeur en Droit & en Histoire à Lausanne , & ensuite à Groningue , connu par ses traduct. de Puffendorf & de Tillotson , par un *Tr. du jeu* , par l'*Hist. des anciens Traités .... répandus dans les Auteurs grecs & latins , &c. jusqu'à Charlemagne* ( inclusiv ). Amst. 1739. *in-fol.* 2. parties , &c.

BARBIER D'AUCOUR , ( Jean ) natif de Langres , Avocat au Parl. de Paris , & l'un des meilleurs écrivains du 17e siecle , fut Précep. d'un fils de M. Colbert , Contrôl. des bâtimens du Roi , & reçu de l'Acad. Françoise à la place de Mezerai en 1683. Il mourut le 13 Sept. 1694. On a de lui plus. ouvrages. Le plus connu est intitulé : *Sentimens de Cléanthe sur les entretiens d'Ariste & d'Eugene* , 2 vol. *in-12.* C'est une critique délicate & ingénieuse contre le P. Bouhours. *Ses Gaudinettes , & ses trois Lettres à M. Chamillard* , font en faveur des Relig. du Port-Roïal , & contre le Formulaire. *Son Onguent pour la brulure* , est une Satyre d'environ 1800 vers , en faveur des Disciples de Jansénius.

BARBIER , ( Marie-Anne ) demoiselle native d'Orléans , s'appliqua aux Belles-Lettres & à la Poésie , & vint demeurer à Paris , où elle mourut en 1742 , dans un âge avancé , après avoir publié plusieurs Tragédies & quelques Opera , auxquels on a cru que l'Abbé Pellegrin avoit bonne part.

BARBIERI , *voyez* GUERCHIN.

BARBOSA , ( Arius ) natif d'Aveiro , fut l'un des princip. restaurateurs des Belles-Lettres en Espagne. Il étudia sous Ange Politien , apprit le grec , & enseigna 20 ans à Salamanque. Il fut ensuite Précep. des Princes Alfonse & Henri , fils d'Emmanuel , Roi de Port. , & mourut en 1540. On a de lui divers ouvrages en prose & en vers.

BARBOSA , ( Pierre ) cél. Jurisc. & Chancelier de Portugal au 16e siecle , étoit de Viane , petite ville de Portugal. Il mourut vers 1596. On a de lui divers ouvrages sur le Droit , qui sont estimés.

BARBOSA , ( Emmanuel ) autre cél. Jurisc. Portugais , natif de Guimaraens , fut Avocat du Roi de Portugal , & mourut en 1638 , à 90 ans. On a de lui , *de potestate Episcopi* , & d'autres ouvrages.

BARBOSA , ( Augustin ) fils du précédent & fam. Jurisc. , fut Trésorier de Guimaraens sa patrie. Il étudia à Rome , & alla ensuite à Madrid , où Philippe IV le nomma à l'Evêc. d'Urgento dans la terre d'Otrante en 1648. Il mourut l'année suiv. C'étoit un homme très laborieux , dont on a *Remissiones doctorum super varia loca Concilii Tridentini* : *de officio Episcopi* , & un grand nombre d'autres ouvrages.

BARCLAY , ( Guillaume ) Gentilhomme Ecossois , natif d'Aberdeen , & l'un des plus cél. Jurisc. du 16e siecle , vint en Fr. , & apprit le Droit à Bourges , sous Cujas. Il fut ensuite Profes. en Droit à Pont-à-Mousson ; Cons. d'Etat & Maître des Req. en Lorraine ; mais aïant été desservi auprès du Duc de Lor. , il retourna en Anglet. en 1603 , où le R. Jacques I le fit Cons. d'Etat. Son attachement à la Rel. Cathol.

le fit revenir en Fr. On lui donna une Chaire de Profef. roïal dans l'Univ. d'Angers, où il mourut en 1605. On a de lui, *de poteſtate Papæ : de regno & regali poteſtate adverſùs Monarchomachas, &c.*

BARCLAY, ( Jean ) fils du précédent, naquit à Pont-à-Mouſſon en 1582. Il fuivit fon pere en Anglet. en 1603, & publia un Poëme fur le Couron. du R. Jacques, auquel il dédia la premiere partie de fon *Euphormion*. Ce Pr. charmé de fon efprit, le vouloit retenir ; mais fon pere le ramena avec lui en France. Après la mort de fon pere, il retourna en Angl., où le R. Jacques lui donna des emplois confid. Il y publia fon *Icon animorum* ; l'hiftoire de la foucade d'Angl. ; un Traité intitulé, *Piezas*, contre Bellarmin, qui avoit combattu le Traité de fon pere, fur la puiſſance du Pape. Peu fatisfait de fon féjour en Angl., il revint en Fr., & alla enfuite à Rome, où il trouva d'illuſtres Protecteurs. Il y mourut en 1621. Ses principaux ouvr. font : 1. *Argenis*, 2. un recueil de Poéfies en 3 Livres. 3. *Satyricon Euphormionis, &c.* Sa profe eft plus eftimée que fa poéfie. Il fait paroître dans tous fes ouvrages beaucoup d'efprit & de génie. Il affecte d'imiter Pétrone.

BARCLAY, (Robert) gentilhomme Ecoſſois, & l'un des plus céleb. écrivains de la fecte des Quakers ou Trembleurs, naquit à Edimbourg en 1648. Il fut élevé à Paris fous la tutelle de fon oncle ; & retourna enfuite en Ecoſſe, où il mourut en 1690. On a de lui un grand nombre d'ouv. dont le plus fam. eft une apologie pour la religion des Quakers, dédiée à Charles II, Roi d'Angleterre.

BARCOCHEBAS, ou plutôt BARCOCHAB, c. à d. *fils de l'étoile*, fam. impofteur, qui, du tems de l'Emp. Adrien, fe donnoit pour le Meſſie, & fe faifoit appeller *fils de l'étoile*, par allufion à la prophétie de Balaam. Il fit rebâtir Jérufalem, fortifia Bitter, autrement Bethoron,

fe rendit maître d'un gr. nombre de fortereſſes, & fit un maſſacre horrible des Chrétiens & des Romains. Rufus, Gouv. de Judée, n'aïant pu appaifer cette fédition, Adrien envoïa *Julius Severus*, cél. Capitaine, qui fut rappellé d'Angl. pour cette expédition. Ce Général coupa les vivres aux Juifs, les attaqua féparément, & les reſſerra dans la ville de Bitter, qui fut emportée après un fiege de plus de 3 ans, 134 de J. C. Barcochebas y fut tué avec fes Sectateurs. Plus de 50000 Juifs périrent miférablement durant cette rebellion.

BARCOS, ( Martin de ) habile Théol. du 17e fiecle, & neveu maternel du fam. Jean du Verger de Hauranne, Abbé de S. Cyran, étoit natif de Bayonne, d'une des premieres familles de la ville. Il fut élevé par l'Abbé de S. Cyran, fon oncle, qui l'envoïa à Louvain étudier fous le fam. Janfénius, & le mit quelques années après fous la conduite de M. Arnauld d'Andilli. Dans la fuite, M. de Barcos retourna avec l'Abbé de S. Cyran, qui s'en fervoit comme de fecrétaire ; il n'entreprenoit rien fans le confulter. Il partageoit avec lui fes études & fon travail, & ils compoferent enfemble le Livre intitulé, *Petrus Aurelius*. Ce fut alors que l'Abbé de Barcos lia une étroite amitié avec M. Arnauld le Doct. avec lequel il fut depuis enveloppé dans l'affaire de la fréq. Communion. Après la mort de Jean du Verger de Hauranne, Abbé de S. Cyran, la R. mere donna cette Abbaïe à l'Abbé de Barcos. Il en prit poſſeſſion le 9 Mai 1644, y alla demeurer, la fit rétablir, & y introduifit la Réforme. Il y retint néanmoins toujours fon habit eccléfiaft. & ne fit aucuns vœux folemnels. Il y mourut le 22 Août 1678. On a de lui : 1. Une Cenfure du *Predeſtinatus* du Pere Sirmond. 2. *La grandeur de l'Eglife Romaine établie fur l'autorité de S. Pierre & de S. Paul, &c.* in-4. 3. Traité de l'autorité de S. Pierre & de S. Paul qui réfide dans le Pape, fucceſ. de

ces deux Apôtres, 1645, *in-4. 4.*
Eclairciſſemens de quelques objeƈt.
que l'on a formées contre la gr. de
l'Egliſe Romaine, 1646, *in-4.* Ces
trois derniers ouvr. furent compoſés par l'Abbé de Barcos, pour défendre la propoſition ſuiv. cenſurée
par la Sorbonne : *S. Pierre & S.*
*Paul ſont deux Chefs de l'Egliſe*
*Rom., qui n'en font qu'un.* L'Abbé
de Barcos avoit inſeré cette propoſition dans la Préface du Livre *de la*
*frequente Communion* de M. Arnauld, ſans l'aveu de ce Doc. On a
encore de l'Abbé de Barcos pluſ. autres ouvrages anonymes.

BARDAS, frere de l'Impér. Théodora, & oncle du fam Photius,
n'avoit d'autre belle qualité, que
celle d'aimer les Scien. & les belles
Lettres, qu'il rétablit dans l'Empire.
Il étoit fourbe, cruel & ambitieux.
Il aſſaſſinat, en 856 Theoƈtiſte, Général des troupes de l'Emp. Michel,
& fut mis à ſa place. Il cauſa enſuite
la diſgrace de l'Impér. Theodora,
fit dépoſer S. Ignace, Patriarche de
CP. qui lui reprochoit ſes déregl.,
pour mettre à ſa place Photius, en
858, mais il fut aſſaſſiné par Baſile
le Macédonien, en 866.

BARDESANES, fam. héréſiarque
Syrien, au ſecond ſiecle.

BARDIN, ( Pierre ) natif de
Rouen, fut reçu de l'Acad. Françoiſe, & s'adonna à la Philoſ. aux
Mathématiq. & à la Poéſie. Il ſe
noïa en 1637, voulant ſauver M.
d'Humieres, dont il avoit été Gouverneur. Il a laiſſé quelques ouvrages.

BARLAAM, Moine Grec de S.
Baſile, & depuis Abbé de S. Sauveur
à CP. au 14e ſiecle, s'oppoſa à
George Palämas, lequel ſoutenoit
que la lumiere qui apparut ſur le
Thabor, étoit une lumiere incréée.
Il fut envoïé en cI1339 en Occident
par Andronic *le jeune,* pour demander du ſecours, & pour propoſer la
réunion de l'Egliſe Grecque. De retour en Orient, les ſeƈtateurs de
Palamas le firent condamner, ce
qui l'obligea de revenir en Occident.
Il embraſſa la foi orthodoxe, &

mourut Evêque de Gieracl. On a
de lui quelques ouvrages.

BARLÆUS, ou DE BARLE, ( Gaſpard ) Poète latin du 17e ſiecle, &
grand défenſeur d'Arminius, étoit
d'Anvers. Il profeſſa la Philoſ. à
Amſterd., & mourut en 1648. On
dit que durant ſa maladie, il s'i-
maginoit être de verre, & qu'il craignoit d'être caſſé quand on approchoit de lui. Quelquefois croïant
être de beurre ou de paille, il n'o-
ſoit s'approcher du feu, crainte d'ê-
tre fondu ou brulé. Ses poéſies ont
été imprimées à Leyde, en 1628 &
1631.

BARLÆUS, ( Lambert ) frere de
Gaſpard, & l'un des plus gr. Littérateurs du 17e ſiec. naquit à Bom-
mel en Gueldres, l'an 1595. Après
avoir été Chapelain du Baron de
Langerac, Ambaſ. de Holl. en Fr.,
il fut appellé à Leyde pour y être
Profeſ en grec, & y publia entr'autres bons ouv. : Le *Timon de Lucien*
avec des notes, & ſurtout un excellent *Commentaire ſur la Theogonie*
*d'Héſiode.* Ce fut auſſi lui, qui,
conjointement avec Jacques Revius,
Paſteur de Deventer, traduiſit en
grec, par ordre des Etats, la confeſſion de foi des Egliſes réformées
des Païs-bas. Il parloit le grec auſſi
facilement que ſa Langue maternelle. Il mourut en 1655.

BARLET, ( Gabriel ) fam. Prédic. Dominicain du 15e ſiec. ainſi
appellé de Barleta, lieu de ſa naiſ.
qui eſt un bourg du R. de Naples.
Les Sermons qu'on lui attribue ſont
remplis de quolibets & de plaiſante-
ries, plus propres à ſcandaliſer qu'à
édifier les fideles.

BARLOW, ( Thomas ) ſavant
Théol. Angl., fut nommé Evêque
de Lincoln, ſous Charles II, Roi
d'Angl. en 1675. Il publia en 1678,
pluſ. Traités contre les Cathol. Romains, & mourut vers 1690. On a
de lui quelques ouvr. ſur *la liberté*
*de Conſcience,* & un Livre trad. en
franç. ſous ce titre : *Traité hiſtori-*
*que ſur le ſujet de l'excommunica-*
*tion & de la dépoſition des Rois ; à*
*Paris, chez Claude Barbin.* Il y

prouve que le Pape ne peut déposer les Souv. ni donner leurs Etats à d'autres. Il ne faut pas le confondre avec Guillaume Barlow, Evêque de Chichester, sous Henri VIII.

BARNABÉ, ( José ou Joseph S. ) c. à d. *fils du Prophête*, Apôtre, & l'un des princ. Prédicat. de l'Evangile, étoit de l'isle de Chypre, & de la Tribu de Lévi. On croit qu'il alla à Jérusalem, & qu'il étudia sous Gamaliel avec S. Paul. Aïant embrassé la foi de J. C. il vendit une Terre qu'il avoit, & en rapporta le prix aux piés des Apôtres. Il fut déclaré Apôtre des Gentils avec Saint Paul, voïagea avec lui, & s'en alla avec S. Marc dans l'Isle de Chypre. On dit qu'il y fut martyrisé, après avoir fondé l'Eglise de Milan, & que son corps fut trouvé en 488, avec l'Evangile de S. Matth. sur sa poitrine. On lui attribue une Épître que Dom Luc d'Achery a publiée en 1645.

BARNES, ( Josua ) sav. Profes. en Langue grecque à Cambridge. On a de lui une édit. d'Homère, qu'il publia en 1710, & plus. autres ouvrages. On y voit que Barnes étoit sav. Grammairien, mais sans goût, & qu'il entendoit le grec, en manœuvre. C'est le jugement qu'en portent les habiles critiques.

BARNEVELDT, ( Jean d'Olden ) Avoc. général, & l'un des plus cél. Ministres des Etats d'Holl., rendit de gr. services à sa patrie, par ses négociat., par ses ambassades, & par son habileté dans les affaires. Il étoit opposé à Maurice Pr. d'Orange, & à ses partisans. Dans les démêlés qui survinrent entre Arminius & Gomar, au sujet de la prédestination & de la grace, Barneveldt se déclara pour le premier, & le Pr. d'Orange pour le dernier. Ce Pr. fit tenir en 1618 & 1619, le Synode de Dordrecht, où les Arminiens furent condamnés. Barneveldt eut ensuite la tête tranchée, à l'âge de 72 ans, le 13 Mai 1619, sous prétexte d'avoir voulu livrer le païs aux Espagnols.

BARO, ( Balthazar ) Poëte Fran-çois, natif de Valence en Dauphiné, fit *la conclusion* du Roman d'*Astrée*, & plus. pieces dramatiques, dont on estime surtout celle qui est intitulée *Parthenie*. Il fut reçu de l'Académie Françoise en 1633, & mourut en 1649 à 50 ans.

BAROCHE, ( Frédéric ) Peintre cél. natif d'Urbin, où il mourut en 1612 à 84 ans. Il excelloit surtout dans les sujets de dévotion. Il peignoit ses Vierges sur la figure de sa sœur, & l'Enfant Jesus, sur l'enfant de cette même sœur.

BARON, ( Eguinard ) cél. Jurisc. natif de S. Pol-de-Leon, professa le Droit à Bourges avec François Duaren son émule. Il mourut le 22 Août 1550, à 55 ans. On a de lui quelques ouvrages.

BARON, ( Michel ) excellent Comédien de Paris, fils de Michel Baron, autre Comédien, natif d'Issoudun, s'associa à Moliere, & se fit admirer sur le théâtre François. Il mourut à Paris le 22 Décem. 1729, à 77 ans. Son vrai nom étoit Boyron. Il a fait quelques Poësies, & surtout diverses pieces de théâtre qui ont été rassemblées en 2 vol. *in-12*. C'étoit l'homme du monde le plus vain, & jamais on n'a poussé plus loin la bonne opinion de soi même. Un jour son cocher & son laquais furent battus par ceux du Marquis de Biran, avec lequel Baron vivoit dans cette familiarité, que la plûpart des jeunes Seign. permettent aux Comédiens. M. le Marq., lui-dit-il, vos gens ont maltraité les miens, je vous en demande justice. Il revint plus. fois à la charge, se servant toujours du même terme *de vos gens & des miens*. M. de Biran choqué du parallele, lui répondit, *mon pauvre Baron, que diable veux-tu que je te dise, pourquoi as-tu des gens ?*

BARONIUS, ( César ) pieux & sav. Card., naquit à Sora, en 1538. Il acheva ses études à Rome, & se mit sous la discipline de S. Philippe de Neri. En 1593, il fut fait Général de la Congrég. de l'Oratoire, par la démission volontaire du S. fondateur Philippe de Neri. Le Pape Clement VIII le prit pour Confef., & le créa Card. le 5 Juin 1596. Il fut enfuite Bibliothécaire du Vatican, & mour. le 30 Juin 1605, à 68 ans. On a de lui les *Annales Eccléfiaft.* en latin, ouvr. cél. qui contient, en 12 Tomes in-fol., l'Hift. Eccl. depuis la naiffance de J. C. jufqu'en 1198. Baronius entreprit cet ouvr. dès l'âge de 30 ans, pour réfuter les Centuriateurs de Magdebourg. Il eft clair, méthodique & intéreffant; mais le ftyle n'en eft ni pur, ni élégant : d'ailleurs le peu de connoiffance que ce cél. Card. avoit de la Langue grecque, lui a fait commettre beaucoup de fautes. Elles ont été corrigées par le Pere Pagi, le Card. Noris, Tillemont, Ifaac Cafaubon, & d'autres favans. Leonard Venturini, Imprimeur de Lucques, vient de donner une nouvelle édition des Annales de Baronius, avec les corrections des favans au bas des pages.

BARONIUS, (Robert) Ecoffois, eft Auteur d'un Livre intitulé, *Philofophia Theologia ançillans.*

BARRADAS ou BARRADIUS, ( Sébaftien ) Jéfuite & cél. Théologien Portugais, naquit à Lifbonne en 1542. Il enfeigna longtems à Coimbre & ailleurs, & s'étant adonné à la Prédication, il mérita le titre d'*Apôtre de Portugal.* Il m. en odeur de fainteté en 1615. Tous fes ouvr. ont été imprimés à Cologne en 1628. en 4 vol. in-fol. On eftime furtout fon *Itinerarium filiorum Ifrael ex Ægypto in terram repromiffionis.*

BARRE, ( François Poullain de la ) nabile Ecrivain du 17e fiecle, naquit à Paris au mois de Juillet 1647. Il fut élevé avec foin, & fit de gr. progrès dans les Belles-Lettres & dans la Philofophie. Il joignit à ces Etudes celle de l'Ecriture-Sainte & de la Tradition, & conçut tant de mépris pour la Scholaftique, qu'il renonça au deffein qu'il avoit eu d'être Docteur de Sorbonne Il devint Curé de la Flamingrie, au Diocèfe de Laon, en 1680, & pu-

blia plufieurs Ouvr. qui lui acquirent de la réputation; mais aïant donné dans les erreurs des Proteftans, & craignant d'être arrêté à caufe des fentimens qu'il débitoit dans fes Prônes & dans fes converfations, il vint à Paris en 1688, & fe fauva enfuite à Geneve, où il fe maria en 1690. Il y enfeigna d'abord la Langue françoife à la Nobleffe étrangere, fut enfuite déclaré Citoïen, & eut une des premieres Claffes du College de Geneve. Il m. en cette ville au mois de Mai 1723. Les meilleurs de fes Ouv. font ceux qu'il publia en France avant que de fe retirer à Geneve, favoir : 1. Un Traité *de l'égalité des deux fexes,* 1673, *in-12.* 2. Traité de *l'Education des Dames, pour la conduite de l'efprit dans les Sciences & dans les mœurs. 3. De l'excellence des Hommes contre l'égalité des Sexes.* Jean-Jacques de la Barre, fon fils, eft auffi Auteur de quelques Ouvrages.

BARREAUX, ( Jacques Vallée, Seigneurs des ) Confeiller au Parlement de Paris, où il naquit en 1602, quitta fa charge pour fe livrer à la bonne chere, aux plaifirs & au libertinage. Il fe rendit fameux par fes vers, fes chanfons, & fa belle humeur. Il étoit affable, libéral & généreux ami; mais fes belles qualités étoient flétries par un efprit d'irréligion. Il fe convertit quelques années avant fa mort, & fe retira à Châlons-fur-Saone, où il mourut en 1674. Le beau & pieux Sonnet qu'il fit à fa converfion, eft connu de tout le monde.

BARREME, ( François ) célebre Arithméticien, mort à Paris en 1703, eft Auteur d'un excellent Traité d'Arithmétique : d'un Livre utile & d'un grand ufage, intitulé *les Comptes faits,* & de plufieurs autres Livres d'Arithmétique, qui font eftimés.

BARRIERE, ( Jean de la ) inftituteur de la Congrégation de Notre-Dame des Feuillans, naquit en 1544 à S. Seré en Querci. Il fut nommé Abbé de Feuillan, Dioc. de

Rieux, en 1565, & mit la réforme dans son Abbaïe. Sa vie fut une suite continuelle de pénitence & de mortifications. Il mourut à Rome en odeur de sainteté, entre le bras du Cardinal d'Offat, son intime ami, le 25 Avril 1600. On lit dans l'*Histoire dogmatique & morale du jeûne*, imprimée à Paris chez Lottin en 1741, pag. 92, que *les premiers Feuillans réformés pour se mortifier se servoient de cranes humains dans leurs repas au lieu de tasses.*

BARROS ou de BARROS (Jean) cél. Historien Portugais, naquit à Visco en 1496. Il fut élevé à la Cour du Roi Emmanuel auprès des Infants, & il y fit un gr. progrès dans les Lettres grecques & latines. L'Infant Jean auquel il s'étoit attaché, & dont il étoit Précepteur, aïant succédé au Roi son pere en 1521, De Barros eut une charge dans la Maison de ce Prince, & devint en 1522, Gouverneur de S. George de la Mine sur les Cotes de Guinée en Afrique. Trois ans après le Roi l'aïant rappellé à la Cour le fit Trésorier des Indes : cette charge lui inspira la pensée d'en écrire l'Histoire ; pour l'achever, il se retira à Pompal où il m. en 1570, laissant divers enfans de Marie d'Almeide son épouse. De Barros a divisé son Histoire de l'*Asie & des Indes en Decades*. Il publia la prem. Décade en 1552, la seconde en 1553, & la troisieme en 1563. La quatrieme Décade ne fut publiée qu'en 1615, par les ordres du Roi Philippe III, qui fit achepter le Manuscrit des Héritiers de Jean de Barros. Cette Histoire est en Portugais. Possevin & M. de Thou en font de gr. éloges ; mais le sieur de la Boulave-le-Goux n'en pense pas de même. Divers Auteurs ont continué cette Histoire de Jean de Barros telle que nous l'avons jusqu'à la douzieme Decade. Il a laissé plus. autres Ouvrages dont les uns ont été imprimés & les autres sont restés Manuscrits.

BARROW, (Isaac), cél. Mathématicien & Théologien Anglois, né à Londres en 1630, fit ses études à Oxford, & voïagea en France, en Italie, & alla à CP. De retour en Angleterre, il fut Professeur en grec à Cambridge, & ensuite Professeur de Géométrie. Il mourut en 1677. Il a publié des éditions d'Archimede, d'Apollonius & de Théodose, & un gr. nombre d'ouv. en Anglois, dont Tillotson a donné une édition en 3 vol. in-fol. On estime principalement ses élémens de Géométrie, ses leçons d'Optique & ses Sermons.

BARTAS, ( Guillaume de Saluste du ) Poète François au 16e siecle, fut emploïé par Henri IV, en Angleterre, en Dannemarck & en Ecosse, & commanda une Compagnie de Cavalerie en Gascogne, sous le Maréchal de Matignon. Il étoit Calviniste, & mourut en 1590, à 46 ans. On a de lui un gr. nombre de Poëmes, dont les plus connus sont, *la Semaine*, ou *la Création du monde*, en 7 Livres : le Poëme de *Judith*, & la bataille d'Ivri, gagnée par Henri IV, en 1590. Le style de du Bartas est ampoulé, & l'on ne trouve dans ses ouvr. ni invention, ni disposition, ni vrai génie poétique.

BART, ( Jean ) natif de Dunkerque, fameux Chef d'Escadre, qui de simple pêcheur parvint à cette dignité par son habileté dans la marine, sa valeur & ses belles actions. Il étoit robuste, haut de taille, mais d'un air farouche & grossier. Le Chevalier de Forbin l'amena à la Cour en 1691. Jean Bart y fut très bien reçu. Son air grossier faisoit dire aux plaisans : *Allons voir le Chevalier de Forbin qui mene l'ours.* Il remporta souvent de gr. avantages sur les flottes Angloises & Hollandoises, & m. le 27 Avr. 1702, à 51 ans. Une des filles de Jean Bart épousa M. de Ligni, Lieutenant Colonel du Régiment d'Agenois, de qui l'on tient l'Anecdote suiv. Jean Bart passoit pour avare & craignoit que cette réputation ne lui nuisît à la Cour. Il crut éviter ce reproche en se présentant à Verfailles avec un habit, veste & culotte de drap d'or, doublés de drap d'argent. Il fit remarquer à Louis XIV la doublure de drap d'argent à sa culotte, ce qui divertit un peu le Roi & les Courtisans, & qui obligea M. Bart à marcher les jambes écartées, tant cette doublure lui écorchoit le derrière.

BARTHE, (Paul de la) Seign. de Thérmes, l'un des plus gr. Capitaines du 16e si. & Maréchal de France, plus connu sous le nom de *Maréchal de Thermes*, étoit natif de Conferan, d'une famille noble & ancienne, mais peu avantagée des biens de la fortune. Il se signala sous les regnes de François I, de Henri II, & de François II. Il se distingua dans les guerres d'Italie dès l'an 1528, contribua beauc. au gain de la bataille de Cerisoles en 1544, où il combattit vaillamment en qualité de Colonel Général de la Cavalerie Légere, & où il fut fait prisonnier, son cheval aïant été tué sous lui. Mais le Duc d'Enguien, qui commandoit l'Armée, le retira peu après, en donnant en échange Raymond de Cardonne, Charles de Gonzague, & le Colonel Alisprand Madrucci, frere du Cardinal de Trente; ce qui prouve l'estime que l'on avoit pour le Seigneur de Thermes. Il prit en 1547 le Marquisat de Saluces & le Château de Ravel, l'une des plus fortes Places du Piémont. Deux ans après, il fut envoïé commander en Ecosse. Il s'empara de diverses Places, & fit la guerre contre les Anglois avec tant de succès, qu'ils furent contraints de consentir à la paix. Etant allé à Rome en 1550, en qualité d'Ambassadeur, vers Jules III, pour le porter à faire la paix avec les Farnéses, & n'aïant pu rien obtenir de ce Pape, il commanda les Troupes Françoises en Italie, y fit de gr. exploits, surtout dans l'Isle de Corse, & continua de se signaler jusqu'en 1558, qu'il fut fait Maréchal de France. Il prit Dunkerque la même année, & perdit la bataille de Gravelines, où il fut blessé & fait prisonnier le

14 Juillet. Il recouvra sa liberté à la paix de Cateau-Cambresis en 1559, servit dans la suite contre les Huguenots, & mourut à Paris le 6 Mai 1562, sans laisser de postérité. Il institua son héritier Roger de S. Lary, Seigneur de Bellegarde, son neveu, qui fut depuis Maréchal de France.

BARTHELEMI, (S.) c. à d. *fils de celui qui suspend les eaux* ; l'un des douze Apôtres de J. C. On dit qu'il est le même que Nathanaël; qu'il prêcha l'Evangile dans les Indes, dans l'Ethiopie & dans la Lycaonie, & qu'il souffrit le martyre en Arménie, où il fut écorché. Eusebe rapporte que Pantene étant allé dans les Indes, y trouva l'Evangile de S. Matthieu écrit en hébreu, que S. Barthélemi y avoit laissé; mais ce fait est incertain. L'Eglise de Rome & celle de Bénévent, se glorifient d'avoir ses reliques.

BARTHELEMI ALBIZI, Relig. de l'Ordre de S. François, au 14e si. natif de Pise, s'est rendu fameux par son Livre des *Conformités* de Saint François avec J. C., dans lequel par un zele indiscret & peu judicieux, il veut élever les actions de ce glorieux Patriarche au dessus de celles des autres Saints, & même les égaler à celles du Fils de Dieu.

BARTHELEMI des Martyrs, pieux & sav. Religieux Dominicain, né à Lisbonne en 1514, fut Précepteur de Don Antonio, neveu de Jean III, Roi de Portugal. La Reine l'aïant nommé à l'Archevêché de Brague par le conseil du Pere de Grenade, il fut sacré en 1559. Il se distingua au Concile de Trente sous Pie IV, & lia une étroite amitié avec S. Charles Borromée. Enfin, aïant obtenu la démission de son Archevêché sous Grégoire XIII, il se retira à Vienne, où il mourut en odeur de sainteté, le 16 Juill. 1590, à 76 ans. On a de lui un Livre excellent, intitulé *Stimulus Pastorum*, & plus. autres ouvr. dont le recueil a été imprimé à Rome en 2 vol. *in-fol.* M. le Maître de Saci a écrit sa vie.

BARTHELEMI *di ſan Marco*, excellent Peintre Italien, naquit dans la Terre de Savigniano, près de Florence, en 1469. Il fut Diſciple de Roſelli, de Leonard de Vinci, & de Raphael; ſe fit Dominicain ſur la fin de ſa vie, & m. à Florence en 1517. On eſtime extrêmement ſes tableaux dont le coloris eſt très doux & très gracieux.

BARTHIUS, (Gaſpard) l'un des plus ſav. hommes & des plus fertiles écrivains de ſon ſi., naquit à Cuſtrin en 1587. Dès ſon enfance, il ſe fit admirer des plus gr. hommes; & l'on a peine à concevoir comment il a pu écrire tant d'ouvr. Il mourut à Leipſic en 1658, à 71 ans. On eſtime princip. ſes *Adverſaria* & ſes Comment. ſur Stace & ſur Claudien.

BARTHOLE, cél. Juriſconſ. du 14e ſi., natif de Saſſoferrato en Ombrie. Il m. en 1356. On a de lui divers ouvr.

BARTHOLIN, (Gaſpard) ſav. Méd. & Anatomiſte du 17e ſiecle, natif de Malmoë. Son fils Thomas Bartholin, autre ſav. Médecin, a fait des découvertes ſur les veines lactées & ſur les vaiſſeaux lymphatiques, & a publié en 1661 un ouv. ſur l'uſage de la nége. Il m. le 4 Déc. 1680.

BARTHOLOMÉ Breenberg, cél. Peintre & Graveur, naquit à Utrecht vers 1620. Il alla en Italie pour ſe perfectionner, & il y deſſina des païſages, qui ſe font admirer des connoiſſeurs. Il excella auſſi à peindre & à deſſiner les animaux. Il peignoit ordinairement en petit. Il m. en 1660.

BARTOLET Flameel, habile Peintre, né à Liege en 1611, vint à Paris, où il fut élu Académ. & Profeſ. C'eſt lui qui a peint l'enlevement d'Elie, que l'on voit dans le dôme des Carmes Déchauſſés à Paris; l'adoration des Rois, qui eſt dans la Sacriſtie des Grands Auguſtins, & un beau plafond aux Tuilleries. Il mourut à Liege en 1675, étant Chanoine de la Collegiale de S. Paul.

BARTOLOCCI, (Jule) ſavant Religieux de l'Ordre de Citeaux, né à Celeno en 1613, étoit habile dans l'hébreu & dans la Philoſ. Il profeſſa l'hébreu à Rome, & fut Abbé dans ſon Ordre. Il mourut le prem. Nov. 1687. On a de lui une excell. Biblioth. Rabbinique en 4 vol. *infol.* qui a été continuée par Imbonati ſon diſciple.

BARUCH, c à d. *Béni*, Prophête, fils de Neri, étoit d'une naiſſance diſtinguée, & très habile dans la Langue de ſon païs, ſelon l'Hiſtorien Joſephe. On croit qu'il étoit frere de Saraias, qui fut envoïé à Babylone par Sédecias, la 4e année du regne de ce Prince. La naiſſance illuſtre de Baruch, ne l'empêcha pas de ſe faire diſciple & ſecretaire de Jerémie, & de s'expoſer aux mêmes dangers, que ce S. Prophête. Maldonat, Uſſerius, Dom Calmet, le P. Houbigant, & quelques autres Interprêtes, penſent que Baruch accompagna Saraias ſon frere à Babylone la 4e année de Sedecias, & qu'il écrivit le Livre qui porte ſon nom, l'année ſuiv., qui eſt la 5e année de la captivité de Jechohias, auquel Sedecias avoit ſuccedé; mais M. l'Abbé de Vence, Doc. de Sorb., & la plûpart des Interprêtes, croient que le Livre de Baruch, ne fut écrit que la 5e année depuis la ruine de Jéruſ. ſous Sedecias. Suivant cette derniere opinion, qui paroît être la plus vraiſemblable, Baruch demeura dans la Judée avec Jeremie, juſqu'à la ruine de Jéruſalem. Cette ville aïant été aſſiegée pour la 3e fois, par Nabuchodon., Jeremie & Baruch furent mis en priſon; mais après la ruine de Jeruſal., Nabuzardan leur aïant rendu la liberté, ſelon l'Hiſt. Joſephe, Baruch fut emmené en Egypte avec Jérémie, qui y mourut. Après la mort de ce Prophête, Baruch ſe retira à Babylone, où il écrivit le Livre qui porte ſon nom, & le lut devant Jechonias & devant toute la multitude des Captifs *en la cinquieme année, depuis que les Chaldéens eurent pris Jéruſalem, & l'eurent bru-*

lée. c. à d. 583 ans av. J. C. Telle est l'époque placée à la tête du Livre de Baruch. Ch. 1. v. 2. On ignore ce que devint ce Prophête, après qu'il eut écrit & lu son Livre au milieu des Juifs captifs à Babylone. La plûpart des Rabbins soutiennent qu'il mour. dans ce païs. Le Livre de Baruch contient cinq Chapitres. Les fréquens hebraïsmes qui s'y trouvent, ne permettent pas de douter qu'il n'ait été écrit en hébreu; mais l'original hebreu s'est perdu. Il ne nous reste plus que la version grecq., qui nous fait juger que le style de Baruch étoit noble, gr. & élevé. Il y déplore les malheurs des Juifs, fait voir qu'ils avoient été prédits par Moïse, & qu'ils étoient une suite de leurs déreglemens. Il les exhorte à implorer la miséricorde de Dieu, & leur promet qu'ils seront délivrés de leur captivité, & qu'ils reviendront avec gloire dans leur patrie. Il parle aussi de la venue du Messie. Les Juifs & les Protestans ne reconnoissent point l'ouvrage de Baruch pour un Livre canon. Les Juifs n'en apportent point d'autres raisons, si ce n'est, qu'il n'est point en hébreu, & qu'il ne se trouve pas dans leur Bible. A l'égard des Protestans, ils se fondent. 1. sur ce qu'il n'est point dans le Catal. des Livres sacrés, d'Origene, de Meliton, de S. Hilaire, de S. Grég. de Nazianze, de de S. Jerôme & de Rufin; mais on leur répond, que si ces anciens catalog. n'ont pas fait une mention expresse du Livre de Baruch, c'est qu'ils le comprenoient sous le nom du Livre de Jérémie, dont il étoit une suite. Cela se prouve par S. Hilaire & par S. Greg. de Naz. eux-memes, lesquels n'aïant pas fait mention du Livre de Baruch dans leurs Catalogues des Livres sacrés, en citent néanmoins le verset 36 du chap. 3 comme de Jérémie : ce qui fait voir qu'ils ne distinguoient pas le Livre de Baruch, de celui de Jérémie, & qu'ils le regardoient comme canonique. S. Irenée, Tertulien, S. Cyprien, Eusebe de Cesarée, S. Ambroise, S. Basile, S. Cyrille d'Ale-

xandrie, S. Chrysostôme, S. Augustin, &c. citent de même le passage de Baruch, ci-dessus mentionné, comme de Jérémie. Ils regardoient donc le Livre de Baruch, comme faisant partie de celui de Jérémie, & parconséq. comme canoniq. Dans l'Office même de l'Eglise, lorsqu'on lisoit quelque chose de Baruch, on le lisoit sous le nom de Jérémie : ce qui se voit encore dans plus. Missels, où la Leçon du Livre de Baruch, qui se lit la veille de la Pentec. est intitulée : *Lectio Jeremiæ Prophetæ.* D'ailleurs S. Cyrille de Jérusal. qui vivoit au milieu du 4e siec. & le Conc. de Laodicée, qui fut tenu vers le même tems, mettent dans leurs catalog. des Livres sacrés *Jérémie avec Baruch.* Il est donc clair qu'il est fait mention du Liv. de Baruch dans les anc. Catalog. des Livres sacrés, lorsqu'on le distingue du Livre de Jérémie. 2. Les Protestans se fondent sur ce qu'il y a dans le Livre de Baruch, à ce qu'ils prétendent, beauc. de faits contraires à l'Hist. Sainte des Liv. des Rois & de Jérémie. Par exemple, *qu'après que les Chaldéens eurent brulé Jérusalem & le Temple, ce qui n'arriva que sous Sedecias, il y demeura encore un Souv. Sacrificateur, & d'autres Prêtres, faisant le service de Dieu : qu'on y célébroit encore les Fêtes & les solemnités : que le Temple & l'Autel étoient encore subsistans : que les vases du Temple qui avoient été emportés à Babylone, en furent en ce tems-là rapportés à Jérusalem; & que Balthazar, petit-fils de Nabuchodonosor, regnoit dès-lors, quoiqu'il ne naquit que plus. années après.* Mais tous ces faits ne se trouvent pas dans le Liv. de Baruch; & ceux qui s'y trouvent ne sont pas contraires aux autres Liv. canon. D'abord on ne trouve pas dans ce Livre, *qu'après la ruine de Jérusalem sous Sedecias, il y demeura encore un Souv. Sacrificateur.* Baruch, dit seulement que les offrandes des Juifs de Babylone furent envoïées avec son Liv. *à Joakim*

*Prêtre.* Il ne le nomme pas *Grand-Prêtre*, mais seulement *Prêtre.* Ce Prêtre étoit apparem. le chef & le plus diſtingué des Prêtres qui étoient reſtés dans la Judée, & comme il n'y avoit point alors de Gr. Prêtre, ce même Joakim pouvoit en quelque ſorte en exercer les fonctions. Quant à ce qu'on *offroit des ſacrif. dans Jéruſal. après la ruine du Temple*, cela n'eſt point contraire aux autres Liv. canon. Jérémie ne dit-il pas chap. XLI. ς. qu'après la ruine du Temple, *quatre-vingts hommes vinrent de Sichem, de Silo, & de Samarie, aïant dans leurs mains des offrandes & de l'encens pour les offrir dans la Maiſon du Seigneur.* On offroit donc encore alors des ſacrifices, non ſeulem. dans Jéruſ., mais *dans la Maiſon du Seign.*, dans le Temple même, c. à d. au milieu de ſes ruines. Ce texte de Jérémie prouve, que même après la ruine du Temple, on offroit des ſacrifices ſur un Autel qu'on avoit conſtruit au milieu de ſes ruines, à la place de l'anc. Autel qui avoit été détruit. Ainſi, de ce que les Juifs de Babyl. recommand. à ceux qui étoient reſtés dans la Judée d'offrir *des ſacrifices ſur l'Autel, & de lire le Liv. de Baruch dans le Temple du Seign.* Baruch 1. 10, 14. il ne s'enſuit pas que le Temple fût alors ſubſiſtant, mais ſeulement, que l'intention des Juifs de Babyl. étoit, que le Liv. de Baruch. fut lû au milieu des Aſſemblées qui ſe tiendroient dans le lieu où avoit été le Temple, c. à d. ſur les ruines même du Temple, & qu'on offrît des ſacrif. ſur un Autel érigé à la place de l'anc. Autel du Temple. On ne trouve pas davant. dans le Liv. de Baruch, qu'après la ruine de Jéruſ. on y célébroit encore des fêtes & des ſolemnités. On y lit ſeulem. que les Juifs de Babyl. exhorterent ceux de Jéruſ. à lire le Liv. de Baruch *au jour ſolemnel*, ou ſelon l'expreſſion du grec, *au jour de fête* ἐν ἡμέρᾳ ἑορτῆς, c. à d. à l'une des trois gr. fêtes de l'année. La ruine du Temple ne changeoit rien à l'ordre des tems; les fê-

tes arrivoient aux jours marqués par la Loi. Eſt-il étonnant que les Prêtres & les Juifs qui étoient reſtés dans la Judée, ou qui étoient revenus des païs voiſins depuis le départ des Chaldéens, eſt-il étonnant, diſ-je, vû l'attachem. & le reſpect qu'ils avoient pour Jéruſal. & pour ſon Temple, qu'ils s'y raſſemblaſſent les jours des trois gr. Fêtes de l'année, non pour célébrer ces fêtes avec réjouiſ., car les fêtes étoient alors changées en deuil & en larmes, mais pour y implorer la miſéric. de Dieu, & pour y offrir des ſacrif. ſur les rui. même du Temple? Rien aſſurément ne convenoit mieux à ces triſtes Aſſemb. que la lecture du Liv. de Baruch. Ce Liv. ne dit pas non plus, *que les vaſes du Temple qui avoient été emportés à Babyl. en furent en ce tems là rapportés à Jéruſ.* il ne parle que *des vaſes d'arg. que le Roi Sedecias avoit fait faire,* après que Nabuc. eut emmené Jechonias en captiv. Baruch. 1. 8. & ſuiv. Il dit donc ſeulement que Baruch, reçut à Babyl., *les vaſes d'arg. que le Roi Sedecias avoit fait faire,* & qui avoient été emportés du Temple lors de ſa ruine ſous Sedecias. Ce fait n'a rien de contraire à ce qui eſt rapporté dans les Liv. reconnus pour canon. par les Juifs & par les Proteſtans; puiſque Baruch ne parle pas des autres vaſes d'or & d'arg. qui furent pris à la ruine du Temple, ou ſous le regne de Jechonias, & qui ne furent reportés à Jéruſ. que longtems après l'époque du Liv. de Baruch. Qu'y a-t'il de ſurprenant, que Baruch diſciple & ſecret. de Jérémie, qui, comme ſon maître, étoit en gr. eſtime & en gr. vénérat. auprès du Roi & des Miniſ. de Babyl. en ait obtenu *les vaſes d'arg. que Sedecias avoit fait faire?* Ces vaſes ne devoient pas être d'un fort grand prix, vû les Tributs que Sedecias étoient obligés de païer pendant ſon regne, & la miſere du Peuple Juif, en ce tems-là. Enfin, le Liv. de Baruch ne porte point, que *Balthazar, fils* ou petit-fils *de Nabuchodoноſor regnoit dès-lors.* On y voit ſeulement, que les Juifs de Babylone recommandent à ceux de Jérusalem de prier Dieu pour la vie de Nabuchodonosor, Roi de Babyl. & pour la vie de Balthazar son fils. *Orate pro vitâ Nabuchodonosor Regis Babylonis & pro vita filii ejus.* Baruch I. II. Ce texte ne dit pas que Balthazar regnoit alors? Il dit précisément tout le contraire; puisqu'il porte, que c'étoit Nabuchod. qui pour lors étoit Roi. *Orate pro vita Nabuchod. Regis Babylonis.* Il est vrai que le fils & le successeur immédiat de Nabuchod., fut Evilmerodac, & non pas Balthazar; mais on croit qu'Evilmerodac étoit disgracié du tems de Baruch, & que Balthazar, fils d'Evilmerodac, & petit-fils de Nabuch. étoit regardé comme l'héritier présomptif de la Couron. Cette supposition n'a rien de contraire aux Liv. reconnus pour canon. par les Protest., & l'on ne prouvera jamais, que Balthazar, soit qu'il fut fils, ou petit fils de Nabuch., n'étoit point encore né dans le tems où l'on suppose que le Livre de Baruch a été écrit, c. à d. en la cinquieme année depuis la ruine de Jérusalem sous Sedecias.. Nous ne pouvons deviner surquoi s'appuie le savant Anonyme, qui a donné en Holl. une édit. de ce petit Diction. lorsqu'il dit, qu'*il est fort vraisemblable que l'Auteur, quel qu'il soit, de ce Livre* (de Baruch) *l'a écrit peu après la destruction de Jérusalem par les Rom.* Nous avons lu & relu plus. fois, tant en grec qu'en latin, le Liv. de Baruch, avec beaucoup d'atten. & nous n'y avons rien remarq. qui designe en aucune sorte le tems de la ruine de Jérus. par les Romains, ni qui donne la moindre vraisemblance à cette opinion de l'anonyme dont nous parlons. L'Auteur du Livre de Baruch représente partout les Chaldéens. Il les desiggne & les caracterise sous les mêmes traits, par lesquels ils sont marqués dans Daniel & dans Nehemie. Il assure que la ruine de Jérus. & la captivité dont il parle, sont une punition de l'idolâtrie des Juifs, que

leur captivité ne sera pas longue. Que la Puissance qui a détruit la Monarchie des Juifs, sera détruite elle-même. Que leur Libérateur viendra de l'Orient. Que le Peuple Juif sera alors plus éloigné de l'idolâtrie, &c. Tous ces caracteres ne peuvent convenir aux tems de la ruine de Jérus. par les Rom. Quoique ce ne soit pas ici le lieu de traiter de ces sortes de matieres, qui appart. à la controverse, néanmoins nous nous sommes crus obligés de répondre dans cet article aux difficultés, que l'anonyme dont nous parlons, y a inserées; & nous espérons que le Lecteur nous pardonnera pour cette raison ce détail & cette espece de digression, qui est contraire au but que nous sommes proposé dans ce petit Diction. Nous avons répondu aux difficultés des Protestans, selon l'opinion de la plûpart des interprêtes qui mettent le Livre de Baruch à la 5e année de la captivité de Sedecias. Ceux qui suivent l'opinion de Maldonat, de Dom Calmet & du P. Houbigant peuvent consulter ces auteurs sur la canonicité du Livre de Baruch.

BASCHI, ( Matthieu ) Rel. de S François, natif du Duché de Spolete, & fondateur des Capucins, m. à Venise en 1552. Sa Congrégation avoit été approuvée par Clément VII, en 1528.

BASILE, le Macédonien, de simple Soldat d'une Famille obscure de Macédoine, devint Empereur des Grecs en 868; car aïant plu à l'Empereur Michel par son adresse à dresser les chevaux, il devint le premier Ecuïer de ce Prince, puis son Gr. Chambellan; il assassina ensuite le fameux Bardas, & fut associé à l'Empire en 866. Il ôta la vie à l'Empereur Michel en 867, fit tenir à CP. le VIIIe Concile général, chassa Photius du siége Patriarchal, le rétablit en 878, & se déclara contre les Papes. Il fit la guerre avec succès en Orient, & reprit plusieurs villes en Sicile sur les Sarrasins. Il m. en 886. C'est sous son regne que les Russiens embrafferent le Chriftianifme & la Doctrine de l'Eglife Grecque. Léon *le Philofophe* fon fils, lui fuccéda. Il ne faut pas le confondre avec Bafile *le jeune*, qui fuccéda à Zimifcès en 975, & qui mourut en 1025, après un regne glorieux de 50 ans.

BASILE ( S. ) *le Grand*, l'un des plus fav. & des plus éloquens Docteurs de l'Eglife, naquit à Céfarée en Capadoce vers 328. Il alla achever fes études à Athenes, où il lia une étroite amitié avec S. Grégoire de Nazianze. Il fe retira enfuite dans la folitude, & fut le premier inftituteur de la vie Monaftique, dans le Pont & dans la Cappadoce. Aïant été élu Evêq. de Céfarée en 369, l'Empereur Valens voulut lui faire embraffer la doctrine des Ariens, & envoïa Modefte, Préfet d'Orient, pour l'effraïer & l'obliger de céder. Modefte étant arrivé à Céfarée, emploïa les careffes & les menaces pour le faire condefcendre aux volontés de l'Empereur; mais il n'en put rien obtenir. Alors furpris & irrité de la fermeté de S. Bafile, il s'écria que perfonne n'avoit jamais ofé lui parler avec tant de hardieffe. C'eft, lui répondit Bafile, *que vous n'avez peut-être jamais rencontré d'Evêque.* Cette réponfe magnanime déconcerta Modefte, qui alla trouver l'Empereur, & lui dit : *Seigneur, nous fommes vaincus; cet Evêque eft infenfible à toutes les promeffes & à toutes les menaces.* Quelque-tems après, Valens voulut exiler S. Bafile; mais on dit que trois plumes fe rompirent l'une après l'autre entre fes doigts; & que faifi de crainte, il laiffa en repos le S. Evêque. S. Bafile travailla enfuite à la réunion des Eglifes d'Orient & d'Occident, qui étoient alors en divifion au fujet de Melece & de Paulin, deux Evêques d'Antioche. Il érigea un Evêché à *Zazime*, & le donna à fon ami S. Grégoire de Nazianze. Il écrivit contre Apollinaire & contre Euftathe de Sebafte, & mourut en 379. La meilleure édition de fes ouvrages eft celle du

Pere Garnier, 3 vol. *in-fol.* en grec & en latin. On y trouve des homélies très éloquentes, d'excellens Comment. fur l'Ecriture-Sainte, & des Lettres très inftructives fur la difcipline Eccléfiaftique. Le ftyle de S. Bafile eft pur & élégant, fes expreffions grandes & fublimes, fes penfées nobles & pleines de majefté. Il excelle dans les Panégyriques, fes raifonnemens font pleins de force, fa doctrine profonde, tous fes ouvrages remplis d'érudition; ce qui a porté Erafme à l'égaler aux plus grands Orateurs de l'antiquité. M. Herman, Docteur de la maifon & fociété de Sorbonne, en a écrit la vie.

BASILIDE, fameux héréfiarque natif d'Alexandrie, & difciple de Simon le Magicien. Il m. fous l'Empire d'Adrien, vers 130 de J. C. Il y a tout lieu de croire que c'eft ce Bafilide, qui, après un voïage de Perfe, introduifit le prem. le *Manicheifme* parmi les Chrétiens, comme il paroît par les fragmens qui nous reftent de fes ouvrages.

BASMAISON, ( Jean ) favant Avocat, natif de Vic-le-Comte, & non de Riom, auteur d'une Paraphrafe eftimée fur la Coutume d'Auvergne, & d'un Difcours fur les fiefs & arriere-fiefs. Il mourut vers 1600.

BASNAGE, ( Benjamin ) Miniftre Proteftant au 17e fi., m. en 1652 à 72 ans, après avoir publié quelq. ouvr. de controverfe.

BASNAGE, ( Henri ) fils de Benjamin, & l'un des plus cél. Avocats du Parlem. de Rouen, fut chargé de commiffions importantes, & m. à Rouen en 1695, à 80 ans. On a de lui un Traité des hypotheques, & des comment. fur la Coutume de Normandie. Il ne faut pas le confondre avec Henri Bafnage de Beauval, fon fils, mort à la Haye en 1710, à 53 ans. C'eft ce dernier qui a donné l'Hiftoire *des ouvrages des Savans*, & une édition de Furetiere.

BASNAGE, ( Jacques ) fils d'Henri, & petit-fils de Benjamin, naquit à Rouen en 1653, où il fut Ministre jusqu'à la révocation de l'Edit de Nantes. Alors il se retira à Rotterdam, & fut Ministre à la Haye en 1710. On a de lui plusieurs ouvrages. Les principaux sont, 1°. l'*Histoire de l'Eglise* en françois. 2°. *Histoire de la Bible.* 3°. *Histoire des Juifs.* 4°. Plusieurs Traités de controverses, un Traité de la conscience, & deux vol. de Sermons. Les annales des Prov. Unies, en 2 vol. *in-fol.* &c. Il m. le 22 Septembre 1723.

BASNAGE, (Samuel) de Flottemanville, cousin du précédent, fut Ministre Protestant à Bayeux, & ensuite à Zutphen. Il publia en 1706, des Annales Ecclésiastiques en latin. *Annales Politico-Ecclesiastici* en 3 vol. *in-fol.* C'est une Critique des Annales de Baronius, dont il avoit déja donné un Essai, *in-4°*.

BASSAN, (Jacques du Pont ou le) excellent Peintre Italien, ainsi appellé du lieu de sa naissance. Il a principalement réussi dans le païsage & dans la peinture des animaux. Il mourut en 1592, à 82 ans, laissant quatre fils, dont François & Léandre furent aussi des Peintres distingués.

BASSELIN, (Olivier) Foulon de Vaudevire, Bourg de Normandie, passe pour l'Inventeur des *Vaudevilles*, sortes de chansons appellées autrefois *Vaux de vire*, parce-qu'on s'assembloit pour les chanter en dansant, dans le *vau* ou *la vallée* de Vire.

BASSI, (Ange) *voyez* POLITIEN.

BASSOLIS, (Jean) sav. Théologien scholastique de l'Ordre de S. François, au 14e siecle, fut appellé *le Docteur très ordonné.* On a de lui des Commentaires sur les Sentences.

BASSOMPIERRE, (François de) Colonel général des Suisses, & Maréchal de France, naquit en Lorraine, en 1579, d'une famille noble & ancienne. Il s'attacha à la Fr. & se distingua par sa valeur & par ses belles actions. Le Roi le fit Maréchal de Fr. le 29 Août 1622. Le Maréchal de Bassompierre continua de se distinguer, mais il fut mis à la Bastille en 1631, par ordre du Roi, d'où il ne sortit qu'après la m. du Card. de Richelieu. Il m. le 12 Oct. 1646. On a de lui des Mémoires qu'il composa pendant sa prison : une relation de ses ambassades, & des remarques sur l'Hist. de Louis XIII, composée par Dupleix.

BASTA, (George) fam. Général du 17e si., servit d'abord sous le Duc de Parme, & passa ensuite au service de l'Empereur. Il se signala par sa valeur & par sa conduite, & m. en 1607. On a de lui deux excellens Traités sur la discipline militaire, écrits en Italien.

BATHYLLE, fam. Pantomime natif d'Alexandrie, alla à Rome sous le regne d'Auguste, & fut affranchi de Mecene. Il introduisit avec Pylade une nouvelle maniere de Danse, où l'on representoit par des postures étudiées & par des gestes ingénieux, toutes sortes de sujets tragiques, comiques, & satyriques. Pylade excelloit dans la représentation des sujets tragiques & majestueux; mais Bathylle réussissoit mieux dans les sujets comiques ou satyriques : ce qui leur donna occasion de se séparer, & de faire deux bandes.

BATILDE, (Sainte) Reine de Fr. illustre par sa sagesse & par sa piété, épousa Clovis II, & gouverna le Roïaume pendant la minorité de Clotaire III son fils. Elle fonda les Abbaïes de Chelles & de Corbie, prit l'habit de Relig. dans la prem. & y mourut vers 685. M. Arnauld d'Andilly a donné une belle Traduction de sa vie, écrite par un Auteur ancien.

BATTORI, (Etienne) l'un des plus gr. Rois qui aient regné en Pologne, se plaignoit du gouvern. de ce Roïaume, où il trouvoit un gr. nombre de défauts. Il fut élu en 1575, & m. en 1587. Sigismond III fut élu après lui.

BATTUS, fils de Polymneste, tiroit

tiroit son origine d'Euphème, l'un des Argonautes qui avoient accompagné Jason dans la Colchide. Battus fut ainsi nommé parcequ'il étoit Begue, ou qu'il affectoit de le paroître pour mieux couvrir ses gr. desseins. Son véritable nom étoit *Aristoteles*. Par ordre de l'oracle de Delphes, il partit de l'Isle de Thera sa patrie (aujourd'hui nommée *Santorini*) avec une Colonie, & il se rendit en Lybie, où il fonda la ville de Cyrene, dans l'endroit où étoit né Aristée, fils d'Apollon & de Cyrene.

BAUCIS, nom d'une pauvre vieille femme de Phrygie, où elle vivoit dans une cabane avec Philémon son mari. Selon la fable, Jupiter & Mercure en aïant été bien reçus, les préserverent du déluge, & changerent leur cabane en un Temple dont Philémon & Baucis furent les Ministres. Ils y passerent le reste de leur vie dans une étroite union, & furent changés en arbres à la porte du Temple.

BAUDELOT, (Charles-César) savant Avocat au Parlem. de Paris sa patrie, se distingua par son habileté dans les monumens antiques, & fut reçu de l'Académie des Belles-Lettres en 1705. Il mourut le 27 Juin 1722, à 74 ans. On a de lui un Traité *de l'utilité des Voïages*, plusieurs Lettres & dissertations sur les médailles, &c.

BAUDIUS, (Dominique) sav. Jurisc. & Professeur d'Eloquence à Leide, naquit à Lille en 1561. Il fut Avocat à la Haye en 1587, & vint ensuite à Paris, où il demeura dix ans, & se fit estimer des gens de Lettres. Il mourut à Leide en 1613, à 52 ans. On a de lui un gr. nombre d'ouvr. latins, en vers & en prose. On estime principalement ses Lettres & ses vers Iambes.

BAUDOUIN, nom de deux Empereurs latins de CP. de plusieurs Rois de Jérusalem, & d'un grand nombre de Comtes de Flandres & de Hainaut.

BAUDOUIN, (Benoît) savant Théologien, natif d'Amiens, a don-

né en latin un excellent Traité *de la chaussure des anciens*, imprimé en 1615. Il n'y a aucune vraisemblance qu'il ait été Cordonnier, comme quelques Auteurs l'ont assuré.

BAUDOUIN, (Fr.) sav. Jurisconsulte, naquit à Arras en 1520. Il lia une étroite amitié avec Cujas, Budé, Charles Dumoulin, & plus. autres gr. hommes de son tems. Il enseigna le Droit avec réputation à Bourges, à Angers, à Paris, & en plusieurs autres villes. D'abord, il avoit fait amitié avec Calvin; mais la lecture de George Cassander, l'empêcha de prendre son parti: s'étant même brouillé avec lui, ils écrivirent l'un contre l'autre. Baudouin s'acquit l'estime du Card. de Lorraine, & fut envoïé au Concile de Trente, par Antoine de Bourbon, R. de Navarre; mais la m. de ce Pr., arrivée en 1562, ruina la fortune de Baudouin, qui étoit alors au Concile de Tr. Il revint en Fr. & Henri III le fit Conseiller d'Etat. Il mourut en 1572 ou 1573, à 53 ans, entre les bras du Pere Maldonat Jésuite. On a de lui plusieurs ouvrages de Droit civil en latin, & d'autres Livres d'Histoire, de Théologie & de Controverse. Il étoit savant non-seulement dans la Jurisprudence, mais aussi dans la Théologie & dans l'antiquité Ecclésiastique.

BAUDOUIN, (Jean) de l'Académie Fr. natif de Pradelle en Vivarais, fut Lecteur de la Reine Marguerite, & mourut à Paris en 1650. Il a traduit en fr. Davila, Dion Cassius, la Jérusalem du Tasse, &c.

BAUDRAND, (Michel-Ant.) Prieur de Rouvres, & cél. Géographe, naquit à Paris en 1633. Il voïagea en Italie, en Allemagne & en Anglet. & mourut à Paris le 29 Mai 1700, à 67 ans. On a de lui un Dictionnaire Géographique imprimé en latin en 1677, & en françois en 1705. L'édition latine est la plus estimée. Il a fait aussi des notes sur Papire Masson.

BAUDRICOURT, (Jean de)

Maréchal de France , & Gouverneur de Bourgogne, contribua beaucoup à la victoire de S. Aubin de Cormier en 1488. Il fuivit Charles VIII à la conquête du Roïaume de Naples en 1495, & mourut à fon retour en 1499.

BAVERE, (Jean-Guill.) excell. Peintre , natif de Strafbourg, m. à Vienne en Autriche en 1640.

BAUHIN, (Jean) cél. Méd. du 16e fiecle, étoit natif d'Amiens. Il exerça la Méd. & la Chirurgie à Bâle avec réputation, & mourut en 1582, à 71 ans. Jean Bauhin fon fils aîné, naquit à Bâle, en 1541, fut Méd. du Duc de Wirtemberg, & fe diftingua par plufieurs ouvr. dont les principaux font , un *Traité des bains* , & une *Hiftoire des Plantes*. Gafpard Bauhin , fecond fils de Jean, naquit le 17 Janvier 1560, fut prem. Méd. du même Prince, & profeffa la Médecine & la Botaniq. à Bâle , où il mourut en 1623, à 63 ans. On a de lui *les inftitutions anatomiques* , *le Prodrome du théâtre Botanique* , & d'autres ouvrages. Gafpard laiffa un fils nommé Jean-Gafpard, qui fut auffi un habile Médecin.

BAUME , (Nicolas-Augufte de la ) Marquis de Montrevel, Maréchal de France & Chevalier des Ordres du Roi , étoit fils de Ferdinand de la Baume, Comte de Montrevel , d'une ancienne & illuftre Maifon de Breffe, féconde en perfonnes de mérite. Il fe diftingua en divers fiéges & combats , & mourut à Paris le 11 Octobre 1716 , à 70 ans. Pierre de la Baume, Archevêque de Befançon & Cardinal , mort le 4 Mai 1544, étoit de la même Maifon. Il avoit été Evêque de Genève en 1523 , & s'y étoit oppofé avec zele aux Calviniftes ; mais ils le chafferent deux fois de la ville. Claude de la Baume, fon neveu, lui fuccéda dans l'Archevêché de Befançon, où il fit recevoir le Concile de Trente. Il préferva le Comté de Bourgogne des erreurs de Calvin, protégea les Gens de Lettres, & fut fait Cardinal par Grégoire XIII, en 1578. Il mourut à Arbois le 14 Juin 1584, comme il alloit prendre poffeffion de la charge de Vidame d'Amiens.

BAUR, (Guill.) Peintre célebre, natif de Strafbourg. Il a principalement reuffi dans le païfage & dans l'Architecture. Il mourut à Vienne en 1640.

BAUT, *voiez* BOTH.

BAXTER , (Richard) favant Théol. Angl. de la fecte des Presbyteriens , natif de Rowton dans le Shropshire , fe fit admirer dès fa jeuneffe par fa piété & par fes talens. Il étoit oppofé à Cromwel, & fut Chapelain du R. Charles II. Ce Pr. lui offrit l'Evêché d'Hereford ; mais Baxter le refufa , aimant mieux continuer d'être Miniftre de Kidderminfter. Ses Sermons & fa *Paraphrafe fur le Nouv. Teftament* , lui attirerent des affaires. Il fut mis en prifon en 1684, fous le regne de Jacques II, & n'en fortit que deux ans après. Il mourut le 8 Déc. 1691. On a de lui un gr. nombre d'ouvrages écrits avec feu. Burnet en fait un grand éloge.

BAYARD , (Pierre du Terrail de ) l'un des plus braves, des plus fages & des plus vertueux Capitainês de fon tems, fortoit d'une noble & anc. famille du Dauphiné. Le R. Charles VIII le mena à la conquête du R. de Naples. Il y donna des marques diftinguées de fa valeur, furtout à la bataille de Fournoue. En 1501, il foutint feul , fur le pont de Naples, l'effort de 200 Chevaliers. Il fut dangereufement bleffé à la prife de la ville de Breffe. C'eft-là qu'il remit aux filles de fon hôte 2000 piftoles que leur mere lui fit préfenter par elles, afin de racheter le pillage de fa maifon. Action qui a été célébrée par tous les Hiftoriens. A fon retour en Fr., il fut fait Lieut. Général au Gouvern. du Dauphiné. Le Chevalier Bayard fervit à côté du R. François I , à la bat. de Marignan. Ce Pr. voulut enfuite être fait Chev. de fa main , à la maniere des anciens Chevaliers. Bayard défendit Mezieres pendant six sem. contre l'armée de Charles V, & fut comblé d'honn. Il suivit en 1523 l'Amiral de Bonnivet en Italie. L'année suiv., il reçut, à la retraite de Rebec, un coup de mousquet qui lui perça le dos. Se sentant blessé, *Jesus*, dit-il, *helas ; mon Dieu ! je suis mort.* Il se recommanda aussitôt à Dieu avec une gr. contrition, baisant la croix de son épée, & priant Dieu à haute voix. Il se fit ensuite coucher sous un arbre, le visage tourné contre l'Ennemi : car, dit-il, *n'aïant jamais tourné le dos devant l'Ennemi, je ne veux pas commencer à la fin de ma vie.* Le Connét. Charles de Bourbon, qui poursuivoit l'armée Franç., l'aïant trouvé : *Ha ! Capitaine Bayard, lui dit-il, que je suis mari & déplaisant de vous voir en cet état ! Je vous ai toujours aimé, par là gr. prouesse & sagesse qui est en vous ! Monseigneur,* répondit Bayard, *je vous remercie, il n'y a point de pitié en moi, qui meurs en homme de bien, servant mon Roi : il faut avoir pitié de vous, qui portez les armes contre votre Prince, votre patrie & votre serment.* Bayard l'exhorta en même tems d'une voix mourante à se reconcilier avec le Roi. Il expira quelque tems après, âgé de 55 ans, selon le Président d'Expilly. Jamais Capit. ne fut plus estimé ni plus regreté. Symphorien Champier en a écrit la vie, aussibien que Jacques de Mailles ; mais cette derniere est plus curieuse & plus intéressante.

BAYER, (Théophile-Sigefroi) sav. du 18e siec., étoit petit fils de Jean Bayer habile Mathém. Il naquit le 6 Janv. 1694. Il fit ses études à Konigsberg, & apprit plus. Langues : ce goût pour l'étude des Langues le porta à aprendre même le Chinois. Il alla ensuite à Dantzick, à Berlin, à Halle, à Leipsick, & en plus. autres villes d'Allem. Bayer fit partout des connoissances utiles, & se fit estimer des Sav. De retour à Konigsberg en 1717, il en fut fait Bibliothec. Il fut appellé en 1726 à Petersbourg, où on le fit Profes. des

Antiquités grec. & rom. Il étoit sur le point de retourner à Konigsberg, lorsqu'il m. à Petersbourg, le 21 Fév. 1738. On a de lui un gr. nombre de dissertations sav. & curieuses, & quelques ouvr. très estimés. On estime surtout son *Musæum sinicum* imprimé en 1730 in 8.

BAYLE, (Pierre) sam. Profes. de Philos. & cél. Critique du 17e siecle, naquit au Carlat, le 18 Nov. 1647. Il fit paroître dès son bas âge une passion extrême pour les Belles-Let. & pour les Sc. & fut converti à 22 ans à la Rel. Cathol. ; mais il retourna 17 mois après à la Rel. Protest. La Chaire de Philos. de Sedan étant venue à vaquer en 1675, Bayle alla la disputer, & l'emporta. Il fut dépouillé de cet emploi en 1681 ; ce qui l'obligea de se réfugier en Holl., où il fut élu Profes. en Philos. & en Hist., à Roterd. Bayle fut encore privé de cette Chaire quelques années après, par les intrigues du Ministre Jurieu, & mourut le 28 Déc. 1706. Ses princ. ouvr. sont, 1. *Pensées diverses sur la Comète qui parut en 1680*, 4 vol. in 12. 2. *Les nouvelles de la République des Lettres*, depuis le mois de Mars 1684, jusqu'au même mois 1687. 3. *Comment. Philosophiques, sur ces paroles de l'Evangile : Contrains-les d'entrer.* 4. *Réponses aux Questions d'un Provincial.* 5 vol. in-12. 5. *Dictionnaire historiq. & critiq.* in-fol. dont les meilleures édit. sont de 1702 & 1720. 6. Trois vol. de Lettres, dont la meilleure édit. est de 1729, &c. Voici le portrait de Bayle, donné par M. Saurin, dans son Sèrmon sur *l'accord de la Religion avec la politique.*

» C'étoit un de ces hommes con-
» tradictoires, que la plus gr. péné-
» tration ne sauroit concilier avec
» lui même, & dont les qualités
» opposées nous laissent toujours
» en suspens, si nous le devons
» placer ou dans une extrêmité, ou
» dans l'extrêmité opposée. D'un
» côté, gr. Philos., sachant démê-
» ler le vrai d'avec le faux, voir
» l'enchaînure d'un principe & sui-

» vre une conséquence ; d'un autre
» côté, grand Sophiste, prenant à
» tâche de confondre le faux avec
» le vrai, de tordre un principe,
» de renverser une conséquence.
» D'un côté, plein d'érudition &
» de lumiere, aïant lu tout ce qu'on
» peut lire, & retenu tout ce qu'on
» peut retenir ; d'un autre côté,
» ignorant, du moins feignant d'i-
» gnorer, les choses les plus com-
» munes, avançant des difficultés
» qu'on a mille fois réfutées, pro-
» posant des objections que les plus
» novices de l'école n'oseroient al-
» léguer sans rougir. D'un côté,
» attaquant les plus gr. hommes,
» ouvrant un vaste champ à leurs
» travaux, & les conduisant par
» des routes difficiles & par des sen-
» tiers raboteux, & si non les sur-
» montant, du moins leur donnant
» toujours de la peine à vaincre ;
» d'un autre côté, s'aidant des plus
» petits esprits, leur prodiguant
» son encens, & salissant ses écrits
» de ces noms que des bouches doc-
» tes n'avoient jamais prononcés.
» D'un côté exempt, du moins en
» apparence, de toute passion con-
» traire à l'Esprit de l'Evangile,
» chaste dans ses mœurs, grave
» dans ses discours, sobre dans ses
» alimens, austere dans son genre
» de vie ; d'un autre côté, em-
» ploïant toute la pointe de son gé-
» nie à combattre les bon. mœurs,
» à attaquer la chasteté, la modes-
» tie, toutes les vertus Chrétiennes.
» D'un côté, appellant au tribunal
» de l'Orthodoxie la plus severe,
» puisant dans les sources les plus
» pures, empruntant les argumens
» des Doct. les moins suspects ; d'un
» autre côté, suivant la route des
» Hérétiques, ramenant les objec-
» tions des anciens hérésiarques,
» leur prêtant des armes nouvelles,
» & réunissant, dans notre siecle,
» toutes les erreurs des siecles passés.
» Puisse cet homme qui fut doué de
» tant de talens, avoir été absous,
» devant Dieu, du mauvais usage
» qu'on lui en vit faire ! Puisse ce
» Jesus, qu'il attaqua tant de fois,

» avoir expié tous ses crimes ! «

BAYLE, ( François ) sav. Médecin & habile Philos., étoit de Boulogne, espece de Bourg à 7 lieues
d'Auch. Il professa la Médecine dans
l'Univ. de Toulouse, avec une réputation extraord. & y mour. le 24
Sept. 1709 à 87 ans. On a de lui
plus. Traités sur la Médecine qui
sont estimés, & une Physique en
3 vol. in-4. voïez Manget, Bibl.
script. med. tom. 1. p. 253.

BAZIN, voïez BESONS.

BÉ, ( Guillaume le ) cél. Graveur
& Fond. en caract. d'imprimerie.

BEAUCAIRE de Péguillon,
( François ) sav. Evêq. de Metz, se
distingua par sa science & par son
goût pour les Belles-Lettres ; ce qui
le fit choisir pour être le Précepteur
du cél. Card. Charles de Lorraine,
qu'il suivit à Rome, & qui lui céda
l'Evêché de Metz. Beaucaire accompagna encore le Card. de Lorr. au
Concile de Trente, où il opina avec
liberté. Il se démit dans la suite de
son Evêché, & mourut en 1591. On
a de lui une Hist. de son tems, qui
est estimée : une Harangue prononcée au Conc. de Trente, & un Traité des enfans morts dans le sein de
leur mere, contre les Calvinistes.

BEAUCHAMP, ( Richard ) Comte de Warwick, né en 1381, se signala par son courage & par sa valeur. Il fit le voïage de la Terre Sainte, fut envoïé au Conc. de Constance, gagna contre les François
plus. batailles, & vainquit à Shrews-
bury les deux Pierces. Il mourut à
Rouen, le 30 Avril 1439.

BEAUCHATEAU, ( François
Matthieu Châtelet de ) Poète François, né à Paris en 1645, étoit fils
d'un Comédien. Il fit paroître, dès
son enfance, des talens si extraordinaires pour la Poésie & les Belles-
Lettres, que la Reine, mere de
Louis XIV, le Card. Mazarin, le
Chancelier Seguier, & les premieres
personnes de la Cour, prenoient un
plaisir extrême à s'entretenir avec
lui, & à exercer son talent. Il n'a-
voit qu'onze ans, lorsqu'il publia
un Recueil de ses Poésies, intitulé

*La Lyre du jeune Appollon, ou la Muse naissante du petit de Beauchâteau ;* dans lequel il fait l'éloge des personnes les plus illustres de son tems. Deux ans après, il passa en Angleterre, où Cromwel le retint quelque tems ; de-là il alla en Perse, & depuis ce tems, on n'a su ce qu'il étoit devenu.

BEAUFORT, ( Henri ) cél. Cardinal, fils de Jean, Duc de Lancastre, & frere de Henri IV, R. d'Angleterre, fut Evêque de Lincoln en 1397, & de Winchester en 1404, Chancelier d'Angl. & Ambassadeur en France. Martin V. lui donna le chapeau de Card. en 1426, & l'envoïa quelque tems après, Légat en Allem. En 1431, le Card. de Winchester couronna Henri VI, Roi d'Angl. dans l'Eglise de Notre-Dame de Paris. Il m. à Winchester en 1447, après y avoir fondé un hôpit.

BEAULIEU, ( Louis le Blanc, Seigneur de ) savant Ministre Profes. de Théol. à Sedan, né au Plessis-Marli, où son pere étoit Ministre en 1614. Il s'acquit l'estime du Maréchal de Fabert, & fit soutenir à Sedan un gr. nombre de Theses de Théol. qui ont été impr. sous le titre de *Theses Sedanenses.* Il mour. en 1675, à 61 ans.

BEAULIEU, ( Frere-Jacques ) de Besançon, est inventeur de l'appareil lateral.

BEAUMANOIR, ( Jean de ) Marquis de Lavardin, & Maréchal de Fr., plus connu sous le nom de *Maréchal de Lavardin*, étoit fils de Charles de Beaumanoir, Seigneur de Lavardin, d'une ancienne Maison du Maine. Il fut élevé auprès de Henri IV, qui n'étoit alors que Roi de Navarre, & se trouva en 1569 au siege de Poitiers, dans l'Armée des Huguenots. Il devint Colonel de l'Infanterie françoise en 1580, & eut le comm. de l'Armée en 1586. Le Roi, pour récompenser ses services, lui donna en 1595 le Gouvernem. du Maine, avec le Collier de ses Ordres, le sceau Maréchal de Fr., & érigea sa Terre de Lavardin en Marq. Le Maréchal de Lavardin eut le command. de l'Armée en Bourgogne l'an 1602, & fut envoïé Ambassad. extraord. en Angleterre en 1612. Il mourut à Paris en 1614. Il avoit été élevé dans la Rel. Prot. ; mais il se fit Catholiq. après la mort de son pere, qui étoit l'un des plus zelés partisans du Calvinisme.

BEAUMONT DES ADRETS, *voyez* ADRETS.

BEAUMONT de Perefixe, *voyez* PEREFIXE.

BEAUMONT ( François ) très cél. Poète Angl., étoit fils de François Beaumont, un des Juges des plaidoïers communs sous la Reine Elisabeth, d'une noble & anc. famille de ce nom, établie à Gracedieu dans le Comté de Leicester. Il naquit vers l'an 1585. Il travailla avec Fletcher son intime ami pour le Théâtre Angl. Il étoit très judicieux, avoit de l'esprit, du feu & de l'invent. ; lui & Fletcher, quoique Poètes, furent touj. unis d'une sincere & tendre amitié. Ils firent ensemble des Tragéd. & des Coméd., qui furent représentées avec de gr. applaudiss. Beaumont m. à la fleur de son âge en 1615, & fut enterré dans l'Abbaïe de Westminster. Ses ouvr. ont été impr. avec ceux de Fletcher en 1653 & en 1679 *in-fol.* Mais l'édit. la plus estimée est celle de 1711 en 7 vol. *in-*8. Jean Beaumont son frere, est auteur du Poème sur la bat. de Bosworth, & de plus. autres pieces. Il m. en 1628. *voïez* Chauffepié. *Diction.* pag. 168 & suiv.

BEAUNE, ( Renaud de ) célebre Archevêq. de Bourges, étoit fils de Guill. de Beaune, Baron de Samblançai, & naquit à Tours en 1527. Il fut successiv. Conseiller & Présid. des Enquêtes au Parl. de Paris, Maître des Req. & Chanc. de François Duc d'Anjou, frere unique du R. Henri III. Il devint ensuite Evêque de Mende, puis Archev. de Bourgés en 1581. Il donna des marq. de sa capacité dans les Assemb. du Clergé de Fr., & présida aux Etats de Blois en 1588. Il prit hautement le parti du R. Henri IV, à la Confér. de Surennes, contribua beauc. à sa conversion, & lui donna publiquement l'absolution dans l'Eglise de S. Denys. Le Pape Clem. VIII, piqué de ce que Renaud de Beaune avoit fait toutes ces démarches, sans la participation de Rome, & de ce qu'il avoit même proposé de faire un Patriarche en Fr., refusa de lui accorder ses Bulles pour l'Arch. de Sens, auquel il avoit été nommé en 1596. Renaud de Beaune les obtint néanmoins en 1602. Il devint ensuite Gr. Aumônier de Fr. & Command. des Ordres du Roi, & mour. à Paris en 1606, à 79 ans. Il étoit de la même famille que Jacques de Beaune, Baron de Samblançay, Surintendant des Finan. sous le regne de François I, lequel fut condamné à mort, à la sollicit. de la mere de ce Pr. Florimond de Beaune, Conseil. au Présid. de Blois, ami intime de Descartes, & cél. Mathém., étoit de la même famille. Il inventa plus. instrumens Astronom., entr'autres des Lunettes d'un artifice admirable, & m. en 1652, à 51 ans.

BEAUSOBRE, (Isaac de) sav. Ministre de la Rel. Prét. réformée, natif de Niort, se retira en Holl., & de-là à Berlin., où il fut Chapelain du R. de Prusse, & Conseiller du Consistoire Roïal : il avoit du talent pour la prédication. Il mourut le 5 Juin 1738, à 79 ans. Ses princ. ouvr. sont, 1. Defense de la doctrine des Réformés. 2. Traduction du Nouv. Testam. avec des notes en franç., 2 vol. in-4. faites avec M. l'Enfant. 3. Dissertat. sur les Adamites de Bohême. 4. Hist. critique des Manichée & du Manichéisme, &c. Tous ces ouvrages sont écrits avec feu, & remplis d'érudition.

BEAUVAIS, (Vincent de) voïez VINCENT.

BEAUVILLIERS, (François de) Duc de S. Aignan, de l'Acad. françaife, de celle de Ricovrati de Padoue, & Protect. de celle d'Arles, naquit en 1607. Il se distingua par sa valeur & par son esprit, & remporta le prix fondé à Caen, sur l'immaculée Concept. Il fut nommé,

quoique dans un âge avancé, un des Commandeurs du Carousel qui fut donné en 1685, & à la tête duquel étoit Mgr. le Dauphin. Il m. le 16 Juin 1687. On a de ce Seig. quelq. petites pieces de vers répandues en différens recueils. M. le Duc de Beauvilliers son fils aîné, fut Gouv. de Mgr. le Duc de Bourgogne, l'autre devint Evêq. de Beauvais, & fut obligé de se démettre de son Evêc. Il m. dans l'Abbaïe de Prémontré. On a de lui quelques Livres de piété & un long Commentaire sur la Bible, en françois.

BEAUXAMIS, (Thomas) savant Doct. de Sorb, de l'Ordre des Carmes, étoit natif de Melun, & m. en 1589. On a de lui des Commentaires sur l'Harmonie Evangélique, & d'autres ouvrages.

BEBELE, (Henri) Poète & Jurisc. du 16e siecle, étoit natif de Jusling, village de Suabe. Il s'éleva par son esprit & par son mérite, & reçut la couronne poétique, de la main de l'Emp. Maximilien I. Il devint Professeur d'Eloquence dans l'Université de Tubinge, & m. au commenc. du 16e si. On a de lui des Dissertations érudites sur différens sujets, & des Poésies latines, dans lesquelles il fait paroître une imagination vive, brillante & enjouée. Ses œuv. furent imprimées à Strasbourg en 1512, in-4. sous le titre d'Opuscula Bebeliana.

BECAN, (Martin) savant Jés. Prof. de Théol. natif d'Hilvarenbec, village du Brabant. Il fut Confesseur de Ferdinand II, & mour. en 1624, à 63 ans. On a de lui une somme de Théol., des Traités de controverses, & plus. autres ouvr.

BECCAFUMI, (Dominique) Peintre cél. au 16e siecle, étoit de Sienne. Il quitta son nom de Mecherino ou Micarin, & mour. en 1549, à 65 ans. On admire principalement son S. Sébastien.

BECCARI, (Agostino) Poète italien du 16e si. est le prem. Poète de sa nation qui ait fait des Pastorales. Baillet s'est trompé, en disant que le Tasse en est l'inventeur, car l'Amynte du Tasse n'est que de 1573, au lieu que la Pastorale de Beccari, intitulée : *il sacrificio, favola Pastorale*, parut en 1553.

BECHER, (Jean-Joachim) cél. Chymiste, Méd. & Philosophe, naquit à Spire en 1645. Il fut en relation avec les plus savans hommes de l'Europe, & particulierem. avec le sav. Baron de Boineburg. L'Empereur, les Electeurs de Maïence & de Baviere, & le Cardin. de Saltzbourg lui fournirent les moïens nécessaires pour les expériences de Mathématique, de Physique, de Médecine & de Chymie, qu'il avoit intention de faire. Comme il avoit des pensées fort judicieuses & peu communes par rapport à l'œconomie & aux finances, il fut appellé à Vienne, où il contribua beaucoup à l'établissement de plus. Manufactures, d'une Chambre de Commerce, & d'une Compagnie des Indes. Mais la jalousie de quelques Ministres causa sa disgrace & sa ruine. Il ne fut pas moins malheureux à Mayence, à Munich, & à Wurtzbourg. Ce qui le détermina d'aller à Harlem, où il inventa une machine par le moïen de laquelle on dévidoit une gr. quantité de soie en peu de tems & avec très peu de monde. De nouveaux malheurs le conduisirent en Angleterre, où il m. à Londres en 1685. On a de lui un gr. nombre d'ouvrages. Les principaux & ceux qui ont fait le plus de bruit, sont 1°. *Physica subterranea*, Francfort 1569 in 8°. 2°. *Experimentum Chymicum novum* Francfort 1671, in 8°. 3°. *Character pro notitia linguarum universali*. Il prétendoit y fournir une Langue universelle par le moïen de laquelle toutes les Nations s'entendroient facilement. 4°. *La folie sage & la folle sagesse*, en Allemand. Il rapporte dans ce dernier ouvr. plus. inventions fort utiles, & il y avance qu'il a beauc. contribué à perfectionner l'Imprimerie. 5°. *Institutiones Chymicæ, seu manuductio ad Philosophiam hermeticam*. Moguntiæ 1662, in-4°. 6°. *Institutiones Chymica*

*prodroma*, Francfort 1664 & Amst. 1665, in-12. 7°. *Supplementum secundum in Physicam subterraneam*, Francfort 1675, in 8°. 8°. *Experimentum novum ac curiosum de minerâ arenariâ perpetuâ*. Francfort 1680, in-8°. 9°. *Epistola Chymicæ*, Amst. 1673. in 8°. On estime surtout sa *Physica subterranea*, qui a été réimprimée à Leipsic en 1703 & en 1739 in-8°. avec un pet. Traité de M. Stahl, intitulé *Specimen Becherianum*.

BECKER, voyez BEKKER.

BECKER, (Daniel) sav. Médec. natif de Konigsberg, fut premier Méd. de l'Electeur de Brandebourg, & mourut à Konigsberg en 1670, à 43 ans. Il a publié *Commentarius de Theriaca*, & d'autres ouvrages.

BECMAN, (Chrétien) savant Théol. Protestant d'Allem. mourut en 1648, à 68 ans. On a de lui plus. ouvr. estimés des Allemans.

BECQUET, voyez S. THOMAS DE CANTORBERY.

BEDA, (Noel) fam. Doct. de Sorbonne, Principal du Collège de Montaigu, & Syndic de la Faculté de Paris, étoit Picard. Il écrivit contre Erasme, contre le Fèvre d'Etaples, & contre Josse Clictous, & se signala en empêchant la conclusion de la Faculté de Théol. qui passoit à la pluralité des voix, en faveur du divorce de Henri VIII, Roi d'Angleterre. On l'obligea, en 1536, à faire amende honorable, pour avoir parlé contre le Roi. Il fut ensuite relegué à l'Abbaïe du Mont-Saint-Michel, où il m. en prison le 8 Février 1537. Il nous reste de lui plus. ouvr. dans lesquels il n'y a ni goût, ni politesse, ni l'Esprit d'une saine critique.

BEDE, (le vénérable) Prêtre Anglois, & l'un des plus sav. hommes de son tems, naquit en 673. Il s'appliqua à l'étude des sciences sacrées & profanes, & y fit beauc. de progrès. Il étoit doux, humble, affable, & gr. observateur de la discipline Ecclésiastique. Il mourut en 735, à 63 ans. Ses ouvr. ont été impr. à Bâle & à Cologne, en 8 vol. *in-fol.* Le princip. eft l'*Hiftoire Eccléfiaftique d'Angleterre.* Ses Commentaires ne font que des paf-fages des Peres, recueillis & liés en-femble. Le ftyle de Bede eft clair & facile ; mais il n'y a ni élégance, ni élévation.

BEDFORD, ( Jean Duc de ) troi-fieme fils de Henri IV, R. d'Anglet. fut un Pr. illuftre & le plus redouta-ble ennemi des Fr. au 15e fi. Il dé-fit la flotte Fr. près de Southamp-ton, prit Crotoi, entra dans Paris avec fes troupes, vainquit le Duc d'Alençon, & fit trembler toute la France. Il m. à Rouen en 1435. On dit que Charles VIII, R. de Fr., voïant fon tombeau à Rouen, quel-ques Gentilshommes de fa fuite lui confeillerent de le détruire ; mais qu'il leur répondit : *Laiffez repofer en paix maintenant qu'il eft mort, celui qui faifoit trembler tous les Fr., quand il vivoit.*

BEGER, ( Laurent ) favant Litté-rateur & Antiquaire, naquit à Hei-delberg en 1653. Après la mort de Charles-Louis & de Charles, Elec-teurs Palatins, dont il avoit été Bi-bliothécaire, il devint Confeiller & garde de la Bibliothéque & des Mé-dailles de Fréderic-Guillaume, Elec-teur de Brandebourg. Il exerça ces emplois jufqu'à fa m. arrivée à Ber-lin en 1705. On a de lui un grand nombre d'ouvrages. Les princ. font 1. *Confidérations fur le mariage, par Daphnæus Arcuanus.* Il avoit fait ce Livre pour autorifer la Poly-gamie, à la follicitation de l'Elec-teur Charles Louis, qui, dégoûté de fon Epoufe, vouloit époufer la Ba-ronne de Degenfeld. Mais enfuite Beger réfuta fon propre ouvr., pour fe juftifier dans l'efprit de l'Electeur Charles, qui avoit fuccédé à fon pe-re. Cette réfutation n'a pas été pu-bliée. 2. *Thefaurus ex Thefauro pa-latino felectus, five Gemmæ, &c. in-fol.* 3. *Spicilegium antiquitatis, five fafciculi variarum antiquitatum, &c. in fol.* 4. *Thefaurus Reg. Elect. Brandeburgicus felectus, five Gem-mæ, numifmata, &c.* 3 vol. *in-fol.*

BEGON, ( Michel ) né à Blois en

1638, d'une famille des plus confi-dérables du païs, féconde en perfon-nes de probité & de mérite, fe dif-tingua d'abord à Blois dans les prin-cipales charges de la robe : le Mar-quis de Seignelai, fon parent, le fit enfuite entrer dans la Marine en 1677. Il fut Intendant des Ifles Fran-çoifes de l'Amérique en 1682, des Galeres en 1685. Il fut Intendant du Havre, du Canada, & réunit l'In-tendance de Rochefort & de la Ro-chelle, jufqu'à fa mort, arrivée à Rochefort le 14 Mars 1710. Jamais Intendant ne fut plus défintéreffé, plus attentif à remplir fes devoirs, plus zelé pour le bien public, plus univerfellement chéri & eftimé du peuple. Michel Begon aimoit avec paffion les Belles-Lettres & les Scien-ces ; honoroit les Savans, s'intéref-foit au progrès des arts & à la gloire de la nation. Il avoit une Bibliothé-que bien choifie, avec un riche ca-binet de médailles, de monumens antiques, d'eftampes & de curiofi-tés. Il communiquoit fes Livres avec plaifir, & avoit fait écrire fur le frontifpice de la plupart, *Michaelis Begon, & amicorum,* c'eft-à-dire, qu'ils étoient à lui & à fes amis. Celui qui avoit le foin de fa Biblio-theque aïant un jour repréfenté qu'en donnant ainfi l'ufage de fa Bibliothéque à tout le monde, il perdoit des Livres : *J'aime beaucoup mieux,* répondit-il, *perdre mes Li-vres, que de paroître me défier d'un honnête homme.* Il fit graver les por-traits des François qui ont excellé au 17e fi. ; & c'eft en partie fur les mémoires qu'il avoit raffemblés tou-chant leurs vies, que M. Perrault a compofé fes *Hommes illuftres.* Mi-chel Begon laiffa huit enfans, trois fils & cinq filles. Ils ont tous mar-ché fur fes traces. Scipion Jerôme, Evêque de Toul, fut en Evêq. ce que Michel Begon, fon pere, étoit en Intendant. Il fit fleurir dans fon Diocèfe la fcience & la piété, pro-tegea les gens de bien, foulagea les pauvres, récompenfa le mérite, ani-ma les études, & fit obferver avec zele la difcipline Eccléfiaftique,

BEHN, ( Aphra ou Aſtrea ) Dame Angloiſe, fille de Johnſon, étant encore jeune, fit le voïage de Suri-nam. De retour à Londres, elle épouſa M. Behn, riche Marchand Hollandois. Charles II, Roi d'An-gleterre, l'emploïa en diverſes né-gociations importantes. Elle ſe ren-dit célébre par ſes Poéſies & ſes au-tres ouvrages, & m. le 16 Avril 1689. Elle fut enterrée dans le Cloî-tre de Weſtminſter parmi les tom-beaux des Rois. Il y a pluſ. Edit. de ſes ouvr. Ils ſont eſtimés. Son *Oreno-ko* qu'elle lut à Charles II, a été traduit en François, par M. de la Place. La meilleure Edit. eſt celle de Paris, chez Jorry 1756, *in* 12. C'eſt un très bel ouvrage.

BEIER, ( Hartman ) fam. Théol. natif de Francfort ſur le Mein, au 16e ſi., fut diſciple & ami de Lu-ther. Il m. en 1577, à 61 ans. Il a laiſſé des Comment. ſur la Bible, & d'autres ouvr.

BEIERLINCK, ( Laurent ) Ar-chidiacre d'Anvers, ſa patrie, fut emploïé dans les prédications & la direction des ames, & m. en 1627, à 49 ans. On a de lui une Edit. cor-rigée & conſidérablement augmen-tée du *Magnum Theatrum vitæ hu-manæ* de Zwinger, & un gr. nombre d'autres ouvr.

BEK, ( David ) Peintre cél. natif de Delft, réuſſiſſoit princip. dans les portraits. Il mourut à la Haye en 1656.

BEKKER, ou BECKER, ( Baltha-ſar ) l'un des plus fam. Théol. Hol-landois, Auteur du Livre intitulé, *le monde enchanté*, dans lequel il ſoutient que les diables n'ont aucun pouvoir ſur les hommes. Cet ouvr. lui ſuſcita des affaires, & on le dé-poſa de ſon emploi de Miniſtre ; mais les Magiſtrats d'Amſterdam lui conſerverent ſa penſion. Il m. en 1698.

BEL, ( Mathias ) Hongrois, Mi-niſtre Luthérien à Presbourg, & Hiſ-toriographe de l'Empereur Charles VI, eſt cél. par pluſ. bons ouvr. ſurtout par ſon excell. Hiſtoire de Hongrie, qui lui valut des Lettres

de nobleſſe de la part de l'Emper., & ( tout Luthérien qu'il étoit ) de celle du Pape, le portrait de ſa Sain-teté, qu'elle lui envoïa en 1736, avec pluſ. gr. médailles d'or. Il étoit membre des Académies de Ber-lin, de Londres, & de Petersbourg. Il m. en 1749, à 66 ans.

BEL, ( le ) Miniſtre de l'Ordre de la Trinité, du Couvent de Fontai-nebleau, aſſiſta à la m. du Marquis Monaldeſchi, gr. Ecuyer de la Rei-ne de Suede, que cette Princeſſe fit poignarder dans la Galerie des Cerfs du Château de Fontainebleau, le 10 Nov. 1657. Le P. le Bel, témoin de cette tragédie, en écrivit une rela-tion imprimée avec pluſieurs autres pieces curieuſes, à Cologne, en 1664.

BELESIS, Roi d'Aſſyrie, qu'on croit être le même que Nabonaſſar & Baladan, fut établi Gouverneur de Babylone par Arbaces, & s'en fit Souverain vers 747 av. J. C.

BELHOMME, ( Dom Humbert ) ſav. Bénédictin, né à Bar-le-Duc le 23 Décembre 1653, ſe diſtingua par ſes prédications, & ſe fit eſtimer à la Cour de Lorraine. Il fut enſuite Abbé de Moyenmoutier. C'eſt lui qui fit rebâtir cette Abbaïe, & qui l'enrichit de la belle Bibliothéque qu'elle poſſéde aujourd'hui. Il m. le 12 Décembre 1727. On a de lui l'Hiſtoire de ſon Abbaïe, & d'au-tres ouvrages.

BELISAIRE, Général des armées de l'Emp. Juſtinien, & l'un des plus gr. Capitaines de ſon ſi., mar-cha en 529 contre Cabades, Roi de Perſe, le contraignit en 532 à conclure un Traité de paix. L'année ſuiv. il commanda l'armée navale, deſtinée pour la conquête d'Afriq. compoſée de 500 Vaiſſeaux ; prit Carthage, & ſoumit en 534 Gili-mer, qui avoit uſurpé la Couronne des Vandales. Gilimer fut pris & mené à CP. Beliſaire traverſa la Ville à pied pour aller recevoir les honneurs du triomphe. Ainſi l'Afri-que fut réunie à l'Empire. Alors Juſ-tinien aïant réſolu de délivrer l'Ita-lie de la tyrannie des Goths, Beliſaire passa en Sicile en 535, prit Catane, Syracuse, Palerme, &c. assiégea Naples, & fut reçu dans Rome en 536. Les Goths aïant fait mourir Theodat leur Roi, Vitiges se mit sur le Trône, & alla assiéger Rome; mais il fut pris deux ans après dans Ravenne, avec toute sa famille. Belisaire le conduisit à CP. & refusa la Couronne que les Goths lui offrirent. Quelque tems après, Totila fut élu Roi des Goths, ravagea l'Italie, prit Rome, la pilla, & en renversa les murailles en 546. Belisaire retourna à Rome, & en rétablit les murs. Ensuite il fut rappellé en Orient contre les Perses. Il repoussa les Huns en 558, qui avoient fait une irruption dans l'Empire. Enfin, on dit qu'en 561 ce grand homme aïant été accusé de conspirer contre Justinien, ce Prince lui fit crever les yeux; mais d'autres disent qu'il fut rétabli dans ses dignités, & qu'il m. en paix à CP. en 565.

**BELLARMIN,** (Robert) sav. Jés. & l'un des plus excell. Controversistes de son si., naquit à Montepulciano en 1542. Après avoir prêché & enseigné dans les Païs-Bas, il retourna à Rome en 1576, où il fut emploïé par Grégoire XIII, pour enseigner la controverse contre les Protestans, dans le nouveau Collége que ce Pape avoit fondé. Il s'en acquitta avec tant de succès, que Sixte V, envoïant un Légat en France en 1590, lui donna Bellarmin pour être Théologien de la légation. De retour à Rome, Bellarmin eut diverses charges dans son Ordre & à la Cour du Pape. Enfin, Clément VIII le fit Card. en 1599, & Archev. de Capoue en 1601. Il m. à Rome le 17 Septembre 1621, à 79 ans. Ses princip. ouvr. sont, 1. un corps de Controverse. 2. Un Comment. sur les Pseaumes. 3. Un Tr. des Ecrivains Ecclés. 4. Des Sermons & plus. Livres de piété, dont le plus estimé est le Tr. des devoirs des Evêques. 5. Une Grammaire hébraïque, &c. Jacques Fuligati a écrit sa vie.

Il est constant qu'aucun Jésuite n'a été plus honoré dans son Ordre, que le Cardin. Bellarmin, & qu'aucun auteur n'a mieux défendu que lui la cause de l'Eglise, & celle du Pape. Les Protestans l'ont si bien reconnu, qu'il n'y a eu, parmi eux, aucun Théologien de quelque réputation, qui n'ait choisi les Livres de Bellarmin pour le sujet de ses controverses. Son style est serré, net, & précis. Il ne dissimule point les difficultés des hérétiques, & y répond exactement. Quoiqu'on ne trouve dans ses ouvr. ni la pureté de la langue latine, ni les ornemens du discours, ils n'ont cependant ni la sécheresse, ni l'obscurité, ni la barbarie de plusieurs Théologiens scholastiques; mais il ne distingue point toujours assez les opinions des Théologiens, de la doctrine de l'Eglise; se sert quelquefois de textes apocryphes, & se montre partout extrêmement prévenu en faveur du pouvoir des Papes. Aïant pris un sentiment mitoïen touchant ce prétendu pouvoir sur le temporel des Rois, il ne plut ni à Rome ni en France.

**BELLAY,** (Guillaume du) Seigneur de Langey, cél. Capitaine, se signala par son courage & par sa conduite sous le regne de Franç. I, qui l'envoïa en Piémont en qualité de Viceroi. Personne ne sut jamais mieux que lui ce qui se passoit dans les Cours des Princes. Il étoit informé par ses espions des conseils les plus secrets. Il m. en 1543. On a de lui une Histoire de France, un Traité de l'Art militaire, & d'autres ouvr. estimés.

**BELLAY,** (Jean du) frere du précédent, & sav. Cardin., né en 1492, se distingua par sa science & par ses talens. François I lui confia les emplois & les négociations les plus importantes. Il étoit ami de Budée, auquel il se joignit pour engager François I, à fonder le Collége Roïal. Du Bellay fut nommé Evêque de Paris en 1532. L'année suivante, l'affaire de Henri VIII, Roi d'Angleterre, commençant à faire craindre un schisme, du Bellay lui fut envoïé, & le porta à un accommodement. Il alla aussi-tôt à Rome en rendre compte au Pape, en obtint un délai, & envoïa un courier à Henri VIII, pour avoir la procuration que ce Pr. avoit promise ; mais le courier n'aïant pu être de retour au jour fixé, Clém. VII, à la sollicitation des Agens de Charles-Quint, fulmina l'excommunication contre Henri VIII, & l'interdit sur son Etat, malgré les protestations de du Bellay, qui assuroit que le courier arriveroit incessamment. Il arriva en effet deux jours après avec les procurations. On se repentit de ne l'avoir pas attendu ; mais il n'étoit plus tems de remédier au schisme après l'éclat qu'on venoit de faire. Du Bellay fut fait Cardin. en 1535, Evêq. de Limoges en 1541, Archevêque de Bourdeaux en 1544, puis Evêque du Mans en 1546 ; mais après la m. de François I, en 1547, le Cardin. du Bellay aïant été privé de son rang & de son crédit, se retira à Rome, où il se fit estimer, & où il m. le 16 Févr. 1560, à 68 ans. Il a laissé des Poésies & d'autres ouvr. en latin, dont MM. de Thou & de Sainte Marthe font l'éloge. Rabelais avoit été son domestique.

BELLAY, (Martin du) frere des précédens, Gouverneur de Normandie & Prince d'Yvetot, eut de gr. emplois sous François I, & fut estimé de ce Prince. Il se distingua dans les armées & dans ses ambassades, & m. en 1559. On a de lui des Mém. historiques depuis 1513, jusqu'au tems de Henri II.

BELLAY, (Joachim du) Poète François de la même famille, fut Chanoine & Archidiacre de Paris, & mourut en 1560, à 35 ans, après avoir été nommé à l'Archevêché de Bourdeaux. Ses Poésies ont été imprimées en 1561, & 1584. Il y fait paroître beaucoup d'esprit & de probité.

BELLE, (Etienne de la) célebre Graveur, natif de Florence, se forma sur les desseins de Callot, &

m. en 1664, après avoir été comblé d'honneurs par le Gr. Duc.

BELLEAU, (Remi) célebre Poëte François, natif de Nogent-le-Rotrou, s'attacha à René de Lorraine, Marquis d'Elbœuf, & Général des Galeres de France. Ce Prince le chargea de la conduite de Charles de Lorraine son fils, qui fut premier Duc d'Elbœuf & gr. Ecuïer de Fr. Il m. à Paris en 1577. Il a réussi dans les Pastorales, ce qui le faisoit appeller par Ronsard, le Peintre de la nature. Cependant son Poëme de la nature & de la diversité des pierres précieuses, passe pour son meill. ouvrage : ce qui a fait dire de lui, qu'il s'étoit bâti un tombeau de pierres précieuses. Il a fait aussi une Traduction d'Anacréon en vers françois, & d'autres ouvrages.

BELLEFOREST, (François de) Gentilhomme du Comté de Cominges, & l'un des plus laborieux Ecrivains du 16e si., naquit près de Samaran, en 1530, & mourut à Paris le prem. Janv. 1583, à 53 ans. On a de lui une Cosmographie ; les Annales de Fr. ; l'Histoire des neuf Rois de France qui ont eu le nom de Charles, & d'autres ouvrages en grand nombre, qui ne sont point estimés ; car n'aïant d'autre bien que sa plume, il travailloit à la hâte, & songeoit plutôt à avoir de quoi vivre, qu'à mériter l'estime des savans & du public.

BELLEGARDE, (Roger de Saint Lary, Seigneur de) après s'être signalé en plusieurs campagnes, fut fait Maréchal de Fr. par Henri III en 1574, & reçut de ce Prince tant de bienfaits, qu'on l'appelloit à la Cour le torrent de la faveur ; mais son crédit ne dura pas long-tems, ce qui l'obligea de se retirer en Piémont, où il se rendit maître du Marquisat de Saluces, & en chassa le Gouverneur. Cette affaire fit gr. bruit à la Cour : cependant la Reine Catherine de Medicis, étant allée à Lyon en 1579, feignit de gouter les raisons du Maréchal, & lui confirma le Gouvernement de Saluces qu'elle ne pouvoit lui ôter. Bellegarde époufa Marguerite de Saluces, veuve du Maréchal de Termes fon gr. oncle. Il l'avoit aimée paffionnément durant la vie de fon mari ; mais après fon mariage il ne la traita pas bien, ce qui fit dire à la Cour qu'il accompliffoit le proverbe : *Amours & mariages qui fe font par amourettes, finiffent par noifettes.* Il m. en 1579. Il ne faut pas le confondre avec Roger de Bellegarde, Duc & Pair, & gr. Ecuïer de France, qui fut comblé de biens & d'honneurs par les Rois Henri III, Henri IV, & Louis XIII.

BELLEGARDE, ( Jean-Baptifte Morvan de ) connu par la multitude de fes Traductions & autres ouvr., naquit à Pithyriac, Dioc. de Nantes, en 1648. On dit qu'il fortit des Jéfuites à caufe de fon attachement au Cartéfianifme. Il mourut à Paris dans la Communauté de S. François de Sales, le 26 Avril 1734. Les principaux ouvr. de cet Abbé font les Traductions de S. Chryfoftôme, de S. Bafile, de S. Gregoire de Nazianze, &c.

BELLENGER, ( François ) habile Docteur de Sorbonne, mort à Paris le 12 Avril 1749, à 61 ans, s'appliqua principalement à l'étude de la Langue grecque. On a de lui une Traduction françoife des Œuvres de Denys d'Halicarnaffe, faite fur le Grec ; une critique des ouvrages de M. Rollin, & un Commentaire fur les Pfeaumes en latin, *in-4°*. Il avoit auffi traduit en françois Herodote ; mais il eft m. avant que de publier cette Traduction.

BELLERE, ( Jean ) célebre Imprimeur d'Anvers au 16e fiecle.

BELLEROPHON, fils de Glaucus, Roi d'Epire, après avoir tué fon frere par mégarde, fe retira chez Prœtus, Roi d'Argos. Stenobée, femme de ce Prince, devint amoureufe de Bellerophon ; lequel n'aïant point répondu à fa paffion, cette Princeffe irritée l'accufa auprès de fon mari, comme s'il eût attenté à fon honneur. Prœtus ne voulant point violer le droit des gens, l'envoïa à Iobates, Roi de

Lycie & pere de Stenobée, avec des Lettres qui lui mandoient de le faire mourir. Iobates expofa Bellerophon aux plus grands dangers ; mais il les furmonta par fa prudence & par fon courage. Il défit les Solymes, les Amazones & les Lyciens : enfuite étant monté fur le cheval Pegafe, il mit à mort la chimere, c. à d. un Pyrate qui avoit fa retraite dans les montagnes de ce nom. Iobates, reconnoiffant alors la protection des Dieux fur Bellerophon, lui donna Philonoë fa fille en mariage, & le déclara fucceffeur de fon Roïaume.

BELLIEVRE, ( Pompone de ) célebre Chancelier de France, étoit fils de Claude de Bellievre, premier Préfident au Parlement de Grenoble, d'une famille originaire de Lyon, féconde en Hommes illuftres. Il naquit à Lyon en 1529, & fit fes études à Touloufe & à Padoue. Il fe rendit habile dans les Belles Lettres & dans la Jurifprudence, & devint Confeiller au Sénat de Chambery, puis Surintendant des Finances, & Préfident au Parlement de Paris en 1579. Il rendit de gr. fervices à l'Etat dans fes Ambaffades & dans les divers Emplois dont il fut chargé fous les Rois Charles IX, Henri III, & Henri IV, chez les Grifons, en Allemagne, en Pologne, en Italie, & fur-tout à la paix de Vervins. Henri IV le fit Chancelier de Fr. en 1599, & eut en lui une confiance particuliere. Le Chancelier Bellievre affifta à la Conférence de Fontainebleau, entre du Perron & du Pleffis Mornai ; & fit par ordre du Roi, la relation de ce qui s'étoit paffé en cette difpute. Il quitta les Sceaux en 1605, & demeura Chef du Confeil. Il m. le 7 Septembre 1607, à 78 ans. Il aimoit & protégoit les Sciences. Il eut de Marie Prunier, fille de Jean Prunier, Seigneur de Grignon, 14 enfans, 3 fils & 11 filles. Nicolas de Bellievre, l'aîné, fut Confeiller, puis Proc. Génér., enfuite Préfident à-Mortier au Parlement de Paris, & mourut à Paris le 8 Juillet 1650, ſtant Doïen des Conſeillers d'Etat ; Albert de Bellievre, ſecond fils du Chancelier, étoit habile dans les Belles-Lettres, & ſur-tout dans le Grec. Il fut Archevêque de Lyon, & aïant enſuite cédé cet Archevêché à ſon frere, il ſe retira dans ſon Abbaïe de Jouy, où il mourut en 1621 ; enfin, Claude de Bellievre dernier fils du Chancelier, fut Archevêque de Lyon, ſur la démiſſion de ſon frere : c'étoit un habile Prélat, qui aimoit les Gens de Lettres & qui ſavoit les Langues, ſur tout l'Hébreu. Il préſida à l'Aſſemblée du Clergé de France, & mourut le 19 Avril 1612. Pompone de Bellievre, fils de Nicolas, & petit-fils du Chancelier, devint Conſeiller au Parlement, puis Maître des Requêtes & Conſeiller d'Etat. Il fit paroître beaucoup de prudence & de capacité dans ſes Ambaſſades d'Italie & d'Angleterre, & fut élevé par Louis XIV à la dignité de premier Préſident au Parlement de Paris. Il m. regretté de tout le monde, le 13 Mars 1657, ſans laiſſer de poſtérité. C'eſt lui qui entreprit l'établiſſement de l'Hôpital Génér. de Paris.

BELLIN, (Jacques) fam. Peintre de Veniſe, au 15e ſi., eut deux fils, Gentil & Jean, habiles Peintres, qui travaillerent à ces excellens tableaux, qui ſont dans la ſalle du Conſeil à Veniſe. Mahomet II, Empereur des Turcs, aïant vu quelques tableaux de Gentil, en fut ſi charmé, qu'il écrivit à la République de Veniſe pour la prier de lui envoïer ce Peintre. Bellin alla à Conſtantinople, & fit pluſieurs beaux tableaux pour le Grand-Seigneur, entr'autres une Décollation de S. Jean Baptiſte. Mahomet admira la diſpoſition & le coloris de ce dernier ouvrage, mais il trouva que le cou étoit trop long & trop large ; & pour prouver la réalité de ce défaut, il appella un Eſclave, & lui fit couper la tête en préſence de Bellin, auquel il fit remarquer que le cou ſéparé de la tête, ſe rétréciſſoit extrêmement. Bellin fut ſaiſi d'une fraïeur mortelle à la vue d'un tel objet, & n'eut

pas un moment de repos qu'il n'eût obtenu ſon congé. Le Gr. Seigneur lui fit de riches préſens, lui mit lui-même une chaîne d'or de gr. prix au cou, & le renvoïa à Veniſe avec des Lettres de recommandation pour la Républiq. qui lui fit une penſion. Il mourut à Veniſe en 1501, à 80 ans. Jean Bellin, ſon frere, qui peignoit avec plus d'art & de douceur que lui, m. en 1512, à 90 ans. Il fut l'un des prem qui peignit en huile.

BELLINI, (Laurent) cél. Méd. natif de Florence, où il mourut le 8 Janvier 1703, à 60 ans, eſt auteur d'un gr. nombre d'ouvrages impr. à Veniſe en 1708, en 2 vol. in-4°.

BELLOCQ, (Pierre) Poëte François, mort à Paris le 4 Oct. 1704, à 59 ans, étoit ami de Moliere & de Racine. On eſtime ſurtout ſa ſatyre des petits Maîtres, celle des Nouvelliſtes, & ſon Poëme ſur l'Hôtel des Invalides.

BELLOY, (Pierre) ſav. Juriſconſulte, natif de Montauban, gr. ennemi des Ligueurs, publia en 1585, un Livre intitulé, Apologie Catholique contre les Libelles, Déclarations . . . . publiées par les Ligués. M. de Thou aſſure que le Breton, auteur de cet ouvr. fut pendu en 1586 ; mais du Pleſſis Mornai reconnoît Belloy pour le vrai auteur de l'Apologie Catholique. Henri III le fit mettre en priſon en 1587 ; mais Henri IV, pour récompenſer ſa fidélité, le fit Avocat Général au Parlement de Toulouſe. On a de lui pluſ. ouvr.

BELON, (Pierre) ſav. Méd. né au Hameau de la Soulletiere dans le Maine, vers 1518, s'acquit l'amitié du Cardin. de Tournon, & l'eſtime de Henri II & de Charles IX. Il fut tué près de Paris par un de ſes ennemis, en 1564. On a de lui un volume des obſervations qu'il avoit faites dans ſes voïages en Judée, en Egypte, en Arabie, dans la Grece, &c. & d'autres ouvrages ſur l'Hiſtoire naturelle. Ils ſont tous ſavans, exacts & curieux.

BELUS, qu'on croit être le même que le Nembroth de l'Ecriture, fut, dit-on, le prem. Roi d'Affyrie, & commença à regner à Babylone, 1321 avant J. C. C'est le premier, felon S. Cyrille, qui prit le nom de Dieu, & qui introduifit l'idolatrie. *Voiez* BAAL.

BEMBO, (Pierre) noble Vénitien, Cardinal, & l'un des plus polis écrivains du 16e fi., naquit à Venife en 1470, d'une famille féconde en gr. hom. Léon X le choifit pour fon Sécret., & Paul III le créa Card. en 1538. Ce Pape lui donna enfuite l'Evêché d'Eugubio, puis celui de Bergame. Bembo remplit avec diftinction les devoirs Epifcopaux, & mourut en 1547, à 76 ans. Il a laiffé plufieurs ouvrages en vers & en profe, en ital. & en latin. L'Hiftoire de Venife eft le principal de fes ouvrages latins. Elle eft écrite avec élégance. Le Poëme fur la mort de Charles, fon frere, renferme de grandes beautés, & paffe pour la meilleure de fes pieces italiennes. Jean de la Cafa a écrit la vie de ce Cardinal.

BEN ou BENJAMIN JONSON, *v.* JOHNSON.

BENADAD, nom de deux Rois de Syrie, dont le prem. commença à regner 940 av. J. C. Il fe rendit redoutable aux Pr. voifins, & tua Achab dans une batail. Benadad II fuccéda à Hazaël fon pere, 836 av. J. C. & fut vaincu en trois batailles par Joas.

BENAVIDIUS ou BENAVITUS, (Marcus Mantua) cél. Jurifc. enfeigna la Jurifpr. avec réput. pendant 60 ans à Padoue fa patrie, & mourut le 28 Mars 1582, à 93 ans. Ses princip. ouvr. font, 1. *Collecta-nea fuper Jus Cæfareum.* 2. *Confiliorum tom. II.* 3. *Problematum legalium libri IV.* 4. *Obfervationum legalium libri X.* 5. *De illuftribus Jurifconfultis,* &c.

BENCE, (Jean) pieux & fav. Docteur de la maifon & foc. de Sorbonne, natif de Rouen, fe joignit au Cardinal de Berulle, & fut un des prem. Inftituteurs de la Congrégation de l'Oratoire de France. Il mourut à Lyon en odeur de fainte-

té, le 24 Avril 1642, à 74 ans. On a de lui quelques ouvrages.

BENEDETTE, (le) ou BENOÎT CASTIGLIONE, Peintre & Graveur cél. du 17e fi. naquit à Genes en 1616, fut difciple de Pagi, de Ferrari & de Vandyck, & n'oublia rien pour s'acquerir, dans fon art, une réputation immortelle. Le Duc de Mantoue l'attira à fa Cour, où il lui entretenoit un carroffe, & lui faifoit une penfion confidérable. Le Benedette excelle fur tout dans les Paftorales, les marchés, les animaux & le clair obfcur. Ses tableaux & fes deffeins en ce genre font d'un très gr. prix. On en voit la plupart à Genes. Le Roi, & M. le Duc d'Orléans en poffedent auffi pluf. Il m. à Mantoue en 1670. Ses deux fils, François & Salvator Caftiglione furent fes difciples.

BENEZET, (S.) Architecte, qui bâtit, à ce que l'on croit, le fam. pont d'Avignon.

BEN-GORION, *voy.* JOSEPH BEN-GORION.

BENI, (Paul) natif de Candie, cél. Profeff. de Belles-Lettres à Padoue, & l'un des plus fav. hommes du 17e fi., avoit été Jéfuite. Il fe fit des affaires par fa critique du Dictionnaire de l'Académie de la Crufca, & prit hautement la défenfe du Taffe, qu'il préféroit à Virgile & à Homere. Ce qui ne fait point d'honneur à fon goût. Il m. le 12 Février 1625. Ses principaux ouvr. font des Comment. fur la Poétique & fur la Rhétorique d'Ariftote, fur les fix premiers Livres de l'Enéide, & fur Sallufte; un Tr. fur l'Hiftoire, une Differtation fur les Annales de Baronius, une Poétique & une Rhétorique tirées des écrits de Platon, &c.

BENJAMIN, c. à d. *Fils de la droite,* 12e & dernier fils de Jacob, & frere puîné de Jofeph, naquit auprès de Bethléem, vers 1738 av. J. C. Rachel, en le mettant au monde, le nomma *Benoni,* c. à d. *fils de ma douleur.* Il fut mené en Egypte, & devint chef de la Tribu de fon nom, laquelle poffeda les

Tetres qui étoient entre celles de Juda & de Joseph ; mais elle fut presque exterminée, à cause de la violence faite à la femme d'un Lévite dans la ville de Gabaa.

BENJAMIN de Tudele, célebre Rabbin du 12e si., mort en 1173, ainsi nommé du lieu de sa naissance dans la Navarre, visita presque toutes les Synagogues du monde, pour connoître à fond les mœurs & les coutumes des Juifs. Il en donna une Relation abregée, laquelle a été imprimée à CP. Renaudot regarde cette édit. comme la moins fautive, & prétend que les Relations de ce Rabbin sont véritables. Il assure que les reproches qu'on lui fait ne tombent que sur les versions peu correctes d'Arias Montanus, & de Constantin l'Empereur. Jean-Philippe Baratier publia en 1734, une Traduction françoise des voïages de ce Rabbin, en 2 vol. in 8°.

BENIGNE, ( S. ) Apôtre de Bourgogne, fut, dit-on, disciple de S. Polycarpe, vint en France sous le regne de Marc-Aurele, & souffrit le martyre à Dijon.

BENNET, ( Henri ) Comte d'Arlington, d'une ancienne famille de Midlesex, se distingua par son mérite & par sa science. Il se signala par sa valeur sous Charles I, & rendit de gr. services à l'Etat par son habileté dans les affaires. Il fut fait prem. Sécretaire d'Etat, Chev. & Pair du Roïaume sous Charles II, & devint grand Chambellan de la maison du Roi. Il m. dans sa maison du Parc de S. James le 28 Juill. 1685, à 67 ans. Jacques II l'avoit continué dans la charge de grand Chambellan. Ses Lettres à Guill. Temple ont été traduites d'anglois en françois.

BENNET, ( Thomas ) fameux Théologien anglois, naquit à Salisbury le 7 Mai 1673. Il acheva ses études dans l'Université de Cambridge, & se distingua ensuite par ses Ecrits, surtout en matieres de controverse. Le prem. ouvr. qui le fit connoître, fut sa Réponse aux raisons des Non-conformistes pour au-

toriser leur séparation, ou abregé clair & simple des ouvrages publiés sur cette matiere, à Cambridge, in-8°. vers la fin de 1699. Ce Livre fut si bien reçu que dès 1701 on en donna une 3e Edit. Bennet devint Recteur de Colchester peu de tems après la publication de son Livre. Il remplit ce bénéfice avec beaucoup d'applaudissemens, & ses Sermons lui firent beauc. d'honneur. Vers 1715, il fut fait Sous-chapelain de l'Hôpital de Chelsea à Londres, sous le Direct. Cannon, & en 1716 Curé de S. Gilles-Cripple Gate. Il m. à Londres le 9 Oct. 1728, à 55 ans. Les Anglois le regardent comme un gr. Théologien, comme un bon Logicien, & comme un Interprete exact de l'Ecriture-Sainte. Outre l'ouvr. dont nous avons parlé, ils estiment entre le nombre prodigieux d'Ecrits de ce Théologien, 1°. Sa réfutation du Papisme, Cambridge 1700 in-8. 2°. Son Traité du Schisme, 1702 in 8., & les Ecrits faits pour la défense de ce Traité. 3°. Sa réfutation du Quakerisme, 1705 in 8. L'histoire abregée de l'usage public des formulaires de prieres, 1708 in-8., & son discours sur les prieres publiques où communes, impr. la même année. 4°. Les droits du Clergé de l'Eglise Chrétienne, Londres 1711, in-8. 5°. Essais sur les 39 articles en arrêtés 1562, & revus en 1571, Londres 1715. Bennet étoit l'un des plus gr. Adversaires des Non-conformistes. Il doutoit de la validité du Baptême administré par les Laïcs ; & entr'autres projets utiles, il auroit voulu qu'un certain nombre des Ecclésiastiques, les plus distingués de Londres, assistassent tour à tour les Criminels condamnés à mort. Voyez Chauffepié, Dict. tom. I. p. 210 & suiv.

BENOIST, ( S. ) l'un des premiers Instituteurs de la Vie Monastique, en Occident, naquit dans le territoire de Nursie en 480. Après avoir fait une partie de ses études à Rome, il se retira dans le Desert de Sublaco, où il bâtit en peu de tems douze Monasteres. Il alla en 529 au

Mont-Caſſin; il y détruiſit un Temple d'Apollon, & y jetta les fondemens d'un célebre Monaſt. C'eſt-là qu'il compoſa ſa Regle, qui, au jugement de Saint Grégoire, eſt la mieux écrite & la plus parfaite de toutes les Regles Monaſtiques. L'Ordre de S. Benoît ſe répandit en peu de tems dans toute l'Europe, & donna à l'Egliſe un gr. nombre de ſaints & de ſav. hommes. S. Benoît m. au Mont-Caſſin, vers 543. Sa vie a été écrite par S. Grégoire.

BENOIST, (S.) Abbé d'Aniane au Languedoc, fut établi par Louis le Débonnaire, Chef & Général de tous les Monaſt. de Fr. Il aſſiſta au Conc. d'Aix-la-Chapelle en 817, & m. le 11 Fév. 821. On a de lui *le Code des Regles.* Sa vie, écrite par Ardon Smaragdus, a été impr. en 1648, avec les ſavantes notes du Pere Mainard.

BENOIST, (Guill.) ſav. Prof. en Droit à Cahors, fut Conſeil. au Parl. de Bourdeaux, puis en celui de Toulouſe. Il m. vers 1520. Il a laiſſé un Traité ſur les Teſtamens.

BENOIST, (René) fam. Doct. de Sorb., natif d'Anjou, & Curé de S. Euſtache à Paris, fut Conſeſ. de Marie, Reine d'Ecoſſe, & enſuite Profeſ. de Théol. au College de Navarre. Il publia une *Apologie Catholique*; dans laquelle il prétendit que la profeſſion de la Rel. Proteſt. n'étoit pas une raiſon légitime d'exclure de la Cour. de Fr. le Prince qui en étoit l'héritier. Cet ouvr. fut attaqué, & Benoît fit une réplique. René Benoît contribua beauc. à la converſion d'Henri IV, & en fut le Conſeſ. Ce Pr. le nomma à l'Evêché de Troyes; mais la Cour de Rome aïant refuſé d'accorder les Bulles, Benoît jouit ſeulem. du temporel de cet Evêc. Il m. Doïen de la Faculté de Théol. de Paris en 1608. On a de lui une verſion franç. de la Bible, peu différente de celle de Geneve. Cette verſion fut cenſurée en Sorb. & condamnée par Grégoire XIII en 1575. René Benoît, après avoir long-tems tergiverſé, ſouſcrivit enfin à ſa condamnation en 1598, &

rentra dans la Faculté de Théologie.

BENOIST, (Elie) cél. Théol. franç. de la Rel. P. Réfor. naquit à Paris le 20 Janv. 1640, d'un pere qui étoit concierge de l'Hôtel de la Trimouille, dans le fauxb. S. Germain. Il fit ſes prem. études au College d'Harcourt, ſa rhétorique & ſa Philoſ. au Coll. de la Marche. Il s'y diſtingua entre ſes condiſciples, & apprit le grec. Ses parens l'envoïerent enſuite continuer ſes études à Montauban, ſous la conduite d'un Précepteur; mais ſon pere & ſa mere étant morts peu de tems après, Elie Benoît ſe fit Précepteur; il ſe fit enſuite recevoir Miniſtre, & après avoir exercé le miniſtere en Beauſſe pendant environ neuf mois, delà il fut apellé à Alençon, où il fut Miniſtre pendant 20 ans, & où il eſſuïa bien des traverſes. Après la révocation de l'Edit de Nantes en 1685, il ſe réfugia en Holl., & devint l'un des Paſteurs de l'Egliſe de Delft, juſqu'à ſa mort arrivée le 15 Nov. 1728. Il avoit près de 89 ans, quoiqu'il eut été toute ſa vie d'un tempér. délicat, & d'une foible ſanté. On a de lui pluſ. ouvr. qui ſont eſtimés, & dont les princ. ſont: 1. Deux Lettres ſur les circonſtances du tems, dont la prem. parut en 1686, ſous ce titre: *Lettre d'un Paſteur banni de ſon pays, à une Egliſe qui n'a pas fait ſon devoir dans la derniere perſécution.* La ſeconde parut ſur la fin de la même année, ſous ce titre: *Lettre à un Gentilhomme priſonnier pour la Religion.* 2. Ces deux Lettres furent ſuivies d'un autres ouvr. intitulé: *Hiſtoire & Apologie de la retraite des Paſteurs, à cauſe de la perſéc. de France.* Cet ouvr. fut attaqué peu de tems après par M. d'Artis, Miniſtre à Berlin, dans un Livre intitulé: *Sentimens déſintéreſſés ſur la retraite des Paſteurs de France, ou Examen d'un Livre qui a pour titre,* Hiſtoire & Apologie, &c. Deventer, 1688. in-12. 3. M. Benoît répondit à ce Livre dans ſon ouvr. intitulé, *Défenſe de l'Apologie pour les Paſteurs de France, contre le Livre intitulé:* Sentimens

sentimens désinteressés, &c. Francfort, 1688. *in-12. 4. Hist. de l'Edit de Nantes*, en 5 vol. *in 4 5. Mélange des remarques crit. histor. philos. & Théol. sur deux Dissertations de M. Toland*, &c. M. Benoît pensoit que le fruit que Ruben apporta à sa mere, n'étoit point des *Mandragores*, mais des *Fraises*. Il ne fut point heureux dans son domestique, & il fait un portrait très défavantageux de sa femme.

BENOIST I, Romain, appellé aussi *Bonose*, succéda au Pape Jean III, en 573, fit paroître beauc. de zele & de charité, & m. le 30 Juil. 577. Pelage II, lui succéda.

BENOIST II, Romain, succéda au Pape Leon II le 20 Août 684, & mourut le 7 Mai 685. C'étoit un pieux & sav. Pape, fort appliqué à l'étude de l'Ecriture Sainte. Jean V lui succéda.

BENOIST III, Romain; fut élu Pape le 17 Juillet 855, & malgré sa résistance, il fut sacré le 29 Septem. suiv. Il étoit doux, humble, pieux, & souffrit avec une patience admirable les indignités de l'Antipape Anastase. Il mour. le 5 Février 858. Nicolas I lui succéda.

BENOIST IV, Romain, fut élu Pape après Jean IX, eut un soin particulier des pauvres; & gouverna avec sagesse. Il mourut quelques mois après en 905. Leon V lui succéda.

BENOIST V, aïant été élu Pape après Jean XII, durant le schisme de l'Antipape Leon VIII, l'Emp. Othon prit Rome, & emmena Benoît à Hambourg, où il mour. le 10 Juin 965. Jean XIII lui succéda.

BENOIST VI, Romain, fut élu Pape le 20 Décembre 972. Le Cardinal Boniface le fit étrangler en prison en 974, & se mit ensuite sur le S. Siege.

BENOIST VII, Evêq. de Sutri, succéda au Pape Benoît VI, en 975. Il gouverna sagement l'Eglise, & mourut le 10 Juillet 984. Jean XIV lui succéda.

BENOIST VIII, Evêq. de Porto, fut élu Pape le 7 Juin 1012. Il im-

*Tome I.*

---

plora le secours de l'Emper. Henri II, contre l'Antipape Grégoire, défit les Sarrasins en Italie, & fit la guerre aux Grecs dans la Pouille. Il mourut le 18 Févri r 1024, après avoir tenu un Concile à Pavie. Jean XX, son frere, lui succéda.

BENOIST IX, fils d'Alberic, Comte de Frescati, succéda au Pape Jean XX son oncle, en 1033. Sa jeunesse & son ignorance l'entraînerent à des vices scandaleux, qui le firent chasser en 1043, & susciterent des schismes; mais il fut rétabli par la faveur des C. de Frescati, & mourut en 1054. Quelques Ecrivains ne le mettent point au nombre des Papes.

BENOIST X, Evêq. de Veletri, fut élu Pape, & s'opposa à Nicolas II, en 1059; mais il se soumit, & m. quelques mois après. Pierre Damien & d'autres Auteurs ne le comptent point au nombre des Papes.

BENOIST XI, étoit fils d'un Berger, ou selon d'autres, d'un Greffier de Treviso, & s'appelloit *Nicolas Bocasin*. Il fut élu Général des Dominicains en 1296. Boniface VIII le fit Card. 2 ans après, & se chargea d'affaires importantes. Enfin on l'élut Pape le 22 Oct. 1303. Aussitôt après son élection, il annulla les Bulles de Boniface VIII, contre Philippe le Bel, & révoqua la condamnation des Colones. La mere de ce Pontife étant venue dans son Palais en habits magnifiques, Benoît refusa de la voir & de la reconnoître; mais aussitôt qu'elle eut changé d'habits, & qu'elle eut repris ses vieux haillons, le Pape la reconnut pour sa mere, & la reçut avec joie en présence de toute la Cour Romaine. Benoît XI gouverna l'Eglise avec sagesse, & m. de poison à Perouse, le 6 Juil. 1304 Il a laissé des commentaires sur une partie de l'Ecriture, & d'autres ouvrages. Il a été béatifié.

BENOIST XII, pieux & savant Pape, nat. de Saverdun, où son pere étoit Meunier, se fit Relig. dans l'Ordre de Citeaux. On l'appelloit Frere Jacques *Fournier* ou *Dufour*,

Il devint Doét. de Sorb., Abbé de
Fond-Froide, Evêq. de Pamiers,
puis Evêque de Mirepoix, enfuite
Card. en 1327. On l'appelloit alors
*le Cardinal Blanc*, par allufion à
fon hab. de Rel. Enfin il fut élu Pape
à Avignon le 20 Déc. 1334. Il confirma les cenfures portées contre
Louis de Baviere, & condamna les
Fratricelles. Ce Pontife fe fit admirer dans la collation des bénéfices,
préférant toujours les perfonnes favantes & vertueufes. Il avoit coutume de dire, que les Papes devoient
être des Melchifedechs, répétant
fouvent ces paroles du Pfalmifte :
*Si les miens ne me dominent point,
je ferai fans tache, & je ferai puri-
fié d'un très grand crime.* Il réforma les Ordres Relig., donna une
conftitution fur l'état des ames après
la mort, le 22 Fév. 1336, m. à Avignon en odeur de fainteté le 25 Av.
1342. On a de lui quelques ouvrages.

BENOIST XIII, Pape illuftre par
fa naiffance & par fa piété, naquit
le 2 Fév. 1649 de Ferdinand des Ur-
fins. Il prit l'habit de Dominicain à
Venife, le 12 Août 1667, & après
avoir achevé fes études, il fut nommé Card. en 1672, Archevêque de
Manfredonia en 1675, de Cefene,
en 1680, puis de Benevent en 1685 ;
enfin Pape le 29 Mars 1724. Ce Pontife étoit doux, humble, charitable, & animé d'une vraie piété. Il
s'acquitta en faint Evêque de tous
les devoirs de l'Epifc., tint fouvent
dans les divers Dioc. qu'il gouverna, des Synodes & des Conc. Son
affiduité à la priere, fes jeûnes, fes
abftinences, fes mortific., fon zele
pour la faine doctrine, & pour la pureté de la morale, fon application
à faire obferver la difcipline Ecclef.
ont édifié toute l'Eglife. Il tint un
Concile à Rome en 1725, où il confirma la Bulle *Unigenitus*. Il approuva enfuite la doctrine des Thomiftes
fur la Grace & la prédeft., & m. le
21 Fév. 1730, à 81 ans. Il a laiffé
pluf. ouvr. qui refpirent une piété
folide, & le zele de la gloire de
Dieu dont il étoit embrafé.

BENOIST XIV ( Profper Lamber-
tini ) l'un des plus fav. Papes qui ait
occupé le Siege de Rome, fuccéda
à Clement XII le 17 Août 1740, &
m. en 1758. On de lui un grand
nombre d'ouvrages. Clement XIII,
lui a fuccédé.

BENOIST, fam. Antipape Efpag.
appellé *Pierre de Lune*, quitta l'étude
de la Jurifprudence, pour embraffer le métier des armes. Quelq. ann.
après, il reprit fes études, & enfeigna le Droit à Montpellier avec
réputation. Il fut Archidiacre de
Sarragoce, puis Prevôt de Valence
en Efpagne, enfuite Cardinal le 20
Déc. 1375. Grégoire XI le conful-
toit fur toutes les affaires importantes. Clement VII l'envoïa Legat en
Efpagne, puis en Fr., où il fe faifoit
prefque toujours accompagner par
S. Vincent Ferrier, affectant de parler continuellement contre le fchifme, caufé par la pluralité des Papes, & proteftant que s'il étoit à
leur place, aucune confid. humaine
ne pourroit l'empêcher de réunir les
Fideles fous un même chef. Cependant aïant été élu Pape après la mort
de Clement VII, le 28 Sept. 1394,
il prit le nom de Benoît XIII, & oublia auffitôt fa promeffe, & l'acte
par lequel tous les Card. s'étoient
obligés, avant l'élect., de renoncer
au Pontificat, lorfqu'ils en feroient
requis par le Sacré College : car étant
follicité par les Pr. Chrétiens, par
les Card. & les Evêq. de donner fa
démiffion, il demeura inflexible.
On l'arrêta à Avignon, mais il trouva les moïens de s'évader. Il fut
déclaré Schifmatique aux Conciles
de Pife & de Conftance, & per-
fifta toujours dans fon opiniâtreté,
ce qui faifoit dire à Gerfon, *qu'il
n'y avoit qu'une éclipfe de Lune qui
pût donner la paix à l'Eglife.* Il
mourut à Panifcola, petite ville du
Roïaume de Valence, au mois de
Septembre 1424.

BENOIST, ( Jean-Baptifte ) cél.
Mathémat. natif de Florence, vivoit fur la fin du 15e fi. vers 1490.
C'eft lui, felon M. de Thou, qui
a rétabli la Gnomonique en Europe.

BENOIST, ( le pere ) ſav. Maronite , naquit à Guſta en Phénicie ,
en 1663 , de parens nobles. Il fut
envoïé à Rome dans le College des
Maronites à l'âge de 9 ans , & y fit
de grands progrès dans les Langues
Orientales. Il retourna enſuite en
Orient , où il s'appliqua à la prédication de l'Evangile ; les Maronites d'Antioche le renvoïerent à Rome en qualité de député de leur
Egliſe. Coſme III , Gr. Duc de Toſcane , l'attira à Florence , le combla d'honneurs & de bienfaits , & le
fit Profeſſeur d'hébreu à Piſe. Le
Le Pere Benoît ſe fit Jéſuite à l'âge
de 40 ans. Sa douceur , ſa probité &
ſa profonde érudition dans les Langues Orientales , lui attirerent l'eſtime des Savans. Il m. à Rome , le
22 Sept. 1742 , à 80 ans. C'eſt lui
qui a donné les prem. tomes de l'excellente édition de S. Ephrem , continuée & achevée par M. Aſſemani.

BENSERADE , ( Iſaac de ) Poëte
François , natif de Lyons , l'un des
plus beaux eſprits du 17e ſi. , ſe diſtingua dès ſon enfance par ſes reparties & par ſon eſprit. L'Evêq. qui
le confirma , lui aïant demandé s'il ne
vouloit point changer ſon nom d'I-
ſaac , qui eſt un nom Juif , pour un
nom Chrétien : de tout mon cœur ,
répondit Benſerade , pourvu que je
ne perde rien au change. L'Evêq. ſurpris de cette repartie dans un enfant ,
lui laiſſa ſon nom , & prédit qu'il
ſe diſtingueroit. Benſerade ſe fit
connoître à la Cour par ſes railleries fines , innocentes & agréables.
Le Card. de Richelieu lui donna une
penſion. Le Card. Mazarin & la
Reine mere lui donnerent auſſi des
marques de leur eſtime. Son Sonnet
ſur Job , & celui d'Uranie compoſé
par Voiture , partagerent toute la
Cour en deux partis , dont l'un fut
appellé des Jobelins , & l'autre des
Uraniens. Un gr. Prince étoit pour
Benſerade ; mais Mad. de Longueville étoit pour Voiture ; ce qui fit
dire à un bel eſprit.

*Le deſtin de Job eſt étrange ,*
*D'être toujours perſécuté ,*

*Tantôt par un Démon & tantôt*
*par un Ange.*

Benſerade réuſſiſſoit , ſurtout dans
les Ballets qu'il fit pour la Cour. Il
eſt original en ce genre , & perſonne ne l'a ſurpaſſé en cette eſpece de
vers. Il avoit coutume d'égayer ſes
diſcours de railleries innocentes ,
ce qui lui attiroit l'amitié & l'eſtime de tout le monde. Une Demoiſelle qui avoit une fort belle voix ,
mais l'haleine un peu forte , aïant
chanté en ſa préſence , il répondit
à ceux qui lui en demandoient ſon
avis , que les paroles & la voix
étoient fort belles , mais que l'air
n'en valoit rien. Benſerade fut reçu
de l'Académ. Fr. en 1674 , à la place
de Chapelain. Quelque tems avant
ſa mort , il ſe livra tout entier à
la piété , ne prenant d'autres amuſe-
mens que celui d'orner ſon jardin.
Il mourut le 19 Oct. 1690 , d'une
ſaignée qu'il s'étoit fait faire pour
ſe préparer à l'opération de la taille.
Son goût pour les pointes ne l'abandonna pas même dans ſes derniers
momens , & peu d'heures avant ſa
mort , ſon Médecin lui aïant ordonné une poule bouillie , pourquoi
du bouilli , s'écria-t-il , puiſque je
ſuis frit. Ses Poéſies ont été recueillies en deux vol. Ses Rondeaux ſur
les Métamorphoſes d'Ovide , ſont
de toutes ſes Pieces celles qui ont
eu le moins de ſuccès.

BENTIVOGLIO , ( Gui ) célebre
Card. , né à Ferrare en 1579 , d'une
maiſon anc. & féconde en gr. hommes. Après avoir été Nonce en Flandre & en France , Paul V le créa
Card. en 1621. Bentivoglio étoit
ſav. , ſage , affable , prudent & vertueux. Urbain VIII avoit en lui un
ami fidele & déſintéreſſé. Il étoit aimé & eſtimé de tous les gens de
bien , & l'on ne doutoit point qu'il
ne fût élu Pape , lorſqu'il mourut
le 7 Sept. 1644 , à 65 ans. Il a laiſſé ,
1. l'Hiſtoire des guerres civiles de
Flandre. 2. Relation de la Flandre.
3. Des Lettres , des Mémoires , &c.
Tous ces ouvrages ſont eſtimés.

BENTLEY , ( Richard ) l'un des

plus fav. hommes , & des plus gr.
Litterateurs que l'Angl. ait produits,
naquit dans le C. d'Yorck en 1662.
M. Boyle, aïant legué une fomme
annuelle de 50 liv. fterl. pour être
donnée tous les ans à quelq. Théol.
qui dans huit fermons , prononcés
dans le cours d'une année , défen-
droit contre les incrédules la Relig.,
tant naturelle que revelée , les Exécuteurs teftamen. nommérent pour
prem. Prédicateur M. Bentley. Il
ouvrit glorieuf. cette brillante carriere , & les huit fermons qu'il fit
contre l'Athéifme, furent imprimés
enfemble , & ont été trad. en pluf.
Langues. Il fuccéda en 1693, à M.
Juftel , dans la charge de Bibliothecaire du Roi, & en 1700, on lui
donna la direction du College de la
Trinité à Cambridge , emploi qui
rapporte, dit-on , environ 1000 liv.
fterl. par an. Il m. en 1742. On a
de lui un très gr. nombre d'ouvr. &
il a donné pluf. édit. d'auteurs grecs
& latins , avec des notes. On eftime
furtout : 1. Sa Lettre latine fur Jean
Malala , hiftorien grec, impr. pour
la premiere fois à Oxford en 1691.
2. Sa réfutation fous le nom fuppofé de Phileleuthere de Leipfick, du
fam. difcours de Collins fur la Liberté de penfer. Cette excellente réfutation a été traduite en fr. fous le
titre de *Friponnerie Laïque* , &c.
3. Il publia en 1710 , fous le même
nom fuppofé, des remarques critiq.
fur les fragmens de Menandre & de
Philemon.

BENZELIUS, ( Erric ) Archev.
d'Upfal , né en Suede , d'une famille obfcure , fe diftingua par fon mérite & par fa fcience : il voïagea en
Allem. , en Fran. , en Holl. & en
Angl. , & fe fit eftimer des favans.
Il m. en 1709 , à 67 ans. On a de
lui une Traduction de la Bible en
Suedois, & pluf. autres ouvrages.

BEOLCUS, ou LE RUZANTES ,
( Ange ) Poëte Italien , qui a excellé dans le comiq. & le burlefque. Il
mourut en 1542 , à 43 ans.

BERAULD, ( Nicolas) fav. du
16e fi. , natif d'Orléans , fut Précepteur de Mrs de Coligni , & en-

feigna le Droit à Orléans. On a de
lui une édition des œuvres de Guillaume, Evêque de Paris , & d'autres
ouvrages. Il étoit fort aimé d'Etienne Poncher, Evêque de Paris. Erafme en fait l'éloge.

BERCHEM, ( Nicolas) *voyez*
BERGHEM.

BERCHOIRE , ou BERCHEUR ,
*Berchorius* ou *Berthorius* , (Pierre)
Bénédictin Franç. natif de S. Pierre-
du-Chemin , village fitué à 3 lieues
de Poitiers , fut Prieur de S. Eloi à
Paris , & m. en 1362. C'eft lui qui
fit par ordre du Roi Jean, la Traduction fr. de Tite-Live, dont il y
a un beau Manufcrit en Sorb. Il eft
encore auteur de deux ouvr. fam. *le
Réductoire moral* , & *le Répertoire* ,
ou Diction. moral de la Bible.

BERENGER, Tréforier & Ecolâtre de S. Martin de Tours , puis
Archid. d'Angers, au 11e fiec. , ofa
nier la tranfubftantiation , & foutint que le Sacrem. de l'Euchariftie
ne contient point le corps & le fang
de J. C. , mais feulem. la figure. Il
entraîna dans fes erreurs Brunon,
Evêq. d'Angers , & pluf. autres perfonnes. Il fut condamné dans les
Conc. de Rome , de Verceil & de
Paris en 1050. Il fe retracta au Concile de Tours , & promit avec ferment de profeffer déformais la Foi
de l'Eglife ; mais quelque tems
après, aïant recom. à dogmatifer,
on lui fit faire une profeffion de Foi
dans le Conc. de Rome , compofé
de 113 Evêq. en 1059. On l'y obligea même d'y bruler fes écrits &
ceux de Jean Scot. Berenger fe retracta encore au Conc. de Rouen,
en 1063 , de Poitiers , en 1075 , de
Rome, en 1078 , & enfin en celui
de Bourdeaux, en 1080. Il fe retira
enfuite dans l'Ifle de S. Côme, près
de Tours, où il mourut en 1088.
Toutes fes rechutes & fes retracta-
tions ont fait douter de la fincérité
de fa converfion. Il nous refte de
lui une Lettre à Afcelin, une autre
à Richard, trois profeffions de Foi ,
& une partie de fon Traité contre la
feconde profeffion de Foi , qu'on
l'avoit obligé de faire.

BERENGER, (Pierre) natif de Poitiers, & disciple d'Abailard, fit une Apologie mordante, en faveur de son maître, contre S. Bernard. Elle se trouve dans les œuvres d'Abailard, avec deux Lettres du même Berenger, dont l'une est une invective contre les Chartreux.

BERENICE, ou CALIPATIRA, étant fille, sœur & mere de personnes, qui avoient remporté le prix aux jeux olympiques, eut permis. d'y assister, quoiqu'il fût défendu aux femmes de s'y trouver. Elle vivoit vers 428 avant J. C.

BERENICE, fille de Ptolomée Auletes, Roi d'Egypte, lui succéda avant sa mort. Ce Prince qui avoit été chassé par ses Sujets, implora le secours des Romains. Berenice, pour se maintenir sur le Trône, épousa *Seleucus*, & le fit ensuite étrangler pour épouser Archelaüs. Celui-ci marcha contre les Romains, & fut tué dans un combat. Ptolomée aïant été rétabli par le secours de Pompée, s'empara d'Alexandrie, & y fit mourir Berenice sa fille, 55 avant J. C.

BERENICE, fille de Costobare & de Salomé, sœur d'Hérode le Grand, épousa Aristobule, fils de ce Prince & de Mariamne. Elle vécut mal avec lui, & ne contribua pas peu à sa m. par ses plaintes & par ses intrigues. Elle se remaria à un autre fils d'Hérode, après la mort duquel elle alla à Rome, où elle fut aimée d'Antonia, femme de Drusus. Berenice mourut quelque tems après. Son fils Agrippa fit un voïage à Rome, 36 de J. C. où il reçut de gr. services d'Antonia.

BERENICE, petite-fille de la précédente, & sœur aînée d'Agrippa le jeune, Roi des Juifs, avoit été destinée en mariage par l'Empereur Claude, à Marc, fils d'Alexandre *Lysimachus* Alabarche; mais ce Prince étant mort avant la célébration des noces, elle fut mariée à Hérode son oncle, que l'Empereur Claude fit Roi de Chalcide, en considération de ce mariage. Après la mort d'Hérode, le bruit courut que Berenice avoit un commerce incestueux avec Agrippa son frere. Pour dissiper ce bruit, elle fit proposer à Polémon, Roi de Cilicie, de l'épouser, pourvu qu'il embrassât la Religion Juive. Polémon accepta les offres de Berenice, se fit circoncire & l'épousa; mais elle le quitta aussi-tôt pour retourner à ses anciennes inclinations. Polémon de son côté abandonna le Judaïsme, & reprit sa premiere Religion. Elle étoit avec son frere Agrippa l'an 55 de J. C. lorsque S. Paul plaida sa cause en leur présence & en celle du Proconsul Portius-Festus. On dit qu'elle conseilla aux Juifs de prévenir leur ruine, en se soumettant aux Romains; mais que n'aïant pu rien obtenir sur leur esprit, elle se rendit auprès de Tite & de Vespasien, dont elle eut l'art de se faire aimer par ses richesses & par sa beauté. On ajoute même que Tite l'auroit fait déclarer Impératrice, sans les murmures du peuple Romain. Ses intrigues ont paru sur le théâtre François au 17e siecle.

Il y a eu plusieurs autres personnes nommées *Berenice*.

BERETIN, (Pierre) appellé communément, *Pierre de Cortone*, du lieu de sa naissance, Peintre célebre du 17e siecle. Ses tableaux expriment la fécondité de son génie, la grandeur & la noblesse de ses pensées, les graces & la vivacité de son imagination. Il réussissoit surtout dans la peinture à fresque & dans les grands sujets. Il mourut en 1669, à 73 ans.

BERGAME, (Jacques-Philippe de) voïez FORESTA.

BERGHEM, (Nicolas) Peintre & Graveur cél. de Hollande, naquit à Amsterdam en 1624, & se nommoit *Klaasse*; mais s'étant trouvé dans un gr. danger, ses amis disoient l'un à l'autre, *berghem*, c. à d. en Hollandois, *sauve-le*, & ce sobriquet lui demeura. Il passa la plus grande partie de sa vie dans le château de Benthem, qu'il a peint au naturel avec ses vues agréables & variées. Berghem étoit d'un caractere doux & timide, & sa femme, par une avarice extrême, le laissoit à peine respirer. Elle se mettoit dans une chambre au-dessous de lui, & frappoit souvent au plancher pour l'empêcher de s'endormir, & l'animer au travail. Il excella surtout dans les païsages & les animaux. Il mourut à Harlem en 1683, à 59 ans. Le Roi a deux de ses tableaux.

BERGIER, (Nicolas) Professeur dans l'Université de Reims sa patrie, ensuite Avocat distingué, lia une étroite amitié avec MM. Peiresc & du Puy, & s'attacha à M. de Bellievre, Président à mortier au Parlement de Paris. Il mourut au château de Grignon, appartenant à M. de Bellievre, le 15 Sept. 1623. Le plus estimé de ses ouvr. est l'*Histoire des grands chemins de l'Empire.*

BERIGARD, dont le vrai nom françois étoit *de Beauregard*, (Claude) subtile Philosophe du 17e si., né à Moulins le 15 Août 1578, enseigna la Philos. avec réput. à Pise & à Padoue. On a de lui *Circulus Pisanus*, impr. en 1643, & *Dubitationes Galilæi Lyncei*, publié en 1632, Ouvr. qui l'ont fait accuser de Pyrrhonisme & de Matérialisme. Il m. à Padoue d'une hernie umbilicale en 1663, à 85 ans.

BERKELEY, (Georges) Evêque de Cloyne ou de Meath en Irlande, s'est rendu fameux en soutenant ce Paradoxe, qu'il n'y a que des Esprits & point de Corps. Il est mort depuis quelques années. L'ouvrage dans lequel il soutient ce Paradoxe a été traduit en françois sous ce titre : *Dialogues entre Hylas & Philonoüs*, &c. 1751 *in-12.*

BERNARD, (S.) prem. Abbé de Clairvaux, & le dern. des SS. Peres, naquit au village de Fontaine en Bourgogne, en 1091, de parens nobles & pieux. A l'âge de 23 ans, il prit l'habit relig. à Cîteaux, d'où il fut envoïé à l'Abbaïe de Clairvaux, qui venoit d'être fondée en 1115, pour en être le prem. Abbé. En peu de tems il eut jusqu'à 700 Novices, & vit prendre dans son Monastere un Pape, six Cardinaux,

plus de trente Evêq. & un gr. nombre d'excellens hommes. Il s'acquit une si grande réputation de capacité, de prudence & de sainteté, que le Pape, les Evêques, les Rois & les Princes, s'estimoient heureux de le choisir pour arbitre de leurs différends. On le consultoit dans toutes les affaires importantes. Innocent II fut reconnu Souverain Pontife par son avis ; & ce fut lui qui éteignit le schisme, en faisant faire une abdication volontaire à l'Antipape Victor. S. Bernard écrivit contre Abailard, réfuta les erreurs de Pierre de Bruis, s'opposa au Moine Raoul, qui prêchoit qu'il falloit tuer tous les Juifs, poursuivit les sectateurs d'Arnaud de Bresse, s'éleva contre Gilbert de la Porée & Eon de l'Etoile, donna des Regles aux Templiers, & prêcha la Croisade sous Louis *le Jeune*, qui n'eut point le succès qu'on en espéroit. Enfin, après avoir fondé 160 Monasteres, & opéré un gr. nombre de miracles, il m. le 20 Août 1153, à 63 ans. M. le Maître a donné, en françois une belle Traduct. de sa vie. La meilleure édition des œuvres de S. Bernard, est celle qui a été donnée par le P. Mabillon, en 2 vol. *in-fol.* Le style de S. Bernard est vif, fleuri, ses pensées nobles & ingénieuses, son imagination brillante & féconde en allégories. Il est plein d'onction & de tendresse ; il gagne d'abord l'esprit par des manieres insinuantes & délicates, ensuite il touche le cœur avec force & véhémence. L'Ecriture-Sainte lui est si familiere, qu'il en emploie presque à chaque période & à chaque phrase les paroles & les expressions. Les Sermons de S. Bernard passent pour des chefs-d'œuvre de sentiment & de force. Henri de Valois, cet homme illustre du siecle dern., les préféroit à tous ceux des anciens, tant grecs que latins. On trouve dans la Préface d'une Edition de ses Œuvres, une dissertation assez curieuse sur la question de savoir, si ses Sermons ont été prononcés en françois ou en latin ; ce qui prouveroit qu'il les prononçoit en françois, c'est que des Religieux sans Lettres assistoient à ses Conférences, & que le latin n'étoit plus alors entendu du Peuple. D'ailleurs ses Sermons se trouvent en vieux françois dans la Bibliotheque des PP. Feuillans de la rue S. Honoré à Paris, dans un mss. qui approche bien du tems de S. Bernard. Enfin, il y a des Conciles av. le tems de Saint Bernard, comme celui de Tours en . . . . . qui ordonnent aux Evêques quand ils prêchent des Homélies des Peres, de les traduire du latin en *Langue Romance*, afin d'être entendus du Peuple. Ce qui prouve que l'on prêchoit en françois long-tems avant S. Bernard.

BERNARD de Bruxelles, excellent Peintre du 16e siécle, estimé de l'Empereur Charles-Quint.

BERNARD, (Catherine) Demoiselle illustre par son esprit & par ses talens, étoit natif de Rouen. Etant venue s'établir à Paris, elle s'y fit connoître & estimer des beaux Esprits de son tems, remporta plusieurs fois le prix de l'Académie Françoise, s'acquit beaucoup de réputation par ses Vers, & fut reçue de l'Académie des Ricovrati de Padoue. Elle composa avec M. de Fontenelle deux Tragédies, Brutus & Leodamie, dont la derniere n'eut point de succès. Dans la suite Madame la Chanceliere de Pontchartrain, qui avoit une affection particuliere pour Mademoiselle Bernard, & qui lui faisoit une pension, la détourna de travailler pour le Théatre. Mademoiselle Bernard se rendit à ses avis, & supprima même plusieurs Piéces de Poésies, dont on lui offroit une somme considérable. Elle mourut à Paris en 1712, & fut enterrée dans la Paroisse de S. Paul. On trouve dans différens Recueils de Poésies de très jolis vers de sa façon, & le P. Bouhours, dans son Recueil des vers choisis, a fait imprimer le *Placet au Roi*, par lequel cette Demoiselle demande à ce Monarque de lui faire toucher les 200 écus de pension qu'il lui faisoit. Ce Placet est conçu en ces termes:

*SIRE, deux cens écus sont-ils si nécessaires*
*Au bonheur de l'Etat, au bien de vos affaires,*
*Que sans ma pension vous ne puissiez dompter*
*Les foibles Alliés & du Rhin & du Tage?*
*A vos Armes, grand Roi, s'ils peuvent résister;*
*Si pour vaincre l'effort de leur injuste rage*
   *Il falloit ces deux cens écus,*
   *Je ne les demanderois plus.*
*Ne pouvant aux combats pour vous perdre la vie,*
*Je voudrois me creuser un illustre tombeau:*
*Et souffrant une mort d'un genre tout nouveau,*
   *Mourir de faim pour la Patrie.*
*SIRE, sans ce secours tout suivra votre loi,*
*Et vous pouvez en croire Apollon sur sa foi.*
*Le sort n'a point pour vous démenti ses oracles,*
*Ah! puisqu'il vous promet miracles sur miracles,*
*Faites-moi vivre, & voir tout ce que je prévois.*

BERNARD, (Claude) appellé *le Pere Bernard*, ou *le pauvre Prêtre*, naquit à Dijon le 16 Déc. 1588, d'Etienne Bernard, Lieutenant Général de Châlons-sur-Saône. Il avoit beaucoup d'esprit & d'imagination, ce qui joint à son humeur enjouée, le faisoit souhaiter dans toutes les belles compagnies. Etant venu à Paris avec M. de Bellegarde, Gouverneur de Dijon, il se livra aux spectacles & aux vanités du siecle, s'appliquant à représenter des Comédies pour le divertissement des personnes de qualité dont il étoit connu: mais enfin Dieu toucha son cœur, il se dégouta du monde, & se dévoua tout entier au soulagement des Pauvres. Il les assista par ses charités & par ses exhortations, avec une ferveur incroiable, jusqu'à la fin de sa vie, s'abbaissant & s'humiliant pour leur rendre les services les plus vils,

& qui répugnent le plus à la nature. Le P. Bernard refusa constamment les Bénéfices que la Cour lui offrit. Un jour le Cardinal de Richelieu lui dit qu'il vouloit absolument qu'il lui demandât quelque chose, & le laissa seul pour y penser. Le Cardinal étant revenu une demie-heure après : »» Monseigneur, lui dit le Prêtre »» Bernard, après avoir bien rêvé, »» j'ai enfin trouvé une grace à vous »» demander : lorsque je vais condui- »» re les patiens à la potence, pour les »» assister à la mort, les planches de »» la charette sur laquelle on nous »» mene, sont si mauvaises, que nous »» courons risque à chaque instant de »» tomber à terre. Ordonnez donc, »» je vous prie, Monseigneur, que »» l'on mette de meilleures planches »» à la charette «. Le Cardinal de Ri- chelieu rit beaucoup de cette deman- de, & ordonna aussitôt que l on mît la charrette en bon état. Le Prêtre Bernard rendoit volontiers ses bons offices aux malheureux Aïant un jour présenté, à ce sujet, un Placet à une personne en place, qui étoit très vive, cette personne entra en colere, & vomit mille injures con- tre celui pour l quel le P. Bernard s'intéressoit : enfin, celui-ci insistant toujours, le Seigneur irrité lui don- na un soufflet. Sur-le-champ, le Prê- tre Bernard se jetta à ses genoux, & lui dit, en lui présentant l'autre joue : *Monseigneur, donnez moi en- core un bon soufflet sur celle ci, & accordez-moi ma demande.* Le Sei- gneur fut si touché de cette action d'humilité, que le Prêtre Bernard en obtint ce qu'il voulut. Ce S. & ver- tueux Prêtre mourut en odeur de sainteté le 23 Mars 1641, & fut en- terré à l'Hôpital de la Charité, où il assistoit les Pauvres depuis plu- sieurs années. C'est lui qui a établi le Séminaire des Trente-Trois à Paris. M. le Gauffre a écrit sa Vie.

BERNARD, ( Edouard ) savant Astronome Anglois, Professi. d'As- tronomie à Oxford en 1673, a pu- blié quelques ouvrages d'Astronomie & de Critique, qui sont estimés. Il mourut en 1696.

BERNARD, ( Jacques ) savant

Critique Protestant, natif de Nions en Dauphiné, passa en Suisse après la révocation de l'Edit de Nantes. Il fut Ministre à Leide, où il pro- fessa la Philos. Il y m. le 27 Avril 1718. On a de lui la continuation des nouvelles de la République des Lettres, commencées par Bayle, & d'autres ouvr. estimés, entr'autres *l'excellence de la Religion Chrét.* 2 vol. *in 8. Traité de la repentance tardive, in 8. &c.*

BERNARDI, ( Jean ) célebre Graveur en creux, natif de Castel Bolognese, étoit aussi gr. Architec- te, & fut l'un des premiers qui fit des ouvrages comparables à ceux des Anciens. Plusieurs Princes lui firent des présens considérables, & le Cardinal Alexandre Farnese fut l'un de ses plus zélés protecteurs. Bernardi travailla à de grands su- jets, & mourut à Fienza en 1555, à 60 ans.

BERNARDIN, ( S. ) célebre Re- ligieux, Vicaire-Général de l'étroite Observance de S. François, en Ital. naquit à Massa-Carrera en 1383, d'une famille noble & anc, passa la plus gr. partie de sa vie à Sienne, d'où étoit son pere, ce qui le fit nommer S. Bernardin de Sienne. Son humilité, sa patience, ses pré- dications, son zele pour le soulage- ment des pestiférés, ses gr. austéri- tés & ses miracles lui ont acquis une gloire immortelle Il mit la réforme dans l'étroite Observance de Saint François, établit près de 300 Mo- nasteres, & refusa les Evêchés de Sienne, de Ferrare & d'Urbin. Il mourut à Aquila, le 20 Mai 1444, à 61 ans. Nicolas V le canonisa six ans après. Cet exemple & un grand nombre d'autres font voir l'igno- rance de ceux qui s'imaginent qu'on ne canonise les Saints que 100 ans après leur mort. La meilleure édi- tion des ouvrages de S. Bernardin de Sienne, est celle qui a été donnée en 1636, par le Pere Jean de la Haye. Ce sont presque tous des Traités de Piété.

BERNARDIN, ( le Bienheureux ) de Feltri, de l'Ordre des Freres Mi- neurs, célebre par ses Prédications &

par la fainteté de fa vie, perfuada aux Habitans de Padoue d'établir un *Mont de Piété*, pour s'affranchir des ufures que les Juifs exerçoient en prêtant à vingt pour cent par année. Cet établiffement fut commencé le 26 Juillet 1491, & achevé le premier Août de la même année. Les Réglemens de ce *Mont de Piété* furent réformés & perfectionnés en 1510.

BERNAZZANO, Peintre célebre, natif de Milan, excelloit dans le Païfage. Aïant peint à frefque des fraifes fur une muraille, les paons allerent fi fouvent les bequeter, qu'ils rompirent l'enduit.

BERNIA ou BERNI, (François) Poète Italien du 16e fiecle, natif de Lamporecchio en Tofcane, & Chanoine de Florence, étoit un Satyrique fort mordant, & avoit un talent particulier pour la Poéfie Burlefque. On a de lui en ce genre un Poëme de l'état des Bouffons, *l'Orlando inamorato de Boiardo*, en octaves ou ftances de huit vers, & quelques autres ouvrages, fans parler de diverfes Poéfies latines. Ménage le regarde comme le meilleur Poète Burlefq. qu'il y aît eu en Italie.

BERNIER, (François) cél Médecin du 17e fiecle, natif d'Angers, voïagea dans les Indes, où il fut Médecin du Grand Mogol. A fon retour en France, il donna une Relation de fes voïages, qui eft eftimée, & un judicieux abregé de la Philof. de Gaffendi, dont il étoit un zélé défenfeur. Il m à Paris, le 22 Sept. 1668. Il ne faut pas le confondre avec Nicolas Bernier, cél. Muficien, né à Mante-fur-Seine en 1664, & mort à Paris en 1734. On a de ce dernier un grand nombre de Motets, cinq Livres de Cantates, & d'autres Piéces de Mufique.

BERNINI, ou BERNIN, (Jean-Laurent) appellé *le Cavalier Bernin*, étoit de Naples, & fe fit admirer au 17e fiecle, par la connoiffance qu'il avoit de la Peinture, de la Sculpture, de l'Architecture, & des forces mouvantes. Il fut eftimé des Papes & de Louis XIV, qui lui fit une penfion de 2000 écus. On mon-

tre à Rome un gr. nombre d'ouvr. de fon invention, qui éterniferont fa mémoire. Il y mourut le 29 Novembre 1680, à 82 ans.

BERNON, Fondateur & premier Abbé de l'Abbaïe de Cluny, mort en odeur de fainteté le premier Janvier 627.

BERNOUILLI, (Jacques) cél. Mathématicien du 17e fiecle, né à Bâle le 27 Décembre 1654, où il fut Profeffeur de Mathématique en 1687. Il publia en 1682 un nouv. fyftême des Cometes, & une Differtation fur la pefanteur de l'air. M. Leibnitz aïant publié vers le même tems, dans les Journaux de Leipfic, un effai fur le *Calcul différentiel*, ou *des infiniment petits*, fans en communiquer la méthode, Bernouilli avec Jean fon frere, tâcherent de découvrir la réalité de ce calcul: ce qu'ils firent avec tant de fuccès, que M. Leibnitz déclara qu'ils avoient autant de part que lui à cette invention. Bernouilli fe fit eftimer dans toute l'Europe par fes ouvrages. Il fut aggrégé à l'Académie des Sciences de Paris en 1699, & à celle de Berlin en 1701. Il mourut le 16 Août 1705, à 51 ans. Il fit graver fur fon tombeau, à l'imitation d'Archimede, une ligne courbe fpirale de fon invention, avec cette devife : *Eadem mutata refurgo*, par allufion à l'efpérance de la réfurrection, repréfentée en quelque forte par les propriétés de cette courbe. Sa famille fe diftingue encore aujourd'hui dans la fcience des Mathématiques. Son Traité intitulé *Ars conjectandi*, eft très eftimé. Jean Bernouilli fon frere étoit auffi un très habile Mathémat. Il devint Profeff. de Mathémat. à Groningue, & eut deux fils Nicolas & Daniel, qui furent appellés dans l'Univerfité naiffante de Petersbourg. Il y arriverent le 27 Octobre 1725. Nicolas y m. d'une fievre lente le 27 Juillet 1726, fort regreté de l'Univerfité de Petersbourg. La Czarine voulut faire les frais de fon enterrement.

BEROALD, (Matthieu) favant Miniftre Proteftant au 16e fi., natif de Paris. On a de lui une Chronologie en latin.

BEROALD, ( François ) fils du précédent, Seigneur de Verville & Chanoine de S Gatien de Tours en 1593, a composé *le Moyen de parvenir* ouvrage licencieux & impie. On a encore de lui plusieurs autres ouvrages

BEROALDE, ( Philippe ) célebre Professeur de Belles-Lettres au 16e siecle, natif de Bologne, mort le 17 Juillet 1505, a fait des Comment. sur Apulée, & d'autres ouvr. Il ne faut pas le confondre avec Philippe Beroalde son neveu, qui fut Bibliothéquaire du Vatican sous Leon X, & dont on a plusieurs pieces de vers assez estimées.

BEROSE, Prêtre du Temple de Bélus à Babylone, du tems de Ptolomée Philadelphe, écrivit l'histoire de Chaldée, que les anciens ont souvent citée, & dont Joseph nous a conservé des fragmens curieux. Les Athéniens, au rapport de Pline, firent placer sa statue avec une Langue dorée dans leur Gymnase.

BERRETINI, ( Pierre ) *voïez* BERETIN.

BERRUYER, ( Joseph-Isaac ) Jésuite, né à Rouen, le 7 Nov. 1681, d'une famille noble, s'est rendu fam. par son Ouv. sur les divines Ecritures, dont la premiere Partie fut imprimée à Paris en 1728, sous le titre d'*Histoire du Peuple de Dieu*, &c. & réimpr. en 1733, avec des corrections annoncées dans le Journal de Trévoux du mois de Fév. 1729. L'ordre & l'enchaînement des faits, la vivacité des images, l'élégance & la singularité du style & de la narration, donnerent d'abord un grand cours à cet ouvr. mais on y trouva bientôt, & avec raison, beaucoup de choses répréhensibles, ce qui le fit condamner en 1731, par M. Colbert, Evêque de Montpellier, à Rome en 1734 & en 1757, & supprimer par Arrêt du Parlement le 9 Avr. 1756. La seconde Partie, qui parut en 1753, sous le titre d'*Histoire du Peuple de Dieu, depuis la naissance du Messie*, &c. ayant encore fait plus de bruit que la premiere, le

Provincial des Jésuites, & leurs Supérieurs des Maisons de Paris l'improuverent publiquement le 22 Oct. de la même année : M. l'Archevêque de Paris en défendit la lecture par un Mandement, auq. l'Aut. & ses Supérieurs se soumirent : & le P. Forestier, Prov. des Jésuites, adressa au Syndic de Sorbonne une Lettre, avec la copie de cet acte de soumission, signée par le P. Berruyer, laquelle fut lue en Sorbonne, dans l'Assemblée du 2 Janv. 1754. Cette seconde Partie fut proscrite à Rome, par Benoît XIV, le 17 Avril 1755, & par un Decret plus solemnel, le 17 Fév. 1758, & brûlée par Arrêt du Parlement, du 9 Avril 1756. Enfin, la 3e. Partie, qui parut en 1758, sous le titre de suite de l'*Histoire du Peuple de Dieu, ou Paraphrase littérale des Epîtres des Apôtres*, &c. fut condamnée le 2 Déc. de la même année par Clément XIII, qui confirma les jugemens déja portés à Rome sur les autres Parties. M. l'Evêque de Soissons, par un Mandement & Instruction Pastorale, du premier Août 1759, a condamné les trois Parties de ce gr. Ouv. du P. Berruyer. La Sorbonne en a aussi entrepris la censure, & elle a déja publié un extrait d'un gr. no. de Propositions que ses Députés ont trouvées censurables. Ce fam. Jésuite, Disc. trop zélé du P. Hardouin, a donné dans une gr. partie de ses écarts, & quelquefois même il a été plus loin que son maître. Il a trouvé parmi ses propres Confreres des contradicteurs, tel que le savant Pere de Tournemine. Il est m. à Paris, dans la Maison Professe des Jésuites, le 18 Fév. 1758, à 77 ans, après avoir soumis ses opinions au jugement des Evêques. Il a paru un gr. no. de Réfutations du P. Berruyer, dont les plus considérables & les plus fortes sont celles de M. Gaulthier, en 3 vol. *in* 12, & l'Instruction Pastorale de M. de Soissons, en 2 vol. *in*-4.

BERSABEE, *voïez* BETHSABÉE.

BERTAUT, ( Jean ) Poëte François, natif de Caen, premier Aumônier de la Reine Catherine de Médicis, Abbé d'Aulnai en 1594, puis Evêque de Séez en 1606, contribua beaucoup à la conversion de Henri IV, & m. le 8 Juin 1611. Il étoit ami de Ronsard & de Desportes, & les surpassa dans ses Poésies, qui roulent presque toutes sur des sujets de piété. Le Cardinal du Perron les trouvoit polies & ingénieuses, quoiqu'il s'y trouve un gr. nombre de pointes dans le goût de Séneque.

BERTET, (Jean) savant Ecrivain du 17e si., naquit à Tarascon en 1622. Il professa quelquetems les Humanités chez les Jésuites, & m. en 1692. On a de lui de savantes Dissertations sur différens sujets, & des Poésies en plusieurs langues.

BERTHAULT, (Pierre) Chanoine & Archidiacre de Chartres, natif de Sens, mort le 19 Octobre 1681, est Auteur d'un Traité de Ara, impr. à Nantes en 1636, & rempli d'érudition. Il a aussi publié le *Florus Gallicus*, & le *Florus Francicus*.

BERTHOLDE *le Noir*, *Voïez* SCHWART.

BERTHOLDE, BERNOLDE, ou BERNALD, Prêtre de Constance dans le 11e si. continua la Chronique d'Hermannus Contractus, depuis l'an 1054 jusqu'en 1064, & y ajouta l'Histoire de son tems jusqu'à l'année 1100 qu'on croit être celle de sa mort. Outre cette chronique de Bertholde, on a de lui des Opuscules en faveur de Grégoire VII dont il étoit gr. Partisan, aussi-bien que du S. Siege.

BERTIN, (Nicolas) habile Peintre, né à Paris en 1664, remporta à l'âge de 18 ans le premier prix de Peinture, & réussit principalement dans les petits tableaux. Il mourut à Paris en 1736.

BERTIUS, (Pierre) cél. Littérateur, naquit à Bievre ou Beveren en Flandres le 14 Nov. 1565. Après avoir beaucoup voïagé, il devint Régent du Collége des Etats à Leyde, & ensuite Professeur en Philosophie dans la même ville; mais aïant embrassé les opinions des Arméniens, il s'attira la haine des Gomaristes, & après le Synode de Dordrecht, il fut dépouillé de son emploi en 1619. L'année suivante ne pouvant plus faire subsister sa nombreuse famille, il vint en France, où il espéroit de trouver quelques secours, parceque le Roi l'avoit mis deux ans auparavant au nombre de ses Géographes. Il demanda alors la pension d'un an, qui lui étoit due, mais il n'en put obtenir le paiement, & les Ministres de Charenton aïant refusé de l'admettre à la participation de la Cene, il abjura le Potestantisme & se fit Catholique le 25 Juin 1620. On le nomma peu de tems après Professeur en Eloquence au Collège de Boncourt, où il commença ses fonctions le 2 d'Oct. par un Discours qu'il prononça sur les motifs de son abjuration. Bertius fut ensuite Historiographe du Roi & Professeur Roïal surnuméraire en Mathématiques. Il m. le 3 Oct. 1629, à 64 ans. Sa Femme & ses Enfans, qu'il avoit fait venir en France, embrassèrent à son exemple la Religion Catholique. Il avoit quatre Fils. Les trois aînés se firent Carmes Deschaux, & le 4e Bénédictin. Bertius étoit fort laborieux. On a de lui un gr. nombre d'ouvrages dont les principaux sont, 1°. l'Oraison funebre d'Arminius qu'il fit le 22 Oct. 1609, & un Livre sur la persévérance des Saints intitulé *Hymenæus desertor, sive de Sanctorum perseverantia & apostasia*, Lugd. Bat. 1610, *in-4°.* réimpr. à Leyde en 1615, avec quelques autres Ecrits sur la même matiere. Ce sont ces deux ouvrages qui lui attirèrent la haine & les persécutions des Gomaristes. Le Roi d'Angleterre, Jacques I, disoit dans une de ses Lettres aux Etats Généraux, que le seul titre du Livre de Bertius *de Sanctorum perseverantia & apostosia*, rendoit l'Auteur digne du feu. Décision qui ne fait point d'honneur au jugement de ce Prince. 2°. Plusieurs ouvr. de Géographie que Bertius possédoit très bien, savoir, *Commentariorum rerum Germanicarum Libri tres*; Amst. 1616, *in* 4°. & 1655 *in*-12. *Theatrum Geographiæ veteris*, Amsterd. 1618 & 1619, 2 tom. *in-fol. Notitia Chorographica Episcopatuum Galliæ*, Par. 1625. fol. *Introductio in universam Geographiam*, in-12. *Imperium Caroli magni & vicinæ regiones*, dans l'Atlas de Hondius, &c. 3°. Plus. Harangues & pieces de vers en latin.

BERTRAM, ( Corneille-Bonaventure ) natif de Thouars, savant Ministre & Profess. d'Hébreu à Geneve & à Lausane, mort en 1594. On a de lui, 1. une *République des Hébreux*, qui est courte & méthodique : 2. un *Parallele de la langue hébraïque avec la syriaque* : 3. une révision de la Bible françoise de Geneve, faite sur le texte hébreu. Nouvelle édition du Trésor de Pagnin, &c.

BERTRAND, ( Pierre ) savant Canoniste, après avoir enseigné le Droit avec réputation, fut Evêque de Nevers, puis d'Autun, ensuite Cardinal. Il défendit si bien le droit du Clergé, contre Pierre de Cugnieres, Avocat général, que le Roi prononça en sa faveur. C'est lui qui a fondé le Collége d'Autun à Paris. Il mourut à Avignon en 1348. On a de lui dans la Bibliotheque des Peres, un Traité *de Origine & usu Jurisdictionum*. Il ne faut pas le confondre avec Pierre Bertrand de Colombier, son neveu, qui fut aussi Cardinal, Evêque de Nevers & d'Arras.

BERTRAND DU GUESCLIN, voïez GUESCLIN.

BÉRULLE, ( Pierre ) cél. Cardinal, fondateur de la Congrégation de l'Oratoire de France, naquit le 14 Févr. 1575, d'une famille noble & originaire de Champagne. Il se distingua par ses vertus & par sa science. Il étoit ami de S. François de Sales, & du Bienheureux César de Bus. Urbain VIII le fit Cardin. en 1627. Il m. en disant la Messe, le 2 Oct. 1629, à 55 ans. On a de lui divers ouvr. M. Habert de Cerisi a écrit sa vie.

BESSARION, savant Cardinal, Patriarche de CP. & Archev. de Nicée au 15e si., étoit de Trébisonde. Jean Paléologue l'aïant envoïé en Italie pour travailler à la réunion de l'Eglise Grecque, il harangua les Peres du Concile de Florence ; & Eugene IV le fit Cardinal en 1439. De-là il s'établit à Rome, où son mérite étoit si connu, qu'on pensa l'élever sur la Chaire de S. Pierre. Plus. Papes en firent leur Légat ; mais sa légation, en France, lui couta la vie : car Louis XI l'aïant très mal reçu, parcequ'il avoit rendu visite au Duc de Bourgogne avant lui, il en eut tant de chagrin, qu'il mourut à Ravenne, en s'en retournant à Rome, le 18 Nov. 1471. Cet illustre Card. mérite des éloges éternels, par l'amour qu'il eut pour les Lettres. Sa maison étoit toujours remplie de savans. On a de lui une défense de la doctrine de Platon, & d'autres ouvrages.

BESSÉ, ( Henri de ) Sieur de la Chapelle - Milon, Inspecteur des beaux Arts sous le Marquis de Villacerf, & Contrôleur des Bâtimens, lorsque M. Colbert fut nommé en 1683 Surintendant des Bâtimens. Il fut Académicien & Secrétaire de l'Académie des Inscriptions & des Médailles, & mourut en 1693. On a de lui une excellente Relation des Campagnes de Rocroi & de Fribourg en 1643 & 1644.

BESSIN, ( Dom. Guillaume ) savant Bénédictin, né à Glos-la-Fertiere, au Dioc. d'Evreux, le 27 Mars 1654, & mort à Rouen le 18 Octobre 1726, est Auteur d'une éd. des Conciles de Normandie, *in fol.* & de quelques autres ouvr. Il régenta avec succès la Philosophie & la Théologie dans plusieurs maisons de son Ordre.

BETHSABÉE, femme d'Urie, & mere de Salomon, épousa David après la mort de son époux. Ce Pr. avoit auparavant commis un adultere avec elle, dont il fit pénitence.

BETHUNE, ( Maximilien de ) Duc de Sully, Pair, Grand Maître, de l'Artillerie , & Maréchal de France , Prince Souverain d'Enrichemont & de Bois-Belle, Marquis de Rosny , & l'un des plus gr. hommes que la France ait produits, naquit à Rosny en 1559, d'une des plus anciennes & des plus illustres Maisons du Roïaume, qui tire son nom de Bethune, ville de l'Artois, à six lieues de Lille. il s'attacha dès sa plus tendre jeunesse à Henri de Bourbon, alors Roi de Navarre , qui fut depuis le Roi Henri IV , & mérita ses bonnes graces par ses services & par sa fidelité. Ce gr. Pr. le fit d'abord son Chambellan & se servit de lui à la bat. de Coutras , au combat d'Arques , à la bat. d'Ivri , aux sieges de Paris, de Noyon , de Rouen , de Laon , & dans toutes les occasions de quelque importance. Maximilien de Bethune devint Grand Voyer de Fr. en 1597 , & Surintendant des Fin. l'année suiv. Quoiqu'il n'eût pas encore 40 ans , & qu'il ne se fût appliqué jusqu'alors qu'à se signaler dans les Armées , il rétablit si bien les Finances du Roi son Maître , qu'il païa 200 millions de dettes en 10 ans , & qu'il remit de gr. sommes dans les trésors du R. Il devint Gr. Maître de l'Artillerie en 1601 , Gouv. de la Bastille en 1602 , puis Surintendant des Fortific. Il fut ensuite envoié en Anglet. en qualité d'Ambassadeur extraord. , & eut à son retour le Gouvern. de Poitou. Enfin, le R. Henri IV érigea en sa faveur en 1606 la Terre de Sully-sur-Loire en Duché-Pairie, & le fit Gr. Maître des Ports & Havres de Fr. Après la mort funeste de ce gr. Monarque , arrivée en 1610 , le D. de Sully fut contraint de se retirer dans une de ses maisons, où il mena un vie privée. On lui donna le Bâton de Maréchal de France le 18 Sept. 1634. pour avoir sa démission de la Charge de Gr. Maître de l'Artillerie. Il mourut en son Chât. de Villebon , au païs Chartrain, le 21 Déc. 1641 , à 82 ans , après avoir été regardé de toute la France comme un homme droit , sincere ,

sage , discret , d'une capacité extraordinaire dans les affaires , & d'une fidelité inviolable à tenir ses promesses. On a de lui d'excellens Mémoires , intitulés Œconomies Roïales , que M. l'Abbé de l'Ecluse a mis dans un nouvel ordre. La Maison de Bethune a produit un grand nombre d'autres personnes illustres.

BETIS , Gouvern. de Gaza pour Darius , défendit cette Place avec valeur contre Alexandre le Grand ; mais ce Conquérant aïant été blessé au premier assaut , fit mourir cruellement Bétis après la prise de la ville , vers 332 avant J. C.

BETLEM GABOR , c. à d. *Gabriel* , fam. Prince de Transylvanie, naquit dans ce païs, d'une Maison noble & ancienne , mais très pauvre. Il fut élevé dans les erreurs du Calvinisme , & se mit bien dans l'esprit de Gabriel Battori , Prince de Transylv. Quelque tems après , il passa à CP. , où il se fit aimer des Turcs par son courage. Avec leur secours , il défit en 1613 Gabriel Battori , son bienfaiteur , s'empara de plus. Places en Hongrie , & s'y fit déclarer Roi. L'Emp. envoïa contre lui en 1620, les Comtes de Dampierre & de Bucquoi ; mais ils furent défaits & y perdirent la vie. Gabor demanda ensuite la paix , & on la lui accorda , à condition qu'il renonceroit au titre de Roi de Hongrie , & qu'il se contenteroit de celui de Prince de l'Empire. Il reprit plus. fois les armes , & eut divers désavantages qui le contraignirent en 1624 à faire sa paix aux conditions qu'on voulut lui imposer. Il mourut d'hydropisie le 15 Novembre 1629 , après avoir fait des legs considérables à l'Empereur & à d'autres Princes.

BETOULAUD , (l'Abbé) Poète François , ami & admirateur de Mademoiselle de Scudery , est auteur d'un Poëme sur le Caméléon , & de plusieurs autres petites pieces de vers.

BETTERTON, ( Thomas ) le plus célebre Acteur que l'Angl. ait produit, floriſſoit ſous Charles I, & Charles II, Rois d'Angl., il étoit ſobre, modeſte, bon ami, & d'une ſociété agréable. Il m. dans un âge fort avancé. On a de lui trois pieces en anglois, qu'il a compoſées ou corrigées. Il étoit excellent Acteur non ſeulement dans le tragiq. mais auſſi dans le comique.

BETULÉE, *Betuleius*, (Sixte) habile Grammairien, bon Poète latin & Philoſ. du 16e ſiec. naquit à Memmingen en 1500. Son vrai nom étoit *Birck*. Il enſeigna les Belles-Lettres & la Philoſ. avec réputation, & devint Principal du Colle d'Augsbourg, où il m. le 19 Juin 1554. On a de lui divers ouvr. en proſe. Ses pieces dramatiques de *Suzanne*, de *Judith*, & de *Joſeph*, ſont eſtimées.

BEVERIDGE, (Guill.) *Beveregius*, ſav. Théol. Anglois, né en 1638, ſe diſtingua par ſa probité & par ſa connoiſſance des Langues orientales. Il fut nommé Evêque de S. Aſaph en 1705, & s'attira l'eſtime & la vénération de toute l'Angleterre. Il mourut à l'Abbaïe de Weſtminſter le 5 Mars 1708, à 71 ans. Il a publié, 1. Des notes ſur les anc. Canons des Conc. 2. Des Penſées particulieres ſur la Religion & la vie Chrétienne, &c. Ouvrages écrits avec tant de nobleſſe, de majeſté, de ſcience & d'humilité, que Beveridge paſſe avec raiſon, pour un des plus gr. & des plus ſavans hommes que l'Angleterre ait produits. Il étoit en commerce de Lettres avec M. Boſſuet.

BEVERLAND, (Adrien) fam. écrivain Proteſtant du 17e ſi. natif de Middelbourg, a écrit dans le goût d'Ovide, de Catule & de Pétronne. Son Livre ſur le péché originel, où il ſoutient, ſur la nature de ce péché, l'opinion ridicule de Corneille Agrippa, fit beauc. de bruit, & fut condamné au feu. Il abuſa de ſon eſprit & de ſes talens dans ſes écrits licencieux. On dit qu'il quitta ſa vie ſcandaleuſe avant la fin de ſes jours, & que c'eſt pour cette raiſon, qu'il publia ſon Traité, *de*

*Fornicatione cavenda*, en 1698. Il mourut vers 1712.

BEUCKELIN, (Guillaume) *voy.* BUCKELDIUS.

BEUVE, (de Sainte) *voyez* SAINTE-REUVE.

BEYRUS, *voyez* BEIER.

BEYS, (Gilles) fam. Imprimeur de Paris au 16e ſi. eſt le prem. Imprim. qui dans ſes édit. a diſtingué l'*j* & l'*v* conſonnes d'avec l'*i* & l'*u* voïelles. Il ne faut pas le confondre avec Charles de Beys, Poète Franç., mort en 1659, dont nous avons pluſ. pieces de théâtre. Scarron en fait tant de cas, qu'il le propoſe pour modele.

BEZE, ou BES-ZE, (Théodore de) fameux Miniſtre de Geneve, l'une des principales colomnes de la Relig. prétendue Réfor., & le chef des Calviniſtes après la mort de Calvin, naquit à Vezelai le 24 Juin 1519. Dès ſon bas âge, il fut amené à Paris, auprès de Nicolas de Beze ſon oncle, Conſ. au Parlem., qui prit ſoin de ſon éducation. Il l'envoïa étudier à Orléans, & enſuite à Bourges, ſous Melchior Wolmar, qui lui apprit le grec & le latin, & lui inſpira du goût pour la nouvelle doctrine. Beze avoit du penchant pour la Poéſie. Il compoſa dans ſa jeuneſſe des épigrammes & d'autres pieces qui lui acquirent la réputation de bon & d'agréable Poète. Ses vers ſon tendres & délicats, mais trop licencieux. Ils ont été publiés ſous le titre de *Juvenilia Bezæ*. Aïant quitté ſon Prieuré de Lonjumeau, il ſe retira à Geneve, & de-là à Lauſanne, où il enſeigna le grec. Calvin le rappella à Geneve, & l'en fit Miniſtre. En 1561, il harangua avec éloquence au Colloque de Poiſſi, mais aïant oſé dire que J. C. étoit auſſi éloigné de l'Euchariſtie, que le Ciel l'eſt de la terre, il ſcandaliſa l'aſſemblée, & déplut à la Cour. La guerre civile s'étant allumée, Beze ſuivit le Prince de Condé, & ſe trouva avec lui à la bataille de Dreux. De retour à Geneve, il ſuccéda à Calvin, & fut l'ame des ſynodes & des aſſemblées des Calviniftes. Aïant perdu fa femme dans un âge très avancé, il en prit une feconde fort jeune, qu'il appelloit *fa Sunamite*. Il mourut à Geneve le 13 Octobre 1605, à plus de 86 ans. Outre ses *Juvenilia*, il a écrit en vers la tragédie du facrifice d'Abraham, Caton le Cenfeur, le Cantique des Cantiques & les Pfeaumes que Marot n'avoit pu achever, &c. Ses principaux ouvr. en profe, font une traduction latine du N. T. avec des notes ; un Traité du Droit que les Magiftrats ont de punir les hérétiques , &c. Beze étoit favant ; il fait paroître dans fes écrits beaucoup d'efprit & de génie, mais il y a trop d'emportement dans fes Traités en profe.

BEZONS, ( Jacques Bazin, Comte de ) Maréchal de France, étoit fils de Claude Bazin, Seigneur de Bezons, Confeiller d'Etat ordinairu. Il commença à fervir en Portugal fous le Comte de Schomberg en 1667, & fe fignala enfuite en un gr. nombre de fieges & de combats jufqu'à l'an 1709, qu'il fut fait Maréchal de France. Il prit Landau en 1713, fut Confeiller au Confeil de la Régence après la mort de Louis XIV, & mourut à Paris le 22 Mai 1733, à 88 ans. Armand Bazin de Bezons, fon frere, Docteur de la Maifon & Société de Sorbonne, fut Agent Général du Clergé de France, puis Evêque d'Aire, enfuite Archevêque de Bourdeaux ; & enfin Archevêque de Rouen. Il fut du Confeil de la Régence, & chargé de la direction des Œconomats, après la mort de Louis XIV, eut diverfes Abbaïes, & mourut à Gaillon le 8 Oct. 1721, à 66 ans.

BIANCHI, ( Pierre ) excellent Peintre Italien, né à Rome en 1694, réuffit dans prefque tous les genres, & mourut à Rome en 1739. Gaëtano Sardi, fon éleve, s'eft rendu célebre.

BIANCHINI, ( François) l'un des plus fav. hommes de fon tems, naquit à Verone le 13 Déc. 1662, d'une famille noble & anc. Son goût pour la Phyfique & les Mathé-matiques, lui fit établir l'Acad. de *Aletofili* à Verone. Il alla enfuite à Rome en 1684. Il y fut Bibliothéquaire du Cardinal Ottoboni ( depuis Pape, fous le nom d'Alexandre VIII ) Chanoine de Ste Marie de la Rotonde, & enfuite de S. Laurent *in Damafo*. Les Papes Clément XI, Innocent XIII, & Benoît XIII, lui donnerent des marques publiques de leur eftime. Bianchini fut eftimé des Savans, & affocié à un gr. nombre d'Académies. Il m. le 2 Mars 1729, à 67 ans. On a de lui pluf. fav. Differtations, une édit. d'Anaftafe le Bibliothéquaire, & d'autres ouvr.

BIAS, cél. Philof. & l'un des 7 Sages de la Grece, vers 608 avant J. C. avoit coutume de dire que *c'eft une maladie d'efprit de fouhaiter des chofes impoffibles*. Durant le fiége de Priene fa patrie, quelqu'un lui aïant demandé pourquoi il étoit le feul qui fe retiroit de la Ville fans rien emporter : il répondit, *Je porte tout avec moi* , faifant entendre que la fcience & la vertu font les feuls biens qu'on ne peut nous enlever. Dans un naufrage, voïant des impies qui invoquoient les Dieux, *Taifez-vous* , leur dit-il , *de peur qu'ils ne s'apperçoivent que vous êtes ici*. Il expira en plaidant pour un de fes amis.

BIBIENA, ( Ferdinand Galli ) favant Peintre & Architecte, naquit à Bologne en 1657, & fut furnommé Bibiena, d'une terre de ce nom en Tofcane, où fon pere avoit pris naiffance. Il s'acquit une fi gr. réputation par fon talent pour l'Architecture, pour les décorations de théâtre, & pour la perfpective, que le Duc de Parme voulut l'avoir à fa Cour, & lui donna le titre & la penfion de fon premier Peintre & de fon Architecte. Bibiena paffa enfuite à la Cour de l'Empereur, où il eut les mêmes honneurs & les mêmes avantages. Il eft mort à Bologne à plus de 80 ans. On a de lui deux Livres d'Architecture. Ses fils ont cultivé avec fuccès le même talent.

BIBLIANDER , ( Théodote )
fav. Profeffeur de Théol. à Zurich ,
au 16e fi. , étoit habile dans les
Langues orientales. Il mourut de
pefte à Zurich , le 24 Sept. 1564. Il
a donné un Recueil d'anciens écrits
fur le Mahométifme, des Comment. fur pluf. Livres de l'Ecriture ;
l'édit. de la Bible , commencée par
Léon de Juda , &c.

BIDAL D'ASFELD, ( Claude
François ) Maréchal de France ,
après s'être fignalé en diverfes occafions ; fut fait Lieutenant Général des Armées du Roi en 1704, &
Envoïé en Efpagne. Il y contribua beaucoup au gain de la bataille
d'Almanza en 1707, prit d'affaut
la ville de Xativa & celle de De-
nia, & fe rendit maître d'Alicante
en 1709. Il continua de fe fignaler
jufqu'en 1715, qu'il fut créé Chevalier de la Toifon d'Or. Il devint
la même année Directeur Général
des Fortifications de France , &
Confeiller aux Confeils de Guerre
& de la Marine. Il commanda en
chef l'Armée d'Allemagne en 1724,
après la mort du Maréchal de Berwick , & fe rendit maître de Phi-
lifbourg le 18 Juillet de la même
année. Il avoit été déclaré Maréchal de France le 14 Juin précédent. Il eut peu de tems après le
Gouvernement de Strafbourg , &
mourut à Paris au mois de Mars
1743. Jofeph-Vincent Bidal d'Asfeld, l'un de fes freres, & célebre
Docteur de Sorbonne, mourut à
Paris le 25 Mai 1745. On a de lui
plufieurs ouvrages très bien écrits
en françois.

BIDDLE, ( Jean ) l'un des plus
cél. Ecrivains Anglois parmi les
Sociniens, fe diftingua par fa probité, & m. en prifon en 1662.

BIDLOO, ( Godfroi ) cél. Méd.
né à Amfterdam en 1649, fut Profeffeur d'Anatomie à la Haye , &
Méd. de Guillaume III, Roi d'Angleterre. Il mourut à Leide en 1713,
à 64 ans. Il a publié *Anatomia
humani corporis* , avec de belles
planches, & d'autres ouvrages eftimés.

BIEL , ( Gabriel ) l'un des meilleurs Théologiens fcholaftiques du
15e fi. , natif de Spire, ou , felon
d'autres, de Tubinge. On a de lui
des Comment. fur le Maître des Sentences, & d'autres ouvr.

BIEZ, ( Oudard de ) Maréchal de
France, fameux par fes difgraces,
defcendoit d'une illuftre & ancienne Maifon, originaire d'Attois.
Après avoir fervi avec diftinction
en Italie & ailleurs, il devint Maréchal de France vers 1543. Il commanda enfuite en Picardie avec fuccès contre les Anglois ; mais aïant
encouru la difgrace du Roi Henri II,
il fut condamné à perdre la tête.
Cette peine fut changée en celle
d'une prifon perpétuelle ; & après
avoir été privé de l'Ordre de Saint
Michel, il fut envoïé au Château
de Loches. Dans la fuite, on lui
permit de revenir à Paris , où il
mourut de douleur à fon retour en
1553. La Sentence portée contre
lui, fut caffée, & fa mémoire rétablie en 1575.

BIGNE, ( Marguetin de la ) cél.
Docteur de la Maifon & Société de
Sorbonne, naquit à Bernieres-le-
Patry dans le Doïené de Vire vers
1546, d'une famille noble & anc.
de Normandie. Il étoit iffu, par fa
mere, de la Maifon des Barons d'In-
grande en Anjou, furnommés du
Parc. La Croix du Maine le quali-
fie Seigneur de Lambougne. Après
avoir étudié à Caen , il vint achever fes Etudes à Paris. Il fut Prieur
de Sorbonne en 1567, puis Docteur
en 1572. Il devint Chanoine, Scholaftique & Théologal de Bayeux,
puis grand Doïen de l'Eglife du
Mans, après la mort de François
du Parc fon oncle maternel. La Bigne fut député aux Etats de Blois en
1576, & s'y fit beauc. d'honneur.
Il affifta auffi en qualité de député
du Chapitre de Bayeux au Concile
de Rouen en 1581. On croit qu'il
m. à Paris en 1589, à 43 ans. C'eft
le premier qui ait entrepris une
Bibliotheque complette des ouvr.
des Peres, dont il donna la prem.
Edit. en 1575, en 8 vol. *in folio* ,
&

& un tom. 9e en 1579. Il en donna une nouvelle édit. en 1589, en 9 vol. *in-fol.* Cet ouvr. a eu depuis pluſ. Edit. augmentées juſqu'à l'an 1677., qu'on en publia une Edit. à Lyon en 27 vol. *in-fol.* Telle eſt l'Edit. la plus complete. La Bigne ſe diſtingua auſſi par ſes Harangues & par ſes Sermons. Il donna un rec. de Statuts Synodaux en 1578, *in-8º.* & une Edition d'Iſidore de Seville en 1580, *in fol.*

BIGNON, ( Jerôme ) né à Paris en 1590, d'une famille féconde en perſonnes de mérite, fut élevé par ſon pere Roland Bignon, homme conſommé en toutes ſortes de ſciences ; ſous la direction d'un tel maître, il fit en peu de tems des progrès extraordinaires dans les Belles-Lettres, la Philoſ., les Mathématiques, l'Hiſt., la Juriſprudence & la Théologie. Aïant fini ſes études à un âge, où l'on a coutume d'envoïer les enfans au Collége, il publia une *description de la Terre-Sainte* ; & trois ans après, un Tr. *des Antiquités Romaines*, & un autre *de l'Election des Papes.* Il n'avoit alors que 13 ans. Ces ouvr. donnerent une ſi haute idée de ſes talens, que tous les Savans de Fr. s'empreſſerent de le connoître, & de s'entretenir avec lui. Henri IV le plaça en qualité d'Enfant d'honneur auprès du Dauphin, depuis Louis XIII. M. Bignon ſe fit admirer à la Cour par ſa politeſſe & ſes manieres aiſées. Il publia en ce tems-là le Traité *de l'Excellence des Rois & du Roïaume de France*, qu'il dédia à Henri IV, & qui fut reçu avec applaudiſſement. Trois ans après, il donna au public l'édition des *Formules de Marculphe*, avec de ſavantes notes. Il voïagea enſuite en Italie. Paul V lui donna des marques ſingulieres de ſon eſtime ; & *Fra-Paolo*, charmé de ſa converſation, le retint quelque-tems à Veniſe. M. Bignon fut fait Avocat-Général du Grand-Conſeil en 1620. Il remplit cette charge avec tant de réputation, que le Roi le nomma quelque tems après Con-

ſeiller d'Etat, & enfin Avocat-Général au Parlement de Paris. Il ſe démit de cette place en 1641, & l'année ſuivante, il fut nommé Bibliothéquaire du Roi ; mais en 1645, on lui fit reprendre la charge d'Avocat-Général, qu'il exerça avec un applaudiſſement univerſel juſqu'à ſa mort. La Cour le chargea ſouvent des affaires les plus importantes de l'Etat. Enfin, cet illuſtre & ſavant Magiſtrat, qui avoit toujours pris la Religion comme la baſe de ſes vertus, m. avec de gr. ſentimens de piété, le 7 Avril 1656. Ses deſcendans ont rempli juſqu'ici avec honneur, la place de Bibliothéquaire du Roi. M. l'Abbé Perrault, Licentié de Sorbonne, a écrit ſa vie.

BIGNON, ( Jean Paul ) Abbé de S. Quentin, Bibliotéquaire du Roi, Membre de l'Académie Françoiſe & des Académies des Sciences & des Belles-Lettres, mourut à l'Iſle-Belle, ſous Meulan, le 14 Mats 1744, à 81 ans. On peut voir ſa vie & ſon éloge dans les Mémoires de l'Académie des Sciences, & dans ceux de l'Académie des Belles-Lettres.

BILDERBEK, ( Chriſtophe-Laurent ) cél. Juriſconſulte Hanovrien & Conſeiller à Zell, mort en 1749, à 67 ans, a traduit en Allemand l'excellent ouvr. d'Abbadie ſur la vérité de la Religion Chrétienne, & y a fait des additions fort conſid. On a auſſi de lui, 1º. *Réſolutionum juridicarum decas.* 2º. *Bibliotheca juris publici*, & pluſ. autres ouvr. de Droit.

BILFINGER, ( George Bernard ) l'un des plus ſav. hommes du 18e ſi. naquit à Conſtadt en 1693. Il étudia à Halle ſous le cél. Wolff, & devint gr. Partiſan de la Philoſ. Wolfienne & Leibnitienne. Après avoir été quelque-tems Paſteur à Tubinge, il fut fait Profeſſeur en Philoſophie & en Morale. Il fut appellé en 1725 à Petersbourg, où il profeſſa pendant cinq ans la Logique, la Métaphyſique & la Morale. De retour à Tubinge, il y fut fait Profeſſeur en Théologie, & décoré du titre de Conseiller & de pluf. autres dignités avec des pensions aſſez conſid. M. Bilfinger fut membre des Académies de Petersbourg & de Berlin. La Cour de Ruſſie lui continua une pension de 400 florins juſqu'à ſa mort arrivée en 1750. Il étoit habile dans preſque toutes les Sciences, & peu d'hommes ont été auſſi univerſels que lui. Il faudroit pluſ. pages pour donner les titres de tous ſes ouvr. Les princip. ſont, 1°. *De Harmonia animæ & corporis humani maxime præſtabilita, commentatio hypothetica.* 2°. *De origine & permiſſione mali.* 3°. *Dilucidationes philoſophicæ de Deo, anima humana, mundo & generalibus rerum adfeſtionibus.* Ce dernier ouvr. eſt très eſtimé. On aſſure qu'il y a depuis longtems dans la famille de M. Bilfinger une ſingularité Phyſique qui eſt aſſez remarquable : c'eſt que toutes les perſonnes de cette famille naiſſent avec douze doigts & douze orteils : ce qui eſt exprimé par leur nom, qui dérive par un changement très leger du mot Allemand *Vielfinger.*

BILLAUT, ( Adam ) Poète Français, Menuiſier à Nevers, plus connu ſous le nom de *Maître Adam,* fit beaucoup parler de lui ſous le miniſtere du Cardin. de Richelieu, qui lui donna une penſion ; mais les *Chevilles,* ſon *Rabot* & ſon *Villebrequin* ( car tels étoient les titres ordinaires de ſes pieces ) ne ſont plus ſi eſtimés. Il mourut en 1662. On l'appelloit communément le *Virgile au Rabot.*

BILLI, ( Jacques de ) Abbé de S. Michel en l'Erm, & l'un des plus ſav. hommes du 16e ſiecle, naquit à Guiſe, où ſon pere étoit Gouverneur pour François I. Jean de Billi ſon frere, homme d'un rare mérite, voulant ſe faire Chartreux, ſe démit en ſa faveur de l'Abbaïe de S. Michel en l'Erm. Jacques de Billi traduiſit de grec en latin les ouv. de S. Grégoire de Nazianze, de S. Iſidore de Peluſe, de S. Jean Damaſcene, &c. & compoſa un gr. nombre d'excellens ouvrages

qui rendront ſon nom immortel. Il mourut à Paris, chez Genebrard ſon ami intime, le 25 Déc. 1581, à 47 ans. Depuis la renaiſſance des Lettres, peu de Savans ont eu une connoiſſance auſſi parfaite de la Langue grecque, que cet habile homme. Il ne faut pas le confondre avec Jacques de Billi Jéſuite, natif de Compiegne, qui a publié au 17e ſi. un gr. nombre d'ouvr. de Mathématiques.

BILSON, ( Thomas ) ſav. Evêque de Wincheſter, mort en 1616 ou 1618. Jacques I, le chargea de la révision de la Traduction de la Bible en anglois. Bilſon eſt auteur de quelques autres ouvr.

BINET, ( Etienne ) Jéſuite, natif de Dijon, fut Recteur en différentes maiſons de ſon Ordre, & mourut le 4 Juillet 1639, à 71 ans, après avoir publié un gr. nombre d'ouvrages.

BINET, ( François ) diſciple de S. François de Paule, & ſecond Général des Minimes, mort à Rome en odeur de ſainteté en 1520.

BINET, ( Claude ) Poète François, contemporain de Ronſard.

BINI, ( Severin ) *Binius,* Docteur & Chanoine de Cologne, natif de Rangeraidt, publia en 1606, une édition des Conciles en 4 tomes, qui effaça les précédentes.

BINSFELD, ( Pierre ) Canoniſte des Païs-Bas, après avoir étudié à Rome, fut Chanoine & Gr. Vicaire de Treves, au commencement du 17e ſi. On a de lui *Enchiridion Theologiæ Paſtoralis,* & d'autres ouvr. de Droit Canon.

BION, célebre Poète Bucolique, natif de Smyrne, dont il nous reſte quelques Idylles d'un goût exquis. Il vivoit vers 288 av. J. C. & fut empoiſonné au rapport de Moſchus ſon diſciple.

BION *le Boryſthenite,* ainſi nommé, parcequ'il etoit de Boryſthene en Scythie, anc. Philoſophe, qui avoit beaucoup d'eſprit & de talens, mais très peu de religion, ou peut-être point du tout, puiſqu'il a paſſé pour Athée. Il diſoit, en diſſuadant le mariage, *que la laide faisoit mal au cœur, & la belle à la tête.* Etant sur mer avec des Pyrates qui disoient qu'ils étoient perdus si on les reconnoissoit; *Et moi aussi,* leur répondit-il, *si on ne me connoît pas.* Aïant rencontré un envieux extrêmement triste: *On ne sait,* dit-il, *s'il lui est arrivé du mal, ou du bien aux autres.* On dit qu'étant tombé dangereusement malade, il reconnut ses crimes, & en demanda pardon aux Dieux. Il vivoit vers 276 avant J. C. Il ne faut pas le confondre avec un autre Bion de la secte de Démocrite, & Mathématicien d'Abdere, qui conjectura le prem., selon Diogene Laërce, qu'en certaines régions, les jours & les nuits duroient six mois.

BIRAGUE, ( Clement ) habile Graveur en pierres fines, étoit de Milan, & florissoit en Espagne à la Cour de Philippe II. On dit que c'est le premier qui trouva le moïen de graver sur le diamant, qui jusqu'alors avoit résisté à toute sorte d'outils.

BIRON, ( Armand de Gontault, Seigneur de ) Maréchal de France & célebre Capitaine du 16e siecle, se signala en divers sieges & combats, par sa valeur & par sa conduite. Il fut fait Gr. Maître de l'Artillerie en 1569, & personne n'osa l'attaquer au massacre de la S. Barthélemi. Le Maréchal de Biron se déclara le premier pour Henri IV, lui soumit une partie de la Normandie, & le dissuada de se retirer en Angleterre, ou à la Rochelle. Il fut tué d'un coup de canon au siege d'Epernay le 26 Juillet 1592. Ce grand homme étoit savant, même dans la Langue grecque; mais il évitoit de le paroître.

BIRON, ( Charles de Gontault, Duc de ) fils du précédent, Pair, Amiral & Maréchal de France, se rendit célebre par sa valeur & par ses services. Henri IV l'honora de sa confiance, érigea la Baronnie de Biron en Duché Pairie, & le combla de bienfaits; mais Biron ingrat envers son Prince, traita avec le

Duc de Savoye & les Espagnols ennemis de l'Etat, & ne voulant point avouer son crime au Roi, il fut remis entre les mains de la Justice, convaincu du crime de Leze-Majesté, & condamné d'avoir la tête tranchée. Ce qui fut exécuté dans la cour de la Bastille le 31 Juillet 1602. Il étoit alors âgé de 40 ans.

BISSY, *voyez* THIARD.

BISCAINO, *voyez* CASTELLI.

BLACKALL, ( Offspring ) Théologien Anglois, né à Londres en 1654, fut Evêque d'Excester, & se fit généralement estimer en Angleterre par sa candeur, sa probité, & par ses Sermons: ils roulent tous sur des sujets les plus importans de la Religion. Blackall mourut à Excester le 29 Novembre 1716. Il passe pour un des plus excellens Prédicateurs de son siecle. Ses Sermons ont été impr. en 2 vol. *in-folio.*

BLAEU ou JANSSON, ( Guillaume ) *Janssonius Cæsius,* célebre & sav. Imprimeur d'Amsterdam, ami & disciple de Ticho-Brahé, mourut le 21 Octobre 1638, à 67 ans. On a de lui un *Atlas,* un *Traité des Globes,* une *Institution de l'Astronomie,* &c.

BLAKE, ( Robert ) fameux Amiral d'Angleterre, pour les Parlementaires, défit en 1652, la flotte Hollandoise commandée par Trump, Ruyter & de Wit. En 1653, il battit Tunis à coups de canons, brûla 9 vaisseaux Turcs, & aïant débarqué avec 1200 hommes, il tailla en pieces 3000 Turcs. De-là s'avançant vers Alger & Tripoli, il se fit rendre tous les esclaves Anglois. Il mourut en 1657. Sa premiere victoire fut la défaite des Espagnols près de Santa-Cruz.

BLAISE, ( S. ) fut, à ce que l'on croit, Evêq. de Sebaste, où il souffrit le martyre vers 316.

BLANC, ( Louis le ) *voyez* BEAULIEU.

BLANCHART, ( Jacques ) habile Peintre, natif de Paris, mort en 1638, excelloit dans le coloris,

M ij

Son meilleur tableau est celui de la descente du Saint Esprit.

BLANCHE de Castille, Reine de France, illustre par sa prudence & par sa piété, étoit fille de Alfonse IX, R. de Castille. Elle épousa Louis VIII, dit *le Lion*, & fut mere de neuf fils & de deux filles. Cette sage Princesse inspira à S. Louis son fils, des sentimens d'une gr. piété, lui répétant souvent qu'elle aimeroit mieux le voir mort, que de le savoir en péché mortel. Elle fut Régente du Roïaume pendant la Croisade de S. Louis, & se conduisit avec beaucoup de prudence & de politique. Elle mourut le premier Décembre 1252, après avoir fondé plus. Monasteres.

Il y a eu plusieurs autres Princesses de ce nom.

BLANCHET, ( Thomas ) Peintre, né à Paris en 1617, se rendit habile dans son Art, par une étude assidue & par les conseils du Poussin & d'André Sacchi. Il passa la plus gr. partie de sa vie à Lyon, qu'il embellit par son pinceau, & y mourut en 1689. Il excelloit dans le dessein & dans le coloris. La plupart de ses tableaux se voient à Lyon & à Paris.

BLANCHINI, *voyez* BIANCHINI.

BLASTARES, ( Matthieu ) Moine Grec, de l'Ordre de S. Basile, au 14e si., est auteur d'un Recueil de Constitutions Ecclésiastiques.

BLAURER, ( Ambroise ) né à Constance en 1492, embrassa la Doctrine de Luther, & la prêcha dans sa ville maternelle. Ensuite il travailla avec Œcolampade & Bucer à introduire le Luthéranisme dans la ville d'Ulm, & enfin avec Brentius & deux autres Protestans pour l'introduire dans le Duché de Wittemberg. Il m. en 1567, laissant quelques Traités de dévotion. Calvin lui a donné de gr. éloges.

BLOMART, ou plutôt BLOEMART, ( Abraham ) Peintre célebre natif de Gorcum, excelloit dans le clair-obscur, & mourut en 1647, à 80 ans. Corneille Blomart, excellent Graveur, étoit le plus jeune de ses trois fils. On a de lui un nombre prodigieux d'estampes gravées au burin. Frédéric Bloemart de la même famille, fut aussi un excellent Graveur, mais inférieur à Corneille.

BLONDEL, ( David ) sav. Ministre Protestant du 17e siecle, natif de Châlons-sur-Marne, apprit les Langues & la Théologie, & se rendit habile dans l'Hist. Ecclésiast. & Civile. En 1650, on lui proposa une chaire d'Histoire à Amsterdam. Il l'accepta & quitta la France; mais son assiduité au travail & l'air d'Amsterdam, lui causerent une fluxion sur les yeux, qui lui fit perdre la vue. Il mourut le 6 Avril 1655, à 64 ans. Ses principaux ouvrages sont, 1°. *Pseudo-Isidorus*, & *Turrianus vapulantes*; ouvrage dans lequel il prouve la supposition des Decrétales attribuées aux anciens Papes. 2°. *Apologia pro sententia Sancti Hieronymi de Presbyteris & Episcopis*. 3°. De la Primauté de l'Eglise. 4°. Un Traité sur les Sibylles. 5°. Un autre contre la fable de la Papesse Jeanne, &c.

BLONDEL, ( François ) savant Professeur Roïal de Mathématique & d'Architecture, fut emploïé en quelques négociations, & devint Maréchal de Camp. Il fut membre de l'Académie des Sciences à Paris, & Directeur de l'Acad. d'Architect. Il mourut à Paris le 22 Janv. 1686, à 68 ans. On a de lui des notes sur l'Architecture de Savot, un cours d'Archit. & de Mathém., l'Art de jetter les bombes; comparaison de Pindare & d'Horace, & d'autres ouvrages estimés. C'est sur ses desseins que la porte de S. Antoine, & celle de S. Denis à Paris, ont été élevées.

BLONDUS, ( Flavius ) Historien, natif de Forli, Secretaire d'Eugene IV, & de quelques autres Papes, est loué pour son exactitude. Il mourut à Rome le 4 Juin 1463, à 75 ans.

BLOSIUS, ou DE BLOIS, ( Louis ) Abbé de Liesse, illustre par sa naissance & par ses vertus, refusa l'Archevêché de Cambrai , & mit la réforme dans son Abbaïe. Il mourut en odeur de sainteté le 7 Janv. 1566 , à 59 ans. On a de lui plus. ouvr. de piété, que Jacques Frojus son disciple a publiés avec sa vie.

BLOTLING , ou plutôt BLOETLING , excellent Graveur au burin, & l'un des plus célebres Artistes de Hollande , a sur-tout réussi dans la maniere de graver en noir.

BLOUNT , Noble & ancienne Maison d'Angleterre , qui descend de le Blound , Seigneur de Guisnes en Normandie , dont les deux Fils Robert & Guillaume passerent en Angleterre avec Guillaume le Conquérant. Robert l'aîné , étoit Général de la Cavalerie , & Guillaume son Frere étoit Général de l'Infanterie de ce Prince. Cette Famille a produit plusieurs personnes illustres , entr'autres, Charles Blount, Comte de Devonshire , Gouverneur de Portsmouth , & Viceroi d'Irlande. Il avoit été créé Chevalier en 1586 , & honoré de l'Ordre de la Jaretiere en 1597. C'étoit un des principaux favoris de la Reine Elizabeth , & en 1603 le Roi Jacques le nomma pour être de son Conseil Privé. Charles Blount mourut comblé de biens & d'honneurs le 3 Avr. 1606 , à 43 ans. Thomas Blount habile Jurisconsulte mort à Orleton le 26 Déc. 1679 , à 61 ans. On a de lui plus. ouvr. dont les principaux sont, 1°. Académie d'Eloquence , contenant une Rhétorique angloise complette. 2°. Glossographia , ou Dictionnaire des mots difficiles, hébreux, grecs, latins, italiens, &c. à-présent en usage dans la Langue angloise. 3°. Dictionnaire Juridique où l'on explique les termes obscurs & difficiles qu'on trouve dans nos Loix anciennes & modernes , dont la meilleure Edition est de 1691 , in-fol.

BLOUNT , (Henri) Chevalier , se distingua par sa vertu & par ses talens , & eut diverses commissions importantes. Il hérita de Tittenhanger & d'un bien considér. par la mort de son Frere aîné Thomas-Po-

pe Blount , Ecuïer , & fut Grand-Sherif du Comté de Hertford. Il m. le 9 Oct. 1682, à 80 ans moins deux mois. On a de lui une Relation de son voïage au Levant , & quelques autres ouvr. Deux de ses Fils sont connus dans la République des Lettres. Nous en parlons dans les deux articles suivans.

BLOUNT , ( Thomas-Pope ) fils aîné & héritier de Henri Blount , dont il est parlé dans l'article précédent , naquit le 12 Sept. 1649 , à Upper-Halloway dans la Province de Middlesex. Il fut créé Baronet, du vivant de son Pere, fut plusieurs fois député au Parlement ; & pendant les trois dernieres années de sa vie la Chambre des Communes le nomma Commissaire des Comptes. Il m. à Tittenhanger dans le Comté de Hertford le 30 Juin 1697 , laissant une nombreuse postérité. Son princip. ouvr. est sa Censura celebriorum autorum, sive Tractatus, in quo varia virorum Doctorum de clarissimis cujusque seculi scriptoribus judicia redduntur. Londr. 1690 , fol. & Genev. 1694 & 1710 , in-4. Dans les Editions de Venise, on a traduit en latin les passages des Auteurs que le Chevalier Blount avoit donnés dans les Langues modernes dans lesquelles ils étoient écrits. On a encore de Thomas-Pope Blount une Histoire naturelle, in-8. & des Essais sur différens sujets , in 8.

BLOUNT , (Charles) Frere du précédent & fameux Ecrivain Anglois , naquit à Upper-Holloway , dans la Province de Middlesex, le 27 Avril 1654. Il eut une très belle éducation , & il s'appliqua avec beaucoup d'ardeur à l'étude des Belles-Lettres & des Sciences. Il m. au mois d'Août 1693 , s'étant tué de desespoir , parcequ'il ne pouvoit obtenir une dispense pour épouser la Veuve de son Frere , dont il étoit devenu amoureux. Il avoit épousé en 1672 , Eleonore Tyrrel , dont il eut le Lieutenant-Colonel Henri Blount son fils aîné , & d'autres enfans. On a de lui plusieurs ouvr. dont quelques-uns ont fait beaucoup

de bruit. Les princip. font ; 1°.
*Anima mundi* , ou *Histoire des*
*opinions des Anciens touchant l'é-*
*tat des ames des Hommes après la*
*mort*. Londres , 1679 *in*-8. 2°. *La*
*grande Diane des Ephésiens* , ou *l'o-*
*rigine de l'idolâtrie* , avec *l'institu-*
*tion politique des sacrifices du Pa-*
*ganisme* , 1680 *in*-8. 3°. Une *Tra-*
*duction* en anglois *des deux prem.*
*Livres de la vie d'Apollonius de*
*Tyane* , par *Philostrate* , 1680 *in*-8.
avec des notes tirées la plûpart des
MSS. du Baron Herbert , qui ne ten-
dent qu'à tourner la Religion en
ridicule & à rendre l'Ecriture-Sainte
méprifable. Ce Livre fut fupprimé ,
& il ne s'en répandit qu'un petit
nombre d'exemplaire. 4°. *Janua*
*scientiarum* , ou *Introduction abre-*
*gée à la Geographie* , *la Chronolo-*
*gie* , *la Politique* , *l'Histoire* , *la*
*Philosophie* , & *toutes sortes de*
*Belles-Lettres*. Londres 1684 , *in*-8.
5°. Il est le principal Auteur du Livre intit *Les Oracles de la raison*.
Londres 1693 , *in*-8. réimprimé en
1695 , avec d'autres pieces fous le
titre d' *Œuvres diverses de Charles*
*Blount* , *Ecuïer*. Charles Gildon
Editeur de ces diverses pieces , rétracta depuis les opinions Pyrrho-
niennes qu'elles renferment , par un
Livre qu'il publia à Lond. en 1705 ,
fous ce titre : *Manuel des Deistes* ,
ou *Recherches raifonnables fur la*
*Religion Chrètienne* , *avec quelques*
*confidérations fur* Hobbes , Spinofa ,
les Oracles de la raifon , les fecondes penfées , &c. *le tout précédé*
*d'une Lettre de l'Auteur de la Mé-*
*thode abregée contre les Déiftes*.
Jean Bradley , Ministre d'Alrewas ,
a auffi réfuté le Livre des Oracles de
la raifon dans fon Traité imprimé
à Lond. en 1699 , *in*-12. qui a pour
titre : *Idée impartiale de la vérité*
*de la Religion Chrètienne* , *avec*
*l'Hiftoire de la vie & des miracles*
*d'Apollonius de Tyanes* , &c. 6°.
*Religio Laici*. Londr. 1683 , *in*-12.
Il paroît que cet ouvr. eft de lui ,
par un témoignage de la propre
main du Chevalier Tomas-Pope
Blount , fon frere.

**BOCACE** , ( Jean ) l'un des plus
polis & des plus favans Ecrivains
de fon fiecle , naquit à Certaldo en
1313. Son pere le mit d'abord avec
un Marchand ; mais au bout de fix
ans , comme on lui voïoit des difpofitions pour l'étude , on lui fit apprendre le Droit Canon. Après la
mort de fon pere , fe trouvant libre ,
il fuivit fon goût , & fe livra tout
entier à la Poéfie & aux Belles-
Lettres. Pétrarque , fon maître , lui
aïant perfuadé de quitter Florence ,
à caufe des troubles & des factions
dont cette ville étoit alors agitée ,
il parcourut toute l'Italie , demeura
affez long-tems à la Cour de Naples , où il fut bien reçu du Roi
Robert , & eut en Sicile beaucoup
de part aux bonnes graces de la Reine Jeanne. Bocace retourna enfuite
à Florence , d'où il fe retira à Certaldo ; mais fon extrême application
à l'étude , lui caufa une maladie ,
dont il mourut le 21 Déc. 1375 , à
61 ans. Il a publié un gr. nombre
d'ouvr. en vers & en profe , qui ont
immortalifé fon nom. Les princip.
font , 1. De la Généalogie des
Dieux : 2. Un Traité des fleuves ,
des montagnes & des lacs : 3. Un
abregé de l'Hiftoire de Rome , &c.
Le plus connu de tous , eft fon *De-*
*cameron* , ou *Dodecameron* ; ouvr.
qui eft un Recueil de contes. Bocace excella dans la profe italienne ,
comme Pétrarque dans la poéfie.

**BOCCALINI** , ( Trajan ) célebre
Ecrivain fatyrique , natif de Rome ,
fe fit admirer des Savans de toute
l'Italie au commencement du 17e
fi. , par fa critique fine & délicate.
Les Pr. mêmes n'échappoient point
aux traits de fa fatyre. Les Cardinaux Borghefe & Gaëtan , s'étant
déclarés fes Protecteurs , il publia
les *Ragguagli di Parnaffo* , & *la*
*Secretaria di Apollo* , qui en eft
la fuite. Ces deux ouvr. furent reçus du public avec un applaudiffement extraordinaire. Il y feint qu'A-
pollon tenant fa Cour fur le Parnaffe , entend les plaintes de tout l'U-
nivers , & rend à chacun juftice ,
felon l'exigence des cas. Il fit impr.

enfuite fa *Pietra di Parangone*, contre la Cour d'Efpagne ; mais craignant qu'elle ne s'en vengeât, il fe retira à Venife, où il fut néanmoins affaffiné.

BOCCHUS, Roi de Mauritanie, s'unit avec Jugurtha fon gendre, contre les Romains, & fut deux fois vaincu par Marius, 108 & 107 avant J. C. Enfuite pour faire la paix avec les Romains, il livra Jugurtha à Sylla. Il eut une partie du Roïaume de Jugurtha pour prix de fa trahifon.

BOCCONI, (Sylvio-Paul) fav. Naturalifte, né à Palerme en 1633, eft auteur de plufieurs ouvrages curieux & intéreffans. Il mourut le 22 Décembre 1704, dans un Monaftere près de Palerme, après être entré dans l'Ordre de Cîteaux.

BOCCORIS, Roi d'Egypte felon Trogue-Pompée & Tacite, aïant confulté l'oracle d'Hammon, fur la Ladrerie, qui infectoit l'Egypte, il chaffa, par l'avis de cet oracle, les Juifs de fon païs comme une multitude inutile & odieufe à la Divinité ; mais Moyfe nous apprend d'une maniere certaine, pourquoi & comment les Juifs fortirent de l'Egypte, & on eft furpris en lifant Hérodote, Juftin, Plutarque, Tacite & les autres auteurs profanes, de voir combien ils étoient peu inftruits de l'Hiftoire des Juifs. Ce que l'on peut inférer de leurs témoignages, c'eft que Boccoris eft le Pharaon dont il eft parlé dans le Pentateuque.

BOCH, BOCHIUS, ou BOCQUI, (Jean) Poète latin, né à Bruxelles en 1555, voïagea en Italie, en Allemagne, en Pologne & en Mofcovie. A fon retour, le Duc de Parme le fit Secrétaire de la Maifon-de-ville d'Anvers. Il mourut le 13 Janv. 1609. Les critiques des Païs-Bas font un fi gr. cas de fes Poéfies, qu'ils lui ont donné le nom de *Virgile Belgique*.

BOCHART, (Samuel) Miniftre de la Religion Prétendue réformée, & l'un des plus fav. hommes du 17e fiecle, naquit à Rouen en 1599, d'une famille noble & féconde en perfonnes de mérite. Il favoit le grec, l'hébreu, l'arabe, l'éthiopien, & plufieurs autres Langues. Bochart s'acquit l'eftime des Savans, & fe diftingua tellement par fa probité & par fa profonde érudition, qu'il fe concilia l'amitié des perfonnes les plus illuftres de l'Eglife Catholique. La Reine de Suede l'engagea en 1652, à faire un voïage à Stocholm, où elle lui donna des marques publiques de fon eftime. De retour à Caen, il y reprit les fonctions de Miniftre, & fut reçu de l'Académie de cette Ville. Il y mourut fubitement en parlant dans la même Académie le 16 Mai 1667, à 68 ans. On a de lui, 1. une Géographie facrée, divifée en deux parties, qu'il a intitulée *Phaleg* & *Canaan* : 2. l'Hiftoire des animaux, dont il eft parlé dans l'Ecriture, intitulée *Hierozoïcon*. Ces ouvrages remplis d'une érudition immenfe, rendront fa mémoire immortelle. Il ne faut pas le confondre avec Matthieu Bochart fon parent, & favant Miniftre à Alençon, qui a publié plufieurs ouvrages de Controverfe.

BOCHEL ou BOUCHEL, (Laurent) fav. Jurifconfulte du 17e fi., Avocat au Parlement de Paris, dont on a, 1. les Decrets de l'Eglife Gallicane : 2. Bibliotheque du Droit françois, en 2 vol. 3. *Enchiridion Chriftiani Jurifconfulti*. Ces ouvr. font eftimés. Il mourut le 29 Avril 1629.

BOCQUILLOT, (Lazare-André) favant Rubricaire, né à Avalon, d'une famille obfcure ; après avoir fait fes études à Avalon & à Auxerre, réfolut de prendre le parti des armes. Il fuivit en 1670 M. de Nointel à Conftantinople. De retour en France, il alla étudier le Droit à Bourges, & fut enfuite reçu Avocat à Dijon. Quelque-tems après aïant embraffé l'état eccléfiaftique, il fut fait Curé de Chatelux, Directeur des Urfulines d'Avalon, Chanoine de Notre-Dame de Montréal, & enfin Chanoine d'Avalon, où il

M iiij

mourut le 22 Septembre 1728. Ses principaux ouvr. font, 1. un Traité fur *la Liturgie*, imprimé à Paris en 1701, in-8°. ouvr. eftimé : 2. Plufieurs vol. d'Homélies : 3. Un vol. de Lettres, &c.

**BODERIE**, ( Antoine de la ) *voyez* Le Fevre. (Gui)

**BODESTEN**, ( Adam) fameux Médecin Allemand, natif de Carloftadt, fut grand partifan de la doctrine de Paracelfe, qu'il traduifit, & fur laquelle il fit des Commentaires qui ont été eftimés des Médecins de fa fecte. Il mourut à Bâle en 1577.

**BODIN**, ( Jean ) fameux Ecrivain du 16e fi., natif d'Angers, après avoir fait fes éudes à Touloufe, & y avoir enfeigné, vint à Paris, où il fe fit recevoir Avocat. Bodin fut en fi grande confidération auprès du Roi Henri III, que ce Prince fit emprifonner Michel de la Serre, pour avoir fait un écrit injurieux contre Bodin, & qu'il lui fit défendre, fur peine de la vie, de publier cet écrit ; mais cette faveur n'aïant pas continué, le Duc d'Alençon lui donna divers emplois, & l'emmena avec lui en Angleterre, où Bodin eut le plaifir & la gloire de voir enfeigner publiquement dans l'Univerfité de Cambridge, fes Livres de *la République*, qui avoient été traduits en latin par les Anglois. Cela le détermina à les traduire lui-même de françois en latin en 1583. Dans *Ragguagli de Boccalini*, Bodin eft condamné au feu comme un *athée*, pour avoir foutenu qu'on doit laiffer aux différentes fectes la liberté de confcience. Il fe déclara avec force contre ceux qui prétendoient que l'autorité des Rois eft illimitée ; mais d'un autre côté, il avança des principes qui déplurent aux Républicains ; ce qui prouve qu'il n'avoit fur ce point aucun fyftème fixe. Enfin, il mourut de pefte à Laon, où il étoit Procureur du Roi en 1596, à 67 ans. Il n'avoit pris aucune précaution pour fe garantir de la pefte, fur cette perfuafion ri-

dicule qu'on ne peut être attaqué de cette maladie contagieufe, après l'âge de 60 ans. Ses princip. ouvr. font, 1°. la *Démonomanie*, ou Traité des Sorciers : 2°. fa *République* : 3°. *Heptaplomeres de abditis rerum fublimium arcanis*. On voit dans ce dernier ouvrage, qui a fait grand bruit, & qui fe trouve dans la Bibliotheque de Sorbonne, que Bodin donnoit en des fuperftitions & des contes pitoïables, tandis qu'il rejettoit les vérités les plus conftantes.

**BODLEY**, ( Thomas ) célebre Gentilhomme Anglois, né à Excefter en 1544, fut élevé à Genève, où il avoit été obligé de fe retirer fous le regne de la Reine Marie, qui faifoit punir les Proteftans. Elifabeth étant montée fur le Trône, Bodley revint en Angleterre, & fut chargé, par cette Princeffe, de diverfes négociations importantes auprès des Princes d'Allemagne & des Hollandois. Dans la fuite, il ne voulut plus fe mêler des affaires d'Etat, & s'appliqua uniquement au progrès des Sciences. Il mourut en 1612. C'eft lui qui a legué à l'Univerfité d'Oxford, la magnifique Bibliotheque appellée de fon nom, *Bodleyenne*.

**BODORI**, ( le pere du ) Jéfuite, eft Auteur de pluf. petits ouvr. écrits avec beauc. de pureté, d'élégance & de jugement. Ils ont été imprimés après fa mort à Paris, chez Bordelet, en 1750. *in*-12.

**BOECE**, *Boetius*, l'un des meilleurs écrivains & Poëtes Latins de fon tems, naquit à Pavie au 5e fi., d'une des plus nobles familles de Rome. Il fit fes études à Athènes, & y devint habile dans les Sciences, principalement dans la Philofophie. Il fuivoit les fentimens d'Ariftote. De retour à Rome, il fut élevé aux charges de Sénateur & de Patricien, & même au Confulat en 487. Boece fit en 500, au nom du Sénat, le Panégyrique de Théodoric Roi des Goths, fur fon entrée dans Rome. Il fut Conful derechef en 510 & en 511 ; mais en 523, aïant fait des remontrances contre les violences de Théodoric, il fut accusé auprès de ce Prince de vouloir conspirer avec l'Emp. Justin contre les Goths. Il paroît en effet par une ancienne préface des Livres de *la Consolation*, découverte dans la Biblioth. Ambrosienne à Milan, par le Pere Mabillon, que Boece avoit des intelligences secretes avec les Grecs, & qu'il avoit dessein de soustraire la ville & le Sénat Romain au pouvoir des Goths, par l'assistance des Grecs. Il fut arrêté avec son beaupere Symmaque, & conduit à Pavie, où après six mois de prison, il eut la tête tranchée par ordre de Théodoric, le 23 Oct. 524. Il nous reste de lui, 1. cinq Livres de *la Consolation de la Philosophie*, qu'il composa pour adoucir la rigueur de sa prison : 2. un Traité des deux natures en J. C. & un Traité de la Trinité. On lui attribue encore d'autres ouvrages.

BOECLER, (Jean-Henri) sav. Antiquaire, naquit à Cronheim dans la Franconie en 1611. Il devint Conseiller de l'Emp. & de l'Electeur de Mayence, Historiographe de Suede, & Profes. en Hist. à Strasbourg. La Reine Christine l'appella en 1648 à Upsal, pour y être Professeur en Eloquence ; mais le climat de la Suede étant contraire à la santé de Boecler, il obtint son congé avec une pension viagere de 800 florins. L'Emp. lui accorda le titre de Comte Palatin, avec le privilege qu'il seroit héréditaire dans sa famille, & que le fils aîné en jouiroit à perpétuité. Boecler fut aussi du nombre des Sav. d'Allem. que Louis XIV pensionna à cause de leur érudition. Il m. en 1692. Ses principaux ouvr. sont : 1. *Commentationes Plantanæ*. 2. *Notitia Rom. Imperii*. 3. *De Scriptoribus græcis & latinis*. 4. *Bellum Sueco-Danicum*. 5. *Commentatio in Grotii Lib. de Jure belli & pacis*. Boecler poussoit l'admiration pour cet Ouvr. de Grotius, jusqu'à jurer dans une Lettre qu'on a publiée depuis sa mort, que personne ne fe-

roit jamais rien qui en approchât, & que quiconque voudroit le surpasser en la moindre chose, s'exposeroit à la risée de la postérité. Cette admiration lui attira les railleries de ses Collegues de Strasbourg qui en appelloient *Grotiens*, tous ceux qui pensoient comme lui.

BOEHM, (Jacob) fam. Fanatique Allem., naquit en 1575 dans un Bourg de la haute Lusace. Ses parens qui étoient de simples Païsans, lui firent apprendre le métier de Cordonnier, & il fut reçu maître dans cette profession en 1594. Six ans après, il tomba dans une extase de sept jours. Il eut d'autres extases dans la suite, & mourut en 1624. On a de lui un Livre, intitulé l'*Aurore*, qu'il composa en 1612, & qui est d'une obscurité impénétrable aussi bien que tous ses autres ouvr. qui sont en assez gr. nombre, & qui ont souv. été impr. ensemble. Il a donné son nom à la Sectes des *Boehmistes*, dont le nombre est encore fort considérable en Allemagne.

BOERHAAVE, (Herman) l'un des plus sav. Médecins qui aient paru depuis Hippocrate, naquit à Voorhout, près de Leide, en 1668. Il professa la Médecine, la Chimie & la Botanique, avec une réputation extraordinaire, & fut associé aux Académies des Sciences de Paris & de Londres. Boerhaave amassa de gr. richesses, & m. le 23 Sept. 1738. On a de lui, 1. *Institutiones Medicæ* : 2. *Methodus discendi Medicinam* : 3. *Aphorismi de cognoscendis & curandis morbis* : 4. *de Viribus Medicamentorum* : 5. *Institutiones & experimenta Chimiæ*, &c. Tous ces ouvrages sont estimés.

BOETIE, (Etienne de la) natif de Sarlat, habile Conseiller du Parlement de Bourdeaux, mort le 18 Août 1563, à 33 ans. Il laissa des vers lat. & franç. un Traité intitulé *la Servitude volontaire*, & d'autres ouvrages. Montagne, son ami intime, en fait un grand éloge.

BOETIUS *Epo*, cél. Jurisc. des Païs-Bas, né à Roorda en 1529, enseigna les Belles Lettres en pluf. villes, & le Droit à Douai, avec réputation. Il mourut le 16 Novembre 1599. On a de lui un gr. nombre de Traités fur les matieres de Droit, & d'autres ouvrages.

BOETIUS, (Hector) fav. Historien Ecoffois, au 16e fiecle, né à Dundée, d'une famille noble, fe fit eftimer des Savans de fon fiecle. Erafme en parle avec éloge.

BOGORIS, premier Roi Chrétien des Bulgares, voïant que Théodora gouvernoit l'Empire pour Michel fon fils, & perfuadé qu'elle ne pourroit point faire de réfiftance, envoïa des Ambaffadeurs à Constantinople en 843, pour lui déclarer la guerre; mais Théodora répondit aux Ambaffadeurs : » Dites à votre Maî-
» tre, qu'il me trouvera en per-
» fonne à la tête des troupes Ro-
» maines les armes à la main, pour
» le punir d'avoir lâchement violé
» la paix, & attaqué l'Empire lorf-
» qu'il n'a qu'un enfant pour Mo-
» narque & une Princeffe pour Re-
» gente. Affurez-le que je fuis cer-
» taine de la protection du Ciel,
» vengeur inexorable du parjure &
» de l'infidelité. Mais quelque puif-
» fe être le fort de nos armes, aver-
» tiffez-le qu'il ne peut être qu'à fa
» honte. Si la fortune fe déclare
» pour lui, comment ofera-t-il fe
» glorifier d'avoir vaincu une fem-
» me ? & fi je remporte la victoire,
» comment pourra-t-il s'entendre
» reprocher qu'une femme l'a vain-
» cu ? « Bogoris frappé de cette ré-
ponfe, auffi pleine d'efprit que de courage, conçut une haute idée de Theodora, & renvoïa fes Ambaf-fadeurs pour lui demander la conti-nuation de la paix, dont l'une des conditions fut que Theodora ren-droit la fœur du Roi des Bulgares, qui étoit prifonniere à Constantino-ple, où elle avoit embraffé la Reli-gion Chrétienne. Cette derniere Princeffe donna à Bogoris les pre-mieres impreffions du Christianif-me. Enfuite il fe fit inftruire & baptifer par un favant Evêque que Theodora lui avoit envoïé, & prît

le nom de Michel par confidération pour fon fils. Enfin il réfolut de faire embraffer la Relig. Chrét. à tout fon peuple, qui fe révolta, & prit les armes pour le détrôner. Bo-goris marcha contre les féditieux avec une poignée de fujets fideles, & les fit rentrer dans le devoir fans répandre de fang : car épouvantés à la vue de la Croix qu'il avoit fait peindre fur fes Enfeignes, ils de-manderent le baptême, & n'eurent plus qu'une même foi.

BOIARDO, ( Matteo-Maria ) de Ferrare, Comte de Scandiano, eft très connu par fes Poéfies italiennes. Son principal ouvrage eft fon Poë-me d'*Orlando inamorato*, des *Amours de Roland & d'Angélique*. Il vivoit au 15e fiecle, & mourut en 1494. On eftime fur-tout fes dix Eclogues latines & fes Sonnets.

BOILEAU, (Gilles) Païeur des rentes de l'Hôtel-de-Ville, l'un des 40 de l'Académie Françoife, & frere aîné du cél. Boileau Defpreaux, mort Contrôleur de l'argenterie du Roi en 1669, à 38 ans. On a de lui la vie & la traduction d'Epictete, deux Differtations contre Menage & Coftar, & quelques autres ouvr.

BOILEAU, (Jacques) frere du précédent, fav. Doct. de la Maifon & Soc. de Sorb., né à Paris le 16 Mars 1635, après avoir été Doyen & Gr. Vicaire de Sens fous M. de Gondrin, en 1667, revint à Paris en 1694, & fut Chanoine de la Ste Chapelle. Il m. Doyen de la Faculté de Théol. le prem. Août 1715. Il a publié un gr. nombre d'ouvr. rem-plis de traits finguliers & curieux. Les principaux font, 1. Un Ecrit fur la Decretale, *fuper fpecula de Ma-giftris* : 2. *de antiquo jure Presby-terorum, in regimine ecclefiaftico* : 3. *de antiquis & majoribus Epif-coporum caufis, in 4°*. 4. l'Hiftoire de la Confeffion auriculaire en lat. 6. le Traité de Ratramne ; *de Cor-pore & Sanguine Domini*, avec des notes, &c. Boileau le Docteur avoit beauc. d'efprit. On lui attribue un gr. nombre de bons mots. Il étoit ami & gr. partifan de M. Arnauld,

& des autres MM. de Port-Royal.

BOILEAU, (Nicolas) furnommé Defpreaux, frere puîné des précédens, & l'un des plus célebre Poètes François, étoit fils de Gilles Boileau, Greffier de la Gr. Chambre du Parlem. Il naquit en 1636, non à Paris, comme on l'a dit communément, mais à Crône, petit village où fon pere avoit une maifon de campagne, proche Ville-neuve-S. Georges. Après avoir achevé fes études d'humanités & de Philof. il étudia en Droit, & enfuite en Théol. mais ces fortes d'études ne lui plaifant point, il réfolut enfin de fuivre fon goût. Il fe livra tout entier à la Poëfie & aux Belles-Lettres, & s'acquit par fes ouvr. une gloire immortelle. Boileau fut reçu de l'Açad. Fr. en 1684, & m. le 11 Mars 1711. Ses princ. ouvr. font, des Satyres, des Epîtres, le Lutrin, l'Art Poétique, & la traduction du Traité du Sublime de Longin. Il regne dans tous un goût exquis, & une critique judicieufe.

BOILEAU, (Jean-Jacques) fav. Chanoine de l'Eglife de S. Honoré à Paris, étoit du Diocèfe d'Agen. M. Mafcaron, alors Evêq. de cette Ville, lui en donna la princ. Cure; mais M. Boileau la quitta à caufe de la foibleffe de fa fanté, & vint à Paris, où il fe fit eftimer du Card. de Noailles, & de pluf. Savans. Il m. le 10 Mars 1735, à 86 ans. Ses princ. ouvr. font : 1. Des *Lettres fur différens fujets de Morale & de Piété*. 2. La Vie de Madame la Ducheffe de Liancourt, & celle de Madame Combé, Inftitutrice de la Maifon du Bon-Pafteur.

BOIS, (François du) *voïez* SYLVIUS.

BOIS, (Philippe Goibaud Sr. du) de l'Acad. Françoife, étoit de Poitiers. Il fe diftingua par fes traductions franç. de pluf. ouvr. de S. Auguftin, des Offices, des Traités de l'amitié, de la vieilleffe, & des Paradoxes de Ciceron. Il mour. le prem. Juillet 1694. Il avoit été Gouv. du Duc de Guife, mort en 1671.

BOIS, (Gerard du) Prêtre de l'Oratoire, natif d'Orléans, habile dans l'Hiftoire, mourut à Paris le 15 Juillet 1696. On a de lui l'Hiftoire de l'Eglife de Paris, qu'il compofa à la priere de M de Harlai, Archevêque Paris.

Il y a eu plufieurs autres perfonnes de ce nom.

BOISROBERT, (François le Metel de) natif de Caen, Abbé de Châtillon-fur-Seine, & l'un des 40 de l'Açad. franç., fe fit aimer du Card. de Richelieu par fon efprit, naturellement tourné à la plaifanteries. Il railloit agréablement, & délaffoit l'efprit du Card., en lui rapportant toutes les petites nouvelles de la Cour & de la Ville. Ce divertiffement étoit fi utile à cette Eminence, que fon Médecin avoit coutume de lui dire : *Mgr, toutes nos Drogues font inutiles, fi vous n'y mêlez une dragme de Boifrobert*. Il mourut en 1662. On a de lui diverfes Poéfies, des Lettres, & d'autres ouvrages.

BOISSARD, (Jean-Jacques) favant Antiquaire, né à Befançon en 1528, voïagea en Italie, dans la Grece, & en Allem., pour recueillir des monumens antiques. Il m. à Metz le 30 Oct. 1602. Ses princ. ouvr. font : 1. 4 vol. *in fol.* d'Antiquités Romaines, enrichis d'Eftampes, gravées par Théodore de Bry & par fes deux fils : 2. *Theatrum vitæ humanæ*, qui contient la vie de 198 perfonnes illuftres, avec leurs figures en taille-douce : 3. un Traité *de Divinatione & magicis præftigiis*. Ces ouvrages font rares & eftimés des Antiquaires.

BOISSY, (Louis de) cél. Poète comique, François, natif de Vic en Auvergne, a travaillé au Mercure de France avec applaudiffement. Il étoit de l'Acad. franç., & mour. au mois d'Av. 1758. Ses Œuvres ont été imprim. M. de Boiffy fon fils, s'eft déja diftingué par fon *Hiftoi e de de la vie de Simonide*.

BOISSIEU, (Denys de Salvaing, Seigneur de) Premier Préfid. en la Chambre des C. de Dauphiné, & l'un des plus fav. hommes du 17e fiecle, étoit fils de Charles Salvaing, Seigneur de Boiſſieu, homme très profond dans la connoiſſance de la Langue grecque. Il accompagna le Maréchal de Crequi dans ſon Ambaſſade de Rome, en qualité d'Orateur du Roi Louis XIII, en 1633, & il y fit une Harangue éloquente & judicieuſe, qui plut également au Pape & au Roi. Il m. vers 1679. On a de lui pluſ. ouvr., dont le plus important eſt ſon Traité de l'Uſage des Fiefs & autres Droits Seigneuriaux dans le Dauphiné.

BOIVIN, (Jean) Profeſſeur en Grec au College Roïal, Garde de la Bibliotheque du Roi, & membre de l'Académie Franç. & de l'Acad. des Belles-Lettres, étoit de Montreuil-l'Argilé. Son frere aîné Louis Boivin, homme érudit, & membre de l'Acad. des Belles-Lettres, le fit venir à Paris, & l'inſtruiſit avec ſoin. Jean Boivin ſe diſtingua par ſa capacité dans les Belles-Lettres, & principalement dans la connoiſſance de la Langue grecque. Il ſe fit eſtimer & aimer des Sav. par ſa douceur, ſa probité, & ſa profonde érudition. Il mour. à Paris le 29 Oct. 1726, à 64 ans. Ses princ. ouvr.ſont : 1. l'*Apologie* d'Homere ſur le bouclier d'Achilles : 2. Traduction franç. de l'*Œdipe*, de Sophocle & des *oiſeaux* d'Ariſtophane : 3. la Batrachomyomachie en vers fr., &c. 4. des vers grecs qui ſe trouvent dans un recueil de l'Abbé d'Olivet.

BOL, (Jean) cél. Peintre Flamand, natif de Malines, excelloit à peindre le Païſage. Il mourut en 1593., à 60 ans.

BOLESLAS, premier Roi de Pologne, ſuccéda en 969 à ſon pere Miciſlas. L'Emp. Othon III, lui donna le titre de Roi, & affranchit, en 1001, ſon Païs, de la dépendance de l'Empire. Boleſlas avoit de gr. qualités. Il vainquit les peuples de Moravie, & ſe les rendit tributaires. Il n'avoit en vûe que la Religion & le bien de ſes Etats. Il mourut en 1025.

Il y a eu pluſieurs autres Princes de ce nom.

BOLEYN, ou BOLEN, *voyez* BOULEN.

BOLINGBROKE, (le Vicomte de) Seigneur Anglois, fam. par ſes ouvrages de politique, &c.

BOLLANDUS, (Jean) célebre Jéſuite, né à Tillemont le 13 Août 1596, fut choiſi pour exécuter le gr. deſſein que le Pere Roſweide avoit eu de recueillir tout ce qui pourroit ſervir aux vies des Saints. Bolandus entreprit cet ouvrage, ſous le titre de *Acta Sanctorum*, & en publia 5 vol. in-fol. Il travailloit au ſixieme, lorſqu'il mourut le 12 Septembre 1665, à 70 ans. On donne aux continuateurs de ce gr. ouvrage, ſe ſurnom de *Bollandiſtes*.

BOLOGNE, (Jean de) habile Sculpteur du 16e ſiecle, natif de Douai, & diſciple de Michel Ange. C'eſt lui qui a fait l'enlevement d'une Sabine que l'on voit dans la Place de Florence, & le Cheval de Henri IV, qui eſt placé au milieu du Pont-neuf à Paris.

BOLOGNESE, (le) *voyez* GRIMALDI.

BOLSWERT, (Scheldt) excellent Graveur au burin, natif des Païs-Bas, a travaillé d'après les ouvrages de Rubens, de Vandyck & de Jordans, dont il a parfaitement tendu le goût & le deſſein. Adam & Boece Bolſwert, étoient d'habiles Graveurs, mais beaucoup inférieurs à Scheldt.

BOMBERG, (Daniel) cél. Imprimeur, natif d'Anvers, alla s'établir à Veniſe, & s'acquit une réputation immortelle par ſes édit. hébraïques de la Bible & des Rabbins. Il les commença en 1511, & les continua juſqu'à ſa mort, arrivée vers 1550.

BOMILCAR, Général des Carthaginois, fut ſi allarmé des exploits d'Agatoclès, qu'il réſolut de lui livrer Carthage ; mais les Carthaginois indignés, pendirent ce perfide au milieu de la grande Place, vers 308 avant J. C.

BONA, (Jean) pieux & ſavant Cardinal, naquit à Mondovi le 10 Octobre 1609, d'une famille noble

& ancienne. Il se fit Religieux dans l'Ordre des Feuillans, & en fut élu Général en 1651. Bona se démit de cette charge, avec là permis. d'Alexandre VII, qui le retint à Rome, & lui donna divers emplois. Clement IX les lui continua, & le créa Cardinal, le 29 Nov. 1669. Ce Pontife étant mort peu de tems après, les gens de bien souhaitoient de voir Bona son successeur : sur quoi le Pere Daugieres, Jésuite, fit cette Epigramme.

*Grammaticæ leges plerumque Eccle-*
*sia spernit :*
*Forté erit ut liceat dicere Papa*
*Bona.*
*Vana solœcismi ne te conturbet ima-*
*go :*
*Esset Papa bonus, si Bona Papa*
*foret.*

Cependant Bona ne fut point élu, ce fut Altieri qui prit le nom de Clement X. Le Cardinal Bona emploïoit à l'étude & à la priere, le tems qui lui restoit de ses affaires. Il étoit en commerce de Lettres avec les Savans de l'Europe. Il m. à Rome avec de gr. sentimens de piété, le 27 Octob. 1674, à 65 ans. On a de lui, 1. plusieurs ouvrages de piété : 2. un Traité de la Psalmodie : 3. un Livre sur la Liturgie. Ils sont tous estimés. La plûpart sont traduits en françois.

BONACINA, ( Martin ) cél. Canoniste de Milan, mort en 1631, a laissé, 1. une Théologie morale : 2. un Traité de l'Election des Papes, & un autre des Bénéfices.

BONARELLI, ( Gui-Ubaldo ) naquit à Urbin le 25 Décem. 1563, d'une des plus nobles & des plus anc. familles de la Ville d'Ancone. Ses Ancêtres avoient reçu en 1480 du Pape Sixte IV, l'investiture des Fiefs de Pompaiano & des Torretté, situés au bord de la Mer Adriatique. Les Ducs d'Urbin donnerent à cette famille, dont ils avoient reçu de gr. services, & qu'ils affectionnoient, le nom & les armes de la Rovere ; & le Comte Pierre Bona-

relli, pere de celui dont il s'agit, obtint de Gui-Ubaldo 2e du nom, Duc d'Urbin, le Marquisat d'Orciano, du consentement du Pape Pie V. Il en fut dépouillé par François Marie 2e du nom, successeur du D. précédent. Le C. Pierre Bonarelli craignant dans cette Cour encore plus de disgraces qu'il n'en avoit éprouvé, se retira à Novellara, où le C. Camille de Gonzague, son proche parent, l'accueillit avec amitié, & fournit genereusement à son entretien, & à celui de sa famille. Gui-Ubaldo Bonarelli, qui donne lieu à cet article, fut envoïé en France âgé de 15 ans, pour y être élevé conformément à sa naissance, & aux usages de ce tems-là. Après avoir étudié en Théologie à Pont-à-Mousson, il se rendit à Paris pour prendre des leçons dans cette cél. Univers. Il y brilla avec tant d'éclat en l'année 1583, qui étoit la 19e de son âge, qu'on lui offrit une Chaire de Philosophie en Sorbonne, dans le College de Calvi, mais son pere l'aïant alors rappellé, il se contenta d'avoir mérité cet emploi, & il s'excusa de l'accepter. Il s'attacha pendant quelque tems au Cardinal Frederic de Borromée ( neveu de S. Charles Borromée ) qui aimoit les hommes de Lettres, & qui fonda la fam. Bibliotheque *Ambroisienne* à Milan. Il se rendit ensuite à Modene où son pere s'étoit transferé. Après sa mort, le Duc Alfonse, connoissant le mérite de Gui-Ubaldo Bonarelli, le chargea de plus. Ambassades importantes. Les succès de ses négociations en accrediterent le mérite. Il composa une Pastorale intit. *Filli di sciro*, dans laquelle le génie, l'esprit, & la délicatesse brillent à l'envi. La défense de cet ouvrage qu'il lut à Ferrare dans l'Acad. de *gli Intrepidi*, lui mérita autant d'applaudissemens, que la *Filli* même. Attiré par les sollicitations du Cardin. d'Este, & par l'espérance d'obtenir la restitution du Marquisat d'Orciano, il partit pour Rome, mais une attaque de goute l'obligea de s'arrêter à Fano, où il m. le 8 Janv. 1608, à 45 ans. Laissant après lui la réputation d'habile politique, de très bel esprit, & de bon Philos. pour le siecle où il vivoit.

BONAROTA, BUONAROTI, ou *Michel Ange*, Peintre, Sculpteur, & Architecte très célebre, naquit à Chiusi, Château du Païs d'Arezzo, en 1474, d'une famille noble & ancienne, qui descendoit des Comtes de Canosse. Il fut élevé à Settignano, village voisin de Florence, où la plûpart des habitans étoient Sculpteurs, même le mari de sa nourrice; ce qui faisoit dire à *Michel Ange*, qu'il avoit sucé la sculpture avec le lait. Les Papes, les Rois, les Grands, Solyman même, Emp. des Turcs, lui donnerent des marques publiques de leur estime. Il avoit un goût admirable pour le dessein: son tableau le plus cél. qui est à Fresque, est celui du Jugement dernier, qu'il peignit à Rome. Son habileté dans la Sculpture & dans l'Architecture, éclate dans les statues & dans les édifices qu'il fit à Florence & à Rome. C'est lui qui traça le dessein de l'Eglise de S. Pierre de Rome, qu'il exécuta, excepté le frontispice, qui pour cette raison est bien inférieur au reste. Ce gr. homme m. à Rome en 1564, à 89 ans. Le Gr. Duc Cosme de Medicis le fit déterrer la nuit, & emporter à Florence, où il lui fit de magnifiques obseques dans l'Eglise de Ste Croix. On y voit son tombeau composé de trois figures, qui représentent la Peinture, la Sculpture & l'Architecture.

BONAVENTURE, (S.) célebre Doct. de l'Eglise, & Card., appellé auparavant *Jean Fidauze*, naquit à Bagnarea en 1221. Il prit l'habit de Religieux dans l'Ordre de Saint François en 1243, & eut pour maître Alexandre de Halès. Il fut Doct. de Paris en 1255, & Génér. de son Ordre l'année suiv. Il gouverna avec zele & avec prudence, & refusa l'Archev. d'Yorck. Après la mort de Clement IV, les Cardinaux ne

pouvant s'accorder sur le choix de son successeur, s'engagerent par un compromis solemnel d'élire celui que Bonaventure nommeroit, quand ce seroit lui-même. Il nomma Thibaut, Archidiacre de Liege, qui étoit alors dans la Terre-Sainte, & qui prit le nom de Grégoire X. Ce Pape le fit Card. & Evêq. d'Albe en 1272, & lui ordonna d'assister au 2e Concile génér. de Lyon. S. Bonaventure y m. le 14 Juillet 1274. On dit qu'il introduisit le premier l'usage d'adresser une priere à la Ste Vierge après Complies. Luther le regardoit comme un excel. homme. *Bonaventura præstantissimus vir* : Bellarmin comme un Doct. *chéri de Dieu & des hommes*, & Alexandre de Halès avoit coutume de dire, qu'il sembloit qu'Adam n'eût point péché dans le Frere Bonaventure : *in Fratre Bonaventura Adam peccasse non videtur*. Ses ouvrages lui ont mérité le nom de *Docteur Seraphique*. Ils ont été imprimés à Rome en 1588, 8 vol. *in-fol*. Ce sont des Comment. sur le Maître des Sentences, & la plûpart des Livres de piété. Gerson en recommandoit la lecture, & les regardoit comme la plus excel. Théologie qui eût paru jusqu'à son tems.

BONFADIO, (Jacques) natif de Salo, près du Lac de Gardes, vivoit au milieu du 16e si. & se rendit cél. par ses Ecrits. Mais la corruption de ses mœurs ternit sa réputation, & il eut la tête tranchée à Genes pour un crime infame. On a de lui, 1. l'Histoire de Genes, ou *Annales Genuensium ab anno 1528, ubi desinit folieta, ad annum 1550.* *Papiæ 1586. in-4*. Cette Histoire de Genes est estimée & passe pour exacte & très fidele. 2. des Lettres & des Poésies latines & italiennes, dont on a donné un recueil à Bologne 1744. *in-8°.*

BONFINIUS, (Antoine) savant Historien, natif d'Ascoli, au 15e siecle, dont on a une Histoire de Hongrie, continuée par Sambuc, & d'autres ouvrages.

BONFRERIUS, (Jacques) sav.

Jésuite, né à Dinant en 1573, & mort à Tournai le 9 Mai 1643, à 70 ans. On a de lui d'excell. Comment. sur le Pentateuque, & de sav. notes sur l'*Onomasticon* des lieux & des Villes dont il est parlé dans l'Ecriture-Sainte.

BONGARS, ( Jacques ) savant critique Calvin. natif d'Orléans, Conseiller de Henri IV, qui l'employa en plusieurs négociations importantes. Il mourut à Paris le 29 Juillet 1612, à 58 ans. Il a laissé d'excell. ouvrages, entr'autres des Lettres très estimées, traduites du latin en françois par M. l'Abbé de Brianville, dont la meilleure édit. est celle de la Haie en 1695.

BONIFACE, Comte de l'Emp. Rom. au 5e siecle, ami de S. Augustin, avoit promis d'embrasser la vie monastique ; mais le S. Doct. lui persuada de mener plûtôt une vie Chrétienne dans le monde, où il pourroit rendre de gr. services à l'Eglise par ses richesses & par son autorité. Il fut chassé d'Afrique par les Vandales, & mourut en 432, des blessures qu'il avoit reçues dans un combat contre Aëtius.

BONIFACE, ( S. ) prem. Archevêque de Mayence, au 8e siecle, après avoir enseigné l'Ecriture-Sainte au Monastere d'Escaucastre en Angleterre, résolut d'aller prêcher l'Evangile aux Nat. barb. Grégoire II l'envoïa en 719 en Allem. Il prêcha dans la Thuringe, le Païs de Hesse, la Frise, & la Saxe ; & il y convertit plusieurs milliers de personnes. Boniface fit alors un voïage à Rome, où il fut sacré Evêque en 723, par Grégoire II, qui le renvoïa en Allemagne. Il continua d'y prêcher, convertit les Peuples de Baviere, & reçut le Pallium de Grégoire III, avec permission d'ériger des Evêchés dans les Païs nouvellement convertis. Après avoir fait un troisieme voïage à Rome, il retourna promptement en Allemagne, y établit une coutume uniforme dans la discipline, abolit les superstitions, & érigea des Siéges Episcopaux à Saltzbourg,

Freizingen, Ratisbonne, Passaw, Herfurt, Burabour, Wirtsbourg, & Eichstat. Il tint alors un Conc. en Allem., un autre à Lestine, & un autre à Soissons. Pepin, & les Seign. François le firent ensuite nommer à l'Evêché de Mayence, qui fut érigé en Métropole. S. Boniface se démit bientôt de cette dignité en faveur de Lulle son disciple, & alla prêcher l'Evangile dans la Frise, où il fut massacré par les Païens le 5 Juin 754. Serrarius a publié les Lettres de cet illustre Martyr ; le style en est dur & barbare ; mais on y voit un gr. attachement au S. Siege, un zele ardent pour la correction des mœurs, & pour la conversion des infideles, & plusieurs choses importantes sur la discipline ecclésiastique.

BONIFACE I, ( S. ) Romain, succéda au Pape Zozime en 418. On lui opposa Eulalius, Antipape, que l'Empereur Honorius fit chasser. Il mourut le 25 Octobre 423. S. Célestin I, lui succéda. C'est à ce S. Pape Boniface, que S. Augustin dédia ses 4 Livres *contre les deux Epîtres des Pélagiens.*

BONIFACE II, Romain, fut élu Pape après Felix III, le 15 Octobre 529. On lui opposa l'Antipape Dioscore, qui mourut quelque-tems après. Il désigna dans un Synode, en 531, le Diacre Vigile pour son successeur ; mais cette nouveauté contraire aux Canons, fut révoquée dans un autre Synode. Il mourut le 17 Octobre 532, après avoir écrit une Lettre à Césaire d'Arles, & tenu un Concile à Rome l'année précédente. Jean II, lui succéda.

BONIFACE III, Romain, succéda au Pape Sabinien le 15 Février 606, & mourut le 12 Novembre suiv. C'est lui qui obtint de l'Empereur Phocas, que le titre d'*Evêque universel* ne seroit donné qu'à celui de Rome. Il condamna dans un Synode la pratique des Evêques qui se nommoient des successeurs.

BONIFACE IV, fils d'un Méd.

de Valeria, fut élu Pape après Boniface III, le 18 Septembre 607. Il obtint de l'Empereur Phocas *le Pantheon*, Temple cél. bâti par Agrippa, & le convertit en Eglise. C'est aujourd'hui *Notre-Dame de la Rotonde.* Il mourut le 8 Mai 614. *Deus-dedit* lui succéda. Les ouvr. qu'on attribue à Boniface paroissent supposés.

BONIFACE V, Napolitain, succéda au Pape *Deus-dedit* le 24 Décembre 617, & mourut le 25 Octobre 615. Il maintint les privileges des asyles dans les Eglises. Honorius I lui succéda.

BONIFACE VI, Romain, fut élu Pape, selon quelques Ecrivains, après la mort de Formose, le 16 Décembre 896, & chassé quinze jours après; son élection n'étant pas canonique, selon Baronius. Etienne VI, que Flodoard regarde comme le successeur légitime de Formose, fut élu le 8 Janvier 897.

BONIFACE VII, Antipape, surnommé Francon, fit étrangler Benoît VI en prison en 974, & après l'élection de Benoît VII, emporta à Constantinople les trésors de l'Eglise. Il revint ensuite, & fit mourir Jean XIV, successeur de Benoît, mais il mourut lui-même en 985, & fut traîné par les piés après sa mort.

BONIFACE VIII, fam. Pape, natif d'Anagnie, fut élevé avec beaucoup de soin, & devint habile dans la Jurisprudence civile & canonique. Il fut d'abord Avocat consistorial, Protonotaire apostolique, & Chanoine de Lyon. Martin II le créa Cardinal le 23 Mars 1281. On le nomma alors le Cardin. Cajetan. Enfin Célestin V aïant fait à Naples, à sa sollicitation, une abdication volontaire du Pontificat, le Card. Cajetan fut élu Pape le 24 Décembre 1294, prit le nom de Boniface VIII, & fit enfermer Célestin dans un Château, où ce S. homme mourut quelque-tems après. Tout le monde sait les démêlés que Boniface VIII eut avec Philippe *le Bel*, au sujet de la Croisade projettée

par ce Pape, de l'érection de l'Evêché de Pamiez, & de la collation des Bénéfices, les Lettres piquantes qu'ils s'écrivirent mutuellement, & comment Boniface fut arrêté à Anagnie par Sciarra Colonne, & par Nogaret, & délivré par le peuple quatre jours après. Cet affront causa tant de chagrin à Boniface VIII, qu'il en tomba malade, & mourut d'une fievre chaude le 12 Octobre 1303. C'est lui qui canonisa S. Louis en 1297, qui institua le Jubilé de siecle en siecle, en 1300, & qui fit recueillir le sixieme Livre des Decretales en 1298, appellé *le Sexte.* Benoît XI lui succéda.

BONIFACE IX, noble Napolitain, de pauvre Ecclésiastique étant devenu Cardinal en 1381, fut élu Pape après la mort d'Urbain VI, le 2 Novembre 1389, dans le tems du schisme. C'est lui qui institua les annates des Bénéfices. Les Historiens font un gr. éloge de sa chasteté. Ils rapportent qu'il préféra la mort à un remede qui choquoit cette vertu; mais ils lui reprochent un desir insatiable d'amasser des richesses, & une complaisance criminelle aux déréglemens de sa famille. Il m. le prem. Octobre 1404. Innocent VII fut son successeur.

BONNECORSE, Poëte François & Latin, natif de Marseille, est auteur de plusieurs pieces, dont celle qui est intitulée *la Montre d'Amour*, a été mise par Boileau au nombre des Livres qui servent au combat des Chanoines, dans le 5e Chant du Lutrin. Bonnecorse, pour se venger de ce trait satyrique, publia contre Boileau un Poëme intitulé *le Lutrigot*; mais Boileau, pour toute réponse, fit l'Epigramme qui commence ainsi:

*Venez Pradon, & Bonnecorse*
*Grands Ecrivains de même force,*
&c.

Bonnecorse mourut en 1706.

BONNEFONS, (Amable) Jésuite, natif de Riom, est auteur d'un grand nombre de Livres de piété.

piété. Il mourut à Paris le 19 Mars 1653.

**BONNEFONS**, ( Jean ) Poète latin, naquit à Clermont en Auvergne l'an 1554. Il fut Lieutenant général de Bar-fur-Seine, & s'acquit beaucoup de réputation par sa *Pancharis* & par ses autres Poésies. Il mourut en 1614. Il ne faut pas le confondre avec Jean Bonnefons son fils, autre Poète latin.

**BONOSE**, fils d'un Rhéteur, & l'un des plus gr. buveurs de son tems, se fit proclamer Emper. dans les Gaules, où il étoit Lieutenant ; mais il fut défait par Probus, & ensuite pendu vers 280 de J. C. Procule, autre Lieutenant de Probus en Germanie, fit, sur la mort de Bonose, cette Epitaphe :

*Ici pend une bouteille & non un homme.*

Il ne faut pas le confondre avec Bonose, Capitaine Romain, que l'Empereur Julien fit mourir cruellem. pour avoir refusé d'ôter du *labarum* la croix que Constantin y avoit fait peindre.

**BONTEKOE**, ( Corneille ) cél. Médecin, natif d'Alkmaer, après s'être perfectionné à Leide dans la Médecine & la Chirurgie, étudia à fond la Philosophie de Descartes. De-là il alla à la Haye, puis à Amsterdam, ensuite à Hambourg, & enfin à Berlin, où il fut Médecin de l'Electeur de Brandebourg, qui lui donna une chaire de Professeur à Francfort-sur-l'Oder. Il m. peu de tems après, âgé de 38 ans. On a de lui, 1. un Traité sur le *Thé* : 2. un autre sur l'année climatériq., &c. Ils ont été traduits en françois, & imprimés à Paris en 1699, 2 vol. *in 12.* Ils sont estimés.

**BOOT**, ( Richard ) Médecin & habile Botaniste d'Irlande, a composé l'*Histoire naturelle du Roïaume d'Irlande*, qui est estimée, & qui a été traduite de l'anglois en françois.

**BOOZ**, fils de Salmon, épousa Ruth, vers 1254 avant J. C. &

en eut Obed, grand-pere de David.

**BORDELON**, ( Laurent ) laborieux Ecrivain du 18e si., naquit à Bourges en 1653. Après avoir fait ses études en cette ville, il y prit le bonnet de Docteur, & vint ensuite à Paris, où il fut Précepteur de M. de Lubert, Président de la Troisieme des Enquêtes. L'Abbé Bordelon donna plusieurs pieces au Théâtre ; & se reprochant ensuite d'avoir travaillé à des ouvrages peu convenables à son état, il s'appliqua à donner au Public des Livres plus sérieux. Il mourut chez M. de Lubert le 6 Avril 1730. Ses principaux ouvrages sont : 1°. Un Entretien curieux de l'*Astrologie judiciaire*. 2°. Le *Théâtre Philosophique*. 3°. *La belle Education*. 4°. *Les Diversités*, en 10 vol. in-12. 5°. *La véritable Religion cherchée & trouvée*. On peut voir le Catalogue de tous ses ouvrages dans le 14e de ses *Dialogues des Vivans*.

**BORDINGIUS**, ( André ) fameux Poète Danois, & l'unique de cette Nation. Ses Poésies ont été imprimées à Copenhague en 1736.

**BORDONE**, ( Paris ) excellent Peintre Italien, natif de Trevise, d'une famille noble, étoit disciple du Titien. Il vint en France à la Cour de François I, & peignit ce Prince, &c. Il mourut à Venise.

**BORDUNI**, ( Paris ) excell. Peintre Ital. natif de Trevisan, & disciple du Titien, au 16e si. On estime surtout son tableau de l'aventure du Pêcheur.

**BORÉE**, fils d'*Astræus*, & le Dieu des vents, selon la Fable, enleva Orithye, fille d'Erechtée, Roi d'Athenes, vers 1397 avant J. C. S'étant transformé en cheval, il eut, des cavales de Dardanus, douze poulains d'une vitesse & d'une légereté merveilleuses. Dans la Tour octogone des vents, bâtie à Athenes par Andronic, Borée est représenté sous la figure d'un enfant aîlé qui passe d'un vol rapide : il a des brodequins, & se couvre la face d'un manteau, comme pour se garantir de la ri-

N

gueur du froid. Au reste , Borée est
aussi la Bise ou le vent du Nord.

BOREL , ( Pierre ) sav. Médecin ,
naquit à Castres vers 1620 , de Jacques Borel , dont on a quelques pieces de Poésies imprimées. Il s'appliqua à la Médecine, s'y fit recevoir
Docteur , & pratiqua ensuite la Médecine avec honneur dans la ville
de Castres dès l'an 1641. Il vint à
Paris sur la fin de 1653 , & il y fut
fait quelque-tems après Médecin ordinaire du Roi. Il fut reçu en 1674
de l'Académie des Sciences en qualité de Chymiste. Il m. en 1678. On
a de lui un gr. nombre d'ouvrages ,
dont quelques-uns sont estimés des
connoisseurs. Les princip. sont , 1°.
*les antiquités ... de la Ville de Cas-
tres* , &c. Castres 1649, in-8. 2°.
*Historiarum & observationum Me-
dico-Physicarum Centuria prima* ,
&c. Castres 1653, in-8. L'édition
de Paris de 1657 ou 1658 est plus
ample , & contient cinq Centuries ,
au lieu que l'édition de Castres n'en
contient que deux. 3°. *Bibliotheca
Chimica* , Paris 1654, in-12. 4°.
*De vero Telescopii inventore , cum
brevi omnium Conspiscillorum historia* , à la Haye 1655, in-4. 5°. *Trésor des recherches & antiquités gauloises* , Paris 1655, in-4. C'est une
espece de Dictionnaire des vieux
mots & des vieilles phrases de la
Langue françoise.

BORELLI , ( Jean-Alfonse ) cél.
Prof. de Philosophie & de Mathématiques , né à Naples en 1608 , enseigna avec réput. à Florence & à
Pise , & mourut à Rome le dernier
Décembre 1679. On a de lui un excellent Traité *de motu animalium* ;
un autre *de vi percussionis* , &c.

BORGIA , ( Cesar ) fils naturel
du Pape Alexandre VI , Archevêq.
de Valence en Espagne , & Cardinal , fut accusé d'avoir fait mourir
son frere aîné Jean Borgia , Duc de
Candie , qu'on trouva mort dans le
Tibre , & percé de neuf coups d'é-
pée , en 1497. César quitta ensuite
l'état ecclésiastique , & se ligua avec
Louis XII pour la conquête du Milanez. Ce Prince le fit Duc de Va-

lentinois , & lui fit épouser Charlotte d'Albret. César Borgia , avec
les secours de Louis XII , prit les
meilleures places de la Romandio-
le , s'empara d'Imola , de Forli , de
Fayence , de Pesaro , &c. & traita
avec rigueur les Princes d'Italie. La
plupart des Historiens racontent ,
qu'aïant voulu empoisonner le Cardinal Adrien de Cornetto , il s'empoisonna lui-même avec Alexandre VI , par la méprise d'un Valet ;
mais ce fait n'est pas sans difficulté :
quoi qu'il en soit , l'autorité de Borgia s'affoiblit sous Pie III ; & de
tant de Villes envahies , il ne lui en
resta que quatre. Jules II le fit em-
prisonner à Ostie , jusqu'à ce qu'il
les lui eut rendues. Borgia fut encore mis en prison en Espagne ;
mais il s'évada , & s'étant réfugié
vers Jean d'Albret , Roi de Navarre , frere de sa femme , lequel étoit
en guerre avec Louis de Beaumont
son Vassal , il alla assiéger le Château de Viane. Il fut tué à ce siége
le 12 Mars 1507. César Borgia avoit
pris pour devise ces paroles : *Aut
Cæsar , aut nihil* : ce qui donna lieu
à cette Epigramme :

*Borgia Cæsar erat , factis & nomine
Cæsar ;
Aut nihil , aut Cæsar dixit , utrum-
que fuit.*

BORGIA , ( S. François ) *voïez*
François.

BORNIER , ( Philippe de ) habile
Jurisconsulte , & Lieutenant Particulier au Présidial de Montpellier ,
naquit en cette Ville le 13 Janvier
1634 , d'une bonne famille de Robe.
Il se fit généralement estimer en
Languedoc par ses talens , par sa
science & par sa probité , & y fut
emploïé par la Cour en des affaires
importantes. Il mourut à Montpellier le 22 Juillet 1711 , à 78 ans. Ses
princip. ouvr. sont : 1. *Conférence
des nouvelles Ordonnances du Roi
Louis XIV , avec celles des Rois ,
Prédécesseurs de Sa Majesté.* 2. *Commentaire sur les Conclusions de Ran-
chin ;* en latin.

BORREL, ( Jean ) plus connu sous le nom de *Buteo*, savant Mathématicien du 16e siecle, naquit à Charpey près de Romans en 1492, d'une famille illustre de Dauphiné. Il entra dans l'Ordre des Chanoines Réguliers de S. Antoine, & vint à Paris se perfectionner dans les sciences. Il eut ensuite des emplois importans dans son Ordre, & mourut à Cenar, bourg voisin de Romans, en 1572. On a de lui plusieurs ouvr. estimés.

BORRICHIUS, ( Olaüs ) savant Médec. Danois, Profess. au Collége de Coppenhague, mort de la pierre, le 13 Septembre 1690, après avoir publié un grand nombre d'ouvrages.

BORROMÉE, ( S. Charles ) Cardinal, Archevêque de Milan, & l'un des plus gt. hommes du 16e siecle, naquit dans le Château d'Arone le 2 Octobre 1538, d'une maison illustre & féconde en personnes de mérite. Il donna dès son enfance des marques de ses belles qualités, & de son inclination à la vertu. Pie IV, son oncle maternel, le fit Cardinal en 1560, ensuite Archev. de Milan, gt. Pénitencier, Légat de Bologne, de la Romagne, & de la Marche d'Ancône. Charles Borromée remplit toutes ces dignités avec distinction, & s'acquit l'estime & la vénération de tout le monde. Pendant le Pontificat de son oncle, il gouverna l'Eglise avec lui; protégea & avança les personnes de mérite, & fit conclure heureusement le Concile de Trente. Depuis s'étant retiré dans son Eglise de Milan, il tint six Conciles Provinciaux & onze Synodes, qui renferment tous les réglemens nécessaires pour le parfait gouvernement d'un Dioc. Il édifia l'Eglise par ses vertus, & donna à son Clergé des instructions qui ont été adoptées par le Clergé de Fr. Il m. saintement le 11 Nov. 1584, à 47 ans, & fut canonisé en 1610. M. Godeau, Evêque de Vence, a écrit sa vie. Outre les actes des Conciles & des Synodes de Milan, & les instructions dont nous avons parlé,

S. Charles Borromée a laissé un gr. nombre d'écrits, dont la partie la plus considérable a été imprimée à Milan en 1747, 5 vol. *in fol.* On y trouve un gt. nombre d'Homélies & de Sermons; car malgré les occupations & le gouvernement d'un Diocèse si considérable, ce S. Evêq. ne se croioit point dispensé de prêcher par lui-même la parole de Dieu à son peuple. Il ne faut pas le confondre avec Fréderic Borromée son cousin germain, aussi Cardinal & Archevêque de Milan, illustre par sa science & par sa piété, qui célébra le VIIe Concile de Milan, fonda la célèbre Bibliothéque Ambrosienne, & mourut en 1632, laissant divers ouvrages de piété.

BORZONI, ( *Luciano* ) Peintre célèbre du 17e si., naquit à Genes en 1590, & fit paroître dès son enfance beaucoup de goût & d'inclination pour la Peinture. Il excelloit également dans le portrait & dans le genre historique. Tous ses Tableaux marquent beaucoup de génie & de talens. Il mourut à Milan en 1645, laissant trois fils, Jean Baptiste, Carlo, & François-Marie, dont les deux prem. moururent jeunes après avoir fait paroître de gr. talens pour la Peinture. François-Marie naquit à Genes en 1625. Il excella principalement à peindre le païsage, les marines, & les tempêtes, & mourut à Genes en 1679.

BOS, *voïez* DUBOS.

BOS, ( Lambert ) cél. Humaniste & Littérateur du 18e si., naquit à Worcum le 23 Nov. 1670, de Jacques Bos, Recteur & premier Régent des Ecoles. Il fut élevé avec soin par son pere, qui lui enseigna les Langues grecque & latine. Ses progrès & ses talens firent concevoir de justes espérances qu'il se distingueroit dans la République des Lettres, & l'on ne se trompa point. Le jeune Bos, après avoir été Précepteur des Enfans d'un Seigneur de Hollande, alla en 1694 dans l'Université de Franeker pour s'y perfectionner, & par le conseil du cél. Vitringa son Parent, il se livra tout entier à l'étude du grec. Il devint Professeur en cette Langue à Franeker en 1704. Il en prit possession par une harangue sur la propagation des Sciences des Grecs par leurs Colonies. *De eruditione Græcorum per Colonias eorum propagata.* Lambert Bos remplit les devoirs de sa profession avec assiduité & distinction jusqu'à sa m. arrivée le 6 Janvier 1717. On a de lui un assez gr. nombre d'ouvrages estimés, savoir, 1. Διατριϐαι, *sive exercitationes Philologicæ, in quibus novi fœderis nonnulla loca è profanis maxime auctoribus græcis illustrantur*, dont la meilleure édit. est de Franeker, en 1713 in-8°. 2. *Mysterii Ellipsios græcè expositi specimen.* Franeker 1702, *in* 12. Ce-Livre dont il s'est fait plusieurs éditions, est d'un gr. usage pour ceux qui veulent étudier la Langue grecque. 3. *Observationes miscellaneæ ad loca quædam cum novi fœderis, tum externorum scriptorum græcorum, accedit Horatii Vitringæ animadversionum ad Joannis Vorstii philologiam sacram specimen.* Franeker 1707, *in*-8. C'est une suite de son prem. ouvr. sur le N. T. 4. Il donna en 1709 une nouvelle édit. in-4. de la version des 70, avec des Prolegomenes fort courts. 5. *Antiquitatum græcarum præcipuè atticarum, brevis descriptio.* Franeker 1713, *in*-12. Ce petit ouvrage est fort utile aux jeunes gens qui veulent étudier le grec. 6. *Animadversiones ad scriptores quosdam græcos. Accedit specimen animadversionum latinarum.* Franeker 1715, *in*-8. Cet ouvr. concerne principalement cette partie de la critique, qui regarde la correction des Auteurs anciens. 7. Enfin Lambert Bos donna en 1715 une nouvelle édit. de la Grammaire grecque de Weller, à laquelle il ajouta deux petits Traités sur l'accentuation & sur la syntaxe.

BOSC, (Jacques du) cél. Cordelier du 17e si., s'est distingué par un gr. nombre d'ouvrages, surtout par son Livre intit. l'*Honnête Femme*: ouvrage estimé, & dont la Préface est de M. d'Ablancourt, ami intime du P. du Bosc. Ce Religieux a beaucoup écrit contre les disciples de Jansénius.

BOSC, (Pierre du) Ministre Fr. de la Religion Prét. Réf. & l'un des plus cél. Prédicateurs de son tems, étoit fils de Guillaume du Bosc, Avocat au Parl. de Rouen. Il naquit à Bayeux en 1623, & dès l'âge de 23 ans il fut Ministre à Caen. Louis XIV aïant donné en 1666 une Déclaration accablante contre les Calvinistes, ils députerent de toutes parts pour faire de très humbles remontrances à Sa Majesté; mais de tous les Députés il n'y eut que Pierre du Bosc qui fut admis à l'Audience, & il harangua le Roi avec tant d'éloquence, que ce Monarque dit qu'il venoit d'entendre *le plus beau parleur de son Roïaume*. Après la révocation de l'Edit de Nantes, Pierre du Bosc se retira en Hollande, & fut Ministre de l'Eglise de Rotterdam jusqu'à sa mort, arrivée en 1692. On a de lui, 1°. quatre vol. de Sermons sur des textes détachés. 2°. Trois autres vol. sur les trois prem. chap. de l'Ep. aux Ephésiens. 3°. Un Recueil de pieces diverses, imprim. après sa mort.

BOSCAGER, (Jean) cél. Jurisc. né à Beziers le 23 Août 1601. Il enseigna le Droit à Paris avec réput. & mourut le 14 Sept. 1687, à 87 ans. On a de lui un Livre intitulé *Institution au Droit François, & au Droit Romain*, qui fut, dit-on, imprimé sans son consentement, & dont les remarques ne sont pas de lui.

BOSCAN, (Jean) Poète Espagnol du 16e si., natif de Barcelone, mort vers 1542, étoit ami de Garcilasso de la Vega, autre Poète Espagnol. Ce sont les premiers qui ont perfectionné la Poésie Espagnole, en y introduisant l'ordre & le bon goût. Leurs pieces ont été impr. ensemble. Boscan réussit principalement dans les Sonnets.

BOSCHAERTS, (Thomas Vuillebos) célebre Peintre Flamand, naquit à Berg en 1613, & s'établit ensuite à Anvers, où il se fit admirer des connoisseurs, par ses Tableaux. Le Prince d'Orange en fut si frappé, qu'il les enleva tous, & fit venir Boschaerts à la Haye, où ce Prince l'occupa à embellir son Palais.

BOSIUS, ( Antoine ) de Milan, Agent de l'Ordre de Malte, au 16e si., est Auteur de plusieurs ouvrages dont le plus connu est le Livre intit. *Roma Sotteranea*, qui fut imprimé après sa mort. Paul Aringhi, Prêtre de l'Oratoire de Rome, l'a traduit en latin. Il y a plus. autres Auteurs de même nom.

BOSQUET, ( François ) Evêque de Lodeve en 1648, puis de Montpellier en 1655, est un des plus sav. hommes du 17e si. Il m. le 24 Juin 1676, à 71 ans. On a de lui des notes sur les Epîtres d'Innocent III; les vies des Papes d'Avignon; *Synopsis legum Michaelis Pselli*. C'est lui qui publia le *Pugio Fidei* de Raymond Martin.

BOSSE, ( Abraham ) habile Graveur, natif de Tours, dont les estampes sont très agréables. Il étoit savant dans la perspective & dans l'Architecture, & l'on a de lui deux Traités estimés : l'un sur la maniere de dessiner; l'autre sur la Gravure.

BOSSU, ( René le ) cél. Religieux de Sainte Genevieve, né à Paris le 16 Mars 1631, de Jean le Bossu, Conseiller du Roi, & Avocat Général en la Cour des Aides. Après avoir professé les Humanités en différentes Maisons de son Ordre, il vint demeurer à Sainte Genevieve, & fut ensuite Soûprieur à l'Abbaïe de S. Jean de Chartres, où il m. le 14 Mars 1680. Le P. le Bossu avoit un esprit étendu & pénétrant, un jugement solide, la mémoire heureuse, une imagination vive, un cœur droit, & beaucoup de douceur dans le caractere. On a de lui, 1. *Parallele de la Philosophie de Descartes & d'Aristote* : 2. un Traité du *Poëme Epique* ; ouv. excellent dont il devoit donner une suite qui n'a point paru : 3. un petit Ecrit en fa-

veur de Despréaux, contre Saint Sorlin.

BOSSUET, ( Jacques Benigne ) Evêq. de Meaux, l'un des plus cél. défenseurs de la Foi Catholique, & l'une des plus gr. lumieres de l'Eglise Gallicane, naquit à Dijon le 27 Septembre 1627, d'une famille noble & ancienne. Il vint à Paris en 1642, se fit admirer par ses talens, entra dans la Maison & Société Roïale de Navarre, & fut reçu Doct. de Sorbonne le 16 Mai 1652. Il alla ensuite à Metz, où il étoit Chanoine, & où il fut depuis grand Archidiacre & Doïen. Il s'y distingua par son zele pour les missions, & par son application à instruire & à convertir les Protestans. Il revint ensuite à Paris pour y prêcher. Ses Sermons lui attirerent aussi-tôt un gr. nombre d'Auditeurs distingués. La Reine-mere l'alloit entendre partout, & lui procura l'honneur de prêcher l'Avent devant le Roi en 1661, & le Carême en 1662. Sa Majesté le redemanda plusieurs fois dans la suite, le nomma à l'Ev. de Condom le 13 Septembre 1669, Précepteur de M. le Dauphin le 11 Sept. de l'année suivante, premier Aumônier de Mad. la Dauphine en 1680, Evêque de Meaux en 1681, Conseiller d'Etat en 1697, & prem. Aumônier de Madame la Duchesse de Bourgogne l'année suivante. Il avoit été reçu de l'Académie Françoise en 1671 ; & les Docteurs de la Mais. de Navarre l'avoient choisi en 1695 pour leur Supérieur. M. Bossuet remplit toutes ces places avec une supériorité de talens, qui le fit admirer & respecter. Il convertit un gr. nombre de Protestans, entr'autres M. de Turenne & Mlle. de Duras, combattit le Quiétisme, & mourut à Paris le 12 Avril 1704, à 77 ans. Ses princip. ouvr. sont, 1. *Discours sur l'Histoire Universelle*, Livre excellent, & le meilleur des écrits de ce sav. Evêque. 2. *Réfutation du Catéchisme de Paul Ferri, Ministre à Metz*. 3. *Exposition de la Doctrine de l'Eglise Catholique sur les matieres de Contro-*

verste 4. Traité de la Communion sous les deux especes. 5. Lettre Pastorale aux nouveaux Catholiques. 6. Histoire des variations des Eglises Protestantes, avec la défense de cet ouvr. contre Jurieu, Burnet, Basnage & les autres Ministres. 7. Explication de l'Apocalypse, & six avertissemens aux Protestans, contre Jurieu : 8. les Oraisons funebres de la Reine mere, en 1667 ; de la Reine d'Angleterre, en 1669 ; de Madame, en 1670 ; de la Reine en 1683 ; de la Princesse Palatine, en 1685 ; du Chancelier le Tellier, en 1686 ; & du Pr. de Condé, Louis de Bourbon, en 1687 : 9. Défense de la Déclar. du Clergé de 1682, en latin. 10. Politique tirée des paroles de l'Ecriture-Sainte, Liv. composé par ordre de Louis XIV, &c. Tous ces ouvr. sont écrits avec un art, une éloquence & une force inexprimables. L'exposition de la Foi, le discours sur l'Histoire Universelle, les Oraisons funebres, & les six Avertissemens, sont des chef-d'œuvres. Tous les écrits de M. Bossuet ont été recueillis & impr. à Paris, en 12 vol. in 4°. Les ouvr. latins de M. Bossuet sont écrits d'un style assez dur ; mais les franç. ne le cedent à aucun de ceux de nos meilleurs Ecrivains.

BOTAL, Botallus, (Leonard) célebre Méd. du 16e s., natif d'Asti, fut Médecin de François, Duc d'Alençon, & de Henri III. C'est lui qui introduisit à Paris, la pratique de la fréquente saignée. La meilleure édition de ses ouvr. est celle de Leyde, 1660, in 8.

BOTH, (Jean & Henri) Peintres céleb. natifs d'Utrecht, & disciples de Blomart. Ils étoient freres, & travailloient ensemble aux mêmes Tableaux, chacun selon son talent. Henri faisoit le paissage, & Jean les figures & les animaux. On auroit cru néanmoins que tout l'ouvrage étoit d'une même main.

BOUCHEL, voyez Bochel.

BOUCHER, (Jean) Parisien, fameux Ligueur, fut Recteur de l'Université de Paris, & Prieur de Sor-

bonne en 1580, ensuite Docteur & Curé de S. Benoît à Paris. On ne peut douter qu'il n'eût des talens ; mais un faux zele le rendit un des plus séditieux Prédicateurs de la Ligue. C'est dans une chambre qu'il avoit au Collége de Fortet, que les Ligueurs tinrent leur prem. assemblée en 1585. Il déclamoit en chaire contre Henri III & contre Henri IV, même après la conversion de ce gr. Monarque. Boucher se retira en Flandres en 1594. Il fut Chanoine & Doïen de Tournai, où il mourut en 1644, après avoir changé de sentiment. On a de lui, 1. un Livre séditieux, intitulé De justâ Henrici III abdicatione : 2. Plus. Sermons. On lui attribue encore l'Apologie de Jean Chatel, sous le nom supposé de François de Verone Constantin.

BOUCHERAT, (Louis) Chancelier de France, & Garde des Sceaux en 1685, mourut comblé d'honneurs le 2 Septembre 1699, à 83 ans. Il étoit fils de Jean Bouchérat, Maître des Comptes. Ils se distinguerent l'un & l'autre par leur rare mérite.

BOUCHET, (Jean) fam. Procureur de Poitiers, sa patrie, dans le 16e siécle, s'acquit beaucoup de réputation par ses ouvr. On a de lui des Annales d'Aquitaine, & plus. pieces de Poésie, dont la plus curieuse est intitulée le Chapelet des Princes. Il ne faut pas le confondre avec Henri du Bouchet, Conseiller au Parlement de Paris, m. en 1654, après avoir légué à l'Abbaïe de Saint Victor de Paris sa riche Bibliotheque, & un revenu considér. pour la fournir des Livres nouveaux, à condition que cette Bibliotheque seroit rendue publique ; ce qui a été exécuté.

BOUCICAUT, ou Jean le Meingre, cél. Maréchal de France, Comte de Beaufort, & Vicomte de Turenne, étoit fils aîné de Jean Boucicaut, ou le Meingre, autre cél. Maréchal de France, mort à Dijon le 15 Mars 1367. Il porta les armes dès l'âge de 10 ans, combarit à côté du Roi Charles VI, à la bat. de Rofebec, en 1382 ; & fut envoïé à Genes pour contenir la ville qui s'étoit foumife au Roi. Boucicaut s'y comporta avec beaucoup de prudence. Il fe diftingua enfuite par fa valeur & par fes belles actions, en combattant contre les Turcs, contre les Vénitiens, & contre les Anglois; mais aïant été fait prifonnier à la bat. d'Azincourt ( en 1415 ) où il commandoit l'avantgarde, il fut mené en Angleterre, & y mourut en 1421.

BOUDIER, ( René ) natif de Trelly, village voifin de Coutance, eft Auteur de quelques pieces de Vers, fous le regne de Louis XIV. Il fit en mourant fon Epitaphe, à 86 ans, par ces Vers impies :

*J'étois Poète, Hiftorien,*
*Et maintenant je ne fuis rien.*

BOUETTE DE BLEMUR, ( Jacqueline ) célebre Religieufe Bénédictine, naquit le 8 Janvier 1618, de parens nobles & recommendables par leur piété. Elle fut envoïée dès l'âge de cinq ans à l'Abbaïe Roïale de la Ste Trinité de Caen, dont elle devint enfuite Prieure. La réputation qu'elle s'acquit par fa vertu & par fes talens, la fit demander par la Ducheffe de Mecklembourg pour l'aider dans l'établiffement des Religieufes Bénédictines du S. Sacrement à Châtillon. La mere Bouette, quoiqu'âgée de 60 ans, fe réduifit dans cette nouvelle Abbaïe à l'humble état de Novice, & y fit Profeffion. Elle refufa conftamment une Abbaïe qui lui fut offerte, & m. en odeur de fainteté le 24 Mars 1696. Elle a laiffé pluf. ouvrages, favoir, *les grandeurs de la Sainte Vierge : la Vie du Pere Fourier de Matincourt : les exercices de la Mort : l'Année Bénédictine, & la Vie de tous les Saints.*

BOUFLERS, ( Louis-François, Duc de ) Pair & Maréchal de France, naquit le 10 Janv. 1644, d'une famille noble & anc. Il fe diftingua par fa valeur & par fa conduite en pluf. fieges & bat. & eut le commandement de l'aîle droite, à la fanglante bat. de Malplaquet. Il m. à Fontainebleau le 22 Août 1711, à 68 ans. Le Maréchal de Bouflers fon fils, eft mort à Genes, après avoir délivré cette République.

BOUGEANT, ( Guill. Hyacinthe ) célebre Jéfuite, né à Quimper le 4 Nov. 1690, après avoir enfeigné les Humanités à Caen & à Nevers, vint demeurer au Collége de Louis-le-Grand à Paris, où il s'eft occupé à compofer divers ouvrages, dont les princip. font, 1. Recueil d'obfervations Phyfiques, tirées des meilleurs Ecrivains : 2. Hiftoire des guerres & des négociations qui précéderent le Traité de Weftphalie. 3. *Hiftoire du Traité de Weftphalie.* Ces deux Hiftoires font très eftimées. 4. Réfutation du Pere le Brun, fur la forme de la confécration de l'Euchariftie. 5. *Expofition de la Doctrine Chrétienne,* ou Catéchifme. 6. *La femme Docteur.* 7. *Amufement Philofophique fur le langage des bêtes,* &c. Il mourut à Paris le 7 Janvier 1743.

BOUHIER, ( Jean ) fav. Préfident à Mortier au Parlement de Dijon, & l'un des 40 de l'Acad. Fr. naquit à Dijon le 16 Mars 1673. Il fit paroître dès fon enfance de gr. difpofitions pour les Lettres, apprit les Langues & la Jurifprudence, & devint un gr. Magiftrat, un fav. diftingué, & l'un de nos meilleurs Ecrivains. Il mourut entre les bras du fav. Pere Oudin, Jéfuite, fon intime ami, le 17 Mars 1746, à 73 ans. On a de lui des Lettres fur les Therapeutes, des Differtations fur Hérodote, des Remarques fur plufieurs Livres de Cicéron, & un gr. nombre d'autres ouvrages.

BOUHOURS, ( Dominiq. ) cél. Jéfuite, & l'un des meilleurs Ecrivains en notre Langue, enfeigna d'abord les Humanités à Paris; mais les fréquens maux de tête dont il fut tourmenté jufqu'à la mort, lui firent quitter fa Régence. On lui confia l'éducation des deux jeunes Princes de Longueville, & M. Colbert le chargea dans la fuite du foin des études du Marquis de Seignelay, fon fils. Il mourut à Paris, le 27 Mai 1702, à 75 ans. On a de lui, 1. *Relation* de la mort chrétienne & édifiante du Prince de Longueville : 2. *Les entretiens d'Arifte & d'Eugene*, dont Barbier d'Aucour a fait une critique qui paffe pour un chef-d'œuvre. 3. *Remarques & doutes fur la Langue françoife*. 4. La maniere de bien penfer dans les ouvrages d'efprit. 5. L'Hiftoire du gr. Maître d'Aubuffon. 6. La vie de S. Ignace, celle de S. François Xavier, & celle de Madame de Bellefonds. 7. *Penfées ingénieufes des Anciens & des Modernes. 8. Penfées ingénieufes des Peres de l'Eglife*, &c.

BOUILLAUD, (Ifmaël) favant diftingué, & l'un des génies les plus univerfels du 17e fi., né à Loudun le 28 Sept. 1605, fit abjuration de la Relig. prét. Réform. & embraffa l'état Eccléf. Il fe rendit habile dans les Belles-Lettres, l'Hiftoire, les Mathémat, le Droit & la Théol. Bouillaud étoit en commerce de Lettres avec les Savans de fon tems. Il voïagea en Italie, en Allemagne, en Pologne & au Levant. Il mourut à Paris, le 25 Nov. 1694. Il a publié un gr. nombre d'ouvrages eftimée des Savans.

BOULAINVILLIERS, (Henri de) Comte de Saint Saire, naquit à Saint Saire le 21 Octobre 1658, d'une famille noble & ancienne. Il fut élevé à Juilli, chez les Peres de l'Oratoire, & donna, dès fon enfance, des marques de fon efprit & de fes talens. Sa principale étude fut l'Hiftoire, qu'il cultiva dans la fuite avec beaucoup d'affiduité. Il mourut à Paris, le 23 Janvier 1722, à 64 ans. On a de lui ; une Hiftoire des Arabes ; 14 Lettres fur les anciens Parlem. de France : une Hiftoire de France jufqu'à Charles VIII, & l'Etat de la France ; avec des Mémoires hiftoriques fur l'ancien Gouvernement de cette Monarchie, jufqu'à Hugues

Capet, *écrits*, dit M. de Montefquieu, *avec cette fimplicité, & cette franchife de l'ancienne noblesse dont il fortoit*. On a encore de M. Boulainvilliers des Réflexions fur la vie de Mahomet, & quelques autres ouvr. connus des Savans, dans lefquels on s'étonne, avec raifon, de voir qu'il y révoque en doute les dogmes les plus inconteftables de la Religion, tandis qu'il croit aveuglement les rêveries de l'Aftrologie judiciaire : inconféquence commune à plufieurs autres incrédules.

BOULAY, (Céfar Egaffe du) natif de S. Ellier, village du Maine, cél. Profeffeur d'Humanités au Collége de Navarre, Greffier, Recteur, & Hiftoriographe de l'Univerfité de Paris, mort le 16 Octobre 1678, après avoir publié plufieurs ouvr. Les principaux font, l'Hiftoire de l'Univerfité de Paris en latin, 6 vol. *in-fol.* où l'on trouve des pieces importantes ; & le tréfor des Antiquités Romaines, en 1 volume *in-fol.*

BOULEN, BOLEYN, ou BULLEN, (Anne de) fille de Thomas Boulen, felon Sanderus, maîtreffe, puis femme de Henri VIII, Roi d'Angleterre, vint en France, où elle fuivit la Cour. Elle retourna enfuite en Angleterre, & fut Dame d'honneur de Catherine d'Aragon, femme de Henri VIII. Ce Prince en étant devenu amoureux, elle prit un tel afcendant fur fon efprit, qu'elle l'engagea à ce fam. divorce qui a fait tant de bruit. Henri VIII, qui s'étoit féparé de l'Eglife, époufa fecretement Anne de Boulen, à laquelle il avoit fait prendre la qualité de Marquife de Pembrock, le 14 Novembre 1532. Puis s'appercevant qu'elle étoit groffe, il rendit fon mariage public, & déclara Anne de Boulen, Reine d'Angleterre, le 2 Juin 1533. Ce Prince continua de l'aimer quelque-tems ; mais aïant conçu une violente paffion pour Jeanne Seimour, il fit mettre en prifon Anne de Boulen, & lui fit trancher la tête le 19 Mai 1536. Son mariage fut déclaré nul, aïant avoué elle-même qu'elle étoit déja mariée à Milord Perci, lorsque le Roi l'époufa. Tel eſt le récit de la plûpart des Ecrivains Proteſt. Angl., mais d'autres accuſent Anne de Boulen d'inceſte, d'adultere, & d'un libertinage continuel, depuis fon arrivée en France, juſqu'à ſa mort. Quoi qu'il en ſoit, cette malheureuſe fut punie, dès cette vie, de tous les crimes qu'elle avoit fait commettre à Henri VIII. Il eſt conſtant que c'eſt elle qui fit introduire le ſchiſme & la Relig. Proteſtante en Angleterre.

BOULENGER, (André) fameux Prédicateur du 17e ſi., plus connu fous le nom de *petit Pere André*, eut une gr. foule d'Auditeurs par la ſingularité de ſes Sermons, & par les ſaillies vives & ſpirituelles qu'il ſavoit y répandre.

BOULLONGNE, (Louis) Peintre du Roi, & Profeſſeur de l'Académie de Peinture, ſe diſtingua dans ſon art, & mourut à Paris, en 1674, à 65 ans. On voit trois de ſes tableaux dans l'Egliſe de Notre-Dame. Il laiſſa deux fils & deux filles, qui ſuivirent ſes traces, & qui ſe firent auſſi admirer par leurs talens dans la Peinture. L'aîné qui eſt très connu fous le nom de Bon Boullongne, naquit à Paris, en 1649, & fut d'abord éleve de ſon pere; il alla enſuite ſe perfectionner en Italie, en qualité de Penſionnaire du Roi, & à ſon retour il fut Profeſſeur de l'Académie de Peinture. Louis XIV l'emploïa à décorer pluſieurs de ſes Palais, & l'on voit à Paris un gr. nombre de ſes tableaux. Il m. en cette ville en 1717. Louis Boullongne, ſon frere puîné, naquit à Paris en 1654. Après avoir eu ſon pere pour maître, il remporta un prix à l'âge de 18 ans; ce qui lui mérita la penſion du Roi. Il partit pour l'Italie dans le tems que ſon frere en revenoit, & il s'y rendit très habile ſurtout dans le deſſein & dans le coloris; à ſon retour à Paris, il fut très emploïé. Il devint dans la ſuite Directeur de l'Académie de Peintu-

re, Chevalier de l'Ordre de Saint Michel, & premier Peintre du Roi. Louis XIV lui donna pluſieurs penſions, & lui accorda la nobleſſe pour lui & ſa poſtérité. Louis Boullongne embellit, par ſon pinceau, l'Egliſe des Invalides, la Chapelle de Verſailles, &c. Il mourut à Paris en 1733, laiſſant de gr. biens & quatre fils, dont l'aîné, qui eſt actuellem. Conſeiller d'Etat, & Intendant des Finances & des Ordres du Roi, ſe fait généralement eſtimer par ſa capacité, ſon intégrité dans les affaires, & par ſon amour pour les arts & pour les ſciences.

BOURBON, (Nicolas) cél. Poëte latin du 16e ſi., natif de Vandeuvre, près de Langres, étoit fils d'un riche maître de Forges. Marguerite de Valois le donna pour Précepteur à Jeanne d'Albret de Navarre ſa fille, & mere de Henri IV. Il ſe retira enſuite à Condé, où il avoit un Bénéfice, & y mourut vers 1550. Il a laiſſé huit Livres d'Epigrammes, & un Poëme de la Forge, qu'il a intitulé *Ferraria*. Il une grande connoiſſance de l'antiquité, & de la Langue grecque. Eraſme fait l'éloge de ſes Epigrammes.

BOURBON, (Nicolas) cél. Poëte grec & latin, petit-neveu du précédent, étoit fils d'un Médecin. Il enſeigna la Rhétorique dans pluſieurs Colléges de Paris, & le Cardinal du Perron le fit nommer Profeſſ. d'Eloquence au Collége Roïal. Il fut auſſi Chanoine de Langres, & l'un des 40 de l'Académie Françoiſe. Enfin, il ſe retira chez les Peres de l'Oratoire, où il mourut le 7 Août 1644, à 70 ans. Il paſſe, avec raiſon, pour un des plus gr. Poëtes latins que la France ait produits. Ses Poëſies furent imprimées à Paris en 1630, *in-12. L'Imprécation contre le parricide de Henri IV*, eſt ſon chef-d'œuvre. C'eſt lui qui eſt Auteur de ces deux beaux Vers, qui ſont ſur la porte de l'Arſenal de Paris, & qu'il fit en l'honneur de Henri le Grand :

*Ætna hæc Henrico Vulcania tela
    minifrat,
  Tela Gigantæos debellatura fu-
rores.*

BOURCHENU DE VALBONAIS,
(Jean = Pierre) naquit à Grenoble
en 1651. Il fit plusieurs voïages dans
sa jeunesse, & se trouva sur la
flotte d'Angleterre à la bataille de
Solbaye. Il devint dans la suite
premier Préfident de la Chambre
des Comptes du Dauphiné, & m.
en 1730. On a de lui une bonne
Histoire du Dauphiné. Il la compofa dans le tems qu'il étoit aveugle,
& sur les lectures qu'on lui faifoit.
Sa mémoire est chere à Grenoble
par les biens qu'il y fit, & aux
Gens de Lettres par ses grandes libéralités.

BOURCHIER, (Thomas) cél.
Cardinal, Archev. de Cantorbéri,
& frere de Henri, Comte d'Effex,
couronna Edouard IV, Richard III,
& Henri VII, Rois d'Angl., tint
plusieurs Conciles, condamna les
Wiclefites, & mourut à Cantorberi
le 30 Mars 1486.

BOURDALOUE, (Louis) très
cél. Prédicateur Jéfuite, & l'un des
plus gr. hommes que la France ait
produits, naquit à Bourges le 20
Août 1632. Après avoir prêché en
Province, il vint à Paris en 1669,
& y parut aussi-tôt avec tant d'éclat,
que le Roi voulut l'entendre. Il prêcha, l'Avent, à la Cour en 1670, &
le Carême, en 1672. On l'y entendit avec une fatisfaction nouvelle
dans plufieurs autres Avents & Carêmes. Toutes les chaires de Paris
retentirent aussi de ses Sermons. En
1686, le Roi l'envoïa en Languedoc, pour faire goûter la Religion
Catholique aux nouveaux convertis. Le Pere Bourdaloue prêcha à
Montpellier, & y fit des fruits merveilleux. Il joignoit aux fonctions
pénibles de la chaire, l'assiduité au
tribunal de la confession, menant
les ames à la vertu, par les routes
les plus fûres & les plus conformes à l'Evangile. Il aflistoit les ma-

lades, vifitoit les prifons & les hôpitaux, & se trouvoit souvent aux
affemblées de charité, où par ses
difcours pathétiques & ses manieres
infinuantes, il faifoit faire d'amples
aumônes. Il mourut à Paris le 13
Mai 1704. Le Pere Bretonneau, Jéfuite, a publié ses Sermons en 1707,
La meilleure édit. est l'*in-8°*.

Le Pere Bourdaloue avoit un génie grand & élevé, un efprit vif &
pénétrant, une connoissance exacte
de tout ce qu'il devoit savoir. Jamais Prédicateur ne donna à ses difcours plus de majesté, de nobleffe,
de force, de grandeur. Tous ses Sermons font une suite, un enchaînement continuel de preuves & de
raisonnemens folides, qui convain-
quent l'esprit, raviffent le confentement, & rendent la Religion refpectable aux impies même & aux
libertins.

BOURDEILLE, (Pierre) plus connu fous le nom de *Brantôme*, dont
il étoit Abbé, étoit issu d'une noble
& anc. maif. Il se diftingua dans les
Cours de l'Europe par son esprit &
par ses talens. Il passa une gr. partie
de sa vie à voïager, fut Baron de
Richemont, Gentilhomme de la
Chambre des Rois Charles IX &
Henri III, & Chambellan du Duc
d'Alençon. Il mourut le 5 Juillet
1614, à 87 ans. Ses Mémoires contiennent des chofes curieufes, &
ont été imprimés en 9 vol. *in-12.*
Il ne faut pas le confondre avec
Claude de Bourdeille, Comte de
Montrefor, fon petit-neveu, qui fit
beaucoup parler de lui fous les Cardinaux de Richelieu & Mazarin, &
dont on a des Mémoires fous le nom
de *Montrefor.* Il mourut à Paris le
2 Juillet 1663.

BOURDELOT, (Jean) favant
Avocat au Parlement de Paris, &
Maître des Requêtes de la Reine Marie de Médicis, mort à Paris en
1638, dont on a des notes eftimées
sur Lucien, sur Héliodore & fur Pétrone. Il ne faut pas le confondre
avec l'Abbé Bourdelot son neveu,
autrement Pierre Michon, cél. Médecin, mort à Paris le 9 Février

1685, à 76 ans, dont on a un Traité de la *vipere*, & plusieurs autres ouvrages estimés.

BOURDOISE, ( Adrien ) vertueux Prêtre, instituteur du Séminaire de S. Nicolas du Chardonnet à Paris, naquit au Perche, en 1584. Il édifia les fideles par ses Catéchismes, ses Missions, ses Conférences & son zele ardent pour l'établissement des Séminaires, & pour la perfection des Clercs, & mourut saintement en 1655, à 71 ans. Sa vie a été publiée *in* 4.

BOURDON, ( Sebastien ) Peintre, natif de Montpellier, & Recteur de l'Acad. de Peinture à Paris, mort en 1662, réussissoit sur-tout dans ses paîsage, Le plus estimé de ses tableaux, est le martyre de Saint Pierre, dans l'Eglise Cathédrale de Paris.

BOURG, ( Anne du ) de Riom, fam. Conseiller-Clerc du Parlement de Paris, se distingua par sa science dans le Droit, & par son érudition; mais aïant donné dans les nouvelles opinions, il fut déclaré hérétique, dégradé de l'Ordre de Prêtrise, & ensuite pendu & brûlé en place de Greve, en 1559, à 38 ans.

BOURGOING, ( François ) Docteur de Sorbonne, & 3e Général de l'Oratoire de France, né à Paris le 18 Mars 1585, mourut le 26 Septembre 1662, après avoir gouverné avec une sagesse admirable. On a de lui quelques ouv. de piété.

BOURGUIGNON, ( LE ) *voyez* COURTOIS.

BOURIGNON ( Antoinette ) fameuse dévote, qui prétendoit être conduite par une inspiration particuliere, naquit à Lille en 1616, & mourut à Franeker en 1680. La singularité de ses sentimens, & son nouveau système de piété, lui attirerent beauc. de traverses. Ses œuvres ont été impr. en 18 vol. *in* 8.

BOURSAULT, ( Edme ) Poète François, né à Mussi l'Evêque en 1638, vint à Paris en 1651, & s'y distingua par ses talens. Il fit, par ordre de Louis XIV, un ouvr. pour servir à l'éducation de Mgr le Dau-

phin, intit. *La véritable étude des Souverains*; & ensuite une Gazette en vers, qui plut à la Cour. Il m. à Montluçon le 15 Sept. 1701, à 65 ans, après avoir publié plus. ouvr. en vers & en prose. L'édit. la plus ample de ses pieces de Théâtre, est celle de 1725. 3 vol. *in*-12.

BOURZEIS, ( Amable de ) Abbé de S. Martin de Cores, & l'un des 40 de l'Académie Françoise, naquit à Volvic près de Riom le 6 Avril 1606, de parens Catholiq. Il se distingua, sous les ministeres de Richelieu, de Mazarin & de Colbert, par sa science & par son érudition. Il avoit d'abord défendu avec zele la cause de Jansénius; mais la Constitution d'Innocent X, étant intervenue en 1653, il se retracta, & n'hésita point à signer le Formulaire en 1661. L'Abbé de Bourzeis fut emploïé en diverses affaires importantes, & mourut à Paris le 2 Août 1672. Il a laissé plus. ouvrages.

BOUSSET, ( Jean-Bapt. du ) Musicien Franç. natif de Dijon, avoit non-seulement le talent de la composition, mais aussi du goût, & une voix gracieuse. On a de lui un gr. nombre de Livres, d'airs & de motets, qui sont estimés. Il mourut en 1725, à 63 ans.

BOUSSONET, Peintre, *voyez* STELLA.

BOUTHILLIER, ( Claude de ) cél. Surintendant des Finan. & Secr. d'Etat, étoit fils de Denys de Bouthillier, Seigneur de Fouilletourte & du Petit-Thouars, d'une famille noble & anc. Il fut Conseiller au Parl. de Paris en 1613, s'acquit l'estime & l'amitié du Card. de Richelieu, qui lui procura la charge de Secretaire des Commandem. de la Reine Marie de Médicis, puis celle de Secret. d'Etat, en 1618. Il fut emploïé dans les affaires d'Italie, & devint Surintendant des Finances en 1632. Après la mort de Louis XIII, aïant été disgracié, il se retira dans sa Maison de Pons-sur-Seine, où il m. le 21 Mai 1652, à 71 ans. Leon de Bouthillier, son fils, Comte de Chavigni & de Busançois, fut Con-

seiller au Parl. de Paris , puis Miniftre & Secret. d'Etat , &c. Il avoit
une gr. capacité pour les affaires ;
mais dans la fuite il fut difgracié ,
& mourut à Paris le 11 Oct. 1652 ,
à 44 ans, La Maifon de Bouthillier a
produit un grand nombre d'autres
hommes illuftres. voyez RANCÉ.

BOUVIER , ( Gilles le ) plus connu fous le nom de Berri fa patrie ,
eft auteur de la Chronique du Roi
Charles VII , & de quelq. ouvrages
importans. Il fut Héraut d'Armes
de Charles VII , en 1420.

BOXHORN , ( Marc-Zuerius )
favant Critiq. né à Berg-op-zoom
en 1612 , fut Profeffeur d'éloquence à Leyde & enfuite de politique &
d'hiftoire , à la place de Heinfius. Il
m. le 3 Oct. 1653 , à 41 ans. Il a publié Theatrum urbium Hollandiæ :
Scriptores hiftoriæ Auguftæ cum notis : Poetæ fatyrici minores cum
comment. des notes fur Juftin , fur
Tacite , & un gr. nombre d'autres ouvrages.

BOYER , ( Abel ) de Caftres ,
après la révocation de l'Edit de
Nante , alla à Geneve , puis à Franeker , où il acheva fes études , &
enfuite en Angleterre. Il y apprit fi
bien la Langue angloife , qu'il la
poffedoit comme les naturels du
païs. Il mourut à Chelfey le 16 Novemb. 1729 , à 65 ans. On a de lui ,
1. un excellent Dictionnaire an-
glois-françois , & françois anglois ,
dont la meilleure édition eft celle
de Hollande 1727 , in-4°. 2. une
Grammaire angloife : 3. l'Etat politique de la Gr. Bretagne , ouvrage
rempli de pieces curieufes : 4 l'Hiftoire du Roi Guillaume , & celle de
la Reine Anne , &c.

BOYER , ( Claude ) Poète François , natif d'Alby , & l'un des 40
de l'Acad. Françoife , mort le 22
Juillet 1698 , à 80 ans , eft auteur
de Judith & Jephté , Tragédies faintes , & de pluf. autres pieces.

BOYLE , ( Robert ) céleb. Phyficien du 17e fiecle , fils de Richard
Boyle , Comte de Corke , naquit à
Lifmore en Irlande le 25 Janvier
1627. Il voïagea en Hollande , en

France & en Italie , & fe fit eftimer par fa probité & par fa fcience.
Un Dictionnaire abregé , tel que celui-ci , ne nous permet pas d'entrer
dans le détail de fes travaux , de fes
expériences & des importantes découvertes qu'il fit dans la Phyfique.
Charles II , le Roi Jacques & le
Roi Guillaume , prenoient un grand
plaifir à s'entretenir fouvent avec
lui. Il mourut à Londres le 30 Déc.
1691 , à 65 ans. Les Angl. ont donné à Londres en 1744 , une magnifique édition de fes ouvrages en 5
vol. in-fol. Son difcours fur la profonde vénération que l'efprit humain
doit à Dieu , eft le plus eftimé de
fes Traités Théologiques.

BOYLESVE , ( Etienne ) Chevalier , célebre Prévôt de Paris , & gr.
Homme d'Etat , fous le regne de Saint
Louis , étoit d'Angers , d'une famille noble & féconde en Perfonnes de mérite. Il époufa , en 1225 ,
Marguerite de la Gueffe , & fit , en
1228 , avec Geoffroy & Robert
Boylefve , fes Freres , un partage
noble de la fucceffion des biens de
fon Pere. Ces deux Actes & un gr.
nombre d'autres qui fe confervent
jufqu'aujourd'hui dans la Maifon
de fes Defcendans , prouvent qu'il
ne fe nommoit pas Boileau , Boil-
reau , Boilrave , ni Boileave ; mais
que fon vrai nom étoit Boylefve.
Il fe nomme ainfi dans un ancien
Compte des Baillifs de France de
l'an 1262 , & dans le Contrat de
mariage de Foulques Boylefve , fon
Fils , de l'an 1258 , où il prend le
nom & la qualité de Etienne Boylefve , Chevalier , Prévôt de Paris.
Une Sentence de l'an 1368 , rendue
par le Prévôt de Paris , en faveur
d'un de fes Héritiers , le nomme
Stephanum Boilefveum , Præpofitum
Parifienfem. Un Arrêt contradictoi-
re du Parlement de Paris , du 10
Déc. 1587 , fait mention de lui ,
fous le nom d'Etienne Boylefve ,
Chevalier , Prévôt de Paris. Enfin , ce nom lui eft donné , & il le
prend lui-même dans un fi gr. nombre d'Actes authentiques , qu'il n'eft
pas poffible d'en douter , & qu'il y a

tout lieu de croire que les noms de *Boileau, Boilau, Boileave*, &c. fous lefquels il eft cité dans pluf. Auteurs, ne font que le même nom de *Boylefve* en françois plus récent; car *eve* & *eave*, dans nos anc. Auteurs François, eft la même chofe que *eau* dans les modernes. Mais revenons à la vie de ce gr. homme. Sous le regne de Saint Louis, le Parlement n'étant pas encore fédentaire, le Prévôt de Paris, outre fes fonctions militaires, avoit une très grande autorité dans l'adminiftration de la Juftice, & il l'exerçoit feul dans la Capitale. On ne parvenoit alors à cette charge qu'à force d'intrigues & d'argent, & les Prévôts revendoient fouvent la Juftice au même prix; ce qui caufoit une licence effrénée & des défordres extrêmes. S. Louis, pour remédier à un fi gr. mal, ne voulut plus que cette Charge fut vénale. Il fit chercher longtems, (comme le marquent les Hiftoriens de ce tems-là) un *gr. fage homme* pour la remplir, & il le trouva, felon les mêmes Auteurs, dans la perfonne d'Etienne Boylefve, qui fut ainfi le premier Prévôt de Paris nommé par le Roi. Il juftifia un choix fi honorable par une intégrité à toute épreuve, par une jufte févérité, par un zele infatigable pour le bien public, & par tous les talens qui caractérifent les grands Magiftrats. Il fit revivre les Loix, réprima les défordres, pourvut à la fûreté & à la tranquillité publiques, en mettant une bonne police dans Paris, & diftribua les Artifans en différentes claffes ou Communautés, auxquelles il donna des Statuts fi fages & fi équitables, qu'ils ont fervi de modele dans la fuite. Etienne Boylefve rétablit ainfi en peu de tems l'ordre & la difcipline dans le commerce, dans les Arts, dans la perception des Droits roïaux, qui étoient alors entierement de fa compétence, & fixa la compétence des Juftices Seigneuriales enclavées dans fa Prévôté. Ce font ces matieres qui font l'objet des Réglemens que nous

avons de lui, & dont nous parlerons ci-deffous. Ce grand homme exerça la Juftice fans aucune acception de perfonne, & le Commiffaire Lamarre rapporte de lui (dans fon *Traité de la Police*, tome 1, pag. 129) qu'il fit pendre un de fes Filleuls, & un de fes Comperes. Etienne Boylefve fuivit Saint Louis en Egypte. Il tenoit un rang fi confidérable dans l'Armée Chrétienne, qu'aïant été pris au fiege de Damiete, les Infideles exigerent de lui pour fa rançon, *deux cens livres d'or*, fomme très confidérable pour ce tems-là. Ce fait eft conftaté par une Sentence du Prévôt de Paris de l'an 1368. Nous ne favons au jufte ni l'année de fa nomination à la Prévôté de Paris, ni celle de fa mort; mais il eft conftant, par plufieurs Actes authentiques, & notamment par le Contrat de mariage de Foulques Boylefve, fon Fils, qu'il étoit Prévôt de Paris en 1258. On voit par plufieurs Arrêts du Parlement rapportés dans les *Olim*, qui font les plus anc. Regîtres du Parlem., qu'il étoit encore en place en 1267. Enfin, une Sentence rendue par Regnault Barbou, Prévôt de Paris, au mois d'Avril 1270, nous perfuade qu'Etienne Boylefve doit être mort vers 1269. Il nous refte de lui un Recueil de Réglemens, que l'on nomme vulgairement le *Livre des Métiers*, ou le Livre des *Etabliffemens des Métiers de Paris*, parceque la premiere partie, qui eft la plus étendue, contient les Statuts des Arts & Métiers. On connoît quatre Exemplaires manufcrits de ce Livre: favoir, celui de la Chambre des Comptes, celui de la Bibliotheque de Sorbonne, celui du Châtelet, & celui qu'avoit le Commiffaire Lamarre. Le premier, qui étoit l'Original, périt dans l'incendie de la Chambre des Comptes du 27 Oct. 1737, & il n'en refte qu'un Extrait fait par M. le Clerc du Brillet. Le plus anc. des trois qui reftent, eft celui de Sorbonne. On voit par l'écriture de ce Manufcrit qu'il eft du tems même d'Etienne Boylefve, ce à d. de la fin du 13e fiecle. M. le Commiffaire Dupré, qui marche fur les traces des plus habiles Commiffaires de Paris, a conféré enfemble les trois Manufcrits du Livre d'Etienne Boylefve, en a marqué avec foin les Variantes, & en a pris une copie exacte. Il feroit à fouhaiter qu'il fît imprimer cet Ouvr., & le Public lui en auroit beauc. d'obligation, puifque ce font les premiers & les plus anciens Réglemens de Police que nous aïons en France, & par conféquent le plus précieux monument qui nous refte en ce genre. Pluf. Auteurs, qui jugent des tems reculés par ce qu'ils voient pratiquer fous leurs yeux, fe font imaginés qu'Etienne Boylefve n'étoit qu'un fimple *Bourgeois de Paris*; mais ils fe font trompés, & il eft conftant qu'il étoit Gentilhomme & d'une famille diftinguée. Sa nobleffe eft prouvée, 1°. par l'Acte de partage de la fucceffion de fon Pere. 2°. Par fa qualité de *Chevalier* : car tout le monde fait que Saint Louis déclare, dans le Chap. 128 de fes Ordonn. ou Etabliffemens, que nul ne peut être Chevalier *s'il n'eft noble de parage.* 3. On ne pouvoit du tems de S. Louis être élevé à aucune Charge confidérable, telles qu'étoient celles de Bailli, de Sénéchal, de Prévôt de gr. Ville, fi l'on n'étoit noble. Auffi voit-on dans la lifte des anciens Prévôts de Paris qui ont fuccédé à Etienne Boylefve, des Luxembourg, des Deftoutevilles, des Villiers de l'Ifle-Adam, des d'Aumont, &c. Ces Seigneurs n'auroient affurément pas voulu être Prévôts de Paris, fi ce n'eût été une place qui requerroit la nobleffe. 4°. Enfin la nobleffe d'Etienne Boylefve eft prouvée par le rang diftingué qu'il tenoit dans l'Armée des Croifés, par fes alliances, & par les rangs de fes Defcendans. Foulques Boylefve, fon Fils, & Louis Boylefve, fon Petit-fils, fe difent Fils de Chevaliers, & épouférent des Filles de Chevaliers. Jean Boylefve, Fils de Louis, étoit Gouverneur de Guife, & Chancelier de

Louis de France, Duc d'Anjou, en 1364. Il fut Pere de Jean Boylefve, fec. du nom, qui fut prem. Maître d'Hôtel de Louis de Fr., Duc d'Orléans, & qui fe croifa, en 1396, avec un gr. nombre de Cheval. Fr. qui périrent à la funefte bat. de Nicopolis en Hongrie. Pierre Boylefve, fon fils aîné, fut Gouvern. de Meun, & comme lui, attaché à la Maifon d'Orléans. Il fe battit en champ clos en 1430, en qualité de Chevalier, contre le Sire Defcalles, Capitaine Anglois, qu'il tua en préfence des Chevaliers Angl. & François affemblés au Mans. Jean Boylefve III, fon Fils, fut Chambellan du Dauphin, qui fut depuis Roi de Fr. fous le nom de Louis XI. Il étoit Frere d'un autre Pierre Boylefve, Chambellan du Duc d'Orléans, & Chevalier de l'Ordre du Porc-épi en 1451, & de Henri Boylefve, Avocat gén. du Parlem. de Paris. Jean Boylefve III m. à Angers, le 12 Fev. 1498, & fut enterré dans la Chapelle roïale qui eft dans l'Eglife des Cordeliers de cette Ville, & dans laquelle le cœur de René, Roi de Sicile & Duc d'Anjou, repofe. Quoique les perfonnes les plus qualifiées de la Province d'Anjou aient leur fépulture dans cette Eglife, il n'y a cependant que le feul Jean Boylefve, qui ait la fienne dans la Chapelle roïale. Il étoit Seigneur de la Bourliete & de Grandchamp, & laiffa deux Fils, François Boylefve, Chanoine de Chartres, & Marin Boylefve. Celui-ci fut Pere de Charles Boylefve, Seigneur des Roches, & de Franç. Boylefve, Seigneur de la Brifarderie, & Lieutenant de la Prévôté d'Angers, lequel donna en pluf. occafions des marques de fon zele pour la Religion & pour le Roi pendant les guerres civiles. Franç. Boylefve laiffa quatre Fils, Maurice Boylefve, Confeiller au Parlem. de Bretagne, & dont la poftérité eft éteinte; Marin Boylefve II, Seigneur de la Maurouziere, Chef du nom & des armes de Boylefve; Franç. Boylefve, Aumônier du Roi & Chanoine d'Angers. Enfin Charles Boylefve, Seigneur de la Gilliere, qui m. Doïen du Parlem. de Bretagne en 1643. C'eſt de lui ( de Charles Boylefve ) que ſont iſſus les Seigneurs du Planty, les Seigneurs de Chamballan, & les Barons de Soucelle. Louis Boylefve, ſon Fils, ſe diſtingua par ſon attachement & par ſon zele pour les intérêts du Roi pendant les troubles de la Minorité de Louis XIV, & fut fait Conſeiller d'Etat en 1652. Il avoit un Frere, Gabriel Boylefve, qui devint Evêq. d'Avranches. Ce Franç. Boylefve eſt Auteur de la Branche de Boylefve Chamballan établie en Bretagne, & qui ſubſiſte encore dans la perſonne de M. de Boylefve, Seigneur de Chamballan, Préſident au Parlem. de Bretagne. Marin Boylefve, Seigneur de la Maurouziere, iſſu au dixieme degré du célebre Etienne Boylefve, Prévôt de Paris, & Frere de Charles Boylefve, Seigneur de la Gilliere, ſe rendit recommandable en Anjou pendant les troubles de la Ligue. Il n'avoit qu'environ 35 ans, lorſque tous les Ordres de la ville d'Angers le demanderent au Roi Henri III pour Lieutenant génér. Il ſe ſignala dans cette Charge, devint comme le chef du Parti du Roi en Anjou, & contribua beauc. à maintenir la Ville d'Angers dans l'obéïſſance & la fidélité qu'elle devoit à ſon Rôi légitime. Sa mémoire eſt en grande vénération parmi ſes Concitoïens, & ils le repréſentent comme un homme né avec de gr. talens qu'il conſacra au ſervice de ſon Roi & de ſa Patrie. Henri IV, pour récompenſer ſes ſervices, le fit Chevalier de l'ancienne Chevalerie, & par une diſtinction particuliere, ſur les preuves que Marin Boylefve fournit de ſon ancienne nobleſſe, rapportées dans le Procès-verbal dreſſé par le Gouvern. d'Anjou, ce Prince, par des Lettres Patentes du 19 Mai 1597, rendit le titre de Chev. héréditaire à tous ſes Deſcendans, de maniere qu'ils naiſſent tous Chevaliers. L'année ſuiv. 1598, ce gr. Prince, par de nouvelles Lettres Pa-

tentes, accorda à Marin Boylefve, Seigneur de la Maurouziere, qu'il nomme ſon féal Chevalier, le droit pour lui & ſa poſtérité d'ajouter à ſes Armes un chef de trois fleurs delys d'or, de porter une fleur-de-lys pour cimier, & les marques de l'Ordre de S. Michel autour de l'écuſſon. Ses Deſcendans conſervent toutes ces marques d'honneur. Marin Boylefve fut fait Conſeiller d'Etat, le dernier jour de la même année 1598, & m. le 10 Juill. 1603, au retour d'une commiſſion qu'il avoit reçue de la Cour. M. Marin Boylefve, ( Ve du nom ) Chevalier Seigneur de la Maurouziere, qui demeure à Angers, eſt ſon Arriere-petit-fils. C'eſt lui qui eſt Chef du nom & des armes de la Maiſon de Boylefve. M. Marin Boylefve de la Maurouziere, ſon Fils, a épouſé, en 1750, Louiſe Edmée de la Cour de Balleroy, fille de M. le Marquis de Balleroy, Lieutenant génér. des Armées du Roi, & de Dame Marie-Elizabeth de Matignon, Fille de feu M. le Maréchal de Matignon. La Filiation de la Maiſon de Boylefve eſt prouvée par une ſuite non interrompue de Contrats de mariage, depuis celui d'Etienne Boylefve en 1225 juſqu'aujourd'hui, & il y a peu de Maiſons en Fr. qui aient une telle ſuite de preuves. Nous avons eu ſous les yeux, en compoſant cet Article, des Extraits fideles & autentiques de ces Contrats de mariage, de ſorte qu'il n'eſt pas poſſible de douter qu'Etienne Boylefve, pr. Prévôt de Paris nommé par le Roi, n'ait été recommandable non-ſeulement par ſes talens & par les ſervices qu'il a rendus à l'Etat, mais auſſi par ſa naiſſance & par ſes Deſcendans, leſquels ſe ſont alliés avec les meilleures Familles du Roïaume, ont occupé juſqu'ici des places diſtinguées dans l'Egliſe, dans le Militaire & dans la Robbe, & ont toujours joui des Titres & des Privileges de la Nobleſſe. Ils ſubſiſtent encore en Anjou & en Bretagne, & ſoutiennent avec diſtinction la gloire de leurs Ancêtres.

BOZE, (Claude Gros de) hab.
Antiquaire, de l'Acad. Franç. & de
celle des Inscript. & Belles-Lettres,
naquit à Lyon, le 28 Janv. 1680.
Il avoit reçu de la nature beaucoup
d'esprit & une mémoire heureuse,
& fut élevé avec soin par ses parens.
Son goût pour les Antiquités se déclara dès le tems de ses prem. Etudes, qu'il commença à Lyon & qu'il
vint achever à Paris, où il s'acquit
l'estime de M. Vaillant & du Pere
Hardouin. Il devint Aut. dès l'âge
de 22 ans, & fut chéri de M. le
Chancelier de Pontchartrain & de
M. l'Abbé Bignon. Quelques ouvr.
ingénieux composés sur des Médailles & sur d'autres Monumens, le
firent recevoir de l'Acad. des Inscript. en 1705. Il fut nommé, l'année suiv., Secretaire perpét. de cette
Académ., dont il rédigea les Mém.
M. de Boze fut élu de l'Acad. Franç.
en 1715, pour succéder à M. de Fenelon ; & eut la garde du Cabinet des
Médailles du Roi, en 1719. Dans
la vue de faire d'importantes acqui-
sitions pour ce Cabinet, il alla en
Hollande en 1720, où il lia une
étroite amitié avec Gronovius, le
Fils. Son dessein étoit de passer à
Londres, où sa réputation lui promettoit l'accueil le plus favorable.
Mais des raisons imprévues le re-
tinrent en Hollande. Quelques mois
après, il revint à Paris, où il reprit ses exercices ordin., & partagea son tems entre l'Ac. des Belles-
Lettres, dont il ne quitta le Secré-
tariat qu'à la fin de 1742, l'Acad.
Françoise, le Cabinet des Médailles, & le Journal des Savans. Il ne
travailla à ce Journal qu'en qualité
de Surnuméraire & à la prière de
M. l'Abbé Bignon ; ce qui ne l'empêcha pas de donner un nombre
considérable d'Articles, répandus en
différentes parties de ce Journal. Feu
M. le Chancelier Daguesseau confia, en 1745, pendant la maladie
de M. Maboul, l'Inspection de la
Librairie du Roïaume à M. de Boze,
& il s'en acquitta avec l'applaudissement & la reconnoissance des
Gens de Lettres. Il m. le 10 Sept.

1754, à 74 ans. On a de lui, 1°.
les 15 prem. Vol. des Mémoires de
l'Acad. des Inscript. & Belles-Lettres
tres. 2°. La seconde Edit. de l'Hist.
métallique de Louis XIV, publiée
en 1723. 3°. Les Eloges d'un grand
nombre d'Académiciens, ses Collegues. 4°. Il a eu beauc. de part aux
Médailles frappées sur les princip.
événemens du regne de Louis XV.
5°. On a de lui plus. Dissert. sur les
Médailles antiques, &c. Il avoit
rassemblé plusieurs Médailles singulieres ; & son Cabinet est cité par le
P. Jobert, au nombre des plus beaux
qui fussent alors en France ; mais
il s'en défit lorsqu'il eut été chargé
de celui du Roi. M. de Boze avoit
aussi rassemblé les Livres les plus
rares & les plus curieux. Le Catalogue en a été donné au Public. Ce
n'est pas lui qui est Auteur de l'Epitaphe lat. du P. Hardouin. Voyez
HARDOUIN

BRACCIOLINI, (François)
Poëte Italien, natif de Pistoye, &
ami du Pape Urbain VIII, mourut
vers 1644, à 80 ans. Il est auteur,
1. d'un Poëme épique, intitulé La
Croix reconquise, sous l'Empereur
Héraclius : 2. d'un Poëme héroï-
comique, intitulé La moquerie, ou
Raillerie des Dieux du paganisme :
3. l'Election du Pape Urbain VIII,
en 23 Livres. Ce Poëme plut si fort
à ce Pape, qu'il lui donna le surnom de Bracciolini des abeilles, faisant allusion aux abeilles des armes
de la famille de Barberin.

BRACHET, de la Milletiere,
voyez MILLETIERE.

BRACTON, savant Jurisc. Angl.
au 13e siecle comme il paroît par
son excellent Liv. de consuetudinibus
Angliæ.

BRAHÉ, voyez TICHO-
BRAHÉ.

BRAMA, passe pour le premier
qui policia les Indes, & qui en fut
le Législateur. Il partagea ses peuples en quatre Castes ou Tribus ; savoir, des Brachmanes, des Rageputes, des Banianes, & des Artisans. La Caste des Brachmanes est
composée de Prêtres qui sont en même

mê tems les Juges, les Maîtres & les Docteurs des Indiens. Celle des *Rageputes* comprend les Guerriers & les Militaires. Les *Banianes* font deſtinés au negoce. Ce ſont eux qui font travailler les *Artiſans*, & qui débitent leurs ouv. en gros & en détail. Brama donna des loix génér. à toutes les Caſtes, dont les principales ſont, qu'une Caſte ne pourroit jamais s'allier avec une autre; qu'un même homme ne pourroit jamais exercer deux profeſſions, ni paſſer de l'une à l'autre; qu'un Laboureur, par exemple, un Tiſſerant, un Orfévre, ne fît jamais apprendre à ſon fils, un métier différent du ſien, & ne mariât jamais ſes enfans à d'autres perſonnes d'une autre profeſſion que la ſienne. L'adultere, la ſimple fornication, le vol, le menſonge & l'homicide ſont défendus par une loi générale. Brama défendit même d'ôter la vie aux animaux, & ordonna à ſes peuples d'avoir une gr. vénération pour les *Vaches*. Il fit auſſi des loix particulieres pour chaque Caſte, dont celle des *Brachmanes* eſt la plus noble & la plus reſpectée. Il eſt en ſi gr. vénération dans les Indes, & ſur-tout dans le Mogol, qu'il y eſt adoré comme un Dieu.

BRAMANTE d'Urbin, *voyez* URBIN.

BRAMHAL, ( Jean ) ſav. Archevêque d'Armagh, Primat d'Irlande, né à Pontefract, dans le Comté d'Yorck, en 1593, d'une famille noble & ancienne. Ses ennemis lui ſuſciterent des affaires, dont il ſe tira heureuſement. Bramhal avoit beaucoup de force dans le raiſonnement, étoit habile dans la controverſe & dans la politique, & avoit un courage proportionné à ſon caractere, & à ſes principes. Il ſe rendit cél. par ſa diſtinction entre les articles de paix & les articles de foi. Ses ouvr. ont été impr. *in fol.*

BRANCAS, ou BRANCACIO, ( François-Marie de ) illuſtre Cardinal de la noble & ancienne Maiſon de Brancas *ou* Brancacio, au Roïaume de Naples, fut Evêque de

Capacio, puis Cardinal ſous Urbain VIII, en 1634. On le propoſa en 1670 dans le Conclave, pour être mis ſur le ſiege Pontifical; mais les Eſpagnols lui donnerent l'excluſion. Il mourut le 9 de Janvier 1675 à 84 ans. C'étoit un homme de mérite, & ami des gens de Lettres. Il a compoſé pluſ. ouvr. & en particulier un Traité du *chocolat*, dans lequel il ſoutient que le *chocolat* ne rompt pas le jeûne; & il le ſoutient avec tant de force, que Caldera, Médec. Eſpagnol, qui avoit avancé le contraire, fut contraint de renoncer à ſon ſentiment, ſi l'on en croit Silv. du Four dans ſon Traité du *chocolat*.

BRANDMULLER, ( Jean ) fam. Théol. natif de Biberac, & Miniſtre à Bâle, étoit grand partiſan d'Œcolampade. Il mourut en 1596, à 63 ans. On a de lui un gr. nombre de Sermons. Il ne faut pas le confondre avec Jacques Brandmuller ſon fils, Prof. d'Humanités; ni avec un autre Jacques Brandmuller, petit-fils de Jean, & habile Juriſconſulte.

BRANDT, ( Gerard ) ſav. Théol. de la Relig. prétendue Réfor., habile Hiſtorien & bon Poëte, naquit à Amſterd. en 1626. Il fut ſucceſſivement Miniſtre à Nieukoop, à Hoorn & à Amſterd., & m. à Roterdam en 1685. On a de lui pluſ. ouvr. eſtimés; dont les princ. ſont, l'*Hiſtoire de la réformation des Pais-Bas*, en 4 vol. *in-4.* & *la Vie de l'Amiral Ruiter*. Ces deux ouvrages ſont écrits en Flamand. Gaſpard Brandt, l'un de ſes fils fut Miniſ. de pluſ. Egliſes Arméniennes, puis de celle d'Amſterd. Il m. en 1696. On a de lui *la Vie d'Arminius* en latin, & pluſ. Sermons en Flamand. Gerard Brandt, frere de Gaſpard, & autre fils de Gerard Brandt, fut Miniſtre de deux Egliſes remontrantes, puis de celle de Roterd. où il mour. fort jeune en 1683. On a de lui un vol. de Sermons en flamand & d'autres ouvr.

BRANTOME, *voyez* BOURDEILLE.

BRASAVOLUS, ( Antoine Muſa ) Méd. & Prof. de Philoſ. à Fer

rare, au 16e siècle, dont on a des Comment. estimés sur les aphorismes d'Hippocrate, & d'autres ouvr.

BRASIDAS, cél. Général des Lacédémoniens, vers 424 avant J. C. défit les Athéniens sur mer & sur terre, prit plus. places, & rendit sa patrie redoutable à tous ses ennemis. Il vainquit les Athéniens qui vouloient surprendre Amphipolis, & mourut des blessures qu'il avoit reçues dans le combat, 422 avant Jesus Christ.

BRAUN, (George) sav. écrivain du 16e siecle, Archidiacre de Dortmund, & Doyen de Notre-Dame in Gradibus, à Cologne, est auteur d'une harangue latine, contre les Prêtres concubinaires ; d'un Traité de Controverse contre les Luthériens, dans lequel il compare leur conduite à un coin, dont la partie la plus déliée, étant une fois entrée dans une piece de bois, sert peu-à-peu à introduire les parties les plus épaisses, jusqu'à ce que le bois soit fendu. C'est ainsi, dit-il, que les Luthériens se sont introduits à Dortmund & ailleurs : mais le principal ouvr. de Braun, est son Theatrum urbium, en plus. vol. in-fol.

BRAUNBOM, (Fréderic) auteur Protestant d'Allemagne, publia en 1613, avec gr. ostentation, un Livre rempli de nouv. découvertes qu'il s'imaginoit avoir faites relativement aux Prophéties de l'ancien & du nouveau Testament. Il y fixe chaque période du regne de l'Antechrist, sa naissance, sa jeunesse, son adolescence, son âge décrépit, &c. Selon cet auteur, la fin du monde devoit arriver en 1711. Au reste, il applique au Pape tout ce qu'il trouve sur l'Antechrist dans l'Ecriture : ce qui prouve son peu de jugement.

BRAWER, BRAUR, ou BROWER, (Adrien) excellent Peintre, natif d'Oudenarde, réussissoit surtout dans le grotesq. & les figures en petit. Il mour. à Anvers, en 1640. à 32 ans, consumé de débauches, & réduit à une extrême pauvreté.

BREBEUF, (Guillaume) fam. Poète François, natif de Norman-

die, mort en 1661, à 43 ans. Sa Traduction en vers, de la Pharsale de Lucain, eut d'abord un gr. succès auprès des personnes sans goût, qui se laissent éblouir à la pompe des vers, & qui confondent le faux brillant & les vers ampoullés, avec le beau & le sublime. Brebeuf est auteur de plus. autres ouvr. Son Lucain travesti passe pour une satyre ingénieuse des Grands, & de ceux qui flattent leurs vices. C'est sa meilleure piece. Outre ses Poëmes, on a de lui une défense de l'Eglise Romaine.

BRECOURT, (Guillaume Marcoureau sieur de) Poète dramatique François, représentoit lui-même ses pieces sur le théâtre ; & passoit pour un excellent acteur, principalement dans les rolles de Roi & de Héros, dans les Tragédies. Son jeu étoit vif & intéressant ; mais tellement animé, qu'il se rompit une veine, en voulant trop faire valoir sa comédie de Timon. Cet accident fut cause de sa m. arrivée à Paris, vers 1685. On a de lui plus. pieces dramatiq. qui ont eu peu de succès.

BREDENBACH, (Matthias) natif de Kerpen, & Principal du Collège d'Emeric, dans le païs de Cleves, au 16e siecle, a fait d'excell. Comment. sur les 69 prem. Pseaumes & sur S. Matthieu, & divers ouvr. contre les Protestans. Il mourut en 1559, à 72 ans. Ses deux fils Thierri & Tilman Bredenbach, furent aussi des hommes de Lettres.

BREENBERG, voyez BARTHOLOMÉ.

BREGY, (Charlotte Saumaise de Chazan, Comtesse de ) l'une des plus belles & des plus spirituelles Dames de son tems, dont on a un Recueil de Lettres & de Vers, étoit Dame d'honneur de la Reine Anne d'Autriche, & mourut à Paris le 13 Avril 1693, à 74 ans.

BRENIUS, (Daniel) disciple d'Episcopius, & l'un des plus fam. auteurs Arminiens. Ses principaux ouvr. sont, 1. des Comment. abregés sur la Bible, dans lesquels il est Socinien ; 2. De regno Ecclesiæ gloſioſo, *per Chriſtum in terris eri-gendo* ; où il veut prouver par les Prophéties, que J. C. regnera ſur la terre d'une maniere temporelle, en qualité de Meſſie. En quoi Brenius eſt oppoſé à Socin, & appuie l'erreur des Juifs.

BRENNUS, cél. Capitaine Gaulois, entra en Italie vers 391 avant J. C. avec une puiſſante armée, y fit de gr. conquêtes, & aſſiegea *Cluſium* en Toſcane. Les habitans demanderent du ſecours aux Romains; mais les Gaulois irrités, allerent aſſieger Rome, la prirent, & la pillerent, 388 ans avant J. C. Ils furent enſuite chaſſés par Camille de devant le Capitole, & de toute l'Italie. Il ne faut pas le confondre avec Brennus, autre Capitaine Gaulois, qui fut tué avec une partie de ſes troupes, en voulant piller le temple de Delphes, vers 278 avant J. C.

BRENTIUS, ou BRENTZEEN, (Jean) fameux Miniſtre Luthérien, né à Wil en Suabe, en 1499, alla étudier à Hædelberg, où il s'acquit une gr. réput. Il fut enſuite Chanoine de Wittemberg, & ſe fit ordonner Prêtre ; mais la lecture des Livres de Luther, & les converſations qu'il eut avec lui, le firent changer. Il embraſſa & enſeigna publiquement les nouveautés de Luther, ſans néanmoins le ſuivre en tout. Brentius fut enſuite Profeſſeur de Théol. à Tubinge, ſe maria, & fut Conſeiller ordin. du Duc de Wittemberg, qui le combla de biens. Brentius fut accuſé d'avoir contribué aux guerres d'Allem. Il eut part à toutes les gr. affaires de ſon tems, dont la Religion étoit ou le motif ou le prétexte, fut comme le chef du parti Luthérien, après Luther. Sa femme étant morte vers 1550, il en épouſa une autre, jeune & fort belle, dont il eût douze enfans. Il m. le 10 Sept. 1570, à 72 ans. On a de lui un gr. nombre d'ouvr. impr. en 8 vol. Il a ajouté pluſieurs erreurs à celles de Luther. C'eſt lui qui a ſoutenu le premier que J. C. depuis l'Aſcenſion eſt par-tout. Ce qui a fait donner le nom d'*Ubiquetaires*,

& d'*Ubiquiſtes*, à ceux qui ſuivent cette opinion ridicule.

BREREWOOD, (Edouard) ſavant Mathématicien, & Antiquaire Anglois, né à Cheſter en 1565, & mort à Londres, le 7 Nov. 1613. Le plus curieux de ſes ouvr. a été traduit d'anglois en françois, ſous ce titre : *Recherches ſur la diverſité des Langues & des Religions, dans les princip. parties du monde.*

BRET, (Cardin le) Avocat Général au Parl. de Paris, & Conſeil. d'Etat, fut chargé de pluſ. commiſſions import. par la Cour, & m. Doyen des Conſeillers d'Etat, le 24 Janv. 1655, à 97 ans. Le principal de ſes ouvr. eſt un ſav. *Traité de la Souveraineté du Roi.*

BRETEUIL, *voyez* CHASTELET.

BREUGEL, que l'on prononce *Breugle*, (Pierre) Peintre célebre ſurnommé Breugel *le vieux*, pour le diſtinguer de Pierre Breugel, l'un de ſes fils, naquit à Breugel, village près de Breda, en 1565. Il aimoit le caractere & les mœurs des païſans, & ſe plaiſoit à être de leurs divertiſſemens, de leurs danſes & de leurs noces. C'eſt auſſi ce qu'il a repréſenté dans ſes tableaux avec une naïveté admirable, & il y a joint des païſages gracieux. Ses autres ſujets ordinaires ſont des marches d'armée, des attaques de coches, &c. Il laiſſa deux fils, Jean & Pierre. Jean que l'on nomme *Breugel de velours*, parcequ'il avoit coutume de s'habiller de cette étoffe, étoit auſſi un excellent Peintre. On admire ſes fleurs, ſes fruits, ſes vues de mer, ſes païſages & ſes ſujets d'hiſtoire. Il m. en 1642, à 67 ans. Pierre Breugel ſon frere, que l'on nomme *Breugel le jeune*, prenoit pour ſujets ordinaires de ſes tableaux, des incendies, des feux, des ſieges, des tours de magiciens & des diables. C'eſt de ce genre de Peint. dans lequel il excelloit, qu'il fut auſſi ſurnommé *Breugel d'enfer*.

BREUL, (Jacq. du) Religieux Bénédictin, né à Paris, le 17 Sept. 1528, & m. en 1614, à 86 ans, eſt auteur du Théâtre des Antiquités de

Paris, & d'autres ouvrages.

BRIARD, ( Jean ) fav. Docteur, & Vice-Chancelier de l'Université de Louvain, fe fit eftimer d'Erafme, & des perfonnes fav. de fon tems. Il mourut le 8 Janv. 1520. On a de lui un Traité *fur la Loterie*, & d'autres ouvrages en latin.

BRIARÉE, fils de Titan, & l'un des Géans qui attaquerent le Ciel, felon la fable, avoit 100 mains & 50 têtes. Il étoit appellé *Egeon* par les hommes, & *Briarée* par les Dieux, felon Homere.

BRICE, ( S. ) Evêq. de Tours, & fucceffeur immédiat de S. Martin, en 397, fut accufé d'avoir eu un commerce criminel avec une Religieufe, & d'en avoir eu un enfant. Ce qui le fit chaffer par le peuple, qui mit un autre Evêque à fa place. S. Brice fe retira à Rome, où fon innocence aïant été reconnue, il revint fept ans après dans fon Diocèfe, & fut reçu avec joie. Il mourut le 13 Nov. 444. Dans le tems que S. Brice n'étoit encore que Diacre, S. Martin lui avoit prédit qu'il feroit fon fucceffeur, & qu'il effuieroit beaucoup de traverfes.

BRIÇONNET, ( Guillaume ) illuftre Cardinal d'une famille féconde en perfonnes de mérite, fut Evêque de S. Malo & de Nifmes, puis Archev. de Reims, après fon frere Briçonnet, en 1497 : enfuite Archevêque de Narbonne en 1507, & Cardinal en 1495. On l'appelloit le Card. de S. Malo. Il eut beauc. de part aux bonnes graces de Charles VIII & de Louis XII, & fe fignala dans le miniftere. C'eft principalement à fa perfuafion, que Charles VIII entreprit la conquête du R. de Naples. Briçonnet fe diftingua auffi au Concile de Pife contre Jules II. C'étoit un homme de mérite, ami des Savans, & zélé pour la gloire de la France, auffi-bien que fon frere Robert Briçonnet, qui fut Archevêque de Reims, & Chancelier de France. Guillaume mourut le 4 Décemb. 1514. Il avoit époufé, avant que d'entrer dans les Ordres facrés, Raoulette de Beaune, dont

Il eut deux fils, Guillaume Briçonnet, Abbé de S. Germain des Prés, Evêque de Lodeve, puis de Meaux en 1516 ; & Denis Briçonnet, Evêq. de Toulon, puis de Lodève, & enfuite de S. Malo en 1514. Ces deux Evêques étoient auffi des perfonnes de mérite. On remarque que Guillaume Briçonnet leur pere, officiant pontificalement, ils lui fervirent la Meffe, l'un en qualité de Diacre, & l'autre comme Soudiacre. Avant que d'être Evêque, le Cardinal Briçonnet avoit deux devifes : l'une françoife, *l'Humilité m'a exalté* : l'autre, *Ditat fervata fides*. On lui attribue un petit manuel de prieres.

BRIE, *Brixius*, ( Germain de ) favant écrivain du 16e fiecle, natif d'Auxerre, favoit les Langues, & fur-tout la grecque. Il mourut près de Chartres en 1538, de chagrin d'avoir été volé. On a de lui une Traduction latine du *Traité du Sacerdoce*, de S. Chryfoftome, & d'autres ouvrages eftimés.

BRIENNE, maifon illuftre & féconde en grands hommes, dont les plus connus font, Gautier de Brieane, qui fignala fon courage à la défenfe de la ville d'Acre, contre les Sarrafins, en 1188. Il fut enfuite Roi de Sicile & Duc de la Pouille, par fon mariage avec *Marie Alberie*, & mourut d'une bleffure qu'il avoit reçue en défendant les droits de fa femme, en 1205. Gautier *le Grand* fon fils, fut Comte de Brienne & de Japhe. Il paffa dans la Terre-Sainte, où il fignala fon courage contre les Sarrafins ; mais ceux ci l'aïant fait prifonnier, ils le firent mourir cruellement en 1251, felon Matthieu Paris. Gautier fon arriere-petit-fils, fut élevé à la Cour de Robert le Bon, Roi de Naples & de Sicile. Il fe rendit maître de Florence ; mais en aïant été chaffé, il fe refugia en France, où fes fervices lui firent obtenir la charge de Connétable en 1356. Il fut tué à la bataille de Poitiers, le 19 Sept. de la même année. Jean de Brienne de la même maifon, fut Roi de Jérufal. en 1210, & Empereur de CP. en 1223. Il se signala par sa valeur ; mais son avarice fut cause des malheurs de cet Empire. Il m. en 1237. Il y a eu deux autres Connétables en France, & plusieurs grands Officiers de la Couronne, issus de la même maison.

BRIENNE, *voyez* LOMENIE.

BRIET, ( Philippe ) Jésuite & savant Géographe, né à Abbeville en 1600, & mort le 9 Déc. 1668, a laissé en latin, 1. Paralleles de la Géographie anc. & moderne de toute l'Europe : 2. les Paralleles Géographiq. de l'Asie, de l'Afriq. & de l'Amér. ouvr. qui n'est point encore impri. 3. une Chronologie, & d'autres petits ouvrages. Ils sont tous estimés.

BRIEU, ( S. ) *Briocus*, disciple de S. Germain, Evêq. d'Irlande, au 7e siecle, alla se réfugier en Bretagne, où il bâtit un Monastere. Ce lieu devint si célebre qu'on y vit bientôt une ville bâtie, de son nom, érigée depuis en Evêché.

BRIEUX, ( Jacques Mosant de ) Poète Latin du 17e siecle, dont le Poëme sur le *Coq*, est estimé.

BRIGIDE, ( Sainte ) Vierge illustre par sa naissance & par sa piété, fut Abbesse de Kildare en Irlande, au 5e si. Elle fonda plusieurs Monasteres, & m. vers 523. Ses miracles lui firent donner le surnom de *Thaumaturge*.

BRIGITTE, ou BIRGITE, ( S e ) Princesse de Suede, au 14e siecle, épousa Ulfon, dont elle eut huit enfans, que l'on regarde tous comme bienheureux. Son époux s'étant fait Religieux dans l'Ordre de Cîteaux, elle s'établit à Rome, où elle fonda l'Ordre Religieux de *S. Sauveur*, assez semblable à celui de Fontevrauld. Elle mourut à Rome, le 23 Juillet 1373. On lui attribue des *Révélations* en 8 Livres, qui auroient été censurées au Concile de Basle, sans Jean de Turrecremata, qui par son rapport, en sauva la censure.

BRIGGS, ( Henri ) l'un de plus gr. Mathémat. du 17e si., natif de *Warley-Wood*, hameau obscur de la Paroisse de Halifax, dans la Province d'Yorck, fut Profess. de Mathématique à Londres, dans le Collège de Gresham, en 1596. Il contracta une étroite amitié avec le cél. Jacques Usserius, depuis Archev. d'Armagh, & avec Jean Neper, Baron de Marcheston, & inventeur de la Méthode des Logarithmes. Après avoir rempli la Chaire de Gresham avec distinction pendant 23 ans, Briggs fut prié par le Chevalier Henri Saville d'accepter celle de Géometrie qu'il venoit de fonder à Oxford, dont les appointemens étoient plus consid., & qui étoit d'ailleurs plus honor. Briggs l'accepta en 1619, & m. à Oxford dans le Collège de Merton le 26 Janv. 1631, à 70 ans. Il contribua beauc. à perfectionner la Méthode des Logarithmes inventée par Neper. On a de lui, 1. une Table qu'il publia en 1602, à la fin du Livre de Thomas Blondeville, qui traite *de la construction, de la description, & de l'usage de deux Instrumens inventés par M. Gilbert*, pour trouver la latitude de quelque lieu que ce soit, dans la nuit la plus obscure, sans le secours du Soleil, de la Lune & des étoiles, par la seule déclinaison de l'aiguille de la Boussole. La Table de Briggs est fondée uniquement sur la doctrine des Triangles, pour déterminer la hauteur du Pole par le moïen de la même déclinaison. 2. *Traité du passage dans la mer Pacifique par le Nord-Ouest du continent de la Virginie*. Purchas insera ce Traité en 1625 dans le 3e tom. de ses voïages pag. 852. 3. une bonne édition des six prem. Livres d'Euclide. 4. *Arithmetica Logarithmica*, Lond. 1624. in-fol. Adrien Vlacq poussa plus loin le travail de Briggs, comme celui-ci avoit perfectionné celui de Neper.

BRIGGS, ( Guill. ) excell. Médecin, natif de Norwich, après avoir voïagé en différens païs, s'établit à Londres, où il se fit estimer des Savans. Il devint membre de la *Société Royale* de Londres, & Médecin ordin. du R. Guillaume III.

& de l'Hôpital de S. Thomas dans Sonthwark. Il m. le 4 Sept. 1704 à 62 ans. Il avoit fait une étude particuliere de l'œil, & c'est le prem. qui a bien fait connoître le nerf optique, la retine, & les conduits lymphatiques ; ce qui lui a mérité le nom de *judicieux Anatomiste*, & d'inventeur. On a de lui deux excell. Traités, sur l'œil, dont l'un est intit. *Ophthalmographia*, Cambridge, 1676 in-12 ; & l'autre *Nova Theoria visionis*, imprimé d'abord en Anglois dans les *Transactions philosophiques*. Briggs le traduisit ensuite en latin, & en donna une nouv. édition à la suite de son *Ophthalmographia* en 1685 in-4°. C'est la meilleure édition de l'*Ophtalmographie*, ou description de l'œil, & de la *Nouvelle Théorie de la vision*. Newton & d'autres Savans font de gr. éloges de ces deux Traités. On a encore de Briggs dans les *Transactions philosophiques*, une piece en Anglois, qui a pour titre, *deux cas singuliers par rapport à la vision*, & une autre piece latine, intitulée *Explication d'un cas singulier d'un jeune homme qui ne voïoit pas le soir*.

BRILL, (Paul & Matthieu) excellens Peintres de païsages, natifs d'Anvers. Ils étoient freres. Matthieu m. en 1584, & Paul en 1626.

BRILLON, (Pierre-Jacques) célebre Avocat au Parlement de Paris, où il naquit le 15 Janvier 1671, fut Substitut du Procureur Général du Grand-Conseil, & Echevin de Paris. Il se distingua par sa science & par ses talens, & mourut le 29 Juillet 1736, à 66 ans. Il est auteur des *portraits sérieux, galans & critiques*; de *l'ouvrage dans le goût des caracteres de Théophraste*; de la *critique de la Bruyere*, & de *son apologie*; mais son principal ouvrage est le *Dictionnaire des Arrêts*, ou *la Jurisprudence des Parlemens de France*, dont la meilleure édit. est de 1727, 6 vol. in-fol.

BRIOT, (Nicolas) Tailleur général des Monnoies, à qui on est redevable du Balancier. Cette invention fut approuvée en Angleterre comme elle le méritoit, mais en France, il fallut que M. Seguier employât toute son autorité pour la faire recevoir.

BRIQUEVILLE, (François de) Baron de Colombieres, excellent Capitaine du 16e siecle, d'une Maison noble & anc. de Normandie, se signala par sa valeur dans le parti des Calvinistes. Il mourut les armes à la main en 1574, sur la breche de S. Lo, pour sacrifier, disoit-il, tout son sang à la vérité évangélique. Il avoit épousé Gabrielle, Dame de la Luzerne, dont il eut Paul & Gabriel de Briqueville, qui se signalerent en plusieurs occasions. Leurs descendans se sont pareillement distingués jusqu'aujourd'hui.

BRISEIS, ou Hippodamie, fille de Brisès & femme de Mynes, Roi de Lyrnesse, après la prise de cette Ville par Achilles, devint sa captive, & s'en fit aimer : cependant Agamemnon la lui enleva ; ce qui mit Achilles dans une telle fureur, qu'il se retira dans sa tente, & ne voulut plus combattre contre les Troyens jusqu'à la mort de Patrocle. C'est la colere de ce Prince qui fait le sujet de l'Iliade d'Homere.

BRISSON, (Barnabé) cél. & sav. Magistrat au Parlement de Paris, plut tellement à Henri III, par son éloquence & par son savoir, que ce Prince le fit Avocat Général, puis Conseiller d'Etat, & enfin Président à Mortier en 1580. Il fut employé en diverses négociations importantes par Henri III, qui l'envoïa en ambassade en Angleterre. Lorsque Henri IV assiegeoit Paris, Brisson, aïant remontré contre les Ligueurs, que sous prétexte d'une sainte ligue, ils détruisoient l'autorité roïale, la Faction des 16 le fit pendre au petit-Châtelet d'une maniere indigne, le 15 Novembre 1591. On a de lui un recueil des Ordon. de Henri III, & d'autres ouvr. Il ne faut pas le confon. avec Pierre Brisson son frere, dont on a aussi quelques ouvr.

BRISSOT, (Pierre) habile Médecin du 15e siecle, né à Fontenai le Comte en 1478, fut gr. partisan d'Hippocrate & de Galien, & m. en Portugal en 1522. Il a laissé une Apologie latine de la saignée dans la pleurésie.

**BRITANNICUS**, fils de l'Empereur Claude & de Messaline, fut éloigné de l'Empire, lorsque son pere eut épousé Agrippine. Cette Princesse mit Néron son fils sur le Thrône, qui fit empoisonner Britannicus l'an 55 de J. C.

**BRITANNICUS**, (Jean) habile Professeur d'Humanités à Palazzola sa patrie, publia de savantes notes sur Perse, Juvénal, Térence, Stace, Ovide, & mourut en 1520.

**BRODEAU**, (Julien) excellent Avocat au Parlement de Paris, originaire de Tours, d'une famille noble & féconde en personnes de mérite, mourut le 19 Avril 1635. On a de lui des notes sur les Arrêts de Louet, la vie de Charles du Moulin, des commentaires sur la Coutume de Paris, & d'autres ouvr.

**BRODEAU**, (Jean) cél. Ecrivain du 16e siecle, & Chanoine de Tours sa patrie, fut ami de Pierre Danés & de plusieurs autres savans hommes de son tems. Il se distingua par sa science dans les Belles-Lettres, & dans les Mathématiques, & mourut à Tours vers 1563, après avoir publié plus. ouvr. estimés.

**BROGNIER**, ou **BROGNIAC**, (Jean) cél. Cardinal, natif de Savoie, appellé assez souvent le Cardinal de Viviers, Ville dont il étoit Evêque, assista aux Conciles de Pise & de Constance, fut Evêque d'Ostie & Chancelier de l'Eglise, & mourut le 16 Février 1426, après avoir fait diverses fondations.

**BRONCHORST**, (Everard) l'un des plus cél. Jurisc. des Païs-Bas, natif de Deventer, enseigna le Droit à Wittemberg, à Erfort & à Leide. Il mourut en cette derniere Ville en 1627, à 73 ans. On a de lui divers ouvrages. Il ne faut pas le confondre avec son pere Jean Bronchorst, savant Mathématicien, natif de Nimegue, dont nous avons plusieurs ouvrages.

**BRONTÉS**, l'un des Cyclopes qui travailloient dans la forge de Vulcain, fut ainsi nommé, parceque, selon la Fable, il forgeoit la foudre de Jupiter; car *Bronté* en grec signifie le *tonnerre* ou la *foudre*.

**BRONZINO**, (Agnolo) habile Peintre Italien, mort à Florence vers 1570, excelloit sur-tout dans le portrait. On l'appelle communément *le Bronzin*.

**BROSSARD**, (Sebastien de) savant Musicien François, dont on a un *Dictionnaire de Musique*, une Dissertation sur la nouvelle méthode d'écrire le plein-chant & la musique; deux Livres de motets; neuf Leçons de ténebres, & un Recueil d'airs à chanter. Il mourut en 1730, âgé d'environ 70 ans.

**BROSSE**, (Jacques de) célebre Architecte François, florissoit sous la Regence de Marie de Médicis. C'est lui qui donna les desseins du Palais du Luxembourg, de l'aqueduc d'Arcueil, & du portail de S. Gervais à Paris.

**BROSSE**, (Jean de) Chambellan & Maréchal de France, rendit de gr. services au Roi Charles VII. Il se distingua au siege d'Orléans, & à la bataille de Patay en 1429, & mourut en 1433. Il étoit Seigneur de Ste Severe, de Boussac, & autres lieux, & descendoit d'une noble & ancienne famille.

**BROSSIER**, (Marthe) fille d'un tisserand de Romorantin, se fit passer pour possédée sous le regne de Henri IV, & fit gr. bruit à Paris & ailleurs; mais le Parlem. la fit reconduire à Romorantin, par Arrêt du 24 Mai 1599, avec défense d'en sortir sous peine de punition corporelle. Duret & quelq. autres Médecins qui avoient été gagnés par les Ligueurs, déclarerent qu'elle étoit véritablement possédée; mais Marescot, avec tous les autres, furent d'un avis contraire.

**BROTHERTON**, *voyez* **BET-TERTON**.

**BROUE**, (Pierre de la) fameux Evêque de Mirepoix, si connu par son opposition à la Bulle *Unigeni-*


O iiij

rus , dont il interjetta appel avec trois autres Prélats , le pr m. Mars 1717. On a de lui un Livre intit. *Défenfe de la Grace efficace par elle-même* , & quelq. autres Ecrits. Il mourut à Belleitat , village de fon Diocèfe , le 20 Septembre 1720, à 77 ans.

BROUGHTON , ( Hugues ) fav. Ecrivain Anglois , mort en 1611 , après avoir publié un gr. nombre d'ouvrages Il étoit ennemi éclairé des Presbytériens , & de Théodore de Beze.

BROUSSON , ( Claude ) fameux Avoca Proteftant , né à Nifmes en 1647 , plaida à Touloufe avec réputation ufqu' n 1683 , qu'il reçut chez lui les Députés des Eglifes prétendues réformées. C'eft dans cette Affemblée qu'on dreffa le projet qui a tant fait de bruit , & par lequel on réfolut que l'on continueroit de s'affembler , quoiqu'on vînt à démolir les Temples. Brouffon fe retira pour lors à Nifmes , où , craignant d'être arrêté , il s'en alla à Geneve , & de-là à Laufanne. Depuis ce tems , il ne ceffa de voïager de Ville en Ville , & de Province en Province , tantôt en France , tantôt en Hollande ou en Allemagne , répandant partout des écrits pour foutenir fon parti ; mais il fut enfin arrêté à Oleron le 19 Sept. 1698 , & transferé à Montpellier , où il fut rompu vif le 4 Nov. fuivant. On a de lui un gr. nombre d'ouvrages en faveur des Calviniftes. On a de la peine à comprendre qu'aiant paffé prefque toute fa vie à voïager , il ait pu compofer tant d'ouvrages ; mais il étoit laborieux , & il avoit beauc. de facilité & des talens.

BROWER , ( Chriftophe ) favant Jéfuite , natif d'Arnheim , fe fit eftimer du Cardinal Baronius & de plufieurs autres Savans. Il mourut à Treves , le 11 Juin 1617 , à 58 ans. On a de lui , 1. les Antiquités de Fuldes : 2. les Annales de Treves : 3. une édition de Venantius Fortunatus , & des notes fur quelques Pieces de Raban Maure.

BROWN , ( Thomas ) fam. Méd.

& Antiquaire Anglois du 17e fiecle , natif de Londres , très connu par fon Livre , intitulé *Religio Medici* , dont il y a eu un gr. nombre d'éditions en anglois & en latin. Il mourut à Nord-wic en 1680. Ses ouvr. ont été imprimés *in-fol.*

BROWN , ( Ulyffe Maximilien de ) cél. Génér. du 18e fi. Comte du S. Empire , Feld-Maréchal des armées de leurs Majftés Impériales , & Chevalier de la Toifon d'or , étoit Fils d'Ulyffe , Baron de Brown & Camus , Colonel d'un Régiment de Cuiraffiers au fervice de l'Empereur , d'une des plus nobles & des plus anciennes Maifons d'Irlande , féconde en perfonnes de mérite. Il naquit à Bâle le 24 Octobre 1705 , & après avoir fait fes premieres études à Limerick en Irlande. Il fut appellé en Hongrie en 1715 par le Comte George de Brown fon oncle , membre du Confeil aulique de Guerre , & Colonel d'un Régiment d'Infanterie. Il fut préfent au fameux fiege de Belgrade en 1717 , & l'année fuiv. il fuivit fon Oncle en Italie , qui lui fit continuer fes études à Rome dans le College Clementin jufqu'en 1721 , qu'il fut envoïé à Prague pour y apprendre la Jurifprudence. Sur la fin de 1723 , il devint Capitaine dans le Régiment de fon Oncle , puis Lieutenant Colonel en 1725. Il paffa en Corfe en 1730 , avec un bataillon de fon Régiment , & contribua beauc. à la prife de Callanfara , où il reçut à la cuiffe une bleffure confidérable. Il fut nommé Chambellan de l'Empereur en 1732 , & alla à Londres la même année pour recueillir le riche héritage de la Seigneurie de Mountany dont il étoit unique héritier par la mort de fon Aïeul maternel Jacques Fitz-Gerald , Comte de Defmonie , d'une anc. Maifon d'Irlande ; mais la guerre furvenue en Allemagne l'obligea d'y retourner avant que d'avoir recueilli cette riche fucceffion. Le Comte de Brown fut fait Colonel en 1734 , & fe diftingua tellement dans la Guerre d'Italie ,

fur-tout aux Batailles de Parme &
de Guaſtalle, & en brûlant en préſence de l'Armée Françoiſe, le Pont
que le Maréchal de Noailles avoit
fait jetter ſur l'Adige, qu'il fut fait
Général de Bataille en 1736. L'année ſuiv. il favoriſa la retraite par
une ſavante manœuvre, & ſauva
tous les bagages à la malheureuſe
journée de Banjaluca en Boſnie du
3 Août 1737. Cette belle action lui
valut un ſecond Régiment d'Infanterie vacant par la mort du Comte
François de Wallis. Il ne ſe diſtingua pas moins au combat de Cor-
nea en Hongrie le 4 Juill. 1738.
De retour à Vienne en 1739, l'Empereur Charles VI l'éleva à la dignité de Général Feld-Maréchal Lieutenant, & le fit Conſeiller dans le
Conſeil Aulique de Guerre. Après
la mort de ce Prince, le Roi de
Pruſſe étant entré en Siléſie, le
Comte de Brown avec un pet. corps
de Troupes ſut lui diſputer le terrein pié à pié. Il commandoit l'Infanterie de l'aîle droite de l'Armée
Autrichienne à la Bataille de Mol-
witz, & quoique bleſſé il fit ſa retraite avec la plus belle contenance.
Il ſe rendit en Bohême en 1742, &
il commanda l'Infanterie à l'affaire
de Sahai près de Budweis, lorſque
le Prince de Lobkowitz repouſſa les
François commandés par le Maréchal de Broglie. L'année ſuiv. la
Reine de Hongrie le déclara ſon
Conſeiller intime actuel à ſon couronnement de Bohême. Il paſſa
enſuite en Baviere où il commanda
l'avant-garde de l'armée Autrichienne, s'empara de Deckendorf
& de beauc. de bagages, & obligea
les François d'abandonner les bords
du Danube, que l'armée Autrichienne paſſa enſuite en toute ſûreté. La
Reine de Hongrie l'envoïa la même
année (1743) à Worms en qualité
de ſon Plénipotentiaire auprès du
Roi d'Angleterre, où il mit la derniere main au Traité d'Alliance entre les Cours de Vienne, de Londres & de Turin. Il ſuivit en 1744
le Pr. de Lobkowitz en Italie, prit
la ville de Veletri le 4 Août, mal-

gré la ſupériorité du nombre des Ennemis, pénétra dans leur Camp, y
renverſa pluſ. Régimens & y fit
beauc. de Priſonniers. Cette action
lui mérita les éloges de *Caſtruccius
Bonamicus*, lequel quoiqu'aux ga-
ges des Alliés, en parlant de ce qui
s'eſt paſſé à Veletri, traite le Comte
de Brown de gr. génie & d'habile
Militaire. *Brownius*, dit-il, *ſum-
mi homo ingenii, & bellicas omnes
artes ab infantiâ edoctus.* L'année
ſuiv. il fut rappellé en Baviere où il
emporta d'aſſaut la ville de Wils-
hofen, & reçut à la cuiſſe un dangereux coup de feu, s'étant trop
avancé pour arrêter le carnage des
troupes. Il fut élevé au degré de
Général d'Artillerie le 27 Juin de la
même année 1745, & partit au
mois de Janv. 1746, à la tête d'un
corps de 18000 hommes, pour ſe
rendre en Italie. Il chaſſa les Eſpagnols du Milanez, & s'étant joint à
l'armée du Prince de Lichtenſtein,
il commanda l'aîle gauche de l'Armée Autrichienne à la Bataille de
Plaiſance le 15 Juin 1746, & défit
l'aîle droite de l'Armée ennemie
commandée par le Maréchal de
Maillebois. Après cette cél. Bataille dont le gain lui fut dû, il commanda en chef l'Armée deſtinée
contre les Génois, s'empara du paſſage de la Bochetta, quoique défendu par plus de 4000 hommes, &
ſe rendit maître de la ville de Genes. Le Comte de Brown ſe joignit
enſuite aux Troupes du Roi de Sardaigne, & prit conjointement avec
lui le Mont-Alban & le Comté de
Nice. Il paſſa le Var le 30 Nov.
malgré les Troupes Françoiſes, entra en Provence, y prit les Iſles de
Sainte Marguerite & de Saint Honorat, & penſoit à ſe rendre Maître
d'une plus gr. part. de la Provence,
lorſque la Révol. de Genes & l'Arm.
du Maréchal de Belle-Iſle l'obligerent de faire cette belle retraite qui
lui attira l'admiration & l'eſtime de
tous les Connoiſſeurs. Il emploïa
le reſte de l'année 1747 à défendre
les Etats de la Maiſon d'Autriche
en Italie, & après la Paix, en 1748,

il fut envoïé à Nice pour y régler avec le Duc de Belle-Isle & le Marquis de Las-Minas les différends survenus au sujet de l'exécution de quelques articles du Traité définitif d'Aix-la-Chapelle. L'Impératrice Reine de Hongrie pour récompenser des services si signalés, sur-tout ses belles Campagnes d'Italie, le fit Gouvern. de Transilvanie en 1749, où il se fit général. admirer par sa probité & par son désinterressement. Il eut en 1752 le Gouvernem. de la ville de Prague, avec le Command. général des troupes dans ce Roïaume, & le Roi de Pologne Elect. de Saxe l'honora en 1753 de l'Ordre de l'Aigle blanc. Enfin il fut déclaré Feld-Maréchal en 1754. Le Roi de Prusse aïant envahi la Saxe en 1756 & attaqué la Boheme, le C. de Brown marcha contre lui ; il repoussa ce Pr. à la bataille de Lobositz le prem. Octob. quoiqu'il n'eut que 26 mille 800 hommes, & que le Roi de Prusse en eût au moins 40000. Sept jours après cette bataille, il entreprit cette fameuse marche en Saxe pour y délivrer les troupes Saxones enfermées entre Pirna & Konigstein : action digne des plus gr. Capitaines anc. & modernes. Il obligea ensuite les Prussiens à se retirer de la Boheme, ce qui lui valut le collier de la Toison d'or, dont l'Empereur l'honora le 6 Mars 1757. Peu de tems après, le Comte de Brown passa en Boheme, où il ramassa des Troupes à la hâte, pour résister au Roi de Prusse, qui y avoit pénétré de nouveau à la tête de toutes ses forces. Le 6 Mai se donna la fameuse bat. de Potschernitz ou de Prague, dans laquelle le Comte de Brown occupé à donner ses ordres pour soutenir les avantages qu'il y avoit remportés sur les Prussiens, fut dangereusement blessé & obligé de se retirer à Prague où il mourut de ses blessures le 26 Juin 1757 à 52 ans. Il y a tout lieu de croire que sans sa blessure, il auroit remporté la victoire, d'autant plus qu'il avoit enfoncé les Prussiens, & que le Comte de Schwerin leur plus

gr. Général y avoit été tué. Le Comte de Brown n'étoit pas seulement gr. Général, il étoit aussi habile négociateur, & très versé dans la politique. Il avoit épousé le 15 Août 1726 Marie-Philippine Comtesse de Marthinitz, d'une illustre & anc. maison de Boheme, dont il a eu deux fils. L'aîné Philippe Georges né à Novare le 2 Juin 1727 est Chambellan de leurs Majestés Imp. & Colonel Commandant du Regiment de Wallis. Le puîné Joseph-Marie-Ulysse né à Pavie le 17 Oct. 1728, est aussi Chambellan de leurs Majesté Imper., Chevalier de Malthe, & Colonel Commandant du Regim. du feu Comte de Brown son pere. L'Impératrice Reine de Hongrie toujours attentive à récompenser le mérite, même dans la posterité de ceux qui se sont signalés à son service, a accordé à la Comtesse, veuve du Comte de Brown, une pension très honorable. La vie de cet habile Général a été écrite en deux brochures, l'une en Allemand & l'autre en François, imprim. à Prague en 1757. C'est sur cette derniere brochure qui passe pour la meilleure, que nous avons composé cet article.

BROWNE, (Guillaume) Poète Anglois, né en 1590 d'une bonne famille, s'est acquis beauc. de réputation au 17e siecle par ses Poésies; qui consistent, 1. en des *Pastorales* imprim. en 1625 en 2 tom. in-8°. 2. *La Flute du Berger en sept Eclogues*, Londres 1614. in-8°. 3. *Elegie sur la perte irréparable du Prince Henri*, *fils aîné du Roi Jacques I.*

BRUEYS, (David-Augustin) naquit à Aix en 1640, fut élevé dans la Religion Protestante, & fit d'abord une réponse à l'*exposition de la foi de l'Eglise* par M. Bossuet. Cet habile Prélat, au lieu de repliquer, entreprit la conversion de Brueys, qui fit en effet abjuration peu de tems après. Il écrivit un gr. nombre d'ouvr. en faveur de l'Eglise, & mourut à Montpellier le 25 Nov. 1723, à 84 ans. Il est moins connu par ses ouvr. en faveur de l'Eglise, que par ses pieces de théâtre, dont il fit la plûpart avec Palaprat, & qui ont été recueillies en 3 vol. *in-8°*. On estime surtout *le Grondeur* & *le Muet*. C'est lui qui a corrigé l'ancienne farce de *Pathelin*, qu'on joue souvent.

BRUGES, ( Jean de ) cél. Peintre Flamand, inventa le prem. la maniere de peindre à l'huile, aïant reconnu par plusieurs essais & diverses expériences de Chymie ( science à laquelle il s'appliquoit aussi ) qu'en broïant des couleurs avec de l'huile de noix ou de lin, il s'en faisoit un corps solide, qui résistoit à l'eau, & qui n'avoit pas besoin de vernis, comme les peintures à détrempe ou à fresque. Il présenta le prem. tableau peint de cette façon à Alfonse I, Roi de Naples, qui en fut très content. *Voyez* EICK & Antoine de MESSINE.

BRUGLE, *voyez* BREUGEL.

BRUIERE, *voyez* BRUYERE.

BRULART, ( Pierre ) Secrétaire d'Etat en 1569, d'une famille noble, ancienne & féconde en personnes de mérite, étoit Secrétaire des commandemens de la Reine Catherine de Médicis dès 1564, & fut emploïé en diverses affaires importantes; mais le Roi Henri III, en allant aux Etats de Blois, lui donna ordre de ne plus exercer sa charge de Secrétaire d'Etat. Il m. le 12 Avril 1612. Il ne faut pas le confondre avec Nicolas Brulart, Seigneur de Sillery, de Puisieulx & de Berni, Président au Parlement de Paris, & Chancelier de France, mort le premier Octobre 1624; ni avec Pierre Brulart, Vicomte de Puisieulx & de Sillery, Secrétaire d'Etat sous Henri IV, & sous Louis XIII, lequel fut disgracié, & mourut le 22 Avril 1640.

BRULLFER, ( Etienne ) Théol. Scholast. natif de S. Malo, entra dans l'Ordre des Freres Mineurs, & fut Doct. de Sorbonne au 15e si. On a de lui un grand nombre d'ouvr. entre lesquels se trouve une Dissertation assez curieuse, contre ceux qui font des peintures immodestes de la Sainte Trinité.

BRUMOY, ( Pierre ) savant Jésuite, né à Rouen en 1688, se distingua dans sa jeunesse par ses talens pour les Belles-Lettres, & se fit aimer toute sa vie par sa probité, sa vertu, & les qualités de son cœur. Il m. à Paris le 17 Avril 1742. On a de lui un gr. nombre d'ouvrages; le plus considérable est son *Théâtre des Grecs*.

BRUN, ( Antoine le ) fils de Claude Brun, Conseiller au Parlement de Dole, d'une famille noble & anc., naquit à Dole en 1600, fut Ambassadeur de Philippe IV, Roi d'Espagne, aux conférences de Munster en 1643, où il conclut la paix entre l'Espagne & la Hollande. Il avoit de gr. talens pour les négociations, & fut ensuite Ambassadeur en Hollande. Il mourut à la Haie en 1654. C'étoit aussi un Homme de Lettres.

BRUN, ( Charles le ) prem. Peintre du Roi, Directeur des manufactures des Gobelins, Direct., Chancelier & Recteur de l'Acad. Roïale de Peinture & de Sculpture, naquit à Paris en 1618, d'un pere qui étoit Sculpteur. Il fut disciple de Vouet. Le Chancelier Seguier l'envoïa à Rome, où il l'entretint pendant quelques années. Le Brun avoit un génie vaste & universel; il excelloit surtout dans le dessein. Il y a peu de Peintres dont on voie à Paris un si grand nombre de tableaux. Les passions y sont exprimées d'une maniere admirable; il pêche néanmoins dans le coloris. Louis XIV lui fit présent de son portrait enrichi de diamans, & lui donna des Lettres de noblesse. Les Princes & les Grands lui donnerent aussi des marques de leur estime. Il mourut à Paris le 12 Janvier 1690, à 72 ans. Il a fait un Traité des passions composées, & un autre de Physionomie.

BRUN, ( Pierre le ) sav. Prêtre de l'Oratoire, natif de Brignoles, est Auteur d'un gr. nombre d'ouvrages estimés. Les princip. sont

1°. Histoire critique des pratiques superstitieuses : 2°. Explication littérale, historique & dogmatique des cérémonies de la Messe, &c. 3°. Lettres pour prouver l'illusion des Philosophes sur la baguette divinatoire : 4°. Un Discours sur la Comédie, pour prouver qu'elle n'est point permise aux Chrétiens, &c. Le Pere le Brun mourut le 6 Janvier 1729.

BRUN Desmarets, ( Jean-Baptiste le) habile Ecrivain du 18e si., étoit natif de Rouen, & fi's d'un Libraire de cette Ville. Il fit une partie de ses études dans le Monastere de Port Roïal-des-Champs, & conserva toute sa vie une étroite liaison avec les Solitaires & les amis de cette Maison. Il fut en gr. estime auprès de M. Colbert, Archevêque de Rouen, & auprès du Cardin. de Coislin, Evêque d'Orléans, & contribua à plusieurs établissemens dans ces Diocèses. Son attachement à MM. de Port-Roïal l'enveloppa dans leur disgrace. On se saisit de ses papiers, & on l'enferma à la Bastille, où il demeura cinq ans. Il mourut à Orléans dans un âge très avancé, le 19 Mars 1731. C'est lui qui est l'Auteur des Breviaires d'Orléans & de Nevers. On a encore de lui : 1°. Une seconde édition du Traité des Offices Ecclésiastiques de Jean, Evêque d'Avranches, puis Archevêque de Rouen ; 2°. une édition de S. Paulin, in-4. 3°. Voïages Liturgiques de France, sous le nom du Sieur de Moleon, in-8°. Cet ouvr. est rempli de Recherches très curieuses. 4°. Il avoit achevé une Edition des Œuvres de Lactance, revue sur un gr. nombre de Manuscr., mais étant mort avant que de la faire imprimer, M. l'Abbé Lenglet du Fresnoy l'a publiée avec des augmentations considérables, en 2 vol. in 4°. M. l'Abbé le Brun Desmarets est encore Auteur de quelques autres ouvrages.

BRUNEHAUD, ou BRUNICHILDE, fille d'Athanagilde, Roi des Visigots en Espagne, épousa Sigebert I, Roi d'Austrasie, en 568, &

fut mere de Childebert II, d'Ingonde & de Clodesinde S. Grégoire le Grand, & S. Germain de Paris, donnent de grands éloges à cette Princesse, qui apparemment parut d'abord vertueuse ; mais les autres Ecrivains en font un portrait horrible, & la représentent comme une femme cruelle, ambitieuse, avare, impudique, & capable des derniers excès ; ce qui la fit condamner à une mort infâme, en 613 ou 614, dans une assemblée de François, où Clotaire II déclama contre ses crimes, & l'accusa même d'avoir fait mourir dix Rois. On lui fit subir une mort cruelle. Néanmoins M. de Cordemoy, dans son Histoire de France, tâche de la justifier sur la plûpart des crimes qu'on lui impute.

BRUNELESCHI, ( Philippe ) cél. Architecte, réformateur de l'Architure à Florence, donna en 1294 le dessein & bâtit le Dôme de la superbe Cathédrale de Florence, appellée Notre-Dame Delli-fiori. Michel Ange de Bonarota admiroit beauc. ce Dôme. C'est un ouvrage octogone, dont la hauteur est de 150 brasses, sans y comprendre le chapiteau, ou la tourelle, qui est au-dessus à laquelle on en donne encore 36. On y va par un escalier qui a 520 degrés.

BRUNI, ( Antoine ) fameux Poète Ital. nat. de Casal-Nuovo, fut Conseiller & Secrétaire d'Etat du Duc d'Urbin, & associé à un grand nombre d'Académies d'Italie. Il m. le 24 Septembre 1635, après avoir publié beauc. d'ouvr. en vers.

BRUNO le Grand, Archevêque de Cologne & Duc de Lorraine, fils de l'Empereur Henri l'Oiseleur, & frere de l'Empereur Othon, eut beaucoup de part aux affaires de son tems. Il savoit le grec & le latin, & attira à Cologne les gens de Lettres. Il mourut à Reims le 11 Octobre 965.

BRUNO, (S.) Evêque & Apôtre de la Prusse, où il fut martyrisé le 14 Février 1008.

BRUNO Herbipolensis, savant

Évêque de Wirtzbourg, mort en Hongrie le 17 Mai 1045, étoit fils de Conrad II, Duc de Carinthie, & oncle de l'Empereur Conrad. On a de lui divers ouvrages.

BRUNO, (S.) fondateur de l'Ordre des Chartreux, nat. de Cologne, aïant fait de gr. progrès dans les Belles-Lettres & dans les Sciences, fut Chanoine de Saint Cunibert de Cologne, & Ecolâtre ou Théologal de Reims. On dit que Raimond *Diocre*, Chanoine de Paris, que l'on croïoit mort en odeur de sainteté, mit la tête hors de la biere pendant qu'on chantoit pour lui l'Office des Morts, & cria tout haut : *Je suis accusé, je suis jugé, je suis condamné* ; on ajoute que S. Bruno fut si touché de ce prodige, qu'il se retira auprès de Saint Hugues, Evêque de Grenoble, & qu'il s'établit avec ses Compagnons dans l'affreuse solitude de la Chartreuse en Dauphiné, laquelle a donné le nom à l'Ordre célebre fondé par S. Bruno ; mais M. de Launoi, & d'autres Savans, rejettent ce prodige : 1°. parceque Gerson, qui, le premier a parlé de ce fait, vivoit plus 300 ans après la mort de Saint Bruno, & ne l'appuie sur aucun garant : 2°. parceque S. Bruno lui-même, dans sa Lettre à Raoul le *Verd*, Prévôt de Reims, donne pour motif de sa retraite la vanité & les déréglemens du monde, sans parler en aucune sorte de ce prodige. Guibert, Abbé de Nogent, & Pierre le Vénérable, disent la même chose, en rapportant le motif de l'institution des Chartreux : 3°. enfin, parceque les Auteurs qui parlent de ce prodige, ne sont pas conformes les uns aux autres, & qu'il n'y a pas même 150 ans qu'on a donné un nom à ce Docteur ou Chanoine ressuscité, & qu'on l'a appellé *Raimond Diocre*. Quoi qu'il en soit, Urbain II, disciple & ami de S. Bruno, l'appella en Ital. vers 1089, & lui offrit l'Archevêché de Régio ; mais S. Bruno le refusa, & alla fonder un Monastere dans la Calabre, où il mourut le 6 Oc-

tobre 1101. On a de lui deux Lettres écrites de Calabre, l'une à Raoul le *Verd*, & l'autre à ses Religieux de la grande Chartreuse. Les Commentaires & les Traités qu'on lui attribue, sont de Brunon de Signi.

BRUNO, (S.) ou BRUNON DE SIGNI ou SEGNI, étoit de Soleria, Diocèse d'Ast, ce qui l'a fait nommer *Bruno Astensis*. Il disputa contre Bérenger au Concile de Rome en 1079, & fut ensuite Evêque de Segni ou Signi, ce qui le fit appeller *Bruno Signensis*. Brunon fut ensuite Abbé du Mont-Cassin ; mais le Pape, à la sollicitation du peuple, lui ordonna de reprendre la conduite de son Diocèse ; ce qu'il fit. Il gouverna avec beaucoup de sagesse & de prudence, & mourut le 31 Août 1125. Ses ouvrages ont été imprimés à Venise en 1651, en deux volumes.

BRUNUS, (Jordanus) Ecrivain natif de Nole, fameux par son Livre intitulé *Spaccio della Bestia triumfante*, que Philippe Sidney l'engagea à publier à Londres, où il étoit allé après avoir été chassé de Geneve. Brunus demeura deux ans en cette Ville, dans la maison de M. Castelnau, Ambassadeur de Henri III, auprès de la Reine Elizabeth. Il se fit connoître à la Cour, & lia amitié avec Philippe Sidney & Foulkes Greville, deux Seigneurs qui passoient pour les plus spirituels & les plus polis Gentilshommes d'Angleterre. Brunus tint avec eux & quelques autres personnes choisies, des assemblées secretes, & fit imprimer son Livre, dont on ne tira pas 20 Exemplaires ; ce qui fait qu'il est si rare. Brunus y traite de fables toutes les especes de miracles, & prétend que la Religion des Juifs ou des Chrétiens n'est pas mieux fondée que celle des Païens & des Idolâtres, en quoi il se rend ridicule. Il n'admet d'autre regle de conduite que la loi naturelle, qu'il divise en 48 articles, relativement aux 48 constellations. Brunus alla ensuite en France & en Allemagne ;

d'où étant allé à Venise, il tomba
entre les mains de l'Inquisition :
n'aïant pas voulu se rétracter, il
fut brûlé le 17 Février 1600. On a
de lui quelques autres ouvrages.

BRUSCHIUS, (Gaspard) Poète
& Historien latin, natif d'Egra,
se fit estimer de Ferdinand d'Autriche, Roi des Romains, & des
Savans. S'étant fixé à Passaw, pour
y continuer son *Histoire des Evêchés & des Evêques de toute l'Allemagne*, il fut tué à coups de fusil,
à l'entrée d'un Bois en 1559, à 41
ans, par des Gentilshommes ses
ennemis.

BRUTUS, ( Lucius-Junius ) fils
de Marcus-Junius-Brutus, & d'une
Sœur de Tarquin *le Superbe*, con-
trefit l'insensé, afin de pouvoir un
jour venger la mort de son pere &
de son frere, que Tarquin avoit fait
mourir, ne doutant point que si ce
Prince cruel remarquoit en lui de
la valeur & du courage, il ne le fît
mourir. Cette stupidité apparente
lui fit donner le nom de Brutus. La
vertueuse Lucrece s'étant donné la
mort, il crut que l'occasion étoit
venue de se venger. Il harangua
avec tant d'éloquence, que le peuple prit sa harangue pour un miracle du Ciel, & cria, *A la liberté*.
Tarquin fut aussi-tôt chassé, & la
Monarchie de Rome changée en
République 509 avant J. C. Brutus
fut fait Consul avec Collatinus mari
de Lucrece ; mais il ne jouit pas
long-tems de cette dignité : car
avant que l'année de son Consulat
fût expirée, aïant attaqué dans un
combat le fils de Tarquin, ils se
chargerent avec tant de fureur,
qu'ils se tuerent l'un & l'autre. Les
Dames Romaines porterent le deuil
de sa mort un an entier, comme du
vengeur de leur pudicité. Quelque
tems auparavant, ses deux fils aïant
conspiré pour rétablir les Tarquins,
il les fit mourir en sa présence dans
la Place publique.

BRUTUS, ( Marcus-Junius) célebre Romain, fils de Junius Brutus, & de Servilie, sœur de Caton,
suivit le parti de Pompée durant la

guerre civile, & après sa mort, fut
aimé de César, qui lui fit de grands
biens. Les idées de liberté décrites
avec tant de pompe par les Orateurs
Grecs & Romains, firent une telle
impression sur son esprit, que ni les
obligations qu'il avoit à César, ni
les espérances qu'il avoit de s'agran-
dir sous ce nouveau maître, ne purent contrebalancer le desir de rétablir le Gouvernement Républicain.
Il crut donc devoir conspirer contre César avec plusieurs autres Romains. Leur complot fut si bien conduit, qu'ils l'assassinerent en plein
Sénat le 15 Mars 44 avant J. C.
César remarquant Brutus au nombre
des Conjurés, lui dit : *Tu quoque,
mi Brute*, comme pour lui reprocher son ingratitude. Le peuple ap-
plaudit d'abord à la mort de ce gr.
homme ; mais il s'éleva ensuite contre les meurtriers, à la sollicitation
de Marc-Antoine & d'Octavien,
lesquels marcherent contre Brutus
dans la Macédoine ; où après avoir
été vaincu, il se fit donner la mort
par Strabon son ami. Brutus étoit
doué de très belles qualités. Il étoit
libéral, vertueux, excellent Orateur, & grand Philosophe. Cicéron
fait souvent son éloge.

BRUTUS, ( Jean-Michel ) sav.
Ecrivain du 16e siecle, natif de
Venise, passa la plus grande partie
de sa vie à voïager ; ce qui ne l'empêcha point de devenir savant, ni
de composer plusieurs Livres estimés qui sont rares.

BRUYERE, ( Jean de la ) célebre Ecrivain François, natif d'un
village voisin de Dourdan, fut mis
par M. Bossuet auprès de M. le
Duc pour lui enseigner l'Histoire,
& y passa le reste de ses jours en
qualité d'homme de Lettres, avec
mille écus de pension. Il fut reçu
de l'Académie Franç. en 1693, &
mour. le 10 Mai 1696, à 57 ans. La
Bruyere avoit beauc. d'esprit, de
jugement, & de délicatesse. Son excellent ouvrage *des Caracteres de
Théophraste traduits du Grec, avec
les Mœurs ou Caracteres de ce siecle*, fut imprimé à Paris en 1687

*m. 12.* On a encore de lui des Dialogues fur le Quiétifme, que M. Dupin fit imprimer en 1699, après les avoir mis en ordre.

BRUYN, ( Nicolas de ) fameux Graveur au burin, dont on a plufieurs morceaux d'un travail immenfe, qui font finis avec foin.

BRY, ( Théodore de ) Deffinateur & Graveur, qui a principalement excellé dans le petit.

BRUYS, ( François ) Ecrivain du 18e fiecle, né à Serrieres, village du Maconnois, le 7 Février 1708, embraffa le Calvinifme à la Haye en 1728, & rentra enfuite dans l'Eglife Catholique. Il mourut à Dijon en 1738. Il a laiffé un grand nombre d'ouvr. Les princip. font, 1. *Critique défintéreffée des Journaux littéraires* : 2. *Hiftoire des Papes* en 5 vol. in.4°. Ce dernier ouvrage eft peu exact, rempli d'injures & de Satyres indécentes, contre l'Eglife & la Religion, & l'un de ceux que M. Bruys déteftoit le plus, après fa converfion.

BRUYS, ( Pierre de ) Héréfiarque du 12e fiecle, natif des montagnes du Dauphiné, enfeignoit que le Baptême eft inutile avant l'âge de puberté ; que le Sacrifice de la Meffe n'eft rien ; que les prieres des vivans ne foulagent point les morts, &c. erreurs qui ont été renouvellées par les Hérétiques modernes. Il avoit furtout les croix en abomination, difant qu'il falloit les bruler, & les bruloit lui-même. Pierre de Bruys fut brulé dans la ville de S. Gilles, vers 1126, à la follicitation de Pierre de Clugny. Ses difciples furent appellés Pétrobuffens.

BRUZEN DE LA MARTINIERE, ( N. ) Auteur célebre par fon grand Dictionnaire Géographique & par plufieurs autres ouvrages. Il eft mort depuis quelques années.

BRYENNE, *Bryennius*, ( Nicephore ) qui eut la qualité de Céfar & d'Augufte, par fon alliance avec Alexis Comnene, naquit à Oreftia en Macédoine, où fon pere aïant irrité l'Empereur, eut les yeux crevés par ordre d'Alexis Comnene,

alors Général envoïé contre lui ; mais ce vainqueur étant charmé de la perfonne de Bryenne, fils aîné de ce Rébelle, il lui fit époufer Anne Comnene fa fille, célebre par fes écrits. Alexis étant monté fur le Trône, donna à Bryenne la qualité de Céfar ; mais il ne voulut point le déclarer fon fucceffeur, comme il en étoit follicité par l'Impératrice Irene. Ainfi Jean Comnene, fils d'Alexis, fut Empereur. Bryenne lui fut fidele, & fut envoïé vers 1137, affieger Antioche ; où étant tombé malade, il mourut à fon retour à CP. Ce Prince avoit beaucoup d'efprit, de courage & de probité. Il nous refte de lui l'Hiftoire d'Alexis Comnene, qu'il compofa à la priere de l'Impératrice Irene, fa belle-mere.

BUCER, ( Martin ) fav. Théol. Proteftant, né à Scheleftat en 1491, fe fit Religieux Dominicain. Son efprit & fon érudition le firent d'abord confidérer dans fon ordre ; mais aïant embraffé les fentimens de Luther, avec lequel il eut pluf. conférences en 1521, il fortit de fon Ordre, fe maria avec une Religieufe, & fut Miniftre à Strafbourg, où il enfeigna la Théologie pendant 20 ans. En 1548, il refufa d'approuver l'*Interim*. Crammer, Archev. de Cantorbery, fous le regne d'Edouard VI, fit prier Bucer de paffer en Angleterre ; ce qu'il fit. Il y enfeigna la Théologie, & y mourut le 27 Février 1551, à 60 ans. Bucer avoit de l'efprit, favoit les Belles-Lettres, les Langues & la Théologie. Il eut part aux affaires eccléfiaftiques de fon tems, & compofa un gr. nombre d'ouvr. dans lefquels il n'eft point fi oppofé à l'Epifcopat que Calvin. Il femble même reprocher à celui-ci de fe laiffer prévenir aifément, & de juger de la capacité & du mérite par fes préventions.

BUCHANAN, ( George ) habile Ecrivain, & l'un des meill. Poètes Latins du 16e fiecle, naquit à Killerne, village d'Ecoffe, en 1506. Son oncle maternel l'envoïa à Paris pour y faire fes études ; mais deux ans après, la misere & la maladie l'obligerent de retourner en Ecosse. Il revint à Paris avec Jean Major, & régenta pendant trois ans la Grammaire au College de Ste Barbe. En 1536, il retourna en Ecosse, où le Roi le choisit pour être Précepteur de son fils naturel. Une conspiration aïant été découverte contre le Roi, dans laquelle ce Prince étoit persuadé que les Franciscains n'avoient pas fait leur devoir, il ordonna à Buchanan d'écrire contre eux. Le Poète obéit, & présenta au Roi la fameuse Silve, intitulée *Franciscanus*, Piece ingénieuse, mais trop satyrique. Il s'apperçut vers le même tems que le Cardinal Beton avoit résolu sa perte, ce qui le fit sauver en Angleterre; mais y trouvant le Roïaume dans le trouble, il repassa en France, & régenta à Bourdeaux l'espace de trois ans. C'est-là qu'il composa ses 4 Tragédies. Buchanan revint encore à Paris; il y étoit en 1544. C'est en ce tems-là qu'il régenta au College du Cardinal le Moine. André Govea, Portugais, aïant reçu ordre de son Maître d'emmener avec lui un certain nombre d'habiles gens, pour regenter dans l'Université qui venoit d'être érigée à Coimbre, Buchanan le suivit en Portugal en 1547. Tout alla bien tant que Govea vécut; mais après sa mort, arrivée l'année suivante, on fit toutes sortes de mauvais traitemens aux Savans qui l'avoient suivi, & à Buchanan en particulier. Ses ennemis le firent renfermer dans un Couvent, sous prétexte de le mieux instruire de la Religion. C'est dans cette prison qu'il entreprit sa *Paraphrase* en vers sur les Pseaumes, ouvrage excellent, & la meilleure de toutes les Paraphrases des Pseaumes, si l'on en excepte peut-être celle du Pere Commire. Buchanan repassa ensuite en Angleterre, & revint à Paris en 1552, où quelque tems après, il fut Précepteur de Timoléon de Cossé, fils du Maréchal de Brissac. Il demeura cinq ans auprès de lui, tantôt en

France, tantôt en Italie, & le quitta en 1563 pour retourner en Ecosse. A son arrivée il y trouva les troubles appaisés; alors il professa publiquement la Religion prétendue réformée. Il fut Précepteur de Jacques VI, Roi d'Ecosse, en 1565. Buchanan composa alors l'Hist. d'Ecosse en 22 Livres, remplie d'injures & de railleries indécentes contre les Catholiques, & contre la Reine Marie Stuart, sa bienfaictrice. Il mourut à Edimbourg le 28 Septem. 1582, à 77 ans. Ses ouvrages en prose sont écrits avec élegance. Elzevir a donné en 1628 une belle édition des Œuvres poétiques. Tous les ouvrages de Buchanan ont été imprimés en 1715, 2 vol. *in-fol.*

BUCHNER, ( Auguste ) bon Poète & excellent Humaniste, naquit à Dresde en 1591, d'une famille noble & ancienne. Il professa la Poésie & l'Eloquence dans l'Académie de Wittemberg, & s'y acquit une gr. réputation. La Reine Christine l'invita à passer en Suede, mais il refusa les offres de cette Princesse. Il m. à Wittemberg en 1661. On a de lui un Traité *de Exercitatione styli*, un autre *de Commutatâ dicendi ratione*, un Recueil d'*Oraisons funebres & de Panégyriques*, quelques Poésies latines & des notes sur plusieurs auteurs anciens.

BUCHOLTZER, ( Abraham ) cél. Chronologiste & Théol. Protestant, né à Schonaw près de Wittemberg en 1529, fut Pasteur de plus. Eglises, & enfin de celle de Freistad en Silésie, où il m. en 1584. Son principal ouvrage est un *Index Chronologicus*, qui est fort estimé.

BUCKELDIUS ou BEUCKLIN, ( Guillaume ) natif de Volder, s'est immortalisé par l'invention & le secret de saupoudrer de sel les harengs, & de les encaquer, vers 1416. Il mourut à Biervliet en 1447 ou en 1449 selon le P. Fournier. Les Holl. lui éleverent un tomb. pour éterniser sa mémoire.

BUCKINGHAM, ( Georges de Villiers Duc de ) naquit à Londres en en 1527, fut Ambassadeur en Fr. en 1671, & mourut en 1687. On a de lui pluf. ouvr., & en particulier, une Comédie angloife, intitulée *The Rehearfal*, c. à d. *la répétition*, dans laquelle il tourne en ridicule les Poëtes tragiques de fon tems, furtout le fam. Dryden.

BUCKINGHAM, ( Jean Sheffield, Duc de ) *voïez* SHEFFIELD.

BUCY, ( Simon de ) fut le prem. honoré du titre de Premier Préfident du Parlem. de Paris, par ordonnance de Philippe de Valois, en 1344. Il fut emploïé au Traité de Bretigny, & mourut en 1368.

BUDÉ, ( Guillaume ) l'un des gr. hommes qui a fait le plus d'honneur à la France par fon érudition & par fon mérite, naquit à Paris en 1467, d'une famille féconde en perfonnes de mérite. Il paffa fa jeuneffe à la chaffe & dans les plaifirs, la barbarie qui regnoit alors dans les Colleges l'aïant dégouté de l'étude : mais lorfque le feu de la jeuneffe eut commencé à fe ralentir en lui, il fut faifi tout à coup d'une paffion fi violente pour les Sciences, qu'il renonça auffi-tôt aux amufemens frivoles, s'éloigna des affaires, & fe livra tout entier à l'étude. Il fit en peu de tems de gr. progrès dans la Langue latine, & acquit prefque fans maître une connoiffance fi parfaite de la Langue grecque, qu'au jugement même de Jean Lafcaris, il peut être comparé aux plus favans Grecs. Sa réputation fe répandit bientôt dans toute l'Europe, avec fes écrits. Son Traité *de Affe*, fut les anciennes monnoies, lui fîrtant d'honneur, qu'Erafme même, qui nomme Budé *le prodige de la France*, en conçut de la jaloufie. Budé n'étoit pas feulement érudit, il avoit beaucoup de fageffe & de probité; il étoit modefte, honnête, libéral, & ami des gens de Lettres. C'eft à fa perfuafion & à celle de du Bellay, que François I fonda le College Roïal. Ce Prince prenoit plaifir à s'entretenir avec lui. Il l'envoïa en ambaffade auprès de Léon X, & lui donna une charge de Maître des Requêtes. Budé fut auffi Prevôt des Marchands. Il eut d'illuftres amis, & fe fit eftimer des Savans. Il mourut à Paris le 23 Août 1540, à 73 ans. Louis le Roi écrivit fa vie. Ses ouvr. ont été imprim's à Bâle en 1557, 4 vol. *in fol.* Les Comment. de la Langue grecque font un des meilleurs. La famille de Budé a produit pluf. perfonnes illuftres. Sa femme & deux de fes fils aïant embraffé le Calvinifme, fe retirerent à Geneve, où leurs defcendans tiennent encore un rang confidérable.

BUDDÆUS, ( Jean François ) cél. Théol. Luthérien, & l'un des plus favans hommes que l'Allem. ait produits, naquit en 1667 à Anclam, ville de Pomeranie, où fon pere étoit Miniftre. Il fut d'abord Profeffeur en grec & en latin à Cobourg en 1692, puis Profef. de morale & de politique dans l'Univerfité de Hall, & enfin Profef. de Théol. à Jene en 1705, où il fe fixa & où il eft mort, après s'être acquis une très gr. réputation. On a de lui un très gr. nombre d'ouvrages qui font eftimés. Les principaux font, 1. *Elementa Philofophiæ practicæ, inftrumentalis & Theoreticæ* 3 vol. *in-8°.* Il y en a un gr. nombre d'éditions, parceque dans la plupart des Univerfités d'Allem. les Profef. prennent cet ouvrage pour le Texte de leurs Leçons. 2. *Hiftoria Ecclefiaftica veteris Teftamenti* 2 vol. *in 4°.* 3. *Selecta juris Naturæ & gentium.* 4. *Mifcellanea facra,* 3 vol. *in 4°.* 5. *Ifagoge Hiftorico-Theologica ad Theologiam univerfam, fingulafque ejus partes.* 2 vol. *in-4°.* Les Luthériens font un grand cas de cet ouvrage. 6. Un *Traité de l'Athéifme & de la Superftition*; qui a été traduit en françois. C'eft auffi Buddæus qui a donné le grand Dictionnaire hiftor. Allemand, imprimé pluf. fois à Leipfick & à Bâle.

BUEIL, ( Jean du ) Confeiller & Chambellan du Roi & du Duc d'Anjou, maître des Arbalétriers de France, étoit Seigneur de Montrefor, & de pluf. autres lieux, & defcendoit d'une famille noble

*Tome I.*

P

& ancienne. Il se distingua par sa valeur, & fut tué à la bataille d'Azincourt en 1415. Jean du Bueil son fils, Amiral de France & Comte de Sancere, fut appellé *le fléau des Anglois*.

BUEIL, ( Honorat de ) v. RACAN.

BUFFIER, ( Claude de ) laborieux écrivain Jésuite, né en Pologne de parens françois, le 25 Mai 1661, fut élevé à Rouen, & demeura à Paris, où il mourut le 17 Mai 1737. On a de lui un grand nombre d'ouvrages Les meilleurs sont, 1. une *Grammaire françoise* : 2. un *Cours des Sciences*, in-fol.

BUGENHAGEN, ( Jean ) fam. Théol. Protestant, né à Wollin le 24 Juin 1485, fut considéré comme un des plus savans hommes de son tems. Il s'opposa d'abord aux erreurs de Luther ; mais ensuite il se maria, & introduisit la réforme Luthérienne dans une gr. partie de l'Allemagne. Il fut Ministre de Wirtemberg, & y mourut le 24 Avril 1558, à 73 ans. On a de lui des Commen. sur les Epitres de S. Paul, & d'autres ouvr. On y trouve beauc. de modérat. & d'érudition.

BUISTER, ( Philippe ) cél. Sculpteur, natif de Bruxelles, vint en France vers le milieu du 17e siecle, & fit le tombeau du Cardinal de la Rochefoucault, que l'on voit dans une Chapelle de Ste Genevieve. Le parc de Versailles renferme plus. autres de ses ouvr. Ils sont estimés.

BULL, ( Georges ) sav. Théolog. Anglois, né à Wels dans le Sommerset, le 25 Mars 1634, fut Evêque de S. David en 1705, & mourut le 17 Fév. 1710, à 76 ans. On a de lui plus. ouvr., où il prouve solidement la foi des anc. Peres de l'Eglise sur le mystere de la Trinité; à quoi il employa la plus grande partie de sa vie.

BULLINGER, ( Henri ) fameux Ministre Zuinglien, né à Bremgarten le 18 Juillet 1504. Après avoir fait ses premieres études à Emmerick & à Cologne; il forma le dessein de se faire Chartreux ; mais la lecture de Melancthon & des autres prétend. réformateurs, lui fit changer de résolution. Il alla enseigner à Zurich, où aïant lié amitié avec Zuingle, il embrassa & défendit ses sentimens jusqu'à la mort. Bullinger fut des principaux chefs de la prétendue réforme. Il fut emploïé dans les négociations, & eut part aux troubles excités dans l'Eglise par les prét. réformateurs. Il mourut le 17 Sept. 1575, à 71 ans. Ses ouvrages ont été imprimés en 10 volumes.

BULTEAU, ( Louis ) sav. écrivain du 17e siecle naquit à Rouen en 1625. Après avoir exercé la charge de Secretaire du Roi pendant 14 ans, il s'en démit en faveur de son frere, & passa le reste de ses jours chez les Bénédictins. Il mourut d'apoplexie le 13 Avril 1693, à 68 ans. Il a laissé un gr. nomb. d'ouv. anonymes. Les principaux sont, 1. Essai de l'histoire Monastique. 2. Abregé de l'histoire de l'Ordre de S. Benoît, 2 vol. in-4º. 3. Traduction des Dialogues de S. Grégoire le Grand, avec de sav. notes, &c. Tous ces ouvr. sont bien écrits. Il ne faut pas le confondre avec Charles Bulteau son Frere, auteur d'un *Traité sur la préséance des Rois de France sur les Rois d'Espagne*, imprimé en 1675.

BUNEL, ( Pierre ) l'un des plus polis écrivains du 16e siecle, natif de Toulouse, se distingua par sa vertu, son désintéressement & sa science. Il mourut à Turin en 1546, à 47 ans. Il conduisoit les fils du Président Pierre du Four en Italie, en qualité de Gouverneur. On a de lui des Lettres latines écrites avec beauc. de pureté & d'élégance. Les Capitouls, ou Magistrats de Toulouse, lui ont fait faire un buste de marbre qu'ils ont placé dans la Maison-de-ville. Il ne faut pas le confondre avec Guillaume Bunel, savant Professeur de Médecine à Toulouse, au commencem. du 16e siec. ni avec Bunel, fameux Peintre du tems de Henri IV. L'édition la plus correcte des Lettres de Pierre Bunel, est celle de Henri Etienne en 1581. Celle de Toulouse 1687, est estima, ble par les notes de Graverol ; mais le texte est rempli de fautes. On trouve à la Bibliotheq. du Roi quelques Lettres de Bunel, qui n'ont pas encore été imprimées.

BUNON, (Robert) très habile Chirurgien Dentiste à Paris, naquit à Châlons en Champagne le 1 Mai 1702. Il fut reçu Chirurgien Dentiste à S. Côme en 1739, & Dentiste de Mesdames en 1747. Il mourut à Paris d'une fluxion de poitrine le 25 Janvier 1748, à 46 ans. M. Bunon est auteur de trois ouvr. sav. & très curieux, dont le premier est une *Dissertation sur les Dents des Femmes grosses*, le second un *Essai sur les maladies des Dents*, & le troisieme, un Recueil raisonné d'*Expériences* & de *Démonstrations* faites par lui-même à la Salpétriere & à S. Côme à Paris. Ce dernier ouv. est un vol. *in* 12.

BUONACORSI, ou PERRIN DEL VAGUE, Peintre Italien, fort céléb. mort à Rome en 1547, à 47 ans. Il excelle sur-tout dans les ornemens & les draperies.

BUONAMICO, (Lazare) natif de Bassano, florissoit dans le 16e si. Il enseigna avec réputation à Rome, à Bologne, & à Padoue, & laissa plus. ouvr. estimés.

BUONAROTI, *voiez* BONAROTA.

BUPALUS, célebre Sculpteur, natif de l'Isle de Chio, fils, petit-fils, & arriere-petit-fils de Sculpteurs, travailloit conjointem. avec son frere *Athenis*, vers 540 avant J. C. & vivoit du tems d'Hipponax, Poète d'une figure méprisable & semblable à un squelette. Nos deux Sculpteurs égaïerent leur imagination sur lui, & le représenterent sous un forme ridicule ; mais le Poète irrité, lâcha contre eux une satyre si violente, que selon quelq. Ecriv. ils se pendirent de dépit. Pline ne tombe pas d'accord de ce fait ; il assure au contraire que ces deux freres firent de très belles statues après qu'Hipponax se fut vengé ; & en particulier la Diane de Chio, qui paroissoit triste & refrognée quand

on entroit dans le lieu où elle étoit ; mais qui avoit un air gracieux & souriant quand on en sortoit.

BURCHARD, Ev. de Wormes, natif de la Bassée, s'est rendu cél. par son Recueil de Canons qu'il composa au 11 si. Il m. en 1026. Il avoit été Bénédictin, & Précepteur de l'Empereur Conrad.

BURGENSIS, (Louis) ou BOURGEOIS, natif de Blois, prem. Méd. de François I, contribua beaucoup à la délivrance de ce Prince, qui étoit prisonnier à Madrid ; car François I étant tombé malade, Bourgeois fit croire à l'Empereur Charles-Quint, qu'il n'y avoit pas lieu d'espérer sa guérison ; parceque l'air du païs lui étoit tout-à-fait contraire. Cet artifice obligea Charles-Quint de traiter promptement avec François I à des conditions moins dures. Bourgeois fut récompensé au retour du Roi, & fut aussi premier Méd. de Henri II.

BURIDAN, (Jean) fam. Philosophe, natif de Béthune, fut Recteur de l'Université de Paris, au 14e siecle. C'est de lui qu'est venu le proverbe, *l'âne de Buridan*, si fam. dans les Ecoles. Voici, selon Bayle, sur quoi il étoit fondé : Buridan supposoit un âne bien affamé, entre deux mesures d'avoine parfaitement égales ; ou un âne autant pressé de la soif que de la faim, entre une mesure d'avoine & un seau d'eau qui agissoient également sur ses organes. Aïant fait cette supposition, il demandoit, *Que fera cet âne?* Si on lui répondoit, *il demeurera immobile ; donc*, concluoit-il, *il mourra de faim entre deux mesures d'avoine. Il mourra de faim & de soif, aïant tout auprès de soi de quoi boire & de quoi manger.* Cela paroissoit absurde, & mettoit les rieurs de son côté ; mais si on lui repondoit : *Cet âne ne sera pas assez bête pour se laisser mourir de faim ou de soif dans une telle situation. Donc*, concluoit-il, *cet âne a le franc arbitre : ou bien il peut arriver que de deux poids en équilibre, l'un fasse remuer l'autre.* Ces deux conséquences paroiſſoient abſurdes : ainſi Buridan, par ce ſophiſme, embarraſſoit les Philoſophes, & ſon *âne* devint fameux dans les Ecoles.

BURLAMAQUI, habile Conſeiller d'Etat, & céleb. Profeſſeur de Droit à Geneve, eſt auteur d'un eſſai ſur le Droit naturel, qui eſt très eſtimé ; & d'un bon ouvr. ſur les principes du Droit Civil. Ce judicieux Ecriv. eſt mort depuis quelques années.

BURMAN, ( Franç. ) Miniſtre de l'Egliſe prétendue réf. & ſav. Prof. de Théol. à Utrecht, naquit à Leide en 1628, & m. le 10 Nov. 1679, après avoir publié un cours de Théol. & d'autres ouvr. Sa famille s'eſt fait eſtimer juſqu'ici en Hollande par les perſonnes de mérite qu'elle a produites. Il ne faut pas le confondre avec François Burman ſon fils, ni avec Pierre Burman, laborieux Commentateur de Phèdre, de Lucain, & d'autres Auteurs profanes. Il m. en 1741.

BURNET, ( Gilbert ) ſav. Evêque de Saliſbury, naquit à Edimbourg le 13 Septembre 1643, d'une famille noble & ancienne. Il ſe diſtingua dès ſa jeuneſſe par ſes talens & par ſa ſcience. Il voïagea en Angleterre, en Hollande & en France, où il ſe fit eſtimer des ſav. A ſon retour, on lui donna à gouverner l'Egliſe de Salton. Burnet s'appliqua avec zele à la prédication, menant une vie auſtere & retirée ; mais ce genre de vie lui aïant cauſé une gr. maladie, il devint homme de ſociété. En 1669, on lui donna la chaire de Profeſ. en Théol. à Glaſcow ; & en 1672, il ſe maria à Marguerite Kennedy, fille du Comte de Caſſils. Il aima mieux refuſer deux Evêchés que de renoncer à ſes ſentimens pour ſuivre ceux de la Cour. La mort du Roi Charles lui donna occaſion de voïager encore. Il alla en France, en Italie, en Allem. & en Hollande. Le Prince & la Princeſſe d'Orange le reçurent dans leur Conſeil, & il contribua beauc. à faire réuſſir les deſſeins du Prince contre le Roi Jacques & la Religion

Catholique. Il ſuivit le Prince d'Orange en Angl. en qualité de Chapelain ; & en 1689, il eut l'Evêché de Saliſbury, où il établit une école & un Séminaire. Il fut enſuite Précepteur du Duc de Gloceſter, & m. le 17 Mai 1715, à 72 ans, ou le 17 Mars 1714 ſelon le Journal étranger. On a de lui un gr. nombre d'ouvr. anglois. Les principaux ſont, 1. Dialogue entre un Conformiſte & un non-Conformiſte : 2. Défenſe des Loix d'Ecoſſe : 3. des Sermons : 4. Hiſtoire de la Réformation de l'Egliſe d'Angl., où il y a beauc. d'emportement contre l'Egliſe Rom. 5. Critique de l'hiſtoire des variations, &c.

BURNET, ( Thomas ) poli & ſavant écrivain du 17e ſiecle, né en Ecoſſe, mais élevé à Cambridge, ſous la conduite de Jean Tillotſon, depuis Archev. de Cantorbery en 1685. Il fut maître de l'Hôpital de Sutton à Londres, & entra dans le Clergé. Durant le regne du Roi Jacques, il fit beauc. parler de lui, & s'oppoſa, comme maître de la Chartreuſe, aux changemens que ce Monarque vouloit introduire. Sa Théorie de la terre, *Telluris Theoriæ ſacra*, qu'il publia en 1680, fut univerſellement eſtimée pour la pureté du ſtyle, & l'invention. Le Roi Charles la fit traduire en anglois. Pluſieurs écrivains attaquerent néanmoins cet ouvrage. Burnet publia en 1692 ſon *Archæologia Philoſophica*, qu'il dédia au Roi Guillaume, & mour. le 27 Sept. 1715. On a publié après ſa mort ſon Livre *De ſtatu mortuorum & reſurgentium* ; & ſon Traité, *De fide & officiis Chriſtianorum*. Il y a dans ces deux ouvrages beaucoup de choſes contraires aux ſentimens communément reçus dans le Chriſtianiſme.

BURRUS, ( Antiſtius ) beaufrere de l'Empereur Commode, fut mis à mort par ce Prince, à la ſollicitation de Cléandre, dont Burrus avoit révélé les concuſſions & les violences, l'an 186 de Jeſus Chriſt.

BUS, ( Céſar de ) Inſtituteur des Prêtres de la Doctrine Chrétienne, naquît à Cavaillon le 3 Fév. 1544, d'une famille noble. Il s'adonna d'abord à la Poésie profane, & se livra aux plaisirs du siecle ; mais étant rentré en lui-même, il se convertit, & mena dans la suite une vie très édifiante. Il prit les Ordres sacrés, & s'emploïa à confesser & à catéchiser. César de Bus perdit la vue 13 ou 14 ans avant sa mort, & ne laissa pas de continuer les fonctions de la Doctrine Chrétienne. Il mourut à Avignon le 15 Avril 1607. On a de lui des Instructions familieres.

BUSBEC, ( Auger Gislen ) écrivain illustre par sa naissance, par son mérite & par ses ambassades, naquit à Commines en 1522. Il fut très bien élevé, & passa quelq. tems en Angleterre à la suite de l'Ambassadeur de Ferdinand, Roi des Romains. De-là il fut envoïé Ambass. à Constantinople, & ensuite en Fr. & ailleurs. On lui confia aussi l'éducation des jeunes Princes, fils de Maximilien II. Il mour. en Normandie en 1592, à 70 ans. Nous avons de lui en latin des Relations de ses voïages, des Lettres & d'autres ouvrages bien écrits & estimés. Il envoïa aux savans plus. inscriptions, & enrichit la Bibliotheq. de l'Empereur de très beaux MSS. grecs.

BUSCHETTO DA DULICHIO, cél. Architecte & Machiniste du 11e siecle, natif de Grece. C'est lui qui bâtit la magnifique Eglise Cathédrale de Pise.

BUSÉE, ( Jean ) pieux Jésuite, natif de Nimegue, & m. à Mayence le 30 Mai 1611, à 64 ans, dont on a des Méditations, & plusieurs ouvrages de Controverse, écrits avec beaucoup de modération.

BUSIRIS, selon la fable, Roi d'Egypte, fils de Neptune & de Lybie, fut tué par Hercule, parcequ'il immoloit les étrangers, & usoit envers eux de grandes cruautés.

BUSLEIDEN, ( Jérôme ) natif d'Arlon, Maître des Requêtes, & Conseiller au Conseil souverain de Malines, se rendit céleb. par son esprit, par ses ouvrages, par l'amitié qu'il contracta avec les savans,

& par ses ambassades. Il mourut à Bourdeaux le 26 Août 1517, après avoir fondé à Louvain le College des trois Langues, qui porte son nom.

BUSSIERES, ( Jean de ) Jésuite du 17e siecle, a composé plusieurs Poésies latines, qui lui font honneur. Il mourut en 1678.

BUSSY, voïez RABUTIN.

BUTEO, voyez BORREL, dont le vrai nom est *Jean Bourrel.*

BUTLER, ( Samuel ) cél. Poète Anglois, naquit dans le Comté de Vorcester en 1612, & mourut en 1680. C'est lui qui est Auteur du fameux Poëme intitulé *Hudibras*, qui contient une satyre ingénieuse & délicate de l'interregne de Cromwel, & du fanatisme des Presbyteriens de ce tems-là. Les Anglois ont peu de Livres où il y ait tant d'esprit & de fines plaisanteries.

BUXTORF, ( Jean ) sav. Prof. d'hébreu à Bâle, étoit de Westphalie. Il s'acquit une gloire immortelle au 17e siecle par la connoissance qu'il avoit des Langues hébraïques & chaldaïques. Ses principaux ouvrages sont, 1. une petite Grammaire hébraïque qui est excellente, & dont la meilleure édition est celle de Leide en 1701, revue par Leusden : 2. un trésor de la Grammaire hébraïque : 3. une Concordance hébraïque, & plusieurs Lexicons hébreux : 4. la *Tibériade*, ou Traité de la Massore : 5. *Institutio Epistolaris hebraïca* : 6. *De abbreviaturis Hebræorum*, &c. Tous ces ouvrages sont estimés.

BUXTORF, ( Jean ) fils du précédent, & savant Professeur des Langues orientales, à Bâle, s'est distingué, comme son pere, par sa connoissance de la Langue hébraïque, & par son érudition Rabbinique. Il mourut à Bâle en 1648. Ses principaux ouvrages sont, 1. sa Traduction du *More Nevochim* & du *Cozri* : 2. un Lexicon Chaldaïque & Syriaque : 3. une Anticritique contre Cappel : 4. un Traité sur les points & accens hébreux, contre le même Cappel, &c.

BYNÆUS, ( Antoine ) savant

Théologien Protestant , né à Utrecht le 6 Août 1654 , & mort à Deventer le 8 Novembre 1698, dont on a un grand nombre d'ouvrages. Les principaux sont , 1. *De calceis Hebræorum* : 2. *Christus crucifixus* : 3. *Explicatio historiæ Evangelicæ de Nativitate Christi.* Ces ouvrages sont estimés.

BZOVIUS, (Abraham) Dominicain Polonois, & l'un des plus laborieux écrivains du 17e siecle , est auteur d'un si grand nombre d'ouvrages , que deux pages suffiroient à peine pour en indiquer les titres. Le principal est la continuation des Annales de Baronius. Il alla de Pologne à Rome, où le Pape le reçut avec bonté , & lui donna un appartement au Vatican. Il mourut en 1637, à 70 ans. Les Cordeliers & les Jésuites ne font aucun cas de ses ouvrages.

---

## C.

CABADE , Roi de Perse, perdit la Couronne en 497 , parcequ'il vouloit que les femmes fussent communes dans ses Etats ; mais 4 ans après, il remonta sur le Trône. Il persécuta d'abord les Chrétiens , & les tolera dans la suite , à cause des miracles opérés par un S. Evêque. Il fit la guerre à l'Empereur Anastase, prit Amide en 502, & conclut ensuite la paix avec cet Empereur & avec Justin son successeur. Justinien remporta de gr. avantages sur Cabade , par la conduite de Belisaire. Il mourut en 531. Cosroës son fils lui succéda.

CABALLO, (Emmanuel) illustre Génois, immortalisa son nom en 1513 par ses belles actions, & fut cause que les François leverent le siege de Genes, ce qui le fit appeller le Libérateur de la patrie.

CABASILAS, (Nicolas) savant Archevêque de Thessaloniq. au 14e siecle, dont on a deux Traités contre les Latins ; une exposition de la Liturgie grecque , & d'autres ouvr. remplis d'érudition , & écrits avec

beaucoup d'ordre & de clarté.

CABASSUT , ( Jean ) céléb. Pere de l'Oratoire, natif d'Aix, enseigna le Droit Canon à Avignon , & m. à Aix le 25 Sept. 1685, à 81 ans. Ses princp. ouvr. sont , 1. *Juris Canonici theoria & praxis* , dont M. Gibert a donné une nouvelle édition *in-fol.* avec des notes : 2. la Notice de l'histoire Eccl. des Conciles & des Canons en latin, dont la meilleure édit. est de 1670, *in-fol.*

CABRAL ou CAPRAL , ( Pierre Alvares ) Seigneur Portugais distingué par sa naissance & par son courage , a rendu son nom immortel par la découverte qu'il fit du Bresil en 1500 , sous le regne d'Emmanuel I , Roi de Portugal.

CACCIALUPI , ( Jean Baptiste ) céléb Jurisc. du 15e siecle , natif de San-Severino. On a de lui plusieurs ouvrages.

CACUS , fameux brigand , ainsi nommé du mot κακός , qui en grec signifie méchant , fut tué par Hercule , auquel il avoit volé des bœufs.

CADALOUS , Evêque de Parme , fut élu Pape en 1061 , par la faction de l'Emp. Henri IV contre Alexandre II ; mais son élection fut déclarée nulle au Concile de Mantoue , & il mourut misérablement.

CADMUS , Roi de Thebes , fils d'Agenor , Roi de Phénicie , & frere de Phénix & de Cilix , porta dans la Grece, en 1519 avant J. C. , les 16 Lettres simples de l'Alphabet grec , & y bâtit Thebes en Béotie. Les Poëtes feignent qu'il sortit de son païs pour chercher sa sœur Europe que Jupiter avoit enlevée ; & qu'étant arrivé en Béotie, un de ses compagnons fut dévoré par un serpent. Cadmus aïant tué ce monstre , en sema les dents dans une terre, d'où sortirent des soldats armés qui s'entretuerent l'un l'autre , excepté cinq , qui lui aiderent à bâtir la ville de Thebes , où il régna.

CADMUS de Milet , céléb. historien Grec du tems d'Halyattes , Roi de Lydie , est , selon Pline , le premier des Grecs qui a écrit l'Histoire en Prose.

CÆCILIUS, *voyez* METELLUS & STATIUS.

CÆSAR, *voyez* CESAR.

CAGNACCI, ( Guido Caulaffi ) Peint. Italien furnommé *Cagnacci*, à caufe de la difformité de fon corps, étoit natif de Caftel-Durante. Il fut difciple du Guide à Bologne, & m. à Vienne, à 80 ans. Ses premiers tableaux paffent pour les meilleurs.

CAJADO, ( Henri ) ou HERMIO GAJADO, Poète Latin, nat. de Portugal, dont nous avons des *Eglogues*, des *Sylves*, & des *Epigrammes*, en latin pur & élegant. Il y a beauc. de fel & d'agrémens dans fes Epigrammes. Il mour. en 1508.

CAJETAN, célebre Cardinal, *voyez* VIO.

CAILLIERES, *voyez* CALLIE-RES, qui eft fon vrai nom.

CAILLY, ( le Chevalier Jean de ) Poète François, natif d'Orléans, connu auffi fous le nom d'Aceilly, qui eft fon Anagramme, s'eft diftingué fous le miniftere de M. Colbert, par fes épigrammes. Le ftyle en eft fimple & naïf, les penfées fines & délicates. On les a impr. en 1714, avec pluf. autres pieces.

CAIN, c. à d. *acquifition*, fils aîné d'Adam & d'Eve, naquit la feconde année du monde, & laboura le premier la terre. Il tua fon frere Abel l'an 130 du monde, ce qui le fit maudire de Dieu & condamner à être vagabond. Il fe retira enfuite dans le païs de *Nod*, à l'orient d'Eden, où il bâtit une ville qu'il nomma *Enoch* ou *Enochie*, du nom de fon fils aîné. C'eft la pr. ville bâtie.

CAINAN, fils d'Enos, & pere de Malaléel, mourut 2800 av. J. C. à 910 ans. Il ne faut pas le confondre avec un autre Caïnan, fils d'Arphaxad & pere de Sala, né en 1694 du monde. Le nom de ce fecond Caïnan ne fe trouve point dans le texte hébreu de la Genefe & du Deuteronome, ni en aucun autre endroit de l'Ecriture Sainte, fi ce n'eft dans la verfion des 70, & dans la généalogie de J. C. par S. Luc. De-là vient qu'il eft un gr. fujet de difpute parmi les favans.

CAIPHE, Grand-Prêtre des Juifs après Simon, étoit de la fecte des Sadducéens. Il condamna à mort N. S. Jefus-Chrift, & fut privé de fa dignité par Vitellius. On dit que cette difgrace lui caufa tant de chagrin, qu'il fe tua de défefpoir.

CAIUS AGRIPPA, fils puîné d'Agrippa & de Julie, fille d'Augufte, fut adopté par cet Empereur, avec Lucius Agrippa fon frere. A l'âge de 14 à 15 ans, le peuple Romain leur offrit le Confulat; mais Augufte voulut qu'ils euffent feulement le nom de *Confuls défignés*, à caufe de leur jeuneffe. Ils moururent jeunes l'un & l'autre.

CAIUS, céleb. entre les Auteurs Eccléfiaftiques, floriffoit à Rome au commenc. du 3e fiecle, fous le Pontificat de Zephirin, & fous l'Empire d'Antonin Caracalla en 217. Il avoit été difciple de S. Irenée, ce qui ne l'empêcha pas de rejetter abfolument l'opinion des Millenaires. Un Anonyme cité par Photius dit pofitivement que Caïus étoit Prêtre, & qu'il demeuroit à Rome. Photius ajoute qu'on tenoit encore qu'il avoit même été ordonné *Evêque des nations*; c. à d. qu'il avoit été ordonné Evêque pour aller porter la foi dans des païs infideles, fans avoir aucun peuple, ni aucun Diocèfe limité: ce qui eft affez remarquable. Caïus eut une fameufe difpute à Rome contre Procle ou Procule, l'un des princip. chefs des Montaniftes, & la mit par écrit dans un dialogue que nous n'avons plus. Les autres ouvrages de Caïus fe font auffi perdus *voyez* Tillemont, hift. Eccl. tom. 3 pag. 174.

CAIUS ou KAYE, ( Jean ) né à Norwich en 1510, fut l'un des plus fav. Médecins de fon fiecle: après s'être fait recevoir Docteur en Méd. à Cambridge, il entendit à Padoue Jean-Baptifte Montanus de Verone, cél. Médecin; à fon retour en Angleterre il fut fucceffivem Médecin du Roi Edouard VI, de la Reine Marie, & enfin de la Reine Elifabeth. Il fit rebâtir prefque à fes fraix l'ancien College de *Gonvil*, nommé depuis ce tems là, *le College de Gonil & de Caius*, & y fonda 23 places d'étudians. Il m en 1573 à 63 ans, & fut enterré dans la Chapelle de son College sous une tombe unie avec cette seule inscription, *fui Caius* Il a publié un grand nombre d'ouvrages, dans lesquels il suit les principes de Galien & de Montanus son maître. Son Traité de la sueur Angloise, maladie qui ne duroit qu'un jour & qui fit périr beaucoup de monde en Anglet. en 1551 est intitulé *de Ephemera Britannica* La meilleure édit. est celle de Londres en 1721 *in* 8 Il a fait aussi un Livre en latin *de l'antiquité de l'Univ. de Cambridge. Voy.* La Liste de ses ouvr. dans Chauffe-pié.

CAIUS (S.) originaire de Dalmatie & parent de l'Emp. Dioclétien, fut élu Pape en 276 de J C. & m. 13 ans après. On dit qu'il ordonna que les Clercs passeroient par tous les sept Ordres inférieurs de l'Eglise, avant que de pouvoir être ordonnés Evêques.

CALABER, (Quintus) nom donné à un Poëte anonyme, natif de Smyrne, dont le Poëme grec intitulé *les Paralipomenes d'Homere*, fut trouvé en Calabre par le Cardinal Bessarion. C'est ce qui lui fit donner le nom de *Calaber* Vossius conjecture que ce Poëte vivoit sous l'Emp. Anastase, vers 491 La meilleure édit de Quintus Calaber est celle de Rhodoman.

CALABROIS, (Mathias Preti, surnommé le) Peintre céleb. né en 1643 dans la terre de la Taverne en Calabre, se fit admirer par ses ouvr. surtout par ceux qu'il fit à Malthe dans l'Eglise Cathédrale de S. Jean Il représenta dans le plafond la vie de l'Apôtre, morceau superbe, qui le fit combler d'honneurs & de biens. On le nomma Chevalier de Grace, & on lui donna la Commanderie de Syracuse, avec une pension considérable. Le *Calabrois* mourut à Malthe en 1699. Ses principaux ouvrages sont à Modene, à Naples & à Malthe. On voit au Palais Roïal, son martyre de Saint Pierre, de grandeur naturelle.

CALANUS, Philosophe Indien, suivit Alexandre le Gr. dans son expédition des Indes. Il vécut 83 ans sans aucune incommodité, & fut enfin tourmenté d'une colique. Alors il pria Alexandre de commander qu'on lui dressât un bucher pour ses funérailles. Ce Prince le lui accorda avec répugnance; & pour orner sa pompe funebre, il fit mettre son armée en bataille, ordonnant de répandre de riches parfums sur le bucher, où Calanus s'étoit placé en habits magnifiques. Ce Philosophe ne donna aucun signe de douleur, lorsque le feu prit au bucher; & comme on lui demandoit s'il ne vouloit rien dire à Alexandre, qui n'avoit point voulu assister à ce terrible spectacle, il répondit que non, parcequ'il comptoit, dit-il, le revoir dans peu à Babylone. Ces paroles furent regardées comme la prédiction de la mort d'Alexandre, arrivée en effet trois mois après à Babylone.

CALASIO, (Marius de) savant Francifcain, Professeur d'hébreu à Rome, est auteur d'une excellente Concordance hébraïque de la Bible, impr. à Rome en 1621, en 4 tom. *in fol.* & réimprimée à Londres, avec des augmentations.

CALCAR, (Jean de) Peintre célebre natif de Calcar, fut disciple du Titien, & acheva de se former le goût sur Raphael. Il m. à Naples, en 1545, à la fleur de son âge. C'est lui qui a dessiné les figures anatomiques de Vesal, & les portraits des Peintres du Vasari.

CALCHAS, fameux devin, fils de Thestor, suivit l'armée des Grecs au siege de Troie. Il prédit que le siege dureroit 10 ans, & que la flotte grecque ne sortiroit point du port d'Aulide, où elle étoit retenue par les vents contraires, jusqu'à ce que Agamemnon eut sacrifié Iphigénie sa fille à Diane. On dit qu'après la prise de Troie, il alla à Colophon, où il mourut de chagrin de n'avoir pu deviner ce que Mopsus, autre devin, avoit deviné.

**CALDERINUS**, (Domitius) célèbre. Grammairien du 15 siecle, natif de Torri, Diocèse de Verone, fut produit à Rome par le Cardinal Bessarion, & y enseigna les Belles-Lettres avec réput. Il m. en 1477.

**CALDERON DE LA BARCA**, (Dom Pedro) cél. Poëte comique Espagnol du 17e si., étoit Chevalier de l'Ordre de S. Jacques, & servit avec honneur dans les armées. Dans la suite il se fit Prêtre & devint Chanoine de Tolede. Philippe IV, Roi d'Espagne, prenoit un gr. plaisir à la représentation des Comédies de Calderon. Il passe après Lopez de Vega, pour le plus gr. Poëte comique Espagnol. Ses comédies ont été imprimées à Madrid en 1689 en 3 vol. in-4°. Ses autres Poésies ont été ajoutées en six autres vol. in-4°. On a encore de lui en prose l'Histoire de Notre-Dame d'Almudena. Villaroes a écrit sa vie à la tête du prem. vol. de ses Comédies. *voïez* aussi Nicolas Antonio. *tome 2. pag.* 140.

**CALEB**, l'un des Députés du peuple Juif, qui allerent reconnoitre le païs de Canaan, rassura les Israélites épouvantés, & fut le seul, avec Josué, qui après la sortie d'Egypte, entra dans la terre de Canaan. Caleb eut en partage les montagnes & la ville d'Hébron, dont il chassa trois Rois. Othoniel, son neveu, aïant pris la ville de Debir, Caleb lui donna en mariage Hacsa sa fille, & mourut à l'âge de 114 ans.

**CALENDARIO**, (Philippe) Sculpteur & Architecte, au milieu du 14e siecle, éleva ces magnifique portiques, soutenus par des colonnes de marbre qui font le circuit de la place de S. Marc à Venise, & fit plus. morceaux de Sculpture qui lui attirerent l'estime du public, les bienfaits & l'alliance du Doge de Venise.

**CALENTIUS**, (Elisius) Poëte Latin du 15e siecle, natif du Roïaume de Naples. Pontanus & Sannazar font un gr. cas de ses élegies & de son Poëme du combat des rats & des grenouilles.

**CALENUS**, (Olenus) le plus fameux Devin de son tems parmi les Etruriens, manqua, dit Pline, d'en imposer aux Ambassadeurs Romains du tems de Tarquin le superbe, dans une affaire de la plus gr. importance, à l'occasion de la tête d'un homme, trouvée sur le mont *Tarpeïus*, dans les fondemens d'un Temple qu'on vouloit bâtir à Jupiter; mais le fils de Calénus avertit les Ambassadeurs de Tarquin : ils tournerent les réponses du devin à leur avantage; & par ce moïen, dit la fable, les Romains eurent l'Empire de l'Italie, qui sans cela eût passé aux Etruriens.

**CALEPIN**, (Ambroise) Relig. Augustin, natif de Calepio, bourg d'Italie, d'où il a tiré son nom, s'est rendu célebre par son Dictionnaire augmenté par Passerat, & par d'autres ouvr. Il m. le 29 Octob. 1510.

**CALIARI**, ou **CAGLIARI**, (Paul) Peint. cél. plus connu sous le nom de Paul Véronese, naquit à Vérone en 1537. Il s'attacha principalement au coloris, & mourut en 1588, à 51 ans. Il eut deux fils, qui furent aussi de bons Peintres; Charles, mort en 1596, à 26 ans, avoit des talens supérieurs, & l'on croit même qu'il eût surpassé son pere, s'il eût vécu plus long tems; Gabriel, mort en 1631, à 63 ans, ne s'appliqua à la Peinture que par amusement, (le commerce étant sa principale occupation); il finit cependant plusieurs tableaux de son pere, aidé par Benoît Caliari, son oncle. Celui-ci qui étoit frere de Paul Veronese, mour. en 1598, à 60 ans. Quoique bon Peintre & bon Sculpteur, il laissoit jouir son frere de la réputation qu'il auroit pu s'acquérir, en se déclarant l'auteur de certains tableaux. Sa maniere, semblable à celle de Paul, faisoit souvent confondre leurs ouvr. Benoît réussissoit surtout à peindre l'Architecture; & les belles fabriques, qui ornent le fond de certains tableaux de Veronese, sont de sa main.

**CALIGNON**, (Soffrey de) né à S. Jean près de Voiron en Dauphi-

mé, fut Secretaire de M. de Lefdiguieres & Miniftre de la Relig. prétendue réformée, puis Chancellier
de Navarre. Henri IV avoit une
eftime particuliere pour lui, &
l'emploïa dans les affaires les plus
importantes. C'eft Calignon qui rédigea l'Edit de Nantes.Il m. à Paris
au mois de Sept. 1606 à 56 ans &
fut fort regreté. C'étoit un très favant homme, qui étoit habile dans
les affaires. On a de lui une fatyre
intitulée : *Le mépris des Dames*,
que du Verdier Vauprivas nous a
confervée. On lui attribue auffi
*L'Hiftoire des chofes plus remar-
quables advenues en France ès années 1587, 1588 & 1589 par S. C.*
imprim. en 1590 in-8°. & l'on
croit que ces lettres S. C. fignifient
*Soffrey Calignon.*

CALIGULA, (Caïus Cæfar)
IV Empereur Romain, fuccéda à
Tibere, l'an 37 de J. C. Il étoit fils
de Germanicus & d'Agrippine;
mais il dégénéra d'une fi horrible
maniere, qu'il fit regretter le regne
de fon prédéceffeur. Ce qui fait dire
à Séneque que la nature fit paroître
en Caligula, ce qu'elle pouvoit de
plus pour le mal. La corruption de
fon cœur fe fit remarquer de bonne
heure; car avant qu'il eût la robe
virile, on le furprit dans un incefte
avec une de fes fœurs. Il les débau-
cha même toutes, & vécut dans un
commerce public avec l'une d'elles.
Ses impiétés & fes blafphêmes furent portés à leur comble. Il eut la
folie de fe faire adorer comme un
Dieu, affectant de repréfenter en fa
perfonne tous les dieux & toutes les
déeffes, & portant tantôt un tri-
dent comme Neptune, tantôt un
caducée comme Mercure, & tantôt
une lyre comme Apollon, ou les
autres attributs des divinités païennes. Il difoit même qu'il couchoit
avec la Lune. Caligula joignoit à
tant d'impiétés, des débauches infames, une cruauté inouie, & tous
les défauts de l'humanité. Il fit
mourir un grand nombre de perfonnes, & même fes plus proches
parens, fous de vains prétextes.

l accabla le peuple par fes exactions, & fe rendit ridicule & méprifable par fes folies & fes extra-
vagances. Il vouloit faire un pont
fur la mer, & dépenfa à ce projet
infenfé des fommes immenfes. Sa
folie n'éclata pas moins à l'égard de
fon cheval. Il l'invitoit à fouper,
lui faifoit fervir de l'orge dorée, &
préfenter du vin dans des vafes
d'or. Il lui avoit fait faire une écurie de marbre, une auge d'ivoire,
des couvertures de pourpre, & un
collier de perles. Il lui avoit même
donné une maifon, des domeftiques, & des meubles, pour recevoir
magnifiquement ceux qui feroient
priés de fa part à fouper. Il juroit
par fa vie & par fa fortune, le déclara Pontife, & promettoit de le
faire Conful : promeffe qu'il eût
peut être exécutée, s'il n'eût été
tué peu de tems après par Caffius
Chæreas, Capitaine de fes Gardes,
& par d'autres Conjurés, l'an 41
de J. C. à l'âge de 29 ans, après en
avoir regné près de quatre.

CALIXTE, (George) favant
Théologien Luthérien. né à Madel-
buy dans le Holftein, le 14 Déc.
1586, fut Profeffeur de Théologie
à Helmftad en 1614, & mourut le
18 Mars 1656. On a de lui un Traité latin contre le célibat des Clercs,
& d'autres ouvrages.

CALLICRATE, anc. Sculpteur,
grava des vers d'Homere fur un
grain de millet, fit un char d'ivoire,
qu'on pouvoit cacher fous l'aile d'u-
ne mouche, & des fourmis d'ivoire
dont on diftinguoit les membres;
mais Elien le blâme avec raifon
d'avoir emploïé fon génie & fes talens à des chofes fi inutiles, & en
même tems fi difficiles.

CALLICRATIDAS, Général des
Lacédémoniens, prit Métymne, &
affiégea dans Mitylene Conon, Général des Athéniens : ceux-ci accou-
rurent, & livrerent un combat naval, dans lequel Callicratidas fut
défait. Il fut noïé l'année fuivante,
405 avant J. C.

CALLICRETE, fille célébrée par
des vers d'Anacreon, qui font per-

dus ; elle étoit savante dans la politique, & se mêloit de l'enseigner. Platon en parle dans son *Théages* ; cette fille étoit de Cyane.

**CALLIERES**, ( François de ) natif de Torigni, d'une famille noble, Chevalier Seigneur de Rochelay & Gigni, se diitingua par sa science & par ses talens pour les négociations. Il fut reçu de l'Académie Fr. en 1689, & fut ensuite emploïé par Louis XIV en différentes ambassades. Il fit particulierement éclater sa prudence dans les Traités secrets entre la France & la Hollande immédiatement avant la paix de Riswick ; ce qui le fit nommer Plénipotentiaire à ce dernier congrès, & Louis XIV lui donna une gratification de 10000 livres, avec la place de Secretaire de son cabinet. Callieres remplit cette place avec distinction jusqu'à sa mort, arrivée le 5 Mars 1717, à 72 ans. On a de lui plusieurs ouvr., dont les principaux sont, 1. *Traité de la maniere de négocier avec les Souverains* : 2. *de la Science du monde & des Connoissances utiles à la conduite de la vie*, &c. Ces deux ouvrages sont excellens. Il ne faut pas le confondre avec Jean de Callieres son pere, auteur de la vie du Duc de Joyeuse Capucin, & de celle du Maréchal Jacques de Matignon.

**CALLIMAQUE**, cél. Capitaine Athénien ; fut choisi Général dans un Conseil de guerre avant la bataille de Marathon, 490 avant J. C. & après le combat contre les Perses, on le trouva debout tout percé de fleches.

**CALLIMAQUE**, célebre Poète Grec, natif de Cyrene, florissoit sous Ptolomée Philadelphe, & sous Ptolomée Evergete, Roi d'Egypte, vers 280 avant J. C. Il passoit, selon Quintilien, pour le Prince des Poëtes élégiaques parmi les Grecs. Son style est élégant, délicat, & plein de force. Il avoit écrit un gr. nombre de petits Poëmes, dont il ne nous reste que des hymnes & des épigrammes. Catulle l'a beaucoup

imité, & a traduit en vers latins son petit Poëme *de la chevelure de Bérenice*. Callimaque étoit aussi bon Grammairien, & savant critique. Il avoit coutume de dire, *qu'un grand Livre est un grand mal.*

**CALLIMAQUE**, célebre Architecte, Peintre & Sculpteur Grec, natif de Corinthe, aïant vu par hasard un vase autour duquel une plante d'acanthe avoit négligemment élevé son feuillage & ses tiges, conçut l'idée du chapiteau Corinthien, qui est regardé avec raison comme l'une des plus admirables inventions de l'Architecture. Les Anciens assurent que Callimaque travailloit le marbre avec une délicatesse merveilleuse. Il vivoit vers 540 avant J. C.

**CALLINIQUE**, *Callinicus*, d'Héliopolis en Syrie, inventa, en 670, le feu Grégeois, que Constantin Pogonat emploïa avec succès pour brûler les Vaisseaux des Sarrasins.

**CALLIOPE**, Muse qui préside à l'éloquence & à la Poésie héroïque.

**CALLIRHOÉ**, fille du fleuve Acheloüs, selon la fable, épousa Alcmeon qui avoit tué sa mere Eriphyle. Ce Prince étoit mari d'une autre femme, à laquelle il avoit donné le fameux collier d'or d'Hermione, dont on avoit fait présent à Eriphyle, afin qu'elle indiquât où son mari Amphiaraüs s'étoit caché de peur d'aller à l'expédition de Thebes. Callirhoé demanda ce collier à Alcmeon, & refusa de lui laisser consommer le mariage, jusqu'à ce qu'il le lui eut donné. Alcmeon alla le demander à Phegeus, pere de son autre femme, sous prétexte de le consacrer au Temple de Delphes. Phegeus le lui livra ; mais aïant appris qu'il étoit destiné à Callirhoé, il ordonna à ses deux fils d'assassiner Alcmeon, ce qu'ils firent. Callirhoé, indignée de ce meurtre, eut recours à Jupiter, lequel fit croître en un instant Amphoterus & Acarnan, deux fils que Callirhoë avoit eus d'Alcmeon. Ils vengerent la mort de leur pere,

tuerent les affaſſins, & firent mourir Phegeus & ſon épouſe. Ils con-
ſacrerent enſuite le collier & la robe
d'Eriphyle au Temple de Delphes,
& fonderent en Epire la colonie
*Acarnaniene.*

CALLISTHENES d'Olynthe, cél.
Philoſ. & Hiſtorien, diſciple &
parent d'Ariſtote, ſuivit Alexandre
dans ſes conquêtes, & fut mis à
mort, aïant été accuſé d'avoir voulu conſpirer contre ce Pr. Il avoit
coutume de dire, *que ce n'étoit point
le mérite & la ſageſſe, mais la fortune qui gouvernoit la vie.* Ses ouvrages ſont perdus.

CALLISTRATE, excellent Orateur d'Athenes, fut banni, ſelon
l'uſage, parcequ'il s'étoit acquis
trop d'autorité dans le Gouvernement. Démoſthenes fut ſi touché de
ſon éloquence & de la gloire qu'elle
lui procuroit, qu'il abandonna Platon, & ſe livra tout entier à l'é-
loquence.

CALLIXTE, (S.) ou CALIXTE I,
ſuccéda au Pape Zephyrin, en 219,
& mourut le 14 Octobre 224. C'eſt
lui qui fit conſtruire le célebre cimetiere de la voie Appienne. Urbain I lui ſuccéda.

CALLIXTE II, l'un des plus illuſtres & des plus grands Papes que
l'Egliſe ait eus, fut Archevêque de
Vienne en 1083, & Pape en 1119.
Il fit enfermer l'Antipape Grégoire,
& tint le premier Concile général
de Latran en 1123. Il mourut le 13
Décembre 1124. Honoré II lui ſuccéda.

CALLIXTE III, natif de Xativa,
Dioceſe de Valence en Eſpagne, ſe
diſtingua par ſa ſcience & par ſon
mérite. Il fut élu Pape le 8 Avril
1455, & mourut le 6 Août 1458.
Pie II lui ſuccéda.

CALLOT, (Jacques) cél. Graveur, né à Nancy en 1593, d'une
famille noble, alla à Rome dans
ſa jeuneſſe, pour apprendre le deſſein & la gravure. De-là il paſſa à
Florence, où le Gr. Duc l'emploïa
à ſon ſervice. Après la mort de ce
Prince, Callot retourna en ſon
païs. Henri Duc de Lorraine le re-

çut très bien, & lui donna une
penſion conſidérable. Sa réputation
s'étant bientôt répandue dans toute
l'Europe, l'Infante des Païs-Bas
l'attira à Bruxelles, où il grava le
ſiege de Breda. Louis XIII lui fit
auſſi deſſiner le ſiege de la Rochelle
& celui de l'Iſle-de-Ré. De retour
en Lorraine, il continua de travailler avec tant d'application,
qu'on vit ſortir de ſa main ce gr.
nombre d'excellentes eſtampes, qui
font l'admiration des Connoiſſeurs.
Le Roi aïant pris Nancy en 1631,
propoſa à Callot de repréſenter cette
nouvelle conquête, comme il avoit
fait la priſe de la Rochelle; mais
Callot ſupplia Sa Majeſté de vouloir l'en diſpenſer: quelques Cour-
tiſans voulant l'y obliger, il répondit qu'il ſe couperoit plutôt le pou-
ce, que de rien faire contre l'honneur de ſon Prince & de ſa patrie.
Le Roi reçut ſon excuſe, & dit que
le Duc de Lorraine étoit heureux
d'avoir des Sujets ſi fideles & ſi af-
fectionnés. Il offrit enſuite à Callot mille écus de penſion, s'il vouloit quitter le lieu de ſa naiſſance
pour s'attacher à ſon ſervice; mais
Callot témoigna qu'il ne pouvoit
ſortir de ſon païs. Il mourut à Nancy le 28 Mars 1635, à 42 ans. Il
a preſque toujours gravé à l'eau-
forte. C'eſt le premier qui emploïa
le vernis des faiſeurs de luths dans
cette eſpece de gravure.

CALLY, (Pierre) ſav. Philoſ.
Carteſien, profeſſa l'Eloquence &
la Philoſ. à Caen avec réputation.
Le plus connu de ſes ouvrages eſt
intitulé, *Durand commenté*, ou
*l'accord de la Philoſophie avec la
Théologie, touchant la Tranſubſtan-
tiation;* ouvrage qu'il publia en
1700, & qui fit grand bruit.

CALMET, (Dom Auguſtin) Religieux Bénédictin de la Congrégation de S. Vanne & de S. Hydul-
phe, & l'un des plus ſav. & des
plus laborieux Ecrivains du 18e ſi.
naquit à Meſnil la Horgne, village
du Dioceſe de Toul, à une li. de
Commerci, le 26 Fev. 1672. Il fit
ſes premieres études au Monaſtere

de Breuil , près de Commerci , étudia en Rhétorique dans l'Université de Pont-à-Mouſſon , & prit enſuite l'habit de Bénédictin dans l'Abbaïe de S. Manſui près de Toul , le 17 Oct. 1688. Après y avoir fait Profeſſion le 23 Octobre de l'année ſuivante , il alla achever ſes études dans l'Abbaïe de Munſter en Alſace , où il apprit l'Hébreu & continua de s'appliquer au Grec. Le Pere Calmet fut chargé d'enſeigner la Philoſophie & la Théologie aux jeunes Religieux de ſon Ordre dans l'Abbaïe de Moyen-Moutier depuis 1698 juſqu'en 1704, qu'il fut renvoïé dans l'Abbaïe de Munſter. Il vint à Paris en 1706, où par les conſeils du P. Mabillon & de M. Duguet, il ſe détermina à faire imprimer ſes Comm. ſur l'Ecriture-Sainte en françois plutôt qu'en latin. De retour en Lorraine , il fut fait Prieur Titulaire de S. Clou de Lay en 1715, & fut nommé Abbé de S. Leopold de Nancy en 1718. Il en étoit Abbé pour la ſeconde fois , lorſqu'il fut élu Abbé de Senones le 9 Juillet 1728. Le Pere Calmet fut auſſi pluſieurs fois Préſident de ſa Congrégation. Il refuſa un Evêché in partibus , que le Pape Benoît XIII lui offrit , & m. dans l'Abbaïe de Senones le 25 Oct. 1757, après s'être diſtingué par ſa ſcience , par ſa vertu & par ſa bonne adminiſtration. Nous avons de lui un très gr. nombre d'ouvrages, les princip. ſont , 1°. Commentaire ſur la Bible imprimé à Paris depuis 1707 juſqu'en 1716 , en 23 vol. in 4, & réimpr. depuis 1724 juſqu'en 1726 , en 8 vol. in fol. Les Diſſert. & les Préfaces de ces Commentaires furent réimprimées ſéparément à Paris en 1720, avec 19 nouvelles Diſſertations en 3 vol. in-4. Enfin , on a donné un abregé de ce Comment. avec les Diſſertations retouchées, & de nouvelles Diſſertations depuis 1748 juſqu'en 1750 à Paris , en 14 vol. in 4. 2°. Réponſe aux Lettres de M. Fourmont l'aîné contre le Comment. ſur l'Ecriture-Sainte , en 1710. 3°. Hiſtoire de l'Ancien &

du Nouv. Teſtam. & des Juifs , pour ſervir d'Introduction à l'Hiſtoire Eccléſiaſtique de M. l'Abbé Fleury, 1718 , 2 vol. in-4. , réimprimée en 1725 en 7 vol. in-12. Cet ouvrage eſt eſtimé. 4°. Dictionnaire Hiſtorique , Critique & Chronologique de la Bible , dont la meilleure Edition eſt celle de Paris , en 4 vol. in-fol. 5°. Hiſtoire Eccléſiaſtique & Civile de Lorraine , à Nancy 1728 , en 3 vol. in fol. , réimprimée en 6 vol. in-fol. Il a fait auſſi un abregé de cette Hiſtoire de Lorraine qui a été imprimé à Nancy, in-12. 6°. La vie de J. C. in-12. 7°. Diſſertation ſur les grands chemins de Lorraine , Nancy 1727 , in-4. 8°. Hiſtoire univerſelle , ſacrée & profane , à Straſbourg , en pluſieurs vol. in-4. 9°. Comment. littéral , hiſtorique & moral ſur la regle de S. Benoît , in-4. 10°. Hiſtoire de la Maiſon de Salles , originaire de Bearn , Nancy 1716 , in fol. 11°. Hiſtoire généalogique de la Maiſon du Chatelet , Nancy 1741 , in fol. 12°. Diſſertations ſur les apparitions des Anges , des Démons & des Eſprits , & ſur les revenans & vampires de Hongrie , &c. 13°. Bibliotheque des Ecrivains de Lorraine , in-fol. Le Pere Calmet a laiſſé outre cela pluſ. ouvr. qui ne ſont pas encore imprimés.

CALOVIUS , (Abraham ) ſavant Théologien Luthérien au dix-ſeptieme ſiecle , dont on a pluſieurs ouvrages.

CALPRENEDE , ( Gautier de Coſtes , Seigneur de la ) Gentilhomme de Périgord , connu par ſes Romans de Silvandre , de Cléopatre , &c. Il mourut au grand Andely le 20 Août 1663. On a auſſi de lui pluſ. Tragédies qui ne ſont point eſtimées.

CALPURNIA , femme de Jules-Céſar & fille de Piſon , rêva , dit-on , la veille de la mort de Céſar , qu'on le poignárdoit. On ajoute que les portes de ſa chambre s'ouvrirent d'elles-mêmes.

CALPURNIUS , Poëte latin , natif de Sicile , au 3e ſiecle , dont

il nous reſte ſept églogues bien inférieures à celles de Virgile. Il faut
bien ſe garder de les mettre entre
les mains des jeunes gens, comme
on faiſoit du tems d'Hincmar ;
crainte de leur gâter le goût.

CALVACANTE, Auteur Italien,
fort aimé de Laurent de Médicis.

CALVART, ( Denis ) Peintre célebre, naquit à Anvers en 1552, &
eut pour maîtres Proſpero Fontana,
& Lorenzo Sabbatini. Il s'acquit par
ſes talens l'admiration de l'Italie,
& ouvrit, à Bologne, une Ecole,
qui devint célebre, & d'où ſortirent
le Guide, le Dominiquin, l'Albane, &c. Calvart étoit auſſi très
habile dans l'Architecture, la Perſpective & l'Anatomie. Il regardoit
ces Sciences, comme néceſſaires à
un Peintre, & il les enſeignoit à ſes
Eleves. Ses deſſeins ſont, les uns
à la ſanguine, lavés au biſtre ou à
l'encre de la Chine ; d'autres à la
pierre noire. Ses princip. ouvrages
ſont à Bologne, à Rome & à Reggio. Il m. à Bologne en 1619. Gilles Sadeler & Auguſtin ont gravé
d'après lui.

CALVERT, ( George ) né à Ky-
pling, près de Richemont, dans la
Province d'Yorck, après avoir voïagé, fut Secrétaire de Robert Cecil,
& devint Secrétaire d'Etat en 1618 :
Charge dont il ſe démit volontairement, s'étant fait Catholique, cela
n'empêcha point qu'on ne l'employât ; on le fit même Lord Bal-
timore, & il obtint de Charles I,
Roi d'Angleterre, une patente pour
lui & ſes deſcendans, qui lui permettoit d'établir des Colonies dans
le Maryland, au Nord de la Virginie. Il n'étoit point d'avis, comme le juge Paphon, qu'on extermi-
nât les Indiens. Il vouloit qu'on
les convertît par la douceur, &
qu'on ne peuplât les nouvelles plan-
tations que de perſonnes de mérite
& de bonnes mœurs. Il mourut à
Londres en 1632, à 52 ans. Sa modération & ſes belles qualités le firent eſtimer des Catholiques & des
Proteſtans.

CALVI, ( Lazaro ) fameux Pein-

tre de Genes, au ſeizieme ſiecle.

CALVIN, ( Jean ) fameux & ſavant Héréſiarque, naquit à Noyon
le 10 Juillet 1509 de parens obſ-
curs. Il étudia à Paris, à Orléans,
& à Bourges. Après la mort de ſon
pere, il retourna à Noyon, où il ſe
défit de deux Bénéfices ; enſuite il
revint à Paris, & ſe mit ſous la
protection de la Reine de Navarre,
ſœur de François I ; mais ſes erreurs
aïant fait du bruit, & craignant
d'être arrêté, il ſe ſauva à Angoulême, & y prit le nom d'Happeville.
Il y enſeigna la Langue grecque.
De-là il ſe retira à Poitiers, où il
pervertit un gr. nombre de perſonnes. Calvin revint encore à Paris en
1534 ; mais voïant qu'il n'y avoit
plus de ſûreté pour lui en France,
il alla à Baſle, où il acheva ſon
Inſtitution : ouvrage fameux, qu'il
dédia à François I. Après pluſieurs
voïages, Calvin fut fait Profeſſeur
de Théologie à Geneve en 1536.
Il en fut chaſſé en 1538, avec Guillaume Faret & Pierre Viret, à la
ſollicitation des Bernois ; & paſſa à
Strasbourg, où il enſeigna ſes erreurs, & ſe maria. Il aſſiſta en 1540
à la Conférence de Worms, & enſuite à celle de Ratilbonne. L'année
ſuivante, il retourna à Geneve, où
il fut rappellé avec honneur, & il y
dreſſa un formulaire de Confeſſion
de foi, de diſcipline eccléſiaſtique,
& de Cathéchiſme, qu'il fit paſſer
en forme de Loi avec beaucoup de
difficulté, le 20 Nov. 1541. Calvin
finit le reſte de ſes jours en cette
Ville, & s'y acquit tant d'autorité,
qu'on l'appelloit le Pape de Geneve. Il y dénonça Michel Servet aux
Magiſtrats, qui le firent brûler en
1553. Calvin compoſa à cette occaſion un Traité pour prouver qu'on
peut faire mourir les Hérétiques.
Son humeur chagrine, triſte, &
même quelquefois emportée, lui
attira un gr. nombre d'ennemis. Il
mourut à Geneve, après avoir été
tourmenté pendant 7 ans de diverſes maladies, & y avoir enſeigné
23 ans, le 27 Mai 1564, à 55 ans.

Ses ouvr. ont été impr. à Amsterdam en 1671, 9 vol. in-fol. Les princip. font, 1. ses *Institutions* en latin, dont la meilleure édition est celle de Robert Etienne en 1553, in-fol. 2. des Comment. sur l'Ecriture-Sainte. On ne peut nier que Calvin n'eût de gr. talens, un beau génie, une pénétration d'esprit admirable, une gr. délicatesse, une érudition profonde, & un style grave & poli. Il étoit d'ailleurs assez réglé dans ses mœurs, sobre, chaste, laborieux & désintéressé; mais toutes ces belles qualités étoient flétries par un esprit d'orgueil & d'ambition, par une opiniâtreté inflexible, & par une aigreur & un emportement indignes d'un homme de probité. Tels furent les défauts qui le porterent à s'élever contre la Doctrine Catholique, & qui le précipiterent en des erreurs monstrueuses. Cependant ses Sectateurs ont toujours fait un gr. cas de ses ouvr.; ils n'entreprenoient rien de considérable pendant sa vie sans le consulter; & après sa mort, ils l'ont révéré comme un Saint. Quelques Auteurs ont dit, d'après Bolsec, que Calvin dans sa jeunesse avoit été banni de Noyon pour ses débauches infâmes; mais Florimond de Raymond, Varillas, & plusieurs autres Auteurs très zélés Catholiques ont rejetté ce fait comme une calomnie, & Maimbourg lui-même avoue qu'après des informations très exactes faites à Noyon, & l'examen des Regîtres de l'Eglise Cathédrale, on n'a rien trouvé qui favorisa le moins du monde cette horrible accusation.

CALVISIUS, ( Sethus ) savant Chronologiste Allemand, natif de Grosleb, dans la Thuringe, m. en 1617. On a de lui plusieurs ouvrages estimés.

CALVO-GUALBES, ( François de ) cél. Capitaine, né à Barcelone en 1627, après avoir vaincu les Maures, passa au service de la Fr., & se distingua par sa valeur & ses belles actions. Il m. Lieutenant-Général en 1690.

CALVUS, ( Cornelius Licinius ) cél. Orateur Romain, étoit ami de Catulle, & florissoit 64 av. J. C. Catulle, Ovide & Horace, parlent de lui.

CAMBDEN, ( Guillaume ) sav. Auteur Anglois, naquit à Londres le 2 Mai 1552. Il s'appliqua dès sa jeunesse à la recherche des Antiquités Britanniques, pour lesquelles il eut toute sa vie une forte inclination. Il fut aimé & protégé des Sav. d'Angleterre, qui lui procurerent une chaire de Régent au Collège de Westminster. Il m. le 9 Nov. 1623, à 73 ans, après avoir fondé deux ans auparavant une chaire dans l'Univ. d'Oxford. Ses princip. ouvr. sont, 1. un Recueil des Historiens d'Angleterre : 2. une excellente Description des Isles Britanniques, intitulée *Britannia*, dont la meilleure édition en latin est celle de 1607, & en anglois en 1732 : 3. les Annales du Regne de la Reine Elisabeth, &c. Ces ouvrages le firent appeller le *Strabon*, le *Varron* & le *Pausanias* d'Angleterre.

CAMBERT, Musicien François, se fit d'abord admirer, par la maniere dont il touchoit l'orgue, & devint Surintendant de la Musique de la Reine-mere, Anne d'Autriche. L'Abbé Perrin l'associa au Privilege qu'il avoit obtenu de Sa Majesté pour l'Opéra en 1669, & Cambert mit en musique deux Pastorales, dont l'une est intitulée *Pomone*. Ainsi il fut le premier, qui donna en France des Opéra. Son *Ariadne*, sa piece intitulée : *Les peines & les plaisirs de l'amour*, &c. furent très goutées du Public. Cependant Lully obtint le privilege de l'Opera en 1672, & se fit une réputation supérieure à celle de Cambert : ce qui obligea celui-ci de passer en Angleterre, où il fut Surintendant de la Musique du Roi Charles II, & où il m. en 1677.

CAMBIASI, Peintre, voy. CANGIAGE.

CAMBYSE, fils de Cyrus, & second Roi de Perse, 529 av. J. C. soumit l'Egypte, & fut un Prince cruel. Il fit mourir son frere dans sa phrénésie, & mourut lui-même 522 avant J. C. d'une blessure qu'il s'étoit faite à la cuisse. Smerdis regna après lui. Il ne faut pas le confondre avec Cambyse son aïeul, qui fut pere de Cyrus, & mari de Mandane, fi le d'Astyages, Roi des Medes. *Voïez* ASTYAGES.

CAMDEN, *voyez* CAMBDEN.

CAMERARIUS, (Joachim) l'un des plus sav. Ecrivains de son siecle, naquit à Bamberg le 12 Avril 1500. Sa science & son éloquence lui procurerent l'estime de Charles-Quint, de Maximilien II, & de plusieurs autres Princes. Il enseigna avec réputation à Nuremberg & à Leipsic, & m. le 17 Avril 1574. Il a laissé un gr. nombre de Traductions latines des Auteurs Grecs.

CAMERARIUS, (Joachim) fils du précédent, & sav. Médecin, naquit à Nuremberg le 6 Novembre 1534. Après avoir fait ses études en Allemagne, il voïagea en Italie, où il se fit estimer des Savans. A son retour plusieurs Princes voulurent l'avoir auprès d'eux; mais il préféra ses Livres & l'étude de la Chymie & de la Botanique à leur santé. Il mourut le 11 Oct. 1598. On a de lui *Hortus Medicus*, & d'autres ouvrages.

Il y a eu plusieurs autres Savans de cette famille.

CAMERON, (Jean) sav. Théologien de la Religion prétendue réformée, étoit de Glascow. Il enseigna à Sedan & à Saumur, & fut Ministre à Bourdeaux. Il mourut à Montauban vers 1625, à 46 ans. On a de lui plus. ouvrages, dans lesquels il se rapproche beauc. de la Doctrine Catholique sur la grace & la prédestination. Ses remarques sur le Nouveau Testament sont savantes & judicieuses.

CAMILLE, Reine des Volsques, & fille de Metabe & de Camille, fut consacrée à Diane, selon la Fable, & alla au secours de Turnus & des Latins contre Enée. Elle s'y signala par sa valeur, & fut tuée en trahison par Aruns. Elle est célebre dans Virgile.

CAMILLE, ( M. Furius ) l'un des plus grands Capitaines de l'ancienne Rome, triompha quatre fois, fut cinq fois Dictateur, six fois Tribun militaire, & une fois Censeur. Après la prise de Veïes, 396 avant J. C. Lucius Apuleïus, l'un des Tribuns, lui aïant voulu faire rendre compte du butin qui avoit été distribué aux soldats, Camille prévint sa condamnation, s'exila de lui-même, & fut condamné à une grosse amende. Durant son exil, le Capitole aïant été assiegé par les Gaulois, les Romains le créerent Dictateur. Camille, bien loin de tirer vengeance de son exil, marcha à la défense de sa Patrie, & chassa les Gaulois d'Italie. Cette victoire, & un grand nombre d'autres belles actions, lui mériterent le nom de second Romulus, & de Restaurateur de sa Patrie. Il refusa la Souveraineté qui lui étoit offerte par un parti puissant, & mourut 365 avant J. C. à 80 ans, après avoir acquis toute la gloire qu'un Citoïen peut acquerir dans sa Patrie. Les Romains lui éleverent une statue equestre dans le Marché de Rome. Camille son fils fut Consul & Dictateur.

CAMOENS, ( Louis de ) célebre Poëte Portugais, né à Lisbonne vers 1524, d'une famille noble, prit d'abord le parti des armes, & perdit un œil dans un combat contre les Maures. Il passa aux Indes en 1553, où son talent pour la Poësie lui acquit des amis puissans; mais aïant offensé par ses Satyres le Viceroi François Barreto, il fut exilé de Goa à Macao. Pendant le cours de sa navigation, son vaisseau aïant fait naufrage, il eut l'esprit assez présent pour sauver son Poëme de *la Lusiade*, en le tenant de la main gauche, tandis qu'il nageoit de la droite. Il retourna quelque tems après à Goa, & s'embarqua pour le Portugal. Il arriva à Lisbonne en 1569, où il finit ses jours assez misérablement en 1579. Le sujet de sa *Lusiade*, est la conquête des Indes Orientales.

par les Portugais : le Héros est Vasco de Gama: Ce Poëme contient de grandes beautés ; mais le Camoëns n'y suit point les regles du Poëme épique , & s'abandonne à son génie ; ce qui n'a point empêché les Portugais de l'appeller *le Virgile de Portugal.*

CAMPANELLA , ( Thomas ) Dominicain , natif de Stilo en Calabre , fit beaucoup de bruit au 17e siecle par ses ouvrages de Philosophie. Il fut mis en prison à Naples, d'où il sortit après y avoir souffert de gr. tourmens. Etant venu à Paris , le Cardinal de Richelieu lui fit du bien. Il y mourut en 1639, à 71 ans. On a de lui *Atheismus triumphatus*, & d'autres ouvrages où il y a beaucoup d'esprit, mais peu de jugement & de solidité.

CAMPANI , ( Matthieu ) très cél. Artiste Italien, né dans le Diocèse de Spolete au 17e si., étoit fort habile dans les Méchaniques & dans la Physique. Il enseigna dans un écrit estimé , la maniere de bien tailler les verres de lunettes. Il est aussi l'inventeur des *Pendules muettes*, appellées ainsi , parceque leur mouvement ne fait aucun bruit. Il y ajouta cette lanterne, que l'on a emploïée depuis dans ce qui est connu sous le nom de *Lanterne magique*, par le moïen de laquelle sans jetter les yeux sur la montre , où l'on ne peut rien observer pendant la nuit , l'heure paroît peinte fort nettement sur un drap. Il inventa aussi une Pendule double , par le moïen de laquelle il a corrigé cette inégalité de vibrations, à laquelle M. Huygens avoit déja remedié en partie , par la figure Cycloïde, qu'il leur faisoit faire. Campani imagina encore des Pendules que l'on peut suspendre de telle sorte que malgré les mouvemens d'un vaisseau, les vibrations de la Pendule ne reçussent aucune altération. Il enfermoit ces Pendules dans des boîtes de crystal afin que l'air n'y pût entrer, & il pensoit que l'on pouvoit s'en servir pour trouver les longitudes dans les longs voïages sur mer. Matthieu

Campani est auteur de plus. autres inventions utiles ; il étoit Curé dans la ville de Rome, & il avoit une modestie singuliere. Joseph Campani son frere puîné & son disciple, étoit aussi très habile dans les méchan. & dans la physique. Il exécutoit avec adresse les inventions de son frere. Ils vivoient encore tous les deux en 1678.

CAMPANUS , ( Jean-Antoine ) un des plus doctes Prélats & des plus beaux esprits du 15e si., étoit fils d'un Païsan , & naquit en 1427. près de Cavelli , village du district de Cappoue , sous un laurier à la campagne ; ce qui lui fit donner le nom de *Campani* ou *Campanus.* Après avoir été quelque tems au service d'un Curé de village dont il apprit les premiers élémens de la Langue latine, il alla à Naples où il étudia les Belles Lettres sous Laurent Valle. De-là il passa à Pérouse, où il fit connoissance avec Jacques Picolomini, depuis Cardinal de Pavie, qui lui procura la faveur de Callixte III & de Pie II. Ce dernier Pape le nomma Evêque de Crotone, puis de Teramo , & l'auroit fait Cardinal , si la mort ne l'avoit prévenu. Le Cardinal Bessarion étoit fort de ses amis, & Campani fit un jour 23 vers à sa louange, qu'il fit chanter par des Musiciens masqués, dans un tems de carnaval. Le Cardinal en fut si charmé qu'il donna aux Musiciens autant de ducats, qu'il y avoit de vers, & comme Campani feignoit de ne pas savoir qui les avoit faits, Bessarion lui prenant la main, lui dit agréablement : *où sont ces doigts, Campani, qui ont écrit tant de mensonges de moi?* Et lui mit en même tems au doigt une bague de 60 ducats, il lui donna encore une robbe fourrée de martre, dont le Roi de Pologne lui avoit fait présent. Campani fut envoïé en Allem. par Paul II en 1471, pour l'engager à faire la guerre aux Turcs, & il harangua avec beauc. d'éloquence à la Diete de Ratisbonne. Dans la suite il encourut la dis-

Q

grace de Sixte IV, & fut exilé par ce Pape. Il m. à Sienne en 1477. On a de lui plus. ouvrages écrits avec beaucoup de politesse & d'agrément, mais quelquefois un peu licentieux. Les principaux sont, 1. *Epistolæ & poemata*. 2. *Andreæ Brachii Ducis clarissimi Perusini vita*. 3. *Pii II vita*. 4. *Titi Livii decades ex edit. Campani*. 5. *Opera varia*. in-fol.

CAMPANUS, savant Mathématicien de Lombardie dans le 11e siecle, dont on a quelques ouvr.

CAMPIAN, ( Edmond ) natif de Londres, étudia à Oxford, & prit le Diaconat selon le rit d'Angleterre. Il embrassa ensuite la Religion Catholique, & se fit Jésuite en 1573. Après divers voïages, il retourna en Angleterre, où il fut mis à mort le 28 Novembre 1581, sous le regne d'Elisabeth. On a de lui une Chronique universelle, un Traité contre les Protestans d'Angleterre, & d'autres ouvrages. Sa vie écrite par Paul Bombino, Jésuite, est fort rare.

CAMPISTRON, (Jean-Galbert de) Poète François, Secretaire du Duc de Vendôme, naquit à Toulouse en 1656. Il se distingua dans la République des Lettres, & dans nos armées, sur-tout à la bataille de Steinkerque. Il fut reçu de l'Académie Françoise en 1701., & mourut d'apoplexie à Toulouse le 11 Mai 1723. On a de lui sept Tragédies, une Comédie, & trois Opera. Son style est négligé, & ses expressions peu heureuses ; ce qui n'empêche point qu'on ne lise ses ouvr.

CAMPRA, ( André ) cél. Musicien François, né à Aix le 4 Déc. 1660, s'acquit d'abord une gr. réputation par ses motets, qui lui méritèrent la place de maître de musique de l'Eglise Cathédrale de Paris. Il travailla ensuite pour l'Académie Roïale de musique, où il donna un gr. nombre d'Opera, qui eurent beauc. de succès : entr'autres *L'Europe Galante*, le *Carnaval de Venise*, les *Fêtes Vénitiennes*, les *Ages*, les *Fragmens de Lulli*, Bal-

lets, *Hesione*, *Alcide*, *Telephe*, *Camille* & *Tancrede*, Tragédies. Il a aussi travaillé à l'Iphigénie de Desmarets, & ses cantates mêlées de symphonie sont fort estimées. Il mour. à Versailles le 29 Juil. 1744, à 84 ans.

CAMPS, ( François de ) Abbé de Notre-Dame de Signi, étoit fils d'un clinquaillier d'Amiens, où il naquit le 31 Janvier 1643. Sa mere étant devenue veuve, l'emmena à Paris à l'âge de 8 à 9 ans, & le mit chez les Dominicains du Fauxbourg S. Germain, pour y servir les Messes. M. Serroni, alors Evêque d'Orange, qui demeuroit en cette maison, & qui fut depuis Evêque de Mende, lui trouvant des dispositions, le fit élever, & le prit ensuite pour Secretaire. Il lui donna le Prieuré de Florac, lui fit avoir l'Abbaïe de S. Marcel, puis la Coadjutorerie de Glandeve ; & ensuite l'Evêché de Pamiers en 1685 ; mais n'aïant pu obtenir ses Bulles de Rome, on lui donna, pour le dédommager, l'Abbaïe de Signi, qu'il garda jusqu'à sa mort arrivée à Paris le 15 Août 1723, à près de 81 ans. L'Abbé de Camps étoit versé dans la connoissance des Médailles & de l'Histoire de France, & l'on a de lui plus. écrits en ce genre.

CAMUS, ( Jean-Pierre ) natif de Paris, d'une famille noble, se distingua par sa vertu & par ses prédications. Il étoit ami intime de S. François de Sales, qui le sacra Evêque de Belley en 1609. Il mourut à Paris à l'Hôpital des Incurables, le 26 Avril 1652, après s'être démis de son Evêché en 1629. On a de lui un très grand nombre d'ouvrages, dans lesquels il paroît ennemi des Religieux mendians. Sa famille a produit beaucoup de personnes illustres par leur mérite & par leurs emplois.

CAMUSAT, célebre Imprimeur de Paris, dans le 17e siecle, n'imprimoit que de bons Livres, & passoit pour le plus habile des Libraires de Paris. L'Académie Françoise le choisit pour son Imprimeur,

CAMUSAT, (Nicolas) Chanoine de Troyes en Champagne, mort fort âgé vers 1655, est auteur d'un Livre latin sur les Antiquités du Diocèse de Troyes, & d'un volume de *Miscellanèa*.

CANAYE, (Philippe de la) Sr. du Fresne, Conseiller d'Etat, naquit à Paris en 1551, & fut élevé avec soin par Jacques de la Canaye son pere, cél. Avocat. Dès l'âge de 15 ans s'étant déclaré pour le Calvinisme, il alla voïager en Allem. en Italie & à CP. Il publia la relation de ce dernier voïage sous le nom d'*Ephèmerides*. Il brilla ensuite dans le Barreau, & il eut une charge de Conseiller d'Etat sous Henri III. Il fut envoié par Henri IV en ambassade en Angl., en Allemag. & à Venise. Il assista en 1600 à la fam. Conférence de Fontainebleau, entre le Cardinal du Perron & Duplessis Mornay, & se fit ensuite Catholique. L'année suivante il fut envoié Ambassadeur à Venise, où il contribua beauc. à terminer les différends de cette République avec le Pape Paul V. De retour à Paris, il y m. le 27. Fév. 1610. On a publié 3 vol. *in-fol.* de ses *Ambassades*. Sa vie est à la tête du premier tome.

CANDAULE, dernier Roi de Lydie, de la famille des Héraclides, fut si touché de la beauté de sa femme, qu'il eut l'imprudence de la faire voir toute nue à Gigès son favori, tandis qu'elle étoit aux bains. La Reine indignée de cette action, qui la rendoit infame, selon les mœurs des Lydiens, contraignit Gygès de tuer Candaule. Après la mort de ce Prince, elle épousa Gygès, vers 716 av. J. C. C'est lui qui commença la race des Mermnades, qui dura jusqu'à la défaite de Crésus.

CANGE, (du) voïez FRESNE.

CANGIAGE, ou CAMBIASI, (Lucas) habile Peintre & Sculpteur, naquit à Moneglia dans les Etats de Genes, en 1527. Cambiasi son pere & son maître dans la Peinture, ne l'habilloit qu'à demi,

afin que le jeune homme fût obligé de garder la maison & de travailler. Cangiage fit paroître des dispositions si extraordinaires, qu'on l'emploïa dès l'âge de 17 ans à plusieurs gr. ouvrages publics. Etant devenu veuf, il eut un amour violent pour sa belle sœur, & voulut l'épouser. Il présenta à ce sujet au Pape Grégoire XIII, deux tableaux avec un placet pour obtenir une dispense; mais elle lui fut refusée. Quelque tems après, Philippe III, Roi d'Espagne, desira d'avoir ce Peintre à sa Cour. Cangiage s'y rendit aussitôt, dans l'espérance d'obtenir du Roi une recommandat. puissante auprès du Pape; mais comme on lui fit sentir que sa demande déplairoit à Sa Majesté, il fut si frappé de cette réponse, qu'il tomba dans une espece de délire, qui lui causa une maladie dont il mourut peu de tems après à l'Escurial en 1585, à 58 ans. Il nous reste de lui un gr. nombre de desseins & plusieurs tableaux, par lesquels on voit qu'il excelloit dans les raccourcis, mais que ses ouvrages n'avoient ni assez de graces, ni assez de legereté. Ce Peintre avoit une facilité prodigieuse; il peignoit des deux mains, & expédioit lui seul, plus que n'auroient fait beaucoup de Peintres ensemble.

CANISIUS, (Pierre) sav. Provincial des Jésuites, natif de Nimegue, se distingua au Concile de Trente par sa science & par ses talens. Il mourut le 21 Décem. 1597, à 77 ans. On a de lui *Summa Doctrinæ Christianæ*, & d'autres ouvr.

CANISIUS, (Henri) de Nimegue, neveu du précédent, & l'un des plus sav. hommes de son siecle, professa le Droit Canon à Ingolstad avec réputation, & m. en 1609. On a de lui un gr. nombre d'ouvrages. Les princip. sont: 1. *Summa Juris Canonici*: 2. *Antiquæ Lectiones*, en 7 vol. *in 4°*. réimprimés en 4 vol. *in-fol.* C'est un Recueil recherché, & très important.

CANITZ, (le Baron de) Poète Allemand, d'une famille illustre du Brandebourg, prit Horace pour modele, & paſſa pour le Poète le plus élégant, le plus correct, & le moins diffus de l'Allemagne. Ses Poéſies ſont en petit nombre.

CANO, voïez CANUS.

CANTARINI, ( Simon ) Peintre fameux, appellé le Peſareſe, parcequ'il étoit de Pesaro, fut diſciple & imitateur du Guide, & mourut à Verone en 1648.

CANTEMIR, ou CANTIMIR, (le Prince) eſt regardé comme le fondateur de la bonne Poéſie en Ruſſie, par ſes Satyres, & par ſes Traductions en vers Ruſſiens d'Anacréon & des Epîtres d'Horace. Il a auſſi traduit en proſe Ruſſienne la Pluralité des mondes de M. de Fontenelle, & les Lettres Perſannes. M. l'Abbé de Guaſco a écrit ſa vie & traduit ſes ſatyres.

CANTERUS, ( Guillaume & Théodore ) deux freres célebres par leur ſcience & par leur vertu, au 16e ſiecle. Ils étoient d'Utrecht, & ont laiſſé divers ouvrages.

CANULEIUS, Tribun du Peuple Romain, ſe fit aimer des Républiquains par ſon oppoſition aux Nobles. Il fut auteur d'une ſédition vers 445 avant J. C. & obtint que les Plébeïens pourroient s'allier avec les Patriciens.

CANUS, ( Melchior ) Religieux Dominicain, & l'un des plus ſav. Théologiens du 16e ſiecle, étoit de Tarançon, au Diocèſe de Tolede. Il fut diſciple & ſucceſſeur de François Victoria dans la chaire de Théologie à Salamanque, & y enſeigna avec réputation. Canus parut avec éclat au Concile de Trente ſous Paul III, & fut Evêque des Canaries en 1552. Il ſe démit enſuite de ſon Evêché, & fut Provincial de la Province de Caſtille. Il mourut à Tolede en 1560. Son Traité des lieux Théologiques en latin eſt écrit avec élégance, & paſſe avec raiſon pour un chef-d'œuvre. On lui attribue auſſi Prælectiones de Pœnitentiâ.

CANUS, ou CANO, ( Sébaſtien ) célebre Navigateur, natif de Gue-

taria, fit le premier le tour du Monde, & rentra dans Seville le huit Septembre 1522, après 3 ans & un mois de navigation.

CANUT, nom de pluſieurs Rois de Dannemarck, dont deux regnerent en Angleterre.

CAPANÉE, célebre Capitaine Argien, fut tué au ſiege de Thebes en eſcaladant le premier les murailles; ce qui a donné lieu aux Poètes de feindre qu'il avoit fait la guerre à Jupiter, & qu'il en avoit été foudroié.

CAPECE, ( Scipion ) Capycius, cél. Poète Latin, au 16e ſiecle, né à Naples d'une famille noble, s'acquit une grande réputation par ſes ouvrages & ſur-tout par ſon Poëme des Principes des choſes, où il affecte d'imiter Lucrece. Il s'acquit l'eſtime d'Iſabelle Villamarini, Princeſſe de Salerne, dont il fait un grand éloge.

CAPELLA, ( Marcianus Mineus Felix ) poète Latin, vivoit vers 490. On croit qu'il étoit Africain & Proconful. Boece le cite. C'eſt un Poète aſſez médiocre dont on a un Poëme intitulé : de nuptiis Philologiæ & Mercurii, & de ſeptem artibus liberalibus. Grotius n'étant encore qu'un enfant, & à l'âge ſeulement de 14 ans en donna une bonne édition en 1599 in-8°. avec des notes & des corrections, par leſquelles il rétablit une infinité d'endroits corrompus, avec une ſagacité & un jugement admirables dans un enfant de ſon âge.

CAPET, voïez HUGUES-CAPET.

CAPILUPI, ( Camille ) natif de Mantoue, s'eſt rendu fameux par ſon Libelle, intitulé les Stratagemes, qu'il publia à Rome en 1572, & dans lequel il décrit le maſſacre de la S. Barthelemi, & rapporte des choſes fort ſingulieres ſur les motifs & les ſuites de cette violence; mais ce Libelle eſt rempli de fauſſetés.

CAPILUPI, ( Lelio ) de Mantoue, frere du précédent, Poète célebre du 16e ſiecle, s'eſt acquis beauc. de réputation par ſes Centons de Virgile, dans lesquels il applique les expressions de ce gr. Poëte aux affaires de son tems. Son Centon contre les femmes, est rempli d'esprit; mais il est trop satyrique. Les Poésies de Capilupi sont inserées dans les *Deliciæ Poetarum Italorum*. Il mour. en 1560, à 62 ans. Il ne faut pas le confondre avec ses freres Hyppolite & Jules Capilupi, autres Poètes latins.

CAPISTRAN, ( Jean, S. ) né à Capistran dans l'Abruzze en 1385, d'un Gentilhomme Angevin, étudia d'abord le Droit à Pérouse, & s'y maria. Il se fit ensuite Religieux de S. François en 1415, & fut emploïé en diverses négociations importantes. Capistran se distingua tellement par son éloquence & par ses prédications, qu'il convertit à la Foi Orthodoxe un grand nombre d'hérétiques, & fut avec Hunniade le principal auteur de la levée du siege de Belgrade en 1456, & de la victoire des Chrétiens sur les Turcs. Il fit brûler les Juifs en Silésie, & mourut le 23 Oct. 1456, à 71 ans. Alexandre VIII le canonisa en 1690.

CAPISUCCHI, ( Blaise ) Marquis de Monterio, cél. Capitaine, d'une famille illustre de Rome, & féconde en gr hommes, se signala au 16e si. par son courage & par son intelligence dans l'art militaire. Les Protestans aïant assiégé Poitiers en 1569, & jetté un pont sur la riviere pour donner l'assaut, Capisucchi sauta dans l'eau avec deux autres, & coupa les cables du pont. Il servit ensuite avec distinction sous le Duc de Parme, & fut Général des armées du Pape à Avignon, & dans le Comtat Venaissin.

CAPISUCCHI, ( Paul ) Chanoine du Vatican, Auditeur de Rote, & Evêque de Neocastro, se rendit célebre au 16e siecle, par sa prudence & son habileté dans les diverses négociations dont les Papes Clément VII & Paul III le chargerent. Il se déclara contre le divorce de Henri VIII, & publia plusieurs constitutions très utiles, touchant

les troubles de Pérouse & d'Avignon, & concernant le gouvernement de l'Ombrie, dont il étoit Vice-Légat. Il mourut à Rome en 1539, à 60 ans.

CAPITOLINUS, ( Cornélius & Julius ) nom de deux Historiens latins du 3e siecle.

CAPITON, ( Wolphang Fabrice) fameux Théologien Luthérien natif d'Hagueneau, mort en 1542, à 63 ans. On a de lui une Grammaire hébraïque, & d'autres ouvrages.

CAPPEL, ( Louis ) sav. Ministre de la Religion prétendue réformée, & Professeur d'Hébreu à Saumur, né le 14 Octobre 1585, se distingua par son érudition dans la critique & par ses excellens ouvrages, dont les principaux sont, 1. *Arcanum punctuationis revelatum*, où il prouve la nouveauté des points & des accens hébreux contre les deux Buxtorfs: 2. *Critica sacra*: 3. des Comment. sur l'Ancien Testam. imprimés à Amsterdam avec la défense de l'*Arcanum*. Il y a dans tous ces ouvrages une critique solide, beaucoup de jugement, & une profonde érudition. Cappel mourut à Saumur le 16 Juin 1658. Sa famille a produit plusieurs autres personnes de mérite.

CAPPERONNIER, ( Claude ) Licentié de Sorbonne, & Professeur en Grec au Collège Roïal à Paris, naquit à Montdidier en Picardie, le prem. Mai 1671. Dom Charles de S. Leger, son oncle, Bénédictin de l'Abbaïe de Corbie, étant allé à Montdidier, & voïant l'inclination du jeune Capperonnier pour l'Etude, engagea ses parens à le faire étudier. Après avoir fait ses Humanités à Montdidier & à Amiens, il vint à Paris, & fit son *Quinquennium* au Sémin. des Trente-Trois, où il continua de s'appliquer avec ardeur à l'étude de la Langue grecque. Il s'y rendit si habile, qu'il se fit bientôt connoître des Savans, & qu'il passa, avec raison, pour l'un des Hommes de son tems qui entendoient mieux les Aut. Grecs. Il se chargea en 1710 de l'éducation des trois fils de M. Crozat, qui lui fit une penfion viagere de cent piftóles ; & il fut nommé en 1722 Profeffeur en Grec au Collége Roïal. Il remplit cette place avec beauc. d'affiduité & de réputation, & m. à Paris, chez M. Crozat, où il demeuroit depuis 1711, le 24 Juillet 1744. On a de lui une Edition de Quintilien, *in fol.* & plufieurs autres ouvrages, dont la plûpart font encore Manufcrits.

CAPRA, ( Benoît ) célebre Jurifc. natif de Péroufe, fur la fin du 14e fiecle, eft Auteur de plufieurs ouvrages eftimés.

CAPREOLE, ( Jean ) cél. Théologien, de l'Ordre de S. Dominique, natif d'un village voifin de Rhodez, affifta au Conc. de Bafle, enfeigna à Paris avec réputation au 15e fiecle, & fut l'un des plus zélés défenfeurs des fentimens de S. Thomas. On a de lui des Commentaires fur le Maître des Sentences, & une défenfe de S. Thomas.

CAPREOLE, ( Elie ) excellent Jurifconfulte & fav. Hiftor. natif de Breffe, mort en 1519, a laiffé l'Hiftoire de Breffe, & d'autres ouvrages.

CAPRIATA, ( Pierre-Jean ) Citoïen & Hiftor. de Genes au 17e fi., a donné plufieurs Mémoires hiftoriques fur les affaires de fon tems; ils font très eftimés à caufe de la candeur, de la fincérité, & de la liberté avec laquelle ils font écrits.

CAPTAL DE BUCH, ( le ) gr. Capitaine au 14e fiecle. *Voyez* GRAILLY.

CARACALLA, ( Marc-Aurele-Antonin ) Empereur Romain après fon pere *Septimius* Severe, naquit à Lyon le 4 Avril 188 de J. C. Il fut proclamé Empereur le 4 Février 211, près de Vimi. A fon arrivée à Rome, il fit mourir les Médecins, parcequ'ils n'avoient pas abrégé la vie de fon pere, tua fon frere *Geta* entre les bras de fa mere, & fit mourir le célebre Jurifconfulte Papinien, parcequ'il n'avoit voulu ni défendre, ni excufer fon parricide. Caracalla alla enfuite en Orient,

remplit Alexandrie de meurtres & de carnages, trompa indignement fes Alliés, & fut cruel & inhumain envers fes Sujets; mais fes crimes ne demeurerent pas impunis, car étant devenu l'exécration de l'Univers, il fut affaffiné le 8 Avr. 217, par ordre de Macrin qui lui fuccéda. Cet Empereur prit le nom de Caracalla, d'une forte d'habit qu'il avoit porté dans les Gaules. Quoiqu'il n'eût rien fait que d'infâme, il prenoit les noms de *Germanique*, de *Parthique* & d'*Arabique*; ce qui fit dire à Helvius Pertinax, fils de l'Empereur de ce nom, qu'il y falloit encore ajouter celui de *Gétique* : cette allufion lui couta la vie. Caracalla fut un Prince diffimulé, fourbe, adonné aux vices & aux femmes, fuperftitieux, & fi cruel, que plus de 20000 perfonnes innocentes furent maffacrées par fon ordre : ce qui le rendit l'opprobre & l'exécration du genre humain.

CARACCIOLI, ( Jean ) d'une famille de Naples, noble, ancienne, & féconde en gr. hommes, plut par fa bonne mine à Jeanne, Reine de Naples, & répondit à fa paffion. Cette Princeffe le fit grand Sénéchal de Naples; mais s'en étant enfuite dégoutée, elle le fit affaffiner en 1532. Jean Caraccioli, de la même famille, Prince de Melphes, & Maréchal de France, fe fignala fous François I, & m. à Suze en 1550. Jean-Antoine Caraccioli fon fils, fut le dernier Abbé régulier de S. Victor à Paris, & enfuite Evêque de Troyes. Il cultivoit les Sciences avec fuccès; mais s'étant fait Calvinifte après le colloque de Poiffi, il fut chaffé de fon Diocèfe, & mourut à Château neuf fur Loire en 1569.

CARACHE, ( Louis, Auguftin & Annibal ) trois Peintres très cél. natifs de Bologne. Louis avoit plus de feu, plus de grandeur, plus de grace, & plus d'onction. Il s'appliqua principalement aux fujets de dévotion, & mourut en 1618, à 64 ans, du chagrin d'une injufte critique. Auguftin, coufin de Louis,

& frere d'Annibal, avoit plus de délicatesse & de dessein ; il étoit habile Graveur , & savant dans les Belles-Lettres , dans les Arts , & dans les Mathématiques. Il peignit quelque-tems la galerie du Palais Farnese à Rome, avec les deux autres ; mais s'étant brouillés, il se retira à Parme, où il mour. en 1605, à 45 ans. Annibal Carache l'emporta sur les deux autres : il avoit plus d'élévation & de génie, plus de profondeur dans le dessein, plus de vivacité dans l'expression, plus de majesté dans l'exécution. C'est lui qui peignit la plus grande partie du Palais Farnese : ouvrage admirable, dont il fut mal récompensé, après y avoir emploïé huit années entieres. Il mourut de débauches en 1609, à 49 ans. Ces trois habiles Peintres travailloient en commun , & se communiquoient leurs pensées & leurs découvertes. Ils s'acquirent une réputation immortelle, & formerent une Ecole célebre , dont sortirent un grand nombre de Peintres fameux. Augustin laissa un fils naturel, nommé Antoine, mort à 35 ans , lequel , à en juger par ses tableaux , auroit surpassé les trois autres, s'il eût vécu plus longtems.

CARAGLIO, ( Jean-Jacques ) Graveur en pierres fines, originaire de Verone , réussit aussi à faire des Médailles. Sigismond I , Roi de Pologne l'attira à sa Cour, l'honora de sa protection, & le combla de ses bienfaits

CARAMUEL de LOBKOWITS, ( Jean ) fameux Casuiste & zélé défenseur du système de la probabilité, naquit à Madrid en 1606. Il prit l'habit dans l'Ordre de Cîteaux, fut Abbé de Melrose, puis de Dissembourg, Suffragant de Mayence, & gr. Vicaire de Prague. Il se fit ensuite Soldat , & devint Ingénieur & Intendant des fortifications en Boheme. Aïant repris l'état ecclésiastique, il fut Evêque de Konigsgretz, puis de Campagna, & enfin de Vigevano, où il mourut en 1682. On a de lui un gr. nombre d'ouvr.,

dans lesquels il fait paroître beauc. d'esprit , mais très peu de jugement & de solidité.

CARANUS, premier Roi de Macédoine, & le septieme des Héraclides depuis Hercule , selon la Fable , chassa Midas, fonda sa Monarchie vers 894 av. J. C. Depuis lui, jusqu'à Alexandre *le Grand*, on compte ordinairement vingt-trois Rois.

CARAVAGE, ( Michel-Ange ) fameux Peintre Italien, dont le vrai nom étoit Amerigi. Il s'acquit beaucoup de réputation, quoiqu'il peignît dans un mauvais goût ; car il imitoit la nature telle qu'il la voïoit, la copiant dans ce qu'elle a de plus bas & de plus laid, au lieu de la peindre dans son beau ; mais les Caraches s'opposerent à ce mauvais goût, & firent voir que la peinture consiste dans l'imitation de la belle nature. Caravage mourut en 1609, à 40 ans.

CARCAVI, ( Pierre de ) natif de Lyon , fut Conseiller au Parlement de Toulouse, puis Conseiller au gr. Conseil à Paris, & garde de la Bibliotheque du Roi. Il s'appliqua aux Mathématiques & fut ami de M. de Fermat , de Descartes, de Pascal, & de M. de Roberval. Carcavi se brouilla ensuite avec Descartes, & m. à Paris en 1684. On trouve plusieurs de ses Lettres dans le Recueil de celles de Descartes.

CARDAN, ( Jérôme ) fameux Méd. & Mathémat. & l'un des plus sav. hommes de son siecle, naquit à Pavie le 24 Septembre 1501. Sa mere l'aïant eu hors du mariage, tenta inutilement de perdre son fruit par des breuvages. Cardan étudia à Milan , à Pavie , & à Bologne. Il fit plusieurs voïages , & professa les Mathémat. & la Médecine à Milan, à Pavie, & à Bologne. De-là il passa à Rome, où il eut une pension du Pape, & où il se laissa, dit-on, mourir de faim, pour accomplir son horoscope, le 21 Septembre 1576. Ses ouvrages ont été imprimés en 1663, en 10 vol. *in-fol.* Le principal est celui de *la Subtilité*, contre

lequel Jules Scaliger a écrit fortement. On voit dans les ouvrages
de Cardan beaucoup d'esprit, de
science & d'érudition ; mais un jugement peu solide, une folle vanité, qui lui faisoit dire qu'il avoit
un démon familier comme Socrate, un entêtement ridicule pour
l'Astrologie judiciaire, & une crédulité inconcevable pour des choses
clairement fausses & imaginaires,
tandis qu'il révoquoit en doute les
vérités constantes de la Religion.

CARDI, Peintre, *voyez* Ci-
VOLI.

CARDINAL, (Pierre) Poète Provençal du 14e si., naquit près de
Beaucaire de parens pauvres, qui
cependant prirent un si gr. soin de
ses études, qu'il devint très savant
en toutes sortes de Littératures, &
réussit surtout en Poésie, faisant
bien des vers dans toutes les Langues vivantes. S'étant établi à Tarascon, les princip. Habitans de
cette ville furent charmés de son
esprit, & lui donnerent des appointemens considér. sur les deniers publics, pour instruire leurs Enfans.
Ils firent sous un si bon Maître de si
gr. progrès, que Robert, Duc de
Calabre, passant par Tarascon, s'y
arrêta pour admirer un si bel établissement, & lorsqu'il partit pour Naples avec le Roi Charles son Pere,
il en obtint, outre la confirmation
des Privileges de cette ville, une
exemption de tous subsides pendant
dix ans, à condition d'entretenir
Cardinal. On a de lui un Poëme
intitulé *Las Lauzours de la Dama
d'Argensa.*

CAREL, (Jacques) mauvais
Poète françois, connu sous le nom
de *Lerac*, qui est l'inversion de son
nom, est Auteur du Poëme, intitulé *Les Sarrasins chassés de France*,
dont Boileau s'est moqué dans son
Art poétique.

CARIN, (Marc-Aurele) fils de
l'Empereur Carus, qui le nomma
César en 282, & l'envoïa dans les
Gaules. Carin s'y souilla de crimes
& de débauches, & s'opposa à Dioclétien ; mais après plusieurs com-

bats, il fut tué en Mœsie en 285,
par un Tribun dont il avoit séduit
la femme.

CARLE MADERNE, célèbre Architecte, exécuta le superbe Dôme
de S. Pierre de Rome, sur le dessein
de Michel Ange.

CARLOMAN, fils aîné de Char-
les Martel, & frere de Pepin *le Bref*,
avec lequel il fut toujours uni, gouverna en Souverain l'Austrasie, l'Allemagne, & la Thuringe. Après s'ê-
tre distingué en plusieurs combats
avec Pepin, il quitta ses Etats, &
alla à Rome en 746, où il embrassa
la vie Relig. Il fut Moine du Mont-
Cassin, édifia par sa vie humble &
pénitente, & m. à Vienne en Dauphiné le 17 Août 755.

CARLOMAN, fils de Pepin *le
Bref*, & frere de Charlemagne,
fut Roi d'Austrasie, de Bourgogne,
& d'une partie d'Aquitaine, en 768.
Il mourut en 771. Par sa mort,
Charlemagne devint maître de toute la Monarchie Françoise.

CARLOMAN, fils de Louis *le
Begue*, & frere de Louis III, eut
l'Aquitaine & la Bourgogne en partage, en 879. Ces deux Princes vé-
curent en bonne union, & battirent souvent les Normands. Louis
III étant mort en 882, Carloman
devint seul Roi de France, & mourut lui-même le 6 Décembre 884,
aïant été blessé à la chasse par un
sanglier.

CARLOMAN, fils de Louis *le
Germanique*, partagea le Roïaume
de Baviere avec ses freres Louis &
Charles. Il fut encore Roi d'Italie
& Empereur. Il mourut en 880.
Charles le Gros, son frere, lui suc-
céda.

CARLONE, (Jean) célèbre Peintre Italien, né à Genes en 1590,
excelloit surtout dans les raccourcis. Le plafond de l'Annonciade,
Eglise de Genes, où il a représenté
l'histoire de la Vierge, passe pour
un chef d'œuvre. Il mourut à Milan en 1630. Jean-Baptiste Carlone, son frere, étoit aussi un habile Peintre, & il y a eu plusieurs
autres bons Peintres & Sculpteurs

de ce nom & de cette famille.

CARMAGNOLE, (François) Colonel génér. de Philippe Visconti, Duc de Milan, parvint à cette dignité, quoiqu'il ne fût que le fils d'un païsan. Il épousa une parente du Duc, & se signala par sa valeur & ses belles actions ; mais se voïant sur le point d'être disgracié, il passa chez les Vénitiens, qui lui donnerent le commandement de leur Armée. Il battit les troupes du Duc de Milan ; ensuite aïant été battu dans un combat naval, les Vénitiens lui firent trancher la tête à Venise en 1422.

CARNEADES, fameux Philosophe Grec, natif de Cyrene, & fondateur de la troisieme Académie, soutenoit, comme Arcesilas, que tout est incertain. Il combattoit ce principe commun, *que les choses qui sont égales à une troisieme, sont égales entr'elles*. Son application à l'étude étoit surprenante. Il s'attacha avec ardeur à réfuter les Stoïciens & les ouvrages de Chrysippe. Les Athéniens aïant été condamnés à païer 500 talens, pour avoir pillé la ville d'Orope, Carneades fut envoïé en ambassade à Rome avec Diogene, Stoïcien, & Critolaüs, Péripatéticien. Il harangua avec tant d'éloquence, que Caton le Censeur fut d'avis qu'on les renvoïât au plutôt, parcequ'ils éblouissoient tellement les esprits, qu'il étoit impossible de distinguer le vrai d'avec le faux. Carneades avoit coutume de répéter souvent cette maxime digne du Christianisme : *Si l'on savoit qu'un ennemi, ou une autre personne, à la mort duquel on auroit intérêt, viendra s'asseoir sur de l'herbe, sous laquelle il y auroit un aspic caché, il faudroit l'en avertir, quand même on ne pourroit être repris d'avoir gardé le silence en cette occasion.* Comme on vint lui annoncer qu'Antipater, son antagoniste, s'étoit empoisonné : *Donnez-moi donc aussi*, dit-il : *Hé quoi*, lui dit-on ? *Du vin doux*, répondit-il. Ce qui prouve qu'il étoit bien éloigné de se détrui-

re lui-même, comme quelques Ecrivains l'ont avancé. Il mourut vers 129 avant J. C., à 90 ans, selon Ciceron.

CARO, (Annibal) célebre Poëte Italien, au 16e si. étoit de Citta-Nova en Istrie. Etant allé à Rome, il devint Secretaire de quelques Evêques, puis du Duc de Parme, & enfin du Cardin. Farnese, qui le fit entrer dans l'Ordre de Malthe, dont il fut Commandeur. Il m. à Rome en 1566. On a de lui, 1°. une Traduction de l'Enéide de Virgile en vers Italiens, qui est fort estimée tant pour la pureté du style, que pour sa fidélité & le choix des expressions. 2°. Plusieurs autres Poésies imprimées à Venise en 1584. On estime surtout ses Sonnets, dont le plus beau est celui de la *belle Matineuse*. 3°. Des Discours, des Traductions, &c.

CARPI, (Jacques) fameux Chirurgien de Bologne, fut accusé d'avoir disséqué deux Espagnols en vie : ce qui l'obligea de prendre la fuite, & le fit condamner au Bannissement. *Voyez* CLIFTON, *p.* 30.

CARPZOVIUS, ou CARPZOU, nom de plus. Jurisconf. & Théol. cél. dont les princip. font dans les articles suivans.

CARPZOVIUS, (Benoît) fils de Simon le Consul, naquit dans le Marquisat de Brandebourg en 1565. Il se rendit très habile dans la Jurisprudence, & fut d'abord Professeur en Droit à Wittemberg, puis Conseiller de l'Electeur de Saxe. Il m. en 1624, laissant quatre fils : Conrad Professeur en Droit dans l'Univ. de Wittemberg, & trois autres dont il est parlé dans les articles suiv.

CARPZOVIUS, (Benoît) fils du précédent, naquit en 1595, & se rendit fort cél. par plus. ouvr. de Droit qui sont estimés. On assure que personne n'a mieux écrit que lui sur la Pratique d'Allemagne, qu'il a recueillie des constitutions & des jugemens qu'il avoit recherchés dans les Archives. Il succéda aux emplois de Benoît, son pere, & les exerça avec distinction pendant

46 ans. Sur la fin de ſes jours, il ſe retira à Leipſic, où il s'adonna entierement à l'étude de la Bible. On remarque qu'il la lut toute entiere d'un bout à l'autre 53 fois, y faiſant des réflexions, qu'il mettoit par écrit à meſure qu'il la liſoit, & conſultant avec ſoin les Commentateurs. Il m. en 1666.

CARPZOVIUS, ( David-Benoît ) frere du précédent & Miniſtre Luthérien, dont on a une Diſſertation ſur les vétemens ſacrés des Gr. Prêtres des Hébreux.

CARPZOVIUS, ( Jean-Benoît ) frere des deux précédens & Miniſtre Luthérien, a écrit quelques ouvrages de Controverſe, & une Diſſertation *de Ninivitarum pœnitentiâ*, impr. à Leipſic en 1640, *in-*4. Il m. en 1657 à Leipſic, où il avoit été Profeſſeur en Théologie. Il laiſſa pluſ. Enfans, entr'autres deux fils qui ſe ſont diſtingués & dont nous parlons dans les articles ſuivans.

CARPZOVIUS, ( Jean-Benoît ) fils du précédent & Profeſſeur en Théol. à Leipſic, où il étoit né le 24 Avril 1639, & où il m. en 1699. Il s'eſt fait connoître par la verſion latine de pluſieurs Livres des Rabbins, & par beauc. de Diſſertations ſingulieres ſur l'Ecriture-Sainte dont on peut voir la liſte dans la *Bibliotheque ſacrée* du P. le Long, édition *in-fol.* p. 668.

CARPZOVIUS, ( Frédéric-Benoît ) frere du précédent & gr. Littérateur, naquit à Leipſic le prem. Janvier 1649. Il devint Conſeiller de cette Ville. La République des Lettres lui doit la publication de pluſieurs excellens Livres. Il prenoit plaiſir à rendre ſervice aux Savans, & à faciliter l'Edit. de leurs Ouvr. Il contribua beauc. par ſes correſpondances & par ſon aſſiduité aux *Acta Eruditorum* de Leipſic, qu'Othon Mencke commença en 1682. Il m. le 20 Mai 1699, à 50 ans. On a de lui quelques ouvrages.

CARRACHE, *voy.* CARACHE.

CARRANZA, ( Barthélemi ) l'un des plus illuſtres & des plus ſavans Dominicains, natif de Miranda dans la Navarre, parut avec éclat au Concile de Trente, où il compoſa un Traité de la réſidence des Evêques, qu'il tenoit avec raiſon de droit divin, traitant l'opinion contraire de *diabolique*. Philippe II, Roi d'Eſpagne aïant épouſé la Reine Marie, mena avec lui Carranza en Angleterre, qui y travailla à rétablir la Religion Catholique. Philippe en fut ſi charmé, qu'il le nomma à l'Archevêché de Tolede en 1557. Cependant cet illuſtre Prélat fut déféré à l'Inquiſition, & conduit à Rome comme un hérétique. Il y fut mis en priſon, & y ſouffrit beauc. pendant près de 10 ans, malgré les ſollicitations de Navarre, ſon ami, qui prit hautement ſa défenſe. Enfin, l'Inquiſition porta la ſentence en 1576, par laquelle elle déclara qu'il n'y avoit aucune preuve certaine que Carranza fût hérétique. Elle le condamna néanmoins à faire abjuration des erreurs qui lui étoient imputées, & le rélegua à la Minerve, Monaſtere de ſon Ordre, où il mourut la même année, à 72 ans. Ses principaux ouvrages ſont, 1°. une Somme des Conciles en latin, qui eſt eſtimée. 2°. Un Traité de la réſidence des Evêques. 3°. Un Catéchiſme en Eſpagnol, cenſuré par l'Inquiſition d'Eſpagne, mais juſtifié au Conc. de Tr. en 1563.

CARRÉ, ( Louis ) Mathématicien de l'Académie des Sciences, naquit le 26 Juillet 1663, à Cloſontaine près de Nangis en Brie. Il fut diſciple du P. Mallebranche, & fit une étude particuliere de la Métaphyſique. Il m. le 11 Avril 1711. On a de lui un ouvr. ſur le calcul intégral, intitulé, *Méthode pour la meſure des ſurfaces, la dimenſion des ſolides, leurs centres de peſanteur, de percuſſion & d'oſcillation*, imprim. en 1700. Ses autres ouvr. n'ont pas été imprimés.

CARSUGHI, ( Rainier ) Jéſuite, né à Citerna en Toſcane, l'an 1647, eſt Auteur d'un Poëme latin, intitulé *Ars bene ſcribendi*, qui eſt eſtimé tant pour l'élégance du ſtyle, que pour les préceptes excellens

qu'il renferme. On a auſſi de Car-
fughi de bonnes Epigrammes. Il
mourut en 1709.

CARTES , ( René des ) voyez
DESCARTES.

CARTIER , ( Jacques ) célebre
Navigateur, natif de S. Malo, alla
au Canada en 1534, & donna une
deſcription exacte des Iſles, des
Côtes, des Détroits, & des autres
lieux qu'il avoit reconnus.

CARTWRIGHT , ( Chriſtophe )
ſavant Anglois très verſé dans les
Antiquités ſacrées, naquit à Yorck
en 1602. Il y fut Miniſtre juſqu'à ſa
mort arrivée en 1658. Le principal
de ſes ouvr. eſt intitulé : Electa
Targumico-Rabbinica in Geneſim
& in Exodum. Ce Livre donne une
gr. idée de ſa capacité dans l'intelligence des Livres des Hébreux , & de
la ſolidité de ſon jugement.

CARTWRIGHT , ( Thomas )
cél. Théologien Presbyterien Anglois, fut pendant quelque tems
Profeſſeur en Théolog. à Cambridge , mais aïant épouſé la querelle
Presbyterienne avec trop de chaleur,
on le priva de ſa place. Il ſe retira
à Geneve , où il fit connoiſſance
avec Theodore de Beze qui conçut
pour lui une eſtime extraordinaire.
Cartwright fut ſucceſſivement Paſteur à Anvers & à Middelbourg.
Il retourna enſuite en Angleterre ,
où il eut la Cure de Warwick , &
où il m. en 1603. Ses principaux
ouvr. ſont : Commentar. in Prover-
bia, in Eccleſ. in Epiſtol. ad Coloſſ.
& Confutation of the Rhemiſt
Tranſlation on the new Teſtament,
in-fol.

CARVAJAL , ( Dom Joſeph de )
cél. Miniſtre d'Eſpagne. On a dit
après ſa mort que l'Eſpagne avoit
perdu ſon plus grand Miniſtre, les
Tribunaux, leur Juge le plus éclairé, les Univerſités leur plus illuſtre
ſavant, les Manufactures, les Fabriques, l'Induſtrie & le Commerce
leur plus zelé Protecteur, les Peuples leur plus tendre pere ; enfin,
l'Eſpagne entiere un de ſes plus gr.
ornemens. La Maiſon de Carvajal
en Eſpagne, a produit pluſ. autres

gr. hommes, entr'autres le Cardin.
Jean de Carvajal , Evêque de Placentia, qui s'acquit une gr. réputation par ſon habileté & par ſes
ſuccès dans 22 Légations, & qui m.
à Rome le 6 Décembre 1469, à 70
ans. Bernardin de Carvajal ſon neveu, fut ſucceſſ. Evêque d'Aſtorga,
de Badajox , de Carthagene , de
Siguença & de Placentia. Alexandre
VI le fit Cardinal en 1493. Il fut
envoïé en Eſpagne & en Allemagne,
& m. étant Evêque d'Oſtie & Doïen
du Sacré Collége, le 16 Déc. 1522,
à 67 ans. Laurent de Carvajal , Conſeiller du Roi Ferdinand, & de la
Reine Iſabelle, mort du tems de
Charles-Quint. On a de lui des Mémoires de la vie de Ferdinand &
d'Iſabelle en Eſpagnol.

CARVILIUS MAXIMUS, ( Spu-
rius ) célebre Capitaine Romain ,
fut Conſul avec Papirius Curſor,
293 avant J. C. Il prit Amiterne,
tua 2800 hommes, fit 4000 priſonniers, & ſe rendit maître de Co-
minium , Palumbi , Herculanum ,
& d'autres places. A ſon retour à
Rome, il eut les honneurs du triomphe. On dit que Carvilius, ſon fils,
qui fut auſſi Conſul, eſt le premier
Romain qui répudia ſa femme ,
vers 231 avant J. C., d'autres attribuent cette innovation à Carvilius
Ruga.

CARUS , ( Marcus Aurelius ) natif de Narbonne, ſe diſtingua par ſa
conduite, & fut élu Empereur après
la mort de Probus, en 282. Il défit
les Sarmates & les Perſes, & nomma Céſars ſes deux fils , Carin &
Numérien. Il mourut frappé de la
foudre à Cteſiphonte, après ſeize
mois de regne.

CASA-NOVA , ( Marc-Antoine )
Poète latin, natif de Rome, a réuſſi
dans le genre épigrammatique par
ſon ſtyle enjoué, vif, plaiſant &
ſatyrique. On eſtime auſſi les vers
qu'il a compoſés pour les hommes
illuſtres de l'ancienne Rome. Il m.
en 1527.

CASAS , ( Barthelemi de las )
Evêque de Chiapa, célebre par ſes
écrits & par ſon zele pour la con-

verſion & la liberté des Indiens, naquit à Séville en 1474. Il ſuivit ſon pere qui paſſa en Amérique avec Chriſtophe Colomb en 1493. De retour en Eſpagne, il embraſſa l'Etat eccléſiaſtique, & fut Curé dans l'Iſle de Cuba. Il quitta ſa Cure quelque tems après pour travailler à la liberté des Indiens, qu'il voïoit traiter par les Eſpagnols de la maniere la plus cruelle & la plus barbare; ce qui leur donnoit une averſion inſurmontable pour le Chriſtianiſme. Barthelemi de las Caſas emploïa 50 ans avec un zele extrême, à perſuader aux Eſpagnols qu'il falloit traiter les Indiens avec douceur, avec déſintéreſſement, & leur montrer bon exemple; mais il eſſuïa lui même des perſécutions infinies de la part des Eſpagnols; & l'on peut dire qu'il fut le martyr de la liberté des Indiens. Il obtint néanmoins de l'Empereur Charles-Quint le pouvoir d'informer contre les Gouverneurs des Indes. Il ſe fit alors Dominicain, & procura aux Religieux de ſon Ordre pluſieurs établiſſemens au Pérou. Etant revenu en Eſpagne en 1543, la Cour touchée de ſes remontrances continuelles, fit des loix particulieres pour les Indiens, avec ordre aux Gouverneurs de les ſuivre, & de les faire exécuter. Barthelemi de las Caſas, après avoir refuſé pluſieurs Evéchés dans l'Amérique, fut contraint d'accepter celui de Chiapa en 1544. Il y réſida juſqu'en 1551, qu'il fut obligé de retourner en Eſpagne, à cauſe de la foibleſſe de ſa ſanté. Il ſe démit de ſon Evéché, & mourut à Madrid en 1566, à 92 ans. On a de lui pluſ. ouvrages qui ne reſpirent que la vertu; on y voit un jugement ſolide, une droiture de cœur qui plaît, une vraie piété, & une profonde érudition: les princip. ſont, 1. une Relation de la deſtruction des Indes: 2. pluſ. Traités en faveur des Indiens, contre le Doct. Sepulveda, qui avoit fait un Livre latin, pour juſtifier les violences & la barbarie des Eſpag. envers les Indiens: 3. un ouvrage latin très

curieux, mais rare, ſur cette queſtion: *Si les Rois ou les Princes peuvent en conſcience, par quelque droit, ou en vertu de quelque titre, aliéner de la Couronne leurs citoïens & leurs ſujets, & les ſoumettre à la domination de quelqu'autre Seigneur particulier.*

CASATI, (Paul) ſav. Jéſuite Italien né à Plaiſance en 1617, entra chez les Jéſuites de bonneheure, & après avoir enſeigné à Rome les Mathématiq. & la Théologie, il fut envoïé en Suede à la Reine Chriſtine, qu'il acheva de déterminer à embraſſer la Religion Catholique. Il m. à Parme à l'âge de 91 ans. Il eſt auteur des ouvr. ſuivans: *Vacuum proſcriptum. Terra machinis mota. Mechanicorum Libri octo. De igne diſſertationes.* Ce Traité eſt fort eſtimé. *De Angelis diſputatio Theolog.: Hydroſtaticæ diſſertationes. Opticæ diſputationes.* Ce qu'il y a de ſingulier, c'eſt qu'il fit ce Traité d'Optique à 88 ans, étant déja aveugle. On a auſſi de lui divers Livres Italiens.

CASAUBON, (Iſaac) l'un des plus ſav. hommes de ſon ſiecle, naquit à Geneve le 8 Février 1559. Il fut élevé dans la Religion prétendue réformée, & enſeigna les BellesLettres à Geneve & à Paris. Henri IV lui donna des marques de ſon eſtime, & le choiſit Garde de ſa Bibliotheque en 1603. Après la mort de ce Prince, Caſaubon alla en Angleterre, où Jacques I le reçut très bien. Il mourut en 1614, & fut enterré à l'Abbaïe de Weſtminſter. Caſaubon étoit excellent critique, & ſavoit bien le Grec. Il s'acquit l'eſtime des Sav. non-ſeulement par ſes excellens Comment. ſur Théophraſte, Athénée, Strabon, Polybe, &c. mais auſſi par ſa modeſtie, ſa candeur, & ſa probité. Outre ſes Comment. il a laiſſé des Lettres, & une critique des annales de Baronius.

CASAUBON, (Meric) fils du précédent, né à Geneve en 1599, fut élevé à Oxford. Jacques I & Charles I, Rois d'Angleterre, lui donnerent des marques publiques de leur estime. Olivier Cromwel lui offrit une pension pour écrire l'Histoire de son tems; mais il la refusa. Il fut Chanoine de Cantorbery, & mour. le 14 Juillet 1671, à 72 ans. On a de lui des notes sur Optat, sur Diogene Laerce, &c. & d'autres ouvrages remplis d'érudition, mais écrits d'un style dur & désagréable.

CASE, ( Jean de la ) l'un des plus polis Ecrivains d'Ital. au 16e siecle, étoit de Florence, & devint Archevêque de Bénévent. Il fut emploïé en diverses négociations importantes par les Papes, & mourut à Rome, en 1557, aimé & estimé des Savans. On a de lui plusieurs Livres italiens en vers & en prose, écrits avec beaucoup de délicatesse. Son *Galaté*, ou *la maniere de vivre dans le monde*, est le plus estimé de ses ouvrages en prose. On lui reproche néanmoins, avec raison, d'avoir été déréglé dans ses mœurs & dans ses ouvrages, & son Livre infâme intitulé *Capitolo del forno*, & celui qu'on l'accuse d'avoir fait *De laudibus pederastiæ*, couvrira à jamais sa mémoire d'un opprobre éternel.

CASEL, ( Jean ) né à Gottinghen en 1533, professa la Philos. & l'éloquence à Rostoc & à Helmstat. Il étudioit les peres Grecs dont il faisoit gr. cas, & se distinguoit par son érudition. Il mour. à Helmstat le 19 Avril 1613, à 80 ans. On a de lui plusieurs ouvrages, & un Recueil de Lettres.

CASENEUVE, ( Pierre de ) né à Toulouse en 1591, eut une prébende, dans l'Eglise de S. Etienne de la même ville, & m. en 1652. On a de lui les *Origines* ou *Etymologies françoises*, & d'autres ouvr.

CASIMIR I, Roi de Pologne, vint en France *incognito*, étudia à Paris, se fit Religieux de l'Ordre de Cluni, & prit le Diaconat. Les Polonois, aïant su le lieu de sa retraite, obtinrent du Pape Benoît IX, en 1041, que leur Prince gouverneroit leur Etat, & se remarieroit. Il épousa Marie, fille d'Ulodomir,

Duc de Russie, gouverna ses Etats avec sagesse, civilisa les Polonois, défit Maslas, Duc de Moscovie, en 1044, enleva la Silésie aux Bohémiens, fonda un gr. nombre d'Eglises, établit un siege Episcopal à Breslau. Il mourut le 28 Novembre 1058, après un regne de 18 ans.

CASIMIR III, *le Grand*, né en 1309, & couronné Roi de Pologne en 1333, défit Jean, Roi de Boheme; auquel il enleva plusieurs Places, & conquit la Russie. Il aimoit la paix, fondoit & protegeoit les Eglises & les Hôpitaux, élevoit un grand nombre de forteresses. Casimir se fit aimer de tous ses sujets par sa douceur, sa clémence & sa justice. Il mourut d'une chute de cheval le 8 Septembre 1370, à 60 ans, & le 37 de son regne.

CASIMIR V, ( Jean ) fils de Sigismond III, par sa seconde femme Constance d'Autriche, étoit destiné à l'Eglise. Il se fit Jésuite, & Innocent X lui donna le Chapeau de Cardinal. Les Polonois le choisirent pour leur Roi en 1648, après la mort de Ladislas-Sigismond, son frere. Il épousa avec dispense du Pape Louise-Marie de Gonzague, veuve du Roi son frere, & fut défait par Charles Gustave, R. de Suede; mais il le chassa ensuite de ses Etats, & fit la paix avec son successeur en 1660. Son armée défit les Moscovites en Lithuanie en 1661. Casimir réprima une sédition qui s'étoit élevée contre lui; & après avoir abdiqué la Couronne, il vint en France, où Louis XIV le reçut très bien, & lui donna une pension capable de le faire subsister en Prince; mais étant d'une complexion foible, il tomba malade à Nevers, où il m. le 14 Décembre 1672.

CASIMIR SARBIEVIUS, *voïez* SARBIEVIUS.

CASIMIR, ( S. ) fils de Casimir IV, Roi de Pologne, & Gr. Duc de Lithuanie, naquit en 1458. Il fit paroître dans toutes ses actions une grande piété, garda une chasteté inviolable, & fut animé d'un saint zele pour la Religion Catholique. Il mourut le 4 Mars 1482, à 24 ans. Paul V le canonisa.

CASSAGNES, (Jacques) Docteur en Théologie, & Membre de l'Académie Françoise, naquit à Nismes, de parens riches & opulens : il étoit fils de Michel Cassagnes, Maître des Requêtes du Duc d'Orléans, puis Tréforier du Domaine de la Sénéchauffée de Nismes. Il vint jeune à Paris, & il s'y appliqua à la prédication & à la Poéfie. L'Ode qu'il fit en 1660 à la louange de l'Académie Fr., le fit recevoir de cette Académie à l'âge de 27 ans ; & le Poëme qu'il publia l'année suivante, dans lequel il introduit Henri IV, donnant des instructions à Louis XIV, lui acquit l'estime de M. Colbert. Ce Ministre lui procura une pension de la Cour, le fit Gardé de la Bibliotheque du Roi, & le nomma l'un des quatre premiers Académiciens dont l'Académie des Inscriptions fut d'abord compofée. L'Abbé Caffagnes étoit fur le point de prêcher à la Cour, lorfque Boileau aïant mis fon nom à côté de celui de Cotin, dans fa troifieme Satyre, & aïant ainfi blâmé fes Sermons, ce trait fatyrique le fit renoncer à la Chaire. S'imaginant enfuite qu'il avoit perdu toute l'eftime du Public, il crut rétablir fa réputation en publiant ouvrages fur ouvrages ; mais fa trop grande application & fon humeur chagrine lui dérangerent la tête ; ce qui obligea fes parens de le mettre à S. Lazare, où il mourut le 19 Mai 1679, à 46 ans. On a de lui des Odes, & plufieurs autres ouvrages en vers & en profe.

CASSAN, Roi de Perfe, défit Baidu en 1294, & abjura le Chriftianifme pour fe maintenir fur le Trône. Quelque tems après, il retourna à la Foi fe ligua avec les Princes Chrétiens, & fubjugua la Syrie. Il mourut l'an 1304 de J. C. très regreté des Chrétiens.

CASSANDER, Roi de Macédoine, après Alexandre le Grand, étoit fils d'Antipater. Il fit plufieurs conquêtes dans la Grece, abolit la Démocratie à Athenes, & en donna le Gouvernement à l'Orateur Démétrius de Phalere. Olympias, mere d'Alexandre, aïant fait mourir Aridée & fa femme Euridice avec plufieurs autres partifans de Caffander, celui-ci affiégea Pydne, la prit par rufe, 316 avant J. C. & fit enfuite mourir Olympias. Il époufa Theffalonice, fœur d'Alexandre, & mit à mort Roxane & Alexandre, femme & fils de ce Conquérant. Il fe ligua enfuite avec Seleucus & Lyfimachus, contre Antigonus & Démétrius, fur lefquels il remporta une grande victoire près d'Ipfus, ville de Phrygie, 301 avant J. C. Il m. 3 ans après, la 19e de fon regne. Ce Prince fe faifoit donner des préceptes politiques par Théophrafte.

CASSANDER, (George) l'un des plus gr. hommes de fon fiecle, naquit à Bruges, ou felon d'autres, dans l'Ifle de Caffand, en 1515. Il favoit les Langues, les Belles-Lettres, le Droit & la Théologie. Jamais écrivain ne fit paroître plus de zele pour concilier les efprits touchant les controverfes de Religion, plus de modération dans fes écrits, de douceur & de probité dans fes mœurs, de défintéreffemenr dans fa conduite. Il fut conftamment attaché à la foi Catholique, & mourut le 3 Février 1566. Tous fes ouvrages ont été impr. à Paris en 1616, *in folio.*

CASSANDRE, (François) habile Littérateur du 17e fiecle, favoit le Grec & le latin, & faifoit affez bien des vers françois ; mais fon humeur farouche & chagrine le rendoit infupportable dans la fociété, & lui fit perdre tous les avantages que fon mérite eût pu lui procurer. Il pouffa cette humeur fauvage fi loin, qu'étant près de mourir, on eut bien de la peine à lui faire comprendre qu'il devoit aimer Dieu, & comme on lui en démontroit l'obligation, il s'écria d'un ton chagrin : *ha oui ! je lui ai de grandes obligations : il m'a fait jouer ici bas un joli perfonnage.* Il m. en 1695. Boileau parle de lui fous le nom de *Damon* dans fa premiere Satyre. On a de Caffandre ; 1. une excellente traduction de la Rhétorique d'Ariftote , dont les meilleurs éditions font de 1675 , 1698 & 1718. On eftime fur-tout cette derniere édition qui eft de la Haye. 2. *Les Paralleles hiftoriques* , & les derniers volumes de M. de Thou traduits en françois , que M. du Ryer avoit laiffés à traduire.

CASSANDRE , fille de Priam & d'Hecube , fut aimée d'Apollon qui lui donna , dit la fable , l'efprit de Prophétie , pourvu qu'elle confentît à fa paffion. Caffandre parut accepter la propofition ; mais elle n'eut pas plutôt reçu les dons du Dieu , qu'elle fe mocqua de lui. Apollon , irrité , la punit , en empêchant qu'on ajoutât aucune fois à fes prédictions , ce qui fit qu'elle annonça inutilement la ruine de Troie. Ajax , fils d'Oilée , lui aïant fait violence dans le Temple de Minerve , fut foudroïé. Caffandre échût à Agamemnon , qui l'aima éperdument. Elle lui prédit envain , qu'il devoit être affaffiné dans fon païs. Il fut tué avec elle , par les intrigues de Clytemneftre ; mais Orefte vengea leur mort.

CASSANDRE FIDELE , Dame Vénitienne très favante , morte à Venife dans un âge fort avancé , vers 1567. Elle a laiffé des Lettres & d'autres ouvrages dont les favans ont fait un grand éloge.

CASSIEN , (Jules) fam. hérétique du 2e fi. ; floriffoit vers l'an 174, il étoit comme le chef des *Docetes* , hérétiques qui s'imaginoient que J. C. n'avoit qu'un corps phantaftique , ou qu'une apparence de corps. Caffien avoit compofé des *Commentaires* & un *Traité fur la continence*. Ces deux ouvr. ne font point parvenus jufqu'à nous. Saint Clement d'Alexandrie les cite dans fes *ftromates* compofées vers 194.

CASSIEN , (Jean S.) cél. Solitaire , natif de Scythie , paffa une partie de fa vie dans le Monaftere de Bethléem , avec le Moine Germain fon ami. Ils prirent hautement

la défenfe de S. Chrifoftome contre Théophile, Patr. d'Alexandrie. Caffien alla à Rome , & de-là à Marfeille , où il fonda deux Monafteres , l'un d'hommes & l'autre de vierges. Ce fut un des plus grands maîtres de la vie fpirituelle. Il lia amitié avec S. Léon & avec pluf. faints perfonnages de fon tems. Il mourut vers 433. On a de lui en latin , 1. des *Collations* ou Conférences des Peres du défert , en 24 Liv. 2. des *Inftitutions* en 12 Liv. 3 fept Liv. touchant l'Incarnation. Tous ces ouvrages font écrits d'un ftyle clair , fimple , & très propre à infinuer la vertu dans les cœurs. S. Profper à écrit contre les Conférences.

CASSINI , ( Jean Dominiq. ) célebre Aftronome , né au Comté de Nice , d'une famille noble , le 8 Juin 1625 , enfeigna l'Aftronomie à Bologne , & fut envoïé à Rome par les Bolonois , qui lui donnerent enfuite l'Intendance des eaux de Bologne. Alexandre VII lui donna la même charge fur les eaux de l'Etat Eccléfiaftique. Caffini fut attiré en France , & reçu de l'Académie des Sciences en 1669. Il s'y diftingua par fa fcience & par fa probité , & mourut le 14 Septem. 1712 , à 87 ans , laiffant des enfans diftingués dans l'Aftronomie. On a de lui un Traité touchant la comete qui parut en 1652 ; un Traité de la méridienne ; plufieurs Traités fur les Planetes , & des Mémoires eftimés. Ce fut lui qui découvrit , en 1671 , le troifieme & le cinquieme fatellite de Jupiter. Il découvrit les deux premiers en 1684.

CASSIODORE , ( Magnus Aurelius ) Secretaire d'Etat de Théodoric , Roi des Goths , & l'un des plus excellens Miniftres de fon fiecle , dans l'art de gouverner , naquit à Squillace , vers 470. Il fut Conful en 514 ; & eut beaucoup de crédit fous Athalaric & fous Vitiges. Il fe retira à l'âge de 70 ans dans un Monaftere de la Calabre , où il s'amufa à faire des cadrans , des horloges à eau , & des lampes perpétuelles. Il forma une bibliotheque , & compofa divers ouvr., dont la meilleure édition eſt celle du pere Garet à Rouen en 1679. Il mour. vers 562, à plus de 93 ans. Ses ouvr. les plus eſtimés ſont, ſes Inſtitutions aux Lettres divines, & ſon Traité de l'ame. Son ſtyle eſt ſimple & rempli de ſentences morales très utiles. Il avoit coutume de dire, que l'on verroit plutôt la nature errer dans ſes opérations, qu'un Souverain qui ne donne pas à ſa Nation un caractere ſemblable au ſien. *Facilius errare naturam, quàm Principem formare Rempublicam diſſimilem ſibi.*

CASSIOPÉE, femme de Cephée, Roi d'Ethiopie & mere d'Andromede, ſe vanta, ſelon les Poètes, d'être plus belle que les Néreides, leſquelles, irritées, prierent Neptune de les venger. Ce Dieu envoïa dans le païs de Cephée un monſtre marin, qui y fit des ravages horribles. Pour l'appaiſer, Andromede fut expoſée à ce monſtre marin; mais elle fut délivrée par Perſée, qui obtint de Jupiter que Caſſiopée ſeroit miſe dans le Ciel au nombre des conſtellations.

CASSIUS, ( Avidius) cél. Capitaine Romain, ſe diſtingua par ſa valeur & par ſa conduite ſous les Emp. Marc-Aurele, & Lucius Verus; mais après la mort de celui-ci, arrivée en 169 J. C., aïant été ſalué Empereur en Syrie, il fut tué trois mois après, & ſa tête envoïée à Marc-Aurele en 175 de J. C.

CASSIUS LONGINUS, ( Caïus) l'un des plus grands hommes de ſon ſiecle, & l'un des meurtriers de Jules-Céſar, dit à l'un des complices, *Frappe, quand ce devroit être à travers de mon corps.* Il étoit Epicurien, & néanmoins reglé dans ſes mœurs. C'eſt lui à qui on donna l'éloge de dernier des Romains. Caſſius étoit gr. homme de guerre, il fit lever aux Parthes le ſiege d'Antioche, les défit & les contraignit d'abandonner la Syrie. Marc-Antoine ne douta plus de ſa victoire, lorſqu'il eut appris que Caſſius étoit mort. Valere-Maxime rapporte que

Caſſius, s'avançant avec ardeur à la bat. de Philippe, vit Céſar ſous une forme plus auguſte que l'humaine, & d'un viſage menaçant, qui venoit à toute bride pour le charger, qu'alors étonné de ce ſpectacle, il tourna le dos en diſant: *C'eſt à préſent qu'il faut quitter la partie.* Caſſius ſe fit donner la mort par Pindare ſon affranchi, 42 avant J. C.

CASSIUS LONGINUS, ( Lucius) Préteur Romain, Juge redoutable & inflexible, dont le Tribunal étoit *l'écueil des accuſés,* fut auteur de la fameuſe maxime *Cui bono?* dont le ſens eſt qu'*on ne fait jamais de crime ſans avoir quelq. intérêt en vue.* Il vivoit environ 113 avant Jeſus-Chriſt.

CASSIUS VISCELLINUS, ( Spurius) fameux Romain, après avoir été trois fois Conſul, une fois Général de la cavalerie, & après avoir obtenu deux fois l'honneur du triomphe, fut accuſé d'aſpirer à la Roïauté, & précipité du mont Tarpeïen, 485 avant J. C.

Il y a eu pluſ. autres perſonnes célebres du nom de Caſſius.

CASTALION, ( Sébaſtien) dont le vrai nom eſt *Chateillon,* étoit du Dauphiné où il naquit en 1515. Il s'acquit à Strasbourg, en 1540, l'eſtime & l'amitié de Calvin, qui lui fit avoir une Chaire dans le College de Geneve; mais trois ans après, s'étant brouillé avec Calvin & avec Théodore de Beze, il ſe retira à Bâle, où il enſeigna le grec. Il mourut le 29 Décembre 1563. Caſtalion ſavoit le latin, le grec, & l'hébreu. On a de lui un gr. nombre d'ouvr. Les princ. ſont, 1. une verſion latine & françoiſe de l'Ecriture, qui a fait beaucoup de bruit. La verſion françoiſe impr. à Bâle en 1555, eſt très rare : 2. quatre Livres de dialogues, qui contiennent en beau latin les principales hiſtoires de la Bible. Il y a eu de ce dernier ouvr. un gr. nombre d'éditions. Un anonyme l'a publié depuis peu, & l'a mis entre les mains de la jeuneſſe; mais il a commis trois fautes : 1. Il l'a donné comme de lui, ſans faire aucune

aucune mention de Caftalion : 2. Il a laiffé des endroits qui ne font pas conformes à la doctrine Catholique. 3. enfin il n'a pas changé les noms propres, à la maniere des Catholiq. A cela près, ce petit ouvr. eft excellent, & très propre à former la jeuneffe à la piété & à la latinité.

CASTEL, (Edmond) favant Théologien Anglois du 17e fiecle, s'eft diftingué par fon érudit. dans les Langues orientales. Il profeffa l'Arabe à Londres, & fut enfuite Chanoine de Cantorbéri. Il mourut accablé de dettes en 1685. C'eft lui qui eut la meilleure part à la Bible Polyglotte de Londres, & qui fit l'excellent Dictionnaire en fept Langues, *Lexicon Heptaglotton*, qui lui affoiblit la vue & qui le ruina.

CASTEL, (Pérard) fav. Avocat au Confeil, natif de Vire, fut banquier expéditionnaire en Cour de Rome, & m. en 1687. On a de lui pluf. ouv. fur les matieres bénéfic.

CASTEL, (Louis-Bertrand) fameux Jéfuite du 18e fi., naquit à Montpellier le 11 Nov. 1688, & entra chez les Jéfuites le 16 Octobre 1703. Il cultiva les Belles-Lettres dans fa jeuneffe, & il les enfeigna felon la coutume des Jéfuites. Il s'adonna enfuite tout entier à l'étude des Mathématiques & de la Phyfique. Avant l'âge de 30 ans, il avoit lu la plûpart des Mathématiciens, & il favoit bien l'Hiftoire des Mathématiques. S'étant fait connoître par quelques effais relatifs à fon goût & à fon génie, ces ébauches tomberent entre les mains de M. de Fontenelle & du P. de Tournemine, l'un & l'autre Protecteurs des fuccès naiffans. Ils jugerent que le Pere Caftel ne feroit point déplacé dans la Capitale, & ils confeillerent à fes Supérieurs de le faire paffer de Touloufe à Paris : c'étoit fur la fin de 1720. Dès-lors le P. Caftel jetta dans fes ouvrages & dans le public les fondemens de fes trois gt. fyftèmes : celui de la pefanteur univerfelle ; celui du développement des Mathématiques, & celui de la Mufique en couleurs, ou du

*Tome I.*

clavecin pour les yeux. C'eft par ces trois chofes qu'il faut apprécier le genie du Pere Caftel. Sa doctrine de la pefanteur étoit, felon lui, la clé du fyftème de l'Univers. Tout dépendoit de deux principes, de la gravité des corps, & de l'action des efprits : gravité des corps qui les faifoit tendre fans ceffe au repos ; action des efprits, qui rétabliffoit fans ceffe les mouvemens : gravité des corps en tous fens, & princip. vers les centres ; action des efprits efficace partout, capable en tout tems de rompre l'équilibre & d'empêcher l'inertie de la machine du monde. Ce fyftème expofé dans fon *Traité de la pefanteur univerfelle*, Paris 1724, en 2 vol. *in-12*, fut attaqué par le fameux Abbé de Saint Pierre, auquel le P. Caftel répondit. Ces deux efprits finguliers, quoiqu'affez faits l'un pour l'autre, fe partageoient néanmoins dans leurs vues : l'un mettoit la politique à la tête de tout ; l'autre fongeoit d'abord à la Phyfique, & vouloit que l'adminiftration des Empires fuivît ou imitât le méchanifme du monde. La *Mathématique univerfelle* du P. Caftel, imprim. à Paris en 1728, *in 4°*, lui valut d'être admis dans la Société roïale de Londres, fans contradiction, fans follicitation, & fans intrigue. Il fut auffi de l'Acad. de Bourdeaux & de celle de Rouen. Le *Clavecin oculaire* acheva de rendre très cél. le nom du P. Caftel. Il en annonça le projet dès l'an 1725 dans le Mercure de Nov., & il en développa toute la théorie à M. le Préfident de Montefquieu dans les fix derniers Journaux de Trevoux de 1735. Non content de démontrer l'analogie des fons & des couleurs, ce qui étoit l'affaire d'un Géometre, il entreprit de dreffer la machine du Clavecin chromatique, ce qui devoit être l'entreprife de quelque curieux Millionaire. La meilleure partie de fes jours s'eft écoulée dans l'exercice prefque méchanique de cette conftruction, par le moïen de laquelle, en variant les couleurs, il prétendoit affecter l'organe de la vue, comme le Clavecin ordinaire affecte celui de l'ouie par la variété des sons. On ne doute point que les couleurs, les odeurs, & les saveurs ne soient susceptibles d'une comparaison & d'une combinaison semblable à celle des tons de la Musique ; mais en peut-on conclure la possibilité d'un Clavecin pour la vue, d'un autre pour le goût, & d'un troisieme pour l'odorat, comme il y en a un pour l'ouie ? Le Pere Castel mit tout en œuvre pour accréditer son Clavecin pour les yeux, mais ce Clavecin fabriqué à plusieurs reprises & même à gr. frais, n'a ni rempli le dessein de l'Auteur, ni l'attente du public ; il donna cependant lieu à plus. observations importantes. Le P. Castel écrivit aussi sur & contre le Newtonisme, & travailla pendant près de 30 ans au Journal de Trevoux. Son imagination vive & quelquefois excessive, le jettoit assez souvent dans des écarts, dans des saillies, & dans des singularités qui ont quelque chose d'original & même de comique ; mais quand il avoit assez de sang froid pour retenir son imagination sous les loix de la raison, son style étoit attraïant & convenable, il parloit, il écrivoit bien. Toujours assidu aux devoirs de son état, & rempli de respect pour la Religion, le P. Castel mena une vie exemplaire & édifiante. Il m. avec de gr. sentimens de piété le 11 Janv. 1757, à 69 ans On a de lui, outre les Livres dont nous avons parlé dans cet article, *le plan d'une Mathématique abregée*, Paris 1727, *in-4°*. Un Traité intitulé *Optique des couleurs*, Paris 1740, *in-12*, & plusieurs autres ouvr. dont on peut voir la liste dans le Journal de Trevoux, au second vol. d'Avril de 1757.

CASTELLAN, ( Pierre ) *voyez* CHATEL.

CASTELLI, ( Bernard ) Peintre Italien ; né à Genes en 1557, excelloit dans le coloris & le portrait. Il étoit ami intime du Tasse, & se chargea de graver les figures de *la* Jérusalem délivrée. Il m. à Genes en 1629, laissant plus. fils, dont Valerio Castelli, né à Genes en 1625, se rendit célebre, & surpassa son pere. Il excelloit surtout à peindre les batailles. Il mour. en 1659. Barthelemi Biscaino, bon Peintre & excellent Graveur, mort en 1657, à 15 ans, étoit son éleve.

CASTELNAU, ( Jacques Marquis de ) Maréchal de France, d'une famille noble & ancienne, se signala en plus. sieges & combats. Il eut le commandement de l'aîle gauche à la bataille des Dunes le 14 Juin 1658, & fut blessé deux jours après au siege de Dunkerque. Il mourut de ses blessures à Calais le 15 Juill. suiv. à 38 ans.

CASTELNAU, ( Michel de ) de la même famille, fut employé en diverses négociations importantes sous les Rois Charles IX & Henri III. Il fut cinq fois Ambassadeur en Angleterre, & mourut en 1592. On a de lui des Mémoires de ses négociations, dont M. le Laboureur a donné une édition *in-fol.*

CASTELNAU, ( Henriete Jule de ) Comtesse de Murat, a fait quelques petites pieces de Poésies, des Chansons, & un Roman intitulé, les Lutins de Kernosi. Elle mourut en 1716, à 45 ans.

CASTELVETRO, ( Louis de ) l'un des plus subtils écrivains du 16e siecle, natif de Modene, est principalement connu par son Commentaire sur la poétique d'Aristote : ouvrage estimé, & dont la meilleure édition est celle de Vienne en Autriche. Castelvetro se fit un gr. nombre d'ennemis par sa démangeaison à critiquer, & surtout par sa dispute avec Annibal Caro, Poète Italien de son tems. On le défera en 1560 au Tribunal de l'Inquisition pour crime d'héréfie, parcequ'il avoit traduit en Italien un Livre de Mélanchton. Le Pape lui promit qu'on le traiteroit doucement, mais après avoir subi trois interrogatoires craignant d'être condamné, il se sauva à Bâle, où il mourut en 1571. On dit que le feu aïant pris dans sa maifon, lorfqu'il étoit à Lyon, *il fe mit d'crier, al Poëtica, fauvez ma Poétique* faifant paroître, par fes cris, qu'il regardoit cet ouvr. comme la meilleure production de fa plume.

CASTIGLIONE, Peintre, *voyez* BENEDETTE.

CASTIGLIONI, ou CASTELION, ( Balthafar ) Poète du 16e fi., né à Mantoue en 1478, époufa la cél. Hippolyte Taure lla, ou plutôt Torelli, & fe diftingua par fes ouvr. en vers & en profe. Jules Scaliger fait un gr. éloge de fes Poëfies latines. Caftiglioni fut envoïé par Clément VII vers Charles Quint, qui lui donna l'Evêché d'Avila. Il m. à Tolede le 5 Février 1529. Son Livre *du Courtifan* lui acquit beauc. de réputation.

CASTOR & POLLUX, freres d'Hélene, & fils de Jupiter & de Léda, fuivirent Jafon dans la Colchide, & fe fignalerent à la conquête de la Toifon-d'or. Jupiter donna l'immortalité à Pollux, qui la partagea avec Caftor, lorfque ce dernier eut été tué. Ils mouroient & vivoient alternativement & furent placés au figne des Jumeaux. Cette derniere fable vient de ce que ces étoiles ne fe font jamais voir toutes les deux à la fois.

CASTRICIUS, ( Marcus ) Magiftrat de Plaifance, 85 ans av. J. C. refufant des otages au Conful Cneïus Carbo, qui vouloit engager cette Ville dans le parti de Marius contre Sylla; Carbo lui dit, pour l'intimider, qu'il avoit beauc. d'épées: *& moi beaucoup d'années*, répartit Caftricius, voulant fignifier par-là le peu de jours qu'il avoit encore à vivre. Il ne faut pas le confondre avec Titus Caftricius, célebre Rhéteur Romain au fecond fiecle.

CASTRIOT, *voyez* SCANDER-BERG.

CASTRO, ( Alfonfe de ) célebre Théolog. du 16e fiecle, natif de Zamora, fe fit Relig. de S. François, & fuivit Philippe II en Angleterre, lorfque ce Prince y alloit époufer la Reine Marie. Il fut nommé à l'Arch. de Compoftelle; mais il mour. à Bruxelles le 13 Février 1558, à 63 ans, avant que d'avoir reçu fes Bulles. Le Pere Feuardent publia fes ouvr. à Paris en 1578. Le principal & le plus eftimé It le Traité contre les héréfies. C'eft un ouvrage d'hiftoire & de Controverfe.

CASTRO, ( Léon de ) Chanoine de Valladolid au 16e fiecle, & Profeffeur de Théol. à Salamanq. s'eft fait connoître par un ouvr. latin, dans lequel il foutient, contre Arias Montanus, que le texte de la Bible vulgate & celui des Septante, eft préférable au texte hébreu; mais il eft bien inférieur en fcience à Arias Montanus. Il mourut en 1580.

CASTRO, ( Paul de ) l'un des plus célebres Jurifconfultes du 15e fiecle, ainfi nommé de Caftro fa patrie enfeigna le Droit à Florence, à Bologne, à Sienne & à Padoue, avec tant de réput. qu'on difoit ordinairement de lui: *Si Bartolus non effet, effet Paulus.* Il mourut fort vieux en 1437. Il y a plufieurs éditions de fes ouvrages.

CASTRUCCIO, CASTRACANI, fameux Capitaine du 14e fiecle, natif de Lucques, étoit de l'anc. Maifon des Anfelminelli ou des Intelminelli, qui fubfifto t encore dans le 16e fi Plufieurs branches partageoient cette Maifon: de celle des Caftracani, fortirent deux Freres François & Gheri; c'eft de ce dernier que naquit Caftruccio au mois de Mars 1281. L'Italie fe trouvant alors partagée entre les factions des Guelfes & des Gibelins, les Parens de Caftruccio, qui tenoient à la derniere, furent obligés de fe retirer avec lui à Ancone, où ils moururent peu de tems après. Caftruccio, qui avoit alors 20 ans, ne pouvant retourner à Lucques, paffa en Angleterre auprès d'un de fes Parens, & s'infinua dans la faveur d'Edouard; mais quelque-tems après aiant tué un Seigneur de la Cour dont il avoit reçu un fouflet, il fe retira en Flandres, où il prit parti dans l'armée de Philippe le Bel. Il s'y fignala en pluf. rencontres, & il y fit paroître dès-lors sa capacité dans l'Art militaire. Castruccio couvert de gloire & comblé des bienfaits de Philippe *le Bel* retourna en Italie en 1513. Il alla à Pise qui servoit alors de retraite aux Gibelins chassés de Lucques. Huguccione de Faggiola, natif d'Arezzo, & de la faction Gibeline, aïant forcé la ville de Lucques à faire un accommodement, un des Articles du Traité fut, que la Maison des *Intelminelni* seroit rétablie : ainsi Castruccio fut rétabli dans ses biens. Il prit de si justes mesures avec Hugguccione, que les Gibelins entrerent dans la ville en 1314 & forcerent les Guelphes d'en sortir. Castruccio se fit tellement aimer du Peuple par une conduite sage & prudente, qu'Hugucione aïant été chassé à cause de ses cruautés, il fut élu Gouverneur. Il s'empara de Pistoie & de plus. autres villes & ravagea l'Italie. Il s'allia avec l'Empereur Louis de Baviere, contre le Pape Jean XXII & contre Robert Roi de Naples & les Florentins. Louis de Baviere lui donna l'investiture de Lucques sous le titre de *Duché*, avec le titre de *Sénateur de Rome*. Le Cardinal Jean Cajetan des Ursins pour lors Légat en Italie, n'aïant pu arrêter Castruccio dans ses Conquêtes, l'excommunia : ce qui ne fit qu'augmenter le mal, qui ne finit qu'à la mort de Castruccio arrivée le 3 Décembre 1328. Il eut de sa femme cinq filles & quatre fils qui n'eurent pas le même bonheur que lui, & qui ne purent conserver l'autorité qu'il avoit eue. Machiavel a écrit sa vie, mais elle n'est pas estimée. Alde Manuce le jeune en a donné une vie plus exacte, imprimée à Lucques en 1590 : Nicolas Tegrimo, Auteur contemporain, a aussi écrit la vie de Castruccio. Elle se trouve dans le Tome XI des Ecrivains d'Italie, par Muratori. *Voyez* le Mémoire de M. l'Abbé Sallier, Tom. 7 des Mém. de l'Acad. des Inscriptions.

CATEL, ( Guillaume ) natif de Toulouse, d'une des meilleures familles de cette Ville, y fut Conseiller au Parlement, & mourut le 5 Octobre 1626. On a de lui une Histoire des Comtes de Toulouse, & des Mémoires de Languedoc.

CATHARIN, ( Ambroise ) célebre Théologien du 16e siecle, natif de Sienne, enseigna le Droit, sous le nom de Lancelot Politi, jusqu'à l'âge de 30 ans. Il se fit Dominic. en 1515, & prit le nom de *Catharin*. Alors il s'appliqua à la Théologie, & s'y acquit un gr. nom. Il parut avec éclat au Concile de Trente, fut Evêque de Minori en 1547, & Archevêque de Conza en 1551. Il mourut quelque-tems après. On a de lui plusieurs ouvr. où il fait paroître beaucoup d'esprit, & soutient des sentimens singuliers sur la prédestination, & autres points de Théologie. Il prétend que S. Jean l'Evangéliste n'est point mort, mais qu'il a été enlevé au Ciel comme Hénoch & Hélie. C'est lui qui a défendu le premier avec ardeur que l'intention extérieure est suffisante dans le Ministre des Sacremens, c'est-à-dire, que le Sacrement est valide, pourvu que celui qui l'administre fasse extérieurement les cérémonies requises, quoiqu'intérieurement il puisse avoir la pensée de se moquer du Sacrement & des choses saintes. Catharin est fort libre dans ses sentimens, & ne s'embarrasse point de s'écarter de ceux de S. Augustin, de S. Thomas, & des autres Théologiens. Au reste, son opinion sur l'intention extérieure du Ministre des Sacremens, a toujours été suivie en Sorbonne dans les décisions des cas de conscience.

CATHERINE, ( Sainte ) que l'on dit avoir été une Vierge d'Alexandrie si savante, qu'à l'âge de 18 ans elle disputa contre 50 Philosophes & les vainquit par la force de ses raisonnemens, fut martyrisée, dit-on, sous le regne de Maximin. Mais on n'a rien de certain touchant Sainte Catherine Vierge & Martyre, & l'on n'en parle qu'au commenc. du 9e siecle, à l'occasion du corps d'une fille trouvée sans corruption dans la montagne de Sinaï, en Arabie. Les Chrétiens de ce païs prirent ce corps pour celui d'une Sainte Martyre qu'ils nommerent *Catherine*, c. à d. *pure & sans tache*, & lui rendirent un culte Religieux, qui passa aux Grecs & aux Latins. La Fête de cette Sainte se célebre le 25 Novembre.

CATHERINE DE SIENNE, ( Sainte ) cél. Religieuse du tiers Ordre de S. Dominique, naquit en 1347, & fit vœu de Virginité dès l'âge de 8 ans. Quelque-tems après elle prit l'habit de l'Ordre de S. Dominique, & se fit admirer dans la suite par son esprit, par sa charité, par son zele & par ses Ecrits. Etant allée à Avignon pour accorder les Florentins avec Grégoire XI qui les avoit excommuniés, elle pressa tellement ce Pontife par ses discours & ses sollicitations, qu'elle l'engagea à sortir de France & d'aller à Rome en 1377, où il rétablit le siege Pontifical 70 ans après que Clément V l'eut transporté en France. Elle m. en 1380 à 33 ans, & fut Canonisée par Pie II en 1461. On lui attribue diverses Lettres imprimées & quelques petits Traités de dévotion.

CATHO ou CATTHO, ( Angelo ) natif de Tarente fut envoïé auprès du Duc Charles de Bourgogne, qui le retint à son service & lui donna une Pension; mais après la bataille de Morat, Catho se retira à la Cour de Louis XI qui le fit son Aumônier, puis Archevêque de Vienne. On dit qu'il servoit de Médecin & d'Astrologue à ce Monarque. Quoi qu'il en soit, Catho qui avoit lié amitié à la Cour de Bourgogne avec Philippe de Comines, la continua à la Cour de Louis XI, & l'engagea à écrire les Mémoires que nous avons de lui. Il m. à Vienne & y fut enterré. Il avoit ces mots pour devise : *Ingenium superat vires*.

CATILINA, ( Lucius ) fameux Romain, né d'une famille noble, avoit l'esprit vif, un gr. courage & des talens supérieurs. Aïant dépensé tout son bien par ses débauches, il forma le dessein d'opprimer sa patrie, de détruire le Sénat, d'enlever le trésor public, de mettre Rome en feu, & d'en usurper la Souveraineté. Pour y réussir, il mit dans son complot plus. jeunes gens de la premiere qualité, auxquels, on dit, qu'il fit boire du sang humain pour gage de leur union. Sa conjuration fut découverte par la vigilance de Cicéron alors Consul, & déclarée par Fulvie, amante d'un des Conjurés. Cicéron aïant accusé & convaincu Catilina en plein Sénat, celui-ci se retira en menaçant *qu'il éteindroit sous les ruines de Rome l'embrasement dans lequel on le précipitoit*. Ensuite s'étant mis à la tête d'une armée avec plus. des Conjurés, il combattit avec une valeur incroïable contre Petreïus, Lieutenant du Consul Antoine, collegue de Cicéron; mais il fut défait & tué dans le combat 62 avant J. C. C'étoit un homme ambitieux, entreprenant & capable de détruire la République Romaine, si l'on n'avoit point découvert sa conspiration. Lentulus, Cethegus, & les principaux des Conjurés avoient été arrêtés par ordre du Sénat avant la bataille. Salluste a donné une excellente Histoire de cette conjuration.

CATINAT, ( Nicolas ) Maréchal de France, né le prem. Septembre 1637, d'une famille noble, se signala par sa valeur & par sa sagesse en plusieurs siéges & combats. Il fut Maréchal de France le 27 Mars 1693, & mourut dans sa terre de S. Gratien le 25 Février 1712, à 74 ans.

CATON le Censeur, ( Marcus Portius ) célebre Romain, natif de Tusculum, alla à Rome à la sollicitation de Valérius-Flaccus, & fut élu Tribun militaire de Sicile vers 205 avant J. C., & ensuite Questeur en Afrique sous Scipion, qu'il accusa devant le Sénat. Alors il fut fait Préteur, charge qu'il exerça avec beaucoup de justice. Il conquit la Sardaigne, la gouverna avec une modération admirable, & fut créé

Conful. Etant Tribun dans la guerre de Syrie, il donna des preuves de fa valeur & de fon courage contre Antiochus *le Grand*. A fon retour, on le fit Cenfeur ; charge importante, qu'il exerça avec une intégrité fans exemple. Ses ennemis l'accuferent plufieurs fois, mais ils ne purent jamais ternir fon innocence par leurs calomnies. C'eft lui qui fit entreprendre la 3e guerre punique, & qui dans les délibérations du Sénat, concluoit toujours pour la ruine de Carthage. Il mourut vers 148 avant J. C. à 86 ans. Il avoit époufé Salonia, fille d'un de fes domeftiques, dont il eut un fils qui fut auffi Cenfeur, & qui fe fign-la fous Paul Emile dans la guerre de Macédoine. Caton *le Cenfeur* étoit, felon Cicéron, un excellent Orateur, un Sénateur accompli, & un gr. Général. Il apprit le grec dans fa vieilleffe, & compofa des ouvrages qui fe font perdus. Il fe repentoit ordinairement de trois chofes ; d'avoir paffé un jour fans rien apprendre, d'avoir confié fon fecret à fa femme, & d'avoir été par eau, lorfqu'il pouvoit voïager par terre. On lui attribue mal-à-propos quatre Livres de Diftiques.

CATON D'UTIQUE, ainfi nommé du lieu de fa mort, étoit arriere-petit-fils du précédent. Il fut élevé chez fon oncle Livius Drufus, & fit paroître dès fon enfance tant de courage, que n'aïant que quatorze ans, il demanda une épée pour tuer le tyran Sylla. Caton aimoit la Philofophie, & s'attacha à la Secte des Stoïciens, où il puifa cette grandeur d'ame dont il donna des marques en tant d'occafions. Il fit fa première campagne dans la guerre des Efclaves révoltés fous Spartacus, 73 av. J. C., & commanda peu de tems après 1000 hommes de pié dans la Macédoine. A fon retour, il fut fait Quefteur, & demanda la dignité de Tribun pour empêcher un méchant homme de l'avoir. Il fe joignit à Cicéron contre Catilina, & s'oppofa à Céfar dans le Sénat. Ses Ennemis le firent nommer pour aller s'emparer de l'Ifle de Chypre, qui avoit été injuftement confifquée fur Ptolomée, penfant par cette démarche lui faire perdre fa réputation ; mais il s'y conduifit avec tant de prudence, qu'on n'eut rien à lui reprocher. Caton fit tous fes efforts pour accorder Céfar & Pompée durant les guerres civiles ; mais n'aïant pu y réuffir, il fuivit le parti de Pompée, qu'il regardoit comme le Défenfeur de la République. Enfin, après la bataille de Pharfale & la m. de Pompée, il fe retira à Utique, où aïant appris que Céfar le pourfuivoit, il confeilla à fes amis de prendre la fuite, & à fon fils d'éprouver la clémence du Vainqueur. Il fe mit enfuite fur fon lit, lut deux fois le Traité de l'immortalité de l'ame de Platon, & fe donna un coup de poignard dont il mourut 45 av. J. C. à l'âge de 48 ans. Les Hiftoriens en ont fait un gr. éloge. Il y a néanmoins beauc. de traits dans fa vie qui ne lui font point honneur, & fur lefquels il eft impoffible de l'excufer.

CATON, ( Valérius ) Poète & Grammairien latin, naquit dans la Gaule Narbonnoife felon Suétone. Il ouvrit à Rome une école qui lui acquit une réputation brillante, & qui lui procura des biens confidér. ; mais il les perdit bientôt, & fupporta avec fermeté une extrême indigence. Il nous refte de lui une piece intitulée *Diræ*, ou Imprécations, qu'il compofa en quittant fa patrie & fa maîtreff. Cette piece a fouvent été imprimée avec les *Catalectes* de Virgile. Valérius Caton m. dans un âge fort avancé, environ 30 ans avant J. C.

CATROU, ( François ) célebre Jéfuite, naquit à Paris le 28 Décembre 1659, de Mathurin Catrou, Confeiller-Sécretaire du Roi, & de Marthe de Luber. Après avoir fait fes Humanités & fa Philofophie avec diftinction, il renonça aux avantages temporels que lui offroit M. de Luber, fon oncle, Tréforier Général de la Marine, & entra chez les Jéfuites en 1677. Ses Supérieurs l'aïant deftiné à la Chaire, il prêcha pendant fept ans avec applaudiffement ; mais le dégoût que lui caufoit la contrainte d'apprendre par cœur, lui fit abandonner le miniftere de la Prédication. Comme *le Journal de Trevoux* commençoit alors, le Pere Catrou fut choifi pour y travailler ; ce qu'il fit environ 12 ans. Il s'appliqua en même tems à d'autres ouvrages, qui le firent connoître des Savans, & mourut à Paris le 18 Octobre 1737, à 78 ans. On a de lui : 1°. Une *Hiftoire générale de l'Empire du Mogol* : dont la plus ample édition eft celle de 1715, en 4 vol. *in-12.* 2°. *L'Histoire du Fanatifme des Religions Proteftantes.* Elle contient l'hiftoire des *Anabaptiftes*, du *Davidifme* & des *Quakers* ou *Trembleurs*, 3 vol. *in-12.* 3°. Une Traduction françoife de Virgile, avec des Notes critiques & hiftoriques, dont la meilleure édit. eft celle de 1729, en 4 vol. *in-12.* 4°. Enfin, une grande *Hiftoire Romaine*, avec des notes. C'eft ici le principal ouvr. du Pere Catrou. Les notes en font eftimées, & font du Pere Rouillé, Jéfuite, mort le 7 Mai 1740, qui étoit affocié au Pere Catrou pour la compofition de cet ouvr., & qui le continuoit. Le Pere Routh eft chargé de l'achever.

**CATULUS**, Conful Romain, *voyez* LUCTATIUS.

**CATULLE**, ( Caïus - Valerius ) excellent Poëte latin, né à Vérone 86 av. J. C. s'acquit par la beauté & la délicateffe de fes vers, l'eftime & l'amitié de Cicéron & des autres gr. hommes de fon tems. Il feroit à fouhaiter qu'il n'eût point fouillé fes Poéfies d'obfcénités & de penfées lafcives. Il fit des vers fatyriques contre Céfar, qui fe contenta d'une legere fatisfaction, & le pria le même jour à fouper. Clodia fut celle des femmes qu'il aima le plus. Il lui donna le nom de Lefbie par allufion à Sapho, qui étoit de l'Ifle de Lefbos. Il vécut toute fa vie dans la pauvreté, & mour. vers 57 av. J. C. Jofeph Scaliger, Paffe

rat, Muret & Ifaac Voffius ont fait de fav. notes fur ce Poète.

**CATTHO**, *voyez* CATHO.

**CATZ**, ( Jacques ) gr. Jurifconfulte, politique & Poëte Hollandois, naquit à Browershaven en Zelande l'an 1577. Après avoir fait divers voïages, il fe fixa à Middelbourg, & s'acquit par fes plaidoiers une fi haute réputation, que la ville de Dordrecht le choifit pour fon Penfionnaire, ce que fit auffi peu de tems après celle de Middelbourg. Il fut nommé en 1634 Penfionnaire de Hollande & de Weft-Frife, & en 1648, il fut élu garde du Sceau des mêmes Etats & Stadhouder des Fiefs ; mais quelque-tems après il réfigna tous fes emplois pour jouir du repos que fon âge déja avancé demandoit. Comme la charge de gr. Penfionnaire avoit été funefte à prefque tous ceux qui l'avoient exercée, depuis la naiffance de la République jufqu'à lui, Catz en donnant fa démiffion fe mit à genoux devant toute l'affemblée des Etars pleurant de joie, & remerciant Dieu de l'avoir garanti des inconvéniens qui fembloient attachés aux devoirs de cette charge. Quelque réfolu qu'il fut à paffer en repos le refte de fes jours, l'amour de la patrie l'engagea cependant à fe rendre aux inftances des Etats, qui le prierent d'aller en ambaffade en Angleterre dans les conjonctures délicates où la République fe trouvoit pendant la Régence de Cromwel. Mais à fon retour d'Angleterre, il fe retira dans fa belle campagne de Sorgvliet, où il vécut tranquillement jufqu'en 1660, qui eft l'année de fa mort. On a de lui un gr. nombre de Poéfies Hollandoifes, prefque toutes morales, & fi eftimées qu'elles ont été réimprimées très fouvent en toutes fortes de formats, & qu'après la Bible, il n'y a point d'ouvr. dont les Hollandois faffent tant de cas. La derniere édition de fes Œuvres a paru en 1726 en 2 vol. *in-fol.*

**CAVALCANTI**, (Guido) Poète & Philofophe Florentin, mort en

1300, dont on a divers ouvr. en vers & en profe, entr'autres des regles pour bien écrire. Il ne faut pas le confondre avec Barthelemi Çavalcanti, né à Florence en 1503, qui étoit auffi très verfé dans les Belles Lettres, & qui fut emploïé par Paul III & par Henri II Roi de France. Il fit paroître beauc. de prudence, d'intégrité, & de capacité dans les affaires dont il fut chargé, & mourut à Padoue le 9 Décembre 1562. Ses princip. ouvr. font, *fept Livres de Rhétorique*, & un *Commentaire du meilleur état d'une République*.

CAVALIERI, ( Bonaventure ) fav. Mathématicien, natif de Milan, fut difciple de Galilée & ami de Toricelli. Il profeffa les Mathématiques à Bologne avec réputation. On a de lui *Directorium generale uranometricum*, & d'autres ouvrages excellens. Il mourut le 3 Déc. 1647.

CAVALLINI, ( Pietro ) Peintre & Sculpteur, natif de Rome, dont on eftime beauc. le Crucifix qu'il fit pour l'Eglife de S. Paul de Rome. Il mourut au 14e fiecle, à 85 ans.

CAVE, ( Guillaume ) fav. Théologien Anglois, & Chanoine de Windfor, diftingué par fon érudition dans l'Hiftoire Eccléfiaftique. Il mourut le 4 Août 1713. Le principal & le plus eftimé de fes ouvr. eft fon *Hiftoire Littéraire des Auteurs Eccléfiaftiques*, en latin, dont la meilleure édition eft celle d'Oxford 1740, 2 vol. *in-fol*.

CAVEDONE, ( Jacques ) Peintre Italien, né à Saffuolo dans le Modenois, en 1580, fut difciple d'Annibal Carrache, dont il imita parfaitement la maniere & les Tableaux. Sa famille lui fit éprouver tant de malheurs, que fon efprit fe dérangea, ce qui le réduifit à une telle mifere, qu'il fut contraint de demander publiquement l'aumône. Un jour, s'étant trouvé mal, on le traîna dans une écurie voifine, où il mourut à Bologne en 1660.

CAULASSI, *voyez* CAGNACCI.

CAULIAC, ( Gui de ) céleb. Médecin de l'Univerfité de Montpellier, au 14e fiecle, eft Auteur d'un Traité de Chirurgie, qui eft eftimé. Il fut Médecin des Papes Clément VI & Urbain V.

CAUMONT, *voyez* AMBOISE.

CAURROY, ( Euftache du ) l'un des plus gr. Muficiens de fon fiecle, étoit François, & mourut en 1609, à 60 ans. Il nous refte de lui une Meffe des Trépaffés, dont la Mufique favante & expreffive, rend tout le pathétique & toutes les horreurs de la mort.

CAUSSIN, ( Nicolas ) cél. Jéfuite, né à Troies en 1583, s'étant acquis beaucoup de réputation par fon éloquence & par fes ouvrages, fut choifi Confeffeur de Louis XIII ; mais ne s'étant point comporté en cette place au gré du Cardinal de Richelieu, il fut relegué en Bretagne, d'où il ne revint qu'après la mort de Louis XIII. Il mourut le 2 Juillet 1651. On a de lui plufieurs ouvr. Le plus connu eft intitulé *La Cour-Sainte*.

CAUX, ( Gilles de ) Poëte François, natif de la Paroiffe de Ligueris, dans la Généralité d'Alençon, eft Auteur d'une Tragédie, intitulée *Marius*, & de quelques petites pieces fugitives, entr'autres de celle qui a pour titre : *L'Horloge de fable, figure du monde*. Il mourut à Bayeux en 1733, à 51 ans.

CAXTON, ( Guillaume ) le premier qui a introduit l'Imprimerie en Angleterre, étoit né dans la Province de Kent. Il fut élevé dans le Commerce, & le Roi Edouard IV l'emploïa dans une Négociation publique & importante, où il lui donna la qualité d'*Ambaffadeur*. Caxton imprima dans l'Abbaïe de Weftminfter plufieurs Livres les uns de fa propre compofition, les autres qu'il avoit traduits. Les plus anciens imprimés de fa façon, avec datte, font de l'an 1480. Il m. en 1494, à plus de 80 ans.

CEBARES, nom de cet Ecuïer, qui, après la mort de Smerdis, ufant d'artifice, fit hennir le cheval de Darius, & lui procura, par ce ftratagême, le Trône de Perfe.

CEBES, Philofophe de Thebes, en Béotie, & difciple de Socrate, auquel on attribue un Dialogue intitulé *le Tableau de la vie humaine*. Cet ouvrage eft d'un Auteur plus récent. Gilles Boileau de l'Académie Françoife, en a donné une Traduction en françois, qui eft eftimée.

CECCO, Peintre, *voïez* SALVIATI.

CECILE, (Sainte) eft honorée comme Martyre dans l'Eglife latine depuis le 5e fiecle, mais on ignore ce qui concerne fa vie, fes actions & fa mort.

CECILIEN, Diacre de Carthage, fut élu Evêque de ce fiege en 311, après Menfurius; mais quelq. Prêtres de la même Eglife, à la tête defquels étoient Botrus, Celefius & une riche Dame nommée Lucille, excitèrent contre lui les Evêques de Numidie. Ils élurent en fa place Majorin, & déclarèrent fon ordination nulle, fous prétexte qu'elle avoit été faite par Felix d'Aptonge, accufé d'avoir livré les Livres facrés aux perfécuteurs du Chriftianifme. Donat de Cafenoire & pluf. Evêq. d'Afrique fe rangèrent du côté de Majorin; les autres perfiftèrent dans la communion de Cécilien, ce qui caufa un fchifme dans l'Eglife d'Afrique. L'Empereur Conftantin fe déclara en faveur de Cécilien en 312, & ordonna à Anulin, Proconful d'Afrique, de le faire reconnoître pour Evêque légitime; mais les Partifans de Majorin aïant préfenté des Mémoires au Proconful, il renvoïa l'affaire à l'Empereur, lequel nomma Maternus, Evêque de Cologne, Rhéticius, Evêque d'Autun, & Marini, Evêque d'Arles, pour juger cette caufe avec le Pape Miltiade. Ils s'affemblèrent en 313 dans le Palais de Latran, & y célebrèrent un Conc., où Cécilien fut déclaré Evêque légitime, & Donat de Cafenoire condamné. Cependant les Donatiftes perfiftant dans leur obftination, demandèrent un nou-

veau jugement à l'Empereur; il indiqua le célebre Conc. d'Arles tenu en 314. Cécilien y fut encore abfous, & fes Adverfaires condamnés. Enfin, les Donatiftes aïant appellé de nouveau à l'Empereur, il jugea, le 8 Novembre 316, que Cécilien étoit innocent, & fes Adverfaires des calomniateurs. Par ce jugement, Cécilien demeura paifible poffeffeur de l'Evêché de Carthage, & mourut vers 347. Il avoit affifté au Concile de Nicée en 325. Ce fchifme des Donatiftes troubla l'Eglife d'Afrique pendant deux fiécles.

CECILIUS, *voïez* METELLUS & STATIUS.

CECROPS, Egyptien, & le premier Roi des Athéniens, bâtit, ou felon d'autres, embellit la ville d'Athenes. Il époufa Agraule, fille d'Actée, & civilifa les peuples de l'Attique vers 1558 avant J. C. Il eut 16 defcendans jufqu'à Codrus, durant 488 ans.

CEDRENUS, (George) Moine Grec du 11e fiecle, dont on a des Annales depuis le commencement du monde jufqu'au regne d'Ifaac Comnene, Empereur de Conftantinople. Cet ouvrage eft une compilation faite fans choix & fans difcernement.

CELADA, (Didacus) fav. Jéfuite du 17e fiecle, a fait des Commentaires fur pluf. Livres de la Bible. Ils ont été imprimés enfemble à Lyon en 1658 en 6 vol. *in-fol.*

CELESTIN I, (S.) Romain, fuccéda au Pape Boniface I, en 423. Il condamna la doctrine de Neftorius dans un Conc. tenu à Rome en 430, & envoïa des députés au Concile général d'Ephefe en 431. Il avoit eu en 426 un différend avec les Evêques d'Afrique qui ne vouloient point reconnoître les appellations interjettées au S. Siege. Il m. en 432, après avoir gouverné l'Eglife avec beauc. de prudence & de fageffe. On a de lui pluf. Lettres importantes, dans l'une defquelles il approuve la doctrine de S. Auguftin fur les dogmes de la Grace

CELESTIN II, natif de Tiferne, fut élu Pape après innocent II, le 25 Septembre 1143, & mourut cinq mois après.

CELESTIN III, Romain, succéda au Pape Clement III, en 1191. Il eut beaucoup de zele pour la conquête de la Terre-Sainte, & se déclara en faveur de Richard, Roi d'Angl. Après la mort de l'Empereur Henri, Célestin donna la Sicile à Frédéric son fils, à condition qu'il paieroit un tribut au S. Siege. Il mourut en 1198. On a de lui 17 Lettres.

CELESTIN IV, de Milan, fut élu Pape le 22 Sept. 1241, après la mort de Grégoire IX. Il m. lui même dix-huit jours après son Election, regretté des gens de bien.

CELESTIN V, (S.) appellé auparavant *Pierre de Morron*, naquit à Isernia en 1215. Il entra dans l'Ordre de S. Benoît, & se retira en 1244 au Mont-Majella, où il institua l'Ordre des Célestins, qui fut approuvé par Grégoire X, au second Concile général de Lyon, en 1273. Célestin fut élu Pape le 5 Juillet 1294. Cinq mois après son Election, il fit une abdication volontaire du Pontificat, à la sollicitation de Benoît Cajétan, qui étoit à la tête des affaires politiques, & qui vouloit se faire élire. Il fut élu en effet, & prit le nom de Boniface VIII; mais comme Célestin se retiroit en sa solitude, Boniface le fit enfermer dans le Château de Fumon, où il mourut en 1296. Clément V le canonisa en 1313. On a de lui divers opuscules.

CELLARIUS, (Christophe) l'un des plus sav. hommes de son siecle, naquit à Smalcalde en 1638. Après avoir enseigné la Philosophie & les langues orientales en plusieurs Villes d'Allemagne, il fut fait Professeur d'éloquence & d'histoire à Hall en Saxe, où il s'acquit une gr. réputation. Il mourut le 4 Juin 1707, à 68 ans. On a de lui une savante Géographie anc. en latin, & un gr. nombre d'autres ouvr.

CELLINI, (Benevenuto) Peintre, Sculpteur, & Graveur, né à Florence en 1500, fut l'un des plus céleb. Artistes du 16e siecle. François I le combla de ses bienfaits, & le Pape Clément VII lui confia la défense du chât. S. Ange, où Cellini acquit beauc. de gloire par sa prudence & par sa bravoure. Il mourut à Florence en 1570. On a de lui l'histoire de sa vie *in-4°*. un Traité sur la Sculpture, & la maniere de travailler l'or.

CELSE, (Cornelius) céleb. Médecin du prem. siecle, dont on a huit Livres de Médecine en beau latin & d'autres ouvr. C'est l'Hippocrate des Latins. Quintilien en fait un grand éloge. Il excelle pour la partie chirurgicale.

CELSE, Philosophe Epicurien, au 2e siecle, composa contre les Chrétiens un ouvr. intitulé *Le discours véritable*, auquel Origene a fait une savante réponse à la sollicitation d'Ambroise son ami. C'est à ce Philosophe Epicurien que le *Pseudomantis* de Lucien est dédié.

CELTES, (Conrard) Poëte Latin, né à Sweinfurt, près de Wurtzbourg, en 1459, a composé des Odes, un Poëme sur l'Amour, des Epigram., un Poëme sur les mœurs des Allemands, & un autre sur les coutumes & sur la situation de Nuremberg. Il m. à Vienne en 1508.

CENALIS, en françois CENAU, (Robert) sav. Docteur de la Société de Sorbonne, & Evêque d'Avranches au 16e siecle, est auteur d'un gr nombre d'ouvrages. Il m. à Paris sa patrie en 1560.

CENE, (Charles le) cél. Théol. Protestant, naquit à Caen en 1647. Après avoir été quelque tems Ministre à Honfleur, il fut appellé à Charenton en 1682. Quelques-uns des Sermons qu'il y prêcha, le firent soupçonner d'Arminianisme & lui attirerent des affaires; mais avant qu'elles fussent terminées, la révocation de l'Edit de Nantes l'obligea de sortir de France. Le Cene se retira en Angleterre, où il s'appliqua beauc. à une nouvelle Traduction françoise de la Bible. Il en publia le projet en 1696. Ce projet eſt un des meilleurs ouvrages qui aïent été faits ſur l'Ecriture Sainte, il renferme quantité d'excellentes remarques, mais un peu trop de hardieſſe. Il m. à Londres en 1703. Son fils Libraire à Amſterdam fit imprimer en 1741, la verſion de Charles le Cene, avec la ſeconde partie du projet, qui n'avoit pas encore paru. Ces deux parties peuvent être regardées comme d'excellentes diſſertations préliminaires, ou comme une Préface générale de cette nouvelle Traduction françoiſe de la Bible. Mais il s'en faut beauc. que la Traduction ait été reçue avec autant d'applaudiſſement que le projet. Sous prétexte qu'il ne faut pas toujours traduire mot à mot, & qu'il faut exprimer le ſens, plutôt que les termes, le nouveau Traducteur s'eſt permis des libertés qui défigurent l'Ecriture Sainte & qui ne peuvent que révolter. Il a même affecté une ſingularité bizare & choquante en bien des choſes, qui bien loin de rendre l'Ecriture plus claire & plus intelligible, y donnent ſouvent un ſens, ou faux ou ridicule. Les autres ouvr. de Charles le Cene ſont, 1. *De l'état de l'homme après le péché, & de la prédeſtination au ſalut, où l'on examine les ſentimens communs, & où l'on explique ce que l'Ecriture Sainte nous en dit.* 2. *Entretiens ſur diverſes matieres de Théol., où l'on examine particulierement les queſtions de la grace immédiate; du franc-arbitre, du péché originel; de l'incertitude de la Métaphyſique & de la Prédeſtination.* Il y a une ſeconde partie, mais qui eſt de M. le Clerc. 3. *Converſations ſur diverſes matieres de Religion où l'on fait voir la tolerance que les Chrétiens des différens ſentimens doivent avoir les uns pour les autres, &c. avec un Traité de la liberté de conſcience, &c.*

CENSORIN, (Appius Claudius) Sénateur Romain, & gr. Capitaine au 3e ſiecle, fut deux fois Conſul, Préfet de Rome & Ambaſſadeur en Perſe & en Sarmatie. On l'éleva à l'Empire vers 269, pour l'oppoſer à Claude II; mais ſon extrême ſévérité le fit tuer par ceux mêmes qui l'avoient élu, ſept jours après ſon élection.

CENSORIN, écrivain du 3e ſiecle, très connu par ſon Traité *De die Natali*, ouvr. important pour la Chronologie.

CEPHÉE, Roi d'Arcadie, fut, ſelon la fable, rendu invincible, à cauſe d'un cheveu que Minerve lui avoit attaché ſur la tête, après l'avoir tiré de celle de Meduſe.

CERCEAU, (Jean-Antoine du) Jéſuite & Poète François, naquit à Paris en 1670. Il affecte d'imiter Marot; mais il eſt fort inférieur à cet excellent Poète, quoiqu'il ne manque ni d'eſprit, ni de talens. Il mourut à Veret, près de Tours, 4 Juillet 1730.

CERDA, (Jean-Louis) ſavant Jéſuite du 16e ſiecle, natif de Tolede, a fait d'amples Commentaires ſur Virgile, ſur une partie de Tertulien, & d'autres ouvr. Il ne faut pas le confondre avec de la Cerda, célèbre Poète Eſpagnol, dont les Tragédies ſont très eſtimées en Eſpagne.

CERDA, (Bernarde Ferreïra de la) illuſtre Dame Portugaiſe, au milieu du 17e ſiecle, étoit fille d'Ignace Ferreïra, Chevalier de Saint Jacques. Elle ſe diſtingua par ſon eſprit & par ſa ſcience. Elle étoit habile non ſeulement dans les Belles Lettres, mais auſſi dans la Philoſophie & les Mathématiques. Elle écrivoit bien en vers & en proſe, & publia un Recueil de diverſes Poéſies, un vol. de Comédies, un Poëme intitulé *Eſpagna Libertata*, & d'autres ouvrages.

CERDON, fameux Héréſiarque, vivoit ſur la fin du prem. ſiecle & au commencement du ſecond. On dit qu'il admettoit deux Dieux, l'un bon, & Créateur du Ciel, & l'autre, mauvais, & Créateur de la terre; qu'il rejettoit la Loi & les Prophêtes, & qu'il ne recevoit du nouveau Teſtament qu'une partie de l'Evangile de S. Luc , & quelques Epîtres de S. Paul. On ajoute qu'il fut maître de Marcion ; mais il est beaucoup plus vraisemblable qu'il n'en fut que le disciple , s'il est vrai, comme on l'assure , qu'il enseignoit que J. C. n'avoit pris qu'un corps *phantastique* , c'est-à-dire , un corps en apparence , & non pas un corps réel, composé de chair & d'os , comme le corps humain ; car tous les anciens font Marcion auteur de cette hérésie.

CERES, fille de Saturne & d'Ops , sœur de Jupiter & mere de Proserpine , est regardée par les Auteurs profanes , comme la Déesse des grains & des fruits. On dit qu'elle alla d'Egypte ou de Sicile en Grece , vers 1409 av. J. C. qu'elle apprit aux Athéniens à semer du bled , & que ▉ premier champ où Triptoleme en ▉ fut le champ Rarius près d'E▉ Selon la fable , Cerès vou▉ ▉ retrouver sa fille enlevée par Pluton , alluma deux flambeaux sur le Mont-Etna, pour la chercher nuit & jour par toute la terre. Dans cette recherche, étant à la Cour de Ceré , Roi de l'Attique , elle prit soin de l'éducation de son fils Triptoleme , & voulant le rendre immortel, elle le nourrissoit durant le jour de lait divin , & le cachoit la nuit dans le feu. Elle lui enseigna la maniere de labourer la terre & d'y semer du grain ; & l'aïant mis sur un char tiré par des serpens aîlés , elle l'envoïa par tout l'Univers enseigner l'agriculture à tous les hommes. Cerès de retour en Sicile , obtint de Jupiter que sa fille lui seroit rendue, si elle n'avoit rien mangé dans les enfers ; mais Proserpine aïant sucé sept grains d'une grenade dans les jardins de Pluton , ne put retourner sur la terre. Cependant Jupiter, pour consoler Cerès sa sœur , lui accorda que sa fille demeureroit six mois dans les Enfers avec son mari , & six mois avec elle dans le Ciel.

CERINTHE , fameux hérésiarque du tems de l'Apôtre S. Jean , étoit disciple de Simon le Magicien. Il enseignoit à Antioche , & soutenoit la nécessité de la circoncision , & des cérémonies légales. Il disoit aussi que le monde n'avoit pas été fait par le Dieu souverain ; que Jesus étoit un pur homme , & que le Christ s'étoit envolé au Ciel, tandis que Jesus avoit souffert , &c. C'est pour le réfuter que S. Jean , à la priere des fideles , écrivit l'Evangile. On dit que ce S. Apôtre aïant trouvé Cerinthe dans les bains publics , n'y voulut point entrer , & se retira en criant, *Fuïons, de peur que la maison ne tombe sur nous.* S. Irenée réfute au long les hérésies de Cerinthe.

CERQUOZZI , Peintre, *voyez* MICHEL-ANGE DES BATAILLES.

CERVANTES SAAVEDRA, ( Miguel de ) céleb. écrivain Espagnol, naquit en 1549 , à Séville. Selon quelques Auteurs , il se trouva à la fam. bat. de Lepante, n'étant que simple soldat , & y perdit la main gauche en combattant avec valeur. Il fut ensuite Secretaire du Duc d'Albe , & se retira à Madrid, où voïant que le Duc de Lerme , prem. Ministre de Philippe III , & les autres Seigneurs Espag. , étoient entêtés de Chevalerie , il composa son Roman de Dom Quichotte : ouvrage immortel , dans lequel il tourne en ridicule, d'une maniere fine, instructive & délicate, le mauvais goût du Duc de Lerme & de sa nation. Cependant, après avoir publié en 1605 , la prem. partie de son Roman, il fut maltraité par ordre du Ministre, ce qui l'empêcha de continuer , mais Fernandez de Avellaneda en aïant donné une mauvaise continuation en 1614, Miguel de Cervantes en donna lui même la seconde partie. Nous avons une excellente Traduction françoise de ce Roman , en 4 vol. *in-12.* par M. Filleau de S. Martin. Les volumes suivans ne sont point de Miguel Cervantes , & ne méritent point de lui être comparés. Il mour. en 1616. On a de lui d'autres ouvrages.

CESAIRE , (S.) frere de S. Grégoire de Nazianze & Méd. de l'Empereur Julien , prouva un jour , contre ce Prince, avec tant d'éloquence, l'impiété des Idoles, que Julien s'écria *O bienheureux pere? O malheureux enfans!* voulant marquer l'estime qu'il faisoit du pere, & la fermeté qu'il trouvoit dans la Religion des deux freres. Césaire quitta la Cour de Julien à la priere de S. Gregoire de Nazianze, & fut dans la suite Questeur de Bithynie. Il m. vers 368. On lui attribue quatre Dialogues; mais ils sont d'un auteur plus recent.

**CESAIRE**, (S.) Archevêq. d'Arles, au commencement du 6e sie. étoit, selon quelques Auteurs, de Châlons-sur-Saône. Il se rendit illustre par sa doctrine & par sa piété, présida au Conc. d'Agde en 506, au second Conc. d'Orange en 529, & à plus. autres. Le Pape Symmaque lui donna le Pallium. Il mourut le 27 Août 544. Nous avons de lui des Homélies & d'autres ouvrages dont il seroit à souhaiter que quelqu'un donnât une bonne édition.

**CESALPIN**, (André) savant Médecin, natif d'Arezzo, après avoir enseigné long tems à Pise, devint prem. Médecin du Pape Clement VIII, & mourut à Rome le 23 Février 1603, à 84 ans. On a de lui plus. ouvrages dans lesquels on voit clairement qu'il a connu la circulation du sang. Cesa'pin est aussi l'un des principaux Ecrivains de Botanique, aïant porté cette science plus loin qu'aucun de ceux qui l'avoient précédé. Ce qu'il est aisé de prouver par ses seize Livres *de plantis*, impr. à Florence en 1583 in-4°. On voit dans cet ouvrage qui est fort rare, qu'il compare la semence des plantes à l'œuf des animaux, & qu'il y dit, que comme il y dans l'œuf une petite partie, où l'animal est comme ébauché, le reste ne servant qu'à sa nourriture; de même la principale partie de la semence des plantes, est celle d'où sort la racine & le jet, puisque c'est une espece de petit germe, & que le reste de la semence ne sert qu'à sa nourriture. Outre cette découverte,

Cesalpin est encore inventeur de la vraie Méthode dans la distribution des plantes, c. à d. de cette Méthode réguliere de distribuer les plantes conformément à leurs natures, comme on le peut voir par le même ouvrage *de plantis*.

**CESAR**, (Caïus-Jules) premier Empereur Romain, & l'un des plus gr. Capitaines du monde, fils de Lucius-Julius César & d'Aurelie, naquit à Rome 98 ans av. J. C. Il prétendoit descendre d'Enée par son pere, & d'Ancus-Martius 4e Roi des Romains, par sa mere. Sylla voulut le faire mourir; mais il le laissa vivre à la sollicitation de ses amis, s'écriant: *Que celui dont les intérêts leur étoient si chers, ruineroit un jour la République.* César porta d'abord les armes en Asie sous le Préteur Thermus. A son retour, il accusa Dolabella de péculat. Il s'embarqua ensuite pour aller étudier à Rhodes sous Molon, & fut pris par des pyrates. Dès qu'il se vit délivré, il attaqua ces écumeurs de mer, & les fit tous pendre. César parvint aussitôt après aux charges de Tribun militaire, de Questeur, d'Edile, de Souverain-Pontife, de Préteur & de Gouverneur d'Espagne. On dit qu'alors aïant vu le portrait d'Alexandre dans le Temple de Cadis, il versa des larmes, en disant: *Qu'il n'avoit encore rien fait de remarquable, tandis qu'à son âge, Alexandre avoit subjugué presque tout le monde.* A son retour il fut Consul avec Bibulus, dont il fut cause de l'expulsion, parceque Bibulus s'étoit opposé à la Loi Agraire. Pendant son Consulat, appuié de Pison son beaupere, & de Pompée son gendre, il obtint le Gouvernement des Gaules. Il subjugua les Gaulois, défit les Germains, & soumit les peuples de la Gr. Bretagne. Durant ses conquêtes, Julie sa fille & femme de Pompée, étant morte, l'intelligence entre lui & Pompée fut entierement détruite, l'un ne pouvant souffrir de maître, ni l'autre d'égal. Pour punir le Sénat, qui, pendant son absence, s'étoit opposé à toutes ses demandes, à la follicitat. de Pompée, il entra en Italie ( 51 avant J. C. ) avec son armée victorieuse. Ses ennemis prirent la fuite. César s'empara de quelques places, alla en Espagne combattre l'armée de Pompée, commandée par Petreius, Afranius & Varron, qu'il défit en peu de tems. De retour à Rome, il assembla son armée, & passa en Macédoine pour attaquer Pompée. La célebre bataille de Pharsale, 48 av. J. C. décida le différend, & donna à César victorieux l'Emp. du monde. Il poursuivit Pompée jusqu'à Alexandrie, où aïant appris que ce gr. homme avoit été tué, il en versa des larmes. Il défit ensuite Prolomée, & se rendit maître de l'Egypte; défit Pharnace, fils de Mithridate, dans le Pont, vainquit Scipion & Juba en Afrique, & les fils de Pompée en Espag. Tant de victoires aïant affermi sa puissance, il triompha quatre jours de suite & fut élu Dictateur perpétuel; ce qui rendoit son autorité égale à celle d'un Roi: dignité qui avoit fait jusque-là l'objet de son ambition; mais dont il n'osa jamais prendre ou se laisser donner le titre; quoique Marc-Antoine & ses autres Courtisans voulussent le lui déferer. Il donna ensuite tous ses soins au réglement de la République, réforma le Calendrier, en fixant l'année à 365 jours, fit le dénombrement des Citoïens, réforma le luxe, & regla toutes choses avec une prudence admirable. Il avoit dessein d'élever un Temple magnifique à Mars, de remplir & d'applanir un lac, de réduire le Droit en abregé, de faire des Bibliotheques publiques, de secher les marais du Pont, d'ouvrir des chemins, de couper les détroits de Corinthe, &c. mais la mort arrêta tous ces projets. Il fut assassiné en plein Sénat de 23 coups de poignard, 43 avant J. C., à 56 ans.

César étoit doué des plus gr. talens. Il avoit l'esprit grand, vif & pénétrant, intrepide dans les dangers, libéral & généreux ami; doux, agréable, facile, éloquent, & si

prompt à pardonner, qu'il pleura la mort de Pompée, & qu'après la mort de Caton il soupira de ce qu'il lui avoit envié la gloire de lui pardonner; mais tant de belles qualités étoient obscurcies par ses débauches & par une ambition excessive, qui mit toute sa patrie dans le trouble, & fut cause de la mort d'un grand nombre de Citoïens & de gr. hommes. César avoit la taille haute, le teint blanc, les yeux vifs, la tête bien formée. Il étoit chauve sur le devant de la tête, ce qui l'obligeoit de porter toujours une couronne de laurier. Il nous reste de lui des commentaires sur les guerres des Gaules & sur les guerres civiles: ouvrages admirables, qui prouvent les gr. dispositions qu'il avoit pour les sciences, & que s'il eut été moins occupé, il seroit peut être devenu & le plus éloquent & le plus savant homme de son siecle.

CESARI, ( Alexandre ) habile Graveur en creux, dont Michel-Ange fait un gr. éloge.

CESARI, (Henri de S.) Gentilhom. & Poëte Provençal du 15e siecle, a fait des Poésies fort estimées de son tems, & a continué l'histoire des Poëtes Provençaux que le Monge des Isles d'or avoit commencées.

CESARINI, ( Julien ) cél. Cardinal du 15e si., étoit habile dans les Belles-Lettres, dans le Droit & & dans les affaires. Il présida au Concile de Bâle, & se trouva aussi à celui de Florence. Le Pape Eugene IV l'envoïa ensuite en Hongrie pour porter Ladislas à rompre la paix qu'il avoit faite avec Amurat. Il réussit dans son entreprise, mais il périt à la bataille de Varnes au mois de Nov. 1444, qui fut une suite de la rupture de la Paix.

CETHEGUS, noble Rom. d'une famille féconde en gr. hommes eut tant de crédit dans Rome, qu'on ne pouvoit rien obtenir sans son entremise. Il aimoit une femme à laquelle il ne pouvoit rien refuser, & qui par cette raison avoit en sa disposition toute la ville de Rome. Lucullus fut obligé de lui faire la

Cour, pour obtenir la permission de faire la guerre à Mithridate. Il ne faut pas le confondre avec Caius Cornelius Céthegus, le principal complice de Catilina, qui fut étranglé dans la prison. Ceux de cette famille affectoient une maniere particuliere de s'habiller, qui les faisoient regarder comme des hommes mâles & laborieux.

CHABANES, (Jacques) Sgr de la Palice, Maréchal de France, & l'un des plus gr. Capitaines de son tems, descendoit d'une maison noble, illustre & féconde en personnes de mérite. Il se signala par son courage & par sa prudence en plus. sieges & combats, sous les Rois Charles VIII, Louis XII, & François I, & fut tué à la bat. de Pavie en 1525. Il avoit sagement conseillé au Roi de se retirer ; mais le sentiment de l'Amiral de Bonivet l'emporta.

CHABRIAS, célebre Général Athénien, remporta une gr. victoire sur Pollis, Général Lacédémonien, 378 av. J. C. défendit les Béotiens contre Agesilas, rétablit Nectenabo dans le Roïaume d'Egypte, 362 avant J. C. & rendit des services signalés à sa patrie. Il périt devant l'Isle de Chio qu'il assiegeoit, son vaisseau aïant été coulé à fond en 357 avant J. C.

CHAISE, (François de la) fam. Jésuite, Confesseur de Louis XIV, naquit dans le Château d'Aix en Forez le 25 Août 1624, d'une famille noble. Il étoit petit-neveu du Pere Cotton. Après avoir fait ses études il enseigna la Philos. & la Théologie chez les Jésuites avec réput. & fut ensuite Provincial. Louis XIV le choisit pour son Confesseur en 1675. Le P. de la Chaise conserva ce poste jusqu'à sa mort, arrivée le 20 Janv. 1709, à 85 ans. Tout ce qu'il fit dans une place si délicate est assez connu. Il avoit été reçu de l'Académie des Inscriptions en 1701.

CHALCIDIUS, célebre Philosophe Platonicien au 3e siecle, dont on a un commentaire estimé sur le Timée de Platon, Ce commentaire a été traduit de grec en Latin. Il paroît constant que Chalcidius n'étoit point Chrétien, comme l'ont cru plusieurs Auteurs.

CHALCONDYLE, (Démetrius) sav. Grec de Constantinople, passa en Italie après la prise de cette ville par les Turcs. Il enseigna en plus. villes d'Ital. & composa une Grammaire grecque impr. en 1525 & en 1446. Il mourut à Rome en 1513.

CHALCONDYLE, (Laonic) célebre Historien Grec du 15e siec. natif d'Athenes, dont nous avons une excellente histoire des Turcs en 10 Livres, depuis Othoman qui regna vers 1300, jusqu'à Mahomet II, en 1463.

CHALES, (Claude-François Millet de) savant Mathématicien, naquit à Chambery en 1621, d'une famille noble. Il se fit Jésuite, & professa les Mathématiq. à Marseille, à Lyon & à Paris avec réput. Il mourut à Turin en 1678. On a de lui un cours de Mathémat. en latin, qui renferme des choses très curieuses & très intéressantes. La meilleure édition est de 1680, en 4 vol. in fol. Son Traité de la Navigation passe pour un chef d'œuvre.

CHALON, (Philibert de) Prince d'Orange, issu de la très anc. & très illustre Maison de Châlon-sur-Saône en Bourgogne, offrit ses services à François I ; mais ce Prince lui aïant marqué du mépris, il servit l'Empereur Charles-Quint. On remarque dans la vie de ce Prince d'Orange deux évenemens extraordinaires, qui font voir l'estime qu'il mérite de la postérité, puisque les soldats & les Officiers des armées où il se trouva lui en témoignerent tant. Après la mort du Connétable de Bourbon, à l'attaque de la ville de Rome prise d'assaut ; l'armée de l'Empereur l'élut Général, & il manœuvra si bien qu'il trouva le moïen de conduire son armée dans Naples, que M. de Lautrec assiegea ensuite. Hugues de Moncade, Viceroi de Naples étant mort, l'armée élut encore le Pr. d'Orange pour son Général. Il obligea les François d'en lever le siege. Il fut tué au siege de Florence à l'âge de 30 ans. Il étoit amoureux de Catherine de Médicis qui fut Reine de France, le Pape la lui avoit promise. Il laissa une fille qui porta dans la Maison de Nassau ses titres & ses biens.

CHAM, le plus jeune des trois fils de Noé, né vers 2476 av. J. C. s'appliqua à la culture de la terre. Noé, son pere, s'étant enivré, ne connoissant pas encore la force du vin, s'endormit dans une posture indécente; Cham le vit, & en avertit ses freres; ce qui engagea Noé à maudire Chanaan fils de Cham, en punition de cette action. On croit que Cham regna ensuite en Egypte, & que ses descendans l'adorerent sous le nom de Jupiter Hammon.

CHAMBONNIERE, Musicien François, auteur de plusieurs ouvrages, divisés en deux Livres. Il mourut vers l'an 1670.

CHAMBRAI, (Roland Freard Sr de) appellé aussi *Chantelou*, est auteur d'un excellent ouvrage intitulé, *Parallele de l'Architecture antique avec la moderne*, qu'il publia à Paris en 1650, *in-fol.* C'est lui qui amena le Poussin de Rome en France. Il étoit ami intime & parent de M. Desnoyers, Baron de Dangu, Ministre & Secretaire d'Etat.

CHAMBRE, (François Illharrart de la) habile Doct. de la Maison & Société de Sorbonne, naquit à Paris, le 2 Janv. 1698. Il commença ses études aux Jésuites, les continua au College Mazarin, & les acheva en Sorbonne. Il fit sa licence avec distinct. en 1726 & 1727, & prit ensuite le Bonnet de Docteur. Depuis ce tems, il mena une vie sédentaire, & s'appliqua sans cesse à l'étude. Il devint Chanoine de S. Benoît, & m. à Paris. d'une fievre maligne, le 16 Août 1753, à 56 ans. Il avoit l'esprit très juste, les idées fort nettes, & beauc. de précision. Il étoit d'un caractere doux, facile & sociable. Ses princip. ouvr. impr. sont 1. un Traité de la vérité de la Religion, 5 vol. *in-12.* 2. un Traité du Formulaire, 4 vol. *in-12.* 3. un autre sur les Bulles contre Baius, 2 vol. *in 12*; un autre sur la Constitution *Unigenitus*, 2 vol. *in-12*; & un volume *in-12* intit. la *Réalité du Jansénisme*. On verra par tous ces Traités qu'on peut être bon Thomiste en acceptant les Bulles contre Baïus & Jansénius, & la Constitution *Unigenitus*. Le Dogme y est exposé solidement & très clairem., & les opinions théologiques y sont traitées avec beauc. de méthode & de précision. 3. Introduction à la Théologie, 1 vol. *in-12.* 4. Exposition claire & précise des différens points de doctrine qui ont rapport aux matieres de Religion, *Paris*, 1745 *in-12.* C'est un précis des 22 Traités de Théologie. 5. Traité de l'Eglise, 6 vol. *in-12.* 6. Traité de la Grace, 4 vol. *in-12.* 7. La Logique, la Morale & la Métaphysique, en françois. *Paris*, 1754, 2 vol. *in-12*, &c.

CHAMBRE, (Marin Cureau de la) nat. du Mans, Médecin ordin. du Roi, fut reçu de l'Académ. Fr. en 1635, & ensuite de l'Académie des Scienc. Le Chancelier Seguier, & le Cardinal de Richelieu, lui donnerent des marques publiques de leur estime. Il s'acquit beaucoup de réput. par sa science dans la Méd. la Philos. & les Belles-Lettres. Il m. à Paris le 29 Novembre 1669, à 75 ans. On a de lui un grand nombre d'ouvr. Les principaux sont, 1. *les Caracteres des Passions*: 2. l'Art de connoître les hommes: 3. de la connoissance des bêtes: 4. conjectures sur la digestion: 5. de l'iris: 6. de la lumiere: 7. le système de l'ame: 8. le débordement du Nil, &c. Pierre de la Chambre, son fils puîné, fut Curé de S. Barthelemi, & l'un des 40 de l'Académie Franç. & m. en 1693.

CHAMIER, (Daniel) sav. Ministre de la Relig. prétendue réformée, & Professeur de Théologie à Montauban, au 16e siecle, fut employé dans les affaires de son parti, & dressa le fameux Edit de Nantes.

Il fut tué d'un coup de canon au fiege de Mourauban fur un baftion, en faifant les fonctions de foldat, en 1621. On a de lui un corps de Théologie intit. *Panftratia*, contre Bellarmin, en 4 vol. *in-fol.* Il s'y trouve des chofes très curieufes.

CHAMMELAI, ( la ) fameufe Actrice de la Comédie Françoife, fous le regne de Louis XIV.

CHAMILLARD, Miniftre Secretaire d'Etat de la guerre, fous le regne de Louis XIV.

CHAMPAIGNE ou CHAMPA- GNE, ( Philippe ) Peintre célebre, né à Bruxelles le 16 Mai 1602, fut Recteur de l'Académie Roïale de Peinture à Paris, & mourut le 12 Août 1674. La Reine Marie de Médicis, Louis XIII, & le Cardinal de Richelieu, lui donnerent des marques publiques de leur eftime. C'eft lui qui fut emploïé à peindre la voûte de l'Eglife des Carmelit. du Faux- bourg S. Jacques, où l'on voit un Crucifix de fa main, qui eft eftimé. Jean-Baptifte Champagne, fon ne- veu, né à Bruxelles en 1643, & m. à Paris en 1688, fut auffi Peintre & Profeffeur dans l'Académie de Pein- ture; mais fes tableaux n'approchent pas de ceux de fon oncle.

CHAMPEAUX, ( Guillaume de ) favant Théol. du 12e fiecle, ainfi nommé du lieu de fa naiffance, fut Archidiacre de Paris, & établit une Communauté de Chanoines Régu- liers à S. Victor-lès-Paris, où il en- feigna avec réput. Abélard, fon dif- ciple, eut de gr. démêlés avec lui. Guillaume de Champeaux fut en- fuite Evêque de Châlons-fur-Marne, fe fit Relig. de Cîteaux en 1119, & mourut en 1121.

CHAMPIER, ( Symphorien ) Echevin de Lyon fa patrie, & Méd. du Duc de Lorraine, au 16e fiecle, eft auteur d'un gr. nombre d'ouvra- ges. Claude Champier, fon fils, a compofé un vol. *des fingularités des Gaules.*

CHAMPS, ( Etienne Agard de ) Jéfuite & favant Théolog. naquît à Bourges en 1613. Il enfeigna la

*Tome I.*

Théologie à Paris avec réput. fut trois fois Provincial des Jéfuites, fe fit eftimer du Gr. Condé, du Prince de Conti, du Cardin. de Richelieu, &c. & m. à la Flèche le 31 Juil- let 1701, à 88 ans. Son principal ouvr. eft intitulé *de hærefi Janfenia- na.* Il le dédia au Pape Innocent X, en 1654.

CHANAAN, fils de Cham, aïant été maudit par Noé, fes defcendans furent vaincus & détruits par les Ifraélites, conféquemment à cette malédiction.

CHANDIEU, ( Antoine de ) fav. Miniftre de la Religion prétendue réformée, d'une famille noble & anc. du Forez, fe retira à Geneve en 1583, & y mourut en 1591. On a de lui un gr. nombre d'ouvrages de controverfe, dans lefquels il prend le nom de *Sadeel*, qui, en hébreu, fignifie *Champ de Dieu.*

CHANDOS, ( Jean ) fam. Capi- taine du 14e fiecle au fervice d'E- douard III, Roi d'Angleterre, fut fait Chevalier de la Jarretière & Lieutenant Général de toutes les Terres que ce Prince poffédoit hors de l'Angleterre. Il fit Prifonnier le cél. Bertrand du Guefclin dans une bataille donnée en Bretagne en 1364. Dans la fuite il devint Connétable du Prince de Galles, fils d'Edouard III, & fon Sénéchal en Poitou. Il fut tué au combat de Luffac, en Poitou en 1369.

CHANTELOU, *voyez* CHAM- BRAI.

CHANTE-MERLE, ( d'Heauvil- le Abbé de ) Poète François, fur la fin du 17e fiecle, fe confacra tout entier à mettre en vers les vérités les plus importantes de la Religion. On a de lui, en forme de Cantique, le Catéchifme, l'Hiftoire des Myf- teres de J. C. & de la Sainte Vierge, la Morale de J. C., & les Pfeaumes pénitentiaux. Les vers en font faciles & bien tournés.

CHANTEREAU LE FEVRE, ( Louis ) favant Ecrivain du 17e fiecle, & l'un des premiers qui ont débrouillé l'Hiftoire de France, na-

S

quit à Paris le 12 Septembre 1588, de François Chantereau le Fevre, & de Louise de Saint Yon. Il avoit un esprit aisé & pénétrant, & le cultiva tellement par l'étude de la Jurisprudence civile & canonique, de l'Histoire, de la Politique & des Belles-Lettres, qu'il s'y rendit l'un des plus savans hommes de son tems. Louis XIII lui donna l'Intend. des fortifications de Picardie, & ensuite celle des Gabelles, puis celle de l'évaluation de la Principauté de Sedan ; & enfin, l'Intendance des Finances des Duchés de Bar & de Lorraine, qu'il exerça très longtems avec succès. Ce fut dans cet emploi qu'il s'acquit une parfaite connoissance des affaires de ce païs, & qu'il composa ses *Mémoires historiques des Maisons de Lorraine & de Bar.* Il fit d'heureuses découvertes dans l'Histoire de nos Rois & dans celle des Maisons illustres. Il avoit une facilité merveilleuse à rétablir les passages tronqués des Auteurs, & sa maison étoit la retraite des gens de Lettres, qui s'y assembloient tous les mardis pour y converser sur les Sciences. Chantereau le Fevre fut aussi Président des Trésoriers de France dans la Généralité de Soissons. Il mourut à Paris le 2 Juillet 1658. Outre l'ouvrage dont nous avons parlé, on a de lui un Traité touchant le mariage d'Ansbert & de Blitilde : un autre sur cette question, *si les Terres d'entre la Meuse & le Rhin sont de l'Empire ?* Un Traité des Fiefs, que Pierre Chantereau le Fevre, son fils, fit imprimer, &c. C'est lui qui a accrédité dans ce dernier Traité cette gr. erreur, *que les Fiefs héréditaires n'ont commencé qu'après Hugues Capet.*

CHAPELAIN, ( Jean ) l'un des 40 de l'Académie Françoise, s'acquit beaucoup de réput. sous le ministere du Cardinal de Richelieu, auquel il adressa une Ode qui fut estimée ; mais sa réputation poétique tomba aussi-tôt qu'il fit paroître son Poëme de *la Pucelle,* promis & attendu pendant vingt ans :

ce qui donna lieu à ces deux vers de M. de Monmor, Maître des Requêtes.

*Illa Capellani dudum expectata Puella,*
*Post tanta in lucem tempora prodit Anus.*

Liniere traduisit ainsi cette Epigramme de M. de Monmor.

*Nous attendions de Chapelain*
*Une pucelle*
*Jeune & belle,*
*Vingt ans à la former il perdit son latin,*
*Et de sa main*
*Il sort enfin*
*Une vieille sempiternelle.*

Ce Poëme n'a jamais paru en entier : les douze premiers Livres furent imprimés *in-fol.* en 1656, & les douze autres sont en manuscrits à la Bibliotheque du Roi. Chapelain eut beaucoup de part à la critique du Cid, & mourut à Paris sa patrie le 22 Février 1674, à 79 ans.

CHAPELLE, ( Claude-Emmanuel Luillier ) fils naturel de François Luillier, Maître des Comptes, prit le nom de Chapelle, d'un Village où il étoit né, entre Paris & S. Denys. Il se distingua par ses petites pieces de Poésie, dans lesquelles on remarque beaucoup de délicatesse, un tour aisé, une facilité admirable. Il étoit ami de Gassendi, de Moliere, & des autres grands hommes de son siecle. C'est à lui que nous devons en partie cet ouvrage en vers & en prose, intitulé *Voïage de Bachaumont.* Il mourut au mois de Septembre 1686.

CHAPELLE, ( Jean de la ) Receveur général des Finances de la Rochelle, Secrétaire des commandemens de M. le Prince de Conti, & l'un des 40 de l'Académie Françoise, naquit à Bourges en 1655, & mourut à Paris le 29 Mai 1723, à 68 ans. On a de lui, *Lettres d'un Suisse d'un François sur les intérêts des Princes*, & d'autres ouvr.

CHAPPUZEAU, ( Samuel ) habile Ecrivain de la Religion prétendue réformée, étoit natif de Geneve & originaire de Poitiers. Il fut Précepteur de Guillaume III, Roi d'Angleterre, puis Gouverneur des Pages auprès de Georges, Duc de Brunſwick-Lunebourg. Il fit les fonctions de cet emploi juſqu'à ſa mort arrivée à Zell le 31 Août 1701, après avoir compoſé un Sonnet dans lequel il ſe plaignoit d'être vieux, pauvre & aveugle. C'eſt lui qui mit en ordre & qui fit impr. les Voïages de Tavernier en 1675, *in-4°*. Jurieu aïant écrit contre ce qui y eſt dit des Hollandois, par ſon Livre intitulé l'*Eſprit de M. Arnauld*, Chappuzeau répondit, en 1691, par un écrit qui a pour titre : *Défenſe du ſieur Samuel Chappuzeau contre l'Eſprit de M. Arnauld*. On a encore de lui, un Eloge de la ville de Lyon, *in-4°*. une Relation de Savoye ; l'*Europe vivante*, ou *Relation*, nouvelle, hiſtorique & politique de tous les Etats, tels qu'ils étoient en 1666, Paris 1667, *in-4°*. Il a auſſi publié *des vers*, un *Traité de la maniere de prêcher*, ſuivi de *quatre Sermons* prononcés à Caſſel. Il avoit compoſé un gr. *Dictionn. hiſtor. Geograph. Chronol. & Philolog.*, mais qui n'a jamais été publié. Il n'y a pas juſqu'à des Comédies que Chappuzeau n'ait faites. Voici les titres de quelques-unes : *Le cercle des Femmes. Le Partiſan dupé. Le riche mécontent, ou le noble imaginaire. Le Colin Maillard. Damon & Pithias*. La plûpart de ces Pieces ont été raſſemblées ſous ce titre. *La Muſe enjouée, ou le Théatre comique.*

CHAPT, *voyez* CHAT.

CHAPUIS, ( Claude ) Valet de chambre du Roi Franç I, & Garde de ſa Bibliotheq., dont on a pluſ. ouvr. en vers. Il ne faut pas le confondre avec Gabriel Chapuis, ſon neveu, qui vivoit en 1584, & dont on a auſſi pluſieurs ouvr. Ce dernier étoit de Nozeroi.

CHARAS, ( Moyſe ) ſav. Méd. natif d'Uſez, s'eſt acquis une réputation immortelle par ſon habileté dans la Pharmacie qu'il exerça à Orange, à Paris, en Angleterre, en Hollande, & à Madrid. Il fut déféré à l'Inquiſition en cette dern. ville, & y fit abjuration de la Religion prétendue réformée. De retour à Paris, il fut reçu de l'Acad. des Sciences, & m. en 1698, à 80 ans. On a de lui, 1. une *Pharmacopée* : 2. un Traité de la *Thériaque*, & un autre de la Vipere. Ces ouvr. ſont eſtimés.

CHARDIN, ( Jean ) cél. Voïageur, naquit à Paris le 16 Novembre 1643 d'un pere qui étoit Joaillier. Il fut élevé dans la Religion prétendue réformée, & voïagea en Perſe & dans les Indes Orientales. Il faiſoit commerce de pierreries, & mour. à Londres le 5 Janvier 1713. Le Recueil de ſes voïages, en 10 vol. *in-12*, & 3 vol. *in-4°*, eſt eſtimé.

CHARÈS Lydien, habile Statuaire, diſciple de Lyſippe, fit le fameux Coloſſe du Soleil dans la ville de Rhodes.

CHARIBERT, ou CARIBERT, Roi de Paris, ſuccéda à ſon pere Clotaire I en 562, & mourut au Château de Blaye le 7 Mai 567. Il ne faut pas le confondre avec Charibert, Roi d'Aquitaine, & frere de Dagobert I.

CHARLAS, ( Antoine ) Théologien, natif de Couſerans, fut Supérieur du Séminaire de Pamiez, ſous M. Caulet, & ſe retira enſuite à Rome, où il mourut le 7 Avril 1698. Son principal ouvrage eſt intitulé : *Tractatus de libertatibus Eccleſiæ Gallicanæ*, *in*-4°. Il y attaque les libertés de l'Egliſe Gallicane.

CHARLEMAGNE, ou CHARLES I, *Carolus magnus*, Roi de France, premier Empereur d'Occident, & l'un des plus gr. Princes qui aient regné en Europe, naquit à Salsbourg, Château de la haute Baviere, & non à Ingelheim, vers

742. Il étoit fils aîné de Pepin le Bref & de Bertrade, & fut couronné à Noyon le 9 Octobre 768. Il défit Hunaud, Duc d'Aquitaine, & devint seul Roi des François en 771, par la mort de Carloman son frere. Il remporta une grande victoire sur les Saxons, près d'Osnabrug, passa en Italie avec une puissante armée, prit Pavie, défit Didier, Roi des Lombards en 774, l'emmena prisonnier en France, & mit fin au Roïaume de Lombardie. Il retourna ensuite contre les Saxons révoltés, & les domta plusieurs fois dans une guerre qui ne finit qu'au bout de 31 ans, après avoir contraint Witikind, leur Roi, de se faire baptiser. Charlemagne passa ensuite en Espagne, contre les Sarrasins, sur lesquels il emporta Huesca, Barcelone, & plusieurs autres Places importantes ; en s'en retournant, l'arriere-garde de son armée fut défaite à Roncevaux, où périt le fameux Roland, & grand nombre d'autres braves Officiers. Charlemagne retourna en Italie en 781 ; il fit couronner, par le Pape Adrien, ses deux fils Pepin & Louis, le premier, Roi d'Italie, & le second Roi d'Allemagne. Il envoïa Herbert prêcher la Foi en Suede, soumit la Gr. Bretagne, défit Aragise, Duc de Bénévent, & Tassillon, Duc de Baviere, & domta les Huns & les Abares. Leon III, le couronna Empereur à Rome le jour de Noel en 800. Charlemagne prit alors les noms d'Auguste & de César, avec l'Aigle Romaine. Nicephore, Empereur d'Orient, consentit à ces titres d'honneur, & les bornes des deux Empires furent fixées & déterminées. Depuis ce tems, Charlemagne s'appliqua à faire fleurir dans ses Etats les bonnes mœurs, la Religion & les Sciences. Il attira les Savans en France, entr'autres Alcuin, qu'il combla d'honneurs & de biens, introduisit le chant Grégorien dans les Eglises de son Empire, fonda un gr. nombre de Monasteres, publia des loix que nous avons sous le titre de *Capitulaires*, & fit tenir le Concile de Francfort, & plus. autres Assemblées ecclésiastiques. On dit qu'il étudioit lui-même l'Ecriture-Sainte, & qu'il vouloit toujours avoir au chevet de son lit le volume *de la Cité de Dieu*, de S. Augustin. Il entreprit une communication de l'Océan au Pont Euxin, en joignant le Rhin au Danube par un canal ; mais ce gr. projet n'eut point d'exécution. Il m. à Aix-la-Chapelle en 814, à 72 ans. Charlemagne étoit grand, bien fait, doux, bien faisant, d'un port majestueux, d'un accès facile, & d'un naturel charitable envers les pauvres Outre les *Capitulaires*, on a de lui une Grammaire, & d'autres ouvrages. C'est ce Prince qui fit les premieres loix somptuaires qui reglent le prix des étoffes, & le rang & l'état de chaque particulier. Il est surprenant qu'un Monarque aussi sage, ait ordonné par son testament, que les contestations qui pourroient naître entre les trois Princes ses fils, pour les limites de leurs Etats, seroient soumises *au jugement de la Croix*, lequel, comme l'on sait, consistoit à donner gain de cause à celui qui tenoit le plus long-tems ses bras étendus & immobiles.

CHARLES II, *le Chauve*, Roi de France, & ensuite Empereur, étoit le dernier des enfans de Louis le Débonnaire. Il naquit à Francfort sur le Mein, le 13 Juin 823, & succéda à son pere en 840. Il défit ses freres Lothaire & Pepin, qui vouloient envahir ses Etats, punit Bernard, Duc de Septimanie, domta les Bretons révoltés en 845, & se fit couronner Empereur en 875. Enfin après avoir été toute sa vie en guerre avec ses freres & ses parens. Il mourut à Briord en Bresse, empoisonné par Sédécias son Médecin, le 6 Octobre 877, à 54 ans.

CHARLES III, *le Simple*, Roi de France, fils posthume de Louis *le Begue*, naquit le 17 Septembre 879. Foulques, Archev. de Reims,

Prélat d'un gr. courage, le remit fur le Trône ufurpé durant fa minorité, & le couronna à Reims, le 29 Janv. 895, mais Haganon, fon favori, lui aïant attiré la haine des Grands & du Peuple, il fut abandonné à Soiffons en 920. Alors Robert, Comte de Paris, fe fit couronner Roi en 922, mais Charles le tua dans une bataille l'année fuivante. Il ne profita point de cette victoire. Herbert, Comte de Vermandois, le fit prifonnier à Saint Quentin, & l'envoïa à Château-Thierry, fur-Marne, & de-là à Péronne, où il mourut après 7 ans de captivité, le 7 Octobre 929, à 50 ans.

CHARLES IV, *le Bel*, Roi de France & de Navarre, troifieme fils de Philippe le Bel, fuccéda à Philippe *le Long*, fon frere, en 1321, & au Roïaume de Navarre, par les droits de Jeanne, Reine de Navarre, fa mere. Il confifqua les biens des Traitans, & envoïa Charles de Valois, fon oncle, à la tête d'une armée, qui s'empara de la plus gr. pattie de la Guienne en 1324, mais la Reine Ifabelle d'Angleterre, étant venue en France avec Edouard, fon fils aîné, faire hommage de la Guienne & du Duché de Ponthieu, Charles conclut un Traité de paix en 1326. Le Pape lui offrit l'Empire, mais il le refufa, & mourut à Vincennes, le prem. Février 1328, à 33 ans. Philippe VI *de Valois* lui fuccéda.

CHARLES V, *le Sage* & *l'Eloquent*, l'un des plus grands Rois de France, fils aîné du Roi Jean & de *Bonne* de Luxembourg, naquit à Vincennes le 21 Janv. 1337, & fut le premier qui porta la qualité de Dauphin. Il fuccéda à fon pere en 1364, & fe mit rarement en campagne; il faifoit la guerre de fon cabinet avec prudence & avec fuccès. Il mit d'abord de fon côté Philippe *le Hardi*, fon frere, & aïant donné le commandement de fes Armées à Bertrand du Guefclin & au Maréchal de Boucicaut, il

gagna la bataille de Cocherel en Normandie, le 23 Mai 1364, contre le Roi de Navarre, le plus puiffant de fes Ennemis. Il envoïa enfuite du fecours en Bretagne à Charles de Blois, contre Jean de Montfort; & en Efpagne, à Henri, contre Pierre *le Cruel*, qui avoit fait étrangler Blanche de Bourbon, fa femme, pour plaire à fa concubine. Auffi tôt après, à la follicitation du Peuple de Guienne, Charles V confifqua tout ce que les Anglois avoient en France, rappella du Guefclin, d'Efpagne, pour le faire Connétable, chaffa les Anglois du Berri, de la Toura'ne, de l'Anjou, du Limofin & du Rouergue; gagna fur eux la bataille de Chizé en Poitou, en 1370, & une célèbre bat. navale fur les Côtes de la Rochelle en 1372, où le Comte de Pembrock fut fait prifonnier avec 8000 des fiens. Il reçut avec magnificence l'Empereur Charles IV à Paris en 1377, & mourut le 16 Septembre 1380, à 43 ans, d'un poifon lent que le Roi de Navarre lui avoit fait donner quelques années auparavant. Le Médecin de l'Empereur en avoit arrêté la violence en lui ouvrant le bras par une fiftule pour faire écouler le venin, mais le poifon aïant corrompu tout le fang, il n'y eut plus de remede. C'eft lui qui ordonna par un Edit irrévocable, que nos Rois feroient majeurs à 14 ans. On raconte au commencement du *fonge du Vergier*, que ce grand Prince fe faifoit lire chaque jour quelqu'ouvrage fur le gouvernem. Sa Bibliotheque étoit placée dans le Château du Louvre. Les Livres qui la compofoient furent inventoriés après fa mort. Ils montoient à neuf cens volumes dans lefquels étoient compris ceux que le Roi Jean lui avoit laiffés. C'étoit beaucoup pour ce tems-là.

CHARLES VI, *le Bien-aimé*, naquit à Paris le 3 Décembre 1368, & fuccéda à fon pere en 1380. Louis, Duc d'Anjou, fon oncle, Régent & Chef du Confeil, foula le Peuple par des subsides extraordinaires pour son expédition au Roïaume de Naples, où il mourut en 1384. Ce subsides exciterent la sédition des *Maillotins*, qui auroit eu de fâcheuses suites, si le Roi ne l'eût aussi tôt réprimée à son retour de Flandres. Il y étoit allé pour punir les Gantois qui s'étoient révoltés contre leur Comte. Le Roi gagna sur eux la fameuse bataille de Rosebeck en 1382, & leur tua 25000 hommes. Charles VI obligea en 1388 le Duc de Gueldres de se ranger à son devoir, accorda une Treve aux Anglois, & ratifia en 1391 l'alliance faite avec le Roi d'Ecosse. Il marcha ensuite en Bretagne pour se venger du Duc Jean de Montfort, qui avoit donné retraite à Pierre de Craon, assassin du Connétable Olivier de Clisson. Sur sa route, Charles qui avoit déja laissé voir quelques égaremens d'esprit, fut frappé d'un coup de Soleil, perdit tout-à-coup la raison, & entra dans un excès de fureur. Sa démence augmenta par un accident qui lui arriva à un ballet en 1393. Il eut cependant toute sa vie de bons intervalles. Quelque tems après commença l'animosité des Maisons de Bourgogne & d'Orléans, au sujet de l'administration des affaires Jean *sans peur*, Duc de Nevers, qui avoit succédé à Philippe le Hardi, Duc de Bourgogne, son pere, fit assassiner le Duc d'Orléans en 1407. Cette mort divisa tout le Roïaume en plusieurs factions, ce qui donna entrée aux Anglois. Ils gagnerent la bataille d'Azincourt le 25 Octobre 1415, où quatre Princes du Sang & la fleur de la Noblesse Françoise périrent ou furent faits prisonniers. Les Anglois prirent Rouen avec toute la Normandie & le Maine. Le Duc de Bourgogne remplit Paris de sang & de carnage, mais il fut tué lui-même en 1419, par Tannegui du Chatel. Philippe *le Bon*, son fils, pour venger cette mort, s'unit avec Henri V, Roi d'Angleterre. Isabelle de Baviere, femme de Charles VI, entra dans ce complot, contre les sentimens de la nature, & aux dépens du Dauphin, son fils, qui fut déclaré incapable de succéder à la Couronne. En même-tems Catherine, derniere fille de France, épousa Henri V, Roi d'Angleterre, qui fut déclaré Régent & Héritier du Roïaume en 1420. Le Dauphin se retira en Anjou, & la guerre se ralluma. Charles mourut à Paris le 20 Octobre 1422, à 54 ans. On fit après sa m. un inventaire de sa Bibliothéque. Elle se trouva composée de 853 volumes, qui furent estimés par l'évaluation de la prisée à la somme de 2323 liv. 4 s.

CHARLES VII, *le Victorieux* & *le Bien-servi*, Roi de France, naquit à Paris le 22 Février 1403, prit la qualité de Régent en 1418, & se fit couronner à Poitiers en 1422. Le commencement de son regne fut très malheureux. Isabelle de Baviere, sa mere, de concert avec les Bourguignons, fit proclamer Roi Henri VI, fils de Henri V, Roi d'Angleterre. Les Anglois gagnerent plusieurs batailles, & nommerent Charles VII, par dérision, *Roi de Bourges*, parcequ'il résidoit dans le Berri. Cependant ce Prince se réconcilia avec le Duc de Bretagne, & gagna la bataille de Gravelle en 1423, & celle de Montargis en 1427. Mais les Anglois encouragés par leurs succès, mirent le siege devant Orléans, défendu par le brave Comte de Dunois : la Ville étoit sur le point de se rendre, & le Roi méditoit déja sa retraite en Dauphiné, lorsqu'une jeune fille, âgée d'environ 18 ans, se présenta à Charles, & le rassura. Jeanne d'Arck (tel est le nom de cette jeune fille, appellée depuis *Pucelle d'Orléans*) chassa les Anglois de devant Orléans le 8 Mai 1429, & gagna la bataille de Patay. Les affaires de Charles prirent aussi-tôt un meilleur train. Auxerre, Troies, Châlons, Soissons, Compiegne, & plusieurs autres Villes se rendent à lui. Reims lui ouvre ses portes, la Pucelle d'Orléans le fait sacrer le 17 Juill. 1429, & le Prince d'Orange fut défait au combat d'Anton en Dauphiné le 4 Mai ou le 11 Juin 1430. Jeanne d'Arck, après avoir accompli sa mission, qui étoit la levée du siége d'Orléans & le Sacre du Roi, voulut se retirer, mais on l'engagea à rester ; & aïant été prise près de Compiegne, elle fut menée à Rouen, & brûlée comme sorciere, le 14 Juin 1431. Les Anglois couronnerent leur jeune Roi à Paris, mais ils en furent bientôt chassés. Charles y fit son entrée en 1437, il soumit la ville de Metz, gagna sur les Anglois la bataille de Fourmigni en 1450, prit Rouen, la Normandie & la Guienne ; enfin, Talbot, Général des Anglois, aïant été tué en 1451, à la bataille de Carlile, les Comtes de Dunois, de Penthiévre, de Foix & d'Armagnac, Généraux de Charles VII, chasserent tellement les Anglois de toute la France, qu'il ne leur resta plus que Calais qui fut repris par le Duc de Guise environ 100 ans après en 1558. C'est principalement au Comte de Dunois, que Charles VII fut redevable de sa Couronne. Il étoit à la vérité courageux, mais sa passion pour Agnès Sorel lui faisoit emploïer tout son tems en galanteries, en jeux & en têtes. La Hire étant venu lui rendre compte d'une affaire importante, le Roi, tout occupé d'une fête, lui en fit voir les apprêts, & lui demanda ce qu'il en pensoit : *Je pense*, répondit la Hire, *que l'on ne sauroit perdre son Roïaume plus gaiement.* Cette indifférence du Monarque, & quelques autres prétextes aussi peu solides, firent soulever Louis Dauphin, qui avoit envie de régner, & qui se retira chez le Duc de Bourgogne, d'où il ne revint qu'après la mort de Charles VII, arrivée à Meun en Berri le 22 Juillet 1461, à 58 ans. Il s'étoit laissé mourir de faim dans la crainte d'être empoisonné. C'est ce Prince qui établit la *Pragmatique*

Sanction à Bourges, le 7 Juill. 1438.

CHARLES VIII, l'*Affable* & le *Courtois*, Roi de France, naquit à Amboise le 30 Juin 1470, & succéda à Louis XI, son pere, en 1483, à l'âge de 13 ans. Anne de France, Dame de Beaujeu, sa sœur aînée, eut le gouvernement de sa personne, ce qui excita le Duc d'Orléans, prem. Prince du Sang, qui prétendoit à la Régence, à se mettre à la tête d'une Armée ; mais il fut battu & fait prisonnier à la journée de S. Aubin du Cormier le 26 Juillet 1488. Charles devoit épouser Marguerite d'Autriche, fille de Maximilien, qui étoit élevée à la Cour de France ; mais le Duc de Bretagne étant mort, il épousa en 1491 Anne de Bretagne, héritiere de ce Duché, qui étoit fiancée à Maximilien, & auquel le Roi renvoïa Marguerite. Charles VIII, flatté de l'idée de conquérir le Roïaume de Naples, conquête qui avoit pour fondement les droits de la Maison d'Anjou, cedés à Louis XI, & qui étoit inspiré par de Vesc & par Briçonnet, fit la paix avec Henri VII, Roi d'Angleterre, avec le Roi des Romains, & avec le Roi d'Aragon, à qui il rendit la Cerdaigne & le Roussillon, perdant ainsi le réel pour une chimere. Il se mit à la tête de son Armée en 1494, & entra dans Rome à la lueur des flambeaux. Le Pape Alexandre VI fut obligé de lui donner l'investiture du Roïaume de Naples, & de le couronner Empereur de CP, les droits de cette Couronne lui aïant été cédés par André Paléologue, seul & légitime héritier de cet Empire. Charles VIII prit ensuite Capoue, & entra dans Naples en vainqueur, le 21 Février 1495, d'où Ferdinand, fils d'Alfonse, Roi de Naples, s'étoit retiré. Cette conquête faite en moins de 6 mois, fut perdue avec la même rapidité. Les Napolitains se révolterent, & le Pape, les Vénitiens, Sforce, Duc de Milan, avec Ferdinand & les autres Princes d'Italie s'étant ligués

S iiij

avec l'Empereur, s'opposerent au retour du Roi en France, avec une armée de 40000 hommes ; mais Charles, dont l'armée étoit de beaucoup inférieure, leur passa sur le ventre, gagna la bataille de Fournoue le 6 Juillet 1495, & délivra le Duc d'Orléans son cousin, assiegé dans Novare. Il mourut trois ans après au Château d'Amboise, le 7 Avril 1498, à 27 ans Sa bonté & sa clémence sont louées par tous les Historiens. Louis XII lui succéda.

CHARLES IX, Roi de France, second fils de Henri II, & de Catherine de Médicis, naquit à S. Germain en Laye, le 27 Juin 1550. Il succéda à François II, son frere, le 15 Décembre 1560, à l'âge de 10 ans, & fut sacré à Reims le 15 Mai 1561. La Reine Catherine de Médicis, sa mere, eut l'administration du Roïaume, dont Antoine de Bourbon, Roi de Navarre, fut déclaré Lieutenant-général. Le Prince de Condé fut mis aussi-tôt en liberté, & il se forma une espece de Triumvirat entre le Duc de Guise, le Connétable de Montmorenci, & le Maréchal de S. André. Ainsi le Roïaume fut divisé en deux partis. Celui des Princes de Bourbon & celui des Guises, ce qui fut cause des guerres civiles, des meurtres, & des horreurs du regne de Charles IX. La Reine fit tenir une assemblée des Notables à Saint Germain, & le Colloque de Poissy en 1561, pour pacifier les disputes de Religion ; mais les esprits n'en furent que plus irrités. Le Roi de Navarre se joignit aux Triumvirs ; ce qui porta la Reine, pour contrebalancer ce parti, d'accorder, en 1562, aux Calvinistes, l'exercice public de leur Religion. François, Duc de Guise, aïant été blessé au massacre de Vassi, la guerre civile se ralluma, le Pr. de Condé surprit Orléans ; & les Calvinistes, dont il étoit Chef, s'emparerent de Rouen, & de plusieurs autres Villes ; mais ils furent vaincus à la Bataille de Dreux par le

Duc de Guise, le 19 Décembre 1562. Les Généraux des deux Armées, le Prince de Condé, & le Connétable, y furent faits prisonniers. L'année suivante, François, Duc de Guise, fut assassiné par Poltrot, au siege d'Orléans, Charles IX prit le Havre sur les Anglois, & fut déclaré majeur à 13 ans & un jour. Il conclut la paix avec les Anglois, alla visiter les Provinces du Roïaume, & s'aboucha à Bayonne avec Isabelle de France, Reine d'Espagne, sa sœur, en 1565. L'année suivante, il tint l'Assemblée des Etats à Moulins. Les Huguenots s'étant voulu saisir de sa personne, comme il alloit de Meaux à Paris, la guerre civile recommença ; ils furent défaits à la Bataille de Saint Denys, le 10 Novembre 1567, par le Connétable, qui mourut de ses blessures. Henri, Duc d'Anjou, frere du Roi, se mit alors à la tête des Armées. Il gagna la Bataille de Jarnac, après laquelle le Prince de Condé fut tué de sang froid par Montesquiou le 13 Mars 1569. Le Duc d'Anjou gagna encore la sanglante Bataille de Montcontour le 3 Octobre de la même année 1569 ; & la paix fut conclue avec les Calvinistes à Saint Germain en 1570. L'année suivante, les Chefs du parti Huguenot aïant des soupçons, pour les rassurer, Charles IX proposa le mariage du Roi de Navarre (depuis Henri le Grand) avec Marguerite, sœur du Roi ; mais aussitôt après la cérémonie des noces, l'Amiral de Coligni fut blessé d'un coup d'arquebuse par Mautevel ; & quelques jours après, on commença par lui le cruel massacre de la Saint Barthelemi, le Dimanche 24 Août 1572. Le carnage fut horrible à Paris, & s'étendit presque par tout le Roïaume ; le Roi de Navarre & le Pr. de Condé firent abjuration pour sauver leur vie. Le Roi qui avoit chargé le Duc de Guise d'être l'Auteur de ces funestes exécutions, s'en chargea lui-même ; & le Parlement ordonna que l'Amiral seroit pendu en effigie au gibet de Montfaucon: ce maſſacre ne fit qu'irriter les eſprits. Les Calviniſtes ne voulurent point laiſſer reprendre les Places de ſûreté qui leur avoient été accordées. Le Duc d'Anjou fit le ſiege de la Rochelle défendue par la Noue, mais il y perdit preſque toute ſon Armée en 1573; & aïant appris qu'il venoit d'être élu Roi de Pologne, il alla prendre poſſeſſion de cette Couronne; il ne revint qu'après la mort de Charles IX, ſon frere, arrivée au Château de Vincennes le 30 Mai 1574, à 24 ans. Charles IX avoit l'eſprit vif, un grand courage, beaucoup d'éloquence & de talent pour la Poéſie, mais le Maréchal de Retz Florentin, avoit perverti ſes bonnes inclinations. Ce Prince déclara en mourant combien il étoit chagrin de n'avoir pu gouverner par luimême, & de s'en être rapporté à ſes Miniſtres.

CHARLES *le Gros*, élu Empereur en 881, étoit le troiſieme fils de Louis le Germanique. Il ſe ſignala d'abord par ſa valeur & par ſes actions, mais étant tombé malade, il fut perclus de ſes membres, & devint incapable d'aucune application. C'eſt ce qui lui fit réſigner l'Empire à ſon neveu Arnoul en 887; il fut alors réduit à une extrême pauvreté, & m. de chagrin le 13 Janvier 888.

CHARLES IV, Empereur, Roi de Bohême, & Duc de Luxembourg, étoit petit-fils de l'Empereur Henri VII, & fils de Jean, Roi de Bohême; il fut élu en 1346, & fit en 1356, la célebre *Bulle d'Or*, touchant l'Election des Empereurs. On dit de lui qu'il ruina ſa Maiſon pour acquérir l'Empire; & qu'enſuite il ruina l'Empire pour rétablir ſa Maiſon. Il mourut le 29 Novembre 1378, à Prague, ville qu'il avoit fondée.

CHARLES-QUINT, Emp. Roi d'Eſpagne, & l'un des plus grands Princes que la Maiſon d'Autriche ait produits, étoit fils aîné de Philippe I, Archiduc d'Autriche, & de Jeanne, Reine de Caſtille. Il naquit à Gand le 24 Février 1500, & ſuccéda aux Etats de Bourgogne & à la Couronne d'Eſp. en 1517; deux ans après, il fut élu Empereur, après la mort de Maximilien I, ſon grand-pere. Il eut pour concurrent à l'Empire, François I, Roi de France. Ces deux Princes ſe firent une guerre ouverte en 1521. Charles-*Quint* entra en France y prit Ardes & Tournai, & s'empara en Italie du Milanez défendu par Lautrec. Il ſe ligua avec le Pape Leon X, & avec Henri VIII, Roi d'Angleterre, & trouva le moïen de corrompre Charles de Bourbon, Connétable de France. Les François, commandés par l'Amiral Bonnivet, furent défaits à Biagras, & perdirent en 1525 la fameuſe Bataille de Pavie, où François I fut fait priſonnier & mené en Eſpagne. Il en revint l'année ſuiv. & fit une ligue avec le Pape Clement VII, avec les Princes d'Italie, & avec le Roi d'Angleterre. Le Connétable de Bourbon, Général des Armées de l'Empereur, marcha vers Rome, & fut tué devant cette Ville en 1527, ce qui n'empêcha point la priſe & le pillage de Rome, où les Impériaux commirent des cruautés inouies. Charles-*Quint*, feignant de déſapprouver ce procédé, prit le deuil, & fit faire des Proceſſions publiques pour la délivrance du Pape; celui-ci acheta cherement ſa liberté en 1529. L'Empereur conclut, le 5 Août de la même année, le Traité de Cambrai avec François I; il fit lever à Soliman le ſiege de Vienne, remit Mulei-Haſſan ſur le Trône de Tunis, & porta en 1536 la guerre en Provence, d'où il fut contraint de ſe retirer avec perte de preſque toute ſon Armée, après avoir formé en vain le ſiege de Marſeille. La Treve ſe fit à Nice en 1538. L'année ſuivante Charles-*Quint* demanda au Roi paſſage par la Fr. pour aller châtier les Gantois révoltés, en lui faiſant promettre l'inveſtiture du Milanez pour celui de ſes Enfans qu'il voudroit. Charles-*Quint* fut reçu en Fr. avec les plus grands honneurs, & l'on mit en queſtion lequel des deux on devoit le plus admirer, de l'Empereur qui entra dans Paris avec confiance, & ſe mit entre les mains d'un Prince qu'il avoit ſi ſouvent irrité & traité durement pendant ſa priſon, ou de François I, qui préféra en cette occaſion ſon honneur à ſes intérêts & à ſon reſſentiment. Charles-*Quint*, après avoir châtié les Gantois, ne voulut point tenir ſa parole, ce qui ralluma la guerre en 1542. Les Impériaux furent défaits à Ceriſoles en 1544, & la paix fut conclue à Crépi en 1545. Les *Proteſtans* d'Allemagne, ainſi appellés pour avoir proteſté en 1529, contre un décret de la Diéte de Spire, qui obligeoit de ſe conformer à la Religion de l'Egliſe Romaine, dreſſerent en 1530 la *Confeſſion d'Augsbourg*, & firent une Ligue offenſive & défenſive à Smalcade, par laquelle ils forcerent Charles-*Quint* à leur accorder la liberté de conſcience, juſqu'à la convocation d'un Concile général. Ce Prince gagna contr'eux en 1547 la Bataille de Mulberg, où Jean Fréderic, Electeur de Saxe, & le Landgrave de Heſſe, furent faits priſonniers. L'année ſuivante il publia l'*Interim*, Réglement proviſionnel en faveur des Luthériens, touchant les articles de foi qu'il falloit croire, juſqu'à ce qu'un Concile général les eût décidés; mais en 1551, Maurice, Electeur de Saxe, & Joachim, Electeur de Brandebourg, aïant fait une Ligue avec Henri II, Roi de France, contre l'Empereur, ils le contraignirent en 1552 de conſentir à la paix, par le Traité de Paſſau, & de donner aux Luthériens la liberté *Evangélique*, outre l'élargiſſement des priſonniers. Charles-*Quint* marcha enſuite vers Metz avec une puiſſante Armée; mais il fut contraint d'en lever le ſiege en 1552, cette Ville étant vaillamment

défendue par François, Duc de Guiſe. L'année ſuivante, il prit & détruiſit entierement Therouëne, & ne fit plus rien de conſidérable. Il ſe démit de la Couronne d'Eſpagne, à Bruxelles, en faveur de Philippe II, ſon fils, le 25 Oct. 1555, conclut une Treve avec Henri II à Vaucelles, & abdiqua l'Empire en faveur de ſon frere Ferdinand, en 1556; il ſe retira enſuite dans le Couvent de S. Juſt, de la Province d'Eſtramadure, où il mourut le 21 Septembre 1558, à près de 59 ans, après en avoir regné 38. Charles-*Quint* étoit ſpirituel, entreprenant, vain, diſſimulé, & grand politique. Il avoit du courage & une ambition exceſſive, ſacrifiant tout à la paſſion de dominer. Il étoit capable de ſubjuguer toute l'Europe, s'il n'eût eu en tête un auſſi grand Prince que François I.

CHARLES VI, ſeizieme & dernier Empereur de la Maiſon d'Autriche, étoit le cinquieme fils de l'Empereur Leopold, & frere de l'Emp. Joſeph. Il naquit le prem. Octobre 1685, & fut Archiduc en 1687. On lui donna dès ſon enfance beaucoup de zele pour la Religion Catholique, une eſtime particuliere pour les Eccléſiaſtiques, & une connoiſſance ſuffiſante des Langues, des Sciences, & des exercices militaires. Charles II, Roi d'Eſpagne, étant mort ſans héritiers le prem. Novembre 1700, Philippe de France, Duc d'Anjou, ſecond fils de Mgr le Dauphin, fut proclamé Roi d'Eſpag., à Madrid & à Verſailles, ſous le nom de Philippe V. L'Archiduc, de ſon côté, ſe fit proclamer à Vienne Roi d'Eſpagne en 1703, ſous le nom de Charles III. Il s'alluma alors une guerre ſanglante pour la ſucceſſion de la Monarchie Eſpagnole. L'Archiduc eut d'abord de grands avantages, & fit ſon entrée publique à Madrid; mais Philippe V aïant reçu un ſecours conſidérable, ſous la conduite du Duc de Vendôme, Charles quitta Madrid, & ſe retira en Catalogne, où il perdit tout , à l'exception de Barcellone & de Tarragone. Il fut obligé de quitter l'Espagne , après la mort de l'Empereur Joseph , laissant la Régence à son épouse & le commandement de l'armée au Comte de Stharemberg. On le proclama Empereur la même année 1711 , malgré les Traités d'Utrecht , de Radstad & de Bade. La guerre continua en Espagne , ce qui n'empêcha point Charles VI , de declarer la guerre aux Turcs le 5 Juin 1716. Le Prince Eugene les défit à Peterwaradin , leur prit Temeswar , Belgrade , & plusieurs autres Places , ce qui les contraignit à demander la paix. Elle se fit en 1718 à Passarowitz , & par ce Traité , l'Empereur gardoit toutes ses conquêtes. On avoit suspendu en Italie toutes les hostilités , en vertu d'un Traité de neutralité ; mais le Cardinal Alberoni , Ministre d'Espagne , la jetta de nouveau dans le trouble , par la prise de la Sardaigne , entreprise qui donna lieu à la quadruple alliance , conclue à Londres le 2 Août 1718 , entre la Grande-Bretagne , la France , l'Empereur , & les Etats Généraux. L'Empereur s'y engageoit à reconnoître Philippe V pour Roi d'Espagne , & renonçoit pour toujours à ce Roïaume. Les Alliés s'engageoient de leur côté , à maintenir l'Empereur , en qualité d'Archiduc d'Autriche , en possession de ses Etats , & à lui faire donner la Sicile au lieu de la Sardaigne. La Cour d'Esp. n'aïant point voulu accéder à ce Traité , la guerre continua ; les Espagnols eurent divers échecs , & le Cardinal Alberoni aïant été disgracié , l'Espagne entra dans la quadruple alliance le 26 Janvier 1720 , ce qui termina la guerre. Charles VI s'efforça ensuite d'introduire & d'affermir par-tout la Pragmatique sanction au sujet de la succession dans ses Etats héréditaires. Après l'avoir fait accepter dans la plupart des Etats d'Allemagne , il conclut un Traité à Vienne , le 30 Av. 1725 ,

avec l'Espagne , dans lequel on renonça des deux côtés à tous les Roïaumes & Païs que les deux Puissances possédoient alors, & l'on garantit la succession héréditaire de D. Carlos aux Etats de Toscane & de Parme , & la Pragmatique-Sanction d'Autriche. Cette alliance fut nommée l'alliance de Vienne. Charles VI eut une nouvelle guerre à soutenir en 1733. Auguste , Roi de Pologne , étant mort , la France voulut placer & maintenir sur le Trône le Roi Stanislas Leszinski ; Charles VI au contraire fit élire & maintint l'Electeur de Saxe qui prit le nom d'Auguste III. Les François prirent Kehl , Treves , Trarbach , Philisbourg , & gagnerent en Italie les batailles de Parme & de Guastalla. D. Carlos , secouru par l'armée Espagnole , commandée par le Duc de Montemar , attaqua le Roïaume de Naples , & s'en fit déclarer Roi après la bataille de Bironto. Il se rendit aussi maître de la Sicile , & en 1735 , il ne restoit plus aux Impériaux en Italie , que Mantoue ; mais les Russiens & les Saxons étant venus renforcer l'armée de l'Empereur sur le Rhin , on cessa subitement les hostilités , & l'on fit la paix. Auguste III demeura Roi de Pologne , le Roi Stanislas eut les Duchés de Lorraine & de Bar , à condition qu'après sa mort , ils reviendroient à la France : on rendit à l'Empereur Parme , Plaisance , & le Milanez ; la France garantit la Pragmatique-Sanction. Le Duc de Lorraine eut la survivance de la Toscane , & D. Carlos garda le Roïaume de Naples avec la Sicile. A cette guerre , en succéda une autre avec les Turcs en 1737 ; elle fut malheureuse à l'Empire , & Charles VI , par le Traité de paix qui fut conclu en 1739 , fut contraint d'abandonner aux Turcs Belgrade , la Servie , & tout ce que Maison d'Autriche possédoit dans la Valachie. Il mourut après cette paix désavantageuse le 20 Octobre 1740 , à 55 ans.

CHARLES VII , Empereur d'Allemagne , étoit fils de Maximilien-Emmanuel , Electeur de Baviere , & de Therese Cunegonde , fille de Jean III , Roi de Pologne. Il naquit à Bruxelles le 6 Août 1697 , & fut nommé Charles-Albert. Il épousa en 1722 la fille de l'Empereur Joseph , & succéda à l'Electeur de Baviere , son pere , en 1726. Après la mort de l'Empereur Charles VI , il ne voulut point reconnoître l'Archiduchesse Marie-Therese , fille aînée de cet Empereur , pour héritiere universelle de la Maison d'Autriche , ni la Pragmatique-Sanction faite en faveur de cette Princesse. Aïant reçu des troupes de France , il se rendit maître de Passau , prit le titre d'Archiduc d'Autriche , s'empara de Lintz & de la haute Autriche , entra en Boheme , s'en rendit maître , & s'en fit proclamer Roi. Ensuite il fut élu Empereur le 24 Janvier 1742; mais ces prospérités ne furent pas de longue durée. La Reine de Hongrie protesta contre son élection , reprit Passau , Lintz & la haute Autriche. Ses troupes entrerent ensuite dans la Baviere , s'emparerent de Braunau , de Landshut , de Munich , & mirent presque tout l'Electorat à contribution. Quelques tems après , cette Princesse réduisit les Bavarois à de facheuses extrémités. Charles VII mourut à Munich le 20 Janvier 1745.

CHARLES I , Roi d'Angleterre , d'Ecosse , & d'Irlande , naquit à Dumfermling le 19 Novemb. 1600 , & succéda à son pere Jacques I , en 1625. Il épousa la même année Henriette de France , fille de Henri IV , & sœur de Louis XIII. Deux ans après , il envoïa du secours aux Calvinistes , pour empêcher la prise de la Rochelle ; mais les Anglois furent défaits , & la prise de la Rochelle fut suivie d'un Traité de paix entre les deux Couronnes. Quelque tems après , les Ecossois & les Parlementaires d'Angleterre, prirent les armes contre lui , ce qui excita une guerre civile très sanglante.

Après plusieurs sieges & combats; Charles fut contraint de sortir d'Angleterre , & les Ecossois , vers lesquels il s'étoit réfugié , l'aïant indignement livré aux Angl. , Cromwel le fit condamner à mort , & & lui fit trancher la tête devant le Palais de Whitehall le 9 Février 1649, à 49 ans , & le 25 de son regne.

CHARLES II , fils du précédent , naquit le 29 Mai 1630. Aïant appris à la Haye la mort cruelle de son pere , il passa en Ecosse , où les Ecossois le proclamerent Roi d'Ecosse , d'Angleterre & d'Irlande ; mais Cromwel qui s'étoit emparé de l'autorité souver. , sous le nom de Protecteur , marcha contre lui avec les Anglois rebelles , le vainquit à Dunbar & à Worcester , & fit un sanglant carnage de son armée en 1651. Le Roi se sauva déguisé en Bucheron , & ensuite en Valet de-chambre , & arriva à Rouen , où aïant appris que la France avoit traité avec Cromwel , il se retira à Cologne. Les Espagnols declarerent alors la guerre à Cromwel , & donnerent une pension au Roi Charles , qui passa en Flandres ; de-là il se retira en Hollande jusqu'à la mort de Cromwel , arrivée le 3 Septembre 1658. Alors le Général Monk , s'étant rendu maître absolu du Parlement , rappella le Roi & ses deux freres en 1660. Charles fut couronné l'année suivante , & épousa en 1662 Catherine , Infante de Portugal. Il eut ensuite la guerre contre les Hollandois & contre les François , avec lesquels il fit la paix en 1667. Il s'unit avec les François en 1672 contre les Hollandois : la paix se fit deux ans après. Depuis ce tems il s'appliqua uniquement à éteindre les factions dans son Roïaume , à y faire fleurir la paix , le commerce , les Arts & les Belles-Lettres. Il mourut le 16 Février 1685 , à 65 ans. Le Duc d'Yorck , son frere , lui succéda sous le nom de Jacques II.

CHARLES II , Roi d'Espagne , mort en 1700.

CHARLES - GUSTAVE X, Roi de Suede, fils de Jean Casimir, Comte Palatin du Rhin, & de Catherine, fille de Charles IX, Roi de Suede, naquit à Upsal en 1622, & succéda en 1654 à la Reine Christine, sa cousine, qui fit en sa faveur une abdication de ses Etats. Charles · Gustave entreprit aussitôt la guerre contre les Polonois, leur enleva Warsovie, Cracovie, & plusieurs autres Places; mais Casimir, Roi de Pologne, le défit à son tour, & le chassa de la Pologne, après divers combats. Charles fit ensuite la guerre aux Danois, sur lesquels il remporta de grands avantages. Il étoit brave, entreprenant, & se proposoit d'exécuter de plus grands desseins, mais la mort arrêta ses projets. Il mourut à Gottembourg le 13 Février 1660, à 37 ans.

CHARLES XI, Roi de Suede, fils du précédent, naquit le 25 Décembre 1655. La Reine, sa mere, gouverna sagement durant sa minorité, & le fit élever avec soin dans l'Art militaire, dans les Sciences & dans la connoissance des Langues. Il fut couronné en 1674. Christiern V, Roi de Dannemarck, attaqua alors la Suede. Charles remporta sur lui de gr. avantages, & gagna sur lui les batailles de Halmstad, de Lunden & de Landskroon, ce qui n'empêcha point le Roi de Dannemarck & l'Electeur de Brandebourg, de lui enlever toutes les Places qu'il possédoit en Poméranie; ces Places lui furent restituées par le Traité de Nimegue en 1679. Charles contraignit le Roi de Dannemarck, qui s'étoit emparé de la personne & des Etats du Duc de Holstein-Gottorp, de remettre ce Prince en liberté, & de lui restituer son Duché. Il observa ensuite une exacte neutralité durant les guerres de l'Europe, se fit admirer par sa sagesse & par sa prudence, & mourut le 15 Avril 1697, à 42 ans, après avoir été reconnu pour Médiateur par les Puissances qui traitoient de la paix à Risvick.

CHARLES XII, Roi de Suede, & l'un des plus fameux Guerriers qui aient paru dans le monde, naquit le 27 Juin 1682. Par le Testament du Roi Charles XI, son pere, la Reine Douairiere Hedwige-Eléonore de Holstein-Gottorp, devoit avoir l'administration du Roïaume, conjointement avec cinq Sénateurs, jusqu'à ce que ce jeune Pr. son petit-fils, eût 18 ans; mais il fut déclaré majeur à 15 ans par les Etats du Roïaume, & couronné le 24 Décembre 1697. Il consomma aussi-tôt la paix de Riswick, commencée par son prédécesseur Frédéric-Auguste, Roi de Pologne & Electeur de Saxe. Frédéric IV, Roi de Dannem. & Pierre Alexiowitz, Czar de Moscovie, comptant tirer avantage de sa jeunesse, se liguerent aussi-tôt contre lui, & projetterent de l'accabler chacun de son côté. Le premier effet de cette secrette entreprise tomba sur le Duc de Holstein, beau-frere du Roi de Suede, contre lequel le Roi de Dannem. commit quelques hostilités. L'Angleterre, la Hollande, & les Princes de la Maison de Lunebourg, intéressés comme le Roi de Suede, à soutenir le Duc de Holstein par le Traité d'Altena, conclu en 1689, proposerent d'abord la voie de la négociation; mais le Roi de Suede, voïant par la longueur des Conférences tenues à ce sujet, que le Roi de Dannem. ne cherchoit qu'à gagner du tems, pour se mettre en état d'agir à force ouverte, dès que ses Alliés auroient achevé leurs préparatifs, fit passer des troupes dans la Poméranie, lesquelles aïant été grossies par celles de Lunebourg, passerent l'Elbe, pour s'opposer aux progrès des Danois dans le Holstein. Pour lui il voulut commander la Flotte Suédoise, composée de 39 Vaisseaux de ligne: les Anglois & les Hollandois le joignirent avec 30 Vaisseaux de Guerre; aussitôt après cette jonction, il alla attaquer la Flotte Danoise, laquelle prit la fuite, & se renferma dans le Port de Coppenhague. Le Roi voïant qu'il étoit impossible de l'y forcer, réso-

lut de porter la guerre dans le cœur
même du Dannem & d'en affieger
la Capitale par terre , tandis que les
Flottes la bloquoient par mer. Il
débarqua avec 5000 hommes , & se
jettant lui-même à l'eau , suivi de
ses troupes , il emporta le Poste de
Humblebeck , malgré la résistance
des Ennemis. Après s'y être établi
il renvoïa les Bâtimens de cha ge
à Landskroon pour en amener le
reste de son armée avec de la grosse
artillerie , & s'étendit ensuite dans
le Zeland. Le Roi de Dannemarck
allarmé de ces progrès , demanda &
conclut avec le Holstein une paix
qu'il avoit si long-tems éludée , le
18 Août 1700 , & se soumit aux
conditions qui lui furent prescrites
par les Souverains , garans du Traité d'Altena. Le Roi de Suede avoit
déja donné ses ordres pour faire
entrer ses troupes en quartier d'hiver , lorsqu'il reçut avis que Nerva , où commandoit le Comte de
Horn , étoit affiegée par une armée
de 100000 Moscovites. Il changea
aussitôt de dessein , & résolut de
marcher contre le Czar , malgré la
rigueur de la saison. Il aborda heureusement à Pernau en Livonie ,
avec une partie de ses troupes , tandis que l'autre prenoit terre à Revel.
Dès qu'il les eut rassemblées au nombre de 8000 hommes , il marcha
droit à Nerva , força le défilé Py-
hajaggi , & arriva le 30 Novembre devant le Camp des Ennnemis
retranchés & fortifiés devant la ville. Charles XII en arrivant , rangea son armée en bataille , attaqua
les Ennemis , & remporta cette victoire éclatante qui rendra à jamais
son nom immortel. 30000 Moscovites furent tués ou noïés , 20000
demandèrent quartier , le reste fut
pris ou dispersé. Cette victoire ne
coûta au Vainqueur qu'environ 2000
hommes tués ou blessés. Les Moscovites furent contraints d'évacuer
les Provinces qu'ils avoient inon-
dées , & le Roi de Suede passa l'hi-
vers à Laïs , où on lui avoit préparé
des magasins. Le Printems suivant
1701 , après avoir chargé le Général

Schlippenbach de veiller à la défense de la Livonie , il marcha droit
à Riga contre les Saxons retranchés
sur un des bords de la Dune. Il fit
passer son armée sur des bateaux ,
attaqua les Saxons , les força dans
tous leurs postes , & remporta sur
eux une victoire complette. Il suivit ses conquêtes jusqu'à la Diette
de Pologne , où il fit déclarer le
Trône vacant Tous les efforts du
Roi Auguste furent inutiles. Les
Suédois battirent ses troupes par-
tout ; lui-même manqua d'être fait
prisonnier à Cracovie. Le Roi de
Suede fit élire Roi de Pologne Stanislas Leszinski ; & après s'être rendu maître de la plus gr partie de
l'Electorat de Saxe , il obligea enfin
le Roi Auguste à renoncer au Roïaume de Pologne , & à reconnoître le
Roi Stanislas Les articles de ce Traité furent ratifiés de part & d'autre ,
& la paix publiée dans le Camp du
Roi de Suede , à Leipsick & à
Dresde , le 24 Nov. 1706. Toute
l'Europe apprit avec surprise le succès d'une entreprise si importante ,
& admira le désintéressement du
Roi de Suede , qui ne demanda
rien pour aggrandir ses Etats , ne
voulant pour fruit de tant de victoires , que la gloire de les avoir rem-
portées. Charles XII aïant ainsi réduit les Rois de Dannem. & de
Pologne , déclara la guerre à Pierre
le Grand , Czar de Moscovie. Il eut
d'abord sur lui plusieurs avantages ,
gagna un grand nombre de combats , obligea en 1708 les Mosco-
tes d'abandonner la Pologne , & les
poursuivit jusqu'en Moscovie ; mais
s'étant engagé trop avant , il perdit
la fameuse bataille de Pultowa, dans
laquelle il fut blessé & perdit 8000
hommes. Le Général Lewenhaupt
avec 18000 hommes , reste de l'armée Suédoise , fut contraint trois
jours après de se rendre au Prince
Menzikou , Général du Czar. Ce
fut le 8 Juillet 1709 ; que se donna
cette bataille décisive entre deux
des plus fameux Monarques de l'U-
nivers : Charles XII , illustre par un
cours non-interrompu de victoires ,

qui lui avoient fait donner le nom d'*Invincible* ; & Pierre Alexiowitz, qui a mérité le nom de *Grand*, & s'est immortalisé non-seulement par ses victoires, mais aussi en civilisant ses sujets, & en introduisant dans ses Etats les Arts & les Sciences. Charles XII, après avoir perdu en un seul jour le fruit de tant d'années de travaux & de combats, eut beaucoup de peine à éviter les ennemis. Il passa le Borysthene, se retira ensuite à Oczakow, & de-là à Bender. Il y fut joint par 1500 Valaques & par 1800 Suédois, parmi lesquels se trouverent 3 Généraux, 6 Colonels, & un gr. nombre d'Officiers. Le Gr. Seigneur lui envoïa 40000 Tartares pour lui servir d'escorte, jusqu'à ce qu'il fût en sureté. Mais aïant appris que quelques Officiers Turcs & Tartares, gagnés par ses Ennemis, vouloient le livrer aux Moscovites, il fit bâtir une maison près de Bender, & s'y retrancha. Les Tartares l'y attaquerent le 11 Février 1713 : il y fit des prodiges de valeur, mais le feu aïant été mis dans sa maison, & aïant reçu deux ou trois blessures, il fut obligé de se rendre. On le conduisit à Bender, où le Seraskier & le Kam des Tartares le reçurent très bien, & s'excuserent en disant qu'ils avoient été trompés par des ordres supposés du Gr. Seigneur. Le Roi de Suede fut ensuite conduit à Andrinople avec une escorte. Le Gr. Seigneur lui donna audience, & lui promit de le dédommager des pertes qu'il avoit faites. Enfin après avoir demeuré plus de 5 ans dans les Etats du Turc, il partit de Demir-Toca le premier Octob. 1714, & s'étant déguisé, il traversa la Valaquie, la Transilvanie, la Hongrie, l'Allemagne, & arriva le 22 Novem. à Stralzund, suivi de trois personnes seulement. Il fut conduit au Général Duker, qui le reconnut aussitôt ; mais les affaires étoient bien changées. Le Roi Auguste étoit remonté sur le Trône de Pologne. La Suede avoit perdu plusieurs Provinces, & se trouvoit sans commerce, sans argent, sans crédit & sans troupes. Les vieux Militaires étoient tués, ou morts de misere. Tel fut l'état déplorable où Charles XII trouva la Suede à son arrivée. Dès le lendemain il visita les fortifications de Stralzund. Sa présence ni sa valeur ne purent la garantir. Les Rois de Dannem. & de Prusse, s'emparerent de l'Isle de Rugen le 17 Novembre 1715, & de Stralzund le 22 Déc. suivant. Après cette perte, Charles entra en Norwege avec une armée de 20000 hommes, & entreprit le siege de Fredericshall ; mais comme il alloit reconnoître la Place, une balle perdue le tua le 12 Décembre 1718, à 37 ans. Ce Prince, la terreur du Nord, avoit la taille haute & déliée, le teint blanc, les yeux bleus, les cheveux blonds, l'air noble & gracieux, le temperament robuste. Il parloit peu, mais avec justesse, avoit des manieres affables & prévenantes, une humeur agréable & enjouée, estimant le mérite, & récompensant la valeur jusques dans ses Ennemis, égal dans la prospérité & dans les disgraces, toujours intrépide, entreprenant, & magnanime. Avec tant de belles qualités, ce fut un Prince plutôt extraordinaire que grand, plus digne d'être admiré qu'imité. Ses longues guerres épuiserent ses Etats, & mirent la Suede dans une malheureuse situation, dont elle ne s'est point encore relevée. Il ne fut point marié.

**CHARLES MARTEL**, Maire du Palais, illustre Général des François, fils de Pepin *Heristal*, & d'Alpaide, défit Rainfroi, Maire du Palais de Chilperic II, & s'empara du Gouvernem. de France en 718. Son inclination martiale lui fit donner le nom de *Martel* : il eut en effet presque toujours les armes à la main. Il vainquit les Saxons, les Allemands, les Bavarois, les Noriciens, Eudes, Duc d'Aquitaine, & les Sarrasins commandés par Abdérame ; ensuite il s'empara de la Bourgogne & de la Provence, &

m. à Creſſi ſur Oiſe, le 22 Oct. 741, après avoir gouverné 24 ans.

CHARLES DE FRANCE, Comte de Valois & d'Alençon, ſurnommé *Défenſeur de l'Egliſe*, étoit fils puîné du Roi Philippe le Hardi, & naquit en 1270 : c'eſt de lui qu'on a dit qu'il étoit *fils de Roi, frere de Roi, oncle de Roi, & pere de Roi, ſans avoir été lui même Roi*. Ce Prince fit la guerre avec ſuccès en Guienne, en Flandres, & en Italie. Il m. à Nogent le 16 Nov. 1325, & fut enterré à Paris dans le Chœur des Jacobins, où l'on voit ſon Tombeau.

CHARLES, Duc de Bourbon, Connétable de France, fils de Gilbert de Bourbon, Comte de Montpenſier, & de Claire de Gonzague, naquit le 27 Février 1489. Il donna dès ſa jeuneſſe de grandes marques de valeur, & ſe diſtingua en Italie & en Bourgogne. Le Roi François I le fit Connétable, le 10 Janv. 1515 : il combattit vaillamment à la bat. de Marignan & à la conquête du Milanez. Dans la ſuite, s'étant brouillé avec Louiſe de Savoie, mere de François I, au ſujet de la ſucceſſion de la Maiſon de Bourbon, il Traita avec Charles *Quint*, & prit les armes contre le Roi. Il entra en Provence en 1524, & ſervit l'année ſuivante à la bataille de Pavie, où François I fut fait priſonnier. Il commanda enſuite les armées de Charles-*Quint*, & fut tué au ſiege de Rome en montant des premiers à l'aſſaut, le 6 Mai 1527. L'amour que les ſoldats lui portoient ne s'éteignit pas avec ſa vie. Craignant que les Romains ne l'exhumaſſent pour inſulter à ſes cendres, s'ils l'enterroient dans Rome, ils tranſporterent ſon corps à Cayette, où ils lui éleverent un Tombeau digne de lui. Ce Tombeau a été détruit après le Concile de Trente.

CHARLES DE BOURBON, Cardinal, Archev. de Rouen, & Légat d'Avignon, fils de Charles de Bourbon, Duc de Vendôme, naquit à la Ferté-ſous-Jouare en 1523. Il aſſiſta au colloque de Poiſſi, préſida à l'Aſſemblée du Clergé en 1580 ; tint un Concile en 1581, & ſe ſignala par ſon zele pour la Relig. Catholique ; mais il ſe laiſſa tromper par les Chefs de la Ligue, qui le déclarerent Roi, après la mort de Henri III, pour exclure de la Couronne Henri IV, ſon neveu. Le Cardinal de Bourbon prit le nom de Charles X, & m. à Fontenai-le Comte, le 9 Mai 1590. Il ne faut pas le confondre avec le Cardinal de Bourbon ſon neveu, m. en 1594.

CHARLES, Duc de Bourgogne, ſurnommé *le Hardi, le Guerrier* & *le Téméraire*, fils de Philippe *le Bon*, Duc de Bourgogne, & d'Iſabelle de Portugal, naquit à Dijon le 10 Nov. 1433. Il ſe ſignala en pluſ. batailles, & devint l'ennemi irréconciliable de Louis XI, Roi de France. Il ſuccéda aux Etats de ſon pere en 1467, défit les Liegeois à la bataille de S. Tron, & cauſa de gr. maux à la France. Il perdit les batailles de Granſon & de Morat contre les Suiſſes, & fut tué au ſiege de Nanci le 5 Janvier 1477.

CHARLES DE FRANCE, Roi de Naples & de Sicile, fils de Louis VIII, Roi de France, & frere de S. Louis, naquit en 1220, & épouſa Beatrix, héritiere & fille de Raimond Berenger, Comte de Provence. Il ſuivit S. Louis au Levant en 1248. A ſon retour, il reçut l'inveſtiture des Roïaumes de Naples & de Sicile, gagna une ſanglante bataille ſur Mainfroi, qui y fut tué en 1266 ; & une autre deux ans après ſur Conradin, Duc de Souabe, qui y fut fait priſonnier avec ſon couſin Fréderic, & auxquels Charles fit trancher la tête. Ce Prince ſe trouva au ſiege de Tunis en 1270. A ſon retour, les Princes d'Italie conçurent de la jalouſie contre lui ; & les Siciliens irrités de ce qu'il avoit dépouillé de ſes biens Jean, Sgr de l'Iſle de Procida, ſe révolterent. Ils maſſacrerent tous les François le jour de Pâques 1282, à l'heure de Vêpres, circonſtance qui fit appeller ce maſſacre *les Vêpres Siciliennes*.

Charles

Charles mourut à Foggia dans la Pouille, le 7 Janv. 1285.

CHARLES I, Duc de Lorraine, fils puîné de Louis d'*Outremer*, naquit à Laon en 953, & fit hommage lige de ses Etats à l'Empereur Othon II, son cousin; ce qui indigna les Sgrs François. Louis *le Fainéant*, son neveu, étant mort, il fut privé de la Couronne de France par les Etats assemblés, en 987, & Hugues Capet fut mis sur le Trône. Charles tenta vainement de faire valoir son droit par les armes. Il fut pris à Laon le 2 Avril 991, & renfermé dans une Tour à Orléans, où il m. 3 ans après.

CHARLES II, Duc de Lorraine, étoit fils de Jean, Duc de Lorraine, empoisonné à Paris le 27 Septembre 1382, & de Sophie de Wirtemberg. Il se signala en plusieurs combats, fut Connétable en 1418, & mourut en 1430.

CHARLES IV, fils de François, Comte de Vaudemont & petit-fils de Charles III, Duc de Lorraine, fut un Prince généreux, hardi, entreprenant, mais malheureux & inconstant. Louis XIII s'empara de ses Etats & les lui rendit. Charles se ligua ensuite avec les Espagn.; ils l'arrêterent à Bruxelles en 1654, & le firent conduire à la Citadelle d'Anvers, de-là à Tolede, dont il ne revint qu'en 1659. Trois ans après il fit un Traité avec Louis XIV, par lequel il cédoit à ce Prin. tous ses Etats à des conditions avantageuses; mais à peine fut il retourné à son Duché, qu'il se repentit d'avoir fait ce Traité, & ne cessa de susciter des affaires à la France. Le Roi se saisit de la Lorraine en 1670, & Charles se retira en Allemagne. M. de Turenne le battit à Sintsheim en 1674: il défit à son tour l'arriereban d'Anjou, & le Maréchal de Crequi, qu'il assiegea & fit prisonnier dans Treves. Il m. près de Birkenfeld l'an 1675, env. à 72 ans.

CHARLES V, Duc de Lorraine, & l'un des plus grands Capitaines de son siecle, étoit second fils du Duc François, & de la Princesse

Claude de Lorraine, sœur de la Duchesse Nicole. Il naquit à Vienne en Autriche, le 3 Avril 1643. Après la Paix des Pyrenées, il vint à Paris, où le Roi voulut lui faire épouser la Princesse de Montpensier, puis Mlle de Nemours; mais ni l'un ni l'autre de ces mariages n'aïant réussi par le caprice de Charles IV, il alla trouver l'Empereur au service duquel il s'attacha pour toujours. Charles V se signala contre les Turcs au passage du Raab, & fut Général de la Cavalerie, que l'Empereur envoïa contre les Mécontens de Hongrie. En 1674, il fut mis sur les rangs pour remplir le Trône de Pologne; mais n'aïant pu réussir à se faire élire, il passa en Flandre, où il combattit avec valeur à la bataille de Senef. Après la m. de Charles IV, son oncle, il prit le titre de Duc de Lorraine, & servit contre la France. Il épousa en 1678, la Reine Douairiere de Pologne; & ne voulant point rentrer dans ses Etats aux conditions que la France exigeoit de lui par le Traité de Nimègue, il aima mieux retourner à Vienne, où il fut déclaré Généralissime de l'Armée Impériale contre les Turcs. Il remporta sur eux un grand nombre de victoires, leur enleva plusieurs Places importantes, & mourut à Weltz en Autriche, dans les sentimens d'une grande piété, le 18 Avril 1690, à 47 ans.

CHARLES DE LORRAINE, sav. & cél. Cardinal, fils de Claude de Lorraine, premier Duc de Guise, & d'Antoinette de Bourbon, naquit à Joinville le 17 Février 1525. Il se distingua par ses talens & par son éloquence, & fut Archevêque de Reims & de Narbonne, & Ministre d'Etat. Le Cardinal de Lorraine se déclara avec zele contre les Calvinistes, assista avec éclat au Colloque de Poissi, & au Concile de Trente, & tint à son retour un Conc. Provincial à Reims en 1564. Il eut grande part au Gouvernement du Roïaume, fit plusieurs fondations, & mourut à Avignon le 26

Décembre 1574. On a de lui plufieurs ouvrages.

CHARLES de Lorraine , Duc
de Mayenne , Pair , Amiral & Gr.
Chambellan de France , fecond fils
de François de Lorraine , Duc de
Guife , & d'Anne d'Eft , naquit le
26 Mars 1554. Il fe fignala en plufieurs batailles , & commanda les
armées contre les Proteftans. Après
la mort de fes freres tués aux Etats
de Blois en 1588, il fe déclara Chef
de la Ligue , & prit le titre de *Lieutenant Général de l'Etat & Couronne de France.* Henri IV le défit
en plufieurs combats , & le reçut
avec bonté lorfqu'il fe foumit à lui
en 1599. Depuis ce tems , il fervit
avec fidélité , & mourut à Soiffons
le 3 Octobre 1611.

CHARLES - EMMANUEL , Duc
de Savoye , furnommé *le Grand*,
naquit au Château de Rivoles le 12
Janvier 1562. Il fe fignala par fa
valeur en plufieurs fieges & combats, s'attira beaucoup de difgrace
par fon ambition , & mourut à Sa-
villan le 26 Juillet 1630, à 78 ans.
C'étoit un Prince favant , fpirituel ,
& ami des gens de Lettres. Il paffa
pour un des plus grands Capitaines
de fon fiecle. Il étoit fi impénétrable dans fes deffeins , que l'on difoit communément que les fecrets
de fon cœur étoient plus innacceffi-
bles que fon païs. Il ne faut pas le
confondre avec Charles-Emmanuel,
Duc de Savoye, mort en 1675.

CHARLES *le Guerrier*, Duc de
Savoye , étoit fils d'Amedée IX ,
& frere de Philibert I , auquel il
fuccéda en 1482. C'étoit un Prince
bienfait, fage, vertueux , affable ,
libéral , & inftruit. Il eut beaucoup
de traverfes à effuïer au commencement de fon regne : ce qui lui
fit prendre pour devife un Soleil
naiffant fur une tempête, avec ces
mots : *Non tamen inde minus.* Il
époufa Blanche de Montferrat , fille de Guillaume Paleologue VI ,
Marquis de Montferrat, dont il eut
un fils qui lui fuccéda. Charles *le
Guerrier* promettoit un regne glorieux lorfqu'il mourut le 13 Mars

1489, à 21 ans. On foupçonna le
Marquis de Saluces, qu'il avoit
vaincu, & dont il avoit fubjugué
le païs , en perfonne, de l'avoir fait
empoifonner.

Il y a eu plufieurs autres Princes
du nom de Charles.

CHARLES de S. Paul , Supérieur
général de la Congrégation des
Feuillans eft connu par fon Tableau
de la Rhétorique Françoife.

CHARLEVAL , ( Jean - Louis
Faucon de Ris , Seigneur de ) ami de
Sarrafin & de Scarron , écrivoit po-
liment en vers & en profe. Il mourut en 1688, & laiffa un Recueil
de fes Lettres & de fes Poéfies.

CHARLIER , ( Jean ) célebre
Docteur , plus connu fous le nom
de Gerfon , village du Diocèfe de
Reims, où il naquit le 14 Décembre 1363, vint étudier à Paris au
Collége de Navarre. Il fut Chanoine de Paris , Docteur de Sorbonne
en 1392, & Chancelier de l'Eglife
& de l'Univerfité de Paris , en la
place de Pierre d'Ailli , fon maître ,
en 1395. Il affifta avec éclat aux
Conciles de Pife & de Conftance.
Il eut la principale part aux affaires traitées en ce dernier Concile,
& en fut comme l'ame & la langue. Gerfon fe retira enfuite à Lyon,
craignant l'indignation du Duc de
Bourgogne, qui avoit fait affaffiner le Duc d'Orléans. Il y vécut
dans la retraite & dans les exercices d'une vie humble & pénitente,
inftruifant la jeuneffe, & y mourut le 12 Juillet 1429, à 66 ans.
La meilleure édition de fes œuvres ,
eft celle de M. Dupin en 1706, 5
tom. *in-fol.* Gerfon fut l'un des plus
grands hommes de fon fiecle. Il
étoit fage , prudent , inflexible dans
la défenfe de la vérité, & joignoit
à la fcience de la Théologie une
folide piété , & beaucoup de dévotion. Quelques Auteurs lui attribuent l'excellent Livre de l'*Imitation de J. C.*

CHARLIER , ( Gilles ) favant
Docteur de Sorbonne, natif de Cambrai, dont il fut élu Doïen en 1431,
fe diftingua au Concile de Bâle en

1433, & mourut Doïen de la Faculté de Théologie de Paris en 1472.
On a de lui divers ouvrages.

CHARNACÉ , ( Hercule Baron
de ) habile Négociateur & brave
Officier , étoit créature du Cardinal
de Richelieu & fut Ambassadeur de
Louis XIII auprès de Gustave Roi
de Suede , auprès des Etats Généraux , & ailleurs. Il fut tué en 1637
au siege de Breda , à la tête du Régiment qu'il commandoit au service des Etats.

CHARON , Batelier des Enfers,
auquel , selon la fable , on étoit
obligé de païer une piece de monnoie pour le passage du Fleuve Le-
thé. C'est pour cette raison que les
Païens avoient coutume de mettre
quelque piece de monnoie dans la
bouche des morts, afin qu'ils eussent
de quoi païer, quand Charon les
passeroit dans sa barque. Au reste,
Charon , en Egyptien, signifie un
Batelier.

CHARONDAS , célebre Législateur des Thuriens , natif de Catane , défendit , sous peine de mort ,
de se trouver armé dans les assemblées : mais un jour y étant allé
lui-même à la hâte , sans prendre
garde qu'il avoit son épée , on ne
lui eut pas plutôt fait appercevoir sa
méprise , qu'il se la passa au travers
du corps , vers 440 avant J. C.

CHARONDAS , ou LOUIS LE
CHARON , savant Avocat du 16e
siecle , natif de Paris , dont on a
divers ouvr. Il m. en 1617.

CHARPENTIER , ( François )
savant Ecrivain du 17e siecle , naquit à Paris le 15 Février 1620. Il
fut reçu de l'Académie Françoise en
1651 , & ensuite de celle des Inscriptions & Belles-Lettres. Charpentier se rendit savant dans la connoissance de l'antiquité & de la critique : il se fit estimer de M. Colbert & des Savans, & mourut le 22
Avril 1702, à 82 ans. Ses principaux ouvr. sont ; 1. La vie de Socrate. 2. Discours touchant l'établissement d'une Compagnie Françoise pour le commerce des Indes
Orientales. 3. De l'excellence de la
Langue Françoise , &c.

CHARPENTIER , ( Marc-An-
toine ) l'un des plus savans & des
plus laborieux Musiciens du 17e si.
naquit à Paris en 1634. Il fut maître de musique de la Sainte Chapelle de Paris , & Intendant de la musique de M. le Duc d'Orléans ,
petit-fils de France , auquel il apprit la composition. Il mourut à
Paris en 1702. On a de lui Medée ,
Philomene , & d'autres Opera ; des
Motets , & plusieurs autres pieces
considérables de musique.

CHARPENTIER , ( Hubert ) vertueux Prêtre , naquit à Couloumier,
au Diocèse de Meaux , le 3 Novembre 1565 , fut Licencié en Théologie, de la Maison & Société de Sorbonne , établit les Prêtres du Calvaire sur la Montagne de Betharam
en Bearn , sur le Mont Valérien près
de Paris , & à Notre-Dame de Garai-
son , au Diocèse d'Auch. Il mourut
à Paris , au Presbytere de S. Jean en
Greve , en odeur de sainteté le 10
Décembre 1650 , à 89 ans.

CHARRON , ( Pierre ) Chantre
& Théologal de Condom , né à
Paris en 1541 , s'est rendu fameux
par son Livre de la Sagesse. Il se fit
recevoir Docteur en Droit à Bourges , & exerça à Paris la fonction
d'Avocat pendant cinq ans. Il s'a-
donna ensuite tout entier à la prédication & à l'étude de la Théologie. Il s'y distingua tellement , que
plusieurs Evêques s'empresserent à
lui donner de l'emploi. Il posséda
des Bénéfices considérables , fut successivement Théologal de plusieurs
Cathédrales , & Sécretaire de l'Assemblée du Clergé de France en
1595. Il mourut à Paris le 16 Novembre 1603. Outre le Traité de la
Sagesse , on a de lui d'autres ouvrages.

CHARTIER , ( Alain ) Secretaire des Rois Charles VI & Charles
VII , & l'un des plus savans hommes du 15e siecle , fut si estimé de
Marguerite d'Ecosse, à cause de ses
écrits, que cette Princesse l'aïant
vu endormi sur une chaise , s'approcha de lui & le baisa. Comme
les Seigneurs de sa suite étoient sur

pris de cette action, elle dit en riant, *qu'elle n'avoit pas baisé l'homme, mais la bouche qui avoit prononcé tant de belles choses.* Alain Chartier réussissoit mieux en prose qu'en vers. Il fut appellé le pere de l'éloquence françoise. Ses Œuvres ont été imprimées en 1617, *in 4°.* On estime surtout le *Curial* & le Traité de l'espérance. On trouve dans ce Recueil beaucoup de pieces qui lui ont été faussement attribuées. Il ne faut pas le confondre avec Jean Chartier, Moine & Chantre de S. Denys, dont nous avons une vie de Charles VII, que Denys Godefroy a fait imprimer avec des remarques & d'autres pieces.

CHASSANÉE, (Bertrand) prem. Président au Parlement de Provence, étoit natif d'Issy-l'Evêque en Bourgogne. Après avoir étudié dans les meilleures Universités de France & d'Italie, il fut emploïé par George Cardinal d'Amboise. Il se retira ensuite à Autun, où il exerça la profession d'Avocat, & où il plaida la *Cause des Rats,* si singuliere dans les Ecrits de ce Magistrat. Enfin, après avoir été Avocat du Roi à Autun jusqu'en 1522, François I le nomma Conseiller au Parlement de Paris, puis Président au Parlement de Provence où il m. en 1542. On a de lui divers ouvrages.

CHASTELET, (Gabriele-Emilie de Breteuil, Marquise du) Dame illustre par son esprit & par son amour pour les Sciences, naquit en 1706, & mourut en 1749. On a d'elle des Commentaires sur Newton, & d'autres ouvrages.

CHASTRE, (Edme, Marquis de la) Comte de Nancay, si connu par les Mémoires qu'il a laissés, fut Maître de la Garderobe du Roi, puis Colonel Général des Suisses & Grisons en 1643. Il se signala à la bataille de Nortlingue, où il demeura prisonnier, & fut tué à la guerre d'Allemagne en 1645. Il étoit de la même Maison que Claude de la Châtre, Maréchal de France, Chevalier des Ordres du Roi, &

Gouverneur de Berry & d'Orléans. Celui-ci s'éleva par son mérite & par la faveur du Connétable de Montmorency, dont il avoit été Page. Il se signala en divers sieges & combats, & s'étant jetté dans le parti de la Ligue, il se saisit du Berry, qu'il remit dans la suite au Roi Henri IV, lequel lui conserva la dignité de Maréchal de France. Il mourut le 18 Décembre 1614, à 78 ans. La Maison de la Châtre tire son nom d'un grand Bourg de Berry sur l'Indre. Elle a produit plusieurs autres personnes illustres, entr'autres, Pierre de la Châtre, Archevêque de Bourges & Cardinal, mort en 1171.

CHAT, (Aymeri) de la Maison de Chapt de Ratignac & l'un des plus illustres Prélats du 14e si., fut d'abord Trésorier de l'Eglise Romaine selon Ughelli, puis nommé Evêque de Volterre & Gouverneur de Bologne, ensuite transféré à l'Evêché de la même Ville en 1361. Il obtint en 1365 de l'Emp. Charles IV, la confirmation des Privileges de son Eglise & le titre de Pr. de l'Empire. Il donna l'Eglise de S. Michel des Bois aux Moines du Mont Olivet, établit à Bologne les Camaldules & les Célestins, y bâtit en 1367, une partie considér. de la Chartreuse, & y fit fleurir l'Université dont il étoit Chancelier en y attirant des Savans de toutes parts. Il fut transféré en 1371 à l'Evêché de Limoges, & nommé Gouverneur de toute la Vicomté de Limoges. Il m. la veille de S. Martin en 1390.

CHAT, (Raymond Chapt de Rastignac) Seigneur de Messilhac, Chevalier des deux ordres du Roi, Capitaine de 50 hommes d'armes, Gouverneur d'Auvergne, Lieutenant Général & Baillif de la h. Auvergne, fut un des Généraux de son tems les plus recommandables, par sa valeur & par sa fidélité pour ses Rois auxquels il donna les preuves les plus éclatantes de zele & d'attachement pendant les troubles qui agitoient la France. Il s'opposa avec autant de fûccès que de courage aux entreprifes des Ligueurs, en Auvergne, déconcerta leurs projets, leur enleva pluf. places dont ils s'étoient rendus maîtres, gagna en 1590, la Bataille d'Iffoire contre le Comte de Randan, celle de Villemur en 1592, contre le Duc de Joyeufe, & prit des mefures fi efficaces pour les intérêts du Roi, qu'il maintint une partie de l'Auvergne dans fon obéiffance, y fit rentrer l'autre, & vint à bout de rétablir entierement la paix dans cette Province. Il marcha en 1594 contre les Révoltés, connus fous le nom de *Tard-venus* qui s'étoient affemblés dans le Limofin, les attaqua, en tua deux mille près de Limoges, & les mit entierement en déroute. Le Roi, pour le récompenfer de fes fervices, le nomma Chevalier du Saint Efprit en 1594, & dans le Chapitre de l'Ordre tenu le 6 Janv. de l'année fuiv., il fut arrêté que M. de Meffilhac n'aïant pu fe trouver au Chapitre pour s'y faire recevoir, parcequ'il étoit occupé dans fon Gouvernement pour le fervice de Sa Majefté, il ne feroit point préjudicié à fon rang. Il fut tué le Vendredi 26 Janvier 1596 à la Fere où il étoit allé pour traiter de quelques affaires avec le Roi. M. de Thou l'appelle un homme d'un courage infatigable, *virum indefeffa virtutis.* Voy. RASTIGNAC.

CHATEAU, (Guillaume) habile Graveur, natif d'Orléans, dont on a plufieurs belles eftampes d'après le Pouffin. Il fe fit eftimer de M. Colbert, qui récompenfa fon mérite, & mourut à Paris en 1683, à 50 ans.

CHATELUS, (Claude de Beauvoir, Seigneur de) Vicomte d'Avalon, & Maréchal de France, d'une famille noble & ancienne, fuivit le parti des Ducs de Bourgogne, dont il étoit né fujet, & defquels il reçut de grands biens. Il fut emploïé en des affaires importantes, & mourut à Auxerre en 1453.

CHATEL, (Tanneguy du) Gen-tilhomme de Bretagne, & l'un des plus grands Capitaines du 15e fiecle, paffa en Angleterre en 1404, pour vanger la mort de fon frere aîné, & y caufa beaucoup de dommages. Il commanda enfuite en Italie les armées de Louis d'Anjou, Roi de Sicile, & défit en 1410 l'Armée de Ladiflas. De retour en France, il fut Chambellan du Roi, Prévôt de Paris, & Maréchal de Guienne, pour Charles Dauphin de France, auquel il rendit de grands fervices contre Jean fans peur, Duc de Bourgogne, qui fut poignardé à Montreau-faut-Yonne le 10 Sept. 1419. On accufe Tannegui du Châtel d'avoir été un des Meurtriers de ce Prince, d'autres difent qu'il s'en juftifia auprès de Philippe *le Bon.* Quoi qu'il en foit, il mourut en Provence en 1449. Il ne faut pas le confondre avec Tanneguy du Châtel, Vicomte de la Belliere, fon neveu, qui eut un grand crédit fous les Rois Charles VII, & Louis XI, & qui fut tué au fiege de Bouchain en 1477.

CHATEL, (Pierre du) *Caftellanus,* l'un des plus favans Prélats du 16e fiecle, natif d'Archi en Bourgogne, après avoir étudié & regenté à Dijon, voïagea en Allemagne, en Italie, & dans la Grece, où il fe fit eftimer des Savans. De retour en France, il devint Lecteur & Bibliothéquaire du Roi François prem., Evêque de Tulle en 1539, de Mâcon en 1544, Grand Aumônier de France en 1548, enfin Evêque d'Orléans en 1551, où il mourut d'apoplexie en prêchant, le 3 Février 1552. Il étoit favant dans les Langues Orientales, & prêchoit avec beaucoup d'éloquence. On a de lui quelques ouvr. Pierre Galland en a écrit la vie.

CHATEL, (Jean) fils d'un Marchand Drapier de Paris, attenta à la vie du Roi Henri IV, auquel il donna un coup de couteau dans la levre d'enbas, qui lui rompit une dent, le 24 Déc. 1594. Ce jeune homme, âgé de 19 ans, fut arrêté, & condamné au dernier fupplice.

CHATELAIN, ( Georges ) *Castellanus*, Gentilhomme Flamand, fut élevé à la Cour des Ducs de Bourgogne, & paſſoit pour un des hommes de ſon tems qui entendoit le mieux la Langue Françoiſe. Il eut pour diſciple Jean Moulinet, & mourut en 1475. On a de lui, 1°. un Recueil en vers françois des choſes merveilleuſes advenues de ſon tems; 2°. l'Hiſtoire de Jacques de Lalain, & d'autres ouvr.

CHATELET, ( Paul Hay, Seigneur du ) Gentilhomme d'une ancienne Maiſon de Bretagne, & l'un des 40 de l'Académ. Françoiſe, fut Avoc. Génér. au Parlement de Rennes, enſuite Maître des Requêtes & Conſeiller d'Etat. La Cour le chargea de diverſes commiſſions importantes, mais aïant refuſé d'être du nombre des Juges au procès du Maréchal de Marillac, il fut mis en priſon, d'où il ſortit quelque tems après. On rapporte qu'étant un jour avec M. de S. Preuil, qui ſollicitoit la grace du Duc de Montmorenci, le Roi lui dit : *Je penſe que M. du Chatelet voudroit avoir perdu un bras pour ſauver M. de Montmorenci.* Il répondit : *Je voudrois, Sire, les avoir perdus tous deux, car ils ſont inutiles à votre ſervice, & en avoir ſauvé un qui vous a gagné des batailles & qui vous en gagneroit encore.* Du Chatelet mourut le 6 Avril 1636, à 43 ans. On a de lui pluſieurs ouvrages en vers & en proſe.

CHATILLON, ( Gaucher, Seigneur de ) ſuivit le Roi Philippe Auguſte au Voïage de la Terre-Sainte, & ſe ſignala au ſiege d'Acre en 1191. A ſon retour, il fut Sénéchal de Bourgogne & Bouteiller de Champagne. Il accompagna le Roi à la conquête du Duché de Normandie en 1203 & en 1204, & prit enſuite le nom de Comte de S. Paul, ſa femme aïant hérité de ce Comté. Il ſuivit le Comte de Montfort en Languedoc contre les Albigeois, eut le commandement de l'Armée du Roi en Flandres, prit Tournay, donna des preuves de ſon courage à la bat.

de Bouvines, en 1214, ſe croiſa de rechef contre les Albigeois en 1219, & mourut au mois d'Octobre de la même année. Il ne faut pas le confondre avec Gaucher, Seigneur de Chatillon, Connétable de Fr. ſous Philippe *le Bel*, qui eut la principale direction des affaires ſous le Roi Louis *Hutin*, & qui m. comblé d'honneurs & de gloire en 1329, à 80 ans. La Maiſon de Chatillon a produit un très gr. nombre d'autres Perſonnes illuſtres & de Guerriers célebres. Elle tire ſon nom de la ville de Chatillon-ſur-Marne, entre Epernay & Château-Thiery.

CHATILLON, ( Odet de ) voïez COLIGNY.

CHATILLON, Poète. *Voyez* CASTIGLIONI.

CHAUCER, Poète Anglois, au 14e ſiecle, natif de Londres, après avoir fait ſes études, voïagea en Hollande, en France, & en d'autres païs. De retour en Angleterre, il ſe fit connoître à la Cour où il eut des emplois conſidérables par la protection du Duc de Lancaſtre, & devint très riche ſous Edouard III & ſous Richard; mais aïant donné dans les nouvelles opinions de Wiclef, il fut obligé de ſe ſauver dans le Haynaut, d'où il retourna quelquetems après en Angleterre. Il y fut mis en priſon par ordre du Roi, & en ſortit après avoir obtenu ſon pardon. Il avoit épouſé Philippe Swynforth, Dame de la Cour, ſœur de Catherine Swinforth, que le Duc de Lancaſtre épouſa lorſqu'il eut appaiſé les troubles d'Angleterre. Chaucer devint par-là beau-frere du Duc de Lancaſtre, dont il ſe concilia l'amitié. Il contribua beaucoup par les éloges qu'il fit de ce Prince, à le faire monter ſur le Trône, & il fut dans la proſpérité ou dans la diſgrace ſelon les différentes ſituations de la fortune de ce Monarque, qui prit le nom de Henri IV. Chaucer mourut en 1400, à 72 ans, & fut enterré dans l'Abbaïe de Weſtminſter. Il nous reſte de lui un gr. nombre d'ouvr. très eſtimés des Anglois. Les meilleures pieces font le *Testament d'amour* & un Traité de l'*Astrolabe*. Il avoit aussi étudié l'Astronomie & les Langues étrangeres. Ses *Contes* sont faits d'après les Troubadours, & d'après Bocace. Il y en a très peu de son invention.

CHAULIEU, (Guillaume-Amfrye de) Abbé d'Aumale, & l'un des plus polis & des plus ingénieux Poètes François, naquit au Château de Fontenai dans le Vexin-Normand, en 1639, d'une famille noble. Il fut disciple de Chapelle, & ami intime du Duc de Vendôme : après la mort de Perrault, il sollicita une place à l'Académie Françoise, mais on élut M. le Cardinal de Rohan. L'Abbé de Chaulieu m. à Paris le 27 Juin 1720, à 81 ans. Les éditions les plus complettes de ses Poésies, sont celle de 1733, 2 vol. *in-8°*, & celle de 1751 par M. de S. Marc.

CHAUVEAU, (François) habile Graveur, réussissoit surtout dans le Dessein. Il mourut en 1674.

CHAUVIN, (Etienne) cél. Ministre de la Rel. prét. Réf., natif de Nîmes, sortit de Fr. lors de la révocation de l'Edit de Nantes, & se retira à Rotterdam, où il commença un *Nouveau Journal des Sav.*, & en remplit l'année 1694, à Rotterdam. S'étant ensuite retiré à Berlin, il y continua son ouvr. pendant les années 1696, 1697, & 1698. On lui fit un très bon accueil à Berlin, & on lui donna une chaire de Philosophie, qu'il remplit avec beaucoup d'honneur & de réput. jusqu'à sa m. arrivée en 1725. Il étoit âgé de 85 ans. Son princip. ouvr. est un Dictionnaire Philosophique qu'il publia à Rotterdam en 1692, & dont il donna une nouv. Edition fort augmentée, à Leeuwarden en 1713, *in-fol.* En voici le titre : *Lexicon Philosophicum secundis Curis Steph. Chauvini, &c.*

CHAZELLES, (Jean-Matthieu de) savant Mathématicien, né à Lyon le 24 Juillet 1657, vint à Paris en 1675, où il se fit estimer de M. du Hamel & de M. Cassini. Il fut Professeur d'Hydrographie à Marseille, & imagina le premier que l'on pouvoit conduire des Galeres sur l'Océan ; ce qui réussit. Il servit ensuite en qualité d'Ingénieur sur nos Flottes, & voïagea dans la Grece & dans l'Egypte. C'est lui qui mesura les Pyramides, & qui trouva que les quatre côtés de la plus gr. sont exposés précisément aux quatre Régions du monde, c'est-à-dire, à l'Orient, à l'Occident, au Midi & au Septentrion. Il fut associé à l'Académie des Sciences de Paris en 1695, & mourut à Marseille le 6 Janvier 1710. On a de lui un grand nombre d'observations très utiles surtout pour la Géographie.

CHEFFONTAINES, (Christophe) *à Capite Fontium*, sav. Théologien, & cinquante-cinquieme Général des Cordeliers, natif de Bretagne, d'une famille noble & ancienne, fut Archevêque Titulaire de Césarée, pour faire les fonctions Episcopales au Diocèse de Sens, en l'absence du Cardinal de Pellevé. Il mourut à Rome le 26 Mai 1595, à 63 ans. On a de lui plusieurs ouvrages de Théologie, qui sont estimés.

CHEKE, (Jean) savant Ecrivain Anglois, natif de Cambridge, d'une famille distinguée, fut Professeur en Grec dans sa patrie, & se rendit fameux par sa dispute avec Gardiner, Evêque de Winchester, touchant la véritable prononciation de la Langue Grecque. Henri VIII le fit Précepteur d'Edouard son fils, Chevalier, & Secretaire d'Etat ; mais après la mort de ce Prince, il fut banni pour sa Religion. Il enseigna le Grec à Strasbourg en 1555 ; ensuite aïant fait un voïage en Flandre, il fut pris & mené à la Tour de Londres. Il y fit abjuration publique de la Religion Anglicane, & fut absous par le Cardinal Polus. Ses biens lui furent ensuite restitués. Il mourut le 13 Sept. 1557, à 43 ans. On a de lui un Traité de la superstition, & d'autres ouvrages. Jean Strype a écrit sa vie.

CHEMIN, ( Catherine du ) femme du célebre Girardon, avoit un talent diftingué pour peindre des fleurs : ce qui la fit recevoir à l'Académie roïale de Peinture & de Sculpture. Elle mourut à Paris en 1698, & Girardon fon époux, lui éleva le beau Maufolée que l'on voit dans l'Eglife de S. Landri. Ce Maufolée fut exécuté par Nourriffon & le Lorrain, deux de fes éleves, d'après le modele qu'il en fit lui-même.

CHEMINAIS, ( Timoleon ) cél. Prédicateur Jéfuite, né à Paris & non à Chateaudun, le 3 Janv. 1652, fe diftingua dès fon enfance par fes talens. Il enfeigna quelque tems les Humanités & la Rhétorique à Orléans, & fut enfuite deftiné à la Chaire. Il y acquit une gr. réputat. & mourut le 15 Septembre 1689, à 38 ans. On a de lui 3 vol. in-12 d'excellens Sermons publ. par le P. Bretonneau, aufquels on en a ajoutés deux autres vol. qui ne font pas de lui. Le Pere Cheminais eft encore Auteur des *Sentimens de Piété*, vol. in-12. impr. en 1691.

CHEMNITIUS, ( Martin ) fam. Théologien & Miniftre Luthérien, difciple de Melanchton, naquit à Britzen dans le Brandebourg, en 1522. Il étoit habile dans la Théol. & dans les Mathémat., & fut emploïé en diverfes négociations importantes par les Princes de fa Communion. Il mour. le 8 Avril 1586, à 64 ans. Son principal ouvr. eft *l'Examen du Concile de Trente*, en Latin.

CHEMNITZ, ( Chretien ) Arriere petit neveu du précédent, naquit à Koningsfeldt en 1615. Après avoir été Miniftre à Weimar, il fut fait Profeffeur en Théolog. à Iene où il m. en 1666. On a de lui, 1°. *Brevis inftructio futuri Miniftri Ecclefiæ.* 2°. *Differtat. de Prædeftinatione.* 3°. *De arbore fcientiæ boni & mali.* 4°. *De arbore vitæ.* 5°. *De Tentationibus fpiritualibus*, &c. Il ne faut pas le confondre avec Bogeflas-Philippe de Chemnitz, qui a fait en 2 vol. in fol., une Hiftoire fort eftimée de la Guerre des Suédois en Allemagne, fous Guftave Adolphe.

CHERILE, cél. Poëte Grec, ami d'Hérodote, fit un Poëme fur la Victoire que les Athéniens remporterent contre Xercès. Ce Poëme parut fi beau, que les Athéniens lui firent donner une piece d'or pour chaque vers, & ordonnerent qu'on reciteroit fes poéfies avec celles d'Homere. Le Général Lyfander voulut avoir Cherile auprès de lui. Les fragmens qui nous reftent de ce Poëte font d'une gr. beauté, & nous font regretter la perte de fes ouvrages.

CHERON, ( Elifabeth - Sophie ) Demoifelle célebre par la Mufique, la Peinture & les Vers, étoit fille de Henri Cheron, Peintre, originaire de Meaux, & naquit à Paris en 1648. Elle fut élevée dans la Relig. Proteftante, qui étoit celle de fon pere; mais dans la fuite elle fe fit Catholique. M. le Brun la fit affocier à l'Acad. Roïale de Peinture & de Sculpture, en 1676. Elle apprit l'hébreu pour mieux entrer dans le fens des Pf. & des Cantiq. qu'elle vouloit traduire. Elle fut mariée à M. le Hay, Ingénieur du Roi, & m. à Paris le 3 Septembre 1711, à 63 ans. Elle a laiffé, 1. *Effai des Pfeaumes & Cantiques, mis en Vers & enrichis de Figures*, Paris 1693, in-8°. 2. *Le Cantique d'Habacuc & le Pfeaume* 103, *traduits en Vers françois, avec des Eftampes qui en repréfentent le fujet*, Paris 1717, in-4°. 3. Quelques autres Pieces de Poéfie. Elle avoit été reçue, en 1699, de l'Académie des *Ricovrati* de Padoue Son princip. talent étoit la Peinture & le Deffein.

CHESEAUX, ( Jean Philippe de Loys de ) membre des Académies des Sciences de Paris, de Gottingen & de Londres, & l'un des plus habiles Philofophes, & des Sav. les plus univerfels du 18e fi., naquit à Laufanne en 1718. Il étoit petit-fils du cél. de Croufaz. Dès l'âge de 17 ans, il compofa trois Traités de Phyfique fur *la Dynamique*, fur *la force de la poudre à canon*, fur *le mouvement de l'air dans la propagation du son.* Une maladie l'empêcha de donner de nouv. ouvr. jusqu'en 1744, qu'il fit impr. des observations sur la Comete de l'année précéd. En 1747 & en 1748, il composa pour un jeune Seigneur des Elémens de Cosmographie & d'Astronomie, qui sont des Chefs d'œuvre de clarté & de précision. Il publia peu de tems avant sa mort, arrivée à Paris en 1751, un vol. *in-8°* de *Dissertations critiques sur la partie Prophétique de l'Ecriture-Sainte.* Il a laissé plus. Manuscr. sur diverses sciences. Il y avoit peu de Savans aussi universels que lui, ni qui eussent étudié plus de sciences & avec plus d'ordre.

CHESNE, ( André du ) célebre Historien, & l'un des plus savans hommes du 17e siecle, naquit à l'Isle Bouchard en Touraine, en 1584, & fut écrasé par une charette en allant de Paris à sa Maison de campagne à Verriere, le 30 Mars 1640, à 54 ans. On a de lui, 1°. une Histoire des Papes : 2°. Une Histoire d'Angleterre : 3°. Une Histoire des Cardinaux : 4°. La Bibliotheque des Auteurs qui ont écrit l'Histoire & la Topographie de France, &c. On lui attribue communément la *Recherche sur les antiquités des Villes de France;* mais il y a tout lieu de croire qu'elle n'est pas de lui; car il étoit trop habile pour faire un tel Livre. Il ne faut pas le confondre avec François du Chesne son fils, Avocat au Conseil, & autre sav. homme dans l'Histoire, ni avec Joseph du Chesne, Médecin du Roi, & sav. Chymiste, mort à Paris en 1609.

CHETARDIE, ( Joachim Trotti de la ) sav. Curé de S. Sulpice à Paris & Bachelier de Sorbonne, naquit au Château de la Chétardie, dans l'Angoumois, & mourut à Paris le 29 Juillet 1714, à 79 ans. Il refusa l'Evêché de Poitiers en 1702. On a de lui, 1°. Homélies pour tous les Dimanches de l'année. 2°. Le Catéchisme de Bourges. 3°. L'explication de l'Apocal., &c. Il ne faut pas le confondre avec le Chevalier de la Chétardie, son neveu, dont on a deux petits ouvr. écrits avec beaucoup d'esprit & de politesse, intitulés, l'un, *Instruction d'un jeune Seigneur,* & l'autre, *Instruction à une Princesse.*

CHEVILLIER, ( André ) savant Docteur & Bibliothéquaire de Sorbonne, naquit à Pontoise en 1636. Il parut en licence avec tant de distinction, que M. l'Abbé de Brienne, depuis Evêque de Coutance, lui céda le premier lieu de Licence, & en fit même les frais. Sa piété étoit égale à sa science. Il se dépouilloit lui-même pour revêtir les pauvres, & vendoit souvent ses livres pour les assister. Il mourut en Sorbonne le 8 Avril 1700, à 64 ans. On a de lui, 1°. Origine de l'Imprimerie de Paris, *in-4.* 2°. Une Dissertation en latin sur le Concile de Calcédoine, & d'autres ouvrages.

CHEVREAU, ( Urbain ) savant Ecrivain du 17e siecle, naquit à Loudun le 20 Avril 1613. Il se distingua dès sa jeunesse par la connoissance des Belles-Lettres, & fut Secretaire des Commandemens de la Reine Christine de Suede. Plusieurs Princes d'Allemagne voulurent l'avoir à leur Cour, & Charles-Louis Electeur Palatin le retint auprès de lui avec le titre de Conseiller. Après la mort de ce Prince il revint en France, & fut Précepteur du Duc du Maine. Il se retira ensuite à Loudun où il mourut le 15 Février 1701, à 88 ans. On a de lui, 1. le Tableau de la Fortune : 2. L'Histoire du Monde, ouvrage réimprimé plusieurs fois : 3. Des Œuvres mêlées, &c.

CHIABRERA, ( Gabriel ) l'un des plus féconds & des plus laborieux Poètes Italiens, naquit à Savone le 18 Juin 1552. Il alla étudier à Rome, où Alde-Manuce & Muret fortifierent son inclination pour les Belles-Lettres. Les Princes d'Italie & Urbain VIII lui donnerent des marques publiques de leur estime. Il mourut à Savone le 14

Octobre 1638, à 86 ans. Il a laissé un gr. nombre de pieces. On estime sur-tout ses vers Lyriques.

CHIARI, (Joseph) cél. Peintre, naquit à Rome en 1654. Il fut disciple de Charles Maratti, & fit pour les Eglises & pour les Palais de Rome, un gr. nombre de Tableaux qui sont estimés des Connoisseurs. Il mourut à Rome d'une attaque d'apoplexie en 1727, à 73 ans.

CHIFFLET, (Jean Jacq.) savant Médecin, né à Besançon en 1588, d'une famille féconde en gr. hommes de Lettres, voïagea dans les différentes Cours de l'Europe, & fut Médecin ordinaire de l'Archiduchesse Elisabeth-Claire Eugénie, Souveraine des Païs-Bas, & ensuite de Philippe IV, Roi d'Espagne. Il mourut fort âgé vers 1660. On a de lui un gr. nombre d'ouvr. Il ne faut pas le confondre avec Pierre-François Chifflet, sav. Jésuite, mort le 11 Mai 1682, à 92 ans, dont on a aussi divers ouvrages, ni avec plusieurs autres Ecrivains de cette famille.

CHIGI, *voyez* ALEXANDRE VII.

CHILDEBERT I, fils de Clovis & de Sainte Clotilde, fut Roi de Paris en 511. Il se joignit à ses freres Clodomir & Clotaire contre Sigismond. Il fit ensuite la guerre à Amalaric, Roi des Visigoths, qui traitoit mal sa femme Clotilde, sœur de Childebert. Amalaric vaincu fut assassiné par ses gens en 531. Childebert se lia deux ans après avec Clotaire & Theodebert contre Gondemar qu'ils défirent entierement. Par la défaite & la mort de ce Prince, finit le Roïaume de Bourgogne qui fut partagé entre les Vainqueurs. Childebert fit une seconde expédition en Espagne en 1435 mais après de gr. progrès il fut battu devant Saragosse dont il faisoit le siege. Il mourut à Paris sans enfans mâles, le 23 Décembre 558.

CHILDEBERT II, fils de Sigebert & de Brunehaut, succéda à son pere dans le Roïaume d'Austrasie en 575. Il fit la guerre à Chilperic & à Gontran, & passa ensuite en Italie contre les Lombards. Après la mort de Gontran, son oncle, qui l'avoit adopté, il réunit à l'Austrasie, en 593, les Roïaumes d'Orléans & de Bourgogne & une partie de celui de Paris. Deux ans après il défit les Varnes, peuple de Germanie, & détruisit leur Roïaume. Il m. en 596, à 26 ans, laissant, de sa femme Faileube, Thierri qui eut le Roïaume de Bourgogne, & Theodebert qui fut Roi d'Austrasie.

CHILDEBERT III, surnommé *le Juste*, fils de Thierri I & de Clovis III, succéda à son pere dans le Roïaume de France en 695. Il n'eut que le nom de Roi, toute l'autorité étant entre les mains de Pepin, & mourut en 711 après seize ans de regne. Dagobert III son fils lui succéda.

CHILDEBRAND, fils de Pepin le Gros, & frere de Charles Martel, est, selon quelques Auteurs, la tige des Rois de France de la troisieme race. Il eut souvent le commandement des Troupes sous Charles Martel.

CHILDERIC I, fils & successeur de Merovée, Roi des François au 5e si. On connoît peu les événemens de son regne.

CHILDERIC II, fils puîné de Clovis II & de Sainte Bathilde, fut Roi d'Austrasie en 660, & Roi de toute la France en 670. Il gouverna heureusement tandis que Leger, Ev. d'Autun, fut à la tête des affaires; mais dès qu'il cessa de suivre les conseils de ce Prélat, il se rendit odieux à ses Sujets. Il fut assassiné dans la Forêt de Livri par Bodilon, Seign. Franç. qu'il avoit traité indignem. en 673, à 23 ans.

CHILDERIC III, fils de Thierri de Chelles, fut proclamé Roi dans la partie de France gouvernée par Pepin en 742. Ce Prince n'eut que le nom de Roi, & fut le dernier de la premiere race de nos Rois. Pepin le détrôna, le fit raser & renfermer dans le Monastere de Sithiu, aujourd d'hui S. Bertin ; en 750. Il avoit un fils, nommé Thierri, qui fut envoïé dans le Monastere de Fontenele en Normandie, & élevé dans l'obscurité. Ce fut sous le regne de Childeric III, au Concile de Leptine, en 743, que l'on commença à compter les années depuis l'Incarnation de J. C. Denys le Petit, dans son cycle solaire de l'an 526, est l'Auteur de cette époque, que Bede emploïa depuis dans son Histoire Ecclésiastique d'Angleterre.

CHILLINGWORT, (Guillaume) fam. & sav. Théol. de l'Eglise Anglic., né à Oxfort en 1602, fit paroître de bonne heure de gr. dispositions pour les Belles-Lettres & pour les Sciences. Il s'appliqua principalement à la controverse, ce qui lui donna occasion d'avoir plus. conférences avec les Missionnaires Jésuites qui allerent en Anglet. sous le regne de Jacques I & de Charles I. Jean Fisher, le plus célebre de tous, attaqua Chillingworth sur la nécessité d'un Juge infaillible des controverses en matiere de foi, & le convertit à la Relig. Catholique. Celui ci écrivit à ce sujet à Gilbert Sheldon son ami, lui exposa les principaux motifs de sa conversion, & l'exhorta de suivre son exemple. Laud, Evêque de Londres, allarmé de cette conversion, en écrivit à Chillingworth, & le pria avec instance d'examiner de noûveau une affaire si importante. Chillingworth alla à Douai, & sous prétexte qu'il n'avoit pas assez de liberté en cette ville, il retourna à Londres, & rentra dans la Communion Anglic. Ce changement lui attira beaucoup de reproches de la part des Catholiques Rom, qui écrivirent fortement contre lui. Pour se disculper, il composa, en 1635, un ouvr. fam. qu'il publia en 1637 sous ce titre : *La Religion Protestante ; voie sûre pour le salut*. Dans lequel il s'efforce de répondre aux raisons de Jean Fisher. Cependant il refusa d'abord de souscrire aux 39 articles de l'Eglise Anglicane ; mais il se défit ensuite de ses scrupules, & y souscrivit le 20

Juillet 1638, pour être revêtu de la Chancellerie de Salisbury & de la Prébende de Brixworth dans le Northampton. Chillingworth savoit les Mathémat. aussi bien que la Théol. Il se trouva au siege de Glocester en 1643, & y fit la fonction d'Ingénieur. Aïant été fait prisonnier à la prise du Château d'Arundel, on le conduisit à Chichester où il mourut le 30 Janvier 1644, d'une maladie qu'il avoit contractée sur la route à cause de la rigueur de la saison. Il fut enterré dans l'Eglise Cathédrale. On a de lui un gr. nombre d'ouvr. très estimés des Anglois. Le plus considérable est *la Religion Protestante ; voie sûre pour le salut*, qui a été traduit d'anglois en françois, & impr. en 3 vol. *in-12*. Locke donne cet ouvr. comme un modele de Logique.

CHILON, celebre Philos. Grec, & l'un des sept Sages, fut Ephore de Lacédemone sa patrie, vers 556 avant J. C. On dit qu'il mourut de joie, en embrassant son fils qui avoit été couronné aux Jeux Olympiques. Chilon avoit coutume de dire qu'il y avoit trois choses bien difficiles : *Garder le secret ; savoir emploïer le tems ; & souffrir les injures sans murmurer.* C'est lui qui, selon Pline, fit graver cette sentence, en lettres d'or, au Temple de Delphes : *Connois-toi, toi-même.*

CHILPERIC I, fils de Clotaire I, fut Roi de Soissons en 563. Il épousa en 567 Galsuinde, fille d'Athanagilde, Roi des Wisigoths, & la fit mourir pour épouser Frédegonde qu'il aimoit. Brunehaut, sœur de cette Princesse, vengea sa mort, & fit armer Sigebert son mari, & Gontran, contre Chilperic, qui perdit dans cette guerre une partie de ses Etats. Ce Prince eut presque toujours la guerre avec ses freres. Il fut assassiné à Chelles en revenant de la chasse, par ordre de Fredegonde sa femme, & de Landri son amant, en 584. Clotaire son fils lui succéda.

CHILPERIC II, appellé auparavant *Daniel*, étoit fils de Childeric II. Il fuccéda à Dagobert III en 716, & fut nommé Chilperic. Rainfroi, Maire du Palais, le mit à la tête des troupes contre Charles Martel, mais il fut défait, & contraint de reconnoître Charles Martel pour fon Maire du Palais. Chilperic II mourut à Noyon en 720. Thierri de Chelles, fils de Dagobert III, lui fuccéda.

CHINILADAN, Roi d'Affyrie, fuccéda à Saofduchin vers 667 av. J. C. Il défit & tua Phraortes, mais Cyaxares, fils & fucceffeur de ce Prince, affiegea Ninive. Comme il étoit fur le point de la prendre, Chiniladan fe brula, dans fon Palais, vers 626 av. J. C. Quelques Auteurs le confondent avec Sardanapale; mais d'autres prétendent avec plus de vraifemblance qu'il eft le même que Nabuchodonofor.

CHIRAC, (Pierre) céleb. Médecin, naquit à Conques en Rouergue en 1650. Il étoit fils unique, mais la fortune de fes parens, étant très médiocre, il fe deftina à l'état Eccléfiaft., regardant cet état comme une reffource qui lui étoit abfolument néceffaire. Il alla à Montpellier pour y continuer fes études. M. Chicoineau, Chancelier & Juge de cette Univerfité, lui confia en 1678 l'éducation de fes deux fils, & l'engagea enfuite à s'appliquer à la Médecine, le regardant dès-lors comme un habile Phyficien, & lui remarquant peu de vocation à l'état eccléfiaft. Chirac devint Membre de la Faculté de Montpellier, & y enfeigna cinq ans après avec fuccès les différentes parties de la Médec. Il fe mit enfuite dans la pratique, & prit pour modele M. Barbeyrac, qui tenoit alors le premier rang à Montpellier. Il fut Médecin de l'armée de Rouffillon en 1692; l'année fuiv. une dyffenterie épidemique s'étant mife dans les troupes, l'Ipécacuana n'aïant eu aucun fuccès, Chirac donna du lait coupé avec la leffive de farment de vigne, & réuffit par ce remede à guérir prefque tous les malades. Il reprit quelques années après fes fonctions

de Profef. & de Médecin à Montpellier. Il eut alors deux conteftations qui firent beauc. de bruit: l'une fur la découverte de l'acide du fang avec M. Vieuffens, cél. Méd. de Montpellier, & l'autre fur la ftructure des cheveux avec M. Sorazzi, Médecin Italien. Il accompagna M. le Duc d'Orléans en Italie en 1706, & en Efpagne en 1707. A fon retour il vint s'établir à Paris, où il fut extremem. recherché quoiqu'il n'eut rien dans fon extérieur, ni dans fes difcours de ce qui donne fouvent la vogue aux Médecins. M. Homberg étant mort en 1715, Chirac devint premier Méd. de M. le Duc d'Orleans, déja Regent du Roïaume. Il fut reçu l'année fuivante Affocié libre de l'Académie des Sciences, & il fuccéda en 1718 à M. Fagon, dans la Surintendance du Jardin du Roi. Il obtint du Roi en 1728 des Lettres de nobleffe, & en 1730 la place de prem. Médecin vacante par la mort de M. Dodart, il m. le 11 Mars 1732 à 82 ans, après avoir annoncé lui-même qu'il ne pouvoit échapper de fa maladie. Chirac eftimoit infiniment l'Anatomie & la poffédoit à fond. Il legua 30000 livres à l'Univerf. de Montpellier pour en fonder deux Chaires. Il faifoit auffi un très gr. cas de la Chirurgie, & opéroit quelquefois lui-même. Il avoit même obtenu en 1726 l'établiffement de fix places de Médecins-Chirurgiens dans la Faculté de Montpellier, mais ce projet n'eut point d'exécution. Il vouloit auffi établir une Académie de Médecine; mais ce projet utile échoua auffi, tant par la mort de M. le Duc d'Orléans que par les oppofitions de la Faculté de Médecine de Paris. Il s'acquit beauc. d'honneur dans la maladie épidémique qui regna à Rochefort, fous le nom de *Maladie de Siam*. Il vouloit qu'on faignât du pied dans la petite verole quand l'inflammation du cerveau eft à craindre, & il étoit du nombre de ces Médecins qui établiffent folidement de nous veaux principes & qui portent l'Art plus loin qu'il n'alloit ; ce qui a fait dire à M. Silva, qu'*il appartenoit à M. Chirac d'être legiflateur en Médecine.* M. le D. d'Orléans aïant été bleffé dangereufement au poignet au fiege de Turin, fe trouvoit fur le point de perdre le bras, lorfque Chirac imagina de lui mettre le bras dans les eaux de Balaruc, qn'on fit venir exprès. Ce remede fi fimple & fi peu efficace en apparence, produifit une parfaite & prompte guerifon. Chirac en a fait l'hiftoire dans une grande differtation en forme de Thefe *fur les plaïes,* c'eft le feul ouvrage imprimé, qu'on connoiffe de lui. *Voïez fon éloge par M. de Fontenelle dans l'Hiftoire de l'Académie des Sciences pour l'année* 1732.

CHIRON, fam. Centaure, fils de Saturne & de Phillyres, habitoit fur les montagnes, s'adonnant à la chaffe ; il devint, par la connoiffance des fimples, un des plus cél. Méd. de fon tems. Il enfeigna cette fcience à Efculape, & fut enfuite Gouverneur d'Achille, qu'il nourriffoit de moëlle de lions & de fangliers, pour le rendre fort & courageux. Chiron, aïant été bleffé par Hercule d'une fléche qui lui tomba par hafard fur le pied, pria les Dieux de lui ôter la vie ; Jupiter le plaça dans le Ciel où Chiron forme un des fignes du Zodiaque fous le nom de Sagittaire.

CHODORLAOMOR, Roi de l'Elymaïde ; & l'un des prem. Conquérans, regnoit vers 1925 av. J. C. Les Rois de Babylone & de la Méfopotamie relevoient de lui. Il avoit même étendu fes conquêtes jufqu'à la mer morte. Les Rois de la Pentapole s'étant révoltés, il marcha contre eux, les défit & emmena un gr. nombre de prifonniers, parmi lefquels étoit Lot, neveu d'Abraham ; mais le Patriarche furprit & défit l'armée de Chodorlaomor, & ramena Lot avec tout ce que ce Prince avoit enlevé.

CHOISEUL, (Charles de ) Maréchal de France, d'une des plus nobles & des plus anciennes maifons du Roïaume, étoit fils de Ferri de Choifeul, & d'Anne de Bethune. Il fe diftingua par fon courage & par fa valeur fous Henri IV & fous Louis XIII, & m. le 1 Févr. 1626, à 63 ans.

CHOISEUL, ( Céfar de ) Duc & Pair, & Maréchal de Fr. fe fignala de bonne heure en plufieurs fieges & combats. Il fut fait Maréchal de France le 20 Juin 1645, gagna la bataille de Trancheron en 1648, & celle de Rethel en 1650. Le Roi l'avoit choifi, en 1649, pour être Gouverneur de M. Céfar de Choifeul, m. à Paris, couvert de gloire & comblé d'honneur, le 23 Décembre 1675.

CHOISEUL, ( Gilbert de ) illuftre, pieux, & l'un des plus favans Evêques du 17e fiecle, fit paroître dès fa jeuneffe de gr. fentimens de piété & beaucoup de talens pour les Sciences. Il fut reçu Docteur de Sorbonne en 1640, & nommé à l'Evêché de Comminges en 1644. Il changea en peu de tems la face de fon Diocèfe, y fit fleurir la piété & les bonnes mœurs, & s'appliqua avec un foin infatigable à l'inftruction des peuples & au foulagement des pauvres. Gilbert de Choifeul fut transféré en 1670 à l'Evêché de Tournai. Il n'y fut pas moins chéri du peuple que dans celui de Comminges. Il eut gr. part aux affaires Eccléfiaftiques de fon tems, & mourut à Paris en 1689, à 76 ans. On a de lui pluf. ouvr. dont le principal eft intitulé : *Mémoires touchant la Religion.* 3 vol. *in-12.*

CHOISI, ( François Thimoleon de ) Doïen de la Cathéd. de Bayeux, & l'un des 40 de l'Académ. Franç. naquit à Paris le 16 Avril 1644. Il fut envoïé vers le Roi de Siam en 1685 avec le Chevalier de Chaumont, & fut ordonné Prêtre dans les Indes par le Vicaire Apoftoliq. Il mourut à Paris le 2 Octob. 1724, à 81 ans. Il nous refte de lui un gr. nombre d'ouvr. écrits avec politeffe, & d'un ftyle fleuri & aifé. Les principaux font : 1 Quatre Dialogues fur

l'irmort. de l'ame, &c. ouvr. excell. qu'il composa avec M. Dangeau : 2. Relation du Voïage de
Siam : 3 Histoire de Piété & de Morale, 2 vol. 4. Histoire Ecclésiastiq.
en 1 vol. *in-4°.* & *in-12.* 5. La
Vie de David avec une interprétation des Pseaumes. La Vie de Salomon : celles de S. Louis, de Philippe de Valois, du Roi Jean, de
de Charles V, de Charles VI, & de
Madame de Miramion.

CHOLET, ( Jean ) Cardinal, natif de Beauvoisis, d'une famille noble, s'éleva par son mérite, & fonda à Paris le College qui porte son
nom. Il mourut le 2 Août 1293. La
fondation du College des Cholets
n'eut son exécution qu'en 1295.

CHOLIN, ( Pierre ) fameux Protestant du 16e siecle, natif de Zug
en Suisse fut Précepteur de Théodore de Beze pendant 4 ans dans la
maison de Melchior Volmar. Il devint ensuite Professeur de Belles-
Lettres à Zurich. Il m. en 1542.
Cholin étoit habile dans la Langue
grecque & très estimé de Budée,
qu'il alloit voir souvent à Paris. Il
a traduit de grec en latin, les Livres
que les Protestans regardent comme
apocryphes, & il a eu part avec
Leon de Juda, Bibliander, Pelican
& R. Gautier, ● la Bible de Zurich
qui est chargée de notes litterales
& de scholies sur les marges.

CHOPIN, ( René ) céleb. Jurisconsulte, né à Bailleul en Anjou,
en 1537, fut Avocat au Parlement
de Paris, où il plaida long-tems
avec reput. Il se renferma ensuite
dans son cabinet, & composa un gr.
nombre d'ouvrages qui ont été recueillis en 6 vol. *in-fol.* Il étoit consulté de toute part, & fut annobli
par Henri III en 1578, à cause de
son Traité : *de Domanio.* Ce qu'il a
fait sur la Coutume d'Anjou, passe
pour son meilleur ouvr. & lui mérita le titre & les honneurs d'Echevin en la ville d'Angers. On estime
aussi beaucoup ses Livres : *de sacrâ
Politiâ Monasticâ, & de Privilegiis
Rusticorum.* Il mourut à Paris le 3
Février 1606.

CHORIER, ( Nicolas ) savant
Avocat au Parlement de Grenoble,
naquit à Vienne en Dauphiné, en
1609, & mourut à Grenoble le 14
Août 1692, à 83 ans. Il a publié
l'Histoire générale du Dauphiné en
2 vol. *in-fol.* & un gr. nombre d'autres ouvrages.

CHOSROES I, *le Grand*, Roi
de Perse, succéda à Cabades, son
pere, en 531. Il fit la paix avec les
Romains, mais il la rompit trois
ans après, ravagea la Mésopotamie
& la Syrie, brula Antioche, & auroit traité de même Apamée, si Thomas, qui en étoit Evêque, n'eût détourné ce coup par sa prudence.
Quelq. tems après il fut contraint
de lever le siege d'Edesse, ce qui ne
l'empêcha point d'avoir de gr. avantages sous les regnes de Justinien &
& de Justin ; mais dans la suite, ses
troupes aïant été battues & ses trésors pillés, il en mourut de chagrin
en 579. Hormisdas lui succéda.

CHOSROES II, fameux Roi de
Perse, monta sur le Trône en 591.
Hormisdas, son pere, aïant été renfermé dans une prison par ses sujets,
Chosroës le traita d'abord avec humanité ; mais ensuite, fatigué de
ses menaces, il le fit mourir sous
les coups. Les Perses, irrités de ce
parricide, obligerent Chosroës de
prendre la fuite. Il laissa aller son
cheval au hazard, qui le conduisit
dans une ville des Romains. L'Empereur Maurice le reçut avec bonté,
& le rétablit dans son Roïaume.
Après sa mort, Chosroës marcha
contre Phocas, son parricide. Il ravagea tout l'Orient, & s'empara de
la Phénicie, de la Palestine, de
l'Arménie, de la Cappadoce. Il refusa la paix à l'Empereur Héraclius
qui avoit fait mourir Phocas en 610,
& prit Jérusalem en 615. Ensuite il
passa en Afrique, soumit la Lybie &
l'Egypte, & se rendit maître de Carthage. Héraclius lui demanda une
seconde fois la paix ; mais n'aïant
voulu l'accepter qu'à condition que
lui & son peuple renonceroient à la
Religion de J. C. l'Empereur reprit
courage, marcha contre lui en 622,

le défit & le contraignit de pren- la fuite. Siroës, son fils aîné, qu'il avoit privé de la Couronne, pour la donner au cadet, le fit mourir de faim en prison en 628. Chosroës ai- moit les Lettres & les Savans, & avoit fait de gr. progrès dans la Phi- losophie. On dit qu'il savoit mieux Aristote, que Demosthene ne sa- voit Thucydide.

CHOUET, ( Jean-Robert ) sa- vant Philosophe, & l'un des plus céleb. Magistrats de Geneve sa pa- trie, fut le premier qui enseigna la Philos. de Descartes à Saumur. On le rappella à Geneve en 1669. Il y fit des Leçons avec applaudissement. Chouet devint ensuite Conseiller & Secretaire d'Etat de Geneve, & com- posa l'histoire de cette République. Il mourut le 17 Septembre 1731, à 89 ans. Ses ouvrages n'ont point en- core été imprimés.

CHRAMNE, fils naturel de Clo- taire I, se révolta contre lui & se ligua avec le Comte de Bretagne; mais Clotaire livra bataille à son fils, le défit, & le brula avec toute sa famille dans une cabanne où il s'étoit sauvé en 560.

CHRETIEN, ( Florent ) *Quintus Septimius Florens Christianus*, sa- vant Ecrivain du XVI siecle, natif d'Orléans, se nommoit *Quintus*, parcequ'il étoit le cinquieme en- fant de son pere, & *Septimius*, par- cequ'il étoit né le septieme mois de la grossesse de sa mere. Florent Chrétien étoit habile dans les Lan- gues & dans les Belles Lettres. Il fut Précepteur de Henri IV, qu'il éleva dans la Religion prét. réf. Il mou- rut en 1596, à 56 ans. On a de lui plus. ouvr. en vers & en prose. Il a écrit fortement contre Ronsard.

CHRIST, *voyez* JESUS.

CHRISTIERN I, Roi de Dan- nemarck, succéda à Christophe de Baviere en 1448, & se fit admirer par sa prudence & par son humilité. Il mourut en 1481.

CHRISTIERN II, Roi de Dan- nemarck, surnommé *le Cruel*, na- quit en 1481, & succéda à Jean son pere en 1513. Il tenta inutilement

de recouvrer le Groënland, que ses prédecesseurs avoient perdu. Il aspi- ra ensuite à la Couronne de Suede, & alla assieger Stokholm en 1518, mais il fut obligé d'en lever le siege, l'année suivante. Stenon, Roi de Suede étant mort, Christiern se fit élire en sa place. Il fit arrêter dans un festin les principaux Seigneurs Ecclésiastiq. & Sécul. les fit mourir inhumainem. & exerça des cruautés inouies, ce qui fit révolter les Sué- dois. Christiern se sauva en Danne- marck, d'où ses cruautés le firent encore chasser. On élut en sa place Fréderic, Duc de Holstein, son on- cle. Après un exil de 10 ans, il ten- ta de remonter sur le Trône avec le secours des Hollandois, mais il fut pris & mis en prison où il demeura 25 ans, jusqu'à sa mort arrivée le 25 Janvier 1559, à 78 ans.

CHRISTIERN III, succéda à Fréderic I, son pere, en 1535. Il introduisit le Luthéranisme dans ses Etats; & chassa les Evêques. Il ins- titua le College de Coppenhague, & rassembla une belle Bibliotheq. Ce Prince aimoit les Lettres & proté- geoit les Savans. Il gouverna avec assez de douceur, & mour. le 1 Jan- vier 1559, à 56 ans. Il s'étoit ré- concilié quelques jours auparavant avec Christiern II, son prisonnier. Fréderic II son fils lui succéda.

CHRISTIERN IV, Roi de Dan- nemarck, monta sur le Trône après la mort de Fréderic II son pere, en 1588. Il fit la guerre aux Suédois & fut élu chef de la Ligue des Protest. contre l'Empereur, pour le rétablisse- ment du Prince Palatin en 1625. Il m. le 28 Fév. 1648, à 71 ans, après s'être distingué par un gr. nombre de belles actions. Christiern son fils avoit été élu Roi de Dannemarck du vivant de son pere, mais il m. le 2 Juin 1647, ce qui fait que la plu- part des Historiens ne le comptent point au nombre des Rois de Dan- nemarck.

CHRISTIERN V ou VI, succéda à Fréderic III, son pere, mort en 1670. Il se ligua avec les Princes d'Allemagne, & déclara la guerre aux Suédois; mais ceux-ci défirent ses troupes en diverses occasions. Il mourut le 4 Sept. 1699. C'étoit un Pr. courageux & entreprenant.

CHRISTINE, Reine de Suede, illustre par son esprit, par sa science & par son affection pour les gens de Lettres, naquit le 8 Fév. 1626, de Gustave Adolphe, Roi de Suede, & de Marie-Eleonor de Brandeb. Elle succéda aux Etats de son pere 1633, & gouverna avec esprit. Cependant les Suédois commençant à s'aigrir, elle abdiqua en faveur de Charles Gustave, Comte Palatin, son cousin germain, le 16 Juin 1654. Elle alla ensuite en Flandres, fit un voïage en Italie, embrassa la Religion Cathol. & vint en France où elle se fit admirer des Savans. Elle retourna à Rome en 1658, y fixa son séjour, & y mourut le 19 Avril 1689. Cette Princesse avoit l'esprit vif & pénétrant, l'air mâle, les traits grands, la taille un peu irréguliere. Elle étoit généreuse, affable, d'un caractere libre & ouvert.

CHRISTOPHE, (S.) c'est-à-dire, Porte-Christ, fut, selon la plus commune opinion, martyrisé en Lycie, durant la persécution de Dece, en 254. On s'imaginoit dans les siecles d'ignorance que quiconque avoit vu une image de ce Saint, ne pouvoit mourir subitem. ni par accident; de là vient qu'on le représentoit d'une grandeur prodig. portant l'Enfant Jesus sur les épaules, & qu'on le mettoit au portail des Cathédrales ou à l'entrée de l'Eglise, afin que chacun pût le voir plus aisément.

CHRISTOPHORSON, (Jean) savant Evêque de Chichester, au 16e siecle, natif de Lancastre, fut avancé par la Reine Marie à cause de son attachement à la Relig. Catholique & de son mérite. Il étoit habile dans les Langues, & a traduit de grec en latin Philon, Eusebe, Socrate, Théodoret, Sozomene & Evagre. Il mourut en 1558, après avoir legué sa Bibliotheq. qui étoit curieuse, au College de la Trinité à Cambridge.

CHRISTOPHORUS, (Angelus) Auteur gr. du 17e siecle, dont on a un ouvr. curieux intitulé: l'Etat présent de l'Eglise Grecque, qui a été traduit en latin, & réimprimé plusieurs fois.

CHRODEGANG, (Saint) céleb. Evêque de Metz, au 8e siecle, natif d'Austrasie, d'une famille noble & ancienne, fut ordonné par le Pape Etienne en 743. Il institua une Communauté de Clercs Régul. dans son Eglise, & fut emploïé par Pepin dans diverses négociat. Il mourut le 6 Mars 766. On a de lui une Regle pour les Clercs Réguliers.

CHROMACE, (S.) Chromacius, pieux & savant Evêque d'Aquilée, au 4e siecle, défendit avec zele Rufin & S. Jean Chrysost & fut ami de S. Ambroise & de S. Jerôme. Il mourut avant 412. Il nous reste de lui quelq ouvrages imprimés dans la Bibliotheque des Peres.

CHRYSEIS, voyez CHRYSÉS.

CHRYSÉS, Prêtre d'Apollon, fut pere d'Astinomé, plus connue sous le nom de Chriseis. Les Grecs aïant pris la ville de Thebes en Cilicie, & saccagé Lyrnesse, partagerent le butin & les prison. Chryseis échut à Agamemnon. Chryseis alla au camp des Grecs, avec tous les ornemens de sa dignité, pour racheter sa fille; mais il fut chassé indignement par Agamemnon qui avoit conçu de la passion pour sa captive. Chryséis implora le secours d'Apollon, qui, selon la fable, envoïa une maladie contagieuse dans l'armée des Grecs, ce qui obligea Agamemnon de rendre Chryséis.

CHRYSIPPE, cél. Philos. Grec de la secte des Stoïciens, étoit de Solos, ville de Cilicie, & fut disciple de Cléanthe, successeur de Zenon. Il composa un gr. nombre de Traités sur différens sujets, principalement sur la Dialect. à laquelle il s'appliqua plus qu'aucun autre Philos. Il excella tellement en cette science, qu'on disoit comme en proverbe: Si les Dieux avoient besoin de se servir de la Logique, ils n'en choisiroient point d'autre que celle de Chrysippe.

*Chrysippe*. Il fut, comme les Stoïciens, zélé défenseur de la nécessité
du destin, & en même tems de la
liberté de l'homme; ce qui est une
contradiction palpable. Il tomba en
un gr. nombre d'erreurs considérables. Seneque, Epictete, Arrien, &
les autres célèb. Auteurs Stoïciens
ne paroissent pas avoir eu pour lui
beaucoup de vénération. Cependant
il y avoit d'excellentes choses dans
son Traité de la Providence, & entr'autres cette belle pensée : » que
» le dessein de la Nature n'a pas été
» de rendre les hommes sujets aux
» maladies, ce qui ne conviendroit
» pas à la cause de tous les biens;
» mais que si du plan général du
» monde, qui est très bien ordonné
» & très utile, il en resulte quelq.
» inconvéniens, c'est qu'ils se sont
» rencontrés à la suite de l'ouvrage,
» sans qu'ils aient été dans le des-
» sein primitif & dans le but de la
» Providence. Par exemple, *conti-
» nue Chrysippe*, quand la Nature a
» formé le corps humain, l'excel-
» lence & l'utilité de l'ouvrage de-
» mandoit que la tête fût composée
» d'un tissu d'ossem. minces & dé-
» liés; mais par là il en résultoit
» l'incommodité de ne pouvoir ré-
» sister aux coups. Il en est de mê-
» me, *ajoute t-il*, de la vertu; l'ac-
» tion directe de la Nature y tend &
» la fait naître, mais par une espece
» de concomitance, elle a produit
» par contre-coup la source des vi-
» ces ». *Aulugele, Liv. 5 c. 3.* Un
Philosophe païen ne pouvoit rien
dire de plus raisonnable, sur-tout
dans l'ignorance où il étoit de la
chute du premier homme. Le Pere
Malebranche a éclairci & dévelopé
ce beau principe de Chrysippe, qui
peut servir de réponse à toutes les
difficultés qu'on fait sur l'existence
du mal naturel & moral. Chrysippe
mourut vers 207 av. J. C. à plus de
80 ans. Il ne faut pas le confondre
avec Chrysippe fils naturel de Pelops, pour lequel Laïus eut une
passion déréglée & fut tué par ordre
d'Hippodamie, épouse de Laïus,

& mere d'Atrée & de Thyeste.

CHRYSOLANUS, (Pierre) sa-
vant Archevêq. de Milan, au 12e
siecle, dont on a un Discours adressé à Alexis Comnene, touchant la
procession du S. Esprit, contre l'erreur des Grecs.

CHRYS LOGUE, *voyez* PIER-
RE CHRYSOLOGUE.

CHRYSOLORAS, (Emmanuel)
sav. Grec de Constantinople, au
15e siecle, passa en Europe pour implorer l'assistance des Princes Chrétiens, contre les Turcs Il enseigna
ensuite à Florence, à Venise, à Pavie, & à Rome, & fut le principal
Restaurateur des Belles Lettres. Il
mourut à Constance, durant la tenue du Concile, le 15 Avril 1415,
à 47 ans. On a de lui une Grammaire grecq. & d'autres petits ouvr.
Il ne faut pas le confondre avec Demetrius Chrysoloras autre Ecrivain
Grec sous le regne d'Emmanuel Paleologue, ni avec Jean Chrysoloras,
neveu & disciple d'Emmanuel, qui
fut, comme son oncle, un Restaurateur des Belles-Lettres.

CHRYSOSTOME, *voyez* JEAN
CHRISOSTOME.

CHUN, (Ti-Chun-Yeou-Yu-Chi)
Empereur de la Chine, & le dernier de la seconde Dynastie, succéda à Yao, & fit continuer avec
succès les travaux immenses que
son prédécesseur avoit commencés.
Yu, fils de Kuen en fut chargé, &
en vint about dans 14 années. Pour
le récompenser d'un si gr. service,
l'Empereur *Chun* l'associa à l'Empire avec le consentement de toute
la Nation. La mémoire de *Chun* est
encore en gr. vénération parmi les
Chinois *voyez* YAO.

CHURCHIL, (Jean) *voyez*
MARLEBOROUGH.

CHYTRÆUS, (David) fameux
Ministre Luthérien, né à Ingelfing
en 1530, & mort en 1600, a composé plus. ouvr. dont le plus connu
est un commentaire sur l'Apocalypse, rempli de rêveries. Christophe Sturcius a écrit sa vie. Natha-
nael Chytræus son frere, autre Mi-

nistre Luthérien, étoit habile dans les Belles-Lettres, & mour. en 1598, à 55 ans.

CIACONIUS ou CHACON, ( Alfonse ) sav. Religieux Dominicain, natif du Baëça, au 16e siecle, fut Patriarche titulaire d'Alexandrie, & mourut à Rome en 1599 ; à 59 ans. On a de lui un gr. nombre d'ouvr. dont le plus consid. est intit. *Vitæ & gesta Romanorum Pontificum & Cardinalium*. Cet ouvrage avec la continuation a été imprimé à Rome en 1676, 4 vol. *in-fol*. Il ne faut pas le confondre avec Pierre Ciaconius ou Chacon, sav. Prêtre Espagnol né à Tolede en 1525, auquel Gregoire XIII donna un Canonicat de Séville, & qui mourut à Rome le 24 Octob. 1581, à 56 ans. Il fut emploïé avec Clavius à la correction du Calendrier, & publia des notes savantes & judicieuses sur le Décret de Gratien, sur Arnobe, sur Tertullien, & sur un gr. nombre d'autres Auteurs.

CIAMPINI, ( Jean-Justin ) sav. Ecrivain du 17e siecle, naquit à Rome en 1633. Il s'appliqua à la pratique de la Chancellerie Apostolique, & son frere qui étoit Secretaire des Brefs secrets, lui procura deux charges considér. ; l'une de Maître des Brefs de Grace, & l'autre de Prefet des Brefs de Justice. Ces charges n'empêcherent point Ciampini de cultiver les Belles-Lettres, les Antiquités, la Philos. & les autres Sciences ; mais sa principale étude étoit celle de l'histoire Ecclés., & ce fut par ses soins qu'il se forma en 1671 à Rome une Académie destinée à cette partie de l'histoire. Il établit en 1677 sous la protection de la Reine de Suede, une Académie de Physique & de Mathémat. qui devint bientôt cél. & fut reçu en 1691 dans l'Acad. des Arcadiens. Il m. en 1698. On a de lui un gr. nombre d'ouvrages latins & italiens, les princip. sont, 1. *Conjectura de perpetuo azymorum usu in Ecclesia latina, vel saltem Romana*, in-4°. 2. *Vetera*

*monumenta in quibus præcipuè musiva opera, sacrarum profanarumque ædium structura, dissertationibus, iconibusque illustrantur*. 2 vol. *in-fol*. 3. *De incombustibili lino differt*. 4. *De sacris ædificiis à Constantino magno constructis Synopsis historica*, in-fol. Ferdinand Fabiani a fait imprimer à la louange de Ciampini, un Livre intitulé : *Il merito applaudito e gli applausi premiati*. Il ramasse dans cet ouvrage tous les éloges qui ont été donnés à M. Ciampini, soit en vers soit en prose. Mais il a fait une bevue plaisante, qui montre combien on risque, quand on veut emprunter quelque chose d'une Langue qu'on n'entend pas bien. En citant la relation d'un voïage en Italie, il a cru que ces mots qui se trouvent à la fin du titre *enrichi de deux Listes*, étoient le nom de l'Auteur de cette relation, & là-dessus, il remarque que *Monsieur enrichi de deux Listes* n'a pas manqué de rendre à M. Ciampini la justice qui lui est due.

CICERON, ( *Marcus Tullius* ) céleb. Orateur Romain, & l'un des plus gr. hommes de son siecle, naquit à Harpino 106 av. J. C. *Marcus Tullius*, son pere, prit un grand soin de son éducation, & l'envoïa étudier à Rome. Ciceron y apprit dès son enfance les Lettres grecq. & fit paroître des talens extraordinaires pour les sciences & pour les affaires. A son entrée au Barreau, aïant déclamé avec véhémence contre les partisans de Sylla, il fut obligé, pour éviter son ressentiment, de se retirer dans la Grece. Il y étudia sous les Orateurs & les Philosophes les plus célebres, & fit paroître tant d'éloquence dans une harangue qu'il prononça à Rhodes, qu'Appollonius Molon, son maître, s'écria qu'il déploroit le malheur de la Grece, qui aïant été vaincue par les armes des Romains, l'alloit être encore par l'éloquence de son disciple. De retour à Rome, il épousa Terentia dont il eut un fils nommé

*Tullius*, & une fille appellée *Tullia*. Il la répudia ensuite pour épouser *Popilia*, qui étoit jeune, belle & très riche. Ciceron fut Questeur & Gouverneur de Sicile, 75 av. J. C. A son retour il obtint la charge d'Edile, & fit condamner Verrés à réparer les concussions qu'il avoit faites dans cette Province. Ciceron fut ensuite premier Préteur & Conful avec Antonius, 63 av. J. C. Pendant son Consulat il découvrit la conjuration de Catilina, ce qui lui mérita le nom de *Pere de la Patrie*. Cependant la brigue de Clodius le fit bannir quelque tems après, mais on le rappella l'année suivante, à la follicitation de Pompée, & on le nomma Proconsul en Cilicie. Ciceron suivit le parti de Pompée durant les guerres civiles; mais après la mort de ce gr. homme, il emploïa les flatteries les plus basses pour se réconcilier avec César. Ce trait est peut être l'endroit le plus déshonorant de sa vie. Quoiqu'il fût ami intime de Brutus, il n'eut aucune part à la conspiration de César, parcequ'on la lui tint secrette. Après la mort de cet Empereur, il favorisa Auguste; mais Antoine, contre lequel Ciceron avoit écrit les *Philippiques*, étant devenu Triumvir, le fit tuer comme il fuïoit, dans sa litiere, vers la mer de Caïete, 43 av. J. C. Le meurtrier fut un certain Popilius Lenas, auquel Ciceron avoit auparavant sauvé la vie dans une cause où il étoit accusé d'avoir tué son pere. Cet homme lui coupa la tête & la main droite, & les porta à Marc-Antoine, qui les fit exposer sur la Tribune aux harangues. Auguste consentit à cette mort, quoique Ciceron lui eût rendu de grands services. Il nous reste de lui un grand nombre d'ouv. qu'on divise ordinairement en quatre parties. Les Livres qui traitent de l'art Oratoire sont dans la premiere; les Harangues dans la seconde; les Epitres dans la troisieme; & les Œuvres Philosophiques dans la quatrieme. M. l'Abbé d'Olivet en a donné une très belle édition en 9 vol. in-4°.

Les ouvrages de Ciceron sont des modeles d'éloquence. On admire dans tous l'esprit, le bon goût, l'art, l'invention & les qualités d'un grand Orateur, d'un excellent Philosophe, & d'un habile Politique. Le style en est clair, noble, élégant, & d'une pureté admirable. M. Midleton, Bibliothéquaire de Cambridge, & M. Morabin, ont écrit sa vie.

CID, (le) l'un des plus gr. Capitaines du 11e siecle, s'appelloit Rodrigue Dias de Bivar. Il se signala par sa valeur contre les Maures d'Espagne qu'il vainquit en plus. combats, & auxquels il enleva Valence & plus. autres Places import. Aïant eu un différend avec le Comte Gomez de Gormas, il le tua dans un combat particulier, ce qui jetta dans un cruel embarras Chimene, fille de ce Comte, qui aimoit passionnément le Cid, & qui en étoit aimée. L'amour l'emporta sur la vengeance: elle pria le Roi Ferdinand d'obliger le Cid de l'épouser, ne trouvant que ce moïen pour essuïer ses larmes. Elle en eut trois enfans, un fils & deux filles. Le Cid mourut vers 1098.

CIGNANI, (Charles le) habile Peintre Italien, naquit à Bologne en 1618, & fut disciple de l'Albane. Il se fit estimer du Pape Clément XI, qui le nomma Prince de l'Académie de Bologne, & le combla de bienfaits. Le Cignani mourut à Forli en 1719. La coupole de *la Madona del Fuoco* de Forli, où il a représenté le Paradis, est un ouvr. admirable. Ses principaux Tableaux sont à Rome, à Bologne & à Forli. On voit de lui, au Palais-Roïal à Paris, un *Noli me tangere*, ouvrage excellent.

CIMABUÉ, Peintre & Architecte Florentin, aïant pris des leçons des Peintres Grecs, fut le premier qui commença à relever l'honneur des beaux Arts dans sa patrie. Il s'acquit une si grande réputation, que Charles I, Roi de Naples, lui alla rendre visite. Il reste encore de ce Peintre quelques morceaux à fresque & à détrempe, où l'on admire son génie. Il m. en 1300, à 70 ans.

CIMON, fils de Miltiade & d'Egisiphile, & l'un des plus célebres Généraux des Athéniens, fut mis en prison pour acquitter les dettes de son pere, qui étoit mort sans païer, & n'en sortit qu'en permettant qu'Elphinie sa sœur, & en même-tems sa femme, épousât Callias, qui païa pour lui. Il se signala à la bataille de Salamine, & devint si agréable aux Athéniens, qu'il fut bientôt élevé aux prem. charges. Il battit les Thraces près du fleuve Strymon, & rétablit Amphipolis. Ensuite il défit, près de Mycale, la flotte de Chypre & de Phénicie, composée de 200 Vaisseaux ; le même jour il remporta une victoire sur terre dans la Pamphylie, près du fleuve Eurymedon, 470 av. J. C., & s'empara des Isles de Scyros & de Thasos. Cimon fut ensuite exilé, selon la loi de l'Ostracisme, par les intrigues de Pericles & d'Ephialthes ; aïant été rappellé, on le déclara Général de la flotte des Grecs. Il avoit pris des mesures efficaces pour s'emparer de l'Isle de Chypre & de l'Egypte, mais il tomba malade au siege de Citium, & mourut 449 av. J. C. Jamais Général ne fut plus généreux & plus charitable envers les pauvres. Cornelius Nepos & Plutarque ont écrit sa vie.

CINCINNATUS, (Lucius Quinctius) célebre Romain, deshérita son fils, & fut tiré de la charrue, pour être créé Dictateur, 458 av. J. C. lorsque l'armée du Consul Marcus Minutius étoit sur le point d'être forcée dans ses retranchemens par les Eques & les Volsques. Cincinnatus vainquit les Ennemis, les fit passer sous le joug, & après avoir triomphé, retourna à sa charrue.

CINEAS, Ministre & favori de Pyrrhus, Roi d'Epire, étoit de Thessalie. Pyrrhus pendant la guerre d'Italie, l'envoïa en Ambassade à Rome pour y traiter de la paix ; à son retour, ce Prince lui aïant demandé ce qu'il pensoit du Sénat Romain. Il m'a semblé, répondit Cineas, voir une assemblée de Rois. C'est ce Cineas qui abrégea le Livre d'Enée le Tacticien, sur la défense des Places. Casaubon a donné au Public cét abrégé avec une version latine. M. de Beausobre en a donné une traduction françoise avec des Commentaires.

CINNA, (Lucius Cornelius) fameux Consul Romain, 87 av. J. C. fit une Loi pour le rappel des Bannis. Octavius, son collegue & partisan de Sylla, s'y opposa & le chassa de Rome. Cinna revint soutenu de Marius, de Sertorius, & des Esclaves. Il tua Octavius, & se rendit maître du Janicule. Il étoit près d'opprimer la République, & de faire la guerre à Sylla, lorsqu'il fut assommé à coups de pierre à Ancone par son Armée à cause de ses cruautés, 84 av. J. C.

CINNAME, (Jean) Histor. Grec du 12e siecle, dont on a une Histoire des regnes de Jean & d'Emmanuel Comnene, qui a été imprimée au Louvre en grec & en latin, avec les savantes notes de M. du Cange.

CINQ ARBRES, (Jean) Quinquarboreus, sav. Auteur du 16e siecle, natif d'Aurillac, mourut en 1587, après avoir publié une Grammaire hébraïque.

CINUS ou CYNUS, céleb. Jurisconsulte de Pistoie, d'une famille noble, au 14e siecle, dont on a des Comment. sur le Code & sur une partie du Digeste. Il mourut à Bologne en 1336.

CINYRAS, Roi de Chypre & pere d'Adonis, par sa fille Mirrha, est compté parmi les anciens devins. On dit qu'il étoit fort riche & que son Roïaume fut ruiné par les Grecs, n'aïant pas voulu leur fournir les vivres qu'il leur avoit promis pour le siege de Troyes.

CIOFANI, (Hercule) savant Ecrivain du 16e siecle, natif de Sulmone, dont on a des observations très estimées sur les Métamorphoses d'Ovide.

CIPIERRE, ( Philibert de Marcilly, Seigneur de ) natif du Maconnois, aïant signalé son courage & sa prudence en diverses occasions sous le regne de Henri II, fut choisi par ce Prince pour être Gouverneur du Duc d'Orléans, son second fils, qui a regné depuis sous le nom de Charles IX. On dit que si d'autres n'avoient point gâté l'excell. éducation de ce jeune Prince, il en auroit fait un très grand Roi. Il mourut à Liege, en allant prendre les eaux d'Aix, en 1565. Brantome rapporte la maniere dont Cipierre s'y prit pour obtenir du Légat du Pape la permission de manger gras pendant le Carême, pour tous les Soldats de son Armée. Il ortographie ce nom Sypierre. Voyez Hommes ill. Etrangers, à l'article d'Antoine de Leve.

CIRCÉ, fille du Soleil, & fam. Magicienne, selon la fable, empoisonna le Roi des Sarmates son Mari, & fut chassée par ses Sujets. Elle se retira en Italie, où elle changea Scylla en monstre marin. Elle reçut très bien Ulysse lorsqu'il aborda sur ses côtes, & changea ses compagnons en diverses sortes d'animaux.

CIRO-FERRI, Peintre & Architecte Italien, naquit à Rome en 1634, & fut disciple de Pierre de Cortone, dont il imite tellement les desseins, qu'il est difficile de ne les point confondre. Il se fit estimer du Pape Alexandre VII, & de ses trois successeurs, & mourut à Rome en 1689. On lui reproche de n'avoir pas assez animé & varié ses caracteres.

CIRON, ( Innocent ) sav. Jurisconsulte, Chancelier de l'Université de Toulouse, professa le Droit en cette ville avec réput. au 17e siecle. On a de lui des observations latines sur le Droit Canonique, qui sont estimées.

CISNER, ( Nicolas ) savant Luthérien, né à Mosbach le 24 Mars 1529, fut Professeur à Heidelberg, & ensuite Recteur de l'Univ. de cette ville, où il m. le 6 Mars 1583, à 54 ans. On a de lui plus. ouvr.

CIVOLI ou CIGOLI, ( Louis ) Peintre Italien, dont le nom de famille étoit Cardi, naquit au Château de Cigoli en Toscane, l'an 1559. Il partageoit son tems entre la Peinture, la Poésie, & la Musique, ce qui le fit recevoir dans l'Académie de la Crusca, & dans celle de Florence. Civoli jouoit parfaitement du luth; mais il le brisa un jour, sur les reproches qu'on lui faisoit d'aimer mieux jouer du luth, que finir ses Tableaux. Son Ecce homo qu'il fit en concurrence avec le Baroche & Michel - Ange de Caravache, fut jugé meilleur que ceux de ces deux gr. Peintres. Il excelloit dans le dessein, & fut emploïé par les Papes & par les Princes. Il m. à Rome en 1613.

CLAIRE, ( Sainte ) cél. Abbesse, naquit à Assise en 1193. Elle se mit sous la conduite de S. François, qui lui donna l'Eglise de S. Damien. Elle y établit un Couvent dont elle fut Abbesse, & où elle mourut le 11 Août 1253. Alexandre IV la canonisa peu de tems après. Les Religieuses de l'Ordre de Sainte Claire sont divisées en Damianistes & en Urbanistes. Les premieres suivent la regle donnée à Sainte Claire par S. François; les autres sont mitigées, & suivent les Réglem. donnés par Urbain IV.

CLARENDON, célebre Historien Anglois, qui par son exactitude & sa fidélité, jointe à la force & à la noblesse de ses expressions, a mérité la préférence sur tous les Biographes Anglois. On trouve néanmoins ses périodes trop longues, & ses parentheses trop fréquentes.

CLARIUS ou CLARIO, ( Isidore ) l'un des plus savans Théologiens du 16e siecle, naquit au Château de Chiaria près de Bresse. En 1495, il se fit Religieux au Mont Cassin, & parut avec éclat au Concile de Trente. Paul III lui donna l'Evêché de Fuligno, où il mourut en odeur de sainteté le 28 Mai 1555, à 60 ans. On a de lui plus. ouvrages. Les principaux sont un Traité sur la correction du texte de la Vulgate & des notes littérales sur les endroits difficiles de la Bible. Ces deux ouvrages sont utiles, savans & très solides.

* CLARKE, (Samuel) habile Docteur & sav. Philosophe Anglois, naquit à Norwich le 11 Oct. 1675, d'un pere qui étoit Alderman de cette ville. Il étudia à Cambridge, où il fit paroître beauc. de dispositions pour la Philosophie & pour les Belles-Lettres. C'est un des prem. qui soutinrent dans les Ecoles avec applaudiss. les principes de Newton. En 1699, Jean Moore, Evêque de Norwich, le choisit pour son Chapelain, & fut toute sa vie son protecteur. Ce Prélat le produisit à la Cour, & lui procura plusieurs places honorables & lucratives. Il m: le 17 Mai 1729. Ses ouvr. ont été imprimés à Londres en 1738, en 4 vol. in-fol. Les principaux sont : 1. Des Paraphrases sur les quatre Evangélistes : 2. Discours concernant l'existence & les attributs de Dieu ; les obligations de la Religion naturelle ; la vérité & la certitude de la Révélation Chrétienne contenues en seize Sermons. Pierre Ricotier a traduit en françois cet excellent ouvrage, dont la meilleure édition est celle d'Amsterdam, 1727, 3 vol. in-8°. 3. Lettres à M. Dodwel sur l'immortalité de l'Ame, avec une réponse à l'Amyntor de Toland. 4. Dix-sept Sermons sur différens sujets intéressans. 5. La Doct. de l'Ecriture sur la Trinité, ouvr. qui a fait beaucoup de bruit. 6. Discours sur la connexion des Prophéties de l'anc. Testam. & leur application à J. C. Il se trouve en françois avec la traduction de Ricotier dans l'édit. de 1727. C'est une réponse aux fondemens des Prophéties, par Collins. 7. Lettres à M. Hoadley sur la proportion de la vitesse & de la force, dans le mouvement des corps, &c. Tous ces ouvrages excepté le cinquieme, sont excell., le style en est clair, précis, & très pur. On y voit beauc. de pénétration ; une science solide ; un amour sincère de la vérité ; des rai-

sonnemens justes & judicieux ; une modération digne d'un Philosophe Chrétien & d'un parfait Théologien. Samuel Clarke a publié outre cela une Traduction latine de la Philosophie de Rohault & de l'Optique de Newton, & des notes estimées sur les Commentaires de César, & sur les douze premiers Livres de l'Iliade d'Homere.

CLAUBERGE, (Jean) savant Profess. de Philos. & de Théol. à Duisbourg, naq. à Solingen, le 24 Fév. 1622. Il voïagea en Hollande, en France, & en Angleterre, & se fit par-tout estimer des Savans. Il épousa en 1651 Catherine Mercator, fille de Gerard Mercator, habile Géographe, dont il eut un fils & cinq filles. L'Electeur de Brandebourg lui donna des témoignages publics de son estime. Il mourut le 31 Janvier 1665. Ses ouvr. ont été impr. à Amsterdam en 2 vol. in-4°. Le meilleur de tous est une excell. Logique intitulée : *Logica vetus & nova.*

CLAUDE, Empereur Romain, fils de Drusus, second fils de Livie, fille d'Auguste, & neveu de Tibere, naquit à Lyon, 10 ans avant J. C. Pendant sa jeunesse il étoit si malade de corps & d'esprit, que sa mere Antonia, voulant peindre un homme stupide, disoit *qu'il étoit aussi sot que son fils Claude.* Ce Prince fut Consul l'an 37 de J. C., mais il s'acquitta si mal de cette charge, qu'il se rendit méprisable aux yeux du Peuple. S'étant caché pour échapper aux assassins de Caligula, un Soldat le découvrit & le salua Empereur. A peine fut il monté sur le Trône, qu'il eut un soin particulier de fournir de vivres la ville de Rome, ce qui, joint au mépris qu'il faisoit paroître des grandeurs, lui concilia l'amour du Peuple. Il punit Chereas, bannit Seneque, & fit mourir Julie sœur de Caligula. Peu de tems après, les Maures furent défaits, & leur païs réduit en deux Provinces, l'une nommée Tingitane, & l'autre Césarienne. Claude triompha de l'Angleterre en 44 de

J. C. Il se laissa ensuite gouverner par ses affranchis & par des personnes viles & méprisables, qui deshonorerent l'Empire par les bannissemens, les massacres & les vices les plus infâmes. Ce Prince fut marié quatre fois. Messaline, sa troisieme femme fut un monstre d'impudicité & de déreglem., & la jeune Agrippine sa niece & sa quatrieme femme, l'empoisonna l'an 54 de J. C. Il avoit adopté Neron, fils de cette Princesse, au préjudice de Britannicus son fils. Claude inventa trois lettres, & composa quelques ouvrages qui se sont perdus.

CLAUDE II, ( Aurelius ) surnommé le Gothique, après avoir signalé son courage & sa prudence sous Valerien & sous Julien, fut déclaré Empereur après la mort de ce dernier, en 268. Il fit mourir Aureole, meurtrier de Galien, vainquit les Germains, & marcha en 269 contre les Goths, qui ravageoient l'Empire au nombre de 300000 hommes. Ils les harcela d'abord, & les défit entierement auprès de Naisse en 270; mais la contagion, qui s'étoit mise dans l'Armée des Goths, passa aux Soldats Romains, & l'Empereur luimême en mourut peu de tems après à 56 ans. Pollion dit que ce Prince avoit la modération d'Auguste, la vertu de Trajan, & la piété d'Antonin. Quintille son frere lui succéda.

CLAUDE, ( S. ) cél. Archevêq. de Besançon, natif de Salins, fut Chanoine, ensuite Archevêque de Besançon en 626. Il quitta cette dignité pour se renfermer dans le Monastere de S. Oyan, dont il fut Abbé, & où il mourut en 696, à 99 ans.

CLAUDE, ( Jean ) fameux Ministre de la Religion prét. réformée, & l'un des plus sav. Théologiens du 17e siecle, naquit à Sauvetat dans l'Agenois, en 1619. François Claude son pere, l'éleva avec beaucoup de soin, & lui inspira le goût des Belles-Lettres & de la Théol. Après avoir achevé ses études à

Montauban, il fut reçu Ministre en 1645. Il enseigna ensuite à Nismes pendant 8 ans; mais le Ministere lui aïant été interdit dans tout le Languedoc par Arrêt du Conseil, il vint à Paris pour tâcher de faire lever cette défense. C'est dans ce voïage qu'il commença une réponse au Livre de la Perpétuité de la Foi touchant l'Eucharistie. Claude ne pouvant rien obtenir de la Cour, alla à Montauban où il fut reçu Ministre. Quatre ans après, le Roi lui donna ordre d'en sortir. Il revint à Paris, & fut Ministre de Charenton depuis 1666 jusqu'à la révocation de l'Edit de Nantes, en 1685 : alors il se réfugia en Hollande, où le Prince d'Orange le reçut favorablement & lui donna une pension. Il mourut à la Haye le 13 Janv. 1687, à 68 ans. On a de lui plus. ouvr. écrits d'un style mâle, exact, éloquent & serré. Il y fait paroître beauc. d'esprit & d'érudition, & une adresse merveilleuse à mettre en œuvre toutes les finesses de la Logique. Heureux s'il n'eût point abusé de ses talens, en écrivant contre l'Eglise Catholique. Ses princip. ouvr. sont, 1°. Réponses au Traité de la Perpétuité, & au Livre du P. Nouet, Jésuite. 2°. Défense de la Réformation contre les préjugés légitimes de M. Nicole. 3°. Réponse à la Conférence de M. Bossuet. 4°. Plusieurs Sermons. 5°. Cinq vol. d'Œuvres posthumes, contenant divers Traités de Théologie & de Controverse. Abel Rotholph de la Deveze a écrit sa vie.

CLAUDE, ( Jean-Jacques ) fils d'Isaac Claude, Pasteur à la Haye, & petit-fils du fam. Ministre Claude, naquit à la Haye le 16 Janvier en 1684. Dès l'âge de 15 ans il fit, sur la maniere de saluer des anciens, une fort bonne Dissert. latine, qu'il publia à l'âge de 18 ans, avec une autre Dissert. dans la même Langue sur les Nourrices & les Pedagogues. Il étudioit alors à Utrecht, & se livroit entierement aux Belles-Lettres; mais M. Martin, Ministre à Utrecht, son parent & son tuteur, étant tombé dangereusement malade & appercevant un jour M. Claude auprès de son lit, lui dit entr'autres choses ; *Voyez mon cher Enfant à quoi servent les Belles-Lettres à un homme réduit dans l'état où je suis.* Ces paroles firent une si grande impression sur le jeune savant, que dès lors il résolut de faire de la Théologie son étude principale. Il devint Pasteur de l'Eglise Françoise de Londres en 1710, & m. en 1712, fort regretté. Après sa mort son frere fit imprim. un vol. de ses Serm. où il y a beaucoup de solidité & d'onction.

CLAUDIEN, *Claudianus*, céleb. Poëte Latin du 4e siecle, sous l'Empire de Théodose & de ses fils ; les Empereurs Arcadius & Honorius lui firent élever une statue : ses vers sont coulans & remplis d'esprit, mais sa latinité n'est pas assez pure. On estime principalement ses *invectives* contre Rufin & contre Eutrope, & son Poëme de l'*Enlevement de Proserpine*. C'est le prem. Poëte qui ait décrit les Orgues. Il est constant qu'il n'étoit point Chrétien. La meilleure édition des Œuvres de Claudien est celle de Heinsius le fils. On estime aussi celle de Barthius.

CLAUDIUS, (Appius) Decemvir Romain, très connu par la mort de Virginie. *Voyez* VIRGINIE.

CLAUDIUS MARIUS VICTOR, ou VICTORINUS, Rhéteur & Poëte Chrétien au 5e siecle, natif de Marseille, mort vers 445. On a de lui un Poëme ou Commentaire sur la Genese, en vers hexametres, & une Epître adressée à l'Abbé Salomon, contre les mœurs corrompues de son tems.

CLAVIUS, (Christophe) sav. Mathématicien du 16e siecle, natif de Bamberg, entra dès sa jeunesse chez les Jésuites. Ils l'envoïerent à Rome, où il fut consideré comme l'Euclide de son siecle. Le Pape Grégoire XIII l'emploïa à la réforme du Calendrier Rom. en 1581. Clavius s'en acquitta très bien, & justifia le nouveau Calendrier contre Scaliger. Il mourut à Rome le 6

Février 1612, à 75 ans. Ses ouvrages ont été impr. en 5 vol. *in-fol.* On estime principalem. son Arithmétique & ses Commentaires sur les Elémens d'Euclide.

CLEANTHE, cél. Philos. Grec, de la Secte des Stoïciens, fils de Phanias, & disciple de Zenon, 240 av. J. C. étoit d'Asson, dans l'Epire. Il gagnoit sa vie à tirer de l'eau pendant la nuit, afin de pouvoir vaquer à l'étude pendant le jour. Les Juges de l'Aréopage ne sachant ce qu'il faisoit subsister, l'appellerent en justice, & lui aïant demandé ce qui le faisoit vivre à Athenes, il leur amena une femme dont il pêtrissoit le pain, & un jardinier pour lequel il travailloit. Sur leur témoignage, il fut renvoïé absous. Les Juges voulurent lui faire un présent, mais il le refusa. Cléanthe succéda à Zenon ; il eut pour disciples le Roi Antigonus & Chrysippe qui fut son successeur. On dit qu'il se laissa mourir de faim à 70 ans. Il avoit composé plusieurs ouvr. dont il ne reste que des fragmens.

CLÉARQUE, fam. Lacédémonien, aïant été envoïé à Byzance, pour y appaiser les troubles domestiques, s'y érigea en tyran, & remplit la ville de sang & de carnage. Il fut rappellé à Lacédémone, mais il refusa d'obéir, ce qui obligea d'envoïer des troupes contre lui ; & aïant été défait, il se retira dans l'Ionie, près du jeune Cyrus, 403 ans av. J. C. Ce jeune Prince donna à Cléarque le commandement des troupes grecques qui étoient à sa solde. Deux ans après, Cyrus perdit la vie dans la bataille de Cunaxa, qu'il livra à son frere Artaxerxes. Cléarque étoit l'un des Chefs qui commandoient les dix mille Grecs qui avoient combattu pour Cyrus, mais il fut arrêté dans sa retraite & mis à mort par ordre d'Artaxerxes. Il ne faut pas le confondre avec Cléarque, Tyran d'Héraclée, qui fut assassiné aux fêtes de Bacchus, 353 av. J. C., ni avec Cléarque de Soli, fameux Philos. Péripatéticien, qui étoit disciple d'Aristote, & dont il eſt ſouvent parlé dans les Auteurs anciens.

CLELIE, l'une de ces jeunes filles Romaines données en ôtage à Porſenna, qui étoit allé aſſiéger Rome pour rétablir les Tarquins, vers 507 av. J. C. On dit qu'aïant trompé les Gardes, elle ſe ſauva du camp pendant la nuit, & paſſa le Tibre. Elle fut renvoïée à Porſenna qui l'avoit redemandée par ſes Ambaſſadeurs ; mais ce Prince admirant la vertu de cette jeune fille, lui permit de retourner à Rome avec ſes compagnes. Le Sénat lui fit élever une ſtatue équeſtre dans la place publique.

CLEMANGIS ou CLAMINGES, ( Nicolas de ) ſav. Docteur de Sorbonne du Collège de Navarre, étoit de Clamenges, village du Diocèſe de Châlons. Il fit toutes ſes études à Paris au Collége de Navarre, & fut Recteur de l'Univerſité en 1393. L'Antipape Benoît XIII, le prit enſuite pour ſon Secretaire. Clemangis fut accuſé d'avoir dreſſé la Bulle de ce Pontife contre le Roi de Fr., & ſe retira à Genes. De retour en France, il fut Tréſorier de l'Egliſe de Langres, d'où il alla ſe cacher dans la Chartreuſe de Valleprofonde : c'eſt-là qu'il compoſa la plûpart de ſes ouvrages. Enfin, le Roi aïant pardonné, il retourna à Langres. Il devint enſuite Chantre & Archidiacre de Bayeux. Sur la fin de ſa vie, il retourna au Collége de Navarre dont il fut Proviſeur, & où il mourut vers 1430. Ses ouvr. ont été imprimés à Leyde en 1613, in-4°. Les principaux ſont un Traité *de corrupto Eccleſiæ Statu*. Pluſieurs Lettres, & un Traité des Etudes Théologiques, qui ſe trouve dans le Spicilege du Pere d'Achery. Ils ſont tous écrits avec feu, avec élégance, & avec la gravité & la nobleſſe qui conviennent aux écrits Théol. Sa Latinité eſt beaucoup plus pure que celle des autres Ecrivains de ſon tems.

CLEMENT I (S.) ſuccéda à S. Clet ou Anaclet dans le Siege de Rome, l'an 90 de J. C. Il étoit Diſciple & Coadjuteur des Apôtres. S. Paul parle de lui dans ſon Epître aux Philipp. S. Clement gouverna l'Egliſe avec ſageſſe, & mour. l'an 100 de J. C. On a de lui une Epître aux Corinthiens, qui eſt un des plus beaux monumens de l'antiquité Eccléſiaſtique. On lui attribue encore 1. une ſeconde Epître : 2. les huit Livres des Conſtitutions Apoſtoliques, ouvrage important, quoique d'un tems poſtérieur : 3. des *Récognitions*, &c. S. Evariſte lui ſuccéda.

CLEMENT II, Saxon, Evêque de Bamberg, fut élu Pape au Concile de Sutri, en 1046, & m. le 7 Octobre 1047. Damaſe II lui ſuccéda.

CLEMENT III, Romain, Evêque de Preneſte, fut élu Pape après la mort de Grégoire VIII, le 6 Janvier 1188, & mourut le 25 Mars 1191, après avoir publié une croiſade contre les Sarraſins. Il eut pour ſucceſſeur Céleſtin III.

CLEMENT IV, François, natif de S. Gilles ſur le Rhône, prit d'abord le parti des armes. Il ſe livra enſuite à l'étude, & paſſa pour un des plus habiles Juriſconſultes de ſon ſiecle. S. Louis le fit ſon Secretaire. Quelque tems après ſa femme étant morte, il embraſſa l'état Eccléſiaſtique. Il fut Archidiacre, puis Evêque du Puy, enſuite Archevêq. de Narbonne, Cardin. Evêq. de Sabine, & Légat en Angleterre. Enfin, on l'élut Pape à Perouſe le 5 Février 1265. Il m. à Viterbe le 29 Novembre 1268. Il étoit modeſte, doux & deſintéreſſé. Il a laiſſé pluſieurs ouvrages.

CLEMENT V, François, appellé auparavant Bertrand de Gouth ou de Goth, fut fait Evêque de Comminges, puis Archevêque de Bourdeaux par Boniface VIII. Enfin, après la mort de Benoît XI, arrivée en 1304, Bertrand fut élu Pape à Perouſe le 5 Juin 1305. La cérémonie de ſon couronnement ſe fit à Lyon le Dim. 10 Nov., & fut troublée par la chute d'une muraille, laquelle étant trop chargée de peuple, s'écroula, tua Jean II, Duc de Bretagne, bleſſa le Roi, & fit tomber la Thiate de deſſus la tête du Pape. Cet accident fut regardé comme un préſage des malheurs qui affligerent la Chrétienté & l'Italie durant ce Pontificat. Clement V fut le prem. Pape qui réſida à Avignon. Il tint le Concile général de Vienne en 1311, fit faire le Recueil des Conſtitutions appellées *Clémentines*, & mourut à Roquemaure ſur le Rhône, en allant à Bourdeaux pour changer d'air, en 1314. Jean XXII lui ſuccéda.

CLEMENT VI, ſav. Pape, natif du Limoſin, nommé auparavant Pierre Rogier, vint faire ſes études en Sorbonne, & y prit le bonnet de Docteur. Il fut enſuite Abbé de Fécamp, puis ſucceſſivement Evêque d'Arras, Archev. de Rouen, Archevêq. de Sens, Cardinal & Proviſeur de Sorbonne. Enfin, on l'élut Pape après la mort de Benoît XII, le 13 Mai 1342. Il défendit avec zele les intérêts de l'Egliſe & des ſouverains Pontifes, réduiſit le Jubilé de 50 en 50 ans, & mour. à Avignon, le 6 Décembre 1352. Il étoit ſavant & avoit une mémoire prodigieuſe. Pétrarque, ſon contemporain, en fait un grand éloge. Innocent VI lui ſuccéda.

CLEMENT VII, appellé auparavant Jules de Médicis, étoit parent de Léon X, & fut élu Pape après la mort d'Adrien VI, en 1523. Il reçut une célebre Ambaſſade du Roi d'Ethiopie, ſe ligua avec les François & les Vénitiens contre l'Empereur Charles Quint, & fut aſſiégé dans Rome par l'Armée de ce Prince ; ce qui le contraignit de ſe ſauver *incognito*. Il laiſſa croître ſa barbe durant les 7 mois de ſa captivité, & la porta toujours longue dans la ſuite. Clement VII fit la paix avec l'Empereur en 1529, excommunia Henri VIII, Roi d'Angleterre, & mourut le 26 Septembre 1534. Il eut Paul III, pour Succeſſeur. Il ne faut pas le confondre avec Robert de Geneve, homme de gr. mérite, qui, après l'élection

d'Urbain VI, fut élu Pape à Fondi, le 21 Septembre 1378, par pluſieurs Cardinaux, qui prétendirent n'avoir point été libres dans l'élection d'Urbain VI. Robert prit le nom de Clement VII, ſe retira à Avignon, & fut reconnu par la France & l'Eſpagne. Son élection cauſa un gr. ſchiſme dans l'Egliſe d'Occident, qui ne finit que 50 ans après par l'abdication de l'Antipape Clement VIII, qui abdiqua en 1429, & reconnut Martin V.

CLEMENT VIII, appellé auparavant Hippolyte Aldobrandin, étoit de Fano, & fut élu Pape après la mort d'Innocent IX, le 30 Janvier 1591. Il s'appliqua avec zele à faire fleurir la piété & la ſcience dans l'Egliſe, condamna les duels, donna l'abſolution au Roi Henri IV, ramena un grand nombre d'hérétiques au ſein de l'Egliſe, & contribua beaucoup à la paix de Vervins. Jamais Pape ne récompenſa avec plus de ſoins les Savans & les perſonnes de mérite. Il éleva au Cardinalat, Baronius, Bellarmin, Tolet, d'Oſſat, du Perron, & pluſieurs autres grands hommes. C'eſt en ſa préſence, qu'on agita la célebre Queſtion *de Auxiliis*, touchant l'accord de la grace & du libre-arbitre. Il mourut le 3 Mars 1605, à 69 ans. Léon XI lui ſuccéda.

CLEMENT IX, nommé auparavant Jules Roſpiglioſi, fut élu Pape, après la mort d'Alexandre VII, le 20 Juin 1667. Il gouverna ſagement l'Egliſe, & travailla à réunir les Princes Chrétiens, & à procurer du ſecours aux Vénitiens contre les Turcs qui aſſiégeoient Candie ; mais n'aïant pu empêcher la perte de cette importante place, il en mourut de chagrin le 9 Décembre 1669, à 71 ans. Clement X lui ſuccéda.

CLEMENT X, ou EMILE ALTIERI, fut élu Pape après la mort de Clement IX, le 29 Avril 1670. Il ſe diſtingua par ſon humilité, & fit paroître, durant ſon Pontificat, un eſprit doux, tranquille, & pacifique. Il m. le 22 Juillet 1676, à 86 ans, & eut pour Succeſſeur Innocent XI.

CLEMENT XI, ou Jean Fran-çois Albani, natif de la ville de Peſaro, l'un des plus ſavans & des plus grands Papes qui aient gou-verné l'Egliſe, fut élu d'une voix unanime après la mort d'Innocent XII, le 20 Novembre 1700. Il donna retraite au fils du Préten-dant, ſoulagea les pauvres, con-firma la condamnation des cinq fa-meuſes Propoſitions de Janſénius, par la Bulle *Vineam Domini Sa-baoth*, condamna les Pratiques ſu-perſtitieuſes de quelques Miſſion-naires de la Chine, & donna la Conſtitut. *Unigenitus* contre 101 Propoſitions extraites des Réflexions morales du Pere Queſnel, ſur le Nouv. Teſtam. Il m. le 19 Mars 1721, à 72 ans. On a de lui des Homélies eſtimées, & d'autres ou-vrages impr. en 2 vol. *in-fol.* In-nocent XIII lui ſuccéda.

CLEMENT XII, ou Laurent Corsini, né à Florence d'une fa-mille noble & ancienne, le 7 Avril 1652, fut élu Pape d'une voix una-nime, le 12 Juillet 1730, après la mort de Benoît XIII. Il ſoulagea le Peuple Romain, en diminuant les impôts, fit punir ceux qui avoient prévariqué dans leurs emplois ſous le Pontificat précédent, & gou-verna l'Egliſe avec ſageſſe & tran-quillité. Il mourut le 6 Fév. 1740, à 88 ans. Le Cardin. Proſper Lam-bertini lui ſuccéda le 17 Août ſuivant.

CLEMENT d'Alexandrie, (S.) ſavant Pere de l'Egliſe, après avoir étudié dans la Grece, en Italie, & en Orient, renonça aux erreurs du Paganiſme, & fut Prêtre & Caté-chiſte d'Alexandrie en 190. Il ſuc-céda dans ces emplois au célebre Pantene, ſon maître, qui étoit allé aux Indes pour y prêcher l'Evangi-le. Saint Clement s'acquitta digne-ment de cette importante fonction, & mourut vers 220. Il nous reſte de lui pluſieurs ouvrages en grec, qui ont été traduits en latin. Les principaux ſont, les Stromates, l'ex-hortation aux Gentils, & le Péda-gogue : ils ſont remplis de beau-coup d'érudition.

CLEMENT, (Jacques) Religieux Dominicain, natif du Village de Sorbon, près de Sens, fut élevé dans le Couvent des Dominicains de cette Ville, & à l'âge de 22 ans aſſaſſina, à S. Cloud, le Roi Henri III, le prem. Août 1589, ce qui a rendu ſa mémoire exécrable.

CLENARD, (Nicolas) célebre Grammairien du 16e ſiecle, natif de Dieſt, après avoir enſeigné les Humanités à Louvain, voïagea en France, en Eſpagne, en Portugal, & en Afrique, & mourut à Gre-nade en 1542. On a de lui en latin des Lettres curieuſes & rares, con-cernant ſes voïages, une Gramm. grecque, qui a été revue & corri-gée par un grand nombre de ſa-vans Grammairiens, & d'autres ou-vrages.

CLEOBULE, fils d'Evagoras, & l'un des ſept Sages de la Grece, na-quit à Linde, & ſe diſtingua par ſa bravoure & par ſes talens. Il étoit bien fait, aimoit les Sciences, & haïſſoit ſurtout l'infidélité & l'in-gratitude. Il conſeilloit de faire du bien à ſes amis, pour ſe les con-ſerver, & à ſes ennemis pour ſe les acquérir. Il mourut vers 560 avant J. C. Il laiſſa une fille nommée *Eumetis*, plus connue ſous le nom de Cléobuline, qui ſe rendit célé-bre par la délicateſſe de ſon eſprit, la ſolidité de ſon jugement, & la douceur de ſon caractere. Elle avoit un courage héroïque, & fit des Enigmes très ingénieuſes, qui fu-rent admirées des Egyptiens.

CLEOMBROTE, fameux Roi de Lacédémone, 383 avant J. C., fut tué dans la célebre bataille de Leuctres, gagnée par Epaminon-das, 371 avant J. C. Il ne faut pas le confondre avec le Philoſ. Cleom-brote, natif d'Ambracie, qui ſe pré-cipita dans la mer, après avoir lu le Phedon de Platon, qui traite de l'immortalité de l'ame.

CLEOMENE, nom de trois Rois de Lacédémone. Le premier vain-

quit les Argiens, délivra les Athéniens de la tyrannie des Pisistrati-
des, punit les Eginettes, & mourut
vers 480 avant J. C. Le second
succéda à son frere Agésipolis, 370
avant J. C., & regna en paix 34
ans. Cleomene III, second fils de
Léonidas, monta sur le Trône, 230
ans avant J. C. Il réprima les troubles de Sparte, partagea les terres,
abolit les dettes, donna le droit de
Citoïen aux Etrangers, & rétablit
l'ancien Gouvernement de Lacédémone. Il défit ensuite les Achaïens,
mais il fut vaincu par Antigonus le
Tuteur, 226 avant J. C., & se retira en Egypte, où Ptolomée Evergete le reçut très bien. Après la
mort de ce Prince, Ptolomée Philopator l'aïant mis en prison, il
excita une sédition, & se tua 219
avant J. C.

CLEONYME, fils de Cléomene
II, Roi de Sparte, devoit regner
après lui ; mais à cause de son humeur violente, les Lacédémoniens
remirent toute l'autorité roïale entre les mains d'Areus, fils de son
frere. Etant déja avancé en âge, il
avoit épousé Chelidonis, jeune &
belle Princesse du sang roïal, qui
aimoit passionnément Acrotate, fils
d'Areus, & en étoit aimée. Cléo-
nyme irrité de la conduite de sa
femme, & de celle des Lacédémoniens, sortit de Sparte, & sollicita Pyrrhus, Roi d'Epire, à faire
la guerre aux Lacédémoniens. Pyrrhus alla assiéger Lacédémone, mais
il fut vigoureusement repoussé &
contraint d'abandonner son entreprise. On avoit résolu durant ce
siége, de faire passer les femmes
dans l'Isle de Crete, mais elles s'y
opposerent ; & Archidamie, l'épée
à la main, entrant dans le Sénat,
se plaignit au nom de toutes, contre
les hommes, de ce qu'ils les jugeoient capables de survivre à la
destruction de leur patrie. Elles travaillerent aux retranchemens qu'on
opposa à l'Ennemi, & contribuerent beaucoup à la levée du siége.
Chelidonis demeura seule enfermée,
& se passa une corde au cou, pour

éviter, en cas de besoin, de tomber vive entre les mains de Cléo-
nyme. Ceci arriva vers 273 avant
J. C.

CLEOPATRE, Reine d'Egypte,
fameuse par sa beauté & par ses débauches, étoit fille de Ptolomée Auletes. Elle se fit aimer de Jules César, & en eut un fils nommé Cé-
sarion. Après la mort de ce Prince, Marc-Antoine allant faire la
guerre aux Parthes 40 ans av. J. C.
ordonna à Cléopatre de le venir
trouver en Cilicie pour répondre
sur l'accusation formée contre elle
d'avoir donné du secours à Brutus.
Cette Princesse, qui joignoit à une
extrême beauté, beaucoup d'esprit
& de délicatesse, & qui parloit plusieurs Langues, résolut d'inspirer de
la passion à Antoine. Elle s'embarqua sur le fleuve Cydnus, dans un
bâtiment dont la poupe étoit d'or,
les voiles de pourpre, & les rames
d'argent, & aborda au son des instrumens, couchée sous un pavil-
lon tissu d'or, & ornée d'habits
magnifiques. Le soir même de son
arrivée, elle donna un repas magnifique à Antoine, qui en devint
si éperdument amoureux, qu'il l'é-
pousa au préjudice de sa femme
Octavie, sœur d'Auguste. Après la
défaite & la mort d'Antoine, Cléopatre n'aïant pu se faire aimer d'Auguste, & craignant de servir à son
triomphe, se fit piquer par un aspic, & m. de cette morsure à 39
ans. Voyez MARC-ANTOINE.

Il y a eu plusieurs autres Reines
d'Egypte, du nom de Cléopatre,
depuis Ptolomée Epiphanes.

CLEOSTRATE, célèbre Astronome, natif de Tenedos, qui le
premier découvrit les signes du Zodiaque, selon Pline, *liv. 2. c. 8.* &
qui observa les signes du Belier & du
Sagittaire. Il corrigea les défauts de
l'année des Grecs vers 536 av. J. C.

CLERAMBAULT, ( Louis-Ni-
colas ) Musicien Franç., né à Paris
le 19 Déc. 1676, d'une famille attachée au Roi depuis Louis XI sans
interruption, devint Organiste des
gr. Jacobins, dès l'âge de 20 ans,

& obtint enfuite l'orgue de S. Cyr, Louis XIV fe plaifoit beauc. à lui entendre jouer de petites pieces de clavefſin, & le nomma Surintendant des Concerts particuliers de Madame de Maintenon. Clerambault avoit un génie fupérieur pour la Mufique. On a de lui 5 Livr. de Cantates, dont celle d'Orphée paſſe pour un chef-d'œuvre; pluſ. Motets, & des morceaux de Mufique, compoſés pour des Fêtes particulieres. Il m. à Paris le 26 Oct. 1749. laiſſant une fille & deux fils, qui rempliſſent ſes places avec diftinction.

CLERC, ( Antoine le ) Maître des Requêtes de la Reine Marguerite de Valois, naquit à Auxerre le 23 Septembre 1563, d'une famille qui defcendoit de Jean le Clerc, Chancelier de France. Il abjura le Calvinifme, & fut ami du Cardinal du Perron & des Savans de ſon tems. Il m. à Paris en odeur de fainteté le 23 Janvier 1628, à 65 ans, après s'être diftingué par ſa piété & par ſa fcience.

CLERC, ( Daniel le ) fav. Méd. fils d'Etienne le Clerc, auſſi Médecin, naquit à Geneve en 1652. Après avoir étudié en France, il retourna à Geneve, où il exerça la médecine avec beauc. de réputat. Il y fut enſuite Confeiller d'Etat, & y mourut le 8 Juin 1728, à 76 ans. On a de lui, 1. l'Hiſtoire de la Médecine : 2. l'Hiſtoire des vers plats, *Latorum Lumbricorum* en latin. Il a auſſi publié, avec Manget, la Bibliothèque Anatomique.

CLERC, ( Jean le ) habile Profeſſeur de Belles-Lettres, d'Hébreu, & de Philoſ. à Amſterd., & l'un des plus ſavans & des plus laborieux critiques de ſon fiecle, naquit à Geneve le 29 Mars 1657, d'Etienne le Clerc, Médecin, Profeſſeur d'hébreu, & Confeiller d'Etat à Geneve. Jean le Clerc fit paroître dès ſon enfance, beaucoup de difpofitions pour les Belles-Lettres & pour les Sciences. Aïant achevé ſes études à Geneve, il voïagea en France, en Angleterre & en Hollande. Il fixa ſon féjour à Amſ-

terdam en 1683, s'y maria en 1691, à la fille du fam. Gregorio Leti, & y m. le 8 Jav. 1736, à 79 ans. On a de lui un très gr. nombre d'ouvrages, dont les meilleurs & les plus eſtimés ſont, 1. Bibliotheque univerſelle & hiſtorique, 26 vol. *in-12*, y compris la table. 2. Bibliotheque choifie, pour ſervir de fuite à la Biblioth. univerſelle, 27 vol. *in-12*. 3. Bibliotheq. ancienne & moderne pour ſervir de fuite aux Bibliotheq. univerſelle & choifie, 29 vol. *in-12*, en comptant la table. 4. *Ars critica*, dont les meilleures édit. ſont de 1712 & 1730, 3 vol. *in-8°*. 5. Traité de l'incrédulité, ouvrage excellent, dont la meill. édit. eſt de 1714, *in 8°*. 6. Des Commentaires latins ſur le Pentateuque, & ſur la plupart des autres Livres de l'Ecriture ſainte, &c.

CLERC, ( Sébaſtien le ) excellent Graveur & Deſſinateur ordinaire du Roi, naquit à Metz le 26 Septembre 1637. Après avoir appris le deſſein ſous ſon pere, & s'être appliqué aux Mathématiq., il fut en 1660 Ingénieur-Géometre du Maréchal de la Ferté, & vint à Paris en 1665. Il s'y appliqua au deſſein & à la gravure avec tant de fuccès, que M. Colbert lui donna une penſion de ſix cens écus, & qu'il fut reçu de l'Académie Roïale de Peinture & de Sculpture en 1672. On le fit Profeſ. de Géométrie & de Perſpective dans la même Académ. en 1680. Il m. avec de gr. fentimens de piété, le 25 Octobre 1714, à 78 ans. Outre un très gr. nombre de deſſeins, & environ 3000 eſtampes, on a de lui un Traité de Géométrie *Théorique & Pratique*, dont la meilleure édition eſt de 1745, *in-8°*. Un Traité d'Architecture, & d'autres ouvrages.

CLERI, ( Petermann ) né à Fribourg en Suiſſe en 1510, Capitaine au ſervice de Henri II, puis Colonel d'un Régiment Suiſſe, au Service de Charles IX, rendit de gr. ſervices à ces Princes dans pluſieurs expéditions, & ſe diſtingua à la bataille de Dreux. Henri II l'avoit créé Chevalier en 1554. Clefi fut tué le 3 Novembre 1569 à la bataille de Moncontour, après avoir fait des prodiges de valeur à la tête de son Régiment, qui contribua beaucoup à décider la victoire.

CLERIC, (Pierre) Jéfuite, mort en 1740, à 79 ans, remporta huit fois le prix de poéfie à l'Académie des jeux floraux, On a de lui l'*Electre* de Sophocle en vers françois, & plufieurs autres pieces de poéfie en françois & en latin.

CLESIDE, fameux Peintre Grec, qui peignit Stratonice, femme d'Antiochus, vers 300 avant J. C.

CLICTHOUE, (Joffe) *Jodocus Clicthoveus*, favant Docteur de la Maifon & Société de Sorbonne, au 16e fiecle, étoit de Nieuport, & fut un des premiers qui écrivirent contre les erreurs de Luther. Il prêchoit avec éloquence, & devint Curé à Tournai, puis Chanoine & Théologal de Chartres. Il mourut en cette derniere ville le 22 Septembre 1543. On a de lui un gr. nombre d'ouvrages de Controverfe, écrits avec beaucoup d'érudition, de folidité & de modération.

CLIMAQUE, *voyez* S. JEAN CLIMAQUE.

CLINGIUS, (Conrad) Théologien Controverfifte, de l'Ordre de S. François, au 16e fiecle, eft Auteur de plufieurs Traités de Controverfe, d'un Catéchifme & d'un Traité intitulé : *De fecuritate Confcientiæ*, contre l'*Interim* de Charles-Quint.

CLINGSTAT, *voyez* KLINGSTAT.

CLINIAS, pere du célebre Alcibiade, combattit avec valeur dans la guerre contre Xerxés, & fut tué à la bataille de Coronée, que les Athéniens gagnerent contre les Beotiens, 447 av. J. C. Athénée parle d'un autre Clinias, Philof Pythagor. qui avoit coutume de calmer les mouvemens de fa colere, en jouant de la lyre, vers 520 av. J. C.

CLIO, fille de Jupiter & de Mnemofyne, eft, felon la fable, celle des Mufes qui préfide à l'Hif-

toire. On la repréfente fous la figure d'une jeune fille couronnée de laurier, tenant de la main droite une trompette, & de la gauche un Livre.

CLISSON, (Olivier de) célebre Connétable de France, natif de Bretagne, d'une maifon noble & ancienne, après avoir donné des preuves de fon courage, s'attacha à Bertrand du Guefclin, & fe fignala en diverfes occafions, fur-tout contre les Anglois. Charles VI le fit Connétable de France, le 28 Nov. 1380. Après la mort de du Guefclin, il commanda l'avant-garde à la fameufe bataille de Rofebec, en 1382 contre les Flamands. Cinq ans après, aïant été envoyé en Bretagne, le Duc le retint prifonnier, & ne le rendit qu'en recevant une groffe rançon. De retour en France, Pierre de Craon tenta de l'affaffiner, & le perça de plufieurs coups le 14 Juin 1391 ; mais Cliffon n'en mourut pas. Il fut privé de fa charge de Connétable durant la maladie du Roi, & fe retira en Bretagne, où il mour. dans fon Château de Joffalen en 1407, aimé & honoré de tout le monde.

CLISTHENES, Magiftrat d'Athenes, aïeul de Pericles, inventa le premier la Loi de l'Oftracifme, par laquelle on exiloit les Citoïens trop puiffans. Il fit chaffer de la ville, par ce moïen, le tyran Hippias, 510 avant J. C. & rétablit la liberté de la République.

CLITOMAQUE, habile Philofophe, natif de Carthage, quitta fa patrie à l'âge de 40 ans, & s'en alla à Athenes, où il fut difciple & fucceffeur de Carneade, vers 140 av. J. C. il avoit compofé un gr. nombre d'ouvrages qui fe font perdus.

CLITUS, frere d'Hellanice, nourrice d'Alexandre le Gr. fuivit ce Prince dans fes conquêtes, & lui fauva la vie en coupant la main à Rofacès, qui avoit la hache levée pour le tuer, au paffage du Granique. Alexandre qui l'aimoit beaucoup, l'aïant invité à fouper, Clitus à la fin du repas, étant échauffé par le vin, rabaiſſa les exploits de ce Prince, pour relever ceux de Philippe, ſon pere ; mais Alexandre fut ſi irrité, qu'il le tua de ſa propre main, 329 avant J. C. Ce Prince en conçut enſuite tant de douleur, qu'il vouloit ſe donner la mort.

CLODION le Chevelu, paſſe pour le ſecond Roi de France. On dit qu'il ſuccéda à Pharamond vers 428, qu'il ſe rendit maître de Tournai, de Cambrai, & de quelques autres places. On ajoute qu'il fut enſuite défait par Aëtius, ce qui ne l'empêcha point de s'emparer de l'Artois & de la ville d'Amiens. Il mourut vers 451. Mérouée, ſon parent, lui ſuccéda.

CLODIUS, fameux Sénateur Romain, s'abandonna aux débauches les plus infâmes. On l'accuſoit d'avoir corrompu trois de ſes ſœurs, & de s'être trouvé déguiſé en fille dans une cérémonie de réligion, où il n'étoit permis qu'aux femmes d'entrer. Etant devenu Tribun, il fit exiler Ciceron ; mais celui-ci aïant été rappellé peu de tems après, fit caſſer ce que Clodius avoit fait contre lui. Il entreprit enſuite la défenſe de Milon, qui avoit tué Clodius, 53 ans avant J. C.

CLODOMIR, fils de Clovis & de Clotilde, eut en partage le Roïaume d'Orléans. S'étant joint à ſes freres Thierri, Childebert & Clotaire, il fit la guerre à Sigiſmond, Roi de Bourgogne, le vainquit & le fit mourir en 523. Il fut tué lui-même dans un combat qu'il livra à Gondemar, devenu Roi de Bourgogne, après la mort de S. Sigiſmond. Il laiſſa de Gondiucque, ſa femme, trois enfans. Deux furent maſſacrés en 533 par Childebert & Clotaire. Clodoalde, le troiſieme, ſe ſauva, & fut raſé. On l'invoque ſous le nom de S. Cloud. Gondiucque ſe remaria à Clotaire.

CLOPINEL, ou JEAN DE MEUN, fameux Poëte François, ainſi nommé, parcequ'il étoit boiteux & natif de Meun, ſur la Loire ; il vivoit ſous le regne de Philippe-le-Bel, vers 1300, & s'acquit beaucoup de réputation par ſa continuation, en vers, du Roman de la Roſe, compoſé par Guillaume de Loris. Clopinel fut encore auteur d'une Traduction Françoiſe des Livres de la Conſolation de Boëce, des Epîtres d'Abailard, & de quelques autres ouvrages.

CLOTAIRE I, fils de Clovis & de Clotilde, eut en partage le Roïaume de Soiſſons en 511. Il ſe joignit en 523 à Childebert & à Clodomir ſes freres, contre Sigiſmond, Roi de Bourgogne, marcha avec Thierri, contre le Roi de Thuringe, & fit en 539 une irruption ſur les terres de Childebert, avec lequel il conclut enſuite la paix. Clotaire défit deux fois les Saxons, & fut Roi de toute la France en 558, par la mort de Childebert. Deux ans après, Chramne, ſon fils naturel, ſe révolta une ſeconde fois contre lui. Clotaire le défit, & le brula avec toute ſa famille dans une cabane où il s'étoit ſauvé. Clotaire mourut à Compiegne en 562, à 64 ans. Il avoit eu ſix femmes, & laiſſa quatre enfans qui lui ſuccéderent. Ce Prince étoit courageux, libéral, & gr. politique ; mais cruel & trop ambitieux.

CLOTAIRE II, ſurnommé le Grand, ſuccéda à ſon pere Chilperic I, au Roïaume de Soiſſons, en 584. à l'âge de 4 mois. Fredegonde ſa mere, craignant les artifices de Brunehaut, & la puiſſance de Childebert, le mit ſous la protection de Gontran. Après la mort de ce Prince, elle le ſoutint elle-même contre Childebert, ſur lequel elle remporta une gr. victoire en 593, à Droiſſi, village ſitué à 5 lieues de Soiſſons. On dit qu'avant la bataille, elle fit voir le jeune Prince à toute l'armée commandée par Landri, pour animer les ſoldats. Fredegonde étant morte en 597, Clotaire fut défait par Thierri & Theodebert ; mais ces deux Princes étant morts, Clotaire réunit tout l'Empire des François en 613, & fit mourir Brunehaut avec les enfans de Thierri. Il vainquit enſuite les Saxons, & tua de sa main leur Roi Bertoald, en 627. Il mour. l'année suivante 628, à 45 ans. Il avoit eu trois femmes, & laissa deux fils, Dagobert & Charibert, qui lui succédérent.

CLOTAIRE III, fut Roi de Bourgogne & de Neustrie. Après la mort de Clovis II, son pere, en 660, Batilde, sa mere, aidée de S. Eloi, gouverna durant sa minorité avec beaucoup de sagesse ; mais s'étant retirée au Monastere de Chelles, Ebroin, Maître du Palais, s'empara de toute l'autorité, & se fit détester par ses cruautés & ses injustices. Clotaire III mourut en 668 sans postérité.

CLOTHO, ou CLOTHON, l'une des trois Parques, fille de Jupiter & de Themis. C'est elle, selon la Fable, qui tient la Quenouille & qui file la destinée des hommes.

CLOTILDE, (Ste) fille de Chilperic, Roi des Bourguignons, fut élevée chez son oncle Gondebaut, & devint Reine de France, en épousant Clovis, qu'elle convertit à la Foi. Après la mort de ce Prince en 511, Clotilde vit avec douleur la guerre s'allumer entre ses enfans ; & n'aïant pu les accorder, elle se retira à Tours, pour prier sur le tombeau de S. Martin. Elle y mourut en 545. Elle fut mere de Clotaire, de Clodomir, & de Childebert. Clotilde, sa fille, fut mariée à Amauri, Roi des Visigoths, en Espagne. Ce Prince Arien la maltraitant à cause de la Foi, elle implora le secours de Childebert, son frere, lequel défit Amauri, & la ramena en France.

CLOUD, (S.) fils de Clodomir, Roi d'Orléans, & petit fils de Clovis & de Clotilde, fut élevé avec ses freres Theobalde & Gontaire, sous la tutelle de Clotilde ; mais Clotaire, leur oncle, voulant envahir leurs Etats, massacra Gontaire & Theobalde. S. Cloud échappa au carnage, & se renferma dans un Monastere. Il reçut l'habit de Religieux, des mains de S. Severin, alla mener une vie solitaire en Provence, & revint ensuite à Paris,

où il fut ordonné Prêtre par Eusebe, qui en étoit Evêque. Il finit le reste de ses jours dans un Monastere qu'il fit bâtir au village de Nogent, appellé S. Cloud, & y mourut vers 560. Ce Monastere a été changé en une Collégiale.

CLOVIO, (Julio) Peintre, mort à Rome en 1578, à 80 ans, étoit originaire d'Esclavonie, & apprit le dessein sous Jules Romain. Il excelloit dans la miniature.

CLOVIS I, Roi de France, & fameux Conquérant, succéda à son pere Childeric en 481. Il vainquit S. agrius, Général des Romains, près de Soissons, & lui fit trancher la tête ; s'empara de Soissons, de Tongres, de Reims, & de toutes les places qui restoient aux Romains dans les Gaules. Clovis épousa en 493 Clotilde, Princesse illustre par sa piété & par sa naissance, à laquelle il promit d'embrasser la Religion Chrétienne. Il marcha ensuite contre les Germains, auxquels il livra bataille à Tolbiac, près de Cologne, en 496. Au milieu du choc, voïant plier ses troupes, il eut recours au Dieu de Clotilde, & fit vœu, que s'il le délivroit de ce péril, il se feroit Chrétien. Ses soldats revinrent aussitôt à la charge, & il demeura vainqueur. Clovis tint sa promesse, & fut baptisé à Reims par S. Remi, avec une grande partie de son armée. Il étendit ensuite ses conquêtes au-delà du Wahal & du Rhin, conquit les Armoriques, fit la guerre à Gondebaud, gagna en 507 la cél. bataille de Vouillé, près de Poitiers, contre Alaric, qu'il tua de sa main, soumit tout le païs depuis la Loire jusqu'aux Pyrenées, & se rendit maître d'Angoulême. Son armée fut néanmoins battue devant Arles par Théodoric en 509. Anastase, Empereur d'Orient, au bruit de tant de succès, crut devoir rechercher l'amitié de Clovis, & lui envoïa les ornemens de Patrice, de Consul, & d'Auguste en 510. La même année Clovis choisit Paris pour sa Capitale de son Empire, & après avoir

avoir exercé de grandes cruautés contre les Princes ſes parens, & s'être emparé de leurs Etats, il mourut à Paris en 511, à 45 ans, après en avoir regné 30. Il fut enterré dans l'Egliſe de Ste Genevieve, qui étoit alors ſous l'invocation de S. Pierre & de S. Paul. On dit qu'il rédigea les Loix ſaliques. Thierri, Clodomir, Childebert & Clotaire, ſes quatre fils, partagerent entr'eux ſes Etats. Ce fut la derniere année de ſon regne, en 511, que l'uſage des vers à ſoie fut apporté des Indes.

CLOVIS II, fils de Dagobert, lui ſuccéda en 638 dans les Roïaumes de Neuſtrie & de Bourgogne, ſous la tutelle de Nantilde, ſa mere, qui gouverna avec les Maires du Palais. Ce Prince épouſa Batilde, & fut très charitable. Dans un tems de diſette, après avoir épuiſé ſes coffres pour ſecourir ſes ſujets, il fit enlever de l'Egliſe de S. Denis les lames d'or & d'argent, dont ſon pere Dagobert avoit fait couvrir les tombeaux du Saint & de ſes Compagnons, & en fit diſtribuer l'argent aux pauvres. Il mourut en 660, & fut enterré à S. Denis. Il laiſſa trois fils, Thierri, Clotaire III, & Childeric II.

CLOVIS III, fils de Thierri III, Roi des François, regna cinq ans ſous la tutelle de Pepin Heriſtel, Maire du Palais, qui s'étoit emparé de l'autorité Roïale. Il mourut en 695, à 14 ans.

CLUENTIUS, Romain, fut accuſé par ſa mere Soſie, d'avoir fait mourir Oppianicus, ſon beau-pere, 54 avant J. C. mais Ciceron prit ſa défenſe, & prononça en ſa faveur la belle Oraiſon pro Cluentio.

CLUVIER, (Philippe) célebre Géographe, né à Dantzic en 1580, fut élevé avec ſoin par ſon pere, qui étoit Préſident de la Monnoie à Dantzic. Cluvier voïagea en Pologne, en Allemagne & dans les Païs Bas pour étudier en Droit. Mais étant à Leyde, Joſeph Scaliger lui conſeilla de s'appliquer à la Géographie. Cluvier ſuivit ce conſeil, & voïagea pour ce ſujet dans

la plupart des Etats de l'Europe : il ſavoit un grand nombre de Langues, & il ſe fit par-tout des amis & des protecteurs illuſtres. De retour à Leyde, il y enſeigna avec applaudiſſement, & y mourut en 1623, à 43 ans. On a de lui, 1. De tribus Rheni alveis : 2. Germania antiqua ; 3. Sicilia antiqua ; 4. Italia antiqua ; 5. Introductio in univerſ. Geographiam. Tous ces ouvrages ſont eſtimés avec raiſon. La meilleure édition de l'Introduction à la Géographie, eſt celle de 1729 in-4°. avec les notes de Bruzen de la Martiniere & d'autres Savans.

CLYMENE, Nymphe & fille de l'Océan, ſelon la Fable, fut aimée d'Apollon ou du Soleil, & en eut Phaëton, Lampetie, Eglé & Phebé.

CLYTEMNESTRE, fille de Leda, & femme d'Agamemnon, pendant que ce Prince étoit au ſiege de Troie, fut aimée d'Egyſthe, qu'elle engagea à tuer Agamemnon, comme il rentroit dans ſes Etats. Oreſte ſon fils, étant devenu grand, vengea la mort de ſon pere, & tua Egyſthe, avec ſa mere Clytemneſtre ; mais il fut enſuite agité des furies juſqu'à ſa mort.

COCCEIUS, (Henri) ſav. Juriſconſulte Allemand, né à Brême le 25 Mars 1644, fut Profeſſeur en Droit à Heidelberg, à Utrecht, & à Francfort ſur-l'Oder, où il mourut le 18 Août 1719, à 76 ans. Il avoit été emploïé en diverſes affaires importantes. L'Empereur, en conſidération de ſes ſervices, lui donna en 1713, la qualité de Baron de l'Empire. On a de lui pluſieurs ouvrages.

COCCEIUS, ou Cock, (Jean) fameux Profeſſeur d'Hébreu à Brême, ſa patrie, puis à Franeker, enſeigna la Théol. à Leyde avec réputation, & y m. en 1669. On a de lui de longs Commentaires ſur la Bible, & d'autres ouvrages qui ont fait beaucoup de bruit en Hollande, & qui ſont imprimés en 10 vol. in-fol. Sa maniere ſinguliere d'interprêter l'Ecriture Sainte, ſouleva contre lui Voetius, Deſmarets,

& pluſ. autres Proteſtans. Il eut néanmoins, & il a encore, un gr. nombre de diſciples en Hollande, appellés *Cocceiens*.

COCCIUS, (Joſſe) ſav. Théol. Controverſ. natif de Bilfeld, quitta les erreurs de Luther, & embraſſa la Religion Cathol. à Cologne. Il fut Chanoine de Juliers, & publia en 1599 & 1600, un gr. ouvr. de Controverſe en Latin, intitulé : *le Tréſor Cathol.* 2. vol. *in-fol.*

COCHET DE S. VALLIER, ( Melchior ) Secretaire de M. le Duc d'Orléans Regent, puis Conſeiller & Préſident au Parlement de Paris, s'eſt diſtingué par ſon habileté dans la Juriſprudence, & par ſes œuvres de piété. Il laiſſa en 1735, un fond de 10000 livres de rente pour marier chaque année une Demoiſelle noble de Provence, à perpétuité, & mourut à Paris le 19 Décembre 1738. On a de lui un excellent Traité de l'Indult, dont la meilleure édit. eſt en 3 volum. *in-*4°. On trouve auſſi quelques pieces de lui dans les Journaux de Trevoux.

* COCHIN, ( Henri ) très célebre Avocat au Parlement de Paris, & l'un des plus gr. Orateurs qui aient paru dans le Barreau, naquit à Paris le 10 Juin 1687. Son pere, qui étoit un habile Avocat, l'envoïa à Tiron, dans le Perche, pour y faire ſes Etudes dans le Collège des Bénédictins. Il s'y diſtingua entre ſes Condiſciples, & après y avoir achevé ſa Rhétorique, Dom Vaugela, ſon Profeſſeur, homme de mérite, qui prenoit un ſoin particulier à diſcerner les différens talens de la jeuneſſe, l'exhorta avec inſtance d'embraſſer la profeſſion d'Avocat, lui prédiſant qu'il s'y acquerroit une gr. réputation. Le jeune Cochin, de retour à Paris, fit une ſeconde année de Rhétorique, & ſa Philoſophie au Collège des *Quatre-Nations*, où il brilla par ſon eſprit & par ſon jugement. Il ſe livra enſuite avec ardeur à l'étude de la Juriſprudence, joignant à cette étude celle des Belles-Lettres & celle

des gr. Orateurs, Grecs, Latins, Italiens & François. Aïant été reçu Avocat en 1706, il fréquenta pendant trois ans les Audiences, & aſſiſta aux Conférences qui ſe tenoient chez d'habiles Juriſconſultes, & entr'autres, chez M. Doremieux. Enfin, à l'âge de 22 ans, il plaida ſa premiere cauſe au Gr. Conſeil, où ſon pere, par ſa probité & ſon intelligence, s'étoit acquis l'eſtime des Magiſtrats & du Public. Cette Cauſe fut ſuivie de pluſieurs autres, qui augmenterent ſa réputation naiſſante, & qui, avec le conſeil de ſes amis & de ſes cliens, le déterminerent à l'âge de 30 ans de plaider au Parlement. Il y fut entendu avec un applaudiſſement univerſel, & depuis ce tems-là, juſqu'à ſa mort, il y a eu peu d'affaires importantes au Palais, où le Public ne ſoit accouru pour l'entendre, & n'en ſoit toujours revenu avec cette perſuaſion que M. Cochin étoit doué de tous les talens extraordinaires qui caractériſent les gr. Orateurs. Les meilleurs Maîtres donnent pour regle de choiſir dans une Cauſe les deux Moïens les plus concluans, de mettre l'un au commencement du Plaidoïer, & l'autre à la fin, & de placer entre deux les Moïens les plus foibles. M. Cochin avoit une méthode différente. Il préſentoit d'abord à ſon Auditoire le moïen le plus convaincant, & le faiſoit revenir ſans ceſſe ſous d'autres jours dans la diſcuſſion de ſes autres Moïens, & dans toute la ſuite de ſon Plaidoïer. Il annonçoit ce Moïen victorieux dans l'Exorde & dans la Narration. Il l'emploïoit dans ſes Réponſes aux Difficultés, & le faiſoit reparoître juſques dans la peroraiſon ; de ſorte que nul endroit de ſon diſcours ne paroiſſoit moins convainquant que l'autre, le Moïen qu'il croïoit victorieux communiquant par-tout ſa force & ſa vigueur. Telle eſt la méthode que M. Cochin emploïa toute ſa vie dans ſes Plaidoïers, & il n'y en avoit aucun, dont on ne pût aſſurer, ce que l'on dit de la Milonienne de Cicéron, qu'elle se réduit à un syllogisme court & régulier. Il fut consulté de toute la France, & ne cessa de servir le Public par un travail assidu & infatigable. Il m. à Paris, après plus. attaques d'apoplexie, le 24 Fév. 1747, à 60 ans. On a publié chez Nully, à Paris, in-4°. les 5 prem. vol. de ses Œuvres, & l'on promet de nous en donner incessamment la suite.

COCHLEUS, (Jean) sav. Théol. Controvers. natif de Nuremberg, fut Chanoine de Breslaw, & se signala par ses Écrits contre Luther & les autres hérétiques du 16e siecle. Il eut avec eux plusieurs Conférences, & s'en fit extrêmement craindre. Il mourut à Breslaw, le 10 Janvier 1552, à 73 ans. On a de lui un grand nombre d'ouvrages de Controverses.

COCUS, (Robert) sav. Théol. Anglois, s'étoit appliqué dès sa jeunesse à l'étude des Peres de l'Eglise, & sur-tout à discerner leurs vrais ouvr. d'avec ceux qu'on leur attribue faussement. On a de lui sur ce sujet un Livre fort estimé, qui a pour titre, *Censura quorumdam scriptorum, quæ sub nominibus Patrum antiquorum à Pontificiis citari solent*, in-4°. Il étoit Vicaire de Leeds, & il y m. en 1604.

CODINUS, (George) Curopalate de CP. vers la fin du 15 siecle, dont on a un Traité des Offices du Palais & de l'Eglise de CP. & d'autres ouvrages imprimés en grec & en latin.

CODRUS, fils de Melanthus, & dernier Roi d'Athenes, étant allé consulter l'Oracle au sujet des Heraclides, qui infestoient le Peloponese, apprit que le peuple dont le Chef seroit tué, demeureroit victorieux. Il se déguisa en paisan, blessa un soldat, & se fit tuer vers 1071 avant J. C. Les Athéniens, par respect pour lui, ne voulurent plus avoir de Rois, & choisirent des Magistrats nommés *Archontes*, pour les gouverner. Médon, fils de Codrus, fut le premier Archonte.

CODRUS, Poëte Latin, dont

parle Juvenal, étoit si pauvre, que son indigence a passé en proverbe: *Codro pauperior*.

CODURC, (Philippe) savant Ministre de la Religion prét. réf. natif d'Annonay, rentra dans l'Eglise Cathol., & devint très habile dans les Langues & dans l'intelligence de l'Ecriture-Sainte. Il mourut en 1660. Il a publié un excellent Commentaire sur Job, & d'autres ouvrages.

COECH, (Pierre) Architecte, Peintre & Graveur, natif d'Alost, alla se perfectionner en Italie, & fit un voïage en Turquie, où il travailla à une suite de desseins. Il devint ensuite Peintre & Architecte de l'Empereur Charles-Quint, & mourut en 1551. On a de lui des Traités de Géométrie, d'Architecture & de Perspective, avec quelques gravures en bois & en cuivre. Il ne faut pas le confondre avec Jerôme Coech, dont on a des ouvrages au burin, qui ne sont pas estimés.

COEFFETEAU, (Nicolas) savant Théolog. Controvers., né à S. Calais, dans le Maine, en 1574, se fit Dominicain en 1588. Son mérite l'éleva aux premieres charges de son Ordre; il fut fait Evêq. de Dardanie, & Administrateur de l'Evêché de Metz en 1617, & Louis XIII le nomma à l'Evêché de Marseille, mais il mourut à Paris avant que d'en avoir pris possession, le 21 Avril 1623, à 49 ans. On a de lui un grand nombre d'ouvrages, dont les principaux sont, 1 des Réponses au Roi de la Grande-Bretagne, à Duplessis Mornai, & à Marc-Antoine de Dominis; 2. L'Histoire Romaine, &c. Les ouvrages de Coëffeteau sont écrits avec la dignité & la majesté qui conviennent aux matieres de Religion. Ils sont d'ailleurs savans, solides, & d'une diction pure.

COETIVY, (Pregent, Seigneur de) Gentilhomme Breton, se distingua au 15e siecle, par sa valeur & par sa prudence en plusieurs sieges & combats. Il fut fait Amiral de France en 1439, & fut tué d'un coup de canon au siége de Cherbourg, en 1450. Alain de Coetivy, son frere, fut successivement Evêque de Dol, de Cornouailles, & d'Avignon, & ensuite Cardinal. Il fut emploïé en diverses affaires importantes, & mourut à Rome le 22 Juillet 1474, à 69 ans.

CŒUR, ( Jacques ) natif de Bourges, se rendit célebre au 15e siecle, par ses talens & par ses richesses. Il fut Argentier du Roi Charles VII, administra les Finances, & devint si riche & si puissant, qu'il donna de l'envie à des personnes avides de ses biens. On l'accusa faussement d'avoir empoisonné Agnès Sorel, morte en couches en 1451. On le condamna à 100000 écus, & on l'envoïa en prison à Poitiers ; de-là il fut transferé à Beaucaire & renfermé dans le Couvent des Cordeliers ; mais l'un de ses Facteurs, nommé Jean de Village, qui avoit épousé sa niéce, lui procura les moïens de s'évader & de se sauver à Rome, où il arriva en 1455. Il passa le reste de cette année à regler ses affaires, & à entendre les comptes de ses Facteurs qui lui étoient restés fideles, & qui avoient continué son commerce durant son procès & sa prise. Le Pape Calixte III, arma l'année suivante une Flotte de 16 Galeres contre les Turcs. Jacques Cœur s'y embarqua, eut le commandement d'une partie de la Flotte, & mour. dans l'Isle de Chio, sur la fin de 1456, *en exposant sa personne en l'encontre des Infideles*, dit le Roi Charles VII. Il y fut enterré dans l'Eglise des Cordeliers. Le Roi, en reconnoissance de ses services, fit rendre une partie de ses biens à ses enfans, dont l'un nommé Jean, fut Archevêque de Bourges, & se fit estimer par son mérite.

COFFIN, ( Charles ) Principal du Collége de Beauvais, naquit le 4 Octobre 1676. Après avoir demeuré en Sorbonne auprès d'un Docteur, en qualité d'étudiant, il se distingua dans l'étude des Belles-Lettres, & devint Principal du Collége de Beauvais, puis Recteur de l'Université de Paris. Ce fut pendant son Rectorat, que l'instruction gratuite fut établie dans les Colléges de cette grande ville. Il mourut à Paris, le 20 Juin 1749. On a de lui un grand nombre d'Hymnes, dans le Bréviaire de Paris, & plusieurs petites pieces de poësie latine, dont on estime surtout l'Ode sur le vin de Champagne, qui est en effet très belle.

COGLIONI, ou COLLEONI, ( Barthelemi ) célebre Capitaine du 15e siecle, natif de Bergame, d'une famille qui avoit la souveraineté de cette ville, & qui en fut dépouillée en 1410. Coglioni se signala dès sa jeunesse par sa valeur & par sa prudence. Les Vénitiens lui donnerent le commandement de leurs troupes, & il leur rendit des services importans. Il mourut en 1475. On dit qu'il introduisit le premier l'usage de traîner l'Artillerie en campagne. Les Vénitiens lui ont fait élever une statue équestre.

COHORN, ( N. ) le plus grand Ingénieur qu'aient eu les Hollandois. C'est lui qui avoit fortifié Berg-op-zoom prise par les François, le 17 Sept. 1747.

COIGNET, ( Michel ) savant Mathématicien, natif d'Anvers, mort le 24 Décembre 1613. On a de lui un Traité de la Navigation, imprimé en 1581.

COINTE, ( Charles le ) savant Prêtre de l'Oratoire, & l'un des plus habiles Historiens de son si., naquit à Troyes le 4 Novembre 1611. Il entra dans l'Oratoire sous le Cardinal de Berulle, enseigna les Humanités à Vendôme, à Nantes, à Angers & à Condom, & suivit M. Servien, Plénipotent. à Munster. M. Colbert lui fit donner une pension de 1000 liv. en 1659, & trois ans après, il en eut une autre de 500 liv. Le P. le Cointe se fit aimer & estimer des Grands & des Savans. Le Cardinal Chigi, qui fut ensuite Pape, l'honoroit souvent de ses lettres. Il étoit surtout très habile dans l'Histoire. Il mourut le 18 Janvier 1681, à 70 ans, après avoir publié en latin les Annales Ecclésiastiques de France, en 8 vol. *in-fol.* qui sont fort estimés.

COISEVAUX, *voïez* COYSEVOX.

COKE, ou COOKE, ( Edouard ) Chef de Justice du Banc Roïal, en Angleterre, naquit à Mileham, en 1549, d'une ancienne famille de Norfolck. Il eut divers emplois importans, sous le regne de la Reine Elisabeth, & fit beaucoup parler de lui sous les regnes suivans. Il mourut à Stokepoges, le 3 Septembre 1634, à 86 ans. On a de lui divers ouvrages, dont le plus considérable est intitulé : *Les Instituts des Loix d'Angleterre.*

COLASSE, ( Pascal ) Musicien François, né à Paris, en 1639, fut disciple de Lulli, & Maître de Musique de la Chapelle du Roi. Il composa un grand nombre d'Opéras, qui lui firent honneur, celui de *Thetis* & de *Pelée* passe pour son chef-d'œuvre. On a encore de lui des Motets, & plusieurs autres pieces de Musique. Colasse avoit la folle passion de chercher la *Pierre philosophale*; ce qui n'aboutit, qu'à le ruiner, & à affoiblir sa santé, suite ordinaire de cette recherche extravagante. Il mourut à Versailles en 1709.

COLBERT, ( Jean Baptiste ) Marquis de Seignelai, & l'un des plus grands Ministres d'Etat qu'ait eus la France, naquit à Paris, le 31 Août 1619, d'une famille de Robe, féconde en grands hommes, & qui avoit fourni sous Louis XIII, deux Conseillers au Parlement de Paris, Houdard & Simon Colbert, en 1614 & en 1638. Il étoit fils de Nicolas Colbert, Conseiller d'Etat, & de Marie Pussort, fille du Conseiller d'Etat de ce nom. M. Colbert s'attacha d'abord au Cardinal Mazarin, qui lui donna toute sa confiance, & le recommanda à sa mort en 1661 à Louis XIV. Ce Pr. le fit Conseiller d'Etat, Contrôleur Général des Finances, Surintendant des Bâtimens, Secrétaire & Ministre d'Etat. M. Colbert remplit toutes ces places importantes avec une application infatigable, une fidélité à toute épreuve, une capacité qui a peu d'exemples. Son esprit d'ordre, son amour pour la gloire de son Prince & pour le bien du peuple, ses vues supérieures s'étendirent à chaque partie du Gouvernement. Il rétablit les Finances, la Marine & le Commerce, fit construire la façade du Louvre, & tous ces beaux édifices qui seront à jamais des Monumens admirables de son bon goût, de son application & de sa magnificence. Il appella, en France, des Peintres, des Sculpteurs, des Mathématiciens, & d'autres personnes habiles ; anima & fit fleurir les Arts & les Sciences ; récompensa les Savans jusque dans les païs éttangers ; établit & protégea les Académies. C'est lui aussi qui forma un Conseil, d'où l'on vit sortir ces Réglemens sages & ces belles Ordonnances, qui font & feront toujours les fondemens solides de notre Gouvernement. Ce Ministre étoit sage, actif, libéral, attentif aux intérêts de son Prince, au bonheur des Peuples, aux progrès des Arts, des Manufactures, & sensible à tout ce qui peut contribuer à la gloire & à l'avantage de la France. Il mourut à Paris, le 6 Septembre 1683, à 64 ans. Tous ceux qui s'intéressent à l'éclat, à la prospérité, & au bonheur de notre Nation, le regretteront à jamais. Il avoit épousé Marie Charon, fille de Jacques Charon, Seigneur de Menars, & de Marie Begon, dont il eut six fils & trois filles, qui se sont tous distingués par leur probité & par leur mérite.

COLBERT, ( Jean Baptiste ) Marquis de Seignelai, & fils aîné du précédent, naquit à Paris en 1651. Il marcha sur les traces de son pere, fut Ministre & Secrétaire d'Etat, acheva d'élever la Marine & le Commerce au plus haut degré de splendeur, protégea les Arts & les Sciences, & mourut le 3 Novembre 1690, à 39 ans.

COLBERT, (Charles) Marquis de Croissi, Ministre & Secrétaire d'Etat, & oncle de M. de Seignelai, fut chargé par Louis XIV, de plusieurs Ambassades & négociations importantes, & mourut le 28 Juillet 1696, à 67 ans.

COLBERT, (Jean-Baptiste) Marquis de Torcy, fils du précédent, naquit le 19 Septembre 1665, & fut Envoié extraordinaire en Portugal, en Dannemarck, & en Angleterre. Il devint ensuite Ministre & Secrétaire d'Etat, au département des Affaires Etrangeres; Surintendant des Postes, & Conseiller au Conseil de la Régence, pendant la minorité de Louis XV. Le succès des Négociations importantes & difficiles dont il fut chargé; la réputation & l'estime qu'il s'acquit en France & dans les Païs Etrangers, sont des preuves publiques de l'étendue de son esprit, de sa capacité dans les affaires, & de son zele pour le service du Roi & l'honneur de la France. Il mourut à Paris, le 2 Septembre 1746, à 81 ans. Il a laissé une excellente Histoire du Regne de Louis XIV, qui a été imprimée depuis peu. Il avoit épousé Catherine-Félicité Arnauld, fille de Simon Arnauld de Pompone, Ministre d'Etat, & de Catherine Ladvocat, dont il a eu plusieurs enfans distingués.

COLBERT, (Edouard François) Comte de Maulevrier, frere du gr. Colbert, Ministre d'Etat & Chevalier des ordres du Roi, fut Lieutenant Général, & signala son courage en diverses occasions. Il mourut le 31 Mai 1693.

COLBERT, (Jacques-Nicolas) fils du gr. Colbert, se distingua par son mérite & par sa science. Il fut Docteur de la Maison & Société de Sorbonne, Abbé du Bec, & Archevêque de Rouen. Il mourut à Paris, le 10 Décembre 1707, à 53 ans.

COLBERT, (Charles) fils de M. Colbert, Marquis de Croissi, & Evêque de Montpellier, très connu par son opposition à la Constitution Unigenitus. Il mourut le 8 Avril 1738, à 71 ans. Il a paru, sous son nom, un Recueil publié en 1740, en 3 vol. in-4°.

COLDORÉ, excellent Graveur en pierres fines, tant en creux, qu'en relief, dont les ouvrages ont une finesse, une élégance & une délicatesse admirables. Il florissoit en France, sur la fin du 16e siecle.

COLÉONI, ou COLLEONI, voyez COGLIONI.

COLET, (Jean) fils de Henri Colet, Maire de Londres, naquit en cette ville en 1466. Il fut élevé à Oxfort, où il fit de gr. progrès dans les Sciences. Il voiagea ensuite en France & en Italie, étudia la Théologie & devint Docteur & Doien de l'Eglise de Saint Paul, Cathédrale de Londres. Colet fonda en 1512 l'Ecole de Saint Paul à Londres, & mourut en 1519. On a de lui un Traité de l'Education des enfans, & d'autres ouvrages.

COLIGNI, (François de) Seigneur d'Andelot, d'une des plus anciennes & des plus illustres Maisons de France, fils puîné de Gaspard de Coligni, Maréchal de France, & de Louïse de Montmorenci, naquit à Chatillon sur Loing, le 18 Avril 1521. Il se distingua par sa valeur, & fut Colonel Général de l'Infanterie en 1555, par la démission de l'Amiral son frere. Il avoit beaucoup d'esprit & de vivacité, étoit entreprenant, infatigable, & gr. homme de guerre; mais aïant embrassé le parti Calviniste, il se servit de ces belles qualités contre le Roi & la Religion Catholique. Il se signala durant les guerres civiles en plusieurs sièges & combats, & mourut à Saintes en 1569.

COLIGNI, (Gaspard de) frere du précédent, Amiral de France, & l'un des plus grands Capitaines de son siecle, naquit le 16 Février 1516. Il se signala dès sa jeunesse sous les regnes de François I, & de Henri II. Il devint ensuite Colonel de l'Infanterie, & Amiral de France en 1552, contribua beaucoup à la victoire remportée à Renti, & rétablit la discipline militaire,

Le Roi Henri II le chargea de plusieurs affaires importantes ; mais après la mort de ce Prince, il embrassa la Religion prétendue réformée, & en fut comme le Chef. Il se déclara hautement contre la Maison de Guise, & forma un parti si puissant, qu'il pensa ruiner la Monarchie. Aïant perdu la bataille de Dreux en 1562, il rallia les Troupes, & s'empara d'un grand nombre de places. Coligni perdit encore la bataille de S. Denys, où le Connétable de Montmorenci, son oncle, qui commandoit l'Armée, fut tué. Après les batailles de Jarnac & de Moncontour, où il eut du dessous, la paix se fit en 1571, & Charles IX, lui fit donner 100000 francs, & lui accorda d'autres graces. Coligni se retira ensuite dans sa Terre de Chatillon sur-Loing ; mais étant venu à la Cour aux noces du Roi de Navarre, depuis Henri IV, on lui tira, d'une fenêtre, un coup d'arquebuse, qui le blessa dangereusement, & quelques jours après, il fut massacré à la S. Barthelemi, le 24 Août 1572. Son corps fut jetté par la fenêtre, exposé durant trois jours à la fureur de la populace, & enfin mis au gibet de Montfaucon, d'où le Connétable de Montmorenci le fit tirer & enterrer à Chantilli. Sa vie a été donnée au Public en 1686.

COLIGNI, ( Gaspard de ) Colonel Général de l'Infanterie, & Maréchal de France, naquit le 26 Juillet 1584, de François de Coligni, Amiral de Guienne, & de Marguerite d'Ailli. Il se signala en divers sieges & combats, gagna la bataille d'Avein avec le Maréchal de Brezé, & mourut en son Château de Chatillon, le 4 Janvier 1646.

COLIGNI, ( Odet de ) Cardinal de Chatillon, Archevêque de Toulouse, & Evêque de Beauvais, naquit le 10 Juillet 1515, de Gaspard de Coligni, Maréchal de France, & de Louise de Montmorenci. Il se distingua d'abord par son esprit & par son talent pour les Sciences ;

mais sa complaisance criminelle pour ses freres & pour ses parens lui aïant fait embrasser le Calvinisme, il se maria, & fut privé de la pourpre. Il mourut en Angleterre, le 14 Fevrier 1571, empoisonné par son Valet de Chambre.

COLLATINUS, ( Lucius Tarquinius ) Consul Romain, de la famille roïale des Tarquins, aïant épousé Lucrece, loua fort sa beauté à Sextus, l'un des fils de Tarquin, & le mena chez lui pour la voir. Sextus en devint éperduement amoureux, & lui aïant été rendre visite pendant la nuit en l'absence de son mari, il lui fit violence. Lucrece se donna la mort, de déplaisir. Les Tarquins aïant été chassés de Rome à ce sujet, Collatinus & Brutus furent faits Consuls, 509 av. J. C. Quelque-tems après, Collatinus fut déposé par la haine du Peuple contre la famille Roïale.

COLLEONI, ( Barthelemi ) voïez COGLIONI.

COLLET, ( Philibert ) savant Avocat au Parlement de Dombes, né à Chatillon-lès-Dombes, le 15 Fevrier 1643, & mort au même lieu, le 31 Mars 1718, à 76 ans, est Auteur d'un *Traité des Excommunications*, d'un *Traité de l'Usure*, & de plusieurs autres ouvrages, dans lesquels il y a des sentimens singuliers.

COLLETET, ( Guillaume ) Poëte François, né à Paris, le 12 Mars 1598, fut Avocat au Conseil, & l'un des 40 de l'Académ. Françoise. Le Card. de Richelieu, & le Chanc. Seguier, lui donnerent des marques publiques de leur estime, aussi-bien que Franç. de Harlay, Archev. de Paris, & plus. autres personnes illustres, dont il recevoit des présens considér. Un jour le Cardin. de Richelieu lui aïant donné six cens livres, pour six mauvais vers, Colletet lui adressa ce distique :

*Armand, qui pour six vers m'a*
*donné six cens livres,*
*Que ne puis-je, à ce prix, te ven-*
*dre tous mes livres !*

Il mourut à Paris le 10 Fevr. 1659. Il avoit épousé en secondes noces Claudine, qui étoit auparavant sa servante. On a de lui divers ouvrages en vers & en profe. C'est de François Colletet, son fils, dont Boileau parle avec mépris.

COLLIER, ( Jérémie ) savant Théologien Anglois, né à Stow-Qui, dans la Province de Cambridge, le 23 Septembre 1650, ne voulut point se soumettre au Gouvernement d'Angleterre, & refusa de grands emplois que la Reine Anne lui offroit en cas d'obéissance. Il mourut le 26 Avril 1725, à 76 ans. On a de lui 1°. plusieurs ouvrages contre les non-Conformistes : 2°. Essais sur différens sujets de morale : 3°. Un Traité qui prouve que Dieu n'est point auteur du mal : 4°. Un Dictionnaire historique, géographique & généalogique, en 4 vol., & d'autres ouvrages qui sont tous en anglois.

COLLIN, (l'Abbé) mort depuis peu de tems est Auteur d'une Traduction françoise fort estimée, de l'Orateur de Cicéron.

COLLINS, ( Antoine ) fameux Ecrivain Anglois, né à Heston, dans le Midlesex, le 21 Juin 1676, d'une famille noble & riche, devint Trésorier du Comté d'Essex ; charge importante qu'il remplit avec honneur, & à la satisfaction des Commerçans. Collins fit paroître beaucoup de talens, d'esprit & de génie ; heureux s'il n'en avoit point abusé en écrivant contre les fondemens de la Religion ! Il déclara néanmoins avant sa mort, arrivée à Harley Square, le 13 Décembre 1729, » qu'il avoit toujours pensé que » chacun devoit faire tous ses ef- » forts pour servir de son mieux » Dieu, son Prince & sa Patrie, & » que le fondement de la Religion » consistoit dans l'amour de Dieu » & du prochain «. Sa Bibliotheque, qui étoit riche & curieuse, fut toujours ouverte aux Savans, même à ses antagonistes : il leur fournissoit avec plaisir les livres & les argumens nécessaires pour les réfuter.

Il évita avec soin dans ses discours & dans ses écrits les obscénités & les indécences dont les impies souillent leur plume. Ses principaux ouvrages sont, 1°. Essai concernant l'usage de la raison, dans les propositions dont l'évidence dépend du témoignage humain. 2°. Plusieurs Ecrits sur les articles de la Religion Anglicane. 3°. Recherche Philosophique sur la liberté de l'homme. 4°. Discours sur les fondemens & les preuves de la Religion Chrétienne, avec une Apologie de la liberté d'écrire. 5°. Modele des Prophéties littérales : c'est une suite du Livre précédent, réfuté par différens Auteurs, sur-tout par le Docteur Jean Rogers, dans son Livre intitulé : *Nécessité de la révélation divine.* 6°. Discours sur la liberté de penser : ce dernier ouvr. a fait gr. bruit. Il ne faut pas le confondre avec Jean Collins, savant Mathématicien Anglois, mort le 10 Novembre 1683.

COLLIUS, ( François) savant Docteur de Milan, au 17e siecle, est fort connu par son Livre *de Animabus Paganorum,* en 2 vol. *in-4°.* ; ouvrage curieux, bien écrit, & rempli d'érudition. On a encore de lui un Traité *de Sanguine Christi, in-4°,* assez curieux, mais moins rare & moins recherché que le précédent.

COLLOREDO, ( Rodolphe ) Comte de Wals, Chevalier de Malte, Grand Prieur de Bohême, & Maréchal Général des Armées des Empereurs Ferdinand II & Ferdinand III, se signala par sa valeur & par son attachement à la Maison d'Autriche, & mourut le 24 Janvier 1657.

COLLOT, ( Philippe ) Chirurgien très habile pour la taille de la pierre, né en 1593, avoit hérité de cet art important, de ses ancêtres. Il les surpassa tous par son habileté, & mourut à Luçon en 1656, à 63 ans. Ses fils & ses petits-fils ont aussi excellé dans cette opération chirurgicale. Il descendoit de Germain Collot, célèbre Chirurgien, fous le Regne de Louis XI, qui est le premier des Chirurgiens de notre nation, qui ait tenté l'opération de la pierre par le grand appareil.

COLLUTHUS, Prêtre & Curé de la ville d'Alexandrie, au 4e siecle, entreprit d'ordonner des Prêtres, comme s'il eût été Evêque ; mais ces Prêtres prétendus furent déposés au Concile d'Alexandrie, vers 321, & Colluthus condamné.

✶ COLMAN, (S.) *Colomannus*, fut martyrisé en Autriche, le 13 Octobre 1012. Son corps fut transferé de Stockeraw à Melck.

COLOMB, (Christophe) ou COLON, célebre Navigateur, fils d'un Cardeur de laine, naquit en 1442 à Cogureto, village du territoire de Genes. Aïant conclu, de ses observations, qu'il y avoit des païs habités & inconnus, il résolut de les aller découvrir. Il s'adressa à plusieurs Princes qui traiterent son entreprise de vision ; mais Ferdinand & Isabelle, qui regnoient en Espagne, lui accorderent trois vaisseaux, avec lesquels il partit du port de Palos, en Andalousie, en 1492, & aborda la même année à Guanahani, l'une des Lucayes. Les Insulaires, à la vue de ces trois bâtimens, s'étant sauvés sur les montagnes, les Espagnols ne purent prendre qu'une femme. Colomb lui fit donner du pain, du vin, des confitures, & quelques bijoux. Ce bon traitement fit revenir les Insulaires ; & leur *Cacique* (c'est le nom qu'ils donnoient à leur Roi) permit à Colomb de bâtir sur le bord de la mer un Fort de bois, où il laissa 38 Espagnols. Il retourna aussi-tôt rendre compte, au Roi de Castille, de l'heureux succès de sa navigation, & arriva l'année suivante au port de Palos, avec de grandes richesses, après 56 jours de navigation. Le Roi l'ennoblit lui & toute sa postérité, & l'envoïa conquérir ces riches Provinces en qualité d'Amiral des Indes. Dans la suite, quelques envieux le mirent mal auprès de Ferdinand & d'Isabelle ; mais il rentra dans leurs bon-

nes graces, & mourut à Valladolid, le 8 Mai 1506, à 64 ans. On lui a élevé une statue dans Genes. Ferdinand Colomb, son fils, embrassa l'état Ecclésiastique, écrivit la vie de son pere, & laissa à sa mort sa riche Bibliothéque à l'Eglise de Séville.

COLOMBAN, (S.) illustre par sa piété & par sa science, naquit en Irlande, dans la Province de Linster, en 559, étant doué des qualités de l'esprit & du corps. Pour éviter les pieges que la volupté lui tendoit, il se mit sous la conduite d'un S. Vieillard, & se retira ensuite dans l'Abbaïe de Banchor. De-là il passa en France en 589, à l'âge de 30 ans ; il pratiqua avec ardeur les exercices de la vie monastique, dans les déserts de Vosge. Le nombre de ses disciples augmentant de jour en jour, il chercha une solitude plus commode, & fonda l'Abbaïe de Luxeuil & le Monastere de Fontaine ; mais il fut chassé par le Roi Thierri, à la sollicitation de Brunehaut, dont il reprenoit les déréglemens, & se retira dans les Etats de Theodebert, où il convertit un gr. nombre d'Infideles. Après la défaite de ce Prince par Thierri, S. Colomban passa en Italie, où il fonda l'Abbaïe de Bobio, dans laquelle il mourut le 21 Novembre 615. Il nous reste de lui une Regle, & quelques autres ouvrages.

COLOMBE, (Sainte) Vierge & Martyre, de Cordoue, fut mise à mort par les Sarrasins en 852, en haine de la foi de J. C. Il ne faut pas la confondre avec Sainte Colombe, Vierge & Martyre, de Sens, où l'on croit qu'elle fut mise à mort vers 273.

COLOMBIERE, (Claude de la) Prédicateur Jésuite, né à S. Symphorien, près de Lyon, & mort à Paray, le 15 Février 1682, étoit ami de Patru, & a laissé des Sermons, des réflexions morales, & des lettres spirituelles : c'est lui qui a introduit l'office & la solemnité du sacré cœur de Jesus. Il ne faut pas le confondre avec Marc Wulson

de la Colombiere, Auteur de plusieurs ouvrages sur le Blason, dans
lesquels il n'y a ni goût ni critique.

COLOMIES, ( Paul ) *Colome-
sius*, savant Ecrivain de la Religion prétendue réformée, natif de
la Rochelle, fut élevé avec soin
par son pere qui étoit Médecin.
Après avoir parcouru la France &
la Hollande, il se retira en Angleterre, à la sollicitation d'Isaac Vossius, Chanoine de Windsor, &
mourut à Londres le 13 Janvier
1692. On a de lui un gr. nombre
d'ouvrages. Les principaux sont,
1. *Gallia Orientalis*, réimprimée
à Hambourg en 1709, avec ses
autres opuscules : 2. Bibliotheque
choisie, dont la meilleure édition
est de 1731, à Paris, avec les notes de M. de la Monnoye : 3. La
vie du Pere Sirmond : 4. *Italia
& Hispania Orientalis* : 5. *Observationes sacræ* : 6. Mélanges Historiques : 7. Opuscules de critique &
d'histoire, &c.

COLOMNA, ou COLOMNE,
( Fabio ) très savant Botaniste, naquit à Naples vers 1567, de l'illustre famille des Colonnes. Il savoit
les langues, la musique, le dessein,
la peinture & les Mathématiques,
& mourut fort âgé vers le milieu
du 17e siecle. On a de lui 1. φυτο-
*βάσανος seu plantarum aliquot ( ac
piscium ) historia* : 2. *Minus cogni-
tarum, rariorumque stirpium ex-
positus : itemque de aquatilibus,
aliisque non-nullis animalibus libellus*, 3. Une dissertation sur la
Pourpre & les Glossopetres en latin, &c. Tous ces ouvrages sont
excellens.

COLONIA, ( Dominique de )
savant Jésuite, né à Aix le 23
Août 1660, s'est distingué par son
érudition dans les Belles-Lettres &
dans l'Histoire. La ville de Lyon,
où il enseigna long-tems, lui fit
une pension pour récompenser son
mérite. Il y mourut le 12 Septembre 1741, à 82 ans. On a de lui un
grand nombre d'ouvr., les principaux sont, 1. Une Rhétorique en

latin : 2. La Religion Chrétienne,
autorisée par le témoignage des anciens Auteurs païens : 3. Histoire
Littéraire de la ville de Lyon : 4.
La Bibliotheque Janséniste, dont la
meilleure édition est de 1739, 2
volumes.

COLONNE, ( Ascagne ) savant
Cardinal de l'illustre Maison des
Colonnes, en Italie, si féconde en
gr. hommes, étoit fils de Marc-
Antoine Colonne, Duc de Pallia-
no. Il m. en 1608. On a de lui des
Lettres, & d'autres ouvrages.

COLONNE, ( Etienne ) gr. Capitaine du 16e siecle, fut élevé
dans le métier des armes sous Prosper Colonne, son parent, & se signala par sa valeur & par sa prudence. Il m. à Pise en 1548.

COLONNE, ( Fabrice ) célebre
Capitaine, fils d'Edouard Colonne,
Duc d'Amalfi, s'attacha au Roi de
Naples, & devint ennemi irréconciliable de la Maison des Ursins,
à laquelle il fit la guerre. Le Roi de
Naples le nomma Connétable, &
Charles V, lui continua cette charge importante. Fabrice Colonne
commandoit l'avant-garde, à la
bat. de Ravenne, en 1512, où il
fut fait prisonnier. Mais Alfonse de
Ferrare le mit en liberté. Fabrice
rendit à son tour de grands services
au Duc de Ferrare contre Jules II,
& m. en 1520.

COLONNE, ( Fréderic ) Duc de
Tagliacotti, Prince de Butero, Connétable du Roïaume de Naples, &
Viceroi de celui de Valence, fut élevé à Madrid, & rendit de gr. services à Philippe IV. Il s'acquit beaucoup de réput. par son courage, sa
probité & sa modération, & m. le
21 Sept. 1641, à 49 ans.

COLONNE, ( Gilles ) autrement
Gilles de Rome, *Ægidius de Roma*,
Général des Augustins, Archevêque de Bourges, & l'un des plus
savans Théol. du 13e siecle, vint
étudier à Paris sous S. Thomas d'A-
quin, & se distingua tellement,
qu'il fut surnommé *le Docteur très
fondé*. Philippe le Hardi le fit Précepteur de Philippe le Bel, son fils,

qu'il éleva avec foin , & pour lequel il compofa le Traité *de Regimine Principum*. Gilles de Rome , fut élu Général de fon Ordre, en 1292. Quelque tems après il fut nommé Archevêque de Bourges , & affifta en cette qualité au Concile général de Vienne en 1311. Il mourut à Avignon , le 22 Décembre 1316. On a de lui divers ouvrages.

COLONNE , (Jacques) Cardinal , eut beaucoup de crédit fous pluf. Papes. Nicolas IV , donna , en fa confidération , le chapeau de Cardinal à Pierre Colonne , fon neveu. Les Colonnes s'éleverent enfuite contre le Pape Boniface VIII. Pour fe fouftraire à fa vengeance , ils fe retirerent à Nepi , où commandoit Jean Colonne , un de leurs parens. Boniface VIII publia une Croifade contre eux , & affiégea Nepi. La ville étant réduite à l'extrêmité , ils fe jetterent dans Paleftrine , où commandoit Sciarra Colonne , un de leurs coufins. Le Pape alla lui-même affiéger Paleftrine , d'où les trois Colonnes fortirent déguifés. Boniface fe rendit maître de la ville , & la fit détruire. Il priva Jacques & Pierre du Cardinalat , excommunia Sciarra Colonne , & mit leur tête à prix. Sciarra , fuiant la vengeance de ce Pontife , fut pris fur mer par des Pirates , qui le mirent à la chaîne , & le conduifirent à Marfeille ; mais Philippe-le-Bel le fit délivrer , & l'envoia en 1303 en Italie , avec Guillaume de Nogaret. Ils furprirent Boniface VIII à Anagni , lequel mourut de dépit quelque tems après. Benoît XI , fon fucceffeur , rétablit les Colonnes. Ils eurent beauc. de crédit fous Clement V , & fous Jean XXIII. Jacques m. en 1318 , & Pierre en 1326.

COLONNE , (Jean) cél. Card. fut Légat de l'armée Chrétienne contre les Sarrafins , & contribua beaucoup à la prife de Damiete en 1219. Quelque tems après , aiant été pris par les Sarrafins , ils le condamnerent à être fcié par le milieu du corps ; mais fa conftance les

furprit tellement , qu'ils lui donnerent la liberté. Après fon retour en Italie , Gregoire IX lui donna la conduite de fon armée. Jean Colonne prit quelques places , & mourut en 1244 , après avoir fondé l'Hôpital de Latran. Il ne faut pas le confondre avec le Cardinal Jean Colonne , qui fut maltraité par Sixte IV & par Alexandre VI , mais très eftimé par Jules II , qui lui confia les charges les plus importantes de la Cour de Rome. Il mourut le 26 Septembre 1508 , à 51 ans. Il ne faut pas le confondre avec Jean de Colonne , cél. Dominiq. Archevêque de Meffine , qui fut chargé de plufieurs affaires importantes , & qui mourut en 1280. On a de lui , 1. Un Traité de la gloire du Paradis : 2. Un autre du malheur des gens de Cour : 3. La mer des Hiftoires jufqu'au regne de S. Louis , Roi de France. Il étoit auffi de l'ill. Maifon des Colonnes.

COLONNE , ( Marc-Antoine ) grand Capitaine , fe fignala dans les guerres d'Italie , principalement contre les François ; mais la paix aïant été conclue en 1516 , François I l'attira dans fon parti , & en reçut de grands fervices. Il fut tué , au fiege de Milan en 1522 , d'un coup de coulevrine que Profper Colonne , fon oncle , avoit fait pointer contre lui , fans le connoître. Il ne faut pas le confondre avec Marc-Antoine Colonne , Duc de Palliano , gr. Connétable de Naples , & Vice-roi de Sicile , qui s'acquit beaucoup de gloire en commandant pour les Efpagnols. Il combattit en qualité de Lieutenant Général , à la célebre bat. de Lepante contre les Turcs ; & à fon retour à Rome , Muret fit fon panégyrique. Il mourut en Efpagne , le prem. Août 1585. Marc-Antoine Colonne eft auffi le nom d'un fav. Cardin. de la même famille , qui fut Archev. de Salerne , & Bibliotheq. du Vatican. Grégoire XIII , Sixte V & Grégoire XIV , l'emploierent en diverfes légations. Il mourut à Zagarola le 13 Mars 1597.

COLONNE , (Pompée) fameux

Cardinal , prit d'abord le parti des armes , pour lequel il avoit beauc. d'inclination. Ensuite aïant embras-sé l'état eccléfiastique , il devint Evêque de Rieti , & fut pourvu de plusieurs Abbaïes. S'étant brouillé avec Ju!es II , ce Pape le priva de ses bénéfices. Léon X le fit Card. en 1517. Clement VII , aïant été élu après Adrien VI , se brouilla avec le Card. Colonne , ce qui causa deux fois la prise de Rome. Ce Pape priva Colonne du Cardinalat & de ses Bé-néfices ; mais le voïant arrêté au Château S. Ange , il eut recours à lui. Le Cardinal lui fit rendre la li-berté , & le Pape de son côté le ré tab'it , & le combla de bienfaits. Colonne fut ensuite Viceroi de Na-ples , & m. le 28 Juin 1532 , à 53 ans. Il étoit libéral , magnifique , & ami des gens de Lettres ; il composa un Poëme *de Laudibus mulierum*, en faveur de Victoire Colonne, Mar-quise de Pescaire , Dame illustre & vertueuse , qui excelloit dans la Poésie , & qui mourut en 1541.

COLONNE , (Prosper) célèbre Capitaine , fils d'Antoine Colonne , Prince de Salerne , combattit avec valeur , principalement contre les François. Il les défit à la bataille de la Bicoque en 1522 , & mourut le 30 Décembre 1523 , à 71 ans.

COLONNE , (N.) habile Philo-sophe , dont on a quelques ouvra-ges qui sont curieux. Il fut brulé à Paris dans l'incendie de la maison où il demeuroit , le 5 Mars 1726.

COLUMELLE , ( Lucius Junius Moderatus ) Philosophe Romain, natif de Cadix , vivoit sous l'Empe-reur Claude , vers 42 de J. C. On a de lui des Livres d'Agriculture inti-tulés , *de Re rustica* , & un autre *de Arboribus*.

COLUTHUS , Poëte Grec, natif de Lycopolis , vivoit sous l'Empe-reur Anastase , qui regna depuis 491 jusqu'en 518. Il nous reste de ce Poëte un assez mauvais Poëme de l'enlevement d'Helene , traduit en françois par M. du Molard , en 1742 , avec des remarques. Le ju-gement de Paris est ce qu'il y a de

mieux dans ce Poëme.

COMBEFIS , ( François ) savant Religieux Dominic. né à Marman-de en 1605 , s'est distingué par son érudition & par sa piété. Le Clergé de France lui donna en 1656 une pension considérable pour récom-penser son mérite , & pour l'encou-rager à donner au public de nou-velles éditions des Peres Grecs. Il mourut à Paris , le 23 Mars 1679 , à 74 ans. Il a publié 1. les Œuvres de S. Amphiloque , de S. Méthode, de S. André de Crête , & plus. opus-cules des Peres Grecs : 2. Une Ad-dition à la Bibliotheque des Peres , en 3 vol. *in-fol.* grec-latin : 3. Il a beauc. travaillé à l'édition de l'his-toire Bysantine : 4. On a de lui une Bibliotheque des Peres , pour les Prédicateurs , en 8 vol. *in-fol.* , & d'autres ouvrages.

COMBES , ( Jean de ) Avocat du Roi au Présidial de Riom au 16e siecle , dont on a un excellent *Trai-té des Tailles & autres subsides , & de l'institution & origine des offices concernant les Finances.*

COMENIUS , ( Jean Amos ) fa-meux Grammairien & Théol. Pro-testant , au 17e siecle , né en Mo-ravie , le 28 Mars 1592 , conçut le dessein de réformer tous les Collé-ges , & proposa une nouvelle mé-thode d'enseigner la jeunesse. Son Livre intitulé , *Janua linguarum re-serata*, qu'il publia à Lesna en 1631, lui acquit une telle réputation, qu'il fut appellé en Angleterre , pour donner une nouvelle forme à tous les Colleges ; mais lorsqu'il y arri-va , le Parlement étant occupé à d'autres affaires , Coménius passa en Suede , où Louis de Geer & le Chancelier Oxenstiern , le comble-rent de bienfaits. Il voïagea ensuite en Transilvanie & en plusieurs au-tres païs , proposant par-tout ses idées nouvelles d'enseigner. Enfin , il se fixa à Amsterdam , & y fit im-primer en 1657 , aux dépens de Laurent de Geer , fils de Louis , son principal Mécene , *la nouvelle Méthode* , in-fol. ouvrage singulier , dont les idées sont impraticables.

Coménius donna enfuite dans le fanatifme : & prétendit avoir trouvé la clé des Prophéties de l'Apocalypfe. Il fit recueillir avec foin, & publier les vifions de Kotterus, de Chriftine Poniatoria, & de Drabicius. Il envoïa celles de ce dernier à Louis XIV, infinuant à ce Prince, que Dieu l'avoit choifi, non-feulement pour regner en France, mais auffi pour avoir la Monarchie univerfelle du monde. Coménius promettoit à fes difciples, par fes vifions, le regne des Millenariftes, qu'il affuroit devoir commencer en 1672 ou 1673 ; mais il fut lui-même témoin de la vanité de fes prédictions, & l'eût été de cette derniere, s'il ne fut mort à Amfterdam, en 1671, à 80 ans. Outre les Ecrits ci deffus, on a encore de lui *Panfophiæ prodromus*, des Commentaires fur l'Apocalypfe, & d'autres ouvrages.

COMÉS, ( Natalis ) ou NOEL LE COMTE, fameux Ecrivain du 16e fiecle, natif de Venife, dont on a une Mythologie, & d'autres ouvrages.

COMIERS, ( Claude ) Chanoine de la Cathédrale d'Embrun, fa patrie, & Prévôt du Chapitre de Tenant, en Dauphiné ; fe diftingua par fon habileté dans les Mathématiques, qu'il enfeigna à Paris, où il mourut en 1693. On a de lui un grand nombre d'ouvrages. Les princip. font, 1. la Nouvelle Science de la nature des Comêtes : 2. Difcours fur les Comêtes, par lequel il eft prouvé qu'elles ne produifent aucun malheur, inféré dans le Mercure de Janvier 1681 : 3. Traité des Lunettes, contenant la fcience de la vue, l'ancienneté des Lunettes, &c. inféré dans l'extraordinaire du Mercure de Juillet 1682.

COMINES, *voyez* COMMINES.

COMITOLO, ( Paul ) l'un des meilleurs Cafuiftes, qu'aient eu les Jéfuites, mort à Peroufe, fa patrie, le 18 Février 1616, à 80 ans. Il a publié *Confilia feu Refponfa moralia*, un Traité des Contrats, & d'autres ouvrages.

COMMANDIN, ( Fréderic ) excellent Mathématicien du 16è fiec. né à Urbin, en 1509, d'une famille noble, joignoit à la fcience des Mathématiq. la connoiffance de la Langue grecque. Il mourut en 1575, à 66 ans. Il a traduit, de grec en latin, Archimedes, Apollonius de Perge, Euclides, & les autres anciens Mathématiciens.

COMMELIN, ( Jérôme ) céleb. & fav. Imprimeur natif de Douai, mort à Heidelberg en 1598, étoit très habile, fur-tout dans la Langue grecque. Ses éditions font correctes & recherchées des connoiffeurs. On a de lui & des autres Commelins, fes parens, plufieurs ouvrages.

COMMENDON, ( Jean-Franç. ) célebre Cardinal, l'un des plus gr. hommes du 16e fiecle, naquit à Venife, le 17 Mars 1524, d'Antoine Commendon, Médecin. Il fut élevé avec foin & fit paroître dès fon enfance beaucoup de difpofitions pour les Lettres & pour les Sciences. Etant allé à Rome en 1550, Jules III reconnut auffitôt fon efprit & fa fageffe, & le chargea de diverfes négociations importantes. Les Papes Marcel II, Paul IV, Pie IV, & les Peres du Concile de Trente, lui donnerent des marques publiques de leur eftime, & lui confierent div. emplois. Pie IV le nomma Cardinal, à la follicitation de S. Charles Borromée, fon neveu, le 12 Mars 1565 ; & Pie V le fit fon Légat en Allemagne & en Pologne ; Gregoire XIII, qui lui fuccéda, ne rendit point à ce célebre Cardinal la juftice due à fon mérite & à fes fervices. Il fouffrit que le Cardinal Farnefe lui intentât procès fous de vains prétextes, & lui fufcitât des affaires. Cependant un gr. nombre de Cardinaux prirent hautement fa défenfe : on croit même qu'il auroit été élu Pape, fi Gregoire XIII, qui étoit dangereufement malade, n'eût recouvré la fanté. Commendon tomba malade lui-même de chagrin ; fe fit porter à Padoue, & y mourut le 25 Décembre 1584, à 60 ans. On a de lui quelques pieces de vers dans

le Recueil de l'Académie des *Occul-*
*si*, dont il avoit été le protecteur.
Antoine Marie Gratien, Evêq. d'A-
mélie, a écrit sa vie en latin, dont
M. Fléchier a donné une excellente
Traduction Françoise.

COMMINES, ( Philippe de ) cél.
Historien François, Chambellan de
Louis XI, & Sénéchal de Poitiers,
naquit en Flandre d'une famille noble. Il suivit d'abord la Cour de
Charles le Hardi, Duc de Bourgogne, & Comte de Flandre, où il se
fit estimer comme un homme d'un
rare mérite. Il s'attacha ensuite au
Roi Louis XI, qui lui fit abandonner la Cour du Duc de Bourgogne
en 1472. Commines épousa Helene
de Chambes, de la Maison des Comtes de Monsorau, en Anjou, qui
lui apporta plusieurs belles Terres.
Louis XI lui donna sa confiance,
vécut avec lui dans une gr. familiarité, & l'emploïa en diverses négociations import. Après la mort de
ce Prince, Commines suivit Charles VIII à la conquête du Roïaume
de Naples; mais sa faveur ne fut
point stable. On l'accusa de trahison
pour avoir favorisé le parti du Duc
d'Orléans ( depuis Louis XII ), &
on l'enferma à Loches dans une cage de fer, où il souffrit beauc. Il fut
ensuite transféré dans la prison des
Tournelles à Paris, où après avoir
demeuré dix-huit mois, sa femme
lui obtint des Commissaires pour
instruire son procès. Commines se
justifia pleinement, & fut absous de
tous les crimes qu'on lui imputoit.
Il n'eut cependant aucun crédit sous
le regne de Louis XII, pour lequel
il s'étoit attiré des affaires si fâcheuses. Il mourut à Argenton le 17 Octobre 1509, à 64 ans. Commines
étoit bien fait, avoit beauc. d'esprit, & protegeoit les Savans. Ses
Mémoires contiennent ce qui s'est
passé durant 34 ans sous les regnes
de Louis XI & de Charles VIII. Ils
sont très curieux, & ont mérité l'é-
loge de tous les Savans.

COMMIRE, ( Jean ) célebre
Poëte Latin, & l'un des plus habiles
Jésuites de son siècle, naquit à Am-

boise le 25 Mars 1625, d'un pere
qui étoit Maître de jeu de Paume.
La lecture des Auteurs anciens,
jointe à ses talens naturels, lui
donna ce bon goût, cette aménité,
cette pureté & cette éloquence de
style, qui regnent dans tous ses
écrits. Il enseigna les Belles-Lettres
& la Théologie, & se fit estimer
des Savans. Il mourut à Paris le
25 Déc. 1702. On a de lui un vol.
de Poésies Latines, & un Recueil de
ses œuvres postumes. On estime surtout ses Odes & ses Fables.

COMMODE, Empereur Rom.
fils d'Antonin le Philosophe, autrement Marc-Aurele, & de Faustine,
naquit le 31 Août 161 de J. C. &
fut proclamé Empereur le 17 Mars
180. Commode fut très vicieux dès
sa jeunesse, nonobstant l'excellente
éducation qu'on lui avoit donnée.
Il voulut se faire passer pour Hercule, fils de Jupiter, obligea le Sénat
à dresser des Autels & à offrir des
sacrifices en son honneur, & persécuta les Chrétiens, parcequ'ils ne
vouloient pas reconnoître sa prétendue divinité. Il traita les Sénateurs & les Chefs de l'Empire avec
une cruauté extrême, fit mourir les
personnes de mérite & de probité
sous de vains prétextes, avança les
hommes vils & méprisables, corrompit ses propres sœurs, & se li-
vrant aux débauches les plus infames, il donna le nom de sa mere à
l'une de ses 300 Concubines. Il mettoit son plaisir à se trouver aux combats des Gladiateurs, & faisoit consister la gloire à tuer adroitement
des Lions, des Tigres, des Léo-
pards, & d'autres bêtes féroces. Enfin voulant se défaire de Martia avec
laquelle il avoit un commerce criminel, cette femme le prévint &
lui donna du vin empoisonné au
sortir du bain. Comme le poison
n'opéroit pas assez promptement,
elle le fit étrangler par un Athlete
nommé Narcisse, en 192, à 31 ans.

COMMODIANUS GAZÆUS
Auteur Chrétien du IV sec. dont on
a un ouvr. en vers latins intit. *Ins-*
*tructions.* La morale en est excel-

lente; mais les vers en font durs & d'un mauvais ftyle. Rigaud la publia en 1650, & M. Davies en a donné en 1711 une belle édit. à la fin de Minucius Felix.

COMNENE, nom d'une illuftre famille dont il y a eu plufieurs Empereurs de Conftantinople & de Trébifonde.

COMTE, ( Louis le ) Sculpteur natif de Boulogne près de Paris, fut reçu de l'Académie de Peinture & de Sculpture en 1676, & mourut à Paris en 1694, à 51 ans. On voit de lui à Verfailles & en Sorbonne plufieurs ouvrages qui font eftimés.

COMTE, ( Noel le ) v. COMÈS.

COMTE, ( le Pere le ) Jéfuite dont on a des ouvrages qui ont fait grand bruit.

COMUS, Dieu des feftins & des réjouiffances nocturnes, dans le Paganifme. On le repréfentoit en jeune homme couronné de rofes & de myrte, tenant un vafe d'une main & de l'autre un plat de fruits ou de viande.

CONAN, Prince qu'on regarde comme le premier Roi de Bretagne, étoit fils de Gerenton, Prince d'Albanie. Il fuivit Maxime contre Gratien, & eut pour récompenfe le gouvernement de l'Armorique, que Theodore lui conferva. Conan fur profiter de l'irruption des Goths, des Huns, des Vandales & des Bourguignons, pour fe rendre indépendant; & les Romains, n'aiant pu le réduire, firent alliance avec lui. Il regna 37 ans, dont onze en qualité de Roi, & mourut vers 421. Il fut enterré dans l'Eglife de S. Paul de Léon, où l'on voit fon tombeau avec cette infcription : *Hic jacet Conanus Britonum Rex.* Il y a eu quatre autres Princes de ce nom, qui ont été Comtes de Bretagne, & qui ont vécu aux 10, 11 & 12e fiec.

CONCINA, ( Daniel ) très cél. Théol. Dominic. de la Congrégat. de S. Jacques Salomoni, naquit dans le Frioul, fur une des Terres des Seigneurs Savoriani, nobles Vénitiens, vers l'an 1686. Il fit profeffion dans l'Ordre de S. Dominiq.

en 1708, & prêcha avec applaudiff. dans les principales villes d'Italie. Il mérita l'eftime & la faveur des Papes Clement XII & Benoît XIV, & ne ceffa d'écrire contre les opinions des Cafuiftes relâchés. Il m. à Venife le 21 Fév. 1756, à 69 ans. On a de lui un très gr. nombre d'ouvr., les uns en Italien & les autres en Latin. Ceux qu'il a écrits en Italien font, 1. *Le Carême du for contentieux... Au Tribunal du bon fens.... Sur le précepte du jeûne,* dont la meilleure édition eft de Venife 1739 *in 4°.* 2. *La difcipline anc. & moderne de l'Eglife Romaine fur le S. jeûne du Carême, &c.* Venife 1742 *in-4°.* 3. *Differtations Théolog. mor. & critiq. fur l'hiftoire du Probabilifme & du Rigorifme, &c.* Venife 1743 2 vol. *in-4°.* 4. *Obfervations critiques & morales pour la défenfe de l'hiftoire du Probabilifme & du Rigorifme, contre le Livre intitulé Juftification de plufieurs perfonnages, &c. in-4°.* 5. *Examen Théologique du Livre intitulé : Effai d'un Supplément... dont a befoin l'hiftoire du Probabilifme & du Rigorifme.* Pezaro 1745 *in-4°.* 6. *Explication des quatre Paradoxes qui font en vogue dans notre fiecle,* Lucques 1746 *in-4°.* cet ouvrage a été traduit en franç. 7. *Explication du dogme que l'Eglife Romaine propofe à croire fur l'Ufure, contre le Livre intitulé, de l'Emploi de l'argent.* Naples 1746 *in-4°.* 8. *Mémoire hiftorique fur l'ufage du Chocolat les jours de jeûne.* Venife 1748. 9. *De la Religion revelée contre les Athées, les Déiftes, les Matérialiftes & les Indifférens,* Venife 1754 *in-4°.* 10. *Sur les Théâtres modernes,* contre le Marquis Scipion Maffei, & le Pere Bianchi Cordelier, qui prétendent que les Comédies ne font défendues que lorfqu'elles font accompagnées de circonftances qui portent d'elles mêmes au péché. 11. *La vie du Cardinal Ferrari Dominicain.* 12. *Inftruction des Confeffeurs & des Pénitens,* Venife 1753 *in-4°.* Voici ceux qu'il a écrits en latin. 1. trois vol. *in-4°. fur l'ufure ; trois autres fur la difcipline & la pauvreté monaftique.* 2. neuf Lettres fur la Morale relachée. 3. *Theologia Chriftiana dogmatico - moralis.* Rome 1746 en 12 vol. *in-4°.* cet ouvr. eft très eftimé. 4. *de fpectaculis Theatralibus* Rome 1752 *in-4°.* 5. *de Sacramentali abfolutione impertienda aut differenda recidivis confuetudinariis.* Rome 1755 *in 4°.* Ce dernier ouvr. a été traduit en françois.

CONCINI, plus connu fous le nom du Maréchal d'Ancre, naquit à Florence où fon pere étoit parvenu, de la condition de fimple Notaire, à la charge de Secret. d'Etat. Il vint en France en 1606 avec Marie de Médicis, femme de Henri le Grand, & ne fut d'abord que Gentilhomme ordinaire de cette Princeffe : mais il devint enfuite fon gr. Ecuyer, acheta le Marquifat d'Ancre, eût pluf. Gouvernemens confidérables, & fut premier Gentilhomme de la Chambre, & Maréchal de France par le crédit qu'avoit auprès de la Reine une fille qu'il époufa : mais il abufa de tant de faveurs. Il difpofoit des Finances & des Charges, fe faifoit des Créatures dans les Armées & dans les Villes, & vouloit fe rendre maître du Gouvernem. ce qui fit un gr. nombre de mécontens, & caufa de gr. troubles. De Luines perfuada alors à Louis XIII, qu'il n'y avoit d'autres moiens pour arrêter l'ambition du Maréchal d'Ancre, & pour mettre fin à tant de défordres, que de le faire tuer. Cette commiffion donnée à Vitry, l'un des Capitaines des Gardes du Corps, fut exécutée fur le Pont levis du Louvre, le 24 Avril 1617 par plufieurs coups de piftolet qu'on lui tira. Son cadavre fut traîné par les rues ; le Parlement le déclara convaincu de crime de Lefe-Majefté, condamna fa femme à perdre la tête, & déclara leur fils *ignoble & incapable de tenir aucun état dans le Royaume.*

CONDREN, ( Charles de ) fecond Général de l'Oratoire, naquit au village de Vaubuin, près de Soiffons, le 15 Décemb. 1588, d'une famille noble & ancienne. Après avoir fait fa Philofophie, il voulut embraffer l'état eccléfiaftique, ce que fon pere lui permit avec beauc. de peine. Il vint alors étudier à Paris, & fut reçu Docteur de la Maifon & Société de Sorbon. en 1614. Trois ans après, il entra dans la Congrégation de l'Oratoire à la follicitation du Cardinal de Berulle. Le Pere de Condren fut enfuite Confeffeur de M. le Duc d'Orléans, frere unique de Louis XIII. Il refufa conftamment le Chapeau de Cardinal & les autres dignités que la Cour lui offroit, & fut élu Génér. de l'Oratoire en 1629. Après la mort du Cardinal de Berulle, il remplit cette place avec beaucoup de fageffe & de prudence, & m. à Paris le 7 Janv. 1641. Charles de Condren avoit une gr. piété, beaucoup de pénétration d'efprit, & des talens fupérieurs pour la direction des ames. Il ne voulut jamais rien donner au Public ; on a feulement publié quelques-uns de fes écrits après fa mort. Le Pere Amelote a compofé fa vie.

CONFUCIUS, fam. Philof. Chinois, naquit à Chauping, vers 550 avant J. C. d'une famille illuftre & ancienne dans le Roïaume de Lu, aujourd'hui Channton. Il s'acquit beauc. de réputat. dès fa jeuneffe par la vivacité de fon efprit & la folidité de fon jugement. Etant devenu Mandarin & Miniftre d'Etat, il fe fit admirer par fa politique dans le Gouvernement & dans l'établiffement des Loix, montrant par fon exemple, combien il eft important que les Rois foient Philofophes, ou qu'ils aient des Philofophes pour Miniftres ; cepend. malgré fes foins le défordre s'introduifit dans la Cour du Monarque, à l'occafion de pluf. belles filles que le Roi de Xi lui envoïa pour l'efféminer. Confucius voïant que le Roi n'écoutoit plus fes confeils, quitta la Cour, & fe retira dans le Roïaume de Sum, où il enfeigna la Philofophie morale, avec un tel applaudiffement, plaudiſſement, qu'il eut en peu de tems plus de 3000 diſciples, dont 72 ſurpaſſerent les auttes en ſcience & en vertu, ce qui fait que les Chinois ont encore pour eux une véneraion particuliere Confucius diviſa ſa doctrine en quatre parties, & ſes diſciples en quatre claſſes. Le premier ordre étoit de ceux qui tendoient à acquérir la vertu. Le ſecond apprenoit l'art de raiſonner avec juſteſſe. Le troiſieme traitoit de l'étude du Gouvernement de l'Etat & des devoirs des Magiſtrats. Le quatrieme apprenoit à diſcourir noblement & avec éloquence ſur tout ce qui concerne la ſcience des mœurs. Confucius étoit modeſte. Il déclaroit qu'il n'étoit pas l'inventeur de ſa doctrine, mais qu'il l'avoit tirée des Ecrivains plus anciens, principalement des Rois Yao & Xun, qui l'avoient précedé de plus de 1500 ans. Il retourna avec ſes diſciples dans le Roïaume de Lu, où il m. à 73 ans, & où il fut enterré près de la ville de Rio-Fu, ſur le bord de la riviere de Xu. On voit ſon tombeau dans l'Académie même où il faiſoit ſes leçons. Ce Philoſophe eſt en ſi grande vénération à la Chine depuis plus de 2000 ans, que chaque ville a des Palais conſacrés à ſa mémoire, ſur le frontiſpice deſquels on voit en lettres d'or ces éloges ou titres ſemblables : *Au grand Maître. A l'Illuſtre. Au Sage Roi des Lettres.* Quand un Officier de Robe paſſe devant ces Palais, il deſcend de ſon palanquin, & fait quelques pas à pié pour rendre honneur à ſa mémoire. Perſonne n'eſt élevé à la qualité de Mandarin, ni aux charges de la Robe, qu'après avoir été reçu Docteur ſelon la doctrine de Confucius. Ses deſcendans ſont encore aujourd'hui en grande eſtime. Ils ſont Mandarins nés, & ont un privilége, qui ne leur eſt commun qu'avec les Princes du Sang, de ne païer aucun Tribut à l'Empereur. De plus, tous ceux qui reçoivent le titre de Docteur, doivent faire un préſent aux Mandarins de la race de Confucius. On lui attribue quatre

*Tome I.*

Livres qui ſont d'une grande autorité parmi les Chinois. Le P. Couplet a traduit en latin & publié les trois premiers.

CONGREVE, (Guillaume) célèbre Poète comique & l'un des plus polis Ecrivains Anglois, naquit en Irlande dans le Comté de Corck, en 1672, d'un pere qui étoit Intendant des biens que poſſédoit le Comte de Barlington en Irlande. Congreve, après avoir étudié à Kilkenni & à Dublin, alla à Londres pour apprendre le Droit ; mais il quitta auſſi-tôt cette étude, & ſe livra au penchant qu'il avoit pour la Poéſie. Son mérite & ſa gr. réputation l'éleverent à des places lucratives & honorables. Il mourut en 1729, à 57 ans. Le Théâtre Anglois n'a rien de plus correct, de plus régulier, ni de plus ſpirituel que ſes pieces comiques. On a auſſi de lui *le Jugement de Paris, Semele*, & d'autres *Opera*.

CONINCK, (Gilles) ſav. Théol. Jéſuite, né à Bailleul en 1571, & mort à Louvain le 31 Mai 1636, a publié des Comment. ſur la Somme de Saint Thomas, & d'autres ouvrages de Théologie.

CONNAN, (François de) Seigneur de Coulon, Maître des Requêtes, & l'un des plus ſav. Juriſconſultes de ſon ſiecle, ſe diſtingua ſous le regne de François I, par ſa ſcience & par ſes talens, & mourut à Paris en 1551, à 43 ans. Il a laiſſé quatre Livres de Commentaires ſur le Droit Civil, que Louis le Roi, ſon ami intime, dédia au Chancelier de l'Hôpital. Connan avoit auſſi le deſſein de donner au Public un ouvrage ſemblable à celui de Domat.

CONNOR, (Bernard) Médecin & Philoſophe du 17e ſiecle, étoit Irlandois, & fut élevé dans la Religion Cathol. Après avoir voïagé dans la plûpart des Etats de l'Europe, & avoir été Médecin du grand Chancelier de Pologne, & d'autres perſonnes illuſtres, il alla en Angleterre où il embraſſa en apparence la Communion de l'Egliſe Anglicane. Il mourut le 30 Octobre 1698, à 33 ans, après s'être confessé à un Prêtre Catholique. On a de lui un Livre intitulé, *Evangelium Medici*, qui a fait beaucoup de bruit, & dans lequel il veut expliquer naturellement les miracles de l'Evangile.

CONON, célebre Général des Athéniens, commandoit leur Armée navale la derniere année de la guerre du Peloponnese ; mais prévoïant que l'Ennemi remporteroit la victoire, il se retira avant le combat avec neuf vaisseaux. Sa retraite contribua beaucoup à l'avantage décisif que les Lacédémoniens remporterent sous la conduite de Lisandre, à la riviere de la Chevre, 410 ans av. J. C. Par cette victoire les Lacédémoniens s'emparerent de la ville d'Athenes, & furent les Maîtres de la Grece. Conon, qui s'étoit réfugié dans l'Isle de Chypre chez Evagoras, Roi de Salamine, son ancien ami, se tourna du côté d'Artaxerxes, Roi de Perse : ce Prince le fit Satrape ou Amiral de sa Flotte, à la sollicitation de Pharnabaze. Conon marcha droit aux Lacédémoniens, & remporta sur eux la fam. victoire navale de Cnide, 394 ans avant J. C. où les Lacédémoniens perdirent cinquante vaisseaux avec Pisandre, leur Général, & l'Empire de la mer. L'année suivante, Conon, après avoir ravagé les côtes de Lacédémone, conduisit sa Flotte à Athenes, rétablit le Pirée & les murailles de la ville du consentement de Pharnabaze. Mais aïant voulu faire soulever l'Ionie & l'Eolide contre les Perses, pour les faire rentrer sous la domination des Athéniens, Tiribase, Gouverneur de Sardes pour les Perses, informé de ses menées secrettes, trouva le moïen de l'attirer en cette ville sous prétexte de lui communiquer de gr. affaires, & l'arrêta prisonnier. Quelques-uns disent qu'on l'emmena vers Artaxerxes, & que ce Prince le fit mourir ; mais d'autres assurent qu'il se sauva de prison, & qu'on ne sait ce qu'il devint. Conon laissa un

fils nommé Timothée, qui fut comme son pere, un grand Capitaine.

CONON, Mathématicien & Astronome célebre, natif de Samos, mourut avant Archimede son ami, qui l'estimoit beaucoup, lui communiquoit ses écrits, & lui envoïoit des problêmes. C'est ce Conon qui osa métamorphoser en astre la chevelure de Berenice, sœur & femme de Ptolomée Evergetes, vers 300 ans avant J. C. Catulle parle de cet Astronome.

CONON, ou CUNON, natif de Thrace, fut élu Pape après la mort de Jean V, le 20 Octobre 686, & mourut l'année suivante. Serge I lui succéda.

CONRAD I, Duc de Franconie, fut élu Empereur après la mort de Louis, Roi de Germanie, arrivée en 912. Il fit la guerre à Othon de Saxe & à Arnould *le Mauvais*, Duc de Baviere, & mourut le 23 Décembre 918. Henri, Duc de Saxe, lui succéda.

CONRAD II, *le Salique*, fils d'Herman, Duc de Wormes & de Franconie, succéda à l'Empereur Henri II en 1024. Il eut une longue guerre à soutenir contre les Princes de la Maison de Saxe, & il pacifia la Hongrie & la Pologne. Raoul, Roi de la Bourgogne Transjurane, l'institua son héritier en 1033, parcequ'il avoit épousé Gisele, sœur puînée de Raoul ; mais Eudes, Comte de Champagne, fils de Berthe, sœur aînée de Gisele, prétendit avoir part à cette succession, & fit la guerre à l'Empereur. Cette guerre ne fut terminée qu'en 1037 par la mort d'Eudes, qui fut tué à la bataille donnée près de Bar-le-Duc, le 17 Décembre. Conrad passa ensuite en Italie, soumit ceux qui s'étoient révoltés contre lui, & m. à Utrecht le 4 Juin 1039.

CONRAD III, Empereur d'Allemagne, étoit fils de Fréderic, Duc de Suabe, & d'Agnès sœur de Henri V. Il fut élu après Lothaire II, le 22 Fevr. 1138, & eut une longue & cruelle guerre avec Henri *le Superbe*, Duc de Saxe & de Baviere. L'Empereur se croisa ensuite pour la Terre-Sainte, assiégea inutilement Damas, & mourut à son retour en Allemagne, le 15 Fevrier 1152.

CONRAD IV, Empereur d'Allemagne, étoit Duc de Suabe, & fils de Frédéric II. Il fut proclamé Roi des Romains en 1233, & gouverna sagement l'Emp. pendant l'absence de son pere. Après la mort de ce Prince, arrivée en 1250, il se fit élire Empereur ; mais le Pape Innocent IV s'opposa à son Election. Conrad, irrité, passa en Italie, prit Naples, Capoue & Aquino, & commit par-tout de gr cruautés. Mainfroi, son frere *naturel*, le fit empoisonner le 19 Mai 1254. Conrad avoit épousé Elizabeth, fille d'Othon, Duc de Baviere, dont il n'eut que le malheureux Conradin.

Il y a eu plusieurs autres Princes de ce nom.

CONRAD, Evêq. d'Utrecht, au 11e siecle, fut Précepteur de l'Empereur Henri IV. On lui attribue divers ouvrages.

CONRAD, Cardinal, Abbé de Clairvaux, & ensuite de Cîteaux, fut emploïé par Honoré III & par Gregoire IX, en diverses affaires importantes, & mourut en 1227.

CONRAD de Lichthenaw, plus connu sous le nom de l'Abbé d'Usperg, au Diocèse d'Ausbourg, est auteur d'une fameuse Chronique qui finit à l'an 1229. Il rassembla une belle Bibliotheque, & mourut vers 1240.

CONRAD de Mayence, *Conradus Episcopus*, a composé la Chronique de Mayence depuis 1140 jusqu'en 1250, laquelle a été imprimée en 1535. Il ne faut pas le confondre avec le Cardinal Conrad, Archevêque de Mayence, mort en 1202. Ce dernier fut fait Cardinal par Alexandre III, & l'on dit que c'est le premier qui ait été Cardin., n'étant pas de Rome ni d'Italie.

CONRADIN, ou CONRAD le *Jeune*, Prince fameux par ses malheurs, étoit Roi des Romains & de Naples, petit-fils de l'Empereur Frédéric II, & fils de Conrad, dont il est parlé ci-devant. Voulant recouvrer le Roiaume de Sicile, dont le Pape Urbain IV avoit investi Charles d'Anjou, frere de Saint Louis, il mit une Armée sur pié, avec son cousin Frédéric, fils de Herman, Marquis de Bade, & passa en Italie ; mais il y fut défait par Charles d'Anjou dans une grande bataille donnée au Champ de-Lis, près du Lac Fucin, autrement Celano, le 23 Août 1268. Après cette défaite, aïant été pris, avec Frédéric, en passant une riviere, ils furent conduits à Naples, & condamnés à avoir la tête tranchée ; ce qui fut exécuté sur un échafaud au milieu de la ville, le 26 Octobre 1269. Ainsi finit cette race des Pr. de Souabe, qui avoit produit tant de Rois & d'Empereurs. Conradin n'avoit alors que 18 ans.

CONRART, ( Valentin ) Conseiller Secretaire du Roi, & l'un des 40 de l'Académie Françoise, naquit à Paris en 1603, d'une famille noble. C'est dans sa maison que cette Académie commença de se former en 1629, & où les Académiciens s'assemblerent jusqu'en 1634. Conrart écrivoit bien en françois, avoit beaucoup de politesse, de douceur & de grandeur d'ame. Il mourut le 23 Septembre 1675. Il étoit de la Religion prétend. réform. Il nous reste de lui quelques Lettres & d'autres pet. ouvr. On dit qu'il revoïoit & retouchoit les écrits du Ministre Claude, avant que celui-ci les donnât au Public.

CONRINGIUS, ( Hermannus ) savant Professeur de Médecine à Helmstad, au 17e siecle, naquit à Norden en Frise, le 9 Nov. 1606. Il a composé un gr. nombre de Livres de Jurisprudence & d'Histoire. Il étoit versé dans les affaires d'Allemagne, & l'Histoire moderne ; ce qui le faisoit souvent consulter par divers Princes. Le plus curieux de ses ouvrages est intitulé : *Hermanni Conringii de Antiquitatibus Academieis Dissertationes septem*, dont la meilleure édition est celle de Gottingen, 1739 *in*-4°. Il mour. le 12 Décembre 1681.

CONSENTES, ( les Dieux ) chez les Romains étoient les Dieux du premier ordre qui composoient le Conseil du Ciel. Ils étoient au nombre de douze : six Dieux, Jupiter, Neptune, Apollon, Mars, Mercure, Vulcain ; & six Déesses, Junon, Minerve, Venus, Diane, Cerès & Vesta. Ces douze Divinités présidoient aux douze mois de l'année, chacune aïant un mois qui lui étoit assigné, & leurs douze statues, enrichies d'or, étoient élevées dans la grande place de Rome.

CONSTANCE CHLORE, ou CONSTANCE I, *Flavius Valerius Constantius*, fils d'Eutrope & pere de Constantin, se signala par sa valeur, par sa prudence & par sa modération envers les Chrétiens, & fut créé César par Dioclétien en 292 de J. C. Il répudia alors Helene sa première femme, pour épouser Théodora, fille de Maximilien Hercule, Collegue de Dioclétien. Constance Chlore soumit la Gr. Bretagne, remporta de gr. victoires sur les Peuples de Germanie, & fut déclaré Empereur avec Galere Maximien son Collegue, en 305. Il m. à Yorck le 25 Juillet 306, laissant six enfans de la seconde femme, & après avoir déclaré, en mourant, Constantin, César.

CONSTANCE II, *Flavius Julius Constantius*, second fils de Constantin *le Grand* & de Fauste, naquit à Sirmich, 317 de J. C., & fut créé César, en 324. Il épousa Eusébie, Princesse douée de gr. qualités, mais infectée de l'Arianisme. Après la mort de son pere, il fit m. ses neveux & ses cousins, pour envahir leurs biens, & partagea l'Empire avec ses freres Constantin & Constans. Il eut dans son partage l'Orient, la Thrace & la Grece. Constance déclara la guerre aux Perses, leur fit lever le siege de Nisibe, & remporta sur eux une gr. victoire auprès de Nisibe, où Narsés, fils de Sapor, Roi de Perse,

fut tué ; mais dans la suite, les Perses eurent sur lui de gr. avantages. Constantin le Gr. avoit desiré, en mourant, le rappel de S. Athanase, mais Constance le persécuta & protégea l'Arianisme. Après la mort de Constantin le jeune en 340, & de Constans en 350, Vetranion & Magnence se partagerent leurs Etats. Constance marcha contr'eux. Il soumit d'abord Vetranion ; Magnence après avoir été défait dans le Territoire de Mursie, & ensuite dans les Gaules, se donna la mort à Lyon. Ainsi, Constance devint maître en 353, de tous les païs que son pere avoit gouvernés. L'année suivante il fit assassiner Sylvain, Capitaine habile & fidele, qui commandoit dans les Gaules, & fit mourir Gallus son cousin, dans l'Istrie. Il se préparoit à faire la guerre aux Perses, lorsque Julien l'Apostat, frere de Gallus, prit le titre d'Empereur, & marcha contre lui. Constance alloit au devant de Julien, mais il mourut à Mopsueste en Cilicie, le 3 Nov. 361, à 45 ans, après en avoir regné 25. Il se fit baptiser avant sa mort par Euzoius.

CONSTANCE, célebre Général des Armées Romaines, au 5e siecle, étoit de Nysse. Il remporta un gr. nomb. de victoires, chassa les Goths des Gaules, & envoïa en 415 le rebelle Attalus à l'Empereur Honorius. Ce Prince lui fit épouser Placidie sa sœur, en 417, & l'associa à l'Empire en 421 ; mais Constance mourut sept mois après, laissant Valentinien III, qui fut Empereur.

CONSTANT I, *Flavius Julius Constans*, troisieme fils de Constantin le Grand & de Fauste, fut fait César en 333. Après la mort de son pere, arrivée en 337, il eut en partage l'Italie, l'Afrique & l'Illyrie. Constantin son frere, Prince ambitieux, aïant voulu envahir ses Etats, fut tué à Aquilée en 340. Constant hérita, par cette mort, des Gaules, de l'Espagne, & de la gr. Bretagne. Ce Prince s'opposa aux Ariens, fit convoquer à ce sujet le

Concile de Sardique en 345, & s'efforça d'éteindre le schisme des Donatistes, en Afrique. Il vainquit les Francs, & prit hautement la défense de S. Athanase contre l'Empereur Constance. L'Eglise en attendoit de plus grands services, lorsqu'il lui fut enlevé par un jugement secret de la Providence. Magnence, qui avoit usurpé l'Empire dans les Gaules, le fit tuer dans la ville d'Elne en 350, à 30 ans, après en avoir regné 13.

CONSTANT II, Empereur d'Orient, étoit fils d'*Heraclius* Constantin, & petit-fils d'*Heraclius*. Il fut élevé par les Monothelites & embrassa leurs erreurs. Il publia en 648, à la persuasion de Paul, qu'il avoit élevé sur le siege de CP. un Edit ou Formulaire appellé *Type*, par lequel il imposoit silence aux Orthodoxes & aux Hérétiques. Le Pape Martin I condamna ce *Type*, en 649 dans un Concile ; ce qui irrita tellement Constant, qu'il ordonna à Théodore Calliopas, Exarque de Ravenne, de se saisir du Pape. Cet ordre severe fut exécuté en 653. Constant fut ensuite vaincu par les Sarrasins, mais une guerre civile s'étant élevée parmi eux, il les rendit tributaires. Voulant paroître Catholique, il fit présent au Pape Vitalien en 656, d'un Livre des Evangiles couvert de plaques d'or & enrichi de pierreries. Quatre ans après, irrité contre son frere Théodose, il le fit ordonner Diacre, & ensuite mettre à mort. Il en eut un tel remors de conscience, qu'il s'imaginoit à chaque instant voir Théodose qui lui présentoit le calice en habit de Diacre, & lui disoit : *Buvez, mon frere*. Il passa ensuite en Sicile, entra dans Rome le 5 Juillet 663, d'où il emporta le cuivre des Temples, & fut tué à Syracuse dans les étuves, par André, l'un de ses domestiques, le 15 Juillet 668, après un regne d'environ 27 ans.

CONSTANT, (David) savant Professeur de Lausanne, y naquit le 16 Mars 1638. Après avoir étudié dans sa patrie & en Hollande, il vint à Paris où il lia amitié avec Conrart, Daillé, Amyrault & les autres savans Protestans. Il alla ensuite à Geneve où il fit connoissance avec Turretin, Bayle & Mestrezat dont il s'acquit l'estime. De retour à Lausanne, il y enseigna successivement les Belles-Lettres, la Morale & la Théologie. Il mourut le 27 Fevrier 1733, à 95 ans. On a de lui, 1°. des Notes estimées sur Florus, les Offices de Cicéron, & les Colloques d'Erasme : 2°. Un *Abregé de Politique*, dont la meilleure édition est de 1687 : 3°. Des Dissertations curieuses sur la femme de Loth, le Buisson ardent & le Serpent d'Airain, en latin. 4°. Un Traité de Morale, &c.

CONSTANTIN, natif de Syrie, fut élu Pape après la m. de Sisinnus, le 7 Mars 708. Il gouverna saintement l'Eglise, fit un voïage en Orient où il fut reçu avec respect & avec magnificence, & mourut le 9 Avril 714. Grégoire II lui succéda. Il ne faut pas le confondre avec l'Antipape Constantin, qui, après l'élection d'Etienne IV, en 769, fut chassé de l'Eglise de Rome, & condamné à perdre la vue.

CONSTANTIN le Grand, *Flavius Valerius Constantinus*, fils de Constance Chlore & de Sainte Helene, naquit à Naisse en 274. Il accompagna son pere en la Grande Bretagne, l'y vit mourir, & fut déclaré Empereur à sa place, le 25 Juillet 306 ; mais Galere Maximien ne voulut lui donner que le titre de César, ce qui ne l'empêcha pas de regner dans les Gaules, la Gr. Bretagne & l'Espagne. Il remporta plusieurs victoires sur les Franç. & sur les Allemans, & prit le nom d'Auguste en 308, du consentement de Maximien. Quelque-tems après il marcha en Italie contre Maxence. On dit qu'il avoit déja beauc. de penchant pour la Relig. Chrétienne, que J. C. l'assura du succès de son entreprise, & qu'il lui apparut dans les nues, en lui montrant un monogramme avec cette inscription :

*Vous vaincrez par ce signe.* Maxence fut en effet vaincu auprès de Rome, & se noïa dans le Tibre, le 28 Octobre 312. Constantin, par cette victoire, devint maître de l'Italie & de l'Afrique. Il fit faire auffi-tôt un *Labare* ou Enseigne militaire, dans lequel le monogramme qui lui avoit apparu étoit représenté, & le fit porter à la tête de son armée. Ce signe étoit proprement un P coupé par une ligne droite. Constantin fut alors déclaré le premier des Empereurs, par le Sénat, & fit cesser la persécution contre les Chrétiens. Il voulut même être mis au rang des Catéchumenes. Ce Prince défit ensuite Licinius & le fit mourir. Licinien, fils de Licinius, fut condamné à mort peu de tems après, & Constantin devint par-là le seul maître de l'Empire Romain. Alors il fit bâtir à Rome, & dans tout l'Empire, des édifices & des Eglises magnifiques, leur fournissant en même tems ce qui étoit nécessaire à leurs ornemens & à leur entretien. Il bâtit une nouvelle Rome à Bysance, qui changea de nom & prit celui de Constantinople. Constantin n'eut pas moins de zele à maintenir la Religion Chrétienne dans sa pureté, qu'à gouverner l'Empire avec sagesse. Il fit tous ses efforts pour éteindre le schisme des Donatistes, au Concile d'Arles; ordonna par un Edit du 3 Mars 321, qu'on célebrât le Dimanche, défendant en ce jour toutes œuvres serviles, & convoqua le premier Concile Général de Nicée, où Arius fut condamné. Il fournit des voitures à tous les Peres de ce Concile, les défraïa sur leur route, & baisa les plaies de ceux qui avoient confessé la foi de J. C. dans la persécution de Licinius. On le blâme néanmoins d'avoir eu trop de complaisance pour Constance, sa sœur, qui protégeoit les Ariens; d'avoir confié son autorité à des Ministres dont il ne réprimoit point les injustices, & d'avoir eu de la cruauté sur-tout en faisant mourir son fils Crispus, Prince de gr. espérance, accusé par Fauste sa belle-

mere, d'avoir attenté à son honneur, tandis que c'étoit ce vertueux Prince qui n'avoit point voulu consentir à la passion criminelle de cette Impératrice, comme elle l'avoua elle-même dans la suite, ce qui là fit condamner au dernier supplice. Les Historiens Païens l'accusent injustement d'avoir acheté la paix à prix d'argent; il est constant qu'il étoit brave & belliqueux. Il remporta plusieurs victoires sur les François & les Germains, vainquit les Sarmates & les Goths, & se préparoit à faire la guerre aux Perses, lorsqu'ils lui offrirent la paix. Il mourut à Achyron, près de Nicomédie, le 22 Mars 337, à 63 ans, après en avoir regné 31. On dit qu'il fut baptisé avant sa mort par Eusebe, Evêque de Nicomédie. Il partagea l'Empire entre ses trois fils, Constantin, Constance & Constant. Ce que l'on raconte de son baptême, par le Pape Silvestre, & de sa prétendue donation en faveur de l'Eglise de Rome, n'est point véritable.

CONSTANTIN II, *le jeune*, fils de Constantin le Grand, eut en partage les Gaules, l'Espagne & la Gr. Bretagne. Il protégea S. Athanase & l'Eglise Catholique; mais aïant voulu s'emparer des Etats de son frere Conflans, & étant entré en Italie avec son armée, il fut tué à Aquilée en 340, à 25 ans. Il avoit vaincu, étant César, les Sarmates, les Goths & les François.

CONSTANTIN III, *Pogonat*, c'est à-dire, *le Barbu*, Empereur d'Orient, fils de Constant II, punit sévèrement les meurtriers de son pere, vainquit les Sarrasins & les obligea de lui païer tribut. Il fit assembler en 680 le sixieme Concile Général de Constantinople, où les Monothélites furent condamnés. Il céda la Mysie aux Bulgares, traita ses freres avec cruauté, & mourut en 685, la dix-septieme année de son Empire.

CONSTANTIN IV, *Copronyme*, Empereur d'Orient, ainsi nommé de ce qui lui arriva sur les fonts lorſqu'on le baptiſoit, étoit fils de Léon l'*Iſaurien*. Il lui ſuccéda le 18 Juin 742, & fut infecté de l'héréſie des *Iconoclaſtes*, foula aux piés les images des Saints, perſécuta les Catholiques, & mourut dans ſon expédition contre les Bulgares en 775, après un regne de 34 ans. Léon IV lui ſuccéda.

CONSTANTIN VII, *Porphyrogenete*, Empereur d'Orient, fils de Léon le Sage, monta ſur le Trône ſous la tutelle de ſa mere Zoë, le 7 Juin 912. Lorſqu'il fut en âge de gouverner par lui même, il réprima les Miniſtres qui attentoient à ſa Couronne, châtia quelques Tyrans en Italie, & prit Bénévent, ſur les Lombards. Il aimoit les ſciences & protégeoit les Sav. Romain ſon fils le fit empoiſonner le 9 Novembre 959, à 54 ans, après un regne de 48. On a de lui un Traité des affaires de l'Empire ; deux Livres des *Thêmes*, ou Poſitions, des Villes, ouvrages importans pour la Géographie du moïen âge, & d'autres écrits qui ont été imprimés en grec & en latin.

Il y a eu pluſieurs autres Princes nommés Conſtantin.

CONSTANTIN Manaſſés, Hiſtorien Grec, au 12e ſiecle, ſous le regne de l'Emp. Emmanuel Comnene. On a de lui un abregé de l'Hiſtoire, en vers grecs.

CONSTANTIN, (Robert) ſav. Médecin, natif de Caen, enſeigna les Belles Lettres dans l'Univerſité de cette ville, & s'acquit beaucoup de réputation par ſon habileté dans la connoiſſance de la Langue Grecque, de l'Hiſtoire & de la Médecine. Il m. le 27 Septembre 1605, à 103 ans, ſelon M. de Thou. On a de lui un bon Dictionnaire Grec Latin, & d'autres ouvrages eſtimés.

CONTARINI, (Gaſpard) ſav. Cardinal de l'illuſtre famille des Contarini de Veniſe, ſi féconde en grands hommes, fut Ambaſſadeur de ſa République auprès de l'Empereur Charles-Quint, & chargé de pluſieurs négociations importantes.

Paul III le fit Cardinal en 1535, & l'envoïa Légat en Allemagne, & enſuite à Boulogne. Contarini ſe diſtingua par ſa ſcience & par ſon habileté dans les affaires. Il mourut à Boulogne en 1542, à 59 ans. On a de lui pluſieurs ouvrages de Théologie, écrits en bon latin, & un Traité de l'Immortalité de l'ame, contre Pomponace. On eſtime principalement ſon Livre *De optimi Antiſtitis Officio*, & ſes notes ſur les endroits difficiles des Epîtres de S. Paul.

CONTARINI, (Vincent) ſav. Profeſſeur de Belles-Lettres à Padoue, & ami de Muret, mourut à Veniſe en 1617, à 40 ans. Il a laiſſé un Traité *De re frumentariâ*, un autre *De militari Romanorum ſtipendio*, & d'autres ouvrages.

CONTE, (Antoine le) *Contius*, ſav. Juriſconſulte du 16e ſiecle, natif de Noyon, enſeigna le Droit avec réputation à Bourges & à Orléans. Il écrivit contre Duaren & Hotman, & mourut à Bourges en 1586. Ses œuvres ont été imprimées en un vol. *in-4°*.

CONTENSON, (Vincent) habile Théologien & zelé Prédicateur, de l'Ordre de S. Dominique, naquit au Dioceſe de Condom en 1640, & mourut à Creil au Dioceſe de Beauvais, le 27 Déc. 1674, à 34 ans. On a de lui une Théologie eſtimée qu'il a intitulée *Theologia mentis & cordis*, imprimée en 9 vol. *in-12*, & 2 vol. *in-fol.*

CONTO PERTANA, (Dom Joſeph) cél. Poëte Portugais mort à Liſbonne en 1735. On a de lui un Poëme épique intitulé : *Quiterie la Sainte*. Il paſſe pour un des plus beaux Poëmes que le Portugal ait produits.

CONTI, *voïez* ARMAND DE BOURBON.

CONTZEN, (Adam) ſav. Théologien Jéſuite, natif de Montjoïe, dans le Duché de Juliers, ſavoit les Langues, & diſputa avec ſuccès contre les Proteſtans. Il enſeigna avec réputation à Munich, où il m. le 19 Juin 1635. Il a laiſſé des Commentaires sur les Evangiles, & d'autres ouvrages.

COOTWICH, (Jean) Docteur en Droit, natif d'Utrecht, passa la plus grande partie de sa vie à voïager ; & publia, en 1619, la Relation de son voïage de Jérusalem & de Syrie, *in-4°.* en latin ; ouvrage rare & curieux.

COP, (Guillaume) habile Médecin, natif de Bâle, vint en France sous le regne de Louis XII. Il fut Médecin de François I, vers 1530, & laissa divers ouvrages. Nicolas Cop, son fils, fut Professeur au Collège de Sainte Barbe, & Recteur de l'Université ; mais aïant donné dans les erreurs de Calvin, il fut obligé de se sauver à Bâle.

COPERNIC, (Nicolas) célebre Astronome, Philosophe, & Médecin, naquit à Thorn, le 19 Fev. 1473. Il s'appliqua à l'étude de la Langue Grecque, de la Philosophie & de la Médecine, mais principalement aux Mathématiques & à l'Astronomie, & y fit de gr. progrès. Pour s'y perfectionner de plus en plus, il fit plusieurs voïages, demeura long-tems à Bologne, & enseigna les Mathématiques à Rome. De retour en son païs, Luc Watzelrod, Evêque de Warmie, son oncle maternel, lui donna un Canonicat dans son Eglise. Copernic publia alors son systême, qu'il renouvella de Pythagore, d'Aristarque de Samos, & du Cardinal de Cusa. Il soutient que la Terre, Mercure, Venus, Mars, Jupiter & Saturne tournent autour du Soleil ; que la Terre a un autre mouvement autour de son axe, & que la Lune fait son circuit autour de la Terre. Copernic a tellement rectifié ce systême, & l'a si bien prouvé par les Phénomenes célestes, & par d'autres raisons, qu'on lui a accordé la gloire de l'invention. Il mourut le 24 Mai 1543, à 70 ans. On a de lui un Traité *De motu octavæ Spheræ,* dans lequel il développe & prouve son systême ; & un autre *De Revolutionibus.*

COPROGLI PACHA, (Mahomet) cél. Général & Gr. Visir, durant la minorité de Mahomet IV, étoit Albanois, & fils d'un Prêtre Grec. Il embrassa le Mahométisme, & s'établit dans l'Isle de Chypre, où il apprit le métier des armes. Il se signala dans la guerre de Perse, & obtint le Gouvernement de Baruth, puis celui d'Alep. Il fut nommé Gr. Visir en 1649, à la sollicitation de la Sultane Zaime, mere du jeune Mahomet. Il gouverna l'Empire des Turcs avec beaucoup de sagesse & de prudence, conquit une partie de la Transilvanie, & mourut à Andrinople en 1663, regretté du Sultan & du peuple. Achmet Coprogli Pacha, son fils, lui succéda dans la dignité de Grand Visir, se signala également par sa valeur & par sa conduite, & se rendit maître de Candie en 1669. Il mourut en 1676, à 35 ans. Mahomet Coprogli Pacha, frere de ce dernier, fut aussi Grand Visir, battit les Impériaux, & rendit de gr. services à l'Empire Ottoman. Il fut tué d'un coup de canon, à la bataille de Salankemen, le 19 Août 1691.

COQ, (le) Poète Latin, *voyez* MANQUIER.

COQUES, (Gonzales) Peintre excellent dans le Portrait, né à Anvers en 1618, imita Rubens & Vandyck. Il se distinguoit dans son art, lorsqu'étant devenu amoureux d'une jeune fille, il se sauva avec elle, & abandonna sa femme. Depuis ce tems on ne sait ce qu'il devint.

COQUILLART, (Guillaume) Poète François & Official de Reims, au 15e siecle, dont les Poésies ont été imprimées à Paris en 1532.

COQUILLE, (Guy) sav. Jurisconsulte, Seigneur de Romenai, & Avocat au Parlement de Paris, naquit à Décise le 11 Nov. 1523. Il eut divers emplois à Nevers, & s'acquit une telle réputation, que le Roi Henri IV lui offrit une charge de Conseiller d'Etat ; mais Coquille la refusa, & mourut à Nevers en 1603, à 80 ans. Ses ouvrages ont été imprimés en 2 vol. *in fol.*

CORAS, (Jean de) *Corasius,* Conseiller au Parlem. de Toulouse,

Chancelier de Navarre, & l'un des plus savans Jurisconsultes du 16e siecle, naquit à Toulouse, ou plutôt à Realmont en 1513. Il enseigna le Droit à Angers, à Orléans, à Paris, à Padoue, à Ferrare & à Toulouse, avec un applaudissement universel. Coras fut ensuite Conseiller au Parlement de Toulouse, & Chancelier de Navarre. Aïant embrassé le Calvinisme, il fut chassé de Toulouse en 1561, & n'y fut rétabli qu'avec peine, par la protection du Chancelier de l'Hôpital, son ami; mais ce rétablissement ne lui fut pas avantageux, car il y fut massacré en 1572, après les nouvelles de la S. Barthelemi. On a de lui d'excellens ouvrages en latin & en françois, dont les princip. ont été impr. en 2 vol. *in fol.* On recherche surtout ses *Miscellaneorum Juris Civilis Libri tres.* Jacques de Coras l'un de ses descendans, Cadet aux Gardes, & ensuite Ministre converti, a écrit sa vie. C'est ce Jacques de Coras qui est auteur du Poëme intitulé *Jonas* ou *Ninive pénitente*, dont Boileau dit:

*Le Jonas inconnu séche dans la poussiere.*

CORBEIL, ( Pierre de ) célebre Archevêque de Sens au 13e siecle, succéda en 1200 à Michel de Corbeil de la même Maison que lui, mort en 1199. Pierre de Corbeil étoit Docteur de Paris, & fut successivement Chanoine de Paris, Evêque de Cambrai & Archevêque de Sens. Il eut pour disciple le Pape Innocent III, qui l'emploïa en des affaires importantes. Il se distingua par sa science & par sa vertu, & composa divers ouvrages, qui ne sont point parvenus jusqu'à nous. Il m. à Sens le 3 Juin 1122. Nous avons quelques fragmens de ses ordonnances Synodales.

CORBINELLI, ( Jacques ) né à Florence, d'une famille illustre, se retira en Fr., sous le regne de Catherine de Médicis. Cette Reine, dont il avoit l'honneur d'être allié, le donna au Duc d'Anjou son fils, comme un homme de Lettres & de bon conseil. Corbinelli lui lisoit Polybe, Tacite & Machiavel: si nous en croïons Davila, il ne flatoit point son Maître en Courtisan, mais il disoit la vérité hardiment & faisoit sa cour sans bassesse. On le comparoit à ces anciens Romains pleins de droiture, & incapables de lâcheté. Il eut beauc. de part à l'estime du Chancelier de l'Hôpital. Il étoit l'ami & le patron déclaré des Gens de Lettres, & faisoit souvent imprimer leurs écrits à ses dépens. Corbinelli étoit aussi homme de courage & de résolution, de manége & d'intrigue. Pierre Matthieu rapporte que quand Henri IV s'approcha de Paris, pour une entreprise tramée par ses serviteurs & ses fideles sujets qui l'assuroient de lui ouvrir ses portes, il savoit d'eux tout ce qui se passoit, & que les avis les plus secrets lui étoient portés par Corbinelli, homme déterminé & brûlant de zele pour la gloire de son Prince. Il écrivoit, *continue Pierre Matthieu*, tout ce qu'il apprenoit, & le portoit à découvert en la main, comme un papier commun d'affaires ou de procès. Son front, si hardi & si assuré, trompoit les yeux des Gardes qui étoient aux portes; & en montrant qu'il se fioit à tous, il ne donnoit de la défiance à personne. Raphael Corbinelli, son fils, fut Secrétaire de la Reine Marie de Médicis, & pere de M. Corbinelli mort à Paris le 19 Juin 1716. Ce dernier étoit un des plus beaux esprits de France. Nous avons de lui les *anciens Historiens Latins réduits en Maximes*, avec une Préface attribuée au Pere Bouhours, imprimée en 1694, & d'autres ouvrages.

CORBUEIL, ( François ) Poëte François du 15e siecle, plus connu sous le nom de *Villon*, étoit d'Auvers près de Pontoise, ou plutôt de Paris. Il avoit beaucoup d'esprit & un génie propre à la Poésie, mais ses friponneries le firent condamner à être pendu. Il en appella au Parlement de Paris, qui changea la peine de mort en bannissement. Rabelais dit qu'il se retira vers Edouard V, Roi d'Angleterre, & qu'il devint son favori. La meilleure édition de ses œuvres est celle de Paris en 1723, *in-12*. Le style simple, naïf & badin en fait le caractere. C'est le premier qui a tiré notre Poésie du cahos confus où nos vieux Poëtes l'avoient mise, ce qui fait dire à Boileau :

*Villon fut le premier, dans des siecles grossiers,*
*Débrouiller l'art confus de nos vieux Romanciers.*

CORBULON, ( Domitius ) cél. Général Romain sous Claude & Néron, réprima les courses des Cauques, & contraignit les Frisons à demeurer dans leurs limites. Il faisoit observer la discipline militaire avec tant de soin, qu'il condamna à mort deux soldats qui avoient travaillé sans armes aux retranchemens. En 59 de J. C. sous Néron, il soumit l'Arménie ; il fut ensuite Gouverneur de Syrie, & contraignit les Parthes à demander la paix en 66. Néron, effraïé du mérite de ce gr. homme, ordonna de le faire mourir, comme il étoit au Port de Cenchrée. Corbulon aïant appris cet ordre, se passa son épée au travers du corps, & mourut l'an 66 de J. C. Domitia, sa fille unique, épousa Lamia auquel Domitien l'enleva.

CORDEMOI, ( Geraud de ) savant Philosophe & Historien exact, né à Paris, d'une famille noble, se fit connoître à M. Bossuet qui le mit auprès de M. le Dauphin en qualité de Lecteur. Il instruisit ce jeune Pr. avec zele, fut reçu de l'Académie Françoise en 1675, & mourut le 8 Octobre 1684. On a de lui, 1. *l'Histoire générale de France* durant les deux premieres races de nos Rois, 2 vol. *in-fol.*, ouvrage savant, curieux & intéressant ; 2. six Discours sur la distinction du corps & de l'ame, & d'autres ouvrages recueillis & imprimés en 1702, *in-4°.* M. Cordemoi suit les principes de Des-

cartes : il travailloit à une Histoire de Charlemagne, mais il ne l'acheva pas. Louis Geraud de Cordemoi, son fils, né en 1651, & mort à Paris en 1722, fut Licentié de Sorbonne, Abbé de Fenieres, & habile Controversiste. On a de lui un Traité de l'Invocation des Saints, & d'autres ouvrages de Controverse.

CORDIER, ou CORDERIUS, ( Balthasar ) savant Jésuite, né à Anvers en 1592, étoit habile dans la Langue Grecque, & professa la Théologie avec réputat. à Vienne en Autriche. Il m. à Rome le 24 Juin 1650, à 58 ans. Il a donné la chaîne des Peres Grecs sur les Pseaumes, & d'autres ouvrages.

CORDES, ( Jean de ) sav. Chanoine de Limoges, au 17e siecle, se distingua par son érudition, & amassa une riche Bibliotheq. qui fut vendue au Cardinal Mazarin, après sa mort arrivée à Paris en 1642, à 72 ans. On a de lui quelques ouvrages.

CORDIER, ( Mathurin) *Corderius*, habile Grammairien du 16e siecle, natif de Normandie, mort Calviniste à Geneve, le 8 Septemb. 1565, à 85 ans. Il avoit enseigné les Humanités à Paris aux Colleges de la Marche & de Navarre. On a de lui des Colloques en latin qui sont estimés, & d'autres ouvrages.

CORDOUE, ( Gonsalve Fernandez de ) surnommé Gr. Capitaine, Duc de Terranova, Prince de Venouse, & Grand Connétable du Roïaume de Naples, étoit fils de Pierre Fernandez de Cordoue, d'une Maison illustre d'Espagne, & féconde en grands hommes. Il s'empara du Roïaume de Naples pour Ferdinand V, Roi d'Aragon, & remporta plusieurs victoires sur les François. Il mourut ensuite à Grenade le 2 Décembre 1512, à 72 ans. Le Pere du Poncet, Jésuite, a écrit sa vie en 2 vol. *in-12.*

CORDUS, ( Valerius, ) savant Botaniste, étoit fils d'Ericius Cordus, Médecin & Poëte Allemand. Il fut élevé avec soin, apprit les

Langues, & s'appliqua à l'étude de la Botanique. Il parcourut à ce sujet les montagnes d'Allemag. & voïagea en Italie, mais aïant été blessé à la jambe d'un coup de pied de cheval, il mourut à Rome le 25 Sept. 1544. On a de lui des remarques sur Dioscoride, & d'autres ouvrages.

CORÉ, fameux Lévite, s'étant révolté contre Moïse & Aaron, avec Dathan & Abiron, fut englouti tout vivant dans la terre avec ce qui lui appartenoit, 1489 avant J. C. cependant ses fils ne périrent point avec lui, & ses descendans reçurent de grands honneurs de David qui leur donna l'Office de Portiers du Temple, & les chargea de chanter devant l'Arche du Seigneur.

CORELLI, excellent Musicien Italien, est très renommé pour ses symphonies, qui font depuis long-tems les délices des personnes de goût en Italie & en France. Il mourut à Rome vers 1733.

CORINI, (Antoine) Chevalier de l'Ordre de S. Etienne de Florence, & sav. Jurisconsulte du 17e siecle, natif de Pontremoli, enseigna le Droit avec réputat. à Pise, à Sienne & à Florence, où le Gr. Duc de Toscane lui donna divers emplois considérables. On a de lui plusieurs ouvrages.

CORINNE, Dame Grecque, célebre par sa beauté & par ses talens pour la Poésie, étoit selon la plus commune opinion, de Thespi, ville de Béotie. Ses vers furent si estimés des Grecs, qu'ils lui donnerent le nom de *Muse Lyrique*. Elle avoit été disciple de *Myrtys*, autre femme savante de la Grece, & vivoit vers 474 avant J. C. du tems de Pindare, auquel elle enleva cinq fois la palme dans les jeux de la Grece. Ovide donne souvent le nom de Corinne, à la personne qu'il aimoit.

CORINNUS, Poète Grec, plus ancien qu'Homere, selon Suidas, étoit, dit-on, disciple de Palamede, & écrivit en vers l'histoire du siege de Troyes, & la guerre de Dardanus. On ajoute qu'il emploïa dans ses Poëmes les Lettres Doriques, inventées par Palamede, & qu'Homere profita beauc. de ses vers. Mais tous ces recits sont fabuleux, & destitués de preuves.

CORIO, (Bernardin) Histor. du 15e siecle, naquit à Milan en 1460, d'une famille illustre. Il fut Secretaire d'Etat de ce Duché, & le Duc Louis Sforce le choisit pour écrire l'Histoire de Milan. Il mourut en 1500. La meil. édit. de son histoire de Milan, est celle de 1503, *in-fol.* en italien. Elle est exacte, rare & curieuse, mais mal écrite.

CORIOLAN, (Caius Marcius) célebre Capitaine Romain, rendit de grands services à sa patrie & prit Corioles ville des Volsques, 493 av. J. C. ce qui lui fit donner le nom de Coriolan. On dit qu'il ne voulut pour récompense, qu'un cheval & la permission de rendre la liberté à un des captifs, qui avoit été son hôte, lorsqu'il alloit en son païs. Quelque tems après il fut accusé d'exciter des séditions, & fut banni par le Tribun Decius. Il passa chez les Volsques, se mit à la tête de leur armée, & alla camper à 4 milles de Rome. Les Romains lui envoïerent à diverses fois des Hérauts pour lui demander la paix, & le conjurer de ne point ruiner la République, mais il fut inflexible à leurs prieres: enfin il se laissa fléchir par les larmes de sa femme Véturia, & par celles de Volumnia sa mere. Il posa les armes; ce qui irrita tellement les Volsques, qu'ils le firent mourir quelque tems après, vers 490 av. J. C. comme un traître qui leur avoit fait abandonner leurs conquêtes. Les Dames Romaines prirent le deuil, & les Romains éleverent un Temple, dans le lieu où il avoit été mis à mort.

CORNARIUS, ou HAGUENBOT, (Jean) cél. Médecin Allemand, natif de Zwickaw, dès l'âge de 20 ans enseigna la Grammaire & expliqua les Poëtes & les Orateurs Grecs & Latins à ses disciples, & fut Licentié en Médecine à l'âge de

23 ans. Il blamoit la plupart des remedes que l'on trouvoit chez les Apotiquaires; & aïant remarqué que la plupart des Médecins n'enseignoient dans leurs Ecoles qu'Avicenne, Rasis, & les autres Médecins Arabes, il chercha avec soin les écrits des meilleurs Médecins Grecs, & emploïa environ 15 ans à les traduire en latin, principalem. ceux d'Hippocrate, d'Aëtius, d'Eginete & une partie de ceux de Galien: cela ne l'empêcha point de pratiquer la Médecine avec réput. à Zwickaw, à Francfort, à Marpurg, à Northausen & à Iene, où il m. d'apoplexie le 16 Mars 1558 à 58 ans. Son Précepteur lui avoit fait changer son nom de *Haguenbot* en celui de *Cornarius*, sous lequel il est plus connu. Il eut une dispute très vive & par écrit avec Fuchsius, sur l'exactitude de ses Traductions. On a aussi de lui quelques Traités de Médecine, des édit. de quelques Poëmes des anciens sur la Médecine & sur la Botanique, des Poésies latines, & des Traductions de quelques écrits des Peres de l'Eglise, entr'autres, du sacerdoce de S. Chrysostôme, des œuvres de S. Basile, & d'une partie de celle de S. Epiphane.

CORNARO, (Louis) Ecrivain) du 16e siecle, de l'illustre Maison de Cornaro de Venise, si féconde en grands hommes, mourut à Padoue le 26 Avril 1566, à plus de 100 ans. Il a laissé un Livre des avantages de la vie sobre, traduit en latin par Lessius, & publié en françois en 1701 & 1702. Cornaro pratiqua si bien les avis qu'il donne en cet ouvrage, que pendant une vie si longue, il fut jusqu'à la fin de ses jours sain de corps & d'esprit. Marc Cornaro, l'un de ses ancêtres, fut Doge de Venise, soumit l'Isle de Candie, & mourut en 1368.

Il y a eu de cette maison, plusieurs autres Doges de Venise, un gr. nombre de Cardinaux & une Reine de Chypre, nommée Catherine Cornaro, au 15e siecle. Entre les personnes illustres de cette Maison,

il ne faut pas oublier Helene-Lucrece Piscopia Cornaro, fille de M. Cornaro, Procurateur de S. Marc. Elle fut l'une des plus sav. filles de son siecle, reçut le bonnet de Docteur en l'Université de Padoue le 25 Juin 1678, & fut agregée peu après à l'Académie *de gli infecundi* de Rome.

CORNEILLE, (S.) Capitaine Romain d'une compagnie de 100 hommes, se distingua par sa piété & par ses aumônes; fut converti à la Foi d'une maniere miraculeuse, & baptisé par S. Pierre à Césarée en Palestine, où il étoit en quartier, vers l'an 40 de J. C.

CORNEILLE, (S.) Pape illustre par sa vertu & par sa science, succéda à S. Fabien le 30 Avril 251. Son élection fut troublé par le schisme de Novatien, qui fut condamné dans un Concile tenu à Rome la même année. S. Corneille eut encore à souffrir par la persécution renouvellée sous Gallus & Volusien. Il confessa glorieusement la foi de J. C. & fut envoïé en exil à Centumceles où il mourut le 14 Décembre 252. Il nous reste deux de ses Lettres qui se trouvent avec celles de S. Cyprien. S. Luce lui succéda.

CORNEILLE, (Pierre) très cél. Poëte Franç. naquit à Rouen le 6 Juin 1606, de Pierre Corneille, Maître des Eaux & Forêts, qui fut ennobli par Louis XIII, en consid. de ses services. Corneille exerça à Rouen la charge d'Avocat Gén. à la Table de Marbre, sans faire connoître au Public, & peut-être sans connoître lui-même, les talens extraordinaires qu'il avoit pour la Poésie. Ce fut une aventure de galanterie qui lui donna occasion de composer sa premiere piece intitulée *Melite*. Elle eut un succès prodigieux, & fit esperer que le Théâtre François alloit être élevé au plus haut point de perfection. On ne se trompa point. Corneille, encouragé par les applaudissemens du Public, fit paroître le Cid, les Horaces, Cinna, Polieucte, Pompée, Rodogune, & les autres Tragédies admirables qui rendront à jamais son nom immortel. Ses belles pieces sont autant de chefs-d'œuvres où les caracteres de ses héros sont peints en grand. Les Romains y parlent en Romains : les Rois en Rois. Il y regne par tout une grandeur, une majesté, une noblesse, une force & une élevation de génie, qui ne se trouvent en aucun autre de nos Poëtes. Ces grands talens ne l'empêcherent point d'être critiqué. Plusieurs Auteurs, jaloux ou plutôt envieux de sa gloire, écrivirent contre lui. L'Académie Françoise se vit même obligée, par le Card. de Richelieu, d'examiner *le Cid*, plutôt pour y trouver des défauts, que pour en faire remarquer les beautés. Ce gr. Ministre voïoit avec peine les travaux des autres Poëtes & les siens même effacés par les pieces de Corneille. Il fut néanmoins estimer le merite de ce grand homme. Il lui fit une pension : & l'on eut beau écrire & cabaler contre les pieces de Corneille, le Public continua de les admirer. Corneille fut reçu de l'Académie Françoise en 1647, & mourut Doyen de cette Académie en 1684, à 78 ans. La meilleure édition de ses œuvres est celle de 1682, 4 vol. *in 12.*

On a encore de lui une Traduction, en vers, de l'Imitation de J. C. & de quelques parties de l'Office divin. Ces derniers ouvrages & quelques-unes de ses pieces, sur-tout celles qu'il composa dans sa vieillesse, comme l'Attila, ne sont pas à la vérité de la même beauté que les autres ; mais on y retrouve toujours en quelques endroits le beau génie de Corneille. Voici le jugement que porte de ce grand Poëte, l'homme du monde le plus capable d'en juger, après avoir représenté l'état pitoïable où étoit auparavant le Théâtre parmi nous. » Il n'est pas aisé, » *dit Racine*, de trouver un Poëte » qui ait possedé à la fois tant de gr. » talens, tant d'excellentes parties » de l'art, la force, le jugement, » l'esprit. On ne peut trop admirer » la noblesse, l'œconomie dans les » sujets, la véhémence dans les pas-

sions, la gravité dans les senti-» mens, la dignité, & en même » tems la prodigieuse variété dans » les caracteres «. M. de Fontenelles a écrit sa vie. Elle se trouve dans la nouvelle édit. de Pierre & Thomas Corneille, donnée au Public par M. Joly, en 1738, 11 volumes *in 12.*

CORNEILLE, ( Thomas ) frere du précédent, fut membre de l'Académie Françoise & de celle des Inscriptions. Il fit paroître dès sa jeunesse beaucoup de goût pour la Poésie. Il donna ensuite plusieurs piéces de Théâtre, imprim. en 5 vol. *in-*12, dont quelques-unes eurent l'applaudissement du Public, & furent représentées avec succès. Il mourut à Andeli, le 8 Décemb. 1709, à 84 ans. Outre ses pieces de Théâtre, on a de lui, 1. la Traduction des Métamorphoses & de quelques Epîtres d'Ovide : 2. des Remarques sur Vaugelas. 3. un Dictionnaire des Arts, 2 vol. *in-fol.* 4. un Dictionnaire universel, Géographique & Historique, en 2 vol. *in fol.* Tous ces ouvrages sont bien écrits, le dernier est excellent pour la partie de Géographie qui concerne la Normandie.

CORNEILLE, ( Michel ) Peintre & Graveur, né à Paris en 1642, alla à Rome, en qualité de pensionnaire du Roi, & fut à son retour Profes. à l'Académie de Peinture. On voit à Paris, à Versailles, à Meudon, &c. un gr. nombre de ses ouvrages, qui sont estimés. Il mour. à Paris en 1708. Jean Baptiste Corneille, son frere, né à Paris en 1646, & m. en 1695, se distingua, comme lui, dans la Peinture, & fut aussi Professeur à l'Académie.

CORNELIE, illustre Dame Romaine, fille de Scipion l'Africain, & femme du Consul Sempronius Gracchus, 77 ans avant J. C étoit savante & vertueuse. Une Dame qui étoit logée chez elle, lui aïant montré ses bijoux, & desirant qu'à son tour elle lui fît voir ses richesses, Cornelie lui présenta ses enfans, en disant, qu'elle les regardoit comme son unique tresor, les aïant élevés avec soin pour le service de la patrie.

CORNELIE, fille de Cinna & femme de Jules César, dont il eut Julie, qui épousa Pompée. César eut tant d'amour pour elle, qu'il fit son Oraison funebre, & rappella Cinna son frere de l'exil en sa considération, vers 46 avant Jesus-Christ.

CORNELIE, ( Maximille ) chaste & vertueuse Vestale, que Domitien fit enterrer toute vive, sous prétexte d'un commerce de galanterie avec Celer, Chevalier Romain. En allant au supplice : *Quoi*, s'écriat elle, *César me déclare incestueuse ! moi dont les sacrifices l'ont fait triompher.* Les Romains admirerent la constance & la mod.stie avec lesquelles elle mourut.

CORNELIUS NEPOS, *v*, NEPOS.

CORNET, ( Nicolas ) savant Docteur de Sorbonne, de la Maison & Société de Navarre, naquit à Amiens le 12 Octobre 1592. Les Cardinaux de Richelieu & Mazarin lui donnerent des marques publiq. de leur estime, & le firent entrer dans le Conseil. Il fut Syndic de la Faculté de Théologie en 1649, & déféra sept propositions sur les matieres de la Grace, dont les cinq premieres sont celles qui furent condamnées depuis comme extraites du Livre de Jansénius. Il refusa l'Archevêché de Bourges, fit gr. nombre de legs pieux, & mourut à Paris le 18 Avril 1663. M. Bossuet fit son Oraison funebre. On attribue à Cornet la belle Préface qui est à la tête du Livre de controverse du Cardinal de Richelieu.

CORNHERT ou KOORNHERT, (Théodore) fameux hérétique du 16e siecle, né en 1522, d'une ancienne famille d'Amsterdam, après avoir voïagé en Espagne & en Portugal, s'établit à Harlem, où il gagnoit sa vie au métier de Graveur. Il apprit ensuite le latin & devint Secretaire de la ville de Harlem. On le députa plusieurs fois vers le Pr. d'Orange, Gouverneur de Hollande,

qui se servit de sa plume pour composer le premier Manifeste qu'il publia en 1566. Cornhert touva toujours dans la suite un puissant Protecteur en la personne de ce Prince, à cause de son aversion pour les Espagnols : cela ne l'empêcha point d'avoir beaucoup à souffrir, & d'être souvent mis en prison ou banni à la sollicitation des Ministres Protestans ; car quoiqu'il déclamât contre la Religion Catholique, il ne laissoit pas de s'élever contre Luther, Calvin & les Ministres de la Religion prét. réf. soutenant que sans une Mission extraord. appuïée de miracles, personne n'avoit droit de s'ingerer aux fonctions du Ministere Evangélique. Il prétendoit que toutes les différentes Communions Chrétiennes avoient besoin de réforme, & que pour être véritablement Chrétien, il n'étoit pas nécessaire d'être membre d'aucune Eglise visible ; ce qu'il pratiquoit, ne communiquant ni avec les Catholiques ni avec les Protestans, ni avec aucune autre secte. Il mour. le 29 Octob. 1590. Ses œuvres furent imprimées en 1630, en 3 vol. *in-fol.*

CORNUTUS, Philosophe Stoïcien, natif d'Afrique, fut Précepteur du Poëte Perse, & mis à mort par ordre de Néron, vers 54 de J. C.

CORONEL, ( Paul ) sav. Espag. natif de Ségovie, mort le 30 Sept. 1534, se distingua par sa science dans les Langues Orientales & dans la Théologie. Il enseigna à Salamanque, & le Cardinal Ximenès l'emploïa à l'édition de sa Bible Polyglotte.

CORONELLI, ( Vincent ) fam. Géographe de l'Ordre des Minimes, étoit natif de Venise, & fut reçu Docteur à l'âge de 23 ans. Sa science dans les Mathématiques l'aïant fait connoître du Cardin. d'Estrées, cette Eminence se servit de lui pour faire des Globes pour Louis XIV. Coronelli fit dans ce dessein quelque séjour à Paris ; & y laissa un gr. nombre de Globes, qui sont estimés. Il fut nommé Cosmographe de la République de Venise en 1685,

& quatre ans après, Professeur public de Géographie. Il devint ensuite Définiteur général de son Ordre, depuis Général le 14 Mai 1702. Il fonda à Venise une Académie Cosmographique, & mourut en cette ville au mois de Décembre 1718. On a de lui plus de 400 Cartes Géographiques; un Abregé de Cosmographie; plusieurs Livres sur la Géographie; & d'autres ouvrages.

CORRADINI de Sezza, (Pierre Marcellin) savant Jurisconsulte & Cardinal, naquit à Sezza le 3 Juin 1658. Il s'acquit l'estime & la confiance de Clement XI, & mourut à Rome le 8 Février 1743, à 83 ans. On a de lui un ouvrage, savant & curieux intitulé : *Vetus Latium profanum & sacrum*, 2 vol. *in-fol.* & une Histoire de Sezza en latin *in-4°.*

CORRADO, (Sébastien) habile Grammairien Italien du 16e siecle, étoit de Castello d'Arcetto, entre Reggio & Modene. Après avoir étudié sous Baptiste Egnatius, il enseigna les Langues latine & grecque à Reggio, où il forma une Académie de Belles-Lettres, il passa ensuite à Bologne pour y être Professeur dans ces mêmes Langues, & m. le 18 Août 1556. On a de lui plusieurs ouvrages dont les plus estimés sont, 1. *Quæstura in qua Ciceronis vita refertur.* Ce Livre est excellent (& très utile à ceux qui veulent lire les Œuvres de Ciceron & les bien entendre. 2. *de Lingua latina.* Bon. 1575. *in-4°.* M. Teissier, qui dans ses éloges des hommes savans, donne la Liste des ouvrages de Corrado, a oublié celui-ci qui est très bon.

CORREA de Sa, (Salvador) cél. Capitaine né à Cadix en 1594, d'une illustre famille de Portugal, fut Gouverneur de Rio-Janéiro; augmenta & embellit la ville de S. Sébastien, que son grand pere avoit bâtie, fonda la ville de Pernagua dans le Bresil, & mourut à Lisbonne en 1680, à 86 ans, après s'être signalé par sa valeur & par sa conduite dans un gr. nombre de sieges & combats. Il descendoit de Dom Payo Peres Correa, céleb. Général

Portugais au 13e si. sous les regnes de Sanche II & d'Alphonse III.

CORREA, (Thomas) cél. Grammairien du 16e si. natif de Conimbre, enseigna avec réput. à Palerme, à Rome & à Bologne. Il m. en cette derniere ville le 24 Fév. 1595, à 59 ans. On a de lui des Traités en latin sur l'Eloquence, l'Epigramme, l'Elégie; des notes sur l'Art Poëtique d'Horace, & d'autres ouvrages estimés.

CORREGE, (Antoine) très cél. Peintre d'Italie, né en 1494 à Corregio, ville dont il prit le nom, se fit admirer à Parme & dans la Lombardie. On estime principalement ses tableaux de Vierges, de Saints & d'Enfans. Il y répand des graces singulieres qui charment les connoisseurs. Il mourut en 1534, à 40 ans, d'une grosse fievre qu'il gagna en revenant de Parme à pied, chargé de 200 liv. en monnoie de cuivre. C'étoit dans le tems des plus gr. chaleurs; la joie qu'il avoit de porter cette modique somme à sa pauvre famille, lui fit forcer sa marche : ce qui lui causa la maladie dont il mourut. On rapporte de lui qu'aïant long-tems considéré un tableau de Raphaël, il s'écria : *Son pittore anch'io !* C'est-à-dire, *je suis peintre aussi moi ?* Il n'avoit jamais été à Rome. Le Correge étoit encore bon Architecte : malgré son extrême indigence, il trouvoit moïen de soulager les pauvres.

CORROZET, (Gilles) habile Libraire de Paris au 16e siec. dont on a divers ouvr. en vers & en prose. Il mourut à Paris le 15 Juin 1568, à 58 ans.

CORSINI, (Laurent) *voïez* CLEMENT XII.

CORT, (Corneille) l'un des plus cél. Graveurs & des plus excellens Dessinateurs que la Hollande ait produits, alla à Rome vers le milieu du 16e siec. & s'y fixa. Ce fut lui qui enseigna la Gravure à Augustin Carrache.

CORTE, (Gotlieb) sav. Prof. en Droit à Leipsic, né à Bescow dans la Basse Lusace, le 28 Février

1698 , s'est distingué par son érudition , & a travaillé aux Journaux
de Leipsic où il m. le 7 Avril 1731 ,
à 33 ans. On a de lui une édition
de Salluste , impr. à Leipsic en 1724
in-4°. avec des notes, qui est très
estimée, & d'autres ouvrages.

CORTEZ , ( Fernand ou Ferdinand ) Gentilhomme Espagnol natif de Medellin, s'est rendu céleb.
au 16e siec. sous le regne de Charles-Quint , par la conquête du Mexique. Il passa aux Indes en 1504, demeura quelque tems à Saint Domin-
gue ; & se rendit ensuite à Cuba. Il
se signala tellement par ses exploits,
que Diego Velasquez, Gouverneur
de l'Isle de Cuba, le fit Capitaine
général de l'armée qu'il destinoit à
la découverte de nouvelles terres.
Cortez mit à la voile à San-Jago le
18 Novemb. 1518 , disposa sa petite
armée à la Havane & aborda l'année suivante à Tabasco dans le Méxique. Il y battit les Indiens, fonda
la Vera-Crux, soumit la Province
de Tlascala, & marcha droit à Mé-
xico , capitale de l'Empire. Après
plus. combats, Montezuma, Empe-
pereur des Mexicains, fut contraint
d'aller au-devant de lui & de le recevoir dans la ville. Cortez le retint
prisonnier, l'obligea de soumettre
tous ses Etats à l'Empereur Charles-
Quint, & en exigea des richesses
immenses. Diego Velasquez, Gouverneur de l'Isle de Cuba, jaloux de
tant de succès, résolut de traverser
Cortez. Il envoïa contre lui une flotte de douze vaisseaux, commandée
par Pamphile de Narbaès : mais
Cortez le défit ; & aïant obtenu de
nouveaux secours des Espagnols, il
se rendit maître de tout le Mexique,
& retint prison. Guatimosin, successeur de Motezuma , & dernier
Empereur des Méxicains, le 13 Août
1521. Charles-Quint récompensa
ses services en lui donnant la vallée
de Guaxaca au Méxique, qu'il érigea en Marquisat, de la valeur de
150000 liv. de rente. Cortez mour.
en Espagne, comblé de biens & de
gloire, le 2 Déc. 1554, à 63 ans.
Plus. Auteurs ont fait l'Hist. de ses

conquêtes. La meilleure de toutes
est celle de Dom Antoine de Solis,
traduite de l'espag. en franç. , &
impr. à Paris en 1701, 2 vol. in-12.

CORTEZ ou CORTESIO, ( Gregoire ) sav. Cardinal , natif de Modene, d'une famille noble & anc.
fut *Auditeur* des Causes sous Léon
X, & se fit ensuite Religieux dans
l'Ordre de S. Benoît où son mérite
l'éleva aux prem. charges. Paul III
le créa Cardinal en 1542. Il m. à
Rome en 1548. On a de lui, *Epis-*
*tolarum familiarium ( latino sermo-*
*ne ) Liber ,* & d'autres ouvr. estimés.

CORTEZ , ( Paul ) sav. Théologien d'Italie , au 16e siec. & Protonotaire apostolique sous Jules II,
naquit en 146. à San Geminiano en
Toscane , d'une famille noble. Il fit
de sig. progrès dans les Belles-Let.
que les Savans, & en particulier,
Ange Politien, Volaterran. Pic de
la Mirandole , Hermolaus Barbarus
& Lampri le recherchèrent son amitié. Il mour. en 510 , dans le Bourg
de Montana Villa, dont il avoit fait
une espece de forteresse, à laquelle
il donna son nom. On a de lui,
1. des Commentaires sur les quatre
Livres des Sentences, dans lesquels
il affecte une belle Latinité ; mais
où il se sert de termes profanes qui
ne conviennent point à nos mysteres : 2. un Traité de la Dignité des
Cardinaux , estimé des Italiens :
3. *De hominibus doctis Dialogus* ,
ouvrage élégant & curieux, impr.
à Florence en 1734, in-4°.

CORTONE, ( Pierre de ) *voyez*
BERETIN.

CORYNNE, *voyez* CORINNE.

COSIMO , ( André & Pierre )
nom de deux Peintres Italiens, au
16e siec. André réussissoit principalement dans le clair obscur. Pierre
étoit beaucoup plus céleb. il excelloit à peindre des Bacchanales, des
monstres, & autres figures extraordinaires. Celui-ci mourut en 1521,
à 80 ans.

COSIN, ( Jean ) né à Norwich
le 30 Nov. 1595. Après avoir fait
ses études à Cambridge, fut Bibliothecaire & Secretaire de Jean Ove-
rall,

...all, Evêq. de Lichfield. Après la mort de ce Prelat, en 1619, Cofin devint Chapelain & Secretaire de Richard Nell, Evêq. de Durham. Il fut enfuite fucceffivem. Archidiacre d'une partie de la Province d'Yorck, Chanoine de Durham, Principal du College de S. Pierre à Cambridge, Doyen de l'Eglife Cathéd. de Peterborough, & Vice-chancelier de l'Univ. de Cambridge en 1640. Mais en 1643 Charles I aïant eu le deffous, Cofin qui s'étoit déclaré pour ce Pr. contre le Parlement, vint à Paris où il fut Directeur fpirituel des Domeftiques Proteftans de la Reine d'Angleterre. Il eut en ce tems-là une difpute avec Robinfon, Prieur des Bénédictins Anglois, fur la validité des Ordinations anglicanes, & il compofa quelques écrits fur ce fujet. Il fit auffi pendant fon féjour à Paris un Traité fur la Tranfubftantiation, qui a été imprimé à Londres en 1671. Cofin vécut en gr. liaifon avec les Miniftres de Charenton; il retourna en Angleterre après le rappel de Charles II, & fut nommé à l'Evêché de Durham. Il m. le 25 Janvier 1672, à 77 ans. Outre les ouvrages dont nous avons parlé, on a de lui. 1. un Recueil de Prieres compofé pour Charles I. 2. un petit volume en latin, où il décrit les fentimens & la difcipline de l'Eglife Anglicane. 3. une *Hiftoire du Canon des Livres de l'Ecriture Sainte* en Anglois.

COSME I, Gr. Duc de Tofcane, de la Maifon de Médicis, prit le parti de l'Empereur contre les François, dans les guerres d'Ital. Il fonda l'Ordre Militaire de S. Etienne, aima & protégea les Savans, gouverna avec fageffe, fonda l'Univerfité de Pife, & mourut en 1574, à 55 ans.

COSME II, Grand Duc de Tofcane, fuccéda à Ferdinand fon pere, en 1609; c'étoit un Prince de mérite, doux, libéral & pacifique. Il mourut en 1621.

COSME *l'Egyptien* ou *Indicopleutes*, fav. Moine du 6e fiec. voïagea en Ethiopie, & compofa une To-

pographie Chrétienne, que le Pere de Montfaucon a donnée en grec & en latin dans fa nouvelle Collection des Ecrivains Grecs.

COSPEAN ou COSPEAU, (Philippe) fav. Evêque d'Aire, de Nantes & de Lifieux, naquit en 1568, d'une famille noble du Hainaut. Après avoir étudié fous Jufte Lipfe, il vint à Paris, où il fut reçu Docteur de la Maifon & Société de Sorbonne. Il prêcha avec un applaudiffement univerfel, & eut le premier la gloire de purger la chaire de citations profanes, en introduifant le vrai goût de la Prédication. On récompenfa fon mérite en lui donnant l'Evêché d'Aire, puis celui de Nantes, & enfuite celui de Lifieux. Il mourut en 1646, à 78 ans. On a de lui quelques écrits.

COSSART, (Gabriel) habile Jéfuite, né à Pontoife en 1615, d'une famille noble, profeffa la Rhétorique à Paris avec applaudiffement, & s'appliqua enfuite à l'étude des Conciles avec le Pere Labbe, après la mort duquel il continua feul la grande collection qui parut en 1672. Il mourut à Paris le 18 Sept. 1674. Le Pere de la Rue publia, l'année fuivante, le Recueil des Oraifons & des Vers du Pere Coffart, réimprimé à Paris en 1723, *in 12*.

COSSÉ, (Artus de) Maréchal de France, & Seigneur de Gonnor, étoit fils de René de Coffé, Seigneur de Briffac, d'une Maifon illuftre & féconde en gr. hommes. Il fut Gouverneur de Metz en 1552, & défendit cette ville contre l'armée de l'Empereur. Il devint enfuite Lieutenant de Roi à Mariembourg, & Surintendant des Finances; emploi, dit Brantôme, où il ne fit pas mal fes affaires. Il fut fait Maréchal de France en 1567, fe trouva aux batailles de Saint Denis & de Montcontour, & fut défait en 1570 au combat d'Arnay-le-Duc. On le renferma à la Baftille en 1574 d'où il fortit l'année fuivante par les foins du Duc d'Anjou, depuis Henri III. Le Maréchal de Coffé rendit de gr. fervices à ce Prince, & mourut à Gonnor en Anjou le 15 Janvier 1582.

COSSÉ, ( Charles de ) Maréchal de France, plus connu sous le nom de Maréchal de Brissac, étoit fils aîné de René de Cossé, Seigneur de Brissac en Anjou. Il servit avec distinction dans les guerres de Naples & de Piémont, se distingua au siege de Perpignan en 1541. Il fut ensuite Colonel général de la Cavalerie legere de France. Il défendit Landrecy contre Charles Quint en 1543, défit l'arriere-garde de l'armée de l'Empereur à la levée du siege de Guise, battit 2000 Anglois au combat de Meurc près de Calais, & fut fait Grand-Maître de l'Artillerie Françoise en 1547. Il devint Maréchal de France en 1550, & après s'être signalé en Italie, & avoir rendu de gr. services à l'Etat, il mourut à Paris le 31 Déc. 1563, à 57 ans. Il ne faut pas le confondre avec Charles de Cossé, son fils puîné, Duc de Brissac, Pair & Maréchal de France, qui remit Paris, dont il étoit Gouverneur, au Roi Henri IV, le 22 Mars 1594, & qui mourut à Brissac en Anjou en 1621. Louis XIII avoit érigé cette terre en Duché-Pairie l'année précédente, en considération de ses services.

COSSÉ, ( Philippe de ) savant Evêque de Coutance, & grand Aumônier de France, étoit frere d'Artus de Cossé. Il étoit très habile dans les Belles Lettres & la Théologie, Il aimoit & protegeoit les Savans. Ce fut à sa persuasion que Louis le Roi écrivit la Vie de Budé. Il mourut vers 1550.

COSSÉ, ( Timoléon de ) appellé le Comte de Brissac, grand Fauconnier de France, Colonel des Bandes de Piémont, & l'un des jeunes Seign. les plus accomplis du Roïaume, étoit fils du Maréchal de Brissac. Il se distingua par sa valeur, sa sagesse, & par son amour pour les Lettres & les Sciences, & seroit parvenu aux plus gr. honneurs & aux plus hautes dignités s'il n'eût été malheureusement tué d'un coup d'arquebuse au siege de Mucidan, dans

le Périgord, en 1569, à 26 ans. Brantome & M. de Thou en font un très grand éloge.

COSTA, ( Christophe à ) savant Botaniste du 16e siec. natif d'Afrique, d'un pere qui étoit Portugais, étant allé en Asie pour se perfectionner dans la connoissance des Simples, y fut mis en captivité. Il trouva moïen d'en sortir, & après plus. voïages, il exerça la Médecine à Burgos. On a de lui, 1. un Traité des drogues & des médecines des Indes, traduit de l'espagnol en latin par Clusius : 2. une Relation de ses voïages des Indes : 3. un Livre à la louange des femmes, & d'autres ouvrages.

COSTA, ( Emmanuel à ) céleb. Jurisconsulte Portugais, disciple de Navarre, enseigna le Droit à Salamanque, en 1550. Ses œuvres ont été impr. en 2 vol. in-fol. Covarruvias & les autres savans Jurisconsultes Espagnols le citent avec éloge.

COSTA, ( Jean à ) en françois Jean la Coste, céleb. Jurisconsulte, Professeur de Droit à Cahors, sa patrie, & à Toulouse, m. à Cahors le 13 Août 1637. On a de lui un ouvr. estimé, sur les Instituts de Justinien, dont la meilleure édition est celle de Leyde en 1719, in-4°. Jean d'Aregan son disciple a écrit sa vie.

COSTANZO, ( Angelo di ) Historien & Poëte Italien, Seigneur de Catalupo, naquit vers 1507 d'une noble & ancienne famille de Naples, & mourut vers 1591. On a de lui, 1 une Histoire de Naples depuis 1250 jusqu'à 1489, en Italien, dont la meilleure édition, qui est très rare, est celle d'Aquila en 1582, in fol. 2. des Poésies italiennes estimées, dont on a plusieurs éditions in-12.

COSTAR, ( Pierre ) Bachelier de Sorbonne, fort connu par sa Defense des Ouvrages de M. Voiture, qui lui attira une dispute littéraire très vive avec Paul Thomas, sieur de Girac, naquit à Paris en 1603 d'un pere qui étoit Chapelier. Son vrai nom étoit Costaud, mais il le changea en celui de Coſtar qu'il trouvoit moins rude. Il n'avoit ni le goût, ni la ſcience, ni le mérite de M. de Girac, mais il n'étoit point ignorant, comme celui-ci le lui reproche. Il eut l'eſtime de Voiture, de Balzac & de pluſ. autres beaux eſprits de ſon tems. M. du Rueil, Evêque de Bayonne, & enſuite d'Angers, voulut l'avoir auprès de lui, en qualité d'homme de Lettres, & lui donna pluſieurs bénéfices. Coſtar étoit reçu avec empreſſement à l'Hôtel de Rambouillet & dans les meilleures Compagnies, où il affectoit un air de politeſſe & de galanterie, contraire aux manieres & aux uſages du gr. monde ; ce qui fit dire à M. Conrart, ou ſelon d'autres, à Madame de Loges : *que c'étoit le Pédant le plus galant, & le Galant le plus pédant qu'on pût jamais trouver.* Il mourut le 13 Mai 1660. Outre ſes ouvrages pour la défenſe de Voiture contre M. de Girac, on a de lui un Recueil de Lettres en deux vol. *in-4°*, & quelques autres écrits d'un ſtyle guindé & de mauvais goût.

COSTE, ( Hilarion de ) Religieux Minime diſtingué par ſes écrits & par ſa piété, naquit à Paris le 6 Septembre 1595, d'une famille noble, originaire du Dauphiné. Catherine Chaillou ſa mere, étoit petite niece de Franç. de Paule. Le Pere Hilarion étudia à Nevers en Philoſophie ſous le P. Merſenne, & fit ſa Théologie au Couvent de Vincennes. Il vint enſuite demeurer à Paris où il s'appliqua à l'étude, & à la direction des ames. Il y mourut le 11 Août 1661, à 66 ans. On a de lui un gr. nombre d'ouvr. remplis de choſes curieuſes & intéreſſantes, mais où les regles de la Critique ne ſont pas obſervées. Les principaux ſont : 1. Hiſtoire Catholique où ſont écrites toutes les vies, faits, &c. des hommes & dames illuſtres du 16e & 17e ſiecle, *in-fol.* 2. la Vie de Jeanne de France, Fondatrice des Annonciades : 3. les Eloges & les Vies des Reines, des Princeſſes & Dames illuſtres en piété, en courage & en

doctrine, qui ont fleuri de notre tems & du tems de nos Peres, dont la meilleure édition eſt de 1647, 1 vol. *in-4°*. 4. Les Eloges de nos Rois & des enfans de France qui ont été Dauphins, *in-4°*. 5. La Vie du Pere Marin Merſenne, *in-8°*. 6. Le portrait en petit de S. François de Paule, où l'Hiſtoire abregée de ſa vie, *in-4°*. 7. Le Parfait Eccléſiaſtique, ou la Vie de François le Picart, Docteur de Paris, avec les Eloges de 40 autres Docteurs de la Faculté, *in-8°*. Ce dernier ouvr. eſt le plus curieux & le plus recherché.

COSTER, ( Franç. ) ſav. Théologien Jéſuite, natif de Malines, fut envoïé par ſaint Ignace à Cologne où il fut reçu Docteur, & où il enſeigna avec réputation. Il ſe diſtingua dans les Païs-Bas par ſon zele contre les Hérétiques, & mourut à Bruxelles le 6 Décembre 1619, à 88 ans. On a de lui : *Enchiridion Controverſiarum*, & d'autres ouvrages.

COSTER, ( Laurent ) Bourgeois d'Harlem, auquel les Hollandois attribuent communément l'invention de l'Imprimerie vers 1440 ; mais il paroît conſtant que cet Art a été inventé à Mayence par Fauſt & Schœffer.

COSTES, ( Gautier de ) *voyez* CALDRENEDE.

COTA, ( Rodriguez ) Poète Eſpagnol du 16e ſiecle, natif de Tolede, eſt Auteur de la *Tragicomedia de Caliſtro y Melibea*, traduite en latin par Gaſpard Barthius, & en françois par Jacques de Lavardin. Les Eſpagnols font un gr. cas de cet ouvrage.

COTELIER, ( Jean-Baptiſte ) cél. Bachelier de la Maiſon & Société de Sorbonne, Profeſſeur de Grec au Collége Roïal à Paris, & l'un des plus ſav. hommes du 17e ſiecle, naquit à Nîmes en 1618. Son pere, qui étoit un Miniſtre converti, l'éleva avec ſoin, & le préſenta à l'Aſſemblée du Clergé, tenue à Mante en 1641. Le jeune Cotelier n'étant alors âgé que de 14 ans, expliqua

le Nouveau Teſtament grec à l'ouverture du Livre , & la Bible en hébreu , & fit en préſence de l'Aſſemblée quelq. démonſtrations de Mathématiques. Le Clergé le regarda
dès lors comme un prodige d'eſprit ,
& aſſigna à ſon pere une penſion ,
pour ſubvenir plus facilement à ſon
éducation. Cotelier étudia enſuite à
Paris , fut reçu de la Société de Sorbonne , & s'acquit l'eſtime des Savans. On le choiſit avec M. du Cange pour faire le Catalogue des Manuſcrits grecs de la Bibliotheque du
Roi , & en 1676 , on lui donna une
Chaire de Profeſſeur en Langue
grecque au Collége Roïal. Il s'appliqua avec une aſſiduité preſqu'incroïable à l'étude des Peres Grecs &
de l'antiquité Eccléſiaſtique. Il y fit
tant de progrès , & apporta une ſi
grande exactitude dans ſes recherches , que depuis la renaiſſance des
Lettres , aucun ſavant ne l'a ſurpaſſé
en ce genre. Il joignoit à cette profonde érudition , une probité , une
modeſtie , une ſimplicité & une candeur d'ame , dignes des premiers
tems. Il mourut à Paris le 12 Août
1686 , à 58 ans. On a de lui , 1. un
Recueil des Monumens des Peres
qui ont vécu dans les tems Apoſtoliques , impr. à Paris en 1672 , &
réimpr. en Holl. en 1698 , 2 vol.
_in-fol._ 2. Trois vol. _in-4°._ de Recueils de pluſ. Monumens de l'Egliſe Grecque. Il a enrichi ces deux
excellens ouvr. d'une bonne verſion
latine , & de notes courtes , judi-
cieuſes , exactes , & ſi profondes ,
que l'on y trouve ordinairement
plus d'inſtruction & de vraie ſcience en peu de mots , que dans les
vol. entiers des Commentateurs. On
a encore de lui une excellente Traduction latine de quatre Homélies
de S. Chryſoſtôme ſur les Pſ. , &
des Comment. de ce Pere ſur Daniel. M. Baluze , ſon ami , a écrit
ſa vie.

COTES , ( Roger ) excell. Mathématicien , & Profeſſeur d'Aſtronomie & de Philoſophie expérimentale dans l'Univerſité de Cambridge ,
fit paroître beaucoup d'inclination

dès ſa jeuneſſe pour les Mathématiques , en quoi il fut aidé & encouragé par Jean Smith ſon oncle.
Thomas Plume , Archidiacre de
Rocheſter , aïant fondé une Chaire
d'Aſtronomie à Cambridge , Cotes
fut choiſi en 1706 , pour en être le
premier Profeſſeur à cauſe de ſon
mérite & de ſa profonde ſcience
dans les parties les plus abſtraites
des Mathématiques. Il mourut en
1716 , à la fleur de ſon âge , fort regretté de Bentley ſon ami , & des
Savans d'Angleterre dont il s'étoit
acquis l'eſtime. On a de lui une excellente édition des principes de
Newton , imprim. à Cambridge en
1713 , _in-4°._ 2. _Harmonia menſura-_
_rum , ſive analyſis & ſyntheſis per_
_rationum & angulorum menſuras_
_promotæ_ , avec d'autres opuſcules de
Mathématiq. donnés au public en
1722 , par Robert Smith ſon ſucceſſeur. 3. Deſcription du gr. Mé-
téore qui parut au mois de Mars
1716 , publiée dans les Tranſactions
Philoſophiques.

COTOLENDI , ( Charles ) Ecrivain du 17e ſiecle , natif d'Aix en
Provence , & mort au commencement du 18e ſiecle , eſt auteur d'un
grand nombre d'ouvr. Les principaux ſont , 1. Les Voïages de Pierre
Texeira , traduits d'Eſpagnol en
François , 2 vol. _in-12._ 2. La vie de
la Ducheſſe de Montmorenci , Princeſſe des Urſins , & Supérieure de
la Viſitation de Sainte Marie de
Moulins , _in-8°._ 3. La vie de Saint
François de Sales , _in-4°._ 4. Traduction de la vie de Chriſtophe Colomb , 2 vol. _in-12._ 5. La méthode
pour aſſiſter les malades , traduite
du latin de Polancus. 6. Diſſertation critique contre les Œuvres de
S. Evremont.

COTTA , ( C. Aurelius ) célebre
Orateur Romain , de l'illuſtre fam.
Aurelienne , fut Conſul 75 avant
J. C. Il étoit frere de Marcus Aurelius Cotta qui fut Conſul avec Lucullus 74 av. J. C. Celui-ci fit la
guerre contre Mithridate avec peu
de ſuccès , & prit Héraclée par trahiſon ; ce qui lui fit donner le nom

de Pontique. Son frere Lucius Aurelius Cotta fut banni de Rome pendant les guerres de Marius & de Sylla. Le parti de celui-ci aïant triomphé, Cotta fut rappellé & devint Conful, 65 av. J. C. Lucius Aurunculeius Cotta, Capitaine Romain, de la même famille, fervit dans les Gaules fous César, & fut tué par les Gaulois, 54 avant Jefus Chrift.

COTTE, (Robert de) hab. Architecte François, naquit à Paris en 1657, d'une famille diftinguée dans le Génie & dans l'Architecture. Il devint Architecte ordinaire du Roi, & Directeur de l'Académ. d'Architecture en 1699, & fuccéda en 1708 à Manfart dans la place de premier Architecte du Roi, & d'Intendant des Bâtimens, Jardins, Arts & Manufactures roïales. Il fut encore honoré du cordon de Saint Michel, & mourut à Paris en 1735. Le Periftyle de Trianon, & pluf. autres beaux ouvrages à Verfailles, à Paris, &c. font de fa compofition. C'eft lui qui a imaginé le premier de placer des glaces au-deffus des chambranles de cheminée.

COTTIN ou COTIN, (Charles) Prédicateur, Chanoine de Bayeux, Aumônier du Roi, & l'un des 40 de l'Académie Franç., natif de Paris, n'étoit point tout-à-fait fi méprifable, que Boileau & Moliere, avec lefquels il s'étoit brouillé, l'ont voulu faire croire. Il favoit les Langues, étoit chéri dans les plus illuftres Compagnies, où l'on ne faifoit gueres accueil qu'au mérite, & prêcha feize Carêmes dans les meilleures Chaires de Paris, où il mourut en 1682. On a de lui divers ouvrages affez bien écrits en Profe & en Vers. Les princip. font, 1. Théoclée, ou la vraie Philofophie des principes du monde. 2. Traité de l'Ame immort. 3. Oraifon funebre pour Abel Servien. 4. Réflexions fur la conduite du Roi (Louis XIV), quand il prit le foin des affaires par lui-même. 5. Salomon ou la Politique roïale, &c.

COTTON ou COTON, (Pierre) cél. Jéfuite, né en 1564 à Néronde, près de la Loire, d'une fam. noble, étudia à Milan, à Rome, & à Lyon. Il s'appliqua enfuite à la Prédication, & enfeigna les cas de confcience à Avignon. Aïant converti M. de Lefdiguieres (qui ne fit cependant abjuration que fous Louis XIII, quelques mois avant qu'il devint Connétable en 1622), ce Seigneur parla de lui au Roi Henri IV, qui voulut le voir. On fit venir le Pere Cotton d'Aix en Provence; le Roi fut fi fatisfait de fon éloquence & de fa piété, qu'il le fit fon Confeffeur. Après la mort de ce gr. Roi, le Pere Cotton fut quelquetems Confeffeur de Louis XIII. Il quitta cette fonction en 1617, fut Provincial, & mourut à Paris le 19 Mars 1626, à 63 ans. On a de lui, 1. un Traité du Sacrifice de la Meffe. 2. Geneve Plagiaire. 3. La rechute de Geneve Plagiaire. 4. L'Inftitution Catholique. 5. Des Sermons & d'autres ouvrages.

COTTON, (Robert) Chevalier Anglois né en 1570, s'attacha principalement à étudier les antiquités d'Angleterre, & à déterrer tous les plus anc. Manufcr. qui pouvoient fervir à les éclaircir. Dans cette vue il fe tranfporta à Londres, où il fe joignit à un certain nombre de favans, qui compofoient une Société d'Antiquaires. Cambden étoit du nombre. Animés tous du même zele, ils voïagerent vers le Nord de l'Angleterre, où les Rom. avoient fait un plus long féjour. Le Chevalier Robert Cotton y amaffa un vafte & curieux Recueil de Manufcr. dont M. Smith a publié le Catalogue fous ce titre: *Catalogus Librorum MSS. Bibliothecæ Cottonianæ*, &c. 1696, in-fol. C'étoit à ces Antiquaires qu'on s'adreffoit en Angleterre, quand il s'agiffoit de foutenir les droits de la Couronne, & de maintenir les anciennes conftitutions du Roïaume. C'eft à Robert Cotton qu'eft dû le rétabliffement du titre de *Chevaliers Baronets*, qu'il retrouva dans de vieilles Chartes. Ce titre donne le premier rang après les Barons qui font Pairs d'Angleterre. Il m. en 1631, à 61 ans. On donna en 1652 un Recueil des Traités qu'il avoit composés dans des occasions importantes. Un de ses Héritiers aïant donné à la Couronne d'Angleterre la fameuse Bibliothéque de Robert Cotton, & la maison où elle étoit placée, afin que le public en pût jouir, on jugea à-propos dans la suite de joindre cette Bibliotheque à celle du Roi, & de les placer l'une & l'autre dans une maison située dans le Cloître de l'Abbaïe de Westminster ; mais le feu y prit le 3 Nov. 1731, & consuma quelques Livres de la Bibliotheque roïale, & un bien plus gr. nombre des Manuscr. de la Bibliotheque Cottoniene. L'eau des Pompes dont on se servit pour éteindre le feu, gâta de telle forte une partie de ceux que le feu avoit épargnés, qu'il n'est plus possible de les lire.

COTYS, nom de quatre Rois de Thrace. Le premier étoit contemporain de Philippe pere d'Alexandre, & fut tué par un certain Python, à cause de ses cruautés. Le second envoïa son fils au secours de Pompée. Le troisieme vivoit du tems d'Auguste, & fut tué par Rhescuporis son oncle, Prince très cruel ; c'est ce Cotys auquel Ovide adresse quelq. unes de ses Elégies. Enfin, le quatrieme, qui étoit fils du précédent, céda la Thrace à son cousin Rhœmetalces, par ordre de Caligula, & eut en échange la petite Arméñie & une partie de l'Arabie.

COVARRUVIAS, (Diego) cél. Jurisconsulte, & l'un des plus sav. hommes de son siecle, naquit à Tolede le 25 Juillet 1512. Il étudia sous Navarre à Salamanque, & devint en peu de tems si habile, qu'il fut choisi pour y enseigner le Droit Canon, ce qu'il fit avec une telle réputation, qu'on le nomma le Bartole Espagnol. Il joignit à la science du Droit, la connoissance des Belles-Lettres, des Langues & de la Théologie. Charles-Quint le nomma à l'Archevêché de Saint-Domin-

gue, qu'il refusa, mais il accepta, en 1559, l'Evêché de Ciudad-Rodrigo, auquel Philippe II l'avoit nommé. Il assista en cette qualité au Concile de Trente, & s'y acquit une telle réputation de capacité & de vertu, qu'on le choisit avec Boncompagno, qui fut depuis le Pape Grégoire XIII, pour dresser les Décrets de la réformation. A son retour en Espagne, il fut Evêque de Ségovie en 1564, Président du Conseil de Castille en 1572, & ensuite nommé à l'Evêché de Cuença ; mais il mourut à Madrid avant que d'en avoir pris possession, le 27 Sept. 1577, à 66 ans. Ses ouvr. ont été impr. en 2 vol. in fol. Ils sont excellens.

COULANGES, ( Philippe - Emmanuel de ) natif de Paris, fut Conseiller au Parlement, puis Maître des Requêtes, & se distingua par un gr. nombre de Chansons, dont le tour, le naïf, & le naturel sont admirables. Il mourut à Paris en 1706, à 85 ans. Le Recueil de ses Chansons fut impr. en 1698, 2 vol. in-12.

COUPERIN, ( Louis, Charles & François ) nom de trois freres qui se sont distingués dans la Musique. Ils étoient natifs de Chaume petite ville de Brie. Louis se fit admirer par son habileté à toucher l'Orgue, & obtint une place d'Organiste à la Chapelle du Roi. On créa même pour lui une charge nouvelle de dessus - de - Viole. Il mourut vers 1665, laissant en manuscrit trois suites de pieces de Clavessin, qui sont très estimées. François Couperin, le second des trois freres, montroit les pieces de Clavessin dès deux autres, & mourut à 70 ans. Il étoit pere de la Demoiselle Louise Couperin, qui chantoit avec goût, & qui touchoit le Clavessin avec des graces & une légereté admirables. Elle étoit de la Musique du Roi, & mourut en 1728, à 52 ans. Enfin, Charles Couperin, le plus jeune des trois freres, se fit admirer par la maniere dont il touchoit l'Orgue, & mourut en 1669, laissant un fils, qui eſt le cél. François Couperin, Organiſte de la Chapelle du Roi, dont nous avons *diverſes pieces de Claveſſin*, en 4 vol. *in-fol.*, qui ſont très eſtimées. Il obtint auſſi la charge de Claveſſin de la Chambre du Roi, & mourut en 1733, à 65 ans, laiſſant deux filles qui excellent à toucher l'Orgue & le Claveſſin. Marie-Anne, Religieuſe à l'Abbaïe de Maubuiſſon, & Marguerite-Antoinette, qui a la charge de Claveſſin à la Chambre du Roi ; charge qui n'avoit été juſqu'à elle, remplie que par des hommes.

COUR, (Didier de la) Religieux Bénédictin, Inſtituteur des Congrégations réformées de Saint-Vanne & de Saint Maur, naquit à Monzeville, à 3 lieues de Verdun, en 1550, d'une famille noble. Il apprit les Langues & la Théologie, & fut reçu Doct. en Théologie dans l'Univerſité de Pont-à-Mouſſon. Aïant été élu Prieur de l'Abbaïe de Saint-Vanne à Verdun, il entreprit d'y introduire la réforme, & d'y faire obſerver la Regle de S. Benoît dans ſa pureté. Les Religieux de l'Abbaïe de Moyen-Mouſtier dans les Voſges, dédiée à Saint Hidulphe, embraſſerent la même réforme, ce qui donna lieu à l'érection d'une nouvelle Congrégation ſous le nom de Saint Vanne & de Saint Hidulphe, approuvée par Clém. VIII en 1604. Quelques années après, Didier inſtitua la Congrégation de S. Maur. Il mourut en odeur de ſainteté dans l'Abbaïe de Saint Vanne, le 14 Novembre 1623, à 72 ans.

COURBON, (le Marquis de) Capitaine François, né à Châteauneuf-du-Rhône, petit Bourg du bas Dauphiné, d'une famille médiocre, s'éleva par ſon courage & par ſa conduite. Il ſervit avec réput. dans les armées de l'Empereur, & après la mort du Comte de Rimbourg, Miniſtre d'Etat, & Grand-Maître des Monnoies de l'Empereur, il épouſa ſa veuve qui lui apporta de gr. biens. Quelque-tems après, il ſervit dans la guerre des Vénitiens contre les Turcs, ſe ſignala à la priſe de Coron, & fut tué d'un boulet de canon au ſiege de Negrepont en 1688, à 38 ans. M. Aimar, ſon intime ami, a publié ſa vie à Lyon en 1692, *in-12.*

COURCELLES, (Etienne de) ſav. Théologien Proteſtant, de la Secte des Arminiens, naquit à Geneve en 1586. Après avoir été Miniſtre en France, il ſe retira à Amſterdam où il enſeigna la Théologie avec réputat. & où il m. en 1658. On a de lui pluſieurs ouvr. impr. en 1675, dans leſquels il ſuit les ſentimens d'*Episcopius*, auquel il avoit ſuccédé : 2. Une Edition du Nouveau Teſtament grec, qui eſt eſtimée.

COURCILLON, *voïez* DANGEAU.

COURTE-CUISSE, (Jean de) *Joannes brevis Coxæ*, ou *de brevî Coxa*, ſav. Docteur de Sorbonne, fut député en 1395, avec d'autres Docteurs, par l'Univerſité de Paris, auprès de Benoît XIII & Boniface IX, contendans au Pontificat, pour les engager à y renoncer. Il devint Aumônier du Roi, & fut élevé en 1420 à l'Evêché de Paris ; mais il aima mieux renoncer à cette dignité, que d'obéir au Roi d'Angleterre. Il ſe retira à Geneve, dont il fut Evêque en 1422, & mourut quelq. années après. On a de lui pluſieurs ouvrages. Le principal eſt un Traité *de la Foi, de l'Egliſe, du Souverain Pontife & du Concile*, publié par M. Dupin dans la nouv. édit. des Œuvres de Gerſon.

COURTENAY, illuſtre & céleb. Maiſon de France, dont il y a eu pluſ. Emper. de Conſtantin. & un gr. nomb. de perſonnes diſtinguées par leur vertu, leur mérite & leur courage. Les Seigneurs de Courtenay ont ſouvent demandé à la Cour d'être reconnus pour Pr. du Sang, comme étant *iſſus légitimement, par Mâles, du Roi Louis le Gros* ; mais ils n'ont pu l'obtenir.

COURTILZ, (Gatien de) ſieur de Sandras, Ecrivain fécond, mais peu exact, naquit à Paris en 1644. Il fut Capitaine au Régiment de

Champagne, & quitta enfuite le service pour s'appliquer à la compofition de pluf. ouvr. qu'il publia en Hollande & en France. De Courtilz fut renfermé à la Baftille d'où il ne fortit qu'en 1711. Il mourut à Paris le 6 Mai 1712, à 68 ans. Ses principaux ouvr. font, 1. *La Conduite de France depuis la paix de Nimegue*; écrit injurieux à la France, qu'il réfuta lui-même en 1684 : 2. Mémoires contenant pluf. évenemens arrivés fous Louis XIV. 3. *La Vie du Vicomte de Turenne*, fous le nom emprunté de du Buiffon. 4. *La Vie de l'Amiral de Coligny*. 5. Teftament Politique de M. Colbert. 6. Mercure hiftorique & politique. 7. Hiftoire du Maréchal de la Feuillade. 8. Vie du Chevalier de Rohan, &c.

COURTIN, (Antoine de) Secretaire des Commandemens de la Reine Chriftine de Suéde, naquit à Riom en 1622. Après avoir fait fes études & fes exercices en France, il paffa en Suede en 1645, avec M. Chanu, ami intime de fon pere, alors réfident auprès de la Reine Chriftine. Cet habile Miniftre le fit connoître à la Cour. La Reine Chriftine le nomma Secretaire de fes Commandemens, & il s'acquit l'eftime de Charles Guftave, héritier préfomptif de la Couronne, & des Gr. du Roïaume. Courtin revint en France quelquetems après ; mais la Reine Chriftine aïant abdiqué la Couronne en faveur de Charles Guftave, ce Prince lui manda de fe rendre inceffamment auprès de fa perfonne. Courtin alla le joindre en Pologne, & fut nommé par ce Prince, fon Envoïé extraordinaire en France. Après la mort de Charles Guftave, M. Colbert fit nommer Courtin, Réfident Général pour la France, vers les Princes & Etats du Nord. Il mourut à Paris en 1685. On a de lui, 1°. les Traités *de la Civilité : Du Point d'Honneur : De la Pareffe : De la Jaloufie :* 2°. Une Traduct. Françoife du Traité de la Guerre & de la Paix de Grotius.

COURTOIS, ( Jacques) Peintre célebre, furnommé *le Bourguignon*, naquit dans la Paroiffe de S. Hypolyte, près de Befançon, en 1621. Il lia une étroite amitié avec le Guide, l'Albane, Pierre de Cortone, le Bamboche, &c. & fuivit pendant trois ans une armée, deffinant les campemens, les fieges, les marches & les combats dont il étoit témoin. Tous fes tableaux en ce genre font admirables. Aïant été foupçonné d'avoir empoifonné fa femme, il fe déguifa fous l'habit de Jéfuite, & orna la maifon dans laquelle il fut reçu, de plufieurs beaux morceaux de peinture. Il m. à Rome en 1676. Guillaume Courtois, fon frere, fut difciple de Pierre de Cortone, & fe fit auffi admirer par fes talens pour la peinture. Il fut emploïé par le Pape Alexandre VII, & mour. en 1679. Ses princip. tableaux font à Rome.

COUSIN, ( Jean) célebre Peintre François, au 16e fiecle, natif de Soucy, proche Sens, & mort vers 1589, excelloit à peindre fur le verre. On eftime fon tableau du Jugement univerfel, qui eft dans la Sacriftie des Minimes du Bois de Vincennes. Il travailloit auffi en Sculpture, & c'eft lui qui a fait le Tombeau de l'Amiral Chabot, qui eft aux Céleftins de Paris. Il a laiffé quelques ouvrages de Géométrie & de perfpective.

COUSIN, ( Louis) Préfident en la Cour des Monnoies, l'un des 40 de l'Académie Françoife, & célebre Traducteur François, naquit à Paris le 12 Août 1627. Il étoit d'abord deftiné à l'état Eccléfiaftique, & fut reçu Bachelier de Sorbonne ; mais enfuite, il quitta cet état, fe fit recevoir Avocat, & fréquenta le Barreau jufqu'en 1657, qu'il fut Préfident en la Cour des Monnoies. Il travailla au Journal des Savans, depuis 1687 jufqu'en 1702. Le Préfident Coufin étoit habile dans l'antiquité Eccléf. Il apprit l'hébreu à 70 ans, afin de pouvoir paffer fes dernieres années à la lecture du texte original de l'Ecriture. Il mourut à Paris , le 26 Févr. 1707, à 80 ans. Il fonda six Boursiers au Collège de Beauvais ; mais ce Collège n'aïant pas voulu accepter cette fondation, elle a été transférée au Collège de Laon. Il laissa sa Bibliotheque à l'Abbaïe de Saint Victor, avec un fond de 20000 liv. dont le revenu doit être emploïé à l'augmentation de cette Bibliotheque. On a de lui, 1°. la Traduction Françoise de l'Histoire Ecclésiastique d'Eusebe , de Socrate, de Sozomene & de Théodoret : 2°. La Traduction des Auteurs de l'Histoire Bysantine, en 9 vol. in-4°. , & quelques autres ouvrages. Ces Traductions sont bien écrites en françois.

COUSTANT , ( Pierre ) savant Religieux Bénédictin, de la Congrégation de S. Maur, dont on a une édition de S. Hilaire, qu'il publia en 1695 , & d'autres ouvr. Il mourut le 18 Octobre 1721.

COUSTOU, ( Nicolas ) habile Sculpteur, natif de Lyon , neveu & éleve d'Antoine Coysevox, mourut à Paris, étant Chancelier & Recteur de l'Académie de Peinture & de Sculpture, le premier Mai 1733 , à 75 ans. Guillaume Coustou , son frere, est mort à Paris , le 22 Févr. 1746 , à 69 ans, après s'être distingué dans le même art.

COUSTURIER, ( Pierre ) plus connu sous le nom de Pierre *Sutor*, sav. Doct. de la Maison & Société de Sorbonne, natif du Maine , se fit Chartreux, & eut dans cet Ordre plusieurs emplois importans. Il mourut le 18 Juin 1537. On a de lui un gr. nombre d'ouvr. dont les plus estimés sont , un Traité des *Vœux Monastiques* en latin, & un autre, *De potestate Ecclef. in occultis.*

COUTURES, ( Jacques Parrain , Baron des ) fécond Ecrivain Franç. , natif d'Avranches d'une famille noble , après avoir porté les armes dans sa jeunesse, quitta le service, & composa divers ouvr. ; savoir , 1. L'*Esprit de l'Ecriture-Sainte* , ou *Examen de plusieurs endroits des Livres Saints.* Paris 1686 , *in-12.*

2. La *Genese en latin & en franç.* avec des notes littérales sur les endroits les plus difficiles. Paris 1687 & 1688 , 4 vol. *in-12.* 3. La *vie de la Sainte Vierge,* Paris 1691 *in-12.* 4. La *Morale d'Epicure avec des Réflexions par l'Auteur de la vie d'Epicure.* La Haye 1686 , *in-12.* 5. L'*Esprit familier de Socrate , d'Apulée, en latin & en françois,* avec des remarques & sa vie. La Haye 1702 , *in-12.* Mais l'ouvrage le plus connu du Baron des Coutures, est sa Traduction Françoise de Lucrece, avec des remarques en 2 vol. *in-12.* Il y en a eu plus. Edit. Il m. en 1702.

COWLEY, ( Abraham ) célebre Poëte Anglois , né à Londres en 1618 , se distingua , pendant les troubles d'Angleterre, par son attachement aux Rois Charles I , & Charles II , qui l'emploïérent en diverses affaires importantes. Cowley étoit d'un caractere aimable , avoit beauc. de génie & de talens. Sa probité le fit généralem. estimer , & après sa mort arrivée le 28 Juillet 1667, le Roi Charles II s'écria : *Qu'il venoit de perdre l'homme du Roïaume qui lui étoit le plus attaché.* Ses œuvres ont été recueillies & publiées *in-fol.*

COXIS, ( Michel ) excell. Peintre Flamand, natif de Malines, fut disciple de Raphael, & mourut à Anvers en 1592 , à 95 ans.

COYPEL, ( Ant. ) habile Peintre François, naquit à Paris en 1661. Noel Coypel , son pere, né à Paris en 1628, fut élevé par Vouet, & peignit à 78 ans les grands morceaux à fresque qui sont au-dessus du maître Autel des Invalides. Il excelloit dans le dessein & dans les expressions de têtes. Aïant été nommé, par M. Colbert, Directeur de l'Académie de Rome, il emmena son fils avec lui en Italie. Antoine Coypel s'y forma sur les ouvrages des plus grands Maîtres, & revint en France, où il fut premier Peintre de M. le Duc d'Orléans. Ce Prince lui fit peindre la grande galerie du Palais Roïal , & lui donna une penfion. Coypel fut Directeur de l'Académie de Peinture & de Sculpture en 1714, premier Peintre du Roi en 1715, & ennobli à caufe de fon mérite. Il mourut le 7 Janvier 1722, à 61 ans. M. Coypel, fon fils, mort en 1752, excelloit dans le même art. Noel Coypel, gr. pere de ce dernier, mourut à Paris en 1707, la veille de Noel, jour auquel il étoit né; Nicolas Coypel, fon autre fils, & frere d'Antoine Coypel, étoit auffi un très bon Peintre. Il naquit en 1692, & mourut en 1737, à 45 ans, d'un coup qu'il s'étoit donné à la tête.

COYSEVOX, (Antoine) habile Sculpteur du Roi, naquit à Lyon en 1640. Il fut Profeffeur, Recteur & Chancelier de l'Académie de Peinture & de Sculpture de Paris, où il mourut en 1720.

COZZANDUS, (Leonard) fav. Moine du 17e fi. natif de Breffe, a fait un Traité fort eftimé. *De Magifterio antiquorum Philofophorum.* On a encore de lui un Traité *de Plagio*, & un autre intitulé *Epicurus expenfus*, qui lui ont fait honneur.

CRABBE, (Pierre) favant Religieux de l'Ordre de Saint François, au 16e fiecle, natif de Malines, dont on a une édition des Conciles, continuée par *Surius*, fut élevé aux premieres charges de fon Ordre, & mourut à Malines en 1553, à 83 ans.

CRAGIUS, (Nicolas) favant Profeffeur en Grec & en Hiftoire, dans l'Univerfité de Copenhague, naquit à Ripen vers 1549. Il fut emploïé par les Rois de Dannemarck, en diverfes négociations importantes, & mourut le 14 Mai 1602. On a de lui, 1. Un Traité excellent, *De Republica Lacedæmoniorum*: 2. Les Annales de Dannemarck en latin, & d'autres ouvrages. Il ne faut pas le confondre avec Thomas Cragius, habile Jurifconfulte Ecoffois, mort en 1608.

CRAIG, (Jean) fameux Mathématicien Ecoffois, eft Auteur d'un petit Livre qui a fait beaucoup de bruit, & qui eft intitulé *Theologiæ chriftianæ principia Mathematica.* Il y calcule la force & la diminution des chofes probables. D'abord, il prétend établir que tout ce que nous croïons fur le témoignage des hommes infpirés ou non, n'eft que probable; enfuite il fuppofe que cette probabilité va toujours en diminuant, à mefure qu'on s'éloigne du tems auquel les témoins ont vécu, & en fe fervant de calculs algebriques, il prétend prouver que la probabilité de la Religion Chrétienne peut durer encore 1454 ans : après quoi elle feroit nulle, fi Jefus-Chrift par fon fecond avénement ne prévenoit cette Eclypfe. Il croit que N. S. J. C. reviendra un peu avant ce terme, & qu'il vînt au monde environ dans le tems que la probabilité de la Religion Judaïque, tendoit à fa fin. Cet Ecrit imprimé à Londres en 1699, & qui ne contient que 36 pages, eft extrêmement rare. M. l'Abbé Houtteville (dans fa *Religion Chrétienne prouvée par les faits*) & M. Ditton (dans fon *Traité de la Réfurrection de J. C.*) font fentir l'abus que Craig a fait de la fcience des Mathématiques en tranfportant les principes qui lui font propres, à des matieres qui lui font étrangeres, & ils démontrent que l'Hiftoire & la Critique ont leurs preuves d'un autre genre, mais dont la certitude équivaut cependant à celles des Géometres. D'ailleurs cette prétention de Craig, que la probabilité de la Religion Judaïque étoit prête à finir, quand le Meffie a paru, eft infoutenable, puifque les preuves de la Révélation Judaïque, fubfiftoient alors, & fubfiftent encore en leur entier.

CRAMMER, ou CRANMER, (Thomas) fameux Archevêque de Cantorberi, naquit à Aftafon, près de Nottingham, le 2 Juillet 14.., d'une famille noble. Après avoir fait fes études à Cambridge, il alla à la Cour, où il fe fit connoître d'Anne de Boulen. Le Roi Henri VIII l'envoïa à Rome pour folliciter la diffolution de fon mariage avec Catherine d'Aragon ; à son retour, il fut fait Archevêque de Cantorberi en 1532, prononça la Sentence de divorce entre Henri VIII & Catherine, maria ce Prince avec Anne de Boulen, s'éleva contre la primauté du Pape, introduisit le schisme en Angleterre, & épousa même une fille qu'il avoit emmenée d'Allemagne ; mais à l'avénement de la Reine Marie à la Couronne, il fut accusé de haute trahison & d'hérésie, & renfermé à la tour de Londres. L'espérance de sauver sa vie, lui fit d'abord rétracter ses erreurs ; mais voïant que nonobstant cette démarche, il étoit condamné au supplice, il révoqua sa rétractation, & fut brûlé à Oxfort, le 21 Mars 1556. On a de lui un Livre intitulé : *La Tradition nécessaire du Chrétien*, & d'autres ouvr. en anglois & en latin.

CRAMER, ( Jean-Jacques ) né à Elgg dans le Canton de Zurich le 24 Janvier 1673, se rendit très habile dans les Langues Orientales, & les professa à Zurich & à Herborn. Il m. à Zurich le 9 Fév. 1702. Ses principaux ouvr. sont, 1. *Exercitationes de ara exteriori Templi secundi*. 2. *Theologia Israelis*.

CRAMER, ( Jean-Rodolphe ) frere du précédent, & sav. Théol. protestant, naquit à Elcau le 14 Févr. 1678. Après avoir étudié en Allemagne & à Leyde, il devint Professeur d'hébreu à Zurich après la mort de son frere, & ensuite Professeur de Théol. Il eut plus. autres places honorables, & mour. le 14 Juillet 1737. On a de lui, 1. un gr. nombre de Theses Théologiq. en latin. 2. plusieurs Dissertations en latin. 3. neuf harangues, & d'autres ouvrages.

CRAMER, ( Jean-Frederic ) Jurisconsulte Allemand, fut Profess. à Duisbourg. Frederic I, Roi de Prusse, connoissant son mérite le donna pour Précepteur au Prince Roïal. Cramer fut aussi conseiller de ce Prince, ensuite Conseiller du Conseil pour le Gouvernement du Duché de Magdebourg, & enfin résident du Roi de Prusse à Amsterd. Mais après la mort de ce Prince, on ôta à Cramer sa pension, & il m. de chagrin à la Haye le 17 Mars 1715. On a de lui 1. un petit Ecrit latin adressé à Benoît Carpzovius, & imprimé à Berlin en 1694 *in-fol* principalement contre cette question indécente & ridicule du Pere Bouhours : *Si un Allemand peut être bel esprit ?* 2. une Traduction latine de l'introduction à l'Histoire par Puffendorf. 3. l'Histoire de Frederic I, Roi de Prusse, par les Médailles. Cette histoire est demeurée manuscrite.

CRAMER, ( Gabriel ) habile Philos. & l'un des savans les plus universels du 18e si., naquit à Geneve, en 1704. Ses progrès dans les sciences furent si rapides, & si extraordinaires qu'à l'âge de 19 ans on lui donna une Chaire de Mathématique. C'est à lui qu'on doit l'édition des Œuvres de MM. Jacques & Jean Bernouilli, qui parut à Geneve en 6 vol. *in-4°*. Il acheva en 1746 son *Introduction à la Théorie des Lignes courbes*, ouvrage excellent qui n'a été imprimé qu'en 1750. En prenant possession d'une Chaire de Philosoph. qui lui fut donnée en 1749, il prononça une harangue sur l'utilité de l'étude de la Philos. pour former de grands Magistrats. Elle a été imprimée en 1750. M. Cramer étoit des Académies de Londres, de Berlin, de Montpellier, de Lyon & de l'institut de Bologne. Il m. en 1752 à Bagnols en Languedoc, où il étoit allé dans l'espérance de rétablir sa santé. C'étoit un homme universel & une *Encyclopedie vivante*. Il avoit beaucoup de religion & des mœurs exemplaires.

CRAMOISY, ( Sébastien ) cél. Imprimeur de Paris, fut Echevin de cette Ville, & Directeur de l'Imprimerie Roïale, établie au Louvre. Il mourut en 1669.

CRANTOR, Philof. & Poète Grec, natif de Solos en Cilicie, quitta sa patrie où il s'étoit fait admirer par la beauté de son génie

& s'en alla à Athenes. Il y étudia avec Polemon & Cratès, sous Xenocrates. Polemon aïant succédé à Xenocrates vers 316 avant J. C. eut la gloire d'avoir Crantor pour disciple. Crantor fut regardé comme le principal défenseur de la Secte Platonicienne, & fit le premier des commentaires sur Platon. Il mourut d'hydropisie dans un âge peu avancé, après avoir composé un grand nombre d'ouvrages qui se sont perdus. On estimoit principalement son Livre *de la Consolation*.

CRAON, (Pierre de) Seigneur de la Ferté-Bernard, de Sablé, & de plusieurs autres lieux, descendoit de la Maison des Barons de Craon, dont il est souvent parlé dans l'Histoire de Fr. Il s'attacha à Louis d'Anjou, lequel étant en Italie, l'envoïa en France pour lui amener du secours; mais Craon s'arrêta à Venise, où il se livra à la débauche; ce qui fut cause de la mort de ce Prince. Craon s'attira ensuite la haine du Duc d'Orléans, & croïant que le Connétable de Clisson lui avoit rendu de mauvais offices, il l'assassina le 14 Juin 1391; cependant le Connétable ne mourut point de ses blessures, & les biens de Craon aïant été confisqués, furent donnés au Duc d'Orléans. Craon se retira sur les terres du Duc de Bretagne, où il se tint long-tems caché; mais il eut enfin sa grace, à la priere même du Duc d'Orléans. C'est Pierre de Craon qui obtint du Roi Charles V, qu'on donneroit des Confesseurs aux criminels qu'on mene au supplice.

CRAPONE, (Adam de) Gentilhomme natif de Salon, en Provence, s'est rendu célebre au 16e siecle, par son esprit & par sa capacité dans les fortifications. Il fit en 1558 le canal de *Crapone*, tiré de la Durance jusqu'à Arles, & lui donna son nom. Il fut empoisonné à Nantes, sous le regne de Henri II, à 40 ans.

CRASSO, (Jules-Paul) savant Médecin, du 16e siecle, natif de Padoue, se distingua par son érudition & par son habileté dans les Belles Lettres. Il mourut en 1574. On a de lui la Traduction latine des ouvrages d'*Aretæus*, & de plus. autres anc. Médecins Grecs.

CRASSOT, (Laurent) cél. Auteur Italien, dont on a *les Eloges des Hommes de Lettres* de Venise, imprimés en 1666, 2 vol. *in-4°*.

CRASSOT, (Jean) cél. Profes. de Philos. au College de sainte Barbe à Paris, étoit de Langres. Il mourut au College des Grassins, le 14 Août 1616. On a de lui une Philosophie qui a été estimée. Il avoit le talent singulier de redresser ses oreilles, & de les abbaisser, quand il vouloit.

CRASSUS, (Publius Licinius) grand Pontife, & sav. Jurisconsulte Romain, de l'illustre famille des *Crassus*, qui a donné plusieurs Consuls, fut élevé à cette dignité 131 ans avant J. C. Il passa en Asie à la tête de l'armée Romaine, destinée contre Aristonicus, mais il fut vaincu dans une gr. bataille, & pris par les Thraces qui étoient à la solde d'Aristonicus. Aïant frappé le soldat qui le conduisoit, il fut tué d'un coup de poignard, & enterré à Smyrne. Il avoit quitté sa dignité de grand Pontife pour commander les Armées; ce qui étoit alors sans exemple.

CRASSUS, (M. Licinius) Consul Romain, fam. par ses richesses, par son avarice & par ses malheurs, fit commerce d'Esclaves pour s'enrichir. Il acquit de si grands biens, qu'il fit un festin public au peuple Romain, & donna à chaque Citoïen autant de bled qu'il en pouvoit consommer pendant trois mois. Il se sauva en Espagne, pour éviter la tyrannie de Cinna & de Marius, 88 ans avant J. C. où Vibius, son ami, le tint caché pendant 8 mois. De-là il passa en Afrique vers Sylla, qui lui donna de l'emploi. Crassus fit paroître un courage extraordinaire dans la guerre contre les Esclaves conduits par Spartacus. Il les défit 71 ans avant J. C. & mérita l'honneur du petit triomphe. Il fut ensuite Préteur , Consul & Triumvir avec César & Pompée. Peu de tems après , s'étant ligué avec Pompée , il entra en Syrie , pilla le temple de Jérusalem , & emporta de la Judée des richesses immenses. Il marcha ensuite contre les Parthes; mais son armée composée environ de 100000 hommes, fur taillée en pieces, & lui-même fut tué près de Sinnaca , ville de Mésopotamie, 53 av. J. C. On dit que sa tête aïant été portée à Orodes , Roi des Parthes , ce Prince fit couler de l'or fondu, dans la bouche , afin dit-il, *qu'elle fût consumée par le même métal, dont le desir insatiable lui avoit fait commettre tant de crimes.*

CRASSUS PADUANUS , ou CRASSO, sav. Religieux Francisc. natif de Barlette , se fit estimer au 16e siecle , par son éloquence & par ses écrits. On a de lui : *De Republica Ecclesiastica : Enchiridion Ecclesiasticum* , & d'autres ouvrages.

CRATERUS , favori d'Alexandre le Grand , & rival d'Antipater, avoit un air noble & majestueux , un esprit élevé , & un grand courage. Après la mort d'Alexandre , il fut tué dans un combat contre Eumenes , qui le voïant expirer, descendit de cheval pour lui rendre les derniers devoirs. Craterus avoit composé un ouvrage fort regretté des Savans , dans lequel il avoit recueilli les décrets des Athéniens.

CRATES , cél. Philos. Grec, fils d'Ascondus , mari de la célebre Hipparchie , & disciple de Diogene *le Cynique* , étoit de Thebes en Béotie. On dit qu'il jetta son argent dans la mer pour s'appliquer plus librement à la Philosophie ; d'autres assurent qu'il le déposa entre les mains d'un Banquier , avec ordre de le remettre à ses enfans au cas qu'ils fussent fous; car , dit Crates , *s'ils sont Philosophes , ils n'en auront pas besoin.* Alexandre lui aïant demandé s'il vouloit qu'on rebâtît Thebes , il répondit , qu'il ne s'en soucioit point , parcequ'un autre Alexandre la détruiroit encore. Il vivoit vers 328 avant J. C. Il ne

faut pas le confondre avec Crates , célebre Philosophe Académicien, disciple & ami de Polemon , vers 300 av. J. C. C'est ce dernier Crates qui eut pour disciple Arcésilaüs , & d'autres célebres Philosophes. Les Anciens font encore mention d'un Poëte comique , nommé Cratès.

CRATINUS , cél. Poëte comique , natif d'Athenes , dont il ne nous reste que des fragmens, mourut vers 432 avant J. C. à plus de 95 ans. Il florissoit du tems de Pindare & d'Eschyle , & avoit coutume de dire *qu'un buveur d'eau ne peut jamais faire que de mauvais vers.* Quintilien fait un grand éloge de ses Comédies.

CRATIPPUS , cél. Philos. Péripatét. étoit de Mitylene , où il enseigna la Philos. avec réput. Il alla ensuite à Athenes , & eut pour disciple le fils de Cicéron , & Brutus. Pompée alla le voir après la bataille de Pharsale , & lui proposa des difficultés contre la Providence. Cratippe le consola , & répondit avec force à ses objections.

CRATON , ou DE CRAFFTHEIM, ( Jean ) savant Médecin, né à Breslau en 1519, fut Méd. des Empereurs Ferdinand I, Maximilien II , & Rodolphe II. Il mourut le 9 Novembre 1585 , à 66 ans. On a de lui : *Isagoge Medicinæ* , & plusieurs autres ouvrages estimés.

CRAYER , ( Gaspard ) célebre Peintre Flamand, naquit à Anvers en 1585. Il excella dans les sujets d'histoire & dans le portrait, & fut regardé comme l'émule de Rubens. Il mourut à Gand en 1669.

CREDI , ( Laurenzo di ) célebre Peintre de Florence , mort en 1530, à 78 ans , fut grand imitateur de Léonard de Vinci.

CREECH , ( Thomas ) fameux Ecrivain Anglois, naquit à Blandford , dans le Comté de Dorset , en 1659, d'une famille noble. Il fit ses études à Oxford, & se distingua par ses talens pour la Poésie & les Belles-Lettres. Etant devenu amoureux d'une Demoiselle , & n'aïant pu s'en faire aimer , quoiqu'elle fût d'un accès facile à l'égard de plusieurs autres, cet affront, joint à son indigence & à son humeur naturellement chagrine, le jetta dans un tel desespoir, qu'il se pendit sur la fin de Juin, en 1700. Ses principaux ouvrages sont, 1. Traduction de Lucrece en vers anglois, avec des notes, imprimée à Oxford en 1682 & 1683, in 8°. 2. Traduction de Lucrece en prose angloise, avec des notes, dont la meilleure édition est de Londres 1717, in-8°. Cette Traduction en prose, est plus estimée que l'autre. 3. Traduction en anglois de Théocrite. 4. Traduction des Odes, des Satyres & des Epîtres d'Horace, in-8°. &c. M. Dryden regarde Creech, comme *un savant & judicieux Ecrivain.*

CRELLIUS, (Jean) très fam. Socinien, natif d'un village près de Nuremberg, en 1590, embrassa les sentimens de Socin, & passa en Pologne en 1612. Il fut Professeur de Théologie, & Ministre à Cracovie, où il mourut en 1632, à 42 ans. On a de lui, 1. un fameux Traité contre le Mystere de la sainte Trinité: 2. Des commentaires sur une partie du Nouveau Testament: 3. Des ouvr. de Morale, dans lesquels il enseigne qu'un *mari peut legitimement battre sa femme.* Tous les ouvrages de Crellius sont recherchés. Il ne faut pas le confondre avec Paul Crellius, Ministre Luthérien, natif d'Isleb, mort le 14 Mai 1579, dont on a divers Traités de Théologie contre les Calvinistes & les Catholiques.

CREMONINI, (César) savant Philosophe Péripatéticien, naquit à Cento dans le Modenois en 1550. Il professa la Philosophie à Ferrare pendant 17 ans, & à Padoue pendant 40 ans. Il s'acquit une telle réputation, que les Rois & les Princes voulurent avoir son portrait. Il étoit ami du Tasse, du Pigna & des autres Savans qui fréquentoient la Cour des Princes d'Est. Il mourut à Padoue durant la peste en 1630, à 80 ans. On a de lui un Traité de l'Ame, & d'autres ouvr. qui ren-

ferment beaucoup de choses contraires à la Religion.

CRENIUS, (Thomas) l'un des plus laborieux compilateurs qui aient paru jusqu'ici, étoit de la Marche de Brandebourg. Il enseigna la Philosophie à Giessen, fut Ministre près de Zell, Recteur en Hongrie, Correcteur d'Imprimerie à Rotterdam & à Leide; enfin Maître de Pension, & Répétiteur en cette derniere ville, où il mourut le 29 Mars 1728, à 80 ans. Il a publié un grand nombre de Recueils. Les plus estimés sont trois vol. *in-4°.* dont le premier est intitulé: *Consilia & Methodi aureæ studiorum optimè instituendorum.* Rotterd. 1692. Le second: *De Philologia, studiis Liberalis doctrinæ,* &c. Leyde, 1696. & le trois. *De Eruditione comparandâ.* Leyde, 1696. Cette collection contient ce qu'il y a de meilleur sur la maniere d'étudier les différentes sciences.

CREON, Roi de Thebes, en Béotie, fils de Menecée, & frere de Jocaste, s'empara du Gouvernement après la mort de Laïus, mari de Jocaste. Il le céda ensuite à Œdipe, qui après s'être crevé les yeux, se retira à Athenes, laissant son Roïaume à ses fils Etéocle & Polynice; mais ces deux Princes s'étant tués tous deux dans un combat singulier, vers 1251 avant J. C. Créon reprit le Gouvernement, fit mourir Antigone & Agrie, & se comporta avec une extrême cruauté. Thesée lui déclara la guerre à la priere des Dames Thébaines, & lui ôta la Couronne & la vie.

CREQUI, (Charles de) Prince de Poix, Duc de Lesdiguieres, Pair & Maréchal de France, & l'un des plus célebres Généraux de son siecle, se signala en divers sieges & combats. Il tua en duel, en 1599, Dom Philippin, bâtard de Savoie; défit les Espagnols au combat du Tesin, le 22 Juin 1636, & fut tué d'un coup de canon au siege de Brême, le 17 Mars 1638. Il avoit beaucoup d'éloquence, & se distingua dans les Ambass. de Rome & de Venise.

CREQUI, ( François de ) célebre Capitaine du 17e siecle , après s'être signalé par sa valeur & par sa conduite en plusieurs occasions importantes, fut fait Général des Galeres en 1661 , & Maréchal de Fr. en 1668. Il fut défait près du pont de Consabrick , sur la Sarre , en 1675 , & se retira ensuite dans Treves , dont il ne voulut point signer la capitulation. L'année suivante, il se trouva au siege de Condé ; dans la suite , aïant été fait Gouverneur de Metz , il contraignit, en 1678, le Prince Charles de Lorraine de se retirer avec perte ; prit Fribourg , & se rendit maître de Luxembourg en 1684. Il mourut à Paris le 4 Février 1687.

CRESCENS , Philosophe cynique du second si. vers 154 se rendit infame par ses débauches , & par ses calomnies contre les Chrétiens. C'est contre lui que S. Justin écrivit sa seconde apologie.

CRESCENTIUS NUMANTIANUS, Patrice Romain , s'empara du Château S. Ange , vers 985 , & exerça dans Rome des cruautés inouies ; mais ses crimes ne demeurerent pas impunis , car l'Empereur Othon III , lui fit trancher la tête.

CRESCONIUS , savant Evêque d'Afrique , sur la fin du 7e siecle , est Auteur d'une collection de Canons qui se trouve dans la Bibliotheque du Droit Canon , donnée au public par Justel & Voël en 1661.

CRESIBIUS , excellent Mathématicien, qui a perfectionné l'Hydraulique. Il y a une Pompe qui a retenu son nom.

CRESPET, ( Pierre ) sav. Religieux Célestin , natif de Sens , mort en 1594, après avoir refusé un Evêché que Grégoire XIV vouloit lui donner. On a de lui : Summa Catholicæ Fidei , & d'autres ouvrages.

CRESPI, ( Joseph-Marie ) Peintre , natif de Bologne , s'est acquis une réputation brillante , & s'est fait estimer des Grands. Il mourut à Bologne en 1747.

CRETENET, ( Jacques ) pieux & savant Chirurgien , natif de Champlite , bourg de Bourgogne , institua les Prêtres Missionnaires de S. Joseph de Lyon , & mourut le 3 Septembre 1666 , à 63 ans. M. Orame a écrit sa vie.

CRETHEIS , femme d'Acaste , Roi de Thessalie , conçut une violente passion pour Pelée : ce jeune Prince n'aïant pas voulu y répondre , elle l'accusa auprès d'Acaste , d'avoir voulu la corrompre. Acaste exposa Pelée aux Centaures ; mais il retourna victorieux , & tua Cretheis & Acaste.

CRETIN , ( Guillaume ) Poète François , sous les regnes de Charles VIII , Louis XII , & François I , fut Chantre de la Ste Chapelle de Paris , & Trésorier de celle de Vincennes. Il m. en 1525. La meilleure édition de ses œuvres est celle de Paris , en 1724 , in-12. C'est ce Poète que Rabelais désigne sous le nom de Rominagrobis.

CREVECŒUR , ( Jacques de) Conseiller & Chambellan du Roi de France , & du Duc de Bourgogne , étoit fils de Jean de Crevecœur , d'une Maison noble & ancienne. Il fut Ambassadeur en Angleterre pour le Duc de Bourgogne , & se signala par sa valeur & par sa conduite en plus. expéditions contre les Anglois. Il m. en 1441. Philippe de Crevecœur , son fils , s'attacha à Charles le Hardi , Duc de Bourgogne , & combattit pour lui à la bataille de Mont-le-heri , en 1465. Après la m. de ce Prince , il passa au service de Louis XI , qui le fit Maréch. de Fr. en 1483. C'est lui qui fit prisonniers , près de Bethune , le Duc de Gueldres , & le Prince de Nassau. Philippe de Crevecœur étoit sage , vaillant , & rendit des services importans à Louis XI , & à Charles VIII. Il m. à la Bresle , près de Lyon , en 1494.

CREUSE , fille de Creon , Roi de Corinthe , fut mariée à Jason ; ce qui irrita tellement Médée , répudiée par Jason , que pour s'en vanger , elle fit périr par ses charmes magiques , selon la Fable ,

Creon, Creufe, & prefque toute la famille Roïale.

CREUSE, fille de Priam, Roi de Troyes, & femme d'Enée, échappa avec ce Prince, de l'embrafement de Troyes. Mais aïant été oubliée par Enée, & s'étant perdue, comme elle fuïoit avec lui pour s'embarquer, elle difparut, & fut tranfportée par Cybele, felon la Fable.

CRILLON, (Louis de Berton de) Chevalier de Malthe, d'une illuftre famille de Provence, & l'un des plus cél. Capitaines de fon fiec. fe diftingua par fa valeur & par fes belles actions fous les regnes de Henti II, François II, Charles IX, Henti III, & Henri IV. Il fe fignala aux batailles de Dreux, de Jarnac, de Montcontour, & de Lepante, & fut Confeiller d'Etat, & le premier Colonel général de l'Infanterie Françoife. Henri IV ne l'appelloit pas autrement que le brave Crillon. Il mourut le 2 Déc. 1615, à 74 ans.

CRINESIUS, (Chriftophe) fav. Théol. Proteftant, né en Boheme en 1584, fut Profeffeur à Altorff, où il m. en 1626. On a de lui: 1. une difpute fur la confufion des Langues. 2. Concordantiæ Hebraicæ. 3. Gymnafium & Lexicon Syriacum, &c.

CRINITUS, (Pierre) favant Profeffeur de Belles-Lettres à Florence, fa patrie, fut difciple & fucceffeur d'Ange Politien. Il mourut vers 1505, à 40 ans. On a de lui des Poéfies en latin, un Traité de honefta difciplina, & les Vies des Poètes Latins.

CRIPSE, (Crifpus) fils de Conftantin le Grand, & de Minervine, fa premiere femme, fut fait Céfar en 317. Il battit les Germains, & fit paroître beaucoup de capacité dans l'art militaire, tant fur mer que fur terre. Faufta, fa belle mere, aïant conçu une paffion criminelle pour lui, & voïant qu'il ne vouloit point y répondre, l'accufa auprès de Conftantin, comme s'il eût voulu la corrompre. L'Empereur crut avec trop de facilité cette accufa-

tion. Il condamna Crifpus, & le fit empoifonner. Mais l'innocence de ce jeune & vertueux Prince fut reconnue peu de tems après.

CRISPIN, ou CRESPIN, (Jean) habile Imprimeur, au 16e fiec. natif d'Arras, fut d'abord Clerc de Charles du Moulin, & fe fit recevoir Avocat au Parlement de Paris. Enfuite il lia amitié avec Beze, & aïant embraffé fes erreurs, il fe retira à Geneve, où il s'acquit beaucoup de réputation par fon Imprimerie. Il y mourut de pefte en 1572.

CRISPUS, (Jean Baptifte) Théol. Poète, & favant Ecrivain du 16e fiecle, natif de Gallipoli, dont on a un Livre eftimé & rare, de Ethnicis Philofophis cautè legendis, & d'autres ouvrages.

CRITIAS, difciple de Socrate, & l'un des 30 Tyrans établis fur la ville d'Athenes, après qu'elle eut été prife par Lyfander, Général des Lacédémoniens, avoit de la naiffance, de l'efprit, & de grands talens; mais il emploïa ces belles qualités à opprimer fa patrie. Il remplit Athenes de meurtres, fut caufe de la mort d'Alcibiade & de Theramene, & fit paroître tant de cruautés envers ceux qui avoient été bannis d'Athenes, qu'ils fe liguerent enfin contre lui, entrerent dans l'Attique, fous la conduite de Thrafybule, & attaquerent Critias. Il fut tué en fe défendant avec valeur, 400 avant J. C. Il avoit compofé des Elégies, & d'autres ouvr. dont il ne refte que des fragmens.

CRITON, Philof. Athénien, & l'un des plus zélés difciples de Socrate, vers 404 avant J. C. fourniffoit à Socrate ce dont il avoit befoin: il converfa avec lui jufqu'à fa mort, & compofa des Dialogues qui fe font perdus. Il eut plufieurs difciples diftingués.

CROCIUS, (Jean) fav. Théol. Proteftant, Profeffeur à Marpurg, mort en 1659, a fait un Commentaire in-fol. fur l'Epître aux Ephéfiens, & fur huit autres Epîtres de S. Paul.

CROESE, (Gerard) Croefius, favant

favant Miniftre Proteftant , natif d'Amfterdam, dont on a une Hiftoire des Quakers, un Livre intitulé *Homerus Hebræus*, & d'autres ouvrages. Il mourut en 1710 , à 68 ans.

CRŒSUS , cinquieme & dernier Roi de Lidie , de la famille des Mermnades , fuccéda à Alyattes , fon pere, 557 avant J. C. Il rendit tributaires les Grecs de l'Afie , fubjugua les Phrygiens, les Myfiens, les Paphlagoniens, les Thraces, les Cariens, &c. amaffa des richeffes immenfes , & devint un des plus puiffans & des plus magnifiques Princes du monde. Il attira à fa Cour les Savans, & prit plaifir à s'entretenir avec eux. Un jour qu'il faifoit l'énumération de fes grandes richeffes , & qu'il exaltoit la félicité de fon Regne , Solon rabaiffa fa vanité en lui difant, *qu'on ne devoit regarder aucun homme comme heureux, avant fa mort.* Crœfus tourna en ridicule cette réflexion ; mais il en éprouva bientôt lui - même la vérité : car aïant été vaincu par Cyrus, il fe renferma dans Sardes , Capitale de fon Empire. Cette Ville fut prife d'affaut , & comme un Soldat Perfan étoit prêt à tuer Crœfus, un fils de ce Prince, qui étoit le feul qui lui reftoit, & qui étoit muet, effraïé de ce danger, s'écria : *Arrête, Soldat, ne porte point ta main fur Crœfus.* Ceci arriva 544 avant J. C. Crœfus fut conduit devant Cyrus , qui fit élever un bucher pour l'y brûler. Alors, reconnoiffant la vérité de ce que *Solon* lui avoit dit, il s'écria : *O Solon , Solon !* Cette parole, remarquée par Cyrus, lui fauva la vie ; car aïant déclaré au Vainqueur ce qui le faifoit parler ainfi, Cyrus eut des fentimens plus humains , & voulut avoir Crœfus pour prendre fes avis dans fes expéditions. Après la mort de ce Prince, Crœfus eut la confiance de Cambyfes, fon fils, & mourut quelque-tems après.

CROI , ( Jean de ) *Croïus*, fav. Théologien de la Religion prétendue réformée, au 17e fiecle, étoit d'U-
*Tome I.*

fez, où il fut Miniftre. Il mourut le 31 Août 1659. Le plus confidérable de fes ouvrages eft intitulé : *Obfervationes facræ & hiftoricæ in Novum Teftamentum.*

CROISET , ( le Pere ) Jéfuite, dont on a des Méditations, une Vie des Saints, & d'autres ouvrages de piété.

CROIX DU MAINE , ( François Grudé de la ) favant Ecrivain, du 16e fiecle, né au Maine en 1552, publia en 1584 *la Bibliotheque Françoife ;* c'eft-à dire , le Catalogue des Auteurs qui ont écrit en françois. Il fut affaffiné à Tours en 1592.

CROMER , ( Martin ) favant Evêque de Warmie, au 16e fiecle , dont on a une Hiftoire de Pologne , & quelques Traités de Controverfe contre les Proteftans. Il mourut le 23 Mars 1589.

CROMWEL , ( Thomas ) fam. Anglois , fils d'un Forgeron de Pulney , fut d'abord domeftique du Cardinal de Wolfey. Il s'attacha enfuite à Anne de Boulen, Maîtreffe de Henri VIII. Ce Prince lui donna en 1536 la Baronnie d'Oukam , & le fit Garde des Chartes Roïales. Quelque tems après, il le fit Secretaire d'Etat, puis Comte d'Effex , grand Chambellan , & Garde du Sceau privé. Enfin , il le choifit pour fon premier Miniftre dans les affaires Civiles & Eccléfiaftiques. Cromwel perfécuta les Catholiques, en fit mourir plufieurs avec une cruauté inouie, & engagea le Roi à fe faifir de leurs biens. Il fit même porter une Ordonnance, par laquelle il étoit déclaré que les Sentences rendues contre les Criminels de Lefe-Majefté, quoiqu'abfens & non entendus, feroient de même force que celles des douze Juges. Mais il fut la premiere victime de cette loi injufte ; car on le condamna pour crime d'héréfie, de trahifon & de félonie , fans être entendu, & il eut la tête tranchée le 28 Juillet 1540.

CROMWEL , ( Olivier ) habile politique Anglois, & l'un des plus gr. Généraux de fon fiecle, naquit à Huntington en 1603, d'une famille confidérable de ce Comté. Après avoir étudié quelque tems à Cambridge, il prit le parti des armes, & fe fignala au fiege de Hull, contre Charles I, Roi d'Angleterre, & en plufieurs autres occafions importantes; ce qui l'él-va à la dignité de Lieutenant général, fous les ordres du Comte de Manchefter, Généraliffime des armées du Parlement; & enfuite fous Thomas Fairfax. Il tailla en pieces l'arm. Roïale, battit le Duc d'Hamilton, & tua de fa main le fameux Colonel Legde, dans une fortie au fiege d'Oxford. Après la prife de cette Ville, Cromwel alla au Parlement, & lui fit prononcer la dégradation du Roi en 1646. L'année fuivante, les Ecoffois aïant eu la lâcheté de livrer ce Prince infortuné, Cromwel fe fit proclamer Généraliffime, après la démiffion de Fairfax. Il défit le Duc de Buckingham en 1648; & fon armée aïant battu & fait prifonnier le Comte de Holland, il retourna à Londres comme en triomphe, & fit trancher la tête au Roi fon maître, le 9 Fevrier 1649. Le 17 Mars fuivant, il fit abolir la Monarchie, & établit un Confeil d'Etat, donnant à ceux qui le compofoient, le titre de *Protecteurs du Peuple*, & de *Défenfeurs des Loix*. Il paffa enfuite en Irlande, où il défit le Marquis d'Ormond. Il ne fut pas moins heureux en Ecoffe, où les Etats avoient pris les armes pour le Roi Charles II. Il vainquit & diffipa leurs armées. Cromwel fit la guerre avec fuccès aux Hollandois en 1653, & refufa la Couronne d'Angleterre que le Parlement lui offroit, mais il en eut toute l'autorité fous le titre de *Protecteur*. Il déclara enfuite la guerre aux Efpagnols, auxquels il enleva la Jamaïque & Dunkerque. Il m. à Whitehall, le 13 Sept. 1658, & fut enterré avec grande pompe dans la Chapelle de Henri VII. Cromwel avoit un courage & des talens extraordinaires. Il étoit politique, entrepre-

nant, diffimulé, & capable d'exécuter les plus grands projets. Il fit fleurir le commerce, étendit la domination d'Angleterre, & fut comme l'arbitre de l'Europe. Mais tant de belles qualités furent flétries par l'abus qu'il fit de fon autorité, ufurpant les prérogatives du Trône, & traitant avec la derniere indignité fes légitimes Souverains. Raguenet & Gregorio Leti ont écrit fa vie.

CROMWEL, (Richard) fils aîné du précédent, avoit été nommé par fon pere pour lui fuccéder. Il fut proclamé Protecteur d'Angleterre avec beaucoup de folemnité; mais il ne fût point fe maintenir dans cette place importante; car des difputes s'étant élevées pour mettre des bornes au pouvoir des Magiftrats, & Richard n'aïant point eu le talent de cacher les mefures qu'il prenoit pour mettre la flotte & la milice dans fes intérêts, fes démarches firent naître de la jaloufie entre lui & fon armée. Fleetwood & Defborough, le premier, beau-frere, & le fecond, oncle de Richard, attirerent à eux les Officiers de l'armée, dépoferent Richard, & prirent le Gouvernement en main. Mais voïant que le peuple fe plaignoit de leurs procédures militaires, ils députerent à Richard, le déchargerent de fes dettes, & lui donnerent une protection pour fix mois. Richard enleva alors les richeffes qu'il trouva à Whitehall, & fe retira à la campagne, où il vécut dans la retraite, & mourut le 24 Juillet 1702, à 80 ans.

CROS, (Pierre du) fav. Doct. & Provifeur de Sorbonne, étoit du Limofin. Il fut Doïen de l'Eglife de Paris, puis Evêque de Senlis, en 1345, Evêque d'Auxerre, en 1349, & Cardinal, en 1350. Il m. de pefte à Avignon, le 23 Septembre 1361. Il ne faut pas le confondre avec le Cardinal Pierre du Cros, Archevêque d'Arles, mort en 1388; ni avec le Cardinal Jean du Cros, frere de ce dernier, qui fut Evêque de Limoges, & gr. Pénitencier de l'Eglife Romaine. Il étoit habile dans la Jurifprudence, & mourut à Avignon, le 22 Nov. 1383.

CROSILLES, ( Jean-Baptifte de ) Poëte François du 17e fi., étoit Abbé & membre de l'Académie qui fe tenoit en 1619, chez M. de Marolles. Il fit des Epîtres héroïdes à l'imitation de celles d'Ovide, qui eurent d'abord un gr. fuccès, & qui tomberent enfuite dans l'oubli. Ses Comédies n'étoient pas meilleures. Aïant été accufé de s'être marié étant Prêtre, il fut mis en Prifon vers la fin de 1640. Il n'en fortit qu'au bout de 10 ans par Arrêt du Parlement qui le déchargea de cette accufation. Il mourut fix mois après en 1651, dans une extrême pauvreté.

CROUVÉ, ( Guillaume ) *Crouveus*, favant Prêtre de l'Eglife Anglicane, fut Régent à Croydone, & fe pendit de défefpoir vers 1677. On a de lui un Catalogue des Auteurs qui ont écrit fur la Bible, *Elenchus Scriptorum in S. Scripturam*. Le Pere le Long, de l'Oratoire, en a beaucoup profité dans fa *Bibliotheque facrée*.

CROUZAS, ( Jean-Pierre de ) célebre Philofophe & Mathématicien, naquit à Laufanne le 12 Avril 1663, d'une famille noble. Il fut élevé avec foin par fon pere, fit fes claffes avec diftinction, & en fortit à l'âge de 13 ans. Son pere, qui le deftinoit à la profeffion des armes, lui fit alors apprendre ce que l'on doit favoir dans l'Art militaire; mais le jeune Crouzas n'y prenant aucun goût, & ne foupirant qu'après l'étude des Lettres, on fut obligé de lui laiffer la liberté de fuivre fon inclination. Il étudia enfuite fous d'habiles Maîtres, & la lecture des Ecrits de Defcartes le porta à s'appliquer avec ardeur à l'étude de la Philofophie & des Mathématiques, dans lefquelles il fit de grands progrès. Peu de tems après, il voïagea à Geneve, en Hollande & en France, & fit connoiffance à Paris avec le cél. Pere Mallebranche & avec le P. le Vaffor. De retour dans fa Patrie, il fut

établi Profeffeur honoraire. Il difputa à Berne avec honneur la Chaire en Hébreu en 1691, & fut fait Profeffeur en Grec & en Philofophie en 1699, puis Recteur de l'Académ. de Laufane, en 1706 & en 1722; on l'appella à Groningue en 1724, pour y être Profeffeur en Mathématique & en Phi'ofophie, avec 1500 florins de Hollande de penfion. Deux ans après, il fut nommé Affocié étranger de l'Académie Roïale des Sciences de Paris. Ce fut alors qu'on le choifit pour être Gouverneur du Prince Frédéric de Heffe-Caffel, neveu du Roi de Suede. M. Crouzas donna tous fes foins à l'éducation de cet illuftre Eleve, jufqu'en 1732, que le Roi de Suede le fit Confeiller de fes Ambaffades. Il eut en 1737 une Chaire de Philofophie à Laufanne, & mourut en cette Ville en 1748, à 83 ans. On a de lui un gr. nombre d'ouvrages, dont les princip. & les plus eftimés font : 1. Une Logique, en françois, fous ce titre : *Syftême de Réflexions qui peuvent contribuer à la netteté & à l'étendue de nos connoiffances ; ou nouvel Effai de Logique*. Amfterdam, 1712, 2 vol. *in-8°*. M. Crouzas donna dans la fuite plufieurs Editions augmentées de cette Logique, dont la plus ample eft celle de 1741, en 6 vol. Il publia un Abregé de ces 6 vol. qu'il réduifit en un feul, quelque-tems avant fa mort. 2. *Un Traité du Beau*, en 2 vol. *in 12*. 3. *Un Traité de l'Education des Enfans*, 2 vol. *in 12*. 4. *Examen du Traité de la liberté de penfer*, *in 8°*. 5. *Examen du Pyrrhonifme ancien & moderne*, *in-fol*. 6. Un gr. nombre de Sermons, dont plufieurs roulent fur la vérité de la Religion Chrétienne. 7. *Œuvres diverfes*, en 2 vol. *in 8°*. Plufieurs Traités fur des matieres de Phyfique & de Mathématique, &c

CROY, ( Guillaume de ) Seigneur de Chievres, Duc de Soria, & Chevalier de la Toifon d'Or, d'une illuftre & anc. Maifon, fut nommé par Louis XII Roi de France, Gouverneur de Charles d'Autriche, ( depuis Empereur fous le nom de Charles-Quint ) & fe fignala par fa valeur fous les Rois de France Charles VIII, & Louis XII. Il s'attacha enfuite à la Maifon d'Autriche, & fut envoïé Viceroi en Efpagne, où il ternit l'éclat de fes vertus par fon avarice & par fes extorfions. Il m. à Wormes en 1521, à 63 ans, après s'être acquis une gr. réputation dans toute l'Europe, & avoir rendu des fervices confidérables à Charles-Quint.

CROY, ( Guillaume de ) illuftre Cardinal de la même famille, eut pour Précepteur le cél. Louis Vivés. Il fut Evêque de Cambrai en 1516, après la mo t de Jacques de Croy, fon oncle, & devint enfuite Card., Archev. de Tolede, & Chancelier de Caftille ; mais étant allé à la chaffe, & s'étant laiffé tomber de cheval, il mourut de fa bleffure en 1521, à 23 ans.

CROZE, ( Mathurin Veyffiere la ) fav. Bibliothécaire du Roi de Pruffe, & Profeffeur de Philofophie à Berlin, naquit à Nantes, le 4 Décembre 1661, d'un Marchand de cette ville. Il voïagea en Amérique, apprit les Langues anciennes & modernes, & fe fit Bénédictin en 1678. Il fortit de cet Ordre en 1696, & abjura à Bâle la Religion Catholique. De-là il paffa à Berlin, où il enfeigna la jeuneffe, & fe fit des Protecteurs. L'année fuivante, il eut la charge de Bibliothécaire du Roi de Pruffe, & fe maria avec une Demoifelle du Dauphiné. Enfin il fut Profeff. de Philof. à Berlin en 1724, & y mour. le 21 Mai 1739, à 78 ans. On a de lui un gr. nombre d'ouvrages. Les princip. font, 1. Differtations hiftoriques fur divers fujets, in-4°. 2. Entretiens fur divers fujets d'hiftoires, &c. 3. Dictionnaire Arménien, 2 vol. in-4°. 4. Hiftoire du Chriftianifme d'Ethiopie & d'Arménie, in 8°. &c. M. Jourdan, fon ami & fon difciple, a écrit fa vie.

CRUCIGER, ( Gafpard ) favant Théolog. Proteft. natif de Leipfic,

dont on a des Commentaires fur les Pfeaumes, & d'autres ouvrages, enfeigna à Magdebourg & à Wittemberg, où il mourut le 15 Nov. 1548, à 45 ans.

CRUSER, ( Herman ) fav. Ecriv. du 16e fiecle, natif de Campen, étoit habile dans les Langues, la Philofophie, la Médec. & la Jurifprudence. Il fut Confeiller de Charles, Duc de Gueldres, puis de Guillaume, Duc de Cleves. Il mourut à Conigsberg en 1574. Il a traduit en latin 16 Livres de Gallien, les vies & les morales de Plutarque, & a compofé divers ouvrages.

CRUSIUS, ( Martin ) hab. Ecriv. du 16e fiecle, naquit à Grebern, dans l'Evêché de Bamberg, le 19 Septembre 1526, & mour. à Eflingen, le 25 Fév. 1607, après avoir enfeigné les Belles-Lettres à Tubinge & ailleurs. On a de lui un excellent Recueil en grec & en latin, intitulé *Turco - Græcia* : ouvrage très utile pour l'intelligence de l'Hiftoire & de la Langue des Grecs modernes. 2. *Annales Suevici* : ouvrage rare & eftimé, &c.

CRUX, ( Le Marquis de Sancta ) Auteur diftingué, dont on a des Réflexions militaires très eftimées. Le Marquis de Sancta-Crux y mêle par-tout la Politique. M. Vergy l'a fidelement traduit en françois.

CTESIAS, fameux Hiftorien & Médecin Grec, natif de Gnide, fe trouva à la bat. que Cyrus le jeune donna à Artaxercès Mnémon, fon frere, 401 avant J. C. Il fut fait prifonnier, guérit Artaxercès d'une bleffure qu'il avoit reçue dans le combat, demeura auprès de ce Pr., & exerça la Médecine en Perfe durant 17 ans. Il compofa l'Hift. des Affyriens & des Perfes en 23 Livres, dont Photius & Eufebe nous ont confervé des fragmens. La plûpart des Critiques n'ajoutent aucune foi aux récits de Ctefias ; d'autres préferent fa Chronologie à celle d'Hérodote.

CTESIBIUS d'Alexandrie, cél. Mathématicien du tems de Ptolomée *Physcon*, vers 120 av. J. C.

inventa le premier les Orgues hydrauliques, dont Néron retrouva l'invention, selon Suétone.

CTESIPHON, célebre Architecte Grec, qui donna les desseins du fameux Temple d'Ephese, & qui inventa une machine pour transporter les colonnes qui devoient servir à ce Temple.

CUDWORTH, (Rodolphe) savant Théologien de l'Eglise Anglicane, au 17e siecle, naquit à Aller dans le Comté de Sommerset en 1617. Il fit ses études, & enseigna à Cambridge, où il eut Guillaume Temple, au nombre de ses disciples. Il eut divers autres emplois importans & lucratifs, & mour. à Cambridge le 26 Juin 1688, à 71 ans. Il laissa entr'autres enfans une fille, nommée *Damaris*, qui s'est rendue célebre par son savoir. Cudworth étoit très habile dans les Belles-Lettres, les Langues savantes & l'Antiquité. Il étoit bon Philosophe, profond Métaphysicien, & gr. Mathémat. Il suivoit dans la Physique les principes de la Méchaniq. & dans la Métaphysiq. les idées & les opinions de Platon. Ses principaux ouvrages sont, 1. le Systême intellectuel de l'Univers contre les Athées, livre excellent, traduit d'anglois en latin par Jean Laurent Mosheim, avec des notes & des dissert. 2. vol. *in-fol.* 2. Un Sermon en angl. contre la réprobation absolue, &c. Thomas Wise a publié en anglois un abregé du *Systême intellectuel* de Cudworth, en 2 vol. *in-4°.* qui est estimé.

CUEVA, (Alphonse de la) plus connu sous le nom du Marquis de *Bedmar*, fameux Espagnol, d'une Maison illustre & anc., aïant été envoïé par Philippe III, Roi d'Espagne, Ambassadeur à Venise, forma en 1618, avec le Duc d'Ossone, Gouverneur de Naples, une conjuration qui auroit ruiné Venise, si elle n'eût été découverte par deux François. Le Marquis de Bedmar prit la fuite, & fut créé Card. par Grégoire XV, en 1622. Le Roi d'Espagne le fit ensuite Gouverneur des

Païs-Bas; mais la sévérité de sa conduite le fit disgracier. Il se retira à Rome, où il eut l'Evêché de Palestrine, puis celui de Malaga. Il mourut le 10 Août 1665, à 83 ans. On lui attribue un Traité en italien, contre la liberté de la République de Venise, qui a été traduit en françois.

CUEVA, (Jean de la) fameux Poète Espagnol, dont les Tragédies sont très estimées en Espagne.

CUGNIERES, (Pierre de) sav. Jurisconsulte, Avocat & Conseiller au Parlement de Paris, soutint en présence du Roi Philippe de Valois, en 1329, que la Jurisdiction Ecclésiastique étoit une usurpation sur les droits des Souverains. Pierre Bertrand l'ancien Evêque d'Autun, lui répondit avec tant de force & d'éloquence, que le Roi prononça en faveur du Clergé. La réponse de Bertrand lui valut le chapeau de Cardinal, au lieu que Cugnieres s'attira la haine du Clergé. La Croix du Maine assure que Cugnieres étoit Seigneur de Santines, près de Verberie, qu'il fut Archidiacre de Paris, & qu'ensuite il se maria avec Jeanne de Nery.

CUJAS, (Jacques) *Cujacius*, le plus célebre Jurisconsulte du 16e siecle, naquit à Toulouse en 1520, de parens obscurs. Il apprit les Belles-Lettres & l'Histoire, & acquit une gr. connoissance du Droit ancien, qu'il enseigna avec une réputation extraordinaire à Toulouse, à Cahors, à Bourges, & à Valence en Dauphiné. Emmanuel-Philibert, Duc de Savoye, l'attira à Turin, & lui donna des marques singulieres de son estime. Cujas refusa ensuite les offres avantageuses que lui faisoit Grégoire XIII, qui le vouloit faire enseigner à Bologne. Il aima mieux se fixer à Bourges, où il eut un nombre prodigieux d'Ecoliers. Il leur communiquoit avec plaisir toutes ses découvertes, & les assistoit de ses biens; ce qui le fit nommer *le Pere des Ecoliers.* C'étoit un de ces génies rares & heureux qui apprennent tout d'eux-mêmes. Il mourut à Bourges, le 4 Octobre 1590, à 70 ans, laissant de son second mariage une fille, nommée *Susanne*, qui se rendit fameuse par ses déréglemens. La meilleure édition des œuvres de ce gr. Jurisc. est celle de Fabrot, en 10 vol. *in fol.* Papyre Masson a écrit sa vie.

CUMBERLAND, (Richard) sav. Théol. de l'Eglise Anglicane, naquit à Londres d'une famille honnête, en 1632. Après avoir achevé ses études à Cambridge, il fut Curé de Brampton, & soutint des Theses emportées contre la Doctrine de l'Eglise Romaine, sous le regne de Charles II. Il se modéra un peu sous celui du Roi Jacques; mais à l'avénement de Guillaume III à la Couronne, Cumberland recommença à déclamer contre les Catholiques, & fut nommé à l'Evêché de Peterborough qu'il conserva jusqu'à sa mort arrivée en 1719, à 87 ans. Il étoit naturellement doux, humble & pacifique, avoit une grande intégrité de mœurs, & se distingua par son mérite & par sa science. Quatre ans avant sa mort, il avoit appris la langue Cophte, & y avoit fait du progrès. On a de lui, 1. un ouvrage excellent, intitulé, *de Legibus naturæ*, traduit en anglois, avec des notes, par Jean Maxwel, & ensuite en françois, par Barbeyrac : on y trouve une bonne réfutation des maximes de Hobbes : 2. un Traité des poids & des mesures des Juifs : 3. l'Histoire Phenicienne de Sanchoniaton, *in-8°.* en anglois.

CUNÆUS, (Pierre) l'un des plus sav. hommes du 17e siecle, naquit à Flesingue en 1586. Il apprit les Langues sous Drusius, & devint très habile dans les Antiquités Judaïques. Il enseigna les Belles Lettres, la Politique & le Droit à Leide, où il mourut en 1638, à 52 ans. Son principal ouvrage est un Traité de la République des Hébreux en latin. C'est un Ecrivain judicieux.

CUNIBERT, (S.) illustre Evêque de Cologne, au 7e siecle, né en Austrasie, d'une Maison noble & anc. fut Evêque de Cologne en 623. Le Roi Dagobert le mit à la tête de son Conseil, & le fit Gouverneur de Sigebert, Roi d'Austrasie. Saint Cunibert fut encore chargé du Gouvernement de ce Roïaume sous Childeric, fils de Clovis II, & m. le 12 Novembre 663.

CUNITZ, (Marie) Dame sav. native de Silésie, au 17e siecle, apprit les Belles-Lettres & les Sciences, & fut mise au nombre des plus habiles Astronomes de son tems. Elle épousa Elie de Lewen, Docteur en Médecine, & mourut à Pistehen, le 22 Août 1664. Elle avoit publié des Tables Astronomiques.

CUPER, (Gisbert) sav. Prof. d'Histoire, & Bourguemestre à Deventer, au 17e siecle, dont on a des Observat. critiques & chronologiques, l'Apothéose d'Homere, & d'autres ouvrages, naquit à Hemmen en 1644, & mourut à Deventer le 22 Novembre 1716. Il étoit associé à l'Académie des Inscriptions de Paris.

CUPIDON, Dieu de l'amour chez les Païens.

CURCE, (Quinte) *voy.* QUINTE-CURCE.

CUREUS, (Joachim) sav. Méd. natif de Freistat en Silésie, fut élevé avec soin, & voïagea en Italie, pour se perfectionner dans les Sciences. De retour dans sa patrie, il y exerça la Médecine avec réputation, & y mourut le 21 Janvier 1573, à 41 ans. Il a composé les Annales de Silésie & de Breslaw.

CURIACES, nom de ces trois freres de la ville d'Albe, qui combattirent contre les Horaces, vers 669, av. J. C. *Voyez* HORACES.

CURIEL, (Jean Alfonse) Chanoine de Burgos, puis de Salamanque, où il professa la Théologie avec réputation durant plus de 30 ans, étoit de Palentiola, au Diocèse de Burgos. Il s'associa aux Bénédictins, leur légua sa belle Bibliotheque, & mourut le 28 Septembre 1609. Il a laissé *Controversiæ in diverſa loca S. Scripturæ*, & d'autres ouvrages.

CURION, cél. Orat. Romain, fils d'un autre Orat. de ce nom, ſe diſtingua par ſon éloquence, du tems de Jules Céſar. C'eſt lui qui appelloit ce fameux Conquérant *l'homme de toutes les femmes, & la femme de tous les hommes.*

CURION, ( *Cælius ſecundus* ) ſav. Ecriv. du 16e ſiecle, natif du Piémont, fut Principal du Collége de Lauſanne, & profeſſa enſuite l'Eloquence à Bâle avec réputation. Il mourut en 1569, à 67 ans. On a de lui un gr. nombre d'ouvrages, dont le plus ſingulier a pour titre : *De amplitudine beati regni Dei.* Il y ſoutient que le nombre des Prédeſtinés eſt plus grand que celui des Réprouvés. Il ne faut pas le confondre avec Cœlius - Auguſtin Curion, ſon fils, qui mourut quelque tems avant lui, après avoir été Profeſſeur d'Eloquence à Bâle. On a auſſi de ce dernier une Hiſt. des Sarraſins, celle du Roïaume de Maroc, & d'autres ouvrages.

CURIUS DENTATUS, ( M. Annius) céléb. Citoïen Romain, fut trois fois Conſul, & vainquit les Samnites, les Sabins & les Lucaniens. Il diſtribua 40 arpens de terre à chaque Citoïen, & n'en retint pas d'avantage pour lui, diſant que *celui-là ne méritoit pas le nom de Romain, à qui cette quantité ne pouvoit ſuffire.* Un jour les Ambaſſadeurs des Samnites étant allés lui rendre viſite, ils le trouverent faiſant cuire des raves dans un pot de terre, ſur quoi ils lui offrirent des vaſes d'or pour l'engager à prendre leurs intérêts, mais il les refuſa généreuſement, en diſant, *qu'il ne vouloit point devenir riche, mais commander à ceux qui l'étoient.* Il défit Pyrrhus, près de Tarente, 275 avant J. C. & reçut l'honneur du triomphe.

CURIUS FORTUNATIANUS, Hiſtorien du 3e ſiecle, du tems de Gordien & de Philippe l'*Arabe.* Il nous reſte de lui quelques ouvrages.

CURTIUS, ( Quintus) fameux Chevalier Romain, vers 562 avant J. C. ſe dévoua pour le ſalut de ſa Patrie. La terre s'étant entr'ouverte, & l'Oracle aïant répondu, que ce gouffre ne pouvoit être comblé, qu'en y jettant ce que le Peuple Romain avoit de plus précieux, Curtius ſe précipita dans cet abîme avec ſes armes & ſon cheval, penſant que le Peuple Romain n'avoit rien de plus excellent que les armes & la valeur ; après quoi la terre ſe referma, ſelon la fable.

CURTIUS, ( Matthieu ) cél. Médecin de Pavie, mourut à Piſe en 1544. On a de lui un Traité : *De curandis febribus*, & d'autres ouvrages.

CURTIUS, ( Cornelius) Relig. Auguſtin, natif de Bruxelles, diſtingué par ſa ſcience & par ſa piété, mourut en 1633, à 47 ans. On a de lui : *Elogia virorum illuſtrium Ordinis S. Auguſtini*, & d'autres ouvrages.

CUSA, ( Nicolas de) *voyez* NICOLAS DE CUSA.

CUSPINIEN, ( Jean) ſav. Ecrivain du 16e ſiecle, natif de Sweinfort, en Franconie, fut emploïé par l'Empereut Maximilien I, en diverſes négociations, & mourut à Vienne en Autriche, en 1529. On a de lui : 1. un Commentaire des Conſuls, des Céſars & des Empereurs Romains, 2. une Hiſtoire d'Autriche : 3. une Hiſtoire de l'Origine des Turcs, & d'autres ouvrages. Nicolas Gerbel a écrit ſa vie.

CUYCK, ( Jean Van) ſav. Conſeiller, & Conſul d'Utrecht ſa patrie, mour. en 1566. On a de lui des remarques eſtimées ſur les Offices de Ciceron, & une édit. de *Cornelius Nepos*, imprimée à Utrecht en 1542, *in-*8°. qui eſt rare & très eſtimée.

Il y a eu pluſieurs autres Savans de cette famille.

CYAXARES, Roi des Medes, ſuccéda à ſon pere Phraotes, qui venoit d'être tué au ſiege de Ninive, 635 ans avant J. C. Il marcha auſſitôt contre les Aſſyriens, pour vanger la mort de ſon pere, les défit

A a iiij

dans une grande bataille , & mit le fiege devant Ninive ; mais il fut contraint de le lever pour aller défendre fon propre païs attaqué par les Scythes ; ils le défirent d'abord , mais il les vainquit à fon tour , les chaffa entierement de fes Etats , & fit enfuite la guerre contre Halyattes , Roi de Lydie. Cette guerre fut terminée par le mariage d'Ariane, fille de ce Prince avec Aftiages , fils de Cyaxares. Celui-ci mourut après un regne de 40 ans , 595 avant J. C.

Xénophon parle d'un autre Roi des Medes , nommé *Cyaxares*, fils d'Aftyages , & petit-fils de Cyaxares , dont nous venons de parler ; mais Hérodote ne reconnoît point ce fecond Cyaxares.

CYBELE , fille du Ciel & de la Terre , felon la fable , & femme de Saturne , étoit appellée la mere des Dieux , Ops , Rhée , Vefta, Dindimene , Berecynthe , & la bonne Déeffe. Elle tiroit le nom de Cybele , du mont *Cybelus* , en Phrygie , où l'on dit qu'elle avoit été expofée après fa naiffance. On la reprefentoit avec une tour fur la tête , une clé à la main , & un habit parfemé de fleurs , affife fur un char traîné par quatre Lions. Le pin lui étoit confacré , parceque le jeune Atys , qu'elle aimoit avec paffion , avoit été métamorphofé en cet arbre. On lui offroit en facrifice un taureau , une chevre , ou une truie. Tous fes Prêtres étoient eunuques. Ils portoient fa ftatue par les rues & par les places publiques , en danfant autour au fon des tymbales , faifant des contorfions , & fe déchiquetant le corps pour s'attirer les aumônes du peuple.

CYCLOPES. Les premiers habitans de la Sicile , étoient cruels , & d'une figure gigantefque , habitoient autour du Mont Ethna , & avoient toujours l'œil au guet pour furprendre & voler leurs voifins ; ce qui a donné occafion aux Poètes de feindre qu'ils étoient les forgerons de Vulcain , qu'ils travailloient à faire les foudres de Jupiter , & qu'ils

n'avoient qu'un œil au milieu du front. Les trois princip. font *Brontés* , *Stéropes* & *Pyrachmonides.*

CYGNE , ( Martin du ) cél. Profeffeur d'Eloquence , de la Société des Jéfuites , au 17e fiecle , mort à Ypres en 1699 , eft Auteur d'une analyfe des Oraifons de Ciceron , d'une Poëtiq. & d'une Rhétorique.

CYGNUS , Roi des Liguriens , que Jupiter changea en Cygne , felon la fable , pour avoir pleuré l'aventure de Phaëton & de fes fœurs.

CYLABARE , Roi d'Argos , fuccéda à Stenelus , fon pere , & réunit par fucceffion les trois parties de ce Royaume , qui avoit été partagé en trois Souverainetés , vers 1312 avant J. C. Il féduifit Egialé , femme de Diomede , pendant l'abfence de ce Prince , qui étoit allé au fiege de Troyes. Cylabare étant mort fans enfans , fa Couronne paffa dans la famille de Pelops.

CYNEGIRE , foldat Athénien , après avoir fignalé fon courage à la bataille de Marathon , 490 avant J. C. pourfuivit les ennemis jufque dans leurs vaiffeaux. Il s'attacha à l'un de la main droite , laquelle lui aïant été coupée , il reprit le vaiffeau de la main gauche , cette main lui fut encore coupée , & alors il faifit , dit-on , le vaiffeau avec les dents.

CYNTHIO , *voyez* GIRALDI.

CYPRIEN , ( S. ) cél. Pere de l'Eglife , natif de Carthage , d'une des plus riches & des premieres familles de cette ville , y enfeigna la Réthorique avec réputation avant que d'être Chrétien. Après fa converfion , il prit le nom de *Cecile* pour marquer fa reconnoiffance envers un Prêtre de ce nom , qui l'avoit converti en 246. Donat , Evêque de Carthage , étant mort , S. Cyprien fut élu en fa place l'an 248 ; mais il fut obligé de quitter cette ville environ deux ans après , à caufe de la perfécution de Dece. Il écrivit du lieu de fa retraite plufieurs lettres pieufes & inftructives à fon Peuple & à fon Clergé. De retour à Carthage , il tint des Conciles pour regler la pénitence de ceux qui étoient tombés durant la persécution, & d'autres points de discipline. Il condamna le Prêtre Félicissime & l'hérétique Privat, qui avoient excité des troubles dans l'Eglise de Carthage pendant son absence, se déclara avec ses Collegues en faveur du Pape S. Corneille, contre le schisme de Novat & de Novatien, & tint un Concile en 252, dans lequel on fit quelques reglemens touchant le Prêtre Victor & le Baptême des enfans. L'année suivante, le Pape Lucius étant mort, Etienne lui succéda. Ce fut sous ce Pape que s'éleva la célebre dispute sur la validité du Baptême, administré par les Hérétiques. S. Cyprien & les autres Evêques d'Afrique vouloient qu'on rebaptisât ceux qui avoient été baptisés par les Hérétiques ; le Pape Etienne, au contraire, conformément à la Tradition de l'Eglise de Rome, soutenoit la validité du Baptême donné par les Hérétiques. Il se tint à ce sujet plusieurs Conciles de part & d'autre, & l'Eglise universelle se déclara dans le siecle suivant pour la Doctrine du Pape Etienne. S. Cyprien fut relégué à Curube, à 16 lieues de Carthage, en 257, durant la persécution de Valérien. On lui permit, onze mois après, de demeurer dans les jardins voisins de Carthage ; mais il fut ensuite arrêté & mené devant le Proconsul, & aïant généreusement confessé la foi de J. C. il eut la tête tranchée auprès de Carthage, le 14 Septembre 258. Il nous reste de lui 81 lettres & plusieurs traités, dont les meilleures éditions sont celles de Pamelius, en 1568, de Rigault, en 1648, d'Oxfort, en 1682, & celle de M. Baluze, avec une Préface de Dom Prudent Maran, Bénédictin. Tous les ouvrages de S. Cyprien contiennent des instructions solides & des choses importantes sur la discipline. C'est un des SS. Peres qui a écrit le mieux en latin. Son style est mâle, éloquent, grave, élevé, & digne de la majesté du Christianisme Il est d'ailleurs naturel, & n'a rien du déclamateur. S. Cyprien, au jugement de Lactance, est le premier des Peres véritablement éloquens. On estime sur-tout le Traité des *Tombés*, celui de l'Unité de l'Eglise, & celui des Œuvres de Miséricorde & de l'Aumône. Toutes les Œuvres de S. Cyprien ont été traduites en françois par M. Lombert. Ponce, Diacre, & Dom Gervaise, ancien Abbé de la Trape, ont écrit sa vie.

CYPRIEN, (S.) qu'il ne faut pas confondre avec S Cyprien Evêque de Carthage, quoiqu'il ait vécu à peu près dans le même tems, est Auteur d'un Poëme sur la Résurrection des morts *ad felicem de resurrectione mortuorum*. Ce Poëme se trouve à la suite des Œuvres de Tertulien. Les Peres Martenne & Durand en ont donné une édition plus conforme aux Manuscr. dans le tom. IX de leur *amplissima collectio*.

CYPSELE, fils d'*Aëtion*, étoit Corinthien. On dit que sa naissance fut prédite par l'Oracle de Delphe, lequel, étant consulté par son pere, répondit : *que l'Aigle produiroit une pierre qui accableroit les Corinthiens*. Cypsele s'empara en effet, de la souveraineté de Corinthe, vers 658 avant J. C. & y regna environ 30 ans. Periandre, son fils, qui lui succéda, eut deux fils, Lycophron & Cypsele. C'est cet autre Cypsele qui regna après Periandre, vers 588 avant J. C. & qui devint insensé.

CYR, ou CIRIQ, (S.) fils de Ste Julitte, native d'Icone, fut arraché d'entre les bas de sa mere par ordre du Juge Alexandre ; & comme il faisoit tous ses efforts pour être rendu à Ste Julitte, en criant : *Je suis Chrétien* : le Juge le jetta du haut de son siege contre terre, & lui brisa la tête. S. Cyr n'avoit alors que trois ans. Tous les spectateurs eurent horreur de cette inhumanité, & le Juge lui-même en eut honte. Ceci arriva sous le regne de Dioclétien & de Maximien. Il ne faut pas le confondre avec S. Cyr le Médecin, qui fut martyrisé en Egypte le 31 Janvier 311.

CYRAN, (S.) *V.* DU VERGER.

CYRANO DE BERGERAC, Gentilhomme du Périgord, ainsi nommé du lieu de sa naissance, vint à Paris pour y faire ses études. Il se livra à la débauche, embrassa le parti des armes, & se signala par sa bravoure au siege de Mouzon, à celui d'Arras en 1640, & en plusieurs autres occasions ; ce qui lui fit donner le nom d'*Intrépide.* Aïant renoncé au métier de la guerre, à cause de ses blessures, il se mit auprès du Duc d'Arpajon en 1653, & mourut en 1655, à 35 ans. Il étoit ami intime de Rohault, & grand partisan de la Philosophie de Descartes. Outre plusieurs pieces de théâtre, on a de lui : *L'Histoire Comique des Etats & Empires de la Lune,* & d'autres ouvrages, dans lesquels il y a beaucoup d'esprit & de feu, & des imaginations singulieres ; mais trop de pointes & d'équivoques.

CYRIAQUE, Patriarche de CP. au 6e siecle, succéda à Jean *le Jeuneur,* qui avoit pris le nom d'*Evêque œcuménique* ou *universel.* Il envoïa sa Profession de foi à S. Gregoire le Grand, qui lui fit une réponse pleine d'amitié, pour l'engager à ne point prendre le titre que Jean le Jeuneur avoit pris. Cependant Cyriaque voulut se faire donner ce titre dans un Concile ; mais s'étant opposé à l'Empereur Phocas, qui attaquoit les immunités & les privileges ecclésiastiques, cet Empereur fit de son côté un Edit, par lequel il défendit de donner le nom d'*œcuménique* à d'autres Evêques qu'à celui de Rome ; ce qui déplut tellement à Cyriaque, qu'on dit qu'il en m. de chagrin en 606.

CYRILLE, (S.) Patriarche de Jérusalem, succéda à Maxime, en 350. S'étant brouillé avec Acace, Evêque de Césarée, au sujet des prérogatives de leurs sieges, il fut accusé par cet Evêque, qui étoit

Arien, d'avoir vendu les trésors de l'Eglise, & fut déposé dans un Concile, en 357, quoiqu'il n'eût vendu des ornemens & des vases sacrés, que pour assister les pauvres, dans un tems de famine. S. Cyrille fut rétabli dans son siege au Concile de Séleucie, en 359, & l'on y déposa Acace : mais celui-ci fit déposer une seconde fois le saint Evêque, en 360, dans le Conciliabule de CP. dont il se rendit le maître par ses intrigues. Après la mort de l'Empereur Constance, Julien son successeur, aïant rappellé les Evêques exilés, saint Cyrille retourna à Jérusalem ; mais il en fut chassé une troisieme fois sous l'Empereur Valens ; & ne revint dans son siege qu'après la mort de ce Prince, en 378. Le Concile de CP. tenu en 380, approuva son Ordination & son élection. Il mourut le 18 Mars 386. Il nous reste de lui 18 Catécheses adressées aux Catéchumenes, & cinq pour les nouveaux Baptisés : le style en est simple, clair & didactique. Il y établit solidement la doctrine de l'Eglise contre les erreurs des Hérétiques. On a encore de lui une lettre écrite à l'Empereur Constance, sur l'apparition d'une Croix lumineuse, qui fut vue sur la ville de Jérusalem. La meilleure édition des œuvres de S. Cyrille est celle du Pere Touttée, en grec & en latin. M. Grancolas, Docteur de Sorbonne, les a traduites en françois, avec des notes.

CYRILLE, (S.) Patriarche d'Alexandrie, succéda à Théophile, son oncle, le 6 Octobre 412. A peine fut-il installé sur son siege, qu'il exerça les fonctions Patriarchales avec une grande autorité. Il chassa d'Alexandrie les Novatiens & les Juifs, & permit qu'on enlevât leurs biens & leurs Synagogues ; ce qui excita de grands troubles, où plusieurs personnes, & entr'autres, le célebre Philosophe Hypatie, furent massacrées. S. Cyrille rétablit le nom de saint Chrysostome dans les Dyptiques, à la priere d'Atticus de CP. & de S. Isidore de Peluse. Il écrivit

enfuite contre Neſtorius, le fit condamner au Concile de Rome, en
430, & au Concile générale d'E-
pheſe, où il préſida en 431. Saint
Cyrille écrivit encore contre Théodore de Mopſueſte, Diodore de
Tharſe, & Julien l'Apoſtat. Il fit
des Commentaires ſur l'Evangile
de S. Jean, & ſur pluſieurs autres
Livies de l'Ecriture, & mourut en
444. Jean Aubert, Chanoine de
Laon, publia ſes œuvres en grec
& en latin, en 1638, 6 tom. in-fol.
Le ſtyle en eſt diffus & ſingulier.
On y trouve beaucoup de ſubtilité
& de métaphyſique, & la plus fine
dialectique. S. Iſidore de Peluſe lui
reproche d'avoir agi avec trop de
zele & trop de chaleur dans ſes démêlés ; mais il a réparé ces défauts
par ſa piété & par l'innocence de
ſes mœurs.

CYRILLE LUCAR, fam. Pa-
triarche d'Alexandrie, puis de CP.
naquit dans l'Iſle de Candie, le 12
Novembre 1572. Il fit ſes études à
Veniſe & à Padoue, & eut pour
maître le ſavant Margunius, Evêque de Cythere. Il voïagea enſuite
en Allemagne, eut de grandes liaiſons avec les Proteſtans, embraſſa
leurs erreurs, & voulut les introduire dans la Grece ; mais les Grecs
s'y oppoſerent, & lui firent donner
une confeſſion de foi, dans laquelle
il rejettoit les erreurs des Proteſtans.
Après avoir été Archimandrite, il
fut élevé au Patriarchat d'Alexandrie, & quelque tems après, il fut
élu Patriarche de CP. en 1621 :
mais continuant d'avoir des liaiſons avec les Proteſtans, & ſon-
geant toujours à introduire leur
nouvelle doctrine, il fut dépoſé &
relégué dans l'Iſle de Rhodes. Quelque tems après, on le rétablit à la
ſollicitation de l'Ambaſſadeur d'Angleterre. On rendit alors publique
une confeſſion de foi qui lui étoit
attribuée, & qui étoit conforme
aux Dogmes des Proteſtans. Il fut
relégué à Tenedos en 1636, & rappellé trois mois après ; mais il ne
jouit pas long-tems de cette faveur ;
car il fut enlevé de CP. & étranglé

auprès de la mer Noire, en 1638.
Cyrille de Berée, ſon ſucceſſeur, le
condamna la même année dans un
Concile. Parthenius, qui ſuccéda à
Cyrille de Berée, épargna la mémoire de Cyrille Lucar ; mais il condamna les erreurs qui lui étoient
attribuées, dans un Synode tenu en
1642. Le décret de ce Synode fut
confirmé dans celui de Jaſſi, & les
mêmes erreurs furent anathémati-
ſées dans le célebre Concile de Jéruſalem, en 1672.

Il y a eu pluſieurs autres perſonnes nommées Cyrille.

CYRUS, c'eſt-à dire, *Soleil*, ou
*Empereur*, cél. Roi des Perſes, &
l'un des plus grands Conquérans
du monde, naquit 599 avant J. C.
de Cambyſes, Perſe de naiſſance, &
de Mandane, fille d'Aſtyages, Roi
des Médes, ſelon Hérodote & Juſtin. On dit qu'Aſtyages, épouvanté
par un ſonge où il crut voir que ſon
petit-fils le détrôneroit, le fit expoſer dans un bois ; mais ce jeune
Prince fut conſervé par Harpagus à
qui Aſtyages avoit ordonné de le
faire mourir. Il fut élevé avec des
bergers ; & s'étant mis à la tête de
quelques troupes révoltées, il détrôna Aſtyages, & fonda l'Empire
des Perſes ſur la ruine de celui des
Médes, 559 avant J. C. cependant
Xénophon raconte autrement la
naiſſance & l'éducation de Cyrus.
Quoi qu'il en ſoit, il vainquit Cræ-
ſus, prit Babylone ſur Nabonide, en
détournant l'Euphrate par des ſai-
gnées, mit fin aux Roïaumes d'Aſſyrie & de Babylone, & conquit
toute l'Aſie. Il permit enſuite aux
Juifs diſperſés dans ſon Empire,
de retourner à Jéruſalem, & de rebâtir le Temple de Dieu ſous la conduite de Zorobabel, après les 70
années de captivité. Ces grands événemens avoient été prédits pluſieurs
ſiecles auparavant par le Prophète
Iſaïe, qui nomme *Cyrus* par ſon
nom, l'appelle *Serviteur de Dieu*,
& annonce aux Juifs, que Dieu ſe
ſervira de ce Prince pour les délivrer
de la captivité des Chaldéens. Les
Auteurs ne s'accordent point ſur la

maniere dont mourut ce Conquérant : selon Xénophon, il mourut
dans la Perse, de sa mort naturelle :
mais Hérodote & Justin rapportent
qu'aïant vaincu les Massagetes avec
Spargapise, leur Général, fils de
Tomyris, leur Reine, cette Princesse marcha contre lui peu de tems
après avec une puissante armée, le
vainquit, le prit prisonnier, lui fit
couper la tête, & la plongea dans
une outre remplie de sang, en disant : *Satia te sanguine quem sitisti.*
Etanches la soif que tu as eue du
sang humain. Il mourut 529 avant
J. C. Cambyses, son fils, lui succéda.

CYRUS, *le jeune*, fils puîné de
Darius Nothus, fut fait Gouverneur des côtes d'Asie, & secourut
les Lacédemoniens contre les Athéniens. Quelques années après, on
l'accusa d'avoir conspiré contre son
frere Artaxercès *Mnemon*, qui avoit
succédé à Darius ; mais Parysatis,
leur mere, lui sauva la vie. De retour en Lydie, il leva secretement
des troupes, fit soulever l'Ionie en
sa faveur, & marcha contre son
frere Artaxercès, prétendant que la
Couronne devoit lui appartenir,
étant né depuis que son pere étoit
Roi. La bataille se donna près de
Cunaxa, 400 ans avant J. C. Cyrus
y perdit la vie, en combattant avec
valeur, s'étant exposé avec trop de
témérité. Ce Prince avoit mené avec
lui la fameuse Aspasie. Artaxerces
la fit prisonniere, & eut pour elle
autant de passion, que Cyrus en
avoit eu. Les 10000 Grecs qui
avoient combattu pour Cyrus, &
qui avoient déja vaincu Tissaphernes, à une autre aîle, firent alors,
sous la conduite Xénophon, cette
belle retraite, si célébrée par les
Historiens.

CYRUS, natif de Panopolis, en
Egypte, s'introduisit à la Cour de
Théodose le jeune, & fit des vers
qui lui acquirent l'estime de l'Impératrice Eudoxie. Il commanda
les troupes Romaines à la prise de
Carthage, fut Consul en 441, &
devint Préfet de CP. Il rétablit cette ville avec magnificence, après
le terrible tremblement de terre qui
l'avoit presque ruinée, en 446, ce
qui lui attira la faveur du peuple ;
mais l'Empereur Théodose, jaloux
de sa réputation, lui ôta sa préfecture & confisqua ses biens, sous
prétexte qu'il étoit Idolâtre. Cette
disgrace fut l'occasion du salut de
Cyrus. Il eut recours à Dieu, embrassa le Christianisme, & fut même
un S. Evêque, selon plus. Auteurs.

CYZ, ( Marie de ) naquit à Leyde, en 1656, & fut élevée dans le
Calvinisme. Elle épousa un homme
fort riche, nommé *de Combe*, après
la mort duquel elle vint à Paris, se
convertit à la Religion Catholique,
& fonda la Communauté du *Bon
Pasteur*, pour les filles pécheresses
& pénitentes. Elle mourut le 16
Juin 1692, à 36 ans.

# D.

DAC, (Jean) habile Peintre
Allemand, né à Cologne, en 1556,
après s'être perfectionné en Italie,
retourna en Allemagne, où l'Empereur Rodolphe, le combla d'honneurs & de biens, & lui fit faire
un gr. nombre de tableaux.

DACIER, ( André ) né à Castres, d'un Avocat de cette ville, le
6 Avril 1651, fit paroître dès son
enfance beaucoup de talens & d'inclination pour l'étude. Il alla étudier à Saumur, sous Taneguy le
Févre, qui étoit alors appliqué à
l'instruction de sa fille. M. Dacier
n'eut pas plutôt vu le mérite naissant
& les belles qualités de cette jeune
Demoiselle, qu'il conçut de l'affection pour elle, & leur inclination
pour l'étude fut la source de cette
tendresse mutuelle, qui persévéra
sans altération pendant les 40 ans
de leur mariage Le Duc de Montausier, aïant entendu parler du mérite de M. Dacier, le mit dans la
liste de ceux qui devoient donner
des Commentaires, *à l'usage du
Dauphin.* Il publia à ce sujet plusieurs éditions d'anciens Auteurs,

avec de savantes notes, qui lui acquirent une grande réputation. Il fut reçu de l'Académie des Inscriptions, en 1695, & de l'Académie Françoise, à la place de M. de Harlai, Archevêque de Paris. On le fit dans la suite Secretaire perpétuel de cette derniere Académie. Lorsque l'Histoire de Louis XIV, par Médailles, fut achevée, M. Dacier fut choisi pour la présenter à Sa Majesté, qui étant informée de la part qu'il y avoit eue, le gratifia d'une pension de 2000 liv. & le fit Garde des Livres du Cabinet du Roi. Il mourut le 18 Sept. 1722, à 71 ans. Il fit paroître dans ses manieres, ses sentimens & sa conduite, un modele parfait de l'ancienne Philosophie, dont il fut gr. admiratenr, & qu'il perfectionna par les regles & les principes du Christianisme. Ses principaux ouvrages sont : 1. Une Traduction d'Horace, avec des remarques, dont la meilleure édition est de 1708. 2. Traduction de quelques Dialogues de Platon: 3. Traduction des œuvres de Plutarque : 4. Des Observations sur Longin, que M. Boileau à crues dignes d'être inférées dans l'édition qu'il a donnée de ce Rhéteur : 5. Il a aussi travaillé sur Théocrite, Sophocle, la Poétique d'Aristote, Marc Antonin, &c.

DACIER, (Anne) fille de Taneguy le Févre, Professeur en grec à Saumur, & une des plus savantes personnes de son siecle, fit paroître de bonne heure un génie propre aux Sciences, que son pere fut cultiver avec soin & avec satisfaction. Après la mort de son pere, elle vint à Paris, où sa réputation l'avoit déja fait connoître. Elle préparoit alors l'édition de Callimaque, qu'elle publia en 1674. En aïant fait voir quelque chose à M. Huet & à d'autres Savans de la Cour, on admira tellement son travail, que le Duc de Montausier lui fit proposer de publier différens Auteurs Latins à l'usage du Dauphin. Elle s'en défendit d'abord ; mais le Duc lui aïant rendu visite,

elle y consentit, & entreprit l'édition de Florus, qui parut en 1674. Sa réputation s'étant répandue dans toute l'Europe, la Reine Christine de Suede lui fit faire des complimens par le Comte de Conygsmark. Mademoiselle le Févre envoïa alors à cette Princesse son édition de Florus, qu'elle accompagna d'une lettre latine. Sa Majesté lui fit une réponse obligeante, & lui écrivit quelque tems après une seconde lettre, pour l'engager à quitter la Religion Protestante ; elle lui fit même des offres considérables pour l'attirer à sa Cour. Mademoiselle le Févre épousa M. Dacier, en 1683, & déclara aussitôt au Duc de Montausier & à M. Bossuet, Evêque de Meaux, le dessein qu'elle avoit, depuis quelque tems, de rentrer dans l'Eglise Romaine. Mais M. Dacier n'étant point encore convaincu de la nécessité d'un tel changement, ils se retirerent à Castres, en 1684, pour examiner les points controversés entre les Protestans & les Catholiques. Après un sérieux examen, ils se déterminerent en faveur des derniers, & firent leur abjuration publique en 1685. Louis XIV, informé de leur mérite, leur donna ensuite, à l'un & à l'autre, des marques efficaces de son estime. Ils eurent un fils & deux filles. Le fils, qui promettoit beaucoup, mourut en 1694; l'une des filles se fit Religieuse à l'Abbaïe de Longchamp. L'autre, qui étoit un modele accompli des vertus & des belles qualités qui peuvent orner son sexe, mourut à l'âge de 18 ans. Sa mere a immortalisé son nom dans sa préface sur la traduction de l'Iliade. Madame Dacier fut très infirme les deux dernieres années de sa vie, & mourut le 17 Août 1720, à 69 ans, après s'être fait estimer non-seulement par sa science & par la beauté de son esprit, mais beaucoup plus par sa vertu, sa fermeté, son égalité d'ame, & sa générosité. Ses principaux ouvrages sont : 1. Une excellente Traduction, avec des remarques sur Térence, dont la meilleure édition eft celle de Hollande : 2. Une Traduction de l'Iliade & de l'Odyſſée d'Homere, avec des remarques : 3. Traduction d'Anacréon, d'une partie de Plaute & d'Aristophane. Elle avoit fait auſſi des remarques ſur l'Ecriture-Sainte, qu'on la preſſa ſouvent de donner au Public, mais elle répondit toujours, qu'*une femme doit lire & méditer l'Ecriture, pour régler ſa conduite ſur ce qu'elle enſeigne ; mais qu'elle doit garder le ſilence, conformément au précepte de S. Paul.*

DAGOBERT I, Roi de France, fils de Clotaire II, & de Bertrude, fut Roi d'Auſtraſie, en 622. Après la mort de ſon pere, il ſuccéda en 628 aux Roïaumes de Neuſtrie, de Bourgogne & d'Aquitaine. Dagobert ſoumit les Gaſcons, accabla ſes peuples d'impots, & eut une violente paſſion pour les femmes. Il mourut à Epinay, vers 638, laiſſant de *Nantilde*, Clovis II, & de *Ragnetrude*, Sigebert, qui fut Roi d'Auſtraſie.

DAGOBERT II, *le jeune*, Roi d'Auſtraſie, fils de Sigebert III, devoit ſuccéder à ſon pere, mort en 656, mais Grimoald, Maire du Palais, le fit renfermer dans un Monaſtere, d'où il le tira enſuite pour l'envoïer en Irlande, & mit ſur le Trône Childebert. Clovis II, Roi de France, fit mourir Grimoald, chaſſa Childebert, &, ſur un faux bruit de la mort de Dagobert, donna l'Auſtraſie à Clotaire III, puis à Childeric. Dagobert épouſa Mathilde en Irlande, & en eut pluſieurs enfans. Après la mort de Childeric, il remonta ſur le Trône d'Auſtraſie en 673, & fut aſſaſiné en 678, par ordre d'Ebroïn, Maire du Palais, comme il marchoit contre Thierri, Roi de France, auquel il avoit déclaré la guerre. Dagobert étoit un Prince très pieux ; il fonda divers Monaſteres, & gouverna ſon peuple en paix. Il ne faut pas le confondre avec Dagobert *le jeune*, Roi de France, fils de Childebert, qui monta ſur le Trône en 711, & mourut le 17 Janvier 715.

DAGOUMER, céleb. Profeſſeur de Philoſophie au College d'Harcourt à Paris, & Recteur de l'Univerſité de cette Ville, mort en... On a de lui un Cours de Philoſophie en latin.

D'AGUESSEAU, (Henri-Franç.) Chancelier de France, Commandeur des Ordres du Roi, né à Limoges le 27 Nov. 1668, doit être mis au rang des Hommes illuſtres, ſoit comme Savant, ſoit comme Magiſtrat. Il étoit deſcendu du côté paternel, & du côté maternel, de familles diſtinguées par leur ancienneté & par leurs ſervices. Henri d'Agueſſeau, Conſeiller d'Etat & au Conſeil roïal, ſon Pere, & Claire le Picart de Perigny ſa Mere, lui fourniſſoient deux grands modeles ; & l'on reconnoiſſoit en lui leurs différens caractere. Il avoit un cœur vertueux plein de douceur & de bonté, un eſprit élevé, une imagination féconde en grandes images, qui lui fourniſſoit ſans effort les expreſſions les plus lumineuſes, & qui étoit toujours conduite par la raiſon ; une facilité ſurprenante pour apprendre, avec une mémoire prodigieuſe qui acquéroit toujours ſans rien perdre de ce qu'elle avoit acquis. Son Pere fut preſque ſon ſeul Maître. Il avoit ſenti dès ſon enfance tout ce qu'il pouvoit en attendre, & s'appliquoit à l'inſtruire même dans le tems où des conjonctures difficiles lui donnoient le plus d'occupation dans l'Intendance du Languedoc : les fréquens voïages qu'il étoit obligé de faire, étoient pour ſon fils, qui l'accompagnoit toujours avec quelques perſonnes d'eſprit, autant d'exercices littéraires. Une telle éducation lui donna tant d'ardeur pour les ſciences qu'il parvint à les réunir preſque toutes. Il ſavoit la Langue franç., non par le ſeul uſage, mais par principes, le Latin, le Grec, l'Hébreu, & d'autres Langues orient., l'Ital. l'Eſp le Portug. & l'Angl. : auſſi il diſoit quelquefois que *c'étoit un amuſement d'apprendre une Langue.* La lecture des anciens Poètes fut, ſelon ſon

expreſſion, *une paſſion de ſa jeuneſſe.*
La ſociété de deux grands Poètes
Franç. , Racine & Boileau , faiſoit
alors ſes délices ,, & il ne s'en permettoit point d'autres : lui même
faiſoit de très beaux vers , & conſerva ce talent juſqu'à ſes dernieres
années. Quoiqu'il le cachât, on le
reconnoiſſoit dans ſa proſe même
qui avoit le feu noble, & l'harmonie de la Poéſie. Son Pere, qui lui
avoit fait apprendre exactement les
regles de l'art oratoire, l'engagea
après l'avoir appliqué enſuite à la
Philoſophie, à lire encore pendant
une année les anciens Orateurs. Il
le mit par-là en état de les attein-
dre, en y joignant l'art de raiſonner, ſi néceſſaire, ſur-tout dans le
genre d'éloquence qui a pour objet
d'affermir l'autorité de la Juſtice.
Jamais il ne connut, ni ne voulut
emploïer d'autres moïens pour faire
adopter ſes penſées. Les Ouvrages
de Deſcartes, que ſon pere ne lui
fit lire qu'après ceux qui étoient
dans le goût de la Philoſophie d'A-
riſtote, lui firent ſentir par la ſeule
comparaiſon des uns aux autres,
les avantages de cet ordre, qui, en
partant d'un point évident, conduit
à une démonſtration aſſurée. L'uſage qu'il en faiſoit dans les matieres
de Droit y répandoit le plus grand
jour. Il aimoit ſur-tout les Mathématiques ; on l'a vu ſouvent, lorſqu'il étoit fatigué des affaires, prendre un Livre de Géométrie ou d'Algébre ; c'étoit un plaiſir qu'il ſubſti-
tuoit à ceux qui diſſipent l'eſprit
loin de le ranimer ; ſon principe
étoit que *le changement d'occupation
eſt ſeul un délaſſement,* & ce fut
ainſi qu'au milieu des fonctions les
plus pénibles, il trouva le moïen
d'étendre toujours ſes connoiſſan-
ces, juſqu'à la fin de ſa vie. Il ne
faiſoit aucun voïage ſans lire en
chemin des ouvrages de Philoſophie, d'Hiſtoire ou de critique. On
ſait juſqu'à quel point il avoit ap-
profondi la ſcience de ſon état. Il
avoit lu & médité les Loix tirées
des Juriſconſultes Romains auxquels il donnoit la préférence, les

Conſtitutions des Emp. grecs &
lat., les Ordonnances de nos Rois,
les Coutumes dont il avoit recherché la ſource dans les antiquités du
Droit féodal, & de la Monarchie
franç., & s'étoit encore inſtruit des
Loix & des formes obſervées dans
les autres Etats. Avec toutes ces
Sciences, & un génie ſupérieur dont
les premieres idées étoient toujours
ſûres, M. d'Agueſſeau avoit une
défiance extrême de ſes lumieres. Il
en faiſoit uſage non pour paroître
au-deſſus des autres, mais pour
leur être utile, & il étoit le ſeul
qui ne s'apperçut pas de tout le bien
qu'il faiſoit. Les principes de Religion, qu'il ſuivit toute ſa vie, avoient
éloigné de lui toutes les paſſions &
toute autre vue que celle de faire
du bien. Il ne penſa pas ſeulement
à tirer aucune autre eſpece d'avantage des places qui vinrent le chercher, pendant qu'en Philoſophe
chrétien il n'aſpiroit ni au crédit,
ni aux biens, ni aux honneurs. Il
avoit fait le premier eſſai de ſes talens dans la charge d'Avocat du
Roi au Châtelet, où il entra à l'âge
de 21 ans, & quoiqu'il ne l'eut
exercée que quelques mois, ſon pere ne douta pas qu'il ne fût capable
de remplir une troiſieme charge
d'Avocat Gén. au Parlem. qui venoit d'être créée. Le feu Roi la lui
donna par préférence à un autre
Sujet, diſant *qu'il connoiſſoit aſſez le pere, pour être aſſuré qu'il ne
voudroit pas le tromper, même dans
le témoignage qu'il lui avoit rendu
de ſon fils.* Il y parut d'abord avec
tant d'éclat, que le célebre Denis
Talon, alors Préſident à Mortier,
dit *qu'il voudroit finir comme ce jeune homme commençoit.* Il ſuffiſoit à
une multitude d'affaires, les traitoit
toutes à fond, & ſouvent il décou-
vroit des loix, des pieces, ou des
raiſons déciſives, qui avoient échappé aux défenſeurs des Parties. Il
réuniſſoit à l'érudition, l'ordre &
la clarté des idées, la force du raiſonnement, & l'éloquence la plus
brillante ; ce qui auroit fait croire
que chacun de ſes plaidoïers étoit

le fruit d'une longue préparation. Cependant il n'en écrivoit ordinairement que le plan, & réservoit le travail d'une composition exacte pour les grandes Caufes, ou pour les Réquifitoires qu'il fit lorfqu'il fut devenu prem. Avocat gén. & dont quelques-uns ont été imprimés. Ses Harangues étoient regardées comme des chef-d'œuvres d'Eloquence. Il emploïoit le loifir de la campagne pendant les vacances à les compofer, & à goûter au milieu de fa famille, la douceur de la vie privée & de la fociété de quelques amis favans; il en jouiffoit tranquillement lorfqu'on vint lui apprendre qu'il avoit été nommé à la charge de Procureur gén. Louis XIV l'avoit choifi pour la remplir; fur ce que le prem. Préfident de Harlay avoit dit de fon mérite, quoiqu'il n'eût alors que 32 ans, & s'étoit fait un plaifir d'apprendre lui.même ce choix à M. d'Aguefleau fon pere. A cette nouvelle, il ne penfa qu'à l'étendue des devoirs attachés à cette place, & les remplit tous avec une égale fupériorité. Il montra fa fageffe & fa vigilance dans le détail de l'adminiftration des Hôpitaux, dans fes vues pour le foulagement des Pauvres des Provinces, & dans des calamités publiques, telles que la difette de 1709 qu'il avoit prévue le premier fur des obfervations qu'il fit à fa campagne, & dont il avoit indiqué le remede en confeillant de faire venir des blés avant que le mal ait produit une allarme générale. Le Criminel lui étoit plus à charge, la féverité étant oppofée à fon caractere, & il fe félicitoit lorfque fon miniftere ne l'obligeoit pas de rien ajouter à celle des premiers Juges. Ses obfervations fur les Loix qui concernent l'Inftruction criminelle lui fervirent depuis pour les perfectionner, & fes Réponfes aux Lettres des Officiers du reffort du Parlem. formoient comme une fuite de décifion fur la Jurifprudence & fur leur difcipline. Les affaires du Domaine fourniffoient un champ vafte & plus

agréable à fes recherches & à fon éloquence, qui brilloit encore dans fes mercuriales. Dans celle qu'il fit après la mort de M. le Nain fon ami, & fon fucceffeur dans la Charge d'Avocat gén., il plaça un portrait de ce Magiftrat qui lui fit une impreffion fi forte fur lui-même & fur les Auditeurs, qu'il fut obligé de s'arrêter tout à la fois par fa propre douleur, & par des applaudiffemens qui s'éleverent au même inftant. Il fut l'auteur de plufieurs Reglemens autorifés par des Arrêts, & chargé de la rédaction de plufieurs Loix par M. le Chancel. de Pontchartrain, qui lui prédit qu'il le remplaceroit un jour. D'autres Miniftres, & le Roi lui-même lui demandoient fouvent des Mémoires, qui étoient tout auffi folides que bien écrits. Il repréfentoit avec autant de candeur que de refpect, ce qu'il penfoit être du devoir indifpenfable de fon miniftere, & on le crut menacé d'une difgrace à la fin du regne précédent. Au commencement de la Regence, il fut honoré de la plus grande confiance; même fur les affaires d'Etat, par M. le Duc d'Orléans. Quoiqu'inftruit des difpofitions de ce Prince à fon égard, il venoit de refufer de faire aucunes démarches pour fon élevation, lorfque M. le Chanc. Voifin mourut d'apoplexie la nuit du 2 Fév. 1717. Dès le matin M. le Regent l'envoïa chercher. Il étoit forti. Ce Prince envoïa chez lui de nouveau, & lui apprit enfuite que fon empreffement étoit pour le nommer Chanc. fans vouloir écouter fes repréfentations. Jamais choix ne fut plus applaudi, & l'on s'étonnoit de le voir à 48 ans & quelques mois, conduit jufqu'à la premiere Charge du Roïaume, fans en avoir jamais demandé ni même defiré aucune. Il y fut bientôt expofé à des orages. Il les vit fe former fans chercher à les détourner, éclater fans en être ébranlé, & finir fans reffentiment, en s'attirant même l'eftime & l'amitié de la plûpart de ceux qui y avoient contribué. Sa prem.

prem. difgrace arriva à la fin de Janvier 1718 ; M. le Regent envoya lui
redemander les Sceaux, & lui ordonner de se retirer dans sa Terre
de Fresnes. En 1720 il reçut ordre
d'en revenir sans l'avoir demandé,
& les Sceaux lui furent rendus. Ils
lui furent ôtés pour la seconde fois,
& il retourna à Fresnes au mois de
Fév. 1722. Il n'en fut rappellé qu'au
mois d'Août 1727, & reprit alors
l'exercice d'une grande partie des
fonctions dont il avoit été chargé
auparavant ; mais les Sceaux ne lui
furent remis qu'en 1737. Maître de
son tems pendant ses deux séjours à
Fresnes, il en emploia une partie
à l'étude des Livres sacrés ; sur lesquels il fit des notes savantes, après
avoir comparé les textes écrits en
différentes Langues ; une autre partie à rédiger les vues qu'il avoit
conçues sur la législation ; une autre à exercer lui-même ses enfans
sur les Belles-Lettres & sur le Droit,
& à composer pour eux un excellent
plan d'études. Les Mathématiques,
la Physique, la Poësie, l'Agriculture, les plants qu'il se plaisoit à
faire exécuter sous ses yeux, & dans
lesquels même on reconnoissoit la
beauté de son génie, étoient ses
amusemens. Ceux qui excelloient
dans les beaux Arts & dans les Sciences, s'empressoient de venir profiter
de son loisir & de ses réflexions. En
le suivant dans ce genre de vie, on
auroit cru qu'il n'en auroit jamais
connu d'autre. Il disoit lui-même
quelquefois qu'il s'appliquoit à ces
objets par goût, & aux affaires
uniquement par devoir. Cependant
on ne s'apperçut pas davantage lorsqu'il recommença à s'en occuper,
qu'il eut cessé d'y penser pendant
plusieurs années. Il se livra aussitôt à
un travail infatigable qu'une santé
conservée par la sobriété & l'éloi-
gnement de tout excès, lui fit soutenir jusques dans l'âge le plus
avancé, qui ne diminua rien de la
fleur de son esprit. On trouvoit en
lui l'interprète des Loix le plus éclairé, le Magistrat le plus attentif à
les faire observer, & le plus sage

Législateur. Dans les Assemblées
dont il étoit le Chef, il écoutoit les
réflexions de chacun, sans laisser
appercevoir les siennes ; ensuite il
développoit les vrais principes en
faisant sentir avec ménagement, &
comme en passant, ce qui pouvoit
n'y être pas assez conforme, & il
finissoit par des raisons si fortes &
si frappantes, que les uns se réunis-
soient à l'avis qu'il trouvoit le meilleur, les autres étoient surpris de
ne les avoir pas proposées pour le
soutenir, & quelquefois tous reve-
noient à un avis que lui seul avoit
ouvert. Il emploioit la persuasion
& l'exemple pour maintenir l'autorité de la Loi, & s'il falloit la
faire parler avec force pour rappeller au devoir, ses expressions étoient
moins le langage d'un Supérieur
que celui d'un pere. Il se faisoit un
plaisir de marquer sa confiance aux
Magistrats qui se distinguoient dans
chaque Province, de leur procurer,
souvent à leur insu, des bienfaits
du Roi, que le désir de récompenser
le mérite pouvoit seul l'engager à
solliciter. Ses Lettres aux prem. Magistrats étoient également remplies
d'instruction & de sentimens. Aussi
ils l'aimoient autant qu'ils l'admi-
roient, & le regardoient comme
leur modele & leur oracle. Il n'é-
toit pas moins aimé & honoré des
Savans, même étrangers, qui trouvoient en lui un protecteur & une
source de lumieres. Dans la derniere
année de sa vie il fut consulté, &
écrivit une Lettre remplie de réflexions, aussi solides que savantes,
qui furent suivies dans la réformation du Calendrier qui se fit en
Angl. Ses vues sur la législation ré-
pondoient à l'élévation & à la maturité de son esprit ; elles tendoient
à établir une entiere uniformité dans
l'exécution de chacune des anciennes Loix, sans en changer le fond,
& à y ajouter ce qui pouvoit man-
quer à leur perfection. Pour bien
exécuter chaque partie d'un plan si
étendu, il se proposa de travailler
successivement à des Loix qui se
rapportoient à trois objets princi-

paux ; les questions de Droit , la forme de l'instruction judiciaire , & l'ordre des Tribunaux. Sur chaque matiere , il prenoit les avis des principaux Magistrats des Compagnies , & de plusieurs personnes du Conseil , rédigeoit lui même les décisions , retouchoit plusieurs fois ce qu'il avoit rédigé , & consultoit encore des Jurisconsultes & des Magistrats distingués avant que d'y mettre la derniere main. Ainsi chaque Loi étoit l'ouvrage d'une longue méditation , & elle étoit reçue avec d'autant plus de confiance qu'elle avoit été précédée d'un plus grand examen. S'il restoit encore quelques doutes , des Lettres dignes du Législateur les faisoient bientôt disparoître. Les Ordonnances sur les Donations , les Testamens & les Substitutions , remplirent en grande partie le premier objet. Les Ordonnances sur la poursuite du Faux , & sur les Evocations & les Reglemens de Juges , concernent le second , aussi bien que le Reglement du Conseil de 1738 , par lequel il procura aux Parties , dont les affaires étoient décidées sous ses yeux une forme de procéder aussi sûre qu'abregée. La réunion qu'il fit des Sieges roïaux établis dans les mêmes villes , pour diminuer les degrés de Jurisdiction , & plusieurs déclarations sur les fonctions de différentes Compagnies , ou d'autres Officiers , se rapportent au troisieme objet. Il fit encore travailler à la réformation & à l'autorisation de quelques Coutumes. Des travaux si immenses ne faisoient aucun tort au travail ordinaire de sa Charge , souvent même il entroit dans la discussion la plus exacte de quelques affaires particulieres par compassion pour des malheureux , à qui il fournissoit des secours dont ils ignoroient l'auteur. Dans le cours de l'année 1750 , il se vit obligé par des infirmités douloureuses d'interrompre souvent son travail , & résolut de quitter sa place , pensant , comme il l'expliqua lui-même , que la Providence l'y aïant appellé , lui

avoit imposé l'obligation de la conserver tant qu'il avoit pu s'acquitter de tous ses devoirs ; mais que sa santé ne lui permettant plus d'en remplir qu'une partie , *la même Providence lui donnoit un ordre contraire.* Il écrivit donc au Roi , pour lui demander la permission de donner sa démission. Il la dicta lui même , & fit jusques dans cette occasion , des recherches dans des manuscrits de sa Bibliotheque. Il en signa l'Acte le jour même qu'il finissoit sa 81e année , après avoir été revêtu de la dignité de Chancel. pendant près de 34 ans. Le lendemain il le remit au Comte de Saint Florentin Sécretaire d'Etat ; & ses deux Fils allerent avec ce Ministre remettre les Sceaux au Roi, qui lui conserva les honneurs de cette dignité avec 100000 liv. de pension. Il en jouit peu de tems, & ne fut plus occupé qu'à faire usage dans ses douleurs , qui augmentoient de plus en plus , des expressions de l'Ecriture qui lui étoient toujours présentes, n'aïant passé aucun jour depuis son enfance sans la lire. Il mourut le 9 Fév. 1751. Il avoit épousé en 1694 Anne le Févre d'Ormesson, qui étoit morte à Auteuil le premier Déc. 1735. Il voulut être enterré auprès d'elle dans le Cimetierre de cette Paroisse, pour partager même après sa mort, l'humilité chrétienne d'une Femme digne de lui. On peut voir dans ce Cimetiere leurs Epitaphes au pié d'une Croix que leurs Enfans ont fait placer auprès de leur sépulture , dont les marbres ont été donnés par le Roi. Ses discours ont été imprimés en 1756 en 2 vol. *in-12.*

DAILLÉ, (Jean) *Dallæus*, fam. Ministre de Charenton, & l'un des plus savans Théol. de la Religion prét. réf. naquit à Chatellerault, le 6 Janv. 1594. Aïant achevé ses études à Saumur, il entra en 1612 chez du Plessis Mornay, qui en étoit Gouverneur, pour veiller à l'éducation de ses deux pet. fils. Il fit avec eux, en 1619, le voïage d'Italie : l'un d'eux mourut pendant ce voïage. Daillé parcourut avec l'autre , l'Italie, la Suisse, l'Allemagne, la Flandre, la Hollande & l'Angleterre, & revint en France en 1621. Il faisoit si peu de cas des voïages, qu'il regretta toute sa vie le tems qu'il y avoit emploïé; il auroit regretté beaucoup plus sans l'avantage qu'il avoit eu à Venise, de lier amitié avec *Fra Paolo*. Daillé fut reçu Ministre en 1623. Il exerça son ministere dans la famille du Plessis-Mornai, qui mourut peu de tems après. Daillé revit les mémoires de ce Seigneur & les fit imprimer en 1614. L'année suivante, il fut Ministre de Saumur; en 1626, il eut le même emploi à Charenton, où il passa le reste de sa vie. Son mérite & sa probité lui acquirent une telle estime parmi ceux de sa communion, qu'il fut chargé de leurs affaires les plus importantes. Il mourut à Paris, le 15 Avril 1670, à 77 ans. On a de lui un grand nombre d'ouvrages, la plûpart en latin. Les principaux sont: 1. *De usu patrum*, ouvrage que les Protestans regardent comme un chef-d'œuvre: 2. *De Confessione*: 3. *De Confirmatione & Extremâ Unctione*: 4. *De Cultu religioso*, &c. On a aussi de Daillé un grand nombre d'ouvrages en françois, entr'autres plus de 20 volumes de Sermons.

DAIN, ( Olivier le ) Barbier, puis Ministre d'Etat de Louis XI, étoit natif de Thielt, en Flandres, près de Courtrai, & fils d'un Païsan; son nom de famille étoit *le Diable*, mais il le changea en celui de *le Dain*, ou *le Daim*, & vint en France. Il devint Barbier de Louis XI, & s'étant concilié la faveur de ce Monarque, il eut de grands Gouvernemens, acquit des Terres considérables, & prit le titre de Comte de Meulan, Seigneurie que Louis XI lui avoit donnée à la charge d'une maille d'or de redevance. Sa conduite, son insolence, & sa vanité, le firent haïr de tout le monde. Il prit en 1477 la commission de réduire la ville de Gand, mais les Gantois se moquerent de lui. A son retour, il fit entrer par

surprise des Soldats dans Tournai. Après la mort de Louis XI, & au commencem. du Regne de Charles VIII, on fit le Procès à *le Dain*, pour avoir abusé d'une femme, sous prétexte de sauver la vie du mari, qu'il eut l'inhumanité de faire ensuite étrangler. Il fut condamné & attaché à un Gibet en 1484. Ainsi finit cet insolent Ministre d'Etat.

DALE, ( Van ) voïez VANDALE.

DALECHAMPS, ( Jacques ) sav. Médec. du 16e siécle, natif de Caen, exerça la Médecine à Lyon, où il mourut en 1588. Il savoit les Belles-Lettres, & publia l'Histoire des Plantes, avec des notes sur l'Histoire naturelle de Pline; une Traduction d'Athénée, & d'autres ouvrages.

DALMACE, ( S. ) cél. Archimandrite des Monasteres de CP. fit paroître beaucoup de zele contre Nestorius, & fut nommé par les Peres du Concile d'Ephese en 430, pour agir en leur nom à CP. Il mourut quelque tems après, à plus de 80 ans.

DAMASCENE, *voyez* S. JEAN DAMASCENE.

DAMASCIUS, Philosophe Stoïcien du 6e siécle, natif de Damas en Syrie, étoit disciple de Simplicius & d'Elamite, & vivoit du tems de l'Empereur Justinien. Il avoit écrit un ouvrage en 4 Livres des choses extraordinaires & surprenantes. 2. La vie d'Isidore. 3. Une histoire Philosophique. Ces ouvrages ne sont point parvenus jusqu'à nous.

DAMASE, Pape cél. natif de Guimaraens, en Espagne, succéda à Libere en 366. Ursin, ou Ursicin, s'opposa à son élection, & se fit ordonner Evêque de Rome, ce qui causa une sédition, où plus. fideles furent massacrés. Ursicin fut envoïé en exil par ordre de l'Empereur, il retourna en Italie en 381, & y excita de nouveaux troubles; mais les Evêques d'Italie le condamnerent la même année, dans le Concile d'Aquilée, & l'Empereur Gratien le bannit pour toujours, à leur sollicitation; ainsi

Damase demeura paisible possesseur du siege de Rome. Il tint plusieurs Conciles, condamna Ursace, Valens & Auxence ; prit le parti de Paulin contre Melece, excommunia Apollinaire, Vital & Timothée, & se déclara contre les Luciferiens. Damase eut un illustre Secretaire en la personne de Saint Jérôme. Il gouverna l'Eglise Romaine avec magnificence pendant 18 ans, & mourut en 384. Il nous reste de lui quelques lettres. C'est ce Pape, dit-on, qui introduisit dans l'Eglise l'usage de chanter l'*Alléluia*.

DAMASE II, nommé auparavant *Popon*, fut élu Pape après la mort de Clément II, & mourut à Palestrine, 23 jours après son élection, en 1048. L'antipape Benoît IX continua d'occuper le siege de Rome.

DAMHOUDERE, ( Josse de ) savant Jurisconsulte, né à Bruges en 1507, s'éleva par son mérite aux premieres charges de Judicature dans les Païs-Bas, sous les regnes de Charles V, & de Philippe II. Il composa divers ouvrages, & mourut en 1581, à 74 ans.

DAMIEN, (Pierre) *voyez* PIERRE DAMIEN.

DAMIEN, ( le Pere ) de l'Ordre des Dominicains, & natif de Bergame, excella dans l'art de faire des ouvrages de bois de pieces de rapport, qui ne le cédoient pas à la plus belle peinture. On en voit un exemple dans la Marqueterie des Bancs du chœur de l'Eglise des Dominicains de Bergame ; les figures sont faites avec tant d'art, que l'œil y est trompé, & qu'on les croiroit faites au pinceau. Le P. Damien a surpassé en ce genre tous les Artistes.

DAMNORIX, cél. Gaulois, frere de Divitiac, remua beauc. dans les Gaules, pour secouer le joug des Romains, auxquels il étoit aussi contraire, que son frere leur étoit dévoué. César lui pardonna à la priere de Divitiac, ainsi qu'aux Eduens, qui s'étoient révoltés avec lui.

DAMOCLES, flateur de Denys, le Tyran ; affectant d'admirer la fortune de ce Prince, Denys l'invita à un festin magnifique, & fit suspendre au-dessus de sa tête, pendant le repas, une épée nue, qui ne tenoit qu'à un petit fil. Damocles effraïé du danger, changea alors de sentiment, & pria le tyran de lui permettre de vivre dans son premier état, où la médiocrité de sa condition le mettoit à couvert des revers de la fortune.

DAMON, cél. Philos. Pythagoricien, vers 400 avant J. C. s'unit d'une si étroite amitié avec Pythias, que Denys le tyran, aïant résolu de faire mourir l'un d'eux, & aïant permis à Damon d'aller régler auparavant ses affaires domestiques, Pythias lui servit de caution. Damon revint précisément à l'heure qui lui avoit été marquée par Denys, lequel admirant la fidelité de ces deux amis, leur pardonna, & les pria de l'associer à leur amitié.

DAMPIERRE, ( Jean ) *Dampetrus*, célebre Avocat au Conseil, puis Religieux de l'Ordre de Fontevrauld, ou plutôt Cordelier, étoit natif de Blois. Il s'acquit beaucoup de réputation par ses Poësies latines, & passa pour l'un des plus habiles Avocats de son tems. Il mourut à Orléans, en 1550, où il étoit Directeur d'un Monastere de Religieuses. Germain Audebert, homme docte & pieux, son ami, eut soin de recueillir ses Poësies.

DAMPIERRE, est connu par ses Voïages autour du Monde.

DAN, c. à d. *Jugement*, fils de Jacob & de Bala, naquit vers 1788 avant J. C. Il fut Chef d'une Tribu fort guerriere, de laquelle sortit Samson, & mourut à 127 ans.

DANAÉ, fille d'Acrise & d'Euridice, fut enfermée, selon la fable, dans une tour d'airain par son pere, qui avoit appris de l'Oracle, qu'il seroit tué par l'enfant qui naîtroit de sa fille. Mais Jupiter, étant devenu amoureux de Danaé, trouva accès auprès d'elle, en se changeant en pluie d'or, c'est-à-dire, en corrompant les Gardes à prix d'argent. Danaë en eut Persée, qui dans la suite tua Acrise.

DANAIDES, les 50 filles de Danaüs, lesquelles aïant épousé leurs cousins germains, fils d'Egyptus, les égorgerent la premiere nuit de leurs noces, excepté Hypermnestre, qui sauva son mari Lincée. Les autres sœurs, selon la fable, furent condamnées aux Enfers à remplir une cuve percée.

DANAUS, Roi d'Argos, étoit, selon quelques Auteurs, Egyptien, & frere de Ramessés. Après avoir regné neuf ans, conjointement avec son frere, il fut contraint de chercher un asyle dans le païs d'Argos, dont il fonda le Roïaume vers 1476 avant J. C. Il donna ses 50 filles en mariage à 50 de ses neveux; mais, selon la fable, aïant appris de l'Oracle, qu'il seroit détrôné par un de ses gendres, il donna ordre à chacune de ses filles de tuer leurs maris la premiere nuit de leurs noces, ce que ces cruelles femmes exécuterent, excepté Hypermnestre, qui sauva la vie à Lincée, lequel succéda à Danaüs.

DANCHET, ( Antoine ) Poète François, naquit à Riom en 1671. Il vint de bonne heure à Paris, & commença dès sa jeunesse à se faire connoître dans la République des Lettres. A l'âge de 19 ans, il fut appellé à Chartres pour y professer la Rhétorique, & il s'acquit en cette ville beaucoup de réputation pendant les 4 ans qu'il y enseigna. De retour à Paris, il alla demeurer au Collége du Plessis, où il fut chargé de quelque éducation. Danchet se livra ensuite au Théâtre, pour lequel il composa, jusqu'à la fin de sa vie, des Ballets, des Opéra, & des Tragédies. Il fut reçu de l'Académie des Inscriptions en 1706, & de l'Académie Françoise en 1712. Il eut une place à la Bibliotheque du Roi, & mourut à Paris, le 21 Février 1748, après s'être acquis l'estime du Public par sa probité. Ses Œuvres ont été recueillies & impr. à Paris, en 1751, en 4 V. in-12.

D'ANCOURT, ( Florent Carton, sieur ) Acteur & Poète Comique, né à Fontainebleau, le prem. Novembre 1661, se fit d'abord recevoir Avocat au Parlem. de Paris; mais sa passion pour Thérese le Noir, jeune Comédienne, qu'il épousa en 1680, lui aïant inspiré du goût pour le théâtre, il devint Acteur & Auteur. Il se retira en 1718, dans sa Terre de Courcellé-le-Roi, en Berry, où il mourut le 6 Décembre 1726, à 65 ans. On a de lui un gr. nombre de Comédies, dont le style est léger, vif & agréable; l'édition la plus complette de ses œuvres est celle de 1760, en 12 vol. in 12.

DANDINI, ( Jérôme ) Jésuite, natif de Césene, de la famille du Cardinal de ce nom, est le prem. de son Ordre, qui ait enseigné la Philosophie à Paris. Il fut Recteur & Provincial dans sa Société. Clément VIII l'envoïa, en 1596, Nonce chez les Maronites; à son retour, il mourut à Forli, le 26 Novembre 1634, à 83 ans. Son principal ouvrage est la Relation de son voïage, traduite en François, avec des remarques de Richard Simon.

DANDINI, ( Hercule-François ) Comte & cél. Professeur en Droit à Padoue, né en 1691, est Auteur de plus. ouvr. dont les princip. sont, 1. *Otium Aricinum, S. de Urbanis officiis Dialogi*. 2. *Erminii ac Merani Dialogus, in quo Erminius ad filium suum erudiendum institutionem parat*. 3. *De forensi scribendi ratione culta atque perspicua*. 4. *De servitutibus prædiorum interpretationes per Epistolas*, &c. Il m. en 1747.

DANDOLO, ( Henri ) cél. Doge de Venise, se fit admirer par sa prudence, son courage & sa capacité dans les affaires. Il reçut en 1201, avec magnificence, les Députés des Princes Croisés, & malgré son extrême vieillesse, il se mit à la tête de la flotte Vénitienne, & contribua beaucoup à la prise de CP, en 1203, refusa d'être Empeeur de cette ville, & fit élire le Comte Baudouin.

Il y a eu plusieurs autres Doges de cette famille, féconde en personnes de mérite.

DANRIU, (Jean François) Musicien François, s'est distingué par son habileté à toucher l'orgue & le clavessin. Il mourut à Paris en 1740, à 56 ans. On a de lui trois Livres de pieces de clavessin, & un Livre de pieces d'orgue, avec une suite de Noels. Ouvr. estimés.

DANEAU, (Lambert) Danaus, sav. Ministre Calviniste, natif d'Orléans, fut disciple ou familier d'Anne du Bourg, & enseigna la Théologie à Leyde. Il mourut à Castres en 1596. On a de lui des Commentaires sur S. Matthieu & sur S. Marc; une Géographie Poëtique, & d'autres ouvrages.

DANÉS, (Pierre) l'un des plus savans hommes du 16e siecle, natif de Paris, fut disciple de Budé & de Jean Lascaris, & prem. Professeur au Collége Roïal. Danés fut ensuite Curé de S. Josse à Paris, Précepteur & Confesseur de François II; aïant été envoïé au Concile de Trente, il y prononça en 1546, un discours très estimé. Un jour que Nicolas Pseaume, Evêque de Verdun, parloit avec beaucoup de liberté au Concile, l'Evêque d'Orviette regardant les François, leur dit avec un sourire amer: *Gallus cantat. Utinam*, reprit Danés, Evêque de Lavaur, *ad istud Gallicinium Petrus resipisceret!* Pierre Danés, fut Evêque de Lavaur, en 1556. Il étoit ami de Genebrard, de Turnebe, & des autres Savans de son siecle. Il s'acquit l'estime & la protection du Cardinal de Tournon, & mourut à Paris, le 23 Avril 1577, à 80 ans. M. Danés, Docteur & Professeur de Sorbonne, & Conseiller au Parlement de Paris, a écrit sa vie, & a donné le recueil de ses opuscules.

DANET, (Pierre) Abbé de S. Nicolas de Verdun, fut du nombre des personnes choisies par le Duc de Montausier, pour éclaircir les Au-

teurs, *à l'usage du Dauphin.* Il eut en partage le Phédre, qu'il publia avec une interprétation & des notes latines. Il mour. à Paris, en 1709. On a de lui un Dictionnaire françois latin; un autre latin françois, & d'autres ouvrages. Son Dictionnaire latin est plus estimé que le françois.

DANGEAU, (Louis Courcillon de) excellent Académicien de l'Académie Françoise, naquit au mois de Janvier 1643. Il se rendit habile dans le grec, le latin, l'italien & l'espagnol, & s'appliqua avec soin à l'étude de l'Histoire, du Blason, de la Géographie, des Généalogies & de la Grammaire Françoise. Il fut ami intime de l'Abbé de Choisy, eut plusieurs Bénéfices, & mourut à Paris, le prem. Janv. 1723. On a de lui: 1. *Quatre Dialogues, sur l'Immortalité de l'Ame, sur l'Existence de Dieu, sur la Providence & sur la Religion.* Ces quatre Dialogues sont excellens. Il les composa avec l'Abbé de Choisy. 2. *Réflexions sur toutes les parties de la Grammaire* 3. *Nouvelle Méthode de Géographie Historique.* 4. *Les Principes du Blason*, en 14 Planches. 5. *Jeu Historique des Rois de France pour l'usage des enfans,* qui se joue comme le Jeu de l'Oïe, avec un petit Livre pour l'explication. 6. Plusieurs autres Traités sur différentes parties de la Grammaire, & sur l'Orthographe, &c.

DANHAVER ou DANHAWER, (Jean Conrad) fameux Théologien Luthérien, naquit dans le Brisgau en 1603. Après avoir voïagé quelque tems avec quatre jeunes Seigneurs, il retourna à Strasbourg où il avoit été fait Bachelier en 1619, & maître en Philosophie en 1621. Il y obtint une Chaire d'Eloquence en 1629, & eut plus. autres emplois honorables dans la même ville où il m. en 1666, étant Prédicateur de l'Eglise Cathédrale, & Doïen du Chapitre. On a de lui un grand nombre d'ouvrages. Ceux qui ont fait le plus de bruit sont: 1. *Colle-*

giumDecalogicum. 2 Hermeneutica, seu idea boni interpretis & malitiosi calumniatoris. 3. Idea boni disputatoris & malitiosi sophista. 4. Hodomoria spiritus Papæi. 5. Hodomoria spiritus Calviniani, &c. Danhaver passa presque toute sa vie à écrire avec une espece de fureur contre tous ceux qui n'étoient pas de la Confession d'Ausbourg. Il s'opposa fortement à la réunion des Luthériens & des Calvinistes, quoique Charles-Louis Electeur Palatin tâchât de lui inspirer des sentimens plus pacifiques, & il se brouilla avec Duræus qui travailloit de toutes ses forces à cette réunion.

DANIEL, le 4e des gr. Prophètes, naquit en Judée, de la Tribu de Juda, vers la vingt-cinquieme année du regne de Josias. Il fut emmené captif à Babylone, après la prise de Jérusalem, 606 avant J. C. & fut destiné avec d'autres jeunes Seigneurs Hébreux, au service de Nabuchodonosor. Ce Pr. leur donna des maîtres pour les instruire dans la Langue & dans les Sciences des Chaldéens, & ordonna de les nourrir des viandes les plus délicates, que l'on servoit à sa table; mais craignant de manger des viandes défendues par la Loi de Moïse, ils prierent les Officiers du Roi de ne leur servir que des légumes. Daniel plut à Nabuchodonosor par la sagesse de sa conduite; ce Prince lui donna des emplois considérables. On croit communément que c'est ce Prophête, qui, n'étant âgé que de 12 ans, fit éclater l'innocence de la chaste Susanne; mais les Savans ne conviennent pas tous que le jeune Daniel qui confondit les Vieillards, soit le même que le Prophête. Quoi qu'il en soit, Daniel expliqua à Nabuchodonosor, le songe de la statue mystique, qui signifioit la durée des 4 grandes Monarchies, ce qui le fit établir, par ce Prince, Préfet de la Province de Babylone. Il refusa d'adorer la statue d'or, expliqua à Balthasar les caracteres qu'une main écrivit sur la muraille de la

salle de son festin, & fut jetté, sous le regne de Darius, Roi des Medes, dans la fosse aux lions, qui, malgré leur férocité, ne lui firent aucun mal. Il mourut vers la fin du regne de Cyrus, âgé d'environ 88 ans. Ses Prophéties sont partie en hébreu, partie en chaldéen, & partie en grec. Elles ont paru si claires, que les ennemis de la Foi ont cru que Daniel n'avoit écrit que ce qui étoit déja arrivé. La plus cél. de toutes est celle des 70 semaines, à la fin desquelles le Messie devoit être mis à mort.

DANIEL, (Arnaud) Gentilhomme, & cél. Poète Provençal, au 12e si., natif de Tarascon, dont Pétrarque & le Dante font un grand éloge.

DANIEL, (Gabriel) célebre Jésuite, & l'un des meilleurs Historiens Franç., naquit à Rouen le 8 Févr. 1649. Il enseigna les Belles-Lettres, la Philosophie & la Théologie chez les Jésuites, fut Supérieur de la maison Professe à Paris, & y mourut le 23 Juin 1728. On a de lui un gr. nombr. d'ouvr. bien écrits en françois; les principaux sont: 1 une Histoire de France, dont il donna aussi un abrégé en 9 vol. in-12. 2. Histoire de la Milice Françoise, 2. vol. in 4°. 3. Réponse aux Lettres Provinciales. 4. Des Lettres au Pere Alexandre Dominicain sur la doctrine des Thomistes & la probabilité. 5. Voïage du monde de Descartes. 6. Nouvelles difficultés touchant la connoissance des bêtes. 7. Traité Théologique touchant l'efficacité de la Grace, 2. vol., & d'autres opuscules dont on a donné un Recueil en 3 vol. in-4°.

DANIEL, (Pierre) Avocat d'Orléans, Bailli de la Justice temporelle de l'abbaïe de S. Benoît-sur-Loire, & l'un des plus sav. hommes du 16e siecle, rassembla une riche Bibliothéque de manuscrits, & publia l'Aulularia de Plaute, les Commentaires de Servius sur Virgile, &c. Il mour. à Paris en 1603. Paul Petau & Jacques Bongars acheterent sa Bibliotheque, dont une partie fut transportée dans la suite à Stockholm, & l'autre au Vatican.

**DANIEL DE VOLTERRE**, voy. VOLTERRE.

**DANTE ALIGHIERI**, un des premiers & des plus célebres Poètes d'Italie, naquit à Florence en 1265, d'une bonne famille ; il fut instruit avec soin dans les Belles-Lettres sous Brunetti, l'un des plus habiles hommes de son tems, & consacra les premices de sa Muse à l'amour. Dante avoit un génie & des talens admirables pour la Poésie, & eût été heureux, s'il ne se fût mêlé d'autre chose ; mais étant devenu l'un des Gouverneurs de Florence, son ambition l'enveloppa dans la ruine de la faction qu'il avoit embrassée. Le Pape Boniface VIII envoïa, en 1301, Charles de Valois, pour rétablir la paix à Florence, qui étoit alors divisée par deux factions, l'une des blancs & l'autre des noirs. On ne crut trouver de moïens plus propres à pacifier la ville, que d'en chasser la faction des blancs. Dante, qui étoit de cette faction, se trouva du nombre des bannis. Sa maison fut abbatue & ses terres pillées. Il voulut s'en venger aux dépens même de sa patrie, & fit tout ce qu'il put pour l'exposer à une sanglante guerre ; mais il m. à Ravenne pendant son exil en 1321, à 56 ans. Il nous reste de lui divers Poëmes, la plûpart composés pendant sa disgrace, dans lesquels il fait paroître une satyre mordante, beauc. d'esprit, & un gr. génie. Ils ont été impr. avec les explications de Christophe Landini, & d'Alexandre Vellutelli. Le plus considérable de tous, est le Poëme de l'Enfer, du Purgatoire, & du Paradis.

**DANTE**, ( Jean-Baptiste ) excellent Mathématicien du XVe siecle, natif de Pérouse, appellé, le nouveau Dédale, parcequ'il inventa des aîles artificielles avec lesquelles il voloit en l'air. Il en fit plus. fois l'expérience avec succès sur le lac de Thrasimene ; mais aïant voulu donner ce spectacle à la ville de Pé-

rouse, à la solemnité du mariage de Barthelemi d'Alviane, & s'étant élevé très haut en l'air, lorsqu'il eut volé par dessus la place, le fer avec lequel il dirigeoit une de ses aîles, se cassa, ce qui le fit tomber sur l'Eglise de Notre-Dame, où il se brisa une cuisse. Il fut guéri par d'habiles Chirurgiens, & professa ensuite les Mathématiques à Venise, où il mourut à 40 ans.

**DANTE**, ( Pierre-Vincent ) habile Architecte & Mathématicien, natif de Pérouse, de la famille des Rainaldi, se distingua tellement par son esprit, son amour pour les Belles-Lettres, & sa délicatesse dans la Poésie, qu'on lui donna le nom de Dante. Il inventa plusieurs machines, fit un Commentaire sur la sphere de Sacro Bosco, & mourut en 1512. Son fils Jules Dante, & sa fille Théodora Dante, s'acquirent aussi une gr. réputation par leur capacité dans l'Architecture & dans les Mathématiques, & composerent plusieurs ouvrages.

**DANTE**, ( Vincent ) fils de Jules, & petit-fils de Pierre-Vincent Dante, très habile Mathématicien, & célebre Sculpteur, composa les vies de ceux qui ont excellé en cet art, & d'autres ouvrages. La statue du Pape Jules III, qu'il fit à Pérouse, passe pour un chef-d'œuvre Dante étoit aussi très habile Peintre ; & Philippe II, Roi d'Espagne, lui offrit des pensions considérables pour achever les Peintures de l'Escurial ; mais il refusa d'entreprendre ce voïage à cause de la foiblesse de sa santé. Il mourut à Pérouse en 1576, à 46 ans. Ignace Dante, son frere, étoit aussi un très habile homme. Il se fit Dominicain, & Grégoire XIII lui donna l'Evêché d'Alatri, pour récompenser son mérite.

**DANTECOURT**, ( Jean-Baptiste ) habile Chanoine Régulier de Sainte Geneviéve, naquit à Paris le 24 Juin 1643. Il devint Chancelier de l'Université de Paris, en 1680, & Curé de S. Etienne-du-Mont à Paris, en 1694. Il quitta cette Cure en 1719, & se retira dans l'Abbaïe de Sainte

Geneviéve , où il mourut le 5 Avril
1718.On a de lui deux *Factums* pour
la prefféance de fon Ordre fur les
Bénédictins aux Etats de Bourgogne , & un Livre de Controverfe ,
intitulé : *Défenfe de l'Eglife* , contre le Livre du Miniftre Claude ,
qui a pour titre : *Défenfe de la Réformation.*

DANZ , *ou* DANTZ , ( Jean-André ) céleb. Théologien Luthérien ,
naquit à Sandhufen , village près de
Gotha , le 1 Février 1654. Il fut deftiné à l'étude par ordre & aux dépens
du Duc Frédéric , & il y fit de grands
progrès. Après avoir été reçu Maître-ès-Arts à Wittemberg , en 1676,
il alla à Hambourg pour profiter des
lumieres d'Efdras Edzardi , & fe
fervit de quelques Juifs pour fe rendre habile dans la lecture des Rabbins. De Hambourg il alla à Léip-
fic , & enfuite à Iene , d'où il partit , en 1683 , pour vifiter la Hollande & l'Angleterre. Danz fe fit
partout aimer & eftimer des Savans,
& fe fixa enfuite à Iene , où il fut
d'abord Profeff. en Langues Orientales , puis en Théologie. Il s'acquit
une grande réputation par fes leçons , forma un grand nombre de
difciples , & m. d'une attaque d'a-
poplexie , le 20 Décembre 1727. On
a de lui un grand nombre d'ouvrages fort eftimés , tant fur les Langues
que fur les Antiquités Hébraïques ,
& la Critique facrée où il excelloit.
Les principaux font , 1. d'excellentes
Grammaires Hébraïque & Caldaï-
que. 2. Deux Differtations contre
les Juifs. 3. *Sinceritas facræ Scripturæ veteris Teftamenti Trium-
phans* , Ien. 1713. *in-4°.* 4. Trois
Differtations , favoir : *De functione
Pontificis maximi in adyto anni-
verfaria ad Hebr. IX. 7. Partus
Virginis miraculofus ad Efa. VII.
14. Divina Elohim inter coæquales
de primo homine condendo delibera-
tio.* 5. *Inauguratio Chrifti haud
obfcurior Mofaicâ , decem differta-
tionibus afferta pro doctrina Evan-
gelicâ θεοπνευϛία.* 6. *Davidis in
Ammonitas devictos mitigata cru-
delitas.* Il a auffi fait des traduc-

tions de plufieurs ouvrages des Rabbins. Plufieurs de fes Differtations
ont été imprimées dans le *Thefaurus philologicus.*

DAHPNE , fille du fleuve Penée ,
felon la fable , fuïant les pourfuites
d'Apollon , tranfporté d'amour pour
elle , fut changée en laurier.

DAPPERS , ( Olivier ) favant Médecin d'Amfterdam , mort en 1690,
s'eft rendu célebre par fes defcriptions de l'Afie , de l'Afrique , & de
l'Amérique , écrites en flamand. Elles font très eftimées , quoique Dappers n'ait jamais vu les païs dont il
parle. Sa defcription de l'Afrique a
été traduite en françois.

DARDANUS , fils de Jupiter &
d'Electre , & Fondateur du Roïaume
de Troies en Phrygie , vers 1480
avant Jefus-Chrift.

DARÉS , Prêtre Troïen , célébré
par Homere , avoit , dit on , écrit
en grec l'hiftoire de la guerre de
Troie ; celle qui porte le nom de
Darés eft un ouvrage fuppofé. Elle
a été traduite en françois. La meilleure édition eft celle de Madame
Dacier.

D'ARGONE , *voyez* ARGONE.

DARIUS *le Mede* , Roi de Babylone , fit jetter le Prophête Daniel
dans la foffe aux Lions , & l'éleva
enfuite aux premieres dignités ; ce
Darius eft , felon quelques Auteurs,
le même que Cyaxares II , fils d'Aftiages , & oncle maternel de Cyrus ;
& felon d'autres , il eft le même que
Nabonide , qui regna à Babylone
après Laborofoarchod.

DARIUS I , Roi de Perfe , fils
d'Hyftafpes , & céleb. Conquérant,
fut l'un des fept nobles Perfes qui
détronerent le prétendu Smerdis ,
& détruifirent la tyrannie des Mages. Il monta fur le Trône 521 avant
J. C. fon cheval aïant henni le
premier par l'artifice de fon Ecuïer.
Darius prit Samos , & en donna le
gouvernement à Sylofon , frere de
Polycrate. Il protégea Zorobabel ,
lui permit de rebâtir le Temple 514
avant J. C. & contribua même à la
dépenfe de ce faint édifice. Darius
fe rendit maître de Babylone révol-

tée, après un fiége de 20 mois, par l'adreffe de Zopyre, & déclara la guerre aux Scythes. Il marcha contr'eux avec une puiffante armée de terre & de mer, 508 avant J. C. après avoir fait bâtir un pont fur le Bofphore de Thrace, pour paffer dans la Scythie ; mais cette expédition ne fut point heureufe. Darius y perdit la plus grande partie de fon armée, & fut contraint de repaffer dans la Perfe. Il laiffa en Europe Mégabyfe, fon Général, qui lui foumit la Thrace & quelques païs voifins de la Grece. Les Grecs, allarmés de ces progrès, fe préparerent à la guerre contre les Perfes. Elle éclata à la follicitation d'Ariftagoras Gouverneur de Milet, pour Hiftiée fon parent, 504 avant J. C. mais ce perfide abandonna auffi tô. le parti de Darius, fit foulever l'Ionie, fe mit à la tête des Grecs, qui furent fecourus par les Athéniens, & brûla la ville de Sardes, qui fut entierement confumée, hors la Citadelle, où réfidoit Artaphernes. Quelque tems après, les Athéniens aïant abandonné les Ioniens, les Généraux de Darius reprirent l'Ifle de Chypre, vainquirent les Ioniens dans une grande bataille, près de Milet, prirent & ruinerent cette ville, & fe rendirent maîtres de toute l'Ionie, auffi bien que des ifles de Chio, de Lefbos & de Tenedos. Darius, enflé par ces fuccès, envoïa Mardonius contre les Grecs, avec une armée de terre & de mer. Ce Général n'aïant point réuffi, Darius nomma à fa place Datis & Artaphernes. Ils eurent d'abord quelque fuccès ; mais leur armée, compofée de plus de 300000 hommes, fut entierement défaite à la celebre bataille de Marathon, 490 avant J. C. Ils y perdirent 200000 hommes, outre un grand nombre de vaiffeaux. Cette mémorable victoire fut remportée par 10000 Athéniens & 1000 Platéens commandés par Miltiade. Darius punit enfuite les Egyptiens révoltés. Il faifoit de nouveaux préparatifs contre les Grecs, lorfqu'il mourut, 485 avant J. C.

après une regne de 36 ans. Son Epitaphe porte, qu'il étoit un puiffant buveur. Il nomma, avant fa mort, fon fils Xercès pour lui fuccéder à l'exclufion d'Artabazane fon aîné, parceque Xercès étoit venu au monde après l'élection de Darius à la Roïauté.

DARIUS II, IXe Roi de Perfe, furnommé Ochus, ou Nothus, c'eft à-dire, bâtard, étant né d'une Maîtreffe d'Artaxercès Longuemain, s'empara du Thrône de Perfe après la mort de Xercès, affaffiné par Sogdfien, 423 avant J. C. Il époufa Parifatis, Princeffe cruelle, dont il eut Arfaces ; autrem. Artaxercès Mnemon, qui lui fucceda, Ameftris, Cyrus le jeune, &c. Il fit quelques guerres par fes Généraux, & par fon fils Cyrus, & mourut 405 avant Jefus Chrift. Artaxercès Mnemon lui fucceda.

DARIUS III, Codoman, XIIe & dernier Roi de Perfe, fameux par fes malheurs, étoit fils d'Arfamis & de Syfigambis. Il fut élevé fur le Trône, 336 avant J. C. par l'Eunuque Bagoas, qui avoit empoifonné Arfes, le plus jeune des fils d'Artaxercès Ochus. Ce déteftable Eunuque, mécontent du choix qu'il avoit fait, voulut empoifonner Darius ; mais ce Prince lui fit avaler le poifon à lui même, & vengea tous les crimes de ce fcélérat. C'eft ce Darius fur lequel Alexandre le Grand gagna trois batailles célebres. La premiere au paffage du Granique, 334 avant J. C. La feconde, vers le détroit du mont Taurus, près de la ville d'Ajazzo, où Darius perdit fa mere, fa femme & fes enfans : & la troifieme, près de la ville d'Arbelles, le 1 Octobre, 330 avant J. C. 11 jours après la célebre éclipfe de Lune, rapportée par Pline & Ptolomée. Darius s'enfuit dans la Médie, où il fut affaffiné par Beffus, Gouverneur de la Bactriane, la fixieme année de fon regne ; & ce Prince infortuné finit la Monarchie des Perfes, 230 ans après qu'elle eût été fondée par Cyrus.

DARTIS, (Jean) favant Jurifconfulte , né à Cahors en 1572 : après avoir étudié à Cahors , à Rhodez & à Touloufe, vint à Paris avec le Préfident de Verdun , & fucceda , dans la chaire d'Antéceffeur de Droit , à Nicolas Oudin , en 1618. Il fut enfuite Profeffeur de Droit Canon , au College Roïal , & mourut le 2 Avril 1651. Ses ouvrages ont été pub iés en 1656 , *in-fol.* On y voit que Dartis étoit verfé dans la counoiffance de l'ancienne difcipline de l'Eglife.

DATAMES , de fimple foldat aux Gardes d'Artaxercès Mnemon , devint Général de ce Prince , & comman la fes armées avec beauc. de valeur & de prudence ; mais fes envi ux l'aïant defservi auprès de fon maître , il fit révolter la Cappadoce , défit Artabafe , Général d'Artaxercès , 362 avant J. C. & fut tué quelque tems après.

DATHAN , fils d'Eliab , & l'un de ces Lévites féditieux , qui s'étant foulevés avec Coré & Abiron , contre Moïfe & Aaron , furent englou tis miraculeufement dans la terre , 1489 avant J. C.

DATHI ou DATHUS , fav. Religieux Auguftin , de Sienne , fut Secretaire de la République de cette ville , & rendit de gr. fervices aux gens de Lettres. On a de lui des Traités de l'Immortalité de l'ame , & d'autres ouvrages.

DATI , ( Carlo ) fav. Profeffeur de Belles-Lettres à Florence fa patrie , fe fit eftimer des favans , par fes œuvr. & par fa politeffe envers les doctes voïageurs qui paffoient à Florence. Il étoit membre de l'Académie *della Crufca* , & publia en 1669 , un Panégyriq de Louis XIV , en italien. Il avoit déja donné au public quelques Poéfies à la louange du même Prince. Il m. en 1675.

DAU , ( Girard ) habile Peintre de Leyde , & difciple de Rembrant , réuffiffoit principalement dans les figures en petit , & dans le clair obfcur. Quoique la grandeur ordinaire de fes tableaux ne paffât pas un pié , il fe les faifoit païer fix & huit cens livres , réglant leur prix fur le tems qu'il mettoit à les faire , & comptant chaque heure à 20 fols.

DAUDERSTAT , ( Samuel ) fav. Théol. Luthérien & Miniftre à Frifingue fur la fin du 17e fiecle , a fait entr'autres ouvrages un Livre in-4° fur l'Ante-chrift d'Orient , qu'il explique de Gog & de Magog.

D'AUDIFFRET , ( Jean-Bapt. ) gentilhomme Provençal , & habile Géographe , fut Envoié extraordinaire de la Cour de France , anprès des Ducs de Mantoue , de Parme & de Plaifance , & eut en 1702 , la même qualité auprès du Duc de Lorraine. Il mour. à Nancy , le 9 Juillet 1733 , à 76 ans. On a de lui une Géographie eftimée , en 3 vol. *in-4°*. & *in 12*.

DAVENANT , ( Jean ) célebre Théol. Anglois , natif de Londres , fut Docteur & Profeffeur de Théol. à Cambridge , & enfuite Evêque de Salifbury. C'étoit un Théol. très moderé , qui cherchoit avec zele les moïens de réunir les Chrétiens fur leurs divers fentimens , comme il le fait paroître dans fon Livre intitulé *Adhortatio ad communionem inter Evangelicas Ecclefias*. Il fe diftingua par fon érudition , par fa modeftie , & par fa gr. pénétration. L'Eglife Anglicane l'aïant députté avec d'autres Théologiens au fynode de Dordrecht , il s'y déclara pour la grace univerfelle, il y foutint avec le Docteur Ward que J. C. eft mort pour tous les hommes. Il m. à Cambridge en 1640. Ses principaux ouvrages outre celui dont nous avons parlé font , 1. *Prælectiones de judice controverfiarum*. 2. *Comment. in Epift. ad Coloff*. 3. *Liber de fervitutibus*. 4. *Determinatio quæftionum Theologicarum quinquaginta* , &c.

DAVENANT ou D'AVENANT , ( Guillaume ) cél. Poëte Anglois du 17e fiec. naquit à Oxford fur la fin de Février en 1606 , d'un pere qui étoit Cabaretier , & qui étoit fi férieux & fi mélancholique , qu'on ne le vit prefque jamais rire. Sa mere étoit une femme d'une gr. beauté & de beauc. d'efprit. Guillaume

Davenant après avoir étudié à Oxford s'appliqua à la Poéfie, & fit des pieces de Théâtre, qui eurent un grand fuccès, & qui lui procurerent l'amitié d'Endymion Porter, de Henri Jermyn, depuis Comte de S. Albans, & de tous les beaux efprits de ce tems-là, furtout du Chevalier Jean Suckling, qui parle de lui avec éloge dans *fon jugement des Poètes*. Après la m. de Johnfon arrivée en 1637, Davenant fut fait Poète Couronné. Aïant été accufé en 1641 d'avoir tenté de foulever l'Armée contre le Parlement, il fut arrêté, mais aïant donné caution, il fe retira en France. Chemin faifant, le Maire de Cantorbery l'arrêta, & lui fit fubir un rigoureux examen ; avanture fur laquelle le Chevalier Jean Mennes a fait des vers très plaifans. Après quelque féjour en France, il retourna en Angleterre, où Guillaume Marquis de Newcaftle le fit Lieutenant Général de fon Artillerie. Le Roi le créa Chevalier en 1643 pendant le fiege de Glocefter. Les affaires de ce Pr. tournant mal, Davenant revint en France, & s'y fit Catholique. La Reine le renvoïa en Angleterre l'an 1646 pour perfuader au Roi de confentir à l'abolition de l'Epifcopat, mais n'aïant pû y réuffir, il revint à Paris, où le Pr. de Galles fe trouvoit alors. Il forma enfuite le projet de faire paffer de France à la Virginie un grand nombre d'ouvriers, furtout de *Fabriqueurs* ou d'ouvriers au métier, & il obtint du Roi de France les permiffions néceffaires. Mais le Navire fur lequel il s'étoit embarqué avec fa Compagnie, fut pris par des vaiffeaux de la Compagnie, & il fut emmené prifonnier d'abord dans l'Ifle de Wight en 1650, & de là à la Tour de Londres l'année fuivante. Il obtint fa liberté par l'interceffion de Milton & de quelques autres perfonnes. Milton n'obligea pas un ingrat, car au rétabliffement de Charles II, il obtint fa grace par l'interceffion de Davenant. Ainfi ces deux grands Poètes fe durent mu-

tuellement la vie. Après la mort tragique de Charles I, les Tragédies & les Comédies étant défendues, le Chevalier Davenant trouva moïen d'établir un *Opera Italien*, & par ce Drame en mufique, il jetta les fondemens du Théâtre Anglois, qu'il perfectionna après le rétabliffement de la famille Roïale. Il m. le 7 Avr. 1668, à 63 ans. On a de lui des Tragédies, des Tragi-comédies, des Mafcarades, des Comédies, un Poëme intitulé *Gondebert*, &c. tous fes ouvr. ont été impr. enfemble en 1673 *in fol*. Il étoit ami intime de Dryden & travailloit avec lui.

DAVENANT, (Charles) Jurifconfulte & céleb. Ecrivain Anglois, étoit fils aîné de Jean Davenant, dont il eft parlé dans l'article précédent, & naquit en 1656. Après avoir étudié à Oxford, il fe fit recevoir Docteur en Droit civil à Cambridge ou à Dublin. Il s'acq. une gr. réput. en Anglet., furtout par fes ouvr. de politique, & m. en 1711. On a de lui 1. *La Tragédie* ou plutôt l'*Opera de Circé*, qui eut beauc. de fuccès. 2. Plufieurs Traités politiques, favoir, *Effais fur les moïens de pourvoir aux frais de la guerre*. Londres 1695. *in 8°*. 3. *Traité des Revenus publics & du Commerce d'Angleterre*. Londres, 1698 2 vol. *in-4°*. 4. *Effai fur les voies par lefquelles on peut vraifemblablement faire gagner un peuple dans la balance du Commerce*. Londres, 1699 *in-8°*. 5. *Traité des Conceffions & des Réunions*. Lond. 1700 *in 8°*. 6. *Effais fur la Balance du pouvoir : le droit de faire la guerre & de conclure la paix & des alliances : la Monarchie univelle*, &c. Londres, 1701 *in-8°*. 7. *Effais fur la paix au-dedans & la guerre au-dehors*. Londres, 1704 *in 8°*. On lui attribue auffi le *Portrait d'un Whig moderne* : & les *Réflexions fur la Conftitution & la conduite du commerce d'Afrique*. Londres, 1709 *in-fol*.

DAVENPORT, (Chriftophe) appellé auffi *François de Sainte Claire*, ou *François Coventrie*, naquit à Coventry, ● 1598. Il passa en Flandres en ●● 17, se fit Franciscain, & enseigna la Philos., puis la Théol. à Douay, avec une réputation extraordinaire. Il retourna en Angleterre sous le regne de Charles II, qui lui donna des marques publiques de son estime. Davenport travailla avec zele à la propagation de la Foi, & s'acquit l'estime & l'amitié des Protestans, comme des Catholiques. Il mourut près de Londres le 31 Mai 1680, à 82 ans. On a de lui: 1. *Systema fidei, seu Tractatus de Concilio universali, &c.* 2. un Traité de la Prédestination, & un gr. nombre d'autres savans ouvrages.

DAVID, Roi des Juifs, & l'un des plus grands & des plus vertueux Princes du monde, naquit Béthléem, 1085 avant J. C. de Jessé, ou Isaïe, de la Tribu de Juda. Pendant qu'il gardoit les troupeaux de son pere, Dieu le choisit pour Roi à la place de Saül; & le fit sacrer par Samuel, 1063 avant J. C. David n'avoit alors que 22 ans. Il se distingua par sa valeur & ses belles actions, défit le géant Goliath, vainquit les Philistins, & épousa Michol, fille de Saül. Ce Prince, jaloux de la gloire de David, chercha les moïens de le faire mourir, mais Jonathas & Michol lui sauverent la vie. Ces violences obligerent David à s'enfuir dans les déserts. Saül l'y poursuivit, & s'exposa deux fois à perdre la vie; mais David eut horreur de porter la main sur son maître, & se contenta de lui faire connoître les dangers auxquels il avoit été exposé. Il se retira ensuite à la Cour d'Achis, Roi de Geth, qui lui donna la ville de Siceleg, pour lui & ses gens. Quelque tems après, cette ville aïant été brulée & pillée en son absen. par les Amalécites, David les poursuivit & leur enleva leur butin. Sur ces entrefaites, Saül se tua, 1055 avant J. C. après avoir perdu une bataille contre les Philistins. L'Amalécite qui en apporta la nouvelle, aïant dit qu'il avoit tué Saül, David le fit mourir, & se fit

de nouveau sacrer Roi à Hébron sur la Tribu de Juda, 1054 avant J. C. Isboseth, fils de Saül, fut tué quelque tems après dans son Palais. David fit mourir ses meurtriers, & fut proclamé Roi de toutes les Tribus des Juifs, 1048 avant J. C. L'année suivante, il se rendit maître de la Citadelle de Sion, & choisit Jérusalem pour la Capitale de son Empire. Il vainquit encore les Philistins, subjugua les Moabites, soumit la Syrie, & fit la guerre aux Ammonites qui avoient insulté ses Ambassadeurs. David forma alors le dessein d'élever un Temple magnifique au Seigneur; mais cette gloire étoit réservée à son fils. Tant de belles actions de David furent flétries par son adultere avec Bethsabée & par l'homicide d'Urie, son mari. Cependant aïant reconnu son péché par la parabole ingénieuse du Prophete Nathan, il en fit une sincere pénitence: & Dieu touché de son repentir, le lui pardonna. Sa pénitence fut suivie de la révolte d'Absalon, son fils, qui le contraignit de sortir de Jérusalem, 1023 avant J. C. La mort de ce fils dénaturé, qui fut tué par Joab contre l'ordre de David, fit verser des larmes à ce Prince. A peine étoit-il sorti de cette guerre, qu'il en survint une autre par la révolte de Séba; dont la mort appaisa bientôt cette sédition. David s'appliqua alors à faire fleurir la paix dans ses Etats, & rendit son Roïaume très florissant: mais s'étant laissé aller à un mouvement de vanité, dans le dénombrement de ses sujets, 1017 avant J. C. Dieu l'en reprit par le Prophete Gad, qui lui proposa, pour l'en punir, le choix de la famine, de la guerre ou de la peste. David choisit le fléau de la peste, & vit mourir 70000 de ses sujets, frapés par l'Ange du Seigneur. Il implora la miséricorde de Dieu & désarma sa colere. Quelque tems après, étant accablé d'années & d'infirmités, il mit Salomon sur le Thrône malgré les brigues d'Adonias; regla l'ordre du culte divin qui seroit observé dans le Temple que Salomon devoit bâtir, & mourut 1014 avant J. C. à 70 ans, après en avoir regné 40. Il laiſſa de ſes neuf épouſes & de ſes femmes du ſecond rang, un gr. nombre d'enfans. S. Auguſtin & pluſieurs autres Saints Peres croient que les 150 Pſeaumes de l'Ecriture Sainte ſont tous de David ; mais ſaint Jerôme, ſaint Hilaire, & d'autres ſaints Peres ſoutiennent avec plus de raiſon, que David n'en a compoſé qu'une partie. Quoi qu'il en ſoit, les Pſeaumes ſont des pieces de la plus belle & de la plus ſublime poéſie.

Il y a eu pluſieurs autres Princes de ce nom.

DAVID GANZ, Hiſtorien Juif du 16e ſiecle, dont on a une Chronique intitulée, *Tſemah David*, qui eſt rare, en hébreu, & dont Vorſtius a traduit une partie en latin, avec des notes.

DAVID *de Pomis*, ſav. Médecin Juif du 16e ſiecle, qui ſe diſoit de la Tribu de Juda, & dont on a un Dictionnaire en hébreu & en italien, qui eſt eſtimé.

DAVID DE DINANT, hérétique du commencement du 13e ſi. étoit diſciple d'Amauri, & enſeignoit que Dieu étoit la matiere premiere. Son ſyſtême étoit aſſez ſemblable à celui de Spinoſa. Il a été refuté par ſaint Thomas & par d'autres Théologiens.

DAVIDI, (François) fam. Socinien, natif de Hongrie, fut Surintendant des Egliſes réformées de Tranſilvanie, où il introduiſit ſes erreurs. On le renferma enſuite dans le Château de Deve où il m. en 1579. On a de lui quelques ouvrages aſſez rares, dans leſquels il ſoutient des erreurs monſtrueuſes.

DAVILA, (Henrico-Catherino) céleb. Hiſtorien, natif de Chypre, d'une illuſtre & ancienne maiſon, fut obligé de ſortir de ſon païs, après la priſe de cette Iſle par les Turcs, en 1571. Il ſe retira d'abord à Avila, en Eſpagne, d'où il vint en France, & ſe fit connoître à la Cour ſous les regnes de Henri III & de Henri *le Grand*. Il s'y ſignala par

ſa valeur dans diverſes occaſions, & paſſa enſuite à Venite où la Républ. lui donna de quoi ſubſiſter honorablement. C'eſt là qu'il compoſa ſon hiſtoire des Guerres civiles de France, qui contient ce qui s'eſt paſſé depuis la mort de Henri II, en 1559, juſqu'à la paix de Vervins, en 1598. Il fut tué par un Gentilhomme de Vérone, vers 1634. Son hiſtoire a été traduite d'italien en françois par Jean Baudouin. Nous avons dit avec la plûpart des Ecrivains que Davila étoit natif de Chypre, mais M. Freron marque dans ſon année Litteraire de 1757 au 14 Mai, que Davila naquit à Succo, près de Padoue en 1576. En ce cas Davila ne ſeroit point natif, mais ſeulement originaire de Chypre.

DAVILER, (Auguſtin-Charles) habile Architecte, naquit à Paris en 1653. Etant parti pour Rome, en qualité de Penſionnaire du Roi, il fut pris par les Corſaires Algériens, qui le menerent à Tunis où il fut 16 mois en captivité. C'eſt pendant ce tems-là qu'il donna le deſſein d'une belle Moſquée de Tunis. Il alla enſuite à Rome où s'étant perfectionné, il revint en France, & embellit Beziers, Carcaſſonne, Niſmes, Montpellier & Toulouſe. Les Etats de Languedoc, pour récompenſer ſon mérite, lui accorderent une penſion avec le titre d'Architecte de la Province. Il mourut à Montpellier en 1700. On a de lui un cours complet d'Architecture, qui eſt très eſtimé.

DAVITY, (Pierre) gentilhomme, né à Tournon le 13 Août 1573. On a de lui un ouvrage en 6 vol. *in fol.* intitulé *le Monde*. Il m. à Paris en 1635, à 63 ans.

DAUMAT, *voiez* DOMAT.

DAUMIUS, (Chriſtian ou Chrétien) ſav. Ecrivain Allemand, naquit à Zwickau le 29 Mars 1612. Après avoir fait ſes premieres études dans ſa patrie, il alla les continuer à Leipſic. Il viſita auſſi pluſieurs autres villes d'Allemagne, & à ſon retour il devint Regent du College de Zwickau en 1642, puis Recteur du même College en 1662. Il remplit cet emploi avec diſtinction juſqu'à ſa mort arrivée le 15 Déc. 1687. C'étoit un des plus gr. Littérateurs de ſon tems. Il ſavoit le latin, le grec, l'hébreu, le turc, le françois, l'ital., l'eſpag., le bohémien, & il poſſédoit à fond l'arabe. On a de lui, outre de bonnes éditions d'un gr. nombre d'ouvr., des Lettres, des pieces de Poéſies, des Diſſertations, & quantité d'autres Ecrits, qui ſont tous eſtimés. Ceux dont on fait le plus de cas, ſont les trois ſuivans. 1. *Tractatus de cauſis amiſſarum Linguæ latinæ radicum.* 2. *Indagator & reſtitutor græca & latina linguæ radicum.* 3. *Libellus de nullitate aoriſti ſecundi & futuri ſecundi.*

DAUSQUEIUS ou DAUSQUIUS: ( Claude ) habile Chanoine de Tournai ſa patrie, dont on a un Traité de l'Orthographe latine, & d'autres ouvrages. Il mourut vers 1636.

DEBORA, cél. Propheteſſe, fut Juge du peuple Hébreu, 1285 av. J. C. C'eſt par ſon conſeil que le Juge Barach leva des troupes, & marcha contre les Chananéens, dont le Roi Jabin tenoit depuis vingt ans les Iſraélites dans l'eſclavage. Les Chananéens furent défaits, & Siſara leur Général fut tué par Jaël. Débora célébra cette victoire par un cantique ſublime & admirable qui ſe trouve dans l'Ecriture Sainte.

DEAGEANT DE S. MARCELLIN, ( Guichard ) fut d'abord Clerc de Barbin que le Maréchal d'Ancre avoit fait Contrôleur Général des Finances. M. Arnauld d'Andilli le fit enſuite connnoître au Duc de Luynes. Deageant s'acquit la faveur de ce Duc en le ſervant utilement contre le Maréchal d'Ancre. Il fut auſſi en grand crédit auprès du P. Arnoux, Jéſuite, qui avoit beauc. d'autorité à la Cour. On le chargea de diverſes commiſſions & négociations importantes, & l'on dit qu'étant devenu veuf, Louis XIII voulut lui donner l'Evêché d'Evreux; mais Deageant préféra un ſecond mariage, & les intrigues de la po-

litique, aux dignités & à l'état Eccléſiaſtique. Il fit néanmoins paroître beauc. de zele contre les Calviniſtes, ce qui fit dire au Cardinal de Richelieu, que *s'il avoit terraſſé l'héréſie, M. Deageant pouvoit ſe vanter de lui avoir donné le premier coup de pié.* Dans la ſuite Deageant fut diſgracié, & après quelque tems de priſon, il eut ordre de ſe retirer en Dauphiné où il m. en 1639, y étant Prem. Préſident de la Chamb. des Comptes. On a de lui des *Mémoires envoïés au Cardinal de Richelieu, contenant pluſ. choſes particulieres & remarquables, arrivées depuis les dernieres années du Roi Henri IV, juſqu'au commencement du miniſtere de M. le Card. de Richelieu,* c'eſt-à-dire, juſqu'en l'année 1624. Ces Mémoires furent imprimés à Grenoble en 1668 in-12. par les ſoins de ſon petit-fils. Ils ne ſont pas fort eſtimés.

DECE, ( *Trajanus Decius* ) né à Bubalie, bourg de la baſſe Pannonie, fut proclamé Empereur par les Légions rebelles, & marcha en Italie contre les troupes de Philippe. La mort de ce Prince & celle de ſon fils aſſura l'Empire à Dece en 249. Il aſſocia à l'Empire le jeune Dece & Hoſtilien ſes deux fils, excita contre les Chrétiens une cruelle perſécution, qui eſt comptée pour la ſeptieme, & périt dans un marais en allant combattre les Goths qui venoient de tuer ſon fils Dece dans une rencontre, en 251. Trébonien Gallus lui ſuccéda.

DECEBALE, vaillant Roi des Daces, défit les Généraux de l'Empereur Domitien, mais il fut vaincu à ſon tour par Trajan, & voïant qu'il étoit trop foible pour réſiſter à un Prince ſi puiſſant, il ſe tua lui-même en 106 de J. C.

DECENTIUS, ( Magnus ) frere de Magnence, fut fait Céſar, & eut le commandement des troupes dans les Gaules; mais aïant été battu par les Germains, & aïant appris la mort de ſon frere, il ſe pendit à Sens en 373.

DECHALES, Jéſuite v. CHALES.

DECIANUS, (Tiberius) célebre Jurisconsulte d'Udine, au 16e siec. dont on a des Consultations & d'autres ouvrages. Il mourut en 1581, à 73 ans.

DECIUS MUS, (P.) Consul Romain, se signala par son courage, & contribua beaucoup à la victoire remportée sur les Samnites, 343 avant J. C. Etant Consul avec Manlius Torquatus, il se dévoua aux Dieux infernaux dans la bataille donnée contre les Latins, 340 avant J. C. dans laquelle il fut tué. Il ne faut pas le confondre avec P. Decius Mus son fils, qui fut gr. Pontif & quatre fois Consul, 332 avant J. C. Il défit les Samnites & les Toscans, & se dévoua, comme son pere, aux Dieux infernaux, en s'opposant aux Gaulois. Cette maniere de se dévouer aux Dieux infernaux pour le salut de sa patrie, fut encore fatale à Pub. Decius Mus, fils de ce dernier, & Consul, dans la bataille donnée contre Pyrrhus, 279 avant Jesus-Christ.

DECIUS, Empereur, voyez DECE.

DECIUS, (Philippe) cél. Jurisconsulte, né à Milan en 1454, fut disciple de Jason, de Barthelemi Socin, & d'autres sav. hommes. Il enseigna le Droit avec réputation à Pise, & ensuite à Pavie, où aïant défendu avec zèle les décisions du Concile de Pise, sa maison fut pillée. Alors il vint en France, enseigna à Bourges & à Valence; & fut Conseiller au Parlem.; charge que Louis XII lui donna, pour l'arrêter en France avec honneur. Ces marques d'estime ne purent retenir Décius. Il retourna en Italie, & m. à Sienne en 1535, à plus de 80 ans. Nous avons diverses éditions de ses ouvrages.

DECKER ou DECKER DE WALTHORN, (Jean) cél. Jurisconsulte, naquit à Fauquemont dans le Duché de Limbourg, le 20 Juin 1583. Après avoir pris des dégrés en Droit, à Louvain, il fut Avocat des Parties à Bruxelles, & s'y acquit une gr. réputation. Il devint ensuite Conseiller au gr. Conseil de Brabant; & m. à Bruxelles le 16 Déc. 1646, à 63 ans. On a de lui, 1. *Dissertationum juris, & decisionum Libri duo*, dont la meilleure édit. est celle de Bruxelles en 1673, *in-fol.* 2. *Philosophus bonæ mentis*, Bruxelles 1674, *in-8°*.

DECKER ou DECKHER, (Jean) habile Jurisconsulte Allemand du 17e si., qu'il ne faut pas confondre avec le précédent, étoit Avocat de la Chambre Impériale, & Procur. de la même Chambre à Spire. Ses princip. ouvr. sont, 1. *De scriptis adespotis, pseudepigraphis & suppositiis conjecturæ*. Cet ouv. se trouve joint au *Theatrum anonymorum & pseudonymorum de Placcius*. 2. *Consultatio de pace Religiosa*. Spire 1680, *in-8°*. 3. *Commentationum de rebus cameralibus specimen*. Spire 1686, *in-4°*. 4. *Liber singularis relationum votorum & decisionum Cameralis Judicii*. Spire 1681, *in-4°*. &c.

DECKER ou DECKHER, (Jean) Sav. Jésuite, natif d'Haesbrouk en Flandres, après avoir étudié à Douai & à Naples, enseigna la Philos. & la Théologie Scholastique à Douai, puis à Louvain. Il fut ensuite envoïé dans la Stirie & devint Chancelier de l'Université de Grätz, où il m. le 10 Janv. 1619, à 89 ans. Il avoit une gr. érudition, & s'étoit rendu habile dans la Chronologie & dans l'Histoire Ecclésiastique. Son princ. ouvr. traite de l'année de la naissance & de la mort de J. C. Il est intit. *Velificatio seu Theoremata de anno ortûs ac mortis Domini, deque universâ J.C. in carne œconomiâ..... eum tabula Chronographicâ à capta per Pompeium Jerosolyma, usque ad deletum à Tito urbem & Templum.* Gratz 1618, *in-4°*.

DEDALE, ingénieux & célebre Artiste Athénien, fit des statues mouvantes, & inventa des machines qui lui acquirent une réputation immortelle. On dit que craignant que son neveu *Talus*, ne le surpassât dans son art, il le précipita; & s'enfuit en Crete avec son fils Icare,

vers

vers le Roi Minos. C'eſt-là, ſelon la fable, qu'il bâtit le fameux labyrinthe où il fut lui même renfermé ; parceque ſon fils Icare ſervoit Paſiphaé dans ſes amours. Dédale inventa alors les voiles du Navire, & s'en ſervit pour échaper plus ſûrement à la vengeance de Minos. Il ſe ſauva avec ſon fils Icare, qui, n'aïant pas dirigé les voiles du vaiſſeau ſelon les conſeils de ſon pere, tomba dans la mer & ſe noïa. C'eſt ce qui a donné lieu aux Poëtes de feindre qu'Icare s'étoit fait des ailes. Dédale ſe retira chez Cocale, Roi d'Egypte ; il fit à Memphis des ouvr. ſi merveilleux, que les Egyptiens lui rendirent des honneurs divins ; cependant Cocale, craignant que Minos ne portât la guerre dans ſes Etats, fit ſuffoquer Dédale dans les étuves.

**DEDEKIND**, ( Frédéric ) ſavant Ecrivain allemand du 16e ſi., s'eſt rendu cél. princip. par un pet. ouvr. ſatyrique & moral, où il loue ironiquement l'impoliteſſe & la groſſiéreté, & en donne les préceptes. Il eſt intitulé : *Grobianus, ſive de incultis moribus & inurbanis geſtibus.*

**DÉE**, ( Jean ) fameux Aſtrologue & Mathématicien du 16e ſiecle, naquit à Londres le 13 Juillet 1527. Il s'acquit une telle réputation, qu'il étoit conſulté comme un oracle, & que la Reine Elizabeth ne l'appelloit pas autrement que ſon *Philoſophe.* Mais s'étant adonné aux rêveries de la Magie, de l'Aſtrologie judiciaire, & de la pierre philoſophale, il tomba dans une extrême miſere, & fut ſouvent en danger de ſa vie dans les différentes Cours de l'Europe. Il mourut en Angleterre, en 1607, à 81 ans. Ses ouvr. ont été impr. à Londres en 1659, *in-fol.* avec les notes & une ſav. Préface de Caſaubon. Cette édition eſt très rare.

**DÉFONTAINE**, *voyez* FONTAINE.

**DEJANIRE**, fille d'Œnée, Roi d'Etolie, & femme d'Hercule, fut aimée par le Centaure Neſſus. Com-

me il l'enlevoit, Hercule le perça d'un coup de fleche empoiſonnée. Neſſus, ſur le point de mourir, donna ſa chemiſe teinte de ſon ſang, à Dejanire, & l'aſſura que tandis que Hercule la porteroit, il ne pourroit jamais aimer une autre femme qu'elle. Quelque-tems après, Hercule étant devenu amoureux d'Iole, Dejanire lui envoïa cette chemiſe empoiſonnée, qui, ſelon la fable, le rendit furieux : il ſe jetta dans le feu, & Dejanire ſe tua de déſeſpoir.

**DEJOCES** s'empara du Roïaume des Medes, bâtit Ecbatane, & m. vers 656 avant J. C. après un regne de 53 ans.

**DEJOTARUS**, l'un des Tétrarques de Galatie, augmenta tellement ſa puiſſance, qu'il parvint à être le ſeul Tétrarque. Il obtint des Romains le titre de Roi de la petite Arménie, & leur rendit de gr. ſervices dans toutes leurs guerres d'Aſie. Dejotarus prit le parti de Pompée contre Céſar, qui le priva dans la ſuite de la petite Arménie & d'une partie de la Galatie. Il fut accuſé par Caſtor ſon petit-fils d'avoir attenté à la vie de Céſar, mais il fut défendu par Cicéron dans la belle harangue *Pro Dejotaro.* Après la mort de Céſar, il rentra dans ſes Etats, prit le parti de Brutus, & mourut quelque tems après, vers 41 av. J. C. Sa femme qui étoit ſtérile, le pria d'avoir des enfans d'une autre femme, & lui préſenta une belle Captive : elle reconnut les enfans nés de ce commerce, & les éleva avec tendreſſe & magnificence.

**DEIPHILE**, fille d'Adraſte, Roi d'Argos, & femme de Tydée, dont elle eut le fameux Diomede.

**DEIPHOBE**, fils de Priam, épouſa, ſelon Virgile, la belle Helene, après la mort de Pâris. Cette Princeſſe le livra à Ménélas qui le fit mourir.

**DELAMET**, ( Adrien-Auguſtin de Buſſi ) pieux & ſav. Docteur de la Maiſon & Société de Sorbonne, Seigneur de Serais dans le Maine, & Prieur de Saint Martin de Brive-

la Gaillarde, naquit dans le Beauvoisis, d'une illustre & ancienne famille de Picardie. Il se distingua par
sa science & par l'intégrité de ses
mœurs, accompagna le Cardinal de
Retz, dont il étoit allié, dans sa
prospérité & dans ses disgraces, &
vint ensuite demeurer en Sorbonne,
où il s'appliqua avec ardeur à la décision des cas de conscience avec
M. de Sainte Beuve son ami. Il dirigea avec zele un grand nombre de
Maisons Religieuses, fut chargé d'assister à la mort ceux qui sont condamnés aux derniers supplices, &
fournit à l'entretien & à l'éducation
d'un grand nombre de pauvres écoliers. Il mourut en Sorbonne le 10
Juillet 1691, à 70 ans. On a recueilli en 2 vol. *in-fol.* la plûpart de
ses décisions & de celles de M. Fromageau.

DELFAU, ( Dom Franç. ) habile Bénédictin de la Congrégation
de Saint Maur, né à Montet en Auvergne, en 1637, est Auteur du Livre intitulé, *L'Abbé Commendataire*, qui a fait beaucoup de bruit.
Il périt dans une tempête, au trajet
de Landevenech à Brest, où il alloit
prêcher le panégyrique de Ste Thérese, le 13 Octobre 1676, à 39 ans.
C'est lui qui avoit commencé l'édit.
des œuvres de S. Augustin.

DELIUS ou DILIUS, ( Quintus )
un des Généraux d'Antoine, lequel
aïant été envoïé vers Cléopatre,
lui persuada de paroître devant ce
Prince dans ses plus riches ornemens. Elle le crut, & par ce moïen
elle gagna ce Conquérant, 41 avant
J. C. Delius fut appellé, par Messala
Corvinus, *Le Cheval de Relais des
guerres civiles*, parcequ'il passa du
parti de Dolabella à celui de Cassius:
de celui de Cassius, à celui d'Antoine; & de celui d'Antoine, à celui
d'Octavien. Il avoit écrit l'histoire
de son tems.

DELPHINUS, ( Pierre ) savant
Général des Camaldules, au XVIe
siecle, dont on a des Lettres écrites
avec esprit. Il mourut dans l'Etat de
Venise, le 15 Janvier 1525.

DELRIO, ( Martin - Antoine )
savant Ecrivain du XVIe siecle, naquit à Anvers, en 1551, d'un gentilhomme Espagnol, & vint à Paris étudier sous Maldonat. Il fut reçu Doct. de Salamanque, en 1574,
ensuite Conseiller du Parlement de
Brabant & Intendant d'Armée. Delrio se fit Jésuite à Valladolid, en
1580, d'où étant allé dans les Païs-
bas, il y enseigna les Belles Lettres
& la Théologie; c'est-là qu'il lia une
étroite amitié avec Juste-Lipse. Il
enseigna aussi à Liege, à Maïence,
à Gratz, & à Salamanque. Il mourut à Louvain, le 29 Octobre 1608,
à 58 ans. On a de lui un gr. nombre d'ouvr. dont les principaux sont
1. un long traité *des Disquisitions
magiques*, trois tom. *in-fol.* en latin : 2. des Commentaires estimés
sur la Genese, le Cantique des Cantiques, & les Lamentations : 3. trois
tomes d'explications sur les endroits
les plus difficiles & les plus utiles de
l'Ecriture-Sainte. Il ne faut pas le
confondre avec Jean Delrio de Bruges, Doïen & Grand-Vicaire d'Anvers, qui mourut en 1624, dont on
a des Commentaires sur le Pseaume
*Beati omnes*.

DEMADES, fameux Athénien,
qui, de marinier, devint grand Orateur, adoucit Philippe par son éloquence, après la fameuse bataille de
Cheronée, 338 avant J. C. Aïant
remarqué un jour que ce Prince insultoit inhumainement aux prisonniers : *Je m'étonne*, lui dit-il, *de ce
que la fortune t'aïant distribué le
personnage d'Agamemnon, tu t'a-
muses à faire celui de Thersite*. Demades étoit avide de présens, & fut
mis à mort comme suspect de trahison, 322 avant J. C.

DEMARATE, fils d'Ariston, Roi
de Sparte, lui succeda, & se rendit
très illustre chez les Lacédémoniens
par ses conseils & ses belles actions.
Mais Cléomenes son collegue, aïant
corrompu l'Oracle de Delphes, lui
fit répondre que Démarate n'étoit
point fils d'Ariston. Cette réponse de
l'Oracle fit bannir Démarate. Il se
retira à la Cour de Darius, fils
d'Hystaspes, qui le reçut généreuse-

ment, & lui fit de grands biens. Démarate ne laiſſa pas d'avertir les
Grecs de tous les deſſeins des Perſes
contr'eux, ſe croïant plus obligé à
ſa patrie, quoiqu'injuſte, qu'à ſes
ennemis, quoique généreux. Xercès
ne pouvant comprendre, que les
Lacédémoniens, n'aïant aucun maître qui pût les contraindre, fuſſent
capables d'affronter les périls & la
mort. *Ils ſont libres & indépendans
de tous les hommes*, repliqua Démarate, *mais ils ont au-deſſus d'eux la
loi qui leur ordonne de vaincre ou de
mourir*. Dans une autre occaſion,
où l'on s'étonnoit, qu'étant Roi, il
ſe fût laiſſé exiler. *C'eſt*, dit il, *qu'à
Sparte la loi eſt plus puiſſante que
les Rois.*

DEMARATE, l'un des principaux
Citoïens de Corinthe, de la famille
des Bacchiades, vers 658 avant J. C.
ne pouvant ſouffrir la domination
de Cypſele, qui avoit uſurpé dans
cette ville l'autorité ſouveraine,
ſortit du Païs avec toute ſa famille,
& paſſa en Italie, où il s'établit à
Tarquinie en Toſcane. C'eſt-là qu'il
eut un fils nommé *Lucumon*, qui fut
depuis Roi de Rome, ſous le nom
de Tarquin l'ancien.

DEMETRIUS *Poliorcete*, c'eſt-
à-dire, *le Preneur de Villes* : fam.
Roi de Macédoine, étoit fils d'Antigonus, l'un des Généraux & des
ſucceſſeurs d'Alexandre *le Grand.*
Il fit la guerre à Ptolomée *Lagus*,
avec différens ſuccès, s'empara du
Pirée, chaſſa d'Athenes Demetrius
de Phalere, fit alliance avec les
Grecs, & prit Mégare. Il perdit contre Seleucus, Caſſander & Lyſimachus, la fameuſe bataille d'Ipſus,
dans laquelle ſon pere fut tué, 301
avant J. C. Démetrius ſe retira en
Chypre, donna ſa fille Stratonice
en mariage à Séleucus, s'empara de
la Cilicie, de Tyr & de Sidon, &
pilla la ville de Samarie, 296 avant
J. C. Deux ans après, il conquit la
Macédoine, où il regna ſept ans. Il
en fut chaſſé par Séleucus, Ptolomée & Lyſimachus joints avec Pyrrhus ; enfin aïant été trahi par ſes
troupes, il eut recours à la clémen-

ce de Séleucus, ſon gendre, qui l'envoïa à Apamée, où il mourut trois
ans après de bonne chere & d'em-
bonpoint, 286 avant J. C. Il paſſoit
pour le plus beau Prince de ſon tems.

DEMETRIUS 1, *Soter*, c'eſt-à-
dire, *Sauveur*, Roi de Syrie, & fils
de Séleucus *Philopator*, fut envoïé en ôtage à Rome. Son pere
aïant été empoiſonné durant ſon
abſence, Antiochus *Epiphanes*, ſon
frere, puis ſon fils Antiochus *Eupator*, uſurperent le Trône. Demetrius, aïant demandé vainement au
Sénat d'être rétabli ſur les Etats de
ſon pere, s'échappa de Rome, 162
avant J. C. & recouvra ſon Roïaume. Il envoïa enſuite les Généraux
Nicanor & Bacchides en Judée, à la
ſollicitation d'Alcime, qui avoit
acheté le ſouverain Pontificat des
Juifs. Ces deux Généraux ravagerent la Judée, & Judas Machabée
fut tué dans une bataille que lui livra Bacchides. Démetrius, après ce
ſuccès, s'attira la haine des Princes
voiſins. Alexandre Balas le vainquit,
& le tua après un regne de 10 ans,
150 avant J. C.

DEMETRIUS II, *Nicanor*, fils
du précédent, épouſa Cléopatre,
fille de Ptolomée *Philometor*, Roi
d'Egypte, qui le plaça ſur le Trône de Syrie, 145 avant J. C. Il ſe livra enſuite à la débauche, & marcha contre les Parthes, mais il fut
pris par Tryphon, qui le livra à
Phraates leur Roi. Ce Prince lui fit
épouſer ſa fille Rhodogune, 141 av.
J. C. Cléopatre, indignée, épouſa
Antiochus Sidetes, ſon beau-frere,
qui fut tué dans un combat contre
les Parthes, 130 avant J. C. Par
cette mort, Démetrius remonta ſur
le Trône ; mais s'étant rendu inſupportable à ſes ſujets, ils demanderent à Ptolomée Phyſcon, quelqu'un de la famille des Séleucides
pour les gouverner. Il leur envoïa
Alexandre Zebina. Démetrius prit la
fuite, & fut tué par les intrigues de
Cléopatre, 126 avant J. C.

DEMETRIUS DE PHALERE,
( *Phalereus* ) céleb. Orateur & Philoſophe Péripateticien, diſciple de

Théophraste, acquit tant d'autorité
à Athenes, sous le regne d'Alexandre *le Grand*, qu'aussi-tôt après la
mort de ce Conquérant, il en fut
regardé comme le Souverain. Il la
gouverna pendant 10 ans, & l'embellit d'un grand nombre de beaux
édifices. Les Athéniens, pour honorer sa vertu, lui éleverent 360
statues d'airain; ce qui n'empêcha
point ses ennemis de le faire condamner à mort. Démetrius se retira
vers Cassandre, puis vers Ptolomée
*Lagus*. Diogene Laerce assure qu'a-
près la mort de ce Prince, Ptolomée
Philadelphe bannit Démetrius, 283
avant J. C. & qu'il mourut quelque
tems après, de la morsure d'un aspic; d'autres soutiennent au contraire, que Démetrius fut en grand crédit auprès de Ptolomée Philadelphe,
qu'il orna sa bibliotheque de 200000
vol. & qu'il porta ce Prince à faire
traduire la loi des Juifs, d'hébreu
en grec. Quoi qu'il en soit, ce célebre Philosophe mourut sous le regne
de ce Prince. Il avoit composé un
gr. nombre d'ouvrages qui se sont
perdus, excepté sa Réthorique.

**DEMETRIUS**, céleb. Philosophe
Cynique, vers l'an 40 de J. C. aïant
appris que Caligula vouloit l'attirer
à la Cour, & l'attacher à ses intérêts par un présent, dit que, *pour le*
*gagner, il ne falloit pas lui offrir*
*moins que l'Empire.* Séneque dit de
lui, *que la nature l'avoit produit*
*pour faire voir à son siecle, qu'un*
*grand génie pouvoit se garder d'être*
*perverti par la multitude.* Etant allé
voir les pantomimes, comme il
attribuoit tout l'effet qu'ils produi-
soient, aux instrumens, aux voix &
à la décoration; le Pantomime lui
dit: *Regarde moi jouer seul, & dis*
*après cela de mon art, tout ce que*
*tu voudras.* Les flûtes se turent, le
Pantomime joua, & Démetrius
transporté, s'écria aussi-tôt: *Je ne*
*te vois pas seulement; je t'entends,*
*tu me parles des mains.*

**DEMETRIUS CHALCONDYLE**,
*voyez* CHALCONDYLE.

**DEMETRIUS GRISKA**, fameux
Moscovite, prétendit être le Prince

Démetrius, fils de Jean Basilowitz,
grand Duc de Moscovie. Il assuroit
que Boris Gudenou, qui regnoit
alors, l'avoit, à la vérité, voulu
faire assassiner; mais que ce malheur étoit tombé sur un jeune homme qui lui ressembloit beaucoup &
que ses amis avoient substitué à sa
place. Il alla trouver le Vaivode de
Sandomir, & lui promit d'épouser
sa fille, & d'embrasser la Communion Romaine, s'il le rétablissoit
dans ses Etats. Le Vaivode, excité
par cette promesse, leva une puissante armée, le fit remonter sur le
Trône, & lui donna sa fille en mariage; mais les Moscovites, allarmés des changemens que Démetrius
vouloit introduire, conjurerent contre lui sous la conduite de Zuinski,
& l'assassinerent le jour même de ses
nôces, qui fut le 17 Mai 1606. Quelques Auteurs prétendent qu'il étoit
véritablement fils de Jean Basilowitz, mais d'autres n'en font qu'un
Religieux Moscovite, natif de Ge-
reslau, d'une famille noble. Après
sa mort, il parut en Moscovie plusieurs imposteurs sous le nom de Démetrius.

Il y a eu un grand nombre d'autres Démetrius.

**DEMOCEDE DE CROTONE**, le
plus fameux Médecin de son tems,
étoit fils de Calliphon, & ami de
Polycrates, Tyran de Samos. Ce
Tyran aïant été tué par Orœtes, Darius fils d'Hystaspes fit mourir l'assassin, & transporter à Suse toutes
ses richesses avec ses Esclaves, entre lesquels étoit Democede. Quelque tems après il guérit le Roi qui
s'étoit démis le pié en descendant de
cheval. Cette cure le mit en grand
crédit. On lui donna à Suse une
maison magnifique. Il eut l'honneur
de manger à la table de Darius, &
on ne pouvoit obtenir de graces à
la Cour que par son moïen. Dans la
suite aïant guéri Atose, fille de Cyrus & femme de Darius, d'un ulcere à la mamelle, il obtint par le
crédit de cette Princesse d'être envoïé comme Espion dans la Grece,
où étant arrivé il s'enfuit à Croto-

ne, & y épousa une fille du fameux Lutteur Milon, vers 520 av. J. C.

**DEMOCHARES**, *voyez* MOU-CHI.

**DEMOCRITE**, l'un des plus grands Philosophes de l'antiquité, étoit d'Abdére en Thrace. Il fut élevé par les Mages qui lui apprirent l'Astronomie & la Théologie. Il entendit ensuite Leucipe, duquel il apprit le système du vuide & des atômes. Democrite, voulant se perfectionner dans les sciences, voïagea dans toutes les parties du monde où il espéroit de trouver des Savans. Il alla voir les Prêtres d'Egypte, consulta les Philosophes des Perses & des Chaldéens, & passa même jusqu'aux Indes, selon quelques uns, pour s'entretenir avec les Gymnosophistes; mais on doute qu'il ait été à Athenes. Après avoir dépensé plus de 100 talens dans ses voïages, il retourna à Abdere, & se renferma dans un jardin où il faisoit ses expériences philosophiques. A peine eut il publié son grand *diascome*, le plus excellent de ses ouvrages, que le public lui fit présent de 500 talens, & lui dressa des statues d'airain. Democrite rioit sans cesse de la vie humaine, comme d'une farce continuelle; ce qui fit croire aux Abderitains qu'il étoit fou. Ils lui amenerent Hippocrate pour le guérir; mais ce célebre Médecin s'étant entretenu avec le Philosophe, répondit aux Abderitains, qu'il avoit une gr. vénération pour Democrite, & qu'à son avis, ceux qui s'estimoient les plus sains, étoient les plus malades. Democrite mourut 361 avant J. C. à 109 ans, selon Diogene Laerce. Il avoit composé un gr. nombre d'ouvr. qui se sont perdus, & d'où Epicure avoit tiré sa Philosophie. On dit qu'il s'aveugla pour méditer plus profondément les matieres Philosophiques; mais cela n'a aucune vraisemblance.

**DEMONAX**, habile Philosophe, natif de l'Isle de Crete, n'embrassa aucune secte particuliere, & prit ce qu'il trouvoit de bon dans chacune. C'est lui qui étant sur le point de mourir dans un âge avancé, dit ces paroles qu'on a depuis attribuées à Rabelais : *Il est tems de partir, la farce est joüée.* Il vivoit du tems d'Adrien, vers 120 de J. C. Lucien a écrit sa vie.

**DEMOSTHENES**, très célebre Orateur Grec, & l'un des plus gr. génies qui aient paru dans le monde, naquit à Athenes, 381 av. J. C. Il perdit son pere à l'âge de sept ans, & fut mis sous la conduite de tuteurs qui lui volerent son bien & négligerent son éducation. Demosthenes suppléa à ce défaut, par son ardeur pour l'éloquence, & par ses talens. Il fut disciple d'Isocrate, de Platon & d'*Isæus*, & fit, sous ces excellens Maîtres, de tels progrès, qu'à l'âge de 17 ans, il plaida contre ses tuteurs, & les fit condamner à lui païer trente talens qu'il leur remit. On dit que dans sa jeunesse, il déclamoit ses harangues devant un miroir, afin de mieux régler son geste. Il s'oppofa à Philippe de Macédoine, & à son fils Alexandre *le Grand*, ce qui l'obligea de sortir de la ville; mais après la mort de ce Conquérant, Demosthenes retourna à Athenes, y fut reçu glorieusement, & continua de déclamer contre les Macédoniens. Antipater, en étant averti, ordonna aux Athéniens de lui livrer tous les Orateurs qui haranguoient contre lui. Cet ordre fit prendre la fuite à Demosthenes, qui se retira dans l'Isle de Celauria, où Archias étant venu pour le prendre, de la part d'Antipater, il feignit de vouloir écrire à quelqu'un de ses parens, suça du poison qu'il avoit dans une plume, & mour. le 10 Novembre, 322 avant J. C. Il nous reste de lui plusieurs harangues que Wolfius a traduites en latin, & dont la meilleure édit. est celle de Francfort. Le style en est gr., sublime & plein de force. Elles sont toutes des chefs-d'œuvres d'éloquence.

**DEMPSTER**, (Thomas) gentil-homme Ecossois, & l'un des plus sav. Ecrivains de son siecle, sortit de son païs durant les guerres civiles, aimant mieux perdre ses biens, qu'abandonner la Religion Catholique. Il enseigna avec réputation en France & en Italie, & mourut à Bologne, le 5 Sept. 1625. On a de lui divers ouvr. Les principaux sont : 1. des Epîtres. 2. Diverses pieces de Poësies. 3. L'Histoire Ecclésiastique d'Ecosse. 4. Des Notes sur les Poëtes latins, des Traités de Droit, de Cosmographie, d'Histoire, de Mythologie, &c.

DENHAM, ( le Chevalier Jean ) célebre Poëte angl., natif de Dublin, est auteur d'une Tragédie intitulée *Sophi*, & de diverses autres Poësies qui lui ont acquis une grande réputation. Son Poëme intitulé *la Montagne de Cooper*, passe pour son chef-d'œuvre. Il mourut en 1668.

DENORES, ( Jason ) étoit natif de Niçosie, dans l'Isle de Chypre, d'une des principales familles du païs, qu'il disoit être sortie de Normandie. Il fut dépouillé de tous ses biens, lorsque cette Isle fut prise par les Turcs en 1570. Il se retira en Italie, où il avoit déja fait quelque séjour, & alla s'établir à Padoue, où il fut choisi en 1577, pour remplir la Chaire de Philosophie morale d'Aristote. Il y m. en 1590 du chagrin que lui causa l'exil de son fils unique, qui fut banni pour avoir tué un noble Vénitien dans une querelle qu'il eut avec lui. Denores étoit habile dans la Philosophie Péripatéticienne, & avoit une vénération superstitieuse pour Aristote. Il publia un gr. nombre d'ouvrages de sa composition, les uns en latin & les autres en italien. Possevin fait cas de sa Rhétorique.

DENYS Aréopagite, ( S. ) ainsi nommé parcequ'il étoit l'un des Juges de l'Aréopage, fut converti par S. Paul, & devint le premier Evêque d'Athenes. Il confessa généreusement la foi de J. C. & souffrit le martyre vers 95 de J. C. On lui attribue plusieurs ouvrages qui sont constamment supposés, & beaucoup plus récens, puisqu'ils ont été inconnus à tous les Peres & à tous les

Ecrivains des cinq premiers siecles de l'Eglise, & qu'on y parle de *Moines*, & d'autres choses inconnues du tems de S. Denys l'Aréopagite. Le Pere Balthasar Corder en a donné une édition en grec & en latin.

DENYS, ( S. ) premier Evêque de Paris, vint dans les Gaules du tems de l'Emp. Dece, vers 240 de J. C. & y souffrit le martyre avec ses compagnons S. Rustique & S. Eleuthere. Hilduin, Abbé de Saint Denys en France, est le premier qui a confondu ce Saint Martyr avec Saint Denys l'Aréopagite, vers 834; mais son opinion est aujourd'hui abandonnée par tous les Savans.

DENYS, ( S. ) cél. Evêque de Corinthe, au 2e siecle, avoit écrit plusieurs Lettres, dont Eusebe nous a conservé des fragmens remarquables & très importans.

DENYS D'ALEXANDRIE, ( S. ) l'un des plus sav., des plus sages, & des plus saints Evêq. du 3e siecle, succéda à Héraclas dans le Patriarchat d'Alexandrie, en 248. Il se signala par son zele, sa science & sa charité, durant les persécutions & les troubles qui agiterent l'Eglise; combattit avec force les erreurs de Sabellius, & mourut le 17 Décembre 264. Il avoit composé d'excellens ouvr. dont les Sav. regrettent extrêmement la perte. Il n'en reste que des fragmens, & une Lettre canonique. Celle que lui attribue Turrien est une piece supposée.

DENYS, Romain, fut Pape après S. Sixte, le 22 Juillet 259. Il gouverna l'Eglise avec sagesse, & se distingua par sa charité envers les Chrétiens captifs. Il m. le 26 Décembre 269.

DENYS, ( S. ) Evêq. de Milan, soutint au Concile de cette ville, en 355, la foi du Concile de Nicée. Il eut ensuite la foiblesse de souscrire à la condamnation de S. Athanase; mais aïant réparé sa faute, l'Emp. Constance l'envoïa en exil en Cappadoce, où il mourut quelque-tems après.

DENYS *le Petit*, ainsi nommé à

cause de sa taille, naquit en Scythie, & alla à Rome, où il fut Abbé. Il renouvella le Cycle Paschal de 95 ans, & introduisit le premier la maniere de compter les années depuis la naissance de J. C. Il mourut vers 540. On a de lui plus. ouvr. dont le principal est un Recueil de Canons, qu'il composa à la priere d'Etienne, Evêque de Salone, dans lequel il a inséré les Décrétales des Papes, depuis Sirice jusqu'à Anastase. Justel en a donné une excellente édition. Cassiodore assure que Denys *le Petit* savoit si bien le grec, qu'en jettant les yeux sur un Livre grec, il le lisoit en latin, & un latin en grec.

**DENYS** DE RIKEL, ou *le Chartreux*, pieux & sav. Religieux du 15e siecle, natif de Rikel au Diocèse de Liege, entra chez les Chartreux de Ruremonde en 1423, & y vécut 48 ans. Il s'acquit une gr. réput. & m. le 12 Mars 1471, à 69 ans. On a de lui un gr. nombre d'ouv. pleins de maximes & d'instructions salutaires. On dit que le Pape Eugene IV, aïant lu un de ses Livres, s'écria avec admiration : *Lætetur mater Ecclesia, quæ talem habet filium.*

**DENYS**, Tyran d'Héraclée dans le Pont, se maintint dans sa tyrannie, par ses souplesses envers Alexandre *le Grand*, & fut traversé par Perdiccas ; mais après la mort de ce dernier Prince, arrivée 321 avant J. C, Denys prit le nom de Roi, & mena une vie tranquille & voluptueuse. On dit que son sommeil étoit si profond, que, pour l'éveiller, on lui enfonçoit des aiguilles dans la chair, & qu'il donnoit ses audiences dans une armoire, de peur que l'on ne vît la grosseur de son corps & de son visage.

**DENYS I**, Tyran de Syracuse, fam. par ses vices & par sa cruauté, étoit fils d'Hermocrate, simple Citoïen de cette Ville. Etant devenu Général des Syracusains contre les Carthaginois, il se défit des autres Généraux ses Collegues, & se rendit maître absolu de l'Etat, 405 av. J. C. Denys chassa les Carthaginois

de Sicile, & saccagea la Ville de Reggio, 387 avant J. C. Il avoit la passion de passer pour Poète & pour bel esprit, & fit venir à sa Cour les habiles Philosophes & les Savans : mais ils se moquerent de lui, & firent des railleries sur ses vers. Denys le Tyran ne se fit pas moins détester par ses impiétés. Il pilla un grand nombre de Temples. Un jour il ôta un manteau d'or à une statue de Jupiter, en disant que *ce bon fils de Saturne n'avoit pas besoin de cet habit, qu'il étoit trop froid en Hiver & trop pésant en Eté.* Une autre fois il arracha une barbe d'or à la statue d'Esculape, ajoutant que *c'étoit mal-à-propos que ce Dieu portoit de la barbe, puisque son pere Apollon n'en avoit point.* Sa cruauté le rendit si défiant, qu'on dit qu'il s'enfermoit dans une maison souterraine, où personne, pas même sa femme & son fils, ne pouvoit entrer, sans avoir quitté ses habits, de peur qu'il n'y eut des armes cachées dessous. Il mourut de mort violente, 386 avant J. C., à 63 ans, après en avoir regné 38. Il avoit composé plus. ouvr. que la postérité n'a pas jugés dignes d'être conservés.

**DENYS II**, *le jeune*, Tyran de Syracuse, succéda à son pere, 386 avant J. C. Ses cruautés l'aïant fait chasser, 357 avant J. C. il se retira à Locres, d'où ses violences & ses débauches infames le firent renvoïer honteusement. Il remonta sur le Trône par trahison ; mais Dion & Timoléon le chasserent une seconde fois, 343 av. J. C. Alors il se retira à Corinthe, où l'on dit qu'étant réduit à une misere extrême, il fut contraint de tenir école, pour avoir dequoi subsister, & se faire un Empire d'une nouvelle espece ; mais M. Hewman soutient que cette derniere circonstance de la vie de Denys est une fable.

**DENYS D'HALICARNASSE**, cél. Historien, & l'un des plus judicieux Critiques de l'Antiquité, alla à Rome après la bataille d'Actium, 30 avant J. C. & y demeura 22 ans sous le regne d'Auguste. Il y apprit la Langue latine, & composa en grec l'Hist. des Antiquités Romaines en 20 Livres, dont il ne nous reste que les onze premiers; ouvr. exact & très excell. Le Pere le Jai, Jésuite, & M. Bellanger, Doct. de Sorbonne, en ont donné des Traductions en françois. Outre les Antiquités Romaines, il nous reste encore de Denys d'Halicarnasse, plusieurs excell. ouvr. de Critique. La meilleure édit. des œuvres de cet Auteur, est celle d'Oxfort en 1704, en grec & en latin, par Jean Hudson. Il ne faut pas le confondre avec Denys d'Halicarnasse, autre Historien cél. qui vivoit du tems de Ptolomée Epiphane & Philometor, vers 180 avant J. C. & dont les ouvrages sont perdus.

DENYS DE CARAX, sav. Géographe, auquel on attribue une description de la Terre en vers grecs: les uns le font vivre du tems d'Auguste; mais Scaliger & Saumaise le reculent jusqu'au regne de Severe, ou de Marc Aurele.

DENYSOT, (Nicolas) Peintre & Poëte François, né au Mans en 1515, passa en Anglet. & fut Précepteur d'Anne, de Marguerite, & de Jeanne Seimour, Dames céleb. par leur savoir. De retour en France, il publia divers ouvr. sous le nom de Comte d'Alsinois, qui est l'anagramme de son nom, & m. à Paris en 1559. Gerard Denysot, savant Médecin de la même famille, a laissé divers ouvrages.

DEO-GRATIAS, (S.) fut élu Evêq. de Carthage, à la priere de l'Emp. Valentinien III, vers 454 du tems du Roi Genseric. Il se distingua par sa charité envers les pauvres & les captifs, & m. en 457.

DERCYLLIDAS, céleb. Général des Lacédémoniens, vers 400 avant J. C. prit plusieurs villes sur les Perses, & sur le point d'en venir à une bataille, contraignit Tissaphernes, Général d'Artaxercès, de signer un Traité, par lequel les Perses s'obligeoient de laisser les villes grecques en liberté, 397 avant J. C.

Le Roi Agésilas lui succéda dans le commandement.

DERHAM, (Guillaume) célebre Physicien Anglois, & Recteur d'Upminster dans le Comté d'Essex, étudia dans l'Univers. d'Oxford; & sans négliger les études nécessaires à l'état Ecclésiastiq. auquel il se destinoit, il prit tant de gout pour la Physique, qu'il s'y appliqua toute sa vie avec succès. C'est principal. par-là qu'il s'est distingué dans le monde savant. Dès l'an 1698 il publia en anglois un Traité des Montres & de l'Horlogerie, &c. ce Traité lui mérita une place dans la Société Roïale de Londres. Il remplit avec la plus gr. distinction la fondation de Boyle pendant les années 1711 & 1712. Le précis qu'il en publia en 1713 sous le titre de Théologie physique, eut une approbation si générale, que l'Université d'Oxford, pour marquer le cas qu'elle en faisoit, & par une distinction peu commune, lui envoïa des Lettres de Doct. en Théol., le dispensant du voïage, & des formalités requises en pareille occasion. Peu de tems après le Roi le nomma Chanoine de Windsor, sans qu'il l'eût sollicité & même sans qu'il en sût rien. Derham publia en 1714, la seconde partie de ses Sermons sous le titre de Théologie astronomique, &c. Cette partie, quoique beaucoup plus courte, ne fut pas moins bien reçue que la précédente. Elles ont été traduites l'une & l'autre en françois. On trouve plus. ouvr. de Derham dans les Transactions philosophiques. Il m. à Londres en 1735, à 78 ans.

DERINGIUS, (Edouard) sav. Théol. Anglois, étoit membre du College de Christ à Londres, & Prédicateur de la Cathédrale. Il m. en 1576. On a de lui un Comment. sur l'Epître aux Hébreux.

DESADRETS, voyez ADRETS.

DESBARREAUX, voyez BARREAUX.

DESCARTES, (René) très cél. Philosophe, profond Mathématicien, & l'un des plus grands génies qui aient paru dans le monde, naquit à la Haye en Touraine, d'une famille noble & ancienne. Après avoir fait ses études à la Fleche, son pere le deſtina au métier des armes ; mais la foibleſſe de ſa ſanté ne lui permettant point de s'expoſer aux fatigues de la guerre, il vint à Paris, où il ſe livra quelque tems au jeu avec ſuccès. Le Pere Merſenne, ſon ami, l'engagea à reprendre ſes études. Deſcartes fit enſuite un voïage en Hollande en 1616, & ſervit en qualité de volontaire dans les troupes du Prince d'Orange. Etant en garniſon à Breda, il donna la ſolution du fameux problème de Mathématique d'Iſaac Beecman, Principal du College de Dort, & compoſa ſon Traité de Muſique. Il ſe trouva à différens ſieges, après quoi, il revint à Paris, où il s'appliqua à l'étude de la morale & de la Phyſique. Il fit enſuite un voïage en Italie, & fut préſent au ſiege de la Rochelle en 1628. De retour à Paris, le Nonce du Pape l'engagea à publier ſon ſyſtême de Philoſophie ; cette propoſition lui inſpira la penſée de vivre dans la retraite, pour rechercher la vérité & les principes de la nature avec plus de ſoin & de tranquillité. Il ſe retira près d'Egmont en Hollande, & en pluſieurs autres lieux des Provinces-Unies, où pendant plus de 25 ans, il s'appliqua avec une ardeur continuelle à la recherche de la vérité, & à compoſer des ouvrages qui ont rendu ſa mémoire immortelle. L'Univerſité d'Utrecht fut Carréſienne dès ſa fondation par le zele de Renneri & de Regis, tous deux diſciples de Deſcartes. Ce gr. Philoſophe fit un voïage en Angleterre, & obſerva la déclinaiſon de l'Aimant auprès de Londres. Dans la ſuite Charles Cavendish, frere du Comte de Newcaſtle, voulut l'attirer à Londres ; mais ſa Philoſophie étant attaquée de tous côtés par les Péripatéticiens, aveuglément attachés aux anciennes opinions, il aima mieux reſter en Hollande. Louis XIII, & le Cardinal de Richelieu, l'invite-

rent auſſi en vain d'aller à la Cour. Deſcartes publia vers le même tems ſes *Méditations ſur l'Exiſtence de Dieu, & ſur l'immortalité de l'Ame.* Voëtius, eſprit brouillon & turbulent, aïant été fait Recteur de l'Univerſité d'Utrecht, y fit défendre la Philoſophie de Deſcartes, mais celui ci le réfuta. Il fit un voïage en France en 1647, pendant lequel le Roi lui aſſigna une penſion de 3000 liv. dont il eut le Brevet ſans en rien toucher, ce qui lui fit dire en riant, *que jamais parchemin ne lui avoit tant coûté.* Il alla enſuite en Suede, où il étoit invité depuis long-tems par la Reine Chriſtine. Cette Princeſſe le reçut avec les marques de la plus haute eſtime, & le pria de l'entretenir tous les jours à cinq heures du matin dans ſa Bibliotheque, pour l'inſtruire de la Philoſophie. Elle deſiroit qu'il revît tous ſes Ecrits, & qu'il en formât un corps complet de Philoſophie. Elle lui offrit en même tems un revenu de 3000 écus, tant pour lui que pour ſes héritiers, & lui propoſa d'établir une Académie, dont il ſeroit le Directeur ; mais tous ces projets s'évanouirent par la mort de ce gr. homme, arrivée à Stockholm le 11 Février 1650, à 54 ans. Son corps fut apporté à Paris, & enterré dans l'Egliſe de ſainte Geneviève-du Mont, où l'on voit ſon Epitaphe. Adrien Baillet a écrit ſa vie. C'eſt principalement aux travaux de ce gr. Philoſophe, qu'on doit la renaiſſance des Arts & des Sciences : c'eſt lui qui enſeigna la vraie méthode d'étudier les effets de la nature, & qui ouvrit la carriere. Il a laiſſé un gr. nombre d'ouvr. dont les principaux ſont : Ses Principes, ſes Méditations, ſa Méthode, le Traité des Paſſions, celui de la Géométrie, le Traité de l'Homme, & pluſieurs volumes de Lettres.

Catherine DESCARTES, ſa niece, morte en 1706, s'eſt diſtinguée par ſes petites pieces de Poéſie, & par la délicateſſe de ſon eſprit.

DESCHAMPS, ( François Michel-Chrétien) Poëte Franç., natif

de Champagne, est Auteur d'une Tragédie intitulée, *Caton d'Utique*, & d'une Histoire du Théâtre Franç. Il m. à Paris en 1747.

DESFONTAINES, *voyez* FONTAINES.

DES-GABETS, ( Dom Robert ) sav. Bénédictin de la Congrégation de S. Vanne, natif de Dugni, village du Diocèse de Verdun, se distingua dans son Ordre par sa capacité, & par son zele à ranimer les études. Il s'appliqua principalement à la Philosophie de Descartes, fut ami de Clerselier & de Regis, & proposa le système de la Transfusion du sang. Il mour. à Breuil, proche Commerci, le 13 Mars 1678. On a de lui un gr. nombre d'ouvrages.

DESGODETS, ( Antoine ) Architecte du Roi, a laissé plusieurs ouvrages sur l'Architecture. Il m. en 1728.

DESHOULLIERRES, *V.* HOULIERES.

DESLANDES, ( André-François Boureau ) mort le 11 Avril 1757, à 67 ans, est Auteur d'une Histoire critique de la Philosophie, & de plus. autres ouvrages.

DESLYONS, (Jean) sav. Doct. de la Maison & Société de Sorbonne, né à Pontoise en 1615, fut Doïen & Théologal de Senlis, où il m. le 26 Mars 1700, à 85 ans. On a de lui, 1. Traités singuliers & nouveaux contre le Paganisme du Roi-Boit : 2. un Traité de l'ancien droit de l'Evêché de Paris sur Pontoise, & d'autres ouvr. curieux & remplis d'érudition.

DESMARAIS, *voyez* REGNIER.

DESMARES, ( Toussaint ) fam. Prêtre de l'Oratoire, naquit à Vire en Normandie, l'an 1599. Après avoir fait ses prem. études à Caen, il se mit sous la conduite du Card. de Berulle, & entra dans sa Congrégation. Il s'attacha ensuite à l'étude de l'Ecriture Sainte, de S. Augustin & de S. Thomas, & prêcha avec succès. Il fut l'un des Députés à Rome pour la défense de la Doctrine de Jansénius, dont on poursuivoit la condamnation, & pro-

nonça un Discours en faveur de cette Doctrine, devant le Pape Innocent X. De retour en France, on le chercha par ordre de la Cour pour le conduire à la Bastille ; mais il s'échappa & se retira pour le reste de ses jours dans la maison de M. de Liancour, au Diocèse de Beauvais, où il composa plusieurs ouvr. anonymes pour la cause de Jansénius, & où il m. en 1687. Le Discours qu'il prononça en présence du Pape, se trouve dans *le Journal de Saint Amour.*

DESMARETS DE S. SORLIN, *voyez* MARETS.

DESMARETS, ( Henri ) céleb. Musicien François, naquit à Paris en 1661. Il fut Page de la Musique du Roi, & obtint une pension dès l'âge de 20 ans. Dans la suite, aïant épousé Mademoiselle de Saint-Gobert, fille du Président de l'Election de Senlis, du consentement de la mere, mais à l'insu du pere de cette Demoiselle il fut condamné à mort par le Châtelet, & se sauva en Espagne, où il fut Surintendant de la Musique du Roi ; 14 ans après, il passa en Lorraine, & mourut à Luneville en 1741, étant Directeur de la Musique de cette Cour. Son mariage avoit été déclaré valable au Parlement. On a de Desmarets plus. Motets & Opera. On estime sur-tout l'Opera d'*Iphigénie*, retouché par Campra.

DESMARETS, neveu de M. Colbert, & Ministre d'Etat sous le regne de Louis XIV, puis Contrôleur Général des Finances, a laissé un Mémoire très curieux sur son administration. Ce Mémoire a été imprimé plusieurs fois.

DESPAUTÉRE, ( Jean ) célebre Grammairien du 16e siecle, natif de Ninove, dont on a une excell. Grammaire latine, & d'autres ouvr. Il enseigna à Louvain, à Boisleduc, & ailleurs, & mour. à Comines en 1520. On dit qu'il n'avoit qu'un œil.

DESPENCE, *voyez* ESPENCE.

DESPORTES, *voyez* PORTES.

DESPORTES, ( François ) habile Peintre du 18e siecle, naquit au village de Champigneul en Champagne, en 1661. Aïant vu par hasard une estampe durant une maladie qui le retenoit au lit, il s'amusa à la dessiner ; & cet essai, attirant l'attention de ceux qui le virent, décela les talens de Desportes pour la peinture. Il se mit sous la discipline de Nicasius, Peintre Flamand, & s'acquit ensuite une gr. réputation en France, en Pologne, & en Angleterre. Il excelloit surtout à peindre des grotesques, des animaux, des fleurs, des fruits, des legumes, des païsages, & des chasses. Le Roi prenoit souvent plaisir à le voir travailler, & le combla de bienfaits. Desportes excelloit aussi dans le portrait. Il fut reçu avec distinction de l'Académie de Peinture, fit des tableaux pour les tapisseries des Gobelins, & m. à Paris en 1743, aïant eu pour éleves un fils & un neveu, recommandables par leur mérite.

DESPREAUX, *voïez* BOILEAU.

DESROCHES, ( Madame & Mademoiselle ) *voïez* ROCHES.

DESTOUCHES, *voïez* TOUCHES.

DETRIANUS, cél. Architecte, sous l'Empereur Adrien, fut chargé de la conduite des plus superbes édifices de son tems. Il rétablit le Pantheon, la Basilique de Neptune, le marché appellé *forum Augusti*, les bains d'Agrippine, &c.

DEVAUX, ( Jean ) sav. Chirurgien de Paris, naquit en cette ville, de Jean Devaux, autre habile Chirurgien, le 27 Janvier 1649. Il fut Prévôt & Garde de la Communauté des Chirurgiens, se fit généralement estimer par sa science & par ses écrits, & mour. à Paris, le 2 Mai 1729, à 81 ans. On a de lui, 1. le Médecin de soi-même. 2. L'art de faire des rapports en Chirurgie. 3. *Index funereus Chirurgorum Parisiensium ab anno* 1315, *ad an.* 1714. 4. Plusieurs autres Ecrits, & les Traductions d'un grand nombre d'excellens ouvrages de Médecine & de Chirurgie.

DEUCALION, Roi de Thessa-

lie, & fils de Promethée, épousa sa cousine Pyrrha. Ils échaperent l'un & l'autre à une gr. inondation qui arriva de leur tems, & dans laquelle, selon la Fable, tous les hommes périrent. Deucalion & Pyrrha, pour réparer le genre humain, jetterent derriere eux des pierres qui se changerent en hommes & en femmes, conformément à la réponse de l'Oracle de Themis. Ce déluge de Deucalion arriva vers 1500 av. J. C.

DEVERT, *voïez* VERT.

DEUSINGIUS, ( Antoine ) sav. Méd. né à Meurs en 1612, se rendit habile dans les Langues Arabe, Persanne & Turque, & fut Profess. de Méd. à Groningue. On a de lui un Traité sur le mouvement du cœur & du sang, & d'autres ouvr. Il mourut à Groningue en 1666, à 54 ans.

DEXTER, ( Julius Flavius ) Préfet du Prétoire, du tems de Théodose le Grand, étoit fils de Pacien, Evêque de Barcelone. S. Jérôme lui dédia son ouvr. des Ecrivains Ecclésiastiq. Les chroniques, qu'on a publiées sous le nom de Dexter, sont un ouvr. supposé.

DEZ, ( Jean ) fameux Jésuite Champenois, naquit près de Sainte-Menehould, le 3 Avril 1643. Il enseigna les Belles-Lettres, la Philosophie, les Mathématiques & la Théologie dans sa Société, & se livra ensuite avec succès au ministere de la Chaire ; mais étant devenu Recteur du Collége de Sédan, il s'appliqua à la Controverse, & travailla avec zele & avec fruit à la conversion d'un gr. nombre de Calvinistes. Il passa de-là à Strasbourg, où Louis XIV, & le Cardinal de Fustemberg, l'emploïerent à l'établissement d'un Collége Roïal, d'un Séminaire, & d'une Université Catholique, qui furent confiés aux Jésuites François. Le Pere Dez fut Recteur de cette Université. On l'envoïa deux fois à Rome, & il fut cinq fois Provincial. Il suivit, par ordre du Roi, Monseigneur le Dauphin, en qualité de son Confesseur, dans les Campagnes que ce Prince fit en Allemagne & en Flandres. De retour à Strasbourg, il y mour. d'une colique néphrétique, le 12 Septembre 1712. Les plus connus de ses ouvrages sont : 1. *La Réunion des Protestans de Strasbourg à l'Eglise Romaine, également nécessaire pour leur salut, & facile selon leurs principes*, in-8°. 2. *La Foi des Chrétiens & des Catholiques, justifiée contre les Déistes, les Juifs, les Mahométans, les Sociniens & les autres Hérétiques*, Paris 1714, en 4 vol. *in-12*.

DIADOCHUS, Evêque de Photique en Illyrie, vers 385, ou plûtôt vers 460, dont on a un Traité *de la Perfection spirituelle*.

DIAGO, (Francisco) sav. Dominicain Espagnol, natif du Bourg de Bibel, dans le Roïaume de Valence, dont on a une Histoire des Comtes de Barcelone, & d'autres ouvr. Il m. en 1615.

DIAGORAS, fam. Philosophe, natif de Melos, enseignoit à Athènes, & fut surnommé l'*Athée*, parcequ'il nioit la Providence, & rejettoit *les Dieux*. Les Athéniens le sommerent de rendre compte de sa doctrine ; mais il se sauva vers 416 av. J. C. Alors les Athéniens mirent sa tête à prix, & promirent 2 talens à qui le rameneroit en vie, & un talent à celui qui apporteroit sa tête.

DIAGORAS, fameux Athlete de l'Isle de Rhodes, vers 460 av. J. C. en l'honneur duquel Pindare fit une belle Ode qui nous reste, & qui fut mise en lettres d'or dans le Temple de Minerve.

DIANA, (Antonin) fameux Casuiste, & Clerc Régulier de Palerme, dont on a divers ouvrages de Morale, mourut le 20 Juillet 1663, à 77 ans.

DIANE, Déesse de la Chasse, fille de Jupiter & de Latone, & sœur d'Apollon, étoit appellée, selon les Païens, *Hecaté* en Enfer, *Diane* sur la Terre, & *Phœbé* dans le Ciel. Les Poëtes ont fort célébré sa chasteté. Le jour de sa fête, il n'étoit pas permis de chasser, parceque

qu'on s'imaginoit qu'elle laissoit reposer ses chiens. On la représentoit d'ordinaire les cheveux épars, vétue d'une robe velue, de couleur de pourpre, qu'elle retroussoit jusqu'au genou, avec un arc à la main, un carquois garni de flèches, dans un chariot d'or traîné par des biches. Les Anciens avoient élevé plusieurs Temples à Diane. Le plus superbe de tous, étoit celui d'Ephese. Il passoit pour une des sept merveilles du monde, & fut brûlé le jour même de la naissance d'Alexandre *le Grand*, 356 avant J. C.

DIAZ, (Jean-Bernard) savant Espagnol, fut grand Vicaire de Salamanque & de Tolede, Conseiller du gr. Conseil des Indes, puis Evêque de Calahorra. Il assista au Concile de Trente en 1552, & mourut en 1556. On a de lui divers ouvrages.

DIAZ, (Philippe) cél. Prédicateur Portugais, natif de Bragance, se fit Religieux de S. François, & mourut en odeur de sainteté, le 9 Avril 1600. Ses Sermons ont été imprimés en 8 tomes.

DICASTILLO, (Jean) Théol. Jésuite, né à Naples en 1585, enseigna la Philosophie & la Théolog. à Murcie & à Tolede, & mourut à Ingolstad en 1653. On a de lui divers Traités de Théologie.

DICEARQUE, fameux Philosophe, Orateur & Géometre, étoit fils de Phidias. Il naquit à Messine, & fut disciple d'Aristote. Il composa un gr. nombre d'excellens ouvrages, dont il ne reste que des fragmens. Les plus estimés de tous étoient, 1. un Traité ou Descript. des mœurs des Grecs en divers tems. 2. Un Traité dans lequel il décrivoit la République de Lacédémone. Ce Traité fut trouvé si beau, si exact & si utile, à Lacédémone même, qu'il fut réglé qu'on le liroit tous les ans en public à la jeunesse. Ciceron cite plusieurs autres ouvrages de Dicearque, & en fait un grand éloge.

DICENÉE, cél. Philos. Egypt. passa en Scythie, sous le regne d'Auguste, & s'insinua tellement dans l'esprit du Roi , qu'il devînt un de ses premiers Conseillers. Il adoucit l'humeur barbare de ces Peuples, leur donna des loix & des cérémonies religieuses , & fut en si grande vénération parmi eux, qu'ils arracherent leurs vignes , & résolurent de ne plus boire de vin, sur l'avis qu'il leur donna que le vin faisoit tomber les hommes en de grands désordres.

DICTYNNE , Nymphe de Crete, & l'une des compagnes de Diane , que l'on a aussi appellée Dictynne. On lui attribue l'invention des filets dont on se sert à la chasse & à la pêche.

DICTYS de Crete , suivit Idoménée au siege de Troyes , & composa , dit-on , l'Histoire de cette fameuse expédition ; ce qui a donné lieu à quelques Savans modernes , de composer une Histoire d'Italie, en latin , & de l'attribuer à cet ancien Dyctis.

DIDIER , ( S. ) *Desiderius* , Evêq. de Langtes , que l'on croit avoir été martyrisé vers 409, lorsq. les Alains, les Sueves , & les Vandales ravagerent les Gaules. Il ne faut pas le confondre avec Didier , Evêque de Nantes , vers 451.

DIDIER , ( S. ) Archev. de Vienne , en Dauphiné , étoit d'Autun, & succéda à Verus , en 596. La Reine Brunehaut , dont il blâmoit la vie scandaleuse , l'aïant fait déposer & exiler en 603 , le renvoïa dans son Diocèse , & le fit assassiner en 608 , sur le bord de la riviere de Chalarone , à 7 lieues de Lyon. S. Grégoire le Grand lui avoit écrit trois lettres. Il ne faut pas le confondre avec S. Didier , Evêque de Cahors , au 7e siecle , qui m. le 15 Nov. 655 , & dont nous avons diverses Epitres.

DIDIER , dernier Roi des Lombards , se fit élire en 756 , après la mort d'Ataulfe , dont il étoit le Connétable. Il fut vaincu & fait prisonnier par Charlemagne , qui l'amena en France avec sa famille en 774. Il mourut peu de tems après. Par sa mort finit le Roïaume des Lombards en Italie , après avoir

duré 206 ans. C'est-à-dire , depuis 568 que les Lombards , sous leur chef Alboin , fonderent en Italie une puissante Monarchie.

DIDIER , ( S. ) *voyez* LIMOJON.

DIDIER LOMBARD , sav. Doct. de Sorbonne au 3e siecle , qui écrivit avec Guillaume de S. Amour , contre les Ordres Mendians.

DIDIER JULIEN , Empereur Romain , naquit à Milan , d'une famille illustre : il étoit fils de Salvius Julien, habile Jurisconf. qui fut deux fois Consul & Préfet de Rome. Didier usurpa l'Empire après la mort de Pertinax ; mais il fut vaincu par Severe , & tué dans son Palais , le 29 Septem. 193 de J. C. à 60 ans, après un regne de quelques mois.

DIDIER , ( Guillaume de Saint ) Poète provençal du 12e siecle , a mis les Fables d'Esope en rimes provençales , & a fait un Traité de l'*Escrima* , & un autre sur les songes , dans lequel il donne des regles pour n'en avoir que de vrais & d'agréables. Tout le secret consiste , selon lui , à vivre sobrement , parceque l'estomac surchargé d'alimens , ne porte à la tête que des vapeurs grossieres , qui produisent des idées tristes.

DIDON , c. à d. *femme forte*, fille de Belus , Roi de Tyr , & femme de Sichée , pour éviter la tyrannie de Pygmalion , son frere , qui avoit tué Sichée , s'enfuit en Afrique , où elle bâtit Carthage , 882 avant J. C. Dans la suite , Hiarbas, Roi des Getules , l'aïant demandée en mariage , & menaçant de guerre les Carthaginois en cas de refus, Didon fit élever un bucher , & après y avoir immolé des victimes , comme pour appaiser les manes de son mari , avant que d'épouser Hiarbas , elle monta sur ce bucher, & se donna un coup de poignard en présence du peuple. Cette action lui fit donner le nom de *Didon* , ( car elle s'appelloit *Elise* ) & a donné occasion à Virgile de substituer Enée à Harbias. Mais quoique Newton & d'autres gr. hommes aient prétendu accorder la Chronologie de ce cél. Poëte avec l'histoire de Didon, il paroît constant qu'Enée n'a point été à Carthage, ni en Italie, & qu'il vivoit plus de 300 ans avant Didon.

DIDYME D'ALEXANDRIE, surnommé *Chalcentere*, c. à d. *entrailles d'airain*, à cause de son application infatigable à l'étude, vivoit du tems d'Auguste, & composa, selon Séneque, jusqu'à 4000 Traités; ce qui lui acquit une gr. réputation. On lui attribue des Scholies sur Homere; mais comme il est cité dans ces Scholies, elles paroissent être d'un auteur plus récent.

DIDYME D'ALEXANDRIE, l'un des plus pieux & des plus savans Auteurs du IVe siecle, avoit perdu la vue à l'âge de 5 ans; ce qui ne l'empêcha pas de devenir très docte en se faisant lire les Auteurs sacrés & profanes. Il apprit même les Mathematiques, & fut jugé digne de remplir la chaire de la cél. Ecole de l'Eglise d'Alexandrie. Didyme eut pour disciples Saint Jérome, Rufin, Pallade, Isidore, & plus. autres gr. hommes. Il fut très attaché aux sentimens d'Origene, & mourut, selon Pallade, en 398, à 85 ans. Il nous reste de lui un *Traité du Saint Esprit* en latin, de la Traduction de Saint Jérôme, & quelques autres ouvrages.

DIÉ, (St.) *Deodatus*, Evêque de Nevers, en 655, quitta son Evêché, & se retira dans les montagnes du Vosge, pour y vaquer à la priere & à la méditation. Il mourut vers 684. C'est lui qui a donné le nom à la ville de St Dié, en Lorraine, où il y a un Chapitre distingué.

DIEMERBROEK, (Isbrand) savant Professeur en Médecine, & en Anatomie, à Utrecht, naquit à Montfort en Hollande, le 13 Déc. 1609. Il pratiqua la Médecine avec succès, s'acquit une gr. réputation par ses Leçons, & mourut à Utrecht le 17 Novembre 1674. On a de lui: 1. un Traité de la Peste, en quatre Livres, qui est estimé. 2. Plusieurs savans ouvrages d'Anatomie & de Médecine, imprimés à Utrecht, en 1685, *in-fol.*

DIEPENBECK, (Abraham) fameux Peintre du XVIIe siecle, natif de Bois-le Duc, fut éleve de Rubens, & s'acquit une grande réputation par ses desseins & par ses tableaux. Il excelloit surtout dans le colotis & dans le clair-obscur. Le plus grand ouvrage qu'on ait publié d'après lui, est le Temple des Muses. Il a beaucoup travaillé à des sujets de dévotion.

DIETERIC, (Jean-Conrad) sav. Ecrivain Allemand, naquit à Butzbach en Vétéravie, l'an 1612. Après avoir fait de bonnes études à Marpurg, à Iene & à Strasbourg, il voïagea en Allemagne, en Hollande & en Dannemarck, & il se lia avec les plus cél. Savans de ces divers païs. Au retour de ces voïages, on le fit Professeur en Langue Grecque & en Histoire, à Marpurg. Dans la suite, il fut Professeur à Giessen, où il m. en 1567. On a de lui plusieurs ouvr. estimés, parmi lesquels les *Antiquités du Vieux & du Nouveau Testament* tiennent le premier rang. On fait aussi beauc. de cas de son *Lexicon Etymologicum Græcum*, de son *Discursus historico-politicus de peregrinatione studiorum*, & d'un Traité qui a pour titre: *Græcia exulans, seu de infelicitate superioris seculi in Græcarum litterarum ignoratione.* Il y a eu plusieurs Savans de ce nom; entr'autres Jean Dieteric, pere de celui dont nous venons de parler. Il m. Surintendant à Giessen, le 27 Décem. 1637, après avoir fait quelques ouvrages de Théologie. Conrad Dieteric, son frere, d'abord Professeur à Giessen, & puis Surintendant à Ulm, où il m. en 1639, a aussi beauc. écrit sur la Théologie.

DIEU, (Louis de) savant Prof. dans le Collége Wallon de Leyde, & Ministre de la Relig. Pr. Réf. naquit à Flessingue, le 7 Avril 1590. Il se rendit très habile dans les Lang. Orientales, & mourut en 1642. On a de lui un gr. nombre d'ouvrages. Les plus considérables sont des Observations sur l'Ecriture-Sainte, dont la meilleure édition est celle d'Amsterdam, en 1693.

DIEU-DONNÉ I. *Deus dedit*, vertueux Pape, succeda à Boniface IV, le 13 Novembre 614. Il se distingua par sa piété & par sa charité envers les malades, & mourut en 617.

DIEU-DONNÉ II, *A Deo datus*, succeda au Pape Vitalien, en 671, & mourut le 18 Mai 676, après avoir gouverné l'Eglise avec prudence.

DIGBY, ( Kenelme ) ou *le Chevalier Digby*, célebre Gentilhomme Anglois, distingué par sa vertu & par sa science, étoit fils d'Everard Digby, qui eut la tête tranchée pour la conspiration des poudres contre Jacques I. Le Chevalier Digby, instruit par cet exemple, donna des marques sinceres d'attachement & de fidélité envers la Famille Roïale, & fut rétabli dans la jouissance de ses biens. Charles I, le fit Gentilhomme de sa Chambre, Intendant général de ses Armées navales, & Gouverneur de l'Arsenal maritime de la Sainte Trinité. Il lui accorda des Lettres de représailles contre les Vénitiens, en vertu desquelles il fit plusieurs prises sur eux, proche le Port de Scanderoun. Digby s'appliqua avec ardeur à l'étude, principalement de la Physique, des Mathém. & de la Chymie. Il trouva d'excellens remédes qu'il donnoit gratuitement aux pauvres, & à tous les malades. Son Ambassade auprès du Pape Innocent X, la franchise avec laquelle il avoua au Parlement qu'il étoit Catholique Rom. & la fermeté avec laquelle il soutint la confiscation de ses biens & le bannissement, lui firent beaucoup d'honneur. Il vint en France, où il s'acquit l'estime des personnes de mérite. Il retourna en Angleterre au rétablissement de Charles II, & mourut à Londres, le 11 Mars 1665, à 60 ans. On a de lui, 1. un Traité de l'immoralité de l'ame, au sujet duquel il avoit eu de longues conférences avec Descartes: 2. un Discours sur la poudre de sympathie, pour la guérison des plaies: 3. une Dissertation sur la végétation des plantes, & d'autres ouvrages.

DILLEN, ( Jean-Jacques ) natif d'Allemagne, & Professeur de Botanique à Oxford, est auteur des ouvrages suivans. 1. *Catalogus Plantarum circa Giessam sponte nascentium*. 2. *Hortus Elthamensis, in fol.* 3. *Historia Muscorum*. Il mourut en 1747.

DINA, fille de Jacob & de Lia, naquit vers 1746 av. J. C. Sichém, fils d'Hemor, Roi de Salem, lui aïant fait violence, Siméon & Lévi, pour venger l'affront de leur sœur, engagerent Sichem à se circoncire avec son peuple, feignant qu'ils lui donneroient ensuite Dina en mariage; mais quelques jours après, ils le tuerent avec tous les Sichimites, & pillerent même la ville de Sichem.

DINARQUE, Orateur Grec, étoit fils de Sostrate, & disciple de Théophraste, il amassa de grandes sommes d'argent à Athenes, en composant des harangues. On l'accusa de s'être laissé corrompre par les présens des Ennemis de la République; ce qui l'obligea de s'enfuir à Chalcide, d'où il fut rappellé environ 15 ans après. Il florissoit vers 333 avant J. C. Dinarque avoit composé 64 harangues, dont il ne nous reste que trois. Denys d'Halicarnasse appelle cet Orateur *Demosthene le Sauvage*.

DINOCRATE, célebre Architecte Macédonien, s'étant fait connoître à Alexandre *le Grand*, par un artifice singulier, offrit à ce Prince de tailler le mont Athos en forme d'un homme, tenant en sa main gauche une grande ville, & en sa droite, une coupe qui recevroit les eaux de tous les fleuves qui découlent de cette montagne, pour les verser dans la mer. Alexandre n'approuva pas ce dessein. Il retint néanmoins Dinocrate auprès de lui, & l'emploïa à bâtir la ville d'Alexandrie.

DINUS, cél. Jurisconsulte, natif de Mugello en Toscane, enseigna le Droit à Bologne, au 13e siecle, avec une réputation extraordinaire. Boniface VIII l'emploïa à la compilation du *Sexte*. Il mourut à Bologne en 1305, chagrin de n'avoir pas été fait Cardinal. On a de lui plusieurs ouvrages. Le plus estimé de tous, est son Commentaire sur les regles de Droit, sur lequel Charles du Moulin a fait d'excellentes notes.

DIOCLES, Géometre, connu par l'invention de la Courbe, appellée *Cyssoïde*, vivoit avant le 5e siecle, puisque Pappus en fait mention. On croit qu'il étoit Ingénieur, car Eutocius cite de lui un livre intitulé *de Pyriis*.

DIOCLÉTIEN, Empereur Romain, né à Salone, ou selon d'autres, à Dioclée en Dalmatie, vers 245, d'une famille très obscure, parvint par sa valeur & par sa conduite aux premieres Charges, & fut proclamé Empereur, après la mort de Numerien, le 17 Septembre 284. Il tua de sa main Aper, qui avoit fait mourir Numerien, & affermit son Trône par la mort de Carin, qui fut tué par ses propres Officiers, dans un grand combat où il avoit eu l'avantage. Dioclétien associa à l'Empire, en 286, Maximien Hercule, son ancien ami, excita une cruelle persécution contre les Chrétiens, laquelle ne servit qu'à en augmenter le nombre, créa Césars, Constans & Galere Maximien, & abdiqua l'Empire, avec Maximien Hercule, son Collegue, en 305. Il se retira ensuite à Salone, où il menoit une vie tranquille, & mettoit son plaisir à cultiver son jardin; mais Constantin aïant fait mourir Maximien & Maxence son fils, Dioclétien, qui les avoit toujours aimés, en fut si intimidé, qu'il se laissa mourir de faim, en 313, à 68 ans. Il est bon d'observer que *l'Ere des Martyrs*, appellée aussi *l'Ere de Dioclétien*, commence le 29 Août 284.

DIOCRE, (Raimond) fameux Prédicateur & Chanoine de Notre-Dame de Paris, mort en odeur de sainteté en 1084, au sujet duquel on

a conté beaucoup de fables, *voyez* S. BRUNO.

DIODATI, (Jean) fameux Ministre, & Professeur de Théologie à Geneve, au 17e siecle, dont on a, 1. une Traduction de la Bible en italien, avec des notes: 2. une Traduction de la Bible en françois: 3. une Traduction françoise de l'Hist. du Concile de Trente, par Fra-Paolo. Il mourut à Geneve en 1652, à 73 ans.

DIODORE, de Sicile, célebre Historien, sous les regnes de César & d'Auguste, ainsi nommé, parce qu'il étoit natif d'*Agyrium*, aujourd'hui *San-Filippo d'Agyrone*, en Sicile, passa 30 années à la composition de sa Bibliotheque Historique, & voïagea en Europe & en Asie pour la perfectionner. Cet important ouvrage, que Diodore de Sicile composa en grec étant à Rome, comprenoit quarante livres, dont il ne reste plus que quinze. Le style en est clair, & très convenable à l'Histoire. La meilleure édition est celle d'Amsterdam, 1745, 2 vol. *in-fol.* M. l'Abbé Terrasson a donné au Public, une Traduction françoise de Diodore de Sicile, en 7 vol. *in-12.*

DIODORE, Evêque de Tyr, au 4e siecle, dont St Athanase fait un gr. éloge, dans une lettre qu'il lui adresse.

DIODORE, d'Antioche, savant Evêque de Tarse, en 378, fut maître de saint Chrysostôme, & de Théodore de Mopsueste. Saint Basile en parle comme d'un Evêque très saint, & comme d'un invincible défenseur de la Foi, en quoi il est suivi par saint Chrysostôme, & par le premier Concile de CP. St Cyrille, au contraire, le regarde comme le Précurseur de Nestorius. Diodore de Tarse est un des premiers qui se sont attachés au sens littéral de l'Ecriture; mais tous ses ouvrages sont perdus, excepté quelques lettres & quelques fragmens.

DIOGENE, d'Apollonie dans l'isle de Crete, tint un rang distingué parmi les Philosophes qui enseignoient

seignoient en Ionie, avant que Socrate parut à Athenes. Il fut disciple & successeur d'Anaximenes, & enseignoit, comme lui, que l'air est le principe de toutes choses. On dit qu'il observa le premier que l'air se condense & se raréfie. Il passoit pour un excellent Physicien, & mourut vers 450 avant J. C.

DIOGENE *le Cynique*, fameux Philosophe, fils d'Icesius, Banquier de Sinope dans le Pont, aïant été banni avec son pere pour avoir fait de la fausse monnoie, se retira à Athenes, où il étudia la Philosophie, sous Antisthene. Il joignit de nouveaux degrés d'austérité à la secte de ce Fondateur des Cyniques, & l'on ne vit jamais de Philosophe, qui méprisât autant que lui les commodités de la vie. Il logeoit dans un tonneau, & n'avoit pour tous meubles, qu'une besace, un bâton & une écuelle. Il jetta même cette écuelle, aïant vu un jeune garçon qui buvoit dans le creux de sa main. Diogene n'en étoit pas plus humble. Il traitoit le genre humain avec un souverain mépris, & se croïoit supérieur au reste des Philosophes. Alexandre le Grand étant à Corinthe, l'alla voir, & le pressa de lui demander ce qu'il voudroit, avec promesse de le lui accorder. Mais Diogene, rejettant les offres de ce Prince, le pria seulement de se détourner de son Soleil. Ce Monarque, admirant la grandeur d'ame du Philosophe, s'écria : *Si je n'étois pas Alexandre, je voudrois être Diogene.* Ce Philosophe étoit fécond en bons mots ; & la plûpart de ses réparties contiennent un sel fort piquant. C'est un de ces hommes extraordinaires, qui outrent tout, sans en excepter la raison, & qui vérifient la maxime : *Qu'il n'y a point de grand esprit, dans le caractere duquel il n'entre un peu de folie.* C'est ce qui faisoit dire à Platon, que Diogene étoit un *Socrate fou,* il passa la plus grande partie de sa vie à Corinthe, chez Xéniades, qui l'avoit acheté à des Pirates, & qui le fit Précepteur de ses enfans. Dio-

gene eut l'Intendance de toute la maison de ce riche Corinthien ; & comme ses amis vouloient le racheter : *Vous êtes des fous,* leur dit-il, *les lions ne sont pas les esclaves de ceux qui les nourrissent, mais ceux-ci sont les valets des lions.* Aussi dit-il nettement à Xéniades, qu'il falloit qu'il lui obéît, comme on obéit aux Gouverneurs & aux Médecins. Ce qu'il y a de plus inexcusable dans sa vie, est qu'il se plongeoit, à la vue même du public, dans les vices de l'impureté. Néanmoins ses préceptes de morale étoient admirables en certains points, & ont paru tels à plusieurs Peres de l'Eglise. C'est lui, qui pour réfuter l'objection de Zenon d'Elée, qui nioit l'existence du mouvement, se mit à faire deux ou trois tours dans l'Auditoire. Il mourut vers 320 avant J. C. s'étant étouffé lui-même en retenant son haleine, selon la plus commune opinion. Il eut pour disciples, Onésicrite, Phocion, Stilphon de Mégare, & plusieurs autres grands hommes. Ses ouvrages se sont perdus.

DIOGENE le Babylonien, sav. Philosophe Stoïcien, ainsi nommé parcequ'il étoit de Séleucie près de Babylone, fut disciple de Chrysippe, & s'acquit une si grande réputation, que les Athéniens le députerent à Rome avec Carneades & Critolaüs, 155 av. J. C. Il composa divers ouvrages, & fit paroître une gr. modération. Un jour qu'il faisoit une leçon sur la colere, & qu'il déclamoit fortement contre cette passion, un jeune homme lui cracha au visage : *Je ne me fâche point,* lui dit Diogene ; *je doute néanmoins si je devrois me fâcher.* Il m. à 88 ans.

DIOGENE LAERCE, Historien Grec, au second si., sous le regne d'Alexandre Severe, étoit de Laerta, petite ville de Cilicie. Il nous reste de lui dix Livres de la vie des anciens Philosophes. On dit qu'il les composa pour Arria, femme aimée des Empereurs. Il étoit de la secte d'Epicure. La meilleure édition de ses Œuvres est celle d'Amsterdam avec les notes de Ménage, en 1692, *in-4°*.

DIOGENIEN d'Héraclée dans le Pont, célebre Grammairien Grec, du second si., dont il nous reste quelques ouvrages.

DIOMEDE, Roi d'Etolie, fils de Tydée, & le plus vaillant des Héros Grecs, après Achille & Ajax, se signala au siege de Troye contre Enée & contre Hector, & enleva le *Palladium*.

DIOMEDE, cél. Grammairien, plus ancien que Priscien, puisque celui-ci le cite souvent; nous avons de lui trois livres *De orationis partibus*, & *vario Rhetorum genere*. Il y en a plus. Editions. Celle d'Elie Putschius en 1605, passe pour la meilleure.

DION CASSIUS, cél. Historien Grec, natif de Nicée; fut Gouverneur de Pergame & de Smyrne, & commanda en Afrique & en Pannonie. Il fut élevé par Alexandre Sévere à la dignité de Consul, en 219 de J. C.; mais n'étant point agréable aux Troupes, il fut contraint de se retirer à Nicée, sa patrie, où il finit le reste de ses jours. Il a composé en grec une Histoire Romaine, dont il ne nous reste qu'une partie, & dont la meilleure édition est celle de Herman Samuel Reimarus, à Hambourg 1750, *in-fol.* grec-latin avec des notes. On accuse Dion Cassius de partialité contre Pompée, Ciceron, Seneque, & plusieurs autres grands hommes. On estime principalement les Harangues qu'il met dans la bouche d'Agrippa & de Mécene, lorsqu'Auguste leur proposa de quitter l'Empire ou de le retenir.

DION CHRYSOSTÔME, c'est-à-dire, *bouche d'or*, cél. Orateur, & Philosophe Grec, natif de Pruse, ville de Bithynie, voulut persuader à Vespasien, de quitter l'Empire, & fut haï de Domitien; mais il s'acquit l'estime de Trajan. Ce Prince prenoit plaisir à s'entretenir avec lui, & le fit monter sur son char de triomphe. Il nous reste de Dion 80

Oraisons, & quelques autres ouvrages.

DION de Syracuse, cél. Capitaine & gendre de Denys l'ancien, Tyran de Syracuse, engagea ce Prince à faire venir Platon à sa Cour. Dion chassa de Syracuse Denys *le Jeune*, & rendit de gr. services à sa patrie. Il fut assassiné par Callipe un de ses amis 354 av. J. C.

DIONIS, (Pierre) cél. Chirurgien, natif de Paris, s'est distingué par son habileté dans son art, & par ses ouvrages. Il fut premier Chirurgien de Messeigneurs les Enfans de France, & le premier Démonstrateur des dissections anatomiques, & des opérations chirurgicales au Jardin Roïal des plantes. Il mourut le 11 Décembre 1718. Ses principaux ouvrages sont: 1. un Cours d'Opérations de Chirurgie, dont la meilleure édition est de 1736, *in-8°*. 2. L'Anatomie de l'homme, dont la meilleure édition est de 1728, par M. Devaux. 3. Un Traité de la maniere de secourir les femmes dans leurs accouchemens, &c.

DIOPHANTE d'Alexandrie, excellent Mathémat. passe pour l'Inventeur de l'Algébre; il vivoit sous le regne d'Antonin, vers le milieu du second si. Il nous reste de lui plusieurs Livres d'Arithmétique très estimés.

DIOSCORE, fameux Patriarche d'Alexandrie, succéda à S. Cyrille, en 444. Il renouvella la vieille querelle pour la Primatie, contre le Patriarche d'Antioche, & défendit les erreurs d'Eutyches, qu'il fit approuver dans le Conciliabule, ou *le brigandage d'Ephese*, en 449. De retour à Alexandrie, il osa excommunier le Pape S. Léon, mais il fut déposé l'année suivante au Concile de CP. Il fut ensuite cité au Concile général de Chalcédoine, en 451, auquel il refusa de comparoître. Il y fut unanimement condamné & déposé. L'Empereur confirma sa déposition, & l'exila à Gangres en Paphlagonie, où il mourut misérablement, en 458. Il ne faut pas le confondre avec Dioscore *le jeune*,

Patriarche hérétique d'Alexandrie, en 517, ni avec l'Antipape Dioscore, Diacre de l'Eglise de Rome, qui s'oppofa au Pape Boniface II, en 529, & qui mourut quelques jours après.

DIOSCORIDE, ( Pedacius ) célebre Médecin d'Anazarbe, ville de Cilicie, fous le regne de Néron, fuivit d'abord le métier des armes; il s'appliqua enfuite à la connoiffance des Simples. Il nous refte de lui plufieurs ouvrages eftimés.

DIROIS, ( François ) fav. Docteur de Sorbonne, fut d'abord ami de Meffieurs de Port-Roïal, mais il fe brouilla enfuite avec eux, à l'occafion du Formulaire, dont il prit la défenfe en plufieurs écrits. Il étoit en grande liaifon avec Richard Simon, & mourut Chanoine d'Avranches, fur la fin du 17e fiecle. Outre fes écrits en faveur du Formulaire, on a encore de lui un Traité eftimé, qui a pour titre : *Preuves & Préjugés pour la Religion Chrétienne & Catholique, contre les fauffes Religions & l'Athéifme*, in-4°.

DITHMAR, DITMAR, ou DIETHUMAR, pieux & fav. Evêque de Mersbourg, étoit fils de Sigefroi, Comte de Saxe. Il naquit en 976, & embraffa l'état Monaftique à Magdebourg à l'âge de 18 ans. Il devint Evêque de Mersbourg en 1018, & m. en 1018, à 42 ans. On a de lui une *Chronique* qu'il commença en 1027, & dans laquelle il donne l'Hiftoire des Empereurs Henri I, Othon I, II, III, & de Henri II, fous lequel il vivoit. Cette Chronique paffe pour exacte. Il y en a eu un gr. nombre d'Editions. La meilleure eft celle que le favant Godefroi Guillaume Leibnitz en a donnée dans fes Ecrivains fervant à illuftrer l'Hiftoire de Brunfwick à Hanovre, *in-fol.* avec des variantes & des corrections.

DIVINI, ( Euftache ) cél. Artifte Italien du 17e fiecle excelloit dans l'art de faire des Telefcopes. Il écrivit contre la découverte de l'anneau de Saturne par M. Huygens,

& contefta cette découverte. Mais M. Huygens lui répondit auffi-tôt & mit fa nouvelle découverte audeffus de tout doute. Divini vivoit encore en 1663.

DIVITIAC, Druide & Philofophe Gaulois & l'un des Chefs de la République d'Autun, eft connu par l'amitié & la confiance qu'il mérita de Jules Céfar, & par l'eftime de Ciceron qui le connoiffoit perfonnellement. *Voïez Ciceron de Divinat. & Cefar de Bello Gallico.*

DOBSON, ( Guillaume ) célebre Peintre Anglois, naquit à Londres, en 1610. Il fut difciple & ami de Vandyck, qui le préfenta au Roi Charles I. Ce Prince le fit fon premier Peintre, & le combla de bienfaits. Dobfon fut fort emploïé à la Cour, & mourut à Londres, en 1647. Il excelloit furtout à peindre les Dames.

DODART, ( Denys ) cél. Médecin & Docteur Régent de la Faculté de Médecine de Paris, naquit en cette ville en 1634. Après avoir fait fes études avec diftinction & mérité les éloges de M. Patin, devint Médecin de la Ducheffe de Longueville, de la Princeffe de Conti Douairiere, des Princes fes Enfans, & enfin de Louis XIV. Il fut reçu de l'Académie des Sciences en 1673, & il s'appliqua à l'Hiftoire des Plantes. C'eft lui qui compofa la favante Préface du Livre que l'Académie fit imprimer en 1676, fous le titre de *Mémoires pour fervir à l'Hiftoire des Plantes*. Dodart étudia pendant 33 ans la transpiration infenfible fuivant les obfervations de Sanctorius, & fit différentes differtations fur la faignée, fur la diete des anciens, & fur leur boiffon. Ces differtations ne font pas imprimées. Il avoit deffein de donner l'Hiftoire de la Médecine, mais aïant été prévenu par M. le Clerc Médecin de Geneve, il travailla à l'Hiftoire de la Mufique, dont les Mémoires qu'il a donnés à l'Académie étoient le Préliminaire. On a encore de lui, *Statica medicina Gallica* dans un Recueil fur cette matiere, imprimé en 2 vol. *in-12*. Il m. le 5 Nov. 1707, à 73 ans. Jean-Baptiste-Claude Dodart son fils, fut nommé premier Médecin du Roi le 3 Avril 1718, & m. à Paris à la fin de Nov. 1730. On a de lui des notes sur l'*Histoire générale des drogues* de Pomey.

DODDRIDGE, (N.) fav. Théologien anglois, mort en 1751, à Lisbonne, où il étoit allé pour changer d'air, est Auteur de divers ouvr. fort estimés.

DODOENS, ou DODONÉE, (Ramberto) savant Médecin des Empereurs Maximilien II, & Rodolphe II, étoit de Malines, & mourut en 1585, à 68 ans. On a de lui divers ouvrages.

DODWEL, (Henri) habile Ecrivain du 17e siecle, naquit à Dublin, en 1641. Il se fit estimer des Savans d'Angleterre, & fut Professeur d'Histoire à Oxfort, en 1688, mais il fut privé de cet emploi en 1691, aïant refusé de prêter serment de fidélité au Roi Guillaume & à la Reine Marie. Il passa une grande partie de sa vie à voïager; & dans ses voïages, il alloit presque toujours à pié, afin de pouvoir lire en marchant. Il avoit alors ses poches pleines de livres. Dodwel étoit très charitable envers les pauvres; & quoiqu'il ne fût point Ecclésiastique, il emploïoit une partie de son tems à décider les cas de conscience qui lui étoient proposés. Il mourut le 7 Juin 1711, à 70 ans. Il s'étoit marié à 54 ans, & il eut dix enfans de son mariage. On a de lui un grand nombre d'ouvrages, où l'on trouve des sentimens fort singuliers. Les plus connus sont: 1. des Dissertations en latin sur S. Cyprien, dans lesquelles il soutient qu'il n'y a eu qu'un petit nombre de Martyrs, en quoi il a été solidement réfuté par Dom Ruinart: 2. un Traité contre les Non-Conformistes, &c. François Brokesby a donné en anglois la vie de Dodwel, avec un abregé de ses ouvrages, en deux vol. *in-12*.

DOEG, Iduméen, homme lâche

& sans foi, voulant s'avancer à la Cour de Saül par des trahisons, rapporta à ce Prince que David, passant à Nobé, avoit conspiré contre sa personne avec le gr. Pontife Achimelech. Saül entra en fureur, désola la ville de Nobé, & fit mourir le grand Pontife avec 85 Prêtres; par la main de Doëg, 1061 avant J. C. Abiathar, fils du Pontife, aïant échappé à la cruauté de Saül, raconta à David ce qui s'étoit passé; & l'on croit que ce Prince composa à cette occasion le Pseaume 51: *Pourquoi vous glorifiez-vous dans votre malice?* le 108: *Mon Dieu, ne tenez pas ma gloire dans le silence:* & le 129. *Délivrez-moi, Seigneur, de l'homme méchant.*

DOLABELLA, (Publius Cornelius) fameux Romain, gendre de Cicéron, prit le parti de Jules-César contre Pompée, & se trouva aux batailles de Pharsale, d'Afrique, & de Munda. Il fut Tribun, Consul, & Gouverneur de Syrie. Aïant fait mourir à Smyrne Trebonius, Gouverneur de l'Asie mineure, l'un des meurtriers de César, on le déclara ennemi public. Quelque-tems après, il se tua à Laodicée, où il étoit assiégé par Cassius, 43 av. J. C.

DOLCÉ, (Louis) célèbre Poète Italien, naquit à Venise, en 1508. Il fit paroître d'heureux talens pour la Poésie; & l'on remarque dans ses ouvrages beaucoup de douceur, d'élégance, & des pensées vives & délicates; mais il y a trop de négligence. Il mourut en 1568. On a de lui un gr. nombre de Traductions d'Auteurs Grecs & Latins.

DOLERA, (Clement) Evêque de Foligni, & savant Cardinal, de l'Ordre de Saint François, dont il fut Général, étoit de Monéglia. Il se distingua par sa science & par sa vertu, & mourut à Rome, le 6 Janvier 1568. Le principal de ses ouvrages a pour titre: *Compendium Theologicarum Institutionum.*

DOLET, (Etienne) sav. Humaniste, né à Orléans, vers 1509, travailla à la réforme du style latin. Il étoit Imprimeur, Poète & Grammairien. Il écrivit une Apologie pour la secte des Cicéroniens contre Erasme ; ce qui lui atira la haine de Scaliger. Dolet aïant débité des choses contraires à la Religion, fut mis en prison, & en sortit par la protection du savant Castellan, sur la promesse qu'il fit d'être dans la suite bon Catholique ; mais n'aïant pas tenu sa parole, il fut emprisonné une seconde fois, & brûlé à Paris, à la place Maubert, le 3 Août 1546, à 37 ans. On dit qu'aïant remarqué, lorsqu'on le menoit au supplice, que le peuple prenoit part à son malheur, il fit ce vers :

*Non dolet ipse* Dolet, *sed pia turba dolet.*

Et que le Docteur qui l'accompagnoit, lui répondit :

*Non pia turba dolet, sed dolet ipse* Dolet.

Mais cela a l'air d'une fable. Les plus considérables de ses ouvrages, sont : 1. *Commentarii Linguæ Latinæ*, deux vol. *in-fol.* rares : 2. *de re navali* : 3. *Carminum Libri* IV : 4. Des Lettres qui sont rares, & d'un goût singulier.

DOLON, fameux Troyen, qui fut pris par Ulysse, & tué, comme il alloit au camp des Grecs en qualité d'espion.

DOMAT, ou DAUMAT, (Jean) célebre Avocat du Roi, au Siege Présidial de Clermont en Auvergne, & l'un des plus savans & des plus judicieux Jurisconsultes du 17e si., naquit à Clermont, le 30 Novembre 1625, d'une famille honnête. Il étoit, par sa mere, arriere-petit-fils de M. Basmaison, célebre Commentateur de la Coutume d'Auvergne. Le Pere Sirmond, qui étoit son grand-oncle, se chargea de son éducation. Ce savant Jésuite le fit venir à Paris, & le mit dans le College de Clermont, aujourd'hui le College de *Louis le Grand.* M. Domat y fit ses Humanités & sa Philosophie, & y apprit le grec, l'ita-

lien, l'espagnol & la Géométrie. Il alla ensuite étudier en Droit, & prendre des Degrés à Bourges, où le fameux Professeur Merille, ou plutôt Emerville, lui offrit le Bonnet de Docteur, quoiqu'il n'eût que 20 ans. Revenu de Bourges, il suivit le Barreau au Présidial de Clermont, & commença à plaider avec un succès extraordinaire. Il épousa le 8 Juillet 1648, Mademoiselle Blondel, fille d'une bonne famille, dont il eut 13 enfans. Trois ans auparavant, il avoit été pourvu d'une Charge d'Avocat du Roi, au Siege Présidial de Clermont. M. Domat remplit les devoirs de cette Charge pendant plus de 30 ans, avec une exactitude & une réputation extraordinaires. Il y fit paroître tant d'intégrité, de droiture, de capacité & de desintéressement, qu'il s'acquit une estime générale, & qu'il devint comme l'arbitre de toutes les gr. affaires de la Province. M. Domat lia une étroite amitié avec le célebre Paschal, qui étoit du même païs. Ils firent ensemble plusieurs expériences sur la pesanteur de l'air, & sur d'autres parties de la Physique ; & eurent aussi plusieurs entretiens suivis sur les matieres de la Religion. M. Domat étoit à Paris, durant la derniere maladie de M. Paschal ; il reçut les derniers soupirs de cet illustre ami, le 19 Août 1662, & fut dépositaire d'une partie de ses papiers les plus secrets. Trois ans après, les grands jours s'étant tenus à Clermont, il fit avec MM. les Présidens de Novion, Pelletier & Talon, une étroite liaison, qui a duré jusqu'à la mort, & ces gr. Magistrats, convaincus par eux-mêmes de sa capacité & de son intégrité, lui confierent le soin de plusieurs affaires importantes. Il fut zélé défenseur de la doctrine de l'Eglise Gallicane ; & M. de Harlai, étant Avocat Général au Parlement de Paris, lui écrivit à ce sujet, pour le remercier de son attention & de son zele, & termina sa lettre, datée du 20 Mars 1673, en l'appellant *son frere & son bon ami.* La consufion qu'il remarqua dans les Loix lui fit naître le deffein de les traiter dans leur ordre naturel. Aïant montré fon travail à quelques-uns de fes amis, on le trouva fi utile, qu'on l'engagea à le faire voir aux premiers Magiftrats. Il vint pour ce fujet à Paris en 1685; on y vit fon ouvrage, & il fut trouvé fi excellent, que Louis XIV, fur le rapport que lui en fit M. Pelletier, alors Contrôleur Général, ordonna à M. Domat de demeurer à Paris pour le continuer, & lui accorda une penfion de 2000 liv. M. Domat, obligé de refter à Paris, y travailla fans relâche à finir & à perfectionner fon ouvrage. Il le communiqua aux plus habiles Jurifconfultes, & le premier volume fut imprimé en 1689, in-4°. chez Coignard. L'Auteur, conduit par M. le Pelletier, le préfenta à Sa Majefté. Le 3e volume parut en 1694, mais le 4e volume ne fut imprimé qu'en 1697. C'eft cet excellent ouvrage, qui eft intitulé, *les Loix Civiles, dans leur ordre naturel*, qui a immortalifé la mémoire de Domat. Il mourut à Paris, le 14 Mars 1696, à 71 ans, & fut enterré, comme il l'avoit ordonné, dans le Cimetiere de S. Benoît, fa Paroiffe. Depuis fa mort, il y a eu plufieurs éditions de fon ouvrage, & l'on ne peut trop le recommander aux jeunes Jurifconfultes & aux Théologiens, qui s'appliquent à l'étude de la Morale & du Droit Canon.

DOMINIQUE, (S.) *l'Encuiraffé*, célebre Hermite du 11e fi., ainfi furnommé, parcequ'il portoit une cuiraffe de fer fur la chair, fe retira dans un hermitage de l'Apennin, où il pratiqua une vie fort auftere. Il fe mit enfuite fous la direction de Pierre Damien. On dit qu'il récitoit chaque jour 2 ou 3 Pfeautiers, en fe donnant 15000 coups de difcipline. Il mourut le 14 Octobre 1060.

DOMINIQUE, (S.) Fondateur de l'Ordre des Freres Prêcheurs, naquit à Calarvega, au Diocèfe d'Ofma en Caftille, l'an 1170. Il étoit fils de Felix de Guzman, Gentilhomme d'une noble & ancienne famille d'Efpagne. Après avoir fait fes études à Palentia, il fut Chanoine, puis Archidiacre d'Ofma, enfuite Profeffeur de Théologie à Placentia. Il quitta cet emploi, pour faire des Miffions dans la Galice, la Caftille & l'Aragon, où il donna des marques d'une grande vertu, en foulageant les pauvres & les affligés, avec une charité extrême. S. Dominique étant venu en France avec l'Evêque d'Ofma, s'éleva avec zele contre les erreurs des Albigeois, & fe fit aimer de Simon, Comte de Montfort. Le Pape lui donna la charge d'Inquifiteur en Languedoc. Saint Dominique jetta à Touloufe les premiers fondemens de fon Ordre, qui fut approuvé en 1216, par Honorius III. Il perfuada au même Pape d'établir à Rome un Lecteur, ou Maître du Sacré Palais; office important, dont il fut le premier revêtu. S. Dominique envoïa plufieurs de fes Difciples dans les différentes parties de l'Eglife, pour prêcher & défendre la Foi contre les hérétiques. Il en vint fept à Paris en 1217, lefquels s'établirent dans la maifon & Chapelle de Saint Jacques; c'eft de-là que les *Dominicains* ont auffi été appellés *Jacobins*. S. Dominique, après avoir édifié l'Eglife par fon zele, par fes prédications & par fes vertus, m. à Bologne en Italie, le 6 Août 1221, à 51 ans. Il fut canonifé par Grégoire IX, en 1235. Théodoric de Podio a écrit fa vie. L'Ordre de Saint Dominique s'attira auffi tôt une gr. vénération, & donna à l'Eglife un très grand nombre de perfonnes illuftres par leur fcience, leur piété & leur mérite. Le Pere Touron, Dominicain, a donné au public les vies des Religieux de fon Ordre, qui fe font le plus diftingués.

DOMINIQUE de San Geminiano, l'un des plus célebres Jurifconfultes du 15e fiecle, compofa des Commentaires fur le fixieme liv. des Décrétales, & d'autres ouvrages.

DOMINIQUIN, (le) ou *Do-*

nenico Zampieri, Peintre célebre du 17e siecle, natif de Bologne en Italie, fut éleve des Caraches, dont il s'acquit l'estime. Il réussissoit principalement dans l'expression. Son tableau de Saint Jérôme, que l'on voit à Rome, passe pour un chef-d'œuvre, même au jugement du Poussin. Dominiquin savoit aussi l'Architecture, & fut nommé, par Grégoire XV, Architecte du Palais Apostolique. Il mourut le 15 Avril 1641, à 60 ans : on soupçonna qu'il avoit été empoisonné.

DOMINIS, ( Marc-Antoine de ) fameux Archevêque de Spalatro, étoit parent du Pape Grégoire X. Il entra dans sa jeunesse chez les Jésuites, & s'y rendit savant. Il en sortit ensuite, & fut Evêque de Segni, puis Archevêque de Spalatro en Dalmatie ; mais aïant été déféré à l'Inquisition sous Paul V, les Protestans l'attirerent en Angleterre, où il demeura depuis le commencement du regne de Jacques I, jusqu'en 1622. A son arrivée, il fut reçu par le Clergé Anglois, avec tous les témoignages possibles de respect & d'estime ; mais dans la suite sa vanité, & son avarice jointe à son humeur fiere & hautaine, lui firent perdre tout son crédit. Grégoire XV, son compagnon d'étude & son ancien ami, aïant été élevé au Pontificat, Marc-Antoine Dominis se laissa persuader que le Pape avoit dessein de lui donner un chapeau de Cardinal, & de se servir de lui dans toutes ses affaires. Ce fut à la sollicitation de Gundamor, Ambassadeur d'Espagne, qu'il se mit ces chimeres dans la tête, & qu'il alla à Rome. Il y fut d'abord bien reçu du Pape, il y abjura ses erreurs, & demanda pardon dans un Consistoire public ; mais peu de tems après, aïant eu l'imprudence de dire qu'il avoit écrit contre Bellarmin, & que ce Cardinal n'avoit pas répondu à ses argumens ; on s'en plaignit au Pape, & on lui remontra que de pareils discours donnoient assez à entendre, que Dominis étoit toujours dans les mêmes

sentimens & dans les mêmes erreurs. Dominis eut beau dire, pour s'excuser, que si Bellarmin ne lui avoit pas répondu, on pouvoit cependant lui répondre, & qu'il s'offroit de le faire lui-même, si on vouloit lui en donner le tems. Au lieu de recevoir son excuse, on le livra à l'Inquisition, & on le renferma dans le château S. Ange, où il fut, dit on, empoisonné, & où il mourut en 1625, à soixante quatre ans. On a de lui : 1. un fameux Ouvrage, de Republica Ecclesiastica, qui fut censuré en Sorbonne en 1618 : 2. un petit Traité, de radiis Visûs & Lucis, imprimé à Venise en 1611, dans lequel il explique l'Arc-en-Ciel, à-peu-près comme Descartes l'a expliqué dans la suite. C'est lui qui fit imprimer en Angleterre l'Histoire du Concile de Trente, par Fra-Paolo.

DOMITIEN, ( T. Flavius Domitianus ) Empereur Romain, & le dernier des 12, qu'on appelle Césars, étoit fils de Vespasien, & naquit le 24 Octobre, 51 de J. C. Il succeda à l'Empereur Tite, son frere, le 13 Septembre, 81 de J. C. & fit d'abord espérer que son regne seroit heureux. Il étoit bien fait, d'une taille avantageuse, & faisoit paroître beaucoup de pudeur, de modestie & de douceur ; d'ailleurs il publia aussi tôt plusieurs Loix avantageuses, embellit Rome de beaux édifices, rétablit les Bibliotheques brûlées, & fit la guerre avec succès contre les Cattes, les Germains & les Daces ; mais il devint ensuite d'une cruauté inouie, & excita la seconde persécution contre les Chrétiens, se livra aux débauches les plus infâmes, & prit le nom de Dieu & de Seigneur. Domitien avoit coutume de se retirer dans son cabinet, où il s'appliquoit à prendre des mouches & à les percer d'un poinçon fort aigu ; ce qui donna occasion à Vibius Crispus, auquel quelqu'un demanda un jour, s'il n'y avoit personne avec l'Empereur, de répondre, qu'il n'y avoit pas même une mouche. Domitien se préparoit à de nouvelles cruautés, lorſqu'il fut tué par Etienne, affranchi de ſa femme Domitia, le 18 Septembre, 96 de J. C. à 44 ans. On dit qu'à l'heure même qu'on aſſaſſinoit ce Prince à Rome, Apollonius de Tyane, haranguant le peuple à Epheſe, s'écria : *Frappe le Tyran : Frappe le Tyran ;* mais ce recit a l'air d'une fable. Domitien devint chauve fort jeune, à cauſe de ſes débauches ; défaut qui ne paroit point ſur ſes médailles, parceque cette difformité lui faiſoit beaucoup de peine.

DOMNE I, *ou* DOMNION, Romain, fut élu Pape après la mort de *Dieu-donné*, le prem. Novembre 676, & mourut le 11 Avril 678. Anaſtaſe parle d'une Comete qui parut pendant 3 mois ſous ſon Pontificat.

DOMNE II, Romain, ſuccéda au Pape Jean XIII, le 20 Septembre 972, & mourut 3 mois après.

DONAT, ( Ælius ) célebre Grammairien, vivoit à Rome en 354. Il eut pour diſciple S. Jérôme, & compoſa des Commentaires ſur Térence & ſur Virgile, qui ſont eſtimés.

DONAT, Evêque de Caſe-Noir en Numidie, commença le ſchiſme des Donatiſtes, en 306, & fut l'un de ceux qui dépoſerent Cécilien, Evêque de Carthage, en 311 : mais il fut lui-même excommunié, & dépoſé par le Pape Melchiade.

DONAT, Evêque Schiſmatique de Carthage, ſuccéda à Majorin, Evêque de cette ville, vers 316, & donna ſon nom aux Donatiſtes : Donat étoit habile, éloquent & de bonnes mœurs, mais d'un orgueil inſupportable. Il mourut en exil vers 355.

DONATO, ( Alexandre ) ſavant Jéſuite du 17e ſiecle, natif de Sienne, dont on a une bonne deſcription de Rome, ancienne & moderne, & d'autres ouvrages. Il mourut à Rome, le 23 Avril 1640.

DONATO, ( Marcelle ) Comte de Pouzane, & Chevalier de S. Etienne, étoit de Florence. Il eut des emplois conſidérables à Mantoue,

& mourut au commencement du 17e ſiecle. On a de lui des Scholies ſur les Ecrivains Latins de l'Hiſtoire Romaine.

DONATO, excellent Architecte & Sculpteur, natif de Florence, embellit cette ville par ſes ouvrages. On y admire le bas relief d'une Annonciation de la ſainte Vierge, qu'il fit dans l'Egliſe de ſainte Croix ; une Judith coupant la tête d'Holopherne, & pluſieurs autres chef-d'œuvres qu'il fit par ordre du Grand Duc de Médicis. Le Sénat de Veniſe le choiſit auſſi pour ériger à Padoue la ſtatue équeſtre de bronze de Gatamellata, Général des armées Vénitiennes.

DONATO, ( Jerôme ) natif de Veniſe, étoit habile dans les Belles-Lettres & dans les Langues ; il commandoit dans Breſſe en 1496, & dans Ferrare en 1498. Il fut nommé Ambaſſadeur, en 1510, auprès de Jules II, qu'il réconcilia avec la République de Veniſe. Il m. à Rome en 1513. Il étoit habile politique. On a de lui, 1. cinq lettres remplies d'eſprit, & imprimées avec celles de Politien & de Pic de la Mirande. 2. La traduction latine d'un Traité d'Alexandre *Aphrodiſée*, en grec. 3. Une apologie pour la primauté de l'Egliſe Romaine.

DONATO, eſt le nom d'une noble & célebre famille de Veniſe, qui a donné pluſieurs Doges à cette République, & qui a été féconde en grands hommes.

DONDUS, ou DE DONDIS, ( Jacques ) célebre Médecin & Mathématicien de Padoue, au 14e ſiecle, inventa une horloge très célebre, & trouva le ſecret de faire le ſel avec l'eau de la fontaine d'Albano dans le Padouan. On a de lui & de Jean de Dondis, ſon fils, pluſieurs ouvrages.

DONEAU, ( Hugues ) *Donellus*, célebre Juriſconſulte, né à Châlons-ſur-Saone, le 23 Décembre 1527, étudia le Droit à Touluſe, ſous Jean Coras, & l'enſeigna enſuite à Bourges avec Duaren, Hothman & Cujas. Il s'efforça toute ſa vie d diminuer la réputation de ce dernier. Il s'enfuit en Allemagne pendant les maſſacres de la Saint Barthelemi en 1572, enſeigna à Heidelberg, à Leyde & à Altorf, où il mourut le 4 Mai 1591, à 64 ans. On dit qu'il avoit une ſi bonne mémoire, qu'il ſavoit tout le *corps du Droit* par cœur. On a de lui divers ouvrages. Les plus eſtimés ſont ceux qui traitent des Teſtamens & des dernieres volontés.

DONNE, céleb. Poëte, & ſav. Théologien de l'Egliſe Anglicane, natif de Londres, fut élevé dans la Religion Catholique, qu'il abandonna enſuite. Il voïagea en Italie & en Eſpagne, & fit diverſes obſervations utiles & curieuſes ſur les Loix & le Gouvernement de ces païs. De retour en Angleterre, il fut Secretaire de Thomas Egerton, Garde du grand Sceau, & ſe maria à la fille de George More, Chancelier de l'Ordre de la Jarretiere, & Lieutenant de la Tour de Londres. Il s'appliqua enſuite à l'étude du Droit Civil & Canonique, & y fit de gr. progrès. S'étant fait connoître à Jacques I, Roi d'Angleterre, ce Prince le chargea de répondre aux objections de l'Egliſe Romaine, contre le ſerment de Suprématie & de fidélité; ce que Donne exécuta dans le Livre intitulé : *Pſeudo-Martyr.* Le Roi prit tant de plaiſir à la lecture de cet ouvrage, qu'il lui conſeilla d'entrer dans l'état Eccléſiaſtique. Donne fut reçu Docteur à Oxfort, & devint Chapelain de Sa Majeſté. Il accompagna le Comte de Doncaſtre dans ſon Ambaſſade d'Allemagne, & fut à ſon retour Doïen de l'Egliſe de S. Paul à Londres. Il mourut vers 1630. Outre le *Pſeudo-Martyr*, il a laiſſé des Sermons, des Livres de dévotion, & d'autres ouvrages, dont tous les ſavans Ecrivains Anglois de ſon ſiecle font un grand éloge.

DOPPELMAIER, (Jean-Gabriel) cél. Mathématicien Allem. naquit à Nuremberg en 1671. Après avoir fait d'excellentes études, &

voïagé en Hollande & en Angleterre, il retourna à Nuremberg, où il fut Profeſſeur de Mathématique. Il m. en 1750, étant membre des Académies de Petersbourg, de Londres, & de Berlin. On a de lui un gr. nombre d'ouv. en Allemand ſur l'Aſtronomie, les Mathématiques, la Géographie. Il en a auſſi publié quelques-uns en latin. Comme 1. *Nova Méthodus parandi ſciaterica ſolaria.* 2. *Phyſica experimentis illuſtrata* in-4°. *Atlas cœleſtis*, infol. Dans les dernieres années de ſa vie, il fit des expériences curieuſes ſur l'Electricité, qu'il communiqua au Public. Il a auſſi traduit d'anglois en latin les Tables Aſtronomiques de Stretius. *in-4°.*

DORAT, *voyez* AURAT.

DORBAY, (François) Architecte François, fut éleve du célebre le Vaux, & donna les deſſeins de l'Egliſe du College Mazarin, de celle des Prémontrés de la Croix-Rouge, & de pluſieurs grands ouvrages au Louvre & aux Tuilleries. Il mourut en 1697.

DORÉ ou DORRÉ, (Pierre) ſav. Dominicain du 16e ſiecle, natif d'Orléans, fut Docteur de Sorbonne, & Profeſſeur de Théol. dans ſon Ordre. Il m. en 1569. On a de lui un gr. nombre d'ouvrages de piété & de controverſe. Les uns en latin & les autres en françois. Parmi les latins les principaux ſont, *Anticalvinus : Virtutis imago : Spes ſecura, &c.* Ses ouvrages en françois ſont remarquables par la ſingularité de leurs Titres. Tels que : l'*Arbre de vie appuïant les beaux Lis de la France. Le College de Sapience, fondé en l'Univerſité de Vertu. Le Cerf ſpirituel, exprimant le ſaint deſir de l'ame vers ſon Dieu. L'Anatomie & myſtique deſcription des membres & parties de notre Sauveur J. C. La conſerve de Grace, priſe du Pſeaume, Conſerva me, &c. La Tourterelle de viduité. Le Paſſereau ſolitaire. Les neuf médicamens du Chrétien malade. Les allumettes du feu divin pour faire ardre les cœurs*

humains en l'amour & crainte de
*Dieu.* Ce dernier ouvrage a été
imprimé en 1538, & plusieurs fois
depuis. C'est probablement Pierre
Doré, que Rabelais désigne par le
nom de *notre maître Doribus.*

DORIA, (André) l'un des plus
cél. Capitaines du 16e siecle, naquit
à Oneille, le 30 Novembre 1466,
d'une noble & ancienne famille Gé-
noîle, féconde en grands hommes. Il servit d'abord dans les troupes du Pape Innocent VIII, puis
dans celles des Rois de Naples &
du Duc d'Urbin. De retour à Genes, il eut le commandement des
Galeres, & passa ensuite au service
de François I, Roi de France, qui
le fit Amiral des mers du Levant,
& Général de ses Galeres. Doria
rendit à ce Monarque des services
importans, & défit l'Armée Navale
de l'Empereur dans le port de Naples, le 28 Avril 1528. Quelque
tems après, il embrassa le parti de
Charles-Quint, s'empara de plusieurs Galeres de France, fit révolter Genes, & en chassa la Garnison
Françoise. Doria porta ensuite la
terreur dans la mer de Grece, prit
sur les Turcs, Patras & Coron en
1552, & remporta sur eux une fameuse victoire navale. A son retour, Charles Quint le fit Prince de
Melfe & Chevalier de la Toison
d'Or. Doria servit ce Prince dans
ses expéditions de Tunis & d'Alger,
d'Italie & de Provence. Il refusa
généreusement la souveraineté de
son païs, aimant mieux en être le
libérateur & le protecteur que le
Souverain. Il réprima la conspiration de Jean-Louis de Fiesque,
Comte de Lavagne, jeune homme
d'un grand courage, & d'une famille illustre, qui périt dans son
entreprise. Enfin André Doria,
après avoir rendu de grands services à sa patrie, & s'être signalé par
une infinité de belles actions, mourut à Genes, le 25 Novembre 1560,
à 94 ans. Les Génois lui firent ériger une statue. C'est lui qui est proprement le fondateur du nouveau
gouvernement de Genes, tel à peu

près qu'il est aujourd'hui. Il ne faut
pas le confondre avec Antoine Doria, autre célebre Capitaine, du
tems de Charles-Quint, dont on
a une Histoire de son tems, qui
est estimée.

DORIGNY, (Michel) Peintre &
Graveur, natif de S. Quentin, fut
disciple & gendre de Vouet, dont
il suivit le goût dans ses ouvrages.
Il devint Professeur de l'Académie
de Peinture, & mourut à Paris, en
1665, 48 ans. On voit plusieurs
de ses tableaux dans le Château de
Vincennes.

DORINCK, DORING, DORINGK,
ou THORING, (Mathieu, ou Mathias) cél. Théol. du 15e siec. né
vers 1415 à Kiritz, entra fort jeune dans l'Ordre de S. François, &
s'appliqua à l'étude avec beauc. de
succès. Il devint dans la suite Professeur d'Ecriture Sainte à Erfurt, &
de Théol. à Magdebourg. Il s'acquit beauc. de réputation par ses
Sermons, & fut Ministre de son
ordre dans sa Province; mais ce que
dit l'Auteur anonyme de sa vie,
qu'il se trouva en 1431 au Concile
de Bâle, & qu'il y fut élu Général
de son Ordre, n'est point véritable,
ou doit du moins passer pour très
douteux. Doring m. à Kiritz vers
1494. Paul de Burgos aïant fait plus.
objctions contre les postilles de
Nicolas de Lira, Doring y fit des
réponses, que l'on trouve avec ces
deux ouvrages que Feu ardent fit
imprimer à Paris en 1590 en 6 vol.
*in fol.* On a encore de lui, *super
sententiarum Libros Liber* 1. *Liber
perplexionum Ecclesiæ,* espece de
Recueil des principaux Ecrits de ce
tems là pour & contre la supériorité du Pape & du Concile général.
On lui attribue aussi l'abregé du
Miroir historial de Vincent de Beauvais, continué jusqu'en 1493, &
connu sous le nom de *Chronique de
Nuremberg.* La prem. édition est
de Nuremberg en 1493 *in-*4°. Il
ne faut pas le confondre avec Jean
Doring, ou Dorinck, autre Ecrivain
Allemand, dont on trouve quatre
lettres dans le Recueil intitulé :

*Philologicarum Epistolarum Centuria una ex Bibliotheca Melchioris Goldasti.* Paris, 1610 in-8°.

DORMANS, ( Jean de ) célebre Cardinal, Evêque de Beauvais, & Chancelier de France, étoit fils de Jean de Dormans, Procureur au Parlement de Paris, vers 1347. Il exerça d'abord la profession d'Avocat au Parlement, & s'y acquit une si grande réputation, que Charles V l'éleva aux plus grandes places. Il quitta la dignité de Chancelier, & fut Légat de Grégoire XI. C'est lui qui fonda à Paris, en 1370, le College de Dormans, plus connu sous le nom de College de *Beauvais*. Il fit diverses autres fondations, & mourut le 7 Novembre 1373. Il fut enterré dans l'Eglise des Chartreux de Paris.

DORMANS, ( les sept ) sont 7 freres, que l'on dit avoir souffert le martyre à Ephese, sous l'Empereur Dece, en 253. On ajoute que ce Prince aïant appris que ces sept freres, fuïant la persécution, s'étoient cachés dans une caverne; il en fit boucher l'entrée avec de gr. pierres, & ordonna que l'on y mît son sceau avec celui de la ville, afin que personne ne pût les secourir. On trouva ces sept Martyrs dans la caverne, 155 ans après, vers 408, sous le regne de Théodose *le jeune*, & on les appella *Dormans*, selon la maniere de parler de l'Ecriture, qui appelle la mort des Justes, un sommeil, & se sert du mot *dormir*, pour *mourir*. Grégoire de Tours assure qu'ils s'endormirent d'un véritable sommeil dans la caverne, sans mourir, & qu'après 155 ans, ils se réveillerent miraculeusement, en pensant qu'ils n'avoient dormi qu'une nuit; que le plus jeune étant sorti de la caverne qu'il trouva ouverte, alla à la ville pour acheter du pain, mais qu'il fut tout surpris de la voir entierement changée, & de trouver des Croix plantées dans les rues; que comme il voulut païer le Boulanger, la monnoie qu'il présenta parut si ancienne, qu'on s'imagina qu'il avoit trouvé un trésor : mais

tous ces faits sont au moins très incertains. Mahomet parle beauc. des sept Dormans, dans son Alcoran.

DORNA, ( Bernard ) cél. Jurisconsulte du 13e siecle, natif de Provence, fut disciple d'Azon, & fit un Traité *de Libellorum conceptionibus*, & d'autres ouvrages.

DORNAVIUS, ( Gaspard ) sav. Luthérien, natif de Zigenrick dans le Voigtland, fut Médecin, Historien, Orateur & Poëte. Il se fit recevoir Doct. en Médec. à Bâle, & devint Rect. du College de Gorlitz en 1608. Puis 7 ans après, Recteur de Beuthen en Silésie. Ce genre de vie n'étant pas de son goût, il alla à la Cour, où il fut fait Conseiller & Médec. des Princes de Brieg & de Lignitz. Il fut député à l'occas. de la guerre au Roi & à la République de Pologne. Il m. en 1631. On a de lui, 1. *Amphitheatrum sapientiæ Socraticæ Joco-seriæ.* Hanovre, 1619 en 2 tom. in-fol. 2. *Homo diabolus, hoc est, auctorum veterum & recentiorum de calumniæ natura & remediis suâ linguâ editorum sylloge.* Francfort, 1618 in-4°. 3. *Glaseri historia universalis Dornavii, gnomis illustrata.* 4. *Menenius Agrippa, sive corporis humani cum Republicâ comparatio.* 5. *De incremento dominationis Turcicæ.* 6. *Mathusala vivax, seu de causis Longævitatis Patriarcharum.* Cette derniere piece se trouve dans le *Thesaur. Theol. Philolog.* Morthoff dit de Dornavius, *diligens fuit in nugis sed eruditis.*

DOROTHÉE, savant Abbé en Palestine, disciple du fameux Moine Jean, surnommé le Prophète, & maître de Dosithée, vivoit vers 560. On a de lui des Sermons ou Instructions pour les Moines, & des Lettres en grec & en latin dans la Bibliotheque des Peres.

DORPIUS, ( Martin ) savant Hollandois, ami d'Erasme, se distingua par sa vertu & par son érudition. Il enseigna à Louvain, écrivit quelques Traités, & mourut le 31 Mai 1525.

DORSET, ( Thomas Sackville Comte de ) gr. Trésorier d'Angleterre, sous la Reine Elisabeth, & & cél. Poète, descendoit d'une anc. famille de Normandie, qui passa en Angleterre avec Guillaume le Conquérant. Il naquit en 1536. Après avoir fait ses études avec distinction à Oxford & à Cambridge, il fut élu plus. fois pour être député au Parlement, & voïagea ensuite en France & en Italie, où il se perfectionna dans l'Histoire, dans les Langues & dans la politique. A son retour en Angleterre, il prit possession des gr. biens que son pere mort en 1566 lui avoit laissés. Il en dissipa en peu de tems la plus gr. part.e. L'Année suiv. le 8 Juin 1567, il fut créé Baron de Buckhurst dans le Comté de Dorset. On l'envoïa en ambassade en France vers Charles IX en 1571, & vers les Provinces-Unies en 1587. Il fut élu Chevalier de l'Ordre de la Jarretiere en 1589, & Chancelier de l'Université d'Oxford en 1591. Enfin, le 15 Mai 1598, il fut nommé Gr. Trésorier d'Angl. & remplit cette gr. place avec honneur jusqu'à sa mort arrivée le 19 Avril 1608. On a de lui une *Introduction au miroir des Magistrats*, en vers, avec une préface en prose. 2. *L'Histoire ( en vers) de l'infortuné Duc de Buckingham du tems de Richard second.* 3. *Ferrex & Porex, fils de Gorboduc, Roi de Bretagne. Tragedie.*

DOSITHÉE, céleb. Général des Juifs étoit fils de *Bacenor*. Il défit l'armée de Thimothée, battit Gorgias, & le fit prisonnier ; mais comme il l'emmenoit, un cavalier des ennemis, lui abattit l'épaule d'un coup de sabre. Dosithée mourut de cette blessure, 163 avant J. C. après avoir rendu de grands services à sa patrie.

DOSMA DELGADO, ( Roderic ) habile Chanoine de Badajoz, savoit les Langues Orientales, & m. en 1607. Ses principaux ouvr. sont

des Commentaires en latin sur les Evangiles, les Pseaumes, le Cantique des Cantiques, &c.

DOU, ( Gerard ) excellent Peintre, du 17e siecle, naquit à Leyde en 1613, & fut disciple de Rembrant. Il aimoit tellement à finir ses tableaux, qu'il fut trois jours à représenter le manche d'un balai, & cinq à peindre la main d'une personne, qui l'avoit chargé de son portrait. On admire surtout son coloris, son clair obscur, le naïf & le naturel qui regnent dans tous ses tableaux & qui ont tant de charmes & d'agrémens.

DOUCIN, ( Louis ) habile Jésuite, dont on a une histoire du Nestorianisme, qui est curieuse, & d'autres ouvrages.

DOUGLAS, l'une des plus illustres & des plus anciennes Maisons d'Ecosse, qui a été féconde en gr. hommes, & dont Buchanan a écrit l'Histoire.

DOUJAT, ( Jean ) sav. Docteur, & Professeur en Droit dans l'Univ. de Paris, naquit à Toulouse, d'une famille distinguée. Il s'acquit l'estime & l'amitié de M. de Marca, fut reçu de l'Académie Franç. en 1650, & devint Précepteur de Mgr le Dauphin. Ses ouvrages lui acquirent l'estime des Savans, & lui procurerent des pensions considérables de la Cour, du Clergé, & des Chanceliers de France. Il mourut à Paris, le 27 Octobre 1688, 79 ans. On a de lui : 1. *Prænotiones Canonicæ & Civiles*, qui passent pour son meilleur ouvrage : 2. l'Histoire du Droit Canon & celle du Droit Civil : 3. Institution du Droit Canonique de Lancelot, avec des notes : 4. un Abrégé en françois de l'Histoire Grecque & Romaine, tiré de Velleïus Paterculus, & des notes sur Tite Live, *à l'usage du Dauphin, &c.*

DOUSA, ou VANDER-DOES, ( Janus ) excell. Poète Hollandois, Seigneur de Norwich en Hollande, où il naquit, le 5 Décembre 1545, se distingua par sa science & par son courage. Aïant été fait Gouverneur de Leyde en 1574 , par le Prince d'Orange , il défendit cette ville avec bravoure contre les Espagnols qui furent obligés d'en lever le siege. L'année suivante , il fut nommé le premier Curateur de l'Université de Leyde , qui venoit d'être fondée. Dousa étoit digne de cet emploi par sa profonde érudition. Il composa des Poésies , des notes sur Salluste , sur Pétrone , sur Plaute , sur Catule , les Annales de Hollande, & d'autres ouvrages , qui le firent appeller le *Varron de Hollande*. Il mourut de peste à la Haye , le 12 Octobre 1604 , à 59 ans ; il laissa 4 fils , tous savans & dignes de sa réputation. 1. Janus , Poëte , Philosophe & Mathématicien , & Garde de la Bibliotheque de Leyde , où il mourut en 1507 , à 26 ans. 2. Georges , savant dans les Langues , qui voïagea à CP. & publia une relation de son voïage : 3. François , qui publia en 1600 les Epîtres de Jules-César Scaliger ; avec ses Commentaires sur l'Histoire des Animaux d'Aristote : 4. Théodore , Seigneur de Berkeinsteyn , qui eut divers emplois , & qui publia en 1614 , la Chronique de Georges Logothete , avec des notes , & en 1638 , *Farrago Ethica variarum Linguarum, variorumque Auctorum, &c.*

DRABICIUS , ( Nicolas ) Ministre Protestant , du 17e siecle , natif de Moravie , se rendit fameux parmi ceux de son parti , par ses visions , ses rêveries , & ses prétendues prophéties. Il fut chassé de son païs en 1628 , durant les guerres d'Allemagne. Il se réfugia en Hongrie , où il quitta le Ministere , épousa la fille d'un Drapier , & eut la réputation de bon buveur. Comenius , autre visionnaire , le fit rétablir dans le Ministere en 1654 , & traduisit en latin ses prétendues révélations , qui ont toutes été démenties par l'événement , & dont le but étoit d'exciter la guerre contre l'Eglise Romaine & contre la Maison d'Autriche. Drabicius périt quelque tems après.

DRACKE , ( François ) l'un des plus gr. hommes de mer de son siecle , né proche Tavistock , dans le Devonshire en Angleterre , fut mis par son pere en apprentissage auprés d'un Maître de navire qui lui laissa son vaisseau en mourant. Dracke le vendit en 1567 , pour suivre la flotte du Capitaine Hawkins , en Amérique. Il prit divers vaisseaux Espagnols , partit en 1577 , avec cinq vaisseaux pour faire le tour du monde , qu'il acheva en 3 ans , & ramena en Angleterre plus. vaisseaux Espagnols , richement chargés. Il se signala par un grand nombre d'autres prises , & de belles actions , & fut fait Chevalier & Vice-Amiral de la flotte Angloise. Il prit sur les Espagnols plusieurs villes en Amérique , & mourut sur mer , en allant à Porto-bello , le 28 Janvier 1596.

DRACON , ancien Législateur d'Athenes , vers 624 av. J. C. fit des Loix si rigoureuses , que Demades disoit qu'elles avoient été écrites avec du sang , & non avec de l'encre. Solon les abolit à cause de leur sévérité. On dit que Dracon fut étouffé sur le théâtre , en recevant les acclamations du peuple , sous la quantité de robes , de bonnets , & d'autres marques d'estime qu'on lui jetta de tous côtés.

DRACONITES , ( Jean ) sav. Ministre Protestant , natif de Carlostad , en Franconie , entreprit une Polyglotte de la Bible , qu'il ne put achever , étant mort le 18 Avril 1566 , à 70 ans. On a de lui des Commentaires sur quelques Prophetes , & d'autres ouvrages.

DRACONTIUS , Poëte Chrétien Espagnol , vers le milieu du 5e siecle , dont on a un Poëme sur l'ouvrage des six jours de la Création , & une Elégie adressée à l'Empereur Théodose *le jeune*.

DRAGUT , *Rais* , c. à d. *Capitaine* , fameux Corsaire de Barbarie , naquit de pauvres parens à Charaballac , petit village de Natolie. Il fut d'abord domestique d'un Corsaire nommé *Arays*. Sa figure plut à *Baberousse* , qui en fit son favori , & qui lui donna enfuite une fufte & une patente de Capit. Dragut fit de gr. maux aux Chrétiens, fous le regne de Soliman II, Empereur des Turcs. Il infefta en 1550 les mers de Sicile & de Tofcane, & fut fait prifonnier avec treize de fes galeres par Jannetin Doria, neveu du célebre André Doria. Dragut reçut fa liberté lorfque Barberouffe vint en Provence. Barberouffe lui aïant alors prêté trois mille écus pour païer fa rançon, l'avarice de Jannetin Doria les lui fit accepter. Il ravagea enfuite la Calabre, mit en déroute la flotte d'Efpagne, fit une defcente dans l'Ifle de Corfe avec les François, & prit Tripoli, le Goze près de Malthe, & Regio; donna la chaffe à André Doria, prit cinq de fes galeres & en coula deux à fond; mais auffi-tôt après ces belles actions, il fe trouva abandonné à fes propres forces par la retraite de l'armée Ottomane, & pourfuivi par André Doria qui avoit rétabli les fiennes. Dragut fe trouva alors acculé par André Doria dans le canal de Barbarie fans pouvoir en fortir. Pour fe tirer d'un fi mauvais pas, il fit conftruire à la hâte un fort fur le rivage à l'embouchure du Canal, dans lequel il mit en batterie quatre groffes pieces de canon, qui continrent les galeres Chrétiennes hors de portée. Il profita du tems, aidé des gens du païs, & de ceux de la Chiourme, mit les galeres à terre, & les faifant couler fur des rouleaux, il les conduifit enfin dans un autre canal où il les arma & les racommoda promptement, enfuite après avoir pendant une nuit retiré du fort fa garnifon, il vogua en pleine mer, fans qu'il fut poffible à André Doria de le joindre. C'eft par cette belle action, qui n'a d'autre exemple, que celui des Tarentins confeillés par Annibal, que Dragut fe tira du danger. Il mourut en 1565, d'une bleffure qu'il avoit reçue au fiege de Malthe, lorfqu'il mena du fecours à Soliman. *voiez* Brantome, hom. illuft. étrangers, art. Dragut.

DRAKENBORCH , ( Arnaud ) cél. Profeffeur en Hiftoire & en Eloquence à Utrecht, mort en 1748, s'eft fait connoître par quelques ouvrages, & furtout par fa belle édition de Tite-Live en plufieurs vol. in-4°.

DRAPPIER , ( Gui ) Licencié de Sorbonne, & Curé de la Paroiffe de S. Sauveur à Beauvais, gouverna cette Paroiffe pendant 59 ans, & y mourut le 3 Décembre 1716, à 92 ans. Ses principaux ouvr. font : 1. Un *Traité des Oblations.* 2. *Tradition de l'Eglife,* touchant *l'Extrême Onction, où l'on fait voir que les Curés en font les Miniftres ordinaires.* 3. *Gouvernement des Diocèfes en commun,* 2 vol. in 11. 4. Plufieurs Ecrits contre le Livre de la *Défenfe du Droit Epifcopal,* par le Pere Bagot. 5. Plufieurs Ecrits en faveur de la caufe du fameux Pere Quefnel, qui étoit fon ami. On trouve dans tous les ouvr. de Gui Drappier, beaucoup d'érudition, mais des raifonnemens fouvent peu folides & peu judicieux.

DRAUDIUS , ( Georges ) favant Ecrivain Allemand, dont on a une Bibliotheque claffique, c'eft-à-dire, un catalogue de toutes fortes de livres, lequel quoiqu'imparfait, peut être d'une grande utilité.

DREBEL , ( N. ) paffe pour le premier qui ait trouvé le fecret de teindre en écarlate.

DRELINCOURT , ( Charles ) favant & fameux Miniftre de l'Eglife prétendue réformée, naquit à Sedan, le 10 Juillet 1595. Il fut emploïé par ceux de fa Communion en diverfes affaires importantes, devint Miniftre de Charenton, & s'acquit une grande réputation par fes talens & par fa fcience. Il mourut à Paris, le 3 Novembre 1669, laiffant plufieurs enfans diftingués. Ses principaux ouvrages font : 1. un Catéchifme : 2. un abregé des Controverfes : 3. Confolation contre les fraïeurs de la mort : 4. des Sermons, &c. Il ne faut pas le confondre avec Charles Drelincourt, fon fils, Médecin de

Montpellier, dont on a des opuscules. Un autre de ses fils, Laurent Drelincourt, Ministre à la Rochelle, puis à Niort où il m. en 1680, à 56 ans, a fait imprimer quelques Sermons, & un Recueil de Sonnets chrétiens.

DRESSER, ( Mathieu ) fameux Théol. Luthérien, né à Erford le 24 Août 1536, étudia à Wittemberg sous Luther & Melanchton ; & après avoir enseigné avec distinction le grec & l'éloquence en diverses Académies, il fut en 1581, Professeur d'Humanités à Leipsick où il m. le 5 Oct. 1607. C'étoit un Luthérien rigide, & un homme adroit. Etant à Erford il fit consentir tous ses Collegues, à ce qu'on enseignât la Confession d'Augsbourg & l'hebreu dans l'Académie. On a de lui divers ouvr. de Littérature & de Théologie. 1. *Rhetoricæ libri quatuor*. 2. *Tres libri Progymnasmatum Litteraturæ Græcæ*. 3. *Isagoge Historica*. Ce Livre n'est point estimé. 4. *De festis & præcipuis anni partibus liber*. 5. *De festis diebus Christianorum, Judæorum & Ethnicorum liber*, in-8°.

DREVET, ( Pierre ) nom de deux excellens Graveurs, pere & fils, qui ont surtout gravé des portraits admirables, d'après le cél. Rigaud. Pierre Drevet le fils, mourut à Paris en 1739, à 42 ans, étant de l'Académie Roïale de Peinture & de Sculpture. Claude Drevet, leur parent & leur éleve, se distingue dans le même art.

DREXELIUS, ( Jérémie ) Jésuite, célebre par sa piété, & Prédicateur de l'Electeur de Baviere, étoit d'Augsbourg. Il mourut à Munich, le 19 Avril 1638, à 57 ans. On a de lui divers Livres de piété, imprimés en 2 vol. in-fol. & en plusieurs vol. in-16.

DRIEDO, ou DRIDOENS, (Jean) sav. Théolog. du 16e siecle, natif de Turnehout en Brabant, fut Docteur & Professeur de Théologie à Louvain, Chanoine de S. Pierre, & Curé de S. Jacques, dans la même ville. Il mourut le 4 Août 1535.

On a de lui divers Traités de Théologie, en 4 vol. in-fol. & in-4°. Les plus importans sont : *de Eccl. Scripturis* : *de Libertate Christiana* : *de Captivitate & redemptione generis humani* : *de Concordia liberi arbitrii & prædestinationis* : *de Gratia & libero arbitrio*.

DRIDEN, *voyez* DRYDEN.

DRIESSEN, ( Antoine ) savant Théol. Holl., Ministre à Utrecht, puis à Groningue, où il m. en 1748, à 64 ans, est Auteur d'un gr. nombre d'ouvr. de Théologie & de Controverse, où il y a plus d'érudition que de goût, & de modération.

DRIVERE, ( Jérémie ) *Triverius*, célebre Professeur de Médecine, à Louvain, mort en 1554, à 52 ans, dont on a divers ouvrages.

DROUIN, ( N.... ) habile Docteur de Sorbonne, de l'Ordre de Saint Dominique, est Auteur d'un Traité des Sacremens, en latin, qui est estimé. Ce Traité a été imprimé après sa m., à Venise 1737, 2 vol. in fol.

DRUSILLE, fille d'Agrippa l'ancien, Roi des Juifs, n'avoit que 6 ans, lorsque son pere mourut : elle fut donnée en mariage à Epiphanes, fils d'Antiochus, Roi de Comagene ; mais ce mariage fut rompu avant que d'être consommé, Epiphanes n'aïant pas voulu tenir la promesse qu'il avoit faite d'embrasser la Religion Judaïque. Agrippa le jeune, son frere, la maria à Azize, Roi des Eméséniens, qui se fit circoncire. C'étoit la plus belle femme de son siecle. Felix, Gouverneur de Judée, ne l'eut pas plutôt vue, qu'il conçut pour elle une violente passion, & qu'il lui offrit de l'épouser. Drusille y consentit, & quitta son mari & sa religion ; elle en eut un fils, nommé Agrippa, qui périt avec elle dans les flammes du Mont-Vésuve. C'est devant elle & devant Felix, que S. Paul parla de la justice, de la chasteté, & du jugement dernier, comme il est rapporté dans les Actes des Apôtres.

DRUSILLE, ( Julie ) fille de Germanicus, & d'Agrippine, naquit à Treves, & fut mariée à Lucius Caſſius. Elle épouſa Marcus Lepidus en ſecondes noces, & mena une vie très ſcandaleuſe. Elle eut dès ſa jeuneſſe un commerce inceſtueux avec Caligula, ſon frere, & vécut publiquement avec lui, comme avec ſon mari. Elle continua ce commerce toute ſa vie, & après ſa mort, Caligula lui fit rendre des honneurs divins.

DRUSIUS ou DRIESCHES, (Iean) l'un des plus ſavans Théologiens Proteſtans de ſon ſiecle, naquit à Oudenarde, le 28 Juin 1550. Il étudia en Flandre & en Angleterre, & devint très habile dans la langue hébraïque. Il enſeigna enſuite à Leyde & à Franeker. Il eut pour diſciple Sixtinus Amama, & mourut le 12 Février 1616. On a de lui : 1. d'excellentes Notes ſur l'Ecriture : 2. un Recueil des fragmens des Hexaples : 3. une Grammaire hébraïque, & d'autres ouvrages eſtimés. Il ne faut pas le confondre avec Jean Druſius, ſon fils, qui étoit auſſi un habile homme.

DRUSUS, ( Marcus Livius ) fameux Romain de l'illuſtre famille des Druſus, ſi féconde en grands hommes, avoit beaucoup d'eſprit, d'éloquence & de courage. Il fit revivre les Loix des Gracches, outragea le Conſul Philippe qui s'oppoſoit à ſon entrepriſe, & fut tué par un certain Varius, comme il rentroit chez lui.

DRUSUS, fils de Tibere Neron & de Livie, & frere de l'Empereur Tibere, défit les Rhetes, & fit la guerre avec une prudence & un courage extraordinaires contre les Germains. Il donnoit les plus grandes eſpérances au peuple Romain, lorſqu'il mourut, à 30 ans, 9 ans av. J. C. s'étant rompu la cuiſſe en tombant de cheval. C'eſt lui qui fit tirer le canal du Rhin à l'Iſſel. Tibere, ſon frere, & Auguſte, ſon beau-pere, prononcerent des harangues funebres en ſon honneur. Druſus laiſſa d'Antonia, fille de Marc-Antoine, trois enfans, Germanicus, Livie, & Claude.

DRUSUS, fils de Tibere par Vipſanie, ſa premiere femme, imita les vices de ſon pere. Après avoir été queſteur, il fut envoïé en Pannonie, où il appaiſa les légions qui s'étoient mutinées après la mort d'Auguſte. A ſon retour, il fut Conſul, & commanda enſuite dans l'Illyrie. Il fut fomenter adroitement les diviſions des Germains, & en tira des avantages conſidérables. Druſus fut enſuite Tribun avec ſon pere, & ſeroit parvenu à l'Empire, ſi Séjan, à qui il avoit donné un ſoufflet, ne l'eût fait empoiſonner, de concert avec ſa femme Livie, par un Eunuque nommé Lygdus, l'an 23 de J. C.

DRUSUS, fils de Germanicus & d'Agrippine, fut d'abord élevé à des poſtes importans, à la recommendation de Tibere ; mais enſuite il fut opprimé par les artifices de Séjan. Cet injuſte favori le fit empriſonner par Tibere, qui eut la cruauté de le laiſſer mourir de faim dans la priſon, l'an 33 de J. C. & de l'accuſer enſuite dans le Sénat.

DRUTHMAR, ( Chrétien ) cél. Religieux du 9e ſiecle, natif d'Aquitaine, fut Moine à l'Abbaïe de Corbie, puis enſeigna aux Monaſteres de Stavelo & de Malmédy, dans le Diocèſe de Liége. Il étoit fort habile pour ſon tems. On a de lui un Commentaire ſur Saint Matthieu.

DRYADES, Nymphes, ou Divinités du ſecond ordre, qui, ſelon la fable, préſidoient aux Bois & aux Forêts ; elles n'étoient point attachées à certains arbres, comme les Amadryades, mais elles avoient la liberté de ſe promener dans les Forêts.

DRYANDER, ( Jean ) Médecin & Mathématicien célebre, natif de Wetteren, dans le païs de Heſſe ; enſeigna à Marpurg, & y mourut le 20 Décembre 1560. On a de lui pluſ. ouvr. de Médecine & de Mathématique qui ſont eſtimés.

DRYDEN, ( Jean ) l'un des plus célebres

célebres Poëtes Anglois, naquit à Oldwincle, dans le Comté d'Hungtinton, en 1631, d'une famille noble. Il fit paroître dès sa jeuneſſe de grands talens pour la Poéſie & les Sciences. Dryden ſe convertit à la Religion Catholique en 1688, ſous le regne de Jacques II, & s'acquit une grande réputation par ſes ouvr. Il mourut le prem. Mai 1701. On l'enterra à l'Abbaïe de Weſminſter. Ses ouvrages ont été imprimés à Londres en 1721, 2 vol. *in fol.* Les princip., ſont des Comédies, des Tragédies, & d'autres pieces de Poéſie : 2. des Diſſertations : 3. des Fables : 4. une Traduction de Virgile en vers anglois, qui eſt très eſtimée : 5. une Traduction des Satyres de Juvenal & de Perſe : 6. Traduction, en proſe, du Poëme latin de l'art de la Peinture, par du Freſnoy, &c. On trouve dans tous ces ouvrages beaucoup de génie, de talens, de facilité ; mais ils ne ſont pas toujours aſſez corrects, parceque ce grand Poëte étant obligé de travailler pour vivre, n'avoit pas le tems de les limer. M. Pope fait de lui un grand éloge.

DUAREN, (François) célebre Juriſconſulte, & l'un des plus ſav. hommes du 16e ſiecle, étoit de Saint Brieux, & fut diſciple d'Alciat. Il enſeigna le Droit à Bourges avec une réputation extraordinaire, où étant déja vieux, il eut de grandes conteſtations avec Cujas, qui étoit encore jeune. On dit qu'il n'avoit pas la mémoire heureuſe, & qu'il étoit Proteſtant au fond du cœur ; mais qu'il n'oſa ſe déclarer. C'eſt un des premiers qui introduiſirent la pureté du langage dans la Juriſprud, & qui la purgerent de la barbarie des Gloſſateurs. Il mourut à Bourges en 1559. Ses principaux ouvrages ſont, 1. des Commentaires ſur le Code & le Digeſte : 2. des Epîtres : 3. *de ſacris Eccleſiæ Miniſteriis ac beneficiis* : 4. un Traité ſur les Plagiaires. Cujas fait un gr. éloge des ouvr. de Duaren.

DUBOIS, (Guillaume) fameux

Cardinal, & premier Miniſtre d'Etat, naquit à Brive-la-Gaillarde, le 6 Septembre 1656. Il fit ſes études à Paris, devint Précepteur de Philippe Duc d'Orléans, qui lui procura pluſieurs Abbaïes, le fit nommer Conſeiller d'Etat, Ambaſſadeur extraordinaire, & Plénipotentiaire du Roi en Angleterre en 1717, Archevêque de Cambray en 1720, Cardinal en 1721, & premier Miniſtre d'Etat en 1722. Il fut reçu de l'Académie Françoiſe, & de celles des Sciences & des Belles-Lettres, la même année, & mourut à Verſailles, le 19 Août 1723, à 67 ans.

DUBOIS, (Jérôme) excellent Peintre, natif de Bois le-Duc, floriſſoit ſur la fin du 16e ſiecle, & au commencement du 17e. L'expreſſion, la force, & la variété des caracteres, joint au coloris, & aux autres parties des grands Peintres, dans leſquelles il a excellé, rendent ſes tableaux d'un prix exceſſif. Il peignoit ordinairement des fontaines.

DUBOIS, *voyez* Bois.

DUBOS, (Jean Baptiſte) ſavant Académicien de l'Académie Françoiſe, naquit à Beauvais, en 1670, de Claude Dubos, Marchand & Echevin de cette ville. Il vint à Paris achever ſes études, & fut reçu Bachelier de Sorbonne en 1691. Il entra en 1695 dans les Bureaux des affaires étrangeres, ſous M. de Torcy, & fut enſuite chargé d'affaires importantes en Allemagne, en Italie, en Angleterre & en Hollande. De retour à Paris, il eut un Canonicat à Beauvais, puis une penſion de 2000 livres, & l'Abbaïe de Notre-Dame de Reſſons, proche Beauvais. Il mourut à Paris, étant Secretaire perpétuel de l'Académie Françoiſe, le 23 Mars 1742. Ses principaux ouvrages ſont : 1. Réflexions critiques ſur la Poéſie & la Peinture, ouvrage eſtimé, dont la meilleure édition eſt de 1740, 3 vol. *in 12.* 2. Hiſtoire critique de l'établiſſement de la Monarchie Françoiſe dans les Gaules, dont la meilleure édition eſt de 1743, 3

*Tome I.* E e

vol. *in-4°.* & 4 vol. *in-12.* 3. Les
Intérêts de l'Angleterre, mal entendus dans la guerre présente, imprimés en 1704. 4. Histoire des
quatre Gordiens, prouvée & illus-
trée par les Médailles : 5. Histoire
de la Ligue de Cambrai, faite en
1508, contre la République de Venise, dont la meilleure édition est
de 1728, 2 vol. *in-12.*

DUBRAW, ou DUBRAVIUS SCA-
LA, (Jean) pieux & sav. Evêque
d'Olmutz, natif de Pilsen, fit ses
études en Italie, & s'y rendit habile dans la Jurisprudence. De retour en Allemagne, il fut chargé
de diverses négociations importantes, & mourut Evêque d'Olmutz,
en 1553. On a de lui une Histoire
de Bohême estimée, dont les meilleures éditions sont de 1574 & de
1688.

DUC, (Fronton du) *Fronto
Ducæus,* savant Jésuite, naquit à
Bourdeaux, d'un habile Conseiller
de cette ville, en 1558. Il se fit estimer des Savans, par sa capacité
dans la connoissance de la langue
grecque & de l'antiquité ecclésiastique. Il enseigna à Pontamousson,
à Bourdeaux, & à Paris, où il
mourut le 25 Septembre 1624, à 66
ans. Il a publié 1. une édition des
Œuvres de saint Jean Chrysostôme,
qui est très estimée : 2°. 3. vol. *in 8°.*
contre Duplessis Mornai : 3. une
édition de Nicephore Calliste, qui
est très estimée, & d'autres ouvrages. C'étoit un des meilleurs Tra-
ducteurs & des plus excellens Critiques de son tems.

DUCANGE, *voyez* FRESNE.

DUCAS, savant Auteur Grec,
qui a écrit ce qui s'est passé sous les
derniers Empereurs de CP. jusqu'à
la ruine de cette ville. Cet ouvrage
qui est estimé, fut imprimé au Louvre en 1649, avec la traduction latine & les notes de Bouillaud. Elle
a été traduite en françois par le
Président Cousin.

DUCERCEAU, *voy.* CERCEAU.

DUCHAT, (Jacob le) Ecrivain
connu par son érudition, naquit à
Metz, le 23 Février 1658, de Jacob

le Duchat, Commissaire des Guerres. Il se retira à Berlin en 1701,
où il fut assesseur & Conseiller de
la Justice supérieure Françoise, &
membre de la Société des Sciences.
Il étoit en commerce de Lettres
avec Bayle, auquel il fournit beaucoup de remarques pour son Dictionnaire critique. Il mourut à Berlin, le 25 Juillet 1735, à 78 ans.
On a de lui : 1. des nouvelles Editions de la Confession de Sancy ; du
Journal de Henri III ; de la Satyre
Ménippée ; des Œuvres de Rabelais ; de l'Apologie pour Hérodote,
&c. avec des remarques : 2. un
Recueil intitulé, *Ducatiana,* imprimé après sa mort, en 2 volumes
*in-8°.*

DUCHÉ DE VANCY, (Joseph-
François) Poète François, naquit
à Paris, le 29 Octobre 1668. Il étoit
fils de Duché, Gentilhomme ordinaire de la Chambre du Roi, & depuis Secrétaire général des Galeres.
Il se livra de bonne heure à la Poésie ; & la douceur de ses mœurs,
jointe à la beauté de son esprit, lui
donnerent accès à la Cour, où il
fut Valet de Chambre de Louis XIV.
Il composa alors des Poésies saintes pour saint Cyr, où ses Histoires
pieuses, ses Hymnes & ses Cantiques sacrés, se lisoient & se chan-
toient souvent. Il mourut à Paris,
le 14 Décembre 1704, à 37 ans,
étant de l'Académie des Inscriptions & Belles-Lettres. On a aussi
de lui des Ballets, des Tragédies,
& d'autres Pieces, qu'il composa
pour la Cour, à l'exemple de Racine, mais non avec le même succès.
Le célebre Rousseau, son ami, fit
un beau Sonnet sur sa mort.

DUCHESNE, *voyez* CHESNE.

DUDITH, (André) très fam.
Théologien, & l'un des sav. qui ont
fait le plus de bruit dans le 16e si.,
naquit à Bude le 6 Fév. 1533, de
Jérôme Dudith, Gentilhomme Hongrois, & de Madelene Sbardellat,
noble Vénitienne. Il fit paroître dès
son enfance un esprit vif, & beaucoup de dispositions pour les sciences. André Sbardellat son oncle

maternel , pour lors Évêque de Vaccie, autrement Veitzen ; & enſuite Archevêque de Strigonie, l'éleva avec ſoin dans la Religion Catholique. Dudith par reconnoiſſance prit le ſurnom de *Sbardellat*. Après avoir étudié en Allem. & en pluſ. Univerſités d'Italie, il parcourut la France , l'Angleterre , les Païs-Bas, & l'Allemagne , & ſe fit partout eſtimer des Savans. Il ſe rendit enſuite l'an 1560 à la Cour de Vienne où l'Empereur Ferdinand II le fit entrer dans ſon Conſeil , & lui donna l'Evêché de Tina. Peu de tems après il fut envoïé au Concile de Trente au nom de l'Empereur & de tout le Clergé de Hongrie. Il y arriva le 9 Janvier 1562 , & y prononça le 9 Avril ſuivant un diſcours très éloquent , qui fut écouté avec tant de plaiſir , qu'on ne s'apperçut point qu'il avoit rempli toute la ſéance , qui avoit été deſtinée à des affaires importantes. Il n'en fut pas de même d'un autre diſcours, qu'il y prononça le 16 Juillet. Car quoiqu'il témoignât beauc. de zele pour le Pape , & qu'il déclamât fortement contre Luther, il s'expliqua dans ce diſcours & dans ſes converſations avec tant de liberté ſur la néceſſité de la réſidence des Evêques, & en faveur du mariage des Eccléſiaſtiques & de la conceſſion du Calice, que les Légats appréhendant, qu'il n'entraînât un gr. nombre des Prélats, écrivirent au Pape, que Dudith étoit dangereux & qu'il étoit néceſſaire qu'il ſortît de Trente. Le Pape fit donc ſolliciter l'Empereur de le rappeller : ce qui fut exécuté ; mais Ferdinand bien loin de blâmer ſa conduite , lui donna pour récompenſe l'Evêché de Chonad en Hongrie , & bientôt après celui de cinq Egliſes. Après la mort de ce Prince arrivée en 1564 , Dudith fut envoïé en Pologne par Maximilien II , où il avoit déja été envoïé par Ferdinand. Il épouſa en ſecret Reyne Strazzi, l'une des filles d'honneur de la Reine , & il ſe démit de ſon Evêché. Quant à ſes autres emplois, l'Empereur, qui , nonobſtant ſon

mariage , continuoit de l'aimer & de le protéger, les lui fit tous garder. Mais Rome le cita, l'excommunia , & le condamna même au feu comme Hérétique. Dudith aïant perdu ſa femme dont il avoit eu trois enfans, ſe remaria en 1579 avec Elizabeth Sborowits ; d'une illuſtre famille de Pologne , veuve du Comte Jean Zarnow , & ſœur des fameux Sborowits : il en eut des enfans. Il fut renvoïé pluſieurs fois en Pologne , pour faire tomber l'Election du Roi ſur les Empereurs, mais il ne réuſſit pas. Il embraſſa publiquement la Relig. prét. réform. & devint même Socinien , ſelon la plûpart des Ecrivains, mais l'Auteur de ſa vie n'en convient pas. Il aſſure au contraire que Dudith diſputa fortement contre Socin. Quoi qu'il en ſoit, Dudith s'établit enſuite à Breſlaw en Siléſie, où il m. le 23 Fév. 1589, à 56 ans. C'étoit un homme bienfait, & de belle taille. Il avoit quelque choſe de majeſtueux dans le viſage. Il étoit pacifique, affable, civil, reglé dans ſa conduite, très charitable envers les pauvres, & bienfaiſant à l'égard de tous les hommes. Il étoit ſi gr. admirateur de Cicéron, qu'il en avoit écrit trois fois toutes les Œuvres de ſa main. Il ſavoit pluſ. Langues , & il s'étoit rendu habile dans l'Hiſtoire , la Philoſoph. , les Mathém. , la Médec. , le Droit & la Théol. Il laiſſa un gr. nombre d'ouvrages , dont les princip. ſont , 1. *Differationes de Cometis*. 2. Deux Harangues prononcées au Concile de Trente. Une Apologie à l'Empereur Maximilien II. Un Traité en faveur de la liberté du mariage, avec des Lettres & quelques autres Ecrits impr. en 1610 , in-4° , avec ſa vie par Reuter ; qui eſt de tous les Auteurs celui qui a écrit le plus en détail & le plus exactement de ce qui concerne Dudith. 3. *Notæ duplices in Fauſti Socini diſp. de Baptiſmo.* 4. *Quæſtio ubi vera & Catholica Eccleſia Chriſti invenitur.* 5. Une Lettre contre la condamnation des Hérétiques au dernier ſupplice. 6. Des Lettres &

des Poéfies latines. 7. La vie du Cardinal Polus en latin, traduite de l'italien de Louis de Beccatelli, &c. La nuit même qu'il mourut, il laiffa à fa femme les vers fuivans :

O cæcas animi latebras, & nefcia corda
Craftina venturo quid ferat hora die !
Quis noctem me illam, convivia & illa putaffet
Ultima, tam caro ducere cum capite ?

DUELLIUS, ( Caius ) Conful Romain, vers 259 av. J. C. vainquit fur mer les Carthaginois, & fut le premier Romain auquel le Triomphe naval fut accordé. On érigea une Colonne Roftrale en fon honneur, avec une belle Infcription. Avant ce Conful, les Romains n'avoient aucune connoiffance de l'art de la Navigation; mais un vaiffeau Carthaginois aïant échoué fur leurs côtes, il leur fervit de modele. En trois mois, les matelots furent dreffés, leur flotte conftruite & équipée. Elle mit à la mer fous les ordres de Duellius, trouva l'armée navale des Carthaginois, & la battit. On voit par-là combien la marine des Anciens étoit imparfaite, fi on la compare à la nôtre; car aujourd'hui la vie d'un Prince fuffiroit à peine pour former une armée navale, capable de paroître devant une Puiffance, qui a déja l'empire de la mer.

DUFRÉNOY, voy. FRÉNOY.

DUFRESNY, voy. FRESNY.

DUGDALE, ( Guillaume ) cél. Antiquaire Anglois, naquit à Shuftock, dans le Comté de Warwick, le 22 Septembre 1605, d'une famille noble; il copia toutes les Epitaphes & deffina les tombeaux & les autres monumens de l'Eglife de S. Paul de Londres, fit la même chofe dans la plûpart des autres villes d'Angleterre, & raffembla, avec un travail nfatigable, une collection confidérable des antiquités d'Angleterre. Il fut très attaché à la famille

Roïale, & devint Hérault d'Armes. Il mourut le 10 Février 1686. On a de lui un gr. nombre d'ouvrages. Les principaux font : 1. Monafticum Anglicanum, 3 vol. in-fol. 2. Les Antiquités du Comté de Warwick : 3. l'Hiftoire de l'Eglife de faint Paul de Londres : 4. l'Hiftoire du deffechement de divers marais : 5. Mémoires hiftoriques des Loix & de la Jurifprudence d'Angleterre.

DUGHET, voy. GUASPRE.

DUGUESCLIN, voyez GUESCLIN.

DUGUET, ( Jacques - Jofeph ) fav. Prêtre de l'Oratoire, naquit à Montbrifon, le 9 Décembre 1649, de Claude Duguet, Avocat du Roi au Préfidial de cette ville. Il fit paroître dès fon enfance des difpofitions extraordinaires pour les Belles-Lettres & pour les Sciences. Etant entré dans la Congrégation de l'Oratoire à Paris en 1667, il enfeigna la Philofophie à Troyes, & fut enfuite rappellé à Saint Magloire à Paris, où il profeffa la Théologie, & fit des Conférences Eccléfiaftiques, avec une grande réputation. Il demanda & obtint en 1680, d'être déchargé de tout emploi, à caufe de la foibleffe de fa fanté. M. Duguet fortit de l'Oratoire en 1685, & fe retira à Bruxelles auprès de M. Arnauld. Il revint enfuite à Paris, & y vécut dans la retraite. M. Duguet alla demeurer en 1690 chez M. le Préfident de Menars, où il refta jufqu'à la mort de ce Magiftrat & de fon époufe. Il fut enfuite obligé de changer fouvent de demeure & de païs, à caufe de fon oppofition à la Conftitution Unigenitus. On le vit fucceffivement en Hollande, à Troyes, à Paris, &c. Enfin il mourut en cette derniere ville, le 25 Octobre 1733, à 84 ans. On a de lui un gr. nombre d'ouvr. bien écrits en françois. Les principaux font : 1. Lettres de piété & de morale, 9 vol. in-12 : 2. la Conduite d'une Dame Chrétienne : 3. Traité de la priere publique & des faints Myfteres ; 4. Traité dogmatique fur l'Euchariftie, fur les Exorcifmes & fur l'Ufure : *Ouvrages excellens, imprimés enfemble en 1727.* 5. Commentaires fur l'ouvr. des 6 jours & fur la Genefe, 6 vol. *in-12.* 6. Explication fur 75 Pfeaumes, 7 vol. *in-12.* 7. Explication fur Ifaïe : 8. Regles pour l'intelligence de l'Ecriture-Sainte, dont la Préface feule eft de M. d'Asfeld : 9. Explication du Myftere de la Paffion de N. S. J. C. 11 vol. *in-12.* 10. Les Caracteres de la Charité : 11. Traité des principes de la Foi Chrét. 3 vol. *in 12.* 12. De l'Education d'un Prince, *in-4°.* ou en 4 vol. *in-12.* 13. Conférences Eccléfiaftiques, 2 vol. *in 4°.* Enfin quelques Ecrits où il fait voir qu'il n'approuve ni *les Convulfions,* ni *les Nouvelles Eccléfiaftiques.*

DUHAMEL, *voy.* HAMEL.

DUILLIUS, *voy.* DUELLIUS.

DUJARDIN, ( Karel ) Peintre Hollandois, mort à Venife en 1678. On a de lui des marchés, des fcenes de charlatans, & de voleurs, des païfages eftimés, &c. Jean Wifcher a gravé d'après lui.

DUMAS, ( Hilaire ) Docteur de la Maifon & Société de Sorbonne, au 17e & au 18e fiecle, eft Auteur d'une bonne *Hiftoire des cinq Propofitions de Janfénius,* d'une Traduction françoife de l'*Imitation de J. C.,* & d'autres ouvrages.

DUMONT, ( Henri ) cél. Muficien François, naquit dans le Diocèfe de Liege en 1610. Il devint Maître de Mufique de la Chapelle du Roi, & de la Maifon de la Reine, & eut l'Abbaïe de Silly. Il excelloit à toucher l'Orgue, & fut le premier de nos Muficiens qui emploïa, dans fes ouvrages, la baffe continue. Il mourut à Paris, en 1684. On a de lui des motets eftimés, & cinq grandes Meffes, appellées *Meffes Roïales,* dont le plein-chant eft très beau.

DUMONT, ( J. ) a fait une compilation des Traités d'alliance & de paix, &c. imprimée fous le titre de *Corps univerfel diplomatique,* &c. Ce Recueil, en y ajoutant les Trai-

tés faits av. J. C. publiés par Barbeyrac, contient aujourd'hui ( en 1759 ) 16 vol. *in-fol.*

DUNCAN, ( Martin ) fav. Théologien du 16e fiecle, natif de Kempen, s'acquit une gr. réputation par fon zele contre les Proteftans : il fut Curé en Hollande, & mourut à Amersfort, en 1590, à 85 ans. On a de lui des Traités de l'Eglife, du Sacrifice de la Meffe, du Culte des Images, &c. Il ne faut pas le confondre avec Marc Duncan, Gentilhomme Ecoffois, qui s'établit à Saumur, où il s'acquit une gr. réputation par fa capacité dans la Philofophie, la Médecine, la Théologie, & les Mathématiques. Il mourut à Saumur en 1640. Son Traité fur la poffeffion des Religieufes de Loudun a fait beaucoup de bruit. Il y a eu un autre Médecin de la même famille, appellé *Daniel Duncan,* qui étudia la Philofophie à Touloufe en 1668, & pratiqua la Médecine avec réputation à Montauban, fa patrie. Ce dernier a compofé les ouvrages fuivans, qui font eftimés : 1. Explication nouvelle & méthodique des actions animales : 2. La Chymie naturelle : 3. l'Hiftoire de l'animal, ou la connoiffance du corps animé par la Méchanique & par la Chymie. Il m. en 1735, à 86 ans, à Londres où il s'étoit retiré pour caufe de Religion.

DUNGAL, Ecrivain du 9e fi. étoit vraifemblablement Hibernois. Il vint en France, & l'on croit qu'il fut Moine de S. Denys ou du moins fort attaché à cette Abbaïe. Charlemagne le confulta en 811 fur les deux Eclipfes de Soleil, qu'on difoit être arrivées l'année précédente. Dungal répondit à ce Prince dans une Lettre affez longue qui fe trouve dans le tom. 10. *in-4°.* du fpicilege de Dom Luc d'Acheri. On a auffi imprimé dans la Bibliothéque des Peres un Traité de Dungal pour la défenfe du Culte des Images.

DUNOIS, *voy.* Jean d'Orleans, Comte de Dunois & de Longueville.

DUNS, (Jean) plus connu sous le nom de *Jean Scot*, cél. Théologien de l'Ordre de Saint François, natif de Donston en Angleterre. Selon la plus commune opinion, après avoir étudié à Oxford, il vint à Paris, où il prit des degrés, & où il enseigna avec tant de réputation, qu'il fut surnommé le *Docteur subtil*. Il alla ensuite à Cologne, où il mourut le 8 Novembre 1308. Paul Jove & quelques autres Ecrivains ont avancé, qu'étant tombé en apoplexie, on l'avoit enterré comme mort, & qu'ensuite aïant repris ses sens, il se rongea les mains, & mourut en desespéré, en se cassant la tête contre la pierre du tombeau ; mais c'est une fable qui a été très bien réfutée. Jean Scot a laissé un gr. nombre d'ouvr. dont la meilleure édition est celle de Lyon, en 1639, 10 vol. *in-fol.* Il affecte d'y soutenir des opinions contraires à celles de S. Thomas. Ce qui a produit dans l'Ecole deux partis, celui des *Thomistes*, & celui des *Scotistes*. Quoique ce Théologien écrive avec beaucoup de subtilité, il a néanmoins un talent admirable pour exprimer ses pensées avec clarté. Quelques Ecrivains ont avancé que ce fut lui qui enseigna le premier, dans l'Université de Paris, *l'immaculée conception de la sainte Vierge* ; mais il est constant que plusieurs Docteurs l'y avoient enseignée avant Scot.

DUNSTAN, (S.) cél. Archevêque de Cantorbéri, naquit vers 924, d'une famille illustre. Il se fit Religieux, & bâtit une cellule à Glascow. Edgard, Roi d'Angleterre, lui donna l'Evêché de Worchester, & se servit de son conseil : S. Dunstan fut ensuite Archevêque de Cantorberi, reçut le *Pallium* du Pape, & fut Légat du Saint Siége dans toute l'Angleterre. Il maintint avec zele la discipline Ecclésiastique, & après avoir fait paroître beaucoup de courage & de grandeur d'ame, il mourut à Cantorberi en 988.

DUPERRAY, (Michel) savant Avocat au Parlement de Paris, & célebre Jurisconsulte, mort à Paris Doïen & ancien Bâtonnier des Avocats, le 15 Avril 1730, à près de 90 ans, est Auteur d'un gr. nombre d'ouvrages. Les princip. sont, 1. un Traité des portions congrues ; 2. un autre des Dixmes : 3. Traité des Mariages : 4. Traité des Patrons & Curés primitifs : 5. Notes & Observations sur l'Edit de 1695, concernant la Jurisdiction Ecclésiastique.

DUPERRIER, (Charles) *voyez* PERRIER.

DUPIN, *voyez* PIN.

DUPLEIX, (Scipion) Historiographe de France, naquit à Condom en 1569. Il vint à Paris en 1605 avec la Reine Marguerite, qui le fit Maître des Requêtes de son Hôtel. Il mourut à Condom, en 1661, à 92 ans. On a de lui, 1. une Histoire de France, qui n'est point estimée ; 2. une Histoire Romaine, & d'autres ouvrages peu exacts. Son meilleur Livre est un cours de Philosophie, imprimé en 1607. C'est un des premiers qu'on ait publiés en françois.

DU PUY, *voyez* PUY.

DURAND, savant Moine de Fécamp, & Abbé de Troart, au 11e siecle, est Auteur d'une savante Epître sur l'Eucharistie, contre Beranger. Guillaume *le Conquérant*, Duc de Normandie, faisoit gr. cas de ses conseils, & lui donna des marques publiques de son estime.

DURAND, (Guillaume) l'un des plus cél. Jurisconsultes du 13e siecle, natif de Puimoisson en Provence, fut disciple de Henri de Suze, & enseigna le Droit Canon à Modéne. Il devint ensuite Chapelain & Auditeur du Sacré Palais, Légat de Grégoire X au Concile de Lyon, enfin Evêque de Mende en 1286. Il mourut à Rome le 1 Nov. 1296. On a de lui, 1. *Speculum Juris*, ouvrage qui lui fit donner le nom de *Speculator*. 2. *Rationale divinorum officiorum*, dont la premiere édition, qui est très rare, est de Mayence, en 1459. 3. *Repertorium Juris*, &c. Il ne faut pas le confondre avec Guillaume Durand son neveu, qui lui succéda dans l'É-vêché de Mende, & qui mourut en 1328. On a de ce dernier un excellent Traité *de la maniere de célébrer le Concile général.* Il le composa à l'occasion du Concile de Vienne, auquel il fut appellé par Clement V en 1310. Ce Traité se trouve dans le Recüeil de plusieurs ouvr. de même nature, que M. Faure, Docteur de Sorbonne, fit imprimer à Paris en 1671.

DURAND de S. Pourçain, ainsi nommé d'un bourg de ce nom en Auvergne, se fit Dominiquain, devint Docteur de Paris, Maître du Sacré Palais, Evêque du Puy en Velai, & ensuite Evêque de Meaux où il mourut en 1333. Ce fut un des plus célebres Théologiens de son siecle. On a de lui des Comment. sur les quatre Livres des Sentences, & un Traité de l'origine des Jurisdictions. Il combat souvent les opinions de S. Thomas, & fait paroître beaucoup d'esprit & de génie dans ses ouvrages.

DURANT, & non DURAND, (Gilles) Sieur de la Bergerie, cél. Avocat au Parlement de Paris, du tems de la Ligue, & l'un des meilleurs Poètes François, qui aient écrit avant Malherbe, fut selon Pasquier, I. 19. Lett. 15. un des neuf Avocats commis par la Cour pour travailler à la réformation de la Coutume de Paris. Il étoit ami du cél. Antoine Mornac & d'Antoine de Saint-Yon, Lieutenant Général des Eaux & Forêts de France, & quoiqu'habile Jurisconsulte, & cél. Praticien, il s'adonnoit à la Poésie. Il a fait des odes, des sonnets, des élégies, &c. & il a traduit ou imité une partie des piéces latines de son ami Jean Bonnefons le pere, sous le titre d'*Imitations tirées du latin de Jean Bonnefons, avec autres amours & mélanges poétiques.* Il y a eu plus. éditions de ces *Imitations.* Durant étoit bon François, plein de respect & d'amour pour son Roi, & grand ennemi des Ligueurs. Les *vers à sa Commere sur le trépas de son âne,*

qui mourut de mort violente pendant le siége de Paris à la fleur de son âge le Mardi 28 Août 1590, passent pour un chef-d'œuvre dans le style ironique & badin. Ils se trouvent dans l'ingénieux ouvrage donné sous le titre de *Satyre menippée.* Les Œuvres de Durant ont été imprimées en 1594, en 508 pages. Il vivoit encore en 1599, puisque son nom se lit dans la liste des Avocats de cette année, qui se trouve dans les opuscules de Loisel, page 654. Il faut bien se garder de le confondre avec un *certain Durand, Poète & Pensionnaire du Roi,* qui fut exécuté publiquement en place de Gréve à Paris pour crime de Leze-majesté, l'an 1618, avec deux Freres Florentins, de la Maison des Patrices, dont parle P. Boistel, sieur de Gaubertin dans son *Histoire mémorable de ce qui s'est passé en France depuis 1610, jusqu'en 1618.*

L'article de Durant n'étoit point exact dans la seconde édition de ce petit Dictionnaire; surquoi un Ecrivain s'est imaginé que nous avions fait deux bévues singulieres, en prenant l'âne de la Ligue, dont il est parlé dans cet article, pour Durant, & la mort de cet âne pour celle du Poète: ce que le nouvel Editeur du *Moreri* répete après lui. Mais ces deux bévues ne sont pas assurément de nous. L'article de Gilles Durant avoit été oublié dans la premiere édition de notre Dictionnaire. En donnant la seconde, nous n'avions sous la main ni les Œuvres de Durant, ni la *Satyre menippée,* & l'article de Durant tel qu'il se trouve dans notre seconde édition de 1755 a été tiré du *Dictionnaire portatif des beaux Arts* de M. Lacombe Avocat, (seconde édition, Paris 1753). M. Lacombe avoit déja parlé de Durant dans sa premiere édition (Paris 1752), & dans la seconde il a retouché son article & il y a ajouté la datte de la mort de Durant. Qui auroit crû après cela que cet article n'étoit pas exact? Son Livre étoit alors entre les mains de tout le monde. Il avoit été imprimé deux fois avant la seconde édition du nôtre, & nous n'avions fait que le copier dans cet article. Il étoit donc de l'équité & de la bonne foi de mettre les bevues dont il s'agit sur le compte de celui qui en est l'Auteur. Que diroit le nouvel Editeur du *Moreri*, si on mettoit sur son compte toutes les fautes & toutes les bevues, qui restent encore dans la nouvelle édition du *Moreri*, & dont il n'est que l'Editeur ? Au reste nous nous é ions déja apperçus que le petit nombre d'articles que nous avions extraits du Dictionnaire portatif des beaux Arts, n'étoient pas toujours exacts, & nous y avons apporté plus d'attention.

DURANTI, ( Jean Etienne ) premier Président au Parlem. de Toulouse, & l'un des plus ill. & des plus sav. Magistrats de son siecle, étoit fils d'un Conseiller aux Requêtes du Palais de cette Ville. Il se distingua dès sa jeunesse par son éloquence, fut Capitoul, Avocat général, & enfin Premier Président, en 1581. Il soutint avec zele le parti de son Prince contre les Ligueurs, & fut tué d'un coup d'arquebuse dans une émeure populaire, après la nouvelle de la mort du Duc de Guise, le 10 Février 1589, à 55 ans. C'est lui, & non point Pierre Danés, comme le prétend le Président le Bret, qui est Auteur de l'excellent Livre intitulé, *de Ritibus Ecclesiæ.*

DURER ou DURE, ( Albert ) l'un des plus excellens Graveurs & des meilleurs Peintres de son siecle, naquit à Nuremberg, le 20 Mai 1471, d'un habile Orfevre. Il voïagea en Flandres, en Allemagne, & à Venise. L'Empereur Maximilien lui donna des marques particulieres de son estime. Albert Durer avoit un génie universel. Il savoit la Gravure, le Dessein, la Peinture, la Géométrie, la Perspective, les Fortifications, &c. Il étoit laborieux, sage, & d'un tempérament doux & affable. Son esprit & son éloquence naturelle le firent élire

Membre du Conseil de la ville de Nuremberg ; emploi dont il s'acquitta avec l'applaudissement de la République. Il mourut en 1528, à 57 ans, des déplaisirs que lui don oit sa femme, qui étoit d'une avarice & d'une humeur insupportables. Il nous reste de lui un grand nombre d'excellentes Estampes & de beaux Tableaux, sur lesquels il a marqué avec soin l'année qu'il y a travaillé. On estime surtout son Estampe de *la Mélancolie : ses Vierges* sont aussi d'une grande beau é. Il étoit si vertueux, qu'il n'emploïa jamais son pinceau à des représentations obscenes.

DURET, ( Louis ) célebre Médecin du 16e siecle, dont on a plusieurs ouvr. Il mourut le 22 Janvier 1586, à 59 ans, laissant plusieurs enfans distingués. Il a imité Hippocrate & a traité de la Médecine dans le vrai goût.

DUREUS ou DURÆUS, ( Jean ) Théologien Protestant, du 17e si. natif d'Ecosse, travailla avec beaucoup de zele, mais en vain, à la réunion des Luthériens avec les Calvinistes. Il publia à ce sujet plusieurs ouvrages depuis 1634 jusqu'en 1674, & mourut quelque tems après. Il ne faut pas le confondre avec Jean Dureus Jésuite, qui écrivit au 16e siecle, contre la Réponse de Witaker, aux 18 Raisons de Campien.

DURRIUS, ( Jean Conrad ) sav. Théologien allemand, né à Nuremberg en 1625, fut successivement Professeur en Morale, en Poésie, & en Théolog. à Altorf, où il m. en 1667. Dans une Lettre écrite à un de ses amis, il fait voir que Jean Faust, inventeur de l'Imprim. avec Pierre Schœffer, fut accusé de Magie par les Moines irrités de ce que son invention de l'Imprimerie leur enlevoit les gains qu'ils étoient accoutumés de faire, en copiant les Manuscrits. On a de lui, 1. *Synopsis Theol. Moralis.* 2. *Ethica paradigmatica.* 3. *Dissertatio de recondita veterum sapientia in Poetis,* &c.

DURYER, *voyez* RYER.

DU TILLET, *voyez* TILLET.

DUVAL, ( André ) fameux Docteur & Profeſſeur de Sorbonne, étoit
de Pontoiſe. Il ſoutenoit les opinions des Ultramontains, & fut un
des plus gr. adverſaires de Richer.
Il étoit Supérieur général des Carmelites de France, Sénieur de Sorbonne, & Doïen de la Faculté de
Théologie de Paris, lorſqu'il mourut le 9 Septembre 1638, à 74 ans.
On a de lui une Théologie, un
Traité, qu'il a intitulé *de ſuprema*
*Romani Pontificis in Eccleſiam po-*
*teſtate*, & d'autres ouvr. Il ne faut
pas le confondre avec Guillaume
Duval, ſon parent, qui fut Profeſſeur aux Colléges de Calvy & de
Liſieux, puis au Collége Roïal à
Paris, & enfin Docteur en Médecine. C'eſt lui qui a donné l'Hiſtoire du Collége Roïal.

---

# E.

EBED-JESU, Auteur de pluſieurs
ouvrages en ſyriaque, dont parle
Abraham Ecchellenſis, eſt le même
qu'Abdiſſi, que vous pouvez voir.

EBERTUS, ( Théodore ) ſavant
Profeſſeur à Francfort ſur l'Oder,
dans le 17e ſiecle, eſt très connu par
ſes ouvr., dont les princip. ſont,
1. *Chronologia Præcipuorum Sanc-*
*tioris Linguæ Doctorum ab initio*
*mundi uſque ad Præſens tempus.* 2.
*Elogia Juriſconſultorum & politi-*
*corum centum illuſtrium, qui ſanc-*
*tam hebræam Linguam aliaſque ejus*
*propagines orientales propagarunt,*
*auxerunt, promoverunt, &c.*

EBROIN, Maire du Palais de
Clotaire III, s'attira d'abord l'affection des François; mais enſuite
aïant éloigné du Gouvernement la
Reine Batilde, pour avoir ſeul toute
l'autorité, il ſe comporta avec une
extrême cruauté. Clotaire étant
mort en 670, Ebroin mit Thierri
ſur le Trône; mais les Grands ſe
déclarerent pour Childeric II, &
renfermerent Ebroin dans le Monaſtere de Luxeuil. Après la mort de
Childeric, arrivée en 673, Thierri
remonta ſur le Trône, & eut Leudeſe pour Maire du Palais. Ebroin
fit aſſaſſiner Leudeſe, ordonna qu'on
crevât les yeux à S. Leger, Evêque
d'Autun, & obligea le Roi Thierri
à le reconnoître pour ſon Maire du
Palais. Alors la tyrannie d'Ebroin
n'eut pas de bornes; il fut tué en
681, par un Seigneur nommé Her-
manfroi, qu'il avoit dépouillé de ſes
biens.

ECCARD, ( Jean - George d' )
cél. Hiſtorien & antiquaire, naquit
à Duingen, dans le Duché de Brunſ-
wick, le 7 Septembre 1674. Il s'acquit l'eſtime de M. Leibnitz, qui
lui procura une Chaire d'Hiſtoire à
Helmſtad; il fut enſuite Profeſſeur
à Hanovre. Il quitta cette place en
1723, & ſe fit Catholique. Il alla
enſuite à Wurtzbourg, où il fut Conſeiller Epiſcopal, Hiſtoriographe,
Archiviſte, & Bibliothéquaire. Il
mour. en 1730. On a de lui *Cor-*
*pus hiſtoricum medii ævi*, & un
grand nombre d'autres ouvrages
eſtimés.

ECCHELLENSIS, ( Abraham )
ſavant Maronite, fut Profeſſeur des
Langues ſyriaque & arabe, au Collége Roïal à Paris. M. le Jay l'a-
voit fait venir de Rome pour remplacer Gabriel Sionita, autre Maronite, qu'il emploïoit pour ſon
Edition de la Bible Polyglotte. Gabriel Sionita porta ſes plaintes au
Parlement, décria ſon compatriote,
& lui ſuſcita des affaires qui firent
grand bruit. Ecchellenſis fut encore
attaqué ſur ſa capacité par M. de
Flavigny, ſav. Docteur de la Maiſon & Société de Sorbonne; & ils
publierent l'un contre l'autre des
écrits très vifs. On ne peut douter
néanmoins qu'*Ecchellenſis* n'ait été
habile dans les Langues arabe & ſyriaque. La Congrégation *de propa-*
*ganda Fide* l'aſſocia en 1636 à ceux
qu'elle emploïoit à la traduction de
la Bible, en arabe. Elle le rappella
de Paris, & le fit Profeſſeur des
Langues orientales à Rome. C'eſt
pendant ce tems-là, que le Gr. Duc
Ferdinand II, lui fit traduire d'a-

rabe en latin les 5, 6, & 7e Livres des Coniques d'Apollonius, en quoi il fut aidé par le cél. Jean-Alfonse Borelli, qui y joignit des Commentaires. Abraham Ecchellensis mourut à Rome en 1664. On a encore de lui plusieurs ouvrages, où il concilie les sentimens des Orientaux avec ceux de l'Eglise Romaine contre les Protestans. 1. *Euthychius vindicatus*, contre Selden & Hottinger : 2. des Remarques sur le Catalogue des Ecrivains Chaldéens, composé par *Ebed Jesu*, & publié à Rome en 1653, &c.

ECHARD, ( Jacques ) savant Religieux Dominicain, naquit à Rouen, le 22 Septembre 1644, & mourut à Paris le 15 Mars 1724. On a de lui en latin une Bibliotheque des Ecrivains de son Ordre, 2 vol. *in-fol.* ouvr. excellent, qui peut servir de modele en ce genre.

ECHARD, (Jean) savant Théol. Anglois, mort en 1696, dont on a quelques ouvrages.

ECHARD, (Laurent) cél. Historien Anglois, natif de Bassam, dans le Comté de Suffolck, fut élevé dans l'Université de Cambridge. Il entra ensuite dans les Ordres, desservit les Eglises de Welton & d'Elkinton, dans le Duché de Lincoln, pendant près de 20 ans, & s'y distingua par ses ouvr. Il fut ensuite Prébendaire de Lincoln, Archidiacre de Stowe, & Pasteur de plusieurs Eglises. Il mourut à Lincoln, le 16 Août 1730. Ses principaux ouvr. sont : 1. Histoire d'Angleterre, *in-fol.* ouvr. estimé : 2. Histoire Romaine, depuis la fondation de Rome, jusqu'à Constantin, qui a été traduite de l'anglois en françois, & publiée à Paris, en 1728, puis en 1729, 6 vol. *in-12.* cette Histoire est excellente, on y a ajouté une continuation en 10 vol. *in-12.* 3. Histoire générale de l'Eglise avec des tables Chronologiq. qui est aussi très estimée, & dont il y a eu plusieurs éditions en anglois : 4. Traduction angloise des Comédies de Plaute & de Terence : 5. Petit Dictionnaire Géographique,

intitulé, *l'Interprête des Nouvellistes & des Liseurs de Gazette*, dont il y a eu 16 éditions en anglois. C'est sur le modele de cet ouvrage, que M. Vosgien a composé le Dictionnaire Géographique portatif, dont il y a déja 4 éditions.

ECHION, Peintre cél. & habile Sculpteur de la Grece, vers 352 av. J. C. *Pline. l. 35. c. 7.*

ECHIUS, ou ECKIUS, ( Jean ) savant Docteur, & Professeur de Théologie dans l'Université d'Ingolstad, natif de Souabe, se rendit cél. au 16e siec'e, par son zele & par ses écrits contre Luther & les autres Protestans d'Allemagne. Il mourut à Ingolstad, en 1543, à 57 ans. Ses principaux ouvr. sont : 1. un Manuel des Controverses : 2. un Traité contre les art. proposés à la Conférence de Ratisbonne, en 1541 : 3. deux Traités sur le Sacrifice de la Messe : 4. un Comment. sur Aggée; des Homélies, &c.

ECHO, Nymphe que les Poëtes appellent *Fille de l'Air*, aïant conçu de la passion pour Narcisse, & se voïant méprisée, s'enferma dans les bois & dans les grottes, où, selon la Fable, elle fut métamorphosée en pierre, & ne retint que la voix & la faculté de répéter les derniers mots.

ECLUSE, ( Charles de l' ) *Clusius*, Médecin célebre, natif d'Arras, voïagea en Allemagne, en France, en Portugal, & en Angleterre. Les Empereurs Maximilien II, & Rodolphe II, lui donnerent le soin de leur jardin des simples. Il fut ensuite Professeur de Botanique à Leyde, où il mourut, le 4 Avril 1609, à 84 ans. Ses ouvrages ont été imprimés en 2 vol.

EDELINCK, ( Gerard ) célebre Graveur, natif d'Anvers, vint s'établir à Paris, sous le regne de Louis XIV, qui le fit son Graveur ordinaire. Edelinck fut aussi Conseiller dans l'Académie Roïale de Peinture, & mourut en 1707. On estime sur-tout son estampe de la Ste Famille d'après Raphaël, & celles d'Alexandre visitant Darius, &

de la Magdeleine pénitente, d'après le Brun.

EDER , ( George ) cél. Jurifconfulte allem. fur la fin du 16e fi. , natif de Freifingen , étoit Confeiller des Empereurs Ferdinand I , Maximilien II , & Rodolphe II. On a de lui *Œconomia Bibliorum , five partitionum Biblicarum Libri V* , in fol. & d'autres ouvr.

EDGARD , Roi d'Angleterre, furnommé *le Pacifique* , étoit fils d'Edmond. Il gouverna fon Roïaume avec beaucoup de prudence & de fageffe , par les confeils de faint Dunftan. Il mourut le prem. Juillet 975, après un regne de 16 ans. C'eft lui qui impofa à la Province de Calles un tribut annuel de têtes de loups , pour dépeupler l'Angleterre, de ces animaux. On trouve de ce Prince plufieurs Loix dans les Collections des Conciles.

EDMOND , ou Edme , ( S. ) Archevêque de Cantorberi , fe fit aimer du Pape Innocent III , qui lui conféra cette dignité. Il encourut la difgrace de Henri II , Roi d'Angleterre , & fe retira fecretement en France , où il mourut le 16 Novembre 1240. Il nous refte de lui un Livre intitulé : *Speculum Ecclefiæ.*

EDMOND I , Roi d'Angleterre, & fils d'Edouard *le Vieux* , monta fur le Thrône en 941. Il dompta les peuples du Northumberland , poliça fon Roïaume , donna de grands privileges aux Eglifes , & fut affafliné dans un feftin , le 26 Mai 945, par un voleur qu'il avoit banni de fes Etats.

EDMOND II , furnommé *Côte de fer* , fut Roi d'Angleterre , après la mort de fon pere Ethelred , en 1016. Il eut une grande guerre à foutenir contre Canut , Roi de Dannemarck , qui le fit affafliner , & s'empara de fes Etats. Il ne faut pas confondre ces Princes avec S. Edmond , Roi des Anglois Orientaux, au 9e fiecle , qui fe rendit illuftre par fa piété , & qui fut tué par les Danois.

EDOUARD *le Vieux* , Roi d'An-

gleterre , fuccéda à fon pere Alfred, en 900. Il défit Conftantin , Roi d'Ecoffe , vainquit les Bretons du païs de Galles , & remporta deux victoires fur les Danois. Il fit enfuite ériger cinq Evêchés , & mourut en 624.

EDOUARD *le Jeune* , Roi d'Angleterre , étoit fils d'Edgard , & lui fuccéda en 975. Sous fon regne , commencerent les divifions & les troubles caufés par les Danois & par les Normands. Il fut affafliné après un regne de trois ans , par les intrigues d'Alfrede , fa belle-mere , impatiente de voir regner fon fils Ethelrede ; action dont elle fe repentit dans la fuite.

EDOUARD , ( S. ) furnommé *le Confeffeur* , ou *le Debonnaire* , à caufe de fes vertus , étoit fils d'Ethelred , Roi des Anglois , & fuccéda à Canut II , en 1042. Il fut chaffé par les Danois , & fe retira en Normandie. Godwin , Comte de Kent , alla le trouver ; & l'aïant ramené en Angleterre , lui donna fa fille Edgite en mariage. Edouard remporta alors de grands avantages fur fes ennemis , & laiffa fa Couronne à Guillaume , Duc de Normandie , fon parent , en reconnoiffance des fecours & des bienfaits qu'il en avoit reçus durant fon exil. Il mourut le 5 Janvier 1066. Ses vertus & fes miracles le firent mettre au nombre des Saints.

EDOUARD I , Roi d'Angleterre , fils de Henri III , & d'Eléonore de Provence , naquit à Winchefter, en 1239. Il fe croifa avec S. Louis contre les Infideles. Pendant cette expédition , aïant appris la mort de fon pere , arrivée en 1272 , il retourna en Angleterre , où il fut couronné en 1275. Il vainquit Leolin , Prince de Galles , chaffa les Juifs de la Gafcogne , fe croifa une feconde fois pour le voïage du Levant , fit la guerre aux François, & s'empara du Roïaume d'Ecoffe. Il mourut le 7 Juillet 1307 , à 68 ans. C'étoit un Prince courageux , prudent , & capable des plus grandes entreprifes.

EDOUARD II, Roi d'Angleterre, naquit à Carnarvan, & succéda à son pere Edouard I, en 1307. Il eut la foiblesse de se laisser conduire par Gaveston Pierce, les Spencers, & d'autres indignes favoris : ce qui excita contre lui la Reine Isabelle, sa femme : Edmond son frere, & les Grands du Roïaume, le condamnerent à une prison perpétuelle, où ils le firent mourir par un cruel supplice, après avoir mis son fils sur le Thrône. Durant ces troubles, les Ecossois chasserent les Anglois, & recouvrerent leur ancienne liberté.

EDOUARD III, l'un des plus gr. & des plus cél. Rois d'Angleterre, naquit à Windsor, & fut mis sur le Thrône, du vivant de son pere Edouard II, en 1326. Il s'empara du Roïaume d'Ecosse, & entreprit de détrôner Philippe de Valois, Roi de France, contre lequel il gagna la fameuse bataille de Creci, en 1346, prit Calais & plusieurs autres villes. Après la mort de Philippe de Valois, en 1350, Edouard continua la guerre contre les François, & gagna en 1356, la célebre bataille de Poitiers. Le Roi Jean, aïant été fait prisonnier, fut mené en Angleterre. Edouard eut divers autres succès en France, jusqu'au regne de Charles V, lequel étant monté sur le Thrône en 1364, remporta de grands avantages sur les Anglois. Edouard mourut le 23 Juin 1377, à 65 ans. C'est lui qui institua l'Ordre de la Jarretiere. Il eut la gloire de tenir en même tems à sa Cour, deux Rois prisonniers ; Jean, Roi de France, & David de Brus, Roi d'Ecosse.

EDOUARD IV, Roi d'Angleterre, étoit fils de Richard, Duc d'York. Il disputa la Couronne à Henri, qui étoit de la Maison de Lancastre. Il se donna à ce sujet un gr. nombre de batailles, avec differens succès ; mais enfin Edouard, secouru par les troupes du Duc de Bourgogne, remporta en 1471, deux célebres victoires, dans la premiere desquelles, Richard, Comte de Warvich, fut tué. Edouard, fils de Henri, fut pris & mis à mort dans la seconde, & Henri lui-même fut égorgé dans la prison ; ainsi Edouard étant remonté sur le Thrône, s'y maintint jusqu'à la mort. Il fit la guerre sans succès contre Louis XI, Roi de France, & mourut le 9 Avril 1483, à 41 ans. Ce fut un Prince cruel & débauché.

EDOUARD V, Roi d'Angleterre, étoit fils d'Edouard IV, & ne regna que 3 mois ; Richard, Duc de Gloceitre, son oncle, l'aïant fait étrangler avec son frere dans la tour de Londres, en 1483.

EDOUARD VI, Roi d'Angleterre, fils de Henri VIII, & de Jeanne Seimour, monta sur le Thrône en 1547, à l'âge de 10 ans, sous la Regence du Duc de Sommerset, son oncle. Ce Duc & l'Archevêque Cranmer acheverent d'introduire la Religion Protestante en Angleterre. Edouard m. en 1553.

EDOUARD, Prince de Galles, fils d'Edouard III Roi d'Angleterre, & l'un des plus gr. Généraux du 14e siecle, gagna la bataille de Poitiers, & mourut avant Edouard III son pere.

Il y a eu plusieurs autres Princes du nom d'Edouard,

EEKHOUT, ( Gerbrant Vanden ) voyez VANDEN EEKHOUT.

EGBERT, premier Roi d'Angleterre, soumit tous les petits Rois de cette Isle, & regna paisiblement jusqu'à sa mort, arrivée en 819.

EGERIE, Nymphe en grande vénération chez les Romains. Numa Pompilius fit accroire au Peuple qu'il avoit composé les Loix & les Cérémonies Religieuses de Rome, par les conseils de cette Nymphe.

EGERTON, ( Thomas ) célebre Chancelier d'Angleterre, étoit fils naturel du Chevalier Richard Egerton. Il fut en grande considération sous la Reine Elisabeth, sous le Roi Jacques I, à cause de sa probité & de son savoir. Il mourut le 11 Mars 1617, à 70, & laissa quelques ouvrages de Jurisprudence.

EGGELING, ( Jean-Henri ) sav.

Antiquaire , natif de Brême , d'une famille diftinguée , voïagea dans la plupart des Roïaumes de l'Europe , & fut enfuite Secretaire de fa République. Il exerça cet emploi avec beaucoup de réputation , & m. le 15 Février 1713 , à 74 ans. On a de lui divers ouvrages.

EGINARD , ou EGINHARD , Secretaire & Intendant des Bâtimens de Charlemagne , s'eft rendu célebre par fon efprit & par fes ouvrages. C'eft le plus ancien Hiftorien , natif d'Allemagne. On dit que s'étant infinué dans les bonnes graces d'Imma , fille de Charlemagne , ce Prince aïant découvert les familiarités qu'ils prenoient entr'eux, aima mieux la lui donner en mariage , que la déshonorer ; mais ce fait eft une fable. Eginard , après la mort de fa femme , eut la direction de plufieurs Abbaïes, fonda , & fut le premier Abbé de celle de Seligenftadt , s'acquit une grande réputation par fa piété & par fa fcience , & mourut vers 844. Ses principaux ouvrages font : 1. la Vie de Charlemagne : 2. des Annales de France : 3. des Lettres, &c. Le ftyle en eft plus pur & plus fleuri que celui des autres Ecrivains de ce tems-là.

EGINETE , ou EGINE , voyez PAUL EGINETE.

EGNACE , ( Jean-Baptifte ) Egnatius , célebre Humanifte , du 16e fiecle , étoit difciple d'Ange Politien , & fut élevé avec le Pape Léon X , qui lui fit dans la fuite beaucoup de bien. Il enfeigna les Belles-Lettres avec une réputation extraordinaire à Venife fa patrie. Il obtint dans un âge décrepit la qualité d'Emerite , avec les mêmes appointemens qu'il avoit eus quand il enfeignoit , & fes biens furent affranchis de toutes fortes d'impofitions. Il mourut à Venife , le 4 Juillet 1553 , à 80 ans. Ses ouvrages ne répondent point entierement à l'étendue de la fcience qu'il faifoit paroître dans fes leçons & dans fes converfations. On dit que Robortel les aïant critiqués , Egnace lui donna pour toute réponfe , un

coup de baïonnette dans le ventre , dont il penfa mourir. On eftime furtout fes remarques fur Ovide; fon traité de Romanis Cæfaribus ; fes notes fur les Epîtres familieres de Ciceron , & fon Panégyrique de François I , Roi de France.

EGUIGNARD BARON , voyez BARON.

EGYS , ( Richard ) Jéfuite , né à Rhinsfeld en 1621 , s'eft diftingué par fes Poéfies latines , dont les principales font , fes Poemata facra ; Epiftolæ morales ; Comica varii generis. Il m. en 1659.

EICK , ou HUBERT VAN EICK , fam. Peintre , né en 1366 à Mafeik , au Diocèfe de Liege , eut pour difciple fon frere Jean Eick , plus connu fous le nom de Jean de Bruges , & fit divers tableaux pour Philippe le Bon , Duc de Bourgogne , qui lui donna des marques publiques de fon eftime. Il mourut en 1416. voyez BRUGES.

EISENGREIN , ( Guill. ) Chanoine de Spire , fa patrie , s'acquit beaucoup de réputation au 16e fiecle , par fa fcience & par fa piété. Son principal ouvrage eft intitulé : le Catalogue des témoins de la Vérité. Catalogus teftium veritatis , qu'il faut bien fe garder de confondre avec un ouvrage de Flaccius Illyricus , qui porte le même titre ; car Flaccius entend , par les Témoins de la Vérité , ceux qu'il prétend avoir foutenu la doctrine des Proteftans , au lieu qu'Eifengrein entend , par ce terme , les Catholiques attachés à la foi de l'Eglife Romaine.

EISENHART , ( Jean ) cél. Jurifconfulte né à Erxleben dans le Brandebourg , en 1643 , fut Profeffeur en Droit & en Morale à Helmftadt , où il m. en 1707. On a de lui. 1. Inftitut. Juris natur. & moralis fcientiæ. 2. Commentatio de Regali metalli fodinarum jure. 3. De ufu Principiorum moral. Philofophiæ in jure civili condendo & interpretando. 4. Comment. de Fide Hiftorica.

EISENSCHMID , ( Jean-Gafpard ) Docteur en Philof. & en Médecine ,

& cél. Mathémat., naquît à Strasbourg en 1656. Etant venu à Paris, il se lia avec plus. sav. & particulierement avec MM. Duvernay & Tournefort. Il fut associé à l'Académie des Sciences au rétablissem. de cette Académie, & m. en 1712 à Strasbourg, où il s'étoit fixé au retour de ses voïages. Il a publié un Traité sur la figure de la Terre *Elliptico-Spheroide*, & un autre des poids & des mesures de plusieurs nations, & de la valeur des monnoies anciennes.

**ELBENE**, ( Alphonse d') sav. Evêque d'Albi, d'une illustre fam. de Florence, gouverna son Eglise dans un tems très fâcheux, & mourut le 8 Février 1608. On a de lui divers ouvrages. Il ne faut pas le confondre avec Alphonse d'Elbene, qui lui succéda dans l'Evêché d'Albi, ni avec Alexandre d'Elbene, qui se signala par son courage sous Henri III & Henri IV, Rois de France, ni enfin avec Alphonse d'Elbene, mort Evêque d'Orléans, le 20 Mai 1665.

**ELEAZAR**, est le nom d'un gr. nombre de Juifs, dont parle l'Histoire. Les plus célebres sont : 1. le Gr. Prêtre Eleazar, fils d'Aaron, & pere de Phinées : 2. Eleazar, fils de Dodo, & l'un des plus vaillans Capitaines des armées de David, qui fit un gr. carnage des Philistins, 1047 av. J. C. 3. le Grand Prêtre Eleazar, frere de Simon *le Juste*, lequel envoïa des savans Juifs à Ptolomée Philadelphe, Roi d'Egypte, pour traduire la Loi de Moïse, d'hébreu en grec, vers 277 avant J. C. C'est ce que l'on nomme, *la Version des Septante* : 4. le vénérable vieillard Eleazar, qui sous le regne d'Antiochus Epiphanes, aima mieux perdre la vie, que manger des viandes défendues par la Loi : 5. Enfin Eleazar, fils puîné de Mathathias, qui dans la bataille que Judas Machabée, son frere, donna contre l'armée d'Antiochus *Eupator*, se fit jour à travers les ennemis, & s'étant coulé sous le ventre du plus grand des Eléphans,

le tua à coups d'épée ; mais il reçut la mort par le poids de cet animal, & *fut enseveli sous son propre triomphe*, selon l'expression de Saint Ambroise.

**ELECTRE**, fille d'Agamemnon, engagea son frere Oreste, à venger la mort de leur pere, tué par Egisthe.

**ELEUTHERE**, succéda au Pape Soter, en 177. Les Fideles & les Martyrs des Gaules lui écrivirent des lettres pleines de sagesse & de prudence, sur les erreurs de Montan. Il mourut le 26 Mai 192.

**ELIE**, célebre Prophéte, sous le regne d'Achab & de Josaphat, étoit de Thesbe, dans le païs de Galaad. Il prédit à Achab & à Jésabel, 912 avant J. C. une sécheresse & une famine qui dura 3 ans & demi, fut nourri miraculeusement dans le désert par des corbeaux, multiplia l'huile de la veuve de Sarepta, & ressuscita son fils : il reprocha ensuite à Achab le culte que ce Prince rendoit à Baal, & le feu aïant consommé d'une maniere surnaturelle le sacrifice qu'il offroit à Dieu, le peuple fit mourir 450 faux Prophétes de Baal. Jésabel voulut aussi faire mourir Elie, mais il s'enfuit dans le désert, où un Ange lui apporta du pain & de l'eau. De-là il alla à la montagne d'Oreb. Quelque tems après, aïant consacré Hazaël, pour être Roi de Syrie, & Jéhu pour être Roi d'Israël, il alla trouver Achab, & lui reprocha le meurtre de Naboth. Elie prédit à Ochosias, qui étoit tombé d'une fenêtre de son Palais, qu'il mourroit de sa blessure, fit tomber le feu du Ciel sur deux Capitaines & cent soldats, qui vouloient le mener par force à ce Prince, & fut enlevé au commencement du regne de Joram, dans un tourbillon de feu, en forme de char, vers 895 avant J. C. Elisée, son disciple, ramassa son manteau, & fut héritier de son double esprit prophétique.

**ELIE**, ou **ELIAS LEVITA**, sav. Rabbin du 16e siecle, & le plus habile Critique des Juifs, étoit Allemand. Il enfeigna l'Hébreu à Rome & à V..., & fut souvent consulté par Munfter. On a de lui : 1. un Traité fur la Maffore : 2. un Dictionnaire Chaldaïque, & un Gloffaire Hébreu : 3. plufieurs excellens Traités fur la Grammaire des Hébreux. La plupart de fes ouvrages ont été traduits en latin.

**ELLIES DU PIN**, *voyez* PIN.

**ELIEN**, *Ælianus*, (Claude) fav. Ecrivain, natif de Pienefte en Italie, enfeigna la Rhétorique à Rome, fous le regne d'Alexandre Severe, vers 222 de J. C. Quoique Romain, il a écrit en grec avec prefque autant d'élégance que s'il fût né à Athenes. On a de lui : 1. l'Hiftoire des animaux : 2. des Hiftoires diverfes, ouvrages curieux, dont la meilleure édition eft celle de Strasbourg, en 1685. Il avoit auffi compofé deux excellens Traités fur la Providence, contre les impiétés d'Epicure ; mais ils fe font perdus. Elien étoit un vrai Philofophe ; il nous dit lui-même, qu'il auroit pu fe faire valoir à la Cour, & acquérir de grandes richeffes ; mais qu'il en avoit évité la corruption, pour fe livrer à la recherche de la vérité, & qu'il préféroit une once de véritable érudition à tous les tréfors, & à toutes les terres de Crœfus & de Craffus. On lui attribue encore un ouvrage fur *la Tactique des Grecs* ; mais ce Traité eft d'un Auteur plus ancien, qui fe dit lui-même Grec de nation.

**ELIEZER**, céleb. Rabbin, que les Juifs croient être ancien, & font remonter jufqu'au tems de J. C. mais qui felon le Pere Morin, n'eft que du 7e ou 8e fiecle. On a de lui un Livre fameux, intitulé, *les Chapitres*, que Vorftius a traduit en latin avec des notes.

**ELINAND**, ou HELINAND, célebre Religieux de l'Abbaïe de Froimond, fous le regne de Philippe Augufte, étoit de Pron-le-Roi en Beauvoiffis. Il a compofé une Chronique, des Sermons, des vers françois fur la mort, & d'autres ouvrages. Il mourut vers 1227.

**ELIOGABALE**, ou ELOGABALE, Empereur Romain, fut élevé à l'Empire à la place de Macrin, en 218. Il vendit les charges & les dignités, eut pour favoris deux Cochers, admit tout le monde dans le Sénat, fans diftinction d'âge, de qualité, & de mérite, établit un Sénat de femmes, dont fa mere étoit Préfidente, pour juger les caufes des perfonnes du fexe, & fit mourir plufieurs Sénateurs qui n'avoient pas voulu approuver cet établiffement. Enfin, Eliogabale pouffa le luxe à un tel excès, & fe fouilla par tant de crimes & de débauches, qu'il fut appellé le *Sardanapale de Rome*. Il fut tué par fes foldats, le 11 Mars 222, âgé d'environ 20 ans.

**ELIPAND**, Archevêque de Tolede, au 8e fiecle, foutint, avec Felix d'Urgel, que J. C. en tant qu'homme, n'étoit point fils naturel, mais feulement *fils adoptif de Dieu*. Son erreur fut condamnée en plufieurs Conciles, & par le Pape Adrien, du tems de Charlemagne. Il mourut vers 800.

**ELISABETH**, ( Ste ) femme de Zacharie & mere de S. Jean-Baptifte, étoit de la famille d'Aaron. Au fixieme mois de fa groffeffe, elle fut vifitée par la Sainte Vierge, fa coufine, qui la falua. Auffi-tôt fon enfant treffaillit ; & elle reconnut par-là le Meffie, que la Ste Vierge portoit dans fon fein.

**ELISABETH**, ( Ste ) fille d'André II, Roi de Hongrie, naquit en 1207. Elle époufa en 1221, Louis Landgrave de Heffe, dont elle eut trois enfans. Sa vertu plut tellement à S. François, qu'il lui fit préfent de fon manteau. Après la mort du Prince, fon époux, arrivée en 1227, elle fut privée de la Régence de Herman, fon fils, & fut réduite à demander du pain de porte en porte pour fubfifter. Néanmoins on la rétablit enfuite dans le Palais, où elle fut traitée felon fa dignité ; mais préférant l'état d'humiliation aux honneurs, elle prit l'habit du Tiers - Ordre de faint François, s'employa à filer de la laine, & à servir les pauvres de l'Hôpital de Maſpurg, qu'elle avoit fondé. Elle mourut dans ces ſaints exercices, le 19 Novembre 1231, à 24 ans. Grégoire IX la canoniſa quatre ans après. Théodoric de Thuringe, Dominicain, à écrit ſa vie.

ELISABETH, Reine d'Angleterre, & l'une des plus célebres & des plus habiles Souveraines, dont l'Hiſtoire faſſe mention, étoit fille de Henri VIII, & d'Anne de Boulen. Elle naquit le 8 Septembre 1533, & apprit les Belles Lettres dans ſa jeuneſſe; ce qui lui ſervit de conſolation dans la priſon où la retint la Reine Marie, ſa ſœur. Cette Princeſſe voulut la faire mourir plus d'une fois, prévoyant le mal qu'elle cauſeroit un jour à la Religion Catholique. Mais après ſa mort, Eliſabeth lui ſuccéda, le 19 Novembre 1558, & promit à ſon Couronnement, qui ſe fit le 15 Janvier 1559, de défendre la Religion Catholique, & de conſerver les privileges Eccléſiaſtiques; elle oublia auſſi-tôt ſa promeſſe, embraſſa la Relig. prét. réformée, ſe fit déclarer Chef de l'Egliſe, & prit le nom de *Protectrice de la Religion*. Elle s'éleva enſuite contre les Catholiques, & en fit mourir un très grand nombre, qui s'oppoſoient à ſes deſſeins. Eliſabeth reçut d'abord avec bonté, & traita en Reine, Marie Stuart, Reine d'Ecoſſe, & veuve de François II, Roi de France, qui aïant été chaſſée par ſes ſujets, alla chercher un aſyle en Angleterre; mais elle lui fit enſuite trancher la tête ſous divers prétextes, le 8 Février 1587. Cette action eſt peut-être le trait le plus déshonorant de la vie d'Eliſabeth. Cette Princeſſe réſiſta avec courage aux armées de Philippe II, Roi d'Eſpagne, & remporta ſur ce Prince pluſieurs avantages. Elle répondit aux Ambaſſadeurs des Hollandois, qui offroient de la reconnoître pour Souveraine, *qu'il ne ſeroit ni beau ni honnête, qu'elle s'emparât du bien d'autrui*, & leur promit de puiſſans ſecours, qu'elle leur en-

voïa peu de tems après. Elle aida auſſi de ſes troupes Henri IV, & fit alliance avec lui; s'étant rendue ſi redoutable, qu'elle ſe faiſoit craindre de toutes les Puiſſances de l'Europe. Elle ne voulut jamais ſe marier, quelqu'inſtance que ſes Sujets lui en fiſſent; Hich, ſon Médecin, lui aïant aſſuré qu'elle ne pouvoit s'expoſer à devenir mere, ſans riſquer ſa vie. Elle mourut le 3 Avril 1603, à 70 ans, après en avoir regné 44, chagrine d'avoir fait mourir le Comte d'Eſſex, le plus cher de ſes favoris. Il eſt conſtant que ſi l'on excepte ce qu'elle a fait contre la Religion Catholique, & la mort de l'infortunée Reine d'Ecoſſe, jamais femme ne regna avec plus de gloire, que la Reine Eliſabeth, & qu'il y a eu peu de grands Monarques, dont le regne puiſſe entrer en parallele avec le ſien. Elle avoit l'eſprit fin & pénétrant, le cœur noble & élevé, la polit que & l'art de regner dans un degré éminent. Son regne eſt le plus beau morceau de l'Hiſtoire d'Angleterre. Il a été l'école, où tant d'habiles Miniſtres, & tant de grands hommes d'Etat & de Guerre ſe ſont formés, que l'Angleterre n'en a jamais eu un plus grand nombre. Le Pape Sixte V eut une eſtime particuliere pour elle.

ELISABETH DE BOHEME, Princeſſe Palatine, eſt cél. parmi les Savans, pour ſon génie, pour ſa capacité dans la Philoſophie, & pour avoir été diſciple & protectrice de Deſcartes. Elle étoit fille aînée de Frédéric V, Electeur Palatin du Rhin, élu Roi de Boheme en 1619, & d'Eliſabeth de la Gr. Bretagne, fille du Roi d'Angleterre, de la Maiſon de Stuart, & naquit le 26 Décem. 1618. Elle apprit les Langues étrangeres dès ſa plus tendre jeuneſſe, & ſe rendit habile dans la Philoſ. & dans les Mathématiq. Aïant vû les eſſais de la Philoſ. de Deſcartes, elle conçut une ſi forte paſſion pour ſa doctrine, qu'elle voulut être inſtruite par ce célebre Philoſophe. Deſcartes l'exerça dans ſes les queſtions les plus abſtraites de la Géométrie, & les plus ſublimes de la Métaphyſique, & la Princeſſe Palatine s'y rendit ſi ſavante, que Deſcartes publia, en lui dédiant ſes principes, qu'il n'avoit encore trouvé qu'elle, qui fût parvenue à une intelligence parfaite des ouvrages, qu'il avoit publiés juſqu'alors. Vladiſlas IV, Roi de Pologne, la rechercha en mariage, après la mort de Renée Cecile d'Autriche, ſa premiere femme; mais l'amour qu'elle avoit pour la Philoſ. lui fit refuſer ce parti. Dans la ſuite aïant encouru la diſgrace de l'Electrice Palatine ſa mere, qui la ſoupçonnoit d'avoir eu part à la mort du ſieur d'Epinai, gentilhomme franç. aſſaſſiné à la Haye, elle alla demeurer à Groſſen, puis à Heidelberg, & de là à Caſſel. Enfin, elle accepta l'Abbaïe d'Hervorden, bénéfice d'environ 20000 écus de rente. Elle fit de cette Abbaïe, une Académie Philoſophique, où toutes ſortes de perſonnes d'eſprit & de Lettres, étoient également reçues, ſans diſtinction de ſexe, ni même de Religion; & l'Abbaïe d'Hervorden fut alors regardée comme une des Ecoles Cartéſiennes. La Princeſſe Palatine y mourut en 1680. La Reine Chriſtine de Suede avoit conçu contre elle une telle jalouſie, qu'elle ne pouvoit ſouffrir, qu'on lui en parlât avec éloge.

ELISE, *voyez* DIDON.

ELISÉE, célebre Prophète, fils de Scaphat, de la ville d'Abel Mehola, quitta ſa charue, 907 avant J. C. pour ſuivre le Prophète Elie, & ne l'abandonna jamais. Aïant hérité du manteau & du double eſprit prophétique d'Elie, 895 avant J. C. il paſſa le Jourdain à piés ſecs, prédit à Joſaphat, Roi de Juda, & à Joram, Roi d'Iſraël, la victoire qu'ils remporterent ſur les Moabites, & fit dévorer par des ours, des enfans qui ſe moquoient de lui; il multiplia l'huile d'une pauvre femme veuve, obtint par ſes prieres, à une femme ſtérile de Sunam ſon hôteſſe, un fils qu'il reſſuſcita dans la ſuite, fit une admi-

Tome I.

rable multiplication de pains, qu'il diſtribua à tout le peuple, & guérit la lépre de Naaman. Giéſi, ſon ſerviteur, fut frapé de ce mal, aïant reçu contre ſon ordre, des préſens de ce Seigneur. Eliſée fit pluſieurs autres miracles, & prédit à Joas, Roi d'Iſraël, qu'il remporteroit autant de victoires ſur les Syriens, qu'il frapperoit de fois la terre de ſon javelot. Il mourut à Samarie, vers 830 avant J. C. âgé d'environ 100 ans. Un corps mort aïant été jetté dans ſon tombeau, & aïant touché ſes os, reſſuſcita.

EL-MACIN, (George) célebre Hiſtorien, natif d'Egypte, fut Secretaire des Califes, quoiqu'il fît profeſſion du Chriſtianiſme. On a de lui une Hiſtoire des Sarazins, écrite en arabe, qui a été traduite en latin par Erpenius. Il vivoit au 13e ſiecle.

ELMENHORST, (Geverhart) Auteur céleb. du 17e ſiecle, natif d'Hambourg, s'appliqua à la critique, & s'y rendit très habile. Il fit des notes ſur Minutius Felix, & ſur pluſ. autres Auteurs anciens, & donna à Leyde en 1618 le tableau de Cébés, avec la verſion latine & les notes de Jean Caſellus. Il m. en 1621. Il ne faut pas le confondre avec Henri Elmenhorſt, dont on a un Traité en Allemand ſur les ſpectacles, imprimé à Hambourg en 1688 in-4°. Il tâche d'y prouver que les Spectacles, tels qu'ils ſont aujourd'hui, bien loin d'être contraires aux bonnes mœurs, ſont d'une gr. utilité, & que conſéquemment les Magiſtrats devroient les encourager par-tout.

ELOI, (S.) Tréſorier du Roi Dagobert, puis Evêq. de Noyon, naquit à Cadillac, dans le Limoſin, en 588. Il fit d'excellens ouvrages d'orféverie, remplit les devoirs de l'Epiſcopat avec zele & avec charité, prêcha la Foi à des peuples Idolâtres, fonda un grand nombre d'Egliſes & de Monaſteres, & mourut le premier Décembre 658. Il nous reſte, ſous ſon nom, des Homélies & des Epîtres; mais les Homélies ne sont pas de lui. S. Ouen a écrit sa vie, laquelle a été traduite en françois, par Louis de Montigni, & depuis par C. Levêque.

ELPENOR, l'un des compagnons d'Ulisse, fut changé en porc par Circé, avec ceux qui étoient avec lui. Circé, selon la Fable, lui rendit ensuite sa premiere forme ; mais il se tua en tombant du haut d'un escalier.

ELSHEIMER, ou ELSHAIMER, (Adam) Peintre célebre du 16e siecle, natif de Francfort, alla à Rome, où il passa la plus grande partie de sa vie, & où il mourut de misere, après y avoir fait d'excellens tableaux. Il réussissoit sur-tout à représenter des sujets nocturnes, dans lesquels les objets étoient éclairés de la lumiere de la Lune, ou de flambeaux allumés.

ELSWICH, (Jean Herman d') sav. Théol. Luther. naquit à Rensbourg dans le Holstein en 1684. Il devint Ministre à Stade, & y m. en 1721. Il a publié le Livre de Simonius, de Litteris pereuntibus, avec des notes de sa façon. Epistolæ familiares variæ Theologici potissimum argumenti. Launoius de variâ Aristotelis fortunâ, auquel il a ajouté, Schediasma de variâ Aristotelis in scholis protestantium fortunâ, & Joannis Jonsii differt. de Historiâ peripateticâ. Commentatio de Reliquiis Papatûs Ecclesiæ Lutheranæ temere affictis Formula concordiæ in dania non combusta. Recentiorum in novum fœdus critica, &c.

ELYOT, (Thomas) sav. Gentilhomme Anglois, fut chargé par Henri VIII, de diverses Négociations importantes. On a de lui Traité de l'éducation des enfans, & d'autres ouvrages estimés.

ELZEVIRS, 4 celebres Imprimeurs de Holland, savoir, Bonaventure, Abraham, Louis & Daniel. Ce dernier mourut à Amsterdam, en 1680.

EMANUEL, Roi de Portugal, & l'un des plus grands Princes qui aient regné en Europe, succéda en 1495 à Jean II, son cousin, mort sans enfans. Il protegea les gens de Lettres, chassa les Mores de ses Etats, & conquit plusieurs villes & forteresses en Afrique : c'est sous ses auspices, que Vasco de Gama, Amérique Vespuce, Alvarez Cabral, & d'autres grands hommes de mer, découvrirent de nouveaux païs, & firent connoître le nom Portugais à des peuples auparavant inconnus. Tant de prospérités & de bonheur firent nommer le tems de son regne, le siecle d'or du Portugal. Il mourut à Lisbonne, le 13 Décembre 1521, à 53 ans.

EMANUEL, Philibert, Duc de Savoie, surnommé Tête de fer, & fils de Charles III, & de Beatrix de Portugal, naquit le 8 Juill. 1528. Il passa en Allemagne à l'âge de 20 ans, fut fait Général de l'armée Impériale au siege de Metz, & gagna sur les François, la bataille de S. Quentin, en 1557. La paix aïant été conclue en 1559, il épousa Marguerite de France, fille du Roi François I. Par ce mariage, il recouvra ses Etats, & les augmenta par sa prudence & par son courage. Sa piété, sa sagesse, sa valeur & son amour pour les Sciences, lui attirerent l'affection de ses sujets. Il mourut le 30 Août 1580. Charles Emanuel, son fils, lui succéda.

EMILE, (Paul) fils de Lucius Paulus, tué à la bataille de Cannes, fut deux fois Consul. Dans son premier Consulat, il triompha des Liguriens, 18. avant J. C. Dans le second, il vainquit la Macédoine sur le Roi Persée ; ce qui lui mérita le surnom de Macédonique. Il retourna à Rome comblé de gloire, & triompha pendant trois jours. Il mourut 168 avant J. C.

EMILE, (Paul) célebre Historien, natif de Véronne, fut attiré en France par le Cardinal de Bourbon, sous le regne de Louis XII ; on lui donna un Canonicat de la Cathédrale de Paris. Il composa pendant près de 30 ans une Histoire de France, dont Juste Lipse fait un grand éloge, & mourut à Paris, le 5 Mai 1529.

EMMIUS, (Ubbo) savant Professeur en Histoire & en Langue Grecque à Groningue, né à Gretsyhl, le 5 Déc. 1547, fut Recteur du College de Norden, puis de celui de Leer, & enfin le prem. Recteur de la nouvelle Académie, érigée à Groningue. Il s'acquit une gr. réputation, & mourut le 9 Décembre 1625, à 79 ans. Ses principaux ouvrages sont: 1. *Vetus Græcia illustrata*, 3 vol. *in-8°.* ouvrage estimé: 2. *Decades rerum Frisicarum*, & plus. autres Traités dans lesquels on remarque beaucoup de justesse & de précision.

EMPEDOCLE, célebre Philosophe, natif, d'Agrigente, ville de Sicile, vers 444 av. J. C. suivoit la Philosophie de Pythagore, & admettoit la métempsycose. Il paroissoit toujours avec une couronne d'or sur la tête, pour soutenir par ces dehors pompeux, la réputation d'homme extraordinaire qu'il s'étoit acquise. Aristote assure qu'Empedocle étoit grand partisan de la liberté; qu'il ne vouloit souffrir aucune domination, & qu'il refusa même la Roïauté qu'on lui offroit. son principal ouvrage étoit un Traité en vers, de la *Nature & des principes des choses.* Aristote, Lucrece, & tous les Anciens, font les plus magnifiques éloges des Poësies & de l'éloquence d'Empedocle. On rapporte différemment sa mort. La plus commune opinion est qu'il périt dans les flammes du Mont-Etna, ou par accident, ou parcequ'il s'y précipita lui-même, afin de faire croire qu'il avoit disparu comme un Dieu; mais Diogene Laerce semble croire qu'Empedocle étant extrêmement vieux, tomba dans la mer, & se noïa; ce qui est beaucoup plus vraisemblable. Il croïoit que Dieu est un *feu intelligent ou spirituel* νοερὸν πυρ.

EMPEREUR, ( Constantin l' ) d'Oppyck, cél Professeur d'Hébreu, à Harderwich, puis à Leyde, étoit très habile dans les Langues Orien-

tales, qu'il avoit apprises sous Drusius & Erpenius. Il lia une étroite amitié avec Louis de Dieu, Daniel Heinsius, & les deux Buxtorfs, & mourut en 1648. On a de lui plusieurs ouvrages estimés.

EMPORIUS, savant Rhéteur du 6e siecle, dont on a un Traité *de l'Ethopée & du lieu commun:* un autre, *du genre démonstratif,* & un troisieme, *du genre délibératif.* Son style est vif & nerveux.

ENDYMION, Roi d'Elide, aïant été chassé de son Roïaume, se retira dans la Carie, vers le mont Latmos, où il s'appliqua à la connoissance du cours des Astres, & principalement de la Lune; ce qui donna lieu à la fable des Poètes, que la Lune aimoit Endymion, & qu'elle l'alloit visiter toutes les nuits, tandis qu'il dormoit d'un sommeil perpétuel sur la montagne.

ENÉE, fameux Prince Troyen, fils d'Anchise & de Venus, après la ruine de Troye, passa en Italie, selon la fable, où il épousa Lavinie, fille du Roi Latinus, & défit Turnus, Roi des Rutules, à qui elle avoit été promise. Enée combattit ensuite contre Mezence, Roi des Toscans, allié des Rutules, & disparut après le combat. Virgile a rendu immortel le nom de ce Prince, & en a fait le héros de son Poëme, quoiqu'il paroisse constant qu'Enée n'a jamais été en Italie.

ENÉE, *Æneas Tacticus,* un des plus anc. Auteurs qui aient écrit de l'Art Militaire, vivoit vers 336 av. J. C. Casaubon a publié son ouvr. en grec & latin.

ENÉE de Gaze, célebre Philosophe Platonicien, sur la fin du 5e si. dont nous avons un Dialogue de l'Immortalité de l'Ame, & de la Résurrection des Corps, intitulé *Theophraste.* Il est écrit en grec, & a été traduit en latin, avec les notes de Barthius & d'autres Savans.

ENGLEBERT, ( Corneille ) Peintre très célebre du 16e siecle, natif de Leyde.

ENJEDIM, ( George ) un des

F f ij

plus subtiles Unitaires qui aient fait des remarques sur l'Ecriture-Sainte. On a de lui : *Explicatio locorum Scripturæ veteris & novi Testamenti, ex quibus dogma Trinitatis stabiliri solet.* Ouvrage subtil & pernicieux ; cet Auteur étoit de Hongrie.

ENNIUS, ( Quintus ) ancien Poëte latin, né à Rudes, ville de Calabre, vers 236 avant J. C. apprit la Langue Grecque en Sardaigne à Caton *le Censeur*, qui le mena à Rome. Ennius s'y fit estimer, par la vivacité de son esprit & par le feu de son imagination. Il s'efforça d'introduire les beautés de la Langue Grecque dans la Langue latine, & fut le premier des Romains qui composa des vers héroïques. Il fit un grand nombre de Tragédies, & les Annales de la République Romaine. Si l'on en croit Horace, Ennius ne composoit jamais qu'après avoir bien bu. Il avoit un gr. génie, mais son style étoit rude. Virgile empruntoit quelquefois des vers de ce Poëte, & disoit que c'étoient *des perles tirées du fumier d'Ennius.* Cet ancien Poëte mourut de la goutte, vers 169 avant J. C. & fut enterré dans le tombeau de Scipion son ami. Il ne nous reste que des fragmens de ses ouvrages.

ENNODIUS, né en Italie, vers 473, d'une famille illustre, entra dans le Clergé, du consentement de sa femme qui lui avoit apporté de grands biens, & qui de son côté se fit Religieuse. Ennodius prononça le Panégyrique de Théodoric, prit la défense du Pape Symmaque, & se rendit célèbre par ses écrits. Il fut mis sur le Siège de Pavie, vers 510, & fit deux voïages en Orient pour la réunion de l'Eglise d'Orient avec celle d'Occident ; mais il n'y réussit point. Il mourut à Pavie le prem. Août 521, à 48 ans. Le P. Sirmond publia ses ouvrages en 1611.

ENOCH ou HENOCH, fils de Jared, & père de Mathusalem, naquit vers 3412 av. J. C. *Il marcha devant le Seigneur*, & fut enlevé dans le Paradis Terrestre, vers 3048 av. J. C. Il couroit un Livre sous son nom du tems de S. Jérôme. Ce Pere croit que S. Jude le cite en ces termes : *Enoch a prophétisé ainsi ; Voilà le Seigneur qui va venir avec une multitude innombrable de ses Saints, pour exercer son jugement sur tous les hommes ;* mais comme ce Livre étoit apocryphe & fabuleux, on pense, ou que S. Jude n'a point tiré ce qu'il dit de cet écrit, mais de quelqu'autre Auteur digne de foi ; ou que s'il a tiré sa citation de cet écrit apocryphe, il savoit d'ailleurs que ce qu'il en citoit étoit véritable. Il ne faut pas confondre cet Enoch, avec Enoch ; fils de Caïn, qui bâtit la première ville, & l'appella de son nom *Enochie :* ce dernier étoit né vers 3873 avant J. C.

EOBANUS, ( Helius ) cél. Poëte latin, naquit sous un arbre au milieu des champs, le 6 Janvier 1488, dans le Païs de Hesse. Il se rendit si célèbre par ses Poésies, qu'on l'appelloit l'*Homere d'Allemagne.* Eobanus enseigna les Belles-Lettres à Herford, & à Nuremberg, puis à Marpurg, où le Landgrave de Hesse le combla de biens. Il étoit aussi bon Buveur que bon Poëte. Il mourut à Marpurg, le 5 Octobre 1540. Il a traduit en vers latins Théocrite, l'Iliade d'Homere, &c. On estime surtout ses Elegies. Le style de ce Poëte est naturel, aisé, clair & châtié. L'Allemagne n'avoit rien produit jusqu'alors de plus agréable. Joachim Camerarius a écrit sa vie.

EOLE, Dieu des vents, selon la fable, étoit Roi des Isles de Vulcain, ou Eoliennes. On lui attribue l'invention des voiles dans la navigation ; & Strabon dit, qu'en observant le flux & le reflux de la mer, le cours des nuées & des fumées qui sortent de la terre, il prédisoit les vents & les tempêtes, ce qui donna lieu à la fiction des Poëtes qu'Eole tenoit les vents dans des cachots, & qu'il les avoit sous sa domination.

EPAMINONDAS, célebre Thebain, fils de Polymne, & l'un des plus gr. Capitaines de l'antiquité, apprit la Philosophie & la Musique sous Lysis, Philosophe Pythagoricien, & se forma dans tous les autres exercices d'esprit & de corps. Il porta d'abord les armes en faveur des Lacédémoniens, & sauva la vie à Pelopidas leur chef, blessé de sept à huit coups dans une action. Il lia avec ce Général une étroite amitié qui dura jusqu'à la mort. Pelopidas délivra par son conseil, la ville de Thebes, du joug des Lacédémoniens qui s'étoient rendus maîtres *de la Cadmée;* ce qui excita une guerre sanglante entre ces deux peuples. Epaminondas fut fait Général des Thebains, gagna la célebre bataille de Leuctres, 371 avant J. C. où Cléombrote, vaillant Roi de Sparte, fut tué, ravagea le païs ennemi, & fit rebâtir & peupler la ville de Messene. Ensuite le Commandement de l'armée aïant été donné à un autre, parcequ'Epaminondas avoit tenu les troupes en Campagne, quatre mois plus qu'il ne lui avoit été ordonné par le peuple, il servit en qualité de simple Soldat, & se signala par tant de belles actions, que les Thebains, honteux de lui avoir ôté le Commandement, lui rendirent toute l'autorité pour faire la guerre en Thessalie, où ses armes furent toujours victorieuses. La guerre étant survenue entre les Eléens & ceux de Mantinée, les Thebains prirent le parti des premiers. Epaminondas voulut alors surprendre Sparte & Mantinée; mais, n'aïant pas réussi, il donna bataille, 363 avant J. C. & fut blessé à mort d'un coup de javelot, dont le fer étoit resté dans la plaie. Aïant sû qu'on ne pouvoit l'arracher sans qu'il perdît la vie, il ne voulut point qu'on le lui tirât; mais il continua de donner ses ordres, & comme on lui vint dire, que les ennemis étoient entierement défaits: *J'ai assez vécu,* s'écria t-il, *puisque je meurs sans avoir été vaincu.* En même tems, il arracha le fer de sa plaie & expira: un moment avant sa mort, un de ses amis le plaignant de ne point laisser de postérité; (car il n'avoit jamais été marié) *Tu te trompes,* lui dit-il, *je laisse deux filles après moi, la victoire de Leuctres & celle de Mantinée.* Epaminondas n'étoit point seulement illustre par ses vertus militaires, il étoit bon, affable, frugal, rempli d'équité & de modération, tendre & généreux ami.

EPEUS, frere de Peon, & Roi de la Phocide, regna après son pere Panopée. Il inventa, selon Pline, le bélier pour l'attaque des places, & l'on dit qu'il bâtit le cheval de Troye, & qu'il fonda la ville de Metapont.

EPHIALTE, fils de Neptune, étoit, selon la fable, un géant d'une force incroïable; il voulut escalader le Ciel avec son frere Ochus, mais Jupiter les précipita dans l'Enfer.

EPHORE, cél. Orateur & Historien, vers 352 avant J. C. étoit de Cumes en Eolie. Il fut disciple d'Isocrate, & composa, par son conseil, une Histoire dont les Savans regrettent la perte.

EPHRAIM, second fils du Patriarche Joseph, & Chef d'une Tribu des Juifs, qui porta son nom.

EPHRAIM, fils d'Aron, savant Rabbin & Préfet de la Synagogue de Leopold. On lui attribue quatre ouvrages différens, imprimés à Bâle en 1581, en 4 vol. *in fol.*, à Prague en 1610, &c; mais il n'est pas certain qu'ils soient tous de lui.

EPHREM, (S.) sav. Pere de l'Eglise, & Diacre d'Edesse, au 4e si. étoit de Nisibe. Il embrassa dans sa jeunesse la vie Monastique, & devint en peu de tems le Maître & le Supérieur d'un gr. nombre de Moines. S. Jacques de Nisibe, dont il étoit disciple, l'ordonna Diacre, & Sozomene rapporte, qu'aïant été élu Evêque, il feignit d'avoir perdu l'esprit, de crainte d'être ordonné malgré lui. S. Ephrem se fit estimer de S. Basile, de S. Gregoire de Nice, & des autres gr. hommes de son

ſiecle. Il écrivit avec force contre
les erreurs de Sabellius, d'Arius,
d'Appollinaire, des Manichéens,
&c. & s'acquit une ſi grande réputation, par ſes ouvr. & par ſes vertus, qu'il fut appellé *le Docteur &
le Prophéte des Syriens*. Il mour. en
379. La meilleure édition de ſes ouvrages eſt celle de Rome, depuis
1732 juſqu'en 1746, en grec, en
ſyriaque, & en latin, 6 vol. *in-fol.*
On y trouve d'excellens Commentaires ſur l'Ecriture-Sainte, de ſavans Traités de Controverſe contre
les Hérétiques, d'éloquentes Homélies, & de très beaux Livres de
piété.

**EPICHARME**, cél. Poète & Philoſophe Pythagoricien, natif de Sicile, introduiſit la Comédie à Sy-
racuſe, où il fit repréſenter un gr.
nombre de pieces, que Plaute imita
dans la ſuite; il avoit auſſi compoſé
pluſieurs Traités de Philoſophie &
de Médecine, dont on dit que Platon ſut profiter. Ariſtote & Pline
lui attribuent, l'invention des deux
lettres grecques Θ & X. Il vivoit
vers 440 avant J. C., & mourut âgé
de plus de 90 ans. Il diſoit que les
Dieux nous vendent tous les biens
pour du travail.

**EPICTETE**, célebre Philoſophe
Stoïcien, natif d'Hiérapolis en Phrygie, au prem. ſi., fut eſclave d'E-
paphrodite affranchi, & l'un des Officiers de la Chambre de Neron. Domitien aïant banni de Rome tous
les Philoſophes, vers 94 de J. C.
Epictete ſe retira à Nicopolis en Epire, où il mourut dans un âge fort
avancé. La lampe de terre, dont il ſe
ſervoit, fut vendue, après ſa mort,
3000 mille dragmes. C'eſt de tous
les anciens Philoſophes, celui dont
la doctrine & la morale approchent
le plus du Chriſtianiſme. Il avoit,
de Dieu & de la Providence, des
idées plus juſtes que les autres Philoſophes Païens, & quoiqu'il ſoutînt
les principes de la Secte Stoïque, il
n'avoit dans ſes mœurs aucune des
pratiques dures & farouches de ces
Philoſophes. Il poſſédoit toujours
ſon ſang froid, & ne ſe laiſſoit ja-

mais emporter aux mouvemens de
la colere, ou des autres paſſions. Un
jour Epaphrodite, ſon Maître, lui
tirant la jambe en badinant, & la
frapant avec force, Epictete le pria
de diſcontinuer, mais aïant redou-
blé, de telle ſorte, qu'il lui caſſa
l'os: *Ne vous ai-je pas bien dit*, lui
dit Epictete, ſans s'émouvoir, *que
vous me caſſeriez la jambe.* Arrien,
ſon diſciple, nous a laiſſé quatre
Livres de ſes diſcours & ſon *Enchiridion* ou *Manuel*, dont il y a pluſieurs éditions en grec, en latin, &
en françois. Marc Aurele, S. Auguſtin, & S. Charles Borromée,
prenoient plaiſir à lire les ouvrages
d'Epictete. Il avoit coutume de dire,
que toute la Philoſophie étoit renfermée en ces deux mots: *Supportez
& abſtenez-vous.* Le P. Mourgues,
Jéſuite, fait mention d'un ancien
Monaſtere de Religieux, qui avoient
pris pour leur regle le *Manuel* d'E-
pictete, en y changeant quelques
petites choſes.

**EPICURE**, l'un des plus grands
Philoſophes de ſon ſiecle, naquit à
Gargetium, dans l'Attique, vers
342 avant J. C. Il étoit fils de Néo-
cles & de Chereſtrate. Il ſe fixa à
Athenes, à l'âge d'environ 36 ans,
& y érigea une Ecole dans un beau
jardin qu'il acheta. Il y vécut tranquillement avec ſes amis, & il y
éleva un gr. nombre de diſciples qui
vivoient tous en commun avec leur
Maître. Le reſpect que ſes Sectateurs
conſerverent pour ſa mémoire, eſt
admirable. Son école ne ſe diviſa
jamais; & ſes principes furent ſui-
vis comme des oracles. Le jour de
ſa naiſſance étoit encore ſolemniſé
du tems de Pline, & l'on fêtoit même tout le mois auquel il étoit né.
Ses diſciples mettoient ſon portrait
partout. Epicure écrivit beaucoup
de Livres, dans leſquels il ſe piquoit
de ne rien citer. Il mit dans une
grande réputation le ſyſtême des
atômes, inventé par Démocrite; il
y changea ſeulement quelque choſe,
& ce ne fut pas toujours pour des
raiſons ſolides. Ce qu'il enſeigna ſur
la nature des Dieux eſt très impie.

Il faisoit consister la félicité de l'homme dans le plaisir & la volupté, non pas, comme ses ennemis l'ont publié, dans les voluptés sensuelles, mais dans la volupté qui est inséparable de la vertu, & qui est jointe à la tempérance ; mais ses opinions aïant été mal interprétées, & quelques uns de ses disciples s'étant livrés à la débauche, il en résulta de mauvais effets, qui décrierent sa secte. Les Stoïciens l'accuserent de ruiner le culte des Dieux, & d'ouvrir la porte au libertinage. Epicure, touché de leurs reproches, n'oublia rien en cette rencontre, pour justifier ses sentimens aux yeux du Public. Il fit des ouvrages de piété ; il recommanda la vénération des Dieux ; il exhorta à la sobriété, à la continence & à la chasteté. Quoiqu'il eût une mauvaise doctrine, il est constant qu'il vivoit selon les regles de la sagesse & de la frugalité philosophique. On ne mangeoit que du pain & des légumes dans son jardin, & l'on ne buvoit que de l'eau : aussi Origene, S. Grégoire de Nazianze, & plusieurs autres SS. Peres l'ont-ils justifié sur l'article des mœurs. Il étoit zélé pour le bien de la patrie, & recommandoit l'obéissance aux Magistrats, disant *qu'il falloit souhaitter de bons Souverains, & se soumettre à ceux qui gouvernent mal.* Il étoit aussi fort assidu aux Temples ; ce qui donna occasion à Diocles de s'écrier la premiere fois qu'il l'y vit, *Quelle fête ! quel spectacle pour moi ! Je ne vis jamais mieux la grandeur de Jupiter, que depuis que je vois Epicure à genoux.* Tout cela n'empêcha point qu'on ne fît courir des impostures contre ses mœurs, & que Timocrate, déserteur de la secte, ne parlât très scandaleusement de lui. Il mourut 271 avant J. C., à 72 ans. Gassendi a recueilli avec soin tout ce qui concerne la vie, la doctrine & les écrits de ce fameux Philosophe.

EPIMENIDE, célebre Poëte & Philosophe, natif de Gnosse ou de Phesle dans l'Isle de Crete, portoit toujours les cheveux longs contre l'usage du païs. On dit que dans sa jeunesse, étant entré dans une caverne, il y resta endormi pendant plusieurs années ; mais il y a lieu de croire que ce n'étoit qu'une fiction politique, pour donner plus de croïance & d'autorité à ses discours ; car il se plaisoit d'en imposer au peuple, assurant qu'il avoit commerce avec les Dieux, qu'ils lui avoient appris l'art des expiations, & qu'il mouroit ou ressuscitoit quand il vouloit. Quoi qu'il en soit, la gr. réputation qu'il s'étoit acquise d'être le favori des Dieux, porta les Athéniens, affligés de la peste, à lui envoïer des Députés, pour qu'il allât les soulager. Epimenide se transporta à Athenes, expia la ville avec des eaux lustrales, ou plutôt avec des eaux composées de simples ; & la peste cessa. Cela lui donna occasion de lier amitié avec Solon, vers 596 avant J. C., & d'instruire ce Législateur des moïens les plus propres à bien gouverner. Il retourna ensuite en Crete, & refusa les présens que les Athéniens lui offrirent. Il mourut dans un âge très avancé. Il avoit composé un grand nombre d'ouvr. en vers, dont les Anciens font l'éloge. Platon l'appelle, *un homme divin*, & S. Paul en cite un vers où il est dit, que *les Cretois sont toujours des menteurs, de méchantes bêtes, des ventres paresseux* ; ce vers est tiré du Traité d'Epimenide, *sur les Oracles & leurs Réponses.*

EPIPHANE, (S.) Pere & Docteur de l'Eglise, naquit en Palestine, vers 310. Il y fonda un Monastere, dont il prit lui même la conduite. Il fut élu vers 366, Evêque de Salamine, Métropole de l'Isle de Chypre. S. Epiphane préserva cette Isle des erreurs d'Arius & d'Apollinaire. Il prit le parti de Paulin contre Melece, & ordonna en Palestine, Paulinien, frere de S. Jérôme, ce qui irrita contre lui Jean, Evêque de Jérusalem. Il condamna ensuite dans un Concile, les Livres d'Origene, & fit tout ce qu'il put avec Théophile, Evêque d'Alexandrie, pour engager S. Chrysostome à se déclarer en faveur de cette condamnation; mais n'aïant pu y réussir, il alla lui même à CP. pour y faire exécuter le décret de son Concile. Il n'y voulut avoir aucun commerce avec S. Chrysostome, & forma le dessein d'entrer dans l'Eglise des Apôtres, pour y publier la condamnation d'Origene; mais étant averti du danger auquel il s'exposeroit, il prit le parti de retourner à Salamine. On dit qu'étant près de s'embarquer, il prédit à S. Chrysostome qu'il seroit chassé de son Siége, & que ce Saint de son côté lui dit, qu'il ne reverroit point son Eglise ni son Palais. S. Epiphane mourut en effet en s'en retournant à Salamine, en 403, à plus de 80 ans. C'est de tous les Peres Grecs, celui qui a écrit le moins bien. Il avoit beaucoup de lecture & d'érudition, mais peu d'exactitude dans les faits. La meilleure édition de ses Œuvres est celle que le Pere Petau publia en 1622, en grec & en latin avec de savantes notes. Son principal ouvrage est un Traité contre les hérésies.

EPIPHANE, Patriarche de CP. en 520, prit avec zele la défense du Concile de Calcédoine, & de la condamnation d'Eutyches. Le Pape Hormisdas lui donna pouvoir de recevoir en son nom tous les Evêques qui voudroient se réunir à l'Eglise Romaine, à condition qu'ils souscriroient à la formule qu'il avoit dressée. Epiphane mourut en 535.

EPIPHANE le Scholastique, célebre Ecrivain du 6e siecle, étoit ami de Cassiodore, à la priere duquel il traduisit du grec en latin les Historiens Ecclésiastiques, Socrate, Sozomene, & Theodoret. C'est sur cette version, que Cassiodore composa son Histoire tripartite. On a diverses autres traductions d'Epiphane.

EPISCOPIUS, (Simon) fameux Théologien Protest. & le principal Ecrivain de la secte des Arminiens, naquit à Amsterdam en 1583. Il fut choisi en 1612, pour remplir la place de Professeur en Théologie de l'Académie de Leyde, vacante par la démission volontaire de Gomar. Episcopius prit hautement la défense des Arminiens contre les Gomaristes, ce qui lui attira beaucoup d'ennemis. On ne voulut point l'admettre comme Juge au Synode de Dordrect, il y fut condamné, déposé du Ministere, & chassé des terres de la République. Il se retira alors à Anvers où il composa quelques Traités de controverse. Il retourna en Hollande en 1616, & fut Ministre des Remontrans à Rotterdam, jusqu'en 1634, qu'il alla à Amsterdam pour conduire le Collège que les Arminiens y avoient établi. Il mourut en cette derniere ville, le 4 Avril 1643. On a de lui, 1. des Commentaires sur le Nouveau Testament: 2. des Traités de Théologie, en 2 vol. in-fol. où il soutient le Tolérantisme. Sa vie, composée par Etienne Courcelles, & augmentée par Limborg, a été traduite de flamand en latin, & publiée en 1701, in-8°.

ERARD, (Claude) céleb. Avocat au Parlement de Paris, plaida en 1689, pour le Duc Mazarin, contre Hortense Mancini son épouse, & se distingua par ses talens & par sa probité. Ses plaidoïers ont été imprimés en 1734, in-8°.

ERASISTRATE, fameux Médecin, petit fils d'Aristote, découvrit par l'agitation du pouls d'Antiochus Soter, la passion que ce jeune Prince avoit pour sa belle-mere. Seleucus Nicanor son pere, donna cent talens à Erasistrate pour cette guérison.

ERASME, (Didier) le plus bel esprit, & le plus savant homme de son siecle, étoit fils de Pierre Gerard, Bourgeois de Goude, & de la fille d'un Médecin de Sevenberg. Il naquit à Rotterdam, le 28 Octobre 1467, & fut enfant de Chœur dans l'Eglise Cathédrale d'Utrecht, jusqu'à l'âge de neuf ans. Il alla continuer ses études à Deventer où il apprit par cœur, en peu de tems,

Terence & Horace ; aïant perdu son pere & sa mere à 14 ans, on l'obligea de prendre l'habit de Chanoine Régulier dans le Monastere de Stein , proche Tergou , où il fit Profession en 1486 , & où il s'amusa quelque-tems à la peinture. Il fut ordonné Prêtre par l'Evêque d'Utrecht, en 1492 , & vint ensuite à Paris pour y continuer ses études. Il demeura au Collége de Montaigu , mais il y tomba malade à cause de la mauvaise nourriture. Erasme étudia aussi en Droit à Orléans, voïagea en Angleterre , & se fit recevoir Docteur en Théologie , l'an 1506 , à Bologne en Italie. Il écrivit alors à Lambert Brunnius, Secretaire du Pape Jules II , pour demander dispense de ses vœux , & il l'obtint. De là il alla à Venise où il logea dans la maison d'Alde Manuce. Quelque-tems après , il fut appellé à Padoue par le Prince Alexandre , Archevêque de Saint André. Il alla ensuite à Rome où il fut très bien reçu du Pape & des Cardinaux , particulierement du Cardinal de Medicis qui fut depuis le Pape Leon X. Erasme fit un autre voïage en Angleterre en 1509 , à la sollicitation de ses amis, qui lui faisoient esperer de grands avantages du Roi Henri VIII , qui avoit pour lui une estime particuliere : il demeura chez Thomas Morus , Chancelier d'Angleterre. C'est-là qu'il composa l'*Eloge de la Folie* en latin. Il enseigna le grec à Oxford ; mais ne trouvant point d'établissement convenable en Angleterre, il se retira à Bâle , où il lia une étroite amitié avec le célebre Imprimeur Froben. Ce grand homme n'avoit eu jusques-là aucune recompense de ses travaux ; mais Charles d'Autriche, Souverain des Païs Bas , qui fut depuis Empereur sous le nom de Charles Quint , le fit son Conseiller d'Etat , & lui assigna une pension annuelle de 200 florins , dont il fut païé jusqu'en 1525. Le Roi François I lui offrit des avantages beaucoup plus considérables pour l'attirer en France , & le Pape Paul III conçut le dessein

de le faire Cardinal ; mais Erasme , n'aïant aucune ambition , ne voulut faire aucune démarche pour être élevé à cette dignité. Il quitta Fribourg où il demeuroit depuis plusieurs années & retourna à Bâle. Il y fut Recteur de l'Université, y revit ses ouvrages , & y mourut le 12 Juillet 1536 , à 68 ans. Erasme étoit petit , il avoit les yeux bleus & l'air grave & honnête. Il étoit d'une complexion délicate , & fut infirme presque toute sa vie. La meilleure édition de ses ouvrages est celle de Leyde , en 1703. Ils contiennent des Traités en presque tous les genres, Grammaire , Rhétorique , Philosophie , Théologie , Epîtres , Livres de piété , Commentaires sur le Nouveau Testament , Paraphrases , Traductions , Apologies , &c. car tous ces genres étoient du ressort de ce savant homme. Ils sont écrits avec une pureté & une élégance qui ne le cedent à aucun des meilleurs Ecrivains. C'est à lui qu'on doit principalement la renaissance des Belles-Lettres , les éditions correctes des SS Peres , la critique & le goût de l'antiquité. C'est un des premiers qui aient traité les matieres de Religion avec la noblesse , la dignité , & la majesté qui conviennent à nos mysteres.

ERASTE , ( Thomas ) cél. Médecin , naquit , en 1523 , dans le Marquisat de Bade - Dourlach. Il acheva ses études à Bologne en Italie , & enseigna avec réputation à Heidelberg , puis à Bâle où il mourut le prem. Janv. 1582. On a de lui divers ouvrages de Médecine , principalement contre Paracelse , & des Theses fameuses contre l'*Excommunication* & le pouvoir des Clefs.

ERATO , est , selon la Fable, celle des Muses qui préside aux Poésies amoureuses. On la représente en fille couronnée de Myrte & de roses, avec une lyre en la main droite, & un archet dans la gauche , aïant auprès d'elle un petit amour ailé , armé de son arc & de ses fleches.

ERATOSTRATE ou EROSTRATE, homme obscur d'Ephese, brûla le Temple de Diane pour rendre son nom fameux à la postérité, 356 avant J. C. Les Ephésiens firent une Loi pour défendre de jamais prononcer son nom ; mais cette Loi singuliere fut plutôt un moïen de le perpétuer.

ERATOSTHENE, savant Critique & Philologue, natif de Cyrene, vers 276 avant J. C. fut disciple d'Ariston & de Callimaque, & Bibliothéquaire d'Alexandrie, sous Ptolomée *Evergete*, Roi d'Egypte. Il m. 194 avant J. C., à 81 ans. Il s'étoit appliqué à tous les genres de sciences, & trouva le premier la maniere de mesurer la grandeur de la terre, ce qui lui fit donner le surnom de *Cosmographe & Arpenteur de l'Univers*. Il nous reste de lui quelques ouvrages imprimés à Oxford en 1672, *in 8°.*

ERBLAND, (S.) *voyez* HERMELAND.

ERCILLA Y CUNIGA, (Don Alonzo d') cél. Poëte Espagnol, qui vivoit sur la fin du 16e siecle, étant allé au Chily, il combattit & défit les Sauvages du païs appellé *Araucana*, qui s'étoient révoltés contre les Espagnols leurs vainqueurs. Don Alonzo d'Ercilla composa à cette occasion un Poëme Epique, qu'il intitula *Araucana*, du nom de ce païs barbare. On trouve dans cet ouvrage du feu, de l'élevation, & des pensées neuves & hardies ; mais peu de goût & d'invention. D'ailleurs les Regles du Poëme épique n'y sont point observées.

ERECHTÉE VI, Roi d'Athenes, succéda à Pandion, vers 1399, avant J. C. & regna 50 ans. Borée, natif de Thrace, enleva sa fille Orithye, trois ans avant qu'Eumalpe institua les cérémonies de Cérès à Eleusine. Cecrops son fils lui succéda.

ERIC ou HENRI, est le nom de 14 Rois de Suede, dont le plus connu est Eric, fils aîné de Gustave I, & de Catherine de Saxe. Il monta sur le Trône en 1560, & fit la guerre sans succès. Jean & Charles, ses freres, se souleverent contre lui avec les plus grands Seigneurs de Suede, en 1568, l'assiégerent dans Stockholm, le prirent & le renfermerent dans une prison. Jean son frere fut ensuite proclamé Roi, du consentement général des Grands & de tous les Ordres de l'Etat.

ERICTHONIUS IV, Roi d'Athenes, succéda à Amphictyon, vers 1489 avant J. C. & regna 50 ans. Il institua les Jeux Panathénaïques, en l'honneur de Minerve. On dit qu'aïant les jambes tortues comme des serpens, il inventa les chars pour en cacher la difformité, en ne faisant paroître que la moitié de son corps. Pandion lui succéda.

ERIGENE, *voyez* SCOT.

ERIGONE, fille d'Icare, se pendit de désespoir, lorsqu'elle apprit la mort de son pere. Jupiter, selon la fable, pour récompenser la piété de cette fille, la transporta dans le Ciel, & la plaça dans la constellation de la Vierge.

ERISICHTHON Thessalien, aïant abbatu une Forêt consacrée à Ceres, fut, selon la fable, réduit par cette Déesse, à une faim si extrême, qu'il se vit obligé de prostituer sa fille pour avoir de quoi vivre. Il se rongea ensuite les bras & mourut désespéré.

ERITHRÆUS, (Janus Nicius) *voyez* ROSSI.

ERKIVIN de Stembach, fut l'Architecte de la fameuse tour de Strasbourg, & l'acheva en 1446.

ERLACH, Maison de Suisse, très distinguée par l'ancienneté de sa noblesse & par les gr. Hommes qu'elle a produits. Elle est la premiere des six familles Nobles de Berne. On compte entr'autres Hommes illustres de cette Maison, Ulric d'Erlach, Chevalier & Capitaine général des Bernois, qui gagna en 1298 la bataille de Tonnerbuhel, sur la Noblesse liguée contre Berne. Rodolphe d'Erlach, Chevalier & Capitaine général des Bernois, qui gagna en 1338 la bataille de Laupen, fur l'armée des Nobles ligués contre Berne : & Jean Louis d'Erlach, Lieutenant général des Armées de France, Gouverneur de Brifac, Colonel de plufieurs Régimens d'Infanterie & de Cavalerie Allemande, à qui Louis XIII dut l'acquifition de Brifac en 1639, & Louis XIV, en partie, la victoire de Lens en 1648, & la confervation de fon Armée en 1649. Ce Prince lui confia cette année le commandement général de fes troupes, lors de la détection du Vicomte de Turenne. D'Erlach mourut à Brifac le 26 Janvier 1650, à 55 ans. Peu de tems avant fa mort, le Roi l'avoit nommé fon premier Plénipotentiaire au Congrès de Nuremberg, & il fe préparoit à récompenfer les fervices de ce Général par les honneurs Militaires les plus diftingués, lorfqu'on fût qu'une mort précipitée avoit abregé fes jours.

EROPE, *Æropus*, fils de Philippe I, Roi de Macédoine, monta fur le Trône étant encore enfant. Les Illyriens, voulant profiter de cette minorité, attaquerent & défièrent les Macédoniens; mais ceux-ci aïant porté le jeune Roi à la tête de l'armée, ce fpectacle ranima tellement les Soldats, qu'ils vainquirent à leur tour, vers 598 avant J. C. Ce Prince regna environ 43 ans.

ERPENIUS ou D'ERP, (Thomas) célebre Profeffeur en Langue Arabe, naquit à Gorcum en 1584. Il s'appliqua à l'étude des Langues, à la follicitation de Scaliger, & s'y rendit très habile. Erpenius voïagea en France, en Angleterre, en Allemagne, & en Italie, & fe fit partout eftimer des Savans. De retour en fon païs, il fut Profeffeur en Arabe dans l'Univerfité de Leyde, & y mourut le 13 Novembre 1624. On a de lui une excellente Grammaire arabe, & d'autres ouvrages eftimés. On dit que le Roi de Maroc admiroit tellement les Lettres qu'Erpenius lui écrivoit en arabe au nom des Provinces Unies, qu'il ne pouvoit fe laffer de les lire & de

les montrer à ceux qui parloient naturellement cette langue.

ERYTROPHILE, (Rupert) fav. Théolog. Luther. du 17e fi., & Miniftre à Hanovre, eft auteur d'un Commentaire méthodique fur l'Hiftoire de la Paffion. On a encore de lui : *Catena aurea in Harmoniam Evangelic.* in-4°.

ESAU, fils d'Ifaac & de Rebecca, naquit vers 1836 avant J. C. Il étoit roux & velu en naiffant, & Jacob fon frere jumeau le tenoit par le talon. Il vendit à Jacob fon droit d'aîneffe, & fe maria à des filles Chananéennes contre la volonté de fes patens. Jacob, aïant furpris la bénédiction d'Ifaac, s'enfuit chez Laban pour éviter la colere d'Efaü. Dans la fuite ils fe réconcilierent enfemble, après quoi Efaü fe retira à Séïr en Idumée, où il mourut vers 1710 avant J. C. à 127 ans, laiffant une nombreufe famille.

ESCALIN, (Antoine) célebre Capitaine du 16e fiecle, naquit au bourg de la Garde en Dauphiné, d'une famille obfcure. Il s'éleva par fon efprit & par fon courage, fe fignala en diverfes occafions, & fut Ambaffadeur à la Porte pour le Roi François I, en 1542. Il devint enfuite Baron de la Garde, & Général des Galeres. Il s'acquit une grande réputation fur mer & fur terre, & mourut dans fa Baronnie de la Garde le 30 Mai 1578, à 80 ans. Les Hiftoriens l'appellent fouvent *le Capitaine Poulin* ou *Polin*, nom qu'il portoit avant fon élévation.

ESCHINE, *Æfchinus*, cél. Orateur, natif d'Athenes, fut le rival de Demofthene. Il accufa Ctefiphon, ami de ce grand Orateur, par une action publique : mais Demofthene défendit la caufe de fon ami, & fit exiler Efchine d'Athenes. Celui-ci fe retira à Rhodes où il enfeigna la Rhétorique. De-là il alla à Samos où il mourut. Il fe diftingua tellement par fon éloquence, que les Grecs donnerent le nom des trois Graces aux trois Harangues qui nous reftent de lui, & celui des neuf Mufes à neuf de fes Epitres. Il ne

faut pas le confondre avec plusieurs
autres personnes de ce nom, dont
parle Diogene Laerce.

ESCHYLE, *Æschylus*, très cél.
Poëte tragique, naquit vers 525 av.
J. C. d'une illustre famille de l'Attique. Il se signala par son courage
aux fameuses batailles de Marathon, de Salamine & de Platée, &
donna au Théatre un gr. nombre
de Tragédies, qui furent reçues des
Grecs avec un applaudissement universel. Il se retira sur le déclin de
sa vie vers Hiéron, Roi de Syracuse, qui eut pour lui une estime particuliere. On dit qu'il mourut à la
campagne, un Aigle aïant pris sa
tête chauve pour la pointe d'un rocher, & y aïant laissé tomber une
tortue ; mais ce récit a l'air d'une
fable. Quoi qu'il en soit, Eschyle
mourut vers 477 avant J. C. Il nous
reste de lui sept Tragédies en grec,
dont les meilleures édit. sont celles
de Henri Etienne & de Stanley. Eschyle est regardé par les Anciens
comme le principal Auteur de la
Tragédie. C'est lui qui introduisit
sur la Scene les Interlocuteurs, l'u-
sage du Masque & le *Cothurne*. Son
style est grand, sublime, véhément; & ses expressions si terribles,
qu'au rapport des Scholiast. Grecs,
la premiere fois qu'il fit représenter
ses *Eumenides*, plusieurs enfans
moururent de fraïeur au Théatre,
& quelques femmes grosses y accou-
cherent de peur.

ESCOBAR DE MENDOZA, ( An-
toine ) fameux Casuiste Jésuite,
dont nous avons une Théologie
morale, des Commentaires sur l'E-
criture-Sainte, & d'autres ouvrages.
Il mourut le 4 Juillet 1669, à plus
de 80 ans, il étoit Espagnol. Il ne
faut pas le confondre avec François
d'Escobar natif de Valence en Espagne, qui vivoit au milieu du 16e
siecle, & qui a fait une bonne traduction d'Aphtone, ni avec quelques autres Auteurs Espagnols de ce
nom.

ESCOBAR, ( Marine d' ) fondatrice de la Récollection de Sainte
Brigite, en Espagne, naquit à Val-

ladolid le 8 Févr. 1554, & mourut
en odeur de sainteté le 9 Juin 1633.
Le Pere du Pont, son Confesseur,
laissa, en mourant, des mémoires
sur la vie de cette fille, qui ont été
imprimés en Espagnol, & qui sont
fort rares.

ESCOBAR, ( Barthelemi ) pieux
& savant Jésuite, né à Séville en
1558, d'une famille noble & ancienne, avoit de grands biens qu'il emploïa tous en œuvres de charité. Son
zele le conduisit aux Indes, où il
prit l'habit de Religieux. Il mour. à
Lima en 1624. On a de lui, 1. *Con-
ciones quadragesimales & de advex-
tu.* 2. *De Festis Domini.* 3. *Ser-
mones de Historiis sacra Script.*

ESCOUBLEAU, ( François d' )
plus connu sous le nom de Cardinal de *Sourdis*, étoit fils de François d'Escoubleau, Marquis d'Al-
luie, d'une Maison noble & ancienne. Il se distingua par son mérite, & se fit estimer de Henri IV,
qui obtint pour lui le Chapeau de
Cardinal en 1598. L'année suivante,
le Cardinal de Sourdis fut nommé
Archevêque de Bourdeaux. Il tint
un Concile Provincial en 1624, où
il fit paroître beaucoup de zele pour
la discipline Ecclésiastique. Il gouverna son Diocèse avec sagesse, &
mourut à Bourdeaux le 8 Fév. 1628,
à 53 ans. Henri d'Escoubleau, son
frere, lui succéda dans cet Archevêché.

ESCRIVA, ( François ) pieux &
sav. Jésuite, natif de Valence, se
distingua par son humilité, par sa
piété & par ses ouvr. de dévotion.
Il m. en 1617, à 87 ans. On a de
lui, 1. un Traité *de quatuor novis-
simis*, qui est très estimé. 2. *Discursus de obligationibus status
uniuscujusque.*

ESCULAPE, Dieu de la Méde-
cine, selon la fable, étoit fils d'A-
pollon & de la Nymphe Coronis. Il
fut élevé par le Centaure Chiron,
qui lui apprit la Médecine. Esculape guérit par cette science les maladies les plus désespérées ; mais
Jupiter, indigné de ce qu'il avoit
rendu la vie à Hippolyte, l'écrasa

d'un coup de foudre. Esculape laissa deux fils, Machaon & Podalire, & deux filles, Hygée & Jaso. Les Païens l'honoroient comme un Dieu. Ils lui mettoient à la main un bâton entouré de serpens, & lui consacroient le Coq, la Chevre & le Corbeau. Il avoit un fam. Temple à Epidaure, & un autre à Rome dans une Isle formée par le Tibre. On dit qu'il est le premier qui inventa l'art d'arracher les dents. Clifton assure que c'est à Esculape que nous sommes redevables de la Médecine *Clinique*, c'est-à-dire, de la coutume de visiter les malades dans leurs lits pour les guérir.

ESDRAS, fils de Saraïas & Prêtre des Juifs durant leur captivité, s'acquit l'estime d'Artaxercès *Longuemain*. Ce Prince l'envoïa à Jérusalem avec de riches présens pour le Temple qui avoit été rebâti sous Zorobabel, & donna ordre aux Gouverneurs des Provinces voisines de fournir tout ce qui seroit nécessaire pour la splendeur du culte divin, & d'exempter les Prêtres des charges publiques. Esdras arriva à Jérusalem 467 avant J. C. persuada aux Juifs de chasser les femmes idolâtres qu'ils avoient épousées contre la loi de Dieu; fit la dédicace de la Ville; & lut, en présence du Peuple assemblé, le Livre de la Loi. C'est lui qui recueillit & qui revit les Livres qui forment le canon de l'Ecriture Ste; S. Jérôme dit aussi qu'il introduisit les caractéres Chaldéens chez les Juifs, & qu'il laissa les anciens caractéres aux Samaritains; mais cette opinion n'est point sans difficulté; quoi qu'il en soit, Esdras regla avec zele ce qui concerne le culte de la Religion Judaïque, & les Livres Canoniques, ce qui le fit appeller par les Hébreux *le Prince des Docteurs de la Loi*. Il est auteur du prem. des quatre Livres qui portent son nom. Ce Livre est écrit partie en hébreu, & partie en chaldéen. Le second a été composé par Nehemie. Les deux autres ne sont point canoniques. Quelques Auteurs attribuent aussi à Esdras les deux Livres des Paralipomenes.

ESOPE, auteur célebre par ses Fables, étoit Phrygien, selon la plus commune opinion. Il naquit esclave, & fut mené à Athenes où il apprit la Philosophie morale qui étoit alors en grande réputation. Dans la suite il fut vendu à Xantus de l'Isle de Samos, & enfin au Philosophe Idmon ou Iadmon de la même Isle, & qui avoit en même-tems pour esclave la fameuse courtisane Rhodopis. Esope voïant que la bassesse de sa naissance ne lui pouvoit donner assez de crédit & d'autorité sur le Peuple pour l'instruire par des sentences graves & par des moralités, comme faisoient alors les Sages de la Grece, crut devoir suivre une autre méthode. Il s'appliqua à composer des fables ingénieuses, utiles & agréables, qui lui acquirent une grande réputation par toute la Grece. Iadmon, pour récompenser ses services, ses talens & sa vertu, l'affranchit, aïant honte de tenir dans l'esclavage un homme digne de commander. Le bruit de la sagesse d'Esope étant parvenu jusqu'aux oreilles de Crœsus, ce Prince le fit venir à Cour, & il l'engagea par ses bienfaits à demeurer avec lui jusqu'à la fin de ses jours. Esope s'y entretint avec Solon & les autres Sages de la Grece, & y fit paroître beaucoup plus de politesse & de complaisance pour les Princes, que ces gr. Philosophes. Il voïagea à Athenes du tems de Pisystrate, & se trouva encore avec les Sept Sages de la Grece à la Cour de Periander, Tyran de Corinthe. De retour à Sardes, Crœsus l'envoïa à Delphes, pour y faire de magnifiques sacrifices à Apollon, & distribuer à chaque Citoïen quatre mines d'argent. Esope s'étant apperçu que les terres labourables des environs de Delphes étoient en friche, reprocha aux Delphiens leur paresse, & renvoïa à Sardes le reste de l'argent emploïé aux sacrifices. Cette conduite irrita tellement les Delphiens, qu'ils le précipiterent du haut d'un rocher, sous prétexte

qu'il avoit dérobé une coupe d'or
consacrée à Apollon. Ils avoient eux-
mêmes caché cette coupe, dans un
de ses ballots, comme il s'en retournoit vers Cræsus. Toute la Grece
s'intéressa à la mort de ce gr. homme, & les Athéniens lui éleverent
une magnifique statue. On croit ordinairement, sur le témoignage de
Planudes, qu'Esope étoit le plus
difforme & le plus contrefait de
tous les hommes, & qu'il avoit la
langue si empêchée, qu'à peine pouvoit-il parler ; mais aucun Auteur
ancien ne le dépeint de la sorte,
& ne lui reproche aucune espece de
difformité. On trouve au contraire
qu'Esope étoit d'un fort beau naturel, qu'il avoit une grande inclination & une grande aptitude à la
Musique, & qu'il étoit le plus poli
des Philosophes de son tems. D'ailleurs, la vie d'Esope, par Planudes, est remplie de contes ridicules & puériles, qui ne méritent aucune croïance, Socrate, pendant sa
prison, mit en vers les fables d'Esope, mais ces vers sont perdus. Le
Recueil que nous avons, & qui a
été publié par Planudes, ne paroît
point avoir été écrit par Esope. Il
y a des fables dans ce Recueil qui
sont plus anciennes qu'Esope ; &
les Anciens citent des fables sous le
nom d'Esope, qui ne se trouvent
point dans ce Recueil.

ESOPE, ( Claudius ) Comédien,
& le plus célebre Acteur qu'aient eu
les Romains pour le tragique, vers
85 avant J. C. perfectionna Ciceron dans l'art de la déclamation,
& mourut fort riche, quoiqu'il eût
fait des dépenses extraordinaires.

ESPAGNE, ( Jean d' ) savant
Ministre de l'Eglise Françoise de
Londres, au 17e siecle, a composé divers opuscules publiés en 1670.
On estime principalement celui qui
a pour titre : *Erreurs populaires
sur les points généraux qui concernent l'intelligence de la Religion.*
Il a censuré avec liberté le Catéchisme de Calvin.

ESPAGNET, ( Jean d' ) Président
au Parlement de Bourdeaux, & l'un

des plus sav. hommes du 17e siecle,
goûta la nouvelle Philosophie, &
donna au Public des marques du
progrès qu'il y avoit fait, dans son
*Enchiridion Physicæ restitutæ*, qui
fut imprimé à Paris en 1623, &
qui depuis a été traduit en françois
sous ce titre : *La Philosophie des
Anciens rétablie en sa pureté.* Il
joignit à son ouvrage latin un Traité de la pierre philosophale : *Arcanum hermeticæ Philosoph.* Et il publia en 1616 un vieux Manuscrit
intitulé le *Rozier des guerres*, qu'il
accompagna d'un Traité de sa façon sur l'institution d'un jeune
Prince.

ESPAGNOLET, ( Joseph Ribe-
ra, surnommé l' ) céleb. Peintre Espagnol, naquit à Xativa en 1589.
Il étudia la maniere de Michel-Ange de Caravage, & le surpassa dans
la correction du dessein. Né dans la
pauvreté, il en supporta long-tems
les miseres ; ce qui engagea un Cardinal à le prendre chez lui, & à
fournir abondamment à ses besoins ;
mais l'Espagnolet s'étant apperçu
que ce changement de fortune le
rendoit paresseux, sortit brusquement du Palais du Cardinal, pour
reprendre le goût du travail. Il devint premier Peintre du Viceroi de
Naples, Chevalier de Christ, &
membre de l'Académie de S. Luc de
Rome. L'Espagnolet amassa de gr.
biens, & mourut à Naples en 1656.
Ses Tableaux sont d'ordinaire des
sujets terribles & pleins d'horreurs.
& il y a beaucoup d'expressions dans
ses têtes. La plupart de ses desseins
sont arrêtés par un trait de plume
fin & spirituel. Il a aussi gravé à
l'eau-forte.

ESPEISSES, ( Antoine d') céleb.
Jurisconsulte, natif de Montpellier,
composa avec Jacques de Bauques,
Avocat au Parlement de Paris, un
Traité des Successions. Il fit ensuite
d'autres ouvr. & mourut à Montpellier vers 1658.

ESPEN, ( Zeger-Bernard Van )
céleb. Jurisconsulte, & sav. Canoniste, naquit à Louvain le 9 Juillet
1646. Il s'y fit recevoir Docteur en

Droit en 1675, & y enseigna avec réputation dans le Collège du Pape Adrien VI ; mais aïant approuvé, comme Canonique, le sacre de M. Steenoven, Archevêque d'Utrecht, on lui suscita des affaires ; ce qui l'obligea de se reti er à Maf-tricht, puis à Amersfort où il mourut le 2 Octobre 1728, à 83 ans. Le plus excellent de ses ouvr. est son *Jus Ecclesiasticum universum*, dans lequel il fait paroître une gr. connoiffance de la discipline Ecclésiastique ancienne & moderne.

ESPENCE, ( Claude d' ) célèbre Docteur de Sorbonne, & l'un des plus savans & des plus judicieux Théol. de son tems, naquit à Châlons-sur-Marne, en 1511, d'une famille noble & ancienne. Il acheva ses études à Paris aux Collèges de Calvi, de Beauvais, & de Navarre, & fut Recteur de l'Université. Le Cardinal de Lorraine l'emploïa dans les affaires Ecclésiastiques, & le mena à Rome avec lui en 1555, où le Pape Paul IV eut tant d'estime pour lui, qu'il conçut le dessein de le faire Cardinal. D'Espence assista à Melun, à une Conférence de Théologiens, par ordre de Sa Majesté, se trouva aux Etats d'Orléans en 1560, & au Colloque de Poissy en 1561. Il mourut à Paris le 5 Octobre 1571, à 60 ans. On a de lui, 1. des Commentaires sur les Epîtres de S. Paul à Timothée & Tite. 2. un Traité des mariages clandestins, & d'autres ouvrages sur la continence, l'adoration de l'Eucharistie, la Messe, &c. Ils sont tous écrits avec dignité.

ESPERIENTE, ( Philippe Callimaque ) illustre sav. du 15e siecle, né à San Gimignano dans les Etats de Florence, de la noble & illustre famille de Buonaccorti. Il alla à Rome sous le Pontificat de Pie II, & il y forma avec Pomponius Lætus, une Académie dont tous les Membres prirent des noms Latins ou Grecs. Le savant dont nous parlons changea son nom de Buonaccorti, en celui de *Callimaco*; mais le surnom d'*Esperiente* lui fut

donné à cause de sa gr. expérience dans les affaires. Paul II, s'étant imaginé que la nouvelle Académie cachoit quelque mystere pernicieux, en poursuivit les Membres avec la derniere rigueur : ce qui obligea Esperiente de se retirer en Pologne, où le Roi Casimir III, lui confia l'éducation de ses enfans, & le fit quelque tems après son Secretaire. Ce Prince l'envoïa succeff. en ambassade à CP. à Vienne, à Venise & à Rome. De retour en Pologne, le feu prit à sa maison & consuma ses meubles, sa Bibliotheq. & plus. de ses écrits : ce qui l'affligea beauc. Il m. à Cracovie en 1496. On a de lui, 1. *Commentarii rerum Persicarum*, in-fol. 2. *Histor. de iis quæ d'Venetis tentata sunt Persis & Tartaris contra Turcas movendis, &c.* 3. *Attila*, in 40. ou Histoire de ce Roi des Huns. 4. *Historia de Rege Uladislao, seu clade Vernensi*, in 4°. Au jugement de Paul Jove, Esperiente l'a emporté dans cette histoire sur tous les Historiens qui ont écrit depuis Tacite. 5. *Ad Innocentium VIII de bello Turcis inferendo, oratio.*

ESPERNON, ( le Duc d' ) voyez VALETTE.

ESPRIT, ( Jacques ) Conseiller d'Etat, & Membre de l'Académie Françoise, où il fut reçu en 1639, naquit à Beziers en 1611, & mourut à Paris en 1678. On a de lui des *Paraphrases de quelques Pseaumes;* des *Lettres*, & le Livre de la *Fausseté des Vertus humaines*, qui n'est qu'un Commentaire du Duc de la Rochefoucault.

ESTAMPES, ( Jacques ) plus connu sous le nom de *Maréchal de la Ferté-Imbaut*, Chevalier des Ordres du Roi, Maréchal de France, & Lieutenant général de l'Orléanois, &c. étoit fils de Claude d'Estampes, Capitaine des Gardes du Corps de François de France, Duc d'Alençon, d'une ancienne & noble Maison, originaire du Berri, & féconde en gr. hommes. Il porta les armes dès sa jeunesse, se signala en divers sieges & combats, & fut envoïé Ambaſſadeur en Angleterre en 1641. Il devint Maréchal de France le 5 Janvier 1651, & mourut dans ſon Château de Mauny, près de Rouen, le 20 Mai 1668, à 78 ans.

ESTAMPES-VALENÇAY, (Achilles d') Grand-Croix de Malthe, & célebre Cardinal, étoit fils de Jean d'Eſtampes, Chevalier Seigneur de Valençay, de la même Maiſon que le précédent. Il naquit à Tours le 5 Juillet 1593, & prit de bonne heure le parti des armes. Il commanda au ſiege de la Rochelle en qualité de Vice-Amiral, & après la réduction de cette Ville, il fut fait Maréchal de Camp. Il devint enſuite Général des Galeres de la Religion de Malthe, & fit des choſes extraordinaires à la priſe de l'Iſle de Saint-Maure & dans l'Archipel. Quelque-tems après, il fut appellé à Rome par le Pape Urbain VIII, pour ſervir l'Egliſe dans l'affaire que Sa Sainteté avoit avec le Duc de Parme. Il y fut très bien reçu, fut nommé Général des Armées du S. Siege ſous le Cardinal Antoine Barberin; & en reconnoiſſance des ſervices qu'il avoit rendus en cette heureuſe expédition, il fut créé Cardinal le 14 Décemb. 1643. Il ſoutint avec vigueur les intérêts de la France contre l'Ambaſſadeur d'Eſpagne, & mourut le 7 Juillet 1646, à 53 ans. C'étoit un homme brave, hardi & entreprenant, auquel les choſes les plus difficiles ne coutoient pas plus à faire qu'à dire.

ESTAMPES, (la Ducheſſe d') voyez PISSELEU.

ESTHER, niece, où plutôt couſine germaine de Mardochée, Juif de la Tribu de Benjamin, qui demeuroit à Suſe, épouſa Aſſuerus après que ce Prince eut répudié Vaſthi ſa premiere femme. Elle ſauva la vie à Mardochée & au Peuple Juif, qu'Aman, favori d'Aſſuerus, vouloit faire périr, irrité de ce que Mardochée ne vouloit pas fléchir les genoux devant lui. Les Juifs inſtituerent la fête de *Purim* à perpétuité, en mémoire & en action de graces de cette délivrance. *voyez* ASSUERUS. Il y a eu au 14e ſiec. une autre femme Juive, nommée Eſther, qui fut la concubine de Caſimir III *le Grand*, Roi de Pologne. Ce Prince aimoit le vin & les femmes, & cette nouvelle Eſther en obtint de très gr. privileges en Pologne & en Lithuanie, en faveur des Juifs, comme l'ancienne Eſther en avoit obtenu d'Aſſuerus ſon légitime époux. *Bodin. l. 3. c. 7.*

ESTIUS, (Guillaume) célebre Théol. natif de Gorcum, de l'anc. famille d'Eſt, étudia à Utrecht, puis à Louvain où il fut reçu Docteur en 1580. Quelque-tems après, il enſeigna à Douai avec une grande réputation, fut Prévôt de l'Egliſe de S. Pierre, & Chancelier de l'Univerſité de cette ville. Il y mourut le 20 Septembre 1613, à 72 ans. Ses principaux ouvr. ſont: 1. des Commentaires ſur les Epîtres de S. Paul: 2. une Théologie en 2 vol. *in-fol.* 3. des notes ſur les endroits difficiles de l'Ecriture Ste. Les deux prem. de ſes ouvr. ſont très eſtimés.

ESTOILLE, (Claude de l') Sgr du Sauſſay, & l'un des anciens Académiciens de l'Académie Françoiſe, étoit de Paris. Il eut l'eſtime du Cardinal de Richelieu, & mourut en 1652. On a de lui quelq. pieces de Théâtre, & des Odes. C'eſt des écrits manuſcrits de Pierre de l'Eſtoille ſon pere, gr. Audiencier en la Chancellerie de Paris, qu'on a tiré *le Journal du regne de Henri III*, dont on a pluſieurs éditions. La derniere eſt de 1744 en 5 vol. *in-8°.*

ESTOUTEVILLE, (Guillau. d') Archevêque de Rouen, & célebre Cardinal, étoit fils de Jean d'Eſtouteville, d'une noble & ancienne famille de Normandie. Il fut chargé de commiſſions importantes ſous les regnes de Charles VII & de Louis XI, réforma l'Univerſité de Paris, fut gr. partiſan de la Pragmatique-Sanction, & protégea les Savans. Il mourut à Rome étant Doyen des Card., le 22 Déc. 1483, à 80 ans.

ESTRADES,

ESTRADES, ( Godefroi Comte d' ) Maréchal de France, Gouverneur de Dunkerque, & Vice Roi de l'Amérique, servit en Hollande sous le Prince Maurice. Il fut envoïé Ambassadeur extraordinaire en Angleterre en 1661, & y soutint avec zele les droits de la Couronne de France contre l'Ambassadeur d'Espagne. Il conclut le Traité de Breda en 1662, & fut chargé de diverses autres Négociations importantes. Il mourut le 26 Févr. 1686, à 79 ans. On a publié à la Haye en 1743, un extrait de ses Mémoires en 9 vol. in-12.

ESTRÉES, ( César d' ) cél. Cardinal & Abbé de S. Germain des Près, naquit le 5 Févr. 1628, d'une maison noble, ancienne, & féconde en gr. hommes. Il fut reçu Docteur de Sorbonne, puis nommé Evêque de Laon, & ensuite Cardinal en 1674. Le Roi le chargea des affaires les plus importantes à Rome, en Allemagne & en Espagne. Le Cardinal d'Estrées les conduisit avec prudence, & s'acquit beauc. d'honneur. Il protegea les Gens de Lettres, & mourut en son Abbaïe de S. Germain-des-Près, étant Doyen de l'Académie Franç, le 18 Déc. 1714, à 87 ans.

ESTRÉES, ( Jean d' ) Gr. Maître de l'Artillerie Françoise, & l'un des plus habiles Capitaines de son siecle, fut d'abord Page de la Reine Anne de Bretagne. Il rendit ensuite de grands services aux Rois François I & Henri II. C'est lui qui commença à mettre notre Artillerie sur un meilleur pié, & qui se trouva à la prise de Calais, en 1558. On dit aussi que c'est le prem. Gentilhomme de la Picardie qui ait embrassé la Religion prét. réformée. Il m. fort vieux en 1567.

ESTRÉES, ( Franç. Annibal d' ) Duc, Pair, & Maréchal de France, naquit en 1573. Il embrassa d'abord l'état Ecclésiastique, & le Roi Henri IV le nomma à l'Evêché de Laon; mais il quitta cet Evêché pour suivre le parti des armes. Il se signala en diverses occasions, secourut le

Duc de Mantoue, prit Treves, & fut Ambassadeur extraordinaire à Rome, où il soutint avec honneur & avec prudence la gloire & les intérêts de la Couronne. Il mourut à Paris le 5 Mai 1670, à 98 ans. On a de lui des Mémoires de la Régence de Marie de Médicis : une Relation du siege de Mantoue, en 1630, & une autre du Conclave dans lequel le Pape Grégoire XV fut élu en 1621.

ESTRÉES, ( Victor-Marie, Duc d' ) né le 30 Décembre 1660, succéda à son pere dans la place de Vice-Amiral de France, & se signala dans les mers du Levant. Il bombarda Barcelone & Alicante en 1691, fut fait Lieutenant général des Armées navales de Philippe V, Roi d'Espagne, en 1701, & Maréchal de France en 1705. Le Duc d'Estrées commanda la Flotte en 1704, sous le Comte de Toulouse, au combat de Malaga, & devint Grand d'Espagne & Chevalier de la Toison d'Or. Il fut reçu Honoraire de l'Académie des Sciences en 1707, de l'Académie Françoise en 1715, & de celle des Inscriptions & Belles Lettres en 1716. Il mour. à Paris le 28 Déc. 1737, à 77 ans, sans laisser de postérité.

ETEOCLES, fils d'Œdipe & de Jocaste, partagea le Roïaume de Thebes avec son frere Polynice, à condition qu'ils regneroient tour à tour. Eteocles étant l'aîné, regna le premier, mais il refusa ensuite de donner la place à son frere. Ce refus alluma la fameuse guerre de Thebes, dans laquelle les deux freres se tuerent en combattant l'un contre l'autre.

ETHELBERT, Roi de Kent en Angleterre, vers 560, épousa Berthe, fille de Charibert, Roi de France. Cette Princesse travailla à la conversion du Roi, laquelle fut suivie de celle de plusieurs Seigneurs Anglois, par le zele de S. Augustin, que le Pape S. Grégoire envoïa en Angleterre. Ethelbert regna heureusement, & m. en 617, à 56 ans.

ETIENNE, (S.) prem. Martyr

de J. C. & l'un des sept Diacres choisis par l'assemblée des Fideles, étoit disciple de Gamaliel. Il fut lapidé par les Juifs qui l'accusoient d'avoir blasphémé contre le Temple & contre la Loi des Juifs. Il pria Dieu, en mourant, pour ses persécuteurs.

ETIENNE I ( S. ) succéda au Pape Luce, en 255. S. Cyprien lui écrivit pour qu'il déposât Marcien, Evêque d'Arles, qui étoit Novatien. Le Pape Etienne reçut à sa communion Basilide & Martial, deux Evêques d'Espagne qui avoient été déposés, mais les Evêques Espagnols ne voulurent point les laisser rentrer dans leurs Eglises. S. Cyprien approuva leur conduite, assurant que le Pape Etienne avoit été surpris. C'est sous ce Pape, que s'éleva la célebre dispute au sujet du Baptême administré par les hérétiques. Il mourut en 257, durant la persécution de Valerien. Sixte II lui succéda. voyez S. CYPRIEN.

ETIENNE II, Romain, fut mis sur le Siege de Saint Pierre après la mort d'Etienne, qui n'est pas ordinairement compté au nombre des Papes, parcequ'il mourut après trois ou quatre jours de Pontificat, en 752. L'Etienne II qui fait le sujet de cet article, vint en France implorer le secours de Pepin contre Astolfe, Roi des Lombards. Pepin marcha en Italie, assiégea Astolfe dans Pavie, & lui fit promettre de rendre à l'Eglise Romaine les terres qu'il avoit usurpées; mais Pepin eut à peine repassé les monts, qu'Astolfe alla mettre le siege devant Rome. Alors Etienne eut encore recours à son protecteur, & lui écrivit trois lettres très pressantes & très soumises. Pepin repassa en Italie, & contraignit Astolfe d'abandonner au Domaine de Saint Pierre l'Exarchat de Ravenne, avec la Pentapole Romaine. Etienne mourut le 6 Avril 757. Paul I lui succéda. Il nous reste du Pape Etienne, cinq lettres & quelques constitutions.

ETIENNE III, fut élu Pape le 3 Août 768. Il fit déposer & crever

les yeux à l'Antipape Constantin; & demeura paisible possesseur du S. Siege. Il mour. en 772. Adrien I lui succéda.

ETIENNE IV, Romain, succéda au Pape Leon III, le 22 Juin 816, & mourut le 25 Janvier 817. Il eut pour successeur Paschal I.

ETIENNE V, Romain, fut élu Pape après Adrien III, le 27 Mai 885. Il écrivit avec force à Basile le Macédonien, Empereur d'Orient, pour défendre les Papes ses predécesseurs, contre Photius. Il mourut en 891, Formose lui succéda.

ETIENNE VI fut élu Pape après qu'on eut chassé l'Antipape Boniface en 896. Il fit déterrer le corps de Formose, le fit jetter dans le Tibre, & déclara nulles les Ordinations que ce Pape avoit faites. Etienne VI fut mis en prison & étranglé en 900. Romain son successeur, révoqua ce qu'il avoit fait contre la mémoire de Formose.

ETIENNE VII succéda au Pape Leon VI, & mourut en 931, après deux ans de Pontificat. Il eut pour successeur Jean XI.

ETIENNE VIII, étoit parent de l'Empereur Othon, & fut élu Pape le 7 Juin 939. Après la mort de Leon VII, des rebelles le maltraiterent & lui défigurerent tellement le visage par leurs coups, qu'il n'osoit paroître en public. Il mourut en 943. Martin III lui succéda.

ETIENNE IX étoit frere de Godefroi le Barbu, Duc de Lorraine. Il se fit Religieux au mont Cassin, en devint Abbé, & fut élu Pape, le 3 Août 1057, après la mort de Victor II. Il mourut à Florence, en odeur de sainteté, le 28 Avr. 1058. Il eut pour successeur Nicolas II.

ETIENNE de Muret, ( S. ) Fondateur de l'Ordre de Grandmont, étoit fils d'Etienne, Comte de Thiers, petite ville de la Basse Auvergne. Il naquit en 1046, dans le Château de Thiers, & fut mené par son pere en Italie. Aïant conversé avec des hermites dans la Calabre, il souhaita de mener une vie semblable à la leur, & en demanda la permisſion au Pape Grégoire VII. Il ſe retira enſuite à Muret, vers 1078, & y fonda ſon Ordre. On le nomma néanmoins l'*Ordre de Grandmont :* parcequ'après ſa mort, arrivée le 8 Février 1124, ſes Religieux ſe retirèrent à Grandmont, qui, comme Muret, eſt dans le Limoſin.

ETIENNE, (S.) troiſieme Abbé de Cîteaux, & Anglois de nation, vint étudier à Paris. Il voïagea en ſuite en Italie, & ſe retira dans l'Abbaïe de Moleſme. Robert, Abbé de ce Monaſtere, touché du relâchement des Moines, réſolut de mener une vie plus parfaite, & choiſit Cîteaux pour le lieu de ſa réforme ; il s'y retira avec pluſieurs Religieux, & en fut élu le premier Abbé, le 21 Mars 1098. Le Pape aïant obligé Robert de retourner à Moleſme, Alberic fut mis en ſa place. Après la mort d'Alberic, S. Etienne fut élu Abbé par toute la Communauté. C'eſt à lui que l'Ordre de Cîteaux eſt redevable de ſon accroiſſement, de ſa perfection, & de ſes Regles. Il fonda les Abbaïes de la Ferté-ſur Grone, de Pontigny, de Clairvaux, &c. & mourut le 28 Mars 1134.

ETIENNE, ſavant Evêque de Tournai, natif d'Orléans, fut d'abord Abbé de Sainte Geneviève, en 1177, & enſuite Evêque de Tournai en 1191. Il eut part aux affaires les plus conſidérables de ſon tems, & mourut le 10 Septembre 1203. On a de lui des Sermons, des Epîtres curieuſes, & d'autres ouvr.

ETIENNE (S.) Roi de Hongrie, ſuccéda à ſon pere Geiſa, premier Roi Chrétien de Hongrie en 997. Il fut comme l'Apôtre de ſes Etats, publia des Loix très ſages, & vécut d'une maniere ſi ſainte, qu'on le mit au nombre des Saints. Il mourut à Bude, le 15 Août 1038.

ETIENNE, fils d'Antoine Bathon, & Prince de Tranſilvanie, fut élu Roi de Pologne à Varſovie, le 15 Décembre 1575. Il remporta de gr. avantages ſur les Moſcovites, & regna glorieuſement en paix & en guerre ; on dit qu'il répondit aux Ambaſſadeurs d'Amurat, Empereur des Turcs, qui vouloient l'obliger à lui donner du ſecours en vertu d'un Traité, que *l'Aigle Polonois étoit rajeuni, & que s'étant remplumé il avoit repris une nouvelle vigueur.* Etienne mourut à Grodno, le 13 Décembre 1586.

ETIENNE de Byſance, célebre Grammairien du 5e ſiecle, enſeigna à CP. & compoſa un Dictionnaire Géographique dont nous n'avons que l'abregé qu'en fit Hermolaüs ſous l'Empereur Juſtinien. La meilleure édition de cet important ouvrage eſt celle de Leyde 1688 en grec & en latin, avec les ſavantes notes de Berkelius & de Gronovius.

ETIENNE, (Robert) célebre Imprimeur, pere du ſuivant, & fils d'un autre Henri Etienne, Imprimeur de Paris, apprit l'art de l'Imprimerie ſous Simon de Colines, ſon beau pere, & ſe maria à la fille de Badius Aſcenſius. Il ſavoit les Langues & les Belles - Lettres. Le Roi François I lui donna l'Imprimerie Roïale pour l'hébreu & pour le latin. C'eſt lui qui diſtingua le premier les Bibles par verſets. Les Docteurs de Paris lui aïant ſuſcité des affaires, il ſe retira à Geneve où il fit profeſſion de la Relig. prét. réf. & où il m. en 1559, à 56 ans, laiſſant trois fils, Henri, François & Robert. Outre ſes belles éditions, on a de lui un *excellent Tréſor de la Langue latine,* dont les éditions les plus eſtimées ſont celles de Lyon, en 1577, 2 vol. *in-fol.* & de Londres, en 1734, en 4 vol. *in-fol.*

ETIENNE, (Henri) cél. Imprimeur, & l'un des plus ſavans hommes de ſon ſiecle, étoit fils de Robert Etienne. Il étoit très habile dans les Langues grecque & latine, & enrichit le public d'un gr. nombre de belles éditions des Auteurs anciens. C'eſt lui qui publia le premier les Poéſies d'Anacréon, qu'il traduiſit en vers latins. Il alla s'établir à Geneve pour y exercer librement la Religion Proteſtante, &

mourut à Lyon en 1598, à 70 ans, laissant plusieurs enfans, entr'autres, Paul - Etienne, & une fille qu'Isaac - Paul Casaubon épousa. Outre les belles éditions de Henri Etienne, on a de lui, 1. *le Trésor de la Langue Grecque*, ouvrage estimé, en 4 tom. *in fol.* 2. L'apologie pour Hérodote, & d'autres ouvrages.

La famille des Etiennes a produit plusieurs autres personnes de mérite.

ETTMULLER, ( Michel ) célebre Médecin, naquit à Leipsic le 26 Mai 1646. Après avoir voïagé dans la plûpart des païs de l'Europe, il fut Professeur de Botanique, de Chymie, & d'Anatomie à Leipsic, & y mourut en 1683. On a de lui des Institutions de Médecine, & d'autres ouvrages, dont la plus ample édition est celle de Naples, en 1728, en 5 vol. *in-fol.* Michel Ernest Ettmuller, son fils, fut aussi un habile Médecin, & mourut le 25 Septembre 1732, après avoir donné au public plusieurs dissertations.

EVAGORAS I, Roi de Chypre, reçut Conon, Capitaine Athénien, vers 405 avant J. C. Il prit la ville de Salamine, & fit la guerre à Artaxercès, Roi de Perse; mais aïant perdu une bataille navale, il fut contraint de céder aux Perses une partie de l'Isle de Chypre, & de se contenter de regner à Salamine. Il fut assassiné par l'Eunuque Thrasydée, & laissa deux fils, Nicoclés qui lui succéda, & Protagoras.

EVAGORAS II, petit fils du précédent, & fils de Nicoclés, fut dépouillé du Roïaume de Salamine par son oncle Protagoras. Il eut recours au Roi Artaxercès Ochus, dont il obtint une souveraineté en Asie, plus étendue que celle qu'il avoit perdue; dans la suite, pour éviter les accusations formées contre lui, il s'enfuit dans l'Isle de Chypre où il fut mis à mort.

EVAGRE, Patriarche de CP. fut élu en 370 par les Catholiques, aussi-tôt après la mort d'Eudoxe, Evêque Arien. L'Empereur Valens

le chassa de son siege, & l'exila. Cette rigueur encouragea les Ariens qui traiterent les Fideles avec toute sorte d'inhumanité.

EVAGRE, Patriarche d'Antioche, & ami de saint Jérôme, fut mis à la place de Paulin, en 389; mais comme Melece avoit déja succédé à Flavien, en 381, l'élection d'Evagre continua le schisme dans l'Eglise d'Antioche. Après sa mort, ceux de son parti se réunirent à Flavien, & le schisme finit.

EVAGRE *le Scholastique*, célebre Historien, du 6e siecle, naquit à Epiphanie, vers 536. Il exerça la profession d'Avocat à Antioche; ce qui lui a fait donner le surnom de *Scholastique*; car alors on appelloit ainsi ceux qui plaidoient. Il fut Tribun & Garde des dépêches du Préfet. On a de lui une Histoire Ecclésiastique en 6 Livres, qui commence où Socrate & Theodoret finissent la leur; c'est-à-dire, vers 431, & qui finit à la douzieme année de l'Empereur Maurice, en 594. Il avoit composé d'autres ouvrages, pour lesquels il fut récompensé par les Empereurs Tibere & Maurice. L'Histoire Ecclésiastique d'Evagre est ample & assez exacte, le style n'en est pas désagréable. Il a de l'élégance & de la politesse pour son siecle, mais il y a trop de digressions. On ne trouve dans cette Histoire aucune erreur sur la foi, ni sur la discipline de l'Eglise. Robert Etienne publia le texte grec de cette Histoire sur un seul Manuscrit de la Bibliotheque du Roi; M. de Valois le revit sur deux Manuscrits, & il en donna en 1679 une bonne édition en grec & en latin avec des notes pleines d'érudition. On ne sait pas en quel tems Evagre mourut.

EVANDRE, appellé fils de Mercure, à cause de son éloquence, passa en Italie, selon la Fable, environ 60 ans avant la prise de Troye. Faune qui regnoit alors sur les Aborigenes, lui donna une grande étendue de païs, où il s'établit avec ses amis. C'est lui qui enseigna aux Latins l'usage des

Lettres, & l'art du labourage.

EVARIC, Roi des Goths, en Espagne, étoit fils de Théodoric I, & frere de Théodoric II, auquel il succéda en 466. Il ravagea la Lusitanie, la haute Espagne, & la Navarre, prit Arles & Marseille, mit le siége devant Clermont, & défit l'Empereur Anthemius, secouru des Bretons. Il pilla l'Auvergne, le Berri, la Touraine, & la Provence, & mourut à Arles, en 485. Alaric, son fils, lui succéda.

EVARISTE, Pape & successeur de Saint Clément, l'an 100 de Jesus-Christ.

EUCHER, (S.) célebre Evêque de Lyon, étoit un riche Sénateur, qui s'étoit renfermé dans la solitude de Lerins avec ses deux fils Salone, & Veran. Se voïant en trop grande estime dans cette solitude, il passa dans l'Isle de *Lero*, aujourd'hui *Sainte Marguerite*, dont il fut tiré en 434 pour être Evêque de Lyon. Il assista en cette qualité l'an 441 au premier Concile d'Orange, où il se distingua par sa science & par sa sagesse. Nous avons de lui, 1°. deux excellens Traités, l'un sur les avantages de la solitude, & l'autre sur le mépris du monde. 2°. Un *Traité des Formules*, où il explique à son Fils Veran, quelques endroits de l'Ecriture-Sainte. 3°. Deux Livres d'*Institutions*, qui contiennent l'explication de plusieurs difficultés de l'Ecriture. 4°. L'*Histoire de Saint Maurice & des Martyrs de la Légion Thebéene*. Il assure tenir les faits contenus dans cette Histoire, de ceux qui disoient les savoir de Témoins oculaires. Eucher écrit très bien pour son tems. On lui attribue plusieurs autres ouvrages. Il mourut en 454.

EUCLIDE, natif de Megare, disciple de Socrate, prenoit tant de plaisir aux leçons de ce Philosophe, que durant la guerre des Athéniens & des Mégariens, il se déguisoit en habit de femme pour aller à l'école de ce grand homme, éludant ainsi l'Edit qui défendoit aux Mégariens, sur peine de la vie, d'aller à Athe-

nes. Après la mort de Socrate, Platon, & d'autres Philosophes, se retirerent vers Euclide à Megare, pour se souftraire aux Tyrans qui gouvernoient Athenes. Euclide se livra tout entier aux subtilités de la Logique, & fonda une secte de disputeurs éternels, qu'on appella *Megarique*, & *Contentieuse*. Il n'admettoit qu'un seul bien, qu'il appelloit tantôt *Prudence*, tantôt *Dieu*, & tantôt *Esprit*. Eubulide lui succéda, & fut comme lui un Sophiste captieux.

EUCLIDE, célebre Mathematicien, natif d'Alexandrie, enseigna en cette ville, vers 300 av. J. C. sous le regne de Prolomée *Lagus*. Le plus excellent de ses ouvrages, est celui des Elémens de Géométrie, dont il y a un gr. nombre d'éditions en toutes les langues.

EUDÆMON-JEAN, (André) c'est-à-dire, Jean l'*Heureux*, natif de l'Isle de Candie, étudia à Rome & se fit Jésuite. Il m. le 24 Déc. 1625. On a de lui divers ouvrages, dont celui qui a pour titre, *admonitio ad Regem Ludovicum XIII*, fut brûlé, comme un Livre séditieux, par une Sentence du Châtelet, & censuré par la Sorbonne, & par l'Assemblée du Clergé de France de l'an 1626.

EUDES, Comte de Paris, Duc de France, & l'un des plus vaillans Princes de son siecle, étoit fils de Robert *le Fort*. Il soutint en 887 le siége de Paris contre les Normans, qu'il contraignit de se retirer. L'année suivante, il fut proclamé Roi de la France Occidentale, & tailla en pieces peu de tems après l'armée des Normans, qu'il poursuivit jusque sur la frontiere. Il obligea le Roi Charles le Simple, de se retirer dans la Neustrie, prit Laon, & mourut à la Fere, en Picardie, le 3 Janvier 898.

EUDES, Duc d'Aquitaine, jaloux de la puissance de Charles Martel, donna du secours au Roi Chilperic II, & à Rainfroy, lesquels furent défaits par Charles Martel, vers 719. Eudes aïant fait la paix

avec ce dernier , lui livra Chilperic.
Il défit en 721 Zama , Général des
Sarrasins , qui avoit assiégé Toulouse ; mais en 730 , voïant que les
Infideles se rendoient formidables ,
il fit alliance avec Munuza , leur
Général , & lui donna sa fille en
mariage. Deux ans après , Eudes
appella Charles Martel à son secours
contre Abderame , & se trouva à la
célebre victoire remportée sur les
Sarrasins en 732. La guerre se ralluma alors entre ces deux Princes , &
ne finit que par la mort d'Eudes ,
arrivée en 735.

EUDES , ( Jean ) frere de Meze-
ray , étant sorti de la Congrégation
de l'Oratoire en 1643 , fonda à
Caen une autre Congrégation de
Prêtres séculiers , dont l'institut est
de former à l'Eglise des Ecclésiastiques , en prenant la conduite des
Séminaires. Les Prêtres de cette
Congrégation sont appellés *Eudis-
tes*, & ont la direction d'un grand
nombre de Séminaires , principalement en Normandie. Jean Eudes
mourut à Caen , le 19 Août 1680 ,
à 79 ans. Il est Auteur de *la Dévotion & de l'Office du Cœur de la
Vierge.* Ouvr. qui a fait du bruit.

EUDOXE de Gnide , fils d'Es-
chines , florissoit vers 390 av. J. C.
Il étoit Astronome , Géometre , &
Législateur. Architas lui apprit la
Géométrie , & Philiston de Sicile ,
la Médecine. Il voïagea en Egypte
pour y consulter les Savans , & à
son retour , il donna des Loix à sa
Patrie. Il m. vers 350 av. J. C.

EUDOXE , fils de Saint Césaire
Martyr , & disciple de Saint Lucien ,
étoit d'Arabisse , ville d'Arménie.
Il embrassa les erreurs des Ariens ,
& en fut un des principaux défenseurs. Ils lui donnerent l'Evêché de
Germanicia , dans la Syrie , & il se
trouva au Concile de Sardique , &
en plusieurs autres. Eudoxe usurpa
le Siége d'Antioche en 358 , & fut
élevé par l'Empereur Constance au
Patriarchat de CP. en 360. Il persécuta les Catholiques avec fureur ,
& mourut en 370.

EUDOXIE , femme de l'Empe-

reur Arcadius , prit le parti de Théophile d'Alexandrie contre S. Jean
Chrysostôme , qu'elle fit exiler de
CP. irritée de ce qu'il prêchoit contre la vanité & le luxe des Dames
de la Cour. Elle le fit rappeller de
cet exil quelque tems après ; mais
le Saint Evêque aïant marqué son
déplaisir à l'occasion des jeux & des
spectacles donnés au peuple à la dédicace d'une Statue élevée dans la
place , à l'honneur d'Eudoxie , cette
Princesse s'unit de nouveau avec
Théophile , & fit exiler S. Chrysostôme une seconde fois en 404. On
dit ordinairement que S. Chrysostôme commença un Sermon par ces
paroles : *Hérodias est encore furieuse ; elle danse , elle demande
encore une fois qu'on lui livre la
tête de Jean dans un bassin.* Mais
cela n'a aucune vraisemblance. Quoi
qu'il en soit , l'Impératrice Eudoxie
accoucha le 30 Septembre suivant
d'un enfant mort , & mourut elle-
même le 6 Octobre de la même année 404.

EUDOXIE ou EUDOCIE , fille
de Léonce , Philosophe Athénien ,
fut instruite par son pere dans les
Belles Lettres , la Philosophie & les
Mathématiques ; mais il la deshérita
par son testament ; croïant que l'é-
ducation & les richesses de l'esprit
lui suffisoient. Elle alla se plaindre
de cette injustice à Pulcherie , sœur
de l'Empereur Théodose *le jeune.*
Cette Princesse , charmée de son esprit & de sa sagesse , l'adopta pour
sa fille , la fit baptiser , & changea
son nom d'*Athenaïs* , en celui d'Eudoxie. Elle engagea ensuite l'Empereur à épouser cette savante fille ,
ce qui se fit en 421. Leur union dura
assez long-tems ; mais enfin Eudoxie
s'étant brouillée avec Pulcherie &
Théodose , elle se retira en Palestine , & embrassa les erreurs d'Eutyches. Quelque-tems après , elle retourna à la Foi de l'Eglise , touchée
des Lettres de S. Siméon Stylite , &
des raisons de l'Abbé Eutymius.
Elle mourut à Jérusalem , en 460 ,
à 67 ans. Elle avoit composé un
gr. nombre de Poésies , qui se sont

perdues. Les *Centons d'Homere* fut
la vie de J. C. qu'on lui attribue,
paroissent être de Pélage Patrice,
qui vivoit sous Zenon. M. Bourgoing de Villefore a écrit la vie de
cette Princesse.

EUDOXIE, fille de la précédente, & de Théodose *le Jeune*, & femme de l'Empereur Valentinien III,
tué par Maxime, en 455, épousa,
malgré elle, ce dernier Prince. Pour
s'en venger, elle appella en Italie
Genseric, Roi des Vandales, qui
pilla Rome, & emmena cette Princesse captive en Afrique, avec ses
deux filles Placidie & Eudoxie. Elle
fut ensuite renvoïée à CP. avec sa
fille Placidie, à la priere des Empereurs Marcien & Léon.

EVE, c. à d. *Mere des Vivans*,
fut la premiere des femmes. Dieu
la forma d'une des côtes d'Adam,
& la lui donna pour épouse & pour
aide. Eve se laissa séduire par le
serpent, & fut cause de la misere
du genre humain : ce qui la fit chasser avec son mari du Paradis terrestre. Elle eut ensuite plusieurs enfans. Caïn, Abel, & Seth, sont les
seuls dont il soit parlé dans l'Ecriture. Les SS. Peres croient qu'Adam
& Eve sont sauvés, & les Grecs
font leur fête le 19 Décembre.

EVEILLON, (Jacques) habile
Chanoine, & gr. Vicaire d'Angers,
sous MM. Fouquet, Miron, de
Reuil, & Arnaud, a composé un
excellent Traité des Excommunications & des Monitoires, *in-*4°. &
d'autres ouvrages estimés. Il avoit
une si gr. charité pour les pauvres,
qu'il se privoit en leur faveur de la
plûpart des commodités de la vie.
Comme on lui reprochoit un jour
qu'il n'avoit point de tapisseries :
*Quand, en hiver, j'entre dans ma
maison*, répondit il, *les murs ne
me disent pas qu'ils ont froid ; mais
les pauvres qui se trouvent à ma
porte, tout tremblans, me disent
qu'ils ont besoin de vêtemens*. Il
mourut à Angers, en 1651, à 79
ans. Il y étoit né en 1572.

EVENSSON, (David) sav. Théologien Suédois, né en 1699, fut
Pasteur à Nort-Koping, & Chapelain du Roi de Suede. Il mourut en
1750. On a de lui quelques Dissertations estimées. *De portione pau-
peribus relinquenda. De aquis supra cælestibus. De Prædestinatio-
ne*, &c.

EVEPHENE, Philosophe Pythagoricien, aïant été condamné à
mort par Denys, Tyran de Syracuse, pour avoir détourné les Méta-
pontins de son alliance, demanda
permission, avant que de mourir,
d'aller à son païs pour marier une
sœur. Le Tyran lui demanda quelle
caution il donneroit. Il offrit Eucrite, son ami, qui demeura en sa place. On admira l'action d'Eucrite ;
mais on fut beaucoup plus surpris
du retour d'Evephene, qui se présenta à Denys au bout de six mois,
comme on étoit convenu. Alors le
Tyran, charmé de la vertu de ces
deux amis, leur rendit la liberté,
& les pria de l'admettre pour troisieme dans leur amitié. On raconte la
même chose de Damon & de Pythias.

EUGENE I, Romain, succéda
au Pape Martin I, & m. en 653. Il
eut pour successeur Vitalien.

EUGENE II, Romain, fut élu
Pape, après la mort de Paschal I,
le 19 Mai 824. Il gouverna l'Eglise
avec douceur, & mour. le 11 Août
827. Valentin lui succéda.

EUGENE III, natif de Pise, appellé auparavant *Pierre Bernard*,
fut d'abord Religieux de l'Ordre de
Cîteaux, disciple de S. Bernard, &
Abbé du Monastere de S. Anastase,
hors des murs de Rome. Il fut ensuite élu Pape, le 27 Février 1145,
le jour même de la mort du Pape
Luce II. Une sédition s'étant élevée
à Rome, Eugene vint en France en
1147, où il fut très bien reçu du
Roi Louis VII, & où il tint divers
Conciles pour la Croisade. Il repassa
en Italie en 1148, se rendit maître
de l'Eglise de S. Pierre, en 1150,
& mourut à Tivoli, le 8 Juillet
1153. On a de lui des *Epitres*, des
*Decrets*, & des *Constitutions*, &
S. Bernard lui a adressé ses Livres

*de la Confidération.* Il eut pour fuc-
cesseur Anastase IV. Dom Jean De-
hannes a donné en 1737, l'Histoire
du Pontificat d'Eugene III.

EUGENE IV, appellé auparavant *Gabriel Condolmerio*, étoit
fils d'Angelo Condolmerio, d'une
famille obscure de Venise. Il fut
Evêque de Sienne, puis Cardinal, en
1408, assista au Concile de Constance, & fut élu Pape, après la
mort de Martin V, le 3 Mars 1431.
Eugene confirma d'abord le Concile de Bâle ; mais l'Empereur Sigismond étant mort, il déclara le
Concile dissous, & en assembla un
autre à Ferrare, en 1437. Les Prélats qui étoient restés au Concile de
Bâle, le déposerent en 1439, &
élurent à sa place Amédée VIII,
Duc de Savoie, qui prit le nom de
Felix V. Alors Eugene transféra le
Concile de Ferrare à Florence, où
l'Empereur Paleologue assista avec
plusieurs illustres Evêques Grecs,
du nombre desquels étoient Isidore
& Bessarion, que le Pape éleva au
Cardinalat. Eugene transféra encore le Concile de Florence à Rome,
en 1442, & entreprit de recouvrer
les terres qu'il croïoit avoir été usurpées sur l'Eglise ; mais il n'eut pas
le tems d'exécuter ce dessein, étant
mort le 23 Février 1447. On dit
qu'étant sur le point de mourir, il
se tourna vers les Religieux qui
l'environnoient, & qu'il leur dit
d'une voix entre-coupée de soupirs,
*Qu'il eut beaucoup mieux valu pour*
*le salut de son ame, qu'il n'eut ja-*
*mais été élevé au Cardinalat, ni à*
*la Papauté.* On le blame, avec raison
d'avoir engagé par son Légat le Roi
de Hongrie à violer un Traité de
paix solemnel, conclu avec les
Turcs, & à entreprendre une guerre sanglante & funeste à la Chrétienté. Nicolas V lui succéda.

EUGENE, illustre Evêque de
Carthage, eut une conférence en
484 avec les Ariens, par ordre
d'Hunneric, qui l'exila la même
année. Il fut rappellé sous le regne
de Gonbaud, mais le Roi Trasa-
mond le chassa encore de Carthage,
& l'exila dans les Gaules. Eugene
se retira à Albi, & mourut à Vian-
ce, territoire de ce Diocèse, le 6
Septembre 505. On a de lui quelques ouvrages.

EUGENE, Evêque de Tolede,
mort en 646, savoit l'Astronomie,
& eut pour successeur un autre Eugene, surnommé *le Jeune*. Celui-ci
se distingua par sa piété & par ses
ouvrages. Il présida aux Conciles
de Tolede, tenus en 653, 655, &
656. On a de lui divers opuscules,
que le P. Sirmond a publiés.

EUGENE ( le Prince ) François
de Savoye, Comte de Soissons, Généralissime des Armées de l'Empereur, & l'un des plus gr. Capitaines
du 18e siecle, naquit à Paris, le 18
Octobre 1663. Il fut élevé avec soin,
d'une maniere conforme à sa naissance, & fut destiné à l'état Ecclésiastique, sous le nom d'Abbé de
Carignan. Madame la Comtesse de
Soissons, sa mere, aïant quitté le
Roïaume en 1680, pour se retirer
à Bruxelles, le Prince Eugene, son
fils, sollicita à la Cour une Abbaïe,
ou un Emploi Militaire ; mais
n'aïant pu obtenir ni l'un ni l'autre, il fut si sensible à ce double
refus, qu'il alla joindre la Comtesse
sa mere, en 1683. L'Emp. Leopold
soutenoit alors une guerre sanglante contre les Turcs, qui assiégerent
la Capitale de l'Empire. Pour mériter de l'Emploi dans les Troupes
Impériales, le Prince Eugene fit la
Campagne de cette année en qualité de Volontaire. Il se distingua
dans toutes les occasions que la
fortune lui présenta ; & au mois
de Décembre, l'Empereur lui donna un Régiment de Dragons. Après
la levée du siége de Vienne, il servit en Hongrie à la tête de son Régiment, sous les ordres de Charles V, Duc de Lorraine, & de Maximilien-Emmanuel, Electeur de
Baviere. En 1691, il fut envoïé
dans le Piémont. Sa premiere expédition délivra Coni, que Bulon-
de, subalterne du Maréchal de Catinat, assiégeoit depuis 11 jours. Ce
succès fut bientôt suivi d'un autre

plus éclatant. Le 27 de Septembre, le Pr. Eugene investit Carmagnole avec 1500 chevaux, & le Gouverneur ne soutint que quinze jours de tranchée. Il continua de se signaler jusqu'en 1697, qu'il obtint, pour la première fois, le commandement de l'Armée Impériale. Il honora ce gr. Emploi par la défaite des Turcs à la bataille de Zeuta, où 22000 Musulmans perdirent la vie ; ce qui obligea les Infideles de renouveller la Treve à Carlowitz en 1699. La succession à la Monarchie d'Espagne aïant rallumé la guerre entre la France & l'Empire au commencement du 18e siecle, le Prince Eugene marcha en Italie à la tête de 30000 hommes. Il amusa les Généraux François par des feintes, tomba sur Carpi, où on ne l'attendoit pas ; & après cinq heures d'un combat sanglant, il défit les Troupes qui gardoient ce poste, sous le commandement de Saint-Fremond. Ensuite il nettoïa l'Adige, passa le Mincio à la vue des François ; & pour assurer la subsistance de son Armée, il la fit camper auprès de l'Oglio. Le Maréchal de Villeroy passa cette riviere pour attaquer Chiarri ; mais il fut battu, & contraint d'abandonner presque tout le Mantouan, & de laisser les Impériaux maîtres de la campagne. Le Prince Eugene, toujours attentif aux occasions dont il pouvoit profiter, s'étoit fait des intelligences dans Crémone, & tenta de surprendre cette ville en 1702 ; mais quoiqu'une partie de ses Troupes y fût déja entrée, & qu'elle y eût fait prisonnier le Maréchal de Villeroy, qui y commandoit, il fut contraint de se retirer le soir du premier Février, pénétré de chagrin d'avoir manqué une entreprise qu'il avoit formée & conduite avec toute la prudence & la valeur imaginables, & qui étoit l'une des plus hardies, dont l'Histoire fasse mention. Le Duc de Vendôme aïant pris la place du Maréchal de Villeroy, le Prince Eugene fut défait à la journée de Santa-Vittoria, pour avoir cru,

trop légerement que le Crostolo, qu'il avoit mis entre l'Armée Françoise & la sienne, étoit un rempart assez fort contre les Troupes du Duc de Vendôme. Après cet échec, les Impériaux furent chassés de leur poste, & contraints de se retirer dans le voisinage de Borgo-Forte. Philippe V, déterminé à leur livrer bataille, alla camper à peu de distance de leur Armée. Le Prince Eugene, qui ne pouvoit se retirer sans honte & sans danger, marcha aussitôt à la rencontre des François vers Luzzara. La bataille commença à une heure après midi, & fut continuée jusqu'à deux heures dans la nuit, que l'obscurité sépara les combattans. Le Prince Eugene fit des prodiges de valeur en cette occasion, & se comporta en Capitaine très expérimenté. Il demeura maître du champ de bataille ; mais sa retraite, qui fut suivie de la prise de Luzzara & des villes voisines, ne laisse aucun lieu de douter que la victoire ne doive être attribuée aux François. Le Pr. Eugene, après avoir mis ordre aux affaires de l'Empereur en Italie, retourna à Vienne, & remit le commandement au Comte de Staremberg. L'Empereur le nomma alors Président du Conseil de Guerre, & lui confia l'administration de la caisse militaire. Le Prince Eugene acquit une nouvelle gloire en 1704, à la fameuse bataille de Hochstet, qu'il gagna avec le Duc de Marleborough, contre le Maréch. de Tallard, Génér. de l'Armée Françoise, & contre l'Electeur de Baviere. L'année suivante, il passa en Lombardie, où ses Troupes furent défaites à Cassano par le Duc de Vendôme. Il marcha en 1706, pour aller au secours du Duc de Savoye, & pour délivrer Turin, que les François assiégeoient. Sa marche fut très hardie & très glorieuse. Le Duc d'Orléans opina dans le Conseil de Guerre d'aller au-devant de lui pour lui livrer bataille ; mais M. de Marsin s'y étant opposé, les François se renfermerent dans leurs lignes ; le Prince Eugene les y força le 7 Septembre, après 3 heures d'un sanglant combat. Ce succès délivra Turin, & fit rentrer tout le Milanois sous l'obéissance de l'Empereur. Le Prince Eugene en eut ensuite le Gouvernement pour récompense de ses services. Il s'empara du Roïaume de Naples en 1707, & il entra ensuite en Provence avec le Duc de Savoye ; mais le retardement de l'Amiral Anglois, joint à quelques mécontentemens particuliers du Duc, fit échouer le siége de Toulon, & empêcha le Prince Eugene de s'emparer de la Provence. Il fit une très belle retraite, & s'empara ensuite de Suze. Il partagea en 1708 le commandement des Armées de Flandres avec le Duc de Marleborough, s'acquit une gloire immortelle au sanglant combat d'Oudenarde, prit Lille, où le Maréchal de Boufler commandoit, gagna le 10 Septembre la bataille de Malplaquet, contre les Maréchaux de Villars & de Boufler, s'empara de Mons, força les lignes des François, le 21 d'Avril 1710, & prit Douai & plusieurs autres Places ; mais la bataille de Denain, gagnée par le Maréchal de Villars, fit penser à la Paix. Le Prince Eugene & le Maréchal de Villars furent envoïés à Rastad pour ce sujet. Ces deux Généraux y portetent leur franchise ordinaire, & M. de Villars dit d'abord au Prince Eugene, *Monsieur nous ne sommes point Ennemis, vos Ennemis sont à Vienne, & les miens à Versailles.* Ces deux gr. hommes eurent en effet toujours des cabales à combattre dans leurs Cours. Ils conclurent la Paix à Rastad en 1713, laquelle fut suivie du Traité d'Utrecht, signé le 6 Mars 1714. L'Empereur Charles VI, qui avoit succédé à l'Empereur Joseph, fut à peine délivré de la guerre avec la France, qu'il se vit contraint de tourner ses armes contre les Turcs. Le Prince Eugene remporta sur eux en 1717, la fameuse victoire de Bellegrade, où 100000 Turcs, qui assiégeoient cette ville, & le tenoient lui même assiégé dans ses

retranchemens, furent défaits, & où plus de 20000 des Infideles resterent sur le champ de bataille. Cette victoire fut suivie de la Paix, que les Turcs furent contraints de demander. Le Prince Eugene partagea alors son tems entre les affaires du cabinet & l'étude, jusqu'à ce que la double élection faite en Pologne, ralluma la guerre en 1733. Il commanda l'armée de l'Empire sur le Rhin, & s'approcha de Philisbourg avec toute son armée, sans pouvoir, malgré sa longue expérience, empêcher la prise de cette ville. Il couvrit ensuite Mayence & Fribourg d'une maniere qui lui fit beaucoup d'honneur, & se vit à la tête d'une belle & nombreuse Armée en 1735 ; mais les Négociations de la paix l'empêcherent d'agir, & il mourut subitement à Vienne, le 27 Avril 1736. C'étoit un Héros d'une taille médiocre. Il avoit l'abord froid & réservé, & un air extrêmement sérieux. Il étoit sensible aux douceurs de l'amitié, effectif & constant dans ses promesses, sans orgueil & sans dédain, & d'une libéralité qui a peu d'exemples. Il chérissoit les Officiers & les Soldats, récompensoit leur bravoure, s'inquiétoit sur leurs maladies, se réjouissoit de leurs guérisons, & prenoit part de cœur & d'affection à tout ce qui leur arrivoit. Ce sont ces égards & en quelque sorte cette tendresse, qui lui attiroit la confiance & l'amour de toutes ses Troupes, qui le regardoient comme leur pere & leur protecteur. Sa candeur & son amour pour les Sciences, le rendoient les délices des Savans & des beaux Esprits. Il avoit un grand goût pour les beaux Arts ; mais il méprisoit le faste & le luxe, & ses habits étoient d'une extrême simplicité. Enfin, il possédoit tout ce que la politesse a de délicat & de brillant, & se faisoit autant d'honneur de se distinguer par les Sciences, que par l'autorité que ses Emplois lui donnoient. Il étoit premier Conseiller du Conseil des Conférences, Président du Conseil Aulique de Guerre,

Généralissime des Armées de l'Empereur & de l'Empire, Vicaire Général de Sa Majesté Impériale en Italie, Colonel d'un Régiment de Dragons, & Chevalier de la Toison d'Or, &c. Il avoit coutume de dire à ses amis, que de trois Empereurs qu'il avoit servis, le premier avoit été son pere, le second son frere, & le troisieme son maître ; donnant à entendre par-là, que l'Empereur Leopold avoit eu soin de sa fortune, comme de celle de son propre fils : que l'Emper. Joseph, l'avoit aimé comme son frere, & que Charles VI l'avoit récompensé en Souverain. La vie du Prince Eugene a été donnée au Public.

EVILMERODAC, Roi de Babylone, succéda à son pere Nabuchodonosor, vers 562 avant J. C. Il tira des fers le Roi Jechonias, & fut tué par Neriglissor, son beaufrere, après un regne de deux ans.

EULOGE, Patriarche d'Alexandrie en 581, se rendit illustre par sa science & par sa piété, & mourut vers 608. Il avoit composé divers ouvrages contre les Acephales, les Novatiens, & d'autres hérétiques. Il ne faut pas le confondre avec S. Euloge de Cordoue, qui fut martyrisé en 859, & dont on a divers ouvrages.

EUMENE, fameux Capitaine Grec, naquit à Cardie, ville de la Chersonese de Thrace, d'une famille très obscure. Il s'acquit par sa valeur l'estime d'Alexandre le Grand, qui lui fit épouser la sœur de Barsine, l'une de ses femmes. Après la mort de ce Conquérant, Eumene eut en partage la Cappadoce & la Paphlagonie, mais Antigonus refusa de l'y établir. Eumene se retira vers Perdiccas, s'empara de plusieurs Provinces, & commanda l'armée de ce Prince contre Craterus & Antipater. Après la mort de Perdiccas, il fit la guerre contre Antigonus & contre Seleucus, & perdit la bataille d'Orcinie. Enfin, après divers succès, les Argyraspides, Phalange de Macédoniens, le livrerent à Antigonus, qui le fit m. vers 315, av. J. C.

EUMENE, Roi d'Asie & de Pergame, succéda à son pere Attale, vers 197 avant J. C. Il vécut dans une si gr. union avec ses freres Attale, Philetere, & Athenée, qu'on les proposoit comme un exemple de l'amitié fraternelle. Il fit alliance avec les Romains, vainquit Prusias, découvrit les desseins de Persée, défit Antigonus, fils de Seleucus, & mourut vers 159 avant J. C. après un regne de 38 ans.

EUMENIUS, cél. Orateur, du 4e siecle, étoit Grec d'origine. Il naquit à Autun, & fut très estimé de Constance Chlore, & de l'Empereur Constantin. Il prononça à Treves en 309, un beau Panégyrique en présence de cet Empereur, & fit paroître beaucoup de zele pour le rétablissement des Ecoles publiques. Le P. de la Beaune, Jésuite, a recueilli ce qui nous reste d'Eumenius dans les *Panegyrici veteres*.

EUNAPE, *Eunapius*, fameux Sophiste, Médecin & Histor. du 4e siecle, natif de Sardes, florissoit sous le regne de Valentinien, de Valens, & de Gratien. On a de lui les Vies des Philosophes de son tems, où il affecte de relever l'Idolatrie pour rabaisser le Christianisme.

EUNOMIUS, fameux Hérésiarque du 4e siecle, fut disciple d'Aëtius, & devint Evêque de Cyzique, par la protection d'Eudoxe. Il se brouilla ensuite avec ce dernier, fut exilé en divers lieux, & mourut en Capadoce sa patrie. Il soutenoit les erreurs d'Arius. Cave a publié sa Confession de foi, & S. Basile a réfuté ses erreurs.

EUPHEMIE, ( Ste ) Vierge & Martyre de Chalcédoine, au 4e siecle, du tems de la persécution de Dioclétien, vers 307 de J. C.

EUPHEMIUS, Patriarche de CP. en 489, ôta des Dyptiques le nom de Pierre *Mongus* ; mais n'aïant pas voulu faire la même chose à l'égard d'Acace, les Papes Felix & Gelase, lui refuserent la Communion. Il fut exilé en 495 par l'Empereur Anastase, qu'il avoit obligé de faire profession publique de la Foi orthodoxe , & mourut à Ancyre en 515.

EUPHORBE , illustre Troyen , fut tué par Menelas à la guerre de Troyes. Pythagore assuroit que son ame étoit celle d'Euphorbe , & qu'elle avoit passé dans son corps par la Métempsycose.

EUPHORION , de Chalcis , en Eubée , célebre Poëte & Historien , naquit vers 174 avant J. C. & fut Bibliothequaire d'Antiochus le Gr. Suétone dit que l'Empereur Tibere composoit ses Poësies grecques à l'imitation d'Euphorion , & qu'il plaçoit les écrits & le portrait de cet Auteur dans les Bibliotheques publiques.

EUPHRASIE , ( Ste ) illustre Solitaire & Religieuse de la Thébaïde , étoit fille d'Antigone , Gouverneur de Lycie , & parente de l'Empereur Théodose l'ancien. Elle naquit vers 380 , & mourut à l'âge de 30 ans dans l'un des Monasteres de la Thébaïbe , où elle avoit donné des exemples admirables de vertu.

EUPHRATAS , célebre Evêque de Cologne , au 4e siecle , assista au Concile de Sardique , en 347 On a de Actes d'un Concile prétendu , qu'on dit avoir été tenu à Cologne en 346 contre Euphratas ; mais ces Actes sont supposés.

EUPHRATES , l'un des disciples de Platon , eut un si gr. crédit auprès de Perdiccas , Roi de Macédoine , qu'il gouvernoit avec la même autorité que ce Prince. Il n'admettoit à la table du Roi, que ceux qui savoient, comme lui, la Philosophie & la Géométrie. Parménion le tua sous le regne de Philippe , successeur de Perdiccas.

EUPOLIS , fameux Poëte comique de l'ancienne Comédie , étoit d'Athenes , & florissoit vers 440 avant J. C. On dit qu'Alcibiade le fit mourir pour avoir fait des vers contre lui.

EURIPIDE , très célebre Poëte Grec, & l'un de ceux qui ont le plus excellé dans la Tragédie , naquit vers 480 av. J. C. dans l'Isle de Sa-

lamine, où son pere & sa mere s'étoient retirés un peu avant que Xerces entrât dans l'Attique. Il apprit la Rhétorique sous Prodicus , la Morale sous Socrate , & la Physique sous Anaxagore ; mais il abandonna la Philosophie à l'âge de 18 ans , pour s'appliquer à la Poésie dramatique. Il ne faut pas croire néanmoins qu'il ait négligé dans la suite l'étude de la Morale & de la Physique ; car ses ouvrages prouvent le contraire. Il s'enfermoit dans une caverne pour y composer ses Tragédies ; elles furent extrêmement applaudies des Grecs. L'Armée des Athéniens , commandée par Nicias , aïant été défaite en Sicile , les soldats Athéniens racheterent leur vie & leur liberté , en récitant des vers d'Euripide , tant les Siciliens avoient d'estime & de vénération pour les pieces de cet excellent Poëte. Socrate , le plus sage des Philosophes , en faisoit un si grand cas , qu'elles sont les seules à la représentation desquelles il ait assisté , néanmoins elles remporterent assez rarement le prix. Euripide y débite souvent des Sentences de morale , & des maximes contre les personnes du sexe ; ce qui le fit appeller l'*Ennemi des Femmes.* Il ne laissa pas de se marier ; mais la conduite scandaleuse des deux femmes qu'il épousa , lui attira les railleries d'Aristophane & des autres Poètes comiques ; ce qui l'engagea à se retirer à la Cour d'Archelaüs , Roi de Macédoine , où il fut très bien reçu. Ce Prince aimoit les Savans , & les attiroit par ses libéralités. Si l'on en croit Solin , il fit Euripide son prem. Ministre d'Etat , & lui donna les plus gr. marques d'estime. Euripide mourut à la Cour de ce Prince , à 75 ans , vers 405 avant J. C. De 92 Tragédies qu'il avoit composées , il ne nous en reste que 19 , dont les éditions les plus estimées sont celles d'Alde , en 1503 , in 8° , de Plantin , 1571 , in·16 , de Commelin , en 1597 , in·8° , de Paul Etienne , en 1604 , in·4° , & de Josué Barnes , en 1694 , in-fol. On dit ordinairement , en parlant de Sophocle & d'Euripide , que *le premier réprésente les hommes tels qu'ils devroient être, mais qu'Euripide les représente tels qu'ils sont.*

EUROPE , fille d'Agenor , Roi de Phénicie , & sœur de Cadmus , fut aimée de Jupiter. Ce Dieu , selon la Fable , se transforma en Taureau , & l'aïant enlevée, il l'amena en cette partie de notre Continent , qui de son nom fut appellée *Europe.*

EURYDICE , femme d'Orphée , fut piquée d'un serpent , & mourut le jour même de ses noces. Orphée l'alla chercher aux Enfers, où par les charmes de sa Lyre & de sa voix, il obtint de Pluton , la permission d'emmener Eurydice , à condition qu'il ne la regarderoit point jusqu'à ce qu'elle fût entierement sortie des Enfers ; mais n'aïant pu s'empêcher de tourner la tête pour la regarder , elle lui fut enlevée pour jamais.

EURYDICE , femme d'Amyntas , Roi de Macédoine , en eut quatre enfans , trois fils , Alexandre , Perdiccas & Philippe , pere d'Alexandre le Gr. & une fille nommée Euryone. Eurydice fut une Princesse déreglée , ambitieuse, qui, pour faire monter sur le Thrône son gendre qu'elle aimoit , conspira contre Amyntas , & fit mourir ses deux fils aînés.

EURYDICE , fille d'Amyntas , & petite fille de Perdiccas , Roi de Macédoine , épousa son oncle Aridée , qui fut déclaré Roi de Macédoine , après la mort d'Alexandre le Gr. Aridée , n'étant pas capable de gouverner par lui-même , laissa toute l'autorité à Eurydice. Cette Princesse s'opposa avec courage au retour d'Olympias ; mais aïant été abandonnée par ses troupes , Olympias fit tuer Aridée , renferma Eurydice dans une prison , & lui fit porter une épée , une corde , & un verre de cigüe, lui donnant le choix de mourir par une de ces trois choses. Eurydice sans rien rabatre de la fermeté de son courage , prit sa ceinture , & s'en étrangla , avant même que le porteur se fût retiré.

EURYDICE , Dame Illyrienne , que Plutarque propose comme un modele , parcequ'étant dans un païs barbare , & se trouvant avancée en âge , elle se livra à l'étude, pour être en état d'instruire elle même ses enfans.

EURYSTÉE , Roi de Mycene , succéda à son pere Sthenelus , & fit entreprendre à Hercule les travaux si célebrés dans les Poètes. Il fut tué par Hyllus , l'un des fils d'Hercule , vers 1230 avant J. C.

EUSEBE , Grec de naissance , succéda au Pape saint Marcel , le 5 Février 310 , & mourut l'année suivante. Il eut Miltiade pour successeur.

EUSEBE , cél. Evêque de Césarée , en Palestine , & l'un des plus savans hommes de son siecle, naquit vers la fin de l'Empire de Galien. Il étoit ami intime de S. Pamphile , qui souffrit le martyre à Césarée , le 15 Février 309 , durant la persécution du Dioclétien. Eusebe prit le nom de *Pamphile* , pour honorer la mémoire de son ami ; il établit une école céleb. à Césarée , & fut ordonné Prêtre , puis Evêque de cette ville , en 313. Il assista au Concile de Nicée en 325 , porta la parole à l'Empereur Constantin , & fut placé à la droite de ce Prince. Il y condamna les erreurs d'Arius , & proposa au Concile une formule de Foi orthodoxe ; à laquelle les Peres ajouterent le terme de όμοούσιος ou de *consubstantiel.* Eusebe refusa d'abord d'approuver ce terme : mais il l'admit ensuite , & souscrivit à la profession de Foi du Concile. Il fut présent en 330 au Concile d'Antioche , dans lequel Eustathe , Evêque de cette ville , fut injustement déposé. Il refusa néanmoins de mettre un autre Evêque à la place d'Eustathe. Eusebe assista encore au Concile de Tyr, tenu en 335 , contre S. Athanase : & à l'Assemblée d'Evêques, qui se fit à la Dédicace de l'Eglise de Jérusalem. Les Eveques de cette Assemblée le députerent à l'Empereur

Conſtantin, pour défendre le jugement rendu contre S. Athanaſe. Ce
fut alors qn'il prononça le Panégyrique de cet Empereur, dans la ré-
jouiſſance qu'il fit faire au commencement de la trentieme année de
ſon Empire, qui fut la derniere
de ſa vie. Euſebe ſurvécut peu à
Conſtantin. Il mourut vers 338.
Ses liaiſons avec les Ariens ont fait
douter de ſa Foi, & c'eſt un grand
ſujet de controverſe parmi les Savans, de ſavoir s'il admettoit la divinité du Verbe. Mais quiconque
lira ſans préjugé ſes Comment. ſur
les Pſeaumes, conviendra qu'il étoit
Arien. On a de lui pluſieurs ouvrages très eſtimés : 1. l'Hiſtoire Eccléſiaſtique en 10 Livres, dont Henri
de Valois a donné une bonne édition en grec & en latin. Cette Hiſtoire eſt ſi excellente, qu'elle a mérité à Euſebe le titre de *pere de l'Hiſtoire Eccléſiaſtique*. On en a une
traduction françoiſe par le Préſident
Couſin : 2. la Vie de Conſtantin en
4 Livres : 3. un Traité contre Hierocles : 4 les Livres de la Préparation & de la Démonſtration évangélique. Le commencement & la
fin de ce dernier ouvrage manquent
dans toutes les éditions ; mais Fabricius les publia en 1725, dans ſa
Bibliotheque des Auteurs qui traitent de la Religion : 5. une Chronique traduite par S. Jerôme : 6.
des Commentaires ſur les Pſeaumes, & d'autres opuſcules. On
trouve dans ſes ouvrages une profonde érudition, & une parfaite
connoiſſance de l'antiquité. Ils ſont
écrits avec éloquence, & ont fait
paſſer Euſebe pour le plus judicieux
& le plus ſav. homme de ſon ſiecle.

EUSEBE, Evêque de Nicomé-
die, au 4e ſiecle, avoit été Evêque de Beryte. Il embraſſa les erreurs d'Arius, perſécuta ſaint Athanaſe, obſéda l'Empereur Conſtantin juſqu'à ſa mort, & mit dans ſon
parti Conſtance & toute la famille
Impériale. Il uſurpa le ſiege de CP.
après en avoir fait exiler Paul, qui
en étoit l'Evêque légitime, & mourut en 342.

EUSEBE *Emiſſene*, ainſi nommé, parcequ'il étoit Evêque d'E-
meſe, fut diſciple d'Euſebe de Céſarée, & mourut vers 359. On lui
attribue pluſ. ouvr. qui paroiſſent
être d'Auteurs plus récens.

EUSEBE, (S.) Evêque de Verceil, au 4e ſiecle, prit hautement
la défenſe de ſaint Athanaſe. Cette
fermeté irrita contre lui l'Empereur
Conſtance, qui l'envoïa en exil. A
ſon retour, il s'oppoſa à Auxence,
Evêque Arien de Milan, & mourut
le prem. Août 373. On lui attribue
une verſion latine des 4 Evangiles
que Jean André Irici a fait imprimer à Milan, en 1748, *in-4°.*
Quand cette verſion ne ſeroit pas
de S. Euſebe de Verceil, elle ne
laiſſeroit pas d'être précieuſe.

EUSEBE, (S.) Evêq. de Samo-
ſate dans le 4e ſiecle, fut d'abord
lié avec les Ariens. Le ſiege d'Antioche étant venu à vacquer, ils con-
vinrent avec les orthodoxes de choiſir Melece pour Evêque. Ils confierent à Euſebe le décret de cette élection ; mais S. Melece s'étant auſſi-
tôt déclaré pour la foi Catholique,
les Ariens appuïés de l'autorité de
l'Empereur Valens, réſolurent de le
dépoſer ; Euſebe averti de leur pernicieux deſſein, ſe retira dans ſon
Dioceſe avec l'acte qu'on lui avoit
confié. On fit courir après lui, &
l'Envoïé de l'Emper. le menaça de
lui faire couper la main droite,
s'il ne rendoit l'acte d'élection,
mais Euſebe préſentant ſes deux
mains, dit avec fermeté, qu'il ſe
les laiſſeroit couper, plutôt que de
ſe défaiſir de cet acte, à moins que
ce ne fût en préſence de tous ceux
qui le lui avoient mis en dépôt. Il
ſouſcrivit à la foi de Nicée dans le
Concile d'Antioche en 353. & ſe
trouva à Céſarée en Cappadoce l'an
371 pour élire S. Baſile Evêque de
cette ville, à la priere de S. Grégoire
de Nazianze le pere. Son zele pour
la foi le fit exiler par Valens en
373. Durant cet exil, il ſe déguiſa
en ſoldat pour aller conſoler les
Orthodoxes perſécutés. Après la
mort de Valens, S. Euſebe aſſiſta

au Concile d'Antioche de l'an 378. La Concile le chargea de visiter quelques Eglises d'Orient : ce qu'il fit avec succès dans la Mésopotamie, & dans une partie de la Syrie ; mais aïant ordonné Maris pour la petite ville de Dolique en Syrie, comme il entroit dans la ville pour mettre en possession de cette Eglise le nouvel Evêque, une femme Arienne lui jetta sur la tête une tuile, qui le blessa à mort. Le S. Evêque avant que de mourir, fit promettre à ceux qui étoient présens, de ne point poursuivre cette femme en justice. On la poursuivit néanmoins ; mais les Catholiques obtinrent sa grace. S. Grégoire de Nazianze & S. Basile écrivirent plusieurs lettres à ce S. Evêque.

EUSTATHE, ( S. ) pieux & sav. Evêque de Berée, natif de Side, ville de Pamphilie, fut transféré en 323 sur le siege d'Antioche. Il assista au Concile de Nicée, en 325, où il défendit avec zele la Foi orthodoxe contre les Ariens. Ils l'accuserent de crimes infâmes, le déposerent, & le firent exiler par Constantin, à Trajanopolis, dans la Thrace, où il mourut vers 337. Il avoit composé plusieurs excellens ouvrages, dont il ne nous reste que le Traité sur la Pythonisse, que Léon Allatius fit imprimer en 1629, avec un autre Traité sur l'*Exaëmeron*, qu'il attribue aussi à S. Eustathe, mais qui paroît être d'un Auteur plus récent.

EUSTATHE, savant Evêque de Thessalonique, au 12e siecle, sous les regnes des Empereurs Emmanuel, Alexis, & Andronic Comnene, fut un illustre Grammairien, & composa des céleb. Comment. sur Homere, & sur Denys le Géographe. La meilleure édition des Commentaires d'Eustathe, sur Homere, est celle de Rome, en 1542, en grec, 4 vol. *in-fol.* On lui attribue aussi le Roman d'Ismene & d'Ismenie, mais sans aucun fondement, Alexandre Politi, Clerc Régulier des Ecoles Pies a traduit en latin une partie des Comment. d'Eusta-

the sur Homere, & il a publié à Rome deux Livres de savantes *remarques* sur ce Commentaire.

EUSTOCHIE, ( Ste ) ou EUSTOCHIUM, descendoit de la famille des Scipions, & des Paul-Emiles. Elle fut disciple de S. Jérôme dès l'an 382, & le suivit avec Paule en Orient, où elle visita les Monasteres & les lieux saints. Elle se renferma ensuite avec sainte Paule, dans un Monastere à Bethléem, où elles continuerent d'étudier l'Ecriture Sainte sous la conduite de S. Jérôme. Eustochie fut chargée du gouvernement de ce Monastere. Elle savoit l'hébreu, le grec, & emploïoit la plus grande partie de son tems à méditer les saintes Ecritures. Elle mourut en 419.

EUSTRATE, célebre Archevêq. de Nicée au 12e si. soutint avec force le sentiment des Grecs sur la Procession du S. Esprit, dans un Traité qui se trouve manuscrit dans plus. Bibliotheques. Léon Allatius fait mention de cinq autres Traités du même Auteur ; mais nous n'avons rien d'imprimé de lui que quelques Comment. sur Aristote.

EUTHYCRATE, cél. Sculpteur, natif de Sicyone, étoit fils & disciple de Lysippe. Il s'appliqua principalement à observer les proportions. Les statues d'Hercule & d'Alexandre lui acquirent une grande réputation, aussi bien que la Médée, qui étoit traînée dans un char à quatre chevaux.

EUTHYMIUS, Patriarche de CP. au 10e siecle, fut mis à la place de Nicolas le *Mystique*, que l'Empereur Léon VI, avoit chassé de son siege. Il étoit natif d'Isaurie, & avoit mené la vie de Moine. Sa probité & son mérite, lui acquirent l'estime de l'Empereur Léon, qui le prit pour son Confesseur ; mais Alexandre II, successeur de Léon, bannit Euthymius, & rétablit Nicolas. Il mourut en exil en 920. Son corps fut porté à CP. & enterré avec grande solemnité.

EUTHYMIUS *Zigabenus*, savant Moine Grec, de l'Ordre de

saint Basile, au commencement du 12e siecle, a composé 1. un Traité contre les hérésies, intitulé *Panoplié* : 2. des Commentaires estimés sur les Pseaumes & sur les Evangiles, & d'autres ouvrages.

EUTICHIUS, fameux Patriarche d'Alexandrie, depuis 933 jusqu'en 940, a composé en arabe des Annales que Pocok fit imprimer à Oxford en 1658, avec une version latine. Selden prétend prouver par ces Annales, que dans les premiers siecles de l'Eglise, il n'y avoit point de différence véritable entre les Prêtres & les Evêques; mais il a été solidement réfuté sur ce point par Abraham Ecchellensis, & par M. Assemanni. Au reste, les Annales d'Eutichius sont peu exacts.

EUTROPE, Auteur Latin, du 4e siecle, porta les armes sous l'Empereur Julien, & suivit ce Prince dans son expédition contre les Perses. On a de lui un Abregé de l'Histoire Romaine en 10 Livres, dans lesquels il raconte les choses les plus mémorables, qui se sont passées dans l'Empire Romain, depuis la fondation de Rome, jusqu'au regne de Valens, auquel il dédie son ouvrage. On doute qu'il ait été Chrétien. L'Abbé Lezeau en a donné une traduction françoise avec des notes.

EUTROPE, fameux Eunuque, parvint sous l'Empire d'Arcadius, aux premieres Charges, & s'éleva même jusqu'au Consulat. Il se rendit odieux par ses crimes & par ses débauches, & maltraita les personnes de mérite, les Ecclésiastiques, & les Evêques les plus saints & les plus illustres. Il eut même l'insolence de menacer l'Impératrice Eudoxie, de la faire répudier; mais Gaïnas, aïant demandé sa tête, il se réfugia dans l'Eglise, dont il avoit fait révoquer les immunités. Saint Chrysostôme le sauva alors de la fureur du peuple, & prononça à cette occasion, un sermon qui passe avec raison pour un chef-d'œuvre d'éloquence. Eutrope fut ensuite exilé dans l'Isle de Chypre,

& eut la tête tranchée à Chalcédoine, en 399.

EUTYCHÉS, fameux Abbé d'un Monastere de CP. au 5e siecle, en combattant avec zele les erreurs de Nestorius, tomba lui-même dans l'hérésie. Il enseigna que J. C. avoit un corps céleste qui avoit passé par le corps de la Vierge, comme par un canal, & qu'après l'union hypostatique, il n'y avoit qu'une nature en J. C; la nature humaine, selon lui, aiant été absorbée par la nature divine. Eutychés fut condamné en 448, dans un Synode par Flavien, Evêque de CP. Il en appella au Pape S. Leon, & ensuite à l'Empereur. L'année suivante, assisté de Dioscore, Evêque d'Alexandrie & de Chrysaphius, favori de l'Empereur Théodose *le jeune*, il fit tenir le Concile, appellé *le Brigandage d'Ephése*, où l'hérésie fut approuvée, & la Foi orthodoxe proscrite; mais Marcien étant parvenu à l'Empire, les erreurs d'Eutychés & de Dioscore, furent anathématisées au Concile générale de Chalcédoine, en 451.

EUTYCHIEN, Pape & Martyr, succéda à Felix, le 4 Juin 275. Il ordonna que l'on enseveliroit les corps des Martyrs dans des tuniques de pourpre, & fut martyrisé le 8 Décembre 283. Saint Caïus lui succéda.

EUTYQUE, *Eutychius*, célebre Patriarche de CP. succéda à Memnas, en 552, & présida au 2e Concile de CP. qui est le 5e Général; dans la suite, s'étant opposé aux erreurs de Justinien, ce Prince le fit déposer dans un Synode, & l'exila. Eutyque fut rétabli en 577, & composa un Traité de *la Résurrection*, où il soutenoit que le corps des hommes ressuscités, seroit si subtil, qu'il ne pourroit plus être palpable; mais S. Grégoire, député du Pape Pélage II, le détrompa de cette opinion. Eutyque, mourut le 6 Avril 582, à 70 ans.

EUZOIUS, Diacre d'Alexandrie, fut déposé en même-tems qu'Arius, par l'Evêque de cette ville, & condamné

damné au Concile de Nicée ; mais aïant présenté en 335 à l'Empereur Constantin, une confession de Foi, orthodoxe en apparence, il fut reçu dans l'Eglise, & devint Evêque d'Antioche, en 361 ; c'est lui qui baptisa l'Empereur Constance.

EXPILLI, (Claude) hab. Présid. au Parlement de Grenoble, naquit à Voiron, en Dauphiné, le 22 Décembre 1561. Il apprit le Droit à Padoue, où il lia amitié avec Torniel, Pancirole, & les autres savans hommes d'Italie. De retour en France, il se fit recevoir Docteur à Bourges, & le célebre Cujas, lui donna de grands éloges. Expilli s'établit ensuite à Grenoble. Henri IV & Louis XIII le chargerent de diverses affaires importantes. Il mourut à Grenoble en 1636, à 75 ans. On a de lui des Plaidoïés & d'autres ouvrages en prose, & un vol. in-fol. de Poésies, où il y a de beaux endroits, & dans lesquelles, il suit une orthographe singuliere, en voulant écrire les mots, comme on les prononce. Antoine Boniel de Chatillon, Avocat Général à la Chambre des Comptes de Dauphiné, a écrit sa vie.

EXUPERE, (S.) célebre Evêque de Toulouse, au 5e siecle, se rendit illustre par sa charité durant une grande famine. Après avoir distribué tous ses biens, il vendit encore les vases sacrés d'or & d'argent, pour assister les pauvres, & fut réduit à porter le corps de J. C. dans un panier d'osier, & son sang dans un Calice de verre. S. Jérôme le compare à la veuve de Sarepta, & lui a dédié son Commentaire sur le Prophête Zacharie. S. Exupere mourut vers 417.

EYBEN, ( Hulderic ) illustre & savant Jurisconsulte, naquit à Norden, le 20 Nov. 1629, d'une famille noble & ancienne. Il étudia à Marpurg, & s'y fit recevoir Docteur en 1655. Peu de tems après, il fut choisi par George II, Landgrave de Hesse, pour une des Chaires de Professeur en Droit. Eyben enseigna avec une réputation ex-

traordinaire. Il devint ensuite Conseiller & Antécesseur à Helmstad, puis Juge dans la Chambre Impériale de Spire ; enfin Conseiller au Conseil Aulique de l'Empereur Léopold. Il mourut le 25 Juillet 1699. Ses ouvrages furent imprimés à Strasbourg, en 1708, in-fol. Ils sont estimés.

EYCK, voyez BRUGES.

EZECHIAS, Roi de Juda, succéda à son pere Achaz, vers 726 avant J. C. Il fit abattre les Autels des faux Dieux, brula les bois sacrés, brisa le serpent d'airain, pour ôter aux Juifs tout sujet d'idolâtrie, & gouverna avec sagesse & avec piété. Aïant défait les Philistins révoltés, il tomba malade vers 713 avant J. C. le Prophête Isaïe lui annonça alors qu'il mourroit de cette maladie ; mais ses pleurs aïant fait révoquer cette Sentence, Isaïe l'assura que Dieu lui accordoit encore 15 ans de vie. Pour preuve de cette prédiction, l'ombre remonta de 10 lignes, selon la parole du Prophête sur le cadran solaire qu'Achaz avoit fait faire. Merodach Baladan, Roi de Babylone, au bruit de cette merveille, envoïa des Ambassadeurs à Ezechias, pour le féliciter. Ce Prince leur montra tous ses trésors. Dieu pour le punir de sa vanité, lui fit dire par Isaïe, que toutes ses richesses seroient un jour transportées à Babylone ; mais Ezechias obtint par son repentir, qu'il ne verroit point ce malheur. Quelque tems après, aïant refusé de païer tribut au Roi d'Assyrie. Sennacherib, pour s'en venger, entra en Judée, y prit plusieurs places, & ne cessa ses ravages que par les présens & les promesses d'Ezechias. Cependant trois ans après, à son retour d'Egypte, il mit le siege devant Jérusalem ; mais l'Ange du Seigneur extermina son armée, & lui tua en une nuit 185000 hommes. Enfin Ezechias mourut 698 avant J. C. à 53 ans. Manassés son fils lui succéda.

EZECHIEL, le troisieme des gr. Prophêtes, étoit fils du Sacrificateur Buzy. Il fut mené jeune en captivité à Babylone, sous Jechonias, & commença à prophétiser vers 595 avant J. C. Il prédit aux Juifs la captivité & la ruine de Jérusalem; les malheurs qui devoient arriver aux peuples voisins, le rétablissement du peuple Juif & du Temple, le regne du Messie, & la vocation des Gentils. Ses Prophéties sont remplies de visions, de sentences, & de comparaisons, dont quelques-unes sont si difficiles à entendre, que les Juifs ont défendu de lire ce Prophête avant l'âge de 30 ans. Ezechiel y reproche aux Juifs leur idolâtrie, rend leurs crimes sensibles, & n'oublie rien pour les détourner du culte des faux Dieux, les menaçant de la captivité & des plus gr. malheurs, s'ils continuent, & s'ils ajoutent foi aux promesses des faux Prophêtes. On dit que ces reproches furent si sensibles aux Juifs, qu'ils le firent mourir d'une mort cruelle. Le Livre d'Ezechiel est en hébreu, & contient 22 visions, disposées selon l'ordre des tems qu'il les a eues. Les Commentaires les plus estimés sur ce Prophête, sont ceux de Pradus & de Villalpand, Jésuites.

EZZELIN, fameux Tyran, natif du village d'Oncra, dans la Marche Trevisane, étoit originaire d'Allemagne, & vivoit dans le 13e siecle. Il combattit d'abord à la tête des Gibelins, & remporta de grandes victoires. Ensuite il se rendit redoutable par ses cruautés & par ses violences. Il prit Véronne, Padoue, & quelques autres villes d'Italie, & y exerça la tyrannie la plus odieuse. Il méprisa les Anathêmes de Grégoire IX, d'Innocent IV, & d'Alexandre IV. Un jour aïant appris que les Habitans de Padoue s'étoient révoltés, il en fit mourir 12000, qu'il avoit dans ses troupes. Enfin, les Princes de Lombardie s'étant ligués contre lui, le prirent lorsqu'il alloit attaquer Milan, ils le menerent à Soncino, où il mourut désespéré, le 12 Oct. 1259, après avoir exercé sa tyrannie plus de 40 ans.

## F.

FABER, (Jean) savant Théologien de l'Ordre de Saint Dominique, natif de Hailbron, se distingua au 16e siecle par ses prédications & par ses ouvr. Les principaux sont, 1. Traité en latin sur la maniere de connoître les Hérétiques: 2. Un autre Traité, pour prouver que la Foi peut être sans la Charité. 2. Un ouvrage sur la Messe & sur la présence réelle. 4. *Enchiridion Bibliorum*, in 4°. Il ne faut pas le confondre avec Jean Faber, autre savant Religieux Dominicain, qui fut Official & Gr. Vicaire de Constance, en 1519, & Confesseur de l'Empereur Ferdinand. Il étoit ami d'Erasme, & eut une cél. Conférence en 1526 avec les Hérétiques. Il fut nommé par l'Empereur Ferdinand à l'Evêché de Vienne, où il m. le 12 Juin 1541. Ses principaux ouvr. ont été imprimés en 3 vol. in fol. Ce Religieux est souvent appellé *le Marteau des Hérétiques*, du nom d'un de ses Livres, intitulé *Malleus Hæreticorum*.

FABERT, (Abraham) Maréchal de France, & Gouverneur de Sédan, natif de Metz, fut élevé auprès du Duc d'Epernon, & se signala par son courage & par sa capacité en plusieurs sieges & combats, & sauva l'Armée du Roi à la fameuse retraite de Mayence, comparée par quelques Ecrivains à celle des dix mille de Xenophon. Aïant été blessé au siege de Turin d'un coup de mousquet à la cuisse, M. de Turenne avec le Cardinal de la Valette, dont il étoit aide de Camp, le conjurant de se la laisser couper selon l'avis de tous les Chirurgiens. *Il ne faut pas mourir par pieces*, leur dit-il, *la mort m'aura tout entier ou elle n'aura rien* En effet, il guérit de sa blessure. Il eut ensuite le gouvernement de Sedan. Il y fit faire des fortifications solides avec tant d'œconomie, que le Roi n'a jamais eu de places mieux fortifiées & à si peu de frais. Il prit Stenay en 1654, & fut fait Maréchal de France, en 1658. Son mérite, sa probité, & sa modestie, lui acquirent l'estime du Roi & des Grands. Il refusa le collier des ordres du Roi, prétendant qu'il ne devoit être porté que par l'ancienne noblesse. Louis XIV répondant de sa main à sa Lettre de remerciment, lui dit : *Ceux à qui je vais distribuer le collier, ne peuvent jamais en recevoir plus de lustre dans le monde, que le refus que vous en faites ; par un principe si généreux, vous en donne auprès de moi.* Le Maréchal Fabert mourut à Sédan, le 17 Mai 1662, à 63 ans. Le Pere Barre, Chanoine Régulier de Sainte Geneviéve, a donné sa vie au Public en 1752, à Paris, en 2 vol. *in-12.*

FABIEN, *Fabianus*, Romain, succéda au Pape Antere, en 236, il envoïa des Evêques dans les Gaules pour y prêcher la Foi, & mourut pour la Foi de J. C. le 20 Janv. 250, durant la persécution de Dece. On dit, que, pendant la cérémonie de son élection, une colombe alla se reposer sur sa tête. S. Corneille lui succéda.

FABIUS MAXIMUS, *Rullianus*, cél. Consul Romain, de la famille des Fabiens, si féconde en gr. hommes, fut Général de la Cavalerie Romaine, 324 ans av. J. C. & reçut le commandement de l'Armée, pendant l'absence du Dictateur Papirius, avec défenses d'attaquer ses Ennemis ; mais il se présenta une si belle occasion de les défaire, qu'il aima mieux exposer sa tête, que de ne pas rendre service à sa Patrie. Il força le camp des Samnites, & remporta sur eux une victoire complette. Malgré ce glorieux succés, Papirius voulut le faire mourir pour sa désobéissance ; mais l'Armée & le Peuple Romain obtinrent sa grace. Fabius fut cinq fois Consul, une fois Censeur & Dictateur. Il triompha des Apuliens, des Lucériens, des Samnites, des Gaulois, des Umbriens, des Marses, & des Tos-

cans. C'est lui qui institua que les Chevaliers Romains iroient tous les ans le 15 Juillet en cérémonie, montés sur des chevaux blancs, depuis le Temple d'Honneur jusqu'au Capitole. C'est le premier de la famille des Fabiens, qui fut surnommé *Maximus.* Cette famille étoit très illustre & très puissante à Rome. Elle entreprit à ses dépens la guerre contre les Veïens, & 306 Fabiens périrent dans cette guerre à la journée de Cremera 475 av. J. C. C'est ce que marque Ovide dans ses fastes :

*Una dies Fabios ad bellum miserat omnes :*
*Ad bellum missos perdidit una dies.*

On dit qu'il n'en resta qu'un seul, qui fut ensuite élevé aux premiers emplois, & qui fut la tige des différentes branches de la famille des Fabiens ; mais Denys d'Halicarnasse traite de Fable cette guerre rapportée par Tite Live.

FABIUS MAXIMUS, ( *Quintus* ) l'un des plus gr. Capitaines de son siecle, fut surnommé *Cunctator*, c. à d. *le Temporiseur*, parcequ'aïant été créé Dictateur, après la bataille de Trasimène, 217 avant J. C. il trouva moïen de fatiguer Annibal, sans le combattre, en le harcelant sans cesse, & en se campant avantageusement. Annibal fit tout ce qu'il put par ses railleries & par tous les stratagêmes imaginables, pour attirer Fabius au combat ; mais voïant que c'étoit toujours inutilement, il lui envoïa dire que : *S'il étoit aussi gr. Capitaine qu'il vouloit qu'on le crût, il devoit descendre dans la plaine, & accepter la Bataille.* Fabius répondit froidement que : *Si Annibal étoit lui même aussi gr. Capitaine qu'il croïoit l'être, il devoit le forcer à donner Bataille.* Fabius fut cinq fois Consul, la première 233 ans av. J. C. après qu'il eut défait les Liguriens. Il rendit de si gr. services à sa patrie, qu'il fut appellé *le Bouclier de la*

*République.* On le nommoit encore *Verrucofus*, à caufe d'une verrue qu'il avoit fur les levres, & *Ovicula*, à caufe de fa gr. douceur. Quintus Fabius Maximus, fon fils, fut auffi Conful ; pendant fon Confulat, voïant fon pere venir à lui, fans defcendre de cheval, il lui ordonna de mettre pié à terre. Alors ce gr. homme embraffant fon fils, lui dit : *Je voulois voir, fi tu favois ce que c'eft que d'être Conful.* Il y a eu un autre Fabius Maximus, qui fut Conful avec Jules Céfar, auquel il foumit l'Efpagne, après y avoir défait le parti de Pompée.

FABIUS PICTOR, eft le premier des Romains qui écrivit l'Hiftoire en profe. Il vivoit vers 216 av. J.C. L'ouvr. que nous avons fous fon nom, eft une piece fuppofée, & du nombre de celles qui ont été publiées par *Annius de Viterbe.* Ceux de cette famille prirent le nom de *Pictor*, parceque celui dont ils defcendoient, avoit fait peindre les murs du Temple de la Santé.

FABIUS DOSSENSUS, ou DORSENUS, compofa des Farces appellées par les Romains *Attellanes*, de la ville d'*Atella*, dans le païs des Ofques, où elles prirent naiffance. Horace, Seneque & Pline parlent de ce Poëte.

FABIUS MARCELLINUS, Hiftorien du 3e fiecle, depuis Alexandre Sévere, & avant Dioclétien. Il eft cité par Lampridius comme Auteur d'une vie d'Alexandre Mammée. C'eft ce Marcellinus avec Marius Maximus, & Suétone, que Vopifcus s'eft propofé d'imiter dans la vie de Probus.

FABIUS RUSTICUS, Hiftorien du tems de Claude & de Neron, fut ami de Seneque. Tacite loue fon ftyle dans fes Annales, & dans la vie d'Agricola.

FABRE, ( Jean Claude ) Prêtre de l'Oratoire & l'un des plus laborieux Ecrivains du 18e fi., naquit à Paris le 25 Avril 1668, d'un pere qui étoit habile Chirurgien. Il étoit déja Soudiacre & Bachelier de Sorbonne, & il avoit été Régent de Se-

conde à Saint-Quentin, lorfqu'il entra dans la Congrégation de l'Oratoire à Paris. Il fut fucceffivement Profeffeur de Philofophie à Rumilly en Savoie, à Toulon, à Riom, au Mans, & à Nantes. Il enfeigna enfuite la Théologie pendant trois ans à Riom, puis pendant trois autres années au Séminaire de la Congrégation à Lyon. C'eft pendant fon féjour à Lyon qu'il fit imprimer un petit *Dictionnaire latin & françois*, in-8o. tiré des meilleurs Auteurs Claffiques, dont il y a eu pluf. Editions. Ce fut auffi à Lyon & en 1709 qu'il donna une nouvelle Edition du *Dictionnaire de Richelet*, revue, corrigée & augmentée en 2 vol. in-fol. fous le titre d'Amfterdam. Comme il y avoit inféré plufieurs articles Théologiques fur les matieres du tems, & que dans la lifte des Auteurs dont il s'étoit fervi, il avoit donné de gr. éloges à MM. de Port-Roïal, fans en ufer de même à l'égard de leurs Adverfaires, M. Madot pour lors Evêque de Bellay, & depuis Evêque de Châlons fur-Saone, à qui ces articles & ces éloges parurent répréhenfibles & favorifer les *Anti Conftitutionaires*, la fit fupprimer. Le P. Fabre a avoué depuis à un de fes Confreres que l'article *Grace*, tel qu'il fe lit dans cette Edition, n'étoit pas de lui, mais d'un Avocat, qui le lui avoit fourni, ainfi que plufieurs autres de ceux qui avoient été defapprouvés. Il fut alors obligé de fortir de la Congrégation de l'Oratoire, & de fe retirer à Clermont en Auvergne, où n'aïant pas dequoi fubfifter, il fe chargea de l'éducation de quelques Enfans, & eut recours au P. le Tellier Jéfuite, Confeffeur du Roi, qui lui fit tenir deux fois de l'argent. Le P. Fabre rentra dans la Congrégation de l'Oratoire fur la fin de 1715, & fut envoïé à Douai où il compofa une petite brochure intitulée : *Entretiens de Chriftine & de Pelagie, fur la lecture de l'Ecriture-Sainte.* Cette Brochure eft encore recherchée. Dans la fuite aïant prêché la Dominicale de l'Oratoire à Troyes avec distinction, (car il avoit aussi du talent pour la chaire) il vint demeurer sur la fin de 1723 à Montmorenci. C'est-là qu'il commença la *continuation de l'Histoire Ecclésiastique de feu M. l'Abbé Fleury.* Ce qui engagea ses Supérieurs à le faire venir à Paris dans leur Maison rue Saint Honoré, où il m. le 22 Oct. 1753, à 85 ans, fort regretté de ses Confreres & de ses Amis, à cause de sa douceur, de sa modestie, de sa candeur, & de sa vertu. Il avoit une telle facilité pour le travail, qu'il n'étoit point distrait par ceux qui se trouvoient dans sa Chambre, lorsqu'il composoit. Le plus considérable de ses ouvrages, est la *continuation de l'Histoire Ecclésiastique de M. l'Abbé Fleury.* Il en a donné 16 vol. in-4°. & in-12. Le discours *sur le renouvellement des études Ecclésiastiques,* &c. qui est au commencement du 13e vol. de la continuation est de M. l'Abbé Goujet, lequel a aussi revu & corrigé tout l'ouvrage avant l'impression. On remarque dans cette *continuation,* de l'érudition & beaucoup de facilité à écrire; mais on n'y retrouve ni l'esprit, ni le discernement, ni le caractere, ni le style, ni la justesse d'esprit de M. l'Abbé Fleury. Il y a même des fautes de Traduction assez singulieres, & le Pere Fabre y entre souvent dans des détails qui ne sont pas de son sujet, ou qui ne sont pas convenables à la gravité & à l'importance de sa matiere. Il avoit poussé beaucoup plus loin cette continuation, mais il lui fut défendu d'en faire imprimer de nouveaux volumes. C'est lui qui a fait la table de l'Histoire de M. de Thou traduite en françois in-4°. Il avoit aussi commencé la Table du Journal des Savans, dont il se déchargea peu après sur M. l'Abbé de Claustre, à qui on est redevable de cet utile ouvr. On a encore du Pere Fabre, 1°. une *Traduction* de Virgile, en 4 vol. in-12, avec des notes & des dissertations; ouvrage médiocre, & incapable de former le goût. 2°. Une *Traduction* des Fables de Phedre, Paris 1728, in-12, avec des notes. 3°. Une Edition des *Métamorphoses* d'Ovide, in 12, avec des notes. 4°. Un abregé latin de la Fable, plus étendu que l'*Appendix* du Pere Jouvenci.

FABRETTI, (Raphael) savant Antiquaire du 17e siecle, naquit à Urbin, en 1619, d'une famille noble. Il se fit estimer de tous les savans Antiquaires de l'Europe, du Cardinal Carpegna, du Cardinal Charles Barberin, & du Pape Alexandre VIII, qui le fit son Secretaite. Après la mort de ce Pape, Fabretti se livra entierement à l'étude, & donna au Public plusieurs excellens ouvr. 1. sur les *Canaux de l'anc. Rome.* 2. *La Colomne Trajane.* 3. *Les Inscriptions,* in-fol. 4. Une Lettre à l'Abbé Nicaise sur une Inscription dans le Journal des Savans, Déc. 1691. 5. Un ouvr. contre Gronovius intitulé : *Jasithei ad Gronovium apologema, in ejusque Titivilitia, sive de Tito-Livio somnia, animadversiones,* in-4°. Il y prend le nom de *Jasitheus,* qui est son nom de *Raphael* en grec. Car *Raphael* en hébreu, est la même chose que ιασις θεου, en grec, c. à d. *Médecine de Dieu,* &c. Il est souvent parlé de Fabretti dans le Journal des Savans. Il fut Préfet des Archives du Château S. Ange sous Innocent XII, membre des Académies des *Assorditi* d'Urbin, & de celle des *Arcadi* de Rome. Il mourut le 7 Janvier 1700, à 80 ans.

FABRI, (Honoré) infatigable & laborieux Jésuite, naquit dans le Diocèse de Bellay en 1606 ou 1607, & entra dans la Société des Jésuites le 28 Oct. 1626. Il professa longtems la Philosophie à Lyon dans le College de la Trinité, & alla ensuite à Rome où il fut Pénitencier & où il m. le 9 Mars 1688. Il avoit embrassé toutes les Sciences, & pouvoit passer pour une espece d'*Encyclopédie* vivante. Il n'y avoit pas même jusqu'à la Médecine, qu'il n'eut étudiée, & l'on prétend qu'il enseignât la circulation du fang avant le cél. Harvei, qui en est regardé comme l'Inventeur. Le Pere Fabri s'étoit rendu habile furtout dans la Philofophie & les Mathématiques. Il étoit ami du Pere de Chales, qui l'estimoit beauc. pour les Mathémat. Les plus curieux & les plus estimés de ses ouvr. traitent de l'Optique, de l'Aimant, du mouvement de la Terre, du flux & du reflux de la Mer, du Quinquina & de la Géométrie. C'est à Rome qu'il fit l'apologie du Quinquina, fous le nom de *Coxygius*, c. à d. *poudre de fanté*. On a encore de lui, 1. une Phyfique en latin, impr. à Lyon, en 6 vol. 2. Un opufcule géométrique où il prend le nom d'*Antimus Farbius*, ( *Honoratus Fabri* ). 3. Un autre qui comprend différens Traités de Philofophie fous le nom de *Pierre Moufner*. 4. Des remarques fur les notes dont M. Nicole accompagna les Lettres Provinciales, *Notæ in notas Willelmi Wendrokii*, fous le nom de *Bernard Stubrock*. 5. Il prit le même nom de *Bernard Stubrock* dans la réponfe qu'il fit aux Lettres Provinciales. Ces deux derniers ouvr. avec quelques autres du Pere Fabri, furent inférés dans le Recueil ou la *grande apologie de la Doctrine Morale de la Société de Jesus*, imprim. à Cologne en 1672, *in-fol.* & enfuite mife à l'*Index* à Rome. 6. Une *Lettre au fujet de la paix de Clement IX*. Cette Lettre fut condamnée à être brûlée à Paris le 26 Mars 1669. 7. Des *Vindiciæ*, fous le nom de *Bruno Neuffer*, au fujet de S. Hilaire d'Arles, & de Vincent de Lerins. Elles fe trouvent dans les Bollandiftes, tom. 2. pag. 34. 8. *Summula Theologiæ*, in-4°. 9. Un Traité en faveur de l'Immaculée Conception de la Sainte Vierge. 10. Un autre contre la tolérance en matiere de Religion. 11. Une réfutation du Livre que *Conringius* avoit publié fous le titre de *Concuffio fundamentorum fidei Pontificiæ*. 12. Un *Dialogue* en faveur de la Probabilité, réfuté par l'Abbé

*Gradi*, Bibliothéquaire du Vatican. C'est ce Dialogue du Pere Fabri, avec quelques autres de fes Ecrits en faveur des Cafuiftes, qui lui firent donner par MM. de Port-Roïal le nom d'*Avocat des caufes perdues*. On a encore de lui d'autres ouvr. impr., & il a laiffé 11 vol. *in-4°.* manufcrits, qui contiennent des notes fur l'Histoire naturelle de Pline & fur les Décretales : Une Apologie d'Honorius, de Libere, de Vigile, & de Grégoire VII, des paralleles Littéraires : des *Aphorifmes* : des découvertes Littéraires, &c. Ce qui prouve fon extrême facilité à écrire & fon affiduité au travail.

FABRICE, ( André ) fav. Profeffeur de Louvain, Confeiller des Ducs de Baviere, & Prévôt d'Ottingen, étoit natif d'un village du païs de Liége. Il mourut en 1581. On a de lui, *Harmonia Confeffionis Auguftanæ*, & d'autres ouvrages.

FABRICE ou LE FEVRE, ( François ) favant Humanifte du 16e fi., natif de Duren, mourut à Duffeldorp, le 5 Mai 1573, à 47 ans. M. de Thou en a fait l'éloge.

FABRICE, ( George ) cél. Ecrivain du 16e fiecle, né à Kemnitz en 1516, fe diftingua par fa piété & par fes ouvr. en vers & en profe. Il mourut le 5 Juillet 1571, à 56 ans. On a de lui, 1. fept Livres de l'*Art Poëtique* ; 2. Un gr. nombre de Poéfies latines, dont le ftyle eft pur, clair & aifé.

FABRICIUS LUSCUS, ( Caïus ) cél. Capitaine, & Conful Romain, vers 282 av. J. C. vainquit les Samnites, les Brutiens, & les Lucaniens, & mérita les honneurs du Triomphe. Aïant été député vers Pyrrhus, il refufa les préfens que ce Prince lui offroit, le combattit, & le mit en fuite. Il lui renvoïa enfuite fon Médecin, qui promettoit de l'empoifonner, pourvu qu'on lui donnât quelque récompenfe. Fabricius fut Cenfeur, vers 275 avant J. C. On dit qu'il mourut fi pauvre, que le Senat fut obligé de marier ſes filles au frais du Public.

FABRICIUS Veiento, Auteur latin, ſous le regne de Neron, vers 49 de J. C. fit des libelles diffamatoires contre les Sénateurs & les Pontifes, & fut chaſſé d'Italie pour ſes crimes. Tacite remarque que ce Fabricius, étant Préteur, atteloit des chiens aux chariots, au lieu de chevaux. Ses Livres furent brûlés par ordre de Neron.

FABRICIUS, ( Jean-Albert) l'un des plus laborieux & des plus ſavans hommes de ſon ſiecle, naquit à Leipſic, le 11 Nov. 1668. Aïant perdu ſon pere & ſa mere à l'âge de 10 à 11 ans, ſon tuteur l'envoïa étudier à Quedlimbourg, où la lecture qu'il fit par haſard des Adverſaria de Barthius, lui inſpira une ardeur incroïable pour l'étude. De retour à Leipſic en 1686, il s'appliqua à la lecture des Auteurs anciens, tant ſacrés que profanes. Il alla à Hambourg en 1693, où Jean Frederic Mayer lui offrit ſa maiſon & le ſoin de ſa Bibliotheque. Fabricius accepta ſes offres, & paſſa cinq ans chez M. Mayer, avec beaucoup d'agrémens, partageant ſon tems entre la prédication & l'étude. Il fut élu Profeſſeur d'Eloquence dans cette ville, à la place de Vincent Placcius, mort en 1699, & ſe fit recevoir Docteur en Théologie à Kiel. Le Landgrave de Heſſe-Caſſel, lui offrit en 1719 la Chaire de premier Profeſſeur de Théologie à Gieſſen, & la place de Surintendant des Egliſes de la Confeſſion d'Augsbourg. Fabricius étoit près d'accepter ces offres ; mais les Magiſtrats de Hambourg augmenterent ſes honoraires de 200 écus, afin de le retenir. Il fut ſi ſenſible à cette attention, qu'il réſolut de finir ſes jours à Hambourg, & qu'il refuſa conſtamment toutes les places qu'on lui offrit ailleurs. Il mourut le 3 Avril 1736, à 68 ans. On a de lui un gr. nombre d'ouvr. : les principaux & les plus eſtimés, ſont : 1. la Bibliotheque Grecque, 14 vol. in-4°. 2. Sa Bibliotheque Latine. 3. Un Recueil & un Extrait des Auteurs qui ont traité de la vérité de la Religion : 4. Les Mémoires d'Hambourg, en 7 vol. in 8°, auxquels M. Evers, ſon gendre, en a ajouté un huitiéme. 5. Codex apocryphus novi teſtamenti, 3 vol. in-8°. 6. Codex pſeudopigraphus veteris teſtamenti, 3 vol. in-8°. 7. La Théologie de l'eau, &c.

FABRICUS, ( Jérôme ) célebre Médecin du 16e ſiecle, plus connu ſous le nom d'Aquapendente, lieu de ſa naiſſance ; fut diſciple & ſucceſſeur de Fallope. Il s'appliqua principalement à la Chirurgie & à l'Anatomie, qu'il profeſſa à Padoue pendant 40 ans avec une réputation extraordinaire. La République de Veniſe lui fit une penſion de 1000 écus d'or, & l'honora d'une ſtatue & d'une chaîne d'or. Il mourut en 1603. On a de lui divers ouvrages de Chirurgie & d'Anatomie, qui ſont eſtimés. Quelques Auteurs ont prétendu que Harvei ſon diſciple avoit appris de lui & de Fra-Paolo la circulation du ſang.

Il y a eu pluſieurs autres ſavans hommes du nom de Fabricius.

FABROT, ( Charles-Annibal ) l'un des plus cél. Juriſconſultes de ſon tems, naquit à Aix, en 1581. Il devint très habile dans la Juriſprudence Civile & Canonique, & dans les Belles Lettres ; ce qui lui attira l'amitié de MM. Peireiſc, & du Préſid. du Vair. Fabrot fut Avocat, Doct. & Profeſſeur en Droit à Aix, juſqu'en 1617, que le Préſid. du Vair aïant été fait Garde des Sceaux, l'attira à Paris. Après la mort de ce Préſid. Fabrot retourna à Aix. Il revint à Paris, en 1637. Le Chancelier Seguier le retint, & lui donna une penſion conſid. pour le faire travailler à la traduction des Baſiliques. Fabrot s'acquit auſſi l'eſtime du Préſident Molé, de Jérôme Bignon, & des autres perſonnes de mérite de ſon ſiecle. Il refuſa les places avantageuſes qu'on lui offrit à Valence, à Bourges, & dans les autres Univerſités du Roïaume ;

& mourut à Paris, le 16 Janvier 1659, à 78 ans. On a de lui : 1. les *Basiliques*, ou Constitutions des Empereurs d'Orient, en grec & en latin, avec de savantes notes, 7 vol. *in-fol.* 2. Les Editions de Cedrene, de Nicetas, d'Anastase *le Bibliothéquaire*, de Constantin Manassès, de Simocate, de Chalcondile, de Cujas, &c. avec des notes savantes & curieuses.

FACIO, (Barthelemi) sav. Italien du 15e siecle, étoit natif de la Spetia dans l'Etat de Genes. Il fut Secretaire d'Alfonse d'Arragon, Roi de Naples, & Ambassadeur des Genois auprès de ce Prince. Il eut part à l'amitié des personnes les plus illustres de son tems, sur tout à celle du cél. Æneas Sylvius, depuis Pape sous le nom de Pie II. Facio traduisit de grec en latin l'Histoire d'Alexandre le Grand par *Arrien*, & composa en latin l Histoire d'Alphonse V, Roi d'Arragon & de Naples. On a encore de lui, 1. une Histoire en latin jusqu'à l'an 1455. 2. un Livre aussi en latin *de bello veneto Clodiano, seu inter venetos, & Genuenses ob insulæ Tenedos possessionem gesto, circiter anno* 1391. 3. quelques opuscules en latin publiés par Freher à Hanovre, en 1611 *in-4°.* 4. *de vitæ felicitate, seu summi boni fruitione liber.* Lugd. Bat. 1628 *in-24.* 5. enfin un Traité aussi en latin des hommes illustres de son siecle, dont M. l'Abbé *Mehus*, membre de l'Académie de Cortone, a donné une édition à Florence en 1745 *in-4°.* Facio conserva jusqu'à sa mort arrivée en 1457, la haine qu'il avoit eue toute sa vie contre Laurent Valle, qui mourut quelq. jours avant lui. Déja presque à l'agonie, aïant appris la mort de son ennemi, il se composa à lui-même cette Epitaphe.

*Ne vel in Elysiis, sine vindice, Valla susurret,*

*Facius haud multos post obit ipse dies.*

FACUNDUS, Evêque d'Hermiane, au 6e siecle, assista en 547 à la fameuse Conférence que le Pape Vigile tint à CP. Il y prit la défense *des 3 Chapitres*; c. à d. de l'Orthodoxie de Théodore de Mopsueste, des Ecrits de Théodoret, & de la Lettre d'Ibas ; & composa à cette occasion, un ouvrage en 12 livres, que le P. Sirmond publia en 1619. Cet ouvrage est écrit avec art, avec véhémence, & avec éloquence ; mais le zele outré de Facundus, l'emporte quelquefois trop loin.

FAERNO, ( Gabriel) Poëte Latin du 16e siec. natif de Cremone, se rendit habile dans les Belles-Lettres & dans les Langues, & s'acquit l'estime du Cardinal de Médicis, depuis Pape sous le nom de Pie IV, & de S. Charles Borromée son neveu. *il excella*, dit M. de Thou, *d examiner les Ecrits des anciens, & à les rétablir sur les anciens manuscrits.* Il s'est aussi attiré les louanges & l'estime des Savans, pour avoir mis les *Fables d'Esope* en diverses sortes de vers ; mais il en auroit été plus estimé, s'il n'eut point caché le nom de Phedre, sur lequel il s'étoit formé, ou s'il n'eut pas supprimé les Ecrits qu'il avoit entre ses mains. La fortune a voulu que nous fussions redevables de ce bien, que Faerno nous avoit envié, aux soins & à la fidélité de Pierre Pithou. Les Fables de Faerno *Fabulæ centum ex antiquis auctoribus collectæ*, ont été traduites en vers françois, par M. Perrault de l'Académie Françoise. On a encore de Faerno. 1. *in Lutheranos, sectamque Germaniam Elegiæ.* 2. *Censura emendationum Livianarum Sigonii.* 3. *de metris comicis.* 4. une édition de Terence. 5. des remarques sur Catulle, & sur plus. ouvr. de Ciceron. 6. *Dialogi antiquitatum,* &c. il m. à Rome le 17 Novembre 1561.

FAGE, ou BUCHELIN *Fagius,* habile Ministre Protestant, né à Rheinzabern, en 1504, se distingua par sa capacité dans la Langue hébraïque, & fut chargé par les Pro-

teſtans , de diverſes affaires importantes. Thomas Crammer l'attira
en Angleterre , en 1549. Fage fut
bien reçu de la Cour , elle l'envoïa
faire des Leçons publiques à Cambridge , où il mourut le 12 Nov.
1550. On a de lui divers ouvrages,
entr'autres *Thisbites Elias. Apoph-
thegmata patrum: ſententiæ morales.
Tobias hebraicus. Notæ in pentateuchum. Enarratio Epiſtolæ divi
Pauli ad Romanos , &c.*

FAGE, ( Raimond de la ) excellent Deſſinateur & Graveur, naquit à Touloufe, ou felon d'autres
à Liſle en Albigeois l'an 1648. Il
s'appliqua au Deſſein par goût &
par inclination , malgré ſes parens ,
& n'eut aucun maître, ni aucun
ſecours ; mais ſes talens ſuppléerent
à tout , & il devint l'un des meilleurs Deſſinateurs de l'Europe. Il
deſſinoit à la plume & au lavis. Ses
deſſeins à la plume & fur des ſujets
libres & licentieux ſont les plus eſtimés. Il mourut en 1690.

FAGNANI, ou FAGNAN, ( Prosper ) cél. Canoniſte, du 17e ſiecle,
& l'un des plus ſav. Juriſconſultes
de ſon tems, fut regardé à Rome
comme un oracle , & devint Secretaire de la ſacrée Congrégation. Il
perdit la vue à 44 ans, & compoſa
par ordre d'Alexandre VII, un excellent Commentaire fur les Décretales , en 3 vol. *in fol.* imprimé à
Rome en 1661. La table de cet ouvrage eſt un chef-d'œuvre en ce
genre ; il eſt preſque incroïable
qu'un homme aveugle ait pu la
compoſer. Il mourut à Rome vers
1678 , à plus de 80 ans.

FAGON, ( Gui-Creſcent ) céleb.
Médecin, naquit à Paris le 11 Mai
1638 de Henri Fagon , Commiſ-
ſaire ordinaire des guerres, & de
Louiſe de la Broſſe , niece de Gui
de la Broſſe, Médecin ordinaire de
Louis XIII, & petit-fils d'un Médecin ordinaire de Henri IV. Il fit
ſes premieres études en Sorbonne
chez M. Gillot, cél. Doct. qui le prit
chez lui en qualité d'Etudiant , &
qui l'engagea à ſe faire Médecin.
Le jeune Fagon fut à peine ſur les

bancs qu'il oſa ſoutenir dans une
Theſe la Circulation du fang, qui
paſſoit alors pour un Paradoxe parmi les vieux Docteurs. Il en ſoutint
une autre ſur l'uſage du Tabac. *An
frequens Nicotianæ uſus vitam ab-
breviet.* Il prit le bonnet de Docteur
en Médecine l'an 1664. M. Vallot,
premier Médecin du Roi, voulant
rétablir le jardin du Roi, M. Fagon lui offrit ſes ſoins, & alla à
ſes frais en Auvergne, en Languedoc, en Provence, ſur les Alpes,
& ſur les Pyrénées, d'où il revint
avec une ample collection de plantes curieuſes & utiles. Il eut la principale part au Catalogue des Plantes du jardin du Roi, publié en
1665 ſous le titre de *Hortus re-
gius,* à la tête duquel il mit un
petit Poëme latin de ſa façon. Il
devint Profeſſeur de Botanique &
de Chymie au Jardin Roïal, &
pratiqua la Médecine à Paris avec
ſuccès & avec réputation. Le Roi
le nomma premier Médecin de Madame la Dauphine en 1680, &
quelques mois après Médecin de la
Reine. M. Fagon marqua alors tant
de reconnoiſſance pour M. Gillot
ſon bienfaiteur, que quand il le
rencontroit dans les rues, il deſcendoit de caroſſe & le conduiſoit
juſqu'à la maiſon où ce cél. Docteur alloit. Il devint prem. Médecin du Roi en 1693, & fit paroître
un déſintéreſſement admirable en
diminuant de beauc. les revenus
de ſa charge. Il eut en 1698, après
la démiſſion de M. de Villacerf, la
Surintendance du Jardin Roïal,
qui avoit été comme ſon berceau
& pour lequel il marqua toujours
une prédilection particuliere. Ce fut
pour l'enrichir qu'il inſpira à Louis
XIV d'envoïer M. de Tournefort
en Grece, en Aſie & en Egypte.
Après la mort de ce Monarque il
ſe retira au Jardin Roïal, dont il
avoit conſervé la Surintendance,
& il y m. le 11 Mars 1718, à près
de 80 ans. L'Académie des Sciences
l'avoit choiſi en 1699 pour un de
ſes honoraires. Il avoit épouſé Marie Nozereau, dont il a laiſſé deux

fils, l'aîné Evêque de Lombez, puis de Vannes, mort le 16 Fév. 1742. & le second Conseiller d'Etat ordinaire, & au Conseil Roïal, & Intendant des Finances, mort à Paris le 8 Mai 1744, sans avoir été marié.

FAGUNDEZ, (Etienne) fameux Casuiste Jésuite, natif de Viane, en Portugal, m. le 13 Janv. 1645, à 68 ans. On a de lui un Traité des Contrats, & d'autres ouvrages de Théologie morale.

FAIDEAU, voyez FEYDEAU.

FAIL, (Noel) Seigneur de la Herissaye, Gentilhomme Breton, & Conseiller au Parlement de Rennes, au 16e siecle, fut ami d'Eginard Baron, & de Duaren. On a de lui divers ouvrages.

FAILLE, ( Germain de la ) habile Annaliste de Toulouse, naquit à Castelnaudari, le 30 Octob. 1616, & fut Avocat du Roi au Présidial de cette ville. On le choisit Syndic de Toulouse en 1655; ce qui lui aïant donné occasion de voir les Archives de la ville, il entreprit d'en composer les Annales. Il devint en 1694 Secretaire perpétuel de l'Académie des Jeux Floraux, & mourut à Toulouse, Doyen des anciens Capitouls de cette ville, le 12 Novembre 1711, à 96 ans. On a de lui : 1. les Annales de Toulouse, en 2 vol. 2. un Traité de la Noblesse des Capitouls de Toulouse, dont la meilleure édition est de 1707. Ces deux ouvr. sont estimés.

FALCANDUS, ( Hugo ) Trésorier de S. Pierre de Palerme, au 12e siecle, est Auteur de l'Histoire de Sicile, sous Guillaume *le Mauvais*, & sous Guillaume *le Bon* depuis 1152 jusqu'en 1169. Cette Histoire passe pour exacte & fidelle. La meilleure édition est celle de Paris en 1550.

FALCIDIUS, Tribun du Peuple Romain, institua la Loi *Falcidie*, par laquelle chacun pouvoit disposer de son bien en faveur de qui il lui plairoit, pourvu qu'il en réservât la quatrieme partie à ses légitimes héritiers.

FALCONIERI, ( la bienheureuse Julienne ) célebre Religieuse, niece d'Alexis Falconieri, l'un des sept Fondateurs de l'Ordre des Servites, naquit à Florence en 1270. Elle fut élue Supérieure des *Oblates* en 1307, & leur prescrivit une Regle que le Pape Martin V approuva en 1424. Elle mourut à Florence en odeur de sainteté, en 1341.

FALDA, ( Jean Baptiste ) habile Graveur Italien, dont les estampes sont estimées. On recherche aussi beaucoup ses Livres des Palais, des Vignes & des Fontaines de Rome & des environs.

FALETLI, ( Jérôme ) Comte de Trignano, & Poëte Italien, du 16e siecle, natif de Savone, fut emploïé en diverses affaires importantes par les Ducs de Ferrare. On a de lui, 1. un *Poëme* Italien en quatre Livres sur les guerres de Flandre. 2. douze Livres de Poésie. 3. Les causes de la guerre d'Allemagne sous Charles *Quint* en Italien *in-8°*. 4. une Traduction Italienne du Traité d'Athénagore sur *la Résurrection*, in 4°. &c. Il est aussi l'un des Auteurs du fameux Recueil intitulé *Polyanthea*.

FALIERI, ( Marin ) fameux Doge de Venise, élu en 1354, aïant gouverné la République pendant neuf mois, forma le dessein de s'en rendre le maître absolu, & d'assassiner les Sénateurs. Un des Conjurés aïant horreur de commettre un crime si horrible, découvrit la conspiration aux Sénateurs, qui conduisirent si bien cette affaire, que 16 des principaux Conjurés furent pris la nuit d'auparavant avec Falieri, qui eut la tête tranchée, les autres furent pendus. On fit ensuite mourir 400 des Complices, & l'on donna 1000 écus de pension, avec des titres de noblesse, à celui qui avoit découvert la conspiration; mais n'étant pas satisfait de cette récompense, il accusa les Sénateurs d'ingratitude; ils le releguerent dans l'Isle d'Augusta, d'où s'étant sauvé, il périt en passant dans la Dalmatie.

FALIERI, ( ORDELAPHI ) cél.

Doge de Venise, élu en 1102, alla au secours de Baudouin, Roi de Jérusalem, avec une puissante flotte, & lui aida à reprendre une partie de la Syrie. Il réduisit ensuite sous la domination des Vénitiens la Dalmatie, la Croatie, & plusieurs autres Provinces éloignées de la mer. La ville de Zara s'étant révoltée, Falieri alla pour l'assieger avec sa flotte, mais il fut tué en attaquant cette ville.

FALLOPE, (Gabriel) très cél. Médecin, Botaniste, Astronome, & Philosophe, naquit à Modene, en 1523 d'une famille noble. Il s'appliqua principalement à l'Anatomie, dans laquelle il fit plusieurs découvertes importantes, & professa avec une réputation extraordinaire à Pise, puis à Padoue, où il mourut le 9 Octobre 1562, à 39 ans. Ses ouvrages ont été imprimés en 4 vol. in-fol. y compris le supplément.

FANNIUS, (Caius) surnommé *Strabon*, fut Consul en 161 av. J. C. avec Valerius Messalla. C'est sous son Consulat, qu'on fit la loi *Fannia*, pour regler les dépenses qu'on faisoit dans les festins, & pour donner aux Préteurs le pouvoir de chasser de Rome les Rhéteurs & les Philosophes. Par cette loi, il n'étoit permis de dépenser que 10 *as* dans les festins ordinaires des Romains, & que 100 *as* dans les plus solemnels, tels que ceux des *Saturnales* ou des jeux publics; chose presqu'incroïable! si l'on fait réflexion qu'en ce tems-là, 10 *as* étoit le prix d'un mouton, & 100 *as* le prix d'un bœuf, suivant l'opinion de plusieurs savans hommes. Caius Fannius, son fils, se distingua par son éloquence, & fut Consul 120 ans avant J. C. Il s'opposa aux entreprises de Caïus Gracchus, & fit contre lui un discours loué par Cicéron. Caïus Fannius, cousin germain de ce dernier, fut Questeur 139 avant J. C. & Préteur 10 ans après. Il porta les armes en Afrique, sous Scipion l'Africain *le jeune*, & en Espagne, sous Fabius Maximus

Servilien. Il fut disciple de Panétius, cél. Philosophe Stoïcien, & épousa la fille puînée de Lélius. Il avoit composé des Annales, dont Cicéron fait un grand éloge.

FANNIUS (Caïus) Auteur Latin, qui vivoit du tems de Trajan, composa une Histoire en 3 Livres des cruautés de Néron, & des dernieres heures de ceux que ce Prince faisoit exécuter à mort, ou envoïoit en exil. Pline en parle *l. 5. Epist.* 5 *&* 9.

FANNIUS CEPION, étant complice d'une conjuration contre Auguste, qui fut découverte, se donna lui-même la mort. Ce qui a donné lieu à cette Epigramme de Martial. *l. 2.* 80.

> *Hostem cum fugeret, se Fannius ipse peremit,*
> *Hic, rogo, non furor est, ne moriare, mori ?*

FANNIUS, (Quadratus) Poëte Latin, dont les Poëmes, quoique ridicules, furent placés avec son Portrait dans la Bibliotheque publique qu'Auguste avoit fait construire dans le Temple d'Apollon. Horace, son contemporain, le raille dans ses satyres, & lui donne le nom de Parasite.

FANSHAW, (Richard) Angl. cél. par ses ambassades & par ses écrits, fut chargé des affaires les plus importantes à la Cour d'Espagne, & à celle de Portugal, sous les regnes de Charles I, & de Charles II, Rois d'Angleterre. Il se conduisit avec tant de prudence & d'habileté dans ses négociations & ses ambassades, & s'y acquit une si gr. estime, qu'aucun Ambassadeur d'Angleterre, avant lui, n'avoit été reçu dans les Cours étrangeres avec autant de distinction & de magnificence. Il prit avec zele les intérêts de la Famille Roïale, fut revêtu de plusieurs Charges honorables à la Cour d'Angleterre, & mourut à Madrid le 16 Juillet 1666, jour qu'il avoit fixé pour s'en retourner à Londres. On a de lui quelques

pieces de vers en anglois ; des traductions, &c.

FARDELLA, Michel Ange ) cél.
Philof. & Mathem. Italien, naquit
en 1650 à Trapani en Sicile, d'une
famille noble. Après avoir fait fon
cours de Philof. dès l'âge de 15 ans,
il entra dans le Tiers Ordre de S.
François. Il profita enfuite des lumieres du favant Borelli à Meſſine,
& y enſeigna les Mathém. avec diftinction. Il alla à Rome en 1676
pour y enſeigner la Géométrie. Et
vint enſuite à Paris où il demeura
trois ans, pendant lesquels il lïa
amitié avec MM. Arnauld & Regis, & avec les Peres Mallebranche
& Lami. De retour à Rome, il prit
le bonnet de Docteur dans le College de la Sapience, & il y enſeigna la Théol. dans fon Couvent,
où il forma auſſi une Académie de
Phyſique expérimentale. François
II, Duc de Modene, l'attira dans fa
ville capitale quelque tems après,
& lui donna une Chaire de Philof.
& de Géométrie. Mais il laiſſa ce
poſte pour aller à Veniſe, où il
quitta en 1693 l'habit de l'Ordre
de S. François, par la permiſſion
du Pape, & prit l'habit de Prêtre
féculier. Il devint enſuite Profeſſeur
d'Aſtronomie & de Phyſique dans
l'Univerſité de Padoue, & mourut
à Naples d'une feconde attaque d'a-
poplexie, le 2 Janv. 1718, à 68
ans. Il avoit l'efprit vif, & l'imagination féconde, & il s'étoit rendu habile dans tous les genres de
Littérature, mais fur-tout dans la
Phyſique & dans la Géométrie. Il
étoit devenu ſi diſtrait par fon habitu-
de à méditer, qu'il ſembloit quelquefois avoir perdu l'efprit. On a
de lui un gr. nombre d'ouvrages de
Littérature, de Philof. & de Mathém. Les uns en latin & les autres en italien. Ses principaux font,
1. *univerſæ Philoſophiæ ſyſtema.*
2. *univerſæ uſualis Mathematicæ
Theoria.* 3. *Animæ humanæ Natura
ab Auguſtino deretta,* avec une
Lettre en italien à Magliabechi,
pour la défenſe de cet ouvrage.
4. pluſieurs Ecrits en faveur de la

Philoſophie de Deſcartes, &c.

FARE, ( Ste ) vierge cél. d'une
famille noble de Brie, étoit ſœur
de S. Faron, Evêque de Meaux, &
de Changulfe, Evêque de Laon. Elle
bâtit le Monaſtere de Faremoutier,
en fut Abbeſſe, & mourut vers 655,
à près de 60 ans.

FARE, ( le Marquis de la ) *voïez*
LAFARE.

FAREL, ( Guillaume ) l'un des
premiers Chefs de la R. P. R. naquit à Gap, en 1489, d'une famille
noble. Il vint étudier à Paris, y apprit le grec, l'hébreu, & la Philoſophie, & y regenta quelque tems
au College du Cardinal le Moine.
Farel étoit ami de Jacques le Fevre
d'Eſtaples, & fut l'un des premiers
qui embraſſerent en France les erreurs de Luther ; il ſe joignit enſuite
à Zuingle, & fut Miniſtre à Geneve avant Calvin. Il en fut chaſſé
en 1538, & ſe retira à Bâle, puis à
Neufchatel, où il mourut le 13 Septembre 1565. Farel étoit un des
plus ſavans & des plus fameux
Chefs de la R. P. R. Il ſe maria à
69 ans, & il eut l'opiniâtreté & les
autres défauts qu'on reproche avec
raiſon aux premiers Réformateurs.
On a de lui, 1. un Traité contre
les Libertins, intitulé *le Glaive de
l'eſprit.* 2. un Traité *de la ſainte
Cene du Seigneur & de ſon Teſtament.* 3. des Theſes en latin & en
allemand.

FARET, ( Nicolas ) natif de
Bourg en Breſſe, vint fort jeune à
Paris, où il s'attacha à Vaugelas,
à Boiſrobert & à Coëffetau. Il devint enſuite Secretaire de M. le Comte d'Harcourt, puis Intendant de ſa
Maiſon. Il fut l'un des premiers
Membres de l'Académie Françoiſe,
& on le chargea d'en rédiger les
Statuts. Il étoit ami intime de faint
Amand, qui ne l'a célébré dans ſes
vers comme un illuſtre débauché,
que pour rimer à Cabaret. C'eſt
à quoi Boileau fait alluſion au commencement de fon art poérique.

*Ainſi, tel autrefois, qu'on vit
avec Faret,*

*Charbonner de ses vers les murs d'un Cabaret.*

Faret devint dans la suite Secretaire du Roi, & m. à Paris au mois de Septembre en 1646, à 46 ans. On a de lui, 1. une Traduction françoise d'Eutrope. 2. *L'honnête Homme*, tiré de l'italien de Castiglione. 3. un Recueil de *Lettres*. 4. *l'Histoire Chronologique des Ottomans*, à la fin de l'Histoire de George Castriot. 5. un Traité des vertus nécessaires à un Prince pour bien gouverner ses Sujets. 6. la Préface qui est au-devant des Œuvres de S. Amand *in* 4°. 7. plusieurs pieces de *Poésies* dans les Recueils de son tems. Il laissa aussi en manuscrit la Vie de René II, Duc de Lorraine, & des Mémoires du fameux Comte d'Harcourt.

FARIA DE SOUZA, ( Emanuel ) savant Gentilhomme Portugais, Chevalier de l'Ordre de Christ, naquit à Caravella, le 18 Mars 1590. Il alla à Rome en 1631, où il s'acquit l'estime des gens de Lettres, qui étoient à la Cour du Pape Urbain VIII. Il publia divers ouvr. & m. à Madrid, le 3 Juin 1649. à 59 ans. On a imprimé depuis sa mort son Europe; son Asie, & son Afrique Portugaise, en 7 vol. *in fol.*

FARINACCIO, ( Prosper ) cél. Jurisconsulte, né à Rome, le 30 Octobre 1554, étudia à Padoue, se rendit savant dans le Droit Canon & Civil. De retour à Rome, il fut Avocat Romain, & Procureur Fiscal. Il se plaisoit à défendre les causes les moins soûtenables, & se comporta dans la Charge de Procureur Fiscal, avec une rigueur & une sévérité excessive. Cette conduite lui attira de fâcheuses affaires, où il auroit succombé, si quelques Cardinaux, charmés de son esprit, n'eussent intercedé pour lui auprès de Clement VIII. Ce Pape disoit, en faisant allusion au nom de Farinaccio, *que la farine étoit excellente, mais que le sac qui la renfermoit ne valoit rien.* Farinaccio mourut à Rome, le 30 Octobre 1618, à 64

ans. Ses ouvrages ont été imprimés en 13 vol. Ils sont recherchés des Jurisconsultes.

FARINATO, ( Paul ) Peintre cél. & sav. Architecte, mourut à Vérone, sa patrie, en 1606, à 84 ans. Le Prince de Melfe eut une estime particuliere pour lui & pour ses tableaux.

FARNABE, ( Thomas ) célebre Humaniste du 17e siecle, naquit à Londres, en 1575, d'un pere qui étoit Charpentier. Il étudia quelque tems à Oxford, puis en Espagne, dans un College des Jésuites. Farnabe accompagna en 1595, François Drake, & Jean Hawkins, dans leurs voïages, & se fit ensuite soldat dans les Païs-Bas. Las de ce métier, il déserta & retourna en Angleterre, où il enseigna les Humanités avec réputation. Farnabe fut toujours attaché à la Famille Roïale durant les guerres civiles d'Anglet. Etant sollicité en 1641, de se déclarer en faveur du parti Républicain, il répondit : *qu'il aimoit mieux n'avoir qu'un Roi, que d'en avoir cinq cens.* Cette liberté lui attira des affaires. Il fut mis en prison, & l'on proposa dans la Chambre des Communes de l'exiler en Amérique; mais cette proposition aïant été rejettée, il fut seulement transporté à Ely-House, où il m. le 12 Juin 1647, à 72 ans. On a de lui des notes latines sur Juvenal, Perse, Séneque, Martial, Lucain, Virgile, Terence, & Ovide, & d'autres ouvrages.

FARNESE, *voyez* ALEXANDRE FARNESE.

FARNSWORT, ou FARNEWERT, ( Richard ) fut un des premiers disciples de Fox, auteur de la secte des *Quakers*, ou *Trembleurs* en Angleterre. Il composa un Livre pour prouver, que quand on parle à quelqu'un, fût-ce au Roi, ou à Dieu même, il faut toujours *tutoïer*, c'est-à-dire, qu'on ne doit jamais se servir de pluriel; mais seulement de singulier. Ce paradoxe d'*incivilité*, fut adopté par Fox & par tous les *Quakers*, qui tutoïent depuis ce tems-là tous ceux à qui ils parlent, même le Roi d'Angleterre & les Princes.

FARON, ( S. ) Evêque de Meaux, & frere de sainte Fare, fut élevé à la Cour du Roi Théodebert, & à celle du Roi Thierri. Il passa ensuite à celle du Roi Clotaire ; & aiant renoncé au monde, il devint Evêque de Meaux en 627. S. Faron établit l'Abbaïe qui porte son nom, assista au 2e Concile de Sens, en 657, & m. le 28 Octobre 672, à près de 80 ans.

FAUCHET, ( Claude ) premier Président à la Cour des Monnoies de Paris, s'appliqua à la recherche des Antiquitées de France, & s'y rendit habile. Il m. à Paris, sa patrie, en 1601, à 71 ans. Ses principaux ouvrages sont : *les Antiquités Gauloises*, & *les Antiquités Françoises*, un Traité des *Libertés* de l'Eglise Gallicane, dans lesquelles il fait paroître beaucoup de jugement & d'exactitude, On a aussi de lui une traduction de Tacite, & d'autres ouvrages imprimés à Paris, en 1610.

FAUCHEUR, ( Michel le ) cél. Ministre de la Relig. prét. réformée, & l'un des plus gr. Prédicateurs du 17e si. fut d'abord Pasteur de ceux de sa communion à Montpellier, où il s'acquit une si gr. réputation qu'on l'appellât à Paris, & qu'il fut choisi pour être Ministre à Charenton. Il prêcha un jour contre le Duel d'une maniere si persuasive & avec tant de véhémence, que le Maréchal de la Force qui l'avoit entendu, dit à quelques braves Officiers qui étoient avec lui, que si on lui faisoit un appel, il ne l'accepteroit pas. Le Faucheur n'étoit pas moins recommandable par sa probité, que par ses talens extraord. pour la Chaire. Il m. fort âgé à Paris le prem. Avril 1667. On a de lui, 1. plusieurs vol. de *Sermons* in-8°. 2. un excellent *Traité de l'action de l'Orateur*, qui parut d'abord sous le nom de Conrart. 3. un Recueil de *Prieres & de Méditations Chrétiennes*, très édifiantes. 4. enfin un Traité sur l'*Eucharistie*, in-fol. contre le Cardinal du Perron. Ouvrage qui fut trouvé si bon par les Eglises prét. réformées, qu'elles le firent imprimer à leurs frais par ordre d'un Synode national.

FAUNE, Roi des Aborigenes, au païs des Latins, étoit, selon la Fable, petit fils de Saturne, & succéda à son pere Picus, vers 1220 avant J. C. On dit qu'il se tenoit presque toujours caché, & qu'il instirua un gr. nombre de cérémonies religieuses ; ce qui le fit confondre avec *Pan*, Dieu des Faunes & des Satyres.

FAVORIN, Philosophe & Orateur, sous l'Empereur Adrien, étoit d'Arles. On dit qu'il s'étonnoit ordinairement de trois choses : de ce qu'étant Gaulois, il parloit si bien Grec : de ce qu'étant Eunuque, on l'avoit accusé d'adultere : & de ce qu'on le laissoit vivre, étant ennemi de l'Empereur. Il avoit composé plusieurs ouvrages.

FAVORIN, ( Varin ) de Camerino, Evêque de Nocera, est Auteur d'un Lexicon grec, dont la meilleure édition est celle de Venise, chez Bartoli. Il m. en 1537.

FAUR, Seigneur de Pibrac ( Gui du ) 4e fils de Pierre du Faur, Président au Parlement de Toulouse, d'une famille noble & féconde en gr. hommes, fit ses études à Paris, & voïagea en Italie. De retour à Toulouse, il eut une Charge de Conseiller, fut élu Juge-Mage, & député en cette qualité aux Etats d'Orléans, en 1559, où il parut avec éclat. Le Roi Charles IX le choisit pour être un de ses Ambassadeurs au Concile de Trente. Du Faur y soutint avec zele les intérêts de la Couronne, & fut nommé à son retour Avocat général au Parlement de Paris, en 1565. Il accompagna le Duc d'Anjou, en Pologne, eut une Charge de Président à Mortier au Parlement de Paris, & fut Chancelier du Duc d'Alençon & de la Reine Marguerite de Navarre, femme de Henri IV. Du Faur fit paroître dans toutes ces places importantes de gr. talens, & une probité consommée. Il s'y acquit une réputation immortelle, & m. à Paris, le 27 Mai 1684, à 56 ans. On a de lui des Plaidoïers, des Harangues, une belle *Lettre* latine sur le massacre de la S. Barthelemi, & d'autres ouvr. en prose & en vers. Le plus connu parut pour la premiere fois en 1574, sous le titre de *Quatrains de Pibrac*. Ce sont des vers moraux qui contiennent des instructions utiles. Il y en a eu un gr. nombre d'éditions & de traductions.

FAUR DE S. JORRI, (Pierre du) Premier Président au Parlement de Touloufe, & l'un des plus savans hommes de son siecle, a composé un gr. nombre d'ouvr. Les plus estimé font : 1. les 33 livres *des Semestres* : 2. celui des *Agonistiques*, c'est à-dire, des *exercices & des jeux des Anciens* : 3. un Traité des *Magistrats Romains* : 4. *Dodecamenon five de Dei nomine & attributis* : 5. des *Commentaires* sur le Droit. Il m. le 18 Mai 1600.

FAVRE, Seigneur de Vaugelas, & Baron de Peroges, (Claude) l'un des plus illustres Membres de l'Académie Françoife, étoit fils d'Antoine Favre, célebre Premier Président au Sénat de Chambery, & de qui nous avons divers ouvrages de Droit en 10 vol. *in-fol.* Il naquit à Bourg en-Breffe, au 16e siecle, & vint à la Cour fort jeune. Il fut Gentilhomme ordinaire, puis Chambellan de Gafton, Duc d'Orléans, & suivit ce Prince en toutes ses retraites hors du Roïaume. Vaugelas étoit bien fait, avoit beauc. d'esprit, de douceur, de complaisance & d'enjouement dans le caractere ; ce qui le fit estimer à la Cour, & lui acquit une gr. réputation. Louis XIII lui avoit accordé une pension de 2000 livres en 1619 ; mais cette pension n'étant plus païée, le Cardinal de Richelieu la lui fit rétablir, afin de l'engager à travailler au Dictionnaire de l'Académie. Vaugelas étant allé remercier son Eminence : *Hé bien,*

lui dit le Cardinal, *vous n'oublierez pas sans doute dans le Dictionnaire, le mot de* pension : *non, Monseigneur,* répondit Vaugelas, *& moins encore celui de* reconnoiffance. Vaugelas fut, sur la fin de ses jours, Gouverneur des enfans du Prince Thomas, fils de Charles, Duc de Savoie, & mour. pauvre en 1649, à 65 ans. Les plus considérables & les plus estimés de ses ouvr. font : 1. les Remarques sur la Langue françoise : 2. une excellente Traduction de Quinte-Curce, à laquelle il travailla pendant 30 ans.

FAURE, (Charles) Abbé de Ste Genevieve, & premier Supérieur Général des Chanoines Réguliers de la Congrégation de France, naquit en 1594 à Lucienne, proche S. Germain en-Laie, d'une famille noble. Il vint à Paris, pour y faire ses études, fut reçu Bachelier de Sorbonne en 1620, s'acquit l'estime du Cardinal de la Rochefoucault, & se rendit célebre par sa piété & par la réformation de l'Ordre des Chanoines Réguliers. Il m. à Paris, le 4 Novembre 1644, à 50 ans. On a de lui *le Directoire des Novices*, & d'autres ouvr. Sa vie a été donnée au Public par le Pere Chartonnet, *in-4°*.

FAUST, (Jean) ou plutôt FUST, Bourgeois de Mayence, s'associa vers 1440, avec Jean Guttemberg, qui faisoit des tentatives pour trouver l'art de l'Imprimerie. Après plusieurs essais, qui se bornoient à la gravure, Pierre Schœffer, Clerc de Faust, inventa les lettres mobiles, & l'encre propre à imprimer. Fauft fut si charmé de cette découverte, en laquelle confifte principalement l'art de l'Imprimerie, qu'il lui donna sa fille en mariage. Ils imprimerent plusieurs ouvrages, & sur-tout des Bibles d'un caractere femblable à celui des Manusc. Ils en apporterent un grand nombre d'exemplaires à Paris, qu'ils vendirent pour des manuscrits. Ceux qui les avoient achetés, voïant une si grande conformité entre ces Bibles, lorsqu'ils les comparoient en femble, crurent qu'il y avoit en cela quelque art magique, & fe pourvurent en Juftice contre Fauft, qui fe fauva à Mayence ; mais quelque tems après, le Parlement le déchargea de toutes les demandes de ceux qui avoient acheté des Bibles de lui. Il mourut vers 1466. *voyez* DURRIUS.

FAUSTA, fille de l'Empereur Maximien Valero, furnommé *Hercule*, & femme de Conftantin *le Grand*, accufa Crifpus, Prince d'un gr. mérite, ( que Conftantin avoit eu de fa première femme ) d'avoir attenté à fon honneur. L'Empereur fit mourir Crifpus, fans forme de procès : mais l'impofture aïant été découverte quelque-tems après, Faufta fut étouffée dans un bain chaud, par ordre de Conftantin, en 327.

FAUSTE, cél. Evêque de Riez, né dans la Grande Bretagne, vers 390, fe diftingua d'abord dans le Barreau, & fut enfuite Abbé de Lerins, en 433. Il fuccéda à S. Maxime, dans l'Evêché de Riez, vers 455, & fut exilé en 481. Il mourut vers 485. On a de lui un Traité du Libre Arbitre & de la Grace, & d'autres ouvrages.

FAUSTINE, femme de l'Empereur Marc-Aurele, eft fameufe dans l'Hiftoire par fes débauches. Jules Capitolin rapporte qu'aïant conçu une violente paffion pour un Gladiateur, & l'aïant avoué à fon mari, ce Prince, par le confeil des Chaldéens, lui ordonna de fe laver dans le fang du Gladiateur qu'il avoit fait mourir ; Fauftine, par ce remede, fut délivrée ; mais la même nuit, elle conçut Commode, qui eut toutes les inclinations d'un Gladiateur. On dit auffi, que comme on confeilloit à l'Empereur de la répudier, il fe contenta de répondre : *qu'il faudroit donc lui rendre fa dot ;* mais cette réponfe paroît indigne de Marc-Aurele.

FAUVEAU, ( Pierre ) Poëte Latin, natif du Poitou, fut ami de Muret, & de Joachim du Bellay. Il mourut à Poitiers, à la fleur de fon âge, en 1562. Il ne nous refte de lui que des fragmens.

FAYDIT, ( Pierre ) Prêtre de Riom, trop connu par la fingularité de fes opinions, entra dans la Congrégation de l'Oratoire en 1662, & fut obligé d'en fortir en 1671. Il déclama en chaire contre la conduite d'Innocent XI, envers la France, & publia en 1696, un *Traité fur la Trinité*, pour lequel il fut renfermé à faint Lazare à Paris ; dans la fuite il eut ordre du Roi, de fe retirer en fon païs, où il mourut en 1709. On a encore de lui : 1. la Vie de faint Amable : 2. des Remarques fur Virgile, fur Homere, & fur le ftyle poétique de l'Ecriture Sainte : 3. un Recueil en vers latins & en profe françoife intitulé : *Tombeau de M. de Santeuil :* 4. des Mémoires contre l'Hift. Eccléf. de M. de Tillemont : 5. des Eclairciffemens fur la Doctrine & fur l'Hift. Eccléfiaft. des deux premiers fiecles : 6. *la Telemacomanie*, ou Critique du Telemaque de M. de Fenelon, &c. On trouve dans tous ces ouvrages des opinions fingulieres, beaucoup de lecture & d'érudition ; mais peu de gout & de jugement. On lui attribue encore *les Moines empruntés*, en 2 vol. *in* 12.

FAYDIT, ( Anfelme ) Poëte Provençal, avoit beauc. d'efprit, chantoit bien, étoit bien fait, & fe rendit agréable chez les Grands. Il fe mit à faire des Comédies, & à les repréfenter lui-même, ce qui l'enrichit en peu de tems ; mais s'étant livré à la débauche, il tomba bientôt dans la mifere. Richard *cœur de Lion*, qui aimoit la Poéfie Provençale, l'en tira par fes libéralités. Après la mort de ce Prince arrivée en 1199. Faydit revint à Aix en Provence, où il époufa *Guillemette* de Soliers, qui étoit belle, fpirituelle & favante, mais qui m. peu de tems après. Alors Anfelme fe retira chez Boniface, Marquis de Montferrat, puis chez le Seigneur d'Agoult, Seigneur de Sault, où il mour. vers 1220. Il avoit écrit un *Poëme* fur la mort du Roi Richard : *des*

des *Comédies*, dont l'une étoit intitulée ; l'*Heregia dels Preſtres*, c'eſt-à-dire, l'*Héréſie des Prêtres*, dans laquelle il favoriſoit les erreurs des Vaudois & des Albigeois; enfin un Poëme intitulé le *Palais d'Amour*, que Petrarque a imité dans ſon Poëme du *Triomphe de l'Amour*, comme il en convient lui-même.

FAYE, (Jacques) Seigneur d'Eſpeiſſes, l'un des plus illuſtres Magiſtrats du 16e ſiecle, naquit à Paris, le 6 Janvier 1543, de Barthel. Faye, Préſident aux Enquêtes. Il fut Conſeiller au Parlem. en 1567, puis Maître des Requêtes de l'Hôtel du Duc d'Anjou, qu'il ſuivit en Pologne, & qui dans la ſuite fut Roi de France, ſous le nom de Henri III. Ce Prince auquel il avoit ren lu de gr. ſervices, le nomma Maître des Requêtes, puis Avocat Général, & enfin Préſident à Mortier au Parlement de Paris. D'Eſpeiſſes ſe diſtingua dans ces places par ſa probité & par ſes talens, & mourut à Senlis, le 20 Septembre 1590, à 46 ans. On a de lui des *Harangues* qui ſont eſtimées.

FAYE, (Jean François Leriget de la) Poëte François, dont on a pluſieurs petites pieces de Poéſie qui ſont agréables & très ſpirituelles. Il fut reçu de l'Académie Françoiſe en 1730, & mourut en 1731, à 57 ans. Jean-Elie Leriget de la Faye, ſon frere, né à Vienne en Dauphiné, fut Capitaine aux Gardes, & ſe trouva à la bataille de Ramilly, à celle d'Oudenarde, & en pluſieurs autres actions militaires, où il ſe diſtingua par ſa bravoure. Ses talens pour les Mathém. le firent entrer en 1716 à l'Académie des Sciences. Il fit pluſ. *Mémoires* imprimés dans ceux de cette Académie, & mourut en 1728 à 47 ans.

FAYETTE, (Gilbert de la) célebre Capitaine du 15e ſiec. ſe ſignala à la bataille de Baugé en 1421, & en diverſes autres occaſions. Il fut fait Maréchal de France la même année, & contribua à chaſſer les Anglois du Roïaume. Il mourut vers 1462.

FAYETTE, (Marie-Magdeleine Pioche de la Vergne, Comteſſe de la) Dame illuſtre par ſa nobleſſe, par ſon eſprit & par ſes ouvrages, étoit fille d'Aymar de la Vergne, Gouverneur du Havre de Grace, & Maréchal de Camp. Elle épouſa, en 1655, François Comte de la Fayette, ſe fit eſtimer de M. Huet, de Segrais, de Madame de Sevigné, de Menage, de la Fontaine, & des autres Savans, & mérita 'eurs éloges; elle fut liée de l'ami ié la plus intime avec le fameux Duc de la Rochefoucauld, & mourut en 1693. C'eſt elle qui a compoſé *Zaïde*, *la Princeſſe de Cleves* & *la Princeſſe de Montpenſier*, Romans eſtimés & bien écrits. Les deux premiers ont paru ſous le nom de M. Segrais, & ont ſervi de modeles aux Romans bien écrits. On a encore de Madame de la Fayette des *Mémoires de la Cour de France* pour les années 1688 & 1689, qui ſont curieux & bien écrits.

FÉ, FO, ou FOHÉ, nom du princ. Dieu des Chinois. Ils l'adorent comme le Souverain du Ciel, & le repréſentent tout reſplendiſſant de lumiere, aïant les mains cachées ſous ſes habits, pour donner à entendre qu'il fait tout d'une maniere inviſible : à ſa droite eſt le fam. *Confucius*, & à ſa gauche *Lanza* ou *Lanca* : chef de la ſeconde ſecte de la Religion Chinoiſe. Pluſ. Sav. penſent que l'Arche ſe repoſa dans la Chine, où i's prétendent qu'eſt le mont Ararat, & que Fé ou Fohé eſt le même que Noé.

FEITHIUS, (Everard) natif d'Elbourg dans la Guelde, au 16e ſiecle, ſe rendit habile dans les Langues grecque & hébraïque. Les troubles des Païs-Bas l'obligerent de ſe retirer en France, où il s'acquit l'eſtime de Caſaubon, de Meſſieurs Dupuy, & du Préſident de Thou. Il y enſeigna quelque-tems la Langue grecque. Mais ſe promenant un jour à la Rochelle avec ſon valet, il fut prié d'entrer dans la maison d'un Bourgeois, & depuis ce moment on ne put favoir ce qu'il étoit devenu, quelque perquifition que les Magiftrats en fiffent. On a de lui un bon Liv. en lat. fur les antiquités d'Homere.

FELIBIEN, ( André ) cél. Ecrivain du 17e fiecle, naquit à Chartres, en 1619, d'une des meilleures familles de cette ville. Il vint étudier à Paris, où les progrès qu'il fit dans les Belles-Lettres, & dans la connoiffance des Arts, le firent eftimer des Sav. Aïant fuivi, en qualité de Secretaire, le Marquis de Fontenay Mareuil, Ambaffadeur de France à Rome, il lia amitié avec le Pouffin qui perfectionna le goût qu'il avoit pour les beaux Arts. De retour en France, il fut emploïé par M. Fouquet, puis par M. Colbert qui le fit Hiftoriographe des Bâtimens du Roi, en 1666, & Garde des Antiques en 1673. Felibien fut des huit premiers Académiciens de l'Académie des Infcriptions & Médailles établie par M. Colbert en 1663. Il ne fe fit pas moins eftimer par fa probité que par fes talens, & mourut à Paris le 11 Juin 1695. On a de lui un gr. nombre d'ouvr. eftimés. Les plus confidérab. font : 1. *Entretiens fur la vie & les ouvr. des Peintres* : 2. *les principes de l'Architecture, Peinture & Sculpture* : 3. *Traité de l'origine de la Peinture* : 4. *Conférences de l'Académie de Peinture* : 5. *Defcription de la Trappe* : 6. Traduction du Château de l'ame de Ste Thérefe, de la vie du Pape Pie V, &c. André Felibien laiffa trois fils, Nicolas-André, m. Doyen de l'Eglife de Bourges en 1711. Jean-François, Hiftoriographe des Bâtimens du Roi, Garde des antiques & Membre de l'Académ. des Infcriptions, mort en 1733. On a de lui un *Récueil hiftorique de la vie & des ouvrages des plus céleb. Architectes* ; la defcription de Verfailles ; celle de l'Eglife des *Invalides*, &c. enfin Dom Michel Félibien, Religieux Béné-

dictin de la Congrégation de Saint Maur ; qui mourut le 10 Septembre 1719, & dont on a *l'hiftoire de l'Abbaïe de S. Denys* en France, & celle de la *Ville de Paris*, achevée par Dom Lobineau, &c. Il ne faut pas le confondre avec Jacques Felibien, frere d'André, Chanoine & Archidiacre de Chartres, qui a compofé des *Inftructions morales*, en forme de *Catechifme*, fur les Commandemens de Dieu & fur le Symbole, tirées de l'Ecriture Sainte. Il m. le 25 Nov. 1716, à 82 ans. On a de lui quelques ouvrages.

FELICIANI, ( Porphire ) Secretaire du Pape Paul V, puis Evêque de Foligno, a laiffé divers Recueils de Lettres & de Poéfies italiennes très eftimées. Il étoit très favant, & mourut le 2 Octobre 1632, à 70 ans.

FELIX I fuccéda au Pape faint Denys en 270, & m. le 30 Décem. 274 ou 275. On trouve dans le Concile de Chalcédoine un précieux fragment de la Lettre que Felix écrivit à Maxime d'Alexandrie contre Sabellius & Paul de Samofate.

FELIX II, Antipape & Archidiacre de l'Eglife Romaine, fut intrus fur le S. Siege par ordre de l'Emper. Conftance, pendant l'exil du Pape Libere, en 355. Trois ans après, Libere étant de retour à Rome, Felix en fut chaffé honteufement, & mourut le 22 Nov. 375.

FELIX III Romain, & Bifaïeul de S. Grégoire le Grand, fuccéda au Pape Simplicius le 8 Mars 483. Il rejetta l'Edit d'union, publié par l'Empereur Zenon, & prononça anathême contre ceux qui le recevroient. Felix tint enfuite plufieurs Conciles dans lefquels il condamna Pierre Mongus, Pierre le *Foulon* & Acace de CP. Enfin il mourut, après avoir gouverné faintement l'Eglife, le 25 Février 492. Il eut Gelafe pour fucceffeur.

FELIX IV, natif de Bénevent, fuccéda au Pape Jean I, le 24 Juillet 526, par la faveur de Theodoric. Il gouverna l'Eglife avec beau-

soup de zele, de doctrine & de piété, & m. le 12 Octobre 529. Boniface II fut son successeur.

FELIX V, *voyez* AMEDÉE VIII.

FELIX, (S.) illustre Prêtre de
Nole, fut maltraité pour la foi de
J. C. & mis en prison durant la persécution de Dece ou de Valérien.
Un Ange le délivra pour aller secourir Maxime son Evêq. qui étoit
tombé malade dans les montagnes.
La paix aïant été rendue à l'Eglise,
Felix reparut & continua de s'acquitter des fonctions du S. ministere. Après la mort de Maxime, on
voulut l'élire Evêque de Nole ; mais
il s'y opposa. Il mourut vers 256,
Les miracles qui se sont opérés à
son tombeau, sont attestés par S.
Paulin, par S. Augustin, par Sulpice Severe, & par le Pape Damase.

FELIX, Evêq. d'Urgel, fut consulté par Elipand, Evêq. de Tolede,
son ami, pour savoir si J. C en
tant qu'homme, étoit *fils adoptif de
Dieu*. Felix embrassa cette erreur
dans sa réponse, & fut condamné
aux Conciles de Ratisbonne en 792,
de Francfort en 794, & de Rome
en 799. Charlemagne l'exila ensuite
à Lyon, où il mourut vers 814.

FELIX, Proconsul & Gouverneur de Judée, au prem. si., étoit
frere de Pallas, affranchi de l'Empereur Claude. Etant arrivé en Judée vers 53 de J. C. il conçut une
violente passion pour Drusille, fille
du vieil Agrippa, & femme d'Azize, & l'épousa. S. Paul, pour cette
raison, parlant devant lui, l'entretint de la chasteté & du Jugement
dernier avec tant de force, qu'il
l'effraïa. Quelque-tems après, sa
mauvaise conduite le fit rappeller
par Neron, & Porcius Festus fut
envoïé en sa place.

FELIX, (Jean) Evêque d'Oxford,
& l'un des plus sav. Théologiens
de l'Eglise Anglicane, fit ses études
au College de l'*Eglise de Christ* à
Oxford. Il rendit à ce College & à
l'Université de cette ville les services les plus importans. Les Parlementaires le maltraiterent en 1648,
à cause de son attachement à la fa-

mille Roïale. Fell mena depuis ce
tems-là une vie retirée & studieuse,
jusqu'en 1660, que les affaires étant
changées, on lui donna un Canonicat dans l'*Eglise de Christ* : il eut
l'année suivante le Doïenné de la
même Eglise, & fut Evêque d'Oxford en 1675. Il mourut le 12 Juillet 1686, à 61 ans. On a de lui divers ouvr. dont le plus connu est
l'excellente édition des œuvres de
Saint Cyprien, que lui & Pearson
firent imprimer à Oxford en 1682
*in fol.*

FENELON, (François de Sa-
lignac de la Motte) céleb. Archevêque de Cambrai, & l'un des plus
gr. hommes qui aient paru dans l'E-
glise de France, naquit au Château
de Fénelon en Quercy le 6 Août
1651, d'une famille noble & ancienne. Après avoir été élevé dans
la maison de son pere jusqu'à l'âge
de 12 ans, il fut envoïé dans l'Université de Cahors, & vint ensuite
à Paris achever ses études. Antoine
Marquis de Fénelon, son oncle,
Lieutenant général des Armées du
Roi, le prit avec lui ; l'éleva comme s'il eût été son fils, & n'oublia
rien pour lui former l'esprit & le
cœur. Le jeune Fénelon se fit bientôt admirer par la beauté de son génie, par sa tendre piété, par la
droiture de son cœur & par ses talens pour les Belles-Lettres & pour
les Sciences. Il commença à prêcher avec applaudissement dès l'âge
de 19 ans ; mais le Marquis de Fénelon, craignant que son neveu ne
se perdît, s'il paroissoit sitôt dans le
monde, lui persuada d'imiter, pendant plus. années, le *silence de Jesus-
Christ*. M. de Fénelon reçut les Ordres sacrés à l'âge de 24 ans, prêcha avec applaudissement à la Paroisse de S. Sulpice, & y remplit
avec édification les devoirs du Ministere Ecclésiastique. M. de Harlay
le fit aussitôt Supérieur des nouvelles Catholiques ; & le Roi l'envoïa
en 1686 faire des Missions sur les
côtes de Saintonge & dans le païs
d'Aunis. M. de Fénelon eut le bonheur de ramener à l'Eglise un grand

nombre de *Calvinistes*. De retour à Paris, il s'appliqua à la prédication & à l'étude, & fut nommé, en 1689, Précepteur des Ducs de Bourgogne, d'Anjou & de Berri. C'est pour ces jeunes Princes qu'il composa *le Telemaque* : ouvrage immortel, dans lequel il déploie toutes les richesses de la Langue Françoise. M. de Fénelon succéda à Pellisson dans l'Académie Françoise en 1693, & fut nommé Archev. de Cambrai en 1695. Il n'accepta cet Archevêché qu'à condition qn'il résideroit neuf mois dans son Diocèse, & qu'il passeroit seulement trois mois à la Cour auprès des Princes. Il remit en même tems son Abbaïe de S. Valery & son petit Prieuré, croïant ne pouvoir en conscience posséder aucun bénéfice avec son Archevêché. Son mérite, la faveur qu'il avoit alors à la Cour, & sa réputation sembloient annoncer une élevation plus grande ; mais il se forma contre lui un orage qui l'éloigna à jamais de la Cour. M. Bossuet l'accusa de Quiétisme, s'éleva avec force contre son Livre des *Maximes des Saints*, & le fit condamner par plusieurs Evêques. M. de Fénelon publia un gr. nombre d'ouvr. pour sa défense ; mais ces ouvrages ne calmerent point l'orage. Il fut renvoïé dans son Diocèse en 1697, & le Pape Innocent XII condamna le Livre des *Maximes* avec vingt-trois propositions de ce Livre le 12 Mars 1699. Le Pape ne comprit pas néanmoins dans cette condamnation les écrits que M. l'Archevêque de Cambrai avoit faits pour sa défense. M. de Fénelon se soumit aussitôt à cette censure, & déclara sa soumission par un Mandement du 9 Avril de la même année. Ainsi finit cette fameuse dispute entre deux des plus gr. Evêques qui aient paru jusqu'ici dans l'Eglise, M. Bossuet, la terreur des Hérétiques & le plus excellent Controversiste de son siecle, & M. de Fénelon connu par tant d'excellens ouvr., respectable par sa candeur, par sa douceur, par sa piété, par l'intégrité de ses mœurs & par

toutes les vertus qui rendent la Religion aimable. Après cette dispute où le vaincu triompha de sa défaite, & parut avec plus de grandeur d'ame que le vainqueur, M. de Fénelon ne pensa plus qu'à regler & à édifier son Diocèse. Il se fit tellement aimer & respecter, que les Armées des Protestans étant entrées dans le Cambresis, épargnerent ses terres par la haute vénération qu'ils avoient conçue de sa vertu. Il mourut à Cambrai avec les sentimens de la piété la plus tendre, le 7 Janvier 1715, à 63 ans. Il a laissé un gr. nombre d'ouvr. très bien écrits, dont on donnera incessamment un Recueil complet. Les principaux sont : le *Telemaque* dont les meilleures éditions ont paru en 1717 & depuis : 2. un Traité *de l'existence de Dieu*, dont la meilleure édition est celle de Paris en 1726 : 3. *Dialogues sur l'Eloquence en général & sur celle de la Chaire en particulier* : 4. *Œuvres spirituelles* : 5. plusieurs ouvrages en faveur de la Constitution *Unigenitus* & du *Formnlaire* : 6. plusieurs écrits pour la défense de son Livre intitulé : *Maximes des Saints* : 7. un Traité de *l'éducation des Filles* : 8. *Abregé des vies des anciens Philosophes* : 9. *Dialogues des Morts* : 10. des *Sermons* : 11. des *Lettres sur la Religion* : 12. le *Le Directoire des Princes*, ouvrage estimé, &c.

FENELON, ( le Marquis de Salignac de ) est célebre par ses Mémoires Militaires. Il vivoit sous le regne de Henri II.

FERDINAND I, Empereur d'Allemagne, frere de Charles-Quint, & fils de Philippe I, Archiduc d'Autriche, naquit à Medina en 1503. Il épousa Anne fille de Ladislas VI, Roi de Hongrie & de Boheme, & sœur de Louis *le jeune*, tué à la bataille de Mohacs en 1526. Après la mort de ce dernier Prince, Ferdinand se crut en droit de lui succéder, & se fit couronner Roi de Hongrie & de Boheme en 1527. Il présida à la Diete de Worms en 1545, & à celle d'Ausbourg en 1547.

Charles-Quint aïant abdiqué l'Empire en 1558, Ferdinand lui succéda étant pour lors âgé de 55 ans. Il fit une treve de huit ans avec les Turcs, réconcilia plusieurs Princes, termina les querelles d'entre les Rois de Dannemarck & de Suede, & mourut à Vienne en Autriche le 25 Juillet 1564, à 61 ans. Ferdinand aimoit les Sciences, & protégeoit les Savans. C'étoit un Prince doux, affable, tempérant & pacifique. Il ne parut jamais sévere, excepté envers les Bohémiens lorsqu'ils se liguerent avec Fréderic Duc de Saxe, contre Charles-Quint. Maximilien II, son fils, lui succéda.

FERDINAND II Empereur, étoit fils de Charles, Archiduc de Gratz, & petit-fils de l'Empereur Ferdinand I. Il naquit le 9 Juillet 1578, & fut élu Roi de Boheme en 1617, Roi de Hongrie en 1618, & Empereur en 1619, après la mort de l'Empereur Matthias son cousin. Ferdinand envoïa le Comte de Buquoi contre Frederic V, Electeur Palatin, que les Bohémiens révoltés avoient élu Roi. Cet Electeur fut vaincu dans la célebre bataille de Prague le 8 Novembre 1620, & son Electorat fut donné à Maximilien Duc de Baviere. Ferdinand défit encore Christiern IV, Roi de Dannemarck, en 1625; mais les Princes Protestans se liguerent contre lui, & furent aidés par Louis XIII, Roi de France, & Gustave Adolphe, Roi de Suede. Gustave remporta une célebre victoire à Leipsic sur Tilli, Général de l'Empereur, soumit les deux tiers de l'Allemag. & perdit la vie, quoique vainqueur, à la bataille de Lutzen. Ses Généraux continuerent ses conquêtes, dont le cours fut interrompu par la victoire de Nortlingue remportée en 1634 par Ferdinand, Roi de Hongrie, fils de l'Empereur. L'année suivante il fit à Prague un Traité de paix avec les Electeurs de Saxe & de Brandebourg, & fit déclarer son fils Roi des Romains, en 1636. Enfin, après avoir affer-

mi la grandeur de sa maison, il mourut à Vienne le 8 Févr. 1637, à 61 ans. Ferdinand III fut son successeur.

FERDINAND III, surnommé *Ernest*, fils du précédent, naquit en 1608. Il succéda à l'Empereur Ferdinand, en 1637, & remporta d'abord quelques avantages sur les Suédois par Galas l'un de ses Généraux; mais ensuite son Armée fut défaite par Bernard de Saxe, Duc de Weimar, secouru des François, en 1638, & par Jean Banier, Général des Suédois, en 1659. Banier osa même assiéger Ratisbonne où l'Emp. tenoit la Diete. Les Francois remporterent aussi divers avantages sous la conduite du Maréchal de Guebriant, du Duc d'Enguien, Prince de Condé, & du Vicomte de Turenne. Ferdinand fut néanmoins vainqueur à la bataille de Tuttingen en Suabe, & à celle de Mariendal en Franconie. La paix se fit à Munster en 1648; Ferdinand regna ensuite assez tranquillement jusqu'en 1657 qu'il mourut à Vienne, à 49 ans. Leopold I, son fils, lui succéda.

FERDINAND, nom de cinq Rois de Castille & de Léon: le prem. surnommé *le Grand* vainquit le Roi de Léon, remporta de gr. avantages sur les Maures, défit son frere Garcias IV, Roi de Navarre, & m. en 1065, après un glorieux regne de 40 ans. Le 2e étoit fils puîné d'Alfonse VIII; il remporta plusieurs victoires sur les Portugais, fit leur Roi prisonnier, & m. vers 1191, après avoir usé de sa victoire avec modération. Le 3e est S. Ferdinand, fils d'Alphonse IX, il prit sur les Maures Cordoue, Murcie & Séville, & leva des troupes pour aller conquérir le Roïaume de Maroc, mais il n'eût pas le tems d'exécuter ce gr. projet, étant mort à Séville le 30 Mai 1252, à 35 ans: Sa piété lui a mérité le nom de Saint. Le 4e réprima ses Sujets rebelles, défit les Princes voisins, vainquit l'Armée du Roi de Grenade, & fut trouvé mort dans son lir'fe 7 Septembre 1312, à 24 ans. Enfin, le plus conu de tous, eft Ferdinand V *le Catholique*, fils de Jean II, Roi d'Aragon. Il époufa Ifabelle de Caftille en 1469, & réunit, en faveur de ce mariage, les Etats de Caftille à ceux d'Aragon en 1479. Ferdinand le Catholique remporta à Toro une céleb. victoire fur Alfonfe V, Roi de Portugal, en 1476, conquit le Roïaume de Grenade, & chaffa les Maures d'Efpagne en 1492. Il fe rendit maitre du Pignon de Velez & d'Oran en Afrique, s'empara du Royaume de Naples, ufurpa celui de Navarre en 1512, & mourut 1516, au village de Madrigalet, d'un breuvage que Germaine de Foix, fa feconde femme, lui avoit fait prendre pour le rendre capable de génération. Ce Prince avoit de gr. qualités, mais il facrifioit tout à fon ambition & à fa politique. C'eft fous fon regne que Chriftophe Colomb découvrit le nouveau monde, & fournit à la Caftille tant de riches Provinces.

FERDINAND ALVAREZ, Duc d'Albe, *voyez* TOLEDE.

FERDINAND de Cordoue, fav. Efpagnol du 15e fiecle, fut regardé comme un prodige. Il étoit habile dans les Langues & dans les Sciences. Il favoit la Bible, les ouvrages de Nicolas de Lira, de Saint Thomas, de Saint Bonaventure, d'Alexandre de Halés & de Scot: ceux d'Ariftote, d'Hipocrate, de Galien, d'Avicenne, & de divers Auteurs de Droit. Ferdinand de Cordoue étoit auffi un vaillant foldat, jouoit des inftrumens, chantoit & danfoit avec admiration, & favoit auffi bien peindre qu'aucun Artifte de Paris. On dit queil prédit la mort de Charles *le Téméraire*, Duc de Bourgogne, & qu'il le fit admirer des Sav. à Paris en 1445. On lui attribue des *Commentaires* fur l'*Almagefte de Ptolomée* & fur l'*Apocalypfe*, & un Traité *de artificio omnis fcibilis*.

FERDINAND Lopez de Caftaneda, Portugais, accompagna fon pere qui alloit dans les Indes en qualité de Juge Roïal, vers 1540. Il publia à fon retour l'hiftoire de ce qu'il y avoit vu. Cette hiftoire fut traduite de portugais en françois par Nicolas de Grouchi.

FERDINAND, (Charles) habile Ecrivain natif de Bruges, enfeigna avec réputation les humanités à Paris, quoiqu'il fût aveugle de naiffance. Il fe fit enfuite Bénédictin, & mourut en 1494. On a de lui 2 Livres de la tranquillité de l'ame & d'autres ouvrages.

FERDINAND, (Jean) favant Jéfuite de Tolede, dont on a le premier volume d'un ouvrage eftimé, qui contient l'explication des endroits difficiles de l'Ecriture Sainte, intitulé: *Divinarum fcripturarum juxta SS.Patrum fententias locupletiffimus thefaurus*. Il en promettoit deux autres vol., mais il fut prévenu par la mort à Palentia en 1595, à 59 ans. Il ne faut pas le confondre avec Jean Ferdinand, fav. Dominicain, mort en 1615, dont on a des Comment. fur l'*Ecclefiafte*, dans lefquels il prouve la conformité du texte Hébreu avec la Vulgate.

FERMAT, (Pierre) Confeiller au Parlement de Touloufe, illuftre. Mathématicien, & l'un des plus gr. génies & des plus fav. Jurifconfultes de fon fiecle, étoit en commerce de fcience avec Defcartes, Pafchal, Roberval, Huygens, & Carcavi; il laiffa ce dernier dépofitaire de fes écrits, & mourut en 1665. On a de lui des *Obfervations* fur *Diophante*, & d'autres ouvrages. Il laiffa plufieurs enfans diftingués. On confeilla à la Compagnie des Indes, d'adopter cette devife, que M. Fermat avoit faite fur une Couronne Roïale, *Spoliis Orientis onufta*.

FERNEL, (Jean-François) cél. Médecin du 16e fiecle, n'étoit pas de Clermont en Beauvoifis, ni de Montdidier, mais d'Amiens. Après avoir appris la Philofophie & les Mathématiques, il fe livra tout entier à la Médecine, la pratiqua & l'enfeigna avec une réputation extraordinaire, & devint premier Mé

decin du Roi Henri II & de Catherine de Medicis. Cette Princeſſe lui
fit des préſens conſidérables. Fernel
mourut à Paris le 26 Avril 1558, à
52 ans. On a de lui pluſieurs ouvr.
eſtimés. Les principaux ſont : *Pathologia ; Phyſiologia ; de abditis
rerum Cauſis ; de Febrium Curatione. Conſilia Medicinalia. Thera-
peutice. Enchiridion medicum*, &c.
M. de Thou en a fait un grand
éloge.

FERONIE, Déeſſe des Bois &
des Vergers, ſelon les Païens, tiroit ſon nom de la ville de *Feronie*,
ſituée au pié du mont Soracte où
elle avoit un Temple & un Bois
ſacré. Feronie étoit auſſi la Déeſſe
des Affranchis, parceque c'étoit
dans ſon Temple qu'ils prenoient
le chapeau ou le bonnet de leur
liberté.

FERRAND, *Fulgentius Ferran-
dus*, ſavant Diacre de l'Egliſe de
Carthage au 6e ſiecle, étoit diſciple de Saint Fulgence, & fut un des
premiers qui ſe déclarerent contre la
condamnation *des trois Chapitres*.
On a de lui une collection de Canons, & d'autres ouvrages.

FERRAND, ( Antoine ) Con-
ſeiller de la Cour des Aides à Paris
ſa patrie, eſt auteur de jolis vers,
& de pluſieurs Chanſons très agréables & très ſpirituelles, dont la plupart ont été miſes ſur des airs de
claveſſin, du célebre Couperin. Il
mourut à Paris en 1719, à 42 ans.

FERRAND, ( Jacques ) Docteur
en Médecine, au commencement
du 17e ſiecle, natif d'Agen, eſt
Auteur d'un Traité touchant *la maladie de l'Amour*, imprimé à Paris
en 1622.

FERRAND, ( Jean ) Juriſconſulte du 16e ſiecle, & Procureur du
Roi au Préſidial du Mans, étoit
d'Anjou. On a de lui un *Traité des
Droits & Privileges* du Roïaume de
France, dédié au Roi Louis XII,
& d'autres ouvrages.

FERRAND, ( Louis ) Avocat au
Parlement de Paris, & habile Théologien, naquit à Toulon le 3 Octobre 1645. Il apprit les Langues

Orientales & les Antiquités ſacrées
& profanes, & mourut le 11 Mars
1699, à 54 ans. Ses principaux ouvrages ſont, 1. Réflexions ſur la
Religion Chrétienne. 2. Un Commentaire en latin ſur les Pſeaumes.
3. Un Traité de la connoiſſance de
Dieu, &c. On trouve dans tous ces
ouvrages beaucoup d'érudition,
mais peu d'ordre & de raiſonnement.

FERRARE, ( Renée de France,
Ducheſſe de ) Princeſſe fameuſe par
ſon attachement au Calviniſme,
étoit fille de Louis XII, & d'Anne
de Bretagne : elle naquit à Blois le
25 Octobre 1510, & fut mariée à
Hercule d'Eſt II du nom, Duc de
Ferrare & de Modene. Elle conçut
de l'averſion pour la Cour de Rome, à l'occaſion des différends de
Louis XII avec le Pape Jules II,
& quitta l'Italie après la mort de
ſon mari ; elle vint demeurer en
France où elle fit profeſſion ouverte du Calviniſme ; cependant elle
n'approuvoit pas la guerre des Prét.
Réf. Elle mourut à Montargis, le
12 Juin 1575.

FERRARI, ( Barthelemi ) né à
Milan, en 1497, d'une famille noble, contracta une étroite amitié
avec Antoine-Marie Zacharie, &
avec Jacques-Antoine Morigia : ils
inſtituerent enſemble la Congrégation des Clercs Réguliers appellés
*Barnabites*. Ferrari en fut Supérieur en 1542, & mourut ſaintement en 1544.

FERRARI ou FERRARIUS, ( Bernardin ) célebre Docteur de Milan,
naquit en cette ville en 1577. La
connoiſſance qu'il avoit des Livres,
& ſon habileté dans les différens
genres de ſcience, engagerent Fréderic Borromée, Archevêque de
Milan, & couſin de S. Charles, à
l'envoïer dans les différentes parties de l'Europe, pour y recueillir
des Livres imprimés & manuſcrits,
afin d'en former une Bibliotheque
à Milan. Ferrari voïagea en Italie
& en Eſpagne, & raſſembla un gr.
nombre de Livres, dont *la Bibliotheque Ambroſienne* fut compoſée

dès fa fondation. Ferrari eft auteur de pulieurs ouvrages curieux & remplis d'érudition. Les principaux font : 1. *de ritu facrarum Concionum*, dont la meilleure édition eft celle d'Utrecht, en 1692. 2. Un *Traité de l'ufage des Epîtres Eccléfiaftiques.* 3. Un autre *des applaudiffemens & des acclamations* des anc 4. *Des Funérailles des anciens*, &c

FERRARI, (Jean Baptifte) favant Jéfuite, natif de Sienne, eft Auteur d'un Dictionnaire Syriaque, imprimé à Rome en 1622, fous le titre de *Nomenclator Syriacus* Ce Dictionnaire eft très utile Ferrari mourut en 1655.

FERRARI, (Octavien) poli & fav. Ecrivain du 1e fiecle, né à Milan le 23 Sept. 1510, d'une famille noble, enfeigna la Philof. à Padoue, puis à Milan, où il m. en 1586. On a de lui un *Traité de l'origine des Romains*, & d'autres ouvr. eftimés.

FERRARI, (Octavien) favant Ecrivain du 17e fiecle, qu'il ne faut pas confondre avec le précédent, naquit à Milan en 1607. Il s'acquit une fi gr. réputation par fon éloquence & par fes ouvrages, que la ville de Milan, la Reine Chriftine de Suede, & Louis XIV, lui firent des préfens & des penfions. On a de lui un gr. nombre de Livres fort eftimés fur les *vétemens des anciens*, les *lampes fépulcrales*, *l'origine de la langue italienne*, &c. Il mourut le 7 Mars 1681, à 75 ans.

FERRARIENSIS, *voyez* FRANÇOIS SILVESTRE.

FERRARIIS, (Jean Pierre de) célebre Docteur en Droit, natif de Pavie au 14e fiecle, compofa, dans un âge très avancé, une *pratique de Droit* qui lui acquit beaucoup de réputation.

FERRE, (Vincent) habile Dominicain, natif de Valence en Efpagne, enfeigna la Théologie avec réputation à Burgos & à Rome, puis à Salamanque, où il m. vers 1682. On a de lui des *Commen-*

*taires* eftim. fur la Somme de Saint Thomas, en 8 vol. *in fol.*

FERREIRA, (Antoine) l'un des plus céleb. Chirurgiens de Portugal, natif de Lifbonne, publia en 1670 *un cours de Chirurgie* qui eft fort eftimée. Il mourut en 1677.

FERREOL, (S.) Martyr de Vienne dans les Gaules, fut mis à mort pour la foi de J. C. à ce que l'on croit, fous le regne de Dioclétien & de Maximien. Il ne faut pas le confondre avec S. Ferréol, Evêque de Limoges, fous le regne de Chiperic, ni avec Saint Ferréol, Evêque d'Uffz en 537.

FERRET, ou plutôt FERRETI, (Emile) l'un des plus cél Jurifconfultes du 16e fiecle, naquit à Caftello Franco en Tofcane, le 14 Novembre 1489, fut Secretaire du Pape Léon X, & vint enfuite demeurer en France où il enfeigna le Droit à Valence. François I le fit Confeiller au Parlement de Paris, & le députa vers les Vénitiens & les Florentins. Ferret mourut à Avignon le 15 Juillet 1552. Il étoit habile dans les Langues grecque & latine, dans la Jurifprudence, la Poéfie & la Mufique. On a de lui, 1 *Ciceronis orationes Verrinæ ac Philippicæ, ad codicum veterum fidem caftigatæ.* 2. *De figno & ratione*, où il interprete beauc. de Loix. 3. *Bartoli Everriculum*, où il montre les fautes de Bartole. 4. *Notæ in inftitutiones.* 5. *Opinionum volumen.* 6. *Refponfa.* 7. *Epiftolæ.* 8. Un Commentaire fur Tacite. 9. Enfin, un Livre en Italien : *Della ragione delle Armi.*

FERRETI, Poëte & Hiftorien, vivoit à Vicenze & fut l'un des premiers, qui s'efforcerent de rétablir le bon goût dans la Littérature au 14e fiecle. Il a laiffé pluf. ouvrages dont les princip. font, 1. un Poëme latin dans lequel il décrit les belles actions de *Can de l'Efcale*, & parle de l'origine des Scaligers. 2. Une Hiftoire en Profe en fept Livres qu'il commence à la mort de Frederic II l'an 1250, & qu'il continue jufqu'en 1318. Cette Hiftoire eſt très importante. M. Muratori l'a fait imprimer avec le Poëme dont nous venons de parler dans ſon 9e Tome des Ecrivains d'Italie.

FERRI, (Ciro) Peintre, *voyez* CIRO.

FERRI, (Paul) ſavant Miniſtre & Théologien de la R. P. R. naquit à Metz le 24 Fév. 1591. Il s'acquit beaucoup de réputation par ſes écrits & par ſes ſermons, & mour. le 27 Décembre 1669. Son *Catéchiſme* eſt le premier ouvrage des Proteſtans contre lequel M. Boſſuet écrivit. Ferri eſt encore Auteur de quelques autres Livres de controverſe.

FERRIER, (Arnauld du) l'un des plus ſav. Juriſconſultes de ſon ſiecle, étoit de Toulouſe, où il enſeigna le Droit, & fut Conſeiller au Parlem., il fut enſuite Préſid. aux Enquêtes au Parlem. de Paris, & Maître des Requêtes. Du Ferrier aïant été envoïé Ambaſſadeur de France au Concile de Trente, y prononça, en 1562, une harangue ſi hardie, que les Prélats en murmurerent. Pour appaiſer leurs murmures, du Ferrier fut envoïé Ambaſſadeur à Veniſe, où il aida Fra-Paolo à recueillir des Mémoires pour ſon hiſtoire du Concile de Trente. De retour en France, du Ferrier ſe retira à la Cour du Roi de Navarre, qui fut depuis Henri IV, & fit profeſſion ouverte du Calviniſme. Ce Prince le choiſit pour ſon Garde des Sceaux. Du Ferrier mourut en 1585, à 79 ans. On a de lui quelq. ouvrages.

FERRIER, (Jean) Théologien Jéſuite, né à Rhodès en 1619, enſeigna la Philoſophie & la Théologie chez les Jéſuites, & fut enſuite choiſi pour être Confeſſeur de Louis XIV, en 1670, à la place du Pere Annat. Il s'éleva avec force contre les diſciples de Janſénius, & mourut à Paris le 29 Octobre 1674. On a de lui quelques ouvr., entr'autres un Livre ſur la *Science moïenne* très eſtimé des *Moliniſtes*, & une Theſe ſur la probabilité, qui fit grand bruit.

FERRIER, (Jérémie) Miniſtre & Profeſſeur de Théolog. de la Rel. Prét. Réform. à Nîmes au commencement du 17e ſiecle, oſa ſoutenit publiquement, en 1602, que le Pape Clément étoit l'Antechriſt; il embraſſa enſuite la Religion Catholique, & devint Conſeiller d'Etat. Le Cardin. de Richelieu avoit pour lui une eſtime particuliere. Ferrier mourut le 26 Septembre 1626. On lui attribue *le Catholique d'Etat*, ouvrage eſtimé. Sa fille fut mariée au fameux Lieutenant Criminel Tardieu, qui fut aſſaſſiné avec elle par des Voleurs.

FERRIER, *voyez* S. VINCENT FERRIER.

FERRIERE, (Claude de) ſav. Juriſconſulte & Docteur en Droit dans l'Univerſité de Paris, naquit en cette ville en 1639. Il enſeigna le Droit à Paris, en qualité d'Aggregé, juſqu'en 1694 qu'il devint Profeſſeur de Droit à Reims: il s'y acquit beaucoup de réputation, & y mourut le 11 Mai 1715, à 77 ans. On a de lui un gr. nombre d'ouvr. Les princip. ſont: 1. des *Commentaires* ſur la Coutume de Paris: 2. un *Traité des Fiefs*. 3. *Introduction à la Pratique*. 4. Pluſieurs autres Livres de Juriſprudence. Son fils a été Doïen des Profeſſeurs en Droit dans l'Univerſité de Paris, & a auſſi donné au Public pluſieurs ouvrages.

FERRON, (Arnauld du) ſav. Conſeiller au Parlement de Bourdeaux, mort en 1563, à 48 ans, eſt Auteur de quelques ouvrages, 1. d'une *Continuation* en latin de l'Hiſtoire de Paul Emile juſqu'à la mort de Henri II, ouvrage eſtimé. 2. De ſavantes *Obſervations* ſur les Loix & les Coutumes obſcures. Scaliger donna à du Ferron le ſurnom d'*Atticus*.

FERUS, (Jean) *voyez* SAUVAGE.

FESTUS POMPEIUS, cél. Grammairien, abrégea l'ouvrage de Verrius Flaccus *de verborum ſignificatione*. La meilleure édition de cet ouvr. eſt celle qui a été faite *ad uſum Delphini*.

FESTUS, ( Porcius ) Proconful & Gouverneur de Judée, après Felix , vers 61 de J. C. fit amener S. Paul pour être jugé à fon tribunal, lorfqu'il étoit à Céfarée ; mais S. Paul aïant appellé à Céfar, Feftus l'envoïa à Rome.

FETI, ( Dominique ) célebre Peintre du 17e fiecle, naquit à Rome en 1589 , & eut pour maître le *Civoli* ; il s'attacha particuliérement aux ouvr. de Jules Romain, & devint l'un des meilleurs Peintres de fon tems. Il fut en gr. eftime auprès du Duc de Mantoue qui l'emploïa à orner fon palais, & qui lui auroit fait un fort heureux ; mais Feti mourut de débauche à la fleur de fon âge à Venife en 1624. Il avoit une fœur Religieufe à Mantoue , qui peignoit très bien , & dont on voit de beaux Tableaux dans les Couvens de cette ville.

FEU, ( François ) fav. Docteur de Sorbonne , naquit à Maffiac en Auvergne en 1633. Il fut gr. Vicaire de Rouen, fous M. Colbert, puis Curé de S. Gervais à Paris en 1686. Il mourut le 26 Décembre 1699, à 66 ans. On a de lui les deux premiers tomes d'un cours de Théologie qu'il vouloit donner au Public.

FEU-ARDENT, ( François ) célebre Cordelier, naquit à Coutance en 1541 , & préféra l'état de Religieux à une vie opulente dans le monde. Il fut reçu Docteur de Sorbonne en 1576, prêcha avec zele contre les Hérétiques, & compofa contr'eux plufieurs ouvrages, avec un feu & une ardeur qui marquoit beaucoup d'analogie entre fon tempérament & fon nom. Il prit le parti de la Ligue, & déclama en Chaire contre les Rois Henri III & Henri IV, & mour. le prem. Janv. 1610. On a de lui plufieurs *Traités de Controverfe* ; des *Commentaires* fur quelques Livres de la Bible , des *éditions* de quelques ouvrages des Peres, &c.

FEUILLADE, *voyez* AUBUSSON.

FEUILLET, ( Nicolas ) vertueux Prêtre & Chanoine de S. Cloud , près de Paris, étoit un Prédicateur zélé & d'une morale exacte. Il s'étoit acquis en quelque forte le droit de parler avec une entiere liberté aux premieres perfonnes de la Cour, & de reprendre leurs déréglemens : ce qui lui fit appliquer ce Verfet du Pf. 118. *Loquebar de teftimoniis tuis in confpectu Regum & non confundebar*, c'eft à dire, *Je parlois de vos Commandemens devant les Rois, & je n'en rougiffois pas.* Il convertit un gr. nombre de Pécheurs. Ce qui fit dire à Boileau ; *laiffez à Feuillet réformer l'Univers.* C'eft lui qui fut le principal inftrument de la converfion de M. de Chanteau, Coufin germain de M. de Caumartin, Confeiller d'Etat. L'*Hiftoire* fi édifiante qu'il en écrivit, fut imprimée avec quelques autres de fes ouvr. en 1702 , *in-12*, & a été imprimée pluf. fois depuis. Il m. à Paris le 7 Septembre 1693 , à 71 ans. On a encore de lui des *Lettres* très édifiantes & une *Oraifon funebre* de Henriette d'Angletetre, Ducheffe d'Orléans. Son portrait a été gravé par Edelinck.

FEUQUIERS , ( le Marquis de ) *voyez* PAS.

FEVRE D'ESTAPLES, ( Jacques le ) *Faber Stapulenfis*, fam. Théologien du 16e fiecle, natif d'Eftaples au Diocèfe d'Amiens , vers 1455 , fe rendit habile dans les Belles-Lettres & dans les Sciences. Après avoir fait fes études dans l'Univerfité de Paris, il fut appellé par Guillaume Briçonnet, Evêque de Meaux , dont il fut gr. Vicaire en 1523. Mais cet Evêque aïant été accufé de favorifer les Calviniftes, le Fevre fe retira à Strafbourg en 1527. De retour à Paris, il fut choifi pour être Précepteur du troifieme fils du Roi François I. Quelque-tems après il fuivit à Nerac la Reine Marguetite ; il paffa le refte de fes jours à Nerac, & y m. en 1537 dans un âge fort avancé. Malgré fes liaifons avec les Proteftans, il ne voulut jamais fe féparer de l'Eglife Catholique. Ses principaux ouvrages font : 1. des *Commentaires* fur les *Pfeaumes*, fur les *Evangiles* , fur les

*Epîtres* de S. Paul, & fur les *Epî-*
*tres canoniques* : 2. l'édition d'un
*Pſeautier* en 5 colonnes : 3. un
*Traité* des trois Magdelenes, & un
*Ecrit contre Eraſme* : 4. une *Ver-*
*ſion françoiſe* de la Bible , cette
Verſion eſt très rare.

FEVRE, ( Claude le ) Peintre
François , né à Fontainebleau en
163 ; , fut diſciple de le Sueur & de
le Brun. Ce dernier lui conſeilla de
s'appliquer au portrait. Le Fevre ſuivit ce conſeil , & réuſſit dans cette
partie de la Peinture. Il peignit le
Roi & la Reine , & paſſa enſuite en
Angleterre où il s'acquit beaucoup
de réputation , & s'enrichit. Il mourut à Londres en 1675. Il ne faut
pas le confondre avec Roland le
Fevre , autre Peintre natif d'Anjou,
qui excelloit auſſi dans le portrait ,
& mourut en Angleterre en 1677.
Il n'étoit point parent de Claude le
Fevre.

FEVRE, ( Jacques le ) cél. Docteur de Sorbonne , Archidiacre de
Liſieux , & gr. Vicaire de Bourges ,
étoit natif de Coutance , d'une famille féconde en perſonnes de mérite & de ſavoir. Il s'acquit beaucoup de réputation par ſes ouvrages , & mourut à Paris le 1 Juillet
1716. On a de lui : 1. *Entretiens*
*d'Eudoxe & d'Euchariſte ſur l'A-*
*rianiſme , & ſur l'Hiſtoire des Ico-*
*noclaſtes du P. Mainbourg , Jéſuite.*
2. *Motifs invincibles pour convain*
*cre ceux de la Religion Prétendue*
*Réformée* , in 12. Cet ouvrage eſt
fort eſtimé. 3. Quelques Ecrits en
faveur des *Motifs invincibles* , contre M. Arnauld , lequel en avoit attaqué quelques endroits. Cette diſpute n'empêcha point ces deux Docteurs d'être amis. 4. *Nouvelle Con-*
*férence avec un Miniſtre , touchant*
*les cauſes de la ſéparation des Pro-*
*teſtans* , imprimée en 1685. Ce Livre eſt excellent. 5. *Recueil de tout*
*ce qui s'eſt fait pour & contre les*
*Proteſtans en France.* 6. *Inſtructions*
*pour confirmer les nouveaux Con-*
*vertis dans la Foi de l'Egliſe.* 7. *Hiſ-*
*toire Critique contre les Diſſerta-*
*tions ſur l'Hiſtoire Eccléſiaſtique du*

*Pere Alexandre.* 8. *L'Anti-Journal*
*des Aſſemblées de Sorbonne.* Cet ouvrage eſt plein d'eſprit & d'une fine
critique. 9. Une nouvelle édition
de l'accord des contradictions ap-
parentes de l'Ecriture - Sainte , de
Dominique Magrio , Paris , 1685 ,
*in-12* , en latin , &c.

FEVRE, ( Louis le ) *voïez* CHAN-
TEREAU.

FEVRE, ( Gui le ) ſieur de la
Boderie, *Guido Fabricius Boderia-*
*nus* , l'un des plus ſavans hommes
du 16e ſiecle, naquit dans la terre
de la Boderie en baſſe Normandie,
en 1541 , d'une famille noble. Il ſe
rendit très habile dans les Langues
orientales , & eut avec ſon frere
Nicolas, la plus grande part à l'édition de la *Polyglotte* d'Anvers ,
quoiqu'on attribue communément
cet honneur au ſav. *Arias Monta-*
*nus.* Il fut Secretaire du Duc d'A-
lençon , frere du Roi Henri III ,
compoſa pluſieurs ouvr. en vers &
en proſe , & mourut en 1598. Nicolas le Fevre de la Boderie ſon
frere, fut auſſi très habile , & mourut après 1605. Antoine le Fevre de
la Boderie leur frere , ſe diſtingua
ſous les regnes de Henri IV & de
Louis XIII , par ſa capacité dans les
Négociations & par ſes Ambaſſades
à Rome, dans les Païs-Bas & en
Angleterre. Il découvrit à Bruxelles
les intelligences du Maréchal de
Biron , & rendit au Roi Henri IV
des ſervices importans. Il mourut
en 1615 , à 60 ans. On a de lui un
*Traité de la Nobleſſe* , traduit de
l'Italien de Jean-Baptiſte Nenna ,
imprimé en 1583 , *in-8°.* On a publié en 1749 , ſes Lettres & ſes
Négociations. Il paſſe auſſi pour
l'un des Auteurs du *Catholicon.* Il
avoit épouſé la ſœur du Marquis
de Feuquieres , Gouverneur de Verdun , dont il eut deux filles : l'une
mourut fort jeune , & l'autre épouſa M. Arnauld d'Andilli en 1613,
auquel elle apporta les Terres de
Pomponne & de la Briotte.

FEVRE, ( Nicolas le ) habile Critique , & l'un des plus ſav. hommes de ſon ſiecle, naquit à Paris le

2 Juin 1544. Il voïagea en Italie, & y fit amitié avec Muret, Sigonius & plusieurs autres Savans. De retour en France, il se livra tout entier à l'étude, & entretint commerce de Lettres avec le Cardinal Baronius & les autres habiles hommes de l'Europe. Le Fevre fut Précepteur du Prince de Condé, puis de Louis XIII; & mourut le 3 Novembre 1612, à 69 ans. On a de lui des opuscules imprimés à Paris en 1614, in-4°. dans lesquels on trouve beaucoup de science & d'érudition. Le Fevre y soutient que le vin de myrrhe présenté à notre Seigneur, à sa passion, étoit un breuvage que l'on donnoit aux Suppliciés, pour les assoupir & les rendre moins sensibles aux douleurs.

FEVRE, (Tannegui le) célebre Professeur de Belles-Letres à Saumur, né à Caen en 1615, devint très habile dans les Langues grecque & latine. M. le Cardinal de Richelieu lui fit donner une pension de 2000 livres pour avoir l'inspection sur les ouvrages qui s'imprimeroient au Louvre, & vouloit le faire Principal du Collège qu'il avoit dessein d'ériger, sous le nom de Richelieu; mais la mort de ce Ministre fit évanouir les espérances de Tannegui le Fevre, & sa pension fut mal païée. Quelque-tems après, étant allé à Langres avec M. de Francieres qui en étoit Gouverneur, il embrassa la Rel. Prét. Réf. & fut appellé à Saumur pour être Professeur en grec. Tannegui le Fevre y enseigna avec des talens & une réputation si extraordinaires, qu'on lui envoïoit des jeunes gens de toutes les Provinces du Roïaume & des Païs étrangers: & que les Théologiens & les Professeurs même faisoient gloire d'assister à ses leçons. Il se préparoit pour aller à Heidelberg où il étoit invité par le Prince Palatin, lorsqu'il mourut le 12 Septembre 1672, à 57 ans. On a de lui: 1. des notes sur *Anacréon, Lucrece, Longin, Phedre, Justin, Terence, Virgile, Horace, Elien, Apollodore, Eutrope, Aurelius*

*Victor*, & sur le *Timon* & le *Peregrin* de Lucien. 2. deux volumes de Lettres & plusieurs autres ouvrages. On estime surtout son Poëme d'Adonis & ses fables de Locman: il écrit bien en latin, & fait paroître dans tous ses ouvrages beaucoup de critique, & une gr. connoissance de l'antiquité profane. La conduite qu'il tint à l'égard de Paul Pelisson son ami, auquel il dédia son édition de Lucrece, dans le tems que Pelisson étoit prisonnier d'Etat, lui fait beaucoup d'honneur. Tannegui le Fevre, son fils, est auteur du Traité *de futilitate poetices*; ouvr. rempli d'érudition, mais peu judicieux. Anne le Fevre sa fille est cél. dans la Républ. des Lettres.

FEVRE, (Anne le) *voyez* DACIER.

FEVRET, (Charles) cél. Jurisconsulte, naquit à Semur, le 16 Décembre 1583, d'une des meilleures familles de robe de Dijon. Il fut Avocat au Parlement de cette ville, & Conseiller des Etats de Bourgogne. Fevret composa, à la sollicitation de Louis II, Prince de Condé, un excellent *Traité de l'abus*, dont la meilleure édition est celle de Lyon, en 1736, 2 vol. *infol.* Il m. à Dijon le 12 Août 1661, à 78 ans. On a de lui d'autres ouvr. Entr'autres l'*Histoire de la Sédition* arrivée à Dijon le 28 Février 1630, *in-8°.* au sujet de laquelle Fevret harangua Louis XIII, & obtint la grace des coupables.

FEYDEAU, (Matthieu) fameux Docteur de la Maison & Société de Sorbonne, naquit à Paris en 1616. Il fit ses études avec distinction, & fut ami intime de MM. Arnauld, de Ste Beuve, Gillot & du Hamel. Celui-ci étant Curé de S. Merri à Paris, le fit Vicaire de Belleville, puis Vicaire de S. Merri. M. Feydeau fit alors des Conférences Ecclésiastiques, des Catéchismes & des Instructions qui lui attirerent un gr. nombre d'Auditeurs. Il refusa la Cure de S. Merri, & fut exclu de la Sorbonne pour n'avoir pas voulu souscrire à la condamnation de M. Arnauld. Ce refus le fit exiler en 1657. Il fut ensuite Théologal dans le Diocèse d'Alet, puis Curé de Vitri-le-François en Champagne. S'étant démis de cette Cure en 1676, il devint Théologal de Beauvais en 1677 ; mais peu de tems après, il fut exilé à Bourges, puis à Annonai dans le Vivarès, où il m. le 24 Juillet 1694, à 78 ans. Ses principaux ouvr. font : 1. *Méditations sur les principales obligations du Chrétien, tirées de l'Écriture Sainte, des Conciles & des Saints Peres.* 2. *Catéchisme de la Grace.* 3. *Méditations sur l'Histoire & la Concorde des Evangiles.*

FEYDEAU *de Brou*, ( Henri ) Evêque d'Amiens, de la même famille que le précédent, s'est distingué par sa vertu, par sa charité envers les pauvres, & par sa science. Il m. le 14 Juin 1706, à 53 ans. On a de lui : 1. une Lettre latine à Innocent XII contre le *nodus prædestinationis* du Cardinal Sfondrate. 2. une *Ordonnance* pour la *Jurisdiction des Evêques & des Curés* contre le P. des Imbrieux, Jésuite. 3. une autre *Lettre* au sujet de la *Lettre à un curieux sur d'anciens tombeaux découverts en 1597.*

FIACRE, (S.) étant venu d'Irlande en France, S. Faron, Evêq. de Meaux, lui donna, un lieu solitaire. S. Fiacre y bâtit un Hôpital, dans lequel il recevoit les Passans & les Etrangers. Il m. vers 670.

FICHARD, ( Jean ) célèb. Jurisconsulte du 16e siecle, natif de Francfort sur le Mein, fut Syndic de cette ville, & y m. en 1581, à 70 ans. On a de lui divers ouvr.

FICHET, *voyez* FISCHET.

FICIN, ( Marsille ) célèb. Chanoine de Florence, naquit en cette ville le 19 Octobre 1433. Il fit une étude particuliere des langues grecque & latine, & suivit la secte de Platon. Ficin traduisit en latin les œuvres de ce Philosophe, & celles de Plotin, de Jamblique, de Proclus, & des autres célebres Platoniciens. On dit qu'aïant traduit Platon, il communiqua sa traduction

à Marc Musurus son ami, qui étoit très habile. Quelque-tems après, étant allé voir cet ami pour savoir ce qu'il en pensoit, celui-ci prit un cornet plein d'encre & pour toute reponse le versa sur la premiere page de la traduction : Ficin comprit par là que sa traduction ne valoit rien. Il y travailla de nouveau, & la publia telle que nous l'avons. Il m. en 1499, à 66 ans. On a encore de lui des *Epitres* en 12 Livres, & d'autres ouvrages, par lesquels on voit qu'il donnoit dans l'Astrologie judiciaire. On assure, qu'il poussoit l'attention sur sa santé, jusqu'à changer six ou sept fois de calotte par heure. Mais on ne voit pas que ces précautions outrées aient contribué à prolonger ses jours.

FIDDES, (Richard) sav. Théologien Anglois & poli Ecrivain du 18e si., est aut. d'un *corps de Théologie,* de la *Vie du Cardinal Wolsey,* d'une *Epitre* sur l'*Iliade d'Homere* adressée au Docteur Swift, d'un *Traité de morale,* & d'autres ouvrages.

FIDERI, Empereur du Japon, succéda à son pere Taicko en 1598. Il fut détroné & brulé dans son Palais par Ongofchio son tuteur & son beau-pere.

FIDIUS, Dieu qui présidoit aux alliances & aux promesses chez les Romains : ils avoient pris des Sabins le culte de ce Dieu ; & l'appelloient aussi *Sanctus, Semon, & Semi-pater.* Ils le prenoient à témoin dans leurs alliances.

FIENUS, ( Thomas ) natif d'Anvers, fut Médecin du Duc de Baviere, puis Professeur en Médecine à Louvain, où il m. en 1631, à 64 ans. On a de lui *de viribus imaginationis ; de formatione fœtus,* & d'autres ouvrages.

FIESQUE, ( Jean-Louis de ) Comte de Lavagne, d'une famille illustre de Genes, qui a donné un gr. nombre de Cardinaux à l'Eglise, s'est rendu fameux par son ambition & par son malheur. Ce jeune Seigneur, jaloux de la gloire & de l'autorité d'André Doria , forma une conspiration pour se rendre maître de Genes ; le premier Janv. 1547 ses gens s'étoient emparés de la Darsene , lieu où font les Galeres, lorsqu'étant accouru au bruit des forçats , il tomba dans la mer & se noïa. Son Palais fut rafé & sa famille bannie de Genes jusqu'à la cinquieme génération, *Voyez* André DORIA.

FIEUBET , ( Gaspard de ) Seigneur de Cendré, de Ligny , &c. est auteur de plus. pieces de Poésies françoises & latines, qui sont fines & délicates. On lui attribue les quatre beaux vers latins qui sont au bas du portrait de la Comtesse de la Suze. Sa Fable, intitulé *Ulysse &les Sirenes* , est aussi très estimée. Il mourut aux Camaldules de Gros-Bois , en 1694, à 67 ans.

FILBERT , ( S. ) *Filibertus*, natif d'Ausch , Moine , puis Abbé de Rebais en 650 , fonda l'Abbaïe de Jumieges , & en fut le premier Abbé vers 654. Il m. en Poitou. dans l'Isle de Noirmoutier , le 20 Août 684.

FILESAC, ( Jean ) céleb. Docteur de la Maison & Société de Sorbonne, natif de Paris , enseigna les Humanités , puis la Philosophie au College de la Marche, & fut Recteur de l'Université en 1586. Il prit le bonnet de Docteur le 9 Avril 1590 , & devint Curé de S. Jean en Grève. Il se distingua par sa fermeté, par sa science & par sa piété , se conduisit avec zele pour la censure du Livre de *Santarel*, & mourut à Paris Senieur de Sorbonne & Doïen de la Faculté de Théologie le 27 Mai 1638. On a de lui divers ouvrages remplis d'érudit. Les principaux sont : 1. un *Traité de l'autorité sacrée des Evêques* : 2 un autre du *Carême* : 3. un Traité de *l'origine des Paroisses* : 4. des *Traités* de la *Confession auriculaire* , de *l'idolatrie*, & de *l'origine des anciens statuts* de la Faculté de Paris.

FILICAIA, ( Vincent de ) céleb. Poète Italien naquit à Florence le 30 Décem. 1642 , d'une famille no-

ble. Il étudia cinq ans la Philosophie , la Jurisprudence & la Théol. à Pise, s'y fit recevoir Docteur en Droit , & retourna ensuite à Florence , où après plus. années passées dans son Cabinet & sans autre occupation que la Poésie & les Belles Lettres , le Gr. Duc le fit Sénateur. Il m. le 27 Septem. 1707 , à 65 ans. Il étoit de l'Académie *della Crusca*, & de celle des *Arcadi*. Ses Poésies sont très estimées pour leur délicatesse & pour la noblesse des sentimens. Scipion de Filicaïa son fils les fit imprimer toutes ensemble sous ce titre *Poésie Toscane di Vincenzo da Filicaia*, &c. en 1707 in-4°.

FILLASSIER , ( Marin ) vertueux Prêtre natif de Paris , après y avoir prêché avec succès fut Curé à la Campagne , puis Chapelain des Dames de Miramion. Devenu infirme il passa les 15 dernieres années de sa vie dans des souffrances continuelles & très aigües. Pour s'édifier lui-même , & en même-tems une Dame de considération attaquée aussi d'une longue & douloureuse maladie , il composa les *Sentimens Chrétiens propres aux personnes infirmes & malades*. Ouvrage qui n'est presque composé que des expressions de l'Ecriture & des Peres , & dont la meilleure édition fut donnée peu de tems après la mort de l'Auteur , arrivée à Paris le 13 Juillet 1733. Il n'avoit que 56 ans.

FILLEAU , ( Jean ) Jurisconf. du 17e siecle , fut Professeur en Droit , & Avocat du Roi à Poitiers , & m. en 1682. On a de lui 1. des additions sur les Reglemens de Chenu 2 vol. in-fol. 2. *Les preuves historiques de la vie de Ste Radegonde*. 3. Traité de l'*Université de Poitiers*. 4. *Relation juridique de ce qui s'est passé à Poitiers* touchant la nouvelle doctrine des *Jansénistes* in-8°. Filleau suppose dans cette Relation , que six personnes qu'il nomme , s'étoient assemblées en 1621 pour délibérer sur les moïens d'élever le Déisme sur les ruines de la Religion Chrétienne, & il prétend tenir le fait d'un *Ecclésiastique* de mérite qui étoit présent. C'est cette *Relation* dont M. de Port-Roïal & leurs amis ont tant parlé, sous le nom de *Fable de Bourgfontaine*, & qu'ils ont fait voir ne pouvoir s'accorder avec l'âge de M. Arnauld, ni avec un gr. nombre de circonstances, qui détruisent entierement les faits qui y sont rapportés.

FINÉ, (Oronce) céleb. Mathématicien, naquit à Briançon en 1454. Il fut Professeur de Mathématique au College de Maitre Gervais à Paris, puis au College Roïal. Il avoit un génie admirable pour la Méchanique, & il inventa un horloge & des machines qui lui acquirent une grande réputation ; Finé mourut très pauvre le 6 Octobre 1555, à 61 ans. On a de lui plus. ouvrages de *Géométrie*, d'*Optique*, de *Géographie*, & d'autres *Traités de Mathématique*, dans lesquels on remarque une crédulité ridicule à l'Astrologie judiciaire.

FIORI, (Mario di) Peintre, voyez MARIO.

FIRMICUS MATERNUS, (*Julius*) céleb. Ecrivain du tems des enfans de Constantin, composa en latin, vers 345, un excellent Livre *des erreurs des Religions profanes*, que nous avons avec les notes de Jean Wouver. On lui attribue encore huit Livres d'Astronomie, imprimés par Alde Manuce en 1501 ; mais ce dernier ouvr. paroît être d'un autre *Julius Firmicus* qui vivoit dans le même tems.

FIRMILIEN, (S.) cél. Evêque de Césarée en Cappadoce au 3e siecle, fut ami d'Origene, & prit le parti de S. Cyprien contre le Pape Etienne, soutenant qu'il falloit rebaptiser ceux qui avoient été baptisés par les hérétiques. Il écrivit à ce sujet, en 256, une longue lettre à S. Cyprien qui la traduisit en latin, & qui se trouve avec ses œuvres. S. Firmilien présida au prem. Concile d'Antioche, tenu en 264 contre Paul de Samosate, qui promit de chan-

ger de sentiment ; mais qui aïant continué d'enseigner son erreur, fut condamné au 2e Concile d'Antioche, en 269. S. Firmilien mour. à Tarse en allant à ce Concile.

FIRMIN, (S.) Evêq. d'Amiens, que l'on croit avoir souffert le martyre vers 287, ne doit pas être confondu avec S. Firmin Confesseur & aussi Evêque d'Amiens au 4e ou 6e siecle. Il y a eu un autre Saint Firmin, Evêque d'Uzès en 538, & un autre, Evêque de Mende.

FIRMIUS, (*Marcus*) citoïen riche & puissant de Seleucie, s'attacha au parti de Zénobie, & prit le titre d'Empereur, mais il fut défait par Aurelien, & condamné à de cruels supplices en 273.

FISCHET, (Guillaume) céleb. Prieur & Docteur de Sorbonne en 1454, puis Recteur de l'Université de Paris en 1467, enseigna l'éloquence, la Philosophie & la Théologie avec une réputation extraordinaire. Il s'opposa au dessein du Roi Louis XI, qui vouloit faire prendre les armes aux Ecoliers, & fut chargé de diverses commissions importantes. Fischet alla à Rome avec le Cardinal Bessarion, qui lui dédia ses Oraisons en 1470. Le Pape Sixte IV le reçut très bien, le combla d'honneurs, & le fit son Camérier. On a de lui une *Rhétorique*, & des *Epîtres* écrites avec beaucoup d'élégance pour son siecle. C'est lui qui, avec Jean de la Pierre son ami, fit venir d'Allemagne en Sorbonne, en 1469, Martin Crantz, Ulric Gering & Michel Friburger, qui imprimerent les premiers Livres qui aient été imprimés en France.

FISHER, ou FISCHER, (Jean) cél. Cardinal, & l'un des meilleurs Controversistes de son tems, naquit au Diocèse d'Yorck, vers 1455 ; il fut Docteur & Chancelier de Cambridge, puis Evêque de Rochester, & Précepteur du Roi Henri VIII, auprès duquel il eut beaucoup de crédit ; mais ce Prince aïant voulu se faire déclarer chef de l'Eglise Anglicane, Fischer ne voulut point reconnoître cette suprématie. Le Roi le fit mettre en prison, & lui fit trancher la tête le 22 Juin 1535, à 80 ans. On a de lui plus. *Traités contre Luther*, & d'autres ouvrages imprimés à Wirtzbourg en 1597, *in-fol.*

FITE, ( Jean de la ) sav. Ministre de la Relig. prét. réf. étoit natif du Bearn, d'une famille noble & anc. Il sortit de France pour cause de Religion, & après avoir achevé ses études en Hollande, il devint Ministre de l'Eglise Françoise de Holtzappel, puis de celle de Hanau où il m. en 1737. Ses ouvrages sont: 1. *Eclaircissemens sur la matiere de la grace, & sur les devoirs de l'homme.* en 2 tom. *in-8°.* 2. *Catéchisme ou Instructions sur les principales matieres de la Religion Chrétienne.* C'est un abregé de Théol. & de Morale estimé des Protestans. Jean de la Fite son aïeul, fut Ministre de l'Eglise de Pau. On a de lui des Sermons & plus. ouvr. de Controverse. Pelisson dans ses Lettres historiques, Mad. de Sevigné dans ses Lettres, &c. parlent de plus. autres personnes de mérite de la même famille qui se sont distinguées dans l'Epée & dans la Robe.

FITZ-JAMES, ( Jacques de ) Duc de Berwick, Pair & Maréchal de France, & l'un des plus grands Généraux de son siecle, étoit fils naturel de Jacques II, Roi d'Angleterre, & d'Arabelle Churchill, sœur du Duc de Marleboroug. Il naquit, en 1671, à Moulins, où sa mere accoucha de lui en revenant des eaux de Bourbon. Il donna dès sa jeunesse des preuves éclatantes de sa valeur & de ses talens militaires, & passa en France avec le Roi son pere, en 1689, à cause des troubles arrivés en Angleterre; il commanda ensuite en Irlande, & eut un cheval tué sous lui à la bataille de Boyne en 1690. Le Duc de Berwick se signala dans un grand nombre de sieges & de combats; il gagna le 25 Avril 1707 la fameuse bataille d'Almansa en Espagne, prit Barcelone d'assaut le 12 Sept. 1714,

& fut tué d'un coup de canon au siege de Philisbourg le 12 Juin 1734, après avoir rendu à la France les services les plus importans.

FLACÉ, ( René ) Curé de l'Eglise de la Couture, dans un Fauxbourg du Mans, étoit né à Noyen sur la Sarte à 5 li. du Mans le 28 Nov. 1530, & vivoit encore en 1581. Il y a de lui outre plus. pieces de Théâtre, divers autres ouvr. en prose & en vers, & surtout un Poëme latin de l'origine des Manceaux, qu'on peut voir dans la Cosmographie de Belleforest. Fr. de la Croix du Maine dit, qu'il étoit Poète, Théol., Philos., Histor. qu'il savoit bien la musique & qu'il prêchoit avec succès.

FLACCUS ILLYRICUS, *voyez* TRANCOWITZ.

FLAMEL, ( Nicolas ) natif de Pontoise au 14e siecle, vint à Paris, où il acquit, dit-on, plus de 15 cens mille écus, ( somme prodigieuse en ce tems-là, ) par les dépouilles des Juifs & dans les finances. Mais, craignant d'être recherché avec Jean de Montaigu qui eut la tête tranchée en 1409, il feignit d'avoir trouvé la *Pierre Philosophale.* On lui attribue un *Sommaire philosophique*, & un traité de la transformation des métaux, imprimé en 1561, Flamel mourut à Paris, & fut enterré avec sa femme Perronelle au Cimetiere des SS. Innucens.

FLAMÉEL BARTOLET, Peintre, *voyez* BARTOLET.

FLAMINIO ou FLAMINIUS, ( Marc Antoine ) l'un des meilleurs Poëtes Latins du 16e siecle, natif d'Imola, étoit fils de Jean-Antoine Flaminio, savant Ecrivain, mort à Bologne en 1536. Il s'attacha au Cardinal Alexandre Farnese, qui le combla de biens, & qui le fit nommer Secretaire du Concile de Trente en 1545; mais Flaminio refusa cette commission à cause de la foiblesse de sa santé. Il *paraphrasa trente Pseaumes* en beaux vers latins à la sollicitation du Cardinal Polus, & m. à Rome le 21 Mars 1550, à 57 ans. On a de lui des *notes sur les Pseaumes,*

*Pseaumes*, des *Lettres* & des *Poésies* qui sont estimées.

FLAMINIUS, ( Caius ) Consul Romain fut tué à la batail. de Thrasimene avec un gr. nombre de Sénateurs par les troupes d'Annibal, 217 avant J. C.

FLAMINIUS, ( Titus-Quintus ) obtint le Consulat avant l'âge de 30 ans à cause de son mérite, 198 av. J. C. & fut Général des troupes Romaines contre Philippe Roi de Macédoine. Il vainquit ce Prince, & fit publier à Argos aux Jeux Néméens, par un Crieur public, que les Grecs étoient remis en liberté. Dans la suite il fut envoïé vers le Roi Prusias qui avoit reçu Annibal, & agit si adroitement auprès de lui, que la République Romaine fut délivrée d'un ennemi si redoutable.

FLAMINIUS NOBILIUS, sav. Critique & Théologien du 16e siec. natif de Luques, composa de sav. notes sur la Bible, & mourut en 1590, à 58 ans.

FLAMSTÉED, ( Jean ) célebre Astronome Anglois, naquit à Derby, le 19 Août 1646. Il étudia d'abord l'Histoire Ecclésiastique & Civile ; mais aïant vu par hazard le Livre de la Sphere de Sacrobosco, il se livra tout entier à l'Astronomie, & y fit de gr. progrès. Flamstéed fut reçu de la Société Roïale des Sciences de Londres en 1670. Il alla à Cambridge quelque-tems après, & s'y lia d'amitié avec Barow, Newton & Wroe. Le Roi d'Angleterre le fit son Astronome, en 1670, avec 100 liv. sterlings d'honoraire, & lui donna l'année suivante la direction de l'Observatoire de Greenwich. Flamstéed y fit ses observations jusqu'à sa mort arrivée le 18 Janvier 1720, à 75 ans. On a aussi de lui : 1. *Historia cœlestis Britannica*, imprimée à Londres en 1725, 3. vol. *in-fol.* 2. *la Doctrine de la Sphere* impr. en 1681 avec le *nouveau système de Mathématique* de Jonas More le plus zelé protecteur de Flamstéed ; 3. des Ephémerides, & d'autres ouvrages,

FLASSANS, ( Taraudet de ) gentilhomme & Poète Provençal étoit natif de Flassans, petit village de Provence dans le Diocèse de Fréjus, & dans le Bailliage de Brignole, & vivoit en 1354. Il sut mettre à profit le talent qu'il avoit pour la Poésie, il traita d'un canton de la Seigneurie de Flassans avec Foulques de Pontévés, jeune Gentilhomme qui, aimoit passionnément les vers, & qui en faisoit lui-même assez bien. Pontévés se contenta pour le prix dont ils étoient convenus, d'un Poëme de Taraudet intitulé, *Enseignemens pour éviter les trahisons de l'amour*. Marché, dit *le Monge des Isles d'or*, qui étoit tout à l'avantage du vendeur, parceque la Piece étoit d'un prix inestimable. Cependant ou la recette n'étoit pas si bonne, ou ni l'un ni l'autre n'eut le secret de s'en servir. Pontévé fut trahi par une Demoiselle qu'on ne nomme point, & Taraudet le fut par une sœur du Vicomte de Turenne. Durand de Pontévés, Seigneur de Flassans dans le 16e siecle, est connu par son zele outré contre les Protestans de Provence. On le surnommoit *le Chevalier de la Foi.*

FLAVIEN I, ( S. ) Patriarche d'Antioche, & l'un des plus illustres Evêques du 4e siec. tant par sa naissance que par ses vertus, fut placé sur le Siege d'Antioche, du vivant de Paulin. Son élection introduisit un schisme dans cette Eglise en 381, qui ne finit que sous le Pontificat du Pape Innocent I. Flavien fit confirmer son élection au Concile de CP. en 382. Il chassa de son Eglise les Hérétiques Messaliens, & appaisa l'Empereur Théodose irrité contre les habitans d'Antioche qui avoient renversé & traité avec indignité la statue de l'Impératrice Placille. La harangue, que Flavien prononça en cette occasion en présence de Théodose, est un chef-d'œuvre d'éloquence. Elle avoit été composée par S. Chrysostome. Flavien mourut en 404.

FLAVIEN, ( S. ) cél. Patriarche de CP. succéda à Proclus en 447.

C'eſt de ſon tems qu'Eutychés cômmença à répandre ſes erreurs. Saint Flavien les condamna dans un Concile de CP. mais il fut condamné lui-même, & dépoſé en 449 dans le fameux Synode qui porte le nom de *Brigandage d'Epheſe*, auquel Dioſcore d'Alexandrie préſidoit. S. Flavien mourut, trois jours après, des coups qu'il avoit reçus dans ce Conciliabule.

FLAVIGNI, (Valérien de) ſav. Docteur de la Maiſon & Société de Sorbonne, étoit du Dioceſe de Laon. Il prit le bonnet de Docteur en 1628, & fut Chanoine de Reims, puis Profeſſeur d'hébreu au College Roïal en 1630. Il mour. en Sorbonne le 29 Avril 1674. Il a travaillé à la Bible polyglotte de M. le Jay, & a écrit contre Abraham Echellenſis. On a auſſi de lui la défenſe d'une Theſe qu'il avoit ſignée en qualité de Gr. Maître d'Etudes, & quelques autres ouvrages. Son ſtyle eſt vif & plein de feu.

FLAVITAS, FRAVITAS ou FLAVIENI, Prêtre du 5e ſiecle. On dit qu'après la mort d'Acace, Patriarche de CP. arrivée en 489, l'Empereur Zenon fit mettre un papier blanc & cacheté ſur l'Autel, priant le Seigneur d'y faire écrire par un Ange le nom de celui qu'il deſtinoit à ce Patriarchat; Flavitas aïant corrompu l'Eunuque auquel l'Emp. avoit confié la garde de l'Egliſe, écrivit ſon nom ſur le papier blanc & le recacheta adroitement, ce qui le fit mettre ſur le Siege de CP. Son impoſture fut découverte dans la ſuite; mais ſa mort arrivée preſqu'en même-tems, l'empêcha d'être puni, comme il le méritoit.

FLECHIER, (Eſprit) Evêq. de Nimes & le plus céleb. Prédicateur de ſon ſiec. pour les *Panégyriques* & les *Oraiſons funebres*, naquit à Pernes le prem. Juin 1632. Il entra dans la Congrégation des Peres de la Doctrine Chrétienne, dont Hercule Audifret ſon oncle étoit Général, & s'y diſtingua par ſes talens & par ſa piété. M. Flechier étant ſorti de cette Congrégation, parut auſſitôt

dans le monde avec éclat. Ses *Panégyriques* & *ſes Oraiſons funebres* lui acquirent une réputation extraordinaire, & le firent connoître de toute la France. On y trouve en effet tant d'art & de délicateſſe, d'éloquence & de nobleſſe, qu'il paſſe pour le plus excellent de nos Prédicateurs en ce genre. On admire principalement ſon Oraiſon funebre de M. de Turenne. Le Roi, pour récompenſer ſon mérite, le nomma Evêque de Lavaur en 1685, puis Evêque de Nîmes en 1687. M. Flechier alla auſſitôt réſider dans ſon Dioceſe. Il y convertit un gr. nombre d'Hérétiques, inſtruiſit les Fideles par ſes diſcours & par ſes Lettres Paſtorales, les édifia par ſon zele & par ſa charité, & fut l'exemple de ſon Clergé. Il mourut le 16 Février 1710, à 78 ans. Il avoit été reçu de l'Académie Françoiſe en 1673. Outre ſes Oraiſons funebres & ſes Panégyriques. On a de lui: 1. *l'Hiſtoire de l'Emp. Théodoſe*, celle du *Cardinal Commendon*. Celle ci eſt une traduction du latin d'Antoine-Marie Gratiani; 2. des *Sermons*; 3. des *Œuvres mêlées*; 4. des *Lettres*, &c.

FLEETWOOD, (Guillaume) ſav. Théologien Anglois, natif de la Province de Lancaſtre, d'une famille noble & ancienne, ſe fit connoître ſous le regne de Guillaume III, par ſes ouvrages & par ſes talens. La Reine Anne eut pour lui une eſtime particuliere, & lui donna un Canonicat de Windſor en 1702, puis l'Evêché de S. Aſaph en 1708. Fleetwood fut transféré de cet Evêché à celui d'Ely en 1714, & mourut le 4 Août 1723, à 67 ans. Ses principaux ouvr. ſont: 1. *Inſcriptionum antiquarum Sylloge*: 2. des *Sermons*: 3. *Eſſai ſur les miracles*: 4. *Chronicon pretioſum*: 5. *Explication* du XIII chapitre de l'Epitre aux Romains, &c.

FLETCHER, (Jean) l'un des premiers Poëtes Dramatiques Anglois, fut élevé à Cambridge, & mourut à Londres en 1625, à 49 ans. Lui, Johnſon & Shakeſpear, font les trois premiers Poëtes Anglois qui se sont acquis le plus de réputation dans la Poésie dramatique. On dit que Fletcher étant un jour dans un Cabaret & recitant avec feu quelques endroits d'une Tragédie dans laquelle il faisoit entrer un complot pour tuer *le Roi*, des gens qui passoient dans la rue, l'entendirent & allerent le dénoncer. Il fut arrêté, mis en prison & accusé de haute trahison ; mais la méprise fut reconnue quelques jours après, & l'on vit clairement que cette conspiration avoit seulement été formée contre un *Roi de Théâtre*, ce qui fit rire toute la ville de Londres.

FLEURI, ( Claude ) cél. Historien, & l'un des plus judicieux Critiques de son siecle, étoit fils d'un Avocat au Conseil, & naquit à Paris le 6 Décembre 1640. Il fit paroître dès son enfance beaucoup de disposition pour les Belles-Lettres & pour la Jurisprudence, se fit recevoir Avocat au Parlement de Paris en 1658, & fréquenta le Barreau pendant neuf ans. M. Fleuri embrassa ensuite l'état Ecclésiastique, fut Précepteur des Princes de Conti en 1672, & du Prince de Vermandois, Amiral de France, en 1680. Le Roi lui donna quatre ans après l'Abbaïe de Loc-Dieu, & le fit Souprécepteur des Ducs de Bourgogne, d'Anjou & de Berri en 1689. M. Fleuri fut reçu de l'Académie Françoise en 1696, eut le Prieuré d'Argenteuil en 1706, & fut choisi en 1716 pour être Confesseur de Louis XV, Roi de France. Il mourut le 14 Juillet 1723, à 82 ans. Il prenoit un plaisir extrême à la lecture de Platon, & faisoit souvent, à son exemple, des Conférences avec des personnes choisies. C'étoit un de ces vrais Philosophes Chrétiens qui aiment la solitude, & qui disent librement ce qu'ils pensent même sur les matieres les plus importantes & les plus délicates. Uniquement appliqué à remplir ses devoirs, il n'ambitionna ni les dignités ni les richesses, & préféra la gloire de servir utilement la Religion & l'Etat, aux honneurs que ses talens & son mérite pouvoient lui faire obtenir. Il nous reste de lui un gr. nombre d'excellens ouvrag. Les principaux sont : 1. *une Histoire Ecclésiastiq.* en 20 vol. dont le dernier finit à l'an 1414. On a imprimé séparément les huit Discours sur l'Histoire Eccléf. qui sont répandus dans cet ouvrage. Ce sont des chef-d'œuvres en ce genre : 2. *Mœurs des Israélites & des Chrétiens* : 3. *Institution au Droit Ecclésiastiq.* 4. *Catéchisme historique* : 5. *du choix & de la méthode des Etudes* : 6. *les devoirs des Maîtres & des Domestiques* : 7. *Histoire du Droit François.* 8. *La vie de la mere d'Arbouze, &c.* Tous ces ouvrages sont bien écrits en françois.

FLEURI, ( André-Hercule de ) ancien Evêque de Fréjus, Précepteur du Roi Louis XV, Gr. Aumônier de la Reine, Cardinal, Ministre d'Etat, Proviseur de Sorbonne, l'un des 40 de l'Académie Françoise & honoraire de l'Académie des Sciences & de celle des Inscriptions, naquit à Lodeve le 22 Juin 1653, & mourut à Issy, proche Paris le 29 Janvier 1743, à près de 90 ans. Ce qu'il a fait durant le cours de son ministere est connu de tout le monde.

FLODOARD, Historien du 10e siecle, natif d'Epernay, fut disciple de Remi d'Auxerre, & devint Chanoine de Reims, puis Curé de Cormecy & de Coroi. Il mourut dans un Monastere en 966. On a de lui une *Chronique* & *l'Histoire de l'Eglise de Reims.* Ce dernier ouvr. est curieux & important.

FLORE, Déesse des fleurs chez les Païens, & femme de Zephyre, fut d'abord honorée chez les Sabins, & ensuite chez les Romains. C'est en son honneur qu'on célébroit à Rome les Jeux Floraux. On lui donnoit aussi le nom de *Chloris*.

FLORE, ( François ) habile Peintre, natif d'Anvers au 16e siecle, s'acquit une si gr. réputation, qu'il fut appellé *le Raphael de la*

*Flandre.* Il m. en 1570, à 50 ans.

**FLORENT CHRETIEN,** *voyez* **CHRETIEN.**

**FLORENT,** ( François ) habile Jurisconsulte natif d'Arnay-le-Duc, fut d'abord Avocat à Dijon, puis Professeur en Droit à Orléans & à Paris. Il mour. à Orléans en 1650. Doujat fit imprimer ses Œuvres en 1679, in-4°. en deux parties.

**FLORENTIN,** (S.) Martyr du Charollois, que l'on croit avoir souffert la mort pour la foi de J. C. vers 406.

**FLORIDUS,** ( François ) Auteur du 16e siecle, natif de Donadeo dans la Terre de Sabine, est auteur d'un ouvr. intitulé : *Lectiones subcisiva,* qui lui acquit de la réputation. Il mour. en 1547, laissant d'autres ouvrages.

**FLORIEN,** ( Marcus Annius Florianus ) frere uterin de l'Empereur Tacite, se fit déclarer Empereur en 276; mais Probus, son competiteur, étant allé à sa rencontre, il se fit ouvrir les veines, & mourut environ trois mois après avoir pris la qualité d'Empereur.

**FLORIMOND DE REMOND,** fameux Ecrivain du 16e siecle, natif d'Agen, étoit Conseiller au Parlement de Bourdeaux en 1570. Aïant assisté à Laon, en 1566, aux exorcismes de Nicole-Obri, fille que l'on tenoit pour possedée, il combattit avec zele les erreurs des Calvinistes, & composa contr'eux un gr. nombre d'ouvr. Les principaux sont : un *Traité de l'Antechrist,* & un autre de l'*origine des Hérésies,* où il y a beauc. de recherches. Il mourut en 1602.

**FLORIOT,** ( Pierre ) Prêtre du Diocèse de Langres, & Confesseur des Religieuses de Port-Roïal des Champs, est connu par son ouvr. intitulé : la *Morale du Pater* ; par ses *Homélies morales sur les Evangiles,* & par son *Traité de la Messe de Paroisse,* Il m. à Paris le prem. Décembre 1691, à 87 ans.

**FLORIS** ou **FRANCFLORE,** ( François ) habile Peintre, né à Anvers, en 1520, d'un pere qui

étoit Sculpteur, apprit la Peinture à Liege, & alla ensuite se perfectionner à Rome. Il s'acquit une si gr. réputation, qu'il fut surnommé l'*incomparable.* Il m. en 1570.

**FLORUS,** ( L. Annæus ) Historien Latin de la même famille que Seneque & Lucain, a écrit en style fleuri un abregé de l'Histoire Romaine, dont il y a plusieurs éditions. Il vivoit 200 ans après Auguste.

**FLORUS,** ( Drepanius ) fameux Diacre de l'Eglise de Lyon au 9e siecle, dont on a un écrit sur la prédestination & d'autres ouvrages.

**FLOUR,** ( S. ) premier Evêque de Lodéve, fut martyrisé en Auvergne, à ce que l'on croit vers 389, & donna son nom à la ville de Saint Flour.

**FLUD,** ( Robert ) fameux Relig. Dominicain dans le 14e siec. étoit natif de la ville d'Yorck. Il passa sa vie à rechercher ce qu'il y avoit de plus curieux dans les Mathém. & dans la Philos. ce qui lui fit donner le surnom de *Chercheur.* On l'a injustement accusé de magie. Il avoit composé *mirabilia elementorum : Impressiones aeris : Magia ceremonialis : Mysteria secretorum : Correctorium Alchymiæ.* Aucun de ces ouvr. n'a été imprimé.

**FLUD,** ou de *Fluctibus.* ( Robert ) fécond Ecrivain Anglois naquit en 1574 à Milgate dans la Province de Kent. Après avoir parcouru une partie de l'Europe, il alla pratiquer la Médecine à Londres où il m. le 8 Septemb. 1637. Il entendoit assez bien les Mathém. & surtout la Mechanique, mais sa Médecine n'est remplie que de superstitieuses bagatelles. Flud étoit membre zélé de la cabale des freres de la *Rose-Croix,* dont il entreprit l'Apologie. Il renouvelloit les reveries des Rabbins, & même enchérissoit sur eux. Il est si obscur dans plus. de ses Livres, qu'on a tout lieu de croire, qu'il ne s'entendoit pas lui-même. Gassendi a écrit contre lui. Ses princip. ouvr. sont, outre son Apologie des Fre-

res de la Rose-Croix, *Tract. Theol.*
*Philos. de vita, morte & resurrectione : utriusque Cosmi Metaphysica, Physica & Technica historia : veritatis Proscenium : Sophiæ cum Moria certamen : summum bonorum, quòd est verum magiæ, Cabalæ, Alchymiæ, Fratrum Roseæ Crucis verorum veræ subjectum : Philosophia Moysaica : Amphitheatrum Anatomiæ : Philosophia sacra : Medicina catholica : monochordum mundi symphoniacum,* &c.

FOES ou FOESIUS, ( Anutius) célebre Docteur en Médecine de la Faculté de Paris, étoit de Metz. Il pratiqua la Médecine en Lorraine & ailleurs avec réputation, & mourut en 1595, à 68 ans. On a de lui une excellente *Traduction latine des Œuvres d'Hippocrate,* & d'autres ouvrages.

FOGLIETA, ( Oberto ou Hubert ) Prêtre Genois, & l'un des plus sav. Ecrivains du 16e siecle, étoit fils d'Augustin Foglieta, Conseiller des Papes Jules II, Léon X, & Clement VII. Aïant eu part aux troubles de Genes, il fut envoïé en exil, & mour. à Rome dans la maison d'Hippolyte Cardinal d'Est, le 5 Septembre 1581, à 63 ans. On a de lui : *della Republica di Genoa* in-8°. ouvr. curieux & estimé. 2. *Historia Genuensium,* &c. in-fol. Livre excellent. 3. *de ratione scribendæ historiæ :* 4. *de similitudine normæ Polibianæ.* 5. *Tumultus Neapolitani.* 6. *Elogia clarorum Ligurum.* 7. *de laudibus urbis Neapolis.* 8. *de sacro fœdere in Selimum.* 9. *de obsidione Melitæ.* 10. *de Linguæ latinæ usu & præstantiâ.* 11. *de vita & studiorum ratione hominis sacris initiati.* 12. *de causis magnitudinis Turcarum Imperii.* 13. *Historia rerum suo tempore in Europa gestarum,* &c. tous les ouvr. de Foglieta sont bien écrits en latin, & la plupart sont très estimés.

FOHI, premier Roi de la Chine, regnoit, dit-on, vers le tems de Phaleg & d'Heber. On dit qu'il ci-vilisa les peuples de la Chine, qu'il leur donna des loix, & qu'il vécut 115 ans. Mais tout ce qui concerne l'histoire de ce Prince est incertain ou fabuleux.

FOIX, ( Pierre de ) céleb. Cardinal du 15e siecle, étoit fils d'Archambaud, Captal de Busch, & d'Elisabeth Comtesse de Foix, de l'ancienne & illustre Maison de ce nom. Il se rendit très habile, & s'attacha d'abord à l'Antipape Benoît XIII, qui le fit Cardinal en 1408. Il abandonna ensuite le parti de ce faux Pontife au Concile de Constance, & rendit de gr. services à l'Eglise. Il fut aussi Archevêque d'Arles & Légat d'Avignon. C'est lui qui a fondé le College de Foix à Toulouse. Il mourut le 13 Décembre 1464, à 78 ans. Il ne faut pas le confondre avec le Cardinal Pierre de Foix son petit neveu, habile négociateur, qui mourut à la fleur de son âge, étant Evêque de Vannes, le 10 Août 1490.

FOIX, ( Odet de ) Seigneur de Lautrec, Maréchal de France & Gouvern. de Guienne, suivit Louis XII en Italie, s'y distingua par ses belles actions, & fut dangereusement blessé à la bataille de Ravenne en 1512. Après sa guérison il fut fait Gouverneur de Milan par François I, prit Bresse, Verone, & fit lever le siege de devant Parme en 1521 ; mais l'année suivante aïant perdu la bataille de la Bicoque, il fut disgracié, & se retira en Guienne dans ses terres. Cependant, en 1528, il fut fait Lieutenant Général de la Ligue en Italie contre Charles-Quint ; il emporta d'abord Pavie, & marcha droit à Naples ; mais les maladies contagieuses s'étant mises dans son Armée, il en fut attaqué lui-même, & mourut le 15 Août de la même année 1528. Thomas de Foix, Seigneur de Lescun, & André de Foix, Seigneur de l'Espatre ses deux freres, furent aussi de vaillans Capitaines ; mais, comme lui, très malheureux.

FOIX, ( Paul de ) cél. Archevêq. de Toulouse, de la même Maison fut employé en diverses ambassades par les Rois Charles IX & Henri III. Il étoit ami de Cujas, de Charpentier, de Muret & des autres Savans de son tems, & eut pour Secretaire le célebre d'Ossat qui fut depuis Cardinal. Il mourut à Rome en 1584, à 56 ans. Muret fit son Oraison funebre. Paul de Foix a laissé des *Lettres* estimées & d'autres ouvrages.

FOIX, (François de) de Candale, fut Evêque d'Aire en 1570, & s'acquit beaucoup de réput. par sa science, principalement dans les Mathématiques. Il mourut à Bourdeaux vers 1594, à 90 ans. On a de lui des *Commentaires* sur Euclide, une Traduction franç. du *Pimandre de Mercure Trismegiste*, & d'autres ouvrages.

FOIX, (Louis de) célebre Ingénieur & Architecte du 16e siecle, natif de Paris, s'acquit une gr. réputation par les machines de son invention. C'est lui qui bâtit par ordre de Philippe II, Roi d'Espagne, le Monastere & le Palais de l'Escurial. De retour en France, il fit un canal de l'Adour au port de Baïonne en 1579, & bâtit, en 1585, le phanal appellé *la Tour de Cordouan*, à l'embouchure de la Garonne.

FOIX, (Gaston de) Duc de Nemours, *voyez* GASTON.

FOLARD, (le Chevalier Charles de) Officier célebre par sa science dans l'Art Militaire, naquit à Avignon le 13 Février 1669, de parens nobles; mais peu avantagés des biens de la fortune. Il fit paroître dès son enfance d'heureuses dispositions pour les sciences, & une forte passion pour la guerre. Cette passion s'augmenta bientôt par la lecture des *Commentaires* de César, & le jeune Folard s'engagea dès l'âge de 16 ans. Son pere l'aïant dégagé le fit renfermer dans un Couvent de Religieux; mais il s'échapa deux ans après, & prit le mousquet, en qualité de Cadet, dans le Régiment de Berry, où il fut Sous-Lieutenant peu de tems après. Il s'appliqua

alors de plus en plus à l'étude de l'Art Militaire, & fit le métier de Partisan pendant tout le cours de la guerre de 1688. Il disoit souvent qu'il avoit beaucoup appris à cette école, & qu'il avoit pratiqué en petit, ce que l'on voit faire dans les plus gr. opérations. Il en tira aussi de gt. lumieres pour la connoissance des païs, qu'il est important à un Guerrier de bien connoître, & leva plusieurs Cartes très utiles. Le Chevalier de Folard s'acquit bientôt l'amitié du Marquis de Goesbriand son Colonel, & devint Lieutenant dans le Régiment de Berry, puis Capitaine dans celui de Quercy. M. de Vendôme qui commandoit en Italie en 1702, aïant conçu pour lui beaucoup d'estime, en fit son Aide-de-Camp; mais peu de tems après il ent ordre de suivre M. le Gr. Prieur qui commandoit l'Armée de Lombardie. Il eut toute la confiance de ce Seigneur, lui donna de bons conseils, & fut cause de la prise de Revere & d'Hostiglia, & de celle de la Cassine de la Bouline en 1705. Cette derniere entreprise valut au Chevalier de Folard une pension de 400 livres & la Croix de S. Louis. Il se distingua extrêmement le 15 Août de la même année à la bataille de *Cassano*, où il reçut trois coups de fusil, un dans les reins, & deux dans la main gauche, dont il fut estropié le reste de ses jours. M. de Vendôme, pour le récompenser, s'emploïa pour lui faire avoir le brevet de Colonel; mais inutilement. Ce fut cette bataille qui fit naître au Chevalier de Folard la prem. idée du système des colomnes, qu'il a mis au jour à la tête de ses Commentaires sur Polybe. L'année suivante, M. le Duc d'Orléans aïant remplacé en Italie M. de Vendôme, M. de Folard eut ordre de se jetter dans Modene, pour défendre cette place contre le Pr. Eugene. Il y fit paroître beaucoup d'habileté, & manqua d'y être assassiné. La description qu'il fait de la conduite & du caractere du Gouverneur de cette ville, nommé de

*Bar*, mérite d'être lue. Elle se trouve dans son *Traité de la défense des Places*. La campagne suivante, il obtint du Roi une pension de 400 livres pour l'entreprise qu'il proposa sur le Bourg de Chaumont ; il fut aussi l'auteur de l'entreprise de l'Isle de Cassand, qui eut tout le succès qu'on pouvoit en attendre, & de la prise de Leffingue, dont on lui donna le Commandement pour récompense. Après la bataille de Malplaquet, où il fut blessé à la cuisse d'un coup de feu très dangereux, il prédit à M. Voisin la défaite de M. de Montesquiou, fit décamper l'Armée de M. de Villars d'un mauvais poste, & fut fait prisonnier quelque-tems après. Il conseilla alors au Pr. Eugene une mauvaise manœuvre pour tirer M. de Villars d'une position dangereuse, & refusa de s'engager au service de l'Empereur. Aïant été échangé en 1711, on lui donna le Commandement de Bourbourg, dont il a conservé le titre & les appointemens jusqu'à sa mort. Le Chevalier de Folard passa à Malte en 1714, pour aider à défendre cette Isle contre les Turcs ; & y proposa de bons expédiens. De retour en France, il s'embarqua pour la Suede, aïant un désir extrême de voir & de connoître Charles XII. Il s'acquit aussitôt l'estime & la confiance de ce fameux Guerrier, qui l'envoïa en France pour négocier le rétablissement du Roi Jacques II ; mais ce projet aïant échoué, le Chevalier de Folard retourna en Suede, suivit Charles XII dans son expédition de Norwege, & servit au siége de Friderikshall, où ce Prince fut tué le 11 Décembre 1718. Après la mort de ce gr. Roi, M. de Folard revint en France, & fit sa derniere Campagne en 1719 sous M. de Berwick, en qualité de Mestre-de-Camp. Depuis ce tems-là il s'appliqua tout entier à travailler sur l'Art Militaire, lia une étroite amitié avec le Comte de Saxe, qu'il prédit dès-lors devoir être un jour un gr. Général, fut reçu de la Société Roïale de Londres en 1749,

& fit un voïage à Avignon en 1751. Il mourut en cette ville le 23 Mars 1752, à 83 ans. Ses principaux ouvrages sont : 1. d'excellens *Commentaires* sur Polybe en 6 vol. *in-4°*, ouvrage universellement estimé : 2. un *Livre de nouvelles découvertes sur la guerre* : 3. un *Traité de la défense des Places* : 4. un *Traité du métier de Partisan*, manuscrit qui est entre les mains de M. le Maréchal de Belleisle, &c. Ceux qui souhaiteront connoître plus en détail ce qui concerne cet habile Officier, peuvent lire la brochure intitulée : *Mémoires pour servir à l'histoire de M. le Chevalier de Folard. Ratisbonne.* ( Paris ) 1753, *in-12.* François Melchior de Folard, son frere, se fit Jésuite, & se distingua parmi les Académiciens de Lyon. On a de lui, 1. *Œdipe & Themistocle*, Tragédies françoises. 2. *L'Oraison funebre* du Maréchal de Villars.

FOLENGIO, *Folengius*, ( Jean-Baptiste ) habile & pieux Bénédictin du 16e siecle, natif de Mantoue, mort le 5 Octobre 1559, à 60 ans, est auteur d'un *Commentaire* estimé sur les *Pseaumes*, & d'autres ouvr.

FOLENGIO, ( Théophile ) autre célebre Religieux du 16e siecle, natif de Mantoue, plus connu sous le nom supposé de *Merlin Coccaie*, est auteur de plusieurs pieces badines en vers burlesques, dans lesquels il mêle des mots italiens avec des mots latins. Il les nomme des *Macarons*, du nom d'une espece de petits gateaux qu'on fait en Italie avec de la farine, des œufs & du fromage. C'est de là qu'est venu le mot de *Style Macaronique*. Ces pieces dont il y a eu plusieurs éditions, susciterent de fâcheuses affaires à Folengio, mais Ferrand de Gonzague & d'autres Seigneurs le prirent sous leur protection. Il mourut dans l'Etat de Venise le 9 Déc. 1544, au Monastere de Sainte Croix de Campesio près de Bassano. Le plus connu de ses ouvrages est sa *Macaronée*, ou *Histoire Macaronique*, qui a été traduite en françois.

FOLIETA, *voyez* FOGLIETA.

FONSECA, ( Antoine de ) fav. Dominicain, natif de Lisbonne, vint étudier à Paris, & y fut reçu Docteur de Sorbonne en 1542. De retour en Portugal, il devint Profeſſeur de Théologie à Conimbre, & Prédicateur du Roi. On a de lui des *Remarques* ſur les *Commentaires* du Cardinal Cajetan ſur la Bible, & d'autres ouvrages.

FONSECA, ( Pierre de ) célebre Jéſuite Portugais, né à Corticada vers 1528, enſeigna la Philoſophie à Conimbre, & la Théologie à Evora, où il fut reçu Docteur en 1570. Il eut enſuite des Charges importantes dans ſon Ordre, & travailla avec zele à la réformat. des mœurs dans le Portugal. Il mourut à Lisbonne le 4 Nov. 1599, à 71 ans. On a de lui divers ouvr. de *Philoſophie*, & il s'atttribue dans ſa *Métaphyſique* la gloire d'avoir inventé l'opinion de *la ſcience moïenne*.

FONT, ( N. de la ) Poète François, né à Paris en 1686, eſt auteur de cinq Comédies, ſavoir : 1. *Danaé ou Criſpin Jupiter* : 2. le *Naufrage* : 3. *l'Amour vengé* : 4. l'*Epreuve réciproque* : & 5. Les *trois Freres rivaux*. La derniere de ces pieces eut beaucoup de ſuccès. De la Font a auſſi compoſé des Ballets, l'Opéra comique intitulé, le *Monde renverſé*, & pluſ. Opéra, ſavoir : Les *fêtes de Thalie* : L'*entrée de la Provence* : *Hypermneſtre* : Les *amours de Prothée*, & l'Opera d'*Orion*, qu'il a laiſſé imparfait. Il avoit une paſſion violente pour le jeu, & mourut à Paſſy près de Paris, en 1725, à 39 ans.

FONTAINE, ( Jean de la ) très célebre Poète François, & l'un des plus beaux génies de ſon ſiecle, naquit à Château - Thierri en Champagne le 8 Juillet 1621, un an après la naiſſance de Moliere. Il étoit fils de Jean de la Fontaine, Maître des Eaux & Forêts, & de Françoiſe Pidoux, fille du Bailli de Coulommiers. A l'âge de 19 ans, il entra chez les Peres de l'Oratoire, qu'il quitta 18 mois après. La Fontaine

parvint juſqu'à l'âge de 22 ans ſans connoître ſes talens pour la Poéſie ; mais aïant entendu lire la belle *Ode* de Malherbe ſur l'*aſſaſſinat de Henri IV*, il en fut ſaiſi d'une telle admiration, que le feu poëtique qu'il renfermoit en lui-même, ſembla s'allumer à celui de ce grand Poëte. Il ſe mit auſſi-tôt à lire les œuvres de Malherbe, à les méditer, à les déclamer, & enfin à les imiter. Il confia les premiers eſſais de ſa plume à un de ſes parens, nommé *Pintrel*, Procureur du Roi au Préſidial de Château-Thierri. Celui-ci l'encouragea, & lui fit lire les meilleurs Auteurs Latins, Horace, Virgile, Térence, Quintilien, &c. La Fontaine paſſa enſuite à la lecture des Auteurs François & Italiens. Il fit ſes délices de *Rabelais*, de *Marot* & de d'*Urfé*, de l'*Arioſte*, & de *Bocace*. Il s'appliqua auſſi à l'étude des Auteurs Grecs, ſurtout à celle de *Platon* & de *Plutarque*. Quelque tems après ſes parens lui firent épouſer Marie Hericard, fille du Lieutenant-Général de la Ferté-Milon, patrie du gr. Racine. Cette femme joignoit à une gr. beauté, un eſprit ſupérieur ; & la Fontaine ne compoſoit aucun ouvrage ſans la conſulter. Mais elle étoit d'une humeur difficile, & pour bien vivre avec elle, il s'en éloignoit le plus ſouvent qu'il pouvoit. La fameuſe Ducheſſe de Bouillon, niéce du Cardinal Mazarin, aïant été exilée à Château-Thierri, la Fontaine lui fut préſenté, & s'en fit goûter. Il la ſuivit lorſqu'elle fut rappellée à Paris ; & il trouva dans cette ville un de ſes Parens, attaché à M. Foucquet, Surintendant des Finances. *Jannart*, ( c'étoit le nom de ce Parent ) le préſenta au Surintendant, & celui ci lui fit une penſion. Après la diſgrace de ce Miniſtre, Jannart aïant été exilé à Limoges, la Fontaine l'y ſuivit. Il écrivit la relation de ſon voïage en 12 Lettres adreſſées à ſa femme. A ſon retour il entra chez la cél. Henriette d'Angleterre, premiere femme de Monſieur, en qualité de Gentilhomme,

La mort précipitée de cette Princesse fit évanouir les espérances de fortune dont il pouvoit se flatter. Il trouva néanmoins de généreux protecteurs dans M. le Prince, M. le Prince de Conti, M. de Vendôme, M. le Duc de Bourgogne, Mesdames de Bouillon & Mazarin, & une amie sincere dans Madame de la Sabliere, qui le retira chez elle : c'est alors que la Fontaine, délivré des soins domestiques, mena une vie conforme à son caractere, & qu'il lia une étroite amitié avec Moliere, Racine, Despreaux, Chapelle, & d'autres gr. hommes de son siecle. Depuis qu'il fut fixé à Paris, il alloit tous les ans au mois de Septembre rendre une visite à sa femme à Château-Thierri, où il menoit avec lui Racine, Despreaux, Chapelle, ou quelques-autres cél. Ecrivains. Quelques fois il y alloit seul, & oublioit de voir sa femme ; mais à chaque voïage il vendoit quelque portion de ses Terres, & il dissipa ainsi en peu de tems un bien assez considér. Madame de la Sabliere, chez qui il demeuroit depuis vingt-ans, étant morte, il fut invité à se retirer en Angleterre, par Madame Mazarin & par Saint-Evremond, qui lui promirent toutes les aises & toutes les douceurs de la vie ; mais la difficulté d'apprendre la Langue angloise, & les libéralités de M. le Duc de Bourgogne, le détournerent de ce voïage. Il tomba malade sur la fin de l'année 1692, fit une confession générale de tous ses péchés au Pere Pouget de l'Oratoire, & près de recevoir le Viatique, il demanda pardon à Dieu en en présence de MM. de l'Académie Françoise, qu'il avoit priés de se rendre chez lui par Députés, protestant qu'il se repentoit d'avoir composé ses Contes, qu'il les détestoit, & que s'il recouvroit la santé, il n'emploieroit ses talens qu'à écrire sur des matieres de morale ou de piété. Il vécut encore deux ans après sa conversion, pendant lesquels il entreprit de traduire les Hymnes de l'Eglise. Mais il n'alla pas plus loin.

On lit avec édification ses dispositions chrétiennes dans une Lettre que son ami Maucroix lui écrivit quelques jours avant sa mort, arrivée à Paris le 13 Mars 1695. Il avoit alors 74 ans. Il fut enterré dans le Cimetiere de Saint Joseph, à l'endroit où son ami Moliere avoit été inhumé 22 ans auparavant. On le trouva couvert d'un cilice, lorsqu'on le deshabilla. Ce qui a fait dire au fils du cél. Racine :

*Et l'Auteur de Joconde est orné d'un cilice.*

Il avoit été reçu de l'Académie Françoise en 1684. Ses principaux ouvr., outre les Contes, sont : 1. les Fables, ouvrage immortel & inimitable ! dans lequel on trouve des graces, une naïveté, un naturel, un tour fin, délicat, agréable & ingénieux, qui a toujours de nouveaux charmes pour les personnes de bon goût, & qui surpasse tout ce que les anciens & les modernes ont fait en ce genre. En lisant ces Fables, on n'y sent ni le travail, ni la gêne, & tout y est si naturel, qu'il semble que la nature seule les ait dictées : ce qui donna lieu à la Duchesse de Bouillon d'appeller la Fontaine un Fablier, comme on appelle Pommier, l'arbre qui porte des pommes. On en a donné une fort jolie édition en 1757, avec de courtes notes de M. Coste : 2. des Œuvres diverses réimpr. à Paris en 1758, en 4 vol. in-12. Tous ses ouvrages ont été recueillis en 3 vol. in-4°. Les principaux, outre les Fables & les Contes, sont les amours de Psyché & de Cupidon, en vers & en prose : l'Eunuque, Comédie : le Poëme du Quinquina, & d'autres pieces de vers. Il y a dans tous des beautés, qu'on ne trouve point ailleurs. On remarquoit en lui le même esprit de simplicité, de candeur, de naïveté que nous admirons dans ses Livres. Il étoit plein de probité & de droiture, doux, ingénieux, naturel, sincere, sans ambition, sans fiel, prenant tout en bonne part ; & ce qui eſt plus rare, eſtimant les Poëtes ſes confreres, & vivant bien avec eux. Sa converſation n'étoit ni brillante, ni enjouée, à moins qu'il ne fût avec ſes intimes amis. On dit qu'un jour aïant été invité à dîner chez un Fermier Général, pour amuſer les Convives, il mangea beaucoup & ne parla point ; enſuite s'étant levé de table de fort bonne heure, ſous prétexte d'aller à l'Académie, quelqu'un lui repréſenta qu'il n'étoit pas encore tems. Hé bien, répondit-il, je prendrai le plus long. Il eut un fils de Marie Hericard en 1660. Il le mit à l'âge de 14 ans entre les mains de M. de Harlay, depuis Premier Préſident, & lui recommanda ſon éducation & ſa fortune. On rapporte qu'aïant été long-tems ſans voir ſon fils, il le rencontra un jour dans une maiſon ſans le reconnoître, & témoigna enſuite à la Compagnie, qu'il lui trouvoit de l'eſprit & du goût. Quand on lui eut dit que c'étoit ſon fils, il répondit tranquillement : Ah ! j'en ſuis bien aiſe. Cette indifférence influoit ſur toute ſa conduite, & le rendoit quelquefois inſenſible aux injures même du tems. Madame de Bouillon allant un jour à Verſailles le matin, le vit rêvant ſous un arbre du Cours ; le ſoir en revenant, elle le retrouva dans le même endroit & dans la même attitude, quoiqu'il fît aſſez froid, & qu'il eût tombé de la pluie toute la journée. Il pouſſoit la ſimplicité ſi loin, qu'il ne s'appercevoit pas du danger de ſes Ecrits, & même de ſes Contes. Dans une gr. maladie, ſon Confeſſeur l'exhortant à des prieres & à des aumônes : pour des aumônes, lui dit la Fontaine, je n'en puis faire, car je n'ai rien ; mais on fait une nouvelle Edition de mes Contes, & le Libraire m'en doit donner cent exemplaires : je vous les donnerai, & vous les ferez vendre pour les pauvres. Une autre fois aïant compoſé un Conte, où il faiſoit une application très impie de ces paroles de l'Evangile ; Domine

quinque Talenta tradidiſti mihi. Il l'adreſſa au cél. M. Arnauld, par un Prologue très ingénieux, voulant, diſoit-il, faire voir à la poſtérité la grande eſtime qu'il avoit pour ce ſavant Docteur. Il ne ſentit l'indécence de l'application de l'Evangile, & de ſa Dédicace, que quand Boileau & Racine la lui eurent fait appercevoir. Nonobſtant cet avis, on dit que la même choſe lui arriva encore à l'égard d'un autre Conte, qu'il vouloit dédier à M. de Harlai, Archev. de Paris. Dans la maladie qui précéda ſa converſion, comme le Pere Poujet l'exhortoit à ſe repentir de ſes fautes. S'il a fait des fautes, s'écria la Garde, c'eſt donc par bêtiſe plutôt que par malice, car il eſt ſimple comme un enfant. Le fils de la Fontaine mourut en 1722, & laiſſa un fils & trois filles. La femme de la Fontaine aïant été inquiétée après la mort de ſon mari, pour le paiement de quelques Charges publiques, M. d'Armenonville, alors Intendant de Soiſſons, écrivit à ſon Subdelegué, qu'il vouloit que la famille de la Fontaine fût exemte à l'avenir de toute taxe & de toute impoſition. Les deſcendans de cet excellent Poëte jouiſſent encore aujourd'hui de ce Privilége, & tous les Intendans de Soiſſons ſe ſont fait un honneur de le confirmer.

FONTAINE, (Nicolas) fameux Ecrivain du 17e ſiecle, étoit de Paris, & fils d'un Maître Ecrivain. Sa mere l'aïant introduit auprès de M. Hillerin, Curé de S. Merri à Paris, celui ci le fit connoître à M. Arnauld d'Andilli & aux autres MM. de Port-Roïal, qui le menerent à l'âge de 20 ans dans leur ſolitude, où il ſe chargea d'éveiller les autres. Dans la ſuite il eut ſoin des études de quelques jeunes gens qu'on y élevoit, & dans ſes heures de loiſir, il s'occupoit à tranſcrire les Ecrits de pluſ. Solitaires. Il ſuivit M. Arnauld, dont il étoit comme Secretaire, & M. Nicole dans leurs différentes retraites, & fut conduit à la Baſtille avec M. de Saci en 1664.

Il en sortit avec lui en 1668, & il l'accompagna depuis successivement à Pomponne, à Paris, & à Port-Roïal des Champs, d'où il venoit souvent à Paris, parcequ'il veilloit à l'impression de ses ouvr. Pour être plus à portée, il se fixa enfin à Saint Mandé en 1679. Après la mort de M. de Sacy, arrivée en 1684, Fontaine changea plus. fois de séjour. Il m. à Melun le 28 Janv. 1709, à 84 ans. Il étoit comme le Secretaire de MM. de Port-Roïal, & son écriture étoit parfaitement belle. Nous avons vu chez feu M. l'Abbé de Pompone, le Recueil de MM. de Port-Roïal sur les matieres Ecclésiastiques, en 13 vol. *in-4°.*, écrit de la main de Nicolas Fontaine avec une telle beauté & une telle élégance, qu'il n'y a point d'imprimé plus beau. Ce Recueil est demeuré Manuscrit. On a de Nicolas Fontaine un très gr. nombre d'ouvr. utiles, bien écrits en françois. Les princip. sont, 1. Les *figures de la Bible*, sous le nom de *Royaumont*, ouvr. édifiant, instructif, & utile à la Jeunesse. 2. Des *Mémoires* sur MM. de Port-Roïal en plus. vol. *in-12.* 3. Les *Vies des Saints*, *in-fol.* & en 4 vol. *in-8°.* 4. *Vies des Saints* de l'Anc. Testam. avec des Réflexions tirées des Saints Peres, 4 vol. *in-8°.* 5. *Traduction des Homélies de S. Chrysostôme, sur les Epitres de S. Paul*, en 5 vol. *in-8°.* Cette Traduction fit beaucoup de bruit, & lui causa du chagrin. Le Pere Daniel Jésuite, l'accusa de *Nestorianisme*, & la dénonça à la Sorbonne par une *Lettre*. Fontaine donna une *rétractation* très humble & très respectueuse, & fit mettre plusieurs cartons aux endroits qu'on avoit trouvés répréhensibles; mais tout cela n'aïant pas empêché M. de Harlai de condamner sa Traduction, il en prit la défense, dans un ouvr., où il prétend avoir traduit fidélement Saint Chrysostôme, & n'être point tombé dans l'hérésie.

FONTAINES, ( Pierre - François Guyot des ) l'un des plus cél. Critiques du 18e si., naquit à Rouen,

le 29 Juin 1685, d'une bonne famille. Il entra chez les Jésuites en 1700, & en sortit 15 ans après, pendant qu'il régentoit la Rhétorique à Bourges. Il demeura ensuite quelque-tems chez le Cardinal d'Auvergne, se démit de la Cure de Thorigny en Normandie, dont il avoit pris possession sans la desservir, & travailla au Journal des Savans depuis 1724 jusqu'en 1727. Il mour. à Paris, le 16 Décembre 1745, à 60 ans. On a de lui un très grand nombre d'ouvrages & de traductions, bien écrits en françois. Les principaux sont : 1. *Dictionnoire Néologique des beaux Esprits du tems.* 2. *Nouvelliste du Parnasse, & Observations sur les ouvrages nouveaux*, ouvrage périodique depuis 1735 jusqu'en 1743, 33 vol. *in-12.* 4. *Jugemens sur les Ecrits nouveaux*, 11 vol. *in-12.* avec l'Abbé Granet. Les deux derniers sont de M. de Mirault, mort le 15 Août 1746. 5. *Traduction des œuvres de Virgile, avec des remarques*, 4 vol. *in 12*, &c.

FONTANA, ( Publio) cél. Poète latin du 16e siecle, natif de Palucio, près de Bergame, embrassa l'état Ecclésiastique, & s'acquit une grande réputation par ses Poésies & par sa capacité dans les affaires. Il mourut vers 1598. Le principal de ses Poëmes est la *Delphinide* en beau latin.

FONTANON, ( Antoine ) habile Avocat au Parlement de Paris, sur la fin du 16e siecle, natif d'Auvergne, a publié une gr. & utile compilation des Edits & Ordonnances de nos Rois depuis 1270, en 4 vol. *in-fol.* & d'autres ouvr.

FONTE - MODERATA, célebre Dame Vénitienne, née en 1555, dont le vrai nom étoit *Modesta Pozzo*, est Auteur d'un Poëme intitulé, *Il Floridoro*, & d'un autre sur la Passion & la Résurrection de J. C. Elle publia aussi un Livre *du mérite des Femmes*, dans lequel elle soutient que les femmes ne sont point inférieures en esprit & en mérite aux hommes. On dit qu'elle avoit une mémoire ſi prodigieuſe, qu'aïant entendu un Sermon, elle le rediſoit mot pour mot. Elle mourut le premier Novembre 1592. Nicolas Doglioni a écrit ſa vie.

FONTENAY, ( Jean-Baptiſte Blain de ) excellent Peintre en fleurs & en fruits, naquit à Caen en 1654. Il fut emploïé par Louis XIV, eut un logement aux galeries du Louvre, & une penſion, travailla pour les tapiſſeries des Gobelins, & donna des deſſeins pour la Manufacture Roïale de Chaillot. Rien n'eſt plus beau que les vaſes de fleurs, ou les fruits de Fontenay : les inſectes y paroiſſent vivans & animés, les fleurs & les fruits y conſervent toute leur fraîcheur & toute leur beauté ; on y voit la roſée découler des tiges avec le tranſparent & l'éclat du diamant. Cet habile Peintre fut nommé Conſeiller à l'Académie de Peinture, & m. à Paris, en 1715.

FONTENELLE, ( Bernard le Bovier de ) très cél. Ecrivain du 17e & du 18e ſiecle, & l'un des plus beaux eſprits de ſon tems, naquit à Rouen le 11 Févr. 1657 de François le Bovier de Fontenelle, Avocat au Parlem. de Rouen, d'une famille noble, & de Marthe Corneille, ſœur du gr. Corneille. Quoique deſtiné à vivre près de 100 ans, on craignit tellement pour ſa vie le jour même de ſa naiſſance, qu'on ſe vit obligé de le baptiſer dans la maiſon paternelle, & qu'il ne fut porté à l'Egliſe que trois jours après, pour y ſuppléer les cérémonies de ſon baptême. Il fut dans tout le cours de ſa jeuneſſe d'un tempérament ſi foible, qu'à 16 ans le jeu du Billard étoit un exercice trop violent pour lui, & que toute agitation un peu violente lui faiſoit cracher le ſang. Cependant ſon eſtomac fut toujours bon, mais ſa poitrine toujours délicate. Né dans le voiſinage des Feuillans, qui ſont une réforme de Cîteaux, il fut voué par ſes parens à la Ste Vierge & à S. Bernard. On lui donna le nom de ce Saint, & il porta l'habit de Feuillant pendant ſept ans. Le jeune

de Fontenelle fit ſes études avec éclat aux Jéſuites. Il étoit en Rhétorique dès l'âge de 13 ans, & il compoſa dès lors pour le prix des Palinods de Rouen, une Piece en vers latins, qui ſans avoir été couronnée, fut jugée digne de l'impreſſion. Ses talens le firent connoître du Pere Commire, avec lequel il contracta en allant au College, une liaiſon, qui dura juſqu'à la mort de ce cél. Jéſuite. Aïant achevé ſa Phyſique, il étudia en Droit, par pure complaiſance pour ſon pere, car cette étude ne lui plaiſoit pas. Il ſe fit enſuite recevoir Avocat, & plaida une cauſe, qu'il perdit : ce qui le fit auſſitôt renoncer au Barreau, pour ne ſe livrer qu'à la Littérature & à la Philoſophie. Etant venu à Paris pour la premiere fois en 1674, à l'âge de 17 ans, il s'y fit admirer par la beauté de ſon eſprit. La réputation de Pierre & de Thomas Corneille ſes oncles, donnoit de l'éclat à ſon mérite naiſſant, & l'on étoit charmé de retrouver dans le neveu des talens dignes de ces deux gr. hommes. Il n'avoit que 20 ans, lorſqu'il fit la plus gr. partie des Opera de Pſyché, & de Bellerophon, qui furent repréſentés ſous le nom de Thomas Corneille. Il fit auſſi la Comédie intitulée La Comète, & donna depuis, l'Opera de Thetis & Pelée, qui eut un gr. ſuccès, puis celui d'Enée & Lavinie, qui ne réuſſit pas en 1690 à cauſe de la muſique, mais qui a réuſſi en 1758. Sa Tragédie d'Aſpar, jouée en 1680, échoua, & lui fit connoître qu'il n'avoit pas hérité du talent de ſes oncles pour la Poéſie dramatique. Il aida beauc. Melle. Bernard dans quelques-unes de ſes Pieces, ſurtout dans la Tragédie de Brutus, & dans le Roman du Comte d'Amboiſe. M. de Fontenelle ne ſe fixa à Paris qu'en 1687 ou 1688, après avoir donné au public ſes Dialogues des Morts & pluſ. autres ouvrages qui lui avoient déja acquis une gr. réputation. Il demeura alors chez Thomas Corneille, ſon oncle

& son parrain. Le parti qu'il prit dans la querelle sur les anciens & les modernes, le mit en but aux traits de Boileau, de Racine, de Rousseau, de Melle Deshoulieres & des autres partisans des anciens. Il fit paroître dans cette dispute beauc. plus de modération & de politesse que ses adversaires, & autant d'esprit & de fines plaisanteries, mais beauc. moins de gout. C'est lui qui disoit, pour élever les modernes au-dessus des anciens, qu'ils étoient *des Pygmées montés sur les épaules des Géans.* On le regarda comme un nouveau *Seneque,* capable de corrompre le bon gout & le style de la Littérature; & les partisans des anciens l'empêcherent d'être reçu de l'Académie Françoise aussitôt qu'il l'auroit souhaité; il n'y fut admis que le 5 Mai 1691. Au renouvellement de l'Académie des Sciences en 1699 il fut fait Secretaire de cette Académie. Il continua de l'être pendant 42 ans, & il donna chaque année un volume de l'*Histoire* de cette Académie. Cette *Histoire* dont la *Préface générale* passe pour un *chef-d'œuvre,* consiste principalement dans les *extraits* des Mémoires lus dans les assemblées de l'Académie, & dans les *Eloges* des Académiciens morts pendant le cours de chaque année. Ces *Extraits* sont redigés avec un ordre, une clarté, une justesse & une précision admirables. On y trouve souvent des vues nouvelles & profondes, ajoutées à celles des Auteurs, & M. de Fontenelle a le talent singulier d'y mettre à la portée de tous Lecteurs les matieres les plus abstraites & les plus relevées. Ses *Eloges* sont un morceau précieux; il y peint l'homme & l'académicien. Ils sont d'ailleurs remplis de réflexions si ingénieuses, de tant d'esprit & d'agrémens, qu'on ne se lasse point de les lire. Ce sont ces *Mémoires* & ces *éloges,* qui font la partie la plus estimable & la plus importante de ses ouvrages & qui feront passer son nom avec le plus d'éclat à la postérité. Il ces-

sa d'être Secretaire de l'Académie des Sciences en 1740. Il avoit voulu quitter plutôt, mais M. le Cardinal de Fleury & M. de Maurepas n'y voulurent pas consentir. M. de Fontenelle fut associé à l'Académie des *Inscriptions & Belles-Lettres,* lors du renouvellement de cette Académ. en 1701. Il étoit aussi des Académies de Londres, de Rouen, de Nancy, de Berlin, & des *Arcades* de Rome. Malgré une santé peu robuste en apparence, il n'eut dans tout le cours de sa longue vie aucune maladie considérable, pas même la petite verole, excepté une legere fluxion de poitrine. Il n'eut l'ouie dure que fort tard, & ce ne fut qu'en 1751 qu'il s'apperçut que sa vue s'affoiblissoit : il dit alors en plaisantant, *j'envoie devant moi mes gros équipages.* Depuis ce tems-là, Mad. de Forgeville son amie & sa voisine, alloit tous les matins converser avec lui, & lui faire queque lecture. Il m. à Paris rue S. Honoré le 9 Janvier 1757, à 100 ans moins un mois & 2 jours. Il avoit institué Mad. de Montigny, Melles de Marsilly, & de Martinville, & Mad. de Forgeville, ses Légatrices universelles chacune pour un quart par son testament du 15 Nov. 1752. Ce testament fut attaqué par Jean-François Corneille, petit-fils de Pierre Corneille, oncle du gr. Corneille; mais il fut confirmé par Arrêt du Parlement le 4 Avril 1758. Peu de Savans ont joui d'un aussi grand bonheur, & d'une réputation aussi brillante que M. de Fontenelle. Il devoit ce bonheur à la douceur de son caractere, à la décence de ses mœurs, à la sagesse de sa conduite, & aux agrémens de son esprit. Les personnes du plus haut rang l'admettoient dans leur familiarité. Il faisoit les délices des sociétés; il y portoit les qualités les plus aimables, de l'enjouement, de la gaieté, de l'esprit, de la politesse, des reparties fines, de la vivacité, prenant tout en bonne part, ne parlant jamais en mal de personne, & cherchant à faire briller tout le monde ; la fortune lui fut aussi favorable que la nature. Né presque sans biens, il devint riche pour un homme de Lettres, par les bienfaits du Roi & de M. le Duc d'Orléans, & par une sage œconomie ; car sans être avare, il étoit très œconome, répétant souvent & pratiquant cette belle maxime, *qu'il faut se refuser le superflu, pour procurer aux autres le nécessaire.* Il n'avoit jamais été marié, & n'avoit jamais eu la plus legere envie de l'être. Ses princip. ouvrages, outre ceux dont nous avons parlé dans cet article sont : 1. l'*Histoire des Oracles*, abregée de Vandale. Le Pere Baltus, Jésuite, la refuta, & M. de Fontenelle crut devoir par prudence laisser cette réponse sans replique ; mais il ne changea pas de sentiment : & ce que dit le Pere Colonia, autre Jésuite : *Que M. de Fontenelle avoit avoué de bonne grace sa défaite, n'est point véritable.* ( voiez le Mercure de Fr. Sept. 1757. pag. 45 ). 2. *Lettres du Chevalier d'Her...* elles ne sont pas estimées. 3. *Entretiens sur la pluralité des mondes.* C'est un de ses meilleurs ouvrages. 4. *Doutes sur le systême physique des causes occasionnelles*, très petit *in-12*, Rotterd. 1686. Ces doutes furent réfutés dans un Ecrit intitulé *Réflexions*, auquel M. de Fontenelle repliqua, & dans les *Lettres philosophiques* du Pere Lamy, Bénédictin. 5. *Elémens de la Géométrie de l'infini in-4°.* pas estimés. 6. le premier volume de l'Histoire & des anciens mémoires de l'Académie des Sciences depuis 1666 jusqu'en 1699. 7. *Poésies pastorales avec un discours sur l'Eglogue & une digression sur les anciens & sur les modernes.* On a reproché avec raison à M. de Fontenelle d'abandonner dans ces Pastorales la belle simplicité des anc., pour faire parler à ses bergers & à ses bergeres le langage de la Cour & des beaux esprits. 8. Plus. *Pieces* tant en vers qu'en prose dans le recueil de ses Œuvres impr. en 1757 en plusieurs

vol. Ce fut lui aussi qui donna en 1732 la *nouvelle édition du Dictionnaire des Sciences & Arts* par Thomas Corneille, & le *Recueil des plus belles pieces des Poëtes François, depuis Villon jusqu'à Benserade, avec une Préface & de petites vies des Poètes*, 1692. 5 vol. *in-12.* On lui attribue encore la *Relation de l'Isle de Borneo* ; une *Lettre sur la résurrection des corps* : un Ecrit *sur l'infini*, & un petit *Traité sur la liberté*, en quatre parties, &c. Il est à souhaiter que ces Ecrits qui contiennent beaucoup de choses contraires à la Religion, ne soient pas de lui. En général tous les ouvrages de M. de Fontenelle sont ingénieux, & l'on y trouve beauc. d'esprit & d'agrémens. Mais les idées en sont quelquefois trop métaphysiques, les réflexions trop subtiles, le style trop affecté, la tournure des phrases alambiquée & épigrammatique : en un mot, il court trop après l'esprit, & ses meilleurs ouvrages tels que ses *Mémoires* & ses *Eloges*, sa pluralité des *Mondes* & ses *Oracles*, ne sont pas toujours exempts de ces défauts. A cela près, M. de Fontenelle doit passer pour un de nos meilleurs, & sans contredit pour un de nos plus ingénieux & de nos plus agréables Ecrivains. Mais ses Sectateurs en encherissant sur ses défauts sans avoir les bonnes qualités de leur modele, nous auroient fait perdre le bon gout & le vrai style de la Littérature, si les hommes judicieux & de bon gout ne s'y étoient opposés. On trouvera de plus gr. détails sur M. de Fontenelle dans les Mercures de France des années 1756, 1757 & 1758.

FONTIUS, ( Barthelemi ) sav. Ecrivain du 15e siecle, natif de Florence, se fit estimer de Pic de la Mirandole, de Marsille Ficin, de Jerôme Donat, & des autres habiles Ecrivains de son siecle. Matthias Corvin, Roi de Hongrie, l'honora de son amitié, & lui donna la direction de la fameuse Bibliotheque de Bude. Les œuvres de

Fontius , qui confiftent dans un *Commentaire* fur Perfe, des *Harangues* , &c. ont été recueillies & imprimées à Francfort en 1621.

FORBES , *Forbefius* , ( Jean ) favant Théologien Ecoffois , natif d'Aberden , alla étudier dans pluf. Univerfités d'Allemagne , & s'y rendit habile dans la Théologie & la Langue hébraïque. De retour en fa patrie , l'Univerfité d'Aberden érigea en fa faveur une Chaire de Profeffeur en Théologie & en Hiftoire Eccléfiaftique. Forbes y enfeigna avec une gr. réputation , mais s'étant déclaré pour le parti des Epifcopaux , il fut dépouillé de fa Chaire : il fe retira alors en Hollande , où il demeura quelques années , pendant lefquelles il revit les leçons qu'il avoit faites à Aberden. Enfin il retourna en Ecoffe , & mena dans fa terre de Corfe une vie fort folitaire jufqu'à fa mort , arrivée le 29 Avril 1648. La meilleure édition de fes œuvres eft celle d'Amfterdam en 1703 , 2 vol. *in fol.* La partie de ce Recueil la plus eftimée par les Protestans , eft celle qui a pour titre : *Inftitutiones Hiftorico-Theologicæ.* Il ne faut pas le confondre avec Patrice Forbes , fon pere , Evêque d'Aberden , mort en 1635 , ni avec Guillaume Forbes , premier Evêque d'Edimbourg , cél. par fes Ecrits , mort en 1634.

FORBIN , ( Touffaint de ) célebre Cardinal , plus connu fous le nom de *Janfon* , étoit le troifieme fils de Gafpard II de Forbin , Marquis de Janfon , d'une famille noble , ancienne , & féconde en perfonnes de mérite. Il fut reçu Chevalier de Malthe dès fon berceau ; aïant enfuite embraffé l'état Eccléfiaftique , le Roi lui donna fucceffivement les Evêchés de Digne , de Marfeille , & de Beauvais. Aïant été envoïé Ambaffadeur extraordinaire en Pologne en 1673 , le fameux Jean Sobiesky , qu'il eut la gloire d'élever fur le Trône , le nomma au Cardinalat , & Alexandre VIII lui en envoïa le Chapeau en 1690. Sa Majefté l'honora en 1706 de la Charge de gr. Aumonier de France. Le Cardinal de Janfon fe rendit cél. par fon mérite , par fon talent fingulier à manier les efprits , & par fon zele pour le fervice du Roi , & pour les intérêts de fa patrie. Il fut chargé de commiffions importantes auprès du gr. Duc de Tofcane , s'acquit beaucoup de gloire dans fes Ambaffades de Pologne & de Rome , & mourut à Paris le 24 Mars 1713 , à 83 ans. On lui attribue un gr. nombre de bons mots & de reparties fpirituelles. Lorfqu'il étoit Evêque de Digne , il s'éleva avec force contre l'*Apologie* des Cafuiftes , & en publia une fort belle Cenfure. François *Forbin de Touffaint* , fon Neveu , aïant tué en duel un de fes Ennemis à l'âge de 20 ans , alla fervir l'Empereur contre les Turcs , & après s'y être diftingué , il revint en France , où il porta les armes fous le nom de *Comte de Rofemberg.* Aïant été bleffé à la Bataille de la Marfaille , il refta quelques jours parmi les Morts , & lorfqu'on l'eut retrouvé il fit vœu de fe retirer à la Trappe , s'il guériffoit de fes bleffures. Mais il oublia bientôt fon vœu. Dans la fuite une maladie dangereufe le lui rappella , & il fe renferma à la Trappe , où il prit le nom d'Arfenne. Il fut envoié en Tofcane pour rétablir l'ancienne Obfervance de Cîteaux dans l'Abbaïe de *Buon-Solozzo* , où il mourut en de grands fentimens de piété le 21 Juin 1710.

FORBIN , ( Claude ) célebre Capitaine , plus connu fous le nom de *Chevalier* ou de *Comte de Forbin* , fervit fur mer dès fa jeuneffe , & s'y diftingua par un gr. nombre de belles actions. Il fut fait Chef d'Efcadre en 1707 , défit la Flotte Angloife avec M. du Guay-Trouin , & fut chargé en 1708 de tranfporter le Roi Jacques en Ecoffe , mais il ne put exécuter ce projet. On a de lui des Mémoires curieux , imprimés à Paris en 1749 , en 2 vol. *in-12.* Il avoit été gr. Amiral du Roi de Siam.

FORCADEL , *Forcatulus* , (Etienne) Jurifconfulte du 16e fiecle , natif de Beziers , fut préféré en 1554 à

Cujas, pour remplir une Chaire en Droit à Touloufe, que ces deux Jurifconfultes recherchoient en mêmetems. Il mourut vers 1574, laiffant divers ouvr. de Droit, des Poëfies en françois & en latin, & un Traité *de Gallorum imperio & Philofophiâ*, in-4°, où il y a beaucoup de recherches & de fables. Pierre Forcadel fon frere, Profeffeur Roïal en Mathématique, mort en 1577, eft Auteur d'une Traduction françoife d'*Euclide* & de la *Géométrie d'Oronce-finé*, &c.

FORCE, (Jacques Nompar de Caumont, Duc de la) Pair & Maréchal de France, étoit fils de François de Caumont, d'une famille noble & ancienne; il fe fignala dans fa jeuneffe, fous le regne de Henri IV, & prit le parti des Calviniftes contre Louis XIII; s'étant enfuite foumis au Roi, il fut fait Maréchal de France, & Lieutenant Général de l'Armée de Piémont. Il prit Pignerol, défit les Efpagnols à Carignan en 1630, & rendit plufieurs autres fervices confidérables à Sa Majefté, qui, pour le récompenfer, érigea fa Terre en Duché & Pairie, en 1637. Il mour. à Bergerac, le 10 Mai 1652, dans un âge très avancé. Chariotte-Rofe Caumont de la Force, fa petite-fille, fe diftingua par fes ouvrages en profe & en vers, fut de l'Académie des Ricovrati de Padoue, & mourut en 1666. On eftime furtout fon Epître en vers à Madame de Maintenon, & fon Poëme intitulé, *Château en Efpagne*, adreffé à Madame la Princeffe de Conti. Ses principaux ouvrages en profe font : l'*Hiftoire fecrette de Madame de Bourgogne*; celle de *Marguerite de Valois*; la vie de *Catherine de Bourbon*; & les intrigues des Regnes de Henri III & de Henri IV.

FOREIRO, *Forerius*, (François) fav. Dominicain du 16e fiecle, natif de Lifbonne, fe rendit habile dans les Langues, parut avec éclat au Concile de Trente, où il fe fit admirer par fes Prédicat. Il fut un des trois Théologiens nommés par le Concile, pour faire le Catéchifme qui fut publié en 1566. Il mourut au Couvent d'Alméida, le 10 Janvier 1587. On a de lui un *Commentaire* eftimé fur Ifaïe, & d'autres ouvrages.

FOREST, (Jean) habile Peintre du Roi étoit de Paris, & y mourut en 1712.

FOREST, (Pierre) fav. Médecin, plus connu fous le nom de *Foreftus*, naquit à Alcmaer en 1522, d'une famille noble. Il étudia & pratiqua la Médecine en Italie, en France, & dans les Païs-Bas, où il mourut en 1597. On a de lui des *Obfervations* fur la Médecine, & d'autres ouvrages eftimés.

FORESTA, ou plutôt FORESTI, (Jacques-Philippe de) plus connu fous le nom de *Jacques-Philippe de Bergame*, naquit en 1434, près de Bergame, à Soldia, terre appartenant à fa famille, qui étoit noble & ancienne. Il fe fit Auguftin en 1451, & s'acquit une gr. réputation par fon mérite & par fa fcience. Il mourut le 15 Juin 1520, à 86 ans. On a de lui, 1. une *Chronique*, depuis la création du monde jufqu'en 1501, à laquelle on a fait des additions jufqu'en 1535. 2. un Traité des *Femmes illuftres Chrétiennes*, qu'il dédia à Beatrix d'Aragon, Reine de Hongrie & de Boheme. 3. un Traité intitulé *Confeffionale*, ou *Interrogatorium*. Tous ces ouvrages font en latin. La plupart des Hiftoriens font de ce Religieux Auguftin un gr. éloge.

FORESTIER, (Pierre) habile Chanoine d'Avalon, fa patrie, m. en cette ville le 30 Novembre 1713, à 69 ans, eft Auteur de plufieurs ouvrages, dont le plus eftimé eft l'*Hiftoire des Indulgences & des Jubilés*, in-12.

FORGET DE FRESNE, (Pierre) habile Secretaire d'Etat, fut emploïé dans toutes les affaires importantes de fon tems, & m. en 1610. C'eft lui qui dreffa le fam. Edit de Nantes.

FORMOSE, fut élu Pape après la mort d'Etienne V, le 19 Septembre 891, étant alors Evêque de Porto,

Porto, c'est le premier exemple d'un Evêque transferé d'un autre Siege à celui de Rome. Il Couronna Guy de Spolette en 892, & l'Empereur Arnoul, en 896. Il mourut le jour de Pâque cette même année. Etienne VI qui lui succéda après Boniface VI, fit déterrer le corps de Formose, le traita avec indignité, & le fit jetter dans le Tibre ; mais les Papes suivans casserent ce qu'Etienne avoit fait, & rétablirent la mémoire de Formose.

FORSTER, (Jean) habile Théologien Protestant, né à Ausbourg, en 1495, étoit ami de Reuchelin, de Melanchthon & de Luther ; il enseigna l'hébreu avec réputation à Wittemberg, & y mourut le 8 Décembre 1556. On a de lui un excellent *Dictionnaire hébraique*. Il ne faut pas le confondre avec un autre Jean Forster, Théologien Allemand, mort en 1613, après avoir laissé plusieurs ouvr. ni avec Valentin Forster, qui a donné en latin l'*Histoire du Droit*, avec les *vies des plus célebres Jurisconsultes*, jusqu'en 1580, tems auquel il écrivoit.

FORSTNER, (Christophe) illustre sav. du 17e siec. né en 1598, publia dès l'âge de 19 ans un ouvr. sur la politique, qu'il intitula *Hypomnematum politicorum Centuria*. Après avoir étudié en Allemagne, il alla en Italie, où il se fit aimer & estimer des Savans. La harangue de félicitation qu'il prononça à Padoue au nom de la jeunesse Allemande en présence de Jean Cornaro, que l'on venoit d'élire Doge de Venise, plut tellement à ce Doge, qu'il l'honora de l'Ordre de Saint Marc. Forstner vint ensuite en France, & retourna en Allem. où après avoir été quelque tems Conseiller du Comte de Hohenloë & son Envoïé à Vienne, il devint Vice chancelier, puis Chancelier de Montbeliard. Dans la suite il fut employé dans les négociations de la paix de Munster. Il y fit paroître tant de prudence & de capacité, que le Comte de Trautmandorf, Plénipotentiaire de l'Emper., lui procura

Tome I.

la qualité de Conseiller aulique. Il m. le 28 Oct. 1667. Outre ses *Hypomnemata politica*, on a de lui, 1. de *principatu Tiberii*. 2. *Notæ politicæ ad Tacitum*. 3. un Recueil de ses Lettres sur la paix de Munster. 4. *Omissorum Liber*. 5. *Epistola apologetica ad amicum contra secreti Temeratores*, & *Epistol. de moderno Imperii statu*. 6. Enfin deux Lettres latines dans le tom. 14 des *amœnitates Litterariæ* de Scelhorn.

FORTESCUE, (Jean) Lord Chef de Justice & gr. Chancelier d'Angleterre, sous le regne de Henri VI, publia plusieurs ouvrages sur la *Loi naturelle*, & sur *les Loix d'Angleterre*. Ils sont très estimés des Anglois.

FORTET, (Pierre) Chanoine de Paris, natif d'Aurillac, mort en 1391, fonda à Paris le College qui porte son nom, pour huit pauvres Ecoliers, dont quatre doivent être du Diocèse de S. Flour, & les quatre autres de Paris.

FORTIGUERRA, (Nicolas) cél. Cardinal, natif de Pistoïe, rendit de gr. services aux Papes Eugene IV, Nicolas V, Pie II, & Paul II. Il commanda l'Armée du S. Siege avec succès, & m. à Viterbe, le 21 Décembre 1473, à 55 ans.

FORTIUS, ou plutôt STERCK, habile Humaniste, Philosophe, & Mathématicien du 16e siecle, plus connu sous le nom de *Joachimus Fortius Rhingelbergius*, se fit aimer d'Erasme, d'Oporin, d'*Hyperius*, & de plus. autres sav. hommes de son tems. Il enseigna la Langue grecque & les Mathématiques dans les Païs-Bas, en France & ailleurs, & fut en gr. considération à la Cour de Maximilien I. *Fortius* aimoit tellement la belle latinité, qu'on l'entendoit souvent dire, qu'*il préferoit un mot de la pure latinité à un écu d'or*. Il m. vers 1536. On a de lui un gr. nombre d'ouvr. estimés. Celui qui passe pour le meilleur, est son Traité *de ratione studendi*, dans lequel il donne d'excellentes maximes pour se conduire comme il faut dans ſes études.

FORTUNAT, *voyez* VENANCE FORTUNAT.

FOSCARARI, ( Gille ) ſavant Juriſconſulte, natif de Bologne, mort le 9 Janvier 1289, On a de lui divers ouvr. Il ne faut pas le confondre avec Gille Foſcarati, célebre Dominicain, d'une famille noble de Bologne. Celui-ci fut Maître du Sacré-Palais en 1547, puis Evêque de Modene, en 1550, aſſiſta avec éclat, au Concile de Trente, & fut l'un des Théologiens de ſon Ordre nommés pour faire le Catéchiſme du Concile. Il m. le 23 Déc. 1564, à 53 ans.

FOSCO, ( Placide ) Italien, Médecin de Pie V, ſe diſtingua par ſa ſcience & par ſa vertu, & m. à Rome en 1574. On a de lui un Traité eſtimé, *de uſu & abuſu Aſtrologiæ in arte medicâ.*

FOSSE, ( Charles de la ) habile Peintre, natif de Paris, ſe forma ſous le Brun, puis en Italie. Il fut Prof. & Recteur de l'Académie de Peinture, & m. fort âgé en 1716. C'eſt lui qui a peint le dôme des Invalides à Paris. Il réuſſit ſurtout dans le coloris. Il ne faut pas le confondre avec Ant. de la Foſſe d'Aubigny, ſon neveu, qui étoit fils d'un Orfévre de Paris, & qui m. en cette ville, le 2 Novemb. 1708, à 55 ans. On a de ce dernier une traduction en vers françois des *Odes d'Anacréon*, d'autres pieces en vers, & quatre Tragédies, dont *Manlius* eſt la meilleure. La Foſſe parloit & écrivoit purement l'Italien. Une *Ode* qu'il fit en cette Langue, lui mérita une place à l'Académie des *Apatiſtes* de Florence. Il y prononça pour remerciment un diſcours en proſe, ſur ce ſujet ſingulier. *Quels yeux ſont les plus beaux, des yeux bleus, ou des noirs?* Il avoit été ſecretaire du Duc d'Aumont.

FOUCAULT, ( Nicolas-Joſeph ) Avocat Général au Gr. Conſeil, cél. Intendant, & Chef du Conſeil de ſon Alteſſe Roïale Madame, naquit à Paris, le 8 Janv. 1643, de M. Foucault, Secretaire du Conſeil d'Etat. Il eut ſucceſſivement les Intendances de Montauban, de Pau, & de Caen, & s'y acquit une eſtime univerſelle. Il mourut étant honoraire de l'Académie des Inſcriptions, le 7 Fév. 1721, à plus de 80 ans. C'eſt lui qui découvrit en 1704, l'anc. ville des *Viducaſſiens*, à 2 li. de Caen. Il déconvrit auſſi dans l'Abbaïe de Moiſſac en Querci, le fam. ouvr. *de mortibus perſecutorum*, attribué à Lactance.

FOUCQUET, ( Nicolas ) Marquis de Belle-Iſle, cél. par ſes talens & par ſes diſgraces, naquit en 1615 de François Foucquet, Conſeiller d'Etat, & de Marie de Meaupeou, Dame, qui dépenſa conſid. en remedes, qu'elle faiſoit diſtribuer aux pauvres malades, & qui eſt Auteur d'un Recueil eſtimé de *remedes faciles & domeſtiques* imprimé en 2 vol. *in-12.* M. Foucquet fit paroître dès ſa jeuneſſe beaucoup d'eſprit & de capacité pour les affaires, fut Maître des Requêtes à vingt ans, Procureur Général du Parlement de Paris à 35 ans, & Surintendant des Finances en 1643. M. Foucquet s'acquit dans ces places beauc. de réputation; mais étant tombé en 1661 dans la diſgrace du Roi, auquel on l'avoit repréſenté, comme un homme dangereux qui faiſoit faire de gr. fortifications à Belle-Iſle, ſon procès lui fut fait, & il fut condamné par Arrêt à un banniſſement perpétuel; mais le Roi commua la peine, & le fit renfermer au Château de Pignerol, le 20 Décembre 1664. On dit qu'il y paſſa le reſte de ſa vie, s'occupant à compoſer divers ouvr. de piété pour ſa conſolation. Mais Gourville qui avoit eu part à ſa diſgrace, aſſure dans ſes *Mémoires*, qu'il en ſortit quelque-tems avant ſa mort. Quoi qu'il en ſoit, il eut dans ſon malheur la conſolation de voir tous ſes amis lui donner des marques publiques de leur attachement, & en particulier Loret, auteur de la Gazette, Peliſſon, la fameuſe Scuderi, Brebœuf, Pecquet, &c. Son *Procès* a été imprimé en 15 vol. *in-12.* qui font d'excellens Mémoires pour ceux qui s'appliquent aux finances. Il m. le 13 Mars 1680, à 65 ans. Louis Foucquet, Marquis de Belle-Isle, son troisieme fils, épousa Catherine-Agnès de Levis, & en eut en 1684 Louis-Charles Auguste Foucquet, Duc, Pair, & Maréchal de France, qui soutient avec distinction la gloire de sa Maison.

FOUCQUET, (Charles-Armand) fils du Surintend. des Finances dont il est parlé dans l'article précédent, naquit à Paris, le 9 Avril 1657, & entra dans l'Oratoire en 1682. Il devint Supérieur de S. Magloire en 1699, & fut quelque-tems Grand-Vicaire auprès de M. Foucquet son oncle Evêque d'Agde. Il étoit lié d'amitié avec l'Abbé Bignon, M. Duguet, l'Abbé Boileau, & l'Abbé Couet. Il eut aussi beauc. de part dans la confiance du Cardinal de Noailles. Il appella & réappella de la Constitution Unigenitus, & m. à Paris dans la Maison de S. Magloire, le 18 Septembre 1734.

FOUILLOU, (Jacques) fameux Licencié de Sorbonne, étoit natif de la Rochelle, où il fit ses Humanités dans le Collége des Jésuites. Il vint ensuite à Paris, & y continua ses études dans la Communauté de M. Gillot, au College de Ste Barbe. Il eut le premier lieu de sa Licence, & fut aussitôt nommé à la Théologie de la Rochelle ; mais il refusa, & n'eut jamais d'autres Bénéfices que le Prieuré Commendataire de S. Martin de Prunieres, Diocèse de Mende, lequel lui fut résigné par M. l'Abbé de Harlay, frere de Madame la Marquise de Vieuxbourg. M. Fouillou aïant pris part à l'affaire du Cas de Conscience, fut obligé de se cacher en 1703, & de se retirer en Hollande vers 1705. L'air de ce païs lui étant contraire, il y fut attaqué d'un asthme dont il ne guérit jamais. Il revint à Paris vers 1710, & y mourut le 21 Septembre 1736, 66 ans. On a de lui un assez grand nombre d'ouvrages Théologiques, qui sont tous anonymes, & dans lesquels il fait pa-

roître beauc. d'opposition à la Bulle Unigenitus. Les principaux sont : 1. Considérations sur la Censure ( du Cas de Conscience ) de M. l'Evêque d'Apt. 2. Défense des Théologiens contre M. de Chartres. 3. Traité sur le silence respectueux. 4. La chimere du Jansénisme & le renversement de la doctrine de S. Augustin, par l'Ordonnance de Luçon & de la Rochelle, in 12. 5. Traité de l'Equilibre. 6. un petit Ecrit contenant des Observations sur les 101 propositions censurées par la Bulle Unigenitus. Fouillou a eu aussi beauc. de part à la prem. édition de l'Action de Dieu sur les Créatures, des Gémissemens sur Port-Roïal, des Grands Hexaples, & de l'Histoire du Cas de Conscience en 8 vol. in 12.

FOULON, ou GNAFÉE, ( Pierre le ) fameux Hérétique du 5e siecle, aïant été chassé de son Monastere, parcequ'il soutenoit les erreurs d'Eutychés, trouva le moïen de s'insinuer dans les bonnes graces de l'Empereur Zenon, & usurpa le siege d'Antioche. Il fit des maux infinis à l'Eglise, jusqu'à sa mort arrivée en 486.

FOULON, ou FOULLON, (Jean. Erard) sav. Jésuite, natif de Liege, d'une famille noble, mort à Tournai le 25 Octobre 1668, est Auteur de plus. ouvr. Le plus estimé est son Histoire des Eveq. de Liege, imprimée à Liege en 1735, 3 vol. in-fol. en latin. Il ne faut pas le confondre avec Guillaume Foulon Gnapheus, Poëte Latin du 16e siecle, qui s'est principalement distingué dans le genre comique. Ce Poëte étoit Flamand.

FOULQUES I, Comte d'Anjou, dit le Roux, réunit & gouverna avec prudence toutes les Terres de son Comté. Il m. en 938.

FOULQUES II, dit le Bon, fils du précédent, fit défricher & cultiver avec soin les terres du Comté d'Anjou. Il s'appliqua à faire fleurir la piété & les sciences dans ses Etats, & mourut à Tours en 958. On dit que le Roi Louis d'Outremer s'étant moqué de ce que Foulques *le Bon* s'appliquoit à l'étude, & alloit souvent chanter au Chœur, Foulques lui écrivit ces mots : *Sachez, Sire, qu'un Prince non lettré, est un âne couronné.* Il y a eu trois autres Comtes d'Anjou de ce nom.

FOULQUES, Archevêque de Reims, illustre par sa naissance, par son savoir, & par sa piété, succéda à Hincmar en 883, & tint un Concile contre les Usurpateurs des biens de l'Eglise. Il fut assassiné le 17 Juin 900. Il ne faut pas le confondre avec Foulques *le Grand*, Moine, puis Abbé de Corbie, mort le 5 Décembre 1095.

FOUQUES, cél. Evêq. de Toulouse, natif de Marseille, s'acquit une gr. réputation, & se fit aimer des Princes par ses Poésies ingénieuses en Langue provençale. Il parut avec éclat au 4e Concile de Latran, en 1215, & s'y intéressa pour Saint Dominique, son intime ami. Il mourut en 1231.

FOUQUET, *voyez* FOUCQUET.

FOUQUIERES, (Jacques) excellent Peintre de Païsages, natif d'Anvers, travailla au Louvre sous le regne de Louis XIII, & s'y acquit beaucoup de réputation par ses Tableaux. Il mourut à Paris en 1659, à 79 ans.

FOUR, (Philippe Sylvestre du) habile Antiquaire, & Marchand Droguiste à Lyon, étoit de Manosque; il entretenoit commerce de Lettres avec tous les savans Antiquaires de son tems, & surtout avec Jacques Spon, qui lui communiquoit ses lumieres, & le dirigeoit dans ses ouvrages. Il mourut à Vevai en Suisse, en 1685, à 63 ans. On a de lui, 1. *Instruction morale d'un pere à son fils, qui part pour un long voïage.* 2. *Traités nouveaux & curieux du Caffé, du Thé, & du Chocolat.* Ces ouvr. sont estimés.

FOUR, (Dom Thomas du) né à Fécamp, en Normandie en 1613, enseigna la Langue hébraique & soutint ses Theses de Philosophie en hébreu dès l'âge de 17 ans. Il se fit Bénédictin de S. Maur le 10 Août

1637, à Jumiege, où il m. le prem. Févr. 1647. Il savoit aussi le grec & le latin. On a de lui, 1. une *Grammaire hébraique.* 2. Une *Paraphrase sur le Cantique des Cantiques.* 3. Un *Testament spirituel* pour servir de préparation à la Mort. 4. L'*Essai* d'un Commentaire sur *les Pseaumes.* Il travailloit, lorsqu'il mourut, sur ce verset du Ps. 9. *Sperent in te qui noverunt nomen tuum.*

FOUR, (Charles du) Curé de S. Maclou à Rouen, & ensuite Abbé d'Aulnai, mort à Rouen le 17 Juin 1679, s'est fait connoître par ses disputes avec le P. Brisacier, & par son zele contre la Morale relâchée. Il est Auteur, 1. de la *Requête* des Curés de Rouen à leur Archev. 2. D'une *Lettre* des mêmes au même Prélat, contre l'*Apologie des Casuistes.* 3. D'un *Mémoire* sur la conduite d'une compagnie, nommée l'*Hermitage*, établie à Caen : & d'autres ouvrages.

FOURMONT, (Etienne) Professeur en Arabe & en Langue Chinoise à Paris, & l'un des hommes les plus érudits de son siecle, naquit à Herbelai, village à 4 lieues de Paris, le 13 Juin 1683, d'un pere qui étoit Chirurgien & Procureur fiscal de ce village. Le Curé du lieu lui apprit les premiers élemens de la Langue latine. Devenu orphelin, M. Jomard, habile Chanoine de S. Merri, son oncle maternel, le prit chez lui à Paris, & eut soin de ses études. M. Fourmont, après avoir fait sa Rhétorique au Collége Mazarin, entra au Séminaire des Trente-Trois, où il fit son cours de Philosophie. Aïant trouvé dans la même maison M. l'Abbé Sevin, qui avoit, comme lui, un gr. amour pour l'étude, ils résolurent de lire ensemble tous les Poëtes Grecs & Latins. Ils furent encouragés dans cette résolution par M. Boileau, Docteur de la Maison de Sorbonne, & par M. Chappellier, Gr. Maître du Collége Mazarin, qui leur fournissoient tous les Livres dont ils avoient besoin. Comme les exercices de la Communauté leur emportoient beaucoup de tems pendant le jour, ils trouverent le moïen de continuer en secret leurs conférences pendant la nuit; mais on les découvrit, & le Supérieur regardant cette conduite comme une infraction des Regles, les exclut. M. Fourmont se retira au Collége de Montaigu, dans une chambre qui avoit été celle d'Erasme, & qui lui rappelloit sans cesse le souvenir de cet homme célebre. Pour toute tapisserie, il couvrit les murs de cette chambre de différentes Theses, sur lesquelles il avoit dressé de longues listes des mots des Langues auxquelles il s'appliquoit. M. l'Abbé Sevin continua de le voir; ils acheverent ensemble la lecture des meilleurs Poètes & Orateurs Grecs. M. Fourmont joignoit à cette lecture, l'étude des Langues orientales : ce qui lui donna occasion de connoître M. Salmon, Docteur de la Maison de Sorbonne, qui le perfectionna dans la connoissance de la Langue hébraïque, & lui procura l'estime & l'amitié de MM. Berthe, Tournely, Witasse, & de plusieurs autres Docteurs de Sorbonne. M. Fourmont expliquoit aux uns les Peres Grecs, & enseignoit aux autres l'hébreu & le syriaque. Quelque-tems après, il fut chargé de veiller à l'éducation des fils de M. le Duc d'Antin, qui étudioient au Collége d'Harcourt. Il se fit en même-tems recevoir Avocat; mais la Jurisprudence n'étant pas de son goût, il revint à ses premieres études. Il fit alors connoissance avec M. l'Abbé Bignon, qui eut pour lui une estime particuliere, & qui fut toujours son zelé protecteur. C'est par le conseil de cet Abbé, que M. Fourmont s'appliqua à la Langue chinoise, dans laquelle il fit des progrès qu'on n'auroit osé espérer. Mais il joignoit à une mémoire prodigieuse, des dispositions extraordinaires pour l'étude des Langues. M. Fourmont résolut ensuite de tenir chez lui une ou deux fois la semaine, avec ses amis, des Con-

férences réglées sur les divers sujets de Littérature. Ces Conférences ne discontinuerent jamais dans la suite, & furent seulement restraintes au seul mercredi. Les Savans, soit François ou Etrangers, y étoient admis, & y assistoient souvent. C'est ce qui procura à M. Fourmont la connoissance de M. le Comte de Tolede, Gr. d'Espagne. Ce Ministre prenoit tant de plaisir à la conversation de M. Fourmont, qu'il s'entretenoit presque tous les jours avec lui sur la Littérature. Il voulut même l'attirer en Espagne, & n'aïant pu le persuader, il lui assura une pension après son retour à Madrid. M. Fourmont succéda à M. Galland en 1715, dans la Chaire d'Arabe, au Collége Roïal. Il fut reçu la même année de l'Académie des Inscriptions, de la Société Roïale de Londres, en 1738, & de celle de Berlin, en 1741. Il fut souvent consulté par M. le Duc d'Orléans, premier Prince du Sang, qui eut pour lui une estime particuliere, & qui le fit un de ses Secrétaires. M. Fourmont mourut à Paris, le 18 Décembre 1745, à 62 ans. On a de lui un gr. nombre d'ouvr. imprimés & manuscrits. Les plus considérables des imprimés sont : 1. les *Racines de la Langue latine* en vers. 2. *Réflexions critiques sur les Histoires des anciens Peuples*, 2 vol. in-4°. 3. *Meditationes Sinicæ*, in-fol. 4. Une *Grammaire Chinoise* en latin, *in fol.* 5. Plusieurs *Dissertations* imprimées dans les Mémoires de l'Académie des Inscriptions, &c. Il ne faut pas le confondre avec Michel Fourmont, son frere puîné, qui embrassa l'état Ecclésiastique, fut Professeur en langue Syriaque au Collége Roïal, & mourut le 5 Février 1746, étant de l'Académie des Inscriptions.

FOURNIER, ( Guillaume ) habile Critique & Professeur en Droit, à Orléans, au 16e siecle, étoit de Paris. On a de lui divers ouvrages, entr'autres un *Commentaire* sur le titre de *Verborum significatione*, qu'il fit imprimer en 1584.

FOURRIER DE MATHINCOURT, ( le Bienheureux Pierre ) né à Mircourt, le 30 Novembre 1565, entra jeune chez les Chanoines Réguliers, & s'y diftingua par fon favoir & par fa piété. Il fut enfuite Curé de Mathincourt, établit une Congrégation de Chanoines Réguliers réformés, & fonda la Congrégation des Religieufes de Notre-Dame. Il mourut en odeur de fainteté, le 9 Décembre 1640.

FOX, ( Jean ) favant Hiftorien Eccléfiaftique, au 16e fiecle, naquit à Bofton en 1517, & fut élevé à Oxfort. Il fit paroître dans fa jeuneffe du talent pour la Poéfie, & compofa en latin plufieurs *Comédies* qui lui firent honneur. Il s'appliqua dans la fuite tout entier à la Théologie, & mécontent de l'état où étoit la Religion en Angleterre, fous le regne de Henri VIII, il fe retira en Allemagne. Après la mort de ce Prince, Fox retourna en Angleterre. Il en fortit encore fous le regne de la Reine Marie, & alla demeurer à Bâle ; mais Elifabeth étant montée fur le Trône, il fe rendit à Londres, & y publia fes *Actes & Monumens de l'Eglife*, qui furent réimprimés en 1684, en 3 vol. *in-fol.* Fox étoit Calvinifte. On a de lui d'autres ouvrages en anglois & en latin.

FOX, ( George ) Inftituteur & Chef de la Secte des *Quakers*, ou *Trembleurs*, en Angleterre, étoit un Cordonnier, natif de Dreton, village de la Province de Leicefter. Il époufa Marguerite Fell, & quitta fon métier pour prêcher fes erreurs & fes opinions fingulieres. Cromwel le fit arrêter, & défendit à fes Sectateurs de tenir aucune affemblée ; mais cela n'empêcha point cette Secte de faire un grand nombre de Difciples. Fox mourut en 1681.

FOX MORZILLO, *Foxus Morzillus*, ( Sébaftien ) fav. Ecrivain, du 16e fiecle, naquit à Seville, en 1528. Il fit fes études en Efpagne, & dans les Païs-Bas, & s'acquit une réputation extraordinaire par

fes ouvr. Philippe II, Roi d'Efpagne, l'aïant nommé pour être Précepteur de l'Infant Dom Carlos, il quitta Louvain, & alla s'embarquer, pour être plutôt auprès du Prince ; mais il fit malheureufement naufrage, & périt à la fleur de fon âge. On a de lui des *Comment. fur le Timée*, & fur *le Phédon de Platon*, & plufieurs autres ouvrages eftimés.

FRA-BASTIEN del Piombo, Peintre, *voyez* SEBASTIEN.

FRACASTOR, ( Jérôme ) cél. Poëte & favant Médecin, du 16e fiecle, naquit à Verone ; fes levres étoient tellement attachées l'une à l'autre, qu'il fallut qu'un Chirurgien les féparât avec un rafoir. Il fit de fi gr. progrès dans les Belles-Lettres & dans les Sciences, qu'il devint Poëte, Philofophe, Médecin, & Aftronome. C'eft de lui que le Pape Paul III, fe fervit pour transférer le Concile de Trente à Boulogne, en 1547, fous prétexte de la crainte d'une maladie contagieufe. Fracaftor étoit ami intime du Cardinal Bembe, & de Jules Scaliger. Il mourut d'apoplexie à Cafi, près de Verone, le 6 Août 1553, à 71 ans. La ville de Verone lui fit élever une ftatue en 1559. On a de lui un excellent Poëme, intitulé, *Syphilis*, traduit en françois avec des notes en 1753 ; un autre, intitulé, *Jofeph* ; un *Traité* des Maladies contagieufes ; un autre de la *Sympathie & de l'Antipathie*, &c. La meilleure édition de fes ouvrages eft celle de Padoue, en 1735, 2 vol. *in-4°*.

FRACHETTA, ( Jérôme ) natif de Rovigo, en Italie, s'acquit une gr. réputation au 16e fiecle, par fes ouvr. de politique, dont le plus confidér. eft, *il feminario de'Governi di ftato & di guerra*. Il mourut à Naples, au commencement du 17e fiecle. Sa *Traduction* italienne de *Lucrece* eft eftimée.

FRAGUIER, ( Claude-François ) favant Académicien de l'Académie Franç, & de celle des Infcript., naquit à Paris, le 28 Août 1666, de

parens nobles. Il entra chez les Jésuites en 1683, & fut disciple des
Peres Rapin, Jouvenci, la Rue, &
Commire. Deux ans après, aïant
été envoïé à Caen, il se fit estimer
de M. Huet & de M. de Segrais.
M. Fraguier sortit des Jésuites en
1694, & fut chargé par M. Bignon,
de travailler au Journal des Savans.
Il mourut d'apoplexie, le 3 Mai
1718. On a de lui des Poésies latines très estimées, qui se trouvent
dans le Recueil de l'Abbé d'Olivet;
il y a dans les Poésies de l'Abbé Fraguier, surtout dans son *Ecole de
Platon*, une Philosophie aimable,
un élégant badinage, & une urba-
nité charmante, qu'il avoit puisée
dans ses conversations avec Mad.
de la Fayette, & avec Ninon l'Enclos. On a aussi de lui un grand
nombre d'excellentes *Dissertations*,
imprimées dans les Mémoires de
l'Académie des Inscriptions. Il avoit
entrepris la Traduction de Platon,
mais la foiblesse de sa santé la lui fit
discontinuer.

FRAÏN, ( Jean ) Seigneur du
Tremblai, & l'un des 30 premiers
Académiciens d'Angers, mort le 24
Août 1724, à 84 ans, est Auteur
1. des nouveaux *Essais de Morale*,
*in-*12, ouvr. estimé par le P. Mabillon. 2. D'un *Traité de la vocation Chrétienne* des Enfans. 3. Des
*Conversations* morales sur les jeux
& les divertissemens. 4. D'un Traité de la *Confiance*.

FRANC, ( Martin le ) Poëte,
Historien, Philosophe & Orateur,
étoit, à ce que l'on croit, natif
d'Arras. Il fut Protonotaire du S.
Siége, Prévôt & Chanoine de Lausanne, puis Secretaire de l'Antipape
Felix, & du Pape Nicolas V.
Ses princip. ouvr. sont : 1. un Livre
en vers, intitulé *le Champion des
Dames*, dans lequel il entreprend
de venger le beau sexe du mal qu'on
en dit dans le *Roman de la Rose*.
Une chose assez singuliere, c'est
qu'étant Secretaire du Pape, quand
il composa cet ouvrage, il y parle
de la *Papesse Jeanne*. 2. Un ouvrage en vers & en prose, intitulé,

l'*Estrif de la fortune* & de la *vertu*, imprim. à Paris en 1505.

FRANCESCHINI, ( Marc-An-
toine ) habile Peintre Italien, naquit à Bologne en 1648, & fut éleve du Cignani, dont il saisit & imita le goût. Il mourut en 1729.

FRANCFLORE, Peintre, *voyez*
FLORIS.

FRANCHI, ( Nicolas ) ou plutôt
NICOLO FRANCO, fameux Poète
satyrique du 16e siecle, natif de
Bénévent, parcourut toute l'Italie,
& publia divers ouvr. en italien,
dans lesquels il n'épargnoit ni les
Papes, ni les Princes. Il fut d'abord
ami & ensuite ennemi de Pierre
Aretin, auquel il dédia plusieurs
sonnets. Enfin Pie V l'aïant fait
arrêter, il fut pendu à Rome en
1569. Il ne faut pas le confondre
avec Vincent Franchi, Président de
Naples, sa patrie, & célebre Jurisconsulte, dont on a *Decisiones sa-
cri Regii Consilii Neapolitani*. Celui-ci mourut le 15 Avril 1601, à
70 ans.

FRANCHINI, ( François ) natif
de Cosence, suivit Charles Quint,
à l'expédition d'Alger, & allia les
Muses avec Mars. Il fut ensuite
Evêq. de Massa, puis de Populania,
& mourut en 1554. On a de lui
quelques *Dialogues*, & d'autres petits ouvrages estimés.

FRANCIA, ( François le ) fam.
Peintre de Bologne, excelloit dans
le Dessein. On dit que Raphael
aïant fait un tableau de Sainte Cecile, pour une Eglise de Bologne, il
l'adressa à Francia, le priant de le
placer, & même de corriger les défauts qu'il y trouveroit. Francia fut
si surpris de voir la beauté de ce
tableau, que desespérant d'attein-
dre à un si haut point de perfection,
il en tomba malade de douleur, &
mourut en 1518, à 68 ans.

FRANCISCI, ( Erasme ) savant
Ecrivain All., né à Lubeck le 19
Nov. 1627, & mort à Nuremberg
le 20 Décembre 1694, est Auteur
d'un gr. nombre d'ouvr. de Théologie & d'Histoire, la plûpart écrits
en Allemand.

FRANCISQUE, Peintre, *voyez* MILÉ.

FRANCIUS, (Pierre) cél. Prof. d'Eloquence & d'Histoire, à Amsterdam, naquit en cette ville en 1645. Il fut disciple d'Adrien Junius, & de Gronovius le pere ; il voïagea ensuite en France & en Italie, où il se fit estimer des Savans. Il fut aussi Professe. en Langue grecque à Amsterdam. Francius excelloit principalement dans l'art de déclamer. Il mourur le 19 Août 1704, à 59 ans On a de lui : 1. un Recueil de *Poésies* ; 2. des *Harangues* ; 3. des *Œuvres posthumes.*

FRANCK DE FRANKENAU, (George) cél. Médecin allem, naquit à Naumbourg, en 1643. A l'âge de 18 ans, il alla à Iene, où il fut créé Poëte couronné à cause de sa grande habileté à faire des vers Allem., Latins, Grecs & Hébreux. Dans la suite, il devint successiv. Professeur en Médecine à Heidelberg & à Witemberg, d'où le Roi de Dannemarck Christian V, le fit venir à sa Cour pour être son Médecin & son Conseiller aulique. L'Emp. Leopold l'ennoblit en 1691, & le nomma Comte Palatin l'année suiv. Franck étoit membre de l'Académie Leopoldine, de celle des *Ricovrati* de Padoue, & de la Soc. de Londres. Il m. en 1704, à 60 ans. Ses ouvr. imprimés, sont : 1 *Flora Francica.* 2. *Satyræ medicæ.* 3. Plusieurs *Lettres.* Il a aussi laissé un gr. nombre de Manuscr. qui mériteroient d'être imprimés, & plus. fils distingués.

FRANCKE, (Auguste Herman) très cél. Théologien All., naquit à Lubeck le 12 Mars 1663. Après avoir commencé ses études à Erford, il les continua à Kiel, & il les finit à Leipsick, où il fut Maître-ès-Arts en 1685. Il y fonda avec quelques-uns de ses amis une espece de Conférence réguliere, qui subsiste encore sous le nom de *Collegium Philobiblicum*, pour y cultiver l'étude de l'Ecriture Sainte. Francke devint Ministre d'Erford en 1690, mais ses Prédications lui aïant occasionné de fâcheuse affaires, il fut obligé de sortir de cette ville en 1691. Il accepta alors les offres de l'Electeur de Brandebourg, & il devint Professeur de grec & des Langues orientales à Halle, puis Professeur de Théologie en 1698. C'est dans cette ville qu'il fit la cél. fondation si connue de toute l'Europe, sous le nom de *Maison des Orphelins de Hal*, où l'on enseigne à la Jeunesse qui est pauvre tous les Arts & toutes les Sciences, en même-tems qu'on l'instruit dans la vertu & dans la Religion. Il m. en 1717, à 64 ans, universellement regretté de toute l'All., à cause de sa vertu, de sa charité envers les Pauvres, & des soins infatigables qu'il s'étoit donnés pour la fondation de la *Maison des Orphelins.* Cette Maison prospéra tellement qu'il y avoit déja alors (en 1727) 2196 jeunes gens, & plus de 130 Précepteurs. C'est à elle que la Mission Protestante de Malabare doit ses Fondateurs. On a de M. Francke, 1. des *Sermons*, & des *Livres de dévotion* en Allem. 2. Ses ouvr. latins, sont, *Programmata : Prælectiones hermeneuticæ : Methodus studii Theologici : Introductio ad lectionem Prophetarum : Commentatio de scopo Librorum veteris & novi Testamenti : Manuductio ad lectionem scripturæ sacræ : Observationes Biblicæ : Idea studiosi Theologiæ : Monita Pastoralia Theologica.*

FRANCKENBERG, (Abraham de) fameux Ecrivain mystique du 17e siecle, étoit Seigneur de Ludwigsdorff & de Schwirse, dans la Principauté d'Oels. Il refusa des emplois considér. que l'Electeur de Brandebourg & le Duc d'Oels lui offrirent, & passa la plus gr. partie de sa vie dans la retraite à Ludwigsdorff, où il étoit né en 1593, & où il m. le 25 Juin 1652. On a de lui un gr. nombre de Livres mystiques en latin & en allem. Les plus connus sont, 1. une *Vie* du fameux *Jacques Boehme.* 2. *Via veterum sapientum : Nosce teipsum*, &c.

FRANCKENSTEIN, (Christian-Godefroi) savant Jurisconsulte &

Historien allem., né à Leipsick en 1661. Après avoir voïagé en France, en Angleterre, & en Suisse, exerça avec applaudissement la profession d'Avocat à Leipsick où il mour. en 1717. Il avoit une mémoire prodigieuse. Ses princip. ouvr. sont, 1. une *continuation* de l'Introduction à l'Histoire de Puffendorf. 2. *Vie de la Reine Christine.* 3. Hist. du 16e & du 17e siecle, qui n'est pas estimée. Jacques-Auguste Franckenstéin son fils, mort à Leipsick le 10 Mai 1733, après avoir été Professeur de la Chaire du droit de la Nature & des Gens, est Auteur d'un gr. nombre d'ouvr. & de dissertations latines, entr'autres, 1. *de collatione bonorum.* 2. *De juribus judæorum singularibus in Germaniâ.* 3. *De Thesauris.* 4. *De prerogativis domûs Austriacæ.* 5. *De Prosopolipsiâ.* 6. *De rigore pœnarum militarium,* &c.

FRANCO, (Battista) habile Peintre, natif de Venise, excelloit dans le dessein, & mourut à Venise, en 1561.

FRANCO, (Nicolo) *voyez* FRANCHI (Nicolas).

FRANÇOIS I, Roi de France, surnommé *le Grand,* & *le Restaurateur des Lettres,* succéda à Louis XII, son beau pere, mort sans enfans mâles en 1515. Il étoit fils unique de Charles d'Orléans, Comte d'Angoulême, & naquit à Cognac le 12 Septembre 1494. Aussitôt après son Sacre, il prit le titre de Duc de Milan, & se mit à la tête d'une puissante Armée, pour faire valoir les droits qu'il avoit sur ce Duché. Les Suisses qui le défendoient, s'opposerent à son entreprise, & lui livrerent bataille, auprès de Marignan; mais ils furent taillés en pieces dans un sanglant combat, où environ 15000 des leurs resterent sur la place. L'illustre Trivulce, qui s'étoit trouvé à 18 batailles, disoit que celle-ci étoit un *combat de Géans,* & les autres des *jeux d'enfans.* C'est en cette occasion, que le Roi voulut être fait Chevalier par le fameux Bayard.

Cette victoire rendit le Roi maître du Milanez. Maximilien Sforce lui en fit la cession, & se retira en France. Le Pape Léon X, effraïé de ces succès, eut une conférence avec lui à Bologne, en obtint l'abolition de *la Pragmatique-sanction,* & y conclut le *Concordat,* qui fut confirmé l'année suivante, au Concile de Latran. Cette même année 1516, se fit le Traité de Noyon entre Charles-Quint, & François I. L'un des principaux articles de ce Traité, fut la restitution de la Navarre. Après la mort de Maximilien I, Charles Quint aïant été élu Empereur en 1519, malgré la concurrence de François I, la jalousie éclata aussi-tôt entre ces deux Princes, & alluma une longue guerre, qui fut funeste à toute l'Europe. Les François, commandés par André de Foix, conquirent la Navarre en 1520, & la perdirent presqu'aussitôt; ils chasserent de Picardie les Anglois & les Impériaux, & s'emparerent d'Hesdin, de Fontarabie, & de plusieurs autres places; mais ils perdirent Milan & Tournai en 1521; l'année suiv. Odet de Foix, Vicomte de Lautrec, fut défait au sanglant combat de la Bicoque : ce qui fut suivi de la perte de Cremone, de Genes, & d'une gr. partie de l'Italie. Pour surcroît de malheurs, Charles de Bourbon, Connétable de France, persécuté par la Duchesse d'Angoulême, se jetta en 1523, dans le parti de l'Empereur, qui lui donna le commandement de ses Armées. Il défit en 1524 l'arriere-garde de l'Amiral Bonnivet, à la retraite de Rebec, & reprit tout le Milanez. Il entra ensuite en Provence avec une puissante Armée, mais il fut contraint de lever le siege devant Marseille, & de se retirer avec perte. Cependant François I passa en Italie, reprit Milan, & alla assiéger Pavie; mais aïant détaché mal-à-propos une partie de ses troupes, pour les envoïer à Naples, il fut défait par Charles-Quint, & par le Connétable de Bourbon, dans un sanglant combat donné devant

Pavie, le 24 Février 1525, après avoir eu deux chevaux tués sous lui, & avoir fait des prodiges de valeur. Sa grandeur d'ame ne parut jamais avec plus d'éclat qu'après cette funeste bataille. *Tout est perdu*, écrivit-il à sa mere, *hormis l'honneur*. Il fut conduit prisonnier à Madrid, & en revint l'année suivante après le Traité conclu en cette ville, le 14 Janvier 1526. De retour en France, il envoïa des troupes en Italie, sous le commandement de Lautrec, qui délivra Clément VII, & eut d'abord de grands avantages ; mais il périt ensuite avec son Armée par les maladies. Le Roi qui étoit veuf depuis quelques années, conclut en 1529, le Traité de Cambrai, par lequel il épousa Eleonore d'Autriche, sœur de l'Empereur. Il prit la Savoie en 1535, chassa l'Empereur de la Provence en 1536, fit alliance avec Soliman II, Empereur des Turcs, prit Hesdin avec plus. autres places en 1537, & fit à Nice en 1538, une treve de 10 ans avec Charles-Quint. Cette treve ne fut pas de longue durée. L'Empereur, voulant marcher contre les Gantois révoltés, obtint passage par la France, en promettant au Roi l'investiture du Duché de Milan, pour celui de ses enfans qu'il voudroit ; mais après avoir été reçu en France en 1539 avec les plus gr. honneurs, il ne fut pas plutôt arrivé en Flandres, qu'il refusa de tenir sa promesse. Ce refus rompit la treve, & ralluma la guerre, qui se fit de part & d'autre avec divers succès. Les troupes du Roi entrerent en Italie, dans le Roussillon, & dans le Luxembourg. François de Bourbon, Comte d'Anguien, gagna la bataille de Cerizoles en 1544, & s'empara du Montferrat. François I mit dans ses intérêts Barberousse, & Gustave Vasa, Roi de Suede. D'un autre côté, Henri VIII, Roi d'Angleterre, prit le parti de Charles Quint, & s'empara de Boulogne en 1544. Enfin la paix fut conclue à Crespy, avec l'Empereur, le 18 Septembre 1544, & avec Henri VIII, le 7

Juin 1546. François I ne jouit pas long tems de la tranquillité que lui procuroit cette paix ; il mourut au Château de Rambouillet, le dernier de Mars 1547, à 53 ans. C'étoit un Prince doué des plus brillantes qualités ; il étoit spirituel, doux, magnanime, généreux, & bienfaisant. C'est à lui principalem. qu'est due la renaissance des Belles Lettres en Europe. Il protégea les Savans, fonda à Paris le Collége Roïal, dressa à gr frais une Bibliotheque à Fontainebleau, & fit bâtir plus. maisons Roïales, qu'il orna de tableaux, de statues, & de meubles précieux. Il fit aussi paroître un gr. zele pour la Religion Catholique contre les Protestans, & un amour tendre pour son peuple. En mourant, il recommanda expressément à son fils de diminuer les tailles, qu'il avoit été contraint d'imposer pour subvenir aux frais de la guerre. C'est lui qui ordonna que les Actes publics seroient désormais écrits en françois, & qui introduisit la mode de porter les cheveux courts & la barbe longue, aïant été blessé d'un tison par le Capitaine de Lorge, sieur de Montgomeri, & voulant cacher par-là les marques de sa blessure ; mais cette mode s'abolit sous Louis XIII. Henri II son fils lui succéda.

FRANÇOIS II, Roi de France, fils de Henri II, & de Catherine de Medicis, naquit à Fontainebleau le 19 Janvier 1544. Il épousa en 1558 Marie Stuart, Reine d'Ecosse, fille unique de Jacques V, & succéda au Roi Henri II, le 10 Juillet 1559. Le Duc de Guise & le Cardinal, son frere, profitant de la jeunesse de ce Prince, dont l'épouse étoit leur niece, s'emparerent du Gouvernement, ce qui suscita contre eux les Princes du Sang, Antoine de Bourbon, Roi de Navarre, & Louis, son frere, Prince de Condé. Ces Princes engagerent dans leur parti les Calvinistes. Les Guises au contraire mirent dans leurs intérêts les Catholiques. Telle fut l'origine des troubles & des guerres civiles , qui défolerent le Roïaume fous les regnes fuivans, & couterent la vie à tant d'illuftres Citoïens , les Hérétiques aïant des Chefs & des Protecteurs d'un rang fi diftingué , & les Guifes étant à la tête du Gouvernement. Les partifans du Prince de Condé formerent en 1560 *la confpiration d'Amboife*, & fe rendirent de toutes parts aux environs de cette ville, dans le deffein d'enlever le Roi, & de maffacrer les Guifes ; mais la conjuration fut découverte par un Avocat, nommé *Avenelles*, & la Renaudie qui la conduifoit , fut tué. Le Roi donna enfuite un Edit à Romorantin, par lequel la connoiffance du crime d'héréfie eft renvoïée aux Evêques , & interdite aux Parlemens. Il défendit aux Calviniftes de tenir des affemblées, & il avoit créé dans chaque Parlement une Chambre, qui ne connoiffoit que de ces cas-là , & que l'on appella *la Chambre ardente*. Il fe rendit enfuite à Orléans, pour y tenir les Etats Généraux. Le Prince de Condé fut arrêté en cette ville , & condamné à perdre la tête , comme aïant eu part à la confpiration d'Amboife ; mais cet Arrêt n'eut point fon exécution par la mort du Roi, arrivée le 5 Décembre 1560 , à près de 17 ans. C'eft fous le regne de ce Prince, que les Proteftans furent appellés *Huguenots*. Charles IX fon frere lui fuccéda.

FRANÇOIS de France, Duc d'Alençon, d'Anjou, & de Brabant, & frere du Roi François II , quitta la Cour en 1575 , parcequ'on lui avoit refufé la Lieutenance générale du Roïaume, & fit la guerre au Roi Henri III , fon frere. On l'appaifa dans la fuite , & les Confédérés des Païs-Bas l'aïant appellé à leur fecours, il prit Bins en 1578. Quelque-tems après, il fut déclaré Prince des Païs Bas, délivra Cambrai affiégé par le Duc de Parme en 1581 , chaffa les Ennemis de l'Eclufe & d'Arleux , & obligea Cateau-Cambrefis de fe rendre à difcrétion. Ce Prince alla en Angleterre la même année , pour époufer la Reine Elifabeth , mais fans fuccès. Il fut couronné Duc de Brabant à Anvers, & Comte de Flandres à Gant , en 1581. Dans la fuite aïant maltraité les auteurs de fa fortune, il fut obligé de revenir en France, & mourut de phthifie à Château Thiery, le 10 Fév. 1584 , fans avoir été marié.

FRANÇOIS de Bourbon , Duc de Montpenfier, de Châtellerault, &c. étoit fils de Louis de Bourbon. Il fe trouva au fiege de Rouen en 1562 , & aux batailles de Jarnac & de Montcontour en 1569. Après la mort du Roi Henri III , il s'attacha à Henri IV , auquel il rendit des fervices confidérables. Il commanda l'avant-garde au combat d'Arques, & fe fignala à la bataille d'Ivri en 1590. Il mourut à Lifieux le 4 Juin 1592 , à 50 ans.

FRANÇOIS de Bourbon , Comte de Saint Pol & de Chaumont, &c. étoit fils de François de Bourbon, Comte de Vendôme, & naquit à Ham en 1491. Il fe fignala à la bataille de Marignan en 1515 , fecourut Mezieres affiégé par les Impériaux en 1521 , & défit les Anglois au combat de Pas. Il fe trouva à la funefte bataille de Pavie en 1525 , rendit des fervices confidérables à François I , & mourut à Cotignan, près de Reims, le prem. Septembre 1545.

FRANÇOIS de Bourbon , Comte d'Anguien, &c. fils puîné de Charles de Bourbon, Duc de Vendôme, naquit au Château de la Fete, le 23 Septembre 1519. Il donna de fi bonne heure des marques éclatantes de prudence & de valeur, que le Roi François I , lui confia la conduite d'une armée. Le Comte d'Anguien défit à Cerizoles le Marquis Duguaft, Général des troupes de Charles-Quint, le 14 Avril 1544. Après cette victoire fignalée , il s'empara de tout le Montferrat, excepté de Cafal. L'année fuivante, fe jouant avec quelques Seigneurs, il fut tué malheureufement à l'attaque d'un fort de nége, le 23

Février 1545, à 27 ans. Le Roi &
tout le Roïaume, furent affligés de
la mort de ce jeune Prince, qui
donnoit les plus grandes espérances.

FRANÇOIS de Lorraine, Duc
de Guise & d'Aumale, Prince de
Joinville, &c. étoit fils aîné de
Claude de Lorraine, Duc de Guise.
Il naquit au Château de Bar, le 17
Février 1519. Il se signala à la prise
de Montmédi, en 1542, & en diverses autres occasions. Le Roi
Henri II l'honora d'une bienveil-
lance particuliere, & le combla
d'honneurs & de biens. Il le fit Duc
d'Aumale en 1547, & érigea en sa
faveur, en 1552, la Terre de Joinville en Principauté. L'année suiv.
1553, François de Lorraine fit lever
le siége de Metz à l'Empereur Charles-Quint. Il défit les Impériaux à la
bataille de Renty, le 13 Août 1554,
& obligea les Espagnols en 1557, à
faire la paix avec le Pape Paul IV.
De retour en France, il prit Calais
sur les Anglois, & Thionville sur
les Espagnols. Ce Prince fut déclaré
Lieutenant général du Roïaume,
& eut, sous le Roi François II, le
gouvernement de toutes les affaires
avec le Cardinal son frere. Mais son
pouvoir lui attira la jalousie des
Grands; les Calvinistes aïant voulu
le perdre *à la conspiration d'Amboise* en 1560, les coupables furent
punis, & le Parlement lui donna le
titre de *Conservateur de la Patrie.*
Après la mort de François II, les
Guises aïant été éloignés des affaires, le Duc se ligua avec le Connétable de Montmorenci, & avec le
Maréchal de S. André. C'est cette
union que les Calvinistes nommè-
rent *le Triumvirat.* Quelque-tems
après, le Duc de Guise passant à
Vassy en 1561, ses gens eurent une
gr. querelle avec les Huguenots :
aïant voulu l'appaiser, il fut blessé
d'un coup de pierre à la joue ; ce qui
augmenta tellement la fureur de ses
gens, qu'ils y tuerent près de 60
personnes, & en blesserent environ
200. Ce meurtre, que les Huguenots ont appellé *le massacre de*

*Vassy*, fut comme le signal des
guerres de Religion. On courut aux
armes de part & d'autre. Le Duc
de Guise prit Rouen & Bourges sur
les Calvinistes, & les défit à la bataille de Dreux. Il alla ensuite assiéger Orléans, dont ils avoient fait
la Place d'armes de leur parti ; il
étoit près de la prendre, lorsque
Jean Poltrot de Meré, lui tira un
coup de pistolet à l'épaule, comme
il revenoit de la tranchée : il mourut de sa blessure six jours après, le
24 Févr. 1563. On soupçonna l'A-
miral de Coligni, d'avoir eu part
à cet assassinat. Le Duc de Guise,
au jugement même de ses ennemis,
étoit le Prince le plus accompli &
le plus gr. Capitaine de son tems.
Il y a eu plusieurs autres Princes
nommés François.

FRANÇOIS D'ASSISE, (S.) Instituteur de l'Ordre des Freres Mineurs, & l'un des plus gr. Saints
révérés dans l'Eglise, naquit à Assise en Ombrie, l'an 1182. Son
pere Pierre Bernardon, étoit Marchand, & sa mere s'appelloit Pique.
S. François, après avoir emploïé
les premieres années de sa vie dans
le négoce, renonça à la propriété
de ses biens, & fit profession de la
pauvreté évangélique. Il eut aussi-
tôt une si gr. nombre de disciples,
qu'il résolut d'en former un Ordre
de Religieux ; ce qu'il fit vers 1209.
Il établit plusieurs Couvents en Italie, en Espagne, & en France.
Aïant tenu un Chapitre général à
Rome, il alla en Egypte, pour y
prêcher l'Evangile. Le Sultan refusa
d'abord de lui en donner la permission, mais S. François aïant offert
de se jetter dans un feu, pour prouver la vérité de la Religion Chrétienne, le Sultan lui donna la liberté de prêcher. De retour en Europe, il continua d'établir des Monasteres, de convertir les peuples
par ses prédications, & de les édifier par ses vertus. On avoit pour
lui une telle vénération, que lorsqu'il entroit dans une ville, le Clergé & le Peuple venoient souvent au
devant de lui, & s'empressoient de

le toucher. Il se démit de son Géné-
ralat, en faveur de Pierre de Catane, & se retira sur une des plus
hautes montagnes de l'Apennin.
C'est là, où l'on dit, qu'il vit un
Séraphin crucifié tout en feu, dont
il lui resta des *stigmates* sur la chair,
qui représentoient les plaies de N. S.
J. C. sur la Croix. C'est de là aussi
qu'il eut le nom de *Séraphique*,
qui a passé à tout son Ordre. Il
mourut à Assise, le 4 Octobre 1226,
à 45 ans. Il n'étoit que Diacre, son
humilité l'aïant empêché de recevoir la Prêtrise. Le Pape Grégoire
IX le canonisa deux ans après sa
mort : son Ordre avoit déja été
approuvé par Innocent III, en 1215,
& confirmé par Honorius III, en
1223. Il nous reste de S. François
deux Regles, & plusieurs autres
ouvrages, dans lesquels il défend à
ses disciples de prêcher sans la permission de l'Evêque, & de rien posséder en propre. Il les exhorte en
même-tems au travail des mains,
& veut qu'ils se contentent de recevoir pour le prix de leurs ouvrages,
les choses nécessaires à la vie, pourvu que ce ne soit point en argent.
Son Ordre se multiplia tellement,
qu'on rapporte, qu'au prem. Chapitre général, tenu en 1219, il se
trouva plus de 5000 Religieux,
sans compter ceux qui étoient restés dans les Couvens. Cet Ordre
s'est divisé par des réformes & des
mitigations en différentes branches,
comme des Récollets, des Picpus,
des Capucins, &c. Il a produit
plusieurs Papes, & un grand nombre de Cardinaux, d'Evêques, &
d'autres personnes illustres par leur
science & par leur vertu. *Voyez*
ALBIZZI.

FRANÇOIS de Paule, (S.) Fondateur de l'Ordre des Minimes, ainsi
nommé, de Paule, ville de Calabre, où il naquit en 1416, fut élevé
chez les Religieux de S. François.
Il se retira ensuite dans la solitude,
où plusieurs personnes l'étant venu
trouver, il bâtit un Monastere, &
fonda l'Ordre des Minimes, qui fut
approuvé par Sixte IV, en 1473.

S. François de Paule disposa à la
mort Louis XI, Roi de France, &
prit de-là occasion d'établir son Ordre dans ce Roïaume. Il m. au Couv.
du Plessis du Parc, le 2 Avril 1507,
à 91 ans, & fut canonisé par
Léon X, 1519. Ses disciples s'appelloient d'abord *les Hermites de S.*
*François.*

FRANÇOIS Xavier, (S.) surnommé l'*Apôtre des Indes*, étoit
neveu du fameux Docteur Navarre
& naquit au Château de Xavier, au
pié des Pyrenées, le 7 Avril 1506,
d'une famille noble. Après avoir
achevé ses humanités en son païs,
il vint étudier à Paris, y fut reçu
Maître-ès-Arts, & enseigna la Philosophie au College de Beauvais,
dans le dessein de se faire recevoir
de la Société de Sorbonne ; mais s'é-
tant lié d'amitié avec S. Ignace de
Loyola, il renonça à tous les établissemens, & devint un des prem.
disciples de cet illustre Fondateur
des Jésuites. S. François Xavier alla
ensuite en Italie, où il servit les
malades à Venise dans l'Hôpital des
Incurables, & où il fut ordonné
Prêtre. Quelque-tems après Jean III,
Roi de Portugal, aïant fait demander à S. Ignace des Missionnaires,
pour aller prêcher l'Evangile dans
les Indes Orientales, S. François
Xavier fut choisi pour cette mission.
Il s'embarqua à Lisbonne, le 7 Avril
1541, & arriva à Goa, le 6 Mai
1542. Il établit la Religion Chrétienne non seulement à Goa, mais
aussi sur la Côte de Comorin, à
Malaca, dans les Molucques & dans
le Japon, il convertit un nombre
infini de Barbares, & mourut dans
une Isle à la vue du Roïaume de la
Chine, où il avoit un desir extrême
de porter la Foi, le 2 Décem. 1552,
à 46 ans. Grégoire XV le canonisa
en 1622. Il nous reste de S. François Xavier 5 *Livres d'Epitres*, un
*Catéchisme*, & quelques autres
*Opuscules*, dans lesquels ce gr. Saint
joint à une piété solide & à un zele
infatigable, beauc. d'esprit, de prudence, & de discernement.

FRANÇOIS de Borgia, (S.) Duc

de Gandie, & Viceroi de Catalogne, réfolut de renoncer au monde, après la mort d'Eleonore de Caftro, fon époufe, dont il eut une nombreufe poftérité. Il fe fit Jéfuite en 1548, & en fut le troifieme Général en 1565. Il rendit les fervices les plus importans à fa Société & au Pape Pie V, & mourut à Rome le 30 Septembre 1572, à 62 ans, après avoir refufé plufieurs fois le Cardinalat, & d'autres dignités Ecléfiaftiques. Il nous refte de lui divers ouvr. que le P. Alphonfe Deza, Jéfuite, a traduits d'efpagnol en latin.

FRANÇOIS de Sales, (S.) Evêque & Prince de Geneve, Inftituteur de l'Ordre de la Vifitation, naquit dans le Château de Sales, au Dioc. de Geneve, le 21 Août 1567, d'une des plus anciennes & des plus nobles Maifons de Savoie. Il fit paroître dès fon enfance cette douceur admirable, & cette tendre piété qui lui gagnoit tous les cœurs. Il étudia d'abord à Anneci, & vint enfuite achever fes études à Paris. Il y fit fa Philofophie chez les Jéfuites, étudia l'hébreu fous Genebrard, & prit des leçons de Théologie fous Maldonat, & fous les Profeffeurs de Sorbonne. Six ans après, le Comte de Sales, fon pere, l'envoïa étudier le Droit à Padoue, fous le céleb. Pancirole. Ce fut alors que de jeunes libertins tendirent des piéges à fa chafteté, mais il en fortit victorieux, avec le fecours de Dieu. François de Sales aïant reçu le bonnet de Docteur en Droit à Padoue, retourna en Savoie. Il fut d'abord Avocat à Chamberi, puis Prévôt de l'Eglife de Geneve à Anneci. Claude de Granier, fon Evêque, l'envoïa faire des miffions dans les vallées de fon Diocèfe, pour convertir les Zuingliens & les Calviniftes. S. François de Sales en convertit un gr. nombre, & fit des fruits merveilleux par fes prédications. L'Evêque de Geneve le choifit enfuite pour fon Coadjuteur, mais il fallut ufer d'autorité pour le contraindre d'accepter cette charge.

Quelque tems après, les affaires de la Religion l'aïant appellé en France, il s'y fit généralement eftimer. Le Cardinal du Perron difoit, *qu'il n'y avoit point d'Hérétiques qu'il ne pût convaincre, mais qu'il falloit s'adreffer à M. de Geneve pour les convertir.* Henri IV, informé de fon mérite, lui fit des offres confidérables pour le retenir en France; mais il aima mieux retourner en Savoie. Il y arriva en 1602, & trouva l'Evêque Granier mort depuis peu de jours. Il entreprit alors la reforme de fon Diocèfe, y fit fleurir la piété & la vertu; rétablit la régularité dans les Monafteres; inftitua en 1610 l'Ordre de la Vifitation, dont la Baronne de Chantal qu'il avoit convertie, en prêchant à Dijon, fut la Fondatrice; établit dans le Chablais une Congrégation d'Hermites; remit en vigueur la difcipline Eccléfiaftique, & convertit à la Foi un gr. nombre d'hérétiques. Sur la fin de 1618, il fut obligé encore de venir à Paris avec le Cardinal de Savoie, pour conclure le mariage du Prince de Piémont avec Chriftine de France, feconde fille de Henri IV. La Princeffe fut époufée par procureurs: lorfqu'il s'agit de faire fa Maifon, elle choifit d'elle-même François de Sales pour fon premier Aumônier. Le S. Evêque ne voulut accepter cette place, qu'à deux conditions: l'une, qu'elle ne l'empêcheroit point de réfider dans fon Diocèfe; l'autre, que quand il ne feroit point fa Charge, il n'en recevroit pas les appointemens. La Princeffe fut obligée de confentir à ces conditions; & fur le champ, comme pour l'inveftir de fa Charge, elle lui fit préfent d'un diamant de gr. prix, en lui difant: *C'eft à condition que vous le gardez pour l'amour de moi. Je vous le promets, Madame,* lui répondit il, *à moins que les pauvres n'en aient befoin.* De retour à Anneci, il continua de vifiter les malades, d'affifter les pauvres, d'inftruire fon peuple, & de faire les autres fonctions d'un faint Evêque. Il mourut d'apoplexie à Lyon , le 28 Décembre 1622, à 56 ans, & fut canonisé en 1665. On a de lui divers ouvr. de piété, recueillis en 2 vol. *in-fol.* dont les plus connus & les plus estimés. font, 1. l'*Introduction à la vie dévote.* 2. *Philothée ou Traité de l'amour de Dieu.* Marsollier a écrit sa vie.

FRANÇOIS de Victoria , céleb. Théologien de l'Ordre de S. Dominique , ainfi nommé , d'une ville de Navarre , lieu de sa naiffance, étudia à Paris , & enfeigna avec réputation en Efpagne. Il mourut à Salamanque , où il étoit Profeffeur, le 14 Août 1549. On a de lui pluf. Traités de Théologie, recueillis en un vol. fous le titre *Theologicæ relectiones*

FRANÇOIS de Jefus-Marie , *Franciscus à Jefu-Mariâ*, favant Carme de la Réforme de Ste Therefe , natif de Burgos , enfeigna la Théologie avec réputation à Salamanque , & fut Définiteur général de fon Ordre. Il mourut en 1677. Son principal ouvr. eft intitulé , *Curfus Theologiæ moralis Salmanticenfis.*

FRANÇOIS FLAMAND , Sculpteur, *voyez* QUESNOY.

FRANÇOIS SONNIUS , *voyez* SONNIUS.

FRANÇOIS ROMAIN , habile Architecte, plus connu fous le nom de *Frere Romain*, parcequ'il étoit Dominicain , naquit à Gand en 1646, travailla par ordre des Etats de Hollande à la conftruction du pont de Maeftricht & fut enfuite appellé à Paris, pour achever le pont Roïal; il réuffit fi bien, qu'il fut nommé Infpecteur des ponts & chauffées, & Architecte des bâtimens & domaines de Sa Majefté, dans la Généralité de Paris. Le *Frere Romain* fut fouvent emploïé par la Cour, & nommé Commiffaire dans les ouvrages importans d'Architecture dans toute l'étendue du Roïaume. Il mourut à Paris, en 1735.

FRANÇOISE, (Ste) naquit à Rome en 1384, & fut mariée à l'âge de 12 ans à Laurent Ponzlani. Celui-ci aïant été banni de Rome en 1413, Ste Françoife fonda le Monaftere des *Oblates*, appellées auffi *Collatines*, en 1425, & y mourut le 9 Mars 1440, à 56 ans. Paul V la Canonifa en 1608.

FRANCUS, (Sébaftien) fameux Anabaptifte du 16e fiecle, publia pluf. Ecrits remplis d'erreurs & de fanatifme. Les Théologiens de la Confef. d'Augsbourg affemblés à Smalcalde en 1540, chargerent Melanchthon de le réfuter. Francus publia encore un Livre très fatyrique contre les femmes, qui fut réfuté par Jean Freherus & par Luther.

FRANTZIUS, (Wolfgang) fav. Théol. Luthérien , né en 1564 à Plawen dans le Voigtland, devint Profeffeur en hiftoire, puis en Théologie à Wittemberg où il mour. en 1620. On a de lui , *Animalium Hiftoria facra. Syntagma controverfiarum Theologicarum. Tractatus de interpretatione facrarum fcripturarum*, & un gr. nombre d'autres ouvrages.

FRA-PAOLO , *voyez* SARPI.

FRASSEN, (Claude) fav. Cordelier, natif de Péronne, vint étudier à Paris, & fut reçu Docteur de Sorbonne en 1662. Il enfeigna enfuite la Théologie dans fon Couvent, fut élu en 1682 Définiteur général de tout l'Ordre de S. François, & s'acquit une gr. réputation par fes ouvrages & par les diverfes commiffions dont il fut chargé. Il mourut à Paris, le 26 Février 1711, à 91 ans. Les plus eftimés de fes ouvrages font, 1. une Théologie en 5 vol. *in fol.* 2. des Differtations fur la Bible, intitulées, *Difquifitiones Biblicæ.* Ce dernier ouvrage eft en 2 vol. *in-4°.* La meilleure édition du premier vol. eft celle de Paris en 1711. Il eft auffi auteur d'une *Philofophie*, dont il y a eu plufieurs éditions.

FRATTA, (Jean) Poète Italien du 16e fiecle, étoit natif de Veronne. On a de lui des *Eglogues*, une *Paftorale*, & un Poëme héroïque, intitulé *la Malteide*, dont le Tasse faisoit grand cas.

FREDEGAIRE *le Scholastique*, est supposé avoir vécu au 8e siecle. Il composa par ordre de Childebrand, frere de Charles Martel, une *Chronique*. On lui attribue aussi l'*Abbregé* de l'Histoire de Grégoire de Tours, & la *continuation* de cette Histoire; mais cette continuation est de quatre Auteurs différens.

FREDEGONDE, femme de Chilperic I, Roi de France, s'est rendue odieuse par son impudicité, par sa cruauté, & par ses trahisons. Elle fit assassiner Galsuinte, Audouaire, Sigebert, Prétextat, & même, selon quelques-uns, Chilperic son mari. Elle arma ensuite puissamment contre Childebert, défit ses troupes en 591, ravagea la Champagne, & reprit Paris avec les villes voisines. Elle mourut triomphante, mais couverte de crimes, en 597, laissant les affaires de son fils Clotaire II, en bon état

FREDERIC, (S.) Evêq. d'Utrecht, & fils d'un gr. Seigneur de Frise, gouverna son Diocèse avec zele, & fut martyrisé en 838 pour la défense de la Loi Evangélique.

FREDERIC I, autrement *Barberousse*, Empereur d'Allemagne, succéda à Conrard III, son oncle, en 1152. Aïant pacifié l'Allemagne, il passa en Italie, & se fit couronner par le Pape Adrien IV, le 18 Juin 1155. Il prit & rasa Tortone, obligea Véronne à le reconnoître, força Tivoli de se soumettre à l'Eglise, & assiegea Milan. L'année suivante 1156, il répudia Adelaïde, pour épouser Béatrix, fille du Comte de Bourgogne, & par ce mariage, il réunit le Comté de Bourgogne à ses Etats. Il se brouilla ensuite avec Adrien IV. Cette division eut de facheus. suites; car après la mort d'Adrien, Fréderic opposa trois Antipapes à Alexandre III, prit la ville de Milan en 1162, la détruisit de fond en comble, & fit semer du sel sur le terrein qu'elle occupoit. Alexandre III l'excommunia en 1168, le déposa de l'Empire, & dis-

pensa ses sujets du serment de fidélité. Fréderic se mocqua d'abord de cette excommunication; mais aïant perdu une gr. bataille en 1177 contre les Milanois, qui avoient rebâti leur ville, & son fils Othon aïant été vaincu par les Vénitiens dans un combat naval, il pensa sérieusement à se réconcilier avec le Pape. La paix fut conclue à Venise le prem. Août 1177, où ils s'étoient rendus pour ce sujet. Le lendemain, l'Empereur étant à genoux dans l'Eglise, le Pape lui donna l'absolution, & le communia. On rapporte qu'il lui mit alors le pié sur la gorge en lui disant, *Il est écrit: vous marcherez sur l'Aspic & sur le Basilic, & vous foulerez aux piés le Lion & le Dragon*: on ajoute que Fréderic répondit: *Ce n'est pas à vous à qui je fais cette soumission, mais à S. Pierre*; & que le Pape répliqua: *c'est à S. Pierre & à moi*. Le Cardinal Baronius réfute, avec raison, ce récit comme une fable. L'Empereur Fréderic eut de nouveaux différends avec les successeurs d'Alexandre III. Après la prise de Jérusalem par Saladin en 1187, il se croisa à Maïence avec plusieurs Princes d'Allemagne, & partit l'année suivante, à la tête d'une Armée de 150000 hommes. Il défit les troupes du Sultan d'Icone, emporta cette ville d'assaut, & marcha vers la Palestine. On espéroit de plus gr. succès de son expédition, lorsqu'il se noïa en se baignant dans le Cydne, qui passe par la ville de Tarse en Cilicie, le 10 Juin 1190, après un regne de 38 ans. C'étoit un Prince courageux, libéral, constant dans l'adversité, protecteur des Sciences, & doué d'une mémoire prodigieuse. Il fut appellé *le Pere de la Patrie*. Henri IV, son fils, lui succéda. C'est sous le regne de Fréderic, que les Archevêques de Mayence prirent le titre d'*Archi-Chanceliers de toute l'Allemagne*.

FREDERIC II, fameux Empereur d'Allemagne, fils de l'Empereur Henri VI, & petit-fils de Fréderic I, fut élu Empereur contre Othon.

Othon, ennemi de l'Eglise, le 13 Décembre 1210, & demeura paisible possesseur de l'Empire, en 1218 par la mort d'Othon. Il fut couronné à Rome le 22 Novembre 1220, avec son épouse, renonça à toutes ses prétentions sur les Duchés de Spolette & de Toscane, en faveur du S. Siége, auquel il donna le Comté de Fondi, promit de ne rien entreprendre contre les droits de l'Eglise, & renouvella le vœu qu'il avoit fait, d'aller porter la guerre en Orient contre les Sarrasins. L'année suivante, Fréderic marcha contre Richard & Thomas, Princes de Toscane, & freres d'Innocent III, qui avoient fait révolter une partie des villes de la Pouille. Il fit le premier, prisonnier, mit l'autre en fuite, & envoïa en exil les Evêques complices de cette révolte: ce qui le fit excommunier par Innocent III. Grégoire IX, successeur d'Innocent, somma l'Empereur d'exécuter son vœu d'aller à la Terre-Sainte, & voïant qu'il différoit toujours, il l'excommunia en 1227 & en 1228. Fréderic attaqua l'Etat de l'Eglise, mais le Pape lui aiant opposé une Armée, il partit pour la Terre Sainte. Il y arriva au mois de Septembre 1228. Les Armées Chrétiennes refuserent de lui obéir, à cause de Grégoire IX, qui n'avoit point voulu lever l'excommunication. Fréderic fit néanmoins la paix le 18 Février 1229 avec Meledin, Sultan de Babylone, qui lui remit Jérusalem, Bethléem, Nazareth, Thoron, Sidon, avec les prisonniers Chrétiens. L'Empereur alla à l'Eglise du S. Sépulchre, prit lui-même la Couronne sur l'Autel, ne s'étant trouvé aucun Evêque qui voulût la lui mettre sur la tête, & repassa en Europe. A son retour, il se saisit des biens des Templiers & des Hospitaliers; conquit la Romagne, la Marche d'Ancône, les Duchés de Spolette & de Bénévent, vainquit les Milanois, soumit la Sardaigne, triompha des forces de Venise & de Genes, se rendit maître du Duché d'Urbin & de la Toscane, & alla

assieger Rome en 1240. L'année suivante, Grégoire IX voulut assembler un Concile contre lui; mais les Prélats de la France, d'Angleterre, & d'Espagne, qui s'étoient embarqués pour ce Concile, furent faits prisonniers par Henri, Roi de Sardaigne, fils naturel de l'Empereur. Le Pape en mourut de chagrin. Célestin IV qui lui succéda, ne tint le S. Siege que 18 jours; & Innocent IV, qui ne fut élu qu'environ 19 mois après, se retira en France. Ce Pape tint en 1245 un Concile général à Lyon, dans lequel il excommunia Fréderic, & le dégrada de l'Empire. L'Empereur se plaignit d'un procédé si violent dans une Lettre écrite à S. Louis: cependant depuis cette déposition; toutes ses affaires allerent en décadence. Les Peuples ligués de Lombardie le battirent, les Princes le regarderent comme un impie, & les Allemands élurent contre lui en 1245, Henri de Thuringe, puis Guillaume, Comte de Hollande, en 1248. Enfin ce malheureux Prince accablé de chagrin, & abandonné de tout le monde, mourut à Fiorenzuela, dans la Pouille, le 13 Décembre 1250, à 57 ans. Il parloit six sortes de Langues, avoit l'esprit vif & pénétrant, étoit courageux, savant, libéral & magnifique; mais impie, cruel, débauché, & peu exact à garder sa parole. Il fit traduire de grec en latin divers ouvrag. d'Aristote, & donna de gr. privileges aux Universités. On lui attribue, & à Pierre des Vignes, son Chancelier, le livre imaginaire *De tribus impostoribus*. Ce furent les dissensions de ce Prince avec les Papes, qui donnerent origine aux factions des *Guelphes* & des *Gibelins*. On dit que Fréderic II fit jetter dans un étang un brochet avec un anneau d'airain qu'on lui avoit attaché au cou, avec cette inscription: *je suis le poisson qui ait été jetté le premier dans cet étang par les mains de Fréderic II, le 5 d'Octob.* On ajoute qu'on retrouva ce brochet en vie, avec le même anneau 262 ans après;

mais ce recit a tout l'air d'une fable.

FREDERIC III, dit *le Beau*, fils d'Albert I, Empereur & Duc d'Autriche, fut mis sur le Trône Impérial par quelques Electeurs, après que les autres eurent élu Louis de Baviere en 1314. Fréderic eut d'abord quelques avantages sur son compétiteur, mais il fut fait prisonnier en 1322 dans une bataille. Il demeura en prison pendant trois ans, & mourut le 13 Janvier 1330. Quelques Auteurs ne le mettent point au nombre des Empereurs.

FREDERIC IV, dit *le Pacifique*, fils d'Ernest, Duc d'Autriche, fut élu Empereur en 1440, après la mort d'Albert II, son cousin germain. Il fut couronné à Rome avec Eleonore de Portugal, sa femme, par le Pape Nicolas V, le 19 Mars 1452. Ce Prince aimoit la paix & la tranquillité. Il dissimula avec tant de soin les sujets de mécontentemens que lui donnoient les Papes, que les Italiens disoient, *qu'il avoit une ame morte dans un corps vivant.* C'est lui qui convint avec les Légats du Pape, du Concordat de la Nation Germanique, & qui fit publier *le Code des Fiefs.* Fréderic n'oublia rien pour dissiper les factions qui se formoient dans ses Etats, mais il ne put y réussir. L'Allemagne ne fut jamais plus cruellement déchirée par les guerres civiles, que sous son regne ; Mathias, Roi de Hongrie, aïant pris Vienne en Autriche, le prem. Juin 1485, on dit que Fréderic ne s'en mit point en peine, & que voïageant alors en Allemagne, il se contentoit d'écrire sur les murs des endroits où il logeoit : *Rerum irrecuperandarum summa felicitas, oblivio.* C'est-à-dire, *L'oubli des biens qu'on ne sauroit recouvrer, est la félicité suprême.* Il passa en Flandres en 1488, au secours de Maximilien I, son fils, qui avoit épousé l'héritiere de Bourgogne, & mour. le 7 Septembre 1493, à 78 ans. C'est sous le regne de ce Prince que l'Imprimerie a été inventée à Mayence. Maximilien I, son fils, lui succéda.

FREDERIC I, Roi de Dannemarck, & Duc de Holstein, fut élu en 1523, à la place de son neveu Christiern, chassé à cause de ses cruautés. Il introduisit le Luthéranisme dans ses Etats, & mourut en 1533. Christiern III, son fils, lui succéda.

FREDERIC II, Roi de Dannemarck, succéda à Christiern III, son pere, en 1559. Il soumit la Province de Dietmarsen, défendit la Livonie & la liberté de la Mer Baltique, contre Lubeck & contre les Suédois ; protégea Ticho-Brahé & les autres Savans, fit fleurir les Arts & les Sciences dans ses Etats, & mour. le 4 Avril 1588, à 54 ans. Christiern IV, son fils, lui succéda.

FREDERIC III, Roi de Dannemark, succéda à Christiern IV, son pere, en 1648. Il fit la guerre contre Charles Gustave, Roi de Suede, auquel il fut contraint de céder Schonen, Halland, le Bleking, Bahus, Drontheim, &c. Par le Traité de Roschild en 1659, Fréderic obtint des Etats de Dannemarck, le pouvoir de laisser héréditaire dans sa Maison la Couronne, qui étoit auparavant élective, & mourut le 9 Février 1670, à 61 ans. C'est ce Prince qui a rendu l'autorité des Rois de Dannemarck absolue & indépendante par la fameuse *Loi Roïale* du 25 Novembre 1666. Christiern V lui succéda.

FREDERIC IV, Roi de Dannemarck, succéda à Christiern V, son pere, en 1699. Il fit la guerre contre Charles XII, Roi de Suede, qui le contraignit à faire la paix ; mais le Roi de Suede aïant été vaincu par Pierre le Grand, Czar de Moscovie, Fréderic recommença la guerre, eut de gr. avantages sur les Suédois, & leur enleva diverses places. Il mourut en 1730.

FREDERIC ; Prince de Hesse-Cassel, épousa le 4 Avril 1715 Ulrique Eleonore de Baviere, sœur de Charles XII, Roi de Suede. Cette Princesse, après la mort funeste de son frere, fuccéda au Roïaume de Suede, le 3 Février 1719, & abdiqua l'année fuivante en faveur de Fréderic, qui fut élu Roi de Suede, le 4 Avril 1720.

FREDERIC-AUGUSTE I, Roi de Pologne, & Electeur de Saxe, naquit à Drefde, le 12 Mai 1670. Il étoit le fecond fils de Jean-Georges III, Electeur de Saxe, & d'Anne-Sophie, fille aînée de Fréderic III, Roi de Dannemarck. Il fuccéda à fon fere Jean-Georges IV, Electeur de Saxe, le 27 Avril 1694. Fréderic-Augufte commanda l'année fuivante, l'Armée Chrétienne contre les Turcs, & gagna fur eux la bataille d'Oltafch. Il embraffa la Religion Catholique, le 23 Mai 1697, & fut élu Roi de Pologne, le 27 Juillet fuivant. Il eut enfuite une longue guerre contre les Suédois, qui eurent fur lui divers avantages, & qui aïant fait élire Roi de Pologne Staniflas Lefzinski, Waivode de Pofnanie, en 1704, obligerent Fréderic à renoncer à fon élection. Mais après la défaite de Charles XII, Roi de Suede, par Pierre le Grand, Czar de Mofcovie, Fréderic Augufte remonta fur le Trône de Pologne, s'empara de plufieurs places importantes fur les Suédois, & mourut le prem. Février 1733. C'étoit un Prince doué des plus belles qualités du corps & de l'efprit. Il aimoit & protégeoit les Arts & les Sciences. Il avoit de la valeur & de l'intrépidité, & la grandeur d'ame qu'il fit paroître dans l'adverfité, le rendit l'admiration de fes ennemis mêmes. Fréderic Augufte II, fon fils unique, lui fuccéda dans les l'Electorat de Saxe, & fut élu Roi de Pologne le 5 Octobre 1733.

FREDERIC - GUILLAUME I, Roi de Pruffe & Electeur de Brandebourg, naquit le 15 Août 1688 de Fréderic III, Electeur de Brandebourg, & premier Roi de Pruffe. Il fe trouva à la fanglante bataille de Malplaquet le 11 Septembre 1709, & y donna des preuves de fa valeur. Il monta fur le Trône après la mort du Roi fon pere, arrivée le 25 Févr. 1713; & prit pour regle générale de fa conduite, cette maxime de Cyrus, que *les moïens les plus efficaces pour rendre fon peuple heureux, eft d'avoir une bonne Armée de foldats d'élite, & de gouverner fes fujets avec fageffe.* C'eft pourquoi il réforma les dépenfes fuperflues de fa Maifon; ne voulut point avoir de premier Miniftre, & entretint une Armée de 100000 hommes. Ce Prince aimoit furtout à voir dans fes troupes des hommes d'une taille avantageufe, & donnoit quelquefois jufqu'à 20000 livres d'engagement pour un feul foldat, lorfqu'il étoit d'une taille extraordinaire. Fréderic-Guillaume réunit à fes Etats la Principauté de Neufchâtel, & plufieurs autres Terres confidérables. Il fit la guerre avec fuccès contre Charles XII, Roi de Suede, borna la durée des procès criminels à trois mois, amaffa de gr. tréfors, fit bâtir à Potzdam une maifon de charité pour élever & entretenir les enfans des foldats, & m. le 31 Mai 1740, à 52 ans. Sa vie fut donnée au Public en 1741. Charles Fréderic, Roi de Pruffe & Electeur de Brandebourg, né à Berlin le 24 Janvier 1712, lui a fuccédé.

Il y a eu plufieurs autres Princes de ce nom.

FREDOLI, ( Beranger ) Evêque de Beziers & céleb. Cardinal au 13e fiecle, naquit à Benne en Languedoc, d'une famille noble. Il étoit habile dans le Droit, & fut choifi en 1298 par Boniface VIII, pour faire la compilation *du Sexte*, c'eftà-dire, du fixieme Livre des Décrétales avec Guillaume de Mandagot & Richard de Sienne. Clement V le fit Cardinal en 1305. Fredoli mourut à Avignon en 1323.

FREGOSE, ( Paul ) Archevêque de Genes, & fameux Cardinal au 15e fiecle, étoit frere de Pierre Fregofe, Doge de Genes, d'une des plus nobles familles Génoifes, féconde en gr. hommes. Il fut trois fois Doge de Genes, caufa de gr. troubles dans fa patrie par son ambition & par ſes déréglemens, & fut fait Cardinal par Sixte IV en 1488. Il m. à Rome le 2 Mars 1498. Baptiſte Fregoſe appellé auſſi *Fulgoſe*, ſon neveu, & fils de Pierre Fregoſe, avoit été élu Doge de Genes le 15 Novembre 1478 ; mais ce Cardinal uſurpa ſa place en 1483, & l'envoïa en exil à Tregui. Alors Baptiſte Fregoſe s'occupa à la lecture des bons Livres, & compoſa en italien 9 *Livres d'exemples mémorables* ſur le modele de Valere Maxime. Camille Ghilini de Milan traduiſit cet ouvr. en latin. Il y en a eu pluſieurs éditions : les meilleures ſont accompagnées des additions & des corrections de Juſte Gaillard. Baptiſte Fregoſe eſt encore auteur de la *Vie du Pape Martin V*, & d'un *Traité* des femmes ſavantes.

FREGOSE, ( Fréderic ) Archevêque de Saïerne, & célebre Cardinal de la même famille que les précédens, fut employé en diverſes affaires importantes, & ſervit de conſeil à Octavien Fregoſe ſon frere, Gouverneur de Genes pour les François en 1515. Il défit Cortogoli, fameux Corſaire de Barbarie, paſſa à Tunis & à l'Iſle de Gerbes, & retourna à Genes couvert de gloire & chargé de butin. Genes aïant été ſurpriſe par les Espagnols en 1522, Fréderic Fregoſe ſe retira en France, où François I lui donna l'Abbaïe de S. Benigne de Dijon. Il retourna enſuite en Italie, fut Evêque d'Eugubio, puis Cardinal en 1539, & mourut à Eugubio le 22 Juillet 1541. Il ſavoit le grec & l'hébreu, & rempliſſoit avec édification les devoirs d'un bon Paſteur.

FREHER, *voyez* MARQUARD FREHER.

FREIG, *Freigius*, ( Thomas ) ſavant Juriſconſulte, natif de Fribourg en Briſgaw, enſeigna le Droit avec réputation à Fribourg, à Bâle & Altorf, & mourut de peſte vers 1583. On a de lui des *Paratitles* ſur le Digeſte, qui ſont eſtimés, & d'autres ouvrages.

FREIND, ( Jean ) très célebre Médecin Anglois, & l'un des plus polis Ecrivains du 18e ſiecle, naquit à Croton dans la Province de Northampton en 1675. Il fut élevé dans l'école de Weſtminſter ſous le Docteur Buſby, & acheva ſes études à Oxford. Freind publia en 1703 ſon *Emmenologie*, ouvr. excellent & très bien écrit en latin, qui lui acquit une gr. réput. L'année ſuivante il fut choiſi Profeſſeur de Chymie à Oxford. Il ſuivit en 1705 le Comte de Peterboroug en Eſpagne, & fut Médecin de l'Armée. Il eut le même emploi auprès du Duc d'Ormond dans la Campagne de Flandres en 1712. Freind, aïant aſſiſté au Parlement en 1722, comme Membre du Bourg de Launceſton, s'éleva avec force contre le miniſtere. Cette conduite le fit accuſer de haute trahiſon, & renfermer au mois de Mars à la Tour de Londres. Environ ſix mois après le Miniſtre tomba malade, & envoïa chercher M. Mead, habile Médecin, ami intime de Freind. M. Mead, après s'être mis au fait de la maladie, dit au Miniſtre qu'il lui répondoit de ſa guériſon, mais qu'il ne lui donneroit pas ſeulement un verre d'au, que M. Freind ſon ami ne fût ſorti de la Tour. Le Miniſtre, quelques jours après voïant ſa maladie augmentée, fit ſupplier le Roi d'accorder la liberté à M. Freind. L'ordre expédié, le malade crut que M. Mead alloit ordonner ce qui convenoit à ſon état, mais le Médecin ne voulut rien ordonner que ſon ami ne fût élargi. Après cet élargiſſement M. Mead traita le Miniſtre & lui procura en peu de tems une guériſon parfaite. Le ſoir même il porta à M. Freind environ 5000 guinées qu'il avoit reçues pour ſes honoraires en traitant les malades de M. Freind pendant ſa priſon, & l'obligea de recevoir cette ſomme, quoiqu'il eût pu la retenir légitimement, étant le fruit de ſes peines. M. Freind fut enſuite premier Médecin de la Princeſſe de Galles, depuis Reine d'Angleterre, qui eut toujours pour lui une eſtime particuliere. Il mourut fort riche à Lonâtres au mois de Juillet 1728, à 53 ans. Ses Œuvres furent recueillies & imprim. à Londres en 1733, *in-fol.* Les plus estimées sont, outre l'*Emmenologie*, 1. des *Leçons de Chymie* : 2. un *Traité de la fievre* : 3. une *Lettre à M. Mead sur la petite vérole* : 4. l'*Histoire de la Médecine*, dont la premiere partie parut en 1725, & la sec. en 1726.

FREINSHEMIUS, (Jean) cél. Ecrivain du 17e siecle, naquit à Ulm en 1608. Il fut Professeur d'éloquence à Upsal, Bibliothécaire & Historiographe de la Reine Christine de Suede, puis Professeur à Heidelberg, où il mour. en 1660, à 52 ans. Il savoit presque toutes les Langues de l'Europe, ou tre le grec & l'hébreu. On a de lui des *Supplémens* de Tacite, de Quinte-Curse & de Tite-Live, avec des notes sur Quinte-Curse, Tacite, Florus, & quelques autres Auteurs latins, auxquels il a joint d'excellentes tables. Il étoit ami intime de Descartes.

FREIRE de Andrada, (Hyacinthe) cél. Poète & Historien Portugais, natif de Beja, d'une famille noble, fut Abbé de Sainte Marie de Chans, & mourut à Lisbonne le 13 Mai 1657. Son principal ouvrage est *la vie de Jean de Castro*, quatrieme Viceroi des Indes. Cette vie est très estimée, & passe pour un des Livres les mieux écrits en Portugais. On a aussi de lui des *Poésies*.

FREMINET, (Martin) excellent Peintre du 17e siecle, natif de Paris, fut emploïé par Henri IV & Louis XIII, à peindre la Chapelle de Fontainebleau. Il mourut le 18 Juin 1619, à 52 ans.

FREMIOT, (André) sav. Archevêque de Bourges, natif de Dijon, d'une famille noble & féconde en personnes de mérite, fut chargé d'affaires importantes sous les Rois Henri IV & Louis XIII. Il m. à Paris le 13 Mai 1641. On a de lui un *discours des marques de l'Eglise* contre les hérésies, & d'autres ouvrages.

FREMIOT, (Jeanne-Françoise) Baronne de Chantal, Dame célebre par sa piété, & fondatrice de l'Ordre de la Visitation, naquit à Dijon le 13 Janvier 1572 de Benigne Fremiot, Avocat général, puis Président au Parlement de Dijon. Elle étoit sœur d'André Fremiot, Archevêque de Bourges. Elle épousa Christophe de Rabutin, Baron de Chantal, à l'âge de 20 ans, & en eut six enfans. Après la mort de son époux, tué à la chasse par l'imprudence d'un de ses amis, Madame de Chantal se mit sous la direction de S. François de Sales, qui prêchoit à Dijon. Elle pratiqua toutes les vertus chrétiennes avec un zele & une édification admirable, & prit l'habit de Religieuse le 6 Juin 1610 au fauxbourg d'Annecy, où elle fonda l'Ordre de la Visitation. Madame de Chantal gouverna cet Ordre avec beaucoup de sagesse & de prudence, & mourut en odeur de sainteté à Moulins le 13 Décembre 1641, en visitant les Monasteres qui étoient soumis à sa conduite. L'Abbé Marsollier a écrit sa vie. Elle a été béatifiée par N. S. P. le Pape Benoît XIV.

FRENICLE, (Nicolas) Poète François du 17e siecle, né à Paris en 1600, fut Conseiller général en la Cour des Monnoies, & mourut Doïen de la même Cour après l'an 1661. On a de lui plusieurs pieces de Théatre, savoir, 1. *Palemon*, Pastorale. 2. La *Niobé*. 3. L'*entretien des Bergers*, Pastorale. 4. Un Poëme intitulé *Jesus Crucifié*. 5. Une *Paraphrase* des Pseaumes en vers, &c. Bernard Frenicle son frere, étoit ami de Descartes, & l'un des plus gr. Arithméticiens de son tems. Il mour. en 1675. On trouve plusieurs de ses Ecrits dans le 5e tom. des *anciens Mémoires de l'Académie des Sciences*, dont il étoit membre.

FRERET, (Nicolas) sav. Académicien de l'Académie des Inscriptions & Belles-Lettres, étoit fils d'un Procureur au Parlement, & naquit à Paris en 1688. Il fit paroître dès son enfance, une passion presque incroïable pour l'étude, & aïant achevé ses Humanités sous M. Rollin, il fut destiné au Barreau par ses Parens. Freret se fit recevoir Avocat par complaisance, mais après avoir plaidé deux Causes, il obtint la liberté de suivre son goût ; il se renferma alors dans son Cabinet avec ses Livres, & n'eut plus d'autre occupation que l'étude de l'an iquité. Il fut reçu de l'Académie des Inscriptions dès l'âge de 25 ans, & débuta dans cette Compagnie par un discours sur l'*origine des François*. Quelques principes hardis sur le gouvernement répandus dans ce discours, joint à quelques propos qu'il tint dans les Caffés sur l'*affaire des Princes* avec M. *le Régent*, le firent mettre à la Bastille, où il lut Bayle tant de fois, qu'il le savoit presque par cœur. Etant sorti de la Bastille, l'histoire ancienne fut le principal objet de ses recherches. Il y joignoit l'étude de la Chronologie, de la Géographie, & de la Mythologie. Il m. à Paris au mois de Janvier en 1749. On a de lui, 1. plusieurs *Mémoires* savans & curieux, imprimés dans ceux de l'Académie des Inscriptions. 2. On lui attribue un Manuscrit impie qui est intitulé : Lettres de *Thrasibule à Leucippe*. 3. Il a fait la *Préface*, les *Notes* & une partie de la Tradution du Roman Espagnol, intitulé : *Tyran le Blanc*. 4. Il a eu part à quelques autres ouvr. frivoles. Tout cela prouve, qu'il avoit beaucoup plus d'érudition & de critique, que de goût & de jugement.

FRESNAYE, ( Jean Vauquelin de la ) Poëte François & pere du fameux des Yvetaux, naquit à la Fresnaye près de Falaise, d'une famille noble, & fit ses études à Paris sous Turnebe & Muret. Il prit sous ces habiles Maîtres du goût pour la Poésie Françoise, & il la cultiva toute sa vie. C'est le prem. Poète François qui a fait des Satyres à l'imitation d'Horace & de Juvenal. De retour dans sa patrie, il fut successivement Avocat du Roi

au Bailliage, Lieutenant général, & Président au Présidial de Caen. Il m. dans l'exercice de cette derniere Charge en 1606, à 72 ans. Le *Recueil* de ses Poésies, qu'il fit imprimer, *in*-8°, comprend, 1. un *Art poétique* en 3 Livres, & 5 Livres de *Satyres*. Ce sont-là ses meilleurs ouvrages. 2. Deux Livres d'*Idylles*, un d'*Epigramme*, un d'*Epitaphes*, & un de *Sonnets*. On a encore de Vauquelin un Poëme *in*-8°, sous ce titre : *Pour la Monarchie de ce Roïaume contre la division*. Ce Poëme contient de bonnes maximes.

FRESNE, *voyez* FORGET.

FRESNE, ( Charles du ) Seigneur du Cange, Trésorier de France, & l'un des hommes les plus érudits de son siecle, naquit à Amiens le 18 Décembre 1610, de Louis du Fresne, Seigneur de Fredeval. Après avoir fait ses Humanités à Amiens, il alla étudier en Droit à Orléans, & se fit recevoir Avocat au Parlem. de Paris en 1631. Du Cange fréquenta quelque tems le Barreau, & retourna à Amiens, où il acheta une Charge de Trésorier de France en 1645. Il vint s'établir à Paris en 1668, s'y acquit une réputation extraordinaire par ses excellens ouvr. Quoique livré à des études pénibles, hérissées, & même désagréables, aïant pris, comme il le disoit lui-même, la partie la plus rebutante de la Littérature, il étoit doux, humain, poli, modeste, & d'un facile accès, quittant ses Livres à toute heure & avec plaisir pour recevoir ses amis. Quand on lui témoignoit la peine qu'on avoit de le détourner : *C'est pour mon plaisir*, répondoit-il, *que j'étudie, & non pour faire peine à personne, non plus qu'à moi-même*. Il m. à Paris, le 23 Octobre 1688, à 78 ans, laissant quatre enfans, auxquels Louis XIV accorda une pension de 2000 livres, en considération du mérite de leur pere. M. du Cange étoit très habile dans l'Histoire Ecclésiastique & Profane. On a de lui un très grand nombre d'ouvrages imprimés &

manuscrits. Les principaux sont : 1. un *Glossaire de la basse latinité*, en 3 vol. *in-fol.*, ouvr. excellent & d'une érudition immense, dont on a donné une nouvelle édit. à Paris en 1733, en 6 vol. *in fol.* 2. Un *Glossaire de la Langue grecque*, 2 vol. *in-fol.* 3. l'*Histoire de CP. sous les Empereurs François* : 4. d'excellentes éditions de l'*Histoire de S. Louis*, par Joinville, de *Zonare*, de la *Chronique Paschale* d'Alexandrie, &c. avec des notes & des dissertations très savantes. Jean du Fresne, un des freres de M. du Cange, fut un Avocat célebre au Parlement de Paris. C'est lui qui commença le *Journal des Audiences*, qui a été continué depuis par d'autres Avocats. Il est encore Auteur d'un *Commentaire* sur la Coutume d'Amiens.

FRESNOY ou FRENOY, ( Charles Alphonse du ) habile Peintre & Poëte du 17e siecle, naquit à Paris en 1611. Son pere, célebre Apothiquaire, le fit étudier avec soin, dans la vue d'en faire un Médecin ; mais du Fresnoy se sentit une telle passion pour la Poésie & pour la Peinture, qu'il ne voulut jamais entendre parler de l'étude de la Médecine. Il alla, malgré ses parens, dessiner chez Perrier & chez Vouet, & fut ensuite demeurer à Rome. C'est-là qu'il lia avec Mignard, en 1636, cette amitié étroite qui dura jusqu'à sa mort arrivée chez un de ses freres à quatre lieues de Paris en 1665, à 54 ans. Outre ses Tableaux, qui sont tous dans le goût du Titien, on a de lui un Poëme en latin, intitulé *De arte Graphica*, ou *de l'art de la Peinture*, dont il y a eu plus. éditions, avec une traduction françoise & des remarques par de Piles. M. Dryden l'a traduit en anglois. Ce Poëme de du Fresnoy est estimé.

FRESNY, ( Charles Riviere du ) Valet-de-Chambre de Louis XIV, Contrôleur de ses Jardins, & Poëte François, naquit à Paris en 1648. Il avoit un talent & un goût naturel pour la Musique, le Dessein, la Peinture, la Sculpture, l'Architecture & tous les beaux Arts. Il joignoit à tous ces talens, celui de construire des Jardins ; ce qui lui procura un brevet de Contrôleur des Jardins du Roi. Du Fresny obtint encore le privilege d'une manufacture de gr. glaces, qui a eu un gr. succès, mais il ne sût point profiter de cet avantage. Quelque-tems après du Fresny quitta la Cour, & vint demeurer à Paris. Il entra en société avec Regnard, célebre Poëte comique, & eut part à la Comédie *du Joueur*. Il travailla long-tems pour l'ancien Théatre Italien, puis pour le Théatre François, & enfin au *Mercure-Galant*. Il mourut à Paris le 6 Octobre 1724, à 76 ans. Le Recueil de toutes ses Œuvres a été imprimé à Paris en 1731 en 6 vol. *in-12.* Ce sont des Pieces de Théatre, des *Chansons*, des *Nouvelles historiques*, le *Puits de la vérité*, histoire gauloise ; le *Parallele d'Homere & de Rabelais*, &c. les *amusemens sérieux & comiques*, qui en font partie, ont eu un gr. succès.

FREZZI, ( Frédéric ) né à Foligno ville d'Ombrie, se fit Religieux Dominicain, & prit le bonnet de Docteur en Théologie. Il se rendit habile dans les Belles Lettres, la Philos., la Théol., & dans le Droit civil & canonique. Le Pape Boniface IX lui donna le 17 Oct. 1403, l'Evêché de Foligno, & Frezzi assista en cette qualité au Concile de Pise en 1409, & ensuite à celui de Constance en 1414. Il m. à Constance pendant la tenue du Concile en 1416. Il est Auteur d'un célebre Poëme très estimée des Italiens, qui a été imprimé sept fois, & dont la plus belle édition est celle de Foligno, en 1725, avec les notes de plusieurs Savans. Ce Poëme a pour titre : *Quadrireggio, ò Poëma de' quatro Regni*, c'est-à-dire, *le Poëme des quatre Regnes* de la vie humaine, en 4 Livres, dont le prem. Regne est celui de *Cupidon*. Le second, celui de *Sathan*. Le troisieme celui des *Vices*, & le dernier celui

FR

de *Minerve* & de la *Vertu*. Frezzi a mérité par ce Poëme un rang distingué entre les Poëtes d'Italie.

FRIART, ou plutôt FRÉAR, *voyez* CHAMBRAI.

FRISCHE, (Dom Jacques) pieux & sav. Bénédictin de la Congrégation de S. Maur, étoit de Séez en Normandie. C'est lui qui donna, avec Dom Nicolas le Nourri, la nouvelle *édition* de S. Ambroise en 1686 & 1690, 2 vol. *in-fol.*, avec de savantes notes. Il avoit aussi entrepris une nouvelle édition de Saint Grégoire de Nazianze; mais sa m. arrivée à Paris le 15 Mai 1693, l'empêcha de l'achever. La *Vie* de Saint Augustin, qui se trouve à la tête des Œuvres de ce cél. Docteur de l'Eglise, est aussi de Dom Frische, & de Dom Hugues Vaillant.

FRISCHLIN, (Nicodeme) Poète latin du 16e siecle, naquit à Balingen dans le Duché de Wirtemberg, le 22 Septembre 1547. Il se rendit habile dans les Langues & dans les Belles-Lettres, & enseigna avec réputation à Tubinge & ailleurs. Frischlin s'étant attiré des affaires par ses écrits, fut renfermé dans une tour, d'où voulant se sauver, il tomba sur des rochers & se tua le 28 Novembre 1590, à 43 ans. On a de lui : 1. des *notes* sur les *Bucoliques* & les *Georgiques* de Virgile, sur *Perse* & sur les *Epitres d'Horace* : 2. des *traductions d'Oppien*, d'*Aristophane*, de *Callimaque* & d'*Heliodore* : 3. des *Elégies* des *Comédies* & d'autres pieces en vers.

FRISCHMUTH, (Jean) célebre Littérateur & habile Philologue, naquit en 1619 à Wertheim dans la Franconie. Il fut Recteur, puis Professeur des Langues à Iene, où il m. le 19 Août 1687. On a de lui, 1. des *Explications* fort heureuses de plusieurs endroits difficiles de l'Ecriture-Sainte. 2. Plus de 60 *Dissertations* Philolog. & Theolog., toutes fort estimées.

FRIZON, (Pierre) Docteur de Sorbonne, natif du Dioc. de Reims, fut Pénitencier de l'Eglise de Reims, puis gr. Maître du Collège de Navarre à Paris. Il publia, en 1629, une Histoire des Cardinaux François, sous le titre de *Gallia purpurata*, & mourut en 1651. M. Baluze dans son *Antifrizonius* & dans son Histoire des Papes d'Avignon, a relevé un gr. nombre de fautes de cet ouvr. de Frizon. On a de lui d'autres ouvrages.

FROBEN, (Jean) célebre & savant Imprimeur du 16e siecle, natif d'Hammelburg dans la Franconie, alla s'établir à Bâle, où il s'acquit une gr. réputation par l'exactitude de ses éditions. C'est lui qui imprima avec soin les ouvrages de S. *Jérôme*, de S. *Augustin* & d'*Erasme*. Il avoit dessein d'imprimer aussi les PP. Grecs, mais s'étant laissé tomber d'un escalier, cette chute lui causa une incommodité dont il m. en 1527 avant que d'avoir pu exécuter son dessein. Erasme fit son Epitaphe. Jean Froben laissa un fils nommé *Jérôme Froben*, & une fille mariée à Nicolas *Episcopius* ou *Biscop*, lesquels s'étant associés ensemble, continuerent l'Imprimerie de Froben avec réputation, & donnerent des éditions correctes des Peres Grecs.

FROBISHER, (Martin) célebre Pilote Anglois, né dans le Duché d'Yorck au 16e siecle, entreprit en 1576, de tenter un passage à la Chine entre le Groenland & la Nouvelle France. Il découvrit un Cap qu'il nomma *la Forlande de la Reine*. Entre ce Cap & une Isle qui est à son midi, il y a un détroit auquel il donna son nom. Frobisher tenta le même passage en 1578, mais il ne put réussir à cause des glaces. De retour en Angleterre, la Reine Elisabeth le fit Chevalier, & Vice-Amiral sous François Drake. Il se signala en diverses expéditions de mer, & mourut de ses blessures à Plimouth, en 1594.

FRŒLICH, (Guillaume) natif de Zurich, se retira à Soleure au changement de la Religion de sa Patrie. Il servit avec beaucoup de zele & de gloire les Rois François I,

Henri II & Charles IX, & commanda, en qualité de Colonel, plufieurs Régimens Suiffes au fervice de ces Princes. Ce fut en gr. partie à fa fermeté & à la valeur de fon Régiment, que François I dut la victoire de Cerizoles. Frœlich fut créé Chevalier par Henri II, & mourut à Paris le 4 Décembre 1562, après 40 ans de fervice. Il fut enterré dans l'Eglife des Grands Cordeliers, où on lui éleva un Maufolée fort eftimé. Brantôme, M. de Thou, &c. font un grand éloge de ce brave Colonel.

FROIDMONT, (Libert) *Fromondus*, fameux Docteur de Louvain, au 17e fiecle, natif d'Haccour, entre Maftricht & Liége, enfeigna avec réputation à Louvain, où il eut une Chaire d'Ecriture Sainte en 1635, & où il mourut le 27 Oct. 1653, à 66 ans, étant Doyen de la Collégiale de Saint Pierre. On a de lui des *Comment. fur les Actes des Apôtres, & fur les Epîtres de S. Paul*, & d'autres ouvrages, dont plufieurs ont été condamnés à Rome. Il étoit ami intime de Janfénius, fut fon exécuteur teftamentaire avec *Calenus*, & lui fuccéda dans la Chaire d'Interprete d'Ecriture-Sainte, à Louvain. C'eft lui qui fit imprimer le fameux Livre de Janfénius, intitulé *Auguftinus*. La plupart des Livres de Froidmont ont des titres bifarres & finguliers. Defcartes faifoit un grand cas de ce Docteur.

FROISSARD, ou FROISSART, (Jean) célebre Hiftorien du 14e fiecle, Chanoine & Tréforier de Chimay, naquit à Valencicnnes vers 1337. On a de lui une *Chronique* eftimée, qui comprend ce qui s'eft paffé en France, en Efpagne, & en Angleterre, depuis 1326 jufqu'en 1400, il y en a eu plufieurs éditions. La meilleure eft celle de Lyon en 1559, 4 tom. *in fol.* Enguerrand de Monftrelet continua cette Chronique jufqu'en 1467, & Jean Sleidan en a fait un abregé en latin. Froiffard compofa auffi plufieurs *pieces de Poéfies*, & s'acquit

l'eftime de Philippe de Hainaut, Reine d'Angleterre, & de Jeanne de Valois, fœur de Philippe *de Valois*. Il mourut vers 1401. On dit qu'il y a un Manuf. de la *Chronique* de Froiffard, à Breflaw, plus exact que les imprimés.

FROMAGEAU, (Germain) fav. Docteur de Sorbonne, natif de Paris, de parens riches, refufa conftamment tous les Bénéfices & toutes les dignités qu'on lui offrit, & s'appliqua uniquement à l'étude, à la décifion des cas de confcience, & aux œuvres de charité. Il affifta long-tems à la mort ceux qui font condamnés au dernier fupplice, & mourut en Sorbonne le 7 Octobre 1705. Ses *décifions* ont été imprimées avec celles de M. Lamet, en 2 vol. *in-fol.* par les foins de Treuvé.

FROMENTIERES, (Jean-Louis de) Evêque d'Aire, & l'un des plus cél. Prédicateurs de fon tems, prêcha l'Avent devant le Roi en 1672, & le Carême en 1680. Il gouverna fon Diocèfe avec zele, défendit qu'on imprimât fes Sermons, & voulut qu'on ne mît autre chofe fur fon tombeau que ces paroles du Pf. 26, *Seigneur, j'ai aimé la beauté de votre Maifon, & le lieu où réfide votre gloire. Ne perdez pas, ô mon Dieu, mon ame avec les Impies.* Malgré fes ordres, on a imprimé en 6 vol. *in-12.* une partie de fes *Œuvres*, après fa mort arrivée en 1684.

FROMONDUS, *V.* FROIDMONT.

FRONTEAU, (Jean) hab. Chanoine Régulier de Sainte Génevieve, & Chancelier de l'Univerfité de Paris, naquit à Angers en 1614. Il enfeigna la Philofophie & la Théologie à Sainte Génevieve, fut Prieur de Benets en Anjou, & Curé de Montargis, où il mourut le 17 Avril 1662, à 48 ans. Il favoit les Langues, & a laiffé plufieurs ouvr. entr'autres une *Chronologie* des Papes en vers : la *Vie* d'Ives de Chartres à la tête d'une Edition des *Lettres* de cet Evêque. *Quæftionum d Prædeftinatione & gratiâ concordia*,

& plusieurs *Ecrits* dans lesquels il s'efforce de prouver que Thomas Kempis est auteur de l'*Imitation de J. C.* C'est lui qui dressa la belle Bibliothéque de Sainte Genevieve.

FRONTIN, ( Sextus Julius ) célebre Capitaine Romain, florissoit sos Vespasien, Nerva & Trajan. Il fut Préteur & Consul, se signala en plusieurs occasions, & commanda avec succès les Armées Romaines en Angleterre & ailleurs. Frontin étoit ami de Martial, & fut comblé d'éloges par tous les Ecrivains de son tems. Il mourut vers la fin du prem. siecle. Il nous reste de lui quatre Livres des *Stratagêmes militaires*, écrits sous le regne de Domitien. Son testament, fait vers l'an 85 de J. C., portoit cette clause : *Impensa monumenti supervacua est ; memoria nostra durabit, si vitâ meruimus.*

FRONTO, ( Marcus Cornelius ) célebre Orateur Romain, enseigna l'éloquence à Marc Aurele & à Luce Vere. Le premier de ces Princes lui fit élever une statue par ordre du Sénat, & le fit subroger Consul pour deux mois. Il ne faut pas le confondre avec Marcus Julius Fronto, lequel voïant les abus qui se commettoient sous l'Empereur Nerva, qui écoutoit trop facilement les délateurs, osa s'écrier en plein Sénat, que *s'il étoit dangereux d'être gouverné par un Prince, sous qui tout étoit défendu, il étoit encore plus dangereux de l'être par un Prince sous qui tout étoit permis.* Nerva ne fut plus si facile dans la suite à prêter l'oreille aux délateurs. Ce Fronto fut Consul pour la troisieme fois sous Trajan, l'an 100 de J. C.

FRONTO DUCŒUS, *voy.* DUC.

FRUCTUEUX, ( S. ) Evêque de Tarragone, souffrit le martyre pour la foi de J. C. en 259, par ordre d'Emilien, Gouverneur de cette ville. Il ne faut pas le confondre avec S. Fructueux, Evêque de Brague au 7e siecle, qui se retira dans une solitude, qu'il nomma *Complute*, où il bâtit un Monastere. Il m. le 16 Avril 665. Le peuple, qui se

retira dans la suite auprès du Monastere de *Complute*, y bâtit la ville que l'on nomme présentement *Alcala de Hénarés.*

FRUMENCE, ( S. *Frumentius*, Apôtre de l'Ethiopie, ou Abyssinie, étoit Tyrien. Merope, Marchand & Philosophe de Tyr, son parent, le mena en Ethiopie avec *Edesius*, autre jeune homme de ses parens. Merope étant mort en abordant dans le païs, ces deux jeunes hommes plurent tellement au Roi par leur science & par leur sagesse, qu'il en fit ses favoris, & leur donna, en mourant, la tutelle de son fils. Frumentius se servit de son crédit pour établir la Religion Chrétienne dans l'Abyssinie. Il favorisa les Marchands Chrétiens, fut ordonné Evêque par S. Athanase en 331, établit plusieurs Eglises dans ce grand Empire, & mourut vers 360.

FRUTER ou plutôt FRUITIERS, *Fruterius*, sav. & judicieux Critique du 16e siecle, natif de Bruges, vint à Paris en 1566, & y mourut aïant à peine 25 ans. Il étoit ami de Muret & de plus. autres Savans. On a de lui quelques ouvrages très bien écrits en latin.

FUENTE, ( Constantin de la) *Fontius* ou *Pontius*, fameux Protestant du 16 siecle, se tua lui-même en 1559, après avoir donné au Public un *Commentaire* en latin sur les *Proverbes*, l'*Ecclesiaste*, le *Cantique des Cantiques*, & plusieurs autres ouvrages.

FUGGER, ( Hulderic ) né à Augsbourg, d'une famille riche & anc. fut Camérier du Pape Paul III, & se fit ensuite Protestant. Il étoit gr. amateur des Sciences & des Savans, & faisoit des dépenses si considérables pour acquérir les manuscrits des Auteurs anciens, que sa famille lui intenta procès à cette occasion, & lui fit ôter l'administration de son bien. Il se retira à Heidelberg, où il mourut en 1584, à 58 ans. Il légua sa Bibliotheque, qui étoit très belle, à l'Electeur Palatin, & fit plusieurs fondations.

FULBERT, Evêque de Chartres,

célebre par son savoir, par sa piété & par son zele pour la discipline ecclésiastique, enseigna long-tems à Chartres avec une réputation extraordinaire. Il succéda en 1016 à Rodulphe, Evêque de Chartres, & mourut le 10 Avril 1028. Ses Œuvres ont été imprimées en 1608, on estime principalement ses *Epitres*. Elles sont écrites d'un style assez pur pour son tems, & l'on y remarque beaucoup d'esprit & de délicatesse.

FULGENCE, ( S. ) Evêque de Ruspe en Afrique, surnommé l'*Augustin de son siecle*, pour avoir défendu avec zele la doctrine de ce saint Docteur contre les Demi-pélagiens, naquit à Lepté dans la Bizacene, vers 463, d'une famille noble. Il fut instruit avec soin dans les Lettres grecques & latines, & se retira ensuite dans la solitude, où son mérite le fit choisir pour conduire les Religieux. S. Fulgence alla à Rome en 500, pour visiter le tombeau des Apôtres. S'étant trouvé dans une cérémonie où Théodoric haranguoit, il fut si surpris de la magnificence de la Cour de ce Prince, qu'il s'écria avec admiration : *Si Rome terrestre est si éclatante & si belle, quelle doit être la Jérusalem céleste, que Dieu a promise à ses Elus !* De retour en Afrique, il fut choisi Evêque de Ruspe. Trasimond l'exila en Sardaigne, parcequ'il s'élevoit avec zele contre les Ariens. C'est durant son exil qu'il composa ses excellens ouvrages. On le rappella dans la suite, & il mourut le prem. Janvier 533. Il nous reste quelques-unes de ses Œuvres dont il y a plusieurs Editions. Il ne faut pas le confondre avec Fulgentius Plantiades, Grammairien de Carthage, au 6e siecle, dont il nous reste *trois Livres de Mythologie*.

FULGOSE, ( Baptiste ) *voyez* FREGOSE.

FULGOSE ou FREGOSE, ( Raphael ) célebre Jurisconsulte du 15e siecle, enseigna le Droit avec réputation à Pavie & à Plaisance, puis à Padoue où il m. laissant divers ouvr.

FULLER, ( Nicolas ) sav. Ecrivain Anglois, natif de Southampton, se rendit habile dans les Langues, & s'appliqua à l'étude de l'Ecriture-Sainte. Il fut successivement Secretaire de Robert Horn, Evêque de Winchester, Pasteur de l'Eglise d'Aldington, Chanoine de Salisbury, & Recteur de Waltham. Il mourut à Aldington le 13 Févr. 1623. On a de lui *Miscellanea Theologica & sacra*, & un *appendix* à cet ouvrage : on y trouve beaucoup d'érudition.

FULRADE, très celebre Abbé de Saint Denys en France, au 8e siecle, se distingua par sa piété, & par ses talens & sa capacité dans les affaires & dans les négociations importantes dont il fut chargé. Il eut la qualité d'*Archi-Chapelain*, & mérita la confiance des Princes & des Papes. Il m. le 16 Juillet 784. On dit que le Pape Etienne II lui accorda divers privileges pour son Abbaïe de Saint Denys.

FULVIE, *Fulvia*, Dame Romaine de l'illustre famille des *Fulviens*, si féconde en gr. hommes, épousa d'abord Clodius, ennemi de Cicéron, ensuite Curion, qui fut tué en Afrique, en soutenant le parti de César, & enfin Marc-Antoine le *Triumvir*. C'étoit une femme hardie, ambitieuse & entreprenante, qui vouloit avoir part au Gouvernement, & dominer dans l'administration des affaires publiques. Après la bataille de Philippe, elle se brouilla avec Auguste, & fit prendre les armes à Lucius Antoine, frere de son mari. Quelquetems après elle se retira en Orient, où elle fut très mal reçue de Marc-Antoine, qui ne vouloit point que cette femme jalouse & vindicative fût témoin de sa passion pour Cléopâtre. Fulvie fut si piquée de ce mauvais traitement, qu'elle en mourut de chagrin à Sicyone, 40 ans avant J. C. C'est elle qui eut tant joie de la mort de Cicéron, que sa tête lui aïant été apportée, elle en tira la langue, la perça de plusieurs coups avec ses aiguilles à coëffer,

& vomit mille injures contre lui. Il ne faut pas la confondre avec Fulvie, autre Dame Romaine, qui découvrit à Cicéron la conjuration de Catilina, l'aïant apprise de Curius son Amant, qui étoit l'un des complices.

FULVIUS ou *Gens Fulvia*, nom d'une des plus anciennes & des plus illustres familles Romaines, d'où sortirent un gr. nombre de Consuls & de gr. Capitaines. Les plus célebres sont : 1. *Lucius Fulvius Curvus*, Consul 322 ans av. J. C., qui triompha des Samnites : 2. *Cn. Fulvius Maximus Centumalus*, Consul 298 ans av. J. C. qui triompha aussi des Samnites après les avoir défaits auprès de Boviano. Son fils, de même nom que lui, fut Dictateur 264 ans avant J. C. Il soumit la Corse, défit les Illyriens, & remporta plusieurs victoires : 3. *Marcus Fulvius Nobilior*, Consul 193 ans av. J. C. qui prit la ville d'Ambracie, & obligea les Etoliens à demander la paix : 4. *Quintus Fulvius Flaccus*, un des plus cél. Capitaines de son siecle, 237 ans av. J. C. fut quatre fois Consul, & remporta une cél. victoire sur les Gaulois : 5. *Marcus Fulvius Flaccus*, son petit fils, fut Consul 125 ans avant J. C. avec *M. Plautius Hypsæus*. Il défit les Liguriens ; mais s'étant joint avec *Gracchus*, Tribun du peuple, & troublant la République, ils furent attaqués l'un & l'autre sur le mont Aventin, où ils s étoient retirés, par *Opimius Nepos*, & périrent en se défendant.

FULVIUS URSINUS, ou FULVIO ORSINI, cél. Critique du 16e siecle, natif de Rome, fut Chanoine de S. Jean de Latran, & se distingua par son habileté dans les Belles Lettres grecques & latines. Il mourut à Rome le 18 Juin 1600, à 70 ans, laissant une partie de ses manuscrits à la Bibliotheque du Vatican. On a de lui un Traité *de familiis Romanorum* ; *Comment. de Triclinio Romanorum* : des *notes* sur *Ciceron* & sur *Varron*, *Columelle*, *Sextus Pompeius*, & plu-

sieurs autres ouvrages estimés.

FUNCH, FUNECCIUS, ou FUNCCIUS, (Jean) fameux Ministre Luthérien né à Werden près de Nuremberg en 1518, s'attacha à la doctrine d'Osiander, dont il épousa la fille, & fut Ministre dans la Prusse. Il composa une *Chronologie* depuis Adam jusqu'en 1560, & divers Traités. Sa fin ne fut pas heureuse, car aïant été convaincu de donner à Albert, Duc de Prusse, dont il étoit Chapelain, des conseils désavantageux à l'Etat de Pologne, il fut condamné avec quelques-autres, comme perturbateur du repos public, & il eut la tête tranchée à Konisberg le 28 Oct. 1566. On dit qu'il composa ce distique un peu avant qu'on le menât au supplice.

*Disce meo exemplo, mandato munere fungi,*
*Et fuge, seu pestem, την πολυπραγμοσύνην.*

C'est-à dire, *apprenez, par mon exemple, à ne vous mêler que de l'emploi dont vous êtes chargé ; & évitez comme la peste l'envie de vous mêler de trop de choses.*

FURETIERE, (Antoine) natif de Paris, Abbé de Chalivoy, & célebre Académicien de l'Académie Françoise, s'acquit une gr. réputation par ses ouvr. & mourut le 14 Mai 1688, à 68 ans, après avoir eu de gr. démêlés avec les Académiciens ses confreres. Le plus cél. & le plus estimé de ses ouvr. est son *Dictionnaire universel de la Langue Françoise*, où il explique les termes des Arts & des Sciences. Ce Dictionnaire ne fut imprimé qu'après sa mort en 2 vol. *in-fol.* Ses autres ouvr. sont, 1. des *Factums* & d'autres *Ecrits* contre les Académiciens ses confreres, qui l'avoient exclu de leur Académie en 1685, & qui l'accusoient d'avoir pillé le travail de l'Académie. 2. Sa *Relation* des troubles arrivés au Roïaume d'Eloquence. C'est une allégorie critique assez bonne. 3. le

*Roman Bourgeois*, Livre eſtimé en ſon tems. 4. cinq *Satyres* en vers qui ne ſont pas eſtimées.

FURIUS BIBACULUS , Poète Latin , natif de Crémone , vers 103 avant J. C. écrivit des *Annales* en vers , dont Macrobe rapporte quelq. fragmens. C'eſt de lui dont parle Horace dans ce vers ſatyrique.

*Furius hibernas canâ nive conſ-*
    *puit Alpes.*

FURSTEMBERG, (François Egon , Pr. de ) fils d'Egon , Comte de Furſtemberg , d'une des plus no-bles & des plus anciennes Maiſons d'Allemag. naquit le 27 Mai 1626. Il fut Doyen & gr. Prévôt de Cologne, & l'un des principaux Mi-niſtres de l'Electeur de cette ville. Aïant été élu Evêque de Strasbourg en 1665 , il conçut le deſſein d'y voir rétablir la Religion Catholiq. & s'attacha à la France , qui s'em-para de cette ville en 1681. L'Evêq. de Strasbourg mourut à Cologne le prem. Avril 1681. Guillaume Egon, Prince de Furſtemberg , ſon frere , lui ſuccéda dans cet Evêché , il s'at-tacha auſſi à la France , devint Car-dinal , & Abbé de S. Germain-des-Près à Paris , où il mourut le 10 Avril 1704, à 75 ans.

FURSTEMBERG , (Guillaume ) Gr. Maître de l'Ordre de Livonie , ou des *Portes-Glaives* , étoit fils de Guillaume , Seigneur de Nehemen , d'une Maiſon noble & ancienne de Weſtphalie. Il s'oppoſa aux Moſco-vites qui vouloient s'emparer de la Livonie , & fit priſonnier l'Arche-vêque de Riga en 1557 ; mais les Moſcovites aïant pris la Forvereſſe de Velim en 1560 , ils emmenerent le Gr. Maître priſonnier en Moſ-covie , où il mourut quelque-tems après.

FURSTEMBERG , ( Ferdinand de ) Evêq. de Paderborn , puis de Munſter , & Vicaire Apoſtoliq. dans tous les païs du Nord , naquit à Bil-ſtein le 21 Octobre 1626 de la mê-me maiſon que le précédent. Il s'ap-

pliqua avec zele à la converſion des Hérétiques & des Infideles , aima & protégea les Sciences , & mourut le 26 Juin 1683. On a de lui pluſ. ouvrages , dont le principal eſt in-titulé *Monumenta Paderbornenſia.* Ouvr. plein de recherches utiles & curieuſes. des *Poéſies* en beau la-tin imprimées au Louvre en 1684. *in-fol.*

FURSTIUS , ( Walter ) nom de ce vaillant Suiſſe du Canton d'Uri , qui , avec Werner Stouffacher , & Arnoul Melchthal , ſecoua en 1308, la domination des Archiducs d'Au-triche , & mit ſa nation en liberté.

FURSY ou FOURSY , (S.) *Fur-ſæus* , natif d'Irlande , vint en Fran-ce , & bâtit un Monaſtere à Lagni , vers 644 , dont il fut le prem. Abbé. Il m. à Mazeroëlles près de Dour-lens , le 16 Janvier 650.

FUSCHIUS , ou FUSCH, ( Leo-nard) l'un des plus cél. Médecins du 16e ſiecle , naquit à Wembdin-gen en Baviere en 1501. Il enſeigna & pratiqua la Médecine avec tant de réputation à Munich , à Ingol-ſtad , & ailleurs , qu'il fut nommé l'*Eginete d'Allemagne.* Il excelloit ſur-tout dans la connoiſſance des plantes ; il fut ennobli par Charles-Quint , & mourut à Tubingen le 10 Mai 1566, à 65 ans. On a de lui en latin un très gr. nomb. d'ouvr. eſti-més , dont l'un des principaux eſt ſon *Hiſtoire des Plantes.*

FUZELIER , ( Louis ) Poète François, natif de Paris , s'adonna de bonne heure à la Poéſie , & tra-vailla pour les Comédiens Fran-çois & Italiens , pour l'Académie Roïale de Muſique , & pour l'Opé-ra-comique. Il obtint en 1744, con-jointement avec M. de la Bruere , le privilege du Mercure , & mourut à Paris le 19 Septemb. 1752 , à 80 ans. On a de lui un *Théâtre* conſi-dérable , dont on eſtime ſurtout ſa Comédie en un Acte , intitulée *Mo-mus fabuliſte* , & ſes Operas intit. les *Ages* : les *Amours des Dieux* : les *Indes Galantes* : & le *Carnaval du Parnaſſe.*

# G.

GABALIS, ( le Comte de ) *Voy.*
VILLARS.

GABINIUS, ( Aulus ) Conful
Romain, 58 ans avant J. C. obtint
le Gouvernement de Syrie & de Judée. Il obligea Alexandre, fils d'A-
riftobule, à demander la paix, &
rétablit Hircan dans la dignité de
Grand - Pontife. Ariftobule s'étant
échapé de Rome, rentra dans fes
Etats avec Antigonus fon autre fils,
mais ils furent défaits & conduits à
Rome. Gabinius, après cette expédition, s'étant enrichi des dépouilles de la Syrie, réfolut de faire la
guerre aux Parthes, dont les richeffes excitoient fon avidité infa-
tiable. Il avoit déja paffé l'Euphrate, lorfque Ptolomée *Auletes*, vint
lui offrir 10000 talens pour être rétabli dans le Roïaume d'Egypte.
Gabinius marcha auffitôt en Egypte, & prolongea la guerre en recevant des fommes confidérables
d'Archelaüs, ennemi de Ptolomée :
cependant Archelaüs aïant été tué
dans un combat, Ptolomée fut mis
en poffeffion de fon Roïaume. Gabinius remit enfuite fou Gouvernement de Syrie à Craffus, & retourna à Rome 54 ans avant J. C. Il fut
alors accufé par le peuple ; mais le
crédit de Pompée, & l'argent qu'il
fit diftribuer à fes Juges & à fes Ac-
cufateurs, le firent abfoudre. Quelque-tems après il fut accufé de con-
cuffion, & condamné au banniffe-
ment, c'eft en cette derniere occafion que Ciceron harangua pour lui,
à la priere de Pompée, quoiqu'il eût
voulu auparavant le faire condamner pendant fon abfence. Ce trait
ne fait point d'honn. à ce cél. Orat.

GABOR, *voyez* BETLEM.

GABRIEL *Severe*, fav. Archevêque de Philadelphie, au 16e fiecle, natif de Monenbazie ou Epidaure, voïant qu'il y avoit peu de
Grecs dans fon Eglife, fe retira à
Venife, où il fut l'Evêque des Grecs
qui étoient dans les Etats de cette

République. Il fit imprimer à Venife, en 1600, un *Traité des Sacremens* en grec, & une *Apologie* en
1604. On voit clairement dans ces
ouvr. que cet habile Archevêque admettoit la *Tranfubftantiation*, comme les Latins. Richard Simon donna, en 1671, une nouvelle édition
des œuvres de Gabriel de Philadelphie, en gr. & en lat. avec des notes

GABRIEL SIONITE, favant Maronite, étoit Profeffeur des Langues Orientales à Rome, d'où il fut
attiré à Paris pour travailler à la *Polyglotte* de M. le Jay. Il apporta
avec lui des Bibles fyriaques & arabes, qu'il avoit décrites de fa main
fur des exemplaires manufcrits à
Rome : ces Bibles furent imprimées
pour la premiere fois dans la Polyglotte de M. le Jay, avec les points
voïelles & une verfion lat. & enfuite
dans la Polyglotte d'Anglet. Gabriel
Sionite traduifit encore la Géog. arabe, intitulée, *Geographia Nubien-
fis*, & quelq. autres ouvrages. Il fe
brouilla avec M. le Jay, qui fit venir de Rome Abraham *Ecchellenfis*
pour le remplacer.

GABRIEL, ( Jacques ) habile Architecte du Roi, fit le bâtiment de
Choify, & entreprit le Pont-Roïal
à Paris ; mais il mourut en 1686
avant que d'avoir achevé ce dernier
ouvr. qui ne fut terminé que par
Jacques Gabriel fon fils, & par le
Frere Romain. Jacques Gabriel,
dont nous venons de parler, naquit
à Paris en 1667. Il s'acquit une telle
réputation qu'il devint Infpecteur
général des Bâtimens, Jardins,
Arts & Manufactures, premier Architecte & premier Ingénieur des
Ponts & Chauffées du Roïaume,
& Chevalier de S. Michel. Il donna le projet de l'Egout de Paris,
& les plans d'un gr. nomb. de bâtimens publics, & m. à Paris en
1742, laiffant un fils, qui eft premier Architecte du Roi, & qui foutient la réputation de fes ancêtres.

GABRIELLE de Bourbon, Princeffe illuftre par fon efprit, par fa
piété & par fes ouvr. étoit fille de
Louis de Bourbon I, Comte de

Montpenſier. Elle épouſa, en 1485, Louis de la Tremouille, tué à la bataille de Pavie en 1525, dont elle eut Charles Comte de Talmond, qui fut tué à la bataille de Marignan en 1515. Elle mourut au Château de Thouars en Poitou le 31 Décembre 1516. Elle a compoſé : l'*Inſtruction des jeunes Pucelles*; le *Temple du S. Eſprit*; le *Voïage du Pénitent*, les *Contemplations de l'Ame dévote, ſur les Myſteres de l'Incarnat. & de la Paſſion de J. C.* & d'autres ouvr. de piété.

GABRIN ou GABRINI, (Nicolas) voyez RIENZI.

GABRINUS *Fundulus*, ſameux par ſa perfidie & par ſa cruauté, ſe joignit aux *Cavalcabos*, qui ſe rendirent maîtres de Cremone après la mort de Jean, Duc de Milan, arrivée en 1411. Dans la ſuite Gabrinus, aſpirant lui-même à la Souveraineté, invita Charles de *Cavalcabos*, Chef de cette famille, avec neuf ou dix de ſes parens, d'aller à ſa maiſon de campagne, où il les aſſaſſina tous dans un feſtin. Auſſitôt il s'empara du Gouvernement de la ville, & y exerça toutes ſortes de cruautés : mais il fut pris dans la ſuite & mené à Milan, où Philippe Viſconti, Duc de Milan, qui avoit ſuccédé à Jean ſon frere, lui fit trancher la tête.

GACON, (François) Poëte François, très connu par ſes traits ſatyriques contre M. Boſſuet, Rouſſeau, la Mothe, &c. naquit à Lyon en 1667, d'un Négociant. Il remporta le prix de Poéſie à l'Académie Françoiſe en 1717, & mourut dans ſon Prieuré de Baillon, près de Beaumont ſur-Oiſe, le 15 Novemb. 1725, à 58 ans. On a de lui : 1. Le *Poëte ſans fard*, ouvr. ſatyrique, in-12 : 2. *Traduct. Françoiſe d'Anacréon* avec des notes : 3. l'*Anti-Rouſſeau* : 4. l'*Homere vengé*, contre M. de la Mothe. Gacon attaqua encore M. de la Mothe, & le tourna en ridicule dans un petit ouvr. intitulé : *Les Fables de M. de la Mothe, traduites en vers françois, par P. S. F. au Caffé du Mont-*

*Parnaſſe*. Il eſt encore auteur du *Secretaire du Parnaſſe*, de pluſieurs *Brevets de la calotte*, d'un gr. nombre d'*Epigrammes*, &c. Il avoit été Pere de l'Oratoire.

GAD, ſeptieme fils de Jacob par Zelpha, naquit vers 1748 av. J. C. & fut Chef d'une Tribu de ſon nom, qui produiſit de vaillans hommes. Il ne faut pas le confondre avec le Prophête Gad, ami fidele du Roi David, auquel il propoſa, de la part de Dieu, de choiſir l'un de ces trois fléaux, la guerre, la peſte, où la famine; vers 1017 avant J. C.

GADDO GADDI, (Ange) fameux Peintre de Florence, mort en 1312, étoit de Thaddée. Il excella dans la peinture à la *Moſaïque*.

GADDO GADDI, autre Peintre de Florence, ſe perfectionna ſous le Giotto, & réuſſit principalement à bien exprimer les paſſions.

GADROIS, (Claude) l'un des plus habiles & des plus zélés Partiſans de la Philoſophie de Deſcartes, étoit natif de Paris. Après s'être appliqué à la Philoſophie Scholaſtique, pendant le cours ordinaire de deux années, & enſuite à la Théologie pendant trois ans, il ſe livra entierement à la nouvelle Philoſophie, qu'il étudia avec ſoin, & ſur laquelle il fit quantité d'expériences. Il avoit l'eſprit délicat & plein de feu, & ſe faiſoit aimer de tous les honnêtes gens, par la pureté de ſes mœurs, par l'excellence de ſon caractere & par la droiture de ſon cœur. M. Baſin, Maître des Requêtes, & Intendant de l'Armée d'Allemagne, le prit auprès de lui en qualité de Secretaire, & lui donna, deux ans après, la Direction de l'Hôpital de l'Armée, établi à Metz. Gadrois s'abandonna alors avec tant d'ardeur & de charité au ſervice des pauvres ſoldats & des Officiers malades, qu'il en contracta une maladie, dont il mourut en 1678, à la fleur de ſon âge; aïant à peine 36 ans. On a de lui : 1. des *Tables* pour ſervir à la Logique & aux autres parties de la Philoſophie. 2. un petit *Traité*, eſtimé &

très curieux, *sur les Influences des Astres* : 3. un ouvr. de Physique, intitulé *le Système du Monde*, dédié à l'Académie Roïale des Sciences. Il avoit aussi commencé à traiter en Dialogues toutes les matieres contestées entre les anciens & les nouveaux Philosophes ; mais cet ouvrage ne se trouva point dans ses papiers après sa mort. M. Arnauld, & d'autres Savans, qui en avoient vu quelques cahiers, en regretterent la perte. Ce fameux Docteur avoit une estime particuliere pour Gadrois.

GAETAN de Tiene, ( S. ) fondateur de l'Ordre des Théatins, naquit à Vicence, en 1480, de Gaspard de Tiene, d'une noble & ancienne famille, féconde en personnes de mérite. Après avoir fait ses études, il fut Protonotaire Apostolique participant, dignité considérable de Rome, & forma le dessein d'instituer une Congrégation de Clercs Réguliers. Jean-Pierre Caraffe, alors Evêque de Chieti, & depuis Pape, sous le nom de Paul IV, Boniface *de Colle*, gentilhomme Milanois, & Paul de Ghisleri, se joignirent à lui pour le même dessein. Ces quatre Fondateurs, dont S. Gaëtan étoit le Chef, aïant renoncé à leurs Bénéfices, firent leurs vœux dans l'Eglise de S. Pierre, au Vatican le 14 Septemb. 1524. Le Pape approuva leur Ordre, sous le nom de Clercs Reguliers. Cependant aïant élu pour Supérieur l'Evêque de Chieti, ils furent appellés *Théatins*, du nom de cette ville, qui, en latin, s'appelle *Theate*. Les trois ans de la supériorité de l'Evêque de Chieti étant expirés, Saint Gaëtan fut élu Supérieur. Trois ans après il fut envoïé à Naples par le Pape, y fonda une Maison de son Ordre, & y m. en odeur de sainteté le 17 Août 1547, à 67 ans. Il fut canonisé par Clement X.

GAFFAREL, ( Jacques ) célebre Docteur en Théologie & en Droit Canon, natif de Mannes en Provence, se rendit habile dans les Langues Orientales, & fut Bibliothequaire du Cardinal de Richelieu, qui l'envoïa en Italie pour y acheter les meilleurs Livres, imprimés & manuscrits. Gaffarel publia un ouvrage intitulé *Curiosités inouies sur la sculpture talismanique des Persans*, &c. qui fit gr. bruit & qui fut censuré en Sorbonne. On dit que le Cardinal de Richelieu vouloit l'emploïer à réunir les Protestans à la Religion Catholique ; ce fut apparemment pour ce sujet que Gaffarel avoit fait le *Traité* singulier qu'il fit imprimer en 1645 sous ce titre : *Quæstio pacifica, num Religionis dissidia, per Philosophorum Principia, per antiquos Christianorum orientalium Libros rituales, & per propria hæreticorum dogmata conciliari possint ?* in-4º. Il avoit aussi entrepris l'*Histoire du Monde souterrain* ; mais il ne put l'achever, étant mort à Ségovie en 1681, à 80 ans. On a de lui d'autres ouvrages.

GAGE, ( Thomas ) fam. voïageur, natif d'Irlande, se fit Dominicain en Espagne, & fut choisi en 1625 pour aller prêcher la foi aux Infideles, dans le Mexique. Y étant devenu fort riche, il se sauva en Angleterre, & renonça à la Religion Catholique. On a de lui une *Relation* ( fort estimée ) des Indes Occidentales, traduite en françois par Beaulieu Hues-Oneil, que l'on croit être Baillet. Cette traduction se trouve aussi dans le troisieme tome des Voïages de Thevenot, mais avec des retranchemens considérables.

GAGNIER, ( Jean ) sav. Professeur des Langues orientales à Oxford, dans le 18e siecle, est auteur de trois ouvrages, dans lesquels on remarque beaucoup d'érudition, de saine critique & de jugement. Ces trois ouvrages sont : 1. une *traduction* latine avec des notes du Livre hébreu de Joseph Ben Gorion, Oxford 1706, in-4º. 2. une *Vie de Mahomet*, en françois, Amsterdam 1730, 2 vol. in 12. 3. une *traduction* latine de la Géographie d'Abul-feda, avec l'arabe à côté, in-fol.

GAGUIN,

GAGUIN, ( Robert) céleb. Hiſtorien du XV ſiecle, & le 20e. Général des Mathurins ou Trinitaires, natif de Colines dans le Dioc. d'Amiens, fut emploïé par les Rois Charles VIII & Louis XII, en diverſes négociations importantes. Il ſe diſtingua par ſa ſcience & par ſon mérite, & mourut à Paris le 22 Mai 1501. Les plus conſidérables de ſes ouvr. ſont : 1. une *Hiſtoire de France* en latin, qu'il termine à l'an 1499. Elle a été traduite en françois : 2. des *Epîtres*, des *Harangues*, & des *Poéſies* en latin.

GAHAGANS, ( N. ) Poëte Anglois, pendu à Londres en 1749, pour avoir rogné des Guinées. Etant déja en priſon à Newgate, il traduiſit en vers latins *Le Temple de la Renommée* du céleb. Pope.

GAI, *voyez* GAY.

GAJADO ( Hermic ) Poëte, *voyez* CAJADO.

GAICHIES, ( Jean ) Prêtre de l'Oratoire, & membre de l'Académie de Soiſſons, fut long-tems Théologal de cette ville, & s'acquit de la réputation par ſes talens pour la Chaire, & par les diſcours qu'il fit pour l'Académie de Soiſſons. S'étant démis de ſa Théologale, il vint demeurer à Paris dans la maiſon des Peres de l'Oratoire rue S. Honoré, où il m. le 5 Mai 1731 à 83 ans. On a de lui des *Maximes ſur le miniſtere de la Chaire*, qui ſont très eſtimées & qui avec ſes *diſcours Académiques*, ont été imprimées en un vol. *in-12*.

GAIGNY, ( Jean de ) *Gagnæus* ſavant Doƈteur de Sorbonne, natif de Paris, fut Chancelier de l'Univerſité, & premier Aumônier du Roi François I. Il mourut le 25 Novembre 1549. On a de lui divers ouvrages.

GAILLARD-LONJUMEAU, nom d'une ancienne Maiſon de Provence. Elle eſt une des plus illuſtres par les Fiefs qu'elle a poſſedés, les Charges dont ſes Auteurs ont été revêtus, & les belles alliances qu'elle a faites. Elle a produit un gr. nombre de perſonnes diſtinguées, en-

tr'autres. Jean de Gaillard, Evêque d'Apt, qui étoit fils de Pierre de Gaillard-Lonjumeau, Seigneur de Ventabren, natif de Paris, & de *Marquiſe de Village* des Seigneurs de la Salle. Il naquit à Aix le 22 Mai 1634. Aïant embraſſé l'état Eccléſiaſtique, Mad. de Gaillard de Venel, ſa ſœur, qui étoit ſous-gouvernante des Enfans de France & Dame de la Reine, l'attira à Paris, & le fit connoître au Cardinal Mazarin. Il fut nommé peu après à l'Archidiac. de Bayeux, puis à l'Evêché d'Apt en 1673. Il aimoit les Lettres & les Sciences, & protegeoit les Savans. C'eſt lui qui forma le premier le vaſte projet du gr. *Diƈtionnaire hiſtorique univerſel* ; il fit faire à cette occaſion des recherches dans tous les païs, & particulierem. dans la Bibliotheque du Vatican. Ne voulant pas faire paroître ce gr. ouvr. ſous ſon nom, il remit ſes amples colleƈtions à *Moreri*, qu'il fit ſon Aumônier, & celui-ci lui dédia comme à ſon *Mecene*, la premiere édition de ſon *Diƈtionnaire*, imprimé à Lyon en 1674. *Moreri* déclare dans l'Epître dédicatoire la part que le Prélat avoit eue à ce gr. ouvrage & lui en témoigne ſa reconnoiſſance. M. de Gaillard reçut auſſi du Pape une Lettre de compliment à ce ſujet, & le Prince Colonne qui avoit épouſé Marie Mancini, niece du Cardinal Mazarin, par l'entremiſe de Mad. de Gaillard de Venel, ſœur de l'Evêque d'Apt, avoit obtenu pour ce Prélat la promeſſe d'un Chapeau de Cardinal ; mais la mort du Pape rendit cette promeſſe ſans effet. M. de Gaillard refuſa l'Evêché de Limoges, & m. à Apt, le 10 Févr. 1695. Magdeleine de Gaillard, ſa ſœur, naquit à Marſeille le 24 Janv. 1620. Elle épouſa à l'âge de 16 ans le Sieur de Venel, d'abord Conſeiller au Parlement de Provence, enſuite Maitre des Requêtes du Palais de la Reine, & Conſeiller d'Etat. Ses parens la firent venir à Paris, & Mad. de Montmorenci qui étoit du nombre, la présenta à la Reine Anne d'Autriche, alors Regente, dont elle mérita la confiance, & celle du Cardinal Mazarin, prem. Ministre. La Reine lui fit, au nom du Roi mineur, son fils, un don par Lettres patentes du mois de Septembre 1648, des Glacieres de Provence, qui appartenoient au Domaine, & le privilege exclusif de faire débiter la glace par Bureau dans toute cette Province : ce qui lui valoit 20000 livres de rente. Le Cardinal Mazarin aïant fait venir ses nieces à la Cour, l'aînée Marie Mancini, s'étoit attirée les empressemens de Louis XIV qui vouloit l'épouser : ce qui auroit été désagréable à tout le Roïaume, & auroit rompu les mesures que la Reine & le Cardinal Mazarin avoient prises pour faire épouser au Roi Marie d'Autriche, fille unique de Philippe IV, Roi d'Espagne, qui pouvoit réunir, ( comme la chose arriva ) les intérêts & la succession du Roïaume d'Esp. à la Couronne de France. La Reine, pour faire réussir ce gr. projet, ordonna à Melle Mancini de ne se conduire que par les avis de Mad. de Venel, laquelle étant dans le secret déconcerta tous les effets de la passion du Roi, qui épousa enfin l'Infante d'Espagne, & l'on maria Melle Mancini au Prince Colonne de Rome. Mad. de Venel partit avec elle, & reçut à Milan le 10 Juin 1661, une lettre du Roi, où ce Prince lui donne des témoignages de son estime. Elle devint ensuite Dame de la Reine, & sous-gouvernante de la fille du Roi, puis des autres enfans de France, c. à d. des Ducs de Bourgogne, de Berri, & d'Anjou qui fut Roi d'Espagne sous le nom de Philippe V. Louis XIV déclara souvent la part que Mad. de Venel avoit eue à son mariage. Elle m. au Château de Versailles le 24 Nov. 1687, à 67 ans. Il est parlé plus. fois de Mad. de Venel dans le Recueil que que Rose a donné des Lettres de Louis XIV. On y trouve pag. 33. une Lettre du Roi à Mad. de Ve-

nel ; cette Lettre est remplie de bonté & de politesse. Une autre personne distinguée de la même maison, est Michel de Gaillard, fils de Mathurin de Gaillard, Seigneur de Villemourans, près de Blois, & de Jeanne de Callipeau. Il naquit à Paris le 13 Mars 1449. Il s'attacha à Louis XI, se distingua en qualité de Chevalier, à la bataille de Mont-l'heri en 1465 ; & à celle de Nancy en 1477, où il commandoit 300 Gentilhommes. Il devint Maître-d'Hôtel de Louis XI, seul Général des Finances, & général des Galeasses de France en 1480. Il fut aussi en gr. estime auprès du Duc d'Orléans, qui lui conféra l'Ordre du Porc-épic. Il épousa en secondes noces le 2 Juin 1482, Marguerite Bourdin, qui lui apporta en dot les Seigneuries de Lonjumeau, de Chilly, du Fayet, & de Puteau-sur-Seine. Il m. au Château de Lonjumeau le 2 Avril 1522 après avoir servi avec honneur & avec zele, en qualité de Général des Galeasses, les Rois Louis XI, Charles VIII, Louis XII & François I. Michel II, de Gaillard son fils, Seigneur de Lonjumeau & de Chilly, fut Chevalier & Pannetier du Roi François premier. Il épousa le 10 Fév. 1511 au Château d'Amboise, *Souveraine d'Angoulême* de Valois, fille naturelle de Charles Duc d'Orléans & d'Angoulême. François I, qui étoit fils du même Charles Duc d'Orléans & d'Angoulême, & par conséquent frere de *Souveraine d'Angoulême*, la légitima à Dijon en 1521. La maison de Gaillard subsiste encore en Provence, où elle tient un rang distingué dans l'Epée & dans la Robe. Pierre-Joseph-Laurent de Gaillard de Lonjumeau, Seigneur de Ventabren, &c. est un des Syndics du Corps de la noblesse de Provence ( en 1759 ).

GAINAS, Got de naissance, devint par sa valeur Général de l'Armée de l'Empereur Arcadius. Il fit tuer, en 395, le traître Rufin comme un Usurpateur. Par cette mort, Eutrope étant devenu le favoti de l'Empereur, Gainas en fut si jaloux, qu'il appella les Barbares d'Asie, & força Arcadius, en 399, à lui livrer Eutrope & plusieurs autres de ses plus fideles Ministres. Gainas étant Arien, demanda une Eglise pour les Ariens de CP. Il forma même le dessein de brûler le Palais Impérial, & de se rendre maître de l'Empire. Ces attentats obligerent l'Empereur de le déclarer ennemi de l'Etat. Ce qui irrita tellement Gainas, qu'il ravagea toute la Thrace ; mais il fut vaincu sur la Mer de l'Hellespont, & fut tué, comme il fuïoit avec les débris de sa flotte en 400. Sa tête fut portée à l'Empereur, à Constantinople.

GAITTE, (Charles) Docteur de Sorbonne & Chanoine de Luçon, est connu par un savant *Traité* sur l'*Usure, de usura & fœnore.*

GAL, (S.) fils d'un Sénateur, aïant renoncé au monde, s'acquit l'estime de Thierri, Roi d'Austrasie, & fut Evêque de Clermont en 532 après S. Quintien. Il mourut vers 552. Il ne faut pas le confondre avec S. Gal, natif d'Irlande, & disciple de S. Columban. C'est lui qui fonda en Suisse le célebre Monastere de S. Gal, dont il fut le premier Abbé en 614. Il mourut vers 646. On a de lui quelques ouvrages.

GALANUS, (Clément) Religieux Théatin, aïant demeuré longtems en Arménie, recueillit plus. actes & plusieurs écrits Arméniens, & les traduisit en latin. Son ouvrage, dont une partie est en arménien & l'autre en latin, fut imprimé à Rome en 1650, 2 vol. *in fol.* Il a pour titre : *Conciliation de l'Eglise Arménienne avec l'Eglise Romaine, sur les témoignages des Peres & des Docteurs Arméniens.* On y trouve aussi l'Histoire Civile & Ecclésiastique d'Arménie.

GALAS, (Matthieu) fameux Général des Armées de l'Empereur, naquit à Trente en 1589. Il fut d'abord Page du Baron de Beaufrèmont, Chambellan du Duc de Lorraine, & se signala tellement en Italie & en Allemagne, qu'il fut mis à la tête des Armées Impériales. Galas rendit des services importans au Roi d'Espagne & à l'Empereur. Il voulut même s'emparer de la Bourgogne en 1636 ; mais il fut battu avec le Duc de Lorraine à S. Jean de Lône. Il réussit mieux contre les Suédois : cependant son Armée aïant été entiérement défaite près de Magdebourg, par Tortenson, il fut disgracié de l'Empereur. Quelque-tems après on lui rendit le commandement des troupes, mais il n'en jouit pas long-tems, étant mort à Vienne en Autriche en 1647, à 58 ans.

GALATHÉE, Nymphe & Divinité marine, selon la fable, étoit fille de Nérée & de Doris. Elle fut aimée de Polypheme, qu'elle méprisa pour le Berger Acis. Le Cyclope indigné écrasa Acis avec un rocher.

GALATIN, (Pierre) sav. Religieux de S. François, au 16e siecle, s'acquit beaucoup de réputation par ses ouvrages, surtout par son Traité *De arcanis Catholicæ veritatis,* contre les Juifs. Cependant Galatin avoit copié cet écrit du Livre de Porchet, intitulé : *Victoria adversùs Judæos.* Porchet avoit lui-même copié son ouvr. de *Raimond Martin* ; mais il en avertit ses Lecteurs, au lieu que Galatin a publié son ouvrage comme s'il étoit de lui.

GALAUP de Chasteuil, (François) célebre & sav. Solitaire du mont Liban, naquit à Aix en Provence le 19 Août 1588, d'une famille noble & féconde en personnes de mérite. Il fit paroître dès son enfance une gr. inclination pour la piété & pour les sciences. Aïant lié amitié avec M. de Peiresc, il se retira avec lui à la campagne, & fit de savantes observations sur le *Pentateuque* Samaritain, que le Pere Théophile Minuti, Religieux Minime, avoit apporté du Levant. François de Chasteuil alla demeurer au mont Liban en 1631. Il y mena une vie fi édifiante , & s'y diftingua tellement par fon mérite , que les Maronites voulurent l'élire pour leur Patriarche , mais il refufa cet honneur. Les courfes des Turcs l'obligerent enfuite de fe retirer à Mar-Elicha , dans un Monaftere de Carmes Déchauffés , où il mourut en odeur de fainteté le 15 Mai 1644. Il favoit les Mathématiques & les Langues orientales , & s'étoit rendu très habile dans le fens littéral de l'Ecriture-Sainte. Sa vie , écrite par M. Machetti , eft devenue rare. Il ne faut le confondre avec François Galaup fon parent , lequel après s'être fait recevoir Docteur en Droit prit le parti des armes , fe mit au fervice de Lafcaris , gr. Maître de Malthe , puis à celui du gr. Condé , qui le fit Capitaine de fes Gardes. Ce Prince étant forti du Roïaume , Galaup fe retira à Toulon , où il arma un vaiffeau de guerre fous la baniere de Malthe. Après s'être diftingué pendant pluf. années , il fut pris par des Algériens & mis en efclavage. Il en fortit au bout de 2 ans , & paffa au fervice du Duc de Savoie , qui pour récompenfer fon mérite le gratifia d'une penfion de 2000 livres , & le fit Précepteur du Prince de Piedmont fon fils. Galaup mourut à Vercel en 1678 , à 52 ans. Il avoit traduit *les petits Prophêtes* , & mis en vers françois quelques Livres de la *Thébaïde* de Stace. Pierre Galaup fon frere , fut ami de Furetiere , de la Fontaine , de Boïleau , & de Mademoifelle de Scuderi. S'étant trouvé à Paris en 1673 , lors de la prife de Maëftrick , il compofa à ce fujet une *Ode* Provençale , qui fut très eftimée & qui fe trouve dans le 8e tom. des Mémoires de Littérature du P. Defmolets. Il m. à la fin de Juillet 1727 , à 84 ans. On a encore de lui une *Explication* in fol. des arcs de Triomphe dreffés à Aix à l'arrivée des Ducs de Bourgogne & de Berri.

**GALBA** , ( Servius Sulpitius ) Empereur Romain , de l'ancienne famille des *Sulpices* , naquit la veille de la naiffance de J. C. Il fut adopté par Livia Ocellina fa belle-mere , & avancé dans les Charges par Livie , femme de l'Empereur Auguste. On dit qu'aïant été préfenté à Auguste avec d'autres jeunes Romains , ce Prince , en voïant fon nez aquilin , qui lui donnoit l'air d'un aigle , lui dit : *Et toi Galba , tu gouteras auffi de l'Empire ;* à quoi Galba répondit : *Que ce feroit quand une mule deviendroit féconde.* Ce prodige arriva effectivement fous le regne de Neron , ce qui porta Galba à la révolte , par les follicitations de Vindex. Il fe fit élire Empereur l'an 68 de J. C. & fut le premier des Empereurs Romains , élu fans être de la famille des Céfars. Galba s'étoit acquis l'eftime de tout le monde , n'étant que particulier ; mais il fe rendit odieux par fes cruautés & par fon avarice , auffitôt qu'il fut fur le Trône. Il fit tuer Macer & Fonteius Capito , & adopta Pifon , avec lequel il fut affaffiné par ordre d'Othon le 10 Janvier 69 de J. C. à 73 ans. C'étoit un Prince doué des plus belles qualités. On l'auroit cru digne de l'Empire , s'il n'eût jamais été Empereur.

**GALE** , ( Thomas ) favant Ecrivain Anglois du 17e fiecle , fut Principal de l'Ecole de Saint Paul , membre de la Société Roïale de Londres , & Doïen d'Yorck. Il étoit en commerce de Lettres avec les Savans , & fut choifi pour faire les Infcriptions du monument érigé à l'occafion de l'incendie de 1666. Thomas Gale publia en 1671 *Opufcula Mythologica , Ethica & Phyfica ,* en grec & en latin. On a de lui divers autres ouvrages eftimés : les principaux font : 1. *Hiftoriæ Poèticæ antiqui fcriptores.* 2. *Hiftoriæ Anglicanæ fcriptores quinque.* 3. *Hiftoriæ Britannicæ , Saxonicæ , Anglo - Danicæ fcriptores quindecem.* 4. Edition du *Traité* de Jamblique *de myfteriis Ægyptiorum* , traduit en latin avec des favans éclairciffemens. 5. *Antonini iter Britanniarum ,* in-4°. , ouvrage très utile pour l'ancienne Géographie, &c. Il mourut le 8 Avril 1709.

GALEANO, ( Joseph ) célebre Poète & Médecin de Palerme au 17e siecle, étoit habile dans les Belles-Lettres & dans les Sciences. Il enseigna & pratiqua la Médecine à Palerme pendant près de 50 ans avec une réputation extraordinaire, & y mourut le 28 Juin 1675. On a de lui un grand nombre d'ouvrages. Les principaux sont, 1. une *Lettre sur la fievre épidémique* en 1648. 2. *Smilacis asperæ & salsæ pariliæ causa.* 3. *Politica medica pro Leprosis.* 4. *Hyppocrates redivivus paraphrasibus illustratus.* 5. *Oratio de Medicinæ præstantiâ,* &c.

GALEN, ( Matthieu ) sav. Théologien du 16e siecle, natif de West-capel en Zélande, enseigna la Théologie avec réputation à Dilinghen, puis à Douai. Il devint Chancelier de l'Université de cette ville, y fit fleurir les Sciences, & mourut en 1573. On a de lui, 1. *Commentarium de Christiano & Catholico Sacerdote;* 2. *de originibus Monasticis;* 3. *de Missæ sacrificio; de sæculi nostri choreis,* & d'autres ouvrages estimés.

GALEN, ( Christophe - Bernard de ) Evêq. de Munster, & l'un des plus gr. guerriers du 17e siecle, assiégea la ville de Munster, qui refusoit de se soumettre à son autorité, la prit le 6 Août 1661, & y fit bâtir une bonne citadelle. Il se ligua en 1665 avec le Roi d'Angleterre contre les Hollandois, & remporta sur eux divers avantages. L'Evêque de Munster se déclara encore contre les Hollandois en 1672, parcequ'ils lui retenoient la Seigneurie de Borklo. Il marcha contre eux avec les François, & leur enleva plusieurs Villes & Places fortes; mais l'Empereur l'obligea de faire la paix en 1674. L'année suivante, il se ligua contre les Suédois, sur lesquels il prit quelques Places. Il mourut le 19 Septembre 1678, à 74 ans. Ferdinand de Furstemberg lui succéda.

GALEOTIMARTIO, *Galeotus*

Martius, fameux Ecrivain du 15e siecle, natif de Narni, fut Secretaire de Matthias Corvin, Roi de Hongrie, & Précepteur de Jean Corvin son fils. Il mourut à Lyon en 1478. On a de lui, en latin, un *Recueil des bons mots de Matthias Corvin,* & un Traité *de homine interiore & de corpore ejus,* qui fit beauc. de bruit à cause de quelques sentimens peu orthodoxes, qu'il fut obligé de rétracter.

GALERE ARMENTAIRE, Empereur Romain. *Voïez* MAXIMIEN.

GALIEN, ( Claude ) *Galenus,* très cél. Méd. natif de Pergame, vers 131 de J. C., étoit fils de Nicon, habile Architecte de la même ville. Après avoir appris la Philosophie, il s'adonna à la Médecine, & fut disciple de Satyron & de Pélops, les deux plus célebres Médecins de son tems. Galien alla ensuite à Alexandrie consulter les Savans. De-là il passa à Rome (l'an 169 de J. C.) où il composa divers ouvrages. Il en sortit ensuite, & voïagea en Asie; mais peu de tems après, l'Empereur Marc-Aurele le rappella à Rome. Après la mort de ce Prince, Galien retourna à Pergame, où l'on croit qu'il mourut dans un âge très avancé vers l'an 200 de J. C. Il avoit composé 200 vol. qui furent brûlés dans l'embrasement du Temple de la Paix. Les meilleures éditions de ceux qui nous restent sont celles de Bâle en 1538, 3 tom., & celle de Venise en 1625, en 7 vol. On estime principalement son Traité *de l'usage des parties du corps humain.* Galien étoit d'un tempérament foible & délicat, comme il l'assure lui-même; mais il ne laissa point de parvenir à une extrême vieillesse, par sa frugalité & son habileté dans la Médecine. Il avoit pour maxime de toujours sortir de table avec un reste d'appetit. On le regarde avec raison comme le plus grand Médecin de l'antiquité après Hippocrate. Il faisoit des guérisons si surprenantes, qu'il fut accusé de magie : ce qui l'obligea de sortir de Rome. Ses ouvrages sont écrits en grec.

GALILÉE GALILEI , *Galilæus* ,
très célebre Mathématicien , & l'un
des plus gr. génies du 17e fiecle ,
étoit fils naturel de Vincent Galilei ,
noble Florentin. Il eut dès fon enfance une violente inclination pour
la Philofophie & pour les Mathématiques , & fit dans ces fciences de
vaftes progrès.     Galilée fut choifi
Profeffeur de Mathématique à Padoue en 1592. Cofme II , Gr. Duc
de Tofcane , l'appella enfuite à Pife ,
puis à Florence , où il lui donna le
titre de fon premier Philofophe &
de fon premier Mathématicien. Galilée aïant embraffé le fyftême de
Copernic , un Moine orgueilleux le
déféra à l'Inquifition de Rome , où
le Cardinal Bellarmin lui fit promettre , en 1616 , de ne plus défendre ce fyftême ni de vive voix ni
par écrit ; mais Galilée ne tint pas
fa parole. Il publia 16 ans après fon
*Dialogue* fur les fyftêmes de Ptolomée & de Copernic , dans lequel il
entreprit de prouver que le Soleil
étoit véritablement immobile , &
que c'étoit la Terre qui tournoit autour du Soleil. Cet ouvrage aïant
fait du bruit , Galilée fut cité de
nouveau à l'Inquifition de Rome ,
qui le contraignit , par un Décret
du 21 Juin 1633 , d'abjurer fon fyftême , comme une erreur & comme
une *héréfie* ; comme fi l'*immobilité*
de la Terre étoit une vérité ou un
dogme de foi , & non pas une pure
queftion d'Ecole & une *vieille* opinion populaire. Galilée , par le même Décret , fut condamné à demeurer en prifon autant de tems qu'il
plairoit aux Cardinaux Inquifiteurs ;
mais ils fe contenterent de le renvoïer dans les Etats du Duc de Florence , où il eut en quelque forte
pour prifon la petite ville d'Arcetri
avec fon territoire. Le Décret de
l'Inquifition figné par fept Cardinaux eft conçu en ces termes : *Dire*
*que le Soleil eft au centre , & abfo-*
*lument immobile , & fans mouve-*
*ment local , eft une propofition ab-*
*furde & fauffe en bonne Philofophie ,*
*& même hérétique , en tant qu'elle*
*eft expreffément contraire à la Sainte*

*Ecriture. Dire que la Terre n'eft*
*pas placée au centre du monde , ni*
*immobile , mais qu'elle fe meut d'un*
*mouvement même journalier , eft auf-*
*fi une propofition abfurde & fauffe*
*en bonne Philofophie , & confidérée*
*théologiquement elle eft au moins*
*erronée dans la foi.* La formule d'abjuration folemnelle que les Inquifiteurs attacherent à Galilée après
l'avoir contraint de fe foumettre à
leur Décret , porte : *Moi , Galilée*
*à la 70e année de mon âge , conftitué*
*tué perfonnellement en juftice , étant*
*à genoux , & aïant devant les yeux*
*les Saints Evangiles , que je touche*
*de mes propres mains , d'un cœur*
*& d'une foi fincere , j'abjure , je*
*maudis , & je detefte les abfurdi-*
*tés , erreurs , & héréfies , &c.* On
voit par ce Décret & par cette formule d'abjuration , jufqu'à quel
excès les corps les plus refpectables
font capables de fe laiffer emporter
même à l'égard des plus gr. hommes , lorfqu'ils font aveuglés par
leurs préjugés , & qu'ils fe mêlent
de décider fur des matieres qu'ils
n'entendent pas , & qui ne font pas
de leur compétence. Galilée avoit
un génie admirable pour la conf-
truct. des machines. On dit qu'aïant
entendu parler de ces verres que
Jacques *Metius* avoit inventés en
Hollande , par le moïen defquels ,
les objets éloignés paroiffent proche
de nous ; il réfléchit avec tant d'application fur la nature de ces verres , que fans en avoir jamais vu ,
il inventa le *Télescope*. C'eft avec
cet Inftrument qu'il découvrit , le
premier , les quatre Satellites de
Jupiter , & qu'il fit dans le Ciel des
obfervations qui rendront à jamais
fa mémoire immortelle. Il publia fes
découvertes fous le titre de *Nuncius*
*fidereus*. Galilée avoit auffi du goût
pour l'Architecture & pour la Peinture , & jouoit très bien des inftrumens. Il perdit la vue trois ans
avant fa mort arrivée à Florence
en 1642 , à 78 ans. Plufieurs de fes
ouvrages ont été malheureufement
perdus , par la dévotion mal enten-
due de fa femme , qui en donna les

Manuscrits à son Confesseur pour être brûlés. Ceux qui nous restent, tant en latin qu'en italien, sont excellens. Galilée est l'inventeur du pendule simple dont il se servit utilement pour ses observations astronomiques. Il eut la pensée de l'appliquer aux horloges, mais il ne l'exécuta pas. La gloire de cette invention étoit réservée à Vincent son fils, qui, le premier, appliqua le pendule aux horloges, & en fit l'essai à Venise en 1649. M. Huygens perfectionna dans la suite cette invention.

GALINDON, plus connu sous le nom de Prudence le jeune, célebre Evêque de Troyes au 9e siecle, assista au Concile de Paris en 846, & à celui de Soissons en 853. Il mourut en 861. On a de lui quelques ouvrages dans lesquels il défend la doctrine de S. Augustin sur la grace & la prédestination. M. Breyer, Chanoine de Troyes, a écrit sa vie.

GALIOTE DE GOURDON DE GENOUILLAC, ou LA MERE DE SAINTE ANNE, cél. Religieuse, Réformatrice de l'Ordre de S. Jean de Jérusalem en France, & Prieure du Monastere de Beaulieu, naquit le 5 Novembre 1589, de Louis de Gourdon de Genouillac, Comte de Vaillac, d'une famille noble & consid. de Quercy. Elle mourut en 1618. Les Religieuses de cet Ordre avoient autrefois la robe rouge & le voile blanc, mais après la prise de Rhodes par Soliman II en 1522, elles prirent l'habit & le voile noir, pour marquer leur deuil.

GALLAND ou GALAND, (Pierre) Galandius, habile Principal du Collége de Boncour à Paris, & Chanoine de Notre Dame, étoit d'Aire en Artois. Il lia une étroite amitié avec Turnebe, qui fut son disciple, avec Budé, Vatable, Tusan, Latomus, &c. & fut estimé de François I. Il mourut en 1559. On a de lui divers ouvrages en latin.

GALLAND, (Auguste) Procureur Général du Domaine de Navarre, & Conseiller d'Etat au 17e siecle, est auteur de plusieurs ouvrages estimés. Les principaux sont : 1. un Traité contre le Franc-aleu sans titre, dont la meilleure édition est de 1637; plusieurs Traités sur les Enseignes & Etendards de France; 3. des Mémoires pour l'Histoire de Navarre & de Flandres; 4. Discours au Roi sur la naissance, ancien état, progrès & accroissement de la ville de la Rochelle. Tous ces ouvrages sont remplis de choses rares, curieuses & intéressantes. Il mourut vers 1644.

GALLAND, (Antoine) savant Académicien de l'Académie des Inscriptions, & Professeur en Arabe, au Collége Roïal à Paris, naquit à Rollo, petit bourg de Picardie, en 1646, de parens pauvres. Après avoir fait quelques études à Noyon, il vint à Paris, où il continua ses études chez le Souprincipal du Collége du Plessis, puis en Sorbonne, chez M. Petitpied, qui lui fit apprendre l'hébreu, & les langues orientales. M. Galland fit ensuite plusieurs voïages en Orient. Il y acquit une grande connoissance de l'Arabe & des mœurs des Mahométans, & mourut à Paris, le 17 Février 1715, à 69 ans. On a de lui plusieurs ouvr. Les principaux sont : 1. Relation de la mort du Sultan Osman, & du couronnement du Sultan Mustapha : 2. Recueil de maximes & de bons mots tirés des ouvrages des Orientaux : 3. Traité de l'origine du Caffé ; 4. les mille & une Nuits, Contes Arabes, 12 vol. in-12, &c.

GALLATY, (Gaspard) très cél. Colonel Suisse, étoit natif de Glaris Catholique. Il rendit des services importans dans plusieurs batailles & négociations aux Rois Charles IX, Henri III, Henri IV, & Louis XIII; se distingua à la bataille de Moncontour, à la journée des Barricades, & à celle de Tours, où Henri III étoit assiégé par les Rebelles. Gallaty fut créé Chevalier par ce Prince, après la mort duquel il engagea le Régiment qu'il commandoit, à reconnoître Henri

IV. Cette réfolution, qu'il prit avec trois autres Colonels Suiffes, fut le falut du nouveau Roi dans ce moment critique, au rapport de tous les Hiftoriens du tems. Gallaty fe couvrit de gloire à la bataille d'Arques, & fon Régiment fut celui de l'Infanterie qui contribua le plus à fixer la victoire. Il continua de fervir jufqu'à fa mort avec une fidélité inviolable. Dans toutes les levées des Troupes Suiffes, il commanda toujours un Régiment de cette Nation. Il fut créé premier Colonel de celui des Gardes Suiffes, au mois de Mars 1616, & mourut à Paris au mois de Juillet 1619.

GALLI, Peintre & Architecte, voïez BIBIENA.

GALLICAN, (S.) Conful Romain, fous l'Empereur Conftantin, battit les Scythes, & fouffrit le martyre pour la Foi de J. C. à Alexandrie, par ordre de Julien l'Apoftat, le 25 Juin 362.

GALLICZIN, ( Michel Michailowitz, Prince de ) premier Velt-Maréchal des Armées de Mofcovie, & l'un des plus gr. Capitaines du 18e fiecle, naquit le 11 Novembre 1674, d'une des plus nobles & des plus puiffantes Maifons de Ruffie. Après s'être fignalé contre les Turcs, il gagna plufieurs batailles contre les Suédois, & mourut à Mofcou comblé de biens & d'honneurs, le 21 Décembre 1730, à 56 ans.

GALLIEN, *Publius Licinius Gallienus*, fils de Valérien, fut affocié à l'Empire par fon pere, en 253 de J. C. Les commencemens de fon regne furent très heureux. Il battit les Germains, défit les Sarmates, & réprima les peuples rebelles ; mais dans la fuite Valérien, fon pere, aïant été fait prifonnier par les Perfes ; Macrien, Pofthume, Régilien, Saturnin, & d'autres, prirent le titre d'Empereurs, & fe fouleverent. Gallien confia la vengeance de fon pere à Odenat, auquel il donna le titre d'Augufte, en reconnoiffance de fes fervices. Il fit une paix honteufe

avec les Marcomans, & fut prefque toujours en guerre contre les Tyrans, n'aïant pas la force de les réprimer. Enfin, il fut tué par Cécropius, Capitaine des Dalmatiens, à la follicitation d'Aureole, qui avoit pris le titre d'Empereur, & qui s'étoit renfermé dans Milan, où Gallien étoit allé l'affiéger. Ce fut au mois de Mars 268, la huitieme année de fon Empire, depuis la mort de fon pere, & la cinquantieme de fon âge. Ce Prince eftimoit les Chrétiens, & fit ceffer contre eux la perfécution.

GALLIGAI, ( Léonore ) femme du Maréchal d'Ancre, étoit fille d'un Menuifier. Marie de Medicis l'aima tendrement, & l'amena avec elle en France, lorfqu'elle y vint époufer Henri IV. Léonore Galligai fut fi bien gagner l'efprit de la Reine, qu'elle la gouvernoit abfolument. Elle étoit extrêmement laide, mais elle avoit beaucoup d'efprit. Elle époufa Concini, domeftique de la Reine, & fit avec lui une fortune prodigieufe. C'eft par leurs artifices & leurs rapports, qu'ils firent naître & entretinrent la difcorde entre Henri IV, & la Reine. Après la mort de ce Prince, ils difpoferent de leur Maîtreffe avec plus de facilité, amafferent des biens immenfes, envahirent les Charges, & fe comporterent avec un orgueil infupportable ; mais l'iffue de tous ces excès, fut extrêmement tragique. Léonore Galligai fut renfermée à la Baftille, puis à la Conciergerie, & eut la tête tranchée le 8 Juillet 1617. Ses Juges lui aïant demandé, par quels fortileges elle s'étoit emparée de l'efprit de la Reine, *par le privilege*, répondit-elle, *qu'ont les ames fortes fur les ames foibles. Voyez* CONCINI.

GALLO ou GELLI, (Jean Baptifte) *voyez* GELLI.

GALLOIS, ( Jean ) Abbé de S. Martin de Cores, au Diocèfe d'Autun, naquit à Paris, le 14 Juin 1632. Il fut élevé avec un foin extrême, & devint un Savant univerfel. Il étoit habile dans les Belles-Lettres, la Théologie, la Physique, les Mathématiques, &c. Il fut le premier qui travailla au *Journal des Savans*, avec M. Sallo, qui en avoit conçu l'idée ; mais il fut obligé de le quitter en 1678, pour aller demeurer avec M. Colbert, Ministre d'Etat, qui voulut toujours l'avoir avec lui, soit qu'il fût à la Cour, à la Ville, & à la Campagne. Il apprit le latin à ce Ministre, & lui demeura constamment attaché. M. Colbert étant mort en 1683, l'Abbé Gallois devint Professeur en grec au College Roïal, puis Inspecteur du même College, où il mourut le 19 Avril 1707, à 75 ans. Il étoit l'un des 40 de l'Académie Françoise, & avoit été Secrétaire de l'Académie des Sciences, au rétablissement de cette Académie.

GALLONIUS, (Antoine) sav. Prêtre de l'Oratoire de Rome, sa patrie, au 16e siecle, est Auteur de plus. ouvr. dont le principal est un Traité *de Martyrum cruciatibus*, qui est fort curieux. On y voit la figure des instrumens dont les Païens se servoient contre les Martyrs de la primitive Eglise. Gallonius publia ce Traité en italien en 1591, & en latin en 1594. Cette Traduction fut réimprimée à Paris en 1659. Gallonius m. à Rome en 1605. On a encore de lui : 1. une Histoire des *Vierges*. 2. les *vies de quelques Martyrs*. 3. la *Vie* de Philippe de Neri.

GALLUCCI, *ou plûtôt* GALLUZZI, ( Tarquin ) *Gallutius*, Jésuite Italien, mort à Rome le 28 Juillet 1649, à 75 ans. Il est Auteur de plus. ouvr. dont le principal est intitulé : *Vindicationes Virgilianæ*, & *Commentarii tres de Tragœdia, de Comœdia, & de Elegia*. Il ne faut pas le confondre avec Jean-Paul Gallucci, sav. Astronome Italien du 16e siecle, ni avec Ange Gallucci, Jésuite Italien, natif de Macerata, mort à Rome en 1674. On a aussi de ces deux derniers divers ouvrages.

GALLUS, ( Cornelius ) célebre Poète Latin, natif de Frejus, étoit Chevalier Romain. L'Empereur Auguste, dont il s'étoit acquis l'estime, le fit Gouverneur d'Egypte ; mais Gallus aïant été condamné à l'exil pour ses concussions, il se tua lui-même. Il avoit aimé Cytheris, affranchie de Volumnius, & la célébra par ses vers ; mais cette femme le quitta pour s'attacher à Antoine : ce qui donna occasion à Virgile de composer sa dixieme Eglogue, pour consoler Gallus. On attribue à ce dernier six Elégies, mais elles ne sont pas de lui, & tous ses ouvrages se sont perdus. Virgile parle encore de Gallus avec éloge dans la sixieme Eglogue, & selon quelques Auteurs, dans le quatrieme livre des Géorgiques, sous le nom d'*Aristée*.

GALLUS, ( Vibius ) cél. Orateur natif des Gaules, eut Seneque pour ami & pour admirateur. Il plaida à Rome avec un succès extraordinaire, mais l'amour des richesses & de la volupté le firent tomber dans une frénesie, qui lui fit perdre une partie de l'estime qu'il s'étoit acquise. Seneque dit que Gallus devint fou *par sentiment*, au lieu qu'on ne le devient ordinairement que *par accident*.

GALLUS, ( Vibius Trébonianus) fut élu Empereur Romain en 251 de J. C. après la mort de Déce, qu'il avoit fait périr par trahison dans la guerre contre les Scythes. Il associa son fils Volusien à l'Empire, fit une paix honteuse avec les Scytes, & persécuta les Chrétiens. Il fut tué avec son fils en 253, après un regne de 18 mois.

GAMA, ( Antoine ) sav. Jurisconsulte Portugais, natif de Lisbonne, Conseiller d'Etat, & g. Chancelier de Jean III, Roi de Portugal, mourut à Lisbonne, le 31 Mars 1595, à 75 ans. On a de lui : 1. *Decisiones supremi Lusitaniæ Senatus* ; 2. *Tractatus de Sacramentis præstandis ultimo supplicio damnatis*.

GAMA, ( Vasco de ) Amiral Portugais, natif de Sines, célebre par la découverte des Indes Orientales par le Cap de Bonne-Espérance, fut envoïé en 1497 dans les Indes par le Roi Emmanuel. Il y retourna en 1502, & revint avec treize Vaisseaux chargés de richesses. Gama fut nommé Viceroi des Indes par le Roi Jean III, & mourut à Cochin le 24 Décembre 1525. Dom Etienne, & Dom Christophe de Gama, ses fils, furent aussi Vicerois des Indes, & sont célebres dans l'Histoire.

GAMACHE, ( Philippe de ) cél. Docteur & Professeur de Sorbonne, Abbé de S. Julien de Tours, & l'un des plus sav. Théologiens de son siecle, naquit en 1568, & mourut en Sorbonne, le 21 Juillet 1625, à 57 ans. On a de lui d'excellens *Commentaires* sur la Somme de S. Thomas, en 2 vol. *in-fol.* Il examina & approuva le petit Livre *de la puissance ecclésiastique & politique* de Richer, & prit avec zele en plus. occasions la défense de ce Savant & cél. Docteur.

GAMALIEL, cél. Docteur de la Loi de Moïse, & disciple secret de J. C. empêcha les Juifs de faire mourir les Apôtres. S. Paul & S. Etienne avoient été ses disciples. On dit qu'il étoit fils de Simeon qui prit J. C. entre ses bras. *Luc* 2. 28. & petit fils du cél. Rabbin Hillel.

GAMBARA, ( Hubert ) habile Politique, natif de Bresce, fut chargé de commissions importantes par les Papes Léon X, Clement VII, & Paul III, auxquels il rendit des services signalés. Il fut créé Cardinal en 1539, mourut à Rome, le 14 Fév. 1549. Jean-François Gambara, son neveu, Evêque de Viterbe, & Cardinal, rendit de gr. services à la Maison d'Autriche, & m. à Rome le 5 Mai 1587, à 54 ans. Il ne faut pas les confondre avec Laurent Gambara, Poëte Latin, aussi natif de Bresce, qui demeura long-tems à Rome chez le Cardinal Alexandre Farnese, & qui m. en 1586, à 90 ans. On a de lui : 1. un *Traité* latin sur la Poésie, dans lequel il veut que les Poëtes

bannissent de leurs ouvrages la fable & les Divinités du Paganisme ; 2. un *Poëme* latin sur la découverte du Nouveau-Monde, par Christophe Colomb, & d'autres ouvrages en vers. Le Giraldi & Manuce faisoient un gr. cas des vers de Gambara, mais Muret en parloit avec le dernier mépris.

GANTÉS, ou *Ganteri*, ( Jean de ) d'une Maison noble & ancienne originaire de Piémont, établie en Provence, naquit à Cuers le prem. Juin 1330. Il se signala en qualité de Chevalier sous Robert le Bon, Comte de Provence, & commanda des corps considérables sous Jeanne, Reine de Naples, de Sicile & de Jérusalem, & Comtesse de Provence. Il suivit cette Princesse à Naples, où il appaisa une sédition populaire, & partit ensuite pour Rome, où il soutint avec honneur la cause & les Intérêts de sa Souveraine. De retour en Provence en 1373, il leva un corps considérable de Troupes dans la Contrée de Cuers, de Souliers & d'Hieres, pour s'opposer à des brigands, qui sous le nom de *Tuschiens* ravageoient la Provence au nombre de plus de 12 mille hommes. Les Etats du Païs tenus à Aix en 1374 nommerent Jean de Simeonis Généralissime contre ces Brigands, & Jean de Gantés fut son Lieutenant général. Ces deux Généraux défirent tellement les *Tuschiens*, qu'à peine en resta-t-il quelques uns. De Gantés fut surnommé *le Brave*, & déclaré Lieutenant général de toutes les Troupes de la Reine Jeanne. Il m. couvert d'honneur & de gloire à Cuers le 4 Juillet 1389. Ses descendans se sont distingués depuis ce tems-là dans l'Epée & dans la Robe en Provence, où ils tiennent encore un rang distingué dans la Noblesse.

GANYMEDE, fils de Tros, Roi de Troye, étoit, selon la fable, le plus beau jeune homme du monde. Jupiter fut si charmé de sa beauté, qu'il l'enleva, & le fit son favori, & son Echanson à la place d'Hebé. Quelques Auteurs disent que Jupiter le fit enlever par un Aigle, mais les autres affurent qu'il le ravit lui-même fous la forme de cet oifeau. Jupiter déifia ce jeune homme, & fit préfent à fon pere de chevaux très legers, pour le confoler. On n'eft point d'accord fur le lieu de cet enlevement. Les uns le mettent fur le mont Ida, les autres le placent ailleurs. Saumaife reprend les Peintres qui repréfentent Ganymede, enlevé fur le dos de l'Aigle; il prouve par les anciens Auteurs que l'Aigle prit Ganymede par les cheveux entre fes ferres. Pluf. Savans foutiennent que Ganymede ne fut point enlevé par Jupiter, mais par Tantale, ou par Minos.

GANZ, *voyez* DAVID.

GARA, (Nicolas) Palatin de Hongrie, quoique de baffe naiffance, s'éleva par fa valeur aux plus hautes dignités. Louis I, Roi de Hongrie, étant mort en 1381, Elifabeth, veuve de ce Prince, & Marie fa fille, furent reconnues pour Reines, & donnerent à Gara, le Gouvernement du Roïaume. Celui-ci opprimant la Nobleffe, les Grands prirent les armes, & couronnerent Charles, petit-fils de Louis I. Gara fit étrangler Charles en 1385, & conduifit Elifabeth & Marie, dans les diverfes Provinces de l'Etat, pour les faire reconnoître de leurs Peuples; mais le Gouverneur de Croatie, qui avoit été Confident de Charles, étant allé au-devant d'eux, vengea la mort de ce Prince. Il tua Gara fit mettre la Reine Mere dans un fac, qu'on jetta dans la riviere, & renferma Marie, fa fille, dans une prifon. Alors Sigifmond, Marquis de Brandebourg, auquel cette Princeffe étoit promife en mariage, entra en Croatie avec une Armée, fit fouffrir une cruelle mort au Gouverneur, délivra Marie, & l'époufa.

GARAMOND, (Claude) très célebre Graveur & Fondeur de Caracteres d'Imprimerie, étoit natif de Paris. Il commença à fe diftinguer vers l'an 1510, & purgea les Caracteres, de tout ce qui leur ref-

toit de gothique. Il les porta à un fi haut degré de perfection, qu'on ne peut lui refufer la gloire d'avoir furpaffé tous ceux qui étoient avant lui, & de ne l'avoir jamais été par aucun de ceux qui font venus après. Ses Caracteres fe font extrêmement multipliés par le gr. nombre qu'il en a gravés, & par les frappes qui en ont été faites. Dans les épreuves que les Etrangers en firent, en Italie, en Allemagne, en Angleterre, & même en Hollande, ils eurent foin d'ajouter à chaque nom du Caractere, celui de Garamond, pour les diftinguer de tous les autres; & le Petit romain, par excellence, étoit connu chez eux fous le feul nom de Garamond. Ce fut lui qui grava, par ordre de François I, les trois fortes de Caracteres grecs dont Robert Etienne a fait ufage dans fes belles Editions. Il m. à Paris, au mois de Déc. 1561, & fut inhumé dans le Cimetiere de S. Benoît, qui étoit pour lors fur la Place de Cambrai. C'eft M. Fournier l'Aîné, habile Graveur & Fondeur de Paris, qui poffede la plupart des beaux Caracteres de Garamond.

GARASSE, (François) fameux Jéfuite, natif d'Angoulême, avoit du feu, de l'imagination, de la lecture, & des talens propres à la Poéfie; mais il n'avoit ni le caractere affez grave, ni la fcience affez profonde pour écrire fur des matieres de Religion. Il entreprit néanmoins de réfuter les libertins & les impies, dans un Livre qu'il publia en 1623, fous le titre de *Doctrine curieufe des beaux Efprits de ce tems, ou prétendus tels.* Cet ouvrage fit gr. bruit; M. Ogier, cél. Prédicateur le réfuta, & prétendit qu'il étoit plus propre à endurcir les athées & les libertins, qu'à les convertir. Le Pere Garaffe fit fon apologie, & voulant montrer qu'il étoit en état de traiter des matieres de Religion, il publia en 1625 *in fol.* un autre Livre intitulé: *Somme de Théologie, des vérités capitales de la Religion Chrétienne.* Cet ouvrage fit encore

plus de bruit que le précédent. Le
cél. Abbé de S. Cyran en fit la critique dans un ouvrage intitulé : la
*Somme des fautes & fauſſetés capi-
tales contenues en la Somme Théologique du Pere François Garaſſe.*
Cet Abbé releve avec force & avec
ſa véhémence ordinaire les bouffo-
neries, & les autres défauts du Livre du P. Garaſſe. La Sorbonne le
cenſura, le prem. Septembre 1626.
Après cette cenſure, le Pere Garaſſe
fut relégué à Poitiers, où il finit ſes
jours d'une maniere très ſainte &
très édifiante ; car une maladie contagieuſe faiſant de gr. ravages en
cette ville ; il demanda avec inſtance
à ſes Supérieures la permiſſion d'aſſiſter les Malades. Il l'obtint & m.
à l'hôpital, au milieu des peſtiférés,
le 14 Juin 1631, à 46 ans. Il s'é-
toit reconcilié avec M. Ogier, &
avec Balzac. Outre les ouvrages
dont nous avons parlé, on a de
lui : 1. *Recherches des Recherches
de Paſquier* ; ouvr. qui fut réfuté
par les fils de ce ſav. Avocat, auſſi
bien que ce que le Pere Garaſſe avoit
dit contre l'illuſtre Paſquier dans ſa
*Doctrine curieuſe* & dans ſon *Apologie.* Paſquier étoit mort quand ce
Jéſuite publia ces trois ouvr. ſatyriques contre lui, & il avoit adreſ-
ſé le premier à *feu Etienne Paſquier
partout où il ſera.* Les fils de cet
habile homme pour païer le P. Garaſſe de la même monnoie, lui
adreſſerent la réponſe *en quelque
lieu qu'il fut.* On trouve dans cette
réponſe deux liſtes d'injures ran-
gées par ordre alphabetique, & tirées des Livres de Garaſſe. Voici un
échantillon de ce recueil d'invectives. Au mot *ſot,* le P. Garaſſe dit,
que Paſquier eſt un *ſot* par nature,
*ſot* par béquarre, *ſot* par bémol,
*ſot* à la plus haute gamme, *ſot* à
double ſemelle, *ſot* à double tein-
ture, *ſot* en cramoiſi, *ſot* en toutes
ſortes de *ſotiſes,* & il finit cette ridicule & groſſiere critique en adreſ-
ſant ces *adieux* ſinguliers au céleb.
Paſquier ; *adieu plume ſanglante :
adieu avocat ſans conſcience : adieu
monophile ſans cervelle : adieu chré-*

*tien ſans religion : adieu capital en-
nemi du S. Siege de Rome : adieu
fils dénaturé de l'Egliſe, qui pu-
bliez & augmentez les opprobres de
notre Mere, &c.* Cette tirade tient
trois pages du Livre de Garaſſe. 2.
*le Banquet des Sept Sages ;* 3. *Rabelais réformé,* qui eſt un Livre de
controverſe contre le Miniſtre Pierre
du Moulin, 4. un *Rabelais reſſuſ-
cité.* 5. un *Poëme* latin ſur le Sacre de Louis XIII, avec des *Elegies*
ſur la mort de Henri *le Grand,* où
l'on trouve auſſi des expreſſions peu
conformes à la Religion & aux régles de la pudeur. Tous les ouvr. du
P. Garaſſe ſont peu exacts pour les
faits.

GARCEZ, (Julien) cél. Dominicain né en Arragon, l'an 1460,
vin étudier à Paris, & fut reçu
Docteur de Sorbonne. Il enſeigna
enſuite la Théol. dans ſa patrie avec
réputation, & fut nommé par Charles Quint, premier Evêque de Tlaſ-
cala au Mexique. Il y remplit ſaintement les devoirs de l'Epiſcopat,
& prit avec zele la défenſe des Indiens qui étoient cruellement maltraités par les Eſpagnols. Il compoſa
à ce ſujet un *Traité* en forme de
*Lettre* qu'il adreſſa au Pape Paul III.
Il m. vers 1547. Padilla a traduit
le *Traité* de Garcez & l'a inſeré
dans ſon *Hiſtoire* du Mexique.

GARCIAS, habile Juriſconſulte
du 13e ſiecle, natif de Séville,
dont on a des Comment. ſur les
Décrétales ; il ne doit pas être confondu avec Nicolas Garcias, autre
ſavant Juriſconſulte Eſpagnol du
17e ſiecle, dont on a un *Traité* des
Bénéfices, qui eſt eſtimé.

GARCIAS-LASSO-DE LA VE-
GA, cél. Poète Eſpagnol, natif de
Tolede, d'une famille noble, fut
élevé auprès de l'Empereur Charles-
Quint. Il ſuivit ce Prince en Allemagne, en Afrique, & en Provence. Il commandoit un bataillon en
cette derniere expédition, lorſqu'il
mourut à Nice de ſes bleſſures, en
1536, à 36 ans. On a diverſes éditions de ſes œuvres, ſur leſquelles
Sanctius a fait des *obſervations ſa-*

vantes & curieufes. Dom Nicolas Antonio, & tous les Savans, en font un très grand éloge. Il ne faut pas le confondre avec Garcias Laſſo de la Vega, natif de Cuſco, qui a donné en eſpagnol l'Hiſtoire de la Floride, & celle *du Perou & des Incas.*

GARDIE, ( Pontus de la ) Gentilhomme François, natif du village de la Gardie, près de Carcaſſonne, après s'être ſignalé en Piémont & en Ecoſſe, paſſa au ſervice du Roi de Dannemarck, & fut fait priſonnier dans un combat contre les Suédois. Il fut alors préſenté à Eric XIV, Roi de Suede, qui eut pour lui une eſtime pariculiere. La Gardie contribua beaucoup par ſes conſeils & par ſon courage, à faire monter Jean III, ſur le Trône de Suede. Ce Prince le déclara Général de ſes troupes en 1580, contre les Moſcovites. La Gardie ſe rendit maître de la Carelie, & continua ſes conquêtes avec beaucoup de valeur & de fortune, juſqu'en 1583, qu'on traita de la paix. Il ſe noïa malheureuſement le 5 de Novem. 1585. C'eſt de lui que deſcendent les Comtes de la Gardie, qui ſont des plus gr. Seigneurs de Suede.

GARDINER, ( Etienne ) fameux Evêque de Wincheſter, & Chancelier d'Angleterre, natif de S. Edmond, dans le Comté de Suffolck, ſe rendit habile dans le Droit, & dans la Théologie. Il ſouſcrivit à l'Arrêt du divorce du Roi Henri VIII, & le défendit par un Traité qu'il intitula : *De verâ & falſâ obedientiâ.* Cependant il s'oppoſa à la réformation, ſous le regne d'Edouard VI, & fut empriſonné. Mais la Reine Marie le rétablit en 1553. Il m. le 23 Oct. 1555. On a de lui divers ouvrages, ſur la *Meſſe* & ſur l'*Euchariſtie.*

GARET, ( Dom Jean ) Bénédictin de la Congrégation de S. Maur, natif du Hayre, a donné une belle *Edition de Caſſiodore*, à laquelle il a joint une *Diſſertation* curieuſe ſur la profeſſion monaſtique de ce cél. Sénateur Romain. Dom Garet

m. dans l'Abbaïe de Jumieges le 24 Sept. 1694.

GARIDEL, ( N. ) habile Botaniſte, dont on a une *Hiſtoire* des Plantes qui naiſſent aux environs d'Aix. impr. à Aix en 1715. *in fol.*

GARISSOLES, ( Antoine ) céleb. Miniſtre de la Rel. prét. réf. naquit à Montauban en 1587. Après s'être diſtingué dans l'étude des Belles-Lettres & de la Philoſ. & ſurtout dans la Langue latine, qu'il parloit & qu'il écrivoit très bien, il fit tant de progrès dans la Théologie, que dès l'âge de 24 ans, il fut nommé Miniſtre de Puylaurens par le Synode de Caſtres. Il devint enſuite Miniſtre & Profeſſeur de Théol. à Montauban, où il m en 1650, après avoir rempli ces deux places avec diſtinction. Ses principaux ouvrages ſont : 1. un *Poëme Epique* latin intitulé l'*Adolphide* en 12 Livres, où il chante en beaux vers latins les gr. exploits de Guſtave Adolphe. 2. un autre *Poëme* latin à la louange des Cantons Suiſſes Proteſtans. 3. diverſes *Theſes* de Théologie. 4. un *Traité de imputatione primi peccaï Adæ* : & un autre *de Chriſto mediatore.* 5. une explication latine du Catéchiſme de Jean Calvin avec M. Charles ſon collegue, &c.

GARLANDE, nom d'une illuſtre & anc. Maiſon, qui tiroit ſon nom de la Terre de Garlande, qui eſt une portion de celle de la Houſſaye en Brie. De cette Maiſon étoient Gilbert de Garlande, qui accompagna Godefroi de Bouillon dans la Conquête de la Terre Sainte en 1096, & qui ſe diſtingua au ſiege de Nicée. Il étoit fils de Guillaume, Seigneur de Garlande en Brie & de Livri : & il avoit trois freres : ſavoir 1. Anſeau de Garlande, Seigneur de Gournai-ſur-Marne, Sénéchal de France vers 1108, & l'un des principaux Miniſtres de Louis *le Gros.* Il ſuivit ce Monarque dans toutes les guerres qu'il entreprit contre les Seigneurs qui s'érigeoient en tyrans dans leurs Châteaux, & fut tué en 1117 par Hugues, Seigneur du Puiset en Beauſſe. 2. Guillaume II de Garlande, Seigneur de Livri, Sénéchal de France après la mort de ſon frere en 1118, & Général de l'armée du Roi au combat de Brenneville en Normandie, l'an 1119. Manaſſés de Garlande, un de ſes fils, fut Evêque d'Orléans en 1146. 3. Etienne de Garlande qui fut nommé à l'Evêché de Beauvais vers 1100 : mais à l'élection duquel Yves de Chartres s'oppoſa. Il devint enſuite Doïen de S. Aignan d'Orléans, & Archidiacre de Paris, Chancelier de France ſous Louis *le Gros* vers 1108, & Sénéchal de France en 1120. On l'accuſe d'orgueil, d'ambition & de cruauté : après avoir eu l'adminiſtration des affaires les plus import. du Roïaume, il prit les armes contre ſon Souverain ; mais il fut bientôt mis à la raiſon, & ſe retira à Orléans où il m. le 14 Janv. 1150.

GARLANDE, (Jean de) céléb. Poëte & Grammairien du 11e ſi., portoit le nom de Garlande, ou parcequ'il étoit né dans le village de ce nom en Brie, ou parcequ'il étoit de l'illuſtre maiſon de Garlande. Il paſſa en Angleterre après la conquête de ce Roïaume par Guillaume *le Conquérant*, & il y enſeigna avec honneur. Il vivoit encore en 1081. C'eſt ſon ſéjour en Angleterre, qui a fait croire à pluſ. Ecrivains qu'il étoit Anglois. On a de lui un gr. nombre d'ouvr. imprimés & manuſc. Les principaux des imprimés ſont : 1. un Ecrit en vers rimés intitulé *Facetus*, ſur les devoirs de l'homme envers Dieu, envers le prochain & envers ſoi même. 2. un *Poëme* ſur le mépris du monde fauſſement attribué à S. Bernard. 3. un autre *Poëme* intit. *Floretus* ou *Liber Floreti*, ſur les dogmes de la Foï, & ſur preſque toute la morale Chrétienne. 4. un *Traité* des *Synonymes* & un autre des *Equivoques* ou termes ambigus. 5. *Dictionarium artis Alchimiæ, cum ejuſdem artis compendio, de metallorum tincturâ &*

*præparatione.* Ceux qui voudront avoir une connoiſſance plus parfaite de Jean de Garlande, peuvent conſulter le tom. 8 de *l'Hiſtoire Littéraire de la France.*

GARNIÉR, (Robert) Poëte François, natif de la Ferté-Bernard, dans le Maine, fut Conſeiller, puis Lieutenant général du Mans. Il ſe diſtingua ſous Charles IX, Henri III, & Henri IV. Ce dernier Prince lui donna une Charge de Conſeiller au Grand-Conſeil. Garnier mourut au Mans vers 1602, à 56 ans. On a de lui neuf *Tragédies* dans le goût de Séneque, & d'autres *Poéſies*, qui, faute de meilleures, ont fait long-tems les délices de la France.

GARNIER, (Jean) l'un des plus ſav. Jéſuites du 17e ſiecle, naquit à Paris en 1612. Il enſeigna les Humanités, la Rhétorique, la Philoſophie, & la Théologie dans ſa Société, avec réputation, & mourut à Bologne, en allant à Rome, le 26 Octobre 1681, à 70 ans. On a de lui un gr. nombre d'ouvr. Les principaux ſont : 1. une excellente édition de *Marius Mercator*, avec des notes & des diſſertations ; 2. une *édition* de *Liberat*, Diacre de Carthage, & une autre du petit livre de *Julien d'Eclane*, fameux Pélagien ; 3. le *Journal* des *Papes* ; 4. le *Supplément* des œuvres de Théodoret, *in-fol.* &c. Il ne faut pas le confondre avec Dom Julien Garnier, ſavant Bénédictin, natif de Converai, au Diocèſe du Mans, qui a donné en 1721 & 1722 les deux premiers volumes de l'excellente *édition* des Œuvres de S. Baſile. Il m. à Paris, le 3 Juin 1725. Dom Prudent Maran acheva cette édition, & publia le dernier vol. en 1730.

GARNIER, (Robert) Poëte François du 16e ſiecle, naquit en 1534 à la Ferté Bernard, dans le Maine. Il s'acquit une gr. réputation par ſes Tragédies, & par ſon Poëme intitulé, *l'Hymne de la Monarchie.* Il m. au Mans en 1590.

GAROFALO, (Benvenuto) Peintre Italien, natif de Ferrare,

excelloit furtout à copier les tableaux de Raphaël. Il m. en 1590, à 80 ans. Il avoit coutume de peindre un œillet dans les tableaux de sa composition, ce qui sert à les faire connoître

GARTH, ( Samuel ) excellent Poëte & Médecin Anglois, natif de la Province d'Yorck, d'une bonne famille, fut admis dans le College des Médecins à Londres en 1693. Il travailla avec zele pour l'inftitution du *Dispensary*, qui est un appartement du College dans lequel on donne aux pauvres les confultations *gratis*, & les Médecines à bas prix. Cette œuvre de charité aïant exposé M. Garth à l'envie & au reffentiment de plufieurs Médecins & Apothiquaires, il les tourna en ridicule avec beaucoup d'efprit & de feu, dans un Poëme en fix Chants, intitulé le *Dispensary*, qui est très eftimé, & qui lui acquit une gr. réputation. Samuel Garth fut enfuite membre de la fam. Société de *Kic-cat-club*, compofée d'environ trente Gentilshommes diftingués par leur zele pour la fucceffion de la Couronne dans la Maifon d'Hanover. Le Roi d'Angleterre, à fon avénement à la Couronne, le fit fon Médecin ordinaire, & le choifit pour être le premier Médecin de fon Armée. M. Pope fait de Garth un grand éloge.

GARZI, ( Louis ) Peintre célebre, naquit à Piftoie dans la Tofcane, en 1638. Il fut éleve d'André Sacchi, & fe fit admirer par la correction de fon deffein, la beauté de fa compofition, le gracieux de fon coloris, & par les autres talens qui caractérifent les grands Peintres. Il peignit à l'âge de 80 ans, par ordre du Pape Clement XI, la voute de l'Eglife des Stigmates. Cet ouvrage paffe pour fon chef d'œuvre. Garzi mourut à Rome en 1721.

GASPAR SIMEONI, ou *de Simeonibus*, célebre Poëte Latin & Italien, natif d'Aquila, fut Chanoine de Ste Marie Majeure, & Secretaire du Pape Innocent X. Ses Poéfies font très eftimées.

GASPARINI, de Bergame, Grammairien célebre au commencement du XV fiecle, dont on a des *Commentaires* fur diverfes livres de Ciceron, un Recueil d'*Epitres*, & d'autres *ouvr*. Ses *Epitres* furent imprimées en Sorbonne en 1469. C'eft le premier livre imprimé en France. Gafparini enfeigna avec réputation à Padoue, puis à Milan, où il mourut en 1431. Il étoit né à Barzizia, village voifin de Bergame. C'eft un des Auteurs à qui on doit principalement la renaiffance des Lettres en Italie.

GASSENDI, ( Pierre ) Chanoine & Prévôt de l'Eglife Cathédrale de Digne, Profeffeur de Mathématiques au College Roïal à Paris, & l'un des plus céleb. Philofophes qu'ait eus la France, naquit à Chanterfier, bourg de Provence, Diocèfe de Digne, en 1592. Après avoir fait de bonnes études, il embraffa le fyftème d'Epicure, le réforma & le fit valoir. Gaffendi joignoit à la fcience de la Philofophie & des Mathématiques, la connoiffance des Langues, & une profonde érudition. Il fe fit aimer & eftimer de M. de Peirefc, de M. du Vair, du Cardinal de Richelieu, & de tous les Savans de fon fiecle. Le Cardinal de Lyon, frere du Cardinal de Richelieu, lui procura une Chaire de Mathématiques au College Roïal en 1645 ; & tous les Protecteurs des Gens de Lettres fe firent honneur d'être de fes amis. Il écrivit contre les Méditations Métaphyfiques de Defcartes, & partagea avec ce gr. homme, les Philofophes de fon tems, qui furent prefque tous ou *Cartéfiens* ou *Gaffendiens*. Il écrivit auffi contre le fameux Aftrologue Morin. Celui ci ne pouvant fe défendre au Tribunal de la raifon & des Savans, eut recours aux Aftres, & prédit hautement que Gaffendi, qu'il voïoit d'une fanté délicate, mourroit fur la fin d'Août de 1650. Mais il eut lieu de fe repentir d'avoir été trop crédule à une chofe auffi vaine que l'*Aftrologie*, car

Gassendi ne se porta jamais mieux que dans le courant de cette année ; il vécut même encore assez long-tems, eu égard à la foiblesse de sa complexion & à son extrême application à l'étude. Il mourut à Paris le 24 Octob. 1656, à 64 ans. On a de lui : 1. trois vol. de la *Philosophie d'Epicure*, & six autres qui contiennent sa *Philosophie* ; 2. des *œuvres Astronomiques* ; 3. les *Vies de Nicolas de Peiresc*, d'*Epicure*, de *Copernic*, de *Ticho-Brahé*, de *Peurbachius*, & de *Regiomontanus* ; 4. des *Epitres*, & divers autres *Traités*. Tous ses ouvrages ont été recueillis & imprimés à Lyon en 1658, en 6 vol. *in-fol.* Ils sont très estimés. Sorbiere, & le Pere Bougerel de l'Oratoire ont écrit sa vie.

GASSION, ( Jean de ) Maréchal de France, Gouverneur des Païs-Bas François, & l'un des plus gr. Capitaines du 17e siecle, naquit le 20 Août 1609, d'une noble & ancienne Maison de Bearn, féconde en personnes de mérite. Après s'être signalé en Piémont, il passa au service du Gr. Gustave, Roi de Suede. Il se distingua par sa valeur à la prise de plus. places, & contribua au gain de la bat. de Leipsick. Après la mort de Gustave, tué à la bat. de Lutzen en 1632, Gassion revint en France avec son Régiment. Il joignit l'Armée du Maréchal de la Force, en Loraine, parut avec éclat en plusieurs sieges & combats, surtout à la victoire de Rocroi, dont le Duc d'Anguien se faisoit un devoir de partager l'honneur avec lui. Gassion fut fait Maréchal de France en 1643, & fut déclaré l'année suivante Lieutenant général de l'Armée de Flandres, commandée par Gaston, Duc d'Orléans. Il mourut à Arras, le 2 Octobre 1647, d'une blessure qu'il avoit reçue au siege de Lens, & fut enterré à Charenton, dans le Temple des Prétendus Réformés, dont il suivoit les sentimens. Sa *Vie* a été écrite par l'Abbé de Pure, en 4 vol. *in-12.*

GASTAUD, ( François ) natif d'Aix en Provence, d'une bonne famille, entra dans l'Ordre de l'Oratoire dès l'âge de 14 ans, & en sortit cinq ans après. Il vint ensuite à Paris, où il s'appliqua avec succès à la Prédication. Aïant fait & donné au Public l'Oraison funebre de la fameuse Mad. Tiquet, par complaisance pour quelques Dames, & par pure plaisanterie, le P. Chaucemer Dominicain, prit la chose au sérieux & le réfuta par une lettre à laquelle il joignit un *discours moral & Chrétien sur la vie & la mort de Madame Tiquet*. L'Abbé Gastaud répliqua par la *Lettre à Mad. P.* & le recueil de ces Pieces fut imprimé en 1699 *in 8°*. Gastaud retourna dans sa patrie en 1700, ou s'étant appliqué à l'étude du Droit, il parut dans le Barreau avec distinction, surtout dans des causes Ecclésiastiq. dont il se chargeoit préférablement aux autres. Il plaida en 1717 une fameuse cause contre les Jésuites, qui succomberent. Ce fut aussi l'un des plus gr. adversaire du P. Girard. Il m. à Viviers en 1732, où il avoit été exilé. L'Evêque le fit enterrer sur le grand chemin. Outre les ouvrages dont nous avons parlé. On a de lui : 1. un *Recueil* d'Homelies sur l'Epître aux Romains 2 vol. *in-12.* 2. *La Politique des Jésuites démasquée*. 3. les *illusions*, les *Erreurs de l'Evêque de Marseille*. 4. *Réflexions critiques* sur le Mandement de l'Evêque de Marseille sur la Grace, &c.

GASTINAU, ( Nicolas ) né à Paris en 1621 fut Curé d'Anet, & Aumônier du Roi. Il lia amitié avec MM. Arnauld, Nicole, Launoi, & d'autres cél. Théologiens. Il assistoit toutes les semaines aux conversations Théologiques qui se tenoient chez M. Launoi, où plus. habiles Docteurs proposoient & examinoient des points de Doctrine & de discipline. Il n'étoit pas Docteur, mais il en avoit le mérite. Il m. le 17 Juin 1696 âgé d'environ 77 ans. On a de lui 18 *Lettres* de controverse

verſe principalement contre le Miniſtre Claude, elles ſont eſtimées.

GASTON *Phœbus*, Comte de
Foix & Vicomte de Bearn, eſt très
cél. par ſa valeur, par ſa généroſité,
par les bâtimens qu'il éleva, & par
ſa magnihcence. Ne voulant pas
faire hommage de ſes Terres au Roi
Jean, ce Monarque le retint priſonnier à Paris, & lui donna depuis la
conduite d'une Armée en Guienne.
Il m. ſubitem. à Ortez en 1391 au
retour de la chaſſe, comme on lui
verſoit de l'eau ſur les mains pour
ſouper. Il avoit compoſé un Livre
intitulé : *le Miroir de Phœbus*,
& divers autres ſur la Chaſſe.

GASTON de Foix, Duc de Nemours, étoit fils de Jean de Foix,
Comte d'Etampes, Vicomte de Narbonne, &c. & de Marie d'Orléans,
fille de Charles Duc d'Orléans, &
ſœur du Roi Louis XII. Ce Prince
l'aïant fait Gouverneur de Milan
& Général de ſon Armée en Italie,
il y fit paroître les talens d'un gr.
Militaire & gagna la bataille de
Ravenne le 11 Avril jour de Pâque en 1512; mais en pourſuivant
un gros de 4000 Eſpagnols, qui
faiſoient retraite, il fut enveloppé
& tué n'étant âgé que de 24 ans.
Louis XII, ſon oncle, & tout le
Roïaume furent ſenſiblem. affligés
de ſa mort.

GASTON, (Jean-Baptiſte) de
France, Duc d'Orléans, fils puîné
de Henri IV, & frere de Louis XIII,
naquit à Fontainebleau, le 25 Avril
1608. Il commanda quelque-tems
l'Armée au ſiege de la Rochelle en
1628, puis celle de Picardie en
1636. Ses Favoris l'exciterent à
donner des marques de mécontan-
tement, & à ſe retirer pluſ. fois
de la Cour, ſous le Miniſtere du
Cardinal de Richelieu. Il fut Lieutenant général du Roïaume pendant la minorité de Louis XIV, &
commanda les Armées dans les
Païs-Bas, en 1644 & 1645. Il m. à
Blois, le 2 Février 1660. Il avoit
un riche cabinet de Médailles, de
bijoux, de mignatures, & d'autres
pieces rares & curieuſes. Le Cardi-

nal de Retz, dit de ce Prince : qu'*il
entra dans toutes les affaires, parcequ'il n'avoit pas la force de reſiſter
à ceux qui l'y entraînoient, & qu'il
en ſortit toujours avec honte, parcequ'il n'avoit pas le courage de les
ſoutenir.*

GATAKER, (Thomas) l'un des
plus ſav. Critiques, & des plus habiles Théologiens Anglois du 17e
ſiecle, naquit à Londres, le 4 Septembre 1574, d'une ancienne famille de la Province de Shrewſbury;
le Comte de Mancheſter lui offrit
la direction du College de la Trinité à Cambridge; mais il refuſa
cette dignité, & tous les Bénéfices
qu'on lui offrit, pour ſe livrer entierement à l'étude. Sa maiſon étoit
comme un College, où un grand
nombre de jeunes Gentilshommes
Anglois, & pluſieurs Etrangers, lo-
geoient avec lui, pour profiter de
ſes leçons. Gataker ſe fit généralement eſtimer par ſa probité & par
ſa ſcience. Il mourut à Londres,
le 27 Juin 1654. On a de lui un gr.
nombre d'ouvr. de Critique & de
Théologie. Les principaux ſont :
1. un *Recueil* d'obſervations diverſes, intitulé *Cinnus*; 2. une *differtation* ſavante & curieuſe ſur le
ſtyle du nouveau Teſtament; 3. des
*Remarques* ſur le Livre de Marc
Antonin; 4. un Traité *De nomine
tetragrammato*, & un autre des
*diphthongues*; 5. *Adverſaria Miſ-
cellanea*; 6. un *Diſcours* ſur la nature & l'uſage des ſorts, &c. On
remarque en tous ces ouvr. beaucoup de critique & d'érudition,
mais trop de ſingularité dans les ſentimens. Le ſtyle en eſt dur & affecté.

GATIEN, (S.) premier Evêque
de Tours, & l'un des Apôtres de
France, vint dans les Gaules vers
250. Il y convertit un gr. nombre
de perſonnes à la Foi de J. C. & m.
vers la fin du 3e ſiecle.

GATIMOZIN, dernier Roi du
Mexique, qui ſouffrit la mort avec
une conſtance digne des plus grands
hommes.

GATTINARA, (Mercurin Alborio de ) cél. Cardinal , ainfi nommé du lieu de fa naiffance , dans le Piémont , s'éleva par fon mérite aux plus hautes dignités. Il devint Chancelier de l'Empereur Charles-Quint , qui l'emploïa en diverfes négociations importantes , & mourut à Infpruck , le 5 Juin 1530 , à 60 ans. Clement VII l'avoit fait Cardinal l'année précédente.

GAVANTUS , ( Barthelemi ) Général des *Barnabites* , & Confulteur de la Congrégat. des Rites au 17e fiecle , eft Auteur de pluf. ouvr. dont le principal eft un *Comment.* fur les Rubriques du Miffel & du Breviaire Romain. On a auffi de lui *Manuale Epifcoporum* , & un *Traité* des Synodes Diocéfains.

GAUD , ( Henri ) excellent Graveur du 17e fiecle , natif d'Utrecht , d'une famille illuftre. On admire furtout les fept Eftampes qu'il grava d'après les tableaux d'Adam Elfeimer. Il excelloit dans le deffein. Il étoit Comte Palatin.

GAUDENCE , ( S. ) Evêque de Breffe en Italie , & fucceffeur de S. Philaftre , fut envoïé en 405 à CP. avec les Légats d'Innocent I , pour le rétabliffement de S. Jean Chryfoftôme dans fon Siege. Il mourut vers 410. On a de lui quelques ouvrages , dont la meilleure édition eft celle de Breffe , en 1738 , *in-fol.*

GAUDIMELE , ( N. ) excellent Muficien françois.

GAULMIN , ( Gilbert ) Sieur de Montgeorges , Poëte Latin du 17e fiecle , étoit de Moulins. Il fe rendit habile dans les Belles-Lettres , s'acquit beaucoup de réputation par fes Poéfies latines , & publia le premier en 1618 le Roman attribué à *Euftathius* , fur les amours d'Ifmene & d'Ifmenie , en gr. avec une Trad. lat. de fa façon. Gaulmin paffoit pour un des plus habiles critiques de fon tems. Il favoit prefque toutes les Langues ; il excelloit en particulier dans la connoiffance des Langues Hébraïque , Grecque , Arabe , Turque , & Perfanne. Il étoit fort attaché au Cardinal Mazarin , & fit contre le Parlement de fanglantes

Epigrammes. On en trouve deux dans les Lettres de Gui Patin. Son Curé aïant refufé de le marier , il déclara en fa préfence , qu'il prenoit une telle pour fa femme , & vécut depuis avec elle comme avec fa femme : ce qui donna lieu d'examiner fi ces fortes de mariages étoient valables. On les appella des mariages *à la Gaulmine* , & ils furent réprouvés par les Loix. On dit dans le *Colomefiana* , que Gaulmin étant Prifonnier à la Baftille , rêva que dans la Bibliothéque Roïale de Suede , il y avoit un Manufcrit qui lui étoit néceffaire ; il en écrivit à Grotius , alors Ambaffadeur en cette Cour , & le fonge fe trouva vrai. Si ce fait eft véritable , il y a tout lieu de croire , que Gaulmin avoit fu auparavant que ce Manufcrit fe trouvoit dans cette Bibliothéque , & que l'aïant oublié , fon fonge le lui rappella. Quoi qu'il en foit , on dit encore , qu'étant un jour avec MM. de Saumaife & Mauffac , il leur dit : *je penfe que nous pourrions bien nous trois tenir tête à tous les Savans de l'Europe ;* à quoi Saumaife répondit : *joignez à tout ce qu'il y a de Savans au monde , & vous & M. de Mauffac , je vous tiendrai tête moi feul.* Gaulmin fut Doïen des Maîtres des Requêtes , Confeiller d'Etat , & Intendant du Nivernois. Il m. le 8 Déc. 1667 , à 80 ans. On a de lui en latin des *Epigrammes* , des *Odes* , des *Hymnes* , & une Tragédie intitulée *Iphigénie* , qui n'a pas été imprimée. On y remarque du feu & de l'invention. Il a fait auffi des notes & des Comment. fur l'ouvr. de *Pfellus* touchant les opérations des Démons : fur celui de Théodore Prodromus , contenant les amours de Rhodante & de Dofides : fur le *Traité* de la vie & de la mort de Moyfe par un Rabbin anonyme , & des *remarques* fur le faux Callifthene.

GAULI , Peintre , *voyez* BACICI.

GAULTIER , ( Claude ) célebre Avocat au Parlement de Paris , étoit cauftique & très mordant : ce qui fait dire à Boileau dans sa Satyre neuvieme.

*Dans vos discours chagrins plus*
  *aigre & plus mordant,*
*Qu'une femme en furie ou Gaultier*
  *en plaidant.*

Il publia en 1662 le prem. vol. *in-4°* de ses *Plaidoyers*, mais ils n'eurent pas tout l'accueil qu'il en espéroit, n'étant pas accompagnés de la véhémence avec laquelle il les prononçoit. M. Gueret publia le second volume en 1669, après la mort de l'Auteur. Ce vol. est plus estimé que le prem. Les *Plaidoyers* de Gaultier ont été réimprimés en 1688.

GAULTIER, ( Jean - Baptiste ) cél. Théologien du 18e siecle, naquit à Louviers vers 1685, d'une bonne famille. Il vint continuer ses Humanités à Paris au College d'Harcourt, où il fit aussi sa Philosophie. Il prit ensuite des leçons de Théologie en Sorbonne sous MM. Witasse, Danes, & Quinot, & ne pouvant prendre des dégrés en Sorbonne à cause de son opposition à la signature du *Formulaire*, il se retira dans le Séminaire de S. Magloire où il continua de s'appliquer à l'étude de la Religion & de la Théologie. De retour dans sa patrie, il y reçut à Evreux le Soudiaconat, & fit ensuite le Cathéchisme aux Enfans, & des Conférences aux jeunes Clercs ; mais M. le Normand, Evêque d'Evreux l'en aïant empêché, il se renferma dans son Cabinet, & se livra tout entier à l'étude de l'Ecriture-Sainte, des Saints Peres, & de l'antiquité Ecclés. Son opposition à la Bulle *Unigenitus* l'obligea de sortir du Dioése d'Evreux, & M. de Langle, Evêque de Boulogne, s'empressa de le recevoir chez lui : Ce Prélat le mit au nombre de ses Commensaux, & lui conféra en cette qualité l'ordre de Prêtrise. Il le nomma même à un Canonicat de sa Cathédrale ; mais M. Gaultier ne pût profiter de cette nomination

à cause de ses sentimens. Il devint aussitôt le conseil du Prélat, son Promoteur, son Grand - Vicaire, son ami & son Ecrivain. Ce fut lui qui composa entr'autres ouvr. les *Lettres & Mémoires* de M. l'Evêque de Boulogne, dans le démêlé qu'il eut en 1723 avec M. l'Archevêque de Rheims. Il faisoit aussi très assidument des Conférences aux Ecclésiast. M. de Langle étant mort en 1724, M. Colbert, Evêque de Montpellier, prit chez lui M. Gaultier, en apparence pour n'être que son Bibliothéquaire ; mais en effet pour y être, tout ce qu'il avoit été auprès de M. de Langle. C'est sous ce voile que M. Gaultier, sans être même soupçonné des Ennemis du Prélat, fut son conseil, son Théologien, & sa plume, quoiqu'il ne passât à Montpellier que pour un bon homme, qui n'étoit propre qu'à remuer & arranger les Livres de M. l'Evêque. Après la mort de M. Colbert arrivée en 1738, M. Gaultier vint cette année même à Paris, où il continua de vivre presqu'aussi solitairement qu'à Montpellier. Il travailloit beaucoup, sortoit peu & ne voïoit qu'un très petit nombre d'amis choisis. Il alloit tous les ans pour se délasser faire un voïage dans sa patrie. Dans le dernier aïant pris une chaise de poste pour revenir à Paris avec un de ses amis, cette chaise versa, & M. Gaultier aïant été blessé dangereusement par sa chute, on le porta à Gaillon, dont il étoit proche, & où il m. cinq jours après, le 30 Oct. 1755, âgé d'environ 71 ans. Outre les Ecrits qu'il a faits pour MM. de Langle & Colbert, on a de lui un gr. nombre d'Ecrits qui sont tous anonymes, excepté le plus considérable, qui a été publié après sa mort, & qui a pour titre : *Lettres Théologiques.... contre le systême impie & socinien des Peres Berruyer & Hardouin* 1756, 3 vol. *in-12.* C'est de tous les ouvr. faits contre le P. Berruyer le plus fort & le plus estimé. Les autres Ecrits de M. Gaultier sont, 1. *Deux Mé-*

moires où l'on détruit les plaintes
portées contre le gouvernement de
M. l'Evêque de Boulogne dans son
Diocèse, 1723, in-4°. Mémoire
pour servir d'éclaircissement à la
Lettre du Pere Pacifique de Calais,
Capucin, 1724, in-8°. Relation
de ce qui s'est passé durant la maladie & à la mort de M. de Langle,
Evêque de Boulogne, 1724, in-4°.
La Préface qui est à la tête des œuvres de M. Colbert, 1739, in-4°.
Lettre à M. Berger de Charancy,
Evêque de Montpellier, 1740, in-
4°. Elle est connue sous le nom de
Verges d'Heliodore. Relation de la
captivité de la Sœur Marie Des-
forges, 1741, in 12. Mémoire apo
logetique & défense des Curés, Bénéficiers & autres Prêtres du Diocèse de Montpellier, 1742, in-4°.
Les Jésuites convaincus d'obstina-
tion à permettre l'idolâtrie dans la
Chine, 1743, in-12. Lettre au sujet de la Bulle de N. S. P. le Pape, concernant les rits Malaba-
res, 1745, in-12. Lettre d'un Théologien à M. de Charancy, 1744,
in-4°. Lettre au même, au sujet
de son Instruction Pastorale sur la
Communion Paschale, 1745, in-4°.
Plusieurs Lettres destinées à prémunir les Fideles contre l'irreligion,
1746, in-12. Le Poëme de Pope,
intitulé : Essai sur l'Homme, convaincu d'impiété, 1746, in-12.
Cinq Lettres apologétiques pour les
Carmelites du Fauxbourg S. Jacques à Paris, contre Dom la Taste
Evêque de Béthléem, 1748, in-12.
Lettre à M. l'Evêque de Troyes,
en réponse à sa Lettre Pastorale aux
Communautés Religieuses de son
Diocèse, 1750, in 12. Critique du
Ballet moral dansé dans le College
des Jésuites de Rouen, 1750, in-
12. Réfutation d'un Libelle intitulé : La voie du Sage & du Peuple,
1750, in 12. Vie de M. Soanen,
Evêque de Senez, 1750, in-4° & in-
12. Les Lettres Persannes convain-
cues d'impiété, 1751, in-12. Lettres à M. l'Evêque d'Angers au
sujet du prétendu extrait du Catéchisme de Montpellier, 1752, in-

12. Lettre à M. l'Archevêque de
Sens, 1752, in-12. Lettre d'un
Théologien aux Evêques qui ont
écrit au Roi pour se plaindre de
l'arrêté du Parlement de Paris, du
5 Mai 1752, in-8°. Lettre aux
Evêques qui ont écrit au Roi pour
lui demander la cassation de l'Arrêt du Parlement de Paris, du 18
Avril 1752, in-12. Lettre à un Duc
& Pair au sujet de l'exil du Parlement de Paris, 1753, in-12. Lettre
à un ami où l'on réfute les cinq
Lettres sur les remontrances du Parlement de Paris, du 3 Janv. 1754,
in-12. Histoire abrégée du Parlement de Paris, durant les troubles
du commencem. du Regne de Louis
XIV, 1754, in-12. Traduction
Françoise de l'Epitre à Diognete.
Elle se trouve à la fin du 3e volume de la réfutation du P. Berruyer.

GAURIC, ( Luc ) fameux Astrologue du 16e siecle, natif de Gifo-
ni, au Roïaume de Naples, se rendit cél. sous les Pontificats de Jules II, de Léon X, de Clément VII,
& de Paul III. Ce dernier Pape eut
pour lui une estime particuliere, &
lui donna l'Evêché de Civita Du-
cale. Malgré toutes les prédictions
surprenantes qu'on raconte de lui,
il est constant qu'il abusa de la crédulité du Public, & que s'il rencontra quelquefois juste, ce fut par
un pur effet du hazard. Il se trompa
lourdement dans ce qu'il prédit de
Henri II, Roi de France, & mourut
à Ferrare en 1559, à 82 ans. On a
de lui, Tractatus Astrologicus, &
d'autres ouvr. Pomponio Gaurico,
son frere, est aussi Auteur de divers
ouvrages.

GAUTHIER, nom de trois cél.
Musiciens François. Le premier, surnommé le Vieux, excelloit à jouer
du luth. Ses principales pieces sont,
l'Immortelle, la Non-pareille, le
Tombeau de Mézangeau. Denis
Gauthier, son cousin, fut aussi un
excellent joueur de luth; ses pieces
les plus estimées sont, l'Homicide,
le Canon, le Tombeau de l'Enclos.
Enfin, Pierre Gauthier, natif de la
Ciotat en Provence, excella surtout

dans la Mufique inftrumentale. Il étoit Directeur d'un Opéra, qui féjournoit alternativement à Marfeille, à Montpellier, & à Lyon. S'étant embarqué avec tout fon équipage au port de Cette, en Languedoc, il fut fubmergé avec le vaiffeau, à la vue du port en 1697, à 55 ans. Son Recueil de *duo* & de *trio* pour le violon & pour la flute, eft eftimé.

GAUTIER, *voyez* GAULTIER.

GAY, ( Jean ) excellent Poète Anglois, natif d'une ancienne famille de Devonshire, fut Secretaire de la Ducheffe de Monmouth, en 1712. Il accompagna à Hanovre le Comte de Clarendon en 1714. Gay, après la mort de ce Seigneur, retourna en Angleterre, où il s'acquit une gr. réputation. Les perfonnes de qualité & de mérite eurent pour lui une eftime particuliere. Il mourut dans la maifon du Duc de Queensbury, en 1732, & fut enterré dans l'Abbaïe de Weftminfter. M. Pope, fon intime ami, fit fon Epitaphe. On a de lui des *Tragédies*, des *Opéras*, des *Fables*, & d'autres ouvrages, très eftimés & très bien écrits en anglois.

GAYOT DE PITAVAL, ( François ) né à Lyon en 1673 d'une famille de Robe, après avoir fait fa Théologie à Paris, renonça au deffein qu'il avoit de fe faire Ecclef., & prit, à l'exemple de fes deux freres, le parti des armes; mais après avoir fervi quelque tems, il quitta le métier des armes, fe maria dans fon païs & fe mit à faire des Livres pour fubfifter. Il vint enfuite à Paris où il m. en 1743 après plus de 40 attaques d'apoplexie. On a de lui un gr. nombre d'ouvr. dont les princip. font, 1. *Relation* des Campagnes de 1713 & de 1714, rédigée fur les Mémoires du Maréchal de Villars. 2. Un volume de *bons mots*. 3. La *Bibliotheque des gens de Cour*, 6 vol. *in-12*. 4. L'*art d'orner l'efprit en l'amufant*. 5. Enfin les *Caufes célebres*, 20 vol. *in-12*. Ce dernier ouvr. quoique le moins mauvais des Ecrits de Gayot de Pitaval, n'eft cependant pas eftimé. Il pouvoit être très inftructif & très intéreffant, mais l'Auteur l'a gâté par fes réflexions triviales & inutiles, par un bavardage éternel, par de mauvaifes pointes, & par un ftyle de mauvais goût. M. de G... en a donné un abregé en un vol. *in-12*.

GAZA, ( Théodore ) cél. Grec du 15e fiecle, natif de Theffalonique, paffa en Italie après la prife de CP. par les Turcs. Le Cardinal Beffarion lui procura un Bénéfice dans la Calabre, & Victorin de Feltre lui enfeigna le latin. Gaza apprit fi bien cette langue, qu'il en fit connoître les beautés aux Italiens même, & fut l'un de ceux à qui l'on doit principalement la renaiffance du bon goût & des Belles-Lettres en Italie. Il traduifit de grec en latin l'*Hiftoire des Animaux* d'Ariftote ; celle des *Plantes* de Théophrafte ; les *Aphorifmes* d'Hippocrate, & mit en grec le *fonge de Scipion*, & le *Traité de la Vieilleffe* de Cicéron. On dit qu'étant allé à Rome préfenter à Sixte IV, quelques-uns de fes ouvr., ce Pape ne lui fit qu'un préfent fort modique. Gaza le jetta de dépit dans le Tibre, difant en colere, *que les Savans ne devoient pas fe donner la peine d'aller à Rome, puifque le goût y étoit fi dépravé, & que les ânes les plus gras y refufoient le meilleur grain.* Il mourut néanmoins dans cette ville en 1475, à 80 ans. On a de lui divers ouvr. en grec & en latin, outre ceux dont on vient de parler.

GAZELLI, Prince d'Apamée, & Gouverneur de Syrie pour le Sultan d'Egypte, s'oppofa d'abord aux Turcs; mais voïant que Tomenbey, Sultan d'Egypte, avoit été pris & mis à mort par Selim, en 1517, il implora la clémence du vainqueur, & fut continué dans le Gouvernement de Syrie. Après la mort de Selim, Gazelli envoïa à Cayerbey, Gouverneur d'Egypte, pour le folliciter à rétablir la puiffance des Mammelus. Mais celui-ci fit mourir

fes Ambaſſadeurs. Gazelli, nonobſtant cette nouvelle, livra bataille
aux Turcs près de Damas, contre
le Baſſa Ferhat. Il fut tué en combattant vaillamment en 1520.

GEBER, cél. Médecin; & Aſtronome du 9e fiecle, a compoſé en
arabe pluſieurs ouvrages. Boërhaave
en fait un gr. éloge, & dit qu'il y a
trouvé beauc. d'expériences chymi-
ques, que l'on donne aujourd'hui
pour nouvelles.

GEDALIAH, fameux Rabbin,
mort en 1448, a fait une chaîne de
Tradition depuis Adam, juſqu'à
l'an 761 de J. C. en deux parties,
& une troiſieme où il traite de la
création du Monde. On a encore de
lui d'autres ouvrages.

GEDEON, fils de Joas, de la
Tribu de Manaſſé, & cinquieme
Juge d'Iſrael, vers 1245 av. J. C.
Après s'être aſſuré de ſa miſſion par
le miracle de la toiſon, marcha
contre les Madianites avec 300
hommes; il entra dans leur camp
pendant la nuit, jetta l'épouvante
dans leur Armée, & la mit en déſ-
ordre. Gedeon paſſa enſuite le Jourdain, prit Zebée & Salmana qu'il
tua de ſa main, & défit entierement
les Madianites, au nombre de plus
de 140 mille. Il gouverna le peuple
avec ſageſſe, & mourut dans un âge
avancé, 1239 ans avant J. C. laiſſant de pluſieurs femmes 70 fils,
outre Abimelech.

GEDOYN, (Nicolas) Académicien de l'Académie Françoiſe, &
de celle des Inſcriptions, naquit à
Orléans, le 17 Juin 1667. Il vint
étudier à Paris, & ſe fit Jéſuite; il
quitta cette Société quelque-tems
après, & devint Chanoine de la
Sainte Chapelle de Paris, en 1701,
puis Abbé Commendat. de Notre-
Dame de Beaugenci. Il mourut au
Château de Fontpertuis, près de
Beaugenci, le 10 Août 1744, à 77
ans. On a de lui: 1. une *Traduction* françoiſe de *Quintilien*; 2.
celle de *Pauſanias*; 3. des *Œuvres
diverſes*, imprim. à Paris en 1745,
*in* 12; 4. pluſieurs *Diſſertations*
inſérées dans les Mémoires de

l'Académie des Inſcriptions.

GEIER, (Martin) cél. Théologien Luthérien, Docteur en Théologie, Profeſſeur en Hébreu, Miniſtre de S. Thomas, Prédicateur,
Confeſſeur, & membre des conſeils Eccléſiaſtiques de l'Electeur de
Saxe, étoit né à Leipſic le 24 Avril
1614, & m. le 22 Août 1681, à 67
ans. On a de lui d'excellens *Commentaires* en latin ſur l'*Ecclef.*, les
*Proverbes*, *Daniel* & les *Pſeaumes*; un *Traité* en latin ſur *le deuil
des Hébreux*, & pluſ. autres ouvr.
eſtimés, imprim. à Amſterdam en
2 vol. *in-fol.*

GEINOZ, ( François ) ſavant
Académicien, de l'Académie des
Inſcriptions & Belles-Lettres, &
Aumônier de la Compagnie Générale des Suiſſes, étoit natif de Bull,
petite ville du Canton de Fribourg.
Il ſe rendit très habile dans les Langues grecque & hébraïque, & il
travailla long-tems avec ſuccès au
*Journal des Savans*. Il étoit auſſi
Cenſeur Roïal des Livres. Ses talens ſupérieurs pour les Belles-Lettres, ſa candeur, ſa franchiſe, ſa
douceur & ſa probité, le faiſoient
aimer de tous ceux qui le connoiſ-
ſoient. Il mourut à Paris, le 23 Mai
1752, à 56 ans. Il travailloit à une
nouvelle Edition d'*Hérodote*, corrigée ſur les Manuſcrits de la Bibliotheque du Roi. On a de lui pluſieurs
ſavantes *Diſſertations* ſur cet Auteur, ſur l'*Oſtraciſme*, &c. que l'on
trouve dans les Mémoires de l'Académie des Inſcriptions.

GELAIS, ( Melin & Octavien de
Saint ) Poète. *Voyez* SAINT GE-
LAIS.

GELASE I, ſuccéda au Pape
Felix II, le prem. Mars 492. Il défendit avec fermeté ce que ſon pré-
déceſſeur avoit fait contre Acace;
refuſa ſa Communion à Euphemius, Patriarche de CP., qui ne
vouloit point ôter des dyptiques le
nom d'Acace, écrivit à l'Empereur
Anaſtaſe, qui favoriſoit les Eutychiens, & gouverna l'Egliſe avec
zele & avec ſageſſe. Il mourut le 19
Novembre 496. On a de lui divers

ouvrages. Le Décret qu'on lui attribue est une piece supposée. Anastase II lui succéda.

GELASE II, appellé auparavant *Jean de Gaëte*, du lieu de sa naissance, fut élu Pape, le 25 Janvier 1118, après la mort de Pascal II. Cincio Frangipani, qui avoit voulu faire élire une de ses créatures, indigné de l'élection de Gelase, le maltraita, & le contraignit de sortir de Rome. Vers le même-tems, l'Empereur Henri V, fit élire Maurice Bourdin, qui prit le nom de Grégoire VIII. Henri étant sorti de Rome, Gelase y rentra secretement; mais les Frangipanes l'en chasserent, ce qui l'obligea de venir en France, où il fut reçu avec honneur. Il mourut dans l'Abbaïe de Cluni, le 29 Janv. 1119. Calliste II lui succéda.

GELASE DE CYZIQUE, Auteur Grec du 5e siecle, qui a écrit l'*Histoire* du Concile de *Nicée*, tenu en 325. Cette Histoire n'est qu'un mauvais Roman.

GELDENHAUR, (Gerard) Historien, & Théologien du 16e siecle, natif de Nimégue, fut Lecteur & Secretaire de l'Evêque d'Utrecht, jusqu'en 1524. Dans la suite, étant allé à Wittemberg, il embrassa les erreurs de Luther, & enseigna à Worms, (où il se maria) puis à Augsbourg & à Marpurg. Il mourut en cette derniere ville, le 10 Janv. 1542, à 60 ans. On a de lui l'*Histoire* de Hollande; celle des *Pays-Bas*; celle des Evêques d'Utrecht, & d'autres *ouvrages*. Il avoit été ami d'Erasme.

GELÉE, (Claude) Peintre cél. appellé plus communément *le Lorrain*, n'aïant pu rien apprendre à l'école, fut mis en apprentissage chez un Patissier. Il alla ensuite à Rome, où ne sachant que devenir, Augustin Tasse le prit à son service, & en fit son valet. Peu de tems après, Augustin desirant en tirer quelques services plus importans, lui apprit petit-à-petit quelques regles de perspective. *Le Lorrain* eut d'abord beaucoup de peine à comprendre les principes de l'art, mais aïant commencé à recevoir quelque petite retribution de son travail, il s'appliqua avec tant d'opiniâtreté, que son esprit s'ouvrit. Il fit de très beaux tableaux de païsages, qui le rendirent cél. dans toute l'Eur. Il mourut à Rome en 1678. Il ne faut pas le confondre avec *Théopile Gélée*, dont on a en françois un *Traité d'Anatomie*, qui est estimé.

GELLERT, fameux Poëte Allemand, natif de Saxe, dont on a des *fables* & des *contes*, qui lui ont acquis une gr. réputation, à cause de la délicatesse des pensées, & de la pureté du style. Il y a su répandre des sentimens d'humanité, d'amour, & d'amitié, qui charment ses Lecteurs.

GELLI ou GALLO, *Gellius*, (Jean-Baptiste) Cordonnier natif de Florence, se distingua au 16e siecle par son esprit & par ses ouvrages, tant en vers, qu'en prose. Il fut reçu de l'Académie *de Gli Umidi* de Florence peu après 1540, & n'en fut pas le second Fondateur comme le dit M. de Thou. Il m. le 24 Juillet 1563, à 64 ans. Ses princip. ouvrages sont, 1. des Dialogues en Italien dans le gout de Lucien, très censurés comme contraires à la pudeur. Ils ont été traduits en françois. 2. *La Circé*, elle a aussi été traduite en françois. 3. des Discours sur les Poésies du Dante & de Petrarque. 4. deux Comédies, l'une intitulée *La Sporta*, & l'autre l'*Errore*. 5. Traduction Italienne de l'Hecube d'Euripide. 6. une bonne Traduction italienne du Traité des Couleurs de Porzio en latin, &c.

GELLIUS, (Aulus) voyez AULU-GELLE.

GELMI, (Jean-Antoine) excellent Poëte Italien du 16e siecle, natif de Verone, dont on a des *Sonnets* & d'autres *Poésies* d'un goût fin & délicat.

GELON, fils d'Hipparque, Roi de Gela, & gr. Capitaine, s'empara de l'Etat de Syracuse, & y regna avec gloire. Il défit, près d'Himere, les Carthaginois, commandés par Amilcar, & mourut après un regne de 7 ans, 478 avant J. C.

GEMISTE, (George) surnommé *Plethon*, cél. Philosophe Platonicien, & Mathématicien, natif de CP. vécut en gr. considération à la Cour des Gr. Ducs de Toscane, & se fit admirer au Concile de Florence en 1438, par sa doctrine & par sa prudence. On a de lui un *Commentaire sur les oracles magiques de Zoroastre*; un Livre sur la différence de *Platon* & d'*Aristote*, & d'autres ouvrages.

GEMMA, (Reinier) sav. Mathématicien, & cél. Professeur de Médecine à Louvain, au 16e siecle, est appellé communément *le Frison*, parcequ'il étoit natif de Dockum dans la Frise. Il m. à Louvain, le 26 Mai 1558, à 50 ans. On a de lui: 1. *Methodus arithmeticæ*; 2. *De usu annuli astronomici*, & d'autres ouvrages estimés. Corneille Gemma, son fils, fut aussi un célebre Astronome. Il composa divers Traités, un entre autres sur l'étoile qui parut en 1572. Il mourut le 12 Octobre 1579.

GENCA, (Girolamo) habile Peintre, & Architecte du 16e siecle, natif d'Urbin, mort en 1551, à 75 ans.

GENDRE, (Louis le) habile Historien, natif de Rouen, s'attacha à M. de Harlay, Archevêq. de Rouen, & ensuite Archevêque de Paris, qui lui donna un Canonicat de Notre-Dame, en 1690. M. le Gendre fut Souchantre de la même Eglise, & Abbé de Notre-Dame de Claire-Fontaine, au Dioc. de Chartres, & mourut à Paris, le prem. Févr. 1733, à 78 ans. C'est à lui qu'on est redevable de la fondation des prix qui se distribuent avec solemnité dans l'Université de Paris, depuis 1747. Il a publié un grand nombre d'ouvrages. Les principaux sont: 1. la *vie de M. de Harlay*, son bienfaiteur: 2. les *Mœurs & les coutumes des François* dans les différens tems de la Monarchie; 3. *Histoire de France*, en 3 vol. *in-fol.*

& en 7 vol. *in 12*; 4. *Vie du Cardinal d'Amboise*. Ces ouvrages sont estimés.

GENDRE, (Gilbert-Charles le) Marquis de S. Aubin, Conseiller au Parlement de Paris, puis Maître des Requêtes ordinaire de l'Hôtel du Roi, mort à Paris, sa patrie, le 8 Mai 1746, à 59 ans, est Auteur 1. du *Traité de l'opinion*, dont la meilleure édition est en 8 vol. *in 12*; 2. d'un Livre intitulé: *Antiquités de la Maison de France*, &c. imprimé à Paris, en 1739 in-4°. 3. de plusieurs autres ouvrages manuscrits.

GENDRE, (Nicolas le) habile Sculpteur du 17e siecle, natif d'Etampes, dont on voit de beaux ouvrages dans l'Eglise de S. Nicolas du Chardonnet à Paris. Il mourut dans cette derniere ville en 1670, à 52 ans.

GENDRON, (Claude Deshais) célebre Docteur en Médecine de la Faculté de Montpellier, Médecin ordinaire de *Monsieur*, frere de Louis XIV, & de Mgr. le Duc d'Orléans, Régent du Roïaume, tiroit son origine d'une honnête famille de la Beauce. Il fit paroître dès sa jeunesse une inclination & des talens extraordinaires pour l'Histoire Naturelle, & pour la Médecine, & rechercha la compagnie des gens de Lettres & des Savans. Il opéra, par des connoissances qui lui étoient propres, des guérisons sans nombre sur des sujets qui sembloient incurables, & s'acquit une très grande réputation, surtout dans la partie de la Médecine, qui traite de la guérison des cancers & des maladies des yeux. Aïant amassé un bien assez considérable, il se retira à Auteuil, près de Paris, dans la maison qui avoit appartenu autrefois au célebre Despréaux, son ami, & qui étoit devenue la sienne depuis près de 30 ans. C'est-là que les Grands, les Ministres, les Ambassadeurs, les premiers Magistrats, les Savans, & un gr. nombre de personnes de l'un & de l'autre sexe, alloient souvent visiter ou consulter

M. Gendron. Uu jour M. de Voltaire, allant lui préfenter un de fes
ouvrages, fe trouva tout à coup faifi
de refpect pour un endroit fi cher
aux Mufes, & fit cet impromptu :

*C'eft ici le vrai Parnaffe
Des vrais enfans d'Apollon,
Sous le nom de Boileau, ces lieux
    virent Horace,
Efculape y paroît fous celui de
    Gendron.*

M. Gendron vécut dans cette retraite en Philofophe vraiment Chrétien. Vrai jufqu'au fcrupule, il avoit
en horreur tout genre de déguife-
ment & de flatteries. Il y mourut le
3 Septembre 1750, à 87 ans. M. le
Beau, célebre Profeffeur d'Eloquence, fit fon Epitaphe en latin. M.
Gendron légua par fon Teftament
tous fes Manufcrits à un de fes neveux, comme lui Docteur en Médecine de la Faculté de Montpellier.
Le principal de fes Manufcrits eft
intitulé, *Recherches fur l'origine,
le développement & la reproduc-
tion de tous les Etres vivans.* On
nous affure que cet ouvrage eft excellent, & qu'il fera inceffamment
donné au Public.

GENEBRARD, (Gilbert) Religieux de Cluny, Archevêque d'Aix,
& l'un des plus favans hommes de
fon fiecle, étoit de Riom. Il vint
étudier à Paris, fous Turnebe, &
fous Claude de Saintes, & devint
Docteur de Sorbonne en 1563, puis
Profeff. d'hébreu au College Roïal.
Pierre Danes, Evêque de Lavaur,
fe démit en fa faveur de fon Evêché
en 1576; mais Genebrard ne put
obtenir l'expédition de fes Bulles;
ce qui l'irrita tellement contre les
Miniftres du Roi, qu'il fe jetta dans
le parti de la Ligue. Il fut nommé
Archevêque d'Aix en 1591, à la
follicitation du Duc de Mayenne,
& gouverna quelque-tems fon Diocèfe; mais voïant qu'il n'y avoit
aucune fureté pour lui, il fe retira
à Avignon. Il mourut à Semur dans
fon Prieuré, le 14 Mars 1597, à
60 ans. On a de lui : 1. une *Chro-*

nologie facrée; 2. un *Commentaire
fur les Pfeaumes*; 3. trois *Livres* de
la Trinité; 4. un *Traité* pour foutenir les *Elections* des Evêques par
le Clergé & par le peuple contre la
nomination du Roi. Ce Traité fit
grand bruit, & attira à Genebrard
de facheufes affaires; 5. une *Traduction françoife de Jofeph*, &
d'autres ouvrages. S. François de
Sales fe faifoit gloire d'avoir été
fon difciple.

GENEST, ( Charles-Claude )
natif de Paris, Abbé de S. Vilmer,
Aumônier de Madame la Ducheffe
d'Orleans, Secretaire des commandemens de M. le Duc du Maine,
& Membre de l'Académie Françoife, fe diftingua par fon goût
pour la Phyfique, pour la Poéfie,
& pour les Belles-Lettres. Il étoit
lié d'une étroite amitié avec Rohault, le P. Mallebranche, Regis,
&c. Il mourut à Paris le 19 Novembre 1719, à 84 ans. Le plus
confid. de fes ouvrages eft intitulé
*Principes de la Philofophie de Def-
cartes*, en vers françois. On a auffi
de lui quatre Tragédies, dont celle
qui eft intitulée *Penelope*, eut beaucoup de fuccès. Son *Jofeph* en eut
bien plus encore chez M. la Ducheffe du Maine, qui ne dédaigna pas
de prendre rôle en cette piece. Les
Seigneurs de la Cour qui avoient le
plus d'efprit & de goût, ne pouvoient la voir repréfenter, ou même
l'entendre lire, fans répandre des
larmes. M. le Duc, qu'aucune
Tragédie n'avoit jamais fait pleurer, alla défier M. de Malezieu de
lui faire partager ce qu'il appelloit la *foibleffe commune*, mais à
peine eut-il entendu le premier Acte, que toute fa fermeté l'abandonna, & qu'il fut auffi foible que
les autres. Cependant cette piece,
qui avoit eu tant de fuccès à Cla-
gni ne parut fur le Théâtre François que pour y mourir fans efpoir
de renaître. Elle fut imprimée en
1711. Les autres Tragédies de l'Abbé Geneft font : *Zenolide* Princeffe
de Sparte, & *Polymneftre* : celle-
ci n'a point été imprimée. On treu-

ve dans le Recueil de *vers choifis*, donné par le P. Bouhours, une très belle Epître en vers de l'Abbé Geneft, à M. de la Baftide, pour l'engager à abjurer le Calvinifme. Il a eu auffi beauc. de part au Recueil intitulé : les *divertiffemens de Sceaux*.

GENET, (François) Evêque de Vaifon, naquit à Avignon, le 18 Octobre 1640. Il fe fit recevoir Docteur en Droit Civil & Canonique, & fut emploïé par M. le Camus, Evêque de Grenoble, & par le Cardinal Grimaldi, Archevêque d'Aix. Le Pape Innocent XI le fit Chanoine & Théologal d'Avignon, & le nomma en 1685 à l'Evêché de Vaifon. M. Genet eut de fâcheufes affaires en 1688, au fujet des filles de l'*Enfance*. Il fe noïa dans un petit torrent, en retournant d'Avignon à Vaifon, le 17 Oct. 1702, à 62 ans. On a de lui une Théologie Morale, connue fous le nom de *Morale de Grenoble*, dont la meilleure édition eft de Paris, 1715, en 8 vol. *in-12*. Les deux volumes de *remarques* publiées fous le nom de *Jacques de Remonde* contre la *morale de Grenoble*, furent cenfurés par le Cardinal le Camus, & mis à l'*Index* à Rome.

GENEVIEVE, (Ste) Vierge célebre par fa piété & par fes miracles, naquit à Nanterre, près de Paris, vers 422, d'une famille illuftre, felon le favant M. de Valois. S. Germain, Evêque d'Auxerre, & S. Loup, Evêque de Troyes, allant en Angleterre, pour y combattre l'héréfie Pélagienne, pafferent par le Bourg de Nanterre : S. Germain y aïant connu la vertu de Génevieve, l'exhorta à fe confacrer entierement à Dieu, ce que la Sainte aïant promis, S. Germain lui donna une médaille de cuivre, où la Croix étoit empreinte, pour marque de la promeffe qu'elle venoit de faire à Jefus-Chrift. Génevieve reçut le voile des mains de l'Evêque de Paris. Après la mort de fon pere & de fa mere, elle fe retira à Paris chez une Dame, qui étoit fa marai-

ne. Sa vertu & fes auftérités lui acquirent auffitôt une grande réputation : ce qui ne l'empêcha point d'être expofée aux perfécutions & aux calomnies les plus atroces. La Sainte n'y répondit que par fa patience, & fe contenta de pleurer & de prier en fecret pour fes ennemis & pour fes calomniateurs. Ils s'adrefferent à S. Germain d'Auxerre, lorfqu'il paffa à Paris, dans fon fecond voïage d'Angleterre, & accuferent Génevieve d'hypocrifie & de fuperftition : mais le S. Evêque méprifa ces accufations, & fit connoître l'innocence de la Sainte. Attila, Roi des Huns, étant entré dans les Gaules avec une Armée formidable, les Parifiens voulurent abandonner leur ville, & réfolurent de fe retirer en des places plus fortes ; mais Génevieve les en empêcha, les affurant que leur ville feroit confervée, & que celles où ils prétendoient fe retirer, feroient pillées & faccagées par les Barbares. L'évenement juftifia fa prédiction, & les Parifiens n'eurent plus pour elle que des fentimens de vénération & de confiance. La fainteté de fa vie fut récompenfée par le don des miracles. Sa réputation pénétra jufques dans dans les païs les plus éloignés, & S. Simeon Stylite fe recommanda à fes prieres. Elle mourut le 3 Janvier 512, âgée d'environ 90 ans. Son corps fut inhumé dans l'Eglife des Apôtres S. Pierre & S. Paul, qui porte aujourd'hui le nom de Ste Génevieve. Ses Reliques y repofent encore ; les bienfaits que Dieu accorde à ceux qui ont recours à l'interceffion de cette Sainte, attirent tous les jours dans fon Eglife un gr. concours de peuple.

GENGHISKAN, l'un des plus cél. Conquérans qui aient paru dans le monde, naquit à Diloun en 1154 de Pifouca, l'un des Cans des Mogols. Après la mort de fon pere, une conjuration de fes fujets & de fes voifins l'obligea de fe retirer à l'âge de 13 ans près d'Avenk-Unkhan, Can des Tartares. Genghiskan en fut d'abord très bien reçu, & rendit à ce Prince de gr. services dans les guerres qu'il eut à soutenir ; mais dans la suite, voïant qu'on avoit résolu de le perdre , il se sauva. Avenk Khan & Schokoun, son fils, le poursuivirent, mais Genghiskan les surprit , & défit leurs troupes : ce qui les obligea de se retirer vers des Princes Tartares, qui les firent mourir. Alors Genghiskan leva une grande Armée, & remporta pendant vingt-deux ans les victoires les plus signalées, sur les Mogols & sur les Tartares , dont il subjugua toutes les Tribus. Enfin , après avoir fondé un des plus gr. Empires du monde , il mourut en 1226, à 72 ans. Octaï , son fils, lui succéda dans le Roïaume des Mogols ; Zagathaï, dans celui de la Transoxane, & Tulican dans le Corasan, la Perse, & une partie des Indes. Bathou , fils de Giougio leur frere aîné qui étoit mort avant son pere, posséda le païs d'Alan, de Rous, & de Bulgar. Il imita la valeur de son grand-pere, & conquit plusieurs Provinces. Ses descendans furent des Rois très puissans ; jusqu'au regne de Tamerlan ; qui s'empara de leurs Etats. Mangoucan & Coblaïcan , fils de Tulican, firent la guerre aux Chinois. Coblaïcan fut reconnu Empereur de la Chine en 1280, & depuis ce tems là , ses descendans regnent dans ce grand Empire.

GENNADE I , céleb. Patriarche de CP. succéda en 458 à Anatolius. Il gouverna son Eglise avec zele & avec sagesse, & mourut en 471. Il ne nous reste presque rien de ses écrits.

GENNADE II , voyez SCHOLARIUS. (George).

GENNADE , fameux Prêtre de Marseille au 6e siecle, & non point Evêque de cette ville, comme quelques Auteurs l'ont écrit, m. vers 492. On a de lui : 1. un Livre des Hommes illustres, dans lequel on croit que quelques chapitres ont été ajoutés par une main plus récente ; 2. un Livre des Dogmes Ecclésiastiques, qui se trouve parmi les œuvres de S. Augustin. Gennade ne suivoit point les sentimens de ce saint Docteur, sur la Grace & sur le libre Arbitre , mais les opinions de Fauste de Riez : ce qui a fait croire à plusieurs Auteurs, qu'il étoit Semi-pélagien. On lui attribue encore d'autres ouvrages.

GENNES , ( Julien-Réne-Benjamin de ) fameux Prêtre de l'Oratoire , naquit à Vitré en Bretagne , le 16 Juin en 1687 d'une famille distinguée Après avoir fait ses humanités à Rennes , il alla étudier la Philosophie à Angers dans le College des Peres de l'Oratoire, chez lesquels il entra. Il fit ensuite sa Théologie au Mans, d'où il fut envoïé au Séminaire de S. Magloire à Paris. Il devint Professeur de Théologie à Saumur à l'âge de 30 ans. Une These qu'il y fit soutenir sur la Grace aïant été censurée par l'Evêq. & par la Faculté d'Angers , le Pere de Gennes publia trois Lettres contre ces Censures ; & fut envoïé par ses Supérieurs à Montmorenci, puis à Troyes , où il se distingua par ses Prédications. C'est là qu'il composa un Ecrit in-4°. pour réfuter l'ouvrage de Dom Petit-Didier , & l'Instruction pastorale du Card. de Bissi sur la Constitution ; & un autre Ecrit en faveur de l'Ev. de Sénez, au sujet de tout ce qu'on vouloit faire contre lui à Embrun. Le Pere de Gennes reçut quelque-tems après défense de prêcher, & fut relégué à Nevers par le Général de l'Oratoire. Aïant protesté en 1729 contre tout ce qui se feroit dans l'Assemblée des Peres de l'Oratoire , & publié à ce sujet un Mémoire très vif, il fut exclus de l'Oratoire par plusieurs Lettres de Cachet. Cela ne l'empêcha point en 1733, lorsqu'il fut question d'élire un successeur au Pere de la Tour, de composer encore un Mémoire à ce sujet. Ce Mémoire fut approuvé par plusieurs Avocats & imprimé sous leur nom. Le Pere de Gennes alla ensuite en habit de païsan se cacher dans le village de Milon, près de Port-Roïal , d'où étant ve-

nu à Paris , il fut renfermé à la
Baſtille , & envoïé quatre mois
après en Hainaut dans un Couvent
de Bénédictins. Aïant obtenu ſa liberté onze mois après à cauſe du
dérangement de ſa ſanté , il alla
voir l'Evêque de Senez à la Chaiſe-
Dieu , & compoſa pour lui une
Inſtruction en forme de *Lettre* , contre quelques Ecrivans modernes. Il
m. le 18 Juin 1748. C'étoit un
homme , vif, véhément , & emporté par un zele impétueux ,
qui troubla tout le cours de ſa vie.
On a de lui , outre les ouvr. dont
nous avons parlé dans cet article,
1. un *Recueil* accompagné de *re-
flexions* & d'un avertiſſement, pour
prouver qu'il s'eſt operé en 1737 un
miracle ſur la veuve Mercier, par
l'interceſſion du fameux M. Paris ,
*Diacre.* 2. pluſieurs Ecrits en faveur des fameuſes *convulſions, &c.*

GENSERIC , Roi des Vandales,
en Eſpagne , & fam. Conquérant,
vainquit Hermenric , Roi des Sueves , & paſſa en Afrique à la tête
d'une puiſſante Armée, en 428 au ſecours du Comte Boniface ; ce Comte s'étant reconcilié avec l'Empereur , combattit Genſeric , & fut
vaincu. Genſeric défit enſuite Aſpar , que l'Empereur Théodoſe *le
jeune* avoit envoïé contre lui, prit
Carthage en 439, contraignit l'Empereur Valentinien III, à faire la
paix, & demeura maître de preſque
toute l'Afrique. Quelque tems après,
Valentinien aïant été tué par Maxime, Eudoxie, ſa veuve, que Maxime avoit épouſée par force, appela
Genſeric en Italie, pour vanger la
mort de ſon mari. Genſeric accou-
rut auſſitôt, prit Rome, la pilla durant quatorze jours, & en emporta
des tréſors immenſes, dont les vaſes d'or & d'argent, que l'Empereur
Tite avoit apportés du Temple de
Jéruſalem, faiſoient partie. Eudoxie fut menée captive en Afrique
avec ſes deux filles, Eudoxie *la
jeune* , & Placidie. Genſeric maria
la première à Huneric ſon fils, &
renvoïa l'autre avec ſa mere à CP.
Il perſecuta enſuite les Catholiques,

ravagea l'Occid. entra dans l'Illy-
tie, dans le Péloponneſe, dans la
Grece , & dans pluſieurs Iles de
l'Archipel, qu'il ruina entierement.
L'Empereur Marcien, ne ſe ſentant
pas aſſez fort pour lui réſiſter, fut
contraint de diſſimuler ; & Léon ,
ſon ſucceſſeur, leva contre lui en
468 , une Armée de 100000 hommes de pié, & mit en mer une
flotte de 1000 vaiſſeaux, ſous la
conduite de Baſiliſcus ; mais ce Général aïant été corrompu par Genſeric, toute cette Armée périt. Enfin , Dieu délivra l'Egliſe de ce
cruel perſécuteur. Il m. en 476. Les
Hiſtoriens font de lui le portrait
le plus affreux , tant parcequ'il étoit
Arien, que parcequ'il ſe rendit maître de Rome & de Carthage, les
deux plus célebres villes du monde
en ce tems-là.

GENTILE da FABRIANO ,
Peintre célebre du 15e ſiecle, ſous
le Pape Martin V.

GENTILIS *de Foligno ,* on *Gentilis de Gentilibus ,* ſav. Médecin,
dont on a des *Commentaires* eſtimés ſur Avicenne , & d'autres ouvr.
ſavoir, *de Legationibus : de juris
interpretibus :* & *de advocatione
Hiſpanica.* Ce dernier ouvrage porte ce titre, parceque Gentilis avoit
été établi Avocat perpetuel de toutes les cauſes que les ſujets du Roi
d'Eſpagne auroient en Angleterre.
Il mourut à Foligno, ſa patrie, le
12 Juin 1348.

GENTILIS, ( Alberic ) ſavant
Juriſconſulte, & Profeſſeur en Droit
à Oxford, quitta l'Italie avec Matthieu Gentilis, ſon pere, qui avoit
embraſſé les opinions des Novateurs, & ſe retira en Angleterre. Il
mourut à Londres le 19 Juin 1608,
à 58 ans. On a de lui trois Livres
*de Jure belli,* qui n'ont pas été inutiles à Grotius, & d'autres ouvr.
Scipion Gentilis , ſon frere , fut
auſſi un excellent Juriſconſulte. Il
naquit en 1563, & quitta l'Italie
avec ſon pere ; il étudia à Tubinge,
puis à Wittemberg, & enfin à Leyde, ſous Huguet Donceau, & ſous
Juſte Lipſe. Il enſeigna enſuite le

Droit avec une réputation extraordinaire à Heidelberg & à Altorf, & fut Conseiller de Nuremberg. Il mourut en 1616. Ses principaux ouvrages sont : *De jure publico populi Romani* ; *De conjurationibus* ; *De donationibus inter virum & uxorem*; *De bonis maternis & secundis nuptiis* ; *De jurisdictione*. Tous ces ouvrages sont bien écrits, & remplis d'une profonde érudition.

GENTILIS, ( Jean Valentin ) fameux Anti-Trinitaire, natif de Cosenze, quitta son païs pour la Religion, vers le milieu du 16e siecle, & se retira à Geneve, où plusieurs familles Italiennes s'étoient déja réfugiées. Il se trouva parmi eux quelques esprits qui voulurent subtiliser sur le Mystere de la Trinité, & sur les mots d'*essence*, de *personne*, de *coessentiel*, &c. Gentilis s'engagea dans ces disputes, & ne contribua pas peu à encourager ces nouveaux Ariens. Cela donna lieu au formulaire de foi, qui fut dressé dans le Consistoire Italien, le 18 Mai 1558. Gentilis y souscrivit, & ne laissa pas de semer clandestinement ses erreurs. Les Magistrats prirent connoissance de cette affaire, & le mirent en prison. Il fut convaincu d'avoir violé sa signature, & présenta divers écrits pour colorer ses opinions, & pour adoucir l'esprit de Calvin. Ensuite, aïant reconnu & abjuré ses erreurs, on se contenta de le condamner à faire amende honorable, & à jetter lui-même ses écrits au feu. Ce qu'il exécuta. Quelque tems après, il s'enfuit de Geneve, contre le serment qu'il avoit fait aux Magistrats de n'en point sortir sans leur permission. Il voïagea dans le Dauphiné, dans la Savoie, & retourna dans le Canton de Berne. Il y fut reconnu, & mis en prison ; mais il s'échapa, & s'enfuit vers Georges Blandrata, Médecin, & Jean-Paul Alciat, Milanois, ses amis & ses associés, qui s'efforçoient alors de répandre l'Arianisme en Pologne ; mais le Roi aïant publié en 1566, un Edit de banissement contre tous ces Novateurs étrangers, Gentilis passa en Moravie, puis à Vienne en Autriche, où aïant appris la mort de Calvin, il retourna dans le Canton de Berne ; mais le Bailli, qui l'avoit autrefois emprisonné, se trouvant encore en charge, se saisit de lui le 11 Juin 1566. La cause fut portée à Berne, & Gentilis aïant été convaincu d'avoir opiniâtrement, & contre son propre serment, attaqué le Mystere de la Trinité, fut condamné à perdre la tête. Il mourut avec une extrême impiété, en se glorifiant *d'être le premier Martyr, qui perdoit la vie pour la gloire du Pere, au lieu*, disoit il, *que les Apôtres & les autres Martyrs n'étoient morts que pour la gloire du Fils.* Il étoit leger & inconstant dans ses opinions, & en changeoit selon les tems. Il soutenoit cette erreur singuliere : *que dans l'étendue de l'Eternité, Dieu avoit créé un esprit excellent, qui s'étoit incarné lorsque la plénitude des tems étoit venue.* Benoît Aretius a écrit l'Histoire de son supplice.

GENTILLET, ( Innocent ) Jurisconsulte Protest. natif de Vienne en Dauphiné, fut Président de la Chambre de l'Edit de Grenoble, établie en 1576. Il publia une *Apologie* pour la Religion Protestante, dont la meilleure édit. est celle de Geneve en 1588, *in 8°.* en latin, & plus. autres ouvr. dont les plus connus sont : 1. le *Bureau du Concile de Trente*, dans lequel il prétend que ce Concile est contraire aux anciens Canons, & à l'autorité du Roi ; 2. l'*Antimachiavel*. Ces ouvrages sont remplis d'érudition, & acquirent à Gentillet une gr. réputation parmi les Protestans. Il fut obligé de quitter son païs, & l'on dit qu'il fut Syndic de la République de Geneve.

GEOFFRIN, ( Claude ) cél. Prédicateur, plus connu sous le nom de Dom *Jerôme*, naquit à Paris en 1639. Il entra dans le Tiers-Ordre de S. François, & après y avoir été Religieux pendant plus. années, il

paffa dans l'Ordre des Feuillans, &
y fit fes vœux le 31 Juin 1673. Il
prêcha enfuite avec applaudiffement
dans Paris & à la Cour, & fut
Prieur, Vifiteur, & affiftant du Général de fon Ordre. Son oppofition
à la Bulle *Unigenitus*, le fit exiler
à Poitiers en 1717. Il m. à Paris le
17 Mars 172!, à 82 ans. feu M.
l'Abbé Joly de Fleury, Chanoine
de Notre-Dame à Paris, fit imprimer en 1737 en 5 vol. *in-12* les
Sermons de ce célèbre Prédicateur.

GEOFFROY, ( Etienne-François)
cél. Médecin, Botanifte & Chymif-
te, naquit à Paris le 13 Fév. 1672,
de Matthieu-François Geoffroy cél.
Apotiquaire, ancien Echevin & ancien Conful, qui n'oublia rien pour
lui donner une bonne éducation &
pour le rendre habile dans fa profeffion. Il ouvrit à ce fujet chez
lui des Conférences, où MM. Caffini, le Pere Sébaftien, Joblot,
du Verney, Homberg, & d'autres
Savans exerçoient le jeune homme.
Ces Conférences furent le modele
des expériences de Phyfique que
l'on a faites depuis dans les Colleges
de l'Univerfité de Paris. Après avoir
fait fes études avec diftinction &
voïagé en France, en Angleterre, en
Hollande & en Italie, il fe fit recevoir Docteur en Médecine, à Paris
en 1704. Il devint Profeffeur de
Chymie au Jardin du Roi & de
Médecine au College Roïal. Il étoit
de la Société Roïale de Londres, &
de l'Académie des Sciences. Il m. à
Paris le 5 Janv. 1731. On a de lui
1. plufieurs Thefes fort curieufes;
celle où il demandoit *fi l'homme a
commencé d'être ver?* piqua tellement la curiofité des Dames, qu'il
fallut la traduire en françois. 2.
Un excellent Traité en 3 vol. *in 8°.*
intit.: *Tractatus de materiâ medicâ,
five de medicamentorum fimplicium
hiftoriâ, virtute, delectu & ufu.*
Antoine Bergier habile Médecin de
Paris & natif de Myon, à 2 li. de
Salins, a traduit en françois le
*Traité* de M. Geoffroi, en 7 vol.
*in-12.* Ce Traducteur mourut le 28
Mars 1748, à 44 ans.

GEOFROI, ou JOFRIDI, ( Jean)
cél. Cardinal, natif de Luxeuil,
prit l'habit de Religieux dans l'Abbaïe de Saint Pierre de Luxeuil, &
parvint aux premieres Charges de
l'Eglife & de l'Etat. Il fut Abbé de
Saint Denys, Evêque d'Arras, puis
Evêque d'Albi, & Cardinal. Philippe *le Bon*, Duc de Bourgogne,
Louis XI, Roi de France, & les
Papes Pie II, & Paul II, le chargerent des affaires les plus importantes. Il mourut au Prieuré de
Rulli, Diocèfe de Bourges, le 11
Décembre 1473. Il travailla avec
zele pour faire abolir la *Pragmatique fanction* en France; mais il ne
put y réuffir.

GEOFROI de Saint Omer fonda
en 1118 l'Ordre des Templiers avec
Hugues de Paganis, & fept autres
perfonnes auxquelles il s'étoit affocié.

GEOFROI, Abbé de Vendôme,
& cél. Cardinal, natif d'Angers,
d'une famille noble, fut emploïé
par les Papes, & par Louis *le Gros*,
dans les affaires les plus importantes de l'Eglife & de l'Etat. Il vivoit
encore en 1129. Il nous refte de lui
cinq livres de *Lettres*, & div. *opufcules*, que le Pere Sirmond donna
au Public en 1610. La *Lettre à Robert d'Arbriffel*, qui lui eft attribuée, paroît être conftamment de
lui.

GEORGE - LOUIS DE BRUNS-
WICK, Duc & Electeur d'Hano-
vre, étoit fils d'Erneft-Augufte de
Brunfwick. Il commanda l'Armée
Impériale avec réputation, & fut
proclamé Roi d'Angleterre, le 12
Août 1714, après la mort de la
Reine Anne Stuart. Il mourut le
22 Juin 1727.

GEORGE, ( S. ) cél. Martyr d'O-
rient, que l'on croit avoir fouffert
pour la Foi de J. C. fous Carin,
ou fous Dioclétien, vers 284. On
ignore les circonftances de fa vie
& de fon martyre.

GEORGE de *Trébifonde*, célebre
Grec du 15e fiecle, natif de Candie, & originaire de Trébifonde,
alla à Rome, du tems d'Eugene IV,

& y enseigna la Rhétorique & la Philosophie d'Aristote. Il fut Secretaire du Pape Nicolas V, & mourut vers 1480. On a de lui, 1. quelques *Ecrits* de Théologie en faveur des latins contre les grecs. 2. Des Traductions latines de quelques *ouvrages des Peres grecs* & de la *préparation Evangélique d'Eusebe.* 3. Plusieurs écrits, dans lesquels il fait paroître un zele outré contre Platon, & un attachement ridicule aux opinions d'Aristote. Bessarion prit contre lui le parti de Platon dans son Livre intitulé : le *Calomniateur.*

GEORGE AMIRA, sav. Maronite, alla à Rome du tems du Pape Clement VIII, & y publia une *Grammaire Syriaque & Chaldaïque*, qui est estimée. De retour en son païs, il fut élu Patriarche des Maronites, & mourut vers 1641. C'est lui qui reçut au Mont-Liban François Galaup de Chasteuil.

Il y a plusieurs autres personnes distinguées, du nom de George.

GERARD, *voyez* GERHARD.

GERARD THOM, ou plutôt GERARD TENQUE, Instituteur & premier Grand-Maître de l'Ordre de Saint Jean de Jérusalem, étoit de l'Isle de Mattigues en Provence. Il alla à la Terre-Sainte, où il se distingua tellement par son zele & par sa piété, qu'il fut chargé de l'administration de l'Hôpital de Jérusalem, bâti en 1080, pour loger les pauvres pélerins, & y recevoir les malades. Godefroi de Bouillon aïant pris Jérusalem en 1099, alla visiter cet Hôpital, & y fit de gr présens. L'année suivante, Gerard fonda l'Ordre de Saint Jean de Jérusalem, dans lequel, outre les trois vœux ordinaires, on faisoit celui de soulager les Chrétiens. Gerard mourut vers 1121, après avoir saintement gouverné son Ordre. Il eut Raimond du Puy pour successeur.

GERARD, (S.) fut tiré du Séminaire des Clercs de Cologne, & nommé Evêque de Toul, en 963. Il gouverna saintement son Diocèse, & mourut le 23 Avril 994. Il

ne faut pas le confondre avec S. Gerard, Moine de Saint Denys en France, en 918, & premier Abbé de Brogne, au Comté de Namur, mort le 3 Octobre 959 ; ni avec le Bienheureux Gerard, frere de Saint Bernard, & Moine de Clairvaux, mort le 13 Juin 1138. *Voyez* GERAUD.

GERARD LE GRAND, ou GROOT, célebre Théologien du 14e siecle, & Instituteur des Clercs Réguliers, appellés d'abord *les Freres de la vie commune*, & ensuite *les Chanoines de Windesheim*, naquit à Deventer, & vint étudier en Sorbonne, où il se distingua par sa piété & par sa science. De retour en son païs, il fut Chanoine d'Utrecht, puis d'Aix-la-Chapelle. Il quitta ce Bénéfice, pour mener une vie plus évangélique, & institua une Communauté de Clercs, pour élever la jeunesse dans la piété & dans la doctrine. Il s'acquit une gr. réputation par ses écrits & par ses prédications, & mourut en odeur de sainteté, le 20 Août 1384, à 44 ans. Il y a encore des Communautés très celebres de ces Clercs Réguliers à Cologne, à Wesel, & ailleurs, dans lesquelles sa Regle est très étroitement observée.

GERARD, (Jean) l'un des plus fameux & des plus habiles Théologiens qu'aient eus les Luthériens, naquit à Quedlimbourg en 1582. Il enseigna la Théologie à Iene, avec réputation, & mourut en 1637. On a de lui un gr. nombre d'ouvr. Les principaux sont : 1. des *lieux communs de Théologie.* 2. La *Confession Catholique.* 3. L'*harmonie des quatre Evangélistes* en partie. 4. Des *Commentaires* sur la Genese, sur le Deutéronome, sur les Epitres de S. Pierre, & sur l'Apocalypse. Il ne faut pas le confondre avec Jean Gerard, autre savant Luthérien, Professeur en Théologie, & Recteur de l'Académie d'Iene, sa patrie. Ce dernier mourut le 24 Février 1668, à 57 ans. On a de lui une *harmonie des Langues Orientales* ; un *Traité de l'Eglise Cophte,*

& d'autres ouvrages eftimés. Jean-Erneft Gerard, fon fils, étoit auffi un habile homme.

GERARD DOU, Peintre, *voyez* Dou.

GERASIME, ( S. ) natif de Lycie, après avoir mené long-tems la vie folitaire dans fon païs, paffa en Paleftine, où il fe laiffa furprendre par Théodofe, Moine vagabond, qui lui fit embraffer les erreurs d'Eutychès ; mais le Saint Abbé Euthyme l'en détrompa, & cette faute ne fervit qu'à rendre Gerafime plus humble, plus vigilant, & plus pénitent que jamais. Il bâtit enfuite une gr. Laure, près du Jourdain, dans laquelle il finit faintement fa vie, avec un gr. nombre de Solitaires, le 5 Mars 475.

GERAUD, ou GERARD, (S.) *Geraldus*, Moine de Corbie, fut Abbé de S. Vincent de Laon, puis de S. Médard de Soiffons, & enfin prem. Abbé de S. Seauve, près de Bourdeaux. Il mourut le 5 Avril 1095. Il ne faut pas le confondre avec S. Geraud, Comte & Baron d'Aurillac, qui fonda l'Abbaïe d'Aurillac, Ordre de S. Benoît, en 894, & mourut le 13 Octobre 909.

GERBAIS, ( Jean ) cél. Docteur de la Société de Sorbonne, & fav. Jurifconfulte, naquit à Rupois, village du Diocèfe de Reims, en 1629. Il vint étudier à Paris, s'y diftingua par fa fcience & par fes talens. Il fut Docteur en 1661, Profeffeur d'Eloquence au College Roïal, en 1662, & enfuite Principal du College de Reims ; il mourut le 14 Avril 1699, à 70 ans. Il fonda par fon teftament deux bourfes au College de Reims. On a de lui plufieurs ouvrages en latin & en françois. Les principaux font : 1. un Traité *de Caufis majoribus* ; 2. un *Traité* du pouvoir des Rois fur le mariage ; 3. trois *Lettres fur le pécule des Religieux.* 4. une traduction du *Traité* de Panorme fur le Concile de Bâle. 5. une *Lettre* fur la Comédie. 6. une autre *Lettre* fur les dorures & le luxe des habits de femmes, &c. On remarque dans

tous les ouvrages de Gerbais, un efprit vif, beaucoup de force & de folidité dans les raifonnemens, une gr. pénétration, & une érudition profonde. C'eft lui qui fut choifi par le Clergé de France, pour donner l'édition des *Réglemens* tonchant les Réguliers, avec les notes de M. Hallier.

GERBEL, *Gerbelius*, ( Nicolas ) cél. Jurifc. Allemand, natif de Pforzheim, fe rendit habile dans les Langues & dans le Droit, qu'il enfeigna à Vienne. Il étoit ami de Luther qui lui dédia un ouvr. de Melanchton dont il procuroit l'édition. Gerbel fut enfuite Profeffeur en Droit à Strasbourg où il m. fort vieux le 20 Janv. 1560. M. de Thou l'appelle *virum optimum, & pariter doctrinâ ac morum fuavitate excellentem.* Son principal ouv. eft une excellente *description de la Grece,* fous le titre de *Ifagoge in Tabulam Græciæ Nicolai Sophiani,* impr. à Bâle en 1550 *in-fol.* On a encore de lui, *vita Joannis Cufpiniani : de Anabaptiftarum ortu & progreffu, &c.*

GERBERON, ( Gabriel ) fameux Bénédictin de la Congrégation de S. Maur, naquit à S. Calais, dans le Maine, en 1628. Il enfeigna la Théologie dans fon Ordre, & prit avec tant de vivacité la défenfe de Janfénius, que le Roi voulut le faire arrêter en 1682 dans l'Abbaïe de Corbie, où il étoit Souprieur ; mais il échapa, & fe retira en Hollande. Depuis, étant allé en Flandres, il y fut arrêté en 1703, & condamné par l'Archevêque de Malines. Le Pere Gerberon fut enfuite renfermé dans la Citadelle d'Amiens, puis au Château de Vincennes, & fut remis en 1710 entre les mains de fes Supérieurs, qui l'envoïerent à l'Abbaïe de S. Denys en France, où il mourut le 29 Mars 1711, à 83 ans. On a de lui les éditions de *Marius Mercator,* de S. *Anfelme,* & de *Baïus* ; l'*Apologie* de Rupert, Abbé de Tuy, au fujet de l'Euchariftie : le *véritable Pénitent,* ou Apologie de la Pénitence sence contre le Pere Hazard Jésuite. La *vérité Catholique victorieuse*, sur la Prédestination & la Grace efficace : *Histoire générale du Jansénisme*, 3 vol. *in.*12. *Traité historique sur la Grace* : *Lettres à M. Bossuet Evêque de Meaux* : *La confiance Chrétienne* : *Le Chrétien desabusé* : *La Regle des mœurs contre les fausses maximes de la Morale corrompue* : *La défense de l'Eglise Romaine*, & les *avis salutaires de la Ste Vierge à ses Dévots indiscrets*. Ce dernier Livre est une Traduction des *Monita salutaria* d'Adam Windelfels, Jurisconsulte allemand. Les ouvrages de Dom Gerberon sont écrits avec un feu & une impétuosité extraordinaires. La plûpart ont fait gr. bruit.

GERHARD ou GERARD, (Ephraim) sav. Jurisconsulte allemand, naquit à Giersdorff dans le Duché de Brieg, en 1682. Après avoir étudié à Brieg, à Breslau, à Wittemberg, à Leipsic & à Iene, il fut fait Avocat de la Cour & de la Régence à Weimar. Dans la suite il devint Professeur en Droit à Altorf, où il m. en 1718, à 36 ans. On a de lui, 1. *Delineatio Philosophiæ rationalis*, qui est son principal ouvr. à la fin duquel se trouve un très bonne Dissertation, *de præcipuis sapientiæ impedimentis*. 2. *Introductio in Historiam Philosophicam*. 3. *De lege furia caniniâ*. 4. *Delineatio juris naturæ*. 5. *Delineatio juris Civilis Romano-Germanici*. 6. *De servitutibus in favendo consistentibus*. 7. *De judicio duellico*, &c.

Il y a un gr. nombre de Savans du nom de Gerhard, ou Gerard. *Voyez* GERARD.

GERING, (Ulric) célèbre Imprimeur allemand, fut attiré avec Martin Crantz & Michel Friburger, d'Allemagne en Sorbonne par les Docteurs de cette Maison, pour y imprimer. Ils y firent en 1469, & en 1470 les premières impressions. Ulric Gering amassa de gr. biens, fit des fondations considér. en Sorbonne & au Collége de Montaigu,

& mourut le 23 Août 1510. Quoique laïc, il avoit été reçu de la Maison de Sorbonne, à cause de son mérite & de ses bienfaits.

GERMAIN, (S.) Patriarche de CP. en 715, s'opposa avec zele à l'Empereur Leon l'Isaurien, Iconoclaste, qui le chassa du Siege Patriarchal. S. Germain mourut vers 730. On lui attribue plusieurs ouvrages, dont la plupart sont de Germain *Nauphis*, Patriarche de CP. depuis 1221 jusqu'en 1239.

GERMAIN, (S.) Evêque d'Auxerre, naquit en cette ville vers 380, de parens nobles. Il étudia dans les Gaules & à Rome, où il fit de si gr. progrès dans la Jurisprudence, qu'il passa pour un des plus illustres Jurisconsultes de son tems. Il eut ensuite le Gouvernem. de la ville d'Auxerre, & le commandement des troupes du païs. S. Germain remplit ces Charges avec tant d'intégrité & de sagesse, qu'après la mort de S. Amateur, Evêque d'Auxerre, il fut jugé digne de lui succéder ; malgré sa répugnance, il fut sacré le 7 Juillet 418. S. Germain pratiqua aussitôt les vertus les plus austeres, donna tous ses biens à l'Eglise & aux pauvres, & s'acquit l'estime & la vénération de tout le monde. Les Evêques des Gaules l'envoièrent en Angleterre en 429, avec S. Loup, Evêque de Troyes, pour y combattre l'hérésie de Pélage & de Célestius : ce qu'ils exécuterent avec succès. S. Germain y fit un second voïage, & Dieu signala sa mission par des miracles. Il mourut à Ravenne, le 31 Juillet 448, âgé d'environ 70 ans. Sa vie a été écrite par le Prêtre Constance, Auteur contemporain, à la priere de S. Patient, Archevêque de Lyon. Le savant Abbé Lebœuf a fait une Dissertation pour prouver que les Reliques de S. Germain ont été retrouvées.

GERMAIN, (S.) Evêque de Paris, & l'un des plus célebres Evêques du 6e siècle, étoit d'Autun. Il succéda à Eusebe, dans l'Evêché de Paris, vers 555, & le Roi Childebert I, le fit fon Archichapelain, ou fon grand Aumônier. Il mourut le 28 Mai 576. Il nous refte de lui une excellente *Lettre* écrite à la Reine Brunehaut. C'eft lui qui établit à Paris un Monaftere dans l'Eglife de S. Vincent, bâtie par Childebert, laquelle a pris le nom de S. Germain-des-Prés.

GERMAIN, (Jean) natif de Cluni, Docteur de Sorbonne, Evêque de Nevers, puis de Châlons-fur-Saone, fut l'un des plus illuftres Prélats du 15e fiecle. Philippe *le Bon*, Duc de Bourgogne, eut pour lui une eftime particuliere, le fit Chancelier de fon Ordre de la Toifon, & l'envoïa au Concile de Conftance, Jean Germain harangua avec éloquence en ce Concile, & mourut le 11 Février 1460, laiffant divers ouvrages.

GERMAIN, (Thomas) célebre Orfevre, & fav. Artifte, naquit à Paris le 19 Août 1674, de Pierre Germain, qui étoit Orfevre du Roi, & l'un des plus habiles Artiftes de fon tems. Il alla à Rome en 1688, s'y perfectionna dans fon Art, & laiffa en différentes villes d'Italie des ouvrages d'Orfevrerie, qui font l'admiration des connoiffeurs. De retour en France en 1704, il travailla avec le même applaudiffement, & fut emploïé par les Eglifes Cathédrales & par les Princes de l'Europe, pour lefquels il fit des ouvrages excellens. Il fut elu Echevin en 1738, & mourut à Paris, le 14 Août 1748.

GERMANICUS, (Céfar) fils de Drufus & d'*Antonia* niece d'Augufte, fut adopté par Tibere, fon oncle paternel, & déclaré Conful, l'an 12 de J. C. Deux ans après, aïant appris la mort d'Augufte en Allemagne, il refufa l'Empire que l'Armée lui vouloit déferer, & calma les efprits portés à la révolte. Il battit enfuite les ennemis, & entra à Rome en triomphe. Germanicus' fut envoïé en Orient l'an 18 de J. C. pour y appaifer les troubles. Il vainquit le Roi d'Arménie, & réduifit la Cappadoce en Province;

mais Tibere, jaloux de la gloire de ce jeune Prince, qui faifoit les délices du Peuple Romain, le fit empoifonner à Antioche par Pifon, Gouverneur de Syrie, l'an 19 de J. C. à 34 ans. Il avoit époufé Agrippine, petite fille d'Augufte, dont il eut neuf enfans, Neron, Drufus, Caligula, Agrippine, Drufille, & Livie: les trois autres moururent jeunes. Germanicus avoit compofé plufieurs ouvrages. Il nous refte de lui une traduction en vers latins des phénomenes d'*Aratus*, & quelques *Epigrammes*.

GERMOIN, (Athanafe) Archevêque de Tarentaife, & fav. Jurifc. mort le 4 Août 1617, dont on a un Traité, *De Jurifdictione Ecclefiaftica*, in-fol.

GERMON, (Barthelemi) cél. & fav. Jéfuite né à Orléans le 17 Juin 1663, & mort le 2 Oct. 1718, écrivoit très bien en latin. On a de lui, 1. quatre Differtations au fujet de plufieurs chofes qu'il reprenoit dans la *Diplomatique* du Pere Mabillon. 2. *Lettre & queftions importantes fur l'Hiftoire des Congrégations de auxiliis* du Perre Serry, Dominicain, avec l'*Errata des Congrégations*. Le Pere Serry a pris la défenfe de fon Hiftoire, & a écrit contre Germon, un écrit intitulé: *le Correcteur corrigé*. 3. On lui attribue encore le *Traité Théologique* en deux gros vol. *in-4°*. fur les 101 Propofitions condamnées par la Bulle *Unigenitus*, qui a paru fous le nom du Cardinal de Biffy.

GERSEN, (Jean) Abbé de Verceil, étoit ami de S. François d'Affife, & maître de S. Antoine de Padoue. L'opinion la plus vraifemblable le fait auteur de l'*Imitation de J. C.*

GERSON, *voyez* CHARLIER.

GERTRUDE, (Sainte) illuftre Abbeffe de Nivelle, au Diocèfe de Namur, naquit à Landen en Brabant, en 616, de Pepin, Prince de Landen, Maire du Palais, & Miniftre des Rois d'Auftrafie. Elle fut Abbeffe de Nivelle en 647, & mourut le 17 Mars 659, à 33 ans.

Sa vie a été donnée en italien par Lansberg, & en françois par Defcœuvres.

GERVAIS, (S.) & PROTAIS, (S.) célebres Martyrs. On croit qu'ils ont souffert la mort au prem. fi. pour la Foi de J. C. Leurs corps furent trouvés à Milan en 386 par S. Ambroife. On ignore l'hiftoire & les circonftances de leur vie & de leur martyre.

GERVAIS de Tilbury, célebre Ecrivain Anglois du 13 fiecle, ainfi nommé d'un Bourg d'Angleterre, fur la Tamife, étoit neveu de Henri II, Roi d'Angleterre, & eut un grand crédit auprès de l'Empereur Othon IV, auquel il dédia une *defcription du Monde*, & une *chronique*. Gervais de Tilbury, compofa encore l'*Hiftoire d'Angleterre*, celle de la *Terre-Sainte*, & d'autres ouvrages.

GERVAIS CHRETIEN, plus connu fous le nom de *Maître-Gervais*, étoit natif de Vendes, village du Diocefe de Baïeux. Il fut premier Médecin du Roi Charles V, & Chanoine de Paris. Il y fonda en 1370 le Collège qui porte fon nom.

GERVAISE, (Nicolas) étoit natif de Paris, & fils de M. Gervaife, Médecin de M. Foucquet, Surintendant des Finances. A peine avoit-il vingt ans que MM. Brifacier & Tiberge, Prêtres de la Congrégation des Miffions Etrangeres, l'engagerent à s'embarquer pour le Roïaume de Siam, avec quelques Eccléfiaftiques qui y alloient en Miffion. Le jeune Abbé Gervaife demeura quatre ans à Siam, y apprit la Langue du païs, y converfa avec les Savans, & publia à fon retour une *Hiftoire naturelle & politique du Roïaume de Siam*, & la *Defcription Hiftorique du Roïaume de Macaçar*. Ces deux ouvr. font curieux. L'Abbé Gervaife devint enfuite Curé à Vannes en Bretagne, puis Prévôt de l'Eglife de S. Martin de Tours. Sa nouvelle Dignité l'engagea à écrire la *Vie de Saint Martin*, in-4°, laquelle fut critiquée par Dom Etienne Badier, Bé-

nédictin. Seize ans après, l'Abbé Gervaife fit imprimer à Paris, l'*Hiftoire de Boëce*, qu'il dédia à Louis XIV; mais ce Prince étant mort avant de pouvoir lui offrir fon Livre, il laiffa fubfifter l'Epître Dédicatoire, & en le préfentant au Roi Louis XV, il lui fit ce compliment: *Sire, cet Ouvrage, que j'ai l'honneur de préfenter à Votre Majefté, eft le dernier Monument du zele que j'ai eu pour la gloire du Roi, votre Bifaïeul; il devient le premier Hommage que je viens rendre à Votre Majefté, comme à mon Roi, à mon Seigneur particulier, & à mon Abbé*. La raifon de ces deux dernieres qualités, eft que les Rois de France font Seigneurs, Abbés, & Chanoines de Saint Martin de Tours. Quelque-tems après, il alla à Rome, où il fut facré Evêque d'Horren. Il s'embarqua enfuite pour exercer fon zele dans le lieu de fa Miffion; mais y étant arrivé, il fut maffacré avec fes Eccléfiaftiques par les Caraïbes, le 20 Nov. 1719. Il avoit compofé pluf. ouvr. outre ceux dont nous venons de parler.

GERVAISE, (Dom-Armand-François) frere du précédent & fameux Ecrivain, après avoir fait fes Humanités avec faccès, entra chez les Carmes-Déchauffés où il fe diftingua par fa régularité, mais ne trouvant pas cette réforme affez auftere, pour fe livrer à tout l'excès de fon zele, il prit l'habit de la Trappe en 1695. Il fe fit tellement aimer de M. l'Abbé de Rancé, qu'après la mort de Dom Zozime, il fut nommé Abbé de la Trappe en 1696: mais le cél. Abbé de Rancé fe repentit bientôt de fon choix, car le nouvel Abbé mit auffitôt la divifion & le trouble parmi les Religieux, cherchant à les foulever contre l'Abbé de Rancé, & à détruire ce que ce faint Réformateur avoit fait; mais celui ci l'engagea adroitement à donner fa démiffion, & la fit agréer au Roi. Dom Gervaife fe voïant dépouillé de fon Abbaïe fortit de la Trappe, & compofa une longue *Apologie*. Dans la fuite, il changea souvent de demeure, & composa un gr. nombre d'ouvrages. Mais aïant publié son premier volume de l'*Histoire générale de Cîteaux*, in-4°, les Bernardins, qui étoient vivement attaqués dans cet ouvrage, obtinrent des ordres de la Cour contre lui. Il fut arrêté à Paris en sortant du Luxembourg, puis conduit & renfermé à l'Abbaïe de Notre-Dame de Reclus, où il m. en 1755. Outre son *Apologie*, & son *Histoire de la réforme de Cîteaux*, qui est fort rare, on a de lui : 1. La *Vie de S. Cyprien* avec des Dissertations, *in 4°*. Cette vie a été attaquée dans les *Lettres au Solitaire*, *in-12*. 2. La *Vie d'Abailard & d'Heloïse*, 2 vol. *in-12*. 3. Les *Lettres d'Abailard à Heloïse*, *in-12*. C'est une Traduction très paraphrasée. 4. *Histoire de l'Abbé Suger*, 3 vol. *in 12*. 5. La *Vie de S. Irenée*, 2 vol. *in-12*. 6. La *Vie de Rufin*, 2 vol. *in-12*. 7. La *Vie de l'Apôtre S. Paul*, 3 vol. *in-12*. 8. La *Vie de S. Paulin* avec des Dissertations, *in-4°*. 9. Deux *Lettres sur les Ordinations Anglicanes* contre le Pere Courayer. 10. *Histoire de l'Abbé Joachim*, 2 vol. *in-12*. 11. *Vie de S. Epiphane*, in-4°. &c. Il a aussi laissé, en Manuscrit, un *Traité des devoirs des Evêques*, un *Abregé* de l'Histoire Ecclésiastique de M. Fleury, & d'autres Ecrits. Tous les ouvrages de Dom Gervaise se ressentent de son caractere bouillant, leger & inconstant, de son zele outré & mal entendu, de son esprit inquiet, & amateur des avantures extraordinaires, & des singularités. En général, il suit & copie de bons Livres & de bons Mémoires dans ses ouvrages, mais il les gâte par ses additions & par ses réflexions souvent déplacées & peu judicieuses. Sa critique est souvent en défaut, & sa Théologie n'est pas toujours exacte. Il y a même dans ses Livres des propositions tout-à-fait révoltantes : entr'autres celle-ci dans son *Histoire de l'Abbé Joachim*, où il avance que cet Abbé a fait d'aussi grands & même de plus grands miracles que tous les Saints, *si l'on en excepte peut-être*, ajoute-t-il, *ceux de J. C. & des Apôtres*. Ce *peut-être* est scandaleux, ridicule & insoutenable, pour ne rien dire de pis.

GERYON, fils de Chrysaor, étoit Roi de trois Isles, appellées aujourd'ui *Majorque*, *Minorque*, & *Iviça* : ce qui a donné lieu a la fable de feindre qu'il avoit trois têtes. On dit qu'il fut tué par Hercule, qui emmena ses bœufs en Grece. On trouve dans les Mythologistes un gr. nombre de conjectures sur l'origine de la fable de Geryon.

GESNER, ( Conrad ) Médecin & Naturaliste cél. & l'un des plus sav. hommes du 16e siecle, naquit à Zurich en 1516. Il acheva ses études en France, voïagea en Italie, & enseigna la Médecine & la Philosophie en son païs avec une réputation extraordinaire. Il savoit les Langues, & il excelloit tellement dans l'histoire naturelle, qu'il fut surnommé *le Pline d'Allemagne*. Il mourut le 22 Décembre 1565, à 49 ans. Ses principaux ouvrages sont : 1. une *Histoire des Animaux* : 2. une *Biblioth. univ.* imprim. à Zurich en 1545, *in-fol.* que l'on peut regarder comme le premier *Dictionn. hist.* moderne ; 3. un *Lexicon* grec, latin, &c. Beze & M. de Thou en font un gr. éloge.

GETA, ( *Septimius* ) fils de l'Empereur *Severe*, & frere de Caracalla, fut déclaré César, avec son frere. Il étoit aimé du peuple, à cause de sa douceur & de ses belles qualités ; mais Caracalla qui le haïssoit, l'assassina entre les bras de Julie, sa mere, l'an 212 de J. C., à 23 ans.

GHEIN, ( Jacques ) habile Graveur Hollandois, dont on a de belles Estampes.

GHELEN, ou GESLEN, *Gelenius*, ( Sigismond de ) cél. Traducteur du 16e siecle, natif de Prague, fut Correcteur de l'Imprimerie de Froben, & mour. en 1554. Il a traduit de grec en latin, *Joseph*,

S. *Justin*, *Denys d'Halicarnasse*, & plusieurs autres *Auteurs*.

GHISLERI, ( Michel ) *voyez* PIE V.

GIBERT, ( Jean-Pierre ) Docteur en Théologie & en Droit, & sav. Canoniste, naquit à Aix, en 1660. Il enseigna la Théologie au Séminaire de Toulon, puis en celui d'Aix, & vint s'établir à Paris, en 1703. Il refusa constamment tous les Bénéfices qu'on voulut lui donner, & passa sa vie à décider les cas de conscience, & les questions de Droit Canonique. Il mourut à Paris, le 2 Décembre 1736, à 76 ans. On a de lui un gr. nombre d'ouvr. Les principaux sont : 1. *Institutions Ecclésiastiques & Bénéficiales*, dont la meilleure édition est en 2 vol. *in-4°*. 2. *Usages de l'Eglise Gallicane*, concernant les censures & l'irrégularité. 3. *Dissertation sur l'autorité du second Ordre, dans le Synode Diocésain*. 4. *Tradition, ou Histoire de l'Eglise, sur le Sacrement de mariage*, 3 vol. *in-4°*. 5. *Consultations canoniques sur les Sacremens en général & en particulier*, 12 vol. *in-12*. 6. *Corpus Juris Canonici per regulas naturali ordine dispositas*, &c. 3 vol. *in-fol.* &c.

GIBERT, ( Balthasar ) Parent du précédent, & cél. Professeur de Rhétorique au Collége Mazarin à Paris, naquit à Aix en Provence, le 17 Janv. 1662. Aïant achevé ses Humanités & sa Philosophie au Collége d'Harcourt à Paris, il étudia en Sorbonne, & prit le degré de Bachelier en Théologie. Il devint ensuite Professeur de Philosophie dans la ville de Beauvais dès l'âge de 24 ans, puis 4 ans après Professeur du Collége Mazarin, dont les exercices commencerent en 1688. M. Gibert en fit l'ouverture par un discours public. Il remplit cette Chaire avec distinction pendant plus de 50 ans, & forma un gr. nombre d'excellens disciples. Il fut plusieurs fois Recteur de l'Université de Paris, & il en défendit les droits avec zele & avec fermeté. Il succéda, en 1728, au cél. Pourchot son ami dans le Syndicat de l'Université. Ce fut en cette qualité que dans l'Assemblée générale de l'Université en 1739, il fit un Réquisitoire par lequel il forma opposition à la révocation de l'*Appel* que l'Université avoit fait de la Bulle *Unigenitus* au futur Concile. Cette démarche le fit exiler à Auxerre. Il m. à Rengennes chez M. l'Evêque d'Auxerre, le 28 Octobre 1741, à 79 ans. Son principal ouvrage est intitulé : *Jugemens des Savans sur les Auteurs qui ont traité de la Rhétorique*, 3 vol. *in 12.* ouvr. estimé. On a encore de lui un *Traité de la véritable Eloquence* : des *Réflexions sur la Rhétorique* en quatre Livres, où il répond aux Objections du Pere Lami : *La Rhétorique ou les Regles de l'Eloquence*, *in-12.* estimé ; & des *Observations* adressées à M. Rollin sur son *Traité de la maniere d'enseigner*.

GIBERTI, ( Jean-Matthieu ) Evêque de Vérone, & l'un des plus pieux & des plus savans hommes du 16e siecle, natif de Palerme, étoit fils naturel de Franco Giberti, Génois, Général de l'Armée navale du Pape. Il fut Gouverneur de Tivoli, & s'acquit l'estime de Léon X, & de Clément VII, qui le chargerent d'affaires importantes. Ce dernier Pape lui donna l'Evêché de Vérone. Giberti le gouverna avec tant de sagesse, de zele, de prudence, que S. Charles, & les autres pieux Evêques d'Italie, établirent dans leurs Eglises les mêmes ordonnances, que Giberti avoit établies dans la sienne. Il aimoit & protégeoit les Lettres, & avoit chez lui une Imprimerie pour l'impression des Peres Grecs. C'est de-là que sortit en 1529, cette belle édition grecque des *Homélies de S. Jean Chrysostome sur les Epîtres de S. Paul*. Giberti mourut en odeur de sainteté, le 30 Décembre 1543.

GIBIEUF, ( Guillaume ) savant Docteur de la Maison de Sorbonne, natif de Bourges, entra dans l'Or-

dre de l'Oratoire, & fut Vicaire
Général du Cardinal de Bérulle, &
Supérieur des Carmélites en France.
Il mourut à S. Magloire, à Paris,
le 6 Juin 1650. On a de lui divers
ouvrages, entr'autres un *Traité* la-
tin *de la liberté de Dieu & de la
Créature*. Il étoit ami intime de
Descartes, & du P. Mersenne.

GIEGI, *voyez* ELISÉE.

GIFANIUS, ou GIFFEN, ( Hubert ) cél. Ecrivain du 16e siecle,
natif de Buren dans la Gueldre,
étudia en France, & se fit recevoir
Docteur en Droit à Orléans. Il enseigna ensuite avec réputation à
Strasbourg, à Altorf, & à Ingolftad. L'Empereur Rodolphe II l'appella à sa Cour, le fit Conseiller &
Référend. de l'Empire, & l'envoïa
en Bohême. Gifanius y mourut fort
âgé, étant à Prague en 1604. On a
de lui divers ouvr., dont les principaux sont des *Notes* & des *Commentaires* sur la *Politique* & sur la
*Morale d'Aristote* : sur *Homere* &
sur *Lucrece* : six *Lettres* sur différens sujets de Littérature, & divers
*Ecrits* de Droit. Il eut de gr. démêlés littéraires avec Lambin &
Scioppius.

GIFFORD, ( Guillaume ) célebre
Archevêque de Rheims, mort en
1629, à 76 ans, est l'Auteur du
fameux Livre *Calvino-Turcismus*,
qui a paru sous le nom supposé de
Guill. Reginald.

GIGAULT, ( Bernardin ) Marquis de Bellefond, Gouverneur de
Vincennes, & Maréchal de France,
étoit fils de Henri Robert Gigault,
Seigneur de Bellefond, & Gouverneur de Valogne. Il se signala en
diverses occasions sous Louis XIV,
qui le fit Maréchal de France en
1668. Il commanda l'Armée de Catalogne en 1684, & battit les Espagnols. Il mourut le 5 Décembre
1694, à 64 ans.

GILBERT, ( S. ) premier Abbé
de Neuffontaines, Ordre de Prémontré, en Auvergne, étoit un
Gentilhomme qui se croisa avec le
Roi Louis *le jeune*, qu'il accompagna en Palestine en 1146. A son

retour, il embrassa la vie Monast-
que avec Sainte Pétronille, sa femme, fonda l'Abbaïe de Neuffontaines, & en fut le premier Abbé en
1151. Il mourut le 6 Juin 1152.

GILBERT, cél. Abbé de Cîteaux,
au 12e siecle, étoit Anglois ; il se
distingua tellement par son savoir
& par sa piété, dans son Ordre &
dans les Universités de l'Europe,
qu'il fut surnommé *le Grand* & *le
Théologien*. Il mourut à Cîteaux
en 1166, ou 1168, laissant divers
ouvrages de Théologie & de Morale.

GILBERT L'ANGLOIS, Ecrivain
du 13e siecle, ainsi nommé parcequ'il étoit d'Angleterre, fit divers
voïages & se rendit habile dans la
Philosophie, dans la Médecine, &
dans la connoissance des simples.
Il passe pour le premier de sa Nation qui ait écrit sur la Médecine.
On a de lui un bon ouvr. intitulé :
*Compendium totius Medicinæ*.

GILBERT de Sempringham, Fondateur de l'*Ordre des Gilbertins*, en
Angleterre, & ami de S. Bernard,
naquit à Lincoln vers 1104. Il fut
Pénitencier, & tint une école publique pour instruire la jeunesse. Il
mourut très âgé en 1189, après
avoir fondé son Ordre, & établi
plusieurs Monasteres & plusieurs
Hôpitaux.

GILBERT, ( Gabriel ) Poète
François, dont nous avons des
*Opéras*, des *Tragédies*, un Poëme
intitulé l'*Art de plaire*, des *Sonnets*, des *Madrigaux*, & d'autres
*Poésies*, qui lui acquirent de la réputation. Il étoit de la Religion
prét. réf., Secrétaire des Commandemens de la Reine Christine de
Suede, & son Résident en France.
Il m. à Paris, vers 1680.

GILBERT DE LA PORÉE, *voyez*
PORÉE.

GILDAS, (S.) surnommé *le Sage*,
naquit à Dumbritton en Ecosse, en
520. Aïant reçu la Prêtrise, il prêcha en Angleterre & en Irlande,
& y rétablit la pureté de la Foi &
de la discipline. Il passa ensuite dans
les Gaules, & s'établit auprès de

Vannes, où il bâtit le Monastere de Ruis. Il en fut Abbé, & y mourut le 29 Janvier 565. Il reste de lui quelques *canons de discipline*, & deux *Discours* sur la ruine de la gr. Bretagne. L'Abbaïe de Ruis porte aussi le nom de Gildas.

GILIMER, l'un des descendans de Genseric, détrôna Hunneric, son cousin, Roi des Vandales en Afrique, & usurpa le trône en 531. L'Empereur Justinien écrivit en faveur d'Hunneric ; mais Gilimer s'étant moqué de ses prieres & de ses menaces, l'Empereur envoïa contre lui Belisaire. Ce Général prit Carthage, se rendit maître de toute l'Afrique, & fit servir Gilimer à son triomphe à CP. On dit que ce Prince voïant Justinien dans le Cirque, assis sur son Trône, & considérant la vicissitude des choses humaines, s'écria, comme avoit fait autrefois Salomon : *Vanité des vanités, tout n'est que vanité.* Justinien lui assigna quelques terres dans la Galatie, pour y subsister avec sa famille. Par sa défaite, l'Afrique fut réduite en Province Romaine, comme elle l'avoit été avant la conquête des Vandales.

GILLES, (S.) *Ægidius*, Abbé en Languedoc, mort vers le milieu du 6e siecle, vivoit sous le Pontificat de Césaire d'Arles, & présenta au Pape Symmaque, une *Requête* en faveur des privileges de l'Eglise d'Arles.

GILLES de Viterbe, savant Général de l'Ordre des Augustins, & Cardinal, ainsi nommé du lieu de sa naissance, étoit habile dans les Langues. Il fit l'ouverture du Concile de Latran sous Jules II, en 1512, & fut emploïé par Léon X en diverses affaires importantes. Il mourut à Rome le 12 Novembre 1532. On a de lui *Commentaires* sur quelques Pseaumes : des *remarques* sur les 3 premiers chap. de la Genese : des *Dialogues*, des *Epitres*, des *Odes* à la louange de Pontanus, &c.

GILLES, ( Nicole ou Nicolas) Secrétaire de Louis XII, & Contrô-

leur du Trésor, mort en 1503, a fait les *Annales* ou *chroniques* de Fr. depuis la destruction de Troyes jusqu'en 1496. Cette Histoire n'est bonne que depuis le regne de Louis X. Denys Sauvage, Belleforest, & plusieurs Anonymes ont fait des additions aux *Annales* de Gilles, & Gabriel Chappuis les a continuées jusqu'à l'an 1585. Elles ont été traduites en latin.

GILLES, ( Pierre) sav. Ecrivain & habile Naturaliste du 16e siecle, né à Albi en 1490. Après s'être rendu habile dans les Langues grecque & latine, dans la Philosophie & l'Histoire naturelle, voïagea en Fr. & en Ital. Etant à Venise, il lia amitié avec Lazare Bayf, Abbé de Charroux pour lors Ambassadeur de France auprès de cette République. De retour en Fr., il alla passer quelque-tems chez George d'Armagnac, Evêque de Rhodez, depuis Cardinal. Ce fut à la sollicitation de ce Prélat, qui étoit son Protecteur, que Gilles composa ses 16 Livres de la nature des Animaux, *de vi & naturâ Animalium.* Ce n'est qu'un extrait & une traduction d'Elien, de Porphyre, d'Heliodore, & d'Oppien, auquel il ajouta ses propres observations, & un Livre des Poissons que l'on trouve à Marseille. Il dédia en 1533 ces ouvr. au Roi François I, & il exhorta ce Prince dans son Epitre dédicatoire d'envoïer à ses frais des Sav. voïager dans les païs étrangers. François I gouta cet avis, & envoïa quelq.-tems après, Pierre Gilles dans le Levant : mais celui-ci n'aïant rien reçu du Roi pendant tout son séjour dans le Levant, fut obligé après la mort de ce Prince arrivée en 1547, de s'entôler dans les Troupes de Soliman II, pour pouvoir subsister. Il revint du Levant en 1550 avec M. d'Aramont, Ambassadeur de France à la porte. Il alla ensuite à Rome auprès du Cardinal d'Armagnac, chargé des affaires de France auprès du S. Siege. Il y m. en 1555, à 65 ans. Outre son Livre *de vi & natura Animalium*, on a de lui : 1. *Elephanti defcriptio.* 2. *De Bofphoro Thracio, Libri tres.* 3. *De Topographiâ Conftantinopoleos & de illius antiquitatibus, Libri quatuor.* 4. Des Éditions de *Demetrius de CP.* du Comment. de *Theodoret* fur les 12 petits Prophétes, & de l'Hiftoire de Ferdinand, Roi d'Arragon, par Laurent Valle.

GILLES, ( Saint ) Poëte Françóis du 17e fiecle, étoit Sous-brigadier de la premiere Compagnie des Moufquetaires. Il quitta le fervice en 1706 après la Bataille de Ramilly, & fe retira dans un Couvent de Capucins, au grand étonnement de tout le monde. On a de lui des *Contes*, des *Chanfons*, des *Vaudevilles*, & d'autres *Poéfies*, qui font ingénieufes & remplies d'efprit & d'agrémens ; mais fouvent trop libres. La plupart font imprimées dans un volume intitulé, la *Mufe Moufquetaire.* Il ne faut pas le confondre avec ( l'Enfant de Saint Gilles ) fon frere, mort en 1745, à 85 ans. C'eft ce dernier qui eft Auteur d'une Tragédie peu eftimée, intitulée *Ariarathe.*

GILLES, ( Jean ) habile Muficien François, naquit à Tarafcon en 1669. Il apprit la Mufique avec le cél. Campra, dans la Cathédrale d'Aix, fous Guillaume Poitevin, Prêtre de cette Eglife, & devint Maître de Mufique de l'Eglife de S. Etienne de Touloufe. Il mourut dans cette derniere ville en 1705. On a de lui un gr. nombre d'excellens *Motets*, dont on eftime furtout le *Diligam te.* Sa *Meffe des Morts* paffe pour fon chef-d'œuvre.

GILLET, ( François-Pierre ) né à Lyon le 8 Juillet 1648, fut Avocat au Parlement de Paris, où il fe diftingua par fes plaidoïers & par fes traductions. Il m. le 23 Oct. 1720. Ses *Plaidoïers* ont été impr. en 2 vol. *in-4°*. Ils font eftimés. Nous avons encore de lui la *Traduction des Catilinaires*, de la feconde *Philippique*, & des *Oraifons* pour *Celius* & pour *Milon*. Laurent Gillet, fon frere, mort à Lyon en 1720,

eft Auteur de deux *Requêtes* au Roi pour les Avocats & les Médecins de Lyon ; ces Requêtes furent fuivies d'un Arrêt favorable.

GILLI, ( David ) né dans le bas Languedoc de Parens Calviniftes, fe rendit habile dans les Langues grecque & hébraïque, & dans la Théologie, qu'il apprit fous le cél. Amyrault. Il devint Miniftre de Baugé en Anjou, étant encore jeune ; & fe diftingua tellement par la Prédication, que les Catholiques alloient en foule l'entendre, auffibien que les Calviniftes. Aïant enfuite examiné avec foin les points controverfés entre les Catholiques & les Proteftans, & les ouvrages de Calvin dont Amyrault lui avoit communiqué le mépris fecret qu'il en avoit, il réfolut de faire abjuration du Calvinifme, & prit cette réfolution avec David Courdil fon ami, Miniftre du Château-du-Loir, qui étoit dans les mêmes difpofitions que lui. Ils fe prefenterent l'un & l'autre au Confiftoire de Sorges le 3 Juin 1683 pour y rendre compte de leur conduite. Gilli y prononça un difcours fur la néceffité de recourir à la Tradition fur pluf. points de Doctrine, & l'infuffifance de l'Ecriture feule, par rapport à ces points. Courdil, qui parla après lui, entreprit de prouver que les Proteftans n'avoient pu légitimement fe féparer de l'Eglife Romaine. Ces deux Miniftres firent abjuration le 6 Juin fuiv. ( 1683 ) avec cinq autres Proteftans, entre les mains de Henri Arnauld, Evêque d'Angers. Louis XIV donna à Gilli & à Courdil une penfion de 1000 liv., & le Clergé une de 400 liv. Gilli alla peu de tems après en Languedoc, où il ramena à l'Eglife un gr. nombre de Calviniftes. Il demeura enfuite à Angers avec fon ami Courdil. Ils furent tous les deux choifis pour être membres de l'Académie de cette ville, où ils montrerent qu'ils n'avoient pas moins de Littérature que de Théologie. Gilli aïant appris la mort de fon ami Courdil, fut faifi d'une fevre violente dont il m. le 27 Décem. 1711, à 63 ans. Le Recueil imprimé fous le titre de *Conversion de Gilli* en 1683, *in-12*, contient les difcours de Gilli & de Courdil, au Synode de Sorges, près d'Angers, & l'exhortation que M. Arnauld leur fit en recevant leur abjuration. On a encore de Gilli, 1. un Traité *de la véritable idée du Chriftianifme* en Manufcrit. 2. Un *Abregé* de l'Hiftoire du vieux & du nouveau Teftament, pour fa famille, avec de courtes réflexions fur la Doctrine & fur la Morale Chrétienne, auquel il a joint un abregé de l'Hiftoire univerfelle, jufqu'à Charles Quint.

GILLIER, ( Jean-Claude ) Muficien François, mort à Paris en 1737, eft Auteur de la Mufique de la plûpart des *Divertiffemens* de Dancourt & de Regnard.

GILLOT, ( Germain ) cél. Docteur de Sorbonne, natif de Paris, d'une famille noble, emploïa fon bien & fes talens à élever les jeunes gens pour le fervice de l'Eglife & de l'Etat. Il dépenfa plus de 100000 écus à cette bonne œuvre. Ses Eleves prirent le nom de *Gilotins*, & devinrent célebres dans le Barreau, dans la Médecine, la Théologie, &c. Il mourut à Paris, le 20 Octobre 1688, à 66 ans. Il avoit été d'avis en 1656 de ne point faire de Cenfure contre la *feconde Lettre* de M. Arnauld ; mais fon avis ne fut point fuivi.

GILOT, ( Jacques ) Chanoine de la Sainte Chapelle, Confeiller Clerc au Parlement de Paris, & Doïen de Langres, étoit d'une famille noble de Bourgogne. Il avoit une Bibliotheque très belle & très curieufe, & fa maifon étoit comme le rendez-vous de tous les Savans. Il mourut en 1619. On a de lui : *Inftructions & Lettres miffives*, concernant le *Concile de Trente*, dont la meilleure édition eft celle de Cramoify 1654, *in 4°*. & d'autres ouvrages. Il eut beaucoup de part au *Catholicon d'Efpagne*, & cette Satyre ingénieufe contre la Ligue,

fut faite dans fa Maifon. On croit auffi qu'il eft Auteur de la *vie de Calvin*, impr. *in 4°*. fous le nom de *Papire Maffon*.

GILLOT, ( Claude ) Peintre & Graveur, naquit à Langres en 1673. Il fut éleve de Jean-Baptifte Corneille, & travailla beaucoup pour les décorations de l'Opéra. Il réuffiffoit furtout dans les grotefques. Gillot fut reçu de l'Académie Roïale de Peinture en 1715, & mourut à Paris en 1722. Watteau étoit fon éleve.

GILLOT, ( Louife - Genevieve ) Dame cél. par fes talens pour la Poëfie, & par la beauté de fon génie, naquit à Paris en 1650, & mourut dans la même ville en 1718. Ses Œuvres *poëtiques* confistent en *Epitres*, *Eglogues*, *Madrigaux*, *Chanfons*, *Comédies*, *Opéra*, &c. Elle a fait auffi un Roman intitulé : *Hiftoire fecrette de Dom Antoine, Roi de Portugal*, in-12.

GIOACHINO GRECO, plus connu fous le nom du *Calabrois*, Joueur d'Echecs, fur la fin du 17e fiecle, parcourut toutes les Cours de l'Europe, & fe fignala tellement au jeu des Echecs, qu'il ne trouva fon pareil en aucun endroit du monde.

GIOJA, ( Flavio ) cél. Napolitain, natif de Pafitano, Château dans le voifinage d'Amalfi, auquel on attribue l'invention & l'ufage de la Bouffole. Il vivoit vers 1300.

GIORDANI, ( Vital ) habile Mathématicien, naquit à Bitonto, le 13 Décembre 1633. Il paffa fa jeuneffe dans l'oifiveté & dans la débauche, & fe maria à une fille fans biens. Aïant tué un de fes beaux-freres, qui lui reprochoit fon indolence & fa pareffe, il s'engagea en qualité de Soldat dans la Flotte que le Pape envoïoit contre les Turcs. L'Amiral lui trouvant du génie, lui donna l'emploi d'Ecrivain, qui étoit vacant. Giordani, obligé d'apprendre l'Arithmétique pour remplir fes fonctions, dévora celle de Clavius, & prit du goût pour les Mathématiques. De retour à Rome, en 1659, il devint Garde du Château S. Ange, & profita du loisir que lui donnoit cet emploi, pour se livrer à l'étude des Mathématiques. Il y fit de si gr. progrès, que la Reine Christine de Suede, pendant son séjour à Rome, le choisit pour son Mathématicien, & que Louis XIV le nomma pour enseigner les Mathématiques à Rome dans l'Académie de Peinture & de Sculpture qu'il y avoit établie en 1666. Le Pape Clément X lui donna la charge d'Ingénieur du Château S. Ange. Giordani eut en 1685 la Chaire de Mathématique du Collége de la Sapience, fut reçu membre de l'Académie des *Arcadi* le 5 Mai 1691, & m. le 3 Nov. 1711, à 78 ans Ses princip. ouvr. sont, 1. *Euclide restituto.* 2. *De componendis gravium momentis.* 3. *Fundamentum doctrinæ motus gravium.* 4. *Ad Hyacinthum Christophorum Epistola.*

GIORGION, Peintre célebre, né à Castel-Franco dans le Trevisan, en 1478, fut maître du Titien, & mourut en 1511, à 33 ans.

GIOTTO, (le) Peintre cél. du 14e siecle, étoit natif d'un village près de Florence. Cimabué l'aïant rencontré à la campagne, qui gardoit des moutons, & qui en les regardant paître, les déssinoit sur une brique, conçut une si bonne opinion de cet enfant, qu'il le demanda à son pere, pour le mettre au nombre de ses éleves. Le Giotto devint le plus célebre Peintre de son tems. Il fut ami intime du Dante, & les Papes Benoît XI, & Clément V, eurent pour lui une estime particuliere. Il mourut à Florence en 1336. On vit peu de tems après un jeune Peintre nommé *Thomas*, natif de Florence, qu'on surnomma *le Giottino*, parcequ'il imitoit très bien la maniere du Giotto. Il m. en 1356, à 32 ans.

GIRAC, (Paul-Thomas sieur de) très connu par sa *Critique de Voiture*, & par les *Ecrits* qu'il publia à cette occasion contre Costar, naquit à Angoulême de Paul-Thomas,

Seigneur de Maisonnette, & fut ami intime de Balzac. Il étoit plus docte & plus versé dans la connoissance de l'antiquité que Costar ; mais il n'étoit pas moins aigre. Il mourut le 2 Janv. 1663, après avoir été Conseiller au Présidial d'Angoulême.

GIRALDI, (Lilio Gregorio) habile Critique, & l'un des plus sav. hommes que l'Italie ait produits, naquit le 14 Juin 1478. Il perdit tout son bien & sa Bibliotheque dans le pillage de Rome, par l'Armée de Charles-Quint en 1527, & vécut dans une gr. pauvreté Il fut très incommodé de la goutte, & m. en 1552. Tous ses ouvr. ont été imprimés à Leyde en 1696, 2 vol. *in-fol.* Les plus estimés sont : 1. *l'Histoire des Dieux des Gentils* : 2. celle *des Poëtes Grecs & Latins* : 3. celle *des Poëtes de son tems.* C'est lui qui inventa les 30 *nombre de l'Epact*, & qui composa un *Traité* pour la *réforme du Calendrier*, qui fut suivie par Grégoire XIII.

GIRALDI, *Giraldus*, (Jean Baptiste) appellé aussi Cynthio, *Cynthius*, Docteur & Professeur en Médecine à Ferrare, y enseigna aussi la Rhétorique, après l'avoir enseignée à Mondovi & à Pavie. Il m. le 30 Décem. 1573. On a de lui un gr. nombre d'*ouvrages*, les uns en latin & les autres en italien. Les latins sont des *Eclogues*, des *Epigrammes* & d'autres *Poésies* : l'*Histoire* d'André Doria, &c.

GIRARD, (Bernard de) *voyez* DU HAILLAN.

GIRARD, (l'Abbé) l'un des 40 de l'Académie Françoise, mort en 1748, est Auteur de quelques ouvr. dont le principal est intit. *Synonymes, ou Justesse de la Langue Françoise.* Ce Livre est utile & très estimé. Il est encore auteur *des vrais principes de la Langue Françoise*, 2 vol. *in* 12. Ce dernier ouvr. est trop métaphysique, & contient plus. choses contraires à la Religion.

GIRARD de Villethiery, *voyez* VILLETHIERY.

GIRARDON, ( François ) très célebre Sculpteur, naquit à Troyes en 1627. Il fut disciple de Laurent Maxiere, & de François Anguier. Louis XIV, informé de ses gr. talens, l'envoïa à Rome avec une pension de 1000 écus. De retour en France, Girardon travailla pour les Maisons Roïales, & pour les Jardins de Versailles & de Trianon; on y voit plus. de ses ouvr. exécutés en bronze ou en marbre, sur ses propres modeles, & sur les desseins de Charles le Brun. Le *Mausolé* du Cardinal de Richelieu en Sorbonne, & la *Statue équestre* de Louis le Gr. à la place de Vendôme, où la Statue & le cheval sont d'un seul jet, passent pour ses chefs-d'œuvre. On estime aussi beauc. son *enlevement de Proserpine*, ses *Groupes*, dans le Bosquet des bains d'Apollon, & les *Sculptures de la Fontaine de la Pyramide*. Ces beaux morceaux sont dans les Jardins de Versailles. Girardon fut Professeur, Recteur, & Chancelier de l'Académie de Peinture & de Sculpture, & eut la Charge d'Inspecteur général de tous les ouvr. de Sculpture. Il m. à Paris le prem. Septem. 1715, à 88 ans. Il avoit épousé Catherine du Chemin, qui se rendit célebre dans l'art de peindre des fleurs. Il lui fit un très beau tombeau dans l'Eglise de S. Landry.

GIRON GARCIAS DE LOAYSA, célebre Archevêque de Tolede, natif de Talavera en Espagne, étoit fils de Pierre Giron, Conseiller au Conseil de Castille. Il fut Aumônier de Philippe II, Précepteur de son fils l'Infant Dom Philippe, puis Archevêque de Tolede. Il ne jouit pas long-tems de cette dignité, étant mort le 22 Février 1599. On a de lui un *Recueil des Conciles d'Espagne*, avec des *notes*, qu'il publia en 1594 en latin.

GIROUST, ( Jacques ) célebre Jésuite, & l'un des plus excellens Prédicateurs du 17e siecle, natif de Beaufort en Anjou, entra chez les Jésuites en 1641, & mourut à Paris, le 19 Juillet 1689, à 65 ans.

Ses *Sermons* ont été donnés au Public par le Pere Bretonneau, en 1704, 5 vol. *in-12*.

GIRY, ( Louis ) Avocat au Parlement de Paris, & au Conseil, & membre de l'Académie Françoise, est Auteur de plusieurs *Traductions* estimées. Il m. à Paris, sa patrie, en 1665, à 70 ans. Les Traductions de M. Giry sont, le *Dialogue des Orateurs in-4°. l'Apologie de Socrate*: l'*Histoire sacrée de Sulpice Severe*: l'*Apologétique de Tertullien*, qui le fit recevoir à l'Académie Françoise: la *Cité de Dieu*, de S. Augustin 2 vol. *in-4°. Epitres choisies de S. Augustin*, 5 vol. *in-12*. François Giry, son fils, entra dans l'Ordre des Minimes, en fut Provincial, & s'acquit une gr. réputation par ses Livres de piété. Il m. à Paris, le 20 Novembre 1688, à 53 ans. Le plus considérable de ses ouvrages est *la Vie des Saints in fol.* estimée pour la piété, mais remplie de fables & peu exacte pour les faits.

GISLEN, *voyez* BUSBEC.

GLABER, ( Rodolphe ) fameux Moine Bénédictin du 11e siecle, dont on a une Histoire de France qui finit à l'an 1046, & une Vie de Guillaume, Abbé de S. Benigne de Dijon.

GLANDORP, ( Matthias ) célebr. Médecin du 17e siecle, natif de Cologne, pratiqua la Médecine & la Chirurgie à Brême, avec réputation, & fut Médecin de l'Archevêque & de la République de cette ville. Il m. vers 1640. On a donné un Recueil de ses ouvr. à Londres en 1729, *in-4°*.

GLANVILL, ( Joseph ) ingénieux & sav. Ecrivain du 17e siecle naquit à Plimouth en 1636; & fut élevé à Oxford. Il devint grand admirateur de Baxter, & publia *la vanité de dogmatiser*, ouvr. qui le fit recevoir de la Société Roïale. Glanvill fut ensuite Chapelain de Charles II, Roi d'Angleterre, & Chanoine de Worcester. Il mourut en 1680. Ses principaux ouvr. sont: 1. *Lux orientalis*: 2. *Scepsis scien-*

*tifica* : 3. Réflexions philosophiques sur l'existence des Sorciers & des sortileges : 4. *Philosophia pia* : 5. *Saducismus triumphatus* : 6. le *plus ultra*, ou les progrès & l'avancement des Sciences, depuis le tems d'Aristote, &c.

GLAPHYRA, femme d'Archelaüs, gr. Prêtre de Bellone, à Comane en Capadoce, se rendit fameuse par sa beauté, & par le commerce qu'elle eut avec Marc-Antoine. Elle obtint de ce Général le Roïaume de Cappadoce pour ses deux fils, Sisinna & Archelaüs, à l'exclusion d'Ariarathes.

GLAPHYRA, petite fille de la précédente, & fille d'Archelaüs, Roi de Cappadoce, épousa Alexandre fils d'Herode & de Mariamne. Elle mit la division dans la famille d'Hérode, & causa par sa fierté la mort de son mari. Hérode aïant fait mourir Alexandre, renvoïa Glaphyra à son pere Archelaüs, & retint les deux fils que le défunt avoit eus d'elle. Joseph dit qu'elle se remaria avec Juba, Roi de Lybie ; mais cela n'est pas certain. Quoi qu'il en soit, Archelaüs, fils d'Hérode, devint si amoureux d'elle, que pour l'épouser, il répudia sa femme. Glaphyra mourut quelque tems après ce troisieme mariage. Les deux fils qu'elle avoit eus d'Alexandre, son premier mari, abandonnerent la Religion Judaïque, & se retirerent auprès d'Archelaüs, leur aïeul maternel, qui prit soin de leur fortune. L'un s'appelloit Alexandre, & l'autre Tigranes.

GLASSIUS, ( Salomon ) fameux Théologien Luthérien, Docteur & Professeur de Théologie à Iene, & Surintendant général des Eglises & des Ecoles de Saxa-Gotha, s'acquit une gr. réputation parmi les Protestans, & m. à Gotha en 1656, à 63 ans. On a de lui plus. ouvrages en latin, dont le principal est la *Philologie sacrée*.

GLAUBER, ( Jean-Rodolphe ) Allemand, né au commencem. du 17e siecle, s'appliqua uniquement à la Chymie, sur laquelle il fit une quantité prodigieuse de différens Traités, dont quelques uns ont été traduits en latin & en franç. Tous ses ouvr. ont été rassemblés dans un Volume allemand, intit. *Glauberus concentratus*. Ce Livre a depuis été traduit en anglois, & impr. *in-fol.* à Londres en 1689.

GLEICHEN, Comte Allemand, fut, dit-on, pris dans un combat contre les Turcs, & mené en Turquie, où il souffrit une longue & dure captivité. On ajoute qu'il plut tellement à la fille du Roi, qu'elle promit de le délivrer & de le suivre, pourvu qu'il l'épousât, quoiqu'elle sût qu'il étoit déja marié ; qu'ils s'embarquerent en secret, & qu'ils arriverent à Venise d'où le Comte alla à Rome, & obtint du Pape une permission solemnelle de l'épouser, & de garder en même-tems la Comtesse de Gleichen, sa premiere épouse. Mais tout ce récit n'est qu'une fable débitée par Hondorf, Auteur Luthérien, qui ne mérite aucune croïance.

GLICAS, ou GLYCAS, ( Michel ) Historien Grec, vers le milieu du 15e siecle, demeura en Sicile, & composa des *Annales* qui traitent de ce qui s'est passé depuis la création du Monde, jusqu'à Alexis Comnene, mort en 1118. Leunclavius y ajouta depuis une cinquieme partie, qui conduit jusqu'à la prise de CP. Glycas est encore Auteur de plus. *Lettres*, qui sont utiles & curieuses.

GLISSON, ( François ) cél. Médecin Anglois, fut quelque tems Profess. Roïal de Médecine à Cambridge, & fit plus. découvertes anatomiques, qui lui acquirent une gr. réputation. Il m. à Londres en 1677. On a de lui plus. ouvrages.

GNIPHON, *Gnipho*, ( Marc-Antoine ) cél. Grammairien Gaulois, contemporain de Jules-Cesar & de Ciceron, enseigna la Rhétorique à Rome dans la Maison de Jules-Cesar avec applaudissement & avec desintéressement. Il m. âgé d'environ 50 ans. Lucius Hermas son fils, fut aussi Grammairien &

enseigna dans Rome. *voyez* Suetone & Quintilien.

GOAR, (Jacques) sav. Religieux Dominiquain, natif de Paris, fut envoïé Missionnaire au Levant, & y apprit à fond ce qui concerne la croïance & les coutumes des Grecs. Il m. en 1653, à 52 ans. On a de lui plus. ouvr. dont le plus estimé est son édition de l'*Eucologe* des Grecs, en grec & en latin, avec de savantes remarques.

GOBELIN, (Gilles) cél. Teinturier, qui, sous le regne de François I, trouva, à ce que l'on dit, le secret de teindre la belle écarlate, qui depuis ce tems là, a été nommée *l'écarlate des Gobelins*. Il demeuroit au Fauxbourg S. Marcel, à Paris, où sa maison & la petite riniere qui passe auprès, portent encore aujourd'hui le nom de *Gobelins*.

GOBINET, (Charles) très pieux & sav. Docteur de la Maison & Société de Sorbonne, natif de S. Quentin, fut le premier Principal du College du Plessis, le 4 Décem. 1647, après l'union de ce College à la Maison de Sorbonne. Il fit de gr. biens à son College, y édifia par sa piété, & se dévoua entierement à l'instruction de la jeunesse, dont il sut former l'esprit & le cœur. Etant sur le point de mourir, un des Prêtres qui l'assistoient, lui aïant dit assez indiscrettement : *Quàm terribile est incidere in manus Dei viventis !* M. Gobinet répondit : *Quàm dulce est incidere in manus Jesu Christi pro homine morientis !* Il mourut un instant après, le 9 Décembre 1690, à 77 ans. On a de lui : 1. *Instruction de la Jeunesse* : 2. addition à *l'Instruction de la Jeunesse* : 3. *Instructions sur la Pénitence & sur la sainte Communion* : 4. *Instruction sur la vérité du S. Sacrement* : 5. *Instruction sur la Religion* : 6. *Instruction sur la maniere de bien étudier* : 7. *Instruction Chrétienne des jeunes filles*. Tous ces ouvrages sont excellens, & ont eu plusieurs éditions *in-12*.

GOBRIAS, un des sept Seigneurs de Perse, qui, après la mort de Cambyse, s'unirent pour chasser les Mages qui avoient usurpé le Trône 521 av. J. C. étoit beau-pere de Darius, & accompagna ce Prince dans son expédition contre les Scythes. Ces Peuples aiant envoïé à Darius un oiseau, un rat, une grenouille, & 5 fleches, Gobrias conjectura que ce present signifioit : *O Perses, si vous ne vous envolez comme les oiseaux, ou si vous ne vous jettez dans les marais comme les grenouilles, ou si vous ne vous cachez sous la terre comme les rats, vous serez percés de ces fleches.* Mardonius, gendre de Darius, & l'un de ses Généraux, étoit fils de Gobrias.

GOCLENIUS, (Conrad) savan Allem. né en 1485 dans la Westphalie, se distingua par son érudition. Il a fait des *notes* sur les offices de Ciceron, a procuré une nouvelle *édition* de Lucain, & publié, entr'autres ouvr. une *traduction latine* de l'*Hermotime* de Lucien ou *des sectes des Philosophes*. Il enseigna assez long-tems dans le College de Bois-le-Duc à Louvain, & m. le 25 Janv. 1539. Erasme étoit son ami intime, & Nannius fit son Oraison funebre.

GOCLENIUS, (Rodolphe) laborieux Ecrivain Allemand, né dans le Comté de Waldeck le prem. Mars 1547, fut environ 50 ans Professeur de Logique à Marpourg, où il m. le 8 Juin 1628. Il étoit Poëte & Philosophe, & l'on a de lui un très gr. nombre d'ouvr. dont les princip. sont : 1. *Miscellanea Theologica, & Philosophica* : 2. *Institutiones Logicæ*. 3. *Praxis Logica*. 4. *Problemata Logica*. 5. *Conciliator Philosophicus*. 6. *Theses Apologeticæ contra Gasparem Finckium*. 7. *Philosophia Practica Mauritiana*. 8. *Idea Philosophiæ Platonicæ*, 9. *Analysis in exercitationes Scaligeri*. 10. *Lexicon Philosophicum*. 11. *Physiognomica & Chiromantica specialia, &c.* Il ne faut pas le confondre avec Rodolphe Goclenius, Docteur en Médecine, né à Wittemberg en 1572, & mort le 2 Mars 1621, après avoir été Profeſſeur de Phyſique, puis de Mathématique à Marpourg. On a de lui : 1. *Uranoſcopia, Chiroſcopia, & Metopoſcopia.* 2. *Tractatus de Magnetica vulneris curatione, &c.*

GODARD, (S.) Archevêque de Rouen, contribua à la converſion de Clovis, & aſſiſta en 511 au premier Concile d'Orléans. Il mourut vers 530. Il ne faut pas le confondre avec S. Godard, ou Gothard, Ev. d'Hildesheim, m. le 4 Mai 1039.

GODDAM, ou WODDHEAM, (Adam) cél. Théologien de l'Ordre de S. François, au 14e ſiecle, a compoſé des *Commentaires* ſur le Maître des Sent., & d'autres ouvrages.

GODEAU, (Antoine) Evêque de Graſſe & de Vence, & l'un des plus grand Evêques du 17e ſiecle, étoit de Dreux. Il contribua à l'établiſſement de l'Académie Françoiſe, & s'acquit une gr. réputation par ſa piété, par ſes prédications, & par ſes ouvrages. Le Cardinal de Richelieu le fit nommer Evêque de Graſſe en 1636. M. Godeau avoit préſenté à cette Eminence ſa *Paraphraſe du Benedicite*, c. à d. du Cantique des trois jeunes Hébreux dans la fournaiſe ; ſur quoi le Cardinal lui fit cette pointe, & lui dit, *vous m'avez donné Benedicite, & je vous donne Graſſe.* M. Godeau obtint d'Innocent X, des Bulles d'union de l'Evêché de Vence avec celui de Graſſe ; mais dans la ſuite, il ne voulut point pourſuivre cette union, & ſe contenta de l'Evêché de Vence. Il y fit fleurir la piété & la diſcipline eccléſiaſtique, & m. à Vence, le 21 Avril 1672, à 67 ans. On a de lui un gr. nombre d'ouvr. dont les principaux ſont : 1. une *Histoire Eccléſiaſtique* : 2. *Paraphraſes des Epîtres de S. Paul, & des Epîtres canoniques* : 3. *Vie de S. Paul* : 4. *Vie de S. Auguſtin* : 5. *Vie de S. Charles Borromée* : 6. *Diſcours ſur les Ordres ſacrés* : 7. une *Morale Chrétienne* : 8. *Traduction en vers des Pſeaumes de David.* 9. des *Eglogues Chrétiennes*,

& pluſ. autres *Poéſies*. 10. *Eloges des Evêques*, qui, dans tous les ſiecles de l'Egliſe ont fleuri en doctrine & en ſainteté, in-4°. 11. *Lettres ſur divers ſujets*, in-12, &c. Il cenſura *l'Apologie des Caſuiſtes* du Pere Pirot, Jéſuite.

GODEFROI DE BOUILLON, Duc de la baſſe Lorraine, fils d'Euſtache II, Comte de Boulogne, & l'un des plus gr. Capitaines de ſon ſiecle, aïant donné des preuves d'un courage invincible en Allemagne, & en Italie, ſous l'Empereur Henri IV, fut déclaré Général de l'Armée des Croiſés. Godefroi ſe mit à leur tête en 1097. Il obligea l'Empereur Alexis Comnene de lui donner paſſage par ſes Etats, prit Nicée, Antioche, & pluſieurs autres places, & s'empara de Jéruſalem, le 19 Juil. 1099. Les Princes croiſés le choiſirent alors Roi de Jéruſalem ; mais il ne voulut point ſouffrir qu'on lui mît une Couronne d'or ſur la tête, dans un lieu où notre Sauveur avoit été couronné d'épines, & prit une Couronne ſemblable à celle de Notre Seigneur. Peu de tems après, le Sultan d'Egypte envoïa contre lui une puiſſante Armée, mais elle fut entierement défaite, & Godefroi ſe rendit maître de toute la Terre-Sainte, à la réſerve de deux ou trois places. On attendoit de lui de plus gr. ſuccès, lorſqu'il mourut au mois de Juillet en 1100, après un an de regne. Baudouin, ſon frere, lui ſuccéda.

GODEFROI, (S.) Evêque d'Amiens, cél. par ſon ſavoir & par ſa piété, mort au Monaſtere de S. Creſpin de Soiſſons, en 1118. On fait ſa fête le 9 Novem. dans tout le Diocèſe d'Amiens.

GODEFROY DE VITERBE, ainſi nommé du lieu de ſa naiſſance, fut Chapelain & Secretaire du Roi Conrad III, de l'Empereur Fréderic I, & de Henri IV, ſon fils. Il floriſſoit au 12e ſiec. On a de lui : 1. une *Chronique* qu'il a intitulée *Pantheon*, & qu'il dédia au Pape Urbain III : elle commence à la création du monde, & finit à l'an 1186, elle est écrite en vers & en prose. Il y en a eu plus. éditions. 2. un ouvrage manusc. intit. *Speculum regium, sive de Genealogia Regum & Imperatorum à diluvii tempore ad Henricum VI Imperatorem.* Ces deux ouvr. sont assez estimés pour le tems où ils ont été faits.

GODEFROY, (Denys) cél. Jurisconsulte, & l'un des plus savans hommes de son siecle, naquit à Paris, le 17 Octobre 1549, de Léon Godefroi, Conseiller au Châtelet. Il s'acquit une gr. réputation dans le Parlement, mais aïant embrassé la Réforme, il fut obligé de se retirer à Geneve. Il enseigna le Droit dans quelques Universités d'Allemagne, & fut envoïé en 1618 par l'Electeur Palatin, au Roi Louis XIII, qui lui donna des marques de son estime, & lui fit présent de son portrait, & d'une médaille d'or. Godefroi mourut le 7 Septembre 1622, à 73 ans, laissant un gr. nombre d'ouvr. estimés. Les principaux sont : 1. *Notæ in quatuor Libros institutionum.* 2. *Opuscula varia juris.* 3. *Corpus juris civilis cum notis.* Ces notes sont excellentes. 4. *Praxis civilis ex antiquis & recentioribus scriptoribus.* 5. *Index Chronologicus legum & novellarum à Justiniano Imperatore compositarum.* 6. *consuetudines civitatum & Provinciarum Galliæ cum notis*, in-fol. 7. *Quæstiones politicæ ex jure communi & Historiâ desumptæ.* 8. *Dissertatio de nobilitate.* 9. *Statuta regni Galliæ cum jure communi collata*, in-fol. 10. *Synopsis statutorum municipalium.* 11. une édition en grec & en latin du *Promptuarium juris* d'Hatmenopule : des *conjectures & des diverses Leçons sur Seneque* avec une défense de ces conjectures que Gruter avoit attaquées : un *Recueil des anciens Grammairiens Latins, &c.* On attribue encore à Denys Godefroi : *Avis pour réduire les Monnoies à leur juste prix & valeur*, in-8°. *Maintenue & défense*

des *Empereurs, Rois, Princes, Etats & Républiques, contre les Censures, Monitoires & Excommunications des Papes*, in-4°. *Fragmenta duodecim Tabularum suis nunc primum Tabulis restituta* 1616, in-4°. Les *Opuscules* de Denys Godefroi ont été recueillis & impr. en Hollande, *in-fol.* Théodore Godefroi, son fils aîné, naquit à Geneve, le 17 Juillet 1580, & vint à Paris en 1602, où il embrassa la Relig. Catholiq. Il fut fait Conseiller d'Etat en 1643, & mourut à Munster, le 5 Octobre 1649, où il étoit en qualité de Conseiller & de Secretaire de l'Ambassade de France pour la paix générale. On a aussi de lui un gr. nombre d'excellens ouvrages sur *le Droit*, sur *l'Histoire*, sur les *titres du Roiaume, &c.* les principaux sont : 1. *Le Cérémonial de France*, in-4°. ouvrage très estimé réimpr. de nouveau en 2 vol. *in-fol.* par les soins de Denys Godefroi son fils. 2. *Généalogie des Rois de Portugal issus en ligne directe masculine de la Maison de France qui regne aujourd'hui.* in-4°. 3. *Mémoire concernant la presséance des Rois de France sur les Rois d'Espagne*, in-4°. 4. *Entrevue de Charles IV Empereur... & Charles V Roi de France : plus l'entrevue de Charles VII Roi de France & de Ferdinand Roi d'Arragon, &c.* in-4°. 5. *Histoires de Charles VI par Jean Juvenal des Ursins ; de Louis XII par Seyssel & par d'Auton, &c. ; de Charles VIII par Saligny & autres ; du Chevalier Bayard, avec le supplément par Expilly ; de Jean le Meingre, dit Boucicault, Maréchal de France ; d'Artus III, Duc de Bretagne & de Guillaume Marescot*, en plus. vol. in-4°. 6. *de la véritable origine de la Maison d'Autriche*, in-4°. *Généalogie des Ducs de Lorraine. L'ordre & les cérémonies observées aux mariages de France & d'Espagne*, in-4°. 7. *Généalogie des Comtes & Ducs de Bar. Traité touchant les Droits du Roi très Chrétien sur plus. Etats & Seigneu-*

ries poſſedés par pluſ. Princes voiſins, in-fol. ſous le nom de Pierre
Dupuy. Jacques Godefroi, ſon frere, & fils puîné de Denys, fut auſſi
très ſav. Juriſconſulte. Il naquit à
Geneve, en 1587, fut élevé aux
premieres Charges de cette République, en fut cinq fois Syndic, &
y mourut en 1652, à 65 ans. On a
de lui pluſ. ouv. eſtimés, les principaux ſont : 1°. *Opuſcula va-*
*ria, juridica, politica, hiſtorica,*
*critica.* 2. *Fontes Juris civilis ;*
*de diverſis Regulis Juris ; de famo-*
*ſis latronibus inveſtigandis : de ju-*
*re præcedentiæ : de Salario : ani-*
*madverſiones Juris civilis.* 3. *De*
*ſuburbicariis Regionibus : de Statu*
*paganorum ſub Imperatoribus Chriſ-*
*tianis.* 4. *Fragmenta Legum Juliæ*
*& Papiæ collecta & notis illuſtra-*
*ta.* 5. *Commentaires ſur la Cou-*
*tume réformée du Duché & Païs de*
*Normandie,* 2 vol. in fol. 6. *Ve-*
*tus orbis deſcriptio græci Scripto-*
*ris ſub Conſtantio & Conſtante*
*Imperatoribus* gr. *&* lat. *cum no-*
*tis,* in-4°. 7. *de Cenotaphio : de*
*Dominio ſeu imperio maris & jure*
*naufragii colligendi.* 8. des *Com-*
*ment.* & des notes ſur pluſ. Oraiſons de Libanius. 9. *L'Hiſtoire Ec-*
*cléſiaſtique de Philoſtorge* avec un
*Appendix.* 10. *Le Mercure Jéſuite*
*ou Recueil de pieces concernant les*
*Jéſuites* 1631, 2 vol. *in-8°.* &c.
Théodore Godefroi eut un fils nommé Denys, né à Paris, le 24 Août
1615. Celui-ci profita des mémoires de ſon pere, & s'appliqua,
comme lui, à l'Hiſtoire de France.
Louis XIV le fit Garde & Directeur
de la Chambre des Comptes de Lille. Godefroi y mourut le 9 Juin
1681, à 66 ans. C'eſt lui qui a donné le *Cérémonial de France,* les
*Hiſtoires de Charles VI, de Char-*
*les VII, & de Louis XI,* compoſées par des Auteurs contemporains,
l'*Hiſtoire de Charles VIII,* celle
des *Officiers de la Couronne* depuis
le tems ou finit celle de Jean le Feron : des *Mémoires & Inſtructions*
*pour ſervir dans les négociations,*
*& les affaires concernant les Droits*

du Roi, que l'on avoit attribués
au Chancelier Seguier, &c. Il laiſſa pluſ. enfans diſtingués, du nombre deſquels furent Denys Godefroi III du nom, Auditeur honoraire, & Garde des Livres de la
Chambre des Comptes de Paris,
mort en 1719 dont on a des *remar-*
*ques* ſur l'addition à l'Hiſtoire de
Louis XI par Naudé & d'autres
ouvr. & Jean Godefroi, Direct.
de la Chambre des Comptes de Lille, qui publia en 1706, une belle
*édition des Mémoires de Philippe*
*de Commines,* & en 1711, une
nouvelle *édition* de la *Satyre Me-*
*nippée.* On a encore de lui le *Jour-*
*nal de Henri III,* avec de nouvelles notes & de nouvelles pieces,
2 vol. in-8° : une édition des *Mé-*
*moires de la Reine Marguerite,*
in 8° : un Livre fort curieux contre
celui du Pere Guyard, Jacobin, intitulé : *La fatalité de S. Cloud,*
&c. c'eſt ce Jean Godefroi qui a le
mieux fait connoître la Ligue, &
qui a donné le plus de pieces curieuſes concernant les Ligueurs.

GODEFROI, *voyez* GEOFROI.

GODEGRAND, *voyez* CHRO-
DEGRAND.

GODESCALQUE, GOTHESCAL-
QUE, *ou plutôt* GOTESCALC, nommé auſſi *Fulgence,* fameux Moine
Bénédictin, natif d'Allemagne,
embraſſa la vie Monaſtique à Or-
bais, dans le Dioceſe de Soiſſons,
& y reçut l'Ordre de Prêtriſe. Il
s'appliqua à la lecture des ouvr. de
S. Auguſtin, & quitta enſuite ſon
Monaſtere, pour aller à Rome viſiter les tombeaux des Apôtres. En
revenant, il eut en 847 un entretien ſur la prédeſtination avec North-
ingue, Evêque de Verone, lequel
effraïé de l'opinion de Goteſcalc,
le déféra à Raban., Archevêque de
Mayence. Goteſcalc alla en cette
ville en 848, & préſenta à Raban
ſa profeſſion de foi ; mais il fut condamné dans un Concile que Raban
convoqua à ce ſujet, & fut renvoïé
à Hincmar, Archevêque de Reims,
ſon Supérieur. Hincmar le déféra
au Concile de Quierci, l'y fit condamner,

damnet, le dégrada de l'Ordre de Prêtrise, l'obligea de jetter lui-même ses écrits au feu, le fit battre de verges, & renfermer dans une étroite prison au Monastere d'Hautvillers, Diocèse de Reims, où il m. vers 868. Les Moines lui refuserent les Sacremens, & la sépulture Ecclésiastique, par ordre d'Hincmar. Il s'éleva à cette occasion une grande dispute entre les Evêques de France, sur la Prédestination & sur la Grace.

GODOLPHIN, ( Jean ) cél. Jurisconsulte, & Théologien Anglois, au 17e siecle, dont on a plusieurs ouvrages.

GODWIN, (Thomas) savant Ecrivain Anglois, natif de Sommerset, enseigna avec réputation à Abingdon & à Oxford, & mourut le 20 Mars 1641, à 55 ans. On a de lui plus. ouvr. en latin remplis d'érudition. Le plus estimé est un Traité des Antiquités hébraïques, intitulé *Moses & Aaron*, dont la meilleure édit. est celle d'Utrecht, en 1690, avec les notes de Jean-Henri Reizius. On a encore de lui : *Antiquitatum Romanarum compendium*, in-4°. *Rerum Anglicarum annales*, in-fol. & *Commentarius de præsulibus Angliæ*, in-4°. Ces trois ouvrages sont curieux & estimés. Il ne faut pas le confondre avec François Godwin, autre savant Anglois, qui fut Evêque de Landaff, puis d'Herford, & m. en 1633, à 72 ans, après avoir publié plusieur ouvrages.

GOERÉE, ( Guillaume ) cél. & sav. Libraire né à Middelbourg en 1635, eut le malheur de perdre son pere de bonne heure & de tomber entre les mains d'un beau pere rude & fâcheux, qui n'aïant pas étudié ne voulut pas permettre à ce jeune homme de s'adonner à l'étude & l'obligea de s'attacher à quelque profession. Goerée choisit la Librairie, comme une profession qui ne le priveroit pas du commerce des savans, ni entierement de l'étude. Il trouva en effet, malgré les occupations que lui donnoit la Librairie,

assez de tems pour se rendre habile, & même pour composer en Flamand un gr. nombre de bons Livres sur l'Architecture, la Sculpt., la Peint., la Gravure, la Botanique, la Médecine & les Antiquités. Il m. à Amsterdam, le 3 Mai 1711. Ses principaux ouvr. sont : 1. *Les Antiquités Judaïques*, en 2 vol. *in-fol.* 2. *l'Histoire de l'Eglise Judaïque tirée des Ecrits de Moyse*, 4 vol. *in-fol.* 3. *Histoire sacrée & prophane*, *in-4°.* 4. *Introduction à la pratique de Peinture universelle*, *in-8°.* 5. *De la connoissance de l'homme par rapport à sa nature & à la peinture*, *in 8°.* 6. *Architecture universelle*, &c. Tous ces Livres sont en Flamand.

GOETZE, ( George-Henri ) sav. & zelé Luthérien, natif de Leipsic, dont on a un très gr. nombre d'ouvrages singuliers en latin & en allemand. Il m. à Lubeck, le 25 Mars 1729, à 61 ans, étant Surintendant des Eglises de cette ville.

GOEZ, ( Damien de ) cél. & sav. Gentilhomme Portugais, natif d'Alenquer, fut Camérier du Roi Emmanuel, & se distingua au 16e siecle par ses talens & par ses écrits. Les Rois de Portugal le chargerent de négociations import. en France, en Allem. dans les Païs-Bas & en Pologne. Pendant son séjour en Italie, il fit amitié avec les Cardinaux Bembe, Sadolet & Madruce. Goez se maria dans les Païs-Bas avec Jeanne d'Hargen de la Maison d'Aremberg, & y mena une vie douce, tranquille & charmante. Il aimoit la Poésie & la Musique, composoit des vers, chantoit bien, & étoit très considéré des Savans. Il défendit Louvain avec valeur en 1542 contre les François, & fut rappellé en Portugal pour écrire l'Histoire de cet Etat ; mais il ne put l'achever, s'étant laissé tomber en 1596 dans son feu, où on le trouva mort & à demi brûlé. On a de lui : 1. *Legatio magni indorum Imperatoris ad Emanuelem Lusitaniæ Regem*, anno 1513. Louvain 1532, *in-8°.* 2. *Fides, Reli-*

*gio moresque Æthiopum*, in-4°. 3. *Hispaniæ Laudatio*, in 4°. 4. *Urbis Lovaniensis obsidio*, in-4°. 5. *Commentaria rerum gestarum in India citra Gangem à Lusitanis anno* 1538, Louvain, 1549. *in-8°*. 6. *Urbis Ulissipon. descriptio.* 7. *Histoire du Roi Emanuel*, en Portugais, *in fol.* 8. *Chronique en Portugais du Prince Dom Juan II*, *in-fol*, &c.

GOFFREDY, Peintre, disciple de Bartholomé, a travaillé dans le gout de celui-ci, & l'a égalé par sa touche legere & spirituelle, mais il lui est bien inférieur pour le coloris. Il florissoit dans le 17e siecle.

GOGUET, (N.) Conseiller au Parlem. de Paris, m. en 1758, est Auteur d'un ouvrage, *de l'origine des Loix, des Arts & des Sciences, & de leurs progrès,* 3. vol. in 4°. Il ne va que jusqu'au regne de Cyrus.

GOLDAST, (Melchior Haiminsfeld) fameux Jurisconsulte du 17e siecle, natif de Bischofs-zell, en Suisse, fut Conseiller du Duc de Saxe, & m. le 11 Août 1635. On a de lui divers ouvrages dont les plus consid. sont 1. un Recueil de divers Traités sur la Jurisdiction Civile & Ecclésiastique, intitulé *Monarchia Sancti Romani Imperii, &c.* 3 vol. *in-fol*. 2. *Alamaniæ Scriptores*, 3 vol. *in-fol*. 3. *Scriptores aliquot rerum Suevicarum*, in 4°. 4. *Commentarius de Bohemiæ regno*, in 4°. 5. *Informatio de statu Bohemiæ quoad jus* in 4°. 6. *Sybilla Francica*, in-4°. c'est un Recueil sur la Pucelle d'Orléans. Tous ces ouvr. de Goldast sont utiles, curieux & importans.

GOLDMAN, (Nicolas) né à Breslaw en 1623, & mort à Leyde en 1665, est Auteur de plus. ouvrages estimés, dont les plus connus sont : 1. *Elementa Architecturæ militaris*, & un autre Traité d'Architecture publié par Sturmius. 2. *de Stylometricis*. 3. *de usu proportionarii Circuli*.

GOLIATH, fameux Géant Philistin, natif de Geth, que David

tua d'un coup de pierre, vers 1063 avant J. C. On croit que c'est à cette occasion que David composa le 143 Pseaume : *Beni soit le Seigneur mon Dieu, qui dresse mes bras à la guerre, & forme mes doigts au combat.* La pesanteur des armes de Goliath est un gr. sujet de controverse parmi les Savans.

GOLIUS, ( Jacques ) cél. Professeur d'Arabe dans l'Université de Leyde, & l'un des plus sav. hommes de son siecle, dans les Langues orientales, naquit à la Haye, en 1596. Il fut disciple de Thomas Erpenius, auquel il succéda en la Chaire de Professeur en 1624; il savoit aussi les Mathématiques, & les enseignoit avec les Langues orientales. Golius voïagea en Afrique & en Asie; il se fit extrêmement estimer du Roi de Maroc, & des Turcs. Il mourut à Leyde, le 28 Septembre 1667, à 71 ans. On a de lui : 1. une édition de l'Histoire de Tamerlan; 2. celle de l'*Histoire des Sarrasins* par Elmacim; 3. les *Elemens Astronomiques d'Alfergan*; avec de sav. Comment. 4. un excellent *Lexicon arabe*; 5. un *Dictionnaire Persan.*

GOLTSIUS ou GOLTS, ( Henri ) cél. Graveur, né à Mulbracht, dans le Duché de Juliers, en 1558; & mort en 1617, à 59 ans. Ses Estampes sont très estimées des Connoisseurs.

GOLTZIUS ou GOLTIUS, ( Hubert ) excel. Antiquaire, naquit à Venlo, le 30 Octobre 1526. Il voïagea en France, en Allemagne, & en Italie. Son mérite lui ouvrit tous les cabinets des curieux, & il se rendit très habile dans la connoissance de l'Histoire, par les inscriptions, les tableaux, les médailles, & les autres monumens antiques. Il mourut à Bruges, le 14 Mars 1583, à 57 ans. On a de lui, 1. un *Trésor d'antiquités*. 2. Les *fastes des Magistrats & des triomphes Romains*, in-fol, dont la meilleure édition est celle d'Anvers en 1629. 3. Un *Catalogue des Consuls*. 4. La *Vie de Jules César* & celle

*d'Auguste* , in-fol. 5. *Icones impe-*
*tatorum Romanorum & series Aus-*
*triacorum*, in-fol. , &c. Tous ces
ouvr. sont en latin. Ils sont curieux
& estimés.

GOMARE, (François) fameux
Théologien Calviniste, naquit à
Bruges, le 30 Janvier 1563. Il fut
disciple de Jean Sturmius, de Witaker, & de Rainoldus, & devint
Professeur de Théologie à Leyde,
en 1594. Il eut de grands démêlés
avec Jacques Arminius, son Collegue, au sujet de la Prédestination &
de la Grace, & n'aïant pu empêcher
que Vorstius ne fût substitué à la
place d'Arminius, il quitta Leyde,
& se retira à Middelbourg en 1611,
où il fut Ministre & Professeur. Gomare enseigna ensuite à Saumur,
puis à Groningue, où il mourut le
11 Janvier 1641, à 78 ans. Il eut
beaucoup de part aux décisions du
Synode de Dordrecht, & eut un gr.
nombre de Sectateurs, qu'on appella *Gomaristes*, *Calvinistes rigides*,
& *Contre-Remontrans*. On imprima
ses ouv. à Amsterdam en 1645, *in-fol.*

GOMBAULD, (Jean-Ogier de)
cél. Poëte François, & l'un des premiers Académiciens de l'Académie
Franç. naquit à S. Just, d'une famille noble. Il s'acquit l'estime de
Marie de Médicis, du Chancelier
Seguier, & des beaux Esprits de son
tems, & mourut dans un âge fort
avancé en 1666. On a de lui un gr.
nombre d'ouvr. en vers & en prose;
on estime surtout ses *Epigrammes*,
& quelques-uns de ses *Sonnets*. Il
étoit Protestant. C'est de lui dont
Despreaux a dit :

> *Et Gombault tant loué garde*
> *encore la Boutique.*

Le même Despreaux dit des Sonnets de Gombauld :

> *On peut en admirer deux ou trois*
> *entre mille.*

GOMBERVILLE, (Marin le Roy
de) cél. Académicien de l'Académie Françoise, natif de Chevreuse,

Diocèse de Paris, est Auteur de trois
Romans, *Polexandre*, la *Cytherée*,
& la *Jeune Alcidiane*, & d'un gr.
nombre d'autres ouvr. en vers & en
prose. On estime ses *Poésies Chré-*
*tiennes & Spirituelles*, & surtout,
son Sonnet sur le *Saint Sacrement* ;
celui sur *la Solitude*, & son *Noel*.
Il mourut à Paris, le 14 Juin 1674,
à 74 ans. On a encore de lui, 1.
un bon *Discours sur les vertus & les*
*vices de l'Histoire*, avec un *Traité*
*de l'origine des François*, in 4°.
2. La *Doctrine des Mœurs*. 3. *Re-*
*lation de la Riviere des Amazones*,
en 4 vol. *in-12*, traduite de l'Espagnol du Pere d'Acuna Jésuite. 4.
Des *Remarques* sur la vie d'Alexandre Severe. 5. L'*Edition des Mé-*
*moires du Duc de Nevers*, 2 vol.
*in fol.* Ouvrage curieux. 6. L'Edition des Poésies latines de Lomenie
de Brienne, avec un Avert. , &c.

GOMEZ DE CIUDAD-REAL,
(Alvarez) cél. Poëte Latin du 16e
siecle, natif de Guadalaxara, d'une
famille noble, fut élevé avec Charles-Quint, & s'acquit une gr. réputation par son *Poëme sur la Toison*
*d'or*, par sa *Thalie Chrétienne*, &
par sa *Muse Pauline*. Ces trois Poëmes sont en latin. Gomez mourut
le 14 Juillet 1538, à 50 ans. On a
encore de lui les Proverbes de Salomon & les 7 Pseaumes de la Pénitence en vers.

GOMEZ, (Louis) habile Jurisconsulte Espagnol, natif d'Origue-
la, enseigna le Droit avec réputation, eut des emplois import. dans
la Chancellerie Romaine, & devint
Evêque de Sarno, où il mourut en
1543. On a de lui des Commentaires *sur les Regles de la Chancellerie*
*Romaine*, & d'autres ouvrages de
Droit en latin.

GOMEZ DE CASTRO, (Alva-
rez) sav. Ecrivain du 16e siecle,
natif de Sainte Eulalie, près de Tolede, est Auteur de plusieurs ouvrages en vers & en prose. Le plus estimé est son *Histoire du Cardinal*
*Ximenès*. Il m. en 1580, à 65 ans.

GOMEZ-PEREIRA, (Georges)
Médecin Espagnol, natif de Medina-

del-Campo , paſſe pour avoir enſeigné le premier , *que les bêtes ſont
de pures machines , dénuées de
connoiſſance & de ſentiment.* Il
avança cette opinion en 1554 dans
ſon Livre , intitulé *Antoniana Mar-
garita ,* & fut vivement attaqué par
Michel de Palacio , Théologien de
Salamanque , auquel il répondit.
Quelques Auteurs ont prétendu que
c'eſt de ce Médecin Eſpagnol que
Deſcartes emprunta cette opinion ,
mais il y a peu d'apparence. On a
encore de Pereira d'autres ouvrages.

GONDEBAUD , ou GOMBAUD ,
IIIe Roi de Bourgogne , & fils de
Gondicaire , vainquit ſon frere Chilperic , le fit mourir , & s'empara de
ſon Roïaume en 491. Il porta enſuite la guerre en Italie , pilla &
ravagea l'Emilie & la Ligurie , & ſe
rendit maître de Turin. Au retour
de cette expédition , il donna Clotilde , ſa niece , en mariage à Clovis
en 493 ; ſept ans après , Clovis le
défit , & le pourſuivit juſqu'à Avignon. Gondebaud s'y renferma , &
fut obligé d'accepter la paix aux
conditions qui lui furent impoſées
par le Vainqueur. A-peine fut-il délivré , qu'il aſſiégea & prit Vienne ,
& fit égorger Godegiſile , ſon frere ,
dans une Egliſe d'Ariens. Par cette
mort , Gondebaud demeura paiſible
poſſeſſeur de ſon Roïaume juſqu'à
ſa mort , arrivée en 516. C'eſt lui
qui donna aux Bourguignons un
code de Loix très utiles , appellé
de ſon nom la Loi *Gombette.* Sigiſmond & Godomar , ſes deux
fils , regnerent après lui. Il étoit
Arien.

GONDRIN , ( Louis-Henri de
Pardaillan & de ) cél. Archevêque
de Sens , naquit au Château de Gondrin , Dioceſe d'Auſch , en 1620 ,
d'une famille noble & ancienne. Il
vint achever ſes études de Théologie dans les Ecoles de Sorbonne , &
fut nommé en 1644 Coadjut. d'Octave de Bellegarde , Archevêque de
Sens , ſon couſin. Il prit poſſeſſion
de cet Archevêché le 16 Août 1646 ,
& le gouverna avec zele juſqu'à ſa

mort , arrivée le 20 Sept. 1674 , à
54 ans , après s'être ſignalé dans
les aſſemblées du Clergé , & avoir
défendu avec zele & avec fermeté
les intérêts de l'Egliſe & de l'Epiſcopat. Ce fut l'un des premiers Ev.
qui cenſurerent l'*Apologie des Caſuiſtes.* Il interdit les Jéſuites dans
ſon Dioceſe pendant plus de 25
ans , parcequ'ils ne vouloient pas ſe
conformer à ſes Ordonnances ; &
cet interdit , qui dura juſqu'à ſa
mort , fit grand bruit. M. de Gondrin ſigna le 28 Mars 1654 la Lettre de l'Aſſemblée du Clergé au Pape Innocent X , où les Prélats re-
connoiſſent que les *cinq* fameuſes
*Propoſitions* ſont dans *Janſénius* ,
& condamnées *au ſens de Janſénius* dans la Conſtitution de ce
Pape. On trouve auſſi ſa ſignature
dans la Lettre que l'Aſſemblée du
Clergé écrivit le 2 Septembre 1656
au Pape Alexandre VII. Il eſt
vrai qu'il fit d'abord quelques difficultés à donner cette ſignature ,
mais on leva ſi bien ces difficultés ,
qu'il avoua , qu'il ſe croïoit obligé
en conſcience de ſigner. Il ſigna
auſſi le Formulaire ſans diſtinction ,
ni explication ; mais croïant qu'on
devoit avoir quelqu'égard pour ceux
qui n'étoient pas auſſi bien perſua-
dés que lui de l'obligation de ſouſ-
crire au Formulaire , il ſouhaita
qu'on leur laiſſa paſſer la diſtinction *du fait & du droit ,* s'ils faiſoit profeſſion de condamner la
Doctrine des *cinq Propoſitions ;* &
ce fut pour cette raiſon qu'il ſe joignit aux quatre Evêques ( d'Alet ,
de Pamiers , d'Angers , & de Beauvais ) , & qu'il écrivit à Clément IX ,
qu'il étoit néceſſaire de ſéparer la
queſtion *de fait* d'avec celle *de droit*
qui étoient confondues dans le *Formulaire.* On a de lui des *Lettres* ,
pluſieurs *Ordonnances Paſtorales* ,
& on lui attribue la *Traduction* des
Lettres choiſies de S. Grégoire *le
Grand ,* publiée par Jacques Boileau. Mad. de Monteſpan étoit la
niece de ce Prélat.

GONDY , ou plutôt GONDI ,
( Jean-François-Paul de ) plus con-

nu foûs le nom de *Cardin. de Retz*, étoit fils de Philippe Emmanuel de Gondi, Comte de Joigny, Lieutenant général, &c. Il fe diftingua par fes talens, fut Docteur de Sorbonne, puis Coadjuteur de fon oncle Jean-François de Gondi, prem. Archevêque de Paris, & enfin Cardinal. Mais aïant pris parti contre le Roi dans les troubles de Paris, il fut renfermé à Vincennes en 1652. Il fuccéda à fon oncle dans l'Archevêché de Paris en 1654. Quoique prifonnier, il ne laiffa pas d'inquiéter la Cour, en voulant gouverner par fes Gr. Vicaires. Il fe fauva à Rome, & fit fa paix en 1661, & donna fa démiffion de l'Archevêché de Paris. Il eut l'Abbaïe de Saint Denys en France, & mourut à Paris le 24 Août 1679, à 66 ans. On a de lui plufieurs ouvr., outre fes Mémoires. Le Cardinal de Retz étoit intriguant, hardi, & turbulent. Il avoit l'efprit délié, vafte, & un peu romanefque : mais fur la fin de fa vie, il devint doux, paifible, fans intrigue, & l'amour de tous les honnêtes gens, vivant en fimple particulier, afin de païer plus de quatre millions de dettes qu'il avoit contractées dans le tems où il vivoit avec une magnificence extrême. On a de lui des *Mémoires* qui font très agréables à lire. Il ne faut pas le confondre avec le Cardinal Pierre de Gondi, Evêque de Langres, puis de Paris, que le Pape Sixte V éleva au Cardinalat en 1587. Il fe déclara avec fermeté contre les Ligueurs, & mourut à Paris, le 17 Février 1616, à 84 ans. Son neveu le Cardinal Henri de Gondi, lui fuccéda. Il mourut à Beziers, le 3 Août 1622, & eut pour fuceffeur Jean-François de Gondi, fon frere, premier Archevêque de Paris, mort en 1654, à 70 ans. C'eft à ce dernier que fuccéda le Cardinal de Retz.

GONET, (Jean-Baptifte) fav. Dominicain, natif de Beziers, fut Docteur de l'Univerfité de Bourdeaux, y enfeigna la Théologie avec réputation, & devint Provincial de fon Ordre. Il mourut à Beziers, le 24 Janvier 1621, à 65 ans. Son principal ouvrage eft un Cours de Théologie, intitulé *Clypeus Theologiæ Thomifticæ*, dont la meilleure édition eft celle de Lyon en 1681, 5 vol. *in-fol.* Les autres écrits de Gonet font, 1. *Manuale Thomiftarum*, 6 vol. *in-12.* 2. *Differtatio Theologica de Probabilitate.*

GONGORA-Y-ARGORE, (Louis) célebre Poète Efpagnol, né à Cordoue, le 11 Juillet 1562, d'une famille diftinguée, s'acquit une telle réputation par fes vers lyriques, & par fes autres Poéfies, qu'il fut furnommé *le Prince des Poètes Efpagnols*. Il embraffa l'état Eccléfiaftique, & fut Chapelain du Roi, & Prébendier dans l'Eglife de Cordoue, où il mourut le 23 Mars 1627, à 66 ans. Ses Œuvres ont été publiées *in-4°.*

GONNELLI, (Jean) fameux Sculpteur, furnommé l'*Aveugle de Cambaffi*, perdit la vue à l'âge de 20 ans : ce qui ne l'empêcha point d'exercer la Sculpture avec fuccès. Il faifoit des figures de terre cuite, & les rendoit parfaites, fe laiffant conduire par le fentiment du tact. On raconte de ce Sculpteur aveugle, quelque chofe de plus admirable. On dit qu'il fit de la même maniere des portraits reffemblans, & entr'autres, le bufte de M. Heffelin, Contrôleur de la Chambre aux deniers à Paris. Il m. à Rome fous le Pontificat d'Urbain VIII.

GONSALVE FERNANDEZ DE CORDOUE, *voyez* CORDOUE.

GONTAULT, *voyez* BIRON.

GONTRAN, Roi d'Orléans & de Bourgogne, & fils de Clotaire I, monta fur le Trône en 562, & fit fa réfidence à Châlons-fur-Saone. Les Lombards étant entrés dans fes Etats, eurent d'abord de grands avantages fur Amat, fon Général, mais dans la fuite, ils furent entierement défaits par Mummol, autre Général de Gontran. Ce Prince fit la guerre à fes freres, à Recarede Roi des Goths, & à Waroc, Duc de Bretagne, avec divers fuccès. Mummol s'étant révolté contre lui , & aïant proclamé Roi Gondebaud , fils prétendu de Clotaire , Góntran envoïa Leudegisile contre eux. Ils furent défaits & mis à mort. Chilperic aïant été assassiné en 584 , Gontran entra aussitôt dans Paris , & prit sous sa protection Clotaire II , son neveu , fils de Chilpéric. Il tint plus. Conciles, aima la justice & le bien public, & mourut le 28 Mars 593 , à 60 ans, après en avoir regné 33. Il avoit adopté auparavant son neveu Childebert , & l'avoit choisi pour son successeur.

GONZAGUE, ( Cecile de ) fille de François I de Gonzague, Marquis de Mantoue, & l'une des plus vertueuses & des plus savantes filles du 15e siecle, apprit les Belles-Lettres de Victorin de Feltri, & y fit des progrès admirables. Sa mere, Paule Malatesta, Dame illustre par sa vertu, par son savoir, & par sa beauté , lui inspira le mépris du monde, & l'engagea à se faire Religieuse. Cécile suivit le conseil de sa mere, malgré la répugnance du Marquis de Mantoue, son pere, qui vouloit la matier.

GONZAGUE, ( Eléonore de ) fille de François II, Marquis de Mantoue, & femme de François-Marie de la Rovere, Duc d'Urbin, au 16e siecle, se rendit illustre par ses belles qualités. Elle fit paroître une constance héroïque dans l'adversité , & voulut toujours être auprès de son Mari dans ses disgraces. Elle aima surtout la chasteté , ne voulant avoir aucune familiarité avec les femmes de mauvaise réputation, & leur défendant l'entrée de son Palais. Elle en chassa même plusieurs de ses Terres. Cette vertueuse Dame mourut en 1570. Elle eut deux fils & trois filles. L'aîné fut Duc d'Urbin, & le puîné fut Duc de Sore, & Cardinal : les trois filles furent mariées à des Princes très illustres.

GONZAGUE, ( Isabelle de ) femme de Guy Ubalde de Montefeltro, Duc d'Urbin, fut, comme sa niece Eléonore de Gonzague , l'une des plus illustres Dames du 16e siecle. Quoiqu'elle sût que son mari étoit incapable d'avoir des enfans, elle ne s'en plaignit jamais, ne révéla à personne l'état de son mariage, & ne voulut point le faire déclarer nul. Après la mort du Duc, elle fut inconsolable, & passa le reste de sa vie dans un glorieux veuvage.

GONZAGUE, ( Julie de ) Duchesse de Traïette, & Comtesse de Fondi , épousa Vespasien Colonne, après la mort duquel elle prit pour devise une amarante, avec ce mot , *non moritura*, voulant signifier par là que l'amour qu'elle avoit eu pour son mari, seroit immortel. Elle étoit à la fleur de son âge, & dans une si grande réputation de beauté, que Soliman II, Empereur des Turcs, envoïa Barberousse avec une puissante Armée pour l'enlever. Ce Général arriva la nuit devant Fondi, où Julie faisoit son séjour ordinaire, & prit la Ville d'assaut ; mais cette vertueuse Dame se jetta en chemise par une fenêtre, & se sauva par les montagnes, où, pour conserver son honneur, elle exposa sa vie à mille dangers. M. de Thou, & les autres cél. Ecrivains la louent pour son savoir. Elle fût recherchée par les plus gr. Seigneurs d'Italie ; mais ils ne purent la faire résoudre à se remarier. On la soupçonnoit de Luthéranisme.

GONZAGUE, ( Lucrece de ) l'une des plus illustres Dames du 16e siecle, & des plus célébrées par les Beaux-Esprits de ce tems , pour son savoir & pour la délicatesse de ses écrits, fut principalement louée par Hortensio Lando, qui lui dédia *son Dialogue sur la modération des passions*. Elle fut malheureuse dans son mariage avec Jean-Paul Manfroné, qu'elle épousa à regret, n'étant âgée que de 14 ans, & qui n'étoit pas digne d'elle par ses richesses. Il étoit brave & altier, mais il se conduisit si mal, que le Duc de Ferrare le fit mettre en prison, & le trouva digne du dernier supplice ; il usa néanmoins de clémence, & ne le fit point mourir en confidération de Lucrece, fon époufe. Cette illuftre Dame, emploia tous les moïens qui lui parurent les plus propres à procurer la liberté à fon mari. Elle écrivit une Lettre fort touchante au Duc de Ferrare, pour tâcher de l'attendrir, & implora l'interceffion des Papes & des Princes de la Chrétienté ; mais elle ne put faire mettre fon époux en liberté, ni obtenir la permiffion de l'aller voir. Ils pouvoient feulement s'écrire. Enfin, fon mari étant mort dans la prifon, elle ne voulut point fe remarier, & mit fes deux filles dans des Couvents. On eut tant d'eftime pour fes *Lettres*, que l'on ramaffa jufqu'aux Billets qu'elle écrivoit à fes domeftiques. Elles furent imprimées à Venife en 1552. On y trouve beaucoup de force, de favoir, & de piété. La Maifon de Gonzague, l'une des plus illuftres d'Italie, a produit un grand nombre de Cardinaux & de Généraux diftingués par leur valeur & par leur mérite.

GONZALEZ DE CASTIGLIO, ( Jean ) Religieux Auguftin Efpagnol, cél. par fa piété & par fes Prédications, mourut à Salamanque le 11 Juin 1479, à 49 ans, aïant été empoifonné à l'Autel par une hoftie confacrée qu'une Dame veuve lui avoit fait donner, tranfportée de fureur de ce qu'il avoit converti un Cavalier qu'elle aimoit.

GONZALEZ ou GONZALVE DE CORDOUE, *Voyez* CORDOUE.

GONZALES, ( Coques ) Peintre, *voyez* COQUES.

GONZALES, ( Thyrfe ) favant Jéfuite Efpagnol, fut Général de fon Ordre, & mourut à Rome le 24 Octobre 1705. On a de lui un Traité de la *probabilité*, & un autre contre les propofitions de l'Affemblée du Clergé de France, tenue en 1682.

GONZALES DE MENDOZA, ( Pierre ) célebre Cardinal, *voyez* MENDOZA.

GORDIEN l'ancien, étoit fils de

Metius Marcellus, & defcendoit, par fa mere, de l'Empereur Trajan. Sa magnanimité, fon éloquence, fa probité, fa modération, & fes autres belles qualités lui firent tant d'amis, qu'étant Proconful en Afrique, il fut falué Empereur malgré fa vieilleffe & fa réfiftance en 237, par les troupes foulevées contre Maximin. Il affocia Gordien fon fils à l'Empire ; mais peu de tems après, Capellien, Gouverneur de Mauritanie, leur livra un fanglant combat, dans lequel Gordien le fils perdit la vie à 46 ans. Le Pere fe tua de defefpoir à plus de 80 ans, de peur de tomber entre les mains de Maximin. Il avoit gagné l'affection du peuple Romain pendant fa Quefture, en donnant des Jeux & des Fêtes publiques, & avoit compofé dans fa jeuneffe un *Poëme de la vie des Antonins*. Le fils étoit auffi homme de Lettres & fort ftudieux.

GORDIEN *le Jeune*, fils, ou feulement neveu du fecond Gordien, fut élu Empereur Romain en 238, à l'âge d'environ 16 ans. Quoique jeune, il ne manqua ni de prudence ni de conduite. Il étouffa la révolte de Sabinien, époufa la fille de Mifithée, excellent Philofophe, changea la face de l'Empire, reprit Antioche, & fut affaffiné par les intrigues de Philippe, Préfet du Prétoire en 244, tandis qu'il chaffoit les Perfes de la Syrie, après avoir vaincu Sapor.

GORDIUS, Roi de Phrygie & pere de Midas, parvint à la Royauté après n'avoir eu pour tout bien que deux attelages de bœufs, dont l'un lui fervoit à labourer & l'autre à traîner fon chariot. Midas confacra ce chariot à Jupiter. On dit que le nœud qui attachoit le joug au timon, étoit fait fi étroitement que l'on ne pouvoit découvrir les bouts, & que le bruit courut que, celui qui pourroit le dénouer pofféderoit l'Empire de l'Afie. On fait de quelle maniere Alexandre accomplit cette prédiction, d'où eft venu le proverbe *Couper le nœud Gordien*.

GORDON, ( Jacques ) favant

Controverfifte Jéfuite, étoit d'une des meilleures Maifons d'Ecoffe; il fortit de fon païs pour caufe de Religion & alla à Rome où il fe fit Jéfuite en 1563. Il fe rendit habile dans la Philofophie, la Théologie, & les Langues. Il enfeigna l'Hebreu avec réputation à Bourdeaux, à Paris & à Pont-à Mouffon, & voïagea en Allemagne, en Dannemarck & dans les Ifles Britanniques, où il eut beaucoup à fouffrir pour la Religion Catholique. Il m. à Paris le 16 Avril 1620, à 77 ans. On a de lui *Controverfiarum Chriftianæ fidei Epitome*. Il ne faut pas le confondre avec un autre Jéfuite nommé auffi Jacques Gordon, mort à Paris le 17 Nov. 1641, à 88 ans. Celui-ci eft Auteur, 1. d'un Commentaire latin fur la Bible, en 3 vol. in-fol., qui n'eft pas eftimé : 2. d'une *Chronologie*, in fol. auffi en latin, depuis la création du Monde jufqu'à l'an 1617. 3. D'une *Théologie morale*, & de quelques autres *ouvrages* en latin.

GORGIAS *le Leontin*, ainfi nommé parcequ'il étoit de *Leontium*, ville de Sicile, étoit Sophifte & Orateur célebre. Il fut envoïé par les Leontins à Athenes pour demander du fecours contre les Syracufains, 417 av. J. C., & obtint ce qu'il demandoit. On dit qu'il vécut 108 ans.

GORGO, femme de Leonidas, Roi de Sparte, eft très célebre dans l'antiquité. C'eft elle qui difoit : *que les femmes de Sparte étoient les feules, qui miffent des Hommes au monde.*

GORGONES, filles de *Phorcus* & de *Ceta*, felon la Fable, étoient trois fœurs nommées, *Medufe*, *Euryale* & *Sthenio*. Elles demeuroient près du Jardin des Hefpérides, & transformoient en pierre ceux qui les regardoient; mais Perfée les vainquit & tua Médufe avec le fecours de Minerve. Héfiode dit qu'elles n'avoient qu'un œil pour elles trois, & qu'elles s'en fervoient tour à tour.

GORGOPHONE, fille de Per-

fée & d'Andromede, & femme de Perieres, Roi des Meffeniens, fe remaria, après la mort de fon époux, avec Œbalus. C'eft la premiere femme que l'Hiftoire profane remarque s'être engagée en de fecondes noces.

GORLÉE, *Gorlæus*, (Abraham) fav. Antiquaire, natif d'Anvers, s'acquit beaucoup de réputation par le foin qu'il prit de ramaffer un gr. nombre de médailles, d'anneaux & de cachets antiques, & d'autres femblables monumens. Il mourut à Delft le 15 Avril 1609, à 60 ans. On a de lui un petit *Traité* excellent & curieux fur les anneaux & leur ufage chez les anciens, intitulé *Dactyliotheca*, & d'autres ouvrages.

GOROPIUS, (Jean) fam. Médecin du 16e fiecle, natif de Brabant, s'acquit l'eftime de l'Empereur Charles-Quint, & fut Médecin d'Eleonore, Reine de France, & de Marie, Reine de Hongrie. Il favoit les Langues & la Philofophie; mais il fe plaifoit à débiter des paradoxes dans fes ouvr., & entr'autres celui-ci, que la langue qu'Adam parloit, étoit *la langue Allemande ou Teutonique*. Il mourut à Maftricht le 27 Juin 1572, à 53 ans. On a de lui : *Origines Antuerpianæ*, & d'autres ouvrages.

GORRAN, ou DE GORRAIN, (Nicolas de) favant Religieux de l'Ordre de S. Dominique au 13e fiecle, étoit natif du Maine, comme on le dit dans plufieurs de fes ouvr. qui fe trouvent en Manufcr. dans la Bibliotheque de Sorbonne, & qui ont été écrits pendant fa vie. Il étoit Prieur du Couvent des Jacobins de la rue S. Jacques à Paris en 1280. Philippe-*le-Hardi* le nomma Confeffeur de fon fils, qui fut depuis Roi de France fous le nom de *Philippe-le-Bel*. Gorran continua d'être Confeffeur de ce Prince, lorfqu'il fut monté fur le trône, & m. vers 1295. On a de lui des *Commentaires* fur prefque toute la Bible, des *Sermons*, & quelques autres *ouvrages*. La plupart ne fe trouvent qu'en Manufcrits.

GORRÉE, auteur des Fables de l'Amadis.

GOSSELINI, (Julien) né à Rome en 1525, fut dès l'âge de 17 ans Secrétaire de Ferdinand de Gonzague, Viceroi de Sicile. Il continua de l'être, lorsque ce Viceroi fut fait Gouverneur de Milan, & eut la même fonction sous le Duc d'Albe, & sous le Duc de Sesse, qui furent successivement Gouverneurs de cet Etat après la mort de Gonzague. Le Duc de Sesse l'emmena avec lui à la Cour d'Espagne, où Gosselini se rendit si agréable par son adresse & par sa prudence, qu'il fut emploié dans les affaires que le Duc avoit auprès du Roi. Le Marquis de Pescaire successeur du Duc de Sesse, eut pour Gosselini les mêmes égards; mais le Duc d'Albuquerque qui lui succéda, s'emporta tellement contre lui, qu'il voulut lui ôter l'honneur & la vie. Néanmoins Gosselini rentra en charge sous le Marquis d'Aimonte & sous le Duc de Terranova, Gouverneurs du Milanez, & fut leur Secrétaire. On dit qu'il avoit un talent merveilleux pour pacifier les querelles. Il mourut à Milan le 12 Février 1587, à 62 ans. Malgré les affaires de son Secretariat qui l'occuperent plus de quarante ans, il a publié divers ouvr. Les principaux sont : 1. la *Vie de Ferdinand de Gonzague* : 2. la *conjuration de Jean-Louis de Fiesque*, &c.

GOTESCALC, *voyez* GODESCALQUE.

GOTTSCHED, cél. Poète Allemand, nat. de Konigsberg, dont on a une Poétique très estimée, & d'autres Poésies. Mad. Gottsched son épouse est aussi distinguée par ses Poésies & par son goût pour la belle Littérature. On a d'elle des Comédies qui ont eu beaucoup de succès. Quoiqu'ils ne soient morts ni l'un ni l'autre, nous avons cru devoir les insérer ici à cause de la grande réputation qu'ils se sont acquise en Allemagne, par leur mérite & leurs excellens ouvrages en Langue allemande.

GOUBEAU, (François) Peintre, natif d'Anvers, fut éleve de Baur, & travailla avec succès dans le goût de Jean Miel & de Bamboche.

GOUDELIN, ou GOUDOULI, (Pierre) célebre Poète Gascon, natif de Toulouse, étoit fils d'un Chirurgien. Il se livra tout entier à la Poésie, & composa, en langage gascon, des vers qui lui ont acquis une réputation immortelle. Le Duc de Montmorency, Adrien de Montluc, le Premier Président Bertier, & d'autres personnes de considération, eurent pour lui une estime particuliere. Néanmoins il seroit mort de misere dans sa vieillesse, si ses Concitoïens ne lui eussent assigné une pension viagere sur les deniers publics. Il mourut à Toulouse le 10 Septembre 1649, à 70 ans. Il y a plusieurs éditions de ses œuvres. Son Poëme intitulé *Lasobros*, qu'il fit après la mort de Henri *le Grand*, est un des plus estimé. Le P. Vaniere l'a traduit en vers latins.

GOUDIMEL, (Claude) excellent Musicien, natif de Franche-Comté, fut tué à Lyon en 1572, parcequ'il étoit de la Religion Prétend. Réf. On lui fit un crime d'avoir mis en musique les Pseaumes de Marot & de Beze.

GOVEA, (André) *Goveanus*, sav. Portugais, natif de Beja, fut Principal du Collége de Sainte Barbe à Paris, au 16e siecle, & y éleva trois neveux qui se rendirent illustres par leur savoir. Martial Govea, l'aîné des trois freres, devint bon Poète latin, & publia à Paris une *Grammaire latine*. André Govea son puîné, fut établi Principal du Collége de Sainte Barbe à la place de son oncle. Il s'acquit une telle réputation, qu'il fut appellé à Bourdeaux pour exercer un pareil emploi dans le Collége de Guienne. Il y alla en 1534, & y demeura jusqu'en 1547, que Jean III, Roi de Portugal, le fit revenir dans ses Etats, pour l'établissement d'un Collége à Conimbre, qui fût semblable à celui de Guienne. Govea mena avec lui en Portugal Buchanan, Grouchi, Guerente, Vinet, Fabrice, la Coſte, Tevius, & Mendez, tous ſavans perſonnages propres à inſtruire la Jeuneſſe. Il mourut à Conimbre au mois de Juin 1548, âgé d'environ 50 ans, il ne fit rien imprimer. Antoine Govea, le plus jeune des trois freres, fut le plus illuſtre de tous. On a de lui divers écrits ſur *la Philoſophie* & ſur *le Droit*. M. de Thou, Ronſard, & tous les Savans en font un très grand éloge. Il regenta à Bourdeaux avec réputation, puis à Cahors & à Valence en Dauphiné. Il mourut à Turin en 1565, à 60 ans, où Philibert, Duc de Savoye, l'avoit appellé. Ses principaux ouvr. ſont, 1. un *Diſcours apologétique* contre Calvin, qui l'avoit accuſé d'Athéiſme, dans ſon *Traité* du ſcandale : 2. des *Œuvres* de Juriſprudence, *in fol.* 3. *Variarum lectionum Libri duo*. 4. Des *Editions* de Virgile & de Terence avec des *Notes*. 5. *Epigrammatum Libri duo* & *Epiſtolæ*. Mainfroi Govea ſon fils, naquit à Turin, & ſe rendit habile dans les Belles-Lettres, & dans le Droit Civil & Canonique. Il fut Conſeiller d'Etat à la Cour de Turin, & mourut en 1613. On a de lui des conſeils, *conſilia*; des *notes* ſur les œuvres de *Julius-Clarus*, des *Vers*, & une *Oraiſon funebre* ſur la mort de Philippe II, Roi d'Eſpagne.

GOUFFIER, (Guillaume) Seigneur de Boiſy & de Bonnivet, étoit d'une noble & ancienne famille du Poitou. Il fut Sénéchal de Saintonge, Gouverneur & premier Chambellan du Roi Charles VIII, eut le Gouvernement de Languedoc & de Touraine, & mourut à Amboiſe le 23 Mai 1495. Il laiſſa de Philippe de Montmorency ſa ſeconde femme, trois enfans diſtingués : ſavoir, Artus Gouffier, Grand-Maître de France, & Gouverneur de François I, qui le combla de biens & d'honneurs, & lui confia les affaires les plus importantes; il mourut en 1519. 2. Adrien Gouffier, appellé *le Cardinal de Boiſy*, qui fut Evêque de Coutances, puis d'Albi, & Gr. Aumônier de France; il m. le 24 Juillet 1523. 3. Guillaume Gouffier, appellé communément *l'Amiral de Bonnivet*, charge dont il fut honoré le 31 Décembre 1517; ſe ſignala dès ſa jeuneſſe en diverſes occaſions, & s'acquit l'eſtime & la faveur du Roi François I. Ce Prince lui donna en 1523 le commandement de l'Armée d'Italie; mais cette expédition ne fut point heureuſe. L'Amiral de Bonnivet ſe joignit à Louiſe de Savoye, contre le Connétable Charles de Bourbon, & conſeilla à François I de donner la bataille de Pavie, malgré les remontrances des Capitaines les plus expérimentés. Son mauvais conſeil ne demeura pas impuni. Il fut tué en cette bataille le 24 Février 1525. Brantome dit que le Connétable de Bourbon l'aïant vu étendu mort ſur le champ de bataille, s'écria : *Ah malheureux! tu es la cauſe de la ruine de la France & de la mienne*.

GOUJON, (Jean) célebre Sculpteur & Architecte, natif de Paris, floriſſoit ſous les regnes de François I & de Henri II. On croit qu'il a travaillé au deſſein des façades du vieux Louvre. Perſonne ne l'a ſurpaſſé dans les figures de demi-relief, & rien n'eſt plus beau en ce genre que ſa *fontaine des Innocens*, rue S. Denys à Paris. On voit dans la même ville pluſieurs autres de ſes ouvrages, qui font l'admiration des Connoiſſeurs, & qui nous retracent les beautés ſimples & ſublimes de l'antique. C'eſt ce qui l'a fait nommer, avec raiſon, le *Correge* de la Sculpture.

GOULART, (Simon) fameux Miniſtre de Geneve, natif de Senlis, & l'un des plus infatigables Ecrivains de ſon tems, fit des additions & des changemens conſidérables dans *le Catalogue des témoins de la vérité*, compoſé par Illyricus, & s'acquit une gr. réputation parmi les Calviniſtes par ſes ouvrages, dont les princip. ſont, 1. un *Re-*

eueil d'*Hiſtoires mémorables* : 2. une *Traduction de Seneque* : 3. Les *petits Mémoires de la Ligue* , 3 vol. in 8°. 4. *Traduction du Livre* de S. Cyprien *de Lapſis*. 5. Divers *Traités* de dévotion & de morale. Il mour. à Geneve en 1628 , à 85 ans.

GOULU., (Jean) *Gulonius* , fameux Général des Feuillans , naquit à Paris le 25 Août 1576 , de Nicolas Goulu , Profeſſeur en langue grecque au Collége Roïal ; il fit beaucoup de bruit par ſes deux vol. de *Lettres* contre Balzac , & mourut le 5 ou le 25 Janvier 1629 , à 53 ans. On a de lui , outre ſes *Lettres de Phylorge à Ariſte* , contre Balzac , 1. une *Réponſe* au Livre du Miniſtre Dumoulin de la *vocation des Paſteurs*. 2. *Vindiciæ Theologicæ ibero politica* , en faveur des droits de la Monarchie. 3. La *Vie de S. François-de-Sales*. 4. Pluſ. *Traductions*… une bonne *Epigramme* latine ſur la ſtatue équeſtre de Henri IV , qui eſt ſur le Pont-Neuf à Paris , &c.

GOURDAN, ( Simon ) Chanoine Régulier de l'Abbaïe de S. Victor de Paris , célèbre par ſa piété & par ſa vertu , étoit fils d'Antoine Gourdan , Secretaire du Roi. Il naquit poſthume à Paris le 24 Mars 1646 , & fut élevé avec ſoin par Marie de Vilaines , ſa mere , qui étoit une Dame très vertueuſe. Il entra dans l'Abbaïe de S. Victor en 1661 , & y mena une vie très édifiante. Néanmoins , environ 12 ans après , il ſe préſenta à la Trappe , aſpirant à un genre de vie plus auſtere ; mais le S. Abbé de Rancé refuſa de le recevoir , & lui conſeilla de continuer ſes exercices de piété dans la Maiſon où il avoit fait profeſſion. Le Pere Gourdan ſuivit ce conſeil , & mena une vie ſi auſtere dans l'Abbaïe de S. Victor , que depuis ce tems là il ne ſortit qu'une ſeule fois des murs de ſon Monaſtere , & qu'il s'interdiſoit même les promenades dans le jardin. Uniquement occupé de la priere & de l'étude , il édifia tout Paris , & aïant marqué une gr. ſoumiſſion

aux déciſions de l'Egliſe & à la Conſtitution *Unigenitus* , il mour. ſaintement dans l'Abbaïe de Saint Victor à Paris , le 10 Mars 1729. On a de lui pluſ. *Livres de piété* , des *Lettres* , & une gr. *Hiſtoire des Hommes illuſtres de S. Victor*. Cette Hiſtoire eſt encore manuſcrite , & contient pluſ. vol. *in fol.* Sa vie a été donnée au Public en 1756 *in 12*.

GOURNAI, ( Marie de Jars de ) Demoiſelle céleb. par ſon ſavoir , étoit fille de Guillaume de Jars , Seigneur de Neufvi & de Gournai , & de Jeanne de Hacqueville. Après la mort de ſon pere , elle en prit un autre par alliance : ce fut le célebre Michel de Montagne qu'elle adopta , & pour qui elle ne témoignoit pas moins de reſpect & de zele , que pour ſon véritable pere. Elle fit imprimer ſes *Eſſais* en 1635 , & les dédia au Cardinal de Richelieu. Michel de Montagne eſtima cette Demoiſelle , & reconnut ſon eſpece d'adoption. La Vicomteſſe de Gamaches , ſa fille , donna auſſi le nom de ſœur à Melle de Gournai , qui lui dédia ſon Livre intit. *Le Bouquet de Pinde*. Cette ſav. Demoiſelle compoſa pluſ. autres ouvrages , dont le plus conſidérable eſt intitulé : *les Avis*. Les plus gr. hommes faiſoient gloire de lui écrire & de recevoir ſes Lettres , tels que les Cardinaux du Perron , Bentivoglio , & de Richelieu ; S. François de Sales , M. Godeau , MM. Dupuy , Balzac , Mainard , Heinſius , &c. Elle mourut à Paris le 13 Juillet 1645 , à 80 ans , ſans avoir été mariée. Ses ouvrages ſont en deux volumes.

GOURGUES , ( Dominique de ) céleb. & brave Gentilhomme , natif du Mont de Marſan en Gaſcogne , voulant ſe venger des Eſpagnols qui l'avoient maltraité pendant la guerre , & qui avoient égorgé une Colonie de François établie ſur les côtes de la Floride , équipa trois vaiſſeaux à ſes dépens , & mit à la voile en 1567. Il alla deſcendre à la Floride , enleva trois Forts , & fit pendre ou périr plus de 800 Eſpagnols. De retour en France , au lieu des éloges qu'il méritoit pour avoir ainsi vengé sa patrie , on voulut le faire mourir à la sollicitation de l'Ambassadeur d'Espagne ; mais l'Amiral de Châtillon le tira d'affaire. La Reine Elisabeth le demanda dans la suite pour commander la flotte Angloise : il mourut à Tours en 1593 , en allant prendre le commandement de cette flotte.

GOURVILLE , Valet de Chambre du Duc de la Rochefoucault , devint son ami , & même celui du Gr. Condé. Dans le même tems , il fut pendu à Paris en effigie , & Envoïé du Roi en Allemagne ; ensuite proposé pour succéder au Gr. Colbert dans le Ministere. On a de lui des *Mémoires de sa vie* , écrits avec naïveté , dans lesquels il parle de sa naissance & de sa fortune avec indifférence. M. de Voltaire s'en est beaucoup servi dans son histoire du siecle de Louis XIV , impr. à Berlin en 1751 , en 2 vol. *in-12*. Gourville étoit né à la Rochefoucault en 1625. Il m. en 1705. Ses *Mémoires* sont en 2 vol. *in-12*. Ils commencent en 1625 , & finissent en 1685 , il avoit 78 ans quand il les fit. Il y peint fort bien le caractere de tous les Ministres d'Etat , qu'il a vûs.

GOUSSET , (Jacques) cél. Théologien de la Rel. prét. réf. naquit à Blois en 1635 d'une bonne famille. Il étoit cousin germain du cél. Isaac Papin , & fut fait Ministre à Poitiers en 1662. Il refusa trois fois d'accepter une Chaire de Professeur de Théol. à Saumur , & ne sortit de Poitiers qu'à la révocation de l'Edit de Nantes en 1685. Il passa alors en Angleterre & se retira ensuite en Hollande où il fut fait Ministre de l'Eglise Wallone à Dordrecht. Cinq ans après il devint Professeur en grec & en Théol. à Groningue , où il m. en 1704. On a de lui un gr. nombre d'*ouvrages* imprimés & manuscr. Les principaux de ceux qui sont imprimés , sont 1. un Dictionnaire hébreu ou *Commentarii Linguæ hebraicæ* , ou-

vrage estimé , & dont la meilleure édition est celle de Leipsick en 1743 *in-4°*. 2. une réfutation en latin du *Chisouck Emounah* ou *Bouclier de la foi* du Rabin Isaac , *in-8°* puis *in-fol*. Quoique cette réfutation soit fort louée de plus. savans , il nous semble qu'elle ne mérite guere de l'être , & qu'elle est très foible. 3. *Considérations Théologiques & critiques contre le projet d'une nouvelle version* , *in-12*. Ce Livre est contre le *Projet* de Charles le Cene. *voyez* CENE.

GOUTHIER , ou GUTHIERES , (Jacques) *Gutherius* , sav. & judicieux Antiquaire & Jurisconsulte , natif de Chaumont en Bassigny , se fit recevoir Avocat au Parlement de Paris , & aïant passé 40 ans dans le Barreau avec honneur , il se retira à la campagne , où il s'appliqua uniquement à l'étude. Il mour. en 1638. Ses principaux ouvr. sont : 1. *De vetere jure Pontificio urbis Romæ* , *in-4°*. ouvrage qui plut tellement à Rome , que le Senat de cette ville donna à l'Auteur la qualité de Citoïen Romain pour lui & pour sa postérité ; 2. *De Officiis domûs Augustæ publicæ & privatæ* , *in-4°*. &c. 3. *De jure Manium* , *in-4°*. 4. Deux petits Traités , l'un *de orbitate toleranda* , & l'autre , *Laus cæcitatis* , &c. Tous ces ouvrages sont estimés.

GOUX , ( François le ) de la Boulaye , céleb. voïageur du 17e siecle , étoit fils d'un Gentilhom. de Beaugé en Anjou. Il parcourut presque toutes les parties du monde , & publia , en 1653 , la *Relation de ses voïages*. Il fut envoïé , en 1668 , en qualité d'Ambassadeur , vers le Turc & le Gr. Mogol ; mais il m. en Perse durant ce voïage.

GOUYE , ( Thomas ) sav. Jésuite & membre honoraire de l'Académie des Sciences de Paris , naquit à Dieppe le 18 Septembre 1650 , & se fit Jésuite en 1667. Il se rendit habile dans les Mathématiques & fut reçu de l'Académie des Sciences en 1699. Il assistoit régulierement aux Assemblées de cette Académie ,

qui faiſoit beauc. de cas de ſes lumieres, & m. à Paris dans la Maiſon Profeſſe des Jéſuites, le 24 Mars
1725, à 75 ans. Son principal ouvrage eſt intit. *Obſervations Phyſi-
ques & Mathématiques pour ſervir
à la perfection de l'Aſtronomie & de
la Géographie, envoiées de Siam à
l'Académie des Sciences de Paris,
par les PP. Jéſuites Miſſionnaires*,
avec des réflexions & des notes en
2 vol. dont le prem. eſt in-8o. &
le ſecond in-4o. ces *obſervations*
ſe trouvent auſſi dans le tome 7 des
*Mémoires* de l'Acad. des Sciences.

GOWER, (le Chevalier John)
paſſe pour le plus ancien Auteur
qui ait écrit en Anglois.

GRAAF ou GRAEF, (Reinier
de) céléb. Médecin du 17e ſiecle,
naquit à Schoonhaven en Hollande le 30 Juillet 1641. Il étudia à
Leyde & en France; il ſe retira enſuite à Delft, où il pratiqua la Médecine avec réputation, & où il m.
le 17 Août 1673, à 32 ans. Ses
principaux ouvr. ſont : 1. un *Traité
de la nature & de l'uſage du ſuc pan-
créatique* : 2. pluſ. *Traités ſur les
organes des deux ſexes qui ſervent à
la génération*, dans leſquels il ſoutient que tous les animaux & les
hommes même viennent des œufs.
Tous les ouvrages de ce Médecin
ſont fort eſtimés.

GRABE, (Jean-Erneſte) ſav.
Ecrivain, naquit à Koniſberg en
Pruſſe, le 10 Juillet 1666. Aïant
des doutes ſur la Religion Luthérienne dans laquelle il avoit été élevé, il paſſa en Angleterre, & y embraſſa les opinions de l'Egliſe Anglicane. Le Roi Guillaume lui fit
une penſion, qui fut continuée par
la Reine Anne. Grabe ſe fit enſuite
ordonner Prêtre, & reçut le bonnet
de Docteur dans l'Univerſité d'Oxford. Il m. à Londres le 13 Novem.
1711, à 45 ans. On a de lui : 1. un
*Spicilege* des écrits des Peres & des
Hérétiques des trois premiers ſiecles
in-8o. 2. une *édition* des 70 ſut le
mſ. Alexandrin : 3. des *notes* ſur
S. Juſtin & Bullus, & d'autres ouvrages eſtimés des Savans. Il s'étoit

rendu très habile dans l'antiquité
Eccléſiaſtique.

GRACCHUS, (Tiberius Sempronius) de l'illuſtre famille *Sempro-
nia*, & petit fils du Proconſul Gracchus tué dans une embuſcade par
les troupes d'Annibal, fut deux fois
Conſul & une fois Cenſeur. Il mérita deux fois l'honneur du triomphe, prit & ruina un gr. nombre
de villes des Celtibériens en Eſpagne, vers 193 avant J. C. Quelque-
tems après il ſoumit la Sardaigne,
& en tira un ſi gr. nombre d'éſcla-
ves, que la durée de leur vente donna lieu à ce proverbe, *Sardi vena-
les*. Gracchus épouſa Cornelie, fille
de Scipion, Dame illuſtre par ſa
vertu, dont il eut entr'autres enfans *Tiberius* & *Caïus Gracchus*,
qui ſe diſtinguerent par leur éloquence & par leurs talens, mais ils
furent tués l'un & l'autre pour avoir
pris les intérêts du peuple avec trop
de zele. Pluſ. autres cél. Romains
ſortirent de cette illuſtre famille des
*Gracchus*.

GRACIAN, (Balthaſar) célebre
Jéſuite Eſpagnol, natif de Cata-
laïud, autrefois Bilbilis, enſeigna
les Belles-Lettres, la Philoſophie &
la Théologie dans ſa Société, prêcha pendant quelques années, &
fut Recteur du College de Tarragone, où il m. le 6 Dec. 1658. On a
de lui un gr. nombre d'ouvr. utiles.
Les principaux de ceux qui ont été
traduits d'eſpagnol en François,
ſont : 1. *le Héros*, traduit par le
Pere de Courbeville, Jéſuite, Paris 1725, & Rotterdam 1729, in-12.
2. *Réflexions politiques ſur les plus
grands Princes, & particulierement
ſur Ferdinand le Catholique*, traduites par M. de Silhouette, Maître
des Requêtes & Chancelier de M. le
Duc d'Orléans, puis Contrôleur général, Paris 1720, 1730, & Amſterdam 1731, in-12. Le Pere de
Courbeville, Jéſuite, en a auſſi
donné une Traduction ſous ce titre,
*le Politique Dom Ferdinand le Ca-
tholique*, Paris 1732, in-12. avec
des notes, & 3. *l'Homme de Cour*,
traduit par le Pere de Courbeville,

in-12. 4. *l'Homme détrompé*, ou le *Criticon*, traduit par Maunoy, en 3 tom. in-12. 5. *l'Homme de Cour*, traduit par Amelot de la Houſſaye, avec des notes. Le Pere de Courbeville en a auſſi donné une Traduction ſous ce titre, *Maximes de Balthaſar Gracian, avec des Réponſes aux Critiques de l'Homme Univerſel*, Paris, 1730, in-12.

GRADENIGO, ( Pierre ) Doge ou Duc de Veniſe en 1290, découvrit par ſa prudence la conjuration de Bajamont Tiepolo, & en prévint les ſuites. Il gouverna la République avec ſageſſe, & mourut en 1303. C'eſt lui qui changea en Ariſtocratie le Gouvernement de Veniſe, qui depuis 1173, étoit preſqu'entierement populaire, & qui donna à cette République à-peu-près la forme qu'elle a préſentement. Il ne faut pas le confondre avec Barthelemi Gradenigo, autre Doge de Veniſe élu en 1339, qui ſoumit les Candiots révoltés, & mourut en 1342, ni avec Jean Gradenigo, élu Doge de Veniſe en 1352.

GRAEF, ( Reinier de ) *voyez* GRAAF.

GRÆVIUS, ( Jean-Georges ) l'un des plus ſavans Critiques du 17e ſiecle, naquit à Numbourg le 29 Janvier 1632. Il fut diſciple de Jean-Frédéric Gronovius, & enſeigna à Duisbourg, puis à Deventer; enſuite il fut Profeſſeur en politique, en hiſtoire & en éloquence à Utrecht pendant 41 ans. Il m. le 11 Janvier 1703, à 71 ans. On a de lui un gr. *Recueil des antiquités Romaines* en 12 vol. in-fol. le *Treſor des antiquités d'Italie* en 6 vol. in-fol. continué par Burman juſqu'à 45e vol. : une *Edition d'Heſiode*, & pluſieurs autres ouvrages eſtimés.

GRAFFIO, plus connu ſous le nom de *Jacobus de Graſſiis*, fam. Caſuiſte du 16 ſiecle, natif de Capoue, fut Abbé du Mont-Caſſin, & gr. Pénitencier de Naples. On a de lui [...] ſur la morale & les cas de conſcience.

GRAILLY, ( Jean de ) Captal de Buſch, & l'un des plus gr. Capitaines de ſon tems, commandoit en 1364 les troupes de Philippe, Roi de Navarre, contre Charles V, Roi de France, à la bataille de Cocherel en Normandie, où il fut fait priſonnier par Bertrand du Gueſclin. Il ne fut relâché que par le Traité de paix conclu entre ces deux Princes. Il paſſa enſuite au ſervice des Anglois, contre la France, & après s'être ſignalé en diverſes rencontres, il fut fait priſonnier devant Soubize en 1372, & renfermé dans la Tour du Temple à Paris. Le Roi d'Angleterre mit tout en œuvre pour le retirer, & obtint enfin ſa liberté à condition qu'il feroit ſerment de ne porter jamais les armes contre la France ; mais le Captal de Buſch aima mieux mourir en priſon que de prêter ce ſerment. Il m. en 1377.

GRAIN, ou GRIN, ( Jean Baptiſte le ) Maître des Requêtes de l'Hôtel de la Reine Marie de Médicis, eſt auteur de l'*Hiſtoire de Henri IV* & de *celle de Louis XIII*, juſqu'à la mort du Maréchal d'Ancre en 1617. Ces Hiſtoires ſont eſtimées, & contiennent des choſes qui ne ſe trouvent point ailleurs : mais comme il y loue le cél. Docteur Richer & qu'il y combat les opinios ultramontaines, il eſſuïa bien des traverſes & des chagrins au ſujet de ces deux ouvrages. On a encore de lui un *Recueil des plus ſignalées batailles, journées & rencontres . . . . depuis Mérouée juſqu'à Louis XIII*. 3 vol. in-fol. Il m. à Mongeron près de Paris, le 2 Juillet 1642. On a de lui d'autres ouvrages. Il défendit par ſon Teſtament à ſes deſcendans de confier aux Jéſuites l'éducation de leurs enfans, & cela à perpétuité.

GRAINDORGE, ( André ) natif de la ville de Caen au 17e ſiecle, a trouvé l'invention de faire des figures ſur les toiles, qu'on appelle *ouvrées*. Il ne pouſſa pas néanmoins cette invention juſqu'à ſa perfection, car il n'y faiſoit que des carreaux & des fleurs ; mais Richard Graindorge , son fils, qui vécut jusqu'à l'âge de 82 ans , eut le loisir de perfectionner ce que son pere avoit inventé. Il trouva le moïen d'y repréenter toutes sortes d'animaux, & d'autres figures, & donna à cet ouvrage le nom de *Hautelice*, peut-être à cause des lices ou fils entrelacés dans la trame : c'est ce que nous appellons *Toiles damaſſées* à cause de leur ressemblance avec le Damas blanc. Cet habile Ouvrier donna le premier la méthode d'en faire des serviettes de table , & son fils Michel en éleva plusieurs manufactures en différens endroits de la France , où ces *Toiles damaſſées* sont devenues fort communes. Cette famille de Graindorge a produit plus. autres personnes de mérite & d'esprit : entr'autres Jacques Graindorge, habile antiquaire, homme de gout & d'esprit, dont M. Huet qui étoit son ami fait un gr. éloge. André Graindorge, frere de celui ci , & Docteur en Médecine de la Faculté de Montpellier, étoit un sav. Philoſophe , & suivoit les principes d'Epicure & de Gaſſendi. Il m. le 13 Janvier 1676, à 60 ans. On a de lui , 1. un *Traité* de la Nature *du feu , de la lumiere & des couleurs*, in-4°. 2. un autre *Traité* de l'origine des *Macreuſes*, in-12. & d'autres ouvr. C'est à lui que M. Huet a dédié son Livre *de interpretatione*.

GRAM , ( Jean ) cél. & savant Ecrivain Danois , né dans la Jutlande en 1685 , après avoir été quelque tems Professeur en grec à Copenhague , fut fait Conseiller de Justice , Archivaire , Historiographe , & Bibliothequaire du Roi. Il devint Conseiller d'Etat en 1745 & m. en 1748. C'est lui qui a posé les fondemens de l'Académie de Co penhague. On a de lui , 1. des *Diſſertations* & d'autres *Ecrits* estimés. 2. *Corpus diplomatum ad res Danicas facientium*. Cet ouvrage qu'il entreprit par ordre du Roi Christiern VI est encore en manus. mais on assure qu'il sera imprimé

incessamment en plusieurs vol. *in-fol.*

GRAMAYE , ( Jean-Bapt. ) natif d'Anvers , Protonotaire Apostoliq. Prévôt d'Arnheim , & Historiogr. des Païs-Bas, voulant passer en Espagne , fut pris par des Corſaires d'Alger, qui le menerent en Afriq. De retour dans les Païs-Bas , il fit div. voïag. & m. à Lubeck en 1635. Ses principaux ouvr. sont : 1. *Africa illuſtrata* ; 2. *Diarium Algerienſe* ; 3. l'*Hiſtoire & les antiquités du Brabant* en latin ; 4. les *antiquités de Flandres* , 5. *Peregrinatio Belgica* , &c.

GRAMONT , ( Gabriel de ) cél. Cardinal de 16e siecle , de l'illustre & ancienne Maison de Gramont dans la Navarre , s'acquit l'estime du Roi François I, qui l'emploia en des négociations importantes , & le combla de biens & d'honneurs. Il eut successivement les Evêchés de Conſerans , de Tarbes , & de Poitiers , puis les Archevêchés de Bourdeaux & de Toulouse , & m. au Château de Balma , près de Toulouse , le 26 Mars 1534.

GRAMONT , ( Antoine de ) Duc, Pair & Maréchal de France , de la même Maison que le précédent , se signala en diverses occasions sous Louis XIII & sous Louis XIV , & m. à Bayonne le 12 Juillet 1678, à 74 ans. il avoit l'esprit orné , & railloit agréablement. Ses *Mémoires* en 2 vol. *in-12*. traitent des négociations pour l'élect. de l'Empereur à la Diete de Francfort en 1651 , & pour le mariage de l'Infante avec Louis XIV. Le Duc de Grammont son frere , avoit aussi l'esprit orné , & se distingua à la Cour.

GRAMONT , ( Gabriel Barthelemy, seigneur de ) *Gramondus*, Président au Parlement de Toulouse , & fils du Doyen des Conseillers de ce même Parlement , sortoit d'une anc. famille du Rouergue , qui a possédé long tems la Terre de Gramont. Il est auteur d'une *Hiſtoire du regne de Louis XIII*, depuis la mort de Henri IV , jusqu'en

1629. Cette hiſtoire dont la meilleure édition eſt de 1643 *in fol.* en latin, eſt comme la ſuite de celle du Préſident de Thou ; mais elle lui eſt infiniment inférieure pour le ſtyle & pour la fidélité. Ce Préſident mour. en 1654. Il avoit publié en 1623 une *Hiſtoire particuliere des guerres de Louis XIII* contre ſes ſujets Proteſtans. Elle renferme des faits curieux & intéreſſans.

GRANCOLAS, ( Jean ) Docteur de Sorbonne, natif de Paris, eſt auteur d'un grand nombre d'ouvrages, dont les principaux ſont : 1. *de l'antiquité des Cérémonies des Sacrémens* : 2. *Traité des Liturgies* : 3. *l'ancien Sacramentaire de l'Egliſe* : 4. *Traduction françoiſe des Catéchefes de S. Cyrille de Jéruſalem* : 5. *Commentaire hiſtorique ſur le Bréviaire Romain, &c.* Ce dernier ouvrage eſt eſtimé. 6. *Critique des Auteurs Eccléſiaſtiq.* 2 vol. *in 6°.* 7. *La ſcience des Confeſſeurs.* 2 vol. *in-12.* 8. *Hiſtoire abregée de l'Egliſe de Paris,* 2 vol. *in-12.* Cette Hiſtoire fut ſupprimée parcequ'il y maltraite le Cardinal de Noailles. Il m. à Paris le prem. Août 1732.

GRAND, ( Antoine le ) cél. Philoſophe Carréſien, appellé par quelques-uns l'*Abbréviateur* de Deſcartes, étoit de Douai. Ses principaux ouvr. ſont : 1. des *Notes* ſur la *Phyſique de Rohault,* qui ont été imprimées. 2. *Inſtitutio Philoſophiæ ſecundum principia R. Deſcartes,* in-4°. 3. *Curioſus rerum abditarum naturæque arcanorum perſcrutator,* in 8°.

GRAND, ( Joachim le ) habile critique & judicieux hiſtorien, naquit à S. Lo en Normandie le 6 Février 1653. Il étudia la Philoſophie à Caen, ſous le céleb. Pierre Cally, & entra dans la Congrégation de l'Oratoire en 1671. Il en ſortit cinq ans après, & fut chargé de l'éducation du Marquis de Vins, puis de celle du Duc d'Eſtrées. Il fut enſuite Secretaire d'Ambaſſade en Portugal & en Eſpagne, & mourut à Paris le prem. Mai 1733, à 80 ans. On a de lui pluſ. ouvr. très curieux,

dont quelques-uns ont été compoſés par ordre des Miniſtres d'Etat. Les princip. ſont : 1. *Mémoire touchant la ſucceſſion de la Couronne d'Eſpagne.* 2. *L'Allemagne menacée d'être bientôt réduite en Monarchie abſolue,* en 1711. in-4°. 3. *Traité de la ſucceſſion à la Couronne de France par les Agnats,* c. à d. pour la ſucceſſion maſculine directe, *in-12.* Ce Traité eſt curieux & très eſtimé. 4. *Hiſtoire du Divorce de Henri VIII, contre Burnet.* 3. vol. *in-12* eſtimés.

GRAND, ( Marc-Antoine le ) Acteur & Poète Francois, excelloit ſur le Théatre, dans les rôles de Rois & de Héros, & dans ceux de Païſan. Il compoſa 34 Pieces, tant pour le Théatre François, que pour les Comédiens Italiens. Les plus eſtimées ſont : le *Roi de Cocagne* : *Plutus* : le *Triomphe du Tems* : l'*Amour diable* : la *Foire S. Laurent* : la *Famille extravagante* : la *Métamorphoſe amoureuſe* : l'*Uſurier gentilhomme* : l'*Aveugle clairvoiant* : l'*Ami de tout le monde* : & la *Nouveauté.* Il m. à Paris en 1728, à 56 ans. Il étoit né à Paris en 1671. Ses œuvres ont été recueillies & imprim. en 4 vol.

GRANDIER, ( Urbain ) fameux Curé & Chanoine de Loudun, fils d'un Notaire Roïal de Sablé, étoit bien fait, agréable & beau parleur, mais d'une conduite peu ſage & peu réguliere. Il fut accuſé d'impudicité, & condamné en 1629 par l'Official de l'Evêque de Poitiers à ſe défaire de ſes Bénéfices, & à vivre en pénitence ; mais il appella de cette Sentence, & fut déclaré innocent par ſon Métropolitain & par le Préſidial de Poitiers. Trois ans après, quelques Religieuſes de Loudun, qui paſſoient pour poſſédées, accuſerent Urbain Grandier de Magie ; M de Laubardemont, Conſeiller d'Etat, & douze Juges des Sieges voiſins de Loudun, furent chargés de lui faire ſon procès ; & ſur la dépoſition d'Aſtarot, de Cédon, d'Aſmodée, &c. c'eſt-à-diré, ſur la dépoſition des Religieuſes,

ſes, qui ſe diſoient poſſédées par ces démons, Urbain Grandier fut déclaré le 18 Août 1634 *dûment atteint & convaincu du crime de magie, maléfice & poſſeſſion arrivée par ſon fait ès perſonnes d'aucunes des Religieuſes Urſulines de Loudun*, &c. & condamné à faire amende honorable, & à être brulé vif. Ce qui fut exécuté. Cependant les Docteurs de Sorbonne, conſultés ſur la dépoſition des Religieuſes de Loudun, qui ſe diſoient poſſédées, avoient répondu, que quand bien même leur poſſeſſion ſeroit certaine, on ne devoit avoir aucun égard en juſtice à leur dépoſition, attendu que le Diable eſt menteur & calomniateur ſelon l'Evangile, *S. Jean*. VIII. 44. & que ſi l'on admettoit une fois de telles dépoſitions, les perſonnes les plus vertueuſes ne ſeroient point en ſureté, pouvant être accuſées par les Démons d'avoir cauſé des ſortileges & des poſſeſſions. Pluſieurs Ecrivains ont dit qu'une des cauſes de la perte de Grandier, fut d'avoir été accuſé d'être l'auteur de *la Cordonniere de Loudun*, libelle très injurieux à la perſonne & à la famille du Cardinal de Richelieu ; mais cela n'a aucune vraiſemblance. On peut voir tout ce qui concerne Grandier dans le Livre intitulé, *Hiſtoire des Diables de Loudun*, par S. Aubin, Calviniſte, & dans la réfutation de cette Hiſtoire. On conſerve en Sorbonne le Procès-verbal de la viſite de M. des Roches, Secretaire du Cardinal de Richelieu, des Religieuſes de Loudun. On voit clairement par ce Procès-verbal, que ces Relig. n'étoient pas poſſédées, mais qu'elles ſavoient un peu de latin, & qu'on leur faiſoit jouer un rôle qu'elles déſapprouvoient intérieurement, & même quelquefois publiquement ; que d'ailleurs M. de Laubardemont, en affectant beauc. de piété & de zele pour la Religion, étoit un homme vendu au Cardinal de Richelieu, & capable de tout ſacrifier pour plaire à cette Eminence.

GRANDIN, ( Martin ) habile Docteur, & Profeſſeur de Sorbonne, natif de S. Quentin, enſeigna la Théologie en Sorbonne avec réputation pendant plus de 50 ans, & m. le 16 Novemb. 1691, à 87 ans. On a de lui un cours de Théologie imprimé après ſa mort, en 6 vol. *in* 4°. en latin, par les ſoins de M. d'Argentré.

GRANET, ( Françóis ) fameux critique du 18e ſiecle, natif de Brignole, entra dans l'Etat Eccléſiaſtique, & vint s'établir à Paris, où il ſe fit connoître des Savans. Il n'étoit que Diacre, & il jouit d'une fortune très médiocre, juſqu'à ſa mort arrivée le 2 Avril 1741, à 49 ans. Ses principaux ouvrages ſont, 1. une *édition* des œuvres de M. de Launoi ; 2. pluſieurs volumes du Journal intit., *Bibliotheque Françoiſe*, 3. pluſieurs édit. de nos bons Auteurs ; 4. *Obſervations ſur les Ecrits modernes*, & le *Nouvelliſte du Parnaſſe* avec l'Abbé Desfontaines.

GRANGE, ( Jean de la ) d'une noble & anc. famille du Beaujolois, ſe fit Bénédictin & ſe rendit habile dans la Juriſprudence, civile & canonique. Il fut enſuite Abbé de Fécamp, & emploïé par le Pape Innocent VI en des affaires importantes. Charles le *Sage* inſtruit de ſa capacité, le fit Miniſtre d'Etat & Surintendant de ſes Finances, lui donna l'Evêché d'Amiens, & lui procura le Chapeau de Cardinal en 1375. On remarque de lui une choſe aſſez ſinguliere, c'eſt qu'étant Préſident en la Cour des Aides, puis Conſeiller au Parlement, il jugea pluſieurs procès, même étant Cardinal. Après la mort de Charles V arrivée en 1380, craignant le reſſentiment de Charles VI, auquel il avoit parlé durement du vivant du Roi ſon pere, il ſe retira à Avignon où il mour. le 24 Avril 1402.

GRANJON, céleb. Graveur & Fondeur de Caract. d'Imprimerie.

GRANVELLE, *voyez* PERRENOT.

GRAS, ( Louiſe de Matillac veuve de M. le ) Dame illuſtre par ſa

GRANDIN, ( Martin ) habile
*Tome I.*                    R r

piété & par ses vertus, fondatrice, avec S. Vincent de Paul, des *Sœurs de la Charité*, appellées aussi *les Sœurs Grises*, naquit à Paris le 12 Août 1591, de Louis de Marillac, frere de Michel de Marillac Garde des Sceaux, & du Maréchal de Marillac. Elle épousa en 1613 Antoine le Gras, Secretaire des Commandemens de la Reine Marie de Médicis : & demeura veuve en 1625. Alors M. Camus, Evêque de Belley, son Directeur, la mit sous la conduite du B. Vincent de Paul, qui l'emploïa dans les établissemens de charité. Elle mourut en odeur de sainteté le 15 Mars 1652, à 71 ans. M. Gobillon a écrit sa *Vie* in-12.

GRASSIS, ( Pierre de ) frere du Cardinal Achille de Grassis, & Maître des cérémonies sous le Pape Léon X & ses successeurs, puis Evêque de Pesaro, fit beaucoup parler de lui au commencement du 16e siecle. Il trompa les Antiquaires, leur donnant pour une inscription antique, l'Epitaphe d'une Mule, qu'il avoit lui-même composée, & avoit fait graver sur une piece de marbre. On a de lui un *Cérémonial* qui est estimé. Il s'éleva avec une espece de fureur contre Christophe Marcel, Archevêque de Corfou, parcequ'il avoit fait imprimer en 1516 le Livre *des Rites de l'Eglise Romaine*, composé par Augustin Patrice, sous le Pontificat d'Innocent VIII.

GRASWINCKEL, ( Théodore ) sav. Jurisconsulte du 17e siecle, natif de Delft, Avocat fiscal des Domaines des Etats de Hollande, Greffier & Secretaire de la Chambre Mipartie, de la part des Etats Généraux à la Haye, étoit non seulement bien versé dans les matieres de Droit, mais aussi dans les Belles-Lettres & dans la Poésie latine. Il mourut à Malines le 12 Octobre 1666, à 66 ans. Ses principaux ouvrages sont : 1. un livre *De jure Majestatis*, dans lequel il établit les principes les plus favorables aux Monarques : 2. *Libertas Veneta, seu Venetorum in se ac suos imperandi*

*jus* : 3. *Maris liberi vindiciæ adversùs Petrum Baptistam Burgum* : 4. *De præludiis justitiæ & juris*, avec une Dissertation : 5. *De fide Hæreticis & Rebellibus servandâ*, &c.

GRATAROLE, ( Guillaume ) célebre Médecin du 16e siecle, natif de Bergame, enseigna d'abord la Médecine à Padoue avec réputation, mais aïant embrassé les nouvelles erreurs, à la persuasion de Pierre Martyr, il se retira en Suisse, où il pratiqua & enseigna la Médecine avec succès. Il mourut à Bâle le 16 Avril 1568, à 52 ans. Il est Auteur de divers ouvr. très curieux, comme de *la maniere de conserver & d'augmenter la mémoire* : de la conservation de la santé des Magistrats, des Voïageurs, des hommes d'étude ; *de prædictione morum, naturarumque hominum facili inspectione partium corporis*, &c.

GRATIANI, ( Antoine-Marie ) sav. Evêque d'Amelia, étoit de la petite ville *del Borgo san Sepulcro* en Toscane. Il fut élevé par le Cardinal Commendon, qui lui confia les affaires les plus importantes, & lui donna une riche Abbaïe. Après la mort de ce Cardinal, Gratiani fut Secretaire du Pape Sixte V, puis du Cardinal Montalte. Clément VIII, qui lui devoit en partie son élévation à la Papauté, lui donna l'Evêché d'Amelia, & l'envoïa Nonce à Venise. Il vouloit même le faire Cardinal, mais il en fut détourné par le Cardinal Aldobrandin, parceque Gratiani étoit sujet du Duc de Florence. L'air de Venise étant contraire à sa santé, il se retira à Amelia, y remplit les devoirs d'un S. Evêque, & y mourut en 1611, à 75 ans. On a de lui : 1. des *Ordonnances synodales* ; 2. la *Vie du Cardinal Commendon*, qui a été traduite en françoise par M. Fléchier ; 3. *De bello Cyprio* ; 4. *De casibus adversis illustrium virorum sui ævi*, &c.

GRATIEN, Empereur Romain, né à Sirmich le 18 Avril 359, de Valentinien I par sa premiere femme *Severe*, fut déclaré Auguste par son père à Amiens le 24 Août 367, & lui succéda le 17 Novembre 375. Gratien avoit de l'esprit, de l'éloquence, de la modestie, de la chasteté, & un gr. zele contre les Hérétiques. Il associa Théodose à l'Empire, éleva le Poëte Ausone au Consulat, & vainquit les Allemands proche de Strasbourg. C'est le prem. des Empereurs qui refusa le titre de *Souverain Pontife*, parceque c'étoit une dignité du Paganisme ; mais la fin du regne de ce Prince ne fut point heureuse ; car Maxime s'étant fait déclarer Empereur, souleva une partie des Légions, & défit Gratien à Paris par la trahison de Merabaud. Après cette défaite, l'Empereur prit la fuite, & fut assassiné à Lyon par Andragathius le 25 Aout 383, à 24 ans.

GRATIEN, simple soldat, fut élevé à l'Empire par les Légions Romaines, révoltées dans la grande Bretagne, pour l'opposer à Honorius vers l'an 407, mais il fut mis à mort quatre mois après par ceux mêmes qui l'avoient couronné.

GRATIEN, célebre Religieux Bénédictin au 12e siecle, natif de Chiusi, emploïa près de 24 ans à composer dans le Monastere de Boulogne, un ouvrage qui lui a acquis une réputation immortelle. Il l'intitula *le Decret*, ou *Concordantia discordantium Canonum*, parcequ'il tâche d'y concilier les Canons qui semblent contraires les uns aux autres. Il le publia vers 1151. Comme il s'est trompé quelquefois en prenant un Canon d'un Concile, ou un passage d'un Pere pour un autre, & qu'il a souvent cité de fausses Décretales, divers Auteurs ont travaillé à corriger ses défauts, & principalement Antoine Augustin dans son excellent ouvrage intitulé, *De emendatione Gratiani*, dont Baluze a donné une excellente Edition. Gratien étoit contemporain de Pierre Lombard & de Pierre Comestor ou *le Mangeur*. Quelques Auteurs ont même cru, que ces trois gr. hommes étoient freres & bâtards ; mais ces deux derniers faits sont une

fable destituée de vraisemblance. C'est principalement au Decret de Gratien que les Papes sont redevables d'une partie de la grande autorité qu'ils ont exercée dans le 13e siecle, & dans les suivans.

GRATIUS, Poëte Latin, contemporain d'Ovide, est auteur d'un Poëme intitulé, *Cynegeticon*, ou, *de la maniere de chasser avec les chiens*. La meilleure édition de ce Poëme, est celle de Hollande, *in-12*, avec les savantes notes de *Janus Ulitius*.

GRAVEROL, (Jean) sav. Ministre de la Rel. Prét. Ref., naquit à Nismes le 11 Septembre 1636, quitta Lyon où il étoit Ministre à la révocation de l'Edit de Nantes, & se réfugia à Amsterdam, puis à Londres où il fut fait Ministre & où il m. en 1718, laissant un gr. nombre d'*ouvrages*, dont le Principal est son *Moses vindicatus*, où il donne les preuves de la Création & de la narration de Moïse, contre le Livre de Burnet intitulé : *Archeologia Philosophica, sive doctrina antiqua de rerum originibus*. Jean Graverol avoit un frere aîné nommé François Graverol, né à Nismes en 1635. Celui-ci fut Avocat au Parlement de Toulouse, & au Présidial de Nismes. C'étoit un habile Jurisconsulte & un sav. Antiquaire. Il m. à Nismes le 10 Sept. 1694. On a de lui : 1. plusieurs *Dissertations* sur diverses Médailles. 2. de savantes *observations sur les Arrêts du Parlement de Toulouse recueillis par la Rocheflavin*. 3. *Notice ou abregé historique des vingt-deux villes chefs des Diocéses de la Province de Languedoc*. 4. *le Sorbériana*, dont il y a eu plus. éditions, &c. Il étoit de l'Académie des *Ricovrati* de Padoue, & de celle de Nismes. Il fit la devise *Æmula Lauri* pour cette derniere Académie, qui l'adopta.

GRAVESON, (Ignace-Hyacinthe-Amat de) sav. Docteur de Sorbonne de l'Ordre de S. Dominique, natif du village de Graveson, près d'Avignon, de parens illustres, prit l'habit de Religieux à l'âge de 16 ans. Etant venu continuer ses études à Paris, dans le Couvent des Jacobins de la rue S. Jacques, il s'y distingua par ses talens, fit sa Licence avec un applaudissement universel, & prit le Bonnet de Docteur. Le Général de son Ordre l'attira ensuite à Rome, où le pere de Graveson enseigna la Théologie avec une réputation extraordinaire. Il refusa une Chaire de Théol. que le Roi de Sardaigne lui offrit dans l'Université de Turin, fut un des Théologiens du Concile de Rome, tenu en 1725, eut gr. part à la négociation entamée entre le S. Siege & le Cardinal de Noailles, & m. à Arles en 1733, à 63 ans. Il y étoit venu pour prendre l'air natal, qu'il croïoit nécessaire au rétablissement de sa santé. Ses ouvrages ont été imprimés à Venise en 1740, en 7 vol. *in-4°*. Ils comprennent : 1. l'*Histoire de l'ancien Testament*. 2. l'*Histoire Ecclésiastique jusqu'à l'an 1730*. 3. un *Traité de la Vie & des Mysteres de J. C.* 4. la *Vie du brave Crillus*, 5. des *Opuscules* sur la Grace efficace, la Prédestination, &c.

s'GRAVESANDE, ( Guillaume-Jacques de ) très cél. Mathématicien & sav. Philos. Newtonien, naquit à Bois-le-Duc en 1688, d'une anc. famille, où le gout pour les Mathématiques & la Physique étoit comme héréditaire. Il fit paroître de bonne heure beauc. d'inclination & de gr. dispositions pour les Sciences. Dès l'âge de 18 ans il composa en partie son *Essai de perspective* auquel il joignit un Traité de l'usage de la Chambre obscure pour le dessein, il s'associa en 1713 aux Auteurs du Journal Litteraire, & fournit plusieurs *Extraits* & *Dissertations* originales, qui mériteroient d'être réimprim. séparément. s'Gravesande alla en 1715 en Angleterre en qualité de Secretaire d'Ambassade, il fut reçu aussitôt de la Société Roïale de Londres, & s'acquit l'estime du cél. Newton, avec lequel il contracta des liaisons

fort étroites, qui ont duré jusqu'à sa mort. De retour en Hollande, il fut fait Professeur d'Astronomie & de Mathématique à Leyde, en 1717. Il se donna un très bel appareil de machines, dont la plupart étoient de son invention, & ouvrit un cours complet de Physique expérimentale. Il se rendit à Cassel en 1721 à la priere du Landgrave de Hesse, pour examiner la fameuse machine d'Orphireus, qui prétendoit avoir trouvé le mouvement perpétuel, & en porter son jugement. Il devint encore Professeur de Philosophie à Leyde en 1734, & m. le 28 Fév. 1742, universellem. regretté à cause de sa probité, de la douceur de son caractere & de son attachement à la Religion ; c'étoit un des plus beaux génies, & l'un des savans les plus profonds du 18e siecle. Ses ouvr. sont : 1. son *Essai de perspective*, qui passe pour le meilleur Traité, qui ait été fait sur cette matiere. 2. *Physices elementa Mathematica experimentis confirmata, sive introductio ad Philosophiam Newtonianam*, ouvrage excellent, dont la meilleure édition fut publiée après sa mort par M. Allamand son disciple, savant Professeur de Philosophie & de Mathématique à Leyde. 3. un *Abregé des Elemens de Physique* dont nous venons de parler, sous ce titre *Philosophiæ Newtonianæ institutiones*, dont la meilleure édition est celle du même M. Allamand. M. de Joncourt, cél. Pasteur & Professeur à Bois-le-Duc, traduisit & fit impr. ce livre en franç. en 1746. 4. un cours d'Algebre très estimé & intitulé : *Matheseos universalis elementa, accedunt specimen Commentarii in Arithmeticam Newtoni, & Regula nova de determinanda forma seriei infinitæ adsumptæ*. 5. *Introductio ad Philosophiam, Metaphysicam & Logicam continens*. Cet ouvr. passe pour un chef-d'œuvre, il a été traduit en françois. 6. une Harangue *de Evidentia* : & deux autres harangues, l'une, *de Matheseos in omnibus fcientiis, præcipuè in Phyficis ufu ; necnon de Aftronomiæ perfectione ex phyfica haurienda :* l'autre, *de vera & nunquam vituperanda Philofophia.* Il prononça la premiere quand il fut fait Profeffeur d'Aftronomie & de Mathémat. & la feconde en prenant poffeffion de fa Chaire de Philofophie.

GRAVINA, ( Dominique ) fav. Religieux Dominiquain, parvint aux prem. charges de fon Ordre par fon mérite, & m. à Rome le 26 Août 1643, à 70 ans. On a de lui, *De Catholicis præfcriptionibus, &* d'autres ouvr. de Théologie.

GRAVINA, ( Janus Vincentius ) céleb. Jurifconfulte, Poète & Orateur, natif du Diocèfe de Cofenze en Calabre, s'acquit l'eftime du Pape Innocent XII, qui lui donna une Chaire de Droit au College de la Sapience à Rome. Clement XI continua de le proteger, & Gravina lui dédia fes ouvr. en 1717. Il m. à Rome le 6 Janv. 1718, à 56 ans. La meilleure édition de fes ouvr. eft celle de Leipfick en 1737, *in-4°.* avec les notes de Mafcovius. On eftime furtout les trois Livres de l'origine du Droit, *originum Juris libri tres.* C'eft le plus excellent ouvrage qui ait paru jufqu'ici fur cette matiere. Son Livre de *Romano Imperio,* eft auffi fort eftimé, quoiqu'il y ait bien des fautes. Son Traité intitulé : *Ragione poetica* en 2 Liv. renferme une fine Critique & beauc. de connoiffance dans la poétique. Il a été traduit en fr. par M. Requier, & impri. à Paris en 1755 en 2 petit vol. *in 12.* fous ce titre, *Raifon ou idée de la Poéfie.* On a auffi de Gravina 5 *Tragédies,* qui qui ne font pas eftimées, un Traité de la Tragedie & d'autres ouvrages les uns en latin, & les autres en italien. Il étoit de l'Académie des *Arcades* de Rome.

GRAVINA, ( Pierre ) excellent Poète Italien, natif de Palerme en Sicile & origin. de Gravina, ville du Roïaume de Naples, fut Chanoine de Naples, & m. à Rome en 1528, à 74 ans. On a de lui un Recueil *in-4°.* de ce qui nous refte de fes Poéfies. Sannazar en fait un gr. éloge. Gravina eut pour Mecenes le Général Gonzalve & Profper Colonne.

GRAVIUS, ( Henri ) fav. Imprimeur, natif de Louvain, enfeigna la Théol. pendant 20 ans ; & fut appellé à Rome par le Pape Sixte V, qui lui confia le foin de la Bibliotheque & de l'Imprimerie du Vatican. Il mourut le 2 Avril 1591, à 55 ans.

GRAUNT, ( Edouard ) favant Ecrivain Anglois, au 16e fiecle, fut Maître de l'Ecole de Weftminfter, & m. en 1601. On a de lui : 1. *Græcæ Linguæ fpicilegium :* 2. *Inftitutio Græcæ Grammatices compendiaria in ufum Regiæ Scholæ Weftmonafterienfis.*

GRAUNT, ( Jean ) Membre de la Société Roïale de Londres, fe diftingua par un ouvrage célebre & curieux, intitulé : *Obfervations naturelles & politiques fur les Bills de mortalité ;* il embraffa la Religion Catholique Romaine fur la fin de fa vie, après avoir été Puritain & Socinien, & m. en 1674.

GRAWER, ( Albert ) fam. Théol. Luthérien, naquit à Mefecow, village de la Marche de Brandebourg, en 1575. Il s'acquit une gr. réputation dans fon parti par fon zele & par fes écrits contre les Sociniens & contre l'Eglife Romaine, & m. le 30 Novemb. 1617, étant Surintendant des Eglifes du Païs de Weimar. C'eft de tous les Luthériens celui qui a écrit avec le plus de chaleur contre les Calviniftes.

GRAZZINI, ( Antoine-François ) Poète Italien, furnommé *Lafca,* dont on a des *Comédies,* des *Stances,* & des *Poéfies diverfes,* qui font eftimées. Il mourut en 1583, à 80 ans.

GREAVES, ( Jean ) *Gravius,* favant Ecrivain Anglois, naquit à Calmoor dans le Comté de Hant en Angleterre en 1602. Après avoir fait de gr. progrès à Oxford, il s'appliqua à l'étude de la Philofophie, des Mathématiq. & des Langues orient.

tales, & fut fait Profeſſeur de Géométrie dans le College de Gresham en 1630. Il réſolut alors de voïager, & après avoir parcouru toute l'Italie, il alla à CP. puis en Egypte, où il meſura les Pyramides. Enfin, après avoir fait une collection conſidérable & curieuſe de manuſcrits Grecs, Arabes & Perſans, de médailles, de pierres gravées & d'autres antiquités, il repaſſa en Angleterre en 1640. Greaves fut alors choiſi Profeſ. en Aſtronomie dans la Chaire de Savill à Oxford. Il propoſa en 1645 une méthode de corriger le Calendrier, publia en 1646 ſa *Pyramidographia*, ou, *Deſcription des Pyramides d'Egypte*; que Thevenot a traduite en françois & inſérée dansle Recueil de ſes *voïages*; & en 1647, un *Diſcours ſur le pied & le denier Romain, pour ſervir de principes aux meſures & aux poids des anciens*. L'année ſuivante les Parlementaires le chaſſerent de ſa Chaire, & l'obligerent de quitter l'Univerſité à cauſe de ſon attachement à la Famille Roïale. Il ſe retira à Londres, où il continua ſes études avec ardeur, il y publia un grand nombre d'ouvr. eſtimés; un entre autres *ſur la maniere de faire éclorre les poulets dans les fours, ſelon la méthode des Egyptiens*. Une *Deſcription* très curieuſe *du Serrail*, in-8°. Il mourut en 1652, à 50 ans.

GRECOURT, ( Jean-Baptiſte-Joſeph Villars de ) Poëte François, & l'un des beaux eſprits de ſon tems, naquit à Tours, vers 1683, d'une bonne famille. Il embraſſa l'état Eccléſiaſtique de bonne heure, & fut pourvu en 1697 d'un Canonicat de S. Martin de Tours, ſur la démiſſion de M. l'Abbé Rouillé ſon parent, Conſeiller au Parlement. L'Abbé de Grecourt ne poſſeda jamais que ce Bénéfice avec une Chapelle dans l'Egliſe de Paris. Il fit paroître dès ſon enfance beaucoup de diſpoſition pour les Belles-Lettres, & après avoir fait ſes études à Paris, il prêcha avec applaudiſſement; mais l'amour des plaiſirs, de

l'enjouement & des belles compagnies, le dégoûta bientôt de cette pénible fonction. Il fut admis & recherché dans les maiſons de diſtinction, lia amitié avec le Maréchal d'Eſtrées, qui le menoit avec lui aux Etats de Bretagne, & paſſa une partie de ſa vie à faire des Vers, & à ſe divertir au Château de Verer, qu'il appelloit ſon Paradis terreſte. L'âge ne lui fit changer ni de conduite ni de caractere. Il mourut à Tours le 2 Avril 1743, à 59 ans. Ses œuvres ont été imprimées en 1748. Elles contiennent des *Fables*, des *Epigrammes*, des *Chanſons*, des *Contes*, des *Madrigaux*, & le Poëme intitulé *Philotanus*, qu'on lui attribue, quoiqu'il l'ait ſeulement revû. On y remarque un eſprit aiſé, naturel & agréable, mais très libertin.

GREGOIRE I, (S.) ou le *Grand*, Pape & Docteur de l'Egliſe, né à Rome d'une famille Patricienne, ſe diſtingua tellement dans la charge de Sénateur, que l'Empereur Juſtin le jeune, le créa Préfet de Rome. Il quitta cette dignité, & s'enferma dans le Monaſtere de S. André, qu'il avoit fondé à Rome dans ſa maiſon paternelle, ſous la diſcipline de l'Abbé Valentius; il en fut bientôt tiré par le Pape Benoît I, qui le fit ſon ſeptieme Diacre. Pelage II l'envoïa à CP. pour demander du ſecours contre les Lombards. C'eſt-là qu'il diſputa ſur la nature des corps des Bienheureux, contre le Patriarche qui étoit Eutychien. De retour à Rome, il fut Secretaire du Pape Pelage, & obtint enſuite la permiſſion de ſe retirer dans ſon Monaſtere. Pelage étant mort, S. Gregoire fut élu Pape le 3 Septembre 590. Il ne conſentit à ſon élection, qu'après qu'elle eût été confirmée par un miracle, & qu'il eût emploïé tous les moïens imaginables pour en faire élire un autre. Il parut par ſa conduite que le choix ne pouvoit tomber ſur une perſonne plus digne d'une ſi gr. place. S. Gregoire étoit ſavant, inſtruiſoit l'Egliſe par ſes prédications & par ſes écrits, l'édiſoit par ſes vertus, & travailloit avec un zele infatigable aux intérêts temporels & ſpirituels de la Religion. Il n'oublia rien pour éteindre le ſchiſme introduit dans l'Egliſe à l'occaſion des *Trois Chapitres* : il envoïa en 596 S. Auguſtin en Angleterre pour y prêcher l'Evangile, maintint avec fermeté les droits du S. Siege, & la diſcipline Eccléſiaſtique, s'éleva avec force contre l'incontinence des Clercs, fit punir les calomniateurs, & s'oppoſa à l'ambition du Patriarche de CP. qui prenoit la qualité d'*Evêque œcumenique* ou univerſel. Les Auteurs de ſa vie ont parlé differemment des louanges qu'il donne dans ſes Lettres au Tyran Phocas, & à la Reine Brunehaut. On dit auſſi qu'il fit détruire les beaux monumens de l'ancienne magnificence des Rom. afin d'empêcher ceux qui venoient à Rome, de faire plus d'attention aux Arcs de Triomphe, & aux antiquités du Paganiſme, qu'aux choſes ſaintes, & qu'il fit bruler une infinité de Livres des Païens, & en particulier Tite-Live ; mais ces faits ne ſont point certains. Il travailla avec zele à réunir les Schiſmatiques & à convertir les Hérétiques ; mais il vouloit qu'on emploiât à leur égard, la perſuaſion & non la violence. Il s'oppoſa aux vexations qu'on exerçoit contre les Juifs, pour les attirer au Chriſtianiſme. *C'eſt*, diſoit-il, *par la douceur, la bonté, l'inſtruction, qu'il faut appeller les Infideles à la Religion Chrétienne, & non par les menaces & par la terreur.* Il réforma en 599 l'Office de l'Egliſe Romaine, & m. le 12 Mars 604. C'eſt un grand ſujet de diſpute parmi les Savans, de ſavoir s'il a été Moine ſelon la Regle de S. Benoît, ou ſuivant celle de S. Equice, c'eſt lui qui prit le premier la qualité de *ſerviteur des ſerviteurs de Dieu*, pour s'oppoſer aux titres faſtueux que prenoient les Patriarches d'Orient. La meilleure édition de ſes œuvres eſt celle du Pere de Ste Marthe, Bénédictin. On eſtime principalement ſon *Paſ*-

toral, & les 12 Livres de *Lettres* qu'il écrivit durant ſon Pontificat. Le Pere de Ste Marthe a écrit ſa vie, imprimée à Rouen en 1697, *in* 4°. S. Gregoire eut pour ſucceſſeur Sabinien, qui voulut faire bruler ſes écrits, mais ils échaperent du feu par un miracle, ſelon *Jean Diacre*.

GREGOIRE II, (S.) Romain, ſuccéda au Pape Conſtantin en 714. Il envoïa S. Boniface en Allemagne pour y convertir les Infideles, & gouverna l'Egliſe avec zele & avec ſageſſe ; il m. le 11 Fév. 731. On a de lui 15 *Lettres* & un *Mémoire* donné à ſes Envoïés en Baviere ſur divers point de la diſcipline Eccléſiaſtique. S. Grégoire III lui ſuccéda.

GREGOIRE III, (S.) natif de Syrie, fut élu Pape après la mort de Gregoire II, le 16 Février 731. Il écrivit à l'Emper. Léon en faveur du culte des Images, excommunia les Iconoclaſtes, & mourut le 10 Novembre 741. C'eſt le prem. Pape que le Peuple de Rome obligea de gouverner en ſouverain l'Exarchat de Ravenne. On a de lui 2 *Lettres*. Il eut pour ſucceſſeur S. Zacharie.

GREGOIRE IV, Romain, ſuccéda au Pape Valentin le 24 Sept. 827. Il fit célebrer la fête de tous les Saints dans toute l'Egliſe, & m. le 25 Janvier 845. Serge II fut ſon ſucceſſeur.

GREGOIRE V, nommé auparavant *Brunon*, étoit parent de l'Empereur Othon III. Il ſuccéda au Pape Jean XV le 11 Juin 996, & fit chaſſer de Rome l'Antipape Jean, Evêque de Plaiſance. Il mourut le 18 Février 999, & eut pour ſucceſſeur Silveſtre II.

GREGOIRE VI, Romain & Archiprêtre de l'Egliſe de Rome, nommé auparavant *Jean Gratien*, se mit en poſſeſſion du S. Siege par la ceſſion que lui en fit Benoît IX, auquel Silveſtre III diſputoit le Pontificat. Ainſi il y eut alors trois prétendans au S. Siege ; mais l'Empereur Henri les fit dépoſer tous trois comme Simoniaques, & fit élire, en 1046, Suidger, Evêque de Bamberg, qui prit le nom de Clement II, & fut reconnu par tout le monde pour Pape légitime.

**GREGOIRE VII,** Pape célébre, appellé auparavant *Hildebrand,* né à Saone en Toscane, d'un pere qui étoit Charpentier, devint Prieur de Cluni, & alla à Rome avec Brunon, Evêque de Toul, qu'il fit élire Pape sous le nom de Léon IX. Il rendit de si gr. services aux Papes, que Nicolas II le fit Archidiacre de l'Eglise de Rome, & qu'il eut l'administration de toutes les affaires sous Alexandre II. Il succéda à ce Pape en 1073, & fit confirmer son élection par l'Empereur Henri IV. Le P. Pagi remarque que c'est le dernier Pape dont le décret d'élection ait été envoyé à l'Empereur pour être confirmé. Gregoire VII tint aussi tôt un Concile à Rome contre les Simoniaques & contre les Ecclésiastiq. concubinaires; il déclara excommuniés tous ceux qui recevroient d'un Laïc les investitures d'aucun Bénéfice, & ceux qui la donneroient. Il n'en exceptoit personne, & ses Légats déclarerent à l'Empereur, qui étoit allé au devant d'eux jusqu'à Nuremberg, qu'ils avoient des ordres exprès de le traiter comme un excommunié, jusqu'à ce qu'il eût été absous de la simonie. Il reçut d'eux l'absolution, & il écrivit à Grégoire qu'il lui seroit toujours soumis. Néanmoins il ne voulut point permettre aux Légats de convoquer un Concile, & retint à sa Cour ceux de ses Ministres que le Pape avoit nommément excommuniés. Gregoire le fit citer pour comparoître au Synode prochain de Rome, mais l'Empereur se moqua de ses menaces, & convoqua un Concile à Worms en 1076, où le Cardinal le Blanc se porta pour accusateur du Pape. Cette Assemblée déclara nulle l'élection de Gregoire, qui de son côté tint un Synode à Rome, dans lequel il excommunia l'Empereur avec ses complices; & ce qu'aucun Pape n'avoit encore jamais fait, il priva ce Prince de la dignité Impériale, & de ses Roïau-

mes de Germanie & d'Italie, déclarant tous ses sujets absous du serment de fidélité. Il écrivit ensuite le 3 Septembre 1076 une Lettre circulaire à tous les Evêques & à tous les Princes d'Allemagne, pour les exhorter à élire un autre Roi, si Henri ne se convertissoit pas; & comme il avoit prévu que sa conduite lui attireroit de gr. ennemis, il mit dans ses intérêts trois illustres Princesses, Agnès, mere de l'Empereur, la Duchesse Beatrix, sa tante, & la Comtesse Mathilde, sa cousine germaine. Ces deux dernieres Princesses étoient très puissantes en Italie, & y possédoient de très gr. Etats. Le Pape s'attacha Mathilde d'une maniere particuliere, & se ligua avec Rodolphe, Duc de Souabe, avec Guelphe, Duc de Baviere, & avec plusieurs autres Princes d'Allemagne. Cette Ligue devint si puissante, que les Seigneurs Allemands s'étant assemblés à Tribur, près de Mayence, résolurent de déposer l'Empereur, & lui déclarerent s'il n'obtenoit son absolution du Pape avant l'an & jour de son excommunication, il seroit déchu de son Royaume sans aucune espérance de retour. Henri fut obligé de se soumettre à ces dures conditions. Il partit avec sa femme & son fils encore enfant, pendant la plus rude saison de l'année, traversa les Alpes avec des incommodités insupportables, & obtint du Pape, qui étoit à Canossa, Forteresse de la Princesse Mathilde, son absolution à des conditions d'une dureté inouie, portées par un acte du 28 Janvier 1077. Avant que de l'obtenir, on l'avoit obligé d'être trois jours à la porte du Château, sans aucune marque de dignité, nuds pieds, vêtu de laine sur la chair, & sans manger jusqu'au soir. Ses Partisans excommuniés éprouverent la même rigueur; ce qui refroidit beaucoup le zéle que les Lombards avoient pour lui. Pour se remettre dans leur esprit, il rompit aussi tôt son traité, & témoigna un ardent desir de se venger. Les Princes Allemands, assemblés à Forcheim , élurent Roi , Rodolphe , Duc de Souabe , le 17 Mars 1077. Le Pape confirma cette élection dans un Concile en 1080 , donnant à Rodolphe le Royaume de Germanie , accordant à ceux qui lui seroient fideles , l'absolution de tous leurs péchés , & réiterant l'excommunication contre Henri. Ce dernier coup acheva de porter les choses aux dernieres extrêmités. L'Empereur convoqua une Assemblée à Mayence , puis à Brixen , où l'on déclara que Grégoire étoit déchu du Pontificat , & l'on élut en sa place Guibert de Parme , Archevêque de Ravenne , qui prit le nom de Clement III ; ensuite ayant gagné deux batailles , l'une en Allemagne sur Rodolphe , qui mourut de ses blessures ; l'autre auprès de Mantoue sur l'Armée de la Comtesse Mathilde , il résolut d'aller établir à Rome son Antipape ; il en vint à bout après de gr. difficultés. Gregoire VII fut contraint de s'enfuir de Rome , & se retira à Salerne , où il mourut le 24 Mai 1085. C'étoit un homme doué d'excellentes qualités , & capable des plus grandes choses. Il étoit régulier dans ses mœurs , ennemi de la simonie & du libertinage , zélé pour la réforme du Clergé ; ferme & intrépide dans l'exécution de ses projets ; mais l'idée fausse qu'il avoit des prérogatives de son Siége , le porta à former des entreprises déraisonnables , qui jetterent de gr. troubles dans l'Eglise & dans l'Empire , & qui furent cause de la mort d'une infinité de Chrétiens. Il vouloit s'assujettir tous les Royaumes , même quant au temporel ; quoiqu'il n'ait pu réussir dans ce projet chimérique , il augmenta néanmoins plus qu'aucun autre de ses prédécesseurs , la puissance temporelle des Papes. On a de lui un grand nombre de *Lettres* écrites depuis le mois d'Avril 1073 , jusqu'en 1082. Le Traité intitulé *Dictatus Papæ* , qui se trouve avec ses Lettres , ne paroît point être de ce Pape. Victor III lui succéda.

GREGOIRE VIII , appellé aupa-

ravant *Albert de Mora* , étoit de Benevent. Il succéda au Pape Alexandre III le 20 Octobre 1187 , & mourut le 17 Décemb. suivant. Clement III fut son successeur.

GREGOIRE IX , d'Anagnie , de la famille des Comtes de Segni , & neveu d'Innocent III , fut élu Pape après Honorius III , le 19 Mars 1227. Il étoit auparavant Cardinal , Evêque d'Ostie , & se nommoit *Ugolin*. Il canonisa S. François d'Assise , & plus. autres Saints : il fit faire une collection des *Décretales* par S. Raymond de Pennafort : excommunia & déposa Fréderic II , avec lequel il eut des guerres très fâcheuses , & mourut de chagrin à Rome le 21 Août 1241 , dans un âge très avancé. Il eut pour successeur Celestin IV.

GREGOIRE X , appellé auparavant *Thibaut* , natif de Plaisance , & Archidiacre de Liége , fut élu Pape après Clement IV , par compromis & à la persuasion de S. Bonaventure , le 1 Septembre 1271 , étant alors dans la Terre-Sainte avec Edouard , fils du Roi d'Angleterre. Il arriva à Rome l'année suivante , où il travailla à réunir les Guelphes & les Gibelins , & à finir les guerres d'Italie. Il assembla en 1274 le II Concile général de Lyon , pour la réunion des Grecs & des Latins , pour le secours de la Terre-Sainte , & pour la réforme de la discipline Ecclésiastique. Il présida en personne à ce Concile , & m. en odeur de sainteté à Arezzo le 10 Janv. 1276. On a de lui plus. *Lettres*. C'est lui qui ordonna le premier qu'après la mort du Pape , les Cardinaux seroient renfermés dans un *Conclave* , & n'en sortiroient point qu'ils n'eussent élu un Souverain Pontife , afin de ne pas laisser le Siége aussi longtems vacant , qu'il l'avoit été après la mort de son prédécesseur. Innocent V lui succéda.

GREGOIRE XI , appellé auparavant *Pierre Roger* , neveu du Pape Clement VI , naquit au Château de Maumont dans le Limosin , du Comté de Beaufort en Vallée. Il se distingua par son mérite & par son savoir, devint Chanoine de Paris, Proviseur de Sorbonne, &c. & fut élu Pape après Urbain V, le 30 Décembre 1370. Il retint auprès de lui Balde, célèb. Jurisconsulte, qui lui servit de conseil, travailla à la réunion des Princes Chrétiens, & condamna les erreurs de Wiclef. C'est ce Pape qui, à la sollicitation de Ste Brigite de Suede & de Ste Catherine de Sienne, partit pour Rome en 1376, & quitta Avignon où le S. Siége avoit été transféré depuis 72 ans. Il arriva à Rome le 17 Janvier 1377, & y fut reçu avec de gr. acclamations de joie ; peu de tems après se voyant méprisé par les Romains & par les Florentins, il résolut de retourner à Avignon ; mais Dieu ne le permit pas, il mourut à Rome le 7 Mars 1378, & eut pour successeur Urbain VI.

GREGOIRE XII, appellé auparavant *Ange Corario*, étoit Vénitien, & fut élu le 30 Novembre 1406 dans le tems du schisme. Il ratifia au sortir du Conclave l'acte qu'il avoit fait avec les Cardinaux, par lequel il s'étoit engagé avec serment de renoncer au Pontificat pour parvenir à la réunion de l'Eglise, & il écrivit à l'Antipape Benoît XIII son concurrent, pour lui proposer à concourir à l'extinction du schisme ; mais il fit bientôt voir par sa conduite qu'il n'étoit pas sincere. C'est pourquoi les Cardinaux des deux Obédiences tinrent un Concile général à Pise en 1409, dans lequel ils déposerent les deux Contendans, & élurent Pape Alexandre V. Ainsi il y eut trois Contendans à la Papauté au lieu de deux. Gregoire, craignant que les Vénitiens ne le fissent arrêter, s'enfuit déguisé dans le Royaume de Naples, où le Roi Ladislas le protégea quelque tems. Enfin se voyant abandonné, il envoya sa démission au Concile de Constance en 1415, par Charles Malatesta Seigneur de Rimini. Le Concile, en reconnoissance de sa démission, ordonna qu'il seroit Doyen des Cardinaux, & qu'il exerceroit

durant sa vie la légation de la Marche d'Ancône. Il mourut à Recanati le 18 Octobre 1417, à 92 ans.

GREGOIRE XIII, natif de Bologne, nommé auparavant *Hugues Buoncompagno*, succéda au Pape Pie V le 13 Mai 1572. Il étoit habile Jurisconsulte, & avoit enseigné le Droit avec réputation. Il fonda un gr. nombre de Colléges, approuva ou réforma plusieurs Congrégations Religieuses, & reçut diverses Ambassades des Chrétiens d'Orient, & en particulier du Japon. C'est ce Pape qui ordonna en 1581 la *Réformation du Calendrier Romain*. Il assembla à ce sujet les plus habiles Mathématiciens de son tems, & adopta le systême de Louis Letio, Médecin Romain, dont il ordonna l'exécution par une Bulle du 24 Février 1582. Il mourut le 10 Avril 1585, à 83 ans, & eut pour successeur Sixte V.

GREGOIRE XIV, natif de Cremone, nommé auparavant *Nicolas Sfondrate* ou *le Cardinal de Cremone*, fut élu Pape après Urbain VII, le 5 Décemb. 1590. Il étoit pieux, charitable, & gr. ennemi des Hérétiques. Il prit le parti de la Ligue contre Henri IV, Roi de Fr. avec beaucoup de vivacité, & m. le 15 Oct. 1591. Innocent IX lui succéda.

GREGOIRE XV, natif d'une illustre famille de Bologne, nommé auparavant *Alexandre Ludovisio*, succéda au Pape Paul V, le 9 Févr. 1621, à 67 ans. Il publia une Bulle touchant l'élection des Papes par les suffrages secrets, canonisa S. Ignace de Loyola, S. François Xavier, S. Philippe de Neri, Ste Thérèse, &c. érigea l'Evêché de Paris en Métropole, fonda la *Propagande*, & m. le 8 Juillet 1623. Urbain VIII fut son successeur.

S. GREGOIRE de Neocésarée, surnommé le *Thaumaturge*, à cause de ses miracles, étoit disciple d'Origene, & fut élu Evêque de Neocésarée sa patrie, vers 240, pendant son absence. Il assista au Concile d'Antioche en 265, contre Paul de Samosate, & mourut le 17 Nov.

265. Il eut la confolation de ne laiffer que 17 idolâtres dans fon Dioc. où il n'y avoit que 17 Chrétiens quand il fut ordonné. On a de lui un beau *Difcours de remerciment à Origene*, une *Epitre Canonique*, une *Paraphrafe de l'Eccléfiafte*, & quelques autres ouvrages.

S. GREGOIRE de Nazianze, l'un des plus céleb. & des plus illuftres Docteurs de l'Eglife Grecque, naquit dans le bourg d'Arianze, près de la ville de Nazianze en Cappadoce, vers 328, d'une fainte femme nommée *Nonne*, & de S. Gregoire, Evêque de Nazianze. Il acheva fes études à Athenes avec S. Bafile, qui fut le plus cher de fes amis, & avec lequel il vécut long tems dans la folitude. S. Bafile étant devenu Evêque de Céfarée, ordonna Saint Gregoire Evêque de Sazimes, mais contre fon gré, ce qui caufa de la froideur entr'eux durant quelque tems. S. Gregoire fut enfuite Coadjuteur de fon pere dans l'Eglife de Nazianze; il ne voulut accepter cette charge qu'à condition qu'il ne lui fuccéderoit point. Après la mort de fon pere, arrivée le 1 Janvier 373, il s'en alla à Seleucie & de-là à CP. où il arriva vers 378. Il fe mit à la tête des Orthodoxes, & prit foin de les inftruire dans l'Eglife d'Anaftafie, qui étoit la feule qui reftât pour lors aux Catholiques. Il convertit pluf. Ariens, & fut regardé comme Evêque de CP. Cependant Maxime le Philofophe le fit ordonner Evêq. de cette Eglife par Pierre d'Alexandrie en 379; mais le peuple ne voulut point le reconnoître. S. Gregoire de Nazianze fut reconnu au contraire comme Evêque de cette ville par l'Empereur Théodofe en 380, & par la premiere affemblée des Evêques du Concile général de CP. étant foutenu par Melece, Evêque d'Antioche; mais après la mort de Melece, les Egyptiens s'étant déclarés contre lui, il fe démit volontairement de l'Evêché de CP. durant la célébration du Concile en 382, & fe retira à Arianze, où il mourut le 9 Mai 391. Ses ouvr. qui confiftent en 55 *Dif-*

*cours* ou Sermons, en pluf. *Pieces* de poéfie, & en un gr. nombre de *Lettres*, ont été imprimés en grec & en latin à Paris en 1609 en 2 vol. *in-fol.* avec les notes du favant Abbé de Billy, qui eft aufii auteur de la traduction latine. Ils font écrits avec éloquence, les termes en font purs, les expreffions nobles, les figures variées, les comparaifons juftes, les raifonnemens folides. Il eft très fublime & très exact dans l'explication des Myfteres, ce qui lui a mérité le nom de *Théologien* par excellence. A ces belles qualités Saint Gregoire joignoit une éminente piété; mais fon ardente paffion pour la retraite le rendoit d'une humeur trifte, chagrine & un peu fatyrique. C'eft aufii à cette même caufe qu'on doit attribuer fon peu de capacité pour les affaires & pour la politique. M. Hermant a écrit fa *vie*.

S. GREGOIRE de Nyffe, Pere & Docteur de l'Eglife, naquit en Cappadoce vers 331. Il étoit frere de S. Bafile *le Grand*, de S. Pierre Ev. de Sebafte & de Ste Macrine. Il époufa une fainte femme, nommée *Theofebie*, qui fut faite Diaconeffe, lorfqu'il fe confacra au facerdoce. Saint Gregoire fut élu Evêque de Nyffe en 372, & envoyé en exil par l'Empereur Valens en 374, à caufe de fon zele pour la Foi Orthodoxe. Il affifta en 379 au Concile d'Antioche, qui le chargea d'aller vifiter les Eglifes d'Arabie & de Palestine. On lui fournit par ordre de l'Empereur Théodofe, une voiture publique. S. Gregoire de Nyffe parut enfuite avec éclat au Concile général de CP. en 382, & il y prononça l'Oraifon funebre de S. Melece, Evêque d'Antioche. Les Evêq. eurent pour lui une eftime finguliere, & le chargerent des affaires les plus importantes. Il mourut le 9 Mars 396, dans un âge très avancé. On a de lui des *Commentaires fur l'Ecriture*; des *Traités dogmatiques*; des *Sermons fur les Myfteres*; des *Difcours de morale*; des *Panegyriques des SS.* quelques *Lettres* fur la difcipline de l'Eglife, & d'autres ouvr. dont le P. Fronton du Duc donna une bonne édition en 1605. On y trouve beaucoup d'allégories, un style affecté, des raisonnemens abstraits & métaphysiques & des opinions très singulieres; ce que l'on attribue à son attachement pour les Livres d'Origene.

S. GREGOIRE de Tours, *Georgius Florentius Gregorius*, l'un des plus illustres Evêques & des plus céleb. Ecrivains du VI siecle, étoit issu d'une noble famille d'Auvergne. Il fut élevé par Gallus, Evêque de Clermont, son oncle, & se distingua tellement par sa science & par sa vertu, qu'il fut élu Evêque de Tours en 573. Il assista au Concile de Paris en 577, au sujet de Pretextat, Evêque de Rouen, & résista avec force aux violences de Chilperic & de Frédegonde. Gregoire de Tours alla ensuite à Rome visiter le tombeau des Apôtres. Il y lia amitié avec S. Gregoire le Grand, & mourut le 27 Novembre 595. Il a écrit l'*Histoire de France en dix Livres*, huit *Livres des miracles ou de la Vie des Saints*, & d'autres ouvrages, dont la meilleure édition est celle du Pere Dom Ruinart en 1699. Son histoire est d'une gr. utilité; car quoique le style en soit dur & grossier, & que l'auteur soit extrémement simple & crédule, il est aisé néanmoins, avec une saine critique, d'y démêler le vrai d'avec le faux.

GREGOIRE d'Arimini *ou de* Rimini, Général des Augustins en 1357, & fameux Théologien Scholastique, surnommé *le Docteur authentique*, au 14e siecle, est auteur d'un *Commentaire* sur le Maître des Sentences, d'un Traité de l'*Usure* & d'autres ouvrages.

GREGOIRE de S. Vincent, très habile Mathématicien, naquit à Bruges en 1584. Il se fit Jésuite à Rome à l'âge de 20 ans, s'appliqua aux Mathématiq. sous la direction du savant Jésuite Clavius. Dans la suite il professa les Mathématiques avec réputation, & fut demandé par plus. Princes; il fut envoïé à Pra-

gue sur la demande de l'Empereur Ferdinand II, & Philippe IV Roi d'Espagne le voulut avoir pour enseigner les Mathématiques au jeune Prince Jean d'Autriche son fils. Le Pere Gregoire de S. Vincent n'étoit pas moins recommandable par sa probité & par sa vertu, que par sa science. Il suivit l'armée de Flandres pendant une campagne, & y reçut plus. blessures en confessant les soldats blessés ou mourans. Ce fut lui qui convertit à la Religion Catholique le Maréchal de Ranzau, dans le tems que ce Seigneur étoit Gouverneur de Gand. Gregoire de S. Vincent mourut d'apoplexie dans cette derniere ville le 27 Janvier 1667, à 83 ans. On a de lui en latin trois sav. ouvr. de Mathématique, dont le principal & le plus connu est intitulé *Opus Geometricum quadraturæ circuli, & sectionum coni, decem Libris comprehensum*. Antverp. 1647, 2 vol. *in fol.* Quoiqu'il ne démontre pas dans cet ouvrage la *quad*ature du cercle, comme il prétendoit le faire, cela n'empêche pas que son Livre ne contienne un grand nombre de vérités & de découvertes importantes, & que la lecture n'en soit très utile.

GREGOIRE; (Pierre) savant Jurisconsulte, natif de Toulouse, enseigna le Droit avec réputation à Cahors, à Toulouse, puis à Pont-à-Mousson, où il mourut en 1597. On a de lui: 1. *Syntagma Juris universi*; 2. *De Republica*, & d'autres ouvrages estimés.

GREGORY, (David) célebre Astronome & Mathématicien, natif d'Aberden, enseigna les Mathématiques & l'Astronomie à Edimbourg, puis à Oxford, où il mourut en 1708. On a de lui: *Astronomiæ, Physicæ & Geometricæ elementa*; 2. *Exercitatio Geometrica de dimensione figurarum*; & d'autres ouvrages excellens.

GREGORY, (Jacques) oncle du précédent, étoit aussi un excellent Mathémat. natif d'Ecosse. Après avoir voïagé en divers Païs, il fut Professeur de Mathématique à Saint

André en Ecoffe, & mourut vers 1675. Il a publié 1. *Optica promota* : 2. *Exercitationes Geometricæ* : & un gr. nombre d'autres ouvrages. Il ne faut pas le confondre avec Jean Gregory, autre Ecrivain Anglois, mort le 13 Mars 1646. Celui-ci étoit habile dans les Langues & dans la Théologie. On a de lui des *notes* sur le Droit Civil & Canonique, & des *remarques* en Anglois sur quelques paffages de l'Ecriture Sainte.

GRENADE, (Louis de) céleb. Dominiquain du 16e siecle, & l'un des plus excellens Maîtres en la vie spirituelle, naquit à Grenade en 1504. Il fut élevé dans la Maison du Marquis de Mondejar, & il s'y acquit une réputation immortelle par sa piété, par ses prédications & par ses ouvr. Les Rois de Portugal & de Castille eurent pour lui une estime particuliere, & voulurent l'élever aux premieres dignités Ecclésiastiques ; mais le P. de Grenade les refusa constamment. Il mourut le 31 Décembre 1588, à 84 ans. Ses ouvr. ont été traduits en francois par M. Girard, en 2 vol. *in-fol.* & en 10 *in-8°.* Ils sont écrits avec une éloquence admirable, & contiennent des instructions très-solides. Les principaux sont : le *Guide des Pêcheurs.* 2. le *Mémorial de la vie Chrétienne.* 3. un *Traité de l'Oraison.* 4. un excellent *Catéchisme.* 5. une *Instruction* pour les Prédicateurs. 6. un *Traité* des devoirs des Evêques. 7. des *Sermons.* 8. la *Vie* du S. Prêtre Avila, &c.

GRENAN, (Benigne) cél. Professeur de Rhétorique au College d'Harcourt à Paris, étoit de Noyers en Bourgogne. Il enseigna pendant 20 ans avec une réputation extraordinaire, & mourut à Paris le 13 Mai 1723, à 42 ans. On a de lui plus. *harangues* & des *pieces* de vers en latin, dans lesquels il fait paroître beaucoup de goût & de délicateffe. Il ne faut pas le confondre avec Pierre Grenan fon frere aîné, mort le 17 Fev. 1722, à 62 ans. Ce dernier étoit de la Congrégation de la Doctrine Chrétienne. On a de lui une fatyre ingénieufe fous le titre d'*Apologie de l'Equivoque.*

GRETSER, (Jean) favant Jéfuite, & l'un des plus habiles Controverfiftes de son tems, étoit de Marckdof en Allemagne. Il enfeigna long tems à Ingolftaft avec une réputation extraordinaire, & fe rendit habile dans les Langues, dans la Théologie & dans l'antiquité profane & ecclésiastique. Il mourut à Ingolftad le 29 Janvier 1625, à 63 ans. On a de lui un très grand nombre d'ouvr. dont le plus connu eft un Traité *de Cruce* en 3 tomes *in-4°.* & un vol. *in-fol.* Toutes fes œuvres ont été imprimées à Ratifbonne en 1739 en 17 vol. *in-fol.*

GREVENBROECK, cél. Peintre Flamand, excelloit dans les Marines, & dans l'art de faire des figures en petit, en obfervant exactement la perfpective, la gradation des différens plans, les jours & les ombres, en un mot la vérité des objets.

GREVIN, (Jacques) Poète, Médecin & l'un des beaux efprits de 16e fiecle, naquit à Clermont en Beauvoifis l'an 1538. Dès l'âge de 13 à 14 ans il fit paroître une Tragédie intitulée *Cefar,* & deux Comédies françoifes la *Tréforiere* & *les Efbahis,* qui firent l'étonnement de Paris, lorfqu'on en connut l'Auteur. Ces trois Pieces furent fuivies affez immédiatem. de *Paftorales,* d'*Hymnes* fur les mariages des Princes & Princeffes de fon tems, de *Sonnets, Chanfons, Odes, Pyramides, Villaneiles* & autres *Pieces* de *Poéfies* latines, &c. Il s'appliqua auffi à la Médecine & il y réuffit avec le même bonheur. Marguerite de France, Ducheffe de Savoie, qui l'avoit mené avec elle en Piémont, le fit depuis fon Médecin & fon Confeiller. Il m. à Turin le 5 Novem. 1570, n'aïant pas encore 32 ans. Une gr. partie de fes Poéfies fe trouvent dans le volume de fes *Amours,* intitulé *Olympe,* & imprim. chez Robert Etienne en 1560 *in-8°* : la plupart des autres font dans le Recueil qu'il a intitulé *Gelodacrye*. Il a auſſi traduit en vers françois, les *Œuvres de Nicandre*, & cette traduction ne le cede point à l'original grec au jugement de M. de Thou, qui fait un gr. éloge de Grevin & de ſes ouvrages. On a encore de lui un *Poëme* ſur l'Hiſtoire de France & ſur les perſonnes illuſtres de la Maiſon de Médicis : *partium corporis humani Elucidatio*, &c. Il étoit Calviniſte, & il ſe joignit à la Rochechandieu & à Florent Chrétien, pour travailler à la piece ingénieuſe intit. *le Temple*, qu'ils firent contre Ronſard, qui avoit fort maltraité les Calviniſtes dans ſon diſcours ſur les miſeres du tems.

GREW, ( Nehemie ) ſav. Ecrivain Anglois, exerça la Médecine à Londres avec un ſuccès prodigieux, & y mourut ſubitement en 1711. On a de lui pluſ. ouvr. très eſtimés ; & en particulier ſa *Coſmologie ſacrée*, dans laquelle il fait d'excellentes obſervations ſur la Providence, ſur le gouvernement divin du monde matériel, animal & raiſonnable, & ſur l'excellence de l'Ecriture Sainte.

GRIBNER, ( Michel Henri ) ſav. Juriſconſ. All. naquit à Leipſick en 1682. Son pere qui étoit Miniſtre dans cette ville étant mort en 1685, le cél. M. Mencke épouſa la veuve, & prit un gr. ſoin de l'éducation du jeune Gribner, lequel après avoir donné quelquetems des leçons de Philoſophie & de Droit aux Etudians, & travaillé au Journal de Leipſick, fut fait Profeſſeur en Droit à Wittemberg, d'où il paſſa à Dreſde, & enfin à Leipſick, où il fut appellé pour ſuccéder à M. Mencke. Il m. en 1734. C'étoit un homme de bien, un ſav. charitable & laborieux, qui rendit de gr. ſervices à l'Univerſité. Outre pluſ. *Diſſertations* académiques, on a de lui 1. *Principia proceſſus judiciarii*. 2. *Principia Juriſprudentiæ naturalis*, petit ouvr. fort eſtimé. 3. *Opuſcula Juris publici & privati*.

GRIFFIER, ( Jean ) Peintre, plus connu ſous le nom de *Gentilhomme d'Utrecht*, naquit à Amſterdam en 1658. Il excella dans le Païſage, & ſe retira à Londres, où il mourut. Il a peint les plus belles vues de la Thamiſe. Robert Griffier, ſon fils & ſon éleve, marche ſur ſes traces.

GRIMALDI, ( Jean - François ) Peintre & Graveur céleb. ſurnommé *le Bologneſe*, naquit à Bologne en 1606. Il fut éleve de Carraches, dont il étoit parent, & s'acquit l'eſtime des Papes Innocent X, Alexandre VII & Clement IX. Le Cardinal Mazarin le fit venir en France, & l'emploïa pendant trois ans à embellir le Louvre & ſon Palais. Le Bologneſe excelloit ſurtout dans le païſage. Ses deſſeins & ſes gravures font l'admiration des Connoiſſeurs. Il fut élu Prince de l'Académie de S. Luc, & ſe fit autant aimer & reſpecter par la nobleſſe de ſes ſentimens, & par ſa généroſité & ſa bienfaiſance, que par ſes talens. Aïant un jour appris l'état miſérable d'un Gentilhomme Sicilien qui étoit logé près de lui, il alla pluſieurs fois jetter en ſecret de l'argent dans ſa chambre. Mais le Gentilhomme aïant guéri ſon bienfaicteur, & l'aïant ſurpris, ſe jetta à ſes piés plein de reconnoiſſance. Le Bologneſe le releva auſſitôt, le retira dans ſa maiſon, & le traita toujours comme ſon meilleur ami. Cet excellent Peintre m. à Rome en 1680.

GRIMOALD, fils de Pepin de Landen ou le vieux, lui ſuccéda en ſa charge de Maire du Palais d'Auſtraſie en 642 ; mais aïant voulu mettre ſon fils ſur le trône en 656, il fut mené à Paris au Roi Clovis II, qui s'en défit. Il ne faut pas le confondre avec Grimoald, fils de Pepin le Gros ou de Heriſtel, & Maire du Palais des Rois Childeric II & Dagobert III, ni avec Grimoald, Duc de Bénévent, & Roi des Lombards, vers 663.

GRIMOUX, Peintre Franç. m. vers 1740. Il excell. dans le Portrait.

GRISANT, ( Guillaume ) fam. Médecin & Mathématicien Anglois, vers le milieu du 14e siecle, dont on a divers ouvrages.

GRIVE, ( Jean de la ) Géographe de la ville de Paris, étoit natif de Sedan ; il fit paroître de bonne heure beauc. de goût pour les Mathématiques, & après avoir fait ses premieres études dans sa patrie, il vint à Paris où il entra dans la *Congrégation des Prêtres de S. Lazare*, qui l'envoïerent en Pologne professer la Théol. à Cracovie. Il en revint peu de tems après, & quitta ensuite la Congrégation de S. Lazare pour se livrer tout entier & avec plus de liberté, au dessein, à l'arpentage, à la Trigonométrie, au nivelage, à la gravure, & à tout ce qui a rapport à la pratique des Mathématiques. Il publia en 1728 le *Plan de Paris* ; très bon ouvrage pour le fond, mais gravé trop imparfaitement. L'Abbé de la Grive, mécontent du Graveur, brisa les planches, résolut de graver luimême désormais tous ses ouvrages, ce qu'il exécuta ponctuellement. Etant devenu Géographe de la ville de Paris, il fut chargé de faire le cours de la Riviere de Seine, depuis sa source jusqu'à son embouchure, & il s'en acquitta très bien. Il travailla avec M. Cassini à déterminer la Méridienne de Paris, & il entreprit une Topographie très détaillée & très circonstanciée de cette capitale. Cet ouvr. étoit très avancé lorsqu'il m. au mois d'Avril 1757, à 68 ans. M. Hugnin son éleve a publié les deux *Premieres feuilles* de ce vaste plan, & nous promet de nous donner le reste sur les matériaux de son habile maître. Les autres ouvr. de l'Abbé de la Grive, qu'on estime le plus sont : ses *environs de Paris* : son *Plan de Versailles* : ses *Jardins de Marly* : le *Terrier du Domaine du Roi aux environs de Paris, &c.* On a encore de lui le *Manuel de Trigonométrie sphérique*, publié en 1754.

GRODICIUS, ( Stanislas ) sav. Jésuite & cél. Prédicateur Polonois, a fait en latin 8 vol. de Sermons pour tous les Dimanches & toutes les Fêtes de l'année, & divers ouvr. en Polonois. Il fut Professeur de Théol. à Vilna, Recteur du College de Cracovie, &c. & m. en 1613, à 72 ans.

GRONOVIUS, ( Jean Fréderic ) habile Critique & sav. Jurisconsulte du 17e siecle, naquit à Hambourg en 1611. Après avoir voïagé en Allemagne, en Italie & en France, il fut Professeur de Belles-Lettres à Deventer, puis à Leyde, où il m. en 1672. Ses principaux ouvr. sont : 1. trois Livres d'*observations* ; 2. un excellent *Traité des Sesterces* ; & diverses éditions d'Auteurs anciens, savoir de *Plaute*, *Saluste*, *Tite-Live*, *Seneque*, *Pline*, *Quintilien*, &c.

GRONOVIUS, ( Jacques ) fils du précédent, & l'un des hommes les plus érudits de son siecle, naquit à Deventer le 20 Octob. 1645. Il fut élevé à Leyde, & voïagea en Angleterre, où il s'acquit l'estime des Savans. Le Gr. Duc de Toscane le fit Professeur à Pise avec des appointemens considérables. Quelques années après il retourna à Leyde, où il occupa la place de son pere en 1679 ; il fut nommé Géographe de l'Académie de Leyde en 1702, & mourut dans cette ville le 21 Octobre 1716, à 71 ans Ses principaux ouvr. sont : 1. le *Trésor des antiquités grecques* en 13 vol. *in-fol.* 2. un gr. nombre de *Dissertations* & d'éditions des Auteurs anciens, entr'autres une bonne édition d'*Herodote*.

GROS, ( Nicolas le ) sav. Docteur en Théol. de l'Université de Reims, naquit en cette ville au mois de Décembre 1675 de parens pauvres & obscurs. Il fit paroître dès son enfance des dispositions si étonnantes, que les Religieux de Sainte Genevieve, qui desservoient la Paroisse de S. Denis de Reims, se chargerent de son éducation. Il apprit le latin & le grec avec une facilité merveilleuse, & aïant achevé ses humanités avec une distinction singuliere , il ne brilla pas moins en Philof. & en Théol. Il prit le Bonnet de Docteur en 1702, devint successivem. Chapelain de Notre-Dame , Chanoine de la Collegiale de S. Symphorien , & enfin Chanoine de la Cathédrale de Reims en 1704. M. le Gros avoit été chargé par M. le Tellier du gouvernem. du petit Séminaire de S. Jacques où environ 30 jeunes gens étoient inftruits & élevés gratuitement. Il n'oublia rien pour former ces jeunes gens dans la piété & dans les fciences Ecclésiastiques ; mais après la mort de M. le Tellier arrivée en 1710 , on ôta à M. le Gros la direction de ce Séminaire , & les pouvoirs de prêcher & de confeffer. Dans la fuite aïant été excommunié par M. de Mailli qui avoit fuccédé à M. le Tellier , il vint à Paris , & paffa enfuite en Hollande où il demeura environ un an avec le Pere Quefnel , & MM. Petitpied & Fouillou. Louis XIV étant mort , les Procédures faites à Reims furent caffées , & M. le Gros y retourna en 1716. Il fut député par fon Chapitre à Paris , où il obtint un Arrêt contre M. de Mailli. De retour à Reims , il travailla en faveur de l'appel au futur Concile , & fut comme l'ame de la Faculté de Théologie , mais M. de Mailli obtint en 1721 contre lui une Lettre de Cachet , qui l'exiloit à S. Jean de Luz. Il en évita la fignification en fe tenant caché pendant 4 ou 5 ans, tantôt à Paris & tantôt en Province. Il alla en Italie en 1725 pour voir ce qui fe pafferoit à Rome dans le Concile indiqué par Benoît XIII. Un an après il vint en Provence & vit M. de Colbert à Montpellier. Enfin , il fe retira en Hollande en 1726 , & il y paffa les 25 dernieres années de fa vie , à l'exception d'un voïage qu'il fit en Angleterre. Il fut choifi par M. l'Archevêque d'Utrecht pour être Profef. de Théol. dans fon Séminaire d'Amersfort , remplit cet emploi avec diftinction & mourut à Rhinwick près d'U-

trecht le 4 Décembre 1751, à 76 ans. Ses principaux ouvrag. font : 1. le *renverfement des libertés de l'Eglife Gallicane dans l'affaire de la Conftitution Unigenitus.* 2. vol. *in-12.* 2. Les *entretiens du Prêtre Eufebe & de l'Avocat Théophile, fur la part que les Laïcs doivent prendre à l'affaire de la Conftitution , in 12.* 3. quatre *Lettres Théologiques adreffées à M. de Soiffons* ( Languet ) *fur les promeffes faites à l'Eglife, in-4°.* 4. *Difcours fur les nouvelles Eccléfiaftiques , in 4°. & in-12.* 5. *Très humbles & très refpectueufes remontrances des Fidéles , ou Apologie des Appellans , in-12.* 6. *La Ste Bible , traduite fur les Textes originaux avec les différences de la vulgate 1739 in 8°.* M. Rondet en a donné une nouvelle édition en 1756 en 5 petits vol. *in-12.* 7. *dixfept Lettres Théologiques contre le Traité des Prêts de commerce , & en général contre toute ufure in-4°.* 8. *Dogma Ecclefiæ circa ufuram expofitum & vindicatum ,* avec divers autres Ecrits en latin *fur l'ufure in-4°.* & des *obfervations fur une Lettre attribuée à feu M. de Launoi fur l'Ufure , in 4°.* 9. *Eclairciffement hiftorique & dogmatique fur la Contrition , in-12.* 10. *Motifs invincibles d'attachement à l'Eglife Romaine pour les Catholiques , ou de réunion pour les Prétendus Reformés , in-12.* 11. *Défenfe de la vérité & de l'innocence outragées dans la Lettre Paftorale de M. de Charancy , Evêque de Montpellier , in 4°.* 12. *Méditations fur la Concorde des Evangiles , 3 vol. in-12. fur l'Epître aux Romains , 2 vol. in-12. fur les Epîtres canoniques , 2 vol. in 12.* 13. *fix Mémoires* contre M. de Mailli Archev. de Reims , *in 4°.* un *Mémoire fur les Droits du fecond Ordre , in-4°.* un autre *fur l'appel au futur Concile , in-4°.* 14. plufieurs Ecrits *fur la Conftitution , fur les Miracles* attribués à M. Paris *& fur les convulfions , &c.* On en lui attribue encore un vol. *in-12* intitulé : *Eclaircissement sur les Conciles généraux.*

GROSSEN, ( Chrétien ) savant Théol. Luthérien, né à Wittemberg en 1602, fut fait Professeur à Stettin en 1634, & Surintendant général des Eglises de la Poméranie en 1663. Il m. en 1673. On a de lui un *Traité* contre la Primauté du Pape, & d'autres ouvr. de Controverse.

GROSTESTE, ( Martin ) Seign. des Mahis, naquit à Paris le 22 Décembre 1649, & fut élevé dans la Relig. Prét. Réf. mais il en fit abjuration à Paris le 27 Mai 1681, entre les mains de M. de Coislin, Evêque d'Orléans, depuis Cardinal. Peu de tems après il alla à Orléans, où il eut le bonheur de convertir à la foi Catholique un gr. nombre de personnes, entr'autres son pere, sa mere, & un de ses freres, qui a été depuis Bâtonnier des Avocats de Paris. M. de Mahis entra dans l'état Ecclésiastique vers 1687, & devint ensuite Chanoine de la Cathédrale d'Orléans. Il se distingua par ses prédications, par son zele, par sa science & par sa vertu, & mourut à Orléans le 6 Octobre 1694, à 45 ans, n'étant que Diacre, & n'aïant jamais voulu, par humilité, recevoir l'Ordre de Prêtrise. On a de lui : 1. *Considérations sur le schisme des Protestans.* 2. *Traité de la présence réelle du Corps de Jesus-Christ dans l'Eucharistie.* Ces deux Traités ont paru à Orléans en 1685. 3. *La vérité de la Religion Catholique prouvée par l'Ecriture-Sainte.* Paris 1697, *in-12.* Cet ouvr. est le plus considérable des écrits de M. des Mahis. Il a été réimprimé à Paris en 1713, en 3 vol. *in-12.* avec des augmentations considérables de François Geoffroy, Prêtre, mort à Paris au mois de Septembre 1715. M. des Mahis avoit un autre frere, ( Claude Grosteste, sieur de la Mothe ) qui fut Ministre de la Religion prétendue réf. & qui se retira à Londres en 1685, après la révocation de l'Edit de Nantes. Il y fut Ministre de l'Eglise de la Savoie, & y

*Tome I.*

mourut en 1713, à 65 ans, étant membre de la Société de Berlin. On a de lui un *Traité de l'Inspiration des Livres sacrés,* Amsterdam 1695, plusieurs *Sermons,* & d'autres ouvrages.

GROTIUS, ( Hugues ) en flamant, *de Groot,* c'est-à-dire, *le Grand,* l'un des plus sav. hommes & des plus beaux esprits qui aient paru en Europe, naquit à Delft le 10 Avril 1582, d'une illustre famille de cette ville. Il fit des progrès si rapides dans ses études, qu'il composa des vers latins à huit ans, & soutint des Theses sur toute la Philosophie à quinze. Il n'en avoit pas encore 16 accompli quand il publia son *Martianus Cappella* avec des notes. Il accompagna en 1598 Barneveld, Ambassadeur de Hollande en France, & fut honoré de diverses marques d'estime par Henri IV. De retour en son païs, il s'appliqua au Barreau, plaida avant l'âge de 17 ans, & fut fait Avocat général à 24. Grotius s'établit à Rotterdam en 1613, & en fut nommé Syndic ; mais son attachement pour Barneveld lui suscita de fâcheuses affaires. Il fut condamné à une prison perpétuelle, & renfermé dans le Château de Louvenstein. Le 6 Juin 1619, il se sauva par l'adresse de Regerbeg sa femme, & se retira dans les Païs-Bas Catholiques, puis en France, où le Roi Louis XIII lui donna une pension. Grotius retourna ensuite en Hollande, sur les promesses de Fréderic-Henri, Prince d'Orange ; mais ses ennemis renouvellant leur persécution, il s'en alla à Hambourg, où la Reine Christine de Suede le fit son Conseiller en 1634, & l'envoïa Ambassadeur en France. Grotius y résida en cette qualité pendant 11 ans, & le Roi Louis XIII lui donna souvent des marques de son estime. Il partit ensuite pour aller rendre compte de son Ambassade à la Reine. Il passa par la Hollande, & reçut de gr. honneurs à Amsterdam. Il fut introduit chez la Princesse à Stockholm, & demanda son congé ; l'aïant ob-

venu avec peine, il tomba malade
en s'en retournant en Hollande, &
mourut à Roftock le 28 Août 1645,
à 63 ans. On a de lui un gr. nombre d'excellens ouvr. les principaux
font : 1. un Traité *de jure belli &
pacis* : 2. un autre Traité *de la vérité de la Religion* : 3. des *Commentaires* fur l'Ecriture-Sainte : 4.
un Livre intitulé : *Mare Liberum* ;
5. un Traité *de imperio fummarum
poteftatum circa facra* ; 6. l'*Hiftoire
& les annales de Hollande* ; 7. un
gr. nombre de *Lettres*. 8. *De antiquitate Reipublicæ Batavicæ*, in 24.
9. *Hiftoria Gothorum*, in-8°. 10.
des *Œuvres Théologiques* imprim.
à Amfterdam avec fes *Commentaires* fur l'Ecriture Sainte en 4 vol.
*in-fol.* 11. des *Poéfies*, &c. Ils
font tous écrits en latin. M. de
Burigni, a donné *la vie de Grotius*
avec l'hiftoire de fes ouvrages &
de fes négociations, en 2 vol. *in-
12*. Pierre Grotius fon fils, fut l'un
des plus habiles Miniftres du 17e
fiecle, & s'acquit une gr. réputation dans fes Ambaffades.

GROUCHI, *Gruchius*, ( Nicolas de ) cél. Antiquaire du 16e fiecle étoit d'une famille noble de
Rouen. Il fe rendit habile dans les
Langues & dans les Sciences, & fut
le premier qui expliqua Ariftote en
Grec. Il enfeigna avec réputation à
Paris, à Bourdeaux & à Conimbre.
De retour en France, il alla à la
Rochelle, où l'on vouloit établir
un College, & y m. en 1572. On
a de lui un gr. nombre d'ouvrages
dont les plus connus font une *traduction* de l'Hiftoire des Indes. Un
Traité de *Comitiis Romanorum*, &
des Ecrits contre Sigonius. Celui-
ci craignoit Grouchi, & ne parla
contre lui, que lorfqu'il eut appris
des nouvelles de fa mort.

GRUTER, ( Jean ou Janus ) fav.
Philofophe, & l'un des plus laborieux Ecrivains du 17e fiecle, naquit à Anvers le 3 Déc. 1560, de
Jean Gaultier Gruter Bourguemeftre
en cette ville. En aiant été profcrit
avec fon pere & fa mere, ils le menerent en Angleterre. Catherine

Rishen fa mere, Angloife de nation, étoit une des plus favantes
femmes de fon fiecle, elle fut le
prem. Précepteur du jeune Gruter
& l'envoïa étudier à Cambridge.
Gruter, après avoir beaucoup voïagé, enfeigna avec réputation à Wittemberg, puis à Heidelberg. Il m.
chez fon gendre à une lieue de cette
derniere ville le 20 Septem. 1617,
à 67 ans. Il avoit une Bibliotheque
magnifique, qui fut pillée à la prife
d'Heidelberg en 1621. On a de lui
un très gr. nombre d'ouvr. dont les
plus confid. font : 1. un ample Recueil d'*Infcriptions* anciennes, 4
vol. *in-fol*. 2. *Thefaurus Criticus*,
6 vol. *in-8°*. 3. *Deliciæ Poetarum
Gallorum, Italorum & Belgarum*,
8 vol. *in-8°*. 4. *Hiftoriæ Auguftæ Scriptores*, in-fol. &c.

GRYLLUS, fils du cél. Xenophon, quoiq. bleffé à mort en combattant vaillamment à la bataille
de Mantinée, 363 ans avant J. C.
eut le courage, malgré fa bleffure,
de porter un coup mortel à Epaminondas, Général des Thébains, &
mourut peu de tems après. La nouvelle de cette mort aïant été portée
à Xenophon tandis qu'il facrifioit,
il ôta la couronne de fleurs qu'il
avoit fur la tête, mais, lorfqu'on
lui eut appris que fon fils avoit tué
le chef des Thébains avant que de
mourir, il reprit fa couronne en difant, *que la mort de fon fils méritoit des marques de joie, plutôt
que de deuil & de regret*.

GRYNÉE, ( Simon ) *Grynæus*,
fav. Ecrivain du 16e fiecle, naquit à Veringen, village de Suabe,
en 1493. Il fe fit ami de Luther &
de Melanchthon, & enfeigna les
Langues & les Sciences à Vienne
en Autriche, à Bude, à Heidelberg,
à Tubinge & à Bâle. Il mourut de
pefte en cette derniere ville le prem.
Août 1541, à 48 ans. Il avoit préfidé l'année précédente à la Conférence de Worms. On a de lui des
*notes* fur Platon, fur Ariftote, &c.
& d'autres. C'eft lui qui publia le
premier l'*Almagefte de Ptolomée*
en grec. Il y a eu pluf. Savans de fa

famille ; entr'autres Jean-Jacques Grynée mort à Héidelberg le 30 Août 1677. On a aussi de ce dernier plus. savans ouvr. principalement sur l'Ecriture-Sainte.

GRYPHIUS, ( Sébastien ) habile & cél. Imprimeur de Lyon, natif de Reuthlingen en Suede, s'acquit une réputat. immortelle par la beauté & l'exactitude de ses impressions. Conrad Gesner lui dédia une partie de ses ouvr. L'une de ses plus belles éditions est une Bible latine de 1550, in-fol. Gryphius imprimoit l'hébreu dans la derniere perfection ; il employoit d'habiles Correcteurs, & revoïoit lui même les épreuves. Il mourut le 7 Septemb. 1556, à 63 ans. C'est à son occasion que Jean Vouté de Reims disoit, que Robert Etienne corrigeoit très bien les Livres ; que de Colines les imprimoit fort bien ; mais que Gryphius savoit très bien & les corriger & les imprimer.

*Inter tot norunt Libros qui cudere, tres sunt*
*Insignes, languet cetera turba fame.*
*Castigat Stephanus, sculpit Colinæus ; utrumque*
*Gryphius, edoctâ mente manuque, facit.*

Antoine Gryphius son fils, continua avec honneur la profession de son pere.

GRYPHIUS, ( André ) très cél. Poète Allemand, naquit à Glogaw en 1616. Il devint Syndic des Etats de Glogaw, & s'acquit une si gr. réputation par ses Pieces de Théatre, qu'on peut l'appeller le *Corneille des Allemands* ; & qu'il tient constamment ou le premier ou du moins l'un des premiers rangs dans le tragique parmi les Allemands. Il a aussi composé quelques petites farces très jolies & très amusantes, qui renferment une critique fine & délicate du Ridicule des anciennes Comédies Allem. Il m. en 1664.

GRYPHIUS, ( Chrétien ) fils du précédent, & l'un des plus beaux esprits d'All. naquit à Franstadt le 29 Septem. 1649. Après s'être rendu très habile dans les Langues & dans les Belles Lettres, il devint Professeur d'Eloquence à Breslaw, puis Principal du College de la Magdeleine dans la même ville, & enfin Bibliothequaire. Il étoit bon Orateur, & Historien, savant Litterateur, & excellent Poète dans la Langue Allemande qu'il a considér. perfectionnée. Il mour. le 6 Mars 1706, à 57 ans, après s'être fait jouer devant sa Chambre une excellente piece de Poësie de sa façon, qu'il avoit fait mettre en musique, & où il exprimoit admirablement les consolations que la mort du Sauveur fournit aux mourans. Ses ouvrages sont : 1. l'*Histoire des Ordres de Chevalerie*, en Allemand. 2. *Poësies* allemandes, entr'autres des *Pastorales* : 3. *la Langue allemande formée peu à peu, ou Traité de l'origine & des progrès de la Langue all. in 8°. en allemand. 4. Fasciculus … lusuum ingenii, ê præstantiorum Poetarum recentiorum moribus & scriptis excerptorum. 5. Diatribe de scriptoribus rerum Gallia & Lotharingia sæculi præsertim XVII. 6. Dissertatio de scriptoribus Historiam seculi XVI illustrantibus, in-8°. 7. Observatio de exterorum, præcipuè Gallorum, erroribus Geographicis dans le tom. X des Miscellanea Lipsiensia. Il a aussi travaillé au Journal de Leipsic.*

GUADAGNOLO, ( Philippe ) sav. Professeur en arabe & en chaldéen, dans le College de la Sapience, fut emploïé avec l'Archevêque de Damas par la Congrégation de la Propagande, pour traduire l'Ecriture-Sainte en arabe, sous le Pontificat d'Urbain VIII. Il publia ensuite une *apologie* pour la Religion Chrétienne contre les objections d'Ahmed Ben Zin Ulabédin, Docteur Mahométan. Cette apologie est estimée. Guadagnolo mourut à Rome le 27 Mars 1656.

GUALBERT, ( S. Jean ) fondateur de l'Ordre de Val-Ombreuse,

est cél. par ses vertus & par ses miracles. Il étoit de Florence, & m. le 12 Juillet 1073. Célestin III le canonisa en 1193.

GUALDO, (Galeasso) né à Vienne en Autriche, ( & non point à Vicence ), d'une famille noble, originaire d'Italie, & Historiographe de l'Empereur, s'est rendu cél. dans le 17e siecle, par ses ouvrages historiques écrits en italien d'une maniere très agréable : en voici les principaux : 1. *Histoire des Guerres de Ferdinand II & de Ferdinand III*, depuis 1630 jusqu'en 1640, *in-fol*. 2. *Histoire des troubles de France depuis 1648 jusqu'en 1654.* Les Auteurs du Journal des Savans du 16 Mars 1665, disent qu'ils y ont remarqué autant de fautes que de mots. Mais ce jugement ne découragea point Gualdo, il continua cette Histoire jusqu'à la paix des Pyrenées, & la fit réimprimer en 1670 à Cologne avec cette continuation. 3. *Histoire du ministere du Cardinal Mazarin.* Elle est très estimée & a été traduite en François. 4. *La Vie & les qualités du même Cardinal :* ouvrage estimé, qui a aussi paru en françois. 5. *Relation de la paix des Pyrenées*, dont la plus ample édition est celle de Cologne en 1669. Cette relation est estimée, elle a été traduite en latin & insérée dans le 4e Tome du droit public de l'Empire, publié à Francfort en 1710. Elle est aussi traduite en françois. Gualdo mourut à Vienne, en 1678, & non point à Vicence, comme on le dit dans la nouvelle Edition de Moreri.

GUALTERUS, ( Rodolphe ) Théologien de Suisse, & gendre de Zuingle, naquit à Zurich en 1529. Il succéda à Bullinger, & mourut en 1586, à 67 ans. On a de lui des *Comment.* sur la Bible, & d'autres ouvr. Gerhard Meyer assure dans Placius, que Gualterus est auteur de la version de la Bible attribuée à Vatable ; mais cela n'a aucune vraisemblance.

GUARIN, ( Pierre ) sav. Bénédictin de la Congrégation de Saint-Maur, né dans le Dioc. de Rouen, près de la Forêt de Lyons en 1678, enseigna avec distinction le grec & l'hébreu dans sa Congrégation, & m. Bibliothécaire de S. Germain des Prez à Paris le 29 Déc. 1729, à 51 ans. On a de lui, 1. une *Grammaire hébraique* en latin en 2 vol. *in-4°*. 2. Un *Lexicon hebreu* aussi en latin, imprimé après sa mort en 1746, en 2 vol. *in-4°*, dont il n'a fait que jusqu'à la Lettre *Mem.* inclusivem. Il avoit attaqué la Méthode de M. Masclef dans sa Grammaire. M. de la Bletterie lui a répondu dans l'Ed. de la Grammaire de Masclef en 1730, 2 vol. *in-12*.

GUARINI, ( Jean-Baptiste ) cél. Poëte Italien, naquit à Ferrare en 1538. Il étoit arriere petit-fils de Guarin de Verone, l'un des prem. restaurateurs des Belles-Lettres en Italie, & fut Secretaire d'Alfonse II, Duc de Ferrare, qui le chargea de diverses commissions importantes. Après la mort de ce Prince, Guarini fut Secretaire de Vincent de Gonzague, de Ferdinand de Medicis, Gr. Duc de Toscane, & de François-Marie de Feltri, Duc d'Urbin ; mais le seul avantage qu'il remporta au service de tant de Maîtres, furent de gr. éloges de son esprit & de ses écrits. Il mourut à Venise en 1613, à 75 ans. Il savoit les Belles-Lettres, & s'est acquis par ses vers italiens une réputation immortelle. Le plus connu de ses ouvr. est son *Pastor Fido*, qu'Aubert le Mire a rangé ridiculement au nombre des Livres de piété, croïant que c'étoit un Traité des devoirs des Pasteurs. La meilleure traduction françoise de cette Pastorale est celle de Pecquet, dont on vient de donner une jolie Edit. en 2 vol. *in-12*.

GUASPRE DUGHET, excellent Peintre Italien, naquit à Rome en 1613. Il fut éleve & beaufrere du Poussin, & se fit admirer par ses talens. Il se distingua surtout par son coloris, par une liberté admirable qui paroît dans ses tableaux, & par un art particulier à exprimer les vents, l'agitation des feuilles, les bourasques & les orages. Il aimoit passionnément la chasse, & il en savoit profiter dans ses ouv. Il mour. à Rome en 1675.

GUAY-TROUIN, (René du) *voyez* TROUIN.

GUAZZI, (Etienne) bel esprit Italien & Secrétaire de la Duchesse de Mantoue, étoit de Casal, & m. à Pavie en 1593. On a de lui des *Dialogues*, des *Poésies*, & un *Traité* en Italien, qui a été traduit en latin sous ce titre : *Stephani Guazzi, Libri 4 de mutua & civili Conversatione.*

GUAZZI ou GUAZZO, (Marc) cél. Italien, originaire de Mantoue, & natif de Padoue, vivoit dans le 16e siecle. Il se signala dans les armes aussi-bien que dans les Lettres, & m. en 1556. Ses ouvr. sont, 1. une *Histoire* de Charles VIII. 2. Une *Histoire* de son tems. 3. La *Chronique* des hommes de Lettres. 4. Un *Abregé* de la guerre des Turcs avec les Vénitiens. 5. Diverses *Poésies*, &c.

GUEBRIANT, (Jean-Baptiste Budes, Comte de) Maréchal de France, & Gouverneur d'Auxonne, naquit au Château du Plessis-Budes en Bretagne, le 2 Fév. 1602, d'une Maison noble & ancienne. Il se signala en divers sieges & combats, fut fait Maréchal de France en 1642, & mourut le 24 Novembre 1643, d'une blessure qu'il avoit reçue au siege de Rotweil. Il ne laissa point de postérité de Renée du Bec son épouse, douée des plus gr. qualités. Le Laboureur a écrit sa vie.

GUEDIER DE SAINT AUBIN, (Henri-Michel) habile Docteur de la Maison & Société de Sorbonne, naquit à Gournai-en-Brai, Diocése de Rouen, le 17 Juin 1695. Il étoit le cinquieme des enfans de Charles-François Guedier, Ecuyer, Seigneur de S. Aubin, alors Lieutenant Général de Gournai, ensuite Conseiller au Parlement de Rouen. Il vint achever ses études à Paris, & fut reçu de la Société de Sorbonne le 29 Octobre 1723. Il en devint Professeur en 1730, puis Bibliothecaire en 1736, & eut quelque-tems après l'Abbaïe de S. Vulmer, Diocése de Baïonne. Il se fit généralement estimer par sa science & par sa vertu, & décida pendant 14 ans les cas de conscience avec applaudissement. Il m. en Sorbonne le 25 Septembre 1742, à 47 ans. On a de lui : 1. un Livre intitulé *Histoire-Sainte des deux Alliances*, imprim. à Paris chez Didot en 1741, en 7 vol. *in 12.* Cet ouvr. contient toute l'Histoire sacrée, & peut être regardé, outre cela, comme une bonne Concorde de l'ancien & du nouveau Testament. On y trouve à la fin de chaque Livre des Réflexions & des Dissertations sur le dessein des Auteurs sacrés, sur l'authenticité & la divinité des Livres de la Bible, &c. 2. On a de M. de Saint Aubin plus. Traités en Manuscr. qu'il avoit dictés en classe : un gr. nombre de décisions de cas de conscience, & les deux premiers vol. d'un ouvr. très utile, qu'il vouloit faire impr. sous le titre d'*Index Sorbonicus.* On trouve dans tous les ouvr. de M. de Saint Aubin beaucoup de science & une critique saine & judicieuse. Il savoit le grec, l'hébreu, l'anglois & l'italien, & toutes les sciences qui ont du rapport à la Théologie & à la Morale.

GUERARD, (Robert) savant Bénédictin, né à Rouen en 1641, travailloit avec Dom Delfau, à la révision des œuvres de S. Augustin, lorsqu'il fut accusé d'avoir eu part au Livre intitulé l'*Abbé Commandataire :* ce qui le fit releguer à Ambournay en Bugey. Il profita de cet exil pour rechercher avec soin les anciens Manuscr., & il en trouva un gr. nombre, entr'autres l'ouvr. de S. Augustin contre Julien, intitulé *Opus imperfectum*, dont on ne concevoit alors que deux exemplaires. Il le copia exactement & l'envoïa à Paris à ses Confreres. Dom Guerard fut ensuite envoyé à Fescamp, puis à Rouen, où il m.

le 2 Janv. 1715. On a de lui un Abregé de la Bible en forme de questions & de réponses familieres, avec des éclaircissemens tirés des Saints Peres & des meilleurs interpretes. Cet ouvr. est estimé. Il y en a eu quatre éditions.

GUERCHIN, (le) cél. Peintre de Boulogne en Ital. au 17e siecle, fut nommé le Guerchin, parcequ'il étoit louché, car son vrai nom étoit Franç. Barbieri da Cento. Il s'acquit une gr. réputation, & mourut en 1667, à 70 ans, sans avoir été marié.

GUERET, (Gabriel) l'un des plus beaux esprits & des plus judicieux Critiques du 17e siecle, naquit à Paris en 1641. Il fit paroître dès son enfance beaucoup de disposition & de goût pour les Belles-Lettres, se fit recevoir Avocat au Parlement de Paris, & se distingua par son mérite & par ses ouvr. Il plaida peu, mais il fut très occupé dans le cabinet à répondre aux consultations, en quoi il réussit parfaitement. Il mour. à Paris le 22 Avril 1688, à 47 ans. Ses princip. ouvr. sont : 1. Les Sept Sages de la Grece. 2. Entretiens sur l'Eloquence de la Chaire & du Barreau. 3. Le Parnasse réformé. 4. La guerre des Auteurs. 5. Le Journal du Palais, conjointement avec Claude Blondeau. 6. La Carte de la Cour. 7. La promenade de S. Cloud, ou Dialogues sur les Auteurs : petit ouvr. plein de sel & joliment écrit. L'Abbé Joly, Chantre de la Chapelle aux Riches de Dijon, l'aïant copié chez moi sur le Manuscr. original, l'a publié sans ma participation dans ses Mémoires historiques de Bruys, &c. On remarque dans tous ces ouvr. un goût excellent, un discernement fin & une critique judicieuse. MM. Gueret, Docteurs de la Maison & Société de Sorbonne, l'un Curé de S. Paul, & l'autre ci-devant Grand-Vicaire de Rhodez, sont fils de ce célebre Auteur, & soutiennent avec distinction la réputation de leur pere.

GUERIKE, ou GUERICKE, (Othon de) Conseiller de l'Electeur de Brandebourg, & Bourgue-mestre de Magdebourg, s'est rendu très cél. par ses expériences du vuide, & par l'invention de la machine Pneumatique. Le peuple le croïoit Sorcier, & la foudre étant un jour tombée dans sa maison, & aïant consumé plus. machines dont il se servoit dans ses expériences, on ne manqua pas de dire que c'étoit une punition du Ciel irrité contre ce Magicien. Guerike étoit né en 1602. C'étoit un très grand homme, à tous égards. Il rendit des services importans à sa patrie, & mour. en 1686, à Hambourg, où il étoit allé pour voir quelques-uns de ses Parens. Ses expériences sur le vuide furent imprimées en 1672, in-fol. en latin, sous ce titre Experimenta nova Magdeburgica.

GUERRE, ( Elisabeth-Claude Jacquet de la) Musicienne, voyez JACQUET.

GUERRE, ( Martin ) natif d'Andaye, au païs des Basques, est devenu fameux dans l'histoire par l'imposture d'Arnauld du Thil son ami. Martin aïant épousé Bertrande de Rols, du bourg d'Artigat, au Dioc. de Rieux, en Languedoc, & aïant demeuré environ 10 ans avec elle, passa en Esp., puis en Flandre, où il prit les armes. Huit ans après, Arnaud du Thil son ami, se présenta à Bertrande, & lui dit qu'il étoit son mari ; il donna à cette femme tant d'indices, qu'elle le prit en effet pour son époux, & fut trompée avec toute sa famille ; mais dans la suite l'imposture fut découverte, & le vrai mari étant arrivé dans le tems qu'on alloit juger à Touloufe le procès intenté à cette occasion, du Thil fut condamné à être pendu & brûlé à Artigat, ce qui fut exécuté en 1560.

GUERSANS ou GUERSENS, ( Jules ou Julien ) Poëte & Jurisconsulte du 16e siecle, natif de Gisors en Normandie, fut Avocat, puis Sénéchal de Rennes en Bretagne. Il m. de la peste à Rennes le 5 Mai 1583, âgé de 38 à 40 ans. Il a laissé quelques pieces de Théatre ; diverses autres *Poésies*, les unes en latin & les autres en françois. Joseph Scaliger dit des Vers de Guersans, qu'ils sont de *moïenne étoffe*, & que ce qui les faisoit trouver bons, c'étoit le ton, l'air, & l'accent qu'il leur donnoit en les prononçant.

GUESCLIN, (Bertrand du) célebre Connétable de France, & l'un des plus gr. Capitaines qui aient paru en Europe, naq. en Bretagne en 1311 de Robert du Guesclin, Seigneur de Broon, & de Jeanne de Mallemains, Dame de Sacé. Il donna dès sa jeunesse des preuves éclatantes de son courage, & remporta le prix à l'âge d'environ 16 ans à un Tournoi où il étoit inconnu, & contre la volonté de son pere. Après avoir pris plusieurs Places sur les Anglois, & s'être signalé en divers combat, Charles V, Roi de France, le fit Connétable en 1370. Du Guesclin eut part à toutes les guerres contre les Anglois. Il gagna sur eux plus. batailles, & leur enleva le Poitou, le Rouergue, le Limosin, avec diverses Places en Normandie & en Bretagne. Il eut néanmoins le malheur d'être fait prisonnier à la bataille d'Aurai le 29 Sept. 1364, & à la bataille de Navaret le 3 Avril 1367. Enfin ce gr. homme mourut le 13 Juillet 1380, à 66 ans, en faisant le siege de Château-neuf de Randon, dans le Gevaudan. Il fut enterré dans l'Abbaïe de S. Denys en France aux piés de Charles V. Il avoit épousé successivement deux femmes, dont il n'eut point de postérité. Ceux qui ne connoissent point l'anc. Chevalerie, seront sans doute surpris, que ce cél. Connétable ne sut *ni lire ni écrire*. Voïez les *Mémoires de M. de la Curne sur l'ancienne Chevalerie*.

GUESLE, (Jean de la) Procureur général & Président au Parlement de Paris, & l'un des plus illustres Magistrats du 16e siecle, étoit fils de François de la Guesle, Gouverneur d'Auvergne, d'une no-

ble & ancienne famille de cette Province. Il fut emploïé en diverses négociations importantes sous la Reine Catherine de Médicis, sous Charles IX & sous Henri III, & mourut en 1588, laissant de Marie Poiret, Dame de Laureau, son épouse, cinq fils qui se sont tous distingués. Le plus connu est Jacques de la Guesle, qui succéda à son perre dans la charge de Procureur général, & qui fut très attaché au service du Roi Henri III. C'est lui qui introduisit dans la chambre de ce Prince, Jacques Clement, qui l'assassina ; mais la Guesle en eut tant de déplaisir, qu'il tua Jacques Clement sur-le-champ. Il servit ensuite avec zele le Roi Henri IV, & mourut à Paris le 3 Janvier 1612. On a de lui, 1. un gros vol. de *Remontrances*, in-4°. 2. Un *récit* curieux & intéressant *du Procès fait au Maréchal de Biron*. 3. Un *Traité* in-4°. sur le Comté de S. Paul.

GUET, (du) *voyez* DUGUET.

GUEVARA, (Antoine de) fameux Ecrivain Espagnol du 16e siecle, naquit dans la petite Province d'Alava, & fut élevé à la Cour de la Reine Isabelle de Castille. Après la mort de cette Princesse, il entra dans l'Ordre de Saint François, & s'y distingua tellement par sa piété & par ses talens, que Charles-Quint le choisit pour son Prédicateur ordinaire, & ensuite pour son Historiographe. Il le nomma ensuite à l'Evêché de Guadix, puis à celui de Mondonedo. Guevara m. en 1544. On a de lui, 1. l'*Horloge des Princes ou la Vie de Marc-Aurele & de Faustine sa Femme* : ouvr. fabuleux. 2. Des *Epîtres dorées*. 3. *Vie des dix Empereurs Romains*. 4. Le *mont du Calvaire*. 5. *Du mépris de la Cour*, & plusieurs autres Livres qui ont été traduits avec empressement, quoiqu'ils ne méritassent pas de l'être : car Guevara n'étoit pas digne de la qualité de *Chroniqueur*, ou d'*Historiographe*, dont Charles-Quint l'avoit revêtu. Il défigure, sans pudeur, les Histoires les plus connues, il les falsifie & les remplit de fables & de chimeres. D'ailleurs son style est empoulé, hérissé de pointes & d'entithéses, qui le rendent ridicule & méprisable. Antoine de Guevara son Neveu, fut Prieur de S. Miguel d'Escalada, & Aumônier de Philippe II, Roi d'Espagne. Il abandonna la Cour pour se livrer à l'Etude. On a de lui des *Comment.* sur Habacuc & sur les Pseaumes, avec un Traité de l'autorité de la Vulgate. Le tout en latin.

GUEUDEVILLE, (Nicolas) laborieux Ecrivain du 18e siecle, étoit fils d'un Médecin de Rouen. Il entra jeune dans la Congrégation des Bénédictins de S. Maur & fit profession dans l'Abbaïe de Jumieges en 1671. Dans la suite il sortit de cette Congrégation, se sauva en Hollande, abjura la Religion Catholique & se maria. Pour avoir dequoi subsister, il enseigna le latin à Rotterdam, & prit des Pensionnaires ; mais ennuïé de ce métier, il alla s'établir à la Haye, où il s'érigea en Auteur. Il publia en 1699 l'*Esprit des Cours de l'Europe*, ouvr. périodique qu'il donnoit chaque mois ; & que M. d'Avaux fit supprimer, parcequ'il y avoit plus. traits satyriques contre la France. Mais après le départ de ce Ministre, Gueudeville reprit l'ouvrage sous le titre de *Nouvelles des Cours de l'Europe*, & le poussa jusqu'en 1710. Outre l'ouvr. dont nous avons parlé, on a de lui, 1. la *Critique générale de Telemaque*, en 2 parties. 2. Des Traductions françoises de l'*Utopie* de Thomas Morus, de l'*Eloge de la Folie*, d'*Erasme*, & de la *fievre quarte*. 3. Une Traduction françoise des *Comédies de Plaute* avec des remarques, 10 vol. *in-12.* 4. Un *Atlas historique*, en 2 vol. *in-fol.* Tous ces ouvrages sont assez mal écrits, peu exacts & point estimés.

GUGLIELMINI, (Dominique) sav. Médecin & Mathématicien, naquit à Boulogne en Italie le 27 Septembre 1655. Il étudia sous Geminiano Montanari & sous Malpighi, & fut Professeur de Mathémati-

que & d'Hydrométrie à Boulogne, puis à Padoue, où il enseigna aussi la Médecine. Il eut en 1686 l'Intendance générale des eaux de l'Etat de Boulogne, & fut associé à l'Académie des Sciences de Paris en 1696. Guglielmini s'acquit une gr. réputation en Italie, & mourut à Boulogne en 1710, à 54 ans. Ses principaux ouvrages sont : 1. un *Traité d'Hydrostatique* en latin ; 2. un gr. ouvr. intitulé, *Della Natura de' fiumi*, qui passe pour son chef d'œuvre ; 3. une *Dissertation de sanguinis naturâ & constitutione*, 4. un Traité de *Cometarum naturâ & ortu* à l'occasion de la Comete de 1681. 5. deux Lettres *hydrostatiques* sur une dispute qu'il eut avec M. Papin au sujet de son *Hydrostatique.*

GUI de Sienne, fam. Peintre du 13e siecle, natif de Sienne, dont on voit un excellent Tableau de la Ste Vierge, tenant l'Enfant Jesus entre ses mains. Ce Tableau est de l'an 1221.

GUI DE PERPIGNAN, ainsi nommé parcequ'il étoit de cette ville, fut Général des Carmes en 1318, ce qui lui fit aussi donner le nom de *Carmelite.* Il fut fait Evêque de Majorque en 1321, puis d'Elne vers 1330. Il m. à Avignon le 21 Août 1342. Ses princip. ouvr. sont, 1. *De perfectione vitæ Catholicæ*, dédié au Pape Jean XXII. 2. *Super sententias.* 3. *Quodlibeta quatuor.* 4. *Quæstiones ordinariæ.* 5. *De concordia Evangelistarum.* 6. *Correctorium decreti.* 7. Une *somme des hérésies avec leur réfutation.* 8. Des *Statuts Synodaux* publiés par M. Baluze, à la fin du *Marca hispanica*, &c.

GUI-PAPE, habile Conseiller au Parlement de Dauphiné, & célebre Jurisconsulte du 15e siecle, fut appellé au Conseil Delphinal par Etienne de Guillon, alors seul Présid. dudit Conseil, qui lui donna une de ses filles en mariage. Gui-Pape fut emploïé en diverses négociations par Louis XI, & s'acquit une gr. réputation par ses ouvrages, dont le plus eſtimé eſt intitulé, *Déciſiones Gratianopolitanæ annotationibus variorum illuſtratæ.* Il mourut en 1475, à 73 ans. Il ne faut pas le confondre avec Guy *le Gros*, autre céleb. Juriſconſulte, puis Pape ſous le nom de Clement IV en 1265. Ce dernier mourut en 1268.

GUIBERT, fam. Antipape, natif de Parme, fut Chancelier de l'Empereur Henri IV, qui le fit élire Archevêque de Ravenne, puis Pape en 1080. Guibert prit le nom de Clement III, & mourut miſérablement en 1099.

GUIBERT, Abbé de Nogent-ſous-Coucy, natif d'un village du Dioceſe de Beauvais, d'une famille riche & puiſſante, prit l'habit de Religieux dans l'Abbaïe de S. Germer, & fut élu en 1104 Abbé de Nogent-ſous-Coucy. Il mourut en cette derniere Abbaïe en 1124. Ses œuvres ont été publiées en 1651 par Dom Luc d'Achery. On y trouve: 1. un excellent Traité *de la Prédication*; 2. pluſieurs autres *Traités* utiles & curieux; 3. une *Hiſtoire* des premieres Croiſades, intitulée, *Geſta Dei per Francos.* 4. un *Traité* ſingulier *des Reliques des Saints*, compoſé à l'occaſion d'une Dent de Notre-Seigneur, que les Moines de S. Médard de Soiſſons prétendoient avoir. Quoique Guibert ſoit très crédule, il rejette cette Relique, comme contraire à la foi de la réſurrection de J. C. qui nous apprend qu'il a repris ſon corps tout entier.

GUICHARDIN, (François) célebre Hiſtorien du 16e ſiecle, naquit à Florence le 16 Mars 1482, d'une famille noble & ancienne. Il enſeigna le Droit avec réputation, & fut emploïé en diverſes Ambaſſades. Léon X lui donna le Gouvernement de Modene & de Reggio, & Clement VII celui de la Romagne & de Boulogne. Guichardin fut auſſi Lieutenant général de l'Armée du S. Siege, & ſe ſignala en pluſieurs occaſions; mais Paul III lui aïant ôté le Gouvernement de Boulogne, il ſe retira à Florence,

où il fut Conſeiller d'Etat, & où il rendit de gr. ſervices à la Maiſon de Médicis: enfin il ſe retira à la campagne pour travailler à ſon *hiſtoire*, qu'il compoſa en Italien, & qui comprend ce qui s'eſt paſſé depuis 1494, juſqu'en 1532. Cette *hiſtoire* eſt très eſtimée. Elle a été traduite en françois, & publiée à Paris en 1738, en 3 vol. in 4°. par M. Georgeon, Avocat au Parlement de Paris, qui eſt auteur de la Préface & des notes. Jean-Bap. Adriani, ami de Guichardin & ſon concitoïen, en a donné la continuation. Guichardin m. en 1540. Il ne faut pas le confondre avec Louis Guichardin ſon neveu, mort à Anvers le 21 Mars 1589. On a de ce dernier en italien, une excellente *deſcription des Païs-Bas: deſcriptio italiæ, in-12. & des *Mémoires* ſur ce qui s'eſt paſſé en Europe depuis 1530, juſqu'en 1560.

GUICHE, (Jean-François de la) Comte de la Palice, Seigneur de S. Geran, & Maréchal de France, étoit fils de Glaude de la Guiche, d'une famille noble & ancienne. Il ſe ſignala en diverſes occaſions ſous les Rois Henri IV & Louis XIII, eut beaucoup de part aux affaires de ſon tems, & m. en ſon Château de la Palice en Bourbonnois le 2 Décembre 1632, à 63 ans.

GUICHENON, (Samuel) habile & judicieux Hiſtorien du 17e ſiecle, natif de Mâcon, & Avocat à Bourg en-Breſſe, ſe diſtingua par ſes ouvr. & fut comblé de biens par le Duc de Savoie, à cauſe de ſon excellente *hiſtoire généalogique de la Maiſon Roïale de Savoie*, en 2 vol. *in-fol.* Il m. le 8 Septembre 1664, à 57 ans, après avoir embraſſé la Religion Catholique. Outre l'hiſtoire de Savoie, on a de lui: 1. une *ſuite chronologique des Evêques de Belley*; 2. une *hiſtoire de Breſſe & de Bugey*, in fol. très eſtimée. 3. une *hiſtoire de la Principauté de Dombes*, qui n'a pas été imprimée; 4. un Recueil des Actes & des Titres les plus curieux de la Province de Breſſe & du Bugey, intitulé, *Bibliotheca Sebufiana* in 4°.

GUIDE, ( le ) célebre Peintre d'Italie, étoit fils de Daniel Reni, excellent Muficien, & difciple de Denys Calvart & des Caraches. Il affecta une maniere de peindre contraire à celle de Michel-Ange de Caravage, & eut dé gr. démêlés avec lui. Le Guide amaffa des biens confidérables, qu'il dépenfa au jeu, & m. en 1642, à 67 ans. Entre fes excellens Tableaux, on eftime furtout fon S. Michel, qui eft à Rome dans l'Eglife des Capucins.

GUIDI, ( Charles-Alexandre ) céléb. Poète Italien, naquit à Pavie le 14 Juin 1650. Il s'acquit l'eftime du Duc de Parme, de la Reine Chriftine de Suede, du Pape Clement XI, des Beaux Efprits & des Gr. Seigneurs de fon tems, & mourut, comblé de biens & d'honneurs, à Frefcati le 12 Juin 1712, à 63 ans. On a de lui un gr. nombre de Poéfies Lyriques très eftimées des Italiens. Crefcimbeni a écrit fa vie.

GUIELME, ou GUILLELME, ( Jean ) jeune homme d'une profonde érudition, natif de Lubec, m. à Bourges en 1584, où il étoit allé pour entendre Cujas. On a de lui, *Quæftiones Plautinæ*, & d'autres ouvr. dont Jufte Lipfe, M. de Thou & les autres Savans font de grands éloges.

GUIJON, ( Jacques ) bon Poète Latin du 17e fiecle, naquit à Autun en 1542, & fut Avocat au Parlement de Dijon. Ses œuvres ont été données au Public avec celles de fes trois freres, par M. de la Mare, Confeiller au Parlement de Dijon. Il m. en 1625, à 83 ans. On eftime furtout fa traduction en vers latins du commencement de Denys *le Periegete*.

GUILLAIN, ( Simon ) habile Sculpteur, natif de Paris, fut Recteur de l'Académie Roïale de Peinture & de Sculpture, & m. à Paris en 1678, à 77 ans. Les figures pofées dans les niches du Portail de Sorbonne font de lui.

GUILLAUME I, *le Conquérant*, Duc de Normandie, Roi d'Angle-

terre, & l'un des plus gr. Capitalnes du 11e fiecle, naquit à Falaife en 1027. Il étoit fils naturel de Robert, Duc de Normandie, & d'Harlette, fille d'un Bourgeois de Falaife, ce qui lui fit donner le nom de *Bâtard*. Après la mort de Robert, arrivée en 1035, Guillaume qui étoit fon fils unique, & qui avoit été inftitué fon héritier, lui fuccéda. Ses parens voulurent lui difputer cette fucceffion, mais aïant été fecouru par Henri I, Roi de France il triompha des Rebelles, battit le Comte d'Arques, prit le Maine, & porta la guerre en Anjou. Quelque tems après, Edouard III, Roi d'Angleterre, mort fans enfans en 1065, l'inftitua fon héritier, parcequ'il étoit fon coufin, fon ami & fon bienfaiteur. Guillaume paffa auffitôt en Angleterre à la tête d'une puiffante Armée, livra bataille à Harald fon concurrent, & remporta fur lui le 14 Oct. 1066 une célebre victoire, dans laquelle Harald, dernier Roi Saxon, fut tué avec fes deux freres. Après cette victoire, Morkand & Edwin propoferent de mettre le Prince Edgar fur le Trône, mais la confternation étoit fi gr. à Londres, que les Magiftrats porterent les clefs de la Ville au Vainqueur, & qu'il fut couronné Roi d'Angleterre. Guillaume eut dans la fuite beaucoup d'autres combats à livrer aux Princes Anglois, qui ne vouloient point fe foumettre à la domination d'une Nation étrangere; mais ils furent toujours domptés; ces troubles l'obligerent à défarmer les Anglois. Il fit bâtir la Tour de Londes vers 1078, & diverfes autres Citadelles pour les tenir en refpect, & leur fit défenfe d'avoir de la clarté dans leurs maifons après huit heures du foir. Pour adoucir & civilifer les mœurs de ces Peuples encore à demi-barbares, Guillaume y fit fleurir les Arts, les Sciences & le Commerce, & jetta ainfi les fondemens de la grandeur & de la puiffance de la Nation Angloife. Enfin, après avoir reçu hommage du Roi d'Ecoffe, il repaſſa en France. Il fit alors la guerre en Bretagne, & mit à la raiſon Robert de Courte-Heuſe ſon fils, qui s'étoit fait déclarer Duc de Normandie, & avoit pris les armes contre lui en 1076. Quelque-tems après, il déclara la guerre à Philippe I, Roi de France, déſola le Vexin-François, brula Mante, & porta le fer & le feu juſqu'aux portes de Paris; mais étant tombé de cheval à Mante, il ſe fit porter à Rouen, où il mourut le 10 de Sept. 1087, à 65 ans, laiſſant de Mathilde, fille du Comte de Flandres, trois fils : Robert qui étoit l'aîné, eut le Duché de Normandie avec le Maine : Guillaume eut le Roïaume d'Angletetre; & Henri le plus jeune, nérita de ſes tréſors avec une penſion conſidérable.

GUILLAUME II, *le Roux*, ſecond fils de Guillaume *le Conquérant*, ſuccéda à ce Prince dans le Roïaume d'Angleterre, & fut couronné le 27 Septembre 1087. Il diſſipa une dangereuſe conſpiration formée contre lui, diſgracia Lanfranc, Archevêque de Cantorbery, voulut s'emparer de la Normandie ſur Robert ſon frere, & eut de gr. démêlés avec S. Anſelme. Il fit la guerre au Roi d'Ecoſſe, qui fut vaincu & tué avec Edouard ſon fils, & paſſa en France au ſecours du Château du Mans, aſſiégé par le Comte de la Fleche, qu'il fit priſonnier. Quelque-tems après, étant à la chaſſe dans la Normandie, il fut tué d'un coup de fleche par un Chevalier nommé Gaultier Tirrel, qui vouloit percer un cerf, le 2 Août 1100, à 44 ans. Henri ſon frere lui ſuccéda.

GUILLAUME III, de Naſſau, Prince d'Orange, Stathouder de Hollande, Roi d'Angleterre, d'Ecoſſe & d'Irlande, & l'un des plus habiles Politiques & des plus gr. Souverains qui aient regné en Europe, naquit à la Haye le 14 Nov. 1650, de Guillaume de Naſſau, Pr. d'Orange, & de Henriette-Marie, fille de Charles I, Roi d'Angl. Il avoit à peine 22 ans, qu'il ſe fit élire Stathouder en 1672, & fut déclaré Général des Armées Hollandoiſes, pour s'oppoſer à la rapidité des conquêtes de Louis XIV, Roi de France. Le Prince d'Orange, quoique ſouvent vaincu en cette guerre, ne laiſſa pas d'y donner des marques éclatantes de courage, de prudence & d'habileté dans l'art de regner & de commander. Cette prem. guerre aïant été terminée par la paix de Nimegue en 1678, le Prince d'Orange épouſa Marie Stuard, fille du Duc d'Yorck, qui monta ſur le Trône d'Angleterre, & prit le nom de Jacques II après la mort de Charles II ſon frere. La guerre s'étant rallumée quelque tems après, le Prince d'Orange fit une deſcente en Angleterre ſur la fin de 1688. Il détrôna le Roi Jacques, ſon beau-pere, qui fut contraint de ſe refugier en France, & ſe fit couronner à Londres avec la Princeſſe Marie ſon épouſe, au mois d'Avril 1689. Il s'appliqua enſuite à ſeconder les efforts de ſes Alliés contre la France, livra divers combats aux François, & fut reconnu Roi d'Angleterre par le Traité de Riſwich en 1697. La mort de Charles II, Roi d'Eſpagne, arrivée le prem. Nov. 1700, fit former au Roi d'Angleterre une nouvelle ligue, mais il ne put voir l'accompliſſement de ſes projets, étant m. ſans poſtérité le 19 Mars 1702, à 52 ans. Anne Stuard ſeconde fille de Jacques II, épouſe du Prince George de Dannemarck, lui ſuccéda.

GUILLAUME, (S.) Duc d'Aquitaine, commanda les Armées de Charlemagne contre les Sarraſins, & ſe fit Moine de Gellone, au Dioceſe de Lodeve, où il mourut le 28 Mai 812.

GUILLAUME (S.) de Malaval, en Toſcane, Gentilhomme François, après avoir mené une vie licencieuſe, alla viſiter les tombeaux des Apôtres à Rome, & les ſaints Lieux à Jéruſalem. Il ſe renferma enſuite dans l'Hermitage de Malaval, au territoire de Sienne, où il fonda les *Guillemins* ou *Guillemites*, & où il m. le 10 Fév. 1157.

GUILLAUME, (S.) Fondateur de la Congrégation du *Mont-Vierge*, étoit de Verceil. Il fonda cette Congrégation sur une Montagne du Roïaume de Naples en 1119, & m. à Salerne le 25 Juin 1142.

GUILLAUME d'Hirsauge, (S.) l'un des plus pieux & des plus sav. Religieux du 11e siecle, fut tiré en 1069 de l'Abbaïe de S. Emmeran de Ratisbonne, pour être Abbé d'Hirsauge. Il fonda un gr. nomb. de Monasteres, fit fleurir dans son Abbaïe la piété, la science & les arts, & mourut le 25 Juillet 1091. On a de lui quelques ouvrages.

GUILLAUME de Tyr, célebre Historien du 12e siecle, ainsi nommé parcequ'il étoit Archevêque de Tyr en Phénicie, assista au Concile de Latran en 1179, & en dressa les Actes. Il mourut à Rome vers 1184. On a de lui une *histoire des Croisades*, qui est estimée. Il ne faut pas le confondre avec un autre Guillaume, Evêque de Tyr, dont il nous reste quelques Epîtres à Bernard, Patriarche d'Antioche, m. en 1129.

GUILLAUME le Breton, céleb. Historien, ainsi nommé parcequ'il étoit de Bretagne, naquit vers l'an 1170, & fut Chapelain de Philippe-Auguste qu'il accompagna dans ses expéditions militaires & dont il mérita l'estime. On a de lui une *histoire* en prose de Philippe Auguste, pour servir de suite à celle de Rigord, & un Poëme intitulé *Philippide*, qui est une histoire complette de Philippe-Auguste. Ces deux ouvrages de Guillaume le Breton sont fort utiles pour l'histoire de son tems.

GUILLAUME d'Auxerre, l'un des plus illustres Evêques de son tems, ainsi nommé parcequ'il étoit Evêque d'Auxerre, fut transferé à l'Evêché de Paris, & mourut le 23 Novem. 1123. Il étoit de la Maison de Segnelai, & frere de Manassés, Evêque d'Orléans. On lui attribue une *Somme de Théologie*; mais cet ouvr. est d'un Théologien, nommé aussi Guillaume d'Auxerre, qui enseigna la Théologie à Paris, & fut

ensuite Archidiacre de Beauvais. Il mourut à Rome en 1230, y étant allé avec Milon de Châtillon, Evêque de Beauvais.

GUILLAUME de Paris, Evêque de cette ville, & l'un des plus célebres Théologiens du 13e siecle, étoit d'Aurillac. Il fut d'abord Médecin du Roi Philippe II, puis il enseigna la Théologie avec réputation; il convertit un gr. nombre de personnes par ses Sermons, & fut élu Evêque de Paris en 1228. Guillaume gouverna son Eglise avec zéle & avec sagesse, & mourut en 1248. La meilleure édition de ses œuvres est celle de 1674 par Blaise le Feron. Les Dialogues des Sept Sacremens, les Sermons durant l'année, & plusieurs autres Traités qu'on lui attribue dans cette édition, ne sont pas de lui.

GUILLAUME DE S. AMOUR, *voyez* AMOUR.

GUILLAUME, (S.) Archevêque de Bourges, étoit de la Maison des anciens Comtes de Nevers, & fut élevé par Pierre l'Hermite son oncle maternel. Ensuite après avoir été Chanoine de Soissons & de Paris, Prieur de Pontigny, & Abbé de Fontaine-Jean & de Chalis, il fut élu Archevêque de Bourges le 24 Novembre 1199, & mourut le 10 Janvier 1209.

GUILLAUME de Lindewode, célebre Jurisconsulte Anglois, & Evêque de S. David, dont on a un Recueil des *Constitutions des Archevêques de Cantorbery*. Il mourut en 1446.

GUILLAUME de Mamelsbury, Bénédictin Anglois, & céleb. Historien du XII siecle, dont les ouvr. sont estimés. Henri Savil les fit imprimer à Londres en 1506.

GUILLAUME de Votilong, fameux Théologien Scholastique du XV siecle, de l'Ordre des Freres Mineurs, dont on a un *Commentaire sur le Maître des Sentences*, & un *Abrégé des Questions de Théologie*, intitulé : *Vade mecum*. Il mourut en 1464.

GUILLAUME de Nangis, *Nam*

*gius*, céleb. Religieux Bénédictin de l'Abbaïe de S. Denys en France, au XIII siecle, dont on a deux *Chroniques*, & *la Vie de S. Louis* avec celle de ses fils *Philippe le Hardi* & *Robert*. Il m. vers 1301.

GUILLELME, *voyez* GUIELME.

GUILLET de Saint-George, (George) premier Historiographe de l'Académie de Peinture & de Sculpture à Paris, où il fut reçu le 31 Janvier 1682, naquit à Thiers en Auvergne, vers 1625. il se fit connoître par plusieurs ouvrages dont quelques-uns sont fort estimés, & mourut à Paris le 6 Avril 1705. Il eut de gr. démêlés avec M. Spon sur les Antiquités d'Athenes.

GUILLEMEAU, (Jacques) célebre Chirurgien du XVI siecle, natif d'Orléans, fut disciple d'Ambroise Paré, & Chirurgien ordinaire des Rois Charles IX & Henri IV. Il s'acquit une réputation immortelle par son habileté dans son Art, & mourut à Paris le 13 Mars 1609. On a de lui une traduction en latin de la Chirurgie d'Antoine Paré, & d'autres ouvrages estimés.

GUILLIAUD, (Claude) savant Docteur de la Maison & Société de Sorbonne, natif de Villefranche en Beaujolois, fut Prieur de Sorbonne, enseigna l'Ecriture Ste avec réputation, & devint Chanoine & Théologal d'Autun vers le milieu du XVI siecle. On a de lui: 1. des *Commentaires* sur S. Matthieu, sur S. Jean, & sur les Epitres de S. Paul; 2. des *Homélies* pour le Carême.

GUILLIMAN, *ou* WUILLEMAINN, (François) natif du Canton de Fribourg, est céleb. en Allemagne par son Livre des *Antiquités* de la Suisse, par son *Histoire* des Evêques de Strasbourg, & par une *Histoire* des Comtes de Habspourg. On a encore de lui des *Poésies* latines. Il mourut en 157..

GUIRLANDAIO, (Dominique) Peintre, natif de Florence, se fit admirer par ses talens, & fut maître du fameux Michel Ange Buonaroti. Il mourut en 1643, à 44 ans.

GUIMOND, *ou pluîôt* GUITMOND, pieux & savant Religieux Bénédictin, devint Evêque d'Averse en 1080. Il est auteur d'un Traité *de la vérité du Corps & du Sang de Jesus-Christ*, contre Berenger, & de plusieurs autres ouvrages, dont Trithême & Yves de Chartres font un grand éloge.

GUISARD, (Pierre) habile Docteur en Médecine de la Faculté de Montpellier, naquit à la Salle dans les Cevennes, d'Antoine Guisard Docteur en Médecine, homme d'esprit, plein de jugement & bon Praticien. Il fut élevé dans la Religion Protestante, qui étoit celle de son pere; & s'étant rendu habile dans la Médecine, il disputa avec honneur au concours de deux Chaires, car quoiqu'il ne l'eut pas emporté sur ses Concurrens, M. Marcot conçut de lui tant d'estime, qu'aïant été appellé à la Cour, il le chargea d'enseigner pour lui dans les Ecoles de Médecine: ce que Guisard fit avec distinction. Quelque-tems après, M. Marcot voulut traiter de sa Chaire avec lui, mais comme il falloit être Catholique pour la remplir, M. Guisard ne voulut pas l'accepter à cette condition. Dans la suite aïant fait un examen sérieux de la Religion Catholique, il communiqua par écrit ses doutes & ses difficultés aux plus habiles Ministres de Geneve; mais n'aïant pas été satisfait de leurs réponses, il se détermina à embrasser la Religion Catholique. Il vint à Paris en 1742 & il s'y fit estimer; mais l'amour de la patrie le rappella à Montpellier. Il y fit avec succès un cours gratuit & public de Physique experimentale, & forma le dessein d'en faire ériger à Montpellier une Chaire, mais il n'y réussit pas: ce qui lui causa beauc. de chagrin. Il m. le 13 Sept. 1746, âgé d'environ 46 ans. On a de lui, 1. *Pratique de Chirurgie ou histoire des plaies*, ouvrage estimé, dont la 3e édition qui est la meilleure, est de 1747, 2 vol. in-12. 2. *Essai sur les Maladies vénériennes*, in-12.

GUISE, (Claude de Lorraine

Duc de ) second fils de René, Duc de Lorraine, après avoir contesté inutilement la succession du Duché de Lorraine à Antoine son frere aîné, vint s'établir en France, & s'y fit extrêmement estimer par son courage & par son mérite. Il épousa Antoinette de Bourbon, Princesse du Sang, le 18 Avril 1513, & devint si puissant par la faveur du Cardinal Jean de Lorraine son frere, qu'il fonda une Maison qui fit trembler les successeurs légitimes de la Couronne. C'est en sa faveur que le Comté de Guise fut érigé en Duché-Pairie au mois de Janv. 1527. Il se signala en plus. occasions, notamment à la bataille de Marignan, & mourut en 1550, laissant six fils & quatre filles, dont l'aînée épousa Jacques Stuart V Roi d'Ecosse.

GUISE, ( Charles de Lorraine, Duc de ) fils aîné de Henri Duc de Guise, surnommé *le Balafré*, naquit le 20 Août 1571. Il fut arrêté avec plus. autres le jour de l'exécution de Blois, & renfermé au Château de Tours, d'où il se sauva en 1591. Il fut reçu à Paris avec de gr. acclamations de joie par les Ligueurs, qui l'auroient élu Roi, sans la jalousie du Duc de Mayenne son oncle. C'est ce jeune Prince qui tua de sa main le brave S. Pol. Il se soumit à Henri IV en 1594, & obtint le Gouvernement de Provence. Il eut sous Louis XIII quelques emplois par mer & par terre; mais le Cardinal de Richelieu, qui craignoit la puissance de cette Maison, l'obligea de sortir de France. Charles se retira en Provence, & mourut à Cuna dans le Siennois, le 30 Sept. 1640, laissant de Henriette-Catherine de Joyeuse son épouse, plus. enfans. Le Maréchal de Bassompierre fait de ce Prince un gr. éloge.

GUISE, ( Charles de ) voyez CHARLES DE LORRAINE.

GUISE, ( François de ) voyez FRANÇOIS DE LORRAINE.

GUISE, ( Henri de Lorraine, Duc de ) l'un des Princes des mieux faits, des plus spirituels, des plus courageux & des plus éloquens de son siecle, étoit fils aîné de François de Lorraine, Duc de Guise, & d'Anne d'Est. Il naquit le 31 Décembre 1550, & se signala en Hongrie & en France par sa valeur & par sa prudence dans plus. sieges & combats. Il commandoit l'Arriere-Garde à la bataille de Jarnac en 1569, & fut surnommé *le Balafré*, à cause d'une blessure qu'il reçut à la joue dans un combat près de Château-Thierry en 1575. Ses belles qualités l'aiant fait aimer de Madame Marguerite de France, le Roi Charles IX, qui vouloit marier cette Princesse au Roi de Navarre, résolut de se défaire du Duc de Guise; mais celui-ci en aiant été averti, pour ôter tout sujet de soupçon au Roi, épousa Catherine de Cleves, Comtesse d'Eu, fille de François de Cleves, Duc de Nevers. Il remporta plus. victoires sur les Calvinistes, & entra comme en triomphe à Paris le 9 Mai 1588. Il avoit de plus gr. desseins, lorsque le Roi Henri III le fit massacrer à Blois pendant la tenue des Etats, le 23 Décemb. 1588, qui étoit la 38 de son âge. Ainsi périt ce Prince ambitieux, après avoir fait trembler le Roi son maître & les successeurs légitimes de la Couronne. Le Cardinal de Guise son frere, fut massacré à Blois le lendemain.

GUISE, ( Henri de Lorraine, Duc de ) fils puîné de Charles de Lorraine, Duc de Guise, & d'Henriette-Catherine de Joyeuse, naquit le 4 Avril 1614. C'étoit l'un des plus galans & des plus accomplis Seigneurs de France; il étoit bien fait, adroit en toutes sortes d'exercices, plein d'esprit & de courage. Ayant été destiné à l'Eglise, il fut pourvu d'un très grand nombre de riches Abbayes, & même de l'Archevêché de Rheims; mais s'étant engagé par promesse de mariage avec la Princesse Anne de Mantoue, le Cardinal de Richelieu le priva de tous ses Bénéfices. Le Duc de Guise se retira à Bruxelles, où il épousa la Comtesse le Bossu; qu'il laissa peu de

tems après , pour revenir en France.
Il y tomba dans une nouvelle difgrace par la part qu'il eut au Traité
que le Comte de Soiffons , le Duc
de Bouillon , & quelques autres mécontens , conclurent avec l'Efpagne. Il fut cité en Justice , comme
criminel , & condamné par contu-
mace en 1641 ; mais il fit son accommodement en 1643. L'année
suiv. il accompagna le Duc d'Orléans au fiege de Gravelines. Il étoit
à Rome lorsque les Napolitains se
souleverent : ils le demanderent
pour Chef en 1647. Le Duc de Guise fut reçu à Naples avec des acclamations extraordinaires , & l'on y
ordonna *qu'il seroit appellé Généra-*
*lissime des Armées , & Défenseur de*
*la liberté , avec les mêmes honneurs*
*dont jouissoit le Prince d'Orange*
*en Hollande , sous la protection du*
*Roi Très Chrétien.* Le Duc de Guise
fit paroître beaucoup d'esprit & de
courage dans cette nouvelle dignité ; mais n'ayant pas été secouru
par la France , il tomba entre les
mains des ennemis , qui le conduifirent à Segovie en Efpagne , où
ils le tinrent prisonnier jusqu'en
1652. Il mourut à Paris le 2 Juin
1664 , fans laisser de postérité , &
fut porté à Joinville , pour y être
mis au tombeau de ses Ancêtres. On
a des *Mémoires* sous son nom , dans
lesquels il décrit son entreprise sur
Naples , mais on soupçonne qu'ils
font de Saintion , son Secretaire ,
qui les a publiés.

GUISE , ( Louis de Lorraine ,
Cardinal de ) il y a eu trois Cardinaux de ce nom ; le premier étoit
frere de François de Lorraine , Duc
de Guise , & fils de Claude de Lorraine ; il naquit en 1527 , & fut
Evêque de Troyes , ensuite d'Alby ,
puis de Sens , & enfin de Metz , il
eut beaucoup de part aux affaires
de son tems , & mourut à Paris le
28 Mars 1578 , à 56 ans. Le second
étoit neveu du précédent , & fils de
François , Duc de Guise , tué au
fiege d'Orléans , par Poltrot ; il fuccéda au Cardinal Charles de Lorraine son grand oncle , dans l'Ar-

chevêché de Rheims , & fut l'un
des principaux Partisans de la Ligue ; mais Henri III le fit tuer à
Blois avec le Duc de Guise son frere , le 23 Décembre 1588. Enfin , le
troisieme Cardinal de ce nom , étoit
fils de Henri de Lorraine , Duc de
Guise , tué à Blois , & naquit en
1575. Il avoit l'humeur si guerriere,
qu'il ne respiroit que les combats ,
quoiqu'il fût Eccléfiastique , Cardinal , & Archevêque de Reims. Il
suivit le Roi dans son expédition de
Poitou en 1621 , & se signala entre
les plus braves à l'attaque d'un fauxbourg au fiege de S. Jean d'Angeli.
Etant tombé malade quelques jours
après , il se fit porter à Saintes , où
il mour. le 21 Juin 1621. Il témoigna au lit de la mort , qu'il se repentoit de la vie licencieuse qu'il
avoit menée.

GUISE , ( Guillaume ) savant
Théologien Anglois , né auprès de
Glocester en 1653 , d'une bonne
famille , fit ses études à Oxford , &
se rendit très habile dans les Langues Orientales. Il mourut de la petite vérole le 3 Septembre 1683 ,
comme il préparoit une édition de
la Géographie d'Abulfeda. On a de
lui une *Traduction* latine du commencement de la Mischne , avec
des notes.

GUITMOND , *voy.* GUIMOND.

GUNDLING , ( Nicolas-Jérôme )
l'un des plus habiles Jurisconf. &
des plus gr. Critiques que l'All. ait
produits , naquit près de Nuremberg
le 25 Fév. 1671 , d'un pere qui étoit
Ministre ; aiant fait ses études à Altorf avec distinction , il devint fuc-
cessiv. Professeur en Philosophie ,
en Eloquence & en Droit naturel à
Halle. Sa capacité étoit si connue à
la Cour de Berlin , qu'on l'y consultoit souvent sur les affaires publiques , & ses services en diverses occasions lui valurent le titre de Conseiller privé. Il étoit très laborieux ,
avoit une excell. mémoire , beauc.
d'esprit , de vivacité & d'éloquence.
Mais on souhaiteroit dans ses écrits,
qui sont en gr. nombre , moins de
satyre , & plus de *modération* & de

politeſſe. Il mourut étant Recteur de l'Univerſité de Halle, le 16 Décemb. 1729, à 59 ans; laiſſant un grand nombre de bons ouvr. de Littérature, de Juriſprudence, d'Hiſtoire & de Politique. Les principaux ſont: 1. *Nouveaux Entretiens*, in 8. 2. *Projet d'un Cours d'Hiſtoire Littéraire*. 3. *Hiſtoria Philoſophiæ moralis*, in-8. 4. *Otia*, ou Recueil de Diſcours ſur divers ſujets de Phyſique, de Morale, de Politique & d'Hiſt. 3 vol. in-8. 5. *De jure oppignorati Territorii*, in-4. 6. *Status naturalis Hobbeſii in corpore juris civilis defenſus & defendendus*, in-4. 7. *De ſtatu Reipublicæ Germanicæ ſub Conrado I.* in-4. Ludewig a réfuté cet ouvr. dans ſa *Germania princeps*. 8°. *Gundlingiana* en allemand. 9. *Mémoire hiſtorique* ſur le Comté de Neufchâtel & de Vallengin, en allem. 10. *Commentatio de Henrico Aucupe*, in 4°. 11. *Via ad veritatem*, ou Cours de Philoſophie. 12. Il a eu beaucoup de part aux *Obſervationes Hallenſes*, excellent Recueil en 11 vol. in-8°. &c. Il a auſſi fait imprimer une *Diſſertation* de Wolfgang Gundling, ſon pere, ſur le Concile de Gangres.

GUNTER, ( Edmond ) célebre Mathématicien Anglois, fut Profeſſeur d'Aſtronomie au Collége de Gresham, & s'acquit une gr. réputation par ſes leçons & par ſes ouvrages. Il mourut en 1626.

GUNTHER, céleb. Poëte Allemand du XVII ſiécle, natif de Sileſie, eut tous les talens qui caractériſent les grands Poëtes. Ses ouvr. ſont très eſtimés des Allemands, & il n'y en a point qu'ils liſent avec plus de plaiſir. Gunther vécut dans une extrême miſere, & mourut à la fleur de ſon âge.

GURTLER, ( Nicolas ) ſavant Théol. de la Religon pr. ref. naquit à Bâle en 1654. Il fut ſucceſſivement Profeſſeur à Herborn, à Hanau, à Brême, à Deventer & à Franecker. Il eſt à remarquer au ſujet de cette derniere place, que les Etats de Friſe aïant appellé l'illuſtre We-

renfels pour remplir une Chaire de Théologie vacante à Franecker, il la refuſa, en mandant dans ſa Lettre aux Curateurs, qu'il étoit ſurpris qu'on eût jetté les yeux ſur lui, qui étoit preſqu'inconnu en Hollande, tandis qu'on avoit dans le voiſinage ( à Deventer ) un homme d'un auſſi rare mérite que l'étoit M. Gurtler, qu'il ne rougiſſoit pas de nommer ſon maître pour la Théol. Sur cette Lettre on appella M. Gurtler en 1705; mais il s'excuſa. Cependant deux ans après les Curateurs firent une ſeconde tentative, & lui propoſerent des avantages ſi conſidérables, qu'il accepta. Il prit poſſeſſion de la Chaire de Théol. à Franecker en 1707, & mourut en 1711. Ses princ. ouvr. ſont: 1. *Lexicon Linguæ Latinæ, German. Græcæ & Gall.* 2. *Hiſtoria Templariorum*. 3. *Origines mundi*, in-4°. Ouvrage d'une prodigieuſe érudition. 4 *Syſtema Theol. prophetica*, in 4°. Ce ſyſtême paſſe pour un des meilleurs ouvr. qu'il y ait en ce genre, &c. Tous les Ecrits de Gurtler ſont ſav. & fort eſtimés.

GUSTAVE ADOLPHE II du nom, ſurnommé *le Grand*, Roi de Suede, & l'un des plus céleb. guerriers de ſon ſiecle, naquit à Stockholm en 1594, & ſuccéda à Charles ſon pere au Royaume de Suede en 1611. Il reprit ſur les Danois ce qu'ils lui avoient enlevé, fit des conquêtes conſidérables ſur les Moſcovites, & remporta de gr. avantages ſur les Polonois. Il prit Riga le 16 Septembre 1621, & fit enſuite alliance avec les Proteſtans d'Allemagne, contre la Maiſon d'Autriche. Il ravagea le Palatinat, la Souabe, la Baviere, remporta victoires ſur victoires, dont la plus céleb. fut celle de Leipſic, ſe rendit formidable à toute l'Europe, & fut tué à la bataille de Lutzen, qu'il gagna ſur les Impériaux le 16 Novemb. 1632, à 38 ans. Puffendorf aſſure que ce grand Prince périt par la main de François Albert, Duc de Lawembourg, l'un de ſes Chefs, gagné par les Impériaux. Il laiſſa pour héritiere

ritiere Chriſtine ſa fille unique, âgée de cinq ans. Jerôme Bignon rapporte que ce gr. Prince avoit perpétuellement ſous les yeux le *Traité du Droit de la Guerre & de la Paix* de Grotius.

GUSTAVE WASA, Roi de Suede, étoit fils d'Eric de Waſa, Duc de Gripsholm. Chriſtiern II, Roi de Danemarck, s'étant rendu maître de la Suede en 1518, le fit arrêter priſonnier à Coppenhague; mais Guſtave trouva moyen de s'échaper. Quelque tems après, Chriſtiern aïant été chaſſé à cauſe de ſes cruautés, Guſtave fut déclaré Prince & Gouverneur de Suede, puis élu Roi près d'Upſal en 1523. Il introduiſit le Luthéraniſme dans ſes Etats, chaſſa les Evêques qui ne voulurent pas lui obéir, & mourut en 1560, après avoir rendu ſon Royaume héréditaire dans ſa famille, au lieu qu'il n'étoit qu'électif auparavant.

GUTHIER, ou GUTHIERES. *Vouyez* GOUTHIER.

GUTTEMBERG, (Jean) Bourgeois de Mayence, natif de Strasbourg, ſelon quelq. Auteurs, s'eſt rendu immortel par l'invention de l'Imprimerie. Il inventa cet Art admirable vers le milieu du XV ſiecle avec Jean Fauſt, Bourgeois de Mayence, & Pierre Schoëffer, domeſtique, puis gendre de Fauſt. Tels ſont conſtamment les trois premiers inventeurs de l'Imprimerie, comme on l'apprend de l'Abbé Tritheme dans ſa chronique d'Hirſaugen, où il aſſure qu'il a connu Schoëffer, & que c'eſt de lui qu'il a appris ce qu'il rapporte touchant cette invention.

GUYMIER, (Côme) habile Juriſconfulte du XV ſiecle, natif de Paris, fut Chanoine de S. Thomas du Louvre, Doïen de l'Egliſe Collégiale de S. Julien de Laon, Conſeiller au Parlement de Paris, & Préſident aux Enquêtes. On a de lui un excellent Commentaire ſur *la Pragmatique-Sanction* de Charles VII, dont François Pinſſon, célebre Avocat, donna une ſavante

édition à Paris en 1666, *in-fol.*

GUYON, (Symphorien) natif d'Orléans, entra dans la Congrégation de l'Oratoire en 1625, & fut envoié quelque-tems après avec le P. Bourgoing à Malines, pour y établir une Maiſon de l'Oratoire. Il devint Curé de la Paroiſſe de Saint Victor d'Orléans en 1638, gouverna cette Paroiſſe avec édification, & s'en démit en faveur de ſon frere trois mois avant ſa mort, arrivée en 1657. Il eſt Auteur de l'*Hiſtoire de l'Egliſe & Dioceſe, Ville & Univerſité d'Orléans* 1647, *in-fol.* dont la ſeconde partie ne parut qu'en 1650, avec une Préface de Jacques Guyon ſon frere. Celui-ci eſt Auteur d'un petit Ouvr. intitulé: *Entrée ſolemnelle des Evêques d'Orléans* 1666 *in-8°.* compoſé à l'occaſion de l'entrée de M. d'Elbene.

GUYON, (Jeanne-Marie Bouviers de la Mothe) Dame céleb. par ſes écrits & par ſes diſgraces, naquit à Montargis le 13 Avril 1648, de parens nobles. Elle épouſa à l'âge de 18 ans M. Guyon, fils de l'Entrepreneur du Canal de Briare, & demeura veuve à 22 ans en 1670 avec de gr. biens; elle revint alors à Paris, où elle lia amitié avec M. d'Aranthon, Ev. de Genêve. Ce Prélat l'engagea d'aller demeurer dans ſon Dioceſe, pour établir à Gex une Communauté avec pluſ. nouvelles Catholiques, afin de travailler à la converſion des Proteſtans. Madame Guyon ſe rendit à Gex en 1681, & abandonna tous ſes biens à ſes enfans, en ſe retenant une modique penſion. Quelque tems après, n'aïant pu conſentir à devenir Supérieure de la nouvelle Communauté établie à Gex, & les Regles de cette Communauté n'étant point de ſon goût, elle ſe retira chez les Urſulines de Thonon, de-là à Turin, puis à Grenoble, & enſuite à Verceil. C'eſt pendant ſon ſéjour en ces païs éloignés, qu'elle compoſa le *Moyen court & très facile de faire oraiſon*, & un autre Livre intitulé: *le Cantique des Cantiques de Salomon, interpreté ſelon le ſens myſtique.* Ces deux ouvrages lui attirerent tant de difgraces, qu'étant venue à Paris en 1687, par le Conseil des Médecins, elle fut renfermée, par ordre du Roi, chez les Filles de la Visitation de la rue S. Antoine, au mois de Janvier 1688. Elle en fortit quelque tems après, à la follicitation de Madame de Miramion & des Religieuses du Monaftere, qui rendirent témoignage à fa vertu. C'eft alors qu'elle lia amitié avec M. de Fenelon, M. le Duc de Chevreufe, M. le Duc de Beauvilliers, Madame la Ducheffe de Bethune, & pluf. autres Perfonnes diftinguées par leur efprit & par leur mérite. Malgré ces liafons, on continua de s'élever contr'elle, ce qui lui fit prendre le parti de confier tous fes écrits à M. Boffuet, & de les foumettre à fon jugement : cet habile Prélat, après un examen de plufieurs mois, qu'il fit avec M. de Noailles, M. de Fenelon, & M. Tronfon, dreffa trente articles qu'il crut fuffifans pour mettre à couvert les faines maximes de la fpiritualité & de la vie myftique. M. de Fenelon y en ajouta quatre autres, & ces 34 articles furent fignés à Iffy par les quatre Examinateurs, après un férieux examen, le dix Mars 1695. Madame Guyon fe foumit à ces articles & les figna ; mais tout cela ne calma pas l'orage. Elle fut enveloppée dans la caufe de M. de Fenelon, accufée de Quiétifme, & renfermée au Château de Vincennes, puis chez les Filles de S. Thomas à Vaugirard, & enfuite à la Baftille. Enfin, *le Livre des Maximes des Saints* aïant été condamné par le S. Siege le 12 Mars 1699, & M. de Fenelon s'étant foumis, Mad. Guyon fortit de la Baftille & fe retira à Blois, où elle mourut douze ans après dans les fentimens de la piété la plus tendre le 9 Juin 1717, à 69 ans. Outre les ouvrages dont nous avons parlé, on a d'elle, *l'ancien Teftament avec des explications & des réflexions : fa vie écrite par elle-même ; les Torrens fpirituels : Lettres chrétiennes & fpirituelles ; des Vers*, & un gr.

nombre d'autres Livres myftiques, écrits avec beaucoup de feu & d'imagination. M. de la Bletterie a écrit trois Lettres en faveur de Mad. Guyon, dans lefquelles il la juftifie fur les mœurs.

GYGÉS, Officier & Favori de Candaule, Roi de Lydie, tua ce Prince par ordre de la Reine, & regna après lui vers 718 av. J. C.

GYLIPPE, cél. Capitaine Lacédémonien, fut envoïé en Sicile pour donner du fecours aux Syracufains, 416 ans av. J. C. Il vainquit en divers combats Demofthenes & Nicias, Généraux des Atheniens en cette Ifle, & les fit prifonniers. Gylippe accompagna enfuite Lyfandre à la prife d'Athenes ; ce Génér. lui confia tout l'argent qu'il avoit pris au pillage de la ville, & le chargea de le porter aux Ephores ; mais Gylippe commit alors une lâcheté, en détournant 300 talens : ce qui aïant été reconnu, il fe punit lui-même en s'exilant volontairement.

# H.

HABACUC, *voyez* ABACUC.

HABERKORN, (Pierre) fav. Théol. Luther., naquit le 9 Mai 1604, à Butzbach en Vétéravie, d'une noble & anc. famille de Franconie. Il fut Pafteur, Surintendant & Profeffeur en Théol. à Gieffen, où il m. au mois d'Avril 1676. Il fe rendit cél. par fes ouvr. & affifta avec diftinction à divers Colloques tenus au fujet de la Religion. Les princip. de fes ouvr. font, 1. *Heptas difputationum anti-Wallenburgicarum.* Ce Livre dans lequel il s'efforce de renverfer les principes de MM. de Walembourg, eft eftimé des Luthériens. 2. *Vindicatio Lutheranæ fidei contra H. Ulricum Hunnium.* 3. *Syntagma differtationum Theologicarum.* 4. *Anti valerianus.* 5. *Relatio actorum Colloquii Rheinfelfani*, &c. Les Luthériens font beaucoup de cas de tous les ouvr. d'Haberkorn.

HABERT, (Germain) Poète François, fut Abbé de Notre Dame de Cerify, & l'un des premiers de l'Académie Françoise & des beaux esprits de son tems. Il mourut en 1655. On a de lui diverses Poésies, dont on estime sur tout la Piece intitulée *Métamorphose des yeux d'Iris changés en Astres*. Cette Piece est en effet ingénieuse & délicate. Il a fait aussi la *Vie* ou le *Panégyrique du Cardinal de Berulle*, in-4. & *la Paraphrase de quelques Pseaumes*. Philippe Habert, son frere, fut aussi l'un des premiers de l'Académie Françoise, & devint Commissaire de l'Artillerie par la protection de M de la Meilleraye, qui l'aimoit beaucoup. Il périt en 1632, à 32 ans, sous les ruines d'une muraille qu'un tonneau de poudre fit sauter par la négligence d'un Soldat mal-adroit. On a de lui un Poëme intitulé *Le Temple de la Mort*, qui fut très estimé quand il parut, & qu'il avoit composé sur la mort de la premiere femme de M. de la Meilleraye.

HABERT, (Isaac) cél. & sav. Docteur de la Société de Sorbonne, Chanoine & Théologal de Paris, puis Evêque de Vabres en 1645, se distingua par ses Prédications & par ses ouvr. Il mourut le 11 Janvier 1668. On a de lui : 1. divers ouvr. *sur la Grace*, dans lesquels il réfute avec force la Doctrine de Jansénius. 2. Une *Traduction* latine *du Pontifical de l'Eglise Grecque*, avec de savantes notes. 3. Des *Poésies* latines. 4. De belles *Hymnes* dans le Bréviaire de Paris, & un grand nombre d'autres ouvr. Suzanne Habert, sa tante, épousa Charles du Jardin, Officier du Roi Henri III, & demeura veuve à l'âge de 24 ans; elle passoit pour un prodige de science, & savoit l'hébreu, le grec, le latin, l'Italien, l'espagnol, la Philosophie & même la Théologie, ce qui lui acquit une gr. réputation parmi les Savans. Elle mourut en 1633 dans le Monastere de Notre-

Dame de Grace, à la Ville-l'Evêque près de Paris, où elle s'étoit retirée depuis près de 20 ans, laissant un gr. nombre d'ouvr. manus. entre les mains d'Isaac Habert son neveu. Il y a eu plus. autres Sav. de cette fam. illustre par ses alliances & féconde en personnes de mérite.

HABERT, (Henri-Louis) Cousin des deux précédens, Seigneur de Montmor, Conseiller du Roi en ses Conseils, & Maître des Requêtes de son Hôtel, fut reçu Conseiller au Parlement en 1625, & m. Doïen des Maîtres des Requêtes le 21 Janvier 1679. Il étoit de l'Académie Franç., & il s'acquit une gr. réputation par son intégrité, & par son amour pour les Lettres & pour les Savans. C'est dans sa maison que mourut le cél. Gassendi, son intime ami, qu'il avoit retiré chez lui depuis plus. années, & qui éprouva en M. de Montmor qu'un bon ami peut tenir lieu de tout. Ce Magistrat érigea à Gassendi un Mausolée dans l'Eglise de S. Nicolas des Champs à Paris, & ce qui valoit mieux pour la gloire de son ami, & pour l'utilité du Public, il se chargea de l'Edition de ses Œuvres qu'il fit imprimer à Lyon en 1658, en 6 vol. in-fol. Il mit à la tête une courte Préface latine de sa façon, qui est sensée & de bon goût. On a encore de M. de Montmor 3 ou 4 *Epigrammes* & quelques autres petites pieces de *Poésies*, imprim. dans les Recueils de son tems. M. Huet, dans ses Mémoires latins, dit de M. de Montmor qu'il étoit *vir omnis doctrinæ & sublimioris & humanioris amantissimus*.

HABERT, (Louis) pieux & savant Docteur de la Société de Sorbonne, natif de Blois, fut successivement Grand-Vicaire de Luçon, d'Auxerre, de Verdun, & de Châlons-sur-Marne. Il se fit généralement estimer dans tous ces Diocèses par sa vertu, par son savoir, & par son zele à maintenir la discipline Ecclésiastique. Il se retira ensuite en Sorbonne, où il passa le reste de ses jours à décider les cas de confcience , & où il m. le 7 Avril 1718 , à 83 ans. On a de lui , 1. un corps complet de *Théologie* , en 7 vol. *in-12* , qui eft très eftimé pour fa précifion & fa folidité ; mais on a blâmé avec raifon les additions qui ont été faites à cette Théologie depuis la mort de M. Habert. 2. La défenfe de cette Théologie. M. Petit Pied fe plaignit de cette défenfe, & adreffa à M. Habert un *Ecrit* contre l'accufation de Janfénifme. 3. La *Pratique de la Pénitence*, in-12 , plus connu fous le nom de *Pratique de Verdun*. Il y a eu plufieurs édit. de ce dernier ouvr., il eft excellent , à quelques endroits près , qu'il ne faut pas prendre à la rigueur. Il en eft de même de fa Théologie.

HABICHORST , ( André-Daniel ) fav. Théol. Luthérien de Roftoch , mort en 1704 , eft Auteur de pluf. ouvr. , entr'autres de pluf. *Differtations* très eftimées fur divers paffages d'Ifaïe , & d'autres Livres de l'Ecriture-Sainte.

HABICOT , ( Nicolas ) célebre Chirurgien natif de Bonny en Gatinois , s'acquit une gr. réputation par fon habileté & par fes ouvr. Il m. le 17 Juin 1624. On a de lui un *Traité de la Pefte* , & d'autres ouvrages très curieux , furtout à l'occafion du corps du Géant *Theutobocus* , trouvé près du Château de Langon en Dauphiné.

HABINGTON , ( Guillaume ) cél. Hift. Anglois, fit fes études à S. Omer & à Paris, & retourna en Angleterre , où il s'appliqua à l'Hiftoire. Il mourut en 1654. On a de lui une Tragicomédie intitulée : *la Reine d'Arragon* ; l'*Hiftoire* d'Edouard IV , Roi d'Angleterre , & d'autres ouvrages.

HACHETTE , ( Jeanne ) illuftre Héroïne de Beauvais en Picardie , fe mit à la tête des autres femmes , & repouffa avec une valeur extraordinaire, en 1472 , les Bourguignons qui donnoient l'affaut à cette ville. En mémoire d'une fi belle action ; fes defcendans font exempts de taille , & l'on fait tous les ans une

Proceffion à Beauvais le 10 de Juillet , où les femmes vont les premieres.

HACKET , ( Guillaume ) fameux fanatique Anglois au 16e fiecle , après avoir mené une vie fort déréglée, s'érigea en Prophête. Il attira dans fon parti deux perfonnes de quelque favoir , Edmond Coppinger , & Henri Arlington : le prem. fut appellé Prophête *de miféricorde* , & le fecond , *du Jugement*. Ces deux nouveaux Prophêtes entreprirent d'égaler Hacket à J. C. & de foulever en fa faveur le Peuple contre le Gouvernement ; mais ils furent arrêtés , & on leur fit leur procès ; Hacket fut condamné à être pendu , Coppinger fe laiffa mourir dans la prifon , & Arlington obtint fa grace.

HACKSPAN , ( Théodore ) Judicieux & cél. Philologue & Théologien Luthérien , naquit à Weimar le 8 Nov. 1607. Après s'être rendu très habile dans l'hébreu & dans les autres Langues orientales , il en fut le prem. Profeffeur à Altorf , où il devint auffi Profeffeur de Théologie , & où il m. le 19 Janv. 1659 , à 52 ans. On a de lui un gr. nombre d'ouvr. fur la Bible , qui font très judicieux , très favans & très eftimés. Les princip. font : 1. *Sylloge difputationum Theologicarum & Philologicarum*. Altorf , 1663 , *in-4°*. 2. *Interpres errabundus : & Lucubrationes..... in difficillima utriufque Teftamenti Loca*. Altorf , 1645 , *in-8°*. Ces deux ouvrages fe trouvent auffi dans le *Tréfor* de Thomas Crenius. 3. *Mifcellaneorum facrorum Libri duo*. 4. *Notæ Philologico-Theologicæ in raria & difficiliora veteris & novi Teftamenti loca* , 3 vol. *in-8°*. *Obfervationes Arabico-Syriacæ in quædam loca veteris & novi Teftamenti* , *in-4°*. 6. *Specimen Theologiæ Thalmudicæ*. 7. *Fides & leges Muhammedis* , &c.

HADRIEN , *voyez* ADRIEN.

HAFFENREFFER , ( Mathias ) fav. Théol. Allemand , né dans le Wirtemberg , en 1560 , fut Profef-

feur de Théologie à Tubinge , &
Chancelier de l Université. Il m. en
1619. On a de lui , des *Comment.* ,
fur Nahum & fur Habacuc : des
*lieux Théologiques* , & d'autres ouvrages de critique & de Théologie.

HAGEDORN , Poète Allemand ,
dont on a des *Fables* & des *Contes* , qu'il a imités de la Fontaine ,
& dont les Allemands font grand
cas.

HAGUENBOT , ( Jean ) *voyez*
CORNARIUS.

HAGUENIER , ( Jean ) Poète
François , natif de Bourgogne , dont
on a plufieurs jolies *Chanfons*. Il
mourut en 1738 , à 60 ans.

HAHN , ( Simon-Frederic ) hab.
& cél. Hiftor. Allemand , fit dès
fon enfance des progrès fi confidér.
qu'on peut le mettre au nombre des
Sav. Précoces. A l'âge de 10 ans ,
il étoit fort avancé dans les Humanités , & favoit déja pluf. Langues
vivantes. Quatre ans après , il prononça fur l'origine du Cloître de
Bergen , ( où il étoit né ) une *Harangue* qui fut imprimée avec quelques autres pieces , & il publia en
1708 la continuation de la *Chronique* de Bergen , par Meibomius.
Hahn fit impr. en 1711 deux *Differtations* , l'une fur Henri l'*Oife-
leur* , & l'autre fur le Roïaume d'Arles , qui lui firent beauc. d'honneur.
Après avoir donné pendant quelques
années des leçons publiques à Halle ,
il devint à l'âge de 24 ans Profeffeur d'Hiftoire à Helmftadt , & il
fut enfuite Confeiller , *Hiftoriographe* , & Bibliothéquaire du Roi de
la Gr. Bretagne , à Hanovre. Il m.
en 1729 , à 37 ans. Outre les ouvr.
indiqués dans cet art. , nous avons
encore de lui , 1. les 4 prem. vol.
d'une *Hiftoire de l'Empire*. M.
Gladow avoit publié fous fon propre nom cette *Hiftoire* , mais pleine de fautes. 2. *Collectio monu-
mentorum veterum & recentium ine-
ditorum* , 2. vol. in-8°. 3. Des *Remarques* fur le Livre qui a pour titre : *Mémoires fur la liberté de
Florence*. 4. Quelques *Harangues*.

HAILLAN , ( Bernard de Girard

Seigneur du ) natif de Bourdeaux ,
d'une famille noble , après avoir
fait quelque figure dans le Monde-
Litteraire , comme Poète & comme
Traducteur , s'appliqua à l'Hiftoire
avec tant de fuccès , que Charles
IX le fit *Hiftoriographe* de France
en 1571. Son *Hiftoire de France*
s'étend depuis Pharamond jufqu'à
la mort de Charles VII. L'Edition
la plus complette de cette Hiftoire
eft celle de 1627 , en 2 vol. *in fol.*
C'eft le prem. corps d'Hiftoire de
France , compofé en françois. Henri
III , pour récompenfer du Haillan ,
l'honora de quelques gratifications
& de la charge de *Généalogifte* de
l'Ordre du S. Efpriit. Il avoit promis de continuer fon Hiftoire jufqu'au regne de Henri IV , mais il
n'en fit rien , & mourut à Paris le
23 Novembre 1610 , à 76 ans. Il
avoit été Calvinifte , il fe fit Catholique lorfqu'il fréquenta la Cour.
Outre fon hiftoire de France , on a
de lui un Livre eftimé *de l'état &
fuccès des affaires de France* , in-8° ;
un Poème intitulé le *tombeau du
Roi très Chrétien Henri II* ; d'autres *Poéfies* latines & françoifes :
des Traductions d'*Eutrope* & d'*Æ-
milius Probus* , & d'autres ouvrages plus judicieux & plus méthodi-
ques que la plûpart des écrits compofés en françois av. lui. Il fut ex-
trèmement critiqué , & traita fes
Cenfeurs avec hauteur & avec mépris.

HALBAUER , ( Frederic ) fav.
Théol. Luthérien , né à Alftadt en
Thuringe , l'an 1692 , devint Profeffeur en Eloquence & en Poéfie en
1713 , puis Profeffeur en Théologie dans la même Académie en
1738. Il m. en 1750. On a de lui ,
1. *Lutherus politioris Litteraturæ
cultor & æftimator*. 2. *Ecclefia Lu-
therana elegantioris Litteraturæ Pa-
trona*. 3. *Commentationes Philologicæ in quædam loca V. T.* , *in
quibus de recta juvenum educatione ftatui poteft*. 4. Un gr. nombre
de *Differtations* Académiques , des
*Lettres* , des *Recueils* , de nouvelles Editions d'Auteurs cél. , &c.

HALDE, ( Jean-Baptiste du ) célebre Jésuite, né à Paris le prem.
Fév. 1674, fut Secretaire du Pere le
Tellier, & ensuite Directeur de la
Congrégation des Artisans. Il mourut à Paris dans la Maison Professe
des Jésuites, où il demeuroit depuis 1708, le 18 Août 1742. Ses
princip. ouvr. sont : 1 *Description
de la Chine & de la Tartarie Chinoise*, 4 vol. *in fol.*, ouvr. cur eux
& interressant. 2. *Lettres édifiantes*
depuis le neuvieme Recueil inclusivement jusqu'au vingt six, 3. Des
*Harangues* & des *Poésies* latines.

HALE, ( Matthieu ) sav. Ecrivain Anglois, Lord, Chef de Justice du Banc du Roi, sous le regne
de Charles II, naquit à Alderny,
dans le Comté de Glocester, le premier Nov. 1609. Il fit ses études à
Oxford ; & lia une étroite amitié
avec le célebre Selden. Outre sa capacité dans le Droit, il étoit habile
Philosophe & sav. Théologien Il
se conduisit avec tant d'équité & de
sagesse durant les guerres civiles
d'Angleterre, qu'il s'acquit l'estime
des deux partis Il fut fait Baron de
l'Echiquier & Chevalier, & mourut
en 1676, à 67 ans. Ses principaux
ouvr. sont : 1 *la premiere origine
des hommes*, in fol. Contemplations morales & Théologiques*, in-
8°. 3. *Difficiles nugæ*, in-8°. ou
*Observat. sur les expériences de To-
ricelli*. 4. *Essai sur la gravitation
des corps fluides*. 5. *Observations
sur les principes des mouvemens naturels, & sur-tout de la raréfaction
& de la condensation*. 6. La vie &
la mort de *Pomponius Atticus*,
écrite par *Cornelius Nepos*, avec
des réflexions politiques & morales.
7. *Plaidoiers de la Couronne*. 8.
*L'histoire des Ordonnances roïales*,
in fol., &c Tous ces ouvr. sont
justement estimés. M Burnet, Evêque de Salisbury, a écrit sa vie.

HALES, ( Jean ) l'un des plus
sav. & des plus judicieux Théologiens Anglois, fit ses études à Oxford, où il fut Professeur en grec
en 1412. Six ans après il accompagna l'Ambassadeur de Jacques I en

Hollande, où il arriva durant la tenue du Synode de Dordrecht ; il fut
informé avec soin de tout ce qui se
passa de plus secret dans ce Synode,
comme il paroît par les *Lettres* qu'il
écrivit à ce sujet. Hales étoit Calviniste dans sa jeunesse ; mais aïant
entendu Episcopius, il renonça à
la Doctrine de Calvin. Il devint ensuite Chanoine de Windsor, & fut
obligé de quitter son Canonicat durant les troubles d'Angleterre, après
avoir vendu à vil prix sa magnifique Bibliotheque. Il mourut dans
une extrême misere le 19 Mai 1656,
à 72 ans. On a de lui un *Traité du
Schisme*, qu'il composa à la priere &
à l'usage de Chillingworth son ami,
des *Sermons*, des *Lettres*, des *Opuscules Théologiques*, & d'autres ouvr.
estimés, dans lesquels il fait paroître un esprit de paix & de concorde sur les matieres de l'Eglise.

HALI-BEIGH, premier Drago-
man ou Interprete du Gr. Seigneur,
au 17e siecle, étoit né Chrétien en
Pologne, & se nommoit Albert Bo-
bowski ; aïant été pris fort jeune
par les Tartares, il fut vendu aux
Turcs, qui l'eleverent dans leur
Religion au Serrail. Il savoit un très
gr. nombre de Langues ; & l'on
croit que c'est lui qui fournit à Paul
Ricaut des Mémoires pour son Livre
intitulé : *l'Etat présent de l'Empire
Ottoman*. Il fut en gr. relation avec
les Anglois, & traduisit en Turc la
*Bible* & le *Catéchisme* de l'Eglise
Anglicane ; il composa une *Grammaire* & un *Dictionnaire Turc*, &
d'autres ouvr. dont la plûpart sont
restés Manuscr. Il avoit dessein de
rentrer dans la Relig. Chrétienne,
mais il mour. auparavant vers 1675.
Son principal ouvrage est un *Traité
de la Liturgie des Turcs, de leurs
Pelerinages à la Mecque, de leur
Circoncision, & de la maniere dont
ils visitent les Malades*. Thomas
Smith publia ce Traité en latin dans
les Appendix de l'*Itinera mundi*
d'Abraham Petitsol, à Oxford, en
1691.

HALL, ( Joseph ) l'un des plus
illustres Prélats d'Angleterre, na-

quit à Ashby, dans le Comté de Ley-cester, le prem. Juillet 1574. Il fit ses études à Cambridge, & fut successivement Professeur de Rhétorique, Doïen de Worcester, puis Evêque d'Excester, & enfin Evêque de Norwich Il voïagea en France & en Hollande, & vécut jusqu'au tems des guerres civiles sous Charles I. Il souffrit beaucoup en ces tems malheureux, & fut emprisonné & dépouillé plusieurs fois de ses biens. On a de lui un *Traité contre les voïages*, un Livre ingénieux sur les mœurs ou caracteres des différentes Nations, intitulé : *Mundus alter* : des *Traités de consolation* : des *Sermons*, des *Commentaires*, des *Méditations*, & d'autres ouvr. dont le style lui a mérité le nom de *Seneque d'Angleterre*. Plusieurs des écrits de ce Prélat ont été traduits en françois. Fuller dit que Hall ne traitoit pas mal la *Controverse*, qu'il étoit plus heureux dans ses *Commentaires*, très bon dans ses *Caracteres*, encore meilleur dans ses *Sermons*, mais excellent dans ses *Méditations*.

HALLÉ ou HALLEY, (Pierre) *Hallæus*, Professeur en Droit Canonique dans l'Université de Paris, naquit à Bayeux le 8 Sept. 1611. Il fit ses études à Caen, & s'y distingua tellement par ses *Poésies*, qu'il fut nommé Professeur de Rhétorique, & Recteur de l'Université de cette ville. M. Seguier, Chancelier de France, étant allé à Caen, pour appaiser les troubles de Normandie, conçut pour lui beaucoup d'estime, & l'amena à Paris. Hallé y devint Régent de Rhétorique au College d'Harcourt, puis Lecteur en grec au Collége Roïal, & enfin Professeur en Droit Canon. Il m le 27 Décembre 1689, à 78 ans. On a de lui un *Recueil de Poésies & de Harangues latines*, in-8°. qui sont estimées, & plusieurs ouvr. de Droit. Il ne faut pas le confondre avec Antoine Hallé ou Halley, qui fut Professeur d'Eloquence dans l'Université de Caen, & l'un des plus excellens Poètes latins de son siecle. Il mourut à Paris le 3 Juin 1675,

à 83 ans. On a de lui plusieurs pieces de *Poésies*, in-8°. & quelques *Traités* sur la *Grammaire latine*.

HALLÉ, (Claude Guy) habile Peintre, naquit à Paris en 1611, & fut éleve de Daniel Hallé son pere, qui étoit bon Peintre. Il devint Directeur de l'Académie de Peinture, se fit estimer par ses talens, & mourut à Paris en 1736. M. Noel Hallé son fils & son éleve, & M. Restoue son gendre, se distinguent dans le même Art.

HALLEY, (Edmond) célebre Astronome Anglois, naquit dans un Fauxbourg de Londres, le 8 Novembre 1656. Il s'appliqua d'abord à l'étude des Langues & des Sciences, & se livra ensuite tout entier à l'Astronomie. Il alla en 1676 à l'Isle de Sainte Helene, pour faire de nouvelles découvertes, & entreprit les années suivantes divers autres voïages sur mer. Halley fut Professeur de Geométrie à Oxford à la place de Wallis en 1703, Secretaire de la Société Roïale de Londres en 1713, Astronome Roïal à l'Observatoire de Greenwich, à la place de Flamsteed en 1720, & associé étranger de l'Académie des Sciences de Paris en 1729. Il mour. à Greenwich le 25 Janvier 1742, à 86 ans. Ses principaux ouvr. sont : 1. *Catalogus stellarum australiorum*. 2. *Tabulæ Astronomicæ*. 3. *Abregé de l'Astronomie des Cometes*. 4. *Théorie sur les variations de la Boussole*. 5. *Méthode directe & Géométrique* pour trouver les aphelies & les excentricités des Planetes, &c. On lui doit encore la publication de plusieurs ouvr. de M. Newton, avec lequel il étoit lié d'une étroite amitié, & auquel il communiquoit souvent ses lumieres.

HALLIER, (François) l'un des plus sav. Théologiens de son siecle, étoit de Chartres. Il se distingua dans ses études, & fit paroître de gr. talens pour les Belles Lettres & pour les Sciences. Il devint Docteur & Professeur en Sorbonne, Archidiacre de Dinan, Théologal de Chartres, Syndic de la Faculté de

Théologie de Paris, & enfin Evêq.
de Cavaillon en 1656. M. Hallier
voïagea en Italie, dans la Grece,
& en Angleterre. Urbain VIII conçut pour lui une si haute estime,
qu'il le nomma deux fois à l'Evêché
de Toul, & que voulant faire deux
Cardinaux pour la Science, l'un
Erançois, & l'autre Espagnol, il le
proposa en 1643 avec le P. de Lugo
pour cette dignité ; mais une forte
brigue & des raisons d'Etat, firent
passer le Chapeau destiné à M. Hallier, sur la tête du Commandeur de
Valencey. M. Hallier parut avec
éclat, en qualité de Promoteur,
dans l'Assemblée du Clergé de Fr.
en 1645, où furent renouvellés les
*Reglemens touchant les Réguliers*,
qu'il expliqua par un savant *Commentaire*. Dans son second voïage
de Rome en 1652, il sollicita de vive voix & par écrit la condamnation des *cinq fameuses Propositions
de Jansenius*, & obtint contre elles
le Bulle *Cum occasione*. Il se fit estimer du Cardinal de Richelieu & du
Cardinal Barberin, qui lui offrirent
des pensions pour se l'attacher &
l'avoir auprès d'eux, mais il ne voulut point s'engager. Il mourut accablé d'infirmités & de maladies en
1659, à 64 ans. Ses principaux ouvrages sont : 1. *Défense d'une Censure* de la Faculté de Théologie de
Paris, au sujet de l'Evêque d'Angleterre contre les Jésuites ; 2. un
*Traité de la Hiérarchie* ; 3. de savans *Commentaires sur les Reglemens du Clergé de France, touchant les Réguliers* ; 4. un *Traité
des Elections & des Ordinations*,
qui passe pour un chef-d'œuvre, &
qui lui acquit nne gr. réputation à
Rome & en France ; 5. différens
*Ecrits* contre les cinq Propositions
de Jansenius. On remarque dans
ces ouvr. une profonde érudition,
& beaucoup de force & de solidité
dans les raisonnemens ; ils sont tous
écrits en latin.

HALLMANN, ( Jean-Chrétien )
Poëte Allemand du 17e siecle, dont
on a diverses *Pieces* de Théatre. Il
renonça au Luthéranisme, pour

embrasser la Religion Catholique,
& m. à Breslaw dans une extrême
misere en 1704.

HALYATES, *voyez* ALYATES.

HAMAYDE, ( Ignace-François
de la ) cél. Jurisconsulte, Docteur
& Professeur en Droit à Louvain,
s'acquit une gr. réputation par ses
Leçons. Il étoit consulté de toutes parts sur les matieres les plus importantes, & fut admis dans plus.
Conseils des Païs-Bas. Il m. à Louvain le 21 Mars 1712, à 64 ans.
Son ouvr. le plus connu est un Traité de *recusationibus judicum*, dont
on fait un grand usage dans les Tribunaux.

HAMBERGER, ( George - Al-
brecht ) cél. Professeur en Physique
& en Mathématique à Iene, naquit
à Beyerberg en Franconie, le 26
Nov. 1662, & m. à Iene le 13 Février 1716. On a de lui divers Traités de Physique & de Mathématiq.
fort estimés. Les plus connus sont :
*De iride diluvii : De opticis
oculorum vitiis : de Hydraulica :
de frigore : de Basi computi Ecclesiastici : de Deo ex inspectione
cordis demonstrato :* une Dissertation *de meritis Germanorum in
mathesi*, &c.

HAMEL, ( Jean-Baptiste du )
premier Secrétaire de l'Académie
des Sciences de Paris, & l'un des
plus sav. hommes de son siecle, naquit à Vire en 1624, de Nicolas du
Hamel, Avocat de cette ville. A l'â-
ge de 18 ans il éclaircit dans un petit Traité les *Sphériques* de Théodose, & il y ajouta une *Trigonométrie*
très courte & très claire pour servir
d'introduction à l'Astronom. Aïant
achevé sa Philosop. à Paris, il entra chez les Peres de l'Oratoire, d'où
il sortit au bout de 8 ans, pour être
Curé de Neuilli sur-Marne. La Physique étoit alors appauvrie & dépouillée de tout ce qui peut la rendre intéressante, & n'avoit plus
pour son partage que des questions
steriles & épineuses. M. du Hamel
entreprit de la remettre sur un meilleur pied ; il publia, pour l'exécution de ce dessein, son *Astronomi*

*Physique*, & son Traité *de Météores & des Fossiles*. Ce sont des *Dialogues* ingénieux, écrits très purement en latin & imprim. en 1660. Trois ans après il quitta la Cure de Neuilli, & fit imprimer le fameux Livre *de consensu veteris & novæ Philosophiæ*. En 1666, l'établissement de l'Académie des Sciences aïant été approuvé par Louis XIV, à la sollicitation de M. de Colbert, M. du Hamel fut choisi pour en être le Secretaire. Quelque tems après, il accompagna de Croissy à Aix-la-Chapelle, & ensuite en Angleterre, où il s'acquit l'estime de tous les Savans, & en particulier du céleb. Boyle, qui lui ouvrit tous ses trésors de Physique expérimentale. Les Catholiques Anglois eurent tant de vénération pour sa piété, qu'en allant entendre sa Messe chez l'Ambassadeur de France, ils disoient ordinairement : *Allons à la Messe du S. Prêtre*. De retour à Paris, il publia plus. *Traités* qui lui acquirent une gr. réputation, & devint Professeur de Philosophie au College Roïal. M. du Hamel demanda à l'Académie, en 1697, un successeur dans la place de Secretaire, à cause de ses infirmités. Ce fut M. de Fontenelle qui lui succéda. Enfin, M. du Hamel mourut à Paris d'une mort douce & paisible, & par la nécessité de mourir, le 6 Août 1706, à près de 83 ans. Ses principaux ouvr. outre ceux dont nous avons parlé, sont : 1. un Traité *De corporum affectionibus* : 2. *De mente humana* : 3. un Livre, *De corpore animato*, où regne la Physique expérimentale, & surtout l'Anatomie : 4. un Cours entier de Philosophie, selon la forme usitée dans les Colleges, intitulé, *Philosophia vetus & nova ad usum Scholæ accommodata*. Il composa ce Cours de Philosophie pour l'Abbé Colbert, qui enseignoit au College de Bourgogne. Il est justement estimé, & il y en a eu plus. éditions : 5. un Cours de Théologie, intitulée, *Theologia speculatrix & practica*, en 7 vol. in-8°. 6. un abregé de ce Cours de Théologie

sous ce titre : *Theologiæ Clericorum Seminariis accommodata summarium*, en 5 vol. 7. des *Prolegomenes sur la Bible*, avec des *Commentaires* sur le *Pentateuque*, sur les *Pseaumes*, &c. & des *notes* sur toute l'Ecriture-Sainte : 8. l'*Histoire de l'Académie des Sciences*, dont la premiere édition est celle de 1701. Tous ces ouvrages sont écrits en latin avec beaucoup de pureté & d'élégance.

HAMELMANN, (Herman) savant Théologien Lutherien, naquit à Osnabrug en 1525. Après avoir fréquenté les Universités, il commença à prêcher à Camen la doctrine de Luther ; mais aïant été chassé de Camen, il fut reçu à Bilefeldt par les Chanoines, & il instruisit la jeunesse selon le Catéchisme de Luther. Ses ennemis l'obligerent de se retirer à Rostock, où il se fit recevoir Doct. en Théol. Il se trouva à la Conference d'Anvers en 1567, à la sollicitation du Prince d'Orange, & fut nommé Surintendant des Eglises du Duché de Brunswick pour les regler selon la Confession d'Ausbourg. Enfin, il devint Surintend. général du Comté d'Oldenbourg en 1593, & m. le 27 Juin 1595. Ses principaux ouvrages sont : 1. *Commentarius in Pentateuchum*. 2. *Historia Westphalorum sæculi XVI*. 3. *Chronicum Oldenburgicum*, &c.

HAMILTON, (Antoine, Comte d') né en Irlande, de l'illustre & ancienne Maison d'Hamilton en Ecosse, est Auteur de quelques jolies Poésies, dont on estime surtout l'*Epitre au Comte de Grammont*, mêlée de prose & de vers, qui est regardée comme un chef-d'œuvre en ce genre. C'est le premier qui a fait des Romans dans un goût plaisant, qui n'est pas le burlesque de Scarron. On lui attribue les *Mémoires du Comte de Grammont*, l'un des ouvrages les mieux écrits en françois, & le meilleur du Comte d'Hamilton. Ses œuvres ont été impr. en 6 vol. *in-12*. Il m. à S. Germain-en-Laye le 21 Avril 1720, âgé d'environ 74 ans. Le Comte de Grammont avoit épousé Mademoiselle d'Hamilton sa sœur.

HAMMOND, ( Henri ) l'un des plus savans Théol. Anglois, naquit à Chersey, dans la Province de Surrey, le 26 Août 1605. Il étudia à Oxford, & y fut reçu Docteur en Théologie en 1638. Durant les troubles d'Angleterre, il demeura constamment attaché à la famille Roïale, ce qui lui attira de fâcheuses affaires de la part du parti opposé. Hammond fut chargé de la conduite du Diocèse de Worcester, lorsqu'on voulut rappeller le Roi Charles II, il eût été Evêque de cette ville, mais il mourut peu de tems après, le 25 Avril 1660, à 55 ans. On a de lui un gr. nombre d'ouvr. estimés, & imprimés à Londres en 1684 en 4 vol. in fol. la plupart sont en anglois. On estime surtout son *Catéchisme pratique*, & ses *notes sur le nouveau Testament & sur les Pseaumes*. M. le Clerc a traduit en latin les *notes* d'Hammond sur le nouveau Testament & les a publiées en 1697, avec quantité de notes de sa façon.

HAMON, ( Jean ) habile Docteur en Médecine, de la Faculté de Paris, naquit à Cherbourg, au Diocèse de Coutances, en Normandie, & fut Précepteur de M. de Harlay, Premier Président au Parlement de Paris. Dans la suite, il préféra la retraite & la vie cachée à tous les avantages, où ses talens pouvoient l'élever ; & aïant donné son bien aux pauvres, & vendu sa Bibliotheque, il se retira dans la solitude de Port-Roïal des Champs. Il fut le Médecin de cette Abbaïe, où il mena pendant 30 ans une vie très austere. Il visitoit à la campagne les pauvres malades, les secouroit & les consoloit. Il lut les Peres Grecs & Latins, les Conciles & les Auteurs Ecclésiastiques, & en recueillit les plus beaux endroits. Il mourut le 22 Fév. 1687, à 69 ans. Ses principaux ouvr. sont : 1. Un *Recueil de divers Traités de Piété*, Paris, 1575, 2 vol. *in 12*. 2. Deux

autres Recueils *in-8°* imprimés en 1689. 3. *La Pratique de la Priere continuelle, ou Sentimens d'une Ame vivement touchée de Dieu*, in-12. 4. Explication *du Cantique des Cantiques*, avec une longue Préface de M. Nicole, Paris. 1708, 4 vol. *in-12*. 5. *Ægræ Animæ & dolorem lenire conantis pia in Psalmum 118 soliloquia*, in-12. 6. Un petit *Traité* de l'Excommunication, une *Critique* du Pere Cellot, Jésuite, & un gr. nombre d'autres ouvrages de Morale, &c. Le cél. Boileau a fait les Vers suivans en son honneur :

*Tout brillant de savoir, d'esprit*
    *& d'éloquence,*
*Il courut au desert chercher l'obscurité*
*Aux Pauvres consacra son bien*
    *& sa science,*
*Et trente ans dans le jeûne &*
    *dans l'austérité*
    *Fit son unique volupté*
    *Des travaux de la pénitence.*

HANCKIUS ( Martin ) sav. Ecrivain du 17e siecle, naquit à Breslaw le 16 Fév. 1633. Aïant fait ses premieres études au College d'Elisabeth à Breslaw, il alla étudier en Philosophie & en Théologie à Iene. Des Theses qu'il soutint sur le bien & sur le mal moral, sur la dissimulation, sur le S. Esprit, & sur divers autres sujets import., lui firent tant d'honneur, qu'il fut appellé à Gotha pour y être Professeur en Morale, en Politique & en Histoire. Il devint ensuite Professeur en Histoire, en Politique & en Eloquence à Breslaw en 1661, Bibliothequaire de la Bibliotheque d'Elisabeth dans la même ville en 1670, Protecteur du College d'Elisabeth en 1681, enfin Recteur & Inspecteur de toutes les Ecoles de la Confession d'Augsbourg dans ce Païs-là en 1688. Il m à Breslaw le 24 Avril 1709 à 77 ans. On a de lui un gr. nombre de fort bons ouvr. dont les principaux sont : 1. *De Romanarum rerum scriptoribus*, in 4°. 2. un *Livre sur les Ecrivains de l'his-*

toire Byzantine. 3. *Antiquitates de Silesiorum nominibus.* 4. *Antiquitates du Silesiorum majoribus ab orbe condito ad annum Christi* 550 *in* 4°. 5. *Exercitationes de Silesiorum rebus ab anno Christi* 550 *ad* 1170 *in* 4°. 6. *De Silesiis indigenis eruditis* depuis 1165 jusqu'en 1550 *in* 4°. 7. des *Harangues,* des *Comédies, &c.*

HANDEL, ( George Frederic ) très cél. Musicien, naquit à Halle en Saxe, de George Handel, Valet de Chambre du Duc Auguste de Saxe, dernier Administrateur de l'Archevêché de Magdebourg. Il apprit la composition & à toucher du Clavecin du fameux Frederic-Guillaume Zachan, & passa de bonne heure en Angleterre, où il fit par ses *Opéras* les délices des Anglois. Ils le comblerent de biens & d'honneurs, jusqu'à sa mort arrivée à Londres, le 14 Avril 1759. Il avoit alors 74 ans. Il laissa une succession de 20 mille livres sterlings. Les Anglois lui ont élevé un monument public. Ses *Opéras* sont très estimés.

HANGEST, ( Jerôme de ) sav. Docteur de la Maison de Sorbonne, natif de Compiegne, d'une famille noble & ancienne, fut Chanoine, Ecolâtre, & Gr. Vicaire de l'Eglise du Mans, sous le Cardinal de Bourbon, Evêque de cette ville. Il se distingua par son zele contre les Luthériens, & mourut au Mans, le 8 Septembre 1538. On a de lu plusieurs ouvrages, dont le plus curieux est un Traité *des Académies contre Luther,* dans lequel Hangest défend les Universités, & justifie la bonne Théologie Scholastique qu'il définit, *la Science des Ecritures divines, suivant le sens que l'Eglise approuve, en se servant des interprétations des Docteurs orthodoxes, sans mépriser le suffrage des autres Disciplines.* On a encore de lui un Traité de Controverse intitulé : *Lumiere Evangélique sur la Ste Eucharistie :* un autre *de Libero arbitrio, &c.*

HANKIUS, voyez HANCKIUS.
HANNEKEN, ( Memnon ) cél.

Théol. Luthérien, naquit à Blaxen dans le Païs d'Oldenbourg le prem. Mars 1595. Ses ancêtres avoient introduit le Luthéranisme dans l'Oldenbourg & le Delmenhorst. Après avoir étudié en diverses Universités, il devint Professeur de Morale, puis de Théol. & de Langues orientales à Marpurg, & enfin Surintendant des Eglises de Lubeck, où il m. le 17 Févr. 1671. Ses princ. ouvr. sont : 1. *Scutum Catholicæ veritatis,* contre le Jésuite Thomas Henrici. 2. *Examen* du *Manuel* du Jésuite Becan. 3. une *Grammaire hebraïque.* 4. *Expositio Epistolæ Pauli ad Ephesios.* 5. *Synopsis Theologiæ.* 6. *Irenicum Catholico Evangelicum.* 7. *de justificatione hominis, &c.* Philippe Louis Hanneken son fils, mort Professeur de Théol. à Wittemberg le 16 Juin 1706, est aussi auteur de divers ouvrages.

HANNIBAL, voyez ANNIBAL.
HANNON, Général des Carthaginois, fut chargé de faire le tour de l'Afrique. Il entra dans l'Océan par le Détroit que nous appellons *de Gibraltar,* découvrit plus. païs, & eût continué sa navigation, si les vivres ne lui eussent manqué. On lui attribue un Livre intitulé, *les Voïages d'Hannon,* que Gelenius publia en grec en 1533. Henri Bekler en donna une bonne édition en grec & en latin, avec des notes en 1661 ; mais cet ouvrage est de beaucoup postérieur au tems d'Hannon, qui, selon toutes les apparences, est le fameux Général des Carthaginois, qui soutint la guerre contre Agathocle, tems auquel la République de Carthage étoit dans l'état le plus florissant.

HANNSACHS, Poëte Allemand, natif de Nuremberg, étoit Cordonnier, & Doïen des gens de métier, qui formerent en Allemagne un Corps ou Confrerie de Poëtes, sous le nom de *Meister Sauger,* ou Maîtres *Poëtes.* Ce Corps étoit divisé en garçons Poëtes, compagnons Poëtes, & maîtres Poëtes ; & pour faire des vers en paix , il falloit se faire inscrire sur les Regîtres de ces artisans Poëtes. Hannsachs qui en étoit le Doïen , a laissé cinq gros vol. *in fol.* de mauvais vers , & un plus gr. nombre encore sortis des autres boutiques de ce Corps de Poëtes artisans.

HARBART , ( Burchard ) sav. Théol. Luthérien né à Conitz en Prusse l'an 1546, d'une noble & anc. famille , fut Professeur de Théol. à Leipsick , & m. le 17 Fév. 1614. Ses ouvr. sont *Doctrina de conjugio : de Confessione : de Magistratu politico : Theses de Smalcaldinæ Confessionis articulis : de Lege divina , &c.*

HARCOURT , ( Henri Duc d' ) Pair & Maréchal de Fr. Capit. des Gardes du Corps, &c. naquit le 2 Avril 1654 , d'une noble & ancienne Maison de Normandie , féconde en personnes de mérite. Il servit dès l'âge de 18 ans , se signala en divers sieges & combats , & fut Ambassadeur extraordinaire en Espagne en 1697. A son retour , le Marquisat de Beuvron fut érigé en sa faveur en Duché , sous le titre d'Harcourt , au mois de Novembre 1700. Trois ans après , il reçut le Bâton de Maréchal de Fr. & mourut le 19 Octobre 1718 , à 64 ans. Il eut entr'autres enfans de Marie-Anne Claude Brulard , son épouse , François Duc d'Harcourt , Pair & Maréchal de Fr. Capitaine des Gardes du Corps , né le 4 Novembre 1690 , & mort en 1750 , & Louis-Abraham , né le 10 Nov. 1694 , Doïen honoraire de l'Eglise de Paris , & Abbé de Gigny & de Preuilly , mort le Septembre 1750.

HARDOUIN , (Jean) Jésuite , cél. par son érudition , & par la singularité de ses sentimens , étoit natif de Quimper ; & fils d'un Libraire de cette ville. Il s'entra jeune chez les Jésuites , & s'appliqua à l'étude avec tant d'ardeur , qu'il tint bientôt un rang distingué parmi les Savans. Le Pere Hardouin s'imaginoit que tous les Livres que l'on donne pour anciens , tant ecclésias-

tiques que profanes , avoient été fabriqués au 13 siecle par les Moines. Il en exceptoit seulement *les Ouvrages de Ciceron, l'Histoire naturelle de Pline , les Georgiques de Virgile , les Satyres & les Épîtres d'Horace , &* quelques-autres en petit nombre. Il développa ce système dans sa *Chronologie rétablie par les médailles* , & souleva justement contre lui tous les Savans ; car , sans parler des preuves incontestables que l'on a de l'authenticité des Livres anciens , comment des ouvrages aussi parfaits que l'Enéide de Virgile , que les Odes d'Horace , &c. auroient-ils pu être composés par les Moines & les autres Ecrivains du 13e siecle , qui étoient tous sans goût , sans Littérature , & sans style , comme il paroît par tous les écrits de ce siecle. Les Jésuites désavouerent & condamnerent publiquement le système du Pere Hardouin , & l'obligerent d'en donner une retractation ; il la donna , mais il ne changea pas d'opinion , & mourut à Paris , le 3 Septembre 1729 , à 83 ans. Ses princip. ouvr. sont : 1. une *édition de Pline le Naturaliste* , avec des notes *in-fol.* cette édit. est très estimée ; 2. une *édition des Conciles* , qui a fait beauc. de bruit , on en estime la Table ; 3. la *Chronologie rétablie par les médailles* , deux petits *in-4.* 4. un *Commentaire sur le nouveau Testament* , in fol. dans lequel il prétend que Notre Seigneur J. C. & les Apôtres , prêchoient en latin ; 5. une bonne édition des *Harangues de Themistius* ; 6. des *Opuscules* impr. en Hollande en 1709 , *in fol.* 7. d'autres *Opuscules* imprim. en Hollande en 1733 , *in-fol.* C'est dans ce second Recueil que l'on trouve le traité singulier , intitulé, *Athei detecti* : 8. un *Traité* de la derniere Pâque de J. C. 9. deux vol. contre le Pere le Courayer , sur la validité des Ordinations Angloises , &c. Tous ces ouvrages sont remplis de paradoxes extraordinaires , & de visions chimériques. Le caractere du Pere Hardouin est assez bien peint dans l'Epitaphe fuivante, que lui fit le favant & cél. M. Vernet actuellement ( en 1759 ) Profeffeur de Théologie à Geneve, comme il nous l'a certifié dans une Lettre qu'il nous a fait l'honneur de nous écrire, & non point M. de Boze, ni M. Atterbury, Evêque de Rochefter.

*In expectatione Judicii*

*Hìc jacet*

*Hominum paradoxotatos*,

*Natione Gallus, Religione Romanus,*

*Orbis Litterati portentum:*

*Venerandæ antiquitatis cultor & deftructor,*

*Docte febricitans*

*Somnia & inaudita commenta vigilans edidit,*

*Scepticum pie egit.*

*Credulitate puer, audaciâ juvenis, deliriis fenex.*

On affure qu'un Jéfuite ami du Pere Hardouin, lui repréfentant un jour, que le Public étoit fort choqué de fes paradoxes & de fes abfurdités; le Pere Hardouin lui répondit brufquement : *Hé! croyez-vous donc que je me ferai levé toute ma vie à quatre heures du matin, pour ne dire que ce que d'autres avoient déja dit avant moi!* Son ami lui repliqua, *mais il arrive quelquefois qu'en fe levant fi matin on compofe fans être bien éveillé, & qu'on s'expofe ainfi à débiter bien des rêveries.*

HARDY, ( Alexandre ) Poète François, commença à fe faire connoître fous le regne de Henri IV. Il étoit affocié à une troupe de Comédiens, & leur fourniffoit autant de pieces qu'ils en pouvoient jouer; mais comme il travailloit pour vivre, & avec une extrême rapidité, il négligea toutes les regles du Théatre, & ne fit rien de bon. Il

mourut vers 1630. On a imprimé 41 de fes pieces, en 5 gros vol. in-8°.

HARÉE, ( François ) *Haræus*, fécond Ecrivain du 17e fiecle, natif d'Utrecht, enfeigna la Rhétorique à Douay, puis voïagea en Allemagne, en Italie, & en Mofcovie, où il accompagna le P. Poffevin, que le Pape y envoïoit en qualité de Nonce. A fon retour, il fut Chanoine de Bois-le-Duc, païs de Namur & de Louvain, où il m. le 12 Janv. 1632. Ses princip. ouvr. font, 1. *Biblia facra expofitionibus prifcorum Patrum litteralibus & myfticis illuftrata*, in-fol. 2. *Catena aurea in IV Evangelia*. 3. *Annales Ducum Brabantiæ, ac tumultuum Belgicorum*. 4. Un abregé des *Vies des Saints*, tiré principalement de Surius, in-8°. 5. Une Chronologie, &c.

HARIOT, ( Thomas ) favant Mathématicien Anglois, nat. d'Oxford, s'acquit par fa capacité l'eftime de Walter Raleigh, qui l'envoïa à la Virginie en 1585. Hariot donna une *Relation* de ce païs, & fut préfenté à fon retour à Henri, Comte de Northampton, qui lui fit une penfion. On dit qu'il avoit auffi compofé une *Théologie Philofophique*. Les Anglois prétendent que Defcartes a copié Hariot fur l'*Algebre*, & que c'eft ce dernier qui doit avoir l'honneur de l'invention. Cette difpute fur Hariot & fur Defcartes, au fujet de l'*Algebre*, eft affez femblable à celle que nous avons vue de nos jours entre M. Leibnitz & M. Newton, au fujet du calcul différentiel & intégral. On peut voir fur cela les ouvrages de Wallis. Le Livre de Hariot, qui a donné lieu à cette difpute, eft intitulé : *Pratique de l'art Analytique pour réfoudre les Equations algébriques*. Il mourut à Londres, le 2 Juillet 1621, à 60 ans.

HARLAY, ( Achilles de ) Premier Préfident au Parlement de Paris, naquit le 7 Mars 1536, de Chriftophe de Harlay, Préfident à

Mortier au même Parlement , & l'un des plus doctes & des plus integres Magistrats de son tems. Achilles fut Conseiller au Parlement à 22 ans , Président à 36 , & Premier Président après la mort de Christophe de Thou , son beaupere. Il exerça sa Charge avec une sagesse & une intégrité admirables, & répondit courageusement aux Chefs de la Ligue , que *son ame étoit à Dieu , & son cœur au Roi , quoique son corps fût au pouvoir des Révoltés*. Ils le retintent quelque tems prisonnier à la Bastille , après quoi , il se retira auprès du Roi. Il se démit de sa Charge en faveur de Nicolas de Verdun , & mourut le 23 Octobre 1616 , à 80 ans. Il ne faut pas le confondre avec Achilles de Harlay, Conseiller , Procureur Général , puis Premier Président au Parlement de Paris , & l'un des plus gr. Magistrats de son siecle. Ce dernier étoit fils d'Achilles de Harlay , 2e du nom , Maître des Requêtes , Conseiller d'Etat , & Procureur Général du Parlement de Paris. Il se démit de sa Charge de Premier Président en 1707 , & mourut le 23 Juillet 1712 , à soixante & treize ans.

HARLAY , ( François de ) Archevêque de Rouen , puis de Paris , Duc & Pair de France , Proviseur de Sorbonne & de Navarre , Membre de l'Académie Françoise , & l'un des plus illustres Prélats de son siecle , naquit à Paris en 1625 , d'Achilles de Harlay , Marquis de Champvallon. Il fit paroître de bonne heure une grande passion pour les Belles Lettres & pour les Sciences , fut reçu de la Maison de Sorbonne , & se distingua tellement par ses talens , qu'il fut nommé Archevêque de Rouen , à la place de son oncle , à 26 ans. M. de Harlay se fit admirer par ses prédications & par ses discours , & ramena à l'Eglise Catholique un gr. nombre de Protestans. Il succéda à M. de Perefixe dans l'Archevêché de Paris , en 1671. Il étoit d'une si belle figu-

re , qu'on lui appliqua alors ce Vers de Virgile :

*Formosi pecoris Custos , formosior ipse.*

Il fit aussi tôt plusieurs établissemens utiles , tint des Conférences publiques de Morale dans la grande Salle de son Palais, donna des Réglemens salutaires dans les Synodes , & présida en chef à plusieurs Assemblées générales du Clergé. Le Roi lui donna souvent des marques publiques de son estime & de sa confiance , & le nomma au Cardinalat , mais il mourut d'apoplexie avant que de recevoir le Chapeau , le 6 Août 1695 , à 70 ans. La conduite qu'il tint dans l'*affaire de la Régale* , & dans celle du *Formulaire* , lui attira un gr. nombre d'Ennemis , qui le décrierent à cause de ses mœurs , qui n'étoient , en effet , rien moins qu'édifiantes , mais qui ne l'empecherent point de gouverner son Diocèse avec beaucoup de prudence & d'applaudissement. L'Abbé le Gendre a écrit sa *Vie* , in-4°. en lat. , & a fait son *Eloge* en françois.

HARLAY , ( Nicolas de ) Seigneur de Sancy , Surintendant des Finances & des Bâtimens , premier Maître d'Hôtel du Roi , Ambassadeur en Allemagne & en Angleterre , Colonel général des Suisses , Gouverneur de Châlons sur Saone , Lieutenant général en Bourgogne & Chevalier des Ordres du Roi , étoit fils de Robert de Harlay , Seigneur de Sancy , & Conseiller au Parlement de Paris. Il se distingua par ses talens & par son mérite , rendit de grands services aux Rois Henri III , & Henri IV , & mourut le 17 Octobre 1629. On a de lui un discours sur les *occurences de ses affaires* , in-4°. Il contient des particularités curieuses des Regnes de Henri III & de Henri IV. On trouve aussi dans les *Mémoires* de Villeroi , plusieurs de ses Remontrances à la Reine Marie de Médicis. C'est contre lui que d'Aubigné publia la Satyre intitulée : *Confeſſion Catholique de Sancy.*

Il y a eu de cette Maiſon un gr. nombre d'autres perſonnes de mérite.

HARO, (Dom Louis de) célebre Miniſtre d'Etat de Philippe IV, Roi d'Eſpagne, étoit fils de Dom Diegue de Haro, & de Françoiſe de Guzman, ſœur de Gaſpar de Guzman, Comte-Duc d'Olivarez, auſſi premier Miniſtre d'Etat de Philippe IV Ce Miniſtre étant mort ſans poſtérité, Dom Louis de Haro, qui étoit ſon neveu, lui ſuccéda en tous ſes biens. Il ſe fit aimer du Roi, ſon maître, par ſa douceur, & par ſes talens, & lui rendit les ſervices les plus ſignalés. Ce fut lui qui conclut la Paix des Païs Bas, & celle de France en 1659, avec le Cardinal Mazarin, laquelle fut ſuivie de l'heureux mariage de Louis XIV, avec l'Infante d'Eſpagne. Sa Majeſté Catholique érigea en faveur de ce Miniſtre en 1660, le Marquiſat del Carpio, en Duché-grandeſſe de la premiere claſſe, & lui donna le ſurnom de *la Paix*, pour éterniſer dans ſa Maiſon la mémoire du fameux Traité de paix qu'il avoit conclu en 1659. Dom Louis de Haro mourut comblé d'honneur & de gloire, le 17 Nov 1661, à 63 ans. Il avoit épouſé Catherine de Cordoue, dont il eut entr'autres enfans, Gaſpard, & Jean-Dominique de Haro. Celui-ci mourut ſans poſtérité. Gaſpard fut Viceroi de Naples, & mourut le 16 Novemb. 1687, laiſſant d'Antoinette de la Cerda, une fille unique, nommée Catherine de Haro-de-Guzman, laquelle épouſa en 1688 François de Tolede, Duc d'Albe.

HAROLD, HARAULD, ou HARALD, Roi d'Angleterre, fils naturel de Canut I, lui ſuccéda en 1035, au préjudice de Canut II, fils légime de ce Prince. Les Anglois voulurent mettre la Couronne ſur la tête de Canut, mais Harold fut le plus fort, & l'emporta. L'année ſuivante, il écrivit une Lettre ſous le nom de la Reine Emme, pour inviter Alfred & Edouard, les fils de cette Reine, & d'Ethelred II, à venir en Angleterre pour recouvrer la Couronne. Les deux jeunes Princes donnerent dans le piége ; Alfred fut arrêté, on lui creva les yeux, & il mourut peu de tems après : Edouard repaſſa en Normandie, & la Reine Emme ſe retira en Flandres chez le Comte Baudouin. Harold ſe fit déteſter par ſes crimes, & mourut ſans enfans en 1039.

HAROLD II, fils du Comte Godwin, ſe fit élire Roi après la mort de St Edouard III, en 1066, au préjudice d'Edgar, à qui la Couronne d'Angleterre appartenoit par ſa naiſſance. Harold eut deux puiſſans concurrens qui lui diſputerent le Roïaume : Toſton, ſon frere, & Guillaume le Conquérant, Duc de Normandie. Il leur livra en peu de tems deux ſanglantes batailles ; mais avec des ſuccès bien différens. Dans la prem. donnée au Pont de Stamfort, il remporta une victoire complette ſur Toſton ſon frere, & ſur le Roi de Norwege, qui étoit entré dans ſon parti, & qui périt avec lui ; dans la ſeconde, qui ſe donna à Haſtings, ou, ſelon d'autres, à Senlac, entre lui & Guillaume, il perdit la Couronne & la vie. Ainſi finit la domination des Rois Anglo-Saxons en Angleterre, où elle avoit commencé plus de 600 ans auparavant en la perſonne d'Hengiſt.

HARPAGE, favori & allié d'Aſtyages, Roi des Medes, reçut ordre de ce Prince, de faire mourir Cyrus, qui venoit de naître ; mais Harpage aïant horreur d'un ſi grand crime, confia Cyrus à un eſclave. Dix ans après, Cyrus fut reconnu ; Aſtyages, pour ſe venger, fit ſervir à table à Harpage les chairs de ſon propre fils. Cette inhumanité irrita tellement Harpage, qu'il appella Cyrus, & l'aida à détrôner Aſtyages. Cyrus, par reconnoiſſance, le fit un de ſes Généraux, & lui donna le Gouvernement de la Lybie.

**HARPALICE**, la plus belle fille d'Argos, fut aimée par son pere Clymene, qui jouit d'elle par le moyen de sa nourrice. Quelquetems après, Clymene l'aïant mariée à celui auquel il l'avoit promise, elle partit avec son époux. Alors Clymene se repentant d'avoir consenti à ce mariage, tua son gendre, & ramena sa fille à Argos, où il se porta publiquement pour son mari ; mais Harpalice faisant réflexion sur les indignités de son pere, tua son jeune frere, & le lui donna à manger. Ensuite aïant demandé aux Dieux d'être tirée de ce monde, elle fut changée en oiseau, selon la Fable. Clymene fut si accablé de ces accidens, qu'il se tua. *Voyez* l'article suivant.

**HARPALICUS**, Roi des Amymnéens dans la Thrace, eut une fille, nommée Harpalice, qu'il nourrit de lait de vache & de jument, & qu'il accoutuma de bonne heure au maniment des armes. Il en fit par-là une bonne Guerriere, & il s'en trouva bien ; car elle le secourut fort à propos contre Neoptolème, fils d'Achille, qu'elle mit en fuite. Harpalicus aïant été tué quelquetems après par ses Sujets, Harpalice se retira dans les bois, d'où elle fondoit sur les bestiaux du canton, & les enlevoit. Elle fut prise dans des rets qu'on lui avoit tendus ; & après sa mort, les Païsans se firent la guerre, pour avoir les troupeaux qu'elle avoit volés. C'est ce qui fit établir des Assemblées & des Tournois au Tombeau de cette fille, pour expier sa mort. Il y eut une autre Harpalice, qui aima éperdument Iphicus, & qui mourut de chagrin de s'en voir méprisée : c'est d'elle, qu'un certain Cantique fut appellé *Harpalice*.

**HARPALUS**, célebre Astronome Grec, vers 480 avant J. C. corrigea le Cycle de huit années, que Cleostrate avoit inventé, & proposa celui de neuf ans ; mais ce nouveau Cycle d'Harpalus eut besoin lui-même d'être corrigé par Meton.

**HARPALUS**, Seigneur Macédonien, & l'un des Capitaines d'Alexandre le Gr. s'attacha à ce Prince durant ses démêlés avec Philippe : ce qui lui attira les disgraces de ce dernier, & le fit exiler ; mais dès que Philippe fut mort ; Alexandre rappella Harpalus, & lui donna le Gouvernement de Babylone avec la Charge de gr. Trésorier. Harpalus, s'imaginant que le Roi, son Maître, ne reviendroit jamais de l'expédition des Indes, commit une infinité de malversations, pour fournir aux dépenses de son lit & de sa table, & plus. autres Gouverneurs suivirent son exemple ; mais Alexandre à son retour en aïant déja châtié séverement quelques-uns, Harpalus, pour prévenir un semblable traitement, s'enfuit à Tenare dans la Grece, avec des sommes immenses qu'il prit au Trésor Roïal qu'on lui avoit confié. Il s'en alla ensuite à Athenes, pour tâcher d'y faire entreprendre la guerre contre Alexandre ; mais n'aïant pu corrompre Phocion, il s'en retourna à Tenare, où il avoit laissé ses soldats, & passa de-là en Crete. A peine y fut-il arrivé, qu'un de ses amis le tua en trahison. Alexandre étoit si persuadé de la probité d'Harpalus, qu'il fit mettre aux fers comme de faux délateurs, ceux qui lui porterent la premiere nouvelle de la fuite de ce méchant homme.

**HARPOCRATE**, chez les Païens, étoit le fils d'Isis, & *le Dieu du Silence* : on le représentoit sous la figure d'un jeune homme à demi nud, couronné d'une Mitre à l'Egyptienne, soutenant d'une main une corne d'abondance, & tenant un doigt de l'autre sur la bouche, pour indiquer *le silence*. On lui consacroit le Pêcher. Varron protestoit qu'il ne vouloit rien dire de plus de ce Dieu, de crainte de violer le silence qu'il recommande.

**HARPOCRATION**, ( Valerius ) cél. Rhéteur d'Alexandrie, dont il nous reste un excellent *Lexicon sur dix Orateurs* de la Grece. Il y en a une bonne édition en grec & en latin,

latin , avec les notes de MM. Mauſ-
ſac & de Valois.

HARRINGTON , ( Jacques ) l'un
des plus cél. Ecrivains Anglois en
matiere de politique , naquit en
1611, d'une ancienne & noble famille du Comté de Rutland. Il fit
ſes études à Oxford , & voïagea en
Hollande , en France , en Danemarck , en Allemagne , & en Italie.
Il apprit les Langues de tous ces païs,
& fit des obſervations ſur la nature
de leur Gouvernement. On dit qu'é-
tant à Rome , il aſſiſta le jour de la
Chandeleur à la cérémonie de la Bénédiction des Cierges par le Pape ;
& que perſonne ne pouvant avoir
des Cierges benis , ſans baiſer auparavant les pieds du S. Pere , il n'en
voulut point à ce prix : mais que
ſes compagnons de voyage n'eurent
pas le même ſcrupule , & qu'à leur
retour ils s'en plaignirent au Roi,
qui dit que Harrington auroit dû
s'acquitter de ce devoir , comme
d'une civilité qu'on rendoit à un
Prince temporel. Harrington répondit , que *depuis qu'il avoit eu l'hon-*
*neur de baiſer la main de Sa Ma-*
*jeſté , il croyoit qu'il auroit été au-*
*deſſous de lui de baiſer les pieds de*
*qui que ce fût.* Cette réponſe plut
ſi fort au Roi, qu'il le fit Gentilhomme privé de ſa Chambre , & ce
fut en cette qualité , qu'il accompagna ce Prince dans ſa premiere
expédition contre les Ecoſſois. En
1646 , les Commiſſaires députés par
le Parlement, le choiſirent pour tenir compagnie au Roi Charles I. Ce
Prince le reçut favorablement , &
converſa avec lui avec beaucoup de
familiarité. Après la mort tragique
de Charles I, Harrington mena une
vie triſte & retirée dans ſa Bibliothéque. C'eſt alors qu'il compoſa
ſon gr. ouvr. intitulé *Oceana* , ſur
la nature du Gouvernement. Il fut
attaqué par un gr. nombre d'Ecrivains, créatures de Cromwel , mais
il leur répondit : enſuite , pour
mettre en exécution ſes principes
de Gouvernement ,, il tint tous les
jours des aſſemblées à Weſtminſter ,
avec diverſes perſonnes curieuſes.

Ces aſſemblées durerent juſqu'au 11
Févr. 1659 , que Monk rétablit les
Membres du Parlement, qui avoient
été exclus. Deux ans après , Harrington fut accuſé de trahiſon & de
mauvaiſes pratiques , & conduit à
la Tour de Londres , d'où on le
transféra dans l'iſle de St Nicolas ,
& de-là à Plimouth. Un Médecin,
qu'on croit avoir été gagné par ſes
ennemis , lui conſeilla l'uſage du
gaïac ; Harrington en prit tant, qu'il
perdit l'eſprit. Le Comte de Bath
eut pitié de lui , & obtint ſa liberté , mais on ne le put guérir. Il m.
à Weſtminſter , le 17 Sept. 1677 , à
66 ans. Les Anglois ont donné une
magnifique édition de ſes ouvrages ,
*in-fol.*

HARRINGTON , ( Jean ) Chevalier , & cél. Poète Anglois , ſous
les regnes d'Eliſabeth & de Jacques I. On eſtime ſur-tout ſes *Epi-*
*grammes* , & ſa *Traduction de Ro-*
*land le furieux.* On rapporte qu'é-
tant à Bath dans une Auberge , il
remarqua qu'une fille le ſervoit à
table avec beaucoup plus d'attention
que les autres , quoiqu'il fut au-
deſſous d'eux. Harrington lui en
aïant demandé la raiſon , elle répondit , que le connoiſſant pour un
homme d'eſprit, elle craignoit de
lui déplaire , de peur qu'il ne fît quelqu'Epigramme contr'elle.

HARRIOT , *voyez* HARIOT.

HARTMAN , ( Jean - Adolphe )
ſav. Littérateur & Théol. du 18e.
ſiecle , naquit à Munſter en 1680 de
parens Catholiques. Après avoir été
Jéſuite pendant pluſieurs années,
il ſe fit Calviniſte à Caſſel en 1715,
& devint peu après Profeſſeur en
Philoſophie & en Poéſie. Il fut fait
en 1722 Profeſſeur d'Hiſtoire & d'E-
loquence à Marpurg , où il m. en
1744. Ses ouvr. les plus eſtimés
ſont : 1. *Hiſtoria Haſſiaca* , 3 vol.
2. *Vitæ Pontificum Romanor. Vic-*
*toris III, Urbani II , Paſchalis II,*
*Gelaſi II , Calliſti II , Honorii*
*II.* 3. *Etat des ſciences dans la*
*Heſſe* , en allemand. 4. *Præcepta*
*eloquentiæ rationalis, &c.* On a auſſi
de lui plus de 80 *Harangues* , ou

*Differtations* académiques. Il ne faut pas le confondre avec George Hartman, Mathématicien Allemand, qui inventa en 1540 le Bâton de l'artillerie, *Baculus bombardicus*. Il eſt auſſi Auteur d'une *Perſpective*, réimprimée à Paris en 1556, in-4°. ni avec Wolfgang Hartman, qui compoſa en 1596 *les Annales d'Augsbourg*.

HARTSOEKER, ( Nicolas ) habile Phyſicien & Mathématicien, naquit à Goude, le 26 Mars 1656, d'un pere qui étoit Miniſtre Remontrant. Il demeura long-tems à Paris, & s'y fit eſtimer des Savans. Il fut nommé Aſſocié étranger de l'Académie des Sciences en 1699, puis reçu de l'Académie de Berlin. Pierre le Grand voulut l'emmener en Moſcovie, mais M. Hartſoëker aima mieux demeurer à Amſterdam. Il en fortit néanmoins pour aller demeurer à Duſſeldorp, à la follicitation de Jean Guillaume, Electeur Palatin, qui le fit ſon premier Mathématicien, & Profeſſeur honoraire d'Heidelberg. Après la mort de ce Prince, arrivée en 1716, M. Hartſoëker ſe retira à Utrecht, où il mourut le 10 Décembre 1725, à 69 ans. On a de lui un *Cours de Phyſique*, & un gr. nomb. d'*Opuſcules curieux & intéreſſans*. Il fut l'un des plus gr. adverſaires de Newton.

HARTUNG, ( Jean ) né à Miltemberg en 1505, enſeigna le Grec à Heidelberg, puis à Fribourg, dans le Briſgaw, avec beaucoup de réputation. Il mourut le 16 Juin 1579. On a de lui des *Notes* en latin ſur les trois premiers livres de l'Odyſſée, qui ſont eſtimées, & d'autres ouvr. Sa *Verſion* latine des Argaunotiques d'Appollonius n'eſt point eſtimée.

HARVEI, ou HARVÉE, ( Guillaume ) *Harveus*, très cél. Médecin Anglois, né le 2 Avril 1578 à Folkſton, dans le Comté de Kent, étudia à Cambridge & à Padoue, & fut Lecteur d'Anatomie & de Chirurgie dans le College des Médecins à Londres. C'eſt lui qui découvrit le premier la circulation du ſang. Il l'enſeigna d'abord dans ſes leçons, & après pluſieurs expériences, il la publia dans ſon Livre, intitulé : *Exercitatio Anatomica de motu cordis & ſanguinis*. Harvei fut Médecin de Jacques I, & de Charles I, & très attaché à la Famille Roïale. Il mourut en 1657, à 80 ans. Ses ouvrages rendront à jamais ſa mémoire immortelle. Les principaux ſont, outre celui dont nous avons parlé, un Traité *de circulatione ſanguinis*. Un autre *de generatione animalium*. Un autre *de ovo*. Un Livre en angloiſs, intitulé : *Nouveaux principes de Philoſophie*, &c. Pluſieurs Auteurs ont conteſté à Harvei la découverte de *la circulation du ſang*; mais elle étoit du moins enſeignée avant lui d'une maniere très obſcure, & l'on ne peut lui conteſter la gloire d'avoir été le premier qui l'a miſe dans tout ſon jour, & qui l'a prouvée par des expériences inconteſtables.

HASE, ( Théodore de ) célebre Docteur & Miniſtre à Brême, étoit fils de Corneille de Haſe, Miniſtre & Profeſſeur de Théol. à Brême, & de Sara Wolter, femme diſtinguée par ſa ſcience & par la connoiſſance qu'elle avoit de l'hébreu. Il naquit à Brême le 30 Nov. 1582; & après avoir reçu de ſon pere une excell. éducation, il parcourut l'Allemagne & la Hollande, & devint Profeſſeur de Belles-Lettres à Hanau. L'année ſuiv. il fut rappellé à Brême pour y être miniſtre & Profeſſeur d'hébreu. Il fut recu, quoique abſent, Docteur en Théol. à Francfort ſur l'Oder en 1712, & Membre de la Société Roïale de Berlin en 1718. Enfin il devint en 1723 Prof. de Théol. à Brême, où il m. le 25 Avril 1731. On a de lui un vol. in-8°. de *Differtations*, qui ſont fort eſtimées. Il travailloit avec M. Lampe à un Journal commencé ſous le titre de *Bibliotheca hiſtorico-philologico-theologica*, & continué ſous celui de *Muſæum hiſtorico-philologico theologicum*.

HATTON, ou HEITON, Abbé

de Richenou, puis Evêque de Bâle, vers 801, se rendit illustre par sa prudence & par son savoir. Il fut envoïé en Ambassade par Charlemagne vers Nicephore, Empereur de CP. en 811, & publia une *Relation de ce voïage*, qu'il nomma *Itineraire*. Hatton se démit de son Evêché en 823, & se retira dans le Monastere de Richenou, où il m. en 836. On a de lui un *Capitulaire* pour l'instruction de ses Prêtres, où l'on trouve des choses très remarquables. Il est inseré dans le Spicilege.

Il y a eu plusieurs autres hommes illustres de ce nom.

HAVENSIUS, (Arnaud) sav. Jésuite, né à Bois-le-Duc en 1540, est Auteur de divers ouvr. dont les plus connus, sont : 1. *De autoritate SS. Patrum in decernendis fidei dogmatibus.* 2. *De erectione novor. Episcopatuum in Belgio.* Il mourut en 1609.

HAVERCAMP, (Sigebert) habile Hollandois, Professeur de grec, d'Histoire, & d'Eloquence à Leyde, & Membre de l'Académie de Cortone, est Auteur de l'édition d'*Eutrope*, de celle de *Joseph*, de l'*Apologétique de Tertullien*, & de plusieurs autres ouvrages estimés. Il m. à Leyde, le 25 Avril 1742, à 58 ans.

HAVERMANS, (Macaire) habile Théol. Flamand, entra dans l'Ordre de Prémontré à l'âge de 21 ans, & s'y livra tout entier à l'étude de la Théologie & des SS. Peres, sur-tout de S. Augustin. A peine fut-il Prêtre, qu'on le chargea d'enseigner la Théol., ce qu'il fit avec distinction. Il combattit avec force les maximes des Casuistes relâchés dans ses Theses & dans ses Livres, & m. à Anvers, le 26 Fev. 1680, à 36 ans. Ses ouvr. sont, 1. *Tyrocinium Theologiæ moralis*, 2 vol. in 8°. C'est son principal ouvrage. 2. La défense de ce Livre contre des *Theses* des Jésuites où le *Tyrocinium* étoit attaqué. 3. *Lettre apologétique* au Pape Innocent X. 4. *Disquisition Théol. sur l'amour du prochain*. 5. *Disquisition*, où il

examine, *quel amour est nécessaire & suffisant pour la justification dans le Sacrement de Pénitence*. TOUS ces ouvr. sont en latin. Sa Doctrine fut approuvée par le Pape Innocent XI, dont il reçut quelques heures avant sa mort des Lettres d'approbation, principalement sur la nécessité d'aimer Dieu en tout tems : ce qui lui causa une gr. joie.

HAUTE-FEUILLE, (Jean) habile Méchanicien, naquit à Orleans le 20 Mars 1647. Son pere, qui étoit Boulanger & qui fournissoit du pain à M. de Sourdis, Gouverneur d'Orléans, en aïant parlé à Mad. de Bouillon, laquelle avoit été exilée à Orléans, & logeoit chez M. de Sourdis ; cette Dame voulut le voir. Il lui plut, & l'aïant pris auprès d'elle, elle le fit étudier, & contribua à son avancement. Le jeune Haute-feuille étant entré dans l'état Ecclésiast., elle lui procura plusieurs Bénéfices, & il eut l'honneur de l'accompagner dans ses voïages d'Italie, d'Angleterre, & ailleurs. Mad. de Bouillon chez laquelle il demeura, lui laissa une pension par son testament ; il retourna ensuite à Orléans, où il m. le 18 Octobre 1724, à 77 ans. L'Abbé Hautefeuille s'appliqua presque toute sa vie aux Méchaniques, dans lesquelles il fit de gr. progrès. Il avoit un goût particulier pour l'Horlogerie, & il y fit des découvertes d'une gr. utilité. Ce fut lui qui trouva le secret de modérer les vibrations du balancier des montres, par le moïen d'un petit ressort d'acier, dont on a fait depuis usage. Il fit part de cette découverte, le 7 Juill. 1674, à MM. de l'Accadémie Roïale des Sciences, qui la trouverent très propre à donner une gr. justesse aux montres. Et en effet, c'est à cause de cette justesse, que les montres, où on a emploïé ce petit ressort, s'appellent par excellence, *montres à pendule*, non qu'elles soient véritablement à pendule, mais parcequ'elles approchent fort de la justesse des pendules. M. Huygens perfectionna cette heureuse invention ; mais s'en étant déclaré l'Auteur, & aïant obtenu de Louis XIV le privilege de la fabrique & du débit des *montres à ressort spiral.* L'Abbé Haute-feuille s'opposa à l'enregistement de ce privilege, & publia à ce sujet contre M. Huygens, un *Factum* en 1675, *in-4°.* touchant les pendules de poche. On a de l'Abbé Haute-feuille un grand nombre d'autres Ecrits, qui sont presque tous de très petites brochures de quelques feuilles, mais curieuses & interressantes : savoir, 1. *Pendule perpétuelle,* in-4°. 2. *Inventions nouvelles,* in-4°. 3. *Construction nouvelle de trois montres portatives, d'un nouveau balancier en forme de croix, qui fait les oscillations des pendules très petites ; d'un gnomon speculaire pour regler juste au Soleil les pendules & les montres, & d'un instrument qui donnera lieu aux Peintres de faire leurs ouvr. plus parfaits* & autres curiosités. 4. *Le mouvement magnetique,* in-4°. 5. *Le moïen d'empêcher la perte qui se fait sur les billets d'Etat.* 6. *Explication de l'effet des trompettes parlantes,* in-4°. 7 *Description d'une nouvelle lunette & d'un niveau très sensible.* 8. *L'art de respirer sous l'eau, & le moïen d'entretenir la flamme enfermée dans un petit lieu.* 9. *Réflexions sur quelques machines à élever les eaux.* 10. *Invention pour se servir des longues lunettes sans tuyaux.* 11. *Sentiment sur le différend du P. Mallebranche & de M. Regis, touchant l'apparence de la lune vue à l'horizon.* 12. *Moïen de diminuer la longueur des lunettes d'approche.* 13. *Machine Loxodromique.* 14. *Balance magnetique.* 15. *Microscope micrométrique, Gnomon horizontal,* &c. 16. *Deux problêmes de gnomonique à résoudre.* 17. *Explication de la figure pour remonter les bateaux contre le courant des rivieres rapides.* 18. *Placet au Roi sur les rames,* in-fol. 19. *Placet au Roi sur les longitudes,* in-fol. 20. *Figure des objectifs polyedres & spheriques à plusieurs centres, sans explication.* 21. *La ma-*

chine arpentante. 22. *La perfection des instrumens de mer.* 23. *Dissertation sur la cause de l'Echo.* Cette Dissertation remporta le prix à l'Académie Roïale de Bourdeaux, en 1718. 24. *Deux problèmes d'Horlogerie proposés à résoudre.* 25. *Nouveau système du flux & reflux de la mer.* Il a aussi répondu aux objections de plusieurs Savans contre ce système. 26. *Lettre sur le secret des Longitudes.* 27. *Machine parallactique,* &c. 28. *Réponse au Mémoire de M. de la Hire,* inseré dans l'Histoire de l'Académie des Sciences de 1717. 29. *Moïens de faire des expériences sensibles qui prouvent le mouvement de la terre.*

HAUTEROCHE, (Noel le Breton d') cél. Acteur & Poëte François, s'est distingué par ses Comédies, dont les plus estimées, sont le *Deuil,* qu'on attribue aussi à Thomas Corneille ; *Crispin Médecin : le Cocher supposé : le Souper mal aprêté : le Bourgeois de qualité,* & *la Dame invisible* ou *l'Esprit follet,* piece espagnole, qui avoit d'abord été donnée au Théatre par d'Ouville, & qu'Hauteroche ne fit que retoucher. Il aimoit tellement la profession d'Acteur, qu'il jouoit la Comédie à l'âge de 90 ans, âge auquel il mourut à Paris en 1707.

HAUTESERRE, ( Antoine Dadin, ou plûtôt DADINE DE ) de *Altaserra,* sav. Jurisconsulte, natif du Diocèse de Cahors, professa le Droit à Toulouse avec réputation, & mourut en 1682, à plus de 80 ans. Ses principaux ouvr. sont : 1. un *Comment.* sur les Décrétales d'Innocent III ; 2. un *Traité des Ascétiques,* ou de l'origine de l'état Monastique ; 3. des *Notes sur les vies des Papes, par Anastase ;* 4. *Défense de la Jurisdiction Ecclésiastique,* contre Fevret. 5. Un *Traité* en latin *des origines des Fiefs,* que Schilterianus fit réimprimer dans son Commentaire sur le droit Feodal d'Allemagne. 6. Un autre Traité qui interresse particulierement la France, & qui a pour titre : *De ducibus & comitibus Galliæ Provin-*

etalibus, in-4°, réimprimé in-12, par les soins de Jean-George Estor. 7. Gesta Regum & Ducum Aquitaniæ, in-4°. &c.

HAY, (Elisabeth-Sophie Cheron, épouse de M. le) voyez CHERON.

HAY, (Jean) Jésuite Ecossois, après avoir enseigné la Théologie, les Mathémat., & la Langue sainte, en Pologne, en France, & dans les Païs-Bas, mourut Chancelier de l'Université de Pont-à-Mousson, le 27 Mai 1607. On a de lui divers ouvr., surtout plus. Livres de Controverse contre les Calvinistes. Les principaux sont : 1. Recueil de demandes aux Ministres. 2. L'Apologie de ces demandes. 3. Antimonium ad responsa Bezæ. 4. Disputatio contra Ministrum anonymum Nemausensem. 5. Un Livre contre l'Anti-Jésuite, attribué au Ministre Jean de Serres. 6. Scholia brevia in Bibliothecam sanctam Sixti Senensis, &c. Il ne faut pas le confondre avec Alexandre Hay, autre Jésuite, lequel aïant été convaincu d'avoir souvent tenu des discours séditieux contre Henri IV, depuis la réduction de Paris, & aussi d'avoir dit souvent qu'il desireroit, si le Roi passoit devant leur College, tomber de la fenêtre sur lui, la tête la première, pour lui rompre le cou, fut banni à perpétuité par Arrêt du 10 Janv. 1595, avec ordre de garder son ban, sous peine d'être pendu, sans autre forme de procès.

HAYE, (Jean de la) sav. Cordelier du 17e si., naquit à Paris en 1593, & fut Prédicateur ordinaire de la Reine Anne d'Autriche. Il m. en 1661. Ses princip. ouvr. sont : 1. Biblia magna, 5 vol. in-fol. 2. Biblia maxima en 19 vol. in-fol. On n'estime de ce dernier ouvr. que les Prolegomenes : encore sont-ils trop diffus. Mais le Biblia magna, est un ouvr. fort bon. Il ne faut pas confondre ce Cordelier, avec Jean de la Haye Jésuite, mort en 1614, à 74 ans, dont on a une Harmonie Evangélique, en 2 vol. in-fol., & d'autres ouvrages.

HAYS, (Jean) Poète François du 16e siecle, étoit Conseiller & Avocat du Roi au Bailliage & siege Présidial de Rouen. Il a fait quelques Pieces de Théatre, dont l'une intitulée : Cammate est en 7 Actes. Ainsi, M. Crebillon, qui vouloit faire sa Tragédie de Catilina en 7 Actes, n'est point l'Inventeur de cette idée.

HAYS, Sieur de la Fosse (Gilles le) excellent Poète latin, natif du village d'Amayé, à 2 li. de Caen, fut Professeur de Rhétorique à Caen & Recteur de l'Université de cette Ville. Il vint ensuite à Paris, & il y enseigna la Rhétorique avec beaucoup de réputation dans les Colléges du Plessis, du Cardinal le Moine & de Beauvais, jusqu'en 1666, qu'il devint Curé de Gentilly, où il m. le 9 Août 1679. Ses Poésies latines sont très estimées, mais trop satyriques.

HAYWARD, (Jean) habile Historien Anglois, au 17e siecle, dont on a les vies des trois Rois Normans ; celle du Roi Henri III, le Regne d'Edouard VI, &c. Ses écrits lui attirerent de fâcheuses affaires.

HAZAEL, Officier de Benadad, Roi de Syrie, fit mourir ce Prince vers 889 avant J. C., & regna en sa place. Il fit la guerre à Joram & à Joas, & causa de gr. maux aux Israélites, comme le Prophète Elizée le lui avoit prédit. Hazaël étant mort, Benadad, son fils, lui succéda.

HEARNE, (Thomas) Ecrivain Anglois, distingué par ses écrits & par les services qu'il a rendus à la Bibliotheque Bodléene, mourut en 1735, à 57 ans, & voulut qu'on ne mît sur sa tombe que cette Epitaphe : Cy gît Thomas Hearne, qui passa sa vie à étudier & à conserver les antiquités.

HEATH, (Nicolas) Archevêque d'Yorck, & Chancelier d'Angleterre, sous la Reine Marie, étoit de Londres. Il se fit généralement estimer par sa douceur, son intégrité, & sa science, & mourut en 1566.

HEBÉ, fille de Junon, & Déeffe de la Jeuneffe, felon la Fable, avoit le foin de verfer à boire à Jupiter, mais un jour étant tombée en préfence des Dieux, Jupiter lui ôta cet emploi, & le donna à Ganymede. Enfuite Hercule aïant été mis au nombre des Dieux, Hebé l'époufa, & rajeunit Iolaüs, fils d'Iphicus. On la repréfentoit fous la figure d'une jeune fille couronnée de fleurs.

HEBED-JESU, *voyez* EBED-JESU.

HEBER, fils de Salé, & pere de Phaleg, naquit vers 2281 av. J. C. & mourut âgé de 464 ans. Ce n'eft point lui qui a donné le nom aux *Hébreux*, comme plufieurs Ecrivains l'ont cru.

HECATÉ, Déeffe, fille de Jupiter & de Latone, étoit appellée *la Lune* dans le Ciel, *Diane* fur la Terre, & *Proferpine* aux Enfers. On la repréfentoit avec trois têtes : une de cheval à la droite, une de chien à la gauche, & une de fanglier au milieu. On dit quelle regna dans la Cherfonefe Taurique, & quelle découvrit les vertus des plantes, & inventa plufieurs fortes de poifons & d'antidotes, en allant à la chaffe fur les montagnes & dans les bois. On ajoute qu'elle inventa plufieurs fortes de poifons, dont elle fe fervit même pour faire mourir fon pere, & qu'après ce parricide, elle fe retira chez fon oncle Aétes, qui l'époufa, & qui en eut Circé & Medée.

HECHT, (Chretien) fav. Théol. du 18e fiecle, naquit à Halle en 1696. Il fut Miniftre à Idftein, puis à Laubach, & enfin à Efen en Oft-Frife, où il m. en 1748. On a de fui, 1. *Antiquitas Karæorum, famigeratiffimæ ac hodienum inter judæos in Poloniæ & Turcici imperii regionibus florentis fecta, adferta & vindicata.* 2. *Commentatio philologico - critico - exegetica de fecta fcribarum,* &c. 3. Plufieurs *Livres* en allemand, &c. Il ne faut pas le confondre avec Godefro Hecht, fav. Ecrivain allemand,

Recteur de Luccaw dans la baffe Luface, mort en 1721, dont on a un gr. nombre de *Differtations* en latin, & d'autres ouvrages.

HECQUET, (Philippe) habile Médecin, naquit à Abbeville, le 11 Février 1661. Il vint achever fes études à Paris, y prit des leçons de Théol. pendant deux ans, & fe détermina enfuite à la Médecine. Il alla prendre des degrés à Reims en 1684, & retourna à Abbeville pour y exercer la Médecine ; mais le defir de fe rendre plus habile, le fit auffitôt revenir à Paris. Mademoifelle de Vertus l'appella à Port-Roïal en 1688, pour y remplir la place de M. Hamon. Après la mort de cette Demoifelle, arrivée le 21 Novembre 1693, M. Hecquet revint à Paris, & pour n'être pas inquiété dans la pratique de la Médecine, il réfolut de prendre des degrés dans la Faculté. Il fut reçu Docteur en 1697, & nommé Doïen en 1712. C'eft durant fon Decanat & par fon confeil, que la Faculté de Médecine travailla au nouveau *Difpenfaire,* ou *Code de Pharmacie,* qui fut publié dans la fuite. M. Hecquet étant devenu très infirme, fe retira en 1727 chez les Carmelites du Fauxbourg S. Jacques, dont il étoit Médecin depuis 32 ans. Il y vécut d'une maniere très auftere & très édifiante, & y mourut le 11 Avril 1737, à 76 ans. On a de lui un très grand nombre d'ouvrages. Les principaux font : 1. *de l'Indécence aux hommes d'accoucher les femmes, & de l'obligation aux femmes de nourrir leurs enfans.* 2. *Traité des Difpenfes de Carême.* 3. *De la Digeftion des alimens, & des maladies de l'eftomac.* 4. *Traité de la pefte.* 5. *Le Brigandage de la Médecine,* &c. 6. La *Médecine,* la *Chirurgie,* & la *Pharmacie des Pauvres,* 3 vol. *in 12,* dont la meilleure édit. eft de 1742. 7. *Le Naturalifme des Convulfions,* &c. M. le Fevre de Saint Marc a écrit fa vie. On raconte que M. Hecquet en vifitant fes Malades opulens, alloit fouvent dans la Cuifine embraffer les Cuisiniers & les Chefs d'office, & les exhorter à continuer de bien faire leur métier. *Mes amis*, leur disoit-il, *je vous dois de la reconnoissance pour tous les bons services que vous nous rendez à nous autres Médecins : sans vous, sans votre art empoisonneur, la Faculté iroit bientôt à l'Hôpital.*

HECTOR, fils de Priam & d'Hecube, & pere d'Astyanax, est cél. par la valeur avec laquelle il défendit long tems la ville de Troyes contre les Grecs. Il fut tué par Achille, qui traîna son corps autour des murs de Troyes, & le rendit dans la suite à Priam pour une grosse rançon.

HECUBE, fille de Dymas, Roi de Thrace, épousa le Roi Priam, dont elle eut 17 enfans. Après le sac de Troyes, elle échut par choix à Ulysse, dont elle fut esclave. Elle eut tant de déplaisir de voir immoler sa fille Polyxene sur le tombeau d'Achille, qu'elle vomit mille imprécations contre les Grecs, & fut changée en chienne, selon la Fable.

HEDELIN, (François) Abbé d'Aubignac & de Meimac, se distingua, sous le Ministere du Cardinal de Richelieu, par son esprit & par son érudition. Il naquit à Paris le 4 Août 1604, & fut élevé à Nemours, où Claude Hedelin, son pere, étoit Lieutenant Général. Après avoir exercé quelque-tems la profession d'Avocat, il embrassa l'état Ecclésiastique, & fut mis en qualité de Précepteur auprès du jeune Duc de Fronsac, neveu du Cardinal de Richelieu. Là, il sut si bien gagner les bonnes graces de cette Eminence & de son Eleve, qu'il fut pourvu de deux Abbaïes par le Cardinal, & que le jeune Duc aïant atteint l'âge de 25 ans, crut ne pouvoir mieux signaler son premier acte de majorité, qu'en lui témoignant sa reconnoissance par une pension viagere de 4000 l. à prendre sur tous ses biens. L'Abbé d'Aubignac jouit de cette pension jusqu'à sa mort, arrivée à Nemours le 25 Juill. 1676, à 72 ans. On a de

lui plus. ouvrages, dont les plus estimés sont : 1. *la Pratique du Théatre.* 2. *Terence justifié*, dans lesquels il fit paroître beaucoup d'étude & de recherches sur le Théatre ancien : car il avoit étudié à fond la *Poësie dramatique* des anciens, & s'étoit rendu très habile dans ce qui concerne les Tragédies & les Comédies des anciens. Mais il devoit s'en tenir-là, car n'étant pas Poëte, il se mêla de faire une Tragédie en Prose, qu'il intitula *Zenobie*, & qu'il prétendoit être conforme en tout aux Regles d'Aristote ; cette Piece n'eut aucun succès. Ce qui fit dire au Gr. Condé : *Je sais bon gré à l'Abbé d'Aubignac d'avoir suivi les regles d'Aristote ; mais je ne pardonne pas aux regles d'Aristote d'avoir fait faire une si mauvaise Tragédie à l'Abbé d'Aubignac.* Cet Abbé est encore Auteur d'une *Dissertation* sur la condamnation des Théatres. C'est une Apologie des spectacles. 2. D'un Roman allégorique intitulé *Macarise*. Il n'est point estimé. On a aussi des *Poësies* latines & françoises de Claude Hedelin, son pere.

HEDERIC, (Benjamin) est connu par son excellent *Lexicon Manuale Græcum*, in-4°, dont la meilleure & la plus ample édition est celle de Samuel Pattrick.

HEDINGER, (Jean Reinhard) cél. Théol. du 17e siecle, naquit à Stutgard en 1684. Il voïagea avec deux Princes de Wirtemberg en qualité de leur Chapelain, fut Professeur de Jurisprudence Civile & Canonique à Giessen, ensuite Prédicateur de la Cour, & Conseiller Consistorial. Il m. en 1704. On estime beauc. ses *Remarques* sur les *Pseaumes* & sur le Nouv. Test. Il a fait aussi une édition de la Bible, en y faisant des changemens, qui ont été désapprouvés.

HEDWIGE, (Ste) nommée aussi *Sainte Avoie*, étoit fille d'Agnès & de Bertholde, Duc de Carinthie. Elle épousa Henri, Duc de Silésie & de Pologne, dont elle eut trois fils & trois filles. Elle se retira ensuite, du consentement de son mari, dans un Monastere à Trebnitz, où elle mit des Religieuses de l'Ordre de Cîteaux, & dans lequel elle finit saintement sa vie, en 1243. Clément IV la canonisa en 1267.

HEEM, (Jean David de) habile Peintre, naquit à Utrecht en 1604. Il excelloit à peindre des fleurs, des fruits, des vases, des instrumens de musique & des tapis de Turquie, qu'il rendoit d'une maniere si séduisante, que le premier mouvement est d'y porter la main. Son coloris est agréable, & les insectes paroissent animés dans ses tableaux. Il mourut à Anvers en 1674. Corneille de Heem, son fils & son éleve, fut aussi un bon Peintre, quoiqu'inférieur à son pere.

HEEMSKERK, (Martin) Peintre cél. né à Harlem en 1498, s'acquit une telle réputation, qu'il fut surnommé le *Raphael de la Hollande*. Il mourut très riche en 1574, & laissa une somme annuel'e & considérable par son testament, pour marier un certain nombre de filles, avec cette seule condition, qu'elles iroient à certain jour danser autour de la Croix qui seroit mise sur son tombeau. On dit que cette Croix est la seule que 'es Protestans aient conservée en Hollande, parcequ'elle sert de titre, & fait partie de la fondation.

HEEREBOORD, (Adrien) cél. Philos. Cartésien, étoit Professeur de Philos. à Leyde, & fut l'un des premiers qui enseigna le Cartésianisme. Ses principaux ouvr. sont. 1. *Meletemata Philosophica*. 2. *Philosophia naturalis, moralis & rationalis.*

HEGESILOQUE, l'un des Souverains Magistrats de l'Isle de Rhodes, après que l'état Démocratique eut été changé en Aristocratique, vivoit du tems de Philippe, Roi de Macédoine, pere d'Alexandre. Il abusa si honteusement de son autorité avec les autres Sénateurs, qu'il fut dégradé comme un infâme, par ses amis même. Il ne faut pas le confondre avec Hegesiloque *Pryta-*

ne, c'est-à-dire, souverain Magistrat des Rhodiens, 171 ans avant J. C. C'est ce dernier qui engagea les Rhodiens à équiper une flotte de 40 vaisseaux, pour se joindre aux Romains contre Persée, Roi de Macédoine. Ce qui fut d'un grand poids pour la décision de cette guerre.

HEGESIPPE, cél. Historien Ecclésiastique au 2e siecle, alla à Rome vers l'an 157, & y demeura jusqu'au tems d'Eleuthere, qui succéda à Soter en 177. Il ne nous reste que des fragmens de son Histoire, qu'Eusebe nous a conservés : les cinq Livres de la guerre des Juifs, qu'on lui a aussi attribués, sont d'un Auteur beauc. plus récent.

HEIDANUS, (Abraham) habile Théologien Calviniste, & Professeur de Théologie à Leyde, naquit à Frakenthal, dans le Palatinat, le 10 Août 1597. Il s'acquit une gr. réputation par ses Ecrits & par ses Sermons, lia une étroite amitié avec Descartes, & mourut à Leyde, le 15 Octobre 1678. On a de lui un corps de Théol. en 2 vol. in-4°, & d'autres ouvrages estimés, entr'autres *l'Examen du Catéchisme des Remontrans*, in-4°. De *origine erroris*, &c.

HEIDEGGER, (Jean-Henri) fameux Théologien Protestant, naquit à Ursivellen, village voisin de Zurich, le prem. Juill. 1633. Il enseigna l'Hébreu & la Philosophie à Heidelberg, puis la Théologie & l'Histoire Eccl. à Steinfurt, & enfin la Morale & la Théol. à Zurich, où il m. le 18 Janvier 1698, à 65 ans. On a de lui plus. ouvr.

HEIDMAN, (Christophe) sav. Luthérien, natif d'Helmstadt, m. Professeur d'Eloquence en 1627, est Auteur de divers ouvrages dont le principal est *Palæstina, sive Terra sancta.*

HEIN, (Pierre) cél. Amiral de Hollande, surnommé *Pieters*, c'est-à-dire, *fils de Pierre*, étoit de basse naissance : il s'éleva par sa valeur, il défit la Flotte d'Espagne sur les Côtes du Bresil en 1626, & se rendit maître en 1628, d'une autre Flotte Espagnole chargée d'argent, dont la valeur montoit à près de 12 millions, outre une multitude de marchandises de gr. prix. Pour le récompenser, on lui donna la Charge de Gr. Amiral de Hollande en 1629, mais quelque-tems après il fut tué sur mer dans un combat contre des Vaisseaux de Dunkerqu'. Son corps fut porté à Delft, où il fut enterré avec beaucoup de magnificence.

HEINECCIUS, (Jean Gotlieb) l'un des plus gr. Jurisconsultes du 18e si., naquit à Eisenberg dans la Principauté d'Altenbourg, en 1681. Après avoir étudié à Goslar & à Leipsic, il fut destiné au Ministere, & se mit à prêcher de tems en tems; mais cette Profession n'étant pas de son goût, il y renonça, pour se livrer tout entier à l'étude de la Philos. & de la Jurispr. Il devint Professeur de Philos. à Halle en 1710, puis Profess. en Droit en 1721, avec le titre de Conseiller de Cour. Sa gr. réputation le fit appeller à Franeker en 1724, par les Etats de Frise, mais trois ans après le Roi de Prusse le détermina à accepter une Chaire de Droit à Francfort sur l'Oder. Il la remplit avec distinction jusqu'en 1733, que le Roi de Prusse le força en quelque sorte d'aller professer à Halle, où il demeura constamment jusqu'à sa mort, arrivée en 1741, malgré les vocations que Marpurg, le Dannemarck, & trois Académies de Hollande, lui adresserent. On a de lui un gr. nombre d'ouvr. tous fort estimés. Les principaux sont, 1. *Antiquitatum Romanarum Jurisprudentiam illustrantium syntagma*. Ce fut cet excellent abregé qui commença à lui donner de la réputation dans les païs étrangers. 2. *Elementa juris Civilis secundum ordinem institutionum & pandectarum*, 2 vol. 3. *Fundamenta styli cultioris*. Il y a peu d'ouvr. aussi utiles que celui-là pour former le style latin. 4. *Elementa Philosophiæ rationalis & moralis, quibus præmissa Historia Philosophica*. On

ne connoît point de meilleur abregé de Logique & de Morale. 5. *Historia juris Civilis Romani ac Germanici*. 6. *Elementa juris naturæ & gentium*, &c. On a encore de lui plus. *Dissertations académiques* sur divers sujets.

HEINECKEN, (Chretien-Henri) Enfant précoce & regardé comme un prodige par les qualités de son esprit, naquit à Lubeck en 1721. On assure qu'il parloit à 10 mois, qu'à un an il savoit les principaux évenemens du Pentateuque, à 13 mois l'Hist. de l'Anc. Test., à 14 celle du Nouv., qu'à 2 ans & demi il répondoit à propos aux questions de la Géographie & de l'Hist. anc. & moderne. Il parloit le latin avec facilité, & le françois passablement. Avant quatre ans il connoissoit les Généalogies des principales Maisons de l'Europe. Pendant une partie de sa 4e année, il voïagea en Dannemarck où il harangua le Roi & les Princes du Sang. On ajoute qu'il avoit un jugement excellent. De retour à Lubeck, il apprit à écrire. Il étoit délicat, infirme, souvent malade, & haïssoit tout autre aliment que le lait. Il ne fut sevré que peu de mois avant sa mort, arrivée le 27 Juin 1725. Il envisagea la mort d'une maniere si chrétienne, qu'il étonna encore plus par cette fermeté, que par ses progrès, ses talens & son esprit. M. Martini de Lubeck publia en 1730 une brochure dans laquelle il tâche de donner des raisons naturelles de la capacité extraordinaire de cet Enfant, mort à cinq ans.

HEINSIUS, (Daniel) habile Professeur d'Hist. & de Politique à Leyde, & Bibliothequaire de l'Université de cette ville, naquit à Gand en 1580. Il fut disciple de Joseph Scaliger, & lui succéda en sa Chaire. Gustave Adolphe, & Urbain VIII, eurent pour lui une estime particuliere; & la République de Venise le fit Chevalier de Saint Marc. Il mourut le 25 Février 1655. On a de lui des *Poësies*, des *Harangues*, quelques *Traductions*, des *Remarques* sur le nouveau Testament, & d'autres ouvr. assez estimés, entr'autres un *Discours latin*, qu'il prononça lorsqu'il fut nommé Secretaire de l'Académie de Leyde, & dans lequel il parle du bon état où d it être une Bibliotheque, & des devoirs d'un Bibliothequaire. Nicolas Heinsius, son fils, fut aussi un habile homme, il fit des *Notes* estimées sur *Virgile*, *Ovide*, *Valerius Flaccus*, *Claudien & Prudence*, & m. le 7 Oct. en 1681. Il a mérité l'estime des Savans, principalement par son excellente *Edition* de Virgile & par ses *Poésies latines*, dont la plus ample & la meilleure Edition est celle d'Amsterdam, en 1566.

HELCIAS, Grand Prêtre des Juifs, du tems de Josias & de la Prophétesse Holda, trouva dans le Temple, les Livres de Moïse, écrits, à ce que l'on croit, de la main de ce Législateur.

HELDINGE, (Michel) fut surnommé *Sidonius*, parcequ'il se fit sacrer Evêque de Sidon, pour être Suffragant de l'Archev. de Mayence. Il travailla à l'*interim* de Charles Quint, & ce Prince lui donna en récompense l'Evêché de Mersburg. Heldinge fut emploïé en diverses négociations importantes par l'Empereur Ferdinand, & parut avec éclat au Concile de Trente. Il mourut en 1561, à 55 ans. On a de lui quelques ouvrages, entr'autres des *Sermons*, un *Catéchisme*, &c.

HELENE, fille de Tyndare, Roi de Lacédémone & de Léda, est célebre par sa beauté. Thésée l'enleva, & la rendit ensuite à ses deux freres Castor & Pollux, qui la marierent à Menelas, Roi de Sparte, duquel elle eut Hermione. Elle fut enlevée une seconde fois par Paris, fils de Priam. Cet enlevement fut la cause de la fameuse guerre de Troyes, qui dura dix ans. Après la mort de Paris, Helene épousa son frere Deïphobe, qui fut tué par Ménelas. Enfin, ce dernier Prince étant mort, elle se retira

auprès de Polixo, qui commandoit dans l'Isle de Rhodes; mais au lieu de recevoir le secours qu'elle en attendoit, elle fut pendue à un arbre, par ordre de cette Reine, qui étoit sa parente.

HELENE, femme de l'Empereur Valere Constance, & mere du gr. Constantin, fut répudiée en 291 par son mari, qui épousa Théodore, belle-fille de Maximien Hercule. Elle eut un gr. crédit, lorsque Constantin, son fils, fut parvenu à l'Empire, & ne se servit de ce crédit que pour le bien de l'Eglise, & pour le soulagement des misérables. Helene visita les Lieux-Saints vers 326. C'est alors que l'on trouva la vraie Croix, qui étoit demeurée ensévelie sur le Mont Calvaire avec les instrumens de la Passion. S. Cyrille, Evêque de Jérusalem, parle de ce fait dans une Lettre à l'Empereur Constance, datée de l'an 359. Cette vertueuse Princesse mourut le 18 Août 327, à 80 ans.

Il y a eu plusieurs autres personnes illustres de ce nom.

HELINAND, *voyez* ELINAND.

HELIODORE, l'un des Courtisans de Seleucus *Philopator*, Roi de Syrie, reçut ordre de ce Prince d'aller à Jérusalem pour enlever les Trésors du Temple. Le gr. Prêtre Onias lui remontra que c'étoit des dépots, & des sommes destinées à la nourriture des Veuves & des Orphelins, & qu'ainsi il ne pouvoit en disposer. Heliodore n'eut aucun égard à ces justes remontrances, & il se présenta avec ses Gardes à la porte du Trésor, pour l'enfoncer. Mais à l'instant même il fut miraculeusement frappé de verges par deux Anges, qui le chasserent du Temple & le laisserent pour mort. Alors quelques-uns de ses amis supplierent le Gr. Prêtre d'invoquer pour lui, le Très-haut; pendant qu'Onias faisoit sa priere, les deux Anges se présenterent à Heliodore, & lui dirent: *Rendez graces au gr. Prêtre Onias, car c'est en sa considération, que le Seigneur vous a accordé la vie: après avoir été châtié de Dieu, annoncez à tout le monde ses merveilles & sa puissance.* Aïant ainsi parlé, ils disparurent. Heliodore offrit alors ses vœux à Dieu, remercia Onias, & s'en retourna en annonçant à tout le monde les œuvres merveilleuses du Tout-puissant, qu'il avoit vues de ses yeux. Ceci se passa 176 av. J. C. *Voyez* II. *Machab.* III.

HELIODORE, natif d'Emese, en Phénicie, au 4e siecle, vivoit sous l'Empire de Théodose & d'Arcadius. Il composa dans sa jeunesse l'*Histoire des amours de Théagene & de Chariclée*, Roman célebre & très ingénieux, qui a servi de modele aux autres ouvrages de cette espece. Heliodore fut ensuite Evêque de Trica, en Thessalie; si l'on en croit Nicephore, on le déposa dans un Synode, parcequ'il ne voulut ni supprimer, ni désavouer son Livre; mais ce fait est très incertain. Socrate raconte que Heliodore introduisit la coutume de déposer les Ecclésiastiques, qui auroient commerce avec leurs femmes depuis leur ordination. Ce qui est un préjugé favorable pour la chasteté de ce Prélat. Il paroît en effet par son Roman même, qu'il aimoit cette vertu, car le Héros de la piece se conduit avec beaucoup de sagesse & de modestie. Il y a plusieurs éditions de ce Roman; il a été écrit en grec, & traduit dans presque toutes les Langues. Le céleb. Amyot l'a traduit en françois, & S. Gelais en a mis en vers une bonne partie.

HELIOGABALE, *voyez* ELIOGABALE.

HELLANICUS, de Mitylene, cél. Historien grec, né 12 ans av. Herodote, la premiere année de la 7me Olympiade, c. à d. 494 av. J. C., avoit écrit l'*Histoire des anciens Rois & des Fondateurs des Villes*, sous le titre de Κτίσις εθνων και πολεων. Cette Histoire n'est point parvenue jusqu'à nous, ni les autres ouvrages de cet Historien.

HELMBREKER, Theodore) excellent Peintre, natif d'Harlem, alla se perfectionner à Rome, où

les Medicis le reçurent dans leur Palais. Il retourna ensuite à Harlem, où il m. en 1694, à 70 ans.

HELMONT, Jean-Baptiste Van) Seigneur de Royemborc, & de plus. autres lieux, naquit à Bruxelles en 1588. Il se rendit habile dans la Physique, la Médecine, & l'Histoire naturelle, & fut très oposé aux sentimens d'Aristote & de Galien: ce qui lui attira un grand nombre d'ennemis. Il pratiqua la Médecine avec tant de succès, & fit des cures si surprenantes, qu'on le mit à l'inquisition, sur le soupçon ridicule qu'on eut, que ce qu'il faisoit, étoit au-dessus des forces de la nature; mais Van-Helmont prouva le contraire, & pour avoir plus de liberté, il se retira en Hollande, où il mourut en 1644. On a de lui: *De magnetica corporum curatione; febrium doctrina inaudita; ortus Medicinæ; paradoxa de aquis Spadanis*, & d'autres ouvrages imprimés en un vol. *in fol.*

HELMONT, (François Mercure Van) fils du précédent, naquit en 1618, & se rendit cél. par son savoir & par ses paradoxes. Il se rendit habile dans la Médecine & dans la Chymie, & passoit pour un sav. universel. Il savoit même la plûpart des Arts & des Métiers, & faisoit lui-même presque tout ce dont il avoit besoin. On le soupçonna d'avoir trouvé la pierre Philosophale, parcequ'aïant peu de revenus, il faisoit de gr. dépenses. Il étoit très estimé & considéré à Amsterdam. Après avoir passé plus. années chez le Prince de Sultzbach, grand Protecteur des gens de Lettres, il se mit en chemin pour aller à Berlin, à la sollicitation de la Reine de Prusse, & m. à Cologne en 1699, à 81 ans. On a de lui, 1. *Alphabeti verè naturalis Hebraici deli-neatio.* 2. *Cogitationes super quatuor priora capita Geneseos.* 3. *De attributis divinis.* 4. *De inferno*, &c. Il croïoit la Métempsycose, & soutenoit bien d'autres Paradoxes. Le célebre Leibnitz lui fit l'Epitaphe suivante:

*Nil patre inferior jacet hîc Hel-*
*montius alter ,*
*Qui junxit varias mentis &*
*artis opes :*
*Per quem Pythagoras & Cabbala*
*sacra revixit ,*
*Eleusque , parat qui sua cuncta*
*sibi.*

Il ne faut pas le confondre avec
le Baron de Van Helmont , qui étoit
de la Secte des *Trembleurs*.

HELOISE , *voyez* ABELARD.

HELSHAM , ( Richard) célebre
Professeur de Médecine & de Physique dans l'Université de Dublin ,
est Auteur d'un *Cours de Physique*
*expérimentale* , impr. après sa m.
Cet ouvrage est très estimé des Anglois.

HELVETIUS , ( Adrien ) céleb.
Médecin , né en Hollande , d'un
habile Médecin Hollandois , après
avoir étudié la Médecine à Leyde ,
vint à Paris , où il s'acquit une gr.
réputation par ses remedes. C'est
lui qui introduisit en France l'*Hi-*
*pekakuana* contre les dyssenteries.
Il tenoit d'abord ce remede secret ,
mais il eut ordre de le rendre public , & fut gratifié par le Roi d'une
somme de mille Louis d'or. Il devint Inspecteur général des Hôpitaux de Flandres , Médecin de M.
le Duc d'Orléans , Régent , &c. &
mourut à Paris , le 20 Févr. 1727 ,
à 65 ans. On a de lui : un *Traité*
*des maladies les plus fréquentes ,*
*& des remedes spécifiques pour les*
*guerir* , dont la meilleure édition ,
est celle de 1724 , 2 vol. *in* 8°. &
d'autres ouvrages. Helvetius , son
fi's , aussi Médecin est auteur de
l'*œconomie animale* , in 8. & de
plus. autres ouvrages.

HELVICUS , ( Christophe ) cél.
Professeur en Théologie , en Grec ,
& en Langues orientales , à Giessen , naquit à Spredlingen ; le 26
Décembre 1581 , où son pere étoit
Ministre. Il savoit l'Hébreu si parfaitement , qu'il le parloit avec autant de facilité , que sa langue nat.
Les *Tables chronologiques* , qu'il pu-

blia sous le nom de *Théatre histo-*
*rique & chronologique* , in-fol. ont
été très estimées , quoiqu'elles ne
soient pas exemptes de fautes ,
& que l'Auteur y adopte les imaginations du faux Berose d'Annius
de Viterbe. On a encore d'Helvicus des *Dissertations chronologi-*
*ques* sur les quatre Monarchies : un
Recueil de *Poésies* , &c. Il m. le
10 Septemb. 1616 à la fleur de son
âge : ce qui l'empêcha de finir plus.
autres ouvr. qu'il avoit entrepris.

HELVIDIUS , fameux Arien du
4e siecle , disciple d'Auxence , soutenoit qu'après la naissance de J. C.
la Sainte Vierge avoit vécu avec S.
Joseph comme son mari , & qu'elle
en avoit eu des enfans. Il condamnoit aussi la virginité , & enseignoit
plusieurs autres erreurs. S. Jerôme
a écrit contre lui.

HELYOT , ( Pierre , ou le Pere
Hyppolite ) pieux & savant Religieux Picpus du Tiers Ordre de Saint
François , naquit à Paris en 1660.
Il se distingua dans son Ordre par
ses talens , & fut élevé à divers emplois. Il mourut à Picpus , près de
Paris , le 5 Janv. 1716 , à 56 ans.
Son principal ouvr. est l'*Histoire*
*des Ordres Monastiques Religieux ,*
*& Militaires* , en 8 vol. *in* 4. C'est
l'ouvrage le plus complet & le plus
exact que nous aïons sur les Ordres
Religieux. Le Pere Helyot est auteur du *Chrétien mourant* , & de
plus. autres Livres de piété.

HEMELAR , ( Jean ) habile Antiquaire , natif de la Haye , en Hollande , fut Chanoine d'Anvers , au
17e siecle. On a de lui 1. un Livre
intitulé : *Expositio Numismatum*
*Imperatorum Romanorum à Julio*
*Cæsare ad Heraclium* , qui est très
rare , quoiqu'il s'en soit fait plus.
éditions. 2. *Poemata multa sparsim*
*edita* , & d'autres ouvrages.

HEMERÉ , ( Claude ) habile Docteur , & Bibliothequaire de Sorbonne , au 17e siecle , est Auteur de
plusieurs ouvrages estimés , dont le
plus connu est intitulé : *De Acade-*
*miâ Parisiensi , qualis primò fuit*
*in insula & Episcoporum scholis*. Il

mourut à S. Quentin, dont il étoit Chanoine.

HEMMINGIUS, ( Nicolas ) fav. Théol. Danois, naquit en 1513 dans l'Ifle de Laland, d'un pere qui étoit Forgeron. Après avoir étudié fous Melanchton, dont il acquit l'eftime & l'amitié, il fut fait Miniftre, puis Profeffeur d'Hébreu & de Théol. à Coppenhague, & enfuite Chanoine de Rofchild. On le foupçonnoit d'avoir du penchant pour le Calvinifme, ce qui lui attira des affaires de la part des Luthériens. Il devint aveugle quelques années avant fa mort arrivée le 23 Mai 1600. On a de lui plufieurs ouvrages qui ne font pas eftimés, excepté fes *Opufcules Théologiques* dont on fait cas & qui furent imprimés à Geneve en 1564. *in-fol.*

HENAO, ( Gabriel de ) Jéfuite Docteur de Salamanque, & Théologien Scholaftique, au 17e fiecle, enfeigna en Efpagne avec réputation, & mourut en 1704, à 93 ans. Ses ouvr. font en 11 vol. *in fol.* en latin, dont les deux premiers traitent du *Ciel empirée*, le troifieme de l'*Euchariftie*, les trois fuivans du *Sacrifice de la Meffe*, le 7, 8 & 9e de la *Science moienne*, & les deux derniers des Antiquités de Bifcaye fous ce titre *Bifcaya illuftrata*. On a encore quelques autres pet. ouvr. de ce Jéfuite.

HENAUT, ou plufôt HESNAULT, ( Jean ) Poète François, & Receveur des Tailles en Forêt, étoit fils d'un Boulanger. Ses Poéfies lui acquirent une gr. réputation, & le firent confulter par toutes les perfonnes d'efprit. On eftime furtout fon fameux *Sonnet fur l'Avorton*, & fa *traduction* en vers du commenc. de Luccece. C'est lui qui forma à la Poéfie Mad. des Houlieres, qui le furpaffa dans la fuite. Il étoit attaché à M. Fouquet, Surintendant des Finances. Ce Miniftre qui étoit fon protecteur aïant été difgracié, Henault fit un fanglant Sonnet contre M. de Colbert, qu'il croïoit avoir contribué à la ruine de M. Fouquet. M. Colbert à qui

on parla de ce Sonnet, demanda s'il n'y avoit rien contre le Roi : on lui dit que non. *Cela étant*, reprit il, *je n'en veux point de mal d l'Auteur.* Cette réponfe fit rougir Henault, il tacha de fupprimer fon Sonnet, mais il y en avoit trop de copies. On dit qu'il n'avoit pas beaucoup de Religion, & qu'aïant fait trois fyftêmes fur la mortalité de l'Ame, il alla exprès en Hollande les communiquer à Spinofa, qui ne fit pas gr. cas de fon érudition. Il mourut à Paris, après avoir reconnu fes erreurs, en 1682. Le Recueil de fes Poéfies, imprimé en 1670, contient pluf. *Sonnets*, des *Lettres* en vers & en profe, une *Hiftoriette* en vers, des *vers latins*, *Imitations* en vers de l'acte 2 & de l'acte 4 de la *Troade* de Seneque, & du fecond chœur de *Thiefte*. On dit qu'il avoit traduit tout le Poëme de Lucrece ; mais qu'il brula fa traduction à la follicitation de fon Confeff. Quoi qu'il en foit, il ne nous en refte que les cent premiers vers que fes amis avoient copiés. Son *Sonnet* fur l'Avorton fut comp. à l'occ. de l'aventure arrivée à Mad. de G. le voici :

Toi, qui meurs avant que de naître,
Affemblage confus de l'être & du néant,
    Trifte Avorton, informe enfant,
    Rebut du néant & de l'être.

Toi que l'amour fit par un crime,
Et que l'honneur défait par un crime à fon tour,
    Funefte ouvrage de l'amour,
    De l'honneur funefte victime.

Donnes fins aux remords par qui tu t'es vengé,
Et du fond du néant, où je t'ai replongé,
N'entretiens point l'horreur, dont ma faute eft fuivie.

Deux Tyrans oppofés ont décidé ton fort ;

L'amour , malgré l'honneur , t'a
fait donner la vie ,

L'honneur , malgré l'amour , t'a
fait donner la mort.

HENICHIUS , ( Jean ) cél. Professeur de Philosophie & d'Hébreu,
puis de Théologie à Rintel , au païs
de Hesse , étoit fils d'un Ministre de
Winhusen , & naquit en 1616.
Il lia une étroite amitié avec Calixte & Horneius , deux cél. Théologiens Protestans , & eût divers
emplois importans. Henichius avoit
beaucoup de candeur & de modération, & desiroit ardemment de réunir les Luthériens & les Calvinistes ; mais bien loin d'y réussir ,
il s'attira la haine des deux partis,
comme il arrive ordinairement aux
Médiateurs. En 1645 , il épousa une
fille très vertueuse , dont il eut 13
enfans. Il mourut le 27 Juin 1671 ,
à 55 ans. Ses princ. ouvr. sont : 1.
*Dissertatio de Majestate civili* ; 2.
*De cultu Creaturarum & imaginum*;
3. *De libertate arbitrii* ; 4. *De officio boni principis , piique subditi* ;
5. *De pœnitentia lapsorum* ; 6. *Compendium sacræ Theologiæ* ; 7. *De
veritate Religionis Christianæ* ; 8.
*Institutiones Theologicæ* ; 9. *Historia Ecclesiastica & Civilis , &c.*

HENNINGES , ( Jean ) savant
Théol. Allemand , né en 1668 , fut
Pasteur & Professeur de Théol. à
Helmstalt où il m. en 1746. Ses
Princip. ouv. sont : 1. *Disserta-
tiones super selecta quædam Sanctæ
Scripturæ oracula*. 3 vol. 2. *Jonas
Carmine latino redditus.*

HENRI I , surnommé l'*Oiseleur*,
parcequ'on le trouva à la chasse de
l'Oiseau, lorsqu'on lui apporta les
ornemens de la Roïauté , étoit fils
d'Othon , Duc de Saxe , & de Luit-
garde , fille de l'Empereur Arnould.
Il naquit en 876 , & succéda à Conrad , Roi de Germanie , son beau-
frere , en 919. Il fit des Loix très
sages , réduisit à la raison Arnoul
le *Mauvais* , Duc de Baviere , vainquit les Bohemes , les Esclavons , &
les Danois , remporta une gr. victoire à Mersburg sur les Hongrois ,

en 934 , & envahit le Roïaume de
Lorraine sur Charles le *Simple*. Malgré tant de succès , il ne prit jamais
le titre d'Empereur , quoiqu'il en
eût toute l'autorité ; il se contenta
du nom de Roi, il mourut le 2
Juillet 936 , après un regne de 17
ans , laissant de Mathilde , sa seconde femme , trois fils : Othon,
qui lui succéda ; Henri , Duc de Baviere , & Brunon , Archevêque de
Cologne.

HENRI II , dit le *Boiteux* , l'*A-
pôtre des Hongrois & le Saint* , naquit en 977 dans le Château d'A-
bunde , sur le Danube. Il étoit de
la Maison de Saxe , Duc de Baviere,
& petit fils du Duc Henri , frere
d'Othon I. Il fut élu Emp. après la
mort d'Othon III , le 6 Juin 1002.
Il fonda l'Evêché de Bamberg en
1006 , défit le Duc de Baviere , calma les troubles d'Allemagne , chassa les Grecs & les Sarrasins de la
Calabre & de la Pouille , & leur enleva plusieurs Places en Italie. Il fut
couronné Empereur à Rome , le 14
Fév. 1014 , par le Pape Benoît VIII,
qu'il avoit rétabli sur son Siege , &
mourut saintement le 13 Juillet
1024 , à 57 ans , sans laisser de postérité , aïant toujours vécu dans le
célibat avec Ste Cunegonde , sa
femme , fille de Sigefroi , Comte
de Luxemb. Conrad II lui succéda.

HENRI III , le *Noir* , Duc de
Franconie , fut Empereur après la
mort de Conrad II , son pere , en
1039 , à l'âge de 12 ans. Les Bohemes , comptant tirer avantage de sa
jeunesse , refuserent de lui païer le
tribut accoutumé ; mais il les soumit , après avoir pris leur Duc Ula-
dislas. Il remit Pierre , Roi de Hongrie , sur le Trône en 1043 , fit déposer à Rome dans un Concile ,
Benoît X , Silvestre III , & Grégoire IV , en 1046. Après quoi ,
Sugger , Evêque de Bamberg , fut
élu Pape , sous le nom de Clément II. C'est de ce dernier que Henri reçut à Rome sa Couronne Imp.
avec sa femme Agnès , le jour de
Noel de la même année 1046. Il
mit ensuite à la raison quelques pe-

tits Princes d'Italie , attaqua les Comtes de Hollande & de Frise , & fit la guerre aux Hongrois, qui avoient crevé les yeux à leur Roi Pierre. C'est par sa faveur que Brunon , son cousin , Evêque de Toul, fut élu Pape , sous le nom de Léon IX. Henri mourut à Bottenfeld, en Saxe , le 5 Octobre 1056 , à 39 ans.

HENRI IV, *le Vieil* & *le Grand*, Empereur d'Allemagne , succéda à son pere Henri *le Noir*, en 1056, à l'âge de 5 ans , sous la tutelle d'Agnès , sa mere, qui prit soin du Gouvernement jusqu'en 1062. Henri gouverna par lui même à 13 ans. Il soumit la Saxe en 1075 & se rendit redoutable à toute l'Europe. C'est alors que commença la fameuse querelle entre les Papes & les Empereurs , à l'occasion des investitures des Bénéfices. Les choses furent portées aux dernieres extrémités de part & d'autre. Le Pape Grégoire VII excommunia Henri , le déclara déchu de la dignité Royale, exempta ses sujets du serment de fidélité , & souleva contre lui les Seigneurs d'Allemagne, qui obligerent l'Empereur de se faire absoudre. Il alla en Italie dans la plus rude saison de l'hyver, se présenta au Pape à Canosa , dans l'état le plus humiliant, en l'an 1077 , & reçut enfin son absolution , après avoir promis tout ce que le Pape exigeoit de lui ; mais quinze jours après , revenu d'un coup si imprévu , il viola sa promesse, & se prépara à tirer vengeance de Gregoire VII. Les Seigneurs Allemands , attachés au Pape , élurent aussitôt pour Roi , Rodolphe , Duc de Souabe. L'Empereur de son côté , fit élire Pape , ou plutôt Antipape , son Chancelier Guibert , Evêque de Ravenne , qui prit le nom de Clement III. Après divers succès , Rodolphe perdit la vie dans une sanglante bataille , le 15 Oct. 1080 , & comme on vint dire à l'Empereur qu'on lui préparoit un sépulchre magnifique : *Je voudrois* , répondit-il, *que tous mes ennemis fussent enterrés aussi magnifiquement.* Her-

man de Luxembourg , Comte de Salmes , fut ensuite élu Empereur par les ennemis de Henri ; mais sa fin , non plus que celle de quelques autres , ne fut pas heureuse. L'Empereur eut beaucoup plus à souffrir de ses propres enfans. Conrad , son fils, qu'il avoit laissé en Italie pour faire la guerre à la Comtesse Mathilde, se révolta contre lui , & se fit sacrer Roi d'Italie par le Pape Urbain II , en 1093. Après la mort de Conrad , arrivée en 1101, Henri , autre fils de l'Empereur , sollicité par le Pape Paschal , prit les armes contre son pere , & se fit couronner Emper. en 1105. Henri IV mourut à Liege l'année suivante , le 7 Août 1106 , à 55 ans , après en avoir regné 49 , & fut privé de la sépulture ecclésiastique pendant 5 ans. C'étoit un Prince courageux & spirituel, honnête, clément, & doué des plus belles qualités. Il se trouva en personne à 62 batailles, mais il aimoit trop ses plaisirs , & souffroit que ses Ministres abusassent de son autorité. Henri V , son fils , lui succéda.

HENRI V, *le jeune*, Empereur d'Allemagne , succéda à son pere Henri *le Vieil*, en 1106. Il défit les Polonois & les autres Princes, qui ne vouloient pas le reconnoître , passa en Italie en 1110 , se saisit du Pape Paschal II , le retint en prison , & l'obligea de lui accorder *les investitures* ; mais Paschal aïant été remis en liberté, cassa ce qu'il avoit fait. L'Empereur fit alors élire Antipape Maurice Baudouin , sous le nom de Gregoire VIII ; mais se voïant excommunié par les successeurs de Paschal, & les Saxons s'étant révoltés, il craignit de mourir aussi misérable que son pere , & renonça aux investitures dans l'Assemblée de Worms , le 23 Septembre 1112. Il mourut à Utrecht le 23 Mai 1125 , à 44 ans , sans laisser de postérité. Lothaire II lui succéda.

HENRI VI, *le Severe*, Emper. d'Allemagne , succéda à son pere Frédéric Barberousse , en 1190. Il se fit couronner à Rome l'année suivante, & paſſa dans la Pouille, pour faire valoir les droits que Conſtance, ſon épouſe, fille poſthume de Roger, Roi de Naples & de Sicile, avoit ſur ces Roïaumes, dont Tancrede s'étoit emparé. Après quelques ſuccès, il fut obligé de ſe retirer, laiſſant à Salerne l'Impératrice Conſtance, qui fut livrée à Tancrede. Celui-ci étant mort en 1194, Henri s'empara de ſes Etats, renferma Sibylle, ſa veuve, dans une priſon, creva les yeux à ſon fils, encore enfant, & traita ſi cruellement les habitans de Palerme, & les Seigneurs qui avoient pris le parti de Tancrede, qu'il fut ſurnommé *le Severe* & *le Cruel*. Il mourut à Meſſine, le 28 Septembre 1198, étant excommunié par le Pape, pour avoir diſtribué les biens de l'Egliſe à ſes Partiſans, & parcequ'il avoit arrêté priſonnier Richard, Roi d'Angleterre, qui venoit de la Terre Sainte. Fréderic II, ſon fils, lui ſuccéda.

HENRI VII, Duc de Luxembourg, fut élu Empereur en 1309, & ſuccéda à Albert I. Il fut couronné à Rome en 1312, par les Députés du Pape Clement V, & mourut d'une hevre ardente, ou, ſelon d'autres, d'une hoſtie empoiſonnée, à Bonconvento, en Toſcane, le 25 Août en 1313, à 50 ans. en allant faire la guerre à Robert, Roi de Naples.

HENRI I, Roi de France, étoit fils ainé du Roi Robert, & de Conſtance. Il fut ſacré à Reims le 14 Mai 1027, du vivant de ſon pere, & commença à regner ſeul le 20 Juillet 1031 A peine fut-il ſur le Trône, que Conſtance, ſa mere, voulant faire regner Robert, ſon cadet, excita une révolte. Elle fut appuïée d'Eudes, Comte de Champagne, & de Baudouin, Comte de Flandres; mais Henri, ſecouru de Robert, dit *le Diable*, Duc de Normandie, mit à la raiſon les Rebelles, accorda la paix à la Reine, & céda la Bourgogne à Robert, ſon frere. Quelque tems après, Robert *le Diable* étant mort en revenant

de la Terre-Sainte, il s'éleva une puiſſante faction contre Guillaume *le Bâtard*, ſon fils, qui depuis fut ſurnommé *le Conquérant*, parcequ'il conquit l'Angleterre. Henri l'aſſiſta puiſſamment, & gagna avec lui la bataille du *Val des Dunes*, près de Caen, où il courut un gr. danger. Il mourut à Vitri, en Brie, le 4 Août 1060, laiſſant d'Anne, fille de Jaroſlas, Roi de Ruſſie, ſa ſeconde femme, Philippe & Hugues. Il n'avoit point eu d'enfans de ſa premiere femme, nommée Mathilde, fille de l'Empereur Conrad II. Philippe, qu'il avoit fait proclamer Roi avant ſa mort, lui ſuccéda.

HENRI II, Roi de France, fils du Roi François I, & de la Reine Claude, naquit à S. Germain en-Laye, le 31 Mars 1518. Il ſuccéda à ſon pere en 1547, & fut ſacré à Reims par le Cardinal Charles de Lorraine. Après ſon couronnement, il fit la guerre aux Anglois, & reprit Boulogne, qui lui reſta moïennant 400000 écus, par le Traité de paix conclu en 1550. L'année ſuivante, il envoïa des Troupes en Italie, & ſe ligua avec les Princes d'Allemagne, contre l'Empereur Charles-Quint. Il s'avança juſques ſur les bords du Rhin en 1552, avec une puiſſante Armée, & prit en paſſant Metz, Toul, & Verdun. Mais l'Empereur aïant fait ſe paix avec les Princes Allemands; & Marie d'Autriche, Reine de Hongrie, & Gouvernante des Païs-bas, faiſant de gr. ravages ſur les frontieres de Picardie, le Roi fut obligé de retourner en France. C'eſt alors que Charles-Quint vint aſſieger Metz avec une Armée de 100000 hommes; mais François, Duc de Guiſe, défendit ſi bien cette ville avec l'élite de la Nobleſſe, qu'il l'obligea de lever le ſiege. L'année ſuivante 1553, l'Empereur détruiſit Therouene de fond en comble, & prit Heſdin. Le Roi, de ſon côté, ravagea les Païs Bas en 1554, & défit les Impériaux à la bataille de Renti, dont cependant il fut obligé de de lever le siege. Ces deux Princes conclurent une Treve de cinq ans à Vaucelles, le 5 Février 1556. Charles-Quint aïant abdiqué l'Empire la même année, en faveur de son frere Ferdinand, le Roi rompit la Treve, à la sollicitation du Cardinal Caraffe, Légat du Pape, il envoïa une Armée en Italie, commandée par le Duc de Guise, & une autre en Flandres. Celle-ci fut défaite par Emmanuel-Philibert Duc de Savoie, le 10 Août jour de S. Laurent 1557, à la fameuse *bataille de S. Quentin*, par la faute du Connétable de Montmorency, qui commandoit les François. Ce Général y fut fait prisonnier avec le Maréchal de S. André, & le Duc de Montpensier. Le Comte d'Anguien, frere du Prince de Condé, y fut tué, & l'Amiral de Coligni, qui commandoit dans Saint Quentin, fut obligé de rendre la ville, où il fut fait prisonnier. Cette bataille aïant répandu la terreur dans toute la France, le Duc de Guise fut aussitôt rappellé d'Italie avec son Armée. Il rassura les François par la prise de Calais, qu'il enleva aux Anglois le 8 Janvier 1558; ils la possedoient depuis 1347, qu'Edouard III l'avoit prise sur Philippe de Valois. Le Duc de Guise prit encore Guines & Thionville; le Duc de Nevers, Charlemont; & le Maréchal de Termes, Dunkerque, & S. Vinox; le Maréchal de Brissac se soutint dans le Piémont, malgré le peu de troupes qui lui restoient. Henri II perdit le fruit de tant de succès, par la paix de Cateau-Cambresis, qu'il conclut le 3 Avril 1559, de l'avis du Connétable de Montmorency, & de Diane de Poitiers, Duchesse de Valentinois, contre les remontrances les plus fortes de Guises, du Maréchal de Brissac, & de tout le Conseil. Par cette paix, que tous les bons François appellerent une *paix maudite & malheureuse*, Henri II perdit d'un seul coup de plume une étendue de païs, qui égaloit le tiers de son Roïaume aban-

donna toutes ses conquêtes à Philippe II, Roi d'Espagne, remit au Duc de Savoie la Bresse, la Savoie, & le Piémont, exepté 4 villes : aux Genois, l'Isle de Corse; Sienne, au Duc de Florence. En un mot, il rendit plus de 200 places, pour les conquête desquelles une mer de sang de ses sujets avoit été répandue, les trésors du Roïaume épuisés, son Domaine engagé, & lui endetté de toutes parts, tandis qu'on ne lui rendoit que trois places, Ham, le Catelet, & S. Quentin; qu'il s'engageoit de rendre Calais aux Anglois au bout de huit ans, & qu'il laissoit à l'Empire la liberté de redemander Metz, Toul, & Verdun. Par cette même paix, furent conclus les mariages d'Elisabeth, fille du Roi, avec Philippe II, Roi d'Espagne, & de sa sœur Marguerite, Princesse d'un gr. mérite, avec le Duc de Savoie. Au milieu des fêtes que donna Henri II, à l'occasion de ce second mariage, il fut blessé dans la rue S. Antoine par le Comte Gabriel de Montgomery, qu'il avoit forcé de rompre une lance contre lui dans un Tournoi, & mourut de sa blessure 11 jours après, le 10 Juillet 1559, à 40 ans, après en avoir regné douze. M. de Thou, Brantôme, & plusieurs autres écrivains, pretendent que ce genre de mort lui avoit été prédit par les Astrologues; mais il est constant que cela n'est point véritable, & que les Astrologues au contraire, avoient prédit qu'il mourroit dans une heureuse vieillesse. On ne peut contester à Henri II la gloire d'avoir été brave; il étoit bienfait & de bonne mine, avoit l'esprit agréable, un visage doux & serein, une adresse, une force & une agilité admirables dans toutes sortes d'exercices. Son regne est remarquable par des actions glorieuses, & par des succès qui mortifierent cruellement Charles-Quint. Il fit des Ordonnances très severes contre les Calvinistes, quoiqu'il fût naturellement bon. Il aimoit les Belles Lettres, & récompensoit les Savans avec libéralité ; mais sa complaisance pour le Connétable de Montmorenci, qu'il rappella à la Cour, contre le conseil de François I, qui l'avoit relegué pour de très bonnes raisons, & sa passion pour Diane de Poitiers, Duchesse de Valentinois, à laquelle il ne pouvoit rien refuser, furent cause des fâcheux évenemens qui flétrirent son regne. La paix de Cateau Cambresis sera un monument éternel de sa foiblesse, & de l'empire que ses favoris exercèrent sur lui. Ils lui firent faire des dépenses si excessives, qu'il surchargea le Roïaume de gr. impôts, & qu'en accablant le peuple, ils s'enrichirent par les voies les plus injustes. Ce fut ce Prince, qui, selon Bodin, fit de la polygamie *un cas pendable*, & qui commença à la soumettre au dernier supplice. François II lui succéda.

HENRI III, Roi de France, troisieme fils du Roi Henri II, & de Catherine de Medicis, naquit à Fontainebleau, le 19 Sept. 1551, & porta le nom de Duc d'Anjou. Il se signala dans sa jeunesse, & gagna à 18 ans en 1569 les batailles de Jarnac & de Montcontour. Il fit lever le siege de Poitiers, & remporta divers autres avantages. Tant de belles actions le firent élire Roi par les Polonois, après la mort de Sigismond Auguste, le 9 Mai 1573. Henri quitta le siege de la Rochelle, pour aller prendre possession de ce Roïaume, & fut couronné à Cracovie, le 15 Février 1574. Trois mois après, aïant appris la mort du Roi Charles IX, son frere, il quitta secrettement la Pologne, & fut sacré & couronné à Reims par Louis, Cardinal de Guise, le 15 Février 1575. Henri III gagna la même année la bataille de Dormans ; tint à Blois en 1576 l'Assemblée des Etats, où fut conclue la guerre contre *les Huguenots*, & fit la paix avec eux à Nerac en 1580. Cette paix, au lieu de rétablir l'ordre dans le Roïaume, y mit la confusion, par les déreglemens, les dissolutions, & les folles dépenses

où les favoris jetterent le Roi. Les troubles s'augmenterent par la mort de François, Duc d'Alençon, frere unique du Roi, décédé à Château-Thierri, le 10 Juin 1584 ; car par cette mort, le Roi de Navarre, Chef des *Huguenots*, devenoit l'héritier présomptif de la Couronne, & les Catholiques ne vouloient point qu'il regnât. Cela fit naître en 1586 trois partis dans l'Etat, que l'on appella, *la guerre des trois Henris*: celui des *Ligueurs*, conduit par Henri, Duc de Guise ; celui des *Huguenots*, dont Henri, Roi de Navarre, qui regna depuis sous le nom de Henri IV, étoit le Chef ; & celui du Roi Henri III, qu'on appella le parti des *Politiques*, ou des *Roïalistes*. C'est ainsi que le Roi devint Chef de parti, de pere commun qu'il devoit être. L'année suivante 1587, se forma la faction des *Seize*, qui entreprit d'ôter au Roi la Couronne & la liberté. Le Roi de Navarre partit cette même année de Bearn, pour joindre les Allemans & les Suisses, qui venoient renforcer son Armée. Anne, Duc de Joyeuse, alla à sa rencontre pour lui fermer le passage, mais il fut défait à la bataille de Coutras, le 20 Octobre. Le Roi de Navarre, au lieu de profiter de cette victoire, retourna en Bearn, auprès de la Comtesse de Grammont, & les Allemans & les Suisses que cet avantage avoit attirés bien avant dans le Roïaume, furent battus par le Duc de Guise à Vimori & à Auneau. Henri III, poussé à bout par les *Seize* & par le Duc de Guise, fit entrer, le douze Mai 1588, des Troupes dans Paris, pour se saisir des Carrefours. Le peuple prit aussitôt l'allarme, se barricada, & chassa les Troupes. C'est ce qu'on appella *la journée des barricades*. Elle rendit le Duc de Guise maître de la Capitale ; le Roi fut obligé de se retirer à Chartres, & de-là à Rouen, où Catherine de Medicis, sa mere, lui fit signer l'Edit de Réunion, fait à la honte de la Roïauté. Henri III s'apperçut bientôt de la faute qu'il venoit de faire, il n'eut plus pour sa mere qu'une confiance simulée; & aïant assemblé les Etats à Blois, cette même année 1588, il fit assassiner le Duc de Guise, le 23 Décem. & le Cardinal, son frere, le lendemain, par l'avis de Lognac, un de ses Gentilshommes. A la nouvelle de ce massacre, les Ligueurs qui étoient à Paris, entrerent en fureur. Ils commirent mille indignités contre l'autorité du Roi, & firent venir le Duc de Mayenne, que l'on avoit manqué de prendre à Lyon. Ce Duc, obligé, comme malgré lui, de venger la mort de son frere, qu'il n'aimoit pas, se fit déclarer en 1589 *Lieutenant Général de l'Etat Roïal & Couronne de France*, par le *Conseil de l'Union*, & se saisit des meilleures Places du Roïaume. Henri III fut alors contraint d'avoir recours au Roi de Navarre & aux Protestans, qui le dégagerent, à Tours, des mains du Duc de Mayenne, qui l'alloit investir. Les deux Rois vinrent assiéger Paris avec une Armée de 30000 hommes. Henri III prit son logement à S. Clou. Il y fut assassiné le 1 Août 1589, à 8 heures du matin, par Jacques Clement, Dominicain, dans le tems qu'il recevoit des Lettres que ce Religieux sacrilége venoit de lui remettre pour le distraire. Madame de Montpensier, sœur du Duc de Guise, eut grande part à cet assassinat. Le Roi mourut le lendemain à 2 heures après minuit, à 39 ans, après en avoir regné 15, & ne laissa point de postérité. En lui finit la race des Valois, qui avoit commencé à regner en 1328, & dont il ne resta de mâle que Charles, Duc d'Angoulême, fils naturel de Charles IX. Henri III fut le plus mal habile des 13 Rois de sa race. Les Protestans lui firent la guerre comme à l'ennemi de leur Secte, & les Ligueurs l'assassinerent à cause de son union avec le Roi de Navarre, Chef des Protestans. Suspect aux Cathol. & aux *Huguenots* par sa légereté & ses caprices, il devint méprisable aux

yeux de tous, par une vie également superstitieuse, bisare, & libertine. Il avoit, dit M. de Thou, une ambition démesurée d'augmenter sa puissance, & cependant par une complaisance criminelle, il laissoit prendre une autorité indépendante à ses Favoris, aux Guises, & à sa mere; ce qui faisoit dire au Pape Sixte V, en parlant de lui: *J'ai fait tout ce que j'ai pu pour me tirer de la condition de Moine, & il fait tout ce qu'il peut pour y tomber.* Son regne fut *le regne des Favoris*, sur tout des Ducs de Joyeuse & d'Epernon. En un mot, on peut dire de lui comme de Galba, *qu'il eût paru digne de la Couronne, s'il ne l'eût jamais portée. Caractere incompréhensible*, dit encore M. de Thou, *en certaines choses au-dessus de sa dignité, en d'autres, au-dessous même de l'enfance.* Il institua l'Ordre du S. Esprit, en 1579, & se rendit ridicule par toutes les feintes dévotions qu'il affectoit sans cesse. C'est sous son regne, en 1588, que le Duc de Savoie s'empara du Marquisat de Saluces, & qu'un Ingénieur de Venlo inventa les bombes. Henri IV lui succéda.

HENRI IV, *le Grand*, Roi de France & de Navare, & l'un des plus gr. Princes, dont l'Histoire fasse mention, naquit à Pau, le 13 Décembre 1553, d'Antoine de Bourbon, Duc de Vendôme, & de Jeanne d'Albret, Reine de Navarre. Il descendoit de Robert de France, Comte de Clermont, cinquieme fils de S. Louis, & Seigneur de Bourbon. Henri IV fut élevé à la Cour de France, sous la conduite d'un sage Précepteur, nommé *la Gaucherie*, jusqu'en 1566. Alors Jeanne d'Albret, sa mere, qui avoit embrassé ouvertement le Calvinisme, voulut l'avoir à Pau, auprès d'elle, & lui donna pour Précepteur, Florent Chrétien, en la place de la Gaucherie, qui étoit décédé. Ce nouveau Précepteur éleva le Prince dans la doctrine des Protestans, & Jeanne d'Albret s'étant déclarée leur Protectrice en 1569, le mena à la

Rochelle, où elle le dévoua à la défense de cette nouvelle Religion. Il y fut reconnu Chef du parti, & son oncle, le Prince de Condé, son Lieutenant, avec l'Amiral de Coligny. Il suivit l'Armée jusqu'à la paix conclue à S. Germain, le 11 Août 1570, puis il retourna en Bearn. Deux ans après, il vint à Paris pour épouser la Princesse Marguerite de Valois, sœur de Charles IX. C'est immédiatement après ces nôces, qu'arriva l'horrible massacre de la S. Barthelemi. Ce Prince, se voyant alors réduit à l'alternative ou de la mort, ou de la Religion Catholique, choisit le dernier parti. Il prit la qualité de *Roi de Navarre*, après la mort de sa mere, arrivée pendant les préparatifs de ses noces, le 9 Juin 1572. On le retint alors malgré lui à la Cour de France; mais il s'évada en 1576, & se retira à Alençon. Il rentra aussitôt dans le parti Huguenot, & professa de nouveau la Religion Prét. Réf. Depuis ce tems-là, jusqu'en 1589, sa vie fut un mélange continuel de combats, de pacifications, & de ruptures, avec la Cour de France. Il remporta divers avantages, & gagna la bataille de Coutras, en 1587. Enfin le Roi Henri III, pour s'opposer à la Ligue, qui étoit plus furieuse que jamais, depuis la mort du Duc & du Card. de Guise, se réconcilia avec lui de bonne foi. Leur entrevue se passa à Tours, le 30 Avril 1589, avec de grandes démonstrations d'un contentement réciproque. Ils joignirent leurs Troupes, & vinrent assiéger Paris. Ils étoient sur le point de le prendre, lorsque Henri III fut tué par Jacques Clement, le prem. Août 1589. Henri IV lui succéda. Son droit à la Couronne étoit si évident, que ceux qui le lui disputoient, ne couvroient leur opiniâtreté que du prétexte de la Religion Prét. Réf. qu'il professoit. Il fut reconnu Roi par la plus gr. partie des Seigneurs, soit Catholiques, soit Protestans, qui se trouverent alors à la Cour. Son Armée s'étant

affoiblie par la retraite des autres, il fut obligé de lever le siege de Paris, & passa en Normandie. Il défit le Duc de Mayenne à la bataille d'Arques, le 22 Septembre 1589, & à celle d'Ivri, le 14 mars 1590. Il vint ensuite assiéger Paris, dont les habitans éprouverent une famine; mais le Duc de Parme lui fit lever le siege, & la guerre continua avec divers succès dans tout le Roïaume jusqu'en 1593. Alors le Duc de Mayenne, voïant que les Espagnols ni les Ligueurs, ne vouloient point l'élire pour Roi, & qu'ils lui préféroient le Duc de Guise, son neveu; indigné d'une telle préférence, engagea les Etats à consentir à une conférence entre les Catholiques des deux partis. Cette conférence se tint à Surène, & le Roi s'étant fait instruire, fit son abjuration dans l'Eglise de S. Denys, le 25 Juillet 1593, entre les mains de René de Baune, Archevêque de Bourges. Cette abjuration fut suivie d'une treve de trois mois avec les Ligueurs, & porta le dernier coup à la Ligue, malgré la résistance de Rome; car depuis ce moment, les Villes s'empressèrent à l'envi de se soumettre à leur légitime Souverain. Paris lui ouvrit ses portes, le 22 Mars 1594, & Henri IV y fit son entrée publique deux jours après. Le Parlement ordonna qu'on feroit tous les ans une Procession solemnelle en mémoire de cet évenement. L'année suivante le Roi déclara la guerre à l'Espagne. Il battit les Espagnols à la *Rencontre de Fontaine-Françoise*, & le Duc de Mayenne fit sa paix avec lui en 1596. L'année suiv. les Espagnols surprirent la ville d'Amiens, ce qui jetta la consternation dans tout le Roïaume : mais le Roi reprit aussitôt cette Ville, malgré les efforts de l'Archiduc Albert. Enfin le Duc de Mercœur se soumit au Roi avec la Bretagne en 1598, & la paix fut conclue à Vervins avec l'Espagne, le 2 Mai 1598. Depuis ce jour jusqu'à sa mort, le Roïaume fut exempt de guerres civiles & étrangeres, si l'on en excepte l'expédition de 1600 contre le Duc de Savoie, qui fut glorieuse à la France, & suivie d'un Traité avantageux. Henri IV aïant ainsi subjugué son Roïaume, ne pensa plus qu'à le rendre heureux, & à le gouverner en pere. Il le remit dans un état florissant, quoiqu'il l'eût trouvé dans la plus affreuse désolation. Il donna du secours aux Hollandois contre les Espagnols, & fut Médiateur entre le Pape & les Vénitiens. Il étoit sur le point de commencer l'exécution d'un vaste dessein, lorsqu'il fut tué, le 14 Mai 1610, par Ravaillac, à 57 ans, après en avoir regné 21. On dit communément que ce malheur lui avoit été prédit le jour précédent, mais c'est une fable. Henri IV est un des meilleurs & des plus grands Rois qui aient regné dans le monde. Il avoit un jugement exquis, une extrême franchise, une simplicité de mœurs charmante, des sentimens élevés & généreux, une adroite politique, & un courage invincible. Jamais Prince n'eut plus de bonté & de clémence envers ses Sujets, & ne mérita plus d'en être aimé. Il projettoit de rendre son Roïaume si florissant, que le moindre de ses Sujets *eût une poule à mettre le Dimanche dans son pot*, projet vraiment roïal, & préférable aux vastes desseins des Alexandres & des Césars! Cependant il est difficile de trouver un Prince, à la vie duquel on on ait plus attenté : car sans parler de la journée de S. Barthelemi, Pierre Barriere, Jean Chatel, Pierre Ouin, avoient tenté de l'assassiner avant Ravaillac. Henri IV, après avoir fait annuller son mariage avec Marguerite de Valois, épousa Marie de Medicis en 1600, & en eût Louis XIII, qui lui succéda. On lui reproche avec raison de s'être trop livré à l'amour, & d'avoir eu un grand nombre de maîtresses ; car outre Gabrielle d'Estrées, qu'on prétend qu'il vouloit épouser, il eut Henriette de Balzac d'Entragues, Duchesse de Verneuil ; Jacqueline de Beuil, Comtesse de Moret ; Char-

lotte des Essarts, Comtesse de Romorantin, &c. Cependant il ne s'en laissa jamais dominer, & lorsqu'elles faisoient les *acariâtres*, il leur disoit, *qu'il aimeroit mieux avoir perdu dix maîtresses comme elles, qu'un serviteur comme M. de Sully, qui lui étoit nécessaire pour les choses honorables & utiles*. Ceux qui souhaiteront s'instruire à fond de la vie de ce grand Prince, peuvent lire l'excellente histoire de sa vie par M. Hardouin de Perefixe, & les Mémoires de Sully. En lui commença le regne des Bourbons.

HENRI I, Roi d'Angleterre, & Duc de Normandie, surnommé *Beauclerc*, à cause de sa science, étoit fils de Guillaume *le Conquérant*, & frere puîné de Guillaume le Roux, & de Robert de *Courte-Cuisse*. Celui ci étoit dans la Palestine, lorsque Guillaume *le Roux* fut tué en 1100. Henri profitant de cette conjoncture, se fit couronner Roi d'Angleterre. Robert, à son tour, fut reconnu Duc de Normandie, & débarqua à Portsmouth avec une Armée pour faire valoir son droit à la Couronne d'Angleterre. Henri s'accommoda avec lui, en s'obligeant de lui payer un tribut annuel de 3000 marcs. Peu de tems après, ce tribut étant mal payé, ils recommencerent la guerre. Henri passa en Normandie, & s'en rendit le maître après la bataille de Tinchebray, donnée le 27 Septembre 1106, dans laquelle Robert fut battu & fait prisonnier. Henri fit aussi la guerre contre Louis *le Gros*, qu'il battit au combat de Brenneville en 1119. Mais l'année suiv. il fit la paix en renouvellant son hommage pour la Normandie. Il eut de gr. démêlés avec S. Anselme au sujet des investitures, & mour. en 1135, à 68 ans, laissant sa Couronne à Mathilde, sa fille. Cependant ce fut Etienne, son neveu, qui lui succéda.

HENRI II, Roi d'Angleterre, succéda à Etienne, le 20 Décembre 1154, parcequ'il étoit fils de Mathilde, fille de Henri I. Il ajouta à ſes Etats l'Anjou, la Touraine, le Maine, le Poitou, la Saintonge, la Guienne & la Gaſcogne, comme fils de Geofroi Plantagenet, & comme mari d'Eleonore. Il conquit la Bretagne ſur Conan IV, & s'empara de l'Irlande. Henri eut de gr. démêlés avec S. Thomas de Cantorbery, & aïant occaſionné ſa mort, il en fit pénitence. Ses fils ſe révolterent contre lui, & lui cauſerent beaucoup de chagrin. Il fit la guerre à Philippe Auguſte, Roi de France, & m. à Chinon, le 6 Juillet 1189, après 34 ans de regne. Richard I, ſon fils, lui ſuccéda.

HENRI III, Roi d'Angleterre, appellé communément *Henri de Wincheſter*, parcequ'il étoit né en cette Ville, étoit fils de Jean *ſans Terre*, & d'Iſabelle d'Angoulême; il ſuccéda à ſon pere le 28 Octob. 1216. Louis, Dauphin de France, qui fut depuis Roi, ſous le nom de Louis VIII, étant alors en Angleterre, reçut une groſſe ſomme d'argent, & repaſſa en France. Henri III avoit une envie extrême de recouvrer la Normandie, & les autres Provinces que nos Rois avoient confiſquées ſur Jean · *ſans Terre*, mais toutes ſes demandes, & toutes ſes tentatives furent inutiles. Il ſe vit même obligé de ſigner un Traité avec S. Louis, par lequel il ne lui reſtoit que la partie de la Guienne, qui eſt au delà de la Garonne. Quelque tems après, les Anglois aïant à leur tête Simon de Montfort, Comte de Leiceſter, fils de ce Simon, fléau des Albigeois, ſe ſouleverent contre Henri, & gagnerent ſur lui la fameuſe bataille de Lewes en 1264, dans laquelle il fut fait priſonnier avec Richard, ſon frere. Edouard, ſon fils, qui avoit battu les milices de Londres, ſe laiſſa amuſer, & fut auſſi fait priſonnier. Les Barons dreſſerent alors un nouveau plan de Gouvernement, qu'ils firent ſigner au Roi, & approuver au Parlement. Telle eſt proprement l'époque & l'origine des *Communes*, & de la puiſſance du Parlement en An-

gleterre, ſi on le regarde comme une Aſſemblée compoſée des trois Corps du Roïaume. L'année ſuiv. 1265, le Comte de Gloceſter, jaloux de l'autorité du Comte de Leiceſter, forma un parti contre lui, & fit évader le Prince Edouard. Les affaires changerent auſſi-tôt de face: le Comte de Leiceſter fut défait & tué avec Henri, ſon fils, le 4 Août 1265, à la bataille d'Evesham. Henri III, & Richard, ſon fils, recouvrerent la liberté, & les rebelles ſe ſoumirent entierement en 1267. Depuis ce tems, Henri III regna paiſiblement. Il mourut à Londres, le 15 Novembre 1272, à 65 ans, après en avoir regné 55. Edouard I, ſon fils, lui ſuccéda.

HENRI IV, Roi d'Angleterre, appellé communément *Henri de Boullingbrook*, lieu de ſa naiſſance, fut proclamé Roi, le 20 Décembre 1399, après la dépoſition de Richard II. Il étoit fils de Jean *de Gand*, Duc de Lancaſtre, troiſieme fils d'Edouard III. On eſt aſſez d'accord que la Couronne ne lui appartenoit point, & que, ſelon les loix de l'Etat, elle devoit être donnée à Edmond de Mortimer, Comte de la Marche, puis Duc d'Yorck, deſcendant de Lionnel, Duc de Clarence, ſecond fils d'Edouard III. C'eſt ce qui cauſa les querelles fam. entre les Maiſons d'York & de Lancaſtre, ſous la deviſe de *la Roſe blanche*, & de *la Roſe rouge*. Tout le regne de Henri ſe paſſa à réprimer les Révoltés, & à faire la guerre aux Ecoſſois. Il mourut à Londres, le 20 Mars 1413, à 46 ans, dans la 14e de ſon regne. Pendant ſa maladie, qui dura plus de deux mois, il voulut toujours avoir ſa Couronne auprès du chevet de ſon lit, de crainte qu'on ne la lui enlevât. Henri V, ſon fils, lui ſuccéda.

HENRI V, appellé communément *Henri de Monmouth*, fils du précédent, & de Marie de Hereford, monta ſur le Trône en 1415. Il entreprit la conquête de la France, gagna la bataille d'Azincourt, le 25 & non le 22 Octobre 1415, & se rendit maître de la Normandie, après le fameux siége de Rouen en 1419. Il fut redevable de tant de succès aux divisions qui étoient alors entre la Maison d'Orléans & celle de Bourgogne, en re la Reine Isabelle de Baviere & le Dauphin, qui fut depuis Roi, sous le nom de Charles VII Henri V prit les intérêts de la Maison de Bourgone, & ceux de la Reine, & conclut un Traité à Troyes en Champagne, le 20 Juin 1420, par lequel il fut dit que Henri V épouseroit Catherine de France, qu'il seroit Roi après la mort de Charles VI, & que dès lors il prendroit le titre de *Régent & d'héritier du Roïaume.* Malgré ce Traité, la guerre continua. Henri mourut à Vincennes, le 31 Août 1422, à 36 ans. Les Ecrivains Anglois donnent à ce Prince les plus magnifiques éloges. Il eut de Catherine de France un fils, qui lui succéda. Cette Princesse épousa quelque-tems après Owen Tudor, Gentilhomme Gallois, dont elle eut Edmond, pere de Henri, Comte de Richemond, qui devint Roi d'Angleterre, sous le nom de Henri VII.

HENRI VI, appellé communément *Henri de Windsor,* succéda au Roi Henri V, son pere, en 1422, & regna en Angleterre sous la tutelle au Comte de Glocester, & en France, sous celle du Duc de Betford, ses oncles. Les Anglois continuerent d'avoir de gr. succès en France. Ils gagnerent les batailles de Crevant, de Verneuil, de Rouvroi, & alloient être les maîtres de toute la France, lorsque, par un coup imprévu, une jeune fille, connue sous le nom de *Jeanne d'Arc,* & de *Pucelle d'Orléans,* parut tout à-coup à la tête de l'Armée Françoise, & fi lever aux Anglois le siége d'Orléans en 1429. Depuis ce moment, les affaires des Anglois allerent toujours en décroissant Ils firent venir leur jeune Roi à Paris, & le couronnerent d'une double Couronne dans l'Eglise Cathédrale, le 27 Novembre

1431, & conclurent une treve de 18 mois en 1444, qu'ils rompirent en Bretagne & en Ecosse. Ils furent battus par-tout; & dès l'an 1451, ils n'avoient plus en France que Calais & le Comté de Guines. Ces pertes des Anglois venoient principalement des guerres civiles qui s'étoient élevées parmi eux. Richard, Duc d'York, qui descendoit par sa mere de Lionnel, second fils d'Edouard III, prétendit avoir plus de droit à la Couronne, que Henri, qui descendoit de Jean de Gand, Duc de Lancastre, troisieme fils du même Edouard. Henri fut battu & fait prisonnier à Saint-Alban par le Duc d'Yorck, le 31 Mai 1455, & une seconde fois à la bataille de Northampton, le 19 Juillet 1460. Le Parlem. décida que Henri garderoit la Couronne, & que le Duc d'Yorck lui succéderoit; mais la Reine Marguerite d'Anjou, femme de Henri VI, gagna la bataille de Wakefield, où le Duc d'Yorck fut tué, & délivra le Roi son mari. Cependant le Comte de la Marche, fils du Duc d'Yorck, fut proclamé Roi, sous le nom d'Edouard IV, par les intrigues du Comte de Warwic, que l'on appelle *le faiseur de Rois,* Henri fut enfermé à la Tour de Londres, où il fut égorgé par le Duc de Glocester en 1471, à 52 ans.

HENRI VII, Roi d'Angleterre, fils d'Edmond, Comte de Richemond, & de Marguerite de la Maison de Lancastre, se souleva contre Richard III. Il gagna la bataille de Bosworth, le 12 Août 1485, & se fit couronner Roi d'Angleterre, le 30 Septembre suivant. On crut mettre fin aux divisions des Maisons d'Yorck & de Lancastre, par le mariage de Henri avec Elisabeth, fille d'Edouard IV. Il l'épousa le 18 Janvier 1486, & par ce mariage, les droits des deux Maisons de Lancastre & d'Yorck se trouvoient réunis. Cependant les troubles recommencerent de nouveau, & les ennemis de Henri tenterent deux fois de le détrôner, en lui opposant deux imposteurs. Le premier étoit un certain Lambert Fimnel, qui prit le nom de Comte de Warvic; l'autre étoit un aventurier, nommé Perkin Waerbeck, fils d'un Juif converti de Tournai : ce dernier se donnoit pour le Duc d'Yorck; mais Henri sut réprimer ces révoltés. Il donna du secours à l'Empereur Maximilien I, contre Charles VIII, Roi de France; fit la guerre aux Ecossois, & fonda divers Collèges : ce qui lui mérita le nom de *Prince pieux, & ami des Lettres.* Il m. le 22 Avril 1509, à 52 ans, dans la 24e année de son regne. Henri VIII lui succéda.

HENRI VIII, Roi d'Angleterre, succéda à Henri VII, son pere, en 1509. Il se joignit à l'Empereur Maximilien, contre Louis XII, Roi de France, à la sollicitation du Pape Jules II; défit les François à *la bataille des Eperons,* en 1513, & prit Terouane & Tournai De retour en Angleterre, il marcha contre les Ecossois, & les défit à la bataille de Floden, où Jacques V, leur Roi, fut tué. Henri VIII fit la paix avec Louis XII, & lui donna Marie sa sœur en mariage, en 1514. Il écrivit ensuite contre Luther, ce qui lui fit donner le titre de *Défenseur de la Foi,* par le Pape Léon X. La guerre s'étant allumée entre François I, & Charles V, Henri VIII prit d'abord les intérêts de Charles Quint; mais quelquetems après, il lia une étroite amitié avec François I, à la sollicitation du Cardinal Wolsey, & travailla à la délivrance du Pape Clément VII, en 1528. C'est par les intrigues du même Cardinal, qu'il répudia Catherine d'Aragon, & qu'il épousa Anne de Boulen, en 1533, ce qui le fit excommunier par le Pape. Henri VIII, indigné de cette excommunication, abolit l'autorité du Pape en Angleterre; refusa de païer au S. Siege le tribut annuel que ses Prédécesseurs avoient païé depuis Inas, & obligea les Ecclésiastiques de le reconnoître pour *Chef de l'Eglise.* Tous ceux qui ne voulurent point reconnoître cette suprématie du Roi, furent chassés ou mis à mort. C'est pour cette raison, que l'illustre Cardinal Jean Fischer, & le savant Thomas Morus, furent décapités. La Réformation commença ainsi en Angleterre, & s'acheva sous le regne d'Elisabeth. Henri VIII abolit à cette occasion l'Ordre de Malte dans son Royaume, & fit brûler le corps de Saint Thomas de Cantorbery. Quelquetems après, il fit trancher la tête à Anne de Boulen, étant épris de la beauté de Jeanne de Seimour. Cette Dame, étant morte en couche, il épousa Anne de Cleves, qu'il répudia dans la suite. Il épousa alors Catherine Howard, fille du Duc de Norfolck, à laquelle il fit trancher la tête, sous prétexte qu'il ne l'avoit point trouvée vierge; mais plutôt, parcequ'il avoit conçu une violente passion pour Catherine Parre, jeune veuve d'une gr. beauté. La guerre s'étant rallumée avec la Fr. & l'Ecosse, Henri VIII prit Boulogne sur les François, en 1545, & brûla Leth & Edimbourg en Ecosse. Il érigea en Evêchés les villes de Westminster, d'Oxford, de Peterborough, de Bristol, de Chester, & de Glocester; réunit le païs de Galles à l'Angleterre; fit de l'Irlande un Roïaume, & mourut en 1547, à 57 ans, après en avoir regné 38. Sur le point de mourir, il s'écria en présence de ses favoris : *Que je suis malheureux de n'avoir jamais épargné aucun homme dans ma colere, ni aucune femme dans ma passion !* C'étoit en effet un Prince violent, & qui poussoit tout à l'excès. Il déclara par son testament, qu'Edouard, fils de Jeanne Seimour, seroit son Successeur, auquel il substitua Marie, fille de Catherine d'Aragon, & à celle-ci, Elisabeth, fille d'Anne de Boulen. C'est sous le regne de ce Prince, que *la suette,* maladie dangereuse, infesta toute l'Angleterre.

HENRI DE LORRAINE, *voyez* GUISE.

HENRI *le Lion,* Duc de Baviere

& de Saxe, Prince puissant & belliqueux, du 12e siecle, étendit sa domination en Allemagne depuis l'Elbe
jusqu'au Rhin, & depuis la mer
Baltique jusqu'aux frontieres de l'I-
talie. Il fit construire des Ponts sur le
Danube, à Ratisbonne & à Lawembourg ; détruisit presqu'entiérement
les Henetes, & déroba Fréderic
*Barberousse*, son cousin germain,
à la fureur du Peuple de Rome, qui
s'étoit soulevé. Cependant cet Empereur, jaloux de la puissance de
Henri, le déclara criminel de leze-
Majesté en 1180, & le dépouilla de
ses Etats sous divers prétextes. Henri fut contraint de s'enfuir vers le
Roi d'Angleterre, son beau - pere,
qui lui fit rendre Brunswick & Lunebourg. Il m. en 1195.

Il y a eu plusieurs autres Princes
de ce nom.

HENRI de Huntington, célebre
Historien Anglois du 12e siecle, fut
Chanoine de Lincoln, puis Archidiacre de Huntington. On a de lui :
1. une *Histoire d'Angleterre*, qui
finit à l'an 1154. 2. Une *continuation de celle de Bede*. 3. Des *Tables
chronologiques des Rois d'Angleterre*. 4. Un petit Traité *du mépris
du monde*, &c. Tous ces ouvrages
sont en latin.

HENRI de Suze, *de Segusio*, le
plus célebre Jurisconsulte & Canoniste du 13e si., s'aquit une telle
réputation par son savoir, qu'on
l'appelloit *la source & la splendeur
du Droit*. Il fut fait Archevêque
d'Embrun vers 1258, & Cardinal
Evêque d'Ostie en 1262, d'où lui
vint le nom de *Ostiensis*, sous lequel il est connu & cité. Il mourut
en 1271. On a de lui : 1. une *Somme du Droit Canonique & Civil*,
appellée communément *la Somme
dorée*. 2. Un *Commentaire sur le
Livre des Décrétales*, qu'il composa par ordre du Pape Alexandre
IV.

HENRI de Gand, ou *Goethals*,
sav. Théologien du 13e siecle,
Docteur & Professeur de Sorbonne,
surnommé *le Docteur solemnel*, fut
Archidiacre de Tournai, & m. en

cette ville le 29 Juin 1295, à 76
ans. On a de lui : 1. un *Traité des
hommes illustres*, pour servir de
suite à ceux de S. Jérôme & de Sigebert. 2. Une *Somme de Théologie*. 3. Une *Théologie quolibétique*.
Ce dernier ouvrage est excellent,
& l'emporte infiniment sur tous les
ouvrages des Théologiens du tems
de Henri de Gand.

HENRI BOICH, fameux Jurisconsulte du 14e si., natif de S. Paul
de Léon en Bretagne, est Auteur
d'un *Commentaire sur les Décrétales*, imprimé à Venise en 1576,
*in-fol*.

HENRI d'Urimaria, pieux &
savant Théologien du 14e si., natif de Thuringe, étoit de l'Ordre
des Hermites de S. Augustin. On a
de lui divers ouvrages.

HENRI de Gorkum ou Gori-
chem, habile Doct. & Vice-Chancelier de Cologne, au 15e si., étoit
Hollandois. Il a composé un Traité *des superstitions*, & d'autres ouvrages de Théologie.

HENRI *Harphius*, pieux Cordelier du 15e siecle, ainsi nommé,
parcequ'il étoit de Herph, village
de Brabant. Il fit paroître un gr. zele
& beaucoup de prudence dans la direction des ames, & m. à Malines
en 1478, étant Gardien en cette
ville. On a de lui un gr. nombre
de Traités de piété, écrits en flamand, & traduits en latin & en
françois. Ils sont estimés.

HENRI ( François ) Patrice de
Lyon & habile Avocat au Parlement de Paris, naquit à Lyon le 31
Août 1615, d'une famille noble &
ancienne. Après avoir fait ses Etudes
avec distinction, il se fit recevoir
Docteur en Droit à Orléans, & vint
s'établir à Paris, où il plaida pendant plusieurs années avec applaudissement ; mais la foiblesse de sa
santé le détermina à se renfermer
dans son cabinet, pour s'y appliquer
à la Physique, aux Mathématiques,
& à l'Histoire naturelle ; sciences
pour lesquelles il avoit toujours eu
beaucoup de goût. Il fut en grande
liaison avec MM. Arnould Boot,

Arnauld, le Maître, Varillas, les Peres Theophile Raynaud, Labbe & Vavaſſeur, de Sainte Beuve, Santeul de Launoi, Menage, & pluſ. autres ſavans. Il m. à Paris le 7 Oct. 1686, à 72 ans. Ce fut lui qui, avec Henri Louis Habert de Montmor, donna l'Edition des ouvrages de Gaſſendi à Lyon en 1658, 6 vol. in-fol. Il donna la même année l'Edition des ouvrages du fameux Paracelſe à Geneve en 3 vol. in-fol. Il avoit auſſi beauc. travaillé à une Edition des *opuſcules aſtronomiques* de Jean Baptiſte Morin, ſon ami, Docteur en Médecine & Profeſſeur de Mathématiques au Collége Roïal à Paris : mais cet ouvrage eſt reſté Manuſcr. in-4°. Il mériteroit d'être imprimé.

HENRI ( Nicolas ) né à Verdun en 1692, fit ſes Etudes avec diſtinction, & fut enſuite Précepteur des Fils de M. Joly de Fleury Procureur Général au Parlement de Paris. Il devint Profeſſeur d'hébreu au College Roïal en 1723, & remplit cette Chaire avec ſuccès juſqu'en 1752, qu'il fut écraſé dans la rue par la chute d'un entablement le 4 Fev., à 60 ans. On a de lui : 1. un petit abregé de Grammaire hébraïque, *in-fol.* qui eſt bon, mais très obſcur. 2. Une bonne Edition de la Bible de Vatable, en 2 vol. *in fol.*

HENRI de Saint Ignace, *Henricus à Sancto Ignatio*, habile Théologien de l'Ordre des Carmes, naquit de la ville d'Ath en Flandres, enſeigna la Théologie avec réputation, & paſſa par les Charges les plus conſidérables de ſon Ordre. Il fit un long ſéjour à Rome, au commencement du Pontificat de Clement XI, qui l'eſtimoit beaucoup, & m. à la Cavée, Maiſon de ſon Ordre ; dans le Diocèſe de Liege, vers 1720, dans un âge très avancé. Son principal ouvrage eſt un corps complet de Théologie morale, intitulé : *Ethica amoris*, c'eſt-à-dire, *la Morale de l'Amour*, 3 vol. *in fol.* dans lequel il s'éleve avec force contre les Caſuiſtes relâchés ; mais il y ſoutient les pré-

tentions Ultramontaines. On a encore de lui : 1. un autre ouvrage de Théologie, où il explique la premiere partie de la Somme de Saint Thomas, *in fol.* Cet ouvr. eſt fort rare. 2. Un ouvr. en latin en faveur de la grace efficace par elle-même. 3. Défenſe de l'ouvr. précédent ſous le titre de *Moliniſmus Profligatus*, 2 vol. in-8°. 4. *Artes Jeſuiticæ in ſuſtinendis novitatibus, laxitatibuſque ſociorum*, dont la meilleure Edition eſt de 1710. 5. *Tuba magna mirum clangens ſonum.... de neceſſitate reformandi Societatem Jeſu per Liberium Candidum.* C'eſt un Recueil de pieces dont la meilleure Edition eſt de 1717, en 2 gros vol. *in-12.* Ces deux derniers ouvr. ſont dédiés au Pape Clément XI. Le Pere Henri de S. Ignace ſe déclare hautement dans ſes Ecrits pour la cauſe & les ſentimens de M. Arnauld, & du P. Queſnel.

HENRIET, ( Protais ) ſav. Récollet François, mort en 1688, eſt Auteur d'une *Harmonie Evangélique*, avec des *Notes* littérales & morales, & d'autres ouvrages.

HENRIQUEZ DE RIBERA, *voyez* RIBERA.

HENRIQUEZ, ( Henri ) ſavant Jéſuite Portugais, natif de Porto, entra dans la Société du vivant même de S. Ignace, & fut Profeſſeur de Théologie à Salamanque, où Suarez prit ſes leçons. Il obtint la permiſſion de ſe faire Dominicain, & ce fut apparemment dans ce nouvel état, qu'il écrivit contre Molina. Dans la ſuite il rentra chez les Jéſuites, & m. à Tivoli le 28 Janv. 1608 à 72 ans. On a de lui, 1. un Traité *de clavibus Eccleſiæ* 2. Un *Somme de Théologie morale* en latin. Ce Jéſuite ſuite les ſentimens de Molina, de dogmes dangereux, erronés & Semipélagiens.

HENRI, ( Cla.. ) habile Jurisconſulte, étoit d'une bonne & anc. famille du Forez. Il exerça pendant pluſ. années la profeſſion d'Avocat à Lyon, & enſuite au Bailliage de Forez, dont il fut Avocat du Roi. Il joignoit à une connoiſſance profonde de la Jurisprudence civile & canonique, celle des intérêts des Princes, & de ce qui regarde le droit public & l'Histoire : ce qui le faisoit souvent consulter sur les affaires d'Etat par plus. Ministres, soit de France, soit des païs étrangers. Sa probité, sa capacité, & son désintéressement lui acquirent une si gr. réputation & une si gr. confiance, qu'il devint comme l'oracle de toute sa Province. Il m. en 1662. Ses principaux ouvr. sont : 1. un excellent *Recueil d'Arrêts* dont la trois. édit. est de 1708, avec les observations de M. Bretonnier. Le célèbre Avocat Matthieu Terrasson a fait aussi des *Additions* & des *Notes* pour servir à une nouvelle Edition de Henris. Ces *Additions* & ces *Notes* ont été imprimées. 2. *L'homme-Dieu, ou le parallele des actions divines & humaines de J. C.*

HENSCHENIUS, (Godefroi) sav. Jésuite qui a travaillé aux *Acta Sanctorum*, commencés par Bollandus, & qui s'est fait connoître par d'autres ouvrages.

HENTEN, (Jean) savant Religieux Hieronymite, en Portugal, natif du Diocèse de Liege, entra dans l'Ordre de Saint Dominique à Louvain, où il mourut le 13 Octobre 1566, à 67 ans. Il a publié les Commentaires d'*Euthymius* sur les Evangiles; ceux d'*Œcumenius* sur S. Paul; d'*Arethas* sur l'Apocalypse, &c.

HEPHESTION, favori d'Alexandre *le Grand*, fut élevé avec ce Prince. Alexandre l'aimoit beaucoup, & lui communiquoit ses plus secrettes pensées. Aïant épousé Statyra, fille aînée de Darius, il donna la plus jeune à Ephestion, qu'il regardoit comme un autre lui-même. Ce favori mourut à Ecbatane, 324 ans avant J. C. Alexandre fut si touché de sa mort, qu'il passa trois jours sans rien prendre, & qu'il fit crucifier son Médecin. Il éleva ensuite un magnifique tombeau à Ephestion, & lui offrit des sacrifices comme à un Dieu.

HERACLAS, (S.) frere de l'il-luftre Martyr Plutarque, & disciple d'Origene, se convertit avec son frere, durant la persécution de Severe, & fut Catéchiste d'Alexandrie, conjointement avec Origene, & ensuite seul. Son mérite le fit élever sur le Siége d'Alexandrie, sa patrie, en 232. Il mourut sur la fin de 247.

HERACLEOTES, (Denys) célèbre Philosophe, ainsi nommé, parcequ'il étoit d'Héraclée, ville du Pont, étudia sous différens Maîtres, & s'attacha ensuite à Zenon, Fondateur de la Secte des Stoïques. Il apprit de lui que la douleur n'est point un mal, & persévera dans cette opinion tout le tems qu'il se porta bien; mais étant affligé de cruelles douleurs dans une maladie, il abjura sa doctrine, renonça à sa Secte, & embrassa celle des Cyrenaïques, qui placent *le souverain bien* dans le plaisir. Héracleotes composa divers Traités de Philosophie, & quelques pieces de Poésie. Héraclide en cite une de lui, qui étoit attribuée à Sophocle.

HERACLIDE, fameux Philosophe Grec, surnommé *le Pontique*, parcequ'il étoit d'Héraclée, ville du Pont, fut disciple de Speusippe, puis d'Aristote, vers 336 av. J. C. Il avoit tant de vanité, qu'il pria un de ses amis de mettre un serpent dans son lit, au moment qu'il auroit rendu l'ame, afin qu'on crût qu'il étoit monté au Ciel avec les Dieux; mais la tromperie fut découverte. Tous ses ouvrages se sont perdus.

HERACLITE, célèbre Philosophe Grec, natif d'Ephese, n'eut point de maître, & devint savant par ses propres méditations. Il étoit chagrin & mélancolique, & pleuroit sans cesse sur les infirmités de la vie humaine, ce qui le fit surnommer *le Philosophe ténébreux*, ou *le Pleureur*. Héraclite avoit coutume de dire, qu'*il faut courir au-devant de la colere comme au-devant du feu, parcequ'elle s'allume incontinent, si l'on n'y met ordre.* Il composa divers Traités, entr'autres, celui *de la Nature*, qui lui acquit une gr. réputation. Socrate en faisoit un cas particulier ; mais il le trouvoit trop obscur. Darius, Roi de Perse, fut si charmé de ce même ouvrage, qu'il invita Héraclite de venir à sa Cour, & lui écrivit à ce sujet une Lettre très obligeante ; mais le Philosophe le refusa brusquement, & lui fit une réponse très incivile. Héraclite enseignoit dans cet ouvr. que tout est animé par *un Esprit* ; qu'il n'y a qu'un monde qui est fini ; que ce monde a été formé par le feu, & qu'après divers changemens, il reviendra en feu. Il mourut hydropique, à 60 ans, vers 500 avant J. C. Il pensoit que Dieu est un feu spirituel & intelligent, νοερον πῦρ.

**HERACLIUS**, Empereur Romain, étoit fils d'un autre *Héraclius*, Gouverneur d'Afrique, & originaire de Cappadoce. Animé par les cris des peuples, qui ne pouvoient plus supporter les tyrannies de Phocas, il aborda à CP., défit les troupes du Tyran, lui fit trancher la tête, & se fit couronner Empereur avec sa femme *Eudoxe*, par le Patriarche Sergius, en 610. Quelque-tems après, il offrit un tribut annuel à Chosroès II, Roi de Perse, pour obtenir la paix ; mais ce Prince aima mieux continuer la guerre, & s'empara de plus. Provinces, & de Jérusalem en 615. Héraclius, consterné par tant de succès, lui demanda une seconde fois la paix ; mais Chosroès ne voulut la lui accorder, qu'à condition qu'il renonceroit à la Religion Chrétienne, lui & tout son peuple. L'Empereur, indigné d'une telle demande, leva une puissante Armée, défit Chosroès, & le poursuivit jusques dans ses Etats, où *Syroës*, son fils aîné, qu'il avoit voulu deshériter, pour mettre son cadet sur le Trône, le fit mourir en prison. Héraclius fit la paix avec ce nouveau Roi en 628, & rapporta à Jérusalem la Croix sur laquelle J. C. a souffert la mort. Le Patriarche Zacharie, la reçut avec

son Clergé, l'adora, & la montra au Peuple. Telle est l'origine de la Fête de l'*Exaltation de la Sainte Croix*, que l'Eglise latine célèbre le 14 Sept. Héraclius tomba ensuite dans le Monothélisme, & publia un Edit fameux, appellé l'*Ecthese*, en faveur de cette erreur. Il mourut d'hydropisie, le 11 Févr. 641, après un regne de 30 ans. Constantin, son fils aîné, lui succéda.

**HERAULT**, ( Didier ) *Desiderius Heraldus*, savant Avocat au Parlement de Paris, au 17e siecle est Auteur de plus. ouvr. estimés. Les princip. sont des *notes sur l'Apologétique de Tertullien*, sur *Minutius Felix*, sur *Arnobe*, & sur *Martial*, des *adversaria*, & plusieurs *Traités* de Droit. Herault, son fils, fut Ministre de l'Eglise Wallone à Londres, puis Chanoine de Cantorbery. On a de lui *le Pacifique Royal en deuil*, contre la mort de Charles I, Roi d'Angleterre, c'est un Recueil de *Sermons*, qui fut suivi, après le rétablissement de Charles II sur le Trône, de 20 autres *Sermons*, qui ont été publiés sous le titre de *Pacifique Royal en joie*.

**HERAULT**, ( Magdeleine ) fille d'un Peintre de même nom, excelloit à copier les tableaux des grands Maîtres, & réussissoit dans le portrait. Elle épousa en 1660 Noel Coypel, que vous pouvez voir à son article.

**HERBELOT**, ( Barthelemi d' ) célebre Professeur en Langue Syriaque au College Roïal, & l'un des plus sav. hommes de son siecle dans les Langues Orientales, naquit à Paris, le 4 Décembre 1625, d'une bonne famille. Il fit plusieurs voïages en Italie, où il lia une étroite amitié avec Lucas Holstenius, & Léon Allatius. Les Cardinaux Barberin & Grimaldi, & Ferdinand II, Grand Duc de Toscane, eurent pour lui une estime singuliere. D'Herbelot aïant coté les meilleurs Manuscrits en Langues Orientales, d'une Bibliotheque exposée en vente à Florence, & en aïant marqué le prix, à la priere du Grand Duc, ce Prince les acheta, & lui en fit présent. M. Colbert, informé du mérite de ce savant homme, le rappella à Paris, & lui fit donner par le Roi une pension annuelle de 1500 liv. D'Herbelot avoit eu auparavant une pension semblable de M. Fouquet Surintendant des Finances : après la disgrace de ce Ministre, il devint Secretaire & Interprete des Langues Orientales. Enfin, M. le Chancelier de Pontchartrain lui fit obtenir la Chaire de Professeur Roïal en Langue Syriaque, vacante par la mort de M. Dauvergne. Il mourut à Paris le 10 Décembre 1695, à 70 ans. Son principal ouvrage est la *Bibliotheque Orientale*, livre d'une vaste érudition, qu'il avoit commencé en Italie, & qu'il acheva en France. Il a aussi composé un *Dictionnaire* Turc, Persan, Arabe, & Latin, & d'autres *ouvrages*.

HERBERT, (Edouard) fameux Ecrivain Anglois, habile Ministre d'Etat, & gr. homme de guerre, connu sous le nom de *Lord Herbert de Cherbury*, naquit au Château de Montgomery, dans le païs de Galles, en 1581, & fut élevé dans le College de l'Univ. d'Oxford. Jacques I l'envoïa en Ambassade vers Louis XIII, pour solliciter ce Prince en faveur des Réformés, assiegés en diverses Places. Le Lord Herbert eut aussi de gr. emplois sous Charles I, auquel il fut très fidele. Il mourut en 1648. On a de lui : 1. l'*Histoire de la vie & du regne de Henri VIII*, ouvr. très estimé des Anglois ; 2. les Traités *De veritate*, *De causis errorum*, *De Religione Laïci*, *De Religione Gentilium*, & *De expeditione in Rheam insulam*. Il ne faut pas le confondre avec Georges Herbert, célebre Poëte Anglois de la même famille, né en 1597, dont on a des Poësies estimées, qui ont pour titre, *le Temple*, & *le Ministre de la campagne*. Il mourut Curé de Bemmerson, près de Salisbury, en 1635.

HERBINIUS, (Jean) habile Ecrivain du 17e siecle, naquit à Bitschen, ville de Silésie, en 1633. Il voïagea beaucoup, & fit de gr. recherches sur l'histoire naturelle. Il mourut à Graudentz, petite ville de Prusse, le 14 Février 1676, à 44 ans. On a de lui un gr. nombre d'ouvrages curieux & intéressans. Les principaux sont : 1. *Terræ motûs & quietis examen*, in 12. 2. *Tragicomedia & Ludi innocui de Juliano Imperatore Apostatâ, Ecclesiarum & scholarum eversore*, in-4°. 3. *Disputatio de paradiso*, in-4°. 4. *Dissertationes de admirandis mundi cataractis supra & subterraneis, earumque principio*, in-4°. &c.

HERCULE, fils de Jupiter & d'Alcmene femme d'Amphytrion, & le plus cél. des Héros de l'antiquité pour sa valeur, naquit à Tyrinthe ou à Thebes, dans la Béotie, vers 1280 avant J. C. Etant encore au berceau, il étrangla 2 serpens, que Junon avoit envoïés pour le faire périr. Il eut en sa jeunesse, dans une seule nuit, des enfans des 50 filles de Thespie. Il devint ensuite fameux par les *douze Travaux* qu'il eut à essuïer sous le Roi Eurysthée, auquel il fut soumis par les ordres de l'Oracle. Le premier fut de tuer le Lion de la forêt de Némée, il l'étrangla, & depuis en porta toujours la dépouille ; le 2, de se défaire de l'Hydre épouvantable de la forêt de Lerne ; le 3, de prendre le Sanglier de la montagne d'Erymanthe en Arcadie ; le 4, de prendre à la course sur le mont Menale une Biche très vîte, qui avoit des cornes d'or ; le 5, de détruire les Harpies ; le 6, de vaincre les Amazones ; le 7, de nettoïer l'Etable d'Augias ; le 8, de donter le Taureau de Crête ; le 9, de vaincre Geryon ; le 10, fut de prendre Diomede, Roi de Thrace, qui nourrissoit ses chevaux de la chair & du sang de ses hôtes, & de le donner lui-même à manger à ses propres chevaux ; par le 11, il enleva les pommes d'or du Jardin des Hesperides , après avoir tué le Dragon qui les gardoit ; 12 , enfin il tira Cerbere des Enfers , & délivra les femmes de Théſée & d'Admete. Hercule ſoutint encore le Ciel ſur ſes épaules , pour ſoulager Atlas. Il ſurmonta le fleuve Acheloüs ; fit mourir Buſiris ; étouffa à la lutte le géant Anthée ; ſépara les montagnes de Calpé & d'Abila ; tua le brigand Cacus ; domta les Centaures ; fit dreſſer des colonnes , qui portent ſon nom , ſur le Détroit nommé à préſent *Gibraltar* , tua , à coup de fleches l'Aigle qui mangeoit le foie de Prométhée , lié à un rocher ſur le mont Caucaſe ; & fit , ſelon la Fable , une infinité d'autres actions héroïques. Mais comme il y a eu un gr. nombre d'Hercules , les Grecs ont ſans doute attribué à un ſeul les actions & les fables de de pluſieurs. Quoi qu'il en ſoit , les Poëtes racontent que Déjanire , l'une de ſes femmes , voulant le détourner de la paſſion qu'il avoit pour Iole , fille d'Euryte , Roi d'Œchalie , elle lui envoïa une chemiſe teinte du ſang du Centaure Neſſus. Hercule ne l'eut pas plutôt vêtue , qu'il fut ſaiſi de rage , & ſe brûla ſur un bucher. Il fut déifié après ſa mort , & marié dans le Ciel avec *Hebé* , pour appaiſer la colere de Junon.

**HERENTALS** , ( Pierre ) Chanoine Régulier de l'Ordre de Prémontré , au 14e ſiecle , ainſi nommé , parcequ'il étoit natif de Herentals , dans le Brabant , eſt Auteur d'une *chaîne ſur les Pſeaumes* , des *Vies des Papes Jean XXII* , *Benoît XII* , *Clement VI* , *Innocent VI* , *Urbain V* , *Gregoire XI* , & *Clement VII* , publiées 1693 par M. Baluze , & de quelques autres ouvrages.

**HERESBACH** : ( Conrard ) ſav. Ecrivain du 16e ſiecle , ainſi nommé , parcequ'il étoit né à Hereſbach , village du Diocèſe de Cleves , fut Gouverneur , puis Conſeiller du Duc de Juliers , qui le chargea des affaires les plus importantes. Hereſbach ſe fit générale-

ment eſtimer par ſa probité & par ſon érudition. Il ſavoit les Langues latine , grecque & hébraïque , & les Langues modernes. Il lia une étroite amitié avec Eraſme , Sturmius & Melancthon , & mourut le 14 Octobre 1576 , à 67 ans. On a de lui l'*Hiſtoire de la priſe de Munſter par les Anabaptiſtes* , en 1536 , & d'autres ouvr. eſtimés.

**HERICOURT** , ( Julien de ) habile Académicien de l'Académie de Soiſſons , & de celle des *Ricovrati* de Padoue , naquit à Soiſſons d'une famille noble , & fit ſes études à Paris. Il occaſionna l'établiſſement de l'Académie de Soiſſons , par les Aſſemblées qu'il tenoit chez lui ; fut chargé de commiſſions importantes par la Cour , & mourut en 1704. On a de lui l'*Hiſtoire de l'Académie de Soiſſons* , en latin , imprimée à Montauban en 1688 , *in-8°*. M. Louis d'Hericourt , habile Avocat de Paris , & ſon petit-fils , m. en 1753 , eſt Auteur du *Traité des Loix Eccléſiaſtiques* mis dans leur ordre naturel , dont il y a eu pluſieurs éditions. On a encore de lui un *Abregé de la diſcipline de l'Egliſe* du P. Thomaſſin , avec des obſervations , & un *Traité de la vente des immeubles*.

**HERITIER** , ( Nicolas l' ) Poète François , du 17e ſiecle , étoit neveu du céléb. Garde des Sceaux de Vair. Il fut d'abord Mouſquetaire ; mais obligé de quitter le ſervice , à cauſe d'une bleſſure , il acheta une Charge de Tréſorier du Régiment des Gardes Françoiſes , & obtint un Brevet d'*Hiſtoriographe de France*. Il ſe diſtingua par deux Tragédies , intitulées l'*Hercule furieux* , & *Clovis* , & par ſes petites Pieces fugitives , dont on eſtime ſur-tout celle qui a pour titre , le *Portrait d'Amaranthe*. Il mourut en 1680. Marie-Jeanne l'Héritier de Villandon , ſa fille , s'acquit beaucoup de réputation , non-ſeulement par ſon ſavoir & par ſon talent pour la Poéſie , mais auſſi par la douceur de ſes mœurs , & par la nobleſſe de ſes ſentimens. Elle naquit à Paris en 1664, fut reçue de l'Académie des Jeux floraux de Toulouse, en 1696, & de l'Académie des *Ricovrati* de Padoue, en 1697. Elle m. à Paris en 1734. La plûpart des ouvr. de Mlle l'Héritier sont mêlés de profe & de vers. Elle a fait auffi une *Traduction* des Epîtres d'Ovide, dont il y en a feize en vers françois.

HERLICIUS, ( David ) Philofophe, Médecin & Aftrologue, naquit à Ceits en Mifnie, le 28 Décembre 1557. Il publia en 1584 un Almanach qui eut un gr. fuccès, & s'appliqua à ce genre d'ouvrage pendant 52 ans. Il tiroit auffi les horofcopes, & comme il ne manquoit pas d'efprit, il y apportoit toutes les précautions imaginables, pour n'être point expofé aux railleries qu'attire l'incertitude de cet art. Il prédit néanmoins que l'empire des Turcs feroit bientôt détruit, mais il fubfifte encore. Herlicius enfeigna les Mathématiques, la Philofophie, & la Médecine en Allemagne, & mourut à Sturgard, le 15 Août 1636, à 79 ans. On a de lui des *Poéfies* & des *Oraifons* en latin, & un grand nombre d'ouvrages en allemand.

HERMAN, *Hermannus Contractus*, célèbre Moine de Richenou, en Suabe, d'une illuftre famille, fut furnommé *Contractus*, parceque dès fon enfance il avoit eu les membres rétrecis. Il favoit le latin, le grec & l'arabe, & mourut à Aleshufen en 1054. On a de lui une *Chronique*, & divers autres ouvrages d'hiftoire & de piété. C'eft à lui qu'on attribue le *Salve Regina*, l'*Alma Redemptoris*; & la Profe *Veni*, *Sancte Spiritus*.

HERMAN, Peintre, *voyez* SUANEFELD.

HERMAN, ( Paul ) cél. Botanifte du 17e fiecle, natif de Halle, en Saxe, exerça la Médecine dans l'Ifle de Ceylan, & fut enfuite Profeffeur en Botanique à Leyde, où il m. le 29 Janvier 1695. On a de lui un *Catalogue des Plantes du Jardin public de Leyde*, & un autre ouvra-

ge intitulé : *Floræ Lugduno-Batavæ Flores.*

HERMANN, ( Jacques ) favant Mathématicien de l'Académie de Berlin, & Affocié de celle des Sciences de Paris, naquit à Bâle, le 6 Juil. 1678. Il voïagea beaucoup, & profeffa fix ans les Mathématiques à Padoue. Il alla enfuite en Mofcovie, où le Czar l'avoit appellé en 1724. Monfieur Hermann y enfeigna les Mathématiques. De retour en fon païs, il fut Profeffeur en Morale & en Droit naturel à Bâle, & y mourut le 11 Juillet 1733, à 55 ans. On a de lui plufieurs ouvrages de Mathématiques. Les principaux font : 1. *Défenfe des principes du calcul différentiel* contre Nieuwentyt en latin. 2. Un Traité des forces & des mouvemens des corps, intitulé : *De phoronomiâ, five de viribus & motibus corporum folidorum & fluidorum*, in-4°. 3. Un Traité, *De novâ accelerationis Lege; quâ gravia versùs terram feruntur, fuppofitis motu diurno Terræ, & vi gravitatis constanti.* 4. *Difquifitio de vibrationibus chordarum tenfarum.* 5. *Solutio problematis de trajectoriis curvarum inveniendis.* Une Differtation particuliere fur les *Loix de la nature touchant les forces des corps & leur vraie mefure*, &c.

HERMANT, ( Godefroi ) très favant Docteur de la Maifon & Société de Sorbonne, naquit à Beauvais le 6 Février 1617. M. Potier, Evêque de cette Ville, l'envoïa étudier à Paris, & lui fit enfuite régenter les Humanités & la Rhétorique à Beauvais. M. Hermant devint Chanoine de Beauvais en 1643. Prieur de Sorbonne, & Recteur de l'Univerfité de Paris en 1646, & Docteur en 1650. Il étoit très habile dans l'Hiftoire & la Difcipline de l'Eglife, & ami intime de M. de Sainte Beuve, de M. de Tillemont, & d'un grand nombre de Savans de fon fiecle. Il m. fubitement à Paris, le 11 Juillet 1690, à 74 ans, après avoir été exclu de la Sorbonne & de fon Chapitre, pour avoir refufé de figner le *Formulaire*. On a de lui un gr. nombre d'excellens ouvrages. Les principaux sont : 1. Les *Vies de S. Athanase, de S. Basile, de S. Gregoire de Nazianze, de S. Chrysostome, & de S. Ambroise.* 2. Quatre Ecrits pour défendre les droits de l'Univ. de Paris, contre les Jésuites. 3. Une *traduction* en françois du *Traité de la Providence*, de S. Chrysostome, & des ascetiques de S. Basile. 4. des *Extraits des Conciles*, publiés après sa mort, sous le titre de *Clavis disciplinæ Ecclesiasticæ, seu Index universalis totius Juris Ecclesiastici.* Les *notes* qu'on a ajoutées à cet ouvrage, sont indignes de M. Hermant. Baillet a écrit sa vie.

HERMAS, Auteur Ecclésiastique du prem. siecle, que S. Paul salue à la fin de l'Epître aux Romains, selon Origene, Eusebe & S. Jérôme. On a de lui un Livre écrit en grec quelque tems avant la persécution de Domitien, arrivée en 95 de J. C. Ce Livre est intitulé ; *Le Pasteur*, parcequ'on y fait parler un Ange sous la figure d'un Pasteur. Le texte grec s'est perdu, mais la version latine qui nous en reste, est très ancienne & très fidele. Quelques PP. ont regardé le Livre d'Hermas comme canonique. Il dit clairement, selon S. Athanase, que Dieu a créé de rien tout l'Univers ἐκ τοῦ μὴ ὄντος. l. 1. vis. 1.

HERMES, ou MERCURE TRISMEGISTE, c'est à dire, trois fois grand, fameux Philosop. Egyptien, qu'on suppose avoir été Conseiller d'Isis, femme d'Osiris, & avoir vécu environ 1900 ans avant J. C. On dit qu'il est le même que Thoth, auquel on attribue l'invention de l'écriture, & d'une infinité de choses utiles à la vie. L'ouvrage intitulé, *Pimander*, qui porte le nom de Hermes Trismegiste, n'est point de ce fameux Philosophe, mais d'un Chrétien qui vivoit au second siecle.

HERMIAS, Philosophe Chrétien, que l'on croit plus ancien que Tertullien. Il nous reste de lui une *Raillerie des Philosophes païens*, ouvr.

imparfait imprimé à Bâle en 1553.

HERMINIER, ( Nicolas l' ) habile Théol. Scholastique, Docteur de Sorbonne, Théologal & Archidiacre du Mans, naquit dans le Perche, le 11 Novembre 1657. Il enseigna long-tems la Théol. en particulier, & mourut dans un âge assez avancé. On a de lui un Cours de *Théologie scholastique* en 7 vol. in-8°. & 3 vol. in-12 sur les *Sacremens*. Son *Traité de la Grace* fit beaucoup de bruit, & fut censuré par quelques Evêques.

HERMITE, ( Pierre l' ) cél. Solitaire François, natif d'Amiens en Picardie, d'une famille noble, aïant fait un voïage dans la Terre Sainte, vers 1093, fut si touché de l'état déplorable où étoient réduits les Chrétiens, qu'il demanda au Patriarche de Jérusalem, nommé Simeon, des Lettres pour le Pape & pour les Princes d'Occident, afin de les exciter à délivrer les Fideles de l'oppression. Pierre l'Hermite porta d'abord au Pape Urbain II les Lettres du Patriarche, & parcourut ensuite une grande partie de l'Europe, pour traiter en particulier avec les Princes. Il sut si bien les persuader, & prêcha avec tant d'éloquence la guerre contre les Infideles, qu'il assembla en peu de tems de gr. Armées : telle fut l'origine de la Croisade. Godefroi de Bouillon, Chef de la meilleure partie des Croisés, voïant que Pierre l'Hermite étoit suivi d'une multitude infinie de petit peuple, lui en donna la conduite avec ordre de prendre les devants : Pierre divisa ses troupes en deux parties ; il donna le commandement de la premiere à un brave Gentilhomme François de ses amis, nommé Gauthier *Sans avoir* ou *Sans argent*, parcequ'il n'avoit point de bien, il se mit à la tête du reste, qui montoit encore à plus de quarante mille hommes. Ces deux Armées commirent de gr. excès dans la Hongrie, & furent défaites par Soliman, proche de Nicée en Bithynie. Tel fut le succès de l'expédition de Pierre l'Hermite,

mite, qui ne réuſſit pas avec l'épée, comme il avoit fait avec le bourdon. L'année ſuiv. 1097, il ſe trouva au ſiege d'Antioche : ennuïé des longueurs de ce ſiege, il voulut prendre la fuite ; mais Tancrede le fit revenir, & l'obligea par ſerment de ne point abandonner une entrepriſe dont il étoit le premier auteur. Pierre l'Hermitte ſignala depuis ſon zele pour la conquête de la Terre-Sainte. Il fit des merveilles au ſiege de Jéruſalem en 1099, & fut grand Vicaire de cette Ville en l'abſence du nouveau Patriarche.

HERMOGENE, le premier & le plus célebre Architecte de l'antiquité, ſelon Vitruve, étoit natif d'Alanbada, ville de Carie : il bâtit un Temple de Diane à Magneſie, un autre de Bacchus à Tros, & fut inventeur de pluſieurs parties de l'Architecture. Il en avoit compoſé un Livre qui eſt perdu.

HERMOGENE, fam. hérétique du 2e, ſiecle, contre lequel Tertullien, Origene, & Theophile d'Antioche ont écrit. Il ne faut pas le confondre avec le Rhéteur Hermogene, qui floriſſoit auſſi dans le 2e ſiecle, & dont il nous reſte des *Livres en grec ſur la Rhétorique*. On dit qu'à 24 ans il oublia tout ce qu'il ſavoit, & que ſon corps aïant été ouvert après ſa mort, on lui trouva le cœur velu, & d'une grandeur extraordinaire.

HERMOGENIEN, cél. Juriſconſulte, dont on a un *abregé du Droit* en ſix *Livres*, & un *Recueil de Conſtitution*, ou *Loix de l'Empire*. Il floriſſoit ſous les enfans de l'Empereur Conſtantin, au 4e ſiecle.

HERMOLAUS BARBARUS, voyez BARBARO.

HERMONDAVILLE, ( Henri de ) premier Chirurgien de Philippe-le-Bel, fut diſciple de Jean Pirard, premier Chirurgien de Saint Louis, & ſe rendit très habile dans ſon art. Il enſeigna à Montpellier, & enſuite à Paris avec réputation. On ne ſait en quel tems il mourut. On a de lui quelques Traités fort curieux, qu'il compoſa vers 1306, &c.

qui ſe trouvent en partie dans la Bibliotheque des manuſcrits de Sorbonne.

HERO, fam. Prêtreſſe de Venus, demeuroit près de l'Helleſpont. Leandre, qui l'aimoit, paſſoit tous les ſoirs à la nage le bras de cette mer pour l'aller voir, étant dirigé par un flambeau allumé ſur une tour ; mais s'étant noïé dans le trajet, Hero ſe jetta de déſeſpoir dans la mer, & y périt.

HERODE LE GRAND, ou l'Aſcalonite, naquit à Aſcalon, 71 ans av. J. C. d'Antipater, Iduméen. Il eut d'abord le Gouvernement de la Galilée, & ſuivit le parti de Caſſius & de Brutus ; mais après leur mort, il ſe déclara pour Marc-Antoine, & fut fait Tetrarque, puis Gouverneur de la Judée, & enfin Roi des Juifs, 40 ans av. J. C. Il demeura paiſible poſſeſſeur de ce Roïaume 3 ans après la mort d'Antigone, ſon compétiteur. Hérode épouſa Mariamne, fille d'Alexandre, fils d'Ariſtobule, & fit mourir Hyrcan. Après la défaite d'Antoine à la bataille d'Actium, il alla trouver Auguſte, qui étoit à Rhodes. Il fit tant par ſes ſoumiſſions, que ce Prince lui conſerva le Roïaume des Juifs. De retour en Judée, 28 ans av. J. C. il fit mourir Mariamne, pour laquelle il avoit eu une paſſion extrême ; il en conçut auſſitôt tant de déſeſpoir, qu'il en devint comme frénétique, & qu'il l'appelloit ſouvent, comme ſi elle eût été encore vivante. C'eſt alors qu'il fit mourir tous ceux qui avoient quelque autorité parmi le peuple. Il montra néanmoins quelque humanité durant la peſte & la famine qui arriverent vers ce tems-là, & fit fondre à cette occaſion ſa vaiſſelle d'argent pour nourrir les pauvres. Hérode rebâtit le Temple 19 ans avant J. C. mais il ternit la gloire de cet édifice, en faiſant élever un théâtre & un amphithéâtre pour célébrer des combats en l'honneur d'Auguſte. Cet Empereur fut ſi charmé de cette action, qu'il lui donna la ſouveraineté de trois nouvelles Provinces. Hérode pouſſa alors ſa reconnoiſſance juſqu'à l'impiété, & fit bâtir un Temple à ce Prince. Quelque tems après, il fit mourir ſes deux fils, Alexandre & Ariſtobule, & enſuite ſon autre fils Antipater, qu'il avoit eu, étant encore homme privé. C'eſt à cette occaſion, qu'Auguſte dit, *qu'il valoit mieux être le pourceau d'Hérode, que ſon fils*. Hérode fit enſuite brûler vif Judas & Matthias, deux cél. Docteurs de la Loi, & ordonna de mettre à mort dans le territoire de Bethléem & dans ſes confins, tous les enfans mâles au deſſous de l'âge de deux ans, parceque les Mages n'étoient pas retournés vers lui, après avoir adoré dans une creche J. C. le Sauveur du Monde. Enfin, ce Prince impie mourut rongé de vers 2 ou 3 ans après la naiſſance de J. C. à 71 ans, après en avoir regné 40. Il avoit ordonné d'égorger toutes les perſonnes de qualité qu'il tenoit en priſon, auſſitôt qu'il auroit rendu l'eſprit, afin que chaque famille conſidérable de ſon Roïaume, verſât des larmes à ſa mort; mais cet ordre inhumain ne fut point exécuté. Archelaüs, Hérode-Antipas, & Philippe, ſes fils, lui ſuccédérent.

HERODE ANTIPAS, fils d'Hérode *le Grand*, fut Tetrarque de Galilée après la mort de ſon pere, par le jugement d'Auguſte. Il répudia la fille d'Arétas, Roi des Arabes, ſon épouſe légitime, pour ravir Hérodiade, femme de ſon frere; ce qui alluma une longue guerre entre lui & Arétas, dans laquelle les Juifs furent ſouvent battus. C'eſt cet Hérode qui fit mourir S. Jean Baptiſte, par une complaiſance criminelle pour Hérodiade, & qui renvoïa J. C. à Pilate; mais ſes crimes ne demeurerent pas impunis. Il fut relegué à Lyon, par ordre de Caligula, & m. miſérablement en cette ville avec Hérodiade, environ l'an 40 de J. C.

HERODE AGRIPPA, *voyez* AGRIPPA.

HERODIADE, ou HERODIAS, ſœur du Roi Agrippa *le Grand*, & femme de Philippe, dern. fils d'Hérode *le Grand*, quitta ſon mari, pour épouſer Hérode *Antipas*, ſon beau frere. C'eſt elle qui demanda la mort de S. Jean-Baptiſte, parcequ'il s'oppoſoit à ſon amour criminel. Elle m. à Lyon, vers l'an 40 de J. C.

HERODIEN, cél. Hiſtorien Grec, paſſa la plus gr. partie de ſa vie à Rome, auprès des Empereurs, & y compoſa ſon *hiſtoire* en huit Livres, depuis la mort d'Antonin *le Philoſophe*, juſqu'à Balbin & Maxime Pupien, que l'Armée maſſacra pour élever le jeune Gordien ſur le Trône. Hérodien vivoit dans le 3e ſiecle, ſous le regne de Marc-Aurele, & des Empereurs ſuivans. C'eſt de lui que nous apprenons les cérémonies de l'apothéoſe des Empereurs Romains. Son *hiſtoire* eſt écrite en grec & en beau ſtyle. Il y en a une belle traduction latine par Ange Politien, & une excellente traduction françoiſe par M. l'Abbé Mongault, dont la meilleure édition eſt de 1745, *in-*12.

HERODOTE, le pere de l'Hiſtoire profane, & le plus célebre de tous les Hiſtoriens Grecs, étoit fils de Lixus & de Dryo. Il naquit à Halicarnaſſe, dans la Carie, 404 ans avant J. C. Il ſe retira dans l'Iſle de Samos, & voïagea enſuite en Egypte, en Italie, & dans toute la Grece. Hérodote apprit dans ces voïages l'origine & l'hiſtoire des Nations, & en compoſa les neuf Livres admirables qui nous reſtent de lui. Les Grecs en firent tant de cas, lorſqu'il les recita dans l'Aſſemblée des Jeux Olympiques, qu'ils leur donnerent les noms des neuf Muſes, & qu'ils crioient partout lorſqu'il paſſoit: *Voilà celui qui a ſi dignement chanté nos victoires, & célébré les avantages que nous avons remportés ſur les Barbares.* L'Hiſtoire d'Hérodote eſt écrite en dialecte ïonique; ſon ſtyle eſt ſi clair, ſi facile, ſi perſuaſif, & il a tant de douceur, de charmes, & de délicateſſe, qu'il l'emporte ſur tous les Hiſtoriens. Nonobſtant les critiques qu'on a faites d'Hérodote, il eſt conſtant que ſon ouvrage renferme ce qu'il y a de plus ſûr dans l'Hiſtoire ancienne des différens Peuples : il fonde la plupart des faits ſur des témoignages certains, & à l'égard des autres, il a eu la bonne foi de dire qu'il ne les garantiſſoit pas. En un mot, Hérodote eſt entre les Hiſtoriens, ce qu'Homere eſt entre les Poëtes, & ce que Demoſthenes eſt entre les Orateurs. On lui attribue encore la *vie d'Homere*, qui eſt à la fin de la neuvieme Muſe ; mais cet écrit eſt d'un Auteur plus récent.

HERON, céléb. Mathématicien de l'antiquité, natif d'Alexandrie, floriſſoit vers 120 ans avant J. C. il nous reſte de lui quelques ouvrages ſur *l'art* & les *machines militaires, &c.*

HEROPHILE, céléb. Médecin, obtint la liberté de diſſequer les corps, encore vivans, des Criminels condamnés à mort, ce qui lui fait donner le nom de Boureau par Tertullien. *Herophilus ille Medicus aut Lanius qui ſexcentos exſecuit, ut naturam ſectaretur, qui homines odiit ut noſſet.* l. de an. c. 10. Il pouſſa la ſcience de l'Anatomie fort loin, & guérit Phalaris d'une dangereuſe maladie. Il vivoit environ 370 ans avant J. C. Ciceron, Pline, & Plutarque, parlent de lui.

HERRERA - TORDESILLAS, ( Antoine ) Hiſtorien Eſpagnol, fut Secrétaire de Veſpaſien de Gonzague, Viceroi de Naples, puis grand Hiſtoriographe des Indes, ſous le Roi Philippe II, qui lui donna une penſion conſid. pour l'obliger à travailler avec plus d'aſſiduité. Il m. le 27 Mars 1625, âgé d'environ 66 ans. On a de lui l'*Hiſtoire gé nérale des Indes* en eſpagnol, 4 vol. in fol. ouvrage exact & curieux, & pluſieurs autres hiſtoires.

HERRERA, ( Ferdinand de ) cél. Poëte Eſpagnol du 16e ſiecle, natif de Seville, a principalement réuſſi dans le genre lyrique. Outre ſes *Poéſies*, on a de lui des *notes* ſur *Garcilaſſo de la Vega*, la *Vie de Thomas Morus*, & une *Relation de la guerre de Chypre*, & de la bataille de Lepante.

HERSAN, ( Marc-Antoine ) cél. Profeſſeur de Rhétorique au Collége du Pleſſis, à Paris, & l'un des plus beaux eſprits de ſon tems, étoit de Compiegne. Il enſeigna ſucceſſivement la Seconde & la Rhétorique au Collége du Pleſſis, & fut Profeſſeur d'Eloquence au Collége Roïal. Jamais perſonne n'eut plus de talens que lui, pour faire ſentir les beaux endroits des Auteurs, & pour donner de l'émulation aux jeunes gens ; il avoit d'ailleurs toutes les qualités du cœur, & une généroſité extrême. Il eut la confiance de M. de Louvois ; fit bâtir à Compiegne une très belle école pour les pauvres enfans de la ville, & fonda un Maître pour leur inſtruction. Il leur en tenoit lieu lui-même, comme avoit fait le célebre Gerſon à Lyon, & mourut à Compiegne dans les ſentimens de la piété la plus tendre en 1724, à plus de 71 ans. On a de lui en latin une excellente *Oraiſon funebre de M. le Tellier* ; pluſieurs *Pieces de Poéſies* en latin ; des *Penſées édifiantes ſur la mort*, & des *Réflexions* admirables *ſur le Cantique de Moyſe*, après le paſſage de la Mer Rouge. M. Rollin, l'un des diſciples de M. Herſan, a inſéré ces Réflexions dans le tome 2 de ſon *Traité des Etudes*.

HERSENT, ou HERSAN, ( Charles ) Docteur de Sorbonne, natif de Paris, fut Chancelier de l'Egliſe de Metz, & fit beaucoup de bruit par ſes écrits. Il publia en 1640 le Livre intitulé : *Optatus Gallus de cavendo ſchiſmate*, dans lequel il prétendoit que l'Egliſe de France étoit en danger de faire ſchiſme avec Rome. Ce livre fut condamné par le Parl. & par les Evêques de la Métropole de Paris, & fut parfaitement bien réfuté par Iſaac Habert, dans ſon Traité intitulé : *De conſenſu Hierarchiæ & Monarchiæ.* Charles Herſent eſt encore Auteur de plusieurs autres ouvrages, dont le principal & le plus important, est un *Traité de la Souveraineté de Metz, païs Messin, & autres villes & païs circonvoisins.* Il avoit été Prêtre de l'Oratoire. Il mourut en Bretagne après l'an 1660.

HERTIUS, (Jean-Nicolas) célèbre Jurisconsulte, natif d'Oberklée, près de Giessen, fut Professeur en Droit, Chancelier de l'Université de Giessen, & Conseiller du Landgrave. Il mourut le 18 Septembre 1710, à 59 ans. On a de lui : 1. *Notitia veteris Francorum regni*, in-4°. 2. *Commentationes & opuscula ad historiam & Geographiam antiquæ Germaniæ spectantia*, in-4°. & d'autres ouvrages estimés.

HERVART, (Barthelemi) issu d'une famille noble d'Augsbourg, en Allemagne, devint Intendant & Contrôleur Général des Finances en France, par les services importans qu'il rendit à Louis XIV. Il étoit de la Religion Prét. Réf. & mourut Conseiller d'Etat ordinaire en 1676, à 70 ans.

HERVÉ, célèb. Archevêque de Reims, au commencement du 10e siécle, se fit estimer de tout le monde par sa charité, par sa douceur, & par son zele pour la discipline ecclésiastique. Il tint divers Conciles, & mourut en 912.

HERVÉ, *le Breton*, ainsi nommé, parcequ'il étoit natif de la basse Bretagne, fut le 14e Général de l'Ordre de Saint Dominique, en 1318, & l'un des plus zelés défenseurs de la doctrine de S. Thomas. Il mour. à Narbonne en 1323. On a de lui des *Commentaires sur le Maître des Sentences*, un Traité de la *puissance du Pape*, & une *Apologie pour les Freres Prêcheurs.* Il ne faut pas le confondre avec Hervé, Moine Bénédictin du Bourg-Dieu, vers 1130, dont on a un *Commentaire sur les Epîtres de S. Paul*, imprimé avec les œuvres de S. Anselme, dans l'édition de Cologne.

HERVET, (Gentien) habile Ecrivain du 16e siécle, naquit à Olivet, près d'Orléans, en 1509. Il fut instruit dès son enfance dans les Lettres grecques & latines, & devint Précepteur de Claude de l'Aubespine, depuis Secretaire d'Etat. Hervet vint ensuite à Paris, où il travailla avec Edouard Lupset, Anglois, à l'édition des œuvres de Galien. Il suivit Lupset en Angleterre, & eut soin de l'éducation d'Attus Polus. De-là il fut appellé à Rome par le Cardinal Polus, pour y travailler à traduire en latin les Auteurs Grecs. Hervet s'acquit l'amitié de ce Cardinal, & de tous les hommes illustres d'Italie. Il parut avec éclat au Concile de Trente, fut Gr. Vicaire de Noyon & d'Orléans, & enfin Chanoine de Reims. Il passa le reste de ses jours dans cette derniere ville, occupé à l'étude, & y mourut le 12 Septembre 1594, à 85 ans. On a de lui un grand nombre d'ouvr. en françois & en latin. Les principaux sont : 1. des Traductions latines de plusieurs ouvrages des Peres ; 2. deux *Discours prononcés au Concile de Trente* : l'un, pour prouver qu'il ne faut point ordonner de Clercs sans titre ; l'autre, que les mariages des enfans de famille, contractés sans le consentement des parens, sont nuls : 3. plus. *Traités de controverse* en françois : 4. une *Traduction françoise du Concile de Trente*, &c.

HERWART, (Jean-George) Chancelier de Baviere, au commencement du 17e siécle, écrivit une *Apologie* pour l'Emp. Louis de Baviere, contre les faussetés de Bzovius. Il étoit issu d'une famille patricienne d'Augsbourg ; il composa un ouvr. chronologique, *chronologia nova & vera*, in-4°. & un autre *Livre* fort singulier, qui a été publié par son fils. Herwart fait paroître beaucoup d'érudition dans ces deux ouvr. il prétend y relever une infinité d'erreurs des autres Chronologistes, & il y soutient que les vents, l'aiguille aimantée, &c. ont été les premiers Dieux des Egyptiens, & qu'on les adoroit sous des noms mystérieux. Il est étonnant que Vossius ne fasse aucune mention de ces deux Livres curieux.

HERY, (Thierri de) célé. Chirurgien du 16e siècle, natif de Paris, fut emploïé par le Roi François I à traiter les malades dans son Armée d'Italie. Hery alla ensuite à Rome, & y guérit un gr. nombre de maladies vénériennes par la méthode des frictions. De retour à Paris, il pratiqua la même méthode, & m. très riche le 12 Mai 1599. On a de lui un Traité: *De morbis venereis*, qui est estimé.

HESHUSIUS, ( Tilemannus ) fam. Théologien de la Confession d'Augsbourg, plus connu sous le nom de *Tilemannus*, naquit à Wesel, au païs de Clèves, en 1526. Il enseigna la Théologie dans un gr. nombre de villes d'Allemagne, & se fit exiler presque de toutes par son esprit inquiet, turbulent & séditieux. Il m. le 25 Septem. 1588, à 62 ans. On a de lui des *Commentaires sur les Pseaumes*, sur *Isaïe*, & sur *toutes les Epîtres de S. Paul*: un *Traité de la Cene & de la justification*, & d'autres ouvrages.

HESICHIUS, voyez HESYCHIUS.

HÉSIODE, très célèbre Poète Grec, natif d'Ascra en Béotie, devint, dit-on, Poète, en gardant les moutons, par une faveur particulière des Muses, dont il fut Prêtre sur le mont Helicon. Quelques Auteurs le font plus ancien qu'Homère; d'autres son contemporain, & d'autres enfin assurent qu'il vécut long-tems après lui. Ce dernier sentiment paroit le seul véritable, & il y a tout lieu de croire qu'Hésiode vivoit environ 100 ans après Homère, comme l'assure Porphyre. On raconte qu'Hésiode fut tué par les Locriens, qui le jettèrent dans la Mer, mais que son corps aïant été porté jusqu'à terre par des Dauphins, les coupables furent découverts & punis de mort. Quoi qu'il en soit de ce récit qui a l'air d'une fable, il nous reste d'Hésiode deux Poèmes: l'un, qui est le plus ex-

cellent, est intitulé : *les œuvres & les jours*. Il contient des préceptes pour l'agriculture; l'autre, est la *Théogonie*, ou *génération des Dieux*. On lui attribue encore un Poëme intitulé : *le Bouclier* : mais les habiles Critiques conviennent qu'il n'est pas de lui. Ciceron recommande à Lepta d'apprendre Hésiode par cœur, & de l'avoir souvent en la bouche. Ce que l'on raconte du combat d'Homere & d'Hésiode, est un conte fait à plaisir. Hésiode, en parlant de son combat poétique aux funérailles d'Amphidamas, ne nomme point le vaincu, & ne fait aucune mention d'Homere.

HESNAULT, (Jean) Poëte François, voyez HENAUT.

HESSE CASSEL, ( Amelie - Elisabeth de Haneau, veuve de Guillaume V, surnommé *le Constant*, Landgrave de ) céléb. Héroïne du 17e siecle, qui par la fermeté de son courage, & par la valeur de ses armes, s'acquit une gr. réputation. Elle se ligua avec la France contre la Maison d'Autriche, & fit rentrer Guillaume VI, son fils, dans les biens de ses ancêtres. Elle mourut couverte de gloire, le 8 Août 1651. Il y a eu un gr. nombre de Princes illustres & belliqueux de la Maison de Hesse.

HESSELS, (Jean ) habile Docteur de Louvain, & l'un des plus savans Théologiens de son siecle, naquit en 1522. Il professa la Théologie avec réputation dans l'Abbaïe du Parc, puis dans l'Université de Louvain, & parut avec distinction au Concile de Trente. Il mourut d'apoplexie le 7 Novembre 1566, à 44 ans. On a de lui un gr. nombre d'ouvr. de *Controverse*, des *Commentaires* sur une partie du nouveau Testament, & un excellent *Catechisme*, qui peut passer pour un corps de Théologie dogmatique & morale. On remarque dans tous beaucoup d'érudition, un sage discernement, & un jugement solide. Il ne faut pas le confondre avec Jean Léonard Hessels, Docteur & Professeur de Louvain, mort au

Concile de Trente le 5 Janvier 1555. On a aussi de ce dernier quelques ouvrages.

HESYCHIUS, le plus célebre des anciens Grammairiens Grecs qui nous restent, é oit Chrétien, & selon quelques Auteurs, le même qu'Hesychius, Patriarche de Jerusalem, mort en 609. Nous avons de ce cél. Grammairien un *Dictionnaire* grec qui, au jugement de Casaubon, est le plus savant & le plus utile de tous les ouvrages de l'antiquité en ce genre. C'est par ce Diction., que l'on voit qu'Hesychius étoit Chrétien & judicieux Critique. Schrevelius en a donné une bonne édition en 1668. *in* 4°. avec des notes; mais la meilleure édition de ce cél. Grammairien est celle que Jean Alberti a donnée à Leyde en 1746, 2 vol. *in-fol.*

HEVELIUS, voyez l'article suivant.

HEVELKE, en latin *Hevelius*, (Jean) Echevin & Senateur de Dantzick, & cél. Astronome, naquit à Dantzick, le 28 Janvier 1611, d'un pere qui étoit Marchand. Il étudia en Allemagne, en Angleterre, & en France, & fut par tout estimé des Savans. Il étoit ami de Wallis du Pere Mersenne, de Gassendi, de Bouillaud, &c. C'est lui qui découvrit le premier une espece de *libration dans le mouvement de la Lune*, & qui fit diverses observations importantes sur les autres Planetes; il découvrit encore plusieurs étoiles fixes, qu'il nomma le Firmament de *Sobieski*, en l'honneur de Jean III. Roi de Pologne. La femme d'Hevelius possédoit aussi très bien l'Astronomie, & fit une partie des observations publiées par son mari. Il mourut le 28 Janvier 1688, à 67 ans. On a de lui, 1. une excellente *Selenographie*, ou description de la Lune, dans laquelle il a divisé cette Planette en Provinces, auxquelles il a donné des noms; 2. une description des instrumens dont il se servoit dans ses observations, sous le titre de *Machina cœlestis*, & d'autres ouvr.

estimés. M. Colbert, pour récompenser son mérite, lui envoïa une somme considérable, au nom de Louis XIV, & lui fit ensuite une pension. La seconde partie du *Machina cœlestis* est rare.

HEURNIUS, ou VAN HEURN, (Jean) savant Médecin, naquit à Utrecht, le 25 Janvier 1543, d'une famille obscure. Il étudia à Louvain, à Paris, puis à Padoue & à Pavie. De retour en son païs, il devint Magistrat d'Utrecht, ensuite Professeur de Médecine à Leyde, & Recteur de l'Université de cette ville, où il m. le 11 Août 1601, à 58 ans. On a de lui divers Traités touchant les maladies des différentes parties du corps, divers Commentaires sur les œuvres d'Hippocrate, & d'autres ouvrages, dont les principaux sont : 1. *Méthode d'étude en latin, pour ceux qui s'appliquent à la Médecine.* 2. *Traité des fievres*, in-4°. 3. *Traité de la Peste*, in 4°. &c. Othon Heurnius, son fils, fut aussi Profes. de Médecine à Leyde, & laissa divers ouvr.

HEYLEN, (Pierre) habile Docteur en Théologie de l'Eglise Anglicane, naquit à Burford, dans le Comté d'Oxford, le 29 Novembre 1690, d'une famille noble. Il fit ses études à Oxford, & se rendit habile dans la Géographie, dans l'Histoire, & dans la Théologie. Il devint Chapelain ordinaire du Roi, Chanoine de Westminster, & Curé d'Alresford; mais il fut dépouillé de toutes ses Charges durant les guerres civiles. Heylen vécut néanmoins jusqu'au rétablissement de Charles II, & accompagna ce Prince à son couronnement, comme Sous-Doyen de Westminster. Il m. le 3 Mai 1663, dans la 63e année de son âge. On a de lui une *Cosmographie*; une *exposition historique du Symbole des Apôtres*; la *Vie de l'Evêque Laud*: la *Réformation de l'Eglise d'Angleterre*, l'*Histoire du Sabbat*; celle des *Presbyteriens*; l'*Histoire des dîmes*, & d'autres ouvrages, en anglois.

HICETAS, cél. Philos. de Syratufe, croïoit, au rapport de Théophrafte cité par Ciceron, que le Ciel , le Soleil , & les Etoiles étoient en repos, & que c'étoit la Terre qui étoit mobile, & qui en tournant fur fon axe, nous caufoit les mêmes apparences , que fi le Ciel tournoit & qu'elle fût immobile. Copernic avoue que c'eft le paffage de Ciceron, qui lui a donné la premiere idée de fon fyftême. Diogene Laerce parle auffi d'Hicetas.

HIDULPHE, (S.) HILDULPHE, HIDOU , ou plutôt HIDULFE , naquit en Baviere, d'une Maifon noble. Il fut Evêque ou Coévêque de Treves, & fe retira dans le païs de Vofges, en Lorraine, où il fonda l'Abbaïe de *Moyen-Moutier*, dont il fut le premier Abbé. S. Hidulfe fut auffi Abbé de Jointures, & mourut vers 707. Il y a une cél. Congrégation de Bénédictins , qui porte fon nom, & dont le Chef-lieu eft à Verdun.

HIERAX, Philofophe Egyptien, & fameux hérétique de la fin du 3e fiecle. Il condamnoit le mariage, l'ufage du vin & les Richeffes.

HIEROCLES, Préfident de Bithynie, & Gouverneur d'Alexandrie au 4e fiecle, perfécuta les Chrétiens, & écrivit contre eux fous le regne de Dioclétien. Il ofa mettre les prétendus miracles d'Ariftée & d'Apollonius de Tyane, au-deffus de ceux de J. C. mais Lactance & Eufebe firent voir le ridicule de cette comparaifon. Il ne faut pas le confondre avec Hierocles, cél. Philofophe Platonicien, au 5e fiecle, qui enfeigna avec beaucoup de réputation à Alexandrie. Il compofa fept Livres fur la *Providence* & fur le *deftin*, dont Photius nous a confervé des extraits, par lefquels on voit qu'Hierocles penfoit que Dieu a tiré la matiere du néant & l'a créée de rien.

HIEROME , *voyez* JEROME.

HIERON I , Roi de Syracufe, étoit fils de Dinomene, & frere de Gelon. Il fuccéda à celui-ci vers 478 avant J. C. & fe fit d'abord dé-

tefter par fes violences & par fon avarice ; mais il fe corrigea dans la fuite par les entretiens qu'il eut avec Simonide , Pindare , Bacchylide , & les autres Savans de ce tems-là. Hiéron défit Thrafidée , Roi d'Agrigente , & lui ôta fa couronne. Il remporta pluf. fois le prix aux Jeux Olympique & aux Jeux Pythiens ; Pindare chanta fes victoires. Il rétablit la ville de Catane , & y mourut après avoir regné près de 12 ans. Thrafibule fon frere lui fuccéda.

HIERON II , Roi de Syracufe, étoit fils d'Hierocles de la famille de Gelon. Il fe fignala de bonne heure par fa fageffe & par fa valeur, & fervit avec diftinction fous Pyrrhus, qui lui donna des récompenfes militaires. Après le départ de ce Prince , Hiéron devint Préteur & Général des Syracufains. Il vainquit les Mammertins , & fut élu Roi & Général pour l'oppofer aux Carthaginois. C'eft en cette qualité qu'il continua la guerre contre les Mammertins : ceux-ci eurent recours aux Romains , & leur livrerent la ville de Meffine 260 ans av. J. C. alors Hiéron fit alliance avec les Carthaginois , & aïant joint fes Troupes aux leurs, il alla affieger Meffine : mais le Conful Rom. Appius Claudius, le vainquit , & défit les Carthaginois. Ces défaites obligerent Hiéron de s'en retourner à Syracufe , Appius l'y fuivit , & affiegea la ville. Alors Hiéron, voïant les forces des Carthaginois affoiblies , fit fa paix avec les Romains , & leur donna depuis des marques de fon amitié dans toutes les guerres qu'ils eurent avec les Carthaginois. Il m. après un regne glorieux & floriffant de 54 ans, âgé de plus de 94. C'étoit un Prince doué des plus belles qualités. Il étoit doux, fage , prudent, ami des gens de Lettres , & le pere de fes fujets. Il avoit compofé des Livres d'agriculture, qui fe font perdus. Hiéronyme fon petit-fils lui fuccéda , mais il fe comporta fi mal , que l'on confpira contre lui, & qu'on le tua. Sa mort fut fuivie

de celle de tous ceux de la race
d'Hiéron.

HIEROPHILE, Médecin céleb.
pour avoir enseigné son art à une
fille nommée *Agnodice*. Cette fille
se déguisa en homme, afin de pouvoir exercer la Médecine à Athènes; car chez les Athéniens il étoit
défendu aux femmes & aux esclaves de pratiquer la Médecine. Agnodice, touchée de voir mourir plusieurs femmes en couche, se mêla
d'acoucher les femmes, ce qui lui
réussit; mais comme dans la ville
d'Athènes il étoit défendu aux hommes d'exercer cette fonction, elle
fut accusée par les Médecins devant l'Aréopage. Les Juges étoient
près de la condamner, lorsqu'elle
se fit connoître: alors on permit
aux femmes d'étudier & d'exercer
la Médecine.

HILAIRE, (S) originaire de
l'Isle de Sardaigne, & Diacre de l'Eglise Rom. fut emploié par S. Leon
dans les affaires les plus importantes. Il fut élu Pape le 12 Novembre
461, sept mois après la mort de ce
gr. Saint. Hilaire condamna les hérésies d'Eutychés & de Nestorius,
& confirma les Conciles généraux
de Nicée, d'Ephese & de Chalcedoine. Il tint un Concile à Rome
en 465, & m. le 10 Septemb. 467.
Il nous reste de lui onze *Epîtres* &
quelques *Decrets*. Simplicius lui succéda. Il ne faut pas le confondre avec Hilaire Diacre de l'Eglise
Romaine, qui souffrit beauc. pour
la foi vers 354. par ordre de l'Empereur Constance; mais dans la
suite il s'engagea dans le schisme
des Luciferiens, & tomba en diverses erreurs. On lui attribue les *Commentaires sur les Epîtres de S. Paul*,
qui se trouvent dans les œuvres de
S. Ambroise, & les *Questions sur
l'ancien & le nouveau Testament*,
qui sont dans S. Augustin.

HILAIRE, (S.) Evêque de Poitiers, lieu de sa naissance, & cél.
Docteur de l'Eglise, quitta le Paganisme, & embrassa la Relig. Chrétienne avec sa femme & sa fille. Il
fut ordonné Evêque de Poitiers,

quelques années avant le Concile
de Beziers tenu en 356, d'où il fut
exilé en Phrygie, par les artifices de
Saturnin d'Arles, qui étoit Arien.
Il fut ensuite mandé au Concile de
Seleucie en 359, & y défendit la
foi avec tant de force contre les
Ariens, qu'ils le firent renvoïer en
France. S. Hilaire y arriva en 360.
Il tint plus. Conciles pour la défense du Concile de Nicée, dénonça
en 364 à l'Empereur Valentinien,
Auxence Evêq. de Milan, qui étoit
Arien, & m. en 367 ou 368. Les
Saints Peres font de lui les plus
magnifiques éloges. S. Jerôme l'appelle le Rhône de l'éloquence latine, *latinæ eloquentiæ Rhodanus*,
par allusion à son style qui est en
quelque sorte rapide comme le cours
du Rhône. La meilleure édition de
ses œuvres est celle des Bénédictins
en 1693. Ses principaux ouvrages
sont 1. les douze *Livres de la Trinité*: 2. le *Traité des Synodes*:
3. trois écrits de l'Emp *Constance*:
4. des *Comment. sur S. Matthieu* &
*sur une partie des Pseaumes*. C'est
sans aucun fondement qu'on lui attribue le *Gloria in excelsis*; le *Te
Deum*, & le *Pange, lingua gloriosi,
prælium certaminis*, aussi bien qu'une Lettre & une Hymne adressée à
sa fille *Apre*. Le Marquis Scipion
Maffei a donné à Verone en 1730,
une nouvelle édition augmentée,
des œuvres de S. Hilaire.

HILAIRE D'ARLES, (S.) fut
élevé à Lerins par S. Honorat, &
lui succéda dans l'Evêché d'Arles
vers 429. Il présida à plusieurs Conciles, & à celui d'Orange en 444,
où Chelidoine fut déposé. Cette déposition renouvella la querelle d'entre les Eglises d'Arles & de Vienne.
Chelidoine en appella au Pape S.
Léon, qui cassa tout ce que S. Hilaire avoit fait. Ce S. Evêque mourut le 5 Mai 449. On a de lui des
*Homélies*, une *exposition du Symbole*, la vie de *S. Honorat* son prédécesseur, ouvr. estimé, & d'autres
opuscules.

HILARION, (S.) cél. Instituteur
de la vie Monastique dans la Pa-

lestine, naquit à Tabathe près de Gaza, vers 291. Il embrassa la Religion Chrétienne à Alexandrie, & alla trouver S. Antoine dans le Desert. Il retourna ensuite dans son païs. Son pere & sa mere étant morts, il distribua son bien aux pauvres, & alla se cacher dans un desert. S. Hilarion établit un grand nombre de Monasteres dans la Palestine & dans la Syrie, & passa dans l'Isle de Chypre, où il mourut en 371, à 80 ans. S. Jérôme a écrit sa vie.

HILDEBERT de Lavardin, sav. Evêque du Mans, puis Archevêque de Tours, fut disciple de Berenger, puis de S. Hugues de Cluni. Il succéda à Hoël dans l'Evêché du Mans en 1098, & fut transféré à l'Archévêché de Tours en 1115. Il mourut en 1132. On a de lui un grand nombre de *Lettres* très bien écrites pour son tems, sur des points importans de morale, de discipline & d'histoire, & d'autres ouvrages que le Pere Beaugendre Bénédictin a donnés au public en 1708, *in-fol.* à l'exception de trois *Pieces* que M. Baluze publia en 1715 dans le 7e vol. de ses *Miscellanea.*

HILDEBRAND, *voyez* GREGOIRE VII.

HILDEBRAND, (Joachim) cél. Théologien allemand, naquit à Walckenried le 10 Novembre 1623. Après avoir fait de bonnes études, il devint Professeur en Théologie & en antiquités Ecclésiast. à Helmstadt, puis Surintendant général à Zell, où il m. le 25 Oct 1691. On a de lui un très gr. nombre d'ouvrages. Les plus connus sont : *de Priscæ & primitivæ Ecclesiæ sacris publicis, Templis & diebus festis. De precibus veterum christianorum. Rituale orantium. Ars bene moriendi. De nuptiis veterum christianorum. De natalitiis veterum sacris & profanis. Theologia dogmatica. Vita æterna ex lumine naturæ ostensa Sacra publica veteris Ecclesiæ. Hierarchia veteris Ecclesiæ. Primitivæ Ecclesiæ offertorium pro defunctis. De veterum concionibus. De Re-*

*ligiosis & eorum ordinibus*, &c.

HILDEFONSE, (S.) *voyez* ILDEFONSE.

HILDEGARDE, (Ste.) cél. Abbesse du Mont S. Rupert, Ordre de S. Benoît, naquit à Spanheim en 1098. Elle s'acquit une gr. réputation par ses révélations & par ses miracles, fut extrêmement estimée des Papes, des Empereurs, des Evêques, & des Princes d'Allemagne, & mourut en 1180, étant la prem. Abbesse de l'Abbaïe du Mont S. Rupert, près de Binghen sur le Rhin. On a des *Lettres* de cette Sainte, & d'autres ouvrages, entr'autres 4 *Livres* de la Médecine, imprimées à Strasbourg en 1533, & trois Livres de *Révélations.*

HILDEGONDE, (Ste.) Vierge de l'Ordre de Cîteaux, au 12e siecle, naquit près de Nuits, au Diocèse de Cologne. Son pere, voulant l'emmener avec lui en Palestine, & craignant pour sa pudeur, la fit vestir en garçon, & lui fit prendre le nom de Joseph. Ils s'embarquerent en Provence avec les Croisés. Son pere étant m. sur Mer, Sainte Hildegonde continua son voïage sous le nom de Joseph, elle demeura quelque tems à Jérusalem, & revint ensuite dans son païs. Elle se retira dans l'Abbaïe de Schonaug près d'Heidelberg, y fut reçue sous le nom de Joseph, & y vécut d'une maniere si sainte & si prudente, qu'on ne s'apperçut qu'à sa mort qu'elle étoit fille.

HILDUIN, célebre Abbé de S. Denys en France, au 9e siecle, sous le regne de Louis *le Débonnaire* & de Lothaire son fils, est le premier qui a confondu S. Denys, Evêque de Paris, avec S. Denys l'Aréopagite, dans sa vie de Saint Denys, intitulée *Areopagitica.*

HILL, (Joseph) Ministre Anglois, au 17e siecle, augmenta le *Dictionnaire* grec de Schrevelius de 8000 mots, & le fit imprim. à Londres en 1676, *in-4°.* Cette édition est très estimée.

HILLEL *l'ancien*, cél. Juif natif de Babylone, d'une illustre famille, se distingua par son savoir & par ses talens Il fut fait Président du Sanedrin de Jérusalem, & sa postérité eut cette dignité pendant dix générations. Hillel forma une école fameuse, & eut un grand nombre de Disciples. Il soutint avec zele les Traditions orales des Juifs, contre *Schammaï* son Collegue, qui vouloit qu'on s'en tînt littéralement au texte de l'Ecriture-Sainte, sans s'embarrasser des Traditions. Cette dispute fit un très grand bruit, & fut selon S. Jérôme, l'origine des Scribes & des Pharisiens. Hillel est un des Docteurs de la *Mischne*. Il peut même en être regardé comme le premier Auteur, puisque, selon les Docteurs Juifs, il rangea le premier les Traditions Judaïques en six *Sedarim* ou Traités. Il travailla beaucoup à donner une édition correcte du texte sacré, & on lui attribue une ancienne Bible manuscrite qui porte son nom, & qui est en partie avec les manuscrits de Sorbonne. Hillel est appellé *Pollion* par Joseph. Il florissoit environ 30 ans avant J. C. & mourut dans un âge très avancé. Il ne faut pas le confondre avec Hillel le *Nasi* ou le *Prince*, autre fameux Juif, qui étoit arriere-petit fils de Judas *Hakkadosh* ou *le Saint*, auteur de la *Mischne*. Ce dernier Hillel vivoit au 4e siecle. Il composa un Cycle vers 360, & fut un des principaux Docteurs de *la Gemare*. Le plus grand nombre des Ecrivains Juifs lui attribuent l'édition correcte du Texte hébreu, qui porte le nom d'Hillel, & dont nous avons déja parlé en cet article. Il y a eu plusieurs autres Ecrivains Juifs nommés Hillel.

HILPERT, (Jean) sav. Théol. Luthérien, natif de Coburg, fut Professeur d'hébreu à Helmstadt, & Surintendant de Hildesheim. Il m. le 10 Mai 1680, à 53 ans. On a de lui, 1. *Disquisitio de Præadamitis* contre la Peyrere. 2. *Tractatus de Pœnitentia*. 3. *Disputatio de Judæorum flagellandi ritibus*. 4. *De gloria templi posterioris*. 5. *Ex-*

plicatio psalmi secundi, in-4°. & *Hebræorum Philosophia adversus Judæos*. 7. *De agapis*. 8. *De perseverantia sanctorum*.

HINCMAR, célèbre Archevêque de Reims, & l'un des plus savans hommes de son siecle, avoit été Religieux de S. Denys en France. Il fut élu à la place d'Ebbon en 845, & fit paroître beaucoup de zele pour les droits de l'Eglise Gallicane. Hincmar s'acquit un gr. crédit à la Cour & dans le Clergé. Il condamna Gotescalc, fit déposer Hincmar, Evêque de Laon, son neveu, & mourut à Epernay en 882, où il s'étoit sauvé en litiere à cause des Normans. Il nous reste de lui plusieurs ouvrages dont la meilleure édition est celle du P. Sirmond, en 1645, in-fol.

HIPPARCHIE, femme de Cratès, fut tellement charmée des discours de ce Philosophe Cynique, qu'elle voulut l'épouser à quelque prix que ce fût. Elle étoit recherchée par un gr. nombre de jeunes gens, nobles, riches & de bonne mine ; mais elle ne voulut entendre parler que de Cratès, & déclara à ses parens, que si on ne la marioit point avec lui, elle se poignarderoit. Cratès fit tout ce qu'il put pour la détourner de ce dessein : il lui représenta sa pauvreté, lui montra sa bosse, étala par terre son bâton, sa besace & son manteau, & lui dit : *Voilà l'homme que vous aurez, & les meubles que vous trouverez chez lui ; songez y bien, vous ne pouvez pas devenir ma femme, sans mener la vie que notre Secte prescrit*. Hipparchie s'écria aussi-tôt que ce parti lui plaisoit infiniment : elle prit l'habit & l'équipage des Cyniques, s'attacha tellement à Cratès, qu'elle rodoit par tout avec lui ; elle l'accompagnoit dans les festins, & suivoit tellement les dogmes de la Secte, qu'elle ne faisoit aucun scrupule de lui rendre le devoir conjugal au milieu des rues. Elle avoit composé quelques ouvr. qui ne sont point parvenus jusqu'à nous. Elle eut de Cratès un fils nommé Passeles. Elle étoit native de Moronée, ville de Thrace, d'une famille noble.

HIPPARQUE, fils de Pisistrate, Tyran d'Athenes, lui succéda avec son frere Hippias, 527 ans av. J. C. Il eut une estime particuliere pour Anacréon & pour Simonide, & fut tué par Harmodius, à l'instigation d'Aristogiton, 513 ans avant J. C.

HIPPARQUE, célebre Astronome Grec, & l'un des plus savans Mathématiciens de l'Antiquité, natif de Nicée, floiissoit sous les regnes de Ptolomée *Philometor*, & de Ptolomée *Evergetes*, entre l'an 168 & 129 avant J. C. Il découvrit le premier le mouvement particulier des étoiles fixes, d'Occident en Orient ; & M. Rohault s'est trompé lorsqu'il a dit que cet Astronome ne connoissoit point ce mouvement. Pline parle souvent d'Hipparque avec de gr. éloges : il l'appelle le Confident de la Nature, *Consiliorum Naturæ particeps*, & il le met au nombre de ces génies sublimes, qui par la prédiction des éclipses, firent connoître qu'il ne falloit point s'étonner de ces phénomenes. Il l'admire d'avoir passé en revue toutes les étoiles, de les avoir comptées, & d'avoir marqué la situation & la grandeur de chacune. Il ne nous reste des ouvrages d'Hipparque, que son *Commentaire* sur les *phénomenes d'Aratus*. Le Pere Petau l'a traduit en latin, & en a donné une bonne édition.

HIPPOCRATE, le plus célebre Médecin de l'Antiquité, & l'un des plus gr. hommes qui aient paru dans le monde, naquit dans l'Isle de Coos, l'une des Cyclades vers 460 avant J. C. On dit qu'il descendoit d'Esculape par Héraclide son pere, & d'Hercule du côté de Praxithée sa mere. Il étoit disciple d'Hérodique de Sicile. Aïant rassemblé les observations de ses ancêtres & les siennes, il publia le premier un corps de Médecine, qui a été admiré jusqu'ici de tous les Savans. Hippocrate ne fait pas moins paroître de probité que de science dans ses ouvr. Il

rendit aux Grecs les plus gr. services durant une peste qui se fit sentir du côté de l'Illyrie, & qui affligea toute la Grece. On assure qu'il avoit prédit cette peste, & qu'on lui rendit à cette occasion les mêmes honneurs qu'à Hercule. Une maladie contagieuse infestant la Perse, le Roi Artaxercès fit offrir à Hippocrate tout ce qu'il desireroit, afin de l'attirer chez lui pour remédier aux ravages qu'elle faisoit ; mais le Médecin lui fit réponse qu'il se garderoit bien d'aller donner du secours aux ennemis des Grecs. Il mourut 356 ans avant J. C. à 104 ans. La meilleure édition de ses ouvrages est celle de Foësius en grec & en latin. Les aphorismes, les pronostics, & tout ce qu'il a écrit sur les symptômes des maladies, passent avec raison pour des chef-d'œuvres. Son dialecte est ionien. Il est certain, dit Clifton, qu'il ne fit jamais usage que de peu de remedes, & que des plus simples. Thessale & Dracon ses fils, Polybe son gendre, & Dexippe son principal disciple, lui succéderent & pratiquerent la Médecine après lui avec réputation.

HIPPODAMIE, fille d'Œnomaüs, Roi d'Elide, fut recherchée en mariage par tous les Princes de la Grece, à cause de son extrême beauté ; mais son pere aïant appris de l'Oracle, qu'il seroit un jour mis à mort par son gendre, il déclara qu'il ne l'accorderoit qu'à celui qui pourroit le vaincre à la course. Œnomaüs vainquit & tua les treize premiers Princes qui se présenterent ; Pelops le quatorzieme, aïant corrompu Myrtile, Cocher du Roi, fit rompre au milieu de la course le Chariot d'Œnomaüs, qui se tua, laissant Hippodamie & son Roïaume à Pelops, qui donna son nom à tout le Peloponnese.

HIPPOLYTE, Prince Grec, fils de Thésée & d'Hippolyte, Amazone, aïant été accusé d'inceste par Phedre sa belle mere, pour n'avoir pas répondu à sa passion, fut chassé & maudit par son pere. Il périt en se retirant vers Trezéné, les chevaux de son Char, effrayés à la vûe d'un monstre marin, l'aiant renversé & mis en pièce à travers les rochers. Euripide & Racine ont tiré de cette fable le sujet d'une très belle Tragédie.

HIPPOLYTE, (S.) Evêq. & Martyr, après être devenu céléb. dans l'Eglise par ses écrits, versa son sang pour la foi de J. C. vers 230, sous l'Empire d'Alexandre Sévere. Il est constant qu'il avoit composé un gr. nombre d'ouvr. estimés des anciens, mais il n'est pas certain que ceux qui nous restent sous son nom, & qu'on lui attribue, soient de lui. Quoi qu'il en soit, Fabricius en a donné une belle édition en grec & en latin en 2 vol. in-fol.

HIPPONAX d'Ephese, célébre Poëte Grec, vers 540 av. J. C. inventa les vers iambiques appellés scazons, & se fit chasser d'Ephese, d'où il alla s'établir à Clazoméne. Il étoit si mordant par ses satyres, que deux Sculpteurs habiles, Bupalus & Athenis, aïant fait sa figure la plus laide & la plus ridicule qu'il leur avoit été possible, il lança contr'eux des vers si foudroïans, que le bruit courut qu'ils s'étoient pendus de dépit; mais Pline prouve que ce bruit étoit faux. Les Poësies d'Hipponax se sont perdues.

HIRAM, Roi de Tyr, fils d'Abibal & son successeur, fit alliance avec David, & fournit à Salomon des cedres, de l'or & de l'argent pour la construction du Temple de Jerusalem. Il regna 60 ans, laissant Balatorus son fils pour lui succéder.

HIRE, ( Etienne la ) fameux Capitaine, voyez VIGNOLE.

HIRE, ( Laurent de la ) excéllent Peintre, naq. à Paris en 1606, d'Etienne de la Hire, bon Peintre, qui fut son maître. Il s'acquit de bonne heure une gr. réputation par son Tableau du Martyr de S. Barthélemy, qu'il fit pour l'Eglise de S. Jacques du Haut-Pas. On voit un gr. nombre d'autres Tableaux de ce Peintre dans plusieurs Eglises de Paris. Il mourut dans cette ville en 1656.

HIRE, ( Philippe de la ) l'un des plus céléb. Géometres & des plus savans Astronomes du 17e siecle; étoit fils de Laurent de la Hire, Peintre ordinaire du Roi, & Professeur dans l'Académie de Peinture & de Sculpture, dont il est parlé dans l'article précédent. Il naquit à Paris le 18 Mars 1640, & fut d'abord destiné à la même profession que son pere. Il apprit le Dessein, la Perspective & la Gnomonique; & alla ensuite en Italie pour se perfectionner dans son art; mais étant à Venise son goût se décida entierement pour la Géometrie & les Mathématiques. De retour à Paris, il s'apliqua uniquement à ces sciences, & y acquit en peu de tems une gr. réputation. M. de la Hire fut envoïé avec M. Picard par M. Colbert en Bretagne & en Guienne, pour pouvoir finir une Carte générale du Roïaume, plus exacte que les précédentes. Il mesura la largeur du Pas de Calais, depuis la pointe du Bastion de Risban, jusqu'au Château de Douvre en Angleterre, & contina du côté du Nord de Paris, en 1693, la fameuse Méridienne commencée par M. Picard. Il fit plus. nivellemens considérables, & se fit généralement estimer par sa probité, par son désintéressement & par sa science. Il étoit bon Dessinateur & habile Peintre de Païsage. Il fut reçu de l'Académie des Sciences en 1678, & fut long-tems Professeur dans l'Académie d'Architecture. Il mourut le 21 Avril 1718, à 78 ans. On a de lui un gr. nombre d'excellens ouvrages, les principaux sont : 1. Nouveaux élemens des Sections coniques, in 12. 2. un grand Traité des Sections coniques, in-fol. en latin; 3. des Tables du Soleil & de la Lune, & des Méthodes plus faciles pour le calcul des éclipses; 4. des Tables Astronomiques en latin; 5. l'Ecole des Arpenteurs; 6. un Traité de Méchanique; 7. un Traité de Gnomonique; 8. plus. ouvr. imprimés dans les Mémoires de l'Académie des Sciences, &c. On dit qu'il ne passoit jamais devant un Moulin-à-vent fans ôter fon chapeau , pour faire honneur à celui qui en eft l'inventeur. Philippe de la Hire fon fils , exerça la Médecine avec fuccès , & fut auffi de l'Académie des Sciences. Il faifoit fon amufement de la Peinture , & m. à Paris en 1719 , à 42 ans.

HOBBES ou HOBS , ( Thomas ) en latin *Hobbefius* & *Hobbius*, l'un des plus fameux Ecrivains du 17e fiec. en matiere de politique , naquit à Malmesbury le 5 Avril 1588 , d'un pere qui étoit Miniftre. Il alla achever fes études à Oxford , & fut Gouverneur du fils aîné de Guillaume Cavendish , Comte de Devonshire. Il voïagea en France & en Italie avec ce jeune Seigneur , & fe livra enfuite tout entier à l'étude des Belles-Lettres. Il traduifit Thucydide en anglois , & publia cette traduction en 1628 , afin de faire voir à fes compatriotes dans l'hiftoire des Athéniens les défordres & les confufions du Gouvernement Démocratique. Hobbes fit pluf. voïages en France. Il y eut des entretiens agréables avec le Pere Merfenne , Gaffendi , & quelques autres grands hommes avec lefquels il fe plaifoit à philofopher. Il compofa le Traité *du Cytoïen*, ouvrage qui fit beaucoup de bruit à caufe des maximes perniçieufes qu'il renferme contre la faine politique & la Religion. Hobbes , au jugement de Defcartes, *y fuppofe tous les hommes méchans, ou il leur donne fujet de l'être*, & y étend le pouvoir de la Monarchie au de-la de fes juftes bornes. Peu de tems après il enfeigna les Mathématiques au Prince de Galles , qui avoit été contraint de fe retirer en France , & il donna tout le refte de fon tems à compofer fon *Leviathan*. Ce Livre excita tout le monde contre lui. Hobbes fut alors contraint de fe retirer en Angleterre. Il alla demeurer chez le Comte de Devonshire , où il paffa le refte de fes jours à l'étude & à la compofition d'un gr. nombre d'ouvr. Charles II, aïant été rétabli en 1660 , lui témoigna une eftime particuliere , &

lui donna une penfion. Il mourut à Hardwick chez le Comte de Devonshire , le 4 Décembre 1679 , à 91 ans. Hobbes , fi l'on en croit l'auteur de fa vie, aimoit fa patrie; il étoit fidele à fon Roi , bon ami , charitable , officieux. On dit qu'il avoit peur des fantômes & des Démons. On a de lui un grand nombre d'ouvr. de Politique , de Géometrie , de Philofophie , & de Belles-Lettres. Les principaux font : 1. *De cive*, dont la meilleure édition eft celle d'Amfterdam en 1647, Sorbiere le traduifit en François , & fit imprimer cette traduct. à Amfterdam en 1649 ; 2. fon *Leviathan* imprimé à Amfterdam chez Blaeu en 1668 , avec un Appendix, & fes autres œuvres Philofophiques , en 2 vol. *in-4°*. &c.

HOCHSTETTER , ( André-Adam ) cél. Théol. & Docteur Luthérien , naquit à Tubinge le 13 Juillet 1668. Après avoir fait de bonnes études dans les principales Univerfités d'Allem. il devint fucceffivem. Profeffeur d'Eloquence, de Morale , & de Théologie à Tubinge , Pafteur , Surintendant & Recteur de l'Académie de Tubinge , où il m. le 27 Avril 1717. Ses principaux ouvr. font : *Collegium Puffendorfianum : De jure pœnarum : De Statu naturali : De Officiis erga defunctos. ; De Fefto expiationis & Hirco Azazel : De Conradino ultimo ex Suævis Duce : De Rebus Elbingenfibus : De pretio redemptionis*, &c. Il ne faut pas le confondre avec Philippe Hochftetter , habile Docteur en Médecine , mort en 1635 , dont on a *Rararum obfervationum Medicinalium centuriæ duæ*.

HOCHSTRAT , ( Jacques ) fam. Dominiquain du 16e fiecle , ainfi nommé , parcequ'il étoit natif de Hooghftraten , village du Brabant , entre Anvers & Bergopzoom , fut Profeffeur de Théologie à Cologne, Prieur du Couvent des Dominiq. de cette ville , & Inquifiteur dans les trois Electorats Ecclefiaftiques. Il eut un gr. démêlé avec le céleb.

Reuchlin, fut obligé de donner une rétractation des injures qu'il avoit dites contre le Comte de Nevenar, & fut l'un des premiers qui écrivirent contre Luther. Erasme & tous les Savans en font un portrait très désavantageux. *Il exhortoit le Pape*, dit Maimbourg, *de n'emploïer contre Luther que le fer & le feu, pour en délivrer au plutôt le monde.* Il mour. à Cologne le 11 Janvier 1527. On a de lui un gr. nombre d'ouvrages de Controverse, dans lesquels il fait paroître plus de zele & d'emport. que de science. Quelqu'un lui fit cette sanglante Epitaphe.

*Hic jacet Hochstratus, viventem*
　　*ferre patique*
　*Quem potuére mali, non potuére*
　　　*boni.*
*Crescite ab hoc taxi, crescant aconita sepulchro.*
*Ausus erat, sub eo qui jacet,*
　　*omne nefas.*

Cependant Aubert le Mire, dit, qu'on auroit parlé avec plus de vérité, si l'on eut dit tout le contraire.

*Hic jacet Hochstratus, viventem*
　　*ferre patique*
　*Quem potuére boni, non potuére mali.*

HODY, ( Humfrei) sav. Professeur Roïal en Langue grecque à Oxford, dont on a une bonne *dissertation* latine contre l'histoire d'Aristée, un Traité *De Bibliorum Textibus originalibus*, & d'autres ouvrages estimés, fut Chapelain des Archevêques de Cantorbery, Jean Tillotson, & Thomas Tenison. Il mourut étant Archidiacre d'Oxford le 20 Janvier 1706, à 47 ans. Le plus curieux de ses ouvrages est une *histoire en latin des illustres Grecs*, qui ont rétabli en Europe l'Etude de la Langue grecque & des Humanités. Samuel Jebb l'a fait imprimer à Londres en 1742, *in-8°.* avec la *Vie de Hody.*

HOE, ( Matthias) fameux Ministre Luthérien, né à Vienne en 1580, fut Conseiller Ecclésiastique, prem. Prédicateur & principal Ministre de la Cour de Saxe. C'étoit un esprit brouillon & emporté, qui se déchaînoit également contre les Catholiques & contre les Calvinistes. Il m. le 4 Mars 1645. On a de lui un *Commentaire* sur l'Apocalypse, & d'autres ouvrages.

HOESCHELIUS, ( David ) Bibliothequaire d'Augsbourg, & l'un des plus sav. hommes de son tems, naq. à Augsbourg le 11 Avril 1556. Il enseigna long-tems en cette ville dans le College de Sainte-Anne, dont il fut Recteur en 1593. Il m. à Augsbourg le 20 Octobre 1617. On a de lui : 1. un excellent *Catalogue* des Manuscrits grecs de la Bibliotheque d'Augsbourg, dont la meilleure édition est de 1605 ; 2. *Notes* sur les *Livres d'Origene contre Celse*, & sur la *Bibliotheque de Photius* ; une *traduction* de Procope, avec des *notes*, & un grand nombre d'autres ouvrages.

HOFFMAN, sav. Médecin Allemand, mort depuis peu.

HOFMAN, ( Daniel ) Ministre Luthérien, Surintendant & Professeur de Théologie à Helmstad, vers la fin du 16e siecle, s'opposa à la formule de Concorde proposée par Jean André, & se fit Chef d'une Secte, qui prétendoit qu'il y avoit des choses véritables en Théologie, qui sont fausses en Philosophie. On a de lui plus. ouvrages de Controverse, dont quelques-uns sont contre Beze. Il ne faut pas le confondre avec Melchior Hofman, Fanatique du 16e siec. qui mourut en prison à Strasbourg, après avoir fait beaucoup parler de lui, ni avec Gaspard Hofman, habile Professeur de Médecine à Altdorf, né à Gotha en 1572, & mort en 1648. On a de ce dern. plus. ouvr. de Médecine.

HOFMAN, ( Jean-Jacques) habile Professeur en Langue grecque à Bâle, est auteur d'un *Dictionnaire* historique & universel en latin, qui est estimé, & dont la meilleure édition est celle de Leyde en 1698, 4 vol. *in-fol.*

HOFMANSWALDAU , ( Jean-Chrétien de ) Conseiller Imperial & Président du Conseil de la ville de Breslaw, où il étoit né en 1617, s'acquit une gr. réputation par ses *Poésies* Allemandes, dans lesquelles il a su heureusement réunir, ce que les Poètes Latins, François, Italiens , Allemands & Flamands , ont de meilleur. Il a aussi traduit en vers Allemands le *Pastor Fido* de Guarini , & le *Socrate mourant* de Théophile. Il m. le 18 Avril 1679 à 63 ans.

HOHBERG , ( Wolffgang Helmhard Seigneur de) né en Autriche le 12 Octobre 1612 , & mort à Ratisbonne en 1688, à 76 ans, s'est rendu célèbre par ses ouvrages & surtout par ses *Georgica curiosa*.

HOLBEN, ou Holbein, (Jean) Peintre céleb. du 16e siecle, natif de Bâle, s'acquit en peu de tems une gr. réputation , ce qui ne le tira point de la pauvreté. Erasme & le Jurisconf. Amerbach eurent pour lui une estime particuliere, & l'aiderent de leurs libéralités. Holben passa en Angleterre par le conseil du Comte d'Arondel , & alla demeurer chez le Chancelier Morus, auquel Erasme l'avoit recommandé. Deux ans après Morus le présenta au Roi Henri VIII : ce Prince en fit beaucoup de cas , & le retint à sa Cour. Holben fit encore un voïage à Bâle, & mourut à Londres en 1554. On estime surtout entre ses ouvr. une Cêne en toile collée sur bois , & les portraits de Charles-Quint, d'Erasme, de Froben, & d'Holben lui-même. Il ne travailloit que de la main gauche.

HOLCOLT, ou Holkot, (Robert) fameux Théol. du 14e siecle, natif de Northampton, entra dans l'Ordre de S. Dominique , & m. en 1349. On a de lui un *Commentaire* sur le Maître des Sentences , & d'autres ouvrages.

HOLDEN , ( Henri ) habile Théol. natif d'Angleterre , après avoir enseigné en plus. Universités, vint à Paris, & y fut reçu Docteur de Sorbonne en 1645. Il s'acquit beaucoup de réputation par sa probité & par ses ouvrages, & m. en 1662. On a de lui : un Livre composé en latin , intitulé l'*Analyse de la Foi* , qui est excellent , & qui comprend en peu de mots toute l'œconomie de la Religion. On trouve à la fin de ce Livre un petit *Traité du Schisme* : 2. des *notes* marginales , courtes & judicieuses sur le nouveau Testament , imprimées en 1660 ; 3. quelques *Lettres* sur des sujets importans.

HOLLARD, (Venceslas) habile Graveur de païsage , d'animaux, d'insectes & de fourrures, naquit à Prague en 1607, Son œuvre est très considérable , & n'est estimé que dans la partie où il excelloit.

HOLOFERNE, fameux Général des Armées de Nabuchodonosor , Roi d'Assyrie, après avoir ravagé un grand nombre de Provinces , & jetté la consternation par tout, alla assieger la ville de Bethulie avec une puissante Armée, afin d'obliger les Juifs de se soumettre à Nabuchodonosor, mais Judith lui trancha la tête dans sa Tente après un grand festin, vers 634 avant J. C. Après cette généreuse action , les Assyriens prirent la fuite , & leur Camp fut pillé par les Israélites.

HOLSTENIUS , ( Luc ) Garde de la Bibliotheque du Vatican, & l'un des plus savans hommes de son tems dans l'Antiquité ecclésiastique & profane , étoit d'Hambourg. Il s'acquit une gr. réputation en France par sa science & par sa probité, & alla ensuite à Rome auprès du Cardinal François Barberin , qui le fit nommer Chanoine de l'Eglise de S. Pierre, puis Garde de la Bibliotheque du Vatican. Holstenius fut envoïé en 1655 au-devant de la Reine de Suede, & reçut sa profession de foi à Inspruck. Il mourut à Rome le 2 Février 1661 , à 65 ans. Le Cardinal Barberin auquel il laissa ses Livres, lui fit élever un Tombeau de marbre. On a de lui plus. *Dissertations* , & d'autres ouvr. dans lesquels on remarque un jugement

folide , une critique exacte & beaucoup de pénétration.

HOMBERG , ( Guillaume ) cél.
Médecin , Chimiste, Physicien &
Naturaliste , naquit à Batavia le 8
Janv. 1652 , de Jean Homberg ,
Gentilhomme Saxon , qui y étoit
allé pour faire fortune , & qui s'y
étant marié , eut entr'autres enfans
une fille qui fut mariée à 8 ans ,
& qui fut mere à neuf ans , & le
fils qui fait le sujet de cet article.
Celui-ci , après avoir servi pendant
quelque-tems , revint en Europe
avec son pere , qui alla faire sa réfidence à Amsterdam , & qui y fit
étudier son fils. Guillaume Homberg apprit ensuite le Droit à Iene
& à Leipsick , & fut reçu Avocat
en 1674 , à Magdebourg , où il fit
connoissance avec le céleb. Otto
Guericke , & où il s'appliqua à
l'étude de la Physique expérimentale. Quelque-tems après il voïagea
en Italie , apprit la Médecine , l'A-
natomie & la Botanique à Padoue ,
étudia à Bologne , & apprit à Rome l'Optique , la Peinture , la Sculpture & la Musique. Il voïagea ensuite en France , en Angleterre &
en Hollande , alla retrouver sa famille à Quedlimbourg , se fit recevoir Docteur en Médecine à Witemberg , voïagea en Allemagne &
dans le Nord , visita les Mines de
Saxe, de Boheme , de Hongrie &
de Suede , & revint en France , où
il se fit estimer des Savans. Il étoit
sur le point de retourner en Allem.
auprès de sa famille , qui le rede-
mandoit avec instance , lorsque M.
Colbert , instruit de son mérite,
l'envoïa chercher de la part du Roi ,
& lui fit des offres si avantageuses ,
qu'il le détermina à se fixer à Paris. M. Homberg déja fort connu
par ses *Phosphores* , par une *Machine pneumatique* de son invention plus parfaite que celle de Guericke , par ses *Microscopes* , par ses
découvertes en Chymie , & par un
gr. nombre de connoissances rares
& curieuses, fut reçu de l'Académie des Sciences en 1691 ; eut le
Laboratoire de cette Académie , &

en fut l'un des principaux ornemens
par la variété de ses connoissances.
M. le Duc d'Orléans , depuis Regent du Roïaume , le prit ensuite
auprès de lui en qualité de Physicien , lui donna une pension , &
le plus superbe Laboratoire que la
Chymie ait jamais eu , & le fit son
prem. Médecin en 1704. M. Homberg épousa en 1708 Marguerite
Dodart, fille du cél. M. Dodart ,
& m. en de gr. sentimens de piété
& de Religion le 24 Sept. 1715.
Il avoit fait abjuration de la Religion protestante en 1682. On a de
lui un gr. nombre d'écrits savans
& curieux dans les Mémoires de
l'Académie des Sciences & dans
plus. Journaux. Il avoit commencé
à donner par morceaux dans les
Mémoires de l'Académie des *essais*
ou *Elémens de chymie* , dont on a
trouvé le reste dans ses papiers en
état d'être mis au jour. M. de Fontenelle a fait son éloge.

HOME , ( David ) Ministre Protestant , issu d'une famille très distinguée d'Ecosse , étant venu en
France , fut d'abord attaché à l'E-
glise reformée de Duras dans la basse Guienne , puis à celle de Ger-
geau dans l'Orleanois. Il s'acquit
l'estime de Jacques I , Roi d'Angleterre , qui le chargea de pacifier les
différends entre Tilenus & du Moulin touchant la justification , & même , s'il étoit possible , de réunir
tous les Théologiens Protestans de
l'Europe en une seule & même doctrine , & sous une unique confession de foi. Mais ce projet échoua.
On a de Home divers ouvr. Le plus
consid. est *Davidis Humii apologia
Basilica , seu Machiavelli ingenium examinatum , &c.* 1626 in-4°.
On a aussi de lui plus. *Pieces* de
Poésie latine dans les *Deliciæ Poetarum Scotorum* d'Artus Jonston.

HOMELIUS , ( Jean ) fam. Mathématicien du 16e siecle , naquit à
Memmingen en 1518. Il enseigna
les Mathématiques à Leipsic , & en
plusieurs autres villes d'Allemagne ,
inventa un gr. nombre d'instrumens
de Mathématique , & s'acquit l'estime

me de Melanchthon & de l'Empereur Charles-Quint. Il m. en 1562, à 44 ans, fort regreté des Savans. Il n'eut pas le tems de faire imprimer ses ouvrages.

HOMERE, le plus ancien, le plus célèb. de tous les Poètes Grecs, & l'un des plus grands & des plus beaux génies qui aient paru dans le monde, vivoit environ 1000 ans avant J. C. & 300 ans après la prise de Troyes, selon les marbres d'Arondel. Sept villes se disputerent particulierement la gloire de lui avoir donné naissance, savoir Smyrne, Rhodes, Colophon, Salamine, Chio, Argos & Athenes : ce que l'on a exprimé par ce dystique.

*Smyrna, Rhodos, Colophon, Salamis, Chios, Argos, Athenæ, Orbis, de patriâ certat, Homere, tuâ.*

L'opinion la mieux fondée est, qu'il étoit de Smyrne ou de Chio. Il n'y a rien de bien constant sur l'histoire de sa vie : on lui donne pour mere Critheïs, & pour maître *Phemius* ou *Pronapide*, qui enseignoit à Smyrne les Belles-Lettres & la Musique. Phemius, charmé de la bonne conduite de Critheïs, l'épousa & adopta son fils. Après la mort de Phemius & de Critheïs, Homere hérita de leurs biens & de l'Ecole de son pere, & s'attira l'admiration de tout le monde. Un Maître de vaisseau, nommé *Mentés*, qui étoit allé à Smyrne pour son trafic, charmé d'Homere, lui proposa de quitter son Ecole, & de le suivre dans ses voïages. Homere qui pensoit déja à son *Iliade*, s'embarqua avec Mentés. Il paroit constant qu'il parcourut toute la Grece, l'Asie mineure, la Mer Méditerranée, l'Egypte, & plusieurs autres païs. C'est dans ces voïages qu'il devint un excellent Géographe, & qu'il s'instruisit des mœurs des différens Peuples, & principalement de celles des Grecs, des Phrygiens & des Egyptiens. En revenant d'Espagne, il aborda à Ithaque, où il fut incommodé d'une

fluxion sur les yeux. Mentés le laissa chez Mentor un des principaux habitans d'Ithaque, & s'en retourna à Leucade sa patrie. A son retour il trouva Homere guéri. Ils se rembarquerent, & après avoir visité les côtes du Peloponnese, ils arriverent à Colophone, où l'on prétend que ce grand Poète perdit la vue, ce qui le fit surmonter l'*Aveugle*. Ce malheur le fit retourner à Smyrne, où il finit son *Iliade*. De là il alla à Cumes : on l'y reçut avec tant de joie, qu'il demanda d'y être nourri du Trésor public ; mais sa demande aïant été rejettée, il sortit pour aller à Phocée, en faisant cette imprécation : *Qu'il ne naisse jamais à Cumes de Poëtes pour la célébrer !* Il erra ensuite en divers lieux, & s'arrêta à Chio, où il se maria, & où il composa son Odyssée. Quelque-tems après aïant ajouté à ses Poëmes beaucoup de vers à la louange des villes Grecques, surtout d'Athenes & d'Argos, il alla à Samos, où il passa l'hiver. De Samos il arriva à Io, l'une des Sporades, dans le dessein de continuer sa route vers Athenes ; mais il y tomba malade, & y mourut vers 920 av. J. C. On a de lui deux Poëmes très célebres, l'*Iliade* & l'*Odyssée*, qui sont deux chef-d'œuvres. On y trouve des beautés de toutes especes. Rien n'est comparable à la clarté & à la magnificence du style d'Homere, à la sublimité de ses pensées, à la force & à la douceur de ses vers. Toutes les images y sont parlantes, les déscriptions justes & exactes, les passions si bien exprimées, la Nature si bien peinte, qu'il donne à tout le mouvement, la vie, l'action. Il excelle surtout pour l'invention & le génie. Les différens caracteres de ses héros & de tous ses personnages, sont si variés, qu'ils nous affectent d'une maniere inexprimable : en un mot, Homere a tant de charmes pour les personnes de bon goût, que plus on le lit, plus on l'admire. Alcibiade donna un soufflet à un Rhéteur, parcequ'il n'avoit point les écrits d'Homere

dans fon école. Alexandre en faifoit fes délices; il le mettoit ordinairement fous fon chevet avec fon
épée. Il renferma l'*Iliade* dans la
précieufe caffette de Darius, *afin,*
dit ce Prince à fes Courtifans, *que*
*l'ouvrage le plus parfait de l'efprit*
*humain fût renfermé dans la caffet-*
*te la plus précieufe du monde.* Il ap
pelloit Homere *fes provifions de*
*l'Art Militaire ;* & voïant un jour
le Tombeau d'Achilles dans le Sigée, *O fortuné Héros,* s'écria t-il,
*d'avoir eu un Homere pour chanter*
*fes victoires !* Homere paroît fi inftruit des Arts & des Sciences de fon
fiecle ; il eft fi verfé dans la Politique & dans l'Art Militaire, qu'on
diroit, qu'il a été un gr. Capitaine,
un homme d'Etat, & de toutes les
profeffions ; mais comme il a la
modeftie de ne parler jamais de foi-
même, on ignore quel genre de vie
il avoit embraffé. Néanmoins la maniere dont il parle de la Médecine,
& la connoiffance qu'il a de l'Anatomie du corps humain, des bleffures, &c. peut faire conjecturer
qu'il étoit Médecin. Lycurgue, Solon, les Rois & les Princes Grecs,
firent tant de cas des œuvres d'Homere, qu'ils mirent tous leurs foins
pour en procurer des éditions correctes. La plus eftimée de toutes,
fut celle d'Ariftarque. Didyme paffe pour le premier qui a fait des
notes fur Homere, & Euftathe,
Archev. de Theffalonique au 12e
fiecle, eft le plus cél. de fes Commentateurs. Outre l'Iliade & l'Odyffée, Homere avoit compofé pluf.
ouvrages, & on lui attribue encore
la *Batrachomyomachie,* trente-deux
*Hymnes,* & feize autres pieces,
dont la plûpart font des *Epigram-*
*mes ;* mais le fentiment le plus probable, eft qu'il ne nous refte d'Homere que l'Iliade & l'Odyffée. Nous
avons deux belles éditions d'Homere en grec & en latin avec des notes ; favoir, celle de Schrevelius,
& celle de Barnès. Mad. Dacier en
a donné une traduction en françois. Le célebre M. Boivin l'avoit
auffi traduit en françois ; mais fa

traduction n'a point encore paru.
Ceux qui fouhaiteront connoître
les diverfes édit. & verfions d'Homere, les Ecrivains qui ont travaillé fur ce Poëte, peuvent confulter
Fabricius dans le premier volume
de fa Bibliotheque grecque.

HOMODEI, ( Signorello ) fam.
Jurifconfulte du 14e fiecle, natif
de Milan, laiffa divers ouvr. eftimés. Il ne faut pas le confondre
avec deux Cardinaux de fa famille,
Louis Homodei mort en 1685, &
un autre Louis Homodei neveu de
celui-ci, mort en 1706.

HOMTORST, ( Gerard ) favant
Peintre, naquit à Utrecht en 1592,
& fut éleve de Bloemart. Il alla fe
perfectionner en Italie, & réuffit
tellement à repréfenter des fujets de
nuit, que perfonne ne l'a furpaffé
en ce genre de Peinture. Il eut d'illuftres éleves, entr'autres les enfans
de la Reine de Boheme, fœur de
Charles, Roi d'Angleterre ; entre
lefquels la Princeffe Sophie, & l'Abbeffe de Maubuiffon fe diftinguerent
par leur goût & leur habileté dans
la Peinture. Homtorft mourut en
1660.

HONDERKOOTER, ( Mechior )
fameux Peintre Hollandois, natif
d'Utrecht, excelloit à peindre les
animaux, & furtout les oifeaux. Ses
Tableaux font chers & très recherchés. Il mourut à Utrecht en 1695,
à 59 ans.

HONDIUS, ( Joffe ) habile Géographe, né à Wackerne, pet. bourg
de Flandres, en 1563, gravoit &
deffinoit fur le cuivre & fur l'ivoire, & fondoit de beaux caracteres
d'Imprimerie, fans avoir été inftruit par aucun Maître. Il mourut
le 16 Février 1611, à 48 ans. On a
de lui : *Orbis terrarum Geogra-*
*phica defcriptio,* & d'autres ouvrages.

HONE, ( George-Paul ) fav. Jurifconfulte allemand né à Nuremberg en 1662, fut Confeiller du
Duc de Meinungen, & Baillif de
Coburg où il m. en 1747. On a de
lui divers ouvrages en latins, dont
les plus connus font : *Iter juridicum*

per *Belgium*, *Angliam*, *Galliam*, *Italiam*. *Lexicon topographicum Franconiæ*, &c. On a auffi de lui en allemand, l'*Hiftoire du Duché de Saxe-Coburg*. *Des penfées fur la fuppreffion de la Mendicité*, &c.

HONERT, ( Jean-Van Den ) né en 1693 dans un village près de Dordrecht, ne commença fes études qu'à 20 ans, mais il y fit des progrès fi rapides, qu'en peu d'années il fut fait fucceffivement Miniftre de pluf. Eglifes. Debout dès les 4 heures du matin, il étudioit régulierement 14 heures par jour. Il devint Pafteur & Profeffeur en Théologie, en Hiftoire Eccléfiaft., & en Eloquence facrée à Leyde, où il m. le 5 Avril 1758. On a de lui un très grand nombre d'ouvrages, la plûpart *Polemiques*. Son pere avoit été auffi Profeffeur à Leyde, & on a de lui quelques ouvr.

HONESTIS, ( Pierre de ) qu'il ne faut pas confondre avec le Cardinal Pierre de Damien, étoit Abbé de Sainte Marie du Port, près de Ravenne, dans le 12e fiecle. Il écrivit les *Regles* de cette Abbaïe, & mourut en 1119.

HONGRE, ( Etienne le ) habile Sculpteur, natif de Paris, fut reçu de l'Académie de Peinture & de Sculpture en 1668. Il embellit les jardins de Verfailles de pluf. ouvr. eftimés, & mourut à Paris en 1690, à 62 ans.

HONGRE, ( Jacques le ) fameux Prédicat. Dominicain, natif d'Argenton, fut reçu Docteur de Sorbonne en 1560, puis Grand-Vicaire de Rouen en 1563 fous le Cardinal de Bourbon. Il prononça la même année l'Oraifon funebre du Duc de Guife, tué devant Orléans, & publia la vie de ce Prince. Il mourut à Rouen en 1575, à 55 ans. On a de lui des *Homélies* & d'autres ouvrages.

HONORAT ou HONORÉ, ( S. ) Archevêque d'Arles, & fondateur du Monaftere de Lerins, étoit Gaulois, d'une famille illuftre. Il embraffa la Religion Chrétienne, & ayant diftribué fon bien aux pau-

vres, avec Venance fon frere, ils fe mirent fous la difcipline de Saint Caprais, Hermite des Ifles de Marfeille. Ils pafferent enfuite dans l'Achaïe où ils menerent une vie folitaire; S. Venance étant mort à Metone, Honorat retourna en Provence. Il choifit pour fa retraite l'Ifle de Lerins, par le confeil de Léonce, Evêque de Fréjus, & il y bâtit vers 410 un Monaftere qui fut bientôt habité par un gr. nombre de Religieux de toutes les Nations. S. Honorat fuccéda à Patrocle, Archevêque d'Arles en 426. Il mourut faintement comme il avoit vécu, en 429. S. Hilaire d'Arles fon fucceffeur, a écrit fa vie. Il ne faut pas le confondre avec Honorat, célèbre Evêque de Marfeille, au 5e fiecle, dont Gennade fait un grand éloge. C'eft ce dernier Honorat qui a écrit la vie de S. Hilaire d'Arles. L'Ifle de Lerins porte aujourd'hui le nom de S. Honorat.

HONORÉ, ( S. ) *voyez* l'article précédent.

HONORÉ *le Solitaire*, favant Théologal de l'Eglife d'Autun, au 12e fiecle, fous le regne de l'Empereur Henri V, eft auteur d'un *Traité de la Prédeftination & de la Grace*, & d'un gr. nombre d'autres ouvrages. On l'appelle vulgairem. Honoré d'Autun, mais mal; car d'*Honorius* on n'a pas dû faire *Honoré*; ce n'eft que d'*Honoratus* que peut venir le nom d'*Honoré*. D'ailleurs cet Ecrivain n'étoit pas d'Autun, mais d'une Eglife d'Allemagne. *Voyez* un Mémoire curieux fur cet Auteur dans le *Recueil de divers Ecrits*, par M. l'Abbé le Bœuf.

HONORÉ de Sainte Marie, habile Carme Déchauffé, fe nommoit dans le fiecle Pierre Vauzelle. Il naquit à Limoges le 4 Juillet 1651, & fit profeffion chez les Carmes à Touloufe en 1671. Il enfeigna la Théologie dans fon Ordre avec réputation, & y fut Prieur, Définiteur, Provincial, & Vifiteur Général des trois Provinces en France. Il mourut à Lifle en 1729, à 78 ans. Le plus curieux de ses ouvr. est intitulé : *Réflexions sur les Regles & sur l'usage de la Critique*, 3. vol. in-4°. dont le premier vol. est le plus estimé. On a encore de lui : 1. la *Tradition des Peres & des Auteurs Ecclésiastiques sur la contemplation*, avec un *Traité sur les motifs & la pratique de l'Amour divin*, 3 vol. in-12. 2. Un *Traité des Indulgences & du Jubilé*. 3. Des *Dissertations historiques & critiques sur les Ordres Militaires*. 4. Plus. ouvr. en faveur du Formulaire & de la Constitution *Unigenitus*, &c.

HONORIUS, Empereur d'Occident, second fils de Théodose *le Grand*, & de Flacille, & frere d'Arcadius, Empereur d'Orient, naquit le 9 Septembre 384, & fut salué Empereur le 20 Nov. 393. Il commença à regner après la mort de son pere le 17 Janvier 395, sous la Régence de Stilicon, dont Honorius épousa la fille. Stilicon aïant vaincu Radagaise en Italie, fit alliance avec Alaric, & entreprit de détrôner l'Empereur, pour mettre son fils Eucherius en sa place; mais Honorius, informé de la trahison de Stilicon, le fit tuer par Héraclien le 23 Août 408. Peu de tems après, Alaric, Général des Goths, s'empara de Rome, & souleva Attale, Préfet de cette ville, qui prit le titre d'Empereur. Divers autres Tyrans s'éleverent contre Honorius, Gratien, Constantin, avec Constance son fils, Maxime, Jovien, Héraclien, &c. L'Empereur eut le bonheur de s'en défaire par ses Capitaines, & surtout par la valeur de Constance, auquel il fit épouser sa sœur Placidie, veuve d'Ataulphe, Roi des Goths. Il mourut hydropique à Ravenne le 15 Août 423, à 39 ans. On dit qu'il avoit peu d'esprit, & encore moins de courage. Il épousa successivement les deux filles de Stilicon, *Marie & Thermancie*, mais il n'en eut point d'enfans.

HONORIUS I, natif de la Campagne de Rome, fut élu Pape après la mort de Boniface V, le 4 Mai

626. Il fit cesser le schisme des Evêques d'Istrie, engagés dans la défense *des Trois Chapitres*, & gouverna d'abord l'Eglise avec zele & avec prudence ; mais dans la suite il ternit la gloire de son Pontificat par la complaisance qu'il eut pour Sergius, Patriarche de Constantinople, Chef des Hérétiques Monothelites, contre S. Sophrone, depuis Patriarche de Jérusalem. Cette conduite le fit condamner & anathématiser par le VIe Concile général, par le Pape Agathon, & par plusieurs autres Souverains Pontifes. Il mourut le 12 Octobre 638, & eut pour successeur Severin.

HONORIUS II, appellé auparavant *Lambert*, fut élu & reconnu Pape après la mort de Calixte II, par la faveur de Robert Frangipani, le 21 Décembre 1124. Il gouverna l'Eglise avec sagesse, & mourut le 14 Février 1130. Innocent II lui succéda.

HONORIUS III, Romain, appellé auparavant *Censius Savelli*, succéda au Pape Innocent III le 17 Juillet 1216. Il confirma l'Ordre de S. Dominique, & plusieurs autres Ordres Religieux, couronna Fréderic II, & Pierre de Courtenay, & mourut le 18 Mars 1227, après avoir témoigné beaucoup de zele pour le recouvrement de la Terre-Sainte. C'est le premier Pape qui ait accordé des Indulgences dans la Canonisation des Saints : ce que les Papes ont pratiqué dans la suite. Il eut pour successeur Gregoire IX.

HONORIUS IV, Romain, nommé *Jacques Savelli*, fut élu Pape après la mort de Martin IV, le 2 Avril 1285. Il purgea de voleurs l'état Ecclésiastique, soutint avec fermeté les immunités Ecclésiastiques contre divers Princes, & fit paroître un gr. zele pour la conversion des Infideles. Il avoit fondé à Paris un Collége où l'on pût apprendre les Langues Orientales ; mais cette fondation n'eut pas lieu, à cause de sa mort arrivée le 3 Avril 1287. Nicolas IV lui succéda.

HONORIUS, Antipape, *voyez* CADALOUS.

HONTIVEROS, (Dom Bernard) célebre & savant Bénédictin Espagnol, fut Professeur de Théologie dans l'Université d'Oviedo, puis Général de sa Congrégation en Espagne, & enfin Evêque de Calahorra. Il mourut en 1662. On a de lui un Livre estimé, intitulé : *Lacrymæ militantis Ecclesiæ*, ou les larmes de l'Eglise militante. C'est un Traité contre les Casuistes relâchés.

HONTORST, (Gerard) *voyez* HOMTORST, car ce Peintre porte ces deux noms.

HOOFT, (Pierre Corneille van) célebre Historien, & Poète du 17e siecle, naquit à Amsterdam le 16 Mars 1581, d'un Bourguemestre de cette ville. Il étoit Seigneur de Muyden, Juge du Goyland, & Chevalier de l'Ordre de S. Michel. Il m. à la Haye le 21 Mai 1647. On a de lui : 1. une excellente *Histoire des Païs-Bas*, depuis l'abdication de *Charles Quint*, jusqu'en 1588, dont la meilleure Edition est de 1703, en 2 vol. *in-fol.* 2. Des *Comédies*, des *Epigrammes* & d'autres *Poésies*. 3. Une *Histoire de Henri IV*, Roi de France, en latin, & d'autres ouvrages qui lui ont acquis tant de réputation, que les Flamans le regardent comme l'*Homere* & le *Tacite* des Païs-bas.

HOOGSTRATTEN, (David-Van) cél. Littérateur & Poète Hollandois, né à Rotterdam le 14 Mars 1658, passa la plus gr. partie de sa vie à Amsterdam, où il enseigna les Humanités, & où il fut Correcteur du College. Le 13 de Novembre 1724, comme il s'en retournoit chez lui à six heures du soir, il s'éleva un brouillard si épais, qu'il s'égara & tomba dans un Canal du Quai de Gueldre. Il en fut tiré, mais la froideur de l'eau & la fraïeur de sa chute, lui causerent une si forte oppression de poitrine, qu'il en mourut huit jours après. On a de lui : 1. des *Poésies latines* en 2 vol. *in-8°*. 2. Des *Poésies flamandes* en un vol. *in-4°*. 3. Un *Dictionnaire flamand latin*. 4. Des *notes* sur *Cornelius Nepos* & sur *Terence*. 5. Une Edition de *Phedre*, *in-4°*, à l'usage du Prince de Nassau, dans laquelle il a imité les *ad usum Delphini*. 6. Une bonne Edition des quatre *Poésies* de Janus Broukhusius, *in-4°*.

HOOK ou HOOKE, (Robert) cél. Philosophe, & très habile Mathématicien Anglois, naquit dans l'Isle de Wight en 1635, d'une bonne famille ; il étoit mal fait de corps, mais il avoit tous les talens de l'esprit. Jean Cutler, charmé de son mérite, lui donna une pension, & l'engagea à faire à Londres des leçons publiques sur la Méchaniq. Robert Hooke s'en acquitta avec un applaudissement universel. Il fut l'un des premiers membres de la Société Roïale de Londres, le principal Auteur des *Transactions Philosophiques*, & devint Professeur de Géométrie. Il perfectionna les Microscopes, fit d'excellentes découvertes dans la Physiq. & dans l'Histoire naturelle, & inventa les montres de poche, qu'il porta presque à la perfection où elles sont aujourd'hui. Avant lui on ne connoissoit que les Horloges & les Pendules. Robert Hooke présenta en 1666 à la Société Roïale un plan sur la maniere de rebâtir la ville de Londres, qui avoit été détruite par le feu. Ce plan plut extrêmement à cette Société. Le Lord Maire & les Aldermans le prefererent à celui des Intendans de la ville, & c'est en gr. partie sur ce plan, que Londres fut rebâtie. Robert Hooke fut ensuite un des Intendans de la ville, par acte du Parlement, charge dans laquelle il amassa de gr. biens. Il déclaroit de tems en tems qu'il avoit formé un projet capable de pousser l'Histoire naturelle à une gr. perfection, & qu'il y emploieroit la plus gr. partie de son bien ; mais il mourut sans avoir rien effectué, le 3 Mars 1703, à 68 ans. On a de lui plusieurs ouvrages très estimés. Les principaux sont : 1. La *Microscopie*, ou *Description des Corpuscules ob-*

*servés avec le Microscope*, in-fol. en anglois, avec figures. 2. Des *Opuscules & des Essais de Méchanique*, in-4°. en anglois. 3. *Lectiones Cutlerianæ ; Philosophicæ collectiones ; opera posthuma*, &c. Il ne faut pas le confondre avec M. Hooke, Auteur d'une excellente Histoire Romaine en anglois, dont le fils, qui est actuellement Doct. de la Maison & Société de Sorbonne, soutient avec distinction l'honneur de sa famille.

HOOKER, (Richard) savant & judicieux Théologien Anglois, natif d'Excester, est Auteur d'un ouvrage intitulé : *la Police Ecclésiastique*, très estimé des Anglois, dans lequel il défend les droits de l'Eglise Anglicane. Il mourut le 9 Novembre 1600, à 46 ans. On a de lui des *Sermons* & d'autres ouvrages.

HOOPER, (George) cél. Ecrivain Anglois, se rendit très habile dans les Mathématiques, & dans les Langues & les Sciences Orientales. Il devint Evêque de Bath & de Wells, & refusa l'Evêché de Londres. Il étoit Chapelain du Roi Charles II en 1685.

HOORNBEEK, (Jean) savant Professeur en Théologie dans les Universités d'Utrecht & de Leyde, naquit à Harlem en 1617, & mourut à Leyde le prem. Sept. 1666, à 49 ans. Il savoit les Langues sav. & les Langues modernes, & a laissé un grand nombre d'ouvrages. Les principaux sont : 1. Une *réfutation du Socinianisme*. 2. Un *Traité pour la conviction des Juifs*. 3. Un *Traité pour la conversion des Gentils*. 4. Une *Théologie pratique*. 5. Des *Institutions Théologiques*, &c. Tous ces ouvr. sont en latin.

HOPITAL, *voyez* HOSPITAL.

HORACE, surnommé *Cocles*, parcequ'il avoit perdu un œil dans un combat, étoit neveu du Consul *Horatius Pulvillus*, & issu d'un des trois freres qui se battirent contre les Curiaces. Porsenna, faisant le siege de Rome 507 av. J. C. chassa les Romains du Janicule, & les poursuivit jusqu'à un pont de bois

sur le Tibre, qui joignoit la ville au Janicule. Largius Herminius, & Horatius Cocles, soutinrent le choc des Ennemis sur le Pont, & les empêcherent d'entrer pêle-mêle dans la ville avec les Romains. Largius Herminius aïant passé le Pont, Horatius Cocles resta seul, & repoussa l'ennemi, jusqu'à ce que l'on eut rompu le Pont derriere lui. Alors il se jetta tout armé dans le Tibre, le traversa à la nage, & rentra triomphant dans Rome. Il fut blessé à la cuisse dans ce combat, & en fut boiteux le reste de sa vie. Quelqu'un lui reprochant un jour ce défaut : *Chaque pas que je fais, répondit-il, me rappelle le souvenir de mon triomphe.*

HORACE, le plus excellent des Poètes latins dans le genre lyrique & dans le genre satyrique, & l'un des plus beaux esprits & des plus judicieux Critiques du siecle d'Auguste, naquit à Venuse 63 av. J. C. Il étoit petit-fils d'un Affranchi. Aïant pris le parti des armes, il se trouva à la suite de Brutus & de Cassius, & jetta son bouclier à la bat. de Philippe. Quelque-tems après il se livra tout entier aux Belles Lettres & à la Poésie. Ses talens le firent bientôt connoître d'Auguste & de Mecene, qui eurent pour lui une estime particuliere, & qui le comblerent de bienfaits. Horace lia aussi amitié avec Agrippa, avec Asinius Pollio, avec Virgile, & avec tous les gr. hommes de son siecle. Il vécut sans ambition, & mena une vie douce & tranquille avec ses amis. Il étoit sujet à une fluxion sur les yeux, ce qui l'obligeoit à se servir de Collyres. Il mourut 7 ans avant J. C. à 57 ans. Il nous reste de lui des *Odes*, des *Epitres*, des *Satyres*, & un *Art Poétique*, dont il y a eu un très gr. nombre d'Editions. M. Dacier, & le Pere Sanadon, ont traduit toutes les œuvres d'Horace en françois, avec des remarques. Le nombre de ceux qui ont travaillé sur ce gr. Poète, est presqu'incroïable. *Voyez* VIRGILE.

HORACES, (les) étoient trois

freres Romains, qui sous le regne de Tullius Hostilius, 669 ans avant J. C. combattirent contre les trois Curiaces de l'Armée des Albains. Deux des Horaces furent d'abord tués ; mais le troisieme se défit par adresse successivement des trois Curiaces, & soumit par cette victoire la ville d'Albe aux Romains. On raconte qu'en retournant à Rome, il rencontra sa sœur fiancée à un des Curiaces, laquelle voïant les dépouilles de son amant, parut inconsolable de sa mort ; & l'on ajoute, qu'Horace, indigné de cette affliction, la tua, & fut depuis absous de ce meurtre : mais ce récit a tout l'air d'une épisode feinte à plaisir.

HORAPPOLLON, *Horus Appollo*, célébre Auteur Grec, qui a expliqué en grec les *Hiéroglyphes*, étoit, selon plusieurs Savans, un Grammairien de Panople en Egypte. Il enseigna à Alexandrie, & ensuite à Constantinople sous l'Empire de Théodose. La meilleure édition de ses *Hiéroglyphes* est celle d'Utrecht en 1727, *in 4°.* en grec & en latin, avec des notes par Jean Corneille de Paw.

HORMISDAS, natif de Frosilone, dans la Campagne de Rome, succéda au Pape Symmaque le 26 Juillet 514. Il envoïa diverses Ambassades à l'Empereur Anastase, pour faire cesser le schisme : mais il ne put réussir que sous l'Empire de Justin, successeur d'Anastase. Hormisdas tint en 518 un Concile à Rome, où il fut un exemple de modestie, de patience & de charité. Il mourut le 6 Août 523, laissant diverses *Epîtres* que nous avons presque toutes. Jean I fut son successeur.

HORNECK, ( Antoine ) fameux Théologien du 17e siecle, dont on a divers ouvrages de dévotion en anglois. Il étoit de Baccharach, dans le Palatinat, & m. en 1653, à 70 ans.

HORNEIUS, ( Conrad ) savant Théol. allemand, né à Brunswick le 15 Nov. 1590, fut Professeur de Philosophie & de Théol. à Helmstadt, & y m. le 26 Sept. 1649, à 59 ans. Son principal ouvr. est, *Philosophiæ moralis, sive civilis doctrinæ de moribus libri quatuor.*

HORNIUS, ( George ) fameux Historien du 17e siecle, natif du Palatinat, voïagea dans la plûpart des païs de l'Europe, & fut Gouverneur de Thomas Morgan, jeune Gentilhomme Anglois, qui demeuroit à la Haye. Il devint Professeur d'Histoire, de Politique & de Géographie, à Harderwich, & ensuite Professeur d'Histoire à Leyde. Il m. en 1670. Ses princip. ouvr. sont : 1. une *Histoire Ecclésiastique* avec une *introduction à l'Histoire universelle politique,* ouvr. curieux & instructif, qui a été traduit en François & continué jusqu'en 1704. 2. L'*Histoire d'Angleterre.* 3. Une *Histoire de l'Amérique.* 4. L'*Histoire de la Philosophie,* en 7 Livres. 5. Une *addition de Sulpice Severe* avec des *notes,* in 8°. 6. L'*Arche de Noë* ou *Histoire des Monarchies.* Cet ouvr. est plein de recherches curieuses sur l'origine de chaque Monarchie, &c. Tous ces ouvrages sont en latin.

HORROX, ( Jérémie ) habile Astronome anglois, né à Texteth, près de Liverpoole, en 1619, mourut à l'âge de 23 ans, après avoir achevé son Traité, intitulé : *Venus in sole visa;* il fut regretté de tous les Savans.

HORSTIUS, ( Jacques ) savant Médecin du 16e siecle, né à Torgau le prem. Mai 1537, fut reçu Docteur en Médecine à Francfort, sur l'Oder en 1562, & devint Médecin public à Sagan, à Schweidnitz, & à Iglaw, puis Médecin ordinaire de l'Archiduc d'Autriche, en 1580. Il étoit Professeur de Médecine à Helmstadt, & Directeur de l'Université en 1595. On ne sait pas au juste l'année de sa mort. On a de lui : 1. une Harangue *de remoris discentium Medicinam, & earum remediis.* 2. Un *Commentaire* sur le Livre d'Hipocrate *de corde.* 3. Un Traité sur cette question, *qualem*

*pharmacopolam esse conveniat.* 4.
*De morbo epidemico Febri cathar-*
*rali per totam Europam grassante.*
5. *De vite vinisera.* 6. *De noctam-*
*bulonibus.* 7. *De dente aureo pueri*
*Silesii.* 8. *Disputationes Catholicæ*
*de rebus secundum & præter naturam.*
9. *Epistolæ Philosophicæ & Medi-*
*cinales.* 10. *Compendium medicarum*
*institutionum.* 11. *Herbarium*, &c.

HORSTIUS, ( Gregoire ) Neveu
du précédent, & cél. Médecin du
17e siecle, naquit à Torgaw en
1578 de Gregoire Horstius, l'un
des principaux Magistrats de cette
Ville. Il enseigna & pratiqua la
Médecine à Wittemberg, à Giessen,
& à Ulm, avec tant de réputation,
qu'il fut surnommé l'*Esculape d'Al-*
*lemagne.* Il m. le 9 Août 1636 Ses
princip. ouvr. sont, 1. *Institutio-*
*nes Logicæ.* 2. *De naturâ humana.*
3. *De naturâ amoris.* 4. *De naturâ*
*Thermarum.* 5. *De tuenda sanitate*
*studiosorum & litteratorum.* 6. Trois
Dissertations *de causis similitudinis*
*& dissimilitidis in fœtu respectu pa-*
*rentum.* 7. *Observationes Medici-*
*nales & Pharmaceuticæ.* 8. *Nervo-*
*rum* ἐξέτασις παθολογικὴ. 9. *Enota-*
*tiones exquisitæ hungaricæ luis,*
*dysenteriæ, variolarum & morbil-*
*lorum.* 10. Un Traité *du scorbut.* 11.
*Problemata de naturali conservatio-*
*ne & cruentatione cadaverum, &*
*variis aliis physicis.* 12. *De mor-*
*bis, eorumque causis & symptoma-*
*tibus.* 13. *Consultationum & Epis-*
*tolarum medicinalium Libri IV.*
14. *Marcelli Donati de Historia medi-*
*ca naturali Libri VI*, avec des
notes, &c. Ce Médecin eut deux
Fils. Daniel Horstius, qui naquit à
Giessen, fut Professeur de Médecine à Marpourg, & Médecin du Landgrave de Hesse-Darmstadt. Il m. le
27 Janv. 1685, à 68 ans. C'est lui
qui procura l'Edition de *Zachiæ*
*quæstiones medico-legales*, & celle
de *Riverii opera medica.* Il est encore Auteur de quelques Livres de
Médecine. Et Grégoire Horstius,
qui naquit à Ulm le 20 Décembre
1626, se fit recevoir Doct. en Médecine à Padoue en 1650, & de-

vint Médecin & Professeur de Physique à Ulm. Il m. le 31 Mai 1661.
Il recueillit la plûpart des ouvrages
de Médecine composés par Grégoire
Horstius son pere, & les fit impr.
à Goude en 1661, en 2 vol. *in* 4°.
Cette famille a produit plusieurs autres Savans.

HORSTIUS, ( Jacques Merlon )
pieux & savant Curé de Cologne,
étoit natif de Horst dans le païs de
Gueldres : ce qui lui fit donner le
nom de *Horstius.* Il m. en 1644
à 47 ans. Ses princip. ouvr. sont :
1. une *Edition* des œuvres de Saint
Bernard qu'il avoit recueillies avec
gr. soin. 2. Un excellent *Traité*
de piété, intitulé : *Paradisus animæ*;
il a été traduit en françois sous le
titre d'*Heures Chrétiennes.*

HORTA, ( Garcie d' ) ou GAR-
CIE DU JARDIN, célebre Médecin
du 16e siecle, enseigna la Philosophie à Lisbonne en 1534, & fut
prémier Médecin du Comte de Re-
dondo, Vice-Roi des Indes. On a
de lui d'excellens *Dialogues* en espagnol, sur les simples que l'on
trouve en Orient. Ils ont été traduits en latin par Charles Clusius,
& en françois par Antoine Colin,
Apothiquaire de Lyon.

HORTENSIA, Dame Romaine,
fille du célebre Orateur Hortensius,
plaida avec éloquence la cause des
Dames Romaines devant les Triumvirs, qui en avoient condamné
1400 à déclarer les biens qu'elles
possédoient, afin de les taxer pour
les frais de la guerre. Le beau discours d'Hortensia fut cause que les
Triumvirs n'obligerent que 400 femmes à déclarer leurs biens. Ceci arriva 64 avant J. C.

HORTENSIUS, ( Quintus ) célebre Orateur Romain, émule &
comtemporain de Ciceron, plaida
avec un applaudissement universel
dès l'âge de 19 ans. Il continua de
plaider avec le même succès pendant 48 ans, & embrassa ensuite le
parti des armes. Il devint Tribun
Militaire, Prêteur, & enfin Consul 70 ans avant J. C. Ciceron auquel il disputoit la gloire de l'élo-

quence, en parle de maniere à faire regretter ses Harangues, qui ne font point parvenues jufqu'à nous. Il lui donne cet éloge d'avoir été un excellent Orateur, un bon Citoïen, & un fage Sénateur. Cependant Quintilien qui avoit fous les yeux les plaidoïers d'Hortenfius, affure qu'ils étoient bien au-deffous de la réputation qu'il avoit eue pendant fa vie: ce qui prouve que fa réputation étoit plus brillante que folide, & qu'il la devoit principalement à fon excellente déclamation. Hortenfius avoit une mémoire prodigieufe, & mettoit beaucoup d'ordre dans fes Harangues. Il m. fort riche, 49 ans avant J. C. un peu avant la guerre civile, qu'il s'étoit efforcé de prévenir par toutes fortes de moïens.

HORTENSIUS, (Lambert) céleb. Ecrivain du 16e fiecle, natif de Montfort, fut furnommé *Hortenfius* ou *du Jardin*, parcequ'il étoit fils d'un Jardinier. Il fe rendit habile dans les Langues Grecque & Latine, & eut la Préfecture du College de Naerden en Holl. Il faillit à périr dans la prife de cette ville par les Efpag. en 1572. Il vit maffacrer fous fes yeux fon fils nat., & alloit être égorgé lui-même, lorfqu'un Gentilhomme, qui avoit été fon Ecolier, & qui étoit Officier dans l'Arm. efpagnole lui fauva la vie. Il m. en 1574. On a de lui des *Satyres*, des *Epithalames*, & d'autres ouv. en lat., dont les plus connus font: 1. Sept Livres *de bello Germanico*, fous Charles-Quint. 2. *de Tumultu Anabaptiftarum*. 3. *de feceffionibus ultrajectinis*. 4. des *Commentaires* fur les fix prem. Livres de l'*Enéide de Virgile*, & fur *la Pharfale de Lucain*, & des *notes* fur quatre *Comédies d'Ariftophane*.

Il y a eu pluf. autres Hortenfius dont il eft parlé dans l'Hiftoire.

HOSIER, *voyez* HOZIER.

HOSIUS, ou OSIUS, (Stanislas) cél. Cardinal, & l'un des plus gr. Evêques du 16e fiecle, étoit de Cracovie. Il fit paroître dès fon enfance beauc. de difpofitions pour les Belles-Lettres & pour les Sciences, & fut envoïé à Padoue, où il lia une étroite amitié avec Renaud Polus, depuis Cardinal. Hofius aïant été reçu Docteur en Droit à Bologne, s'en retourna en Pologne, où le Roi, informé de fon mérite, le fit fon Secrétaire, & le chargea des affaires les plus importantes. Hofius devint Chanoine de Cracovie, puis Evêque de Culm, & enfuite Evêque de Warmie. Pie IV l'aïant envoïé vers l'Empereur Ferdinand, pour la continuation du Concile de Trente, on affure que ce Prince, après s'être entretenu avec lui, s'écria, en l'embraffant, *qu'il ne pouvoit réfifter à un homme dont la bouche étoit un Temple, & la langue un Oracle dn Saint Efprit*. Pie IV, pour reconnoître un fi gr. fervice, lui envoïa le Chapeau de Cardinal en 1561, & le chargea deux mois après d'aller ouvrir le Concile de Trente, comme fon Légat, avec les Cardinaux de Mantoue & Séripand, ce qu'Hofius exécuta heureufement. Il fe retira enfuite à Warmie, & s'acquit une fi gr. réputation par fon zele & par fes ouvrages, qu'il fut regardé avec raifon comme le plus illuftre défenfeur de la Foi Catholique en Allemagne. Le Pape Gregoire XIII le rappella enfuite à Rome, & le fit Gr. Pénitencier. Hofius m. à Captavolo près de Rome, le 5 Août 1579, à 76 ans. On a de lui un gr. nombre d'ouvrages qui font eftimés, & qui ont été traduits en pluf. Langues. Les principaux font: 1. *Confeffio Catholicæ fidei Chriftianæ*. 2. *De Communione fub utraque fpecie*. 3. *De Sacerdotum conjugio*. 4. *De Miffa vulgari linguâ celebranda*, &c. Refcius a écrit fa vie.

HOSPINIEN, (Rodolphe) fameux Théologien & Miniftre Zuinglien, naquit à Altorf, village du Canton de Zurich, le 7 Novembre 1547. Il fit fes études à Zurich, & dans quelques Univerfités d'Allemagne, & il fe rendit habile dans l'Hiftoire Eccléfiaftiq. Il m. en enfance le 11 Mars 1616, à 79 ans.

Ses ouvrages ont été imprimés à Geneve en 1681, en 7 vol. *in-fol.* Les plus connus sont : 1. un *Traité des Temples.* 2. une *Histoire sacramentaire.* 3. un *Traité des Moines.* 4. un *Traité des Fêtes des Juifs & des Païens.* 5. un *Traité des Fêtes des Chrétiens.* 6. une *Histoire des Jésuites, &c* Il y a dans tous les ouvr. d'Hospinien beauc. d'érudition, mais trop de passion & d'emportement. Heidegger a écrit sa vie en latin.

HOSPITAL, ( Michel de l') Chancelier de France, Seigneur de Vignay, & l'un des plus gr. hommes du 16e siecle, naquit à Aigueperse en 1505, d'un pere qui fut Médecin du Connétable Charles de Bourbon, & de la Princesse Renée de Bourbon, femme d'Antoine, Duc de Lorraine. Michel de l'Hospital apprit les Langues, les Belles-Lettres & le Droit dans les plus célebres Universités de France & d'Italie. Il faisoit de beaux vers latins, avoit un jugement solide, une gr. éloquence, beaucoup de délicatesse & d'intégrité. Il passa par son mérite par toutes les Charges honorables de la Robe; il fut Conseiller au Parlement de Paris, Chancelier de la Princesse Marguerite, sœur du Roi Henri II, & enfin Chancelier de France sous le regne de François II, en 1560. Michel de l'Hospital se proposa pour maxime le bien du Roïaume, & les véritables intérets du Roi son maître. Il empêcha l'Inquisition de s'introduire en France, en consentant à l'Edit de Romorantin, publié en 1560 contre les Protestans,& fit tout ce qu'il put pour empêcher les guerres civiles en France. Après l'affaire de Vassy, voïant que l'on se préparoit de part & d'autre à prendre les armes, il s'y opposa de toutes ses forces; & le Connétable lui aïant dit, *que ce n'étoit à gens de Robe longue d'opiner sur le fait de la Guerre. Bien que tels Gens, lui répondit-il, ne sachent conduire les armes, si ne laissent-ils de connoître quand il en faut user.* Ses vues pacifiques le

rendirent suspect à Catherine de Médicis qui avoit contribué à son élevation, le firent exclure du Conseil de Guerre, & contribuerent à sa disgrace. Il se retira de lui-même en 1568, & passa le reste de sa vie à Vignaï, maison de Campagne qu'il avoit en Beauce. Il y m. le 13 Mars 1573, à 68 ans. On a observé qu'il ressembloit de visage à Aristote. On a de lui des *Poésies* estimées, de belles *Harangues* & des *Mémoires.* On le croïoit Calviniste dans le cœur, ce qui faisoit dire, *Dieu nous garde de la Messe du Chancelier.* Il institua son héritiere sa fille unique, qu'il avoit mariée à Robert Hurault, & il légua sa Bibliotheq. à Michel Hurault son petit fils, qui a été fort connu sous le nom de M. du Fay. Ce dernier avoit aussi beaucoup d'esprit & d'érudition, & fut Chancelier du Roi de Navarre. Il m. en 1592, après avoir embrassé la Relig. Protestante, pour laquelle le Chancelier de l'Hospital avoit eu beaucoup de penchant. On a de M. du Fay un Livre estimé des Protestans, & intitulé, *Excellent & libre Discours sur l'état présent de la France,* & une *Réponse* en latin au Discours du Pape Sixte V, sur la mort du Roi Henri III.

HOSPITAL, ( Guillaume François Antoine de l') Marquis de Ste Même & de Montellier, Comte d'Entremons, & l'un des plus célebres Mathématiciens de son siecle, naquit en 1661, d'une Maison illustre, ancienne & différente de la famille du Chancelier de l'Hospital. Il fit paroître dès son enfance une forte inclination pour l'étude de la Géometrie, & donna de bonne heure la solution des problêmes les plus difficiles. Il entra d'abord au service, & fut Capitaine de Cavalerie, mais aïant la vue extrêmement courte, il quitta les armes pour se livrer tout entier aux Mathématiques. M. le Marquis de l'Hospital lia alors amitié avec Jean Bernouilli, avec le Pere Mallebranche, avec Huyghens, &c. Il fut reçu

Membre honoraire de l'Académie des Sciences en 1693 , & s'acquit l'estime de tous les Savans , par sa profonde connoissance de la Géométrie. Il mourut à Paris le 2 Fév. 1704 , à 43 ans. On a de lui deux excellens Traités : 1. l'*Analyse des infinimens petits* , imprim. en 1696, &c. 2. un *Traité des sections coniques* , dont la meilleure édition est celle de 1707, *in-4°*.

HOSPITAL, ( Nicolas de l' ) Duc & Marquis de Vitry & d'Arc, Comte de Château Villain, &c. & Marechal de France , étoit fils de Louis de l'Hospital , Chevalier des Ordre du Roi , Capitaine des Gardes du Corps , &c. de la même Maison que le précédent. Louis XIII le fit Maréchal de France en 1617, & Gouvern. de Provence en 1632 ; mais aïant eu un gr. différend avec Henri d'Escoubleau de Sourdis , Archevêque de Bourdeaux , il fut renfermé à la Bastille en 1637, d'où il ne sortit qu'en 1644. Le Roi érigea pour lui la Terre de Château-Villain en Duché-Pairie, sous le nom de Vitry , mais il ne jouit pas longtems de cette dignité, étant mort le 28 Septembre suivant 1645 , à 63 ans.

HOSPITAL , ( François de l' ) Seigneur de Hallier, & Maréchal de France , frere du précédent, fut d'abord destiné à l'état Ecclésiastique. Il eut même l'Abbaïe de Ste Genevieve de Paris ; & fut nommé par Henri IV à l'Evêché de Meaux ; mais il renonça à ces dignités pour suivre son inclination , qui le portoit aux armes. Il s'y signala & y acquit une gr. réputation sous le nom du sieur de Hallier. Il défit le Duc de Lorraine au combat de Morhange en 1639, eut le Commandement de l'aile gauche à la bataille de Rocroy , & fut fait Maréchal de France en 1643. Il prit alors le nom de Maréchal de l'Hospital ; son frere aïant celui de Maréchal de Vitry. Six ans après il fut pourvu du Gouvernement de Paris , s'étant défait de celui de Champagne ; il rendit au Roi des services importans , &

mourut à Paris , le 20 Avril 1660 , à 77 ans.

HOSSCH , *Hosschius* , ( Sidronius ) céleb. Jésuite du 17e siecle , naquit à la Mark , au Diocèse d'Ypres , en 1196, & m. à Tongres le 4 Septembre 1653. On a de lui des *Elegies* , des *Odes* , des *Eglogues* , & d'autres *Poésies* en latin , écrites avec beaucoup de pureté & d'élégance. Le Pape Alexandre VII en faisoit un gr. cas.

HOSTE ou l'HOSTE , ( Jean ) savant Mathématicien , natif de Nancy , sur la fin du 16e siecle , enseigna le Droit & les Mathématiques à Pont à Mousson , avec une réputation extraordinaire. Il avoit l'esprit vaste , pénétrant , & très propre aux Sciences. Henri , Duc de Lorraine , le fit Intendant des Fortifications , & Conseiller de Guerre. On a de lui divers ouvrages estimés , dont les princip. sont : 1. *Le Sommaire & l'usage de la Sphere artificielle*. 2. *La Pratique de Géométrie*. 3. *Description & usage des principaux instrumens de Géométrie*. 4. *du Quadran & quarré*. 5. *Rayon astronomique*. 6. *Bâton de Jacob*. 7. *Interprétation du grand Art de Raymond Lulle* , &c.

HOSTE , ( Paul ) né à Pont-de-Vesle , le 19 Mai 1652 , se fit Jésuite en 1669 , & se rendit habile dans les Mathématiques. Il accompagna pendant douze ans les Maréchaux d'Estrées & de Tourville , & le Duc de Mortemat dans toutes leurs expéditions navales , & il s'en fit gouter. Il devint Profes. Roïal de Mathématiques à Toulon , où il enseigna avec distinction & où il m. le 23 Févr. 1700 , à 49 ans. On a de lui , 1. un Recueil des *Traités de Mathématiques les plus nécessaires à un Officier* , 3 vol. *in-12*. 2. l'*Art des Armées navales* , ou *Traité des évolutions navales* , Lyon 1697 *in-fol* ouvrage qui n'est pas moins historique que dogmatique, & qui contient ce qui s'est passé de plus considérable sur mer pendant les 50 ans qui l'ont précédé. Le Pere Hoste le présenta à

Louis XIV qui le reçut avec bonté, & donna à l'Auteur cent pistoles & une pension de 600 liv. 3. un Traité *de la construction des Vaisseaux*, qu'il composa à l'occasion de quelques conversations qu'il eut avec le Maréchal de Tourville. Ce Traité se trouve imprimé à la suite du précédent.

HOSTUS, ( Matthieu ) cél. Litterateur & Antiquaire Allemand, né en 1509, fut Professeur de la Langue grecque, & m. à Francfort sur-l'Oder le 29 Avril 1587, à 79 ans. Il s'est rendu cél. par les ouvr. suivans. *De numeratione emendata veteribus Latinis & Græcis usitata. De re Nummaria veterum Græcorum, Romanorum & Hebræorum. De Monomach. Davidis & Golia. De multiplici assis usu. De sex hydriarum capacitate. Inquisitio in fabricam Arcæ Noe. De Chænice græca. Opuscula de Labro Exod.* 30. *Mari fusili* 1. *Reg. 7. &c.*

HOTMAN, ( François ) *Hotomanus*, cél. Jurisconsulte, naquit à Paris le 23 Août 1524, de Pierre Hotman qui fut conseiller au Parlement. Il enseigna avec réputation à Lausanne, à Valence, & à Bourges où ses Ecoliers le sauverent du massacre de la S. Barthelemi en 1572. Hotman eut beauc. de part aux affaires des Protestans. Il professa le Droit à Geneve, à Montbelliard & à Bâle, où il m. le 12 Fév. 1590, à 65 ans. On a de lui plus. Traités de Droit estimés, & deux ouvr. qui ont fait beauc. de bruit, dont l'un est intitulé, *Brutum fulmen*, en faveur du Roi de Navarre excommunié à Rome, & l'autre, *Franco-Gallia*, dans lequel il prétend, contre les Loix & l'usage, que notre Monarchie est élective & non héréditaire. Les principes qu'il veut établir dans ce Traité lui ont fait attribuer le *Vindiciæ contra Tyrannos* de Junius Brutus. Tous ses ouvrages ont été imprimés à Geneve en 1599, en 3 vol. *in-fol.* Antoine Hotman, son frere, fut Avocat Général au Parlement de Paris dans le tems de la

Ligue. On a aussi de lui quelques *Traités de Droit*, qui sont estimés. Jean Hotman, sieur de Villiers, fils d'Antoine Hotman, est aussi auteur de plusieurs ouvrages, dont les principaux sont : 1. un *Traité du devoir de l'Ambassadeur.* 2. La *Vie de Gaspard de Coligny de Châtillon, Amiral de France, tué en 1572*, composée en latin & imprimée en 1575 *in-8°.* elle a été traduite en françois, &c. On imprima à Paris chez Guillemot en 1616 *in 8°.* des *Opuscules* en françois, de François, Antoine, & Jean Hotman.

HOTTINGER, ( Jean-Henri ) l'un des plus fameux Ecrivains du 17e siecle, naquit à Zurich le 10 Mars 1620. Il fit paroître de bonne heure de si gr. dispositions pour les Sciences, que les Curateurs des Ecoles l'envoïerent étudier dans les Païs étrangers aux frais du public. Hottinger alla d'abord à Geneve, puis en France & en Hollande. Il étudia les Langues Orientales à Leyde, sous le célebre Golius, & fut Précepteur de ses enfans. Il vit ensuite l'Angleterre, & fut rappellé à Zurich, où il enseigna l'Histoire Ecclésiastique, la Théologie & les Langues Orientales. En 1655 il fut prêté à l'Electeur Palatin, pour rétablir la réputation de l'Université d'Heidelberg. Hottinger y ranima les études, & plut extrêmement à l'Electeur. On le rappella à Zurich en 1661, & on le chargea des affaires les plus importantes. L'Académie de Leyde le demanda en 1667, pour être Professeur de Théologie, & l'obtint enfin par la faveur des Etats de Hollande. Hottinger se préparoit à partir, lorsqu'il se noïa malheureusement avec une partie de sa famille dans la Riviere de Limat, qui passe à Zurich, le 5 Juin 1667. On a de lui un très gr. nombre d'ouvrages. Les principaux sont : 1. *Exercitationes antimorinianæ*, dans lequel il défend la pureté du texte hébreu de la Bible, contre le Pere Morin. Ce Livre est estimé : 2. *Historia Orientalis :*

3. *Bibliothecarius quadripartitus :*
4. *Thesaurus Philologicus sacræ
Scripturæ :* 5. *Historia Ecclesiastica :* 6. *Promptuarium sive Bibliotheca Orientalis :* 7. *Dissertationes
miscellaneæ, &c.* Heidegger a écrit
sa vie. Jean-Jacques Hottinger son
fils, fut aussi un habile Théologien
Protestant. Il succéda à Heidegger
dans la Chaire de Théologie à Zurich, & m. le 18 Décembre 1735.
On a aussi de lui un très gr. nombre
d'ouvr. dont la plupart sont des
*Dissertations Théologiques* sur des
sujets importans.

HOUDART DE LA MOTHE,
ou plutôt DE LA MOTHE, *voyez*
MOTHE.

HOUDRY, ( Vincent ) Jésuite
fort connu par son ouvrage intitulé : *la Bibliotheq. des Prédicateurs,*
naquit à Tours, le 22 Janv. 1631.
Il régenta les Humanités, la Rhétorique & la Philosophie chez les
Jésuites ; s'appliqua ensuite à la
Prédication pendant 24 ans, & passa le reste de sa vie à composer des
ouvrages utiles. Il m. à Paris au
College de *Louis le Gr.* le 29 Mars
1729, à 99 ans & trois mois,
témoignant dans sa maladie qu'il
étoit un peu fâché de n'avoir pu
accomplir le siecle entier. Outre
sa *Bibliotheque des Prédicateurs,*
dont la plus ample édition est celle
de Lyon de 1733 en 22 vol. *in-4°,*
on a de lui, 1. un *Traité de la
maniere d'imiter les bons Prédicateurs,* in-12. 2. *Ars Typographica,* carmen.

HOULIERES, ( Antoinette du
Ligier de la Garde, veuve de Guillaume de la Fon, Seigneur des)
Dame illustre du 17e siecle, né à
Paris vers 1634, fut formée à la
Poésies par d'Hesnaut, & avoit
toutes les graces de l'esprit & du
corps. Elle épousa M. des Houlieres, Lieutenant de Roi de la ville
de Dourlens, & s'acquit une grande
réputation par ses *Poésies,* sur-tout
par ses *Idilles.* Elle m. à Paris d'un
Cancer au sein, le 17 Février 1694,
âgée d'un peu plus de 60 ans. Ses
œuvres & celles de sa fille ont été
recueillies & imprimées en 2 vol.
*in-12.* La plupart des *Idilles,* surtout celles des *Moutons,* des *Oiseaux,* des *Ruisseaux & des Fleurs,*
surpassent en ce genre tout ce que
nous avons en françois. Le style
en est pur, coulant & châtié, les
pensées & les expressions nobles.
Les œuvres de Madelle des Houlieres n'approchent pas de la beauté
de celles de sa mere. Elles étoient
l'une & l'autre de l'Académie des
*Ricovrati.* Madame des Houlieres
étoit aussi de l'Académie d'Arles.
Ceux qui souhaiteront connoître
plus parfaitement l'histoire de Madame des Houlieres, peuvent consulter sa vie, qui est à la tête de
ses œuvres dans l'édition de Paris
1747, en 2 vol. *in-12.* Madame
des Houlieres a fait aussi deux Tragédies : *Genseric, & Jule-Antoine.*
Elles ne sont point estimées. La Cabale qu'elle forma pour faire réussir la *Phedre* de Pradon, contre
celle de Racine, & le *Sonnet,* qu'elle composa à ce sujet, feroient
beauc. de tort à son gout, s'il n'étoit prouvé par ses ouvrages, & si
l'on ne savoit dans quelles erreurs
entrainent les préjugés & la préoccupation. Au reste, le Recueil des
Poésies de Mad. & de Melle des
Houlieres, contient un gr. nombre
de Pieces, qui ne méritoient pas
d'être imprimées, & l'on réduiroit
à un très petit vol. *in-12.* celles
qui méritent l'approbation des personnes de bon gout.

HOULLIER, ( Jacques ) habile
Médecin de Paris, au 16e siecle,
natif d'Estampes, est auteur de plusieurs ouvr. dont M. de Thou, son
ami, fait un grand éloge. Il m. en
1562.

HOUTTEVILLE, ( Claude-François ) Académicien de l'Académie Françoise, natif de Paris,
entra à 16 ans chez les Peres de l'Oratoire, d'où il sortit au bout de 18
ans. Il fut ensuite Secrétaire du Cardinal du Bois, & Abbé de S. Vincent du Bourg-sur-Mer. Il mourut
à Paris le 8 Novembre 1742, âgé
d'environ 54 ans. Son principal

ouvrage est intitulé : *La vérité de la Religion Chrétienne, prouvée par les faits*, dont la meilleure édition est celle de Paris 1741, en 3 vol. in-4°. Cet ouvrage eut, lorsqu'il parut, un succès étonnant ; mais il tomba ensuite dans un discredit non moins surprenant. On l'avoit d'abord trop élevé ; on le rabaissa trop ensuite. Les Théologiens sensés & de bon gout, conviendront, que le style en est trop affecté ; qu'entre les principes, que l'auteur veut établir, il y en a qui sont inutiles, & même quelquefois dangereux & contraires à sa cause. Que les preuves ne sont pas toujours solides, ni bien choisies ; mais surtout que l'Abbé Houtteville n'auroit pas dû, comme il a fait, séparer les objections & les difficultés, des preuves ; qu'il auroit fallu au contraire, comme a fait judicieusem. Abbadie, traiter des preuves & des objections en même tems ; mettre ces objections par articles, & joindre à chaque article, sa réponse. Au lieu qu'en entassant objections sur objections à la fin de l'ouvrage, & n'y donnant que des réponses très courtes & très succinctes, de peur de se répéter, il donne par ce moïen plus de force à ses objections qu'à ses réponses, fait quitter de vue ses preuves, & semble détruire ce qu'il a établi. A ces défauts près l'ouvrage de l'Abbé Houtteville est un des meilleurs que nous aïons sur la vérité de la Religion Chrétienne.

HOWEL, ( Jacques ) laborieux Ecrivain Anglois, mort en 1666, est Auteur de plusieurs ouvr. dont les principaux sont : *l'Histoire de Louis XIII* ; un autre intitulé, *la Forêt de Dodone*, qui a été traduit en françois ; & un troisieme *de la prééminence des Rois de France, d'Espagne & d'Angleterre*. Après avoir été zélé Roïaliste, il embrassa, par flatterie, le parti de Cromwel, & fut néanmoins *Historiographe du Roi* après son rétablissement.

HOY, ( André ) habile Professeur Roïal en grec à Douai, natif de Bruges, s'acquit une gr. réputation par ses *Poésies* latines & par ses autres ouvrages. Il mourut au commencement du 17e siecle.

HOZIER, ( Pierre d' ) céleb. Généalogiste, étoit fils d'un Avocat, & naquit à Marseille le 12 Juillet 1592. Après la mort de son pere, il se mit dans la Compagnie des Chevaux-Legers de M. de Crequi-Bernicules, qui recherchoit alors sa Généalogie. M. d'Hozier s'offrit à ce Seigneur pour l'aider dans cette recherche, & composa la Généalogie de cette illustre Maison. Elle eut tant de succès, qu'il entreprit ensuite la Recherche générale des Généalogies des autres Maisons du Roïaume ; & il s'acquit en ce genre tant de réputation, que Louis XIII le fit Gentilhomme-Servant, Maître d'Hôtel, & Gentilhomme ordinaire de sa Chambre, & lui donna la Charge de Juge d'Armes de France. Louis XIV lui conserva les mêmes emplois, créa en sa faveur la Charge de Généalogiste de ses Ecuries, & lui donna une pension avec un Brevet de Conseiller d'Etat. Pierre d'Hozier fut consulté de toute la France & de plusieurs endroits de l'Europe. Il avoit une mémoire si prodigieuse, qu'il citoit sur le champ & sans se tromper, les dates des Contrats, les noms, les surnoms & les armes de chaque Famille qu'il avoit une fois étudiée ; ce qui fit dire au cél. d'Ablancourt, en parlant de M. d'Hozier, *qu'il falloit qu'il eût assisté à tous les Mariages & à tous les Baptêmes de l'Univers*. Il m. le prem. Décembre 1660, après avoir porté la Science des Généalogies au plus haut point de perfection. Il est Auteur d'une *Histoire de Bretagne*, in fol., & de plusieurs *Généalogies*. Sa Charge de Généalogiste a passé à ses Descendans, & ils se distinguent encore dans le même A rt.

HUARTE, ( Jean ) natif de S. Jean, dans la Navarre Françoise, s'acquit au 16e siecle de la réputation par un ouvr. qu'il composa en espagnol, & qu'il intitula: l'*Examen des Esprits*. Ce Livre a été traduit en latin & en françois. On estime l'Edition de Cologne de l'an 1610.

HUBER, (Ulric) l'un des plus grands Jurisconsultes du 17e siecle, naquit à Dockum le 13 Mars 1636. Il devint Professeur en Droit à Franeker, & m. au mois de Novembre 1694, après avoir eu de gr. démêlés avec le cél. Perizonius. On a de lui un Traité *de jure civitatis. Jurisprudentia frisica. Specimen Philosophiæ civilis. Institutiones Historiæ civilis*, & plus. autres ouvrages estimés.

HUBERT, (S.) illustre Evêque de Maftricht, succéda à S. Lambert en 708. Il fit porter le corps de S. Lambert au village de Liege, vers 721, & il y établit son siege Episcopal. Il parcourut les Ardennes, & y convertit à la Foi un gr. nombre d'Infideles, & mourut le 30 Mai 727. Son corps fut porté, le siecle suivant, dans l'Abbaïe d'Andain, Ordre de S. Benoît, qui est dans la Forêt des Ardennes. Cette Abbaïe est devenue célebre, & porte aujourd'hui le nom de Saint Hubert. Ce Saint est particulierement invoqué contre la rage.

HUBERT, (Matthieu) né à Châtillon dans le Maine, fit ses premieres études au College des Peres de l'Oratoire du Mans, où il eut pour maître le cél. Jules Mascaron, depuis Evêque d'Agen. Il entra dans la Congrégation de l'Oratoire à 21 ans, & après avoir enseigné les humanités avec distinction, on le destina à la Prédication. Le Pere Hubert prêcha successivem. en Province, à Paris & à la Cour avec applaudissement, & s'acquit l'estime du Pere Bourdaloue. Il m. à Paris le 22 Mars 1717, à 77 ans. Ses *Sermons* ont été imprim. à Paris en 1725, en 6 vol. *in* 12 par les soins du Pere de Monteuil de l'Oratoire.

HUBNER, (Jean) savant Géographe Allemand, enseigna la Géographie à Leipsic & à Hambourg, avec une réputation extraordinaire. Il fut Recteur de l'Ecole de Hambourg, & mourut en cette ville le 21 Mai 1732, à 63 ans. Son principal ouvr. est une *Géographie* très estimée pour ce qui regarde l'Allemagne. Elle a été traduite d'allemand en françois, & imprimée à Bâle en 1746, en 6 vol. *in-*12.

HUDDE, (Jean) Bourguemestre d'Amsterdam, grand Politique & sav. Mathématicien, mort à Amsterdam le 6 Avril 1704, est auteur de quelques *Opuscules* très estimés, que François Schoten a inférés dans son *Commentaire sur la Géométrie de Descartes*.

HUDSON, céleb. Pilote Anglois du 17e siecle, dont un Détroit & une Baie qui sont au Nord du Canada, portent le nom.

HUDSON, (Jean) sav. Humaniste Anglois, naquit à Wodehop, dans la Province de Cumberland, peu de tems après le rétablissement du Roi Charles II. Il acheva ses études à Oxford, & il y enseigna la Philosophie & les Belles-Lettres jusqu'en 1701, qu'il succéda à Thomas Hyde dans la Charge de Bibliothéq. de la Biblioth. Bodleïenne. Hudson devint encore Principal du Collége de la Sainte Vierge à Oxford, & conserva ces deux dernieres places jusqu'à sa mort, arrivée le 27 Novembre 1719, âgé d'environ 57 ans. On a de lui des éditions de *Velleius Paterculus*, de *Thucydide*, de *Denys d'Halicarnasse*, de *Longin*, d'*Esope*, de *Joseph*, &c.

HUERGA, (Cyprien de la) savant Religieux Espagnol de l'Ordre de Cîteaux, enseigna l'Ecriture Ste dans l'Université d'Alcala, & mourut en 1560. On a de lui des *Commentaires sur Job*, sur les *Pseaumes*, sur les *Cantiques*, &c.

HUET, (Pierre-Daniel) célebre Evêque d'Avranches, & l'un des Savans les plus érudits de son siecle, naquit à Caën en 1630. Il fit paroître dès son enfance beaucoup de dispositions pour les Belles-Lettres & pour les Sciences, & s'appliqua d'abord au Droit; mais les *prin*-

cipes de *Descartes* , & la *Géographie sacrée de Bochart* , le firent ensuite changer d'étude. Il s'appliqua à la Philosophie & aux Mathématiques , aux Langues & aux Antiquités. M. Huet eut tant d'admiration pour Bochart, qu'il desira de le connoître. Il lia une étroite amitié avec lui , & accompagna ce savant homme en Suede, d'où il tira de grands avantages pour les ouvr. dont il a enrichi depuis le Public. De retour à Caën , il se trouva élu Membre d'une Académie de Belles-Lettres , & en institua lui - même une de Physique , dont il fut le Chef. M. Bossuet aïant été nommé Précepteur du Dauphin en 1670 , le Roi lui donna M. Huet pour adjoint en qualité de Sous-Précepteur. C'est pour ce jeune Prince qu'il forma le plan des éditions *ad usum Delphini* , & qu'il en dirigea l'exécution. M. Huet avoit 46 ans, lorsqu'il fut ordonné Prêtre. Sa Majesté le nomma peu de tems après à l'Abbaïe d'Aunay , & à l'Evêché de Soissons en 1685 , mais il n'en prit jamais possession ; & permuta avec M. Brulart de Sillery , nommé à l'Evêché d'Avranches. M. Huet gouverna pendant 19 ans ce Diocèse , & y fit fleurir la science & la piété. On se plaignoit néanmoins de sa trop gr. application à l'étude ; & l'on raconte qu'un Villageois aïant été plus. fois pour lui faire quelques plaintes , & ne pouvant lui parler , parceque le Prélat , lui disoit-on , étoit à étudier. *Eh ! pourquoi* , répartit il, *le Roi ne nous a-t il pas donné un Evêque qui ait fait ses études ?* M. Huet quitta son Evêché pour l'Abbaïe de Fontenai près de Caën , & se retira ensuite chez les Jésuites de la Maison Professe de Paris, qu'il avoit toujours aimés. Il leur légua sa Bibliotheque , & y mourut le 26 Janvier 1721, à 91 ans. On a de lui un très gr. nombre d'ouvr. bien écrits, & remplis d'une vaste érudition. Les principaux sont : 1. *De claris interpretibus & de optimo genere interpretandi* ; 2. Une *Edit.* des *Com-*

mentaires d'*Origene* sur l'Ecriture Sainte, en grec & en latin : 3. Un *Traité de l'Origine des Romans* : 4. La démonstration Evangélique, *in fol.* en latin, ouvrage plus érudit que solide : 5. *Quæstiones alnetanæ de concordia rationis & fidei* : 6. *De la situation du Paradis Terrestre* : 7. *Histoire du Commerce & de la Navigation des Anciens* : 8. *Commentarius de rebus ad eum pertinentibus* : 9. *Traité de la foiblesse de l'esprit humain.* C'est une traduction que M. Huet a faite de la premiere partie de ses *Quæstiones alnetanæ*, & un Plagiat des *hypotheses pirronniennes de Sextus empiricus*, qu'il pille toujours, sans le citer jamais : 10. *Huetiana:* 11. Vers latins & grecs estimés ; ce sont des *Odes*, des *Elegies*, des *Idilles*, des *Pieces héroïques*, un *Poëme sur le sel*, & son *Voïage en Suede*. Voyez le Recueil donné par M. l'Abbé d'Olivet en 1756. On estime surtout ses *Métamorphoses*, la *Relation de son voïage de Suede* , & quelques *Odes*. 12. plusieurs *Lettres* , &c. Il étoit de l'Académie Françoise.

HUFNAGEL, ( George ) Peintre du 16e siecle, natif d'Anvers, mérita l'estime, les bienfaits & la protection du Duc de Baviere ; il mit huit ans à peindre un Missel pour Ferdinand , Archiduc d'Insprück, & cet ouvrage passe pour un chef-d'œuvre. L'Empereur Rodolphe prit ce Peintre à son service, & l'employa à peindre toutes sortes d'animaux, genre dans lequel il excelloit. Hufnagel m. en 1600 , laissant un fils, qui se distingua aussi dans la Peinture.

HUGO, ( Charles - Louis ) Chanoine Régulier de la Réforme de Prémontré, Docteur en Théologie, Abbé d'Erival , & Evêque de Ptolemaïde , m. en son Abbaïe le 2 Septembre 1739 , est Auteur d'un gr. nombre d'ouvr. dont les principaux sont : les *Annales des Prémontrés*, en 2 vol. *in-fol.* en lat. & un autre Recueil intitulé : *Sacræ antiquitatis monumenta historica, dogmatica, sica*, *diplomatica*, &c. 2 vol. in-fol. 3. *La Vie de S. Norbert*, in 4. avec des *notes* curieuses. Elle est exacte & estimée. 4. *Traité historique & critique de la Maison de Lorraine*, in-8. sous le nom de Balacourt. Ce Traité fut supprimé par Arrêt du Parlement, en 1712. &c.

HUGOLIN, ( Barthelemi ) sav. Canoniste d'Italie, natif de Lombardie, est Auteur de plus. ouvr. en latin, qui sont estimés. Il présenta son *Traité des Sacremens* au Pape Sixte V, & en fut bien récompensé.

HUGUES, ( S. ) Evêque de Grenoble, en 1080, étoit de Châteauneuf-sur-l'Isere, près de Valence en Dauphiné. C'est lui qui reçut Sa nt Bruno & ses Compagnons, & qui les établit dans la gr. Chartreuse. Il mourut le 1 Avril 1132. Il ne faut pas le confondre avec S. Hugues, Abbé de Cluni en 1049, m. en 1109 ; ni avec S. Hugues, élu Evêque de Rouen en 722, mort le 9 Avril 730.

HUGUES le Grand, appellé aussi Hugues l'*Abbé*, ou Hugues *le Blanc*, étoit fils de Robert, Roi de France, & de Beatrix de Vermandois. Il fit sacrer à Laon *Louis-d'Outre-mer* en 936, prit Reims, donna du secours à Richard I, Duc de Normandie, & fut créé, par Lothaire, Duc de Bourgogne & d'Aquitaine. Il m. le 16 Juin 956. C'étoit un des plus cél. Princes de son siecle. Il fut surnommé *le Grand*, à cause de sa taille & de ses belles actions, *le Blanc*, à cause de son teint, & l'*Abbé*, parcequ'il s'étoit mis en possession des Abbaïes de S. Denys, de Saint Germain des Prés, & de S. Martin de Tours.

HUGUES *Capet* Comte de Paris & d'Orléans, & Chef de la troisieme Race des Rois de France, dite des *Capetiens*, étoit fils de Hugues *le Grand*. Il défendit Paris avec valeur, & s'acquit une estime générale par son courage & par sa prudence. Le Roi Louis V *le Faineant*, étant mort, Hugues *Capet* se fit proclamer Roi de France à Noyon, &

fut sacré à Reims par l'Archevêque Adalberon, le 3 Juillet 987. Il ne restoit du Sang Roïal, que Charles Premier, Duc de Lorraine, fils de *Louis d'Outre mer*. Ce Prince voulut recouvrer par les armes la Couronne qu'il avoit perdue par sa faute ; mais il fut fait prisonnier à Laon, & renfermé à Orléans. Hugues *Capet* s'associa son fils Robert, & mourut le 24 Octobre 997, à 57 ans, après en avoir regné dix.

HUGUES de Fleury, ou de *Ste Marie*, cél. Moine de l'Abbaïe de Fleury, vers la fin du 11e siecle, fut nommé *Hugues de Sainte-Marie*, du nom d'un village appartenant à son pere. Il n'est gueres connu que par ses ouvrages, qui sont : 1. Deux Livres *de la Puissance Roïale & de la Dignité sacerdotale d Henri, Roi d'Angleterre*. Il y établit solidement les droits & les bornes des deux Puissances contre les préjugés de son tems. Cet ouvr. se trouve dans le Tome IV des *Miscellanea* de Baluze. 2. Une *Chronique*, ou *Histoire* depuis le commencement du monde jusqu'en 840. 3. Une *petite Chronique* depuis 996 jusqu'en 1109. Elle est estimée.

HUGUES de Flavigny, Moine de S. Vannes de Verdun, puis Abbé de Flavigny au 12e siecle, est Auteur de la *Chronique de Verdun*, qui est estimée.

HUGUES d'*Amiens*, surnommé aussi Hugues de *Rouen*, passa d'Amiens, lieu de sa naissance, en Angleterre, & y fut Abbé de Roddinges. Il fut ensuite Archevêque de Rouen en 1130, & mourut en 1164. C'étoit un des plus grands, des plus pieux & des plus sav. Evêques de son siecle. On a de lui trois *Livres pour l'instruction de son Clergé*, contre les Hérétiques de son tems. Le P. d'Achery les a fait imprimer à la suite des Œuvres de Guibert de Nogent. On trouve d'autres ouvrages de Hugues dans les collections des Peres Martenne & Durand.

HUGUES de S. Victor, célebre Théologien du 12 siecle, originaire de Flandres, se consacra à Dieu dans

l'Abbaïe de S. Victor à Paris, gouvernée par Gilduin son premier Abbé, en 1115. Il y enseigna la Théol.
avec tant de réputation, qu'il fut
appellé *un second Augustin*, & m.
en 1142, à 44 ans, après avoir été
Prieur de l'Abbaïe S. Victor. On a
de lui un gr. nombre d'ouvrages,
dans lesquels il imite le style, &
suit la doctrine de S. Augustin. Le
principal est un grand *Traité des
Sacremens*.

HUGUES de S. Cher, cél. Cardinal de l'Ordre de Saint Dominique, ainsi nommé du lieu de sa
naissance, aux Portes de Vienne,
où est une Eglise Collégiale dédiée
à S. Cher, s'acquit une gr. repu-
tation au 13e siecle par sa prudence, par son savoir & par ses talens. Il devint Docteur en Théologie de la Faculté de Paris, & fut
fait Provincial de son Ordre, puis
Cardinal par Innocent IV, le 28
Mai 1244. Ce Pape & Alexandre IV
son successeur, le chargerent des
affaires les plus importantes. Il m.
à Orviete le 19 Mars 1263. Ses principaux ouvr. sont: 1. Recueil des
Variantes, des Manuscrits hébreux,
grecs & latins, de la Bible, qu'il a
intitulé, *Correctorium Bibliæ*, &
qui se trouve en manuscrit dans la
Bibliotheque de Sorbonne. 2. Une
*Concordance de la Bible*, qui est la
premiere que l'on ait; car c'est Hugues de S. Cher qui imagina le premier les Concordances, en quoi il
a immortalisé son nom. 3. Des
*Commentaires sur la Bible: Specu-
lum Ecclesiæ*, &c.

HULSEMANN, (Jean) savant
Théol. Luthérien, naquit à Esens
en Frise, le 26 Nov. 1602. Après
avoir étudié en plus. Universités,
& voïagé en Allemagne, en France
& en Hollande, il devint Professeur de Théologie, & Sur-Inten-
dant à Leipsic. Il eut plus. autres
places honorables, & m. le 12 Juin
1661. Ses principaux ouvrages sont:
*Collegium publicum anti-papisticum.
Breviarium Theologicum. Manuale
Augustanæ confessionis. Calvinismus
irreconciliabilis. Extensio Breviarii*

*Theologici. Methodus concionandi.
De auxiliis gratiæ*. Et une *Relation*
en allemand du Colloque de Thorn,
où il avoit été envoié en 1645, à
la tête des Luthériens.

HULSIUS, (Antoine) habile
Théologien Protestant, naquit à
Hilde, petit village du Duché de
Bergue, en 1615. Il étudia à Wesel, puis à Deventer, où il fit de gr.
progrès dans les Langues Orientales. Hulsius voïagea ensuite en Angleterre, en France & en Hollande.
Il fut Ministre à Breda pendant 25
ans, jusqu'en 1676, qu'on le fit Professeur en Théologie & en Langues
à Leyde. Il y mourut en 1685, à
70 ans. Son principal ouvr. est la
*Théologie Judaïque* en latin. Henri
Hulsius, son fils, m. le 27 Avril
1723, est aussi Auteur de plusieurs
ouvr. entr'autres d'une *Somme de
Théologie* en latin.

HUMBERT II, Dauphin de
Viennois, naquit en 1312, & succéda à son pere Guigues XII, en
1333. Il épousa en 1332 Marie de
Baux, dont il eut un fils qu'il laissa
malheureusement tomber d'une fenêtre de son Palais dans l'Isere, en
se jouant avec lui. Humbert fut ensuite déclaré Général de la Croisade
contre les Infideles. & passa dans la
Grece, mais il n'y eut aucun succès
à cause de sa mauvaise conduite. A
son retour, il donna en 1343 le Dauphiné au Roi Philippe de Valois,
qui en investit son petit fils Charles.
Cette donation fut confirmée en
1349, à condition que les fils aînés
de nos Rois porteroient le titre de
*Dauphin*. C'est ainsi que le Dauphiné fut réuni à la Couronne de France. Humbert se fit ensuite Dominicain, reçut les Ordres sacrés, fut
nommé Patriarche d'Alexandrie par
les Latins, & eut l'administration
perpétuelle de l'Archev. de Reims.
Il mourut à Clermont en Auvergne,
le 22 Mars 1354, & fut enterré dans
l'Eglise des Jacobins à Paris, dont
il étoit Prieur.

HUMILITÉ, (Ste) née à Faënza
en 1226, d'une bonne famille,
aïant engagé son mari à vivre dans

la continence, neuf ans après son mariage, fonda les Religieuses de Vallombreuse, & mourut le 31 Décembre 1310, à 84 ans.

HUMPHREY, ( Laurent ) sav. Théol. Anglois du 16e siecle, naquit à Newport-Pannel dans le Duché de Buckingham en 1519. Il fit ses études à Oxford, où il enseigna ensuite le grec, puis la Théologie. Il devint Président du Collége de la Magdelene, Doyen de Glocester, puis de Vinchester, & m. le 1 Fév. 1590, à 71 ans. Ses ouvr. sont : 1. *Epistola de græcis litteris, & Homeri lectione & imitatione.* 2. *De Religionis conservatione & reformatione, deque primatu Regum.* 3. *De ratione interpretandi autores.* 4. *Optimates, sive de nobilitate, ejusque origine.* 5. *Jesuitismi pars prima & secunda.* 6. *Pharisæismus vetus & novus,* &c. Il étoit Calviniste, & n'approuvoit point la *Hierarchie Anglicane.*

HUNERIC, Roi des Vandales, en Afrique, étoit Arien. Il succéda à son pere Genseric en 476, & persécuta les Catholiques avec une barbarie étrange. Il mourut en 485, détesté de tout le monde à cause de ses cruautés.

HUNIADE, ( Jean Corvin ) Vaivode de Transsylvanie, Général des Armées de Ladislas, Roi de Hongrie, & l'un des plus gr. Capitaines de son siecle, vainquit les Turcs en plusieurs batailles importantes, leur fit lever le siege de Belgrade, & mourut à Zemplen le 10 Sept. 1456. Le Pape Calixte III versa des larmes lorsqu'il apprit la mort de ce gr. homme, & tous les Chrétiens en furent affligés. Matthias Corvin Huniade son fils, passa de la prison au Trône. La Hongrie a eu peu de Rois plus vertueux & plus célebres que lui.

HURAULT, ( Philippe ) Comte de Cheverni, & Chancelier de Fr. naquit le 25 Mars 1528, d'une famille noble. Il se rendit très habile dans l'Histoire, fut Conseiller au Parlement de Paris en 1554, puis Chancelier de France sous les Rois

Henri III & Henri IV. Il mourut le 30 Juillet 1599, à 72 ans. On a de lui des Mémoires fort connus, sous le nom de *Mémoires de Cheverni.* La meilleure Edit. est in-4°.

HURÉ, ( Charles ) célebre Professeur d'Humanité dans l'Université de Paris, & Principal du Collége de Boncours, naquit à Champigny-sur-Yone, au Dioc. de Sens, le 7 Novembre 1639. Il vint étudier à Paris, où il eut une bourse au Collége des Grassins. Il fut Régent de Troisieme & de Seconde dans le même Collége pendant 25 ans, & se livra ensuite tout entier à l'étude de l'Ecriture-Sainte. M. Huré savoit l'hébreu, le grec & le latin, sans quoi l'on ne peut avoir une parfaite intelligence de l'Ecriture. Enfin il devint Principal du Collége de Boncours, où il mourut le 12 Novembre 1717, à 78 ans. On a de lui plusieurs ouvrages sur l'Ecriture-Sainte. Les principaux sont : 1. une *Edition latine du nouveau Testament, avec de courtes notes.* Elle est estimée. 2. La *Traduction françoise du nouveau Testament & de ses notes latines* augmentées, Paris 1702, 4 vol. in-12. Cette Traduction fit du bruit. 3. *Grammaire sacrée, ou Régles pour entendre le sens littéral de l'Ecriture-Sainte,* Paris 1707, in-12. 4. Un *Dictionnaire de la Bible,* en 2 vol. in-fol. en françois, avec les mots de la Bible en latin. Il étoit très attaché aux MM. & aux sentimens de Port-Roïal.

HURTADO, ( Thomas ) célebre Théologien Espagnol, natif de Tolede, enseigna à Rome, à Alcala, & à Salamanque, avec beaucoup de réputation, & mourut en 1659. On a de lui plusieurs ouvr. de Philosophie & de Théologie, qui sont estimés.

HUS, ( Jean ) fameux Hérésiarque, & Recteur de l'Université de Prague, naquit à Hus, petit Bourg de Bohème, de parens obscurs. Il reçut des degrés dans l'Université de Prague, & en devint Recteur, puis Curé de l'Eglise de Bethléem dans la même Ville, où il se distingua par ses Prédications. Jean Hus renouvella les erreurs des Vaudois & de Wiclef, y en ajouta plusieurs autres, & se fit un gr. nombre de disciples, surtout après qu'il se fut joint avec *Jérôme de Prague.* L'Empereur Sigismond, frere & héritier présomptif de Venceslas, Roi de Bohême, craignant les suites funestes de cette nouvelle doctrine, obligea Jean Hus d'aller défendre ses opinions au Concile de Constance, qui se tenoit alors, & lui donna un sauf conduit. Jean Hus étant arrivé à Constance au mois de Novembre 1414, on examina sa doctrine pendant sept mois avec beaucoup de soin, & on lui donna la permission de parler & de se défendre ; mais ne voulant point abjurer ses erreurs, il fut condamné à être brûlé vif avec ses Livres ; ce qui fut exécuté le 16 Juillet 1415. Les Protestans rapportent beaucoup de fables sur la mort de Jean Hus, dont le nom signifie *Oie* : ils disent entr'autres choses, qu'en mourant, il s'écria : *que l'on faisoit mourir une Oie, mais que cent ans après sa mort, il renaîtroit un Cygne de ses cendres, qui soutiendroit la vérité qu'il avoit défendue.* Ils entendent par ce Cygne, *Luther,* qui parut en 1515, & qui puisa ses erreurs dans les écrits de Jean Hus, comme il nous l'apprend lui-même. Au reste, les ouvr. de Jean Hus ont été imprimés en deux vol. *in fol.* Ses disciples sont connus sous le nom de *Hussites.*

HUTCHESON, (François) fils & petit fils de Ministres non-conformistes de la Province d'Ayr en Ecosse, naquit le 8 Août 1694, dans le Nord de l'Irlande, où son pere s'étoit établi. Après avoir étudié dans la maison paternelle, il fut envoyé en 1710 à Glascow, où il fit pendant un séjour de 5 ans des progrès distingués dans les sciences & particulierement dans celle de la Religion. De retour en Irlande, on le chargea à Dublin de la direction d'une Ecole de Belles-Lettres & de Philosophie. Il y publia en 1725,

ses *Recherches sur les idées de la beauté & de la vertu,* &c. ouvrage qui plut tellement à Milord Carteret, actuellement (en 1759) Comte de Granville, & pour lors Viceroi d'Irlande, que n'aïant pû apprendre du Libraire le nom de l'Auteur, il lui adressa une Lettre sans le connoître, & lui donna depuis les marques les plus distinguées de son estime. Le D. Hutcheson établit dans cet ouvrage le *sens moral,* par lequel nous distinguons le bien du mal. Son *essai sur la nature & sur la conduite des passions & des affections avec des éclaircissemens sur le sens moral,* qu'il publia en 1728, soutint parfaitement la réputation de l'Auteur. Il fut appellé en 1729, à Glascow pour y professer la Philosophie. Il y remplit ce poste avec la plus grande distinction jusqu'en 1747, qu'il mourut à 53 ans. Outre les exercices réguliers de sa Chaire, il expliquoit trois jours de la semaine les meilleurs Moralistes grecs & latins, & consacroit le Dimanche à des discours sur l'excellence de la Révélation & sur la divinité de l'Evangile. Outre les ouvrages dont nous avons parlé, on a encore de lui : 1. *Philosophiæ moralis institutio compendiaria.* 2. *Synopsis metaphysicæ ontologiam & pneumatologiam complectens.* 3. Un *système de Philosophie morale,* publié après sa mort à Glascow en 1755, *in-4°.* par François Hutcheson son fils, Docteur en Médecine. Tous ces ouvrages sont universellement estimés.

HUTINOT, ( Louis ) Sculpteur de Paris, dont on voit dans les Jardins de Versailles, une figure représentant *Cerès.* Il mourut à Paris en 1679, à 50 ans.

HUTTEN, ( Ulric de ) Gentilhomme de Franconie, connu par ses *Poésies latines,* naquit dans le Château de Steckelberg le 20 Avril 1488. Il servit en Italie avec valeur dans l'Armée de l'Empereur Maximilien I, & publia divers écrits contre le Duc de Wirtemberg, qui avoit tué Jean Hutten, Gr. Maré-

chal de fa Cour , & Coufin du Poëte dont nous parlons. Ulric de Hutten embraffa la doctrine de Luther.
Il mena une vie très agitée, & m.
près de Zurich le 29 Août 1523 , à
36 ans. Ses *Poéfies* furent imprim.
à Francfort en 1538. Ses écrits contre le Duc de Wirtemberg font très
eftimés. Hutten a auffi travaillé aux
*Epiftolæ obfcurorum virorum*, &
publia le premier en 1518 deux Livres de Tite - Live , qui n'avoient
point encore paru. Burchard a écrit
fa vie.

HUTTERUS , ( Elie. ) Théologien Proteftant du 17e fiecle , eft
auteur de pluf. ouvr. dont le principal eft une *Bible polyglotte* , qui
eft très rare. Il ne faut pas le confondre avec Leonard Hutterus , né
à Ulm en 1563 , & mort en 1616,
qui fut Profeffeur de Théologie à
Wittemberg , & qui écrivit contre
les Catholiques & contre les Calviniftes.

HUYGENS , ( Chrétien ) *Huge-
nius* , l'un des plus gr. Mathématiciens & des plus favans Aftronomes du 17e fiecle , naquit à la Haye
le 14 Avril 1629 , de Conftantin
Huygens , Seigneur de Zuylichem ,
qui s'eft fait connoître par fes *Poéfies latines* , & qui a été succeffivement Secretaire de trois Princes d'O-
range. Chrétien Huygens fit paroître dès fon enfance , un goût extraordinaire pour les Mathématiq.
Il y fit en peu de tems de gr. progrès , & il s'y perfectionna fous le
cél. Schoten , Profeffeur à Leyde.
Huygens fuivit , en 1649 , Henri ,
Comte de Naffau , dans le Holftein
& en Dannemarck. Il vouloit paffer
jufqu'en Suede , pour y voir Defcartes , mais le peu de féjour que ce
Comte fit dans le Dannemarck . ne
le lui permit pas. Il voïagea enfuite
en France & en Angleterre , & s'y
acquit une gr. réputation. M. Colbert , inftruit de fon mérite , lui
donna une groffe penfion pour le
fixer à Paris. Huygens fe rendit à
fes defirs , & demeura en cette ville
depuis 1664 , jufqu'en 1681. Il avoit
été reçu de la Société Roïale de

Londres en 1663 , & fut admis à
l'Académie des fciences pendant
fon féjour à Paris. Huygens aimoit
le Cabinet & la vie paifible & médi-
tative. Il n'avoit cependant point
cette humeur trifte que l'on con-
tracte d'ordinaire dans la retraite.
Il découvrit le premier un *anneau*
& un troif. Satellite autour de Saturne , qui jufques là avoient échapé aux yeux des Aftronomes. Il
trouva le moïen de donner de la
juftelle aux Horloges , en y appliquant un Pendule , & en rendant
toutes les vibrations égales par la
Cycloïde. Il perfectionna les Telefcopes , fit un gr. nombre de découvertes très utiles , & mourut à la
Haye le 8e Juin 1695 , à 66 ans. On
a de lui un gr. nombre d'excellens
ouvrages. Les principaux font renfermés en deux Recueils , dont le
premier a été imprimé à Leyde en
1682 , *in*-4°. fous le titre d'*Opera
varia* ; & le fecond qui a pour titre ,
*Opera reliqua* , a été imprimé à
Amfterdam en 1728 , en 2 vol. *in*-
4°. Son Traité *de la pluralité des
Mondes* a été traduit en françois
par M. Dufour , ordinaire de la Mufique du Roi , & a fervi de canne-
vas à l'ingénieux ouvr. de M. de
Fontenelle , fur le même fujet.

HUYGHENS , ( Gommaire ) célebre Docteur de Louvain , naquit à
Liet , autrement Lyre , ville du Brabant , en 1631. Il profeffa la Philofophie à Louvain avec réputation ,
& devint Préfident du Collége du
Pape Adrien VI , où il mourut le
27 Octobre 1702 , à 71 ans. On a
de lui un gr. nombre d'ouvr. en latin. Les principaux font : 1. la *Méthode de remettre & de retenir les
péchés* , en latin. Il a été traduit en
françois. 2. Des *Thefes fur la Grace*. 3. Des *Conférences de Théologie*
en 2 vol. *in*-12. 4. Un *Cours de
Théologie* , &c. Il refufa d'écrire
contre les quatre articles du Clergé
de France ; ce qui le mit mal à la
Cour de Rome. Il étoit ami intime
du Pere Quefnel , & zélé défenfeur
de fa caufe & de fes fentimens. M.
Arnauld fait de lui un gr. éloge,

HYACINTHE, (S.) Religieux de l'Ordre de S. Dominique, naquit à Saffe en Siléfie l'an 1183, de l'ancienne Maifon des Comtes d'Oldrovans, qui a donné pluf. gr. Officiers au Roïaume de Pologne. L'Evêque de Cracovie fon oncle, le mena en 1217 à Rome, où il trouva S. Dominique. S. Hyacinthe prit l'habit des mains de ce S. Patriarche en 1218. Il s'en retourna enfuite en fon païs, y fonda divers Monafteres de fon Ordre, & alla prêcher la Foi dans le Nord, où il convertit un nombre infini d'Infideles & de Schifmatiques. Il mourut à Cracovie le 15 Août 1257.

HYAGNIS, pere de Marfyas, qui fut vaincu par Apollon, eft, felon Plutarque, celui qui a inventé la flute & l'harmonie Phrygienne. Il vivoit environ 1500 ans avant Jefus-Chrift.

HYDE, (Edouard) Comte de Clarendon, & Lord-Chancelier d'Angleterre, fe diftingua par fes talens & par fa capacité dans les affaires. Il fut très attaché aux Rois Charles I, & Charles II, & eut part à leurs profpérités & à leurs difgraces. On lui ôta le gr. fceau en 1667, ce qui le fit retirer en France, où il m. étant à Rouen, le 19 Décembre 1674. On a de lui : 1. l'*Hiftoire des Guerres Civiles d'Angleterre*, depuis 1641 jufqu'en 1660, imprim. à Oxford en 1704, en 3 vol. *in-fol.*, & en françois à la Haye en 6 vol. *in-12*. Cette Hiftoire eft fort eftimée. L'Edition *in-fol.* eft la meilleure & la plus exacte. 2. Plufieurs autres ouvrages dans lefquels il fait paroître beaucoup de probité, & un gr. zele pour le bonheur & la gloire de fa patrie. Henri Hyde, Comte de Clarendon, lui fuccéda dans fes Terres.

HYDE, (Thomas) Profeffeur d'Arabe à Oxford, & l'un des plus favans Ecrivains du 17e fiecle, devint Bibliotéquaire de la Bibliotéque Bodleïenne, & s'acquit une gr. réputation par fes ouvr. Le plus connu de tous fes Livres eft un *Traité de la Religion des anciens*

Perfes, *in-4°*. Ouvrage favant & curieux, mais rare & trop obfcur.

HYGIN, (S.) gouverna l'Eglife après la mort du Pape S. Telefphore, vers l'an 139, & mourut vers 142. Ce fut de fon tems que Valentin & Cerdon allerent à Rome. S. Pie I lui fuccéda.

HYGIN, (C. Jules) Grammairien célebre, Affranchi d'Augufte, & ami d'Ovide, étoit d'Efpagne, felon quelques uns, ou d'Alexandrie felon d'autres. On lui attribue des *Fables*, & un *Aftronomicon Poëticon*; mais ces ouvr. font de quelqu'Ecrivain du bas empire.

HYLAS, fils de Theodamas, & favori d'Hercule, felon la fable, fut enlevé par les Nymphes, tandis qu'il puifoit de l'eau pour Hercule dans une fontaine. Ce Héros lui bâtit une ville de fon nom en Myfie.

HYMENÉE, fils de Bacchus & de Venus, & Dieu du Mariage, felon la fable, étoit repréfen'é fous la figure d'un jeune homme blond, avec un flambeau à la main, une Couronne de rofes, une robe jaune & des fouliers de même couleur.

HYPACIE, *Hypatia*, fille de Theon, Philofophe & Mathématicien célebre, naquit à Alexandrie vers la fin du 4e fiecle. Elle eut pour Maître Theon fon pere, & fit de fi gr. progrès dans la Philofophie, la Géométrie, l'Aftronomie & les Mathématiques, qu'elle paffa pour la perfonne la plus favante de fon tems. Hypacie tint la fameufe Ecole d'Alexandrie, où tant de gr. hommes avoient enfeigné avant elle, & l'on compte parmi fes difciples Synefius de Cyrene, qui fut depuis Evêque, & qui appelle cette fav. fille, *fa mere, fa fœur, fon maître en Philofophie*, & *fa bienfaictrice*. Synefius lui adreffe pluf. Lettres; il la rend juge de fes ouvr. & fe foumet à fes décifions. Hypacie avoit compofé elle-même pluf. Traités de Mathématiques, qui fe font perdus. Elle fut tuée au mois de Mars 415, dans la gr. Eglife d'Alexandrie ; au milieu d'une émeute populaire , parcequ'on l'accusoit d'empêcher la réconciliation d'Oreste , Gouverneur d'Alexandrie , avec S. Cyrille. Les Protestans ont accusé faussement S. Cyrille d'avoir trempé dans ce meurtre. Ceux qui ont parlé d'Hypacie , l'ont autant louée pour la pureté de ses mœurs , que pour la beauté de son génie. Ce qui est extraordinaire , puisqu'il paroît constant qu'elle fut toujours engagée dans les ténebres du Paganisme.

HYPERIDE , célebre Orateur Grec , fut disciple de Platon & d'Isocrate , & gouverna la République d'Athenes. Il défendit avec zele & avec courage la liberté de la Grece ; mais il fut mis à mort par ordre d'Antipater. Il avoit composé un gr. nombre de *Harangues* , dont il ne reste qu'une seule. Il est un des dix célebres Orateurs Grecs : il n'excelloit que dans les pet. causes.

HYPERIUS , ( Gerard - André ) habile Ministre & Théologien Protestant , naquit à Ypres le 16 Mai 1511 , d'un pere qui étoit Avocat. Il vint achever ses études aux Colléges de Calvi & de Sorbonne , & prit le nom d'*Hyperius* , du lieu de sa naissance. Il retourna ensuite en Flandres , voïagea en Allemagne , & demeura quelques années en Angleterre chez le Baron Charles de Monjoye son ami. De-là , il alla s'établir à Marpurg. , où il lia une étroite amitié avec Geldenhaur, qui y professoit la Théologie. Hyperius succéda à ce Professeur en 1542. Il s'acquit une gr. réputation par son savoir & par ses ouvr. , & mourut en 1564 , à 53 ans. Il savoit les Langues , l'Histoire , la Philosophie & la Théologie , & avoit le talent de la parole. On a de lui un grand nombre d'ouvrages. Les plus estimés par les Catholiques , sont deux Traités de Théologie , dont l'un a pour titre : *De recte formando Theologiæ studio* ; & l'autre , *de formandis concionibus sacris.* Laurent de Villa Vicentia , Religieux Augustin Espagnol , les trouva si excellens ,

qu'il les fit imprimer à Louvain sous son nom , en y retranchant quelque chose.

HYPERMNESTRE , celle des cinquante filles de Danaüs , Roi d'Argos , qui ne voulut point obéir à l'ordre cruel que Danaüs avoit donné à toutes ses filles de tuer leurs maris la premiere nuit de leurs noces. Cette Princesse sauva la vie à Lynceus son époux , après qu'elle lui eut fait promettre de ne point violer sa virginité.

HYPSIPYLE , fille de Thoas , Roi de Lemnos , sauva la vie à son pere , lorsque les femmes de cette Isle firent un massacre général de tous les hommes qui l'habitoient. Hypsipyle cacha son pere avec soin , & fit accroire qu'elle s'en étoit défaite. Alors les femmes l'élurent pour leur Reine. Quelque - tems après , les Argonautes aborderent dans l'Isle de Lemnos , où trouvant toutes les femmes sans maris , ils eurent commerce avec elles. Hypsipyle s'attacha à Jason leur Chef , & en eut deux enfans jumeaux , mais Jason l'abandonna avec ses enfans , & continua son voïage. Après son départ , les Lemniennes aïant découvert qu'elle avoit épargné son pere Thoas , la chasserent de l'Isle. Elle se retira dans le Peloponnese.

HYRCAN I , ( Jean ) Prince des Juifs , étoit fils de Simon Machabée , qui fut tué en trahison par son gendre Ptolomée , 135 ans avant J. C. Hyrcan , voulant venger cette mort , assiégea Ptolomée. Il soutint le siege de Jérusalem contre Antiochus Sidetes , prit plusieurs villes en Judée , subjugua les Iduméens , démolit le Temple de Garizim , s'empara de Samarie , & mourut 114 ans avant J. C. après avoir gouverné les Juifs avec prudence 31 ans. Il laissa cinq fils , & ne prit jamais le nom de Roi.

HYRCAN II , fils aîné d'Alexandre I , succéda à son pere au Pontificat , 78 ans av. J. C. Il devoit lui succéder à la Couronne ; mais son frere Aristobule la lui ravit par le secours des Romains, & ne lui laissa que la gr. Sacrificature. Depuis Hyrcan tomba entre les mains de son neveu Antigone, qui lui fit couper les oreilles ; enfin Hérode le fit mourir à l'âge de 80 ans, 30 ans avant J. C.

HYSTASPES, fils d'Arsames, de la famille des Achéménides, fut pere de Darius, qui regna dans la Perse, après avoir tué le Mage Smerdis. Hystaspes fut Gouverneur de la Perse propre sous le regne de son fils, & mourut peu de tems après son élévation.

# J.

JABIN, Roi des Cananéens, avoit 900 chariots de guerre, & tint pendant 20 ans les Israélites dans une dure servitude, qui ne finit que l'an 1285 av. J. C. par le ministere de Barac, qui défit l'armée de ce Roi conduite par Sisara.

JABLONSKY, (Daniel Ernest) savant Polonois Protestant, naquit à Dantzick le 20 Novembre 1660. Il étudia en Allemagne, en Hollande & en Angleterre, & fut successivem. Ministre de Magdebourg, de Lissa, de Konigsberg & de Berlin. Jablonski devint ensuite Conseiller Ecclésiastique de Berlin, & Président de la Société des Sciences de cette Ville. Il fit paroître beaucoup de zele contre les Athées & les Déistes, & travailla en vain à la réunion des Calvinistes & des Luthériens. Il mourut le 26 Mai 1741. On a de lui une Traduction latine des discours Anglois de Richard Bentlei contre l'Athéisme ; du Traité de Burnet sur la Prédestination. Plusieurs Dissertations en latin sur la Terre de Gessen. Meditationes de divinâ origine scripturæ sacræ. Un Livre intitulé : Thorn affligée ; des Homélies, in-4°, & d'autres ouvrages estimés. Jablonski étoit possesseur du cél. Manuscr. Syriaque écrit en 616, qui avoit

appartenu au sav. Masius. C'est le seul Manuscr. connu qui nous ait conservé l'Edition donnée par Origene du Livre de Josué, & des autres Livres Histor. suivans de l'anc. Testam. Il est enrichi des Asterisques & des Obeles d'Origene, & traduit mot à mot sur un Exemplaire grec, corrigé de la main d'Eusebe. Breitinger nous apprend cette anecdote dans sa Préface de l'Edition des 70 de Grabe, pag. 4. t. 3.

JABLONSKI, (Paul-Ernest) cél. Professeur de Francfort sur l'Oder, dont on a plus. ouvr. estimés, entr'autres Pantheon ægyptiacum, seu de Religione & Theologia Ægypti, & institutiones historiæ Ecclesiasticæ, 2 vol. in-8°. Il est m. à Francfort le 14 Sept. 1757, à 64 ans.

JACCETIUS ou DIACETIUS, (François Catanée) habile Philosophe Platonicien, & Orateur, naquit à Florence le 16 Nov. 1466. Il fut disciple de Marsile Ficin, lui succéda dans sa Chaire de Philosophie, & mour. à Florence en 1522. On a de lui un Traité du Beau : un autre de l'Amour, des Epitres, & plus. autres ouvrages imprimés à Bâle en 1563.

JACKSON, (Thomas) fameux Théologien Anglois, naquit à Witton, dans l'Evêché de Durham en 1579, d'une famille distinguée. Il devint Docteur d'Oxford, en 1622, ensuite Présid. du Collège de Christ, Chapelain ordinaire du Roi, Prébendaire de Winchester & Doyen de Peterborough. Ses ouvrages ont été recueillis en 1673, en 3 vol. in fol., le plus estimé est son explication du Symbole.

JACOB, célebre Patriarche, fils d'Isaac & de Rebecca, naquit vers 1836 avant J. C. Sa mere avoit plus d'inclination pour lui que pour Esaü à cause de son naturel doux & tranquille. Il acheta le droit d'aînesse de son frere, surprit la bénédiction d'Isaac par le conseil de Rebecca, & s'en alla chez Laban son oncle, en Mésopotamie, vers 1759 avant J. C. C'est pendant ce voïage que Jacob eut la vision miraculeuse d'une Echelle qui s'étendoit depuis la Terre jusqu'au Ciel. Aïant ensuite rencontré Rachel, fille de Laban, dans l'endroit où les Habitans de Haran abreuvoient leurs troupeaux, il lui apprit qu'il étoit son parent. Elle courut aussitôt pour en avertir son pere, qui alla au-devant de Jacob & l'emmena chez lui. Jacob demeura chez Laban, & le servit sept ans pour avoir Rachel en mariage ; mais quand ce tems fut écoulé, Laban lui donna Lia au lieu de Rachel, ce qui obligea Jacob de s'engager à servir sept autres années pour épouser Rachel. Il l'épousa en effet, & l'aima plus que Lia. Jacob devint ensuite si puissant, qu'il causa de la jalousie aux enfans de Laban, ce qui le détermina à s'en retourner dans la Terre de Chanaan, auprès d'Isaac son pere. Il partit sans en avertir Laban, qui en aïant été informé au bout de trois jours, courut après Jacob, l'atteignit à la montagne de Galaad, & fit alliance avec lui. Le S. Patriarche lutta ensuite avec un Ange, rencontra son frere Esaü, & alla s'établir proche de Salem, d'où le Seigneur lui ordonna d'aller à Bethel, & changea son nom de Jacob en celui d'Israël. C'est de-là que les descendans de ce S. Patriarche ont été appellés Israélites : enfin Jacob étant âgé de 130 ans, alla en Egypte avec toute sa famille, aïant appris que Joseph son fils, qu'il avoit cru mort, étoit Premier Ministre de ce Roïaume. Il y vécut 17 ans, adopta Manassés & Ephraïm, fils de Joseph ; donna à chacun des enfans qu'il avoit eus de Lia, de Rachel, de Bala & de Zelpha, une Bénédiction particuliere : leur prédit ce qui leur arriveroit avant la naissance du Messie, & mourut 1690 ans av. J. C. à 147 ans. Joseph le fit embaumer, & l'ensévelit dans la Terre de Chanaan, dans la Caverne qu'Abraham avoit achetée d'Hephron.

JACOB ben-Nephtali, célebre Rabbin du cinquieme siecle. Lui & Ben-Aser furent les deux principaux Masoretes de l'Ecole de Tiberiade dans la Palestine. C'est à ces deux Rabbins que l'on attribue l'invention des points héb. vers 476 de Jesus-Christ.

JACOB al Bardai, Disciple de Severe, Patriarche d'Antioche, fut surnommé Bardai, parcequ'il étoit natif ou originaire de Bardaa, ville d'Arménie. Il répandit la Doctrine d'Eutychès dans la Mésopotamie & dans l'Arménie ; & c'est de lui, à ce que l'on croit, que les Eutychiens prirent le nom de Jacobites, qu'ils portent encore aujourd'hui. Il vivoit du tems de l'Empereur Anastase. Il ne faut pas le confondre avec un autre Jacob, disciple de Dioscore & d'Eutyches, d'où quelques Savans ont aussi prétendu que les Eutychiens avoient pris le nom de Jacobites.

JACOB ben-Haiim ou Chaiim, célebre Rabbin du 16e siecle, s'est acquis beaucoup de réputation par le Recueil de la Massore qu'il fit imprimer à Venise en 1525, chez Bomberg, avec le texte hébreu de la Bible, les Paraphrases Chaldaïques, & les Commentaires de quelques Rabbins sur l'Ecriture. Cette édition de la Bible en hébreu & celles que ce Rabbin donna ensuite, sont très estimées. C'est dans ces éditions que l'on trouve la Massore dans toute sa pureté.

JACOB, (Louis) cél. Religieux de l'Ordre des Carmes, natif de Châlons-sur Saone, étoit très laborieux. Il se rendit habile dans les Belles-Lettres & la Théologie, & devint Conseiller & Aumônier du Roi. Il mourut à Paris le 10 Mai 1670, chez M. de Harlay, alors Procureur Général, & depuis Premier Président. Ses principaux ouvrages sont : 1. Bibliotheca Pontificia, en deux Livres, dans lesquels il traite des Papes & des Anti-Papes jusqu'à Urbain VIII, avec une liste des Ecrits faits pour & contre les Papes. 2. Un Traité des plus belles Bibliotheques, Paris 1644, in-8°. 3. Bibliographia Parisina, depuis 1643 jusqu'en 1647. Bibliographia

*Gallica univerſalis*, pour l'année
1651. 5. *De claris Scriptoribus Cabilonenſibus*. 6. *Gabrielis Naudei Tumulus*, &c.

JACOBÆUS, ( Oliger ) célebre Profeſſeur de Médecine & de Philoſophie à Copenhague, naquit à Arhus le 6 Juillet 1650, d'une bonne famille. Aprés avoir pris les degrés ordinaires dans l'Univerſité de Copenhague, il voïagea en France, en Italie, en Hongrie, en Angleterre & dans les Pays-Bas, pour ſe perfectionner dans les Sciences & dans la Médecine. Jacobæus fit connoiſſance avec tous les plus ſavans hommes de l'Europe, lia amitié avec un gr. nombre, & entretint commerce de Lettres avec eux. De retour en ſa Patrie en 1679, le Roi de Danemarck le nomma Profeſſeur de Médecine & de Philoſophie dans la Capitale de ſon Roïaume. Jacobæus reçut dans la ſuite diverſes autres marques d'eſtime, & le Roi Frederic IV le fit Conſeiller de ſon Tribunal de Juſtice. Il mourut en 1701, à 51 ans, laiſſant d'Anne-Marguerite Bartholin, fille du cél. Thomas Bartholin, ſix enfans. On a de lui : 1. *Compendium inſtitutionum medicarum*. 2. *De Ranis & Lacertis Diſſertatio*. 3. *Muſæum Regium, ſive Catalogus rerum tam naturalium quàm artificialium quæ in Baſilica Bibliothecæ Chriſtiani Quinti Hafniæ aſſervantur ;* & d'autres ouvr. latins en proſe & en vers.

JACOBATIUS, ( Dominique ) Evêque de Luceria, fut employé en diverſes affaires importantes par Sixte IV, & par les Papes ſuivans. Leon X le fit Cardinal en 1517. Il mourut le 2 Juillet 1527, à 84 ans. On a de lui un *Traité des Conciles* en latin, qui eſt fort cher, mais très peu eſtimé des Savans, avec raiſon.

JACOBEL, fameux hérétique du 15.e ſiécle, natif de Miſe en Bohême, fut diſciple de Jean Hus, & fit beaucoup de bruit par ſes erreurs. Il ſoutenoit avec opiniâtreté que les Laïcs doivent néceſſairement communier ſous les deux eſpeces.

JACQUES ( S. ) *le Majeur*, frere de S. Jean l'Evangéliſte, & fils de Zebedée & de Salomé, étoit de Bethſaïde, ville de Galilée. Il fut appellé à l'Apoſtolat avec S. Jean, comme ils racommodoient leurs filets avec leur pere Zebedée, qui étoit pêcheur. J. C. leur donna le nom de *Boanerges*, c. à. d. *Fils du Tonnerre*. Ils ſuivirent alors J. C. furent témoins avec S. Pierre de la Transfiguration ſur le Tabor, & accompagnerent Notre-Seigneur dans le Jardin des Oliviers. On croit que S. Jacques prêcha le premier l'Evangile aux Juifs diſperſés. Il retourna enſuite en Judée, & ſignala ſa foi à Jéruſalem avec tant de zele, que les Juifs ſuſciterent contre lui Herode Agrippa. Ce Prince le fit mourir cruellement vers 44 de J. C. Ainſi S. Jacques fut le premier des Apôtres qui ſouffrit le martyre. S. Clement d'Alexandrie rapporte que ſon Accuſateur fut ſi touché de ſa conſtance, qu'il ſe convertit, & qu'il ſouffrit le martyre avec lui. Il y a Jéruſalem une magnifique Egliſe qui porte le nom de S. Jacques : elle appartient aux Arméniens Schiſmatiques. Les Eſpagnols prétendent avoir eu S. Jacques pour Apôtre, & ſe glorifient d'avoir ſon corps ; mais Baronius dans ſes Annales, réfute leurs prétentions ; & Chorier prouve aſſez bien que les Reliques de S. Jacques en Galice, ne ſont point celles de S. Jacques *le Majeur*, mais d'un autre S. Jacques enterré à une lieue de Grenoble.

JACQUES ( S. ) *le Mineur*, Apôtre, frere de S. Jude, & fils de Cleophas & de Marie, ſœur de la Sainte Vierge, eſt appellé dans l'Ecriture, *le Juſte*, & *le frere du Seigneur*, c'eſt-à-dire, ſon couſin-germain. J. C. lui apparut en particulier après ſa Réſurrection, & il fut le premier Evêque de Jéruſalem. Ananus II, Grand Sacrificateur des Juifs, le fit condamner & le livra entre les mains du Peuple & des Phariſiens, qui le précipiterent des degrés du Temple. Alors un Foulon le tua d'un coup de levier, vers 62 de J. C. Sa vie parut fi fainte, que Joseph regarde la ruine de Jérufalem comme une punition de fa m. Outre le *Difcours* que S. Jacques prononça au Concile de Jérufalem vers l'an 50 de J. C. & qui fe trouve dans les Actes des Apôtres, nous avons de lui une Epître canonique, qui eft la premiere des fept Epîtres Catholiques. On lui attribue encore une Liturgie qui eft très ancienne.

JACQUES (S.) DE NISIBE, confeffa la Foi de J. C. fous l'Empereur Maximin, & devint célebre par fa vertu & par fes miracles. Aïant été facré Evêque de Nifibe, fa patrie, il continua de mener une vie fort auftere, & de fignaler fon zele pour la Foi Catholique. Il affifta au Concile de Nicée en 325; & s'étant trouvé à CP. dans le tems qu'on vouloit obliger S. Alexandre de recevoir Arius, il confeilla aux Catholiques d'avoir recours à Dieu par le jeûne & par la priere. S. Jacques de Nifibe s'acquit une gr. réputation par la maniere dont il fe comporta, lorfque les Perfes affiégerent fa Ville Epifcopale en 338, 346 & 350. Il mourut peu de tems après, laiffant plufieurs ouvrages écrits en Syriaque.

JACQUES (S.) HERMITE DE SANCERRE, ainfi appellé par les Etrangers, quoique fa folitude fût à *Saxiacum*, fort éloignée de Sancerre, étoit Grec de naiffance. Après divers voïages, il vint en France en 859, & mourut dans la folitude de *Saxiacum*, vers 865.

JACQUES I, Roi d'Aragon, furnommé *le Guerrier* & *le Belliqueux*, fuccéda à fon pere Pierre II, *le Catholique*, tué au fiége de Muret, près de Touloufe, en 1213. Il défit les Princes qui s'étoient révoltés durant fa Minorité dans fon Roïaume: conquit les Roïaumes de Majorque, de Minorque & de Valence fur les Maures, & tranfigea avec le Roi S. Louis en 1258 pour quelques Terres dans le Languedoc. Il eut diverfes affaires avec les Papes, & prit enfuite l'habit de l'Ordre de Cîteaux. Il mourut le 27 Juillet 1276, à 70

ans, après en avoir regné 63. Pierre III, fon fils, lui fuccéda.

JACQUES II, Roi d'Arragon, étoit fils de Pierre III. Il foumit la Sicile, qu'il prétendoit lui appartenir, à caufe de fa mere Conftance de Sicile, & fuccéda à fon frere Alphonfe III, en 1291. Il unit l'Arragon, Valence & la Catalogne, irrévocablement à la Couronne, & m. à Barcelonne le 3 Nov. 1327, à 66 ans, après en avoir regné 36.

JACQUES I, Roi d'Ecoffe, étoit fils de Robert III. Il fut pris, en paffant en France, par les Anglois, qui le tinrent 18 ans en prifon, & ne le mirent en liberté qu'en 1424, à condition qu'il épouferoit Jeanne, fille du Comte de Sommerfet. Il fit punir quelques-uns de ceux qui avoient gouverné le Roïaume durant fa prifon, & fut affaffiné dans fon lit, en 1436, par les parens de ceux qu'il avoit fait punir. On affure que ce Prince fe déguifoit quelquefois en habit de Marchand, pour apprendre par lui-même comment fe gouvernoient fes Officiers.

JACQUES II, Roi d'Ecoffe, fuccéda à Jacques I, fon pere, à l'âge de 7 ans. Il donna du fecours au Roi Charles VII contre les Anglois, & punit rigoureufement les Seigneurs qui s'étoient révoltés contre lui. Il fut tué au fiége de Roxburg d'un éclat de Canon, le trois Août 1460, à 29 ans, & le 23 de fon Regne.

JACQUES III, Roi d'Ecoffe, fuccéda à Jacques II, fon pere, & fe fit tellement détefter par fes cruautés, que fes Sujets fe révolterent contre lui. Il fut tué dans une bataille qu'ils lui livrerent le 11 Juin 1488, à 35 ans.

JACQUES IV, Roi d'Ecoffe, étoit un Prince pieux & amateur de la juftice. Il fuccéda à Jacques III, fon pere, à l'âge de 16 ans. Il défit les Grands du Roïaume qui s'étoient révoltés contre lui, prit le parti de Louis XII, Roi de France, contre les Anglois, & fut tué à la bataille de Floddon en 1513.

JACQUES V, Roi d'Ecoffe, n'a-

vol qu'un an & demi, lorfque Jacques IV, fon pere, mourut. Sa mere, Marguerite d'Angleterre, eut
part au Gouvernement pendant fa
Minorité : ce qui caufa des troubles
qui ne furent appaifés que quand le
Roi voulut gouverner par lui - même, à l'âge de 17 ans. Ce Prince
aima la juftice, la paix & la Religion, & fit paroître beaucoup de zele
contre les Calviniftes. Jacques V
aïant amené 16000 hommes au fecours de François I . contre Charles-
Quint, le Roi lui donna par reconnoiffance, Madeleine, fa fille aînée, en mariage, en 1535. Cette
Princeffe étant m. deux ans après,
Jacques V époufa en fecondes noces Marie de Lorraine, fille de Claude, Duc de Guife, & veuve de Louis
d'Orléans, Duc de Longueville. Il
mourut le 13 Déc. 1542, laiffant
Marie Stuart pour héritiere, dont la
Reine étoit accouchée feulement 8
jours auparavant.

JACQUES VI, Roi d'Ecoffe,
appellé Jacques I depuis fon avénement à la Couronne d'Angleterre
& d'Irlande, étoit fils de Henri
Stuart & de Marie, Reine d'Ecoffe.
Il naquit en 1566, & fut élevé fur
le Trône d'Angleterre en 1603,
après la mort de la Reine Elifabeth,
qui l'avoit nommé fon fucceffeur,
comme fon plus proche parent. Il
réunit à fon Couronnement les
Roïaumes d'Ecoffe, d'Angleterre
& d'Irlande, & prit le titre de Roi
de la Grande-Bretagne. L'année fuivante il ordonna à tous les Prêtres
Catholiques, fous peine de mort,
de fortir d'Angleterre. Il découvrit
en 1605 la fameufe confpiration des
poudres, & plufieurs des Conjurés
furent exécutés. Quelques Ecrivains
ont accufé les Jéfuites d'avoir eu
part à cette conjuration ; mais M.
Antoine le Fevre de la Boderie,
dans ce tems-là Ambaffadeur de Fr.
en Angleterre, & depuis beau pere
de M. Arnauld d'Andilly, les juftifie pleinement de cette accufation,
dans fes Négociations qui fe trouvent en mff. dans le Cabinet de M.
l'Abbé de Pompone, & qui ont été

imprimées depuis peu. Jacques I fit
dreffer, en 1605, le fameux ferment
touchant l'indépendance du Roi
d'Angleterre, appellé le Serment
d'Allegeance, & convoqua, en
1621, un Parlement, dans lequel
fe formerent les deux Partis, connus fous les noms de Torys & de
Wiggs, dont le premier eft pour le
Roi, & le fecond pour le Peuple. Ce
Prince eut pour Maître le cél. Buchanan, fous lequel il étudia les
Belles-Lettres. Il fe piquoit auffi d'ê-
tre Théologien, & les ouvrages qui
nous reftent de lui prouvent qu'il
étoit plus verfé dans la Controverfe,
que dans l'art de regner. Il mourut
dans l'erreur & dans le fchifme le 8
Avril 1625, à 59 ans, après en
avoir regné 22 en Angleterre. A fon
avénement au Trône, un Ecoffois,
voïant les acclamations extraordinaires & les efpeces d'idolâtries que
le Peuple faifoit à ce Prince, ne
put s'empêcher de s'écrier : *Hé jufte
Ciel, je crois que ces imbecilles ga-
teront notre bon Roi !* L'évenement
fit voir qu'il avoit raifon. Charles I
fon fils, lui fuccéda.

JACQUES II, Roi d'Angleterre,
d'Ecoffe & d'Irlande, fecond fils de
Charles I, Roi de la Gr. Bretagne,
& de Henriette, fille de Henri IV,
Roi de France, naquit à Londres,
le 14 Octobre 1633, & fut nommé
Duc d'Yorck. Après la prife d'Oxford en 1646, le Parti rebelle des
Parlementaires le mit fous la garde
du Comte de Northumberland, d'où
il fe fauva en Hollande déguifé en
fille, auprès de fa fœur la Princeffe
d'Orange. Il vint enfuite en France,
fervit fous le Vicomte de Turenne,
& donna des marques d'un courage digne de fa naiffance. Le Duc
d'Yorck fe fignala auffi en 1655
dans l'Armée d'Efpagne, fous Dom
Juan d'Autriche. Il repaffa en An-
gleterrre en 1660, avec le Roi Charles II, fon frere aîné, fut fait Gr.
Amiral du Roïaume, remporta en
1665 & en 1672, de cél. victoires
navales fur les Flottes Hollandoifes,
& calma en 1681 les troubles qui
s'étoient élevés en Ecoffe. Char-

les II étant m. le 16 Février 1685, le Duc d'Yorck fut proclamé Roi à Londres le même jour, sous le nom de Jacques II, & peu de tems après en Ecoſſe, ſous le nom de Jacques VII, quoiqu'il fût Catholique Romain, & qu'il eût quitté la Communion de l'Egliſe Anglicanne. Le Comte d'Argile, & le Duc de Monmouth, ſe ſouleverent auſſi-tôt contre lui, mais leurs troupes furent défaites, & ils eurent l'un & l'autre la tête tranchée. Jacques II témoigna un gr. zele pour rétablir la Religion Catholique en Angleterre, & publia en 1687 un Edit, par lequel il donnoit une pleine liberté de conſcience; mais cette conduite lui attira la haine des Anglois, & lui fit perdre la Couronne. Ils appellerent Guillaume-Henri de Naſſau, Prince d'Orange, & Stathouder de Hollande, qui, quoique gendre du Roi, ſe fit Chef de la révolte, & détrôna ſon beaupère en 1688. Jacques II fut obligé de chercher un aſyle en France, où il arriva en 1689. Il paſſa la même année en Irlande, pour tâcher de ſe rendre maître de ce Roïaume; mais y aïant perdu la bataille de la Boyne, il fut obligé de revenir en France. Il réſida à S. Germain-en-Laye, où il mourut le 16 Septembre 1701, à 68 ans. Jacques III, ſon fils, qui réſide à Rome, a ſuccédé à ſes droits ſur le Roïaume d'Angleterre.

JACQUES de Savoie, Duc de Nemours, &c. fils de Philippe de Savoie, Duc de Nemours, & de Charlotte d'Orléans-Longueville, naquit en l'Abbaïe de Vauluiſant, en Champagne, le 12 Octob. 1531. Il ſe ſignala par ſa valeur & par ſa prudence ſous Henri II, Roi de France; défit le Baron des Adrets, & ſauva le Roi Charles IX à Meaux, où les Calviniſtes étoient prêts de l'inveſtir: ce qui fit dire au Roi, en arrivant à Paris, que ſans ſon Couſin le Duc de Nemours, & ſes bons Comperes les Suiſſes, ſa vie ou ſa liberté étoient en très grand branle. Il mourut à Annéci, le 15

Juin 1585. C'étoit un Prince bien fait, généreux, ſpirituel & ſavant. Il parloit diverſes Langues, & écrivoit bien en proſe & en vers. Il y a eu pluſieurs autres Princes du nom de Jacques.

JACQUES de Voragine, célebre Dominiquain, ainſi nommé du lieu de ſa naiſſance dans l'Etat de Genes, naquit vers 1230. Il fut Provincial & Définiteur de ſon Ordre, & enſuite nommé à l'Archevêché de Genes, par le Pape Nicolas IV, en 1292. Jacques de Voragine gouverna ſon Egliſe avec beaucoup de prudence & de ſageſſe. Il tint un Concile Provincial, en 1293, & mourut le 14 Juillet 1298. On a de lui une *Chronique de Genes*, un gr. nombre de *Sermons*, & d'autres ouvr. dont le plus fameux eſt un Recueil de Légendes des Saints, connu ſous le nom de *Légende dorée*. Cet Ecrit eſt rempli de piété, mais il n'y a ni critique ni diſcernement, & l'on y trouve une infinité de fables puériles & ridicules: ce qui a fait dire à Melchior Cano, que *l'Auteur de cette Légende avoit une bouche de fer, un cœur de plomb, & un eſprit peu ſevere & peu ſage.*

JACQUES DE VITRI, célebre Cardinal du 13e ſiecle, natif de Vitri, village près de Paris, fut Chanoine d'Ognies, puis Curé d'Argenteuil. Il ſuivit les Croiſés, demeura long-tems au Levant, & fut Evêque d'*Acre*, autrement *Ptolomaïde*. Grégoire IX le fit Cardinal en 1230, & lui donna l'Evêché de Freſcati. Jacques de Vitri fut enſuite Légat en France, en Brabant, & dans la Terre-ſainte. Il fit paroître dans tous ſes emplois beaucoup de zele & de ſageſſe, & mourut à Rome, le 30 Avril 1244. On a de lui pluſieurs ouvrages, dont le plus curieux & le plus recherché, eſt une *Hiſtoire Orientale & Occidentale* en latin.

JACQUET DE LA GUERRE, (Eliſabeth-Claude) Dame illuſtre par ſon goût & par ſes talens pour la Muſique, naquit à Paris en 1669. Elle excelloit à toucher le claveſſin, avoit une très belle voix, & beaucoup d'art & de génie pour la compofition. Elle m. à Paris en 1729. Ses ouvrages sont : 1. un Opera, intitulé *Céphale & Procris* ; 2. trois Livres de *Cantates* : 3. un Recueil de *Pieces de Claveffin* : 4. un Recueil de *Sonates*, & un *Te Deum*, à grands Chœurs.

JADDUS, ou JADDOA, Grand Sacrificateur des Juifs, appaifa Alexandre *le Grand*, irrité contre les Juifs, parcequ'ils n'avoient pas voulu fournir les chofes néceffaires à l'entretien de fon Armée pendant le fiege de Tyr. Jaddus montra à ce Prince le Livre de Daniel, où il eft prédit que les Grecs détruiroient l'Empire des Perfes, & en obtint ce qu'il voulut vers 333 av. J. C.

JÆGER, (Jean-Wolfgang) favant Théologien Luthérien, naquit à Stutgard, le 17 Mars 1647, d'un pere qui étoit Confeiller des Dépêches du Duc de Wirtemberg. Après avoir fait fes études, on lui confia l'éducation du Duc Eberhard III. Il voïagea en Italie avec ce Prince en 1676, en qualité de Précepteur & de Prédicateur. Il enfeigna enfuite la Philofophie & la Théologie, & fut nommé en 1698 Confeiller du Duc de Wirtemberg, Surintendant général, & Abbé du Couvent de Maulbrun. L'année fuivante, Jæger devint Confeiller-Confiftorial, & Prédicateur de la Cathédrale à Stutgard, Surintendant général, & Abbé du Couvent d'Adelberg. Enfin il fut nommé en 1702 premier Profeffeur en Théologie, Chancelier de l'Univerfité, & Prevôt de l'Eglife de Tubinge. Il m. le 2 Avril 1720, à 73 ans. On a de lui un gr. nombre d'ouvr. dont les principaux font : 1. une *Hiftoire Eccléfiaftique* comparée avec l'Hiftoire profane : 2. un *Syftême* & un *Compendium* de Théologie : 3. Pluf. Traités fur la *Théologie myftique*, où il réfute Poiret, M. de Fenelon, &c. 4. des *Obfervations* fur Pufendorf & fur le *Traité* de Grotius *du Droit de la guerre & de la paix* : 5. un *Traité des Loix* : 6. *Examen de la Vie & de la Doctrine de Spinofa* :

7. une *Théologie-Morale*, &c. Tous ces ouvrages font en latin.

JAGELLON, Roi de Pologne voyez LADISLAS.

JAHEL, illuftre femme Juive, époufe de Heber Cinéen, perça avec un gros clou, le front de Sifara, Général des Cananéens, qui s'étoit retiré dans fa tente, 1285 avant J. C.

JAILLOT, fameux Géographe, dont on a un gr. nombre de Cartes. Celles qui concernent la France entrent dans un gr. détail, & font la plupart exactes. Sa Carte de la Lorraine eft la meilleure qui ait été faite jufqu'ici fur ce païs.

JAMBLIQUE, nom de deux cél. Philofophes Platoniciens, dont l'un étoit de Chalcide, & l'autre d'Apamée, en Syrie. Le premier, que Julien l'*Apoftat* égale ridiculement à Platon, étoit Difciple d'Anatolius & de Porphyre, & m. fous le regne de l'Empereur Conftantin. Le fecond fut auffi en grande réputation ; Julien l'*Apoftat* lui écrivit pluf. lettres, & l'on dit qu'il s'empoifonna fous Valens. On ne fait auquel des deux il faut attribuer les Ouvrages que nous avons en grec, fous le nom de *Jamblique* ; favoir : 1. L'*Hiftoire de la Vie & de la Secte de Pythagore* : 2. *Exhortation à la Philofophie* : 3. Un *Ecrit* contre la Lettre de Porphyre, fur les Myfteres des Egyptiens.

JAMES, ou JAMESIUS, (Thomas) favant Docteur d'Oxford, & premier Bibliothequaire de la bibliotheque Bodleienne, naquit à Newport, dans l'Ifle de Wight, vers 1571. Il s'acquit une grande réputation en Angleterre, fut revêtu de divers poftes importans, & m. en 1629, à 58 ans. On a de lui plufieurs ouvr. en lat. & en angl. dont la plupart roulent fur des falfifications qu'il prétend avoir été faites dans les Edit. des Textes des SS Peres. Son *Traité de perfona & officio judicis apud Hebræos*, *aliofque*, eft in-4°.

JAMYN, (Amadis) cél. Poète François au 16e fiecle, étoit natif de Chaource, Bourg du Diocèse de Troyes en Champagne. Il voïagea beaucoup dans sa jeunesse, & parcourut la Grece, les Isles de l'Archipel, & l'Asie Mineure. Il s'appliqua à la Poésie dès son enfance, & l'on voit par les Ecrits qu'il nous a laissés, en vers & en prose, qu'il avoit étudié avec soin les Langues grecque & latine, & qu'il avoit lu avec application les meilleurs Auteurs de l'Antiquité, surtout les Poëtes. On le regardoit comme l'Emule de Ronsard, son contemporain & son ami; mais il est moins guindé, moins hérissé de termes tirés du grec, & son style est plus naturel, plus naïf, & plus agréable que celui de Ronsard. Jamyn fut Secretaire & Lecteur ordinaire de la Chambre du Roi Charles IX, & m. vers 1585. On a de lui : 1. des *Œuvres Poétiques*, en 2 vol. 2. *Discours de Philosophie à Passicharis*, *& à Rodanthe*, avec sept *Discours Académiques*, le tout en prose, Paris, 1584, *in 16*. 3. La *Traduction de l'Iliade d'Homere* en vers françois, commencée par Hugues Salel, & achevée par Jamyn, depuis le 12e Livre inclusivement, avec la *Traduction* en vers françois des trois premiers Livres de l'Odyssée.

JANET, (François Clouet, plus connu sous le nom de) Poète François, du 16e siecle, dont Ronsard fait l'éloge dans ses Poésies. Il excelloit dans la miniature & dans le portrait.

JANNOT MANET ou MANETTI, *voyez* MANETTI.

JANIÇON, (François-Michel) né à Paris le 24 Décembre 1674, d'un Avocat au Conseil, qui étoit de la Relig. prét. réf., fut envoïé en Hollande par ses parens à l'âge de 9 ans. Il fit ses études à Utrecht sous la direction de son oncle, Ministre de cette ville, & entra ensuite dans le service, qu'il quitta après la paix de Riswick. De retour en Hollande, il s'y maria, & demeura pendant 8 ans à la campagne avec sa femme. Il passa ensuite

quelque tems à Amsterdam, où il travailla à la Gazette de cette ville avec M. du Beuil le pere. L'Auteur de celle de Rotterdam aïant cessé de la faire, Janiçon la continua, & peu de tems après il fut chargé d'en faire une nouvelle à Utrecht, où il alla avec toute sa famille. Il réunissoit tous les talens nécessaires pour cette entreprise. Il savoit le Hollandois, l'Anglois, l'Italien, l'Espagnol, & le François, & pouvoit par conséquent traduire lui-même les nouvelles des différens païs, sans être obligé de s'en rapporter aux Interprètes. D'ailleurs un style simple & naturel, du discernem. dans le choix des faits, une connoissance suffisante de la politique, de la sagacité à discuter les intérêts des Princes, lui assuroient un succès durable. Sa Gazette fut goutée, mais un Etranger aïant abusé de son Imprimerie domestique, pour y imprimer un Ecrit qui déplut aux Magistrats, on s'en prit à lui-même, & il fut obligé de se retirer à la Haye, où il fut revêtu de la Charge d'Agent du Landgrave de Hesse. Il y m. d'une attaque d'apoplexie le 18 Août 1730, à 56 ans. Outre ses *Gazettes*, on a de lui : 1. une Traduction françoise des deux premiers vol. de la *Bibliotheque des Dames*, composée en Anglois par Richard Steele. Cet ouvrage est estimé. 2. Le *Passepartout de l'Eglise Romaine*, *&c.* in. 12. où la Traduction d'un ouvr. écrit en Anglois par Antoine Gavin. Il est rempli de fables & de calomnies. 3. *Etat présent de la République des Provinces-Unies & des Pays-Bas qui en dépendent*, *&c.* 2. vol. *in-12*. c'est l'ouvrage le plus exact que l'on ait jusqu'à présent sur cette matiere. Il n'est cependant pas exempt de défauts. Il a été attaqué par Rousset & par la 5e Lettre du 2e volume des *Lettres sérieuses & badines*. M. Janiçon a répondu avec vivacité à Jean Rousset dans les 5 premieres Lettres du tom. 1 des *Lettres sérieuses & badines*.

JANSENIUS, ( Corneille ) savant Docteur & Professeur de Théologie à Louvain, & prem. Evêque de Gand, naquit à Hulst en Flandres, en 1510. Il fut Curé de S. Martin te Coutrai, puis Doïen de S. Jacques de Louvain, & parut avec éclat au Concile de Trente. Il fut fait à son retour Evêque de Gand, & m. en cette ville le 10 Avril 1576; à 66 ans. On a de lui une bonne *Concorde des Evangélistes*, des *Commentaires* sur plusieurs endroits de l'Ecriture Sainte, une *Paraphrase sur les Pseaumes*, & d'autres ouvrages estimés.

JANSENIUS, ( Corneille ) fameux Docteur de Louvain, puis Evêque d'Ypres, naquit en 1585 dans le village d'Accoy, près de Leerdam en Hollande. Il fit ses études à Utrecht & à Louvain, & vint ensuite à Paris. Il passa 12 ans en France, pendant lesquels il étudia avec une application extraordinaire les ouvr. de S. Augustin, & lia une étroite amitié avec Jean du Verger de Hauranne, depuis Abbé de S. Cyran. De retour à Louvain, il devint Principal du College de sainte Pulcherie, Docteur en Théologie en 1619, & peu après Professeur d'Ecriture Sainte. L'Université de Louvain le députa deux fois en Espagne, où il fit révoquer la permission que les Jésuites y avoient obtenue d'enseigner les humanités & la Philosophie à Louvain. Enfin il fut nommé Evêque d'Ypres en 1635. Il ne jouit pas long-tems de cette dignité, étant mort de la peste le 6 Mai 1638, à 53 ans. On a de lui des *Commentaires* sur les Evangiles, sur le *Pentateuque*, les *Proverbes*, l'*Ecclésiaste*, la *Sagesse*, & *Sophonie*; un Livre intitulé, *Mars Gallicus*, dans lequel il prétend que la France a eu tort de secourir les Hollandois; & d'autres ouvrages dont celui qui a fait le plus de bruit, est intitulé, *Augustinus*. C'est un gros volume *in-fol.* dans lequel il prétendoit avoir renfermé toute la doctrine de S. Augustin sur la grace, sur le libre arbitre, & sur la prédestination. Il étoit achevé lorsqu'il mourut, & il le soumit au St Siege par son Testament. Fromond & Calenus, ses Exécuteurs Testamentaires, le firent imprimer à Louvain en 1640, & y joignirent un *Ecrit*, où Jansénius fait le parallele des sentimens & des maximes de quelques Théologiens Jésuites, avec les erreurs & les faux principes des Semi-pélagiens de Marseille. Il avoit travaillé plus de 20 ans à ce gros ouvrage intit. *Augustinus*, & avoit lu dix fois pour le composer toutes les œuvres de S. Augustin, & 30 fois les Traités contre les Pélagiens. Sa publication excita aussi tôt de gr. troubles dans l'Université de Louvain. Urbain VIII, pour les appaiser, défendit en 1641 le Livre de Jansénius, comme renouvellant les Propositions condamnées par ses Prédécesseurs. Les mêmes troubles s'étant élevées en France, le Pape Innocent X condamna, en 1653, *les cinq fameuses Propositions*, extraites du Livre de Jansénius; & le Pape Alexandre VII déclara dans sa Bulle du 16 Octobre 1656, *que ces cinq Propositions sont tirées du Livre de Jansénius, & qu'elles ont été condamnées dans le sens de cet Auteur.* Il confirma cette décision par une autre Bulle, qui prescrit un nouveau *Formulaire*, dont on exige la signature de tous ceux qui sont admis aux Ordres & aux Bénéfices. *Voyez* l'article d'ARNAULD dans ce Dictionnaire.

JANSON ou JANSENIUS, (Jacques) né à Amsterdam en 1547 de parens Catholiques, fit ses études à Louvain, où il prit le Bonnet de Docteur, & où il devint Professeur en Théol. & Doïen de l'Eglise Collégiale de S. Pierre. Il m. le 20 Juillet 1625. On a de lui des *Commentaires* estimés sur les *Pseaumes*, sur le *Cantique des Cantiques*, sur *Job*, sur l'*Evangile de S. Jean*, & sur le *Canon de la Messe*. *Institutio Catholici Ecclesiastæ. Enarratio passionis*, & quelques *Oraisons funebres*.

JANSON,

JANSON, *voyez* FORBIN.

JANVIER, (Ambroise) célebre Bénédictin, naquit à Sainte-Susanne, dans le Maine, en 1614. Il se rendit très habile dans la Langue hébraïque, & après avoir professé pendant plusieurs années dans son Ordre avec réputation, il m. à Paris, dans l'Abbaïe de S. Germain-des-Prés, le 25 Avril 1682, à 68 ans. On a de lui : 1. une bonne *édition* des Œuvres de Pierre, Abbé de Celles, au 12e-siecle, in-4°. La Préface de cette édition est du P. Mabillon. 2. une *Traduction latine* du Commentaire hébreu de David Kimchi sur les Pseaumes.

JANUS, premier Roi d'Italie, reçut dans ses Etats Saturne, chassé de l'Arcadie par Jupiter. Il poliça le Peuple & bâtit le *Janicule*. Après sa mort, il fut adoré comme un Dieu. Romulus lui fit élever un Temple, dont les portes étoient ouvertes en tems de guerre, & fermées en tems de paix. Ce Temple fut fermé la premiere fois sous le regne de Numa, la seconde après la premiere guerre Punique, & trois fois sous Auguste. Neron, Vespasien, & plus. autres, pratiquerent la même cérémonie ; mais on ne voit pas que les Empereurs Chrétiens l'aient observée. On représentoit Janus avec deux visages, un bâton à la main droite, & une clef à la main gauche. Dans les médailles de Janus, on voit un Navire sur le revers.

JAPHET, fils de Noé, & frere aîné de Sem & de Cham, entra dans l'Arche avec son pere, 2379 avant J. C. Noé le benit avant que de mourir, en disant : *Que Dieu multiplie la postérité de Japhet, qu'il habite dans les tentes de Sem, & que Chanaan soit son esclave.* Prophétie qui s'accomplit lorsque les Grecs & les Romains s'emparerent de l'Asie & de l'Afrique, possédées par les descendans de Sem & de Cham. Japhet eut sept fils, dont la postérité peupla une partie de l'Asie, & toute l'Europe. C'est de ce fils de Noé, que les Poëtes ont fait leur

*Tome I.*

*Japet*, fils du Ciel & de la Terre, & Roi des Thessaliens, qui de la Nymphe Asie eut Hesper, Atlas, Epimethée, & Promethée.

JACQUELOT, (Isaac) célebre Théol. & Prédicateur Protestant, naquit à Vassy, le 16 Décem. 1647, d'un pere qui étoit Ministre de cette ville. Il se distingua dans ses études, & fut reçu Ministre à l'âge de 21 ans, & donné pour Collegue à son pere. Jacquelot quitta la France, après la révocation de l'Edit de Nantes, & se retira à Heidelberg, où l'Electrice Palatine lui donna des marques publiques de son estime. Il alla ensuite à la Haye, & s'y acquit une grande réputation par ses Sermons. Le Roi de Prusse s'étant rendu à la Haye, & aïant oui prêcher Jacquelot, voulut l'avoir pour son Ministre François à Berlin, & lui donna une grosse pension. Jacquelot alla en Prusse en 1702, & m. à Berlin, le 15 Octobre 1708, à 61 ans. On a de lui des *Serm.* & plus. autres ouvr. estimés. Les principaux sont : 1. Un *Traité de l'Existence de Dieu :* 2. Des *Dissertations sur le Messie :* 3. Trois Ouvrages contre le Dictionnaire de Bayle, dont le premier a pour titre, *Conformité de la Foi avec la raison;* le second, *Examen de la Théologie de M. Bayle ;* & le troisieme, *Réponse aux Entretiens composés par M. Bayle :* 4. Un Traité de l'*Inspiration des Livres sacrés,* en deux Parties, dont la premiere est excellente : 5. Deux petites Brochures intitulées, *Avis sur le Tableau du Socinianisme.* Ce dernier Ouvrage attira bien des affaires à Jacquelot de la part du Ministre Jurieu, auteur du *Tableau du Socinianisme.* 6. vingt-huit *Lettres aux Evêques de France,* pour les porter à user de douceur envers les Calvinistes.

JARCHAS, le plus savant des Philosophes Indiens appellés *Brachmanes,* & grand Astronome, selon S. Jerôme, fut trouvé enseignant dans une Chaire d'or par Apollonius de Tyane, lorsque celui-ci alla aux Indes.

JARCHI, ( Salomon ) cél. Rab. connu aussi sous le nom de *Raschi* naquit à Troyes en Champagne, en 1104. Il voïagea en Europe, en Asie & en Afrique, & devint très habile dans la Médecine & dans l'Astronomie, dans la *Mischne*, & dans la *Gemare*. Il m. à Troye, en 1180, à 75 ans. On a de lui des *Commentaires* sur la *Bible* ; sur la *Mischne*, sur la *Gemare*, sur le *Pirke-Avoth*, & d'autres ouvrages très estimés des Juifs. M. de la Croze, *Entretiens sur divers sujets*, pag. 175. prétend que le vrai nom de ce Rabbin est *Isaaki*.

JARDIN, ( Karel du ) Peintre Hollandois, mort à Venise en 1678, à 43 ans, excelloit dans le genre des Bambochades. On a aussi de lui des *Desseins* & des *Estampes*, dont les connoisseurs font gr. cas.

JARDINS, ( Marie - Catherine des ) Dame cél. par ses Romans, étoit d'Alençon, en Normandie, où son pere étoit Prevôt. Elle suppléa à son peu de bien par son esprit & par ses talens, & vint à Paris à l'âge de 19 à 20 ans, dans le dessein de s'y faire connoître & de changer de fortune. Elle ne se trompa point ; car quoiqu'elle ne fût pas belle, on s'empressa de la connoître à cause des agrémens de son esprit. Elle épousa M. de Ville-Dieu, Gentilhomme bienfait & assez accommodé des biens de la fortune : lequel étant mort quelque tems après, elle se remaria à M. de Châte, qu'elle enterra aussi. Madame de Ville-Dieu passa le reste de ses jours dans la galanterie, & mourut en 1683. Tous ses ouvr. ont été recueillis en 10 vol. *in-12.* en 1702. auxquels on ajouta deux autres vol. en 1721. Les plus estimés sont : 1. *Les désordres de l'Amour* : 2. *Portrait des foiblesses humaines* : 3. *Les Exilés* : 4. *Les Annales Galantes* : 5. *Le Journal amoureux*, &c. Ses pieces en vers sont les moins estimées. C'est elle qui, par ses petites Historiettes, fit perdre le gout des longs Romans. Son style est vif & intéressant, mais trop libre & licencieux.

JARRIGE, ( Pierre ) fameux Jésuite, natif de Tulle, se distingua par ses Prédications, & se fit Calviniste en 1647 Il se sauva ensuite en Hollande, & composa contre la Société un Livre abominable, intitulé : *le Jésuite sur l'échaffaut*. Il répondit aussi au Pere *Beaufais*, qui l'avoit diffamé dans un Livre intitulé : *les impiétés & sacrileges de Pierre Jarrige*. Nonobstant ces deux sanglans ouvr. contre les Jésuites, le Pere Ponthelier, qui étoit alors à la Haye à la suite d'un Ambassadeur, le détermina à rentrer dans l'Eglise Catholique en 1650 : il rétracta son ouvrage, déclarant *que la mauvaise conscience l'avoit conçu, que la mélancolie l'avoit formé, & que la vengeance l'avoit produit.* De retour en France, il vécut en Prêtre Séculier, & m. à Tulle, le 26 Septembre 1670, à 65 ans.

JARRY, ( Laurent Juilliard du ) Poète & Prédicateur François, naquit au Village de Jarry, à une demi-lieue de Xaintes, vers 1658. Il vint de bonne heure à Paris, où le Duc de Montausier, M. Bossuet, le P. Bourdaloue, & M. Flechier, furent ses Protecteurs, & l'encouragerent à travailler. Il remporta le prix de Poésie à l'Académie Françoise en 1679 & en 1714, & prêcha avec applaudissement. Il fut Prieur de Notre-Dame du Jarry, Ordre de Grammont, au Diocèse de Xaintes, où il m. après 1715. On a de lui, 1. un ouvrage intit. *le Ministere Evangélique, ou Réflexions sur l'Eloquence de la Chaire*, &c. réimprimé à Paris en 1726. 2. Des *Sermons*, des *Panégyriques* & des *Oraisons funebres*, 4 vol. *in-12*. 3. Un *Recueil de divers ouvrages de Piété*, Paris, 1688, *in-12*. 4. Des *Poésies Chrétiennes, Héroïques & Morales*, Paris, 1715, *in 12*.

JARS DE GOURNAY, *voyez* GOURNAY.

JASON, fils d'Eson, Roi de Thessalie, fut élevé par Chiron, sous la tutelle de Pelias. Celui-ci l'envoïa dans la Colchide vers 1262 av. J. C. pour conquérir la Toifon d'or ; c. à d. les tréfors que Phryxus y avoit portés, & qui étoient gardé avec foin par *Ætetas*, qui regnoit alors dans la Colchide avec fon frere Perfés. Jafon partit avec les plus braves de la Grece, fur une galere de 50 rames, nommée *Argo*, ou conftruite par un ouvrier nommé *Argo* ; ce qui fit donner le nom d'*Argonautes*, à ceux qui la montoient. Il s'empara de la Toifon d'or à l'aide de Medée, qui avoit conçu pour lui une violente paffion, & qui l'époufa dans la fuite. Jafon étant de retour, donna la Toifon d'or à Pelias, & fe retira enfuite à Corinthe, où il répudia Medée, pour époufer Glaucé, fille du Roi Créon, qui regnoit en cette ville. Medée, pour s'en venger, empoifonna Glaucé & Créon, & fe fauva à Athenes, après avoir tué les enfans qu'elle avoit eus de Jafon.

JATRE, (Mathieu) cél. Relig. Grec du 13e fiecle, dont on a deux ouvr. confidér. en vers grecs : l'un *fur les Officiers de l'Eglife de Conftantinople*, & l'autre fur *les Officiers du Palais* de la même ville. Le Pere Goar les fit imprimer en 1648, en grec & en latin, avec des notes.

JAVELLO, (Chryfoftome) fav. Dominicain Italien du 16e fiecle, enfeigna la Philof. & la Théol. à Bologne, avec beaucop de réputation, & m. vers 1540. On a de lui une *Philofophie*, une *Politique*, & une *Œconomique Chrétienne*, qui font eftimées : Des *Notes fur Pomponace*, & d'autres ouvr. impr. en 3 vol. *in fol.*

JAY, ( Nicolas le ) Baron du Tilly, &c. Garde des Sceaux, & Premier Préfident au Parlement de Paris, rendit des fervices importans aux Rois Henri IV, & à Louis XIII. Il s'acquit une gr. réputation par fa probité, par fa prudence, & par fon amour pour les Lettres & pour les Savans, & mourut en 1640. Il ne faut pas le confondre avec Guy Michel le Jay, ou le Geay,

qui fit imprimer la *Polyglotte* à fes dépens, & qui fe ruina à cette impreffion, parcequ'il ne voulut point la faire paroître fous le nom du Cardin. de Richelieu, qui fouhaitoit par-là éternifer fon nom, comme avoit fait le Card. Ximenés ; & auffi parcequ'il voulut vendre trop cher les exemplaires de cette Polyglotte aux Anglois, qui chargerent Walton d'en faire impr. une autre ; laquelle étant plus commode, fit tomber celle de M. de Jay. Après la mort de fa femme, il embraffa l'état Eccléfiaftique, & reçut le Sacerdoce. Il fut Doyen de Vezelay, dans le Nivernois, & Louis XIV lui donna un Brevet de Confeiller d'Etat. Il m. le 10 Juill. 1675. Il étoit pere de Mad. la Marquife de la Chaffetiere.

IBAS, célebre Evêque d'Edeffe, fut d'abord l'un des principaux défenfeurs de Neftorius. Il écrivit une Lettre à un Perfan, nommé Maris, dans laquelle il blâmoit Rabulas, fon Prédeceffeur, d'avoir injuftement condamné Théodore de Mopfuefte, qu'il louoit extrêmement. Quelque tems après, il rentra dans l'Eglife Catholique ; & aïant été accufé par fon Clergé de divers crimes, il fut abfous aux Conciles de Tyr & de Beryte, en 448. L'année fuiv. Diofcore & fes Sectateurs, le dépoferent dans le faux Synode d'Ephefe, & le traiterent cruellement. Ibas appella de cette injufte dépofition au Concile Général de Calcédoine, dans lequel fut produite la Lettre qu'il avoit écrite à Maris ; il fut déclaré innocent, & rétabli dans fon Siege, d'une voix unanime. Dans le fiecle fuiv. Théodore, Evêque de Cefarée en Cappadoce, Héret. Acephale, aïant engagé Juftinien à s'élever contre les Ecrits de Théodore de Mopfuefte, contre les anathêmes de Théodoret, Evêque de Cyr, & contre la Lettre d'Ibas ; ce Prince les fit condamner dans le 5e Concile général, tenu à Conftantin. en 553. C'eft ce qu'on appella l'*affaire des trois Chapitres*, qui caufa de grands troubles dans l'Eglife , & un fchifme qui ne fut éteint que long-temps après.

IBRAHIM , Empereur des Turcs, fut tiré de prifon, le 8 Fevr. 1640, pour fuccéder à fon frere *Amurat IV*. Il crut d'abord que c'étoit pour le faire mourir, mais il fe raffura en voïant le corps mort de fon frere. Il voulut fe venger des Chevaliers de Malthe en 1644, le Chevalier de *Bois-Baudran* aïant pris un vaiffeau Turc , dans lequel étoit une des Sultanes, & le fils d'Ibrahim : mais il tourna enfuite fes armes contre les Vénitiens, & prit la Canée. Il fe préparoit à fe rendre maître de Candie, lorfque fes cruautés & fes débauches firent confpirer fes Officiers contre lui. Il fut étranglé le 18 Août 1649. Mahomet IV , fon fils , lui fuccéda.

IBYCUS, célebre Poète Lyrique Grec , dont il ne refte que des fragmens , vivoit vers 540 avant J. C. On dit qu'il fut affaffiné par des Voleurs, & qu'en mourant, il prit à témoins une troupe de grues qu'il vit voler. Quelque tems après, un des voleurs aïant vu des grues, dit à fes compagnons : *Voilà les témoins de la mort d'Ibycus*. Ce qui aïant été rapporté aux Magiftrats, les Voleurs furent mis à la queftion , avouerent le fait, & furent pendus. D'où vient le proverbe : *Ibyci Grues*.

ICARE , fils de Dedale , étant retenu en prifon dans l'Ifle de Crete par Minos, Dedale trouva l'invention de mettre des voiles à fes barques, & fe fauva avec Icare ; mais celui-ci, aïant mal conduit fon vaiffeau, fit naufrage, & fe noïa dans la mer. C'eft ce qui a donné occafion aux Poètes de feindre que Dedale avoit attaché à fon fils Icare, des aîles de cire, en lui recommandant de garder toujours en volant un jufte milieu; mais qu'aïant voulu s'approcher trop près du Soleil, fes aîles s'étoient fondues, & qu'il étoit tombé dans cette mer, qui, de fon nom, fut appellée la mer *Icarienne*. Il ne faut pas le con-

fondre avec Icare , pere d'Erigone, qui, felon la Fable, aïant été tué par des Païfans, fut placé par Jupiter au figne du Bootes. *Voïez* ERIGONES.

ICTINUS , cél. Architecte Grec , bâtit plufieurs temples magnifiques , entr'autres celui de Minerve à Athenes , & celui d'Apollon fecourable dans le Peloponnefe. Il vivoit vers 430 avant J. C.

IDATHYRSE , ou INDATHYRSE, Roi des Scythes Européens, fuccéda à fon pere Saülie, & refufa fa fille en mariage à Darius, fils d'Hyftafpes , Roi de Perfe. Ce refus caufa une guerre très vive entre ces deux Princes. Darius marcha contre Idathyrfe, avec une armée de 700000 hommes ; mais fes troupes aïant été défaites, il fut obligé de repaffer dans la Perfe. Idathyrfe eft nommé *Jancyre*, par Juftin.

IDE, (Sainte) Comteffe de Boulogne, en Picardie, naquit en 1040 de Godefroi *le Barbu*, Duc de Lorraine. Elle époufa Euftache II, Comte de Boulogne, dont elle eut *Euftache III*, Comte de cette ville , le fameux *Godefroi de Bouillon*, Duc de Lorraine, & *Baudouin*, qui fuccéda à fon frere au Roïaume de Jérufalem, outre pluf. filles, dont l'une époufa l'Emp. Henri IV. Elle mourut faintement le 13 Avril 1113.

IDIOT, ou *le favant* IDIOT , Auteur que l'on a fouvent cité ainfi, avant que le Pere Théophile Raynaud eût découvert que *Raimond Jordan*, Prévôt d'Ufez en 1381 , puis Abbé de Celles, au Diocèfe de Bourges, eft le véritable Auteur des ouvrages qui fe trouvent dans la Bibliotheque des Peres, fous le nom d'*Idiot*.

IDOMENÉE, Roi de Crête, & l'un des Heros de la Grece, qui allerent au fiege de Troyes, étoit fils de Deucalion, & petit-fils de Minos. En s'en retournant dans l'Ifle de Crete, il fit vœu, durant une fâcheufe tempête, de facrifier en arrivant la premiere chofe qui fe préfenteroit à lui. Mais il eut lieu de se repentir de son vœu ; car à peine fut-il arrivé, qu'il rencontra son fils. Idomenée l'aïant sacrifié, ses Sujets, indignés d'un tel crime, le chasserent de leur Isle. On dit qu'il se retira en Calabre, & qu'il y bâtit une ville. L'Histoire ou la Fable d'Idomenée a fourni à Crebillon le sujet d'une de ses Tragédies.

JEAN-BAPTISTE, ( S. ) Précurseur du Fils de Dieu, étoit fils de Zacharie & d'Elizabeth. Sa naissance fut annoncée par l'Ange Gabriel, & confirmée par un grand miracle ; car Zacharie, son pere, qui étoit devenu muet, à cause de son incrédulité, recouvra alors l'usage de la parole. S. Jean se retira dès son enfance dans le désert, où il ne se nourrissoit que de sauterelles & de miel sauvage. Son habillement étoit fait de poils de chameau, & sa maniere de vivre étoit très austere. Il sortit du désert l'an 29 de J. C. pour aller prêcher sur les rivages du Jourdain le Baptême de la Pénitence, & la venue du Messie. Il instruisoit ceux qui venoient à lui, & il les baptisoit : ce qui lui fit donner le surnom de Baptiste. L'année suivante, J. C. voulut recevoir de sa main le Baptême, Jean s'en excusa d'abord en disant, que c'étoit lui qui devoit être baptisé par Jesus ; mais il obéit ensuite & baptisa Jesus dans le Jourdain. Quelque-tems après, aïant repris Herode Antipas, qui avoit un commerce illégitime avec Herodiade, femme de son frere Philippe, il fut mis en prison. Enfin Salomé, fille d'Herodiade & de Philippe, aïant dansé dans un festin en présence d'Herode, elle plut tellement à ce Prince, qu'il lui promit de lui accorder ce qu'elle lui demanderoit, fût-ce la moitié de son Roïaume. Herodiade qui n'étoit occupée qu'à tirer vengeance de Saint Jean-Baptiste, fit demander la tête de ce S. homme. Salomé l'obtint, & S. Jean fut décapité dans sa prison. Sa tête fut portée à Salomé, puis à Herodiade, qui, selon Saint Jerôme, lui perça la langue avec

le poinçon de ses cheveux, pour se venger après sa mort de la liberté de ses paroles.

JEAN APÔTRE, ( S. ) ou l'Evangéliste, surnommé par les Grecs le Théologien, étoit frere de S. Jacques le Majeur, & fils de Zebedée & de Salomé. Il quitta la pêche & ses filets pour suivre J. C. dont il fut le Disciple bien aimé. S. Jean fut témoin des actions & des miracles du Sauveur, & en particulier, de sa Transfiguration sur le Thabor. A la Cêne, il reposa sur son sein, & il eut le bonheur de l'accompagner au Jardin des Oliviers. Il fut le seul Apôtre qui le suivit jusqu'à la Croix ; & J. C. en mourant, lui laissa le soin de la Sainte Vierge. S. Jean fut aussi le premier des Apôtres qui reconnut J. C. après sa Résurrection. Il assista au Concile de Jerusalem, prêcha la Foi dans l'Asie, & fut le premier Evêque d'Ephèse, où il demeura avec la Sainte Vierge. On croit qu'il porta aussi l'Evangile chez les Parthes, & que c'est à ces Peuples qu'il adressa sa premiere Epître. L'Empereur Domitien le fit jetter à Rome dans l'huile bouillante l'an 95 de J. C., mais il en sortit plus sain & plus fort qu'il n'y étoit entré. Il fut alors relegué en l'Isle de Pathmos, où il écrivit son Apocalypse. Après la mort de Domitien, il retourna à Ephèse ; il y composa son Evangile vers 96, pour réfuter les erreurs de Cerinthe & d'Ebion, qui soutenoient que J. C. étoit un pur homme. Sur la fin de sa vie, sa foiblesse l'empêchant de faire de longs discours aux Fideles, il se faisoit porter à l'Eglise, & répétoit toujours ces paroles : Mes petits enfans, aimez-vous les uns les autres. Ses Disciples lui représentant qu'il répétoit toujours la même chose, il leur répondit : C'est le précepte du Seigneur, & si on le garde, il suffit. On doit aussi rapporter aux dernieres années de sa vie la Conversion miraculeuse d'un jeune homme qu'il avoit élevé, & qui depuis étoit devenu chef d'une troupe de voleurs. S. Jean demeura vierge toute sa vie, & mourut à Ephèse sous l'Empire de Trajan, vers 101 de J. C. à 94 ans. Outre l'Evangile, on a de lui trois *Epitres Canoniques* & l'*Apocalypse*.

JEAN, (S.) surnommé *Marc*, étoit Disciple des Apôtres, cousin de S. Barnabé, & fils de *Marie*, qui habitoit à Jérusalem, dans une maison où S. Pierre se retira après avoir été délivré de sa prison par un Ange. S. Jean *Marc* suivit S. Paul & S. Barnabé, dans le cours de leur prédication, jusqu'à Perges, en Pamphylie, où il les quitta pour retourner à Jérusalem. Six ans après, S. Barnabé voulut encore prendre avec lui Jean *Marc*; mais S. Paul s'y opposa: ce qui fut cause de la séparation de ces deux Apôtres. S. Jean *Marc*, après avoir accompagné S. Barnabé jusques dans l'Isle de Chypre, alla rejoindre S. Paul, & lui rendit de gr. services à Rome dans sa prison. On ignore les autres actions de sa vie. Il faut bien se garder de le confondre avec S. Marc l'Evangéliste.

JEAN, (S.) célebre Martyr de Nicomédie, fut rôti sur un gril pour la défense de la Foi de J. C. durant la persécution de Dioclétien, le 24 Février 303.

JEAN (S.) *Calybite*, étoit d'une illustre famille de Constantin., son pere se nommoit *Eutrope*, & sa mere *Théodore*. Ils l'éleverent de bonne heure à l'étude des Sciences; & lui aïant remarqué un gr. inclination pour la vertu, ils lui donnerent un Livre d'Evangile très bien écrit, & relié magnifiquement, afin que la beauté du Livre fût pour l'enfant un nouvel attrait qui l'invitât à le lire. S. Jean Calybite quitta secretement à l'âge de 12 ans la maison de son pere, & alla se faire Relig. dans un Monastere des *Acemetes*, emportant avec lui son Livre d'Evangile. Six ans après, le desir de revoir ses parens le fit retourner à Constantinople. En s'en retournant, aïant rencontré un pauvre fort mal vêtu, il lui donna ses habits, & se revêtit des haillons dont ce pauvre étoit couvert. En cet état, il alla se coucher devant la maison de son pere, & obtint des Domestiques la permission de se faire une petite cabane sous la porte de la maison pour s'y retirer. Il y vécut ainsi, sans être reconnu de personne, exposé au mépris & au rebut de tout le monde. Cependant son pere, touché de la patience avec laquelle il supportoit la pauvreté, lui envoïoit tous les jours les choses nécessaires à la vie. Enfin, S. Jean Calybite étant sur le point de mourir, se fit connoître à son pere & à sa mere, en leur présentant le Livre d'Evangile, & en leur disant: *Je suis ce fils que vous avez si long-tems cherché*. Il leur témoigna en même-tems sa reconnoissance, & rendit l'esprit un instant après. Il fut surnommé *Calybite*, parcequ'il étoit demeuré long-tems inconnu dans la cabane qu'il s'étoit faite dans sa propre maison.

JEAN CHRYSOSTOME, (S.) cél. Docteur de l'Eglise, & le plus éloquent de tous les SS. PP. naquit à Antioche vers 347, d'une famille noble. Il étudia la Rhétorique sous Libanius, & la Philosophie sous Andragathe. Ses talens, & la beauté de son génie pouvoient l'élever aux premieres dignités de l'Empire; mais il renonça à toutes les charges, pour penser uniquement à son salut. C'est ce qui lui fit souhaiter avec ardeur de se retirer dans la solitude; mais il en fut détourné par les larmes & les prieres de sa mere, nommée *Anthuse*. Cette condescendance ne l'empêcha point de mener une vie solitaire dans sa maison. Il se tint renfermé dans sa chambre, sans faire aucune visite, & sans avoir de commerce avec le monde, emploïant tout son tems à la priere, au jeûne, à la méditation de l'Ecriture-Sainte, & aux autres exercices de piété. Six ou sept ans après, il se retira sous les montagnes voisines d'Antioche, & se mit sous la discipline d'un S. Solitaire, nommé *Carterius*, avec lequel il demeura 4

ans. De là il alla habiter feul pendant 2 ans dans une caverne, prefque fans dormir, & fans fe coucher
ni jour ni nuit, occupé de l'étude
& de la médiation de l'Ecriture-
Sainte, dont il apprit par cœur une
gr. partie. De fi grandes auftérités
l'obligerent de retourner à Antioche, & altererent fa fanté le refte
de fa vie. *Melece*, qui connoiffoit
fon mérite, l'ordonna Diacre; *Flavien*, Succeffeur de Melece, l'éleva
au Sacerdoce 5 ans après, en 385,
& lui confia l'emploi de Prédicateur, qui jufques-là avoit été ré-
fervé aux feuls Evêques. Le faint
Docteur s'en acquitta avec tant d'é-
loquence & de fruit, qu'il fut furnommé *Chryfoftome*, c. à d. *Bouche d'or*. Nectaire, Patriarche de
CP. étant mort le 26 Février 397,
S. Chryfoftome, dont le nom étoit
devenu cél. dans tout l'Empire, fut
élu à fa place d'un confentement
unanime du Clergé & du Peuple.
L'Empereur Arcade confirma cette
Election, & le fit fortir fecrette-
ment d'Antioche, où le Peuple vouloit le retenir. A peine S. Chyfofto-
me fût-il facré à CP. le 26 Février
398, qu'il s'appliqua à remplir tous
les devoirs d'un bon Pafteur. Il obtint une loi de l'Emp. Arcade contre les Eunomiens & les Montaniftes. Il réforma les abus de fon
Clergé, retrancha une gr. partie
des dépenfes que faifoient fes Prédéceffeurs, pour avoir de quoi nourrir les pauvres, & bâtir des hôpitaux, & prêcha avec zele contre
l'orgueil, le luxe, & l'avarice des
Grands. Cette liberté fouleva contre
lui *Eutrope*, Favori de l'Empereur;
*Gaïnas*, qui vouloit une Eglife
pour les Ariens; *Théophile d'Alexandrie*; l'Impératrice *Eudoxie*, &
une partie du Clergé. On tint contre
lui le Synode *du Chefne*, Fauxbourg
de Chalcédoine, où il fut dépofé en
403, & envoïé en exil en Bithynie,
à l'infu du Peuple, qui faifoit la
garde jour & nuit autour de l'Eglife, pour empêcher qu'on n'enlevât
fon Pafteur. Le lendemain de fon
exil, il y eut à CP un furieux trem-

blement de terre, & une grêle terrible, que tout le monde regarda
comme un effet de la vengeance divine. L'Impératrice elle-même en
fut fi fort effraïée qu'elle conjura
l'Empereur de rappeller le S. Evêq.
ce qui fut exécuté. Dès qu'on eut
avis qu'il approchoit, tout le Peuple courut en foule au-devant de
lui, tenant des cierges allumés, &
chantant des hymnes: on le conduifit, comme en triomphe, jufqu'à l'Eglife des Apôtres. S. Chryfoftome continua en paix les fonctions de fon miniftere pendant huit
mois, plus aimé du Peuple que jamais: mais un incident renouvella
contre lui la perfécution, & replon-
gea fon Eglife dans de nouveaux
malheurs. On dreffa une Statue d'argent de l'Impératrice dans une place
voifine de la grande Eglife, appellée
*Sainte Sophie*. Les danfes & les
fpectacles des Farceurs qui fe firent
à la dédicace de cette Statue aïant
excité de gr. bruits, & troublé le
Service Divin, S. Chryfoftome ne
put fouffrir ces infolences, & parla
en Chaire avec fa liberté ordinaire
contre ces excès. Eudoxie, outrée de
dépit, fit exiler une feconde fois le
S. Docteur. Il fut relegué à *Cucufe*,
ville d'Arménie. On le transféra
enfuite à Arabiffe, & comme de
ce lieu, on le ménoit à *Pythyonte*,
on lui fit effuyer tant d'incommodités & de fatigues, dans le deffein
de le faire mourir en chemin, qu'on
y réuffit; car étant arrivé à Comane, il fe trouva extrêmement mal.
Il paffa la nuit dans les bâtimens
de l'Eglife du Martyr S. Bafilifque,
qui lui apparut en fonge, & lui dit:
*Courage, mon frere Jean, demain
nous ferons tous enfemble*. Le lendemain, on le fit partir malgré lui;
il fe trouva fi mal à une lieue &
demi de-là, qu'on fut obligé de le
ramener à Comane, dans l'Eglife
de S. Bafilifque. S. Chrifoftome y
étant arrivé, prit un habit blanc,
diftribua aux affiftans le peu qui lui
reftoit, & aïant reçu l'Euchariftie,
il s'écria: *Dieu foit loué de tout*;
puis aïant fait le figne de la Croix,

il rendit l'esprit, en disant *Amen*, le 14 Sept. 407, à 60 ans. Le Pape & les Occidentaux furent si touchés de sa mort, qu'ils ne voulurent point avoir de communion avec les Evêq. d'Orient, qu'ils n'eussent remis le nom de S. Chrysostome dans les *Dyptiques*. Les meilleures Edit. de ses Œuv. sont celles de *Henri Savil*, en 1613, 8 tom. *in-fol.* tout grecs, & celle de *Commelin* & de *Fronton-du-Duc*, en grec & en latin, 10 vol. *in-fol.* Le Pere de Montfaucon en a aussi donné une Edition en grec & en latin, avec des notes. Les Œuvres de S. Chrysostome sont excellentes; elles consistent dans un gr. nombre d'Homelies & de bons *Comment.* sur l'Ecriture. Des *Panégyriq.* Six Livres du *Sacerdoce*. Divers *Traités de Controverse*, & plus. Lettres. On remarque dans toutes une facilité, une clarté, une éloquence, une beauté d'expressions qui ne se trouvent en aucun autre des Ecrivains Ecclésiastiques. Il apporte les preuves les plus convaincantes de la divinité de la Religion contre les Incrédules, & rend la vertu & la pratique de l'Evangile aimable & respectable aux impies mêmes & aux libertins. M. Hermant, Docteur de la Maison & Société de Sorbonne, a écrit sa vie.

JEAN CLIMAQUE, (S.) surnommé aussi *le Scolastique* & le *Sinaïte*, naquit dans la Palestine vers 523. A l'âge de 16 ans, il se retira dans la solitude, & fut élu, malgré lui, au bout de 40 ans, Abbé du Mont Sinaï. Il gouverna son Monastere avec une sagesse & une sainteté extraordinaires pendant 4 ans; & retourna ensuite dans sa cellule, malgré les larmes & les prieres de ses Religieux. Il y m. le 30 Mars 605, à 80 ans. On a de lui un Livre cél. intitulé *Climax*, ou *l'Echelle sainte*, composé de 30 degrés, en l'honneur des 30 années de la vie cachée de J. C. La seconde partie de ce Livre est intit. *la Lettre au Pasteur*. C'est cet ouvr. qui lui a fait donner le nom de *Climaque*. Il le composa, pour la perfection des

Solitaires, à la priere de Jean, Abbé du Monastere de Raïte. Il y en a plus. édit. en grec & en latin. M. Arnauld d'Andilly en a donné une excellente Traduction françoise, avec la vie du Saint.

JEAN L'AUMÔNIER, (S.) cél. Patriarche d'Alexandrie, naquit à Amathonte, dans l'Isle de Chypre, au sixieme siecle. Après la mort de sa femme & de ses enfans, il fut élevé, malgré lui, sur le Siege Patriarchal d'Alexandrie en 610. Sa charité & sa libéralité envers les pauvres, lui fit donner le nom d'*Aumônier*. Il donnoit audience à tout le monde, & ne refusoit l'aumône à personne. Malgré les revenus immenses de son Eglise, il vivoit très pauvrement, & n'avoit pour reposer, qu'un petit lit, avec une mauvaise couverture de laine. Un homme riche d'Alexandrie l'aïant su, lui en envoïa une qu'il avoit achetée fort cher, le conjurant de s'en servir pour l'amour de lui. Le Saint s'en couvrit en effet la nuit suiv. mais il ne put dormir, se reprochant d'être à son aise, tandis qu'il y avoit des pauvres qui mouroient de froid & de misere. Le lendemain il envoïa vendre la couverture. Le Riche la racheta, & la lui rendit. Le S. Patriarche la vendit une seconde fois, puis une troisieme; & lui dit agréablement: *Nous verrons qui se lassera plutôt de nous deux*. Un jour aïant attendu jusqu'à onze heures du matin dans le lieu de son audience, sans que personne se présentât à lui, il se retira versant des larmes. Sophrone, son ami, lui en aïant demandé le sujet: *C'est*, dit-il, *que je n'ai rien aujourd'hui à offrir à J. C. pour mes péchés*. On rapporte une infinité d'autres exemples admirables de sa charité envers les pauvres, surtout pendant la famine qui arriva en Egypte en 615, & pendant la peste qui la suivit. Les Perses menaçant une invasion dans l'Egypte, S. Jean l'Aumônier se retira dans l'Isle de Chypre, & m. à Amathonte, lieu de sa naissance, le 11 Nov. 616, à 57 ans.

C'est lui qui a donné le nom à l'Ordre de S. Jean de Jerusalem.

JEAN DE BERGAME, (S.) l'un des plus faints & des plus fav. Evêq. du 7e fiecle, fut élevé sur le Siege de Bergame vers 656. Il s'éleva avec zele contre les Ariens, & en ramena un gr. nombre à la Foi Cathol. mais les Chefs de l'Arianifme le firent affaffiner le 11 Juillet 683.

JEAN DAMASCENE, (S.) ou de Damas, fav. Prêtre & Relig. du 8e fiecle, furnommé *Manfur*, naquit à Damas vers 676, d'un pere riche, qui avoit des Emplois confidérables. Jean fut inftruit dans les Sciences par un Relig. Italien, nommé *Cofme*. On l'éleva aux plus gr. Places, & il devint Chef du Confeil du Prince des Sarafins; mais il quitta toutes ces Charges, & alla fe faire Moine dans le Monaftere de S. Sabas, près de Jerufalem. Il y vécut d'une maniere fainte & édifiante : il écrivit avec force en faveur des *faintes Images*, contre les Emp. Leon l'*Ifaurien*, & Conftantin *Copronyme*, & devint cél. dans toute l'Eglife par fa piété & par fes ouvr. On rapporte que le Calyphe Hiccham lui aïant fait couper la main droite à caufe d'une Lettre fuppofée par l'Emper. Leon, la nuit fuiv. cette main lui fut remife en dormant, par un miracle qui fut connu de tout le monde. Il m. vers 760, à 84 ans. On a de lui un excellent *Traité de la Foi Orthodoxe*, & un gr. nombre d'autres ouvr. imprimés à Bâle en 1559, en grec & en latin. Le Pere le Quien en a donné une nouvelle édit. grecque-latine en 1712.

JEAN DE MATERA, (S.) naquit à Matera dans la Pouille, vers 1050, de parens illuftres. Il convertit un gr. nombre de perfonnes par fes prédications & par fes miracles, lia une étroite amitié avec S. Guillaume, Fondateur de l'Ordre de Mont-Vierge, & inftitua fur le Mont Gargan, vers 1118, un Ordre particulier qui ne fubfifte plus, & qu'on a appellé l'Ordre de *Pulfano*. Il m. le 20 Juin 1139, à 69 ans.

JEAN DE MATHA, (S.) prem. Patriarche & Inftituteur de l'Ordre de la Sainte Trinité pour la Rédemption des Captifs, naquit dans la Vallée de Barcelonete, en Provence, dans un Bourg nommé *Faucon*, le 24 Juin 1160. Il fit fes études à Paris avec diftinction, & y reçut le Bonnet de Docteur. Dieu lui aïant enfuite infpiré l'établiffement de l'Ordre de la Trinité, il s'affocia le S. Hermite *Felix de Valois*, avec lequel il alla à Rome vers *Innocent III*. Ce Pape leur donna folemnellement, le 2 Fév. 1199, un habit blanc, fur lequel étoit attachée une Croix rouge & bleue, & leur permit de recevoir des Difciples pour former un Ordre deftiné à la Rédemption des Captifs. Peu de tems après, *Gaucher de Chatillon* leur donna *Cerfroy*, près de Meaux, pour être leur Chef d'Ordre. S. Jean de Matha fit enfuite un voïage dans la Barbarie, d'où il ramena 120 Captifs. Il m. faintement à Rome le 22 Décembre 1214, à 54 ans. Son Ordre porte auffi le nom de *Mathurins*, à caufe de l'Eglife de ce nom qui leur fut donnée par le Chapitre de Notre-Dame de Paris.

JEAN DE MEDA, (S.) ainfi nommé du lieu de fa naiffance, à cinq lieues de Côme, en Italie, étoit d'une famille illuftre. Aïant embraffé l'état Eccléfiaftique, il devint Supérieur de l'Ordre *des Humiliés*, qui n'étoit alors compofé que de Laïcs. Il y fit recevoir la Regle de S. Benoît, & y introduifit des Chanoines Réguliers, faifant prendre les Ordres Sacrés à ceux qu'il jugeoit capables de les recevoir. Il édifia l'Eglife par fes prédications, par fa charité, & par fes miracles; & m. le 26 Septembre 1159. Le Pape Alexandre III le canonifa la même année. L'Ordre *des Humiliés* ne fubfifte plus.

JEAN COLOMBIN, (S.) Inftituteur de l'Ordre *des Jéfuates*, étoit d'une des plus nobles & des plus illuftres familles de Sienne. Il époufa Blaife *Bandinelli*, Dame très

vertueuſe, & devint Gonfalonier
de ſa République. Colombin ſe
rendit d'abord très odieux par ſon
avarice & par ſes déréglemens; mais
aïant lu, preſque malgré lui, la
*vie de ſainte Marie Egyptienne*, il
devint le plus libéral & le plus tendre de tous les hommes envers les
pauvres. Il s'aſſocia *François-Di-
mino-Vincenti*, Gentilhomme Siennois, & fonda avec lui l'Ordre
*des Clercs Apoſtoliques*, appellés
enſuite *Jeſuates de S. Jerôme*, parceque S. Colombin voulut qu'ils
euſſent toujours le nom de Jeſus à
la bouche, & une dévotion particuliere à S. Jerôme. S. Colombin
fit approuver ſon Ordre par le Pape Urbain V, en 1367, & m. à
Sienne, le 31 Juillet de la même
année. La Congrégation des *Jeſuates* fut ſupprimée en 1668 par le
Pape Clement IX, au profit des
Vénitiens, qui emploïerent les richeſſes des *Jeſuates* à ſoutenir la
guerre contre les Turcs.

JEAN DE LA CROIX, (S.) cél.
Réformateur des Carmes, naquit à
*Ontiveros*, Bourg de la vieille Caſtille, en 1542, d'une famille noble. Aïant pris l'habit au Couvent
de Medina-del-Campo, il lia une
étroite amitié avec ſainte Thereſe,
& travailla avec elle à la réformation de l'Ordre des Carmes. Les
anciens Relig. de cet Ordre lui ſuſciterent des affaires, & le renfermerent dans un cachot à Tolede,
d'où il ne fut tiré qu'au bout de 9
mois, par le crédit de ſainte Thereſe. Il établit pluſ. Couvens de
Carmes *réformés*, appellés auſſi
*Carmes déchauſſés*, & m. ſaintement à Ubeda, le 14 Décembre
1591, à 49 ans. On a de lui en
Eſpagnol: *La Montée au Mont-
Carmel: la Nuit obſcure de l'Ame:
la Flamme vive de l'Amour: le
Cantique du divin Amour:* & d'autres ouvr. de piété, dont il ne faut
pas prendre les expreſſions à la
Lettre.

JEAN DE DIEU, (S.) Fondateur
de l'Ordre de la Charité, naquit à
Montemajor-el-novo, petite ville

de Portugal, le 8 Mars 1495, d'André Ciuad, homme pauvre & obſcur. Un Prêtre inconnu l'emmena
en Eſpagne à l'inſu de ſes parens,
& le laiſſa dans la ville d'Oropeſa,
en Caſtille. Jean de Dieu paſſa une
partie de ſa jeuneſſe à garder les
troupeaux d'un homme riche, &
prit enſuite le parti des armes. De
retour en Eſpagne, il ſe mit à vendre des images & de petits livrets
pour gagner ſa vie. Enfin, étant à
Grenade, il fut ſi touché d'un Sermon du céleb. Jean d'*Avila*, qu'il
abandonna le monde pour ſe donner tout entier à Dieu dans le ſervice des malades. Pour exécuter ce
pieux deſſein, il ſe retira dans l'Hôpital de Grenade, y fonda l'Ordre
de la Charité; & m. le 8 Mars
1550, à 55 ans. Son Ordre fut approuvé par Pie V en 1572. Les Italiens appellent les Religieux de la
Charité, *fate ben*, *Fratelli*, parceque S. Jean de Dieu crioit toujours,
*faites bien*, *mes Freres*. M. Girard
de Villethierri a écrit ſa vie.

JEAN le Nain, (S.) Abbé & Solitaire, ainſi nommé à cauſe de la
petiteſſe de ſa taille, eſt cél. dans
l'Hiſt. des Solit. & des PP. du Déſert. Il ſe retira à Sceté, avec un
frere plus âgé que lui, & y paſſa ſa
vie au travail, au jeûne, à la priere
aux exercices de piété. Un jour on
lui demanda ce que c'étoit qu'un
Moine: *C'eſt*, répondit-il, *un homme de travail*. Un autre Frere lui
demandant à quoi ſervoient les veil-
les & les jeûnes: *Elles ſervent*, répondit-il, *à abbatre & humilier l'A-
me; afin que Dieu, la voyant abbatue & affligée, en ait compaſſion & la
ſecoure*. S. Jean le Nain avoit auſſi
coutume de dire, que *la ſureté du
Moine eſt de garder ſa Cellule, de
veiller ſur ſoi, & d'avoir toujours
Dieu préſent à l'eſprit*.

JEAN le Silencieux, (S.) ainſi
nommé à cauſe de ſon amour pour
la retraite & pour le ſilence, naquit
à Nicople, ville d'Arménie en 454,
d'une famille illuſtre. Quand il fut
maître de ſon bien, il bâtit un Monaſtere, où il ſe retira avec dix au-

tres perſonnes. L'Archevêque de Sebaſte l'ordonna enſuite Evêque de Colonie. Cette dignité n'apporta aucun changement à ſon genre de vie, il continua toujours de pratiquer la vie monaſtiq. Neuf ans après, il quitta ſecretement ſon Evêché, & ſe retira dans le Monaſtere de S. Sabas, dont il devint Œconome. Il m. dans un âge très avancé, vers 558.

JEAN CAPISTRAN, (S.) *voyez* CAPISTRAN.

JEAN I, natif de Toſcane, ſuccéda au Pape Hormiſdas, le 13 Août 523. Il alla, par ordre de Théodoric, Roi d'Italie, à Conſtantinople, vers l'Empereur Juſtin, qui avoit publié des Edits très rigoureux contre les Ariens. A ſon retour, Théodoric le fit mettre en priſon à Ravenne, où il m. de miſere, le 27 Mai 526. Felix III lui ſuccéda.

JEAN II, Romain, ſurnommé *Mercure*, fut élu Pape, après la mort de Boniface II, le 31 Décem. 532. Il écrivit une *Lettre* à l'Empereur Juſtinien, au ſujet des *Acemeres*, approuva cette fameuſe propoſition des Moines Scythes, *unus è Trinitate paſſus eſt carne*, qui avoit fait tant de bruit ſous Hormiſdas, & m. le 27 Mai 535. Il eut pour ſucceſſeur Agapet.

JEAN III, Romain, ſuccéda au Pape Pelage I, le 18 Juillet 560. Il fit paroître beaucoup de zele pour la décoration des Egliſes, & m. le 13 juillet 573. Benoît I gouverna l'Egliſe après lui.

JEAN IV, natif de Salone, en Dalmatie, fut élu Pape après la mort de Severin, le 24 Décembre 639. Il condamna l'héréſie des Monothélites, & l'*Ecteſe* d'Heraclius, & m. le 11 Octobre 642. Théodore fut ſon ſucceſſeur.

JEAN V, originaire d'Antioche, en Syrie, fut ordonné Pape après Benoît II, le 22 Juillet 685. C'étoit un Pape ſavant, rempli de zele & de prudence. Il avoit été Légat du Pape Agathon, au 6e Concile général, & m. le premier Août

686. Conon lui ſuccéda.

JEAN VI, Grec de nation, ſuccéda au Pape *Sergius*, le 28 Octobre 701. Il rétablit S. Wilfride ſur ſon Siege, & m. le 9 Janvier 705.

JEAN VII, Grec de nation, fut ordonné Pape après la mort de Jean VI, le prem. Mars 705. L'Empereur Juſtinien lui envoïa les volumes du Concile de Trulle, que Sergius & Jean VI avoient refuſé d'approuver, en le conjurant de confirmer & de rejetter ce qu'il jugeroit à propos ; le Pape Jean, par une foibleſſe humaine, dit M. Fleuri, craignant de déplaire à l'Empereur, lui renvoïa ces volumes, ſans y avoir rien changé. Il m. le 17 Octobre 707, & eut Siſinnius pour ſucceſſeur.

JEAN VIII, Romain, fut élu Pape après la mort d'Adrien II, le 14 Décembre 872. Il ſacra l'Empereur Charles-le-Chauve, le 25 Déc. 875, & fit l'année ſuiv. Anſegiſe, Archevêque de Sens, Primat des Gaules & de Germanie. Jean VIII implora le ſecours de Charles-le-Chauve contre les Saraſins, & vint en France en 878. A ſon retour en Italie, il reçut Photius à la Communion de l'Egliſe, & le rétablit ſur le Siege de CP. à la ſollicitation de l'Empereur Baſile : complaiſance, dit Baronius, qui donna occaſion au vulgaire de s'imaginer que Jean VIII, étoit femme, & d'inventer la Fable de la *Papeſſe Jeanne*. Ce Pape s'occupa beaucoup des affaires temporelles de l'Italie & de la France, & m. le 15 Décembre 882. On a de lui 320 *Lettres*. Marin lui ſuccéda.

JEAN IX, natif de Tivoli, Diacre, & Moine de l'Ordre de S. Benoît, ſuccéda au Pape Théodore II, au mois de Juillet 901. Il m. au mois d'Août 905. Il eut Benoît IV, pour ſucceſſeur.

JEAN X, Romain, Evêque de Ravenne, fut élu Pape après la mort de Landon, en 914, par le crédit de Théodora, ſœur de Maroſie. Il défit les Saraſins en 916, & fut étranglé dans une priſon au mois de Juin 928, par ordre de l'impudique *Marosie*, femme de Guy, Duc de Toscane. Léon VI lui succéda.

JEAN XI, fils du Pape Sergius III, & de *Marosie*, si l'on en croit Luitprand, fut placé fort jeune sur le Siege de Rome, après la mort d'Etienne VII, au mois de Mars 931. Marosie aïant épousé Hugues, Roi de Lombardie, après la mort de Gui, Alberic son fils, la fit mettre en prison avec le Pape Jean, & gouverna ensuite les affaires de l'Eglise selon son caprice. Jean m. en prison en 936, & eut Leon VII pour successeur.

JEAN XII, Romain, fils d'Alberic Patrice de Rome, fut élevé à la dignité de son pere, quoiqu'il fût Clerc, & s'empara du S. Siege, après la mort d'Agapet, n'étant âgé que de 18 ans. Il fut ordonné le 20 Août 956, & prit le nom de Jean XII, quoiqu'il s'appellât *Octavien*. C'est le premier Pape qui ait changé de nom. Pour résister à Berenger, Roi d'Italie, il appella à son secours l'Empereur Othon I, le couronna à Rome, & lui promit une fidélité inviolable; mais peu de tems après, il se révolta contre ce Prince : ce qui obligea Othon de retourner à Rome, d'où Jean s'enfuit On le déposa dans un Concile, tenu en présence de l'Empereur en 963, & Leon VIII fut mis à sa place : mais l'Empereur étant parti, Jean XII rentra dans Rome en 964. Il fit bruler dans un Synode les Actes de celui qui avoit été tenu contre lui, & m. le 14 Mai de la même année 964, après avoir scandalisé l'Eglise par ses déréglemens. Benoît V lui succéda.

JEAN XIII, Romain, fut ordonné Pape après la mort de Benoît V, le prem. Octobre 965, par l'autorité de l'Empereur, ce qui lui attira l'inimitié des Grands qui le chasserent de Rome. Il y rentra l'année suiv. & couronna l'Empereur Othon le jeune, le jour de Noel 967. Il m. le 6 Septembre

972. C'est à ce Pape, que Baronius attribue l'invention de la cérémonie du Bapt. des Cloches, mais Dom Martène prouve qu'elle est plus ancienne de 200 ans. Il eut pour successeur Benoît VI.

JEAN XIV, succéda au Pape Benoît VII, le 10 Juillet 984, & quitta le nom de *Pierre*, qu'il portoit auparavant, par respect pour le Prince des Apôtres, dont aucun des successeurs n'a porté le nom. Il fut mis en prison au Château S. Ange par l'Antipape Boniface VII, surnommé *Francon*, & y m. de misere ou de poison, le 20 Août 985.

JEAN XV, fils de Robert, fut élu Pape, après la mort de Jean XIV; mais soit qu'il soit mort avant son ordination, ou pour d'autres raisons, on ne le compte point parmi les Papes, sinon pour faire nombre. Gregoire V lui succéda.

JEAN XVI, (ou XV, sans compter le précédent) Romain, fut mis sur le S. Siege, après la mort de l'Antipape Boniface VII, & celle de Jean, fils de Robert, en 985. Il canonisa S. Uldaric, Evêq. d'Augsbourg, le 3 Février 993, & c'est-là le premier exemple de canonisation solemnelle. Jean XVI regla les différends survenus entre Etelrede; Roi d'Angleterre, & Richard, Duc de Normandie. Il n'oublia rien pour maintenir & rétablir la paix entre les Princes Chrétiens, & m. d'une fievre violente, le 7 Mai 996. Il eut pour successeur Gregoire V.

JEAN XVII, (ou XVI) Romain, d'une famille illustre, fut élu Pape après la mort de Silvestre II, le 13 Juin 1003, & m. le 7 Décembre de la même année. Il ne faut le confondre avec l'Antipape Jean XVII, nommé auparavant *Philagathe*, auquel l'Emp. Othon III fit couper les mains & les oreilles, & arracher les yeux en 998.

JEAN XVIII, (ou XVII) Romain, succéda au Pape Jean XVII, le 26 Décembre 1003, & m. le 18 Juillet 1009. Il eut pour successeur Sergius IV.

JEAN XIX , ( ou XVIII ) fils de Gregoire , Comte de Tufcanelle , & frere du Pape Benoît VIII , lui fuccéda le 6 Juin 1024. Il couronna l'Empereur Conrad II , & m. le 8 Novembre 1033. Benoît IX lui fuccéda.

JEAN XXI, Portugais, Cardin, Evêque de Tufculum, fuccéda au Pape Adrien V, le 18 Septembre 1276. On devroit le nommer Jean XX , puifque le dernier Pape du même nom étoit Jean XIX ; mais comme quelques-uns ont compté pour Pape, *Jean*, fils de Robert, & ont auffi donné le nom de Pape à l'antipape *Philagathe*, on a nommé celui-ci Jean XXI. Il envoïa des Légats à Michel Paleologue, pour l'exhorter à obferver ce qui avoit été réfolu au Concile de Lyon, tenu fous Gregoire X , & révoqua la Conftitution de ce Pape , touchant l'Election du Souverain Pontife , il m. à Viterbe , le 16 Mai 1277. Il avoit été Médecin , & l'on a de lui pluf. ouvr. de Philofophie & de Médecine , il eut pour fucceffeur Nicolas III.

JEAN XXII, natif de Cahors, nommé auparavant *Jacques d'Eufe*, avoit beaucoup d'efprit & de génie , & fe rendit très habile dans la Jurifprudence civile & canonique qu'il étudia en France & en Italie. Il devint Chancelier de Robert , fils de Charles II , Roi de Naples, Comte de Provence , & fut enfuite Evêque de Fréjus, puis Archevêque d'Avignon, Cardin. Evêque de Porto , & enfin Pape après la mort de Clément V , le 7 Août 1316. Jean Villani fe trompe en difant que Jacques d'Eufe étoit de baffe naiffance, & qu'aïant été chargé par compromis de l'Election du Pape , il s'étoit élu lui-même à Lyon, en s'écriant: *Ego fum Papa.* Jean XXII érigea Touloufe en Archevêché , & lui affigna, pour Suffragans, 4 nouveaux Evêchés qu'il établit à Montauban, S. Papoul, Rieux, & Lombés. Il érigea auffi des Evêchés à Alet, S. Pons, Caftres, Condom, Sarlat, S. Flour,

Luçon, Maillezais transféré depuis à la Rochelle , Tulle, Lavaur, & Mirepoix. C'eft lui auffi qui érigea Sarragoce en Métropole. Il publia les Conftitutions appellées *Clementines* , faites par Clement V fon Prédéceffeur , & dreffa les autres Conftitutions appellées *extravagantes*. Louis de Baviere aïant été élu à l'Empire, Jean XXII s'éleva contre lui en faveur de fon Concurrent : ce qui fit grand bruit , & eut de fâcheufes fuites. Ce Prince fit élire en 1329 l'Antipape Pierre de Corbiere , Cordelier , qui prit le nom de Nicolas V , & qui fut foutenu par Michel de Cefenne, Général de fon Ordre. Cet Antipape fut mené l'année fuiv. à Avignon, où il demanda pardon au Pape, la corde au cou , & où il m. 2 ou 3 ans après. C'eft fous Jean XXII , que s'éleva , parmi les Cordeliers, cette fameufe queftion, qu'on appella *le Pain des Cordeliers*, & qui confiftoit à favoir , fi ces Religieux avoient la propriété des chofes qu'on leur donnoit, dans le tems qu'ils en faifoient ufage. Par exemple , fi le pain leur appartenoit quand ils le mangeoient, ou s'il appartenoit plutôt au Pape ou à l'Eglife Romaine. Cette queftion frivole donna beaucoup d'occupation au Pape, auffi-bien que celles qu'ils agitoient fur la couleur , la forme , & l'étoffe de leurs habits. S'ils devoient le porter blanc, gris , ou noir; fi le capuchon devoit être pointu ou rond, large ou étroit ; fi leurs robes devoient être amples, courtes ou longues, de drap ou de ferge , &c. Les difputes fur toutes ces minuties furent portées fi loin , entre les Freres Mineurs , qu'on en fit bruler quelques-uns, comme s'il fe fût agi de l'état entier de la Religion & de la Chrétienté. La queftion de la *Vifion béatifique*, à laquelle le Pape Jean XXII avoit donné occafion, par deux Sermons prêchés auparavant , fit auffi un grand éclat en France. Le Pape emploïa Gerard, fon Nonce , alors Général des Cordeliers , & un autre Docteur, pour

faire adopter ſon opinion dans l'U-
niverſité de Paris, mais il ne put
y réuſſir. Le Roi Philippe de Valois,
la fit examiner par 30 Docteurs,
qui la condamnerent, & ce Pr. écri
vit au Pape, que *s'il ne ſe retractoit
il le feroit ardre*. Le Pape ſe rétracta
la veille de ſa mort; déclarant, en
préſence des Cardinaux, & d'autres
témoins : » Que les Ames ſéparées
» des corps & purifiées, ſont dans
» le Paradis avec J. C. & en la
» compagnie des Anges, & qu'el-
» les voient Dieu l'Eſſence Divine
» clairement & face à face, au-
» tant que le comporte l'état d'une
» ame ſéparée : il ajoute à cette
» confeſſion, que s'il a prêché,
» dit ou écrit quelque choſe au
» contraire, il le révoque expreſ-
» ſément, & ſoumet à la déciſion
» de l'Egliſe & de ſes Succeſſeurs
» tout ce qu'il a dit, prêché, écrit,
» ſur quelque matiere que ce ſoit«.
Il m. à Avignon, le 4 Décembre
1334, à plus de 90 ans, après
avoir occupé le S. Siege 18 ans,
4 mois & 2 jours. Benoît XII fut
ſon ſucceſſeur. On a de Jean XXII
pluſ. ouvr., ſurtout ſur la Médecine, ſcience dans laquelle il excelloit. 1. *Theſaurus pauperum*. C'eſt
un Traité de remedes, imprimé à
Lyon en 1525. 2. un *Traité des
maladies des yeux*. 3. un autre *ſur
la formation du fœtus*. 4. un autre
*de la Goute*. 5. des conſeils pour
conſerver la ſanté, &c.

JEAN XXIII, Cardin. Diacre,
natif de Naples, d'une famille noble, appellé auparavant *Baltaſar
Coſſa*, fut élu Pape le 17 Mai 1410,
par 16 Cardinaux qui ſe trouverent
à Bologne, lorſque le Pape Alexandre V mourut. Jean XXIII étoit
un gr. homme pour les affaires temporelles, au ſujet deſquelles il fit
paroître un courage héroïque; mais
il n'entendoit rien aux ſpirituelles.
Il indiqua le Concile général de
Conſtance en 1414, & y accepta
le 2 Mars 1415, une formule de ceſſion, par laquelle il promit de renoncer à la Papauté, ſi Grégoire XII
& Pierre de Lune, qui ſe faiſoit

nommer Benoît XIII, y renonçoient,
auſſi. Mais il ſe repentit auſſi tôt de
cette démarche, & s'enfuit de Conſtance le 23 Mars, déguiſé en Pale-
frenier, en Poſtillon, ou en Cavalier. Cette évaſion, qui ne tendoit
qu'à continuer le ſchiſme, obligea
le Concile à le dépoſer le 29 Mai de
la même année. La Sentence lui aïant
été ſignifiée, il s'y ſoumit, & ſortit
de priſon en 1419, où il avoit été
retenu près de 4 ans : il alla ſe jetter
aux pieds de Martin V, qui avoit
été élu Souverain Pontife dans le
Concile, & le reconnut pour vrai
Pape. Martin V le reçut très bien,
l'aggrégea au nombre des Cardin.
& le fit Doïen du Sacré Collége.
Jean XXIII ne jouit pas long tems
de ces avantages, il mourut 6 mois
après, le 22 Novembre 1419. Martin V occupa paiſiblement la Chaire
de S. Pierre après ſa mort.

JEAN d'Antioche, Diſciple de
Théodore de Mopſueſte, ſuccéda à
Théodore au Patriarchat d'Antioche en 427. Il fut d'abord zélé défenſeur de Neſtorius, ſon ami, &
voulut point ſe trouver au Concile général d'Epheſe en 431, où on
l'attendit en vain pendant 15 jours.
Il y alla enſuite avec ſes Suffragans,
& tint un Concilabule de 30 Evêques, qui y condamnerent S. Cyrille d'Alexandrie, & Memnon d'E-
pheſe. Ils rétablirent en même tems
les Pélagiens dépoſés, & déclarerent que le péché d'Adam ne paſſoit point du pére aux Enfans. Déciſion hérétique, qui ſe gliſſa dans
la ſuite parmi les vrais Décrets du
Concile d'Epheſe, comme le prouve
S. Grégoire *le Grand*. Enfin, Jean
d'Antioche ſe réconcilia avec le
Pape & avec S. Cyrille, & condamna ſincerement Neſtorius. Il
laiſſa ſon Siége à Domnus, ſon neveu, qui fut élu en ſa place en 436.

JEAN *le Jeûneur*, cél. Patriarche
de Conſtantinople, ſuccéda à Eutychius en 582. Il tint un Synode
en 587, pour examiner la cauſe de
Grégoire d'Antioche, qui avoit été
injuſtement condamné, & prit dans
ce Synode le titre d'Evêque *œcumé-*

*nique*, ou univerſel. Le Pape Pélage en aïant été informé, s'éleva avec zele contre cette qualité que prenoit Jean *le Jeûneur*, & lui manda de la quitter, s'il ne vouloit être excommunié. S. Grégoire *le Grand* ne s'oppoſa pas avec moins de zele contre le titre d'Evêque œcuménique, & en parla comme d'un nom nouveau & profane, capable d'inſpirer le trouble & le ſchiſme dans l'Egliſe. Jean *le Jeûneur* mourut en 595. Il donnoit tout ſon bien aux Pauvres. Après ſa mort, on ne trouva chez lui qu'une robe uſée, & un mauvais lit de bois que l'Empereur Maurice prit, & ſur lequel ce Prince couchoit, lorſqu'il vouloit faire pénitence.

JEAN, de Bayeux, Evêque d'Avranches, puis Archev. de Rouen, & l'un des plus ſavans & des plus illuſtres Evêques de France, dans le 11e ſiecle, tint un Concile en 1074, & fut tué en 1079, dans une maiſon de campagne, où il s'étoit retiré après avoir quitté ſon Archevêché. Matthieu Paris accuſe les Moine de l'Abbaïe de S. Ouen de ce meurtre, mais Dom Luc d'Achery prouve que c'eſt une calomnie. On a de Jean de Bayeux un *Livre des Offices Eccléſiaſtiques*, imprimé en 1679, avec quelques pieces très curieuſes.

JEAN DE SALISBURY, Evêque de Chartres, & l'un des plus ſavans hommes du 12e ſiecle, étoit Angl. Il fut diſciple de Pierre de Celles, Abbé de S. Remi de Reims, & Maître de Pierre de Blois. Le Pape Adrien IV lui témoigna une amitié particuliere, & le Clergé de Chartres le choiſit pour ſon Evêque en 1177. Jean de Salisbury gouverna ſon Dioceſe avec une prudence admirable. Il aſſiſta au Concile de Latran en 1179, & mourut en 1181. On a de lui un *Livre d'Epître*; *la Vie de S. Thomas de Cantorberi*, & d'autres ouvrages.

JEAN I, ſurnommé *Zimiſcès*, fut déclaré Empereur de CP. en 969. Il vainquit les Peuples de Ruſſie & de Bulgarie, & remporta de grandes victoires ſur les Sarraſins. Sa piété étoit égale à ſa valeur; c'eſt le premier qui fit graver l'Image de J. C. ſur les monnoies, avec cette Légende, *Jeſus-Chriſt, Roi des Rois*. Il fut empoiſonné à Damas, par un de ſes Domeſtiques, & alla mourir à CP. le 4 Déc. 975. Baſile & Conſtantin lui ſuccéderent.

JEAN II, COMNENE, Empereur de CP. ſurnommé *Calo-Jean*, c'eſt à-dire, *Beau-Jean*, parcequ'il étoit le Prince le plus beau, & le mieux fait de ſon tems, ſuccéda à ſon pere Alexis Comnene, en 1118. Il remporta diverſes victoires ſur les Barbares, & mourut le 8 Avril 1143, s'étant bleſſé la main, à la chaſſe, d'une fleche empoiſonnée. On dit qu'un Médecin promit de lui conſerver la vie, s'il vouloit ſe laiſſer couper la main; mais qu'il le refuſa, en diſant, *qu'il lui falloit ſes deux mains pour manier les rênes d'un ſi grand Empire*. Manuel, ſon fils aîné, lui ſuccéda.

JEAN III, DUCAS, regna à Nicée en 1222, tandis que les Latins tenoient la ville de CP. Il étendit ſon Empire par ſes victoires, & m. en 1255, après un glorieux regne de 35 ans. Théodore *le jeune*, ſon fils, lui ſuccéda.

JEAN IV, LASCARIS, fils de Théodore *le Jeune*, lui ſuccéda en 1259; mais le Deſpote Michel Paleologue lui fit crever les yeux peu de tems après, & s'empara de ſon Trône.

JEAN V, CANTACUZENE, Miniſtre & Favori d'Andronic Paleologue le Jeune, ſe ſouleva en 1345 contre Jean Paleologue, fils d'Andronic, & ſe fit déclarer Empereur. Il fit enſuite épouſer ſa fille à ce jeune Prince; ce qui rétablit la paix pour quelque tems: mais Jean Paleologue s'étant brouillé avec lui le défit en divers combats, avec le ſecours des Génois, & le contraignit en 1357 à quitter les Ornemens Impériaux. Jean Cantacuzene ſe retira dans un Monaſtere du Mont-Athos, où il ſe fit Moine. On a de lui, en grec, une excellente *Hiſtoire* de ce qui s'est passé sous le regne d'Andronic & sous le sien, traduite par le Président Cousin, & d'autres ouvrages.

JEAN VI, Paleologue, surnommé *Calo-Jean*, succéda à son pere Andronic le Jeune, dans l'Empire de CP. Il céda aux Génois l'Isle de Lesbos, & laissa prendre Andrinople en 1372, par Amurat I, Empereur des Turcs. Son regne fut très malheureux. Il fut obligé de céder l'Empire à son fils Emmanuel, & mourut en 1391.

JEAN VII, Paleologue, Empereur de CP. regna après l'abdication volontaire de son pere Emmanuel, en 1422. Les Turcs lui aïant pris Thessalonique, & faisant toujours sur lui de nouvelles conquêtes, il vint implorer le secours des Latins, & fut reçu avec magnificence au Concile de Florence, où l'union fut conclue entre l'Eglise Grecque & l'Eglise Latine en 1439. L'empereur retourna ensuite en Orient, & mourut le 31 Octobre 1448.

JEAN, Roi de France, succéda à son pere Philippe *de Valois*, le 22 Août 1350, à l'âge de 40 ans. Au commencement de son regne il institua *l'Ordre de l'Etoile* en faveur des plus gr. Seigneurs; & fit trancher la tête, sans forme de procès, à Raoul, Comte d'Eu & de Guines, qui étoit accusé d'avoir des intelligences avec les Anglois; ce qui aliéna tous les esprits, & fut cause en partie des malheurs de son regne. Charles, fils aîné du Roi Jean, aïant été fait Duc de Normandie, invita Charles, Roi de Navarre, de se trouver à Rouen à sa réception, & l'y fit arrêter prisonnier le 5 Avril 1356. Cet emprisonnement fit armer Philippe, frere du Roi de Navarre, & un gr. nombre de Seigneurs. Ils appellerent à leur secours Edouard III, Roi d'Angleterre, qui leur envoïa son fils Edouard, Prince de Galles: ce Prince ravagea l'Auvergne, le Limosin, & le Poitou. Alors le Roi Jean, aïant rassemblé ses Troupes, l'atteignit à Maupertuis,

à 2 lieues, de Poitiers, dans des vignes, d'où il ne pouvoit se sauver. Le Prince de Galles se voïant dans ces extrêmités, demanda la paix au Roi, offrant de rendre tout ce qu'il avoit pris en France, & une trêve de sept ans; mais le Roi Jean, qui croïoit la victoire assurée, refusa toutes ces conditions, & attaqua les Anglois le 19 Septembre 1356. Il fut défait, quoiqu'il eût 80000 hommes, & que les Anglois n'en eussent que 8000, & fut mené prisonnier en Angleterre. Après cette fameuse bataille, que l'on nomme *la bataille de Poitiers*, le Dauphin eut le Gouvernement du Roïaume. Les Etats Généraux lui accorderent un *Aide*, & ce Prince leur permit de nommer les Officiers qui devoient faire cette levée. C'est à ces Officiers, qui ne devoient subsister qu'autant que l'Aide devoit avoir cours, que l'on peut rapporter l'origine des Cours des Aides. Quelque tems après, les Païsans se souleverent contre la Noblesse, & formerent une Faction, qui fut appellée *la Jacquerie*; mais Etienne Marcel, Prevôt des Marchands de Paris, qui étoit à la tête des Parisiens révoltés, aïant été tué par Jean Maillard, le premier Août 1358, la sédition fut appaisée. Le Roi Jean demeura 4 ans prisonnier à Londres, jusqu'à la paix de Bretigni, situé à une lieue & demie de Chartres, & non pas de Châtres, comme on le dit communément. Cette paix fut conclue le 8 Mai 1360. Le Roi Jean réunit à la Couronne les Duchés de Bourgogne & de Normandie, & les Comtés de Champagne & de Toulouse; puis étant retourné en Angleterre, pour y traiter de la rançon du Duc d'Anjou, ou pour y revoir une Dame qu'il aimoit, il mourut dans l'Hôtel de Savoie, hors des murs de Londres, le 8 Avril 1364, à 54 ans, après en avoir regné près de 14. C'étoit un Prince brave & libéral, mais qui portoit le luxe à l'excès. Il se faisoit gloire de garder inviolablement sa promesse, & comme me quelqu'un le follicitoit de rompte le Traité de Bretigni, qui avoit été fait durant fa prifon, il répondit que *fi la bonne foi & la vérité étoient péries par toute la terre, elles devoient fe retrouver dans le cœur & dans la bouche des Rois.* Charles V, fon fils aîné, lui fuccéda.

JEAN de France, Duc de Berri, Comte de Poitou, &c. étoit fils du Roi Jean, & de fa premiere femme *Bonne* de Luxembourg. Il naquit à Vincennes, le 30 Novembre 1340, & fe fignala en divers combats. Il eut part, pendant quelque tems, à l'adminiftration des affaires, & fe déclara en 1410 pour la Maifon d'Orléans, contre celle de Bourgogne. Il m. à Paris, le 15 Juin 1416.

JEAN SANS-TERRE, Roi d'Angleterre, étoit le 4e fils du Roi Henri II. Il s'empara de la Couronne en 1199, après la mort de Richard I. Arthus de Bretagne, à qui elle appartenoit légitimement, la lui difputa; mais il fut furpris dans Mirebeau en 1202, & mis à mort. Conftance, mere de ce jeune Prince, implora le fecours du Roi Philippe Augufte, contre Jean *Sans-Terre.* Il fut condamné à perdre toutes les Terres qu'il avoit en France, & fut excommunié par le Pape Innocent III. Il perdit la bataille de Bovines, en 1214, & m. le 19 Oct. 1216, s'étant fait détefter des Anglois à caufe de fes violences & de fes exactions.

JEAN SOBIESKI, Roi de Pologne, & l'un des plus grands Guerriers du 17e fiecle, fut fait Grand Maréchal de la Couronne en 1665, & grand Général du Royaume, en 1667. Il fit de grandes conquêtes fur les Cofaques, & fur les Tartares, défit les Turcs en diverfes occafions, & gagna fur eux la cél. bataille de Choczin, le 11 Novembre 1673. Jean Sobieski fut élu Roi de Pologne, le 20 Mai 1674, & fit lever le fiege de Vienne en 1683. C'étoit un Prince habile, qui parloit diverfes langues, aimoit les

Sciences & les Gens de Lettres, & avoit toutes les qualités d'un Héros. Il m. à Varfovie, le 17 Juin 1696, à 72 ans.

JEAN I, Roi de Portugal & des Algarves, furnommé le *Pere de la Patrie,* étoit fils naturel de Pierre le Severe. Il fut élevé fur le Trône après la mort de Ferdinand, fon frere, arrivée le 20 Oct. 1383, vainquit le Roi de Caftille, prit Ceuta, & d'autres Places en Afrique, & m. le 14 Août 1433, à 83 ans.

JEAN II, Roi de Portugal, furnommé *le Grand & le Severe,* fuccéda à fon pere Alfonfe V, en 1481. Il fit trancher la tête au Duc de Bragance; travailla avec une ardeur incroïable à l'établiffement des Colonies Portugaifes dans les Indes & en Afrique; fe fignala à la bataille de Toro, contre les Caftillans, en 1476, & fit paroître un grand amour pour fon peuple. Il avoit coutume de dire: *que le Prince qui fe laiffe gouverner, eft indigne de regner.* Lorfqu'il eut perdu fon fils unique, qu'il aimoit tendrement: *ce qui me confole,* dit il, *c'eft qu'il n'eft pas propre à regner, & Dieu, en me l'ôtant, a montré qu'il veut fecourir mon Peuple.* Il m. le 25 Oct. 1495, à 41 ans.

JEAN III, Roi de Portugal, fuccéda à fon pere Emmanuel, en 1521. Il reçut des Ambaffadeurs de David, Roi d'Ethiopie, & le Roi de Camboye lui céda la Fortereffe de Diu, dans les Indes. C'eft ce Prince qui envoia S. François Xavier pour convertir les Idolâtres. Il m. d'apoplexie le 2 Août 1557, à 55 ans. Ce font les vaiffeaux de ce Prince qui découvrirent le Japon en 1542.

JEAN IV, Roi de Portugal, furnommé *le Fortuné,* naquit le 19 Mars 1604, de Théodore de Portugal, Duc de Bragance. Il étoit le plus proche héritier de la Couronne de Portugal, dont les Efpagnols s'étoient rendus maîtres, après la mort du Roi Dom Sébaftien, & du Cardinal Henri, en 1580. Les Portugais, indignés des vexations des Espagnols, secouèrent enfin le joug, & proclamerent Roi de Portugal, Jean IV, le 15 Décembre 1640. Il gouverna avec tant de sagesse & de prudence, qu'il se maintint sur le Trône, malgré ses ennemis. Il remporta une cél. victoire sur les Espagnols, près de Badajoz, le 26 Mai 1644, & eut de gr. avantages dans le Brésil sur les Hollandois. Il m. à Lisbonne, d'une rétention d'urine, le 6 Novembre 1656, à 52 ans. C'étoit un Prince doux & affable. Il s'habilloit fort simplement, & il étoit très sobre dans son manger ; ce qui lui faisoit dire : que *c'est le propre d'un Roi d'être affable : que tout habit couvre, & que toute viande nourrit.*

JEAN *Sans-peur*, Comte de Nevers, puis Duc de Bourgogne, naquit à Dijon, le 28 Mai 1371. Il succéda à son pere, Philippe *le Hardi*, en 1404, huit ans après avoir été fait prisonnier par Bajazet II, Empereur des Turcs, à la bataille de Nicopolis. Il donna naissance aux querelles des Maisons d'Orléans & de Bourgogne, & fit assassiner, à Paris, Louis de France, Duc d'Orléans, le 23 Novembre 1407, ce qui excita une guerre civile. Jean *Sans-peur* alla ensuite au secours de Jean de Baviere, Evêque de Liege, & revint à Paris, sous le regne de Charles VI. Il se rendit maître du Gouvernement, & causa au Roïaume des maux infinis ; mais le Dauphin l'aïant attiré à une conférence sur le Pont de Montereau Faut-Yonne, il y fut tué par Tannegui du Châtel, le 10 Septembre 1419.

JEAN V, Duc de Bretagne, surnommé *le Vaillant* & *le Conquérant*, fut attaqué par toutes les forces de France. Il gagna 7 batailles, & tua son Concurrent Charles de Blois, à la journée d'Aurai, le 29 Septembre 1364. Il fit arrêter le Connétable de Clisson, & m. à Nantes, le prem. Nov. 1399.

JEAN d'Orléans, Comte de Dunois & de Longueville, Gr. Chambellan de France, & le plus célèbre Général de son siecle, étoit fils naturel de Louis de France, Duc d'Orléans, assassiné à Paris, le 23 Nov. 1407. Il naquit en 1403, & se signala de bonne heure, en divers sieges & combats. S'étant enfermé dans Orléans, il défendit courageusement cette ville contre les Anglois, & leur fit lever le siege, avec le secours que lui mena la Pucelle d'Orléans. Le Comte de Dunois eut ensuite divers autres avantages sur les Anglois ; il prit le Mans & toutes les principales Places de la Normandie & de la Guienne. Charles VII, pour récompenser son mérite lui donna le Titre de *Restaurateur de la Patrie*, le légitima, lui donna le Comté de Longueville, avec diverses autres Terres, & le fit Gr. Chambellan de France. Louis XI ne fit pas moins d'estime de son mérite. Il m. comblé d'honneur & de gloire le 24 Novembre 1468.

Il y a eu plusieurs autres Princes nommés Jean.

JEAN ANDRÉ, savant Italien au 14e siecle, étoit ami du Cardinal Nicolas de Cusa, & du Cardinal Guillaume d'Estouteville. Il trouva un généreux Protecteur dans le Pape Paul II, qui le fit Secretaire de la Bibliotheque du Vatican, puis Evêque d'Accia, & enfin d'Aleria, dans l'Isle de Corse, où il m. en 1493. Il a donné les *Editions* d'un grand nombre d'Auteurs Ecclésiastiques & profanes, & fut l'un des principaux Restaurateurs des Lettres en Italie.

JEAN ANDRÉ, Jurisconsulte, *voyez* ANDRÉ.

JEAN SCOT, *Erigene*, fameux Irlandois du 9e siecle, vint en France sous le regne de Charles *le Chauve*, qui eut pour lui une estime particuliere. On croit que c'est Jean Scot *Erigene* qui a écrit le premier contre la Transubstantiation, & la présence réelle de N. S. J. C. dans l'Eucharistie, dans le Livre qu'il composa contre Paschase Radbert. Il fut chassé de Paris, & se retira en Angleterre, où l'on dit qu'il fût tué à coups de canif par ses Ecoliers vers 883. L'ouvrage qu'il avoit composé contre Paschafe Radbert, fut condamné dans trois Conciles de Paris, dans le Concile de Verceil, & dans celui de Rome, fous Nicolas II, en 1059. On obligea Berenger dans ce dernier Concile de jetter lui-même au feu le Livre de Jean Scot. Ce Livre s'est perdu.

JEAN DE LA CONCEPTION, (le Pere) cél. Instituteur de la Réforme des Trinitaires Déchauffés d'Espagne, naquit à Almodovar, village du Diocèfe de Tolede, le 10 Juillet 1561. Il fonda 18 Couvens de la Réforme, qu'il gouverna avec beaucoup de fagesse, & m. faintement à Cordoue le 14 Février 1613.

JEAN D'ANANIE, ou D'AGNANIE, fav. Archidiacre, & Professeur en Droit Canon à Bologne, au 15e siecle, dont on a des *Commentaires* fur les *Décretales*, & un volume de *Confultations*. Ces deux ouvrages font estimés. Il m. avec de gr. fentimens de piété en 1455.

JEAN DE BRUGES, Peintre, voyez EICK.

JEAN COLET, voyez COLET.

JEAN D'IMOLA, cél. Jurisconfulte de Bologne, au 15e siecle, fut disciple de Balde l'ancien. Il enseigna le Droit avec beaucoup réputation, & m. le 18 Févr. 1436. On a de lui des *Comment.* fur les *Décretales* & fur les *Clémentines*, & d'autres ouvrages.

JEAN DE MONT-RÉAL, cél. Mathématicien du 15e siecle, ainsi nommé d'une Ville de Franconie, où il naquit en 1436. Il enseigna à Vienne avec réputation, & m. à Rome en 1476, à 41 ans. On a de lui des *Ephémerides* qui font estimées.

JEAN DE HAGEN, de *Indagine*, savant Chartreux du 15e siecle, dont on a un gr. nombre d'ouvrages. Il m. en 1475.

JEAN DE RAGUSE, cél. Théologien du 15e siecle, natif de Rafe, étoit Dominicain. Il devint

Docteur de Sorbonne, Préfident du Concile de Bâle, & fut chargé d'aller plusieurs fois à CP. pour la réunion des Grecs avec les Latins. Il fut ensuite Evêque d'Argos, dans la Morée, & m. vers 1450. On a de lui quelques ouvrages.

JEAN DA CASTEL BOLOGNESE, cél. Graveur du 16e siecle, travailla pour le Pape Clément VII, & pour l'Empereur Charles-Quint. Il grava fur de petites pierres l'enlevement des Sabines, les Bacchanales, des combats fur mer, & d'autres gr. Sujets.

JEAN DA UDINE, Peintre cél. du 16e siecle, natif d'Udine, fut Disciple de Raphael, & s'acquit une gr. réputation dans toute l'Italie. Il excelloit furtout à bien repréfenter les Animaux, les Draperies, les Païfages, les Bâtimens, les Fleurs, & les Fruits. On découvrit de fon tems, dans les ruines du Palais de Tite, ces petites figures, qui pour avoir été trouvées fous terre dans des grottes, furent appellée *Grotefques*, & l'on y déterra de petits tableaux d'Histoires, faits de stuc. Jean da Udine copia ces fortes de Peintures; il retrouva le secret de faire *le stuc* qui étoit perdu, & furpassa tous les Peintres à faire de ces ornemens *grotefques*. Il m. à Rome en 1564.

JEAN MILANOIS, composa vers l'an 1100, au nom des Médecins du College de Salerne, un Livre de Médecine en vers latins; il contenoit 1239 vers, dont il ne reste que 372. C'est ce Livre qui est très connu fous le nom d'*Ecole de Salerne*. On estime les observations de René Moreau fur cet ouvrage. M. Andry, Medecin de Paris, a foutenu que ce fameux ouvrage avoit été composé par *Tufa & Rebecca Guerna*, deux Dames célebres, qui fe font fignalées dans l'Ecole de Salerne par leurs Ecrits. *Voïez le Journal des Savans Novembre* 1724. D'autres l'ont attribué à Arnaud de Villeneuve; mais la plus commune opinion des Savans l'attribue à Jean de Milan, autrem. Jean Milanois.

JEAN DE LEYDEN, ainſi nommé du lieu de ſa naiſſance, étoit
Tailleur. Il ſe joignit en 1554 à
Jean-Mathieu Boulanger, & devint
avec lui Chef des Anabaptiſtes. Ils
ſe rendirent maîtres de Munſter,
où ils commirent les cruautés les
plus inouies ; mais l'Evêque de
Munſter aïant repris cette ville en
1555, fit mourir ces ſcélérats par
des ſupplices très rigoureux.

JEAN DE PARIS, fam. Domi-
niquain du 13e ſiecle, Docteur &
Profeſſeur en Théol. à Paris & cél.
Prédicateur, prit la défenſe du Roi
Philippe-le-Bel, contre le Pape Boniface VIII, dans un Traité qui
nous reſte de lui ſous ce titre, De
Regia poteſtate & Papali. Aïant
avancé en Chaire quelques propo-
ſiſions qui ne parurent pas exactes
ſur le Dogme de la préſence réelle
du corps de J. C. dans l'Euchariſtie,
il fut déféré à Guillaume Evêque
de Paris ; ce Prélat, avec trois autres Evêques & un Docteur en Théologie, après avoir entendu le Dominiquain, lui défendirent de prêcher & d'enſeigner. Il en appella au
Pape, & alla à Rome pour s'y défendre ; mais il m. peu de tems
après en 1304. Outre l'ouvrage
dont nous avons parlé, on a de lui.
1. Determinatio de modo exiſtendi
corporis Chriſti in Sacramento al-
taris. 2. Correctorium doctrinæ S.
Thomæ.

JEAN LE TEUTONIQUE, céleb.
Dominiquain, natif de Wildeshu-
ſen, dans la Weſtphalie, fut Pénitencier de Rome, puis Evêque de
Boſnie, & 4e Général de l'Ordre
de Saint Dominique. Il s'acquit une
grande réputation au 13e ſiecle,
& m. le 4 Novembre 1252. On
lui attribue une Somme des Prédicateurs & une Somme des Confeſſeurs ; mais le Pere Echard ſoutient que ces deux ouvrages ſont de
Jean de Fribourg, appellé auſſi le
Teutonique, autre Dominiquain,
mort en 1313.

JEANNE de Navarre, Reine de
France & de Navarre, Comteſſe de
Champagne, &c. étoit fille unique

& héritiere de Henri I, Roi de
Navarre & Comte de Champagne.
Elle épouſa en 1284 Philippe de
France, qui fut depuis le Roi Phi-
lippe le Bel, & fonda à Paris en
1305 le cél. Collége de Navarre.
Elle mourut au Château de Vin-
cennes, le 2 Avril 1304, à 33 ans.

JEANNE de Bourgogne, Reine
de France, étoit fille aînée d'O-
thon IV, Comte Palatin de Bourgogne. Elle épouſa en 1306 Philippe de France, qui fut depuis le
Roi Philippe le Long, & fonda à
Paris le Collége de Bourgogne,
près des Cordeliers. Elle mourut à
Roye, en Picardie, le 22 Janvier
1325.

JEANNE de France, (la Bien-
heureuſe) Inſtitutrice de l'Ordre de
l'Annonciade, étoit fille du Roi
Louis XI, & de Charlotte de Savoie. Elle naquit en 1464, & fut
mariée en 1476 à Louis, Duc d'Orléans, ſon couſin iſſu de germain,
qui fut depuis le Roi Louis XII. Ce
Prince fit déclarer ſon mariage nul
par le Pape Alexandre VI, le 22
Décembre 1498, & donna à Jeanne, pour ſon entretien, le Duché
de Berri, & divers autres Domaines. Cette vertueuſe Princeſſe ſe
retira à Bourges, où elle inſtitua
l'Ordre de l'Annonciation, ou de
l'Annonciade, qui fut confirmé par
Alexandre VI, en 1501. Elle fonda
auſſi un Collége dans l'Univerſité de
Bourges, & mourut en odeur de
ſainteté, le 4 Février 1504, à 40
ans. Elle a été béatifiée en 1743.

JEANNE D'ALBRET, cél. Reine
de Navarre, étoit fille & héritiere
de Henri d'Albret II, Roi de Navarre. Elle épouſa à Moulins, le
20 Octobre 1548, Antoine de Bourbon, Duc de Vendôme, & fut mere
du Roi Henri le Grand. C'étoit une
Princeſſe ſage & courageuſe, qui
aimoit les Sciences & les Savans,
& qui écrivoit bien en proſe & en
vers. Indignée de ce que les Papes
avoient donné aux Eſpagnols l'Inveſtiture de ſon Roïaume de Navarre, elle embraſſa le parti des
Huguenots, qu'elle ſoutint de tout

son pouvoir. Elle mourut à Paris, le 9 Juin 1572, à 44 ans. Elle avoit composé diverses pieces en vers & en prose.

JEANNIN, ( Pierre ) Premier Président au Parlement de Bourogne, & l'un des plus grands Hommes que la France ait produits, s'éleva par son seul mérite. De simple Avocat, il parvint aux plus hautes Charges de la Robe, & devint Ministre du Roi Henri *le Grand*. Il eut part à toutes les affaires importantes de son tems, & fut d'abord attaché au Parti de la Ligue ; mais après le combat de Fontaine Françoise, il rentra dans son devoir. Henri IV l'admit à son Conseil, & mit en lui sa confiance la plus intime. Le Président Jeannin lui aïant alors représenté qu'*il n'étoit pas juste qu'il préférât un vieux Ligueur du Parti du Duc de Mayenne, à tant d'illustres Personnages, dont la fidélité ne lui avoit jamais été suspecte :* Le Roi lui répondit, qu'*il étoit bien assuré, que celui qui avoit été fidele à un Duc, ne manqueroit pas de fidélité à un Roi ;* & lui marqua en même-tems qu'il vouloit l'avoir auprès de sa Personne. Depuis ce moment, le Président Jeannin fut l'Arbitre de tous les différends. On l'emploïa dans les affaires les plus importantes & les plus difficiles, & il fut chargé de la négociation entre les Hollandois & le Roi d'Espagne. Henri IV étoit si assuré de sa fidélité, qu'un jour se plaignant à ses Ministres, que l'un deux avoit revélé le secret, il prit le Président Jeannin par la main, en disant : *Je répons pour le bon homme. C'est à vous autres à vous examiner.* Ce grand Prince lui dit un peu avant sa mort, qu'*il songeât à se pourvoir d'une bonne haquenée, parcequ'il vouloit qu'il le suivît dans toutes les entreprises qu'il avoit projettées.* Après la mort funeste de ce Monarque, la Reine-mere se reposa sur Jeannin des plus gr. affaires du Roïaume, & lui confia l'administration des Finan-

ces. Il s'y conduisit avec tant de fidélité, qu'il ne laissa que peu de bien à sa famille. Il mourut le 31 Octobre 1621, à 82 ans. On dit qu'avant son élévation, un riche particulier étant charmé de son mérite, résolut de l'avoir pour gendre, s'il se trouvoit quelques proportions entre leurs fortunes ; il l'alla voir, & lui demanda quel étoit son bien, Jeannin, portant sa main à sa tête, & montrant quelques Livres sur des tablettes, lui répondit, en disant : *Voilà tout mon bien & toute ma fortune.* La suite fit voir qu'il ne s'étoit pas trompé, & qu'il avoit montré un gr. trésor. On a de lui des *Mémoires* & des *Négociations* si estimables, que le Cardinal de Richelieu les lisoit sans cesse, & assuroit qu'il ne trouvoit point de meilleures instructions. On doit ajouter à la louange de Jeannin, qu'avant son élévation, étant chargé par les Etats de Bourgogne du soin des affaires de la Province, & les ordres étant arrivés à Dijon, d'y faire, au jour de la Saint Barthelemi, le massacre des Calvinistes ; il y résista de toutes ses forces, en disant qu'il n'étoit pas possible que le Roi Charles IX persistât dans une résolution si cruelle. En effet, quelques jours après arriva un Courier pour deffendre les meurtres. Henri IV se reprochoit de n'avoir pas fait assez de bien au Président Jeannin, & disoit assez souvent : qu'*il doroit plus. de ses Sujets, pour cacher leur malice ; mais que pour le Président Jeannin, il en avoit toujours dit du bien sans lui en faire.*

JECHONIAS, autrement JOACHIM, Roi de Juda, fut associé à la Couronne par son pere Joachim, & regna seul vers 599 avant J. C. Nabuchodonozor l'emmena captif à Babylone avec sa famille, après la prise de Jerusalem. Il demeura dans l'humiliation jusqu'en 562 avant J. C. qu'Evillemerodac aïant succédé à son pere, le mit au premier rang des Princes de sa Cour. Il est appelé *stérile* par le Prophète Jérémie, parcequ'aucun de ses enfans ne regna après lui à Jérusalem. Sedecias son oncle fut mis sur le Trône après lui.

JEHU, fils de Josaphat, & 10e Roi d'Israel, fut sacré, par ordre de Dieu, par un Disciple d'Elisée, vers 884 avant J. C. Il tua Joram, Roi d'Israel, d'un coup de fléche, & fit mourir Ochozias, Roi de Juda. Jezabel, femme d'Achab, aïant appris à Jezrahel l'arrivée de Jehu, se farda les yeux, & mit la tête à la fenêtre ; mais ce Prince la fit jetter en bas. Il fit aussi mourir tous les Princes de la Maison d'Achab & d'Ochozias, & les Prêtres de Baal. Il tomba ensuite dans l'idolâtrie. Dieu l'en punit, en faisant ravager ses Provinces par Hazaël, Roi de Syrie. Il mourut vers 856 av. J. C. après un regne de 28 ans. Il ne faut pas le confondre avec le Prophête Jehu, fils d'Hanani, dont il est parlé dans l'Ecriture-Sainte.

JENEBELLI, (Frédéric) célebre Ingénieur Mantouan, se distingua à la défense d'Anvers en 1585, lorsque cette ville étoit assiégée par les Espagnols. Il étoit fécond en inventions terribles, & fit périr une multitude prodigieuse d'hommes par ses travaux.

JENISCHIUS, ( Paul ) natif d'Anvers, se rendit habile dans les Langues & dans les Sciences. Son Livre intitulé : *Thesaurus animarum*, le fit bannir de son païs. Il mourut à Sturgard, le 18 Décembre 1647, à 89 ans.

JENSON, (Nicolas) cél. Imprimeur François, alla s'établir à Venise vers 1468 ; il jetta les fondemens de l'Imprimerie de cette ville, & s'y acquit une grande réputation.

JEPHTÉ, 9e Juge des Hébreux, succéda en cette Charge à Jaïr. Il marcha contre les Ammonites vers 1188 avant J. C. & fit vœu, s'il remportoit la victoire, de sacrifier la première chose qu'il rencontreroit en retournant chez lui. Il défit les Ammonites ; & lorsqu'il s'en

retournoit, sa fille unique, que Philon appelle *Seïla*, alla au devant de lui, transportée de joie. Jephté au désespoir, lui déclara son vœu téméraire, & la sacrifia deux mois après, selon l'opinion la plus probable. Il fit un grand carnage de la Tribu d'Ephraïm, & mourut vers 1181 avant J. C., après avoir gouverné les Israëlites pendant six ans.

JEREMIE, Prophête, de famille Sacerdotale, fils du Prêtre Helcia, étoit natif d'Anathoth, proche de Jerusalem. Il fut sanctifié dès le sein de sa mere, comme il l'écrit lui-même, & commença à prophétiser sous le regne de Iosias, 629 avant J. C. Les malheurs qu'il prédisoit aux Juifs, les irriterent tellement, qu'ils le jetterent dans une fosse remplie de boue. Il y seroit péri, si l'Ethiopien Abdemelech, Ministre du Roi Sédécias, ne l'en eût fait retirer. Jerusalem aïant été prise par les Babyloniens, 606 av. J. C. comme Jérémie l'avoit prédit, Nabuzardan, Général de Nabuchodonozor, laissa le choix au Prophête, ou d'aller à Babylone, ou de rester en Judée. Jérémie choisit ce dernier parti : mais les Juifs s'étant enfuis en Egypte, il les y suivit, & leur reprocha leur idolâtrie avec son zele ordinaire ; ils en furent si irrités, qu'on dit qu'ils le lapiderent dans la ville de Taphné, 590 avant J. C. Il nous reste de lui des *Prophéties* & des *Lamentations* en hébreu, dont le style est majestueux, & les expressions fortes & sublimes. Il y a à Venise une Eglise dédiée sous son nom. On y célebre sa Fête avec beaucoup de pompe & de magnificence. *Voyez* BARUCH.

JEROBOAM I, natif de Saveda, & fils de Nabath, de la Tribu d'Ephraïm, plut tellement à Salomon, que ce Prince lui donna l'Intendance des Tribus d'Ephraïm & de Manassés. Le Prophête Abias lui prédit qu'il regneroit sur dix Tribus. Salomon, pour empêcher l'effet de cette prédiction, voulut faire mourir Jeroboam ; mais il s'enfuit vers Sefac , Roi d'Egypte. Après la mort de Salomon , Jeroboam se présenta à Roboam , avec le Peuple d'Israël , pour être déchargé des impôts excessifs , & n'aïant pu rien obtenir , ils se déclarerent pour Jeroboam , & le prirent pour leur Roi. C'est ainsi que se fit la division des Roïaumes de Juda & d'Israël. Jeroboam , pour retenir ses Sujets sous son obéïssance , leur fit adorer deux veaux d'or , l'un à Bethel , & l'autre à Dan , 974 avant J. C. Peu de tems après , un Prophète s'approchant d'un de ces Autels , prédit qu'un Fils de la Race de David égorgeroit sur cet Autel tous les Prêtres qui y offriroient de l'encens ; & pour marquer qu'il disoit vrai , l'Autel se fendit en deux à l'instant. Cette Prophétie fut accomplie par Josias 250 ans après. Jéroboam , qui étoit présent , étendit la main pour ordonner à un de ses Officiers d'arrêter le Prophète , mais elle se sécha aussi-tôt. Il obtint néanmoins sa guérison ; ce qui ne le rendit pas meilleur. Il mourut dans ses impiétés , 954 av. J. C. après un regne d'environ 22 ans. Nadab , son fils lui succéda.

JEROBOAM , II Roi d'Israël , fut associé par son pere Joas , & regna seul 824 avant J. C. C'étoit un Prince vaillant & heureux. Il défit les Syriens , reprit sur eux ce qu'ils avoient conquis , & leur enleva Damas & Hamath. Il mourut idolâtre 784 av. J. C. après un regne de 41 ans. Zacharie son fils lui succéda.

JEROME , ( S. ) célebre Docteur de l'Eglise , & le plus érudit de tous les Peres Latins , étoit fils d'Eusebe , & naquit à Stridon , ville de l'ancienne Pannonie , vers 340. Il fit ses études à Rome , où il eut pour maître le savant Grammairien Donat. Après avoir reçu le Baptême , il vint dans les Gaules , & il y transcrivit le Livre des Synodes de S. Hilaire de Poitiers. Il alla ensuite à Aquilée , où il fit amitié avec Heliodore , qui l'engagea à

voïager dans la Thrace , le Pont , la Bithynie , la Galatie , & la Cappadoce. S. Jérôme se retira vers 372 dans le désert de Syrie. Les Orthodoxes du parti de Meléce le persécuterent , comme Sabellien , parcequ'il se servoit du mot d'Hypostase , que le Concile de Rome avoit emploïé en 369. Cela l'obligea d'aller à Jerusalem , où il s'appliqua à l'étude de la Langue Hébraïque , afin d'acquérir une connoissance plus parfaite de l'Ecriture-Sainte. S. Jérôme consentit vers ce même tems d'être ordonné Prêtre par Paulin d'Antioche , mais à condition qu'il ne seroit attaché à aucune Eglise. On dit qu'il eut un si grand respect pour le Sacrifice de l'Autel , qu'il ne voulut jamais l'offrir ; mais cela n'a aucune vraisemblance. Il alla à CP. en 381 , pour entendre Saint Grégoire de Naziance , & retourna à Rome l'année suivante , où il fut Secretaire du Pape Damase. Il instruisit alors un gr. nombre de Dames Romaines dans la piété & dans les Sciences , dont les plus illustres sont , saintes Marcelle , Albine , Lea , Aselle , Paule , Blesille , & Eustochie. Ces liaisons l'exposerent aux calomnies de ceux dont il reprenoit avec zele les déréglemens , & le Pape Sirice , qui avoit succédé à Damase , n'aïant pas toute l'estime pour S. Jérôme , que sa doctrine & sa vertu méritoient , ce S. Docteur sortit de Rome , & s'en retourna dans le Monastere de Bethléem , où il écrivit contre les Hérétiques , surtout contre Vigilance & Jovinien. Il se brouilla avec Jean de Jerusalem & avec Rufin , au sujet des Origénistes ; écrivit le premier contre Pélage , & mourut le 30 Septembre 420 , âgé d'environ 80 ans. Il y a plusieurs Edit. de ses Œuvres. La derniere , qui est celle de Verone , est en 11 vol. in-fol. Les principaux ouvr. de S. Jérôme sont : 1. une *Version latine* de l'Ecriture-Sainte , qui a été adoptée par l'Eglise , sous le nom de *Vulgate* , excepté la Version des Psaumes , qui a été retenue presque en entier de l'ancienne Version. 2. Des *Commentaires* sur les *Prophêtes*, sur l'*Ecclésiaste*, *S. Matthieu*, sur les *Epîtres aux Galates*, *aux Ephésiens*, *à Tite*, & *à Philemon*. 3. Des *Traités Polémiques* contre les *Hérétiques Montan*, *Helvidius*, *Jovinien*, *Vigilance*, & *Pélage*. 4. Plusieurs *Lettres*. 5. Un *Traité de la Vie & des Ecrits des Auteurs Ecclésiastiques* qui avoient fleuri avant lui. S. Jérôme savoit le grec & l'hébreu. Son style est vif, plein de feu, & quelquefois de noblesse.

JEROME DE PRAGUE, ainsi nommé du lieu de sa naissance, fut Disciple de Jean Hus, & enseigna avec zele sa Doctrine; ce qui le fit mettre en prison au Concile de Constance, où il fit abjuration de ses erreurs le 23 Sept. 1415. Il s'enfuit ensuite, & continua d'enseigner ses erreurs; mais aïant été repris, il fut conduit à Constance, & brulé comme un relaps, le Samedi 30 Mai 1416.

JESUA LEVITE, savant Rabbin Espagnol du 15e siecle, est Auteur de l'ouvrage intitulé: *Halichot Olam*, c'est-à-dire, *les Voies de l'Eternité*. Ce Livre est très utile pour l'intelligence du Talmud. Il a été traduit en latin par Constantin l'Empereur, & Bashuysen en a donné une bonne Edition à Hanovre en 1714, *in* 4°. en hébreu & en latin.

JESUS, fils de Sirach, composa vers 234 av. J. C. le Livre de l'*Ecclésiastique*, que les Grecs nomment Παναρετος, c'est-à-dire, rempli de *toute vertu*. Ils le citent aussi sous le nom de *Sagesse de Jesus, fils de Sirach*. Son petit-fils, de même nom que lui, & aussi natif de Jerusalem, le traduisit d'hébreu en grec, vers 121 av. J. C. Nous avons cette Version grecque, mais le texte hébreu est perdu.

JESUS-CHRIST, le *Sauveur du monde*, fils de Dieu, & Dieu lui-même, le Messie prédit par les Prophêtes, & le Médiateur entre Dieu & les Hommes, fut conçu par l'opération du Saint Esprit, dans le sein de la Vierge Marie, Epouse de Joseph, de la Race de David, & naquit à Bethléem, le 25 Décembre de l'an du monde 4004, selon la plus commune opinion. Il rendit la vue aux aveugles, l'ouie aux sourds, la santé aux malades, la vie aux morts, & confirma la divinité de sa Mission par une infinité de miracles éclatans, qu'il opéra en public. Mais tout ce que les Prophêtes avoient prédit, arriva. Les Juifs ne voulurent point le reconnoître. Ils le condamnerent injustement à mort, & ils l'attacherent à une Croix sur le Calvaire, entre 2 voleurs, le Vendredi 3 Avril, de l'an 36 de l'Ere vulgaire, vers les 9 heures du matin. Jesus Christ expira sur cette Croix pour le salut du genre humain, vers les 3 heures du soir. Sa mort fut accompagnée de plusieurs prodiges. Il ressuscita le 3e jour, comme il l'avoit prédit, & se fit voir à ses Apôtres, & dans une Assemblée de plus de 500 de ses Disciples, dont la plupart étoient encore en vie, lorsque S. Paul écrivit aux Corinthiens. Jesus-Christ but & mangea plusieurs fois avec eux après sa Résurrection; il les instruisit de toutes les vérités nécessaires au salut, leur ordonna de prêcher son Evangile par toute la terre, & monta au Ciel, en leur présence, 40 jours après sa Résurrection. Ses Disciples reçurent la grace & les dons du Saint Esprit 10 jours après. Ils annoncerent aussitôt la Doctrine & la Résurrection de J. C., & ils la confirmerent par de nouveaux miracles. Ils souffrirent les plus cruelles persécutions, & scellerent de leur sang les vérités qu'ils prêchoient. C'est ainsi que la Religion Chrétienne s'établit dans tout l'Univers par les persécutions, les souffrances, & la mort même: ce qui prouve incontestablement sa divinité. Car les Apôtres & les Disciples de J. C. ne pouvoient ignorer, s'il faisoit des miracles, & s'ils en faisoient eux-mêmes, ni s'ils avoient bu, mangé, & conversé avec lui pendant 40 jours après sa

Réſurrection : & puiſqu'ils ont ſouffert les perſécutions les plus horribles, & la mort même, pour atteſter ces faits, il ſuit néceſſairement qu'ils ſont véritables ; car il eſt impoſſible qu'un grand nombre de perſonnes ſouffrent volontairement la mort pour atteſter des faits qu'ils ſauroient certainement être faux. La nature de cet ouvrage ne nous permet pas d'entrer dans un plus long détail ſur les actions & les miracles de J. C. ni ſur les preuves qui démontrent la vérité de la Religion Chrétienne. Tous les Fideles doivent être inſtruits de l'Evangile, & les Théol. ont publié d'excellens Traités ſur la vérité & la divinité de la Religion de Jeſus-Chriſt.

JETHRO, beau-pere de Moïſe, & Prêtre dans le Païs de Madian, vers 1530 avant J. C.

JEUNE, ( Jean le ) cél. Prédicateur Miſſionnaire, & l'un de ces hommes Apoſtoliques & extraordinaires que la Providence ſuſcite pour le ſalut des Fideles, naquit à Poligni, en Franche-Comté, en 1592, d'une famille noble & ancienne. Son pere étoit Conſeiller au Parlement de Dole, & Genevieve Collart, ſa mere étoit auſſi de condition. Elle donna à tous ſes enfans une éducation ſainte, & leur inſpira les ſentimens les plus purs & les plus tendres de la Religion. Elle leur faiſoit lire ſans ceſſe les Œuvres de Louis de Grenade, & les obligeoit de laver leurs mains avant de les toucher, marquant par cette pureté extérieure, la diſpoſition intérieure qu'elle vouloit qu'ils euſſent, pour profiter d'une Doctrine ſi ſainte. Le Cardinal de Berulle étant allé à Dole pour la viſite des Carmelites, le Pere le Jeune ſe mit ſous ſa conduite, & renonça à un Canonicat d'Arbois, pour entrer dans la Congrégation de l'Oratoire. Il y fut reçu en 1614. Le Cardinal de Berulle en conçut une ſi grande eſpérance, qu'il voulut lui faire un habit de ſa propre main, & lui ſervir d'infirmier dans une maladie contagieuſe ; il le recommanda très particulierement à ſa Congrégation avant que de mourir, & prédit que Dieu ſe ſerviroit du Pere le Jeune pour de grandes choſes dans ſon Egliſe. Le pieux Fondateur ne ſe trompa point. Le Pere le Jeune ſe conſacra aux Miſſions, & fit pendant 60 ans, par ſon zele & par ſes travaux apoſtoliques, des biens infinis & des converſions ſans nombre dans toute la France. Il perdit la vue en prêchant le Carême à Rouen, à l'âge de 35 ans, ce qui le fit nommer dans la ſuite *le Pere aveugle*. Cette infirmité ne le contriſta point, quoiqu'il fût naturellement vif & impétueux. Il répandoit au contraire un air de gaieté dans la converſation, aïant perdu par une fluxion un de ſes yeux, ce qui le rendoit difforme, au lieu qu'auparavant il avoit les yeux preſque auſſi beaux que s'il en eût eu l'uſage ; il dit en riant à ſes amis : *Les borgnes deviennent ordinairement aveugles, pour moi, au contraire, d'aveugle, je ſuis devenu borgne.* Le Pere le Jeune eut d'autres infirmités & de grandes maladies, à cauſe de ſes extrêmes auſtérités. Il fut deux fois taillé de la pierre ; on ne le vit jamais laiſſer échaper aucune parole d'impatience. Les plus grands Prélats avoient tant d'eſtime pour ſa vertu, que le Cardinal Bichi le ſervit à table durant tout le cours d'une Miſſion. M. de la Fayette, Evêque de Limoges, l'engagea en 1651 à demeurer dans ſon Dioceſe. Le Pere le Jeune y paſſa preſque toute ſa vie, & y établit des Dames de la Charité dans toutes les villes. Il recommandoit à ſes Coopérateurs dans les Miſſions, de faire au Peuple, après leurs Sermons, un abrégé de la Doctrine Chrétienne. *Hélas ! leur diſoit-il, ſi l'on ne connoît pas J. C. notre ſeul & unique Médiateur, on eſt perdu ! Faites-le donc bien connoître, aimer & ſervir.* Son humilité étoit admirable. Les gr. Seigneurs de la Cour, étant arrivés à Rouen à la fin d'un Carême, qu'il

avoit prêché à la place du Pere Senault, le prierent de leur prêcher
son plus beau Sermon, que toute
la ville de Rouen avoit admiré;
mais il se contenta de leur faire une
instruction familiere touchant les
devoirs des Grands, & l'obligation
qu'ils ont de veiller sur leurs familles & sur leurs domestiques. Le
Pere le Jeune conduisoit les pécheurs selon les regles les plus sai-
nes de la morale & de la discipline
Ecclésiastique; ce qui faisoit que
leurs couversions étoient solides &
persévérantes. Sa réputation étoit
si grande, qu'on venoit quelquefois
de cent lieues pour se mettre sous
sa conduite. Il savoit très bien la
Théologie & les dogmes de la Religion, & ne pouvoit souffrir qu'on
détournât aucune parole de l'Ecriture-Sainte en un sens profane, ou
peu convenable à la majesté de nos
Mysteres. Dans sa derniere maladie, qui fut longue, il reçut souvent la visite des Evêques de Limoges & de Lombez. On lui avoit permis de dire la Messe, quoiqu'il fût
aveugle, mais il ne voulut jamais
user de cette permission, dans la
crainte de commettre quelqu'irré-
vérence, en célébrant les Saints
Mysteres. Il mourut à Limoges, le
19 Août 1672, à 80 ans. Après sa
mort, il y eut une si grande foule
de monde autour de son corps, que
l'on fut obligé de faire appuïer le
plancher de la salle dans laquelle il
étoit exposé, crainte d'accident. Il
nous reste de lui plus. ouvr. dont
les principaux sont : dix gros volumes d'excellens Sermons, dont la
meilleure édition est celle de Toulouse en 1688, in 8°. ils sont capables de toucher & de convertir les
cœurs les plus endurcis. Les personnes qui ont du talent pour la
Chaire, & qui n'ont pas la fausse
délicatesse de se rebuter de quelques
termes inusités, & des comparaisons trop populaires, y trouveront
un riche fonds de pensées, de sentimens, & d'instructions.

JEZABEL, fille d'Ethbaal, Roi
des Sidoniens, épousa Achab, Roi

d'Israel, & l'entraîna dans l'Idolâtrie; elle fit prendre la fuite au Prophête Elie, & fut cause du meurtre
de Naboth, vers 898 avant J. C.
mais ses impiétés ne demeurerent
pas impunies; car Jehu étant allé
à Jezrahel, la fit jetter par la fenêtre. Son corps fut mangé par les
chiens, excepté la tête, & l'extrémité des mains & des pieds, vers
884 avant J. C.

JEWEL, ( Jean ) savant Ecrivain Anglois du 16e siecle, se fit
Protestant sur la fin du regne de
Henri VIII, & fut exclu du College d'Oxford, du tems de la Reine
Marie. Après la mort de cette Princesse, il quitta l'Italie, où s'il s'é-
toit enfui, & retourna en Angleterre. On lui donna alors l'Evêché de
Salysbury. On assure qu'il avoit une
mémoire prodigieuse.

IGNACE, (S.) Martyr, & Evêque d'Antioche, surnommé Théo-
phore, c. à d. Porte Dieu, succéda à Evode vers l'an 68 de J. C. Il
étoit Disciple de S. Jean, & soutint la Foi de J. C. dans la 3e persécution, en présence de l'Empereur
Trajan; il fut condamné à être
exposé aux bêtes dans l'Amphithéâtre de Rome, & y souffrit le
Martyre le 10 Décembre 107. Il
nous reste de lui sept Epîtres, qu'il
écrivit pendant qu'on le conduisoit à Rome, chargé de chaînes.
Elles sont remplies de l'Esprit de
Dieu, & contiennent des préceptes
très salutaires. Les meilleures éditions de ces Epîtres, sont celles
d'Amsterdam en 1697, in-fol. avec
les Dissertations d'Usserius & de
Pearson. & celle M. Cotelier, dans
ses Patres Apostolici, en grec &
en latin. Ces sept Epîtres sont adressées aux Smyrnéens, à S. Polycarpe, aux Ephésiens, aux Magné-
siens, aux Philadelphiens, aux
Tralliens, & aux Romains. Les autres Lettres qu'on attribue à S.
Ignace, Martyr, sont supposées.

IGNACE, ( S. ) Patriarche de CP.
étoit fils de l'Empereur Michel Curopalate, & de Procopie, fille de
l'Empereur Nicephore. Il succéda à

Méthodius en 846, & aïant été exilé en 857, par les intrigues de Bardas, dont il reprenoit les vices, le célebre Photius fut mis à sa place. S. Ignace fut ensuite déposé dans un Conciliabule, tenu à CP. en 858. Il en appella au Pape, qui déclara nulle cette déposition & l'Ordination de Photius. S. Ignace ne put néanmoins se faire rétablir sur son Siege, jusqu'au regne de Basile le Macédonien, lequel étant demeuré seul Empereur en 867, relégua Photius dans le Monastere de Scepte. Ce fut en conséquence du rétablissement de S. Ignace, que se tint le 4e Concile général de CP. Il m. le 23 Oct. 877, à 78 ans. Après sa mort, Photius s'empara du Siege de Constantinople.

IGNACE, (S.) de Loyola, Fondateur des Jésuites, & l'un des plus gr. hommes du 16e siecle, naquit au Château de Loyola, en Biscaye, dans la Province de Guipuscoa, en 1491, d'une famille noble & ancienne. Après avoir été Page à la Cour de Ferdinand, Roi d'Espagne, il prit le parti des armes, & s'y distingua. Il défendit avec valeur la ville de Pampelune, assiégée par les François en 1521, & y eut la cuisse cassée d'un boulet de canon. Pendant sa convalescence, aïant demandé un roman pour se désennuïer, il ne s'en trouva point, & on lui donna à lire une Vie des Saints, qui se rencontra par hasard. Cette lecture toucha tellement Ignace, qu'elle le détermina à changer de vie. Il conçut aussi-tôt le dessein de voïager dans la Terre-Sainte, & y arriva en 1523. Après avoir visité les saints Lieux, il revint en Europe, & s'arrêta à Barcelone, pour y apprendre le latin, quoiqu'il fût deja âgé de 33 ans. Il alla ensuite étudier à Alcala, puis à Salamanque, & vint à Paris en 1528. Il y continua l'étude de la Grammaire au College de Montaigu, fit sa Philosophie au College de Sainte Barbe, & sa Théologie aux Jacobins. C'est alors qu'il forma le dessein de s'associer plusieurs hommes Apostoliques, & de fonder un Ordre, dont la constitution du College de Montaigu, où il avoit demeuré, lui avoit donné l'idée. Le premier, sur lequel il jetta les yeux, fut Pierre le Févre, qui lui avoit appris la Philosophie, & qui l'avoit fait recevoir Maître-ès-Arts vers 1533. Pierre le Févre gagna S. François Xavier, & Saint Ignace s'associa encore quatre célebres Espagnols, Jacques Laynés, Alphonse Salmeron, Nicolas-Alphonse Bobadilla, & Simon Rodriguez. Ils s'engagerent le jour de l'Assomption 1534, dans l'Eglise de Montmartre, de s'associer ensemble, & de se dévouer au service du prochain. Ils quitterent ensuite Paris, & allerent en 1537, offrir leurs services au Pape. Paul III confirma en 1540, l'Institut de Saint Ignace, sous le nom de Compagnie de Jesus. Ce célebre Fondateur en fut élu premier Général, le 22 Avril 1541. Il composa des Constitutions pour son Ordre; le gouverna avec une prudence & une sagesse admirable, & mourut à Rome le 31 Juillet 1556, à 65 ans. Outre les Constitutions, on lui attribue des Exercices spirituels, qui furent approuvés par le Pape Paul III. S. Ignace eut principalement en vue en instituant sa Société, qu'elle se dévouât à l'instruction de la jeunesse, au soulagement des pauvres prisonniers, & à la conversion des Infideles. Il recommandoit surtout de rendre l'usage des Sacremens plus fréquent & plus saint. Il rapportoit avec une attention particuliere toutes ses actions à Dieu, & avoit coutume de dire à la fin de tout ce qu'il faisoit: A la plus grande gloire de Dieu. Gregoire XV le canonisa en 1621. Le P. Maffei, & le P. Bouhours ont écrit sa vie, le premier en latin, & le second en françois. Ces deux ouvrages sont excellens. Les Disciples de S. Ignace prirent le nom de Jésuites en 1547 du nom de l'Eglise de Jesus, qu'on leur donna dans Rome. Ils se sont répandus & établis dans toute la terre, & sont devenus célebres & recommandables par leur science, par leur zele, par leur régularité, & par les services importans qu'ils ont rendus & qu'ils ne cessent de rendre aux Peuples, à l'Eglise, & à la Religion.

IGNACE de Graveson, *voyez* GRAVESON.

ILDEFONSE, ( S. ) ou HILDE-PHONSE, fut Disciple de S. Isidore de Seville, puis Abbé d'Agali, & enfin Archevêq. de Tolede en 658. Il gouverna cette Eglise avec sagesse, & mourut le 23 Février 667, à 62 ans. On lui attribue un Traité de la Virginité perpétuelle de Marie, contre Jovinien, Helvidius, & les Juifs; & plusieurs autres ouvrages.

ILLHARRART de la Chambre, ( François ) *voyez* CHAMBRE.

IMBERT, ( Jean ) cél. Jurisconsulte du 16e siecle, natif de la Rochelle, fut Avocat & Lieutenant-Particulier à Fontenay-le-Comte, en Poitou. C'étoit, selon Charles du Moulin & Mornac, un des plus sublimes Praticiens de son tems. On a de lui : 1. *Enchiridion Juris-scripti Galliæ*, que Theveneau a traduit en françois. 2. *Institutiones Forenses*, ou Pratique du Barreau, en latin & en françois.

IMOLA, *voyez* TARTAGNI, & JEAN D'IMOLA.

IMPERIALI, ( Jean-Baptiste ) cél. Médecin, naquit à Vicenze en 1568, de la noble famille des Impériali. Il étudia à Verone & à Bologne, & fut Disciple de Jérôme Mercurialis, & de Fréderic Pendosius. De retour à Vicenze, il y exerça la Médecine avec une réputation extraordinaire, & y mourut le 26 Mai 1623, à 54 ans. Il écrivoit bien en latin, en vers & en prose. On a de lui plusieurs ouvrages estimés. Jean Impériali, son fils, étoit aussi un homme de beaucoup d'esprit. On a de lui deux ouvrages estimés, l'un intitulé : *Musæum Historicum*, & l'autre, *Musæum Physicum*, *sive de humano ingenio*. Ces deux Livres sont *in* 4°.

IMPERIALI, ( Joseph-René ) célebre Cardinal, naquit à Gènes, le 26 Avril 1651, d'une illustre famille. Il devint Général des Monnoies, puis Trésorier Général de la Chambre Apostolique, & enfin Cardinal, le 13 Février 1690. Les Papes le chargerent des affaires les plus importantes, & il ne lui manqua qu'une voix pour être élu Pape dans le Conclave de 1730. Il se fit généralement estimer par sa probité, par son amour pour les sciences & par ses talens, & mourut à Rome, le 4 Janvier 1737, à 86 ans. Il ordonna par son testament, que sa riche Bibliotheque, dont on a imprimé le Catalogue, fut rendue publique.

INACHUS, premier Roi des Argiens, dans le Péloponnese, vers 1858 avant J. C., fut pere de Phoronée, qui lui succéda, & d'Io, qui fut aimée de Jupiter. Ce Roïaume continua depuis Phoronée jusqu'à Sthenelus, & passa ensuite à Danaus, dont Acrisius fut le dernier des descendans. Après Acrisius, le Roïaume des Argiens passa à Mycenes, & y demeura jusqu'à Agamemnon.

INCHOFER, ( Melchior ) fam. Jésuite Allemand, naquit à Vienne, en 1584, & se fit Jésuite à Rome en 1607. Il enseigna la Philos., les Mathémat., & la Théol. à Messine, & y publia en 1630, un Traité en latin qui fit beaucoup de bruit, & dans lequel il prétend que la prétendue *Lettre de la bienheureuse Vierge Marie au Peuple de Messine* est authentique. Il fut obligé d'aller à Rome, pour se justifier des acusations intentées contre lui, à l'occasion de cet ouvrage ; il en fut quitte pour réformer le titre de son Livre, & pour quelques changemens peu considérables. Il passa plus. années à Rome, & mourut à Milan, le 28 Septembre 1648. On a de lui : 1. un *Traité sur le mouvement de la Terre & du Soleil*. 2. *De sacra Latinitate*. 1. *Historia trium Magorum*. 4. *Annalium Ecclesiasticorum Regni Hungariæ*, tomus 1.

in fol. Cet ouvr. eſt eſtimé. 5. *Oraiſon funebre de Nicolas Richard, Dominiquain, Maître du ſacré Palais.* On lui attribue encore une Satyre contre le gouvernement des Jéſuites, intitulée : *Monarchia Solipſorum.* Elle a été imprimée en Hollande en 1648, avec une clef des noms déguiſés. On en a une traduction franç. imprimée en 1722, avec des notes, & quelques autres pieces ſur le même ſujet; mais le P. Oudin, Jéſuite, prétend que la *Monarchie des Solipſes,* eſt de Jules-Clément Scotti, ex Jéſuite. On l'attribua, quand elle parut, à Scioppius; mais on convient à préſent qu'elle n'eſt pas de lui. Ce Livre eſt dédié à Léon Allatius, & fut réimprimé à Veniſe en 1652, avec le nom d'Inchofer. M. Bourgeois dans la *Relation du Livre de la fréquente Communion,* pag. 89 & ſuiv. entre dans un gr. détail ſur ce qui regarde *Inchofer* & la *Monarchie des Solipſes.* Comme il étoit à Rome, quand ce Livre parut pour la premiere fois, & qu'il connoiſſoit *Inchofer,* auquel il l'attribue, ſon témoignage eſt d'un gr. poids. Voyez ſur Inchofer & ſur ſes ouvrages le Tom. 35 du P. Niceron : il eſt curieux & intéreſſant.

INDAGINE, (Jean de) *voyez* JEAN DE HAGEN.

INGULPHE, ou INGULFE, *Ingulphus,* Moine de l'Abbaïe de S. Vendrille, étoit Anglois, & fils d'un Courtiſan du Roi Edouard. Il devint Abbé de Croiland en Angleterre, & fit le voïage de Jéruſalem. A ſon retour, il écrivit l'Hiſtoire des Monaſteres d'Angleterre, depuis 626, juſqu'en 1691. Elle ſe trouve dans le Recueil des Hiſtoriens Angl. de Henri Savil. On croit qu'Ingulphe mourut en 1109. Il avoit été Secretaire de Guillaume le *Conquérant.*

INNOCENT I, (S.) natif d'Albe, ſuccéda au Pape Anaſtaſe, le 27 Avril 402. Il prit avec zele la défenſe de S. Chryſoſtome, condamna les Novatiens & les Pélagiens, & gouverna l'Egliſe avec tant de ſageſſe,

qu'il mérita les éloges de S. Jérome, de S. Auguſtin, & de tous les grands hommes de ſon tems. Il mourut le 12 Mars 417, & eut Zozime pour ſucceſſeur. Il nous reſte de lui pluſ. *Epîtres* importantes.

INNOCENT II, Romain, appellé auparavant Grégoire, & Cardinal de S. Ange, fut élu Pape après Honorius II, le 14 Fév. 1130, par une partie des Cardinaux ; les autres élurent le lendemain le Cardinal *Pierre de Léon,* qu'ils nommerent Anaclet II ; ce qui cauſa un ſchiſme dans l'Egliſe. Roger, Roi de Sicile, & David, Roi d'Ecoſſe, prirent le parti d'Anaclet ; les autres Princes ſe déclarerent pour Innocent II. Ce Pape ſe trouvant le plus foible à Rome, paſſa en France, & y tint pluſieurs Conciles. Il retourna enſuite à Rome, où il ſacra l'Empereur Lothaire en 1133. Anaclet étant mort en 1138, les Schiſmatiques élurent en ſa place le Cardinal Grégoire, qui prit le nom de Victor IV, mais il fit peu de tems après une abdication volontaire, & la paix fut rendue à l'Egliſe. C'eſt principalement par le zele & par les ſoins de S. Bernard, qu'Innocent II fut reconnu dans toute l'Egliſe pour Pape légitime. Il tint à Rome le IIe Concile général de Latran en 1139, condamna les erreurs d'Abaillard & d'Arnaud de Breſce, & mourut le 24 Septembre 1143. Dom Jean de Lannes a compoſé ſon hiſtoire, qui a été imprimée à Paris en 1741, in-12. Céleſtin II lui ſuccéda.

INNOCENT III, natif d'Anagnie, de la Maiſon des Comtes de Segni, appellé *Lothaire,* avant ſon élection, ſuccéda à Céleſtin III, le 11 Janvier 1198, à l'âge de 37 ans, & travailla auſſi tôt à procurer du ſecours à la Terre-Sainte : il s'éleva avec force contre les Albigeois ; termina le différend de l'Archevêque de Tours avec l'Evêque de Dol ; mit en interdit le Roïaume de France, à cauſe du divorce de Philippe Auguſte avec Ingeburge ; couronna Pierre II, Roi d'Arragon ; fit metre en interdit le Roïaume d'Angleterre, déclarant les Sujets du Roi abſous du ſerment de fidélité, & le dépoſa même du Trône par une Bulle en 1212. L'année ſuivante, Innocent III publia une Bulle générale pour la Croiſade. Il tint le IVe Concile général de Lattran en 1215, & mourut à Perouſe, le 19 Juillet 1216. Ce Pape étoit habile dans le Droit, ferme & zélé pour la diſcipline Eccléſiaſtique, pour le ſalut des ames, & pour l'union entre les Princes Chrétiens ; mais on blâme l'excès de ſon zele & ſes entrepriſes ſur le temporel des Rois. Son Pontificat eſt un des plus remarquables par les grands événemens dont il eſt rempli. C'eſt du tems de ce Pape que les Ordres de S. François, de S. Dominique, & de pluſ. autres Religieux, furent établis. Il nous reſte de ce grand Pape : 1. d'excellentes *Lettres* dont M. Baluze a donné une bonne édition en 1682, en 2 vol. *in-fol.* 2. Trois Livres remplis de piété & d'onction, *de Contemptu mundi, ſive de miſeria humanæ conditionis*, dont on a pluſ. éditions. C'eſt lui qui eſt Auteur de la belle Proſe, *Veni Sancte Spiritus, & emitte cœlitùs.* On lui attribue encore le *Stabat Mater doloroſa*, l'*Ave, mundi ſpes, Maria,* & d'autres Ecrits. Honorius III, lui ſuccéda.

INNOCENT IV, appellé auparavant *Sinibalde de Fieſque*, Genois, Cardinal, du Titre de S. Laurent, fut élu Pape à Anagni, le 25 Juin 1243, dix neuf mois après la mort de Celeſtin IV. Il ſe brouilla avec l'Empereur Frédéric II, avec lequel il avoit été ami, n'étant que Cardinal, & vint en France pour éviter le reſſentiment de ce Prince. Il tint en 1245 le premier Concile général de Lyon, dans lequel il fit excommunier Frédéric. On aſſure qu'il donna alors le Chapeau rouge aux Cardinaux, comme pour les avertir par cette couleur, qu'ils doivent toujours être prêts à répandre leur ſang pour la défenſe de la Foi. Les Cardinaux porterent pour la premiere fois cette nouvelle eſpece de

Chapeau à Cluni, où le Pape eut une entrevue avec S. Louis. Frédéric II étant mort en 1250, Innocent IV retourna en Italie l'année ſuivante. Il voulut recouvrer le Roïaume de Naples, mais ſes Troupes furent défaites par Mainfroi. Il mourut à Naples le 7 Décembre 1254. On a diverſes éditions des Œuvres de ce Pape, dont la capacité dans la Juriſprudence étoit ſi connue, qu'on lui donnoit le titre de *Pere du Droit.* Alexandre IV lui ſuccéda.

INNOCENT V, appellé *Pierre de Tarentaiſe*, parcequ'il étoit né en cette ville en 1245, ſe fit Religieux de l'Ordre de S. Dominique, puis devint Docteur de Paris, Provincial de ſon Ordre, Archevêque de Lyon, Cardinal d'Oſtie, Grand Pénitencier de l'Egliſe Romaine, & enfin Pape, après la mort de Grégoire X. Il fut élu à Arezzo, le 21 Février 1276, & mourut 5 mois après, le 22 Juin de la même année. On a de lui des *Commentaires* ſur les quatre Livres des Sentences, & d'autres ouvrages. Adrien V lui ſuccéda.

INNOCENT VI, appellé auparavant *Etienne d'Albert*, naquit au village de Briſſac, près de Pompadour, au Dioceſe de Limoges. Il devint Cardinal, Evêque d'Oſtie, puis Grand Pénitencier de l'Egliſe, & ſuccéda au Pape Clément VI, le 18 Décembre 1352. Il obligea les Bénéficiers à la réſidence, favoriſa les gens de Lettres & de mérite, travailla avec zele à finir la guerre qui étoit entre les Rois de France & d'Angleterre, & fonda en 1356 la Chartreuſe de Villeneuve, près d'Avignon, où il choiſit ſa ſépulture. Il mourut à Avignon, le 12 Septembre 1362, & eut pour ſucceſſeur Urbain V.

INNOCENT VII, nommé *Côme de Meliorati*, naquit à Sulmone, dans l'Abruzze, & ſe rendit très habile dans le Droit. Il poſſéda les Evêchés de Ravenne & de Bologne, devint Cardinal, & fut élu Pape par les Cardinaux de l'Obédience de

Boniface IX, le 17 Octobre 1404, à condition qu'il abdiqueroit le Siège Pontifical, si Pierre de Lune, autrement Benoît XIII, en faisoit de même ; mais il ne tint point sa promesse. Les Romains se souleverent contre lui, & appellerent à leur secours Ladislas, Roi de Naples ; ce qui obligea le Pape de se retirer à Viterbe. Il fut rappellé dans la suite, & mourut à Rome, le 6 Novembre 1406. Grégoire XII fut élu après lui.

INNOCENT VIII, noble Génois, Grec d'extraction, nommé Jean Baptiste Cibo, naquit en 1432, & fut élevé avec beaucoup de soin. Les Papes le chargerent des commissions les plus importantes, & Sixte IV le fit Evêque de Melfe, puis Cardinal en 1473. Il succéda à ce Pape le 29 Août 1484, & parut fort zélé pour la réunion des Princes Chrétiens contre les Turcs : il donna au Grand-Maître, Pierre d'Aubusson, le Chapeau de Cardinal, en reconnoissance de ses services, & parcequ'il lui avoit remis Zizime, frere de Bajazet, Empereur des Turcs. Innocent VIII fut très attaché à sa famille, & bien éloigné d'édifier l'Eglise par la pureté de ses mœurs. Il mourut à Rome, le 25 Juillet 1492, à 60 ans. Alexandre VI lui succéda.

INNOCENT IX, appellé Jean-Antoine Fachinetti, naquit à Bologne en 1519, & fut élu Pape, après la mort de Grégoire XIV, le 29 Octobre 1591. Il mourut 2 mois après, le 30 Décembre de la même année, & eut pour successeur Clément VIII.

INNOCENT X, Romain, appellé auparavant Jean-Baptiste Pamphile, succéda au Pape Urbain VIII, le 15 Septembre 1644. Il chassa de Rome les Barberins, auxquels il devoit son élévation, & donna trop d'autorité à Dona Olympia, sa belle-sœur. C'est ce Pape qui condamna les V fameuses Propositions de Jansénius par une Bulle du dernier Mai 1653. Il mourut à Rome, le 7 Janvier 1655, à 81 ans. Alexandre VII fut élu après lui.

INNOCENT XI, ( Benoît Odescalchi ) né à Come, dans le Milanois en 1611, devint Cardinal, Evêque de Novate, & succéda au Pape Clément X, le 21 Septembre 1676. Il eut de fâcheuses affaires avec la Cour de France, au sujet de la Régale & du Droit de Franchise dont jouissoient à Rome les ambassadeurs, envoïa à l'Empereur & aux Vénitiens des secours considérables contre les Turcs, condamna les erreurs de Molinos & des Quiétistes en 1687, & mourut le 12 Août 1689. Alexandre VIII fut son successeur.

INNOCENT XII. ( Antoine Pignatelli, né à Naples, le 13 Mars 1615, d'une famille noble, fut emploïé par les Papes dans les affaires les plus importantes. Il devint Evêque de Faenza, Légat de Bologne, Archevêque de Naples, puis Cardinal en 1681, & fut élu Pape, après la mort d'Alexandre VIII, le 12 Juillet 1691. Il condamna le Livre des Maximes des Saints, de M. de Fenelon, Archevêque de Cambrai, le 12 Mars 1699, gouverna l'Eglise avec beaucoup de sagesse & de piété, & mourut comblé de mérite & de bénédiction, le 27 Sept. 1700, à 86 ans. Clément XI lui succéda.

INNOCENT XIII, ( Michel-Ange Conti ) naquit à Rome, le 15 Mai 1655, de Charles Conti, Duc de Poli, d'une illustre & ancienne Maison. Il devint successivement Gouverneur de Viterbe, Nonce auprès des Cantons Suisses Catholiques, puis à la Cour de Lisbonne, Cardinal & Evêque de Viterbe, & fut élu Pape d'un consentement unanime, après la mort de Clément XI, le 7 Mai 1721, & mourut le 7 Mars 1724, à 69 ans. C'est le huitieme Pape de la famille de Conti. Benoît XIII lui succéda.

INSTITOR, ( Henri ) fameux Dominiquain Allemaud, Docteur & Professeur en Théologie, fut nommé en 1484, avec Jacques Spronger, par le Pape Innocent VIII, Inquisiteur général de Mayence, de Cologne, de Treves, de Salzbourg

& de Brême, pour informer contre les maléfices. Ces deux Inquisiteurs composerent à ce sujet le Traité intitulé : *Malleus Maleficorum*, dont il y a eu plusieurs édit. Institor mourut en Italie au commencement du 16e siecle. On a de lui un Traité *de Monarchia*, & d'autres ouvrages.

TERIAN DE AYALA, ( Jean ) savant Religieux Espagnol, de la Merci, mort à Madrid, le 20 oct. 1730, à 74 ans, est Auteur d'un gr. nombre d'ouvr. en espagnol, qui sont estimés. Les principaux sont des *Sermons*. On a aussi de lui un Traité intitulé : *Pictor Christianus eruditus* ; in fol. dans lequel il découvre les erreurs où tombent la plûpart des Peintres, lorsqu'ils font des tableaux de piété.

INVEGES, ( Augustin ) savant Jésuite Sicilien, natif de Sciacca, mort à Palerme en 1677, à 82 ans, est Auteur d'une *Histoire de la ville de Palerme*, en 3 vol. *in fol*. en italien, Livre rare, & d'autres ouvrages estimés.

IO, fille d'Inachus & d'Ismene, fut aimée de Jupiter, qui, pour cacher sa passion à Junon, la changea en Vache, selon la Fable ; mais Junon l'aïant demandée à Jupiter, la donna en garde à Argus, qui avoit cent yeux. Mercure aïant tué Argus, Junon au désespoir envoïa un Taon sur Io, qui la tourmenta cruellement, & la fit précipiter dans cette mer, qui, de son nom fut appellée *Ionienne*, selon la Fable.

JOAB, Général des Armées de David, & fils de Sarvia, sœur de ce Prince, défit les Syriens & les autres ennemis de David en plus. rencontres, & s'empara de la Citadelle de Sion, sur les Jebuzéens, qui la croïoient tellement imprenable, qu'ils mirent des aveugles & des boiteux sur les murailles pour les garder. Joab se signala dans toutes les guerres que David eut à soutenir. Mais il se déshonora en assassinant Abner & Amasa. Il reconcilia Absalon avec David, & ne laissa pas de tuer ce Prince rebelle dans une bataille, vers 1023 avant

J. C. contre l'ordre du Roi. Il prit dans la suite le parti d'Adonias, & fut mis à mort par ordre de Salomon, 1014 ans avant J. C.

JOACHAS, Roi d'Israel, succéda à son pere Jehu 856 av. J. C. Il fut défait par Hazaël & Benadad, Rois de Syrie, qui firent un grand carnage de ses Troupes. Joachas, dans cet état déplorable, eut recours à Dieu ; ses prieres furent exaucées, & il regna avec beaucoup de bonheur jusqu'à sa mort arrivée en 851 avant J. C. Il ne faut pas le confondre avec Joachas, appellé aussi *Sellum* ; fils de Josias, Roi de Juda, qui s'empara du Trône contre le droit d'Eliacim, son aîné, 610 ans av. J. C. & fut défait par Nechao, qui l'emmena prisonnier en Egypte, où il mourut de chagrin.

JOACHIM, ou JOAKIM, fils de Josias, & frere de Joachas, fut établi Roi de Juda par Nechao, Roi d'Egypte, 610 avant J. C. Il déchira & brula les Livres de Jérémie, & traita avec cruauté le Prophete Urie. Il fut détrôné par Nabuchodonozor, & mis à mort par les Chaldéens, qui jetterent son corps hors de Jérusalem, & le laisserent sans sépulture, vers 600 avant J. C.

JOACHIM, fils du précédent, *voyez* JECHONIAS.

JOACHIM, (S.) selon une pieuse Tradition, époux de sainte Anne, & pere de la Sainte Vierge. On ne sait rien de sa vie, & l'Ecriture-Sainte ne fait aucune mention de S. Joachim. Le seul Livre ancien qui en parle, est traité d'apocryphe par S. Augustin.

JOACHIM, cél. Abbé, & Fondateur de l'Ordre de Flore, au 12e siecle, natif du Bourg *Celico*, près de Cosenza, voïagea dans la Terre-Sainte, & passa un Carême entier sur le Thabor, avec une piété & une ferveur admirables. De retour en Calabre, il prit l'habit de Cîteaux dans le Monastere de Corazzo, dont il fut Prieur & Abbé. Joachim quitta son Abbaïe avec la permission du Pape Luce III, vers 1183, & alla demeurer à Flore, où

ii

il fonda une cél. Abbaïe, dont il fut le premier Abbé. Il eut sous sa dépendance un gr. nombre de Monasteres, qu'il gouverna avec sagesse, & auxquels il donna des Constitutions qui furent approuvées par le Pape Célestin III. L'Abbé Joachim fit fleurir dans son Ordre la piété & la régularité, & mourut le 3 Mars 1202, à 72 ans, laissant un grand nombre d'ouvrages, dont quelques Propositions furent condamnées dans la suite au Concile général de Latran en 1215, & au Concile d'Arles en 1260. Dom Gervaise, ancien Abbé de la Trape, a écrit sa vie.

JOACHIM, (George) surnommé *Rhætius*, parcequ'il étoit de la Valteline, appellée en latin *Rhætia*, enseigna les Mathématiques & l'Astronomie à Wittemberg. Dès qu'il fut instruit de la nouvelle Hypothese de Copernic, il l'alla voir, & embrassa son systême. Ce fut lui, qui après la mort de Copernic, publia ses ouvrages. Il m. en 1576, à 62 ans. On a de lui des *Ephémerides*, selon les principes de Copernic, & plus. autres ouvr. sur la Physique, la Géom. & l'Astronom.

JOAS, Roi de Juda, étoit fils d'Ochosias, auquel il succéda 878 avant J. C. Athalie, mere d'Ochosias, s'étant saisie du Gouvernement, fit égorger tous les Princes du Sang Roïal. Joas, au berceau, échappa seul à la fureur de cette Princesse, & fut sauvé par Josabeth, sœur d'Ochosias, & femme du Grand Prêtre Joïada. Ce Pontife mit sur le Trône le jeune Prince à l'âge de 7 ans, & fit mourir Athalie. Joas gouverna avec sagesse, tandis qu'il suivit les conseils de Joïada; mais après la mort de ce gr. Pontife, il se laissa séduire par les flat cries de ses Courtisans, adora les Idoles, & attira sur lui & fur son Roïaume la colere de Dieu. Il eut même l'ingratitude de faire mourir Zacharie, fils de Joïada; mais ses crimes ne demeurerent pas impunis. Il fut défait & traité honteusement par les Syriens, & assassiné dans son lit par ses propres Su-

jets, 839 avant J. C. Il ne faut pas le confondre avec Joas, Roi d'Israel, qui succéda à son pere Joachas, & gagna trois batailles sur les Syriens, comme le Prophete Elisée le lui avoit prédit. Il défit aussi Amasias, Roi de Juda, & mourut à Samarie, 826 avant J. C. laissant son fils Jeroboam II, pour lui succéder.

JOATHAM, Roi de Juda, succéda à son pere Osias, 758 av. J. C. Il embellit Jerusalem, orna le Temple, & fit fleurir la Religion & la Justice dans son Roïaume. Il vainquit les Ammonites, auxquels il imposa un tribut, & mourut chéri de Dieu, aimé des Peuples, & redouté de ses ennemis, 742 avant J. C. après un regne de 16 ans.

JOATHAN, le plus jeune des fils de Gedeon, s'échappa du carnage qu'Abimelech fit de 70 de ses freres, & reprocha aux Sichimites, qui avoient choisi pour Roi ce même Abimelech, leur ingratitude par le fameux apologue de l'olivier, du figuier, de la vigne & du buisson. Jug. IX. 7. Ceci arriva 1233 avant J. C. *Voyez* ABIMELECH.

JOB, célebre Patriarche, qui est donné pour le modele de la patience dans l'Epître Canonique de S. Jacques, naquit dans le païs de Hus, entre l'Idumée & l'Arabie, vers 1700 avant J. C. On croit qu'il est le même que Jobab, arriere-petit fils d'Esaü, dont il est parlé dans la Genèse, chap. 36. Job étoit juste, droit, & craignant Dieu; il élevoit ses enfans dans la vertu, & offroit souvent des Sacrifices pour les fautes secretes qu'ils auroient pu commettre. Pour éprouver ce saint homme, Dieu permit que tous ses biens lui fussent enlevés, & que ses enfans fussent écrasés sous les ruines d'une maison, tandis qu'ils étoient à table. Job, à ces tristes nouvelles, se prosterna en terre, & dit ces belles paroles, qui depuis ont pénétré le cœur de tous les gens de bien : *Dieu me l'a donné; Dieu me l'a ôté : ce qui a plu au Seigneur a été fait, que son saint*

*Nom soit béni.* Le saint homme fut ensuite frappé d'un ulcere affreux, qui lui couvroit tout le corps, & se vit réduit à s'asseoir sur le fumier, & à racler avec un test la pourriture & les vers qui sortoient de ses plaies. Sa femme, jugeant alors que sa piété étoit vaine, l'excita par ses discours au blasphême & au désespoir : Job, pour la faire taire, se contenta de lui dire : *Vous avez parlé comme une femme insensée : puisque nous avons reçu les biens de la main de Dieu, pourquoi n'en recevrions-nous pas aussi les maux ?* Trois de ses amis, qui allerent le visiter, l'insulterent au lieu de le consoler, & s'efforcerent de lui prouver qu'il falloit qu'il eût commis de grands crimes, puisque Dieu le châtioit si sévérement. Mais le Seigneur prit enfin la défense de son Serviteur, & rendit à Job ses enfans, une parfaite santé, & plus de biens & de richesses que Dieu ne lui en avoit ôté. Il mourut vers 1500 avant J. C. à 211 ans. Nous avons sous son nom un Livre Canonique en hébreu, qui est un chef-d'œuvre. Le style en est sublime & poétique : les expressions nobles & hardies : les pensées vives, belles, grandes, & ingénieuses. Quelques Ecrivains ont prétendu que le Livre de Job avoit été composé par Moïse, ou par quelqu'autre Auteur plus récent ; mais il paroît constant que le Livre de Job est beaucoup plus ancien ; car les hommes ont adoré le Soleil, la Lune, & les Etoiles avant que d'adorer des Statues, d'où il suit que l'idolâtrie céleste est antérieure à l'idolâtrie terrestre : or dans le Livre de Job, il n'est jamais fait mention que de l'idolâtrie céleste, au lieu qu'il est parlé de l'idolâtrie terrestre dans les Livres de Moïse ; il semble donc que le Livre de Job est plus ancien que les Livres de Moïse. D'ailleurs, si le Livre de Job avoit été composé par Moïse, ou par des Auteurs plus récens, pourquoi lorsqu'il s'agit des prodiges & des merveilles de Dieu dans ce Livre, ne parle-t-on jamais

des plaies d'Egypte, du passage de la mer Rouge & de tous ces miracles opérés du tems de Moïse ? Tous les Livres Canoniques postérieurs à Moïse, rappellent sans cesse le souvenir de ces faits divins & surprenans ; il semble donc que l'Auteur du Livre de Job n'en avoit aucune connoissance, puisqu'il n'en parle jamais, quoiqu'il en ait souvent l'occasion. D'où il suit qu'il est plus ancien que Moïse. Ajoutez que les amis de Job lui disent dans ce Livre que leurs Ancêtres ont si bien gouverné l'Arabie, qu'aucun Etranger n'a jamais pu y pénétrer ni s'en rendre le maître, ce qui prouve encore l'antiquité du Livre de Job. On pourroit apporter plusieurs autres raisons qui paroissent démontrer que le Livre de Job est antérieur à Moïse, mais elles demanderoient un détail, dans lequel la matiere de ce Dictionnaire ne permet pas d'entrer. Les Savans disputent beaucoup pour savoir si la maladie de Job étoit la lépre, & font sur ce Livre un gr. nombre de questions plus curieuses qu'utiles.

JOBERT, (Louis) pieux & savant Jésuite, natif de Paris, régenta les humanités dans son Ordre, & se distingua dans la prédication. Il m. à Paris le 30 Octobre 1719, à 72 ans. On a de lui plus. ouvrages de piété, & un Traité intitulé *la Science des Médailles*, qui est estimé. La meilleure édition de ce Traité est celle de Paris en 1739, 2 vol. *in-12.*

JOCASTE, fille de Creon, Roi de Thebes & femme de Laïus, fut mere d'Œdipe, qu'elle épousa dans la suite, sans le connoître. Elle en eut Polinice & Eteocle, qui se tuerent l'un l'autre dans une bataille pour la succession au Trône. Jocaste en eût tant de chagrin, qu'elle se donna la mort de désespoir.

JOCONDE ou JUCONDE, (Jean) célebre Dominiquain, natif de Verone, s'acquit une gr. réputation au 16e siecle, par sa capacité dans les Sciences, dans les Arts, & dans la connoissance des Antiquités & de l'Architecture. L'Empereur Maximilien eut pour lui une estime particuliere. Joconde apprit à Budée l'Architecture, il se fit estimer des Savans à Paris, à Rome, à Venise & dans toutes les parties de l'Europe, & mourut très âgé vers 1530. On a de lui des *Editions de Cesar*, de *Vitruve* & de *Frontin*, & d'autres ouvrages. Ce fut par son moïen qu'on trouva dans une Bibliotheq. de Paris, la plupart des *Epîtres de Pline*, qu'Alde Manuce imprima. Dès avant l'an 1500, il avoit quitté l'habit de son Ordre, & vivoit en Prêtre séculier.

JODELLE, ( Etienne ) fameux Poète François, natif de Paris, d'une famille noble, étoit Seigneur de Lymodin. Il fut aimé & estimé de Henri II & de Charles IX. Mais uniquement livré à la Poésie & à la volupté, il ne sut pas profiter de la protection de ces Princes, & vécut dans la pauvreté. Ce fut un de nos premiers Poètes tragiques. Mais il abusa de sa facilité surprenante à faire des vers, & quoique ses Poésies françoises aient été fort estimées de son tems, il faut avoir aujourd'hui beaucoup de patience pour les lire. Il n'en est pas de même de ses Poésies latines. Le style en est plus pur, plus coulant, & de meilleur gout. Jodelle s'étoit rendu habile dans les Langues grecque & latine, il avoit du gout pour les Arts, & l'on assure qu'il entendoit bien l'Architecture, la Peinture & la Sculpture. Il fut l'un des Poètes de la Pleïade imaginée par Ronsard, & il est regardé comme l'inventeur *des vers rapportés*. Il m. fort pauvre au mois de Juillet 1573 à 41 ans. Le Recueil de ses Poésies fut imprimé à Paris en 1574, in-4°. & à Lyon en 1597, in-12. On y trouve deux *Tragédies*, *Cléopatre* & *Didon*. *Eugene*, Comédie. Des *Sonnets*, des *Chansons*, des *Odes*, des *Elégies*, &c. Le Cardinal du Perron estimoit si peu les Poésies de ce Poète, qu'il avoit coutume de dire que Jodelle ne faisoit que des vers de *pois pilés*. Théodore Agrippa d'Aubigné dit de ce Poète :

*Jodelle est mort de pauvreté.*
*La pauvreté a eu puissance*
*Sur la richesse de la France.*
*O Dieu quel trait de cruauté !*
*Le Ciel avoit mis en Jodelle*
*Un esprit tout autre qu'humain ;*
*La France lui nia le pain,*
*Tant elle fut mere cruelle.*

JOEL, fils de Phatuel, & le second des douze petits Prophètes, a prédit vers 789 avant J. C. la captivité de Babylone, la Descente du Saint-Esprit sur les Apôtres, & le Jugement dernier. Sa Prophétie est en hébreu, & ne contient que trois Chapitres. Le style en est véhément, expressif & figuré.

JOHNSON, ( Benjamin ) l'un des plus céleb. Poètes Dramatiques Anglois du 17e siecle, étoit fils d'un Maçon de Westminster. Il étudia sous le savant Cambden, & fut ensuite reçu dans le College de S. Jean à Cambridge ; mais n'aïant pas de quoi s'y entretenir, il se vit obligé de retourner chez sa mere, qui s'étoit remariée à un Maçon. Johnson travailla au même métier avec son beau-pere, & tandis qu'il tenoit la truelle à la main, il avoit un Livre dans sa poche. Quelq. personnes aïant remarqué son esprit & ses talens, lui donnerent de quoi continuer ses études. Il devint le plus judicieux, le plus savant & le plus exact Poète Comique de sa nation ; mais ses Tragédies ne furent pas aussi estimées que ses Comédies. Il mourut en 1637, & fut enterré dans l'Abbaïe de Westminster, avec cette seule inscription sur son Tableau : *O rare ben Johnson !*

JOHNSON, ( Astrée ou Aphara ) voyez BEHN.

JOIADA, Gr. Prêtre des Juifs, fit mourir Athalie, & remit Joas sur le Trône 878 avant J. C. *Voyez* JOAS & ATHALIE.

JOINVILLE, ( Jean Sire de ) Sénéchal de Champagne, & l'un des princip. Seigneurs de la Cour du

Roi S. Louis, étoit fils de Simon Sire de Joinville & de Vaucouleurs, & de Beatrix de Bourgogne, fille d'Etienne III, Comte de Bourgogne. Il descendoit d'une des plus nobles & des plus anciennes Maisons de Champagne; il suivit Saint Louis dans ses expéditions militaires, & s'en fit aimer par sa valeur, par son esprit & par sa franchise. Ce Gr. Monarque avoit tant de confiance en lui, qu'il s'en servoit pour rendre la justice à sa porte, & qu'il n'entreprenoit rien d'important sans le lui communiquer. Le Sire de Joinville mourut vers 1318, à près de 90 ans, & fut enterré dans le Château de Joinville. Il nous reste de lui l'*Histoire de S. Louis* en françois, qu'il composa en 1305. Cette Histoire est très curieuse & très intéressante; la meilleure Edition est celle de M. du Cange en 1668, *in-fol.*, avec de sav. remarques. On voit clairement, en lisant cette édition, que le françois en a été changé, & qu'il n'est pas le même que celui que parloit le Sire de Joinville. Mais comme on a retrouvé, en 1748, un manuscrit authentique du Sire de Joinville, le Public aura le vrai texte de cette Histoire, quand les Savans, qui ont la garde de la Bibliotheque du Roi, auront fait imprimer ce manuscrit.

IOLE, fille du second lit d'Euryte, Roi d'Œchalie, fut aimée d'Hercule, qui la demanda en mariage; mais Iole lui aiant été refusée, il l'emmena après avoir tué Euryte. Dejanire, femme d'Hercule, fut si irritée de cette passion, qu'elle envoïa à ce Heros la chemise de Nessus, laquelle empoisonna & fit périr ce Heros, selon la Fable.

JOLY, ( Claude ) pieux & sav. Chanoine de Paris, naquit en cette ville le 2 Fevrier 1607. M. Loisel, Conseiller au Parlement, son oncle maternel, lui résigna son Canonicat en 1631, & M. Joly en remplit tous les devoirs avec une gr. exactitude. Il alla à Munster avec le Duc de Longueville, auquel il donna

des avis salutaires. Il fit aussi un voïage à Rome. De retour en France, il fut Official & Gr. Chantre de l'Eglise de Paris, & se fit généralement estimer par sa probité, par sa vertu, & par sa science. Il mourut le 15 Janvier 1700, à 93 ans, laissant au Chapitre de Paris sa Bibliotheque. On a de lui un gr. nombre d'ouvrages estimés. Les principaux sont : 1. *De reformandis horis Canonicis*, en 1644, *in 12.* Il en donne une seconde Edition corrigée en 1675, *in 12.* 2. *De verbis Usuardi Assumptionis B. M. Virginis*, avec une Lettre Apologétique en latin, pour la défense de cet ouvr. 3. *Traditio antiqua Ecclesiarum Franciæ.* 4. *Traité de la Restitution des Gr.* 5. *Traité historique des Ecoles Episcopales.* 6. *Recueil des maximes véritables & importantes pour l'institution du Roi, contre la fausse & pernicieuse politique du Cardinal Mazarin*, *in 12.* Ouvrage qui fut brulé par la main du Bourreau : &c.

JOLY, ( Claude ) célebre Prédicateur du 17e siecle, naquit à Buri-sur-l'Orne, Diocèse de Verdun, en 1610. Il vint achever ses études à Paris, où il se distingua par sa piété & par sa science. Il devint Curé de S. Nicolas des Champs à Paris, puis Evêque de S. Paul de Léon, & ensuite Evêque d'Agen. Il soutint avec zele la Jurisdiction Ecclésiastique contre les Réguliers, & mourut en 1678, à 68 ans. On a de lui 8 volumes de *Prônes* & de *Sermons* qui sont estimés. Ils ne sont point tels qu'il les avoit prononcés; car il n'en écrivoit que le commencement, le dessein & les preuves en latin, & s'abandonnoit ensuite à son imagination & aux mouvemens de son cœur. C'est M. Richard, Avocat, qui a mis ces Prônes dans l'état où nous les voïons. On a encore de M. Joly *les devoirs du Chrétien*, 1 volume *in-12.*

JOLY, ( Guy ) Conseiller du Roi au Châtelet, & Syndic des Rentes de l'Hôtel-de-Ville à Paris, s'attacha au Cardinal de Retz, qu'il suivit long-tems en qualité de Secretaire dans ses disgraces & dans ses aventures ; mais il le quitta lorsque cette Eminence retourna à Rome. On a de lui : 1. Des *Mémoires*, depuis 1648 jusqu'en 1665, pour servir d'éclaircissement & de suite à ceux du Cardinal de Retz, après lesquels ils ont été imprimés en 2 vol. *in-12*. On trouve dans ces Mémoires des particularités curieuses. 2. Quelques *Traités* composés par ordre de la Cour pour la défense des droits de la Reine contre Pierre Stockmans, célebre Jurisconsulte. 3. Les *intrigues de la Paix*, & les *Négociations* faites à la Cour par les amis de M. le Prince, depuis sa retraite en Guienne, *in fol.* avec une suite de ces mêmes intrigues, *in-4°*. &c.

JOLY, ( Guillaume ) Lieut. Génér. de la Connétabl. & Maréchaussée de Fr., m. en 1613, est aut. d'un *Tr. de la Justice milit. de Fr.*, in-8°, & de la *Vie de Guy Coquille*, cél. Jurisc.

JOLY DE FLEURY, ( Guillaume-François ) cél. Procureur Général au Parlement de Paris, & l'un des plus gr. Magistrats du 18e siecle, naquit à Paris le 11 Novembre 1675, de Jean-François Joly, Seigneur de Fleury, Conseiller au Parlement de Paris, d'une noble & ancienne famille de Robe, originaire de Bourgogne. Après avoir fait de bonnes études, il se fit recevoir Avoc. en 1695, parut avec éclat dans le Barreau, & devint Avocat Général à la Cour des Aides en 1700. Il se destina ensuite à l'état Ecclésiastique, mais la mort prématurée de Joseph-Omer Joly de Fleury, son frere aîné, Avocat Général au Parlement de Paris, arrivée le 5 Déc. 1704, le détermina à rentrer dans la Magistrature. Il fut reçu Avocat Général au Parlement de Paris en 1705, & il en exerça pendant 17 ans les fonctions avec de tels applaudissemens, que ses Plaidoïers, ses Harangues, ses mercuriales, ses réquisitoires & ses autres discours publics, passoient pour autant de chefs-d'œuvre, soit pour l'Erudi-tion & les recherches, soit pour l'ordre & la précision, soit pour la noblesse des pensées & la justesse des expressions. M. d'Aguesseau aïant été nommé Chancelier de Fr. en 1717, M. Joly de Fleury lui succéda dans la Charge de Procureur Général, le 2 Février de la même année, & fut nommé dans le même-tems Conseiller du Conseil de Conscience, qui subsista jusqu'au mois d'Octobre 1718. Il remplit les fonctions de Procureur Général avec un zele, une capacité, une application, une activité & une fermeté qui ont peu d'exemples, & qui rendront à jamais sa mémoire immortelle. Il fit mettre en ordre les Regîtres du Parlement, engagea à travailler sur les *Rouleaux*, & dirigea les Inventaires & les Extraits que l'on fait des pieces renfermées dans *le Trésor des Chartes*. Il se démit en 1746 de la Charge de Procureur Général en faveur de Guillaume-François-Louis Joly de Fleury, son fils aîné, qui la remplit avec distinction, & fit passer la Charge d'Avocat Général, dont ce fils aîné étoit alors pourvû, à M. Omer Joly de Fleury son second fils, à présent ( en 1759 ) Premier Avoc. Génér. M. Joly de Fleury jouit dans sa retraite de la haute considération, dont il jouissoit, étant Proc. Génér. Il fut consulté de la Cour, des Magistrats & des Savans, & il ne se passoit rien d'important à la Cour, ni au Parlement qui ne lui fût communiqué. Jamais homme privé ne conserva dans sa retraite, plus de dignité, de réputation & d'autorité. Il fut nommé le 29 Avril 1752 l'un des Commissaires pour les affaires Ecclésiastiques qui s'agîtoient alors, & m. à Paris le 25 Mars 1756, à 80 ans, 4 mois & 13 jours. Il s'étoit rendu habile dans toutes les parties de la Jurisprudence, mais surtout dans le droit public & domanial franç. & dans les affaires Ecclésiastiques. Avec un esprit, une pénétration, un discernement & une sagacité admirables, il avoit une mémoire prodigieuse & une facilité furprenante à rédiger fes idées d'une manière claire, précife & perfuafive. On trouve dans les tom. 6 & 7 du *Journal des Audiences*, quelques Extraits de fes Plaidoïers, qui nous font defirer un recueil complet de fes Œuvres, qui font en MSS. & qui confiftent dans un gt nombre de *Mémoires* très curieux, d'*Obfervations*, de *Remarques*, de *Notes*, &c. fur une infinité de points importans. Il a laiffé, outre le Procureur & l'Avocat Général du Parlement de Paris, un 3e fils Jean François Joly de Fleury, Maître des Requêtes & Intend. de Bourgogne.

ION, Poète Tragique Grec, de l'Ifle de Chio, floriffoit vers 452 av. J. C. Ses Trag. fe font perdues.

JONAS, fils d'Amathi, & le 5e des 12 petits Prophètes, étoit de la ville de Geth-Epher, dans la Tribu de Zabulon. Il prédit au Roi Jeroboam II, 826 ans avant J. C. les victoires qu'il remporteroit fur les Syriens. Dieu commanda à ce Prophète, vers 771 avant J. C. d'aller à Ninive, & d'annoncer à cette gr. ville qu'elle feroit détruite à caufe des crimes de fes Habitans. Jonas, au lieu d'obéir, s'enfuit, & s'embarqua pour aller à Tharfis. Une tempête s'étant élevée, les Mariniers le jetterent dans la Mer; il y fut englouti pendant trois jours & trois nuits, par un gr. poiffon, qui le rejetta fur la terre. Dieu lui commanda une feconde fois d'aller prêcher à Ninive. Jonas obéit alors, & prédit à cette gr. ville que dans 40 jours elle feroit détruite. Mais les Ninivites aïant fait pénitence, Dieu leur pardonna. Jonas, craignant de paffer pour un faux Prophète, fe retira dans un lieu élevé hors de la Ville. Dieu, pour le défendre de l'ardeur du Soleil, fit croître dans une feule nuit une efpece de lierre, qui lui donna beaucoup d'ombre & lui caufa une gr. joie; mais un ver aïant piqué la racine de cette plante dans la nuit fuivante, elle fe fécha auffi-tôt & laiffa Jonas expofé, comme auparavant, à l'ardeur du Soleil. Le Prophète irrité, fit au Seigneur des plaintes ameres & fouhaita de mourir; mais Dieu, pour l'inftruire, lui dit: *Si vous témoignez tant de douleur pour la perte d'un lierre, quoique vous n'aïez rien contribué à le faire croître, comment ne voulez-vous pas que je me laiffe fléchir pour pardonner à une fi grande Ville, dans laquelle il y a plus de 120 mille perfonnes qui ne font pas encore en âge de difcerner le bien & le mal.*

Les Prophéties de Jonas font en hébreu & contiennent quatre Chapitres. Il y a des Mythologiftes qui prétendent que la Fable d'Andromede a été inventée fur l'Hiftoire de Jonas. Au refte le gr. poiffon qui engloutit Jonas n'étoit point une baleine, car il n'y a point de baleine dans la mer Méditerranée où ce Prophète fut jetté; d'ailleurs le gofier des baleines eft trop étroit, pour qu'un homme y puiffe paffer. Les Savans croient que le poiffon dont il s'agit étoit une efpece de *Rekin* ou de *Lamie*.

JONAS, pieux & fav. Evêque d'Orléans, au 9e fiecle, dont nous avons un Livre intitulé, *Inftitutions des Laïcs*, & divers autres ouvrages eftimés. Il affifta à plufieurs Conciles, fe fit eftimer de Louis le Debonnaire & de Charles le Chauve, & s'acquit une grande réput. dans toute l'Egl. Il m. en 841.

JONAS, (Jufte) fameux Théologien Proteftant, naquit à Northaufen, dans la Thuringe, le 5 Juin 1493. Il fut un des plus zelés Difciples de Luther, lia une étroite amitié avec Melanchthon, devint Principal du Collège de Wittemberg, puis Doïen de l'Univerfité de cette Ville. Il y mourut le 9 Oct. 1555, à 63 ans. On a de lui un *Traité* en faveur du mariage des Prêtres, un de la Meffe privée, des *Notes* fur les Actes des Apôtres, & d'autres ouvrages.

JONAS, (Arngrimus) favant Iflandois, s'acquit une gr. réputation par fa capacité dans l'Aftronomie & dans les Sciences. Il fut Difciple de Thycobrahé, & Coadjuteur de Gundebran de Thorlac, Evêque de Hole en Islande. Il refusa cet Evêché après la mort de Gundebran, fut Ministre de l'Eglise de Melstadt, & m. en 1640, à 95 ans. On a de lui un gr. nombre d'ouvr. estimés, dont les princip. sont : 1. *Idea veri Magistratus.* 2. *L'Histoire* & la *Description* de l'Islande, en latin, avec la défense de ces ouvr. 3. *Chymogæa, seu rerum Islandicarum Libri tres.* 4. La *Vie de Gundebrand de Thorlac,* en latin, *in-4°.* &c. Il prétend que l'Islande n'a été habitée que vers l'an 874 de J. C., & que par conséquent elle n'est point l'ancienne *Thule.*

JONATHAS, fils de Saül, est célebre par sa valeur, & par l'amitié constante qu'il eut pour David contre les intérêts de sa Maison. Il défit deux fois les Philistins, & eût été mis à mort par Saül, pour avoir mangé un rayon de miel, si le peuple ne s'y fût opposé. Il fut tué avec son pere & ses freres dans une bataille donnée sur le mont Gelboë, contre les Philistins, 1055 avant J. C. David fut sensiblement affligé de sa mort, & composa des vers à sa louange.

JONATHAS, surnommé *Apphus,* l'un des plus gr. Généraux qu'aient eus les Juifs, étoit fils de *Matathias* & frere de *Judas Machabée.* Il força Bacchide, Général des Syriens, qui faisoit la guerre aux Juifs, d'accepter la paix, 161 avant J. C. & vainquit Démetrius *Soter,* & ensuite Apollonius, Général de ce Prince ; mais aïant été attiré à Ptolemaïde par *Tryphon,* il s'y rendit imprudemment & fut mis à mort 144 av. J. C.

JONCOUX, (Françoise-Marguerite de ) née en 1568 de M. de Joncoux, Gentilhomme d'Auvergne, & de Genevieve Dodun, apprit le latin, pour entendre l'Office de l'Eglise, & se distingua par ses talens, par sa piété, & par son attachement aux Religieuses de Port-Roïal, auxquelles elle rendit les services les plus signalés. Elle m. le 27 Septembre 1715, à 47 ans. C'est elle qui a traduit les *Notes de Wendrock* sur les fameuses *Lettres Provinciales,* & qui engagea M. Fouillou à donner son *Avertissement sur les rétractations des Rel. de Port Roïal.*

JONES, (Ignace) célebre Architecte Anglois du 17e siecle, dont on a plusieurs *Desseins* estimés. C'est lui qui a présidé à la construction des plus beaux Edifices qui sont en Angleterre.

JONIN, ( Gilbert ) Jésuite distingué dans les Belles-Lettres grecques & latines, naquit en 1596, & mourut en 1638. On a de lui des *Odes,* des *Epodes,* des *Elegies,* & d'autres Poësies en grec & en latin, dans lesquels on remarque une imagination vive & brillante, & beaucoup d'élégance & de facilité. Il réussissoit surtout dans le Lyrique.

JONSON, *voyez* JOHNSON.

JONSIUS, ( Jean ) sav. & judicieux Ecrivain du 17e siecle, natif de Holstein, cultiva les Belles-Lettres à Francfort sur le Mein, & m. à la fleur de son âge en 1659. On a de lui un Traité latin *des Ecrivains de l'Histoire de la Philosophie.* La meilleure Edition de cet ouvrage, qui est estimé, est celle d'Iene en 1716, *in-4°.*

JONSTON, ( Jean ) sav. Naturaliste & Médecin du 17e siecle, dont on a un gr. nombre d'ouvrages, naquit à Sambter dans la gr. Pologne le 3 Septembre 1603. Il voïagea dans tous les Roïaumes de l'Europe, & s'y fit estimer des Savans. Il acheta ensuite la Terre de Ziebendorf, dans le Duché de Lignitz en Silésie, & y mourut le 8 Juin 1675, à 72 ans. Son principal ouvrage traite des *Oiseaux,* des *Poissons,* &c. *in-fol.* Il ne faut pas le confondre avec Guillaume Jonston Ecossois, m. en 1609, dont on a un *Abregé de l'Hist. de Sleidan.*

JORAM, Roi d'Israel, & fils d'Achab, succéda à son pere Ochosias, 896 avant J. C. Il vainquit les Moabites, selon la prédiction du Prophete Elisée, & fut dans la suite assiégé dans Samarie par Benadab Roi de Syrie. Ce siege réduisit la ville à une telle famine, qu'une femme alla se plaindre à Joram, en lui disant, qu'elle étoit convenue avec une autre femme de manger leurs enfans ; qu'elle avoit commencé de donner le sien, & qu'elles l'avoient mangé ensemble ; mais que l'autre mere avoit caché son fils, & ne vouloit pas qu'il fût mangé. Ce Prince effraié d'un accident si barbare & si inouï, déchira ses habits & entra en fureur contre Elisée ; mais le Prophete le rassura en lui disant, que le lendemain à la même heure la farine & l'orge se donneroient presque pour rien. Cette prédiction s'accomplit en effet ; car les Syriens aïant été frappés d'une fraïeur divine, ils prirent la fuite en tumulte, & laisserent un très riche butin dans le camp ; ce qui rétablit l'abondance dans Samarie. Tant de merveilles ne convertirent point Joram : il continua d'être impie & d'adorer les Dieux étrangers Enfin aïant été blessé dans une bataille contre Azaël, successeur de Benadab, il se fit conduire à Jezraël, & fut percé de fléches dans le champ de Naboth par Jéhu, Général de son Armée, qui fit jetter son corps aux chiens dans ce même champ, 884 avant J. C. comme le Prophete Elie l'avoit prédit.

JORAM, Roi de Juda, succéda à son pere Josaphat 889 avant J. C. Il n'imita point la piété de son pere, & fut un Prince très cruel & idolâtre. Il fit mourir ses freres avec les Grands du Roïaume, & fit élever des Idoles dans toutes les villes de la Judée, à la persuasion de sa femme Athalie, fille d'Achab. Dieu, pour l'en punir, suscita contre lui les Iduméens, les Arabes & les Philistins, qui entrerent dans la Judée & mirent tout à feu & à sang. Joram fut lui même attaqué d'une horrible maladie, qui lui causa pendant deux ans des tourmens incroïables, & qui le fit mourir 885 avant J. C. selon la prédiction du Prophete Elie.

JORDAIN, célebre Général des Dominiquains, né à Borrentrick,

dans le Diocèse de Paderborn, gouverna son Ordre avec beaucoup de sagesse & de prudence, & y fit fleurir la science & la piété. Il périt dans la mer, auprès de Satalie, en revenant de la Terre-Sainte, le 13 Fév. 1237. C'est lui qui introduisit l'usage de chanter le *Salve Regina*, après Complies.

JORDAN, (Raimond) *Voyez* IDIOT.

JORDAN, (Charles-Etienne) après avoir été Ministre d'une Eglise françoise dans le païs de Brandebourg, devint Conseiller-Privé du gr. Directoir françois, Curateur des Universités, & Vice-Président l'Académie des Sciences de Berlin, où il m. en 1745, à 45 ans. Le Roi de Prusse, qui l'estimoit beauc. à cause de son mérite & de ses talens, lui a fait ériger un magnifique Mausolée de marbre avec cette courte, mais flatteuse Inscription :

*Cy gît Jordan, l'ami des Muses & du Roi.*

On a de Jordan quelques Pieces dans la Bibliotheque Germanique : l'*Histoire d'un voïage Littéraire en France, en Angleterre, & en Hollande*, & un *Recueil de Littérature, de Philosophie & d'Histoire*.

JORDANE ou JORDANS, (Luc) Peintre célebre, natif de Naples, mort en 1704, travailloit avec tant de célerité qu'il fut surnommé *Fapresto*, c'est-à-dire, *très expéditif*. Charles II, Roi d'Espagne, l'emploïa à peindre le gr. escalier de l'Escurial, & l'occupa à quantité d'autres ouvr. de peinture.

JORDANS, (Jacques) l'un des plus habiles Peintres des Païs-Bas, naquit à Anvers en 1594. Il fut Disciple d'Adam Van-Ort, dont il épousa la fille, & du célebre Rubens. Il excelloit surtout dans les gr. Tableaux, & mourut en 1678, à 84 ans.

JORNANDES, Goth d'origine, fut Secretaire des Rois Goths en Italie, puis Evêque de Ravenne au 6e siecle, sous l'Empire de Justi-

nien. On a de lui un Livre *de Re-*
*bus Gothicis*, qu'il composa vers
552, & qui a été traduit par Drouet
de Maupertuis; & un autre Livre
*de Regnorum successione*. On l'accuse d'être trop partial pour sa Nation, & d'avoir presque tout copié
Florus sans le citer.

JOSABETH ou JOSABA, sœur
d'Ochosias, Roi de Juda, & femme du Grand Prêtre Joïada, enleva
Joas à la fureur d'Athalie, & le
nourrit dans le Temple jusqu'à l'â-
ge de 7 ans. *Voyez* JOAS.

JOSAPHAT, Roi de Juda, succéda à son pere Asa, 914 av. J. C.
Il hérita de la vertu & de la piété de son pere, & fit instruire avec
soin tous ses peuples des Loix de
Moïse, & du culte qu'on doit rendre à Dieu. Sa piété fut récompensée; car le Seigneur combla son
Roïaume de gloire, de puissance &
de richesses. Josaphat avoit dans ses
Etats onze cens soixante mille hommes propre à porter les armes, selon le témoignage de l'Ecriture. Il
commit néanmoins deux fautes
considérables: l'une, en faisant
épouser à son fils Joram, Athalie,
fille d'Achab; l'autre, en donnant
à ce Roi impie du secours contre
les Syriens: ce qui ne réussit point,
comme l'avoit prédit le Prophète
Michée. Josaphat répara ces deux
fautes par de nouvelles actions de
piété, & Dieu fit fuir devant lui
les Ammonites, les Iduméens, &
les Arabes. Il mourut à Jérusalem,
889 avant J. C. à 60 ans, après en
avoir regné 25. Joram son fils, lui
succéda.

JOSEPH, célebre Patriarche,
fils de Jacob & de Rachel, naquit
à Haran en Mésopotamie, 1745 av.
J. C. & fut celui de tous ses freres
que Jacob aima le plus. Cette prédilection excita contre lui la jalousie & la haine de ses freres. Ils le
jetterent dans une citerne sans eau;
& l'aïant ensuite vendu à des Marchands Ismaélites qui alloient en
Egypte, 1728 av. J. C., ils firent
accroire à Jacob qu'il avoit été dévoré par les bêtes sauvages. Les
Marchands Ismaélites vendirent Joseph à Putiphar Eunuque, c'est à-
dire, Capitaine des Gardes de Pharaon. La femme de cet Officier conçut une passion criminelle pour Joseph; mais celui ci n'aïant pas voulu y correspondre, elle l'accusa auprès de Putiphar de lui avoir voulu
faire violence. Cette accusation fit
mettre Joseph en prison, où il souffrit beaucoup; sa vertu & sa sagesse
lui firent donner dans la suite l'inspection sur tous les autres prisonniers. Et aïant prédit au gr. Echanson & au gr. Pannetier de Pharaon,
ce qui devoit leur arriver, il fut
amené vers ce Prince à l'occasion
d'un songe divin qui l'avoit effraïé.
Joseph avoit alors 30 ans. Il expliqua les songes de Pharaon, & lui
dit qu'ils marquoient sept années
de fertilité & ensuite sept années de
famine. Pharaon admirant la sagesse de ce jeune homme, le fit son
premier Ministre & lui donna l'Intendance de toute l'Egypte. Joseph
fit de gr. magasins de blé pendant les
sept années de fertilité. La famine
étant survenue, Jacob envoïa ses
enfans en Egypte pour y acheter du
blé. Ils furent aussitôt reconnus par
Joseph, mais il ne voulut point
s'en faire connoître, & feignit de
les prendre pour des espions. Il retint même en ôtage Benjamin, le
plus jeune de ses freres, qui étoit
comme lui fils de Rachel. Enfin il
se fit connoître à eux, & leur aïant
témoigné sa tendresse par ses larmes & par ses caresses, il leur dit
de faire venir leur pere Jacob en
Egypte. Ce Patriarche y alla avec
toute sa famille, & Pharaon lui
donna des terres. Joseph épousa
Aseneth, fille de Putiphar, Grand
Prêtre d'Héliopolis, & en eut Manassés & Ephraïm. Il mourut 1635
avant J. C. à 110 ans, après avoir
gouverné l'Egypte pendant 80 ans.

JOSEPH, (S.) époux de la sainte Vierge, & pere putatif de J. C.,
étoit de la Tribu de Juda & de la
famille Roïale de David. Il demeuroit à Nazareth, petite ville de Galilée, où il exerçoit le métier d'Ar-

tifan. Saint Juftin affure qu'il étoit Menuifier ou Charpentier ; mais S. Hilaire penfe qu'il étoit Serrurier. Quoi qu'il en foit, S. Jofeph étoit fiancé, ou même marié avec la Ste Vierge, lorfqu'un Ange lui apparut & lui dit, qu'elle enfanteroit un Fils qui feroit le Sauveur du monde. S. Jofeph reconnut l'opération du Saint Efprit, & n'eut jamais de commerce conjugal avec la Sainte Vierge. Il l'accompagna à Bethléem lorfqu'elle mit au monde le Fils de Dieu. Il s'enfuit enfuite en Egypte avec Jefus & Marie, & ne retourna à Nazareth qu'après la mort d'Herode. L'Ecriture dit, que Jofeph alloit tous les ans à Jérufalem avec la Sainte Vierge pour y célebrer la Fête de Pâque, & qu'il y mena J. C. à l'âge de douze ans. Elle ne rapporte rien de plus de fa vie ni de fa mort; on croit néanmoins qu'il mourut avant J. C., car s'il eût été vivant au tems de la paffion, on croit que le Fils de Dieu, expirant fur la Croix, lui eût recommandé la Sainte Vierge fa mere, & non point à S. Jean.

JOSEPH D'ARIMATHIE, jufte & vertueux Sénateur des Juifs, ainfi nommé du lieu de fa naiffance, qui étoit une petite ville fur le mont Ephraïm, ne voulut point confentir à la condamnation de J. C. dont il étoit Difciple. Il obtint de Pilate la permiffion de détacher de la Croix le Corps du Sauveur, & l'enfévelit dans un Sépu'chre neuf qu'il avoit fait tailler dans le roc de fon jardin.

JOSEPH, (Flavius) cél. Hiftorien Juif, naquit du tems de l'Empereur Caligula, l'an 37 de J. C. & vivoit encore fous Domitien. Il étoit d'une noble famille : par fon pere Mathathias (il defcendoit des Gr. Prêtres de Jérufalem; & du côté de fa mere, il defcendoit du Sang Roïal des Machabées. A l'âge de 16 ans, il embraffa la fecte des Efféniens, & 3 ans après, celle des Pharifiens, qu'il affure être affez femblable à celle des Stoïciens. Jofeph fit à 26 ans un voïage en Italie, où il obtint de Poppée & de Néron, ce qu'il fouhaitoit, par la protection d'un Comédien Juif. De retour en Judée, il fut Capitaine Général des Galiléens, & fe fignala en plufieurs rencontres jufqu'à la prife de Jotapat, où il fut fait prifonnier par Vefpafien, auquel il prédit qu'il feroit Empereur. Il fe trouva enfuite à la prife de Jérufalem par Titus, & compofa depuis, comme aïant été témoin oculaire, les fept excellens Livres de la Guerre des Juifs. Tite en fit tant de cas, qu'il voulut qu'on les mît, approuvés de fa main, dans la Bibliotheque publique. Jofeph vécut enfuite à Rome en Citoïen Romain, où les Princes le comblerent de bienfaits & lui donnerent de groffes penfions. On a de lui, outre la Guerre des Juifs, 20 Livres d'Antiquités Judaïques, qu'il acheva fous Domitien : deux Livres contre Appion : un éloquent Difcours fur le Martyre des Machabées, & un Traité de fa vie. Tous ces ouvrages font excellens & fi bien écrits en grec, qu'ils ont mérité à leur Auteur le furnom de Tite-Live des Grecs. On lui reproche néanmoins avec raifon de s'être écarté en pluf. points de l'Ecriture-Sainte. M. Arnauld d'Andilli a fait une belle traduction françoife de Jofeph. Le P. Gillet de Ste Genevieve en a auffi donné une traduction françoife qui paffe pour exacte.

JOSEPH, BEN GORION, ou GORIONIDES, c'eft-à-dire, fils de Gorion, fameux Hiftorien Juif, que les Rabbins confondent mal-à-propos avec le céleb. Hiftorien Jofeph, vivoit vers la fin du 9e fiecle ou au commencement du 10. Il nous refte de lui une Hiftoire des Juifs en hébreu, que Gagnier a traduite en latin. On voit par ce Livre même qu'il n'a pu être compofé avant le 9e fiec. & que l'Auteur étoit, felon toutes les apparences, un Juif du Languedoc. Le premier Ecrivain qui a cité cet ouvr. eft Saadias Gaon, Rabbin célebre qui vivoit au milieu du 10e fiecle.

JOSEPH, XVe Empereur de la Maison d'Autriche, étoit fils de l'Emper. Leopold I, & d'Eleonore de Baviere Neubourg, sa troisieme épouse. Il naquit à Vienne le 28 Juillet 1678, fut couronné Roi de Hongrie le 9 Décembre 1687, élu Roi des Romains le 24 Janvier 1690, & succéda à l'Empereur son pere le 5 Mai 1705. Il hérita de ses sentimens & de ses maximes. Il engagea le Duc de Savoie, les Anglois & les Hollandois, dans ses intérêts contre la France, & voulut faire reconnoître l'Archiduc pour Roi d'Espagne; mais Philippe V demeura paisible possesseur de cette Couronne malgré leurs efforts. L'Empereur Joseph mit, en 1705, les Electeurs de Cologne & de Baviere au Ban de l'Empire, & s'empara du Roïaume de Naples l'année suivante. Il soumit les Hongrois révoltés, & mourut de la petite vérole le 17 Avril 1711, à 33 ans, laissant seulement deux Princesses de Guillelmine-Amelie de Brunswick-Hanover, son épouse. Charles VI son frere lui succéda.

JOSEPH ALBO, sav. Juif Espagnol, du 15e siecle, natif de Soria, se trouva en 1412 à la fameuse Conférence qui se tint entre Jerôme de Sainte-Foi & les Juifs. Il m. en 1430. On a de lui un Livre célebre intitulé en hébreu, *Sepher Ikkarim*, c'est-à-dire, *le Livre des Fondemens de la Foi*. Plusieurs Savans ont entrepris de le traduire en latin; mais il n'en a encore paru aucune traduction.

JOSEPH de Paris, célebre Capucin, plus connu sous le nom de *Pere Joseph*, naquit à Paris le 4 Novembre 1577, de Jean le Clerc, Président aux Requêtes du Palais, & de Marie de la Fayette. Après avoir fait de bonnes études, il voïagea en Italie & en Allemague, & fit une campagne sous le nom de Baron de Maflée. Il donnoit à sa famille les plus belles apparences de fortune, lorsqu'il renonça au monde & prit l'habit de Capucin en 1599, malgré les oppositions de sa mere. Le Pere Joseph prêcha ensuite & fit des Missions avec réputation. La Cour le chargea des commissions les plus importantes, & il contribua beaucoup à la réforme de Fontevrauld. Il envoïa des Capucins en mission en Angleterre, en Canada & en Turquie, & eut la confiance la plus intime du Cardinal de Richelieu, auquel il étoit servilement dévoué. Ce fut pour lui complaire, qu'il emploïa la violence afin d'extorquer au Docteur Richer une retractation. Il établit le nouvel Ordre des Religieuses Bénédictines du Calvaire, auxquelles il procura des établissemens à Angers. Louis XIII l'avoit nommé au Cardinalat, mais il m. à Ruel avant que d'avoir reçu cette dignité, le 18 Décembre 1638, à 61 ans. Le Parlement en Corps assista à ses Obseques. L'Abbé Richard a donné deux Vies du P. Joseph. Dans l'une il le représente comme un Saint, & dans l'autre comme un rusé politique & un homme de Cour. Celle-ci est la plus estimée.

JOSEPH, (Ange de Saint) Carme Déchaussé, dont on a un bon Dictionnaire Persan, intitulé *Gazophylacium Linguæ Persarum*, qu'il publia à Amsterdam en 1684. Il vivoit encore en 1686.

JOSEPH, (Pierre de Saint) savant Religieux Feuillant, natif du Diocèse d'Auch, se nommoit *Comogere* de son nom de famille. Il publia plusieurs Traités de Théol. & m. en 1662, à 68 ans.

Il y a plusieurs autres personnes célebres du nom de Joseph.

JOSEPH KARO, celeb. Rabbin, *voyez* KARO.

JOSEPIN, Peintre, *voyez* PIN.

JOSIAS, sage & pieux Roi de Juda, succéda à son pere Amon 641 avant J. C. à l'âge de 8 ans. Il renversa les lieux & les autels consacrés aux Idoles, établit de vertueux Magistrats pour rendre la justice & fit réparer le Temple, ce fut alors que *le Liv. de la Loi* de Moïse fut trouvé par le Gr. Prêtre Helcias. Sur la fin de son regne, Nechao,

Roi d'Egypte, allant faire la guerre aux Medes & aux Babyloniens, s'avança jufqu'auprès de la ville de Magedo, qui étoit du Roïaume de Juda. Jofias s'oppofa à fon paffage fans confulter le Seigneur, & fut bleffé d'un coup de fleche, dont il m. à Jérufalem 610 avant J. C. à 39 ans. Jérémie fit des vers funebres à fa louange. Joachaz fon fils regna après lui & s'empara du Trône au préjudice d'*Eliacim* fon aîné.

JOSLAIN, JOSLEN ou GOSLEN de Vierzy, cél. Evêque de Soiffons au 12e fiecle, fut, avec Suger Abbé de S. Denis, un des principaux Miniftres du Roi Louis VII. Il fe trouva au Concile de Troyes en 1127, fonda plufieurs Abbaïes, entr'autres celle de Longpont, & s'acquit l'eftime du Pape Eugene III, de l'Abbé Suger, de S. Bernard & de toute la France. Dans la vie de Godefroi ou Geoffroi, Evêque d'Amiens, on l'appelle un *Maître très cél. le pere de la juftice & de beaucoup de Monafteres, l'ennemi des vices, & le Sectateur fingulier de la chafteté.* Il m. en 1152. On a de lui une *Expofition du Symbole & de l'Oraifon Dominicale*, dans l'*ampliffima collectio* des Peres Martene & Durand.

JOSSE, ( S. ) cél. Solitaire, étoit fils de Judicael, Comte de Bretagne, & frere de Giguel, qui prit le premier le titre de Roi de Bretagne. Ce Prince aïant réfolu de quitter fon Roïaume pour fe faire Religieux, pria Joffe fon frere, de regner à fa place; mais celui-ci qui vouloit auffi fe donner à Dieu, fe retira fecretement de la Cour avec fept Pelerins qui alloient à Rome. Il s'arrêta dans le Ponthieu, où un Seigneur du Païs nommé Haimon, le retint dans fa maifon, & lui donna fa Chapelle à deffervir, après l'avoir fait ordonner Prêtre. Sept ans après, Joffe pria ce Seigneur de lui permettre de vivre en folitaire dans un lieu écarté, appellé à préfent Ray. Le Duc Haimon le lui permit, & lui fit bâtir une Chapelle & une Cellule. Joffe y vécut pen-

dant huit ans avec un Difciple nommé Vurmaire, dans la pénitence & dans le travail, exerçant les œuvres de charité envers les pauvres & les paffans, & y m. en 668. Il y a à Paris une Eglife Paroiffiale dédiée à Dieu fous le nom de S. Joffe. C'étoir auparavant un petit Hôpital où S. Joffe avoit logé dans un voïage qu'il fit à Paris.

JOSSELIN, ( Jean ) Médecin Anglois, qui vivoit en 1671, a fait l'Hiftoire naturelle de l'Amérique Angloife, il y rapporte ce qu'il y a de plus rare, avec les remedes dont fe fervent les habitans du Païs, pour guérir les maladies, les plaies & les ulceres.

JOSUÉ, céleb. Conducteur des Armées d'Ifrael, & Intendant de Moyfe, étoit fils de Nun, de la Tribu d'Ephraïm. Dieu le choifit, du vivant même de Moyfe, pour gouverner les Ifraélites. Jofué fuccéda à ce divin Légiflateur 1451 avant J. C. Il paffa le Jourdain à pied fec avec le Peuple d'Ifrael, fit circoncire les Juifs qui étoient nés dans le défert, prit Jericho d'une maniere miraculeufe, & s'empara de Haï par ftratagême. Les Gabaonites, craignant le même malheur, firent avec lui une alliance frauduleufe, ce qui ne laiffa pas de leur fauver la vie. Jofué vainquit enfuite Adonibefech, Roi de Jérufalem, & quatre autres Rois qui s'étoient ligués avec lui. Jofué, pendant cette victoire, commanda au foleil de s'arrêter, afin de lui donner affez de tems pour pourfuivre fes ennemis; cet aftre obéit par un miracle éclatant & prolongea fa demeure fur l'horifon pendant douze heures. Jofué pourfuivit fes conquêtes, il défit 30 petits Rois, & s'empara du païs de Chanaan dans l'efpace de 6 ans. Il diftribua les Terres aux Vainqueurs, conformément à l'ordre de Dieu, & après avoir placé l'Arche d'Alliance dans la ville de Silo, il m. à 110 ans 1424 avant J. C. Après avoir gouverné le Peuple d'Ifrael pendant 27 ans. Nous avons fous fon nom un *Livre Canonique* écrit en hébreu. Plusieurs Savans le lui attribuent ; mais il n'est pas certain qu'il en soit l'auteur.

JOUBERT, ( Laurent ) savant Médecin & Chancelier de l'Université de Montpellier, étoit disciple de Rondelet, auquel il succéda en la dignité de Professeur Roïal & de Chancelier de l'Université de Montpellier en 1567. Il naquit à Valence en Dauphiné le 6 Décembre 1529, & m. à Lombez le 29 Octob. 1582, étant Médecin ordinaire du Roi de France & du Roi de Navarre. On a de lui plusieurs ouvrages, les uns en latin les autres en françois qui roulent presque tous sur des matieres de Médecine. Les plus connus sont 1. un *Traité des erreurs populaires*, qui fit gr. bruit, parce-qu'il y parle sans aucun ménagement de la matiere du mariage. Ce Traité devoit avoir six parties, mais on n'en a imprimé que la premiere & une partie de la seconde. 2. un *Traité du Ris*. 3. un *Dialogue sur la Cacographie françoise*. 4. *de Balneis antiquorum*. 5. *de Gymnasiis & generibus exercitationum apud antiquos celebrium, &c.* La plupart de ses ouvrages latins ont été recueillis en 2 vol. *in-fol.* Il étoit frere de François Joubert, Juge-mage de Montpellier, & il laissa un fils Isaac Joubert, qui a fait une apologie de l'Orthographe françoise, & qui a traduit quelques ouvrages de son pere.

JOVE, ( Paul ) céleb. Historien du 16e siecle, natif de Côme en Lombardie, exerça d'abord la Médecine, & fut ensuite Evêq. de Nocera. Le Pape Paul III lui refusa l'Evêché de Côme, qu'il désiroit ardemment ; mais le Roi François I lui accorda une pension considérable, qui fut retranchée par le Conétable de Montmorenci, sous le regne de Henri II. *Le dit Paul aiant su la rognure de sa pension, dit Brantôme, se mit ainsi à débagouler contre mondit Sieur le Connétable, & à en dire pis que pendre, dans le 31e Livre de son Histoire.* Paul Jove m. à Florence le 11 Octobre 1552, à 70 ans. On a de lui : 1. Une *Histoire en 45 Livres* qui finit à l'an 1544 ; 2. Des *Eloges des gr. Hommes* : 3. Un *Traité des Devises*. 4. Les *Vies des Hommes illustres*. 5. *Tractatus de piscibus Romanis*. 6. *Descriptio Britanniæ, Scotiæ, Hiberniæ, Orcatum, Moschoviæ & Larii Lacûs*. 7. *Dialogue sur la guerre d'Allemagne*. 8. *Vies des douze Vicomtes & Princes de Milan*, & plus. autres ouvrages. Les Savans ne font pas gr. cas de son Histoire, persuadés que sa plume étoit venale, & que la haine ou la faveur le faisoient écrire. Benoît Jove son frere, a écrit une Histoire des Suisses & d'autres ouvrages. Il ne faut pas le confondre avec son petit neveu, appellé aussi Paul Jove, qui parut avec éclat au Concile de Trente, où il parla d'une maniere singuliere sur la Résidence, & qui m. en 1581. Ce dernier étoit bon Poëte.

JOVIEN, ( *Flavius-Claudius Jovianus* ) né à Singidon en Pannonie, vers 331, étoit fils du Comte Varronien. Il fut élu Emper. après la mort de Julien l'*Apostat* en 363, & fit aussitôt la paix avec les Perses. Cette paix parut honteuse & préjudiciable à l'Empire ; ce qui exposa Jovien aux railleries des Historiens Païens. Il fit embrasser la Religon Chretienne à son Armée, ordonna de fermer les Temples des Idoles, rendit la paix à l'Eglise, & rappella S. Athanase & les autres Evêques exilés ; mais cet heureux regne ne fut pas de longue durée ; Jovien fut étouffé dans son lit à Dadastane, entre la Galatie & la Bythinie, par la vapeur du charbon qu'on avoit allumé dans sa chambre, le 17 Février 364, à 33 ans, après avoir regné seulement sept mois & vingt jours. M. l'Abbé de la Bletterie a écrit sa vie.

JOVINIEN, Moine de Milan, & fameux Hérésiarque du 4e siecle, soutenoit que les jeûnes & les autres œuvres de pénitence, n'étoient d'aucun mérite ; que l'état de virginité n'avoit aucun avantage fur celui du mariage ; que la chair de J. C. n'avoit été que fantaſtique, & que la Mere du Sauveur n'étoit pas demeurée Vierge après l'enfantement. Etant ſorti de ſon Monaſtere, il alla à Rome, où il engagea pluſieurs Vierges ſacrées à ſe marier, en leur demandant ſi elles étoient meilleures que Sara, que Suſanne, & que tant d'autres femmes mariées, qui ſont louées dans l'Ecriture-Sainte. S. Auguſtin & S. Jérôme écrivirent fortement contre lui. Il fut condamné par le Pape Sirice, & par un Concile que S. Ambroiſe tint à Milan en 390. Enfin aïant été exilé par l'Emper. Theodoſe, & enſuite par l'Empereur Honorius, il mourut miſerablement vers 412.

JOURDAN, (Raimond) Vicomte de S. Antoine dans le Quercy, ſe mit au ſervice de Raimond Berenger, Comte de Provence, & s'y attacha à la Poéſie Provençale, pour laquelle il avoit un génie particulier. Il fit pluſieurs pieces de vers pour Mabille de Riez dont il étoit devenu amoureux, mais déſeſpérant de faire répondre à ſa paſſion cette illuſtre & vertueuſe Dame, il prit le parti de s'éloigner, & ſe croiſa contre Raimond Comte de Touloûſe. Le bruit aïant couru qu'il avoit été tué dans cette expédition, Mabille en fut ſi touchée, qu'elle en mourut de douleur. Le Vicomte, de retour, lui fit dreſſer une ſtatue coloſſale de marbre dans l'Abbaïe de Montmajour à Arles, y prit l'habit de Religieux & renonça à la Poéſie. Il avoit été gr. homme de guerre & bon Poëte. Il m. vers 1206. Avant ſa retraite il avoit fait un Traité de Lon Fontaumary de las donnas.

JOUVENCI, ou plutôt JOUVANCY, (Joſeph de) céleb. Jéſuite, naquit à Paris le 14 Septemb. 1643. Il enſeigna la Rhétorique avec une réputation extraordinaire à Caen, à la Fleche & à Paris, & fut appellé à Rome en 1669, pour y continuer avec plus de liberté, qu'il n'auroit fait en France, l'Hiſtoire des Jéſuites. Il y mourut le 29 Mai 1719, à 76 ans. Ses principaux ouvrages ſont: 1. Deux volum. in 12 de Harangues latines. 2. Un petit Traité fort eſtimé, de ratione dicendi & docendi, 3. Des Notes latines ſur Perſe, Juvenal, Terence, Horace, Martial, ſur les Métamorphoſes d'Ovide, &c. 4. La 5e Partie de l'Hiſtoire des Jéſuites en latin, depuis 1591 juſqu'en 1616, in-fol. C'eſt une ſuite de l'Hiſtoire des Jéſuites, par les Peres Orlandin, Sacchini & Pouſſines. Tous les ouvrages du Pere de Jouvanci ſont écrits très purement en latin, & c'eſt en quoi ils excellent principalement. Son Hiſtoire des Jéſuites, où il entreprend de juſtifier & de faire paſſer pour un Martyr, le Pere Guignard ſon confrere, qui fut pendu par Arrêt du Parlement à l'occaſion de l'aſſaſſinat de l'infame Chatel, aïant été imprimée à Rome en 1710 in-fol. fit grand bruit, & fut condamnée par deux Arrêts du Parlement de Paris, l'un du 22 Février 1713, & l'autre du 24 Mars de la même année. Ce dernier Arrêt ſupprime l'ouvrage & contient la Déclaration qui avoit été demandée aux Jéſuites. Il parut à cette occaſion pluſ. Ecrits contre cette Hiſtoire du Pere Jouvanci.

JOUVENET, (Jean) habile Peintre François, naquit à Rouen le 12 Avril 1644, de Laurent Jouvenet, auſſi Peintre. Son Pere l'envoïa à Paris pour perfectionner les diſpoſitions qu'il avoit pour le Deſſein, & il y devint très habile en peu de tems. Il fut emploïé par M. le Brun, premier Peintre du Roi, & paſſa par toutes les Charges de l'Académie de Peinture. Son génie étoit de peindre en grand, & dans des lieux ſpacieux. Il a fait auſſi quantité de portraits. Il m. à Paris le 5 Avril 1717, à 73 ans.

JOYEUSE, (Guillaume Vicomte de) Maréchal de France, étoit fils puîné de Jean de Joyeuſe, Gouverneur de Narbonne, d'une des meilleures & des plus anciennes

Maisons du Roïaume de France. Il fut d'abord destiné à l'Etat Ecclésiastique, & eut même l'Evêché d'Aleth; mais il prit dans la suite le parti des Armes, & fut fait Maréchal de France par Henri III. Il mourut en 1592.

JOYEUSE, (Anne de) Duc & Pair & Amiral de France, Premier Gentilhom. de la Chambre & Gouverneur de Normandie, étoit fils de Guillaume de Joyeuse, dont il est parlé dans l'article précédent. Il fut un des principaux favoris du Roi Henri III, qui lui fit épouser Marguerite de Lorraine, sœur puînée de la Reine Louise son épouse. Joyeuse commanda en 1586 une Armée dans la Guienne contre les Huguenots. Il y remporta quelques avantages, & ne voulut faire aucun quartier à un Détachement qu'il surprit au *Mont S. Eloi*; mais cette action lui couta la vie; car aïant perdu la bataille de Coutras le 20 Octobre 1587, les Huguenots le tuerent de sang froid, en criant *le Mont S. Eloi*; quoiqu'il offrît 100 mille écus pour racheter sa vie.

JOYEUSE, (François de) céleb. Cardinal, frere du précédent, naquit le 24 Juin 1562, & fut élevé avec soin dans les Sciences. Il fut successivement Archevêque de Narbonne, de Toulouse & de Rouen; & fut chargé des affaires les plus importantes par les Rois Henri III, Henri IV & Louis XIII. Il se fit généralement estimer par sa prudence, par sa sagesse & par sa capacité dans les affaires, & mourut à Avignon, étant Doïen des Cardinaux, le 27 Août 1615, à 53 ans, après avoir fondé un Séminaire à Rouen, une Maison pour les Jésuites à Pontoise & une autre à Dieppe pour les Peres de l'Oratoire.

JOYEUSE, (Henri de) Duc & Pair & Maréchal de France, naquit en 1567 de Guillaume, Vicomte de Joyeuse, Maréchal de France. Il se signala d'abord dans le métier des Armes, & se fit Capucin après la mort de sa femme en 1587. Il fit Profession sous le nom du Pere An-

ge, & demeura dans cet Ordre jusqu'en 1592, que son frere s'étant noïé dans le Tarn, les Seigneurs de Languedoc, du Parti de la Ligue, l'obligerent de se mettre à leur tête. Il obtint du Pape les dispenses nécessaires par le crédit du Cardinal de Joyeuse son frere, & maintint le Parti de la Ligue en Languedoc jusqu'en 1596. Il fit alors son accommodement avec le Roi Henri IV, & eut le Bâton de Maréchal de Fr. Quatre ans après, touché par les larmes de sa mere, par les remors de sa conscience, & par quelques paroles un peu fortes que lui dit le Roi, il rentra chez les Capucins à Paris. Le Pere Ange prêcha quelq. jours après avec zele, & passa le reste de sa vie chez les Capucins dans les exercices de la vertu. Il m. à Rivoli, près de Turin, le 27 Septembre 1608, à 41 ans. M. de Calliere a écrit sa vie.

JOYEUSE, (Jean Armand, Marquis de) Maréchal de France, étoit le second fils d'Antoine-François de Joyeuse, Comte de Grandpré. Il se signala en divers siéges & combats, depuis 1648 jusqu'en 1697, & commanda l'aile gauche à la bataille de Nerwinde. Il eut le Gouvernement de Metz, Toul & Verdun, en 1703, & mourut à Paris le 1 Juillet 1710, à 79 ans, sans laisser de postérité.

IPHICRATE, célebre Général des Athéniens, commanda les Armées dès l'âge de 20 ans, 395 avant J. C. & se rendit aussi recommandable qu'aucun autre Général de son tems, par son exactitude à faire observer la discipline militaire; il changea avec avantage toute l'armure des Soldats; fit la guerre aux Thraces; rétablit Seuthée, allié des Athéniens, & attaqua les Lacédémoniens 390 av. J. C. On rapporte de ce Général un gr. nombre de réparties ingénieuses & spirituelles. Un homme de bonne Maison, qui n'avoit d'autre mérite que sa noblesse, lui reprochant un jour la bassesse de sa naissance, parcequ'il étoit fils d'un Cordonnier: *Je serai* premier de ma race, lui répondit Iphicrate, & toi le dernier de la tienne. Il épousa la fille de Cotys, Roi de Thrace, & vivoit encore 380 ans avant J. C.

IPHIGENIE, fille d'Agamemnon & de Clytemnestre, fut conduite à l'Autel pour être sacrifiée à Diane; cette Déesse, selon la Fable, ne pouvant être appaisée autrement, parcequ'Agamemnon avoit tué une de ses Biches. Iphigenie étant sur le point d'être immolée, Diane en eut pitié, & mit une Biche à sa place. Dans la suite, étant Prêtresse dans la Tauride, elle délivra son frere Oreste, qui y étoit allé pour se purifier de son parricide. Quelq. Savans pensent que la fable de ce sacrifice, est tirée du Sacrifice de la fille de Jephté.

IPHITUS, fils de Praxonides, & Roi d'Elide, dans le Peloponnese, étoit contemporain de Licurgue, & rétablit les Jeux Olympiques 442 ans après leur institution par Hercule. On croit que ce rétablissement se fit 884 avant J. C. c'est-à-dire, 108 ans avant l'époque des Olympiades vulgaires, qui tombe à l'an 776 avant J. C.

IRENE, Impératrice de CP. célebre par sa beauté, par sa politique & par son ambition, étoit d'Athenes. Elle épousa, en 769, Léon IV, Empereur d'Orient, & gouverna l'Empire avec prudence après la mort de ce Prince, pendant la minorité de Constantin VIII, son fils. Elle procura, en 787, la célébration du II Concile général de Nicée, contre les Iconoclastes, & continua de gouverner jusqu'en 790. Alors Constantin lui ôta toute l'autorité, & se fit un gr. nombre d'ennemis par ses vices & par ses débauches. Irene, profitant de cette conduite, se souleva alors contre son fils; elle le fit arrêter en 797, & lui fit crever les yeux. Après cette action barbare, elle regna seule à Constantinople jusqu'en 802, que Nicephore s'étant fait déclarer Empereur, la relégua dans l'Isle de Metelin, où elle m. le 9 Août 803.

Charlemagne l'avoit recherchée en mariage, mais elle eut l'adresse de l'amuser par de vaines espérances.

IRENÉE, (S.) célebre Evêque de Lyon, né dans la Grece vers l'an 120, d'autres disent 140, de J. C. fut disciple de Papias & de S. Polycarpe, qui avoient été instruits par S. Jean l'Evangéliste. Il n'oublia jamais les instructions qu'il avoit reçues, dans sa jeunesse, de S. Polycarpe. Ses actions & ses paroles, dit-il, sont encore gravées dans mon cœur. Elles y sont demeurées très vives & très présentes; & Dieu me fait la grace de les repasser sans cesse dans mon esprit. On croit que S. Irenée fut envoïé par S. Polycarpe dans les Gaules l'an 157. Il s'arrêta à Lyon, où il exerça les fonctions du Sacerdoce, & fut ensuite député à Rome vers le Pape Eleuthere en 178. Il y disputa contre Valentin & contre deux disciples de cet Heresiarque, Florin & Blastus, dont il réfuta par écrit les erreurs. De retour à Lyon, il succéda à S. Pothin, Evêque de cette ville, & devint le Chef des Evêques des Gaules, qu'il gouverna avec zele & avec piété. Après la mort de S. Eleuthere, il s'éleva une grande dispute entre le Pape Victor, son successeur, & les Evêques Asiatiques, sur la célébration de la Pâque. Ceux-ci prétendoient qu'on devoit toujours la célébrer le 14 de la Lune de Mars, en quelq. jour de la semaine qu'elle arrivât. Victor au contraire soutenoit, avec les Evêques d'Occident & plusieurs autres Eglises, qu'on ne la devoit célébrer que le Dimanche. S. Irenée écrivit à cette occasion, au nom des Eglises des Gaules, une Lettre à ce Pape, par laquelle il lui remontroit que, quoiqu'il célébrât la Fête de Pâque le Dimanche, comme lui, il ne pouvoit cependant approuver, qu'il voulût excommunier des Eglises entieres pour l'observation d'une coutume contraire. Cette Lettre remit la paix dans l'Eglise, & fut cause que Victor & ses Successeurs laisserent en repos les Asiatiques. On ne sait presque plus rien

rien de S. Irenée depuis ce tems jusqu'à sa mort. Il souffrit le martyre pour la Foi de J. C. en 202, sous l'Empire de Severe. Il avoit écrit en grec un gt. nombre d'ouvrages, dont il ne reste qu'une version latine assez barbare des *cinq Livres* qu'il composa contre *les Hérétiques* : quelques *Fragmens grecs*, rapportés par divers Auteurs, & la *Lettre au Pape Victor*, rapportée par Eusebe. Les meilleures éditions de ces ouvrages sont celles d'Erasme en 1526, de Grabe en 1702, & du Pere Massuet en 1710. Depuis ces Editions, M. Pfaffer a donné en 1715 à la Haye, *in-8°*, 4 Fragmens en grec & en latin. Le style de S. Irenée est serré, clair, & plein de force, mais simple & peu élevé. On trouve dans ses écrits beaucoup d'érudition ; ce qui fait dire à Tertullien, en parlant de lui : *Irenæus omnium Doctrinarum curiosus Explorator*. Dodwel a composé sur ce Pere six *Dissertations* très curieuses & fort utiles pour en faciliter l'intelligence. S. Irenée rapporte plus. particularités sur la Vie de J. C. que les Evangélist. ont passées sous silence. Il les avoit sans doute puisées dans ses entretiens avec S. Polycarpe & les autres Contemporains des Apôtres. Il assure que J. C. a vécu au delà de 40 ans, que S. Matthieu a écrit son Evangile en hébreu. Il excuse l'inceste des filles de Loth, & admet l'erreur des Millenaires, qui ne fut condamnée par l'Eglise que long tems après lui. Il prouve très bien qu'il n'y a que quatre *Evangiles*, qui soient autentiques, & qu'outre l'Ecriture il est nécessaire de recourir à la Tradition, qui se conserve & s'enseigne dans les Eglises. Il ne faut pas le confondre avec le Diacre S. Irenée qui souffrit le martyre en Toscane, sous l'empire d'Aurelien en 275, ni avec S. Irenée, Evêque de Sirmich, qui fut martyrisé durant la persécution de Dioclétien & de Maximien, le 25 Mars 304.

IRIS, fille de Thaumas & d'Electre, & sœur des Harpies, étoit, selon la Fable, Messagere de Junon, comme Mercure l'étoit de Jupiter. Iris, en grec, signifie l'*Arc-en-ciel*, & Thaumas, l'*Admiration*: ce qui a donné lieu à la Fable de les personnifier.

IRNERIUS, WERNERUS, OU GUARNERUS, célebre Jurisconsulte Allemand, au 12e siecle, d'autres disent Milanois, après avoir étudié à Constantinople, enseigna à Ravenne. Il s'émut entre lui & ses Confreres une dispute sur le mot *al* : il en chercha la signification dans les Livres du Droit Romain, & y aïant pris goût, il s'appliqua à l'étudier, & l'enseigna ensuite publiquement à Bologne en 1128. Il eut beaucoup de Disciples, devint le pere des *Glossateurs*, & fut appellé *Lucerna juris*. C'est ainsi qu'il fut le Restaurateur du Droit Rom. & eut beaucoup de crédit en Italie auprès de la Princesse Mathilde. Il engagea l'Empereur Lothaire, dont il étoit Chancelier, à ordonner que le Droit de Justinien reprît son ancienne autorité dans le Barreau, & que le Code & le Digeste fussent lus dans les Ecoles. Irnerius fut le premier qui exerça en Italie cette Profession. Il mourut avant l'an 1150, & fut enterré à Bologne, où il avoit enseigné le Droit avec réputation.

IRUROSQUE, (Pierre) savant Dominiquain, du Roïaume de Navarre, devint Docteur de Sorbonne en 1297, & s'appliqua tellement à l'étude, qu'il en perdit la vue. Son principal ouvr. est une *Harmonie Evangélique*, imprimée en 1557, *in-fol.* sous ce titre : *Series Evangelii*.

ISAAC, c'est-à-dire, *Ris*, célebre Patriarche, fils d'Abraham & de Sara, naquit 1896 avant J. C. Sa mere étant âgée de 90 ans & son Pere de 100. Il fut appellé *Isaac*, parceque Sara avoit ri lorsqu'un Ange lui annonça qu'elle auroit un fils. Dieu avoit fait la même promesse à Abraham, en l'assurant, que dans sa vieillesse, il naîtroit de lui un fils d'où descendroient plusieurs Rois & un gr. Peuple qui ne feroit jamais détruit. Prédiction divine, dont l'évenement s'est accompli aux yeux de tout l'Univers dans le Peuple Juif, depuis Abraham jusqu'aujourd'hui! Isaac étoit tendrement aimé de son pere & de sa mere, parcequ'il étoit fils unique, & que Dieu le leur avoit donné dans leur vieillesse. Cependant le Seigneur voulut éprouver la foi d'Abraham, & lui commanda de l'immoler en son honneur, 1871 avant J. C. Isaac étant pour lors âgé de 25 ans. Le S. Patriarche avoit déja le bras levé pour immoler son fils sur la montagne de Moria, lorsque Dieu, touché de son obéissance & de sa piété, arrêta sa main par le ministere d'un Ange, & lui fit sacrifier un Belier au lieu d'Isaac. Abraham lui fit épouser Rebecca 1856 avant J. C. Il en eut deux Gemeaux, Jacob & Esaü. La famine l'obligea ensuite de quitter son païs, & d'aller à Gerar, sur les Terres d'Abimelech, Roi des Philistins, où Dieu le combla de bénédictions. Isaac sortit de ce Païs, & bénit Jacob & Esaü : il mourut l'an 1716 avant J. C. à 180 ans.

ISAAC, (S.) célebre Solitaire de CP. au 4e siecle, bâtit une Cellule près de cette Ville, & prédit à Valens, qui marchoit contre les Goths, qu'il ne reviendroit pas de cette expédition. Ce Prince irrité le fit mettre en prison, & se menaça de le faire mourir quand il seroit de retour ; mais il fut tué dans une bataille le 9 Août 378, & ne revint plus, comme l'avoit prédit le S. Solitaire. Isaac se trouva au Concile de Constantinople en 381. Il rassembla plusieurs Disciples, & mourut vers la fin du 4e siecle.

ISAAC COMNENE, Empereur de Constantinople, s'empara du Trône sur Michel Stratonique, le 8 Juin 1057. Il ne répondit point aux espérances que l'on avoit conçues de sa prudence & de sa valeur. Il se fit détester par son avarice & par ses cruautés, & aïant remis l'Empire à Constantin Ducas, préférablement à Jean son frere & à Théodore son neveu, le 25 Nov. 1059, il se retira dans un Monastere, où il donna de gr. exemples de piété.

ISAAC L'ANGE, fut tiré de l'Eglise de sainte Sophie, & déclaré Empereur, le 12 Septembre 1185, à la place d'Andronic Comnene, qu'il fit mourir cruellement. Son regne fut très malheureux à cause de ses débauches & de sa négligence. Il fut décrôné le 10 Avril 1195 par Alexis l'Ange, son frere, qui lui fit arracher les yeux. Il mourut en 1204.

ISAAC LÉVITE, (Jean) savant Juif, du 16e siecle, se fit Chrétien & enseigna l'hébreu à Cologne. Il défendit avec force l'intégrité du texte hébreu, & prouva savamment contre Guillaume Lindanus, que les Juifs ne l'ont point corrompu.

ISAIE, ou ESAÏE, le premier des quatre Grands Prophetes, étoit fils d'Amos, de la famille Roïale de David. Il prophétisa sous les Rois Osias, Joatham, Achas & Ezechias, depuis 785 jusqu'à l'an 681 avant J. C. que le Roi Manassés le fit mourir dans un âge très avancé. Ses Prophéties sont en hébreu & contiennent 66 Chapitres. Le style en est gr. élevé, sublime, d'une force, d'une énergie & d'une éloquence admirables. Il parle si clairement de J. C. & de son Eglise, qu'il a toujours passé plutôt pour un Evangéliste & pour un Historien qui rapporte ce qui étoit déja arrivé, que pour un homme qui prédisoit ce qui ne devoit s'accomplir qu'après tant de siecles. Vitringua a fait sur ce Prophete d'excellens Commentaires.

ISAMBERT, (Nicolas) célebre Docteur & Professeur de Sorbonne, natif d'Orléans, enseigna longtems la Théologie dans les Ecoles de Sorbonne avec une réputation extraordinaire. Il avoit une tendre piété, & décidoit les cas de conscience avec beaucoup de jugement & de capacité. Il mourut en Sorbonne, le 14 Mai 1642, à 77 ans. On a de lui des Traités de Théo-

*logie* en latin, qui font eftimés.

ISAURE, ( Clémence ) Demoi-felle de Touloufe, cél. par fon ef-prit & par fa vertu, vivoit fur la fin du 14e fiecle. Elle inftitua les Jeux Floraux, qu'on célebre à Tou-loufe tous les ans au mois de Mai. On y fait fon éloge, & on y couron-ne de fleurs fa ftatue de marbre, qui eft dans la Maifon de Ville. Catel prétend que *Clemence Ifaure* eft un nom inventé à plaifir, & un per-fonnage imaginaire, & que ce fu-rent fept habitans de Touloufe qui établirent les Jeux Floraux en 1323. Mais Dom Vaiffette prouve, dans fon Hiftoire de Languedoc, tom. 4. pag. 198 & 365, que *Clémence Ifaure* eft un perfonnage réel, & que fi elle n'a pas inftitué les Jeux Flo-raux, elle a du moins fondé de quoi fournir aux frais des Prix qu'on dif-tribuoit déja tous les ans au mois de Mai, à ceux qui avoient fait les meilleures pieces de Vers. Ces prix font, une Violette d'or, une Ai-glantine d'argent, & un Souci de même métal.

ISBOSETH, dernier fils de Saül, regna fept ans & demi fur les dix Tribus d'Ifrael, après la mort de fon pere, 1055 avant J. C. Mais aïant donné du mécontentement à Abner, gr. Capitaine & Général de fon Armee, auquel il étoit rede-vable de la Couronne; celui ci paffa au fervice de David, & le fit re-connoître pour Roi par les dix Tri-bus, 1048 avant J. C. Quelque tems après, deux Benjamites affaf-finerent Ifbofeth dans fon lit, & porterent fa tête à David. Ce Prince les fit mourir, & fit faire des funé-railles magnifiques à Ifbofeth.

ISÉE, *Ifæus*, cél. Orateur Grec, natif de Chalcide en Syrie, fut Dif-ciple de Lyfias & Maître de De-mofthene. Il enfeigna l'éloquence à Athenes avec réputation, vers 344 avant J. C. On lui attribuoit 64 Harangues; mais il n'en avoit compofé que 50, dont il ne nous refte que 10. Il prit Lyfias pour fon modele, & il en a fi bien imité le ftyle & l'élégance, qu'on les con-fondroit aifément l'un avec l'autre fans les figures dont Ifée a fait le premier un fréquent ufage. C'eft lui auffi qui a tourné le premier l'é-loquence du côté de la politique, en quoi il a été fuivi par Demofthe-ne fon difciple. Il ne faut pas le confondre avec Ifée, autre célebre Orateur, qui vivoit à Rome du tems de Pline le jeune, vers 97 de J. C.

ISELIN, *Ifelius*, ( Jacques-Chriftophe ) l'un des plus favans hommes du 18e fiecle, dans les an-tiquités profanes & ecclefiaftiques, naquit à Bâle le 12 Juillet 1681, d'une famille féconde en perfonnes de mérite. Après avoir fait de bon-nes études, il fut fait Profeffeur d'Hiftoire & d'Eloquence à Mar-pourg en 1704. On le rappella à Bâle en 1707 pour y enfeigner l'Hif-toire & les Antiquités. Il fut nom-mé Profeffeur en Théologie dans la même ville en 1711, & vint à Pa-ris en 1717, où il s'aquit l'eftime & l'amitié des Savans. Il avoit deffein d'aller en Angleterre & en Hollande, mais l'Univerfité de Bâ-le l'aïant nommé Recteur, il fut obligé de retourner dans fa patrie. Peu de tems après, l'Académie des Infcriptions & Belles-Lettres de Pa-ris le fit Académicien Honoraire Etranger, à la place de M. Cuper. M. Ifelin fut auffi Bibliothéquaire de Bâle, & mourut le 14 Avril 1737, à 56 ans. On a de lui un gr. nom-bre d'ouvrages dont les principaux font: 1. *De Gallis Rhenum Tran-feuntibus Carmen Heroïcum*. 2. *De Hiftoricis Latinis melioris ævi Dif-fertatio*. 3. Un gr. nombre de *Dif-fertations* & de *Harangues* fur dif-férens fujets.

ISIDORE, de Charax, Auteur Grec du tems de Ptolomée *Lagus*, vers 300 avant J. C., a compofé divers *Traités Hiftoriques*, & une *Defcription de la Parthie*, que Da-vid Hæfchelius a publiée.

ISIDORE d'Alexandrie, ( S. ) cé-lebre Solitaire, né en Egypte vers l'an 318, paffa plufieurs années dans la Solitude de la Thébaïde & du Defert de Nitrie. S. Athanafe l'ordonna Prêtre, & le chargea de recevoir les pauvres & les étrangers, ce qui lui a fait donner le nom d'Isidore l'*Hospitalier*. Il joignoit à une vie austere une étude continuelle, & défendit avec zele la mémoire & les écrits de S. Athanase contre les Ariens. Isidore se brouilla dans la suite avec Théophile d'Alexandrie, & ce Patriarche le chassa du Désert de Nitrie & de la Palestine, avec trente autres Solitaires. Il se réfugia à CP. l'an 400, & fut très bien reçu de S. Chrysostome, ce qui souleva Théophile contre ce S. Docteur. Isidore mourut à Constantinople en 403, à 85 ans.

ISIDORE, (S.) de Cordoue, fut Evêque de cette Ville sous l'Empire d'Honorius & de Théodose le jeune. Il composa des *Commentaires sur les Livres des Rois*, qu'il dédia vers 412, à Paul Orose, Disciple de S. Augustin. On le nomme aussi Isidore l'*ancien*, pour le distinguer d'Isidore *le jeune*, plus connu sous le nom d'Isidore de Seville.

ISIDORE, (S.) de Peluse ou de Damiette, le plus savant & le plus célèbre des Disciples de Saint Chrysostome, se retira dans la solitude auprès de la ville de Peluse, ce qui lui a fait donner le nom d'Isidore *de Peluse*. Sa science & sa piété lui acquirent une gr. réputation. Il vivoit du tems du Concile général d'Ephèse tenu en 431, & mourut le 4 Février 440. Il nous reste de lui 2012 *Epîtres* en cinq Livres. Elles sont courtes, mais très belles & fort bien écrites en grec. On y trouve des choses très importantes sur le sens de plusieurs passages de l'Ecriture, des Questions Théologiques bien traitées, & des points importans de la discipline Ecclésiastique, la meilleure édition des œuvres de S. Isidore *de Peluse*, est celle de Paris, en 1638, *in-fol.* en grec & en latin.

ISIDORE DE SEVILLE, (S.) naquit à Carthagene en Espagne, de Severien, Gouverneur de cette ville, & fut élevé par son frere Léandre, Evêque de Seville, auquel il succéda en 601. Il fut pendant 35 ans l'oracle de toute l'Espagne, & mourut le 4 Avril 636. On a de lui, 1. Vingt *Livres des Origines*, ou Etymologies. 2. Une *Chronique* qui finit à l'an 626, & qui est utile pour l'Histoire des Goths, des Vandales, & des Sueves. 3. Des *Commentaires* sur les Livres historiques de l'ancien Testament. 4. Un Traité des *Ecrivains Ecclésiastiques*. 5. Un Traité *des offices Ecclésiastiques*, qui renferme des choses très importantes par rapport à la discipline Ecclésiastique. Isidore y marque sept Prieres du Sacrifice, qui se trouvent encore dans le même ordre dans la Messe Mosarabique, qui est l'anc. Liturgie d'Espagne, dont ce S. est reconnu pour le principal Auteur. 6. Une *Regle* qu'il composa pour le Monastere d'Honori, & d'autres ouvrages, dont la meilleure édition est celle de Paris en 1601. La *Collection des Canons* qu'on lui attribue, n'est pas de lui. Il parle ainsi des Moines dans la *Regle* que nous venons d'indiquer. *Les Moines*, dit-il, *feront tous les ans à la Pentecôte leur déclaration, qu'ils ne gardent rien en propre. Un Moine doit toujours travailler de ses mains, selon le précepte de S. Paul, & l'exemple des Patriarches. Chacun doit travailler, non-seulement pour sa subsistance, mais aussi pour celle des Pauvres. Ceux qui se portent bien & ne travaillent point, pechent doublement, par l'oisiveté, & par le mauvais exemple. Ceux qui veulent lire sans travailler, montrent qu'ils profitent mal de la lecture, qui leur ordonne le travail.* Cette Regle de S. Isidore prescrit environ six heures de travail par jour, & trois heures de lecture.

ISIDORE *Mercator*, ou *Peccator*, qu'on croit avoir vécu au 8e siecle, est auteur d'une *Collection de Canons*, qui a été long-tems attribuée à S. Isidore de Seville. Elle renferme les fausses Décretales de plus de 60 Papes, depuis Saint Clément jusqu'au Pape Sirice, & les

Canons des Conciles qui se sont tenus jusqu'en 683. Riculse, Archevêque de Mayence, apporta cette collection d'Espagne vers l'an 800, & la répandit en France. Il y en a un gr. nombre d'Editions. C'est en gr. partie à cette Collection remplie de Pieces fausses, & fabriquées à dessein, que les Papes furent redevables de l'autorité exhorbitante qu'ils exercerent pendant plusieurs siecles. Elle introduisit aussi un très gr. changement dans la discipline de l'Eglise. Blondel a si bien démontré la supposition & la fausseté des Décretales depuis S. Clément jusqu'à Sirice, qu'elles sont actuellement rejettées par tous les Savans.

ISIS, Déesse adorée par les Egyptiens, regna en Egypte avec le Roi Osiris son mari, vers 1500 avant J. C. Elle avoit, selon la Fable, beaucoup d'esprit & un courage héroïque. Elle inventa les vaisseaux, & s'étant embarquée, elle voïagea chez les Peuples barbares, auxquels elle apprit l'art de naviger, le culte de la Religion & l'Agriculture, ce qui la fit honorer comme une Déesse. Il étoit défendu de révéler ses mysteres, & l'on croit qu'ils étoient les mêmes que ceux d'Io & de Cybele. On défendit souvent à Rome de célebrer les mysteres d'Isis. Elle est représentée avec une Tour sur la tête, des Lions à ses côtés & un Sistre à la main, à-peu-près comme Cibele. Il y avoit du tems du Paganisme un Temple & des Prêtres consacrés à Isis, dans le territoire de Paris, où elle étoit adorée comme Déesse de la Terre. Sa statue fut conservée dans un coin de l'Eglise de S. Germain-des-Prez, jusqu'en 1514, que le Cardinal Briçonet, qui étoit Abbé de ce Monastere, la fit mettre en pieces, aïant su que quelques femmes, par simplicité, lui avoient présenté des cierges.

ISMAEL, fils d'Abraham & d'Agar, naquit 1910 avant J. C. Abraham étoit alors âgé de 86 ans. Il fut chassé de la maison de son pere avec Agar à la sollicitation de Sara,

& fut élevé dans le désert, après avoir été protégé par un Ange. Ismael épousa une fille Egyptienne dont il eut douze fils qui devinrent très puissans. Il mourut 1773 avant J. C. à 137 ans. C'est de lui que sont descendus les Arabes, les Agareniens, les Ismaélites, les Sarrasins & quelques autres Peuples. Mahomet, dans son Alcoran, se fait gloire d'être sorti de la famille d'Ismael.

ISOCRATE, l'un des plus grands Orateurs de la Grece, naq. à Athenes 436 avant J. C. Il étoit fils de Théodore, qui s'enrichit à faire des instrumens de Musique, & l'éleva avec soin. Isocrate fut Disciple de Prodicus, de Gorgias & d'autres gr. Orateurs. Il voulut d'abord haranguer en public; mais il n'y réussit point. Il se contenta d'avoir des Disciples & de faire des Harangues en particulier. Il témoigna toujours un gr. amour pour sa patrie : aïant appris la perte de la bataille de Cheronée, il s'abstint de manger pendant quatre jours, & mourut de chagrin 338 avant J. C. à 98 ans. Il nous reste de lui 21 *Discours* ou *Harangues* excellentes, qui ont été traduites de grec en latin par Wolfius. Isocrate excelle sur-tout pour l'harmonie du Discours, la justesse des pensées & l'élégance des expressions. On lui attribue encore neuf *Lettres*.

ISSACHAR, Patriarche & cinquieme fils de Jacob & de Lia, naquit 1754 ans av. J. C. & fut Chef d'une des Tribus d'Israel, qui s'a donna à l'Agriculture, selon la prédiction que lui en avoit fait Jacob avant que de mourir.

ISTHUANFIUS, (Nicolas) Vice-Palatin de Hongrie au 17e siecle, étudia à Padoue & à Bologne, & fut emploïé par Maximilien II & Rodolphe II dans les affaires les plus importantes. On a de lui en latin l'*Histoire de Hongrie* en 34 Livres, depuis 1490 jusqu'en 1605, imprimée à Cologne en 1622, *in fol.* Elle est curieuse & estimée.

ITTIGIUS, (Thomas) savant

Professeur de Théologie à Leipsick, étoit fils de Jean Ittigius, Docteur en Philosophie & en Médecine, & Professeur de Physique dans cette Ville. Il fut Ministre de diverses Eglises, travailla aux Journaux de Leipsic, enseigna long-tems avec réputation, & mourut le 7 Avril 1710, à plus de 66 ans. On a de lui : 1. Un *Tr. sur les incendies des Montagnes.* 2. Une *Dissertat. sur les Hérésiarq des tems Apostol.* elle est très estimée. 3. Une *Hist. des Synodes Nationaux tenus en France par les Prétendus Réformés.* 4. Une *Histoire Ecclésiastique des deux premiers siecles de l'Eglise,* & d'autres ouvrages en latin.

ITYS, ou ITYLE, fils de Therée, Roi de Thrace, & de Progné, fille de Pandion, Roi d'Athénes, fut massacré par sa propre mere, qui le fit manger à son mari, pour se venger de ce qu'il avoit enlevé sa sœur Phylomele.

JUAN D'AUTRICHE, ( Dom ) l'un des plus gr. Capitaines du 16e siecle, étoit fils naturel de l'Empereur Charles Quint. Il naquit à Ratisbonne en 1547, & fut élevé secretement à la campagne par la femme de Louis Quixada, Gr. Maître de la Maison de l'Empereur. Ce Prince déclara, en mourant, ce secret à Philippe II son fils Après sa mort, Philippe II fit élever Dom Juan à sa Cour, & l'envoia en 1570 dans le Roïaume de Grenade contre les Maures. Dom Juan les batit, & gagna l'année suivante la céleb. bataille naval. de Lepante, où les Turcs perdirent 25000 hommes. Il prit ensuite Tunis & Biserte, & fut fait, en 1576, Gouverneur des Pais-bas. Il se rendit maître de Namur & de diverses autres Places, & gagna à Gembloure une célebre bataille sur les Alliés en 1578. Il m. le prem. Octobre de la même année en son Camp, près de Namur, à 32 ans. Il ne faut pas le confondre avec Dom Juan d'Autriche, fils naturel de Philippe IV, Roi d'Espagne, & de Marie Calderona Comédienne. Celui-ci naquit

en 1629, fut Gr. Prieur de Castille, & commanda en 1647 les Armées du Roi d'Espagne en Italie, où il réduisit la ville de Naples. Dom Juan commanda ensuite en Flandres, & devint Généralissime des Armées de Terre & de Mer contre les Portugais. Il eut la principale administration des affaires à la Cour du Roi Charles II, & mourut à Madrid le 17 Septembre 1679, à 50 ans.

JUBA, Roi de Mauritanie & de Numidie, succéda à son pere Hiempsal, & suivit le parti de Pompée contre Jules-Cesar. Après la mort de Pompée, il fut défait par Cesar, & se fit donner la mort à la fin d'un repas, par Petreïus, compagnon de son malheur, 42 ans avant J. C. Juba, son fils, fut mené à Rome, & servit à orner le triomphe de Cesar Il fut élevé à la Cour d'Auguste, & se rendit très céleb. par sa science & par ses talens. Auguste lui fit épouser Cléopatre *la jeune,* fille d'Antoine & de Cleopatre, & lui donna le Roïaume des deux Mauritanies & d'une partie de la Gétulie.

JUBAL, fils de Lamech & d'Ada, inventa les instrumens de Musique, selon l'Ecriture-Sainte.

JUDA, ancien Patriarche, qui a donné son nom à la Tribu de Juda & au Peuple Juif, étoit le quatrieme fils de Jacob & de Lia. Il naquit 1755 avant J. C. & eut de Sué sa femme, qui étoit Cananéenne, trois fils, Her, Onan & Sela. Etant allé en Egypte avec ses freres pour acheter du bled, il offrit de rester prisonnier à la place de Benjamin que Joseph vouloit retenir. Il eut ensuite de Thamar, femme de son fils, dont il joüit sans la connoître, Pharès & Zara. Jacob, en mourant, lui donna une bénédiction particuliere, & lui prédit que *le Sceptre ne sortiroit point de Juda, que le Messie ne fût venu.* Prédiction qui s'accomplit à la lettre dans Notre Seigneur J. C. Il mourut 1636 avant J. C. à 119 ans. C'est de lui que descend David & les Rois des Juifs.

JUDA HAKKADOSCH , c'est à-dire, *le Saint*, Rabbin célebre par sa science, par ses richesses & par ses talens, fut, selon les Juifs, ami & Précepteur de l'Empereur Antonin. Il recueillit vers le milieu du second siecle les Constitutions & les Traditions des Magistrats & des Docteurs Juifs, qui l'avoient précédé. Il en composa un Livre, qu'il nomma *Mischna*, & qu'il divisa en six parties : la premiere traite de l'Agriculture & des Semences : la seconde, des jours de Fêtes : la troisieme, des Mariages & de ce qui concerne les femmes : la quatrieme, des dommages, intérêts & de toutes sortes d'affaires civiles : la cinquieme, des Sacrifices : & la sixieme, des Puretés & Impuretés légales. Ce Livre est le texte du *Talmud*, & forme le Code des Arrêts & Sentences des anciens Magistrats Juifs. Surrhenusius en a donné une bonne édition en hébreu & en latin avec des notes, en 3 vol. *in-fol.* Il seroit à souhaiter que le Talmud, qui est un Commentaire de la *Mischne*, & que l'on appelle la *Gemare*, fût aussi traduit en latin.

JUDA CHIUG, céleb. Rabbin, natif de Fez, & l'un des plus savans Grammairiens qu'aient eus les Juifs, vivoit au IIe siecle. On a de lui divers ouvrages manuscrits en Arabe, qui sont très estimés.

JUDA, ( Léon ) fameux Ministre Protestant, de Zurich, naquit en 1482, & embrassa les erreurs de Zuingle. Il s'acquit une gr. réputation dans son parti, & mourut à Zurich le 19 Juillet 1542, à 60 ans. Sa Version latine de la Bible, est celle qui est jointe aux notes de Vatable. On a de lui d'autres ouvr.

JUDAS MACHABÉE, céleb. Général des Juifs, étoit le troisieme fils de Mathathias, Prince du Peuple Juif. Il succéda à son pere, 166 avant J. C. & fit des prodiges de valeur contre les ennemis du Peuple de Dieu. Il vainquit en plusieurs batailles les plus fameux Généraux d'Antiochus, Roi de Syrie, savoir, Apollonius, Seron, Ptolomée, Nicanor, Gorgias, Lysias, Bacchides & Alcime. Antiochus, irrité de la défaite de tant de Généraux, voulut lui-même marcher contre Judas Machabée, mais il périt misérablement. Judas purifia la Judée de toutes les abominations qu'on y avoit commises. Il rétablit Jérusalem, & fit avec une gr. solemnité la Dédicace du Temple, 165 av. J. C. dont la mémoire se célebre tous les ans depuis ce tems-là parmi les Juifs. Il battit les Iduméens & les Ammonites, fit ensuite alliance avec les Romains, & fut tué dans une bataille, 161 avant J. C. Simou & Jonathas, ses freres, enleverent son corps, & le firent porter à Modin, où il fut enterré avec magnificence.

JUDAS Iscarioth, ainsi nommé, parcequ'il étoit d'une ville de ce nom, dans la Tribu d'Ephraïm, fut celui des douze Apô... qui trahit J. C. Son avarice lui fit censurer l'action de la Magdeleine, qui répandit des aromates précieux sur les piés du Sauveur, & lui fit livrer aux Juifs le Fils de Dieu pour 30 deniers. Il reconnut ensuite l'horreur de sa trahison, rendit aux Prêtres l'argent qu'il avoit reçu d'eux, & se pendit de désespoir. Les Savans ne sont pas d'accord entr'eux sur la valeur des 30 deniers que reçut Judas.

JUDE, ( S. ) Apôtre, appellé aussi *Lebbée*, *Thadée*, ou *le Zélé*, étoit frere de S. Jacq. *le Mineur*, & parent de J. C. selon la chair. Il fut marié & eut des enfans. Aïant été appellé à l'Apostolat, il suivit J. C. Et dans la derniere Cêne, il lui dit : *Seigneur, pourquoi vous manifesterez-vous à nous & non pas au monde ?* Jesus lui répondit : *Si quelqu'un m'aime, il gardera ma parole, & mon Pere l'aimera, & nous viendrons à lui, & nous ferons en lui notre demeure.* On dit que S. Jude, après avoir reçu le S. Esprit avec les autres Apôtres, alla prêcher l'Evangile dans la Mésopotamie, l'Arabie, la Syrie, l'Idumée & la Lybie, & qu'il mourut pour la foi de J. C. dans la ville de Beryte, vers l'an

80 de J. C. Nous avons de lui une Epître, qui eſt la derniere des ſept Epîtres *Catholiques*. Il l'écrivit après la priſe de Jéruſalem, principalement pour les Juifs convertis au Chriſtianiſme. Il y attaque les Nicolaïtes, les Simoniens, les Gnoſtiques & les autres Hérétiques, qui combattoient la néceſſité des bonnes œuvres; & il y recommande qu'on ſe ſouvienne de ce que les autres Apôtres avoient écrit avant lui. Quelques Anciens ont douté de la canonicité de cette Epître, parceque le Livre apocryphe d'Henoch y eſt cité. Mais ce doute n'a pas duré long-tems, parcequ'on a reconnu que la citation du Livre apocryphe d'Henoch ne diminue en rien la canonicité de l'Epître de S. Jude, de même que la citation des Poëtes profanes n'empêche point que les Epîtres de S. Paul, dans leſquelles ils ſont cités, ne ſoient canoniques.

JUDEX, (Matthieu) l'un des principaux Ecrivains des *Centuries de Magdebourg*, né à Tippolſwalde en Miſnie le 21 Septemb. 1528, enſeigna la Théologie avec réputation dans ſon Parti, & ne laiſſa pas d'eſſuïer beaucoup de chagrin dans ſon miniſtere. Il mourut à Roſtock le 15 Mai 1564. On a de lui pluſ. ouvrages.

JUDITH, célebre Héroïne des Juifs, de la Tribu de Siméon, étoit riche, jeune & d'une grande beauté, à la mort de Manaſſés ſon mari. Elle paſſa les années de ſon veuvage à Béthulie dans la retraite, dans le jeûne & dans le cilice. Holopherne, Général de Nabuchodonoſor, Roi des Aſſyriens, aïant aſſiégé cette ville, Judith ſe tranſporta dans ſa Tente, ſoupa avec lui, prit ſon ſabre & lui coupa la tête tandis qu'il dormoit, & délivra, par cette action héroïque, la ville de Béthulie & le Peuple Juif. On célébra cette victoire par une Fête ſolemnelle, & le Peuple Juif jouit d'une paix profonde le reſte de la vie de Judith, qui mourut à 105 ans. Les Savans ne s'accor-

dent point ſur le tems auquel arriva l'Hiſtoire de Judith : l'opinion la plus probable la met 636 avant J. C., ſous le regne de Manaſſés & de Merodach, que l'on croit être le même que Nabuchodonoſor.

IVELLUS ou JUELLUS, *voyez* JEWEL.

JUENNIN, (Gaſpard) ſavant Théologien de la Congrégation de l'Oratoire, naquit à Varembon en Breſſe, Diocèſe de Lyon, en 1650. Il enſeigna la Théologie dans pluſieurs Maiſons des Peres de l'Oratoire, & au Séminaire de S. Magloire à Paris, où il mourut le 16 Décembre 1713, à 63 ans. Ses principaux ouvrages ſont : 1. Un *Traité des Sacremens*, 2 vol. *in fol.* en latin. 2. Des *Inſtitutions Théologiques* en 7 vol. *in-12*, en latin. Ce dernier ouvrage fut condamné à Rome, & par M. Godet Evêque de Chartres, & par le Cardinal de Biſſy, comme renouvellant les erreurs de Janſenius. Le Cardinal de Noailles le défendit auſſi dans ſon Diocèſe, mais il fut enſuite ſatisfait des explications que le Pere Juennin lui donna. Celui-ci écrivit contre les Mandemens de M. Godet & de M. de Biſſy, & ces deux défenſes apologétiques ont été imprimées *in-12*, ſans nom d'Auteur. On a encore du P. Juennin, 3. une *Théolog. abrégée* par demandes & par réponſes à l'uſage de ceux qui vont être examinés pour recevoir les Ordres. 4. La *Theorie pratique des Sacremens*, en 3 vol. *in-12*, ſans nom d'Auteur.

IVES, (S.) ou YVES, *Ivo*, célebre Evêque de Chartres, naquit dans le territoire de Beauvais, au 11e ſi. d'une famille noble. Il fut Diſciple de Lanfranc, Prieur de l'Abbaïe du Bec, & ſe diſtingua tellement par ſa piété & par ſa ſcience, qu'il devint Abbé, puis Evêque de Chartres en 1092. Ives s'éleva avec zele contre le Roi Philippe I, qui avoit quitté Berthe de Hollande, ſon épouſe, pour prendre Bertrade de Montfort, femme de Foulques le Rechin, Comte d'Anjou. Il gouverna fon Diocèfe avec fageffe, y fit fleurir la difcipline Eccléfiaftique, & m. le 23 Décembre 1115, à 80 ans. On a de lui un *Recueil de Decrets Eccléfiaftiques*, un gr. nombre d'*Epîtres* & d'autres ouvrages, qui font très importans.

IVETEAUX, ( Nicolas Vauquelin, Seigneur des) né à la *Fresnaye*, Château près de Falaife, d'une bonne famille, fit paroître de bonne heure beauc. de goût pour la Poéfie & pour les Belles - Lettres. Après avoir fait fes études à Caen avec diftinction, il fuccéda à fon pere dans la Charge de Lieutenant-Général de cette Ville. Le Maréchal d'Eftrées l'engagea à quitter cette Charge & à venir à la Cour. Il le plaça auprès de M. de Vendôme, fils de la fameufe *Gabrielle d'Eftrées*. Ce fut pour ce jeune Prince que des Iveteaux, compofa fon Poème de l'*inftitution du Prince*, dans lequel il donne à fon Difciple des avis judicieux, fenfés, & chrétiens. Il devint enfuite Précepteur du Dauphin, qui regna depuis fous le nom de Louis XIII; mais fa vie licencieufe déplut à la Reine, & le fit exclure de la Cour, un an après la mort de Henri IV. On lui donna une penfion & pluf. Bénéfices. Dans la fuite il quitta fes Bénéfices fur les reproches que le Card. de Richelieu lui fit de fon libertinage. Libre alors de tout engagement, des Iveteaux fe retira dans une belle Maifon du Fauxbourg S. Germain, où il finit le refte de fes jours dans les plaifirs & dans la volupté, menant une vie Epicurienne, qu'il décrit dans le Sonnet qui commence par ce Vers :

*Avoir peu de Parens, moins de train que de rentes,*

S'imaginant que la vie champêtre eft la plus heureufe, il s'habilloit en Berger, & conduifoit dans les allées de fon jardin des Troupeaux imaginaires, auxquels il difoit des chanfonnettes. Une joueufe de harpe qu'il avoit trouvée dans les rues, & dont il avoit fait fa Maîtreffe,

l'accompagnoit habillée en Bergere. Ils s'étudioient l'un & l'autre à rafiner fur les plaifirs, & travailloient chaque jour à trouver les moïens de les rendre plus délicats. C'eft ainfi que des Iveteaux paffa les dernieres années de fa vie. On dit que fur le point de mourir, il fe fit jouer une farabande, pour que fon ame paffât plus doucement, mais M. Huet prétend au contraire, qu'il fe repentit de fes égaremens à l'article de la mott. Quoi qu'il en foit, il m. fort âgé. Outre le *Poëme* dont nous avons parlé, on a de lui des *Stances*, des *Sonnets*, & d'autres petites pieces de Poéfie dans les *Délices de la Poéfie françoife*, in-8°.

JUGURTHA, Roi de Numidie, gr. ennemi des Romains, étoit fils de Manaftabal. Il fut élevé à la Cour de Micipfa fon oncle, qui lui laiffa, en mourant, la tutelle de fes deux fils, Adherbal & Hiempfal. Jugurtha fit mourir le dernier par furprife, & fit tuer l'autre contre la foi donnée après la prife de Cirtha. Les Romains, qui étoient alliés d'Adherbal, s'éleverent contre l'Ufurpateur; mais il corrompit par argent le Conful Calpurnius Beftia, & plufieurs autres Sénateurs, & diffipa l'Armée des Romains, en difant avec mépris, que *Rome étoit à vendre, & qu'elle fe livreroit volontiers à quiconque auroit affez d'argent pour l'acheter.* Jugurtha fut vaincu dans la fuite par Cecilius Metellus *le Numidique*, & deux ans après par Marius. Enfin Bocchus, Roi de Mauritanie, fon beau-pere, le livra à Sylla l'an 106 avant J. C. Il fut mené à Rome en triomphe, puis renfermé dans une prifon, où il mourut infenfé.

JULE, (S.) Soldat Romain, fervit long-tems avec valeur dans les Armées des Empereurs, & eut la tête tranchée pour la Foi de J. C. vers 302, par ordre de Maxime, Gouverneur de la Baffe-Mefie.

JULE I, (S.) Romain, fuccéda au Pape S. Marc, le 6 Février 337. Il foutint avec zele la caufe de S. Athanafe, envoïa fes Légats au

Concile de Sardique en 347, & m. le 12 Avril 352. On a de lui *deux Lettres* dans les Œuvres de S. Athanase ; ces deux Lettres sont, au jugement de M. de Tillemont, deux des plus beaux monumens de l'Antiquité Eccléfiastique. Les autres ouvrages que l'on attribue à S. Jule, sont suppolés. Le Pape Libere lui succéda.

JULE II, (Julien de la Rovere) étoit neveu du Pape Sixte IV. Il naquit au Bourg d'Albizale, près de Savone, & fut succeffivement Evêque de Carpentras, d'Albano, d'Oftie, de Bologne & d'Avignon. Le Pape Sixte IV, fon oncle, le fit Cardinal en 1471, & lui donna la conduite des Troupes Eccléfiastiques contre les Peuples révoltés en Ombrie. Julien de la Rovere empêcha le Cardinal d'Amboife d'être élu Pape après la mort d'Alexandre VI, & fit élire Pie III, qui m. au bout de 21 jours. Il fit alors mentir ce Proverbe affez commun : *Celui qui entre Pape au Conclave, en fort Cardinal ;* car avant que d'y entrer, fon élection avoit été concertée & conclue. Il fut élu le prem. Novembre 1503, & succéda à Pie III. Jule II avoit l'esprit extrêmement porté à la guerre. Il forma une Ligue contre les Vénitiens, & fe déclara ouvertement contre Louis XII, Roi de France, mit son Roïaume en interdit, & difpenfa les Sujets de ce Prince du ferment de fidélité : ce qui fit grand bruit. Louis XII, de fon côté, interjetta appel au Concile Général, qui fut indiqué à Pife par les Cardinaux. Ce Concile inquiéta beaucoup Jule II. Il reçut un nouveau chagrin par la perte de la bataille de Ravenne, où fon Légat fut fait prifonnier, & m. la nuit du 20 au 21 Févr. 1513, à 70 ans. Léon X lui succéda, & annulla ce qu'il avoit fait contre la France.

JULE III, ( Jean-Marie du Mont ) fe rendit habile dans les Belles-Lettres & dans le Droit. Il devint Evêque de Paleftrine, Archevêque de Siponte, & Cardinal en 1536. Il fut enfuite chargé de diverfes commiffions importantes, & succéda au Pape Paul III, le 8 Févr. 1150. Jule III rétablit & continua le Concile de Trente, auquel il avoit préfidé fous Paul III. Il prit les armes contre Octave Farnefe, Duc de Parme, & mourut le 23 Mars 1555. Marcel II fut fon succeffeur.

JULE Africain, Jule-Cesar, &c. *Voyez* Africain, &c. à leurs noms propres.

JULE Romain, Peintre, *voyez* Romain.

JULIARD ou JUILIARD, ( Guillaume ) Docteur en Théol. & Prévôt de la Cathédrale de Toulouse, étoit neveu de Mad. de Mondonville, inftitutrice de la *Congrégation de l'Enfance.* La fuppreffion de cette Congrégation par Arrêt du Confeil en 1686, fit beaucoup de bruit, furtout depuis que les Jéfuites eurent acheté la Maifon des *Filles de l'Enfance,* pour y placer leur Séminaire. Il parut en 1734 une *Hiftoire des Filles de la Congrégation de l'Enfance,* qu'on mit fous le nom de M. Reboulet ex-Jéfuite, & depuis Avocat à Avignon. M. Juliard attaqua cette *Hiftoire,* comme un Libelle calomnieux, & la refuta par un Mémoire en deux parties, qui contient 1. l'*Innocence juftifiée,* ou l'*Hiftoire véritable des Filles de l'Enfance.* 2. Le *menfonge confondu, ou la preuve de la fauffeté de l'Hiftoire calomnieufe des Filles de l'Enfance.* Le Parlement de Toulouse fit droit fur le Mémoire de M. Juliard, & condamna au feu l'*Hiftoire* imprimée en 1734, attribuée à Reboulet, mais on affure qu'il n'en eft pas l'Auteur, & qu'on l'avoit à Paris en manufcrit quinze ans avant qu'elle fut imprimée. Quoi qu'il en foit, M. Juliard m. à la pourfuite de cette affaire, le 21 Déc. 1737, à 70 ans. Il étoit d'ailleurs connu par fon attachement à l'appel de la Bulle *Unigenitus.* Après fa mort il parut un nouvel *Ecrit* contre les Filles de l'Enfance, pour foutenir l'*Hiftoire* attribuée à M. Reboulet, mais M. le

Marquis de Gardouche, neveu de M. Juliard, & petit neveu de Mad. de Mondonville, obtint un Arrêt du 27 Fevr 1738, qui condamna au feu ce nouvel *Ecrit*, & ordonna des recherches rigoureuses contre l'Auteur anonyme de cet Ecrit. *Voyez* MONDONVILLE.

JULIE, (Ste) Vierge & Martyre, étoit de Carthage ; cette ville aïant été prise en 439 par Genseric, Roi des Vandales, Julie fut vendue à un Marchand Payen, & menée en Syrie. Quelques années après, ce Marchand s'étant embarqué avec elle pour transporter des marchandises en Provence, le vaisseau s'arrêta au Cap de Corse, pour y célébrer une fête en l'honneur des fausses Divinités. Julie, qui n'y prenoit aucune part, fut citée devant le Gouverneur Felix ; & mise à mort pour la Foi de J. C.

JULIE, fille de César, épousa Pompée, & fut le nœud de l'amitié que ces deux gr. hommes eurent quelque-tems l'un pour l'autre ; mais étant morte en accouchant d'une fille, un peu avant l'Ere Chrétienne, cette mort fit naître les divisions fatales qui ruinerent la République.

JULIE, fille unique de l'Empereur Auguste, épousa Marcellus, puis Agrippa, dont elle eut trois fils & deux filles. Tibere, son troisieme mari, en eut un enfant qui ne vécut point. Elle scandalisa tellement par ses débauches, qu'Auguste l'envoïa en exil. Elle mourut de faim 41 avant J. C. Julie, sa fille, épousa Lepide, dont elle eut deux enfans. Elle mourut en exil, comme sa mere, à cause de ses débauches.

JULIEN, (S.) premier Evêque du Mans, sur la fin du 3e siecle, convertit le Peuple du Maine à la Foi, & en devint l'Apôtre. On ne sait ni le tems, ni le genre de sa mort. Il ne faut pas le confondre avec Saint Julien, que l'on croit avoir été martyrisé à Brioude en Auvergne, sous l'Empire de Diocletien.

JULIEN, (S.) Archevêque de Tolede, au 7e siecle, & l'un des plus gr. Prélats de son tems, est Auteur d'un *Traité contre les Juifs*, & d'autres ouvrages. Il mourut le 8 Mars 690.

JULIEN L'APOSTAT, fameux Empereur Romain, étoit fils de Jule Constance, frere du Gr. Constantin & de Basiline, sortie d'une famille illustre. Il naquit à Constantinople le 6 Novembre 331, & pensa périr avec son frere Gallus dans le cruel massacre que les fils de Constantin firent de sa famille, & dans lequel son pere & ses plus proches parens furent enveloppés. Le fameux Eusebe de Nicomédie fut chargé de l'éducation de Julien & de Gallus. Il leur donna un Gouverneur nommé Mardonius, qui s'appliqua à leur former le cœur & l'esprit, & à leur inspirer de la gravité, de la modestie, & du mépris pour les plaisirs des sens. Ces deux jeunes Princes entrerent dans le Clergé & firent l'Office de Lecteur ; mais avec des sentimens bien différens sur la Religion ; car Gallus avoit beaucoup de piété, au lieu que Julien avoit en secret du penchant pour le Paganisme ; ce qui fut remarqué lorsqu'ils entreprirent de bâtir à frais communs une Eglise en l'honneur du S. Martyr Mamas. Julien alla à Athenes à l'âge de 24 ans. Il s'y appliqua à l'Astrologie, à la Magie & à toutes les vaines illusions du Paganisme. Il s'attacha sur-tout au Philosophe Maxime, qui flattoit son ambition en lui promettant l'Empire. C'est particulierement à cette curiosité détestable & sacrilege de connoître l'avenir, & au desir de dominer, que l'on doit attribuer l'Apostasie de ce Prince. Il fut fait César le 6 Novembre 355, & eut le Commandement général des Troupes dans les Gaules. Julien s'y fit beaucoup d'honneur. Il remporta une célebre victoire sur sept Rois Allemands auprès de Strasbourg, vainquit plusieurs fois les Barbares, & les chassa des Gaules en très peu de tems. Constance, auquel il étoit devenu suspect par tant de succès, lui envoïa demander, pour l'affoiblir, une partie considérable de ses Troupes, sous prétexte de la guerre contre les Perses. Mais les Soldats de Julien se mutinerent & le déclarerent Empereur, malgré sa résistance. Il étoit alors à Paris, où il séjournoit volontiers, & où il avoit fait bâtir un Palais, dont on voit encore les restes. L'Empereur Constance, indigné de ce qui s'étoit passé, songeoit aux moïens de le soumettre, lorsqu'il mourut le 3 Novembre 361. Julien alla aussitôt en Orient, où il fut reconnu Empereur, comme il l'avoit été en Occident. Il ordonna alors, par un Edit général, d'ouvrir les Temples du Paganisme, & fit lui-même les fonctions de Souverain Pontife, avec toutes les cérémonies Païennes, s'efforçant d'effacer le caractere de son Baptême, avec le sang des sacrifices. Il assigna des revenus aux Temples & aux Prêtres des Idoles, dépouilla les Eglises de tous leurs biens pour en faire des largesses aux Soldats, ou les réunir à son Domaine, révoqua tous les Privileges que les Empereurs Chrétiens avoient accordés à l'Eglise, & ôta les pensions que Constantin avoit données pour nourrir les Clercs, les Veuves & les Vierges. Il ne crut pas d'abord devoir emploïer la violence pour abolir le Christianisme. Il savoit qu'elle avoit donné à l'Eglise une plus grande fécondité; il affecta même une grande douceur envers les Chrétiens, & rappella tous ceux qui avoient été exilés sous Constance à cause de la Religion; il entreprit de les pervertir par les caresses, les avantages temporels, & les vexations colorées de quelque prétexte étranger: s'il enlevoit les richesses des Eglises; c'étoit, disoit-il, pour faire pratiquer aux Chrétiens la pauvreté Evangélique; il défendit aux Chrétiens de plaider, de se défendre en justice & d'exercer les Charges publiques. Il fit plus, il leur fit défense d'enseigner les Belles-

Lettres, sachant les gr. avantages qu'ils tiroient des Livres profanes pour combattre le Paganisme & l'irréligion. Quoiqu'il témoignât en toutes occasions un mépris souverain pour les Chrétiens, qu'il appelloit toujours *Galiléens*, cependant il sentoit l'avantage que leur donnoit la pureté de leurs mœurs, l'éclat de leurs vertus, & ne cessoit de proposer leurs exemples aux Prêtres des Païens. Tel fut le caractere de la persécution de Julien. La douceur apparente, & la dérision de l'Evangile. Il en vint néanmoins à tolérer ouvertement la persécution, quand il vit que les autres moïens étoient inutiles. Il donna les Charges publiques aux plus cruels ennemis des Chrétiens, & les villes furent remplies de troubles & de séditions; il y eut un grand nombre de Martyrs, dans la plûpart des Provinces. On dit même qu'il fit mourir à Chalcedoine les deux Ambassadeurs de Perse, Manuel & Ismael, parcequ'ils étoient Chrétiens. Maris, Evêque de cette Ville, qui étoit aveugle, lui aïant reproché publiquement ses impiétés, Julien lui répondit en souriant: *que son Galiléen ne le guériroit pas de la perte de sa vue. Je loue le Seigneur*, répondit Maris, *d'être aveugle, pour n'avoir pas les yeux souillés par la vue d'un Apostat tel que toi.* Julien ne répliqua point, & affecta un air de clémence & de modération. Il voulut convaincre de faux la prédiction de Notre-Seigneur Jesus-Christ sur le Temple de Jérusalem, & entreprit de le faire rebâtir par les Juifs, environ 300 ans après sa démolition par Titus; mais tous leurs efforts ne servirent qu'à vérifier plus parfaitement la prédiction de J. C. car les Juifs qui s'étoient rassemblés de tous côtés à Jérusalem, aïant creusé les fondemens, il en sortit des tourbillons de flammes qui consumerent les ouvriers. Les Juifs s'opiniâtrerent à diverses reprises, à construire les fondemens du Temple; mais tous ceux qui oserent y travailler périrent par les flammes, ce qui obligea les Juifs d'abandonner l'ouvr. pour toujours. Ce fait est constaté par Ammien Marcellin, Auteur Païen très estimé, & par un si gr. nombre de témoins authentiques, qu'il n'y a rien de plus constant dans toute l'antiquité. L'Empereur Julien résolut enfin d'éteindre le Christianisme à quelque prix que ce fût ; mais il vouloit auparavant terminer la guerre contre les Perses. Il fit des préparatifs & des sacrifices sans nombre, & jura, en partant, de ruiner l'Eglise à son retour. Mais Dieu la garantit de ces menaces insensées. Car ce Prince s'étant engagé sans cuirasse dans le premier combat, il fut frappé d'un dard qui le blessa à mort. On dit qu'il prit alors dans sa main du sang de sa blessure, & qu'il s'écria en le jettant contre le Ciel : *Tu as vaincu, Galiléen.* Quoi qu'il en soit de ce bruit populaire, rapporté par Theodoret, Julien fit paroître beaucoup de joie de mourir ; il employa ses derniers momens à s'entretenir de la noblesse des ames avec le Philosophe Maxime, & expira la nuit suivante, le 26 Juin 363, à 32 ans. Il n'y a guere de Princes dont les Auteurs aient parlé plus diversement. Parcequ'ils l'ont regardé sous différens points de vue, & qu'il étoit lui-même un amas de contradictions. *Il y avoit en lui*, dit M. Fleury, *un tel mélange de bonnes & de mauvaises qualités, qu'il étoit facile de le louer ou de le blâmer, sans altérer la vérité.* D'un côté, savant, libéral, tempérant, sobre, vigilant, affectant la justice, la clémence & la douceur. D'un autre côté, leger, inconstant, ridicule, donnant dans le fanatisme & les superstitions les plus extravagantes, estimant par un goût faux ce qui pouvoit le singulariser, debitant des calomnies contre la famille de Constantin, & refusant souvent aux Chrétiens de répondre à leurs requêtes. On peut dire qu'il étoit plutôt singulier que grand, & qu'il avoit tout le ridicule des Philosophes, sans avoir les qualités qui font les gr. Princes. Il nous reste de lui plusieurs *Discours* ou *Harangues*, des *Lettres*, une *Satyre des Césars*, un Traité intitulé *Misopogon*, qui est une *Satyre des Habitans d'Antioche*, & quelques autres Pieces qui ont été publiées en grec & en latin par le Pere Petau en 1630, *in-4°*. Ezechiel Spanheim en donna en 1696 une belle édition, *in-fol.*, & M. de la Bletterie en a traduit une partie en françois. On y remarque de l'esprit & de la singularité ; mais peu de goût & de jugement. Son plus fameux ouvrage est celui qu'il composa contre les Chrétiens. Il en reste des fragmens dans l'excellente réfutation que S. Cyrille d'Alexandrie en a faite. Ceux qui souhaiteront connoître plus parfaitement la vie de cet Empereur, peuvent lire l'Histoire que M. de la Bletterie en a faite. Jovien lui succéda.

JULIEN D'ECLANE, fameux Pelagien, étoit fils de Memorius, Evêque de Capoue, ami intime de S. Augustin. Il étoit éloquent & avoit l'esprit brillant & agréable. Après la mort de sa femme, il fut élevé au Diaconat, puis à l'Evêché de Capoue, selon Gennade, ou plutôt à l'Evêché d'Eclane, entre la Campanie & la Pouille, comme l'assure S. Prosper. Il fut d'abord ami de Saint Augustin, & se brouilla ensuite avec lui au sujet des matieres de la Grace. Julien fut chassé de son Eglise, & après avoir été souvent condamné par les Papes & par les Empereurs, il m. vers 450. Il nous reste de lui quelques ouvrages. S. Augustin a écrit fortement contre lui.

JUNCKER, (Christian) savant Litterateur Allem. naquit à Dresde le 16 Octobre 1668. Il se rendit habile dans les Belles-Lettres & dans la science des Médailles. Il fut successivement Recteur à Schleusingen, à Eysenach & à Altenbourg où il m. le 19 Juin 1714. Il avoit été reçu Membre de la Société Roïale de Berlin en 1711. C'étoit un Savant qui étoit ennemi de la pedanterie. Il a fait un gr. nombre de Traductions allem. d'Auteurs anc. & pluſ. éditions d'Auteurs claſſiques avec des notes, dans le gout des éditions de Minellius On a encore de luſ. *Schediaſma de Diariis eruditorum. Centuria fœminarum eruditione & ſcriptis illuſtrium. Theatrum latinitatis univerſæ Reghero - Junkerianum. Lineæ eruditionis univerſæ & Hiſtoriæ Philoſophicæ. Vita Lutheri ex nummis. Vita Ludolphi, &c.* Il étoit Hiſtoriographe de la Maiſon de Saxe de la branche Erneſtine. Sa pauvreté l'obligeoit de travailler un peu à la hâte, & ſes ouvr. s'en reſſentent.

JUNCTIN, (François) célebre Mathématicien & Aſtrologue du 16e ſiecle, natif de Florence, dont on a des *Commentaires* en latin ſur la Sphere de Sacro-Boſco & d'autres ouvr. relatifs à l'Aſtronomie, fut accablé ſous les ruines de ſa Bibliotheque, quoiqu'il eût prédit qu'il mourroit d'un autre genre de mort. On le nomme en Italien ; *Giuntino.* On a encore de lui un Traité en françois ſur la Comète qui parut en 1577, & un autre ſur la réformation du Calendrier par Gregoire XIII. Il avoit quitté l'Ordre des Carmes & avoit apoſtaſié ; mais il rentra enſuite dans l'Egliſe Catholique, & paſſa la plus grande partie de ſa vie à Lyon, où il mena une vie déreglée.

JUNGERMAN, (Godefroi) ſavant Ecrivain du 17e ſiecle, natif de Leipſic, entendoit le grec en perfection. Il publia le premier *Jule-Ceſar* en grec, ouvr. fort recherché, & donna une verſion latine des *Paſtorales de Longus* avec des *notes.* On a auſſi de lui des *Lettres* imprimées. Il m. à Hanaw le 16 Août 1610. Louis Jungerman, ſon frere, auſſi natif de Leipſic, étoit un excellent Botaniſte, & m. à Altdorf le 7 Juin 1653. Gaſpard Jungerman ſon autre frere, étoit auſſi homme de Lettres.

JUNIEN, (S.) célebre Solitaire, natif de Brioude : ſur la Cloveré en Poitou, d'une famille noble, établit un Monaſtere à Mairé, dont il fut le premier Abbé. Il m. le 13 Août 587, le même jour que Sainte Radegonde, avec laquelle il avoit été en commerce de Lettres.

JUNILIUS, Evêque d'Afrique, au 6e ſiecle, dont nous avons deux Livres *de la Loi divine* : en forme de Dialog. dans la Bibliotheq des Peres. C'eſt une eſpece d'introduction à l'étude de l'Ecriture-Sainte.

JUNIUS, ( Adrien ) vulgairement appellé *Jonghe,* ou *du Jong,* fut l'un des plus célebres Ecrivains de ſon tems. Il naquit à Horn en Hollande le prem. Juil. 1511, & ſe rendit habile dans les Langues, dans les Belles Lettres & dans la Médecine. Il voïagea dans toutes les parties de l'Europe, exerça la Médecine avec réputation, & m. à Armuyden le 16 Juin 1675. On a de lui une *Epithalame* ſur le mariage de Philippe II, Roi d'Eſpagne, avec Marie, Reine d'Angleterre, des *Commentaires* ſur pluſieurs Auteurs latins, & d'autres ouvr. eſtimés ; cependant M. Huet aſſure que ſes Traduct. ſont pleines de fautes.

JUNIUS, ou DU JON, ( François ) fameux Miniſtre Calviniſte, naq. à Bourges le prem. Mars 1545. Il ſe rendit habile dans le Droit, dans les Langues & dans la Théologie, fut Miniſtre dans les Païsbas, & fut choiſi en 1597 pour enſeigner la Théol. à Leyde, où il m. le 13 Oct. 1602, à 57 ans. On a de lui une *verſion latine* du Texte hébreu de la Bible, qu'il fit avec Emmanuel Tremellius, des *Commentaires* ſur une gr. partie de l'Ecriture-Sainte & d'autres ouvrages.

JUNIUS, ( François ) fils du précédent, étoit très ſavant dans les Langues Orientales & dans les Langues Septentrionales. Il naquit à Heidelberg en 1589, & prit d'abord le parti des Armes ; mais après la Treve conclue en 1609, il ſe livra tout entier à l'étude. Il paſſa en Angleterre en 1620, & demeura pendant 30 ans chez le Comte d'A-

gondel. Il mourut à Windsor, chez
Isaac Vossius, son neveu, en 1678,
à 89 ans, laissant ses manuscrits à
l'Université d'Oxford. Il se fit extrêmement estimer non seulement
par sa profonde érudition, mais
aussi par la pureté de ses mœurs. Il
avoit une telle passion pour l'étude
des Langues Septentrion. qu'aïant
su qu'il y avoit en Frise quelques
villages où l'ancienne Langue des
Saxons s'étoit conservée, il y alla
demeurer deux ans. On a de lui :
1. Un Traité de *Pictura Veterum*,
estimé de tous les Savans, & dont
la meilleure édition est celle de Roterdam en 1694. 2. l'*explication
de l'ancienne Paraphrase gothique
des quatre Evangiles*, corrigée sur
de bons manuscrits, & éclaircie
par les notes de Thomas Maréchal.
3. Un gr. *Comment. sur la Concorde des quatre Evangiles de Tatien*,
& un gr. *Glossaire* en cinq Langues,
dans lequel il explique l'origine des
Langues Septentrionales. Ce dernier
ouvrage. a été donné au Public à
Oxford en 1745, *in-fol.* par M.
Edouard Lye, sav. Anglois. Mais
le Commentaire sur la Concorde
de Tatien, n'est point imprimé.

JUNON, sœur & femme de Jupiter, & la Déesse des Roïaumes
& des richesses, selon la Fable, étoit
fille de Saturne & de Rhée, autrement Cybelle ou Ops. Elle échapa, avec Jupiter, à la cruauté de
Saturne qui vouloit les dévorer. Elle
épousa ensuite Jupiter & en eut Ili-
thye, Mena & Hébé. Jupiter aïant
conçu sans commerce de femmes ;
Junon, pour se venger, conçut Vulcain, en recevant le souffle du vent,
& Mars par l'attouchement d'une
fleur que lui montra la Déesse Flore. Elle étoit extrêmement jalouse ;
& persécuta avec fureur, Europe,
Semelé, Io, Latone & les autres
Amantes de Jupiter. On l'honoroit
d'un culte particulier à Argos, à
Olympie, à Carthage, & dans plusieurs autres villes.

JUPITER, pere des Dieux &
des hommes, selon la Fable, & la
plus gr. des Divinités du Paganisme,
étoit fils de Saturne & de Rhée.
Cette Déesse s'étant apperçue que
son mari dévoroit ses enfans à mesure qu'elle les mettoit au monde,
& craignant pour Jupiter & pour
Junon, elle lui supposa un caillou,
que Saturne dévora. Jupiter fut élevé au son des instrumens des Co-
rybantes, & nourri secrettement
du lait de la chévre Amalthée, laquelle, en récompense de ce grand
service, fut changée en constellation. Etant devenu grand, il détrôna & chassa son pere Saturne,
qui lui dressoit des embuches, &
partagea l'Empire du monde avec
ses deux freres, Neptune & Pluton. Neptune eut la Mer, Pluton
les Enfers, & Jupiter la Terre. Il
épousa sa sœur Junon, fut pere
des Graces & des Muses, & eut
de plusieurs autres femmes, un
nombre prodigieux d'enfans. Car,
selon la Fable, il se métamorphosa
en Satyre, pour jouir d'Antiope :
en Bœuf, pour enlever Europe : en
Cygne, pour abuser de Leda : en
Pluie d'or, pour corrompre Danaé, & en plusieurs autres figures
pour satisfaire ses passions. Il eut
Bacchus de Semelé, Pallas, de Thetis, Diane & Apollon de Latone,
& fut pere de Mercure & des autres
Dieux. Enfin il foudroïa les Titans
& les Géans, qui vouloient escalader le Ciel. On le représentoit assis
dans un Trône d'ivoire, tenant
un Sceptre en sa main gauche & un
foudre à la droite, qu'il lançoit sur
les Géans, avec un Aigle entre ses
jambes qui portoit Ganymede. Le
nom de Jupiter est composé de
deux mots, dont le premier *Iov*,
a beaucoup de ressemblance avec
*Jehova*, qui est le nom de Dieu en
hébreu. On l'honoroit sous les différens attributs d'*Ammon*, de *Capitolin*, de *Conservateur*, d'*Elicien*,
de *Feretrien*, d'*Imperator*, d'*Inventeur*, de *Latial*, de *Pistor*, de
*Sponsor*, de *Stator* & *Ultor*, ou
*Vengeur*, &c.

JURET, ( François) sav. Chanoine de Langres, étoit natif de
Dijon. Il fit quelq. Pieces de *Poe-*

fie & des *notes* fur Symmaque, & fur Yves de Chartres, qui font eftimées. Il m. le 21 Décemb. 1626, à plus de 70 ans.

JURIEU, (Pierre) fameux Miniftre de la Religion P. R. naquit à Mer, petite ville du Diocefe de Blois, le 24 Décembre 1637, d'un pere qui y étoit Miniftre. Rivet & du Moulin, Miniftres cél. étoient fes oncles maternels. Après avoir étudié en France, en Hollande & en Angleterre, il fut élu Miniftre à Sedan. Il profeffa la Théologie & l'Hébreu, & ne s'accorda pas avec M. le Blanc fon Collegue. L'Académie de Sédan aïant été ôtée aux Calviniftes en 1681, Jurieu fut deftiné à faire les fonctions de Miniftre à Rouen; mais fon Libelle intitulé, *la Politique du Clergé de France*, l'obligea de paffer en Hollande, où il fut fait Profeffeur de Théologie à Roterdam. Il y eut des démêlés très vifs avec Bayle, Bafnage de Beauval, & Saurin fes Confreres. Il s'y érigea même en Prophète & prédit dans fon *Comment. fur l'Apocalypfe*, qu'en 1689 le Calvinifme feroit rétabli en France. Il vécut affez long-tems pour être témoin lui même de la fauffeté de fes prédictions. Il ne tint pas auffi à lui qu'il ne foulevât par pluf. *Lettres Paftorales* les Réformés & les nouveaux Convertis de France. Il m. de langueur à Roterdam le 11 Janv. 1713, à 76 ans. On a de lui un très gr. nombre d'ouvr. les principaux font : 1. Un Traité de la *Dévotion*. 2. Un Ecrit fur *la néceffité du Baptême*. 3. Une *Apologie de la Morale des Prétendus Réformés*, contre le Livre de M. Arnauld, intitulé le *Renverfement de la Morale par les Calviniftes*. 4. *Préfervatif* contre le changement de *Religion*, oppofé au Livre de l'*Expofition de la Foi Catholique de M. Boffuet*. 5. Des *Lettres* contre *l'Hift. du Calvinifme de Maimbourg*, & plufieurs autres *Lettres* de controverfe; entr'autres celles qui font intitulées, *les derniers efforts de l'innocence affligée*. 6. Un

*Traité de l'Eglife*, où il prétend qu'elle eft compofée de toutes les Sociétes Chrétiennes qui ont retenu les fondemens de la Foi, avec une *Réplique* à M. Nicole, qui avoit réfuté cet ouvrage. 7. Une *Hiftoire des Dogmes & des Cultes de la Religion des Juifs*. 8. Un autre *Traité* intitulé, *l'Efprit de M. Arnauld*. 9. Un autre *Traité fur la Théologie Myftique*, à l'occafion des démêlés de M. de Fenelon avec M. Boffuet, &c. On remarque dans tous ces ouvrages de l'efprit, du feu & de l'imagination, capables d'en impofer; mais une fureur & des emportemens indignes non-feulement d'un Chrétien & d'un Homme de Lettres, mais encore de tout honnête homme.

JURIN, (N.) fameux Médecin & Mathématicien Anglois, s'eft fignalé par fes difputes avec Michelotti fur le mouvement des Eaux courantes, avec Keil & Senac fur celui du Cœur, avec Robins fur la vifion diftincte, & furtout avec l'Ecole de Leibnitz fur les forces vives. Il fut pendant pluf. années Secretaire de la Société Roïale de Londres, & contribua beauc. à rendre les obfervations meteorologiques plus exactes & plus communes. Les Ecrits qu'il a publiés fur les effets de l'inoculation ont valu à cette méthode la vogue qu'elle a eue depuis. Il m. à Londres en 1750, étant Préfident des Médecins de cette ville.

JUSTE, (S.) ou JUST, *Juftus*, natif d'une noble famille du Vivarais, eft le plus illuftre Evêq. qu'ait eu l'Eglife de Lyon, depuis S. Irenée jufqu'à S. Eucher. Il fut élevé par S. Pafchafe, Evêque de Vienne en Dauphiné, qui le fit Archidiacre de fon Eglife. S. Jufte fuccéda à Veriffime, Evêque de Lyon, & affifta au Concile de Valence en 374, & à celui d'Aquilée en 381. Il fut lié d'une étroite amitié avec S. Ambroife. Aïant quitté fon Siege à l'occafion d'un Phrénétique que le Peuple avoit mis en pieces, il fe retira dans les Déferts d'Egypte, où il vécut en folitaire jufqu'à fa mort arrivée sur la fin du IV siecle. Il ne faut pas le confondre avec S. Just ou Justin, que l'on croit avoir été martyrisé dans le Beauvoisis ou dans le Parisis ; ni avec S. Juste & S. Pasteur, deux freres natifs d'Alcala, le premier âgé de 13 ans & l'autre de 7. Ils eurent la tête tranchée pour la Foi de J. C. en 304.

JUSTE, Evêque d'Urghel au VI siec. étoit frere de Justinien, Evêq. de Valence, & ami de tous les gr. Hommes de son tems. Il nous reste de lui un petit *Commentaire* sur le *Cantique des Cantiques.* Il m. le 28 Mai 540.

JUSTE LIPSE, *voyez* LIPSE.

JUSTEL, (Christophe) savant Conseiller & Secretaire du Roi, naquit à Paris le 5 Mars 1580. Il se rendit très habile dans l'Histoire Ecclésiastique, & dans ce qui concerne les Conciles & l'Histoire du moïen âge. Il entretenoit commerce de Lettres avec Usserius, Saumaise, Blondel, Spelman & d'autres sav. hommes de son siec. & m. à Paris en 1649, à 69 ans. On a de lui une *Histoire Généalogique de la Maison d'Auvergne*, & le *Code des Canons de l'Eglise universelle.* C'est sur les Recueils de cet habile homme, que Henri Justel son fils, & Guillaume Voël, publierent en 1661, l'excellente *Collection du Droit Canon ancien*, sous le titre de *Bibliotheca Juris Canonici veteris.* 2 vol. *in-fol.* Henri Justel étoit aussi un très savant homme. Il m. à Londres le 24 Septembre 1693, à 73 ans.

JUSTIN, (S.) cél. Martyr & Philos. Platonicien, étoit de Naplouse en Palestine. Il fut converti à la foi de J. C. par les persécutions qu'il voïoit souffrir aux Chrétiens. Aïant embrassé le Christianisme, il ne quitta ni la profession, ni l'habit de Philosophe. Une persécution s'étant élevée sous Antonin, successeur d'Adrien, Justin composa une *Apologie pour les Chrétiens.* Il en présenta dans la suite une autre à l'Empereur Marc-Aurele, dans laquelle il soutint l'innocence & la

sainteté de la Religion Chrétienne, contre Crescent Philosophe cynique, & contre quelques autres calomniateurs. Il fit honneur au Christianisme par sa science & par la pureté de ses mœurs, & confirma sa Doctrine par sa constance & par la pureté de sa foi. Il fut martyrisé l'an 167. Outre ces deux *Apologies*, il nous reste de lui un *Dialogue avec le Juif Tryphon*, deux *Traités* adressés aux Gentils, & un *Traité de la Monarchie* ou de l'*Unité de Dieu.* On lui attribue encore d'autres ouvrages. Les meilleures éditions de S. Justin, sont celles de Robert Etienne en 1551 & 1571, en grec, celle de Commelin en 1593, en grec & en latin; celle de Morel en 1656, gr. lat. & enfin celle de Dom Prudent Marand, sav. Bénédictin, en 1742, *in fol.* On y remarque, au jugement de Photius, beauc. d'érudition & une connoissance parfaite de la Philosophie & de l'Histoire profane. Le style en est simple & dépourvu des ornemens & des attraits de l'éloquence. Quelques Auteurs lui attribuent encore la *Lettre à Diognete*, qui se trouve parmi ses Œuvres; mais il paroît constant que cette *Lettre* est plus anc. que S. Justin.

JUSTIN I, Empereur d'Orient, naquit dans la Thrace, d'une famille obscure. De simple Soldat, il parvint aux premieres Charges, & fut élu Empereur après la mort d'Anastase le 10 Juillet 518. Il gagna l'estime & l'amour du Peuple, rappella les Evêq. exilés, ordonna l'observation du Concile de Calcédoine, & travailla avec zele à la réunion de l'Eglise Orientale avec celle d'Occident. Il publia des Edits severes contre les Ariens, & reçut avec joie le Pape Jean II. Un tremblement de terre aïant presque renversé la ville d'Antioche en 526, ce malheur affligea tellement l'Empereur qu'il quitta la Pourpre Impériale & se couvrit d'un sac, refusant de parler à personne, pour appaiser la colere de Dieu. Justin nomma ensuite Justinien, fils de sa sœur, pour lui succéder, & m. le prem. Août 527, à 77 ans. Il étoit si ignorant qu'il ne savoit pas lire. Ce qui ne l'empêcha point de rendre de gr. services à l'Eglise & à l'Empire, par ses talens, par son application & par son amour pour le bien public.

JUSTIN II, *le jeune*, fils de Dulcissime & de Vigilance, sœur de Justinien, succéda à cet Empereur le 14 Novembre 565. Il eut des mœurs très corrompues, & fit étrangler Justin, son parent, qui avoit eu les mêmes prétentions que lui à l'Empire. Il donna trop d'autorité à Sophie son épouse, qui fut cause du regne des Lombards en Italie, & s'attira en 571 une nouvelle guerre avec les Perses. Il tomba en phrénésie en 574, & m. le 5 Octobre 578. C'étoit un Prince incapable de regner.

JUSTIN, célebre Historien du second siecle, vivoit du tems d'Antonin *le Pieux*, selon l'opinion la plus probable. On a de lui, en beau latin, un *Abregé de l'Histoire de Trogue Pompée.*

JUSTINE, ( Ste ) Vierge & Martyre, & Patrone de la ville de Padoue, du tems de la persécution de Maximien Hercule.

JUSTINIANI, S. (Laurent) ou S. Laurent Justinien, premier Patriarche de Venise, naquit le premier Juillet 1381, d'une Maison noble, ancienne & féconde en gr. hommes. Il prit l'habit régulier dans le Monastere des Chanoines de S. George *Inalga*, en devint le prem. Général en 1424, & donna à cette Congrégation d'excellens réglem. Le Pape Eugene IV le nomma Evêque & prem. Patriarche de Venise en 1451. S. Laurent Justiniani gouverna son Dioc. avec sagesse, & m. le 8 Janvier 1455, à 74 ans. On a de lui plusieurs ouvrages de piété. Bernard Justiniani, son neveu, m. le 10 Mars 1489, à 81 ans, a écrit sa vie. Celui-ci fut élevé aux Charges les plus importantes à Venise, & cultiva les Lettres avec succès. On a de lui divers ouvrages.

JUSTINIANI, ( Augustin ) Evêque de Nebbio, & l'un des plus savans hommes de son siecle, naquit à Genes, en 1470, de la noble Maison de Justiniani. Après avoir demeuré quelque-tems en Espagne, il vint à Paris, où il se fit Dominiquain en 1488. Il s'y acquit une gr. réputation par sa science & par son habileté dans les Langues Orientales, & fut nommé en 1514 Evêque de Nebbio, dans l'Isle de Corse, par le Pape Leon X. Il assista au 5e Concile de Latran, fit fleurir la science & la piété dans son Diocèse, & périt dans la mer en passant de Genes à Nebbio en 1536, avec le vaisseau qui le portoit. Son principal ouvrage est un *Pseautier* en hébreu, en grec, en arabe & en chaldéen, avec des Versions latines & de courtes notes. C'est le premier Pseautier qui ait paru en diverses Langues. Il est estimé.

JUSTINIEN I, neveu de Justin l'*Ancien*, & fils de Vigilantia & de Sabatius, fut fait César & Auguste le prem. Avril 527, & succéda à l'Empereur Justin son oncle, le premier Août suivant. Il publia des Loix séveres contre les Hérétiques, répara les Temples ruinés, & se déclara le Protecteur de l'Eglise. Justinien eut d'abord à combattre Hypatius, Pompeius, & Probus, neveux de l'Empereur Anastase, qui exciterent contre lui une gr. sédition, dans laquelle il auroit succombé, sans l'Impératrice Théodora, sa femme, & la prudence de Belisaire & de Mundus. Après avoir puni de mort les séditieux, il vainquit les Perses par la valeur de Belisaire, son Général, extermina les Vandales, reconquit l'Afrique, subjugua les Goths en Italie, défit les Maures & rétablit l'Empire Romain dans sa premiere splendeur. Il choisit ensuite dix habiles Jurisconsultes, à la tête desquels étoit le cél. Tribonien, pour recueillir en un corps les Loix Romaines, & ordonna que ce Recueil fût appellé le *Code Justinien.* Il fit rédiger en 533 les décisions dispersées des Juges & des Magistrats, qui furent réduites au nombre de 50, sous le nom de *Digestes* ou *Pandectes*. Il composa quatre Livres d'*Institutes*, qui comprennent en abregé le texte de toutes les Loix; & fit recueillir, en 541, les Loix qu'il avoit faites nouvellement, dans un volume qui fut appellé *le Code des Novelles*. Ces ouvr. ont acquis à Justinien une gloire immortelle; mais il s'engagea témérairement dans les affaires Ecclésiastiques. Il menaça d'exil le Pape Agapet, voulut connoître du différend des Trois Chapitres, & commit des violences inexcusables envers les Papes Silverius & Vigile, avant & après le 5e Concile Général tenu en 553. Il mour. deux ans après, le 14 Nov. 566, à 84 ans, après en avoir regné 38. C'est ce Prince qui fit bâtir à CP. l'Eglise de Sainte Sophie, qui passe pour un chef d'œuvre d'Architecture. Justin *le jeune* lui succéda.

JUSTINIEN II, *le jeune*, fils aîné de l'Empereur Constantin Pogonat, lui succéda en 685, à l'âge de 16 ans. Il reconquit diverses Provinces sur les Sarrasins, & fit avec eux une paix avantageuse, qu'il rompit legérement & contre ses intérêts en 690. Il se fit ensuite détester par ses cruautés, ce qui donna occasion au Patrice Leonce de soulever le Peuple. Justinien fut alors détrôné. On lui coupa le nez, & on l'envoïa en exil dans la Chersonnèse en 694. Leonce fut aussi-tôt déclaré Empereur; mais Tibere Absimare le chassa en 697. Celui-ci regna environ 7 ans, au bout desquels Trebellius, Roi des Bulgares, aïant rétabli Justinien en 704, Leonce & Tibere Absimare furent punis de mort. Justinien II continua d'exercer ses cruautés, & regna encore six ans depuis son rétablissement. Il fut tué avec son fils Tibere, par Philippique Bardanes, son successeur, en 711. En lui fut éteinte la famille d'Heraclius.

JUVENAL, ( *Decius Junius* ) cél. Poëte Latin au premier siecle étoit d'Aquin en Italie. Il alla à Rome dans sa jeunesse, & y emploïa la moitié de sa vie à faire des Déclamations. Il composa ensuite des Satyres qui lui acquirent une gr. réputation; mais aïant attaqué dans ses vers, Paris, Bouffon & Comédien de Neron, il fut relegué pour commander quelques Troupes dans la Pentapole, sur les frontieres d'Egypte & de Libye. On croit qu'il vécut jusqu'au regne d'Adrien, l'an 118 de J. C. Il nous reste de lui 16 *Satyres*, dans lesquelles on remarque beaucoup d'esprit, de force, & de véhémence; mais le style n'en est point assez naturel, & les obscénités dont elles sont remplies, en rendent la lecture dangereuse. D'ailleurs il s'éleve contre les vices de son tems avec trop de misanthropie & de fureur. Ce qui a fait dire, avec raison:

*Juvenal, élevé dans les cris de l'Ecole,*
*Poussa jusqu'à l'excès sa mordante hyperbole.*

JUVENAL DES URSINS, voyez URSINS.

JUVENCUS, ( Caïus Vectius Aquilinus ) l'un des premiers Poëtes Chrétiens, naquit en Espagne d'une famille illustre. Il mit en *vers latins la Vie de J. C.* en quatre Livres, vers 329, en suivant fidelement, & presque mot pour mot, le texte des quatre Evangélistes. Mais ses vers sont d'un mauvais goût, & sa latinité n'est point pure.

IXION, Roi des Lapithes, épousa Dia, fille de Deïonée, auquel il refusa de donner les présens de noces, selon la coutume. Deïonée, pour se venger, enleva ses chevaux. Ixion, dissimulant son ressentiment, invita son beau-pere à un festin, & le fit tomber par une trape dans un fourneau ardent, où il fut aussi-tôt consumé. Ixion se repentit ensuite de cette cruauté, & fut admis à la table de Jupiter. Il conçut alors une passion criminelle pour Junon; mais aïant été trompé par une nuée, qui ressembloit parfaitement à cette Déeſſe, Jupiter le précipita d'un coup de foudre dans les enfers, & l'attacha avec des ſerpens à une roue, qui tourne ſans ceſſe, ſelon la Fable.

———

# K.

KAHLER, (Wigand, ou Jean) ſav. & laborieux Ecrivain allemand & Théologien Luthérien, né à Wolmar dans le Landgraviat de Heſſe-Caſſel, le 20 Janv. 1649, fut Profeſſeur en Poéſie, en Mathémat. & en Théologie, à Rinteln, & membre de la Société de Gottingen. Il m. le 17 Mai 1729. On a de lui un gr. nombre d'ouvr. de Littérature, de Philoſophie, & de Théologie. Les princip. ſont : *De caſu morali. De intelligentiis. De oceano, ejuſque proprietatibus & vario motu. De Cometis. Variæ ex matheſi, aliiſque Philoſophiæ partibus quæſtiones. De libertate Dei. De terra. De reflexione luminis, ejuſque effectu. De imputatione peccati alieni, & ſpeciatim adamici. De jure Dei puniendi poſteros ob delicta majorum. De Poligamiâ. De Prædicatione Evangelii univerſali. Chriſtianæ Religionis dogmata 15 diſſertationibus propoſita. Auguſtanâ confeſſio viginti diſſertationibus abſoluta,* &c.

KALTEYSEN, (Henri) célebre Dominiquain du 15e ſiecle, né dans un Château, près de Coblents, de parens nobles, parut avec éclat au Concile de Bâle, où il réfuta avec force les Hérétiques de Bohême en 1433. Il devint enſuite Archevêque de Drontheim & de Ceſarée, & ſe retira ſur la fin de ſes jours, dans le Couvent de ſon Ordre à Coblents, où il mourut le 2 Oct. 1465. Il nous reſte de lui quelques ouvrages, par leſquels on voit qu'il étoit un des plus ſavans Théologiens du 15e ſiecle.

KEATING, (Geoffroi) habile Docteur, & Prédicateur Irlandois,

natif de Tipperary, mort vers 1650, a compoſé en Irlandois une Hiſtoire des Poètes de ſa nation ; on en a donné une magnifique édition à Londres en 1738, *in-fol.* de la Traduction Angloiſe de M. Dermot ô Connor, avec les Généalogies des principales Familles d'Irlande, recueillies par Keating. Il eſt Auteur de pluſieurs autres ouvrages en Irlandois, qui ſont eſtimés.

KARA-MEHEMET, célebre Pacha Turc, ſe ſignala par ſa valeur & par ſa conduite aux ſieges de Candie, de Kaminieck, & de Vienne, & à la bataille de Cotchin. Il fut fait Gouverneur de Bude en 1684, & défendit cette ville courageuſement contre les Impériaux ; mais aïant été bleſſé d'un éclat de canon, en donnant ſes ordres ſur les remparts. Il mourut de ſa bleſſure pendant le ſiege.

KECKERMAN, (Barthelemi) laborieux Ecrivain Calviniſte, natif de Dantzic, enſeigna l'hébreu à Heidelberg, puis la Philoſophie à Dantzic, où il mour. en 1609, à 36 ans. On a de lui pluſ. ouvrages, dans leſquels il a fait des ſyſtêmes de preſque toutes les Sciences, & où l'on remarque plus de méthode que de génie. On eſtime ſon Traité intitulé : *Rhetoricæ Eccleſiaſticæ Libri duo.*

KEILL, (Jean) cél. Aſtronome & Mathématicien, naquit en Ecoſſe vers 1671, & fut élevé au Collége de Balieul, dans l'Univerſité d'Oxford, où il prit le degré de Bachelier & de Maître ès-Arts. Il alla en 1709 dans la nouvelle Angleterre, en qualité de Tréſorier, & fut fait à ſon retour Profeſſeur d'Aſtronomie à Oxford, où il donna le premier des leçons ſur la Philoſophie expérimentale. Keill eut la Charge de Déchifreur, ſous la Reine Anne, & conſerva cette place ſous le Roi Georges I, juſqu'en 1716. Il avoit été reçu auparavant de la Société Roïale de Londres, & Docteur en Médecine dans l'Univerſité d'Oxford. Il mourut en 1721, à 50 ans. On a de lui pluſ. ouvrages d'Aſtre, nomie, de Physique, & de Médecine, très estimés : le principal est son *Introductio ad veram Physicam & ad veram Astronomiam*, en 2 vol. *in* 4°. M. le Monnier fils, savant Astronome, a traduit en François la partie astronomique de cet excellent ouvrage.

KEILL, ( Jacques ) excellent Docteur en Médecine, & frere du précédent, naquit en Ecosse vers 1673. Après avoir voïagé en plus. lieux, il fit des leçons d'Anatomie à Oxford & à Cambridge, avec un applaudissement universel. Il s'établit à Northampton en 1700; il y pratiqua la Médecine avec une réputation extraordinaire, & y mourut d'un cancer en 1719, à 46 ans. On a de lui divers Ecrits très curieux & très estimés.

KEITH, ( George ) fameux Théologien de la Secte des Quakers ou *Trembleurs*, étoit Ecossois, d'une famille obscure. Il défendit d'abord avec zele les opinions des Presbytériens, & se fit ensuite Trembleur. Il voïagea en Hollande & en Allemagne, pour y affermir les Disciples de Fox. Il passa ensuite en Amérique, où il fut mis à la tête des Trembleurs dans la Pensilvanie. Il s'attira par tout de longues & de fâcheuses affaires, à cause de la singularité de ses opinions, & fut condamné à Londres en 1694, dans un Synode général de la Secte des Trembleurs, malgré ses Harangues & ses Mémoires. On a de lui un gr. nombre d'ouvrages.

KEITH, ( Jacques ) cél. & habile Felt-Maréchal des Armées du Roi de Prusse, étoit fils cadet de George Keith, Comte Maréchal d'Ecosse, & de Marie Drummond, fille du Lord Perth, Gr. Chancelier d'Ecosse sous le regne de Jacques II. Il naquit en 1698 à Freterressa dans le Sherifsdom de Kincardin, & acheva ses études avec son frere aîné le Comte Maréchal au College d'Aberden fondé par ses Ancêtres. Aïant pris parti pour le Prétendant avec son frere en 1715, il reçut une legere blessure au nez

à la bataille de Sherstmuir ; & après la défaite des troupes de ce Prince, il passa avec son frere en Espagne, où il fut Officier dans les Brigades Irlandoises pendant dix ans. Il alla ensuite en Moscovie où la derniere Czarine le reçut avec de gr. marques de distinction, le fit Brigadier général, & peu de tems après Lieutenant général. Il se distingua à toutes les batailles qui se donnerent entre les Turcs & les Russes sous le regne de cette Princesse ; & à la prise d'Ockzokow, il fut le premier qui monta à la breche où il fut blessé au talon. La guerre étant finie, il fut envoïé Ambassadeur extraordinaire de Russie en Angleterre. Pendant son séjour, il y offrit à Robert Walpol alors premier Ministre, de servir en qualité de soldat dans les Armées Britanniques, pourvu qu'on lui assura les biens & les honneurs de son cousin le Comte de Kintore après sa mort ; mais cela lui fut refusé. Aïant fini son Ambassade, il retourna à Petersbourg où il fut mieux accueilli que jamais. Dans la guerre entre les Russes & les Suédois, il servit en Finlande en qualité de Lieutenant général. Ce fut lui qui décida le gain de la bataille de Willmanstrand, & qui chassa les Suedois des Isles d'Aland dans la Mer Baltique. A la paix conclue à Abo en 1743, il fut envoïé par l'Impératrice Ambassad. à la Cour de Stockholm, où il fit de gr. dépenses, & fut obligé de vendre ses bijoux pour soutenir son rang. De retour à Petersbourg, l'Impératrice l'honora du Bâton de Maréchal ; mais ses appointemens étant trop modiques, il se rendit auprès du Roi de Prusse, qui lui avoit fait faire des propositions, & qui lui assura une pension. Ce Prince le mit tellement dans sa confiance, qu'il parcourut avec lui la plus gr. partie de l'Allemagne, de la Pologne & de la Hongrie. La guerre s'étant déclarée en 1756. Keith entra en Saxe en qualité de Felt Maréchal de l'Armée Prussienne. Ce fut lui qui aſſura la belle retraite de cette Armée après la levée du ſiege d'Olmutz en 1758. Il fut tué cette même année lorſque le Comte de Daun ſurprit & attaqua le camp des Pruſſiens, à Hochkirchen.

KELLER, (Jacques) *Cellarius*, l'un des meilleurs Ecrivains qu'aient eus les Jéſuites en Allemagne, au commencement du 17e ſiecle, naquit à Seckingen en 1568. Il ſe fit Jéſuite en 1588, & après avoir régenté les Belles-Lettres, la Philoſophie & la Théologie, il devint Recteur du Collége de Ratiſbonne, puis de celui de Munich. Il fut long tems Confeſſeur du Prince Albert de Baviere, & de la Princeſſe, ſon Epouſe. L'Electeur Maximilien avoit pour lui une eſtime particuliere, & l'emploïoit ſouvent dans les affaires les plus importantes. Keller diſputa publiquement avec Jacques Hailbrunner, le plus cél. Miniſtre du Duc de Neubourg. Cette Conférence fut aſſez ſemblable à celle de du Perron & de Dupleſſis Mornai ; car elle rouloit ſur l'accuſation qui fut intentée aux Miniſtres Luthériens, d'avoir rapporté pluſ. paſſages des Peres, avec mille falſifications, dans un ouvrage allemand, intitulé *Papatus acatholicus* : elle ſe tint à Neubourg en 1615. Le Pere Keller mourut à Munich le 23 Février 1631, à 63 ans. On a de lui des Livres de Controverſe, & divers ouvrages de politique ſur les affaires d'Allemagne. Il s'y déguiſe ſouvent ſous les noms de *Fabius Hercynianus*, d'*Aurimontius*, de *Didacus Tamias*, &c. Son ouvrage contre la France intitulé : *Myſteria politica*, fut brûlé par Sentence du Châtelet, cenſuré en Sorbonne, & condamné par le Clergé de France. On attribue à Keller le *Canea Turturis* pour répondre au *chant de la Tourterelle* du ſav. Gravina.

KELLER, (Jean Balthaſar) cél. ouvrier dans l'Art de fondre en bronze, étoit de Zurich. C'eſt lui qui a jetté en fonte la Statue équeſtre de Louis XIV, que l'on voit à Paris dans la Place de *Louis le*

*Grand*. Il fut fait Inſpecteur de la Fonderie de l'Arſenal, & mourut en 1702. Jean-Jacques Keller, ſon frere, étoit auſſi très habile dans le même Art.

KEMNITIUS, *voyez* CHEMNITIUS.

KEMPIS, (Thomas à) pieux & ſavant Chanoine Régulier, & l'un des hommes les plus cél. du 15e ſiecle, naquit au village de Kemp, Diocéſe de Cologne, en 1380, & prit ſon nom de ce village. Il fit ſes études à Deventer, dans la Communauté des pauvres écoliers, établie par Gerard Groot, & y fit de gr. progrès dans les Sciences & dans la Piété. Il entra en 1399 dans le Monaſtere des Chanoines Réguliers du Mont Sainte-Agnès, près de Zuol, où ſon frere étoit Prieur. Thomas à Kempis s'y diſtingua par ſon éminente piété, par ſon reſpect pour ſes Supérieurs, par ſa charité envers ſes freres, & par ſon application continuelle au travail & à la priere. Il mourut en odeur de ſainteté, le 25 Juillet 1471, à 91 ans. On a de lui un gr. nombre d'ouvr. de dévotion, qui reſpirent une piété tendre, ſolide, & éclairée. Les meilleures éditions ſont celles de Paris, en 1549, & d'Anvers, en 1607, par les ſoins du Pere Sommalius, Jéſuite. L'Abbé de Bellegarde a traduit en françois une partie des œuvres de Thomas à Kempis, ſous le titre de *ſuite du Livre de l'Imitation*, & le Pere Valette, de la Doctrine Chrétienne, ſous celui d'*Elévations à J. C. ſur ſa Vie & ſes Myſteres*. Le ſavant Imprimeur Jodocus Badius Aſcenſius eſt le premier qui a attribué l'excellent Livre de l'*Imitation de J. C.* à Thomas à Kempis, en quoi il a été ſuivi par François de Tol, Chanoine Régulier, qui cite en ſa faveur les Manuſc. que l'on voit encore écrits de la propre main de Thomas à Kempis. D'un autre côté, le P. Poſſevin, Jéſuite, eſt le premier qui a attribué cet ouvr. à l'Abbé Jean Gerſen ou Geſſen, dans ſon *Aparas Sacré*, en quoi il a été ſuivi par les Bénédictins de la Congrégation de S. Maur. Ceux qui souhaiteront savoir l'histoire des contestations survenues à ce sujet entre les Bénédictins , qui sont pour Gersen , & les Chanoines Réguliers de la Congrégation de Sainte Geneviève , qui sont pour Thomas à Kempis , peuvent consulter la relation curieuse que Dom Vincent Thuillier en a donnée à la tête du tom I des Œuvres posthumes des Peres Mabillon & Ruinart. D'autres attribuent cet excellent ouvr. au célebre Gerson.

KEN, (Thomas) céleb. Evêque Anglican , naquit à Barstamstead , dans la Province de Hertford , en 1647 , d'une famille riche & ancienne. Il fit ses études à Winchester , & fut reçu Docteur d'Oxford , en 1679. Le Roi Charles II , le fit son Chapelain , & lui donna l'Evêché de Bath & de Wels , en 1684. Thomas Ken assista ce Prince à la mort. Il érigea plus. Ecoles dans les villes de son Diocèse , & se fit généralement estimer par sa probité & par sa charité ; il faisoit dîner 12 pauvres dans sa salle, lorsqu'il étoit chez lui, le Dimanche ; & les instruisoit selon leur besoin. Quelqu'un l'aïant accusé sur un Sermon qu'il avoit fait à la Chapelle du Roi , ce Prince l'envoïa chercher à ce sujet ; Thomas Ken lui dit , sans s'étonner : *Si Votre Majesté n'avoit pas négligé son devoir, & si elle eût assisté au Sermon, mes ennemis n'auroient pas eu occasion de m'accuser.* Il justifia ensuite ce qu'il avoit dit dans son Sermon, & le Roi ne s'offensa point de sa liberté. Il fut dépouillé de son Evêché sous la Reine Marie, eut une pension de la Reine Anne, & mourut à Longe-Leate , le 19 Mars 1711 , à 64 ans. On a de lui plus. ouvr. de piété , qui sont estimés des Anglois. On remarque qu'il aimoit extrêm. la Poésie & la Musique, qu'il dormoit peu, & qu'il chantoit une Hymne sur son Luth avant que de s'habiller.

KENNETT , (White) Evêque de Peterborough , & l'un de plus cél. Ecrivains du 18e siecle, fut élevé à Oxford , & s'y distingua par son extrême application à l'étude , & par ses Traductions Angloises de divers ouvr. Il devint Doïen, puis Evêque de Peterborough, le 9 Novembre 1718, & s'acquit une très gr. réputation en Angleterre par ses prédications & par ses ouvrages. Il fonda une Bibliotheque d'Antiquités & d'Histoires dans sa ville Episcopale, & m. le 19 Décemb. 1728. On a de lui un très grand nombre d'ouvr. presque tous écrits en Anglois , dans lesquels on voit qu'il étoit un excellent Philologue, un bon Prédicateur, & un homme très versé dans l'Histoire & les Antiquités de sa nation.

KENNETT, (Basile) sav. Ecrivain, & Prédicateur Anglois, mort en 1714, étoit frere du précédent ; il fut élevé, comme lui, dans l'Université d'Oxford, & se distingua par sa modestie, par la pureté de ses mœurs, & par sa science. On a de lui les *Vies des Poëtes Grecs,* les *Antiquités Romaines,* 5 vol. de Sermons, & une *Traduction du Traité des Loix de Puffendorf.* Tous ces ouvrages sont en anglois.

KEPLER , ( Jean ) l'un des plus grand Astronomes de son siecle, naquit à Wiel, le 27 Décembre, 1571, d'une famille illustre & ancienne. Il commença ses études de Philosophie à Tubinge en 1589, & deux ans après, il étudia les Mathématiques sous le fameux Michel Mæstlin. Il y fit tant de progrès, qu'il y publia dès 1696 un excellent Livre intitulé, *Prodromus Dissertationum de proportione orbium cœlestium, deque causis cœlorum numeri, magnitudinis, motuumque periodicorum genuinis & propriis,&c.* Tycho-Brahé s'étant établi dans la Bohême, desira passionnément d'avoir Kepler auprès de lui. Il lui écrivit tant de lettres sur ce sujet, que celui-ci quitta l'Académie de Grats, & se transporta en Boheme avec sa famille & sa Bibliotheque, en 1600. Kleper eut pendant le voiage une fievre quarte, qui dura 7 ou 8 mois, & qui l'empêcha de rendre à Tycho Brahé, tous les services dont il étoit capable Tycho-Brahé, de son côté, ne lui communiquoit point ce qu'il savoit, & mourut en 1601. De sorte que Kepler ne profita pas beaucoup auprès de lui. Depuis ce tems-là, il eut le titre de Mathématicien, sous l'Empereur Rodolphe II, Mathias & Ferdinand II, & s'acquit par ses ouvr. une réputation immortelle. Il mourut à Ratisbonne, où il sollicitoit le paiement des arrérages de sa pension, le 5 Novemb. 1630, à 59 ans. C'est lui qui a trouvé le premier la vraie cause de la pesanteur des corps, & cette loi de la nature dont elle dépend, que *les corps mus en rond s'efforcent de s'éloigner du centre par la tangente.* Ce qu'il a expliqué par la comparaison des brins de paille mis dans un seau d'eau, lesquels si l'on tourne en rond le seau d'eau, se rassemblent au centre du vase Il a eu aussi l'idée des tourbillons célestes : il a cru que le Soleil avoit une vertu magnétique ; a fait sur l'Optique des découvertes importantes, & a trouvé le premier cette regle admirable, appellé de son nom, *la Regle de Kepler,* selon laquelle les Planetes se meuvent. On peut le regarder, en quelque sorte, comme le précurseur de Descartes; ce gr. Philosophe avoue que Kleper a été son premier Maître en Optique. Il nous reste de cet habile Astronome un très gr. nombre d'excellens ouvrages en latins. Les principaux sont: 1. Son *Prodromus Dissertationum,* auquel il a aussi donné le titre de *Mysterium Cosmographicum* C'est celui de tous ses ouvrages qu'il estimoit le plus; il en fut tellement charmé pendant quelque tems, qu'il avoue *qu'il ne renonceroit pas, pour l'Electorat de Saxe, à la gloire d'avoir inventé ce qu'il debitoit dans ce Livre.* 2. *Harmonice Mundi,* avec une défense de ce Traité. 3. *De Cometis libri tres.* 4. *Epitome Astronomiæ Copernicanæ.* 5. *Astrono-*

*mia nova.* 6. *Chilias Logarithmorum,* &c. 7. *Nova Stereometria doliorum vinariorum,* &c. 8. *Dioptrice.* 9 *De vero natali anno Christi.* 10. *Ad Vitellionem paralipomena, quibus Astronomiæ pars Optica traditur,* &c. Kepler est aussi le premier qui a appliqué à la Physique les spéculations de Mathématique. Louis Kepler, son fils, exerça la Médecine à Konigsberg, en Prusse, & fit imprimer l'ouvrage de son pere, intitulé, *Somnium Lunarisve Astronomia.* Kepler, le pere, enseigne dans cet ouvrage, que la Terre & le Soleil ont chacun une ame & des sensations, & y avance plusieurs autres propositions très singulieres. Il étoit Luthérien. On trouve une Histoire curieuse de sa vie à la tête de ses œuvres posthumes, *in fol.* en latin.

**KERCKRING,** (Théodore) fameux Médecin du 17e siecle, natif d'Amsterdam & originaire de Lubec, s'acquit une gr. réputation par ses découvertes & par ses ouvrages. Il trouva le secret d'amollir l'ambre jaune sans lui ôter sa transparence, pour le faire servir de cercueil ou d'enveloppe à des corps morts afin de les conserver. Il fut aggregé à la Société Royale de Londres, & m. en 1693 à Hambourg où il avoit passé la plus gr. partie de sa vie avec le titre de Résident du gr. Duc de Toscane. Ses principaux ouvrages sont : 1. *Spicilegium Anatomicum.* 2. *Anthropogeniæ Ichnographia,* où il soutient que l'on trouve dans le corps de toutes les femmes des œufs, dont, selon lui, les hommes sont engendrés. On lui attribue encore une Anatomie imprim. en 1671 *in fol.*

**KESLER,** (André) fam. Théologien Luthérien, né à Cobourg, en 1595, se distingua par son esprit & par sa science. Jean Casimir, Duc de Saxe, qui a érigé à Cobourg un College, lui donna une pension, & eut pour lui une estime particuliere, à cause de son éloquence & de ses Sermons Il m. en 1643, laissant un gr. nombre d'Ouvrages.

KETTLEWELL, ( Jean ) favant Théologien Anglican, mort de confomption en 1695, eft Auteur d'un Livre intitulé : *Les mefures de l'obéiffance Chrétienne*, & de plufieurs autres ouvrages eftimés des Anglois. Il étoit zelé partifan de l'autorité Roïale.

KIDDER, ( Richard ) fav. Evêque Anglois, naquit à Suffolck, & fut élevé à Cambridge. Il devint Chanoine de Norwich, puis Doïen de Peterborough, & enfin Evêque de Bath & de Wels, le 13 Juin 1691, à la place de Thomas Kenn. Il étoit très habile, furtout dans la Littérature Hébraïque & Rabbinique. Il fut écrafé dans fon lit avec fa femme, par la chute d'une cheminée qu'une gr. tempête renverfa, le 26 Novemb. 1703. On a de lui un *Commentaire fur le Pentateuque*, auquel il a joint une *Differtation* & *des Lettres* à M. le Clerc. 2. Une *Démonftration de la venue du Meffie*. 3. Un Traité fur *les Devoirs de la Jeuneffe*. 4. Un *Difcours touchant l'éducation de la Jeuneffe* ; & des *Sermons* en anglois.

KILIAN, ( Corneille ) habile Correcteur de l'Imprimerie de Plantin, étoit de Brabant. Il faifoit bien des vers latins, & mourut en 1609. On a de lui une *Apologie des Correcteurs d'Imprimerie*, contre les Auteurs, & d'autres ouvr. eftimés.

KILLIAN, ( Luc ) habile Graveur, qui excelloit furtout dans les Portraits.

KIMCHI, ( David ) cél. Rabbin Efpagnol du 12e fiecle, étoit fils de Jofeph, & frere de Moïfe Kimchi. Il floriffoit à Narbonne en 1190, & fut nommé Arbitre en 1232 du différend des Synagogues d'Efpagne & de France, au fujet des Livres de Maimonides. Il s'acquit une très gr. réputation par fa fcience & par fes ouvrages, & mourut dans un âge très avancé vers 1240. On a de lui un gr. nombre d'ouvrages en hébreu, fi eftimés des Juifs, que perfonne ne paffe pour habile parmi eux, s'il ne les a étudiés. Les principaux font : 1. Une excellente Grammaire hébraïque, intitulée *Michlol*, c. à d. *Perfection*. C'eft cette Grammaire qui a fervi de modele à toutes les Grammaires hébraïques : 2. un Livre des *Racines hébraïques* : 3. des *Commentaires fur les Pfeaumes*, fur les *Prophetes*, & fur la plupart des autres Livres de l'ancien Teftament. Kimchi s'attache principalement au fens litéral & grammatical, & rapporte affez fouvent les Traditions des Hébreux. Il fait paroître beaucoup moins d'animofité contre les Chrétiens, que les autres Rabbins ; & fes Commentaires font généralement regardés comme les meilleurs qui aient été compofés par les Juifs. Son ftyle eft pur, clair, & énergique. Son Comment. fur les Pfeaumes a été traduit en latin par le P. Janvier.

KING, ( Jean ) fav. Evêque Anglois, & célebre Prédicateur, étoit de Warnhall. Il devint Chapelain & Prédicateur de la Reine Elifabeth, Archidiacre de Nottingham, Doïen de l'*Eglife de Chrift*, à Oxford, puis Evêque de Londres. Il fe fit généralement eftimer par fon érudition, par la pureté de fes mœurs, & par fon éloquence. Pendant fon Epifcopat, il prêchoit tous les Dimanches, à moins qu'il ne fût incommodé. Il m. le 30 Mars 1621. On a de lui des *Commentaires fur le Prophete Jonas*, & des *Sermons* en anglois, qui font eftimés. Henri King, fon fils, né à Warnhall en 1591, fut auffi habile Prédicateur. Il devint Evêque de Chichefter, & y m. le prem. Octobre 1669. On a de lui, une *Explication de l'Oraifon Dominicale* : des *Sermons* : une *Traduction des Pfeaumes*, & pluf. autres ouvrages en anglois & en latin, en profe & en vers.

KING, ( Guillaume ) cél. Archevêque Proteftant de Dublin, & l'un des plus illuftres Prélats Anglicans qui aient paru en Irlande, naquit à Antrim en 1650, d'une noble & ancienne famille d'Ecoffe. Après avoir fait fes Humanités, il lia une étroite amitié avec le fameux Dodwel, qui lui donna les premieres instructions de Philosophie & d'Histoire. Jean Parker, Archevêque de Tuam, informé de son mérite, devint l'un de ses plus zelés Protecteurs. Il le fit son Chapelain, puis Chancelier de l'Eglise de S. Patrice, & lui procura le Doïenné de Dublin, en 1688. King aïant fait paroître trop d'attachement aux intérêts du Prince d'Orange pendant les troubles d'Irlande, fut mis en prison, comme criminel de lese-Majesté. On lui rendit ensuite sa liberté ; & il fut nommé en 1690 à l'Evêché de Derry, par Guillaume & Marie. Il alla aussitôt résider dans son Diocèse, & y fonda une Bibliotheque publique. King fut transféré à l'Archevêché de Dublin, le 11 Mars 1702. Il y augmenta le revenu des Cures, s'y fit estimer par sa science, par sa charité, & par sa conduite ; y remplit la Commission importante de Lord Justicier du Roïaume d'Irlande, & y m. le 8 Mai 1729, à 79 ans. Il ne voulut jamais s'engager dans les liens du mariage. On a de lui un gr. nombre d'ouvr. estimés. Les principaux sont : 1. plusieurs *Ecrits* contre Pierre Manby, Doïen de Derry : 2. *l'état des Protestans d'Irlande, sous le regne du Roi Jacques :* ouvr. dont Gilbert Burnet fait gr. cas, mais qui a été réfuté par M. Leslie : 3. *Discours concernant les inventions des hommes dans le Culte de Dieu :* il y en a eu plusieurs édit. Ce Traité fut attaqué par Robert Craghead, & par Joseph Boyse, Ministres Presbyteriens, auxquels M. King répondit : 4. un *Sermon sur l'accord de la Prescience & de la Prédestination divine avec la liberté de l'homme :* 5. un *Discours sur la Consécration des Eglises :* 6. plusieurs *Sermons.* Tous ces ouvr. sont en anglois : 7. un Traité célebre, *de Origine mali*, *in-4°.* Edmond Law a traduit ce Traité en anglois, & y a joint de longues notes, dans lesquelles il réfute les objections de Bayle & de

Leibnitz. Cette Traduction a été imprimée à Londres en 1731, *in-4°.* & en 1732, en 2 vol. *in-8°.*

KING, ( Guillaume ) habile Jurisconsulte, & facetieux Ecrivain Anglois, qu'il faut bien se garder de confondre avec le précédent, étoit d'une illustre famille. La Reine Anne le fit son Secretaire, & il accompagna le Comte de Pembroke en Irlande. Il auroit pu s'y enrichir par les emplois importans qu'il exerça en ce païs ; mais il aima mieux retourner en Angleterre pour se livrer à l'étude. King étoit d'un caractere naturellement porté à la dévotion. Il lisoit assiduement l'Ecriture Sainte, & ne manquoit jamais de faire des remarques sur ses lectures. On dit que tous les matins il prenoit une feuille de papier blanc, sur le haut de laquelle il écrivoit ces deux mots, σὺν Θεῷ, c. à d. *sous le bon plaisir de Dieu.* Il avoit ensuite toute la journée ce papier à la main, & y écrivoit les pensées & les réflexions qui lui plaisoient. Sa dévotion ne l'empêchoit pas d'être gai & enjoué. Il aimoit à dire & à entendre de bons mots, & passoit pour un excellent Juge. Il mourut en 1712, & fut enterré à l'Abbaïe de Westminster. On a de lui un gr. nombre d'Ecrits en anglois, remplis de pointes & de bons mots. Ses *Réflexions sur le Livre de M. Molesworth,* touchant le Danemark, plurent beaucoup à la Cour de ce Prince. Elles ont été traduites en françois.

KING, ( Pierre ) Lord Gr. Chancelier d'Angleterre, & l'un des plus beaux esprits de son siecle, descendoit d'une bonne famille de ce nom, dans la Province de Sommerset. Il naquit à Excester, dans le Devonshire, en 1669. Il fut lié dans sa jeunesse avec M. Locke, qui anima l'ardeur qu'il avoit pour l'étude, & qui lui laissa en mourant la moitié de sa Bibliotheque. Le Lord King alla étudier quelque tems en Hollande, & s'appliqua ensuite, avec une ardeur incroïable, à l'étude des Loix. Il y fit tant de progrès, qu'il s'acquit en peu de tems une grande réputation dans le Parlement d'Angleterre, par sa capacité & par ses talens. Il fut elevé par degrés aux premieres Charges, & devint en 1715 Baron d'Ockham, & Gr. Chancelier d'Angleterre. Il remplit cette place, avec un applaudissement universel, jusqu'au 29 Novembre 1733, qu'il remit les Sceaux, & se retira à Ockham, dans le Surrey, où il m. paralytique, le 22 Juillet 1734. Il étoit très habile, non seulement dans la Jurisprudence, mais dans l'Histoire & les Antiquités Ecclésiastiques. On a de lui deux ouvr. fort estimés des Anglois ; le premier est intitulé, *Recherche sur la Constitution, la Discipline, & l'Unité du Culte de la primitive Eglise pendant les trois premiers siecles, fidelement extraite des Ecrivains de ces tems là*, in-8°. Le second a pour titre, *Histoire du Symbole des Apôtres, avec des Réflexions critiques sur ses différens Articles.* On trouve dans le Recueil de *Lettres sur différens sujets*, publié par M. Elys, en 1694, in-8°. plusieurs *Lettres* de M. King, & de M. Elys, touchant le premier ouvrage. Tous ces écrits sont en anglois.

KIPPINGIUS ou KIPPING, (Henri) sav. Luthérien Allemand, étoit de Rostock où aïant été reçu Maître-ès-Arts, il fut rencontré par des Soldats, qui l'enrôlerent malgré lui. Kipping n'abandonna pas l'étude pour cela. Un jour qu'il étoit en faction, tenant son mousquet d'une main, & le Poëte Stace de l'autre, un Conseiller Suedois qui l'apperçut dans cette attitude, le questionna, & reconnoissant son savoir, le retira dans sa Maison, le fit son Bibliothequaire, lui procura la place de Sous-Recteur du College de Bremen, où il m. en 1678. On a de lui un gr. nombre d'ouvr. en latin. Les principaux sont : 1. un *Supplément* à l'Histoire de Jean Pappus. 2. Un *Traité des Antiquités Romaines.* 3. un autre sur les ouvrages de la Création. 4. plus.

*Dissertations* ou *Exercitations* sur l'anc. & le nouv. Testament, &c.

KIRCH, (CHRIST-FRIED) cél. Astronome de la Société Roïale des Sciences de Berlin, naquit à Guben, le 24 Décembre 1694. Il étoit fils de Godefroy Kirch, autre cél. Astronome, & de Marie-Marguerite Winckelman, qui se distingua aussi par son habileté dans l'Astronomie. M. Kirch s'acquit une grande réputation dans les Observatoires de Dautzig & de Berlin. Il fut Correspondant de l'Académie des Sciences de Paris, & mourut à Berlin, le 9 Mars 1740, à 46 ans. On a de lui & de son pere plusieurs ouvrages.

KIRCHER, (Athanase) cél. Jésuite, natif de Fulde, & l'un des plus gr. Philosophes, & des plus habiles Mathematiciens du 17e siec. enseigna à Wirtzbourg, avec une réputation extraordinaire, jusqu'en 1631. Il vint en France à cause des ravages que les Suédois commettoient dans la Franconie, & demeura quelque tems à Avignon. Il se retira ensuite à Rome, où il rassembla un riche cabinet de Machine & d'Antiquités. Il y mourut en 1680, à 82 ans. On a de lui un gr. nombre d'ouvrages, dans lesquels il fait paroître beaucoup d'érudition. Les principaux sont : 1. *Prælusiones Magneticæ.* 2. *Primitiæ Gnomonicæ Catoptricæ.* 3. *Ars magna lucis & umbræ.* 4. *Musurgia Universalis.* 5. *Obeliscus Pamphilius.* 6. *Œdipus Ægyptiacus.* 7. *Itinerarium extaticum.* 8. *Obeliscus Ægyptiacus.* 9. *Mundus subterraneus.* 10. *China illustrata.* 11. *Turris Babel.* 12. *Arca Noë.* 13. *Latium :* ouvrage estimé, &c. Il ne faut pas le confondre avec Jean Kircher, Théologien du 17e siecle, qui publia en latin les motifs de sa conversion du Lutheranisme à la Religion Catholique. Les Luthériens ont fait diverses réponses à cet ouvr. de Jean Kircher.

KIRCHER, (Conrad) Théolog. Luthérien d'Augsbourg, s'est rendu cél. dans le 17e siecle par sa *Concordance grecque de l'ancien Testament*, qu'il fit imprimer à Francfort en

1607, en 2 vol. *in-4°*. Cet ouvrage peut servir de dictionnaire hebreu. Car l'Auteur met d'abord les noms hébreux, & ensuite l'interprétation que les Septante leur ont donnée, & cite les endroits de l'Ecriture où ils se trouvent différemment interprétés. Le principal défaut de cette Concordance est d'y avoir suivi l'Edition de Alcala de Henarès, au lieu de suivre celle de Rome : qui est la meilleure. La Concordance de *Trommius* a fait tomber celle de Kircher, & lui est préférée avec raison.

KIRCHMAN, (Jean) cél. Ecrivain du 17e siecle, naquit à Lubec, le 18 Janvier 1575. Après avoir étudié en Allemagne en plusieurs Villes, il fut chargé de mener en France & en Italie le fils d'un Bourguemestre de Lunebourg. De retour en Allemagne, il fut fait Professeur de Poëtique à Rostoch, en 1602, & Recteur de l'Université de Lubec en 1613. Il exerça cet emploi avec une extrême application tout le reste de sa vie, & mourut à Lubec, le 20 Mars 1643, 68 ans. On a de lui plusieurs savans ouvrages, dont les plus estimés sont : 1. *De Funeribus Romanorum* 2. *De Annulis, Liber singularis*, publié par les soins de Jean Kirchman, son fils, qui s'est aussi distingué par son érudition.

KIRCHMAYER, (George Gasp.) savant Littérateur Allemand, né à Uffeinheim en Franconie, l'an 1635, fut fait Professeur à Wittemberg, & Membre des Sociétés Roïales de Londres & de Vienne. Il mourut en 1700. On a de lui, 1. des *Commentaires* sur *Cornelius Nepos, Tacite*, & d'autres Livres classiques. 2. Des *Oraisons* & des Pieces de *Poésies*, 3. Six Dissertations sous le titre de *Hexas disputationum Zoologicarum*. Elles roulent sur le Basilic, la Licorne, le Phénix, le Beemoth & l'Araignée. *Pathologia vetus & nova*. 5. *Philosophia metallica*. 6. *Institutiones metallicæ*, &c.

KIRCHMEYER, ou KIRCHMEIER (Jean Sigismod) sav. Théologien Protestant ( né à Allendorf en Hesse, l'an 1674, fut Professeur

en Philosophie & en Théologie à Marbourg, où il mourut en 1749. On a de lui, 1. plus. *Dissertations* Académiques. 2. Un *Traité* en latin contre les Enthousiastes, pour prouver que l'unique principe de la Foi est la parole de Dieu. Ce Traité est très estimé des Protestans.

KIRSTENIUS, (Pierre) savant Médecin du 17e siecle, naquit à Breslaw, le 25 Décembre 1577. Il apprit le grec, le latin, l'hébreu, le syriaque, l'arabe, l'Histoire naturelle, l'Anatomie, la Botanique, & les autres Sciences. Il étudia sur-tout les Livres d'Avicenne, & des autres célebres médecins Arabes. Il fut encouragé dans cette étude par Scaliger & Casaubon, qui jugerent qu'il en pourroit résulter un gr. bien pour la République des Lettres. Après avoir voïagé en Espagne, en Italie, & en Angleterre, Kirstenius retourna à Breslaw, où il eut la direction du College & des Ecoles de cette ville. Cet emploi lui paroissant trop pénible, il aima mieux pratiquer la Médecine, & se retira en Prusse avec sa famille. Il s'y fit connoître & estimer du Chancelier Oxenstiern, qui le mena en Suede, & le fit Professeur de Médecine dans l'Université d'Upsal en 1636. Kirstenius devint aussi Médecin de la Reine de Suede, & mourut le 5 Avril 1640, à 63 ans. On dit dans son Epitaphe qu'il savoit vingt-six Langues. On a de lui un gr. nombre d'ouvrages; la plûpart traduits de l'Arabe. Il ne faut pas le confondre avec George Kirstenius, autre savant Médecin & Naturaliste, né à Stettin, le 20 Janvier 1613, & mort en Suede le 4 Mars 1660, à 48 ans. On a aussi de lui plusieurs ouvrages estimés.

KLAUSWITZ, (Benoît Gotlieb) savant Théologien Allemand, né à Leipsic en 1692, fut Pasteur de différentes Eglises, & devint ensuite Professeur de Théologie à Halle, où il mourut en 1749. Il a donné 1. plus. *Dissertations* académiques. 2. Des *Explications* de divers passages de la Bible. 3. Un *Traité* en allemand sur la raison & sur l'Ecriture-Sainte , & fur l'ufage que nous devons faire de ces deux grandes lumieres.

KLINGSTET , excellent Peintre en mignature , natif de Riga , en Livonie , mort à Paris le 26 Février 1734, à 77 ans.

KLOPPENBURG, (Jean ) favant Théologien Hollandois du 17e fiec. naquit à Amfterdam en 1592. Après avoir fait de bonnes études , il voiagea en Hollande , en Allemagne , en Suiffe , & en France. Il devint enfuite Miniftre dans pluf. Eglifes , & enfuite Profeffeur de Théologie à Franeker , où il mourut en 1652. Ses ouvrages ont été imprimés à Amfterdam en 2 vol. in 4°. en latin.

KLOTZIUS, (Etienne ) habile Théologien Luthérien du 17e fiecle, né à Lipftad en 1606, fut Surintendant général des Eglifes des Duchés de Slefwick & de Holftein , & eut beaucoup de credit auprès de Fréderic III, Roi de Dannemarck. Il mourut à Flensbourg en 1668 fur le point d'aller à Copenhague , où le Roi qui vouloit l'avoir auprès de fa perfonne l'avoit mandé. On a de lui plufieurs ouvrages de Théologie & de Métaphyfique.

KNELLER, ( Godefroi ) excellent Peintre dans le portrait, naquit à Lubeck en 1648. Après s'être appliqué quelque tems aux tableaux d'Hiftoire, il fe livra tout entier au portrait, & paffa en Angleterre , où il fut comblé de biens & d'honneurs. Il y devint premier Peintre de Charles II , fut créé Chevalier par le Roi Guillaume III , & fut enfin nommé Baronet. Il mourut à Londres vers 1717.

KNOT, ( Edouard ) fameux Jéfuite Anglois , natif de Northumberland , enfeigna long-tems à Rome dans le College des Anglois. Il fut enfuite envoié en Angleterre , où il foutint le parti des Réguliers contre Richard Smith, Evêque de Calcédoine. Il mourut à Londres , le 14 Janvier 1656. On a de lui: 1. fous le nom de Nicolas Smith , un Livre fur la Hiérarchie , intitulé : *Modeftes & courtes Difcuffions de*

*quelques Propofitions du Docteur Kelliffon* , in 12. Ce Livre fit beaucoup de bruit , & fut cenfuré par l'Archevêque de Paris, par la Sorbonne , & par le Clergé de Fr. auffi bien qu'un Livre de Jean Floid autre Jéfuite, qui s'étoit mafqué fous le nom de *Daniel à Jefu*. Les Jéfuites aïant attaqué ces cenfures fous le nom de *Hermanus Loëmelius* , l'Abbé de S. Cyran les réfuta dans fon gros ouvr intitulé : *Petrus Aurelius*. 2. Un *Traité* contre le Docteur Potter , qui avoit accufé l'Eglife Romaine de manque de charité, en foutenant que l'on ne peut fe fauver dans la Communion Proteftante. 3. Plufieurs Ecrits contre le Livre de Chillingworth , intitulé : *la Religion des Proteftans , voie fure pour le falut*.

KNOX , ou CNOX , (Jean ) fameux Miniftre Ecoffois , auquel on doit principalement attribuer l'introduction du Calvinifme & du Presbytéranifme en Ecoffe au 16e fiecle , avoit été Difciple de Jean Major, célèbre Docteur de Sorbonne. Il fuivit d'abord fes traces , mais étant enfuite tombé dans plufieurs erreurs, il publia une Confeffion de Foi, qui étoit hérétique , & qui le fit mettre en prifon. Knox s'échappa , & fe fauva en Angleterre , où le Roi Edouard lui voulut donner un Evêché ; Knox le refufa avec indignation , en difant ridiculement , que l'Epifcopat étoit contraire à l'Evangile. Après la mort de ce Prince , il fe retira à Francfort , puis à Geneve, où il lia une étroite amitié avec Calvin. Knox retourna en Ecoffe en 1559. Il y établit les erreurs Proteftantes par fes Sermons & par fes Ecrits, par le fer & par le feu : car fon ardeur pour l'établiffement du Calvinifme , alloit jufqu'à la fureur & le fanatifme le plus outré. Il y renverfa les Eglifes & les Monafteres, pilla les biens confacrés à Dieu , & commit contre les Catholiques, les barbaries & les cruautés les plus inouies. Comme la Reine Marie s'oppofoit à fes excès, il fouleva fes Difciples contre elle , & prêcha publiquement que les Sujets de cette Princesse étoient absous du serment de fidélité ; qu'ils pouvoient la déposer ; qu'il étoit permis de droit divin & humain de tuer les Rois impies ; & que non-seulement le Peuple, mais même un homme privé, peut tuer un Tyran, c. à d. selon lui, un Prince légitime, lorsqu'il s'oppose à la prétendue réformation de l'Eglise. Doctrine détestable ! dont les Protestans euxmêmes, tels que Calvin, Blondel, Beze, &c. ont eu horreur. Il mourut le 9 Novembre 1572, à 57 ans. Sa *Chronique* & ses autres Ecrits, sont très rares. Sponde, Thevet, & la plûpart des Ecrivains Catholiques font de Knox, le portrait le plus horrible ; mais Bayle & Burnet n'en parlent pas de même ; & Beze en fait les plus gr. éloges. Cette diversité de sentimens sur Knox, fait juger que s'il avoit de gr. défauts, il avoit aussi des qualités extraordinaires.

KNUTZEN, ( Martin ) habile Philosophe & Théologien allem. né à Koenigsberg en 1713, y fut Professeur en Philosophie & Bibliothéquaire, & il y m. en 1751. On a de lui un gr. nombre d'ouvrages fort estimés, dont les uns sont en allem. & les autres en latin. Les principaux de ceux ci, sont : 1. *Systema causarum efficientium.* 2. *Elementa Philosophiæ rationalis methodo Mathem. demonstrata.* 3. *Theoremata de parabolis infinitis,* &c. Celui de ses Livres allemands, qui lui a fait le plus d'honneur, est une *défense de la Religion Chrétienne,* in-4°.

KNUZEN, ( Matthias ) fameux Athée du 17e siecle, natif d'Oldensworth, dans le Holstein, répandit ses impiétés dans la Prusse. On nomma ses Disciples, *les Conscientieux,* parcequ'il soutenoit qu'il n'y a point d'autre Religion ni d'autre Magistrature, que la Conscience, qui apprend à tous les hommes ces trois préceptes, *ne faire tort à personne, vivre honnêtement, & rendre à chacun ce qui lui est du.*

Système horrible ! qui, outre l'impiété la plus affreuse, renferme l'extravagance la plus visible, puisqu'il faut être fou, pour croire que le gente humain puisse subsister sans Religion & sans Magistrats : car, si malgré les peines & les châtimens que la Religion & les Loix décernent contre les malfaiteurs, il s'en trouve un si gr. nombre ; que seroit-ce, si l'on abandonnoit chaque homme à sa conscience, & s'il n'y avoit ni Juges, ni Magistrats, ni Princes, pour punir ceux qui font tort à leur prochain ? Knuzen étoit un esprit inquiet & turbulent. Il renferma le précis de son système dans une Lettre latine assez courte, qui se trouve dans les dern. édit. de Microelius, & dans deux Dialogues allemands. Jean Musæus, Professeur Luthérien, a donné en allemand, dans la seconde édition de son ouvr. contre Knuzen, une bonne réfutation des impiétés de cet insensé.

KOEBERGER, ( Wenceslas ) cél. Peintre, natif du Brabant, fut Disciple de Martin de Vos, & voïagea en Italie, où il se rendit habile dans la Peinture, dans l'Architecture & dans la Science des Médailles. De retour dans le Brabant, il devint Peintre de l'Archiduc Albert, & Directeur ou Fondateur des Monts de piété à Bruxelles. Il m. à 70 ans.

KOECK, *voyez* COECK.

KŒMPFER, ou KŒMPSER, ( Engelbert ) cél. Docteur en Médecine, naquit à Lemgow, en Westphalie, le 16 Septembre 1651, d'un pere qui étoit Ministre dans cette ville. Après avoir étudié dans plus. Universités d'Allemagne, & en Pologne, il alla en Suede. On lui fit des offres avantageuses pour l'arrêter en ce Païs, mais sa passion extrême pour les voïages, lui fit préférer la Charge de Secretaire d'Ambassade, à la suite de Louis Fabricius, que la Cour de Suede envoïoit au Roi de Perse. Kœmpfer arriva à Ispahan, en 1684. L'année suivante, au lieu de revenir en Europe

avec M. Fabricius, il fe mît au Service de la Compagnie Hollandoife
des Indes Orientales, en qualité
de Chirurgien en Chef de la Flotte.
Il voïagea dans les Indes, au Roïaume de Siam, & au Japon, & revint
en Europe en 1693. Kœmpfer prit
le Bonnet de Docteur en Médecine
à Leyde. Il retourna enfuite en fon
païs. Il y fut Médecin du Comte
de la Lippe, fon Souverain, & m.
au Château de Steinhof, près de
Lemgow, le 2 Novembre 1716. Ses
principaux ouvr. font : 1. *Amœnitates Exoticæ*, in-4°., ouvrage qui
renferme des chofes très curieufes
& très utiles fur l'Hiftoire Civile &
Naturelle des païs que Kœmpfer
avoit parcourus : 2. *Herbarium ul-
tra-Gangeticum* : 3. L'*Hiftoire du
Japon*, en allemand. Cette Hiftoire
eft très curieufe & très eftimée. On
l'a traduite en françois fur la verfion
angloife de Jean-Gafpard Scheuch-
zer. Cette Traduction françoife a
été imprimée à la Haye en 1729,
2 vol. *in-fol.* avec figures : 4. un
*Recueil* d'autres *Voïages*, &c.

KOENIG, ( Samuel ) fav. Philofophe & Mathématicien, fut Profeffeur de Philofophie à Franeker,
& enfuite à la Haye, où il devint
Bibliothéquaire du Stathouder, &
où il m. le 21 Juillet 1757. On a
de lui pluf. ouvr. eftimés. Daniel
Koenig fon frere, mourut à Rotterdam en 1727, à l'âge de 22 ans,
des coups qu'il avoit reçus de la
populace à Franeker, qui, quelques
mois auparavant, fur ce qu'il parloit françois, le prit pour un Ef-
pion de la France, & l'eut mis en
pieces, fi le Sénat académique ne
lui eût, avec beaucoup de peine,
fauvé la vie. On a de ce dernier la
*Traduction* latine des Tables que le
Docteur Charles Arbuthnot publia
en 1727, *fur les Monnoies*, &c.
*des anciens*. Elle étoit finie & prefque entierement imprimée, lorfqu'une mort prématurée l'enleva,
comme nous l'avons dit, mais elle
ne parut qu'en 1756, in-4°., par
les foins de M. Reitz, Profeffeur à
Utrecht, qui l'a enrichie d'une

Préface curieufe & très interref-
fante.

KONIG, ( George-Matthias )
Profeffeur en Poéfie & en Langue
grecque, & Bibliothéquaire de l'U-
niverfité d'Altdorf, naquit en cette
ville, le 15 Février 1616. Il fe rendit célebre dans la République des
Lettres, par un ouvr. qu'il publia
en 1678, *in-fol.* fous le titre de *Bibliotheca vetus & nova*. Quoique cet
ouvr. renferme plufieurs défauts,
qui ont été relevés en partie par le
favant Jean Mollerus, il ne laiffe
pas d'être utile. Konig mourut à
Altdorf, le 29 Août 1699, à 84
ans. Il étoit fils de George Konig,
né à Ambert, en 1590, & mort en
1654, après avoir profeffé la Théologie à Altdorf, avec réputation. On
a de ce dernier un *Traité des Cas
de Confcience*, & d'autres ouvrages
de Théologie. Il ne faut pas confondre ces deux Auteurs avec Emmanuel Konig, favant Médecin de
Bâle, né en cette ville, en 1658,
dont les ouvr. de Médecine furent
fi eftimés en Suiffe, qu'il y fut regardé comme un autre Avicenne.
Il mourut à Bâle, le 31 Juillet
1731.

KOORNHERT, ( Theodore )
*voyez* CORNHERT.

KORTHOLT, ( Chriftian ) fav.
Docteur Proteftant, & Profeffeur
de Théologie à Kiel, naquit à Burg,
dans l'Ifle de Femeren, au païs de
Holftein, le 5 Janv. 1633. Il étudia, & fe diftingua par fon favoir
dans pluf. Univerfités d'Allemagne, fut Profeff. en grec à Roftock
en 1662, puis Vice-Chancelier perpétuel, & Profeffeur de Théologie
dans l'Univerfité nouvellement fondée à Kiel ; il y fit fleurir les Sciences, & mourut le 31 Mars 1694, à
61 ans, laiffant pluf. enfans qui fe
font diftingués par leur mérite. On
a de lui un très gr. nombre d'ouvr.
en latin & en allemand, qui font
eftimés des Savans. Les principaux
font : 1. *Tractatus de perfecutioni-
bus Ecclefiæ primitivæ, veterumque
Martyrum cruciatibus*, dont la meilleure édition eft celle de Kiel, en

1689, *in-4°*. 2. *Tractatus de Calumniis Paganorum in veteres Christianos*, dont la meilleure édition est de Kiel, en 1698, *in 4°*. 3. *Tractatus de Religione Ethnicâ Muhammedana & Judaïca*, *in-4°*. 4. *De Origine & Naturâ Christianismi ex mente Gentilium*. 5. *De tribus Impostoribus magnis Liber, Edoardo Herbert, Thomæ Hobbes, & Benedicto Spinosæ oppositus*. 6. *De rationis cum revelatione in Theologia concursu*. 7. *Oratio de Scholarum & Academiarum ortu & progressu, præsertim in Germania*, &c.

KORTHOLT, ( Christian ) Petit-fils du précédent, naquit en 1709, à Kiel, de Sébastien Korthol, Professeur en cette ville. Il montra de bonne heure de grandes dispositions pour les Sciences, & il y fit des progrès si rapides, que dès l'âge de 20 ans, il fut associé pour travailler au *Journal de Leipsic*, où l'on trouve plusieurs bonnes pieces de sa façon jusqu'en 1736, & des extraits bien faits des ouvr. sur l'Hist. Ecclésiast. Kortholt voïagea en Hollande & en Angleterre, & il y acquit l'estime des Savans. Il alla ensuite à Vienne en qualité de Chapelain de l'Ambassadeur de Dannemarck, & devint en 1742, Professeur en Théologie à Gottingen, où il mour. en 1751 à la fleur de son âge. On a de lui plus. ouvr. estimés. Les princip. de ceux qu'il a écrits en latin, sont: 1. *De Ecclesiis suburbicariis*. 2. *De Enthusiasmo Muhammedis*. 3. Plusieurs excell. *Dissertations*. Ses écr. allemands les plus recherchés, sont: 1. un *Traité de la vérité de la Religion Chrétienne*. 2 Des *Sermons*, &c. C'est lui qui a publié 4 vol. de *Lettres latines* de M. de Leibnitz, un vol. de *Lettres françoises* du même, & le *Recüeil de diverses pieces sur la Philosophie, les Mathématiques, l'Histoire*, &c. par le même M. de Leibnitz.

KOTTER, ou KOTTERUS, ( Christophe ) fameux Corroyeur de la ville de Sprotaw, en Silésie, naquit à Languenaw, Bourg de la Lusace, en 1585. Il fit profession du Calvinisme, & fit beaucoup parler de lui au 16e siecle, par ses visions fanatiques & ses prédictions chimériques. Comme e les tendoient à annoncer de gr. malheurs à la Maison d'Autriche, il fut mis au pilori à Breslaw en 1627, & ensuite banni des Etats de l'Empereur à perpétuité. Il se retira dans la Lusace, où il mourut en 1647, à 62 ans. Jean Amos Comenius, qui avoit été lié avec lui, se rendit le promulgateur de ses révélations ridicules, & les fit imprim. en 1657, & en 1666, dans un volume intitulé : *Lux in tenebris*, avec celles de Nicolas Drabicius, & d'une Païsanne nommée Christine Poniatovia, deux autres Fanatiques du parti Calviniste.

KOUC, ( Pierre ) habile Peintre & Architecte, natif d'Alost, mort en 1550, dont on a quelques ouvrages.

KRANTS, ou CRANTZ, ( Albert ) célebre Historien, natif de Hambourg, fut Doïen de l'Eglise de cette ville, & se fit généralement estimer par sa piété, par sa science, & par ses ouvr. On assure qu'il prédit les guerres & les hérésies qui affligerent l'Allemagne après sa mort, & en particulier les ravages qu'alloient faire la Doctr. & les Prédications de Luther. Il mourut le 7 Décembre 1517. Le plus considérable de ses ouvr. est une *Histoire Ecclésiastique*, intitulée *Metropolis*, dont les meilleures édit. sont celles de Francfort, par Wechel en 1575, 1590 & 1627, *in-fol.* Les autres ouvrages de Krants, sont, 1. *Chronica Regnorum Aquilonarium Daniæ, Sueciæ, Norwegiæ*, dont la meilleure édition est celle de Francfort, *in fol.*, par Jean Wolfius, conseiller du Marquis de Bade. 2. *Saxonia, sive de Saxonicæ gentis vetusta origine*, dont les meilleures édit. sont celles de Wechel, à Francfort, *in-fol.* 3. *Wandalia, sive historia de Wandalorum vera origine*, dont l'édit. la plus estimée est celle de 1619, par Wechel. 4. *Ordo missæ, secundum ritum,*

*ritum, laudabilis Ecclefiæ Hamburgenfis,* in-fol.

KROMAYER, ( Jean ) favant Théol. du 16e fiecle, naquit en 1576 à Dobelen, en Mifnie, d'une famille noble & anc. Il devint Miniftre à Eifleben, puis Prédicateur de la Duchelfe Douairiere de Saxe, & enfin Surintendant à Weimar, où il m. en 1643. On a de lui, 1. *Harmonia Evangelistarum.* 2. *Examen Libri Christianæ Concordiæ.* 3. *Historiæ Eccl. compendium.* 4. Une *Paraphrase* eftimée fur *Jéremie* & fur les *Lamentations.* Elle fe trouve dans la Bible de Weimar.

KROMAYER, ( Jérôme ) Neveu du précédent, naquit à Zeitz en 1610. Il s'acquit une gr. réputation par fon fav. & par fes ouvr., & m. en 1670 à Leipfic, où il étoit Profeffeur en Hiftoire, en Eloquence, & en Théologie. Il eft Auteur d'un gr. nombre d'ouvrages. Les princip. font, 1. *Theologia Positivo-Polemica.* 2. *Historia Ecclesiast.* 3. *Loci anti-Syncretistici.* 4. *Polymathia Theologica.* 5. *Comment. in Epist. ad Galatas & Apocal.* 6. *Scrutinium Religionum tum falfarum, tum unicæ veræ,* &c.

Il y a eu plufieurs autres fav. de la même famille.

KUHLMAM, ( Quirinus ) l'un des plus fameux Vifionnaires du 17e fiecle, naquit à Breflaw, le 25 Février 1651. Il fit paroître de bonne heure de gr. difpofitions pour les Sciences ; mais étant tombé malade à l'âge de dix-huit ans, il eut une vifion terrible en plein midi, & ne dormant pas, qui le détourna de l'étude. Lorfqu'il fut guéri de fa maladie, fes vifions imaginaires cefferent en partie. Il fe vit cependant toujours accompagné d'un rond de lumiere qui fe tenoit à fon côté gauche, & ne le quitta jamais tout le refte de fa vie. Cela lui fit croire qu'il étoit infpiré de Dieu, & il ne voulut déformais avoir d'autre maître que le S. Efprit. Il voïagea en Hollande, où il fut confirmé dans fes rêveries par d'autres Fanatiques qu'il y rencontra. Enfin,

après avoir fait divers voïages en Angleterre, en France, en Allemagne, & dans l'Orient, il fut brûlé en Mofcovie pour quelques prédictions féditieufes, le 3 Octobre 1689. On a de lui pluf. ouvr. remplis de Fanatifme, dont le principal eft intitulé, *Prodromus Quinquennii mirabilis,* imprimé à Leyde en 1674. Un autre eft dédié à Louis XIV, avec cette Infcription familiere : *Ludovice XIV, Rex belligere, falve.*

KUHNIUS, ( Joachim ) célebre Profeffeur de Grec & d'Hébreu dans l'Univerfité de Strafbourg, naquit à Gripfwalde, en 1647. Il enfeigna ces deux Langues avec tant de réputation, qu'il eut en peu de tems un gr. nombre d'Auditeurs, même des Anglois & des Hollandois. Il mourut le 11 Décembre 1697, à 50 ans. On a de lui de favantes *Notes* fur *Paufanias,* fur *Elien,* fur *Pollux,* & fur *Diogene Laerce,* & d'autres ouvrages, entr'autres, *quæstiones Philo. ex facris veteris, & N. T. aliifque fcriptoribus,* in-4°.

KULCZINSKI, ( Ignace ) célebre Abbé de Grodno, naquit à Ulodimir, en Pologne, l'an 1707. Il entra de bonne heure dans l'Ordre de S. Bafile, & fut envoïé à Rome en qualité de Procureur Général de cet Ordre. Il m. dans fon Abbaïe de Grodno en 1747, après s'être acquis une grande réputation par fon *fpecimen Ecclefiæ Ruthenicæ.* On a encore de lui, en Manufcr. ; *opus de vitis fanctorum ordinis divi Bafilii magni,* 2 vol. in fol.

KULPISIUS, ( Jean-George ) favant Jurifconfulte du 17e fiecle, fut Profeffeur en droit à Gieffen, puis à Strafbourg. Il affifta au Congrès de Ryfwick en qualité d'Envoïé du Duc de Wirtemberg, & m. en 1698. Le plus eftimé de fes ouvr. eft un *Comment.* in 4°. fur *Grotius,* fous le titre de *Collegium Grotianum.*

KUNADUS, ( André ) fav. Theolog. Luthérien, né à Dobelen, en Mifnie, l'an 1602, fut Profeffeur de Théolog. à Wittemberg, & Miniſtre Général à Grimma. Il m. en 1662. On a de lui une *explication de l'Epître aux Galates* : un *abregé des lieux communs de Théologie* : des *Diſſertations ſur la tentation au deſert* ; *ſur la Confeſſion de S. Pierre* ; *ſur ceux qui reſſuſciterent au tems de la paſſion*, &c.

KUNCKEL, (Jean) né vers l'an 1630, dans le Duché de Sleſwick, fut Chymiſte de l'Electeur de Saxe, de l'Electeur de Brandebourg, & de Charles XI, Roi de Suede, qui lui donna le titre de Conſeiller Mettallique, & des Lettres de Nobleſſe, avec le ſurnom de Louwenſtein. Il travailla pendant plus 50 ans à la Chymie, dans laquelle, à l'aide d'un fourneau de Verrerie dont il diſpoſoit, il fit de belles découvertes. Il m. en Suede en 1702. C'eſt à lui qu'on doit la découverte du *Phoſphore d'urine*. Il a laiſſé pluſieurs ouvrages en allemand & en latin, entre leſquels celui qui eſt intitulé *Obſervationes chemicæ*, & l'*Art de la Verrerie*, imprimé à Paris en 1752, ſont les plus eſtimés.

KUNRAHT, (Henri) fameux Chymiſte de la Secte de Paracelſe, fit beaucoup parler de lui au commencement du 17e ſiecle, & fut, dit-on, Profeſſeur en Médecine à Leipſic. Un Auteur cité par Mollerus, prétend que Kunraht étoit un Adepte, qui poſſédoit la *Pierre Philoſophale*. Lui-même nous apprend, qu'il avoit obtenu de Dieu le don de diſcerner le bien & le mal dans la Chymie. Il mourut à Dreſde en 1605. On a de lui pluſieurs ouvr. d'une obſcurité impénétrable, & qui ne ſervent qu'à montrer le Fanatiſme ou la Charlatanerie de leur Auteur.

KUSTER, (Ludolfe) l'un des plus cel. Grammairiens du 18e ſiecle, naquit à Blomberg, petite ville du Comté de Lippe, en 1670, d'un pere qui étoit prem. Magiſtrat de cette ville. Après avoir étudié à Berlin & à Francfort, ſur l'Oder, il fut choiſi, à la recommandation du Baron de Spanheim, pour être Précepteur des fils du Comte de Schwerin, premier Miniſtre du Roi de Pruſſe, qui lui fit une penſion, lorſqu'il eut achevé l'éducation de ſes enfans. Kuſter ſe mit à voïager. Il s'arrêta quelque tems à Utrecht, d'où il paſſa en Angleterre, & de-là en France. Pendant ſon ſéjour à Paris, il conféra Suidas avec trois MSS. de la Bibliotheque du Roi ; ce qui lui fut d'un gr. ſecours pour l'édition qu'il préparoit de cet Auteur. Il retourna en Angleterre, en 1700, & y acheva l'édit. de Suidas, qui eſt ſon meilleur ouv. & qu'il dédia au Roi de Pruſſe. Pendant qu'il y travailloit, il fut une nuit réveillé par le bruit du Tonnere & par la lueur des Eclairs ; ſaiſi d'une fraïeur mortelle pour ſon Suidas, il ſe leva précipitamment, le prit entre ſes bras, & le porta dans ſon lit avec tout l'empreſſement d'un pere pour ſon fils unique. L'Univ. de Cambridge en fut ſi charmée, qu'elle le mit au nombre de ſes Docteurs. Kuſter alla enſuite à Berlin, où le Roi de Pruſſe l'avoit choiſi pour ſon Bibliothéquaire. Mais le ſéjour de cette ville n'étant pas de ſon goût, il ſe retira en Hollande. Les Réflexions qu'il y fit ſur les différentes Communions qui partagent les Chrétiens, le convainquirent de la néceſſité de reconnoître une autorité infaillible dans l'Egliſe, pour juger des Controverſes ; & les Jéſuites Bollandiſtes d'Anvers acheverent ſa converſion. Il vint alors à Paris. Il fit ſon abjuration le 25 Juillet 1713, & l'Abbé Bignon ſon ancien ami, le préſenta à Louis XIV, qui le gratifia d'une penſion de 2000 livres. Kuſter ſe fit eſtimer des Savans par ſon érudition, & par ſon habileté dans la Langue grecque. Il avoit coutume de dire, que l'*Hiſtoire & la Chronologie des mots grecs, étoit la plus ſolide occupation d'un homme de Lettres*. Il mépriſoit toute autre étude, & l'on dit qu'aïant rencontré un jour le *Commentaire Philoſophique* de Bayle, il le jetta ſur une table, en diſant : *Ce n'eſt-*

là qu'un Livre de raisonnement. *Critica Homeri*, in-8°. 2. *Jambli-*
*Non sic itur ad astra.* L'Académie *cus de vitâ Pythagoræ*, in-4°. 3.
des Inscriptions & Belles-Lettres lui une excellente édition de *Suidas*,
donna une place d'Associé surnu- en grec & en latin, 2 *vol. in-fol.*
méraire, distinction qu'elle n'avoit 4. une édition d'*Aristophane*, en
encore faite à personne. Il ne jouit grec & en latin, *in-fol.* 5. Une
pas long-tems de cet honneur, nouvelle édition du Nouveau Tes-
étant mort à Paris, d'un abscès dans tament grec, avec les Variantes de
le Pancreas, le 12 Octobre 1716, *Mill*, *in fol.* 6. *De vero usu verbo-*
à 46 ans, tandis qu'il préparoit une *rum mediorum apud Græcos*, in-
nouvelle édition d'Hesychius. On 12. 7. *Bibliotheca novorum Libro-*
a de lui un gr. nombre d'ouvrages. *rum*, 5 vol. in-8°. 8. *Diatribe*
Les principaux sont : 1. *Historia* *anti Gronoviana*, in 4°. &c.

# FIN DU PREMIER VOLUME.